제10판

租 稅 法 總 論

조세법총론

이준봉(성균관대학교 법학전문대학원 교수) 저

租稅法總論

SAMIL | 삼일인포마인

www.samili.com 사이트 **제품몰** 코너에서 본 도서 **수정사항**을 클릭하시면 정오표 및 중요한 수정 사항이 있을 경우 그 내용을 확인하실 수 있습니다.

머리말 10판

독자 여러분의 성원에 힘입어 제10판을 출간하였습니다. 독자 여러분께 감사의 마음을 전합니다. 저자에게는 다시없이 영광스러운 일입니다. 저자는 독자 여러분께 더 나은 학문적 업적을 담은 결과물을 올리기 위하여 현재에 머무르지 않고 더욱 정진하겠습니다. 독자 여러분의 관심 및 고견을 부탁드립니다. 다시 한번 고개 숙여 감사드립니다.

조세법총론 제10판을 준비하는 과정에서도 이전의 경우와 마찬가지로 오·탈자, 비문 및 설명이 불명확하거나 부족한 부분 등을 발견하여 수정하고 보완하였습니다. 저자가 몸 담고 있는 성균관대학교 로스쿨을 졸업하고 동 대학 법학박사를 취득한 황인규 변호사께서 이제는 강남대학교 경제세무학과 교수로서 봉직하고 있습니다. 바쁜 와중에도 오·탈자 등을 알려 주었습니다. 항상 건승하기를 기원합니다.

저자는 제10판을 출간함에 있어서, 제9판의 내용을 수정하고 보완하는 것 외에 그간 개정·신설된 법령들과 최신 판례들을 반영하였으며, 조세법의 해석 또는 입법에 참고할 수 있는 다수의 새로운 쟁점 및 시각들에 대한 논의를 나름대로 전개하여 보았습니다.

제10판에 새롭게 추가되거나 보충된 쟁점 또는 시각들 중 주요한 것들은 다음과 같습니다.

납세자의 실질과세원칙에 기한 항변과 과세요건사실에 대한 입증책임 사이의 관계가 어떠한지 여부, 세무조사절차 준수의 관점에서 법인에 대한 세무조사와 법인 대표자 등에 대한 소득처분 사이의 관계가 어떠한지 여부, 소득세법 상 공동사업에 대한 소득금액 계산의 특례와 국세기본법 상 연대납세의무 사이의 관계가 어떠한지 여부, 소송단계의 조정에 따라 소취하 및 직권취소가 이루어진 경우에 있어서 재처분이 가능한지 여부, 상속세 및 증여세법 상 평가심의위원회를 거친 가액에 따른 과세와 조세법률주의가 어떠한 관계에 있는지 여부, 일반조세회피방지조항인 주요목적기준과 특별조세회피방지조항 사이의 관계가 어떠한지 여부, 입증책임 및 심리범위의 관점에서 취소소송과 무효 등 확인소송의 관계가 어떠한지 여부, 조세조약 상 혜택을 부인하기 위한 주요목적기준과 입증책임의 관계가 어떠한지 여부, 조약·국제사법 및 국제공법 등 강행규정에 반하는 조세법 고유의 해석이 가능한지 여부, 후발적 경정청구 사유인 상호합의와 법원 판결 사이의 관계가 어떠한지 여부 등 쟁점을 추가하거나 보충하였습니다. 그 밖의 새로운 쟁점들 역시 기왕의 쟁점들에 더하여 다루고 있습니다.

이 책이 세상에 멋있게 나오도록 힘을 다하여 주시고 또한 저자를 배려해 주시는 삼일인포마인 이희태 대표이사, 조원오 전무이사, 임연혁 차장 및 편집팀에 감사드립니다.

제10판에도 여전히 내용상 잘못 기술된 부분과 오·탈자 등이 있을 수 있습니다. 이는 전적으로 저자의 무능력에 기인한 것입니다. 향후 독자 여러분의 고견을 바탕으로 계속하여 수정하고 발전시킬 것을 약속드립니다.

2024년 3월

著者 識

머리말 9판

독자 여러분의 성원에 힘입어 제9판을 출간하였습니다. 2015년 제1판을 출간할 당시에는 이러한 순간을 맞이하게 될 것을 전혀 예상할 수 없었습니다. 독자 여러분께 감사의 마음을 전합니다. 저자에게는 다시없이 영광스러운 일입니다. 또한 저자는 독자 여러분께 현재에 머무르지 않고 더 나은 학문적 업적을 담은 결과물을 올리기 위하여 더욱 정진하겠다는 다짐을 하여 왔습니다. 이러한 다짐에 대한 결과물로서 2022년 법인세법강의 제1판을 조세법총론 제8판에 더하여 독자 여러분께 올렸습니다. 이는 독자 여러분의 충고 및 고견을 통하여 발전시킬 수 있다는 믿음이 없었다면 할 수 없었던 작업이었고, 당시 독자 여러분의 관심 및 고견을 부탁드렸습니다. 법인세법강의 역시 독자 여러분의 성원 덕분에 제2판을 출간할 수 있게 되었습니다. 다시 한번 고개숙여 감사드립니다.

조세법총론 제9판을 준비하는 과정에서도 이전의 경우와 마찬가지로 오・탈자, 비문 및 설명이 불명확하거나 부족한 부분 등을 발견하여 수정하고 보완하였습니다. 아직 부족한 부분들이 있을 것이나 계속 보완하기 위하여 노력하겠습니다.

저자는 제9판을 출간함에 있어서, 제8판의 내용을 수정하고 보완하는 것 외에 그간 개정・신설된 법령들과 최신 판례들을 반영하였으며, 조세법의 해석 또는 입법에 참고할 수 있는 다수의 새로운 쟁점 및 시각들에 대한 논의를 나름대로 전개하여 보았습니다.

제9판에 새롭게 추가되거나 보충된 쟁점 또는 시각들 중 주요한 것들은 다음과 같습니다.

납세의무자가 선택한 행위 또는 거래의 형식이나 과정을 직접 거래를 하거나 연속된 하나의 행위 또는 거래를 한 것과 동일하게 평가할 수 있는 요건은 어떠한지 여부, 시가가 반드시 단일 가격으로 특정되어야 하는지 여부, 납세자의 장부 등 비치 및 보존의무가 어떠한지 여부, 법률해석과 관련하여 한정위헌결정을 구하는 한정위헌청구가 적법한지 여부, 사기 기타 부정한 행위의 주체를 어떻게 한정해야 하는지 여부, 사기 기타 부정한 행위의 존부에 대한 판정시점이 언제인지 여부, 납세자의 행위에 내포된 위험만에 근거하여 납세의무를 창설하거나 가중할 수 있는지 여부, 후발적 경정청구로 인한 환급 이후 직전 사업연도의 환급세액을 재결정하여 다음 사업연도 법인세로서 부과고지한 경우 어느 사업연도를 기준으로 제척기간의 도과 여부를 판정하여야 하는지 여부, 가산세를 면할 정당한 사유가 있는지를 판정하는 기준시점은 언제인지 여부, 소득의 실질귀속자가 과세표준 및 세액의 경정을 청구할 수 있는지 여부, 국외투자기구가 국내원천소득이 실질적으로 귀속되는 외국법인에 해당하는 경우 조세조약에 따른 제한세율을 적용받기 위한 경정청구를 할 수 있는지 여부, 종합부동산세 납세의무자로서 종합부동산세를 부과·고지받은 자의 경우에도 후발적 경정청구를 할 수 있는지 여부, 가업승계 시 상속세 납세유예가 허용되는지 여부, 담보된 임대차보증금반환채권 또는 주거용 건물에 설정된 전세권과 상속세·증여세·종합부동산세 사이의 우선순위를 어떻게 적용하는지 여부, 상속재산이 지정문화재 등인 경우 징수유예가 허용되는지 여부, 수정세금계산서 발급사유가 없음에도 그 공급가액에 음(-)의 표시를 한 수정세금계산서를 발급한 경우에도 세금계산서범이 성립하는지 여부, 조세범칙조사를 담당하는 세무공무원을 사법경찰관리 또는 특별사법경찰관리로 볼 수 있는지 여부, 그렇다면 조세범칙조사를 담당하는 세무공무원이 작성한 조서의 증거능력 존부를 어떻게 판정하여야 하는지 여부 등 쟁점을 추가하거나 보충하였습니다. 그 밖의 새로운 쟁점들 역시 기왕의 쟁점들에 더하여 다루고 있습니다.

이 책이 세상에 멋있게 나오도록 힘을 다하여 주시고 또한 저자를 배려해 주시는 삼일인포마인 이희태 대표이사, 조원오 전무이사, 임연혁 차장 및 편집팀에 감사드립니다.

제9판에도 역시 내용상 잘못 기술된 부분과 오·탈자 등이 있을 수 있습니다. 이는 전적으로 저자의 무능력에 기인한 것입니다. 향후 독자 여러분의 고견을 바탕으로 계속하여 수정하고 발전시킬 것을 약속드립니다.

2023년 3월

著者 識

머리말 8판

독자 여러분의 성원에 힘입어 제8판을 출간하였습니다. 2015년 제1판을 출간할 당시에는 이러한 순간을 맞이하게 될 것을 전혀 예상할 수 없었습니다. 독자 여러분께 감사의 마음을 전합니다. 저자에게는 다시없이 영광스러운 일입니다. 또한 저자는 독자 여러분께 현재에 머무르지 않고 더 나은 학문적 업적을 담은 결과물을 올리기 위하여 더욱 정진하겠다는 다짐을 하여 왔습니다. 이러한 다짐에 대한 결과물로서 법인세법강의를 가까운 일자에 독자 여러분께 올릴 생각입니다. 독자 여러분의 충고 및 고견을 통하여 발전시킬 수 있다는 믿음이 없었다면 할 수 없었던 작업이었습니다. 독자 여러분의 관심 및 고견을 기대합니다.

제8판을 준비하는 과정에서도 이전의 경우와 마찬가지로 오·탈자, 비문 및 설명이 불명확하거나 부족한 부분 등을 발견하여 수정하고 보완하였습니다. 아직 부족한 부분들이 있을 것이나 계속 보완하기 위하여 노력하겠습니다.

저자는 제8판을 출간함에 있어서, 제7판의 내용을 수정하고 보완하는 것 외에 그간 개정·신설된 법령들과 최신 판례들을 반영하였으며, 조세법의 해석 또는 입법에 참고할 수 있는 다수의 새로운 쟁점 및 시각들에 대한 논의를 나름대로 전개하여 보았습니다.

제8판에 새롭게 추가되거나 보충된 쟁점 또는 시각들 중 주요한 것들은 다음과 같습니다.

조세범처벌법 상 거짓으로 기재된 세금계산서를 부가가치세법 상 세금계산서 필요적 기재사항의 전부 또는 일부가 적히지 않았거나 사실과 다르게 적인 세금계산서와 동일하게 해석하여야 하는지 여부, 조세범처벌법 상 세금계산서의 거짓 기재 여부를 어떻게 판정하여야 하는지 여부, 세금계산서 발급의 경제적 실질을 판단함에 있어서 세금계산서가 실제 공급물량에 기반하여 발급되었는지 여부 또는 세금계산서 상 공급가액과 실제 지출금액이 일치하는지 여부 중 어느 기준을 주요한 판단요소로 보아야 하는지 여부, 조세범처벌법 상 세금계산서의 거짓 기재 여부에 대한 검사의 증명책임은 어떠하여야 하는지 여부, 세금계산서의 거짓 기재 여부 역시 거래당사자들 사이의 거래 전체를 대상으로 판정하여야 하는지 여부, 특정범죄의 가중처벌에 관한 법률 상 세금계산서범 관련 영리의 목적에 거래당사자들이 경제적 합리성에 기반하여 추구하는 수익창출활동 자체가 포함될 수 있는지 여부, 부가가치세법 상 세금계산서를 발급하지 않았다는 구성요건은 부가가치세법 적용대상 거래에 한하여 충족될 수 있는지 여부, 법인세법 상 작업진행률에 의하여 산정한 익금 또는 손금이 공사계약의 해약으로 인하여 확정된 금액과 차이를 보이는 경우 그 차액에 대한 손익산입 규정이 국세기본법 상 후발적 경정청구에 대한 특칙에 해당하는지 여부, 이메일 계정에 대한 접근권한에 갈음하여 발부받은 영장에 따라 피의자가 접근하는 통상적 방법을 통하여 그 원격지의 저장매체에 접속하고 그곳에 저장된 피의자의 이메일 관련 전자정보를 수색장소의 정보처리장치로 내려 받거나 그 화면에 현출시킬 수 있는지 여부, 휴대전화를 임의제출하면서 휴대전화에 저장된 전자정보가 아닌 클라우드 등 제3자가 관리하는 원격지에 저장되어 있는 전자정보에 대한 접근을 위한 아이디와 비밀번호를 임의로 제공한 경우 이는 클라우드 등에 저장된 전자정보를 임의제출한 것인지 여부, 미국 세법 상 입증책임과 관련된 신뢰할 만한 증거는 어떻게 정의되는지 여부, 미국 세법 상 입증책임이 특별규정 및 판례에 의하여 어떻게 배분되는지 여부 등 쟁점을 추가하거나 보충하였습니다. 그 밖의 새로운 쟁점들 역시 기왕의 쟁점들에 더하여 다루고 있습니다.

이 책이 세상에 멋있게 나오도록 힘을 다하여 주시고 또한 저자를 배려해 주시는 삼일인포마인 이희태 대표이사, 조원오 전무이사, 조윤식 이사, 임연혁 차장 및 편집팀에 감사드립니다.

제8판에도 역시 내용상 잘못 기술된 부분과 오・탈자 등이 있을 수 있습니다. 이는 전적으로 저자의 무능력에 기인한 것입니다. 향후 독자 여러분의 고견을 바탕으로 계속하여 수정하고 발전시킬 것을 약속드립니다.

2022년 3월

著者 識

머리말 7판

독자 여러분의 성원에 힘입어 제7판을 출간하였습니다. 제1판을 출간할 당시에는 이러한 순간을 맞이하게 될 것을 전혀 예상할 수 없었습니다. 저자를 격려하기 위하여 따뜻한 마음을 보내 주시는 독자 여러분께 감사의 마음을 전합니다. 저자에게는 다시없이 영광스러운 일입니다. 나아가 현재에 머무르지 않고 더 나은 학문적 업적을 담은 결과물을 올리기 위하여 더욱 정진하겠습니다.

제7판을 준비하는 과정에서도 이전의 경우와 마찬가지로 오・탈자, 비문 및 설명이 불명확하거나 부족한 부분 등을 발견하여 수정하고 보완하였습니다. 아직 부족한 부분들이 있을 것이나 계속 보완하기 위하여 노력하겠습니다.

저자는 제7판을 출간함에 있어서, 제6판의 내용을 수정하고 보완하는 것 외에 그간 개정・신설된 법령들과 최신 판례들을 반영하였으며, 조세법의 해석 또는 입법에 참고할 수 있는 다수의 새로운 쟁점 및 시각들에 대한 논의를 나름대로 전개하여 보았습니다. 특히 국세징수법의 전부개정으로 인하여 발생하는 법령 부분의 많은 변화를 반영하였고, 최근의 부동산 관련 세제를 평가할 수 있는 기준 또는 관점을 제시하려고 시도하였습니다.

제7판에 새롭게 추가되거나 보충된 쟁점 또는 시각들 중 주요한 것들은 다음과 같습니다.

조세의 맥락 상 재산권의 본질적 내용이 의미하는 바는 무엇인지 여부, 재산권 본질적 내용의 침해에 관한 판정이 각 세목별 세부담을 대상으로 이루어져야 하는지 여부, 특정 재산권의 사용・수익 또는 처분으로 인한 경제적 성과가 조세로 인하여 납세자에게 실질적으로 귀속되지 않거나 이와 유사한 상황에 이른 경우 해당 조세를 어떻게 평가하여야 하는지 여부, 조세가 납세자의 특정의무 위반 자체를 과세요건으로 하여 부과될 수 있는지 여부, 특정 세목의 담세능력과 무관한 사실관계를 과세요건에 편입할 수 있는지 여부, 조세가 일반적 기준에 따라 부과되어야 한다는 명제 상 그 일반적 기준이 의미하는 바가 무엇인지 여부, 특정 재산권에 관한 담세능력을 다른 재산권의 경우와 달리 평가할 수 있는 규범적 근거는 무엇인지 여부, 재산권의 수용 등과 조세는 어떻게 구분되어야 하는지 여부, 특정 정책목표의 달성을 위하여 특정 납세자 집단을 대상으로 조세를 부과하거나 중과세하는 것을 헌법 상 기본권 보장의 관점에서 허용될 수 있는 요건은 무엇인지 여부, 특정 과세대상의 현황과 무관할 뿐만 아니라 납세의무의 성립 이전에 이미 형성된 사실관계를 해소하지 않는다는 점에 근거하여 조세를 부과하거나 중과세하는 것이 조세법률주의와 양립할 수 있는지 여부, 납세의무의 성립 이전에 이미 형성된 특정 행위 또는 거래 등을 취소하거나 해소하라는 정부의 권고를 따르지 않았다는 점으로 인하여 납세의무의 성립 이전에 형성된 행위 또는 거래 등에 근거한 과세가 정당화될 수 있는지 여부, 동일한 속성을 지닌 세목들을 납세자의 세부담 관점에서 상호 조정하지 않는 경우 이를 정당한 입법 재량권의 행사범위에 속한다고 할 수 있는지 여부, 사회질서 또는 법률에 위반되는 지출과 손금의 일반적 통상성 사이의 관계는 어떠한지 여부, 위법비용이 수익에 직접 관련된 손금이 될 수 있는지 여부, 신고조정의 경우 기한 후 신고와 경정청구 사이의 관계는 어떠한지 여부, 추징세액의 제척기간 기산일에 대한 규범적 근거는 무엇인지 여부, 과세표준과 세액을 결정하기 위한 세무조사의 개시에 대하여서는 어떠한 제약이 부과되는지 여부에 관한 쟁점을 추가하거나 보충하였습니다. 그 밖의 새로운 쟁점들 역시 기왕의 쟁점들에 더하여 다루고 있습니다.

이 책이 세상에 멋있게 나오도록 힘을 다하여 주시고 또한 저자를 배려해 주시는 삼일인포마인 이희태 대표이사, 조원오 전무이사, 조윤식 이사 및 편집팀에 감사드립니다.

제7판에도 역시 내용상 잘못 기술된 부분과 오・탈자 등이 있을 수 있습니다. 이는 전적으로 저자의 무능력에 기인한 것입니다. 향후 독자 여러분의 고견을 바탕으로 계속하여 수정하고 발전시킬 것을 약속드립니다.

2021년 3월

著者 識

머리말 6판

독자 여러분의 성원에 힘입어 제6판을 출간하였습니다. 제1판을 출간할 당시에는 이러한 순간을 맞이하게 될 것을 전혀 예상할 수 없었습니다. 저자를 격려하기 위하여 따뜻한 마음을 보내 주시는 독자 여러분께 감사의 마음을 전합니다. 저자에게는 다시없이 영광스러운 일입니다. 나아가 현재에 머무르지 않고 더 나은 학문적 업적을 담은 결과물을 올리기 위하여 더욱 정진하겠습니다.

제6판을 준비하는 과정에서도 이전의 경우와 마찬가지로 오·탈자, 비문 및 설명이 불명확하거나 부족한 부분 등을 발견하여 수정하고 보완하였습니다. 아직 부족한 부분들이 있을 것이나 계속 보완하기 위하여 노력하겠습니다.

저자는 제6판을 출간함에 있어서, 제5판의 내용을 수정하고 보완하는 것 외에 그간 개정·신설된 법령들과 최신 판례들을 반영하였으며, 조세법의 해석 또는 입법에 참고할 수 있는 다수의 새로운 쟁점 및 시각들에 대한 논의를 나름대로 전개하여 보았습니다.

제6판에 새롭게 추가되거나 보충된 쟁점 또는 시각들 중 주요한 것들은 다음과 같습니다.

세법의 정의와 기본권 보장 사이의 관계가 어떠한지 여부, 조세조약상 제한세율 및 수익적 소유자 개념을 적용하는 과정에서 조세조약 상 요건이 충족되었는지를 주식 등의 형식적 명의에 의하여서 판단하여야 하는 것인지 아니면 그 경제적 실질에 따라 판단하여야 하는 것인지 여부, 수익적 소유자 개념과 실질귀속자 개념을 구분하는 실익이 무엇인지 여부, 조세포탈죄 구성요건에 관한 미국법 및 판례의 태도가 우리 해석론으로서 어떻게 적용될 수 있는지 여부, 조세포탈죄의 적극적 은닉의도가 의미하는 바가 무엇인지 여부, 조세포탈죄의 고의에 관한 우리 판례의 입장은 어떻게 정리될 수 있는지 여부, 과세관청의 일반 세무조사와 범칙조사의 법적 성질은 동일한 것인지 여부, 특례제척기간 중 과세관청이 부과할 수 있는 처분의 내용 및 한계를 어떻게 파악하여야 하는지 여부, 기한후 신고에 근거하여 이루어진 경정청구의 법적 성질은 다른 경정청구의 경우와 어떻게 구분하여야 하는지 여부, 납세자가 과세관청의 부과처분에 대한 항변으로서 경제적 실질을 주장할 수 있는지 여부, 후발적 경정청구 사유에 소송요건과 본안요건 모두가 내포된 것인지 여부에 관한 쟁점을 추가하거나 보충하였습니다. 그 밖의 새로운 쟁점들 역시 기왕의 쟁점들에 더하여 다루고 있습니다.

이 책이 세상에 멋있게 나오도록 힘을 다하여 주시고 또한 저자를 배려해 주시는 삼일인포마인 송상근 대표이사, 조원오 전무이사, 조윤식 이사 및 편집팀에 감사드립니다.

제6판에도 역시 내용상 잘못 기술된 부분과 오·탈자 등이 있을 수 있습니다. 이는 전적으로 저자의 무능력에 기인한 것입니다. 향후 독자 여러분의 고견을 바탕으로 계속하여 수정하고 발전시킬 것을 약속드립니다.

2020년 3월

著者 識

머리말 5판

독자 여러분의 성원에 힘입어 제5판을 출간하였습니다. 감사합니다. 저자에게는 다시없이 영광스러운 일입니다. 제5판을 준비하는 과정에서도 이전의 경우와 마찬가지로 오·탈자, 비문 및 설명이 불명확하거나 부족한 부분 등을 발견하여 수정하고 보완하였습니다. 아직 부족한 부분들이 있을 것이나 계속 보완하기 위하여 노력하겠습니다.

저자는 제5판을 출간함에 있어서, 제4판의 내용을 수정하고 보완하는 것 외에 그간 개정·신설된 법령들과 최신 판례들을 반영하고, 본 책의 해석 또는 입법에 참고할 수 있는 다수의 새로운 쟁점 및 시각들에 대한 논의를 나름대로 전개하였습니다. 제5판에 새롭게 추가되거나 보충된 쟁점 또는 시각들 중 주요한 것들은 다음과 같습니다.

사실관계의 확정과 조정 또는 화해 사이의 관계, 법률해석의 불명료성과 조정 또는 화해 사이의 관계, 납세의무의 경감과 조세법률주의 사이의 관계, 국세징수권의 행사가 필요 이상으로 침익적이지 않아야 한다는 원칙과 조세법률주의 또는 과세관청의 의무 사이의 관계, 형사절차와 조세소송 정지 사이의 관계, 부당한 처분과 소송 전 불복기관 또는 법원의 권한 사이의 관계, 세무조사 시 납세자의 녹음권의 허용 여부 및 허용 절차가 어떠하여야 하는지 여부, 조세형사절차 상 진술거부권과 전자암호 등의 요구 사이의 관계, 형사 상 진술거부권의 고지와 조세 사이의 관계, 세무조사 자료를 그대로 조세범칙 사건에 활용할 수 있는지 여부, 부당행위계산 부인규정을 적용함에 있어서 그 부당성 판정대상의 범위가 어떠하여야 하는지 여부, 부당행위계산 부인규정의 적용효과가 관련된 자산 또는 용역의 취득원가 등에 반영되지 않는 것이 타당한지 여부, 부당행위계산 부인규정을 적용함에 있어서 경제적 합리성의 판정요소로서의 시가와 경제적 합리성이 부인된 거래에 대한 과세기준으로서의 시가가 동일한 개념인지 여부, 현행 부당행위계산 부인규정이 국제거래에 적용되는 이전가격세제와 규범적 중립성을 유지하고 있는지 여부, 조세조약이 국내세법에 대하여 우선하여 적용되는 범위는 어떠한지 여부, 수익적 소유자에 대하여서도 다시 실질과세원칙을 적용할 수 있는지 여부, 이때 수익적 소유자에 대하여서도 다시 실질과세원칙을 적용할 수 있는 경우 수익적 소유자라는 개념을 인정할 실익은 무엇인지 여부, 납세의무의 성립과 조세포탈 사이의 관계가 어떠한지 여부, 조세포탈범의 성립과 관련하여 납세자가 납세의무의 존재에 대하여 실제 인식하여야 하는지 여부, 부정행위에 대한 가산세의 적용과 조세포탈범의 성립의 판정에 있어서 요구되는 입증의 정도가 동일한 것인지 여부, 조세포탈세액의 다과와 조세포탈 위법성의 정도가 합리적으로 연관된 것인지 여부, 실질과세원칙과 조세형사범 및 가산세 사이의 관계는 어떠한지 여부, 납부지연가산세에 대한 납세고지의 법적 성격과 그 가산세의 확정이 어떻게 결정되어야 하는지 여부 등에 관한 쟁점을 추가하였습니다. 그 밖의 새로운 쟁점들 역시 기왕의 쟁점들에 더하여 다루고 있습니다.

이 책이 세상에 멋있게 나오도록 힘을 다하여 주신 삼일인포마인 송상근 대표이사, 조원오 상무이사, 조윤식 이사 및 편집팀에 감사드립니다.

제5판에도 역시 내용상 잘못 기술된 부분과 오・탈자 등이 있을 수 있습니다. 이는 전적으로 저자의 무능력에 기인한 것입니다. 향후 독자 여러분의 고견을 바탕으로 계속하여 수정하고 발전시킬 것을 약속드립니다.

2019년 3월

著者 識

머리말 4판

독자 여러분의 성원에 힘입어 제4판을 출간하였습니다. 감사합니다. 저자에게는 다시없이 영광스러운 일입니다. 제4판을 준비하는 과정에서도 이전의 경우와 마찬가지로 오·탈자, 비문 및 설명이 불명확하거나 부족한 부분 등을 발견하여 수정하고 보완할 수 있었습니다. 아직 부족한 부분들이 있을 것이나 계속 보완하기 위하여 노력하겠습니다.

저자는 제4판을 출간함에 있어서, 제3판의 내용을 수정하고 보완하는 것 외에 그간 변경된 법령들 및 최신 판례들을 반영하고 우리의 해석 또는 입법에 참고할 수 있는 다수의 새로운 쟁점 및 시각들에 대한 논의를 나름대로 전개하였습니다. 아직 성숙되지 못한 논거들을 주장하였다는 지적이 있을 수도 있으나 새로운 논의의 장을 마련하는 것만으로도 의미가 있을 수 있겠다는 생각에 이에 이른 것이니 너그럽게 보아 주시기 바랍니다. 제4판에 새롭게 추가되거나 보충된 쟁점 또는 시각들 중 주요한 것들은 다음과 같습니다.

조세공평주의가 역외적으로 적용될 수 있는지 여부, 공식화된 평가규정을 상속세 및 증여세법 등 조세법령에 규정하는 것이 조세공평주의에 부합하는 것인지 여부, 조세특례와 조세법률주의의 관계가 어떠한지 여부, 조세특례와 사회질서에 반하는 행위 사이의 관계가 어떠한지 여부, 국세기본법 제14조 제3항이 동법 제1항 및 제2항에 대하여 갖는 규범적 의미가 무엇인지 여부, 실질과세원칙의 적용과 관련하여 호주에서 적용되는 선택의 법리(the doctrine of choice)가 우리의 경우에도 적용될 수 있는지 여부, 실질과세원칙의 적용 상 소득의 귀속은 세법상 귀속을 뜻하는 것인지 아니면 사법상 귀속을 뜻하는 것인지 여부, 수익적 소유자의 정의로서의 실질적 귀속자와 실질과세원칙상 소득의 귀속과 관련된 실질적 귀속자의 개념이 동일한 것인지 여부, 실질과세원칙의 적용을 통하여 하나의 거래를 복수의 거래로 재구성할 수 없다는 점이 GAAR과 SAAR의 구분에 미치는 영향이 무엇인지 여부, 납세자의 권리보호와 납세의무의 관계가 어떠한지 여부, 위법한 처분에 비교되는 부당한 처분의 의미는 어떠한 것인지 여부, 시가를 그 구성요소별로 구분하여 부인할 수 있는지 여부, 경정청구 인용 후의 재처분에 대하여 불복하는 경우에 그 불복대상은 무엇인지 여부, 채권자취소권과 취득세 납세의무의 관계가 어떠한지 여부, 매출원가의 배분과 대표자에 대한 사외유출이 어떠한 관계에 있는지 여부, 세무조사 적출실적과 세무공무원의 성과평가가 연계되어야 하는지 여부, 부분조사 2회 초과금지와 중복조사 금지의 관계가 어떠한지 여부, 장부 등 사본의 보관과 중복조사 금지 또는 조세범칙조사 사이의 관계가 어떠한지 여부, 부칙을 통하여 새롭게 제정된 조세법령이 사실상 소급하여 적용될 수 있는지 여부, 외국납부세액과 관련하여 소득면제방식(exemption method)를 취하는 경우에도 조세조약이 납세의무를 창설하지 못한다는 원칙이 그대로 지켜질 수 있는지 여부, 세금계산서 교부의무 위반 등의 가중처벌죄의 적용에 있어서 영리목적, 공급가액의 중복계산, 실물거래의 존부에 대한 판단이 어떻게 이루어져야 하는지 여부, 이전가격세제와 법률상 추정 또는 그 번복이 어떠한 관계에 있는지 여부, 이전가격세제와 실질과세원칙 또는 조세공평주의가 어떠한 관계에 있는지 여부, 이전가격세제상 공식적 배부법(formulary apportionment method)의 적용과 관련된 헌법상 근거는 무엇인지 여부, 이전가격세제의 적용에 있어서 입증책임의 분배는 어떻게 이루어져야 하는지 여부 등을 추가하였습니다. 그 밖의 새로운 쟁점들 역시 기왕의 쟁점들에 더하여 다루고 있습니다.

지난 개정작업에 있어서는 조재연 변호사님(법무법인 대륙아주)의 주관 하에 이루어진 모임을 통하여 수정사항뿐만 아니라 내용과 관련하여서도 많은 시사점을 얻을 수 있었습니다. 조재연 변호사님께서는 이제 대법관으로서 대한민국 전체에 영향을 미치는 가치들의 결단에 관한 쟁점들을 다루고 계십니다. 저자는 제4판에 그 동안의 배려에 감사하는 마음과 앞으로 빛나는 업적을 이루시기를 바라는 마음을 함께 담고 싶습니다.

이 책이 세상에 멋있게 나오도록 힘을 다하여 주신 삼일인포마인 송상근 대표이사, 조원오 상무이사, 조윤식 이사 및 편집팀에 감사드립니다.

제4판에도 역시 내용상 잘못 기술된 부분과 오·탈자 등이 있을 수 있습니다. 이는 전적으로 저자의 무능력에 기인한 것입니다. 향후 독자 여러분의 고견을 바탕으로 계속하여 수정하고 발전시킬 것을 약속드립니다.

2018년 2월

著者 識

머리말 3판

독자 여러분의 성원에 힘입어 제3판을 출간하였습니다. 감사합니다. 저자에게는 다시없이 영광스러운 일입니다. 제3판을 준비하는 과정에서 오·탈자, 비문 및 설명이 불명확하거나 부족한 부분 등을 발견하여 수정하고 보완할 수 있었습니다. 아직 부족한 부분들이 있을 것이나 계속 보완하기 위하여 노력하겠습니다.

저자는 제3판을 출간함에 있어서, 제2판의 내용을 수정하고 보완하는 것 외에 그간 변경된 법령들 및 최신 판례들을 반영하고 우리의 해석에 참고할 수 있는 다수의 일본과 미국의 판례들을 나름대로 평가하여 소개하였습니다. 한편 새롭게 추가되거나 보충된 쟁점들 역시 제3판에 담겨 있는 바, 그 중 주요한 것들은 다음과 같습니다.

납세의무와 조세입법권 규정방식의 유형, 조세조약과 납세의무의 창설, 실질과세원칙과 합법성의 원칙, 실질과세원칙과 조세조약 남용행위, 실질과세원칙상 소득의 구분과 조세조약의 적용, 소득의 귀속과 조세조약상 성질결정, 감면조례와 보조금, 확인조사와 세무조사, 세무조사의 중복조사 여부, 세무조사의 남용, 세무조사 절차규정의 위반, 조세조약과 과세권의 배분, 조세와 최저생계의 유지, 조세와 제재수단, 제2차 납세의무자에 대한 납세고지와 징수권의 남용, '사기 기타 부정한 행위'와 후속행위(사건), 손익귀속시기와 소송물, 손익귀속시기와 '후발적 경정청구 사유', 법률해석의 변경과 후발적 경정청구, '사회질서 위반비용'의 손금산입 여부, 공익채권의 판정과 납부기한, 과세단위와 소송물, 실질과세원칙과 '소송상 화해 또는 조정', 실질과세원칙상 조세포탈과 신체의 자유, 조세포탈과 적극적 의도, '조세포탈의 고의'와 주관적 인식, '조세포탈의 고의'와 세법상 불확실성, '세금계산서 관련 조세포탈범'과 죄수, 연간 포탈세액과 포괄일죄 등 쟁점들을 추가하였습니다. 그 밖의 새로운 쟁점들 역시 기왕의 쟁점들에 더하여 다루고 있습니다.

이번 개정작업에 있어서 조재연 변호사님(법무법인 대륙아주)의 주관 하에 이루어진 모임을 통하여 수정사항뿐만 아니라 내용과 관련하여서도 많은 시사점을 얻을 수 있었습니다. 이 자리를 빌려 감사한 마음을 전합니다. 이 모임은 저자가 재직하는 성균관대학교 법학전문대학원의 석/박사과정에 인연을 두고 있는 분들로 구성되어 있습니다. 이하 존칭을 생략하고 가나다순으로 소개합니다.

서순성(법무법인 원, 변호사), 윤석환(법무법인 가온, 변호사), 이성필(회계법인 삼정 KPMG, 변호사), 정승영(한국지방세연구원, 법학박사), 정훈(한국조세재정연구원, 공인회계사), 황인규(회계법인 딜로이트 안진, 변호사). 그 밖에 많은 분들이 도움을 주고자 하는 마음을 가지고 계셨던 것으로 알고 있습니다. 감사합니다.

이 책이 세상에 멋있게 나오도록 힘을 다하여 주신 삼일인포마인 송상근 대표이사, 조원오 상무이사, 조윤식 이사, 이상민 과장 및 편집팀에 감사드립니다.

제3판에도 역시 내용상 잘못 기술된 부분과 오・탈자 등이 있을 수 있습니다. 이는 전적으로 저자의 무능력에 기인한 것입니다. 향후 독자 여러분의 고견을 바탕으로 계속하여 수정하고 발전시킬 것을 약속드립니다.

2017년 2월

著者 識

머리말 2판

독자 여러분의 성원에 힘입어 제2판을 출간할 수 있게 되었습니다. 저자에게는 다시없이 영광스러운 일입니다. 그러나 좀 더 살피면 영광스럽다는 생각에만 그칠 것이 아니라는 생각을 지울 수 없습니다. 독자 여러분의 도움으로 초판에 남아 있는 부족한 점들을 수정하고 보완할 수 있게 되었으므로 오히려 감사하는 마음이 앞서야 당연할 것이기 때문입니다. 실제 저자는 제2판을 준비하는 과정에서 오·탈자, 비문 및 설명이 불명확하거나 부족한 부분 등을 많이 발견하여 수정하고 보완할 수 있었습니다. 아직 부족한 부분들이 있을 것이나 이에 대하여서는 계속 노력하겠다는 약속을 믿어 주실 것을 부탁드리는 정도에 그칠 수밖에 없는 상태입니다. 양해하여 주시기 바랍니다.

저자는 또한 제2판을 출간함에 있어서, 초판의 내용을 수정하고 보완하는 것 외에 그간 변경된 법령들 및 최신 판례들을 반영하고 우리의 해석에 참고할 수 있는 일본과 미국의 판례들 역시 다수 반영하였습니다. 한편 새롭게 추가되거나 보충된 쟁점들 역시 제2판에 담겨 있는 바, 그 주요한 쟁점들은 다음과 같습니다. 조세범처벌과 헌법, 차용개념과 외국법인의 판정, 부당한 조세감소와 부당행위계산의 유형, 세무조사 무작위추출방식에 대한 통제의 필요성, 소득금액변동통지와 납세고지의 하자, 원천징수와 부당이득반환 또는 경정청구, 조세포탈범에 대한 고의 · 포탈세액 · 죄수 등 쟁점, 실질과세원칙과 제척기간, 제재적 조세와 기본권제한, 합의해지와 후발적 경정청구 등 쟁점들을 추가하였습니다. 그 밖의 새로운 쟁점들 역시 기왕의 쟁점들에 더하여 다루고 있습니다.

이번 개정작업에 있어서 조재연 변호사님(법무법인 대륙아주, 대표변호사)의 주관 하에 이루어진 모임을 통하여 수정사항뿐만 아니라 내용과 관련하여서도 많은 시사점을 얻을 수 있었습니다. 이 자리를 빌려 감사한 마음을 전합니다. 그 모임은 저자가 재직하는 성균관대학교 법학전문대학원의 석/박사과정에 인연을 두고 있는 분들로 구성되어 있습니다. 이하 존칭을 생략하고 가나다순으로 소개합니다.

서순성(법무법인 원, 변호사), 윤석환(법무법인 세한, 변호사), 이성필(회계법인 삼정KPMG, 변호사), 정승영(한국지방세연구원, 법학박사), 정훈(한국조세재정연구원, 공인회계사), 황인규(성균관대학교, 변호사). 한편 정승영 박사는 색인을 정비하는 작업 역시 도왔습니다. 그 밖에 많은 분들이 도움을 주고자 하는 마음을 가지고 계셨던 것으로 알고 있습니다. 감사합니다.

이 책이 세상에 멋있게 나오도록 힘을 다하여 주신 삼일인포마인 송상근 대표이사, 조원오 상무이사, 조윤식 이사, 이상민 과장 및 편집팀에 감사드립니다.

제2판에도 역시 내용상 잘못 기술된 부분과 오·탈자 등이 있을 수 있습니다. 이는 전적으로 저자의 무능력에 기인한 것입니다. 향후 독자 여러분의 고견을 바탕으로 계속하여 수정하고 발전시킬 것을 약속드립니다.

2016년 3월

著者 識

머리말 1판

2014년 2월, 북경대학에서의 안식년이 벌써 반을 넘기게 되던 때, 저자는 그 간의 삶에 대하여 반추할 시간을 갖게 되었습니다. 대학의 자유로움을 만끽하던 치기어린 시절, 법학에 대한 낯설음과 두려움으로 인하여 방황하던 시절, 그저 현실적인 돌파구를 찾고자 사법시험을 준비하던 시절, 변호사로서의 직업에 충실하며 만족하던 시절, 법학이 학문으로 다가 오던 시절 등……. 학문으로서의 법학에 대한 소박한 열망이 싹트던 무렵 세법에 대한 관심 역시 함께 갖게 된 것으로 기억합니다. 그 이후 (사)한국세법학회 및 (사)한국증권법학회를 통하여 학문공동체의 일원으로서 배움의 길을 걸을 수 있는 영광을 누리게 되었습니다. 이러한 영광은 당시 한양대학교 법과대학의 이철송 교수님(현재는 건국대학교 법학전문대학원 석좌교수)을 뵙게 되면서 시작되었습니다. 저자를 학문의 세계로 이끄셨고, 지금도 학문뿐만 아니라 학자로서의 자세와 관련하여서도 수많은 가르침을 주고 계십니다. 항상 건강하시기를 기원합니다. 이렇게 시작된 세법 및 이철송 교수님과의 인연이 오늘에 이르기까지 이어져 오고 있음에 감사드립니다.

저자는 우연한 기회를 통하여 본서를 출간할 결심을 하게 되었습니다. 저자의 경륜과 능력을 감안할 때 자신의 책을 세상에 내놓는다는 것을 감히 생각할 수 없었었습니다. 후배 교수가 저에게 권고를 하였습니다. 학자로서 단순히 열심히 연구하는 것에 그치기보다는 자신의 연구 성과물이 설혹 부족하다고 할지라도 이를 세상에 내놓아 타인들과 함께 공유하는 것이 타당하다는 취지의 권고였습니다. 이를 통하여 세대를 넘나드는 지적인 대화를 나눌 수 있고 또한 타인의 반응을 통하여 자신이 보다 새롭게 발전할 수 있는 계기 역시 얻을 수 있다는 주장도 더하여졌던 것으로 기억합니다. 저자는 위 권고에 힘을 얻어 미력하고 무능한 저자가 자신의 책을 출간하는 것 역시 의미가 있을 수 있겠다는 생각을 하게 되었습니다. 그 후배는 서울시립대학교 법학전문대학원의 이재호 교수입니다. 이 자리를 빌려 고맙다는 말을 전합니다.

이 책은 조세법총론을 대상으로 합니다. 여기서의 조세법총론에는 각 세목별로 제정된 개별 세법을 제외한 세법부분 중 국세부분이 주로 포함되어 있습니다. 저자는 이 책을 기술함에 있어 국내·외 단행본 및 논문들과 국내·외 판례들로부터 많은 도움을 받았습니다. 이 책의 교정 및 색인 작업에 대하여서는 저자가 재직하고 있는 성균관대학교 법학전문대학원 석/박사과정에 인연을 두고 있는 여러분들의 도움을 받았습니다. 이하 이 분들을 존칭을 생략하고 가나다 순으로 소개합니다. 구상수(공인회계사, 법무법인 지평), 김도형(법학박사, 세무사, 택스코리아나 세무회계사무소), 김상운(공인회계사, 삼일회계법인 전무), 김의식(변호사, 법무법인 다날 대표변호사), 김태경(공인회계사, 법무법인 광장), 김형석(세무사, 더프라임 세무회계사무소), 김호진(공인회계사, 맥쿼리증권 상무이사), 박동희(공인회계사, 김장법률사무소), 박혜경(세무사, 세무법인 지산), 서순성(변호사, 법무법인 원), 송경학(법학박사, 세무사, 세무법인 다솔), 윤석환(변호사, 법무법인 세한), 이강오(세무사, 세무법인 다솔), 정승영(법학박사, 한국경제연구원 선임연구원), 정찬우(세무사, 삼일회계법인 상무), 정훈(공인회계사, 한국조세재정연구원), 조재연(변호사, 법무법인 대륙아주 대표변호사).

저자는 (사)한국국제조세협회 이진영 이사장님을 통하여 삼일인포마인과 인연을 맺게 되었습니다. 이 책의 출간을 위하여 배려하여 주신 점에 감사드립니다. 나아가 저자는 이진영 이사장님의 학회에 대한 헌신과 부드러운 리더십을 지켜보며 많은 깨달음을 얻고 있습니다. 항상 건강하고 건승하시기를 기원합니다. 또한 이 책이 세상에 멋있게 나오도록 힘을 다하여 주신 삼일인포마인 송상근 대표이사, 조원오 상무, 조윤식 이사, 이상민 과장 및 편집팀에 감사드립니다.

이 책에는 내용상 잘못 기술된 부분 및 오·탈자 등이 있을 수 있습니다. 이는 전적으로 저자의 무능력에 기인한 것입니다. 향후 독자 여러분의 고견을 바탕으로 이 책을 수정하고 발전시킬 것을 약속드립니다.

끝으로 이 책의 출간에 따른 기쁨을 처 및 두 아들과 함께 나누고 싶습니다. 가족의 힘이 없었다면 저자의 오늘 역시 없었을 것입니다.

2015년 4월

著者 識

차 례

제1편 조세법 서론

차 례

차 례

제2편 조세실체법 총론

차 례

차 례

제4편 조세쟁송법

차 례

차 례

법령 약어

국내 법령을 인용할 경우에는 괄호를 사용하고 그 괄호 내에서는 다음과 같은 약어를 사용한다. 위 약어를 다시 약칭(동법, 동령, 동칙 등)하지는 않는다. 법조문을 표시함에 있어서 '제'는 생략한다. 시행령에는 법에 관한 약호에 령을, 시행규칙의 경우에는 칙을, 기본통칙의 경우에는 통칙을 각 부가하여 표기한다.

가등기담보 … 가등기담보 등에 관한 법률
가족관계 … 가족관계의 등록 등에 관한 법률
감사 … 감사원법
감정평가 … 감정평가 및 감정평가사에 관한 법률
개소세 … 개별소비세
개인정보 … 개인정보 보호법
고용정책 … 고용정책 기본법
공공기관 … 공공기관의 운영에 관한 법률
관세 … 관세법
교육세 … 교육세
교통세 … 교통 · 에너지 · 환경세
국가계약 … 국가를 당사자로 하는 계약에 관한 법률
국가공무 … 국가공무원법
국가균형 … 국가균형발전 특별법
국가소송 … 국가를 당사자로 하는 소송에 관한 법률
국고 … 국고금 관리법
국기 … 국세기본법
국배 … 국가배상법
국세직제 … 국세청과 그 소속기관 직제
국조 … 국제조세조정에 관한 법률
국지세조정 … 국세와 지방세의 조정 등에 관한 법률
국징 … 국세징수법
근기 … 근로기준법
근로퇴직보장 … 근로자퇴직급여 보장법
금융거래정보 … 특정 금융거래정보의 보고 및 이용 등에 관한 법률
기초생활 … 국민기초생활 보장법
농지 … 농지법
농특세 … 농어촌특별세법
민법 … 민법
민사집행 … 민사집행법
민소 … 민사소송법
민소규 … 민사소송법규칙
법령공포법 … 법령 등 공포에 관한 법률
법세 … 법인세법
법원설치 … 각급법원의 설치 및 폐지에 관한 법률
법재법 … 법원재난에 기인한 민형사사건 임시조치법
법조 … 법원조직법
부가세 … 부가가치세
부담금 … 부담금관리 기본법
부동산실명 … 부동산실권리자명의 등기에 관한 법률
부동산특조 … 부동산등기 특별조치법
상가임대차 … 상가건물 임대차보호법
상증세 … 상속세 및 증여세법
상특법 … 상고심절차에 관한 특례법
석유법 … 석유 및 석유대체연료 사업법
세무 … 세무사법
소세 … 소득세법
신용정보 … 신용정보의 이용 및 보호에 관한 법률
신탁 … 신탁법
여신 … 여신전문금융업법
유아교육 … 유아교육법
인세 … 인지세
임시수입세 … 임시수입부가세법
은행법 … 은행법
자본시장법 … 자본시장과 금융투자업에 관한 법률
자산공사 … 한국자산관리공사 설립 등에 관한 법률
자재평 … 자산재평가법
저작 … 저작권법
전자금융 … 전자금융거래법
전자등록 … 주식 · 사채 등의 전자등록에 관한 법률

전자문서 … 민사소송 등에서의 전자문서 이용 등에 관한 법률
전자정부 … 전자정부법
정보공개 … 공공기관의 정보공개에 관한 법률
정보통신 … 정보통신망 이용촉진 및 정보보호 등에 관한 법률
정부연구 … 정부출연연구기관 등의 설립·운영 및 육성에 관한 법률
재난안전 … 재난 및 안전관리 기본법
재외동포 … 재외동포의 출입국과 법적 지위에 관한 법률
조세처벌 … 조세범 처벌법
조세처벌절차 … 조세범 처벌절차법
조특 … 조세특례제한법
종부세 … 종합부동산세
주류면허 … 주류 면허 등에 관한 법률
주세 … 주세법
주택 … 주택법
주택임대차 … 주택임대차보호법
증권세 … 증권거래세
지기 … 지방세기본법
지방공기업 … 지방공기업법
지징 … 지방세징수법
지방교부세 … 지방교부세법
지세 … 지방세법
지자 … 지방자치법
지자체계약 … 지방자치단체를 당사자로 하는 계약에 관한 법률
지특 … 지방세특례제한법
출입관리 … 출입국관리법
특가 … 특정범죄 가중처벌 등에 관한 법률
하도급 … 하도급거래 공정화에 관한 법률
해외이주 … 해외이주법
행소 … 행정소송법
행심 … 행정심판법
행정절차 … 행정절차법
헌법 … 헌법
헌재법 … 헌법재판소법
형법 … 형법
형소 … 형사소송법
회계사 … 공인회계사법
회생파산법 … 채무자 회생 및 파산에 관한 법률

범 례

1. 각주에 있어서 우리 논문 명 및 미국 판례의 당사자 표시의 경우만 이탤릭체로 표시한다.
2. 각주에 있어서 학술지 등 정기간행물의 경우 『 』를 사용하여 표시한다. 예) 『조세법연구』
3. 우리의 판례는 다음과 같은 방식으로 각주에서 인용한다.

   헌재 2008.10.30. 2006헌바80.

   대법원 2012.1.19. 2008두8499 전원합의체 판결.

   대법원 2001.11.27. 99다22311.
4. 미국의 판례는 다음과 같은 방식으로 각주에서 인용한다.

   Gregory v. Helvering, 293 U.S. 465, 469 (1935).
5. 일본 판례는 다음과 같은 방식으로 각주에서 인용한다.

   日最判 昭和27年2月28日 刑集 6巻 3号 546頁。

   東京高判 昭和54年3月19日 高裁刑集 32巻 1号 44頁。

   日最判 平成27年7月17日 平成26年 (行ヒ) 第190号。
6. 한국의 도서 및 논문은 다음과 같은 방식으로 각주에서 인용한다.

   임승순, 조세법, 박영사, 2014, 58면.

   정승영, *일본에서의 실질과세원칙에 대한 논의와 시사점*, 『조세와 법』 제5권 제2호, 서울시립대학교 법학연구소 · 조세재정연구소, 2012.
7. 미국의 도서 및 논문은 각주에서 다음과 같이 인용한다.

   Camilla E. Watson, Tax Procedure and Tax Fraud, 4th Ed. West, 2012, at 106-108.

   Allen D. Madison, The Tension between Textualism and Substance-Over-Form Doctrines in Tax Law, 43 『Santa Clara Law Review』 699, at 700-702.
8. 일본의 도서는 각주에서 다음과 같이 인용한다.

   金子 宏、租税法、第16版、弘文堂、2011、19-20頁。

   下村 秀夫, 租税法律主義をめぐる諸問題 －税法の解釈と適用を中心として－, 『税務大學校論叢』 6号, 日本 税務大學校, 1972(昭和47年), 30頁。
9. 미국의 'Internal Revenue Code'는 'I.R.C.'로 표기한다.

10. 독일 'BVerfGE'는 'Amtliche Sammlung von Entscheidungen des Bundesverwaltungsgerichts'를 의미한다.

11. m.n.은 방주 번호(marginal number)를 의미한다.

12. OECD, UN 및 US 모델 조세조약은 할주(cut-in note)가 아닌 각주(footnote)에서 인용한다.

제1편

조세법 서론

제1장

조세일반론

제1절 조세의 필요성 및 기능

I 조세의 필요성

조세가 필요한 이유는 무엇인가?[1] 한 국가가 사용할 수 있는 자원(resources)은 유한하다. 그런데 국가가 사용할 수 있는 자원은 공적 부문(public sector)과 사적 부문(private sector)에 나누어져 있다. 따라서 공적 부문 즉 정부가 사용하는 자원의 양이 증가할수록 사적 부문인 민간이 사용할 수 있는 자원의 양은 감소한다. 즉 공적 지출(public spending)이 증가할수록 사적 지출(private spending)이 감소한다.

조세는 민간 부문의 자원을 공적 부문으로 이전하는 방법들 중 하나이다. 조세 이외의 다른 방법 역시 존재한다. 이 방법에는 정부가 화폐를 지나칠 정도로 발행하여 화폐의 가치를 떨어뜨리는 방법, 정부가 제공하는 재화 및 용역에 대하여 대가를 청구하는 방법 및 정부가 차입하는 방법 등이 포함된다. 이하 조세 이외의 다른 방법에 대하여 살핀다.

정부는 화폐를 필요 이상으로 많이 발행하여 화폐가치를 떨어뜨리는 방법(the debasement of the currency)**을 통하여 민간 부문의 자원을 공적 부문으로 이전할 수 있다.** 즉 정부는 화폐를 더 발행하고 이를 재화 또는 용역을 구입하는 대가로 이용할 수 있다. 화폐가치가 하락할수록 구매력(purchasing power)은 화폐의 보유자로부터 정부에게로 이전되게 된다. 이러한 방법이 갖는 가장 큰 문제는 인플레이션을 야기할 수 있다는 점이다. 이러한 일련의 과정은 학자들에 의하여 인플레이션 세금(inflation tax)이라고 기술된다.[2]

---

1) Simon James and Christopher Nobes, *The Economics of Taxation Principles, Policy and Practice*, 10th Ed., Fiscal Publications, 2010/2011, at 7-8에 기초하여 살핀다.

2) John, H.G., *Macroeconomics and Monetary Theory*, Gray-Mills, 1971, at 152 ; Friedman, M. and Friedman, R., *Free to Choose, Seeker and Warburg*, at 267-70 ; Simon James and Christopher Nobes, *op. cit.*, at 8에서 재인용.

또 다른 방법으로서 **정부는 자신이 제공하는 재화 또는 용역에 대하여 대가를 징수하는 방법을 통하여 민간 부문의 자원을 공적 부문으로 이전할 수 있다.** 그러나 정부가 제공하는 용역들(예를 들면 국방 또는 법률의 집행 등) 중 각 개인들이 이용하는 부분을 특정하고 이에 근거하여 대가를 받는다는 것은 매우 어려울 뿐만 아니라 불가능하다고 할 수도 있다.

나아가 **정부는 국민으로부터 또는 해외에서 자금을 차입하는 방법을 통하여 민간 부문의 자원을 공적 부문으로 이전할 수 있다.** 그러나 이들로부터 조달할 수 있는 금액에는 한계가 있다. 조세를 통하여 조달할 수 있는 금액에도 한계가 없는 것은 아니지만 그 조달금액의 크기는 차입의 경우를 훨씬 넘어선다.

정부는 민간 부문의 자원을 공적 부문으로 이전하기 위하여 위 네 가지 방법을 모두 사용하지만 조세가 국가의 가장 중요한 재정수입원에 해당한다.

Ⅱ 조세의 경제적 기능

조세는 어떠한 경제적 기능을 수행하는가?[3] Musgrave(1959)에 따르면 정부가 수행하는 경제적 기능은 주로 다음과 같은 세 가지 범주로 요약될 수 있다.[4] 첫째, 경제적 자원의 배분에 있어서 시장이 효율적으로 작동하지 않는 경우(이하 이를 '시장실패'라고 한다)에 이를 극복하는 것. 둘째, 재분배, 즉 사회가 공정하거나 형평에 부합한다(just or equitable)고 간주하는 분배를 달성하기 위하여 소득 또는 부를 재분배하는 것. 셋째, 경제안정화(stabilization), 즉 경기의 순환에 있어서 급격한 변화가 발생하지 않도록 적절하게 조정하고 높은 수준의 고용 및 가격안정성을 확보하는 것. **이하 조세의 경제적 기능을 정부의 기능과 관련하여 살핀다.**

첫째, 시장실패에 대하여 본다.

시장실패는 시장이 경제적 자원의 배분에 있어서 효율적으로 작동하지 않는 경우를 의미한다. 그렇다면 **시장이 효율적으로 작동한다는 것은 무엇을 뜻하는가?** 통상 다음과 같은 조건을 충족하는 경우에 시장이 효율적이라고 정의한다. 첫째, 개인들이 재화의 대가를 지불하지 않으면 그 재화를 소비하는 것으로부터 배제될 수 있을 것. 둘째, 외부효과(external

3) *Id.*, at 8-10에 근거하여 살핀다.
4) Musgrave, R. A., *The Theory of Public Finance*, McGraw-Hill : Simon James and Christopher Nobes, *op. cit.*, at 8에서 재인용.

effects)가 없을 것. 셋째, 시장이 완전경쟁 상태(perfectly competitive)일 것. 시장이 효율적이지 않다는 것은 위 각 조건 중 어느 하나를 충족하지 못하는 상태를 의미하는 것인 바, 이하 공공재(public goods), 가치재(merit goods), 외부효과 및 불완전경쟁(imperfect competition)의 개념을 통하여 시장의 비효율성에 대하여 살핀다.

공공재의 종류 역시 다양하고 각 종류별로 공공성의 정도 역시 다르다. 이하 순수 공공재(a pure public good)를 중심으로 그 특성을 살핀다. 순수 공공재는 두 가지 특성을 갖는다.

첫째, 개인들은 그 대가를 지불하지 않더라도 순수 공공재를 소비하는 것으로부터 배제되지 않는다. 이러한 특성으로 인하여 해당 순수 공공재를 제공하는 주체의 입장에서는 그 소비하는 자에 대하여 사용대가를 청구하기 어렵게 된다. 따라서 이것의 공급을 시장에 맡기게 되면 해당 재화가 과소 공급되게 된다. 둘째, 어느 한 개인이 순수 공공재를 소비한다고 하더라도 이로 인하여 다른 개인이 이를 소비하는 것에 지장을 주지 않는다. 기왕에 순수 공공재를 사용하고 있는 개인에 대하여 손해를 입히지 않고서 다른 개인이 해당 순수 공공재를 사용하는 것이 가능하다면, 다른 개인들이 그 사용대가를 지불하지 않는다는 이유만으로 그들이 해당 순수 공공재를 사용하지 못하게 하는 것이 오히려 비효율적이다. 이상의 두 가지 특성들로 인하여 시장은 공공재를 공급하기 위한 수단으로서는 적절하지 않다. 따라서 정부는 공공재를 공급하기 위하여 시장 이외의 수단을 찾아야 하고, 그 일환으로서 세금을 통하여 재원을 조달하게 된다.

정부는 공공재를 공급하는 기능 이외에도 특정 재화 또는 용역의 공급을 장려하거나 억제하는 기능을 수행하기도 한다. 전자의 경우 해당 재화 등을 '**가치재**'라고 하고, 오페라 등 예술적 공연 및 학교에서의 무상급식 등이 그 예에 해당한다. 그러나 이러한 가치재들이 반드시 공공재로서의 성격을 갖는 것은 아니다. 위 가치재의 경우와 반대되는 경우에 있어서의 해당 재화 등을 '비가치재(demerit goods)'라고 한다. 술, 담배 및 마약 등이 이에 해당한다. 위 가치재 및 비가치재에 대한 정부의 정책적 개입은 후견적인 것으로 간주될 수 있다. 따라서 순수한 경제적 관점에서는 정부가 개입하는 것이 그렇지 않은 경우보다 소비자의 이익에 부합한다는 점을 보여야 한다는 견해 역시 있을 수 있다. 그러나 이러한 논거를 찾는 것에 지나치게 얽매일 필요가 없다는 견해 역시 있다.[5] 본서에서는 조세가 가치재를

5) Musgrave, R. A. and Musgrave, P. B., *Public Finance in Theory and Practice*, 5th Ed., McGraw-Hill International Ed., 1989, at 57-58 ; Simon James and Christopher Nobes, *op. cit.*, at 9에서 재인용.

지원하기 위한 유용한 재원조달 수단이 될 수도 있고, 비가치재를 억제하기 위한 편리한 수단 역시 될 수 있다는 점에만 주목하기로 한다.

정부는 **외부효과**와 관련하여서도 일정한 역할을 하여야 한다. 외부효과는 외부편익(external benefits)[6]과 외부비용(external costs)[7]으로 나뉜다. 특정 재화의 생산과 관련하여 외부편익이 존재하면, 민간 부문의 회사들은 그들의 소비자가 아닌 다른 개인들에게 주어지는 편익을 고려하지 않기 때문에 해당 재화를 적정한 수준보다 적게 생산하게 된다. 외부비용이 있는 경우에는 반대로 해당 재화를 적정한 수준보다 많이 생산하게 된다. 외부효과를 제거하기 위한 여러 방법이 있을 수 있는 바, 그 중에서 외부편익이 있는 재화의 생산에 있어서는 조세를 통하여 조달한 재원으로부터 보조금(subsidy)을 지급하고 외부비용이 존재하는 재화의 생산에 대하여서는 조세를 부과하는 것이 주요한 해결방안이 될 수 있다.

불완전경쟁은 조세체계와 관련하여 또 다른 함의(implications)를 갖는다. 기본적인 경제이론에 따르면 독점상태의 기업들은 경쟁상태의 기업들에 비하여 보다 적은 양의 재화를 보다 높은 가격에 생산하게 된다. 따라서 이를 해결하기 위한 규제기관이 존재하여야 하는 바, 그 규제기관들을 지원하기 위한 재원은 조세를 통하여 조달된다.

둘째, 재분배에 대하여 본다.

시장에 의하여 결정된 소득 또는 부의 분배만이 사회가 가장 적절하다고 추구하는 분배와 일치하는 것이라고 할 수는 없다. 시장체제 하에서 개인의 소득은 '그가 소유하는 생산요소(the factors of production)' 및 '시장 내에서 거래되는 생산요소의 가격'에 의하여 결정된다. 그러나 사회구성원들은 통상 이러한 방식에 의하여 개인의 소득이 결정되는 것이 사회 구성원들 사이에서 자원을 분배하는 정당한 방식이라고 생각하지는 않는다. 위 방식에 따른 극단적인 예를 든다면, 어느 개인이 아무런 생산요소를 가지지 않는 경우(즉 그는 자본 또는 토지가 없고 일을 할 수 있는 능력마저 없다)에는 그 개인에게 소득은 전혀 주어지지 않는다는 것이 정당한 소득의 분배방식이라고 할 수는 없을 것이다. 만약 이러한 소득 및 부에 대한 분배방식이 낳은 결과에 대하여 사회가 바람직한 영향을 미치고자 한다면, 조세체계가 이를 위하여 사용할 수 있는 중요한 수단들 중 하나가 될 수 있다. 즉 시장을

6) 외부경제(external economy)라고도 한다.
7) 외부불경제 또는 외부비경제(external diseconomy)라고도 한다.

통하여 분배된 결과로 소득 및 부를 얻은 자들에 대하여 세금을 징수한 다음 이를 재원으로 시장의 분배에서 소외된 자들에게 공급할 수 있다.

셋째, 경제안정화에 대하여 본다.

정부는 높은 고용수준을 유지하도록 경제를 안정화시키는 동시에 물가 역시 안정화시키는 기능을 수행하여야 한다. 정부가 이러한 역할을 수행하는 것에 대하여서는 논쟁이 있지만, 조세체계가 정부가 원하는 수준의 활동에 영향을 미칠 수 있는 강력한 수단이라는 점에 대하여서는 논쟁이 존재하지 않는다.

자유시장은 희소한 자원을 생산하고 배분하는 측면에서는 효과적이지만 경제적 안정을 유지하기 위한 자율규제기능(self-regulating mechanism)의 측면에서는 부족하다고 믿는 자들은 정부가 자본주의 자체에 내재된 불안정성으로부터 시민과 단체들(citizens and institutions)을 보호하여야 한다고 주장한다. 즉 역사적으로 자본주의의 불안정성은 높은 실업, 심각한 가격변동(인플레이션 또는 디플레이션) 및 불균등한 경제발전(uneven economic growth)을 야기하여 왔는 바, 정부는 이러한 문제들에 대하여 재정정책(fiscal policy)을 통하여 대응하여야 한다. 이러한 입장은 케인즈에 의하여 대표되는 바, 이에 따르면 조세는 경제안정화를 위한 재정정책의 주요한 수단이 된다.[8)]

제2절 조세의 정의 및 분류

I 조세의 정의

1 헌법재판소에 의한 조세의 정의

조세는 어떻게 정의될 수 있는가? 우리 헌법 및 조세에 관한 법령들은 조세에 대하여 별도로 정의하지 않는다. 다만 헌법재판소에 의하면, **조세**는 "국가가 재정수요를 충족시키거나 경제적·사회적 특수정책의 실현을 위하여 헌법상 국민의 납세의무에 근거하여 국민에 대하여 아무런 특별한 반대급부 없이 강제적으로 부과·징수하는 과징금"을 의미한다.[9)]

8) Sally M. Jones · Shelly C. Rhodes-Catanach, Principles of Taxation for Business and Investment Planning, McGraw-Hill Irwin, 2012, at 29-32.
9) 헌재 2011.6.30. 2009헌바55 ; 헌재 1990.9.3. 89헌가95.

또한 헌법재판소에 의하면, **과징금**은 행정청이 일정한 법률위반행위로 인한 불법적인 이익을 박탈하고, 의무의 이행을 강제하기 위하여 위반자에게 부과·징수하는 금전을 의미한다.[10] 그런데 납세의무는 일정한 법률위반을 전제하거나 의무의 이행을 강제하기 위하여 부과·징수하는 것이 아니라 국가가 국민에게 경제활동과 관련된 자유를 포함하는 기본권을 보장하고 실질적인 자유와 평등을 실현하기 위하여 헌법상 부과되는 것이다.[11] 따라서 일정한 법률위반을 전제하거나 의무의 이행을 강제하기 위하여 부과·징수하는 과징금이라는 용어를 조세를 정의함에 있어서 그대로 사용할 수는 없다. 그런데 위 헌법재판소의 과징금에 대한 정의에서 '부과목적' 및 '법률위반자에게 부과 및 징수한다는 점'을 제거하면, 과징금이 단순히 금전을 의미한다는 것만 남게 된다. 그렇다면 위 조세에 대한 정의에 사용된 과징금이라는 용어는 금전을 의미하는 것으로 보는 것이 적절하다. 이상의 논의에 따르면 헌법재판소가 조세를 **"국가가 재정수요를 충족시키거나 경제적·사회적 특수정책의 실현을 위하여 헌법상 국민의 납세의무에 근거하여 국민에 대하여 아무런 특별한 반대급부 없이 강제적으로 부과·징수하는 금전"**으로 정의하는 것으로 보아야 한다.

2 조세의 정의

가. 경제학 상 조세의 정의 및 관련 법령들에 대한 개관

경제학에서는 조세를 일반적으로 "공적 단체(public authorities)**에 의하여 직접적으로 아무런 대가를 지불하지 않고서 강제적으로 부과되는 금전"으로 정의한다.**[12]

한편 조세의 정의와 관련된 현행 법령들의 내용은 다음과 같다.

헌법상 규정들에 대하여 본다. 모든 국민은 법률이 정하는 바에 의하여 납세의 의무를 진다(헌법 38조). 조세의 종목과 세율은 법률로 정한다(헌법 59조). 입법권은 국회에 속한다(헌법 40조). 대통령은 법률에서 구체적으로 범위를 정하여 위임받은 사항과 법률을 집행하기 위하여 필요한 사항에 관하여 대통령령을 발할 수 있다(헌법 75조). 국민의 모든 자유와 권리는 국가안전보장·질서유지 또는 공공복리를 위하여 필요한 경우에 한하여 법률로써 제한할 수 있으며, 제한하는 경우에도 자유와 권리의 본질적인 내용을 침해할 수 없다(헌법 37조 2항). 대통령은 내우·외환·천재·지변 또는 중대한 재정·경제상의 위기에 있어서

10) 헌재 2001.5.31. 99헌가18 ; 헌재 2011.6.30. 2009헌바55.
11) 제2장 제1절 II 외국인 및 법인의 납세의무 참조.
12) Simon James and Christopher Nobes, *op. cit.*, at 10.

국가의 안전보장 또는 공공의 안녕질서를 유지하기 위하여 긴급한 조치가 필요하고 국회의 집회를 기다릴 여유가 없을 때에 한하여 최소한으로 필요한 재정・경제상의 처분을 하거나 이에 관하여 법률의 효력을 가지는 명령을 발할 수 있다(헌법 76조 1항). 국회는 상호원조 또는 안전보장에 관한 조약, 중요한 국제조직에 관한 조약, 우호통상항해조약, 주권의 제약에 관한 조약, 강화조약, 국가나 국민에게 중대한 재정적 부담을 지우는 조약 또는 입법사항에 관한 조약의 체결・비준에 대한 동의권을 가진다(헌법 60조 1항). 지방자치단체는 주민의 복리에 관한 사무를 처리하고 재산을 관리하며, 법령의 범위 안에서 자치에 관한 규정을 제정할 수 있다(헌법 117조 1항).

지방자치법 및 지방세기본법에 대하여 본다. 지방자치단체는 법률로 정하는 바에 따라 지방세를 부과・징수할 수 있다(지자 135조). 지방자치단체는 지방세의 세목, 과세대상, 과세표준, 세율, 그 밖에 부과・징수에 필요한 사항을 정할 때에는 이 법 또는 지방세관계법에서 정하는 범위에서 조례로 정하여야 한다(지기 5조 1항).

관세법에 대하여 본다. 정부는 우리나라의 대외무역 증진을 위하여 필요하다고 인정될 때에는 특정 국가 또는 국제기구와 관세에 관한 협상을 할 수 있다(관세 73조 1항).

부담금관리 기본법에 대하여 본다. 부담금이란 중앙행정기관의 장, 지방자치단체의 장, 행정권한을 위탁받은 공공단체 또는 법인의 장 등 법률에 따라 금전적 부담의 부과권한을 부여받은 자가 분담금, 부과금, 기여금, 그 밖의 명칭에도 불구하고 재화 또는 용역의 제공과 관계없이 특정 공익사업과 관련하여 법률에서 정하는 바에 따라 부과하는 조세 외의 금전지급의무(특정한 의무이행을 담보하기 위한 예치금 또는 보증금의 성격을 가진 것은 제외한다)를 말한다(부담금 2조).

나. 조세를 실질적으로 정의하기 위한 요소들

헌법상 납세의무의 부과근거(헌법 38조)를 비롯한 위 각 규정들로부터 조세를 실질적으로 정의하기 위한 요소들을 다음과 같이 추출할 수 있다.

첫째, 납세의무는 국회가 제정한 법률, 지방자치단체가 정하는 조례, 대통령령을 포함한 행정부의 명령 및 대통령이 발하는 긴급재정경제명령에 의하여서만 창설될 수 있다. 지방자치단체는 주민의 복리에 관한 사무를 처리하고 재산을 관리하며, 법령의 범위 안에서 자치에 관한 규정을 제정할 수 있다(헌법 117조 1항). 대통령령을 포함한 행정부의 명령은 법령이 정하는 범위 내에서만 제정될 수 있고(헌법 75조, 95조), 대통령의 긴급재정경제명령 역시 법률과 동일한 효력을 갖는 것으로 의제되며(헌법 76조), 조약 역시 국회의 비준을 통하여 법률과 같은 효력을 가진다(헌법 6조, 60조, 73조). 그렇다면 **조세는 법률에 의하여서만 제정된다고 할 수 있으므로, 결국 납세의무는 국회, 행정부 및 지방자치단체에 의하여 법률을 통하여서만 창설될 수 있다.**

둘째, 본서는 납세의무를 국가가 국민에게 경제활동과 관련된 자유를 포함하는 기본권을 보장하는 대가로서 실질적인 자유와 평등을 실현하기 위하여 헌법상 부과되는 것으로 파악한다.[13] 미국 판례 역시 미국 시민권자에게 부여된 기본권 및 그에 대한 보호가 미치는지 여부가 과세권의 발생 여부에 대한 주요한 결정요인(primary determinants)이라고 한다.[14] 따라서 조세는 **헌법이 공공목적을 위한 재원(국민에게 경제활동과 관련된 자유를 포함하는 기본권을 보장하고 실질적인 자유와 평등을 실현하기 위한 재원)을 조달하기 위하여 부여한 납세의무가 법률을 통하여 구체화된 것**으로 파악할 수 있다.

셋째, **납세의무는 납세자의 의사를 직접적으로 고려하지는 않고 그와 무관하게 강제적으로 부과된다. 그러한 의미에서 조세의 부과는 일방적인 권력작용에 속한다.** 이러한 속성은 '납세의무는 법률에 의하여서만 창설되는 바 그 법률은 개별 납세자의 의사와는 무관하게 제정된다는 점'으로부터 발생하는 것이다. 이러한 속성으로 인하여 조세는 국가의 재산 또는 사업 등으로부터 발생하는 수입, 즉 국가의 경제활동으로부터 발생하는 수입과는 구별된다.[15]

넷째, **납세는 의무이므로 납세자가 납세의무의 이행에 대한 대가를 요구할 수 없고 납세가 국가가 제공하는 재화 또는 용역에 대한 대가로서의 성질 역시 가지지 않는다.** 납세자가 국가로부터 어떠한 형태이든 일정한 수익을 받는 것은 분명하지만 그 수익과 납세의무는 간접적인 관계에 그친다. 이 점에서 조세는 각종의 사용료, 수수료 및 특허료 등과 구별된다.[16] 다만 이 쟁점은 납세의무가 국가 전체의 관점에서 국가가 국민에게 경제활동과 관련된 자유를 포함하는 기본권을 보장하는 대가로서 부과된다는 점과는 구분되는 것이다.

다섯째, **조세는 헌법상 납세의무를 부담하는 자 모두에 대하여 일반적으로 부과되는 것**

13) 제2장 제1절 II 외국인 및 법인의 납세의무 참조.
14) G.W. Cook v. G.L. Tait SCt, 1 USTC 92, 265 US 47, 44 SCt 444.(1924)
15) 金子 宏、租税法、第16版、弘文堂、2011、10頁。
16) 上掲書。

으로서 특정 공익사업과 관련하여 특정 집단에 대하여 부과되는 것은 아니다. 이에 반하여 특정 공익사업을 달성하기 위한 재원을 마련하기 위하여 특정 공익사업과 관련된 특정 집단에 대하여 부과하는 것이 **부담금**이다. 헌법재판소 역시 부담금을 조세와 구별하고, 부담금을 '재정조달목적의 부담금', '정책실현목적의 부담금' 및 '특별부담금'으로 나누어 판시한다. 다만 헌법재판소의 부담금에 대한 판시와 관련된 자세한 사항은 아래 '헌법재판소 조세정의에 대한 검토부분'에서 살핀다.

부담금은 재산권을 침해하는 법률로서 도입된 것이므로 "국가안전보장 · 질서유지 또는 공공복리를 위하여 필요한 경우에 한하여" 부과될 수 있다는 제한(헌법 37조 2항)에 기속된다. 그러나 헌법상 납세의무 자체에 근거한 조세는 위 '국가안전보장 · 질서유지 또는 공공복리'라는 목적의 제한에 기속되지 않는 것으로 판단한다. 즉 조세는 공공목적의 재원(국민에게 경제활동과 관련된 자유를 포함하는 기본권을 보장하고 실질적인 자유와 평등을 실현하기 위한 재원)을 마련하기 위하여 부과된 헌법상 납세의무 자체에 근거한 것이므로, 부담금과 관련된 위 헌법상 한계는 적용되지 않는 것으로 본다. 이는 국가안전보장 · 질서유지 또는 공공복리를 위한다는 것만으로는 헌법상 납세의무의 존재근거를 설명할 수 없기 때문이다. 다만 조세 역시 기본권을 보장하고 실질적 자유와 평등을 실현하기 위하여 부과되는 것이기는 하나 결과적으로 재산권의 침해 역시 수반되는 측면이 있으므로 **"자유와 권리의 본질적인 내용을 침해할 수 없다"는 헌법상 제한은 조세에 대하여서도 적용되어야 할 것이다.** 법률을 통하여 국민의 자유와 권리의 본질적인 내용을 침해한다는 점과 국민에게 경제활동과 관련된 자유를 포함하는 기본권을 보장하고 실질적인 자유와 평등을 실현하기 위한다는 목적이 양립할 수 없기 때문이다. 한편 **일반재원에 '충당'하는지 여부에 의하여 조세와 부담금을 구별하는 것은 타당하지 않다.** 미리 특정 목적에 지출할 것을 예정하여 부과되는 목적세의 경우 역시 후술하는 바와 같이 헌법상 납세자 일반에 대하여 그 부담능력에 응하여 일반적인 기준에 따라 부과된다면 역시 조세로 보아야 한다.[17] **다만 조세나 부과금 등의 부담금에 관한 법률의 해석에 관하여, 부과요건이거나 감면요건을 막론하고 특별한 사정이 없는 한 법문대로 해석해야 하고 합리적 이유 없이 확장해석하거나 유추해석하는 것은 허용되지 않는다.**[18]

17) 같은 취지 : 上揭書。
18) 대법원 2022.12.29. 2022다218585 ; 대법원 2023.9.21. 2023두39724.

여섯째, 조세는 헌법상 납세의무로서 부과되는 것이므로 그 납세자가 국가로부터 이익을 받은 정도를 기준으로 부과될 수 없다. 또한 국가로부터 이익을 받는 정도를 측정할 수도 없다. 한편 **조세가 헌법상 납세의무에 근거하여 부과되는 것이라면, 납세의무를 부과하는 기준은 어떻게 정하여지는 것이 타당한가? 해당 납세의무는 납세자의 의무부담능력에 따라 부과되는 것이 타당하다.** 조세의 부과 및 징수에 있어서 합리적 이유가 없이 특정의 납세자를 불리하게 차별하거나 우대하는 것은 헌법상 평등의 원칙에 반하는 것이고,[19] 특정의 납세자를 불리하게 차별하거나 우대하였는지 여부는 각 납세자의 조세에 대한 부담능력, 즉 담세능력을 기준으로 판단하여야 하기 때문이다. 즉 동일한 담세능력을 가진 자는 원칙적으로 동일하게 과세할 것이 요청되며, 다른 한편으로 담세능력이 다른 사람들 사이에서는 보다 담세능력이 큰 자에게 보다 많이 과세하여 조세부담을 공평하게 배분할 것이 요청된다.[20] **특정 정책목표의 달성을 위하여 특정 납세자 집단을 대상으로 조세를 부과하거나 중과세하는 것이 헌법상 기본권 보장의 관점에서 허용될 수 있는가?** 특정 납세자 집단에 속한다는 사실로 인하여 해당 납세자들의 담세능력을 달리 평가할 수 있다면 해당 납세자 집단을 대상으로 조세를 부과하거나 중과세할 수 있다. 그러나 **특정 정책목표의 달성을 위하여, 특정 납세자 집단 구성원들의 담세능력과 무관하게, 그 집단에 속한다는 사실 자체에 근거하여 조세를 부과하거나 중과세하는 것은 합리화될 수는 없다.** 즉 장래 달성하여야 할 정책목표 자체가 납세의무 창설의 근거가 될 수는 없다. **이는 특정 납세자 집단에 포함된다는 사실이 담세능력 상 차이를 암시한다고 하더라도 역시 합리화될 수 없다.** 납세자의 담세능력은 법률 상 해당 과세요건으로서 명확히 규정되어야 하고 또한 합리적으로 측정 또는 구분되어야 하기 때문이다. 다만 이 쟁점은 조세가 특정 상황과 관련된 담세능력을 포착하여 과세 또는 중과세하여 납세자의 장래 특정 행위를 억제하는 것과는 구분된다. **특정 세목의 담세능력과 무관한 사실관계를 해당 과세요건에 편입할 수 있는가?** 특정 세목에 대한 과세요건이 해당 세목의 담세능력을 직접 또는 간접적으로 표창하는 것이라면 이와 무관한 사실관계를 해당 과세요건에 '부수적으로 편입하는 것'은 조세입법권의 재량에 속한다고 볼 수 있다. 다만 담세능력과 무관한 사실관계를 과세요건에 편입하는 것을 통하여 '일반 법률의 경우 준수하여야 할 헌법상 재산권의 수용 또는 기본권 제한에 관한 규정

19) 헌재 1997.10.30. 96헌바14.
20) 헌재 2002.8.29. 2001헌가24.

을 잠탈하는 것인지 여부'는 별도로 검토되어야 한다. 한편 위 '과세요건에 부수적으로 편입할 수 있는 사실관계'에 '동일 세목으로 과세된다고 할지라도 사실관계의 동일성이 인정되지 않아서 별도의 과세단위로 과세되어야 하는 사실관계'는 포함될 수 없다. 별도의 과세단위에 대하여 과세하도록 규정하는 개별 세법의 규정에 반할 뿐만 아니라 동일한 과세단위를 이중으로 과세하는 것을 정당화할 수 있는 헌법상 가치 역시 없기 때문이다. 또한 동일한 과세대상에 대한 것이라고 할지라도 과거 또는 장래의 사실관계는 납세의무 성립 당시의 사실관계와는 구분되는 별도의 사실관계에 해당한다. 또한 **조세는 공공목적의 재원을 마련하기 위하여 부과되는 것이므로 헌법상 기본권의 향유주체가 되는 헌법상 납세자를 차별하지 않고 그 모두에 대하여 일반적 기준에 따라 부과되어야 한다.** 즉 조세가 특정 납세자에 대하여서만 적용될 수 있는 기준을 적용하여 조달한 재원을 헌법상 기본권 향유주체 일반을 위하여 사용한다면 이는 그 자체로 평등의 원칙에 반하는 것이므로, 조세는 '헌법상 기본권의 향유주체가 되는 헌법상 납세자 모두에 대하여 적용할 수 있는 일반적 기준'에 따라 부과되어야 한다. 만약 헌법상 기본권의 향유주체가 되는 헌법상 납세자 모두에 대하여 일반적 기준에 따라 부과하는 조세가 납세자 전체의 부담능력에 비하여 과다하다면 이는 해당 납세자의 자유와 권리의 본질적인 내용을 침해하는 것에 해당할 수 있다. 이러한 점에서 사유재산제도 자체를 말살하는 내용의 조세는 자유와 권리의 본질적인 내용을 침해하는 것으로서 허용되지 않는다고 보아야 한다. 이상 논의들을 종합하면, 조세는 '헌법상 기본권의 향유주체인 납세자 모두에 대하여 그 부담능력에 응하여 일반적인 기준'에 따라 부과되어야 한다는 것으로 결론이 지워진다. **조세는 헌법상 기본권의 향유주체가 되는 헌법상 납세자 모두에 대하여 적용할 수 있는 일반적 기준에 따라 부과되어야 하는바, 일반적 기준에 따라 부과되는지 여부는 어떻게 판정되어야 하는가?** 조세는 납세자의 담세능력에 따라 부과되어야 하므로, 일반적 기준 역시 담세능력을 직접 또는 간접적으로 표창할 수 있어야 한다. 개별 세법 규정이 적용되기 이전에 이미 발생한 행위 또는 거래의 결과에 근거하여 조세를 부과하는 것은 이미 발생한 특정 행위 또는 특정 납세자에 대하여 조세를 부과하는 것에 해당할 뿐 이를 두고 일반적 기준에 의하여 조세를 부과한다고 할 수는 없다. 게다가 이는 납세의무는 법률에 의하여 창설된다는 조세법률주의 자체에도 반한다. 또한 조세를 부과하는 기준이 특정되지 않고 일반적이라는 의미는 해당 과세요건을 충족할 가능성이 추상적 의미에서 납세자 일반에게 열려 있다는 것을 의미한다. 과세요건을 충족할 가능성은 각 세목 별로 판단하여야 한다. 세목은 개별 세법에 의하여 정하여지는바, 어느 세목에 대한 과세요건 충족 가능성을 들어 다른 세목에 대한 과세요건 충족 가능성이 있다고 판단한다면 해당 개별 세법과 무관하게 납세의무를 창설하는 것으로서 조세법률주의에 반하기 때문이다. 추상적 의미에서 열려 있다는 것은 '해당 담세능력의 형성 여부가 납세자 개인의 각 구체적 사정과 무관하게 해당 세목과 관련된 납세자 일반에 대하여 열려 있다는 것'을 의미한다. 이상의 논의에 따르면, **조세를 일반적 기준에 의하여 부과한다는 것은 특정 세목의 담세능력을 직접 또는 간접적으로 표창하는 과세요건이 개별 세법에 의하여 납세의무가 성립한 이후에 발생하거나 존속하는 사실관계로 구성되고 그 담세능력의 형성 여부가 납세자 개인의 각 구체적 사정과 무관하게 해당 세목과 관련된 납세자 일반에 대하여 열려 있다는 것을 의미한다.** 한편 **조세가 조세와 무관한 특정 의무위반 자체를 과세요건으로 하여 부과될 수 있는가?** 이 질문에 답하기 이전에 먼저 헌법상 납세의무가 조세와 무관한 특정 의무위반 자체를 과세요건으로 하여 발생할 수 있는지 여부를 살펴야 한다. 헌법상 납세의무가 조세와 무관한 특정 의무위반 자체를 과세요건으로 하여 발생하기 위하여서는, 그 납세의무의 발생 이전에 헌법 또는 법률이 부여하는 의무가 존재하고 또한 그에 대한 의무위반이 있을 것이 전제되어야 한다. 그러나 헌법상 납세의무가 다른 헌법상 의무위반 자체를 전제로 하여 발생하는 것으로 해석할 헌법상 근거는 전혀 없다. 즉 헌법상 납세의무가 다른 헌법상 의무의 존재를 전제로 하여 발생할 수는 없다. 헌법상 각 의무에 관한 규정들(헌법 39조, 31조 2항. 32조 2항, 35조, 23조 2항)은 해당 의무별로 각 법률의 규정에 따라 그 의무의 내용 등에 관하여 정할 수 있기 때문에 각 의무를 위반한 경우에 대한 제재적 조치 또는 해당 의무의 이행을 위한 강제적 조치 역시 독자적으로 정할 수 있기 때문이다. 또한 헌법상 납세의무가 다른 헌법상 의무에 근거하여 그 하위 단계의 규범으로 제정된 법률 상 의무의 존재에 의하여 제약되는 것은 법령의 체계상 모순되는 것이다. 게다가 일정한 의무를 위반하거나 이행하지 않았다는 규범적 판단 자체는 납세자의 담세능력과는 무관한 것으로서, 공공목적을 위한 재원을 마련하기 위한 일반적인 기준으로서 기능할 수 없는 것이다. 이러한 이유로 조세와 무관한 특정 의무위반 자체를 과세요건으로 하여 조세를 부과하는 것은 헌법상 납세의무 자체의 속성에 내포된 것으로 볼 수 없다. 따라서 헌법상 납세의무가 법률을 통하여 구체화된 개별세법 역시 담세능력과 상관없이 조세와 무관한 특정 의무위반 자체를 과세요건으로 정할 수는 없다. 일정한 의무위반자에 대한 제재수단으로서 또는 해당 의무의 이행을 위한 강제수단으로서 금전의 납부의무를 부과하는 예로서는 벌금, 과료 및 교통범칙금 등이 있는 바, 이들은 형사 상 또는 행정 상 제재수단으로서 부과되는 것이지 공공목적을 위한 재원을 마련하기 위하여 부과되는 것은 아니므로, 조세와는 그 성질이 다르다.[21] **다만 조세가 특정 상황과 관련된 담세능력을 포착하여 과세하거나 감면함으로 인하여 특정 행위를 결과적으로 억제하거나 장려할 수는 있는 바, 이는 위 쟁점과는 무관한 것이다.** 특정행위 자체를 과세요건으로 하는 것과 조세와 무관한 특정 의무위반 자체를 과세요건으로 하는 것은, 전자는 과세대상인 사실에 관련된 것인 반면에 후자는 납세의무의 내용 자체를 창설하는 것과 관련된 것이라는 점에서 다르기 때문이다. 또한 **법령 또는 사회질서에 반하는 행위를 하는 자에 대하여서도 담세능력을 감안하여 조세특례를 부여할 수 있는지 여부 역시 전혀 별개의 쟁점에 해당한다.** 즉 이는 납세의무의 창설이 아니라 혜택을 부여하는 것과 관련된 것이므로 다른 쟁점에 속한다. 또한 법령 또는 사회질서에 반하는 행위를 하는 자에 대하여서도 조세특례를 부여한다는 것은 조세가 위법행위를 오히려 장려하거나 촉진하는 기능을 하는 것으로서 이를 뒷받침할 규범적 가치가 존재하지 않고 기본권의 진정한 실현을 목적으로 하는 조세의 정의 자체에도 어긋나는 것이다. 따라서 조세특례를 부여함에 있어서는 그 수혜자에게 법령 또는 사회질서에 반하는 행위가 존재하지 않을 것을 전제로 하는 것은 타당하다.

한편 **가산세** 등과 같이 납세의무의 위반을 제재하고 납세의무의 이행을 담보하기 위하여 부과한 금원의 경우는 달리 보아야 한다. 가산세가 제재수단으로서 기능하는 것은 사실이다. 판례 역시 납부지연가산세는 납세의무자가 신고납부기한까지 미납부한 금액에 대하여 금융혜택을 받은 것으로 보아 그 납부의무 위반에 대하여 가하는 행정 상 제재로서의 성질을 가진다고 판시한다.[22] 그러나 이는 납세의무의 위반에 대한 제재라는 점에서 다른 제재수단과는 구별된다. 이는 법률을 통하여 구체화된 헌법상 납세의무를 전제로 하여 그 납세의무를 효과적으로 징수하기 위하여 부과되는 것이고, 납세의무에 대한 징수절차 역시 헌법상 법률의 수권사항(헌법 38조)에 속하는 것이기 때문이다. 가산세 등 역시 공공목적을 위한 재원을 조달하기 위한 절차의 일환으로서 부과되는 조세에 해당한다고 볼 수 있다.

일곱째, **조세는 금전의 지급의무를 의미한다.** 화폐경제 하에서 현실적으로 각국에서 조

21) 유사한 취지 : 金子 宏、前掲書、9頁。
22) 대법원 2010.1.28. 2008두8505, 8512; 대법원 2013.7.11. 2013두5470.

세가 금전으로 납부되고 있다는 점과 경제학 상 조세의 용례에 비추어 볼 때에 조세를 금전으로 납부한다는 것은 당연한 것으로 여겨진다. 그러나 규범적으로는 이를 "조세의 종목과 세율을 법률로 정한다"고 규정하는 규정(헌법 59조)으로부터 추론할 수 있다. 세율을 곱하여 결정되는 조세는 숫자 즉 화폐로 표시될 수밖에 없기 때문이다. 또한 조세는 헌법상 납세의무가 법률을 통하여 구체화된 것이므로, 조세는 '부과된 금전 또는 금액 자체'가 아니라 '부과된 금전의 지급의무'를 의미한다. 조세는 금전의 지급의무이므로 이를 금전으로 납부하는 것이 원칙이나 예외적으로 물납이 허용되는 경우가 있다(상증세 73조 등). 그러나 물납 역시 납부되는 재산의 사용가치가 아니라 금전적 교환가치를 기준으로 허용되는 것이므로 물납의 존재는 조세가 금전의 지급의무를 의미한다는 조세의 정의에 장애를 주는 것은 아니다.[23] 물납은 이러한 속성으로 인하여 재산의 사용가치에 주목하여 의무가 부과되는 토지수용 등과는 구별된다.[24] 또한 인지세의 경우에는 세액에 상당하는 수입인지를 과세대상 문서에 첨부하는 방법으로 그 세액을 납부하는 바(인세 8조), 이러한 인지납부 역시 그 세액 상당의 금전지급의무를 이행하기 위한 수단으로 보아야 한다.

다. 조세의 각 정의에 대한 검토

이하 경제학 상 조세의 정의 및 헌법재판소의 조세 정의를, 조세를 실질적으로 정의하기 위한 요소들(이하 '조세정의 요소들'이라고 한다)을 기준으로 하여 다음 각 쟁점별로 검토한다.

(1) 경제학 상 조세 정의 중 '공적 단체(public authorities)'의 의미

경제학 상 조세는 "공적 단체에 의하여 직접적으로 아무런 대가를 지불하지 않고서 강제적으로 부과되는 금전"으로 정의되는 바, 이 경우 '공적 단체'는 우리 헌법상 무엇을 의미하는가? 위 조세 정의 요소들에서 살핀 것과 같은 이유로 위 공적 단체는 '국회, 행정부 및 지방자치단체'를 의미하는 것으로 보아야 한다.

23) 같은 취지 : 上揭書、11頁。
24) 上揭書。

(2) 헌법재판소의 조세 정의 중 '경제적 · 사회적 특수정책의 실현을 위하여'라는 문구의 의미

헌법재판소는 조세를 "국가가 재정수요를 충족시키거나 경제적 · 사회적 특수정책의 실현을 위하여 헌법상 국민의 납세의무에 근거하여 국민에 대하여 아무런 특별한 반대급부 없이 강제적으로 부과 · 징수하는 금전"이라고 정의하는 바, **헌법재판소에 의한 조세의 정의에 포함된 '경제적 · 사회적 특수정책의 실현을 위하여'라는 문구가 경제적 사회적 특수정책의 실현을 위한 의무의 이행을 강제하기 위하여서도 조세를 부과할 수 있다는 것을 의미하는 것인가?** 조세를 '재정수요를 충족시키거나 경제적 · 사회적 특수정책의 실현을 위하여' 부과하는 것으로 정의한다면 마치 국가가 '국민에게 경제활동과 관련된 자유를 포함하는 기본권을 보장하고 실질적인 자유와 평등을 실현하기 위한 재정수입원'으로서 조세를 부과하는 것이 아니라 경제적 · 사회적 특수정책을 실현하는 것 자체를 위하여서도 조세를 부과할 수 있는 것으로 이해될 여지가 있다. 그러나 헌법상 납세의무는 헌법상 국가가 국민에게 경제활동과 관련된 자유를 포함하는 기본권을 보장하고 실질적인 자유와 평등을 실현하기 위하여 부과하는 금전지급의무에 해당하고, 상술한 바와 같이 헌법상 납세의무가 '일정한 법률위반자에 대한 제재수단으로서 또는 의무의 이행을 위한 강제수단으로서' 기능할 수는 없다. 따라서 헌법상 납세의무에 근거한 조세를 경제적 · 사회적 특수정책을 실현하는 것 자체를 위하여 부과한다는 것은 조세의 속성에 반하는 것이다. 따라서 헌법재판소의 조세정의 상 '경제적 · 사회적 특수정책의 실현을 위하여'라는 문구는 '일반적인 재정수요를 충족하거나 경제적 · 사회적 특수정책의 실현을 위한 재정수요를 충족하기 위하여'를 의미하는 것으로 해석되어야 한다.

(3) 헌법재판소 조세 정의와 부담금

헌법재판소는 조세를 국가가 재정수요를 충족시키거나 경제적 · 사회적 특수정책의 실현을 위하여 헌법상 국민의 납세의무에 근거하여 국민에 대하여 아무런 특별한 반대급부 없이 강제적으로 부과 · 징수하는 금전이라는 취지로 정의한다. 반면에 부담금과 관련하여서는 "부담금은 조세에 대한 관계에서 어디까지나 예외적으로만 인정되어야 하며, 어떤 공적 과제에 관한 재정조달을 조세로 할 것인지 아니면 부담금으로 할 것인지에 관하여 입법자의 자유로운 선택권을 허용하여서는 안 된다. 부담금 납부의무자는 재정조달 대상인 공적

과제에 대하여 일반국민에 비해 '특별히 밀접한 관련성'을 가져야 하며, 부담금이 장기적으로 유지되는 경우에 있어서는 그 징수의 타당성이나 적정성이 입법자에 의해 지속적으로 심사될 것이 요구된다. 다만, 부담금이 재정조달목적뿐 아니라 정책실현목적도 함께 가지는 경우에는 위 요건들 중 일부가 완화된다"고 판시한다.[25] 즉 **헌법재판소에 의하면 부담금은 조세와 달리 재정조달 대상인 공적 과제에 대하여 일반국민이 아니라 '특별히 밀접한 관련성'을 가진 납부의무자에 대하여 부과되는 것이다.** 그렇다면 조세의 정의 자체에 부담금과 구별될 수 있는 요소가 포함되어야 할 것이나, 위 헌법재판소의 조세 정의에는 이 점이 반영되어 있지 않다.

한편 2001년 12월 31일 제정되고 2010년 3월 31일 일부 개정되어 시행 중인 부담금관리기본법은 부담금을 "재화 또는 용역의 제공과 관계없이 '특정 공익사업과 관련하여' 법률이 정하는 바에 따라 부과하는 조세 외의 금전지급의무"라고 정의한다. 즉 부담금은 특정 공익사업과 관련하여 부과되는 것이라는 점을 명시하고 있다. 그러나 헌법재판소는 2001년 11월 29일 결정을 통하여 특별부담금은 특정의 공익사업이라는 것이 존재하지 아니하더라도 국가적 목적 달성을 유도하기 위해 부과될 수 있다는 취지로 다음과 같이 판시한 바가 있다. 즉 "과밀부담금은 전통적 의미의 부담금에 전제되어 있는 특정의 공익사업이라는 것이 존재하지 아니하고, 기본적으로 과밀억제권역 내에서의 인구집중유발시설의 신축·증설을 억제함으로써 수도권의 과밀해소 및 지역균형발전이라는 국가적 목적 달성을 유도하기 위해 부과되는 것이라는 점에서 특별부담금이라고 할 것이다. 특별부담금은 공적기관에 의한 반대급부가 보장되지 않는 금전급부의무를 설정하는 것이라는 점에서 조세와 유사하나, 특별한 과제를 위한 재정충당을 위하여 부과된다는 점에서 일반적인 국가재정수요의 충당을 위하여 부과되는 조세와는 구분되고, 무엇보다도 특정집단으로부터 징수된다는 점에서 일반국민으로부터 그 담세능력에 따라 징수되는 조세와는 다르다. 조세나 부담금과 같은 전통적인 공과금체계로는 현대국가의 새로운 행정수요에 원활하게 대처할 수 없기 때문에 특별부담금이라는 새로운 유형의 공과금을 도입할 필요성이 인정되고, 우리 헌법 제37조 제2항에 의하면 국민의 모든 자유와 권리는 국가안전보장·질서유지 또는 공공복리를 위하여 필요한 경우에 한하여 법률로써 제한할 수 있도록 하고 있으므로, 국민의 재산권을 제한하는 특별부담금제도를 도입하는 것 자체는 헌법상 문제가 없다고 할 것이다. 다만 특별부담

25) 헌재 2004.7.15. 2002헌바42.

금을 부과함으로써 국민의 재산권을 제한하는 법률규정이 헌법에 위배되지 않기 위하여는 헌법 제37조 제2항에서 정하고 있는 과잉금지의 원칙이 지켜져야 하고, 평등의 원칙에 위배되어서는 아니됨은 물론이다"[26] 그러나 위 판시는, '부담금관리 기본법이 제정되기 이전의 것에 해당한다는 점', '특정 공익사업이 없다고 하더라도 국가적 목적 달성을 유도하기 위하여서도 부담금을 부과할 수 있다는 것은 현행 부담금관리 기본법에도 어긋난다는 점' 및 '부담금과 조세를 특별한 과제를 위한 재정충당을 위하여 부과되는지 아니면 일반적인 국가재정수요의 충당을 위하여 부과되는지 여부에 의하여 구분하는 것은 목적세 역시 부담금으로 파악할 여지가 있기 때문에 타당하지 않다는 점'에 각 비추어 옳지 않다. 다만 부담금이 특정집단으로부터 징수된다는 점에서 일반국민으로부터 그 담세능력에 따라 징수되는 조세와는 다르다고 판시하는 점은 타당하다.

그렇다면 2001년 **부담금관리 기본법이 제정된 이후에 있어서 특별부담금에 대한 헌법재판소의 정의에는 변화가 있는가?** 헌법재판소는 2008년 2월 28일 결정에서 "수신료는 공영방송사업이라는 특정한 공익사업의 소요경비를 충당하기 위한 것으로서 일반 재정수입을 목적으로 하는 조세와 다르다. 또, 텔레비전방송을 수신하기 위하여 수상기를 소지한 자에게만 부과되어 공영방송의 시청가능성이 있는 이해관계인에게만 부과된다는 점에서도 일반 국민·주민을 대상으로 하는 조세와 차이가 있다. 그리고 '한국방송공사의 텔레비전방송을 수신하는 자'가 아니라 '텔레비전방송을 수신하기 위하여 수상기를 소지하는 자'가 부과대상이므로 실제 방송시청 여부와 관계없이 부과된다는 점, 그 금액이 공사의 텔레비전방송의 수신정도와 관계없이 정액으로 정해져 있는 점 등을 감안할 때 이를 공사의 서비스에 대한 대가나 수익자부담금으로 보기도 어렵다. 따라서 수신료는 공영방송사업이라는 특정한 공익사업의 경비조달에 충당하기 위하여 수상기를 소지한 특정집단에 대하여 부과되는 특별부담금에 해당한다고 할 것이다"고 판시한다.[27] 이에 의하면 특별부담금 역시 특정한 공익사업의 경비조달에 충당하기 위하여 특정집단에 대하여 부과되는 것을 의미한다. 타당한 결론이다.

라. 조세의 실질적 정의

이상의 각 논의들을 종합하면 조세는 실질적으로 다음과 같이 정의할 수 있다.

"조세는 국회, 행정부 및 지방자치단체에 의하여 '헌법상 기본권 향유주체의 경제활동과

26) 헌재 2001.11.29. 2000헌바23.
27) 헌재 2008.2.28. 2006헌바70.

관련된 자유 등 기본권을 보장하고 실질적인 자유와 평등을 실현하기 위한 재원'을 조달할 목적으로 반대급부 없이 강제적으로 납세자 모두에 대한 일반적인 기준에 따라 납세자의 부담능력에 응하여 부과하는 금전 지급의무를 의미한다."

Ⅱ 조세의 분류

조세는 여러 관점에서 분류할 수 있으나 이하 일반적으로 논의되는 주요한 기준을 중심으로 다음과 같이 분류한다.

1 국세와 지방세

국가에게 과세권이 있는 조세를 국세라고 하고, 지방자치단체에게 과세권이 있는 조세를 지방세라고 한다. 지방자치단체는 특별시·광역시·도·시·군·구(자치구를 말한다)를 의미한다(지기 2조 1항 1호). **국세**에는 내국세 및 관세가 포함되는 바, 내국세에는 소득세, 법인세, 상속세와 증여세, 종합부동산세, 부가가치세, 개별소비세, 교통·에너지·환경세, 주세, 인지세, 증권거래세, 교육세, 농어촌특별세 및 재평가세가 포함되고, 관세로는 관세 및 임시수입부가세가 포함된다(국지세조정 2조). **지방세**에는 보통세와 목적세가 있는 바, 보통세에는 취득세, 등록면허세, 레저세, 담배소비세, 지방소비세, 주민세, 지방소득세, 재산세 및 자동차세가 포함되고, 목적세에는 지역자원시설세 및 지방교육세가 포함된다(국지세조정 3조). 지방세는 다시 특별시세, 광역시세, 도세 또는 시·군세, 구세(지방자치단체인 구의 구세를 말한다)로 나뉜다(지기 2조 1항 3호). 국가와 지방자치단체는 위 각 조세를 제외하고는 과세물건이 중복되는 어떠한 명목의 세법도 제정하여서는 아니 된다(국지세조정 4조).

지방교부세는 지방세와 구별하여야 한다. 지방교부세는 국가가 재정적 결함이 있는 지방자치단체에 교부하는 금액을 말하는 것인 바(지방교부세 2조 1호), 이는 특정 조세로부터 얻은 재원을 지방자치단체에 교부하는 것일 뿐이고 조세에는 해당되지 않는다.

국세에는 내국세와 관세라는 분류가, 지방세에는 보통세와 목적세라는 분류가 위와 같이 사용되는 바, 이러한 각 분류에 대하여서는 별도로 살핀다.

2 내국세와 관세

국세는 내국세와 관세로 구분되는 바, 국세 중 외국으로부터의 수입물품의 가격 또는 수량에 부과되는 것을 관세라고 하고(관세 14조, 15조 ; 임시수입세 3조, 4조) 그 이외의 것을 내국세라고 한다. 관세 중 주로 세수를 목적으로 하는 것을 재정관세라고 하고, 주로 외국의 산업에 대하여 국내산업을 보호하는 것을 목적으로 하는 것을 보호관세라고 하며, 관세는 국제적 성격이 강하기 때문에 세율 등이 국제조약에 의하여 규정되거나 제약이 존재하는 경우(예를 들면 WTO협정 등)가 많다.[28]

국세기본법 상 국세에는 관세가 포함되지 않아서(국기 2조 1호), **관세에 대하여서는 국세기본법이 적용되지 않는다.** 즉 관세법과 수출용 원재료에 대한 관세 등 환급에 관한 특례법에서 세관장이 부과·징수하는 국세에 관하여 특례규정을 두고 있는 경우에는 국세기본법이 아니라 관세법과 수출용 원재료에 대한 관세 등 환급에 관한 특례법에서 정하는 바에 따른다(국기 3조 2항). 관세는 세관장에게 신고납부하고(관세 38조) 세관장은 납세자의 신고에 대하여 보정을 요구하거나 관세를 부과고지할 수 있다(관세 38조의2, 39조). 관세를 납부하여야 하는 물품에 대하여는 다른 조세, 그 밖의 공과금 및 채권에 우선하여 그 관세를 징수한다(관세 3조 1항). 다만 국세징수의 예에 따라 관세를 징수하는 경우 강제징수의 대상이 '해당 관세를 납부하여야 하는 물품'이 아닌 재산인 경우에는 관세의 우선순위는 국세기본법에 따른 국세와 동일하게 정하여진다(관세 3조 2항).

3 보통세와 목적세

용도를 특정하지 않고 일반경비에 충당하기 위하여 부과하는 조세를 **보통세**(allgemeine steuer)라고 하고, 처음부터 특정경비에 충당하기 위하여 부과하는 조세를 **목적세**(earmarked tax, Zwecksteuer)라고 한다.[29] 국세 중에는 교육세, 농어촌특별세 및 교통·에너지·환경세가 목적세에 해당되고(교육세 1조 ; 농특세 1조 ; 교통세 1조), 지방세 중에는 지역자원시설세 및 지방교육세가 이에 해당된다(국지세조정 3조).

목적세와 **부담금**은 구분되어야 한다. 특별한 과제를 위한 재정충당을 위하여 부과되는지 아니면 일반적인 국가재정수요의 충당을 위하여 부과되는지 여부에 의하여 부담금과 조세를 구분하는 것은 목적세 역시 부담금으로 파악할 여지가 있기 때문에 타당하지 않다. 부담금은 특정집단으로부터 징수되고, 조세는 일반국민으로부터 그 담세능력에 따라 징수된다는 점에서 다르다.[30]

28) 金子 宏、前掲書、12頁。
29) 上掲書、16頁。

4 직접세와 간접세

입법자가 법률 상 납세자와 실제 조세를 부담하는 자가 동일할 것으로 예정하는 조세가 **직접세**이고, 입법자가 조세부담이 전가되어 법률 상 납세자와 실제 조세를 부담하는 자가 달라질 것으로 예정하는 조세를 **간접세**라고 한다.[31] 소득세, 법인세 및 상속세 등이 전자에 속하고, 부가가치세 및 개별소비세 등이 후자에 속한다.

이러한 구분은 직접세는 전가되지 않고 간접세는 완전하게 전가된다는 생각에 기초한 것이나 조세의 전가 여부는 경제적 조건에 따라 달라지는 것이므로, **최근에는 소득과 재산 등 담세능력을 나타내는 표지로서 기능하는 것을 대상으로 하여 부과하는 조세를 직접세로, 소득과 재산 등 담세능력을 간접적으로 추정시키는 사실을 대상으로 하여 부과하는 조세를 간접세로 부르는 경우가 많다.**[32]

직접세의 경우에는 납세자의 개인적 상황을 고려하여 과세할 수 있으나 간접세의 경우에는 이를 할 수 없다. 즉 직접세의 경우에는 다른 납세자들 사이의 평균세율(average rate of tax)이 달라질 수 있다.[33]

5 자본세와 과세기간세

자본세(capital taxes)와 과세기간세(current taxes)의 구분은 과세표준의 종류에 근거한 것이다.[34] **자본세**는 납세자가 일정 시점 당시 소유한 재산 상태(stock)에 근거하여 부과하는 조세이고, **과세기간세**는 납세자가 일정 과세기간 동안 얻은 재산 상태의 증가액(flow)에 대하여 부과하는 조세이다. **자본이득세**(capital gains tax)[35]는 과세기간세에 속하나 보유과세기간 동안에는 과세되지 않고 그 이득을 실현한 때 즉 매매한 때에 과세한다는 점에서 이연된 과세기간세(a postponed current tax)라고 할 수 있다. 과세기간세 역시 소득의 원천에 근거한 과세기간세와 소득의 소비에 근거한 과세기간세로 구분할 수 있다. 소득세와 자본이득세가 전자의 예에 해당하고, 부가가치세가 후자의 예에 해당한다.

30) 같은 절 I 2 다 조세의 각 정의에 대한 검토 참조.
31) 金子 宏、前揭書、12頁。
32) 上揭書、12－13頁。
33) Simon James and Christopher Nobes, *op. cit.*, at 13.
34) *Id.*, at 13－14.
35) 현행 소득세법 상으로는 양도소득세를 의미한다.

6 인두세, 종량세 및 종가세

인두세(poll tax), 종량세(specific or unit tax) 및 종가세(ad valorem tax)의 구분은 과세대상의 크기와 조세부담액의 관계에 근거한 것이다.[36] **인두세**는 납세자가 존재한다는 사실 이외에는 과세대상과 조세부담액 사이에 아무런 관계가 없는 조세를 의미한다. 납세자 1인당 일정금액을 조세로 부과하는 것이 그 예이다. **종량세**는 과세대상의 중량 또는 크기에 근거하여 조세부담이 정하여지는 조세를 의미한다. 위스키 1병당 얼마의 조세를 부과하거나 담배 1톤당 얼마의 조세를 부과하는 것이 그 예이다. **종가세**는 과세대상의 화폐적 가치에 근거하여 부과되는 조세를 의미한다. 부가가치세와 모든 직접세가 이에 해당한다.

7 비례세, 누진세 및 역진세

비례세(proportional tax), 누진세(progressive tax) 및 역진세(regressive tax)의 구분은 과세대상의 크기에 따라 세율이 변화하는 방식에 근거한 것이다.[37] **직접세는 납세자별로 과세대상의 크기가 변화함에 따라 한계세율**(marginal rates of tax)**과 평균세율**(average rates of tax)**을 각 나누어 정할 수 있다.** 주로 납세자의 소득에 근거하여 세율을 달리 정하게 된다. 소득이 증가함에 따라 세율이 증가하는 경우를 **누진세**라고 하고, 비록 조세부담액의 절대적인 금액은 증가한다고 할지라도 세율은 변화하지 않는 경우를 **비례세**라고 하며, 소득이 증가함에 따라 오히려 세율이 감소하는 경우를 **역진세**라고 한다. 누진세의 경우에는 항상 한계세율이 평균세율보다 높다. 소득뿐만 아니라 재산 자체의 크기와 관련하여서도 누진세를 적용할 수 있다. 상속세 및 증여세가 그 예이다. 다만 부가가치세 등 간접세의 경우에는 납세자의 소비가 증가함에 따라 다른 세율을 적용할 수는 없다. 이러한 의미에서 간접세가 역진적이라는 비판을 받는다. 그러나 **비록 간접세의 경우라도 각 과세대상별로 다른 세율을 적용한다면 역진적이거나 누진적일 수 있다.** 예를 들어 고소득자가 주로 구입하는 재화에 대하여 보다 높은 세율을 적용한다면 간접세 역시 평균적으로 누진적일 수 있다.

36) Simon James and Christopher Nobes, *op. cit.*, at 14.
37) *Id.*

제2장

조세법과 헌법

제1절 조세법의 헌법상 존재근거

I 조세법의 존재근거로서의 헌법 제38조

헌법은 "모든 국민은 법률이 정하는 바에 의하여 납세의 의무를 진다"고 규정한다(헌법 38조). 납세의무를 포함하는 '헌법상 국민의 의무'에 관한 규정이 기본권과 마찬가지로 직접적인 효력을 가지는 것인지 아니면 단순한 헌법윤리적인 선언적 효력을 가지는 것인지에 대하여서는 견해가 대립되나, '헌법윤리적인 선언적 효력설'이 타당하다.[38] 헌법 규정 자체가 명시적으로 '법률이 정하는 바에 의하여' 납세의 의무를 부담한다고 규정하고 있으므로 법률의 정함이 없으면 납세의무가 발생하지 않는다고 보는 것이 타당하기 때문이다. 즉 위 헌법규정(헌법 38조)은 법률에 의하여서만 납세의무가 창설된다는 것을 선언하는 규정이다. 그런데 입법권은 국회에 속한다(헌법 40조). 따라서 납세의무는 국회가 제정하는 법률에 의하여서만 창설될 수 있다. 이를 헌법재판소는 '**조세의 합법률성의 원칙**'이라고 한다.[39] 여기서의 법률은 국회에서 '제정'된 '형식적 의미의 법률'을 뜻한다. 따라서 **관습법 또는 조리 등에 의하여 납세의무는 결코 창설될 수 없다.**[40] 또한 납세자에게 권리가 아닌 의무를 창설하는 것이기 때문에, 납세의무를 창설하는 법률은 보다 엄격하게 해석·적용하여야 하고 그 법률에 대한 행정편의적인 확장해석이나 유추적용은 허용되지 않아야 한다. 위 '형식적 의미의 법률'을 본서에서는 조세법이라고 부른다. 이러한 의미에서의 '형식적 의미의 법률'에는 국회의 동의를 얻어 체결·비준된 조약(헌법 60조)이 국내법과 동일한 효력을 갖는다고 하더라도 포함되지 않는다.[41] 조약이 국민의 권리의무에 관한 사항을 내용으로 한다고

38) 같은 취지 : 허영, 한국헌법론, 전정8판, 2012, 박영사, 624면.
39) 헌재 1997.4.24. 93헌마83 ; 헌재 1991.11.25. 91헌가6 ; 헌재 1990.9.3. 89헌가95.
40) 보다 구체적인 내용은 같은 절 VI 1 과세요건 법정주의 참조.
41) 허영, 전게서, 183면.

할지라도 그것은 국회가 법률제정의 일정한 형식에 따라 제정한 것이 아니기 때문이다. 따라서 **조세조약을 통하여 납세의무를 창설할 수는 없다.** 이는 조세조약이 각 조세체약국에서 발생한 납세의무를 경감하거나 이중과세를 조정하기 위한 목적에 의하여서만 체결되고 적용된다는 점과도 부합된다. 다만 납세자들의 조세회피행위 등을 막기 위한 조치들을 조세조약에서 규정하는 것은 가능하다. 이는 당초 형식적 법률에 따라 부담하여야 할 납세의무를 지우는 것으로서 새로운 납세의무를 창설하는 것이 아니기 때문이다.

Ⅱ 외국인 및 법인의 납세의무

외국인 및 법인이 납세의무를 부담하는 근거는 무엇인가? 헌법 제38조는 국민에 대하여만 규정한다. 헌법 제2조는 "대한민국의 국민이 되는 요건은 법률로 정한다"고 규정하여 법률에 의하여 국민의 범위를 정하도록 수권을 하고 국적법은 이에 근거하여 국민의 범위를 정하는 바, 국적법은 자연인만을 국민의 범위에 포함하고 있다. 그렇다면 **헌법 제38조의 문언에 따라 외국인 및 내·외국법인은 납세의무를 부담하지 않는다고 해석하여야 하는가?**

먼저 헌법해석의 특징에 대하여 본다. 헌법은 기술법적 성격을 갖는 일반 법률과 달리 가치법 내지 이념법적 성격을 가지며 헌법의 해석은 헌법이 실현되는 수단에 해당하므로, 헌법의 해석은 사회공동체 전체의 가치 또는 이념을 감안하여 이루어져야 한다. 일반 법률은 예상되는 모든 사안을 되도록 빠짐없이 규율하려는 총괄적인 입법기술에 의하여 제정된 것이므로 해석에 의한 보충의 여지가 적으나 헌법은 그 구조적인 면에서 개방성 및 미완성성 등을 특징으로 하기 때문에 헌법해석에 의한 보충 및 형성을 당초부터 전제하고 있다. 또한 헌법은 정치규범이므로 일반 법률의 경우와 달리 정치적 관점이 작용할 필요성과 가능성이 있다.[42] 이상 헌법해석의 특징을 감안한다면, 헌법을 문언 그 자체로만 해석하는 것은 타당하지 않고, 사회공동체 전체의 가치 또는 이념 및 정치적 관점 등을 감안한 해석을 통하여 헌법을 보충 또는 형성하는 것이 타당하다.

헌법상 납세의무의 성격에 대하여 본다. 납세의무는 국가가 모든 국민에게 경제상의 개성신장과 경제활동의 자유를 보장하는 대가로서 국민에게 지우는 경제적인 부담으로서의

42) 상게서, 64-65면.

성격을 갖는 동시에 사회국가 실현의 방법적 기초로서의 성격을 갖는다는 견해가 있다.[43] 타당한 견해이지만 굳이 '경제상의 개성신장과 경제활동의 자유를 보장하는 대가'로 한정할 이유는 없다고 본다. 국가가 '경제상의 개성신장과 경제활동의 자유를 포함하는 기본권을 보장하는 대가'로 납세의무를 부담시키는 것으로 이해하는 것이 타당하다. 또한 사회적 국가원리가 내포하는 가장 핵심적이고도 궁극적인 내용은 실질적인 자유와 평등을 실현하는 것이다.[44] 납세의무 역시 이러한 국가원리에 종속되어야 하고, 그 납세의무를 통하여 조달하는 금원은 실질적 자유와 평등을 실현하기 위한 재원으로서 사용되어야 한다. 즉 납세의무는 국가가 국민에게 경제활동과 관련된 자유를 포함하는 기본권을 보장하고 실질적인 자유와 평등을 실현하기 위한 재원을 마련하기 위하여 헌법상 부과되는 것으로 파악하는 것이 타당하다. 미국 판례 역시 미국 시민권자에게 부여된 기본권 및 그에 대한 보호가 미치는지 여부가 과세권의 발생 여부에 대한 주요한 결정요인(primary determinants)이라고 한다.[45] 그렇다면 외국인 및 내·외국법인이 납세의무를 부담하는지 여부와 관련하여 외국인 및 법인이 헌법상 기본권을 향유하는 주체가 될 수 있는지 여부를 살펴야 한다.

외국인이 헌법상 기본권을 향유할 수 있는지 여부와 관련하여서는 견해가 나뉠 수 있으나, 이를 긍정하는 것이 타당하다. 이하 그 논거에 대하여 본다. 외국인이라고 하더라도 우리의 생활공동체 내에서 자신의 경제적 활동 등을 통하여 기여할 수 있고 우리 국민 역시 다른 국가에서 경제적 활동을 영위할 필요 역시 있다는 점, 헌법의 규정형식 상 외국인에 대하여 납세의무를 인정하는 방식을 취하는 경우에는 다른 국가의 주권에 개입한다는 우려를 야기할 수 있기에 현행 우리 헌법과 같은 규정방식을 취하는 것 역시 의미가 있는 선택이라는 점, 외국인에 대하여 기본권주체성을 인정하지 않은 경우 우리 국민 역시 다른 국가에서 기본권주체성을 인정받을 수 없게 될 가능성이 커지게 되어 결국 우리 국민의 기본권 보장에 소홀하게 된다는 점, 참정권 등을 제외한 대부분의 기본권은 국민에 대하여 인정되기보다는 인간에 대하여 인정되는 것이라는 점, 우리 헌법 제10조 전문은 "모든 국민은 인간으로서의 존엄과 가치를 가지며, 행복을 추구할 권리를 가진다"고 규정하면서도 다시 이어서 후문은 "국가는 개인이 가지는 불가침의 기본적 인권을 확인하고 이를 보장할 의무를 진다"고 규정하는 바 후문의 개인이 국민인 자연인만을 의미하는 것이라면 이미 우리 헌법

43) 상게서, 624면.
44) 상게서, 161면.
45) G.W. Cook v. G.L. Tait SCt, 1 USTC 92, 265 US 47, 44 SCt 444.(1924)

상 국민은 자연인에 한정되어 있으므로 굳이 개인이라는 용어를 별도로 사용할 필요가 없고 후문의 개인이라는 용어를 국민만을 뜻하는 것으로 한정하여 해석할 합리성 역시 찾기 어렵기 때문에 위 개인의 개념은 국민뿐만 아니라 외국인 역시 포함하는 것으로 해석하는 것이 타당하다는 점 및 헌법 제119조 제1항은 "대한민국의 경제질서는 개인과 기업의 경제상의 자유와 창의를 존중함을 기본으로 한다"고 규정하는 바, 이 조항이 기본권 조항에서 사용하는 '국민'이라는 용어를 사용하지 않고서 '개인과 기업'이라는 용어를 사용하여 경제상 자유와 창의를 존중할 것을 정하고 있는 점에 비추어 볼 때 최소한 경제질서와 관련하여서는 외국인을 포함한 개인에 대하여 기본권을 보장하는 것으로 해석하는 것이 타당하다는 점 등이 외국인의 기본권주체성을 인정하는 논거들에 해당한다. **우리 헌법재판소 역시 외국인의 기본권주체성을 인정한다.** 즉 헌법재판소는 국민과 유사한 지위에 있는 외국인은 기본권의 주체가 될 수 있으며 인간의 존엄과 가치, 행복추구권은 인간의 권리로서 외국인도 주체가 될 수 있고 평등권도 인간의 권리로서 참정권 등에 대한 성질적 제한 및 상호주의에 따른 제한이 있을 뿐이라고 판시한다.[46] 다만 외국인의 기본권주체성을 인정한다고 하더라도 외국인이 우리 국가의 동화적 통합을 해하지 않고 그들을 우리 국가에 동화시키는 데 필요한 범위 내에서 기본권주체성을 인정하여야 할 것이므로, 외국인에게 참정권을 인정하는 것은 우리 국가의 동화적 통합의 방향에 영향을 줄 수 있어서 제한하는 것이 타당하고 그 이외의 기본권을 외국인에 대하여서도 제한할 것인지 여부 역시 같은 관점에서 개별적으로 검토할 필요가 있다.[47]

법인이 헌법상 기본권을 향유할 수 있는지 여부에 대하여 본다. 학설은 대체로 법인의 기본권주체성을 인정하나 그 논거들은 크게 다음과 같이 나뉜다.[48] 첫째, 법인의 기본권은 법인을 구성하는 자연인의 이익을 보장하기 위하여 인정되어야 한다는 입장이 있다. 이 입장에는 자연인을 구성원으로 하지 않는 재단법인 및 공법인의 경우를 설명할 수 없다는 문제점이 있다. 둘째, 법실증주의적 관점에 따라 자연인과 법인 모두 구체적인 법질서에 의하여 형성된 법적인 것에 해당하므로 자연인과 법인을 모두 동일하게 취급하여야 한다는 입장이 있다. 이 입장에는 권리능력이 없는 사단 또는 재단의 경우를 설명하기 어렵다는 문제점이 있다. 이하 **법인의 기본권주체성을 인정하는 논거에 대하여 본다.** 대한민국의 경제질

46) 헌재 2001.11.29. 99헌마494.
47) 허영, 전게서, 247면.
48) 상게서, 250면.

서에 자연인의 자격으로 참여하는지 아니면 법인의 자격으로 참여하는지 여부에 따라 차등을 두는 것에 합리적 근거가 있다고 보기 어렵다는 점, 대부분 경제질서의 참여자들 중 의미있는 경제적 활동을 수행하는 주체들은 법인이라는 실정을 감안한다면 오히려 법인의 자격으로 대한민국의 경제질서에 참여하는 것이 보다 효율적이라고 볼 수 있다는 점, 법인이라는 독립된 사회적 조직체로서 경제질서와 관련된 영역뿐만 아니라 학문, 예술, 언론, 출판 등 분야에 참여하는 것 역시 보다 효율적일 수 있으므로 이를 보호할 가치가 있다는 점 및 헌법 제119조 제1항은 "대한민국의 경제질서는 개인과 기업의 경제 상의 자유와 창의를 존중함을 기본으로 한다"고 규정하는 바, 이 조항이 기본권 조항에서 사용하는 '국민'이라는 용어를 사용하지 않고서 '개인과 기업'이라는 용어를 사용하여 경제 상 자유와 창의를 존중할 것을 정하고 있는 점에 비추어 볼 때 최소한 경제질서와 관련하여서는 법인을 포함한 기업에 대하여 기본권을 보장하는 것으로 해석하는 것이 타당하다는 점 등이 법인에 대한 기본권주체성을 인정하는 논거들에 해당한다. 다만 법인에게 기본권주체성을 인정한다고 하더라도 성질 상 허용될 수 없는 인신권, 생명권, 양심의 자유 등 자연인의 인격을 전제로 하는 기본권을 인정할 수는 없을 것이며 그 밖의 기본권들의 경우에도 법인이 수행하는 사적 및 공적 기능과 법인 등의 설립목적을 감안하여 개별적으로 결정하는 것이 타당하다.[49]

한편 **공법인 등에 대하여서는 별도의 고려를 할 필요가 있다.** 국가 공권력의 행사자인 국가, 지방자치단체나 그 기관 또는 국가조직의 일부나 공법인은 기본권의 수범자이지 기본권의 주체가 아니고 오히려 국민의 기본권을 보호 내지 실현해야 할 '책임'과 '의무'를 지니고 있을 뿐이다.[50] 지방자치단체의 경우를 예로 든다면 지방자치단체는 자치행정의 주체로서의 지위를 가지고 있으므로 공법 상 권리주체라고 할 것이어서 지방자치단체가 공적 임무를 수행하는 한 자치행정권이 보장될 수 있는 것은 별론으로 하고, 헌법상 기본권의 주체로 볼 수는 없다.[51] 다만 공법인이라고 하더라도 그 스스로 기본권적 가치질서를 실현시켜야 하는 통치기능적 책임 내지 의무와 조화될 수 있는 범위 내에서만 기본권의 주체가 될 수 있다거나,[52] 기본권에 의하여 보호되는 생활영역에 속하거나 자연인의 개인적 기본권의 실현에 기여하거나 조직법 상 국가로부터 독립되어 있다는 이유로[53] 기본권의 주체

49) 상게서, 250-251면.
50) 헌재 2006.2.23. 2004헌바50.
51) 헌재 1997.12.24. 96헌마365.
52) 허영, 전게서, 252면.
53) 성낙인, 헌법학, 제12판, 2012, 법문사, 343면.

가 될 수도 있다. 이러한 이유로 대학, 언론기관 및 축협중앙회에 대하여서도 기본권이 인정될 수 있다. 헌법재판소는 "헌법 제31조 제4항이 규정하고 있는 교육의 자주성, 대학의 자율성 보장은 대학에 대한 공권력 등 외부세력의 간섭을 배제하고 대학인 자신이 대학을 자주적으로 운영할 수 있도록 함으로써 대학인으로 하여금 연구와 교육을 자유롭게 하여 진리탐구와 지도적 인격의 도야라는 대학의 기능을 충분히 발휘할 수 있도록 하기 위한 것으로서 이는 학문의 자유의 확실한 보장수단이자 대학에 부여된 헌법상의 기본권이다"고 판시하고,[54] "축협중앙회는 지역별・업종별 축협과 비교할 때, 회원의 임의탈퇴나 임의해산이 불가능한 점 등 그 공법인성이 상대적으로 크다고 할 것이지만, 이로써 공법인이라고 단정할 수는 없을 것이고, 이 역시 그 존립목적 및 설립형식에서의 자주적 성격에 비추어 사법인적 성격을 부인할 수 없으므로, 축협중앙회는 공법인성과 사법인성을 겸유한 특수한 법인으로서 이 사건에서 기본권의 주체가 될 수 있다"고 판시한다.[55]

이상의 논의를 정리하면 다음과 같다.

헌법상 명문의 규정이 없음에도 불구하고 외국인과 법인의 경우에도 원칙적으로 기본권 주체성이 인정된다. 다만 **외국인**의 기본권주체성을 인정한다고 하더라도 외국인이 우리 국가의 동화적 통합을 해하지 않고 그들을 우리 국가에 동화시키는 데 필요한 범위 내에서 기본권주체성을 인정하여야 할 것이므로 외국인에게 참정권을 인정하는 것은 우리 국가의 동화적 통합의 방향에 영향을 줄 수 있어서 제한하는 것이 타당하고, 그 이외의 기본권의 경우에도 역시 같은 관점에서 외국인에 대하여 기본권을 제한할지 여부를 개별적으로 검토하여야 한다. **법인**의 경우에도 원칙적으로 사법인에 대하여는 그 성질 상 허용되는 범위 내에서 기본권의 주체성이 인정되는 것이나, 공법인은 기본권의 수범자이지 기본권의 주체가 아니고 오히려 국민의 기본권을 보호 내지 실현해야 할 '책임'과 '의무'를 지니고 있을 뿐이기 때문에 원칙적으로 기본권의 주체로 볼 수 없다. 그러나 공법인이라고 하더라도 '해당 기본권이 기본권적 가치질서를 실현시켜야 하는 통치기능적 책임 내지 의무와 조화될 수 있는 범위 내에 속한다는 사정' 및 '기본권에 의하여 보호되는 생활영역에 속하거나 자연인의 개인적 기본권의 실현에 기여하거나 조직법 상 국가로부터 독립되어 있는 경우에 해당한다는 사정'이 있는 경우에는 기본권 주체성이 인정될 수 있다. 헌법재판소 역시 공법

54) 헌재 1992.10.1. 92헌마68・76.
55) 헌재 2000.6.1. 99헌마553.

인의 경우에도 제한적으로 기본권의 주체성을 인정하고 있음은 기술한 바와 같다.

헌법상 명문의 규정이 없음에도 불구하고 외국인 및 법인에 대하여 원칙적으로 기본권 주체성이 인정되고, 납세의무는 국가가 국민에게 경제활동과 관련된 자유를 포함하는 기본권을 보장하고 실질적인 자유와 평등을 실현하기 위하여 헌법상 부과되는 것이라면, 외국인 및 법인의 납세의무에 대한 헌법상 명문의 규정이 없다고 하더라도 이들에 대한 납세의무를 인정하는 것이 타당하다. 다만 외국인 및 법인의 경우에는 그 기본권 주체성이 제한적으로 인정되는 것이므로 이들에 대한 납세의무 역시 제한적으로 인정되어야 할 것이다. 현행 세법 역시 외국인과 공법인에 대하여서는 다음과 같이 제한적으로 납세의무를 부과하는 바, 이는 위 논의와 맥락을 함께 하는 것으로 보인다. 소득세법은 비거주자[56]에 대하여 국내원천소득에 대하여서만 과세하고(소세 2조 1항 2호, 119조) 법인세법 역시 외국법인에 대하여 동일하게 국내원천소득에 대하여서만 과세하는 입장을 취한다(법세 3조 1항 2호, 93조). 또한 법인세법은 국가와 지방자치단체에 대하여서는 과세하지 않고(법세 3조 2항), 공법인을 포함한 비영리내국법인에 대하여서는 수익사업으로부터 발생하는 특정소득에 대하여서만 과세하며(법세 4조 3항), 비영리외국법인에 대하여서는 국내원천소득 중 수익사업에서 생기는 소득에 대하여서만 과세한다(법세 4조 4항).

Ⅲ 헌법 제38조와 헌법 제59조의 관계

1 헌법 제59조의 독자적 존재의의와 조세법률주의

헌법은 "모든 국민은 법률이 정하는 바에 의하여 납세의 의무를 진다"고 규정한다(헌법 38조). 또한 법률은 당연히 국회에서 제정됨에도 불구하고(헌법 40조), 헌법은 다시 국회에 관한 규정에서, "조세의 종목과 세율은 법률로 정한다"고 규정한다(헌법 59조). 즉 헌법은 조세와 관련하여 국민의 납세의무 측면에서 규정할 뿐 아니라, 국회의 조세입법권한 측면에서도 다시 규정하고 있다. 그렇다면 **헌법 제59조는 헌법 제38조의 동어반복에 불과한 것인가?** 납세의무가 법률을 통하여 창설되고 그 법률을 제정할 권한이 국회에 있다는 점을

56) 소득세법은 외국인이라는 개념이 아니라 비거주자라는 개념을 사용한다. 소득세법에서는 국적에 근거하여 내국인 및 외국인으로 나누어 과세하는 것이 아니라 거주자에 해당하는지 여부에 따라 거주자 및 비거주자로 나누어 그 과세 상 취급을 달리 한다는 입장을 취하고 있다. 이러한 방식은 각국의 대부분의 소득과세방식과 정합성을 가지는 것이다.

규정하기 위하여 다시 헌법 제59조를 둘 필요는 없다. 그러나 헌법 제59조는 '조세입법권의 의회주의 역사 상 의의', '입법부에 의한 행정부의 견제' 및 '정부의 예산과의 구별'이라는 각 관점에서 다음과 같이 헌법 제38조의 규정이 가지는 것 이외의 별도의 의미를 가진다고 판단한다.

첫째, 조세입법권은 조세가 국가재정의 가장 중요한 재원이면서도 국민의 재산권 내지 경제활동에 매우 민감하게 영향을 미치기 때문에 의회주의 초기부터 대의기관으로 하여금 정부의 조세정책에 적극적으로 관여할 수 있도록 하기 위하여 발생한 것으로서,[57] 영국의 Magna Carta, 1689년의 권리장전, 1776년 미국 버지니아 권리장전에서 "대표 없는 곳에 과세 없다"는 원칙으로서 확립된 이후, 세계 각국에서 채택된 것이다.[58] 즉 조세입법권은 왕을 비롯한 행정권력의 자의적이고도 일방적인 과세권의 행사에 대한 저항의 산물로서 탄생한 것이다. 그런데 우리 헌법이 제38조를 통하여 "모든 국민은 법률이 정하는 바에 의하여 납세의 의무를 진다"라고 **국민의 의무 측면에서만 조세입법권을 규정하는 것은 조세입법권의 연혁에 관한 헌법정신을 표현하기에는 부족하다.** 따라서 조세입법권은 국회의 권리로서 국회에 부여되어 있음을 명확히 규정하여 위 헌법정신을 표현할 필요가 있다.

둘째, 현대 국가에 있어서는 조세가 당연히 법률을 통하여 창설되어 부과되나 그렇다고 하더라도 과세권 행사에 관한 일반조항들(general clauses) 및 수많은 위임입법으로 인하여 행정권력이 과세권을 자의적이고도 일방적으로 행사할 여지가 여전히 많이 남아 있는 것이 현실이다. 따라서 헌법 제59조가 담고 있는 "대표 없는 곳에 과세 없다"라는 헌법정신은 '조세는 국회에 의하여 제정된 법률을 통하여 부과하여야 한다는 원칙'에 국한될 것이 아니라 '법률에 의하여 창설된 납세의무의 구체적인 이행단계에서도 행정권력이 과세권을 자의적이고도 일방적으로 행사하지 못하도록 국회에 의하여 제정된 법률을 통하여 방지되어야 한다는 원칙' 역시 담는 것으로 확장되어야 한다. 대법원 역시 "조세법률주의 원칙은 과세요건 등은 국민의 대표기관인 국회가 제정한 법률로써 규정하여야 하고, 그 법률의 집행에 있어서도 이를 엄격하게 해석·적용하여야 하며, 행정편의적인 확장해석이나 유추적용은 허용되지 않음을 의미한다"고 판시하는 바,[59] 이 판시에는 '조세법의 집행에 있어서 해석·적용을 엄격하게 하여야 한다는 점' 외에도 '조세법의 집행과정 역시 행정권력이 과세

57) 허영, 전게서, 935면.
58) 성낙인, 전게서, 1007면.
59) 대법원 2000.3.16. 98두11731.

권을 자의적이고도 일방적으로 행사하지 못하도록 법률에 의하여 통제되어야 한다는 취지' 역시 포함된 것으로 본다. 이러한 의미의 법률에는 '적정한 절차(due process)를 통한 과세권의 통제'가 담겨야 한다. 현실적으로 과세권 행사에 관한 일반조항들(general clauses) 및 위임입법들이 존재할 수밖에 없어서 절차적 측면에서 과세권을 통제할 수밖에 없기 때문이다. 그리고 납세자의 불복절차 역시 위 조세의 집행단계에 포함되는 것으로 보아야 한다. 조세의 불복절차 역시 납세의무를 적정하게 이행하기 위한 부수적인 절차에 불과하기 때문이다. 최근 판례 역시 법인세, 종합소득세와 같이 납세의무자에게 조세의 납부의무뿐만 아니라 스스로 과세표준과 세액을 계산하여 신고하여야 하는 의무까지 부과하는 경우, 신고의무 이행에 필요한 기본적인 사항과 신고의무불이행 시 납세의무자가 입게 될 불이익 등은 납세의무를 구성하는 기본적, 본질적 내용으로서 법률로 정하여야 한다고 판시한다.[60] 위와 같이 조세집행단계에서 절차적 통제가 이루어져야 한다는 당위적 요청을 **'절차적 보장의 원칙'**이라고 부르기도 한다.[61]

그런데 **납세의무를 의무의 측면에서 규정하는 규정**(헌법 38조)**만으로는 '납세의무의 신고, 납부, 부과 및 징수 등 절차 이외에 납세자의 불복절차 등을 포함하는 조세법의 집행단계에서는 조세법을 엄격하게 해석 · 적용하여야 하며 그 법률에 대한 행정편의적인 확장해석이나 유추적용은 허용될 수 없다는 기능' 및 '조세법의 집행과정에서 행정권력이 과세권을 자의적이고도 일방적으로 행사하지 못하도록 적정한 절차(due process)를 거치도록 통제하는 기능'을 담아내기 어렵다.** 즉 국회의 행정부에 대한 권리로서의 조세입법권에 관한 규정이 필요하다.

셋째, **실질적으로 조세에 해당하는 의무를 '조세의 종목과 세율 등' 헌법상 수권사항을 명시하지 않는 일반 법률에 의하여 부과한다면 비록 법률을 통하여 해당 의무를 창설하였다고 하더라도 헌법에 위반하는 것으로 보아야 한다.** 해당 의무가 어떠한 종류의 조세이고 그 세율이 어떠한지 여부 등 납세의무를 부과하기 위한 헌법상 수권사항들을 명시하지 않고서 단지 법률의 형식만을 빌어 실질적인 납세의무를 창설할 수 있도록 허용한다면 "대표가 없는 곳에 과세는 없다"라는 헌법정신이 잠탈될 우려가 커지기 때문이다. 헌법 제59조가 이러한 취지 역시 천명하는 것으로 보는 것이 타당하다. 또한 국세와 지방세의 조정 등에

60) 대법원 2015.8.20. 2012두23808 전원합의체 판결.
61) 金子 宏、前掲書、78頁。

관한 법률은 국세 및 지방세의 종류를 각 세목별로 특정하여 명시하고 있고(국지세조정 2조, 3조) 동일한 과세물건에 대하여 이와 다른 세목의 세법을 제정하는 것까지도 금지하고 있는 바(국지세조정 4조), 이 역시 위 취지를 반영하는 것으로 본다. 다만 국세기본법은 소급과세의 금지 등과 관련하여 세법 외의 법률 중 국세의 부과·징수·감면 또는 그 절차에 관하여 규정하고 있는 조항 역시 세법으로 보아 소급과세원칙 등을 적용한다는 취지로 규정한다(국기 18조 5항). 이 규정은 세법이 아닌 법률을 통하여 소급과세 등이 이루어지는 경우에 이를 막기 위한 의도 하에 마련된 것으로 보이나, 세법으로 간주하여 해당 문제를 해결하기보다는 세법이 아닌 법률을 통하여 국세의 부과·징수·감면 또는 그 절차에 관하여 규정 자체를 무효로 보아 그 효력을 인정하지 않는 방법을 통하는 것이 타당하다. 또한 조세특례는 조세특례제한법, 국세기본법 및 조약과 법정 법률에 따르지 아니하고는 정할 수 없는 것인 바(조특 3조), 법정 법률 중에는 세법과 무관한 금융실명거래 및 비밀보장에 관한 법률, 남북교류협력에 관한 법률, 자유무역지역의 지정 및 운영에 관한 법률 및 제주특별자치도 설치 및 국제자유도시 조성을 위한 특별법이 포함되어 있다. 이 역시 타당하지 못한 입법에 해당한다.

넷째, 예산과 조세법은 서로 독립하여 성립하고 기능하지만 상호간 기능적으로 밀접하게 연결되어 있다. 예산의 뒷받침이 없는 법률이나 집행근거가 되는 법령이 없는 예산은 각제 기능을 할 수 없기 때문이다.[62] 국회는 국가의 예산안을 심의·확정하고, 정부는 회계연도마다 예산안을 편성하여 회계연도 개시 90일 전까지 국회에 제출하여야 하며, 국회는 회계연도 개시 30일 전까지 이를 의결하여야 한다(헌법 54조 1항, 2항). 즉 헌법은 예산을 회계연도마다 편성하여야 하는 **1년 예산주의**를 채택한다. 이에 반하여 헌법 제59조는 예산을 뒷받침하는 조세의 종목과 세율은 법률로서 정한다고 규정할 뿐이다. 즉 우리 헌법상 법률에 대하여서는 예산과 같은 존속기한과 관련된 제한이 없기 때문에 예산을 뒷받침하는 법률은 개정 또는 폐지되지 않는 한 효력을 갖는다. 그렇다면, 헌법은 국회에 관한 장에서 제59조를 예산에 관한 제54조와 함께 규정하면서, 예산에 관하여서는 1년 예산주의를 채택하지만 예산과 밀접한 관련이 있는 조세법에 관하여서는 **영구세주의**를 채택한다는 점을 밝히고 있는 것으로도 볼 수 있다. 영구세주의는 의회가 조세에 관한 법률을 제정하면 그 법률에 따라 국가나 공공단체가 계속하여 조세를 부과·징수할 수 있는 방식인 반면에 1년 세

62) 허영, 전게서, 938-939면.

주의는 국가나 공공단체가 조세를 부과・징수하기 위하여서는 의회가 매년 그에 관한 법률을 새로이 의결하여야 하는 방식이다.[63)]

이상 각 논거들을 종합하여 본다면, 헌법 제38조 이외에 헌법 제59조를 별도로 규정할 실익이 존재하며, 헌법 제38조 및 제59조는 합하여 다음과 같은 내용을 규정하는 것으로 보는 것이 타당하다.[64)] 본서는 이러한 헌법정신을 **"조세법률주의"**라고 부르기로 한다.

첫째, **납세의무는 국회에 의하여 제정된 형식적 의미의 법률에 의하여서만 창설될 수 있으며 해당 법률은 엄격하게 해석・적용하여야 하고 그 법률에 대한 행정편의적인 확장해석이나 유추적용은 허용될 수 없다.**

둘째, **납세의무의 신고, 납부, 부과 및 징수 등 절차 이외에 납세자의 불복절차 등 역시 조세법의 집행단계에 포함되는 바, 조세법의 집행단계에서도 역시 조세법을 엄격하게 해석・적용하여야 하고 행정편의적인 확장해석이나 유추적용은 허용될 수 없다.** 또한 **조세법의 집행과정은 행정권력이 과세권을 자의적이고도 일방적으로 행사하지 못하도록 국회가 제정하는 법률을 통하여 적정한 절차(due process)를 거치도록 통제되어야 한다.**

셋째, **실질적으로 조세에 해당하는 의무를 법률에 의하여 부과하였다고 하더라도, 그 법률이 조세의 종목과 세율 등을 명시한 조세법이 아닌 일반 법률의 형식을 취한다면 이는 헌법에 어긋난 것이다.**

2 헌법 제38조에 기한 조세입법권의 수권사항이 헌법 제59조에 의하여 제한되는지 여부

헌법 제38조는 "모든 국민은 법률이 정하는 바에 의하여 납세의 의무를 진다"라고 규정하는 바, 이 규정은 납세의무와 관련된 일체의 사항을 법률로 정할 수 있다는 취지를 규정한 것으로 보인다. 그 수권사항에는 조세의 종목과 세율은 물론이고 납세자, 과세대상, 과세표준, 신고 및 납부절차, 부과 및 징수절차와 납세의무에 대한 불복절차 등이 모두 포함될 수 있다고 판단한다. 위 각 수권사항들이 모두 납세의무의 창설 및 그 창설된 납세의무의 적정한 이행을 담보하기 위한 필수불가결한 사항들이기 때문이다. 그런데 헌법 제59조는 "조세의 종목과 세율은 법률로 정한다"고 규정한다. 그렇다면 **헌법 제38조의 해석 상 인정**

63) 성낙인, 전게서, 1008면.
64) 다만 조세법이 영구세주의를 취한다는 특성은 법률의 형식을 취한다는 것만으로 발생하는 것이므로, 헌법 제38조와 제59조가 합하여 담고 있는 헌법정신으로 열거하지는 않는다.

되는 수권사항들이 헌법 제59조에 의하여 조세의 종목과 세율만을 의미하는 것으로 제한되는 것인가?

헌법해석의 특징에 대하여 기술한 바가 있다.[65] 이러한 헌법해석 상 특징을 감안한다면, 헌법을 문언 그 자체로만 해석하는 것은 타당하지 않고, 사회공동체 전체의 가치 또는 이념 및 정치적 관점 등을 감안한 해석을 통하여 헌법을 보충 또는 형성하는 것이 타당하다. 만약 헌법이 조세의 종목 및 세율만을 법률에 의하여 정하도록 규정한 것으로 해석한다면, 그 이외의 납세자, 과세대상, 과세표준, 신고 및 납부절차, 부과 및 징수절차와 납세의무에 대한 불복절차 등이 모두 행정권력이 정하는 바에 따라 행사되도록 방임하는 결과에 이르게 되는 바, 이는 조세법률주의가 내포하는 헌법정신을 구현하는 것과는 배치되는 것이다. 또한 위 수권사항들은 조세의 종목과 세율만으로 제한할 다른 합리적인 근거 역시 발견하기 어렵다. 따라서 조세법률주의가 내포하는 헌법정신을 감안할 때, 조세입법권의 수권사항들에는 조세의 종목과 세율은 물론이고 납세자, 과세대상, 과세표준, 신고 및 납부절차, 부과 및 징수절차와 납세의무에 대한 불복절차 등이 모두 포함된 것으로 해석하는 것이 타당하다. 즉 헌법 제59조가 "조세의 종목과 세율은 법률로 정한다"고 규정하였다고 하더라도 이를 조세입법권의 수권사항을 제한하기 위한 것으로 해석하는 것은 타당하지 않다.

3 납세의무와 조세입법권 규정방식의 유형

우리 헌법은 제38조를 통하여 법률에 의한 납세의무를 창설함과 동시에 제59조를 통하여 법률에 의한 조세입법권을 국회가 가진다는 점을 정하고 있는 바, 우리 헌법은 위 두 규정을 합하여 조세법률주의를 천명하는 것으로 보아야 한다. 그러나 다른 국가들 역시 우리 헌법과 같은 방식으로 납세의무의 창설에 대하여 규정하는 것은 아니다. 대부분의 국가들은 **조세입법권에 관한 규정을 통하여 이에 대응하는 개념으로서 납세의무의 창설을 인정하는 방식**을 취하고, 우리 및 일본 등 국가는 **국민의 의무의 하나로서 납세의무를 규정하고 이와 병행하여 국회의 조세입법권에 대하여서도 규정하는 방식**을 따르고 있다. 그런데 납세의무의 창설에 관한 규정방식에 따라 기본권 제한과 납세의무의 관계 등에 대한 규범적 논의가 달라질 수 있고 다른 국가들의 논의 역시 이러한 관점에서 검토하여야 할 필요가

65) 같은 절 II 외국인 및 법인의 납세의무 참조.

있다. 한편 조세조약은 국회가 행사하는 형식적 의미의 법률을 통한 조세입법권의 범위에 속하지 않으므로 조세조약을 통하여서는 납세의무를 창설하지 못하는 것인 바, 이에 관한 다른 국가들 역시 이와 같은 방식을 취하는지 여부 역시 함께 살필 필요가 있다.

이하 납세의무를 창설하는 방식과 관련된 주요 국가들의 입법례에 대하여 본다.

미국 헌법 제1장(Article) 제7조(Section) 제1문단은 **재정수입을 위한 모든 법안은 하원(the House of Representatives)에 의하여 제정되나, 상원(the Senate)은 다른 법안에 대한 경우와 마찬가지로 수정안을 제안하거나 수정안에 동의할 수 있다고 규정한다.**[66] **납세의무에 관한 규정은 없다.** 한편 미국 헌법 제6장(Article) 제2문단에 의하면 미국의 수권하에 체결되었거나 체결될 조약들은 모두 미국의 최상위 법률(the supreme Law of the Land)로서 효력을 갖는다고 규정하나,[67] 미국 헌법 제2장 제2조 제2문단은 대통령은 상원의 조언 또는 동의를 얻어서 조약을 체결할 권한을 가지며 그 조약에 대하여서는 상원의원의 3분의 2가 동의하여야 한다.[68] 즉 하원은 조약의 체결・비준에 관여하지 않는다. 따라서 미국의 경우, **조세조약을 통하여 '해당 조세조약이 없을 경우에 존재하는 미국세법 상 조세부담'을 증가시킬 수는 없다.**[69]

영국의 경우 **조세입법권은 의회에 전속된다.**[70] **납세의무에 관한 규정은 없다.** 그런데 영국은 국제법과 국내법을 상호 독립적으로 존재하는 별개의 법체계로 이해하는 이원론의 입장을 취한다. 따라서 조약을 체결하기 위하여 의회의 동의를 받을 필요가 없고, 조약이 국

---

66) All bills for raising Revenue shall originate in the House of Representatives; but the Senate may propose or concur with Amendments as on other Bills.

67) This Constitution, and the Laws of the United States which shall be made in Pursuance thereof; and all Treaties made, or which shall be made, under the Authority of the United States, shall be the supreme Law of the Land; and the Judges in every State shall be bound thereby, any Thing in the Constitution or Laws of any State to the Contrary notwithstanding.

68) He shall have Power, by and with the Advice and Consent of the Senate, to make Treaties, provided two thirds of the Senators present concur; and he shall nominate, and by and with the Advice and Consent of the Senate, shall appoint Ambassadors, other public Ministers and Consuls, Judges of the supreme Court, and all other Officers of the United States, whose Appointments are not herein otherwise provided for, and which shall be established by Law: but the Congress may by Law vest the Appointment of such inferior Officers, as they think proper, in the President alone, in the Courts of Law, or in the Heads of Departments.

69) Wm. L. Burke, *Report on Proposed United States Model Income Tax Treaty-New York State Bar Association Tax Section Committee on United States Activities of Foreign Taxpayers*, 23 Harvard International Law Journal 219, 221(WINTER 1983).

70) 영국헌법 53.1.5; Parliament has exclusive powers to make laws with respect to taxation and social security.

내에 적용되기 위하여서는 그 조약이 국제법상 효력을 가진 후 의회가 별도의 입법을 제정하여야 한다. 다만 의회의 입법을 대신하여 여왕의 추밀원령(Order in Council)을 통하여 조약이 적용되는 경우 역시 있다.[71] 이와 같이 법률을 통하여 과세할 수 있을 뿐만 아니라 조세조약이 국내에 적용되기 위하여서도 별도의 입법이 있어야 하는 영국과 같은 방식을 취하는 경우에는, **조세조약을 통하여 납세의무를 창설할 수 있는지 여부가 쟁점이 될 수 없다.** 캐나다 및 그 밖의 영연방국(the Commonwealth)의 경우 역시 조약을 국내에 적용하기 위하여서는 별도의 입법이 필요하다.[72]

독일의 경우 연방이 관세 및 재정독점(finanzmonopole; fiscal monopoly)에 관한 입법권을 독점으로 가지고, 그 밖의 다른 조세에 대하여서는 주와 그 입법권을 병행하여 가진다.[73] 주는 연방에 입법권이 부여되지 않은 범위 내에서만 입법권을 가진다.[74] 즉 **연방 및 주의 입법권 행사에 의하여서만 조세가 부과될 수 있다. 납세의무에 관한 조항은 없다.** 조약이 국내법 상 적용되기 위하여서는 그 조약의 집행을 위한 별도의 입법이 필요하다.[75] 따라서 **조세조약이 직접 납세의무를 창설되는지 여부는 쟁점이 될 수 없다.**

스위스의 경우에도 **납세의무자, 과세대상 및 조세의 부과 등 주요한 과세요건은 법률에 의하여 정하도록 규정**하고 있고,[76] **납세의무에 관한 규정은 없다.** 또한 헌법을 개정할 경우 국제법 상 강행규범을 위반하지 않아야 한다는 규정[77]을 두는 것 이외에 조세조약의 국내법 상 편입에 대하여 명시적인 규정을 두고 있지 않다. 따라서 **조세조약 자체에 의하여 납세의무가 창설될 수 없다.**

네덜란드의 경우 조약은 의회(the Houses of the States General)의 사전 동의가 없는 한 구속력을 가질 수도 폐기될 수도 없고,[78] 헌법에 위반되거나 위반될 여지가 있는 조약의 경우에는 의회 3분의 2 이상의 찬성을 받은 경우에 한하여 승인될 수 있으며,[79] 조약은 위헌심사의 대상이 되지 않는다.[80] 즉 헌법에 위반된 조약 역시도 의회의 동의가 있다면

---

71) Vogel/Rust, in Klaus Vogel on Double Taxation Conventions, Fourth Ed., Wolters Kluwer, Volume Ⅰ(이하 'Klaus Vogel Ⅰ'으로 인용한다), 2015, at 27, m.n. 45.
72) *Id.*
73) 독일 기본법 제105조 제1항, 제2항.
74) 독일 기본법 제70조 제1항.
75) 독일 기본법 제59조 제2항.
76) 스위스 헌법 제127조 제1항.
77) 스위스 헌법 제193조 제4항, 제194조 제2항.
78) 네덜란드 헌법 제91조 제1항.
79) 네덜란드 헌법 제91조 제3항.

구속력을 가질 수 있으며 이에 대하여 위헌심사를 할 수도 없다. 그런데 네덜란드 헌법에 따르면 조세는 국회법(the Act of Parliament)에 의하여 부과되어야 한다.[81] 따라서 **조약에 대하여 헌법에 우선하는 효력을 부여하는 네덜란드의 경우에도 조세는 '국회법'에 따라 제정된 법률에 의하여서만 부과될 수 있을 뿐이므로, 조세조약이 납세의무를 창설할 수는 없다고 본다. 납세의무에 관한 규정 역시 없다.**

룩셈부르크의 경우 조약은 '법률'에 의하여 승인되고 공포되는 경우에만 효력이 발생한다.[82] 조약의 승인에 관한 법률의 위헌성 여부는 헌법재판소(The Constitutional Court)의 권한에 속하지 않는다.[83] 다만 **조세는 법률에 의하여서만 부과될 수 있고,**[84] 조세는 매년 투표에 의하여 결정되고 갱신되지 않는 한 1년 동안만 효력을 갖는다.[85] 또한 조세의 감면 또는 경감 역시 법률에 의하여서만 부여될 수 있다.[86] **조약이 국내법상 효력을 갖기 위하여서는 반드시 '법률'에 의한 승인이 있어야 하므로 조세조약 자체가 납세의무를 창설하는지 여부가 쟁점이 될 수 없을 뿐만 아니라, 조세조약의 기본적인 기능인 조세의 감면 또는 경감 역시 법률에 의하여서만 부여될 수 있다는 점 및 조세는 매년 투표에 의하여 결정되어야 한다는 헌법상 제한을 조약이 충족할 수 없다는 점에 비추어 볼 때에도 조세조약이 납세의무를 창설할 수는 없다고 본다. 납세의무에 관한 규정 역시 없다.**

프랑스의 경우 헌법은 적절한 절차에 따라 비준되거나 승인된 조약 또는 협정은 그 공포와 동시에 의회의 법률에 우선하나, 이는 각 조약 또는 협정별로 상대방 국가에서도 그대로 적용되는지 여부에 달려 있다고 규정한다.[87] 조약은 원칙적으로 대통령이 체결하고 비준하나,[88] 재정적 부담이 수반되거나 입법권의 본질적 내용들(des dispositions de nature législative)을 변경하는 조약 등은 의회의 법률에 의하여 비준되거나 승인되어야 한다.[89] 다만 **조세와 관련하여서는 모든 종류의 조세에 관한 규정들은 법률(La loi)에 의하여 규율되어야 하며,**[90] **법률을 통과시킬 권한은 의회에 있다고 규정한다.**[91] 즉 프랑스의 경우 법

80) 네덜란드 헌법 제120조.
81) 네덜란드 헌법 제104조.
82) 룩셈부르크 헌법 제37조.
83) 룩셈부르크 헌법 제95조 제2항.
84) 룩셈부르크 헌법 제99조.
85) 룩셈부르크 헌법 제100조.
86) 룩셈부르크 헌법 제101조 제2문.
87) 프랑스 헌법 제55조.
88) 프랑스 헌법 제52조.
89) 프랑스 헌법 제53조.

률을 제정하는 권한은 입법권의 본질을 구성하고 모든 조세에 관한 규정들은 법률로 제정되어야 하는 바, 납세의무를 창설하는 내용의 조세조약을 체결하는 것은 입법권의 본질적 내용을 변경하는 것에 해당하므로 반드시 의회의 법률에 의하여 비준되어야 할 것으로 판단한다. 따라서 **조세조약은 의회의 법률에 의하여 비준되어야 효력이 발생하므로, 조세조약 자체가 납세의무를 창설할 수 있는지 여부에 대한 쟁점이 발생할 여지가 없다고 본다. 납세의무에 관한 규정 역시 없다.**

일본 헌법에 따르면, 조약을 체결하는 권한은 내각의 직무에 속하나 사전 또는 사후에 국회의 승인을 얻어야 하고,[92] 비준서 및 법률이 정하는 기타 외교문서를 인증하는 것과 조약을 공포하는 것은 천황의 국사행위에 속한다.[93] 한편 일본 헌법은 조약의 효력에 대하여 직접적으로 언급하는 대신에 일본국이 체결한 조약과 확립된 국제법규는 이를 성실하게 준수할 필요가 있다고 규정한다.[94] 이 규정이 국제법의 국내적 효력을 인정한 것인지 여부에 대하여 일본 내에서 많은 논의가 있었으나 현재는 이 규정을 국제법의 국내법화 규정으로 보는 것으로 학설 상 정리되었고, 일본 정부 역시 동일한 입장이다.[95] **조세와 관련하여 국민은 법률이 정하는 바에 의하여 납세의무를 부담하고,[96] 새롭게 조세를 부과하거나 현행의 조세를 변경하기 위하여서는 법률 또는 법률이 정하는 조건에 따라야 한다.[97]** 국회는 국권의 최고기관으로서 국가의 유일한 입법기관이고,[98] 법률안은 헌법에 특별한 규정이 없는 한 양 의원에서 가결한 때에 법률이 된다.[99] 일본의 경우 **조세조약을 국내법으로 편입하는 과정에서도 국회의 동의를 거쳐야 하나 이는 입법권에 기한 법률의 경우와는 구분되는 것이므로, 일본의 경우에도 조세조약에 의하여 납세의무가 창설될 수는 없다**고 본다.

이상 주요 국가들의 입법례를 분석한 결과는 다음과 같다. 첫째, 주요 국가들은 대부분 국가의 과세권이 법률을 제정하는 입법기관의 권한에 귀속된다는 규정을 두고 있는 반면에, 우리와 일본의 경우에는 국민이 법률로 정하는 바에 따라 납세의무를 부담한다는 규정과 조

90) 프랑스 헌법 제34조.
91) 프랑스 헌법 제24조.
92) 일본국 헌법 제73조 제3호.
93) 일본국 헌법 제7조 제1호, 제8호.
94) 일본국 헌법 제98조 제2항.
95) 岩澤雄司, 条約の国内適用可能性, 有斐閣, 1985, 13頁, 29-30頁.
96) 일본국 헌법 제30조.
97) 일본국 헌법 제84조.
98) 일본국 헌법 제41조.
99) 일본국 헌법 제59조.

세입법권이 입법기관에 귀속된다는 규정 모두를 두고 있다. 둘째, 주요 국가들 모두 조세조약 자체에 의하여 납세의무를 창설하도록 허용하지 않는다. 조세를 부과하는 것은 국가 주권 및 입법권의 본질적 내용에 해당하는 것으로서 대통령 등 행정부가 체결하는 조약에 의하여 행사하도록 허용하는 것이 타당하지 않다는 점이 반영된 것으로 판단한다.

위 분석결과에 따르면 다음과 같은 시사점을 얻을 수 있다. 첫째, 국가의 과세권이 법률을 제정하는 입법기관의 권한에 귀속된다는 규정을 두는 국가들의 경우에는 조세의 부과에 대하여서도 기본권 제한 입법에 관한 헌법상 기본원칙이 그대로 적용되어야 하는 반면에 납세의무에 관한 규정을 두는 국가의 경우에는 조세의 부과에 대하여 기본권 제한 입법에 관한 헌법상 기본원칙이 그대로 적용된다고 보기 어렵다. 특히 재산권 보장과 기본권의 제한에 관한 논의에 있어서 그 차이가 크게 나타난다.

둘째, 벌금, 과료 및 교통범칙금 등 형사 상 또는 행정 상 제재수단과 조세를 구분함에 있어서도 차이를 보일 수 있다. 납세의무에 관한 규정을 두는 우리와 일본의 경우 형사 상 또는 행정 상 제재수단은 납세의무 이외의 헌법상 또는 법률 상 의무를 위반한 행위에 대하여 부과되는 것이고, 조세는 납세의무 자체에 기하여 다른 의무위반과 상관없이 부과되는 것이라는 점에서 구분되지만, 국가의 과세권이 법률을 제정하는 입법기관의 권한에 귀속된다는 규정만을 두는 국가에 있어서는 조세와 다른 제재수단 사이의 사실상 효과가 유사하다는 점으로 인하여 그 구분에 관한 논의가 발생할 여지가 크다.

셋째, 조세조약이 납세의무를 창설할 수 있는지 여부와 관련하여 우리 헌법상으로는 조세조약이 형식적 의미의 법률에 해당하지 않는다는 점에 근거하여 이를 부정적으로 해석하는 바, 주요 국가들의 위 입법례는 이러한 해석에 대한 규범적 당위성을 보충해 주는 역할을 할 수 있다.

넷째, 헌법상 납세의무에 관한 규정이 조세조약을 통하여서는 납세의무를 창설할 수 없다는 점에 대한 규범적 근거가 될 수 있다. 즉 '우리 헌법상 납세의무 자체에 의하여 우리 국회의 법률에 의하여서만 그 내용이 결정되고 효력을 갖는 조세 법률과 달리 조세조약은 상대방 국가 사이의 협상에 근거하여 그 내용이 결정되고 그 체약국들의 동의에 의하여 효력을 갖는 점', '조세조약 자체의 수범자가 국가인 반면에 헌법상 납세의무에 근거한 조세법률의 수범자는 과세관청 및 국민이라는 점' 등에 비추어 볼 때, 헌법상 납세의무를 구체화하여 창설하는 조세법률과 조세조약은 서로 구분된다.

그런데 위 각 차이점 모두는 헌법상 납세의무에 관한 규정이 있다는 점에 근거한 것이다. 따라서 헌법상 납세의무에 관한 규정 자체가 조세조약을 통하여서는 납세의무를 창설할 수 없다는 규범적 근거로서 기능한다고 볼 여지가 있다.

조세조약을 통하여 납세의무를 창설할 수 없고 조세조약은 국내세법 상 납세의무를 제약하는 기능을 할 수 밖에 없다는 명제는 항상 타당한가? 일반적으로 주요 국가들의 헌법에 따르면 조세조약을 통하여 국내세법 상 납세의무를 가중시킬 수는 없다는 점에 대하여서는 기술하였다. 그러나 국제공법의 관점에 따르면, 조약이 해당 국가의 국민들에 대하여 권리를 부여하거나 의무를 창설하는 것 모두 가능하다. 조세조약이 특정 체약국 세법 상 납세의무를 증가시킬 수 있는지 여부는 헌법해석 상 쟁점에 해당될 뿐이다. 따라서 이러한 헌법상 제약이 없는 국가의 경우에는 조세조약을 통하여 납세의무를 창설하는 것 역시 가능하다.[100)]

Ⅳ 조세법률주의와 다른 헌법상 의무의 관계

헌법상 국민은 납세의무 이외에도 국방의무(헌법 39조 1항), 교육을 받게 할 의무(헌법 31조 2항), 근로의무(헌법 32조 2항), 재산권행사의 공공복리적합의무(헌법 23조 2항) 및 환경보전의무를 부담한다. **납세의무 이외의 헌법상 각 국민의 의무에 대하여서도 조세법률주의와 같은 헌법정신이 역시 적용되어야 하는가?** 납세의무 이외의 헌법상 각 국민의 의무 역시 국회가 제정한 법률의 형태로만 각 구체적인 의무가 창설될 수 있고, 국회는 그 의무의 창설단계 및 창설된 의무의 이행단계에서 행정권력이 일방적이고도 자의적으로 행사되지 않도록 방지하여야 할 것이다. 즉 조세법률주의의 헌법정신은 다른 헌법상 각 의무에 대하여서도 적용되어야 한다. 이를 부인할 합리적인 근거를 찾기는 어렵다.

그렇다면 **조세법률주의를 별도로 정의할 필요성은 무엇인가?** 조세법률주의가 나타내는 헌법정신은 다른 헌법상 의무와 관련하여서도 적용되어야 하므로 조세법률주의를 별도로 정의할 필요가 없다는 견해 역시 가능한 것이지만, 저자는 다음과 같은 이유로 조세법률주의를 별도로 정의하여 기준을 정립하는 것이 의미가 있다고 판단한다.

100) Rust, in Klaus Vogel on Double Taxation Conventions, Fourth Ed., Wolters Kluwer, Volume Ⅱ, 2015, p.1620 m.n.24.

첫째, **납세의무 이외의 헌법상 의무는 헌법상 특정목적을 달성하기 위하여 기왕에 존재하는 기본권을 예외적으로 제한하기 위한 근거로서 헌법상 부과된 것이나, 납세의무는 국가가 국민에게 경제활동과 관련된 자유를 포함하는 기본권을 보장하고 실질적인 자유와 평등을 실현하기 위하여 상시적으로 필요한 재원을 마련하기 위하여 헌법상 기본권 향유권자들 일반에 대하여 헌법상 창설적으로 부과되는 것이다.**

둘째, **조세법은 현대 세계에 있어서 너무나도 광범위한 영향을 계속적으로 미치고 있다.** 미국 대법원 판사인 Potter Stewart는 이러한 현상을 "미국 내의 사실상 모든 인(persons) 및 인이 아닌 대상들(objects)은 …… 조세와 관련된 문제들을 지니고 있다. 매일 수많은 종류의 판매, 대여, 증여, 매입, 임대, 유언 등 행위가 경제 내에서 발생하는 바, 이러한 행위들은 누군가에게 조세문제가 발생하도록 한다. 우리의 경제는 거의 모든 사소한 일에 대하여서도 조세와 관계되어 있다"는 표현을 통하여 묘사한다.[101] 조세는 내·외국인 및 내·외국법인 모두에 대하여 거의 모든 활동영역에서 일회적이 아니라 계속적으로 영향을 미치며, 그 영향 역시 이들이 가지는 자원들(resources)을 강제로 국가로 이전시키는 기능을 한다. 이러한 특징은 납세의무 이외의 헌법상 각 의무의 경우와는 구별되는 것이다.

셋째, **조세법은 종목과 세율 등을 규정하여 정확한 세액을 계산하여야 하므로 전문적이고도 복잡할 수밖에 없고, 이로 인하여 납세자가 조세법을 이해하는 것은 쉽지 않다.** 따라서 조세법을 통하여 납세의무가 창설되거나 집행되는 과정에서 국민의 재산권이 침해될 여지 및 행정권력이 과세권을 남용할 여지가 더욱 크다.

넷째, **조세법이 납세자의 생활에 지속적으로 영향을 미친다는 속성으로 인하여 납세자는 다른 각 의무의 경우와는 달리 개별 납세자들이 행정권력의 부당한 과세권 행사에 대하여서 다투는 것을 포기하거나 타협하는 경향 역시 존재하므로 법률을 통하여 행정권력의 부당한 과세권 행사를 통제할 필요성이 더욱 크다.**

다섯째, **조세법률주의에는 금전지급의무인 납세의무를 확정하기 위한 요소들인 조세의 종목과 세율 등 기본적인 사항 모두를 법률단계에서 규정하지 않으면 납세의무가 창설될 수 없다는 취지 역시 포함하는 것이므로, 이러한 점에서 이와 같은 제한이 없는 다른 헌법상 국민의 의무와는 다른 것이다.**

여섯째, **조세법률주의가 의회주의 역사에서 가지는 의의를 감안하더라도 이를 별도로 구**

---

101) *United States v. Bisceglia*, 420 U.S. 141, 154(1975).

분하여 살피는 것 역시 의미가 있다.

일곱째, **조세법률주의를 다른 국민의 의무의 경우와 구분되는 보다 상세한 기준을 마련하여 정비한다고 하더라도 다른 헌법상 의무의 창설 및 이행단계에 대하여 부정적인 영향을 미칠 이유가 없다.**

Ⅴ 법치주의와 조세법률주의의 관계

1 헌법상 법치주의

가. 법치주의의 의미

법치주의는 법우선 원칙에 따라 국가공동체생활에서 지켜야 할 법규범을 마련하고 국가작용을 이에 따르게 함으로써 인간생활의 기초가 되는 자유 · 평등 · 정의를 실현하려는 국가의 구조적 원리를 의미한다.[102] 그런데 법치주의는 헌법상 명시적으로 규정된 원리는 아니다. 그럼에도 불구하고 법치주의가 우리 헌법상 기본원리라는 점에는 이견이 없다. 그렇다면 **헌법상 법치주의에 대한 정의는 어떻게 도출되는 것인가?** 위 법치주의에 대한 정의는 아래 각 헌법상 개별규정들에 담겨 있는 헌법정신들로부터 귀납적으로 도출된 것으로 보아야 한다.

나. 법치주의의 내용

(1) 법치주의의 실질적 내용

법치주의가 자유 · 평등 · 정의를 실현하는 것을 내용으로 한다는 점에서는 자유민주주의와 같다. 다만 자유주의는 정치적 국가생활에 관련된 통치형태를 통하여, 법치주의는 국가생활의 목적과 내용이 법우선 원칙에 따르게 하는 방법으로 국가의 기능이나 조직형태를 통하여, 이를 각 실현하는 것이다.[103] 법치주의는 사후에 국가권력을 통제하기 위한 것만이 아니라 사전적으로 자유 · 평등 · 정의를 실현하기 위한 조건으로서 기능하는 것이며, 단순히 법률에 의하지 않고는 강제되지 않는 '자유의 보장수단' 또는 '국가권력의 통제수단'에 그치는 것이 아니라 국가의 전체적인 기능이나 조직형태에 대한 구조적 원리로서 기능한다.[104]

102) 허영, 전게서, 151면.
103) 상게서.

(2) 법치주의의 제도적 내용

법치주의는 자유 · 평등 · 정의의 이념을 국가의 기능이나 조직형태를 통하여 실현하려는 국가의 구조적 원리를 의미하기 때문에 국민의 개성신장과 국가생활에의 참여를 가능하도록 기본권을 보장하는 것이 법치주의의 핵심적인 내용이 되고, 권력집중으로 인하여 권력이 남용되어 기본권이 침해될 위험성을 미리 제도적으로 방지하기 위한 권력분립원리(헌법 40조, 66조 4항, 101조)가 법치주의를 실현하기 위한 수단이 된다.[105)]

(3) 법치주의의 절차적 · 형식적 내용

법치주의는 국가작용을 '법우선 원칙에 따라 행함으로써' 자유 · 평등 · 정의의 이념을 실현하고자 하는 국가의 구조적 원리를 의미하는 바, 이를 인정하는 이유는 무엇인가? 국가작용이 명확성, 특정성, 예측가능성, 객관성 및 안정성 등의 절차적 및 형식적 요건을 갖추지 않으면 자유 · 평등 · 정의의 이념을 실현하는 국가작용이 무절제한 자유방종 내지 예측불가능한 것으로 변질될 수 있기 때문이다.[106)] 다만 법우선 원칙이 입법권의 전능을 믿고 입법권의 우선적 지위를 강조하는 전근대적인 사고방식의 잔재를 의미하지는 않고, 행정권이나 사법권을 결코 입법권의 명령집행자로만 보는 것도 아니다. 법우선 원칙을 적용한다고 하더라도 구체적인 상황에 따라 합리적인 국가작용을 가능하게 하는 재량의 여지를 남겨 두는 것이 오히려 바람직하다. 이 경우 재량행위는 기속재량으로서 사법심사의 대상이 된다.[107)]

법우선 원칙은 국가작용의 모든 부분을 빠짐없이 법제화할 것을 요구하기보다는 다음과 같은 국가작용의 행동지침을 나타내는 것으로 볼 수 있다.[108)]

첫째, 법률, 명령, 규칙 등 입법작용은 헌법 및 법에 기속되어야 한다는 원칙(헌법 107조 1항, 111조 1항 1호, 113조 1항).

둘째, 국가작용 중 행정작용은 언제나 법률에 근거를 두고 공정하게 집행되어야 한다는 법치행정의 원칙(헌법 75조, 107조 2항, 동 조 3항, 96조, 100조, 114조 6항, 동 조 7항, 12조 1항, 동 조 2항, 38조, 59조).

---

104) 상게서, 151－152면.
105) 상게서, 152면.
106) 상게서, 153면.
107) 상게서.
108) 상게서, 153－157면, 284－285면, 293면.

셋째, 합법적인 공권력작용에 의하여 발생하는 국민의 권리침해 또는 재산 상 손해에 대해서도 이를 효과적으로 구제하여야 한다는 원칙(헌법 29조, 23조 3항, 28조, 26조, 111조 1항 5호, 107조 1항, 12조, 16조, 27조, 101조, 103조, 109조).

넷째, 국가작용의 법적 안정성과 예측가능성을 담보하기 위하여 신뢰를 보호하여야 하고 법률이 소급하여 효력을 미치는 것도 원칙적으로 금지하여야 한다는 원칙(헌법 13조 1항, 동 조 2항).

다섯째, 국가가 국가안전보장, 질서유지 또는 공공복리를 위하여 필요한 경우에 한하여 법률로써 기본권을 제한할 수 있으며, 기본권을 제한할 수 있다고 하더라도 자유와 권리의 본질적인 내용을 침해할 수 없다는 원칙(헌법 37조 2항).

기본권의 제한방법으로서 법률의 형식을 요구하는 것을 **기본권 제한적 법률유보**라고 하고, 모든 기본권에 적용될 수 있는 위 법률유보를 통상 일반적 법률유보라고 하는 바, 이를 토대로 헌법 제37조 제2항을 기본권에 대한 일반적 법률유보조항으로 볼 수 있는 여지가 있으나, 오히려 이 규정을 일반적인 기본권 제한적 법률유보조항으로 보는 것보다는 **기본권제한입법의 한계조항**으로 보아야 한다. 즉 헌법 제37조 제2항은 기본권제한입법의 한계를 네 가지 차원, 즉 국민의 기본권을 제한하는 법률이 지켜야 하는 목적 상 한계(국가안전보장, 질서유지 또는 공공복리를 위하여), 형식 상의 한계(법률로서 제한할 수 있으며), 내용 상의 한계(본질적인 내용은 침해할 수 없다) 및 방법 상의 한계(필요한 경우에 한하여)의 각 차원에서 규정한 것으로 보아야 한다.[109)]

위 규정은 법률의 유보만 있으면 기본권을 법률로서 제한할 수 있다는 취지를 담고 있는 것이 아니라 기본권을 법률로서 제한할 경우에 있어서도 지켜야 할 한계에 대하여 규정한 것이기 때문이다.

2 법치주의와 조세법률주의

조세법의 헌법상 존재근거는 헌법상 납세의무를 규정하는 헌법 제38조이고 이 규정이 헌법 제59조와 결합하여 조세법률주의라는 헌법정신을 나타낸다는 점은 기술하였다. 따라서 법치주의와 조세법률주의에 대하여 살피기 이전에 법치주의와 '납세의무를 포함하는 헌법상 의무'와의 관계를 먼저 살필 필요가 있다.

109) 상게서, 293면.

가. 법치주의와 헌법상 납세의무

법치주의는 '법우선 원칙에 따라' 국가공동체생활에서 지켜야 할 법규범을 마련하고 국가작용을 이에 따르게 함으로써 인간생활의 기초가 되는 자유·평등·정의를 실현하려는 국가의 구조적 원리를 의미하는 바, 이러한 법치주의는 통상 기본권의 보장이라는 측면에서 논의되는 것으로 이해되기 쉽다. 그러나 헌법은 납세의무를 포함한 헌법상 의무 역시 모두 법률에 의하여 구체화되도록 규정하고, 이러한 의무들 역시 궁극적으로는 국가 전체의 입장에서 실질적인 자유와 평등을 실현하기 위하여 헌법상 부과되는 것이므로 헌법상 의무에 관한 규정 역시 법치주의를 구성하는 요소들 중 하나라고 보아야 한다. 따라서 법치주의는 헌법상 기본권의 측면과 헌법상 의무라는 측면 모두와 관련하여 헌법상 법률유보를 통하여 국가 구성원들에게 작용한다. 그렇다면 **법치주의는 헌법상 기본권의 측면과 헌법상 의무라는 측면 모두에 대하여 동일하게 작용하는가?** 이하 법치주의가 헌법상 기본권과 헌법상 의무라는 두 측면에 미치는 작용이 어떠한지와 관련하여 살핀다.

(1) 법치주의와 헌법상 기본권의 관계

법치주의는 자유·평등·정의를 실현하기 위한 것이고 이는 법우선 원칙에 의하여 실행된다는 점은 기술하였다.[110] 그렇다면 법치주의는 자유·평등·정의를 나타내는 기본권 및 이에 대한 헌법상 **법률유보**와 밀접하게 관련되어 있다. 위 헌법상 법률유보에는 기본권의 제한을 주목적으로 하는 **기본권 제한적 법률유보**와 기본권의 내용을 실현하는 것에 중점이 있는 **기본권 형성적 법률유보**가 있다.[111] 헌법에 의하여 보장되는 적지 않은 기본권은 그것이 일상생활에서 기본권으로서 효력을 발휘하기 위하여서는 그 내용을 법률을 통하여 구체적으로 형성하는 작업이 선행되어야 하기 때문에 기본권 형성적 법률유보가 필요하다. 물론 기본권을 법률에 의하여 형성한다고 하더라도 이는 동시에 기본권을 제한하는 기능 역시 수행할 수 있으나, 이를 구분하기 위하여서는 그 주안점이 어디에 있는지 여부를 보아야 한다.[112] 한편 기본권 제한적 법률유보는 기본권이 헌법이 부여한 일정한 한계 내에서 행사되어야 한다는 것을 의미한다.

110) 같은 절 V 1 헌법상 법치주의 참조.
111) 허영, 전게서, 295면.
112) 상게서, 296면.

(2) 법치주의와 헌법상 납세의무의 관계

헌법제정권자는 오로지 국가권력만을 헌법상 의무의 주체로 정한다. 따라서 헌법상 의무에 관한 규정은 국가권력에게 일정한 헌법상 의무를 부과한 다음, 입법권자가 그 구체적인 헌법상 과제 및 수권의 내용을 정하여 국가가 그 구체적인 의무를 이행하도록 강제하는 것을 내용으로 한다. 국가의 규범구조적 측면에서 납세의무를 포함한 헌법상 의무는 바로 기본권의 보장 또는 제한의 성격을 갖는 것이 아니라 일종의 **제도보장적 법률유보**의 성격을 갖는다.[113] 제도보장은 자유를 보장하기 위한 것이 아니라 공법 상 제도 자체를 헌법상 보장하거나 전형적이고도 전통적인 사법 상 제도를 헌법적으로 보장하는 것을 의미하는 바, 이에는 기본권의 개념이 기본적으로 내포되어 있지는 않지만 함께 인정되는 경우 역시 있을 수 있다. 그러나 그 경우에도 기본권개념은 제도보장에 기여하기 위한 것이므로 이는 제도보장에 예속되는 관계이다. 제도보장은 국가의 법질서에 의하여 비로소 인정되는 것에 불과한 것이나, 헌법에 규정된 이상 입법기관에 의하여서도 그 제도 자체를 폐지하지는 못한다는 점에서 의미를 갖는다.[114] 즉 헌법제정권자는 이러한 제도보장적 법률유보를 통하여 단순하게 의무프로그램만을 규정하는 것이고, 이를 현실적인 의무로 구체화하는 것은 입법권자의 수권사항이다. 따라서 납세의무를 포함한 헌법상 의무는 입법권자가 정하는 형식적인 법률에 의하여서만 구체화될 수 있다.[115]

납세의무와 재산권의 제한에 대하여 보다 구체적으로 본다. 납세의무와 헌법상 기본권인 재산권을 제한한다는 것은 그 효과가 유사하기 때문에 이를 비교할 필요가 있다. 납세의무는 국가가 경제활동과 관련된 자유 등 기본권을 포함하는 기본권들을 보장하고 실질적인 자유와 평등을 실현하기 위한 재원을 조달하기 위하여 부과하는 것이고 그 납세의무는 헌법상 기본권의 향유주체가 되는 헌법상 납세자를 차별하지 않고 그 모두에 대하여 일반적 기준에 따라 부과되어야 한다.[116] 그러나 납세의무를 기본권인 재산권을 제한하는 것과 동일하게 본다면 이는 모순이다. 납세의무가 기본권을 보장하고 실질적인 자유와 평등을 실현하기 위하여, 또 다른 기본권인 재산권을 국민 일반에 대하여 제한한다는 뜻이 되기 때문이다. 또한 납세가 없다면 국가는 원칙적으로 존립할 수가 없다. 즉 국가가 존립하기 위하

113) 상게서, 624면.
114) 상게서, 223면.
115) 상게서, 624면.
116) 제1장 제2절 Ⅰ 2 나 조세를 실질적으로 정의하기 위한 요소들 참조.

여서는 납세가 상시적으로(물론 개별 납세의무에 따라서는 일정한 기간 동안 또는 폐지되기 전까지 존속한다) 전제되어야 한다. 따라서 납세의무는 기본권을 보장받고 실질적 자유와 평등을 실현하기 위하여 헌법상 기본권 향유권자들 일반에 대하여 상시적으로 부담시키는 출연금의 성격을 갖는 것으로 보아야 한다. 이에 반하여 기본권인 재산권의 제한은 예외적으로 즉 국가안전보장, 질서유지 또는 공공복리를 위하여 필요한 경우에 한하여 법률로써 기본권을 제한할 수 있을 뿐이다. 물론 이 경우 기본권을 제한할 수 있다고 하더라도 자유와 권리의 본질적인 내용을 침해할 수 없다. 즉 기본권은 예외적으로 특정목적에 한하여 법률을 통하여 제한할 수 있는 것이고 그 경우에도 필요한 경우에 한하여야 하며 자유와 권리의 본질적인 내용을 침해할 수 없다는 제한이 따른다.

납세의무를 통하여 구성원의 자유와 권리의 본질적인 내용을 침해할 수 있는가? 납세의무는 헌법상 기본권 향유권자들 일반에 대하여 상시적으로(물론 개별 납세의무에 따라서는 일정한 기간 동안 또는 폐지되기 전까지 존속한다) 부담시키는 것인 바, 이러한 납세의무가 자유와 권리의 본질적인 내용을 침해한다면 이는 자유민주주의를 구현하는 헌법정신에 정면으로 반하기 때문에 허용될 수 없다. 즉 납세의무가 기본권인 재산권의 침해와 다르다고 할지라도 기본권 제한의 한계에 해당하는 자유와 권리의 본질적인 내용을 침해할 수 없다는 원칙은 납세의무에 대하여서도 적용되어야 한다.

나. 법치주의와 조세법률주의

이상의 법치주의와 기본권 및 납세의무에 대한 논의를 토대로 법치주의와 조세법률주의에 대하여 살핀다.

조세법률주의는 '헌법상 납세의무를 법률을 통하여 창설하는 것'과 관련된 헌법원리이고, 법치주의는 '헌법상 의무를 법률을 통하여 창설하는 것'뿐만 아니라 '헌법상 이미 인정된 기본권을 법률을 통하여 제한 또는 형성하는 것'과도 관련된 헌법상 원리이다. 이상과 같은 의미에서 조세법률주의는 법치주의를 구성하는 한 요소에 해당한다. 특정 행위를 실행할 수 있는 법률 상 근거를 '법률유보'라고 하는 바, 조세법률주의와 관련된 법률유보를 '납세의무와 관련된 법률유보'라고 하고, 법치주의 중 기본권과 관련된 법률유보를 '기본권 제한적 또는 형성적 법률유보'라고 칭하기로 한다. 헌법재판소 역시 조세법률주의가 법치주의를 구성하는 한 요소라는 전제 하에 다음과 같이 판시한다. 즉 "조세행정에 있어서의 법치주의의 적용은 조세징수로부터 국민의 재산권을 보호하고 법적 생활의 안전을 도모하려는 데 목적이 있는 것으로서, 과세요건 법정주의와 과세요건 명확주의를 그 핵심적인 내용으로 하고 있지만, 오늘날의 법치주의는 국민의 권리・의무에 관한 사항을 법률로써 정해야 한다는 형식적 법치주의에 그치는 것이 아니라, 그 법률의 목적과 내용 또한 기본권보장의 헌법이념에 부합되어야 한다는 실질적 법치주의를 의미하며, 헌법이 선언한 조세법률주의도 이러한 실질적 법치주의를 뜻하는 것이므로, 비록 과세요건이 법률로 명확히 정해진다 하더라도 그것만으로 충분한 것이 아니고 조세법의 목적이나 내용이 기본권 보장의 헌법이념과 이를 뒷받침하는 헌법상의 모든 원칙에 합치되지 않으면 안 되는 것이다"[117]

그러나 법치주의 중 '납세의무와 관련된 법률유보'에 대하여 작용하는 조세법률주의 원칙과 '기본권 제한적 또는 형성적 법률유보'에 대하여 작용하는 원칙은 다음과 같이 상이하다.

먼저 조세법률주의와 '기본권 제한적 법률유보'에 대하여 본다.

조세법률주의는 납세의무가 법률에 의하여 창설되는 것을 주된 내용으로 하지만, 기본권 제한적 법률유보는 헌법상 이미 존재하는 기본권[118]의 내용을 예외적으로 특정목적에 한하여 법률을 통하여 제한하는 것을 의미한다. 법률에 의한 납세의무의 창설과 관련하여서는 그 법률에 대하여 '과세권이 행정권력에 의하여 자의적이고도 일방적으로 행사되지 못하도록 방지할 것' 및 '실질적으로 조세에 해당하는 의무는 조세의 종목과 세율 등을 명시한 조세법을 통하여야 창설될 것' 등이 주된 한계로서 부여되지만, 이와는 달리 기본권의 제한과 관련하여서는 '목적 상 한계(국가안전보장, 질서유지 또는 공공복리를 위하여)', '형식 상의 한계(법률로서 제한할 수 있으며)', '내용 상의 한계(본질적인 내용은 침해할 수 없다)' 및 '방법 상의 한계(필요한 경우에 한하여)'가 부여된다. 즉 각 경우 담아야 할 법률의 내용 및 한계가 상이하다. 그러나 자유와 권리의 본질적 내용을 침해할 수 없다는 위 내용 상 한계는 납세의무에 대하여서도 적용되어야 할 것으로 판단한다.

조세법률주의와 '기본권 형성적 법률유보'에 대하여 본다.

'기본권 형성적 법률유보'는 법률을 통하여 구체적인 기본권이 창설된다는 점에서는 납세의무의 경우와 같으나, 기본권 형성적 법률유보의 경우에는 행정권력의 자의적이고도 일방적인 행사로 인하여 국민에게 부당한 침익적 결과가 발생하는 것을 방지하는 것보다는

117) 헌재 1992.2.25. 90헌가69.
118) 기본권이 성문헌법 이전에 선재하는 것인지 아니면 헌법에 의하여 부여된 것인지 여부에 대하여서는 논의가 있으나 기본권 자체가 법률에 의하여 창설될 수 없다는 점에는 의문이 없다.

오히려 법률에 의하여 창설된 기본권의 구체적 수혜자가 타인으로부터 침해받지 않도록 예방할 뿐만 아니라 발생한 침해를 구제받도록 하는 것을 주된 내용으로 담아야 한다는 점에서 조세법률주의의 경우와는 다르다.

결론적으로 **조세법률주의는 법치주의를 구성하는 하나의 요소이지만 법치주의를 구성하는 또 다른 요소들인 기본권 제한적 법률유보 및 기본권 형성적 법률유보와는 다른 원칙에 의하여 규율되므로 조세법률주의는 법치주의를 구성하는 다른 요소들과는 다른 독자적인 의의를 가지는 것으로 보아야 한다.** 따라서 조세법률주의를 법치주의가 헌법상 납세의무와 관련된 영역에 단순하게 적용되는 것에 불과하다고 볼 수는 없다. 오히려 법치주의를 구성하는 다른 요소들과 다른 내용을 담아야 하는 규범적 당위를 찾아야 한다. 게다가 법치주의는 그 자체가 헌법상 명시된 원리가 아니라 헌법정신 및 '법률'과 관련된 헌법상 각 규정을 통하여 귀납적으로 도출된 것인 바,[119] 오히려 법치주의라는 정의에 근거하여 연역적으로 조세법률주의가 도출된 것으로 파악하는 것은 본말이 전도된 것이다.

3 조세법률주의 무용론에 대한 검토

조세법률주의는 세법영역에 있어서의 법치주의라는 의미일 뿐이고, '과세요건 법정주의'나 '과세요건 명확주의'라는 것들은 우리 헌법에 내재한, 아무런 논증이 필요없는 자명한 천리가 아니며 조세법률주의라는 용어를 사용함으로 인하여 법치주의와 다른 내용을 알게 모르게 담게 된다는 견해가 있다.[120] 그러나 이 견해는 다음과 같은 점에서 타당하지 않다고 본다.

첫째, 법치주의 자체는 헌법상 명시된 원리가 아니다. 헌법상 내재된 원리로서의 법치주의는 다음 헌법상 각 개별규정 상 원칙이 존재한다는 점에 근거하여 성립하는 것이다. (ⅰ) 법률, 명령, 규칙 등 입법작용은 헌법 및 법에 기속되어야 한다는 원칙(헌법 107조 1항, 111조 1항 1호, 113조 1항). (ⅱ) 국가작용 중 행정작용은 언제나 법률에 근거를 두고 공정하게 집행되어야 한다는 법치행정의 원칙(헌법 75조, 107조 2항, 동 조 3항, 96조, 100조, 114조 6항, 동 조 7항, 12조 1항, 동 조 2항, 38조, 59조). (ⅲ) 합법적인 공권력작용에 의하여 발생하는 국민의 권리침해 또는 재산 상 손해에 대해서도 이를 효과적으로 구제하여야 한다는 원칙(헌법 29조, 23조 3항, 28조, 26조, 111조 1항 5호, 107조 1항, 12조, 16조, 27조, 101조, 103조, 109조). (ⅳ) 국가작용의

119) 같은 절 Ⅴ 1 헌법상 법치주의 참조.
120) 이창희, 세법강의, 제12판, 박영사, 2014, 16-22면.

법적 안정성과 예측가능성을 담보하기 위하여 신뢰를 보호하여야 하고 법률이 소급하여 효력을 미치는 것도 원칙적으로 금지하여야 한다는 원칙(헌법 13조 1항, 동 조 2항). (v) 국가가 국가안전보장, 질서유지 또는 공공복리를 위하여 필요한 경우에 한하여 법률로써 기본권을 제한할 수 있으며, 기본권을 제한할 수 있다고 하더라도 자유와 권리의 본질적인 내용을 침해할 수 없다는 원칙(헌법 37조 2항). 조세법률주의를 표창하는 헌법 제38조 및 제59조 등 역시 위 헌법상 개별규정들 중 하나이다. 따라서 조세법률주의가 독자적으로 존재한다는 전제 하에서 법치주의가 '조세법률주의를 포함하는 각 헌법상 개별규정을 하나로 아우르는 원리'로서 헌법상 내재되어 있다고 할 수 있다.

둘째, 조세법률주의는 법치주의를 구성하는 다른 요소들인 기본권 제한적 법률유보 및 기본권 형성적 법률유보 등과는 다른 원리에 의하여 규율되므로 법치주의가 헌법상 납세의무와 관련된 영역에 단순하게 적용되는 것에 불과하다고 볼 수는 없고, 오히려 법치주의를 구성하는 다른 요소들과 구별되는 내용을 담아야 하는 규범적 당위를 찾아야 한다. 따라서 조세법률주의라는 용어를 사용함으로 인하여 법치주의와 다른 내용을 알게 모르게 담게 되는 점을 경계하여야 할 것이 아니라, 조세법률주의를 통하여 법치주의의 다른 요소와 구별되는 고유한 규범적 당위를 찾을 필요가 있다.

셋째, 우리 세법학계 및 실무가 과세요건 법정주의와 과세요건 명확주의 등을 아무런 논증이 필요없는 자명한 천리로서 받아들여 사용하고 있다는 점에는 동의하지 않는다.

넷째, 헌법 규범의 해석에 있어서도 법사상사 또는 법이론의 역사를 고찰하는 것이 의미가 있을 수 있지만 그보다 선행하여야 할 것은 규범 자체에 대한 해석이다.

다섯째, 과세요건 법정주의와 과세요건 명확주의 등 용어를 사용하는지 여부가 중요한 것이 아니라, 그 용어를 통하여 담고자 하는 원칙이 조세법률주의를 통하여 담겨 있는 헌법상 원리에 부합하는 것인지 여부가 중요한 것이다.

Ⅵ 조세법률주의에 따른 조세법 상 기본원리

이하 조세법률주의로부터 과세요건 법정주의 및 과세요건 명확주의가 어떻게 도출될 수 있는지 여부를 살핀 후에, 조세법률주의 내 가치들이 어떻게 충돌될 수 있고 또한 어떻게 타협을 이루는지 여부에 대하여 살핀다.

1 과세요건 법정주의

가. 과세요건 법정주의의 정의 및 존재의의

조세법률주의에 따르면 헌법상 납세의무는 '법률'을 통하여서만 창설될 수 있고 이러한 원칙은 납세의무의 창설뿐만 아니라 창설된 납세의무의 이행단계 즉 조세의 신고, 납부, 부과, 징수 및 불복단계에서도 적용되어야 하는 것을 주요 내용으로 한다. 즉 납세의무를 성립시키는 납세자, 과세물건, 과세표준, 과세기간, 세율 등의 모든 과세요건과 조세의 신고, 납부, 부과, 징수 및 불복절차 등은 모두 국민의 대표기관인 국회가 제정한 법률에 의하여 규정되어야 한다. 이러한 원칙을 통상 **과세요건 법정주의**라고 한다.[121] **과세요건 법정주의는 납세의무의 이행 또는 집행단계에 대하여서도 작용하는가?** 과세요건 법정주의는 납세의무에 관한 과세요건에 대하여서만 적용되는 것인지 여부가 위 질문에 내재된 쟁점이다. 조세법률주의가 납세의무의 창설단계뿐만 아니라 납세의무의 이행 또는 집행단계에 해당하는 조세의 신고, 납부, 부과, 징수 및 불복절차 등에 대하여서도 적용되는 것이고, 과세요건 법정주의는 이러한 조세법률주의에서 파생되는 원리라는 점을 감안한다면, 과세요건 법정주의에는 역시 납세의무의 창설단계뿐만 아니라 납세의무의 이행 또는 집행단계에 해당하는 조세의 신고, 납부, 부과, 징수 및 불복절차 등에 대한 주요한 요건 역시 모두 행정입법이 아닌 법률로서 규정하여야 한다는 점 역시 포함된 것으로 보아야 한다.

또한 헌법 제38조에 의하여 국회가 수권을 받은 법률의 범위에는 납세의무와 관련된 일체의 사항이 포함되는 것이지 단순하게 납세의무의 발생과 관련된 요건만이 포함된 것은 아니라고 할 것이므로 납세의무를 실현하기 위한 조세의 신고, 납부, 부과 및 징수절차 등에 대한 사항 역시 위 수권사항에 포함된다고 보는 것이 타당하기 때문이다. 납세의무의 발생에 관한 법률뿐만 아니라 조세의 신고, 납부, 부과 및 징수절차 등에 관한 법률 역시 모두 납세의무를 실현하기 위하여서는 필수적인 것들이라는 점 역시 고려되어야 하고 이상의 논의들은 조세에 대한 불복절차에 대하여서도 적용되어야 한다. 조세의 불복절차 역시 납세의무를 적정하게 이행하기 위한 부수적인 절차에 불과하기 때문이다. 나아가 과세요건 법정주의라는 헌법정신에는 과세관청에 의한 권력작용이 납세자에게 부당하게 불이익을 발생시키지 않도록 과세권을 절차적으로 통제하는 법률을 마련하고, 또한 납세자에게는 위

121) 金子 宏、前掲書、72頁。

권력작용으로 인하여 발생한 불이익을 예방하거나 시정할 수 있는 권리 역시 부여하여야 한다는 당위적 요청도 담겨 있다고 본다.

헌법재판소 역시 이러한 용어를 사용한다.[122] 본서 역시 이 용어를 사용하기로 한다. 그런데 **다른 헌법상 기본적 의무의 경우와 달리 납세의무의 경우에만 특별하게 과세요건 법정주의라는 용어를 사용하여야 하는 이유는 있는 것인가?** 이와 관련하여서는 조세가 금전지급의무를 의미한다는 점에 주목할 필요가 있다. 납세의무가 특정 납세자에 대한 특정 금전지급의무로 구체화되기 위하여서는 납세자, 과세물건, 과세표준, 과세기간, 세율 등의 모든 과세요건이 특정되어야 한다. 그런데 이들 사항 중 일부만을 법률에 위임하고 나머지 사항들을 행정입법에 위임한다면 이는 구체적인 납세의무의 창설을 법률이 아닌 행정입법에 위임한 것과 같은 결과를 초래하게 된다. 이는 명백하게 조세법률주의 정신에 어긋난 것이다. 따라서 위 과세요건 모두에 대하여 법률 상 근거가 있어야 한다. 그런데 다른 헌법상 기본적 의무의 경우에는 특정 납세자에 대한 특정 금전지급의무의 형태로서 해당 의무를 구체화할 필요가 없기 때문에 특정 금액의 결정을 위한 요소들을 각 법률 단계에서 규정하도록 할 필요가 없다. 한편 납세의무를 다른 헌법상 기본적 의무의 경우와는 달리 취급하여야 할 필요가 있다는 점에 대하여서는 기술하였다.[123] 그 필요성은 납세의무는 납세자에 대하여 광범위하면서도 지속적으로 영향을 미친다는 점, 납세의무는 납세자의 재산권을 강제로 이전하는 것과 관계된다는 점 및 조세법령이 그 속성 상 복잡할 수밖에 없어서 과세권이 남용될 여지가 크다는 점 등으로 요약될 수 있다. 이러한 특성으로 인하여 납세의무의 이행 또는 집행단계에 해당하는 조세의 신고, 납부, 부과, 징수 및 불복절차 등 역시 행정입법이 아닌 법률단계에서 규정할 필요성이 보다 큰 것이다.

이상의 각 점을 감안한다면, 조세법률주의와 관련하여 과세요건 법정주의라는 원칙을 별도로 정의하고 이를 적용하는 것은 의미가 있다.

나. 과세요건 법정주의와 조세법률관계

조세의 부과 및 징수에 있어서 '국가 또는 지방자치단체'와 납세자 사이의 법률관계를 조세법률관계로 정의한다면 그 조세법률관계의 성질은 무엇인가? 이와 관련하여 종래 권력관계설과 채무관계설이 대립하여 왔다.[124] 권력관계설은 조세법률관계를 국민이 국가의

122) 헌재 2011.2.24. 2009헌바33 등 ; 헌재 1992.12.24. 90헌바21.
123) 같은 절 IV 조세법률주의와 다른 헌법상 의무의 관계 참조.

과세권에 복종하는 관계로 파악하여 원칙적으로 국가가 우월적·권력적 의사의 주체로서 부과하는 부과처분(veranlagung ; assessment)에 의하여 납세의무가 창설된다는 학설을 말한다. 채무관계설은 조세법률관계를 국가가 납세자에 대하여 조세채무의 이행을 청구하는 관계로서 국가와 납세자가 채권자 및 채무자인 공법 상 채무관계에 있다고 한다. 이 학설에 의하면 납세의무는 국가의 부과처분이 아니라 조세법 상 과세요건을 충족함과 동시에 성립한다고 한다. 즉 권력관계설과 채무관계설의 대립은 납세의무가 과세관청의 처분에 의하여 창설되는 것인지 아니면 법률에 의하여 창설되는지 여부와 관련된 것이다. 우리 헌법에 의하면 납세의무는 법률을 통하여서만 창설될 수 있다. 과세요건 법정주의에는 이러한 헌법정신이 포함되어 있다. 그렇다면 우리 헌법상 납세의무는 법률이 정하는 요건을 충족함과 동시에 성립하는 것으로 보아야 한다. 과세관청의 부과처분에 의하여 납세의무가 성립한다는 견해는 헌법에 정면으로 위배되는 것이다. 따라서 우리 헌법상 납세의무의 성립과 관련하여서는 위 학설상의 대립은 의미가 없다.

다만 **법률에 의하여 창설된 과세권을 집행하고 보호하기 위하여 과세관청에게 경정처분, 결정처분 및 강제징수 등을 일방적으로 행사할 수 있는 권한이 부여된 경우 이 역시 채무관계설에 의하여 설명할 수 있는가?** 사법 상 채권채무관계에 있어서도 강제집행절차 등이 있으나 이는 당사자가 스스로 집행권원을 얻어서 강제집행절차가 진행된다는 점에서 위 과세관청의 처분과는 다르다. 따라서 위 경우는 권력관계설에 의하여 설명하는 것이 보다 타당할 것으로 보인다. 따라서 모든 조세법률관계를 일원적으로 설명하는 것은 타당하지 않고 각 구체적인 법률관계에 따라 이해하여야 한다.[125)]

다. 과세요건 법정주의와 위임입법

(1) 위임입법 일반론

국회는 납세의무의 창설 그리고 납세의무의 신고, 납부, 부과, 징수 및 불복절차 등에 관련된 모든 사항을 법률 형태의 조세법으로 정하여야 하는가? 헌법 제75조는 "대통령은 법률에서 구체적으로 범위를 정하여 위임받은 사항과 법률을 집행하기 위하여 필요한 사항에 관하여 대통령령을 발할 수 있다"고 규정하고, 헌법 제95조는 "국무총리 또는 행정각부의

124) 金子 宏、前揭書、23-26頁 참조。
125) 같은 취지 : 上揭書、25頁。

장은 소관 사무에 관하여 법률이나 대통령령의 위임 또는 직권으로 총리령 또는 부령을 발할 수 있다"고 규정한다. 헌법 제75조는 대통령이 갖는 법규명령 제정권에 대하여 규정한 것이다. **법규명령**은 헌법에 근거하여 행정기관이 발하는 국민의 권리 및 의무에 관련된 사항에 관한 일반적 명령을 의미하고 이에 대비되는 **행정명령**은 행정기관이 국민의 권리 및 의무와 관련이 없는 사항인 행정부 내부의 조직, 활동 등을 규율하기 위하여 행정기관의 고유한 권한으로서 발하는 명령을 의미한다.[126] 법규명령은 일반적·대외적 구속력을 갖는 법규범인 반면에 행정명령은 그렇지 않다.[127] 다만 헌법재판소는 행정명령 역시 특별한 경우에는 대외적인 구속력을 갖는다는 취지로 판시한다. 즉 "행정규칙이 법령의 규정에 의하여 행정관청에 법령의 구체적 내용을 보충할 권한을 부여한 경우, 또는 재량권행사의 준칙인 규칙이 그 정한 바에 따라 되풀이 시행되어 행정관행이 이룩되게 되면, 평등의 원칙이나 신뢰보호의 원칙에 따라 행정기관은 그 상대방에 대한 관계에서 그 규칙에 따라야 할 자기구속을 당하게 되고, 그러한 경우에는 대외적인 구속력을 가지게 된다."[128]

법규명령은 다시 위임명령과 집행명령으로 구분된다. 헌법 제75조 중 '법률에서 구체적으로 범위를 정하여 위임받은 사항'에 관한 명령이 위임명령이고, '법률을 집행하기 위하여 필요한 사항'에 관한 명령이 집행명령이다.

위임명령의 경우에 있어서 그 위임은 구체적으로 범위를 정하여 이루어져야 한다. 즉 포괄하여 위임하는 것은 금지된다. 이는 입법권이 국회가 아닌 행정부 등에 의하여 행사되는 것을 막고, 위임입법의 구체성, 명확성 및 예측가능성을 확보하기 위한 것이다.[129] 다만 구체적인 범위는 각종 법령이 규제하고자 하는 대상의 종류와 성격에 따라 달라진다 할 것이므로 일률적 기준을 정할 수는 없지만, 적어도 법률의 규정에 의하여 이미 대통령령으로 규정될 내용 및 범위의 기본사항이 구체적으로 규정되어 있어 누구라도 당해 법률로부터 대통령령에 규정될 내용의 대강을 예측할 수 있으면 족하다.[130] 여기서 그 예측가능성의 유무는 당해 특정조항 하나만을 가지고 판단할 것이 아니고 관련 법조항 전체를 유기적·체계적으로 종합 판단하여야 하며, 각 대상법률의 성질에 따라 구체적·개별적으로 검토하여야 한다.[131] 즉 위임조항 자체에서 위임의 구체적 범위를 명확히 규정하고 있지 않더라

126) 성낙인, 전게서, 1100면.
127) 상게서, 1101면.
128) 헌재 1990.9.3. 90헌마13.
129) 헌재 1995.7.21. 94헌마125 ; 헌재 1996.8.29. 95헌마36.
130) 헌재 1991.7.8. 91헌가4.

도 당해 법률의 전반적인 체계와 관련규정에 비추어 위임조항의 내재적인 위임의 범위나 한계를 객관적으로 분명히 확정할 수 있다면 이를 일반적이고 포괄적인 백지위임에 해당하는 것으로 볼 수 없다.[132] 또한 판례는 하위법령이 모법의 위임범위를 준수하고 있는지 여부를 결정하는 기준과 관련하여 다음과 같이 판시한다. 즉 특정 사안과 관련하여 법률에서 하위 법령에 위임을 한 경우에 모법의 위임범위를 확정하거나 하위 법령이 위임의 한계를 준수하고 있는지 여부를 판단할 때에는, 하위 법령이 규정한 내용이 입법자가 형식적 법률로 스스로 규율하여야 하는 본질적 사항으로서 의회유보의 원칙이 지켜져야 할 영역인지, 당해 법률 규정의 입법 목적과 규정 내용, 규정 체계, 다른 규정과의 관계 등을 종합적으로 고려하여야 하고, 위임 규정 자체에서 의미 내용을 정확하게 알 수 있는 용어를 사용하여 위임의 한계를 분명히 하고 있는데도 문언적 의미의 한계를 벗어난 것인지 여부, 하위 법령의 내용이 모법 자체로부터 위임된 내용의 대강을 예측할 수 있는 범위 내에 속한 것인지 여부, 수권 규정에서 사용하고 있는 용어의 의미를 넘어 범위를 확장하거나 축소하여서 위임 내용을 구체화하는 단계를 벗어나 새로운 입법을 한 것으로 평가할 수 있는지 여부 등을 구체적으로 따져보아야 한다.[133]

집행명령은 일종의 법률시행세칙으로서 위임명령과 달리 새로운 입법사항을 그 대상으로 하는 것이 아니고 법률을 구체적으로 집행하기 위한 세부적인 사항을 규율하는 것이기 때문에 법률의 내용에 철저히 기속된다. 즉 집행할 법률에 없는 사항을 규율하거나 집행할 법률의 내용을 변경 내지는 왜곡시키는 집행명령은 허용될 수 없다.[134]

또한 헌법 제95조는 국무총리 또는 행정각부의 장이 법률이나 대통령령의 위임 또는 직권으로 총리령 또는 부령을 발할 수 있다는 취지로 규정하므로, 법률의 위임이 있는 경우에 대통령령이 아닌 총리령 또는 부령에 입법사항을 위임할 수도 있다.[135] 직권으로 발하는 총리령 또는 부령은 행정명령에 속한다.

(2) 과세요건 법정주의와 위임입법

과세요건 법정주의와 관련하여 주로 문제가 되는 것은 위임입법이다. 그런데 **위임입법**

131) 헌재 1994.7.29. 93헌가12.
132) 헌재 1996.10.31. 93헌바14.
133) 대법원 2015.8.20. 2012두23808 전원합의체 판결.
134) 허영, 전게서, 1003-1004면.
135) 헌재 1998.2.27. 97헌마64.

일반론이 조세와 관련하여서 달리 취급하여야 할 이유가 있는가? 헌법재판소는 '조세법규 또는 처벌법규의 경우'와 '규율대상이 지극히 다양하고 수시로 변화하는 경우'에 대하여 별도의 판시를 한다. 먼저 이를 본다. 조세법규 또는 처벌법규와 관련하여서는 "위임의 구체성·명확성의 요구 정도는 그 규율대상의 종류와 성격에 따라 달라질 것이지만, 처벌법규나 조세를 부과하는 조세법규와 같이 국민의 기본권을 직접적으로 제한하거나 침해할 소지가 있는 법규에서는 구체성·명확성의 요구가 강화되어 그 위임의 요건과 범위가 더 엄격하게 규정되어야 하는 반면에, 일반적인 급부행정이나 조세감면혜택을 부여하는 조세법규의 경우에는 위임의 구체성 내지 명확성의 요구가 완화되어 그 위임의 요건과 범위가 덜 엄격하게 규정될 수 있으며, 그리고 규율대상이 지극히 다양하거나 수시로 변화하는 성질의 것일 때에는 위임의 구체성·명확성의 요건이 완화되어야 할 것이다. 또한 위임조항 자체에서 위임의 구체적 범위를 명백히 규정하고 있지 않다고 하더라도 당해 법률의 전반적 체계와 관련규정에 비추어 위임조항의 내재적인 위임의 범위나 한계를 객관적으로 분명히 확정할 수 있다면 이를 포괄적인 백지위임에 해당하는 것으로는 볼 수 없다"고 판시한다.[136] 따라서 조세법규의 경우에는 위임입법 일반의 경우와는 달리 보다 구체적이고 명확하게 위임의 범위를 정하여야 한다.

나아가 조세법규의 경우에는 위임의 범위를 정함에 있어서 특정 납세자의 특정 금전지급의무를 구체적으로 정하기 위한 각 사항들의 기본적인 내용들과 그 구체화된 납세의무를 이행하는 절차에 관한 기본적인 내용들 역시 모두 법률단계에서 정하여져야 할 필요성이 있다는 점은 기술하였다.

결론적으로 위임입법의 법리가 과세요건 법정주의와 관련하여 적용됨에 있어서는, 위임입법 일반의 경우와는 달리 보다 구체적이고 명확하게 위임의 범위를 정하여야 한다는 점과 위임의 범위를 정함에 있어서 특정 납세자의 특정 금전지급의무를 구체적으로 정하기 위한 각 사항들의 기본적인 내용들과 그 구체화된 납세의무를 이행하는 절차에 관한 기본적인 내용들 역시 모두 법률단계에서 정하여져야 한다는 점에서 달리 취급되어야 할 필요가 있다. 판례 역시 국민에게 납세의 의무를 부과하기 위해서는 조세의 종목과 세율 등 납세의무에 관한 기본적, 본질적 사항은 국민의 대표기관인 국회가 제정한 법률로 규정하여야 하고, 법률의 위임 없이 명령 또는 규칙 등의 행정입법으로 과세요건 등 납세의무에 관

136) 헌재 2005.4.28. 2003헌가23.

한 기본적, 본질적 사항을 규정하는 것은 헌법이 정한 조세법률주의 원칙에 위배된다고 판시한다.[137)]

(3) 과세요건 법정주의와 지방자치에 관한 규정

헌법 제117조 제1항이 "지방자치단체는 주민의 복리에 관한 사무를 처리하고 재산을 관리하며, 법령의 범위 안에서 자치에 관한 규정을 제정할 수 있다"고 규정하므로, 법령의 정함이 있는 경우에는 그 범위 내에서 조세에 관한 내용 역시 자치에 관한 규정으로서 제정될 수 있다는 점에 주목할 필요가 있다.

2 과세요건 명확주의

가. 과세요건 명확주의의 의의 및 적용범위

조세법의 납세의무 창설적 기능은 조세법의 해석에도 영향을 미친다. 즉 납세의무는 법률에 의하여서만 창설될 수 있어서 관습 또는 조리 등에 의하여서는 창설될 수 없다는 점과 조세는 국가의 재원을 조달하기 위한 것이므로 결과적으로 납세자의 재산의 감소를 초래하는 것이라는 점을 감안한다면, 납세자에 대하여 법적 안정성과 장래에의 예측가능성을 보장할 필요가 있다. 이를 위하여서는 조세법이 엄격하게 해석되어야 하고 '합리적 이유가 없는 한' 유추해석이나 확장해석을 하는 것은 허용되지 않는 것으로 보아야 한다. 헌법재판소 및 대법원 역시 동일한 취지로 판시한다.[138)] 그런데 조세법을 다른 법률보다 더욱 엄격하게 해석하여야 할 필요성이 있고 '합리적 이유가 없는 한' 유추해석 또는 확장해석 역시 할 수 없다는 원칙을 관철하기 위한 전제로서 조세법은 다른 법률에 비하여 입법기술 상 허용되는 범위 내에서는 가능한 한 보다 명확하게 규정되어야만 한다. 조세법 자체가 명확하지 않다면 원천적으로 이를 엄격하게 해석할 수가 없고 유추해석 또는 확장해석을 할 필요성 역시 보다 증가하게 될 것이기 때문이다. 이러한 경우에는 납세자의 입장에서 어떠한 행위가 과세의 대상이 되는 것인지 예견할 수 없게 되고, 과세관청이 조세법을 자의적으로 해석하고 집행할 수 있는 여지는 보다 커지게 된다.[139)] 위와 같이 조세법은 다른 법률에 비하여 입법기술 상 허용되는 범위 내에서는 가능한 한 보다 명확하게 규정되어야 한다는 원칙을 헌

137) 대법원 2015.8.20. 2012두23808 전원합의체 판결.
138) 헌재 1996.8.29. 95헌바41 ; 대법원 2009.8.20. 2008두11372.
139) 헌재 2002.5.30. 2000헌바81.

법재판소는 **"과세요건 명확주의"**라고 부르는 바,[140] 본서 역시 이 용어를 사용하기로 한다.

과세요건 명확주의는 원칙 상 과세요건이나 비과세요건 또는 조세감면요건을 막론하고 요구되는 것이고, 특히 감면요건 규정 가운데에 명백히 특혜규정이라고 볼 수 있는 것은 보다 엄격하게 해석하여야 한다.[141] 비과세요건 또는 조세감면요건 역시 납세의무의 축소 또는 면제에 대한 것이므로, 비과세요건 또는 조세감면요건이 명확하지 않으면 납세의무의 범위 자체가 불명확해지는 결과를 야기할 것이기 때문이다. 나아가 조세의 감면에 관한 규정은 조세의 부과·징수의 요건이나 절차와 직접 관련되는 것은 아니지만, 조세란 공공경비를 국민에게 강제적으로 배분하는 것으로서 납세자 상호간에는 조세의 전가관계가 있으므로 특정인이나 특정계층에 대하여 정당한 이유가 없이 조세감면의 우대조치를 하는 것은 특정한 납세자군이 조세의 부담을 다른 납세자군의 부담으로 떠맡기는 것에 다름이 아니므로 조세감면의 근거 역시 법률로 분명하게 정하여야만 한다.[142]

과세요건 명확주의와 관련된 과세요건에는 조세의 신고, 납부, 부과, 징수 및 불복절차에 대한 요건 역시 포함되는 것인가? 조세의 신고, 납부, 부과 및 징수절차에 대한 요건에 대하여서도 위와 마찬가지로 그 요건이 가능한 한 명확하게 규정되어야만 한다는 원칙이 그대로 적용되는 것이 타당하다.[143] 조세법률주의가 납세의무의 창설단계뿐만 아니라 납세의무의 이행 또는 집행단계에 해당하는 조세의 신고, 납부, 부과, 징수 및 불복절차 등에 대하여서도 적용되는 것이고, 과세요건 명확주의는 이러한 조세법률주의에서 파생되는 원리라는 점을 감안한다면, 과세요건 명확주의에는 역시 납세의무의 창설단계뿐만 아니라 납세의무의 이행 또는 집행단계에 해당하는 조세의 신고, 납부, 부과, 징수 및 불복절차 등에 대한 주요한 요건 역시 가능한 한 명확하게 규정되어야 한다는 점 역시 포함된 것으로 보아야 한다. 또한 헌법 제38조에 의하여 국회가 수권을 받은 법률의 범위에는 납세의무와 관련된 일체의 사항이 포함되는 것이지 단순하게 납세의무의 발생과 관련된 요건만이 포함된 것은 아니라고 할 것이므로 납세의무를 실현하기 위한 조세의 신고, 납부, 부과 및 징수절차 등에 대한 사항 역시 위 수권사항에 포함된다고 보는 것이 타당하기 때문이다. 납세의무의 발생에 관한 법률뿐만 아니라 조세의 신고, 납부, 부과 및 징수절차 등에 관한 법률 역시

140) 헌재 2002.5.30. 2000헌바81.

141) 대법원 2003.1.24. 2002두9537 ; 대법원 2008.10.23. 2008두7830 ; 대법원 2009.8.20. 2008두11372 ; 대법원 2017.9.7. 2016두35083 ; 대법원 2020.6.11. 2017두36953.

142) 헌재 1996.6.26. 93헌바2.

143) 같은 취지 : 金子 宏、前掲書、74頁。

모두 납세의무를 실현하기 위하여서는 필수적인 것들이다. 또한 이상의 논의들은 조세에 대한 불복절차에 대하여서도 적용되어야 한다. 조세의 불복절차 역시 납세의무를 적정하게 이행하기 위한 부수적인 절차에 불과하기 때문이다.

나아가 과세요건 명확주의라는 헌법정신에는 과세관청에 의한 권력작용이 납세자에게 부당하게 불이익을 발생시키지 않도록 과세권을 절차적으로 통제하는 법률 역시 가능한 한 명확하게 규정하여 납세자가 그 법률에 따라 위 권력작용으로 인하여 발생하는 불이익을 예방하거나 시정할 수 있도록 하여야 한다는 당위적 요청 역시 담겨 있다고 본다.

이하 과세요건 명확주의와 관련된 구체적인 예에 대하여 본다. **소득세법은 거주자의 판정을 위한 기준으로서 '국내에 생계를 같이하는 가족' 및 '직업 및 자산상태에 비추어 계속하여 1년 이상 국내에 거주할 것으로 인정되는 때'라는 요건을 규정하고 있는 바, 이는 과세요건 명확주의에 위반되는 것인가?** 헌법재판소는 위 규정이 과세요건 명확주의에 반하는 것이 아니라는 취지로 다음과 같이 판시한다. 구 소득세법 시행령(2010.2.18. 대통령령 제22034호로 개정되기 전의 것) 제2조 제3항 제2호가 국내에 주소를 가진 것으로 보는 요건으로 들고 있는 '국내에 생계를 같이하는 가족'이란 우리나라에서 생활자금이나 주거장소 등을 함께 하는 가까운 친족의 의미로 일상생활에서 많이 사용되는 용어이고, '직업 및 자산상태에 비추어 계속하여 1년 이상 국내에 거주할 것으로 인정되는 때'란 거주자를 소득세 납세의무자로 삼는 취지에 비추어 볼 때 1년 이상 우리나라에서 거주를 요할 정도로 직장관계 또는 근무관계 등이 유지될 것으로 보이거나 1년 이상 우리나라에 머물면서 자산의 관리・처분 등을 하여야 할 것으로 보이는 때와 같이 장소적 관련성이 우리나라와 밀접한 경우를 의미한다고 할 수 있으므로, 위 조항이 납세자의 입장에서 예견가능성이 없다거나 과세관청의 자의적인 법적용이 가능하다고 보기 어려우며, 나아가 입법 기술적으로 보다 확정적인 문구의 선택도 쉽게 기대된다고 하기 어렵다. 따라서 위 조항은 과세요건 명확주의에 위배되지 않는다.[144)]

판례 역시 '국내에 생계를 같이하는 가족'이란 우리나라에서 생활자금이나 주거장소 등을 함께하는 가까운 친족을 의미하고, '직업 및 자산상태에 비추어 계속하여 1년 이상 국내에 거주할 것으로 인정되는 때'란 거주자를 소득세 납세의무자로 삼는 취지에 비추어 볼 때 1년 이상 우리나라에서 거주를 요할 정도로 직장관계 또는 근무관계 등이 유지될 것으

144) 대법원 2014.11.27. 2013두16876.

로 보이거나 1년 이상 우리나라에 머물면서 자산의 관리·처분 등을 하여야 할 것으로 보이는 때와 같이 장소적 관련성이 우리나라와 밀접한 경우를 의미한다고 판시한다.[145)]

위 헌법재판소의 결정 및 판례가 타당하다고 볼 수도 있는 측면도 있으나, 우리의 소득세법 상 거주자 요건이 다음과 같은 점에 대하여서는 보다 명확하게 정비될 필요가 있다.

첫째, 거주자에 해당하는지 여부는 납세자의 조세법률관계에 지대한 영향을 미치는 것이므로 납세자의 예측가능성을 보장하기 위하여 각국의 입법례를 참조하여 보다 분명한 요건으로 개정할 필요가 있다.

둘째, 어느 납세자가 우리의 거주자에 해당하는지 여부는 국내세법에 의하여서만 결정되는 것은 아니고, 조세조약이 적용되는 경우에는 국내세법 상 거주자인 납세자가 조세조약 상 거주자판정규칙(tie-breaker)에 따라 다른 국가의 거주자에 해당하는 것으로 결정될 수 있다. 이 경우에는 국내세법 상 거주자에 해당한다고 할지라도 조세조약에 따라 우리의 과세권이 행사될 수 없게 된다.[146)]

그렇다면 두 기준을 적용한 결과가 전혀 예측불가능한 것이 되지 않도록 하기 위하여, 소득세법 상 거주자 판정에 관한 요건과 통상의 조세조약 상 거주자판정규칙 요건이 상호 정합성을 갖추어야 할 필요가 있다.

셋째, 국내세법 상 거주자 판정과 조세조약 상 거주자 판정의 관계를 국내세법 상 분명하게 규정할 필요가 있다.

과세요건 명확주의에 의하여 조세법을 평가함에 있어서 주의하여야 할 점이 있다. 조세법이 과세요건 명확주의에 의하여 해석 상 애매함이 없도록 명확히 규정될 것이 요청된다고 할지라도 입법기술 상의 한계 등으로 인하여 조세법에 있어서도 법규 상호간의 해석을 통하여 그 의미를 명백히 할 필요가 있는 것은 다른 법률의 경우와 마찬가지인 바, 이처럼 법규 상호간의 해석을 통하여 그 의미를 명백히 하는 방법으로 조세의 부과 및 면제 여부를 확정하는 것은 유추해석 또는 확장해석에 의하여 조세의 부과나 면제범위를 확장 또는 감축하는 것과는 전혀 다른 쟁점이라는 점에 주의할 필요가 있다.[147)]

145) 대법원 2019.3.14. 2018두60847.
146) 대법원 2018.12.13. 2018두128; 대법원 2019.3.14. 2018두60847.
147) 헌재 1996.8.29. 95헌바41.

나. 과세요건 명확주의와 불확정개념

과세요건 명확주의에 의하면 원칙적으로 추상적이거나 다의적인 개념을 의미하는 불확정개념을 사용하는 것에는 신중하여야 한다. 다만 조세법의 집행에 있어서 세부담의 공평을 기하기 위하여서는 불확정개념을 어느 정도 사용하는 것이 불가피하고 필요하기도 하다.[148] 불확정개념은 두 가지 종류로 구분된다.[149]

불확정개념 중 하나는 그 내용이 지나치게 일반적이고도 불명확하기 때문에 해석에 의하여 그 의미를 명확하게 할 수 없고 공권력의 자의 또는 남용을 허용할 우려가 큰 경우이다. '공익 상 필요가 있는 때'라든가 '경기대책 상 필요가 있는 때' 등과 같은 종국목적 내지 가치개념을 내용으로 하는 불확정개념이 그 예이다. 조세법이 이러한 불확정개념을 사용하는 경우, 해당 규정은 과세요건 명확주의에 반하여 무효라고 해석하여야 한다. 다른 하나는 중간목적 내지 경험개념을 내용으로 하는 불확정개념인 바, 이것은 일견 불명확해 보이지만 법의 취지 및 목적에 비추어 그 의미를 명확하게 할 수 있는 경우에 해당한다. 이로 인하여 과세관청에게 재량을 인정하는 것은 아니고, 어느 경우가 구체적으로 이에 해당하는지 여부에 관한 문제는 법의 해석에 관한 것이므로 사법심사의 대상이 된다. 이러한 종류의 불확정개념은 그 사용의 필요성 및 합리성이 인정되는 한 이를 사용한다고 하더라도 과세요건 명확주의에 반하지 않는다고 해석하여야 한다.

한편 **조세법이 납세자의 선택을 인정하는 규정을 둔 경우가 있는 바, 해당 규정이 과세요건 명확주의에 반하는 것은 아닌가?** 법인세법 상 납세자가 재고자산의 평가방법을 선택할 수 있는 것(법세 42조) 등이 그 예에 속한다. 이러한 경우에도 해당 규정의 실체적 및 절차적 요건이 명확하다면 과세요건 명확주의에 반하지 않는 것으로 해석하여야 한다.[150]

3 조세법률주의 관련 파생원리

가. 조세법률주의와 집행단계에서의 과세관청의 재량 : 이른바 '합법성의 원칙'을 중심으로

조세법의 집행은 세무공무원에 의하여 이루어지는 바, 세무공무원은 '국세청장, 지방국세청장, 세무서장 또는 그 소속 공무원' 및 '세법에 따라 국세에 관한 사무를 세관장이 관장하

148) 金子 宏、前掲書、74-75頁。
149) 上掲書、75-77頁。
150) 上掲書、76頁。

는 경우의 그 세관장 또는 그 소속 공무원'을 말한다(국기 2조 17호). 과세요건 명확주의는 조세의 신고, 납부, 부과, 징수 및 불복절차 등 조세법의 집행단계에 대하여서도 적용된다. 이 경우 위 **조세법의 집행요건이 명확하기만 하면 이를 집행할 것인지 여부를 세무공무원의 재량에 맡겨도 되는 것일까?**

기속행위, 재량행위(기속재량행위 및 자유재량행위)에 대하여 본다. 세무공무원의 행정행위가 기속행위인지 재량행위인지 나아가 재량행위라고 할지라도 기속재량행위인지 또는 자유재량에 속하는 것인지 여부를 일률적으로 규정지을 수는 없는 것이고 당해 처분의 근거가 된 규정의 형식이나 체제 또는 문언에 따라 개별적으로 판단하여야 한다.[151] '기속행위 내지 기속재량행위'의 경우에는 그 법규에 대한 원칙적인 기속성으로 인하여 법원이 사실인정과 관련 법규의 해석 · 적용을 통하여 일정한 결론을 도출한 후 그 결론에 비추어 행정청이 한 판단의 적법 여부를 독자의 입장에서 판정하는 방식에 의하여 사법심사를 하고, '자유재량행위'의 경우에는 행정청의 재량에 기한 공익판단의 여지를 감안하여 법원은 독자의 결론을 도출함이 없이 당해 행위에 재량권의 일탈 · 남용이 있는지 여부만을 심사하게 되고, 이러한 재량권의 일탈 · 남용 여부에 대한 사법심사는 사실오인, 비례 · 평등의 원칙 위배, 당해 행위의 목적 위반이나 동기의 부정 유무 등을 그 판단 대상으로 한다.[152]

조세의 집행단계에 관한 규범은 그 수권형식과 내용에 비추어 이는 과세관청 내부의 사무처리기준을 규정한 재량준칙이 아니라 일반 국민이나 법원을 구속하는 법규명령에 해당한다. 이는 조세법의 집행과 관련하여 세무공무원의 재량을 인정할 경우에는 부정이 개입될 수 있고 납세자에 따라 그 취급이 다르게 되어 세부담의 공평이 유지되기 어렵기 때문에 이를 허용할 수는 없다는 점을 근거로 한다. 그렇다면 세무공무원의 조세집행에 대한 처분은 재량행위가 아닌 기속행위 또는 기속재량행위에 해당한다. 따라서 조세의 집행단계의 각 규범에 근거한 세무공무원의 행정행위에 대하여서는 법원이 사실인정과 관련 법규의 해석 · 적용을 통하여 일정한 결론을 도출한 후 그 결론에 비추어 행정청이 한 판단의 적법 여부를 독자의 입장에서 판정하는 방식에 의하여 사법심사를 하게 된다. 국세기본법 역시 세무공무원이 재량으로 직무를 수행할 때에는 과세의 형평과 해당 세법의 목적에 비추어 일반적으로 적당하다고 인정되는 한계를 엄수하여야 한다고 규정하는 바(국기 19조), 이 규

151) 대법원 2008.5.29. 2007두18321.
152) 대법원 2001.2.9. 98두17593; 대법원 2007.6.14. 2005두1466; 대법원 2016.1.28. 2015두52432.

정이 세무공무원의 직무집행 상 재량행위가 기속재량에 해당한다는 취지를 정한 것으로 이해하는 것이 타당하다.

이상의 논의를 감안한다면, 법률의 근거가 없는 한 과세관청이 조세의 감면 및 징수유예를 하는 것은 허용될 수 없고 납세의무의 내용 및 징수의 시기 또는 방법에 관하여서도 과세관청과 납세자는 서로 화해하거나 협정을 체결할 수 없다.[153] 즉 과세관청과 납세자 사이의 협정이나 화해에 기초한 조세의 감면 및 징수유예는 위법이고 또한 위 화해 또는 협정 역시 무효로서 구속력이 없다.[154] 판례 역시 조세채권은 국가재정수입확보의 목적을 위하여 국세징수법 상 우선권 자력집행권이 인정되는 권리로서 국민조세부담의 공평과 부당한 조세징수로부터 국민을 보호하기 위하여 조세법률주의의 원칙이 요구되기 때문에 사적 자치가 지배하는 사법 상의 채권과는 달리 그 성립과 행사가 법률에 의하여서만 가능하고, 사법 상의 계약에 의하여 조세채무를 부담하거나 이것을 보증하게 하여 이들로부터 일반채권의 행사방법에 의하여 조세채권의 궁극적 만족을 실현하는 것은 허용될 수 없다고 판시한다.[155] 따라서 조세채무 담보조로 원고가 세무서장에게 당좌수표를 제공한 행위는 무효이므로 국가는 이를 원고에게 반환하여야 한다.[156] 즉 위와 같이 세무공무원은 조세법의 집행단계에서 법률에 근거하지 않은 행위를 할 수 없다. 즉 법률에 의하여 통제되지 않는 재량권을 행사할 수 없다. 이러한 원칙을 과세요건 법정주의 및 과세요건 명확주의와는 별도로 **합법성의 원칙**이라고 부르기도 하나,[157] 본서는 이 합법성의 원칙 역시 과세요건 법정주의 및 과세요건 명확주의에서 파생된 것으로 본다. 판례 역시 이러한 원칙의 연장선상에서 조세법률주의의 원칙 상 과세요건이거나 비과세요건 또는 조세감면요건을 막론하고 조세법규의 해석은 특별한 사정이 없는 한 법문대로 해석할 것이고 합리적 이유 없이 확장해석하거나 유추해석하는 것은 허용되지 아니하며, 특히 감면요건 규정 가운데에 명백히 특혜규정이라고 볼 수 있는 것은 엄격하게 해석하는 것이 조세공평의 원칙에도 부합한다고 판시한다.[158] 또한 위와 같은 맥락에서 조세소송 등 불복절차에서도 조정 또는 화해를 통하여 분쟁을 해결하는 것은 타당하지 않다고 판단한다. 현실적으로 조세행정에 있어서 당

153) 金子 宏, 前掲書, 77頁。
154) 福岡地判 昭和25年4月18日 行裁例集1卷4号, 581頁；日最判 昭和49年9月2日 民集28卷6号, 1033頁。
155) 대법원 1976.03.23. 76다284; 대법원 2017.8.29. 2016다224961.
156) 대법원 1981.10.27. 81다692.
157) 金子 宏, 前掲書, 77頁。
158) 대법원 2008.10.23. 2008두7830.

사자의 편의 및 능률적인 과세를 위하여 수입금액이나 필요경비액에 관하여 화해를 하는 것과 유사한 상황이 발생하는 경우가 있으나 이에는 법적 효과가 부여될 수 없으며, 이를 과세관청에 의한 과세요건에 대한 사실인정과정에 납세자와 과세관청이 합의한 결과가 반영된 것으로 이해하여야 할 것이다.[159)]

한편 과세요건 법정주의 및 과세요건 명확주의는 세무공무원과 납세자 모두가 조세법규를 준수할 것을 전제로 한다. 세무공무원과 납세자 모두가 조세법규를 준수하도록 강제하기 위하여 세무공무원의 직무집행과 관련된 뇌물수수 및 뇌물공여죄 등 형법이 적용될 수 있으나, 국세기본법은 나아가 그 직무의 염결성을 보장하기 위하여 금품수수 세무공무원에 대한 징계 규정 및 금품공여에 대한 과태료 규정을 두고 있다. **먼저 세무공무원의 금품수수에 대하여 본다.** 세무공무원이 그 직무와 관련하여 금품을 수수하였을 때에는 징계절차(국가공무 82조)에서 그 금품 수수액의 5배 이내의 징계부가금 부과 의결을 징계위원회에 요구하여야 한다(국기 87조 1항). 징계대상 세무공무원이 위 징계부가금 부과 의결 전후에 금품수수를 이유로 다른 법률에 따라 형사처벌을 받거나 변상책임 등을 이행한 경우(몰수나 추징을 당한 경우를 포함한다)에는 징계위원회에 감경된 징계부가금 부과 의결 또는 징계부가금 감면을 요구하여야 한다(국기 87조 2항). 징계부가금 부과 의결의 요구(감면요구를 포함한다)는 5급 이상 공무원 및 고위공무원단에 속하는 일반직공무원은 국세청장(세법에 따라 국세에 관한 사무를 세관장이 관장하는 경우에는 관세청장)이, 6급 이하의 공무원은 소속 기관의 장 또는 소속 상급기관의 장이 한다(국기 87조 3항). 징계부가금 부과처분을 받은 세무공무원이 납부기간 내에 그 부가금을 납부하지 아니한 때에는 징계권자는 국세강제징수의 예에 따라 징수할 수 있다(국기 87조 4항). **금품공여에 대한 과태료 규정에 관하여 본다.** 관할 세무서장 또는 세관장은 세무공무원에게 금품을 공여한 자에게 그 금품 상당액의 2배 이상 5배 이하의 과태료를 부과·징수하나, 형법 등 다른 법률에 따라 형사처벌을 받은 경우에는 과태료를 부과하지 아니하고 과태료를 부과한 후 형사처벌을 받은 경우에는 과태료 부과를 취소한다(국기 89조).

나. 기업회계 존중의 원리 : 국세기본법 제20조의 의의

국세기본법은 "세무공무원이 국세의 과세표준을 조사·결정할 때에는 해당 납세자가 계

159) 金子 宏、前掲書、77頁。

속하여 적용하고 있는 기업회계의 기준 또는 관행으로서 일반적으로 공정 · 타당하다고 인정되는 것은 존중하여야 한다. 다만, 세법에 특별한 규정이 있는 것은 그러하지 아니하다"고 규정하는 바(국기 20조), 이를 두고 형식적 법치주의와 어긋나고 위 규정이 대통령령이나 부령이 아닌 기업회계의 기준이나 관행에 전면적으로 포괄위임하고 있는 것으로 해석하는 견해가 있다.[160)]

이 견해에 따르면 국세기본법(국기 20조)이 기업회계의 기준이나 관행에 대하여 전면적 포괄위임을 하였다는 것이다. **국세기본법이 기업회계의 기준이나 관행과 관련하여 전면적으로 포괄위임을 하였고 그 위임대상이 과세요건에 해당하는 것이라는 견해는 타당한 것인가?**

먼저 위 규정의 문언을 보자. 그 문언에 따르면 수범자는 세무공무원이고 세무공무원이 지켜야 할 사항은 '과세표준을 조사 · 결정함에 있어서 세법에 특별한 규정이 없다면 납세자가 계속하여 적용하고 있는 기업회계의 기준 또는 관행으로서 일반적으로 공정 · 타당하다고 인정되는 것을 무시하지 말고 존중하라'는 것이다. 위 규정은 세법이 없는 경우를 규율대상으로 하는 것이므로, 세무공무원에 의한 세법의 해석단계가 아닌 과세요건사실의 확정단계를 적용대상으로 하는 것이다. 즉 납세자가 계속하여 적용하고 있는 '기업회계의 기준 또는 관행으로서 일반적으로 공정 · 타당하다고 인정되는 것'이 있고 또한 이에 반하는 세법 규정이 없는 상황 하에서는 세무공무원은 위 기업회계의 기준 또는 관행을 존중하여 사실인정을 하여야 하고 그 사실관계에 근거하여 과세표준을 조사 · 결정하여야 한다는 것을 의미한다. 세법에 특별한 규정이 없음에도 불구하고 위 기업회계의 기준 또는 관행을 무시하여 납세자에게 불리하도록 과세표준을 조사 · 결정한다는 것은 사실상 납세의무를 창설하거나 가중하는 것에 해당하여 헌법상 조세법률주의에 어긋나기 때문이다.

또한 위 규정은 과세요건 자체의 설정과는 무관하므로 위임입법의 법리와는 관계가 없다. 만약 위 규정을 과세요건의 설정에 대한 조문으로 이해한다면 이는 헌법 제39조에 정면으로 반하는 것이다. 또한 국세기본법 제20조를 과세요건에 대한 포괄적 위임규정으로 이해한다면, 위 기업회계의 기준 또는 관행에 어긋난 세무공무원의 조사 및 결정이라고 하더라도 국세기본법 제20조에 대하여 위헌결정이 있기 전까지는 법원이나 다른 국가기관들에 의하여 존중되어야 한다는 기이한 결론에 이르게 된다.

결국 국세기본법 제20조가 과세요건을 기업회계의 기준이나 관행에 대하여 전면적 포괄

160) 이창희, 전게서, 80면.

위임을 하였다는 견해는 잘못된 것이다. 오히려 위 규정은 세무공무원에 의한 과세요건사실의 확정단계에서의 조세법률주의를 구체화한 것이라고 보아야 한다.

한편 **법인세법 상 소득금액의 계산에 있어서 '기업회계의 기준이나 관행'에 해당하는지 여부는 어떻게 판단하여야 하는가?** 법인세법의 적용과 관련하여 기업회계기준 상의 손익의 귀속에 관한 규정이 세법의 개별 규정에 명시되어 있지 않다는 이유만으로 곧바로 권리의무확정주의에 반한다고 단정할 수는 없고, 특정 기업회계기준의 도입 경위와 성격, 관련된 과세실무 관행과 합리성, 수익비용대응 등 일반적인 회계원칙과의 관계, 과세소득의 자의적 조작 가능성, 연관된 세법 규정의 내용과 체계 등을 종합적으로 고려하여, 내국법인의 각 사업연도 소득금액계산에 적용될 수 있는 '기업회계의 기준이나 관행'에 해당하는지를 판단하여야 한다.[161)]

4 조세법률주의 내 가치들의 타협 : '비과세 관행 또는 해석에 반한 소급과세의 금지' 및 '신의성실의 원칙'을 중심으로

가. 헌법적 가치의 충돌 : '합법성의 원칙' 대 '납세자의 예측가능성 또는 법적 안정성의 보호'

(1) 헌법적 가치의 충돌에 관한 일반론

서로 상충하는 이해관계의 다툼에 있어서 각 다른 헌법적 가치가 주장되는 경우, 이를 헌법적 가치가 충돌하는 것으로 볼 수 있다. 이러한 상충관계를 해결하는 방법으로는 이익형량에 의하는 방법과 규범조화적 해석에 의한 방법이 있을 수 있다.[162)]

'이익형량'은 상충하는 헌법적 가치들 즉 기본권들 사이의 우열을 정하는 것이다. 그러나 이익형량에 관한 쟁점이 기본권의 충돌에 관한 쟁점과 완전히 동일한 것은 아니다. 공익을 위하여 기본권을 제한하는 경우에도 이익형량은 이루어지기 때문이다. 기본권이 상충하는 경우는 이익형량이 행하여지는 하나의 유형에 해당할 뿐이다. 또한 이익형량의 방법은 원칙적으로 무제한적인 기본권을 인정하지 않는다는 점(인간의 존엄성 및 생명권 등과 관련하여서는 이견이 있을 수 있다)과 기본권 상호간에는 위계질서가 있다는 점을 전제로 하여야 한다. 이익형량에 관한 기준은 다음과 같다. 일반적으로 인간의 존엄성 및 생명권은 다

161) 대법원 2017.12.22. 2014두44847.
162) 허영, 전게서, 271-275면에 근거하여 작성한 것이다.

른 기본권에 대하여 우선한다고 본다. 그런데 기본권들 사이의 상충관계는 대부분 동위 기본권들 사이에서 발생하는 바, 이러한 경우에는 인격적 가치를 보호하기 위한 기본권이 재산적 가치를 실현하기 위한 기본권에 대하여 우선하고, 자유를 실현하기 위한 기본권과 평등을 실현하기 위한 기본권이 상충하는 경우에는 자유를 우선하는 것이 타당하다. 자유는 기본권의 보호와 관계된 것이고 평등은 특정인 등의 기본권이 타인에 비하여 합리적 이유 없이 불리하게 차별되는 것을 방지하는 것을 요체로 하는 것이므로 평등 역시 기본권을 상대적으로 균형있게 보호하기 위한 것이다. 그렇다면 평등은 평등 그 자체로서 의미가 있는 것이 아니라 기본권을 실현하는 방법 내지 조건으로서 자유를 실효성 있는 것으로 실현하기 위한 기능을 한다는 점에 의미가 있는 것이므로, 자유와 평등의 가치가 충돌한다면, 즉 평등을 실현하기 위하여 기본권을 지나치게 제한할 필요가 있거나 평등을 우선함으로써 기본권의 보호에 대한 불확실성이 지나치게 증가한다면, 자유를 우선시키는 것이 타당하다.

그러나 이익형량을 적용하여 어느 한 기본권을 우위에 두기보다는 헌법의 통일성을 유지하기 위하여 상충하는 기본권 모두가 최대한 그 기능과 효력을 나타낼 수 있는 조화의 방법을 모색하는 것이 보다 타당하다. 이를 '**규범조화적 해석**'에 의한 방법이라고 한다. 이를 적용하기 위한 구체적인 방법들은 세 가지로 나뉜다.

첫째, **과잉금지**의 방법이다. 이는 상충하는 기본권 모두에 대하여 일정한 제약을 부가하여 기본권 모두의 효력을 양립시키도록 하나 그 제약은 필요한 최소한에 그치도록 하는 방법이다. 헌법재판소 역시 이러한 방법을 통하여 보도기관이 누리는 언론의 자유와 반론권의 충돌을 해결하고 있다. 주요 판시 내용은 다음과 같다.[163] 반론권은 보도기관이 사실에 대한 보도과정에서 타인의 인격권 및 사생활의 비밀과 자유에 대한 중대한 침해가 될 직접적 위험을 초래하게 되는 경우 이러한 법익을 보호하기 위한 적극적 요청에 의하여 마련된 제도인 것이지 언론의 자유를 제한하기 위한 소극적 필요에서 마련된 것은 아니기 때문에 이에 따른 보도기관이 누리는 언론의 자유에 대한 제약의 문제는 결국 피해자의 반론권과 서로 충돌하는 관계에 있는 것으로 보아야 할 것이다. 이와 같이 두 기본권이 서로 충돌하는 경우에는 헌법의 통일성을 유지하기 위하여 상충하는 기본권 모두가 최대한으로 그 기능과 효력을 나타낼 수 있도록 하는 조화로운 방법이 모색되어야 할 것이고, 결국은 정정보도청구제도가 과잉금지의 원칙에 따라 그 목적이 정당한 것인가 및 그러한 목적을 달성하

163) 헌재 1991.9.16. 89헌마165.

기 위하여 마련된 수단 또한 언론의 자유를 제한하는 정도가 인격권과의 사이에 적정한 비례를 유지하는 것인가의 여부가 문제된다.

둘째, **대안을 통한 해결방법**이다. 이는 상충하는 기본권을 다치지 않는 일종의 대안을 찾아서 기본권의 상충관계를 해결하는 방법이다. 독일기본법 상 병역의무와 양심의 자유에 기한 집총거부권의 상충관계를 대체적인 민간역무의 부과에 의하여 해결하는 것이 그 예에 속한다.

셋째, **최후수단을 사용하는 것을 억제하는 방법**이다. 이는 대안을 통한 해결방법에 의할 수 없는 기본권의 상충문제를 해결하기 위한 것으로서, 보다 우위에 두어야 할 기본권을 보호하기 위하여 필요한 수단들이라고 할지라도 그 수단들을 최후의 선까지 동원하는 것은 억제시키는 방법을 의미한다. 종교적 확신으로 인하여 위독한 배우자의 입원치료를 강력히 권유하지 않아서 배우자를 사망에 이르게 한 형사 상 피고인에 대하여 독일연방헌법재판소가 가장 강력한 사회적인 응징수단인 형법 상 형벌을 가하는 것은 종교의 자유에 대한 파급효과를 무시한 위헌적인 처사라고 판시한 것이[164] 그 예라고 한다.

그런데 규범조화적 해석을 통한 위 각 방법 역시도 모든 상충관계를 해결할 수는 없다.

그렇다면 **현실적으로 어떤 방법을 통하여 또는 어느 기관을 통하여 기본권의 상충관계가 해결되어야 하는가?** 기본권의 상충관계를 해결함에 있어서 이익형량을 통한 방법과 규범조화적 해석에 의한 방법 모두 한계를 가지므로 각 쟁점별로 가장 적합한 방법을 모색하여 기본권의 상충관계를 해결할 수밖에 없으나, 이는 결국 헌법적 가치의 결단에 관한 문제에 속한다. 이러한 **헌법적 가치의 결단은 입법부를 통하여 제정된 법률을 통하여 이루어지거나 입법이 이루어지지 않는 경우에는 헌법재판소 또는 법원의 헌법해석을 통하여 이루어질 수밖에 없다.** 한편 우리 헌법상 위헌법률심사권이 헌법재판소에 부여된 이상 입법부에 의하여 제정된 법률 역시 심사의 대상이 되나, 해당 입법의 내용이 헌법적 가치의 결단에 관한 것이라면 그 결단이 전체적으로 헌법정신에 반하거나 보다 합리적인 해결방법이 명백하게 있음에도 불구하고 이를 무시하는 등 특별한 사정이 없는 한 헌법재판소에 의하여 존중되어야 할 것으로 판단한다.

164) BVerfGE 32, s.98.

(2) '합법성의 원칙' 대 '납세자의 예측가능성 또는 법적 안정성의 보호'

조세법률주의에 따른 합법성의 원칙은 아무런 제약이 없이 적용되는 것이 아니다. **합법성의 원칙에 대한 제약원리**는 다음과 같다.[165)]

첫째, 납세의무를 경감하거나 면제하는 등 납세자에게 유리한 행정선례 즉 관행이 성립된 경우에는 과세관청은 이에 구속되고 이에 반하는 처분을 할 수 없다.

둘째, 과세관청이 납세자에게 조세법을 광범위하고도 일반적으로 유리한 해석을 해 온 경우 설사 그 해석이 관행으로 성립되어 있지 않다고 하더라도 과세관청은 합리적인 이유가 없는 한 특정 납세자에 대하여 불이익하게 취급할 수는 없다.

위 두 원칙과 관련하여 국세기본법은 다음과 같이 규정한다. 즉 국세기본법은 세법의 해석이나 국세행정의 관행이 일반적으로 납세자에게 받아들여진 후에는 그 해석이나 관행에 의한 행위 또는 계산은 정당한 것으로 보며, 새로운 해석이나 관행에 의하여 소급하여 과세되지 아니한다고 규정하고(국기 18조 3항), 또한 세법 외의 법률 중 국세의 부과·징수·감면 또는 그 절차에 관하여 규정하고 있는 조항 역시 위 규정을 적용할 때에는 세법으로 본다는 취지로 규정한다(국기 18조 5항).

셋째, 거래 상대방을 신뢰한 특정 납세자에 대한 구제원리로서 적용되는 사법 상 신의칙 내지 금반언에 대한 법리는 조세법에 있어서도 적용되어야 한다. 조세법에 있어서의 신의칙 내지 금반언 원칙은 과세관청의 공적인 견해표명을 신뢰한 납세자를 다른 납세자의 경우와는 달리 특별하게 구제해 주는 법리를 의미한다.

위 첫째 및 둘째 제약원리는 관행 또는 해석에 의하여 일반적으로 납세자를 유리하게 취급하는 경우에 특정 납세자만을 불리하게 취급하는 것을 금지하기 위한 것이나, 셋째 신의칙 또는 금반언의 법리는 과세관청의 공적인 견해표명을 신뢰한 특정 납세자의 경우만을 다른 납세자와 달리 유리하게 구제하기 위한 것이다. 위 각 제약원리들은 해석, 관행 또는 신의칙에 의하여 납세의무를 창설하는 것이 아니므로 원칙적으로 조세법률주의에 위반하는 것은 아니라고 할 것이나, 조세법률주의의 파생원리 중 하나인 위 합법성 원칙에는 어긋난다.

그렇다면 **조세법률주의에 따른 합법성의 원칙에 대하여 제약원리를 인정하여야 하는 이유는 무엇인가?**

---

165) 金子 宏、前掲書、77-78頁 參照。

합법성의 원칙은 조세법의 집행과 관련하여 부정이 개입하여 납세자의 이익이 행정권력에 의하여 침해되거나 납세자에 따라 과세 상 취급이 다르게 되어 세부담의 공평이 유지되지 못하는 것을 막기 위하여 인정되는 것으로서, 이는 납세의무의 집행단계에서도 행정권력에 의하여 과세권이 자의적이고도 일방적으로 행사되는 것을 방지하여야 한다는 조세법률주의의 요청에 부합하는 것이다. 한편 조세법률주의는 납세의무의 창설단계 및 조세법의 집행단계에서 행정권력에 의하여 과세권이 자의적이고도 일방적으로 행사되는 것을 막는 것을 목표로 하기 때문에, 조세법에 대한 납세자의 예측가능성 및 법적 안정성 역시 조세법률주의에 따라 보호되어야 한다. 따라서 합법성의 원칙 및 납세자의 예측가능성 또는 법적 안정성의 보호 모두 조세법률주의에 부합하는 가치들이다. 그러나 조세법률주의 내에서 '합법성의 원칙'과 '납세자에 대한 예측가능성 또는 법적 안정성의 보호'라는 가치들이 충돌하는 경우 역시 있다. 그런데 이러한 충돌은 헌법 내에서 해결되어야 한다. 헌법상 가치의 충돌을 헌법 하위 단계인 법률을 통하여 해결할 수는 없기 때문이다. 그렇다면 결국 헌법해석을 통하여 해결할 수밖에 없는 바, 조세법률주의라는 헌법정신에는 원칙적으로 합법성의 원칙이 적용되고, 납세자가 과세관청의 '비과세 관행' 또는 '일반적 해석' 및 '공적인 견해표명'을 신뢰하는 것에 정당한 이유가 있다고 인정되는 예외적인 경우에 한하여 납세자의 예측가능성 또는 법적 안정성을 보호하는 원칙이 내재된 것으로 해석하는 것이 타당하다. 이러한 의미에서 위 각 제약원리들은 헌법상 내재된 위 원칙으로서 작동된 결과로 볼 수 있다. 헌법적 가치의 충돌에 대한 결단은 '입법부를 통하여 제정된 법률' 또는 '헌법재판소 및 법원에 의한 헌법해석'에 의하여 구체화되는 것인 바, 국세기본법 제18조 제3항 및 제15조 등이 입법을 통하여 위 헌법적 결단을 구체화하고 있는 것이다. 즉 입법부는 위 헌법적 가치의 충돌을 원칙적으로 합법성의 원칙이 적용되고, 납세자가 과세관청의 비과세 '관행' 또는 '일반적 해석' 및 '공적인 견해표명'을 신뢰하는 것에 정당한 이유가 있다고 인정되는 예외적인 경우에 한하여 납세자의 예측가능성 또는 법적 안정성을 보호하는 방법으로 구체화하고 있다. 입법의 내용은 다음과 같다. 국세기본법 제18조 제3항은 과세관청의 비과세 관행 또는 해석에 대한 소급과세를 금지하고 국세기본법 제15조는 신의성실의 원칙에 대하여 규정한다. 한편 납세자의 법적 안정성 및 신뢰를 보호하기 위하여 기획재정부장관과 국세청은 세법해석에 관한 질의회신 제도를 운영하고(국기 18조 ; 국기령 10조), 기획재정부는 세법 및 관세법 해석에 관한 사항의 심의를 위하여 국세예규심사위원회를 운용하고 있다(국기 18조의2 ; 국기령 9조의3). 세법 해석에 관한 질의회신의 절차와 방법에 대하여 시행령(국기령 10조)이 보다 자세하게 정한다. 질의가 국세예규심사위원회에서 심의하여야 할 사항인 경우에는 국세청장은 기획재정부장관에게 의견을 첨부하여 해석을 요청하여야 한다(국기령 10조 3항). 기획재정부에 설치된 국세예규심사위원회는 '세법의 해석(국기 18조 1항-3항) 및 이와 관련되는 국세기본법의 해석에 관한 사항' 그리고 '관세법의 해석(관세 5조 1항, 2항) 및 이와 관련되는 자유무역협정의 이행을 위한 관세법의 특례에 관한 법률 및 수출용 원재료에 대한 관세 등 환급에 관한 특례법의 해석에 관한 사항'에 대하여 심의한다(국기 18조의2 1항). 국세예규심사위원회의 위원은 공정한 심의를 기대하기 어려운 사정이 있다고 인정될 때에는 위원회 회의에서 제척되거나 회피하여야 한다(국기 18조의2 2항). 보다 자세한 사항은 시행령에서 정한다(국기령 9조의3, 9조의4).

또한 헌법적 가치의 충돌에 대한 결단은 '헌법재판소 및 법원에 의한 헌법해석'에 의하여서도 구체화될 수 있으므로, 헌법에 내재된 원칙에 해당하는 위 각 제약원리들은 비록 국세기본법 등에 해당 규정이 없다고 하더라도 헌법재판소 및 법원에 의한 헌법해석을 통하여서도 구체화될 수 있다.[166)]

이하 과세관청의 '비과세 관행 또는 해석에 반한 소급과세의 금지' 및 '신의성실 원칙'의 순서로 살핀다.

나. 비과세 관행 또는 해석에 반한 소급과세의 금지

국세기본법은 "세법의 해석이나 국세행정의 관행이 일반적으로 납세자에게 받아들여진 후에는 그 해석이나 관행에 의한 행위 또는 계산은 정당한 것으로 보며, 새로운 해석이나 관행에 의하여 소급하여 과세되지 아니한다"고 규정한다(국기 18조 3항). 한편 국세기본법은 여기서의 세법에는 국세의 부과 · 징수 · 감면 또는 그 절차에 관하여 규정하고 있는 세법이 아닌 다른 법률조항 역시 포함된다고 규정한다(국기 18조 5항). 그러나 세법이 아닌 법률에서 규정하는 국세의 부과 · 징수 · 감면 또는 그 절차에 관한 조항들은 조세법률주의에 반하는 것으로서 무효라고 보는 것이 타당하다는 점을 기술하였다.[167)]

이상의 원칙을 본서는 '**비과세 관행 또는 해석에 반한 소급과세의 금지**'라고 부른다.

---

166) 유사한 취지 : 대법원 1983.4.12. 80누203.
167) 제2장 제1절 III 1 헌법 제59조의 독자적 존재의의와 조세법률주의 참조.

(1) 신의칙 및 소급입법금지의 원칙과의 관계

'비과세 관행 또는 해석에 반한 소급과세의 금지'를 신의칙의 파생원칙 또는 예시적인 특별규정으로 보는 견해가 있으나,[168] 본서는 '비과세 관행 또는 해석에 반한 소급과세의 금지'를, '합법성의 원칙'과 '납세자에 대한 예측가능성 또는 법적 안정성의 보호'라는 두 가치들이 조세법률주의 범위 내에서 충돌하는 것을 해결하기 위한 것으로서 조세법률주의라는 헌법정신 자체에 내재된 원리로서 파악한다. 이러한 이치는 신의칙에 대하여서도 마찬가지로 적용된다. 즉 '비과세 관행 또는 해석에 반한 소급과세의 금지원칙'과 '신의칙' 모두 조세법률주의 내에서 가치들이 충돌하는 것을 해결하기 위하여 조세법률주의라는 헌법정신에 내재된 원리로서 각 독립적으로 작동하는 것이다. 게다가 전자는 관행 또는 해석에 의하여 일반적으로 납세자를 유리하게 취급하는 경우에 특정 납세자만을 불리하게 취급하는 것을 금지하기 위한 것이고, 후자는 과세관청의 공적인 견해표명을 신뢰한 특정 납세자의 경우만을 다른 납세자와 달리 유리하게 구제하기 위한 것이라는 점 등에서 구분되는 것이다. 이상의 점을 감안할 때 **신의칙에서 '비과세 관행 또는 해석에 반한 소급과세의 금지'가 파생된 것으로 보는 것은 타당하지 않다.**

또한 '비과세 관행 또는 해석에 반한 소급과세의 금지'를 헌법상 '소급입법에 의한 재산권의 박탈금지'원칙의 특수한 형태로서 이해하는 견해 역시 있다.[169] 소급입법에 의한 재산권의 박탈금지와 관련하여 헌법은 "모든 국민은 소급입법에 의하여 참정권의 제한을 받거나 재산권을 박탈당하지 아니한다"고 규정한다(헌법 13조 1항). 이는 입법에 의하여 즉 법률을 통하여 소급하여 재산권을 박탈할 수 없다는 것을 규정한 것이다. 그런데 **만약 법률 상 근거가 없다면 과세관청이 해석이나 관행에만 의존하여 과세할 수 없다는 점을 전제로 할 때에도, '비과세 관행 또는 해석에 반한 소급과세의 금지' 원칙이 헌법상 '소급입법에 의한 재산권의 박탈금지' 원칙의 특수한 형태에 해당한다는 견해가 성립될 수 있을까?** 만약 과세관청이 법률 상 근거가 없이 해석이나 관행에만 의존하여 과세할 수 없다면 법률에 근거하지 않는 새로운 해석이나 관행에 의한 소급과세의 금지 여부를 논할 실익이 없다. 즉 조세법률주의에 의하면 조세와 관련하여 법률의 규정이 없다면 납세의무는 창설될 수 없으므로, 과세관청이 법률 상 근거가 없는 새로운 해석이나 관행에 의하여 소급과세하는 것을

168) 이태로 · 한만수, 조세법강의, 신정10판, 박영사, 2014, 50면 ; 임승순, 조세법, 박영사, 2014, 58면.
169) 임승순, 상게서.

특별하게 금지할 필요가 없다. 또한 새로운 해석 또는 관행을 뒷받침하는 법률이 이미 존재하는 상태라면 소급입법에 관한 논의를 할 여지가 없다. 그렇다면 '비과세 관행 또는 해석에 대한 소급과세의 금지'를 헌법상 '소급입법에 의한 재산권의 박탈금지' 원칙의 특수한 형태로서 파악할 일이 아니다.

(2) 적용요건

(가) 비과세 관행 또는 해석의 존재

판례에 의하면, 비과세관행이 성립되었다고 하려면 상당한 기간에 걸쳐 그 사항에 대하여 과세하지 아니하였다는 객관적 사실이 존재하여야 할 뿐 아니라 과세관청이 그 사항에 대하여 과세할 수 있음을 알면서도 어떤 특별한 사정에 의하여 과세하지 않는다는 의사가 있고 이와 같은 의사가 명시적 또는 묵시적으로 표시되어야 한다.[170] 또한 비과세 관행 또는 해석은 이를 표시할 권한이 있는 자에 의하여 표시되어야 한다. 묵시적 표시가 있다고 하기 위하여서는 단순한 과세누락과는 달리 과세관청이 상당기간의 불과세 상태에 대하여 과세하지 않겠다는 의사표시를 한 것으로 볼 수 있는 사정이 있어야 한다.[171]

비과세 관행의 성립을 위하여서는 매번 과세관청이 과세할 수 있음을 알면서도 어떤 특별한 사정에 의하여 과세하지 않는다는 의사를 가져야 하는가? 최초의 해석 또는 언동이 있는 경우를 기준으로 '비과세 관행 또는 해석의 존재'라는 요건에 해당하는지 여부를 판정하는 것이 타당하다.[172] 이 규정은 납세자의 신뢰를 보호하기 위한 규정이고, 과세관청의 경우 한번 해석 또는 행위기준이 정립되면 별다른 고려를 하지 않고 이에 따라 업무를 처리하는 것 역시 하나의 관행이라고 할 수 있기 때문이다.

다만 **비과세 관행의 성립을 위하여서는 과세관청이 과세할 수 있음을 알면서도 어떤 특별한 사정에 의하여 과세하지 않는다는 의사를 가져야 한다는 판례의 태도는 다음과 같은 이유에서 비판적으로 검토되어야 한다.**

첫째, 이 규정은 납세자의 비과세 관행 또는 해석 자체에 대한 신뢰를 보호하기 위한 것인데 과세관청의 의사는 객관적으로 표시되지 않는 경우가 많고 납세자 입장에서 이를 알 수도 없는 경우 역시 많다.

170) 대법원 1991.10.22. 90누9360 ; 대법원 1982.10.26. 81누63.
171) 대법원 2016.10.13. 2016두43077.
172) 같은 취지 : 이태로 · 한만수, 전게서, 55-56면.

둘째, 과세관청이 실수에 의하여 일정한 해석 또는 언동을 하였을지라도 이들이 과세관청을 통하여 반복하여 유지되고 시행된다면 이는 과세관청이 의사를 가지고 납세자에 대하여 신뢰의 대상이 되는 해석 또는 관행을 한 것과 다르지 않다.

셋째, 위 판례의 태도에 의하면 결국 관행 등을 성립하게 하는 과세관청의 최초 의사에 따라 결론이 달라지는 바, 향후에 거래를 하는 납세자가 이를 파악할 것을 기대하기는 어렵다.

과세관청이 일정 기간 단순하게 과세를 누락하는 경우에도 비과세 관행이 성립될 수 있는가? 비과세 관행은 일정기간의 단순한 과세누락이 아니고 과세관청이 납세자에게 신뢰의 대상이 되는 언동을 한 경우 등에 그 성립을 인정할 여지가 있다.[173)]

과세관청의 비과세 관행은 전 과세관청에 대하여 통일적으로 운용된 사항에 대하여서만 성립될 수 있는가? 비과세 관행을 존중하려는 것은 일정기간 계속된 사실관계를 믿은 납세자의 신뢰를 보호하는 데 주안점이 있는 것이라 할 것이므로, 상급관청의 유권해석이나 지침시달에 따라 전국에서 통일적으로 운용된 사항만이 비과세 관행이 되는 것은 아니다.[174)]

(나) 비과세 관행 또는 해석의 일반적 수용

'세법의 해석 또는 국세행정의 관행이 일반적으로 납세자에게 받아들여진 것'이라고 함은 일정기간 동안의 과세누락이 있었다는 사실만으로는 일반적으로 납세자에게 받아들여진 국세 관행이 있는 것으로 볼 수 없고, 불특정의 일반납세자에게 그와 같은 해석 또는 관행이 이의 없이 받아들여지고 납세자가 그 해석 또는 관행을 신뢰하는 것이 무리가 아니라고 인정될 정도에 이른 것을 말한다.[175)] 즉 비과세 관행 존중의 원칙도 비과세에 관하여 일반적으로 납세자에게 받아들여진 세법의 해석 또는 국세행정의 관행이 존재하여야 적용될 수 있는 것으로서, 이는 비록 잘못된 해석 또는 관행이라도 특정 납세자가 아닌 불특정한 일반 납세자에게 정당한 것으로 이의 없이 받아들여져 납세자가 그와 같은 해석 또는 관행을 신뢰하는 것이 무리가 아니라고 인정될 정도에 이른 것을 의미하고, 단순히 세법의 해석기준에 관한 공적인 견해의 표명이 있었다는 사실만으로 그러한 해석 또는 관행이 있다고 볼 수는 없다.[176)] 이 점에서 과세관청의 공적인 견해표명에 대한 특정납세자의 신뢰

173) 대법원 1983.12.27. 83누297.
174) 대법원 1983.4.12. 80누203.
175) 대법원 1983.4.26. 82누531 ; 대법원 1993.5.25. 91누9893 ; 대법원 1989.9.29. 88누11957 ; 대법원 1992.3.31. 91누9824 ; 대법원 2013.12.26. 2011두5940.
176) 대법원 2013.12.26. 2011두5940.

를 보호하는 신의칙의 적용과 다르다.

기본통칙에서 정한 해석기준이 있다는 것만으로는 일반적으로 납세자에게 받아들여진 해석 또는 관행이 있다고 할 수 없으나,[177] 거듭되는 예규 및 기본통칙을 통하여 해당 의사를 대외에 표시한 경우에는 일반적으로 납세자에 의하여 받아들여진 것으로 본다.[178]

비과세 관행 또는 해석은 언제 소멸되는 것인가? 일단 성립한 비과세 관행이 더 이상 유효하지 아니하다고 하기 위해서는 종전의 비과세 관행을 시정하여 앞으로 당해 과세물건에 대하여 과세하겠다는 과세관청의 확정적인 의사가 표시되어야 하며, 그러한 의사표시는 반드시 전체 과세관청에 의하여 이루어지거나 처분 또는 결정과 같이 구체적인 행정작용을 통하여 이루어질 필요는 없지만, 적어도 공적 견해의 표명으로서 그로 인하여 납세자가 더 이상 종전의 비과세 관행을 신뢰하는 것이 무리라고 여겨질 정도에 이르러야 한다.[179] 비과세 해석의 경우에도 마찬가지로 해석하여야 한다.

(다) 비과세 관행 또는 해석에 대한 납세자의 신뢰

납세자가 과세관청의 비과세 관행 또는 해석을 신뢰할 경우에만 이에 대한 소급과세가 금지되는 것인가? '비과세 관행 또는 해석에 대한 소급과세금지' 규정은 과세관청에 의한 과세처분이 일반적으로 납세자에게 받아들여진 세법의 해석 또는 국세행정의 관행을 변경하여 행하여졌다는 사정만으로는 적용될 수 없고 납세자가 세법의 해석 또는 국세행정의 관행을 신뢰한 나머지 이로 인하여 어떠한 행위나 계산을 하였어야 하고 나아가 과세처분의 결과 납세자에게 조세부담 등의 경제적 불이익이 발생한 경우에 한하여 적용될 수 있고 납세자가 비과세 관행 또는 해석과 무관하게 다른 사업 상 필요에 의하여 어떠한 행위나 계산을 하였다면 적용될 수 없다.[180]

(라) 새로운 해석 또는 언동에 의한 과세

과세관청이 새로운 해석을 하거나 관행을 번복하는 것을 통하여 소급하여 과세하는 경우에 위 규정이 적용된다. 이때 새로운 해석 또는 관행에 기한 과세처분은 적법한 것이어야 한다. 위법한 과세처분이라면 비과세 관행 또는 해석의 법리를 원용하지 않더라도 그 자체

177) 대법원 1987.5.26. 86누96.
178) 대법원 2010.4.15. 2007두19294.
179) 대법원 2011.5.13. 2008두18250.
180) 대법원 1995.7.28. 94누3629.

로 취소되어야 하기 때문이다.[181]

그런데 **비과세 관행이 있는 경우에 있어서 과세관청의 새로운 해석이나 언동은 장래에 대하여서도 효력이 없는 것인가?** 위 소급과세금지의 원칙은 과세청의 과거의 언동에 반하여 소급하여 처분을 하는 것을 금지할 뿐이고 과세관청이 과거의 언동을 시정하여 장래에 향하여 처분하는 것은 적법하다.[182]

(마) 입증책임

비과세 해석 또는 관행과 관련된 요건사실들에 대한 입증책임은 어떻게 분배되는가? 비과세 해석 또는 관행의 존재에 대한 입증책임은 그 주장자인 납세자에게 있다.[183] 그러나 납세자가 비과세 해석 또는 관행을 신뢰한 것이 아니라는 점, 비과세 해석 또는 관행이 소멸하였다는 점 및 과세관청이 과세할 수 있음을 알면서도 어떤 특별한 사정에 의하여 과세하지 않는다는 의사를 가지지 않았다는 점은 과세관청이 입증하여야 할 것으로 본다.

(3) 적용효과

비과세 해석이나 관행에 의한 행위 또는 계산은 정당한 것으로 보며, 새로운 해석이나 관행에 의하여 소급하여 과세되지 아니한다. **비과세 해석이나 관행이 있는 경우 새로운 해석이나 관행에 의한 과세처분의 효력은 어떻게 되는 것인가?** 즉 무효인 과세처분인가 아니면 취소인 과세처분인가? 적용의 한계가 불분명한 경우가 많다는 이유로 외관 상 명백하고도 중대한 하자가 아니라는 이유로 특별한 사정이 없는 한 취소인 과세처분이라고 하는 견해들이 있다.[184] 비과세 관행 또는 해석이 납세자에 의하여 일반적으로 받아들여진 경우에 한하여 이에 반하는 새로운 관행 또는 해석에 근거한 과세를 금지하는 것이 위 규정의 취지라면 과연 이러한 경우를 두고 적용의 한계가 불분명하거나 외관 상 명백하고도 중대한 하자가 아니라고 할 수는 없다. 따라서 위 새로운 해석이나 관행에 의한 과세처분은 **무효**라고 보아야 한다.

181) 같은 취지 : 이태로 · 한만수, 전게서, 57면.
182) 대법원 1993.2.12. 92누5478.
183) 대법원 2002.10.25. 2001두1253.
184) 임승순, 전게서, 52면 ; 이태로 · 한만수, 전게서, 58면.

다. 신의성실의 원칙

(1) 조세법 상 신의칙의 존재근거

본서는 신의칙을 합법성의 원칙을 희생하여서라도 납세자의 신뢰를 보호함이 정의의 관념에 부합하는 것으로 인정되는 특별한 사정이 있을 경우에 한하여 적용되는 원칙으로 정의한다. 판례 역시 동일하다. 즉 판례 역시 신의칙은 합법성의 원칙을 희생하여서라도 납세자의 신뢰를 보호함이 정의의 관념에 부합하는 것으로 인정되는 특별한 사정이 있을 경우에 한하여 적용되는 것으로 파악한다.[185] 한편 신의칙은 납세자의 신뢰를 보호하기 위한 것이지 과세관청의 신뢰를 보호하기 위한 원칙은 아니라고 판단한다. 납세자가 납세의무를 신의칙에 따라 성실하게 이행한 것으로 과세관청이 믿는 것을 정당화할 만한 합리적인 근거를 찾을 수 없기 때문이다. 과세관청에게는 납세자의 납세의무 이행과 관련하여 경정 또는 결정을 할 권한을 보유하고 있다는 점이 이를 뒷받침한다. 물론 납세자의 납세의무와 관련된 신고가 진실한 것으로 추정하는 규정이 있을 수는 있지만 이 역시 과세관청이 합리적인 근거가 없이 납세자의 신고행위 등을 부인하지 못하게 하는 것으로서 납세자를 보호하기 위한 것에 불과하다. 즉 과세관청의 신뢰를 보호하기 위한 것이 아니다.

또한 본서는 이러한 의미에서의 신의칙 자체가 조세법률주의라는 헌법정신에 내재된 것이라고 본다. 이에 반하여 민법을 포함한 사법관계에서 발전한 신의칙이 조세법에도 적용되는 것으로 보는 견해들이 있다.[186] 그렇다면 **사법관계에서 발전한 신의칙이 조세법에도 적용되는 근거는 무엇인가?** 법률 단계에서는 이를 찾을 수는 없다. 헌법 단계에서 그 근거를 찾아야 한다. 그렇다면 신의칙을, 조세법률주의 범위 내의 가치에 속하는 '합법성의 원칙'과 '납세자에 대한 예측가능성 또는 법적 안정성의 보호'라는 두 가치들이 충돌하는 것을 해결하기 위한 것으로서, 조세법률주의라는 헌법정신에 내재된 원리로서 파악하는 것이 타당하다.

그렇다면 **납세자의 신뢰만이 보호되고 과세관청의 신뢰는 보호될 수 없는 것인가?** 납세자는 납세의무만을 부담하는 것이 아니라 납세의무의 이행단계에서 과세관청에 대하여 권리를 행사할 수도 있다. 이러한 권리는 납세자가 법률이 정하는 범위 내에서만 납세의무를 부담하는 것을 보장하고, 과세관청의 위법한 과세권의 행사로부터 납세자를 보호하기 위한 것이다. 부가가치세법 상 매입세액공제를 행사하거나 과세관청의 처분의 위법성을 들어 과

185) 대법원 2004.2.13. 2002두12144 ; 대법원 2002.10.25. 2001두1253.
186) 金子 宏、前掲書、124-125 ; 임승순, 전게서, 50-51면 ; 이태로 · 한만수, 전게서, 48-49면.

세처분의 무효 또는 취소를 청구할 수 있는 권리 등이 그 예이다. 그런데 **납세자가 권리를 행사함에 있어서, 객관적으로 모순되는 행태를 보이고 그 행태가 납세자의 심한 배신행위에 기인하였으며 그로 인하여 과세관청이 위 모순된 행태를 신뢰하기에 충분한 경우에 이르렀다면 이 경우에도 과세관청의 신뢰는 보호받을 수 없는 것인가?** 이 경우는 납세자가 '조세법률주의에 근거하여 법률을 통하여 창설된 과세권'을 침해하는 경우에 해당한다. 조세법률주의에 있어서 합법성의 원칙은 과세권에 의한 조세법의 해석 및 집행단계에서 그 주요한 적용요건은 모두 법률단계에서 규정하여 과세관청의 재량에 따른 과세권의 행사를 금지하여야 한다는 것을 의미하는 바, 이에는 납세의무가 법률을 통하여 창설된 이상 이를 집행하기 위한 과세권은 보호되어야 한다는 함의 역시 포함된 것으로 판단한다. 따라서 납세자가 납세의무와 관련하여 부여된 자신의 권리를 행사함에 있어서 객관적으로 모순되는 행태를 보이고 그 행태가 납세자의 심한 배신행위에 기인하였으며 그로 인하여 과세관청이 위 모순된 행태를 신뢰하기에 충분한 경우에 이른 경우에는 납세자의 행위가 위 합법성의 원칙에 반하는 것으로 보아야 한다. 즉 납세자의 모순된 행태를 근거로 하여 납세자의 권리행사를 부인하고 과세관청의 신뢰를 보호하는 것은 합법성의 원칙을 지키기 위한 것이다. 또한 납세자의 부당한 권리행사를 부인하는 것은 법률이 아닌 형태로서 납세의무를 창설하는 것이 아니라 오히려 합법성의 원칙을 지키기 위한 것에 해당하므로, 위와 같이 과세관청의 신뢰를 보호한다고 하여 이를 두고 조세법률주의에 반한다고 할 수도 없다. 이러한 결론은 납세자의 신뢰를 보호하기 위한 신의칙의 적용만으로는 설명할 수 없다. 따라서 납세자의 권리행사와 관련하여 과세권을 보호하기 위한 근거가 별도로 필요할 것인 바, 후술하는 국세기본법 상 신의성실의 원칙이 이에 해당한다.

다만 과세관청에게는 납세자의 주장을 조사하여 과세권을 행사할 권한이 부여되어 있다는 점, 납세자가 과세관청에 대하여 자기의 과거의 언동에 반하는 행위를 하였을 경우 각종 불이익처분을 받을 수 있다는 점, 과세관청의 지위가 납세자에 비하여 우월하다는 점 및 과세처분의 적법성에 대한 입증책임은 원칙적으로 과세관청에 있는 점 등을 고려한다면, 과세관청의 신뢰는 극히 제한적으로 인정하여야 한다.[187]

(2) 신의칙과 신의성실의 원칙의 관계

국세기본법은 '납세자가 그 의무를 이행할 때에는 신의에 따라 성실하게 하여야 한다. 세

187) 대법원 2001.6.15. 2000두2952 ; 대법원 2006.1.26. 2005두6300.

무공무원이 직무를 수행할 때에도 또한 같다'고 규정하고(국기 15조) 이를 **신의성실의 원칙**이라고 한다.

먼저 국세기본법 제15조 전문의 성격에 대하여 본다. 납세의무는 법률을 통하여서만 창설될 수 있으므로 국세기본법 제15조 전문을 신의성실의 원칙에 따라 납세자에게 납세의무를 새롭게 부담시키는 것으로 해석할 수는 없다. 그렇다면 **국세기본법 제15조 전문을 법률에 의하여 창설된 납세의무를 납세자가 신의성실의 원칙에 따라 이행하라는 의미로 해석하여야 하는가?** 납세자가 법률 상 부여된 납세의무를 이행하는 것으로 족한 것이지 신의성실의 원칙에 따라 의무를 이행할 것을 규정할 이유는 없다. 만약 법률 상 의무의 이행에 부족하다면 그 의무를 이행하지 못한 것이고 법률 상 의무를 이행하였음에도 추가적으로 의무를 부담시킬 수는 없는 것이기 때문이다. 즉 **국세기본법 제15조 전문을 납세자에게 새로운 의무를 창설하는 규정으로 읽을 수는 없으며, 또한 납세자가 납세의무 자체를 신의에 따라 성실하게 이행하도록 의무를 지울 근거 역시 없다.**

그런데 **납세자는 납세의무만을 부담하는 것이 아니라 납세의무의 이행단계에서 과세관청에 대하여 권리들을 행사할 수도 있다.** 즉 납세자에게는 납세의무가 부과될 뿐 아니라 납세자가 법률이 정하는 범위 내에서만 납세의무를 부담하는 것을 보장하고 과세관청의 위법한 과세권의 행사로부터 납세자를 보호하기 위한 권리 역시 부여된다. 이에는 납세자가 신의칙을 근거로 하여 자신의 권리를 행사하는 것 역시 포함된다. 그런데 만약 납세자가 위와 같이 부여된 권리를 행사함에 있어서 객관적으로 모순되는 행태를 보이고 그 행태가 납세자의 심한 배신행위에 기인하였으며, 그로 인하여 과세관청이 위 모순된 행태를 신뢰하기에 충분한 경우에 이르렀다면, 이 경우에는 조세법률주의에 의하여 탄생한 과세권을 보호하기 위하여 납세자의 해당 권리행사를 부인하는 것이 타당하다. 이 역시 조세법률주의라는 헌법정신에 내재된 것으로 본다. 정당한 과세권의 행사 역시 조세법률주의를 구성하는 한 요소이기 때문이다. 그렇다면 **국세기본법 제15조 전문의 '의무를 이행할 때'라는 문구는 '의무를 이행하는 것과 관련하여 부여된 권리를 행사할 때'라는 뜻으로 해석하는 것이 타당하다.** 즉 국세기본법 제15조 전문은 납세자의 권리행사와 관련된 헌법상 가치결단을 법률의 형태로 구현하는 것으로서, 과세관청이 납세자의 모순된 행태를 근거로 하여 납세자의 권리행사를 부인할 수 있는 법률 상 근거와 관련된 것이다.

이어서 **국세기본법 제15조 후문을 헌법 제7조 제1항과 함께 살핀다.** 헌법은 "공무원은 국민전체에 대한 봉사자이며, 국민에 대하여 책임을 진다"고 규정한다(헌법 7조 1항). 세무공무원이 직무를 수행할 때 신의성실의 원칙에 따라 행하여야 한다는 규정은 위 헌법 조문에 근거한 것으로 보인다. 이 규정에 의하면 세무공무원은 국민 등 납세자에 대한 관계에 있어서 신의성실의 원칙에 따라 직무를 집행하여야 한다. 여기서 '신의'는 '납세자가 세무공무원에 대하여 형성한 신뢰'를 의미하는 것이다. 세무공무원이 스스로 국민 등 납세자에 대하여 형성한 신뢰에 따라 직무를 수행하여야 한다는 것은 국민에 대한 봉사자로서의 지위와 어울리지 않기 때문이다. 즉 국세기본법 제15조 후문은 신의칙의 적용대상인 납세자의 과세관청에 대한 신뢰를 세무공무원 역시 존중하여 이에 따라 성실하게 직무를 집행하여야 한다는 점에 대하여 규정한 것이다. 즉 납세자에 대하여 신의칙이 적용된 결과를 세무공무원이 존중하여야 한다는 점을 명시한 것이다.

그렇다면 **국민 등 납세자가 과세관청에 대하여 형성한 신뢰는 모두 보호받아야 하는 것인가?** 이와 관련하여서는 국세기본법 제15조 전문을 후문과 연결하여 읽어야 한다. 즉 국세기본법 제15조 후문의 보호대상이 되는 '국민 등 납세자의 신뢰'가 어떻게 형성된 것이어야 하는지 여부에 대하여 국세기본법 제15조 전문이 규정한 것으로 읽어야 한다. 한편 납세자가 과세관청에 대하여 신의성실의 원칙을 주장하는 것 역시 납세자가 납세의무와 관련된 자신의 권리를 행사하는 것에 해당하므로 이에 대하여서는 국세기본법 제15조 전문이 적용되어 납세자는 해당 권리를 신의에 따라 성실하게 행사하여야 한다. 이러한 이유로 세무공무원에 의하여 보호되어야 할 국민의 신뢰는 납세자의 입장에서 정당하게 형성된 것이어야 한다. 납세자의 신뢰가 신의칙에 반하여 형성된 경우에는 과세관청이 이를 보호할 가치가 없다. 이러한 기준을 통하여 과세권을 보호하기 위한 합법성의 원칙과 국민 등의 신뢰를 보호하기 위한 신의칙이 국세기본법 상 신의성실의 원칙을 통하여 타협할 수 있는 것이다.

이상의 논의에 근거하여 **신의칙과 국세기본법 제15조의 신의성실 원칙과의 관계는 다음과 같이 정리할 수 있다.** 국세기본법 제15조의 신의성실의 원칙은 헌법상 내재된 '신의칙', '세무공무원의 국민 등 납세자에 대한 봉사자의 지위' 및 '조세법률주의에 따라 법률을 통하여 창설된 과세권을 보호하기 위한 합법성의 원칙' 모두가 관련된 타협의 산물에 해당하고, 납세자와 세무공무원의 관계를 규율하기 위한 것으로서 그 수범자들은 납세자와 세무공무원 모두이다. 한편 조세와 관련된 신의칙은 조세법률주의라는 헌법정신에 내재된 원리로서 입법, 사법 및 행정 등 전 국가영역에 적용되는 것이며, 이는 납세자를 보호하기 위한 원칙으로서 기능한다는 점에서 국세기본법 상 신의성실의 원칙과는 다른 것이다.

이하에서는 국세기본법 제15조의 신의성실의 원칙에 대하여 살핀다.

(3) 적용요건

일반적으로 조세 법률관계에서 과세관청의 행위에 대하여 신의성실의 원칙이 적용되기 위하여서는 다음과 같은 요건들이 충족되어야 한다.[188] 첫째, 과세관청이 납세자에게 신뢰의 대상이 되는 공적인 견해를 표명하여야 하고, 둘째, 납세자가 과세관청의 견해표명이 정당하다고 신뢰한 데 대하여 납세자에게 귀책사유가 없어야 하며, 셋째, 납세자가 그 견해표명을 신뢰하고 이에 따라 무엇인가 행위를 하여야 하고, 넷째, 과세관청이 위 견해표명에 반하는 처분을 함으로써 납세자의 이익이 침해되는 결과가 초래되어야 한다.

(가) 과세관청의 공적인 견해표명

신의성실의 원칙을 적용하기 위하여서는 과세관청이 납세자에게 신뢰의 대상이 되는 공적인 견해를 표명하여야 한다. 이에 대하여 보다 구체적으로 본다.

과세관청의 공적인 견해표명은 원칙적으로 일정한 책임 있는 지위에 있는 세무공무원에 의하여 이루어짐을 요한다.[189] 과세관청의 공적 견해표명이 있었는지의 여부를 판단하는 데 있어 반드시 행정조직상의 형식적인 권한분장에 구애될 것은 아니고 담당자의 조직상의 지위와 임무, 당해 언동을 하게 된 구체적인 경위 및 그에 대한 납세자의 신뢰가능성에 비추어 실질에 의하여 판단하여야 한다.[190] 지방해운항만청장이 도세인 지역개발세의 과세관청이나 그 상급관청과 아무런 상의 없이 이를 면제한다는 취지의 공적인 견해를 표명하였다고 하더라도 이로써 지역개발세 면제에 관한 과세관청의 견해표명이 있었다고 볼 수 없다.[191]

조세법령의 내용 자체에 대한 견해표명은 과세관청의 견해표명에 해당하지 아니한다.[192] 과세관청의 의사표시가 납세자의 추상적인 질의에 대한 일반론적인 견해표명에 불과한 경우에는 신의성실의 원칙이 적용되지 않는다.[193] 납세자가 인터넷 국세종합상담센

188) 대법원 2004.2.13. 2002두12144 ; 대법원 2002.11.26. 2001두9103 ; 대법원 1996.1.23. 95누13746.
189) 대법원 1996.1.23. 95누13746.
190) 대법원 1996.1.23. 95누13746; 대법원 2019.1.17. 2018두42559.
191) 대법원 1997.11.28. 96누11495.
192) 대법원 1989.11.28. 88누8937.
193) 대법원 1993.7.27. 90누10384.

터의 답변에 따라 세액을 과소신고·납부한 경우, 그 답변은 과세관청의 공식적인 견해표명이 아니라 상담직원의 단순한 상담에 불과하다.[194)]

국세청의 기본통칙은 과세관청 내부에 있어서 세법의 해석기준 및 집행기준을 시달한 행정규칙에 불과하고 법원이나 국민을 기속하는 효력이 있는 법규가 아니라고 할 것이므로, 기본통칙이 오랫동안 시행되어 왔다는 사정만으로 법규적 효력을 인정할 수도 없는 것이나,[195)] 이러한 기본통칙의 시행이 비과세 관행 또는 해석에 해당할 수는 있다.

토지의 종전 소유자들에 대하여 별도합산과세를 하였다고 하더라도, 이를 두고 과세관청이 새로운 소유자에게 직접 해당 토지를 별도합산과세대상으로 하겠다는 공적인 견해표명을 하였다고 볼 수 없다.[196)]

법 개정과 더불어 정부가 발간한, 개정세법의 해설책자의 해설과 관련하여 사용된 표현 또는 정부 소속 공무원이 월간잡지에 기고한 법 개정내용을 해설하는 논문에서 사용한 문구를 들어 과세관청이 공적 견해나 의사를 표시하였다고 볼 수 없다.[197)]

납세자가 허위내용의 매출, 매입신고를 하게 된 것이 과세관청 소속 공무원의 유도에 의하여 이루어진 것이라면 과세관청이 납세자에 대한 부가가치세 부과처분을 함에 있어 그 모두를 부인하면 모르되 그 중 허위 매입부분만을 부인하여 이에 해당하는 매입세액을 매출세액에서 공제하지 아니하고 과세처분을 함은 신의성실의 원칙에 위배되어 위법하다.[198)]

납세자가 구 자유무역협정의 이행을 위한 관세법의 특례에 관한 법률(2015. 12. 29. 법률 제13625호로 전부 개정되기 전의 것) 제10조에 따라 수입신고 시 또는 그 사후에 **협정관세** 적용을 신청하여 세관장이 형식적 심사만으로 수리한 것을 두고 그에 대해 과세하지 않겠다는 공적인 견해 표명이 있었다고 보기는 어렵다.[199)]

(나) 납세자의 정당한 신뢰

신의성실의 원칙을 적용하기 위하여서는 납세자가 과세관청의 견해표명이 정당하다고 신뢰한 데 대하여 납세자에게 귀책사유가 없어야 한다. 이에 대하여 보다 구체적으로 본다.

과세관청의 행위에 대하여 신의성실의 원칙 또는 신뢰보호의 원칙을 적용하기 위해서는,

194) 대법원 2009.4.23. 2007두3107.
195) 대법원 1992.12.22. 92누7580.
196) 대법원 2009.10.29. 2007두774.
197) 대법원 2002.10.25. 2001두1253.
198) 대법원 1982.10.12. 80누574.
199) 대법원 2019.2.14. 2017두63726.

과세관청이 공적인 견해표명 등을 통하여 부여한 신뢰가 평균적인 납세자로 하여금 합리적이고 정당한 기대를 가지게 할 만한 것이어야 한다. 비록 과세관청이 질의회신 등을 통하여 어떤 견해를 표명하였다고 하더라도 그것이 중요한 사실관계와 법적인 쟁점을 제대로 드러내지 아니한 채 질의한 데 따른 것이라면 공적인 견해표명에 의하여 정당한 기대를 가지게 할 만한 신뢰가 부여된 경우라고 볼 수 없다.[200] 조세감면혜택을 받을 수 없는 자가 조세감면혜택을 받을 수 있는 자에 해당되는 것처럼 허위로 조세감면신청을 하여 이를 믿은 과세관청이 착오로 조세감면결정을 한 경우에는 과세관청은 스스로 그 조세감면결정을 취소하고 면제한 조세의 부과처분을 할 수 있다 할 것이고 이러한 경우 그 신청인은 조세감면결정에 관한 신뢰이익을 원용할 수 없음은 물론 그 조세부과처분이 신의성실의 원칙이나 금반언의 법리에 어긋나는 것이 아니다.[201]

납세자의 정당한 신뢰와 가산세 부과의 면제사유인 정당한 사유의 관계는 어떠한가? 신의성실의 원칙이 적용되어 본세의 부과처분이 취소되는 경우에는 가산세의 부과처분 역시 취소되므로 위 사유들의 관계가 어떠한 관계가 있는지 여부가 문제되는 바, 이를 민사법 분야의 청구권 경합과 유사한 경우로 보아 가산세의 적법성을 다투는 납세자는 각 사유를 선택적으로 또는 동시에 주장할 수 있다는 견해가 있다.[202] 납세자의 정당한 신뢰는 본세의 과세처분에 대한 취소사유이고, 정당한 사유는 가산세의 부과처분에 대한 면제사유이다. 후자의 항변은 전자의 항변이 충족되지 않는 경우에 한하여 문제가 될 수 있다. 전자의 항변이 인정되어 본세가 취소되면 후자의 항변에 대하여서는 판단할 필요가 없기 때문이다. 또한 가산세의 면제사유에 해당하는 정당한 사유를 납세자와 과세관청 사이의 신뢰에 관한 사유로 한정할 필요 역시 없다. 따라서 위 각 두 항변은 별개의 것으로 보아야 한다. 다만 위 각 두 항변이 주장되는 경우에는 신의성실의 원칙을 먼저 적용하여 판단하는 것이 타당하다.

판례 역시 가산세의 면제사유인 정당한 사유에 해당할 만한 사안에 대하여 신의성실의 원칙에 근거하여 과세처분의 위법성을 판단한다. 즉 납세자가 양도차익예정신고를 하지 아니하므로 과세관청이 양도소득세 및 방위세를 사전안내서에 의하여 통지하면서 그 사전안내서에 이를 받은 날로부터 15일 이내에 동봉된 양도소득세 자진납부서에 기재된 세액을 납부하면 양도소득세는 종결된다는 내용의 문구를 부동문자로 기재하여 통지하였고 납세

200) 대법원 2013.12.26. 2011두5940.
201) 대법원 1988.3.8. 87누745.
202) 이태로・한만수, 전게서, 58－59면.

자는 그 안내서 기재내용에 따라 과세표준 확정신고기한 전에 그 세액을 자진납부한 경우, 과세관청이 위와 같은 사전안내서에 의한 자진납부에 대하여 특단의 사정(세액계산의 착오 등)이 없는 한 납세자의 양도소득세는 종결되는 것으로 업무처리를 하여 오고 있다면 신의성실의 원칙 상 그 자진납부세액에까지 과세표준 확정신고가 없었다 하여 과소신고·초과환급신고가산세를 부과함은 위법하다.[203]

(다) 납세자의 신뢰에 따른 행위

신의성실의 원칙을 적용하기 위하여서는 납세자가 그 견해표명을 신뢰하고 이에 따라 무엇인가 행위를 하여야 한다. 즉 재개발사업을 추진하기 위하여 해당 각 토지를 매수한 것으로 보일 뿐, 각 토지가 별도합산과세대상이라는 것을 믿고 매수한 것으로는 보이지 않는 경우에는 신의성실의 원칙이나 금반언의 원칙이 적용되지 않는다.[204]

(라) 납세자 이익의 침해

신의성실의 원칙을 적용하기 위하여서는 과세관청이 위 견해표명에 반하는 처분을 함으로써 납세자의 이익이 침해되는 결과가 초래되어야 한다. 이 경우 과세처분은 적법한 것이어야 한다. 위법한 과세처분이라면 신의성실의 원칙을 원용하지 않더라도 그 자체로 취소되어야 하기 때문이다.

(마) 입증책임

신의성실의 원칙과 관련된 요건사실들에 대한 입증책임은 어떻게 분배되는가? 과세관청의 공적인 견해표명이 있었다는 점 및 이에 반하는 과세관청의 처분이 납세자의 이익을 침해하였다는 점은 납세자가 입증하여야 한다. 다만 납세자의 신뢰가 정당한 것이 아니라는 점 및 납세자가 과세관청의 공적인 견해표명을 신뢰하여 행위를 한 것이 아니라는 점은 과세관청이 입증하여야 할 것으로 판단한다.

(4) 과세관청의 신뢰에 대한 보호

납세자가 납세의무와 관련하여 부여된 자신의 권리를 행사하는 국면과 관련하여서만 과세관청의 신뢰를 보호할 것인지 여부가 문제로 된다는 점은 기술하였다.[205] 납세의무는 법

203) 대법원 1987.4.28. 85누419.
204) 대법원 2009.10.29. 2007두774.
205) 앞의 (2) 신의칙과 신의성실의 원칙의 관계 참조.

률에 의하여서만 창설될 수 있을 뿐 과세관청의 신뢰를 보호하기 위하여서는 창설될 수는 없다는 것이 조세법률주의의 정신이기 때문이다.

그렇다면 **신의성실의 원칙을 적용함에 있어서 어떠한 경우에 과세관청의 신뢰를 보호하는 것이 타당한가?** 과세관청의 신뢰를 보호하기 위하여서는 납세자에게 객관적으로 모순되는 행태가 존재하고, 그 행태가 납세자의 심한 배신행위에 기인하였으며, 그에 기하여 야기된 과세관청의 신뢰가 보호받을 가치가 있는 것이어야 한다.[206] 한편 판례는 조세법률주의에 의하여 합법성의 원칙이 강하게 작용하는 조세실체법과 관련한 신의성실의 원칙은 합법성을 희생해서라도 구체적 신뢰를 보호할 필요성이 있다고 인정되는 경우에 한하여 비로소 적용된다는 취지의 판시를 한다.[207] 그러나 이러한 주장이 타당하지 않다는 점은 기술하였다.[208] 오히려 조세법률주의 상 합법성의 원칙을 실질적으로 실현하기 위하여 과세관청의 신뢰를 보호하는 것으로 보아야 한다. 이에 대하여 구체적으로 본다.

먼저 과세관청의 신뢰를 보호하는 판례를 본다.

납세자가 명의신탁받은 부동산을 신탁자 등에게 임대한 것처럼 가장하여 사업자등록을 마치고 그 중 건물 등의 취득가액에 대한 매입세액까지 환급받은 다음, 임대사업의 폐업신고 후 잔존재화의 자가공급 의제규정에 따른 부가가치세 부과처분 등에 대하여 그 부동산은 명의신탁된 것이므로 임대차계약이 통정허위표시로서 무효라고 주장하는 것은 신의성실의 원칙에 위배된다.[209]

농지의 명의수탁자가 적극적으로 농가이거나 자경의사가 있는 것처럼 하여 소재지관서의 증명을 받아 그 명의로 소유권이전등기를 마치고 그 농지에 관한 소유자로 행세하면서, 한편으로 증여세 등의 부과를 면하기 위하여 농가도 아니고 자경의사도 없었음을 들어 농지개혁법에 저촉되기 때문에 그 등기가 무효라고 주장함은 전에 스스로 한 행위와 모순되는 행위를 하는 것으로 자기에게 유리한 법 지위를 악용하려 함에 지나지 아니하므로 이는 신의성실의 원칙이나 금반언의 원칙에 위배되는 행위로서 법률 상 용납될 수 없다.[210]

처분의 효력을 일체 다투지 아니하다가 처분사유와 관련된 공소시효가 완성되어 더 이상 형사소추를 당할 우려가 없게 되자 새삼 처분사유의 흠을 들어 해당 처분의 무효확인을 구

206) 대법원 1999.11.26. 98두17968.
207) 대법원 2009.4.23. 2006두14865.
208) 앞의 (2) 신의칙과 신의성실의 원칙의 관계 참조.
209) 대법원 2009.4.23. 2006두14865.
210) 대법원 1990.7.24. 89누8224.

하는 소를 제기하기에 이르렀고, 한편 피고 행정청 역시 해당 처분을 전제로 법률관계를 설정하였다면 원고가 위 흠을 내세워 그 처분의 무효확인을 구하는 것은 신의칙에 반한다.[211]

과세관청의 신뢰를 보호하지 않는 판례를 본다.

상속세 신고를 받았으나 관할이 없는 세무서장으로서는 그 관할을 조사하여 그에 따른 조치를 취하여야 하는 점에 비추어 보면, 그와 같은 조사의무를 다하지 아니한 과세관청에 대하여 상속세 신고 시 피상속인의 주소지를 실제 주소지와 다르게 기재한 납세자가 상속세부과처분이 있은 후에 그 부과처분의 관할 위반을 뒤늦게 다툰다는 것만으로 심한 배신행위를 하였다고 할 수 없을 뿐더러, 과세관청이 주민등록표등본 등에 의하여 피상속인의 주소지를 확인하여 보지도 아니한 채 납세자의 신고에만 의지하여 관할이 있는 것으로 믿었다 하여 그 관할에 관한 신뢰가 보호받을 가치가 있는 신뢰라고 할 수도 없다.[212]

납세자가 자산을 과대계상하거나 부채를 과소계상하는 등의 방법으로 분식결산을 하고 이에 따라 과다하게 법인세를 신고, 납부하였다가 그 과다납부한 세액에 대하여 취소소송을 제기하여 다툰다는 것만으로 신의성실의 원칙에 위반될 정도로 심한 배신행위를 하였다고 할 수 없고, 과세관청이 분식결산에 따른 법인세 신고만을 보고 이를 그대로 믿었다고 하더라도 이를 보호받을 가치가 있는 신뢰라고 할 수도 없다.[213]

다만 납세자가 과세관청에 대하여 자기의 과거의 언동에 반하는 행위를 하였을 경우 받게 되는 각종 불이익처분, 과세관청의 우월적 지위, 과세관청은 실지조사권을 가지고 있을 뿐만 아니라 경우에 따라서 그 실질을 조사하여 과세하여야 할 의무가 있다는 점 및 과세처분의 적법성에 대한 입증책임은 원칙적으로 과세관청에 있는 점 등을 고려한다면, 납세자에 대한 과세관청의 신뢰를 보호하는 것은 극히 제한적으로 인정하여야 하고 이를 확대 해석하여서는 아니 된다.[214]

피합병법인이 대손충당금을 설정하여 결산에 반영하였더라면 손금으로 인식되어 이월결손금이 발생하고 그 이월결손금을 합병법인이 승계하지 못하는 경우에 이를 피하기 위하여 피합병법인이 결산 이전에 대손충당금을 설정하지 않도록 하였다면 이는 신의성실의 원칙에 반하는 것인가? 피합병법인이 결산 이전에 대손충당금을 설정하는 회계처리를 하였더

211) 대법원 1989.12.12. 88누8869.
212) 대법원 2009.4.23. 2006두14865.
213) 대법원 2006.4.14. 2005두10170 ; 대법원 2006.1.26. 2005두6300.
214) 대법원 2001.6.15. 2000두2952 ; 대법원 2006.1.26. 2005두6300.

라도 그것이 아직 결산에 반영되지 아니한 상태에서 환입이 이루어졌다면 피합병법인의 손금으로 인식될 수 없으므로, 피합병법인의 금전채권을 합병으로 취득하는 합병법인은 그 채권을 대손충당금이 설정되지 아니한 장부가액으로 승계할 뿐이다. 설령 피합병법인이 대손충당금을 설정하여 결산에 반영하였더라면 손금으로 인식되어 이월결손금이 발생하고 그 이월결손금을 합병법인이 승계하지 못하는 경우에, 합병법인이 그 결과를 회피하고자 피합병법인으로 하여금 결산 이전에 대손충당금을 설정하지 아니하게 함으로써 피합병법인의 금전채권을 장부가액으로 승계한 후에 비로소 합병법인 자신이 대손충당금을 설정하여 합병법인의 손금으로 인식하더라도, 이를 위법행위로서 소득신고에 오류·탈루가 있는 경우에 해당한다거나 신의칙에 반하는 행위에 해당한다고 할 수 없다.[215)]

그런데 **최근 대법원은 연속되는 일련의 거래에 있어서 어느 한 납세자의 거래행태에 근거하여 후속거래에 개입한 다른 납세자의 매입세액의 공제·환급청구를 마치 동일한 납세자가 객관적으로 모순되는 배신행위에 기하여 부가가치세의 부당한 공제 및 환급청구를 한 것으로 보아 이를 부인하는 판결을 하였다.** 이 판례는 '구체적인 공모 또는 공범관계가 있는 납세자들' 또는 '부정한 행위를 하는 악의적 사업자와 그 사실을 중대한 과실로 알지 못하는 납세자' 모두를 사실상 동일한 납세자로 보아, 전단계의 사업자가 부가가치세를 납부하지 않은 수출재화에 대하여 다른 납세자가 영세율제도를 이용하여 부가가치세의 공제 및 환급을 청구하는 것은 신의성실의 원칙에 반하는 것이라고 판시한다. 즉 수출업자가 전단계에서 부가가치세가 정상적으로 납부된 재화에 대하여 영세율에 따른 공제 및 환급을 청구하는 것이라고 믿은 과세관청의 신뢰를 보호한 것이다.

위 판례는 이른바 금지금 사건에 관한 것인 바, 주요 판시내용은 다음과 같다.[216)]

연속되는 일련의 거래에서 어느 한 단계의 악의적 사업자가 당초부터 부가가치세를 포탈하려고 마음먹고, 오로지 부가가치세를 포탈하는 방법에 의하여서만 이익이 창출되고 이를 포탈하지 아니하면 오히려 손해를 보는 비정상적인 거래(이하 '부정거래'라고 한다)를 시도하여 그가 징수한 부가가치세를 납부하지 아니하는 경우, 그 후에 이어지는 거래단계에 수출업자와 같이 영세율 적용으로 매출세액의 부담 없이 매입세액을 공제·환급받을 수 있는 사업자가 있다면 국가는 부득이 다른 조세수입을 재원으로 삼아 환급 등을 실시할 수밖

215) 대법원 2015.1.15. 2012두4111.
216) 대법원 2011.6.30. 2010두7758 ; 대법원 2011.1.20. 2009두13474 전원합의체 판결.

에 없을 것이다. 그러나 이러한 결과는 소극적인 조세수입의 공백을 넘어 적극적인 국고의 유출에 해당되는 것이어서 부가가치세제도 자체의 훼손은 물론이고 나아가 그 부담이 일반 국민에게 전가됨으로써 전반적인 조세체계에까지 심각한 폐해가 미치게 된다. 이러한 경우 수출업자가 매입세액의 공제·환급을 구하는 것은 도저히 용납될 수 없다고 할 것이므로 이는 신의성실의 원칙에 반하는 것으로서 허용될 수 없다. 나아가 이러한 법리는 공평의 관점과 결과의 중대성 및 보편적 정의감에 비추어 수출업자가 중대한 과실로 인하여 그와 같은 부정거래가 있었음을 알지 못한 경우, 즉 악의적 사업자와의 관계로 보아 수출업자가 조금만 주의를 기울였다면 이를 충분히 알 수 있었음에도, 거의 고의에 가까운 정도로 주의의무를 현저히 위반하여 이를 알지 못한 경우에도 마찬가지로 적용된다고 봄이 타당하고, 그 수출업자와 부정거래를 한 악의적 사업자 간에 구체적인 공모 또는 공범관계가 있는 경우로 한정할 것은 아니다. 그리고 위와 같은 경우 악의적 사업자와 상호 의존관계에 있는 수출업자가 국가로부터 매입세액을 공제·환급받음으로써 국고의 유출이 현실화되므로 이러한 수출업자에 대한 제재로서 그에 대한 매입세액의 공제·환급을 부인한다고 하여 악의적 사업자의 부가가치세 포탈에 대한 책임을 합리적 이유 없이 수출업자에게 전가하는 것이라고 할 수도 없다. 또한 위와 같은 법리는 수출업자뿐만 아니라 구매확인서에 의한 국내 영세율 매출을 함으로써 매출세액의 부담 없이 매입세액을 공제·환급받는 사업자의 경우에도 마찬가지로 적용된다.

위 **금지금 사건에 관한 대법원 판례가 고의 또는 중과실이 있는 사업자를 그 전단계의 악의적 사업자와 동일하게 볼 수 있는 근거는 무엇인가?** 판례는 신의성실의 원칙을 근거로 삼고 있으나 이는 실질과세원칙(국기 14조)에 근거한 것으로 보는 것이 보다 타당하다. 납세자의 중과실로 인하여 다른 납세자와 객관적으로 모순되는 행태를 현출할 수는 있으나 어느 납세자가 다른 납세자의 행태를 중과실로 알지 못하였다는 점을 과세관청에 대한 배신행위로 간주할 수는 없기 때문이다. 그러나 실질과세원칙을 적용하여 고의 또는 중과실이 있는 사업자를 그 전단계의 악의적 사업자와 동일하게 보는 것에도 문제가 있다. 국세기본법은 "과세의 대상이 되는 소득, 수익, 재산, 행위 또는 거래의 귀속이 명의일 뿐이고 사실상 귀속되는 자가 따로 있을 때에는 사실상 귀속되는 자를 납세자로 하여 세법을 적용한다"고 규정한다(국기 14조 1항). 그런데 두 납세자가 '구체적인 공모 또는 공범관계에 있거나 어느 일방 납세자가 부정한 행위를 하는 악의적 사업자임을 중대한 과실로 알지 못한다는 사정'이 해당 납세자들을 명의 상 귀속자와 실질적 귀속자로 구분할 수 있는 기준이 되는 것은 아니다. 특히 중대한 과실이 있는 경우에는 그렇다. 또한 국세기본법은 "제3자를 통한 간접적인 방법이나 둘 이상의 행위 또는 거래를 거치는 방법으로 이 법 또는 세법의 혜택을 부당하게 받기 위한 것으로 인정되는 경우에는 그 경제적 실질 내용에 따라 당사자가 직접 거래를 한 것으로 보거나 연속된 하나의 행위 또는 거래를 한 것으로 보아 이 법 또는 세법을 적용한다"고 규정한다(국기 14조 3항). 위 규정은 이른바 '단계거래원칙(step transaction doctrine)'에 관한 것으로서 위 사례에 이를 적용함에 있어서도 해석 상 여러 기준들을 충족하여야 한다는 것이 유력한 견해이다. 위 사례가 단계거래원칙 상 여러 기준들을 충족한 것인지 여부는 비판적으로 검토될 필요가 있다. 단계거래원칙과 관련된 여러 해석 상 기준들에 대하여서는 실질과세원칙에 대한 부분에서 보다 구체적으로 본다. 위 사안은 입법적으로 해결하는 것(예를 들면, 금지금 등 부가가치세 관련 남용이 우려되는 자산 또는 용역의 경우에는 reverse charge 제도를 도입하는 등 방법을 취할 수 있을 것이다. Reverse charge는 재화 등의 매도인이 아니라 매수인이 해당 재화에 대한 부가가치세를 국가에 납부하는 제도를 의미한다)이 타당할 것으로 보인다.

(5) 적용효과

신의성실의 원칙에 반하는 과세처분의 효력은 무효인가 아니면 취소인가? 신의성실의 원칙은 과세관청과의 사이의 특별한 사정 등에 근거하여 적용될 수밖에 없어서 이에 반하는 처분에 외관 상 명백하고도 중대한 하자가 있다고 하기는 어렵다. 이러한 이유로 신의성실의 원칙에 반하는 과세처분은 취소인 과세처분에 해당한다고 본다. 판례 역시 신의성실의 원칙에 반하는 경우를 취소사유로 본다.[217)]

또한 신의성실의 원칙에 위반한 과세처분에 대하여 제소기간의 도과 등을 이유로 다툴 수 없게 되었다고 할지라도 세무공무원의 위법행위를 이유로 국가배상을 청구할 수 있다고 본다. 이 경우 행정처분의 공정력에 의하여 과세처분이 취소되지 않았다면 유효한 것으로 보아야 한다는 점에 근거하여 국가배상청구를 할 수 없다는 견해가 있을 수 있으나 판례

217) 상속개시 직후에 원고들이 상속세신고를 하려는데 세무서장이 이를 막은 사실이 있고, 3년 후 상속재산의 기준시가가 상승되자 상속세법 제9조 제2항에 따라 상속세부과 당시의 가액을 기초로 상속세를 부과함으로써 신의칙에 반한다 하더라도 이러한 사유만으로는 그 부과처분을 당연무효라고는 할 수 없다. 대법원 1991.1.29. 90누7449.

역시 국가배상청구를 긍정한다. 판례는 물품세 과세대상이 아닌 것을 세무공무원이 직무상 과실로 과세대상으로 오인하여 과세처분을 행함으로 인하여 손해가 발생된 경우에는, 동 과세처분이 취소되지 아니하였다 하더라도, 국가는 이로 인한 손해를 배상할 책임이 있다는 취지로 판시하거나[218], 행정행위의 하자가 취소사유로 됨에 불과한 경우에 있어서도 그것이 위법함을 전제로 불법행위의 성립요건을 갖추고 있음을 주장·성립하여 국가를 상대로 민사소송에 의해 손해배상을 구하는 것은 행정행위의 공정력과 상치되지 아니하는 것으로서 가능하다는 취지로 판시한다.[219] 행정행위의 공정력은 적법성의 추정이 아니라 유효성의 추정에 불과하기 때문이다.[220]

5 조세법률주의와 조세평등주의의 상충 및 타협 : 실질과세원칙을 중심으로

가. '조세법률주의 및 조세평등주의'와 실질과세원칙

조세법률주의는 국가권력에 의한 자의적인 과세권의 행사로부터 납세자를 보호한다는 의미를 내포하고 있으며 과세요건 법정주의와 과세요건 명확주의가 그 주된 파생원칙에 해당한다. 납세자는 사적 자치의 원칙 내지 계약자유의 원칙이 지배하는 사법관계에 있어서 사법 상 법형식을 자유롭게 선택할 수 있다. 이러한 법형식은 과세요건에 해당하는지 여부를 판단함에 있어서도 존중되어야 한다. 즉 납세자가 선택한 법형식이 법률을 통하여 창설된 과세요건에 해당하지 않는다면 조세법률주의에 따라 해당 법형식에 대하여서는 과세할 수 없다. 그런데 납세자가 이러한 점을 이용하여 합리적인 이유가 없음에도 불구하고 통상적으로 이용되지 않는 법형식을 선택한 결과 당초 의도한 경제적 목적 내지 경제적 성과를 실현하면서도, 통상 이용하는 법형식을 선택할 경우에 적용될 수 있는 과세요건을 회피하는 방법으로 조세부담을 경감 또는 회피하는 행위를 할 수 있다. 이러한 행위를 조세회피행위라고 정의할 수 있으며 이는 납세자가 선택한 법형식이 사법 상으로는 유효하다는 점에서 탈세와는 구별된다. 탈세는 과세요건사실의 일부 또는 전부를 가장하거나 은폐하는 행위를 통하여 조세부담을 경감 또는 회피하는 것을 의미한다.[221] 이러한 조세회피행위는 사

218) 대법원 1979.4.10. 79다262.
219) 서울고등법원 1988.3.18. 87나2968.
220) 같은 취지 : 소순무, 조세소송, 개정7판, 박영사, 2014. 677면 ; 조용연, *행정행위의 효력*, 「재판자료」 제68집, 법원행정처(1995), 166면.
221) 増田 英敏、租税憲法学、第3版、成文堂、289－290頁 ; 金子 宏、前揭書、117頁。

법 상으로는 유효하기 때문에 원칙적으로 별다른 법적 제재를 가할 수 없다. 그러나 이러할 경우에는 조세회피를 시도하여 조세부담을 경감 또는 회피하는 납세자와 통상의 법형식에 의하여 납세한 납세자 사이에는 조세부담의 불공평이 발생하게 되고 이로 인하여 조세평등주의가 훼손될 수 있다. 조세평등주의는 조세의 부과와 징수를 납세자의 담세능력에 상응하여 공정하고 평등하게 취급할 것을 요구하며 합리적 이유가 없이 특정의 납세자를 불리하게 차별하거나 우대하는 것을 허용하지 아니한다는 것을 의미한다.[222] 따라서 조세회피가 발생하는 경우에는 조세법률주의와 조세평등주의가 서로 상충하게 되는 바 이를 조정할 필요가 있다.

한편 탈세의 경우에는 해당 가장 또는 은폐행위를 그 위법성에 근거하여 세법 상 쉽게 부인할 수 있고 형사벌을 포함하는 엄격한 제재를 부과할 수 있는 바, 이는 조세법률주의 자체의 요청에 의한 것으로 판단한다. 즉 조세법률주의에는 법률에 의하여 창설된 과세권이 실질적으로 실현되어야 하는 요청 역시 포함된 것으로 보아야 하므로 이에 기하여 탈세를 세법 상 부인하고, 또한 세법이 아닌 별도의 법규에 의하여 형사벌 등 제재 역시 부과할 수 있다고 본다.

조세법률주의 및 조세평등주의에 따른 헌법적 요청을 감안한다면, 위 조세회피 및 탈세 모두를 법률을 통하여 방지하고 제재할 필요가 있다. 이러한 헌법정신은 국세기본법(국기 14조)을 통하여 구현되는 바, 이 구현된 원칙을 실질과세원칙이라고 한다. 헌법재판소는 실질과세원칙이라 함은 조세평등주의의 이념을 실현하기 위한 제도의 하나로서 법률 상의 형식과 경제적 실질이 서로 부합하지 않는 경우에 그 경제적 실질을 추구하여 그에 과세함으로써 조세를 공평하게 부과하겠다는 것이라고 판시한다.[223] 이러한 의미에서의 **실질과세원칙은 조세법률주의의 형해화를 막고 실효성을 확보한다는 점에서 조세법률주의와 상호보완적이고 불가분적인 관계에 있다고 할 수도 있다.**[224]

본서는 실질과세원칙이 조세회피행위뿐만 아니라 탈세에 대하여서도 적용되어야 한다고 본다. 이 점에 관하여서는 실질과세원칙에 관한 부분에서 후술한다. 조세회피의 경우에 대하여서는 실질과세원칙을 적용하여 납세자가 선택한 법형식을 세법 상 무시하고 통상 이용되는 법형식에 따라 과세요건이 충족되는 것으로서 취급하게 된다. 다만 이는 세법 상 효과

222) 조세평등주의에 대한 보다 구체적인 내용은 제2장 제3절 II 조세평등주의 참조.
223) 헌재 2006.6.29. 2004헌바76 ; 헌재 2004.7.15. 2003헌바45 ; 헌재 1989.7.21. 89헌마38.
224) 대법원 2012.1.19. 2008두8499.

에 그치는 것으로서 해당 행위의 사법 상 효력에는 영향을 미치지 않는다. 탈세와 관련하여서도 실질과세원칙을 적용하여 해당 가장 또는 은폐행위 자체가 없는 것으로 보아 은닉된 거래를 발견한 후에 그 거래에 대하여 과세요건을 적용하게 된다. 즉 이 경우에는 당초 은닉된 거래를 감추기 위하여 납세자가 별도로 한 가장 또는 은폐행위 자체를 무시하는 것이고, 가장 또는 은폐행위를 세법 상 통상적인 거래로 재구성하는 것이 아니다. 이 경우 가장 또는 은폐행위가 사법 상으로도 무효에 해당하는 것이어야 하는지에 대하여서는 학설의 대립이 있다.

결국 실질과세원칙은 조세평등주의에 기하여 조세법률주의를 수정하거나 조세법률주의 자체의 요청에 기하여 납세자의 조세회피 또는 탈세에 대응하기 위한 것으로서 헌법에 내재된 것이라고 할 수 있다. 판례 역시 "조세법에서 실질과세의 원칙은 조세회피행위를 규제하여 과세의 형평을 실현하는 것을 목적으로 한다. 거래의 내용이나 그에 따른 재산과 소득의 귀속이 실질적인 면에서 동일하다면 납세의무의 부담 여부도 그 형식이나 외관과 무관하게 같아야 한다. 그래야만 조세정의와 조세공평의 이념이 실현될 수 있다. 조세회피를 목적으로 비합리적이고 비정상적인 형식을 취하였음에도 외관이 그렇다는 이유만으로 납세의무를 면할 수 있고 그 반면 실질에 부합하는 정상적인 거래형식을 취하는 경우에는 납세의무를 부담할 수밖에 없다고 하는 것은 매우 부당하다. 실질과세의 원칙은 바로 그러한 불합리를 제거하는 수단이 되는 조세법의 기본원리이고, 국세기본법의 관련 규정은 실정법적으로 이를 확인한 규정이라고 할 수 있다. 물론 실질과세의 원칙을 지나치게 확장하여 적용하게 되면 조세법률주의가 형해화되고 과세권이 남용될 수 있다는 부작용이 생길 수 있다. 하지만 …… 그 적용범위를 납세자가 조세를 회피할 목적으로 실질과 괴리되는 비합리적인 거래의 형식이나 외관을 취하였다는 등의 예외적 사정이 증명되는 경우로 한정한다면, 위와 같은 부작용의 우려가 현실화되는 것은 필요한 범위에서 적절하게 통제될 수 있다. 실질과세의 원칙을 확장 적용할 때 나타날 수 있는 부작용은 당연히 경계해야 할 일이지만, 그 법적 원리가 작동되어야 할 가장 전형적인 장면에서조차 그것과 상호보완적 관계에 있는 조세법률주의의 요청만을 강조하는 것이야말로 오히려 실질적 정의에 어긋나는 결과를 초래할 수 있다"고 판시한다.[225)]

조세회피의 경우에는 조세법률주의와 조세평등주의가 서로 상충되어 이를 조정할 필요

225) 대법원 2012.1.19. 2008두8499 전원합의체 판결.

가 있는 바, 이 경우 어느 하나의 가치를 일방적으로 우위에 두기보다는 두 가치 모두에 대하여 일정한 제약을 부가하여 두 가치 모두의 효력을 양립시키되 그 제약은 필요한 최소한에 그치도록 하는 방법을 선택하는 것이 타당하다고 본다. 이러한 조정이 어떠한 방식으로 실질과세원칙에 관한 규정에 구체화되었는지 여부에 대하여서는 추가로 검토할 필요가 있다. 또한 실질과세원칙의 집행과 관련하여 발생하는 불확실성으로 인하여 과세관청이 합리적 이유가 없이 자의적으로 특정 납세자를 불리하게 차별하거나 우대할 수 있는 여지 역시 있다는 점을 감안할 필요가 있다. 물론 이러한 집행은 위법한 것으로서 향후 구제될 수 있다고 할 것이나 이로 인하여 납세자가 입을 수 있는 피해를 감안한다면 이 역시 통제할 수 있는 장치가 있어야 한다. 따라서 실질과세원칙에 관한 규정이 이러한 기능을 수행하기에 충분한지 여부 역시 검토되어야 한다. 이 쟁점은 실질과세원칙의 적용과정 자체에 대한 통제와 관련된 것으로서 후술한다.[226)]

조세법률주의와 조세평등주의가 서로 상충되는 경우 각 가치 모두에 대하여 필요한 최소한 제약을 부가하는 방식으로 두 가치 모두를 양립시키는 것이 타당한 바, 그렇다면 조세법률주의에 기하여 실질과세원칙에 대하여 부가할 수 있는 최소한 제약은 무엇인가? 실질과세원칙의 적용과정에 대한 통제 역시 조세법률주의에 기하여 부가되는 제약에 해당한다. 한편 과세권에 의한 조세법의 해석 및 집행단계에 있어서 형성된 납세자의 신뢰를 보호하여야 하며, 또한 과세권이 정당한 범위 내에서 행사되는 것을 담보하기 위하여 납세자에게 권리를 부여하거나 제도적으로 납세자를 보호하여야 한다는 **납세자의 예측가능성 또는 법적 안정성에 대한 보호원칙** 역시 조세법률주의에 근거한 것이다. 그런데 이러한 납세자의 예측가능성 또는 법적 안정성에 대한 보호규정들은 경제적 실질에 기하여 납세의무를 확정하기 위한 실질과세원칙과 규범 상 상충되는 것이 아니라 오히려 원칙적으로 실질과세원칙의 행사과정에 있어서도 준수되어야 하는 규범에 해당한다. 즉 과세관청은 납세자의 예측가능성 또는 법적 안정성에 대한 보호규정들을 준수하면서 경제적 실질에 따른 납세의무를 확정하여야 한다. 경제적 실질에 따른 납세의무를 효율적이고도 편리하게 확정하려는 과세관청의 욕구를 명백한 합리적인 근거가 없이 납세자의 예측가능성 또는 법적 안정성에 대한 보호규정들보다 우위에 두는 것은 헌법상 가치인 조세법률주의에 반하는 것으로서 허용될 수 없다. 이러한 의미에서 납세자의 예측가능성 또는 법적 안정성에 대한 보호규정들은

226) 같은 5 라 현행 실질과세원칙에 대한 검토 참조.

조세법률주의가 그 적용을 양보하는 실질과세원칙에 대한 통제수단으로서 기능하게 된다. 신의성실의 원칙, 비과세 관행 또는 해석에 반한 소급과세금지의 원칙, 근거과세원칙, 세무조사절차 및 조세범칙절차에 대한 통제규정, 세무공무원의 비밀유지의무 및 정보제공의무, 과세 전 적부심사, 납세자보호관 또는 담당관 제도, 납세자보호위원회 제도, 제척기간 등이 이러한 보호규정들의 예에 해당된다. 한편 이상의 취지에 비추어 보면, 경제적 실질에 따른 과세를 위하여 사실상 제척기간을 연장하는 결과에 이르게 하는 해석 또는 입법 등을 채택하거나 도입하는 것은 헌법상 가치에 반하는 것으로 보아야 한다.

나. 조세회피 관련 개념의 구분

조세회피(tax avoidance)와 관련된 개념으로서 구분되어야 할 것으로서는 절세(tax saving), 탈세(tax evasion) 및 조세계획(tax planning)이 있다.

조세회피는 사적 자치의 원칙 내지 계약자유의 원칙이 지배하는 사법관계에 있어서 사법상 법형식을 선택할 수 있다는 점을 이용하여 합리적인 이유가 없음에도 불구하고 통상적으로 이용되지 않는 법형식을 선택하고 그 결과 의도한 경제적 목적 내지 경제적 성과를 실현하면서도, 통상 이용하는 법형식을 선택할 경우에 적용될 수 있는 과세요건을 회피하는 방법으로 조세부담을 경감 또는 회피하는 행위를 의미하므로, 조세회피에 해당하기 위하여서는 다음과 같은 요건을 갖추어야 한다.[227] 첫째, 사법 상의 법형식을 선택할 가능성이 있다는 점을 이용하여 통상적으로 이용되지 않는 법형식을 선택할 것(선택 형식의 이상성). 둘째, 그 법형식을 선택하는 합리적인 이유가 조세부담을 경감 또는 회피하는 것밖에 없을 것(법형식의 선택에 대한 합리적 이유의 결여). 셋째, 통상의 법형식을 선택한 경우와 동일한 경제적 효과를 달성할 것(경제적 성과의 달성). 넷째, 과세요건의 충족을 회피하여 조세부담을 경감 또는 회피할 것(조세부담의 회피). 즉 조세회피는 납세자가 사법 상 허용되는 법형식을 선택하는 것을 통하여 조세부담을 경감 또는 회피하는 것만으로는 조세회피에 해당한다고 할 수 없으며 그 이외에 위 각 다른 요건들을 충족하여야 한다. 한편 미국 연방법원 판사(federal judge)인 Learned Hand의 다음과 같은 판시[228]에 비추어 볼 때, 조세회피에 해당하는지 여부를 판단함에 있어서는 보다 신중할 필요가 있다. "법원은 납세자가 조세를 가능한 한 적게 부담하기 위하여 자신의 거래를 구성하는 것에 어떠한 사악한

227) 増田 英敏、前掲書、289-290頁; 金子 宏、前掲書、117頁。
228) *Commissioner v. Newton*, 159 F.2d 848, 850(CA-2, 1947).

점도 없다고 반복하여 판시하여 왔다. 부자이든 가난한 자이든 모든 납세자가 그와 같이 행동하고 이는 모두 옳은 것이다. 이는 어느 누구도 법이 요구하는 이상의 조세를 납부할 공적인 의무가 없기 때문이다 : 조세는 강제적인 징수(enforced exactions)에 해당하는 것이지 자의적인 출연(voluntary contributions)이 아니다. 도덕이라는 이름으로 보다 많은 조세를 요구하는 것은 위선적인 것(cant)에 불과하다"

절세가 조세법이 예정한 법형식을 선택하여 조세부담을 감소시키는 행위를 의미한다는 견해가 있으나[229] 저자는 절세가 납세자가 사적 자치의 원칙 내지 계약자유의 원칙에 따라 선택한 법형식을 통하여 조세부담을 경감 또는 회피하는 행위로서 조세회피에 해당하지 않는 것을 의미한다고 본다. 이는 조세회피에 해당하기 위하여서는 선택 형식의 이상성, 법형식의 선택에 대한 합리적 이유의 결여, 경제적 성과의 달성 및 조세부담의 회피라는 각 요건들을 충족하여야 하므로 이들 중 어느 하나의 요건을 충족하지 못한 거래를 조세회피행위에 해당하지 않는다고 할 수는 있지만, 그 거래가 바로 조세법이 예정하는 법형식을 선택한 거래라고 단정할 수는 없기 때문이다. 또한 사법 상 유효한 법형식과 조세법이 예정하는 법형식의 차이를 구분하는 것 자체가 불명확하거나 어려운 일이다.

탈세는 납세자가 과세요건사실의 일부 또는 전부를 가장하거나 은폐하는 행위를 통하여 조세부담을 경감 또는 회피하는 것을 의미한다. 탈세는 이미 성립한 납세의무를 회피하기 위한 조치를 취하는 행위를 의미한다.[230] 탈세는 과세요건을 충족하는 사실의 전부 또는 일부를 은닉하기 위한 행위를 의미하는 것에 반하여 조세회피는 과세요건의 충족, 즉 납세의무의 성립 자체를 회피하는 행위라는 점에서 구분된다.[231]

한편 **조세계획**은 납세자의 세후수익률을 극대화하기 위하여 명시적으로 또는 종종 의도적으로 조세법을 이용하는 것을 의미한다.[232] 이는 조세부담을 최소화하는 것이 아니라 세후수익률을 최대화하는 것이 목표라는 점에서 위 각 개념들과는 구분된다. 조세계획에 있어서는 조세부담을 최소화하는 의사결정이 조세 이외의 다른 요소들(nontax factors)에 미치는 영향들 역시 검토하여야 한다. 특정 투자안에 투자하여 비과세소득을 얻을 수 있다고 할지라도 이것이 반드시 해당 투자액에 대한 최고의 세후수익률을 발생시킨다고 할 수 없

229) 金子 宏、前掲書、118頁。
230) Angharad Miller and Lynne Oats, *Principles of International Taxation*, 3rd Ed., Bloomsbury Professional, 2014, at 15-16.
231) 金子 宏、前掲書、117-118頁。
232) Simon James and Christopher Nobes, *op. cit.*, at 16.

는 경우들 역시 있다.[233] 조세계획은 각 거래의 특성에 따라서 조세회피 또는 절세로 구분될 수도 있다.

다. 국세기본법 상 실질과세원칙

(1) 실질과세원칙의 개관

(가) 국세기본법 제14조의 내용 및 관련 쟁점의 정리

실질과세원칙을 규정하고 있는 국세기본법은 "과세의 대상이 되는 소득, 수익, 재산, 행위 또는 거래의 귀속이 명의일 뿐이고 사실상 귀속되는 자가 따로 있을 때에는 사실상 귀속되는 자를 납세자로 하여 세법을 적용한다"고 규정한다(국기 14조 1항). 따라서 소득이나 수익, 재산, 행위 또는 거래 등의 과세대상에 관하여 귀속 명의와 달리 실질적으로 지배·관리하는 자가 따로 있는 경우에는 형식이나 외관을 이유로 귀속 명의자를 납세의무자로 삼을 것이 아니라, 실질과세의 원칙에 따라 실질적으로 당해 과세대상을 지배·관리하는 자를 납세의무자로 삼아야 할 것이고, 그러한 경우에 해당하는지는 명의사용의 경위와 당사자의 약정 내용, 명의자의 관여 정도와 범위, 내부적인 책임과 계산 관계, 과세대상에 대한 독립적인 관리·처분 권한의 소재 등 여러 사정을 종합적으로 고려하여 판단하여야 한다.[234] 다음 판례 역시 동일한 취지를 판시한다. 즉 재산의 귀속명의자는 이를 지배·관리할 능력이 없고, 명의자에 대한 지배권 등을 통하여 실질적으로 이를 지배·관리하는 자가 따로 있으며, 그와 같은 명의와 실질의 괴리가 조세를 회피할 목적에서 비롯된 경우에는, 그 재산에 관한 소득은 재산을 실질적으로 지배·관리하는 자에게 귀속된 것으로 보아 그를 납세의무자로 삼아야 할 것이나, 그러한 명의와 실질의 괴리가 없는 경우에는 소득의 귀속명의자에게 소득이 귀속된 것으로 보아야 한다.[235]

나아가 국세기본법은 "세법 중 과세표준의 계산에 관한 규정은 소득, 수익, 재산, 행위 또는 거래의 명칭이나 형식에 관계없이 그 실질 내용에 따라 적용한다"고 규정하고(국기 14조 2항), "제3자를 통한 간접적인 방법이나 둘 이상의 행위 또는 거래를 거치는 방법으로 이 법 또는 세법의 혜택을 부당하게 받기 위한 것으로 인정되는 경우에는 그 경제적 실질 내용에 따라 당사자가 직접 거래를 한 것으로 보거나 연속된 하나의 행위 또는 거래를 한

233) *Id.*
234) 대법원 2014.5.16. 2011두9935.
235) 대법원 2014.7.10. 2012두16466.

것으로 보아 이 법 또는 세법을 적용한다"고 규정한다(국기 14조 3항).

국세기본법 제14조 제1항은 '과세대상 귀속의 실질'에 관하여서, 동조 제2항은 '과세표준 계산의 실질'에 관하여, 동조 제3항은 '단계거래원칙(step transaction doctrine)'에 대하여 각 규정한 것이다. 동조 제3항은 미국 세법 상 단계거래원칙을 도입한 것으로 보인다. 미국 세법 상 단계거래원칙의 구체적인 내용은 미국 입법례에서 본다. 결국 위 각 조항들을 종합한다면, 제1항과 제2항은 단일 거래를 대상으로 하여 과세대상의 귀속 또는 과세표준의 계산에 있어서 납세자가 선택한 법형식이 아닌 실질에 따라 과세하겠다는 취지를 담고 있으며, 제3항은 단일거래가 아니라 제3자를 통한 간접적인 방법이나 둘 이상의 행위 또는 거래를 거치는 경우에도 부당한 행위 또는 거래에 해당한다면 경제적 실질에 따라 직접 거래를 한 것으로 보거나 연속된 하나의 행위 또는 거래를 한 것으로 재구성할 수 있다는 취지를 담고 있는 것으로 볼 수 있다.

위 **국세기본법 제14조와 관련하여서는 다음과 같은 쟁점들이 발생할 수 있다.**

첫째, 납세자가 과세요건 충족 사실을 은닉하기 위하여 가장 또는 은폐행위를 할 경우 해당 행위 역시 국세기본법 제14조에 기하여 부인할 수 있는 것인지 여부. 즉 실질과세원칙에 대한 적용범위는 어떠한지 여부

둘째, 국세기본법 제14조 제1항 및 제2항에서의 '실질'이[236] 동조 제3항에서 말하는 '경제적 실질'과 같은 것인지 여부

셋째, 동조 제3항의 경우에는 납세자가 부당하게 조세부담을 감소시키는 경우에 적용된다는 취지의 문언이 있는 바, 이러한 취지는 동조 제1항 및 제2항에도 적용되는 것인지 여부

넷째, 만약 동조 제1항 및 제2항에도 역시 납세자가 부당하게 조세부담을 감소시킨다는 요건이 적용되는 것이라면, 동조 각 항에 대하여 적용되는 '납세자가 부당하게 조세부담을 감소시킨다는 요건'이 갖는 구체적인 의미는 무엇인지 여부 및 동조 제3항의 '이 법 또는 세법의 혜택을 부당하게 받기 위한 것으로 인정되는 경우'가 특별한 의미를 갖는 것인지 여부

다섯째, 실질과세원칙이 적용되기 위하여서는 별도로 개별적이고도 구체적인 부인규정이 있어야 하는지 여부

여섯째, 실질과세원칙과 '부당행위계산의 부인규정'의 관계는 어떠한지 여부. 국세기본법

236) 국세기본법 제14조 제1항의 '사실'을 동조 제2항의 '실질'과 동일한 것으로 이해한다.

상 실질과세원칙 외에 법인세법은 부당행위계산의 부인규정을 두는 바, 이들의 관계가 어떠한지 여부를 살필 필요가 있기 때문이다.

일곱째. 납세자 역시 실질과세원칙을 주장할 수 있는지 여부

(나) 국세기본법 제14조의 연혁 및 법적 성격

국세기본법 상 실질과세원칙 조항은 1974년 12월에 국세기본법이 제정되면서 명문으로 등장하게 되었지만, 법인세법에는 그보다 먼저인 1967년 11월 법인세법 개정[237]을 통해서 실질과세원칙이 기본 원칙으로서 명문화되었다. 그런데 1960년대 판례[238]는 이미 실질과세원칙을 세법 상의 기본 원칙으로 확인하고 있었다. 이로 인하여 실질과세원칙에 관한 조항은 창설적 규정이라기보다는 세법의 기본 원칙을 기술하고 있는 확인적 규정이라는 견해들이 있다.[239]

그렇다면 **실질과세원칙은 어디에서 연유한 것일까?** 실질과세원칙은 조세평등주의에 기하여 조세법률주의를 수정하거나 조세법률주의 자체에 기하여 납세자의 조세회피 또는 탈세에 대응하기 위한 원칙으로서 헌법에 내재된 것이라는 점은 기술하였다. 즉 실질과세원칙은 결국 헌법적 가치의 결단에 관한 영역에 속하는 바, 이러한 결단은 입법부를 통하여 제정된 법률을 통하여 이루어지거나 입법이 이루어지지 않는 경우에는 헌법재판소 또는 법원의 헌법해석을 통하여 이루어질 수밖에 없다. 이러한 의미에서 실질과세원칙은 헌법 자체에 내재된 원칙이 국세기본법 등 조세법을 통하여 구체화된 것으로 보아야 한다. 물론 이와 같은 법률이 없었다면, 헌법재판소 또는 법원의 헌법해석을 통하여도 실질과세원칙이 구체화될 수 있는 것이지만, 일단 국세기본법 등 조세법을 통하여 구체화된 이상 국민이 입법부를 통하여 위 헌법에 내재된 원칙을 그 법률의 범위 내에서 구체화한 것으로 보아야 한다. 따라서 국세기본법 제14조 등 조세법이 위헌으로 결정되지 않는 한, 우리 조세법에 있어서 실질과세원칙을 적용할 것인지 여부는 국세기본법 제14조 등 조세법의 해석에 의하여 결정되어야 하고 위 각 조문들을 벗어나서 실질과세원칙을 적용할 수는 없다.

237) (舊) 법인세법 제3조(1967.11.29. 전부개정 / 1968.1.1. 시행, 법률 제1964호).
238) 대법원 1967.2.7. 65누91.
239) 일본에서도 조세법률주의와 실질과세원칙은 양립가능한 세법 상의 기본 원칙이기 때문에 명문 규정이 있어야 실질과세원칙이 성립된다고 보는 것은 타당하지 않다고 한다 ; 下村 秀夫, *租税法律主義をめぐる諸問題 –税法の解釋と適用を中心として–*, 『税務大學校論叢』 6号, 日本 税務大學校, 1972(昭和47年), 30頁 ; 정승영, "일본에서의 실질과세원칙에 대한 논의와 시사점", 『조세와 법』 제5권 제2호, 서울시립대학교 법학연구소 · 조세재정연구소, 2012, 37면.

(2) 외국의 실질과세원칙에 관한 입법례

(가) 미국

미국의 실질과세원칙(Substance Over Form Doctrine)은 *Gregory v. Helverling* 사건[240]에 의하여 확립된 이래 법원에 의하여 광범위하게 적용되었다. 다만 그 적용결과를 미리 예측하는 것은 대체로 어렵다.[241] 법원은 나아가 실질과세원칙에 관련된 원칙으로서 **경제적 실질원칙**(Economic Substance Doctrine), **단계거래원칙**(Step Transaction Doctrine) 및 **가장거래 원칙**(Sham Transaction Doctrine)을 형성하여 왔다.

경제적 실질이 있는지 여부는 납세자에게 조세혜택을 얻는 것과는 무관한 진정한 사업목적(bona fide business purpose)이 있는지 여부와 해당 거래가 조세혜택(tax benefits)을 누리기 위한 목적 이외의 어떠한 경제적 효과(any economic effects)를 갖는지 여부와 관련된 것이다.[242] 사업목적과 관련된 기준은 주관적인 것으로서 납세자가 조세혜택을 얻는 것과는 무관한 경제적 동기에 기하여 해당 거래를 한 것인지 여부를 집중적으로 검토하는 것이다.[243] 경제적 효과에 대한 기준은 객관적인 것으로서 해당 거래가 경제적 이익, 즉 조세혜택 이외의 이익을 얻을 수 있는 합리적인 기회를 제공하는지 여부를 검토하는 것이다.[244] **경제적 실질 원칙**(Economic Substance Doctrine)**은 현재 미 연방세법**(Internal Revenue Code) Section 7701(o)**로 법제화되었다. 이는 납세자의 '조세 상 효과를 제외한 경제적 지위**(economic position)**'를 의미 있게 변화시키고 해당 거래에 '조세 상 효과와 무관한 실질적 목적**(substantial purpose)**'이 존재하는 경우에만 경제적 실질이 있다고 규정한다.**[245] 또한 경제적 실질 원칙은 단일 거래뿐만 아니라 일련의 연속된 거래에 대하여서도 적용된다.[246] 이는 과세관청이 일련의 거래들에 대하여 각 거래별로 경제적 실질을 가지는지 여부를 판단할 수 있는 근거를 마련한 것이다.[247] 다만 어느 경우에 경제적 실질 원칙을

240) *Gregory v. Helvering*, 293 U.S. 465 (1935).

241) Ray A. Knight, J.D., CPA & Lee G. Knight, Ph.D., *Substance Over Form : The Cornerstone Of Our Tax System Or A Lethal Weapon In The IRS's Arsenal?*, 8「AKRON TAX J.」91 (1991) 참조.

242) *Bail Bonds by Marvin Nelson, Inc. v. Comm'r*, 820 F. 2d 1543, 1549 (9th Cir. 1987) ; *Rice's Toyota World, Inc. v. Comm'r*, 752 F.2d 89, 91 (4th Cir. 1985).

243) *Goldstein v. Comm'r*, 364 F.2d 734, 740 (2d Cir. 1966), *aff'g* 44 T.C. 284 (1965).

244) *Gilman v. Comm'r*, 933 F.2d 143, 146 (2d Cir. 1991).

245) I.R.C. §7701(o)(1).

246) I.R.C. §7701(o)(5)(D).

247) Bret Wells, *Economic Substance Doctrine : How Codification Changes Decided Cases*, 10「Fla. Tax Rev.」411, at 423.

적용할 것인지 여부에 대하여서는 위 규정 상 별도의 정함이 없다.[248] 이에 대하여서는 기존의 판례 상 형성된 원칙들이 적용된다.

판례에 따르면 가장거래 원칙은 경제적 실질 원칙 자체와 밀접한 관계를 갖는다. 가장거래가 되기 위하여서는 납세자에게 조세혜택을 얻는 이외의 진정한 사업목적이 없으며 이익을 얻을 수 있는 가능성이 있는 경제적 실질이 결여되어야 한다.[249] 다만 가장거래에 해당하기 위한 위 두 조건은 엄격하게 구분된 두 단계의 기준이기보다는 조세요인 이외의 경제적 실질을 충분하게 가지는지 여부를 알려주는 서로 관련된 요소들에 해당한다.[250] 가장거래는 사실상 가장거래(Sham in Fact)와 실질 상 가장거래(Sham in Substance)로 구분되는 바, 사실상 가장거래는 실제로 발생하지 않은 거래이고 실질 상 가장거래는 해당 거래가 실제로 발생하였으나 형식에 부합하는 실질은 없는 것을 의미한다.[251]

단계거래원칙은 일련의 거래들을 하나의 거래로 보아 세법을 적용할 수 있는 기준을 의미하는 것으로 법원은 이와 관련하여 **구속적 약정 기준**(binding commitment test), **최종결과 기준**(end result test) 및 **상호 의존성 기준**(mutual interdependence test)을 하부기준으로서 발전시켰다. 이에 대하여서는 아래 '실질과세원칙에 대한 합리적인 해석방안'에서 구체적으로 살핀다.

실질과세원칙과 위 각 원칙들의 관계에 대하여 판례들의 입장이 통일된 것은 아니지만,[252] 미국에 있어서 실질과세원칙(Substance Over Form Doctrine)이 가장 포괄적인 원칙이고 이는 입법, 사실 확정 및 사법적 판단의 원리로서 기능하며, 사법적 판단 원리로서의 실질과세원칙은 다시 납세자의 행위 · 계산 등을 재분류 또는 재구성(Recharacterization)하는 역할과 가장거래(Sham Transaction)에 대한 대응책으로서 해당 거래를 무시(Disregard)하는 역할을 모두 수행하는 것으로 볼 수 있다.[253]

---

248) I.R.C. §7701(o)(5)(C). "The determination of whether the economic substance doctrine is relevant to a transaction shall be made in the same manner as if this subsection had never been enacted."
249) *Rice's Toyoda World, Inc. v. CIR*, 752 F2d 89, 91 (4th Cir. 1985).
250) *ACM Partnership v. CIR*, 157 F3d 231, 247 (3d Cir. 1998), cert denied, 526 US 1017 (1999).
251) *Falsetti v. CIR*, 85 TC 332, 347 (1985) ; *Kirchman v. CIR*, 862 F2d 1486, 1492 (11th Cir. 1989).
252) *Falconwood Corat v. United States*, 422 F.3d 1339 (Fed. Cir. 2005) ; *Aeroquip-Vickers, Inc. v. Comm'r*, 347 F.3d 173, 182 (6th Cir. 2003).
253) Allen D. Madison, *The Tension between Textualism and Substance-Over-Form Doctrines in Tax Law*, 43「Santa Clara Law Review」699, 2003, at 717~718.

(나) 독일

독일의 경우 실질과세원칙과 관련된 규정들은 조세기본법(Abgabenordnung) 제39조, 제40조, 제41조 및 제42조이다. 그 개략적인 내용은 다음과 같다. 제39조는 귀속의 실질에 관하여, 제40조는 법률 또는 공서양속에 위반하는 행위의 과세에 대하여, 제41조는 세법 상 가장행위를 포함한 사법 상 무효 또는 취소인 행위의 과세에 대하여, 제42조는 법률행위 형성의 자유를 세법 상 남용하는 경우에 대하여 각 규정한다. 이상의 각 규정들은 경제적 관찰방법에 따라 경제적 실질에 근거하여 과세한다는 입장을 나타내는 것들이다.

제39조는 "(1) 경제재(Wirtschaftsgüter)는 소유권자에게 귀속된다. (2) 다음의 각 경우에는 제(1)항이 적용되지 않는다. 1. 소유권자가 아닌 자가 경제재에 대한 실질적인 지배권을, 경제적 의미에서 일반적인 사용기간에 걸쳐서 통상적으로 소유권자가 경제재에 영향을 미치지 못하도록 배제하는 방법으로 행사하는 경우에는 그 자에게 경제재를 귀속시킨다. 신탁관계(Treuhandverhältniss)에 있어서는 위탁자(Treugeber)에게, 담보물권(Sicherungseigentum)의 경우에는 담보권설정자(Sicherungsgeber)에게, 자주점유(Eigenbesitz ; proprietary possession)의 경우에는 자주점유권자(Eigenbesitzer)에게 각 경제재를 귀속시킨다. 2. 합유적으로(zur gesamten Hand) 여러 당사자들에게 귀속되는 경제재는 과세에 있어서 필요한 각자의 귀속분에 비례하여 각 당사자들에게 부분적으로 귀속된다"라고 규정한다.[254)]

제40조는 "조세법 상 구성요건을 전부 또는 부분적으로 충족하는 사실관계(ein Verhalten)가 법률 상 명령 또는 금지에 반하거나 공서양속에 반하는지 여부는 과세에 있어서 의미가 없다"고 규정한다.[255)]

제41조는 "(1) 경제적 성과(wirtschaftliche Ergebnis)에 부합하거나 경제적 성과가 유지

---

254) (1) Wirtschaftsgüter sind dem Eigentümer zuzurechnen. (2) Abweichend von Absatz 1 gelten die folgenden Vorschriften :

1. Übt ein anderer als der Eigentümer die tatsächliche Herrschaft über ein Wirtschaftsgut in der Weise aus, dass er den Eigentümer im Regelfall für die gewöhnliche Nutzungsdauer von der Einwirkung auf das Wirtschaftsgut wirtschaftlich ausschließen kann, so ist ihm das Wirtschaftsgut zuzurechnen. Bei Treuhandverhältnissen sind die Wirtschaftsgüter dem Treugeber, beim Sicherungseigentum dem Sicherungsgeber und beim Eigenbesitz dem Eigenbesitzer zuzurechnen.
2. Wirtschaftsgüter, die mehreren zur gesamten Hand zustehen, werden den Beteiligten anteilig zugerechnet, soweit eine getrennte Zurechnung für die Besteuerung erforderlich ist.

255) Für die Besteuerung ist es unerheblich, ob ein Verhalten, das den Tatbestand eines Steuergesetzes ganz oder zum Teil erfüllt, gegen ein gesetzliches Gebot oder Verbot oder gegen die guten Sitten verstößt.

되는 범위 내에서는 해당 법률행위가 무효이거나 무효로 될 것인지 여부는 과세에 있어서 의미가 없다. 다만 조세법에 다른 규정이 있는 경우에는 그렇지 않다. (2) 법률 상 가장행위(Scheingeschäfte) 또는 사실상 가장행위(Scheinhandlungen)는 과세에 있어서 의미가 없다. 가장행위를 통하여 다른 거래를 은닉하는 경우에는 그 은닉거래를 기준으로 과세한다"고 규정한다.[256)]

제42조는 "(1) 법적 형성가능성을 남용하여 조세법률의 적용을 회피할 수는 없다. 조세회피를 방지하기 위한 개별 조세법률 요건을 충족하는 경우에는 당해 규정에 의하여 법률효과가 결정된다. 그 외의 경우에 있어서 제2항에서 규정하는 남용행위가 있다면, 조세청구권은 경제현상에 적합한 법적 형성(die rechtliche Gestaltung)을 한 경우에 성립하는 것과 동일하게 성립한다. (2) 부적당한 법적 형성을 선택하고 이를 적절한 법적 형성의 경우와 비교한 결과 납세자 또는 제3자에게 법률 상 예정하지 않는 조세혜택(조세부담의 경감 또는 배제)이 초래되는 경우에는 남용이 존재한다. 다만 납세자가 선택한 법적 형성이 상황 전체로 보아서 조세 외적인 근거를 갖는다는 점을 증명한 경우에는 그렇지 않다"라고 규정한다.[257)]

이상 독일의 입법례 역시 그 내용이 미국의 경우와 다르지 않고 실질과세원칙을 적용하기 위한 하부기준들은 미국의 경우에 오히려 보다 세분화되어 있으므로, 실질과세원칙에 대한 합리적인 해석방안을 모색함에 있어서는 미국의 입법례를 기준으로 논의한다.

(다) 일본

일본에서는 국세통칙법 상 실질과세원칙에 관한 조문을 두고 있지 않다. 다만 소득의 귀

256) (1) Ist ein Rechtsgeschäft unwirksam oder wird es unwirksam, so ist dies für die Besteuerung unerheblich, soweit und solange die Beteiligten das wirtschaftliche Ergebnis dieses Rechtsgeschäfts gleichwohl eintreten und bestehen lassen. Dies gilt nicht, soweit sich aus den Steuergesetzen etwas anderes ergibt. (2) Scheingeschäfte und Scheinhandlungen sind für die Besteuerung unerheblich. Wird durch ein Scheingeschäft ein anderes Rechtsgeschäft verdeckt, so ist das verdeckte Rechtsgeschäft für die Besteuerung maßgebend.

257) (1) Durch Missbrauch von Gestaltungsmöglichkeiten des Rechts kann das Steuergesetz nicht umgangen werden. Ist der Tatbestand einer Regelung in einem Einzelsteuergesetz erfüllt, die der Verhinderung von Steuerumgehungen dient, so bestimmen sich die Rechtsfolgen nach jener Vorschrift. Anderenfalls entsteht der Steueranspruch beim Vorliegen eines Missbrauchs im Sinne des Absatzes 2 so, wie er bei einer den wirtschaftlichen Vorgängen angemessenen rechtlichen Gestaltung entsteht. (2) Ein Missbrauch liegt vor, wenn eine unangemessene rechtliche Gestaltung gewählt wird, die beim Steuerpflichtigen oder einem Dritten im Vergleich zu einer angemessenen Gestaltung zu einem gesetzlich nicht vorgesehenen Steuervorteil führt. Dies gilt nicht, wenn der Steuerpflichtige für die gewählte Gestaltung außersteuerliche Gründe nachweist, die nach dem Gesamtbild der Verhältnisse beachtlich sind.

속과 관련하여서는 실질귀속자과세의 원칙을 일본 소득세법 제12조 및 일본 법인세법 제11조에서 규정한다. 즉 일본 소득세법 제11조는 "자산 또는 사업으로부터 발생한 수익이 법률상 귀속되는 자가 단순한 명의인으로서 그 수익을 향유하지 않고 다른 자가 그 수익을 향유하는 경우에는 그 수익은 이를 향유하는 자에 귀속한 것으로 하여 이 법을 적용한다"라고 규정한다. 일본 법인세법 제11조 역시 동일한 취지로 규정한다.

또한 개별법 상 일반적인 부인규정으로서는 동족회사의 행위 또는 계산에 있어서 해당 행위 또는 계산을 인정할 경우에 법인세 및 소득세 등의 부담을 부당하게 감소하는 결과를 초래하게 된다면 이를 부인하여 경정 또는 결정할 수 있다는 규정이 있고,[258] 법인의 조직재편성에 있어서 해당 행위 또는 계산을 인정할 경우에 법인세 및 소득세 등의 부담을 부당하게 감소하는 결과를 초래하게 된다면 이를 부인하여 경정 또는 결정할 수 있다는 규정이 있으며,[259] 연결법인의 행위 또는 계산에 있어서 해당 행위 또는 계산을 인정할 경우에 법인세 및 소득세 등의 부담을 부당하게 감소하는 결과를 초래하게 된다면 이를 부인하여 경정 또는 결정할 수 있다는 규정이 있다.[260] 이외에도 개별적인 부인규정들이 있다.[261]

일본의 경우 행위 또는 계산의 실질주의에 대한 조항을 국세통칙법 상 명시적으로 입법해두지 않은 것은 관련 내용을 세법 상 당연히 인정되는 조리의 범위 및 개념에 해당하는 것으로 보았기 때문이라는 견해가 있다.[262]

일본의 경우에도 실질과세원칙과 관련하여 우리나라와 유사하게 법적 실질과 경제적 실질에 대한 논의의 대립이 지속되어져 오고 있다. 법적 실질설의 논리에 토대를 두고 있는 것이 기존 판례의 입장이다.[263] 그러나 최근에는 경제적 실질설의 논리에 입각하여 설시한 판례[264]도 등장한다. 한편 가장행위와 관련하여서는, '외관 및 형식'이 아닌 '실체 및 실질'

258) 일본 법인세법 제132조 ; 일본 소득세법 제157조 제1항 ; 일본 상속세법 제64조 제1항 ; 일본 지방세법 제72조의43 제1항.
259) 일본 법인세법 제132조의2 ; 일본 소득세법 제157조 제4항 ; 일본 상속세법 제64조 제4항 ; 일본 지방세법 제72조의43 제4항.
260) 일본 법인세법 제132조의3.
261) 일본 소득세법 제33조 제1항 괄호내 기재 ; 일본 소득세법 시행령 제79조, 제80조 ; 일본 법인세법 제22조 제2항, 제34조 이하 ; 일본 상속세법 제65조 제66조 ; 일본 조세특별조치법 제40조의4 이하, 제66조의6 이하.
262) 정승영, *일본에서의 실질과세원칙에 대한 논의와 시사점*, 「조세와 법」 제5권 제2호, 서울시립대학교 법학연구소・조세재정연구소, 2012, 16-17면. ; 松田 直樹、租税回避行爲の解明 – *グローバルな觀點からの分析と提言*, (株)ぎょうせい, 2009(平成21年), 8頁。
263) 東京高裁 平成11年6月21日, 平成10年(行コ)第108号.
264) 大阪高裁 平成14年10月10日, 平成12年(行コ)第25号.

에 따라 과세요건사실을 인정하여야 한다는 것이 당연한 논리적 귀결이기 때문에, '가장된 사실 및 법률관계' 또는 '은폐된 사실 및 법률관계'에 근거하여 과세가 이루어져야 한다는 입장 역시 있다.[265]

이상 일본의 입법례는 실질과세원칙의 합리적 해석에 있어서 기왕의 우리 논의에 더하여 별다른 시사점을 부여하는 것은 아니라고 판단한다.

(3) 실질과세원칙에 대한 합리적 해석방안

(가) 실질과세원칙의 적용범위와 적용효과 : 조세회피행위, 탈세행위 및 가장행위 등을 중심으로

조세회피행위와 관련하여 실질과세원칙을 적용할 때, 가장행위와 실질과세원칙의 관계가 자주 문제된다. 이는 판례가 "가장행위에 해당한다고 볼 특별한 사정이 없는 이상 유효하다고 보아야 하며, 실질과세원칙에 의하여 납세자의 거래행위를 그 형식에도 불구하고 조세회피행위라고 하여 효력을 부인할 수 있으려면 조세법률주의 원칙 상 법률에 개별적이고 구체적인 부인 규정이 마련되어 있어야 한다"는 표현을 사용하고 있기 때문이다.[266] 즉 위 판례에 따르면 가장행위에 해당하지 않는 경우에 한하여 실질과세원칙이 적용될 수 있고 그 실질과세원칙이 되기 위하여서도 법률에 개별적이고 구체적인 부인규정이 있어야 한다. 마치 위 판례에 따르면, 가장행위이론과 실질과세원칙의 적용은 그 적용국면을 달리하는 것처럼 보인다.

다만, 최근의 전원합의체 판결 중 보충의견[267]은 "실질과세원칙의 적용과 그 원인된 행위의 민사법적 구성을 반드시 연계하여 인식할 필요는 없다. 당사자가 선택한 거래형식이나 거래주체 등 민사법적인 행위의 내용을 굳이 부정하여 재구성하지 않더라도 조세법적 관점에서 과세요건의 해당 여부를 판단하기 위한 목적 범위 내에서 실질적인 내용과 귀속관계를 파악하는 것으로 족하다. 실질과세원칙에 그 법리적 근거가 있는 것으로 이해되고 있는 법인세법 상 부당행위계산부인의 경우, 당해 거래가 부당행위계산으로 부인된다고 하더라도 당사자들 사이에 약정한 사법 상 법률행위의 효과 그 자체를 부인하거나 새로운 법률행위를 창설하는 것은 아니다. 과세소득계산을 위한 범위 내에서 사법 상 법률행위의 내

265) 金子 宏、前掲書、131頁。
266) 대법원 2011.4.28. 2010두3961 판결 등. 대법원 1991.5.14. 90누3027 판결에서는 "가장행위에 해당한다는 등 특별한 사정이 없는 이상 유효하다고 보아야 할 것"이라고 제시하고 있다.
267) 대법원 2012.1.19. 2008두8499 전원합의체 판결 중 박병대 대법관의 보충의견.

용과 달리 조세법적 인식을 할 뿐이다. …… 단지 조세법적 관점에서 그 권리 귀속의 실질적 주체가 원고라고 인정할 수 있는 분명한 사실적 토대가 존재한다면 그 실질에 따라 납세의무를 인정할 수 있다는 것을 말하고 있는 것뿐이다. 존재하는 것은 존재하는 그대로 보면 된다. 세법에 존재하는 실질과세원칙을 적용하는 데 상법 등 사법관계의 권리귀속을 반드시 묶어서 인식할 필요는 없다"라고 판시하여 실질과세원칙의 적용과 민사법적 구성을 반드시 연계할 필요는 없다는 견해를 보인다. 그러나 이 판시는 민사법 상 가장행위로서 무효에 해당하지 않는 경우에 법률에 개별적이고 구체적인 부인 규정이 마련되어 있지 않다고 하더라도 실질과세원칙을 적용하여 해당 행위를 조세법 상 부인하고 과세할 수 있다는 점을 나타내는 것일 뿐이고 가장행위이론에 의하여 해당 행위를 부인하는 것과 실질과세원칙이 어떠한 관계에 있는지 여부를 밝히고 있는 것은 아니다.

그렇다면 **민사법 상 무효인 가장행위를 세법 상으로도 무시할 수 있는 근거는 무엇인가?** 민법 상 가장행위이론을 세법에 적용할 수 있다는 명시적인 근거는 없다. 따라서 민법 상 가장행위이론에 근거하여 해당 행위의 효력을 세법 상 부인하는 것은 규범적 판단이 아니라 사실적 판단의 영역에 속한다고 볼 수밖에 없다. 이러한 점에 착안하여 가장행위는 사법 상 무효로서 세법 상으로도 아무런 의미를 갖지 않기 때문에 사실인정에 의하여 세법 상 부인할 수 있다고 설명하고 이 점에서 사법 상 유효한 행위를 대상으로 하는 조세회피행위의 부인과는 다르다고 하는 견해가 있다.[268] 이러한 견해에 따르면, 가장행위뿐만 아니라 민법 상의 가장행위와 동일하게 사법 상으로 무효에 해당하는 '위법소득'과 '유동적 무효인 행위'의 경우 역시 세법에 의하여 부인되어야 한다.

그러나 판례는 사법 상 무효인 위법소득과 유동적 무효의 경우에 대하여서도 다음과 같이 판단하여 과세한다.[269] 즉 위법소득이더라도 개인이 이를 향수하면 담세력이 있는 것으로 판단되므로 과세하는 것이 타당하다.[270] 또한 국토계획법이 정한 토지거래허가구역 내의 토지를 매도하고 그 대금을 수수하였으면서도 토지거래허가를 배제하거나 잠탈할 목적으로 매매가 아닌 증여가 이루어진 것처럼 가장하여 매수인 앞으로 증여를 원인으로 한 이전등기까지 마친 경우는 위법 내지 탈법적인 것이어서 무효임에도 불구하고, 당사자 사이

268) 임승순, 전게서, 69-72면.
269) 대법원 1983.10.25. 81누136.(위법소득 관련) ; 대법원 2011.7.21. 2010두23644 전원합의체 판결(유동적 무효 관련).
270) 동일한 취지: 대법원 2023.11.30. 2019두58445.

에서는 그 매매 등 계약이 유효한 것으로 취급되어 매도인 등이 그 매매 등 계약의 이행으로서 매매대금 등을 수수하여 그대로 보유하고 있는 경우에는 종국적으로 경제적 이익이 매도인 등에게 귀속된다고 할 것인 바, 그 경우에도 그 매매 등 계약이 법률 상 무효라는 이유로 그 매도인 등이 그로 인하여 얻은 양도차익에 대하여 양도소득세를 과세할 수 없다고 보는 것은 그 매도인 등으로 하여금 과세 없는 양도차익을 향유하게 하는 결과로 되어 조세정의와 형평에 심히 어긋나므로 매매대금을 반환하지 않은 매도인 등에게 양도소득세를 과세하는 것은 정당하다.

따라서 **민사법 상 가장행위를 '사실인정에 의한 부인' 이론을 통하여 세법 상으로 무시할 수 있다는 견해는 타당하지 않다.**

또한 가장행위와 실질과세원칙의 관계에 대하여서는 다음과 같은 학설들이 있다. 조세회피행위의 부인 근거를 가장행위라고 하든지 아니면 실질과세라고 하든지 간에 사법 상 겉모습과 달리 과세한다는 결과는 동일하다는 견해,[271] 세법에서의 가장행위와 실질과세원칙이 서로 무관하지 않으나 세법 상 가장행위를 민법 상 가장행위보다 더 넓은 범주로 보는 판례들로 인하여 법적 안정성이 훼손된다는 견해,[272] 가장행위이론은 실질과세를 위하여 반드시 필요한 것이 아니므로 실질과세원칙과 병립하거나 거의 대등한 것으로 볼 수 없으며 실질과세를 정당화하는 하나의 요인이 될 수 있다는 견해[273] 및 가장행위의 경우에는 사법 상 형식이 무효이고 은닉행위만 남게 되나 이는 세법 상 실질과 동일한 것이므로 가장행위는 형식과 실질이 괴리된 경우에 적용되는 좁은 의미의 실질과세원칙의 경우와는 다른 것이지만 실질에 대해서 과세한다는 넓은 의미의 실질과세의 원칙에는 해당될 수 있다는 견해들이 있다.[274]

저자는 다음과 같은 이유로 **'조세회피행위 또는 탈세'뿐만 아니라 '민법 상 가장행위'에 대하여서도 국세기본법 제14조의 실질과세원칙이 적용될 수 있고 실질과세원칙의 적용효과에는 거래를 재구성하는 것뿐만 아니라 세법 상 가장거래를 무시하는 것 역시 포함한다**는 견해를 취한다. 또한 **세법 상 가장거래 개념은 세법 독자적으로 해당 거래 등이 납세자가 의도하는 조세 상 최종결과를 얻기 위하여 작위적으로 만든 도구**(device) **또는 장치**

---

271) 이창희, 전게서, 91면.
272) 윤지현, *실질과세의 원칙과 가장행위에 관한 고찰-판례를 중심으로*, 「중앙법학」 제9집 제2호, 중앙법학회, 2007, 935-937면.
273) 김의석, *실질과세원칙의 적용에 관한 접근방식*, 「조세법연구」 제18집 제2호, 한국세법학회, 2012, 17-19면.
274) 이동식, *사법질서의 세법에서의 의미*, 「공법연구」 제31집 제2호, 한국공법학회, 2002, 472-473면.

(contrivance)에 불과한지 여부를 기준으로 결정되어야 하고, 사법 상 무효인지 여부를 기준으로 삼을 것은 아니다.

조세회피거래에 대하여서는 국세기본법 제14조가 적용되고 그 적용결과 거래를 재구성할 수 있다는 점에는 이론이 없는 것으로 판단한다. '사법 상 유효한 거래이나 해당 거래가 납세자가 의도하는 조세 상 결과를 얻기 위하여 작위적으로 만든 도구(device) 또는 장치(contrivance)에 불과한 경우' 역시 조세회피행위에 해당한다고 볼 수 있으므로 이에 대하여서는 실질과세원칙이 적용되는 것이 타당하다. 그런데 **실질과세원칙을 적용하여 납세자가 의도하는 조세 상 결과를 얻기 위하여 작위적으로 만든 도구 또는 장치의 존재 자체를 세법 상 무시할 수는 없는 것일까?** 후술하는 바와 같이 조세회피행위에 대한 실질과세원칙의 적용결과를 반드시 거래의 재구성에 한정할 이유는 없고 세법 상 해당 거래를 무시하는 것 역시 조세회피행위에 대한 효과적인 대응수단에 속하므로, 실질과세원칙을 적용하여 납세자가 의도하는 조세 상 결과를 얻기 위하여 작위적으로 만든 도구 또는 장치의 존재를 세법 상 무시할 수 있다고 판단한다. 또한 이처럼 실질과세원칙을 적용하여 세법 상 무시할 수 있는 거래는 민사법 상 가장행위이론에 의존할 것이 아니라 세법 독자적으로, 즉 세법 상 가장거래라는 개념을 통하여 정의할 필요 역시 있다.

세법 상 실질과세원칙을 적용하여 조세회피의 수단이 되는 도구 또는 장치들을 무시할 수 있다는 이론을 법인격의 부인 또는 무시와 관련하여서는 다음과 같이 적용할 수 있다. 납세자가 사법 상 유효하게 성립한 법인의 법인격을 납세자가 의도하는 조세 상 최종결과를 얻기 위하여 작위적으로 만든 도구(device) 또는 장치(contrivance)로서 이용한다면 그 법인격은 실질과세원칙에 따라 세법 상 부인할 수 있다고 보아야 한다. 미국 역시 유효하게 설립된 법인을 실질과세원칙을 적용하여 세법 상 부인할 수 있다고 한다.[275] 이는 사법 상 법인격부인론이 세법에 준용되는 것과 관련된 쟁점이 아니라 실질과세원칙의 적용에 관한 쟁점에 속한다. 사법 상 법인격부인론이 세법에 준용되는지 여부와 관련된 논의는 조세회피행위에 대한 실질과세원칙의 적용효과를 '거래를 재구성하는 것'으로 한정하는 견해에서 비롯된 것에 불과하다. 판례는 법인제도를 남용하였는지 여부를 기준으로 하여 일정한 조건하에 법인격을 무시할 수 있다는 판시를 한다. 즉 "회사가 외형 상으로는 법인의 형식을 갖추고 있으나 법인의 형태를 빌리고 있는 것에 지나지 아니하고 실질적으로는 완전히 그

275) *Gregory v. Helvering*, 293 U.S. 465, 469 (1935).

법인격의 배후에 있는 사람의 개인기업에 불과하거나, 그것이 배후자에 대한 법률적용을 회피하기 위한 수단으로 함부로 이용되는 경우에는, 비록 외견상으로는 회사의 행위라 할지라도 회사와 그 배후자가 별개의 인격체임을 내세워 회사에게만 그로 인한 법적 효과가 귀속됨을 주장하면서 배후자의 책임을 부정하는 것은 신의성실의 원칙에 위배되는 법인격의 남용으로서 심히 정의와 형평에 반하여 허용될 수 없고, 따라서 회사는 물론 그 배후자인 타인에 대하여도 회사의 행위에 관한 책임을 물을 수 있다고 보아야 한다. 여기서 회사가 그 법인격의 배후에 있는 사람의 개인 기업에 불과하다고 보려면, 원칙적으로 문제가 되고 있는 법률행위나 사실행위를 한 시점을 기준으로 하여, 회사와 배후자 사이에 재산과 업무가 구분이 어려울 정도로 혼용되었는지 여부, 주주총회나 이사회를 개최하지 않는 등 법률이나 정관에 규정된 의사결정절차를 밟지 않았는지 여부, 회사 자본의 부실 정도, 영업의 규모 및 직원의 수 등에 비추어 볼 때, 회사가 이름뿐이고 실질적으로는 개인 영업에 지나지 않는 상태로 될 정도로 형해화되어야 한다. 또한, 위와 같이 법인격이 형해화될 정도에 이르지 않더라도 회사의 배후에 있는 자가 회사의 법인격을 남용한 경우, 회사는 물론 그 배후자에 대하여도 회사의 행위에 관한 책임을 물을 수 있으나, 이 경우 채무면탈 등의 남용행위를 한 시점을 기준으로 하여, 회사의 배후에 있는 사람이 회사를 자기 마음대로 이용할 수 있는 지배적 지위에 있고, 그와 같은 지위를 이용하여 법인 제도를 남용하는 행위를 할 것이 요구되며, 위와 같이 배후자가 법인 제도를 남용하였는지 여부는 앞서 본 법인격 형해화의 정도 및 거래상대방의 인식이나 신뢰 등 제반 사정을 종합적으로 고려하여 개별적으로 판단하여야 한다"고 판시한다.[276] 위 판례상 법인제도를 남용하였다는 표현은 '법인의 법인격을 납세자가 의도하는 조세 상 최종결과를 얻기 위하여 작위적으로 만든 도구 또는 장치로서 이용한 것'을 뜻하는 것으로 이해한다. 다만 위 판례가 법인격 남용을 인정하기 위한 조건을 사법 상 법인격부인론에 근거하여서만 설시하는 점에는 동의하지 않는다.

민사법 상 가장행위와 실질과세원칙의 관계에 대하여 살피기 이전에, 먼저 **'이미 과세요건을 충족한 사실의 전부 또는 일부를 은닉하기 위한 가장 또는 은폐행위를 하는 경우'** 및 **'비록 사법 상 무효인 거래라고 하더라도 그로 인하여 과세요건이 충족되지 않는 것과 같은 외관을 형성하고 있는 경우'**에도 실질과세원칙을 적용할 수 있는지 여부에 대하여 본다. 이하 위 두 경우를 **'세법 상 가장행위'**라고 한다.

276) 대법원 2008.9.11. 2007다90982.

과세대상의 실질에 대하여 규정하는 국세기본법 제14조 제1항은 '귀속이 명의일 뿐이고 사실상 귀속되는 자가 따로 있다는 점'을 요건으로 하고 있고 과세표준 계산의 실질에 대하여 규정하는 동조 제2항은 '거래 등 명칭이나 형식에 관계없는 실질이 존재한다는 점'을 요건으로 하고 있다. 위 적용요건들 상 **'명의 상 귀속' 및 '실질에 어긋나는 거래 등의 명칭 또는 형식'의 범주에 '사법 상 유효한 거래를 통하여 과세요건 자체의 충족을 회피하려는 경우'만을 포함시키고, 세법 상 가장행위는 배제된다고 할 수 있는가?** 그러한 근거는 없다고 판단된다. 오히려 국세기본법 제14조에는 사실상 귀속자에 대하여 또는 해당 거래 등의 실질에 따라 과세한다는 요건이 있을 뿐이므로, 세법 상 가장행위의 효력을 부인하거나 그 외관을 걷어 내고 세법을 적용하는 것 역시 '사실상 귀속자에 대하여 또는 거래의 실질에 따라 과세하는 범주'에 포함된다고 보는 것이 타당하다. 한편 위 적용요건들 상 '명의 상 귀속' 및 '실질에 어긋나는 거래 등'이 사법 상 유효하여야 한다는 요건 역시 없으므로, 세법 상 실질과세원칙의 적용요건으로서 '명의 상 귀속' 및 '실질에 어긋나는 거래 등'이 사법 상 유효한지 여부를 검토할 필요 역시 없다고 본다. 또한 사법 상 무효라고 할지라도 그 자체로 세법 상 모두 무시되는 것은 아니기 때문에 사법 상 무효인 거래라고 할지라도 세법 상 이를 무시하고 그 실질에 따라 과세할 필요가 있다. 따라서 굳이 사법 상 무효인 거래를 위 실질과세원칙의 각 적용요건에서 제외시킬 필요가 없다.

이상의 내용을 정리하면 다음과 같다. **실질과세원칙의 적용범위를 조세회피행위에 한정할 이유가 없고 세법 상 가장행위에도 실질과세원칙이 적용되어야 한다. 해당 거래 등이 사법 상 유효한지 여부는 실질과세원칙의 적용 여부에 대한 기준이 될 수 없으며, 단지 해당 거래의 형식이 실질에 어긋나는 외관으로서 기능하는지 여부만이 기준이 될 수 있다. 즉 사법 상 무효인 행위 역시 해당 거래의 실질에 어긋나는 외관으로서 기능할 수 있으므로 이에 대하여서도 실질과세원칙이 적용되어야 한다.**

이어서 **실질과세원칙의 적용효과에 대하여 본다.** 국세기본법 제14조 제1항과 제2항은 실질과세원칙을 적용하는 경우에는 해당 거래를 재구성하여 과세할 수 있을 뿐이라고 규정하지는 않는다. 또한 해당 거래 등을 무시하는 것 역시 조세회피행위 등에 대한 효과적인 대응수단이 될 수 있다. 따라서 세법 상 특정 거래 등을 무시하는 효과를 부여하지 못할 이유가 없다. 즉 국세기본법 제1항 및 제2항은 세법 상 특정 거래 등을 무시할 수 있는 근거규정 역시 될 수 있다. 그렇다면 기왕의 세법 상 가장행위에 대한 이론을 재구성할 필요가 있다.

세법 상 민사법 상 가장행위와 같이 사법 상 효력이 없는 경우만을 무시할 수 있는 것이 아니기 때문이다. 그렇다면 **세법 상 가장행위로서 무시할 수 있는 경우에 해당하는지 여부를 결정할 수 있는 기준은 무엇인가?** 세법 상 '무시되는' 가장거래에 해당하는지 여부는 해당 행위 또는 거래가 사법 상 유효인지 여부와 무관하게, 해당 행위 또는 거래 등이 납세자가 의도하는 조세 상 최종결과를 얻기 위하여 작위적으로 만든 도구(device) 또는 장치(contrivance)에 불과한 것인지 여부를 기준으로 결정하는 것이 타당하다. 이와 같이 해석하는 것이 국세기본법 제14조의 취지에 부합하기 때문이다.

그렇다면 **국세기본법 제14조의 실질과세원칙은 세법 상 가장행위**(sham transaction)**를 부인하는 기능과 조세회피행위를 부인하고 해당 거래를 재구성**(recharacterization)**하는 기능 모두를 수행하는 것으로 이해하여야 한다.** 미국의 경우에도 실질과세원칙(substance over form)이 위 각 기능을 모두 수행하는 것으로 본다.[277)]

위 '사실인정에 의한 부인'에 의하여 세법 상 가장행위이론을 설명하는 견해에 있어서 '사실인정에 의한 부인'의 경우 역시 세법 상 가장행위에 해당하는 것으로 보인다. 즉 민사법 상 가장행위는 '사실인정에 의한 부인'을 통하여 세법 상으로 무시할 수 있는 것이 아니라 실질과세원칙이 적용되는 세법 상 가장행위로서 무시될 수 있는 것이다.

이하 **종전 '사실인정에 의한 부인'의 예와 관련된 판례 중 일부에 대하여 살핀다.**

매도인이 건설회사가 아파트건축을 위하여 토지를 매수한다는 사실을 알면서도 법인 앞으로 양도하게 되면 실지거래가액에 따른 양도소득세를 부담하게 된다는 이유로 회사의 대표이사 개인 명의로의 양도를 고집하여 그와 같은 내용의 계약서를 작성하고 대표이사 개인 앞으로 소유권이전등기를 경료하였다가 후에 회사 앞으로 소유권이전등기를 경료한 경우, 매도인과 대표이사 개인 간에 체결된 계약과 그로 인한 소유권이전등기는 회사가 부동산을 실질적으로 매수함에 있어 매도인이 양도소득세의 중과를 피할 목적에서 대표이사 개인 명의를 중간에 개입시킨 가장매매행위이므로 매도인이 법인에게 부동산을 양도한 것이다.[278)] 즉 판례는 납세자들이 공모하여 양도소득세의 중과를 피할 목적에서 중간거래를 작위적인 도구 또는 장치로서 이용한 것으로 보아 해당 거래를 무시한 것으로 보인다.

한편 중간에 개입된 거래를 가장행위가 아니라고 한 판례 역시 있다. 즉 원고와 갑이 서

277) Allen D. Madison, *op cit.*, at 717.
278) 대법원 1991.12.13. 91누7170.

로의 토지를 교환하고 각자 교환취득한 토지를 다시 을 은행에 양도한 것이 과중한 양도소득세의 부담을 회피하기 위한 행위라 해도 위와 같은 토지 교환행위는 가장행위에 해당한다는 등 특별한 사정이 없는 이상 유효하다고 보아야 할 것이므로 이를 부인하기 위하여는 권력의 자의로부터 납세자를 보호하기 위한 조세법률주의의 법적 안정성 또는 예측가능성의 요청에 비추어 법률 상 구체적인 근거가 필요하다 할 것인 바, 이를 부인하게 된 구체적인 법률 상 근거를 심리도 하지 아니한 채 원고와 갑이 서로의 토지를 교환하고 각자 교환취득한 토지를 다시 을 은행에 양도한 일련의 과정을 실질적으로는 원고가 교환 전의 소유토지를 을 은행에 양도한 것으로 본 원심판결은 조세법률주의 내지 실질과세의 원칙에 관한 법리오해 또는 심리미진의 위법을 저지른 것이다.[279] 이 판례는 중간거래를 무시하고 하나의 거래로서 의제하기 위하여서는 은행과의 공모 역시 필요한 것이나 위 거래에는 은행과의 공모가 없어서 전체 거래를 하나의 거래로 의제할 수 없다는 판단을 한 것으로 보인다. 그러나 민사법 상 가장행위에 해당하기 위하여서는 최종 양수인인 은행과의 공모가 필요하다고 하여야 할 것이지만, 납세자인 원고와 갑이 자신들의 양도소득세의 중과를 피할 목적에서 위 교환거래를 작위적인 도구 또는 장치로서 이용하였는지 여부의 관점에서 본다면 반드시 위 은행이 공모할 필요는 없다고 판단한다.

(나) 실질과세원칙 상 '실질'의 의미

실질과세의 원칙에서의 '실질'에 대해서 법적 실질을 의미하는 것인가 아니면 경제적 실질을 의미하는 것인가에 대한 논의의 대립이 있다. 전자의 경우 법적 실질이란 민법 또는 상법 등 사법 상의 실질을 의미한다고 한다. 즉 이 경우 **법적 실질**은 '과세의 대상이 되는 소득, 수익, 재산, 행위 또는 거래가 법적으로 누구에게 귀속되는지 여부 및 위 소득, 수익, 재산, 행위 또는 거래에 대한 사실관계가 어느 법형식에 가장 부합되는지 여부'를 의미하는 것으로 보인다. 반면 후자는 **경제적 실질**이란 민법 또는 상법 등 사법 상의 형식과는 별개로 세법 상 경제적 실질을 의미하는 것으로 보는 입장이다.

국세기본법 제14조 제3항은 '경제적 실질 내용에 따라'라는 문언을 사용하여 단일거래가 아닌 다단계 거래의 경우에 있어서 경제적 실질에 따라 실질과세원칙을 적용한다고 규정하는 바, 그렇다면 동조 제1항 및 제2항의 단일거래에 있어서도 경제적 실질에 따라 실질과세원칙을 적용하는 것이 타당하다. 국세기본법 제14조 제3항의 "제3자를 통한 간접적인 방법

279) 대법원 1991.5.14. 90누3027.

이나 둘 이상의 행위 또는 거래"의 경우가 단일 거래의 경우보다 납세자가 선택한 법형식을 무시하고 재구성하는 것 등이 보다 어려울 뿐만 아니라 경제적 실질에 따라 실질과세원칙을 적용하는 범위 역시 법적 실질을 따르는 경우에 비하여 보다 넓은 것이라는 점을 감안하여야 하기 때문이다. 또한 단일거래에 대하여서는 법적 실질설을 따르고 단계거래에 대하여서는 경제적 실질설을 따라야 한다는 합리적인 근거 역시 없다. 또한 최근 판례가 "실질과세원칙의 적용과 그 원인된 행위의 민사법적 구성을 반드시 연계하여 인식할 필요는 없다"고 판시하는 점[280] 역시 이를 뒷받침하는 것으로 이해한다. 결국 **국세기본법 제14조에 있어서의 실질은 경제적 실질을 의미한다.**

그렇다면 **경제적 실질을 어떻게 정의할 수 있는가?** 이와 관련하여 경제적 실질에 대해서는 나름대로 정의를 제시하는 견해들이 있다. 경제적 실질을 "경제적 성과를 가지고 있는 사실"로 정의하거나,[281] 또는 "세법의 목적에 의할 때 가장 공평한 조세분배의 기준이 되는 객관적 사실"로 정의하기도 한다.[282] 또한 실질과세의 원칙에서의 경제적 실질의 판단기준을 "정상적 경제인의 객관적 관점에서 자연스럽고 합리적인 행위"라고 하는 견해도 있다.[283] 이상의 각 정의에 따르면 실질과세의 원칙의 적용 대상이 되는 사실관계에서 납세자의 의도 자체는 배제되는 것으로 볼 수 있다.

그런데 **미국의 경우에는 실질과세의 원칙에서 실질을 판단함에 있어서 납세자에 대한 주관적인 요건과 객관적인 요건 모두를 종합적으로 판단하도록, 경제적 실질 판단 원칙에 관한 I.R.C. §7701(o)를 제정하였다.** 즉 주관적인 요건(납세자에게 조세혜택을 얻는 것과는 무관한 진정한 사업목적이 있는지 여부)과 객관적인 요건(해당 거래가 조세혜택을 누리기 위한 목적 이외의 어떠한 경제적 효과를 갖는지 여부) 모두를 판단하는 방식(the conjunctive test)을 채택하고 있다. 이외에도 단계거래원칙(step transaction doctrine)의 적용에 있어서도 주관적인 요건을 판단하는 검증(the end result test)과 객관적인 요건을 판단하는 검증(the interdependence test)이 함께 적용되는 사례 역시 많다.[284]

우리나라에서도 실질과세의 원칙의 적용 상 경제적 실질을 판단함에 있어서 주관적인 요건과 객관적인 요건을 동시에 판단하는 것이 바람직할 것으로 판단한다. 특히 최근 대법원

280) 대법원 2012.1.19. 2008두8499 전원합의체 판결 중 박병대 대법관의 보충의견.
281) 최명근, 세법학총론, 세경사, 2002, 117-118면.
282) 이동식, 일반조세법, 준커뮤니케이션즈, 2011, 162면.
283) 이태로·한만수, 전게서, 43면.
284) *Penrod v. Commissioner*, 88 T.C. 1415(1987) 등.

전원합의체 판결 역시 제반사정을 종합적으로 고려하여 판단하여야 한다는 취지의 판시를 하고 그 판시 중 "명의와 실질의 괴리가 위 규정의 적용을 회피할 목적에서 비롯된 경우"라는 문언과 "당해 주식이나 지분의 취득 경위와 목적"이라는 문언을 사용하는 바[285] 이 역시 이러한 필요성을 나타내는 것이라고 이해한다.

경제적 실질을 정의함에 앞서서 납세자는 경제적 합리성에 따라 행동한다는 가정을 먼저 세울 필요가 있다. 납세자가 경제적 이익을 얻기 위한 동기에 따라 실질적으로 활동하는 것은 납세자의 경제적 합리성에 부합하고, 경제적 이익을 얻기 위한 활동을 실질적으로 수행하지 않거나 오히려 손실을 야기하기 위하여 활동하는 것은 위 경제적 합리성에 부합하지 않는다. 경제적 실질 역시 위 경제적 합리성에 기초하여야 할 것이다. 그렇다면 **경제적 합리성에 근거한 납세자가 경제적 이익을 얻기 위하여 실질적으로 수행하는 활동은 경제적 실질에 부합하는 것으로 보아야 한다.**

납세자가 경제적 이익을 얻기 위한 동기에 따라 실질적으로 행동하는지 여부를 어떻게 인식할 수 있을까? 이는 경제적 합리성을 가진 자들이 경제적 이익을 얻기 위하여 선택하는 통상의 방식에 따라 실질적으로 활동하는지 여부를 기준으로 판단할 수밖에 없다. 위와 같은 통상의 방식에 따라 실질적으로 활동을 한다면 납세자가 경제적 이익을 얻기 위하여 해당 활동을 한 것으로 보는 것이 타당하다. 따라서 납세자가 '경제적 이익을 얻기 위한 의도에 따른 것'이라는 점을 별도로 입증할 필요는 없다. 위 통상의 방식을 따르는 것으로 족하다고 본다. 다만 납세자가 경제적 합리성을 가진 자들이 경제적 이익을 얻기 위하여 선택하는 방식이 통상의 방식에 해당하지 않는 경우에는 납세자는 자신이 선택한 방식 자체가 경제적 이익을 얻을 수 있는 가능성을 가진 합리적인 것일 뿐만 아니라 납세자 자신 역시 경제적 이익을 얻기 위한 의도에 따라 실질적으로 활동하였다는 점을 입증하여야 할 것이다. 그렇다면 **납세자의 거래형식이 경제적 이익을 얻을 수 있는 것이라는 점 외에 '경제적 이익을 얻기 위한 의도' 역시 입증하도록 하는 이유는 무엇일까?** 경제적 이익을 실제로 얻을 수 있는지 여부는 납세자가 처한 경제적 환경을 포함하는 구체적인 상황에 따라 달라지고, 서로 다른 의도에 따라 동일한 행동을 할 수 있는 여지 역시 많다는 점 등을 감안한다면, 납세자가 '경제적 이익을 얻기 위한 의도'를 자신의 영역에 속한 간접사실을 통하여 입증하도록 하는 것이 타당하기 때문이다.

---

285) 대법원 2012.1.19. 2008두8499 전원합의체 판결.

한편 미국의 경우에는 납세자의 '조세 상 효과를 제외한 **경제적 지위**(economic position)'를 의미 있게 변화시키고 해당 거래에 '조세 상 효과와 무관한 **실질적 목적**(substantial purpose)'이 존재하는 경우에만 경제적 실질이 있다고 규정한다. 따라서 미국의 경우 경제적 실질을 갖추기 위하여서는 실질적 목적과 관련된 주관적 요건과 경제적 지위의 변화에 대한 객관적 요건을 모두 충족하여야 한다. 그런데 위 주관적 요건을 일반적으로 입증하여야 하는 것은 매우 어렵다. 이러한 상황을 해결하기 위하여 **차등입증론**(sliding scale theorem)이 주장되기도 한다. 이는 법률요건이 두 가지 이상의 요소로 구성되는 경우 특히 주관적 요건과 객관적 요건의 두 가지로 구성되는 경우에 있어서 규범 상 두 요소 모두를 입증하여야 하지만 객관적 요건이 증명되는 정도에 따라 주관적 요건의 증명정도가 달라져서 두 요건의 중간에서 입증이 이루어지면 법률요건이 충족된다는 취지를 담고 있다.[286] 그러나 일반적으로 주관적 요건을 입증하도록 하는 것은 실질과세원칙의 적용에 있어서 불확실성을 가중시키는 측면이 있고 위 차등입증론 역시 하나의 요건에 대한 입증의 정도에 의존하여 다른 요건의 입증정도를 결정하는 것이나 그 입증의 정도를 정하는 것 역시 매우 어려운 것이다. 따라서 **경제적 합리성을 가진 자들이 경제적 이익을 얻기 위하여 선택하는 통상의 방식을 기준으로 하여 주관적 요건의 입증을 달리 배분하는 것이 보다 타당하다**고 판단한다.

이상의 각 사정을 종합적으로 감안하여, 경제적 실질을 다음과 같이 정의한다. 경제적 실질은 **"납세자가 일반적으로 경제적 이익을 얻기 위하여 수행하는 통상의 방식을 선택하거나 또는 경제적 이익을 얻기 위한 합리적 의도에 따라 통상의 방식과 다른 방식을 선택하여 수행하는 실질적 활동"**을 의미한다. 이러한 **경제적 실질에 대한 입증책임을 누가 부담할 것인가?** 납세자는 '경제적 이익을 얻기 위한 의도에 따른 것'이라는 점을 직접 별도로 입증할 필요는 없고, 통상의 방식을 따르고 있다는 점 자체로 '경제적 이익을 얻기 위한 의도에 따른 것'이라는 점이 추정된다고 본다. 과세관청은 '납세자가 선택한 법형식이 통상의 방식을 따르는 것이 아니라는 점' 또는 '납세자가 경제적인 이익을 얻기 위한 실질적인 활동을 수행하지 않는다는 점'에 대하여 입증책임을 부담하고, '통상의 방식과 다른 방식을 선택하였다고 하더라도 해당 방식 역시 경제적 이익을 얻기 위한 합리적 의도에 따라 이루어진 것이라는 점'에 대하여서는 납세자가 입증책임을 부담한다고 해석하는 것이 타당하다.

286) Frederic L. Kirgis, *Fuzzy Logic and The Sliding Scale Theorem*, 53 「Ala. L. Rev.」 421, at 422-423.

(다) 부당한 조세부담 감소의 의미

납세자가 선택한 법형식에 경제적 실질이 없으면 실질과세원칙이 바로 적용되는 것인가? 그럴 수 없다. 조세법이 납세자의 모든 사법관계에 개입할 수는 없는 것이고 실질과세원칙이 조세부담의 감소와 관련된 경우에만 적용된다고 해석하는 것이 타당하기 때문이다. 판례 역시 납세의무자가 경제활동을 할 때 동일한 경제적 목적을 달성하기 위하여 여러 가지의 법률관계 중 하나를 선택할 수 있으므로, 과세관청으로서는 특별한 사정이 없는 한 당사자들이 선택한 법률관계를 존중하여야 한다고 판시한다.[287] 또한 납세자의 경제적 합리성을 감안한다면 납세자가 조세부담을 감소하기 위하여 행동한다는 점 자체가 부당한 것은 아니라고 보아야 한다. 따라서 조세부담의 감소 중에서 부당한 조세의 감소에 해당하는 부분에 한하여 실질과세원칙이 적용되어야 한다. 판례 역시 조세회피의 목적이 없는 거래에 실질과세원칙을 적용할 수는 없다고 한다. 납세의무자가 자신의 지배・관리 아래에 있는 양도인과 양수인을 거래당사자로 내세워 양도거래를 하였으나 납세의무자 대신 양도인을 내세운 것만이 조세회피의 목적에서 비롯된 것일 뿐 양도거래에서 양수인을 내세운 것에는 아무런 조세회피의 목적이 없는 경우와 관련하여, 양도와 양수의 주체 모두에 관하여 명의와 실질에 괴리가 있는 것처럼 보이더라도 납세의무자 대신 양도인을 내세운 것만이 조세회피의 목적에서 비롯된 것일 뿐 양도거래에서 양수인을 내세운 것에는 아무런 조세회피의 목적이 없다면 특별한 사정이 없는 한 양도의 사법 상 효과를 양수인에게 귀속시키는 것까지 부인할 것은 아니므로, 이러한 경우에는 실질과세의 원칙에 따라 과세 상 의미를 갖지 않는 양도인과 양수인 간의 양도거래를 제외하고 납세의무자와 양수인 간에 직접 양도거래가 이루어진 것으로 보아 과세할 수 있다고 판시한다.[288] 이러한 이치는 위 거래 이후 납세의무자가 조세회피의 목적에서 동일한 양수인을 형식 상의 거래당사자로 내세워 제3자와 새로운 양도거래를 한 경우 새로운 양도거래의 실질귀속자를 납세의무자로 보아야 한다고 하더라도 그대로 적용되는 것이므로, 후속거래로 인하여 당초의 양도거래가 자산의 이전이 없는 명목상의 양도가 되는 것은 아니다.[289]

같은 취지의 다음 판례 역시 있다. 재산의 귀속명의자는 지배・관리할 능력이 없고 명의

287) 대법원 2012.1.19. 2008두8499 전원합의체 판결; 대법원 2019.1.31. 2018두57452; 대법원 2023.11.30. 2020두37857.

288) 대법원 2015.7.23. 2013두21373.

289) 대법원 2015.7.23. 2013두21373.

자에 대한 지배권 등을 통하여 실질적으로 지배·관리하는 사람이 따로 있으며 명의와 실질의 괴리가 조세를 회피할 목적에서 비롯된 경우에는, 실질과세원칙에 따라 재산에 관한 소득은 재산을 실질적으로 지배·관리하는 사람에게 귀속된 것으로 보아 그를 납세의무자로 삼아야 한다.[290] **외국증권업자가 유동성 공급자로서 발행사로부터 주식 워런트 증권(ELW; Equity Linked Warrant)을 발행가격에 인수하여 투자자들에게 주식 워런트 증권을 매도하고, 발행사에게 해당 주식 워런트 증권과 상품내용이 동일한 장외파생상품을 매도하는 방법을 선택하는 거래**를 통하여 기초자산 가격의 등락에 따른 이익의 실현가능성은 유동성 공급자에게 이전되지만, 발행사는 주식 워런트 증권 발행에 따른 확정적인 수수료를 받고 기초자산 가격의 하락으로 손실을 입을 위험이 없어지는 거래는 경제적 합리성을 가진 거래이며, 이로 인하여 유동성 공급자가 주식 워런트 증권을 인수하여 매도한 사업연도에는 처분손실만이 반영되고 아직 실현되지 않은 평가손익은 인정받지 못하게 되는 결과가 발생한다고 하더라도 이를 부당하다고 볼 수 없다.[291] 당사자들이 위험을 회피하기 위하여 체결하는 헷징 거래에 대하여 경제적 합리성을 인정하는 의미 있는 판결로 판단한다. 위 판시내용이 다른 금융거래뿐만 아니라 비교적 복잡한 구조를 가진 상업거래에 대하여서도 적용될 수 있을 것으로 본다. **갑 주식회사와 캐나다 소재 을 법인이 합작투자계약 체결에 따라 내국법인인 병 주식회사를 설립한 후, 출자양도계약에 따라 갑 회사가 네트워크 사업부문 전부를 병 회사에 현물출자 방식으로 사업을 양도하여 대가로 병 회사의 주식 등을 지급받았고, 또한 갑 회사와 을 법인은 우선주약정을 체결하였는데, 이후 우선주약정에 따라 병 회사가 지급한 우선주 감자대금을 갑 회사가 자본감소에 따른 의제배당액으로 보아 법인세 신고 시 법인주주의 수입배당금 중 일정액을 익금불산입하도록 하는 규정을 적용한 거래**와 관련하여, 위 우선주 감자대금은 우선주약정에서 정한 우선주 유상감자의 조건을 충족하여 지급되었고, 우선주약정은 합자투자계약 등과 별도로 체결된 것으로서 우선주 유상감자 조건에 충족하는지는 출자양도계약에서 정한 사업양도대금의 내용이나 효력에 영향을 미치지 않는 점, 합자투자계약에 따라 자회사인 병 회사를 통하여 국내에 네트워크 사업을 영위하게 된 을 법인으로서는 국내 네트워크 사업이 안정적으로 경영성과를 낼 수 있도록 갑 회사에 경제적 유인을 제공하여 사업양도 이후에도 네트워크 사업에 적극

290) 대법원 2015.11.26. 2014두335.
291) 대법원 2017.3.22. 2016두51511.

적으로 협력하게 할 필요가 있어 우선주약정을 체결한 것으로 보이고, 달리 우선주약정이 실질과 괴리되는 비합리적인 형식이나 외관을 취하였다고 볼 만한 사정은 찾기 어려운 점, 실제로 병 회사는 국내 매출액이 우선주약정에서 정한 기준 목표액을 초과하는 경영성과를 달성하였는데, 이에 비추어 보아도 우선주약정 체결에는 뚜렷한 사업목적이 인정되고, 조세회피목적에서 비롯한 것으로 보기는 어려운 점 등을 종합하면, 위 우선주 감자대금은 수입배당금에 해당한다.[292)]

그렇다면 **조세부담 감소의 부당함은 어디에서 기원하는 것인가?** 당연히 부담하여야 할 조세를 납세자가 인위적으로 감소시켰을 경우에 한하여 그 부당함이 문제될 수 있다. 이러한 당위적인 조세부담이 전제가 되지 않는 이상, 조세부담의 감소는 납세자의 경제적 합리성에 부합하는 것으로 보아야 한다. 그런데 위 당위적인 조세부담의 준거점은 조세평등주의에서 찾아야 한다. 조세평등주의에 의하면 동일한 경제적 실질을 갖는 납세자들은 동일한 조세를 부담하도록 해야 한다. 따라서 만약 특정 납세자가 통상적이지 않은 방식 또는 자신의 경제적 실질을 가장 또는 은폐하는 방식을 선택하여 동일한 경제적 실질을 갖는 다른 납세자에 비하여 조세를 적게 부담한다면 조세평등주의에 기하여 이를 시정하여야 한다. 다만 이러한 조세평등주의에 따른 요청이 납세자의 합리적인 경제활동의 자유를 억제하는 방식으로 적용되는 것은 타당하지 않다. 따라서 납세자가 선택한 방식이 통상의 방식에 해당하지 않더라도 나름의 경제적 합리성을 갖는다면 설사 이로 인하여 조세부담이 감소된다고 하더라도 해당 행위를 부인하거나 재구성하는 것은 타당하지 않다. 즉 통상적이지 않은 거래방식의 선택과 관련하여 납세자에게 조세부담의 감소와 전혀 무관한 경제적 합리성이 있을 것을 요구하는 것은 타당하지 않고 경제적 합리성이 해당 거래의 주된 동기들 중 하나를 구성한다면, 해당 행위를 부인하거나 재구성할 수 없는 것으로 보아야 한다. 이는 자유와 평등의 가치가 충돌하는 경우 이를 조정하기 위한 것이며 평등은 자유를 실현하기 위한 조건으로서 기능한다는 점을 감안한 것이다. 만약 조세평등주의를 납세자의 경제적 활동의 자유에 비하여 우선시킨다면 납세자들은 자신이 선택한 방식이 경제적 합리성을 갖는다고 하더라도 동일한 경제적 실질을 가지는 다른 납세자의 조세부담과 비교하여 경제적 의사결정을 하여야 하며 그 조세부담이 보다 적을 수 있다면 해당 방식을 포기하여야 한다. 이는 조세가 경제활동과 관련된 자유 등 기본권을 보장하고 실질적인 자유와 평등

292) 대법원 2023.11.30. 2020두37857.

을 실현하기 위한 재원을 조달할 목적으로 부과되는 것이라는 점과도 상충되고 "대한민국의 경제질서는 개인과 기업의 경제상의 자유와 창의를 존중함을 기본으로 한다"는 헌법규정(헌법 119조 1항)에도 어긋난다.

한편 호주의 경우에는 납세자가 단 하나의 거래방식을 취할 수밖에 없다면 조세회피가 성립할 수 없고 둘 이상의 거래방식을 취할 수 있다면 납세자는 보다 조세부담이 적은 거래방식을 취할 수 있고 여기에는 실질과세원칙이 적용되지 않는다는 선택의 법리(the doctrine of choice)를 적용하는 판례들이 있다. 그러나 이러한 법리는 타당하지 못한 측면이 있다. 실질과세원칙 역시 납세자가 여러 거래방식 중 하나를 선택할 수 있는 상황에서 문제가 되는 것이므로 선택의 법리가 적용되는 경우와 그 적용을 위한 전제조건이 동일하다. 따라서 실질과세원칙을 적용하기 위한 전제조건이 충족되는 경우에는 오히려 선택의 법리가 적용되어 실질과세원칙이 적용될 여지가 없어지는 결과가 발생한다.[293] 두 원칙 모두 동일한 전제조건을 충족하는 경우에 적용되나 그 전제조건이 충족된 이후에는 어느 한 원칙이 우선하여 적용될 수밖에 없는 것이라면 이는 단순하게 다른 원칙을 적용하지 않겠다고 하는 것과 동일하기 때문에 선택의 법리를 통하여 실질과세원칙의 적용 여부를 결정하는 것은 의미가 없다.

결국 **부당한 조세부담의 감소는 특정 납세자가 통상적이지 않은 방식 또는 자신의 경제적 실질을 가장 또는 은폐하는 방식을 선택하여 동일한 경제적 실질을 갖는 다른 납세자에 비하여 조세를 보다 적게 부담하는 것을 의미하나, 납세자가 선택한 방식 자체에 나름의 경제적 합리성이 있다면 이는 부당한 조세부담의 감소에서 제외되어야 한다.**

(라) 국세기본법 제14조 제3항 '세법 상 부당한 혜택을 얻기 위한 거래'의 의미

국세기본법 제14조 제1항 및 제2항의 경우에도 부당한 조세부담의 감소가 있을 경우에 한하여 적용되어야 할 것이나 이러한 점이 위 조문들에 명시적으로 나타나지는 않는다. 그러나 동조 제3항에는 '**이 법 또는 세법의 혜택을 부당하게 받기 위한 것으로 인정되는 경우**'라는 문언이 추가되어 있다. 따라서 위 문언이 실질과세원칙이 적용되는 경우 전체에 대하여 적용되는 것인지 아니면 위 제3항의 경우에 있어서만 특별하게 적용되는 것인지 여부가 문제로 된다.

법문언의 형식 상으로는 두 가지 해석 모두 가능할 것으로 보이므로, 문언해석을 통하여서는 위 쟁점을 해결할 수 없다. 먼저 위 제3항의 적용대상이 위 제1항 및 제2항의 적용대

293) Monica Bhandari (eds), Philosophical Foundations of Tax Law, Oxford University Press, 2017, pp.90-92.

상과 다른 경제적 실질을 갖는지 여부를 본다. 만약 구별되는 경제적 실질을 가지고 있다면 그것이 반영될 수 있도록 위 제3항의 문언을 해석하는 것이 타당할 것이다. 위 제3항은 '제3자를 통한 간접적인 방법이나 둘 이상의 행위 또는 거래'를 '당사자가 직접 거래를 한 것으로 보거나 연속된 하나의 행위 또는 거래를 한 것'으로 보기 위한 요건으로서, '이 법 또는 세법의 혜택을 부당하게 받기 위한 것으로 인정되는 경우'를 규정하고 있다. 이는 위 제1항 및 제2항이 적용되는 국면과는 다른 것이다. 제3항의 경우 역시 개념 상 과세대상 귀속의 실질 또는 과세표준 계산의 실질에 따른 과세로 포섭될 수 있는 것이므로 위 제1항 및 제2항과 동일한 내용을 담고 있는 것이라면 별도로 규정할 필요가 없고 또한 동일한 내용을 담고 있는 것으로 해석할 실익 역시 없기 때문이다. 그렇다면 위 제3항의 '이 법 또는 세법의 혜택을 부당하게 받기 위한 것으로 인정되는 경우'라는 문언이 위 제1항 및 제2항의 경우와 다른 특별한 의미를 담고 있는 것으로 해석하는 것이 타당하다. 즉, 위 문언은 복수의 거래를 단일거래로 통합하기 위한 요건을 의미하는 것이라고 이해하는 것이 타당하다. 판례 역시 납세의무자는 경제활동을 할 때에 동일한 경제적 목적을 달성하기 위하여 여러 가지의 법률관계 중의 하나를 선택할 수 있고 과세관청으로서는 특별한 사정이 없는 한 당사자들이 선택한 법률관계를 존중하여야 하며, 또한 여러 단계의 거래를 거친 후의 결과에는 손실 등의 위험 부담에 대한 보상뿐 아니라 외부적인 요인이나 행위 등이 개입되어 있을 수 있으므로, 여러 단계의 거래를 거친 후의 결과만을 가지고 그 실질이 하나의 행위 또는 거래라고 쉽게 단정하여 과세대상으로 삼아서는 아니 된다고 판시한다.[294] 이러한 해석에 따른다면, 단계거래의 경우에는 위 제3항을 통하여 해당 거래를 직접 거래한 것으로 보거나 연속된 하나의 행위 또는 거래를 한 것으로 재구성한 이후에야 비로소 해당 행위 또는 거래에 대하여 위 제1항 또는 제2항이 적용될지 여부를 결정할 수 있을 것이다. 또한 **판례는 '직접 거래한 것으로 보거나 연속된 하나의 행위 또는 거래를 한 것으로 재구성할 수 있는 요건'에 관하여 다음과 같이 판시한다.** 거래 등의 실질에 따라 과세하기 위해서는 납세의무자가 선택한 행위 또는 거래의 형식이나 과정이 처음부터 조세회피의 목적을 이루기 위한 수단에 불과하여 그 실질이 직접 거래를 하거나 연속된 하나의 행위 또는 거래를 한 것과 동일하게 평가될 수 있어야 하는바, 이는 당사자가 그와 같은 형식을 취한 목적, 제3자를 개입시키거나 단계별 과정을 거친 경위, 그와 같은 방식을 취한 데에 조세 부담의 경감 외

294) 대법원 2017.12.22. 2017두57516.

에 사업상의 필요 등 다른 합리적 이유가 있는지 여부, 각각의 행위 또는 거래 사이의 시간적 간격 및 그와 같은 형식을 취한 데 따른 손실과 위험부담의 가능성 등 제반 사정을 종합하여 판단하여야 한다.[295] **다음 사실관계는 거래의 실질에 따라 하나의 행위 또는 거래로 재구성할 수 있는 예에 해당한다.**[296] 갑 주식회사가 부동산 양도로 받은 계약금과 중도금을 '갑 회사의 일부를 인적분할 방식으로 설립한 회사'에 이전하고 위 계약금과 중도금 관련 유동부채를 포함한 분할 전 갑 회사가 보유하던 부채 전부를 보유한 상태에서, 갑 회사의 주주들이 을 주식회사 주식을 전부 인수한 후 갑 회사를 을 회사에 흡수합병하였다. 을 회사는 합병 당시 위 부동산을 시가로 평가하여 승계하고 위 부동산을 매수자에 이전하여 매매잔금을 받은 후 양도금액을 익금에 산입하고 합병 당시 시가로 평가된 양도 당시 장부가액을 손금에 산입하여 법인세를 신고・납부하였다. 관할 세무서장은 갑 회사가 분할과 합병을 통해 손금에 산입할 위 부동산의 장부가액을 높이는 등의 방법으로 위 부동산의 양도에 따른 법인세를 부당하게 회피하였다고 보아, 위 각 거래를 실질에 따라 재구성할 수 있음을 전제로 위 부동산의 장부가액을 분할 전 갑 회사의 장부가액으로 보고, 을 회사에 법인세를 경정・고지하였다. 이 거래들은 갑 회사의 주주들이 위 부동산의 양도에 따라 갑 회사가 부담할 법인세를 줄이는 방안을 찾던 중 갑 회사와 사업 목적도 다른 을 회사를 인수하여 분할과 합병으로 법인세를 대폭 줄인 것으로, 위 분할과 합병에 법인세 회피의 목적 외 사업상의 필요 등 다른 합리적인 이유가 있다고 보기 어렵고, 여기에 위 부동산의 양도와 이러한 분할과 합병의 시간적 간격 등 제반 사정까지 더하면 위 각 거래들을 그 실질에 따라 재구성할 수 있고 이러한 분할과 합병은 조세회피행위에 해당한다.

한편 납세자가 단일의 거래를 하였다고 할지라도 과세관청이 이에 대하여 실질과세원칙을 근거로 복수의 거래로 재구성할 수 있는가? 이 쟁점은 국세기본법 제14조 제3항의 해석과 관련되어 있다. 만약 국세기본법 제1항 및 제2항을 적용하여 과세관청이 단일거래를 복수거래로 재구성할 수 있다면 위 제3항은 복수거래를 단일거래로 의제하는 국면에만 적용된다고 해석하여야 한다. 그렇다면 위 제3항을 별도로 규정할 규범적 의의가 없다. 그 논리에 따르면 복수거래를 단일거래로 통합하는 것 역시 위 제1항 및 제2항의 적용을 통하여 제한 없이 가능할 것이기 때문이다. 따라서 위 제3항을 실질과세원칙의 적용방향에 대하여

295) 대법원 2017.2.15. 2015두46963; 대법원 2022.8.25. 2017두41313.
296) 대법원 2022.8.25. 2017두41313.

규정하는 것으로 해석하는 것이 타당하다. 즉 위 제3항은 실질과세원칙을 적용함에 있어서 납세자가 실제로 한 여러 거래를 단일의 거래로 통합하는 것은 가능하나 납세자가 단일의 거래를 하였음에도 이를 납세자가 실제 하지 않았던 여러 거래로 분할하여 과세하는 것은 허용되지 않는다는 원칙을 규정하는 것이다. 만약 납세자의 단일거래를 복수의 거래로 분할하기 위하여서는 별도의 개별적이고도 구체적인 부인규정이 있어야 할 것이다. 미국 역시 후술하는 바와 같이 납세자가 한 단일거래를 복수의 거래로 분할하는 것은 허용하지 않는다. 또한 이상과 같은 맥락에서 당사자들이 거래한 단일 가격을 특별한 사정이 없는 한 그 가격의 구성요소별로 구분하여 각 구성요소를 대상으로 시가에 적합한지 여부를 판정하는 것 역시 허용될 수 없다.

미국의 경우에는 판례를 통하여 단계거래원칙(step transaction doctrine)**을 적용하여 해당 거래를 직접 거래를 한 것으로 보거나 연속된 하나의 행위 또는 거래를 한 것으로 보기 위한 별도의 기준을 발전시켜 왔는 바, 이는 우리의 해석에도 참고가 될 수 있다.** 따라서 이하 미국의 단계거래원칙에 대하여 본다.[297)]

단계거래원칙은 실질에 있어서 각 단계거래들이 통합되고 상호의존적이며 특정결과를 향하여 집중되어 있다면 설사 형식 상으로는 별개인 거래들이라고 하더라도 이들을 하나의 거래로 취급한다.[298)] 단계거래원칙이 복수의 단계거래들을 단일거래로 통합하기 위하여 사용된다고 하더라도, 이 원칙이 실제 발생한 적이 없는 새로운 거래를 만들어내기 위하여 적용되지는 않는다.[299)] 따라서 납세자가 어느 과세요건에 상응한 단일거래를 하였음에도 불구하고 과세관청이 이를 복수의 거래로 재구성할 수는 없다.[300)] 법원은 잉여거래들(superfluous steps)이 추가됨으로 인하여 조세부담이 증가하는 경우에는 단계거래원칙을 적용하지 않는다. 즉 납세자가 잉여거래를 추가하는 것을 포함하여 해당 거래들의 형식을 완전하게 지배하고 있으므로 납세자는 자신이 선택한 형식에 의하여 발생하는 결과들을 감당하여야 한다.[301)]

법원은 단계거래원칙을 언제 적용할 것인지와 관련하여 구속적 약정 기준(binding commitment

297) 졸고, *영리법인을 이용한 증여와 실질과세*, 「조세법연구」 제20권 제2호, 2014, 373-375면 참조.
298) *Long-Term Capital Mgmt. v. United States*, 150 Fed. Appx. 40 (2d Cir. 2005).
299) *Grove v. Comm'r*, 490 F.2d 241, 247(2nd Cir. 1973), aff'g TC Memo. 1972-98 ; *Sheppard v. United States*, 361 F.2d 972, 978 (Ct. Cl. 1966) ; *Esmark, Inc. v. Comm'r*, 90 T.C. 171 (1988).
300) 같은 취지 : 임승순, 전게서, 81-82면.
301) *Brown v. United States*, 329 F.3d 664, 676 (9th Cir. 2003).

test), 최종 결과 기준(end result test) 및 상호 의존성 기준(mutual interdependence test)을 발전시켰다. 위 각 기준들은 상호 배제적이지 않고 위 기준들 중 어느 하나를 충족하는 거래에 대하여서는 단계거래원칙이 적용될 수 있다.[302)]

구속적 약정 기준(binding commitment test)에 대하여 본다. 이 기준은 *Comm'r v. Gordon* 사건에서 처음으로 적용되었다.[303)] 이 기준은 처음 거래를 시작할 당시 이미 그 이후 단계의 거래를 수행하여야 하는 약정이 있는 경우에 적용되고, 이 기준을 적용함에 있어서 납세자의 의도를 분석할 필요는 없다.[304)]

최종 결과 기준(end result test)에 대하여 본다. 이 기준은 각 단계거래들이 최종결과를 얻기 위하여 처음부터 의도된 하나의 거래의 일부로서 미리 예정되어 있는 경우에 적용된다.[305)] 이 기준을 적용함에 있어서는 초기 단계거래들을 행할 당시 당사자들의 의도가 핵심요소이다.[306)] 당사자들의 의도를 분석함에 있어서 납세자가 조세를 회피할 의도가 있었는지 여부는 그 대상이 아니다.[307)] 세금을 줄이거나 회피하려는 동기들은 허용될 수 있는 것이고 그 자체를 이유로 어느 거래의 효력을 부인하지는 않는다.[308)] 이 기준을 적용함에 있어서의 주요 심사대상은 납세자가 일련의 거래들을 특정의 방법으로 구성하는 방법을 통하여 특정 결과를 얻으려고 의도하고 있는지 여부이다.[309)] 당사자들이 거래를 시작할 당시 다음 거래들을 의도하지 않았다면 형식적으로 독립된 각 거래들은 세법 상 존중되며 서로 결합되지 않는다.[310)]

상호 의존성 기준(mutual interdependence test)에 대하여 본다. 이 기준은 거래들의 최종결과에 주목하기보다는 단계거래들 사이의 관계에 주목한다.[311)] 이 기준을 적용하기

---

302) *True v. United States*, 190 F.3d 1165, 1175 (10th Cir. 1999); *Superior Trading, LLC v. Commissioner, 137 TC 70, 90(citing US: AC 10th Cir.*, 1991; *Associated Wholesale Grocers, Inc. v. United States, 927 F.2d 1517, 1527-1528*(10th Cir. 1991)
303) *Comm'r v. Gordon*, 391 U.S. 83, 96 (1968).
304) *Penrod v. Comm'r*, 88 T.C. 1415, 1429 (1987).
305) *Penrod v. Comm'r*, 88 T.C. 1415, 1429 (1987).; *Associated Grocers, Inc. v. United States*, 927 F.2d 1517,1523 (10th Cir. 1991); *Aeroquip-Vickers, Inc. v. Comm'r*, 347 F.3d 173, 183 (6th Cir. 2003).
306) *Penrod v. Comm'r*, 88 T.C. 1415, 1430 (1987).
307) *True v. United States*, 190 F.3d 1165, 1175 (10th Cir. 1999).
308) *Gregory v. Helvering*, 293 U.S. 465, 469 (1935); *True v. United States*, 190 F.3d 1165, 1175 (10th Cir. 1999).
309) *Aeroquip-Vickers, Inc. v. Comm'r*, 347 F.3d 173, 183 (6th Cir. 2003).
310) *King Enters, Inc. v. United States*, 189 Ct. Cl. 466 (1969); *Penrod v. Comm'r*, 88 T.C. 1415 (1987).
311) *True v. United States*, 190 F.3d 1165, 1175 (10th Cir. 1999).

위하여서는, 하나의 거래에 의하여 발생한 법률관계(legal relationship)가 일련의 거래들이 모두 완결되지 않으면 무의미하게 되는 정도로 각 독립된 거래들이 상호의존적인지 여부를 결정하여야 한다.[312] 이 기준은 대부분 어느 실체가 도관체로서 기능하는 경우, 즉 자체적인 사업목적은 없고 단순히 납세자가 관계 법률을 충족하도록 기능할 뿐인 경우에 적용된다.[313] 이 기준을 적용함에 있어서는 당사자들의 의도를 검토하는 것 역시 중요하다.[314]

(마) 개별적이고도 구체적인 부인규정이 있어야 실질과세원칙이 적용될 수 있는지 여부

종전 판례는 "가장행위에 해당한다고 볼 특별한 사정이 없는 이상 유효하다고 보아야 하며, 실질과세원칙에 의하여 납세자의 거래행위를 그 형식에도 불구하고 조세회피행위라고 하여 효력을 부인할 수 있으려면 조세법률주의 원칙 상 법률에 개별적이고 구체적인 부인규정이 마련되어 있어야 한다"고 판시한다.[315] 즉 가장행위가 아니라면 법률에 개별적이고 구체적인 부인 규정이 마련되어 있어야 실질과세원칙을 적용할 수 있다고 한다. 이러한 판시는 근래까지 이어져 왔다.[316] 그러나 최근 전원합의체 판결은 구 지방세법(2005. 12. 31. 법률 제7843호로 개정되기 전의 것) 제82조에 의하여 준용되는 국세기본법 제14조를 직접 근거로 하여 실질과세원칙을 적용하였다.[317] 타당한 변화라고 판단한다.

만약 법률에 개별적이고 구체적인 부인 규정이 마련되어 있어야만 실질과세원칙을 적용할 수 있다면, 국세기본법 제14조의 존재의의를 찾기 어렵다. 개별적이고 구체적인 부인규정을 적용하는 것은 해당 규정을 해석하여 적용하는 것이지 실질과세원칙을 적용하는 것이 아니기 때문이다.[318] 만약 위와 같이 해석하지 않는다면, 조세법률주의를 의도적으로 이용하는 조세회피행위 및 탈세행위를 부인하기 위하여 국세기본법 제14조 이외에 개별적이고 구체적인 부인규정이 제정되기를 기다려야 할 것이나, 이처럼 해석할 가치를 발견하기는 어렵다.

(바) 실질과세원칙과 부당행위계산부인 규정의 관계

실질과세원칙과 부당행위계산부인 규정은 어떠한 관계인가?

---

312) *Redding v. Comm'r*, 630 F.2d 1169 (7th Cir.), *cert. denied*, 450 U.S. 913 (1980) ; *True v. United States*, 190 F.3d 1165, 1175 (10th Cir. 1999).

313) *W. Coast Mktg. v. Comm'r*, 46 T.C. 32 (1966).

314) *Christian Estate v. Comm'r*, 57 T.C. 1231, 1243 (1987).

315) 대법원 2011.4.28. 2010두3961. 대법원 1991.5.14 90누3027에서는 "가장행위에 해당한다는 등 특별한 사정이 없는 이상 유효하다고 보아야 할 것"이라고 판시한다.

316) 일명 엔화스왑예금사건. 대법원 2009.4.9. 2007두26629.

317) 대법원 2012.1.19. 2008두8499 전원합의체 판결.

318) 같은 취지 : 김의석, 전게논문, 28-29면.

먼저 법인세법 상 규정을 중심으로 부당행위계산부인 규정의 의의 및 입법취지에 대하여 본다.[319] 판례에 의하면, 부당행위계산이라 함은 납세자가 정상적인 경제인의 합리적 거래형식에 의하지 아니하고 우회행위, 다단계행위 그 밖의 이상한 거래형식을 취함으로써 통상의 합리적인 거래형식을 취할 때 생기는 조세의 부담을 경감 내지 배제시키는 행위계산을 말하고, 법인세법이 부당행위계산부인 규정을 둔 취지는 법인과 특수관계 있는 자와의 거래가 동법 시행령이 규정하는 제반 거래형태를 빙자하여 남용함으로써 경제적 합리성을 무시하였다고 인정되어 조세법적인 측면에서 부당한 것이라고 보일 때 과세권자가 객관적으로 타당하다고 인정되는 소득이 있었던 것으로 의제하여 과세함으로써 과세의 공평을 기하고 조세회피행위를 방지하고자 하는 것이다.[320] 부당행위계산부인 규정은 경제인의 입장에서 볼 때 부자연스럽고 불합리한 행위계산을 함으로써 경제적 합리성을 무시하였다고 인정되는 경우에 한하여 적용되고, 경제적 합리성의 유무에 대한 판단은 거래행위의 여러 사정을 구체적으로 고려하여 과연 그 거래행위가 건전한 사회통념이나 상관행에 비추어 경제적 합리성을 결한 비정상적인 것인지의 여부에 따라 판단하되, 비특수관계자 간의 거래가격, 거래 당시의 특별한 사정 등도 고려하여야 한다.[321] 또한 부당행위계산부인 규정은 실질과세원칙을 보충하여 공평과세를 실현하고자 하는 데 그 입법취지가 있다고 판시한다.[322]

부당행위계산부인 규정은 특수관계인들 사이의 거래에 국한하여[323] 조세의 부당한 감소가 있는 경우를 유형화한 이후에 시가를 기준으로 그 거래를 재구성하는 것인 바, **부당행위계산부인 규정의 적용대상과 실질과세원칙의 적용대상은 동일한 것인가?** 실질과세원칙이 적용되기 위하여서는 해당 거래의 경제적 실질이 존재하지 않아야 한다. 부당행위계산의 유형들(법세령 88조)은 시가에 의하지 않는 거래를 통하여 특수관계인에게 이익을 분여한 거래들에 속한다. 즉 위 유형들은 자신이 경제적 이익을 얻기보다는 특수관계인에게 오히려 이익을 제공하기 위한 거래들에 해당하므로 원칙적으로 해당 거래에 경제적 합리성이 있다고 할

319) 소득세법 등에도 부당행위계산부인 규정이 있으나 법인세법에 대한 논의가 그대로 적용될 것으로 본다.
320) 대법원 2005.4.29. 2003두15249; 대법원 2006.11.10. 2006두125; 대법원 2018.7.26. 2016두40375; 대법원 2020.12.10. 2017두35165.
321) 대법원 2019.5.30. 2016두54213; 대법원 2023.5.18. 2016두54213.
322) 대법원 1992.1.21. 91누7637.
323) 특수관계자 간의 거래에 특수관계자 외의 자를 통하여 이루어진 거래 역시 포함된다; 대법원 2019.5.30. 2016두54213.

수 없다. 따라서 실질과세원칙의 적용대상과 부당행위계산부인 규정의 적용대상은 원칙적으로 동일한 것으로 보아야 한다. 부당행위계산의 부인에 관하여 적용기준이 되는 이러한 '시가'에 대한 주장·증명책임은 원칙적으로 과세관청에 있다.[324)]

그렇다면 **부당행위계산부인 규정을 별도로 둔 이유는 무엇인가?** 특수관계인들 사이에서 이익을 분여하는 거래에 대하여 실질과세원칙을 적용하는 것에 따른 불확실성을 감소시키기 위하여, 그 부당행위를 유형화하고 그에 대한 소득금액의 재계산방법 및 시가의 산정방법 등을 구체적으로 규정하는 부당행위계산부인 규정을 도입한 것으로 이해할 수 있다. 그러나 이것만으로는 부족하다. **특수관계인 사이에서 이익을 분여한 경우에 대하여 실질과세원칙을 적용하는 효과는 무엇일까?** 특수관계인 사이에서 이익을 분여한 경우는 구체적인 상황에 따라서 그 경제적 실질이 다를 수 있다. 즉 해당 이익에 상당하는 금원을 분여한 것이 아니라 대여한 것으로 볼 수 있는 경우, 해당 이익에 상당하는 금원을 수령한 이후에 이를 무상으로 제공한 것으로 볼 수 있는 경우, 다른 거래를 통하여 해당 이익을 회수하여 실질적으로는 이익을 분여한 것으로 볼 수 없는 경우 및 해당 이익의 제공이 실질적으로 배당에 해당하는 경우 등으로 나뉠 수 있다. 그러나 위 각 경우 중 '대여금 또는 배당금에 해당하는 경우' 및 '실질적으로 별개의 거래를 통하여 해당 이익을 회수하는 경우'에는 해당 법인이 그 이익을 별도로 익금에 산입할 이유가 없다. 그러나 이러한 경우에 대하여 부당행위계산부인 규정이 적용된다면, 법이 정하는 부당행위 유형에 해당하는 이상 반드시 그 분여한 이익을 익금에 산입하여야 한다. 이러한 의미에서 부당행위계산부인 규정은 실질과세원칙에 대한 특별규정으로 볼 수 있다. 이 견해를 취한다면 부당행위계산부인 규정이 적용되는 거래에 대하여서는 실질과세원칙이 적용되지 않는다고 보아야 한다. 그러나 부당행위계산부인 규정이 위와 같은 효과를 갖도록 하는 것이 타당한지 여부는 검토되어야 한다. **부당행위계산의 부인을 통하여 분여한 이익이 분여법인의 익금에는 산입되나 그 과세된 이익 상당액의 효과가 해당 거래와 관련된 자산 또는 용역의 취득원가 등에는 반영되지 않는 것이 타당한가?** 국제거래에 있어서 적용되는 이전가격세제는 국내거래에 있어서 적용되는 부당행위계산부인과 유사한 것인바, 이전가격세제를 적용하는 경우에는 체약상대국이 거주자와 국외특수관계인의 거래가격을 정상가격으로 조정하고, 이에 대한 상호합의절차가 종결된 경우에는 과세당국은 그 합의에 따라 거주자의 각 과세연도 소득금액 및 결정세액

324) 대법원 2018.7.20. 2015두39842; 대법원 2018.7.26. 2016두40375.

을 조정하여 계산할 수 있다(국조 10조 1항). 이를 통상 **대응조정**이라고 한다. 국내거래에 부당행위계산부인 규정을 적용하는 경우에 대하여서는 위 대응조정에 해당하는 규정이 없다. 따라서 이익분여 법인이 그 분여한 이익에 대하여 과세되더라도 그 과세된 이익 상당액의 효과가 해당 거래와 관련된 자산 또는 용역의 취득원가 등에 반영되지 않는다. 따라서 부당행위계산부인을 통하여 가산세를 부과하는 것과는 별도로, 후속거래에서 해당 자산 또는 용역을 매각하거나 이용하여 매출이 발생하는 경우 등에 다시 그 이익 상당액이 과세되는 불이익이 발생하게 된다. 이는 거래당사자들에게 시가에 따라 거래한 것보다 불리한 결과를 안기는 것으로서 가산세 이외의 벌칙을 추가적으로 부과하는 셈이다. 만약 거래당사자들이 당초부터 시가에 의하여 거래하였다면 해당 거래를 통하여 익금이 인식된 만큼 그 효과가 거래의 상대방이 취득하는 자산 또는 용역의 취득원가 등에 반영되어 경제적으로 동일한 소득이 거래당사자들 사이에서 중복하여 과세되지는 않기 때문이다. 이러한 불이익을 합리화할 규범적 정당성을 찾기 어렵고 국내거래를 국제거래에 비하여 차별하는 것 역시 합리화될 수 없다. 그렇다면 부당한 입법이다.

한편 법인세법 시행령(법세령 88조) **상 부당행위계산의 유형에 해당하기만 하면 바로 부당행위계산부인 규정이 적용되어야 하는가?** 즉 위 시행령 상 유형에 해당하기만 하면 부당행위계산부인 규정이 바로 적용되어야 하는지 아니면 위 유형에 해당되는 경우에도 다시 조세의 부당한 감소가 있어야 하는 것인지 여부가 쟁점이 될 수 있다. 법인세법(법세 52조 1항)은 단순히 '조세의 부담을 부당하게 감소시킨 것으로 인정되는 경우'라는 문언을 사용하고 있다. 만약 시행령이 조세의 부당한 감소가 있는지 여부를 묻지 않고서 시행령 상 유형에 해당되기만 하면 바로 부당행위계산부인 규정을 적용할 것을 의미하는 것이라면 이는 시행령이 모법의 내용을 확장하여 납세자에게 불리하게 세법을 적용하는 것에 해당하므로 위임입법의 법리에 어긋난 것으로서 위헌이라고 보아야 한다. 시행령 상 유형에 해당한다고 하더라도 반드시 조세의 부당한 감소가 있다고 볼 수 있는 것은 아니기 때문이다. 즉 부당행위계산부인 규정은 경제인의 처지에서 볼 때 부자연스럽고 불합리한 행위계산을 함으로 인하여 경제적 합리성을 무시하였다고 인정되는 경우에 한하여 적용되고 경제적 합리성의 유무를 판단할 때에는 해당 거래행위의 대가관계만을 따로 떼어 내어 단순히 특수관계인이 아닌 자와의 거래형태에서는 통상 행하여지지 아니하는 것이라 하여 바로 경제적 합리성이 없다고 보아서는 아니 되며, 거래행위의 제반 사정을 구체적으로 고려하여 과연 그 거래행위가 건전한 사회통념이나 상관행에 비추어 경제적 합리성이 없는 비정상적인 것인지의 여부에 따라 판단하여야 한다.[325] 또한 비특수관계인 간의 거래가격 및 거래 당시의 특별한 사정 등도 고려하여야 한다.[326] 위와 같이 시행령 상 유형에 해당된다고 하더라도 별도로 조세의 부당한 감소가 있는지 여부를 검토하여야 한다면 이 점에 있어서는 부당행위계산부인 규정이 실질과세원칙의 적용의 경우와 동일한 것이다. 다만 부당행위계산부인 규정은 특정 유형을 전제하여 적용된다는 점에서만 차이를 보이는 것이다.

법인세법 시행령 상 부당행위계산의 유형에 해당한다고 하더라도 반드시 조세의 부당한 감소가 수반되지 않는 거래에 대한 예를 본다. 내국법인이 100% 출자하여 사회간접자본 시설투자를 목적으로 하는 자회사를 설립하였다. 내국법인은 다시 제2차 자금을 자회사에게 출자가 아닌 대여금으로 제공하고 그 이자율은 연 20%로 약정하였다. 통상 시중이자율은 5%에 불과하다고 가정한다. 특수관계인인 내국법인과 자회사가 이처럼 높은 이자율로 차입거래를 하는 것은 법인세법 시행령 상 부당행위계산의 유형(법세령 88조 1항 7호)에 해당한다. 만약 내국법인이 대여금이 아닌 출자금으로서 해당 금원을 자회사에게 공급하였다면 이에 대하여 부당행위계산부인 규정이 적용될 여지가 없다. 그러나 내국법인이 출자금이 아닌 대여금으로서 자회사에 자금을 조달하고 높은 이자를 받는다고 하여 반드시 부당한 조세의 감소가 발생하는 것은 아니다. 출자의 경우 주주인 내국법인에 대하여서는 수입배당금 익금불산입제도(법세 18조의3 1항)가 적용되어 해당 배당금은 내국법인의 익금에서 제외된다. 게다가 사회간접자본 시설투자를 목적으로 하는 자회사의 초기 단계에는 법인세가 과세될 익금이 발생하지 않거나 미미하게 발생한다. 즉 내국법인이 출자금으로서 투자하였을 경우에는 자회사 단계에서 법인세 과세가 이루어지지 않거나 미미한 수준에서 이루어지는 것에 그치고 주주인 내국법인 단계에서는 설사 배당을 수취한다고 하더라도 이는 익금불산입으로 처리된다. 그런데 내국법인이 출자 이후의 제2차 자금을 대여금으로서 제공한 경우에는 자회사 단계에서 해당 이자금액에 대하여 원천징수를 하고(법세 73조), 주주인 내국법인 단계에서도 해당 이자금액이 익금으로서 과세된다. 게다가 이러한 이자의 지급은 배당가능이익의 발생 여부와는 무관하게 이루어진다. 이상의 각 논의들을 종합하여 본다면,

325) 대법원 2006.5.11. 2004두7993; 대법원 2007.2.22. 2006두13909; 대법원 2017.1.25. 2016두50686; 대법원 2018.3.15. 2017두63887; 대법원 2018.12.27. 2017두47519.

326) 대법원 2018.7.20. 2015두39842; 대법원 2018.7.26. 2016두40375; 대법원 2018.10.25. 2016두39573; 대법원 2018.12.27. 2017두47519.

주주인 내국법인이 자회사에게 출자가 아닌 대여금으로서 제2차 자금을 제공하고 높은 이자율을 약정한 것은 특수관계인들이 세금을 보다 일찍 또는 보다 많이 부담하더라도 투자한 자금을 조기에 회수하기 위한 거래라고 보아야 한다. 그렇다면 이를 두고 조세부담을 부당하게 감소하기 위한 거래라고 할 수는 없다. **이상과 같은 법리는 시가의 산정에 있어서도 동일하게 적용되어야 한다.** 법령 단계에서 공식의 형태로 평가방법을 규정한다고 할지라도 이에 대하여 납세자가 다른 보다 합리적인 평가방법 또는 법령 상 평가방법의 부당성을 입증할 수 있는 기회가 보장되어야 한다. 그 기회가 보장되지 않는다면 이 역시 자의적인 것으로서 조세공평주의에 반하는 것이다.[327] **시가는 반드시 단일 가격으로 특정되어야 하는가?** 일물일가의 원칙이 현실적으로는 관철되지 못한다는 사정을 반영하지 않고서 특정 거래에 대한 시가를 반드시 하나로 특정되어야 한다는 전제 하에 법령을 규정하거나 법령을 해석하는 것은 조세평등주의 및 이에 기반한 실질과세원칙에 반하는 것으로 보아야 한다. 따라서 시가의 존부에 관한 법령 및 그 해석에 있어서는 해당 가격이 상거래 관행 및 경제적 합리성 등의 관점에서 허용할 수 있는 범위에 속한다는 의미에서의 시가가 존재하는지 여부에 대한 판정이 함께 이루어져야 한다. 판례 역시 유사한 맥락에서 부당행위계산의 부인제도 상 시가의 판정과 관련하여 법인세법 시행령이 '금전의 대여 또는 차용의 경우에는 가중평균차입이자율이나 당좌대출이자율을 시가로 한다'는 취지로 규정한다고 할지라도 이자율의 시가 역시 일반적이고 정상적인 금전거래에서 형성될 수 있는 객관적이고 합리적인 것이어야 하므로, 가중평균차입이자율 등을 시가로 볼 수 없는 사정이 인정된다면 정상적인 거래에서 적용되거나 적용될 것으로 판단되는 이자율의 시가를 과세관청이 증명하여야 한다고 판시한다.[328] 다만 위 판례의 판시와 관련하여서는 현행 법령(법세령 89조 3항) 상 시가가 불분명한 경우에 대한 의제규정이 있음에도 불구하고 이에 반하여 위와 같이 해석할 수 있는 규범 상 근거가 존재하는지 여부에 대한 의문이 발생할 수 있다. 그러나 **경제적 합리성 판정대상의 가장 중요한 요소에 해당하는 시가 개념과 경제적 합리성이 부인된 거래에 대한 과세의 기준으로서의 시가 개념은 구분되어야 한다.** 위 현행 법령은 후자의 시가 개념에 대한 정의 또는 의제규정을 두고 있는 것이다. 전자의 시가 개념은 후자의 시가 개념에 구애되지 않고 거래 당사자들 사이에 존재하는 일체의 사정들을 모두 감

327) 같은 절 Ⅵ 6 나 조세법의 해석 참조.
328) 대법원 2018.7.26. 2016두40375.

안하여 경제적 합리성에 따라 판단되어야 한다. 위 판시 역시 이러한 취지를 담은 것이라고 보는 것이 타당하다. 즉 거래당사자들이 거래한 가격이 경제적 합리성에 따른 시가에 근거하지 않았다는 점에 대한 입증은 과세관청이 부담하여야 하고 과세관청이 그 입증에 성공한 경우에야 후자의 시가 개념이 적용될 여지가 있다는 취지를 담은 것으로 이해하여야 한다.

국제거래에 있어서 특수관계인들 사이에는 국내거래의 시가에 상응하는 개념으로서 정상가격이 적용된다. 이는 '국외특수관계인이 아닌 자와의 통상적인 거래에서 적용하거나 적용할 것으로 판단되는 가격'을 의미한다(국조 2조 5호). **정상가격의 정의 중 '통상적인 거래에서 적용되는 가격'과 '통상적인 거래에서 적용할 것으로 판단되는 가격'의 관계는 어떠한가?** 정상가격의 정의에 있어서 '통상적인 거래'는 '특별한 거래 당사자들 사이에서만 형성되는 거래가 아닌, 즉 불특정다수인 사이에서 경제적 요인 등에 의하여 성립되는 거래'를 의미한다. 그렇다면 즉 '정상가격'의 정의 중 '국외특수관계인이 아닌 자와의 통상적인 거래에서 이미 적용되는 가격'은 '국외특수관계인이 아닌 불특정다수인 사이에서 경제적 요인 등에 의하여 성립된 거래에 대하여 적용되는 가격'을 의미한다. 그런데 정상가격 정의 중 '국외특수관계인이 아닌 자와의 통상적인 거래에서 이미 적용되는 가격'은 '시장에서 형성된 판매가격'을 의미한다. 한편 **'정상가격'의 정의에는 '국외특수관계인이 아닌 자와의 통상적인 거래에서 적용될 것으로 판단되는 가격' 역시 포함되는바, 이는 '시장에서 형성된 판매가격'을 직접 발견할 수 없는 경우에 이를 대신하여 적용할 수 있는 가격을 의미한다.** 즉 '시장에서 형성된 판매가격'의 대용치(proxy)를 의미한다. 즉 정상가격의 산출방법은 '국외특수관계인이 아닌 자와의 통상적인 거래에서 적용될 것으로 판단되는 가격'을 발견하기 위한 방법을 의미한다. 만약 '시장에서 형성된 판매가격'을 발견할 수 있다면 '국외특수관계인이 아닌 자와의 통상적인 거래에서 적용될 것으로 판단되는 가격'을 산출할 필요가 없다. 따라서 정상가격의 산출방법을 통하여 계산된 금액으로서 '시장에서 형성된 판매가격'을 부인할 수는 없다. 다만 동일한 제품이라고 할지라도 국내 및 각 해외시장에서 해당 시장별로 그 판매가격이 달리 형성될 수 있다. 시장별로 가격이 달리 형성되어 있다는 점 자체를 근거로 '통상적인 거래에서 적용되는 가격'이 존재하지 않는 것으로 단정할 수는 없다. 해당 거래가격이 국내 및 각 해외시장 중 어느 판매가격에 가장 부합하는지 여부가 쟁점이 될 뿐이다. 만약 '통상적인 거래에서 적용되는 가격'이 존재하지 않는 것으로 판단된다고 할지라도, 정상가격을 산출함에 있어서는 각 시장별 고유특성을 중요한 요소로서 고려하여야 한다. 이상의 논의에 따르면, **정상가격의 산출방법을 통하여 계산된 금액만을 근거로 국내 및 각 해외시장에서 이미 형성된 판매가격을 부인할 수는 없을 뿐만 아니라, 정상가격의 산출방법을 통하여 통상적인 거래에 적용될 것으로 판단되는 가격을 산출함에 있어서도 국내 및 각 해외시장에서 판매가격을 각 달리 형성하게 하는 고유특성을 중요한 요소로서 감안하여야 한다.**

부당행위계산에 해당되는지 여부에 대한 판정은 개별 거래를 대상으로 하는 것인가? 아니면 경제적 일체로 판단되는 거래들 전체를 대상으로 하여야 하는 것인가? 납세자들이 개별거래 별로 각 경제적 합리성이 확보되도록 거래하여야 할지 아니면 여러 거래들 전체로 보아 경제적 합리성이 유지되도록 거래를 구성할지 여부에 대하여 과세관청이 개입할 수 있는 규범적 합리성은 존재하지 않는다. 이는 납세자의 경영판단에 속하는 것이다. 또한 법인세법 시행령 상 부당행위계산의 유형(법세령 88조 1항)에 해당하는지 여부를 반드시 개별 거래별로 판단하여야 한다는 규범적 근거 역시 찾을 수 없다. 부당행위계산에 해당하는지 여부에 대한 판정은 경제적 일체로 판단되는 거래들 전체를 대상으로 하여야 한다.

해당 거래가 세법 상 가장행위로서 무시되어야 할 경우에도 부당행위계산부인 규정이 적용될 수 있을까? 부당행위계산부인 규정은 해당 거래가 실제 발생한 것을 전제로 하여 시가와의 차이에 해당하는 이익을 익금에 산입하는 것을 염두에 둔 것이므로 세법 상 가장행위에 해당하는 경우에는 부당행위계산부인 규정을 적용할 수 없는 것으로 보아야 한다. 이 경우 부당한 조세감소가 있다면 부당행위계산부인 규정이 적용될 것이 아니라 실질과세원칙이 적용되어야 한다.

부당행위계산부인 규정의 적용요건에 해당하는지 여부를 판단하는 과정에서 실질과세원칙을 적용할 수 있는가? 즉 당사자들은 매매가 아니라 대여거래인 형식을 취하였으나 그 실질에 따라 해당 거래가 매매로 재구성된 경우에 대하여 다시 그 당사자들이 특수관계인들이고 그 대가가 시가에 미치지 못한다는 것을 근거로 해당 거래에 대하여 다시 부당행위계산부인 규정을 적용할 수 있는가? 긍정하는 것이 타당하다. 부당행위계산부인 규정을 실질과세원칙에 대한 특별규정으로 보는 경우에는 부당행위계산부인 규정이 우선하여 적용되고 실질과세원칙이 적용될 수 없을 것이다. 그러나 부당행위계산부인 규정 역시 거래의 실질이 확정된 이후에 대하여 적용되는 것이므로, 그 실질이 무엇인지 여부와 관련하여서는 부당행위계산부인 규정이 실질과세원칙에 대한 특별규정이라는 점과는 무관하게 여전히 실질과세원칙이 적용될 수 있다고 판단한다. 한편 법원은 문언 상 부당행위계산부인 규정을 적용하기 어려운 경우에도 이를 확장하여 적용하는 경향이 있다.[329] 그러나 부당행위계산부인 규정 상 유형을 확장하여 적용하기보다는 먼저 **실질과세원칙을 적용하여 해당 거래를 재구성한 이후에 부당행위계산부인 규정의 적용 여부를 판단하는 것이 타당하다.** 판례 역시 부당행위계산의 유형으로서 금전 대여에 해당하는지 또는 자산·용역 제공에 해당하는지는 거래의 내용이나 형식, 당사자의 의사, 계약체결의 경위, 거래대금의 실질적·경제적 대가관계, 거래의 경과 등 거래의 형식과 실질을 종합적으로 고려하여 거래관념과 사회통념에 따라 합리적으로 판단하여야 한다고 판시한다.[330]

이하 실질과세원칙과 부당행위계산부인 규정에 대한 그 밖의 차이점을 본다.

실질과세원칙 역시 특수관계인들 사이의 거래에 대하여서만 적용되는 것인가? 실질과세원칙은 특수관계인들 사이의 거래에 대하여 보다 쉽게 적용될 수 있을 것이지만 이에 한정할 근거가 없다. 납세자가 그와 특수관계가 없는 독립적인 당사자 사이의 거래(arm's length transaction)라고 할지라도 경제적 실질이 없다면 이에 대하여 실질과세원칙이 적용되어야 한다. 즉 특수관계인 사이의 거래가 아니라고 할지라도, '납세자가 일반적으로 경제적 이익을 얻기 위하여 수행하는 통상의 방식을 선택하였더라도 실질적으로 이에 부합하는 활동이 없는 경우' 또는 '납세자가 선택한 방식이 통상의 방식에 해당하지 않고 또한 경제적 이익을 얻기 위한 합리적 의도에 따른 거래로도 볼 수 없는 경우' 등에 대하여서는 실질과세원칙이 적용되어야 한다. 이 점에서 실질과세원칙은 특수관계인들 사이의 거래에 대하여서만 적용되는 부당행위계산부인 규정과는 다르다. 미국의 경우에 있어서도 실질과세원칙이 특수관계인들 사이의 거래에 대하여 적용되는 것이 대부분이나[331] 독립적인 당사자 사이의 거래에 대하여서도 적용된다.[332]

329) 김의석, 전게논문, 25-27면 ; 대법원 1982.2.23. 81누332 ; 대법원 1990.7.24. 89누4772 ; 대법원 1997.5.28. 95누18697 ; 대법원 2009.5.14. 2006두11224 ; 대법원 2009.7.9. 2007두4049.

330) 대법원 2017.8.29. 2014두43301.

331) *Campana Corat v. Harrison*, 114 F.2d 400 (7th Cir. 1940) ; *Limericks, Inc. v. Comm'r*, 7 T.C. 1129 (1946), *aff'd*, 165 F.2d 483 (5th Cir. 1948) ; *58th Street Plaza Theatre v. Comm'r*, 16 T.C. 469 (1951), *aff'd*, 195 F.2d 724 (2d Cir. 1952) ; *Cent. Cuba Sugar Co. v. Comm'r*, 16 T.C. 882 (1951), *aff'd on this point*, 198 F.2d 214 (2d Cir. 1952) ; *Gladys Chessman Evans v. Comm'r*, 30 T.C. 798 (1958) ; *Winters v. Dallman*, 238 F.2d 912 (7th Cir. 1956) ; *United States v. 58th Street Plaza Theatre*, 287 F. Suat 475 (S.D.N.Y. 1968) ; *Brown v. United States*, 329 F.3d 664, 673 (9th Cir. 2003).

332) *Crown Cork Int'l Corat v. Comm'r*, 4 T.C. 19, *aff'd*, 149 F.2d 968 (3d Cir. 1945) ; *Bank of Am. Nat'l Trust & Sav. Ass'n v. Comm'r*, 15 T.C. 544, *aff'd*, 193 F.2d 178 (9th Cir. 1951) ; *A. Arena & Co., Ltd.*

부당행위계산부인 규정을 적용함에 있어서도 실질과세원칙의 경우와 마찬가지로 납세자의 주관적인 의도를 고려하여야 하는 것인가? 판례에 따르면, 부당행위계산부인 규정을 적용함에 있어서는 반드시 조세부담을 회피하거나 경감시킬 의도가 있어야만 하는 것은 아니다.[333] 따라서 이 점에서도 실질과세원칙은 부당행위계산부인 규정과는 다르다고 할 여지가 있다. 실질과세원칙은 객관적 요건 및 주관적 요건 모두를 감안하여 적용되기 때문이다. 실질과세원칙에 따르면, 납세자가 경제적 이익을 얻기 위한 통상의 방식을 선택하지 않는 경우에 있어서는 납세자가 경제적 이익을 얻기 위한 합리적인 의도에 따라 해당 방식을 선택하였고 해당 방식이 경제적 합리성 역시 가지고 있다는 점을 입증하여야 한다.[334] 따라서 납세자가 통상의 방식을 선택하지 않는 경우에 있어서는 과세관청이 실질과세원칙을 적용하기 위하여 납세자의 조세회피의도 등을 입증할 필요가 없다. 그런데 부당행위계산부인 규정 상 부당행위로 명시된 거래들은 납세자가 경제적 이익을 얻기 위하여 선택하는 통상의 방식에 해당되지 않는다. 따라서 실질과세원칙에 따르더라도 과세관청은 이 경우들에 대하여 납세자의 조세회피의도 등을 입증할 필요가 없다. 그렇다면 이 점과 관련하여서는 실질과세원칙과 부당행위계산부인 규정이 다르다고 할 수 없다. 다만 부당행위계산부인 규정의 적용과 관련하여 납세자가 선택한 방식이 통상의 방식이 아닌 경우에 납세자가 '자신이 선택한 방식이 경제적 이익을 얻기 위한 합리적인 의도에 따른 것이고 해당 방식 역시 경제적 합리성을 가지고 있다는 점'을 입증할 수 있는 기회를 부여하지 않는다면 그 점에서 실질과세원칙과 부당행위계산부인 규정이 다르다고 할 수는 있다. 그러나 부당행위계산부인 규정의 적용에 있어서 납세자가 위와 같은 입증을 할 수 없다고 해석하는 것은 타당하지 않다.

(사) 납세자가 실질과세의 원칙을 주장할 수 있는지 여부

납세자가 실질과세원칙에 근거하여 자신이 종전에 주장하던 거래의 형식을 부인하고 그 실질을 새롭게 주장할 수 있는가? 어떠한 거래형식을 취할 것인지 여부는 납세자의 사적자치에 속하고, 종전 자신이 선택한 형식이라도 그것이 실질에 부합하지 않는다면 이를 부인하고 진정한 거래의 실질에 부합하는 새로운 형식을 주장하는 것 역시 납세자의 사적 자치에 속한다. 따라서 과세관청은 실질과세원칙에 근거하여서만 납세자가 선택한 거래형식

v. United States, 103 F. Suat 505 (S.D. Cal. 1952) ; *Nat'l Lead Co. v. Comm'r*, 336 F.2d 134 (2d Cir.), *cert. denied*, 380 U.S. 908 (1964) ; *Frank Lyon Co. v. United States*, 435 U.S. 561, 584 (1978).

333) 대법원 2006.11.10. 2006두125.

334) 앞의 5 다 (3) (나) 실질과세원칙 상 실질의 의미 참조.

이 아니라 그 실질에 의하여 과세할 수 있다고 할 수 있으나, 납세자 스스로 형식과 다른 실질을 주장하는 것은 실질과세원칙에 근거할 필요는 없다고 본다. 이처럼 **납세자가 거래의 실질에 부합하는 새로운 형식을 주장하는 것은 납세자의 권리에 속한다.** 이러한 의미에서 국세기본법은 수정신고(국기 45조) 및 경정청구(국기 45조의2)를 규정하여 납세자가 종전 자신의 신고를 증액하거나 감경하기 위하여 변경할 수 있는 권리를 각 보장하고 있다. 그러나 이를 근거로 납세자 역시 실질과세원칙을 주장할 수 있다고 이해하는 것은 타당하지 않다. 실질과세원칙은 가장거래, 조세회피행위 및 탈세행위에 대응하기 위하여 조세법률주의보다는 조세평등주의를 우선 적용하는 것으로서, 세법을 적용하는 권한과 관련된 것이다. 따라서 실질과세원칙의 수범자는 과세관청이라고 보는 것이 타당하다.

한편 납세자가 실질과세원칙의 적용과 무관하게 자신의 종전 행태를 바꾸어 다른 경제적 실질을 주장할 수 있다면, 굳이 납세자가 실질과세원칙을 내세워서 위와 같은 주장을 할 필요는 없다고 보인다. 오히려 이 쟁점은 납세자가 기왕에 보인 행태와 모순되는 행태를 보이는 경우를 어떻게 취급할 것인지 여부와 관련된 것이다. 즉 국세기본법 상 신의성실의 원칙(국기 15조 전문)과 관련된 것이다. 위 쟁점과 관련하여서는 납세자가 객관적으로 모순되는 행태를 보이고 그 행태가 납세자의 심한 배신행위에 기인하였으며 그로 인하여 과세관청이 위 모순된 행태를 신뢰하기에 충분한 경우에 이른 경우에는 오히려 납세자의 위 행태를 부인하고 오히려 과세관청의 신뢰를 보호하는 것이 타당하다는 점은 이미 기술하였다.[335] 다만 이 경우에도 과세관청에게는 납세자의 주장을 조사하여 과세권을 행사할 권한이 부여되어 있다는 점, 납세자가 과세관청에 대하여 자기의 과거의 언동에 반하는 행위를 하였을 경우 각종 불이익처분을 받을 수 있다는 점, 과세관청의 지위가 납세자에 비하여 우월하다는 점 및 과세처분의 적법성에 대한 입증책임은 원칙적으로 과세관청에 있는 점 등을 고려한다면, 과세관청의 신뢰는 극히 제한적으로 인정하여야 할 것으로 본다.[336] 한편 **대손충당금을 설정하는 방법으로 대손사유가 현실화되기 전에 미리 손금으로 인식할 것인지 여부가 법인의 선택에 달려 있는 경우 그 대손충당금을 설정하지 않은 법인이 실질과세원칙을 들어 손금이 발생하였다는 점을 주장할 수 있는가?** 대손충당금은 법인이 결산에 반영하여야만 손금으로 보는 결산조정사항에 해당하므로, 법인이 어떠한 채권에 관하여 대

335) 같은 절 VI 4 다 (4) 과세관청의 신뢰에 대한 보호 참조.
336) 대법원 2001.6.15. 2000두2952 ; 대법원 2006.1.26. 2005두6300.

손사유가 현실로 발생하였을 때에 비로소 손금으로 인식할 것인지 아니면 추정손실에 따라 대손충당금을 설정하는 방법으로 대손사유가 현실화되기 전에 미리 손금으로 인식할 것인지 여부는 그 법인의 선택에 달려 있다. 따라서 여신전문금융회사인 법인이 대손충당금의 설정을 강제한 관련 규정을 위반하여 대손충당금을 설정하지 아니한 경우라고 하더라도 실제로 대손충당금을 설정하지 아니한 이상 실질과세의 원칙을 들어 손금이 발생한 것으로 볼 수는 없다.[337)]

한편 납세자가 스스로 실질과세의 원칙을 주장할 수 없다는 주장은, 납세자가 항변으로서 과세관청이 실질과세원칙에 어긋나는 과세를 하였다고 주장하는 것과는 구분된다는 점에 유의할 필요가 있다. **납세자의 실질과세원칙에 기한 항변과 과세요건사실에 대한 입증책임 사이의 관계는 어떠한가?** 납세자가 실질과세원칙을 주장한다는 것은 거래의 형식에 따르면 과세 또는 중과세가 이루어질 경우 해당 거래의 실질을 주장하여 과세를 부인하거나 경감할 수 있는 경우에 의미가 있다. 따라서 납세자의 이러한 주장은 거래의 형식에 따른 과세관청의 처분이 그 실질에 반한다는 항변과 동일한 것이다. 그 경우 납세자가 실질과세원칙에 따른 항변을 제출한다는 점으로 인하여 납세자가 과세관청이 입증책임을 부담하는 과세요건사실의 충족에 대하여 자인하는 것으로 의제할 수는 없다. 과세관청은 거래 형식에 따라 과세요건사실의 충족 여부에 대하여 여전히 입증책임을 부담하며, 납세자의 실질과세원칙에 기한 항변을 거래 형식에 따라 과세요건사실이 충족된다고 하더라도 이는 거래의 실질과세원칙에 반하는 것이라는 취지로 보아야 한다.

라. 현행 실질과세원칙에 대한 비판적 검토

실질과세원칙은 조세법률주의와 조세평등주의가 서로 상충되는 영역에 적용되는 것인바, 위 두 헌법가치들 중 어느 하나의 가치를 우위에 두기보다는 이들을 '규범조화적 해석'을 통하여 조정하는 것이 타당하다. 상충하는 위 헌법가치들 모두가 그 기능과 효력을 최대한 발휘하도록 하는 것이 타당하기 때문이다.

규범조화적 해석을 하는 방법으로서는 다음과 같은 방법들이 있다. 첫째, 과잉금지의 방법이다. 이는 상충하는 기본권 모두에 대하여 일정한 제약을 부가하여 기본권 모두의 효력을 양립시키도록 하나 그 제약은 필요한 최소한에 그치도록 하는 방법이다. 둘째, 대안을

337) 대법원 2015.1.15. 2012두4111.

통한 해결방법이다. 이는 상충하는 기본권을 다치지 않는 일종의 대안을 찾아서 기본권의 상충관계를 해결하는 방법이다. 셋째, 최후수단을 사용하는 것을 억제하는 방법이다. 이는 대안을 통한 해결방법에 의할 수 없는 기본권의 상충문제를 해결하기 위한 것으로서, 보다 유리한 기본권을 보호하기 위하여 필요한 수단들이라고 할지라도 그 수단들 중 최후의 수단까지 동원하는 것은 억제하는 방법을 의미한다.

다만 규범조화적 해석을 통한 위 각 방법 역시도 모든 상충관계를 해결할 수는 없다. 결국 입법부를 통하여 제정된 법률을 통하여 이루어지거나 입법이 이루어지지 않는 경우에는 헌법재판소 또는 법원의 헌법해석을 통하여 이루어지는 헌법적 가치의 결단에 의존할 수밖에 없다. 한편 우리 헌법상 위헌법률심사권이 헌법재판소에 부여된 이상 입법부에 의하여 제정된 법률 역시 심사의 대상이 되나, 해당 입법의 내용이 헌법적 가치의 결단에 관한 것이라면 그 입법적 결단이 전체적으로 헌법정신에 반하거나 보다 합리적인 해결방법이 명백하게 있음에도 불구하고 이를 무시하고 입법된 것이라는 등 특별한 사정이 없는 한 헌법재판소에 의하여 존중되어야 할 것으로 판단한다. 또한 실질과세원칙의 집행과 관련하여 발생하는 불확실성 역시 감안하여야 한다. 이러한 불확실성으로 인하여 과세관청이 합리적 이유가 없이 자의적으로 특정 납세자를 불리하게 차별하거나 우대할 수 있는 여지 역시 있기 때문이다. 물론 이러한 집행은 위법한 것으로서 향후 구제될 수 있다고 할 것이나, 이로 인하여 납세자가 입을 수 있는 피해를 감안한다면 이 역시 통제할 수 있는 장치가 있어야 한다.

현행 실질과세원칙에 관한 국세기본법 제14조는 조세법률주의와 조세평등주의를 어떻게 조정하고 있는가? 실질과세원칙이 적용되는 경우에 대하여서는 조세평등주의를 우선하고 있는 것으로 보인다. 실질과세원칙의 적용대상이 세법 상 가장행위, 조세회피행위 및 탈세행위 등이라는 점을 고려한다면, 이 경우에 한하여 조세평등주의를 조세법률주의에 우선시키는 것은 의미가 있는 것으로 평가할 수 있다. 그러나 문제는 실질과세원칙의 적용대상에 해당하는지 여부가 불분명한 경우가 많다는 점에서 발생한다. 이러한 불확실성으로 인하여 납세자의 법적 안정성이 심하게 훼손될 수 있고 과세관청이 과세권을 남용할 여지가 생긴다. 그런데 현행 규정은 실질과세원칙의 집행과 발생할 수 있는 문제들에 대하여서는 위 헌법상 가치들을 전혀 조정하지 않고 있다. 이러한 문제들을 조정하는 원칙으로서는 적법절차원칙이 있을 수 있고, 이 원칙은 비단 법의 집행절차 또는 소송절차에 국한되어 적용되는 것이 아니라, 입법작용에 대해서도 문제된 법률의 실체적 내용이 합리성과 정당성을 갖추고 있는지 여부를 판단하는 기준으로서도 적용된다.[338] 따라서 현행 실질과세원칙의 적용단계가 적법절차원칙에 의하여 통제되지 않는다면 이는 실질과세원칙의 실체적 내용이 합리성과 정당성을 갖추고 있는지 여부에 대하여서도 영향을 미치게 된다. 즉 실질과세원칙의 적용단계가 적법절차원칙에 의하여 적절하게 통제되지 않는다면 현행 실질과세원칙은 조세법률주의와 조세평등주의를 규범조화적으로 적절하게 조정하지는 못하는 것으로 평가될 수 있다. 실질과세원칙의 적용단계를 적법절차원칙에 의하여 적절하게 통제하는 예에는, '세무조사절차에 대한 적절하고도 효과적인 사전·사후적 통제' 및 '실질과세원칙을 납세의무 부과의 근거로 삼는 경우에는 독립적 위원회 등의 검토를 거치도록 하는 것' 등이 포함될 수 있다. 호주의 경우에는 실질과세원칙에 해당하는 일반적 조세회피 방지규정의 적용에 관한 실무적인 지침 등을 제공하고 이 규정을 적용하기 위하여서는 다른 특별한 사정이 없는 한 일반적 조세회피 방지규정 위원회(the General Anti-Avoidance Rules Panel)를 거쳐야 한다.[339] 영국의 경우에도 실질과세원칙에 해당하는 일반적 조세회피 방지규정을 적용할 필요가 있는 경우에는 세무공무원의 서면에 의한 통지 및 납세자의 서면에 의한 답변과 같은 절차를 거친 후에도 자문위원회(the Advisory Panel)를 거쳐야 한다.[340]

마. 실질과세원칙과 합법성의 원칙

조세법의 집행단계에 관하여서도 조세법률주의는 적용되고 조세법의 집행단계에서 적용되는 명령으로서 납세자의 권리의무와 관계있는 것은 법규명령에 해당한다. 그 집행단계에서 세무공무원이 재량권을 행사한다고 할지라도 이는 기속행위 또는 기속재량행위로서 사법심사를 받아야 한다. 따라서 조세법의 집행단계에서 세무공무원은 법률에 근거하지 않은 행위를 할 수 없다. 즉 법률에 의하여 통제되지 않는 재량권을 행사할 수 없다. 이를 합법성의 원칙이라고 하며 이는 과세요건 법정주의 및 과세요건 명확주의에서 파생된 것이다. 이에 따르면 법률의 근거가 없는 한 과세관청이 조세의 감면 및 징수유예를 하는 것은 허용될 수 없고 납세의무의 내용 및 징수의 시기 또는 방법에 관하여서도 과세

338) 헌재 1992.12.24. 92헌가8 ; 헌재 1995.3.23. 92헌가14 참조.
339) Australian Taxation Office, Practice Statement Law Administration PS LA 2005/24; http://law.ato.gov.au/atolaw/view.htm?DocID=PSR/PS200524/NAT/ATO/00001, 2018년 1월 15일 방문.
340) Schedule 43 to FA 2013; Anne Fairpo & David Salter (eds), Revenue Law: Principles and Practice, 35th Ed., Bloomsbury, 2017, p.88.

관청과 납세자는 서로 화해하거나 협정을 체결할 수 없다. 즉 과세관청과 납세자 사이의 협정이나 화해에 기초한 조세의 감면 및 징수유예는 위법이고, 또한 위 화해 또는 협정 역시 무효로서 구속력이 없다. 위와 같은 맥락에서 조세소송 등 불복절차에서도 조정 또는 화해를 통하여 분쟁을 해결하는 것은 타당하지 않다. 현실적으로 조세행정에 있어서 당사자의 편의 및 능률적인 과세를 위하여 수입금액이나 필요경비액에 관하여 화해를 하는 것과 유사한 상황이 발생하는 경우가 있으나 이에는 법적 효과가 부여될 수 없으며, 이를 과세관청에 의한 과세요건에 대한 사실인정 과정에 납세자와 과세관청이 합의한 결과가 반영된 것으로 이해하여야 한다.[341] 따라서 과세관청과 납세자 사이의 협정이나 화해를 통하여 납세의무가 확정되었거나 조세의 감면 및 징수유예 등이 있었다고 할지라도 납세자 또는 과세관청이 이에 기속될 필요는 없다. 다만 소송절차 등 불복절차에서 과세관청과 납세자 사이에 조정 또는 화해가 성립하는 경우에는 그 실체법 상 효력과 무관하게 소송절차 등 불복절차에 특유한 절차법적 효력으로 인하여 해당 조정 또는 화해에 대하여 과세관청 및 납세자가 다툴 수 없는 결과가 발생할 수는 있다. 이러한 방식으로 이루어진 조정 및 화해의 결정은 관련 사건이나 다른 사건 등의 실체적 판단에 영향을 미칠 수 없다고 보아야 한다.

실질과세원칙을 통하여 납세의무를 확정하는 단계에서도 합법성의 원칙이 적용되는가? 조세법에 근거하여 납세의무를 확정하는 것 역시 조세법의 집행단계에 속하며 그 단계에 합법성의 원칙이 적용되는 것은 당연하나, 과세관청이 실질과세원칙을 적용하여 납세의무를 확정하는 단계에서도 그 원칙이 그대로 적용되는지 여부는 의문이다. 합법성의 원칙이 조세법률주의에 근거한 반면에 실질과세원칙은 조세평등주의에 근거한 것으로서 그 규범적 근거가 상이하기 때문이다. 또한 실질과세원칙을 통하여 납세의무를 확정하는 단계에서는 납세자와 과세관청 모두가 준수하여야 할 규범이 명확하지 않다는 현실적 여건 역시 고려할 필요가 있다. 따라서 실질과세원칙의 적용에 따른 납세의무의 확정단계 및 그에 대한 불복절차에서는 원칙적으로 협정, 조정 또는 화해를 통하여 납세의무를 확정할 수 있다고 본다. 물론 실질과세원칙에 근거하였다고 하더라도 납세의무가 종국적으로 확정된 이상 그 확정된 납세의무를 집행하는 단계에서는 여전히 합법성의 원칙이 그대로 적용되어야 한다.

그런데 이 경우에도 실질과세원칙은 조세법률주의와 조화를 이루어야 한다. 즉 실질과세원

341) 제1편 제2장 제1절 Ⅵ 3 조세법률주의 관련 파생원리 참조.

칙의 행사에 대하여서는 사전적 통제가 이루어져야 하고, 그 행사에 대하여 사후적으로 사법적 통제 역시 받아야 한다. 그렇다면 과세관청에 의한 납세의무의 확정단계에서 협정, 조정 또는 화해를 통하여 납세의무를 '종국적으로' 확정하는 것을 허용할 수는 없다. 즉 실질과세원칙에 근거하여 납세의무를 확정하는 과정에서 납세자와 과세관청 사이에 협정, 조정 또는 화해가 이루어졌다는 점 자체가 위법한 것은 아니라고 할지라도 납세자는 이에 구애되지 않고 불복할 수 있는 것으로 보아야 한다. 그러나 실질과세원칙에 근거한 처분에 대한 소송절차에서는 법관에 의한 통제가 이루어진다는 점에 근거하여 그 소송절차에서 조정 또는 화해를 통하여 그 납세의무에 관한 분쟁을 종국적으로 해결할 수 있다고 본다. 다만 해당 처분이 이루어진 이후에 납세자가 불복할 수 있는 권리를 포기하는 것은 별개의 쟁점에 속한다.

바. 실질과세원칙과 조세조약

(1) 실질과세원칙과 조세조약 상 남용행위 방지규정의 관계

국제거래에 있어서 조세조약은 체약국들의 과세권 행사를 제한하는 방법으로 혜택을 부여한다. 이러한 조세조약 상 혜택은 체약국의 거주자(resident)에 대하여서만 부여된다. 즉 조세조약은 **거주자** 개념을 통하여 조세조약 혜택에 대한 접근을 일반적으로 제한한다. 그런데 오히려 이러한 거주자 개념을 이용하여 조세조약 상 혜택을 부당하게 얻으려는 행위가 있을 수 있고, 이러한 행위는 조세조약에 특별규정들을 도입하는 방법을 통하여 방지될 수도 있다. 그 특별규정에는 **수익적 소유자**(beneficial ownership) 규정, **조약혜택 제한**(limitation of benefits) 규정 및 **주요 목적 기준**(principal purpose test) 규정이 있다.

수익적 소유자 규정은 OECD 모델조세협약[342] 및 UN 모델조세협약[343]에 도입된 것으로서 통상 조세조약 상 소득이 대리인(agent) 또는 명의인(nominee) 등 해당 소득에 대한 형식 상 소유권을 가진 자가 아니라 그에 대한 경제적 소유권을 가진 자에게 지급된 경우에 한하여 이자, 배당 또는 사용료 소득에 대한 조세조약 상 혜택이 부여될 수 있다는 특별 조세조약 남용방지 규정을 의미한다. 구체적인 정의와 관련하여서는 여러 견해가 있다.[344]

342) OECD, Model Convention with respect to Taxes on Income and on Capital, 2014(이하 'OECD 모델협약'으로 인용한다), Article 10-12.
343) United Nations, Model Double Taxation Convention between Developed and Developing Countries, 2011(이하 'UN 모델협약'으로 인용한다), Article 10-12.
344) Kemmeren, in Klaus Vogel Ⅰ, at 715-726, m.n.19-47.

우리 판례는 수익적 소유자의 개념을 실질적 귀속자와 동일한 의미로 본다.[345] 이러한 해석에 따르면 수익적 소유자 개념이 직접적으로 도입된 이자, 배당 또는 사용료 소득에 한정하여 적용될 근거는 없다. 실질적 귀속자에 해당하는지 여부는 수익적 소유자에 대한 문언이 없는 다른 소득의 경우에도 적용될 수 있는 쟁점이기 때문이다.

조약혜택 제한규정은 특정 조건들을 충족한 실체(entities)에 대하여만 조세조약 상 혜택을 부여하는 특별 조세조약 남용방지 규정이다. 특정 조건들은 '해당 실체의 법적 성격 및 일반적인 활동'과 '해당 실체에 대한 소유권'에 근거하여 정하여지며, 그 조건들은 해당 실체와 거주지국 사이에 충분한 연결 관계(sufficient link)가 있음을 확인하기 위한 것이다.[346] 조약혜택 제한규정은 수익적 소유자와 달리 모든 소득에 대하여 적용된다.

주요 목적 기준 규정은 조약혜택 제한규정 등이 적용될 수 없는 경우에 대처하기 위한 것으로서 거래 또는 약정의 주요목적에 근거하여 적용되는 보다 일반적인 조세조약 남용방지 규정이다. 이에 따르면 특정 거래 또는 약정들의 주요 목적들 중 '하나'가 조세조약 상 혜택을 얻기 위한 것이라면, 그 혜택을 부여하는 것이 해당 조세조약 조항들의 목적(object and purpose)에 부합된 것이라는 점이 입증되는 경우에 한하여 그 혜택이 부여될 수 있다.[347]

조세조약 남용행위에 대하여 실질과세원칙이 적용될 수는 없는가? 실질과세원칙은 국제거래에 대하여서도 적용된다(국조 2조의2). 따라서 조세조약 남용행위에 대하여서도 실질과세원칙이 적용될 수 있으며 이는 위 수익적 소유자 규정과 조약혜택 부인규정이 없는 경우에도 마찬가지이다. 판례 역시 이와 같은 취지로 판시한다. 즉 국세기본법 상 실질과세원칙에 따르면 재산의 귀속명의자는 이를 지배·관리할 능력이 없고, 명의자에 대한 지배권 등을 통하여 실질적으로 이를 지배·관리하는 자가 따로 있으며, 명의와 실질의 괴리가 조세를 회피할 목적에서 비롯된 경우에는, 재산에 관한 소득은 재산을 실질적으로 지배·관리하는 자에게 귀속된 것으로 보아 그를 납세의무자로 삼아야 하나, 명의와 실질의 괴리가 없는 경우에는 소득의 귀속명의자에게 소득이 귀속된 것으로 보아야 한다. 이러한 원칙은 법률과 같은 효력을 가지는 조세조약의 해석과 적용에서도 이를 배제하는 특별한 규정이 없는 한 그대로 적용된다.[348] 또한 판례는 거주자 또는 내국법인이 거주지국인 우리나라의

345) 대법원 2015.5.28. 2013두7704 등 참조.
346) OECD, Prevention the Granting of Treaty Benefits in Inappropriate Circumstances, Action 6 - 2015 Final Report, at 9.
347) *Id.*
348) 대법원 2012.4.26. 2010두11948; 대법원 2016.7.14. 2015두2451; 대법원 2016.12.15. 2015두2611; 대법원

조세를 회피하기 위하여 소득세를 비과세하거나 낮은 세율로 과세하는 조세피난처에 사업 활동을 수행할 능력이 없는 외형뿐인 이른바 기지회사(base company)를 설립하여 두고 그 법인형식만을 이용함으로써 그 실질적 지배・관리자에게 귀속되어야 할 소득을 부당하게 유보하여 두는 국제거래에도 국세기본법 상 실질과세원칙이 적용된다고 판시한다.349)

거주자 개념, 수익적 소유자 규정, 조약혜택 부인규정, 주요 목적 기준 규정 및 실질과세원칙 사이의 논리적 적용순서는 어떠한가? 조세조약은 소득의 귀속자가 한 체약국 이상의 거주자인 경우에 적용될 수 있고 거주자가 되기 위하여서는 두 조건을 충족하여야 한다. 첫째, 인(person)에 해당하여야 한다. 둘째, 해당 국가에서 납세의무를 부담하여야(liable to tax) 한다.350) 그런데 수익적 소유자라는 개념은 소득의 귀속을 정하는 원칙이 아니다. 수익적 소유자인지 여부가 쟁점이 되려면 먼저 해당 소득의 귀속자가 거주자인지 여부가 결정되어야 하므로, 수익적 소유자가 적용되기 위하여서는 먼저 소득의 귀속 여부가 확정되어야 하기 때문이다.351) 따라서 수익적 소유자에 해당하는지 여부에 관한 쟁점은 거주자가 확정된 이후에야 발생한다. 조약혜택 제한규정은 조세조약 상 거주자에 해당한다고 할지라도 특정 조건들을 충족하지 못한다면 그 혜택을 부여하지 않는 규정이므로 이 역시 거주자가 확정된 이후에야 비로소 쟁점이 된다. 이러한 의미에서 조약혜택 제한규정은 초과 거주자 기준(super-residence test)으로 간주될 수 있다. 조약혜택 제한규정이 거주자성을 전제로 하는 규정이므로 거주자성과 무관하게 적용들[독립기업원칙에 따른 조정에 관한 다른 체약국의 조정에 관한 규정(OECD 모델협약 제9조 제2항), 한 체약국 국민에 대한 무차별 조항(OECD 모델협약 제24조 제1항) 또는 상호합의절차 규정(OECD 모델협약 제25조)]에 대하여서는 조약혜택 제한규정에 규정된 요건을 충족할 필요는 없다.352) 그런데 조약혜택 제한규정은 거주자의 요건 중 하나인 '인'(person)의 범위를 특정 조건을 충족하는 '적격인'(qualified person)으로 한정하는 방법을 통하여 거주자의 개념을 축소시키는 규정이라는 점에서 이미 거주자인 자에 대하여 해당 소득이 경제적으로 귀속되었는지 여부를 묻는

2017.12.28. 2017두59253; 대법원 2018.12.27. 2016두42883; 대법원 2019.6.27. 2016두841.

349) 대법원 2018.11.9. 2014도9026; 대법원 2018.12.13. 2018두128.

350) OECD 및 UN 모델협약 제1조, 제3조, 제4조; 다만 실제 세금을 납부하여야 하는지 여부와 관련하여서는 논의가 있다.

351) 이준봉, 주식대여약정과 조세조약의 적용, 사법 제1권 38호, 사법발전재단, 2016(이하 '졸고, 주식대여약정 논문'으로 인용한다), 74면.

352) Rust, in Klaus Vogel on Double Taxation Conventions, Fifth Ed., Wolters Kluwer, Volume II, 2022, p.2382 m.n.16.

수익적 소유자의 경우와는 구분된다. 따라서 논리적 순서상 조약혜택 제한규정이 수익적 소유자 규정에 비하여 먼저 적용되어야 한다.

한편 수익적 소유자에 해당한다고 하여 그 자에게 무조건 조세조약 상 혜택이 부여되는 것은 아니다. 국제거래에 대하여서도 실질과세원칙이 적용되기 때문이다. 이러한 점에서 수익적 소유자가 실질적 귀속자를 의미하는 것으로 해석하는 우리 판례 입장 역시 타당한 측면이 있다. 또한 주요 목적 기준은 조세조약 상 혜택의 부여와 관련하여 실질과세원칙을 구체화시킨 조문이라고 할 수 있다. 특정 거래 또는 약정에 대하여 조세조약 상 혜택을 부여하는 것이 해당 조세조약 조항들의 목적(object and purpose)에 부합되는 것인지 여부를 묻는 것이 바로 실질과세원칙의 기능이라고 할 수 있기 때문이다. 다만 실질과세원칙을 적용하는 경우와 달리 주요 목적 기준을 적용할 경우에는 특정 거래 또는 약정들의 주요 목적들 중 '하나'가 조세조약 상 혜택을 얻기 위한 것이라는 점만 입증하면 다른 경제적 또는 법적 합리성이 있다고 하더라도 그 혜택을 부인할 수 있다는 점에서 다르다. 만약 이 경우 실질과세원칙을 적용한다면 그 혜택을 부인하기 어렵다고 본다. 해당 거래 또는 약정에 경제적 합리성 등이 존재하기 때문이다. 그럼에도 불구하고 **주요목적기준이 조세조약 상 혜택을 얻기 위한 것이 주요목적 중 하나라는 점에 근거하여 적용되는 것에는 다음과 같은 정책적 고려가 감안된 것으로 본다.** 과세관청은 부당한 조세조약 상 혜택을 받기 위한 것이 주요목적 중 하나라는 점을 입증하여 주요목적기준을 적용하고, 납세자는 조세조약 상 혜택을 받는 결과는 경제적 합리성에 근거한 의사결정에 부수되는 것에 불과하여 주요목적 자체에 해당되지 않는다는 점에 대하여 각 입증책임을 부담하는 것이 타당하다.

이상의 논의를 정리하면 다음과 같다. 조세조약 상 혜택을 부인할 것인지 여부를 심사하는 기준들을 논리 상 거주자 개념, 조세조약 제한규정, 수익적 소유자 규정 및 실질과세원칙(또는 주요 목적 기준)의 순서로 적용하는 것이 타당하다. 판례 역시 소득의 수익적 소유자에 해당한다고 할지라도 국세기본법 상 실질과세의 원칙에 따라 조약 남용으로 인정되는 경우에는 그 적용을 부인할 수 있다고 판시한다.[353] **수익적 소유자로 인정되는 경우에 대하여서도 다시 실질과세원칙이 적용된다면 수익적 소유자라는 개념을 인정할 실익이 있는가?** 실질과세원칙을 적용하는 효과는 가공거래로 인정하여 무시하는 것과 거래를 재구성하거나 여러 거래를 하나의 거래로 통합하는 것으로 구분된다. 수익적 소유자로 인정되지

353) 대법원 2018.11.15. 2017두33008; 대법원 2018.11.29. 2018두38376.

않는 자에 대하여 조세조약의 혜택을 부인하는 것은 실질과세원칙을 적용하여 가공거래를 부인하는 것과 동일한 것이고, 수익적 소유자에 해당되는 자에 대하여 다시 실질과세원칙을 적용하여 조세조약 상 혜택을 부인하는 것은 실질과세원칙을 적용하여 해당 거래를 재구성하거나 여러 거래를 하나의 거래로 통합하는 것과 동일하다. 따라서 수익적 소유자라는 개념은 실질과세원칙을 적용하여 해당 거래 자체를 무시할 수 없는 한계를 설정하는 기능을 수행한다. 실질과세원칙을 적용하여 가공거래를 무시하는 경우에는 해당 거래에 대하여 가산세를 부과하고 조세범으로서 처벌할 수 있는 반면에, 실질과세원칙을 적용하여 해당 거래를 재구성하거나 여러 거래를 하나의 거래로 통합하는 경우에는 이에 대하여 가산세가 부과하거나 조세범으로서 처벌할 수는 없다고 해석하는 것이 타당하다.[354] 또한 납세자가 수익적 소유자에 해당한다는 점을 입증한다면 수익적 소유자임에도 불구하고 실질과세원칙을 적용하여 조세조약의 혜택을 부인하는 할 사정이 있다는 점에 대한 입증책임은 과세관청이 부담하여야 한다. 즉 수익적 소유자 개념이 입증책임을 배분하는 기능을 수행할 수 있다. 이러한 입장을 취한다면, 수익적 소유자로 인정되는 경우에 대하여 다시 실질과세원칙을 적용한다고 할지라도 실질과세원칙의 적용과 별도로 수익적 소유자 개념을 인정할 실익이 있다.

조세조약 제한규정 및 수익적 소유자 규정은 특별 조세회피방지규정(Special Anti-Avoidance Rule; SAAR)에 해당하고, 실질과세원칙(또는 주요 목적 기준)은 일반적 조세회피 방지규정(General Anti-Avoidance Rule; GAAR)에 해당하는 바, **조세조약 상 SAAR이 있음에도 GAAR인 실질과세원칙(또는 주요 목적 기준)이 항상 적용되어야 하는가?** 조세조약 상 남용행위를 방지하기 위한 SAAR을 규정되어 있고 그 SAAR이 조세조약 남용행위를 한정적 규정하는 것이라면, SAAR이 적용되는 범위 내에서는 국내세법 상 GAAR이 적용될 수는 없다. 그러나 SAAR이 한정적 성격을 갖지 않거나, 해당 남용행위가 SAAR이 적용되는 범위에 속하지 않는다면 국내세법 상 GAAR이 적용될 수 있다.[355] SAAR이 한정적 성격을 갖지 않는 경우라고 할지라도 그 적용범위에 속한다면 나아가 GAAR이 적용되는지 여부를 묻지 않고서 SAAR의 적용을 통하여 조세조약 상 혜택을 부인할 수 있다는 점이 SAAR을 규정한 실익이 될 수 있다. 조세조약 상 SAAR이 한정적인

354) 제2편 제6장 제1절 Ⅲ, 제2편 제3장 제2절 Ⅳ 및 제5편 제2장 Ⅱ 1 나 참조.
355) Rust, in Klaus Vogel Ⅰ, at 128, m.n.59.

지 여부는 조세조약의 해석을 통하여 판정하여야 하나, 이는 최종적으로 조약을 적용하는 국가의 법원에 의하여 확인될 수밖에 없다. 우리 판례는 수익적 소유자의 개념을 실질적 귀속자와 동일한 의미로 파악하므로 수익적 소유자 개념은 한정적이라고 볼 수 없다. 따라서 조세조약 상 소득의 귀속과 관련하여서는 조세조약 상 또는 국내세법 상 실질과세원칙이 적용될 수 있다고 보아야 한다. 그러나 조세조약의 해석은 각 조세조약별로 달리 판단하여야 하므로, 개별 조세조약별로 이러한 법리가 적용될 수 있는지 여부가 각 검토되어야 하고 이 경우에는 각 해당 조세조약의 맥락(context)을 파악하는 것이 중요하다. 조약혜택 부인규정이 한정적인 것인지 여부에 관한 판례는 존재하지 않는다. 이 역시 개별 조세조약별로 검토되어야 할 것으로 보인다. 한편 SAAR이 조세조약 남용행위를 한정적 규정하는 것이라면 SAAR이 적용되는 범위 내에서는 국내세법 상 GAAR이 적용될 수는 없다는 법리는 국내세법의 해석에 있어서도 유추하여 적용될 수 있다는 점에 유의할 필요가 있다. 즉 포괄적으로 증여의 개념을 정의하고(상증세 2조 6호) 납세자의 예측가능성을 보장하기 위하여 개별 증여재산가액산정 규정이 특정한 유형의 거래나 행위를 규율하면서 그 중 일정한 거래나 행위만을 증여세 부과대상으로 한정하고 과세범위도 제한적으로 규정함으로써 증여세 부과의 범위와 한계를 설정한 것으로 볼 수 있는 경우에는, 그 규정에서 증여세 부과대상이나 과세범위에서 제외된 거래나 행위가 위 포괄적 증여의 개념에 해당할 수 있더라도 증여세를 부과할 수 없다.[356] **한편 주요 목적 기준은 조세조약 상 다른 규정들에도 불구하고 조세조약 상 혜택을 부인할 수 있다고 규정(OECD 모델협약 제29조 제9항)하는 바, 주요 목적 기준과 SAAR의 관계는 어떠한가?** 위 규정은 주요 목적 기준이 다른 SAAR에 더하여 적용된다는 것을 의미한다. 그러나 SAAR는 조약남용에 대한 판단기준을 제공한다. 특정 형태의 남용행위(a specific type of abuse)가 SAAR의 적용대상이나 구체적 개별상황(particular situation)으로 인하여 SAAR에 의하여 혜택을 부인할 수 없는 경우라면, 주요 목적 기준 역시 적용될 수 없다. 만약 특정 형태의 남용행위가 SAAR의 적용대상이 아니라면 주요 목적 기준은 여전히 적용될 수 있다.[357]

조세조약 남용행위 방지규정으로서 적용되는 실질과세원칙과 국내세법 상 적용되는 실질과세원칙의 각 법적 효과는 동일한가? 조세조약은 납세의무를 창설할 수 없고 단지 조세

356) 대법원 2018.12.13. 2015두40941.
357) Rust, in Klaus Vogel(5th ed.) II, at 2382~2383, m.n.17.

회피행위 등을 방지할 수 있을 뿐이다. 따라서 조세조약 남용행위 방지규정으로서 적용되는 실질과세원칙은 조세조약 상 혜택을 부인하는 법적 효과가 야기할 수 있을 뿐 새롭게 납세의무를 조세조약이 적용되기 이전보다 가중하거나 창설하는 효과를 발생시킬 수는 없다. 이러한 점은 조세조약 남용행위를 방지하기 위한 특별규정의 경우에도 마찬가지이고, 설사 실질과세원칙이 조세조약 상 규정된다고 하더라도 역시 같다.

이에 반하여 국내세법 상 적용되는 실질과세원칙은 특정 거래의 귀속 및 실질을 재구성하여 이를 근거로 납세의무를 실질과세원칙이 적용되기 이전보다 가중시킬 수 있다. 즉 조세조약 남용행위 방지규정으로서 적용되는 실질과세원칙과 국내세법 상 적용되는 실질과세원칙은 법적 효과 측면에서 다르다. 따라서 국내세법 상 특정 조항의 적용을 회피하려는 납세자의 행위를 조세조약 상 남용행위 방지규정들을 통하여 막는 것은 충분하지 않다. 조세조약 남용행위 방지규정이 조세조약 상 도입되어 있다고 하더라도 이와는 별도로 국내세법 상 GAAR인 실질과세원칙 및 SAAR은 별도로 적용되어야 한다.

수익적 소유자로서의 실질적 귀속자의 개념과 실질과세원칙 상 소득의 귀속과 관련된 실질귀속자의 개념이 적용되는 방식은 동일한가? 전자는 원천지국 과세권을 제한하기 위한 개념으로서 이 경우에는 실제 소득의 수령인과 수익적 소유자인 실질적 귀속자가 동일한 국가에 속한다면 해당 조세조약이 적용될 수 있는 여지가 있는 반면에, 실질과세원칙 상 소득의 실질적 귀속은 '적용할 조세조약' 자체를 결정하는 역할을 한다. 실질과세원칙 상 소득의 귀속자가 정하여지면 그 귀속자 거주지국의 조세조약이 적용되어야 하고 만약 그 귀속자가 해당 국가의 거주자에 해당되지 않는다면 그 조세조약을 적용될 수 없게 된다. 그러나 수익적 소유자로서의 실질적 귀속자는 소득의 수령인이 해당 국가의 조세조약 상 거주자인지 여부를 먼저 판정한 후에 해당 국가 내에 실질적 귀속자가 존재하는지 여부를 판정하여 원천지국 과세권의 제한 여부를 결정하는 방식으로 적용된다. 즉 **실질과세원칙 상 소득의 귀속 개념은 '적용할 조세조약'을 결정하기 위한 개념에 해당하므로 그 귀속을 결정 후에 해당 소득의 귀속자가 거주자인 체약국과 체결된 조세조약을 적용하게 되는 반면에, 수익적 소유자로서의 실질적 귀속자 개념은 소득의 수령인이 위와 같이 결정된 조세조약 상 거주자인지 여부를 판정한 후에 그 거주자 자신이 실질귀속자이거나 자신이 아닌 실질적 귀속자가 그 거주지국 내에 존재한다면 그 소득의 수령인이 원천지국 과세권의 제한을 주장할 수 있게 되는 방식으로 적용된다.** 만약 소득의 수령인이 제3국의 거주자에 해당한다면 그 수령인은 조세조약 상 원천지국 과세권의 제한을 주장할 수 없고 소득의 실질적 귀속자가 별도의 조세조약에 기하여 원천지국 과세권의 제한을 주장할 수 있는지 여부가 별도로 검토되어야 한다.

그러나 실질과세원칙의 적용에 따른 실질적 귀속자의 판정은 각 국가별로 상이할 수 있다. 일방체약국이 실질적 귀속자로 판정한다고 할지라도 타방체약국에서 이를 인정하지 않는다면 그 자는 해당 소득에 대하여 타방체약국에서 납세의무를 부담하지 않기 때문에 타방체약국의 거주자가 될 수 없다. 따라서 이 경우에는 일방체약국에 의하여 실질적 귀속자로 판정된 자가 타방체약국과 체결된 조세조약 상 혜택을 주장할 수 없는 위험이 발생할 수 있다. 이러한 의미에서 국제거래에 있어서 각 국의 실질과세원칙에 따른 소득 귀속의 결정으로 인하여 발생하는 위험 또는 불확실성은 피할 수 없는 상태라고 할 수 있다. 가능한 한 이러한 불확실성을 줄이는 방향으로 과세권이 행사되는 것이 바람직하므로, **국제거래에 대하여 국내세법 상 실질과세원칙을 적용하여 실질적 귀속자를 판정함에 있어서 타방체약국의 세법 상 해당 소득에 대하여 실질적으로 납세의무를 부담하는 자에 해당하는지 여부를 판단요소로서 고려하는 것이 타당하다.** 이를 통하여 조세조약의 적용 상 거주자의 판정과 조화된 해석을 할 수 있고, 위와 같은 불확실성 역시 줄일 수 있다.

(2) 실질과세원칙 상 소득구분과 조세조약의 적용

국내세법 상 실질과세원칙이 적용되어 국내세법 상 소득의 구분이 변경되는 경우가 있다. 조세조약 역시 소득의 구분에 따라 체약국들 사이에서 과세권을 배분하고 소득의 구분에 대하여 별도의 정의규정을 두는 경우 역시 있다. 그렇다면 국내세법 상 소득의 구분과 조세조약 상 소득의 구분이 달라지는 경우가 발생할 수 있다. 물론 실질과세원칙을 적용하지 않더라도 국내세법 상 소득의 구분 자체가 조세조약 상 소득의 구분과 다른 경우 역시 있다. 다만 실질과세원칙이 적용되어 당초 소득의 구분이 변경된다면 납세자의 예측가능성이 훼손될 가능성이 많고 이로 인하여 그 이전의 조세조약 적용이 타당하였는지 여부가 쟁점이 될 가능성 역시 많아진다.

실질과세원칙의 적용으로 인하여 소득의 구분이 변경된 경우에도 조세조약 상 소득의 구분이 우선하여 적용되는가? 이와 관련하여 우리 세법은 비거주자 또는 외국법인의 국내원천소득의 구분에 관하여는 국내세법(소세 119조, 법세 93조)에도 불구하고 조세조약이 우선하여 적용된다(이러한 취지는 2018년 12월 31일 개정 전 국제조세조정에 관한 법률 제28조에 명문으로 규정되어 있었으나 삭제되었다. 이 규정은 조세조약의 효력에 따른 해석의 결과를 확인하는 것에 불과하고 위 규정으로 인하여 다른 국내세법 상 절차 역시 조세조약 상 정의규정에 따라 변경하여 적용되어야 하는 것으로 오해될 수 있다는 점을 감안한 것으로 보인다). 그런데 이는 실질과세원칙이 적용되어 당초의 소득 구분이 변경된 경우에도 역시 적용된다. 실질과세원칙을 적용하여 과세한다고 할지라도 결국은 해당 소득이 국내세법(소세 119조, 법세 93조)상 소득 중 하나로 환원될 것이기 때문이다. 따라서 국내세법 자체 또는 실질과세원칙이 적용된 소득의 구분이 조세조약 상 소득의 구분과 상이하다고 할지라도 조세조약 상 소득의 구분이 우선하여 적용된다. 즉 소득의 구분과 관련된 조세조약의 적용결과가 변경되지는 않는다. 또한 조세조약이 국내세법과 달리 소득을 구분한다면 조세조약 상 소득구분에 따라 국내세법 상 원천지국의 과세권 유무나 적용되는 제한세율 등이 결정된다.[358] 이 경우 원천징수의무자가 국내세법에 따라 원천징수를 하였다면 그 행위에 대하여 가산세를 부과할 수는 없다고 보아야 한다. 즉 가산세의 부과와 관련하여 정당한 사유가 있는 것으로 보아야 한다. 한편 조세조약은 과세권의 배분과 관련하여 국내세법에 우선하여 적용되는 것일 뿐이므로 국내세법 상 원천지국의 과세권 유무 또는 적용되는 제한세율에 대하여서는 그 조세조약 상 소득구분이 우선하여 적용되는 것이고 이와 관계없는 다른 국내세법 상 절차에 대하여서는 여전히 국내세법 상 규정이 적용된다는 점에 유의하여야 한다.

만약 조세조약이 체약국들 중 일방의 국내세법을 인용하여 소득을 구분하는 경우에는 어느 법률을 적용하여야 하는가? OECD 및 UN 모델협약은 배당소득을 정의함에 있어서 분배를 하는 회사가 거주자인 국가의 법에 의하여 동일한 과세 상 취급을 받는 기타 법인에 대한 권리(corporate rights)로부터 생기는 소득 역시 배당소득에 포함한다.[359] 이처럼 조세조약 자체가 소득을 정의함에 있어서 체약국 중 일방의 국내세법을 인용하는 경우 해당 체약국의 국내세법을 적용하여 소득을 구분하여야 한다.

(3) 실질과세원칙 상 소득의 귀속과 조세조약 상 성질결정

소득의 구분과 관련하여서는 조세조약 상 소득의 구분이 우선하여 적용되는 것이나, **조세조약 상 소득의 구분과 무관한 용어 등을 해석함에 있어서 조세조약 상 이에 대한 정의**

358) 대법원 2018.2.28. 2015두2710.
359) OECD 및 UN 모델협약 제10조 제3항.

규정이 없다면 어느 법률에 의하여 해석하여야 하는가? 이 쟁점은 조세조약의 해석과 관련하여 특정 사실관계가 조세조약 상 어느 조항 또는 용어에 포섭되는 것인지 여부를 결정하는 조세조약 상 성질결정(qualification)에 관한 것이다. 조세조약 상 성질결정의 문제는 주로 '조세조약이 체약국들의 각 국내법 상 달리 해석될 수 있는 용어를 사용하여 어느 체약국의 국내법에 따라 조세조약을 적용할 것인지 여부가 문제로 되는 경우' 및 '특정 소득 또는 특정 사실관계가 조세조약 상 어느 규정 또는 용어 등에 포섭할지 여부가 불분명하여 이에 대하여 어느 체약국의 입장을 그대로 선택하여 조세조약을 적용할지 아니면 조세조약 자체적으로 해석하여 적용할 것인지 여부가 문제로 되는 경우'에 쟁점이 된다.[360] 이와 관련하여 OECD **및** UN **모델협약**에 따르면, 조약에 정의되어 있지 않은 용어는 문맥에 따라 달리 해석되지 아니하는 한, 해당 조약이 적용되는 조세에 관한 체약국 법에 따른 의미를 가지고, 그 의미는 그 국가의 적용세법 상 의미가 다른 법률 상 용어에 주어진 의미에 우선한다.[361] 즉 '문맥(context)에 따라 달리 해석되지 아니하는 한' 해당 조약을 적용하는 법정지국의 법률(*lex fori*)에 따라 조세조약 상 정의되지 않은 용어를 해석하여야 하고 이 경우 해당 국가의 세법 상 의미가 우선하여 적용되어야 한다. 그런데 이 입장에 따르더라도 만약 동일한 용어에 대한 각 법정지국의 세법 상 의미가 상이한 경우에는 서로 다른 적용 결과를 낳을 수 있다. 즉 위 조항을 해석함에 있어서도 여전히 성질결정의 문제가 해결되어야 한다. **그렇다면** OECD **및** UN **모델협약 제3조 제2항을 조세조약 상 성질결정에 관하여 적용할 수 있더라도 별도로 조세조약 상 성질결정 방식에 대하여 논의할 필요가 있는가?** 먼저 조세조약 상 성질결정과 관련하여 OECD 및 UN 모델협약 제3조 제2항의 방식을 적용하는 것에 대한 한계를 살핀다. 조세조약의 성질결정과 관련하여 위 조항을 적용하는 것은 부분적인 해결책에 해당한다. 위 조항은, 조세조약 상 개념에 상응하는 개념이 조세조약이 실제 적용되는 해당 체약국의 세법에 존재한다는 것을 전제로 하나, 만약 동일한 개념이 조세조약이 적용되지 않은 세법, 행정법 또는 상법에 존재한다면 이를 직접 적용할 수는 없다. 단지 이 경우 유추적용할 수는 있을 것이나 이러한 방식으로 해석하기 위하여서는 유추적용할 수 있는 경우에 해당한다는 점이 충분히 입증되어야 한다.

그런데 실제 조세조약이 직접 적용되지 않은 법률의 개념을 유추적용할 수 없는 경우 역시 존재하므로 조세조약 상 성질결정에 대한 해석론은 여전히 필요하다. 게다가 OECD 및

360) 졸고, 주식대여약정 논문, 51면.
361) OECD 및 UN 모델협약 제3조 제2항.

UN 모델협약 제3조 제2항의 해석을 위하여서도 조세조약 상 성질결정의 쟁점이 미리 해결되어야 한다. 또한 OECD 및 UN 모델협약 제3조 제2항과 같은 내용의 조항이 포함되지 않은 조세조약[362]의 해석을 위하여서도 조세조약 상 성질결정에 대한 해석론은 필요하다.[363] 조세조약 상 성질결정과 관련하여서는 법정지국 성질결정(*lex fori* qualification), 원천지국 성질결정(source state qualification), 거주지국 성질결정(residence state qualification) 및 자율적 성질결정(autonomous qualification)에 따른 각 방식들이 있을 수 있으나, 조세조약 상 각 규범을 그 성격별로 구분하여 성질결정하는 방식이 타당하다.[364]

조세조약은 소득의 귀속에 대하여 규정하는가? 조세조약은 소득의 귀속자가 한 체약국 이상의 거주자인 경우에 적용될 수 있고 거주자가 되기 위하여서는 두 조건을 충족하여야 한다. 첫째, 인(person)에 해당하여야 한다. 둘째, 해당 국가에서 납세의무를 부담하여야(liable to tax) 한다. 거주자인지 여부를 판정하는 대상으로서 '인'을 결정하기 위하여서는 소득의 귀속이 먼저 결정되어야 한다. 조세조약 상 수익적 소유자라는 개념 역시 소득의 귀속에 대한 것이 아니다.[365] 따라서 **소득의 귀속은 조세조약의 적용 이전에 결정되어야 한다.** 그렇다면 **실질과세원칙을 적용하여 소득의 귀속을 변경하는 것 역시 원칙적으로 조세조약의 적용과는 무관한 것이고 오히려 조세조약은 그 귀속을 전제로 하여 적용되어야 한다.** 즉 양 체약국들이 특정 소득을 서로 다른 '인'에게 귀속하는 경우에 조세조약이 어느 귀속을 따라야 하는지 여부를 결정해 줄 수는 없고, 국내세법 상 실질과세원칙을 적용하여 납세자를 다시 결정한다고 하더라도 이것이 조세조약에 위반되는 것도 아니다.

국내세법 상 소득의 귀속은 조세조약의 적용에 어떠한 영향을 미치는가? 이 쟁점과 관련된 구체적인 논의는 본서의 범위를 넘는 것이므로 이하 간략한 예를 들어 살피는 것에 그치기로 한다. 만약 일방 체약국의 국내세법이 회사의 법인격을 무시하고 회사의 소유자들에게 바로 소득을 귀속시킨다면 설사 타방 체약국이 해당 소득을 회사에게 귀속한다고 하더라도 회사의 소유자들은 그 회사가 주장할 수 있는 조세조약 상 혜택을 부여받을 수 없고 그 회사만이 그 혜택을 주장할 수 있다. 그러나 그 회사는 일방 체약국의 세법 상 해당 소득이 귀속되지 않아서 과세되지 않으므로 조세조약 상 혜택을 주장할 실익이 없다.[366] 한편

362) 미국과 아르메니아, 타지키스탄, 투르크메니스탄 및 우즈베키스탄 사이에 각 1973년 체결된 조세조약이 그 예들에 해당한다.

363) Vogel/Rust, in Klaus Vogel Ⅰ, at 57, m.n.125.

364) 졸고, 주식대여약정 논문, 54-58면.

365) 졸고, 주식대여약정 논문, 74면.

소득의 귀속 여부는 세법 상 귀속의 개념에 의하여 결정되어야 한다. 만약 일반 사법 상 원칙을 적용하여 그 귀속 여부를 결정한다면 실질귀속자로 의제되나 조세조약 상 거주자에 해당하지 않는 경우가 발생할 불확실성이 크게 증가되기 때문이다.

소득의 귀속과 조세조약 상 성질결정은 무관한 것인가? 조세조약 상 성질결정은 납세의무를 부과하기 위한 양 체약국들의 실체법 상 요건들이 상이함으로 인하여 동일한 거래 또는 재화가 경제적으로 이중과세되거나 비과세되는 것과는 구분된다. 이는 '귀속충돌(conflicts in attribution)'에 대한 것으로서 조세조약이 아니라 각 국내세법이 적용되는 경우에 대한 것이다. 미국 유산(estate)에서 발생한 소득을 미국은 유산 자체의 소득으로 보나 독일은 상속인의 소득으로 보는 것이 그 예에 해당한다. 오늘날 손금산입 리스약정(double dipping leasing arrangements)과 같이 귀속의 충돌을 이용하여 이중 비과세의 혜택을 받는 거래들이 많이 이용된다.[367] 따라서 **소득의 귀속이 다르다는 점은 위 귀속 충돌의 전형적인 예에 해당하고 이는 원칙적으로 조세조약 상 성질결정이 문제되는 경우와 구분된다.**[368]

그러나 소득의 귀속과 조세조약 상 성질결정의 쟁점들이 항상 상호 독립적으로 다루어져야 하는 것은 아니다. 조세조약 상 성질결정과 소득의 귀속에 관한 쟁점은 주식대여약정의 경우를 예로 들어서 살핀다. 주식대여약정(stock lending arrangement)은 주식대여자가 주식을 그 주식명의와 함께 주식차용자에게 이전하고, 향후 주식차용자가 해당 주식과 동일하거나 유사한 주식을 다시 주식대여자에게 이전하면서 수수료를 지급할 의무를 부담하기로 하는 약정을 의미하는 바, 주식차용자는 통상 자신의 의무이행을 담보하기 위하여 현금담보를 제공한다.[369] 주식대여자는 주식대여 후에도 여전히, 주식차용자에게 지급된 배당금 총액 또는 세후 순배당금 상당액을 주식차용자로부터 수령하는 방법으로 배당금을 지급받을 수 있다. 이 금원을 통상 배당 대체금원(manufactured payment)라고 한다.[370] 주식대여약정과 관련된 주요한 현금흐름은 다음과 같다.

첫째, 해당 주식과 관련하여 주식차용자에 지급되는 배당금(이하 '현금흐름 1'이라고 한다). 둘째, 주식차용자가 주식대여자에게 지급하는 배당 대체금원(이하 '현금흐름 2'라고

366) Rust, in Klaus Vogel Ⅰ, at 129, m.n.60.
367) Vogel/Rust, in Klaus Vogel Ⅰ, at 55, m.n.121.
368) 졸고, 주식대여약정 논문, 58면.
369) Louise Gullifer and Jennifer Payne, Corporate Finance Law, Principles and Policy, 2nd Ed., HART Publishing, 2015, at 143.
370) 졸고, 주식대여약정 논문, 44면.

한다). 셋째, 국내세법 상 해당 주식과 관련하여 지급된 배당금이 주식대여자에게 귀속되는 것으로 결정되는 경우에 있어서 해당 배당금(이하 '현금흐름 3'이라고 한다).[371)]

이하 주식대여자(A Co) 소재지국은 A국이고, 주식차용자(B Co) 및 배당금지급회사 소재지국은 B국이라고 한다. 현금흐름 1 및 현금흐름 2는 실제 현금의 이동경로에 따른 것이고, 현금흐름 3은 현금흐름 1과 현금흐름 2를 통합하여 배당 지급회사와 A Co 사이의 단일 거래로 의제하는 경우에 발생한다. 현금흐름 1과 현금흐름 2가 조세조약 상 배당에 해당되는지 여부에 관한 성질결정의 문제는 최소한 B국이 배당금의 귀속자를 B Co로 볼 경우에 발생하는 쟁점이며, 현금흐름 3이 조세조약 상 배당에 해당되는지 여부에 관한 성질결정의 문제는 A국과 B국 모두가 배당금의 귀속자를 A Co로 볼 경우에 발생하는 쟁점이다. 이처럼 조세조약 상 성질결정과 소득의 귀속에 관한 쟁점은 밀접하게 연관되어 있다.[372)]

한편 소득의 귀속과 관련하여 유의할 점이 있다. 조세조약은 배당소득, 이자소득 및 사용료소득이 고정사업장(Permanent Establishment)에 귀속된다면 그 소득은 사업소득으로 구분되며[373)] 사업소득의 경우에는 고정사업장이 있는 국가에서 과세한다.[374)] 따라서 분배회사가 지급하는 배당이 배당금의 수령자인 회사에 직접 귀속되는 것이 아니라 제3국에 있는 배당금 수령회사의 고정사업장에 귀속된다면, 분배회사의 거주지국과 고정사업장 소재지국 모두 소득의 원천이 있다고 주장할 수 있다. 고정사업장에 귀속되었는지 여부에 대하여서는 견해가 다를 수 있거나 조세조약 상 지급지국과 고정사업장 소재지국 사이의 과세권을 배분하는 규정이 없는 경우가 많기 때문이다.

일반적으로 원천충돌(source conflicts)로 인하여 발생하는 이중과세의 문제는 현행 조세조약을 통하여서는 해결될 수 없다. 현행 조세조약들은 한 체약국 또는 양 체약국의 거주자인 사람에게 적용될 뿐이기 때문이다.[375)] 즉 '거주자 대 거주자' 쟁점과 '거주자 대 소득원천' 쟁점에 대하여서만 현행 조세조약들이 적용될 뿐, '소득원천 대 소득원천' 쟁점에 대하여서는 적용될 수 없다. 이러한 원천충돌의 문제는 다자간 조세조약(multilateral tax treaty) 또는 새로운 조세조약 규정의 도입 등을 통하여 해결될 수 있을 뿐이다.[376)]

371) 상게논문, 45면.
372) 상게논문, 58-59면.
373) OECD 모델협약 제10조 제4항, 제11조 제4항 및 제12조 제3항; UN 모델협약 제10조 제4항, 제11조 제4항 및 제12조 제4항.
374) OECD 모델협약 제7조; UN 모델협약 제7조.
375) OECD 모델협약 제1조; UN 모델협약 제1조.

그러나 이상과 같은 조세조약 상 규정들이 도입되지 않는다고 할지라도, 국제거래에 대하여 국내세법 상 실질과세원칙을 적용하여 실질적 귀속자를 판정함에 있어서 타방체약국의 세법 상 해당 소득에 대하여 실질적으로 납세의무를 부담하는 자에 해당하는지 여부를 판단요소로서 고려하거나, 다른 국가의 세법 상 취급을 고려하여 국내원천을 판정하는 국내세법 상 특별규정을 도입하는 방법 등을 통하여 위와 같은 불확실성을 줄일 수는 있다.

6 조세법률주의와 조세법의 해석

가. 조세법의 법원

조세법의 해석은 조세법의 법원을 대상으로 하는 것이므로, 조세법률주의와 조세법의 해석에 대하여 살피기 이전에 조세법의 법원에 대하여 살필 필요가 있다.

조세법의 법원은 조세법의 존재형식을 의미한다. 이에는 헌법, 법률, 법규명령, 조례, 규칙 등의 국내법 상 법원과 조약과 교환공문(Exchange of Notes) 등 국제법 상 법원이 있다. 그 밖에 행정명령은 비록 법원에 해당하지는 않으나 실무적으로 중요한 기능을 수행하므로 여기에서 함께 다룬다.

한편 관습법이 법원이 될 수 있는지에 대하여 논의가 있을 수 있지만, 조세법률주의에 의하면 법률 또는 법률의 위임에 의하지 않고서는 납세의무가 창설될 수 없으므로 관습법은 법원이 될 수 없다. 판례 역시 과세대상이 아님에도 납세자가 과세대상임을 인정하고 세금을 납부하여 왔다고 하더라도 조세법률주의라는 대원칙 상 법률의 근거가 없이 관행에 따른 납세의무를 부담시킬 수는 없다고 판시한다.[377] 또한 우리의 경우에는 판결에 대하여 선결례 구속의 원칙이 적용되지 않으므로 해당 판결 이후의 유사한 사건에 대하여 그 법적 효력이 미치지는 않는다. 따라서 이는 법원이 아니다. 다만 판례는 조세법의 해석 및 적용에 있어서 동종 또는 유사한 사건에 대하여 사실상 중대한 영향을 미치는 것이므로, 본서의 각 쟁점과 관련하여 해당 판례들을 소개하기로 한다.

(1) 헌법

헌법은 우리나라 최고법규로서 헌법 제38조 및 제59조를 통하여 조세법률주의를 천명한다. 조세법규가 조세법률주의라는 헌법정신에 어긋나는 것은 허용되지 않는다. 또한 조세

376) 졸고, 주식대여약정 논문, 59면.
377) 대법원 1980.7.22. 80누38.

법규는 그 성질이 허용되는 범위에서는 기본권 제한 법률과 관련된 헌법상 제약에 의하여서도 역시 기속된다. 만약 조세법이 위 헌법정신 및 헌법상 제약에 위반되는 여부가 재판의 전제가 된 경우에는 법원은 헌법재판소에 제청하여 헌법재판소가 이에 관하여 재판한다(헌법 107조 1항). 헌법재판소의 위헌결정은 원칙적으로 그 결정이 있는 날부터 해당 조세법은 효력을 상실하고 이는 법원과 그 밖의 국가기관 및 지방자치단체를 기속한다(헌법 113조 1항 ; 헌법재판소 47조 1항, 2항). 헌법재판소의 결정은 합헌결정, 위헌결정과 변형결정(한정합헌,[378] 한정위헌,[379] 헌법불합치[380])으로 나뉘는 바, 변형결정 자체에 대한 법률 상 근거규정은 없다. 헌법재판소는 단순위헌결정뿐만 아니라 변형결정에 대하여서도 위 기속력이 인정되어야 한다는 입장이지만,[381] 대법원은 변형결정의 일종인 한정위헌결정을 헌법재판소의 법률적 견해에 불과한 것으로 보아 그 기속력을 인정하지 않는다.[382] 또한 위헌결정이 원칙적으로 장래에 대하여 효력을 상실하지만 예외적으로 소급효가 인정되는 범위와 관련하여서도 여러 견해들이 있다.[383] 보다 자세한 내용은 조세헌법소송 부분에서 다룬다.

명령・규칙 또는 처분이 헌법이나 법률에 위반되는 여부가 재판의 전제가 된 경우에는 대법원은 이를 최종적으로 심사할 권한을 가진다(헌법 107조 2항). 명령・규칙 또는 처분의 근거법률이 위헌이라면 법원은 이를 헌법재판소에 제청하여야 할 것이므로 위 헌법규정은 명령・규칙 또는 처분의 근거법률은 합헌이나 명령・규칙 또는 처분 자체가 위헌인 경우를 염두에 둔 것으로 보인다. **위헌인 명령・규칙 또는 처분의 효력은 어떠한가?** 명령 및 규칙의 경우에는 위 위헌법률에 대한 효력에 준하는 효력이 부여되어야 할 것이다. 즉 원칙적으로 그 판결이 있는 날부터 효력을 상실하고 이는 법원과 그 밖의 국가기관 및 지방자치단체를 기속하여야 한다. 한편 **처분의 경우에는 그 근거법률이 위헌에 해당한다고 하더라도 특별한 사정이 없는 한 그 처분이 당연무효는 아니다.**[384] 해당 법률이 헌법에 위반되는지 여

378) 심판의 대상이 된 법률조항의 형식적인 문언 자체에 대하여 위헌결정을 하는 것이 아니라 그 문언의 내용이 다의적으로 해석 가능한 경우이므로, 이를 질적인 축소해석으로 한정하여 해석하고 적용하는 한에서는, 합헌적인 법률이 된다는 결정을 의미한다. 소순무, 전게서, 801면.

379) 법률에 대한 위헌심사의 결과로서 법률조항이 특정의 영역에서 적용되거나 또는 특정 내용으로 해석되는 한 위헌이라는 결정을 의미한다. 상게서, 801-802면.

380) 심판대상이 된 법률이 위헌이지만 그에 대하여 단순위헌결정을 하지 아니하고, 헌법에 합치하지 아니한다는 선언에 그침으로써 위헌결정의 효력범위에 관한 헌법재판소법 제47조 제2항을 제한적으로 적용하는 결정을 의미한다. 상게서, 802-803면.

381) 헌재 1997.12.24. 96헌마172 등.

382) 대법원 1996.4.9. 95누11405 ; 대법원 2001.4.7. 95재다14.

383) 소순무, 전게서, 804-808면.

384) 헌재 1994.6.30. 92헌바23 ; 대법원 1994.10.28. 92누9463 ; 대법원 2009.5.14. 2007두16202.

부가 명백하다고 볼 수 없기 때문이다. **그러나 처분의 근거가 된 법률은 합헌이나 처분 자체가 위헌인 경우는 달리 볼 필요가 있다.** 해당 법률이 합헌인 이상 이에 근거한 처분이 위헌이 되기 위하여서는 처분 자체로 별도의 헌법상 가치를 침해하여야 한다. 처분이 단순하게 근거법령을 위반한 것이라면 헌법상 쟁점을 판단할 여지도 없이 해당 근거법령 위반을 이유로 취소되어야 할 것이기 때문이다. 이하 **처분 자체로 헌법상 가치를 침해하는 경우의 효과에 대하여 본다.** 헌법상 가치를 침해한 이상 중대하지 않다고 할 수 없다. 또한 처분 자체로 헌법상 가치(평등의 원칙을 위반하여 납세자를 자의적으로 차별한 경우 및 기본권의 제한에 대한 본질적인 내용은 침해할 수 없다는 내용 상 한계와 기본권은 필요한 경우에 한하여 제한할 수 있다는 방법 상 한계 등을 위반한 경우 등)를 침해한다면, 이를 두고 해당 처분이 상대방에게 명백하지 않다고 할 수는 없다. 또한 이 경우에는 해당 처분을 당연무효로 보아 납세자를 구제한다고 하더라도 제3자의 보호가 특별히 문제가 되지 않는다는 점을 감안할 필요가 있고,[385] 과세관청이 구체적인 처분을 통하여 헌법상 가치를 침해하고서도 납세자가 불복기간을 도과하였다는 점을 주장하여 그 구제수단을 봉쇄하는 것은 조세법의 해석 및 적용단계에서도 조세법률주의가 적용되어야 한다는 헌법정신에 부합하지 않는다는 점 역시 고려할 필요가 있다. 따라서 **처분 자체로 헌법상 가치를 침해하는 경우에는 그 처분이 당연무효라고 보아야 한다.**

이상 헌법이 법률, 명령, 규칙 또는 처분에 대하여 미치는 효력을 감안한다면 헌법은 조세법의 법원 중 최고법규에 해당하며, 조세법과 헌법이 교착하는 구체적인 쟁점들에 대하여서는 본서 제1편 제2장에서 별도로 다룬다.

(2) 법률

조세법률주의에 따르면 납세의무는 법률을 통하여서만 창설된다. 따라서 법률은 조세법의 가장 중요한 법원이다. 법률은 국세와 지방세로 구분된다. 국세 및 지방세 일반에 대하여 적용되는 법률로서 조세특례제한법 및 국세와 지방세의 조정 등에 관한 법률이 있고, 내국세와 지방세 일반에 대하여 적용되는 법률로서는 조세범에 대한 특별조치법이 있으며, 내국세 일반에 대하여 적용되는 법률로서 국세기본법, 국세징수법, 조세범 처벌법, 조세범 처벌절차법, 국제조세조정에 관한 법률이 있다. 국세에는 내국세 및 관세가 포함되는 바,

385) 유사한 취지 : 대법원 2009.2.12. 2008두11716.

내국세법에는 소득세법, 법인세법, 상속세 및 증여세법, 종합부동산세법, 부가가치세법, 개별소비세법, 교통・에너지・환경세법, 주세법, 인지세법, 증권거래세법, 교육세법, 농어촌특별세법 및 자산재평가법이 포함된다. 관세법에는 관세법 및 임시수입부가세법이 있다. 지방세법에는 지방세기본법, 지방세법, 지방세특례제한법이 있다.

(3) 조약 및 국제법규

헌법에 의하여 체결・공포된 조약과 일반적으로 승인된 국제법규는 국내법과 같은 효력을 가진다(헌법 6조 1항). 대통령이 조약을 체결・비준한다(헌법 73조). 국회는 상호원조 또는 안전보장에 관한 조약, 중요한 국제조직에 관한 조약, 우호통상항해조약, 주권의 제약에 관한 조약, 강화조약, 국가나 국민에게 중대한 재정적 부담을 지우는 조약 또는 입법사항에 관한 조약의 체결・비준에 대한 동의권을 가진다(헌법 60조 1항). 즉 국회의 동의를 받은 조약은 국내법과 같은 효력을 갖는다. 다만 일반적으로 승인된 국제법규를 국내법으로 수용하는 특별한 절차는 없다. 즉 이 경우에는 국회의 동의가 없더라도 국내법과 같은 효력을 갖게 된다. 따라서 조세와 관련된 조약 및 국제법규는 국내세법과 동일한 효력을 갖는 조세법의 법원이 된다. 조세와 관련한 일반적으로 승인된 국제법규의 지위에 해당하는 예는 아직 찾기 어렵다고 본다. 다만 이러한 조약 및 국제법규는 국회를 통하여 제정된 법률 즉 형식적 법률이 아니므로 조세법률주의의 원칙 상 이들에 근거하여 납세의무를 창설할 수는 없다. 즉 조세조약은 각 조세체약국에서 발생한 납세의무를 경감하거나 이중과세를 조정하기 위한 목적에 의하여 체결되고 적용된다.

조약 및 국제법규 역시 국내법규와 효력이 동일하기 때문에 신법 우선의 원칙과 특별법 우선의 원칙이 그대로 적용된다는 견해[386]와 조약의 내용이 법률에 비하여 특별한 경우에는 조약이 특별법으로서 우선하여 적용되나 국회가 조약규정의 개폐를 명시적으로 표방하는 새로운 법률을 제정한 경우에는 조약의 특별법의 지위가 박탈된다는 견해[387]가 있다. 조약의 특별법으로서의 지위에 대하여서는 별 이견이 없는 것으로 보인다. 그러나 조약과 신법우선의 원칙과 관련하여서는 논의의 여지가 있다. 기왕에 체결된 조약을 국내세법을 통하여 개폐할 수 있는지 여부는 이른바 'treaty override'와 관련된 쟁점이다. 우리의 경우 헌법은 국내법과 동일한 효력을 갖는 조약에 대하여 우선하는 효력을 가지고 있고, 독일과

386) 임승순, 전게서, 22면.
387) 이태로・한만수, 전게서, 15면.

미국의 경우 역시 같다. 그러나 독일의 경우에는 신법우선의 원칙이 적용되지 않아서 treaty override가 발생할 수 없다고 해석되고, 미국의 경우에는 신법우선의 원칙이 적용되어 treaty override가 발생할 수 있다고 해석된다.[388] 따라서 우리의 경우에도 조세조약에 대하여 신법우선의 원칙이 적용될 수 있는 여지가 있다고 보아야 한다.[389]

우리나라는 OECD 모델협약(Model Tax Convention on Income and on Capital)과 UN 모델협약(United Nations Model Convention for Tax Treaties between Developed and Developing Countries)을 토대로 삼아 각국과 조세조약을 체결하고 있다.

(4) 법규명령

헌법은 "대통령은 법률에서 구체적으로 범위를 정하여 위임받은 사항과 법률을 집행하기 위하여 필요한 사항에 관하여 대통령령을 발할 수 있다"고 규정하고(헌법 75조), 또한 "국무총리 또는 행정각부의 장은 소관 사무에 관하여 법률이나 대통령령의 위임 또는 직권으로 총리령 또는 부령을 발할 수 있다"고 규정한다(헌법 95조).

헌법 제75조는 대통령이 갖는 **법규명령** 제정권에 대하여 규정한 것인 바, 법규명령은 헌법에 근거하여 행정기관이 발하는 국민의 권리 및 의무에 관련된 사항에 관한 일반적 명령을 의미한다.[390] 법규명령은 일반적 · 대외적 구속력을 갖는 법규범이다.[391] 다만 헌법재판소는 행정명령 역시 특별한 경우에는 대외적인 구속력을 갖는다는 취지로 판시한다. 즉 "행정규칙이 법령의 규정에 의하여 행정관청에 법령의 구체적 내용을 보충할 권한을 부여한 경우, 또는 재량권행사의 준칙인 규칙이 그 정한 바에 따라 되풀이 시행되어 행정관행이 이룩되게 되면, 평등의 원칙이나 신뢰보호의 원칙에 따라 행정기관은 그 상대방에 대한 관계에서 그 규칙에 따라야 할 자기구속을 당하게 되고, 그러한 경우에는 대외적인 구속력을 가지게 된다"[392]

법규명령은 다시 **위임명령**과 **집행명령**으로 구분된다. 헌법 제75조 중 '법률에서 구체적으로 범위를 정하여 위임받은 사항'에 관한 명령이 위임명령이고, '법률을 집행하기 위하여 필요한 사항'에 관한 명령이 집행명령이다. 집행명령은 일종의 법률시행세칙으로서 위임명령

388) 이상 treaty override에 관한 논의는 이재호, *국내세법의 적용과 Treaty Override*, 「조세학술논집」 제22집 제2호, 2006, 111-114면 참조.
389) 같은 취지 : 상게논문, 160-163면.
390) 성낙인, 전게서, 1100면.
391) 상게서, 1101면.
392) 헌재 1990.9.3. 90헌마13.

과 달리 새로운 입법사항을 그 대상으로 하는 것이 아니고 법률을 구체적으로 집행하기 위한 세부적인 사항을 규율하는 것이기 때문에 법률의 내용에 철저히 기속되어야 한다. 즉 집행할 법률에 없는 사항을 규율하거나 집행할 법률의 내용을 변경 내지는 왜곡시키는 집행명령은 허용될 수 없다.[393] 또한 헌법 제95조는 국무총리 또는 행정각부의 장이 법률이나 대통령령의 위임 또는 직권으로 총리령 또는 부령을 발할 수 있다는 취지로 규정하므로, 법률의 위임이 있는 경우에 대통령령이 아닌 총리령 또는 부령에 입법사항을 위임할 수도 있다.[394]

법규명령이 법률의 위임 범위를 벗어났는지 판단하는 방법 및 그 판단요소는 어떠한가? 법규명령이 법률의 위임 범위를 벗어났는지는 직접적인 위임 법률조항의 형식과 내용뿐만 아니라 법률의 전반적인 체계와 목적 등도 아울러 고려하여 법률의 위임 범위나 한계를 객관적으로 확정한 다음 법규명령의 내용과 비교해서 판단해야 한다. 법규명령의 내용이 위와 같이 확정된 법률의 위임 범위 내에 있다고 인정되거나 법률이 예정하고 있는 바를 구체적으로 명확하게 한 것으로 인정되면 법규명령은 무효로 되지 않는다. 나아가 어느 시행령 규정이 모법의 위임 범위를 벗어난 것인지를 판단할 때 중요한 기준 중 하나는 예측 가능성이다. 이는 해당 시행령의 내용이 이미 모법에서 구체적으로 위임되어 있는 사항을 규정한 것으로서 누구라도 모법 자체로부터 위임된 내용의 대강을 예측할 수 있는 범위에 속한다는 것을 뜻한다. 이러한 예측 가능성의 유무는 해당 조항 하나만을 가지고 판단할 것은 아니고 법률의 입법 취지 등을 고려하여 관련 법조항 전체를 유기적 · 체계적으로 종합하여 판단하여야 한다.[395]

한편 **국세청의 고시**와 관련하여 그 법적 성격에 대하여 본다. 헌법재판소는 "국세청의 고시 또는 공고의 법적 성질은 일률적으로 판단될 것이 아니라 고시에 담겨진 내용에 따라 구체적인 경우마다 달리 결정된다고 보아야 한다. 즉, 고시가 일반 · 추상적 성격을 가질 때는 법규명령 또는 행정규칙에 해당하지만, 고시가 구체적인 규율의 성격을 갖는다면 행정처분에 해당한다"고 판시한다.[396] 국세청장의 고시가 부령 등 위임명령에 해당하는지 여부에 대하여서는 추가적인 검토를 요한다.

393) 허영, 전게서, 1003-1004면.
394) 헌재 1998.2.27. 97헌마64.
395) 대법원 2021.7.29. 2020두39655.
396) 헌재 1998.4.30. 97헌마141.

(5) 행정명령

행정명령은 행정기관이 국민의 권리 및 의무와 관련이 없는 사항인 행정부 내부의 조직, 활동 등을 규율하기 위하여 행정기관의 고유한 권한으로서 발하는 명령을 의미한다.[397] **행정명령은 일반적 · 대외적 구속력을 갖는 법규범이 아니다.**[398] 법률 등의 위임이 없이 직권으로 발하는 대통령령, 총리령 또는 부령은 행정명령에 속한다.

상급 과세관청은 조세행정의 통일을 위하여 세법의 해석 및 적용 등에 관하여 명령을 발령하는 바 이것이 행정명령에 속한다. 이에는 각 개별세법에 대하여 세법의 해석기준 및 집행기준을 시달하기 위한 **기본통칙**과 개별 사항에 대하여 조세법의 해석 및 적용지침을 시달하기 위한 예규 등 **개별통칙**이 있다.

조세법 상 기본통칙은 과세관청 내부에 있어서 세법의 해석기준 및 집행기준을 시달한 행정규칙에 불과하고 법원이나 국민을 기속하는 효력이 있는 법규가 아니라고 할 것이고, 오랫동안 시행되어 왔다는 사정만으로 법규적 효력을 인정할 수도 없으며, 이것이 과세관청의 국세관행이 될 수 있는지 여부는 별론으로 하고 법령에 대한 해석이 될 수도 없다.[399] 개별통칙 역시 마찬가지이다.

(6) 조례 · 규칙

지방자치단체는 지방세의 세목, 과세대상, 과세표준, 세율, 그 밖에 부과 · 징수에 필요한 사항을 정할 때에는 지방세기본법 또는 지방세관계법에서 정하는 범위에서 **조례**로 정하여야 하고(지기 5조 1항), 지방자치단체의 장은 조례의 시행에 따르는 절차와 그 밖에 그 시행에 필요한 사항을 **규칙**으로 정할 수 있다(지기 5조 2항). 따라서 조례와 규칙 역시 조세법의 법원이 된다. 다만 지방자치단체의 감면조례와 지방자치단체의 장이 집행하는 보조금은 그 효과가 사실상 유사하므로, 보조금을 통하여 감면조례와 관련된 법정 절차를 잠탈하는 것을 방지할 필요가 있다.

---

397) 성낙인, 전게서, 1100면.
398) 상게서, 1101면.
399) 대법원 2007.6.14. 2005두12718 ; 대법원 1992.12.22. 92누7580.

나. 조세법의 해석

(1) 조세법에 대한 유추해석 또는 확장해석 등의 가능 여부 및 그 해석의 한계

구체적으로 확정된 사실관계에 대하여 조세법을 적용하기 위하여서는 조세법의 의미를 확정하여야 하는 바, 이처럼 조세법의 의미를 확정하는 것을 **조세법의 해석**이라고 한다. 조세법의 적용요건 자체의 의미가 불확실하거나 다의적이라면 구체적인 사실관계가 조세법상 각 요건에 포섭되는지 여부를 판정하는 것 역시 어렵게 된다. 이러한 경우에는 해당 조세법이 과세요건 명확주의에 위배되는 것이 아닌지 여부가 검토되어야 한다.

조세법률주의에 의하면 납세의무는 법률에 의하여서만 창설될 수 있으므로 관습 또는 조리 등에 의하여서는 창설될 수 없다. 또한 조세는 국가의 재원을 조달하기 위하여 결과적으로 납세자의 재산권에 손해를 가하는 것이다. 따라서 법원은 납세자에 대하여 법적 안정성과 장래에의 예측가능성을 보장하기 위하여 조세법을 문언 자체에 의하여 엄격하게 해석하여야 할 필요가 있다. 헌법재판소와 대법원 역시 납세자에 대하여 법적 안정성과 장래에의 예측가능성을 보장하기 위하여 **조세법은 엄격하게 해석되어야 하고 '합리적 이유가 없는 한' 유추해석이나 확장해석은 허용되지 않는 것으로 보아야 한다**고 판시하고,[400] 또한 이러한 원칙은 과세요건이나 비과세요건 또는 조세감면요건을 막론하고 조세법규의 해석에 있어서 적용되는 것이고 특히 감면요건 규정 가운데에 명백히 특혜규정이라고 볼 수 있는 것은 엄격하게 해석하는 것이 조세공평의 원칙에도 부합하는 것이라고 판시한다.[401]

그렇다면 **조세법 문언을 유추해석 또는 확장해석하는 방법으로 납세의무를 창설하거나 그 적용범위를 확장할 수는 있는 '합리적인 이유가 있는 경우'는 어떻게 정의되어야 하는가?** 이하 이 쟁점과 관련하여서는 유추해석 또는 확장해석을 납세의무를 가중시키기 위한 해석을 의미하는 것으로 전제하고 논의를 전개한다.[402] 위 질문에 답하기 전에 조세법의 적용과 관련하여 법원이 헌법적 가치의 충돌을 해결하기 위한 해석을 할 수 있는지 여부를 먼저 본다.[403] 법관은 헌법과 법률에 의하여 그 양심에 따라 독립하여 심판한다(헌법 103조).

400) 헌재 1996.8.29. 95헌바41.

401) 대법원 2009.8.20. 2008두11372.

402) 유추해석 또는 확장해석이 비과세요건 또는 감면요건에 대하여 적용된다면 이는 납세의무를 축소하기 위한 것으로 보아야 할 것이지만 여기서는 납세자의 납세의무를 가중시키기 위한 것으로 사용하기로 하고 이하 반대의 경우에는 축소해석이라는 개념을 통하여 표시하기로 한다.

403) 조세법규 자체가 헌법상 한계를 위반하였는지 여부를 판단함에 있어서도 헌법적 판단을 하여야 할 것이나, 이는 해당 법규 자체와 관련된 쟁점이므로 이 쟁점은 조세법의 내용을 해석하여 구체적인 사실관계에 적용

법원은 조세법이 헌법정신 및 헌법상 제약에 위반되는 여부가 재판의 전제가 된 경우에는 헌법재판소에 그 심판을 제청한다(헌법 107조 1항). 또한 대법원은 명령·규칙 또는 처분이 헌법이나 법률에 위반되는 여부가 재판의 전제가 된 경우에는 이를 최종적으로 심사할 권한을 가진다(헌법 107조 2항). 즉 법원은 법률, 명령, 규칙 및 처분에 대하여 이들이 헌법에 위반되는지 여부에 대하여 판단을 할 수 있다. 그렇다면 법원에게 '해당 법률, 명령, 규칙 및 처분이 헌법에 위반되는지 여부에 대한 판단' 이외에 '헌법적 가치의 충돌을 해결하기 위하여 조세법의 내용을 문언과 달리 해석하는 권한 역시 부여된 것인지 여부'가 문제로 된다. 서로 충돌하는 헌법상 가치들이 조정된 방식 자체가 헌법에 부합하지 않는 것이라면, 즉 조세평등주의가 조세법률주의에 항상 우선하여 적용되도록 조세법규가 제정된 경우라면, 법원은 이러한 조세법규가 헌법 제38조 및 제59조 등에 위반되는지 여부에 대하여 판단할 수 있다. 그런데 법원이 조세법규가 헌법에 위반된 것인지 여부를 판단하기 위하여서는, 해당 조세법규를 통하여 헌법상 가치가 적절하게 조정되었는지 여부 역시 법원이 판단할 수 있어야 한다. 그렇다면 법원이 '충돌하는 헌법상 가치들이 가능한 한 적절하게 조정되는 방식으로' 조세법의 문언을 해석하여 적용할 권한 역시 갖는 것으로 보아야 한다. 조세법상 문언이 구체적인 사실관계와 관련하여 헌법상 가치의 충돌을 잘 조정하지 못하는 측면이 있는 경우에 이를 문언 자체로만 해석하여 헌법상 다른 가치를 보호하지 않는 것보다는 이를 조화적으로 해석하여 적용하는 것이 오히려 헌법정신에 부합하기 때문이다. 또한 조세법규는 일반적 규범으로서 기능하는 것이므로 이를 위헌으로 판단할 경우에는 새로운 규범이 제정되기까지 법적 혼란이 있을 수 있고 위헌으로 선언된 규범을 이미 준수한 납세자와 이를 다툰 납세자를 평등하게 취급하지 못하는 문제 등이 있으므로, 법원이 가능한 한 다른 헌법가치를 존중하는 방식으로 조세법을 해석하여 적용하는 것이 오히려 납세자들의 법적 안정성과 신뢰를 보호하려는 조세법률주의에 부합할 수 있다는 점 역시 고려되어야 한다. 그렇다면 **조세법률주의 상 합법성의 원칙에도 불구하고 조세법의 유추해석 또는 확장해석을 가능하게 하는 헌법상 가치는 무엇인가?** 조세법 상 문언과 다른 해석을 가능하게 하는 헌법상 가치는 조세법률주의와 충돌되지만 또한 조정할 수 있는 것이어야 한다. 서로 충돌하는 헌법상 가치는 입법을 통하거나 법원 또는 헌법재판소의 해석을 통하여 구체화된

함에 있어서 헌법적 판단을 할 수 있는지 여부와는 다른 것으로 판단한다. 또한 위와 같은 의미에서의 조세법에 대한 최종적인 해석권한은 법원에 있으므로 법원의 권한을 중심으로 살핀다.

다. 만약 입법적 결단이 이루어지면 그 동일한 쟁점에 대하여서는 법원 또는 헌법재판소의 해석 역시 그 입법의 내용에 따라야 할 것이다. 헌법상 조세법률주의와 조세평등주의가 상호 충돌하는 경우 이를 조정하기 위하여 내려진 입법적 결단이 바로 실질과세원칙(국기 14조)이다. 실질과세원칙은 정의의 이념에 따라 평등한 것은 평등하게, 그리고 불평등한 것은 불평등하게 취급한다는 조세평등주의를 실천하기 위한 것이고 이는 구체적인 경우에 조세법률주의에 따른 합법성 원칙을 수정하는 것을 가능하게 하는 원칙이다. **실질과세원칙이 조세의 부과 및 징수단계뿐 아니라 조세법의 해석단계에서도 적용되는 것인가?** 실질과세원칙을 조세법을 적용하기 위한 구체적 사실인정단계에서만 기능하는 것으로 생각할 수 있다. 즉 실질과세원칙을 형식에 해당하는 사실관계를 걷어 내고 그 실질에 해당하는 사실관계를 확정하는 작업으로만 여길 수 있다. 그러나 실질과세원칙은 조세법의 적용단계에서도 작용하는 원칙인 바, 조세법을 적용하기 위하여서는 구체적인 사실이 확정되어야 할 뿐만 아니라 그에 적용될 조세법 문언에 대한 의미 역시 확정되어야 한다. 즉 국세기본법 상 실질과세원칙은 납세자가 선택한 형식을 무시 또는 재구성하는 방식으로 경제적 실질에 따라 세법을 적용할 것을 요청하는 것인 바, 세법의 적용은 조세법의 해석을 통하여 구체적으로 이행되는 것이므로 실질과세원칙은 조세법의 해석단계에 있어서도 적용된다고 보아야 한다. 한편 조세법의 해석에 있어서 실질과세원칙이 적용되지 않는다고 해석할 근거 역시 없다. 그렇다면 법원은 조세법의 해석단계에서 실질과세원칙을 적용하여 조세법률주의와 조세평등주의의 충돌을 조화롭게 조정할 수 있는 권한을 가지고 있다고 보아야 한다. 이상 조세법의 해석단계에 적용되는 실질과세원칙은 국세기본법 제14조의 해석에 관한 것이고 납세자의 거래방식으로 인하여 조세의 부당한 감소가 있을 경우 그 조세부담을 경제적 실질에 따라 조세부담을 증가시키는 것과 관련된 것이다.

그러나 조세공평주의가 납세자의 조세부담을 증가시키는 방향으로만 행사되는 것은 헌법정신 자체에 의하여 허용될 수 없는 것이다. 따라서 납세자가 선택한 거래로 인하여 법문언에 따라 부담하는 조세부담이 납세자가 처한 경제적 실질에 비추어 과다한 경우에는 조세공평주의가 어떻게 실현되어야 하는지 여부가 쟁점이 된다. 이로 인하여 발생하는 문제점은 법문언의 의미를 경제적 실질에 부합하도록 해석하여 해결할 수밖에 없다. 그 권한은 최종적으로 법원에 있다. 다만 이러한 해석방법은 실질과세원칙에 근거한 것이 아니라는 점에 유념할 필요가 있다. 오히려 이는 조세법률주의를 실질적으로 구현하는 것과 관련되어 있다. 법 문언 자체가 아니라 법 문언이 의도한 경제적 실질에 따라 조세법을 해석하는 것에 불과하고 형식적 문언을 넘어서는 것은 아니기 때문이다. 즉 이러한 해석은 실질과세원칙이 규정되어 있지 않다고 하더라도 가능한 것이다.

경제적 실질에 따른 조세공평주의는 위 두 가지 형태로 각 실질과세원칙 및 조세법률주의에 근거하여 조세법의 해석단계에서 적용되는 바, 헌법재판소 역시 이상과 같은 취지에서 "국가는 조세입법을 함에 있어서 조세의 부담이 공평하게 국민들 사이에 배분되도록 법을 제정하여야 할 뿐만 아니라, 조세법의 해석 · 적용에 있어서도 모든 국민을 평등하게 취급하여야 할 의무를 진다. 조세평등주의는 정의의 이념에 따라 평등한 것은 평등하게, 그리고 불평등한 것은 불평등하게 취급함으로써 조세법의 입법과정이나 집행과정에서 조세정의를 실현하려는 원칙이라고 할 수 있다"[404]고 판시한 것으로 보인다.

그렇다면 **경제적 실질에 따른 조세공평주의는 조세법의 해석단계에서 어떻게 적용되는 것인가?** 먼저 실질과세원칙은 조세법이 의도한 경제적 실질과 구체적인 사실관계에 반영된 경제적 실질을 비교하는 방법으로 적용하는 것이 타당하다. 만약 조세법이 의도한 경제적 실질과 구체적 사실관계에 반영된 경제적 실질이 동일한 것임에도 불구하고 조세법의 문언으로 인하여 동일한 실질에 따라 조세법을 적용하는 것이 어려운 경우에는, 법원이 동일한 경제적 실질을 가진 거래에 대하여 동일한 조세법을 적용할 수 있도록 해당 조세법 문언에 대하여 유추해석하거나 확장해석을 하는 것이 타당하다. 즉 조세법에 대하여 유추해석 또는 확장해석을 할 것인지 여부는 확정된 사실관계에 반영된 경제적 실질이 조세법이 의도하는 경제적 실질과 동일한지 여부를 기준으로 결정되어야 한다. 이러한 입장에 선다면 조세법 상 문언은 조세법이 의도하는 경제적 실질에 근거하여 세법 독자적으로 해석되어야 한다. 다만 이러한 해석은 실질과세원칙에 근거한 것이므로 국세기본법 제14조의 문언에 기속되어야 한다. 이상 조세법 문언에 대한 유추해석 또는 확장해석에 대하여 살폈는 바, **조세법 문언을 축소하여 해석하여야 하는 경우는 없는가?**[405] 조세법 상 문언이 의도하는 경제적 실질과 구체적인 사실관계에 반영된 경제적 실질이 동일하지 않음에도 불구하고 그 문언이 지나치게 넓게 정의되어 위 두 실질을 동일하게 취급하여야 하는 경우에는, 법원이 해당 조세법의 문언을 축소하여 해석하는 것이 타당하다.

404) 헌재 1989.7.21. 89헌마38.
405) 축소해석이라는 용어를 납세의무를 경감 또는 면제하기 위한 경우로 한정하여 사용하기로 하였다는 점은 기술하였다.

'조세법의 해석을 통하여 적용되는 경제적 실질에 따른 조세평등주의'와 '조세입법의 위헌 여부에 관한 판단단계에서 적용되는 조세평등주의'는 동일한 것인가? '조세입법'의 평등원칙 위반 여부를 심사함에 있어서는, 다른 경우와는 달리 특별한 사정이 없는 한 '조세의 부과와 징수에 있어서 합리적 이유가 없이 자의적으로 특정 납세자를 불리하게 차별하거나 우대하는 등 방법으로 납세자의 담세능력에 상응하여 공정하고 평등하게 취급하여야 한다는 평등의 원칙을 위반하지 않았는지 여부'만을, 즉 자의성 여부만을 심사하여야 한다.[406] 자의성 심사를 충족하지 못한 경우에는 조세법 자체가 위헌이 되고 조세법의 해석 자체가 문제되지는 않는다. **조세법 해석단계에서 조세공평주의가 경제적 실질을 기준으로 적용되는 것과 달리 조세입법에 관한 자의성 심사는 납세자의 '담세능력'을 기준으로 하여 이루어진다.**[407] 납세자의 경제적 실질은 납세자의 구체적인 거래단계에서 판정되는 개념이므로 조세입법단계에서는 이를 감안할 수가 없기 때문이다. 담세능력과 경제적 실질이라는 두 기준 모두 조세평등주의의 실현 여부를 측정할 수 있는 별도의 도구개념에 해당한다. 한편 **조세법령 단계에서 재산, 이익 또는 용역의 평가방법을 공식 형태로 규정하는 것이 담세능력에 따른 자의성 심사기준에 부합하는 것인가?** 재산, 이익 또는 용역에 대한 평가는 각 납세자가 처한 경제적 사정 등에 따라 다양하게 형성될 수밖에 없다. 납세자의 담세능력은 그 평가결과에 따라 달라진다. 또한 법관은 특별한 사정이 없는 한 해당 법령에 기속되어 판단하여야 하므로 법령에 따른 평가결과가 납세자의 담세능력과 동떨어진 것이라고 할지라도 달리 판단할 수 없다. 이러한 사정에도 불구하고 **납세자의 담세능력과 무관하게 재산, 이익 또는 용역에 대한 평가방법을 공식 형태로 법령단계에서 규정한다면 납세자의 담세능력과 무관하게 법률을 적용하는 결과에 이르게 된다.** 따라서 이러한 조세입법은 자의적인 것으로서 조세공평주의에 반하는 것이다. 조세행정의 편의를 위하여 평가방법을 공식으로 정할 필요가 있다고 할지라도 이는 법령단계가 아닌 기본통칙 단계에서 규정하는 것이 타당하다. 그 경우에는 법원 등 불복기관이 납세자의 담세능력에 부합되는 다른 합리적인 방법을 발견한 경우에 그 방법을 적용할 수 있기 때문이다.

설사 법령단계에서 공식의 형태로 평가방법을 규정한다고 할지라도 이에 대하여 납세자가 다른 보다 합리적인 평가방법 또는 법령 상 평가방법의 부당성을 입증할 수 있는 기회가

406) 헌재 2003.12.18. 2002헌마593 참조.
407) 같은 장 제3절 Ⅱ 조세평등주의 참조.

보장되어야 한다. 그 기회가 보장되지 않는다면 이 역시 자의적인 것으로서 조세공평주의에 반하는 것이다. 이러한 이치는 시가의 범위를 '불특정 다수인 사이에 자유롭게 거래가 이루어지는 경우에 통상적으로 성립된다고 인정되는 가액 등'으로 정의하고, 이를 우선하여 적용한다고 규정하더라도 마찬가지로 적용되어야 한다. 평가대상에 대한 거래의 형태는 각 당사자들이 처한 사정에 따라 매우 다양하게 발생하는 것이어서 그 구체적인 거래와 동일 또는 실질적으로 유사한 거래가 항상 불특정 다수인 사이에서 자유롭게 이루어질 수 있는 것은 아니기 때문이다. 이상의 논의에 비추어 보면 현행 상속세 및 증여세법 등 세법에 규정된 공식 형태의 각 평가방법들은 자의적인 것으로서 조세공평주의에 반하는 것으로 보아야 한다. **판례 역시** 부당행위계산의 부인제도 상 시가의 판정과 관련하여 법인세법 시행령이 '금전의 대여 또는 차용의 경우에는 가중평균차입이자율이나 당좌대출이자율을 시가로 한다'는 취지로 규정한다고 할지라도 이자율의 시가 역시 일반적이고 정상적인 금전거래에서 형성될 수 있는 객관적이고 합리적인 것이어야 하므로, 가중평균차입이자율 등을 **시가로 볼 수 없는 사정이 인정된다면 정상적인 거래에서 적용되거나 적용될 것으로 판단되는 이자율의 시가를 과세관청이 증명하여야 한다고 판시**한다.[408] 위 판례의 입장은 지극히 타당하고 또한 전향적이라고 평가한다.

법 문언과 다른 경제적 실질이 존재한다는 이유만으로 '유추해석 또는 확장해석' 및 '축소해석'을 할 수 있는가? 조세법 문언에 대한 유추해석 또는 확장해석(또는 축소해석)을 할 수 있는 근거가 경제적 실질에 따른 조세공평주의이므로, 조세법 해석의 한계 역시 이와 관련하여 모색하는 것이 타당하다. **먼저 유추해석 또는 확장해석의 한계와 관련하여 본다.** 실질과세원칙이 조세법이 의도하는 것과 다른 별도의 경제적 실질이 존재한다는 자체만으로 적용되지는 않는다. 납세자가 부당하게 조세를 감소하는 경우에 해당하여야 이를 적용할 수 있다. 조세의 부과 및 징수단계에 있어서의 '부당한 조세부담의 감소'는 특정 납세자가 통상적이지 않은 방식 또는 자신의 경제적 실질을 가장 또는 은폐하는 방식을 선택하여 동일한 경제적 실질을 갖는 다른 납세자에 비하여 조세를 보다 적게 부담하는 것을 의미하나, 납세자가 선택한 방식에 나름의 경제적 합리성이 있다면 이에 대하여서는 실질과세원칙이 적용되지 않아야 한다. 이러한 원칙을 조세법의 해석단계에 있어서 적용한다면, '부당한 조세부담의 감소'는 조세법 문언이 의도하는 경제적 실질과 구체적 사실관계에 반영된

408) 대법원 2018.7.26. 2016두40375.

경제적 실질이 동일함에도 조세법 상 문언으로 인하여 해당 조세법을 적용하지 못하게 될 경우 이로 인하여 해당 납세자가 동일한 경제적 실질을 갖는 다른 납세자에 비하여 조세를 보다 적게 부담하는 것을 의미한다. 그렇다면 조세법 문언을 유추해석하거나 확장해석하지 않는다면 위와 같은 의미의 '부당한 조세부담의 감소'가 발생하는 경우에 한하여, 법원이 조세법 문언에 대하여 유추해석하거나 확장해석을 할 수 있다고 본다. 이어서 **축소해석의 한계에 대하여 본다.** 축소해석의 경우에는 유추해석 또는 확장해석의 경우와는 반대로 보아야 한다. 즉 구체적 사실관계에 반영된 경제적 실질이 조세법 문언이 의도하는 경제적 실질과 상이함에도 불구하고, 조세법이 이를 동일하게 취급함으로 인하여 납세자가 동일한 경제적 실질을 갖는 다른 납세자에 비하여 보다 많은 조세를 부담하게 되는 경우에 한하여, 법원이 조세법 문언을 축소해석할 수 있다고 본다.

이상과 같이 법원이 조세법의 해석을 통하여 조세법을 그 문언과 달리 적용하는 것을 특정한 조건을 갖추는 경우로 한정한다고 하더라도, 그 해석으로 인하여 법적 불확실성이 야기될 수밖에 없다. 그러나 이러한 불확실성은 그 판단 주체가 법원이라는 점과 그 해석에 있어서 '조세법 문언이 의도하는 경제적 실질'이라는 개념이 작용한다는 점에서 실질적으로 완화되고, 통제될 수 있는 여지가 있다고 판단한다.

(2) 조세법의 해석과 '차용개념' 또는 '거래의 사법 상 효력'의 관계

조세법의 해석은 조세법의 문언을 어떻게 이해할 것인지 여부와 관련된 것이므로, 조세법 문언에 사용되는 사법 상 개념을 세법 상으로는 어떻게 이해하여야 하는지 여부 및 조세법 문언에 등장하는 거래의 사법 상 효력이 조세법에는 어떠한 영향을 미치게 되는지 여부에 관한 쟁점들은 조세법의 해석과 밀접하게 연결된 것이라고 할 수 있다.

조세법 문언에 사용되는 개념은 **차용개념**과 **고유개념**으로 구분된다. 차용개념은 다른 법 분야에서 사용하고 있는 개념이 세법에 도입된 것으로서 배당, 상속 등 주로 민상법에서 사용되는 것이 그 예에 해당한다. 한편 고유개념은 법학 이외의 다른 학문분야에서 사용되는 개념 또는 조세법이 독자적으로 사용하는 개념을 의미하는 것으로서 소득 등이 이에 해당한다. 위 구분과 관련하여 차용개념은 원칙적으로 본래의 법 분야와 동일하게 해석하여야 하고 고유개념은 해당 법규의 취지, 목적에 비추어 조세법 독자적인 견지에서 해석하여야 한다는 견해가 있다.[409] 판례 역시 차용개념에 대하여서는 조세법에 별도의 정의 규정을 두고 있지 않고 특별한 사정이 없는 한 민사법과 동일하게 해석하는 것이 법적 안정성이나 조세법률주의가 요구하는 엄격해석의 원칙에 부합한다고 판시한다.[410] 그렇다면 위 판시에 있어서 **차용개념과 관련하여 민사법 상 개념과 동일하게 해석하지 않을 수 있는 '특별한 사정이 있는 경우'는 어떻게 정의하여야 하는가?** '특별한 사정이 있는 경우'는 '조세법 상 차용개념이 의도하는 경제적 실질과 구체적 사실관계에 반영된 경제적 실질이 동일함에도 불구하고 이를 민사법 등 다른 법 분야와 동일하게 해석한 결과 해당 조세법 규정을 그 경제적 실질과 다르게 적용한 결과가 초래되는 경우'로 정의하는 것이 타당하다. **고유개념에 있어서 해당 법규의 취지, 목적에 비추어 조세법 독자적인 견지에서 해석하여야 한다는 의미는 무엇인가?** 이 역시 해당 고유개념이 의도한 경제적 실질에 부합하는지 여부를 기준으로 해당 개념을 해석하여야 한다는 뜻으로 해석하는 것이 타당하다. 그렇다면 조세법에 사용된 개념이 차용개념인지 고유개념인지 여부에 의하여 조세법의 해석이 달라질 이유는 없는 것이고, 차용개념 또는 고유개념 역시 조세법 해석에 관한 일반원칙에 따라 '조세법 문언이 의도한 경제적 실질'과 '구체적 사실관계에 반영된 경제적 실질'이 동일한 것인지 여부를 기준으로 해석하는 것으로 족하다고 할 것이다.

조세법 문언에 등장하는 거래의 사법 상 효력이 조세법에는 어떠한 영향을 미치게 되는지 여부에 대하여 본다. **조세법은 그 문언에 사용된 거래에 대한 사법 상 거래의 효력을 그대로 인정하여야 하는가?** 이 역시 조세법이 문언을 통하여 의도하는 경제적 실질과 해당 사법 상 거래에 반영된 경제적 실질이 동일한지 여부를 기준으로 판단하는 것이 타당하다. 판례 역시 사법 상 무효인 위법소득과 유동적 무효의 경우에 대하여서도 다음과 같이 이유로 과세한다.[411] 즉 위법소득이더라도 개인이 이를 향수하면 담세력이 있는 것으로 판단되므로 과세하는 것이 타당하다. 또한 국토계획법이 정한 토지거래허가구역 내의 토지를 매도하고 그 대금을 수수하였으면서도 토지거래허가를 배제하거나 잠탈할 목적으로 매매가 아닌 증여가 이루어진 것처럼 가장하여 매수인 앞으로 증여를 원인으로 한 이전등기까지 마친 경우는 위법 내지 탈법적인 것이어서 무효임에도 불구하고, 당사자 사이에서는 그 매매 등 계약이 유효한 것으로 취급되어 매도인 등이 그 매매 등 계약의 이행으로서 매매대금 등을 수수하여

409) 金子 宏、前掲書、110－113頁。
410) 대법원 2010.4.29. 2007두11092.
411) 대법원 1983.10.25. 81누136(위법소득 관련) ; 대법원 2011.7.21. 2010두23644 전원합의체 판결(유동적 무효 관련).

그대로 보유하고 있는 경우에는 종국적으로 경제적 이익이 매도인 등에게 귀속된다고 할 것인 바, 그 경우에도 그 매매 등 계약이 법률 상 무효라는 이유로 그 매도인 등이 그로 인하여 얻은 양도차익에 대하여 양도소득세를 과세할 수 없다고 보는 것은 그 매도인 등으로 하여금 과세 없는 양도차익을 향유하게 하는 결과로 되어 조세정의와 형평에 심히 어긋나므로 매매대금을 반환하지 않은 매도인 등에게 양도소득세를 과세하는 것은 정당하다. 이상의 판례들이 취하는 관점은 위법소득 및 유동적 무효의 경우뿐만 아니라 사법 상 법률행위의 무효 또는 취소에 대하여서도 조세법에 특별한 규정이 없는 한 그대로 적용되어야 할 것이다.

다만 위 관점에 입각하여 검토할 판례가 있다. 판례 중에는 "구 소득세법 시행령에서 정한 '소유'의 개념에 대하여 별도의 정의 규정을 두고 있지 않은 이상 특별한 사정이 없는 한 민사법과 동일하게 해석하는 것이 법적 안정성이나 조세법률주의가 요구하는 엄격해석의 원칙에 부합하는 점 등을 종합하면, 대주는 대차기간 동안 주식의 소유권을 차주에게 이전하여 차주로 하여금 이를 이용하게 하고 차주는 대차기간 종료 시 동종 · 동량의 주식을 대주에게 반환할 것을 약정함으로써 성립하는 이른바 '주식대차계약'에 따라 차주에게 이전된 대차주식은 위 조항에서 규정하는 '주주 등이 기준일 현재 소유하고 있는 당해 법인의 주식'에 포함되지 않는다고 봄이 상당하고, 차주로부터 대차주식을 조기에 반환받을 권리 또는 대차기간 중 대차주식에서 발생한 배당금 등을 차주로부터 반환받을 권리가 대주에게 유보되어 있다 하더라도 이는 대주의 차주에 대한 채권적 권리에 불과하여 위와 같은 해석에 아무런 영향을 미치지 아니한다"고 판시한 것이 있다.[412] 위 사안과 관련하여 '대주에게 차주로부터 대차주식을 조기에 반환받을 권리' 또는 '대차기간 중 대차주식에서 발생한 배당금 등을 차주로부터 반환받을 권리'가 대주에게 유보되어 있다는 점을 경제적 실질의 관점에서 판단하여야 하였으나, 위 판례는 단순하게 사법 상 채권적 권리의 효력을 갖는다는 점만을 근거로 판단하고 말았다. 이 점은 비판적으로 다시 검토되어야 한다. 또한 판례는 단체가 외국법인에 해당하는지 여부에 관하여는 법인세법 상 외국법인의 구체적 요건으로서 본점 또는 주사무소의 소재지 외에 별다른 규정이 없는 이상 단체가 설립된 국가의 법령 내용과 단체의 실질에 비추어 우리나라 사법(私法) 상 단체의 구성원으로부터 독립된 별개의 권리 · 의무의 귀속주체로 볼 수 있는지 여부에 따라 판단하여야 한다고 판시한다.[413] 판례의 이러한 입장은 외국법인의 의미를 우리의 세법(稅法)이 아닌 사법의 입장에

412) 대법원 2010.4.29. 2007두11092.

서 해석하여야 한다는 것이다. 즉 외국법인은 차용개념으로서 원칙적으로 사법에 따라 해석하여야 한다는 입장을 취한 것으로 볼 수 있다. 그런데 해당 단체가 외국법인에 해당하는지 여부는 '적용할 조세조약'을 선택하기 위한 것이나, 해당 조세조약이 적용되기 위하여서는 다시 해당 단체가 그 체약국에서 포괄적인 납세의무를 부담하는지 여부를 결정하여야 한다. '적용할 조세조약이 어느 것인지 여부'와 '결정된 조세조약을 적용할 수 있는지 여부'에 있어서 외국법인의 의미를 달리 해석하여야 할 이유가 없으므로 위 두 국면에서 외국법인이 의미하는 그 실질은 동일한 것이다. 그런데 전자의 경우에는 외국법인의 의미를 사법 상 의미로 결정하고 후자의 경우에는 세법 상 납세의무가 있는지 여부를 기준으로 하는 것은 조세법 상 차용개념이 의도하는 경제적 실질을 민사법 등 다른 법 분야와 동일하게 해석하여 해당 조세법 규정을 그 경제적 실질과 다르게 적용한 결과가 초래되는 것에 해당한다고 판단한다. 위 판례의 입장을 취한 경우에는 '해당 단체가 우리나라의 법인세법 상 외국법인에 해당하더라도 타방체약국의 세법에 따라 법인세와 같은 포괄적인 납세의무를 부담하지 않는다면 해당 조세조약의 적용에 있어서 그 조세조약 상 법인으로 볼 수는 없는 경우'가 발생하게 된다. 이러한 문제점을 해결하기 위하여 판례는, 조세조약은 어떠한 단체의 활동으로 얻은 소득에 관하여 '단체'가 아니라 '구성원'이 포괄적인 납세의무를 부담하는 이른바 '투과과세 단체(Fiscally Transparent Entity)'가 '거주자'로서 조세조약의 적용대상인지에 관하여 아무런 규정을 두고 있지 않은 경우에는 우리나라의 입장에서 '외국법인'에 해당하는 투과과세 단체가 타방체약국인 거주지국에서 포괄적인 납세의무를 부담하지 않는다고 하더라도 구성원이 위 단체가 얻은 소득에 관하여 해당 국가에서 포괄적인 납세의무를 부담하는 범위에서는 해당 조세조약 상 거주자에 해당하여 그 조세조약의 적용을 받을 수 있고, 단체가 원천지국인 우리나라에서 얻은 소득 중 구성원이 해당 국가에서 포괄적인 납세의무를 부담하지 아니하는 범위에서는 그 조세조약의 적용을 받을 수 없다고 판시한다.[414)]

그러나 해당 단체가 아니라 구성원 단계에서 납세의무를 부담하는지 여부를 판단하기 위한 전제로서는 해당 단체가 법인이 아니라는 점이 전제되어야 하는 바, 판례는 해당 단체가 우리나라의 사법 상 외국법인에 해당한다는 입장을 전제로 하면서도 위와 같은 판단을 하고 있다는 점에서 논리적 일관성이 없는 것으로 판단한다. 나아가 위 판례의 입장에 따르더

413) 대법원 2012.1.27. 2010두5950; 대법원 2012.10.25. 2010두25466; 대법원 2014.6.26. 2012두11836; 대법원 2017.7.11. 2015두55134, 55141.

414) 대법원 2014.6.26. 2012두11836; 대법원 2015.03.26. 2013두7711; 대법원 2017.7.11. 2015두55134, 55141.

라도 특정 단체가 우리 사법 상 외국법인에 해당하지 않는다면 설사 설립지국에서 세법 상 법인으로서 취급된다고 하더라도 해당 국가와 체결한 조세조약은 적용될 수 없게 되는 문제는 여전히 존재한다. 우리의 경우에는 그 단체 자체가 거주자가 될 수 없으므로 그 단체의 설립지국의 조세조약을 적용할 수 없고, 그 구성원 역시 해당 국가에서 단체의 소득에 대하여 포괄적인 납세의무를 부담하지 않으므로 다시 거주자가 될 수 없기 때문이다. 또한 조세조약은 이중과세의 제거 또는 경감을 주된 목적으로 체결되는 것이므로 세법 상 취급을 염두에 둔 것임에도 불구하고 그 조세조약의 적용과 관련하여 세법이 아닌 일반 사법 상 정의를 통하여 외국법인의 의미를 해석하는 것은 세법 상 관점에서 해석하는 경우에 비하여 위와 같은 문제들을 발생시킬 여지가 훨씬 커지게 되므로 역시 타당하지 않다. 법인세법 역시 외국법인의 판정에 있어서 사법 상 속성을 기준으로 판정하는 것으로 2013년 2월 15일자로 신설되었으나(법세령 1조 2항), 이 역시 위와 같은 이치에 비추어 타당하지 않다고 판단한다. 입법례에 따라서는 사법 상 법인에 해당한다고 할지라도 법인으로서 과세되지 않거나 사법 상 법인이 아닌 조합 또는 신탁 등이라고 할지라도 법인으로서 과세되는 경우 역시 있기 때문이다. 따라서 '적용할 조세조약의 선택' 및 '선택된 조세조약의 적용 여부'를 결정함에 있어서 해당 단체가 법인에 해당하는지 여부를 해당 단체의 세법 상 속성들을 대상으로 세법의 입장에서 판정하는 것이 타당하다고 본다. 다만 판단기준이 되는 세법을 원천지국의 세법으로 할 것인지 아니면 설립지국의 세법을 기준으로 할 것인지 여부와 관련하여서는 입장이 나뉠 수 있다고 본다. 통상 원천지국의 세법을 기준으로 할 것이나, 원천지국이 설립지국의 세법 상 분류기준에 따라서 해당 단체를 분류하는 기준, 이른바 'contingent entity recognition rules'를 도입할 수도 있다. 호주의 경우 이를 도입하고 있다.[415] 이는 해당 단체가 도관체(pass-through entity)에 해당하는지 여부를 이용하여 이중비과세 결과 등을 얻는 것을 방지하기 위한 것이다.

조세조약이 배당소득 등에 대하여 원천지국의 과세권을 적정수준에서 제한하기 위하여 제한세율을 정하는 경우가 있다. 예를 들면 한독 조세조약 제10조 제2항은 "배당의 수익적 소유자가 타방체약국의 거주자인 경우 그와 같이 부과되는 조세는 다음 각 목을 초과할 수 없다"고 규정하면서 '수익적 소유자가 배당 지급 법인 자본의 최소한 25퍼센트를 직접 보유하고 있는 법인(조합은 제외한다)인 경우'에는 배당총액의 5퍼센트를, '기타의 모든 경우'

415) Division 830, ITAA 1997(INCOME TAX ASSESSMENT ACT 1997).

에는 배당총액의 15퍼센트를 제한세율로서 규정한다. 그렇다면 수익적 소유자가 한독 조세조약 상 5퍼센트 제한세율을 적용받기 위하여서는 자본의 최소한 25퍼센트를 직접 보유하는 요건을 충족하여야 한다. 이 경우 **자본의 직접 보유 여부를 상법 등 규정에 따라 형식적 소유 관계에 의하여 판단하여야 하는지 아니면 세법 고유의 관점에서 실질적 소유 관계에 따라 판단하여야 하는지 여부가 문제로 될 수 있다.** 조세조약의 해석에 있어서도 실질과세원칙이 적용되는 것이므로 자본의 직접 보유 여부 역시 세법 고유의 관점에 따라 그 실질적 소유 관계를 파악하여 이를 기준으로 판정하여야 한다. 따라서 형식적으로 직접 보유 요건을 충족하였다고 할지라도 실질적 소유 관계에서 그 지배력을 직접 행사할 수 없다면 그 요건을 충족하지 못한 것으로 보아야 하고, 해당 국가 내 다른 규제로 인하여 형식적으로는 직접 보유 요건을 충족하지 못하였다고 하더라도 실질적으로 직접 지배력을 행사하는 관계에 있다면 그 요건을 충족한 것으로 보아야 한다. 판례 역시 수익적 소유자에 해당하는지는 해당 소득에 관련된 사업활동의 내용과 현황, 소득의 실제 사용과 운용 내역 등 여러 사정을 종합하여 판단하여야 한다고 판시한다.[416] 이 판례는 위 법리에 따라 독일 법인인 '갑 유한회사'가 독일 투자법에 따라 설정한 상장·공모형 투자펀드인 '을 펀드'의 투자자금으로 부동산임대업을 하는 대한민국 법인인 '병 주식회사'의 발행주식 100%를 취득한 사안에 대하여 '갑 회사'와 '을 펀드'가 함께 하나의 집합투자기구로서 기능하였다고 판시하였다. **조약, 국제사법 및 국제공법 등 국가 사이의 주권행사와 관련된 강행법규에 반하여 조세법을 해석할 수 있는가?** 조약, 국제사법 및 국제공법 등 국가 사이의 주권행사에 관한 강행법규는, 국가 내 주권행사에 해당하는 과세권의 행사를 위한 조세법과 그 적용국면을 달리한다. 국내법 자체가 위 '국가 간 주권행사 관련 법률'에 위반된 내용을 담는다면 별도의 법리에 의하여 해당 규범들 사이의 저촉을 해결하여야 하지만, 그렇지 않다면 조세법은 위 '국가 간 주권행사 관련 법률'과 저촉되지 않는 범위 내에서 해석되고 적용되어야 한다. 따라서 **조세법이 명확히 조약, 국제사법 및 국제공법 등에 저촉되는 가치결단을 하지 않았다면 조세법 상 용어 및 개념 등은 위 각 규범들에 따라 해석되고 적용되어야 한다. 즉 조약, 국제사법 및 국제공법 등 국가 사이의 주권행사에 관한 강행법규에 반하는 방식으로 조세법 고유의 개념을 해석하거나 적용할 수는 없다.** 이 쟁점은 국가 내 주권행사를 위한 다양한 법규들 사이의 조정 및 독자적 해석 여부와는 구분된다. 이 경우에는 각 법률의 목적에

416) 대법원 2019.12.24. 2016두35212.

따라 한정된 범위 내에서 달리 해석하고 적용한다고 하더라도 이는 동일한 주권행사의 다양한 행사방식이 발현된 것에 불과하고 이로 인하여 다른 법률의 해석 및 적용이 방해되는 것도 아니기 때문이다.

(3) 조세법의 해석과 조세법률주의 내 가치들의 충돌

실질과세원칙은 구체적인 경우에 있어서 조세법률주의보다 조세평등주의를 우선하여 적용하는 방식으로 조세법률주의와 조세평등주의의 충돌을 조정하는 것이라는 점 및 이러한 실질과세원칙은 조세법의 해석단계에서도 적용되어 조세법의 해석에 대한 기준으로서도 기능한다는 점에 대하여서는 기술하였다. 즉 실질과세원칙은 조세법률주의와 조세평등주의가 충돌하는 경우를 해결하기 위한 것이다.

그렇다면 **조세법률주의에 포함되는 헌법상 가치들이 서로 충돌하는 경우는 어떻게 조정되어야 하는가?** 조세법률주의 내에서의 헌법상 가치들이 충돌하는 예로서는 합법성의 원칙과 납세자의 예측가능성 또는 법적 안정성의 보호가 충돌하는 경우가 있다. 즉 납세자가 과세관청의 비과세 '관행' 또는 '일반적 해석' 및 '공적인 견해표명'을 신뢰하는 경우에는 조세법률주의 내 '합법성의 원칙'과 또 다른 조세법률주의 내 가치에 해당하는 '납세자에 대한 예측가능성 또는 법적 안정성의 보호'가 서로 충돌할 수 있는데 이러한 충돌은 '비과세 관행 또는 해석에 대한 소급과세의 금지원칙(국기 18조 3항)' 및 '신의성실의 원칙(국기 15조)'를 통하여 해결된 것으로 보인다. 즉 입법부는 위 조세법률주의 내 헌법적 가치들이 충돌하는 것을 원칙적으로는 합법성의 원칙이 적용되고, 납세자가 과세관청의 비과세 '관행' 또는 '일반적 해석' 및 '공적인 견해표명'을 신뢰하는 것에 정당한 이유가 있다고 인정되는 예외적인 경우에 한하여 납세자의 예측가능성 또는 법적 안정성을 보호하는 방법으로 해결하고 있다.[417)]

그러나 조세법률주의 내 헌법 가치들의 충돌에 관한 위 조정방식은 조세법의 문언 또는 해석에 관한 기준으로서 기능하는 것은 아니다. 이는 조세법의 문언 또는 해석과 상관없이 '신의성실의 원칙' 및 '비과세관행 또는 해석에 대한 소급과세의 금지원칙'을 적용하여 납세자를 보호하는 것이기 때문이다. 즉 **조세법률주의와 조세평등주의의 충돌을 조정하는 실질과세원칙은 조세법 해석의 기준으로서도 기능하나, 조세법률주의 내 헌법상 가치들의 충돌을 조정하는 '신의성실의 원칙' 및 '비과세관행 또는 해석에 대한 소급과세의 금지원칙'은**

417) 같은 절 VI 4 가 (2) 합법성의 원칙 대 납세자의 예측가능성 또는 법적 안정성의 보호 참조.

조세법 해석의 기준으로서 기능하지는 않는다.

(4) '조세법의 해석'과 '조세입법에 대한 헌법상 한계'

만약 조세법을 구체적인 사실관계와 관련하여 해석하여 적용하는 것 자체가 조세입법에 관한 헌법상 제약을 위반하는 결과를 초래한다면 이는 헌법에 위반한 판결로서 민사소송법상 재심청구(민소 451조 1항 9호)의 대상이 될 수 있다. 행정소송에도 민사소송법이 준용되기 때문이다(행소 8조 2항). 또한 헌법소원이 인용된 경우에 해당 헌법소원과 관련된 소송사건이 이미 확정된 때에는 당사자는 재심을 청구할 수 있고 그 재심사건에 대하여는 민사소송법을 준용한다(헌재법 75조 7항, 8항). 즉 조세법을 해석한 결과가 헌법상 한계를 위반하는 것에 해당한다면, 이는 위 조세법의 해석에 관한 영역(유추해석, 확장해석 및 축소해석을 통하여 해당 조세법을 적용하는 것이 가능한지 여부)을 벗어난 것으로서 이 경우 납세자는 현행법 상 규정된 별도의 절차를 통하여 구제되어야 한다.

한편 기본권의 제한에 대한 목적 상 한계에 해당하는 '국가안전보장 · 질서유지 또는 공공복리'와 조세법의 해석에 대하여 살핀다. **'국가안전보장 · 질서유지 또는 공공복리를 위하여'라는 헌법상 제한은 조세입법과 관련하여서도 그대로 적용되는가?** 헌법에 따르면 국민의 모든 자유와 권리는 '국가안전보장 · 질서유지 또는 공공복리'를 위하여 제한될 수 있다(헌법 37조 2항). 조세의 부과 및 징수 등은 납세의무에 근거하여 부과되는 것으로서 그 자체가 특정 목적을 위하여 기본권인 재산권을 박탈 또는 침해하는 것에 해당되지 않는다. 따라서 조세입법은 위 목적 상 한계에 기속되지 않는 것으로 본다. 즉 위 목적이 없더라도 납세의무는 부과될 수 있다. 다만 납세의무의 부과와 관련하여서는 위 목적 상 한계가 적용되지 않는 대신에 납세의무는 법률을 통하여서만 창설될 수 있다는 조세법률주의의 제약이 적용되게 된다. 따라서 **조세법의 해석을 통하여 '국가안전보장 · 질서유지 또는 공공복리'를 위한다는 명목으로 납세의무를 가중시키는 것은 조세법률주의 및 위 목적 상 한계에 관한 법리에 반하는 것이다.**

한편 **법원이 해당 조세법규를 위헌으로 판단하거나 헌법재판소에 심판을 제청하여야 함에도 해당 조세법규의 문언을 합헌으로 해석하여 적용한다면, 이에 대한 최종적인 판단권한은 어느 기관에 귀속되는 것인가?** 법률과 관련하여 법원이 납세자의 위헌제청신청을 기각하고 해당 조세법규를 합헌으로 해석하여 적용한다면, 납세자는 그 결정에 대하여 헌법소원심판을 제기할 수 있다(헌재법 68조 2항). 따라서 이에 대한 최종적인 판단권한은 헌법재판소에 귀속된다. 한편 법원이 해당 조세법규를 위헌으로 판단한다면 헌법재판소에 제청하여야 하므로 이에 대한 최종적인 판단권한 역시 헌법재판소에 귀속된다. 다만 명령·규칙 또는 처분이 헌법에 위반되는지 여부에 관하여서는 그 최종 판단권한이 대법원에 귀속된다.

7 조세법률주의와 납세자의 권리보호

가. 개요

조세법률주의 내에는 '합법성의 원칙' 및 '납세자의 예측가능성 또는 법적 안정성에 대한 보호원칙'이 모두 포함되어 있다. 과세권에 의한 조세법의 해석 및 집행단계에서 그 주요한 적용요건을 모두 법률단계에서 규정하여 과세관청의 재량에 따른 과세권의 행사를 금지하여야 한다는 요청은 **합법성의 원칙**을 의미하고, 납세의무는 법률에 의하여서만 창설되고 과세권에 의한 조세법의 해석 및 집행단계에 있어서 형성된 납세자의 신뢰를 보호하여야 하며 또한 과세권이 정당한 범위 내에서 행사되는 것을 담보하기 위하여 납세자에게 권리를 부여하거나 제도적으로 납세자를 보호하여야 한다는 요청은 **납세자의 예측가능성 또는 법적 안정성에 대한 보호원칙**을 의미한다. 즉 납세자의 권리보호는 조세법률주의의 요청에 따른 것이다. 한편 납세의무의 성립 및 이에 기한 부과 또는 징수 자체가 원칙적으로 재산권의 제한 또는 침해에 해당되지 않는다고 하더라도 그 과정에서 납세자의 다른 기본권들이 침해되지 않아야 하고 나아가 납세자의 다른 기본권들이 보호되어야 한다는 점은 당연한 것이다. 또한 조세가 재산권의 본질을 침해하는 정도에 이르지 않아야 함은 물론이다. 이상의 논의에 비추어 보면 납세자 권리의 보호는 원칙적으로 '재산권의 제한 또는 침해' 이외의 다른 헌법상 기본권의 침해 여부와 관련하여 주로 논의된다. 한편 납세자의 권리보호규정이 조세법률주의가 그 적용을 양보하는 실질과세원칙에 대한 통제수단으로서 기능한다는 점에 유념할 필요가 있다. 따라서 납세자의 권리보호 규정들을 적용함에 있어서 명백한 합리적 근거가 없이 과세관청의 행정 또는 집행 상 편의를 우위에 두는 것은 헌법상 가치에 반하는 것이다. 이하에서는 조세법의 해석 및 집행단계에 있어서 주로 문제로 되는 납세자에 대한 보호조항들을 근거과세의 원칙, 세무조사 관련 원칙 및 기타 납세자의 권리보호 제도로 구분하여 살핀다.

나. 근거과세의 원칙

납세자가 세법에 따라 장부를 갖추어 기록하고 있는 경우 해당 국세 과세표준의 조사와 결정은 그 장부와 그에 관계되는 증거자료에 의하여야 한다(국기 16조 1항). 이 경우 장부의 기록 내용이 사실과 다르거나 장부의 기록에 누락된 것이 있을 때에는 그 부분에 대해서만 정부가 조사한 사실에 따라 결정할 수 있고, 정부가 조사한 사실과 결정의 근거를 결정서에 적어야 한다(국기 16조 2항, 3항). 해당 납세자 또는 그 대리인이 구술로 요구하면 행정기관의 장은 위 결정서를 열람 또는 복사하게 하거나 그 등본 또는 초본이 원본과 일치함을 확인하여야 하며 이 경우 해당 행정기관의 장이 필요하다고 인정할 때에는 열람하거나 복사한 사람의 서명을 요구할 수 있다(국기 16조 4항, 5항). 위 각 원칙을 **근거과세원칙**이라고 한다. 이 원칙은 납세자의 예측가능성 또는 법적 안정성을 보호하기 위한 것으로서 조세법률주의의 주요 내용을 구성하는 것이다. 납세자가 근거과세원칙에 따라 장부를 갖추어 기록하고 있는 경우에는 과세관청이 그 장부 상 기록 내용이 사실과 다르거나 장부의 기록에서 누락되었다는 점에 대하여 입증책임을 부담한다. 이 원칙에 위반한 과세처분은 하자 있는 처분이 된다.[418)]

한편 장부나 그 밖의 증명서류에 의하여 소득금액을 계산할 수 없는 일정한 경우에는 과세관청은 소득금액을 법정의 방법에 따라 추계조사하여 결정할 수 있다(소세 80조 3항 단서 ; 법세 66조 3항 단서). 추계조사에 대한 구체적인 내용은 각 개별세법에서 규정하고 있다.

한편 **납세자는 장부 등의 비치와 보존의무를 다음과 같이 부담한다.** 납세자는 각 세법에서 규정하는 바에 따라 모든 거래에 관한 장부 및 증거서류를 성실하게 작성하여 갖춰 두어야 한다(국기 85조의3 1항 전문). 이 경우 장부 및 증거서류 중 국제조세조정에 관한 법률에 따라 과세당국이 납세의무자에게 제출하도록 요구할 수 있는 자료의 경우(국조 16조 4항)에는 납세지(국세청장이나 관할지방국세청장이 지정하는 납세지(소세 9조; 법세 10조)를 포함)(소세 6조; 법세 9조)에 갖춰 두어야 한다(국기 85조의3 1항 후문). 전자화문서로 변환하여 공인전자문서센터에 보관한 경우에는 위장부 및 증거서류를 갖춘 것으로 본다(국기 85조의3 4항 본문). 다만, 계약서 등 위조 · 변조하기 쉬운 장부 및 증거서류로서 법정의 것은 그러하지 아니하다(국기 85조의3 4항 단서). 위 장부 및 증거서류는 그 거래사실이 속하는 과세기간에 대한 해당 국세의 법정신고기한이 지난 날부터 5년간(역외거래의 경우 7년간) 보존하여야 한다(국기 85조의3 2항 본문). 다만, 이월결손금 관련 특례부과제척기간이 적용되는 경우(국기 26조의2 3항)에는 이월결손금을 공제한 과세기간의 법정신고기한으로부터 1년이 되는 날까지 보존하여야 한다(국기 85조의3 2항 단서). 납세자는 위 장부와 증거서류의 전부 또는

418) 같은 취지 : 이태로 · 한만수, 전게서, 29면.

일부를 전산조직을 이용하여 작성할 수 있고, 이 경우 그 처리과정 등을 법정 기준에 따라 자기테이프, 디스켓 또는 그 밖의 정보보존 장치에 보존하여야 한다(국기 85조의3 3항).

다. 세무조사

(1) 개요

세무조사는 국세의 과세표준과 세액을 결정 또는 경정하기 위하여 질문을 하거나 해당 장부·서류 또는 그 밖의 물건을 검사·조사하거나 그 제출을 명하는 활동을 말한다(국기 2조 21호). 2018년 12월 31일 개정 이전 국세기본법은 납세자권리헌장에 기재할 내용 중 하나로서 세무조사를 국세의 과세표준과 세액을 결정 또는 경정하기 위하여 질문을 하거나 해당 장부·서류 또는 그 밖의 물건을 검사·조사하거나 그 제출을 명하는 경우(조세범 처벌절차법에 따른 조세범칙조사를 포함한다)라고 정의하였다. 이 정의규정에는 다음과 같은 문제가 있었다. 첫째 세무조사에 대한 정의규정을 납세자권리헌장에 기재할 내용 중 하나로서 두는 것은 법령체계 상 적합하지 않으며, 둘째 조세범칙조사를 일반 세무조사와 동일한 정의규정에 포함시키는 것은 질문검사권을 범죄의 증거자료를 취득 또는 수집하기 위한 수단으로서 행사할 수 있다는 점에서 타당하지 않다.[419] 이상과 같은 문제점들은 2018년 12월 31일 개정을 통하여 세무조사에 대한 정의를 일반적 정의규정에 두고 조세범칙조사를 포함한다는 문언을 삭제하는 방식으로 해결되었다.

세무조사는 법률에 의하여 창설된 과세권을 실질적으로 보호하기 위한 것이므로 조세법률주의에 반하는 것이 아니다. 다만 세무조사 대상자의 선정, 세무조사 절차 및 세무조사 결과의 처리 등 주요요건이 모두 법률단계에서 규정되어 있어야 하고, 그 세무조사를 개시함에 있어서 과세권이 침해당할 우려가 있거나 과세권의 침해를 예방할 필요가 있다는 점은 과세관청이 입증하여야 한다. 한편 이러한 과세권에 기한 세무조사가 정당한 범위 내에서만 행사되도록 하기 위하여서는 이를 견제하고 통제할 수 있는 권리가 납세자에게 부여되어야 하고 납세자를 보호하는 제도적 장치 역시 마련되어야 한다. 이러한 요청은 국세 또는 지방세를 불문하고 인정되는 것이므로 국세기본법 제7장의 2 및 지방세기본법 제7장 모두에서 이에 대하여 규정한다. 다만 이하 국세기본법 및 국세인 관련 개별세법을 중심으로 살핀다.

419) 이에 대하여서는 '세무조사 절차로서의 질문검사권 행사의 법적 성격' 부분에서 보다 구체적으로 살핀다.

(2) 세무조사의 유형

현행법 상 세무조사는 다음과 같이 구분할 수 있다.

첫째, 개별 실체법 상 납세자의 신고에 의하여 과세표준과 세액이 확정되는 세목의 경우에는 그 신고의 적정성을 조사하여 경정 또는 결정하기 위하여(소세 80조, 법세 66조 등), 과세관청의 조사결정에 의하여 과세표준과 세액이 확정되는 세목의 경우 과세표준과 세액을 결정하기 위하여(국기 81조의6 4항) 세무공무원이 행하는 세무조사가 있다.

둘째, 세무공무원은 강제징수를 집행하면서 압류할 재산의 소재 또는 수량을 알고자 할 때에는 체납자 등 특정인에게 질문하거나 장부, 서류, 그 밖의 물건을 검사할 수 있다(국징 36조).

셋째, 세무공무원은 조세범칙조사를 하기 위하여 필요한 경우에는 조세범칙행위 혐의자 또는 참고인을 심문하거나 압수 또는 수색할 수 있고, 이 경우 압수 또는 수색을 할 때에는 대통령령으로 정하는 사람을 참여하게 하여야 한다(조세처벌절차 8조). 세무공무원이 압수 또는 수색을 할 때에는 근무지 관할 검사에게 신청하여 검사의 청구를 받은 관할 지방법원 판사가 발부한 압수·수색영장이 있어야 하나, 법이 정하는 특정사유에 해당하는 경우에는 해당 조세범칙행위 혐의자 및 그 밖에 대통령령으로 정하는 자에게 그 사유를 알리고 영장 없이 압수 또는 수색할 수 있다(조세처벌절차 9조).

넷째, 심판청구의 심리를 위하여 담당 조세심판관은 질문, 장부 등 제출요구 및 감정 등을 할 수 있다(국기 76조). 이 경우 조사주체가 담당 조세심판관이라는 점에서 세무공무원에 의한 조사와는 구분되는 것이나, 담당 조세심판관 역시 행정공무원이라는 점을 감안하여 세무조사의 구분에 포함시켰다. 물론 이에 대하여는 다른 견해가 있을 수 있다.

이하 참고로 미국의 세무조사 유형에 대하여 살핀다.[420)]

IRS 서비스 센터에 의하여 우편(mail)을 통하여 행하여지는 세무조사를 **서신조사**(correspondence examinations)라고 한다. IRS 서비스 센터가 기부금과 같은 항목의 입증을 서면으로 요구하는 것이 그 전형적인 예이다. 만약 납세자가 면담을 요구하거나 해당 입증을 할 수 없는 경우에는 이는 세무서 내 조사(office audit) 또는 현장조사(field audit)로 이행된다.

세무서 내 조사는 IRS의 사무실에서 **세무조사인**(tax auditors)에 의하여 이루어지며 그 조사범위는 조사대상 선별과정(the screening process)에서 탐지된 중요항목(significant

420) Camilla E. Watson, Tax Procedure and Tax Fraud, 4th Ed. West, 2012, at 106－108.

items)에 국한되는 것이 통례이다. 세무조사인이 종전에 탐지되지 않은 새로운 항목을 찾아 낼 경우에는 그 범위가 확대된다.

현장조사는 세무서 내 조사의 경우보다는 복잡한 사건을 조사하기 위한 것으로서 이는 **세무조사관**(revenue agents)에 의하여 이루어진다. 현장조사의 범위는 탐지된 중요항목에 국한되지 않는다. 세무조사관은 일반적으로 세무조사인보다 잘 교육받고 경험이 많은 자로 임명된다. 현장조사의 경우 세무조사관은 통상 납세자의 집 또는 사업장(business premises)에서 그 장부와 기록들을 검사한다. 세무조사관은 수정을 요하는 항목을 특정한 후 납세자의 장부와 기록들을 검토하는 방법을 통하여 신고된 금액의 적정성을 확인한다. 그리고 최종적으로 납세자가 관계 법령을 준수하였는지를 결정하기 위하여 신고서 상 거래들을 분석한다. 모든 현장조사는 **세무조사기준**(Audit Standards)이라고 불리는 IRM(Internal Revenue Manual)에 따라 이루어져야 한다. 이 기준은 세무조사관은 최상의 서비스를 제공하여야 하고 법을 모든 납세자에 대하여 청렴하고도 공평하게 적용하여야 한다고 규정한다(IRM 4.10.1.4. 1999). 위 기준은 모든 현장조사에 적용할 수 있는 조사기법들(examination techniques)과 구체적인 상황에 대하여 적용할 수 있는 상세한 조사기법들을 제시하고 있으며, 세분화된 산업에 대한 상세지침 역시 열거하고 있다.

또 하나의 세무조사 유형은 **측정조사**(calibration audits) 또는 **납세순응조사**(compliance audits)이다. 이는 납세자의 납세순응도를 평가하기 위하여 특화된(specialized) 세무조사를 무작위적으로 하는 방법을 의미한다. 그 조사결과는 세무조사 대상자 선정을 위한 **판별함수**(Discriminant Function ; DIF) 시스템을 운용하기 위한 공식을 개발하기 위하여 사용된다. 과거에는 TCMP(Taxpayer Compliance Measurement Program)에 의하여 납세순응조사를 하였다. 이 조사는 세무조사관이 상세하게 신고서를 검토하고 서류들을 검증하는 현장조사로서 이루어졌다. 그러나 이러한 조사방법이 납세자의 권리를 지나치게 침해한다는 비판이 받아들여져 1995년 의회에 의하여 그 사용이 중지되었다. 보다 최근에는 위 조사방법이 NRP(National Research Program)**조사**로 대체되었으며 이 조사는 납세자의 권리를 보다 덜 침해하면서도 동일한 목적을 달성하기 위한 것이다.

(3) 세무조사 관련 납세자 보호규정의 유형

이하 세무조사와 관련하여 납세의무자를 보호하는 규정들의 유형을 미국의 예를 통하여

살핀다.[421)]

미국의 1988년 Technical and Miscellaneous Revenue Act의 일부로서 시행된 **제1차 납세자권리보호법**(the Omnibus TBRA 1)은 납세자의 권리보호를 위하여 I.R.C.에 제7521조를 신설하였다. 이에 의하면 세액의 확정 및 징수와 관련하여 접촉하는 모든 납세자에 대하여 납세자의 권리에 대한 포괄적 통지서(comprehensive notice)를 교부하여야 한다. 이 통지서는 평범하고 전문적이지 않은 언어로 써야 하고 납세자의 각종 권리들을 설명하여야 한다.

이외 다른 '납세자에 대한 보호규정들'을 다음과 같이 유형화할 수 있다.

첫째, **합리적 시간 및 장소**(Reasonable Time and Place)**에 대한 통제**. IRS는 I.R.C. §7605에 기초하여 세무조사가 합리적인 시간 및 장소에 행하여졌는지 여부를 결정하기 위한 규칙(Regulation)을 제정하여야 한다. 이는 IRS 내부에서 사용하는 지침들이 공표되고 평가받도록 하기 위한 것이다.

둘째, **대리인을 선임하여 조력을 받을 권리.**

셋째, **녹음할 권리**(Audio Recordings). 납세자는 세무조사시 IRS 직원의 진술내용을 자유롭게 녹음할 수 있고 IRS 직원은 사전에 고지하고 납세자의 진술내용을 녹음할 수 있다. IRS가 녹음할 경우에는 납세자가 요구하면 IRS는 그 녹취록 또는 테이프의 사본을 교부하여야 한다.

넷째, **IRS가 세무조사 및 징수처분 이전 또는 그 기간 중 납세자 권리에 대하여 설명할 의무.**

다섯째, **조세범칙조사의 경우에 대한 예외.** 위 둘째 내지 넷째의 규정 상 지침들은 조세범칙조사에 있어서는 적용되지 않는다. 하지만 구법(prior law)에 따르면 세무조사가 조세범칙부서(Criminal Investigation Division ; CID)의 관할로 이송되는 경우에는 납세자에게 즉시 통지하여야 한다.

또한 미국의 1998년 IRS 구조변경 및 개혁법(IRS Restructuring and Reform Act of 1998 ; RRA)의 일부로서 시행된 **제3차 납세자권리보호법**(the 1998 TBRA 3)에 의하여 납세자권리보호규정이 추가되었다. 이에 의하면, 미신고소득이 있다는 합리적인 징후가 없는 한, 소위 재무상태(financial status) 조사 또는 경제실태(economic reality) 조사를

421) *Id.*, at 108-111.

할 수 없다(RRA §3412 ; I.R.C. §7602). 즉 I.R.C. §7602(e)에 따르면, IRS는 **연방과세당국**(the federal tax authorities)**으로부터 납세자가 소득을 은닉하였다는 합리적인 징후를 입수하지 않은 상태로 납세자의 호화로운 생활방식만에 근거하여 세무조사를 실시할 수는 없다.**

(4) 임의적 세무조사의 인정 여부

세무공무원은 납세자의 동의에 기초한 임의적 세무조사를 할 수 있는가? 즉 납세자의 동의에 기초하여 법률이 정한 세무조사 요건을 갖추지 않고서도 세무조사를 할 수 있도록 허용할 수 있는가? 납세자가 경제활동을 하는 한 그 납세의무와 관련하여 세무공무원과의 관계 역시 지속된다. 이로 인하여 납세자가 진정한 동의를 하였다고 볼 수 있는 경우가 거의 없다. 또한 이를 허용할 경우에는 조세법의 집행단계에서 세무공무원에게 강제조사에 의할지 아니면 임의조사에 의할 것인지 여부와 관련하여 재량을 부여하는 것이 되어 조세법률주의에 따른 합법성의 원칙에 어긋나게 된다. 나아가 무리하게 납세자의 동의를 얻어내려고 하는 유인 역시 제공하게 된다. 이상과 같은 이유로 납세자의 동의에 기초한 세무조사 역시 위법한 것으로 보아야 한다. 다만 임의적 세무조사를 금지한다는 것은 납세자의 동의를 통하여 세무조사 요건을 거치지 않는 것을 금지하는 것이지, 법률이 정한 세무조사 요건을 모두 갖추거나 세무조사와 관계없는 국세행정 목적의 조사를 시행함에 있어서 납세자 스스로 해당 자료를 제출하고 세무공무원이 이를 수령하는 등 행위를 금지한다는 의미는 아니다.

(5) 세무조사 절차로서의 질문검사권 행사의 법적 성격

납세자는 세무공무원의 적법한 질문·조사 및 제출명령에 대하여 성실하게 협력하여야 한다(국기 81조의17). 이 경우 세무공무원의 권한을 질문검사권이라고 한다. 세법의 질문·조사권 규정에 따른 세무공무원의 질문에 대하여 거짓으로 진술하거나 그 직무집행을 거부 또는 기피한 자에게 관할 세무서장은 5천만원 이하의 과태료를 부과·징수한다(국기 88조). 세무공무원의 정당한 질문검사권 행사가 전제되어야 하며, 위 규정을 관할 세무서장이 반드시 과태료를 부과하여야 하는 것으로 해석할 수는 없다. 설사 세무공무원의 질문검사권의 행사가 정당하다고 할지라도 이에 대하여 거부 또는 기피할 정당한 사유 역시 있을 수 있으므로 임의적 규정으로 보아야 한다. 그 과태료에 대하여 다툴 수 있음은 물론이다. 입법론적으로는 정당한 질문검사권의 행사에 대하여 정당한 사유가 없이 거부 또는 기피한 경우에 대하여 과태료를 부과하는 것으로 규정하는 것이 타당하다. **세무공무원의 납세자에 대한 질문검사권의 법적 근거는 무엇인가?** 이러한 근거는 국세기본법이 아닌 개별 세법에 각 규정되어 있다(소세 170조, 법세 122조, 상증세 84조, 자재평 31조, 종부세 23조, 부가세 74조, 개소세 26조, 주세 25조, 인세 11조, 증권세 17조, 관세 263조・265조・266조, 지기 140조 등). 따라서 구체적인 질문검사권의 행사는 각 개별 세법의 내용에 따라야 한다. 즉 세무공무원이 각 개별 세법에 규정된 요건에 따라 질문검사권을 행사하는 경우 납세자는 이에 대하여 성실하게 협력하여야 한다. 판례 역시 부과처분을 위한 과세관청의 질문조사권이 행하여지는 세무조사의 경우 납세자 또는 그 납세자와 거래가 있다고 인정되는 자 등은 세무공무원의 과세자료 수집을 위한 질문에 대답하고 검사를 수인하여야 할 법적 의무를 부담한다고 판시한다.[422] 관세에 있어서는 관세공무원에 대한 허위신고 및 직무집행의 거부 또는 기피 등 경우에는 벌금에 처한다(관세 276조). 세무공무원의 질문검사권의 행사가 적법하지 않은 경우에는 이에 대하여 납세자가 협력의무를 부담하지 않는 것은 당연하다. 질문검사권의 적법함에 대하여서는 과세관청이 입증책임을 부담한다. 다만 구체적인 질문검사권의 행사는 각 개별 세법에 따른다고 할지라도, 개별 세법이 정한 질문・조사권은 세무조사 시 납세자의 조력을 받을 권리, 즉 납세자가 변호사, 공인회계사, 세무사로 하여금 조사에 참여하게 하거나 의견을 진술하게 할 수 있다는 권리(국기 81조의5)와 관련된 요건과 한계 내에서만 허용될 수 있다.[423] 즉 국세기본법 상 세무조사에 대한 규정이 도입된 이후에는 개별 세법이 정한 질문・조사권은 국세기본법이 정한 요건과 한계 내에서만 허용된다.

헌법에 의하면 모든 납세자는 형사 상 자기에게 불리한 진술을 강요당하지 아니한다(헌법 12조 2항). 따라서 **조세범칙사건에 있어서는 납세자에 대한 형사처벌 가능성이 존재하기 때문에 세무공무권의 질문검사권 행사에 대하여 협력하지 않는다고 하더라도 이를 이유로 불이익을 부여할 수는 없다. 즉 국세기본법 상 위 협력의무는 조세범칙사건의 경우에는 적용되지 않는다고 보아야 한다.** 이러한 의미에서 관세법의 경우 납세자가 협력의무를 위반한다고 하여 벌금에 처하는 것은 비판적으로 검토되어야 한다. 다만 과태료는 형벌에 속하지 않으므로(형법 41조), 협력의무위반에 대하여 과태료를 부과하는 것은 헌법에 위반한 것은 아니라고 판단한다. 다만 이상의 논의는 납세자가 자신의 납세의무를 확정하기 위한 신

422) 대법원 2017.3.16. 2014두8360.
423) 대법원 2014.6.26. 2012두911.

고의무를 부담하는 것이 자기에게 불리한 진술을 강요하는 것에 해당하는 것인지 여부와는 무관한 것이다. 납세의무의 확정을 위한 신고의무는 헌법상 납세의무에 기인한 것이고 신고의무의 불이행만으로 조세범으로서 처벌되는 것은 아니기 때문이다. 그러나 납세자의 신고의무이행으로 인하여 다른 형사 상 처벌을 받은 우려가 있는 경우에는 납세의무를 확정할 수 있는 범위 내에서는 해당 정보를 제공하지 않을 수 있다고 본다.[424)]

또한 헌법은 "체포·구속·압수 또는 수색을 할 때에는 적법한 절차에 따라 검사의 신청에 의하여 법관이 발부한 영장을 제시하여야 한다. 다만, 현행범인인 경우와 장기 3년 이상의 형에 해당하는 죄를 범하고 도피 또는 증거인멸의 염려가 있을 때에는 사후에 영장을 청구할 수 있다"고 규정한다(헌법 12조 3항). 이는 조세범칙조사에 있어서도 마찬가지로 적용된다. 즉 조세범칙조사의 경우에만 세무공무원은 압수수색영장을 검사에게 청구할 수 있고 그 청구결과 법관이 발부하는 영장을 통하여서만 압수 또는 수색 등을 할 수 있다(조세처벌절차 9조). 그렇다면 조세범칙사건 이외의 세무조사(여기에서는 이하 '일반 세무조사'라고 한다)에 있어서의 질문검사권에 압수 또는 수색 등 물리적인 강제력의 행사를 요하는 권한은 포함되지 않는다고 해석한다. 압수 또는 수색 등은 영장을 통하여서만 가능하고 조세범칙사건의 경우에만 세무공무원이 영장을 청구할 수 있기 때문이다. 일반 세무조사에 있어서 질문검사권에 협력하지 않으면 단지 과태료가 부과될 수 있을 뿐이다. 그러한 의미에서 일반 세무조사에 있어서 질문검사권의 행사는 행정법 상 간접강제에 해당한다고 할 것이다.

조사사무처리규정에서 정한 현지확인의 절차를 따른 경우 역시 세무조사에 해당하는가? 세무공무원의 조사행위가 실질적으로 납세자 등으로 하여금 질문에 대답하고 검사를 수인하도록 함으로써 납세자의 영업의 자유 등에 영향을 미치는 경우에는 국세청 훈령인 조사사무처리규정에서 정한 현지확인의 절차에 따른 것이라고 하더라도 그것은 재조사가 금지되는 세무조사에 해당한다고 보아야 한다.[425)] **현장확인의 절차에 따른 모든 조사는 세무조사에 해당하는 것인가?** 과세자료의 수집 또는 신고내용의 정확성 검증 등을 위한 과세관청의 모든 조사행위가 재조사가 금지되는 세무조사에 해당한다고 볼 경우에는 과세관청으로서는 단순한 사실관계의 확인만으로 충분한 사안에서 언제나 정식의 세무조사에 착수할 수

424) 졸고, 조세범 처벌에 관련된 헌법상 쟁점들에 대한 검토, 『조세학술논집』 제31집 제3호, (사)한국국제조세협회, 2015, 207-209면 참조; 이하 '졸고, 조세범 처벌 논문'으로 인용한다.
425) 대법원 2017.3.16. 2014두8360.

밖에 없고 납세자 등으로서도 불필요하게 정식의 세무조사에 응하여야 하므로, 납세자 등이 대답하거나 수인할 의무가 없고 납세자의 영업의 자유 등을 침해하거나 세무조사권이 남용될 염려가 없는 조사행위까지 재조사가 금지되는 세무조사에 해당한다고 볼 것은 아니다.[426)]

지방국세청 감사관서가 세무공무원에 대한 감사를 실시하는 과정에서 납세자 및 그 거래상대방들에게 질문하고 자료를 수집한 행위 역시 세무조사에 해당하는가? 세무공무원에 대한 감사의 일환으로서 질문검사권을 실시한다는 사유만으로 세무조사에 해당하는지 여부가 달리 판단될 이유는 없다. 따라서 이 경우에도 재조사가 금지되는 세무조사에 해당되는지 여부에 관한 판례의 입장[427)]에 의하여 판정되어야 한다.[428)]

소송수행자가 과세처분의 위법을 이유로 하는 취소소송 또는 국가배상청구소송의 수행을 위하여 필요한 조사를 하는 것 역시 질문검사권의 범위에 포함되는 것인가? 질문검사권에는 소송수행자가 과세처분의 취소소송 또는 과세처분의 위법을 이유로 하는 국가배상청구소송의 수행을 위하여 필요한 조사를 하는 것 역시 포함되는 것이다.[429)]

일반 세무조사에 있어서 질문검사권을 행사하여 얻은 자료를 조세범칙사건의 자료로 이용할 수 있는가? 이를 허용한다면 위 헌법 및 조세범 처벌절차법이 규정하는 각 요건을 잠탈할 수 있다. 따라서 일반 세무조사의 질문검사권의 행사를 통하여 얻은 자료는 조세범칙사건에 있어서 형사 상 책임을 추궁하는 자료로 사용할 수는 없는 것으로, 즉 형사 상 증거능력을 갖지 않는 것으로 해석하여야 한다.[430)] 즉 질문검사권을 범죄의 증거자료를 취득 또는 수집하기 위한 수단으로서 행사하는 것은 허용되지 않는다.[431)] 미국 판례 역시 조세범칙사건에 활용될 자료를 일반 세무조사를 전제로 한 납세자의 협력을 통하여 획득하는 것은 헌법상 기본권에 반하는 것이라고 판시한다.[432)] 다만 질문검사권을 행사할 경우 그 취득 또는 수집된 자료가 향후 범칙사건의 증거로서 이용되는 점이 예상되었다고 하더라도 이 점을 근거로 바로 질문검사권이 범칙사건의 조사 또는 수사의 수단으로서 행사되었다고 할 수는 없다.[433)] 따라서 위 경우 해당 질문검사권을 행사함에 있어서 사전영장주의 또는

426) 대법원 2017.3.16. 2014두8360.
427) 대법원 2017.3.16. 2014두8360; 대법원 2017.4.13. 2016두64043.
428) 이하 '재조사의 제한' 부분에서 구체적으로 살핀다.
429) 東京高判 平成9年6月18日 平成9年(ネ)第81号。
430) 같은 취지 : 金子 宏、前掲書、744頁。
431) 日最決 平成16年1月20日 平成15年(あ)第884号。
432) United States v. Toussaint, 456 F Supp 1069 (SD Tex 1978).

묵비권 등 규정을 지키지 않았다고 하더라도 위 질문검사권의 행사 자체가 바로 위법하다고 할 수는 없다. 그러나 범칙사건의 조사로 이어질 가능성이 상당히 농후한 경우에는 바로 조세범칙사건으로 전환하여야 하고 이를 무시하고 여전히 일반 질문검사권을 행사하여 조세범칙사건에 사용할 수 있는 자료를 수집하는 것은 위법하다고 보아야 한다.[434)]

일반 세무조사 중 범칙사건으로 전환하는 경우에도 미란다 원칙을 준수하여야 하는가? 조세범칙사건으로 전환하는 것 자체가 납세자의 체포 또는 구속을 야기하는 것은 아니므로 "누구든지 체포 또는 구속의 이유와 변호인의 조력을 받을 권리가 있음을 고지받지 아니하고는 체포 또는 구속을 당하지 아니한다"는 미란다 원칙(헌법 12조 5항)이 준수되어야 하는 것은 아니라고 할 것이다. 다만 일반 세무조사에서 획득한 자료를 조세범칙사건의 자료로 활용할 수 없다는 점을 감안한다면 과세관청은 조세범칙사건으로 전환한다는 고지를 하여야 하고 그 이후 수집한 자료들만이 조세범칙사건의 자료로 사용될 수 있다. 미국 역시 조세범칙사건으로 전환한 경우에는 납세자가 구금상태에 있는 경우와 그렇지 않은 경우 모두에 대하여 특별한 고지(a special warning)를 하여야 한다고 규정한다.[435)]

조세범칙사건으로 전환되거나 전환될 가능성이 농후한 경우에는 납세자에게 불리한 진술거부권이 있다는 점 역시 고지하여야 하는가? 우리 헌법은 형사 상 자기에게 불리한 진술을 강요당하지 아니한다고 규정한다(헌법 12조 2항)고 규정하나, '체포 또는 구속의 이유'와 '변호인의 조력을 받을 권리'에 대하여 고지하여야 하는 것(헌법 12조 5항)과 달리 헌법상 고지에 관한 명문의 규정이 없다. 단지 형사소송법은 검사 또는 사법경찰관은 피의자를 신문하기 전에 진술거부권에 대하여 고지하여야 한다고 규정한다(형소 244조의3). 조세범칙사건으로 전환하는 것 자체로 인하여 납세자가 피의자로 전환되는 것은 아니므로 불리한 진술거부권을 고지할 필요가 없다고 생각할 수 있으나, 헌법재판소는 진술거부권은 현재 피의자나 피고인으로서 수사 또는 공판절차에 계속중인 자뿐만 아니라 장차 피의자나 피고인이 될 자에게도 보장되며, 형사절차뿐 아니라 행정절차나 국회에서의 조사절차 등에서도 보장될 뿐만 아니라 진술거부권은 고문 등 폭행에 의한 강요는 물론 법률로써도 진술을 강요당하지 아니함을 의미한다고 판시한다.[436)] 따라서 조세범칙사건의 조사절차에서 납세자

433) 日最決 平成16年1月20日 平成15年(あ)第884号。
434) 같은 취지: United States v. Toussaint, 456 F Supp 1069 (SD Tex 1978).
435) IRM 9.4.5.1-9.4.5.12.
436) 헌재 1990.8.27. 89헌가118; 헌재 1997.3.27. 96헌가11.

의 기본권을 실효적으로 보장하기 위하여서는 조세범칙사건으로 전환되거나 전환될 가능성이 농후한 경우에는 불리한 진술거부권에 대하여 고지해야 하는 것으로 해석하는 것이 타당하다.

진술거부권이 고지되지 않은 상태로 획득한 진술은 형사사건에 있어서 증거능력이 인정되는가? 판례는 피의자에게 미리 진술거부권을 고지하지 않은 때에는 그 피의자의 진술은 위법하게 수집된 증거로서 진술의 임의성이 인정되는 경우라도 증거능력이 부인되어야 한다고 판시한다.437) 따라서 조세와 관련하여 진술거부권이 인정되는 경우 이에 대하여 고지하지 않고서 획득한 진술에 대하여서는 그 진술의 임의성이 인정된다고 할지라도 증거능력이 부인되어야 한다.

납세자에게 암호화(encryption)된 문서 또는 자료 등 정보에 접근할 수 있는 비밀번호(password)를 요구하는 것은 납세자에게 진술을 요구하는 것과 동일한 것인가? 납세자가 다른 사람의 접근을 막기 위하여 암호화한 문서 또는 자료 등 정보에 접근하기 위한 비밀번호를 요구하는 것은 납세자에게 특정 사항에 대하여 진술을 요구하는 것과 동일하다. 미국의 판례들 역시 해당 정보가 비밀로서 보호해야 할 대상이 아니라 공개가 예정된 사실(a foregone conclusion)에 해당하지 않는 한, 납세자의 컴퓨터 상 암호화된 파일에 접근하기 위한 비밀번호를 요구하는 것은 납세자에게 진술을 요구하는 것과 같고 납세자에게 형사처벌을 초래할 수 있는 내용이 포함된 정보에 접근하기 위한 비밀번호를 강제로 요구한다면 납세자는 헌법상 진술거부권을 행사할 수 있다고 판시한다.438) 따라서 과세관청은 납세자의 컴퓨터 상 암호화된 파일에 접근하기 위한 비밀번호를 요구하는 과정에서 헌법상 진술거부권을 고지하여야 할 것이다. 다만 과세관청이 납세자에게 해당 정보를 스스로 복사하여 제출할 것을 요구하는 것은 이와는 달리 평가되어야 함은 물론이다.439) 우리의 경우 세무조사 당시 납세자의 정보에 접근할 수 있는 비밀번호를 요구하고 이를 통하여 해당 자료를 전자적으로 복사하여 자료를 획득하는 행위가 자주 발생하는 바, 위 미국 판례들의 입장을 통하여 많은 시사점을 얻을 수 있다. 이 경우 납세자가 실질적으로 임의 제출한 것인지 여부가 쟁점이 될 것이고 이 쟁점의 해결에는 세무조사 시 녹음권을 명시적으로 인정하여 납

437) 대법원 1992.6.23. 92도682.
438) *United States v. Kirschner*, 2010 US Dist LEXIS 30603, at *1; *Virginia v. Baust*, 2014 Va Cir LEXIS 93 (Va Cir Oct 28, 2014) (Trial Order).
439) *United States v. Gavegnanom*, 2009 US App LEXIS 844 (4th Cir Jan 16, 2009).

세자권리헌장에 그 권리를 포함시키는 것이 도움이 될 수 있다.

또한 세무공무원이 질문검사권을 행사하는 과정에서 우연히 납세자의 조세범칙사실을 알게 된 경우에는 세무공무원의 비밀유지의무가 고발의무에 우선하고 해당 세무공무원은 이를 외부에 누설하여서는 아니 된다는 견해가 있다.[440] 그러나 현행법에 의하면 지방국세청 또는 세무서 외의 행정기관과 그 소속 공무원이 입수한 조세범칙사건에 관한 증거 등은 국세청장이나 관할 지방국세청장 또는 세무서장에게 지체 없이 인계하여야 한다(조세처벌절차 4조). 위 견해가 제3자에게 누설하는 것을 금지한다는 취지라면 타당하다고 할 것이나, 과세관청 내부에 조세범칙사건의 단서로서 이를 보고하는 것까지 막는다는 의미라면 타당하지 않다고 생각한다. 위 사실이 보고된 경우에는 즉시 조세범칙사건으로 전환하여야 할 것인지 여부가 검토되고 조세범칙사건에 해당한다면 종전 자료를 활용할 것이 아니라 그 절차를 달리하여 새롭게 조사가 이루어져야 할 것이다. 조세범칙사건에 대하여서는 조세범처벌과 관련하여 별도로 살핀다.

(6) 세무조사의 요건

(가) 세무조사의 관할 및 대상자 선정

세무조사[441]는 납세지 관할 세무서장 또는 지방국세청장이 수행한다. 다만, 납세자의 주된 사업장 등이 납세지와 관할을 달리하거나 납세지 관할 세무서장 또는 지방국세청장이 세무조사를 수행하는 것이 부적절한 경우 등 대통령령으로 정하는 사유에 해당하는 경우에는 국세청장(같은 지방국세청 소관 세무서 관할 조정의 경우에는 지방국세청장)이 그 관할을 조정할 수 있다(국기 81조의6 1항, 국기령 63조의3).

세무조사 대상자를 선정하는 방법은 정기선정 및 수시선정으로 구분된다.

정기선정은 세무공무원이 법정사유가 있는 경우에 정기적으로 신고의 적정성을 검증하기 위하여 세무조사 대상자를 선정하는 것을 의미한다. 이 경우 세무공무원은 객관적 기준에 따라 공정하게 그 대상을 선정하여야 한다(국기 81조의6 2항). 위 법정사유에는 '국세청장이 납세자의 신고 내용에 대하여 과세자료, 세무정보 및 주식회사의 외부감사에 관한 법률

440) 金子 宏、前掲書、744頁。

441) 이하 같은 절에서 세무조사는 조세범칙조사를 제외한다는 규정이 없는 한 원칙적으로 조세범칙조사를 포함하는 개념으로 사용한다. 다만 이는 인용의 편의를 위할 뿐, 그 성질 상 조세범칙조사에 조세부과를 위한 세무조사가 포함된다는 의미는 아니다.

에 따른 감사의견, 외부감사 실시내용 등 회계성실도 자료 등을 고려하여 정기적으로 성실도를 분석한 결과 불성실 혐의가 있다고 인정하는 경우(성실도 기준)', '최근 4과세기간 이상 같은 세목의 세무조사를 받지 아니한 납세자에 대하여 업종, 규모, 경제력 집중 등을 고려하여 대통령령으로 정하는 바에 따라 신고 내용이 적정한지를 검증할 필요가 있는 경우(장기미조사 기준)' 및 '무작위추출방식으로 표본조사를 하려는 경우(표본조사 기준)'가 포함된다. 위 각 법정사유 중 장기미조사 기준에 의한 구체적인 대상자는 대통령령에 의하여 선정하여야 하나, 해당 대통령령은 이를 다시 국세청장이 정하는 기준에 따른다고 규정한다(국기령 63조의4). 위임입법의 법리에 부합되는 것인지 여부에 대하여 의문이 있다. 현행 규정보다는 더욱 구체적으로 위임의 범위를 정하는 것이 타당하다. 또한 무작위추출방식으로 표본조사를 하는 경우에 있어서 무작위추출절차에 대한 합리적인 통제가 수반되어야 할 것으로 본다. 그렇지 않을 경우 무작위추출방식이라는 점을 내세우나, 실상은 자의적으로 세무조사대상자를 선정하는 결과가 발생할 우려가 있기 때문이다.

한편 법은 정기선정 대상자라고 하더라도 업종별 수입금액 및 장부기록 등에 대한 기준을 충족하는 경우에는 객관적인 증거자료에 의하여 과소신고한 것이 명백하지 않은 이상 세무조사를 하지 아니할 수 있다고 규정한다(국기 81조의6 5항 ; 국기령 63조의5).

수시선정은 세무공무원이 법정사유가 있는 경우에 수시로 세무조사 대상자를 선정하는 것을 의미한다. 위 법정사유에는 '납세자가 세법에서 정하는 신고, 성실신고확인서의 제출, 세금계산서 또는 계산서의 작성·교부·제출, 지급명세서의 작성·제출 등의 납세협력의무를 이행하지 아니한 경우', '무자료거래, 위장·가공거래 등 거래 내용이 사실과 다른 혐의가 있는 경우', '납세자에 대한 구체적인 탈세 제보가 있는 경우', '신고 내용에 탈루나 오류의 혐의를 인정할 만한 명백한 자료가 있는 경우' 및 '납세자가 세무공무원에게 직무와 관련하여 금품을 제공하거나 금품제공을 알선한 경우'가 포함된다(국기 81조의6 3항). 한편 세무공무원이 과세관청의 조사결정에 의하여 과세표준과 세액이 확정되는 세목의 경우 과세표준과 세액을 결정하기 위하여 세무조사를 할 수 있음은 당연하다(국기 81조의6 4항). **과세표준과 세액을 결정하기 위한 세무조사의 개시에 대한 제약은 없는가?** 이 쟁점은 '과세관청의 조사결정에 의하여 과세표준과 세액이 확정되는 세목'이라는 이유로 세무조사의 대상자 선정사유에 대한 제한을 받지 않을 수 있는지 여부에 관한 것이다. 국세기본법 상 국세(국기 2조 1호) 중 '과세관청의 조사결정에 의하여 과세표준과 세액이 확정되는 세목'은 상속세와 증여세 및 종합부동산세(종부세 16조 1항)에 불과하다(국기 22조 2항, 3항, 4항). 이하 각 세목별로 본다. **상속세와 증여세**는 상속세 신고 또는 증여세 신고 이후 법정결정기한(상속세의 경우에는 9개월, 증여세의 경우에는 6개월)(상증세령 78조 1항) 이내에 과세표준과 세액을 결정하여야 한다(상증세 76조 3항 본문). 과세표준과 세액을 결정할 수 없거나 결정 후 그 과세표준과 세액에 탈루 또는 오류가 있는 것을 발견한 경우에는 즉시 그 과세표준과 세액을 조사하여 결정하거나 경정한다(상증세 76조 4항). 결정된 상속재산의 가액이 30억원 이상인 경우로서 상속개시 후 주요 재산의 가액이 상속개시 당시에 비하여 크게 증가한 경우에는 그 결정한 과세표준과 세액에 탈루 또는 오류가 있는지를 조사하여야 한다(상증세 76조 5항). **종합부동산세**는 원칙적으로 관할 세무서장이 해당 연도 12월 1일부터 12월 15일까지 납부하여야 할 종합부동산세의 세액을 결정하여 부과·징수한다(종부세 16조 1항). 따라서 **'과세관청의 조사결정에 의하여 과세표준과 세액이 확정되는 세목'에 해당하는 '상속세 및 증여세'와 '결정 확정방식의 종합부동산'의 경우에도 각 법정결정기한의 제약에 따라 '과세표준과 세액에 탈루 또는 오류가 있는 등 사유'가 발견된 경우에 한하여 세무조사를 개시할 수 있다.** 해당 세무조사 개시사유에 대하여 과세관청이 소명하여야 한다. 한편 '과세표준과 세액이 신고에 의하여 확정되는 세목'이라도 납세의무자가 과세표준과 세액의 신고를 하지 아니하거나 신고한 과세표준과 세액이 세법에서 정하는 바와 맞지 아니한 경우에는 결정 또는 경정에 따라 확정된다(국기 22조 2항). 그렇다면 **'과세표준과 세액이 신고에 의하여 확정되는 세목'의 경우 결정 또는 경정을 하는 경우에도 '신고를 하지 아니하거나 신고한 과세표준과 세액이 세법에서 정하는 바와 맞지 아니한 경우'에 한하여 세무조사를 개시할 수 있다.** 그런데 '과세표준과 세액에 탈루 또는 오류가 있는 등 사유' 또는 '과세표준과 세액이 세법에서 정하는 바와 맞지 아니한 경우'에 해당하는지 여부를 판정하는 것은 어렵다. 조세채무의 확정방식 상 차이 또는 납세신고 전후의 시점 상 차이로 인하여 납세자의 경제적 실질 또는 과세관청의 과세권 행사를 위한 여건이 규범 상 달리 취급하여야 할 정도로 달라지는 것은 아니기 때문에 세무조사의 개시사유를 특별한 사정이 없는 한 달리 취급하는 것은 타당하지 않다. 따라서 **국세기본법이 정하는 세무조사 정기선정 사유**(국기 81조의6 2항) **및 그 정기선정사유 이외의 사유**(국기 81조의6 3항)**를 준용하여 '과세표준과 세액에 탈루 또는 오류가 있는 등 사유' 또는 '과세표준과 세액이 세법에서 정하는 바와 맞지 아니한 경우'에 해당하는지 여부를 판정하는 것이 타당하다.**

위 정기선정 및 수시선정 이외에 **조세범칙조사의 대상선정**이 있으나(조세처벌절차 7조), 이에 대하여서는 조세범칙조사 부분에서 살핀다.

세무공무원의 세무조사 대상자 선정의 법적 성격은 무엇인가? 즉 세무공무원의 세무조사 대상자 선정을 재량행위로 보아야 하는 것인가? 세무조사 대상자의 선정 역시 조세법의 집행에 해당하므로 이에는 조세법률주의에 내포된 합법성의 원칙이 적용되어야 한다. 따라서 세무조사 대상자 선정의 주요 요건을 법률단계에서 정하고, 보다 세부적인 기준은 위임입법의 법리에 따라 명령 및 시행규칙의 단계에서 정하여야 한다. 이는 조세법의 집행요건을 명확하게 규정하기 위한 것이며, 그 요건을 충족한다면 세무공무원은 그 선정된 대상자에 대하여 세무조사를 시행할 것인지 여부와 관련하여 재량권을 행사할 수는 없다. 즉 세무공무원의 세무조사 대상자 선정행위는 과세관청 내부의 사무처리기준을 규정한 재량준칙이 아니라 일반 국민이나 법원을 구속하는 법규명령에 해당하므로 재량행위가 아닌 기속행위라 할 것이다. 또한 해당 요건에 해당하지 않는 납세자를 대상자로 선정할 수 있는 재량권 역시 행사할 수 없음은 물론이다. 다만 위 각 요건에 불확정개념이 사용될 수밖에 없는 경우가 있는 바, 이 쟁점은 세무공무원에게 재량권이 인정되는 것인지 여부에 관계된 것이 아니라 법의 해석에 대한 쟁점에 속한다. 따라서 당연히 법원 심사의 대상이 된다.

세무조사 대상자의 선정과 관련된 원칙을 위반한 경우 그 세무조사에 기초한 과세처분의 효력은 어떠한가? 세무조사대상 선정사유가 없음에도 세무조사대상으로 선정하여 과세자료를 수집하고 그에 기하여 과세처분을 하는 것은 적법절차의 원칙을 어기고 납세자의 성실성 추정(국기 81조의3) 등을 위반한 것으로서 특별한 사정이 없는 한 그 과세처분은 위법하다.[442)]

(나) 세무조사의 범위

세무조사는 납세자의 사업과 관련하여 세법에 따라 신고·납부의무가 있는 세목을 통합하여 실시하는 것을 원칙으로 한다(국기 81조의11 1항). 다만 '세목의 특성, 납세자의 신고유형, 사업규모 또는 세금탈루 혐의 등을 고려하여 특정 세목만을 조사할 필요가 있는 경우', '조세채권의 확보 등을 위하여 특정 세목만을 긴급히 조사할 필요가 있는 경우', 및 '그 밖에 세무조사의 효율성 및 납세자의 편의 등을 고려하여 특정 세목만을 조사할 필요가 있는 법정 사유가 있는 경우'에는 특정한 세목만을 조사할 수 있다(국기 81조의11 2항). 한편 위 각

442) 대법원 2014.6.26. 2012두911.

정함에도 불구하고 '경정 등의 청구(국기 45조의2 3항, 4항; 소세 156조의2 5항, 156조의6 5항; 법세 98조의4 5항, 98조의6 5항)에 대한 처리 또는 국세환급금의 결정(국기 51조 1항)을 위하여 확인이 필요한 경우', '재조사 결정(국기 65조 1항 3호 단서, 66조 6항, 80조의2, 81조의15 5항 2호 단서)에 따라 사실관계의 확인 등이 필요한 경우', '거래상대방에 대한 세무조사 중에 거래 일부의 확인이 필요한 경우', '납세자에 대한 구체적인 탈세 제보가 있는 경우로서 해당 탈세 혐의에 대한 확인이 필요한 경우', '명의위장, 차명계좌의 이용을 통하여 세금을 탈루한 혐의에 대한 확인이 필요한 경우' 및 '그 밖에 세무조사의 효율성 및 납세자의 편의 등을 고려하여 특정 사업장, 특정 항목 또는 특정 거래에 대한 확인이 필요한 법정 사유(국기령 63조의12 1항)가 있는 경우'에는 각 사항에 대한 확인을 위하여 필요한 부분에 한정한 조사(부분조사)를 실시할 수 있다(국기 81조의11 3항). 법정 사유는 '법인이 주식 또는 출자지분을 시가보다 높거나 낮은 가액으로 거래하거나 자본거래로 인하여 해당 법인의 특수관계인인 다른 주주 등에게 이익을 분여하거나 분여받은(법세령 88조 1항 8호 각 목, 8호의2) 구체적인 혐의가 있는 경우로서 해당 혐의에 대한 확인이 필요한 경우', '무자료거래, 위장・가공거래 등 특정 거래 내용이 사실과 다른 구체적인 혐의가 있는 경우로서 조세채권의 확보 등을 위하여 긴급한 조사가 필요한 경우' 및 '과세관청 외의 기관이 직무 상 목적을 위해 작성하거나 취득하여 과세관청에 제공한 자료의 처리를 위해 조사하는 경우'를 말한다. 부분조사가 가능한 경우(경정 등의 청구, 국세환급금의 결정 및 재조사 결정에 관계된 경우는 제외한다)라고 할지라도 부분조사는 같은 세목 및 같은 과세기간에 대하여 2회를 초과하여 실시할 수 없다(국기 81조의11 4항). 부분조사를 2회 초과하여 실시할 수 없다는 것은 2회의 범위에서는 중복조사 또는 재조사를 허용하겠다는 것으로서 중복조사 또는 재조사를 금지하는 원칙에 어긋나는 것으로 보인다. 이미 세무조사가 이루어진 부분에 대한 부분조사 또는 부분조사의 대상이 된 부분을 포함하는 또 다른 부분조사를 다시 허용할 것인지 여부는 중복조사 또는 재조사의 금지규정의 적용을 통하여 해결하여야 한다. 따라서 위 부분조사의 2회 초과 금지 규정은 설사 부분조사들의 대상이 서로 중복되지 않는다고 할지라도 같은 세목 및 같은 과세기간에 대한 부분조사는 2회를 초과할 수 없다는 의미로 해석하여야 한다. 한편 부분조사의 허용사유 중에는 납세자의 신청사항 또는 재조사 결정사항의 확인을 위한 것이 있는 바, 이러한 확인조사가 해당 신청사항 등을 확인하는 것에 그친다면 이는 세무조사의 범위에 속하지 않는 것으로 보아야 한다. 즉 부분조사로서 포섭할 것이 아니라 세무조사가 아닌 것으로 보아야 한다. 그러나 이러한 확인조사가 각 사항의 확인을 넘어 별도의 새로운 사실에 대한 탐지에 이른다면 이는 중복조사 또는 재조사 금지규정에 의하여 통제되어야 한다.

세무조사의 진행 중에 그 범위를 어느 정도까지 확대할 수 있는가? 구체적인 세금탈루 혐의가 여러 과세기간 또는 다른 세목까지 관련되는 것으로 확인되는 경우 등 법정사유가 있는 경우를 제외하고는 원칙적으로 조사진행 중 세무조사의 범위를 확대할 수는 없다(국기 81조의9 1항). 위 법정사유에는 '다른 과세기간 · 세목 또는 항목에 대한 구체적인 세금탈루 증거자료가 확인되어 다른 과세기간 · 세목 또는 항목에 대한 조사가 필요한 경우' 및 '명백한 세금탈루 혐의 또는 세법 적용의 착오 등이 있는 조사대상 과세기간의 특정 항목이 다른 과세기간에도 있어 동일하거나 유사한 세금탈루 혐의 또는 세법 적용 착오 등이 있을 것으로 의심되어 다른 과세기간의 그 항목에 대한 조사가 필요한 경우'가 포함된다(국기령 63조의10). 2019년 2월 12일자로 국세기본법 시행령이 개정되기 이전에는 위 각 법정사유 중에 '범칙조사로 전환하는 경우' 및 '구체적인 세금탈루 혐의가 있어 세무조사의 범위를 확대할 필요가 있는 경우로서 기획재정부령으로 정하는 경우'가 포함되어 있었다. '범칙조사로 전환하는 경우'라는 사유가 모법의 위임내용에 부합하는 것인지는 의문이었다. 이 사유는 새롭게 다른 조사절차로 이행하여야 하는 사유인 것이지 종전의 세무조사를 확대할 사유는 아닌 것으로 판단되며 모법의 위임범위에 포함된다고 볼 수 없기 때문이다. 또한 조세범칙사건에 있어서 종전 세무조사결과를 이용할 수 없다는 점[443]에 비추어 볼 때에도 타당하지 않았다. 또한 당시 위 기획재정부령은 제정되지 않았으나, 이와 관련하여서는 대통령령 상 위임범위가 모법 단계에서 정한 위임의 범위와 다르지 않아서 재위임 기준으로서 적당하지 않다는 점 역시 검토될 필요가 있었다. 이상의 각 점들을 감안할 때, 위 두 사유를 세무조사 범위를 확대하는 사유에서 제외한 개정 시행령의 입장은 타당하다. 세무조사의 범위를 확대하는 경우에는 세무공무원은 그 사유와 범위를 납세자에게 문서로 통지하여야 한다(국기 81조의9 2항). 세무조사 범위를 확대하고도 통지를 하지 않는 것은 위법하다.[444]

443) 앞의 (5) 세무조사 절차로서의 질문검사권 행사의 법적 성격 참조.
444) 대법원 2023.11.9. 2020두51181.

(다) 재조사의 제한

세무공무원은 법정사유에 해당하는 경우가 아니면 같은 세목 및 같은 과세기간에 대하여 재조사를 할 수 없다(국기 81조의4 2항). **재조사의 제한대상이 되는 세무조사에 해당하는지 여부는 어떻게 판정되어야 하는가?** 세무공무원의 조사행위가 '재조사가 금지되는 세무조사'에 해당하는지 여부는 조사의 목적과 실시경위, 질문조사의 대상과 방법 및 내용, 조사를 통하여 획득한 자료, 조사행위의 규모와 기간 등을 종합적으로 고려하여 구체적 사안에서 개별적으로 판단할 수밖에 없는 바, 세무공무원의 조사행위가 사업장의 현황 확인, 기장 여부의 단순 확인, 특정한 매출사실의 확인, 행정민원서류의 발급을 통한 확인, 납세자 등이 자발적으로 제출한 자료의 수령 등과 같이 단순한 사실관계의 확인이나 통상적으로 이에 수반되는 간단한 질문조사에 그치는 것이어서 납세자 등으로서도 손쉽게 응답할 수 있을 것으로 기대되거나 납세자의 영업의 자유 등에도 큰 영향이 없는 경우에는 원칙적으로 재조사가 금지되는 '세무조사'로 보기 어렵지만 조사행위가 실질적으로 과세표준과 세액을 결정 또는 경정하기 위한 것으로서 납세자 등의 사무실 · 사업장 · 공장 또는 주소지 등에서 납세자 등을 직접 접촉하여 상당한 시일에 걸쳐 질문하거나 일정한 기간 동안의 장부 · 서류 · 물건 등을 검사 · 조사하는 경우에는 특별한 사정이 없는 한 '재조사가 금지되는 세무조사'로 보아야 한다.[445)] 따라서 국세청 소속 세무공무원이 현금매출 누락 등의 수법으로 세금을 탈루한다는 제보를 받고 먼저 현장조사(이하 '제1차 조사')를 하고, 그 결과 부가가치세에 관한 매출을 누락하였다고 보아 세무조사(이하 '제2차 조사')를 한 후 부가가치세 부과처분을 한 경우, 현지확인의 절차에 따라 제1차 조사를 하였다고 하더라도 그것이 실질적으로 총 매출누락 금액을 확인하기 위하여 사업장에서 대표자나 직원들을 직접 접촉하여 9일간에 걸쳐 매출사실에 대하여 포괄적으로 질문조사권을 행사하고 과세자료를 획득하는 것이었다면 이는 '재조사가 금지되는 세무조사'로 보아야 하므로, 제2차 조사는 국세기본법상 금지되는 재조사에 해당한다.[446)] 한편 납세자 등을 직접 접촉하여 상당한 시일에 걸쳐 질문하거나 검사 · 조사하는 경우에만 재조사를 금지하는 세무조사에 해당되는지 여부가 쟁점이 될 수 있으나, 이 역시 '납세자 등으로서도 손쉽게 응답할 수 있을 것으로 기대되거나 납세자의 영업의 자유 등에도 큰 영향이 없는지 여부'에 의하여 결정되어야 하는 것으로

445) 대법원 2017.3.16. 2014두8360; 대법원 2017.4.13. 2016두64043.
446) 대법원 2017.3.16. 2014두8360.

보아야 한다. 위 판례가 위 기준에 비추어 세무조사로 판정되는 예로서 납세자 등을 직접 접촉하여 상당한 시일에 걸쳐 질문하거나 검사·조사하는 경우를 판시한 것으로 보아야 한다. 이는 회계장부 등을 제출받거나 우편질문 또는 거래내역의 조회 등을 통하여서도 납세자 등으로서도 손쉽게 응답할 수 있을 것으로 기대할 수 없고, 납세자의 영업의 자유에 큰 영향을 미치는 조사를 할 수 있다는 점을 고려한 것이다. **세무조사 절차 상 하자로 인하여 과세처분이 취소된 경우 그 하자를 보완하여 다시 세무조사를 할 수 있는가?** 세무조사 절차 상 하자로 인하여 과세처분이 취소된 경우 그 하자를 보완하여 다시 세무조사를 하는 것은 납세자의 권리를 심각하게 침해하는 것으로서 중복조사에 해당한다고 보아야 한다. 납세자에 대한 권리의 침해가 없이 정상적으로 이루어진 세무조사의 경우에도 다시 중복조사를 할 수는 없는 것임에도 불구하고 세무조사 절차 상 하자가 존재하는 세무조사에 대하여 다시 세무조사를 하는 것을 정당화할 수 있는 규범적 가치는 존재하지 않기 때문이다. 따라서 다시 세무조사를 할 수 없는 이상 당초 세무조사에 존재한 절차 상 하자는 치유될 수 없는 것이므로 다시 이루어진 세무조사에 기한 과세처분 역시 위법하게 된다고 보아야 한다. 금지되는 재조사에 기한 과세처분은 위법하고, 이는 과세관청이 그러한 재조사로 얻은 과세자료를 과세처분의 근거로 삼지 않았다거나 이를 배제하고서도 동일한 과세처분이 가능한 경우에도 마찬가지이다.[447)]

한편 재조사가 허용되는 법정사유에는 '조세탈루의 혐의를 인정할 만한 명백한 자료가 있는 경우', '거래상대방에 대한 조사가 필요한 경우', '2개 이상의 과세기간과 관련하여 잘못이 있는 경우', '과세 전 적부심사, 심사청구, 이의신청 및 심판청구의 재조사 결정(국기 65조 1항 3호 단서, 66조 6항, 80조의2, 81조의15 5항 2호 단서)에 따라 조사를 하는 경우(결정서 주문에 기재된 범위의 조사에 한정)', '납세자가 세무공무원에게 직무와 관련하여 금품을 제공하거나 금품제공을 알선한 경우', '부분조사(국기 81조의11 3항)를 실시한 후 해당 조사에 포함되지 아니한 부분에 대하여 조사하는 경우' 및 '그 밖에 위 각 사유와 유사한 경우로서 대통령령으로 정하는 경우'가 포함된다(국기 81조의4 2항). **'거래상대방에 대한 조사가 필요한 경우'라는 문언이 뜻하는 바는 무엇인가?** '거래상대방에 대한 조사가 필요한 경우'라는 문언은 거래상대방에 대한 세무조사를 전제로 그 세무조사를 위하여 필요한 범위에 국한하여 본인에 대하여 조사할 필요가 있는 경우를 의미하는 것으로 보아야 한다. **'2개 이상의**

447) 대법원 2020.2.13. 2015두745.

사업연도와 관련하여 잘못이 있는 경우'라는 문언이 뜻하는 바는 무엇인가? '2개 이상의 사업연도와 관련하여 잘못이 있는 경우'란 하나의 원인으로 인하여 2개 이상의 사업연도에 걸쳐 과세표준 및 세액의 산정에 관한 오류 또는 누락이 발생한 경우를 의미하고, 다른 사업연도에 발견된 것과 같은 종류의 잘못이 해당 사업연도에도 단순히 되풀이되는 때에는 이러한 재조사의 예외적인 허용사유에 해당한다고 볼 수 없다. 그런데 위 문언에는 '완결적인 하나의 행위가 원인이 되어 같은 잘못이 2개 이상의 사업연도에 걸쳐 자동적으로 반복되는 경우'는 물론 '하나의 행위가 자체로 완결적이지는 아니하더라도 그로 인해 과세표준 및 세액의 산정에 관한 오류 또는 누락의 원인이 되는 원칙이 결정되고, 이후에 2개 이상의 사업연도에 걸쳐 내용이 구체화되는 후속조치가 이루어지는 경우에 있어서 그 후속조치' 역시 그 행위 당시부터 예정된 것이므로 마찬가지로 하나의 행위가 원인이 된 것으로서 보아 이에 포함된다.[448] 따라서 주식회사가 창업주이자 이사회의장의 지위에 있었던 자에게 매년 임대수입의 10% 이내에서 성과상여금을 지급하기로 하는 이사회결의 후 이에 기초하여 5년에 걸쳐 해당 사업연도별로 개최되었던 주주총회와 이사회 등에서 구체적인 액수를 확정하여 그 자에게 성과상여금을 지급한 사안에서, 만약 별다른 지급기준도 없이 실질적으로 잉여금 처분을 위한 분배금을 매년 지급하면서도 명목상으로만 손금산입대상이 되는 상여금의 형식을 갖추기로 하고 위 이사회결의에서 성과상여금을 지급하기로 결정한 바에 따라 각 사업연도별로 후속절차로서 지급된 것이라면, 구체적인 성과상여금의 액수 등이 해당 사업연도별로 개최되었던 주주총회와 이사회 등에서 확정되었던 것과 무관하게 '2개 이상의 과세기간과 관련하여 잘못이 있는 경우'에 해당한다.[449] 재조사의 예외적인 허용사유는 재조사 개시 당시에 구비되어야 할 것이므로, 과세관청이 하나의 원인으로 2개 이상의 과세기간에 걸쳐 과세표준 및 세액의 산정에 관한 오류 또는 누락이 발생한 경우임을 뒷받침할 만한 구체적인 자료에 의하여 재조사를 개시한 경우에 비로소 적법한 재조사에 해당한다.[450] 위 판결은 하나의 원인 등에 의하여 동일한 잘못이 반복되는 경우를 상정하므로 손익의 귀속시기를 잘못 적용한 과세기간에는 증(감)액하고 이로 인하여 다른 과세기간에 감(증)액하여야 하는 경우와 같이 일시적인 차이로 인하여 각 다른 과세기간에 대하여 다른 방향의 오류가 발생하는 경우는 포함되지 않는 것으로 보아야 한다. 손익의 귀속시기

448) 대법원 2017.4.27. 2014두6562 ; 대법원 2020.4.9. 2017두50492.
449) 대법원 2017.4.27. 2014두6562.
450) 대법원 2020.4.9. 2017두50492.

등 일시적 차이로 인하여 발생하는 오류 또는 누락은 어느 한 과세기간에 대한 세무조사 시 다른 과세기간에 대한 오류 또는 누락에 대하여 예상할 수 있는 것이므로 이를 허용하는 경우에는 손익의 귀속시기 등 일시적 차이와 관련된 사안에 대하여서는 항상 두 번의 세무조사를 받을 수 있는 결과를 야기할 수 있기 때문이다. 또한 이러한 해석은 당사자가 의도적으로 손익의 귀속시기를 조작한 경우에 해당 **손익귀속시기의 위법을 바로잡는 결정, 즉** 사실관계의 변동이 없이 손익귀속시기에 대한 위법을 시정하는 판결이 확정되는 것이 납세자의 후발적 경정청구사유에 해당하지 않는 점[451]과도 궤를 같이 하는 것이다.

위 대통령령으로 정하는 경우에는 '부동산투기, 매점매석, 무자료거래 등 경제질서 교란 등을 통한 탈세 혐의가 있는 자에 대하여 일제조사를 하는 경우', '과세관청 외의 기관이 직무 상 목적을 위해 작성하거나 취득해 과세관청에 제공한 자료의 처리를 위해 조사하는 경우', '국세환급금의 결정을 위한 확인조사 등을 하는 경우' 및 '조세범칙행위의 혐의를 인정할 만한 명백한 자료가 있는 경우(다만, 해당 자료에 대하여 조세범칙조사심의위원회가 조세범칙조사의 실시에 관한 심의를 한 결과 조세범칙행위의 혐의가 없다고 의결한 경우에는 그 자료를 조세범칙행위의 혐의를 인정할 만한 명백한 자료로 인정하지 아니한다)'가 포함된다(국기령 63조의2).

2019년 2월 12일 자 국세기본법 시행령 개정 이전에는 위 각 사유 중에 '각종 과세자료의 처리를 위하여 세무조사를 다시 할 수 있다'는 것이 포함되어 있었고 이에는 위임입법의 법리에 어긋난 것으로서 위헌이라고 판단할 여지가 있었다. 과세자료의 처리를 위하여 세무조사를 할 수 있다는 모법의 규정이 없기 때문이다. 설사 그러한 규정이 있다고 하더라도 이는 납세자의 법적 안정성을 심하게 훼손하는 것으로서 조세법률주의에 반할 가능성이 크다. 즉 세무공무원은 적정하고 공평한 과세를 실현하기 위하여 필요한 최소한의 범위에서 세무조사(세무조사권의 남용금지 조항과 관련하여서는 조세범 처벌절차법에 따른 조세범칙조사를 포함한다)를 하여야 하며 다른 목적 등을 위하여 조사권을 남용해서는 아니 된다는 규정(국기 81조의4 1항)이 담고 있는 헌법정신에도 위반된다. 따라서 '각종 과세자료의 처리를 위한 재조사'에서의 '각종 과세자료'란 세무조사권을 남용하거나 자의적으로 행사할 우려가 없는 '과세관청 외의 기관'이 직무 상 목적을 위하여 작성하거나 취득하여 과세관청에 제공한 자료로서 국세의 부과·징수와 납세의 관리에 필요한 자료를 의미하고, 이러한

451) 대법원 2013.7.11. 2011두16971.

자료에는 과세관청이 종전 세무조사에서 작성하거나 취득한 과세자료는 포함되지 아니한다고 해석하는 것이 타당하다.[452] 나아가 세무통계자료의 수집을 위하여 세무공무원이 질문검사권을 행사하는 것 역시 허용되지 않는다.[453] '과세자료의 처리'라는 문언을 '세무조사를 실시한 과세관청을 포함한 어느 기관이 이미 확보한 과세자료를 처리하면서 그 출처, 신뢰성, 탈세 혐의의 정도 등에 의문이 있는 경우'라고 해석하는 것[454] 역시 허용되지 않는다고 보아야 한다. 세무조사를 실시한 과세관청을 포함한 어느 기관이 이미 확보한 과세자료를 처리하면서 탈세 혐의의 정도 등에 의문이 있다는 점에만 근거하여 재조사할 수 있다면 이는 조세탈루의 혐의를 인정할 만한 명백한 자료가 있는 경우에 재조사할 수 있다는 법률 상 문언을 잠탈하는 결과에 이르기 때문이다. 이상의 각 점들을 감안하여 국세기본법 시행령이 개정된 것으로 보인다.

또한 위 각 사유 중 국세환급금의 결정을 위한 확인조사 등을 하기 위하여 세무조사를 다시 할 수 있다는 것은 납세자가 국세환급을 신청하거나 국세환급금이 발생하였다는 이유 자체만으로 중복 세무조사를 허용하겠다는 것인 바, 이는 다음과 같은 이유로 위헌이라고 판단한다. 종전 세무조사 결과가 '조세탈루의 혐의를 인정할 만한 명백한 자료가 있는 경우 등'에 해당한다면 이를 사유로 세무조사를 다시 할 수 있고 나아가 국세환급금 역시 다시 결정할 수 있을 것이나 위와 같은 사유가 없이 국세환급신청 또는 국세환급금이 발생하였다는 사실만으로 중복 세무조사를 허용한다면 납세자가 국세환급을 신청하거나 납세자에게 국세환급금이 발생하였다는 사정만으로 납세자는 보다 불리한 지위에 놓이는 결과가 된다. 이러한 결과는 중복 세무조사가 예외적으로 허용될 수 있는 '정당한 목적을 달성하는 데 가장 적합한 방법'에 해당한다고 할 수 없어서 적합성의 원칙에 어긋나고, 또한 국민의 기본권이 필요한 정도를 넘어서 침해되는 일이 없도록 하여야 한다는 최소침해의 원칙에도 위반되며, '국민의 기본권을 제한하는 정도와 그 제한에 의하여 얻어지는 공익을 엄격하게 비교형량하여 더 큰 공익을 보호하기 위하여 기본권을 제한하는 것이 필요하고도 불가피한 경우'에만 기본권을 제한할 수 있다는 비례 내지 균형의 원칙에도 반한다.[455] 또한 납세자가 국세환급을 신청하거나 국세환급금이 발생하였다는 사정이 모법에서 정하고 있는 각 사유와 유사

452) 대법원 2015.5.28. 2014두43257.
453) 金子 宏、前揭書、743頁。
454) 서울고등법원 2014.9.30. 2014누47619.
455) 제3절 IV 헌법 제37조 제2항 : 기본권 제한의 한계 참조.

한 것이라고 볼 수 있는 여지 역시 없으므로 위임입법의 법리에도 반하는 것으로 판단한다. 한편 국세환급금의 결정을 위한 확인조사는 해당 신청사항을 확인하는 것에 한정되어야 하며, 국세환급금의 결정이 처분에 해당하지 않는다는 점에 비추어 보면 이러한 확인조사는 새로운 사실을 탐지하는 것이 이르지 않아야 한다. 또한 납세자의 환급금 신청행위에 대하여 과세관청이 그 신청사유의 존재를 확인하는 것에 그치는 것은 세무조사의 범위에 속한다고 할 수 없으므로, 국세환급금의 결정을 위한 확인조사 등을 위하여 세무조사를 다시 할 수 없다면 과세행정에 차질이 발생할 수 있다는 주장 역시 성립하기 어렵다. 판례 역시 과세자료의 수집 또는 신고내용의 정확성 검증 등을 위한 과세관청의 모든 조사행위가 재조사가 금지되는 세무조사에 해당한다고 볼 경우에는 과세관청으로서는 단순한 사실관계의 확인만으로 충분한 사안에서 언제나 정식의 세무조사에 착수할 수밖에 없고, 납세자 등으로서도 불필요하게 정식의 세무조사에 응하여야 하므로, 납세자 등이 대답하거나 수인할 의무가 없고 납세자의 영업의 자유 등을 침해하거나 세무조사권이 남용될 염려가 없는 조사행위까지 재조사가 금지되는 세무조사에 해당한다고 볼 것은 아니라고 판시한다.[456]

위 각 사유 중 '조세탈루의 혐의를 인정할 만한 명백한 자료가 있는 경우'라 함은 조세탈루사실에 대한 개연성이 객관성과 합리성 있는 자료에 의하여 상당한 정도로 인정되는 경우를 말한다.[457] 이러한 자료에는 종전 세무조사에서 이미 조사된 자료는 포함되지 않는다.[458] 납세자의 사업장 소재지를 관할하는 세무서장이 실시한 세무조사는 부가가치세 경정조사로서 조사목적과 조사의 대상이 부가가치세액의 탈루 여부에 한정되어 그 결과에 따라 부가가치세의 증액경정처분만이 이루어졌고, 주소지를 관할하는 세무서장이 실시한 세무조사는 개인제세 전반에 관한 특별세무조사로서 그 결과에 따라 종합소득세의 증액경정처분 등이 이루어진 경우, 종합소득세부과처분에 관한 위 각 세무조사가 같은 세목 및 같은 과세기간에 대한 중복조사에 해당하지 않는다.[459]

같은 세목 및 같은 과세기간에 대하여 중복하여 실시한 중복조사에 기초하여 이루어진 과세처분은 위법하다.[460] **세무공무원이 어느 세목의 특정 과세기간에 대하여 특정 항목에 대하여만 세무조사를 한 경우 다시 그 세목의 같은 과세기간에 대하여 세무조사를 하는 것**

456) 대법원 2017.3.16. 2014두8360.
457) 대법원 2007.9.20. 2005두9415; 대법원 2009.5.14. 2006두11224; 대법원 2012.11.29. 2010두19294.
458) 대법원 2011.1.27. 2010두6083.
459) 대법원 2006.5.25. 2004두11718.
460) 대법원 2006.6.2. 2004두12070.

은 재조사에 해당하는가? 세무공무원이 어느 세목의 특정 과세기간에 대하여 모든 항목에 걸쳐 세무조사를 한 경우는 물론 그 과세기간의 특정 항목에 대하여만 세무조사를 한 경우에도 다시 그 세목의 같은 과세기간에 대하여 세무조사를 하는 것은 국세기본법에서 금지하는 재조사에 해당하고, 이는 세무공무원이 당초 세무조사를 한 특정 항목을 제외한 다른 항목에 대하여만 다시 세무조사를 함으로써 세무조사의 내용이 중첩되지 아니하였다고 하여 달리 볼 것은 아니다.[461] **당초 세무조사 당시 모든 항목에 걸쳐 세무조사를 하는 것이 무리였다는 등의 특별한 사정이 있는 경우에 당초 세무조사를 한 항목을 제외한 나머지 항목에 대하여 향후 다시 세무조사를 하는 것 역시 재조사에 해당하는가?** 당초의 세무조사가 다른 세목이나 다른 과세기간에 대한 세무조사 도중에 해당 세목이나 과세기간에도 동일한 잘못이나 세금탈루 혐의가 있다고 인정되어 관련 항목에 대하여 세무조사 범위가 확대됨에 따라 부분적으로만 이루어진 경우와 같이 당초 세무조사 당시 모든 항목에 걸쳐 세무조사를 하는 것이 무리였다는 등의 특별한 사정이 있는 경우에는 당초 세무조사를 한 항목을 제외한 나머지 항목에 대하여 향후 다시 세무조사를 하는 것은 국세기본법에서 금지하는 재조사에 해당하지 아니한다.[462]

세무조사가 중복조사에 해당하는지 여부와 세무조사가 절차를 통하여 합리적으로 통제되는지 여부는 연관된 쟁점이다. 세무조사가 절차를 통하여 합리적으로 통제된다면 중복조사의 인정범위를 제한적으로 해석하는 것이 타당하고, 그렇지 않다면 중복조사의 범위를 넓게 인정하는 방법을 통하여 납세자의 권리를 보장하는 것이 타당하다.

(라) 세무조사 기간

세무공무원은 조사대상 세목·업종·규모, 조사 난이도 등을 고려하여 세무조사 기간이 최소한이 되도록 하여야 한다(국기 81조의8 1항 본문). 다만 '납세자가 장부·서류 등을 은닉하거나 제출을 지연하거나 거부하는 등 조사를 기피하는 행위가 명백한 경우', '거래처 조사, 거래처 현지확인 또는 금융거래 현지확인이 필요한 경우', '세금탈루 혐의가 포착되거나 조사 과정에서 조세범 처벌절차법에 따른 조세범칙조사를 개시하는 경우', '천재지변이나 노동쟁의로 조사가 중단되는 경우', '납세자보호관 또는 담당관이 세금탈루 혐의와 관련하여 추가적인 사실 확인이 필요하다고 인정하는 경우' 및 '세무조사 대상자가 세금탈루 혐의에 대

461) 대법원 2015.2.26. 2014두12062; 대법원 2015.9.10. 2013두6206.
462) 대법원 2015.2.26. 2014두12062; 대법원 2015.9.10. 2013두6206.

한 해명 등을 위하여 세무조사 기간의 연장을 신청한 경우로서 납세자보호관 또는 담당관이 이를 인정하는 경우'에는 세무조사 기간을 연장할 수 있다(국기 81조의8 1항 단서). 다만 세무조사의 범위에 원칙적으로 조세범칙조사가 포함되지 않고 조세범칙조사에 의하여 취득하여야 할 자료를 일반 세무조사를 통하여 수집하는 것은 타당하지 않으므로 위 세무조사 기간의 연장사유에서 조세범칙조사를 개시하는 경우를 삭제하는 것이 타당하다. 이는 세무조사 기간을 연장할 것이 아니라, 별도의 조세범칙조사가 진행되도록 하는 것이 타당하다.

세무공무원은 조사대상 과세기간 중 연간 수입금액 또는 양도가액이 가장 큰 과세기간의 연간 수입금액 또는 양도가액이 100억원 미만인 납세자에 대한 세무조사 기간은 20일 이내로 한다(국기 81조의8 2항). 세무조사 기간을 최초로 연장하는 경우에는 관할 세무관서의 장의 승인을 받아야 하고, 2회 이후 연장의 경우에는 관할 상급 세무관서의 장의 승인을 받아 각각 20일 이내에서 연장할 수 있다(국기 81조의8 3항).

다만, '무자료거래, 위장·가장거래 등 거래 내용이 사실과 다른 혐의가 있어 실제 거래 내용에 대한 조사가 필요한 경우', '역외거래를 이용하여 세금을 탈루하거나 국내 탈루소득을 해외로 변칙유출한 혐의로 조사하는 경우', '명의위장, 이중장부의 작성, 차명계좌의 이용, 현금거래의 누락 등의 방법을 통하여 세금을 탈루한 혐의로 조사하는 경우', '거짓계약서 작성, 미등기양도 등을 이용한 부동산 투기 등을 통하여 세금을 탈루한 혐의로 조사하는 경우' 및 '상속세·증여세 조사, 주식변동 조사, 범칙사건 조사 및 출자·거래관계에 있는 관련자에 대하여 동시조사를 하는 경우'에는 세무조사 기간의 제한 및 세무조사 연장기간의 제한을 받지 아니한다(국기 81조의8 3항 단서). 그러나 위 기간의 제한을 받지 않는 사유는 통상의 세무조사의 경우에도 발생할 수 있는 사유들에 해당하고 또한 그 사유가 지나치게 광범위하여 이를 정비할 필요가 있다. 또한 위 사유가 발생하는 경우에 대하여서는 후술하는 '세무조사의 중지제도'를 활용하여 동일한 목적을 달성하는 것이 보다 타당하고, 해당 사유가 정당하다고 하더라도 단순하게 '세무조사 기간 또는 연장기간의 제한'을 제거하는 방법만을 선택하기보다는 그 요건에 해당 조사기간의 설정 및 연장에 대한 절차적 통제수단을 부가하는 것이 보다 바람직하다고 판단한다.

세무공무원은 납세자가 자료의 제출을 지연하는 등 **법정사유로 세무조사를 진행하기 어려운 경우에는 세무조사를 중지할 수 있고 그 중지기간은 세무조사 기간 및 세무조사 연장기간에 산입하지 아니한다**(국기 81조의8 4항). 위 법정사유에는 '세무조사 연기신청 사유에 해당하는 사유가 있어 납세자가 조사중지를 신청한 경우', '국외자료의 수집·제출 또는 상호합의절차 개시에 따라 외국 과세기관과의 협의가 필요한 경우', '세무조사를 정상적으로 진행하기 어려운 경우(납세자의 소재가 불명한 경우, 납세자가 해외로 출국한 경우, 납세자가 장부·서류 등을 은닉하거나 그 제출을 지연 또는 거부한 경우, 노동쟁의가 발생한 경우 및 그 밖에 이와 유사한 사유가 있는 경우)' 및 '납세자보호관 또는 담당관이 세무조사의 일시중지를 요청하는 경우'가 포함된다(국기령 63조의9). 세무공무원은 세무조사의 중지기간 중에는 납세자에 대하여 국세의 과세표준과 세액을 결정 또는 경정하기 위한 질문을 하거나 장부 등의 검사·조사 또는 그 제출을 요구할 수 없다(국기 81조의8 5항). 세무조사를 중지한 경우 그 중지사유가 소멸하게 되면 세무공무원은 즉시 조사를 재개하여야 하나, 조세채권의 확보 등 긴급히 조사를 재개하여야 할 필요가 있는 경우에는 중지사유의 소멸과 관계없이 세무조사를 재개할 수 있다(국기 81조의8 6항). 세무공무원이 세무조사 기간을 연장하는 경우에는 그 사유와 기간을, 세무조사를 중지 또는 재개하는 경우에는 그 사유를 각 문서로 통지하여야 한다(국기 81조의8 7항).

세무공무원은 세무조사 기간을 단축하기 위하여 노력하여야 하며, 장부기록 및 회계처리의 투명성 등 납세성실도를 검토하여 더 이상 조사할 사항이 없다고 판단될 때에는 조사기간 종료 전이라도 조사를 조기에 종결할 수 있다(국기 81조의8 8항).

(마) 세무조사 목적의 장부 및 서류의 보관 제한

세무공무원은 세무조사(조세범 처벌절차법에 따른 조세범칙조사를 포함한다)의 목적으로 납세자의 장부 등을 세무관서에 임의로 보관할 수 없다(국기 81조의10 1항). 다만 세무공무원은 법정 사유(국기 81조의6 3항 각 호)에 해당하는 경우에는 조사 목적에 필요한 최소한의 범위에서 납세자, 소지자 또는 보관자 등 정당한 권한이 있는 자가 임의로 제출한 장부 등을 납세자의 동의를 받아 세무관서에 일시 보관할 수 있다(국기 81조의10 2항). 세무공무원은 납세자의 장부 등을 세무관서에 일시 보관하려는 경우 납세자로부터 일시 보관 동의서를 받아야 하며, 일시 보관증을 교부하여야 한다(국기 81조의10 3항). 세무공무원 장부 등을 일시 보관하려는 경우 장부 등의 일시 보관 전에 납세자, 소지자 또는 보관자 등 정당한 권한이 있는 자(납세자 등)에게 '장부 등을 일시 보관하는 사유', '납세자 등이 동의하지 아니하는 경우에는 장부 등을 일시 보관할 수 없다는 내용', '납세자 등이 임의로 제출한 장부 등에 대하여만 일시 보관할 수 있다는 내용' 및 '납세자 등이 요청하는 경우 일시 보관중인 장부 등을 반환받을 수 있다는 내용'을 고지하여야 한다(국기령 63조의11 1항). 납세자 등은 조사목적이나 조사범위와 관련이 없는 등의 사유로 일시 보관에 동의하지 않는 장부 등에 대하여는 세무공무원에게 일시 보관할 장부에서 제외할 것을 요청할 수 있고, 이 경우 세무공무원은 정당한 사유 없이 해당 장부 등을 일시 보관할 수 없다(국기령 63조의11 2항). 세무공무원은 일시 보관하고 있는 장부 등에 대하여 납세자가 반환을 요청한 경우에는 그 반환을 요청한 날부터 14일 이내에 장부 등을 반환하여야 하나, 조사 목적을 달성하기 위하여 필요한 경우에는 납세자보호위원회(국기 81조의18 1항)의 심의를 거쳐 한 차례만 14일 이내의 범위에서 보관 기간을 연장할 수 있다(국기 81조의10 4항). 위 규정에도 불구하고 세무공무원은 납세자가 일시 보관하고 있는 장부 등의 반환을 요청한 경우로서 세무조사에 지장이 없다고 판단될 때에는 요청한 장부 등을 즉시 반환하여야 한다(국기 81조의10 5항). 위와 같이 미리 장부 등을 반환한 경우를 제외하고 세무공무원은 해당 세무조사를 종결할 때까지 일시 보관한 장부 등을 모두 반환하여야 한다(국기령 63조의11 3항). 납세자에게 장부 등을 반환하는 경우 세무공무원은 장부 등의 사본을 보관할 수 있고, 그 사본이 원본과 다름없다는 사실을 확인하는 납세자의 서명 또는 날인을 요구할 수 있다(국기 81조의10 6항). **다만 세무공무원이 보관하는 사본이 추후 중복 세무조사 금지를 회피하기 위한 수단으로서 활용되거나 별도의 조세범칙절차에 따른 조사를 하지 않고서 그대로 조세범칙사건의 자료로 활용될 경우에는, 그 사본에 근거한 별도의 과세처분은 설사 세무조사가 없었다고 하더라도 중복 세무조사에 근거한 위법한 처분으로 보거나 또는 그 사본이 조세범칙조사에 따른 형사소송절차에 있어서 원칙적으로 증거능력이 없는 것으로 보아야 한다.**

(7) 기타 세무조사와 관련된 납세자 보호 규정

세무공무원은 납세자가 세무조사 대상자의 수시선정사유에 해당하는 경우를 제외하고는 납세자가 성실하며 납세자가 제출한 신고서 등이 진실한 것으로 추정하여야 한다(국기 81조의3). 이 규정에 따르면 세무공무원이 위 수시선정사유를 입증하는 경우 이외의 경우에 있어서는, 세무공무원이 납세자의 성실성과 그 신고서의 진실성에 대하여 반증을 하여야 한다.

세무공무원은 적정하고 공평한 과세를 실현하기 위하여 필요한 최소한의 범위에서 세무조사를 하여야 하며, 다른 목적 등을 위하여 조사권을 남용해서는 아니 된다(국기 81조의4 1항). 세무공무원은 세무조사를 하기 위하여 필요한 최소한의 범위에서 장부 등의 제출을 요구하여야 하며, 조사대상 세목 및 과세기간의 과세표준과 세액의 계산과 관련 없는 장부 등의 제출을 요구해서는 아니 된다(국기 81조의4 3항). **세무조사의 남용을 금지하는 위 조항은 법규적 효력을 가지는가?** 위 조항은 세무조사의 적법 요건으로 객관적 필요성, 최소성, 권한 남용의 금지 등을 규정하고 있는데, 이는 법치국가 원리를 조세절차법의 영역에서도 관철하기 위한 것으로서 그 자체로서 구체적인 법규적 효력을 가진다.[463] 국세의 경우에는 2018년 12월 31일 개정을 통하여 개별세법 상으로도 세무조사권의 남용을 금지하는 규정들이 신설되었다(소세 170조, 법세 122조, 상증세 84조, 자재평 31조, 종부세 23조, 부가세 74조, 개소세 26조, 주세 25조, 인세 11조, 증권세 17조 등). **부정한 목적을 위하여 행하여진 세무조사에 의하여 수집된 과세자료를 기초로 한 과세처분의 효력은 어떠한가?** 세무조사가 과세자료의 수집 또는 신고 내용의 정확성 검증이라는 본연의 목적이 아니라 부정한 목적을 위하여 행하여진 것이라면 이는 세무조사에 중대한 위법사유가 있는 경우에 해당하고 이러한 세무조사에 의하여 수집된 과세자료를 기초로 한 과세처분 역시 위법하다. 세무조사가 국가의 과세권을 실현하기 위한 행정조사의 일종으로서 과세자료의 수집 또는 신고내용의 정확성 검증 등을 위하여 필요불가결하며, 종국적으로는 조세의 탈루를 막고 납세자의 성실한 신고를 담보하는 중요한 기능을 수행하더라도 만약 남용이나 오용을 막지 못한다면 납세자의 영업활동 및 사생활의 평온이나 재산권을 침해하고 나아가 과세권의 중립성과 공공성 및 윤리성을 의심받는 결과가 발생할 것이기 때문이다.[464] 누구든지 세무공무원으로 하여금 법령을 위반하게 하거나 지위 또는 권한을 남용하게 하는 등 공정한 세무조사를 저해하는 행위를 하여서는 아니 된다(국기 81조의4 4항). 세무조사 권한이 남용되지 않도록 하기 위하여서는 세무공무원의 성과평가에 있어서 세무조사 적출실적을 반영되지 못하도록 규정할 필요가 있다. 미국의 경우에는 이와 같은 규정을 두고 있다.[465]

납세자는 세무조사(조세범 처벌절차법에 따른 조세범칙조사를 포함한다)를 받는 경우에 변호사, 공인회계사, 세무사로 하여금 조사에 참여하게 하거나 의견을 진술하게 할 수 있다(국기 81조의5).

---

463) 대법원 2016.12.15. 2016두47659.
464) 대법원 2016.12.15. 2016두47659.
465) 26 CFR 801.3 - Measuring employee performance.
(e) Limitations.
(1) No employee of the IRS may use records of tax enforcement results (as described in § 801.6) to evaluate any other employee or to impose or suggest production quotas or goals for any employee.

세무공무원은 세무조사를 하는 경우에는 조사를 받을 납세자(납세자가 납세관리인을 정하여 관할 세무서장에게 신고한 경우에는 납세관리인을 말한다. 이 문단에서는 같다)에게 **조사를 시작하기 15일 전에 조사대상 세목, 조사기간 및 조사 사유, 그 밖의 법정사항**(납세자 또는 납세관리인의 성명과 주소 또는 거소, 조사기간, 조사대상 세목 및 조사 사유, 부분조사(국기 81조의11 3항)를 실시하는 경우에는 해당 부분조사의 범위 및 그 밖에 필요한 사항)(국기령 63조의6 1항)**을 통지(사전통지)하여야 한다. 다만, 사전통지하면 증거인멸 등으로 조사 목적을 달성할 수 없다고 인정되는 경우에는 그러하지 아니하다**(국기 81조의7 1항 ; 국기령 63조의6). 위 통지를 받은 납세자가 천재지변이나 그 밖에 법정사유로 조사를 받기 곤란한 경우에는 관할 세무관서의 장에게 조사를 연기해 줄 것을 신청할 수 있다(국기 81조의7 2항 ; 국기령 63조의7). 연기신청을 받은 관할 세무관서의 장은 연기신청 승인 여부를 결정하고 그 결과를 조사개시 이전(연기 결정 시 연기한 기간을 포함)까지 통지하여야 한다(국기 81조의7 3항). 관할 세무관서의 장은 '연기 사유(국기 81조의7 2항)가 소멸한 경우' 또는 '조세채권을 확보하기 위하여 조사를 긴급히 개시할 필요가 있다고 인정되는 경우'에는 연기한 기간이 만료되기 전에 조사를 개시할 수 있다(국기 81조의7 4항). 관할 세무서장은 '연기 사유(국기 81조의7 2항)가 소멸한 경우'로서 조사를 개시하려는 경우에는 조사를 개시하기 5일 전까지 조사를 받을 납세자에게 연기 사유가 소멸한 사실과 조사기간을 통지하여야 한다(국기 81조의7 5항). 세무공무원이 사전통지를 하지 아니하고 세무조사를 하거나 '조세채권을 확보하기 위하여 조사를 긴급히 개시할 필요가 있다고 인정되는 경우'로서 조사를 개시하는 경우에는 '사전통지 사항, 사전통지를 하지 아니한 사유 및 그 밖에 법정 사항(국기령 63조의6 1항)이 포함된 세무조사통지서'(국기 81조의7 1항 단서) 또는 '조사를 긴급히 개시하여야 하는 사유가 포함된 세무조사통지서'(국기 81조의7 4항 2호)를 세무조사를 받을 납세자에게 교부하여야 하나, **폐업 등 법정 사유**(국기령 63조의6 2항)가 있는 경우에는 그러하지 아니하다(국기 81조의7 6항). **폐업 등 법정 사유**는 다음 각 호의 어느 하나에 해당하는 경우를 말한다(국기령 63조의6 2항).

1. 법인이 주식 또는 출자지분을 시가보다 높거나 낮은 가액으로 거래하거나 부당행위계산의 부인대상인 자본거래로 인하여 해당 법인의 특수관계인인 다른 주주 등에게 이익을 분여하거나 분여받은 구체적인 혐의가 있는 경우(법세령 88조 1항 8호 각 목, 8호의

2)로서 해당 협의에 대한 확인이 필요한 경우
2. 무자료거래, 위장・가공 거래 등 특정 거래 내용이 사실과 다른 구체적인 혐의가 있는 경우로서 조세채권의 확보 등을 위하여 긴급한 조사가 필요한 경우
3. 과세관청 외의 기관이 직무상 목적을 위해 작성하거나 취득하여 과세관청에 제공한 자료의 처리를 위해 조사하는 경우
4. 조세조약상의 비과세・면제 적용 신청(소세 156조의2 1항, 2항; 법세 98조의4 1항, 2항)의 내용을 확인할 필요가 있는 경우

국세청장은 세무조사의 요건 및 절차 등에 대한 사항, 납세자보호위원회에 대한 심의 요청사항・절차 및 권리구제 절차 등 및 그 밖에 납세자의 권리보호에 관한 사항을 포함하는 납세자권리헌장을 제정하여 고시하여야 한다(국기 81조의2 1항). 세무공무원은 '세무조사를 하는 경우(조세범 처벌절차법에 따른 조세범칙조사를 포함한다)', '사업자등록증을 발급하는 경우' 및 '그 밖에 시행령이 정하는 경우'에는 납세자권리헌장의 내용이 수록된 문서를 납세자에게 내주어야 한다(국기 81조의2 2항). 또한 세무공무원은 세무조사를 시작할 때 조사원증을 납세자 또는 관련인에게 제시한 후 **납세자권리헌장**을 교부하고 그 요지를 직접 낭독해 주어야 하며, 조사사유, 조사기간, 납세자보호위원회(국기 81조의18)에 대한 심의 요청사항・절차 및 권리구제 절차 등을 설명하여야 한다(국기 81조의2 3항). 세무공무원이 조사원증, 납세자권리헌장 및 세무조사에 대한 설명과 관련된 규정들은 강행규정에 해당하므로 이에 위반한 세무조사에 대하여서는 협력의무 또는 수인의무가 발생하지 않는다고 해석하여야 한다.[466)]

세무공무원은 세무조사를 마쳤을 때에는 그 조사를 마친 날부터 20일[공시송달 사유(국기 11조 1항 각 호)에 해당하는 경우에는 40일] 이내에 '세무조사 내용', '결정 또는 경정할 과세표준, 세액 및 산출근거', 및 '그 밖에 법정 사항'이 포함된 조사결과를 납세자에게 설명하고, 이를 **서면으로 납세자에게 통지하여야 한다**(국기 81조의12 1항 ; 국기령 63조의13 1항). 통지기간 내에 세무조사 결과 통지가 이루어지지 않더라도 과세처분을 취소할 절차 상 하자가 있다고 볼 수는 없다.[467)] 위 법정 사항은 '세무조사 대상 세목 및 과세기간', '과세표준 및 세액을 결정 또는 경정하는 경우 그 사유(근거 법령 및 조항, 과세표준 및 세액 계산의

466) 같은 취지 : 日最判 昭和27年2月28日 刑集6卷3号, 546頁。
467) 대법원 2023.11.9. 2020두51181.

기초가 되는 구체적 사실 등을 포함한다)', '가산세의 종류, 금액 및 그 산출근거' 및 '관할 세무서장이 해당 국세의 과세표준과 세액을 결정 또는 경정하여 통지하기 전까지 수정신고·납부가 가능한 사실' 및 '과세 전 적부심사를 청구할 수 있다는 사실'을 말한다. 다만, 납세관리인을 정하지 아니하고 국내에 주소 또는 거소를 두지 아니한 경우 등 법정사유가 있는 경우에는 그러하지 아니하다. 납세관리인을 정하지 아니하고 국내에 주소 또는 거소를 두지 아니한 경우 등 법정사유는 '폐업한 경우', '납세관리인을 정하지 아니하고 국내에 주소 또는 거소를 두지 아니한 경우', '재조사 결정(국기 65조 1항 3호 단서, 65조 5항 및 80조의2에서 준용하는 경우를 포함)에 의한 조사를 마친 경우' 및 '세무조사결과통지서 수령을 회피하거나 거부하는 경우'를 말한다(국기령 63조의13 2항).

한편 위 각 규정에도 불구하고 세무공무원은 '국제조세조정에 관한 법률 및 조세조약에 따른 국외자료의 수집·제출 또는 상호합의절차 개시에 따라 외국 과세기관과의 협의가 진행 중인 경우' 및 '해당 세무조사와 관련하여 세법의 해석 또는 사실관계 확정을 위하여 기획재정부장관 또는 국세청장에 대한 질의 절차가 진행 중인 경우'에 해당하는 사유로 위 기간 이내에 조사결과를 통지할 수 없는 부분이 있는 경우에는 납세자가 동의하는 경우에 한정하여 조사결과를 통지할 수 없는 부분을 제외한 조사결과를 납세자에게 설명하고, 이를 서면으로 통지할 수 있다(국기 81조의12 2항). 상호합의절차 종료, 세법의 해석 또는 사실관계 확정을 위한 질의에 대한 회신 등 위 각 사유가 해소된 때에는 그 사유가 해소된 날부터 20일(공시송달 사유(국기 11조 1항) 중 어느 하나에 해당하는 경우에는 40일) 이내에 위 통지한 부분 외에 대한 조사결과를 납세자에게 설명하고, 이를 서면으로 통지하여야 한다(국기 81조의12 3항).

미국의 경우에는 세무조사가 종결된 경우 납세자가 조사결과를 인정하는 경우와 인정하지 않는 경우로 나누어서 처리한다.[468] 구체적인 내용은 다음과 같다.

전자의 경우를 본다. 세무조사관(revenue agents)과 세무조사인(tax auditors)이 세무조사를 종결하는 경우에는 납세자에게 그 결과에 따른 수정사항을 제안하여야 한다. 납세자가 이를 승인한 경우에는 납세자는 통상 Form 4159(Income Tax Examination Changes) 및 Form 870(Waiver of Restrictions on Assessment and Collection of Deficiency in Tax and Acceptance of Overassessment)에 서명한다. 납세자가 위 서식들에 서명하

468) Camilla E. Watson, *op. cit.*, at 111-112.

였다는 사실이 세액을 납부하고 이에 대하여 환급청구하는 것을 방해하지는 않는다. 그러나 위와 같이 서면으로 동의하였다면 조세법원에 소송하는 것은 금지된다. 한편 세무서 내 조사(office audit)가 종결된 후 납세의무자가 승인한 결과들은 통상 Form 1902-E(Report of Individual Income Tax Audit Changes)에 기록된다. 그러나 위 서식에 서명하였다고 하더라도 조세소송에 제소하는 것이 금지되지는 않는다.

후자의 경우를 본다. 납세자가 세무조사결과를 승인하지 않는다면 납세자는 IRS **불복심사부**(Appeal Office)에 협의를 요청할 수 있다. 납세자는 30**일 서신**(30-day letter "proposed notice of deficiency")을 수령한 후 30일 내에 이러한 협의를 요청하여야 한다. 반드시 서면으로 요청할 필요는 없으나, 현장조사(field audits)의 경우 해당 과세기간 동안 총 부과처분금액이 $25,000을 초과한다면 반드시 서면에 의하여 협의를 요청하여야 한다. 만약 30일 서신을 받고 납세자가 다른 조치를 취하지 않는다면 IRS는 90**일 서신**(90-day letter "notice of deficiency")을 발송한다. 납세자는 이 경우 90일 이내에 세금을 납부하거나 조세법원에 제소할 수 있다.

(8) 위법한 세무조사에 대한 효과

(가) 위법한 세무조사의 효력

위법한 세무조사에 기한 과세처분의 효력은 어떠한가?

먼저 국세기본법 상 세무조사에 관한 특별한 정함에 반하는 세무조사의 효력에 대하여 본다. 세무조사와 관련된 국세기본법 상 규정들[납세자권리헌장, 납세자의 성실성 추정, 세무조사권 남용 금지, 세무조사 시 조력을 받을 권리, 세무조사 관할 및 대상자 선정, 세무조사의 사전통지와 연기신청, 세무조사 기간, 세무조사 범위 확대의 제한, 장부·서류 보관 금지, 통합조사의 원칙, 세무조사의 결과 통지, 비밀 유지, 정보 제공, 과세전적부심사, 국세청장의 납세자 권리보호(국기 81조의2-81조의16)]은 강행규정에 해당한다. 이 규정들은 조세법률주의에 기하여 과세권의 행사와 납세자의 권리보호를 적정하게 조화하기 위한 것들에 해당하기 때문이다. 따라서 위 규정들에 위반한 경우 해당 세무조사는 위법하다.

또한 국세기본법 제81조의2에 의하면, 동법 제81조의3 내지 제81조의16의 내용과 그 밖에 납세자의 권리보호에 관한 사항을 포함하는 납세자권리헌장을 제정하여 고시하고, 그 내용이 수록된 문서를 납세자에게 내주어야 하며, 세무공무원은 세무조사를 시작할 때 납세자 또는 관련인에게 **납세자권리헌장**을 교부하고 그 요지를 직접 낭독해 주어야 하며, 조사사유, 조사기간, 권리구제 절차 등을 설명하여야 한다. 따라서 위 제81조의3 내지 제81조의16의 내용, 그 밖에 납세자의 권리보호에 관한 사항 그리고 해당 세무조사에 대한 조사사유, 조사기간 및 권리구제 절차 등은 해당 세무공무원, 납세자 및 관계인에 대하여 명백한 사정에 해당한다. 또한 위 각 사항들을 납세자에게 교부, 낭독 및 설명하여야 한다는 의무는 최소한 세무공무원에 대하여서는 명백하다고 보아야 하며 납세자에 대하여서도 규범 상 명백한 것으로 보는 것이 타당하다.

그렇다면 **국세기본법 상 납세자권리헌장에 포함된 각 사항, 그 밖의 권리보호에 관한 사항 그리고 해당 세무조사에 대한 조사사유, 조사기간 및 권리구제 절차에 대한 설명의무를 위반한 세무조사의 하자는 중대하고 명백하여 무효라고 판단한다. 물론 위 납세자권리헌장 등의 교부의무, 낭독의무 및 설명의무 등을 이행하지 않는 경우에는 그 자체로서 무효라고 보아야 한다.**

이어서 **국세기본법 상 세무조사에 관한 특별한 정함과 무관한 세무조사 상 하자에 대하여 살핀다.** 이 경우에는 과세처분 하자에 대한 일반론에 따라 무효 또는 취소에 해당하는지 여부를 판단하여야 한다. 판례는 다음과 같은 사유가 있는 경우에 해당 세무조사가 무효라고 판시한다. 과세관청이 사실관계를 오인하여 과세처분을 한 경우, 그 사실관계 오인의 근거가 된 과세자료가 외형 상 상태성을 결여하거나 또는 객관적으로 그 성립이나 내용의 진정을 인정할 수 없는 것임이 명백한 경우에는 이러한 과세자료만을 근거로 과세소득을 인정하여 행한 과세처분은 그 하자가 중대할 뿐 아니라 객관적으로도 명백하여 무효이다.[469] 세무관청이 어떤 사람에게 소득세를 부과하고자 할 때에는 소득세법이 규정하는 바의 자진신고, 실지조사, 서면조사, 추계조사 등의 방법에 따라 얻은 정확한 근거에 바탕을 두어 과세표준액을 결정하고 세액을 산출해야 하며, 위와 같은 조사방법 등을 완전히 무시해 버리고 아무런 근거도 없이 막연한 방법으로 과세표준액과 세액을 결정, 부과하였다면 이는 그 하자가 중대하고도 명백하여 당연 무효이다.[470] 다만 판례는 단순한 과세대상의 오인, 조사방법의 잘못된 선택, 세액산출의 잘못 등의 위법이 있음에 그치는 경우에는 취소에 해당한다고 판시한다.[471]

법인 비용에 관한 세무조사가 대표자 개인에 대한 상여 소득처분과 연결되는 등의 경우,

469) 대법원 1985.11.12. 84누250.
470) 대법원 1986.12.9. 85누881.
471) 대법원 1986.12.9. 85누881.

법인에 대한 세무조사 관련 규정 준수가 대표자 개인에 대한 규정 준수로 의제될 수 있는가? 법인에 대한 세무조사와 대표자 또는 직원 등에 대한 세무조사는 구분되는 것이므로 세무조사 관련 규정 중 그 성격 상 개별 적용이 가능하거나 별개의 납세자 권리보호가 필요한 규정에 대하여서는 각 별도로 준수되어야 한다.

(나) 위법한 세무조사에 대한 불복방법

위법한 세무조사에 대하여서는 어떻게 다투어야 하는가? 즉 **세무조사 자체가 처분에 해당하는가?** 판례는 세무조사결정 자체를 납세자가 독립적으로 다툴 수 있는 처분으로 판단한다. 즉 부과처분을 위한 과세관청의 질문조사권이 행해지는 세무조사결정이 있는 경우 납세자는 세무공무원의 과세자료 수집을 위한 질문에 대답하고 검사를 수인하여야 할 법적 의무를 부담하게 되는 점, 세무조사는 기본적으로 적정하고 공평한 과세의 실현을 위하여 필요한 최소한의 범위 안에서 행하여져야 하고, 더욱이 동일한 세목 및 과세기간에 대한 재조사는 납세자의 영업의 자유 등 권익을 심각하게 침해할 뿐만 아니라 과세관청에 의한 자의적인 세무조사의 위험마저 있으므로 조세공평의 원칙에 현저히 반하는 예외적인 경우를 제외하고는 금지될 필요가 있는 점, 납세자로 하여금 개개의 과태료 처분에 대하여 불복하거나 조사 종료 후의 과세처분에 대하여만 다툴 수 있도록 하는 것보다는 그에 앞서 세무조사결정에 대하여 다툼으로써 분쟁을 조기에 근본적으로 해결할 수 있는 점 등을 종합하면, **세무조사결정은 납세자의 권리·의무에 직접 영향을 미치는 공권력의 행사에 따른 행정작용으로서 항고소송의 대상이 된다.**[472)]

다만 세무조사결정 자체에 대한 불복이 행정소송법 상 집행정지와 결합되는 경우에 한하여 위 판례는 실효성을 갖는 것이나, 행정소송법 상 집행정지요건 중 '본안소송이 계속되어 있을 것이라는 것' 및 '보전의 필요성이 있을 것'이라는 각 요건을 충족할 수 있을지 여부가 의문이다. 전자의 요건과 관련하여 행정심판을 거쳤는지 여부는 사실심 변론종결시를 기준으로 판단한다는 점을 이용하여 세무조사결정 직후 바로 행정심판을 제기하거나 행정심판을 제기하지 않고서 그 결정에 대한 취소소송 등을 제기하는 방법을 통하여 이를 충족하는 것이 가능하다. 후자의 요건과 관련하여서는 향후 법원의 해석에 맡겨진 상태이다.[473)]

세무조사결정 자체의 처분성을 인정한 위 판례의 근거들에 비추어 볼 때, 세무조사결정

472) 대법원 2011.3.10. 2009두2361.
473) 소순무, 전게서, 80-81면.

자체에 위법성이 존재할 개연성이 있다면 그 자체로 보전의 필요성을 인정하여야 할 것이다.

(다) 위법한 세무조사와 과세처분의 관계

세무조사결정 자체에 위법이 있었으나 그 위법이 시정되지 않은 경우 또는 세무조사의 진행과정에 위법이 있는 경우에 해당 위법사유가 후속되는 과세처분에 승계되는지 여부에 대하여 본다.

두 개 이상의 처분이 연속적으로 행하여진 경우는 **선행처분과 후행처분이 동일한 목적을 위한 일련의 처분들인 경우**와 **선행처분과 후행처분이 서로 독립하여 별개의 법률효과를 목적으로 하는 처분들인 경우**가 있다.

전자의 경우에는 선행처분의 위법이 후행처분에도 그대로 승계된다. 강제징수를 구성하는 압류처분, 공매처분 및 환가처분이 그 예에 속한다. 이에 대한 판례는 다음과 같다. 압류가 그 압류의 등기를 한 후에 발생한 체납액에 대하여도 효력을 미치기 위하여는 그 압류가 유효하게 존속함을 전제로 한다고 할 것이고 압류가 당초부터 무효인 경우에는 그 압류등기 후에 체납액이 발생하였다고 하여 바로 그 체납액에 대한 압류로서 유효한 것으로 전환되는 것은 아니다. 또한 무효인 압류처분에 기한 공매처분 역시 당연무효의 처분이고, 공매처분이 무효인 이상 이에 대해 이의신청 등을 제기하지 아니한 사실만 가지고 그 처분이 유효하게 되었다 할 수 없다.[474)]

후자의 경우에는 선행처분에 존재하는 하자가 당연무효에 해당하지 않는 이상 후행처분에는 승계되지 않는다. 다만 예외적으로 선행처분의 불가쟁력이나 구속력이 그로 인하여 불이익을 입게 되는 자에게 수인한도를 넘는 가혹함을 가져오고 그 결과가 당사자에게 예측가능한 것이 아닌 경우에는 당연무효가 아닌 선행처분을 기초로 한 후행처분의 취소를 구하는 행정소송에서도 선행처분의 위법을 독립된 위법사유로 주장할 수 있다. 과세처분과 강제징수의 관계가 이에 해당한다.

이에 대한 판례의 내용은 다음과 같다. 일정한 행정목적을 위하여 독립된 행위가 단계적으로 이루어진 경우에 선행처분에 존재하는 하자는 그것이 당연무효의 사유가 아닌 이상 후행처분에 그대로 승계되지 않고 또 행정처분이 당연무효가 되려면 처분에 위법사유가 있다는 것만으로는 부족하고 그 하자가 중대하고도 명백한 것이어야 하며, 하자가 중대하고도 명백한 것인가의 여부는 그 법규의 목적, 의미, 기능 등과 구체적 사안의 특수성 등을

474) 대법원 1991.6.28. 89다카28133.

합리적으로 고찰하여 판별하여야 하므로 명의 상의 사업자에 대하여 한 부가가치세부과처분은 실질과세의 원칙에 위반한 중대한 하자가 있기는 하나 그 하자가 객관적으로 명백한 것이라고는 할 수 없어 당연무효라고는 볼 수 없고 따라서 이에 따른 압류처분도 당연무효라고는 볼 수 없다.[475] 또한 두 개 이상의 행정처분이 연속적으로 행하여진 경우 선행처분과 후행처분이 서로 독립하여 별개의 법률효과를 목적으로 하는 때에는 선행처분에 불가쟁력이 생겨 그 효력을 다툴 수 없게 되면 선행처분의 하자가 중대하고 명백하여 당연무효인 경우를 제외하고는 선행처분의 하자를 이유로 후행처분을 다툴 수 없는 것이 원칙이나, 이 경우에도 선행처분의 불가쟁력이나 구속력이 그로 인하여 불이익을 입게 되는 자에게 수인한도를 넘는 가혹함을 가져오고 그 결과가 당사자에게 예측가능한 것이 아닌 경우에는 국민의 재판받을 권리를 보장하고 있는 헌법의 이념에 비추어 선행처분의 후행처분에 대한 구속력은 인정될 수 없다고 봄이 타당하므로, 선행처분에 위법이 있는 경우에는 그 자체를 행정소송의 대상으로 삼아 위법 여부를 다툴 수 있음은 물론 이를 기초로 한 후행처분의 취소를 구하는 행정소송에서도 선행처분의 위법을 독립된 위법사유로 주장할 수 있다.[476]

세무조사와 과세처분의 관계는 동일한 목적을 위한 일련의 처분들로서 전자의 경우에 속한다. 따라서 세무조사에 대한 위법은 원칙적으로 과세처분에 승계된다고 본다. 설사 그렇지 않다고 하더라도 세무조사에 무효인 하자가 있는 경우에는 원칙적으로 과세처분에 승계되고 취소인 하자가 있는 경우에도 예외적으로 과세처분에 해당 하자가 승계될 수 있다.

강행규정인 세무조사 관련 절차규정을 위반한 경우 이 역시 무효인 경우와 취소인 경우로 구분할 수 있다. 일견 세무조사와 관련하여 과세관청이 내부적으로 거쳐야 할 절차규정을 위반한 경우라면 그 하자는 취소사유에 해당하고, 과세관청이 납세자에 대하여 거쳐야 할 절차규정을 위반한 경우라면 그 하자는 무효사유에 해당한 것으로 보는 것이 타당하다.

(라) 세무조사의 위법과 국가배상

국가나 지방자치단체는 공무원 또는 공무를 위탁받은 사인이 직무를 집행하면서 고의 또는 과실로 법령을 위반하여 타인에게 손해를 입히는 경우에는 그 손해를 배상하여야 한다(국배 2조 1항). 공무원에게 고의 또는 중대한 과실이 있으면 국가나 지방자치단체는 그 공무원에게 구상할 수 있다(국배 2조 2항). 따라서 세무공무원이 고의 또는 과실로 납세자 및 그

475) 대법원 1989.7.11. 88누12110.
476) 대법원 1998.3.13. 96누6059.

관계인에게 손해를 입히는 경우에는 국가 또는 지방자치단체가 배상하여야 한다. 또한 고의 또는 중과실이 있는 경우에는 해당 세무공무원에게 구상할 수 있다.

경과실이 있는 경우에는 해당 세무공무원을 상대로 하여 손해배상을 청구할 수 없으나 고의 또는 중과실이 있는 경우에는 해당 세무공무원을 상대로 하여서도 불법행위로 인한 손해배상책임을 추궁할 수 있다.[477)]

미국의 경우에도 세무조사와 관련하여 세무공무원이 해당 의무를 위반한 경우에는 그에 대한 손해배상청구를 인정한다. **미국의 입법례는 손해배상청구를 하는 납세자의 손해배상액에 대한 입증책임을 덜어 주기 위하여 배상의 범위를 정함에 있어서 상한 또는 하한 금액을 명시하고 있다는 점과 부당한 검사권의 행사 또는 과세정보의 누설과 관련하여 고의 또는 중과실이 있는 경우에는 징벌적 손해배상청구제도를 도입하고 있다는 점이 그 특징에 해당한다.** 참고할 만한 제도이다. 그 구체적인 내용은 다음과 같다.

세무공무원(officer or employee of the Internal Revenue Service)이 세무조사와 관련된 규정을 위반하는 경우에는 ['1,000,000불(경과실의 경우에는 100,000불)'과 '직접적인 실제 손해액과 소송비용(the cost of the action)을 합한 금액' 중 적은 금액]에 대하여 국가배상을 청구할 수 있다.[478)] 이 경우 실손해액 등이 그 하한 금액보다 적다는 점은 국가 또는 세무공무원이 입증하여야 한다. 한편 세무공무원이 고의 또는 과실로 부당한 검사권을 행사하거나 납세자의 과세정보를 누설하는 경우에는 {['매 위법행위 당 1,000불'과 '실손해액과 징벌적 손해배상액(고의 또는 중과실의 경우)의 합계액' 중 큰 금액] + [소송비용] +[합리적인 범위 내의 변호사비용]}에 대하여 국가배상을 청구할 수 있다.[479)] 이 경우 납세자는 소송비용 등 이외에 최소한 매 위법행위 당 1,000불은 배상받을 수 있고, 나아가 법원이 그 금액을 초과하는 징벌적 손해배상액을 결정한다면 그 금액에 대하여 배상을 받을 수 있다.

과세처분이 취소되는 경우에 한하여 국가배상 또는 손해배상을 청구할 수 있는가? 판례는 과세처분의 취소 여부와 관계없이 청구할 수 있다고 한다. 즉 물품세 과세대상이 아닌 것을 세무공무원이 직무 상 과실로 과세대상으로 오인하여 과세처분을 행함으로 인하여 손해가 발생된 경우에는 동 **과세처분이 취소되지 아니하였다고 하더라도, 국가는 이로 인한 손해를 배상할 책임이 있다.**[480)] 위 판례가 행정행위의 공정력에 위배되는 것이 아닌지 여

477) 대법원 1996.2.15. 95다38677 전원합의체 판결.
478) I.R.C. §7433 (a), (b).
479) I.R.C. §7431 (c).

부에 대한 의문이 있을 수 있으나 행정행위의 공정력을 적법성의 추정이 아닌 유효성의 추정으로 보는 한 위 판례와 행정행위의 공정력이 모순된다고 할 수 없다.[481]

라. 그 밖의 납세자 권리보호 제도

(1) 과세 전 적부심사

세무조사 결과에 대한 서면통지(국기 81조의12) 및 과세예고통지(국기 81조의15 1항)를 받은 자는 통지를 받은 날부터 30일 이내에 '통지를 한 세무서장이나 지방국세청장에게' 통지 내용의 적법성에 관한 과세 전 적부심사를 과세전적부심사청구서(국기령 63조의15 5항)를 제출하는 방법으로 청구할 수 있다(국기 81조의15 2항).

이에 대한 구체적인 사항은 조세쟁송법 중 조세불복절차 부분에서 살피기로 한다.

(2) 납세자보호관 또는 담당관

국세청장은 직무를 수행함에 있어 납세자의 권리가 보호되고 실현될 수 있도록 성실하게 노력하여야 하고(국기 81조의16 1항), 납세자의 권리보호를 위하여 국세청에 납세자 권리보호업무를 총괄하는 납세자보호관을 두고, 세무서 및 지방국세청에 납세자 권리보호업무를 수행하는 담당관을 각각 1인을 둔다(국기 81조의16 1항). 납세자보호관 및 담당관의 직무 및 자격 등에 대하여서는 별도의 정함이 있다.

납세자보호관의 직무 및 권한은 다음과 같다(국기령 63조의16 1항).

첫째, 위법·부당한 세무조사 및 세무조사 중 세무공무원의 위법·부당한 행위에 대한 일시중지 및 중지

둘째, 세무조사 과정에서 위법·부당한 행위를 한 세무공무원 교체 명령 및 징계 요구

셋째, 위법·부당한 처분(세법에 따른 납세의 고지는 제외한다)에 대한 시정요구

넷째, 위법·부당한 처분이 행하여질 수 있다고 인정되는 경우 그 처분 절차의 일시중지 및 중지

다섯째, 납세서비스 관련 제도·절차 개선에 관한 사항

여섯째, 납세자의 권리보호업무에 관하여 세무서 및 지방국세청의 담당관(담당관)에 대한 지도·감독

480) 대법원 1979.4.10. 79다262.
481) 소순무, 전게서, 677면 ; 조용연, 전게논문. 166면.

일곱째, 세금 관련 고충민원의 해소 등 납세자 권리보호에 관한 사항

여덟째, 그 밖에 납세자의 권리보호와 관련하여 국세청장이 정하는 사항

납세자보호관은 업무를 효율적으로 수행하기 위하여 납세자보호담당관에게 그 직무와 권한의 일부를 위임할 수 있다(국기령 63조의16 2항). 납세자보호담당관은 국세청 소속 공무원 중에서 그 직급 · 경력 등을 고려하여 국세청장이 정하는 기준에 해당하는 사람으로 한다(국기령 63조의16 3항).

납세자보호담당관의 직무 및 권한은 다음과 같다(국기령 63조의16 4항).

첫째, 세금 관련 고충민원의 해소 등 납세자 권리보호에 관한 사항

둘째, 세무공무원의 세무조사권 남용금지 규정(국기 81조의4 1항-4항) 준수 여부에 대한 점검

셋째, 조사대상 과세연도의 수입금액이 업종별 기준수입금액(소세령 131조의2 1항 1호) 이하인 개인사업자 및 내국법인에 대한 세무조사 입회 이하인 개인사업자 및 내국법인에 대한 세무조사 입회

넷째, 납세자보호관으로부터 위임받은 업무

다섯째, 그 밖에 납세자 권리보호에 관하여 국세청장이 정하는 사항

납세자보호담당관은 세무조사권 남용금지 규정 준수 여부를 점검한 결과 세무공무원의 세무조사권 남용 행위가 발견된 경우에는 납세자보호위원회의 심의를 거쳐 이를 납세자보호관에게 보고해야 한다(국기령 63조의16 5항). 위 보고를 받은 납세자보호관은 납세자보호위원회의 심의과정에서 중요 사실관계의 누락 등이 있는 경우 해당 납세자보호위원회에 다시 심의할 것을 요청할 수 있으며, 세무조사권 남용행위가 인정되는 세무공무원을 해당 세무조사에서 배제시키는 명령을 해야 한다(국기령 63조의16 6항).

국세청장은 납세자보호관을 개방형직위로 운영하고 납세자보호관 및 담당관이 업무를 수행함에 있어 독립성이 보장될 수 있도록 하여야 하고 납세자보호관은 조세 · 법률 · 회계 분야의 전문지식과 경험을 갖춘 사람으로서 '세무공무원' 및 '세무공무원으로 퇴직한 지 3년이 지나지 아니한 사람'에 해당하지 아니하는 사람을 대상으로 공개모집한다(국기 81조의16 3항). 위 제도의 취지를 감안한다면 담당관 역시 개방형직위로 운영하는 것이 타당하다. 나아가 납세자보호관 또는 담당관제도를 국세청과 무관한 독립적인 조직으로서 운용하는 것이 타당하고, 또한 납세자보호관 또는 담당관의 독립적인 지위는 보장하되 해당 업무에

대하여서는 국회 또는 감사원 등에 보고하고 통제받도록 할 필요가 있다.

국세청장은 납세자 권리보호업무의 추진실적 등의 자료를 통계자료의 작성 및 공개에 관한 규정(국기 85조의6 2항)에 따라 일반 국민에게 정기적으로 공개하여야 한다(국기 81조의16 4항).

관세법의 경우에도 납세자보호관 제도를 두고 있다(관세 118조의2).

(3) 납세자보호위원회

납세자 권리보호에 관한 사항을 심의하기 위하여 세무서, 지방국세청 및 국세청에 납세자보호위원회를 둔다(국기 81조의18 1항).

세무서에 두는 납세자보호위원회(세무서 납세자보호위원회) 및 지방국세청에 두는 납세자보호위원회(지방국세청 납세자보호위원회)는 다음 사항들을 심의한다(국기 81조의18 2항).

첫째, 세무조사의 대상이 되는 과세기간 중 연간 수입금액 또는 양도가액이 가장 큰 과세기간의 연간 수입금액 또는 양도가액이 100억원 미만(부가가치세에 대한 세무조사의 경우 한 과세기간 공급가액의 합계액이 50억원 미만)인 납세자(중소규모납세자) 외의 납세자에 대한 세무조사[조세범칙조사(조세처벌 2조 3호)는 제외한다] 기간의 연장, 다만 조사대상자가 해명 등을 위하여 연장을 신청한 경우(국기 81조의8 1항 6호)는 제외한다. 일반 세무조사가 조세범칙조사로 전환된 경우에도 그 전환 이전 세무조사에 대하여서는 심의할 수 있다고 본다. 그렇지 않으면 조세범칙조사 대상 선정에 관한 정량적 기준(조세처벌절차령 6조)을 충족하였다는 이유로 그 전환 이전 세무조사에 관한 위법 또는 부당함에 대한 납세자보호위원회의 통제를 잠탈할 수 있기 때문이다. 또한 조세범칙조사와 조세부과를 위한 세무조사를 각 구분되는 것으로 보아야 하고, 조세범칙조사가 조세부과를 위한 세무조사를 포섭하는 것으로 볼 수는 없다. 이는 조세범칙사건으로 전환된 이후에도 동일하다.

둘째, 중소규모납세자 이외의 납세자에 대한 세무조사 범위의 확대

셋째, 세무조사 기간 연장(국기 81조의8 3항) 및 세무조사 범위 확대에 대한 중소규모납세자의 세무조사 일시중지 및 중지 요청

넷째, 위법·부당한 세무조사 및 세무조사 중 세무공무원의 위법·부당한 행위에 대한 납세자의 세무조사 일시중지 및 중지 요청

다섯째, 장부 등의 일시 보관 기간 연장(국기 81조의10 4항 단서)

여섯째, 그 밖에 납세자의 권리보호를 위하여 납세자보호담당관이 심의가 필요하다고 인정하는 안건

국세청에 두는 납세자보호위원회(국세청 납세자보호위원회)는 다음 사항들을 심의한다(국기 81조의18 3항).

첫째, 세무서 납세자보호위원회 또는 지방국세청 납세자보호위원회의 심의대상인 위 첫째부터 넷째까지의 사항에 관한 세무서장 또는 지방국세청장의 결정에 대한 납세자의 취소 또는 변경 요청

둘째, 그 밖에 납세자의 권리보호를 위한 국세행정의 제도 및 절차 개선 등으로서 납세자보호위원회의 위원장 또는 납세자보호관이 심의가 필요하다고 인정하는 사항

납세자보호위원회는 위원장 1명을 포함한 18명 이내의 위원으로 구성한다(국기 81조의18 4항). 납세자보호위원회의 위원장은 다음 각 호의 구분에 따른 사람으로 정한다(국기 81조의18 5항)

첫째, 세무서 납세자보호위원회의 경우에는 공무원이 아닌 사람 중에서 세무서장의 추천을 받아 지방국세청장이 위촉하는 사람

둘째, 지방국세청 납세자보호위원회의 경우에는 공무원이 아닌 사람 중에서 지방국세청장의 추천을 받아 국세청장이 위촉하는 사람

셋째, 국세청 납세자보호위원회의 경우에는 공무원이 아닌 사람 중에서 기획재정부장관의 추천을 받아 국세청장이 위촉하는 사람

납세자보호위원회의 위원은 세무 분야에 전문적인 학식과 경험이 풍부한 사람과 관계 공무원 중에서 국세청장(세무서 납세자보호위원회의 위원은 지방국세청장)이 임명 또는 위촉한다(국기 81조의18 6항). 납세자보호위원회의 위원은 업무 중 알게 된 과세정보를 타인에게 제공 또는 누설하거나 목적 외의 용도로 사용해서는 아니 된다(국기 81조의18 7항). 납세자보호위원회의 위원은 공정한 심의를 기대하기 어려운 사정이 있다고 인정될 때에는 법정 절차에 따라 위원회 회의에서 제척되거나 회피하여야 한다(국기 81조의18 8항). 납세자보호위원회의 위원 중 공무원이 아닌 사람은 형법의 적용(형법 127조 및 129조-132조)에 있어서 공무원으로 본다(국기 81조의18 9항). 납세자보호관은 납세자보호위원회의 의결사항에 대한 이행 여부 등을 감독한다(국기 81조의18 11항).

납세자보호위원회의 구성 및 운영 등에 관하여 필요한 사항에 대한 별도의 정함(국기령 63조의17)이 있다(국기 81조의18 10항). 이하 이에 대하여 살핀다.

납세자보호위원회(위원회)는 위원장 1명을 포함하여 세무서에 두는 위원회의 경우에는 14명 이내의 위원, 지방국세청에 두는 위원회의 경우에는 18명 이내의 위원, 국세청에 두는

위원회의 경우에는 18명 이내의 위원으로 각 구성한다(국기령 63조의17 1항).

위원회의 위원은 각 위원회별로 다음과 같은 사람으로 정한다(국기령 63조의17 2항). 아래 각 경우 지방국세청장 또는 국세청장이 위촉한다는 문언은 그 위원에 대한 임명을 지방국세청장 또는 국세청장 명의로 행하거나 추천자 중 일부에 대한 선택권을 행사한다는 것으로 해석하여야 한다. 만약 각 해당 단체에서 추천하는 자들 중 일부를 그 명단에서 제외할 수 있는 권한을 가진 것으로 해석한다면 이는 제도의 취지에 어긋날 수 있기 때문이다.

첫째, 세무서에 두는 위원회의 경우에는, 세무서에 납세자 권리보호업무를 수행하기 위하여 두는 담당관 1명 및 세무서장이 추천하는 변호사, 세무사, 교수 등으로서 법률 또는 회계에 관한 학식과 경험이 풍부한 사람 중에서 지방국세청장이 위촉하는 11명 이내의 사람으로 구성한다.

둘째, 지방국세청에 두는 위원회의 경우에는, 지방국세청에 납세자 권리보호업무를 수행하기 위하여 두는 담당관 1명 및 지방국세청장이 추천하는 변호사, 세무사, 교수 등으로서 법률 또는 회계에 관한 학식과 경험이 풍부한 사람 중에서 국세청장이 위촉하는 15명 이내의 사람으로 구성한다.

셋째, 국세청에 두는 위원회의 경우에는, 국세청에 납세자 권리보호업무를 총괄하기 위해 두는 납세자보호관 1명, 기획재정부장관이 추천하는 조세·법률·회계분야의 전문가로 국세청장이 위촉하는 사람 5명, 세무사법에 따라 설립된 한국세무사회의 장이 추천하는 5년 이상 경력을 가진 세무사로 국세청장이 위촉하는 사람 2명, 공인회계사법에 따라 설립된 한국공인회계사회의 장이 추천하는 5년 이상의 경력을 가진 공인회계사로 국세청장이 위촉하는 사람 2명, 변호사법에 따라 설립된 대한변호사협회의 장이 추천하는 5년 이상의 경력을 가진 변호사로 국세청장이 위촉하는 사람 2명, 비영리민간단체지원법 제2조에 따른 비영리민간단체가 추천하는 5년 이상의 경력을 가진 조세·법률·회계분야의 전문가 중 국세청장이 위촉하는 사람 4명으로 구성한다.

위원회의 위원장은 위원회를 대표하고 위원회의 업무를 총괄한다(국기령 63조의17 3항). 위원장이 부득이한 사유로 직무를 수행할 수 없을 때에는 위원 중 국세청장(세무서에 두는 위원회의 경우에는 지방국세청장을 말한다)이 위촉하는 위원(민간위원) 중 위원장이 미리 지명한 위원이 그 직무를 대행한다(국기령 63조의17 4항).

위원장과 민간위원의 임기는 2년으로 하되 한차례만 연임할 수 있다(국기령 63조의17 5항).

법이 정하는 특정인은 민간위원이 될 수 없다(국기령 63조의17 6항). 그 특정인은 '공직자윤리법 제17조 제1항 제3호부터 제6호까지의 취업심사대상기관에 소속되어 있거나 취업심사대상기관에서 퇴직한 지 3년이 지나지 않은 사람', '최근 3년 이내에 해당 위원회를 둔 세무서, 지방국세청 또는 국세청에서 공무원으로 근무한 사람', '세무사법 제17조에 따른 징계처분을 받은 날부터 5년이 지나지 않은 사람' 및 '그 밖에 공정한 직무수행에 지장이 있다고 인정되는 사람으로서 국세청장이 정하는 사람'을 의미한다. 국세청장(세무서에 두는 위원회의 경우에는 지방국세청장)은 위원장과 민간위원이 '심신장애로 인하여 직무를 수행할 수 없게 된 경우', '직무와 관련된 비위사실이 있는 경우', '직무태만, 품위손상이나 그 밖의 사유로 인하여 위원으로 적합하지 아니하다고 인정되는 경우', '회피사유에 해당하는 데에도 불구하고 회피하지 아니한 경우' 및 '위원 스스로 직무를 수행하는 것이 곤란하다고 의사를 밝히는 경우'에는 해당 위원을 해촉할 수 있다(국기령 63조의17 7항). 위원장은 안건에 대한 심의가 필요하다고 인정하거나 납세자보호관 및 담당관(납세자보호담당관) 또는 같은 항 납세자보호관인 위원의 요구가 있는 경우 기일을 정하여 위원회의 회의를 소집하고, 그 의장이 된다(국기령 63조의17 8항).

위원회의 회의는 위원장 및 납세자보호관 또는 납세자보호담당관인 위원을 포함하는 다음 사람들로 구성한다(국기령 63조의17 9항).

첫째, 세무서에 두는 위원회의 경우에는 위원장이 납세자보호담당관인 위원의 의견을 들어 회의마다 지정하는 사람 5명

둘째, 지방국세청에 두는 위원회의 경우에는 위원장이 납세자보호담당관인 위원의 의견을 들어 회의마다 지정하는 사람 7명

셋째, 국세청에 두는 위원회의 경우에는 위원장이 납세자보호관인 위원의 의견을 들어 회의마다 지정하는 사람 7명

납세자보호위원회의 회의는 위원 과반수의 출석으로 개의하고, 출석위원 과반수의 찬성으로 의결한다(국기령 63조의17 10항).

납세자보호위원회의 회의는 공개하지 아니하나, 위원장이 필요하다고 인정하는 경우에는 납세자보호담당관인 위원의 의견을 들어 공개할 수 있다(국기령 63조의17 11항).

위원회에 그 사무를 처리하게 하기 위하여 간사 1명을 두고, 간사는 다음 사람이 된다(국기령 63조의17 12항).

첫째, 세무서에 두는 위원회의 경우에는 세무서장이 소속 공무원 중에서 지명하는 자.

둘째, 지방국세청에 두는 위원회의 경우에는 지방국세청장이 소속 공무원 중에서 지명하는 자.

셋째, 국세청에 두는 위원회의 경우에는 국세청장이 소속 공무원 중에서 임명하는 자.

위원회의 위원은 '세무조사를 받는 자(조사대상자) 또는 조사대상자의 세무조사에 대하여 조력을 제공하거나 제공하였던 자(조력제공자)인 경우', '조사대상자 및 조력제공자의 친족이거나 친족이었던 경우', '조사대상자 및 조력제공자의 사용인이거나 사용인이었던 경우(세무조사 착수일 전 최근 5년 이내에 사용인이었던 경우로 한정)', '심의의 대상이 되는 세무조사에 관하여 증언 또는 감정을 한 경우', '세무조사 착수일 전 최근 5년 이내에 조사대상자의 법 또는 세법에 따른 신고·신청·청구에 관여하였던 경우', ' 위 증언 또는 감정 및 신고·신청·청구에 관여한 법인 또는 단체에 속하거나 세무조사 착수일 전 최근 5년 이내에 속하였던 경우' 및 '그 밖에 조사대상자 또는 조력제공자의 업무에 관여하거나 관여하였던 경우'에는 위원회의 심의·의결에서 제척된다(국기령 63조의17 13항). 위원회의 위원은 위 제척사유에 해당하는 경우에는 스스로 해당 안건의 심의·의결에서 회피하여야 한다(국기령 63조의17 14항). 그 밖의 위원회의 구성 및 운영 등에 필요한 사항은 국세청장이 정한다(국기령 63조의17 15항).

이하 납세자보호위원회에 대한 납세자의 심의 요청 및 결과 통지 등에 대하여 살핀다. 납세자는 세무조사 기간이 끝나는 날까지 세무서장 또는 지방국세청장에게 '세무조사 기간 연장(국기 81조의8 3항) 및 세무조사 범위 확대에 대한 중소규모납세자의 세무조사 일시중지 및 중지 요청' 그리고 '위법·부당한 세무조사 및 세무조사 중 세무공무원의 위법·부당한 행위에 대한 납세자의 세무조사 일시중지 및 중지 요청'에 대한 심의를 요청할 수 있다(국기 81조의19 1항). 위 심의요청은 관할 세무서장에게 서면으로 하여야 한다(국기령 63조의18 1항). 세무서장 또는 지방국세청장은 세무서 납세자보호위원회 및 지방국세청 납세자보호위원회의 심의대상에 대하여 세무서 납세자보호위원회 또는 지방국세청 납세자보호위원회의 심의를 거쳐 결정을 하고, 납세자에게 그 결과를 통지하여야 하며, 이 경우 특정 사항(국기 81조의18 2항 3호, 4호)에 대한 결과는 그 요청을 받은 날부터 20일 이내에 통지하여야 한다(국기 81조의19 2항). 이 경우 통지는 서면으로 하여야 한다(국기령 63조의18 2항). 납세자는 위 통지를 받은 날부터 7일 이내에 특정 사항(국기 81조의18 2항 1호, 2호, 3호, 4호)으로서 세무서 납세자보호위원회 또는 지방국세청 납세자보호위원회의 심의를 거친 세무서장 또는 지방국세청장의 결정에 대하여 국세청장에게 취소 또는 변경을 요청할 수 있다(국기 81조의19 3항). 위 변경 및 취소의 요청은 국세청장에게 서면으로 하여야 한다(국기령 63조의17 1항)

납세자의 위 요청을 받은 국세청장은 국세청 납세자보호위원회의 심의를 거쳐 세무서장 및 지방국세청장의 결정을 취소하거나 변경할 수 있고, 이 경우 국세청장은 요청받은 날부터 20일 이내에 그 결과를 납세자에게 통지하여야 한다(국기 81조의19 4항). 이 경우 통지는 서면으로 하여야 한다(국기령 63조의18 2항). 납세자보호관 또는 담당관은 납세자가 위 각 요청들을 한 경우에는 납세자보호위원회의 심의 전까지 세무공무원에게 세무조사의 일시중지 등을 요구할 수 있다(국기 81조의19 5항 본문). 다만, 납세자가 세무조사를 기피하려는 것이 명백한 경우 등 법정 사유가 있는 경우에는 그러하지 아니하다(국기 81조의19 5항 단서). 위 납세자가 세무조사를 기피하려는 것이 명백한 법정사유는 '납세자가 장부·서류 등을 은닉하거나 제출을 지연하거나 거부하는 등 조사를 기피하는 행위가 명백한 경우(국기 81조의8 1항 1호)' 및 '기타 납세자의 심의 요청이 세무조사를 기피하려는 행위임을 세무공무원이 자료·근거 등으로 명백하게 입증하는 경우'를 말한다(국기령 63조의18 3항). 납세자보호위원회는 특정 사항(국기 81조의18 2항 3호, 4호)에 따른 요청이 있는 경우 그 의결로 세무조사의 일시중지 및 중지를 세무공무원에게 요구할 수 있고, 이 경우 납세자보호위원회는 정당한 사유 없이 위원회의 요구에 따르지 아니하는 세무공무원에 대하여 국세청장에게 징계를 건의할 수 있다(국기 81조의19 6항). 납세자의 세무서장 또는 지방국세청장에 대한 심의요청(국기 81조의19 1항) 및 국세청장에 대한 변경 또는 취소요청(국기 81조의19 3항)이 있는 경우 납세자는 법정절차에 따라 세무서장, 지방국세청장 또는 국세청장에게 의견을 진술할 수 있다(국기 81조의19 7항). 의견을 진술하려는 자는 진술자의 주소 또는 거소 및 성명과 진술하려는 내용의 대강을 적은 문서로 관할 세무관서에 신청하여야 한다(국기령 63조의18 4항). 신청을 받은 납세자보호관 또는 납세자보호담당관은 출석 일시 및 장소와 필요하다고 인정하는 진술시간을 정하여 회의개최일 3일 전까지 납세자에게 통지하여 의견진술의 기회를 주어야 한다(국기령 63조의18 5항).

관세법의 경우에도 납세자보호위원회 제도를 두고 있다(관세 118조의4).

(4) 세무공무원의 비밀유지의무 및 정보제공의무

세무공무원은 납세자가 세법에서 정한 납세의무를 이행하기 위하여 제출한 자료나 국세의 부과·징수를 위하여 업무 상 취득한 과세정보를 타인에게 제공 또는 누설하거나 목적 외의 용도로 사용해서는 아니 되나, 국가행정기관, 지방자치단체 등이 법률에서 정하는 조세, 과징금의 부과·징수 등을 위하여 사용할 목적으로 과세정보를 요구하는 경우 등 법정사유가 있는 경우에는 그 사용 목적에 맞는 범위에서 납세자의 과세정보를 제공할 수 있다(국기 81조의13 1항). 과세정보의 제공을 요구하는 자는 납세자의 인적사항, 과세정보의 사용목적, 요구하는 과세정보의 내용 및 기간 등을 기재한 문서로 해당 세무관서의 장에게 요구하여야 한다(국기 81조의13 2항). 갑 단체가 국세청장에게 '을 외국법인 등이 대한민국을 상대로 국제투자분쟁해결센터(ICSID)에 제기한 국제중재 사건에서 중재신청인들이 주장·청구하는 손해액 중 대한민국이 중재신청인들에게 부과한 과세·원천징수세액의 총합계액과 이를 청구하는 중재신청인들의 명단 등'의 공개를 청구한 경우, 과세정보는 공공기관의 정보공개에 관한 법률 상 '다른 법률에 의하여 비밀 또는 비공개 사항으로 규정한 정보'(정보공개 9조 1항 1호)에 해당하지만 갑 단체가 공개를 청구한 정보가 과세정보에 해당한다고 보기는 어렵다.[482] 위 법정사유에 따라 과세정보를 제공받은 자는 과세정보의 안전성을 확보하기 위해 '과세정보의 유출, 변조 등을 방지하기 위한 정보보호시스템의 구축', '과세정보 이용이 가능한 업무담당자 지정 및 업무담당자 외의 자에 대한 과세정보 이용 금지', '과세정보 보관기간 설정 및 보관기간 경과 시 과세정보의 파기' 또는 '과세정보 이용이 가능한 업무담당자가 해당 과세정보를 타인에게 제공 또는 누설하거나 목적 외의 용도로 사용한 사실이 있는지 여부에 대한 확인'의 조치를 해야 한다(국기령 63조의14 1항). 과세정보를 제공받은 자는 위 조치의 이행 여부를 주기적으로 점검해야 한다(국기령 63조의14 2항). 국세청장은 과세정보를 제공받은 자에게 위 점검결과의 제출을 요청할 수 있으며, 해당 요청을 받은 자는 그 점검결과를 국세청장에게 제출해야 한다(국기령 63조의14 3항). 국세청장은 위 조항에 근거하여 알게 된 과세정보를 타인에게 제공 또는 누설하거나 그 목적 외의 용도로 사용한 자에게 2천만원 이하의 과태료를 부과·징수하나, 형법 등 다른 법률에 따라 형사처벌을 받은 경우에는 과태료를 부과하지 아니하고, 과태료를 부과한 후 형사처벌을 받은 경우에는 과태료 부과를 취소한다(국기 90조). 세무공무원은 위 규정을 위반하여 과세정보의 제공

482) 대법원 2020.5.14. 2017두49652.

을 요구받으면 그 요구를 거부하여야 하고(국기 81조의13 3항), 위 규정으로 인하여 과세정보를 알게 된 사람은 이를 타인에게 제공 또는 누설하거나 그 목적 외의 용도로 사용해서는 아니 된다(국기 81조의13 4항). 위와 같이 과세정보를 제공받아 알게 된 사람 중 공무원이 아닌 사람은 형법이나 그 밖의 법률에 따른 벌칙을 적용할 때에는 공무원으로 본다(국기 81조의13 5항).

위 법정사유 중 **'세무공무원 간에 국세의 부과 · 징수 또는 질문 · 검사에 필요한 과세정보를 요구하는 경우'와 관련하여 일반 세무조사결과를 조세범칙사건의 자료로서 제공하는 것은 타당하지 않다고 판단한다. 조세범칙사건에 있어서는 납세자의 형사 상 불리한 진술을 강요당하지 않을 권리와 법원의 영장을 통하여서만 압수 및 수색을 할 수 있다는 제한이 있는 바 위 규정을 통하여 이러한 헌법상 제한이 무의미하게 될 수 있기 때문이다.**[483] 또한 위 사유 중 **'통계청장이 국가통계작성 목적으로 과세정보를 요구하는 경우'와 관련하여서는 납세자를 식별할 수 있는 정보가 제외된 것만을 제공하도록 하여야 할 것이다.** 국세청장은 조세정책의 수립 및 평가 등에 활용하기 위하여 과세정보를 분석 · 가공한 통계자료를 작성 · 관리하는 경우에는 그 통계자료는 납세자의 과세정보를 직접적 방법 또는 간접적인 방법으로 확인할 수 없도록 작성되어야 하는 바(국기 85조의6 1항), 이 경우와 균형을 이루도록 정비되어야 한다. **나아가 국세청장의 통계자료의 작성 및 공표에 대하여 더 살핀다.** 세원의 투명성, 국민의 알권리 보장 및 국세행정의 신뢰증진을 위하여 국세청장은 통계자료를 국세정보위원회(국기 85조의5 2항)의 심의를 거쳐 일반 국민에게 정기적으로 공개하여야 한다(국기 85조의6 2항). 국세청장은 국세정보를 공개하기 위하여 예산의 범위 안에서 국세정보시스템을 구축 · 운용할 수 있다(국기 85조의6 3항). 국세청장은 '국회 소관 상임위원회가 의결로 세법의 제정법률안 · 개정법률안, 세입예산안의 심사 및 국정감사 기타 의정활동에 필요한 통계자료를 요구하는 경우' 또는 '국회예산정책처장이 의장의 허가를 받아 세법의 제정법률안 · 개정법률안에 대한 세수추계 또는 세입예산안의 분석을 위하여 필요한 통계자료를 요구하는 경우'에는 그 목적의 범위에서 통계자료를 제공하여야 하고 제공한 통계자료의 사본을 기획재정부장관에게 송부하여야 한다(국기 85조의6 4항). 국세청장은 비밀유지의무(국기 81조의13)에도 불구하고 국회 소관 상임위원회가 의결로 국세의 부과 · 징수 · 감면 등에 관한 자료를 요구하는 경우에는 그 사용목적에 맞는 범위에서 과세정보를 납세

483) 같은 절 VI 7 다 (5) 세무조사 절차로서의 질문검사권 행사의 법적 성격 참조.

자 개인정보를 직접적인 방법 또는 간접적인 방법으로 확인할 수 없도록 가공하여 제공하여야 한다(국기 85조의6 5항). 국세청장은 연구기관(정부연구 8조 1항)의 장이 조세정책의 연구를 목적으로 통계자료를 요구하는 경우 그 사용 목적에 맞는 범위 안에서 제공할 수 있다(국기 85조의6 6항). 국세청장은 법정의 자(국기 85조의6 7항 각 호)가 조세정책의 평가 및 연구 등에 활용하기 위하여 통계자료 작성에 사용된 기초자료를 직접 분석하기를 원하는 경우 비밀유지 관련 조항(국기 81조의13 1항 각 호 이외의 본문)에도 불구하고 국세청 내에 설치된 법정 시설(국기령 67조의2 1항) 내에서 기초자료를 그 사용목적에 맞는 범위에서 제공할 수 있고, 이 경우 기초자료는 개별 납세자의 과세정보를 직접적 또는 간접적 방법으로 확인할 수 없는 상태로 제공하여야 한다(국기 85조의6 7항). 국세청장은 조세정책의 평가 및 연구를 목적으로 기초자료를 이용하려는 자가 소득세 관련 기초자료의 일부의 제공을 요구하는 경우에는 비밀유지의무 등(국기 85조의6 7항, 81조의13 1항 각 호 외의 부분 본문)에도 불구하고 표본자료(소득세 관련 기초자료의 일부를 검증된 통계작성기법을 적용하여 표본 형태로 처리한 기초자료)를 법정 절차에 따라 제공할 수 있고, 이 경우 표본자료는 그 사용 목적에 맞는 범위에서 개별 납세자의 과세정보를 직접적 또는 간접적 방법으로 확인할 수 없는 상태로 가공하여 제공하여야 한다(국기 85조의6 8항). 이상의 각 통계자료, 기초자료 및 표본자료를 알게 된 자는 그 통계자료, 기초자료 및 표본자료를 목적 외의 용도로 사용해서는 아니 된다(국기 85조의6 9항).

기타 통계자료, 기초자료 및 표본자료의 제공과 관련하여서는 상세한 정함이 있다(국기령 67조, 67조의2, 67조의3).

또한 **납세자(세무사 등 납세자로부터 세무업무를 위임받은 자를 포함한다)가 요구하는 경우 세무공무원은 납세자 본인의 권리 행사에 필요한 정보를 신속하게 제공하여야 한다**(국기 81조의14 1항). 그 제공범위는 법정되어 있다(국기령 63조의19).

지방세의 경우에도 이와 유사한 내용의 규정들이 있다(지기 86조, 87조).

세무공무원 등의 민감정보 및 고유식별정보의 처리에 관한 정함은 다음과 같다. 세무공무원은 국세에 관한 사무를 수행하기 위하여 불가피한 경우 개인정보 보호법 제23조에 따른 건강에 관한 정보 또는 같은 법 시행령 제18조 제2호에 따른 범죄경력자료에 해당하는 정보나 같은 영 제19조에 따른 주민등록번호(정보통신망 이용촉진 및 정보보호 등에 관한 법률 제23조의 3에 따른 본인확인기관이 같은 법 제2조 제3호에 따른 정보통신서비스 제공자의 온·오프라인 서비스 연계를 위해 같은 조 제4호에 따른 이용자의 주민등록번호와 연계해 생성한 정보를 포함한다), 여권번호, 운전면허의 면허번호 또는 외국인등록번호가 포함된 자료를 처리할 수 있다(국기령 68조 1항). 조세심판원장, 조세심판관, 심판조사관 및 이를 보조하는 공무원은 심판청구 및 심판청구에 대한 결정 등에 관한 사무를 수행하기 위하여 불가피한 경우 위 개인정보가 포함된 자료를 처리할 수 있다(국기령 68조 2항). 세법에 따른 원천징수의무자는 원천징수 사무를 수행하기 위하여 불가피한 경우 제1항에 따른 개인정보가 포함된 자료를 처리할 수 있다(국기령 68조 3항). 세법에 따른 소득공제 증명서류를 발급하는 자와 자료집중기관은 소득공제 증명서류의 발급 및 제출을 위하여 불가피한 경우 제1항에 따른 개인정보가 포함된 자료를 처리할 수 있다(국기령 68조 4항).

국세기본법 시행령에 민감정보 및 고유식별정보의 처리에 관한 정함을 두는 것은 타당하나, 국세기본법에 명확한 위임규정을 두고 그 위임에 따라 위 내용을 규정하는 방식을 취하는 것이 타당하다.

제2절 조세입법재량의 행사기준

I 총 설

입법권자가 어떤 사항을 법률로 규율하려고 할 때 입법권자에게는 여러 가지의 법적인 규율가능성 중에서 가장 합목적적이라고 판단되는 입법의 방법을 선택할 수 있는 자유 내지 재량의 여지가 있는 바, 이를 **입법재량**이라고 한다.[484) 입법권자가 입법재량을 갖는다고 하더라도 이로 인하여 입법권에 대한 기본권의 보호가 어렵다는 논리는 성립하기 어렵다.[485) 입법재량 역시 무제한인 것은 아니고 기본권적 가치를 침해하지 않는 범위 내에서만 허용되는 것이기 때문이다. 즉 우리 헌법이 선언하고 있는 인간의 존엄성과 법 앞의 평등은 행정부나 사법부에 의한 법적용 상의 평등만을 의미하는 것이 아니고, 입법권자에게 정의와 형평의 원칙에 합당하게 합헌적으로 법률을 제정하도록 하는 것을 명하는 법내용

484) 허영, 전게서, 307면.
485) 상게서, 308면.

상의 평등을 의미하고 있기 때문에 그 입법내용이 정의와 형평에 반하거나 자의적으로 이루어진 경우에는 평등권 등의 기본권을 본질적으로 침해한 입법권의 행사로서 위헌성을 면하기 어렵다.[486] 입법재량은 입법의 영역에 따라 다소 차이가 있을 수 있다. 국민의 권리를 제한하거나 새로운 의무를 부과하는 경우에는 시혜적인 내용의 입법을 하는 경우보다는 입법자에게 보다 제한적인 입법형성의 자유가 인정된다.[487] 그렇다면 조세입법의 경우에는 보다 제한적인 범위 내에서 입법재량이 인정된다고 보아야 한다. 이하 조세와 관련된 입법재량(이하 '조세입법재량'이라고 한다)으로 한정하여 본다.

한편 조세입법재량의 한계를 벗어났는지 여부에 대한 쟁점과 조세입법재량의 행사기준을 위반한 것인지 여부에 대한 쟁점은 구분되는 것이다. 조세입법재량의 행사기준 중 어느 하나를 위반한다고 하더라도 다른 행사기준을 준수하였다면 이를 두고 바로 조세입법재량의 한계를 벗어났다고 판단할 수는 없고, 또한 위 행사기준들은 다른 기준과 서로 타협하는 범위 내에서 부분적으로 준수될 수도 있기 때문이다. 전자에 관한 쟁점은 '조세입법의 헌법상 한계'에서 살핀다. 이하에서는 조세입법재량의 행사기준에 대하여 살피기로 한다.

조세입법재량의 행사기준은 해당 조세와 관련된 많은 이해관계인들(정치가, 경제학자, 사회과학자 및 개별적인 납세자 등)이 조세를 평가하는 규범적인 기준으로서도 기능한다. 정부 역시 조세정책(tax policy)을 수립함에 있어서도 이러한 규범적 기준을 고려하여야 하고 이에 의하여 영향을 받기도 한다. 조세정책은 조세체계에 대한 정부의 태도, 목표 및 행동지침들(government's attitude, objectives and actions)을 의미하는 것으로 정의할 수 있다. 기업경영자들 및 이들에게 조세자문을 제공하는 전문가들 역시 조세정책에 대하여 민감한 이해관계를 가진다. 이들은 복잡한 조세법규의 기저에 놓인 조세정책적 근거를 이해함으로써 해당 조세법규를 보다 잘 이해하고 적용할 수 있게 된다. 나아가 기업경영자들은 현재 논쟁의 대상이 되는 조세정책 상 쟁점을 주의깊게 살피는 것을 통하여 회사의 장기적인 전략에 영향을 줄 수 있는 요소들을 찾아낼 수 있다. 즉 세법의 변경가능성을 평가할 수 있고, 또한 해당 변화에 대응할 수 있는 대응전략을 수립할 수도 있다.[488]

조세에 대한 평가기준으로서 기능하는 기준은 대략 다음과 같이 요약될 수 있다.[489]

486) 헌재 1992.4.28. 90헌바24.
487) 헌재 1998.11.26. 97헌바67.
488) Sally M. Jones · Shelly C. Rhodes-Catanach, *op. cit.*, at 21-22.
489) *Id.*, at 22.

첫째, **세수조달의 충분성**. 좋은 조세는 정부에 필요한 재원을 세수를 통하여 충분하게 조달할 수 있어야 한다. 둘째, **실행의 편의성**. 좋은 조세는 정부가 관리하거나 납세자가 해당 세금을 납부하기에 편리하여야 한다. 셋째, **조세의 효율성**. 좋은 조세는 경제적 의미에서 효율적(efficient in economic terms)이어야 한다. 넷째, **조세의 공평성**. 좋은 조세는 공평(fair)하여야 한다.

한편 국제조세환경에서는 조세의 효율성과 공평성이 국내세법의 경우와는 다른 의미를 갖게 된다. 국제조세환경에 있어서는 국가 간 과세권이 충돌하거나 경합하는 등의 상황이므로 조세의 효율성 및 공평성 역시 각 국가의 과세권 차원에서 검토될 필요가 있기 때문이다.

이하 세수조달의 충분성, 실행의 편의성, 조세의 효율성, 조세의 공평성 그리고 '국제조세환경에서의 조세의 공평 및 효율'의 순서로 살핀다.

Ⅱ 세수조달의 충분성

조세로 인하여 정부가 공공재화 및 용역을 제공하기 위하여 지불하여야 하는 자금을 충분하게 조달할 수 있다면, 그 조세는 세수조달의 충분성을 갖춘 것이다.

만약 조세가 충분히 세수를 조달하지 못한다면 정부는 어떠한 수단을 사용할 수 있는가? 정부는 부족한 세수를 보충하기 위하여 도박사업을 합법화하는 방법, 정부자산을 민간에 매각하는 방법, 채권을 발행하는 방법 등을 취할 수 있다. 위 각 방법들 모두 적절한 방법들이 아니다. 가능한 한 세수수입을 증가시켜서 재원을 조달하는 방법이 보다 타당하다.

그렇다면 **조세를 통하여 세수를 증가시키는 방법에는 어떠한 것들이 있는가?** 조세를 통하여 세수를 증가시키는 방법에는 적어도 세 가지 정도가 포함될 수 있다.[490] 첫째, 새로운 과세대상을 발굴한다. 둘째, 세율을 인상한다. 셋째, 기왕의 세목 상 과세대상의 범위를 확대한다. 새로운 과세대상을 발굴하는 것은 가장 과격하고도 정치적으로 민감한 방법이다. 따라서 선출직 공무원들(elected officials)은 현존하는 조세의 재원조달능력을 증가시키는 대체안을 보다 선호하게 된다. 이러한 경우에 있어서도 기존 조세의 세율을 인상하는 것은 기존 조세의 과세대상을 넓히는 것보다 훨씬 주목을 끄는 방법이므로 세수의 증가는 주로 기왕에 존재하는 조세의 적용범위를 확대하는 방법을 통하여 이루어진다.

490) *Id.*, at 23.

세수는 과세표준에 세율을 곱한 금액이므로 세수의 증가는 결국 세율의 인상 또는 과세표준의 증가와 밀접한 관계를 갖는다. 즉 세율이 인상되거나 과세표준이 증가하면 세수는 증가하게 된다. 그런데 **세율의 인상과 과세표준의 증가는 상호 독립적인가?** 소득과세를 예로 들어서 이에 대하여 살핀다.[491] 세율을 인상하여 세수가 증가되는지 또는 그렇다면 어느 범위에서 증가되는지 여부는 해당 세율의 인상이 과세대상의 총액 즉 과세표준에 영향을 미치는지 여부에 의존하여 결정된다. 즉 세수의 증가는 세율의 인상으로 인하여 납세자가 자신의 경제적 행동방식을 어떻게 수정하는지 여부에 따라서 영향을 받게 된다. 납세자의 이러한 행동은 소득효과(Income Effect) 및 대체효과(Substitution Effect)로 구분된다.

소득효과에 대하여 본다. 세율이 인상되면 납세자들이 세금으로 인하여 줄어든 소득을 보충하기 위하여 소득창출활동을 늘리는 방식으로 반응할 수 있다. 즉 납세자들이 보다 많은 시간 동안 일을 하거나 부업을 갖는 것 등이 이에 해당한다. 이를 소득효과라고 한다. **대체효과**에 대하여 본다. 세율이 인상되면 납세자들이 소득창출활동에 소요되는 시간과 노력을 보다 적게 투입할 수도 있다. 노동의 한 단위를 추가하여 얻은 세후가치가 레저시간 한 단위를 늘리는 것보다 적을 경우에 이러한 현상이 발생한다. 이를 대체효과라고 한다. 대체효과는 납세자별로 달리 나타난다. 자신의 소득창출활동을 조절할 수 있는 자영업자들(self-employed persons), 가족구성원 중 부차적인 소득을 버는 납세자(a family's secondary wage earner)의 경우에 대체효과가 보다 크게 나타날 수 있다. 금전적 유인이 아닌 명성 및 권력 등 비금전적 유인을 목표로 일하는 납세자의 경우에는 대체효과가 발생하지 않는다.

소득효과가 발생할지 아니면 대체효과가 발생할지 여부는 납세자의 경제적 환경에 달려 있다. 이론적으로는 소득수준이 낮은 납세자의 경우에는 소득효과가 가장 강력하게 나타난다. 대체효과는 납세자의 가처분소득이 증가함에 따라서 또한 증가된 소득에 대한 재무적 중요성(financial significance)이 감소함에 따라서 보다 강력하게 나타난다. 위 두 효과들은 거시경제적 관점에서 중요한 조세정책적 시사점을 갖는다.

대체효과와 공급경제학(supply-side economics)**의 관계에 대하여 본다.** 공급경제학은 대체효과에 근거한 것이다. 이에 의하면 고소득자의 소득세율을 인하하면 궁극적으로는 정부의 재정수입이 증가하게 된다고 한다. 그 논거는 다음과 같다. 세율의 인하로 인하여 소득창출활동의 가치가 레저 및 소비 등 소득창출과 무관한 활동의 가치보다 더 커진다. 세율

491) *Id.*, at 25-27.

의 인하로 인하여 추가적인 혜택을 얻게 된 납세자들은 해당 금원 상당액을 소비하기보다는 새로운 사업 등에 투자할 것이고 이처럼 새롭게 유입되는 자본이 경제성장 및 직업창출을 야기한다. 경제규모가 확장됨으로 인하여 납세자의 소득수준과 무관하게 모든 납세자들이 간접적으로도 혜택을 입게 되어 과세대상 소득이 증가하고 이로 인하여 결국 과세표준이 증가한다. 공급경제학은 미국 레이건 정부 시절에 경제회복 조세법(the Economic Recovery Tax Act)의 시행을 통하여 시행되었으나 클린턴 정부 시절에는 철회되었고, 이는 부시 정부에 의하여 다시 부활되었다. 그러나 2001년 9월 11일 테러와 아프가니스탄 및 이라크 파병 등으로 인하여 재정적자의 규모가 더욱 확대되었다. 또한 2008년 미국 주택산업의 붕괴 및 글로벌 금융시장의 붕괴로 인하여 부시 및 오바마 정부는 경기를 회복시키기 위하여 엄청난 규모의 재정지출을 증가시킬 수밖에 없었다. 따라서 공급경제학의 타당성 여부는 위와 같은 사건들이 복잡하게 작용함으로 인하여 검증하는 것이 불가능한 상태이다.

Ⅲ 실행의 편의성

조세법규와 관련된 실행의 편의성은 정부의 입장과 납세자의 입장으로 구분하여 살필 필요가 있다.[492] **먼저 정부 입장에서 조세법규 실행의 편의성에 대하여 본다.** 정부 입장에서 좋은 조세는 관리하기에 편리한 것이어야 한다. 정부는 대부분의 납세자가 이해하고 일상적으로(routinely) 협조할 수 있는 징수방법을 마련하여야 하며, 그 징수방법은 납세자의 사생활에 지나치게 간섭하지 않으면서도 납세자가 이를 회피할 수 있는 기회가 최소화되어야 한다. 또한 정부 입장에서 좋은 조세는 경제적이어야 한다. 조세를 징수하고 집행하는 등 관리비용이 조세를 통하여 조달된 재정수입에 비하여 합리적인 수준에서 소요되어야 한다. **납세자의 입장에서 조세법규 실행의 편의성에 대하여 본다.** 납세자 입장에서 좋은 조세는 납세하기에 편리한 것이어야 한다. 이는 납세자 입장에서 자신이 납부할 세액을 합리적으로 확실하게 계산할 수 있어야 한다는 것을 의미한다. 또한 납세자들이 조세법규를 준수하기 위하여 불필요하게 많은 시간과 비용을 투입하지 않아야 한다.

492) *Id.*, at 28.

Ⅳ 조세의 효율성

조세의 효율성은 조세가 경제적 의미에서 효율적이어야 한다는 것을 의미한다. 그런데 경제적 의미에서의 효율성은 두 가지 방식으로 정의될 수 있다.[493] 첫째, 조세가 납세자의 경제적 행동에 간섭하지 않을 때, 해당 조세는 효율적이다. 둘째, 개인 또는 단체가 자신의 경제적 행동들을 의도적으로 변화시키는 방법으로 조세에 대하여 대응할 때, 해당 조세는 효율적이다. 전자가 전통적인 효율성 기준에 해당하고, 후자는 재정정책(Fiscal Policy) 수단으로서의 조세에 관한 것이다.

전통적인 효율성 기준에 대하여 본다. 경쟁시장(competitive markets)을 통하여 희소한 자원을 적정하게 배분할 수 있다고 믿는 정책입안자들(Policymakers)은 자유시장(free market)에 대하여 중립적(neutral)으로 작용하는 조세가 효율적이라고 한다. 이 관점에 의하면 납세자의 경제적 행동을 수정하도록 하는 조세는 시장을 왜곡하여 결과적으로 재화 및 용역의 차선적 분배(suboptimal allocation)를 야기하는, 즉 재화 및 용역을 적정하게 분배하는 것을 막는 것이므로 비효율적이라고 한다. 이는 아담 스미스(Adam Smith) 및 자유방임경제를 신봉하는 경제학자들이 취하는 입장이다.

재정정책(Fiscal Policy) **수단으로서의 조세에 대하여 본다.** 자유시장은 희소한 자원을 생산하고 배분하는 측면에서는 효과적이지만 경제적 안정을 유지하기 위한 자율규제기능(self-regulating mechanism)의 측면에서는 부족하다고 믿는 자들은 전통적인 효율성 기준에 동의하지 않는다. 케인즈(Keynes)가 이러한 견해를 대표한다. 케인즈에 의하면 정부는 자본주의 자체에 내재된 불안정성으로부터 시민과 단체들(citizens and institutions)을 보호하여야 한다. 즉 역사적으로 자본주의의 불안정성은 높은 실업, 심각한 가격변동(인플레이션 또는 디플레이션) 및 불균등한 경제발전(uneven economic growth)을 야기하여 왔는 바, 정부는 이러한 문제들에 대하여 재정정책(fiscal policy)을 통하여 대응하여야 한다. 이러한 입장에 따르면 조세는 재정정책의 주요한 수단이 된다. 즉 정부는 경제가 바람직한 방향에 따라 움직일 수 있도록 의도적으로 조세를 이용하여야 한다. 경제가 불황 및 고실업 국면에 있으면 정부는 조세부담을 감경하여 자금이 공공 부문에서 민간 부문으로 이동하도록 할 수 있다. 이를 통하여 소비재 및 용역에 대한 수요가 증가하고 그 결과 경제가 확장되

493) *Id.*, at 29-32.

고 일자리가 늘어나게 된다. 반면에 경제가 과열된 상태라면 정부는 조세부담을 증가시킬 수 있다. 따라서 조세가 재정정책 수단으로서 효율적으로 기능하기 위하여서는 해당 조세가 개인 또는 단체들의 경제적 행동들을 의도한 대로 변화시킬 수 있어야 한다. 위 견해는 이러한 조세를 효율적이라고 한다.

조세가 납세자의 행동수정(Behavior Modification)에 미치는 영향에 대하여 본다. 현대 정부는 조세를 거시경제적 문제를 해결하기 위하여 사용하는 것에 머물지 않고 사회적 문제의 해결을 위하여서도 활용한다. 많은 사회적 문제들은 개인 및 단체들이 그들의 행동을 변경하도록 설득하는 것을 통하여 완화될 수 있다. 정부는 바람직하지 못한 행동에 대한 벌칙으로서 또는 바람직한 행동을 보상하기 위하여 조세를 활용할 수 있다. 사회적 문제들 중 일부는 자유기업체제(free enterprise system)의 부산물에 해당되고 통상 이를 외부불경제(negative externalities) 또는 외부비용(external costs)이라고 부른다. 미국의 경우 오존의 소모를 초래하는 화학제품을 생산하는 경우 그 제품에 대하여 거래세를 부과하고,[494] 오수정화장치 등 환경오염 저감설비를 생산하는 기업에 대하여 조세특례를 제공하는 것[495] 등이 사회적 문제들을 해결하기 위하여 조세를 활용한 예에 속한다. 한편 자유시장을 통하여 저평가되는 활동들을 증진하기 위하여서도 조세를 활용할 수 있다. 미국의 경우 역사적 빌딩을 복원하여 사용하는 활동에 대하여 조세부담을 경감하여 주는 것[496]이 그 예에 속한다. 만약 조세특례가 부여되지 않았다면 기업들은 해당 건물을 철거하고 신축하는 것이 보다 경제적이라고 판단하였을 것이다. 또한 정부는 특정활동에 대하여 보조금을 지급하기 위하여 조세특례를 사용하기도 한다. 미국의 경우 주정부가 발행하는 채권에 대한 이자는 비과세이다.[497] 이를 통하여 주정부는 보다 저렴한 이자비용으로 자금을 조달할 수 있게 되어 연방정부가 주정부에 대하여 보조금을 지급하는 것과 같은 효과를 얻게 된다.

정부가 특정활동 등을 지원하기 위하여 제공하는 조세부담을 경감시키거나 보조금을 지급하는 등 조세특례(tax preferences)는 간접적인 조세지출(tax expenditures)에 해당한다. 재정수입을 감소시키기 때문이다. 따라서 조세특례는 그 조치를 통하여 얻고자 하는 결과가 가치가 있고 공익에 이바지하는 것일 경우에 한하여 정당화될 수 있다. 또한 조세특례를

494) I.R.C. §4681.
495) I.R.C. §169.
496) I.R.C. §47.
497) I.R.C. §103.

부여할 경우에는 조세적 유인을 제공하는 것이 최선의 방법인지 여부, 즉 직접적으로 보조금을 지급하는 것이 보다 효과적인 것인지 여부에 대하여 검토하여야 한다. 그리고 현실적으로 복잡한 경제구조를 감안하면 해당 조세특례에 대한 납세자 전체의 통합된 반응을 측정하는 것 역시 극단적으로 어려운 것이라는 점 역시 감안하여야 한다.

조세특례와 조세지출예산의 관계에 대하여 본다. 조세지출예산(Tax Expenditure Budget)은 각 주요한 조세특례로 인하여 감소되는 재정수입의 감소분을 양적으로 측정한 것을 의미한다. 조세지출예산은 주로 특정 조세특례 자체의 비용과 해당 특례가 정부에 대하여 초래하는 총비용에 관한 것이다. 그러나 이에는 정부 운영 상 결손(operating deficit)은 포함되어 있지 않다.

조세특례는 조세특례제한법, 국세기본법 및 조약과 법정 법률에 따르지 아니하고는 정할 수 없고 감면되는 조세의 범위에는 해당 법률이나 조약에 특별한 규정이 있는 경우를 제외하고는 가산세와 양도소득세는 포함되지 않는다(조특 3조). 한편 조세특례제도에는 조세법의 양을 늘리고 또한 복잡하게 만든다는 결점이 있다.

조세특례는 납세자가 국가에 제공한 용역 등에 대한 대가를 구성할 수 있는가? 납세자가 정부에 특정한 용역 등을 제공한다는 점에 착안하여 세액공제라는 조세특례를 제공한 경우 그 세액공제 상당액이 위 용역에 대한 대가를 구성하는지 여부가 쟁점이 될 수 있다. 현행법에 따르면 현금영수증사업자가 법정 세부내용을 국세청장에게 전송한 경우 현금영수증 가맹점의 현금영수증 결제 건수 및 지급명세서의 건수에 따라 법정 금액을 해당 과세기간의 부가가치세 납부세액에서 공제받거나 환급세액에 가산하여 받을 수 있고, 현금영수증가맹점이 현금영수증을 발급하는 경우 해당 과세기간별 현금영수증 발급건수에 법정 금액을 곱한 금액을 해당 과세기간의 소득세 산출세액에서 공제받을 수 있다(조특 126조의3; 조특령 121조의3). 이 경우 세액공제 상당액을 위 각 용역에 대한 대가로 보아 이를 부가가치세 과세거래로 볼 수 있는지 여부가 문제로 될 수 있으나 이는 타당하지 않다. 조세가 납세자가 받는 편익과 대가관계를 이루지 않는 것처럼 조세특례 역시 납세자가 제공하는 특정 용역 등과 대가관계를 이루지 않는 것이므로, 국가는 조세정책적 입장에 따라 해당 조세특례를 일방적으로 축소하거나 확장할 수 있기 때문이다. 즉 조세특례는 납세자가 국가에 제공한 용역 등에 대한 대가관계를 구성할 수는 없다.

Ⅴ 조세의 공평성

조세는 이를 납부하는 납세자들에 대하여 공평하여야 한다. 규범으로서 공평기준에 대하여 이의를 제기하는 경제학자, 사회학자 또는 정치가들은 없다. 다만 조세의 공평이 지니는 속성, 즉 무엇을 기준으로 공평한지 여부를 측정할 것인지 여부에 대하여서는 의견이 나뉠 수 있다.[498)]

담세능력기준에 대하여 본다. 담세능력기준은 정부를 보조하기 위하여 출연하는 각 납세자의 기여분은 해당 납세자의 담세능력(ability to pay tax)을 반영하여야 한다는 것을 의미한다. 이는 우리의 헌법상 원리인 조세평등주의와 같은 개념에 속한다. 조세평등주의는 조세의 부과와 징수를 납세자의 담세능력에 상응하여 공정하고 평등하게 할 것을 요구하며 합리적 이유가 없이 특정의 납세자를 불리하게 차별하거나 우대하는 것을 허용하지 아니한다는 것을 의미하기 때문이다.[499)] 여기서 담세능력은 해당 납세자가 지배할 수 있는 경제적 자원을 말하고, 이러한 담세능력은 과세표준을 근거로 측정하는 것이 타당하다. 그렇다면 **과세표준을 근거로 하여 담세능력을 측정하는 이유는 무엇인가?** 소득의 경우를 예로 들어 설명한다. 동일한 소득을 가진 자들이라고 하더라도 어느 납세자에게는 질병으로 인한 의료비 지출이 많은 사정이 있거나 장애를 가진 피부양자들이 있는 경우에도 다른 납세자와 동일한 담세능력이 있다고 보는 것은 타당하지 않기 때문에, 소득보다는 이러한 각 사정들이 소득공제 등을 통하여 반영된 과세표준이라는 개념을 근거로 담세능력을 측정하는 것이다. 즉 조세의 공평성 기준은 한편으로 동일한 담세능력을 가진 자는 원칙적으로 동일하게 과세될 것을 요청하며, 다른 한편으로 담세능력이 다른 사람들 사이에서는 보다 담세능력이 큰 자에게 보다 많이 과세하여 조세부담을 공평하게 배분할 것을 요청한다.[500)] 통상 전자를 수평적 공평(horizontal equity)으로, 후자를 수직적 공평(vertical equity)으로 부르는바, 본서 역시 위 용어들을 사용하기로 한다.

수평적 공평은 동일한 담세능력을 가진 납세자는 동일한 납세의무를 부담하여야 한다는 것을 의미하고 담세능력은 과세표준(tax base) 단위별로 측정되어야 한다.[501)] 과세표준은

498) 이하의 논의는 같은 절 Ⅱ 조세평등주의에서 다시 설명한다.: Sally M. Jones · Shelly C. Rhodes-Catanach, *op. cit.*, at 32-38 참조.

499) 헌재 1997.10.30. 96헌바14.

500) 헌재 2002.8.29. 2001헌가24.

501) Sally M. Jones · Shelly C. Rhodes-Catanach, *op. cit.*, at 32.

조세가 부과되는 항목(item), 사건의 발생(occurrence), 거래 또는 활동 등을 의미하는 것으로서 원칙적으로 화폐적 가치에 의하여 측정되는 것을 의미한다.[502] 따라서 수평적 공평은 각 납세자들 사이의 과세표준을 정확하게 측정하는 것과 관련된다.

수직적 공평은 보다 담세능력이 큰 납세자는 담세능력이 보다 작은 납세자에 대하여 보다 많은 조세를 부담하여야 한다는 것을 의미한다. 수평적 공평이 과세표준의 정확한 측정과 관련되어 있다면 수직적 공평은 조세를 계산하기 위한 세율의 공평성과 관련된 것이다.[503]

이하 수평적 공평 및 수직적 공평 개념이 갖는 한계에 대하여 본다.

먼저 수평적 공평 개념의 한계를 본다. 담세능력을 정확하게 측정하면 할수록 수평적 공평의 원칙이 보다 잘 충족될 것이나 이로 인하여 조세법은 더욱 복잡하게 되는 바, 이러한 경우에는 보다 많은 경제적 자원을 가진 납세자들만이 해당 세법을 이해하거나 이용하여 자신의 담세능력을 정확하게 측정할 수 있으므로 또 다른 공평을 해하게 되는 측면이 있다. 과세표준은 통상 일정 기간(예를 들면 1년) 또는 특정 시점을 기준으로 측정되는 바, 이는 납세자의 전 생애를 통한 담세능력과는 무관한 경우가 많다. 특정 과세연도에 동일한 소득을 얻었다고 하더라도 운동선수로서 일시적으로 몇 년에 한하여 해당 소득을 얻는 경우와 부동산 등 자산을 통하여 전 생애에 걸쳐서 해당 소득을 얻을 수 있는 경우에 있어서 위 납세자들이 해당 과세연도에 동일한 담세능력을 가진 것으로 파악하는 것이 타당한지 여부에 대하여서는 의문이 있을 수 있다. 또한 납세자들에게 특정 행위를 유도하기 위하는 등의 목적으로 조세특례를 부여하는 것이 필요한 경우가 많은 바 이러한 경우에는 납세자들 사이의 수평적 공평 원칙이 훼손될 수 있다.[504]

이어서 수직적 공평 개념의 한계를 본다.[505] 수직적 공평 원칙에 부합하기 위하여서는 납세자의 담세능력이 커질수록 보다 많은 조세를 부담하여야 한다. 만약 반대의 경우가 발생한다면 즉 역진세율 구조(regressive rate structure)를 취한다면 이는 공평하지 않다는 점에 대하여 이견은 없는 것으로 보인다. 그러나 역진세율을 취하는지 여부가 반드시 분명하지는 않다. 단일세율을 가진 거래세의 경우 즉 부가가치세의 경우는 명시적으로 역진적이지는 않

502) *Id.*, at 5.
503) *Id.*, at 33.
504) *Id.*
505) *Id.*, at 33-37 참조.

지만 이러한 세제는 많은 경제학자들로부터 보다 적은 경제적 자원을 보유한 납세자들에게 보다 무거운 부담을 지운다는 점으로 인하여 역진적인 조세로서 기능한다는 비판을 받는다. 그럼에도 불구하고 부가가치세 등 거래세는 현실적으로 재정을 위한 중요한 수입원으로서 기능하고 있다.

그렇다면 **거래세가 아닌 소득세의 경우에 그 세율을 단일세율**(proportionate rate structure)**을 정하는 것은 어떠한가?** 이 경우에도 보다 많은 소득을 가진 납세자가 보다 많은 조세를 부담한다는 측면에서 수직적 공평의 원칙에 부합하는 것처럼 보인다. 보다 많은 소득을 가진 자가 그렇지 못한 자보다 많은 세금을 내기 때문이다. 그러나 소득에 관한 한계효용체감의 법칙(declining marginal utility of income)을 감안한다면 그렇지 않다. 즉 총소득이 증가할수록 1원당 한계효용은 체감하므로 보다 많은 소득을 얻는 납세자에 대하여 비례적으로 조세부담을 증가시키는 것은, 소득이 많은 납세자가 '해당 소득을 식료품 등에 지출하여야 할 납세자'에 비하여 실질적으로 보다 적은 조세를 부담하는 결과를 초래할 수도 있다. 보다 많은 소득을 가진 납세자가 포기하여야 하는 1원의 가치는 낮은 소득구간에 속한 납세자가 포기하여야 하는 1원의 가치보다 적기 때문이다. 이러한 의미에서 누진세율(progressive rate structure)을 취하는 것이 보다 공평하다는 생각이 널리 받아들여진 것으로 보인다. 그러나 위 소득에 관한 한계효용체감의 법칙은 실증적으로 증명된 바가 없으며 또한 어느 범위까지 누진세율을 통하여 수직적 공평을 실현하여야 하는지 여부는 의견 또는 가치판단의 영역에 속한다.

부의 재분배와 관련하여서도 소득이 아닌 부(wealth)의 이전 또는 부 자체에 대한 조세부담 역시 부의 크기에 따라 커지도록 누진세율이 적용되어야 한다는 점은 널리 받아들여진 상태이나 이 경우에도 그 누진성의 정도는 정치적 합의의 문제로 남는다.

Ⅵ 국제조세환경에서의 조세의 공평 및 효율

국제조세환경에서는 조세의 효율성과 공평성이 국내세법의 경우와는 다른 의미를 갖게 된다. 국제조세환경에 있어서는 국가 간 과세권이 충돌하거나 경합하는 등의 상황이므로 조세의 효율성 및 공평성 역시 각 국가의 과세권 차원에서 검토될 필요가 있기 때문이다. 이하 국제조세환경에서의 조세의 공평 및 국제조세환경에서의 조세의 효율에 대하여 살핀다.

1 국제조세환경에서의 조세의 공평

우리 헌법상 조세공평주의는 다른 국가의 납세자와 우리 납세자 사이에서도 적용될 수 있는가? 조세공평주의는 납세자의 담세능력에 근거하여 납세자의 국가에 대한 기여분이 해당 납세자의 담세능력(ability to pay tax)을 반영하여야 한다는 것을 의미하나, 다른 국가의 납세자와 우리 납세자 사이에 이러한 원리가 관철될 수는 없다. 각 납세자들은 각 국가 내 다른 납세자들 사이에서 상대적으로 평가되는 담세능력에 따라 조세를 부담할 수밖에 없기 때문이다. 즉 가장 부유한 국가인 '갑'의 납세자와 가장 가난한 국가인 '을'의 납세자 사이에 그 담세능력에 따라 조세의 부담을 정하여야 한다는 원리가 적용될 수는 없다. 따라서 국제거래에 있어 조세공평주의는 조세조약의 체결내용에 의하여 즉 국가 사이의 합의에 의하여 결정되어야 하는 것일 뿐 각 국가의 과세권 행사에 있어서 다른 국가의 납세의무자와의 사이에서 논의될 수는 없는 것이다. 이상의 논의에 비추어 보면 국제조세환경에서의 조세의 공평에 관한 논의는 개별 납세자의 담세능력에 따른 조세의 공평에 관한 것이기보다는, **국가 간 공평**(inter – nation equity)에 관한 것이다. 즉 국제조세환경에서는 납세자가 사업을 수행하거나 달리 과세대상 소득을 가득한 것과 관련된 국가들 사이에서 과세권이 어떻게 배분되어야 하는지 여부가 조세 공평의 관점에서 문제로 된다. **국가 간 과세권을 배분하는 기준은 무엇인가?** 국가 간 과세권은 납세자가 거주자인지 여부(the residency of a taxpayer), 과세대상 소득 또는 이익의 원천(the source of the taxable income or profits) 또는 모두에 의하여 배분된다. 위 기준들 중 어느 기준을 우위에 둘 것인지 여부, 즉 원천에 비하여 거주자인지 여부를 우위에 둘 것인지 아니면 그 반대인지 여부는 국가의 조세정책에 달려 있다.[506]

조세조약이 과세권을 배분한다는 문언이 뜻하는 바는 무엇인가? 조세조약 상 규정들은 체약국들에게 과세관할(jurisdiction to tax)**을 부여하거나 배분하지도 않는다.** 체약국들은 원래 자신의 헌법 및 국제공법(public international law)에 의하여 과세권을 가지기 때문이다. 또한 조세조약이, 어느 체약국에서 소득이 발생하거나 자산이 소재하는지 여부를 결정하는 '국제적인 소득원천 규정들'(international source rules)을 통하여, 국내세법에 없었던 소득원천을 창설하는 것도 아니다. 국제적인 소득원천 규정들은, 항상 체약국이 소득 또는 자산에 대한 과세권을 행사하는 것을 정당화시켜 줄 수 있는 조건 및 해당 체약국과의

506) Angharad Miller · Lynne Oats, *op. cit.*, at 27 – 28.

관련성이 충족되었다는 점을 입증하는 다른 규정들에 의하여, 보완되어야 한다.[507] **조세조약은, 체약국들의 과세권이 충돌할 것이 예견되거나 이론 상 가능한 경우에, 각 체약국들의 국내세법에 따른 과세권의 행사를 제한하는 방법을 통하여 이중과세를 방지하는 독립적인 기제를 정립하는 기능을 수행한다.** 즉 각 체약국들은 '특정 경우에는 과세권을 행사하지 않기로 정하는 상호간 합의' 또는 '조세조약이 타방 체약국에게 전적으로 또는 부분적으로 과세권을 유보하는 경우에는 일방 체약국은 제한된 범위 내에서만 과세할 수 있다는 합의'에 스스로 각 구속되는 것이다. **조세조약은 체약국들이 과세권을 포기하는 것이라고 할 수 있거나, 보다 명확하게는 과세원천인 과세대상을 나누는 것이라고 할 수 있다.**[508] **따라서 조세조약이 과세권을 배분한다는 통상의 용례를 정확한 의미에서 타당하지 않다. 그러나 이하 편의를 위하여 통상의 용례를 그대로 사용하기로 한다.**

통상 국가 간 체결한 조세조약(Tax Treaty)에 의하여 해당 체약국들 사이에서 과세권이 배분된다. 다만 조세조약은, 조세회피행위가 없는 한, 각 체약국들에 의하여 납세자에게 부과하는 조세부담을 경감하거나 제거하기 위한 목적의 범위 내에서 적용되는 것이 원칙이므로 각 체약국의 국내세법 상 과세되지 않는다면 조세조약을 근거로 과세권이 창설될 수 없다는 점에 유의할 필요가 있다. 대부분의 조세조약은 양국 사이에서 체결되나, 다자간 조세조약이 체결되는 예도 있다. 한편 조세조약의 적용이 문제로 되는 상황은 주로 이중과세가 발생하는 경우이다. 그 예를 본다. 개인이 소득세법 상의 국내 거주자인 동시에 외국의 거주자에도 해당하여 그 외국법 상 소득세 등의 납세의무자에 해당하는 경우에는 하나의 소득에 대하여 이중으로 과세될 수도 있으므로, 이를 방지하기 위하여 각국 간 조세조약의 체결을 통해 별도의 규정을 두고 있고, 납세의무자가 이와 같은 이중거주자에 해당하는 사실이 인정된다면 그 중복되는 국가와 체결한 조세조약이 정하는 바에 따라 어느 국가의 거주자로 간주할 것인지를 결정하여야 한다.[509] 국내 거주자인 납세의무자가 동시에 외국의 거주자에도 해당하여 조세조약이 적용되어야 한다는 점에 대하여는 이를 주장하는 납세의무자에게 그 증명책임이 있다.[510] 한편 **조세조약이 적용되기 위하여서는 먼저 거래의 당사자가 상대체약국의 거주자에 해당하여야 한다. 예를 들면 한미 조세조약이 적용되기 위하**

507) Vogel/Rust, in Klaus Vogel Ⅰ, at 28, m.n.51.
508) *Id.*, at 29, m.n.52.
509) 대법원 2008.12.11. 2006두3964.
510) 대법원 2008.12.11. 2006두3964.

여서는 거래상대방이 미국의 거주자에 해당하여야 한다. 그 경우에만 한미 조세조약이 적용될 수 있다. 이와 관련하여 한미 조세조약의 적용에 있어서 미국의 거주자인지 여부가 문제로 된 판례를 소개한다. 이 판례는 **설사 특정 단체가 우리의 법률 상 외국법인에 해당한다고 하더라도 해당 단체에 대하여 한미 조세조약을 적용하기 위하여서는 해당 단체가 미국에서 납세의무를 부담하는지 여부에 의하여 한·미 조세조약 상 미국의 거주자로 취급할 것인지 여부를 결정하여야 한다**는 입장을 취한다. 즉 미국의 '대한민국과 미합중국 간의 소득에 관한 조세의 이중과세회피와 탈세방지 및 국제무역과 투자의 증진을 위한 협약'(이하 '한·미 조세조약'이라 한다) 제3조 제1항 (b)호 (ii)목 단서가 규정한 '미국의 조세 목적 상 미국에 거주하는 기타의 인' 중 '조합원으로서 행동하는 인'이란 미국 세법 상 조합원 등의 구성원으로 이루어진 단체의 활동으로 얻은 소득에 대하여 구성원이 미국에서 납세의무를 부담하는 단체를 뜻한다고 보아야 하고, '그러한 인에 의하여 발생되는 소득은 거주자의 소득으로서 미국의 조세에 따라야 하는 범위에 한한다'는 의미는 그러한 단체의 소득에 대하여 구성원이 미국에서 납세의무를 부담하는 범위에서 단체를 한·미 조세조약 상 미국의 거주자로 취급한다는 뜻으로 해석함이 옳다. 그 근거는 다음과 같다. 첫째, 위 단서의 문언과 체계 상 이는 미국의 거주자 중 조합과 같이 미국법인에 이르지 아니하는 단체 등과 관련된 규정으로 보인다. 둘째, 위 단서는 조약의 문맥에 비추어 볼 때 미국 세법에 따라 어떠한 단체의 활동으로 얻은 소득에 관하여 단체가 아니라 구성원이 납세의무를 부담하는 이른바 투과과세 단체(Fiscally Transparent Entity)의 경우 원칙적으로 한·미 조세조약의 적용을 받을 수 있는 미국의 거주자가 될 수 없으나 구성원이 미국에서 납세의무를 지는 경우 예외적으로 단체에게 조세조약의 혜택을 부여하려는 특별규정으로 이해할 수 있다. 셋째, 조합과 유한책임회사 등 조합의 형식을 취하지 아니한 단체가 미국 세법 상 투과과세 단체로서 취급이 같은 이상 조합의 형식을 취하지 아니한 단체를 위 단서 규정의 적용대상에서 배제할 만한 뚜렷한 이유를 찾기 어렵다. 넷째, 그 밖에 한·미 조세조약의 체결목적이 소득에 대한 이중과세의 방지라는 점 등을 감안하여야 한다. 이상의 입장에 따르면, 우리나라의 사법 상 외국법인에 해당하는 미국의 어떠한 단체가 우리나라에서 소득을 얻었음에도 미국에서 납세의무를 부담하지 않는 경우 구성원이 미국에서 납세의무를 부담하는 범위에서만 한·미 조세조약 상 미국의 거주자에 해당하여 조세조약을 적용받을 수 있고, 단체가 원천지국인 우리나라에서 얻은 소득 중 구성원이 미국의 거주자로 취급되지 아니하는

범위에 대하여는 한·미 조세조약을 적용할 수 없다.[511)]

한편 특수관계인 사이의 국제거래에 있어서 그 거래가격이 정상가격의 범위에서 벗어난다면 그 정상가격을 기준으로 해당 거래를 재구성하는 세제를 통상 '이전가격세제'라고 한다. 그런데 **이전가격세제의 적용을 위한 정상가격의 범위를 정함에 있어서 특수관계가 없는 해외 납세자의 거래가격 역시 그 비교대상의 범위에 포함하는 바, 이는 우리 헌법상 원리인 조세공평주의에 반하는 것은 아닌가?** 이전가격세제가 조세공평주의를 기반으로 하는 실질과세원칙에 근거한 것이라면 이전가격세제의 적용 상 비교대상(comparable)의 선정대상에 특수관계가 없는 해외 납세자의 거래가격을 포함시키는 것에는 문제가 있을 수 있다. 조세공평주의를 기반으로 하는 실질과세원칙은 국내 납세자들 사이 또는 그 납세자와 특수관계를 갖는 자들 사이에 있어서 그 경제적 실질에 따라 적용되는 것이기 때문이다. 그런데 현실적으로 특수관계가 없는 해외 납세자의 거래가격 역시 그 비교대상에 포함하여야 할 필요는 크다. 따라서 이전가격세제와 실질과세원칙이 조화를 이루면서 적용되기 위하여서는 해외 납세자의 거래가격이 국내 납세자의 거래가격과 동일한 상황에서 형성된 것이라는 가정이 필요하고, 이는 법률 상 간주가 아니라 법률 상 추정에 그쳐야 한다. 즉 특수관계가 없는 해외 납세자의 거래가격을 비교대상으로 하여 법률 상 인정된 이전가격결정방법 중 하나에 의하여 정상가격이 결정되었다고 할지라도 납세자에게 이에 대하여 번복할 수 있어야 한다.[512)] **납세자가 법률 상 방법에 의하여 결정된 정상가격을 번복하기 위하여서는 어느 정도의 입증을 하여야 하는가?** 납세가가 법률 상 방법에 의하여 결정된 정상가격을 번복하기 위하여 독립된 당사자가 실제 거래한 가격을 입증하도록 하는 것은 타당하지 않고 독립된 당사자들이 그 정상가격이 아닌 다른 거래가격으로 거래할 가능성이 있다는 점을 반증하는 것으로 충분하다고 보아야 한다.[513)] 즉 정상가격 결정 상 비교대상에 포함된 해외 납세자의 거래가격이 그 납세자가 우리 기업 및 그 특수관계인과 동일하거나 유사한 경제적 상황 하에서 거래하였다면 달리 형성되었을 가능성이 있다는 반증을 통하여 그 정상가격을 번복할 수 있다고 보아야 한다. 우리 국제조세조정에 관한 법률(국조 5조)은 비교가능 제3자 가격방법, 재판매가격방법, 원가가산방법, 이익분할방법 및 거래순이익률방법 중

511) 대법원 2014.6.26. 2012두11836.
512) Luis Eduardo Schoueri, *Arm's Length: Beyond the Guidelines of the OECD*, Bulletin for International Taxation, IBFD, December 2015, pp.695-697 참조.
513) *Id., pp.697-698.*

가장 합리적인 방법으로 계산한 가격으로 정상가격을 결정한다고 규정하면서, 다만 그 방법으로 정상가격을 산출할 수 없는 경우에만 법정의 그 밖에 합리적이라고 인정되는 방법(국조령 4조)에 따라 정상가격을 결정한다고 규정한다. 위 '정상가격을 산출할 수 없는 경우'에는 비교대상에 포함된 해외 납세자의 거래가격이 그 납세자가 우리 기업 및 그 특수관계인과 동일하거나 유사한 경제적 상황 하에서 거래하였다면 달리 형성되었을 가능성이 있는 경우 역시 포함되는 것으로 보아야 한다.

이전가격세제의 적용 상 정상가격을 선출하는 각 방법들은 독립기업 원칙(arm's length standard)에 근거한 것이다. 이는 납세자와 그와 특수관계 있는 기업들이 모두 하나의 독립된 별개의 기업이라고 상정할 경우에 그들 사이의 거래에서 형성될 수 있는 가격에 근거하여 정상가격을 산정하는 방법이다. 이에 반하여 납세자와 그와 특수관계 있는 기업들 모두를 하나의 기업으로 보아 전체적으로 상정된 소득을 각 기업에 일정한 공식을 통하여 배부하는 방법을 공식적 배부법(formulary apportionment approach)이라고 한다. 독립기업의 원칙에 근거한 정상가격의 산출은 조세공평주의에 근거한 실질과세원칙과의 조화를 통하여 헌법상 합리화될 수 있다는 점에 대하여서는 기술하였다. 그렇다면 **공식적 배부법을 헌법상 합리화할 수 있는 규범적 근거는 무엇인가?** 공식적 배부법은 납세자와 해외 특수관계인들을 하나의 실체로 보아 이익을 산정한 이후에 그 이익을 일정한 공식에 근거하여 각 과세관할에 있는 납세자들에게 배부하는 방법이나, 과세권은 각 국가가 자신의 주권에 근거하여 그 과세관할 내에서 개별적으로 행사되는 것이고 과세권을 각 체약국들 사이에 배분하는 것은 조세조약에서 정해야 할 사항이므로 공식적 배부법이 헌법상 가치에 부합되는 것인지 여부가 쟁점이 된다. 독립기업의 원칙에 근거한 정상가격의 산정은 해외 특수관계인들 사이의 거래가 국내에서 이루어졌을 경우 형성될 가격을 산정하는 방식이므로 실질과세원칙에 부합할 여지가 있으나 공식적 배부법을 적용하는 공식이 헌법상 조세평등주의에 근거한 실질과세원칙에 부합한다는 보장이 없고, 그 방법이 조세조약 상 과세권 배분에 근거한 것도 아니기 때문에 헌법상 규범적 근거를 찾기 어렵다. 게다가 대부분의 조세조약들은 독립기업의 원칙에 근거하여 정상가격을 산출하도록 규정하고 있다. 따라서 공식적 배부법이 헌법상 합리화되기 위하여서는 공식적 배부법에 의하여 배부된 이익이, 동일하거나 유사한 경제적 상황에 처한 국내 납세자에게 배부되는 이익에 비추어 정당한지 여부에 대하여 별도로 심사가 이루어져야 한다. 그렇다면 공식적 배부법을 통하여 이익을 배분한다고 하더라도 독립기업원칙에 근거할 때보다 법적 불확실성이 감소한다고 볼 수도 없다.

2 국제조세환경에서의 조세의 효율

국제조세환경에서의 조세의 효율은 한 국가 내에서의 조세의 효율과는 다른 의미를 갖는다. Peggy Musgrave는 자신의 책인 "*The Taxation of Foreign Investment Income : An Economic Analysis*"에서 국제조세환경에서의 조세의 효율을 국가 중립성(National Neutrality), 자본수출 중립성(Capital Export Neutrality) 및 자본수입 중립성(Capital Import Neutrality)으로 구분하여 설명하였고 이러한 개념은 국제적으로 널리 활용되고 있다. 또한 최근에는 국가 소유권 중립성(National Ownership Neutrality) 및 자본 소유권 중립성(Capital Ownership Neutrality)이라는 개념 역시 활용된다. 이하 보다 구체적으로 본다.[514)]

국가 중립성은 거주자가 역외투자(foreign investment)를 하는 경우 내국재정의 손실이 발생하지 않도록 하기 위한 것이라는 점에서 다른 국가와의 관계를 고려하지 않는 고립적인 개념에 해당한다. 이는 외국납부세액을 다른 사업 상 비용과 동일하게 손금으로 취급하는 방법을 통하여 역외투자로 인한 세후수익률이, 즉 외국의 세금과 국내의 세금을 모두 납부한 후의 수익률이 국내투자의 세후수익률과 동일하게 만드는 것을 의미한다. 국가중립성 하에서는, 역외투자를 하는 납세자가 국내에 투자하는 경우와 동일한 수익률을 얻기 위하여서는 역외투자로 인하여 부담한 외국납부세액을 손금으로서 공제한 수익률과 국내투자로 인한 세전수익률이 동일하여야 한다. 국가중립성은 글로벌 차원의 복지보다는 국가 차원의 복지를 우선시키는 개념이다.

자본수출 중립성과 자본수입 중립성은 국가중립성과 달리 글로벌 차원의 복지와 관련된 것이고, 역외투자가 늘어날 경우에 국내투자가 줄게 된다는 점을 전제로 하고 있다.

자본수출 중립성은 특정 투자지역(the location of investment)과 관련된 것이다. 이 기준에 따르면 조세는 자본의 유출과 관련하여 중립적으로 설계되어야 한다. 납세자가 자본을 국내 및 역외로 나누어 투자하는 경우가 자본을 모두 국내에 투자하는 경우보다 그 수익률이 낮아지지 않도록 설계되어야 한다. 이 기준에 대하여서는 어느 국가에서 부담하는 세금과 해당 국가가 제공하는 혜택 사이의 관계를 무시한다는 비판이 있다. 즉 투자자들은 어느 국가의 세율이 높다고 하더라도 그 국가가 제공하는 지원이 큰 경우에는 해당 국가에 투자할 수 있다.[515)]

---

514) Angharad Miller · Lynne Oats, *op. cit.*, at 28-29 참조.

515) Hines, J, *Reconsidering the Taxation of Foreign Income*, 62 「Tax Review」 269, 2009, at 277.

자본수입 중립성은 특정 투자의 원천(the source of investment)에 있어서의 중립성과 관련된 것이다. 어느 한 정부의 관점에서 보면, 이 기준은 '내국법인이 외국시장에 투자함으로 인하여 발생하는 조세부담'이 '동일한 외국시장에서 다른 납세자들이 투자함으로 인하여 발생하는 조세부담'보다 커지지 않도록 하는 것을 의미한다.

이상의 자본수출 중립성과 자본수입 중립성이 지향하는 정책목표가 반드시 조화를 이루는 것은 아니나, 두 기준 모두 투자자들 사이에 적용되는 전체적인 세율(the overall rate of tax)에 중점을 둔다는 점에서는 동일하다. 자본수출 중립성의 경우에는 내국세율이 가장 중요하고, 자본수입 중립성의 경우에는 외국세율이 가장 중요하다.

최근에는 사업의 소유권이 국가별로 어떻게 배분되는지 여부와 관계된 새로운 기준이 제시되고 있다.[516] 이는 생산성(productivity)에 중점을 두는 견해이다. 그 새로운 기준은 국가 소유권 중립성(National Ownership Neutrality)과 자본 소유권 중립성(Capital Ownership Neutrality)이다.

국가 소유권 중립성은 어느 한 사업체가 납부하는 세액이 해당 사업체 소유자의 특정 여부, 즉 해당 사업체의 소유자가 어느 국가에 위치하는지 여부에 의하여 영향을 받지 않아야 한다는 것을 의미한다. 따라서 역외투자를 어떻게 구성할지 여부, 즉 직접투자방식을 취할지 아니면 다른 방식을 취할지 여부는 조세적 고려에 의하여 영향을 받지 않아야 한다.

자본 소유권 중립성은 조세체계가 전 세계를 기준으로 누가 자산의 소유권을 가져야 하는지 여부를 왜곡하지 않아야 한다는 것을 의미한다. 이 기준에 의하면 자산의 소유권을 누가 가져야 하는지 여부는 생산성을 극대화시켜야 한다는 관점에 의하여서만 결정되어야 한다. '자본소유권의 효율적 배분'은 자산 소유권자들 사이에서 해당 자산을 재배치하는 방법을 통하여서는 생산성을 증가시킬 수 없는 상태를 의미한다.[517]

국가 소유권 중립성과 자본 소유권 중립성은 모두 사업체 또는 자산의 소유형태를 강조하고, 거래비용 경제학적 접근방식(a transactional cost economics approach)에 근거하고 있다. 두 기준 모두, 자본수출 중립성을 추구함으로 인하여 국제적으로 소유형태가 왜곡되는 등 비효율성에 대하여 주목한다.

---

516) Desai, M · Hines, J, *Evaluating International Tax Reform*, 56 「National Tax Journal」 487, 2003, at 494-497.

517) Hines, J, *op. cit.*, at 277.

제3절 조세입법에 대한 헌법상 한계

I 개요

조세법률주의는 조세입법권을 통하여 실현되는 바, 조세입법권 역시 입법권 일반에 대한 헌법상 한계에 기속되어야 한다. 입법권에 대한 헌법상 제약에는 헌법이 추구하는 국민주권·정의사회·사회적 시장경제질서·문화민족·평화추구 등 이념, 평등권, 참정권 또는 재산권의 박탈을 위한 소급입법의 금지, 기본권 제한 입법의 헌법상 한계, 재산권의 손실보상에 있어서의 정당한 보상의 지급, 체계정당성의 원리, 정부의 입법관여기능 및 법원과 헌법재판소의 규범통제권 등이 포함된다.[518] 조세입법권 역시 국민의 재산권 내지 경제활동과 불가분의 관계에 있기 때문에 입법권의 일반적인 한계를 존중하여야 하는 것은 당연하다.[519] 다만 본서는 이러한 한계들 중 조세입법권과 관련하여 중요한 의미를 갖는 것으로서 평등권, 소급과세의 금지, 기본권 제한 입법의 헌법상 한계, 체계정당성의 원리 및 재산권의 보장을 선택하여 이에 대하여 보다 구체적으로 살피기로 한다.

II 조세평등주의

1 평등권의 입법권기속 여부와 입법형성권의 범위

헌법은 "모든 국민은 법 앞에 평등하다. 누구든지 성별·종교 또는 사회적 신분에 의하여 정치적·경제적·사회적·문화적 생활의 모든 영역에 있어서 차별을 받지 아니한다"고 규정한다(헌법 11조). 이러한 규정이 담고 있는 '법 앞의 평등'은 행정부나 사법부에 의한 법적용 상 평등만을 의미하는 것이 아니고, 입법권자에게 정의와 형평의 원칙에 합당하게 합헌적으로 법률을 제정하도록 하는 것을 명하는 법 내용 상 평등을 의미하고 있기 때문에 그 입법내용이 형평에 반하거나 자의적으로 이루어진 경우에는 평등권 등의 기본권을 본질적으로 침해한 입법권의 행사로서 위헌성을 면하기 어렵다.[520] 즉 평등권에 의하여 입법권

518) 허영, 전게서, 342-345면, 929-931면.
519) 상게서, 937면.
520) 헌재 1992.4.28. 90헌바24.

이 기속될 뿐만 아니라, 평등권은 입법권행사의 한계로서 역시 기능한다.

한편 평등권에서의 '평등'은 절대적 평등이 아니라 상대적 평등을 뜻하기 때문에 '같은 것'과 '같지 않은 것' 또는 '같이 취급할 것'과 '다르게 취급할 사항'을 결정하여야 하고 이로 인하여 입법권자에게 넓은 형성의 자유가 인정된다. 그러나 입법권자에게 형성의 자유가 인정된다고 하더라도 이를 무제한으로 인정할 수는 없다.[521] 즉 헌법 제11조 제1항의 평등의 원칙은 일체의 차별적 대우를 부정하는 절대적 평등을 의미하는 것이 아니라 입법과 법의 적용에 있어서 합리적 근거 없는 차별을 하여서는 아니 된다는 상대적 평등을 뜻하므로, 정의의 관점에서 자의적이라고 평가될 수 있는 경우까지 형성의 자유가 인정될 수는 없으나 합리적 근거 있는 차별 내지 불평등은 평등의 원칙에 반하는 것이 아니다.[522]

합리적인 차별에 해당하는지 여부는 어떻게 평가하는가? 합리적 근거에 의한 차별이라고 하기 위하여서는 우선 그 차별의 목적이 헌법에 합치하는 정당한 목적이어야 하고 다음으로 차별의 기준이 목적의 실현을 위하여 실질적인 관계가 있어야 하며 차별의 정도 또한 적정한 것이어야 한다.[523] 즉 일반적으로 평등원칙 위반에 대한 심사요건은 "본질적으로 같은 것을 다르게 취급하고 있는가(또는 본질적으로 다른 것을 같게 취급하고 있는가) 하는 차별취급의 여부"와 "이러한 차별취급이 자의적인가의 여부"라고 할 수 있는 바, 첫째 기준과 관련하여 두 개의 비교집단이 본질적으로 동일한지의 여부에 대한 판단은 일반적으로 관련 헌법규정 및 당해 법규정의 의미와 목적에 달려 있고,[524] 둘째 기준과 관련하여 차별취급의 자의성 여부에 대한 판단은 해당 취급에 합리적인 이유가 결여된 것인지에 달려 있다.[525]

평등원칙 위반 여부를 심사함에 있어 엄격한 심사척도에 의할 것인지, 완화된 심사척도에 의할 것인지는 입법자에게 허용되는 입법형성권의 정도에 따라서 달라지는 바,[526] 조세법률의 평등원칙 위반 심사는 특별한 사정이 없는 한 입법자의 자의성이 있는지의 여부만을 심사하게 된다.[527] 즉 오늘날 조세는 국가의 재정수요를 충족시킨다고 하는 본래의 기능 외에도 소득의 재분배, 자원의 적정배분, 경기의 조정 등 여러 가지 기능을 가지고 있으

521) 허영, 전게서, 343면.
522) 헌재 1994.2.24. 92헌바43.
523) 헌재 1996.8.29. 93헌바57.
524) 헌재 2001.11.29. 99헌마494.
525) 헌재 2002.12.18. 2001헌바55.
526) 헌재 1999.12.23. 98헌마363.
527) 헌재 2001.12.20. 2000헌바54 ; 헌재 2002.8.29. 2001헌가24.

므로 국민의 조세부담을 정함에 있어서 재정・경제・사회정책 등 국정전반에 걸친 종합적인 정책판단을 필요로 할 뿐만 아니라 과세요건을 정함에 있어서 극히 전문기술적인 판단을 필요로 하기 때문에, 조세법규를 어떠한 내용으로 규정할 것인지 여부는 입법자가 국가재정, 사회경제, 국민소득, 국민생활 등의 실태에 관하여 정확한 자료를 기초로 하여 정책적, 기술적인 판단에 의하여 정하여야 하는 문제에 속한다. 이러한 문제는 입법자의 입법형성적 재량에 기초한 정책적, 기술적 판단에 맡겨져 있다고 할 수 있으므로, 조세법 분야에 있어서 그 취급을 달리하는 것은 그 입법목적 등에 비추어 자의적이거나 임의적이 아닌 한 그 합리성을 부정할 수 없고 조세평등주의에 위반하는 것이라고 볼 수 없다.

다만 법률이 형식적인 면에서는 차별을 금지하고 있으나 그 집행 또는 적용단계에서 차별적인 취급이 불가피하게 발생할 수밖에 없는 경우에는 이 경우 역시 평등권을 침해하는 입법권의 행사로 판단할 필요가 있다.[528)]

2 조세평등주의

헌법은 조세의 경우만을 따로 떼어서 평등주의를 규정하고 있는 것은 아니다. 다만 헌법 전문의 "……각인의 기회를 균등히 하고……", "……안으로는 국민생활의 균등한 향상을 기하고……"라는 평등 규정 및 제11조에서 정하는 평등취급의 원칙 또는 불평등취급금지의 원칙에 근거하여 헌법상 조세평등주의가 표명되어 있다고 볼 수 있다.[529)] 조세평등주의는 결국 헌법상 평등의 원칙이 조세에 대하여 적용되는 것이므로 조세평등주의라는 용어를 사용할 필요가 없다는 견해가 있을 수 있다. 그러나 조세에 있어서는 다른 분야와 달리 광범위한 입법형성적 재량이 불가피하여 조세 법률의 평등원칙 위반 심사는 특별한 사정이 없는 한 입법자의 자의성이 있는지의 여부만을 심사한다는 점, 조세는 납세의무, 즉 금전의 지급의무와 관련된 것이므로 조세에 있어서의 평등은 금전지급의무의 부담능력과 관련하여 보다 구체적으로 정의할 필요가 있다는 점 및 조세는 국가의 일반 재정적 수요를 충당하기 위한 금전적 수요를 납세자 사이에서 배분하는 것이므로, 평등의 원칙이 위반되었다는 이유로 특정 납세자에 대한 납세의무가 조정되는 경우에는 다른 납세자의 부담이 가중된다는 특성이 있다는 점 등을 고려할 때, 조세평등주의를 일반적인 평등의 원칙과 구분하여 그 내용을 살피는 것이 보다 타당하다고 본다. 또한 조세평등주의로 구분하여 살핀다고 하

528) 허영, 전게서, 345면.
529) 헌재 1990.9.3. 89헌가95.

여 기왕의 평등의 원칙이 담고 있는 내용이 훼손되는 바 역시 없다.

조세평등주의에 있어서 평등은 무엇을 의미하는가?

먼저 조세부과의 기준에 대하여 본다.[530] 납세자가 국가로부터 어떠한 형태이든 일정한 수익을 받는 것은 분명하다고 할지라도, 조세가 국가가 제공하는 재화 또는 용역에 대한 직접적인 대가로서의 성질을 갖는 것은 아니며 그 수익과 납세의무는 간접적인 관계에 그친다는 점, 조세는 헌법상 납세의무로서 부과되는 것이므로 그 납세자가 국가로부터 이익을 받은 정도를 기준으로 부과될 수 없다는 점 및 납세자의 부담능력에 비하여 과다한 조세를 부과하는 것은 해당 납세자의 자유와 권리의 본질적인 내용을 침해할 우려가 있다는 점을 감안한다면, 조세는 납세자의 부담능력에 응하여 부과되어야 한다. 또한 조세는 공공목적의 재원을 마련하기 위하여 부과되는 것이므로 헌법상 기본권의 향유 주체가 되는 헌법상 납세자를 차별하지 않고 그 모두에 대하여 일반적 기준에 따라 부과되어야 한다. 즉 실질적 자유와 평등을 실현하기 위하여서는 국가로부터의 혜택이 특정 납세자에게 부여되는지 여부와 무관하게 헌법상 기본권의 향유 주체가 되는 헌법상 납세자 모두에 대하여 일반적 기준에 따라 부과되어야 한다. 이상 논의들을 종합하면, **조세는 헌법상 기본권의 향유주체인 납세자 모두에 대하여 그 부담능력에 응하여 일반적인 기준에 따라 부과되어야 한다.**

그런데 조세는 위와 같이 납세자 일반에 대하여 원칙적으로 금전납부의무로서 부과되나, 납세자들이 해당 금전납부의무를 감당할 능력(이하 '**담세능력**'이라고 한다)은 각 상이하다. 이러한 상황 하에서 조세평등주의는 조세의 부과와 징수를 납세자의 담세능력에 상응하여 공정하고 평등하게 할 것을 요구하며 합리적 이유가 없이 특정의 납세자를 불리하게 차별하거나 우대하는 것을 허용하지 아니한다는 것을 의미한다.[531] 즉 이 원칙은 한편으로 **동일한 담세능력을 가진 자는 원칙적으로 동일하게 과세될 것을 요청하며, 다른 한편으로 담세능력이 다른 사람들 사이에서는 보다 담세능력이 큰 자에게 보다 많이 과세하여 조세부담을 공평하게 배분할 것을 요청한다.**[532] 통상 전자를 수평적 공평으로, 후자를 수직적 공평으로 부른다.

수평적 공평 및 수직적 공평에 대하여서는 '조세의 공평성'부분에서 이미 이에 대하여 살

530) 같은 장 제2절 I 총설 참조.
531) 헌재 1997.10.30. 96헌바14.
532) 헌재 2002.8.29. 2001헌가24.

핀 바가 있으나, 논의의 전개 상 여기에서 다시 살피기로 한다.

수평적 공평(horizontal equity)은 동일한 담세능력을 가진 납세자는 동일한 납세의무를 부담하여야 한다는 것을 의미하고 담세능력은 과세표준(tax base) 단위별로 측정되어야 한다.[533] 과세표준은 조세가 부과되는 항목(item), 사건의 발생(occurrence), 거래 또는 활동 등을 의미하는 것으로서 원칙적으로 화폐적 가치에 의하여 측정되는 것을 의미한다.[534] 따라서 수평적 공평은 각 납세자들 사이의 과세표준을 정확하게 측정하는 것과 관련된다. **과세표준을 근거로 하여 담세능력을 측정하는 이유는 무엇인가?** 소득의 경우를 예로 들어 설명한다. 동일한 소득을 가진 자들이라고 하더라도 어느 납세자에게는 질병으로 인한 의료비 지출이 많은 사정이 있거나 장애를 가진 피부양자들이 있는 경우에도 다른 납세자와 동일한 담세능력이 있다고 보는 것은 타당하지 않기 때문에, 소득보다는 이러한 각 사정들이 소득공제 등을 통하여 반영된 과세표준이라는 개념을 근거로 담세능력을 측정하는 것이다.

수직적 공평(vertical equity)은 보다 담세능력이 큰 납세자는 담세능력이 보다 작은 납세자에 비하여 보다 많은 조세를 부담하여야 한다는 것을 의미한다. 수평적 공평이 과세표준의 정확한 측정과 관련되어 있다면 수직적 공평은 조세를 계산하기 위한 세율의 공평성과 관련된 것이다.[535]

그렇다면 **수평적 공평 및 수직적 공평에 어긋나는 경우는 모두 조세평등주의를 위반한 것으로 보아야 하는가?**

이 쟁점에 대하여 살피기 이전에 먼저 수평적 공평 및 수직적 공평 원칙의 한계에 대하여 살필 필요가 있다. 이러한 이유로 수평적 공평 및 수직적 공평의 한계에 대하여 이미 '조세의 공평성' 부분에서 살핀 바가 있으나 여기에서 다시 살피기로 한다.

수평적 공평 원칙의 한계에 대하여 본다. 담세능력을 정확하게 측정하면 할수록 수평적 공평의 원칙을 보다 잘 충족될 것이나 이로 인하여 조세법은 더욱 복잡하게 되는 바, 이러한 경우에는 보다 많은 경제적 자원을 가진 납세자들만이 해당 세법을 이해하거나 이용하여 자신의 담세능력을 정확하게 측정할 수 있으므로 또 다른 공평을 해하게 되는 측면이 있다. 과세표준은 통상 일정 기간(예를 들면 1년) 또는 특정 시점을 기준으로 측정되는 바,

533) Sally M. Jones · Shelly C. Rhodes-Catanach, *op. cit.*, at 32.
534) *Id.*, at 5.
535) *Id.*, at 33.

이는 납세자의 전 생애를 통한 담세능력과는 무관한 경우가 많다. 특정 과세연도에 동일한 소득을 얻었다고 하더라도 운동선수로서 일시적으로 몇 년에 한하여 해당 소득을 얻는 경우와 부동산 등 자산을 통하여 전 생애에 걸쳐서 해당 소득을 얻을 수 있는 경우에 있어서 위 납세자들이 해당 과세연도에 동일한 담세능력을 가진 것으로 파악하는 것이 타당한지 여부에 대하여서는 의문이 있을 수 있다. 또한 납세자들에게 특정 행위를 유도하기 위하는 등 목적으로 조세특례를 부여하는 것이 필요한 경우가 많은 바 이러한 경우에는 납세자들 사이의 수평적 공평 원칙이 훼손될 수 있다.

수직적 공평 원칙에 부합하기 위하여서는 납세자의 담세능력이 커질수록 조세부담이 커져야 한다. 만약 반대의 경우가 발생한다면 즉 **역진세율 구조**(regressive rate structure)**를 취한다면 이는 공평하지 않다는 점에 대하여 이견은 없는 것으로 보인다. 그러나 역진세율을 취하는지 여부가 반드시 분명하지는 않다.** 단일세율을 가진 거래세의 경우, 즉 부가가치세의 경우는 명시적으로 역진적이지는 않지만 이러한 세제는 많은 경제학자들로부터 보다 적은 경제적 자원을 보유한 납세자들에게 보다 무거운 부담을 지운다는 점으로 인하여 역진적인 조세로서 기능한다는 비판을 받는다. 그럼에도 불구하고 위 부가가치세 등 거래세는 현실적으로 재정을 위한 중요한 수입원으로서 기능하고 있다. 그렇다면 **거래세가 아닌 소득세의 경우에 그 세율을 단일세율**(proportionate rate structure)**을 정하는 것은 어떠한가?** 이 경우에도 보다 많은 소득을 가진 납세자가 보다 많은 조세를 부담한다는 측면에서 수직적 공평의 원칙에 부합하는 것처럼 보인다. 보다 많은 소득을 가진 자가 그렇지 못한 자보다 많은 세금을 내기 때문이다. 그러나 소득에 관한 한계효용체감(declining marginal utility of income)의 법칙을 감안한다면 그렇지 않다. 즉 총소득이 증가할수록 1원당 한계효용은 체감하므로 보다 많은 소득을 얻는 납세자에 대하여 비례적으로 조세부담을 증가시키는 것은, 소득이 많은 납세자가 '해당 소득을 식료품 등에 지출하여야 할 납세자'에 비하여 실질적으로 보다 적은 조세를 부담하는 결과를 초래할 수도 있다. 보다 많은 소득을 가진 납세자가 포기하여야 하는 1원의 가치는 낮은 소득구간에 속한 납세자가 포기하여야 하는 1원의 가치보다 적기 때문이다. 이러한 의미에서 누진세율(progressive rate structure)을 취하는 것이 보다 공평하다는 생각이 널리 받아들여진 것으로 보인다. 그러나 위 소득에 관한 한계효용체감의 법칙은 실증적으로 증명된 바가 없으며 또한 어느 범위까지 누진세율을 통하여 수직적 공평을 실현하여야 하는지 여부는 의견 또는 가치판단의 영역에 속한다.

부의 재분배와 관련하여서도 소득이 아닌 부(wealth)의 이전 또는 부 자체에 대한 조세부담 역시 부의 크기에 따라 커지도록 누진세율이 적용되어야 한다는 점은 널리 받아들여진 상태이나 이 경우에도 그 누진성의 정도는 정치적 합의의 문제로 남는다.

위 수평적 공평 원칙 및 수직적 공평 원칙의 각 한계들을 감안한다면, 위 각 원칙들을 예외가 없이 절대적으로 관철할 수는 없다고 판단된다. 따라서 합리적 이유가 있는 경우라면 납세자 간의 차별취급 역시 예외적으로 허용되어야 한다. 헌법재판소 역시 세법의 내용을 어떻게 정할 것인가에 관하여 입법자에게는 광범위한 형성의 자유가 인정되며, 더욱이 오늘날 조세입법자는 조세의 부과를 통하여 재정수입의 확보라는 목적 이외에도 국민경제적 · 재정정책적 · 사회정책적 목적달성을 위하여 여러 가지 관점을 고려할 수 있다는 점을 근거로 하여 합리적 이유가 있는 경우라면 납세자 간의 차별취급도 예외적으로 허용된다고 판시한다.[536] 이러한 이유로 **조세에 관하여 평등원칙 위반 여부를 심사함에 있어서는 다른 경우와는 달리 특별한 사정이 없는 한 "조세의 부과와 징수에 있어서 합리적 이유가 없이 자의적으로 특정 납세자를 불리하게 차별하거나 우대하는 등의 방법으로 납세자의 '담세능력'에 상응하여 공정하고 평등하게 취급하여야 한다는 평등의 원칙을 위반하지 않았는지 여부"만을, 즉 자의성 여부만을 심사하는 것으로 보인다.**[537]

나아가 국가는 조세입법을 함에 있어서 조세의 부담이 공평하게 국민들 사이에 배분되도록 법을 제정하여야 할 뿐만 아니라, 조세법의 해석 · 적용에 있어서도 모든 국민을 평등하게 취급하여야 할 의무를 진다. **조세평등주의는 정의의 이념에 따라 "평등한 것은 평등하게", 그리고 "불평등한 것은 불평등하게" 취급함으로써 조세법의 입법과정이나 집행과정에서 조세정의를 실현하려는 원칙이라고 할 수 있다.**[538]

Ⅲ 소급과세의 금지

헌법은 모든 국민은 소급입법에 의하여 재산권을 박탈당하지 아니한다고 규정한다(헌법 13조 2항). 또한 국세기본법은 "국세를 납부할 의무(세법에 징수의무자가 따로 규정되어 있

536) 헌재 2002.8.29. 2001헌가24.
537) 헌재 2003.12.18. 2002헌마593.
538) 헌재 1989.7.21. 89헌마38.

는 국세의 경우에는 이를 징수하여 납부할 의무. 이하 같다)가 성립한 소득, 수익, 재산, 행위 또는 거래에 대해서는 그 성립 후의 새로운 세법에 따라 소급하여 과세하지 아니한다"고 규정하고(국기 18조 2항), "세법 외의 법률 중 국세의 부과·징수·감면 또는 그 절차에 관하여 규정하고 있는 조항" 역시 위 원칙의 적용 상 세법으로 본다(국기 18조 5항). 그러나 세법 외의 법률에서 국세의 부과·징수·감면 또는 그 절차에 관하여 규정하는 것은 조세법률주의에 반하는 것으로서 해당 규정은 효력이 없는 것으로 보아야 한다. 즉 이러한 조항들이 소급하여 적용될 여지가 원천적으로 없다고 보는 것이 타당하다.

헌법 제13조 제2항이 소급입법에 의한 재산권의 박탈을 직접 금지하고 있으나, 이는 이미 존재하는 기본권에 해당하는 재산권을 입법을 통하여 특별하게 제한할 수 있는지 여부와 관련된 것이다. 그러나 **조세의 부과 및 징수 자체는 헌법 제38조 상 납세의무에 근거한 것이므로 의무의 이행에 관한 것일 뿐 원칙적으로 기본권인 재산권에 대한 박탈 또는 제한에 해당하지 않는다.**[539] 국세기본법이 "세법을 해석·적용할 때에는 과세의 형평과 해당 조항의 합목적성에 비추어 납세자의 재산권이 부당하게 침해되지 아니하도록 하여야 한다"고 규정하나(국기 18조 1항), 이를 근거로 조세의 부과 및 징수 자체가 재산권의 박탈 또는 제한에 해당한다고 할 수는 없다. 이 규정은 세법을 적용한 결과가 부당하게 재산권을 침해하지 않도록 하여야 한다는 것을 의미하는 것으로서 오히려 헌법상 조세평등주의(헌법 전문, 11조) 또는 기본권의 제한에 관한 헌법상 한계(헌법 37조 2항)를 확인하는 내용을 담고 있는 것으로 보아야 한다. **국세기본법 상 소급과세 금지규정들**(국기 18조 2항, 5항)은 **헌법 제13조 제2항에 근거한 것으로 보기 어렵다.** 오히려 **헌법 제38조에서 국세기본법 상 소급과세 금지규정들의 근거를 찾을 수 있을 것으로 본다.** 헌법 제38조에 의하면 납세의무는 법률에 의하여 비로소 창설될 수 있는 것이므로 납세의무를 규정하는 법률이 존재하지 않았던 당시로 소급하여 적용할 수는 없기 때문이다. 즉 소급과세 금지규정들은 조세법률주의라는 헌법정신을 확인한 것으로서 이를 통하여 납세자의 법적 안정성을 보장하고 신뢰를 보호할 수 있게 된다. 헌법재판소 역시 이와 같은 취지로 판시한다.[540] 위와 같은 입장에 의하면 **소급과세 금지규정들은 납세의무를 창설하거나 가중하는 국면에서만 작용할 수 있고 납세의무를 납세자에게 유리하게 변경하는 경우에는 적용될 여지가 없으며, 소급 여부**

539) 같은 절 VI 재산권의 보장과 조세 참조.
540) 헌재 2004.7.15. 2002헌바63.

를 판정함에 있어서도 납세의무의 성립일이 기준으로 되어야 한다.

판례 역시 조세법규가 납세자에게 유리하게 변경된 경우는 소급과세금지의 대상이 아니라고 보고, 소급 여부를 단순하게 법령이 개정된 이후의 행위인지 여부가 아니라 납세의무의 성립일을 기준으로 판단하여야 한다는 취지로 각 판시한다. 그 내용은 다음과 같다. 세법의 개정이 있을 경우에는 개정 전후의 법 중에서 납세의무가 성립될 당시의 세법을 적용하여야 한다.[541] 부동산의 양도행위는 같은 시행령 시행 이후에 이루어졌지만 양도소득세 중과세 사유로 규정된 관계법령위반 사실이 같은 시행령 시행 이전인 부동산 취득 당시에 있었던 경우라면 위 조항에 근거하여 양도차익을 기준시가가 아닌 실제거래가액을 적용 산정하여 양도소득세를 중과할 수는 없다.[542] 따라서 납세자에게 불리한 개정법령이 시행되기 이전에 사실 또는 법률관계가 이미 완성 또는 종결된 것이 아니라면, 즉 개정법령이 시행되기 이전에 납세의무가 성립한 것이 아니라면, 개정법령이 적용되어야 한다. 판례 역시 세금의 부과는 납세의무의 성립 시에 유효한 법령의 규정에 따라야 하므로 세법의 개정이 있을 경우에도 특별한 사정이 없는 한 개정 전후의 법령 중에서 납세의무가 성립될 당시의 법령을 적용하여야 하고, 조세법령의 폐지 또는 개정 전에 이미 완성된 과세요건사실에 대하여서는 별도의 규정이 없는 한 종전의 법령이 적용된다고 판시한다.[543]

조세의 감면에 관한 규정을 적용함에 있어서도 소급하여 과세하지 않는다는 규정(국기 18조 5항)에 비추어 보면, 감면규정이 변경됨으로 인하여 납세자의 의무가 가중되는 경우 역시 소급하여 가중된 규정을 적용할 수는 없다. 그러나 이 경우 **감면규정이 소멸하여 납세의무가 가중되는 경우일지라도 납세자는 기왕에 존재하는 감면규정이 존속될 것으로 신뢰하였고, 또한 그러한 신뢰가 보호할 가치가 있는 것이라면 어떻게 할 것인가?** 만약 개정 전 법령의 존속에 대한 국민의 신뢰가 개정법령의 적용에 관한 공익상의 요구보다 더 보호가치가 있다고 인정되는 경우에 그러한 국민의 신뢰를 보호하기 위하여 그 적용이 제한될 수 있는 여지가 있을 수 있으나, 이러한 신뢰보호의 원칙 위배 여부를 판단하기 위해서는 한편으로는 침해받은 이익의 보호가치, 침해의 중한 정도, 신뢰가 손상된 정도, 신뢰침해의 방법 등과 다른 한편으로는 개정법령을 통해 실현하고자 하는 공익적 목적을 종합적으로 비교・형량하여야 한다.[544] 그러나 납세의무가 성립하기 전의 원인행위 시에 유효하였던

541) 대법원 2008.2.1. 2004두1834.
542) 대법원 1993.5.11. 92누14984.
543) 대법원 2021.10.28. 2019두39635; 대법원 2023.11.9. 2020두51181.

종전 규정에서 이미 장래의 한정된 기간 동안 그 원인행위에 기초한 과세요건의 충족이 있는 경우에도 특별히 비과세 내지 면제한다거나 과세를 유예한다는 내용을 명시적으로 규정하고 있지 않는 한, 설사 납세자가 종전 규정에 의한 조세감면 등을 신뢰하였다 하더라도 이는 **단순한 기대에 불과할 뿐** 기득권에 갈음하는 것으로서 마땅히 보호되어야 할 정도의 것으로 볼 수는 없다.[545)]세법의 개정이 있을 경우에는 개정 전후의 법 중에서 납세의무가 성립될 당시의 세법을 적용하여야 하나, 세법이 납세의무자에게 불리하게 개정되면서 납세의무자의 **기득권 내지 신뢰보호를 위하여 특별히 경과조치를 두어 납세의무자에게 유리한 구법을 적용하도록 정하고 있는 경우**에는 구법이 적용되어야 한다.[546)]

또한 **당초의 납세의무의 산정과 관련된 개별공시지가에 오류가 있어서 이를 새롭게 경정한 경우가 소급과세에 해당하는지 여부가 문제로 될 수 있으나 이는 소급과세에 해당하지 않는 것으로 보아야 한다.** 해당 납세의무의 성립 당시에 이미 '개별공시지가에 근거하여 납세의무가 성립한다는 과세요건'이 존재하였으므로, 해당 개별공시지가의 오류를 수정하는 것은 이미 존재하는 과세요건에 대한 판단오류를 수정하는 것이지 새로운 과세요건을 설정하거나 가중한 것에는 해당하지 않기 때문이다. 즉 과세요건의 충족과 개별공시지가가 토지특성조사의 착오 등 지가산정에 명백한 잘못이 있어 경정결정되어 공고된 이상 당초에 결정·공고된 개별공시지가는 그 효력을 상실하고 경정결정된 새로운 개별공시지가가 그 공시기준일에 소급하여 효력을 발생하므로, 과세처분을 함에 있어서 기준이 되는 개별공시지가가 경정된 경우에는 경정된 개별공시지가에 의하여야 하고, 위와 같이 경정된 개별공시지가를 소급적용하여 과세처분을 한다고 하여 납세자의 신뢰를 저버리는 것이라거나 불이익변경금지의 원칙에 반한다거나 소급과세로서 조세법률주의에 어긋나는 것이라고 볼 수 없다.[547)]

조세법규가 납세자에게 유리하게 변경된 경우, 즉 종전에 감면되지 않던 납세의무에 대하여 감면규정들을 소급하여 적용하는 것은 소급과세금지의 원칙에 저촉되지 않는다. 그러나 그렇다고 하여 납세자에게 유리하게 개정된 법률이 당연히 소급하여 적용되는 것은 아

544) 대법원 2009.9.10. 2008두9324.

545) 대법원 2001.5.29. 98두13713; 대법원 2013.9.12. 2012두12662; 대법원 2023.11.30. 2020두41696; 대법원 2023.11.30. 2020두50393; 대법원 2023.11.30. 2022두66255; 대법원 2023.11.30. 2023두38516; 대법원 2023.12.7. 2020두42668.

546) 대법원 2020.7.29. 2019두56333.

547) 대법원 1999.10.26. 98두2669.

니다. 이는 변경된 법규 자체가 의도하는 목적에 따라서 달라질 쟁점에 속하기 때문이다. 따라서 납세자에게 유리하게 변경된 법규가 소급하여 적용될 것인지 여부는 해당 법규의 부칙 등에 의하여 새롭게 정하여질, 즉 새로운 입법정책에 의하여 정하여질 사항이다.

법령의 변경 여부와 관련하여 주목하여야 할 판례가 있다. 즉 개정 법률이 **전문 개정**인 경우에는 기존 법률을 폐지하고 새로운 법률을 제정하는 것과 마찬가지여서 종전의 본칙은 물론 부칙 규정도 모두 소멸하는 것으로 보아야 할 것이므로 특별한 사정이 없는 한 종전의 법률 부칙의 경과 규정도 모두 실효된다고 보아야 한다.[548] 여기에서 말하는 **'특별한 사정'**에는 전문 개정된 법률에서 종전의 법률 부칙의 경과규정에 관하여 계속 적용한다는 별도의 규정을 둔 경우뿐만 아니라, 그러한 규정을 두지 않았다고 하더라도 종전의 경과규정이 실효되지 않고 계속 적용된다고 보아야 할 만한 예외적인 사정이 있는 경우도 포함되며, 이 경우 예외적인 '특별한 사정'이 있는지 여부를 판단함에 있어서는 종전 경과규정의 입법경위 및 취지, 전문 개정된 법령의 입법 취지 및 전반적 체계, 종전의 경과규정이 실효된다고 볼 경우 법률 상 공백상태가 발생하는지 여부, 기타 제반 사정 등을 종합적으로 고려하여 개별적·구체적으로 판단하여야 한다.[549] 또한 대법원은 전문개정이 있는 경우와 **일부 개정**이 있는 경우를 구분하여 다음과 같이 판시한다. 법령의 전부 개정은 기존 법령을 폐지하고 새로운 법령을 제정하는 것과 마찬가지여서 특별한 사정이 없는 한 새로운 법령이 효력을 발생한 이후의 행위에 대하여는 기존 법령의 본칙은 물론 부칙의 경과규정도 모두 실효되어 더는 적용할 수 없지만, 법령이 일부 개정된 경우에는 기존 법령 부칙의 경과규정을 개정 또는 삭제하거나 이를 대체하는 별도의 규정을 두는 등의 특별한 조치가 없는 한 개정 법령에 다시 경과규정을 두지 않았다고 하여 기존 법령 부칙의 경과규정이 당연히 실효되는 것은 아니다.[550]

법령이 신설되면서 그 부칙에 해당 규정은 그 시행 후 신고하거나 결정 또는 경정하는 분부터 적용한다고 규정한 경우, 그 시행 후 신고하거나 결정 또는 경정하였다는 조건을 충족하였다면 그 신설 이전의 행위에 대하여서도 그 신설 법령이 적용될 수 있는가? 현행 상속세 및 증여세법(상증세 45조 4항)은 '금융실명거래 및 비밀보장에 관한 법률 제3조에 따라 실명이 확인된 계좌 또는 외국의 관계 법령에 따라 이와 유사한 방법으로 실명이 확인된

548) 대법원 2004.6.24. 2002두10780.
549) 대법원 2008.11.27. 2006두19419.
550) 대법원 2014.4.30. 2011두18229.

계좌에 보유하고 있는 재산은 명의자가 그 재산을 취득한 것으로 추정하여' 재산 취득자의 증여재산가액을 산정한다는 규정을 신설하였다. 그런데 부칙(상증세 부칙 4조)은 신설규정이 그 시행 후 신고하거나 결정 또는 경정하는 분부터 적용한다고 규정한다. 따라서 신설규정의 시행 후 신고하거나 결정 또는 경정하였다는 조건을 충족하기만 하면 해당 규정의 신설 이전에 계좌가 개설되었다고 할지라도 위 신설규정에 따라서 재산 취득자의 증여재산가액을 산정하여야 하는지 여부가 쟁점이 될 수 있다. '시행 후 신고하거나 결정 또는 경정하는 분'이라는 문언을 '시행 후 성립한 납세의무에 대하여 신고하거나 결정 또는 경정하는 분'으로 이해하는 것이 타당하다. 그렇지 않으면 헌법 제38조에서 규정하는 조세법률주의에 반하는 것으로 보아야 한다.

법률조항의 개정이 자구만 형식적으로 변경된 데 불과하여 개정 전후 법률조항들이 동일성이 유지되는 경우 '개정 전 법률조항'에 대한 위헌결정의 효력이 '개정 법률조항'에 미치는가? 어느 법률조항의 개정이 자구만 형식적으로 변경된 데 불과하여 개정 전후 법률조항들 자체의 의미내용에 아무런 변동이 없고, 개정 법률조항이 해당 법률의 다른 조항이나 관련 다른 법률과의 체계적 해석에서도 개정 전 법률조항과 다른 의미로 해석될 여지가 없어 양자의 동일성이 그대로 유지되고 있는 경우에는 '개정 전 법률조항'에 대한 위헌결정의 효력은 그 주문에 개정 법률조항이 표시되어 있지 아니하더라도 '개정 법률조항'에 대하여도 미친다.[551)]

법률조항의 개정이 자구만 형식적으로 변경된 데 불과하여 개정 전후 법률조항들이 동일성이 유지되는 경우 '개정 법률조항'에 대한 위헌결정의 효력이 '개정 전 법률조항'에 미치는가? '개정 법률조항'에 대한 위헌결정이 있는 경우에는, 비록 그 법률조항의 개정이 자구만 형식적으로 변경된 것에 불과하여 개정 전후 법률조항들 사이에 실질적 동일성이 인정된다 하더라도, '개정 법률조항'에 대한 위헌결정의 효력이 '개정 전 법률조항'에까지 그대로 미친다고 할 수는 없다. 그 이유는 다음과 같다.[552)]

첫째, 동일한 내용의 법규라 하더라도 그 법률조항이 규율하는 시간적 범위가 상당한 기간에 걸쳐 있는 경우에는 시대적 · 사회적 상황의 변화와 사회 일반의 법의식의 변천에 따라 위헌성에 대한 평가가 달라질 수 있다. 따라서 헌법재판소가 특정 시점에 위헌으로 선언한

551) 대법원 2020.2.21. 2015모2204.
552) 대법원 2020.2.21. 2015모2204.

형벌조항이라 하더라도 그것이 원래부터 위헌적이었다고 단언할 수 없으며, 헌법재판소가 과거 어느 시점에 당대의 법 감정과 시대상황을 고려하여 합헌결정을 한 사실이 있는 법률조항이라면 더욱 그러하다. 그럼에도 개정 전후 법률조항들의 내용이 실질적으로 동일하다고 하여 '개정 법률조항'에 대한 위헌결정의 효력이 '개정 전 법률조항'에까지 그대로 미친다고 본다면, 오랜 기간 그 법률조항에 의하여 형성된 합헌적 법집행을 모두 뒤집게 되어 사회구성원들의 신뢰와 법적 안정성에 반하는 결과를 초래할 수 있다.

둘째, 법률조항에 대한 위헌결정의 소급효를 일률적으로 부정하여 과거에 형성된 위헌적 법률관계를 구제의 범위 밖에 두게 되면 구체적 정의와 형평에 반할 수 있는 반면, 위헌결정의 소급효를 제한 없이 인정하면 과거에 형성된 법률관계가 전복되는 결과를 가져와 법적 안정성에 중대한 영향을 미치게 된다. 헌법재판소가 합헌결정을 한 바 있는 '개정 전 법률조항'에 대하여 법원이 이와 다른 판단을 할 수는 없으며, 이는 헌법재판소가 '개정 법률조항'에 대한 위헌결정의 이유에서 '개정 전 법률조항'에 대하여 한 종전 합헌결정의 견해를 변경한다는 취지를 밝히는 경우에도 마찬가지이다.

한편 **헌법재판소는 사실관계 또는 법률관계의 종료 여부를 기준으로 하여 진정 소급입법과 부진정 소급입법을 구분한다.** 즉 "소급입법은 신법이 이미 종료된 사실관계나 법률관계에 적용되는지, 아니면 현재 진행중인 사실관계나 법률관계에 적용되는지에 따라 진정 소급입법과 부진정 소급입법으로 구분되는데, 전자는 헌법상 원칙적으로 허용되지 않고 특단의 사정이 있는 경우에만 예외적으로 허용되는 반면, 후자는 원칙적으로 허용되지만 소급효를 요구하는 공익상의 사유와 신뢰보호 요청 사이의 비교형량 과정에서 신뢰보호의 관점이 입법자의 입법형성권에 일정한 제한을 가하게 된다"고 판시한다.[553] **그러나 조세법률주의에 따라 납세의무의 성립일을 기준으로 소급과세 여부를 판정하면 족한 것이지, 별도로 부진정 소급입법이라는 개념을 둘 필요는 없다고 판단한다.** 부진정 소급입법의 경우에는 종전 법령이 계속 적용될 것이라는 점에 대한 납세자의 신뢰가 보호할 만한 것인지 여부가 문제로 될 수는 있을 것이나, 이는 납세자의 신뢰보호와 관련된 별개의 쟁점이고 또한 이러한 쟁점은 부진정 소급입법의 경우에만 발생하는 것도 아니기 때문이다.

소급과세에 대한 예외적 허용과 관련하여 다음과 같은 판례가 있다. 새로운 납세의무나 종전보다 가중된 납세의무를 규정하는 세법조항의 소급적용과 관련하여, 과세요건을 실현

553) 헌재 2008.2.28. 2005헌마872 등.

하는 행위 당시 납세자의 신뢰가 합리적 근거를 결여하여 이를 보호할 가치가 없는 경우, 그보다 중한 조세공평의 원칙을 실현하기 위하여 불가피한 경우 또는 공공복리를 위하여 절실한 필요가 있는 경우에 한하여 법률로써 그 예외를 설정할 수 있다.[554] 이 판례는 다음과 같이 비판적으로 검토될 필요가 있다. **소급과세 금지규정들은 조세법률주의라는 헌법정신에 근거한 것이고 헌법상 가치들 상호간 충돌이 있는 경우 그 가치들은 서로 조정될 수 있는 것이기 때문에 '조세공평의 원칙을 실현하기 위하여 불가피한 경우'에 예외를 설정할 수 있다는 점에는 동의할 수 있다.** 물론 이 경우에도 다른 헌법상 가치를 일방적으로 우위에 두기보다는 충돌하는 가치들을 규범적으로 조화되도록 해석하는 등 신중하게 그 예외를 두어야 할 것이다. **그러나 '과세요건을 실현하는 행위 당시 납세자의 신뢰가 합리적 근거를 결여하여 이를 보호할 가치가 없는 경우'와 '공공복리를 위하여 절실한 필요가 있는 경우'에 소급하여 과세할 수 있다는 점에는 동의하지 않는다.**

납세의무가 실제로 창설되거나 가중될 가능성이 아주 커서 납세자가 종전대로 과세될 것으로 기대하는 것이 무리라고 할지라도 이미 납세의무 성립일 당시 해당 법률이 창설되거나 개정되지 않았다면 종전 법률에 따라 과세되어야 한다. 판례와 같이 해석한다면 조세법의 제정 또는 개정에 대한 가능성만으로도 납세의무가 창설되거나 가중되는 결과가 발생하나, 이를 뒷받침할 수 있는 헌법상 가치는 존재하지 않기 때문이다.

특정 과세대상의 현황과 무관할 뿐만 아니라 해당 납세의무의 성립 이전에 이미 형성된 사실관계를 해소하지 않는다는 점에 근거하여 조세를 부과하거나 중과세할 수 있는가? 특정 세목에 대한 과세요건이 해당 세목의 담세능력을 직접 또는 간접적으로 표창하는 것이라면 이와 무관한 사실관계를 해당 과세요건에 부수적으로 편입하는 것은 조세입법권의 재량에 속한다고 볼 수 있다. 다만 담세능력과 무관한 사실관계를 과세요건에 편입하는 것을 통하여 일반 법률의 경우 준수하여야 할 헌법상 재산권의 수용 또는 기본권 제한에 관한 규정을 잠탈하는 것인지 여부는 별도로 검토되어야 한다. 즉 '기본권 제한 등에 관한 규정의 제약 하에' 특정 과세대상의 현황과 무관한 사실관계를 해당 과세요건에 편입할 수는 있다. 또한 해당 납세의무의 성립 이전에 형성된 과거의 사실관계라고 할지라도, 특정 과세대상에 관한 것으로서 그 납세의무 성립 시점까지 존속된다면 이 역시 특정 과세대상의 현황에 포함되는 것이므로 문제가 될 수 없다. 그러나 **'특정 과세대상의 현황과 무관하고 해**

554) 대법원 1983.4.26. 81누423.

당 납세의무의 성립 이전에 형성된 사실관계'를 해소하지 않는다는 점에 근거하여 조세를 부과하거나 중과세하는 것은 위 쟁점과 명백히 구분된다. 이는 **납세의무가 성립하기 이전의 사실관계에 기초하여 납세의무를 창설하거나 가중하는 결과를 초래하여 조세법률주의에 정면으로 반한다.** 이러한 결과는 뒷받침하는 헌법상 가치는 존재하지 않고, 이는 납세의무의 성립 전후 시점 사이의 실질적 평등을 위하여 조세공평주의의 관점에서 예외적으로 두 경우를 동일하게 취급하는 것과도 구분된다.

특정 부동산의 양도 이전에 이미 다른 부동산을 취득하여 보유한다는 사정에 근거하여 특정 부동산의 양도소득을 보다 불리하게 취급하여 중과세하는 것은 위 예에 속한다. 양도되지 않은 다른 부동산에 대한 양도소득세는 별개의 과세단위로서 과세되어야 하므로 '다른 부동산의 취득 또는 보유'는 '양도된 특정 부동산에 대한 양도소득세 과세요건'에 부수적으로도 편입될 수 없다. '동일 세목으로 과세된다고 할지라도 사실관계의 동일성이 인정되지 않아서 별도의 과세단위로 과세되어야 하는 사실관계'는 '과세요건에 부수적으로 편입할 수 있는 사실관계'에 포함될 수 없기 때문이다. 따라서 특정 부동산의 양도 이전에 이미 다른 부동산을 취득하여 보유한다는 사정에 근거하여 특정 부동산의 양도소득을 보다 불리하게 취급하여 중과세하는 것은 양도대상 부동산의 현황과 무관할 뿐만 아니라 해당 납세의무 이전에 이미 형성된 다른 부동산의 취득이라는 사실관계를 해소하지 않았다는 이유로 양도된 부동산의 양도소득을 보다 불리하게 과세하는 것에 해당한다. 즉 이는 납세의무가 성립하기 이전의 사실관계에 기초하여 납세의무를 창설하거나 가중하는 것으로서 조세법률주의에 정면으로 반한다. 한편 이상의 논의는 일정 기간 동안 여러 부동산의 양도를 통하여 실현된 양도소득을 합산하여 누진세율을 적용하는 것과는 구분되는 것이다.

주택 보유 현황에 따라 과세하는 주택 보유세의 경우 다주택 또는 고가주택을 보유한다는 사실을 보다 불리하게 취급하여 누진세율을 적용하는 경우 역시 위 다주택자 양도소득세의 경우와 동일하게 볼 수 있는지 여부에 대하여 살핀다. 주택 보유세(재산세 및 종합부동산세를 통칭하는 용어로서 사용한다)를 어느 주택을 보유한다는 사실 자체에 대하여 과세하는 것으로 파악한다면, 그 보유 사실은 다른 주택의 추가적인 보유 여부 및 주택가액이 얼마인지 여부에 의하여 영향을 받지 않는다는 점을 감안하여야 한다. 또한 주택의 보유는 그 취득을 필연적으로 전제하므로, 그 보유 현황을 주택의 취득 및 보유의 현황으로 보아야 한다. 따라서 '다주택을 보유한다는 사정'만으로 다주택 보유자가 '하나의 주택에 대하여 각 부담하는 보유세 합산액'을 초과하여 주택 보유세를 부담하는 것은 납세자가 과거에 주택을 추가적으로 취득하였다는 사실 자체에 대하여 불이익을 주는 것에 해당할 수 있다. 즉 과거 주택의 취득이라는 사실관계를 해소하지 않았다는 점에 근거하여 추가적인 불이익을 부담시키는 것으로 볼 여지가 있다. 그러나 이에 대하여서는 주택 보유세는 주택의 보유현황에 대하여 부과하는 것이고 다주택 역시 그 보유현황에 포함되는 것일 뿐만 아니라 높은 소득에 대하여 누진세율을 적용하는 것과 마찬가지로 다주택 보유자에 대하여 누진세율을 적용할 수 있다는 견해가 있을 수 있다. 이러한 견해에 의하면 주택가액이 높다는 이유로 주택 보유세에 대하여 누진세율을 적용하는 것 역시 합리적으로 설명할 수 있다. 즉 **'다주택을 보유한다는 사실' 또는 '주택가액이 높다는 사실' 자체를 보다 불리하게 취급하여 주택보유세를 누진세율로 과세하는 것 자체가 조세법률주의에 반한다고 볼 수는 없다.** 그러나 주택 보유세를 부과함에 있어서 '다주택을 보유한다는 사실' 및 '주택가액이 높다는 사실' 자체를 감안한다는 점은 주택 보유세가 주택의 보유사실 자체를 담세능력으로 파악하는 세목이라는 점에 부합되지 않는다. **주택 보유세가 보유 주택의 가액에 따라 누진세율이 적용되는 세목에 해당한다면 이는 주택에 대한 소득과세와 동일 또는 유사한 속성을 갖는 것으로 보아야 한다.** 이러한 성격의 주택 보유세는 납세자에 대한 소득과세와 유사하게 취급하여야 한다. 즉 주택의 보유사실 자체를 담세능력으로 파악하는 경우와 달리 다주택 또는 고가주택을 보유하는지 여부 등을 감안하는 주택 보유세의 경우에는 직접 거주하는지 아니면 임대하는지 여부, 취득자금의 조달형태, 납세자에 고유한 인적 속성(예를 들면 장애, 고령 또는 자녀의 수 등)과 같은 납세자의 구체적인 사정을 반영하여 그 담세능력이 달라져야 한다. 그렇지 않으면 소득과세의 영역에서 납세자의 구체적 사정들을 감안하여 부여하는 효과가 주택 보유세를 통하여 상쇄되거나 무력화될 수 있다. 그럼에도 불구하고 '담세능력과 관계된 납세자의 구체적 사정들'을 전혀 반영하지 않거나 충분히 반영하지 않고서 주택 보유세 형태로 금전 지급의무를 부과한다면, 이는 납세자의 담세능력을 감안하지 않고서 획일적으로 재산권의 사용·수익을 제한하는 재산권의 수용 등에 해당할 수 있고 이에 대하여서는 재산권의 수용 등에 관한 법리가 적용되어야 한다. 그러한 법리가 적용되는 범위에서는 주택 보유세를 부과할 수 없을 뿐만 아니라 수용 등의 경우에는 오히려 정당한 보상을 지급하여야 하므로 주택보유세의 부과 실익 역시 없다. 또한 주택 보유세와 주택에 대한 소득세를 결합한 세부담이 납세자의 해당 주택에 대한 사용 또는 수익 권한의 행사를 실질적으로 무의미하거나 심각하게 제약하는 수준에 이르면 이는 재산권의 본질적 내용을 침해하는 것에 해당한다. 이상의 논의에 따르면, **다주택 또는 고가주택을 보유하는지 여부를 감안하는 주택 보유세의 경우 해당 주택의 보유와 관련된 납세자의 구체적인 담세능력을 합리적으로 고려하지 않는 범위에서는 재산권의 수용 등에 관한 법리가 적용되어야 하고, 주택 보유세와 주택에 대한 소득세를 합한 세부담이 납세자의 해당 주택에 대한 사용 또는 수익 권한의 행사를 실질적으로 무의미하게 그 행사를 심각하게 제약하는 수준에 이르면 이는 재산권의 본질적 내용을 침해하는 것에 해당하는 것으로서 허용될 수 없다.** 나아가 '주택 보유세의 담세능력이 주택 소유자에게 있는 것인지 아니면 주택 거주자에게 있는지 여부' 역시 함께 고려하여야 한다.

납세의무의 성립 이전에 이미 형성된 특정 행위 또는 특정 거래 등을 취소하거나 해소하라는 정부의 권고를 따르지 않았다는 점을 감안하여 납세의무의 성립 이전에 형성된 행위 또는 거래 등에 근거한 과세 또는 중과세를 정당화할 수 있는가? 정부에 의한 정책목표의 설정은 납세자의 경제적 실질과 무관한 것이며 그와 같은 목표의 설정을 위반하였다는 점이 과세요건에 해당한다면 이는 조세법률주의를 언급하기 이전에 법치주의 자체를 형훼화시키는 것이다. 납세자가 새롭게 설정된 정부의 정책목표에 따라 과거에 이미 형성된 행위 또는 결과를 해소하지 않는다는 점에 근거하여 조세를 부과하거나 중과하는 것은 해당 입법 자체가 헌법상 경제적 자유 또는 사적 자치의 원칙에 반하고, 법치가 아닌 의회 다수당에 의한 인치를 허용하는 것으로서 헌법상 민주적 기본질서에도 반한다. **납세의무의 성립 이전의 거래 또는 행위 등 사실관계에 근거하여 과세하거나 중과세하는 것은 조세법률주의에 정면으로 반하는 것인바, 이러한 과세를 정부가 과거 행위 또는 결과를 해소할 것을 권고하였다거나 정부의 권고를 의회 다수당이 입법으로 새롭게 반영하였다는 점에 근거하여 정당화할 수는 없다.**

납세의무의 성립 이전의 거래 또는 행위 등 사실관계에 근거하여 과세하거나 중과세하는 입법이 이루어진 경우 해당 입법 자체를 대상으로 헌법소원을 제기할 수 있는가? 공권력의 행사 또는 불행사로 인하여 헌법상 보장된 기본권을 침해받은 자는 법원의 재판을 제외하고는 헌법재판소에 헌법소원심판을 청구할 수 있으나, 다른 법률에 구제절차가 있는 경우에는 그 절차를 모두 거친 후에 청구할 수 있다(헌재법 68조 1항). 법률이 헌법에 위반되는지 여부가 재판의 전제가 된 경우에 제기된 법률의 위헌 여부 심판의 제청신청(헌재법 41조 1항)

이 기각된 때에는 그 신청을 한 당사자는 헌법재판소에 헌법소원심판을 청구할 수 있고, 이 경우 그 당사자는 당해 사건의 소송절차에서 동일한 사유를 이유로 다시 위헌 여부 심판의 제청을 신청할 수 없다(헌재법 68조 2항). 따라서 납세의무의 성립 이전의 거래 또는 행위 등 사실관계에 근거하여 과세하거나 중과세하는 입법이 재판의 전제가 되고 그 법률의 위헌 여부 심판의 제청신청이 기각되었다면 이에 대하여 헌법소원을 제기할 수 있고 그렇지 않은 경우에는 원칙적으로 법률 자체에 대한 헌법소원은 허용되지 않는다. 그러나 납세의무의 성립 이전의 거래 또는 행위 등 사실관계에 근거하여 과세하거나 중과세하는 입법의 경우에는 그 법률의 위헌 여부가 재판의 전제가 되지 않는 경우에도 그 법률의 효력발생 자체를 공권력의 행사로 인하여 헌법상 보장된 기본권을 침해받은 것으로 볼 수 있는지 여부가 쟁점이 될 수 있다. 통상의 경우에는 법률이 시행된 후 구체적인 사실관계에 대하여 그 법률에 따른 집행행위가 이루어지고 그 집행행위로 인하여 기본권의 침해를 받은 경우에 헌법소원을 제기할 수 있으나, **납세의무의 성립 이전에 이미 형성된 거래 또는 행위 등 사실관계에 근거하여 과세하거나 중과세하는 법률이 발효된 경우는 구체적인 사실관계가 해당 법률의 시행 이전에 이미 형성되어 있고 해당 법률의 위헌성 자체가 명확하여 그 집행의 결과 자체를 이미 충분히 예견할 수 있으며 집행기관에는 법률의 위헌 여부를 판정할 수 있는 권한 자체가 없는 상황임에도 불구하고 그 집행행위를 기다리고 그와 관련된 구제절차를 모두 거치도록 한 후에 헌법소원을 제기하도록 하는 것은 기본권을 침해당한 자에게 불필요한 우회절차를 강요하는 것에 해당하므로 해당 법률을 직접 헌법소원의 대상으로 삼는 것이 타당하다.**

소급하여 과세하는 것 자체가 재산권에 대한 본질적인 침해가 된다는 견해는 타당하지 않다. 먼저 조세입법과 기본권 침해 입법에 대한 헌법상 제한에 대하여 본다. 헌법 제37조 제2항에 따르면 국민의 모든 자유와 권리는 '국가안전보장·질서유지 또는 공공복리'를 위하여 제한될 수 있다. 이를 **'목적 상 한계'**라고 한다. **그러나 조세의 부과 및 징수 등은 납세의무에 근거하여 부과되는 것으로서 재산권의 박탈 또는 침해에 해당되지 않으므로, 위 목적 상 한계에 기속되지는 않는다고 본다.** 즉 위 목적이 없더라도 조세는 부과될 수 있다. **그러나 조세의 부과 및 징수 등이 위 목적 상 한계규정에 기속되지 않는다고 하더라도, 기본권 제한에 관한 헌법상 한계**(헌법 37조 2항) **중 '내용 상 한계'(기본권의 본질적 내용의 침해금지) 및 '방법 상 한계'(적합성의 원칙, 최소침해의 원칙 및 비례 내지 균형의 원칙)**

는 조세의 부과 및 징수에 대하여서도 적용된다고 본다.[555] 따라서 소급하여 과세하는 것이 기본권의 본질적 내용을 침해할 수 없다는 내용 상 한계에 위반되는 것이 아닌지 여부가 문제로 될 수 있다. '소급입법에 의한 재산권의 박탈'이 재산권의 본질적 내용을 침해한 것에 해당한다는 점에 대하여서는 이견이 없다. 그러나 **조세법률주의와 다른 헌법상 가치들을 조정하는 차원에서 이루어진 예외적인 소급과세 자체를 '소급입법에 의한 재산권의 박탈'로 보는 것은 타당하지 않다.** 그 근거는 다음과 같다. 조세의 부과 및 징수 자체가 재산권의 박탈에 해당하지는 않는다. 만약 소급하여 과세하는 것 자체를 '기본권의 본질적인 내용에 대한 침해'로 본다면, 소급과세는 절대적 기본권을 침해한 것으로서 다른 헌법적 가치들과 조정할 수 있는 여지가 없게 된다. 그런데 소급과세금지의 원칙은 조세법률주의에 근거한 것이고, 조세법률주의는 조세평등주의 등 다른 헌법상 가치들과 조정될 수 있는 상대적 가치에 해당한다. 조세법률주의에 내포된 여러 헌법상 가치들 중 하나인 소급과세금지의 원칙만을 '다른 가치들과 조정할 수 없는 절대적인 가치'로 볼 수 있는 규범 상 근거는 없다.

Ⅳ 헌법 제37조 제2항 : 기본권 제한의 한계

헌법 제37조 제2항은 기본권제한입법의 한계를 네 가지 차원, 즉 국민의 기본권을 제한하는 법률이 지켜야 하는 **목적 상 한계**(국가안전보장, 질서유지 또는 공공복리를 위하여), **형식 상의 한계**(법률로서 제한할 수 있으며), **내용 상의 한계**(본질적인 내용은 침해할 수 없다) 및 **방법 상의 한계**(필요한 경우에 한하여)라는 각 차원에서 규정한 것이다.[556] 조세의 부과 및 징수 자체는 헌법 제39조 상 납세의무에 근거한 것이므로 의무의 이행에 관한 것일 뿐 원칙적으로 재산권의 박탈 또는 제한에 해당하지 않으나 조세의 부과 및 징수는 결과적으로 납세자의 재산권에 관한 사용, 수익 및 처분 등에 중대한 영향을 미치므로 조세를 부과하고 징수하는 과정에서 납세자의 재산권의 사용, 수익 및 처분 등이 제한될 수 있다.[557] 또한 납세의무의 성립 및 이에 기한 부과 또는 징수 자체가 원칙적으로 재산권의 제한 또는 침해에 해당되지 않는다고 하더라도, 그 과정에서 다른 기본권 역시 침해될 수

555) 같은 절 Ⅳ 헌법 제37조 제2항 : 기본권 제한의 한계 참조.
556) 허영, 전게서, 293면.
557) 같은 절 Ⅵ 재산권의 보장과 조세 참조.

있으므로 다른 기본권에 대한 보호조항 역시 적용되는 것은 당연하다. 또한 조세법률주의는 조세입법권을 통하여 실현되는데, 조세입법권 역시 입법권 일반에 대한 헌법상 한계에 기속되어야 한다. 따라서 위 헌법상 각 한계는 조세입법권에도 적용될 수 있다.

이하 '납세의무의 창설 및 이에 기한 부과 또는 징수'와 재산권 제한의 한계에 국한하여 살핀다. 다른 기본권의 침해 여부에 대하여서는 기본권 제한의 한계에 관한 일반론이 적용될 수 있다. 조세는 납세의무에 근거하여 국민에게 경제활동과 관련된 자유를 포함하는 기본권을 보장하고 실질적인 자유와 평등을 실현하기 위한 재원을 마련하기 위하여 부과되는 것이므로 위 목적 상 한계는 적용되지 않는 것으로 보아야 하고 또한 위 형식 상 한계는 조세법률주의에 포함되는 것으로 보아야 하므로, 이하 위 한계 중 **내용 상 한계(본질적인 내용은 침해할 수 없다)와 방법 상 한계(필요한 경우에 한하여)에 대하여서만 살핀다.**

먼저 내용 상 한계에 대하여 본다.

기본권의 본질적인 내용에는 '인간의 존엄과 가치', '종교의 자유' 및 '양심의 자유' 등이 포함되고 이러한 내용 상 한계는 법률유보의 '개념본성적 한계'에서 마땅히 나오는 한계이기 때문에 헌법이론적으로는 선언적 의미를 갖는 것이라고 평가될 수도 있다.[558] 헌법재판소는 기본권의 본질적 내용은 만약 이를 제한하는 경우에는 기본권 그 자체가 무의미하여지는 경우에 있어서의 그 본질적인 요소를 말하는 것으로서, 이는 개별 기본권마다 다를 수 있다고 판시한다.[559] 이러한 헌법재판소의 입장에 따르면 개별 기본권별로 법률이 각 본질적 내용을 침해하였는지 여부를 검토하여야 한다. 이러한 관점에 따라 헌법재판소는 조세가 재산권의 본질적인 내용을 침해하였는지 여부를 검토한다. 헌법재판소에 의하면 사유재산제도의 전면적인 부정, 재산권의 무상몰수, 소급입법에 의한 재산권박탈 등이 재산권에 대한 본질적인 침해가 된다.[560] 다만 조세법률주의와 다른 헌법상 가치들을 조정하는 차원에서 이루어진 예외적인 소급과세 자체가 소급입법에 의한 재산권의 박탈에 해당하는 것이 아니라는 점은 기술하였다.[561] 또한 국가는 가족을 포함하여 납세자의 최저생계 유지를 위하여 필요한 수단을 조세를 통하여 국민으로부터 박탈하는 것은 인간의 존엄성 보장에 반하는 것으로서 허용되지 않는다.[562] 국가가 최저생계를 위한 소득을 일단 박탈한 후

558) 허영, 전게서, 290면.
559) 헌재 1995.4.20. 92헌바29.
560) 헌재 1989.12.22. 88헌가13.
561) 같은 절 III 소급과세의 금지 참조.
562) BVerfGE 87, 152면 이하 참조; 한수웅, 헌법학 제6판, 법문사, 2016, 1153면 재인용.

에 생활능력이 없는 자에게 다시 국가급부의 형태로 사회부조적 급여를 제공하는 것 역시 인간의 존엄성 보장에 반하는 것이다.[563)]

방법 상 한계에 대하여 본다.

법률에 의한 기본권의 제한은 불가피하게 기본권을 제한하여야 할 현실적인 사정을 감안하여 그 목적을 달성하기 위하여 필요한 최소한의 범위 내에서만 허용되고, 그 보호되는 법익과 제한되는 기본권 사이에는 합리적이라고 평가할 수 있는 비례관계가 성립되어야 한다. 즉 기본권의 제한을 통하여 추구하고자 하는 정당한 목적을 달성하기 위하여서는 가장 적합한 방법을 선택하여야 할 뿐만 아니라(**적합성의 원칙**), 국민의 기본권이 필요한 정도를 넘어서 침해되는 일이 없도록 하여야 한다(**최소침해의 원칙**). 또 국민의 기본권을 제한하는 정도와 그 제한에 의하여 얻어지는 공익을 엄격하게 비교형량하여 더 큰 공익을 보호하기 위하여 기본권을 제한하는 것이 필요하고도 불가피한 경우에만 기본권을 제한할 수 있다(**비례 내지 균형의 원칙**).[564)] 조세의 경우에도 위 적합성의 원칙, 최소침해의 원칙 및 비례 내지 균형의 원칙에 따라 헌법에 위반된 것인지 여부가 검토되어야 한다.

조세입법과 관련하여 적용되는 내용 상 한계와 방법 상 한계를 각 독립적으로 적용되는 별도의 기준들로 보는 것이 타당하다. 두 기준이 중복하여 적용될 수 있는 여지가 있다고 하더라도 개념 상 분리되는 기준이기 때문이다. 대법원 역시 기본권을 제한하는 입법이 헌법에 위반되는지 여부에 대한 판단기준으로서 적합성의 원칙, 최소 침해의 원칙, 비례의 원칙 및 본질적 침해금지의 원칙을 각 독립적인 기준으로 활용하고 있다.[565)] 헌법재판소의 결정 중에는 헌법상 한계로서 비례의 원칙과 본질적 내용침해금지를 별도의 심사기준으로서 삼으려는 경향을 가진 것들[566)]과 비례의 원칙과 본질적 침해금지를 사실상 동일시하는 경향을 가지는 것들[567)]이 있다. 비례원칙에 반하는 하나의 예로서 국가가 최저생계의 수준을 입법을 통하여 보장하면서도 과세를 통하여 이를 침해하는 것을 들 수 있다.[568)] 이는 체계정당성의 원칙에 반하는 것이고, 이로 인하여 비례의 원칙을 침해한 것으로 볼 수 있기 때문이다. 다만 조세의 부과 및 징수 자체는 납세의무에 근거한 것이므로 의무의 이행에

563) 상게서.
564) 허영, 전게서, 291면.
565) 대법원 2005.1.27. 2004도7511.
566) 헌재 1990.9.3. 89헌가95 ; 헌재 2001.12.20. 2000헌바96 등.
567) 헌재 1998.2.27. 97헌마64 ; 헌재 1999.11.25. 97헌마54 ; 헌재 2001.7.19. 99헌바9 등.
568) 한수웅, 전게서, 1153면 각주 4).

관한 것일 뿐 원칙적으로 재산권의 박탈 또는 제한에 해당하지 않는다는 점으로 인하여 조세에 있어서는 방법 상 한계에 관한 쟁점이 본질적 내용의 침해를 금지하는 내용 상 한계에 관한 쟁점으로서 논의될 여지 역시 크다.

만약 조세가 그 실질 상 제재수단 등으로서 기능할 경우에도 헌법상 기본권제한에 대한 목적 상 한계(국가안전보장, 질서유지 또는 공공복리를 위하여)가 적용되지 않는 것인가? 헌법상 제재수단에 대하여서는 기본권제한의 한계에 관한 원리가 적용되어야 하는 바, 만약 조세가 그 실질 상 제재수단 등으로서 기능한다면, 해당 입법에 대하여서는 조세입법에 관한 일반원칙이 적용되는 이외에 헌법상 기본권제한에 관한 목적 상 한계 역시 적용되어야 할 것이다. 그렇지 않다면 헌법상 기본권제한의 한계에 관한 규정을 조세입법을 통하여 회피할 수 있는 기회를 주게 될 것이기 때문이다. 그렇다면 **실질 상 제재수단 등을 조세의 형태로 입법하였는지 여부는 어떻게 결정되어야 하는가?** 조세 자체가 특정 의무위반 자체를 과세요건으로 하여 납세의무를 창설할 수는 없다고 하더라도, 특정 의무위반과 관련된 특정 거래 또는 행위 등을 과세대상으로 하여 납세의무를 창설하는 것은 가능하다. 후자의 경우에는 조세 자체가 해당 거래 또는 행위 등을 억제하는 기능을 할 수도 있다. 이러한 경우 해당 조세가 그 실질 상 제재수단으로서도 기능하고 있다고 보아야 한다. 다만 조세가 제재수단 등으로서 기능하는지 여부는 현실적으로 법원 및 헌법재판소의 결정에 의존할 수 밖에 없으며 그 최종적 판단권한은 헌법재판소에 있다고 판단한다.

Ⅴ 체계정당성의 원리

헌법재판소는 조세입법에 대한 헌법상 한계로서 **체계정당성의 원리**를 들고 있다. 체계정당성의 원리는 동일 규범 내에서 또는 상이한 규범 간에 그 규범의 구조나 내용 또는 규범의 근거가 되는 원칙 면에서 상호 배치되거나 모순되어서는 아니 된다는 헌법적 요청을 의미한다.[569] 이는 규범 상호간에 정합성을 유지하도록 하여 입법자의 자의를 금지하는 방법으로 규범의 명확성・예측가능성 및 규범에 대한 신뢰와 법적 안정성을 확보하기 위한 것이다.[570] 즉 체계정당성의 원리는 국가공권력에 대한 통제와 이를 통한 국민의 자유와 권리의 보장을 이념으로 하는 법치주의 원리로부터 도출되는 것이다.[571] 다만 체계정당성을

569) 헌재 2004.11.25. 2002헌바66.
570) 성낙인, 전게서, 259면.

위반하는 것이 그 자체로서 위헌이 되는 것은 아니고 이는 비례의 원칙이나 평등의 원칙 등 위반에 대한 하나의 징후로서 기능한다.[572] 따라서 체계정당성위반이 위헌이 되기 위해서는 결과적으로 비례의 원칙이나 평등의 원칙 등 일정한 헌법의 규정이나 원칙을 위반하여야 한다. 체계정당성의 위반을 정당화할 합리적인 사유의 존재에 대하여는 입법의 재량이 인정되어야 하는 바, 이는 다양한 입법의 수단 가운데서 어느 것을 선택할 것인가 하는 것은 원래 입법의 재량에 속하기 때문이다. 그러므로 이러한 점에 관한 입법의 재량이 현저히 한계를 일탈한 것이 아닌 한 위헌의 문제는 생기지 않는다고 할 것이다.[573]

Ⅵ 재산권의 보장과 조세

헌법은 "모든 국민의 재산권은 보장된다. 그 내용과 한계는 법률로 정한다"고 규정한다(헌법 23조 1항). 그런데 **조세의 부과 및 징수 자체가 재산권의 침해에 해당하는가?**

먼저 헌법상 재산권보장의 법적 성격에 대하여 본다. 위 헌법상 재산권보장 규정의 법적 성격에 관하여서는 학설이 나뉜다. 재산권은 원칙적으로 자유권이지만 다만 고도의 사회적 의무성이 수반되는 것이라는 취지의 견해, 재산권은 헌법규정에 의하여 비로소 보장되는 제도적 보장이며 이는 상대적 보장에 불과하다는 취지의 견해 및 재산권의 보장은 그 내용과 한계가 법률로 정하여지는 제도보장이기는 하나 일단 사유재산제도가 보장되는 이후의 재산권은 자유권적 성격을 가지며 헌법상 근거에 의하여서만 법률 상 제한될 수 있다는 견해(다수설)가 있다.[574] **헌법재판소는 재산권보장은 개인이 현재 누리고 있는 재산권을 개인의 기본권으로 보장한다는 의미와 개인이 재산권을 향유할 수 있는 법제도로서의 사유재산제도를 보장한다는 이중적 의미를 가지고 있다고 판시한다.**[575] 따라서 사유재산제도를 완전히 폐지하는 법률이 허용되지 못하는 것과 마찬가지로 사유재산의 사적 유용성과 임의 처분권을 완전히 부인하는 법률 역시 헌법에 위반되는 것이다.[576] 이러한 의미에서 첫째 법률의 근거가 없거나 위법한 사유재산권의 침해를 방어할 권리, 둘째 공공필요에 의한 사

571) 헌재 2004.11.25. 2002헌바66.
572) 성낙인, 전게서, 259-260면.
573) 헌재 2004.11.25. 2002헌바66.
574) 성낙인, 전게서, 678-679면.
575) 헌재 1993.7.29. 92헌바20.
576) 허영, 전게서, 498면.

유재산권의 침해 시에 적절한 보상을 요구할 수 있는 권리, 셋째 소급입법에 의해서 사유재산권을 침해받지 않을 권리, 넷째 국가권력 이외의 타인에 의하여 사유재산권이 침해되는 일이 없도록 국가의 보호를 요구할 수 있는 권리 등이 보장된다고 한다.[577] 이러한 점들을 감안한다면 **재산권의 본질적 내용에는 사유재산제도의 보장뿐만 아니라 개인의 주관적 공권인 재산권의 보호 역시 포함되어야 한다.**

한편 조세입법의 경우에도 기본권의 제한에 관한 헌법 제37조 제2항의 한계들 중 내용상 한계(기본권의 본질적 내용의 침해금지) 및 방법 상 한계(적합성의 원칙, 비례관계 및 최소침해의 원칙)는 적용되어야 한다는 점과 기본권의 본질적 내용은 각 기본권별로 다르다는 점은 기술하였다.[578] 그렇다면 재산권의 경우에도 위 각 한계들이 적용되어야 하고 재산권의 본질적 내용이 무엇인지 여부 역시 다른 기본권과 별도로 고려되어야 한다.

다시 조세의 부과 및 징수 자체가 재산권의 침해에 해당하는지 여부에 관한 쟁점으로 돌아온다. **침해는 권리의 존재를 전제로 하는 것이나, 조세는 납세의무에 근거한 것이므로 조세의 부과 및 징수 자체는 의무의 이행에 관한 것일 뿐이다. 따라서 조세의 부과 및 징수 자체가 재산권의 침해라고 할 수 없다.** 다만 조세의 부과 및 징수는 납세자의 재산권에 관한 사용, 수익 및 처분 등에 중대한 영향을 미치므로 조세를 부과하고 징수하는 과정에서 납세자의 재산권에 대한 사용, 수익 및 처분 등이 제한될 수 있다.

그렇다면 **조세의 부과 및 징수로 인하여 발생한 재산권의 사용, 수익 및 처분 등에 대한 제한은 무조건 납세자들에 의하여 수인되어야 하는가?** 헌법재판소는 이와 관련하여 조세의 부과·징수는 국민의 납세의무에 기초하는 것으로서 원칙으로 재산권의 침해가 되지 않지만 그로 인하여 납세자의 사유재산에 관한 이용, 수익, 처분권이 중대한 제한을 받게 되는 경우에는 그것도 재산권의 침해가 될 수 있다고 판시한다.[579]

그렇다면 **어떠한 경우가 '조세의 부과 및 징수로 인하여 발생한 재산권의 사용, 수익 및 처분 등에 대한 제한'으로서 납세자들에 의하여 수인될 수 없는 것에 해당하는가?**

먼저 헌법재판소의 결정례를 분석한다.

"신고를 하지 아니하거나 신고에서 누락된 상속재산의 가액은 상속세부과 당시의 가액으로 평가한다는 상속세 및 증여세법 조문은, 첫째로 조세관청의 자의적인 과세를 방지하고

577) 상게서, 500-501면.
578) 같은 절 Ⅳ 헌법 제37조 제2항: 기본권 제한의 한계 참조.
579) 헌재 1997.12.24. 96헌가19 등.

국민의 경제생활에 법적 안정성 및 예측가능성을 부여하기 위하여 과세요건 법정주의와 명확주의의 기조에 서 있는 헌법 제38조·제59조 소정의 **조세법률주의**에 위반되는 것이고, 둘째로 합리적 이유없는 차별적 과세 내지 차별대우의 금지를 내용으로 하는 헌법 제11조의 **조세평등주의**는 물론, 국가가 과세권행사라는 이름 아래 법률의 근거나 합리적 이유없이 국민의 재산권의 침해를 막자는 의미의 헌법 제23조의 **재산권보장 규정**에도 위반된다"[580] 이 결정은 해당 조문이 조세법률주의 및 조세평등주의에 어긋나는 조세입법으로서 재산권보장에 관한 규정에도 위반되는 것이라고 판시하나, 이 결정이 재산권의 보장 자체를 조세입법의 한계로 설시하는 것은 아니라고 판단한다.

"상속개시 전 일정기간의 증여의 효력을 실질적으로 부인하여 증여에 의한 재산처분행위가 없었던 것으로 보고 증여의 가액을 상속 당시의 현황에 의하여 평가하여 상속세를 부과한다는 법률조항은 결과적으로 피상속인의 **사유재산에 관한 처분권에 대하여 중대한 제한을 하는 것으로서 재산권에 관한 입법형성권의 한계를 일탈한** 것이다."[581] 즉 헌법재판소는 상속개시 이전에 이루어진 증여의 그 효력을 세법이 부인하여 마치 증여가 없었던 것으로 의제하는 것은 비록 일정한 기간의 범위 내로 제한하였다고 하더라도 납세자의 사유재산에 대한 처분권에 대하여 중대한 제한을 두는 것에 해당한다고 결정한다. 이 결정이 '**재산권의 본질적인 내용을 침해하였다는 점을 근거로 해당 조세입법이 위헌이라고 판시한 예**'에 해당한다고 본다. 즉 위 판시 중 '중대한 제한'이라는 표현을 '본질적 내용에 대한 침해'와 동일한 것이라고 본다.

"토초세법 상 여러 과세기간에 걸쳐 장기간 토지를 보유하는 경우, 전체 보유기간 동안의 지가의 변동상황에 대처함에 있어서는 아무런 보충규정도 두고 있지 않은 결과 장기간에 걸쳐 지가의 앙등과 하락이 반복되는 경우에 최초 과세기간 개시일의 지가와 비교할 때는 아무런 토지초과이득이 없는 경우에도, 그 과세기간에 대한 토초세를 부담하지 않을 수 없는 불합리한 결과가 발생할 수 있게 되고, 이는 토초세 과세로 인하여 원본 자체가 잠식되는 경우로서, 수득세인 토초세의 본질에도 반함으로써 헌법 제23조가 정하고 있는 사유재산권보장 취지에 위반된다"[582] 이 결정 역시 '**토지에 대한 소유권의 본질적 내용을 침해하였다는 점을 근거로 해당 조세입법이 위헌이라고 판시한 예**'에 해당한다고 본다.

---

580) 헌재 1992.12.24. 90헌바21.
581) 헌재 1997.12.24. 96헌가19 등.
582) 헌재 1994.7.29. 92헌바49 등.

"이혼시의 재산분할제도는 본질적으로 혼인 중 쌍방의 협력으로 형성된 공동재산의 청산이라는 성격에, 경제적으로 곤궁한 상대방에 대한 부양적 성격이 보충적으로 가미된 제도라 할 것이어서, 이에 대하여 재산의 무상취득을 과세원인으로 하는 증여세를 부과할 여지가 없으며, 설령 증여세나 상속세를 면탈할 목적으로 위장이혼하는 것과 같은 경우에 증여와 동일하게 취급할 조세정책적 필요성이 있다 할지라도, 그러한 경우와 진정한 재산분할을 가리려는 입법적 노력없이 반증의 기회를 부여하지도 않은 채 상속세 인적공제액을 초과하는 재산을 취득하기만 하면 그 초과부분에 대하여 증여세를 부과한다는 것은 입법목적과 그 수단간의 적정한 비례관계를 벗어난 것이며 비민주적 조세관의 표현이다. 그러므로 이혼시 재산분할을 청구하여 상속세 인적공제액을 초과하는 재산을 취득한 경우 그 초과부분에 대하여 증여세를 부과하는 것은, 증여세제의 본질에 반하여 증여라는 과세원인이 없음에도 불구하고 증여세를 부과하는 것이어서 현저히 불합리하고 자의적이며 재산권보장의 헌법이념에 부합하지 않으므로 실질적 조세법률주의에 위배된다"[583] 위 결정을 '**기본권의 제한에 관한 방법 상 한계(비례관계)를 위반한 점을 근거로 해당 조세입법이 위헌이라고 판시한 예**'라고 본다.

"이 사건 주택분 종합부동산세 부과규정은, 납세자 중 적어도 주거 목적으로 한 채의 주택만을 보유하고 있는 자로서, 그 중에서도 특히 일정한 기간 이상 이를 보유하거나 또는 그 보유기간이 이에 미치지 않는다 하더라도 과세 대상 주택 이외에 별다른 재산이나 수입이 없어 조세 지불능력이 낮거나 사실상 거의 없는 자 등에 대하여 주택분 종합부동산세를 부과함에 있어서는 그 보유의 동기나 기간, 조세 지불능력 등과 같이 정책적 과세의 필요성 및 주거생활에 영향을 미치는 정황 등을 고려하여 납세자의 예외를 두거나 과세표준 또는 세율을 조정하여 납세의무를 감면하는 등의 과세 예외조항이나 조정장치를 두어야 할 것임에도 이와 같은 주택 보유의 정황을 고려하지 아니한 채 다른 일반 주택 보유자와 동일하게 취급하여 일률적 또는 무차별적으로, 그것도 재산세에 비하여 상대적으로 고율인 누진세율을 적용하여 결과적으로 다액의 종합부동산세를 부과하는 것이므로, 그 입법 목적의 달성에 필요한 정책수단의 범위를 넘어 과도하게 주택 보유자의 재산권을 제한하는 것으로서 피해의 최소성 및 법익 균형성의 원칙에 어긋난다고 보지 않을 수 없다"[584] 위 결정을 '**기**

583) 헌재 1997.10.30. 96헌바14.
584) 헌재 2008.11.13. 2006헌바112 등.

본권의 제한에 관한 방법 상 한계(비례관계 및 최소침해의 원칙)를 위반하였다는 점을 근거로 위헌이라고 판시한 예'라고 본다.

"응능부담의 원칙을 상속세의 부과에서 실현하고자 하는 입법목적이 공공복리에 기여하므로 목적정당성을 인정할 수 있으나, 상속포기자를 제외하는 것은 응능부담 원칙의 실현이라는 입법목적 달성에 적절한 수단이 될 수 없어서 방법의 적절성 원칙에 위배되며, '상속개시 전에 피상속인으로부터 상속재산가액에 가산되는 재산을 증여받고 상속을 포기한 자'를 '상속인'의 범위에 포함시키는 별도의 수단이 존재하는데도 이를 외면하는 것이므로 침해의 최소성 원칙에 위배되고, 상속을 승인한 자가 상속을 포기한 자가 본래 부담하여야 할 상속세액을 부담하게 되는 재산 상의 불이익을 받게 되는 반면에 달성되는 공익은 상대적으로 작다고 할 것이어서 법익 균형성 원칙에도 위배되기 때문에, 구 상속세법 제18조 제1항 본문 중 '상속인'의 범위에 '상속개시 전에 피상속인으로부터 상속재산가액에 가산되는 재산을 증여받고 상속을 포기한 자'를 포함하지 않는 것은 상속을 승인한 자의 헌법상 보장되는 재산권을 침해한다"[585] 이 결정을 '**기본권의 제한에 관한 방법 상 한계(적합성의 원칙, 비례관계 및 최소침해의 원칙)를 위반하였다는 점을 근거로 위헌이라고 판시한 예**'라고 본다.

"이 사건 법률조항은 일률적으로 특수관계인의 사업소득을 지분이나 손익분배의 비율이 큰 공동사업자의 소득금액으로 의제함으로써 조세회피행위의 방지라는 입법목적을 달성하는 데 있어 필요 이상의 과도한 방법을 사용하였다. 즉 실질적으로 사업소득이 누구에게 귀속되었는가와 상관없이 이 사건 법률조항을 일률적으로 적용하게 됨으로써 과세 대상의 실질이나 경제적 효과가 납세자에게 발생한 것으로 볼 수 없는 상황에서도 실질조사나 쟁송 등을 통해 조세회피의 목적이 없음을 밝힘으로써 그 적용을 면할 수 있는 길을 열어두지 않고 있으며 이는 일정한 외관에 의거하여 가공의 소득에 대해, 또는 소득이 귀속되지 않은 자에 대한 과세로서 조세행정의 편의만을 위주로 제정된 불합리한 법률이다. 또한, 이러한 입법 형식을 정당화시켜줄 수 있는 다른 입법 목적이나 조세정책적 필요성이 있다고 보이지도 않는다. 비록 공동사업을 가장한 소득의 위장 분산에 대한 개별 구체적 사정 등을 과세관청에서 실질적으로 조사하여 파악하기 어렵다 하여도 추정의 형식을 통해 그 입증 책임을 납세자에게 돌릴 수 있으며 이러한 것이 조세행정 상 과세관청의 부담을 특별히 가중

585) 헌재 2008.10.30. 2003헌바10.

시킨다고 볼 수 없는 반면, 반증의 기회를 제공하지 않음으로써 납세자에게 회복할 수 없는 피해를 초래할 가능성이 높아 이를 통해 달성하려는 입법 목적과 사용된 수단 사이의 비례관계가 적정하지 아니하다"[586] 이 결정을 '**기본권의 제한에 관한 방법 상 한계(비례관계)를 위반하였다는 점을 근거로 위헌이라고 판시한 예**'라고 본다.

이상 헌법재판소의 결정들에 따르면, 헌법재판소는 조세와 관련된 규정이 기본권의 제한에 관한 한계를 벗어난 것으로 판시함에 있어서, '헌법상 기본권의 제한에 관한 내용 상 한계(기본권의 본질적 내용의 침해금지) 및 방법 상 한계(적합성의 원칙, 비례관계 및 최소침해의 원칙)'를 그 기준으로서 사용하고 있다. 타당한 결론으로 판단한다.

재산권 보장과 조세의 관계를 정리하면 다음과 같다.

재산권의 보장 자체가 조세입법에 대한 직접적인 헌법상 한계는 아니라고 할지라도, 해당 조세입법이 '헌법상 기본권의 제한에 관한 내용 상 한계(기본권의 본질적 내용의 침해금지) 및 방법 상 한계(적합성의 원칙, 비례관계 및 최소침해의 원칙)'를 벗어난 경우에는, 납세자들이 그 입법으로 인하여 발생한 재산권의 사용, 수익 및 처분 등에 대한 제한을 수인할 필요가 없다. 그리고 이러한 정신은 조세법을 해석하고 적용함에 있어서도 그대로 적용되어야 한다. 국세기본법이 "세법을 해석·적용할 때에는 과세의 형평과 해당 조항의 합목적성에 비추어 납세자의 재산권이 부당하게 침해되지 아니하도록 하여야 한다"고 규정(국기 18조 1항)하는 것 역시 이러한 취지를 반영한 것으로 이해한다. 또한 해당 조세입법이 헌법상 한계를 위반한 것인지 여부는 종국적으로 헌법재판소의 판단에 따라야 할 것이나, 해당 입법의 내용이 헌법적 가치의 결단에 관한 것이라면 그 결단이 전체적으로 헌법정신에 반하거나 보다 합리적인 해결방법이 명백하게 있음에도 불구하고 이를 무시하는 등 특별한 사정이 없는 한 헌법재판소에 의하여 존중되어야 할 것으로 판단한다.

재산권의 본질적 내용을 침해하는지 여부를 각 세목 별 세부담을 기준으로 판단하여야 하는가? 개별 세법에 의한 세부담 자체가 납세자 재산권의 본질적 내용을 침해한다고 볼 수 있다면 해당 개별 세법규정 자체를 헌법상 재산권의 보장 규정에 반하는 것으로 판단할 수 있다. 그러나 개별 세법규정으로 인한 세부담 자체가 납세자 재산권의 본질적 내용을 침해하지 않는다는 사정만으로 바로 해당 개별 세법규정이 헌법상 재산권 보장규정에 합치된다고 판단할 수는 없다. **재산권의 본질적 내용을 침해하는지 여부는 납세자에 대한 세부**

586) 헌재 2006.4.27. 2004헌가19.

담 전체를 기준으로 판단되어야 하므로, 특정 세목으로 인한 세부담이 조세법 체계 상 다른 세목과 결합하여 납세자의 세부담에 미치는 영향을 대상으로 재산권의 본질적 내용을 침해하는지 여부를 판단하여야 하기 때문이다. 게다가 **헌법상 보호되는 재산권 보장의 한계를 개별 세목 별로 판단하여야 한다는 주장은 하위 법령인 개별 세법이 헌법상 재산권 보장의 한계에 관한 판단대상을 한정한다는 것과 동일하다.** 따라서 위 주장은 규범 상 입론의 여지 자체가 없는 것이므로 나아가 규범 상 정당성에 대하여 논의할 필요 역시 없다. 그렇다면 **특정 세목에 관한 개별 규정이 다른 세목에 관한 규정들과 결합하여 야기하는 납세자에 대한 세부담이 재산권의 본질적 내용을 침해하는 정도에 이른다면, 특정 세목으로 인한 세부담과 다른 세목으로 인한 세부담이 헌법상 재산권 보장의 관점에서 상호 합리적으로 조정되지 않는 한 해당 세목들 모두 헌법에 반하는 것으로 판단하여야 한다.**

조세의 맥락 상 재산권의 본질적 내용이 의미하는 바는 무엇인가? 재산권의 보장은 사유재산제도의 보장뿐만 아니라 개인의 주관적 공권인 재산권의 보호 모두를 내포한다. **먼저 주관적 공권인 재산권의 보호에 대하여 살핀다.** 특정 재산권을 사용, 수익 또는 처분하는 권한 자체가 납세자에게 없거나 납세자가 자신의 의사에 따라 그 권한을 행사하는 것이 제약된다면 납세자가 해당 재산권을 온전히 향유하고 있다고 볼 수는 없다. 그러나 이러한 상태 자체가 납세자가 향유할 수 있는 재산권의 본질적 내용이 침해된 것을 의미하지는 않는다. 이러한 상태는 '납세자의 거동 또는 의사표시' 및 '법령 등 제한'에 의하여 초래되거나 수인될 수 있기 때문이다. 그러나 특정 재산권의 사용, 수익 또는 처분 모두를 할 수 없다면 이는 납세자가 해당 재산권을 소유한다는 사실과 모순된다. 따라서 납세자가 소유한 특정 재산권의 본질적 내용을 침해한 것이다. 이는 재산권의 사용, 수익 또는 처분으로 인한 경제적 성과가 해당 납세자에게 실질적으로 귀속되지 않거나 이와 유사한 경우에도 동일하게 적용되어야 한다. 재산권으로부터 발생하는 경제적 성과 역시 재산권의 본질적 내용을 구성하기 때문이다. 한편 특정 재산권의 사용, 수익 또는 처분 모두를 제한하지 않는 경우에도 그 제한과 관련하여 헌법상 재산권의 수용 등 및 기본권 제한에 관한 규정(헌법 23조 3항, 37조 2항)은 당연히 적용된다. 그런데 조세는 금전 상 지급의무를 부과하는 것이므로 특정 재산권의 사용, 수익 또는 처분 자체를 제한할 수는 없다. 또한 조세의 경우에는 '납세자의 거동 또는 의사표시에 의하여 재산권 행사에 대한 제약이 초래되거나 용인되는 것'과는 무관하다. 따라서 **조세를 통하여 특정 재산권의 사용, 수익 또는 처분으로 인한 경제적 성과**

가 납세자에게 실질적으로 귀속되지 않거나 이와 유사하여 납세자의 재산권 행사가 실질적으로 무의미거나 그 행사가 제한된다고 평가할 수 있는 정도에 이르게 할 수 있는지 여부가 쟁점이 된다. 다만 이 쟁점과 관련하여 조세의 경우와 일반 법률을 통한 재산권 제한의 경우를 구분하여야 할 필요가 있다. 재산권의 사용, 수익 또는 처분에 대하여 제한할 수 있는 법률의 경우와 달리 조세는 금전 상 지급의무를 부과할 수 있을 뿐, 재산권의 사용, 수익 또는 처분 자체를 제한할 수 없다는 점을 감안하여야 한다. 일반 법률의 경우에는 특정 재산권의 사용, 수익 또는 처분 모두를 제약하는 경우에 대하여 재산권의 본질적 내용을 침해한다고 볼 수 있지만, 조세의 경우에는 금전 상 지급의무의 부과를 통하여 재산권의 사용, 수익 또는 처분 중 일부의 행사를 실질적으로 금지하거나 무의미하게 한다고 할지라도 이를 재산권의 본질적 내용을 침해한 것으로 보아야 한다. 조세를 통하여 재산권의 사용, 수익 또는 처분 중 일부의 행사로 인한 경제적 성과만이라도 납세자에게 실질적으로 귀속되지 않거나 이와 유사한 상태에 이른다면, 이는 납세자의 '재산권 행사 자체를 제한할 수 있는 법률'에 의한 수권이 없이 그 행사를 제한하는 것으로서 재산권 보장에 관한 본질적 내용을 침해한 것이기 때문이다. 조세를 통하여 재산권의 사용, 수익 또는 처분 중 일부의 행사가 무의미하거나 제한되는 상태에 이른 것인지 여부는 **납세자의 '특정 재산권의 소유 또는 그 행사로 인하여 발생하고 관련 세법 상 기준에 의하여 평가된 담세능력 자체'가 실질적으로 납세자에게 귀속되지 않거나 이와 유사한 상태에 이른 것인지 여부**에 의하여 평가하여야 한다. 이 경우 **일부 재산권의 행사 자체를 금지하거나 제한하는 일반 법률 상 근거가 있다면 달리 평가되어야 하는 것은 물론이다.** 납세자의 담세능력은 각 세목별로 달리 평가되는 것인바, 재산권의 원본을 침해하는지 여부를 판단함에 있어서의 **재산권의 원본은 재산권과 관련하여 세목 별로 평가되는 각 담세능력을 의미하는 것으로 보아야 한다.** 그렇지 않고 재산권의 원본을 재산권 자체의 교환가치로 한정하여 파악하는 경우에는 그 사용 또는 수익에 대한 재산권 침해 여부를 정당하게 평가할 수 없기 때문이다. 한편 재산권으로부터 발생한 경제적 성과 중 의미 있는 정도가 납세자에게 귀속된다면, 그 귀속분이 어느 정도에 이르러야 하는지 여부는 '재산권의 제한에 관한 방법 상 제약'과 관련된 쟁점에 속한다. **사유재산제도의 보장의 관점에서 살핀다.** 이 쟁점은 특정 재산권을 자의적으로 선정하여 제약하는 것이 사유재산제도의 보장 자체를 침해하는 것에 해당하는지 여부에 관한 것이다. 특정 재산권의 행사 권한 중 일부에 대하여서만 제약한다고 할지라도 **특정 재산권**

을 선정하는 것에 대한 합리적 근거를 찾을 수 없다면 이는 특정 재산권을 자의적으로 선정하여 그 행사를 제약하는 것으로서 평등의 원칙 위반에 대한 쟁점과 별도로 사유재산제도의 보장 자체를 침해하는 것으로 볼 수 있다. 재산권 중 일부를 합리적 근거가 없이 선정하여 그 행사를 제약할 수 있다면 이는 모든 재산권에 대하여 그 행사를 자의적으로 제약할 수 있는 것과 다르지 않기 때문이다. 따라서 특정 재산권의 행사를 제약하기 위하여서는, '특정 재산권 선정하여 그 행사를 제약할 수 있는 합리적 근거'에 관한 심사를 거쳐야 한다. 그런데 **조세는 특정 재산권의 행사를 직접 제약하는 것이 아니라 단지 특정 재산권의 행사와 관련된 납세자의 담세능력에 따라 금전 상 지급의무를 부과할 수 있을 뿐이나, '재산권과 관련된 담세능력'은 경제적 가치에 의하여 평가되고 경제적 가치는 여러 재산권들에 공통적으로 적용될 수 있는 기준에 해당한다.** 그렇다면 조세의 경우 동일한 담세능력을 가진 재산권 중 특정 재산권을 선정하여 그 재산권의 행사와 관련된 담세능력에 대하여 납세자를 더욱 불리하게 취급할 수 있는 합리적 근거를 찾는 것은 매우 어렵다. 게다가 조세가 납세자의 담세능력과 무관한 특정 의무위반 등을 이유로 납세자를 보다 불리하게 취급하는 것은 특정 납세자에 대한 자의적인 차별과세에 해당하여 허용될 수 없으므로[587] 위 합리적 근거가 있는지 여부는 세법 자체의 관점에 따라 판단되어야 한다. 이상의 논의에 따르면, **특정 재산권 행사에 관련된 담세능력을 세법 상 보다 불리하게 취급하는 것을 통하여 장래의 정책목표를 달성할 수 있다는 점 자체는 추가적인 조세부담의 근거가 될 수 없고, 특정 재산권 행사에 따른 담세능력과 다른 재산권의 담세능력을 '세법 자체의 관점에서 달리 취급할 수 있는' 합리적 근거가 있어야 한다. 그러한 합리적 근거가 없이 특정 재산권 행사를 세법 상 불리하게 취급하여 그 행사를 실질적으로 금지하거나 제약하는 효과를 발생시키는 것은 사유재산제도의 보장에 반한다.**

재산권의 수용 등과 조세는 어떻게 구분될 수 있는가? 조세는 특정 재산권의 행사를 직접 제약하는 것이 아니라 단지 특정 재산권의 행사와 관련된 납세자의 담세능력에 따라 금전 상 지급의무를 부과한다. 즉 특정 재산권의 행사와 관련된 납세자의 담세능력이 존재할 것을 전제로 한다. 그런데 공공필요에 의한 재산권의 수용·사용 또는 제한 및 그에 대한 보상은 법률로써 하되, 정당한 보상을 지급하여야 한다(헌법 23조 3항). 재산권의 수용은 특정 재산권에 대한 사용, 수익 및 처분 권한을 박탈하는 것이고 재산권의 수용에 이르지 않

587) 같은 편 제1장 제2절 Ⅰ 2 나 참조.

고 이를 단지 사용 또는 제한하는 경우에도 공공필요가 전제되어야 할 뿐만 아니라 그에 대한 정당한 보상을 지급하여야 한다. 특정 재산권에 대한 담세능력이 존재하는지 여부는 무관하다. 따라서 **조세가 세법 상 차별취급을 담세능력의 관점에 따라 합리화할 수 있는 논거가 없는 상태에서 장래의 정책목표 등 공공필요에 응하여 부과된다면 이는 그 자체로 재산권의 수용에 해당한다.** 이 경우 공공의 필요에 의하여 금전 상 지급의무를 부담한다는 것 자체가 공공필요에 의한 재산권의 수용·사용 또는 제한에 해당하기 때문이다. 그렇다면 이에 대한 정당한 보상을 국가가 법률로서 지급하여야 할 것이나 조세는 금전 상 지급의무를 부과할 뿐 이에 대한 보상에 대하여 규정하지 않는다. 이는 헌법에 위반되는 것이다. 설사 그 보상에 대하여 규정한다고 하더라도 조세를 통하여 부과된 금전 지급의무 자체가 그 보상의무와 상쇄되어 조세를 부과하는 실익 역시 없게 된다. 따라서 **조세가 특정 재산권 행사와 관련된 납세자의 담세능력 상 차이에 근거하지 않고 장래의 정책목표 등 공공필요에 응하여 납세자에게 불리하게 부과된다면 이는 재산권의 수용 등으로서 규율되어야 한다. 특정 재산권의 행사를 세법 상 차별취급하는 것에 대한 합리적 근거가 없다면 해당 조세의 부과 자체로서도 평등의 원칙에 위반된 자의적 과세에 해당한다.**

제4절 조세법의 효력범위

I 지역적 한계 및 인적 한계

먼저 조세법 효력의 지역적 한계에 대하여 본다.

조세는 '국회, 행정부 및 지방자치단체'에 의하여 '헌법상 기본권 향유주체의 경제활동과 관련된 자유 등 기본권을 보장하고 실질적인 자유와 평등을 실현하기 위한 재원'을 조달할 목적으로 반대급부 없이 강제적으로 '납세자 모두'에 대하여 그 부담능력에 응하여 일반적인 기준에 따라 부과하는 '금전의 지급의무'를 의미한다. 따라서 조세는 국회, 행정부 및 지방자치단체의 권한이 미치는 범위 내에서, 즉 대한민국의 영토 내에서 그 효력을 갖는다. 대한민국의 영토는 한반도와 그 부속도서로 한다(헌법 3조). 영해의 구체적인 범위는 영해 및 접속수역법, 배타적 경제수역법, 대륙붕에 관한 제네바조약 및 해양법에 관한 국제연합협약 등에 의하여 정하여진다. 영공에 대하여서는 아직 체결된 국제조약이 없으나, 국제법상 상호주의원칙에 따라 우리의 영토고권의 본질이 침해되지 않는 범위 내에서만 허용된다.[588] 북한지역 역시 한반도와 그 부속도서에 포함되므로 북한지역에 대하여서도 조세법의 효력이 미친다고 할 수 있다. 그러나 현실적으로는 우리의 영토고권이 미치지 못하는 실정이다.

조세법 효력의 인적 한계에 대하여 본다.

조세는 납세자에 대하여 부과되는 바, 납세자에는 국민뿐만 아니라 외국인 및 법인이 포함된다. 따라서 국민, 즉 국적개념에만 의존하여 조세법의 효력이 미친다고 할 수는 없다. 국제조세에 있어서는 일반적으로 거주자에 해당하는지 여부와 내국법인에 해당하는지 여부를 기준으로 해당 국가의 조세법을 적용할 것인지 여부를 결정한다. 소득세법과 법인세법 역시 위와 같은 기준에 의하여 납세자에 해당하는지 여부를 결정한다(소세 2조 ; 법세 3조). 상속세 및 증여세법 역시 거주자 개념을 도입하여 납세의무를 달리 결정한다(상증세 1조, 6조, 59조). 조세법 효력의 인적 한계와 관련하여서는 '납세자가 조세법의 지역적 효력이 미치는 범위 내에서 실질적으로 활동하는지 여부' 또는 '납세자가 조세법의 지역적 효력이 미치는 국가의 국적을 가지는지 여부'를 기준으로 활용할 수 있다. 조세가 '납세자의 경제활동과 관련된 자유 등 기본권을 보장하고 실질적인 자유와 평등을 실현하기 위한 재원'을 조달하는 것이라는 점을 감안한다면 위 두 기준 중 '납세자가 조세법의 지역적 효력이 미치는 범위 내에서 실질적으로 활동하는지 여부'를 기준으로 해당 납세자에게 조세법의 효력이 미치는지 여부 및 납세의무의 범위를 결정하는 것이 보다 타당하다. 이러한 취지에서 '국민'이라는 개념보다는 '거주자' 또는 '비거주자'라는 개념을 사용하여 조세법 효력의 인적 한계를 정하는 것이라고 본다.

조세법 효력의 지역적 한계와 인적 한계 사이의 관계에 대하여 본다.

비거주자 또는 외국법인이 조세법 효력의 지역적 한계 내에서 소득을 가득하거나 재산을 소유한 경우 이들에 대하여 조세법을 적용할 수 있을까? 조세는 '헌법상 기본권 향유주체의 경제활동과 관련된 자유 등 기본권을 보장하고 실질적인 자유와 평등을 실현하기 위한 재원'을 조달하기 위한 것인 바, 우리 헌법 하에서는 비거주자 및 외국법인에 대하여서도 일정한 범위 내에서 위 기본권들이 보장된다. 이러한 이유로 비거주자 및 외국법인에 대하

588) 허영, 전게서, 193면.

여서는 일정한 범위 내에서 조세법의 효력이 미치는 것이 타당하다. 그렇다면 **외국법인에 대하여 조세법의 효력이 미치는 일정한 범위는 어떻게 설정하는 것이 타당한가?** 소득세법과 법인세법은 비거주자와 외국법인의 국내원천소득에 대하여 과세한다(소세 119조 ; 법세 93조). 상속세 및 증여세법은 비거주자의 상속재산이 국내에 소재하는지 여부에 따라 과세 여부를 결정한다(상증세 1조). 즉 우리나라는 **'소득의 국내원천 여부'** 또는 **'재산의 국내소재 여부'**라는 개념을 이용하여 비거주자 및 외국법인에 대한 과세범위를 결정하도록 입법적 결단을 하고 있는 것이다.

거주자 또는 내국법인이 조세법 효력의 지역적 한계를 벗어난 곳에서 소득을 가득하거나 재산을 소유한 경우 이들에 대하여 조세법을 적용할 수 있을까? 거주자 또는 내국법인이 조세법 효력의 지역적 한계의 범위 내에서 경제활동을 영위하는 경우와 달리 그 밖에서 활동하는 경우에 과세하지 않는다면, 우리 조세법은 거주자 또는 내국법인으로 하여금 그 지역적 한계 밖에서 경제활동을 영위하도록 유도하는 기능을 하게 된다. 외국정부는 우리의 거주자 또는 내국법인이 자국 내에서 소득을 가득하거나 재산을 소유한다는 이유로 과세함에도 우리가 이러한 소득에 대하여 과세하지 않는다면 이는 국회, 행정부 및 지방자치단체가 스스로에게 부여된 과세권을 포기하는 것이다. 그리고 이와 같이 유실된 세원은 다른 거주자 또는 내국법인 등이 부담하여야 한다. 나아가 우리의 거주자 또는 내국법인에 해당하는 한 해당 납세자는 우리나라와 일정한 연계(nexus)를 가지고 있는 것이다. 또한 조세는 '헌법상 기본권 향유주체의 경제활동과 관련된 자유 등 기본권을 보장하고 실질적인 자유와 평등을 실현하기 위한 재원'을 조달할 목적으로 반대급부 없이 강제적으로 '납세자 모두'에 대하여 그 부담능력에 응하여 일반적인 기준에 따라 부과하는 것이므로 국회, 행정부 및 지방자치단체는 조세법률주의에 의하여 '납세자 모두'에 대하여 그 부담능력에 응하여 일반적인 기준에 따라 과세권을 행사하여야 할 의무 역시 부담한다. 이상의 각 이유를 종합한다면, **거주자 또는 내국법인이 조세법 효력의 지역적 한계를 벗어난 곳에서 소득을 가득하거나 재산을 소유한 경우 이들에 대하여 조세법을 적용하지 않는 것은 헌법상 조세법률주의에 부여된 과세권에 정면으로 반하는 것이라고 할 수 있다.** 위와 같이 해석하는 경우 **국제적으로 이중과세가 발생할 수 있으나 이는 조세조약을 통하여 조정되어야 한다.**

한편 헌법상 외국인은 국제법과 조약이 정하는 바에 의하여 그 지위가 보장되므로(헌법 6조 2항), 조세법의 효력은 국제법과 조약의 정함에 따라 달리 적용될 수 있다. 이러한 이유로 **조세법의 지역적 및 인적 한계 역시 국제법과 조약의 정함에 따라 달라질 수 있다.** 외국 또는 국제기관이 공적인 목적에 따라 관리하는 시설 및 구역에 대하여서는 조세법의 효력이 미치지 않을 수 있고(외교관계에 관한 빈조약 23조 ; 국제연합의 특권 및 면제에 관한 조약 2조 7항 등 참조), 외교관, 국제기구의 직원 등 및 치외법권이 인정되는 자에게는 조세법의 효력이 배제될 수 있다(외교관계에 관한 빈조약 34조, 36조, 37조 ; 국제연합의 특권 및 면제에 관한 조약 4조 11항(g), 5조 18항(b)(g) 등 참조).[589]

Ⅱ 시간적 한계

조세법은 헌법상 조세법률주의에 의하여 법률에 의하여서만 창설될 수 있다. 따라서 납세의무가 성립하기 이전에 소급하여 조세법이 적용될 수는 없다. 일반적으로 법률은 특별한 규정이 없는 한 공포한 날로부터 20일을 경과함으로써 효력을 발생하고(헌법 53조 7항), 대통령령, 총리령 및 부령 역시 특별한 규정이 없으면 공포한 날부터 20일이 경과함으로써 효력을 발생한다(법령공포법 13조). 법령 등의 공포일 또는 공고일은 해당 법령 등을 게재한 관보 또는 신문이 발행된 날로 한다(법령공포법 12조). 그런데 '국민의 권리 제한 또는 의무 부과와 직접 관련되는 법률, 대통령령, 총리령 및 부령'은 긴급히 시행하여야 할 특별한 사유가 있는 경우를 제외하고는 공포일부터 적어도 30일이 경과한 날부터 시행되도록 하여야 한다(법령공포법 13조의2). 조세법령의 경우는 위 '국민의 권리 제한 또는 의무 부과와 직접 관련되는 법률, 대통령령, 총리령 및 부령'에 속한 것으로 보아 그 효력발생일이 정하여질 것이다. 긴급히 시행하여야 할 이유가 있는 경우 그 정함에 따르는 것은 물론이다.

589) 金子 宏、前掲書、105頁、106頁。

제3장

조세헌법소송

제1절 서 론

I 조세헌법소송의 체계

헌법재판소가 관장하는 조세헌법소송은 **'법원의 제청에 의한 법률의 위헌 여부 심판'**(헌법 111조 1항 1호)과 **'법률이 정하는 헌법소원에 관한 심판'**(헌법 111조 1항 5호)으로 나뉜다.

조세 법률이 헌법에 위반되는지 여부가 재판의 전제가 된 경우에는 법원은 헌법재판소에 제청하여 그 심판에 의하여 재판하여야 하는 바(헌법 107조 1항), 그 헌법재판소에 의한 심판이 위 '법원의 제청에 의한 법률의 위헌 여부 심판'에 해당한다. '법률이 정하는 헌법소원에 관한 심판'은 다시 **'법률의 위헌 여부 심판에 대한 제청신청을 기각하는 결정을 대상으로 하는 헌법소원심판**(헌재법 68조 2항 본문)'과 **'공권력의 행사 또는 불행사로 인하여 헌법상 보장된 기본권을 침해받은 자가 청구하는 헌법소원심판**(헌재법 68조 1항 본문)'으로 구분된다. 헌법소원심판 중 후자의 경우에 있어서 '법원의 재판'은 그 청구대상에서 제외된다. 이와 관련하여서는 대법원과 헌법재판소의 판단이 서로 어긋난 면이 있다.[590)]

한편 법률이 아닌 '명령·규칙 또는 처분'이 헌법이나 법률에 위반되는 여부가 재판의 전제가 된 경우에는 대법원은 이를 최종적으로 심사할 권한을 가진다(헌법 107조 2항).

명령·규칙이 헌법 또는 법률에 어긋나는 경우 법원은 해당 조항 전부를 무효로 보거나 한정무효의 판단을 하는 경우가 있고 또한 형식적인 무효판단을 하지 않고서 그 의미를 한정하거나 축소하는 해석방법을 통하여 해당 조항이 무효가 아니라고 판단하는 경우도 있다.[591)] 구 상속세 및 증여세법 시행령(1998.12.31. 대통령령 제15971호로 개정되기 전의 것) 제27조 제5항의 규정이 모법인 구 상속세 및 증여세법(2002.12.18. 법률 제6780호로 개

590) 제3절에서 구체적으로 본다.
591) 소순무, 전게서, 734-735면.

정되기 전의 것) 제37조 제3항의 내재적 위임 범위와 한계를 벗어나 무효라고 판단한 것[592]은 전부무효로 판단한 예에 해당한다. 이 판결은 건물을 소유하기 위하여 특수관계에 있는 자의 토지를 무상으로 사용하는 경우로서 대통령령이 정하는 경우에는 당해 토지무상사용이익을 토지소유자로부터 증여받은 것으로 보고, 그 토지무상사용이익의 계산방법 등은 대통령령으로 정하도록 위임하였으나, 해당 시행령이 헌법상 실질적 조세법률주의와 재산권보장, 과잉입법금지의 원칙 등에 어긋나 모법의 내재적 위임 범위와 한계를 벗어남으로써 그 조항 전부가 무효라고 판단하였다. 한편 1975.11.13.부터 시행되는 구 법인세법 시행령 제44조의2는 모법인 구 법인세법(1974.12.21. 제2686호)에 위임규정도 없을 뿐만 아니라 구 법인세법 제18조의2에 의하여 다른 접대비 등과 합산한다면 손금으로 공제될 수 있는 기밀비가 위 시행령에 의하여 따로 분리되어 계산된다면 손금으로 공제될 수 없거나 공제될 수 없는 금액부분이 생길 경우가 있을 수 있으므로 그 한도에서 구 법인세법 제18조의2에 저촉된다고 판단한 것[593]이 한정무효로 판단한 예에 해당한다. 다른 한편 기준시가에 의한 양도소득세의 경우 양도차익의 범위 또는 양도소득세액의 한계를 설정하거나[594] 명의신탁에 대한 증여의제와 관련하여 조세회피목적이 없는 경우에 적용되지 않는다고 판시하거나[595] 구 토지초과이득세법 시행령의 적용과 관련하여 과세기간 종료일 이후에 사용검사 또는 임시사용승인을 받은 경우를 제외하는 방법으로 해당 법령을 무효로 판단하지 않은 것[596]이 그 의미를 한정하거나 축소하는 해석방법을 통하여 해당 조항이 무효가 아니라고 판단한 예에 속한다.

위헌심사의 대상인 처분과 관련하여 해당 처분의 근거 법령은 위헌이 아니나 그 적용결과인 처분 자체에 위헌성이 있는 경우에는 법원이 이를 이유로 그 처분 자체에 대하여 심사할 수 있다.[597] 이 경우 해당 처분은 무효로 보아야 한다.[598] 해당 법률이 합헌인 이상 이에 근거한 처분이 위헌이 되기 위하여서는 처분 자체로 별도의 헌법상 가치를 침해하여야 하는 바, 헌법상 가치를 침해한 이상 중대하지 않다고 할 수 없으며 또한 그 처분 자체로 헌법상 가치(평등의 원칙을 위반하여 납세자를 자의적으로 차별한 경우 및 기본권의 제한

592) 대법원 2003.10.16. 2001두5682 전원합의체 판결.
593) 대법원 1981.2.10. 79누403 전원합의체 판결.
594) 대법원 1994.3.8. 93누16963 ; 대법원 1997.3.28. 95누17960.
595) 대법원 1994.4.26. 93누20634.
596) 대법원 1996.5.10. 93누6683.
597) 같은 취지 : 소순무, 전게서, 737-738면.
598) 제2장 제1절 VI 6 가 (1) 헌법 참조.

에 대한 본질적인 내용은 침해할 수 없다는 내용 상 한계와 필요한 경우에 한하여 기본권을 제한할 수 있다는 방법 상 한계 등을 위반한 경우 등)를 침해한다면 반드시 이를 두고 그 처분이 상대방에게 명백하지 않다고 할 수 없기 때문이다. 또한 이를 당연무효로 보아 제척기간과 무관하게 납세자를 구제한다고 하더라도 제3자의 보호가 특별히 문제가 되지 않는다는 점을 감안할 필요가 있고[599], 과세관청이 처분을 통하여 헌법상 가치를 침해하고서도 납세자가 불복기간을 도과하였다는 점을 주장하여 그 구제수단을 봉쇄하는 것은 조세법의 해석 및 적용단계에서도 조세법률주의가 적용되어야 한다는 헌법정신에 부합하지 않는다는 점 역시 고려할 필요가 있다.

이상과 같은 **대법원에 의한 '명령 · 규칙 또는 처분'의 심사권에도 불구하고, 헌법재판소는 예외적으로 명령, 규칙, 처분 및 조례를 헌법소원의 대상이 되는 것으로 본다.**[600]

이하 헌법재판소에 의한 조세헌법소송을 중심으로 살핀다.

Ⅱ 헌법소송의 일반심판 절차

헌법재판소에서 법률의 위헌결정, 탄핵의 결정, 정당해산의 결정 또는 헌법소원에 관한 인용결정을 할 때에는 재판관 6인 이상의 찬성이 있어야 한다(헌법 113조 1항). 또한 헌법재판소는 법률에 저촉되지 아니하는 범위 안에서 심판에 관한 절차, 내부규율과 사무처리에 관한 규칙을 제정할 수 있다(헌법 113조 2항). 나아가 헌법재판소의 조직과 운영 기타 필요한 사항은 법률로 정할 수 있는 바(헌법 113조 3항), 헌법재판소법에서 이에 대하여 규정한다.

헌법재판소의 심판은 특별한 규정이 있는 경우를 제외하고는 재판관 전원으로 구성되는 재판부에서 관장하고, 재판부의 재판장은 헌법재판소장이 된다(헌재법 22조). 재판관에 대한 제척, 기피 및 회피제도가 있다(헌재법 24조).

각종 심판절차에서 정부가 당사자(참가인을 포함한다)인 경우에는 법무부장관이 이를 대표하고 당사자인 국가기관 또는 지방자치단체는 변호사 또는 변호사의 자격이 있는 소속 직원을 대리인으로 선임하여 심판을 수행하게 할 수 있다(헌재법 25조 1항, 2항).

당사자인 사인은 각종 심판절차에서 변호사를 대리인으로 선임하지 아니하면 심판청구

599) 유사한 취지 : 대법원 2009.2.12. 2008두11716.
600) 제3절 Ⅰ 3 라 명령, 규칙, 처분 및 조례 참조.

를 하거나 심판 수행을 하지 못하나, 그가 변호사의 자격이 있는 경우에는 그러하지 아니하다(헌재법 25조 3항). '헌법소원심판'을 청구하려는 자가 변호사를 대리인으로 선임할 자력이 없는 경우에는 헌법재판소에 국선대리인을 선임하여 줄 것을 신청할 수 있다(헌재법 70조 1항). 이 경우 헌법재판소는 공익 상 필요하다고 인정할 때 국선대리인을 선임할 수 있다(헌재법 70조 2항). **변호사강제주의**는 재판업무에 분업화 원리의 도입이라는 긍정적 측면 외에도, 재판을 통한 기본권의 실질적 보장, 사법의 원활한 운영과 헌법재판의 질적 개선, 재판심리의 부담경감 및 효율화, 사법운영의 민주화 등 공공복리에 그 기여도가 크다 하겠고, 그 이익은 변호사선임 비용지출을 하지 않는 이익보다는 크다고 할 것이며, 더욱이 무자력자에 대한 국선대리인제도라는 대상조치가 별도로 마련되어 있는 이상 헌법에 위배된다고 할 수 없다.[601)]

다만 특정한 상황 하에서는 대리인이 사임한 경우 새로이 대리인을 선임하지 않아도 무방한 경우가 있다. 청구인 대리인이 헌법재판소법 소정의 요건에 맞추어 심판청구서를 제출하였고 그 외 추가로 제출한 청구이유서에서 사건의 발단 및 경위 등 사건의 핵심적인 쟁점이라고 할 수 있는 점에 관하여 상세히 주장하고 있으며, 피청구인의 답변요지가 결국 청구인의 심판청구는 이유없어 이를 기각해 달라는 것일 뿐 그 외에 다른 주장이 없다고 한다면, 피청구인의 답변서 제출 전에 청구인 대리인이 사임한 경우라도, 구태여 다시 보정명령을 발하여 새로운 대리인을 선임하게 하고 그 대리인으로 하여금 심판을 수행하게 할 필요는 없는 것이며, 그 상태로 종국결정을 한다고 하더라도 청구인의 재판을 통한 기본권의 실질적 보장에 조금도 소홀함이 없는 것이므로, 그 대리인의 사임 후 새로이 청구인의 대리인을 선임하지 아니하였다고 하더라도 그 사실 때문에 심판청구가 부적법하게 되는 것이라고는 볼 수 없다.[602)]

그 밖에 심판청구의 방식, 청구서의 송달, 심판청구의 보정, 답변서의 제출, 증거조사, 자료제출의 요구, 심판의 지휘와 법정경찰권, 심판비용 등 및 심판확정기록의 열람·복사에 관하여 특별한 정함을 하고 있다(헌재법 26조-29조, 31조-32조, 35조, 37조, 39조의2).

심판의 변론과 결정의 선고는 공개하나, 서면심리와 평의는 공개하지 아니한다(헌재법 34조 1항). 또한 심리는 국가의 안전보장·안녕질서 또는 선량한 풍속을 해할 우려가 있는 때

601) 헌재 1990.9.3. 89헌마120.
602) 헌재 1996.10.4. 95헌마70.

에는 결정으로 이를 공개하지 아니할 수 있고 이 경우 결정은 이유를 개시하여 선고하여야 하며, 그 결정을 한 경우에도 재판장은 적당하다고 인정되는 자의 재정을 허가할 수 있다(헌재법 34조 2항 ; 법조 57조). 심판사건을 접수한 날부터 180일 이내에 종국결정의 선고를 하여야 하나, 재판관의 궐위로 7명의 출석이 불가능한 경우에는 그 궐위된 기간은 심판기간에 산입하지 아니한다(헌재법 38조). 이미 심판을 거친 동일한 사건에 대하여는 다시 심판할 수 없다(헌재법 39조).

헌법재판소의 심판절차에 관하여는 헌법재판소법에 특별한 규정이 있는 경우를 제외하고는 헌법재판의 성질에 반하지 아니하는 한도에서 민사소송에 관한 법령을, 탄핵심판의 경우에는 형사소송에 관한 법령을, 권한쟁의심판 및 헌법소원심판의 경우에는 행정소송법을 각 준용한다(헌재법 40조 1항). **형사소송에 관한 법령 또는 행정소송법이 민사소송에 관한 법령에 저촉될 때에는 민사소송에 관한 법령은 준용하지 아니한다**(헌재법 40조 2항).

재판부는 재판관 7명 이상의 출석으로 사건을 심리하고, 재판부는 종국심리에 관여한 재판관 과반수의 찬성으로 사건에 관한 결정을 한다. 다만, '법률의 위헌결정, 탄핵의 결정, 정당해산의 결정 또는 헌법소원에 관한 인용결정을 하는 경우' 및 '종전에 헌법재판소가 판시한 헌법 또는 법률의 해석 적용에 관한 의견을 변경하는 경우'에는 재판관 6명 이상의 찬성이 있어야 한다(헌재법 23조). 심판의 변론과 종국결정의 선고는 심판정에서 하나, 헌법재판소장이 필요하다고 인정하는 경우에는 심판정 외의 장소에서 변론 또는 종국결정의 선고를 할 수 있다(헌재법 33조). 재판부가 종국결정을 할 때에는 법정사항을 적은 결정서를 작성하고 심판에 관여한 재판관 전원이 이에 서명날인하여야 한다(헌재법 36조 2항). 또한 심판에 관여한 재판관은 결정서에 의견을 표시하여야 한다(헌재법 36조 2항). 종국결정이 선고되면 서기는 지체 없이 결정서 정본을 작성하여 당사자에게 송달하여야 하고, 종국결정은 헌법재판소규칙으로 정하는 바에 따라 관보에 게재하거나 그 밖의 방법으로 공시한다(헌재법 36조 4항, 5항).

제2절 조세 법률의 위헌여부 심판

조세 법률이 헌법에 위반되는지 여부가 재판의 전제가 된 경우에는 법원은 헌법재판소에 제청하여 그 심판에 의하여 재판하여야 하는 바(헌법 107조 1항), 이는 조세 법률에 대한 **사후적이고 구체적인 규범통제**에 해당한다. 법률의 위헌 여부가 재판의 전제가 된 경우에 한하여 규범심사를 한다는 의미에서 구체적 규범통제에 해당하고 이미 서명되고 공포된 형식적 법률을 대상으로 하여 규범심사를 한다는 의미에서 사후적 규범통제에 해당한다. 위 규정에 의하면 법률에 대한 **'위헌심사권'**과 **'위헌결정권'**이 분리되어 전자는 법원의 권한에 속하고 후자는 헌법재판소의 권한에 속하는 바, 이러한 이원적 관할분리제도는 유럽대륙 국가들의 헌법재판제도에서 흔히 나타나는 것이고 이는 헌법의 특성, 민주주의의 관점, 권력분립의 관점, 법적 안정성의 관점 및 전문성의 관점 등을 그 이론적인 근거로 하고 있다.[603]

이하 법원에 의한 위헌심사와 헌법재판소에의 제청, 헌법재판소의 심판 및 위헌결정의 효력의 순서로 살핀다.

Ⅰ 법원에 의한 위헌심사와 헌법재판소에의 제청

1 법원에 의한 위헌심사

법원은 조세 법률의 위헌 여부가 재판의 전제가 된 경우에 당해 사건을 담당하는 법원은 직권 또는 당사자의 신청에 의하여 해당 법률에 대한 위헌심사를 한다(헌재법 41조 1항).

'재판'이라 함은 원칙적으로 그 형식 여하와 본안에 관한 재판이거나 소송절차에 관한 것이거나를 불문하며, 판결과 결정 그리고 명령이 여기에 포함되고, 민사소송법 상 인지첩부를 명하는 보정명령 역시 당해 소송사건의 본안에 관한 판결주문에 직접 관련된 것이 아니라고 하여도 이에 해당된다.[604] 문제된 법률의 위헌 여부가 비록 재판의 주문 자체에는 아무런 영향을 주지 않는다고 하더라도 재판의 결론을 이끌어내는 이유를 달리하는데 관련되어 있거나 또는 재판의 내용과 효력에 관한 법률적 의미가 전혀 달라지는 경우에는 재판의 전제성이 있는 것으로 보아야 한다.[605] 여기서의 법률은 국회의 의결을 거쳐 제정된 이른

603) 허영, 전게서, 868면.
604) 헌재 1994.2.24. 91헌가3.

바 형식적 의미의 법률을 의미하고 헌법의 개별규정 자체는 헌법소원에 의한 위헌심사의 대상이 아니다.[606] 대통령의 긴급재정명령 역시 심판의 대상이 된다.[607] 이 역시 법률과 같은 효력을 가지고 국회의 사후승인을 받아야 하기 때문이라고 판단한다(헌법 76조 1항, 3항). 국회의 비준동의와 대통령의 비준 및 공포를 거친 조약[608]과 일반적으로 승인된 국제법규는 국내법과 같은 효력을 가지므로(헌법 6조) 역시 심판대상이 된다. 한편 헌법에 위반된다고 이미 판시한 법률에 대한 위헌법률심판제청은 부적법하다.[609]

폐지된 법률과 관련하여 살핀다. 법률의 위헌 여부 심판의 제청대상 법률은 특별한 사정이 없는 한 현재 시행중이거나 과거에 시행되었던 것이어야 하기 때문에, 제청 당시에 공포는 되었으나 시행되지 않았고 이 결정 당시에는 이미 폐지되어 효력이 상실된 법률은 위헌 여부 심판의 대상법률에서 제외되는 것으로 해석함이 상당하다.[610] 다만 헌법재판소는 폐지된 법률 역시 재판의 전제성을 충족할 수 있는 경우에 대하여서도 판시한다. 즉 신법이 소급하여 적용되기 위하여서는 오로지 구법이 합헌적이어서 유효하였고 다시 신법이 보다 더 유리하게 변경되었다는 요건을 갖추어야 하므로, 폐지된 구법에 대한 위헌 여부의 문제는 신법이 소급적용될 수 있기 위한 전제문제로서 판단의 이익이 있어 이에 대한 위헌제청은 적법하다.[611] 또한 법률이 전부 개정된 경우에는 기존 법률을 폐지하고 새로운 법률을 제정하는 것과 마찬가지여서 종전의 본칙은 물론 부칙 규정도 모두 소멸하는 것이므로 특별한 사정이 없는 한 종전 법률의 부칙 중 경과규정도 실효되는 바, 이와 달리 전부개정법의 시행에도 불구하고 해당 부칙조항이 실효되지 않은 것으로 해석하는 것은 헌법상의 권력분립원칙과 조세법률주의원칙에 위배된다고 판시한다.[612] 대법원은 이와 관련하여 다음과 같이 판시한다. "개정 법률이 전문 개정인 경우에는 기존 법률을 폐지하고 새로운 법률을 제정하는 것과 마찬가지여서 종전의 본칙은 물론, 부칙 규정도 모두 소멸하는 것으로 보아야 하므로 종전의 법률 부칙의 경과규정도 실효된다고 보는 것이 원칙이지만, 특별한 사정이 있는 경우에는 그 효력이 상실되지 않는다고 보아야 한다. 여기에서 말하는 '특별한

605) 헌재 1992.12.24. 92헌가8.
606) 헌재 1996.6.13. 94헌바20.
607) 헌재 1996.2.29. 93헌마186.
608) 헌재 1999.4.29. 97헌가14 ; 헌재 2001.9.27. 2000헌바20.
609) 헌재 1989.9.29. 89헌가86.
610) 헌재 1997.9.25. 97헌가4.
611) 헌재 1989.7.14. 88헌가5 등.
612) 헌재 2012.7.26. 2009헌바35 등.

사정'은 전문 개정된 법률에서 종전의 법률 부칙의 경과규정에 관하여 계속 적용한다는 별도의 규정을 둔 경우뿐만 아니라, 그러한 규정을 두지 않았다고 하더라도 종전의 경과규정이 실효되지 않고 계속 적용된다고 보아야 할 만한 예외적인 사정이 있는 경우도 포함한다. 이 경우 예외적인 '특별한 사정'이 있는지 여부를 판단함에 있어서는 종전 경과규정의 입법 경위 및 취지, 전문 개정된 법령의 입법 취지 및 전반적 체계, 종전의 경과규정이 실효된다고 볼 경우 법률 상 공백상태가 발생하는지 여부, 기타 제반 사정 등을 종합적으로 고려하여 개별적 · 구체적으로 판단하여야 한다."[613] 또한 대법원은 전문개정이 있는 경우와 일부 개정이 있는 경우를 구분하여 다음과 같이 판시한다. "법령의 전부 개정은 기존 법령을 폐지하고 새로운 법령을 제정하는 것과 마찬가지여서 특별한 사정이 없는 한 새로운 법령이 효력을 발생한 이후의 행위에 대하여는 기존 법령의 본칙은 물론 부칙의 경과규정도 모두 실효되어 더는 적용할 수 없지만, 법령이 일부 개정된 경우에는 기존 법령 부칙의 경과규정을 개정 또는 삭제하거나 이를 대체하는 별도의 규정을 두는 등의 특별한 조치가 없는 한 개정법령에 다시 경과규정을 두지 않았다고 하여 기존 법령 부칙의 경과규정이 당연히 실효되는 것은 아니다"[614]

법률의 위헌 여부 심판의 제청신청이 기각된 때에는 그 신청을 한 당사자는 헌법재판소에 헌법소원심판을 청구할 수 있고, 이 경우 그 당사자는 당해 사건의 소송절차에서 동일한 사유를 이유로 다시 위헌 여부 심판의 제청을 신청할 수 없다(헌재법 68조 2항). 법률조항 자체의 위헌판단이 아니라 법률조항을 "……하는 것으로 해석하는 한 위헌"이라는 판단을 구하는 청구는 위 헌법소원심판의 청구로서 적절치 아니하다.[615] 그러나 단순히 법률조항의 해석을 다투는 것이 아니라, 그러한 해석의 여지를 주는 법률조항 자체의 불명확성을 다투는 경우는 헌법소원의 청구로서 적법하다.[616] 또한 실질적으로 입법이 전혀 존재하지 않는 의무이행소송이라는 새로운 유형의 항고소송을 창설하여 달라는 청구는 위 헌법소원심판에서 허용되지 않는 진정입법부작위에 대한 헌법소원심판청구이므로 부적법하다.[617]

613) 대법원 2008.11.27. 2006두19419.
614) 대법원 2014.4.30. 2011두18229.
615) 헌재 1999.7.22. 97헌바9.
616) 헌재 1999.3.25. 98헌바2.
617) 헌재 2008.10.30. 2006헌바80.

2 헌법재판소에의 제청

법원이 해당 법률이 위헌에 해당한다고 판단한 경우에는 헌법재판소에 제청하여 그 심판에 따라 재판하여야 한다. 이는 법원은 문제되는 법률조항이 담당법관 스스로의 법적 견해에 의하여 단순한 의심을 넘어선 합리적인 위헌의 의심이 있으면 위헌 여부 심판을 제청하라는 취지이다.[618] 법원은 직권 또는 당사자의 신청에 의한 결정으로 헌법재판소에 위헌 여부 심판을 제청하는 바, 당사자의 신청은 법정사항을 적은 서면으로 한다(헌재법 41조 1항, 2항). 대법원 외의 법원이 제청을 할 때에는 대법원을 거쳐야 한다(헌재법 41조 5항). 법원이 법률의 위헌 여부 심판을 헌법재판소에 제청한 때에는 당해 소송사건의 재판은 헌법재판소의 위헌 여부의 결정이 있을 때까지 정지되나, 법원이 긴급하다고 인정하는 경우에는 종국재판 외의 소송절차를 진행할 수는 있다(헌재법 42조).

Ⅱ 헌법재판소의 심판

1 헌법재판소의 심리

헌법재판소는 먼저 해당 법률이 재판의 전제가 되었는지 여부를 심사하여야 한다. 재판의 전제성이라 함은 첫째 구체적인 사건이 법원에 계속되어 있었거나 계속 중이어야 하고, 둘째 위헌 여부가 문제되는 법률이 당해 소송사건의 재판에 적용되는 것이어야 하며, 셋째 그 법률이 헌법에 위반되는지의 여부에 따라 당해 사건을 담당한 법원이 다른 내용의 재판을 하게 되는 경우를 말하는 것으로, 여기에서 법원이 '다른 내용의' 재판을 하게 되는 경우라 함은 원칙적으로 법원이 심리중인 당해 사건의 재판의 결론이나 주문에 어떠한 영향을 주는 것뿐만이 아니라, 문제된 법률의 위헌 여부가 비록 재판의 주문 자체에는 아무런 영향을 주지 않는다고 하더라도 재판의 결론을 이끌어내는 이유를 달리하는 데 관련되어 있거나 또는 재판의 내용과 효력에 관한 법률적 의미가 전혀 달라지는 경우도 포함한다.[619] 또한 이 결정에 의하면, 문제되는 법률이 재판의 전제성 요건을 갖추고 있는지의 여부는 헌법재판소가 별도로 독자적인 심사를 하기보다는 되도록 법원의 이에 관한 법률적 견해를 존중해야 할 것이며, 다만 그 전제성에 관한 법률적 견해가 명백히 유지될 수 없을 때에만

618) 헌재 1993.12.23. 93헌가2.
619) 헌재 1993.5.13. 92헌가10 등.

헌법재판소는 이를 직권으로 조사할 수 있다. 한편 법률조항의 위헌 여부가 당해 사건 재판의 주문이나 재판의 내용과 효력에 관한 법률적 의미에 아무런 영향을 미치지 않게 됨으로써 재판의 전제성이 결여되었다고 할 가능성이 높다고 보이지만 이는 당해 사건 재판을 담당하는 법원이 판단할 사항으로서 이 재판소에서 이를 미리 판단함은 적절하지 않다는 결정도 있다.[620] **전소에서 패소한 판결의 기판력은 후소에도 미치는 것이므로 설사 해당 법률이 위헌이어서 그에 기초한 조치가 무효라고 하더라도 전소의 기판력 때문에 후소에서 달리 주장할 수 없는 경우라면 재판의 전제성이 없다고 보아야 한다.**[621] 위헌심판이 제청된 법률조항에 의하여 침해된다는 기본권이 중요하여 해당 법률의 위헌 여부의 해명이 헌법적으로 중요성이 있는데도 그 해명이 없거나, 해당 법률로 인한 기본권의 침해가 반복될 위험성이 있는데도 좀처럼 그 법률에 대한 위헌심판의 기회를 갖기 어려운 경우에는 위헌제청 당시 재판의 전제성이 인정되는 한 당해 소송이 종료되었더라도 예외적으로 객관적인 헌법질서의 수호・유지를 위하여 심판의 필요성을 인정하여 적극적으로 그 위헌 여부에 대한 판단을 하는 것이 헌법재판소의 존재이유에도 부합하고 그 임무를 다하는 것이 된다.[622]

헌법재판소는 제청된 법률 또는 법률 조항의 위헌 여부만을 결정한다(헌재법 45조 본문). **다만, 법률 조항의 위헌결정으로 인하여 해당 법률 전부를 시행할 수 없다고 인정될 때에는 그 전부에 대하여 위헌결정을 할 수 있다**(헌재법 45조 1항 단서). 즉 예외적으로 위헌으로 선언된 법률조항을 넘어서 다른 법률조항 내지 법률 전체를 위헌선언하여야 할 경우가 있다. 합헌으로 남아 있는 나머지 법률조항만으로는 법적으로 독립된 의미를 가지지 못하거나, 위헌인 법률조항이 나머지 법률조항과 극히 밀접한 관계에 있어서 전체적・종합적으로 양자가 분리될 수 없는 일체를 형성하고 있는 경우, 위헌인 법률조항만을 위헌선언하게 되면 전체규정의 의미와 정당성이 상실되는 때가 이에 해당된다.[623] 따라서 위헌제청되지 아니한 법률조항이라고 하더라도 위헌제청된 법률조항과 일체를 형성하고 있는 경우에는 그에 대하여 판단을 할 수 있다.[624]

헌법재판소는 위헌법률심판절차에 있어서 규범의 위헌성을 제청법원이나 제청신청인이

620) 헌재 1996.10.4. 96헌가6.
621) 헌재 2000.6.21. 2000헌바47.
622) 헌재 1993.12.23. 93헌가2.
623) 헌재 1996.12.26. 94헌바1.
624) 헌재 1999.9.16. 99헌가1.

주장하는 법적 관점에서만 아니라 심판대상규범의 법적 효과를 고려하여 모든 헌법적 관점에서 심사하여야 한다.[625] 법률의 위헌 여부는 헌법의 통일성 관점에서 규범조화적 헌법해석에 따라야 하므로 개별적인 헌법 규정뿐만 아니라 이들 규정의 기초가 되는 기본적인 헌법원리도 당연히 그 심판의 기준이 되어야 한다.[626]

당해 소송사건의 당사자 및 법무부장관은 헌법재판소에 법률의 위헌 여부에 대한 의견서를 제출할 수 있다(헌재법 44조). 헌법재판소에서 법률의 위헌결정을 할 때에는 재판관 6인 이상의 찬성이 있어야 한다(헌법 113조 1항). 헌법재판소는 결정일부터 14일 이내에 결정서 정본을 제청한 법원에 송달하여야 하고 이 경우 제청한 법원이 대법원이 아닌 경우에는 대법원을 거쳐야 한다(헌재법 46조).

2 헌법재판소 결정의 유형

헌법재판소법 제45조에 의하면 헌법재판소는 심판결과 **합헌결정**을 하거나 **위헌결정**을 할 수밖에 없다. 위 두 결정만으로는 다양한 유형의 위헌 여부에 관한 문제를 해결하기 어렵기 때문에 헌법재판소는 **위헌불선언결정, 한정합헌결정, 한정위헌결정, 일부위헌결정, 조건부위헌결정, 헌법불합치결정** 및 **부분위헌결정** 등 **변형결정**을 선택하고 있다.[627] 헌법재판소 역시 위헌이냐 합헌이냐의 결정 외에 한정합헌 또는 헌법불합치 등 중간영역의 주문형식은 헌법을 최고법규로 하는 통일적인 법질서의 형성을 위하여서 필요할 뿐 아니라 입법부가 제정한 법률을 위헌이라고 하여 전면폐기하기보다는 그 효력을 가급적 유지하는 것이 권력분립의 정신에 합치하고 민주주의적 입법기능을 최대한 존중하는 것이라고 판시한다.[628] 변형결정들 역시 대부분 합헌결정 또는 위헌결정의 범위 내에 속하는 것으로 볼 수 있으므로 위 변형결정들이 모두 법률 상 근거가 없다고 단정할 수는 없지만, 각 변형결정들의 성격을 좀 더 면밀하게 분석한 후에 법률단계에서 그 종류를 정하여 명시하는 것이 보다 바람직할 것이다.

625) 헌재 1996.12.26. 96헌가18.
626) 허영, 전게서, 871-872면.
627) 상게서, 872면.
628) 헌재 1990.6.25. 90헌가11.

가. 위헌불선언결정

위헌불선언결정은 해당 법률이 헌법에 위반된다는 의견이 과반수이나 헌법재판소법 소정의 위헌결정의 정족수 미달이어서 헌법에 위반된다고 선언할 수 없는 경우에 하는 결정이다.[629] 즉 위헌론에 찬성한 재판관은 5인이어서 다수의견이기는 하지만 헌법재판소법 상 위헌결정의 정족수에 이르지 못한 경우에도 심판청구를 기각하는 결정을 하여야 한다.[630]

나. 한정합헌결정

한정합헌결정은 심판대상인 법률을 특정 방식으로 해석하는 범위 내에서는 헌법에 위반되지 아니한다고 선언하는 결정을 의미한다.[631] 해당 법률조항의 단서부분은 당해 재산의 소유 그 자체를 과세의 대상으로 하여 부과하는 지방세와 가산금[632]에 한하여 적용되는 것으로 해석하는 한 헌법에 위반되지 아니한다고 하는 결정이 그 예에 속한다.[633]

다. 한정위헌결정

한정위헌결정은 심판대상인 법률을 특정 방식으로 해석하는 범위 내에서는 헌법에 위반된다고 선언하는 결정을 의미한다.[634] 해당 법률 중 대통령령으로 정하는 경우를 추정규정으로 보지 아니하고 간주규정으로 해석 적용하는 것은 헌법에 위반된다고 하는 결정이 그 예에 속한다. 법률의 의미는 결국 개별·구체화된 법률해석에 의해 확인되는 것이므로 법률과 법률의 해석을 구분할 수는 없고, 재판의 전제가 된 법률에 대한 규범통제는 해석에 의해 구체화된 법률의 의미와 내용에 대한 헌법적 통제로서 헌법재판소의 고유권한이며, 헌법합치적 법률해석의 원칙상 법률조항 중 위헌성이 있는 부분에 한정하여 위헌결정을 하는 것은 입법권에 대한 자제와 존중으로서 당연하고 불가피한 결론이므로, 이러한 한정위헌결정을 구하는 한정위헌청구는 원칙적으로 적법하다고 보아야 한다. 다만, 재판소원을 금지하는 헌법재판소법(헌재법 68조 1항)의 취지에 비추어, 개별·구체적 사건에서 단순히 법률조항의 포섭이나 적용의 문제를 다투거나, 의미있는 헌법문제에 대한 주장없이 단지

629) 헌재 1994.6.30. 92헌바23.
630) 헌재 1996.12.26. 90헌바19 등.
631) 헌재 1990.4.2. 89헌가113.
632) 2020년 12월 29일 개정을 통하여 납부지연가산세에 통합되었다.
633) 헌재 1994.8.31. 91헌가1.
634) 헌재 1994.6.30. 93헌바9.

재판결과를 다투는 헌법소원 심판청구는 여전히 허용되지 않는다.[635)]

라. 일부위헌결정

일부위헌결정은 심판대상인 법률의 특정한 적용사례에 대하여서만 위헌이라고 선언하는 결정을 의미하며 이는 1970년대 독일에서 논의되던 '질적 일부위헌(qualitative Teilnichtigkeit)'라는 개념을 수용한 것이다.[636)] 그런데 일부위헌결정은 내용면에서 한정위헌결정과 구분하기 어려우므로 한정위헌결정으로 통일하는 것이 바람직하다.[637)]

마. 조건부위헌결정

조건부위헌결정은 심판대상인 법률 중 특정부분과 관련하여 그 문언의 적용범위를 확대하여 적용하지 않는 한 위헌에 해당한다고 선언하는 결정을 의미한다.[638)] 이와 관련하여 이러한 결정은 심판대상인 조문을 축소 내지 제한해석하는 것이 아니라 확대해석한 것이므로 합헌적 법률해석의 범위를 벗어난 것으로 보고 이 경우 부분위헌결정을 선택하는 것이 타당하다는 견해가 있다.[639)] 조건부위헌결정을 하는 경우는 법원이 해당 법률을 해석하여 적용할 수 있는 범위에 속하는 것이므로 위헌결정권의 대상이 아니라고 판단한다. 심판대상 법률 자체에 위헌적 요소가 포함된 것이 아니기 때문이다. 당초 법원이 해당 법률에 대한 유추해석 등을 통하여 해당 법률을 적용하는 것이 타당하였을 것이다.

바. 헌법불합치결정

헌법불합치결정은 심판대상인 법률이 실질적으로는 위헌에 해당하지만 해당 법률의 효력상실로 인한 공백상태를 방지하고 입법권자의 입법개선을 촉구하기 위하여 해당 법률에 대하여 바로 위헌결정을 하기보다는 헌법에 합치되지 않는다는 결정을 함과 동시에 해당 법률의 효력시한을 정하여 주는 결정을 의미한다.[640)]

헌법재판소는, 헌법불합치선언은 당해 법률규정이 전체적으로는 헌법규정에 저촉되지만 부분적으로는 합헌적인 부분도 혼재하고 있기 때문에 그 효력을 일응 존속시키면서 헌법합

635) 헌재 2012.12.27. 2011헌바117.
636) 허영, 전게서, 873면.
637) 상게서, 874면.
638) 헌재 1992.3.13. 92헌마37 참조.
639) 허영, 전게서, 874면.
640) 헌재 1989.9.8. 88헌가6 참조.

치적인 상태로 개정할 것을 촉구하는 변형결정의 일종으로서 전부부정(위헌)결정권은 일부부정(헌법불합치)결정권을 포함한다는 논리에 터잡은 것이며, 이것은 국민의 대표기관으로서 입법형성권을 가지는 국회의 정직성 · 성실성 · 전문성에 대한 예우이고 배려라고 판시한다.[641)]

해당 법률이 위헌임에도 해당 법률의 효력상실로 인한 공백상태를 염려하여 위헌결정을 하지 않고서 해당 법률의 효력시한을 정하여주는 것이 헌법재판소의 권한에 속하는지 여부에 대하여서는 의문이 있을 수 있다.[642)] 헌법재판소법 제47조 1항 본문에 의하면 위헌으로 결정된 법률 또는 법률의 조항은 그 결정이 있는 날부터 효력을 상실하는 바, 헌법불합치결정으로 인하여 그 결정일로부터 해당 법률의 효력이 상실되지 않는다면 위 결정은 위헌결정이 아닌 것으로 보아야 한다. 그런데 헌법불합치결정이 위헌결정이 아니라면 해당 법률의 효력기한을 정할 수도 없는 모순이 발생한다. 그런데 위헌결정으로 인하여 발생할 혼란을 방지할 공공의 필요성은 여전히 존재한다. 이러한 측면에서 위 헌법재판소의 입장을 이해할 수 있는 여지가 있다. 즉 헌법불합치결정은 위헌결정으로 보아야 하며 단지 그 효력발생일과 관련하여 헌법재판소가 결정 주문에서 달리 정하고 있는 것이다. 하지만 입법을 통하여 헌법불합치결정 역시 위헌결정으로 통합하되 헌법재판소가 공공의 필요가 있는 경우에는 위헌결정에 대한 효력일을 장래의 일정한 시점으로 정할 수 있도록 헌법재판소법 제47조 1항 본문을 개정하는 것이 타당하다.

한편 **헌법불합치결정을 하면서도 그 결정일로부터 일정기간 동안**[643)] **또는 아무런 기한을 명시하지 않고서**[644)] **결정일로부터 해당 법률의 적용을 중지하는 결정들이 있다. 이들 결정 역시 그 법적 근거에 의문이 있을 수 있다.** 위와 같은 경우 단순위헌결정을 활용하는 것이 타당하다고 할 것이다. 특히 전자의 결정은 단순위헌결정을 위한 정족수의 부족을 해결하기 위하여 위와 같은 결정형식을 취하는 바, 이는 헌법 제113조 제1항에 반한다고 할 여지마저 있다.

헌법불합치결정에 따라 개선입법이 이루어진 경우 헌법불합치결정 이후에 제소된 일반사건에 관하여 개선입법이 소급하여 적용될 수 있는가? 위헌으로 결정된 법률 또는 법률의

641) 헌재 1991.3.11. 91헌마21.
642) 헌재 1991.3.11. 91헌마21 중 재판관 변정수의 반대의견 참조.
643) 헌재 1997.7.16. 95헌가6 등.
644) 헌재 1994.7.29. 92헌바49 등.

조항은 형벌에 관한 것이 아닌 한 그 결정이 있는 날로부터 효력을 상실한다(헌재법 47조 2항, 3항). 다만 해당 법률 또는 법률의 조항에 대하여 종전에 합헌으로 결정한 사건이 있는 경우에는 그 결정이 있는 날의 다음 날로 소급하여 효력을 상실한다(헌재법 47조 3항 단서). 어떠한 법률조항에 대하여 헌법재판소가 헌법불합치결정을 하여 입법자에게 법률조항을 합헌적으로 개정 또는 폐지하는 임무를 입법자의 형성 재량에 맡긴 이상, 개선입법의 소급적용 여부와 소급적용의 범위는 원칙적으로 입법자의 재량에 달린 것이다. 따라서 어느 법률 또는 법률조항에 대한 적용중지의 효력을 갖는 헌법불합치결정에 따라 개선입법이 이루어진 경우 헌법불합치결정 이후에 제소된 일반사건에 관하여 개선입법이 소급하여 적용될 수 있는지 여부는, 그와 같은 입법형성권 행사의 결과로 만들어진 개정법률의 내용에 따라 결정되어야 하므로, 개정법률에 소급적용에 관한 명시적인 규정이 있는 경우에는 그에 따라야 하고, 개정법률에 그에 관한 경과규정이 없는 경우에는 다른 특별한 사정이 없는 한 헌법불합치결정 전의 구법이 적용되어야 할 사안에 관하여 개정법률을 소급하여 적용할 수 없는 것이 원칙이다.[645] 한편 **위헌으로 결정된 법률 또는 법률의 조항에 근거한 유죄의 확정판결에 대하여는 재심을 청구할 수 있다**(헌재법 47조 4항). '위헌으로 결정된 법률 또는 법률의 조항에 근거한 유죄의 확정판결'이란 헌법재판소의 위헌결정으로 인하여 소급하여 효력을 상실하는 법률 또는 법률의 조항을 적용한 유죄의 확정판결을 의미하므로, 위헌으로 결정된 법률 또는 법률의 조항이 '종전의 합헌결정이 있는 날의 다음 날로 소급하여 효력을 상실하는 경우' 그 합헌결정이 있는 날의 다음 날 이후에 유죄판결이 선고되어 확정되었다고 하였다면, **비록 범죄행위가 그 이전에 행하여졌더라도 그 판결은 위헌결정으로 인하여 소급하여 효력을 상실한 법률 또는 법률의 조항을 적용한 것으로서 '위헌으로 결정된 법률 또는 법률의 조항에 근거한 유죄의 확정판결'에 해당**하므로 이에 대하여 재심을 청구할 수 있다.[646]

사. 부분위헌결정

부분위헌결정은 심판대상인 법률의 특정부분만이 위헌이라고 선언하는 결정을 의미한다.[647] 부분위헌결정은 해당 법조문의 일부가 위헌이라는 결정이므로 해당 법조문 자체가 아니라 그 특정한 적용사례가 위헌이라고 하는 일부위헌결정과는 구별되는 것이라는 견해

645) 대법원 2015.5.29. 2014두35447.
646) 대법원 2016.11.10. 2015모1475.
647) 헌재 1989.1.25. 88헌가7 참조.

가 있다.[648] 그러나 일부위헌결정 역시 해당 법문언에서 특정 적용사례를 배제하여 규정하지 않는 점에서, 즉 법문언 중 특정부분에 위헌적 요소가 포함되어 있다는 점에서 위헌이라는 취지이므로 결국 부분위헌결정과 동일한 것이라고 생각한다.

Ⅲ 위헌결정의 효력

법률의 위헌결정은 법원과 그 밖의 국가기관 및 지방자치단체를 기속한다(헌재법 47조 1항). 위헌으로 결정된 법률 또는 법률의 조항은 그 결정이 있는 날부터 효력을 상실하나, 형벌에 관한 법률 또는 법률의 조항은 소급하여 그 효력을 상실한다(헌재법 47조 2항). 위헌으로 결정된 법률 또는 법률의 조항에 근거한 유죄의 확정판결에 대하여는 재심을 청구할 수 있다(헌재법 47조 3항). **헌법재판소는 법률에 대한 위헌결정에는 단순위헌결정은 물론, 한정합헌, 한정위헌결정과 헌법불합치결정도 포함되고 이들은 모두 당연히 기속력을 가진다고 본다.**[649] 헌법불합치결정과 관련하여 현실적으로 위헌결정의 효력이 장래의 일정시점 이후에 발생하는 결과가 발생함은 기술하였다.

위헌결정이 장래에 대하여 효력이 발생한다는 것과 관련된 대법원의 입장을 본다. 대법원은 사실상 소급효를 점차적으로 확대하여 인정하고 있다. 구체적 규범통제의 실효성을 보장하기 위하여서라도 적어도 당해 사건에 한하여는 위헌결정의 소급효를 인정하여야 한다고 해석되고, 이와 같은 해석은 헌법재판소가 실질적으로 위헌결정을 하면서도 그로 인한 법률 조항의 효력상실시기만을 일정기간 뒤로 미루고 있는 경우에도 마찬가지로 적용된다.[650] 헌법재판소의 위헌결정의 효력은 위헌제청을 한 당해 사건만 아니라 위헌결정이 있기 전에 이와 동종의 위헌 여부에 관하여 헌법재판소에 위헌 여부 심판제청이 되어 있거나 법원에 위헌 여부 심판제청신청이 되어 있는 경우의 당해 사건과 별도의 위헌제청신청 등은 하지 아니하였으나 당해 법률 또는 법조항이 재판의 전제가 되어 법원에 계속된 모든 일반 사건에까지 미친다.[651] 위헌결정 이후에 동종의 위헌 여부에 관하여 제소된 일반사건에도 미친다.[652] 다만 위헌결정의 효력이 미치는 범위가 무한정일 수는 없고 법원이 위헌

648) 허영, 전게서, 876면.
649) 헌재 1997.12.24. 96헌마172 등.
650) 대법원 1991.6.11. 90다5450.
651) 대법원 1992.2.14. 91누1462.
652) 대법원 1993.1.15. 92다12377.

으로 결정된 법률 또는 법률의 조항을 적용하지는 않더라도 다른 법리에 의하여 그 소급효를 제한하는 것까지 부정되는 것은 아니라 할 것이며, 법적 안정성의 유지나 당사자의 신뢰보호를 위하여 불가피한 경우에 위헌결정의 소급효를 제한하는 것은 오히려 법치주의의 원칙에 부합되는 것이다.[653)]

과세처분 이후 조세 부과의 근거가 되었던 법률규정에 대하여 위헌결정이 내려진 경우, 그 조세채권의 집행을 위한 강제징수의 효력은 어떻게 평가하여야 하는가? 대법원은 법률의 위헌결정은 법원 기타 국가기관 및 지방자치단체를 기속한다는 위헌결정의 기속력 및 헌법의 최고규범성을 근거로 하여 위헌결정 이후에 조세채권의 집행을 위한 새로운 강제징수에 착수하거나 이를 속행하는 것은 더 이상 허용되지 않고, 나아가 이러한 위헌결정의 효력에 위배하여 이루어진 강제징수는 그 사유만으로 하자가 중대하고 객관적으로 명백하여 당연무효로 판단한다. 즉 "위헌결정의 기속력과 헌법을 최고규범으로 하는 법질서의 체계적 요청에 비추어 국가기관 및 지방자치단체는 위헌으로 선언된 법률규정에 근거하여 새로운 행정처분을 할 수 없음은 물론이고, 위헌결정 전에 이미 형성된 법률관계에 기한 후속처분이라도 그것이 새로운 위헌적 법률관계를 생성·확대하는 경우라면 이를 허용할 수 없다. 따라서 조세 부과의 근거가 되었던 법률규정이 위헌으로 선언된 경우, 비록 그에 기한 과세처분이 위헌결정 전에 이루어졌고, 과세처분에 대한 제소기간이 이미 경과하여 조세채권이 확정되었으며, 조세채권의 집행을 위한 강제징수의 근거규정 자체에 대하여는 따로 위헌결정이 내려진 바 없다고 하더라도, 위와 같은 위헌결정 이후에 조세채권의 집행을 위한 새로운 강제징수에 착수하거나 이를 속행하는 것은 더 이상 허용되지 않고, 나아가 이러한 위헌결정의 효력에 위배하여 이루어진 강제징수는 그 사유만으로 하자가 중대하고 객관적으로 명백하여 당연무효라고 보아야 한다."[654)]

위헌법률에 기한 부과처분에 대하여 납세자가 이미 해당 세액을 납부한 경우, 납세자는 이에 대하여 민사소송을 통하여 부당이득으로서 반환받을 수 있는가? 위헌법률에 기한 부과처분이 당연무효가 아니라는 헌법재판소와 대법원의 입장[655)]에 따르면, 이를 청구할 수는 없을 것으로 보인다. 과세관청의 부과처분이 헌법에 합치된 것으로 신뢰한 납세자가 오히려 불이익을 입는다는 것이 오히려 헌법의 이념에 부합되지 않는 측면이 있다. 다만 그렇

653) 대법원 1994.10.25. 93다42740.
654) 대법원 2012.2.16. 2010두10907 전원합의체 판결.
655) 헌재 1994.6.30. 92헌바23 ; 대법원 1994.10.28. 92누9463; 대법원 2009.5.14. 2007두16202.

다고 하여 위헌법률에 의한 처분을 소급하여 당연무효로 보거나 위헌결정 자체를 당초의 부과처분에 대한 후발적 경정청구의 사유로 볼 경우에는 국가재정에 부담이 될 수 있다. 이 역시 무시할 수 없는 헌법상 가치에 해당한다. 따라서 이러한 각 가치들을 조정할 수 있는 별도의 입법을 마련하여 해결할 필요가 있다. 이와 관련하여서는 법인세법 상 회계처리로 인한 세액공제(법세 58조의3)에 관한 규정을 참고하여 다음과 같이 입법할 필요가 있다. 즉 해당 법률에 대한 위헌결정일이 속하는 사업연도의 개시일부터 5년 이내에 끝나는 각 과세기간의 납부할 세액에서 위헌법률로 인하여 과다 납부한 세액을 차례로 공제하고 만약 위헌결정일이 속하는 과세기간 이전의 과세기간에 국세기본법 제45조에 따른 수정신고를 하여 납부할 세액이 있는 경우에는 그 납부할 세액에서 위 과다 납부한 세액을 먼저 공제하여야 한다. 또한 개별세법 상 감면에 관한 규정과 세액공제에 관한 규정이 동시에 적용되는 경우에 그 적용순위는 별도의 규정이 있는 경우 외에는 '해당 과세기간에 대한 세액 감면(면제를 포함한다)', '이월공제가 인정되지 아니하는 세액공제', '이월공제가 인정되는 세액공제(이 경우 해당 사업연도 중에 발생한 세액공제액과 이월된 미공제액이 함께 있을 때에는 이월된 미공제액을 먼저 공제한다)', '사실과 다른 회계처리로 인한 세액공제(이 경우 해당 세액공제액과 이월된 미공제액이 함께 있을 때에는 이월된 미공제액을 먼저 공제한다)' 및 '위헌결정으로 인한 세액공제'의 순서에 따른다. 납세지 관할 세무서장 또는 관할 지방국세청장은 위 공제순서에 따라 세액공제한 후 남은 금액이 있으면 환급금과 환급가산금을 즉시 지급하여야 한다.

제3절 조세 관련 헌법소원에 관한 심판

조세 관련 헌법소원에 대한 심판 역시 헌법소원 일반에 대한 법리가 적용된다. 헌법재판소는 법률이 정하는 헌법소원에 관한 심판을 담당한다(헌법 111조 1항 5호). 헌법소원의 내용은 법률에 위임되어 있어서 헌법소원의 구체적 내용을 어떻게 구성할 것인지 여부는 입법권자의 결단에 속한다. 헌법재판소법은 헌법소원을 **'공권력의 행사 또는 불행사로 인하여 헌법상 보장된 기본권을 침해받은 경우'**와 **'법률의 위헌 여부 심판의 제청신청이 기각된 경우'**로 나누어 규정한다. 후자의 경우에 대하여서는 법률의 위헌심판과 관련하여 기술하였다. 이하 전자를 중심으로 살핀다.

Ⅰ 헌법소원의 요건

1 헌법소원의 제소권자

공권력의 행사 또는 불행사로 인하여 헌법상 보장된 기본권을 침해받은 경우에 헌법소원을 제기할 수 있으므로 **기본권의 향유주체가 헌법소원의 제소권자이다.** 따라서 자연인 및 법인 모두가 제소권자가 된다. 따라서 비거주자 또는 외국인 및 외국법인 역시 기본권의 향유주체가 될 수 있는 범위 내에서는 제소권자가 될 수 있다. 다만 그 기본권의 성질 상 향유주체가 될 수 없는 경우는 제외하여야 할 것이다.[656)]

공법인 등에 대하여서는 별도의 고려를 할 필요가 있다. 국가 공권력의 행사자인 국가, 지방자치단체나 그 기관 또는 국가 조직의 일부나 공법인은 기본권의 수범자이지 기본권의 주체가 아니고 오히려 국민의 기본권을 보호 내지 실현해야 할 '책임'과 '의무'를 지니고 있을 뿐이기 때문이다.[657)] 다만 공법인이라고 하더라도 그 스스로 기본권적 가치질서를 실현시켜야 하는 통치기능적 책임 내지 의무와 조화될 수 있는 범위 내의 기본권에 속한다거나[658)] 기본권에 의하여 보호되는 생활영역에 속하거나 자연인의 개인적 기본권의 실현에 기여하거나 조직법 상 국가로부터 독립되어 있는 경우에 해당한다는 점에 근거하여[659)] 기본권의 주체가 될 수 있다. 그렇다면 공법인 등은 원칙적으로 헌법소원의 제소권자가 될 수 없으나 위와 같은 특별한 사정이 있는 경우에는 제소권자가 될 수 있다. 정당의 경우에는 조직법 상 국가로부터 독립되어 있으므로 정당 스스로 기본권적 가치질서를 실현시켜야 하는 통치기능적 책임 내지 의무와 조화될 수 있는 범위 내의 기본권에 속하는 한 그 기본권의 주체가 될 수 있고 따라서 그 범위 내에서 헌법소원의 제소권자 역시 될 수 있다.

한편 **기본권자라고 하더라도 자신의 기본권이 직접적으로 침해된 자에 한하여 헌법소원을 제기할 수 있다.** 직접 기본권을 침해당하고 있는 자만이 헌법소원심판청구를 할 수 있다고 할 것이고 제3자는 '특단의 사정이 없는 한' 기본권침해에 직접 관련되었다고 볼 수 없

656) 제1편 제2장 제1절 II 외국인 및 법인의 납세의무 참조.
657) 헌재 2006.2.23. 2004헌바50.
658) 허영, 전게서, 252면.
659) 성낙인, 헌법학, 제12판, 2012, 법문사, 343면.

다.[660] 또한 헌법재판소는 현실적으로 기본권이 침해된 경우뿐만 아니라 기본권이 침해될 가능성이 높은 경우에도 헌법소원을 제기할 수 있는 것으로 본다.[661]

2 헌법소원의 제소요건

헌법소원심판은 다른 법률에 구제절차가 있는 경우에는 그 절차를 모두 거친 후에 청구할 수 있다(헌재법 68조 1항 단서). 헌법재판소는 위 원칙에 대한 예외를 인정한다. 즉 헌법소원심판청구인이 그의 불이익으로 돌릴 수 없는 정당한 이유가 있는 착오로 전심절차를 밟지 않은 경우 또는 전심절차로 권리가 구제될 가능성이 거의 없거나 권리구제절차가 허용되는지의 여부가 객관적으로 불확실하여 전심절차의 이행에 대한 기대가능성이 없을 때에는 예외적으로 다른 법률 상 구제절차를 거치지 않아도 헌법소원을 제기할 수 있다.[662] 헌법소원규정의 목적 및 취지 등을 감안한 것으로 본다.

3 헌법소원의 대상

모든 **위헌적인 공권력의 행사 또는 불행사**가 헌법소원의 대상이 된다. 이하 각 쟁점별로 살핀다.

가. 법률

법원은 조세 법률의 위헌 여부가 재판의 전제가 된 경우에 당해 사건을 담당하는 법원은 직권 또는 당사자의 신청에 의하여 해당 법률에 대한 위헌심사를 한다(헌재법 41조 1항). 따라서 원칙적으로 재판이 전제되지 않은 상황에서 법률규정 자체에 대하여 헌법소원을 제기할 수는 없다. 그러나 법원은 법률의 위헌 여부가 재판의 전제가 된 경우에 한하여 위헌심사를 한다. 그렇다면 **법률이 그 자체로 기본권을 침해하는 경우에도 구체적인 사건이 발생하여 재판의 전제로 될 때까지 기다려야 하는가?** 법률이 그 자체로 기본권을 침해하는 경우가 있다면 바로 헌법소원을 제기할 수 있도록 하는 것이 타당하다. 현행법 상 법률 그 자체의 효력을 다투는 구제절차가 예정되어 있지 않고 이 경우에도 해당 법률의 위헌 여부가 구체적으로 재판의 전제가 될 때까지 기다리도록 함으로 인하여 지켜지는 특별한 공익이 있다고 할 수도 없기 때문이다.

660) 헌재 1997.9.25. 96헌마133.
661) 헌재 1995.11.30. 94헌마97 ; 헌재 2001.11.29. 2000헌마84 참조.
662) 헌재 1989.9.4. 88헌마22.

법률이 그 자체로 기본권을 침해하는 경우에 대하여 본다. 법률 또는 법률조항 자체가 헌법소원의 대상이 될 수 있으려면 그 법률 또는 법률조항에 의하여 구체적인 집행행위를 기다리지 아니하고 직접, 현재, 자기의 기본권을 침해받아야 하는 것을 요건으로 하고, 여기서 말하는 기본권 침해의 직접성이란 집행행위에 의하지 아니하고 법률 그 자체에 의하여 자유의 제한, 의무의 부과, 권리 또는 법적 지위의 박탈이 생긴 경우를 뜻한다.[663] 국세청장의 고시가 특정 사업자를 납세병마개 제조자로 지정하였다는 행정처분의 내용을 모든 병마개 제조자에게 알리는 통지수단에 불과한 경우에는 위 국세청고시에 대한 헌법소원심판청구는 고시 그 자체가 아니라 고시의 실질적 내용을 이루는 국세청장의 위 납세병마개 제조자 지정처분에 대한 것이므로 부적법하다.[664] 집행행위가 존재한 경우라고 하여 언제나 반드시 법률자체에 대한 헌법소원심판청구의 적법성이 부정되는 것은 아니며, 예외적으로 집행행위가 존재하는 경우라도 그 집행행위를 대상으로 하는 구제절차가 없거나 구제절차가 있다고 하더라도 권리구제의 기대가능성이 없고 다만 기본권침해를 당한 청구인에게 불필요한 우회절차를 강요하는 것밖에 되지 않는 경우 등으로서 당해 법률에 대한 전제관련성이 확실하다고 인정되는 때에는 당해 법률을 헌법소원의 직접 대상으로 삼을 수 있다.[665]

납세의무의 성립 이전의 거래 또는 행위 등 사실관계에 근거하여 과세하거나 중과세하는 입법이 이루어진 경우 해당 입법 자체를 대상으로 헌법소원을 제기할 수 있는가? 공권력의 행사 또는 불행사로 인하여 헌법상 보장된 기본권을 침해받은 자는 법원의 재판을 제외하고는 헌법재판소에 헌법소원심판을 청구할 수 있으나, 다른 법률에 구제절차가 있는 경우에는 그 절차를 모두 거친 후에 청구할 수 있다(헌재법 68조 1항). 법률이 헌법에 위반되는지 여부가 재판의 전제가 된 경우에 제기된 법률의 위헌 여부 심판의 제청신청(헌재법 41조 1항)이 기각된 때에는 그 신청을 한 당사자는 헌법재판소에 헌법소원심판을 청구할 수 있고, 이 경우 그 당사자는 당해 사건의 소송절차에서 동일한 사유를 이유로 다시 위헌 여부 심판의 제청을 신청할 수 없다(헌재법 68조 2항). 따라서 납세의무의 성립 이전의 거래 또는 행위 등 사실관계에 근거하여 과세하거나 중과세하는 입법이 재판의 전제가 되고 그 법률의 위헌 여부 심판의 제청신청이 기각되었다면 이에 대하여 헌법소원을 제기할 수 있고 그렇지 않은 경우에는 원칙적으로 법률 자체에 대한 헌법소원은 허용되지 않는다. 그러나 납세의

663) 헌재 1992.11.12. 91헌마192.
664) 헌재 1998.4.30. 97헌마141.
665) 헌재 1997.8.21. 96헌마48.

무의 성립 이전의 거래 또는 행위 등 사실관계에 근거하여 과세하거나 중과세하는 입법의 경우에는 그 법률의 위헌 여부가 재판의 전제가 되지 않는 경우에도 그 법률의 효력발생 자체를 공권력의 행사로 인하여 헌법상 보장된 기본권을 침해받은 것으로 볼 수 있는지 여부가 쟁점이 될 수 있다. 통상의 경우에는 법률이 시행된 후 구체적인 사실관계에 대하여 그 법률에 따른 집행행위가 이루어지고 그 집행행위로 인하여 기본권의 침해를 받은 경우에 헌법소원을 제기할 수 있으나, **납세의무의 성립 이전에 이미 형성된 거래 또는 행위 등 사실관계에 근거하여 과세하거나 중과세하는 법률이 발효된 경우는 구체적인 사실관계가 해당 법률의 시행 이전에 이미 형성되어 있고 해당 법률의 위헌성 자체가 명확하여 그 집행의 결과 자체를 이미 충분히 예견할 수 있으며 집행기관에는 법률의 위헌 여부를 판정할 수 있는 권한 자체가 없는 상황임에도 불구하고 그 집행행위를 기다리고 그와 관련된 구제절차를 모두 거치도록 한 후에 헌법소원을 제기하도록 하는 것은 기본권을 침해당한 자에게 불필요한 우회절차를 강요하는 것에 해당하므로 해당 법률을 직접 헌법소원의 대상으로 삼는 것이 타당하다.**

나. 입법부작위

헌법재판소는 제한적인 경우에 한하여 입법부작위에 대하여 헌법소원을 인정한다. 입법행위의 소구청구권은 원칙적으로 인정될 수 없지만 헌법에서 기본권보장을 위하여 법령에 명시적인 입법위임을 하였을 때, 그리고 헌법해석 상 특정인에게 구체적인 기본권이 생겨 이를 보장하기 위한 국가의 행위의무 내지 보호의무가 발생하였을 때에는 입법부작위가 헌법소원의 대상이 된다.[666] 조세법과 관련하여 이러한 경우를 상정하기는 어렵다고 판단한다.

다. 법원의 재판

법원의 재판에 대하여서는 헌법재판소에 헌법소원심판을 청구할 수 없다(헌재법 68조 1항 본문). 다만 법률의 위헌 여부 심판의 제청신청이 기각된 때에는 그 신청을 한 당사자는 헌법재판소에 헌법소원심판을 청구할 수 있다(헌재법 68조 2항 본문).

그렇다면 **헌법재판소에 의한 위헌결정에 반하는 법원의 재판에 대하여서도 헌법소원을 청구할 수 없는가?**

666) 헌재 1989.3.17. 88헌마1.

먼저 헌법재판소의 입장을 본다. 헌법재판소가 위헌이라고 결정한 법령에 근거한 행정처분의 무효 여부는 당해사건을 재판하는 법원이 위헌성의 정도에 따라 판단할 사항이다.[667] 그러나 "법원이 헌법재판소가 위헌으로 결정하여 그 효력을 전부 또는 일부 상실하거나 위헌으로 확인된 법률을 적용함으로써 국민의 기본권을 침해한 경우에도 법원의 재판에 대한 헌법소원이 허용되지 않는 것으로 해석한다면, 위 법률조항은 그러한 한도 내에서는 헌법에 위반된다."[668] 즉 법원이 헌법재판소가 위헌으로 결정하여 그 효력을 전부 또는 일부 상실하거나 위헌으로 확인된 법률을 적용함으로써 국민의 기본권을 침해한 경우에는 해당 재판에 대한 헌법소원심판이 가능하다고 판시한다. 한편 "어떠한 법령에 대하여 위헌결정이 된 이후 그에 근거하여 행하여진 행정처분에 대하여 법원이 이를 무효로 보지 않는 재판을 한 경우와는 달리, 법령의 위헌결정 이전에 그에 근거하여 행하여진 행정처분에 대하여 위헌결정 이후에 행하여진 재판에서 이를 무효라고 보지 않는 경우라면, 그 재판은 헌법재판소가 위헌으로 결정한 법령을 적용함으로써 국민의 기본권을 침해한 재판에 해당된다고 볼 수 없으므로 헌법소원의 심판대상이 될 수 없다고 판시한다."[669] 즉 위헌결정을 기준으로 해당 처분이 어느 시점에 이루어진 것인지 여부에 따라 결론을 달리한다.

또한 헌법재판소는 한정위헌결정이 조세법의 해석에 관한 것인지 여부와 관련하여 다음과 같이 판시한다. "구체적 사건에서의 법률의 해석·적용권한은 사법권의 본질적 내용을 이루는 것임이 분명하다. 그러나 법률에 대한 위헌심사는 당연히 당해 법률 또는 법률조항에 대한 해석이 전제되는 것이고, 헌법재판소의 한정위헌의 결정은 단순히 법률을 구체적인 사실관계에 적용함에 있어서 그 법률의 의미와 내용을 밝히는 것이 아니라 법률에 대한 위헌성심사의 결과로서 법률조항이 특정의 적용영역에서 제외되는 부분은 위헌이라는 것을 뜻한다. 따라서 헌법재판소의 한정위헌결정은 결코 법률의 해석에 대한 헌법재판소의 단순한 견해가 아니라, 헌법에 정한 권한에 속하는 법률에 대한 위헌심사의 한 유형인 것이다."[670] 따라서 헌법재판소는 한정위헌결정이 조세법의 단순한 해석이 아니라 위헌심사의 한 유형에 속한다고 보므로, 한정위헌결정이 선언된 이후 그에 근거하여 행하여진 행정처분을 법원이 무효로 보지 않고 그로 인하여 국민의 기본권이 침해된다면 해당 재판 역시

667) 헌재 1994.6.30. 92헌가18.
668) 헌재 1997.12.24. 96헌마172 등.
669) 헌재 2001.2.22. 99헌마605.
670) 헌재 1997.12.24. 96헌마172 등.

헌법소원의 대상이 된다는 입장이다. 또한 헌법재판소는 법률에 대한 위헌결정에는 단순위헌결정은 물론, 한정합헌, 한정위헌결정과 헌법불합치결정도 포함되고 이들은 모두 당연히 기속력을 가진다고 판시하므로,[671] 위와 같은 논리는 변형결정 일반에 대하여 적용될 것으로 보인다.

대법원의 입장을 본다. 대법원은 변형결정과 관련하여 이를 헌법재판소에 의한 법률의 해석으로 보고 있다. 즉 "헌법불합치결정은 당해 조항의 위헌성이 제거된 개정 법률이 시행되기 이전까지는 종전 법률을 그대로 잠정 적용하는 것을 허용하는 취지의 결정이라고 이해할 수밖에 없다"[672] "구체적 분쟁사건의 재판에 즈음하여 법률 또는 법률조항의 의미·내용과 적용 범위가 어떠한 것인지를 정하는 권한, 곧 법령의 해석·적용 권한은 사법권의 본질적 내용을 이루는 것이고, 법률이 헌법규범과 조화되도록 해석하는 것은 법령의 해석·적용 상 대원칙이므로, 합헌적 법률해석을 포함하는 법령의 해석·적용 권한은 대법원을 최고법원으로 하는 법원에 전속한다. 따라서 헌법재판소가 법률의 위헌 여부를 판단하기 위하여 불가피하게 법원의 최종적인 법률해석에 앞서 법령을 해석하거나 그 적용 범위를 판단하더라도 헌법재판소의 법률해석에 대법원이나 각급 법원이 구속되는 것은 아니다"[673]

이상과 같이 헌법재판소와 대법원의 입장이 어긋나는 상태이다. 이는 변형결정을 할 수 있는 권한이 헌법재판소에 있는지 여부와 관련된 것이다. 입법을 통하여 변형결정에 대하여 명확하게 규정하는 것이 타당하다.

라. 명령, 규칙, 처분 및 조례

명령·규칙 또는 처분이 헌법이나 법률에 위반되는 여부가 재판의 전제가 된 경우에는 대법원은 이를 최종적으로 심사할 권한을 가진다(헌법 107조 2항). 따라서 **원칙적으로 명령·규칙 또는 처분에 대하여 헌법소원을 제기할 수 없다.**

그러나 헌법재판소는 예외적인 경우에는 명령과 규칙은 헌법소원의 대상이 된다고 판시한다. 즉 헌법소원심판의 대상이 되는 법령은 그 법령에 기한 다른 집행행위를 기다리지 않고 직접 기본권을 침해하는 법령이어야 하나, 예외적으로 법령이 일의적이고 명백한 것

671) 헌재 1997.12.24. 96헌마172 등.
672) 대법원 1997.3.28. 96누15602.
673) 대법원 2008.10.23. 2006다66272.

이어서 집행기관이 심사와 재량의 여지가 없이 그 법령에 따라 일정한 집행행위를 하여야 하는 때에는 당해 법령을 헌법소원의 직접대상으로 삼을 수 있고 또한 법령 자체에 의한 직접적인 기본권침해 여부가 문제되었을 경우 그 법령의 효력을 직접 다투는 것을 소송물로 하여 일반법원에 구제를 구할 수 있는 절차는 존재하지 아니하므로 이 경우에는 보충성의 예외로서 다른 구제절차를 거칠 것이 없이 바로 헌법소원심판을 청구할 수 있다는 취지로 판시한다.[674] 또한 **조례** 자체로 인하여 직접 그리고 현재 자기의 기본권을 침해받은 자 역시 그 권리구제의 수단으로서 조례에 대한 헌법소원을 제기할 수 있다는 입장이다.[675]

다만 위 헌법재판소의 입장에 의하더라도 '처분'과 관련하여서는 대법원만이 그 처분의 위헌 여부에 대하여 최종적인 심사권을 갖는다고 볼 여지가 있다. 헌법재판소가 '명령, 규칙 및 조례'에 대하여 예외적으로 헌법소송대상으로 삼는 것은 이들을 직접 대상으로 하는 권리구제절차가 없다는 점을 감안한 것이지만 '처분'의 경우에는 이에 대한 구제절차가 있기 때문이다(헌재법 68조 1항 단서 참조). 그런데 **공권력의 행사 또는 불행사에 해당하는 처분 모두에 대하여 다툴 수 있는 구제절차가 마련되어 있는가?** 그렇지는 않다. 따라서 공권력의 행사 또는 불행사에 의한 처분이 구제절차를 통하여 다툴 수 없는 경우에는 예외적으로 역시 헌법소원의 대상이 될 수 있다고 보아야 한다.[676] 명백한 탈세의 제보가 있음에도 불구하고 과세관청이 이에 대하여 아무런 부과처분을 하지 않는 경우,[677] 행정소송의 대상이 될 수 없는 권력적 사실행위 또는 비권력적이고 유도적인 권고·조언·행정지도 등의 사실상 구속력에 의하여 기본권 침해를 받은 경우,[678] 비구속적 행정지침이라도 국민의 기본권에 직접적으로 영향을 끼치고 앞으로 법령의 뒷받침에 의하여 그대로 실시될 것이 틀림없을 것으로 예상될 수 있는 경우,[679] 사전안내의 성격을 갖는 통지행위라도 그 내용이 국민의 기본권에 직접 영향을 끼치는 내용이고 앞으로 법령의 뒷받침에 의하여 그대로 실시될 것이 틀림없을 것으로 예상되는 경우[680] 및 과세관청에게 헌법에서 유래하는 작위의무가 특별히 구체적으로 규정되어 이에 의거하여 기본권의 주체가 행정행위를 청구할 수 있음에도 공권력의 주체가 그 의무를 해태하는 경우[681] 등이 그 예에 속한다.

674) 헌재 1995.2.23. 90헌마214.
675) 헌재 1995.4.20. 92헌마264 등.
676) 허영, 전게서, 890-891면.
677) 헌재 1999.12.23. 99헌마364 참조.
678) 헌재 2003.6.26. 2002헌마337 등 참조.
679) 헌재 2000.6.1. 99헌마538 등 참조.
680) 헌재 2001.9.27. 2000헌마159 참조.

명령, 규칙 및 조례 역시 예외적으로 헌법소원의 대상이 될 수 있다는 헌법재판소의 입장이 헌법 제107조 제2항에 어긋나는 것은 아닌가? 헌법에 따르면 명령 · 규칙 또는 처분이 헌법에 위반되는 여부에 대한 최종적인 심사권한은 대법원에 속한다. 그러나 이 권한은 '재판의 전제가 된 경우'에 한하여 행사될 수 있을 뿐이다. 만약 명령, 규칙 및 조례 자체에 의한 직접적인 기본권침해 여부가 문제되는 경우는 재판의 전제가 된 경우에 해당하지 않으므로 이러한 경우에 한정하여 예외적으로 헌법소원의 대상이 되는 것은 허용될 수 있다고 본다.

한편 **당초의 행정처분에 대하여 법원의 재판이 있었으나 이를 통하여 구제받지 못하는 경우 다시 원래의 행정처분을 대상으로 하여 헌법소원을 제기할 수 있는가?** 원행정처분에 대하여 법원에 행정소송을 제기하여 패소판결을 받고 그 판결이 확정된 경우에는 당사자는 그 판결의 기판력에 의한 기속을 받게 되므로, 별도의 절차에 의하여 위 판결의 기판력이 제거되지 아니하는 한, 행정처분의 위법성을 주장하는 것은 확정판결의 기판력에 어긋나므로 원행정처분은 헌법소원심판의 대상이 되지 아니한다고 할 것이며, 뿐만 아니라 원행정처분에 대한 헌법소원심판청구를 허용하는 것은, "명령 · 규칙 또는 처분이 헌법이나 법률에 위반되는 여부가 재판의 전제가 된 경우에는 대법원은 이를 최종적으로 심사할 권한을 가진다"고 규정한 헌법 제107조 제2항이나, 원칙적으로 헌법소원심판의 대상에서 법원의 재판을 제외하고 있는 헌법재판소법 제68조 제1항의 취지에도 어긋난다.[682] 다만 행정소송으로 행정처분의 취소를 구한 청구인의 청구를 받아들이지 아니한 법원의 판결에 대한 헌법소원심판의 청구가 예외적으로 허용되어 그 재판이 취소되는 경우에는 원래의 행정처분에 대한 헌법소원심판의 청구도 이를 인용하는 것이 상당하다.[683] 즉 원래의 행정처분은 이에 대한 재판이 헌법소원의 대상으로서 취소될 수 있는 경우에 한하여 헌법소원의 대상이 될 수 있다.

원래의 행정처분이 헌법소원의 대상이 되어 그 효력을 상실하는 경우에 이를 근거로 이루어진 후속처분의 효력을 어떻게 평가하여야 하는가? 위헌결정과 관련된 강제징수에 대하여서는, **위헌결정 이후에 조세채권의 집행을 위한 새로운 강제징수에 착수하거나 이를 속행하는 것은 더 이상 허용되지 않고, 나아가 이러한 위헌결정의 효력에 위배하여 이루어**

681) 헌재 1996.11.28. 92헌마237 참조.
682) 헌재 1998.5.28. 91헌마98 등.
683) 헌재 1997.12.24. 96헌마172 등.

진 강제징수는 그 사유만으로 하자가 중대하고 객관적으로 명백하여 당연무효라고 보아야 한다는 판례가 있다.[684)]

위 판례는 위헌결정의 기속력과 헌법을 최고규범으로 하는 법질서의 체계적 요청에 비추어 국가기관 및 지방자치단체는 위헌으로 선언된 법률규정에 근거하여 새로운 행정처분을 할 수 없음은 물론이고, 위헌결정 전에 이미 형성된 법률관계에 기한 후속처분이라도 그것이 새로운 위헌적 법률관계를 생성·확대하는 경우라면 이를 허용할 수 없다는 점을 논거로 삼는다. 즉 기속력과 헌법의 최고규범성을 논거로 하여 위헌결정을 근거로 한 강제징수가 당연무효라고 판시한 것이다. 이러한 판례의 태도는 타당하다고 본다. 또한 이 경우 후속처분인 강제징수를 당연무효로 보아 제척기간과 무관하게 납세자를 구제한다고 하더라도 제3자의 보호가 특별히 문제가 되지 않는다는 점[685)] 및 과세관청이 처분을 통하여 헌법상 가치를 침해하고서도 납세자가 불복기간을 도과하였다는 점을 주장하여 그 구제수단을 봉쇄하는 것은 조세법의 해석 및 적용단계에서도 조세법률주의가 적용되어야 한다는 헌법정신에 부합하지 않는다는 점 역시 고려할 필요가 있다.

다만 헌법소원에 대한 인용결정이 있는 당시 이미 납세자에 대한 강제징수가 완료되었거나 스스로 납부한 경우에는 법률에 대한 위헌결정의 경우와 마찬가지로 별도의 입법을 마련하여 해결할 필요가 있다.[686)]

이상의 논리는 법원이 처분 자체에 대하여 위헌 여부를 심사하여 이를 위헌으로 판결한 이후 당초의 처분에 근거하여 이루어진 후속처분과 관련하여서도 마찬가지로 적용되어야 한다.[687)]

Ⅱ 헌법소원의 심판

헌법소원의 심판은 법정사항을 기재한 헌법소원의 심판청구서(헌재법 71조)를 제출하는 방법을 통하여 그 사유가 있음을 안 날부터 90일 이내에, 그 사유가 있는 날부터 1년 이내에 청구하여야 한다. 다만, 다른 법률에 따른 구제절차를 거친 헌법소원의 심판은 그 최종

684) 대법원 2012.2.16. 2010두10907 전원합의체 판결.
685) 유사한 취지. 대법원 2009.2.12. 2008두11716.
686) 제2절 III 위헌결정의 효력 참조.
687) 제1절 I 조세헌법소송의 체계 참조.

결정을 통지받은 날부터 30일 이내에 청구하여야 한다(헌재법 69조 1항). 법률의 위헌심판과 관련된 헌법소원은 심판의 제청신청을 기각하는 결정을 통지받은 날부터 30일 이내에 청구하여야 한다(헌재법 69조 2항).

헌법소원의 남용을 막기 위하여 **공탁금납부명령제도**와 **사전심사제도**를 둔다. 헌법재판소는 헌법소원심판의 청구인에 대하여 헌법재판소규칙으로 정하는 공탁금의 납부를 명할 수 있고, '헌법소원의 심판청구를 각하하는 경우' 및 '헌법소원의 심판청구를 기각하는 경우에 그 심판청구가 권리의 남용이라고 인정되는 경우'에는 헌법재판소규칙으로 정하는 바에 따라 공탁금의 전부 또는 일부의 국고 귀속을 명할 수 있다(헌재법 37조 2항, 3항). 헌법재판소장은 헌법재판소에 재판관 3명으로 구성되는 지정재판부를 두어 헌법소원심판의 사전심사를 담당하게 할 수 있다(헌재법 72조 1항). 지정재판부는 '다른 법률에 따른 구제절차가 있는 경우 그 절차를 모두 거치지 아니하거나 또는 법원의 재판에 대하여 헌법소원의 심판이 청구된 경우', '청구기간이 지난 후 헌법소원심판이 청구된 경우', '대리인의 선임 없이 청구된 경우' 및 '그 밖에 헌법소원심판의 청구가 부적법하고 그 흠결을 보정할 수 없는 경우'에는 지정재판부 재판관 전원의 일치된 의견에 의한 결정으로 헌법소원의 심판청구를 각하한다(헌재법 72조 2항). 지정재판부는 전원의 일치된 의견으로 각하결정을 하지 아니하는 경우에는 결정으로 헌법소원을 재판부의 심판에 회부하여야 하고, 헌법소원심판의 청구 후 30일이 지날 때까지 각하결정이 없는 때에는 심판회부결정이 있는 것으로 본다(헌재법 72조 3항).

지정재판부는 헌법소원을 각하하거나 심판회부결정을 한 때 및 심판회부결정한 것으로 의제되는 때에는 그 결정일부터 14일 이내에 청구인 또는 그 대리인 및 피청구인에게 그 사실을 통지하여야 한다(헌재법 73조 1항). 헌법재판소장은 헌법소원이 재판부의 심판에 회부된 때에는 '법무부장관' 및 '위헌법률심판제청의 기각결정에 대한 헌법소원심판에서는 청구인이 아닌 당해 사건의 당사자'에게 지체 없이 그 사실을 통지하여야 한다(헌재법 73조 2항). 헌법소원의 심판에 이해관계가 있는 국가기관 또는 공공단체와 법무부장관은 헌법재판소에 그 심판에 관한 의견서를 제출할 수 있다(헌재법 74조).

헌법소원심판청구의 취하와 관련하여 헌법재판소는 다음과 같이 판시한다. 즉 헌법재판소법이나 행정소송법이나 헌법소원심판청구의 취하와 이에 대한 피청구인의 동의나 그 효력에 관하여 특별한 규정이 없어서 소의 취하에 관한 민사소송법 제239조는 헌법소원심판절차에 준용된다고 보아야 하므로, 청구인들이 헌법소원심판청구를 취하하면 헌법소원심판절차는 종료되며, 헌법재판소로서는 헌법소원심판청구가 적법한 것인지 여부와 이유가 있는 것인지 여부에 대하여 판단할 수 없게 된다.[688] 그러나 이러한 헌법재판소의 입장에 대하여, **헌법소원은 주관적인 권리구제뿐만 아니라 객관적인 헌법질서의 수호 및 유지를 함께 추구하기 위한 것이므로 일단 본안심리가 개시된 이후에는 당사자의 소취하가 있다고 하더라도 필요하다면 중요한 헌법문제의 해명을 위한 본안판단을 하는 것이 타당하다는 견해가 있다.**[689] 입법적 보완이 필요하다고 판단한다.

그 밖의 사항에 대하여서는 기술한 일반심판절차에 따른다.

Ⅲ 헌법소원 인용결정과 효력

헌법소원을 인용할 때에는 **인용결정서**의 주문에 침해된 기본권과 침해의 원인이 된 공권력의 행사 또는 불행사를 특정하여야 하고, 기본권 침해의 원인이 된 공권력의 행사를 취소하거나 그 불행사가 위헌임을 확인할 수 있다(헌재법 75조 2항, 3항). 또한 공권력의 행사 또는 불행사가 위헌인 법률 또는 법률의 조항에 기인한 것이라고 인정될 때에는 인용결정에서 해당 법률 또는 법률의 조항이 위헌임을 선고할 수 있다(헌재법 75조 5항). 이 경우에는 법률 위헌결정의 효력에 관한 규정이 준용된다(헌재법 75조 6항).

헌법소원의 인용결정은 모든 국가기관과 지방자치단체를 기속한다(헌재법 75조 1항). 헌법재판소가 공권력의 불행사에 대한 헌법소원을 인용하는 결정을 한 때에는 피청구인은 결정 취지에 따라 새로운 처분을 하여야 한다(헌재법 75조 4항).

위헌법률심판제청의 기각결정에 대한 헌법소원이 인용된 경우에 해당 헌법소원과 관련된 소송사건이 이미 확정된 때에는 당사자는 재심을 청구할 수 있고 그 재심에서 형사사건에 대하여는 형사소송법을 준용하고, 그 외의 사건에 대하여는 민사소송법을 준용한다(헌재법 75조 7항, 8항).

688) 헌재 1995.12.14. 95헌마221 등.
689) 허영, 전게서, 895면.

조세실체법 총론

서 론

조세법률관계의 중심을 이루는 것은 조세채무관계인 바, 조세채무관계는 조세채권자로서의 국가 또는 지방자치단체가 조세채무자인 납세의무자에 대하여 조세채무의 이행을 청구하는 관계이다. 조세채무는 납세의무자가 국가 또는 지방자치단체에 대하여 조세에 해당하는 금전급부를 이행하여야 할 의무를 의미한다. 이러한 의미에서의 조세채무관계의 당사자 및 내용 그리고 조세채무의 성립, 변경 및 소멸에 대한 법률 전체를 **조세실체법**이라고 부른다.[1] 조세실체법 중 개별 세법에 대하여 일반적으로 적용되는 내용을 조세실체법 총론으로, 조세실체법 중 개별 세법에 규정된 내용을 조세실체법 각론으로 각 구분할 수 있다. 조세실체법 각론은 본서의 범위에 속하지 않는다.

개별 세법에서는 **납세의무**, **납세자**, **납세의무자**라는 용어를 사용한다(국기 2조 9호, 10호 : 지기 2조 1항 11호, 12호). 한편 조세법은 납세자에 대하여 조세를 신고할 의무, 납부할 의무 및 이외 여러 협력의무를 부담하도록 규정하는 바, 납세자가 이들 의무 중 특정의무를 이행하지 않은 경우 **가산세**를 과세하고 있다. 또한 납세의무자는 조세・가산금(국세 및 지방세 모두 납부지연가산세로 통합됨) 또는 강제징수비로서 납부한 금액 중 잘못 납부하거나 초과하여 납부한 금액이 있거나 세법에 따라 환급하여야 할 **환급세액**(세법에 따라 환급세액에서 공제하여야 할 세액이 있을 때에는 공제한 후에 남은 금액을 말한다)을 환급받을 권리가 있다. 조세실체법의 총론 부분에서 위 가산세 및 환급청구권에 대하여서도 함께 살핀다.

조세실체법의 내용 중 납세의무의 성립요건을 특히 **과세요건**이라고 부른다. 과세요건을 어떻게 정할 것인지 여부는 입법정책 상 문제이지만 개별 세법 상 공통되는 과세요건으로서는 납세자, 과세대상, 과세대상의 귀속, 과세표준 및 세율을 들 수 있다.[2] 이를 **과세요건론**이라고 부르기로 한다.

1) 이상 金子 宏、前掲書、135頁。
2) 上掲書、138頁。

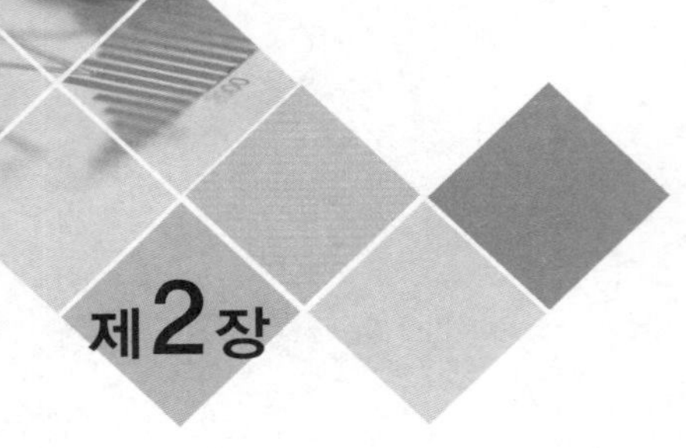

제2장

과세요건론

제1절 납세자

I 총설

납세자는 납세의무자(연대납세의무자와 납세자를 갈음하여 납부할 의무가 생긴 경우의 제2차 납세의무자 및 보증인을 포함한다)와 세법에 따라 국세를 징수하여 납부할 의무를 지는 자를 말한다(국기 2조 10호). 즉 본래의 납세의무자 이외에 연대납세의무자, 제2차 납세의무자, 보증인 및 원천징수의무자 역시 납세자에 포함된다. 납세의무자는 세법에 따라 국세를 납부할 의무(국세를 징수하여 납부할 의무는 제외한다)가 있는 자를 말한다(국기 2조 9호). 즉 납세의무자는 개별 세법에 따라 정하여지고, 원천징수의무자는 납세의무자에 포함되지 않는다. 제2차 납세의무자는 납세자가 납세의무를 이행할 수 없는 경우에 납세자를 갈음하여 납세의무를 지는 자를 말한다(국기 2조 11호). 보증인은 납세자의 국세 또는 강제징수비의 납부를 보증한 자를 말한다(국기 2조 12호). 원천징수는 세법에 따라 원천징수의무자가 국세(이에 관계되는 가산세는 제외한다)를 징수하는 것을 말한다(국기 2조 3호). 지방세의 경우에도 이와 같은 내용을 규정하나, 원천징수 대신에 특별징수라는 용어를 사용한다(지기 2조 1항 10호-14호, 20호). 연대납세의무자는 타인과 연대하여 납세의무를 부담하는 자를 의미한다(국기 25조 ; 지기 44조). 한편 국세기본법은 제2차 납세의무(국기 38조-41조)와 양도담보권자의 물적 납부의무(국기 42조)를 구분하여 규정하고, 납세자의 조세와 강제징수비를 양도담보재산으로써 납부하는 양도담보권자는 물적 납부의무자에 해당한다(국기 42조 ; 지기 75조). 다만 국세는 2018년 12월 31일 개정을 통하여 가산금이 납부지연가산세에 통합되었고, 지방세의 경우 역시 가산금이 2020년 12월 29일 개정을 통하여 납부지연가산세에 통합되었으며 종전 가산금은 우선권의 판정에 있어서 본세와 동일하게 취급된다는 점에 유의하여야 한다. 이 경우 **물적 납부의무를 부담하는 양도담보권자 역시 납세자를 정의함에 있어서 사용되는 제2차 납세의무자의 범위에 포함되는 것으로 볼 수 있는가?** 이 쟁점은 물적 납부의무를 부담하는 양도담보권자 역시 납세자가 납세의무를 이행할 수 없는 경우에 납세자를 갈음하여 납세의무를 지는 자라고 할 수 있는지 여부와 관계된다. 양도담보권자는 본래의 납세자의 양도담보재산에 의하여서만 해당 조세를 '납부할 의무'를 부담할 뿐 양도담보권자가 '납세의무'를 부담하여 양도담보권자의 일반재산에 대하여 납부의무를 부담하는 것은 아니므로 '납세자를 갈음하여 납세의무를 지는 자'라고 할 수 없다. 따라서 물적 납부의무를 부담하는 양도담보권자는 납세자에 해당하지 않는다. 다만 본 절에서 함께 살피기로 한다.

납세자에 대응되는 개념으로서 **세무공무원**에 대하여 본다. 세무공무원은 '국세청장, 지방국세청장, 세무서장 또는 그 소속 공무원' 및 '세법에 따라 국세에 관한 사무를 세관장이 관장하는 경우의 그 세관장 또는 그 소속 공무원'을 의미한다(국기 2조 17호). 지방세의 경우에는 '지방자치단체의 장 또는 지방세의 부과·징수 등에 관한 사무에 대하여 그 위임을 받은 공무원'을 의미한다(지기 2조 1항 10호).

본래의 납세의무자 이외에 연대납세의무자, 제2차 납세의무자, 납세보증인 및 물적 납부의무자가 납세의무자를 대신하여 해당 조세를 납부하는 경우 이들은 납세의무자에 대하여 어떠한 권리를 가지는가? 연대납세의무자의 경우에는 민법 상 구상권에 관한 규정들(민법 425조-427조)을 준용한다(국기 25조의2 ; 지기 44조 5항).

다만 **제2차 납세의무자, 납세보증인 및 물적 납부의무자에 대하여서는 구상권에 관한 명문의 규정이 없다.** 판례는 납세자에게 양도담보재산 이외의 다른 재산이 없을 경우에 그 양도담보권자는 납세자의 체납국세를 자기의 채권에 우선하여 징수당할 부담을 지게 되므로 납세의무자의 체납국세를 대납할 정당한 이익을 가진다고 판시한다.[3] 제2차 납세의무자 및 납세보증인의 경우에도 납세의무자의 국세를 대납할 정당한 이익을 가진다고 해석한다. 민법 상 채무의 변제는 제삼자도 할 수 있고(민법 469조 1항 본문), 변제할 정당한 이익이 있는 자는 변제로 당연히 채권자를 대위한다(민법 481조). 따라서 제2차 납세의무자, 납세보증인 및 물적 납부의무자의 경우 납세의무자의 해당 조세를 대납할 경우 국가의 조세채권을 대위한다고 해석한다. 지방세의 경우에도 동일하게 해석하여야 한다. 일본의 경우는 명

3) 대법원 1981.7.28. 80다1579.

문의 규정을 통하여 연대납세의무의 경우와 동일하게 해결한다.[4)]

Ⅱ 인적 과세의 예외

입법정책 상 납세의무자로 될 수 있는 자를 그 자의 특수성을 고려하여 비과세로 하는 것을 '**인적 과세의 예외**'라고 부른다.[5)] 외교관, 국제기구의 직원 또는 그 가족들에 대하여 면세특권을 부여하는 것이 그 예에 속한다(외교관계에 대한 빈 조약 34조, 36조, 37조 ; 국제연합의 특권 및 면제에 관한 조약 4조 11항 (g), 5조 18항 (b)(g)). 또한 내국법인 중 국가와 지방자치단체(지방자치단체조합을 포함한다)에 대하여는 법인세를 부과하지 아니하는 바(법세 3조 2항), 이 역시 '인적 과세의 예외'에 해당한다. 그 밖에 개별 조세법에서 인적 과세의 예외에 대하여 규정하고 있다.

Ⅲ 연대납세의무자

1 국세기본법 상 연대납세의무

공유물, 공동사업 또는 그 공동사업에 속하는 재산에 관계되는 국세와 강제징수비는 공유자 또는 공동사업자가 연대하여 납부할 의무를 진다(국기 25조 1항). 통상 공유물이나 공동사업에 관한 권리의무는 공동소유자나 공동사업자에게 실질적, 경제적으로 공동으로 귀속하게 되는 관계로 담세력 역시 공동의 것으로 파악하는 것이 실질주의의 원칙에 따라 합리적이기 때문에 조세채권의 확보를 위하여 그들에게 연대납세의무를 지우고 있는 것이므로, 위 연대납세의무가 자신의 조세채무를 넘어 타인의 조세채무에 대하여 납세의무를 부당하게 확장하고 불평등한 취급을 하고 있다고 할 수 없고, 개인책임을 기초로 하는 헌법전문과 헌법상의 평등권, 재산권보장의 원리에 위배된다고 할 수도 없다.[6)] **소득세법 상 공동사업에 대한 소득금액 계산의 특례에 따라 공동사업에 관한 소득금액을 계산하는 경우에는 원칙적으로 해당 공동사업자별로 납세의무를 지고,** 주된 공동사업자에게 합산과세되는 경우 그 합산과세되는 소득금액에 대해서는 주된 공동사업자의 특수관계인은 손익분배비율에

4) 일본 국세통칙법 제32조 제5항.
5) 金子 宏、前揭書、142頁。
6) 대법원 1999.7.13. 99두2222.

해당하는 그의 소득금액을 한도로 주된 공동사업자와 연대하여 납세의무를 진다는 점에 유의하여야 한다(소세 2조의2 1항). 따라서 공동사업에 관한 국세 중 소득세에 있어서는 각 공동사업자가 손익분배의 비율에 따라 안분계산한 소득금액에 대한 소득세를 개별적으로 납부할 의무를 부담한다.[7)]

법인이 분할되거나 분할합병되는 경우 분할되는 법인에 대하여 '분할일 또는 분할합병일 이전에 부과되거나 납세의무가 성립한' 국세 및 강제징수비는 '분할되는 법인', '분할 또는 분할합병으로 설립되는 법인' 및 '존속하는 분할합병의 상대방 법인(분할되는 법인의 일부가 다른 법인과 합병하여 그 다른 법인이 존속하는 경우 그 다른 법인)'이 연대하여 납부할 의무를 진다(국기 25조 2항).

법인이 분할 또는 분할합병으로 해산하는 경우 '해산하는 법인에 부과되거나 그 법인이 납부할' 국세 및 강제징수비는 '분할 또는 분할합병으로 설립되는 법인' 및 '존속하는 분할합병의 상대방 법인'이 연대하여 납부할 의무를 진다(국기 25조 3항).

법인이 채무자 회생 및 파산에 관한 법률에 따라 신회사를 설립(회생파산법 215조)**하는 경우** 기존의 법인에 부과되거나 납세의무가 성립한 국세 및 강제징수비는 신회사가 연대하여 납부할 의무를 진다(국기 25조 4항).

2 개별 세법 상 연대납세의무

개별 세법에서도 연대납세의무에 대하여 규정한다.

법인세법 상 연결법인은 각 연결사업연도의 소득(법세 76조의14 1항)에 대한 법인세[각 연결법인의 토지 등 양도소득에 대한 법인세(법세 55조의2)와 미환류소득에 대한 법인세(법세 56조)를 포함한다]를 연대하여 납부할 의무가 있다(법세 3조 3항). 법인이 해산한 경우에 원천징수하여야 할 법인세를 징수하지 아니하였거나 징수한 법인세를 납부하지 아니하고 잔여재산을 분배한 때에는 청산인과 잔여재산의 분배를 받은 자가 각각 그 분배한 재산의 가액과 분배받은 재산의 가액을 한도로 그 법인세를 연대하여 납부할 책임을 진다(법세령 116조).

소득세법 상 거주자 1인과 그의 특수관계인(소세령 100조)이 공동사업자에 포함되어 있는 경우로서 손익분배비율을 거짓으로 정하는 등 법정사유(소세령 100조)가 있는 경우에는 그 특수관계인의 소득금액은 그 손익분배비율이 큰 공동사업자의 소득금액으로 보아 과세하

7) 대법원 2023.10.12. 2022다282500, 282517.

나(국기 43조 3항), 이 경우 주된 공동사업자의 특수관계인은 공동사업의 손익분배비율에 해당하는 그의 소득금액을 한도로 주된 공동사업자와 연대하여 납세의무를 진다(소세 2조의2 1항 단서). 법인이 해산한 경우에 원천징수를 하여야 할 소득세를 징수하지 아니하였거나 징수한 소득세를 납부하지 아니하고 잔여재산을 분배하였을 때에는 청산인은 그 분배액을 한도로 하여 분배를 받은 자와 연대하여 납세의무를 진다(소세 157조 1항).

상속세 및 증여세법 상 상속세는 상속인 또는 수유자 각자가 받았거나 받을 재산을 한도로 연대하여 납부할 의무를 진다(상증세 3조의2 3항). 이 경우 연대납세의 대상에는 다른 공동상속인의 상속세 역시 포함되며, 상속재산에 포함되는 사전증여재산 역시 '상속인 각자가 받았거나 받은 재산'에 해당하고 그 재산에 대하여 부과된 증여세액은 공제하여야 한다.[8] 위 연대납부의 경우 상속인에는 상속이 개시된 당시의 대습상속인 역시 포함되고 그가 상속개시일 전 10년 이내에 증여받은 재산 역시 상속재산에 포함되며, 해당 증여와 관련하여 납부한 세대생략 증여에 대한 할증과세분 역시 상속세 산출세액에서 공제된다.[9] 증여세의 경우에도 증여자는 '수증자의 주소나 거소가 분명하지 아니한 경우로서 조세채권을 확보하기 곤란한 경우' 또는 '수증자가 증여세를 납부할 능력이 없다고 인정되는 경우로서 체납으로 인하여 강제징수를 하여도 조세채권을 확보하기 곤란한 경우, 및 '수증자가 비거주자인 경우'에는 수증자가 납부할 증여세를 연대하여 납부할 의무를 진다(상증세 4조의2 6항). **증여자 연대납세의무의 법적 성격은 어떠한가?** 일반적으로 증여세의 납세의무자는 해당 재산을 양수한 수증자이고, 증여자의 증여세 납부의무는 주된 채무인 수증자의 납세의무에 대한 종된 채무이므로 증여자의 연대납세의무는 주된 납세의무자인 수증자의 납세의무가 '확정'된 뒤의 연대납부책임으로 보아야 한다.[10] **2018년 12월 31일 개정 전 명의수탁자가 연대납세의무를 부담하는 경우에 있어서 명의수탁자에 관한 사항이 명의신탁자의 증여세 연대납세의무에 영향을 미치는가?** 명의신탁재산 증여의제의 과세요건을 충족하여 명의신탁자의 증여세 연대납세의무가 성립한 이상, 비록 과세처분에 의하여 그러한 납세의무가 확정되기 전이라고 하더라도 이행청구(민법 416조), 면제(민법 419조), 소멸시효의 완성(민법 421조)에 해당하는 경우 이외에는 명의수탁자에 관한 사항이 명의신탁자의 증여세 연대납세의무에 영향을 미치지 않는다고 할 것이고, 명의수탁자가 사망하여 그 상속인이 명의

8) 대법원 2018.11.29. 2016두1110.
9) 대법원 2018.12.13. 2016두54275.
10) 대법원 1992.2.25. 91누12813; 대법원 1994.9.13. 94누3698; 대법원 2017.7.18. 2015두50290.

수탁자의 증여세 납세의무를 상속재산의 한도에서 승계하였다고 하더라도 달리 볼 것은 아니다.[11)]

부가가치세법 상 수탁자가 납세의무자가 되는 신탁재산에 둘 이상의 공동수탁자가 있는 경우 공동수탁자는 부가가치세를 연대하여 납부할 의무가 있고, 이 경우 공동수탁자 중 신탁사무를 주로 처리하는 대표수탁자가 부가가치세를 신고・납부하여야 한다(부가세 3조 4항).

조세특례제한법 상 법정 개별 향교 또는 개별 종교단체(조특령 104조의11)가 종합부동산세를 신고하는 경우 향교재단 등은 대상주택 또는 대상토지의 공시가격을 한도로 그 개별단체와 연대하여 종합부동산세를 납부할 의무가 있다(조특령 104조의13 2항).

인지세법 상 2인 이상이 공동으로 문서를 작성하는 경우 그 작성자는 해당 문서에 대한 인지세를 연대하여 납부할 의무가 있다(인세 1조 2항).

자산재평가법 상 재평가를 한 법인이 해산한 경우에 재평가세를 납부하지 아니하고 잔여재산을 분배한 때에는 청산인과 잔여재산의 분배를 받은 자가 연대하여 그 재평가세의 납부책임을 진다(자재평 20조 1항 본문).

3 연대납세의무의 법률관계

연대납세의무는 개별 세법 상 특별한 규정(상속세의 경우에는 상속인 또는 수유자 각자가 받았거나 받을 재산을 한도로 한다)이 없는 한 원칙적으로 세법이 정하는 납세의무자 전원이 관계된 조세의 전부에 대하여 상호 연대하여 납세의무를 부담하는 것을 의미한다. 연대납세의무의 법률적 성질은 민법 상의 연대채무와 근본적으로 다르지 않아서 각 연대납세의무자는 개별 세법에 특별한 규정이 없는 한 원칙적으로 국가에 대하여 고유의 납세의무부분이 없이 관계된 국세의 전부에 대하여 전원이 연대하여 납세의무를 부담하는 것이다.[12)] 이 경우 연대납세의무자의 상호연대관계는 이미 확정된 조세채무의 이행에 관한 것이지 조세채무 자체의 확정에 관한 것은 아니다.[13)]

국세기본법 상으로는 연대납세의무에 대하여 민법 상 연대채무에 대한 규정들을 준용한다. 즉 국세기본법 또는 개별세법에 따라 국세와 강제징수비를 연대하여 납부할 의무에 관하여는 '연대채무의 내용, 각 연대채무자에 대한 이행청구, 채무자에 대하여 생긴 무효・취

11) 대법원 2017.7.18. 2015두50290.
12) 대법원 1999.7.13. 99두2222.
13) 대법원 1998.9.4. 96다31697.

소, 이행청구의 절대적 효력(민법 413조-416조)', '면제의 절대적 효력(민법 419조), 소멸시효의 절대적 효력(민법 421조), 효력의 상대성 원칙(민법 423조)' 및 '출자채무자의 구상권, 구상요건으로서의 통지, 상환무자력자의 부담부분(민법 425조-427조)'에 관한 각 규정을 준용한다(국기 25조의2). **연대납세의무와 관련하여서는 국세기본법은 개별세법에 별도의 규정이 있는 경우를 제외하고 우선하여 적용되는 것이므로**(국기 3조 1항), **개별세법에 따라 연대납세의무를 부담하는 경우에는 개별세법의 해당 규정이 우선하여 적용되고 그 적용이 없는 부분에 대하여서는 국세기본법에 따라 위 민법 상 규정들이 적용된다.**

연대납세의무자에게 개별적으로 당해 국세 전부에 대하여 납부고지를 할 수 있는가? 즉 각 연대납세의무자별로 납부할 세액을 구분하여 납부고지를 하여야 하는가? 연대납세의무의 법률적 성질은 민법 상의 연대채무와 근본적으로 다르지 않아서 각 연대납세의무자는 개별 세법에 특별한 규정이 없는 한 원칙적으로 국가에 대하여 고유의 납세의무부분이 없이 관계된 국세의 전부에 대하여 전원이 연대하여 납세의무를 부담하는 것이므로, 국세를 부과함에 있어서는 연대납세의무자인 각 공유자 또는 공동사업자에게 개별적으로 당해 국세 전부에 대하여 납부고지를 할 수 있다.[14)]

연대납세의무자 중 1인에 대하여 납부고지를 한 경우 이로써 다른 연대납세의무자에게도 '부과처분의 통지'를 한 효력이 발생하는가? 판례는 이를 부정한다. 연대납세의무자의 상호연대관계는 이미 확정된 조세채무의 이행에 관한 것이지 조세채무 자체의 확정에 관한 것은 아니므로, 연대납세의무자라 할지라도 각자의 구체적 납세의무는 개별적으로 확정함을 요하는 것이어서 연대납세의무자 각자에게 개별적으로 구체적 납세의무 확정의 효력발생요건인 부과처분의 통지가 있어야 하고, 따라서 연대납세의무자 중 1인에 대하여 납부고지를 하였다고 하더라도, 이로써 다른 연대납세의무자에게도 부과처분의 통지를 한 효력이 발생한다고 할 수는 없다.[15)] 국세기본법 역시 연대납세의무자에게 서류를 송달할 때에는 그 대표자를 명의인으로 하며, 대표자가 없을 때에는 연대납세의무자 중 국세를 징수하기에 유리한 자를 명의인으로 하는 것이나, 납부고지와 독촉에 관한 서류는 연대납세의무자 모두에게 각각 송달하여야 한다고 규정한다(국기 8조 2항). 다만 상속세 및 증여세의 경우에 있어서 세무서장 등은 법(상증세 77조)에 따라 결정한 과세표준과 세액을 상속인·수유자

14) 대법원 1999.7.13. 99두2222.
15) 대법원 1998.9.4. 96다31697.

또는 수증자에게 법정방식(납부고지서에 과세표준과 세액의 산출근거를 명시하여 통지하여야 하고, 지방국세청장이 과세표준과 세액을 결정한 것에 대하여는 지방국세청장이 조사·결정하였다는 것을 명시하여야 한다)에 따라 통지하여야 하는 바, 이 경우 상속인이나 수유자가 2명 이상이면 '상속세과세표준신고서를 제출한 자(상증세 67조)' 및 '상속인 대표자로 신고하거나 세무서장이 지정한 자(국기령 12조)' 중 1명에게만 통지할 수 있으며 이 통지의 효력은 상속인, 수유자 모두에게 미친다고 규정한다(상증세 77조, 상증세령 79조). 그러나 이 경우에도 공동상속인별로 각자에게 개별적으로 납부하여야 할 세액을 구분·특정하지 않았다면 해당 납부고지는 위법하고, 또한 다른 공동상속인을 명시하지 않았다면 다른 공동상속인에 대하여서는 과세처분을 하지 않은 것으로 보아야 한다. 다만 2015년 12월 15일 개정 이후에는 상속인이나 수유자가 2명 이상이면 과세표준 및 세액의 결정을 그 상속인이나 수유자 모두에게 통지하여야 한다(상증세 77조 후단)는 점을 감안하여 위 판례들을 읽어야 한다.

부과처분인 납부고지를 연대납세의무자 중 1인에게만 한 경우 다른 연대납세의무자가 해당 부과처분의 취소를 구할 수 있는가? 부과처분인 납부고지를 연대납세의무자 중 1인에게만 하였다면 그 나머지 연대납세의무자들에게는 과세처분 자체가 존재하지 아니한 것이 되고, 그들은 위 과세처분에 대하여 사실상의 간접적인 이해관계가 있을 뿐, 법률 상 직접적이고도 구체적인 이해관계를 가진다고 볼 수 없어 위 과세처분의 취소를 구할 당사자적격이 없다.[16] 다만 상속세 및 증여세의 경우에 있어서는 과세관청이 과세표준과 세액을 결정 또는 경정하여 상속인 또는 수유자 중 1명에게만 통지할 수 있고 그 통지의 효력은 상속인, 수유자 모두에게 미치는 바, 이 경우에는 다른 상속인 또는 수유자가 해당 부과처분에 대하여 다툴 수 있다고 보아야 한다. 판례 역시 다른 공동상속인들의 상속세에 대한 연대납부의무를 지는 상속인의 경우에는 다른 공동상속인들에 대한 과세처분 자체의 취소를 구함에 있어서 법률 상 직접적이고 구체적인 이익을 가진다고 할 것이므로 그 취소를 구할 원고적격을 인정함이 상당하고, 이는 국세기본법에 따라 공유자 또는 공동사업자 등 연대납세의무자의 관계에 있는 자가 지게 되는 구체적 연대납부의무가 연대납세의무자 각자에 대한 개별적인 과세처분에 의하여 확정되는 것이어서 이때의 연대납세의무자 중 1인은 다른 연대납세의무자에 대한 과세처분에 대하여 사실상의 간접적인 이해관계를 가질 뿐 원고적격

16) 대법원 1988.5.10. 88누11.

은 없다는 것과는 법리를 달리하는 것이라고 판시한다.[17)]

연대납세의무자 중 1인에 대하여 징수처분을 한 경우 이로써 다른 연대납세의무자에게도 '징수처분의 통지'를 한 효력이 발생하는가? 판례는 이를 긍정한다. 즉 연대납세의무와 관련하여서는 민법 제416조가 준용되므로 어느 연대채무자에 대한 이행청구는 다른 연대채무자에게도 효력이 있다. 민법 상 이행청구는 국세징수법 상 징수처분에 해당한다. 따라서 어느 한 연대납세의무자에 대한 징수처분은 다른 연대납세의무자에게 징수처분의 통지를 한 효력이 발생할 수 있다.[18)] 따라서 연대납세의무자 중 1인에 대한 징수처분으로 인하여 조세채권의 소멸시효가 중단되는 경우에는 다른 연대납세의무자에 대하여서도 소멸시효 중단의 효력이 미치는 것으로 보아야 한다. 이 점에서는 후술하는 제2차 납세의무의 경우와 다르다고 판단한다. 다만 징수처분인 납부고지와 독촉에 관한 서류는 연대납세의무자 모두에게 각각 송달하여야 하므로(국기 8조 2항), 연대납세의무자 중 1인에 대한 징수처분으로서의 납부고지 및 독촉에 따른 효력이 다른 연대납세의무자에 대하여는 미치지 않는 것으로 보아야 한다.

연대납세의무자 중 1인에 대한 과세처분의 무효 또는 취소 등의 사유는 다른 연대납세의무자에게 그 효력이 미치는가? 판례는 이를 부정한다. 연대납세의무와 관련하여서는 민법 415조가 준용되므로 어느 연대납세의무자에 대한 행위의 무효나 취소의 원인은 다른 연대납세의무자의 조세채무에 영향을 미치지 아니한다. 즉 연대납세의무자 중 1인에 대한 과세처분의 하자는 상대적 효력만을 가지므로, 연대납세의무자 중 1인에 대한 과세처분의 무효 또는 취소 등의 사유는 다른 연대납세의무자에게 그 효력이 미치지 않는다.[19)]

연대납세의무자 중 1인이 조세의 전부 또는 일부를 납부한 경우에 그 효력은 다른 연대납세의무자에 대하여서도 효력이 미치는가? 민법 상 '출자채무자의 구상권, 구상요건으로서의 통지, 상환무자력자의 부담부분(민법 425조-427조)'에 관한 각 규정이 준용되므로, 어느 연대납세의무자가 자기의 출재로 조세를 납부한 때에는 해당 금액에 대하여 조세채무가 소멸하고, 연대납세의무자들 사이의 부담부분에 근거하여 다른 연대납세의무자에 대하여 구상권을 행사할 수 있다. 연대납세의무자 중에 상환할 자력이 없는 자가 있는 때에는 그 납세의무자의 부담부분은 구상권자 및 다른 자력이 있는 납세의무자가 그 부담부분에 비례하여 분담

17) 대법원 2001.11.27. 98두9530.
18) 대법원 1998.9.4. 96다31697.
19) 대법원 1999.7.13. 99두2222.

하나 구상권자에게 과실이 있는 때에는 다른 연대채무자에 대하여 분담을 청구하지 못한다.

연대납세의무자가 납부한 조세가 과오납한 조세에 해당하는 경우 환급청구권자는 누구인가? 해당 연대납세의무자를 환급청구권자로 보아야 할 것이다(국기통칙 51-0…5). 해당 조세를 납부하지 않은 자에게 환급함으로 인하여 법률관계를 불필요하게 복잡하게 할 필요가 없기 때문이다. **2인 이상의 연대납세의무자가 납부한 국세 등에 대하여 발생한 국세환급금의 청구권자는 누구인가?** 2인 이상의 연대납세의무자가 납부한 국세 등에 대하여 발생한 국세환급금은 각자가 납부한 금액에 따라 안분한 금액을 각자에게 충당 또는 환급할 수 있다는 기본통칙이 있다(국기통칙 51-0…5). 각자 납부한 조세를 알 수 없는 경우에는 공탁하여야 할 것으로 본다.

상속세의 경우에는 상속인 또는 수유자 각자가 받았거나 받을 재산을 한도로 연대납세의무를 부담하는 바, 공동상속인의 연대납부의무는 다른 공동상속인이 고유의 상속세 납부의무를 이행하면 그 범위에서 일부 소멸하는 것일 뿐 다른 공동상속인의 납부 여부에 따라 원래부터 부담하는 연대납부의무의 범위가 변동되는 것은 아니다.[20] **상속세 납세의무와 관련하여 상속인 중 1인에게 납부고지를 하였으나 그 상속인이 해당 납부고지 상 세금이 상속받은 재산을 초과하는 것이라고 다투는 경우 그 불복사유는 징수처분에 고유한 하자에 해당하는가?** 피상속인 단계에서 성립 및 확정된 납세의무와 관련하여 상속인에게 납부고지를 한다면 해당 납부고지는 징수처분에 해당한다. 그런데 상속인이 상속받은 재산이 얼마인지 여부는 피상속인의 납세의무의 성립 및 확정과는 무관한 것이다. 따라서 위 경우 상속인에 대한 납부고지 세액이 상속받은 재산을 초과한 것이라는 점은 징수처분에 고유한 하자로 보아야 한다. 판례 역시 같은 취지로 판시한다. 과세관청이 확정된 세액에 관한 징수고지를 하면서 연대납부의무의 한도를 명시하지 아니하였다면 연대납부의무의 한도가 없는 징수고지를 한 것으로 보아야 한다. 징수절차 상 고유의 하자가 있는 경우 독촉이나 압류 등의 강제징수뿐만 아니라 징수고지 자체를 다툴 수도 있는데, 어떠한 공동상속인이 상속재산 중 받았거나 받을 재산을 한도로 한 연대납부의무만을 부담함에도 과세관청이 공동상속인이 부담하는 상속세 전액에 대하여 징수고지를 한 경우 연대납부의무의 한도는 다른 공동상속인에 대한 부과처분을 다투는 방법으로는 불복할 수 없는 공동상속인 자신에 한정된 징수절차 상 고유의 하자에 해당하므로, 연대납부의무의 한도를 다투려는 공동상속

20) 대법원 2016.1.28. 2014두3471.

인은 자신의 연대납부의무에 직접 영향을 미치는 과세관청의 처분인 징수고지를 대상으로 항고소송을 제기할 수 있다.[21]

4 지방세의 연대납세의무

지방세의 경우에도 연대납세의무자와 연대납세의 법률관계에 대하여 국세기본법 상 규정과 동일한 내용으로 규정한다(지기 44조).

상속의 경우와 과점주주의 취득세에 대하여서는 별도의 규정들이 있다. 상속이 개시된 경우에 그 상속인(수유자를 포함한다) 또는 상속재산관리인(민법 1053조)은 피상속인에게 부과되거나 그 피상속인이 납부할 지방자치단체의 징수금을 상속으로 인하여 얻은 재산을 한도로 하여 납부할 의무를 지는 바(지기 44조 1항), 상속인이 2명 이상일 때에는 각 상속인은 피상속인의 지방자치단체의 징수금을 민법 상 상속분에 따라 안분하여 계산한 금액을 상속받은 재산을 한도로 연대하여 납부할 의무를 진다(지기 44조 2항). 법인의 주식 또는 지분을 취득함으로써 과점주주(지기 46조 2호)가 되었을 때에는 그 과점주주가 해당 법인의 부동산 등을 취득(법인설립시에 발행하는 주식 또는 지분을 취득함으로써 과점주주가 된 경우에는 취득으로 보지 아니한다)한 것으로 보는 바, 이 경우 과점주주는 취득세에 대하여 연대납세의무를 부담한다(지세 7조 5항). 다만 과점주주의 취득세의 경우 모든 과점주주에게 간주취득세를 부과해서는 안 되고 의결권 등을 통하여 주주권을 실질적으로 행사하여 법인의 운영을 사실상 지배할 수 있는 과점주주에게만 간주취득세를 부과하는 것이므로 주주명부에 과점주주에 해당하는 주식을 취득한 것으로 기재되었다고 하더라도 주식에 관한 권리를 실질적으로 행사하여 법인의 운영을 지배할 수 없었던 경우에는 간주취득세를 낼 의무를 지지 않는다고 보아야 한다.[22]

---

21) 대법원 2016.1.28. 2014두3471.
22) 대법원 2019.3.28. 2015두3591.

Ⅳ 제2차 납세의무자

1 총설

가. 의의

제2차 납세의무자는 납세자가 납세의무를 이행할 수 없는 경우에 납세자를 갈음하여 납세의무를 지는 자를 말한다(국기 2조 11호). 지방세의 경우도 같다(지기 2조 1항 13호). 제2차 납세의무는 조세징수의 확보를 위하여 원래의 납세의무자의 재산에 대하여 강제징수를 하여도 징수하여야 할 조세에 부족이 있다고 인정되는 경우에 그 원래의 납세의무자와 특수관계에 있는 제3자에 대하여 원래의 납세의무자로부터 징수할 수 없는 액을 한도로 하여 보충적으로 납세의무를 부담케 하는 제도로서, 형식적으로 제3자에 귀속되어 있는 경우라고 하더라도 실질적으로는 원래의 납세의무자에게 그 재산이 귀속되어 있는 것으로 보아도 공평을 잃지 않는 경우 등 형식적 권리의 귀속을 부인하여 사법질서를 어지럽히는 것을 피하면서 그 권리귀속자에게 보충적으로 납세의무를 부담케 하여 징수절차의 합리화를 아울러 도모하려는 제도이다.[23)]

현행세법 상 제2차 납세의무는 **청산인 등의 제2차 납세의무**(국기 38조 ; 지기 45조), **출자자 등의 제2차 납세의무**(국기 39조 ; 지기 46조), **법인의 제2차 납세의무**(국기 40조 ; 지기 47조) 및 **사업양수인의 제2차 납세의무**(국기 41조 ; 지기 48조)가 있다. 지방세의 제2차 납세의무는 국세의 경우와 동일하다. 이하 국세를 중심으로 살핀다.

제2차 납세의무자의 입장에서 제2차 납세의무제도는 예측하기 어려운 조세를 부담시키는 것이고 이로 인하여 제2차 납세의무자의 법적 안정성을 해하는 측면이 있으므로, 해당 규정들을 유추해석하거나 확대해석하는 것에는 신중하여야 할 필요가 있다.

또한 제2차 납세의무자가 체납액을 그 납부기한까지 완납하지 아니하였을 때에는 10일 내에 세무서장은 독촉장을 발급하여야 하나, '물적납세의무를 부담하는 경우'(국징령 3조 3호)에는 독촉장을 발급하지 아니하고, 독촉장을 발급할 때에는 납부기한은 발급일부터 20일 내로 한다(국징 10조 1항, 2항).

23) 대법원 1982.12.14. 82누192.

나. 제2차 납세의무의 성립과 확정

제2차 납세의무는 언제 성립하는가? 명문의 규정이 없다. 제2차 납세의무에 관한 개별 규정 상 각 과세요건이 충족되는 경우에 제2차 납세의무가 성립하는 것으로 보아야 한다. 즉 제2차 납세의무는 주된 납세의무자의 체납 등 그 요건에 해당되는 사실의 발생에 의하여 추상적으로 성립한다.[24)]

주된 납세의무자의 납부기한이 경과하기 이전에 이루어진 제2차 납세의무자에 대한 납부고지의 효력은 어떠한가? 제2차 납세의무가 성립하기 위하여는 주된 납세의무자의 체납 등 그 요건에 해당하는 사실이 발생하여야 하므로 그 성립시기는 적어도 '주된 납세의무의 납부기한'이 경과한 이후라고 할 것이다.[25)] 즉 주된 납세의무자의 조세채무가 납부고지를 통하여 확정되고 그 납부고지 상 납부기한이 경과되는 등 개별 세법 상 요건이 충족되어야 하므로 주된 납세의무자에 대한 확정절차를 거치지 않고서 제2차 납세의무자에 대하여 납부고지를 하는 것은 위법하다. 판례는 제2차 납세의무자에 대한 납부고지에 대하여 형식적으로는 독립된 과세처분이지만 실질적으로는 과세처분 등에 의하여 확정된 주된 납세의무에 대한 징수절차 상의 처분으로서의 성격을 가지는 것으로 보았다. 따라서 제2차 납세의무자에 대하여 납부고지를 하려면 먼저 주된 납세의무자에 대하여 과세처분 등을 하여 그의 구체적인 납세의무를 확정하는 절차를 거쳐야 하고, 그러한 절차를 거침이 없이 바로 제2차 납세의무자에 대하여 납부고지를 하는 것은 위법하다고 판시한다.[26)] 그 납부고지처분은 무효이다.[27)] 제2차 납세의무자에 대한 납부고지서는 형식적으로는 독립된 과세처분이지만 실질적으로는 구체적으로 확정된 주된 납세의무에 대한 징수절차 상 처분으로서의 성격을 가진다고 할 것이기 때문이다.

다만 위와 같은 납부고지 상 하자가 치유될 수 있는 여지는 있다. 즉 하자 있는 행정행위에 있어서 하자의 치유는 행정행위의 성질이나 법치주의의 관점에서 볼 때, 원칙적으로는 허용될 수 없으나 행정행위의 무용한 반복을 피하고 당사자의 법적 안정성을 보호하기 위하여 국민의 권리와 이익을 침해하지 아니하는 범위 내에서 구체적인 사정에 따라 예외적으로 허용될 수 있을 뿐이다. 따라서 **주된 납세의무자에 대한 과세처분의 효력 발생 전에**

---

24) 대법원 1982.8.24. 81누80.
25) 대법원 2012.5.9. 2010두13234.
26) 대법원 1998.10.27. 98두4535.
27) 대법원 1990.4.13. 89누1414.

한 제2차 납세의무자에 대한 납부고지처분의 절차 상의 하자가 그 후 주된 납세의무자에 대한 과세처분의 효력 발생으로 치유될 수 있다.[28] 이 판례가 예외적으로 하자의 치유를 인정하는 구체적인 사정은 다음과 같다. 본래의 납세의무자는 청산절차에 들어가 발행주식 100%를 소유한 주주에게 잔여재산의 분배까지 마쳐 아무런 재산이 없으며 과세관청은 위 주주를 제2차 납세의무자로 지정하였는 바, 과세관청은 제2차 납세의무자에 대한 이 사건 납부고지결정과 동시에 본래의 납세의무자에 대하여도 과세결정을 하고 그 납부고지서를 송달하기 위하여 본래의 납세의무자의 사무실이 없는 관계로 청산인의 주소지를 직접 찾아 갔으나 청산인이 주소를 옮긴 것을 발견하고 다음 날 배달증명우편으로 옮긴 주소지로 납부고지서를 송달하여 그 다음 날 송달이 이루어진 반면, 제2차 납세의무자에 대한 납부고지서는 제2차 납세의무자의 직원이 결정 당일에 과세관청의 사무실을 직접 방문하여 수령하여 간 사정이 있었다. 이상의 사정을 근거로 위 판례는 제2차 납세의무자인 원고에 대한 이 사건 납부고지처분이 주된 납세의무자에 대한 과세처분의 효력이 발생하기 전에 이루어진 절차 상의 하자는 있지만, 그 후 주된 납세의무자에 대한 과세처분의 효력이 발생함으로써 그 하자가 치유되었다고 보았다.

제2차 납세의무는 언제 확정되는가? 세무서장이 납세자의 체납액을 제2차 납세의무자(납세보증인을 포함한다)로부터 징수하려면 제2차 납세의무자에게 징수하려는 체납액의 과세기간, 세목, 세액 및 그 산출 근거, 납부기한, 납부장소와 제2차 납세의무자로부터 징수할 금액 및 그 산출 근거와 그 밖에 필요한 사항을 적은 납부고지서로 고지하여야 하고, 이 경우 납세자에게 그 사실을 통지하여야 한다(국징 7조). 즉 납부고지서가 고지됨으로써 제2차 납세의무는 구체적으로 확정된다. 지방세의 경우에도 같다(지징 15조).

제2차 납세의무자 지정처분 자체가 항고소송의 대상이 될 수 있는가? 제2차 납세의무는 주된 납세의무자의 체납 등 그 요건에 해당하는 사실의 발생에 의하여 추상적으로 성립하고 납부고지에 의하여 고지됨으로써 구체적으로 확정되는 것이고, 제2차 납세의무자 지정처분만으로는 아직 납세의무가 확정되는 것이 아니므로 그 지정처분은 항고소송의 대상이 되는 행정처분이라고 할 수 없다.[29]

제2차 납세의무자에 대한 과세처분은 납부고지서에 의하여 고지하면 되고 납부고지서

28) 대법원 1998.10.27. 98두4535.
29) 대법원 1995.9.15. 95누6632.

관련 서류 등의 기재 등에 비추어 볼 때 고지서 상 납부일자의 기재가 잘못된 것임이 명백하다면 이는 강행규정에 위반한 하자는 아니다.[30)]

제2차 납세의무자가 수인인 경우에 그들은 1개의 제2차 납세의무에 관하여 분할채무자로서 납세의무를 부담하는가? 제2차 납세의무자가 수인인 경우에 그들은 각자가 법인의 체납세액에 대하여 과점주주인 지위에서 다른 과점주주와 독립하여 제2차 납세의무를 부담하는 것이지 1개의 제2차 납세의무에 관하여 그 납세의무자가 수인이 되는 경우가 아닌 것이므로, 제2차 납세의무자는 각자가 법인의 체납세액 전액에 대하여 납세의무를 부담하는 것이지 1개의 채무에 관하여 채무자가 수인인 경우에 관한 원칙적 규정인 분할채무관계(민법 408조)를 적용하여 제2차 납세의무자 상호간에 분별의 이익이 있게 되는 것은 아니다.[31)]

다. 납세의무자와 제2차 납세의무자의 각 납세의무의 관계

(1) 부종성

제2차 납세의무는 조세징수의 확보를 위하여 원래의 납세의무자의 재산에 대하여 강제징수를 하여도 징수하여야 할 조세에 부족이 있다고 인정되는 경우에 그 원래의 납세의무자와 특수관계에 있는 제3자에 대하여 원래의 납세의무자로부터 징수할 수 없는 금액을 한도로 하여 보충적으로 납세의무를 부담케 하는 제도이므로,[32)] 제2차 납세의무는 본래의 납세의무를 전제로 하여 성립한다. 따라서 본래의 납세의무가 납부 또는 면제 등에 의하여 소멸한 경우에는 제2차 납세의무도 당연히 소멸한다. 이를 '**제2차 납세의무의 부종성**'이라고 한다.[33)] 판례에 의하면 제2차 납세의무자는 본래의 납세의무자의 국세를 대납할 정당한 이익을 가진다.[34)] 민법 상 채무의 변제는 제삼자도 할 수 있고(민법 469조 1항 본문), 변제할 정당한 이익이 있는 자는 변제로 당연히 채권자를 대위한다(민법 481조). 따라서 제2차 납세의무자가 해당 조세를 대납할 경우 국가의 조세채권을 대위한다고 해석하여야 한다.

본래의 납세의무에 대한 소멸시효 또는 제척기간이 경과되지 않는 한, 해당 과세요건을 충족한다면 제2차 납세의무자에 대하여 납부고지를 할 수 있다. 이는 본래의 납세의무에 대한 소멸시효기간이 형식 상 경과되었으나 그 소멸시효가 중단 또는 정지됨으로 인하여

30) 대법원 1996.12.6. 95누14770.
31) 대법원 1996.12.6. 95누14770.
32) 대법원 1982.12.14. 82누192.
33) 金子 宏、前掲書、149頁。
34) 대법원 1981.7.28. 80다1579 참조.

해당 납세의무가 소멸되지 않은 경우에도 마찬가지로 해석하여야 한다.[35)]

본래의 납세의무가 소멸시효에 의하여 소멸한 경우에는 제2차 납세의무 역시 소멸하는가? 제2차 납세의무 역시 소멸하는 것으로 보아야 한다. 그렇지 않으면 제2차 납세의무자가 해당 조세를 납부하더라도 대위하여 행사할 조세채권이 존재하지 않아 제2차 납세의무자의 이익을 해할 수 있고, 국가가 본래의 납세의무자에 대하여 소멸시효의 완성으로 인하여 징수할 수 없는 조세를 제2차 납세의무자에 대하여는 징수할 수 있다는 것은 사실상 소멸시효를 연장하는 것과 같으나 이를 허용할 수 있는 합리적 근거는 없다고 보이기 때문이다. 일본 판례 역시 본래의 납세의무자에 대하여 소멸시효가 완성되었다면 설사 제2차 납세의무자에 대하여 소멸시효 중단사유가 있다고 하더라도 그 제2차 납세의무는 소멸한다고 판시한다.[36)]

제2차 납세의무자에 대하여 납부고지가 이루어진 후에 본래의 납세의무에 관하여 소멸시효가 중단 내지 정지되었다면 그 효과는 제2차 납세의무에 대하여서도 미치는 것인가? 제2차 납세의무자에 대하여 납부고지가 이루어진 후에는 제2차 납세의무가 독립적인 납세의무로서 확정되는 것이므로, 그 효과는 이미 행하여진 납부고지에 관계된 제2차 납세의무에 미치지 않는다고 판단한다. 제2차 납세의무 역시 소멸시효의 완성으로 인하여 독자적으로 소멸될 수 있는 여지를 인정하는 것이 타당하고 이를 부인할 법적인 근거가 없기 때문이다. 판례에 따르면 제척기간 역시 독자적으로 진행된다. 즉 제2차 납세의무에 대해서는 주된 납세의무와 별도로 부과제척기간이 진행하고, 부과제척기간은 특별한 사정이 없는 한 이를 부과할 수 있는 날인 제2차 납세의무가 성립한 날로부터 5년간으로 봄이 상당하다.[37)]

본래의 납세의무에 대하여 납부기한의 연장 또는 징수유예가 이루어진 경우에 제2차 납세의무자에 대한 절차를 개시하거나 속행할 수 있는가? 본래의 납세의무에 대하여 납부기한의 연장 또는 징수유예가 이루어진 경우에는 조세채권이 집행불능 상태에 있기 때문에 연장된 기한 중에는 제2차 납세의무자에 대한 절차를 개시하거나 속행할 수 없으나, 본래의 납세의무와 관련하여 압류・매각의 유예가 있는 경우(국징 105조)에는 제2차 납세의무자에 대한 절차를 개시하거나 속행할 수 있다고 해석한다.[38)]

본래의 납세의무에 대하여 한정승인을 하거나 채무자의 회생 및 파산에 관한 법률에 따라

35) 같은 취지 : 金子 宏、前掲書、150頁。
36) 東京地判 昭和39年3月26日 下級民集15巻3号、639頁。
37) 대법원 2012.5.9. 2010두13234.
38) 金子 宏、前掲書、150頁。

면책결정이 있는 경우에 제2차 납세의무자에 대한 절차를 개시하거나 속행할 수 있는가? 본래의 납세의무에 관한 책임이 소멸하더라도 조세채무 자체는 여전히 존속하는 것이어서 위 한정승인(민법 1028조) 및 면책결정(회생파산법 566조)이 제2차 납세의무에 대하여 영향을 미치지 않는 것이므로 제2차 납세의무자에 대한 절차를 개시하거나 속행할 수 있다.[39)]

(2) 보충성

본래의 납세의무자에게 부과되거나 본래의 납세의무자가 납부할 국세와 강제징수비에 충당하여도 부족한 경우에는 그 부족액을 한도로 하여 제2차 납세의무가 성립하게 된다. 이를 **'제2차 납세의무의 보충성'**이라고 한다.[40)] 국세와 강제징수비에 충당하여도 부족한지 여부는 납부고지를 하는 때를 기준으로 판단한다.[41)] 따라서 제2차 납세의무자에 대하여 납부고지가 이루어진 후에 본래의 납세의무자가 자력을 회복하더라도 그 납부고지의 효력에는 영향이 없다.[42)]

제2차 납세의무가 성립하기 위하여는 주된 납세의무에 징수부족액이 있을 것을 요건으로 하지만 일단 주된 납세의무가 체납된 이상 그 징수부족액의 발생은 반드시 주된 납세의무자에 대하여 현실로 강제징수를 집행하여 부족액이 구체적으로 생기는 것을 요하지 아니하고 다만 강제징수를 하면 객관적으로 징수부족액이 생길 것으로 인정되면 족하다.[43)]

(3) 제2차 납세의무자의 권리구제방법

제2차 납세의무자로서 납부고지서를 받은 자는 조세법에 따른 처분에 의하여 권리나 이익을 침해당하게 될 이해관계인으로서 위법 또는 부당한 처분의 취소 또는 변경을 청구하거나 그 밖에 필요한 처분을 청구할 수 있다(국기 55조 2항 1호). 즉 **제2차 납세의무자는 본래의 납세의무에 대하여 직접 다툴 수 있다.**

한편 제2차 납세의무자는 본래의 납세의무가 위법한지 여부에 대한 확정과 무관하게 자신에 대한 제2차 납세의무 부과처분 취소소송에서 주된 납세의무자에 대한 부과처분의 하자를 주장할 수도 있다.[44)]

따라서 제2차 납세의무자는 본래의 납세의무에 대하여 직접 다툴 수도 있고, 자신에 대

39) 上揭書。
40) 上揭書。
41) 東京高判 昭和52年4月20日 月報23卷6号, 1117頁。
42) 東京高判 昭和55年9月18日 行裁例集31卷9号, 1882頁。
43) 대법원 1996.2.23. 95누14756.
44) 대법원 2009.1.15. 2006두14926.

한 제2차 납세의무 부과처분에 대하여서도 다툴 수 있다.

제2차 납세의무자는 본래의 납세의무에 관한 부과처분에 무효사유가 있다는 점을 제2차 납세의무에 관한 부과처분의 위법사유로서 주장할 수 있는가? 제2차 납세의무는 본래의 납세의무를 전제로 하는 것이므로 제2차 납세의무자는 본래의 납세의무에 관한 부과처분이 무효에 해당한다는 점을 제2차 납세의무에 관한 부과처분의 위법사유로서 주장할 수 있다고 판단한다.[45)]

제2차 납세의무자는 본래의 납세의무에 관한 부과처분에 취소사유가 있다는 점을 제2차 납세의무에 관한 부과처분의 위법사유로서 주장할 수 있는가? 일본 판례는 이 쟁점과 관련하여 '제2차 납세의무자에 대한 납부고지는 본래의 납세의무가 확정된 이후에 이를 징수하는 절차 상 하나의 처분으로서의 성격을 갖고 납부고지를 받은 제2차 납세의무자는 마치 본래의 납세의무에 관하여 징수처분을 받은 본래의 납세의무자와 동일한 입장에 있는 것과 같다'는 점을 근거로 하여 소극적으로 해석한다.[46)] 본래의 납세의무자에 있어서는 부과처분과 징수처분을 각 다른 목적을 갖는 별개의 처분으로 보아 선행처분에 무효사유가 있는 경우 이외에는 그 하자가 승계되지 않고, 제2차 납세의무는 본래의 납세의무에 대하여 징수한 세액이 부족한 경우에 한하여 발생하는 것이므로 본래의 납세의무에 관한 징수처분에 속한다고 볼 수 있다는 점에서 위 판례에는 타당한 측면이 있다고 보인다. 그러나 제2차 납세의무자 입장에서는 납부고지에 의하여 새롭게 납세의무가 확정되는 것이나 그 납세의무는 본래의 납세의무에 근거한 것이라는 점과 제2차 납세의무자의 입장에서 제2차 납세의무제도는 예측하기 어려운 조세를 부담하는 것이고 이로 인하여 제2차 납세의무자의 법적 안정성을 해하는 측면이 있다는 점을 감안한다면, **비록 본래의 납세의무자가 당초 취소사유를 주장하지 않았다고 하더라도 제2차 납세의무자가 이를 주장할 수 있도록 하는 것이 타당하다.** 따라서 제2차 납세의무자는 본래의 납세의무에 관한 부과처분에 취소사유가 있다는 점을 제2차 납세의무에 관한 부과처분의 위법사유로서 주장할 수 있다고 판단한다.[47)] 물론 위 일본 판례의 입장에 선다고 하더라도 제2차 납세의무자 역시 본래의 납세의무에 대하여 다툴 수 있는 바 그 제소기간의 기산점을 제2차 납세의무자가 납부고지를 받은 날의 익일로 해석한다면 본래 납세의무자에 대한 제소기간에 구애되지 않고서 그 취소사유를 주장할 수 있으므로 위 입장과 유사한 결론에 이르게 될 수 있다.[48)]

45) 같은 취지 : 金子 宏、前掲書、151頁。
46) 日最判 昭和50年8月27日 民集29巻7号, 1226頁。
47) 유사한 취지 : 金子 宏、前掲書、152頁。

본래의 납세의무자가 제기한 전소가 확정되어 기판력이 발생한 경우 그 기판력이 제2차 납세의무자가 제기한 소송에도 미치는가? 주된 납세의무자가 제기한 전소와 제2차 납세의무자가 제기한 후소가 각기 다른 처분에 관한 것이어서 그 소송물을 달리하는 경우에는 전소 확정판결의 기판력이 후소에 미치지 않는다.[49] 다만 이는 소송물이 다른 경우에 관한 판단이므로 제2차 납세의무자가 당초 본래의 납세의무에 관한 부과처분을 다투었으나 패소확정된 이후에 자신에 대한 부과처분을 다투면서 본래의 부과처분에 대한 위법사유를 다시 주장하는 것은 기판력에 저촉되는 것으로서 허용되지 않는다.[50]

제2차 납세의무자에 대한 납부고지가 징수권의 남용에 해당하는 경우는 없는가? 이와 관련된 일본 국세불복심판소의 재결이 있다. 참고할 가치가 있다. 즉 본래의 납세의무자가 충분한 재산을 가지고 있고 그로부터 징수하는 것이 아주 용이한 상태이었음에도 불구하고, 과세관청이 본래의 납세의무자 또는 제3자의 이익을 위하거나 제2차 납세의무자에게 손해를 가할 목적으로 자의적으로 본래의 납세의무자에 대하여 징수하지 않고 있다가 본래의 납세의무자가 징수부족 상태에 빠진 것을 기화로 제2차 납세의무자에 대하여 징수절차를 집행하는 등, 제2차 납세의무의 납부고지처분을 행하는 것이 정의에 반하여 권리를 행사한 것으로서 용인될 수 없다고 평가되는 경우에는, 제2차 납세의무의 납부고지처분이 징수권의 남용에 해당하여 위법하게 된다.[51]

2 청산인 등의 제2차 납세의무

법인이 해산하여 청산하는 경우에 그 법인에 부과되거나 그 법인이 납부할 국세 및 강제징수비를 납부하지 아니하고 해산에 의한 잔여재산을 분배하거나 인도하였을 때에 그 법인에 대하여 강제징수를 집행하여도 징수할 금액에 미치지 못하는 경우에는 청산인 또는 잔여재산을 분배받거나 인도받은 자는 그 부족한 금액에 대하여 제2차 납세의무를 진다(국기 38조 1항). 위 제2차 납세의무는 '청산인의 경우 분배하거나 인도한 재산의 가액을 한도'로 하고, '잔여재산을 분배 또는 인도를 받은 자의 경우에는 각자가 받은 재산의 가액을 한도'로 한다(국기 38조 2항). 재산의 가액은 청산 후 남은 재산을 분배하거나 인도한 날 현재의 시가로 한다(국기령 19조). 법인이 해산한 경우를 판정함에 있어서는 해산등기를 경료하였는

48) 같은 취지 : 上掲書。
49) 대법원 2009.1.15. 2006두14926.
50) 같은 취지 : 임승순, 전게서, 114면.
51) 国税審 平成27年1月19日 裁例集98集187頁。

지 여부를 불문하는 것이 타당하다(국기통 38-0…2).

법인의 해산사유에 대하여 본다.

합명회사는 회사는 '존립기간의 만료 기타 정관으로 정한 사유의 발생', '총사원의 동의', '사원이 1인으로 된 때', '합병', '파산', '법원의 명령 또는 판결'로 인하여 해산한다(상법 227조).

합자회사의 경우 합명회사의 해산사유는 합자회사에 대하여서도 준용되고(상법 269조), 무한책임사원 또는 유한책임사원의 전원이 퇴사한 때에도 해산된다(상법 285조 1항).

유한책임회사의 경우 '존립기간의 만료 기타 정관으로 정한 사유의 발생', '총사원의 동의', '사원이 없게 된 경우', '합병', '파산', '법원의 명령 또는 판결'로 인하여 해산한다(상법 287조의38).

주식회사의 경우 '존립기간의 만료 기타 정관으로 정한 사유의 발생', '합병', '파산', '법원의 명령 또는 판결', '회사의 분할 또는 분할합병(상법 530조의2)', '주주총회의 결의'로 인하여 해산한다(상법 517조).

유한회사의 경우 '존립기간의 만료 기타 정관으로 정한 사유의 발생', '합병', '파산', '법원의 명령 또는 판결', '사원총회의 결의'로 인하여 해산한다(상법 609조).

법인에 대한 위 각 해산사유 중 합병의 경우에는 합병 후 존속하는 법인 또는 합병으로 설립된 법인은 합병으로 소멸된 법인에 부과되거나 그 법인이 납부할 국세와 강제징수비를 납부할 의무를 지므로(국기 23조), 제2차 납세의무에 관한 규정이 적용되지 않는다고 보아야 한다.

청산인은 원천징수하여야 할 법인세 또는 소득세와 관련하여서도 연대납세의무를 부담한다. 법인이 해산한 경우에 원천징수하여야 할 법인세를 징수하지 아니하였거나 징수한 법인세를 납부하지 아니하고 잔여재산을 분배한 때에는 청산인과 잔여재산의 분배를 받은 자가 각각 그 분배한 재산의 가액과 분배받은 재산의 가액을 한도로 그 법인세를 연대하여 납부할 책임을 진다(법세령 116조). 또한 법인이 해산한 경우에 원천징수를 하여야 할 소득세를 징수하지 아니하였거나 징수한 소득세를 납부하지 아니하고 잔여재산을 분배하였을 때에는 청산인은 그 분배액을 한도로 하여 분배를 받은 자와 연대하여 납세의무를 진다(소세 157조 1항).

정비사업조합 재산의 분배 또는 인도와 관련된 특례가 있다. 정비사업조합이 관리처분계획에 따라 해당 정비사업의 시행으로 조성된 토지 및 건축물의 소유권을 타인에게 모두 이전한 경우로서 그 정비사업조합이 납부할 국세·강제징수비를 납부하지 아니하고, 그 남은 재산을 분배하거나 인도한 경우에는 그 정비사업조합에 대하여 강제징수를 집행하여도 징수할 금액이 부족한 경우에만 그 남은 재산의 분배 또는 인도를 받은 자가 그 부족액에 대하여 제2차 납세의무를 지고, 이 경우 해당 제2차 납세의무는 그 남은 재산을 분배 또는 인도받은 가액을 한도로 한다(조특 104조의7 4항).

3 출자자 등의 제2차 납세의무

법인(법정 증권시장(국기령 20조 1항)에 **주권이 상장된 법인은 제외**)의 재산으로 그 법인에 부과되거나 그 법인이 납부할 국세 및 강제징수비에 충당하여도 부족한 경우에는 그 국세의 납세의무 성립일 현재 무한책임사원 등(국기 39조 각 호)는 그 부족한 금액에 대하여 제2차 납세의무를 진다(국기 39조 본문). **제2차 납세의무를 부담하는 무한책임사원 등**은 무한책임사원(합명회사의 사원 또는 합자회사의 무한책임사원) 및 과점주주[주주 또는 사원 1명(합자회사의 유한책임사원, 유한책임회사의 사원 또는 유한회사의 사원)과 그의 특수관계인 중 법정의 자로서 그들의 소유주식 합계 또는 출자액 합계가 해당 법인의 발행 주식 총수 또는 출자총액의 100분의 50을 초과하면서 그 법인의 경영에 대하여 지배적인 영향력을 행사하는 자들]을 의미한다(국기 39조 각 호). 다만, 과점주주의 경우에는 그 부족한 금액을 그 법인의 발행주식 총수(의결권이 없는 주식은 제외) 또는 출자총액으로 나눈 금액에 해당 과점주주가 실질적으로 권리를 행사하는 주식 수(의결권이 없는 주식은 제외) 또는 출자액을 곱하여 산출한 금액을 한도로 한다(국기 39조 단서).

종전에는 상장법인이 아닌 법인과 관련하여서만 제2차 납세의무가 발생하는 것으로 규정하였으나, 2014년 12월 23일 개정을 통하여 상장 여부를 불문하고 제2차 납세의무가 발생하는 것으로 개정된 후 다시 2020년 12월 22일 개정을 통하여 상장법인을 제외하는 것으로 개정되었다.

법정 특수관계인은 해당 주주 또는 사원이 본인인 경우에 있어서 ['본인과 친족관계 또는 경제적 연관관계에 있는 자'] 또는 ['본인과 경영지배관계에 있는 자' 중 '본인이 직접 또는 그와 친족관계 또는 경제적 연관관계에 있는 자를 통하여 법인의 경영에 대하여 지배적인 영향력을 행사하고 있는 경우 그 법인(본인이 개인인 경우)', '개인 또는 법인이 직접 또는 그와 친족관계 또는 경제적 연관관계에 있는 자를 통하여 본인인 법인의 경영에 대하여 지배적인 영향력을 행사하고 있는 경우 그 개인 또는 법인(본인이 법인인 경우)' 또는 '본인이 직접 또는 그와 경제적 연관관계 또는 본인에 대하여 지배적인 영향력을 행사하는 개인 또는 법인을 통하여 어느 법인의 경영에 대하여 지배적인 영향력을 행사하고 있는 경우 그 법인(본인이 법인인 경우)']을 말한다(국기령 20조 2항, 18조의2, 1조의2 3항 1호 가목, 2호 가목 및 나목). 이 경우 본인 역시 특수관계인의 특수관계인에 해당한다(국기 2조 20호).

이하 **과점주주의 판정과 관련하여 본다.**

종전 판례의 입장은 다음과 같다. 과점주주는 그 스스로가 법인의 경영에 관여하여 이를 사실상 지배하거나 당해 법인의 발행주식총수의 100분의 51 이상(현재는 100분의 50 초과)의 주식에 관한 권리를 실질적으로 행사하는 자일 필요는 없어서 과점주주에 해당하는지 여부는 과반수 주식의 소유 집단의 일원인지 여부에 의하여 판단하여야 하고 구체적으로 회사경영에 관여한 사실이 없다고 하더라도 그것만으로 과점주주가 아니라고 판단할 수 없다.[52] 그러나 위 판례는 법문이 과점주주를 해당 권리를 실질적으로 행사하는 자들로 정의하고 있으므로 유지되기 어렵다고 본다.

어느 특정주주와 친족 기타 특수관계에 있는 모든 주주들의 주식수를 종합하여 당해 법인의 발행주식 총액의 51/100 이상(현재는 100분의 50 초과)이 되면 비록 그 중 어느 주주들 사이에 친족 또는 특수관계가 없다고 하더라도 그 주주전원을 과점주주로서 제2차 납세의무자로 보아야 한다.[53] 다만 이 경우에도 해당 권리를 실질적으로 행사하는 자에 해당하여야 함은 물론이다.

한편 과점주주에 해당하기 위해서는 적어도 납세의무 성립일 당시 소유하고 있는 주식에 관하여 주주권을 행사할 수 있는 지위에는 있어야 하는 바, 양도계약에 따라 명의개서를 마친 이후에 해당 계약이 해제된 경우에는 납세의무 성립일 당시 주주권을 행사할 가능성이 없으므로 제2차 납세의무를 지지 않는다.[54]

과점주주가 법인인 경우 그 법인의 과점주주 역시 제2차 납세의무를 부담하는가? 출자자 등 제2차 납세의무의 취지는, 회사의 경영을 사실상 지배하는 실질적인 운영자인 과점주주는 회사의 수익은 자신에게 귀속시키고 손실은 회사에 떠넘김으로써 회사의 법인격을 악용하여 이를 형해화시킬 우려가 크므로 이를 방지하여 실질적인 조세평등을 이루려는 데 있다. 그러나 과점주주의 제2차 납세의무는 사법 상 주주 유한책임의 원칙에 대한 중대한 예외로서 본래의 납세의무자가 아닌 제3자에게 보충적인 납세의무를 부과하는 것이기 때

52) 대법원 2004.7.9. 2003두1615.
53) 대법원 1980.10.14. 79누447.
54) 대법원 2012.12.26. 2011두9287.

문에 그 적용 요건을 엄격하게 해석하여야 한다. 그런데 법은 법인에 대한 제2차 납세의무자로 과점주주만을 규정하고 있을 뿐 그 법인의 과점주주인 법인(이하 '1차 과점주주'라 한다)이 제2차 납세의무자로서 체납한 국세 등에 대하여 1차 과점주주의 과점주주(이하 '2차 과점주주'라 한다)가 또다시 제2차 납세의무를 진다고 규정하지 않고 있다. 따라서 2차 과점주주가 단지 1차 과점주주의 과점주주라는 사정만으로 1차 과점주주를 넘어 2차 과점주주에까지 보충적 납세의무를 확장하여 위 조항에서 규정한 과점주주에 해당한다고 보는 것은 특별한 사정이 없는 한 허용되지 않는다고 봄이 타당하다.[55)]

제2차 납세의무자가 되는 과점주주인지 여부는 그 국세납세의무의 성립일 현재를 기준으로 판단하도록 되어 있는 바, 법인세법 상 소득처분되는 상여에 관한 원천징수 및 그에 대한 가산세의 납세의무 성립일은 언제인가? 법인세법 상 소득처분되는 상여는 당해 법인이 세무서장으로부터 소득금액변동 통지서를 받은 날 지급한 것으로 보도록 규정되어 있고 원천징수하는 소득세 및 이에 대한 가산세는 그 소득금액을 지급하는 때에 납세의무가 성립하므로, 법인세법 상 소득처분되는 상여와 관련하여 원천징수하는 소득세 및 이에 대한 가산세의 납세의무 성립일은 소득금액변동 통지서를 받은 날이다.[56)]

주식의 소유사실은 과세관청이 주주명부나 주식이동상황명세서 또는 법인등기부등본 등 자료에 의하여 이를 입증하면 되고, 다만 위 자료에 비추어 일견 주주로 보이는 경우에도 실은 주주명의를 도용당하였거나 실질소유주의 명의가 아닌 차명으로 등재되었다는 등의 사정이 있는 경우에는 단지 그 명의만으로 주주에 해당한다고 볼 수는 없다. 그러나 이는 주주가 아님을 주장하는 그 명의자가 입증하여야 한다.[57)]

과세관청이 납세의무자의 주주명부에 잘못 등재되어 있는 자를 과점주주로 오인하여 제2차 납세의무자로 지정하고 이 사건 고지처분을 하였다고 하더라도 그것만으로는 무효사유인 중대하고도 명백한 하자가 있는 과세처분에 해당한다고 할 수 없다.[58)]

벤처기업의 출자자에 대하여서는 제2차 납세의무에 대한 특례가 있다. 벤처기업이 2018년 1월 1일부터 2025년 12월 31일까지의 기간 중 법인세 납세의무가 성립한 사업연도에 대하여 특정 요건을 모두 충족하는 경우에는 그 벤처기업의 출자자(국기 39조)는 해당 사업연

---

55) 대법원 2019.5.16. 2018두36110; 대법원 2022.5.26. 2019두60226.
56) 대법원 1982.5.11. 80누223.
57) 대법원 2004.7.9. 2003두1615.
58) 대법원 1990.12.7. 90누5245.

도의 법인세 및 이에 부가되는 농어촌특별세 · 강제징수비(이하 '법인세 등')에 대하여 제2차 납세의무를 지지 아니하고, 이 경우 2018년 1월 1일부터 2025년 12월 31일까지의 기간에 납세의무가 성립한 법인세 등에 대한 제2차 납세의무를 지지 아니하는 금액의 한도는 출자자 1명당 2억원이다(조특 15조).

4 법인의 제2차 납세의무

국세(둘 이상의 국세의 경우에는 납부기한이 뒤에 오는 국세)의 납부기간 만료일 현재 법인의 무한책임사원 또는 과점주주(이하 "출자자"라 한다)의 재산(그 법인의 발행주식 또는 출자지분은 제외한다)으로 그 출자자가 납부할 국세와 강제징수비에 충당하여도 부족한 경우에는 그 법인은 **'정부가 출자자의 소유주식 또는 출자지분을 재공매하거나 수의계약으로 매각하려 하여도 매수희망자가 없는 경우'** **'그 법인이 외국법인인 경우로서 출자자의 소유주식 또는 출자지분이 외국에 있는 재산에 해당하여 국세징수법에 따른 압류 등 강제징수가 제한되는 경우'** 또는 **'법률 또는 그 법인의 정관에 의하여 출자자의 소유주식 또는 출자지분의 양도가 제한된 경우**(공매할 수 없는 경우(국징 66조 5항)는 제외)'에만 그 부족한 금액에 대하여 제2차 납세의무를 진다(국기 40조 1항). 출자자의 소유주식 등에 대하여 법률 등에 의한 양도 제한 이외의 사유로 국세징수법에 의한 압류 등 강제징수절차가 제한되는 경우까지 '법률 또는 그 법인의 정관에 의하여 출자자의 소유주식 또는 출자지분의 양도가 제한된 경우에 해당한다고 볼 수는 없다.[59] 위 제2차 납세의무는 그 법인의 자산총액에서 부채총액을 뺀 가액을 그 법인의 발행주식 총액 또는 출자총액으로 나눈 가액에 그 출자자의 소유주식 금액 또는 출자액을 곱하여 산출한 금액을 한도로 한다(국기 40조 2항).

'출자자의 소유주식 또는 출자지분의 양도가 제한된 경우'와 관련된 구체적인 사례를 본다. 제2차 납세의무는 원래 국세 등의 체납절차에서 보충적으로 발생하는 성질의 것이고, 또한 조세법규의 해석은 엄격하게 해석하여야 한다는 점을 아울러 고려하여 보면, 법인이 이미 주권을 발행한 경우에는 과세관청의 주권인도 요구를 그 법인이 거절하였다고 하여 그와 같은 사유만으로 주식의 양도가 제한된 때에 해당한다고 볼 수 없다.[60]

59) 대법원 2020.9.24. 2016두38112.
60) 대법원 1995.9.26. 95누8591.

5 사업양수인의 제2차 납세의무

사업이 양도·양수된 경우에 양도일 이전에 양도인의 납세의무가 확정된 그 사업에 관한 국세와 강제징수비를 양도인의 재산으로 충당하여도 부족할 때에는 법정 사업양수인은 그 부족한 금액에 대하여 양수한 재산의 가액을 한도로 제2차 납세의무를 진다(국기 41조 1항). 사업의 양도인에게 둘 이상의 사업장이 있는 경우에 하나의 사업장을 양수한 자의 제2차 납세의무는 양수한 사업장과 관계되는 국세와 강제징수비(둘 이상의 사업장에 공통되는 국세와 강제징수비가 있는 경우에는 양수한 사업장에 배분되는 금액을 포함한다)에 대해서만 진다(국기령 23조 1항). 양수인의 예측가능성을 확보하기 위하여서는 사업양수인에게 미납국세의 열람제도를 활용할 수 있도록 할 필요가 있다(국징 109조).

'법정 사업양수인의 범위'에 대하여 본다. 법정 사업양수인은 사업장별로 그 사업에 관한 모든 권리(미수금에 관한 것은 제외한다)와 모든 의무(미지급금에 관한 것은 제외한다)를 포괄적으로 승계한 자로서 '양도인과 특수관계인인 자' 또는 '양도인의 조세회피를 목적으로 사업을 양수한 자'를 말한다(국기령 22조). '사업의 양수인'이란 경제적 목적을 달성할 수 있는 인적, 물적 수단의 조직적 경영단위로서 담세력이 있다고 인정되는 정도의 기업체를 양도인과의 법률행위에 의하여 포괄적으로 이전받은 사람으로서 사회통념 상 사업장의 경영자로서의 양도인의 법적 지위와 동일시되는 정도의 변동이 인정된 양수인을 의미한다.[61] '사업에 관한 모든 권리와 업무를 포괄적으로 승계한다고 하는 것'은 양수인이 양도인으로부터 그의 모든 사업 시설뿐만 아니라 상호, 영업권, 무체재산권 및 그 사업에 관한 채권, 채무 등 일체의 인적, 물적 권리와 의무를 양수함으로써 양도인과 동일시되는 정도의 법률상의 지위를 그대로 승계하는 것이어야 한다.[62] 그렇다면 **모든 사업 시설뿐만 아니라 상호, 영업권, 무체재산권 및 그 사업에 관한 채권, 채무 등을 모두 양수하는 경우에만 사업양수에 해당하는가?** 위 각 요소들을 빠짐없이 모두 양수하였는지 여부를 기준으로 하기보다는 위 각 요소들은 인수하는 방법으로 양도인과 동일시되는 정도의 법률 상의 지위를 그대로 승계하였는지 여부를 기준으로 삼아야 할 것이다. 그렇지 않으면 사실상 양도인과 동일한 법률 상 지위를 승계하면서도 일부 요소들을 양수대상에서 제외하는 방법으로 제2차 납세의무를 피할 수 있는 여지가 있기 때문이다. 또한 제2차 납세의무를 부담하는 사업의 양수

61) 대법원 2002.6.14. 2000두4095.
62) 대법원 1989.12.12. 89누6327.

여부는 사업장별로 판단하는 것임이 분명하므로, 사업자가 수개의 장소에서 동일한 사업을 영위하다가 그 중 일부 장소에서의 사업을 포괄양도한 경우도 위 법령에서 말하는 사업의 양도・양수에 포함된다.[63] 한 사업장(판매장) 내에서 장소를 구분하여 두 종목 이상의 사업(판매업)을 하다가 그 중 한 종목의 사업을 포괄하여 양도한 경우 역시 사업의 양도 또는 포괄승계라고 보아야 한다.[64]

'미수금과 미지급금'은 법정 사업양수의 대상에서 제외되는 바, 이를 시행령 단계(국기령 22조)에서 정하고 있다. 이는 법률단계에서 규정하는 것이 보다 타당하다고 판단한다. 이하 미수금과 미지급금에 대하여 본다. 미수금과 미지급금은 '해당 사업과 관련된 매출 또는 매입으로 인하여 발생한 매출채권 또는 매입채무'를 제외한 금전채권 또는 금전채무로서 이미 자산 또는 부채로 인식되었으나 아직 결제되지 않은 것을 의미한다. 미수금과 미지급금은 해당 사업의 주요활동과 직접적으로 관련된 금전채권 또는 금전채무가 아니기 때문에, 미수금과 미지급금을 양수하는 것은 사업을 양수한 것이 아니라 채권을 양도하거나 채무를 인수하는 행위로 볼 수 있는 측면이 있고, 또한 미수금과 미지급금을 수령하거나 지급하는 향후의 활동 자체가 해당 사업의 주요한 내용에 해당되지도 않는다. 이러한 점을 감안하여 사업양수 여부를 판정함에 있어서 미수금과 미지급금의 양수를 사업양수의 대상에서 제외한 것으로 보인다.

이와 관련된 판례들의 입장을 본다.

먼저 사업양수를 부인한 판례들을 본다. 건축업 면허, 공사와 관련된 채무의 일부 및 공사에 대한 하자보증책임만을 인수한 사실만으로써는 제2차 납세의무를 지는 사업양수인이라 할 수 없다.[65] 건설업을 합법적으로 영위할 수 있는 자격인 건설업면허만을 양수한 경우에는 사업의 양도 양수에 해당하지 아니하므로 그 양수인은 제2차 납세의무자에 해당하지 않는다.[66] 주조회사가 그 소유의 모든 주식을 매각하고 주류면허취소신청을 하여 위 회사가 국세청으로부터 배정받고 있던 주정량을 타인이 대신 배정받게 되었다고 하더라도 그러한 사정만으로써는 해당 타인을 위 회사의 제2차 납세의무자인 사업양수인으로 볼 수 없다.[67]

이하 **사업양수를 긍정한 판례들을 본다.** 스테인레스 제품의 제조・판매 등을 주목적으로 하는 회사로부터 그 사업체를 매수하되 물적 설비에 관한 권리(임차권)를 승계받고 사업

63) 대법원 1998.3.13. 97누17469.
64) 대법원 1983.10.25. 83누104.
65) 대법원 1987.2.24. 86누605.
66) 대법원 1986.11.11. 85누893.
67) 대법원 1981.3.24. 80누500.

상의 채무 중 일부를 인수하여 그 인수채무금과 매매대금을 상계하며, 위 회사가 제3자로부터 임차하여 사용하던 공장건물 및 기계기구, 전화가입권, 차량1대 등을 그대로 임차하는 한편 위 회사의 근로자들을 신규채용의 형식으로 그대로 고용하여 기계와 스테인레스 제품의 제조를 목적으로 하는 사업자로 등록을 마쳤다면 위 회사의 사업양수인에 해당한다.[68] 사업의 양도・양수에 있어 매매 등의 양도계약이 그 대상 목적에 따라 별도로 이루어졌다고 하더라도 결과적으로 그 사업장의 전부에 관하여 행하여졌다면 이는 포괄적 승계라고 할 것이다.[69] 사업을 포괄적으로 양도・양수하려는 의도로 양수인이 사업용 자산의 일부를 실질 상 매매에 해당하는 임의경매 집행절차에 의하여 낙찰받아 취득하면서 나머지 사업용 자산, 영업권 및 그 사업에 관한 모든 권리와 의무를 양도인과의 별도의 양도계약에 의하여 연달아 취득하는 등으로 사회통념 상 전체적으로 보아 양도인과 동일시되는 정도로 법률 상의 지위를 그대로 승계한 것으로 볼 상황이라면, 이는 제2차 납세의무를 지게 되는 사업의 포괄적 승계에 해당한다.[70]

'양도일 이전에 양도인의 납세의무가 확정된 그 사업에 관한 국세와 강제징수비'에 대하여 본다. 부가가치세 과세표준과 세액의 예정신고를 한 때에 그 세액에 대한 납세의무가 확정되었다고 할 것이므로 '사업 양도일 이전에 양도인의 납세의무가 확정된 당해 사업에 관한 국세'에는 사업 양도일 이전에 당해 사업에 관하여 예정신고가 이루어진 부가가치세도 포함된다고 해석하는 것이 타당하다.[71]

'사업양수인의 양수한 재산의 가액'에 대하여 본다. '양수한 재산의 가액'은 '사업의 양수인이 양도인에게 지급하였거나 지급하여야 할 금액이 있는 경우에는 그 금액' 또는 '위 금액이 없거나 불분명한 경우에는 양수한 자산 및 부채를 상속세 및 증여세법 제60조부터 제66조까지의 규정을 준용하여 평가한 후 그 자산총액에서 부채총액을 뺀 가액'을 말한다(국기령 23조 2항). **'사업의 양수인이 지급하였거나 지급하여야 할 금액'**이란 양수한 자산 중 적극재산만의 대가로서 양수인이 지급하였거나 지급하여야 할 금액을 의미하는 것이 아니라 양수인과 양도인 사이에 사업시설, 영업권, 채권, 채무 등 일체의 인적, 물적 권리와 의무를 포함하는 사업의 경제적 가치를 일괄적으로 평가하여 사업양도의 대가로서 지급하였거나

68) 대법원 1990.8.28. 90누1892.
69) 대법원 1980.9.4. 79누432.
70) 대법원 2002.6.14. 2000두4095.
71) 대법원 2011.12.8. 2010두3428.

지급하기로 한 금액을 의미한다.[72] 한편 **양수인이 사업을 포괄적으로 양도·양수하려는 의도로 사업용 자산 일부를 임의경매 집행절차에 의하여 낙찰받아 취득하는 한편 나머지 사업용 자산 및 그 사업에 관한 모든 권리와 의무를 양도인과의 별도의 양도계약에 의하여 연달아 취득함으로써 양도인의 사업을 포괄적으로 승계한 경우**, 그 사업의 경제적 가치에 대한 일괄적 평가가 결여되어 있으므로, 특별한 사정이 없는 한 그 경매가액이나 나머지 사업용 자산의 양도계약에서 정한 각각의 양도대금이 '사업의 양수인이 지급하였거나 지급하여야 할 금액'이라고 할 수 없고, 그렇다면 이러한 경우에는 '양수한 재산의 가액'을 '양수한 자산 및 부채를 상속세 및 증여세법 제60조부터 제66조까지의 규정을 준용하여 평가한 후 그 자산총액에서 부채총액을 뺀 가액'으로 산정할 수밖에 없다.[73] 만약 '사업의 양수인이 양도인에게 지급하였거나 지급하여야 할 금액이 있는 경우에는 그 금액'과 시가의 차액이 3억 원 이상이거나 시가의 100분의 30에 상당하는 금액 이상인 경우에는 양수한 재산의 가액에 관한 위 두 금액 중 큰 금액으로 한다(국기령 23조 3항).

6 수익자의 부가가치세 등 제2차 납세의무

수탁자가 납부하여야 하는 부가가치세(부가세 3조 2항) 또는 강제징수비(이하 '부가가치세 등')를 신탁재산으로 충당하여도 부족한 경우에는 그 신탁의 수익자(신탁이 종료(신탁 101조)되어 신탁재산이 귀속되는 자를 포함한다)는 지급받은 수익과 귀속된 재산의 가액을 합한 금액을 한도로 하여 그 부족한 금액에 대하여 납부할 제2차 납세의무를 진다(부가세 3조의2 1항).

다만 부가가치세 등은 다음 중 어느 하나에 해당하여야 한다.

첫째, 신탁 설정일 이후에 법정기일(국기 35조 2항)이 도래하는 부가가치세로서 해당 신탁재산과 관련하여 발생한 것

둘째, 위 금액에 대한 강제징수 과정에서 발생한 강제징수비

부가가치세 상 수탁자의 제2차 납부의무에 대한 납부 특례에 대하여 살핀다. 부가가치세를 납부하여야 하는 수탁자(부가세 3조 2항)의 관할 세무서장은 제2차 납세의무자(부가세 3조의2 1항)로부터 수탁자의 부가가치세 등을 징수하려면 납부고지서를 제2차 납세의무자에게 발급하여야 하고, 이 경우 수탁자의 관할 세무서장은 제2차 납세의무자의 관할 세무서장과

72) 대법원 2009.1.30. 2006두1166.
73) 대법원 2009.1.30. 2006두1166.

수탁자에게 그 사실을 통지하여야 한다(부가세 52조의2 1항). 납부고지서에는 '징수하려는 부가가치세 등의 과세기간, 세액 및 그 산출근거', '납부하여야 할 기한 및 납부장소', '제2차 납세의무자로부터 징수할 금액 및 그 산출 근거' 및 '그 밖에 부가가치세 등의 징수를 위하여 필요한 사항'이 포함되어야 한다.

7 법인과세 수탁자의 제2차 납세의무

신탁재산 귀속 소득의 과세에 대하여 살핀다. 신탁재산에 귀속되는 소득에 대해서는 그 **신탁의 이익을 받을 수익자**가 그 신탁재산을 가진 것으로 보고 법인세법을 적용하나(법세 5조 1항), **다음 각 호의 어느 하나에 해당하는 신탁**으로서 **법정 요건**(법세령 3조의2 1항)**을 충족하는 신탁**(투자신탁(자본시장 9조 18항 1호)은 제외)의 경우에는 신탁재산에 귀속되는 소득에 대하여 그 신탁의 **수탁자**[거주자(내국법인 또는 소득세법에 따른 거주자)인 경우에 한정]가 법인세를 납부할 의무가 있다(법세 5조 2항 전단). 이 경우 **신탁재산별로 각각을 하나의 내국법인**으로 본다(법세 5조 2항 후단).

1. 목적신탁(신탁 3조 1항 각 호 외의 부분 단서)
2. 수익증권발행신탁(신탁 78조 2항)
3. 유한책임신탁(신탁 114조 1항)
4. 그 밖에 제1호부터 제3호까지의 규정에 따른 신탁과 유사한 신탁으로서 대통령령으로 정하는 신탁

법정 요건은 위탁자가 신탁재산을 실질적으로 통제하는 등 법정 요건(법세령 3조의2 2항) 모두를 충족하는 신탁에 해당하지 않을 것을 의미한다(법세령 3조의2 1항).

다만 **위탁자가 신탁재산을 실질적으로 통제하는 등 법정 요건**(법세령 3조의2 2항)**을 충족하는 신탁의 경우**에는 신탁재산에 귀속되는 소득에 대하여 그 신탁의 **위탁자**가 법인세를 납부할 의무가 있다(법세 5조 3항). **법정 요건**은 다음 각 호의 요건을 모두 갖춘 신탁을 말한다(법세령 3조의2 2항).

1. 위탁자가 신탁을 해지할 수 있는 권리, 수익자를 지정하거나 변경할 수 있는 권리, 신탁 종료 후 잔여재산을 귀속받을 권리를 보유하는 등 신탁재산을 실질적으로 지배·통제할 것
2. 신탁재산 원본을 받을 권리에 대한 수익자는 위탁자로, 수익을 받을 권리에 대한 수익자는 위탁자의 지배주주 등(법세령 43조 7항)의 배우자 또는 같은 주소 또는 거소에서 생계를 같이 하는 직계존비속(배우자의 직계존비속을 포함)으로 설정했을 것

법인과세 수탁자에 대한 과세 및 그 제2차 납세의무에 대하여 살핀다. 법인과세 수탁자는 법인과세 신탁재산에 귀속되는 소득에 대하여 **그 밖의 소득과 구분하여 법인세를 납부**하여야 한다(법세 75조의11 1항). **재산의 처분 등에 따라 법인과세 수탁자가 법인과세 신탁재산의 재산으로 그 법인과세 신탁재산에 부과되거나 그 법인과세 신탁재산이 납부할 법인세 및 강제징수비를 충당하여도 부족한 경우**에는 그 신탁의 수익자(신탁이 종료되어 신탁재산이 귀속되는 자(신탁 101조)를 포함)는 분배받은 재산가액 및 이익을 한도로 그 부족한 금액에 대하여 **제2차 납세의무**를 진다(법세 75조의11 2항). 법인과세 신탁재산이 그 이익을 **수익자에게 분배하는 경우**에는 **배당**으로 본다(법세 75조의11 3항). **신탁계약의 변경 등으로 법인과세 신탁재산**(법세 5조 2항)**에 해당하지 아니하게 되는 경우**에는 그 사유가 발생한 날이 속하는 사업연도분부터 법인과세 신탁재산의 법인세 납부의무에 관한 규정(법세 5조 2항)을 적용하지 아니한다(법세 75조의11 4항).

V 납세보증인

납세담보는 금전, 국채증권(자본시장법 4조 3항) 등 법정 유가증권(국징령 18조 1항), 납세보증보험증권, 은행 등 법이 정하는 자(국징령 18조 2항)의 납세보증서, 토지 및 '보험에 든 등기·등록된 건물, 공장재단, 광업재단, 선박, 항공기 또는 건설기계'를 의미한다(국징령 18조). 납세의 담보는 법이 특별히 정하는 경우에만 허용되는 것으로 해석하여야 한다.[74] 즉 납세담보로 제공할 수 있는 재산은 위 재산들로 한정된다. **납세보증인**은 납세자의 국세 또는 강제징수비의 납부를 보증한 자를 말한다(국기 2조 12호). 그렇다면 **납세보증인은 '납세보증보험증권'과 '은행 등 법이 정하는 자**(국징령 18조 2항)**의 납세보증서'를 통하여 납세자의**

74) 金子 宏、前掲書、772頁。

국세 또는 강제징수비의 납부를 보증한 자를 의미한 것으로 보는 것이 타당하다.

납세담보를 제공할 수 있는 세법 상 근거가 없이 납세의무자와 납세보증보험사업자 사이에 체결된 납세보증보험계약을 제출한 경우 해당 보증보험증권은 납세담보로서의 효력이 있는 것인가? 보증보험이란 피보험자와 어떠한 법률관계를 가진 보험계약자의 채무불이행으로 인하여 피보험자가 입게 될 손해의 전보를 보험자가 인수하는 것을 내용으로 하는 손해보험으로 형식적으로는 채무자의 채무불이행을 보험사고로 하는 보험계약이나 실질적으로는 보증의 성격을 가지고 보증계약과 같은 효과를 목적으로 하는 것이다. 그런데 조세채권은 국세징수법에 의하여 우선권 및 자력집행권이 인정되는 권리로서 사법 상의 채권과는 그 성질을 달리하므로 조세채권의 성립과 행사는 법률에 의해서만 가능한 것이고, 세법에 의하지 아니한 사법 상의 계약에 의하여 조세채무를 부담하게 하거나 이를 보증하게 하여 이들로부터 조세채권의 종국적 만족을 실현하는 것은 허용될 수 없다. 따라서 납세담보도 세법이 그 제공을 요구하도록 규정된 경우에 한하여 과세관청이 요구할 수 있고, 세법에 근거 없이 제공한 납세보증은 공법 상 효력이 없다. 한편 납세담보를 제공할 수 있는 세법 상 근거가 없다고 할지라도 납세의무자와 납세보증보험사업자 사이에 이를 납세보증보험의 대상으로 하는 납세보증보험계약을 체결하는 것까지 막을 수는 없다. 이러한 경우 **세법 상 근거가 없이 납세의무자와 납세보증보험사업자 사이에 체결된 납세보증보험계약은 과세관청에 대하여 효력이 없을 뿐이다.** 납세보증보험사업자가 무효인 납세보증보험에 기한 피보험자의 보험금지급청구에 기하여 보험금 명목의 급부를 이행한 경우 그 급부의 귀속자는 법률 상 원인 없이 이득을 얻고 그로 인하여 납세보증보험사업자에게 손해를 가하였다 할 것이어서, **납세보증사업자는 직접 그 급부의 귀속자를 상대로 이미 이행한 급부를 부당이득으로 반환을 청구할 수 있다.**[75)]

세무서장은 납세자의 체납액을 납세보증인으로부터 징수하려면 납세보증인에게 징수하려는 체납액의 과세기간, 세목, 세액 및 그 산출 근거, 납부기한, 납부장소와 납세보증인으로부터 징수할 금액 및 그 산출 근거와 그 밖에 필요한 사항을 적은 **납부고지서**로 고지하여야 하고, 이 경우 납세자에게 그 사실을 통지하여야 한다(국징 7조). **납세보증인의 경우 납세의무의 부종성 및 보충성과 관련하여서는 명문의 규정이 없다. 그러나 제2차 납세의무의 부종성 및 보충성에 관한 논의가 납세보증인에 대하여서도 적용될 수 있을 것으로 본다.**

75) 대법원 2005.8.25. 2004다58277.

납세보증에 의한 납세의무는 그 실질이 민법 상 보증계약과 유사하므로 조세법 상 특별규정이 없는 한 납세보증인의 지위를 민법 상 보증인의 지위보다 불리하게 취급하는 것은 조세법률주의에 반할 수 있기 때문이다.

납세보증인은 조세법에 따른 처분에 의하여 권리나 이익을 침해당하게 될 이해관계인으로서 위법 또는 부당한 처분을 받은 자의 처분의 취소 또는 변경을 청구하거나 그 밖에 필요한 처분을 청구할 수 있다(국기 55조 2항 3호). 제2차 납세의무자의 권리구제방법에 관한 논의가 납세보증인에 대하여서도 그대로 적용될 것으로 본다.

납세의 담보와 관련하여서는 후술한다.[76]

 양도담보권자의 물적 납부의무

납세자가 국세 또는 강제징수비를 체납한 경우에 그 납세자에게 양도담보재산이 있을 때에는 그 납세자의 다른 재산에 대하여 강제징수를 하여도 징수할 금액에 미치지 못하는 경우에만 국세징수법에서 정하는 바에 따라 그 양도담보재산(해당 국세의 법정기일 전에 담보의 목적이 된 양도담보재산은 제외한다)으로써 납세자의 국세와 강제징수비를 징수할 수 있다(국기 42조 1항).

양도담보권자가 부담하는 납부의무는 양도담보재산만을 대상으로 한다는 점에서 물적 납부의무라고 한다.

양도담보권자의 물적 납부의무는 '납세자'의 체납을 요건으로 하고, 납세자는 납세의무자(연대납세의무자와 납세자를 갈음하여 납부할 의무가 생긴 경우의 제2차 납세의무자 및 보증인을 포함한다)와 세법에 따라 국세를 징수하여 납부할 의무를 지는 자를 의미하므로(국기 2조 10호), 연대납세의무자, 제2차 납세의무자, 보증인 및 원천징수의무자에 대한 양도담보권자의 양도담보재산 역시 물적 납부의무의 대상이 될 수 있다.

납세자가 '체납할 것'을 요건으로 하는 바, 체납은 납세자로서 국세를 납부기한까지 납부하지 아니한 것을 의미하므로(국징 2조 1항 2호), 독촉절차 등 체납 이후의 징수절차를 거칠 필요는 없다고 해석한다.[77] 그런데 위 물적 납부의무는 해당 납세자의 다른 재산에 대하여

---

76) 제3편 제3장 제3절 II 3 납세의 담보 참조.
77) 같은 취지 : 임승순, 전게서, 116면.

강제징수를 집행하여도 징수할 금액에 미치지 못하는 경우에만 성립하므로 이 견해가 타당하지 않다는 견해가 있을 수 있다. 그러나 제2차 납세의무가 성립하기 위하여는 주된 납세의무에 징수부족액이 있을 것을 요건으로 하지만 일단 주된 납세의무가 체납된 이상 그 징수부족액의 발생은 반드시 주된 납세의무자에 대하여 현실로 강제징수를 집행하여 부족액이 구체적으로 생기는 것을 요하지 아니하고 다만 강제징수를 하면 객관적으로 징수부족액이 생길 것으로 인정되면 족하므로,[78] 물적 납부의무의 경우에도 반드시 체납 이후의 독촉 등 징수처분을 행할 것을 요건으로 한다고 해석할 필요는 없다. 한편 사망한 자에 대하여 한 조세의 부과고지는 무효이므로 양도담보설정자가 사망한 후에 그에 대하여 조세부과고지를 하였다면 그 망인이 세금을 체납하였다고 볼 수는 없으므로 위 망인재산의 양도담보권자에게 물적 납부의무를 부과한 처분은 중대하고도 명백한 하자있는 처분으로 무효이다.[79]

양도담보권자에게 납부고지(국징 7조 1항)가 있은 후 납세자가 양도에 의하여 실질적으로 담보된 채무를 불이행하여 해당 재산이 양도담보권자에게 확정적으로 귀속되고 양도담보권이 소멸하는 경우에는 납부고지 당시의 양도담보재산이 계속하여 양도담보재산으로서 존속하는 것으로 본다(국기 42조 2항). '양도담보재산'은 당사자 간의 계약에 의하여 납세자가 그 재산을 양도하였을 때에 실질적으로 양도인에 대한 채권담보의 목적이 된 재산을 말한다(국기 42조 3항).

정산절차를 예정하고 있는 양도담보를 이른바 **'약한 의미의 양도담보'**라고 하는 바,[80] 약한 의미의 양도담보가 이루어진 경우 부동산이 귀속정산의 방법으로 담보권이 실행되어 그 소유권이 채권자에게 확정적으로 이전되었다고 인정하려면 채권자가 가등기에 기하여 본등기를 경료하였다는 사실만으로는 부족하고 담보 부동산을 적정한 가격으로 평가한 후 그 대금으로써 피담보채권의 원리금에 충당하고 나머지 금원을 반환하거나 평가 금액이 피담보채권액에 미달하는 경우에는 채무자에게 그와 같은 내용의 통지를 하는 등 정산절차를 마친 사실이 인정되어야 한다.[81] 따라서 채권담보의 목적으로 가등기를 경료한 후 일정시기까지 원리금을 변제하면 위 가등기를 말소하고, 그 원리금을 변제하지 않으면 위 가등기

78) 대법원 1996.2.23. 95누14756.
79) 대법원 1985.2.26. 84누226.
80) 대법원 2005.7.15. 2003다46963.
81) 대법원 2005.7.15. 2003다46963.

에 기한 본등기를 담보의 목적으로 이행한다는 내용의 제소 전 화해를 하였다가 채무자가 위 원리금을 변제하지 않아 그 제소 전 화해에 따라 가등기에 기한 본등기를 마친 경우라면 위 소유권이전등기는 위 채권에 대한 담보권의 실행을 위한 방편으로 경료된 이른바 정산절차를 예정하고 있는 약한 의미의 양도담보라 할 것이어서, 정산절차를 완료하였다는 등 다른 특별한 사정이 없는 한 위 부동산은 이른바 양도담보 재산에 해당된다.[82)]

위 판례는 양도담보에 관한 것이나 **매도담보의 경우에도 역시 양도담보에 대한 판례가 그대로 적용된다고 해석한다.** 즉 다음 각 호의 어느 하나에 해당하는 양도담보설정계약을 설정한 경우에 있어서 해당 재산 역시 양도담보재산에 포함된다(국기통칙 42-0…1). 첫째, 채권의 담보목적을 위하여 담보의 목적물을 채권자에게 양도하고 그 담보된 채무를 이행하는 경우에는 채권자로부터 그 목적물을 반환받고 불이행하는 경우에는 채권자가 그 재산을 매각하여 우선변제를 받거나 그 재산을 확정적으로 취득한다는 취지의 양도담보설정계약(협의의 양도담보). 둘째, 담보를 위한 권리이전을 매매형식에 의하고 매도인이 약정기간 내에 매매대가를 반환하면 매수인으로부터 목적물을 되돌려 받을 수 있는 권리를 유보한 매매(환매약관부 매매)의 형식을 취한 양도담보설정계약 또는 매도한 목적물에 대하여 매도인이 장래 예약완결권을 행사함으로써 재차 매매계약이 성립하여 목적물을 다시 매도인에게 돌려준다는 취지의 예약(재매매의 예약)의 형식을 취한 양도담보설정계약(매도담보).

양도담보재산 중 해당 국세의 법정기일 전에 담보의 목적이 된 양도담보재산은 제외되는 바, 이 경우 법정기일은 양도담보권자에 대한 납부고지서의 발송일인가? 아니면 '물적 납부의무의 성립요건에 해당하는 체납'과 관련된 조세의 법정기일을 의미하는 것인가? 양도담보재산에서 국세를 징수하는 경우에는 납부고지서(국징 7조)의 발송일이 법정기일에 해당한다. 납부고지서를 발송하기 위하여서는 양도담보권자가 누구인지를 알아야 하는 바, 양도담보권자가 누구인지를 알기 위하여서는 납부고지서의 발송 이전에 해당 재산이 이미 담보의 목적이 되어야 한다. 따라서 양도담보재산의 범위에서 제외되는 기준으로서의 법정기일을 위 납부고지서의 발송일로 해석하는 경우에는 해당 재산이 항상 그 발송일 이전에 담보의 목적이 된 것으로서 양도담보재산에서 제외되게 된다. 따라서 위 법정기일은 '물적 납부의무의 성립요건에 해당하는 체납'과 관련된 조세의 법정기일(국기 35조 1항 3호 각 목)을 의미하는 것으로 해석하여야 한다. 이 쟁점과 관련하여 위 법정기일을 납부고지서의 발송

82) 대법원 1984.12.26. 83누661 전원합의체 판결.

일로 보고 위 조문은 양도담보권자가 해당 양도담보재산을 다시 제3자에게 담보로 제공한 경우에 적용되는 것이라는 견해가 있을 수 있다. 그러나 이러한 견해는 다음과 같은 점에서 타당하지 않다. 첫째, 이와 같이 한정하여 해석할 법문 상 근거가 없다. 둘째, '양도담보권자가 해당 양도담보재산을 다시 제3자에게 담보로 제공한 경우'와 '납세자가 양도담보재산을 양도담보권자에게 담보로 제공한 경우'는 그 거래구조가 동일한 것이므로, 전자의 경우 그 법정기일을 납부고지서의 발송일로 본다는 것과 마찬가지로 후자의 경우에도 그 법정기일을 물적 납부의무의 성립요건에 해당하는 체납과 관련된 법정기일로 보는 것이 타당하다.

장래에 발생할 채권을 목적으로 하여 그 채권양도 효과의 발생이 유보된다는 부관이 없는 양도담보계약을 체결하고 그 채권양도에 관하여 제3자에 대한 대항요건을 갖춘 경우에 양도담보의 목적인 채권이 국세 법정기일 이후에 발생하였다면, 그 채권은 법정기일 이전에 담보의 목적이 된 재산에 해당하는가? 일본 판례는 장래에 발생한 채권을 양도담보의 목적으로 하고 그 채권양도 효과의 발생을 특별하게 유보한다는 부관이 없으며 그 채권양도에 관하여 제3자에 대한 대항요건 역시 갖추었다면, 설사 양도담보의 목적인 채권이 국세 법정기일 이후에 발생하였다고 하더라도 그 채권은 법정기일 이전에 담보의 목적이 된 재산에 해당한다고 판시한다.[83)]

제2차 납세의무의 부종성 및 보충성에 관한 논의가 양도담보권자에 대한 물적 납부의무에 대하여서도 해석 상 적용될 수 있을 것으로 본다.

양도담보권자의 물적 납부의무에 관한 징수절차에 대하여 본다. 세무서장이 양도담보권자로부터 납세자의 체납액을 징수하려면 양도담보권자에게 제2차 납세의무자에 대한 납부고지(국징 7조)를 준용하여 납부고지를 하여야 하나 이 경우에는 양도담보권자의 주소 또는 거소를 관할하는 세무서장과 납세자에게 그 사실을 통지하여야 한다(국징 7조). 납부고지가 있은 후 해당 재산의 양도에 의하여 담보된 채권이 채무불이행 등 변제 외의 이유로 소멸된 경우(양도담보재산의 환매, 재매매의 예약, 그 밖에 이와 유사한 계약을 체결한 경우에 기한의 경과 등 그 계약의 이행 외의 이유로 계약의 효력이 상실되었을 때를 포함한다)에도 양도담보재산으로서 존속하는 것으로 본다(국기 42조 2항). 양도담보권자의 물적 납부의무는 납세자의 재산에 대하여 양도담보권이 설정되어 있는 경우에 그 담보권자가 양도담보재산으로 체납된 국세 등의 납부의무를 지는 것이므로 물적 납부의무자로서 체납된 국세 등의 납부고지를 받을 당시 이미 가등기담보권을 귀속정산의 방법으로 실행하여 소유권을 취득

83) 日最判 平成19年2月15日 平成16年(行ヒ)第310号。

함으로써 이 담보권이 소멸된 경우에는 특별한 사정이 없는 한 그 부동산은 이미 정산절차가 종료되어 양도담보재산이 아니라고 할 것이므로 그 소유자가 양도담보권자로서 물적 납부의무를 질 이유가 없다.[84] 양도담보재산이 양도담보권자로부터 다시 제3자에게 양도가 된 경우에는 납부고지 후에 양도가 된 경우에도 압류가 되기 전에 양도된 때에는 동조의 물적 납부의무는 소멸된다(국징통칙 13-0…1).

거래처와 일괄 지불 시스템에 관한 계약을 체결하고 특약으로서 담보를 위하여 양도된 매출채권에 관하여 양도담보권자에 대한 납부고지가 이루어지는 경우 그 해당 채권을 담보로 한 채권의 변제기가 도래하는 것으로 하고 담보로 제공된 매출채권으로서 대물변제에 충당하기로 약정하였다면 그 약정은 효력이 있는가? 거래처와 일괄 지불 시스템에 관한 계약을 체결하고 특약으로서 담보를 위하여 양도된 매출채권에 관하여 양도담보권자에 대한 납부고지가 이루어지는 경우 그 해당 채권을 담보로 한 채권의 변제기가 도래하는 것으로 하고 담보로 제공된 매출채권으로서 대물변제에 충당하기로 약정하였다면 그 약정은 양도담보권자의 물적 납부의무를 회피하기 위한 것으로서 효력이 없다.[85] 일본의 경우에는 위 경우에 대비하여 담보대상인 채권이 채무불이행 기타 변제 이외의 사유에 의하여 소멸한 경우에도 양도담보재산으로 존속한 것으로 본다는 규정이 있다.[86] 우리의 경우에도 이러한 규정이 없다고 하더라도 동일하게 해석할 수 있을 것으로 본다.

제2차 납세의무자가 체납액을 그 납부기한까지 완납하지 아니하였을 때에는 10일 내에 세무서장은 독촉장을 발급하여야 하나, 제2차 납세의무자가 납부할 체납액이 1만원 미만인 경우 등 법정 사유(국징령 3조)가 있으면 독촉장을 발급하지 아니한다. 또한 독촉장을 발급할 때에는 납부기한은 발급일부터 20일 내로 한다(국징 10조 1항, 2항).

양도담보재산이 현존하는 범위에서 물적 납부의무를 부담하는 것으로 해석하여야 할 것이나 납부고지서를 받은 이후 양도담보권자가 해당 재산을 처분하거나 은닉하는 등 행위를 하는 경우에는 그 처분 및 은닉 등 당시 재산가액의 범위에서 물적 납부의무를 부담하는 것으로 해석하여야 할 것이다.

물적 납부의무를 지는 양도담보권자로서 **납부고지서**를 받은 자는 조세법에 따른 처분에 의하여 권리나 이익을 침해당하게 될 이해관계인으로서 위법 또는 부당한 처분을 받은 자

84) 대법원 1990.4.24. 89누2615.
85) 日最判 平成15年12月19日 平成10年(行ツ)第149号。
86) 일본 국세통칙법 제24조 제7항.

의 처분의 취소 또는 변경을 청구하거나 그 밖에 필요한 처분을 청구할 수 있다(국기 55조 2항 2호). 따라서 제2차 납세의무자의 권리구제방법에 관한 논의가 물적 납부의무를 부담하는 양도담보권자에 대하여서도 그대로 적용된다고 본다.

Ⅶ 부가가치세법 상 수탁자의 물적 납부의무

부가가치세를 납부하여야 하는 위탁자(부가세 3조 3항)가 부가가치세 등(부가가치세 및 강제징수비)을 체납한 경우로서 그 위탁자의 다른 재산에 대하여 강제징수를 하여도 징수할 금액에 미치지 못할 때에는 해당 신탁재산의 수탁자는 그 신탁재산으로써 위탁자의 부가가치세 등을 납부할 의무가 있다(부가세 3조의2 2항).

다만 부가가치세 등은 다음 중 어느 하나에 해당하여야 한다.

첫째, 신탁 설정일 이후에 「국세기본법」 제35조 제2항에 따른 법정기일(국기 35조 2항)이 도래하는 부가가치세로서 해당 신탁재산과 관련하여 발생한 것

둘째, 위 금액에 대한 강제징수 과정에서 발생한 강제징수비

본서는 이상과 같은 수탁자의 납부의무를 부가가치세법 상 수탁자의 물적 납부의무라고 부른다.

부가가치세 상 수탁자의 물적 납부의무에 대한 납부 특례에 대하여 살핀다. 부가가치세를 납부하여야 하는 위탁자(부가세 3조 3항)의 관할 세무서장은 수탁자(부가세 3조의2 2항)로부터 위탁자의 부가가치세 등을 징수하려면 납부고지서를 제2차 납세의무자에게 발급하여야 하고, 이 경우 수탁자의 관할 세무서장은 제2차 납세의무자의 관할 세무서장과 수탁자에게 그 사실을 통지하여야 한다(부가세 52조의2 2항). 납부고지서에는 '부가가치세 등의 과세기간, 세액 및 그 산출근거', '납부하여야 할 기한 및 납부장소' 및 '그 밖에 부가가치세 등의 징수를 위하여 필요한 사항'이 포함되어야 한다.

납부고지가 있은 후 납세의무자인 위탁자가 신탁의 이익을 받을 권리를 포기 또는 이전하거나 신탁재산을 양도하는 등의 경우에도 이미 고지된 부분에 대한 납세의무에는 영향을 미치지 아니한다(부가세 52조의2 3항). 신탁재산의 수탁자가 변경되는 경우에 새로운 수탁자는 이전의 수탁자에게 고지된 납세의무를 승계한다(부가세 52조의2 4항). 물적 납부의무자의 관할 세무서장은 최초의 위탁자에 대한 신탁 설정일을 기준으로 그 신탁재산에 대한 현재

수탁자에게 납세의무자의 부가가치세 등을 징수할 수 있다(부가세 52조의2 5항). 신탁재산에 대하여 국세징수법에 따라 강제징수를 하는 경우에는 국세기본법 상 국세의 우선권에 관한 규정(국기 35조 1항)에도 불구하고 수탁자는 그 신탁재산의 보존 및 개량을 위하여 지출한 필요비 또는 유익비(신탁 48조 1항)에 대하여 우선변제를 받을 권리가 있다(부가세 52조의2 6항). 신탁재산이 현존하는 범위에서 물적 납부의무를 부담하는 것으로 해석하여야 할 것이나 납부고지서를 받은 이후 수탁자가 해당 재산을 처분하거나 은닉하는 등 행위를 하는 경우에는 그 처분 및 은닉 등 당시 재산가액의 범위에서 물적 납부의무를 부담하는 것으로 해석하여야 할 것이다. 부가가치세법 상 수탁자의 물적 납부의무의 경우 그 납부고지서를 받은 자 역시 처분에 의하여 권리나 이익을 침해당하게 될 이해관계인으로서 위법 또는 부당한 처분의 취소 또는 변경을 청구하거나 그 밖에 필요한 처분을 청구할 수 있다(국기 55조 2항 2호의2).

Ⅷ 명의수탁자의 명의신탁재산에 의한 물적 납부의무

상속세 및 증여세법은 2018년 12월 31일 개정을 통하여 명의신탁의제(상증세 45조의2)에 따라 재산을 증여한 것으로 보는 경우(명의자가 영리법인인 경우를 포함한다)에는 실제소유자가 해당 재산에 대하여 증여세를 납부할 의무가 있다고 규정한다(상증세 4조의2 2항). 즉 종전 명의신탁자의 증여세 연대납세의무에 관한 규정을 삭제하고 **원칙적으로 명의신탁자인 실제 소유자가 증여세 등 납세의무를 부담하는 규정을 신설**하였다.

또한 상속세 및 증여세법은 실제소유자인 명의신탁자가 증여세 등을 납부하지 않는 경우에 대비하여 **실제소유자인 명의신탁자의 체납세액에 대하여 명의수탁자가 명의신탁재산에 의한 물적 납부의무를 부담하는 규정 역시 신설**하였다. 명의신탁의제(상증세 45조의2)에 따른 증여세·가산금 또는 강제징수비를 체납한 경우에 그 실제소유자의 다른 재산에 대하여 강제징수를 집행하여도 징수할 금액에 미치지 못하는 경우에는 국세징수법에서 정하는 바에 따라 명의자에게 증여한 것으로 보는 재산으로써 납세의무자인 실제소유자의 증여세·가산금 또는 강제징수비를 징수할 수 있다(상증세 4조의2 9항). 명의신탁재산이 현존하는 범위에서 물적 납부의무를 부담하는 것으로 해석하여야 할 것이나 납부고지서를 받은 이후 명의수탁자가 해당 재산을 처분하거나 은닉하는 등 행위를 하는 경우에는 그 처분 및 은닉 등 당시 재산가액의 범위에서 물적 납부의무를 부담하는 것으로 해석하여야 할 것이다. 그러나 현행법은 **상속세 및 증여세법 상 물적 납부의무에 관한 규정을 신설하면서 명의수탁자에 대하여 납부고지를 할 근거규정을 신설하지 않았다. 입법의 미비이다.** 양도담보재산에 대하여서는 국세징수법에 납부고지의 근거규정(국징 7조)을 두고 부가가치세법의 경우에는 부가가치세법 자체에 근거규정(부가세 52조의2 1항, 2항)을 두고 있다. 위 상속세 및 증여세법 상 물적 납부의무 규정 상 '국세징수법에서 정하는 바에 따라'라는 문언을 납부고지에 대한 근거규정으로 선해하는 방법을 통하여 해결할 수 밖에 없을 것이나 바람직하지 않다. 한편 위 신설규정의 문언 중 가산금과 관련하여서는 국세기본법이 2018년 12월 31일 개정을 통하여 가산금을 납부지연가산세에 통합하였다는 점에 유의할 필요가 있다. **지방세**의 경우에도 유사한 규정이 있다. 납세자가 종중인 경우로서 지방자치단체의 징수금을 체납한 경우 그 납세자에게 종중 외의 자에게 명의신탁한 재산(부동산실명 8조 1호)이 있을 때에는 그 납세자의 다른 재산에 대하여 체납처분을 집행하고도 징수할 금액이 부족한 경우에만 그 명의신탁한 재산으로써 납세자에 대한 지방자치단체의 징수금을 징수할 수 있다(지기 75조 3항).

제2절 과세대상

I 과세대상의 의의 및 종류

과세대상은 과세의 대상이 되는 물건, 행위 또는 사실로서 납세의무가 성립하기 위한 물적 기초를 구성한다. 입법자는 담세력을 추정할 수 있는 물건, 행위 또는 사실을 포착하여 과세의 대상으로 하는 바, 개별 세법 상 과세대상이 무엇인지 여부는 개별 세법이 정하고 있다. 따라서 과세의 대상은 조세의 종류별로 다양하다. 이는 소득, 소비행위, 재산 또는 유통행위로 유형화할 수 있다.[87] 소득세 또는 법인세 등의 경우에는 소득을, 부가가치세, 개별소비세 또는 레저세 등의 경우에는 소비행위를, 상속세 및 증여세 또는 재산세 등의 경우에는 재산을, 취득세, 등록면허세 또는 인지세 등의 경우에는 유통행위를 각 과세대상으로 한다.

87) 이상 金子 宏、前掲書、157頁。

Ⅱ 물적 과세의 예외

일반적으로 과세대상으로 하는 물건, 행위 또는 사실 중 특정의 것을 법령 상 과세대상에서 제외하는 것을 **'물적 과세의 예외'**라고 부른다. 개별 세법 상 비과세 과세대상이 이에 해당한다.[88] 특정인 자체를 납세자에서 제외하는 것과 달리 특정 물건, 행위 또는 사실을 과세대상에서 제외한다는 점에서 '물적 과세의 예외'로 부른다.

Ⅲ 과세대상의 귀속

납세의무는 과세대상이 어느 자에게 귀속이 되는 것에 의하여 성립하고 과세대상이 귀속되는 자가 납세의무자가 된다. 이와 같이 과세대상과 납세의무자를 결합하는 것을 과세대상의 **귀속**(attribution)이라고 한다. 구체적인 경우에 있어서 과세대상이 누구에게 귀속되는지 여부와 관련하여 의문이 발생하는 예가 있으나 특히 **소득의 귀속**과 관련하여 많은 문제들이 발생한다. 예를 들면 남편은 타처에 근무하고 동거하는 처가 남편이 소유하는 농지를 경작하는 경우 해당 농업에 의한 소득은 누구에게 귀속되는 것인지 여부, 익명조합계약에 기초하여 활동한 영업자가 얻은 소득이 영업자에 귀속하는지 아니면 익명조합원에게 귀속하는지 여부, 신탁재산에서 발생한 소득이 위탁자, 수탁자 또는 수익자 중 누구에게 귀속되는지 여부 또는 법인단계에서 발생한 소득이 법인 또는 지배주주 중 누구에게 귀속되는지 여부 등이 그 예에 속한다.[89] 이상 과세대상의 귀속에 관한 문제들은 개별 세법 상 규정 또는 실질과세원칙에 따라 해결된다.

과세대상의 귀속을 잘못 판단하여 경정 또는 결정을 하는 것은 위법하지만, 그것이 무효사유인가 아니면 취소사유인가에 관하여 다툼이 있을 수 있다. 일본 판례는 제3자에 의하여 이름이 무단으로 사용되어 그가 토지의 등기명의인으로 된 경우에 있어서 그 명의에 기초한 과세처분은 당연무효에 해당한다고 해석한다.[90]

88) 上掲書、158頁。
89) 이상 上掲書、159－166頁。
90) 日最判 昭和48年4月26日 民集27巻3号, 629頁 ; 東京高判 昭和49年10月23日 行裁例集25巻10号, 1262頁。

제3절 과세표준

과세표준은 세법에 따라 직접적으로 세액산출의 기초가 되는 과세대상의 수량 또는 가액을 말한다(국기 2조 14호). 지방세법 상 과세표준은 지방세법에 따라 직접적으로 세액산출의 기초가 되는 과세물건의 수량·면적 또는 가액 등을 말한다(지기 2조 1항 5호). 이하 국세를 중심으로 본다.

과세표준은 세액산출의 기초가 되는 것으로서 금액의 형태로 표시된 과세대상의 수량 또는 가액을 의미한다. 금액으로 표시된 과세표준에 세율을 곱하여 세액이 산출된다. 과세표준을 산정하는 과정에 있어서 어려움의 정도는 조세의 종류에 따라 다르다. 등록면허세 또는 인지세의 경우에는 과세표준이 외견 상 명백하기 때문에 납세의무를 확정하기 위한 별도의 절차를 규정할 필요성이 적으나 소득세 또는 법인세의 경우에는 과세표준을 산정하는 것이 복잡하므로 납세의무의 확정을 위한 별도의 절차를 규정할 필요성이 크다. 또한 상속세 및 증여세, 종합부동산세, 재산세 등의 과세표준을 산정함에 있어서는 해당 재산의 평가에 대한 기준이 설정되어야 한다.[91]

제4절 세 율

세율은 세액을 산출하기 위하여 과세표준에 대하여 적용되는 비율을 말한다. 과세표준이 금액 내지 가액에 의하여 정하여지는 경우에는 세율은 보통 백분비율 또는 만분비율에 의하여 정하여지고, 과세표준이 수량에 의하여 정하여지는 경우에는 세율은 과세표준의 단위당 일정한 금액으로 정하여진다.[92] 이하 국세 및 지방세를 중심으로 살핀다.

과세표준이 금액 내지 가액에 의하여 정하여지는 경우 세율은 보통 **비례세**(proportional tax), **누진세**(progressive tax) 및 **역진세**(regressive tax)로 구분된다. **비례세, 누진세 및 역진세의 구분은 과세대상의 크기에 따라 세율이 변화하는 방식에 근거한 것이다.**[93] 직

91) 이상 金子 宏、前掲書、166頁。
92) 上掲書、167頁。
93) Simon James and Christopher Nobes, *op. cit.*, at 14.

접세는 주로 납세자의 소득에 근거하여 세율을 달리 정하게 되는 바, 각 납세자별로 과세대상의 크기가 변화함에 따라 과세대상의 구간별로 한계세율(marginal rates of tax)과 평균세율(average rates of tax)을 나누어 정할 수 있다. 이 경우 각 단계에 적용되는 세율을 한계세율이라고 하고, 과세표준 전체에 대한 세액의 비율을 평균세율이라고 한다. 소득이 증가함에 따라 세율이 증가하는 경우를 누진세라고 하고, 비록 조세부담액의 절대적인 금액은 증가한다고 할지라도 세율은 변화하지 않는 경우를 비례세라고 하며, 소득이 증가함에 따라 오히려 세율이 감소하는 경우를 역진세라고 한다. 누진세의 경우에는 항상 한계세율이 평균세율보다 높다. 소득뿐만 아니라 재산 자체의 크기와 관련하여서도 누진세를 적용할 수 있다. 상속세 및 증여세가 그 예이다. 다만 부가가치세 등 간접세의 경우에는 납세자의 소비가 증가함에 따라 다른 세율을 적용하는 것이 어렵다. 즉 누진적 소비세를 실행할 수 있다고 하더라도 이를 제대로 실행하는 것은 매우 어렵다.[94] 이러한 의미에서 간접세가 역진적이라는 비판을 받는다. 그러나 비록 간접세의 경우라도 각 과세대상별로 다른 세율을 적용한다면 역진적이거나 누진적일 수 있다. 예를 들어 고소득자가 주로 구입하는 재화에 대하여 보다 높은 세율을 적용한다면 간접세 역시 평균적으로 누진적일 수 있다.

한편 각종 조세특례가 없는 경우의 과세표준에 대한 실제 세부담의 비율을 **실효세율**(effective rates of tax)이라고 한다. 이는 조세특례에 의하여 소득세 또는 법인세의 부담이 어느 정도 경감되었는지 여부를 측정하기 위한 목적으로 사용된다.[95]

개별세법 상 일정한 경우 세율을 특정한 목적을 위하여 그 세율의 일정한 범위에서 또는 종목별로 대통령령으로 조정할 수 있는 경우가 있는 바, 이를 **탄력세율**이라고 한다(개소세 1조 7항 ; 증권세 8조 2항 ; 교통세 2조 3항).

지방세의 경우에는 표준세율, 일정세율 및 제한세율이라는 개념이 있다. **표준세율**은 지방자치단체가 지방세를 부과할 경우에 통상 적용하여야 할 세율로서 재정상의 사유 또는 그 밖의 특별한 사유가 있는 경우에는 이에 따르지 아니할 수 있는 세율을 말한다(지기 2조 1항 6호). 이에 반하여 지방자치단체가 지방세법에서 정하는 세율에 따를 수밖에 없는 경우의 세율을 **일정세율**이라고 한다. 지방자치단체의 장이 일정금원을 초과하지 아니하는 범위에서 조례로 정하는 세율을 **제한세율**이라고 한다.[96]

---

94) 홍범교, 자본소득과세에 대한 소고, 『재정포럼』 제179호, 한국조세재정연구원, 2011, 34면.
95) 金子 宏、前掲書、167頁。
96) 上掲書。

제3장

납세의무의 성립

제1절 총 설

납세의무는 개별 조세법이 정하는 과세요건을 충족하는 사실이 발생함으로써 성립한다. 즉 조세채무는 법률이 정하는 과세요건이 충족되는 때에는 그 조세채무의 성립을 위한 과세관청이나 납세의무자의 특별한 행위를 필요로 하지 않고 당연히 자동적으로 성립하는 것이므로 납세의무자가 관련 사실을 알지 못하였거나 알 수 없었는지의 여부에 구애됨이 없이 조세채무가 당연히 성립한다.[97] 납세의무의 성립과 관련하여서는 납세의무는 과세관청의 부과처분에 의하여 성립한다는 입장과 개별 조세법이 정하는 과세요건을 충족하는 사실이 발생함으로써 성립한다는 입장이 있는 바, 현행 조세법은 후자의 입장을 따르고 있다(국기 21조 ; 지세 34조).

기업회생절차에 있어서 법인세와 부가가치세의 납세의무 성립시기를 실질적인 소득활동이나 거래가 이루어진 때로 정하는 예외조항을 두지 않고 일률적으로 정하는 것이 헌법에 위반되는 것인가? 법인세나 부가가치세에 있어서 기간과세의 원칙은 과세의 편의 및 기술적 필요뿐만 아니라 납세의무의 성립시기를 명확히 함과 아울러 납세의무자 간의 평등대우를 목적으로 하는 제도로서, 기업의 회생 도모라는 회사정리제도의 목적을 고려한다 해도 법인세와 부가가치세의 과세표준 및 납부세액 산정방법에 비추어 볼 때 실질적인 거래 시를 납세의무 성립시기로 하는 것은 과세기술 상 거의 불가능할 뿐 아니라, 기업회생절차는 청산을 목적으로 하는 파산절차와는 달리 계속적인 영업활동을 전제로 기업의 회생을 주목적으로 하므로 기업회생절차 상 조세채권의 우월성을 인정하지 않고 일반채권과 원칙적으로 평등하게 취급하여 지체없이 신고하지 아니하면 실권 소멸토록 하고 있는데, 여기서 더 나아가 그 성립시기에 관한 원칙에마저 예외를 인정하지 않았다 하여 입법자의 합리적인

97) 대법원 1985.1.22. 83누279.

재량의 범위를 벗어난 자의적 입법이라고 할 수도 없다. 나아가, 일반적인 납세의무의 성립시기의 문제와 수시부과제도는 그 취지를 서로 달리하는 것이기 때문에 어떠한 경우에 수시부과제도를 인정할 것인가는 조세정책과 관련하여 입법자의 입법 형성의 자유영역이지 회사정리절차에 이와 같은 제도에 관한 입법을 하지 아니하였다고 하여 그것이 곧바로 평등권의 침해라고 할 수는 없다. 따라서 기업회생절차 등의 특수한 경우 법인세나 부가가치세의 납세의무 성립시기를 실질적인 소득활동이나 거래가 이루어진 때로 하는 예외조항을 두지 않고 일률적으로 과세기간 종료시로 정하였다고 하더라도 그것만으로 이 사건 법률조항이 입법재량의 한계를 현저히 벗어난 불합리한 조항이라거나 평등의 원칙에 위반한 조항이라고 볼 수는 없다.[98]

납세의무가 성립하였는지 여부는 대략 다음과 같은 법률관계에 영향을 미친다.

첫째, 납세의무가 이미 성립한 경우에 조세채무를 확정하여 납세자에게 통지하는 부과고지로서의 납부고지를 할 수 있다.

둘째, 일부 납세의무가 성립과 동시에 확정되는 조세의 경우에는 납세의무의 확정시기를 정하는 의미를 갖는다.

셋째, 소급과세금지원칙의 적용에 있어서 납세의무의 성립일이 기준시점이 된다(국기 18조 2항).

넷째, 세무서장은 납세의무가 성립한 조세와 관련하여 납세자에게 납부기한 전 징수사유가 있어 '국세가 확정된 후에는 그 국세를 징수할 수 없다고 인정할 때'에는 '국세로 확정되리라고 추정되는 금액의 한도'에서 납세자의 재산을 '확정 전 보전압류'할 수 있다(국징 31조 2항).

다섯째, 출자자의 제2차 납세의무의 성립에 있어서 과점주주의 판정은 해당 조세의 납세의무 성립시기를 기준으로 한다(국기 39조).

여섯째, 납세의무의 승계의 경우 납세의무가 성립하지 않은 조세는 승계의 대상이 되지 않는다(국기 23조, 24조).

일곱째, 사해행위취소청구권의 보호대상이 되는 조세채권은 원칙적으로 사해행위라고 볼 수 있는 행위가 행하여지기 전에 그 납세의무가 성립된 것임을 요한다.[99]

98) 헌재 2004.7.15. 2003헌바45 등.
99) 대법원 2001.3.23. 2000다37821.

납세의무는 과세요건의 충족에 의하여 성립하지만 그 일부 납세의무가 일부 성립과 동시에 확정되는 조세를 제외하고는 아직 추상적으로 존재하는 것이고 그 내용이 확정된 것은 아니다. 추상적으로 존재하는 납세의무가 구체적인 채무로 확정되기 위하여서는 그 과세표준과 세액이 확정되어야 한다.

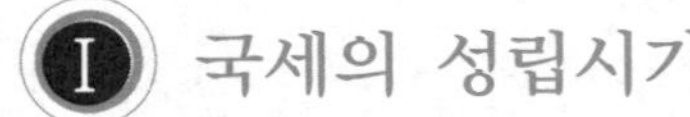

제2절 조세채무의 성립시기

Ⅰ 국세의 성립시기

1 원칙

국세를 납부할 의무는 국세기본법 및 세법이 정하는 과세요건이 충족되면 성립한다(국기 21조 1항). **국세를 납부할 의무는 다음 각 호의 구분에 따른 시기에 성립한다**(국기 21조 2항).

- 소득세 · 법인세 : 과세기간이 끝나는 때. 다만, 청산소득에 대한 법인세는 그 법인이 해산을 하는 때
- 상속세 : 상속이 개시되는 때
- 증여세 : 증여에 의하여 재산을 취득하는 때
- 부가가치세 : 과세기간이 끝나는 때. 다만, 수입재화의 경우에는 세관장에게 수입신고를 하는 때
- 개별소비세 · 주세 : 과세물품을 제조장으로부터 반출하거나 판매장에서 판매하는 때 또는 과세장소에 입장하거나 과세유흥장소에서 유흥음식행위를 한 때 또는 과세영업장소에서 영업행위를 한 때. 다만, 수입물품의 경우에는 세관장에게 수입신고를 하는 때
- 인지세 : 과세문서를 작성한 때
- 증권거래세 : 해당 매매거래가 확정되는 때
- 교육세 : 해당 국세의 납세의무가 성립하는 때(국세에 부과되는 교육세), 과세기간이 끝나는 때(금융 · 보험업자의 수익금액에 부과되는 교육세)
- 농어촌특별세 : 농어촌특별세법 제2조 제2항에 따른 본세의 납세의무가 성립하는 때
- 종합부동산세 : 과세기준일

- 가산세 : 다음 각 목의 구분에 따른 시기. 다만, 둘째 및 셋째의 경우 출자자의 제2차 납세의무(국기 39조)를 적용할 때에는 법정납부기한이 경과하는 때로 한다.
  - 무신고가산세(국기 47조의2) 및 과소신고·초과환급신고가산세(국기 47조의3): 법정신고기한이 경과하는 때
  - 납부지연가산세(국기 47조의4 1항 1호, 2호) 및 원천징수 등 납부지연가산세(국기 47조의5 1항 2호): 법정납부기한 경과 후 1일마다 그 날이 경과하는 때
  - 납부지연가산세(국기 47조의4 1항 3호): 납부고지서에 따른 납부기한이 경과하는 때
  - 원천징수 등 납부지연가산세(국기 47조의5 1항 1호): 법정납부기한이 경과하는 때
  - 그 밖의 가산세: 가산할 국세의 납세의무가 성립하는 때

2 예외

다음 각 호의 국세를 납부할 의무는 위 원칙에도 불구하고 각 호의 시기에 성립한다(국기 21조 3항).

- 원천징수하는 소득세·법인세 : 소득금액 또는 수입금액을 지급하는 때
- 납세조합이 징수하는 소득세 또는 예정신고납부하는 소득세 : 과세표준이 되는 금액이 발생한 달의 말일
- 중간예납하는 소득세·법인세 또는 예정신고기간·예정부과기간에 대한 부가가치세 : 중간예납기간 또는 예정신고기간·예정부과기간이 끝나는 때
- 수시부과하여 징수하는 국세 : 수시부과할 사유가 발생한 때

Ⅱ 지방세의 성립시기

1 원칙

지방세를 납부할 의무는 다음 각 호의 시기에 성립한다(지기 34조 1항).

- 취득세 : 취득세 과세물건을 취득하는 때. 건축물을 건축하여 취득하는 경우에는 사용승인일과 사실상의 사용일 중 빠른 날이 그 건축물의 취득일이 되고, 당시의 건축물 소유자가 취득세 등의 납세의무자에 해당한다고 보아야 하나, 이와 같은 건축물의 취득시기가 도래하기 전까지는, 비록 사회통념상 독립한 건물이라고 볼 수 있는 형태와

구조를 갖추었고 그 건물에 대하여 사용승인을 신청하였다거나 소유권보존등기를 마쳤다 하더라도 그 건물에 대하여 취득세 등 납세의무가 성립하였다고 볼 수 없다.[100)]

- 등록면허세 : 재산권 등 그 밖의 권리를 등기 또는 등록하는 때(등록에 대한 등록면허세), 각종의 면허를 받는 때와 납기가 있는 달의 1일(면허에 대한 등록면허세)
- 레저세 : 승자투표권, 승마투표권 등을 발매하는 때
- 담배소비세 : 담배를 제조장 또는 보세구역으로부터 반출하거나 국내로 반입하는 때
- 지방소비세 : 국세기본법에 따른 부가가치세의 납세의무가 성립하는 때
- 주민세 : 과세기준일(균등분 및 재산분), 종업원에게 급여를 지급하는 때(종업원분)
- 지방소득세 : 그 과세표준이 되는 소득에 대하여 소득세·법인세의 납세의무가 성립하는 때
- 재산세 : 과세기준일
- 자동차세 : 납기가 있는 달의 1일(자동차 소유에 대한 자동차세), 그 과세표준이 되는 교통·에너지·환경세의 납세의무가 성립하는 때(자동차 주행에 대한 자동차세)
- 지역자원시설세 : 발전용수를 수력발전(양수발전은 제외한다)에 사용하는 때(발전용수), 지하수를 채수하는 때(지하수), 지하자원을 채광하는 때(지하자원), 컨테이너를 취급하는 부두를 이용하기 위하여 컨테이너를 입항·출항하는 때(컨테이너), 원자력발전소에서 발전하는 때(원자력발전), 화력발전소에서 발전하는 때(화력발전), 과세기준일(특정부동산)
- 지방교육세 : 그 과세표준이 되는 세목의 납세의무가 성립하는 때
- 가산세 : 다음 각 목의 구분에 따른 시기. 다만, 둘째 및 셋째의 경우 출자자의 제2차 납세의무(지기 46조)를 적용할 때에는 법정납부기한이 경과하는 때로 한다.
  - 무신고가산세(지기 53조) 및 과소신고·초과환급신고가산세(지기 54조): 법정신고기한이 경과하는 때
  - 납부지연가산세(지기 55조 1항 1호) 및 특별징수 납부지연가산세(지기 56조 1항 2호): 법정납부기한 경과 후 1일마다 그 날이 경과하는 때
  - 납부지연가산세(지기 55조 1항 2호): 환급받은 날 경과 후 1일마다 그 날이 경과하는 때
  - 납부지연가산세(지기 55조 1항 3호): 납부고지서에 따른 납부기한이 경과하는 때
  - 납부지연가산세(지기 55조 1항 4호) 및 특별징수 납부지연가산세(지기 56조 1항 3호): 납

100) 대법원 2023.12.28. 2020두49997.

부고지서에 따른 납부기한 경과 후 1개월마다 그 날이 경과하는 때

- 특별징수 납부지연가산세(지기 56조 1항 1호): 법정납부기한이 경과하는 때
- 그 밖의 가산세: 가산세를 가산할 사유가 발생하는 때. 다만, 가산세를 가산할 사유가 발생하는 때를 특정할 수 없거나 가산할 지방세의 납세의무가 성립하기 전에 가산세를 가산할 사유가 발생하는 경우에는 가산할 지방세의 납세의무가 성립하는 때

2 예외

다음 각 호의 지방세를 납부할 의무는 위 원칙에도 불구하고 해당하는 각 호의 시기에 성립한다(지기 34조 2항).

- 특별징수하는 지방소득세 : 그 과세표준이 되는 소득에 대하여 소득세 · 법인세를 원천징수하는 때
- 수시로 부과하여 징수하는 지방세 : 수시부과할 사유가 발생하는 때

Ⅲ 개별 쟁점에 대한 검토

1 원천징수하는 소득세 및 법인세의 납세의무 성립시기

원천징수하는 소득세 · 법인세의 경우에는 소득금액 또는 수입금액을 지급하는 때에 납세의무가 성립하고 지방세의 특별징수의 경우에는 그 과세표준이 되는 소득에 대하여 소득세 · 법인세를 원천징수하는 때에 납세의무가 성립한다. 이 경우 **납세의무자는 원천징수의무자인가 아니면 원천납세의무자인가?** 원천징수하는 소득세 · 법인세를 지급하는 자는 원천징수의무자이므로 원천징수의무자가 납세의무자인 것으로 보일 수 있으나, 원천징수의무는 원천납세의무의 성립을 전제로 하여 부담하는 절차 상 의무이므로 위 규정들은 원천납세의무자의 납세의무의 성립시기를 정한 것으로 보아야 한다.

법인세법 상 소득처분과 관련하여 이루어지는 원천징수의 경우 원천징수의무의 성립시기는 언제인가? 법인세의 과세표준인 법인의 소득을 법인이 신고하거나 정부가 결정 또는 경정함에 있어 발생한 소득이 사외로 유출된 경우에는 그 사외유출된 소득의 귀속이 불분명한 경우에는 이를 대표자에게 귀속시키고, 그 소득이 제3자에게 귀속되었음이 밝혀진 경우에는 그 귀속자에 따라 상여, 배당, 기타소득이나 기타사외유출로 처분하여야 한다(법세

67조 ; 법세령 106조). 법인세법 상 소득처분은 소득금액변동통지서를 통하여 통지하는 방법으로 이루어진다. 즉 **법인세법 상 소득처분**(국조령 25조 6항에 따라 처분된 것으로 보는 경우를 포함한다)되는 배당·상여 및 기타소득은 법인소득금액을 결정 또는 경정하는 세무서장 또는 지방국세청장이 그 결정일 또는 경정일부터 15일 내에 소득금액변동통지서에 의하여 당해 법인에게 통지하여야 하나, 당해 법인의 소재지가 분명하지 아니하거나 그 통지서를 송달할 수 없는 경우에는 당해 주주 및 당해 상여나 기타소득의 처분을 받은 거주자에게 통지하여야 한다(소세령 192조 1항). 한편 해당 법인에게 소득금액변동통지서를 통지한 경우에는 통지하였다는 사실(소득금액 변동내용은 포함하지 아니한다)을 해당 주주 및 해당 상여나 기타소득의 처분을 받은 거주자에게 알려야 한다(소세령 192조 2항). **법인세 과세표준을 결정 또는 경정하는 과정에서 소득처분되는 배당, 상여, 기타소득에 대하여는 소득금액변동통지서**(소세령 192조)**를 받은 날에 그 배당소득, 상여소득 또는 기타소득을 지급한 것으로 보아 소득세를 원천징수하여야 한다**(소세 131조 2항, 135조, 145조의2).

법인세법 상 소득처분이 되는 경우에 있어서 소득금액변동통지서를 받을 상대방이 이미 사망한 경우에도 해당 법인의 원천징수의무가 발생하는가? 법인세법 상 소득처분되는 소득금액은 당해 법인이 소득금액변동통지서를 받은 날에 그 소득금액을 지급한 것으로 보게 되나 이는 그 소득금액을 현실적으로 대표자에게 지급하는 것을 의미하는 것이 아니라 법으로써 의제하는 것이므로 위와 같은 소득금액변동통지서를 받은 법인의 원천징수의무가 성립하려면 그 의무의 성립시기인 위 소득금액변동통지서를 받은 때에 소득금액을 지급한 것으로 보아야 할 거래 상대방이 생존해 있어야 하며 그가 이미 사망한 경우라면 원천납세의무 자체가 성립할 여지가 없으므로 이를 전제로 한 법인의 원천징수의무도 성립할 수 없다.[101)]

2 수시부과하는 조세의 납세의무 성립시기

기간과세의 경우에 납세의무의 성립 이전에 과세권을 확보하기 위한 필요성이 크기 때문에, 이 경우 개별세법에는 수시부과결정제도를 두고 있고 이를 통하여 바로 조세채권을 성립 및 확정한다(법세 69조 ; 소세 82조). **수시부과결정**을 하는 경우에는 수시부과할 사유가 발생한 때에 해당 납세의무가 성립한다.

그렇다면 **법인세법 상 수시부과사유가 발생한 경우, 토지 등 양도소득 과세특례에 따른**

101) 대법원 1992.3.13. 91누9527.

납세의무는 언제 성립하는가? 법인세법은 토지 등 양도소득에 대한 과세특례(법세 55조의2)를 규정한다. 이는 부동산 투기의 방지 및 부동산의 가격 안정을 위하여 법인이 일정한 토지 및 건물을 양도하는 경우 각 사업연도소득에 대한 법인세 이외에 추가로 과세하는 제도를 의미한다. 판례는 법인세에 대하여 수시부과사유가 발생하는 경우, 즉 법인이 그 주사무실 및 공장부지를 양도하고 소유권이전등기를 해 주었으며 적어도 이전등기일 이전에 양도대금의 청산이 이루어지고 사실상 폐업상태에 놓이게 된 경우에는 '토지 등 양도소득에 대한 과세특례에 따른 납세의무' 역시 법인세법 상 수시부과사유의 발생으로 위 이전등기일 이전에 성립한다고 판시한다.[102] 다만 수시부과되는 '토지 등 양도소득에 대한 과세특례에 따른 납세의무'의 성립시기가 수시부과사유가 발생한 때라고 하더라도 당해 자산의 잔금청산이 되지 아니하여 그 소득이 확정되지 아니한 이상 그 납세의무는 성립하지 아니한다.[103]

3 증여세에 대한 구체적인 납세의무 성립시기

증여세의 경우에는 증여에 의하여 재산을 취득하는 때에 납세의무가 성립하는 바, 증여재산의 구체적인 취득시기와 관련하여서는 개별규정들(상증세 33조－39조, 39조의2, 39조의3, 40조, 41조, 41조의3－41조의5, 44조, 45조, 45조의2 및 45조의3)이 먼저 적용되고, 그 이외의 경우에는 상속세 및 증여세법 시행령 제23조가 적용된다.

4 제2차 납세의무 등의 성립시기

제2차 납세의무와 양도담보권자의 물적 납부의무는 언제 성립하는가? 명문의 규정이 없으나, 제2차 납세의무와 양도담보권자의 물적 납부의무에 관한 개별 규정(국기 38조－42조 ; 지기 45조－48조, 75조) 상 각 과세요건이 충족되는 경우에 제2차 납세의무가 성립하는 것으로 보아야 한다. 즉 제2차 납세의무는 주된 납세의무자의 체납 등 그 요건에 해당되는 사실의 발생에 의하여 추상적으로 성립한다.[104] 납세보증인의 납세의무에 대하여서도 제2차 납세의무와 동일하게 해석하여야 함은 기술하였다.[105]

---

102) 대법원 1992.7.10. 91누8234.
103) 대법원 1992.7.24. 92누848.
104) 대법원 1982.8.24. 81누80.
105) 같은 편 제2장 제1절 V 납세보증인 참조.

Ⅳ 조세채무의 성립과 실질과세원칙

과세관청은 실질과세원칙을 적용하여 납세자가 선택한 사법 상 거래형식을 부인하고 해당 거래를 재구성하여 과세할 수 있다. 그렇다면 **과세관청이 실질과세원칙을 적용하여 재구성한 거래와 관련하여 발생하는 납세의무의 성립시기는 언제인가?** 이 쟁점을 해결하기 위하여서는 절세(tax saving), 조세회피(tax avoidance), 탈세(tax evasion) 및 조세포탈(tax fraud)이라는 개념을 구분하는 것부터 시작하여야 한다.[106)]

기존 논의에 따르면, 납세자의 조세부담경감행위는 절세, 조세회피, 탈세, 조세포탈, 네 가지로 구분된다(4분설). 절세는 조세법이 허용하는 적법행위를 말한다. 그리고 조세회피는 사법 상 유효한 거래형식을 전제로 하여 형식적으로는 적법행위에 해당하나, 실질적으로는 그와 동일한 경제적 목적을 달성하는 통상적인 행위를 규율하는 개별 세법규정의 과세요건을 충족하지 아니하여 그로 인한 조세부담의 감소결과가 해당 세법 규정의 입법목적에 반하는 행위를 말한다. 탈세는 납세자의 행위 자체가 개별 세법규정의 납세의무를 위반한 행위 즉 위법행위를 뜻하고, 그러한 탈세 가운데 사기나 그 밖의 부정한 행위에 의한 것이 조세포탈이다. 따라서 탈세의 수단 측면에서 탈세와 조세포탈은 명확히 구별된다.

그런데, 조세회피는 다른 세 가지 개념과 달리 실질과세의 적용 여하에 따라 절세나 탈세로 그 지위가 변동되는 성질의 '중간 개념'이기 때문에 위 4분설을 달리 보아야 할 필요가 있다. 즉 효과 면에서 보면, 실질과세원칙이 적용되지 아니하는 조세회피는 적법행위로서 절세와 같고, 실질과세원칙에 따라 재구성되는 조세회피는 위법행위인 탈세와 유사한 효과가 부여될 수 있다. 따라서 후자의 조세회피는 탈세(최광의)의 개념에 포섭될 수도 있다. 따라서 '종국 개념'을 기준으로 개념을 구분하자면, 납세자의 조세부담경감행위는 절세, 탈세 또는 조세포탈로 구분할 수 있다(3분설).

이하 위 논의를 전제로 하여 과세관청이 실질과세원칙을 적용하여 발생하는 납세의무의 성립시기에 대하여 살핀다.

납세자의 납세의무는 조세법률주의에 의하여 창설된다. 납세의무는 법률을 통하여 정하여진 과세요건사실에 해당하는 납세자의 행위 또는 객관적인 사실 등에 근거하여 성립되고

106) 이준봉 · 이재호, *역외탈세의 논의국면에서 본 탈세의 개념체계*, 「조세학술논집」 제30집 제3호, (사)한국국제조세협회, 2014.10. pp.1－35 참조.

확정되는 것이지, 납세자의 의도에만 근거하거나 해당 과세요건사실이 존재하기 이전에는 그 납세의무가 성립되거나 확정될 수 없다. 만약 그렇다면 이는 조세법률주의에 정면으로 반하는 것이다. 또한 실질과세원칙 역시 과세관청이 납세자의 거래형식을 재구성하는 방법을 통하여 과세요건사실이 존재하는 것으로 확정한 이후에 과세할 수 있는 권한을 부여하는 것에 불과한 것이지, 납세자의 의도를 짐작하여 해당 과세요건사실이 재구성되어 존재하기 이전에도 이미 납세의무가 존재하는 것으로 볼 수 있는 권한을 부여하는 것은 아니다. 조세법률주의를 원칙 그대로 관철할 경우 또 다른 헌법적 가치인 실질적 평등의 원칙이 훼손될 수 있고 이러한 헌법적 가치의 충돌상황을 해결하기 위한 결단으로서 실질과세원칙이 입법된 것이라고 하더라도, 이러한 점이 달라지는 것이 아니다. 그렇다면 실질과세원칙에 의하여 재구성되는 조세회피행위는 사법 상 유효한 거래형식을 갖춘 행위이므로 과세관청이 개입하기 이전에는 '과세관청이 의도하는 납세의무'가 성립할 수 없고, 단지 사후적으로 과세관청이 납세자의 거래형식을 재구성하는 것으로 인하여 비로소 해당 납세의무가 성립되어 확정되는 것으로 보아야 한다. 즉 **실질과세원칙에 의하여 재구성되는 조세회피행위와 관련하여 발생하는 '과세관청이 의도하는 납세의무'는 과세관청이 실질과세원칙을 적용하여 과세하는 시점에 성립하고 동시에 확정되는 것이라고 보아야 한다.** 따라서 실질과세원칙 상 거래의 재구성을 통하여 증액경정된 납세의무에 대한 가산세 역시 실질과세원칙에 의하여 재구성되는 시점을 기준으로 산정되어야 한다.[107)]

한편 실질과세원칙 역시 법률 상 근거(국기 14조)에 터잡아 행사된다는 점 및 과세관청의 판단이 정당한지 여부가 최종적으로 법원의 판단에 의하여 결정된다는 점에서 조세법률주의와 조화를 이루고 있다고 볼 수 있으나, 납세자로서는 과세관청의 실질과세원칙의 적용 여부에 대한 예측가능성을 가지기 어려운 상황이다. 입법론으로서는 과세관청이 실질과세원칙을 적용하여 과세하기 위하여서는 독립적인 인사들이 참여하는 위원회의 사전심의를 받는 등 절차적 통제를 거치도록 하는 방법을 강구할 필요가 있다.

실질과세원칙에 기한 조세부과권의 제척기간은 어떻게 산정되어야 하는가? 실질과세원칙에 의한 재구성의 대상에 해당하는 당초의 사실관계가 발생한 시점을 기준으로 판단하여야 한다. 실질과세원칙으로 인하여 제척기간을 연장할 수는 없고 실질과세원칙에 기한 과세는 당초의 사실관계가 발생한 시점 이후부터 가능하기 때문이다. 즉 실질과세원칙에 기

107) 제2편 제6장 제1절 Ⅲ 및 제5편 제2장 Ⅱ 1 나 참조.

한 조세부과에 있어서 당초 사실관계의 발생시점을 기준으로 조세를 부과할 수 있는 날(국기 26조의2, 국기령 12조의3)을 결정하고 이를 그 제척기간 산정의 기산일로 보아야 한다.

이상의 논의는 실질과세원칙의 적용대상인 조세회피행위가 조세포탈에 해당할 수 있는지 여부와도 관련된다. 조세포탈에 해당하기 위해서는 납세자에게 거짓 기장, 조작, 은폐 등 이미 성립한 납세의무를 은닉하는 일체의 사실상 행위로서의 소득은닉행위가 존재해야 하기 때문이다. 납세자가 선택한 사법 상 유효한 거래형식이 비록 관련 조세법규의 취지 및 목적 등에 어긋난다고 하더라도 해당 사법 상 유효한 거래형식을 취하였다는 점 자체를 소득은닉행위로 취급할 수 있는 근거는 없다고 판단한다. 다만 본서는 기왕의 가장행위이론과 실질과세원칙을 통합하여 파악하기 위하여, 실질과세원칙은 납세자의 사법 상 거래형식이 유효한 경우뿐만 아니라 그 거래형식이 가장행위에 해당하는 경우에도 적용된다는 입장을 취하고 있음에 유념할 필요가 있다. 위 입장에 근거하여 실질과세원칙이 적용되는 가장행위는 조세포탈행위에 해당될 수 있다. 해당 거래형식이 사법 상 효력이 없고 이를 세법 상 무시할 수 있는 경우라면, 그 행위 당시 이미 과세관청이 의도한 납세의무가 성립한 것으로 볼 수 있어서 납세자가 가장행위에 해당하는 거래형식을 사용한 것 자체를 소득은닉행위에 해당한다고 볼 수 있기 때문이다.

이상의 논의는 법인세법 상 부당행위계산의 부인규정(법세 52조)**을 이용하여 과세관청이 납세자의 거래를 재구성하는 경우에도 그대로 적용된다고 판단한다.** 부당행위계산이라고 함은 납세자가 정상적인 경제인의 합리적 거래형식에 의하지 아니하고 우회행위, 다단계행위, 그 밖의 이상한 거래형식을 취함으로써 통상의 합리적인 거래형식을 취할 때 생기는 조세의 부담을 경감 내지 배제시키는 행위계산을 말하는 바, 부당행위계산의 부인규정은 납세자의 거래가 경제적 합리성을 무시하여 조세법적인 측면에서 부당한 것이라고 보일 때 과세권자가 객관적으로 타당하다고 인정되는 소득이 있었던 것으로 의제하여 과세함으로써 과세의 공평을 기하고 조세회피행위를 방지하고자 하는 것이다.[108] 이상 부당행위계산의 부인 규정을 둔 취지를 감안하면 부당행위계산의 부인규정은 실질과세원칙이 법인세법 상 구체화된 것으로 볼 수 있다. 따라서 부당행위계산의 부인규정으로 인하여 재구성되는 소득의 범위 내에서는 실질과세원칙과 관련된 위 논의들이 그 성질 상 허용되는 한 그대로 적용될 수 있을 것으로 본다.

108) 대법원 2014.4.10. 2013두20127.

제4장

납세의무의 승계

제1절 총 설

납세의무는 금전채무이고 그 성질 상 비대체적인 것이 아니기 때문에 원래 승계가 가능한 것이다. 그러나 납세의무는 담세력을 기준으로 부과된다는 점에서 납세의무자의 개별성이 강조되는 것이기 때문에 함부로 납세의무의 승계를 인정하는 것은 적당하지 않다.[109] 현행법은 법인의 합병 및 상속으로 인한 경우에 대하여서만 납세의무의 승계에 대하여 규정한다(국기 23조, 24조 ; 지기 41조, 42조). 한편 채무자회생법은 '회생계획에서 신설회사가 회생회사의 조세채무를 승계할 것을 정한 때에는 신설회사는 그 조세를 납부할 책임을 지며, 회생회사의 조세채무는 소멸한다'라고 규정(채무회생 280조)하여, 상법에 따른 회사분할과는 달리 채무자회생법에 따른 회생계획에서 조세채무의 승계 여부를 정할 수 있음을 특별히 명시하고 있다. 나아가 **회생회사의 조세채무가 아직 성립하지 않은 경우라 하더라도 과세요건사실의 일부가 발생하는 등 가까운 장래에 성립할 가능성이 있다면 회생계획에서 그 지위나 법률효과에 관하여도 승계 여부를 정할 수 있다**고 보는 것이 위 관련 법률의 규정 및 회생제도의 목적과 취지에 부합한다. 어떠한 권리와 의무가 신설회사에 승계되는지는 수립된 회생계획의 해석에 관한 문제로서, 회생계획의 문언의 내용에 의하여 객관적 의미를 합리적으로 해석하여야 한다.[110] 법률의 규정이 없음에도 조세법이 규정하지 않은 자가 납세의무를 부담하거나 법률이 정하는 것과 다른 내용의 납세의무를 부담하도록 허용하는 것은 조세법률주의에 반하는 것이다. 피승계자가 부담하는 납세의무보다 유리한 납세의무를 승계시키는 것 역시 법률의 규정이 없다면 조세법률주의에 어긋난 것이다. 따라서 **조세법이 규정하는 이외의 경우에는 납세의무의 승계를 인정하지 않는 것이 타당하다.**

납세의무의 승계자는 피승계자의 조세법 상 지위를 그대로 인계하므로, 승계자는 피승계

109) 金子 宏、前掲書、658頁。
110) 대법원 2023.11.2. 2023다238029.

자의 납세의무와 동일한 내용의 납세의무를 부담한다. 승계되는 납세의무는 성립되었으나 확정되지 않은 것과 성립 및 확정된 것으로 구분된다.[111] 따라서 피승계자에 대한 납부고지는 그 승계되는 납세의무의 내용에 따라 부과처분이 될 수도 있고 징수처분이 될 수도 있다.

이하 국세기본법을 대상으로 살핀다.

제2절 법적 승계사유

I 법인의 합병으로 인한 납세의무의 승계

법인이 합병한 경우 합병 후 존속하는 법인 또는 합병으로 설립된 법인은 합병으로 소멸된 법인에 부과되거나 그 법인이 납부할 국세와 강제징수비를 납부할 의무를 진다(국기 23조). 지방세의 경우에도 동일하다(지기 41조). 지방세의 경우에는 가산금 역시 승계대상에 포함된다.

이하 국세를 중심으로 살핀다.

상법 상 합병 후 존속한 회사 또는 합병으로 인하여 설립된 회사는 합병으로 인하여 소멸된 회사의 권리의무를 승계하는 것이므로(상법 235조), 동일한 내용을 국세기본법이 조세채무의 승계의 관점에서 다시 규정한 것으로 보는 견해가 있으나[112] 이는 타당하지 않다. 상법 상 소멸된 회사의 권리의무를 포괄적으로 승계한다는 조문이 있다고 하더라도 조세법에 의하여서만 납세의무가 창설될 수 있다는 조세법률주의의 요청 상 국세기본법 상 별도의 규정이 필요하기 때문이다.

개별 세법 상으로도 합병으로 인한 납세의무의 승계에 관한 규정들이 있다. 법인이 합병 또는 분할로 인하여 소멸한 경우 합병법인 등은 피합병법인 등이 납부하지 아니한 각 사업연도의 소득에 대한 법인세(합병·분할에 따른 양도손익에 대한 법인세를 포함한다)를 납부할 책임을 진다(법세령 85조의2). 법인이 합병 또는 분할로 인하여 소멸한 경우 합병법인

111) 上揭書、659頁。
112) 임승순, 전게서, 129면.

등은 피합병법인 등이 원천징수하여야 할 법인세를 징수하지 아니하였거나 징수한 법인세를 납부하지 아니한 것에 대하여 납부할 책임을 진다(법세령 116조 2항). 원천징수하여야 할 소득세의 경우도 같다(소세 157조 2항). 체납자의 재산에 대하여 강제징수를 집행한 후 체납자가 사망하였거나 체납자인 법인이 합병에 의하여 소멸되었을 때에도 그 재산에 대한 강제징수는 계속 진행하여야 한다(국징 27조). 납세의무의 승계와 관련하여 개별세법이 국세기본법과 달리 규정할 수 있으나(국기 3조 1항), 국세기본법의 규정과 다른 내용은 없는 것으로 보인다.

'합병으로 소멸된 법인에 부과되거나 그 법인이 납부할 국세와 강제징수비'가 납세의무의 승계대상이므로, 승계될 납세의무는 최소한 성립되어 있어야 한다. 납세의무가 성립되어야만 조세를 부과할 수 있기 때문이다. 한편 해당 법인이 반드시 '납세의무자'의 자격으로서 부담하는 납세의무로 제한하지 않기 때문에, '납세자'의 자격으로서 부담하는 일체의 납세의무가 승계된다고 본다.

만약 합병으로 인하여 소멸하는 법인의 납세의무와 관련하여 해당 소멸법인이 '납기연장의 신청, 징수유예의 신청 또는 물납의 신청', '납기연장, 징수 또는 압류 · 매각의 유예', '물납의 승인', '담보의 제공 등'을 한 경우 그 효력 역시 승계되는가? 납세의무가 승계되는 것이고 새롭게 납세의무를 부담하는 것은 아니므로, 이러한 사유가 있는 경우에도 합병 후 존속법인 또는 합병으로 인한 신설법인에게 그 효력이 승계된다고 본다(국기통칙 23－0…3). 이러한 맥락에서 어느 법인이 주택건설용으로 부동산을 취득하기는 하였으나, 아직 3년의 유예기간이 경과하지 아니하거나 다른 업종에 사용 또는 겸용하지 아니하고 있던 상태에서 다른 법인에 합병됨으로써 합병시까지는 등록세 중과요건이 충족되지 아니한 경우에도, 합병 후 존속법인은 소멸법인에 이미 발생한 등록세 중과와 관련된 법률 상의 지위를 승계한다.[113]

납세의무의 승계자는 승계한 납세의무에 관한 신고의무, 질문검사수인의무 등 피승계자가 부담하여야 할 각종 의무를 승계하고, 또한 경정 또는 결정 등 각종 처분의 상대방으로 된다.[114] 이를 부인하는 것은 이미 소멸한 법인의 납세의무는 승계하였으나 그에 관한 각종 의무는 부담하지 않거나 과세관청으로부터 경정 또는 결정을 받지 않는 새로운 납세의무를 법률 상 근거가 없이 창설하는 것에 해당하는 바 이는 조세법률주의에 반하기 때문이다.

113) 대법원 2013.12.26. 2011두5940.
114) 金子 宏、前掲書、660頁。

Ⅱ 상속으로 인한 납세의무의 승계

상속이 개시된 때에 그 상속인 또는 상속재산관리인(민법 1053조)은 피상속인에게 부과되거나 그 피상속인이 납부할 국세와 강제징수비를 상속으로 받은 재산의 한도에서 납부할 의무를 진다(국기 24조 1항). 상속인은 민법 상 상속의 순위(민법 1000조), 대습상속(민법 1001조), 배우자의 상속순위(민법 1003조), 상속인의 결격사유(민법 1003조)에 관한 규정이 적용되고, 수유자 역시 상속인에 포함된다. 수유자는 유증을 받는 자로서, 사망으로 인하여 효력이 발생하는 증여에 의하여 재산을 취득하는 자를 포함하는 개념이다(상증세 2조 5호). '상속으로 받은 재산'은 '상속받은 자산총액 – (상속받은 부채총액 + 상속으로 인하여 부과되거나 납부할 상속세)'에 따라 계산된 가액으로 한다(국기령 11조 1항). 위 자산총액과 부채총액의 가액은 상속세 및 증여세법 제60조부터 제66조까지의 규정을 준용하여 평가한다(국기령 11조 2항). 상속으로 받은 재산의 가액을 계산함에 있어서 '수유자가 받은 자산 · 부채 및 납부할 상속세'와 '상속재산으로 보는 보험금(국기 24조 2항) 및 그 보험금을 받은 자가 납부할 상속세'를 포함하여 계산한다(국기령 11조 3항). 상속으로 받은 재산의 계산 상 피상속인으로부터 승계되는 국세 등 채무는 부채총액에 포함되지 않는다.[115)]

지방세의 경우에도 유사한 규정이 있다(지기 42조).

이하 국세를 중심으로 본다.

적법하게 상속을 포기한 자 역시 납세의무를 승계한 상속인에 해당되는가? 원래 상속을 포기한 자는 상속포기의 소급효에 의하여 상속개시 당시부터 상속인이 아니었던 것과 같은 지위에 놓이게 되는 점(민법 1042조), 상속세 및 증여세법 제3조 제1항은 상속세에 관하여는 상속포기자도 상속인에 포함되도록 규정하고 있으나 이는 사전증여를 받은 자가 상속을 포기함으로써 상속세 납세의무를 면하는 것을 방지하기 위한 것으로서 상속에 의한 납세의무 승계자와 상속세 및 증여세법 제3조 제1항에 의한 상속세 납세의무자의 범위가 서로 일치하여야 할 이유는 없는 점, 조세법률주의의 원칙 상 과세요건은 법률로써 명확하게 규정하여야 하고 조세법규의 해석에 있어서도 특별한 사정이 없는 한 법문대로 해석하여야 하며 합리적 이유 없이 확장해석하거나 유추해석하는 것은 허용되지 않는 점 등을 종합하여 보면, 적법하게 상속을 포기한 자는 상속에 의하여 피상속인의 국세 등 납세의무를 승계하는

115) 대법원 2022.6.30. 2018다268576.

자로 규정하고 있는 '상속인'에는 포함되지 않는다고 보아야 한다.[116)]

피상속인의 사망으로 인하여 상속인이 지급받는 생명보험 또는 손해보험의 보험금으로서 피상속인이 보험계약자가 된 보험계약에 의하여 지급받는 보험금이 납세의무의 승계에 있어서의 상속재산에 포함되는가? 판례에 의하면 이는 상속재산에 해당되지 않는다. 즉 상속재산에 피상속인의 사망으로 인하여 지급받는 생명보험 또는 손해보험의 보험금으로서 피상속인이 보험계약자가 된 보험계약에 의하여 지급받는 보험금이 실질적으로 상속이나 유증 등에 의하여 재산을 취득한 것과 동일하다고 보아 상속세 과세대상으로 규정하고 있으나, 위 보험금의 경우 보험수익자가 가지는 보험금지급청구권은 본래 상속재산이 아니라 상속인의 고유재산이므로, 위 보험금 역시 상속으로 인한 납세의무의 승계에 있어서의 '상속으로 받은 재산'에는 포함되지 않는다고 보아야 한다.[117)] **다만 최근 국세기본법 상 규정이 위 판시와 다른 내용으로 신설되었다.** 납세의무 승계를 피하면서 재산을 상속받기 위하여 피상속인이 상속인을 수익자로 하는 보험계약을 체결하고 그 상속인은 상속을 포기(민법 1019조 1항)한 것으로 인정되는 경우로서 상속포기자가 피상속인의 사망으로 인하여 보험금(상증세 8조)을 받는 때에는 상속으로 인한 납세의무의 승계에 있어서 상속포기자를 상속인으로 보고, 보험금을 상속받은 재산으로 본다(국기 24조 2항).

한정승인을 한 상속인 역시 상속인의 범위에 포함되는가? 판례에 따르면 한정승인을 한 상속인 역시 상속으로 인하여 재산을 받은 상속인에 포함된다. 즉 판례는 저당권의 실행을 위한 부동산 임의경매는 양도소득세 과세대상인 '자산의 양도'에 해당하고 이 경우 양도소득인 매각대금은 부동산의 소유자에게 귀속되는 바, 그 소유자가 한정승인을 한 상속인이라도 그 역시 상속이 개시된 때로부터 피상속인의 재산에 관한 권리의무를 포괄적으로 승계하여 해당 부동산의 소유자가 된다는 점에서는 단순승인을 한 상속인과 다르지 않으므로 위 양도소득의 귀속자로 보아야 함은 마찬가지라고 판시한다.[118)]

상속에 의하여 승계되는 납세의무의 범위는 어떠한가? 합병으로 인한 납세의무의 승계와 마찬가지로 보아야 한다. 즉 '피상속인에 부과되거나 피상속인이 납부할 국세와 강제징수비'가 납세의무의 승계대상이므로 최소한 납세의무가 성립되어야 하고, 해당 피상속인이 반드시 '납세의무자'로서 부담하는 납세의무로 제한하지 않기 때문에 '납세자'로서 부담하

116) 대법원 2013.5.23. 2013두1041.
117) 대법원 2013.5.23. 2013두1041.
118) 대법원 2012.9.13. 2010두13630.

는 일체의 납세의무가 승계된다고 본다. 본래의 납세의무자 이외에 연대납세의무자, 제2차 납세의무자, 보증인 및 원천징수의무자 역시 납세자에 포함된다. 다만 물적 납부의무를 부담하는 양도담보권자는 납세자에 해당하지 않는다.

피상속인의 소득세법 상 결손금 역시 상속인에게 승계되는가? 피상속인에게 부과되거나 그 피상속인이 납부할 국세와 강제징수비만을 승계대상으로 규정하고 법률이 규정하는 이외의 납세의무의 승계는 인정되지 않으므로, 법문언 상 결손금은 승계대상에 포함되지 않는다고 보인다.

상속인이 2명 이상일 때에는 각 상속인은 피상속인에게 부과되거나 그 피상속인이 납부할 국세와 강제징수비를 상속분(민법 1009조, 1010조, 1012조 및 제1013조) 또는 법정비율(상속인 중에 수유자, 상속을 포기한 사람(민법 1019조 1항), 유류분을 받은 사람(민법 1112조) 또는 상속으로 받은 재산에 보험금이 포함되어 있는 경우)에 따라 나누어 계산한 국세와 강제징수비를 상속으로 받은 재산의 한도에서 연대하여 납부할 의무를 지고, 이 경우 각 상속인은 그들 중에서 피상속인의 국세 및 강제징수비를 납부할 대표자를 정하여 법정절차(국기령 12조)에 따라 관할 세무서장에게 신고하여야 한다(국기 24조 3항). 법정 비율은 각 상속인[수유자(국기 24조 1항)와 특정 상속포기자(국기 24조 2항)를 포함한다]이 상속으로 받은 재산의 가액을 상속으로 받은 재산 가액의 합계액으로 나누어 계산한 비율을 말한다(국기령 11조 4항). 공동상속인의 연대납부의무는 다른 공동상속인이 고유의 상속세 납부의무를 이행하면 그 범위에서 일부 소멸하는 것일 뿐 다른 공동상속인의 납부 여부에 따라 원래부터 부담하는 연대납부의무의 범위가 변동되는 것은 아니다.[119] **피상속인 단계에서 성립 및 확정된 납세의무와 관련하여 상속인 중 1인에게 납부고지를 하였으나 그 상속인이 해당 납부고지 상 세금이 상속받은 재산을 초과하는 것이라고 다투는 경우 그 불복사유는 징수처분에 고유한 하자에 해당하는가?** 피상속인 단계에서 성립 및 확정된 납세의무와 관련하여 상속인에게 납부고지를 한다면 해당 납부고지는 징수처분에 해당한다. 그런데 상속인이 상속받은 재산이 얼마인지 여부는 피상속인의 납세의무의 성립 및 확정과는 무관한 것이다. 따라서 위 경우 상속인에 대한 납부고지 세액이 상속받은 재산을 초과한 것이라는 점은 징수처분에 고유한 하자로 보아야 한다. 판례 역시 같은 취지로 판시한다. 과세관청이 확정된 세액에 관한 징수고지를 하면서 연대납부의무의 한도를 명시하지 아니하였다면 연대납부의무의

119) 대법원 2016.1.28. 2014두3471.

한도가 없는 징수고지를 한 것으로 보아야 한다. 징수절차 상 고유의 하자가 있는 경우 독촉이나 압류 등의 강제징수뿐만 아니라 징수고지 자체를 다툴 수도 있는데, 어떠한 공동상속인이 상속재산 중 받았거나 받을 재산을 한도로 한 연대납부의무만을 부담함에도 과세관청이 공동상속인이 부담하는 상속세 전액에 대하여 징수고지를 한 경우 연대납부의무의 한도는 다른 공동상속인에 대한 부과처분을 다투는 방법으로는 불복할 수 없는 공동상속인 자신에 한정된 징수절차 상 고유의 하자에 해당하므로, 연대납부의무의 한도를 다투려는 공동상속인은 자신의 연대납부의무에 직접 영향을 미치는 과세관청의 처분인 징수고지를 대상으로 항고소송을 제기할 수 있다.[120)]

상속인이 있는지 분명하지 아니할 때에는 상속인에게 하여야 할 납부고지·독촉이나 그 밖에 필요한 사항은 상속재산관리인에게 하여야 한다(국기 24조 4항). 상속인이 있는지 분명하지 아니하고 상속재산관리인도 없을 때에는 세무서장은 상속개시지를 관할하는 법원에 상속재산관리인의 선임을 청구할 수 있다(국기 24조 5항).

피상속인에게 한 처분 또는 절차는 상속으로 인한 납세의무를 승계하는 상속인이나 상속재산관리인에 대해서도 효력이 있다(국기 24조 6항). 이러한 맥락에서 체납자의 재산에 대하여 강제징수를 집행한 후 체납자가 사망한 때에도 그 재산에 대한 강제징수는 계속 진행하여야 하고, 체납자가 사망한 후 체납자 명의의 재산에 대하여 한 압류는 그 재산을 상속한 상속인에 대하여 한 것으로 본다(국징 27조).

납세의무의 승계자는 승계한 납세의무에 관한 신고의무, 질문검사수인의무 등 피승계자가 부담하여야 할 각종 의무를 승계하고, 또한 경정 또는 결정 등 각종 처분의 상대방으로 되는 것은 합병으로 인한 납세의무 승계의 경우와 같다.

120) 대법원 2016.1.28. 2014두3471.

제5장

납세의무의 소멸

제1절 총 설

국세 또는 강제징수비를 납부할 의무는 '납부 · 충당되거나 부과가 취소된 때', '국세를 부과할 수 있는 기간에 국세가 부과되지 아니하고 그 기간이 끝난 때(국기 26조의2)', '국세징수권의 소멸시효가 완성된 때(국기 27조)'에 소멸한다(국기 26조). 지방세의 경우에도 동일한 내용의 규정이 있다(지기 37조). 한편 조세특례제한법 상 영세개인사업자의 체납액 납부의무 소멸특례(조특 99조의6)가 있으나, 이하 논의에서는 제외한다.

민법 상 채무는 변제, 대물변제, 공탁, 혼동, 상계, 경계, 면제, 소멸시효의 완성 등으로 소멸한다. 납세의무 역시 납세자 입장에서는 그 실질이 금전채무이므로 민법 상 채무의 소멸원인과 비교하여 살필 필요가 있다.

납세의무 역시 납세자 입장에서는 그 실질이 금전채무이므로 사법 상 채무가 변제에 의하여 소멸하는 것과 같이 통상은 **납부**에 의하여 소멸한다. 사법 상 채무자가 임의로 채무를 이행하지 않은 경우에는 채무자의 재산에 대하여 강제집행을 하는 방법으로 해당 채권에 대하여 강제적으로 이행을 받는 바, 납세자가 납부의무를 이행하지 않은 경우에는 강제징수절차를 통하여 해당 조세채권에 대하여 강제적으로 납부하도록 한다.

조세의 경우에는 개별 세법이 특별하게 규정하는 경우에 한하여 금전이 아닌 재산에 의하여 납세의무를 이행할 수 있다(상증세 73조 ; 지세 117조). 이는 민법 상 대물변제와 유사한 것이다. **물납** 역시 납부되는 재산의 사용가치가 아니라 금전적 교환가치를 기준으로 허용되는 것이므로 물납의 존재는 조세가 금전의 지급의무를 의미한다는 조세의 정의에 장애를 주는 것은 아니다. 다만 그 재산의 평가에 관한 위험을 특별한 사정이 없는 한 국가 또는 지방자치단체에 전가시키는 것은 타당하지 않기 때문에, 특별한 규정이 있는 경우에 한하여 물납을 허용하는 것이 타당하다.

민법 상 공탁은 '채권자가 변제를 받지 아니하거나 받을 수 없는 때' 또는 '변제자가 과실 없이 채권자를 알 수 없는 경우'에는 변제자는 채권자를 위하여 변제의 목적물을 공탁하여 그 채무를 면할 수 있다(민법 487조). 조세의 경우에는 위 공탁사유가 적용될 여지가 없기 때문에 납부의무의 소멸사유로 규정하지 않는 것으로 보인다.

민법 상 혼동과 관련하여 본다. 즉 채권과 채무가 동일한 주체에 귀속한 때에는 채권은 소멸하나 그 채권이 제삼자의 권리의 목적인 때에는 그러하지 아니하다(민법 507조). 조세법 상 납부의무의 소멸사유로는 규정하지 않는다. 국가의 회계에 부정이 개입하는 것을 방지하기 위하여 세입과 세출을 구분하고 그 혼동을 허용하지 않는 것으로 보인다.[121]

상계와 관련하여 본다. 지방세의 경우에는 상계가 허용되지 않는다고 규정한다. 즉 지방자치단체의 징수금과 지방자치단체에 대한 채권으로서 금전의 급부를 목적으로 하는 것은 법률에 따로 규정이 있는 것을 제외하고는 상계할 수 없으며, 환급금에 관한 채권과 지방자치단체에 대한 채무로서 금전의 급부를 목적으로 하는 것에 대하여도 또한 같다(지징 21조). 국세 및 지방세의 경우 모두 상계가 납부의무의 소멸사유로 기재되어 있지 않다. 다만 충당을 소멸사유의 하나로 규정한다. **충당은 국세환급금의 충당이 있으면 환급금채무와 조세채권이 대등액에서 소멸되는 점에서 민법 상의 상계와 비슷하나 다음과 같은 점에서 차이가 있다.** 먼저 민법 상 상계에 대하여 본다. 민법 상 상계는 '쌍방이' 서로 같은 종류를 목적으로 한 채무를 부담한 경우에 그 쌍방의 채무의 이행기가 도래한 때에는 각 채무자는 대등액에 관하여 상계할 수 있으나 채무의 성질이 상계를 허용하지 아니할 때에는 그러하지 아니하다(민법 492조 1항). 또한 상계의 의사표시는 각 채무가 상계할 수 있는 때에 대등액에 관하여 소멸한 것으로 본다(민법 493조 2항). 충당은 '체납된 국세와 강제징수비(다른 세무서에 체납된 국세와 강제징수비를 포함)'와 관련하여서는 과세관청만이 일방적으로 법이 정하는 요건에 따라 충당할 수 있다는 점, 충당의 요건이나 절차, 방법 및 효력에 관하여서는 세법이 정하는 바에 따라 결정되는 것이라는 점 및 민법 상 상계의 소급효에 관한 규정을 두고 있지 않은 이상 일반원칙으로 돌아가 충당의 효력은 그 행위가 있은 날로부터 장래에 향하여서만 발생하므로 국세환급금에 의한 충당이 있은 경우 충당된 국세의 납기에 소급하여 환급금의 반환채무가 소멸한다고 할 수 없다는 점[122]에서 상계와 다르다. 일본의 경우 역

121) 金子 宏、前掲書、661頁。
122) 대법원 1989.5.23. 87다카3223.

시 명문 상 상계를 허용하지 않고 있다.[123] 이처럼 **조세법률관계에서 상계를 허용하지 않는 이유는 무엇인가?** 다음과 같은 이유에서 상계를 납부의무의 소멸사유로는 규정하지 않는 것으로 보인다.[124] 첫째, 상계를 허용하면 납세자의 상계에 의하여 혼동을 허용하는 것과 같은 효과가 발생할 수 있어서 국가의 회계에 부정이 개입하는 것을 방지하기 위하여 세입과 세출을 구분하고 그 혼동을 허용하지 않는 원칙이 무너질 수 있다. 둘째, 납세자가 국가 또는 지방자치단체에 대하여 가지고 있는 반대채권의 존부를 과세관청에게 판단하도록 하는 것이 현실적으로 곤란하다. **충당에 따른 납세의무의 소멸효과는 과세권자의 충당조치가 있어야 발생하는가?** 지방세의 경우 판례는 과세권자가 지방세환급금을 지방세 체납액에 충당하는 조치가 있어야만 비로소 지방세 납부 또는 납입의무의 소멸이라는 충당의 효과가 발생한다고 판시한다.[125] 국세의 경우에도 동일하게 적용될 수 있다고 판단한다.

민법 상 경개에 관하여 본다. 민법 상 당사자가 채무의 중요한 부분을 변경하는 계약을 한 때에는 구 채무는 경개로 인하여 소멸한다(민법 500조). 이를 허용할 경우에는 법률에 의하지 않고서 새로운 납세의무를 창설하는 것이므로 허용될 수 없다.

민법 상 면제에 대하여 본다. 민법 상 채권자가 채무자에게 채무를 면제하는 의사를 표시한 때에는 채권은 소멸하나 그 면제로써 정당한 이익을 가진 제삼자에게 대항하지 못한다(민법 506조). 조세법은 면제를 납부의무의 소멸사유로 규정하지 않는다. 종전에는 결손처분을 납부의무의 일반적인 소멸사유로서 규정하였으나 현행 조세법은 그렇지 않다. 이는 조세법률주의에 내포된 합법성의 원칙에 근거한 것으로 보인다. 따라서 납세의무를 감면할 필요가 있는 경우라도 그 감면은 반드시 개별 세법에 근거규정이 있고 해당 법률요건을 충족한 경우에만 허용될 수 있다.

소멸시효의 완성으로 인하여 납세의무 역시 소멸한다는 점에서는 민법의 경우와 동일하다. 납부의무에 대한 소멸시효는 과세관청에 의한 조세의 징수권에 대한 것이다. 소멸시효의 구체적인 내용에는 조세법률관계의 특유한 속성이 반영되어야 하므로, 별도로 살핀다.

한편 조세채권에 대한 납부의무와 관련하여 **부과처분의 취소** 및 **제척기간의 완성**을 납부의무의 소멸사유로서 규정한다. 부과처분이 취소된 경우에 납부의무가 소멸한다는 점은 당연하다. 제척기간은 과세관청의 조세 부과권에 관련된 것이다.

123) 일본 국세통칙법 제122조 ; 일본 지방세법 제20조의9.
124) 金子 宏、前掲書、661頁。
125) 대법원 2015.9.10. 2013다205433.

이하 부과권의 제척기간과 징수권의 소멸시효의 순서로 살핀다.

제2절 부과권의 제척기간

 의의

국세부과권의 제척기간에 대하여서는 국세기본법 제26조의2에서 규정하고 지방세부과권의 제척기간에 대하여서는 지방세기본법 제38조에서 규정한다. 관세부과의 제척기간은 관세법 제21조에서 규정한다. 이하 국세를 중심으로 살핀다.

현행법은 조세의 **부과권**과 **징수권**을 구분하는 바 부과권에는 제척기간의 경과를, 징수권에는 소멸시효의 완성을 각 납부의무의 소멸사유로 규정한다. 그러나 현행 국세기본법 상 부과권의 제척기간에 관한 규정은 1985.1.1. 이후 국세를 부과할 수 있는 날이 개시되는 분부터 적용된다. 현행법과 같이 부과권에는 제척기간이, 징수권에는 소멸시효 기간만이 적용되는 명문의 규정이 없었던 '구 국세기본법(1984.8.7. 법률 제3746호로 개정되기 전의 법률) 제27조 제1항'을 해석함에 있어서는, 동항에 규정된 국세의 징수를 목적으로 하는 권리 속에 궁극적으로 국세징수의 실현만족을 얻는 일련의 권리인 부과권 및 징수권을 다 포함되어 있다고 할 것이어서, 다른 특별한 규정이 없는 한 부과권 및 징수권이 다 같이 소멸시효의 대상이 되었다.[126)]

과세관청은 이미 성립한 납세의무를 확정하기 위하여 납부고지를 통하여 부과하거나 할 수 있고 이를 통하여 해당 납세의무는 확정된다. 과세관청의 이러한 권한을 **조세의 부과권**이라고 한다. 한편 **이미 확정된 납세의무를 징수하기 위하여 과세관청은 납부고지를 통하여 징수고지를 하고 납세자가 이에 응하지 않는 경우에는 강제징수를 개시할 수 있는 바, 이러한 권한을 조세의 징수권이라고 한다.**

조세의 부과권과 징수권을 구분하는 실익은 무엇인가? 과세관청이 납세자에 대하여 갖는 조세의 부과권을 그 징수권과 구분되는 것으로 파악한다면, 과세관청은 부과권의 제척기간이 도과하기 전에는 징수권의 소멸시효 완성 여부와 상관없이 경정처분을 할 수 있게

126) 대법원 1987.9.8. 87누298.

된다.[127] 또한 부과권의 제척기간에는 징수권의 소멸시효와는 달리 그 기간의 중단이나 중지에 관한 규정이 없다.[128]

Ⅱ 제척기간의 유형

국세부과의 제척기간은 통상의 경우에 있어서의 제척기간과 특별한 경우에 있어서의 제척기간으로 구분된다.

1 통상의 제척기간

국세를 부과할 수 있는 기간에 국세가 부과되지 아니하고 그 기간이 끝난 때에는 국세 및 강제징수비를 납부할 의무는 소멸하는바(국기 26조 2호), 해당 기간을 **제척기간**이라고 한다. **국세의 부과제척기간**은 국세를 부과할 수 있는 날부터 5년으로 한다. 다만, **역외거래**[국제거래(국조 2조 1항 1호) 및 거래 당사자 양쪽이 거주자(내국법인과 외국법인의 국내사업장을 포함한다)인 거래로서 국외에 있는 자산의 매매・임대차, 국외에서 제공하는 용역과 관련된 거래를 말한다. 이하 같다]의 경우에는 국세를 부과할 수 있는 날부터 7년으로 한다(국기 26조의2 1항). 과세표준에 대한 과소신고의 경우에는 무신고의 경우와 달리 5년의 제척기간이 적용되는 것인 바, 거주자가 원천징수나 연말정산에 의하여 소득세를 납부한 경우에 소득이 누락되었다고 하더라도 이를 위 과소신고와 마찬가지로 취급하는 것이 소득세 납부의 간이화와 과세의 편의를 도모하기 위하여 과세표준확정신고의 예외를 규정한 규정(소세 70조 1항) 등의 취지에 부합하는 점 등을 함께 고려하여 보면, **근로소득만 있는 거주자가 연말정산에 의하여 소득세를 납부한 경우에는 연말정산에서 누락된 다른 근로소득이 있다고 하더라도 그 소득세에 대한 부과제척기간은 특별한 사정이 없는 한 5년으로 보아야 한다.[129] 법인의 과점주주 등이 부담하는 제2차 납세의무에 대해서는 주된 납세의무와 별도로 부과제척기간이 진행하고, 그 부과제척기간은 특별한 사정이 없는 한 이를 부과할 수 있는 날인 제2차 납세의무가 성립한 날로부터 5년간으로 봄이 상당하다.[130] 법정신고기한 내에 과세표준신고서를 제출한 납세자가 사기 기타 부정한 행위를 하였다고 하더라도 그로**

127) 대법원 2006.8.24. 2004두3625.
128) 대법원 1996.5.10. 93누4885.
129) 대법원 2013.7.11. 2013두5555 ; 대법원 2021.4.29. 2020두54630.
130) 대법원 2012.5.9. 2010두13234.

인하여 국세를 포탈하거나 환급·공제받지 아니하는 경우에는 원칙으로 돌아가 그 부과제척기간은 5년이 되고, 이는 당해 납세자가 다른 납세자의 조세포탈 등에 가담하였더라도 자신의 포탈세액 등이 없는 이상 달리 볼 것은 아니다.[131)]

다음 각 경우에는 위 부과제척기간에도 불구하고 다음 기간을 부과제척기간으로 한다(국기 26조의2 2항).

첫째, 납세자가 법정신고기한까지 과세표준신고서를 제출하지 아니한 경우에는 해당 국세를 부과할 수 있는 날부터 7년(역외거래의 경우 10년). 국세기본법은 무신고와 과소신고를 각각 달리 취급하고 있는 것으로 이해되므로 7년의 부과제척기간을 규정한 경우는 과세표준확정신고를 하여야 할 의무가 있음에도 아예 그 신고를 하지 아니한 무신고의 경우에 적용되고 **과소신고의 경우에는 5년의 부과제척기간이 적용된다고 보아야 한다.**[132)] **소득처분에 따른 소득이 귀속된 과세기간에 다른 종합소득이 없는 자가 원래의 종합소득 과세표준 확정신고기한 내에 과세표준신고서를 제출하지 않은 경우에도 7년의 제척기간이 적용되는가?** 소득처분(법세 67조, 법세령 106조)에 따른 소득이 귀속된 과세기간에 다른 종합소득이 없는 자에게는 소득이 귀속되는 과세기간에 관한 종합소득세의 과세표준 및 세액을 신고·납부하여야 할 의무가 유예되므로, 원래의 종합소득 과세표준 확정신고기한 내에 과세표준신고서를 제출하지 않더라도 '납세자가 법정신고기한까지 과세표준신고서를 제출하지 아니한 경우'에 해당하지 않아 5년의 원칙적인 국세의 부과제척기간이 적용된다.[133)]

둘째, 납세자가 **'법정의 사기나 그 밖의 부정한 행위'**로 국세를 포탈하거나 환급·공제받은 경우에는 그 국세를 부과할 수 있는 날부터 **10년간**(**역외거래**에서 발생한 부정행위로 국세를 포탈하거나 환급·공제받은 경우에는 **15년간**). 이 경우 부정행위로 포탈하거나 환급·공제받은 국세가 법인세이면 이와 관련하여 **법인세법 상 소득처분**(법세 67조)에 따라 처분된 금액에 대한 소득세 또는 법인세에 대해서도 동일하다. 국세기본법은 조세법률관계의 신속한 확정을 위하여 원칙적으로 국세 부과권의 통상제척기간을 두면서도 국세에 관한 과세요건사실의 발견을 곤란하게 하거나 허위의 사실을 작출하는 등의 부정한 행위가 있는 경우에 과세관청은 탈루신고임을 발견하기가 쉽지 아니하여 부과권의 행사를 기대하기가 어려우므로 국세에 대한 보다 장기의 부과제척기간을 두고 있다.[134)]

131) 대법원 2009.12.24. 2007두16974.
132) 대법원 2013.7.11. 2013두5555.
133) 대법원 2014.4.10. 2013두22109.

'법정의 사기나 그 밖의 부정한 행위'는 조세범 처벌법 상 사기나 그 밖의 부정한 행위로 규정하는 행위를 말한다(국기령 12조의2 ; 조세처벌 3조 6항). 이는 이하 제척기간(특별 제척기간을 포함한다)과 관련된 부정행위에 대하여서도 같다.

다만 조세범 처벌법 제3조 제6항은 '사기나 그 밖의 부정한 행위'를 같은 항 각 호의 행위에 해당하는 행위로서 '조세의 부과와 징수를 불가능하게 하거나 현저히 곤란하게 하는 적극적 행위'를 뜻하는 것으로 정의하나, 2019년 2월 12일 국세기본법 시행령 개정 이전에는 제척기간과 관련하여 '법정의 사기나 그 밖의 부정한 행위'를 정의함에 있어서는 위 각 호의 행위에 해당하는지 여부만을 언급하고 있을 뿐이었다. 따라서 다음과 같은 쟁점이 발생하였다. 즉 **제척기간의 산정에 있어서 '법정의 사기나 그 밖의 부정한 행위'라는 문언과 조세범 처벌법에 있어서의 '사기나 그 밖의 부정한 행위'라는 문언은 달리 해석하여야 하는가? 즉 제척기간 산정에 있어서 '법정의 사기나 그 밖의 부정한 행위'를 해석함에 있어서는 '조세의 부과와 징수를 불가능하게 하거나 현저히 곤란하게 하는 적극적 행위'에 해당하는지 여부를 고려할 필요는 없는 것인가?** 다음과 같은 각 점에 비추어 볼 때, 제척기간 산정에 있어서 '법정의 사기나 그 밖의 부정한 행위'를 해석함에 있어서도 '조세의 부과와 징수를 불가능하게 하거나 현저히 곤란하게 하는 적극적 행위'에 해당하는지 여부 역시 함께 고려하여야 한다.

첫째, 위 각 호의 행위들(조세처벌 3조 6항 각 호)은 조세의 부과와 징수를 불가능하게 하거나 현저히 곤란하게 하는 적극적 행위에 대한 징표로서 열거된 것으로 볼 수 있다.

둘째, 조세의 부과와 징수를 불가능하게 하거나 현저히 곤란하게 하지 않는 경우에 있어서 위 각 호의 행위에 해당한다는 점만을 근거로 조세범으로서 처벌하거나 제척기간을 연장할 정책적 논거를 찾기는 어렵다.

셋째, 과세관청은 납세자의 신고 또는 과세자료 등을 조사하여 결정할 권한을 가지고 있고 그 권한은 납세자의 위 각 호의 행위 등이 존재한다는 점을 전제하고 있는 바 그렇다면 과세관청이 조사하여 결정할 수 있는 모든 경우를 조세범으로서 처벌할 수 있는 것으로 해석하거나 그 경우 모두에 대하여 연장된 제척기간을 적용할 여지마저 있게 된다.

넷째, 조세범 처벌에 있어서 공소시효는 원칙적으로 5년(다만 특정 법인(조세처벌 18조)이 특정범죄(특가 8조)에 해당하는 경우에는 10년)이고 사기나 부정행위에 해당하는 경우 제척

134) 대법원 2015.9.10. 2010두1385.

기간은 10년이므로 '당초 조세범으로서의 처벌요건을 충족하였다고 하더라도 5년의 공소시효가 경과되어 조세범으로서 처벌할 수 없는 경우'에 있어서도, 제척기간은 '조세의 부과와 징수를 불가능하게 하거나 현저히 곤란하게 하지도 않는 행위'에 해당하는지 여부와 무관하게 연장되어 해당 조세를 부과할 수 있다는 것인 바, 그렇다면 이는 '공소시효의 경과로 인하여 조세범으로 처벌할 수도 없는 행위에 대하여 조세의 부과와 징수를 불가능하게 하거나 현저히 곤란하게 하는 것인지 여부를 묻지 않고서' 제척기간을 연장하여 과세하겠다는 것에 해당하는 것이다. 그러나 이를 정당화할 수 있는 규범적 당위성을 찾기 어렵다. 판례 역시 제척기간의 산정에 관련된 '사기 기타 부정한 행위'란 조세의 부과와 징수를 불가능하게 하거나 현저히 곤란하게 하는 위계 기타 부정한 적극적인 행위를 말한다고 판시한다.[135] 국세기본법 시행령도 2019년 2월 12일자로 개정되어 동일한 취지로 규정한다.

제척기간의 산정에 있어서 '법정의 사기나 그 밖의 부정한 행위'라는 문언과 조세범 처벌법에 있어서의 '사기나 그 밖의 부정한 행위'라는 문언을 동일한 것으로 본다고 하더라도 그 입증의 정도 역시 동일한 것인가? 제척기간의 산정에 관한 요건은 민사소송의 경우와 같이 증거의 우월(preponderance of evidence) 또는 명료하고 확신적인 증거(clear and convincing evidence)에 의한 입증이 요구되고, 조세범 처벌에 관한 요건의 경우에는 형사사건으로서 합리적 의심을 넘어선 정도의(beyond a reasonable doubt) 입증을 요구하는 것이므로 위 각 문언에 대한 입증의 정도는 다르다고 보아야 한다.

'사기 기타 부정한 행위'에 해당하는지 여부의 판단대상에는 납세의무자 본인이 행한 부정한 방법뿐만 아니라, 납세의무자가 스스로 관련 업무의 처리를 위탁함으로써 그 행위영역 확장의 이익을 얻게 되는 **납세의무자의 대리인**이나 **이행보조자** 등이 행한 부정한 방법도 다른 특별한 사정이 없는 한 포함된다.[136] 그렇다면 **'사기 기타 부정한 행위'의 주체는 어떻게 한정되어야 하는가?** '사기 기타 부정한 행위'의 개념은 조세포탈의 성립 여부, 장기부과제척기간의 적용 여부 및 부당가산세의 적용 여부에 있어서 동일하게 적용되는 개념으로서 납세의무와 관련된 사실관계를 왜곡하거나 은닉 등 행위로서 조세의 부과와 징수를 불가능하게 하거나 현저히 곤란하게 하는 적극적 행위를 말한다. 조세포탈범의 범죄주체는 납세의무자와 법인의 대표자, 법인 또는 개인의 대리인, 사용인, 기타의 종업원 등으로 법정

135) 대법원 2015.9.15. 2014두2522; 대법원 2021.12.30. 2021두33371; 대법원 2022.5.26. 2022두32825.
136) 대법원 2011.9.29. 2009두15104; 대법원 2015.9.10. 2010두1385; 대법원 2021.2.18. 2017두38959 전원합의체 판결.

되어 있는 바, 장기 부과제척기간의 적용 여부 및 부당가산세의 적용 여부에 있어서도 '사기 기타 부정한 행위'의 주체는 납세의무자와 법인의 대표자, 법인 또는 개인의 대리인, 사용인, 기타의 종업원 등으로 한정되어야 한다. **'부정한 행위'라는 문언이 가산세 적용의 경우와 제척기간 적용의 경우 반드시 동일하게 해석되어야 하는가? '납세자 본인이 사용인 등의 부정한 행위를 방지하기 위하여 상당한 주의 또는 관리 · 감독을 게을리하지 아니하였다면'** 납세자 본인은 이러한 사용인 등의 부정한 행위에 대하여 아무런 잘못이 없다고 볼 수 있으므로, 이러한 경우에까지 이들의 부정한 행위를 장기 부과제척기간, 부당과소신고가산세에서 말하는 '부정한 행위'에 포함시켜 납세자 본인에게 해당 국세에 관하여 부과제척기간을 연장하고, 중과세율이 적용되는 부당과소신고가산세를 부과하는 것은 허용되지 아니한다.[137] 나아가 **'납세자인 법인이 그 사용인 등의 부정한 행위를 방지하기 위하여 상당한 주의 또는 관리 · 감독을 다하지는 못하였지만 그 사용인이 법인에 대하여 사기, 배임 등 범행을 저지르고 그 거래상대방이 가담하는 사정으로 인하여 납세자인 법인이 이들의 부정한 행위를 쉽게 인식하거나 예상할 수 없었던 특별한 사정이 있는 경우라면'**, 사용인 등의 부정한 행위로 납세자의 과세표준이 결과적으로 과소신고되었을지라도 이들의 배임적 부정행위로 인한 과소신고를 '납세자가 부당한 방법으로 과소신고한 경우'에 포함된다고 볼 수는 없으므로, 이때에는 납세자에게 부정한 행위를 이유로 중과세율을 적용한 부당과소신고가산세의 제재를 가할 수 없다고 봄이 타당하다.[138] 그러나 **'납세자인 법인이 그 사용인 등의 부정한 행위를 방지하기 위하여 상당한 주의 또는 관리 · 감독을 다하지는 못하였지만 그 사용인이 법인에 대하여 사기, 배임 등 범행을 저지르고 그 거래상대방이 가담하는 사정으로 인하여 납세자인 법인이 이들의 부정한 행위를 쉽게 인식하거나 예상할 수 없었던 특별한 사정이 있는 경우라고 할지라도'**, 과세관청의 부과권을 연장해 주는 **장기 부과제척기간에 있어서는**, 사용인 등의 부정한 행위가 납세자 본인을 피해자로 하는 사기, 배임 등 범행의 수단으로 행하여졌다고 하더라도 사용인 등의 부정한 행위로써 포탈된 국세에 관하여 과세관청의 부과권의 행사가 어렵게 된 것은 분명하므로, 특별한 사정이 없는 한 이러한 사용인 등의 배임적 부정행위는 장기 부과제척기간에서 말하는 부정한 행위에 포함된다. 따라서 납세자 본인에 대한 해당 국세에 관하여는 부과제척기간이 10년으로 연

137) 대법원 2021.2.18. 2017두38959 전원합의체 판결.
138) 대법원 2021.2.18. 2017두38959 전원합의체 판결.

장된다.[139] 위 전원합의체 판결이 **'납세자인 법인이 그 사용인 등의 부정한 행위를 방지하기 위하여 상당한 주의 또는 관리 · 감독을 다하지는 못한 경우'**에 대하여 **'법인 스스로 해야하는 신고의 관점'**에서는 사용인 등의 부정한 행위를 인식하기 어려웠다는 사정에 근거하여 그 부정한 행위로 인한 책임을 해당 법인에게 돌리지 않았으나, **'과세관청이 법인에 대하여 행사하는 부과권의 관점'**에서는 사용인 등의 부정한 행위를 법인이 인식하기 어려웠다는 사정에도 불구하고 해당 법인의 행위로 보아 장기부과제척기간을 적용한 것으로 본다.

'사기 기타 부정한 행위'의 존부에 대한 판정시점은 언제인가? 신고 등 납세자의 행위가 요구되는 시점 당시 납세자가 인식하였거나 인식할 수 없었던 사정에 근거하여 부실신고 등에 따른 세법 상 불이익을 적용하는 것은 납세의무 성립 이후에 발생한 사정에 근거하여 납세의무를 가중하는 것과 동일한 것으로서, 이를 허용하는 것은 조세법률주의에 반한다. 따라서 신고 등 납세자의 행위가 요구되는 시점 당시를 기준으로 '사기 기타 부정한 행위'가 있었는지 여부를 판정하여야 한다.

한편 **'사기 기타 부정한 행위'에 해당하는지 여부는 본세를 기준으로 판단하는가 아니면 가산세를 포함한 세액을 기준으로 판단하는가?** 판례는 신고납세방식의 국세에 있어서 당해 국세의 포탈이나 부정 환급 · 공제가 있었는지 여부는 가산세를 제외한 본세액을 기준으로 판단하여야 한다고 판시한다.[140]

'사기 기타 부정한 행위'라 함은 조세의 부과와 징수를 불가능하게 하거나 현저히 곤란하게 하는 위계 기타 부정한 적극적인 행위를 말하고, 다른 어떤 행위를 수반함이 없이 단순히 세법 상의 신고를 하지 아니하거나 허위의 신고를 함에 그치는 것은 여기에 해당하지 않는다.[141] 그러나 과세대상의 미신고나 과소신고와 아울러 수입이나 매출 등을 고의로 장부에 기재하지 않는 행위 등 적극적 은닉의도가 나타나는 사정이 덧붙여진 경우에는 조세의 부과와 징수를 불능 또는 현저히 곤란하게 만든 것으로 볼 수 있다.[142] 또한 부동산을 매수하여 전매한 자가 미등기전매로 인한 이익을 얻고자 매도인과 최종 매수인 사이에 직접 매매계약을 체결한 것처럼 매매계약서를 작성하는 데에 가담하고, 나아가 소유권이전등기도 매도인으로부터 최종 매수인 앞으로 직접 마치도록 하는 한편 자신의 명의로는 양도

139) 대법원 2021.2.18. 2017두38959 전원합의체 판결.
140) 대법원 2009.12.24. 2007두16974.
141) 대법원 2013.12.12. 2013두7667; 대법원 2014.5.16. 2011두29168; 대법원 2021.7.8. 2017두69977; 대법원 2021.12.30. 2021두33371.
142) 대법원 2015.9.15. 2014두2522; 대법원 2022.5.26. 2022두32825.

소득세 예정신고나 확정신고를 하지 아니한 채 그 신고기한을 도과시키는 등의 행위를 하는 것은 조세의 부과징수를 불능 또는 현저히 곤란하게 하는 위계 기타 부정한 적극적인 행위로서 '사기 기타 부정한 행위'에 해당한다.[143] 법인세법 상 부당행위계산부인으로 인한 세무조정금액 등 세무회계와 기업회계의 차이로 생긴 금액은 특별한 사정이 없는 한 사기 기타 부정한 행위로 얻은 소득금액으로 볼 수 없으나, 법인세법 상 부당행위계산에 해당하는 거래임을 은폐하여 세무조정금액이 발생하지 않도록 하기 위하여 부당행위계산의 대상이 되지 않는 자의 명의로 거래를 하고 나아가 그 사실이 발각되지 않도록 허위 매매계약서의 작성과 대금의 허위지급 등과 같이 적극적으로 서류를 조작하고 장부 상 허위기재를 하는 경우에는 그것이 세무회계와 기업회계의 차이로 생긴 금액이라 하더라도 이는 사기 기타 부정한 행위로써 국세를 포탈한 경우에 해당한다.[144] 또한 명의를 위장하여 소득을 얻더라도 그것이 조세포탈과 관련이 없는 행위인 때에는 명의위장 사실만으로는 '사기 기타 부정한 행위'에 해당한다고 할 수 없으나 그것이 누진세율 회피, 수입의 분산, 감면특례의 적용, 세금 납부를 하지 아니할 무자력자의 명의사용 등과 같이 명의위장이 조세회피의 목적에서 비롯되고 나아가 여기에 허위 매매계약서의 작성과 대금의 허위지급, 허위의 양도소득세 신고, 허위의 등기・등록, 허위의 회계장부 작성・비치 등과 같은 적극적인 행위까지 부가된다면 이는 조세의 부과와 징수를 불가능하게 하거나 현저히 곤란하게 하는 '사기 기타 부정한 행위'에 해당한다.[145] 재화나 용역을 공급하는 사업자가 가공의 매출세금계산서와 함께 가공의 매입세금계산서를 기초로 부가가치세의 과세표준과 납부세액 또는 환급세액을 신고한 경우에는 그 가공의 매출세금계산서 상 공급가액에 대하여는 부가가치세의 과세대상인 재화나 용역의 공급이 없는 부분으로서 이에 대한 추상적인 납세의무가 성립하였다고 볼 수 없으므로, 비록 공제되는 매입세액이 가공이라고 하더라도 이러한 경우에는 해당 매입세액공제가 가공의 매출세액을 초과하지 않는다면 부가가치세의 포탈이나 부정환급・공제가 있었다고 볼 수 없으나, 만약 가공의 매입세액이 가공의 매출세액을 초과한다면 그 초과하는 부분에 대하여서는 그 가공거래와 관련된 부가가치세의 포탈이나 부정환급・공제가 있었다고 보아야 한다.[146] 한편 **납세자가 그 세금계산서상의 공급자와 실제**

143) 대법원 2013.10.11. 2013두10519.
144) 대법원 2013.12.12. 2013두7667.
145) 대법원 2013.12.12. 2013두7667; 대법원 2018.12.13. 2018두128.
146) 대법원 2009.12.24. 2007두16974.

공급자가 다르게 적힌 '사실과 다른 세금계산서'를 교부받아 매입세액의 공제 또는 환급을 받은 경우 그러한 행위가 '부당한 방법으로 과세표준을 과소신고한 경우'에 해당하기 위한 요건은 무엇인가? 납세자가 거짓증명을 수취하여 과세표준을 과소신고하였다고 하더라도 수취한 증명이 거짓임을 알지 못하였을 때에는 '부당한 방법으로 과세표준을 과소신고한 경우'에 해당한다고 볼 수 없고, 납세자가 중대한 과실로 거짓임을 알지 못하였다고 하여 달리 볼 것은 아니다. 그리고 납세자가 그 세금계산서상의 공급자와 실제 공급자가 다르게 적힌 '사실과 다른 세금계산서'를 교부받아 매입세액의 공제 또는 환급을 받은 경우 그러한 행위가 '부당한 방법으로 과세표준을 과소신고한 경우'에 해당하기 위하여서는, 납세자에게 사실과 다른 세금계산서에 의하여 매입세액의 공제 또는 환급을 받는다는 인식 외에, 사실과 다른 세금계산서를 발급한 자가 세금계산서상의 매출세액을 제외하고 부가가치세의 과세표준 및 납부세액을 신고・납부하거나 또는 세금계산서상의 매출세액 전부를 신고・납부한 후 경정청구를 하여 이를 환급받는 등의 방법으로 그 세금계산서상의 부가가치세 납부의무를 면탈함으로써 납세자가 매입세액의 공제를 받는 것이 결과적으로 국가의 조세수입 감소를 가져오게 될 것이라는 점에 대한 인식이 있어야 한다.[147] 국가의 조세수입 감소를 가져오게 될 것이라는 점에 대한 인식이 필요하지 않다고 해석한다면, 과세요건에 명시되지 않았음에도 불구하고 납세자의 행위 자체에 내포된 위험만에 근거하여 납세의무를 창설하거나 가중하는 결과에 이를 수 있다는 점을 감안한 것으로 판단한다.

'사기 기타 부정한 행위'가 행하여진 이후에 그 행위를 전제로 하여 이루어진 후속행위 역시 다시 새로운 '사기 기타 부정한 행위'로 취급되어야 하는가? 만약 사기 기타 부정한 행위를 전제로 하는 후속행위가 이루어질 경우마다 이를 다시 새로운 사기 기타 부정한 행위가 이루어진 것으로 본다면, 사기 기타 부정한 행위가 이루어진 후 이를 과세관청에 자복하지 않은 한 그 후속행위를 통하여 새로운 사기 기타 부정한 행위가 복제되며 그 제척기간 역시 계속 연장되는 법적 효과가 발생하게 된다. 후속행위 자체에 대한 납세의무가 부당하게 감소된 것이 아니라면 이러한 해석을 뒷받침할 규범적 논거는 없다. 만약 당초의 사기 기타 부정한 행위로 인하여 후속행위 자체에 대한 납세의무마저 부당하게 감소되었다면 그 후속행위는 새로운 사기 기타 부정한 행위로 보아야 하고 이에 상응한 제척기간을 그 감소된 세액과 관련하여 적용하여야 한다. 명의신탁재산 증여의제의 경우 명의신탁자가 명의수

147) 대법원 2015.1.15. 2014두11618; 대법원 2014.2.27. 2013두19516; 대법원 2022.5.26. 2022두32825.

탁자에게 주식을 명의신탁하면서 주식의 매매 등이 있었던 것과 같은 외관을 형성하여 그 형식에 따른 계약서나 계좌거래내역 등을 토대로 과세관청에 신고하는 것은 주식의 명의신탁에 통상 뒤따르는 부수행위에 불과하다고 볼 수 있으므로, 이와 같은 경우에는 명의신탁의 결과 명의수탁자가 부담할 증여세의 부과와 징수를 불가능하게 하거나 현저히 곤란하게 하는 정도에 이르렀다는 등의 특별한 사정이 없는 한, 증여세 부당무신고가산세의 요건인 '사기나 그 밖의 부정한 행위' 또는 '부정행위'에 해당한다고 볼 수 없다.[148] 한편 **'사기 기타 부정한 행위'가 행하여진 이후에 발생한 후속사건과 관련하여 과거의 '사기 기타 부정한 행위'를 밝히지 않는다면 이 역시 '사기 기타 부정한 행위'에 해당하는가?** '사기 기타 부정한 행위'가 행하여진 후 새로운 행위를 하지 않았다고 할지라도 그 이후 발생한 후속사건과 관련하여 과거의 '사기 기타 부정한 행위'를 밝히지 않을 경우 이 역시 과거의 '사기 기타 부정한 행위'를 다시 행한 것으로 의제한다면, 이는 납세자가 과거의 행위를 자복하지 않았다는 사실에 근거하여 제척기간을 새롭게 진행하는 것에 해당한다. 이를 합리화할 규범적 근거는 없다. **판례 역시 주식이 명의신탁되어 명의수탁자 앞으로 명의개서가 된 후에 명의신탁자가 사망하여 주식이 상속된 경우에는 명의개서해태 증여의제 규정의 적용 대상에 해당하지 않는다고 판시[149]하는 것에 주목할 필요가 있다.** 판례의 주요 근거는 다음과 같다.

첫째, 명의신탁된 주식이 상속된 경우에는 기존의 명의수탁자는 당초 명의개서일에 이미 명의신탁 증여의제 규정의 적용 대상이 될 뿐만 아니라, 명의신탁된 주식에 관하여 상속으로 인하여 상속인과 사이에 법적으로 명의신탁관계가 자동 승계되는 것을 넘어 그와 같은 법률관계를 형성하기 위하여 어떠한 새로운 행위를 한 것이 아니다.

둘째, 명의수탁자 스스로 상속인의 명의개서를 강제할 수 있는 마땅한 수단도 없다.

셋째, 주식의 명의신탁자가 사망한 후 일정기간 내에 상속인이 명의개서를 하지 않았다고 하여 명의개서해태 증여의제 규정에 의하여 명의수탁자가 다시 증여세 과세 대상이 된다고 보는 것은 지나치게 가혹할 뿐만 아니라 자기책임의 원칙에 반하여 부당하다. 또한 **판례는 상법 상 주식의 포괄적 교환의 경우에도 동일한 법리를 적용한다.** 즉 상법 상 주식의 포괄적 교환의 경우에도 최초의 명의신탁 주식과 명의수탁자가 완전모회사가 되는 회사로부터 배정받은 신주에 대하여 각각 별도의 증여의제 규정을 적용하게 되면, 위와 같이

148) 대법원 2021.7.8. 2017두69977.
149) 대법원 2017.1.12. 2014두43653.

증여세의 부과와 관련하여 최초의 명의신탁 주식에 대한 증여의제의 효과를 부정하는 모순을 초래하고 형평에 어긋나는 부당한 결과가 발생하는 것은 마찬가지이므로, 원칙적으로 위 법리가 그대로 적용된다고 판시한다.[150] **동일한 맥락에 따른 다른 판례 역시 있다.** 명의신탁재산의 증여의제 규정에 따라 최초로 증여의제 대상이 되어 과세되었거나 과세될 수 있는 명의신탁 주식의 매도대금으로 취득하여 다시 동일인 명의로 명의개서된 주식에 대하여는 그것이 최초의 명의신탁 주식과 시기상 또는 성질상 단절되어 별개의 새로운 명의신탁 주식으로 인정되는 등의 특별한 사정이 없는 한 다시 명의신탁재산의 증여의제 규정에 따라 증여세가 과세될 수 없다. 한편 명의신탁자가 기존 명의신탁 주식을 담보로 받은 대출금으로 새로운 주식을 취득하여 동일인 명의로 명의개서를 하였으나, 그 명의개서가 이루어지기 전에 기존 명의신탁 주식을 매도하여 그 매도대금으로 해당 대출금을 변제하였다면, 기존 명의신탁 주식의 매도대금으로 새로운 주식을 취득하여 다시 동일인 명의로 명의개서한 경우와 그 실질이 다르지 않으므로 이러한 경우에도 위 법리가 그대로 적용된다.[151] 한편 **명의수탁자에게 명의신탁재산의 증여의제 규정에 따른 증여세에 관한 부당무신고가산세를 부과하거나 명의신탁자에게 이에 대한 연대납세의무를 부담**시키기 위해서는 그 **무신고와 관련하여** 본래의 증여세 납세의무자인 **명의수탁자가 부정행위를 하였다고 평가할 수 있어야** 한다.[152]

넷째, 납세자가 **부정행위**로 **'소득세법 상 계산서 관련 가산세**(소세 81조 3항 4호)', **'법인세법 상 계산서 관련 가산세**(법세 75조의8 1항 4호)', **'부가가치세법 상 세금계산서 관련 가산세**(부가세 60조 2항 2호, 3항, 4항)'의 각 부과대상이 되는 경우에는 해당 가산세는 부과할 수 있는 날부터 10년간.

다만 위 첫째 부과제척기간 및 둘째 부과제척기간 중 무신고의 경우에 적용되는 부과제척기간이 끝난 날이 속하는 과세기간 이후의 과세기간에 이월결손금을 공제하는 경우(소세 45조 3항; 법세 13조, 76조의13, 91조)에는 그 결손금이 발생한 과세기간의 소득세 또는 법인세의 부과제척기간은 이월결손금을 공제한 과세기간의 법정신고기한으로부터 1년으로 한다(국기 26조의2 3항).

상속세·증여세의 경우에는 위 부과제척기간에 대한 규정에도 불구하고 그 부과제척기

150) 대법원 2018.3.29. 2012두27787.
151) 대법원 2022.9.15. 2018두37755.
152) 대법원 2022.9.15. 2018두37755.

간을 국세를 부과할 수 있는 날부터 10년으로 하고, '납세자가 부정행위로 상속세 · 증여세를 포탈하거나 환급 · 공제받은 경우', '신고서(상증세 67조 및 68조)**를 제출하지 아니한 경우', '신고서**(상증세 67조 및 68조)**를 제출한 자가 법정의 거짓 신고 또는 누락신고를 한 경우**(국기령 12조의2 2항 ; 그 거짓신고 또는 누락신고를 한 부분만 해당한다)**'에는 15년으로 한다**(국기 26조의2 4항). 부담부증여에 따라 증여세와 함께 소득세가 과세되는 경우(소세 88조 1호 각 목 외의 부분 후단)에 그 소득세의 부과제척기간도 동일하다. 당사자의 합의에 의하여 증여를 받은 자뿐만 아니라, 법령에 의하여 증여받은 것으로 의제되는 자 역시 증여세의 납세의무자로서 신고의무가 있다고 보아야 하므로, 제척기간의 산정에 있어서 동일하게 취급하여야 한다.[153)] **상속세 및 증여세의 경우에는 다른 세목에 비하여 제척기간이 보다 장기로 규정되어 있는바, 이는 헌법에 합치된 것인가?** 판례는 위헌이 아니라고 한다. 즉 상속세 및 증여세의 경우 특히 장기간의 제척기간을 규정한 것은 그 신고 실적이 매우 저조하여 과세관청이 호적부나 등기부 등을 통한 사망사실 확인 및 이전등기사실 확인에 터잡아 실지조사를 하여 증여세를 부과하는 현실에서 그 신고를 해태하거나 등기를 하지 않은 채 제척기간이 도과되는 것을 방지하고자 함에 그 취지가 있다고 할 것인데, 이러한 입법취지와 공평과세의 이념 등에 비추어 위 제척기간이 입법자의 합리적 재량의 범위를 일탈하였다고 볼 수 없어 그로써 국민의 재산권이 과도하게 침해되었다고는 할 수 없다.[154)] 다만 상속세 및 증여세의 제척기간을 연장하는 '법정의 거짓 신고 또는 누락신고를 한 경우(국기령 12조의2 2항)'를 해석함에 있어서는 해당 각 경우를 열거적인 것으로 보아 그 사유에 해당하지 않으면 상속세의 부과제척기간이 연장된다고 할 수 없고, 나아가 부과제척기간이 연장되는 부분도 당해 허위신고 또는 신고누락한 부분에 한정된다.[155)]

납세자가 부정행위로 상속세 · 증여세(일곱째 사유에 대하여서는 해당 명의신탁과 관련한 국세를 포함한다)를 포탈하는 경우로서 다음 중 어느 하나에 해당하는 경우에는 통상의 제척기간에도 불구하고 해당 재산의 상속 또는 증여가 있음을 안 날부터 **1년 이내**에 상속세 및 증여세를 부과할 수 있다. 다만, 상속인이나 증여자 및 수증자가 사망한 경우와 포탈세액 산출의 기준이 되는 재산가액(다음 각 경우의 어느 하나에 해당하는 재산의 가액을 합친 것을 말한다)이 50억원 이하인 경우에는 그러하지 아니하다(국기 26조의2 5항).

153) 대법원 2003.10.10. 2002두2826.
154) 대법원 2002.3.29. 2001두9431.
155) 대법원 2006.2.9. 2005두1688.

첫째, 제3자의 명의로 되어 있는 피상속인 또는 증여자의 재산을 상속인이나 수증자가 취득한 경우

둘째, 계약에 따라 피상속인이 취득할 재산이 계약이행기간에 상속이 개시됨으로써 등기·등록 또는 명의개서가 이루어지지 아니하고 상속인이 취득한 경우

셋째, 국외에 있는 상속재산이나 증여재산을 상속인이나 수증자가 취득한 경우

넷째, 등기·등록 또는 명의개서가 필요하지 아니한 유가증권, 서화, 골동품 등 상속재산 또는 증여재산을 상속인이나 수증자가 취득한 경우

다섯째, 수증자의 명의로 되어 있는 증여자의 법정 금융자산(금융실명거래 및 비밀보장에 관한 법률 2조 2호)을 수증자가 보유하고 있거나 사용·수익한 경우

여섯째, 상속세 및 증여세법에 따른 비거주자(상증세 3조 2호)인 피상속인의 국내재산을 상속인이 취득한 경우

일곱째, 명의신탁재산의 증여의제(상증세 45조의2)에 해당하는 경우

여덟째, 상속재산 또는 증여재산인 특정 금융거래정보의 보고 및 이용 등에 관한 법률에 따른 가상자산을 같은 법에 따른 가상자산사업자(같은 법 제7조에 따라 신고가 수리된 자로 한정)를 통하지 아니하고 상속인이나 수증자가 취득한 경우

다만, 조세의 이중과세를 방지하기 위하여 체결한 조세조약에 따라 **상호합의 절차**가 진행 중인 경우에는 위 각 부과제척기간에도 불구하고 '상호합의절차의 종료일의 다음 날부터 1년의 기간'과 '국세기본법 상 위 각 기간' 중 나중에 도래하는 기간의 만료일 후에는 국세를 부과할 수 없다(국기 26조의2 8항 ; 국조 51조 1항). 지방세의 경우에도 같다(국조 51조 2항).

2 특례 제척기간

특례 제척기간은 '결정 또는 경정 등과 관련된 특례'와 '명의대여 사실 및 실질귀속자의 확인에 관한 특례'로 구분된다.

가. 결정 또는 경정 등과 관련된 특례

통상의 제척기간에도 불구하고 지방국세청장 또는 세무서장은 **다음 각 부과제척기간이 지나기 전까지 경정이나** 그 밖에 필요한 처분을 할 수 있다(국기 26조의2 6항).

첫째, '국세기본법 상 이의신청, 심사청구, 심판청구', '감사원법에 따른 심사청구' 또는 '행정소송법에 따른 소송에 대한 결정 또는 판결'이 있는 경우에는 결정 또는 판결이 확정

된 날부터 1년. 위 결정 또는 판결에서 명의대여 사실이 확인된 경우에는 그 결정 또는 판결이 확정된 날부터 1년 이내에 명의대여자에 대한 부과처분을 취소하고 실제로 사업을 경영한 자에게 경정결정이나 그 밖에 필요한 처분을 할 수 있다(국기 26조의2 3항). 또한 **위 결정 또는 판결에서 국내원천소득(소세 119조; 법세 93조)의 실질귀속자가 확인된 경우**에는 그 결정 또는 판결이 확정된 날부터 1년 이내에 당초의 부과처분을 취소하고 국내원천소득의 실질귀속자 또는 원천징수의무자(소세 156조; 법세 98조)에게 경정결정이나 그 밖에 필요한 처분을 할 수 있다(국기 26조의2 7항).[156] 위 '판결'은 그 판결에 따라 경정결정 기타 필요한 처분을 행하지 않으면 안 되는 판결, 즉 조세부과처분이나 경정거부처분에 대한 취소판결 등을 의미하는 것이고, 원고의 청구를 기각하는 판결이나 소를 각하하는 판결은 여기에 해당하지 않는다.[157] 한편 국세기본법이 2016년 12월 20일 및 2022년 12월 31일 개정되어, 결정이나 판결이 확정됨에 따라 그 결정 또는 판결의 대상이 된 과세표준 또는 세액과 연동된 다른 세목(같은 과세기간으로 한정)이나 연동된 다른 과세기간(같은 세목으로 한정)의 과세표준 또는 세액의 조정이 필요한 경우 역시 위 결정 또는 판결이 확정된 날부터 1년의 특례 제척기간이 적용될 수 있게 되었다(국기 26조의2 6항 1호의2). 만약 위 개정내용이 어느 과세기간에 대한 제척기간이 경과되었다고 하더라도 그 이후 과세기간에 대한 결정 또는 판결이 있다는 이유로 이미 제척기간이 경과된 과세기간에 대하여 증액경정을 할 수 있다는 취지로 해석되는 것은 타당하지 않다. 그 근거는 다음과 같다. 만약 그와 같은 취지로 해석한다면, 과세관청은 제척기간이 경과된 과세기간의 세액이 과소하다고 판단하는 경우에는 그와 연관된 후속 과세기간에 대한 세액을 의도적으로 과다하게 처분하거나 증액경정하고 그 처분이 취소되는 절차를 통하여 이미 제척기간이 경과되었던 당초처분에 대하여 다시 증액경정할 수 있게 된다. 반대의 경우라면 과세관청은 이러한 방법을 취하지 않을 수 있다. 즉 과세관청의 의사에 따라 제척기간을 사실상 달리 적용할 수 있다. 이는 **조세법률주의**에 어긋난 것이다. 이러한 해석은 당사자가 의도적으로 손익의 귀속시기를 조작한 경우에 해당 **손익귀속시기의 위법을 바로잡는 결정, 즉** 사실관계의 변동이 없이 손익귀속

156) 국내원천소득의 실질귀속자가 결정 또는 판결에 의하여 확인된 경우에 대하여 1년의 특례제척기간을 인정하는 점을 감안한다면 원천징수의무자에 대한 가산세 역시 이에 상응하는 적용되어야 할 것이다. 즉 원천징수의무자 역시 거래당사자로서 원천납세의무자와 공모하거나 또는 최소한 실질귀속자를 판단할 수 있기에 충분한 정보를 가지고 있거나 그 정보를 알 수 있는 지위에 있었다고 인정되는 등 특별한 사정이 있는 경우에 한하여 가산세를 부과할 수 있다고 해석하는 것이 타당하다.

157) 대법원 2005.2.25. 2004두11459.

시기에 대한 위법을 시정하는 판결이 확정되는 것이 납세자의 후발적 경정청구사유에 해당하지 않는 점[158]과도 궤를 같이 하는 것으로 본다. 또한 위 개정내용은 제척기간에 관한 내용에 불과한 것으로서 다른 과세기간의 과세표준 또는 세액의 조정이 필요한 경우 자체를 정하는 것 역시 아니다. 따라서 위 개정내용은 조세부과처분이나 경정거부처분에 대한 취소판결 등이 있는 경우에 과세관청이 이미 납세자가 불복청구할 수 있는 기간이 경과된 처분에 대하여, 그 처분이 위 판결 등의 사실관계와 연관된 것이라면 과세관청이 설사 제척기간이 경과되었다고 할지라도 그 처분에 대하여 위 판결의 판시내용을 적용할 수 있는, 즉 감액경정할 수 있는 근거를 마련한 것으로 보아야 한다.

조세부과처분이나 경정거부처분에 대한 취소판결 등이 있는 경우에 적용되는 1년간의 특례 제척기간(국기 26조의2 2항 1호) **내에 당해 결정 또는 판결 등에 따르지 아니하는 새로운 결정이나 증액경정결정을 할 수 있는가?** 부과제척기간에 관한 특별규정인 특례 제척기간은 통상의 제척기간이 일단 만료되면 과세권자는 새로운 결정이나 증액경정결정은 물론 감액경정결정 등 어떠한 처분도 할 수 없게 되는 결과 과세처분에 대한 행정심판청구 또는 행정소송 등의 쟁송절차가 장기간 지연되어 그 판결 등이 제척기간이 지난 후에 행하여지는 경우 판결 등에 따른 처분조차도 할 수 없게 되는 불합리한 사례가 발생하는 것을 방지하기 위하여 마련된 것임에 비추어 볼 때, 과세권자로서는 당해 판결 등에 따른 경정결정이나 그에 부수되는 처분만을 할 수 있을 뿐 판결 등이 확정된 날로부터 1년 내라 하여 당해 판결 등에 따르지 아니하는 새로운 결정이나 증액경정결정까지도 할 수 있는 것은 아니다.[159] 다만 위 규정을 오로지 납세자를 위한 것이라고 보아 납세자에게 유리한 결정이나 판결을 이행하기 위하여만 허용된다고 볼 근거는 없으므로, 납부고지의 위법을 이유로 과세 처분이 취소되자, 과세관청이 그 판결 확정일로부터 1년 내에 그 잘못을 바로잡아 다시 부과처분을 하는 것은 타당하다는 판례가 있다.[160] 또한 이와 관련하여 과세관청은 납세자에게 유리한 재처분만 할 수 있을 뿐 납세자에게 불리한 재처분을 할 수 없다는 국세행정관행이 존재한다고 볼 수도 없다는 판례 역시 있다.[161]

그렇다면 절차 상 하자로 인하여 조세부과처분이나 경정거부처분이 취소된 경우에 항상

158) 대법원 2013.7.11. 2011두16971.
159) 대법원 2004.6.10. 2003두1752.
160) 대법원 1996.5.10. 93누4885.
161) 대법원 2002.7.23. 2000두6237.

그 판결확정일로부터 1년 내에 그 잘못을 바로잡아 다시 부과처분하는 것이 가능하다고 보아야 하는가? 이 쟁점은 과세권의 확보와 납세자의 예측가능성 또는 법적 확실성이 충돌하는 것과 관련된 것이다. 판례는 절차 상 하자를 이유로 당초 처분이 취소된 경우에는 그 하자를 시정하여 다시 처분을 할 수 있다고 판시한다.[162] 이는 절차 상 하자가 있었다는 이유만으로 과세관청이 다시 처분할 수 없다면 일부 세무공무원의 잘못에 국가가 기속되는 결과가 되어 과세권의 행사에 심각한 지장이 있다는 점을 감안한 것이다. 처분의 절차 또는 방법 등을 거치지 않아서 위법하다는 점과 그 절차 또는 방법을 거쳤다는 점은 상호 양립할 수 없는 것으로서 개념 상 동일성 범주에 속할 수 없는 것임을 감안하면 절차 상 하자가 존재하는 처분과 그 하자가 치유된 처분은 별개의 처분으로 보아야 하므로 그 절차 및 방법의 위법성이 향후에야 시정될 수 있는 것이라면 이는 종전 소송물의 동일성 범위에 속하지 않는 것으로 보아야 한다.[163] 즉 절차 상 하자로 인한 취소판결의 기판력은 그 방법 및 절차에 대하여서만 미치는 것으로 보아야 한다.[164] 따라서 과세관청은 당초 절차 상 하자를 시정하여 다시 처분을 할 수 있다고 보아야 한다. 그런데 당초 처분에 대한 제척기간이 경과된 이후에도 이러한 입장이 관철되어야 하는지 여부가 문제로 될 수 있다. 통상의 제척기간이 경과된 이후에 다시 처분하는 것은 납세자의 예측가능성 또는 법적 확실성에 더욱 심각한 위협이 될 수 있기 때문이다. 판례는 당초 처분에 대한 제척기간이 경과된 이후에 발생하는 이러한 가치의 충돌을 새로운 결정이나 증액경정결정에 해당하는지 여부를 기준으로 조정하고 있다. 만약 절차 상 하자를 치유하여 새롭게 처분할 수 있다는 점이 종전 판결의 기판력이 그 하자를 치유한 새로운 처분에 미치지 않는다는 점에 근거한 것이라면, 제척기간이 경과된 이후에 당초 절차 상 하자를 치유하여 과세한 처분은 새로운 결정이나 증액경정결정에 해당한다고 보는 것이 논리적으로 일관된다. 따라서 납부고지의 위법을 이유로 과세처분이 취소된 경우 제척기간이 경과하였다고 할지라도 과세관청이 그 판결 확정일로부터 1년 내에 그 잘못을 바로잡아 다시 부과처분을 하는 것은 타당하다는 위 판례의 입장[165]은 타당하지 않다. 제척기간 내 절차 상 하자를 치유하여 다시 과세할 수 있는지 여부를 결정하는 규범적 기준과 제척기간이 경과된 이후 새로운 결정이나 증액경정결정에 해당

162) 대법원 2005.1.14. 2003두13045.
163) 제4편 제3장 제2절 Ⅷ 3 다 (2) 기판력의 범위 참조.
164) 대법원 1997.12.9. 97다25521.
165) 대법원 1996.5.10. 93누4885.

하는 처분을 할 수 있는지 여부를 결정하는 규범적 기준이 상호 다른 것임에도 전자의 기준을 그대로 적용하고 있기 때문이다.

나아가 이렇게 해석하는 경우에야 비로소 실체적 위법사유를 이유로 당초 처분이 취소된 경우에는 처분의 기본적 사실관계가 동일한 범위 내에서만 특례제척기간이 적용될 수 있다는 법리와 조화를 이루게 된다는 점 및 절차 상 하자가 있는지 여부는 과세관청의 영역에 속한 것이고 소송과정에서 그 절차 상 하자의 존재 가능성 역시 실체적 위법에 비하여 보다 쉽게 인지할 수 있다는 점 역시 고려한다면 위 논리적 일관성을 희생하면서도 제척기간 경과 후 새로운 처분을 하도록 할 규범적 당위가 크다고 할 수도 없다.

한편 **새로운 결정이나 증액경정결정에는 부과처분만이 해당될 뿐 징수처분은 이에 해당되지 않는 것으로 보아야 한다.** 징수처분은 이미 확정된 납세의무의 집행과 관련된 것으로서 새롭게 납세의무를 확정하거나 증액하는 것이 아니므로 징수처분의 경우에는 소멸시효의 진행만이 문제로 될 수 있기 때문이다. **과세처분의 효력이 미치는 납세의무자에 대하여서만 위 1년의 특례 제척기간이 적용되는가?** 과세권자는 해당 판결 등을 받은 자로서 그 판결 등이 취소하거나 변경하고 있는 과세처분의 효력이 미치는 납세의무자에 대하여서만 위 규정을 적용하여 그 판결 등에 따른 경정처분 등을 할 수 있을 뿐, **납세의무가 승계되는 등의 특별한 사정이 없는 한** 그 취소나 변경의 대상이 된 과세처분의 효력이 미치지 아니하는 제3자에 대하여서까지 위 특례 제척기간을 적용할 수 있는 것은 아니다.[166)]

그렇다면 **새로운 결정이나 증액경정결정에 해당하는지 여부는 어떻게 판단하는가?**

조세부과처분이나 경정거부처분에 대한 취소판결 등이 있는 경우에 적용되는 특례 제척기간과 관련하여 새로운 결정이나 증액경정결정에 해당하는지 여부는 위 취소판결 기판력의 효력범위에 저촉되는지 여부와 깊게 연관되어 있다. 위 특례제척기간에 관한 규정이 위 취소판결의 기판력을 배제하는 규정이 아니기 때문이다. 따라서 이하 **기판력의 효력범위별로 구분하여 새로운 결정 또는 증액경정결정에 해당하는지 여부를 살핀다.**

기판력의 객관적 범위와 관련하여 살핀다. 만약 당초 처분과 기본적 사실관계가 동일하지 않은 경우라면 종전 취소판결 기판력의 물적 범위를 벗어난 것이므로, 종전 취소판결에 대한 기판력과 무관하게 새로운 사실관계 자체를 기초로 제척기간이 경과되었는지 여부를 판단할 것이지 별개의 기본적 사실관계에 대한 취소판결이 있었다는 이유로 다른 기본적

166) 대법원 2004.6.10. 2003두1752.

사실관계에 대한 제척기간을 연장할 수는 없는 것이다. 따라서 특례제척기간의 적용 여부를 논할 여지가 없다. 따라서 **기본적 사실관계가 동일하지 않는 경우라면 특례제척기간의 적용이 당연히 배제되어야 한다.**

기판력의 시적 범위와 관련하여 살핀다. 기본적 사실관계가 동일하다고 할지라도 사실심의 변론종결시를 기준으로 하는 기판력의 시적 범위에 따라 추가적으로 공격방어방법을 제출할 수 없는 경우에 대하여 제척기간이 경과하였다는 이유만으로 그 공격방어방법에 근거하여 새로운 처분을 하도록 할 규범적 당위는 존재하지 않는다. 소송 일반에 관한 근본적인 대원칙을 제척기간이 경과되었다는 점에 근거하여 수정하여 적용할 당위가 없고, 제척기간이 경과되었다는 점이 과세관청의 정당한 과세권 행사에 대한 명분으로서 기능할 수도 없기 때문이다. 다만 종전 취소판결 등의 사실심 변론종결시점 이후에 발생한 새로운 사유가 있어 종전 판결과 모순되는 사정이 발생한 경우에는 제척기간이 경과하기 전이라면 별도의 부과처분이 가능할 것이나 제척기간이 경과한 후라면 그 사유에 기하여서도 별도의 부과처분을 할 수 없는 것으로 보아야 한다. 종전 취소소송이 계속 중이라는 이유로 새로운 사유에 의하여 부과처분을 할 수 없었던 것은 아니기 때문이다. 판례 역시 처분의 동일성이 유지되는 범위 내에서 처분사유를 변경하는 것은 새로운 처분이라고 할 수 없으므로 국세부과의 제척기간이 경과되었는지 여부도 당초의 처분시를 기준으로 판단하여야 하고 처분사유 변경시를 기준으로 판단하여서는 아니 된다고 판시한다.[167] 따라서 **기본적 사실관계가 동일하다면 종전 취소판결에서 주장되지 않았던 공격방어방법을 근거로 특례제척기간 중 별도의 부과처분을 할 수는 없다.**

기판력의 주관적 범위와 관련하여 살핀다. 기본적 사실관계가 동일하다고 할지라도 당사자 또는 변론을 종결한 뒤의 승계인 또는 그를 위하여 청구의 목적물을 소지한 사람(이하 '당사자 등'이라고 한다)에 대하여서 기판력이 효력이 미친다. 따라서 기본적 사실관계가 동일한 경우 당초 취소판결의 당사자 등이 아닌 자에 대하여 별도의 부과처분을 하는 것이 새로운 결정 또는 증액경정결정에 해당하는지 여부가 쟁점이 된다. 납세자가 누구인지 여부는 경제적 실질에 따라서 결정되는 바, 종전 취소판결에 의하여 처분대상자가 다른 납세

167) 대법원 2002.3.12. 2000두2181(과세관청이 과세대상 소득에 대하여 이자소득이 아니라 대금업에 의한 사업소득에 해당한다고 처분사유를 변경한 것은 처분의 동일성이 유지되는 범위 내에서의 처분사유 변경에 해당하여 허용되며, 또 그 처분사유의 변경이 국세부과의 제척기간이 경과한 후에 이루어졌는지 여부에 관계없이 국세부과의 제척기간이 경과되었는지 여부는 당초의 처분시를 기준으로 판단하여야 한다고 한 사례).

자로 판명되었다면 그 새로운 납세자에 대하여 부과처분하는 것이 새로운 결정 또는 증액경정결정에 해당하는 것인지 여부가 문제로 된다. 이 경우 경제적 실질 상 납세자는 종전 처분의 대상이 된 형식적 납세자의 뒤에 숨어서 제척기간 경과의 이익을 얻는 셈이다. 이러한 경우를 보호할 규범적 당위는 존재하지 않는다고 볼 여지가 있음에도 불구하고 판례는 과세권자는 판결 등이 확정된 날로부터 1년 내라 하더라도 납세의무가 승계되는 등의 특별한 사정이 없는 한, 당해 판결 등을 받은 자로서 그 판결 등이 취소하거나 변경하고 있는 과세처분의 효력이 미치는 납세의무자에 대하여만 그 판결 등에 따른 경정처분 등을 할 수 있을 뿐 그 취소나 변경의 대상이 된 과세처분의 효력이 미치지 아니하는 제3자에 대하여서도 처분을 부과할 수 있는 것은 아니라고 판시한다.[168] 따라서 **기본적 사실관계가 동일하다고 하더라도 당초 납세자가 아닌 자를 대상으로 특례제척기간 중 재처분을 하는 것은 불가능하다.**

이상의 논의를 종합하면 **특례제척기간 동안에 처분할 수 없는 새로운 결정은 '기본적 사실관계가 동일하지 않아서 기판력이 미치지 않는 처분' 또는 '기본적 사실관계가 동일하다고 할지라도 종전 취소판결에서 제출되지 않거나 새롭게 발생한 공격방어방법에 기하거나 기판력의 효력이 미치지 않는 자에 대한 처분'을 의미하는 것으로 보아야 한다.**

증액경정결정을 허용하지 않는다는 판례의 판시가 의미하는 바는 무엇인가? 종전 취소판결이 있었음에도 다시 동일한 내용의 처분을 하는 것은 기판력에 반하는 것이다. 이와 관련하여 취소판결에서 지적하는 하자를 보완한 사유로 동일한 처분을 하는 것이 가능하다는 견해를 취할 여지가 있으나 만약 그 사유가 기본적 사실관계의 동일성 범주에 속하지 않는다면 이는 새로운 결정으로서 허용될 수 없으며, 기본적 사실관계의 동일성 범주에 속한다면 기판력의 시적 범위에 저촉되는 것으로서 허용될 수 없다. 취소판결이 있었음에도 다시 동일한 처분을 하는 것을 용인할 여지는 없다. 따라서 **판례가 증액경정결정을 허용하지 않는다고 판시하는 것은 특례제척기간 동안 당초 취소판결의 취지에 따라 감액경정하는 것만을 허용한다는 점을 확인하는 것으로 보아야 한다.**

한편 **새로운 결정 또는 증액경정결정을 위와 같이 해석한다면 특례제척기간 동안 재처분**

168) 대법원 2010.6.24. 2007두16493(원고 1, 2, 3, 4에 대한 제2차 부과처분을 취소하는 판결이 확정되었다고 하더라도 피고는 위 판결에 따라 이들에 대한 경정처분을 새로이 할 수 있을 뿐이지 위 취소소송의 당사자가 아니어서 그 판결의 효력이 미치지 않는 원고 5에 대하여는 구 국세기본법 제26조의2 제2항에 근거하여 새로이 상속세의 경정처분을 할 수 없다는 사례).

을 허용하는 세법 규정의 취지가 다음과 같은 이유로 몰각된다는 견해가 있을 수 있다. 첫째, 기판력에 반하는 재처분은 제척기간의 경과 여부와 무관하게 그 성질 상 허용할 수가 없다. 둘째, 새로운 결정이나 증액경정결정을 종전 취소판결 기판력의 효력이 미치지 않는 처분으로 이해한다면 제척기간의 경과 후에는 종전 기판력의 효력이 미치지 않는 모든 재처분은 허용될 수 없게 된다. 즉 위 논의들을 종합하면 종전 취소판결의 기판력이 미치지 않는 처분은 제척기간의 경과 전에는 다시 처분할 수 있으나, 제척기간이 경과된 이후에는 허용될 수 없다는 결론에 이르게 되는 바 이는 제척기간의 만료 자체에 기한 것이므로 별도의 특례제척기간을 인정할 실익은 없게 된다.

그러나 **새로운 결정 또는 증액경정결정을 종전 취소판결의 기판력의 미치지 않는 처분으로 이해하는 경우에도 특례제척기간 동안 재처분을 허용하는 세법 규정의 취지가 몰각되는 것은 아니다.** 그 이유는 다음과 같다. 종전 처분에 대하여 과세관청이 할 수 있는 후속처분은 당초 처분에 대한 감액경정처분, 당초 처분과 무관한 새로운 처분 및 당초처분에 대한 증액경정처분으로 구분될 수 있다. 취소판결 등이 있었음에도 불구하고 그에 반하여 다시 동일한 처분을 반복하는 것은 허용될 수 없다는 점은 상술한 바와 같다. 또한 판례는 새로운 처분 및 증액경정처분은 특례제척기간 동안에 할 수 없다고 판시한다. 그렇다면 세법이 특례제척기간 동안 재처분을 허용하는 실익을 살피기 위하여서는 제척기간이 경과된 경우에도 감액경정처분을 할 수 있는 부과권을 과세관청이 여전히 행사할 필요가 있는 것인지 여부에서 출발할 필요가 있다. 그런데 과세관청이 당초 처분을 감액하여 처분하는 것 역시 과세관청의 부과권을 전제로 한다. 따라서 **특례제척기간 동안 과세관청이 행사할 수 있는 부과권은 당초 처분에 대하여 판결이 지적하는 하자를 인정하여 감액된 세액에 따른 처분을 하는 권한을 의미하는 것으로 해석하여야 한다.** 이와 관련하여 과세관청이 취소판결 이후에 감액경정처분을 1년 내에 다시 할 유인 또는 필요가 있는지 여부에 대하여 의문을 표시하는 견해 역시 있을 수 있으나 이는 타당하지 않다. 당초 처분에 하자가 있는 경우 법원은 별도의 소송물로서 구분하여 판결할 수 있는 경우가 아닌 한 해당 처분 자체를 취소하여야 하는 것이고, 법원이 그 하자를 반영한 세액을 다시 계산하여 처분을 명하는 것은 아니므로 과세관청이 과세권을 확보하기 위하여서는 그 취소판결의 취지를 반영한 처분을 다시 하여야 하기 때문이다. 세법은 이러한 처분을 1년 내에 하도록 시간적 제한을 설정하고 있다.

이상의 법리는 설사 기판력의 법리가 직접 적용되지 않는다고 할지라도 제척기간이 경과한 후 이의신청, 심사청구, 심판청구, 감사원법에 따른 심사청구가 확정된 경우에도 동일하게 적용되어야 한다. 내용 상 동일한 결정을 받았음에도 불복단계에 따라서 향후 납세자의 권리의무에 영향을 미치는 사항이 달리 해석될 수는 없기 때문이다. 다만 이의신청, 심사청구, 심판청구, 감사원법에 따른 심사청구가 제척기간이 경과된 후에 결정되는 경우가 발생하기는 현실적으로 어려울 것이다.

한편 당초의 부과처분과 기초적인 사실관계가 동일한 것인지 여부가 새로운 결정 또는 증액경정결정에 해당하는지 여부를 결정하는 가장 중요한 기준으로서 기능하므로 **기초적인 사실관계가 동일한지 여부에 대하여 살필 필요가 있다**. 이하 이 쟁점과 관련된 주요 판례에 대하여 살핀다.

과세대상 소득이 부동산임대소득이 아니라 이자소득이라는 이유로 종합소득세 등 부과처분이 확정판결에 의하여 전부 취소된 후 과세관청이 그 소득을 이자소득으로 보고 종전 처분의 부과세액을 한도로 하여 다시 종합소득세 등 부과처분을 하는 것은 가능하다.[169] 이 판례는 부동산임대소득과 이자소득이 동일한 종합소득세 과세처분 대상이라는 점을 감안한 것으로 보인다. 즉 동일한 종합소득세 과세처분에 대한 공격방어방법으로서 볼 수 있어서 동일한 소송물의 범위에 속한다고 볼 수 있다. 법인이 그 보유주식을 처분하고 그 처분손실액을 처분한 사업연도의 손비로 계상한 것에 대하여 과세관청이 이를 법인세법 소정의 저가양도에 해당한다고 보아 부당행위계산부인 규정에 따라 손금부인하여 과세처분을 한 경우 그 과세처분취소소송에서 위 주식양도가 저가양도에 해당하지 않다면 그 매입이 고가매입에 해당한다고 주장을 변경하였더라도 고가매입이거나 저가양도이거나 간에 그 처분손실액의 부인을 통한 법인세 자체의 귀속사업연도는 달라진다고 볼 수 없고, 이 경우 만일 매입 및 양도의 각 상대방 중 어느 한편은 특수관계인에 해당하고 다른 한편은 특수관계인에 해당하지 않는다면 특수관계인이 아닌 상대방과의 거래에 관하여는 비지정기부금으로 처리하게 되어 그 손금부인액의 범위가 달라지게 되나 이는 부담하여야 할 정당한 세액의 범위의 차이에 불과하므로 과세관청의 위 주장변경은 거래상대방이 특수관계인에 해당하는지의 여부를 떠나 처분내용의 동일성을 해한다고 볼 수 없다.[170] 법률적으로 평가하기 이전의 구체적인 사실관계가 기본적인 점에서 동일하다는 점 및 정당한 매매가액의 평

169) 대법원 2002.7.23. 2000두6237.
170) 대법원 1992.9.22. 91누13205(과세관청이 주식양도가 저가양도에 해당한다고 보아 손금부인하여 과세처분을 한 경우 과세처분취소소송에서 고가매입에 해당한다고 주장을 변경할 수 있다는 사례).

가 역시 법률 상 평가에 해당하다는 점을 고려한 것으로 보이며, 각 사유들이 동일한 소송물에 대한 공격방어방법에 불과하다는 점 역시 감안한 것으로 본다.

부가가치세의 과세대상인 부동산매매업을 영위한 경우에는 부동산의 양도로 인한 소득세 등과 부가가치세는 별도로 부과되는 세목에 해당하므로 별개의 처분에 해당한다. 즉 건물의 양도행위가 부가가치세의 과세대상인 부동산매매업을 영위한 경우에 해당하는 이상 그 양도로 인한 소득에 대한 소득세와는 별도로 부가가치세를 납부할 의무가 있으므로, 과세관청이 위 건물 양도행위에 대하여 당초 양도소득세 및 방위세 부과처분을 하였다 하더라도 위 양도행위에 대한 부가가치세 부과처분이 중복과세로 위법하다고 할 수는 없으며, 이미 납부한 양도소득세 및 방위세액을 과세요건을 달리하는 별개의 조세채무에 대한 위 부가가치세를 부과징수함에 있어 공제할 수도 없다.[171] 본세와 가산세는 별개의 세목으로서 이에 대한 각 처분을 별개의 처분으로 본다. 따라서 정당한 본세액이 당초 납세의무자가 신고・납부한 본세액에 미달한다면, 설령 그 정당한 본세액에 가산세액을 합산한 세액이 신고・납부한 본세액을 초과하더라도 과세관청으로서는 그러한 사유만으로 납세의무자의 경정청구를 거부할 수 없다.[172] 각 가산세들 역시 별개의 세목으로서 이에 대한 각 처분을 별개의 처분으로 본다. 따라서 상속세의 과소신고・초과환급신고가산세와 납부지연가산세는 별개의 독립된 처분이므로, 납부지연가산세의 정당한 세액이 과세관청의 처분액을 초과하고, 그 액수와 과소신고・초과환급신고가산세의 정당한 세액을 합한 액수가 과세관청의 과소신고・초과환급신고가산세와 납부지연가산세의 처분액을 합한 범위 내라고 하더라도 과세관청의 처분액을 초과하는 납부지연가산세를 법원이 직권으로 인정할 수 없으므로 과세관청의 처분액만을 인정함이 상당하다.[173] 이상의 판례들에 따르면 별도의 세목으로 규정되어 있거나 별도의 과세단위에 해당하는 경우에는 설사 동일한 과세기간에 속한다고 할지라도 기본적인 사실관계가 동일하지 않은 별도의 새로운 처분으로 보아야 한다.

제2차 납세의무자에 대한 부과처분을 주된 납세의무자에 대한 납부고지 절차의 하자 등을 이유로 취소하는 판결이 확정된 경우, 이를 이유로 주된 납세의무자에 대하여 특례 제척기간이 적용될 수 있는가? 제2차 납세의무의 성립에는 주된 납세의무의 성립 외에도 주된 납세의무자의 체납 등과 같은 별도의 요건이 요구되는 등 제2차 납세의무자에 대한 부과처

171) 대법원 1997.2.25. 96누10881.
172) 대법원 2008.12.24. 2006두13497.
173) 대법원 2004.10.15. 2003두7064.

분은 주된 납세의무자에 대한 부과처분과는 독립된 부과처분에 해당하는 점, 제2차 납세의무자에 대한 판결 등이 취소하거나 변경하고 있는 과세처분의 효력은 주된 납세의무자에게 미치지 아니하는 점 등을 종합하여 보면, 제2차 납세의무자에 대한 부과처분을 주된 납세의무자에 대한 납부고지 절차의 하자 등을 이유로 취소하는 판결이 확정되었다고 하더라도, 주된 납세의무자에 대한 부과제척기간에 관하여는 특별 제척기간이 적용될 수 없다.[174]

국세심판결정에서 익금의 산입시기가 잘못되었다는 이유로 종전 처분을 취소하는 결정을 한 경우, 과세관청이 당해 익금을 이미 부과제척기간이 경과한 다른 사업연도의 익금에 산입하여 재처분을 하는 것은 '결정이 확정된 날로부터 1년이 경과되기 전까지는 당해 결정에 따라 경정결정 기타 필요한 처분을 할 수 있는 경우'에 해당하지 않는다.[175] 이와 관련하여서는 보다 구체적으로 살핀다. 국세심판소장은 1999. 3. 12. 이 사건 기술개발준비금은 1994 사업연도의 익금에 산입할 것이 아니라 1992 사업연도의 익금에 산입하여야 할 금액이라는 이유로 1994 귀속 법인세의 과세표준과 세액을 경정하라는 심판결정을 하였고, 이에 과세관청은 1999. 5. 19. 이 사건 기술개발준비금을 1994 사업연도의 익금산입에서 제외함으로써 1994 귀속 법인세를 감액경정하는 한편, 위 기술개발준비금을 1992 사업연도의 익금에 다시 산입한 결과 1992. 귀속 법인세를 증액하여 경정하였는 바, 위 국세심판의 대상은 1994 귀속 법인세부과처분에 한정되고 설사 그 심판결정에서 이 사건 기술개발준비금을 1992 사업연도의 익금에 산입하는 것이 정당하다는 취지의 심판결정을 하였다고 하더라도 그 당시 1992 귀속 법인세에 대한 부과권의 제척기간이 이미 경과하였다면 이러한 경우에는 '결정이 확정된 날로부터 1년이 경과되기 전까지는 당해 결정에 따라 경정결정 기타 필요한 처분을 할 수 있는 경우'에 해당하지 않으므로 위 증액경정처분은 그 부과할 수 있는 날로부터 5년의 부과제척기간이 경과한 후의 처분으로서 당연무효에 해당한다.

한편 익금의 귀속시기가 잘못되었다는 이유로 당초의 과세처분이 취소된 경우 새롭게 익금에 산입하여 과세하는 부과처분은 당초의 처분과는 별개의 새로운 처분에 해당하므로 새롭게 익금에 산입하는 사업연도를 기준으로 제척기간이 도과되었는지 여부를 판단하여야 한다. 또한 익금의 귀속시기가 잘못된 것에 따른 부담 역시 납세자가 아닌 과세관청이 부담하는 것이 타당하다. 이와 같은 맥락에 비추어 보면 과세관청이 변호사 선임료를 2000년에

174) 대법원 2015.9.10. 2013다205433.
175) 대법원 2004.1.27. 2002두11011.

발생한 사업소득으로 보아 종합소득세 부과처분을 하였다가 2000년 귀속 종합소득세 부과처분 취소소송에서 위 금원을 2000년에 발생한 소득으로 볼 수 없다는 이유로 패소하자 2002년에 발생한 사업소득으로 보아 새로이 2002년 귀속 종합소득세 부과처분을 하였다면, 이는 1년의 특별 제척기간 내에 할 수 있는 처분이 아니다.[176]

둘째, **'국세기본법 상 이의신청, 심사청구, 심판청구', '감사원법에 따른 심사청구' 또는 '행정소송법에 따른 소송에 대한 결정 또는 판결'이 확정됨에 따라** 그 결정 또는 판결의 대상이 된 **과세표준 또는 세액과 연동된 다른 세목(같은 과세기간으로 한정)이나 연동된 다른 과세기간(같은 세목으로 한정)**의 과세표준 또는 세액의 조정이 필요한 경우: 결정 또는 판결이 확정된 날부터 1년. 이는 2022년 12월 31일자로 개정된 것이다. 개정 전 문언은 다음과 같았는바 이에 대하여서는 아래와 같은 점이 비판적으로 지적되었다. **'국세기본법 상 이의신청, 심사청구, 심판청구', '감사원법에 따른 심사청구' 또는 '행정소송법에 따른 소송에 대한 결정 또는 판결'이 있는 경우**에 그 결정이나 판결이 확정됨에 따라 그 결정 또는 판결의 대상이 된 과세표준 또는 세액과 연동된 다른 세목이나 과세기간의 과세표준 또는 세액의 조정이 필요한 경우: 결정 또는 판결이 확정된 날부터 1년. 첫째 경우에 대한 설명이 그대로 적용되어야 한다. 다만 세목 별로 다른 소송물 또는 심판대상으로 구성될 수 있음에도 불구하고, 특정 소송물 또는 심판대상에 관한 결정 또는 판결로 인하여 별도의 소송물 또는 심판대상에 관한 제척기간이 연장되는 효과가 발생하는 문제점이 발생할 수 있다. 또한 세목별 제척기간이 상이한 경우 가장 긴 제척기간이 적용되는 세목에 관한 규정이 다른 규정을 대체하는 문제점 역시 발생할 수 있다. 위험한 입법으로 판단한다. 시정되어야 할 것으로 본다.

셋째, 형사소송법에 따른 소송에 대한 판결이 확정되어 뇌물(소세 21조 1항 23호) **또는 '알선수재 및 배임수재에 의하여 받는 금품'**(소세 21조 1항 24호)**이 발생한 것으로 확인된 경우**: 판결이 확정된 날부터 1년

넷째, 조세조약에 부합하지 아니하는 과세의 원인이 되는 조치가 있고 그 조치가 있음을 안 날부터 3년 이내(조세조약에서 따로 규정하는 경우에는 그에 따른다)에 그 조세조약의 규정에 따른 상호합의가 신청된 것으로서 그에 대하여 상호합의가 이루어진 경우에는 상호합의가 종결된 날부터 1년. 현행 국세기본법 상 위 '조치가 있음을 안 날'에 대한 특별규정

176) 대법원 2012.10.11. 2012두6636.

은 없다. 조세조약과 국세기본법이 정합성이 있게 운용되기 위하여서는 '조치가 있음을 안 날'을 현실적인 부과처분 등이 있는 날 등으로 제한하여 해석하는 OECD MC Commentary Art. 25 문단 21~25의 내용을 반영한 절차규정이 마련되어야 한다.

다섯째, 통상의 경정청구(국기 45조의2 1항), **후발적 경정청구**(국기 45조의2 2항, 5항, 6항), **국세의 정상가격과 관세의 과세가격 간 조정을 위한 경정청구**(국조 19조 1항), **특정외국법인 유보소득과세와 관련된 실제 배당시의 경정청구**(국조 33조 2항) 또는 **국제거래가격에 대한 과세의 조정권고**(국조 20조 2항)가 있는 경우에는 경정청구일 또는 조정권고일부터 2개월

여섯째, 통상의 경정청구(국기 45조의2 1항), **후발적 경정청구**(국기 45조의2 2항), **국세의 정상가격과 관세의 과세가격 간 조정을 위한 경정청구**(국조 19조 1항), **특정외국법인 유보소득 과세와 관련된 실제 배당시의 경정청구**(국조 19조 4항) 또는 **국제거래가격에 대한 과세의 조정권고**(국조 20조 2항)에 따른 경정청구 또는 조정권고가 있는 경우 그 경정청구 또는 조정권고의 대상이 된 과세표준 또는 세액과 연동된 다른 과세기간의 과세표준 또는 세액의 조정이 필요한 경우에는 경정청구일 또는 조정권고일부터 2개월

이는 '이의신청, 심사청구, 심판청구, 감사원법에 따른 심사청구 또는 행정소송법에 따른 소송에 대한 결정이나 판결이 확정된 경우'와 동일한 내용이 경정청구 및 조정권고에 대하여서도 입법된 것에 해당하는 바, 그 경우에 대한 비판 및 대안적 해석이 여기에 그대로 적용된다.

일곱째, 최초의 신고·결정 또는 경정에서 과세표준 및 세액의 계산 근거가 된 거래 또는 행위 등이 그 거래·행위 등과 관련된 소송에 대한 판결(판결과 같은 효력을 가지는 화해나 그 밖의 행위를 포함한다)에 의하여 다른 것으로 확정된 경우에는 판결이 확정된 날부터 1년.

'이의신청, 심사청구, 심판청구, 감사원법에 따른 심사청구 또는 행정소송법에 따른 소송에 대한 결정이나 판결이 확정된 경우'에 대한 해석이 그대로 적용될 수 있을 것으로 보인다.

여덟째, 역외거래와 관련하여 제척기간이 지나기 전에 조세의 부과와 징수에 필요한 조세정보(국조 36조 1항)**를 외국의 권한 있는 당국에 요청하여 조세정보를 요청한 날부터 2년이 지나기 전까지 조세정보를 받은 경우**: 조세정보를 받은 날부터 1년.

아홉째, 국가별 실효세율이 변경된 경우: 국가별 실효세율(국조 69조 2항)의 변경이 있음을 안 날부터 1년. 다국적기업그룹의 소득이전을 통한 조세회피와 세원잠식에 대응하기 위하여 국제적으로 합의한 글로벌최저한세 규칙(Global anti-Base Erosion Rules)을 적용하

여 다국적기업그룹이 소득에 대하여 적정한 수준의 조세를 부담하도록 하는 세제가 도입되었다(국조 60조). 다국적기업그룹의 국가별 실효세율을 근거로 다국적기업그룹 구성기업 소재지국의 추가세액 계산이 달라지므로(국조 70조), 다국적기업그룹의 국가별 실효세율이 변경된 경우에 대한 특례 제척기간을 정할 필요가 있다.

나. 명의대여 사실 및 실질귀속자의 확인에 관한 특례

이의신청, 심사청구, 심판청구, 감사원법에 따른 심사청구 또는 행정소송법에 따른 소송에 대한 결정이나 판결이 확정된 경우 그 결정이나 판결에 의하여 다음 중 하나에 해당하게 된 경우에는 당초의 부과처분을 취소하고 그 결정 또는 판결이 확정된 날부터 1년 이내에 다음 구분에 따른 자에게 경정이나 그 밖에 필요한 처분을 할 수 있다(국기 26조의2 7항).

첫째, 명의대여 사실이 확인된 경우: 실제로 사업을 경영한 자

둘째, 과세의 대상이 되는 재산의 귀속이 명의일 뿐이고 사실상 귀속되는 자가 따로 있다는 사실이 확인된 경우: 재산의 사실상 귀속자

셋째, 국내원천소득(소세 119조; 법세 93조)의 실질귀속자가 확인된 경우: 국내원천소득의 실질귀속자 또는 원천징수의무자(소세 156조; 법세 98조)

Ⅲ 제척기간의 기산일

제척기간은 국세를 부과할 수 있는 날을 기준으로 기산되는 바(국기 26조의2 5항), **국세를 부과할 수 있는 날은 다음과 같다**(국기령 12조의3 1항).

첫째, 과세표준과 세액을 신고하는 국세(신고하는 종합부동산세는 제외한다; 종부세 16조 3항)**의 경우 해당 국세의 과세표준과 세액에 대한 신고기한 또는 신고서 제출기한(이하 '과세표준 신고기한')의 다음 날.** 이 경우 중간예납·예정신고기한과 수정신고기한은 과세표준 신고기한에 포함되지 아니한다. 국세부과의 제척기간 기산일인 '국세를 부과할 수 있는 날'에서 '예정신고기한의 다음 날'을 제외하였더라도 국세기본법의 위임 범위와 한계를 벗어나거나 헌법상 평등의 원칙, 재산권보장의 원칙 또는 과잉금지의 원칙을 위배하여 무효라고 볼 수 없다.[177] 다만 중간예납·예정신고기한의 경과와 관련하여 개별 세법에서 과세관

177) 대법원 2020.6.11. 2017두40235.

청이 부과 및 징수할 수 있도록 규정하는 경우에는 달리 해석하여야 한다. 이 점에 관하여서는 후술한다.[178)]

'과세표준과 세액을 신고하는 국세'에는 상속세와 증여세의 경우와 같이 납세의무자가 신고를 하더라도(상증세 67조, 68조) 과세관청이 해당 신고에 대하여 과세표준과 세액을 결정하는(상증세 76조) 국세 역시 포함된다.

이하 **제척기간의 기산점에 관한 판례의 구체적 입장**을 살핀다.

자산의 양도에 따른 양도소득세 부과의 제척기간은 원칙적으로 그 과세표준 확정신고기한이 종료하는 시점의 다음 날인 자산의 양도시기 다음 연도 6. 1.부터 진행하지만, 토지거래허가지역 내의 토지거래계약이 허가를 받지 아니하여 무효의 상태에 있다면 단지 매매대금이 먼저 지급되어 양도인이 이를 보관하고 있다 하여도 이를 두고 양도소득세 과세대상인 자산의 양도에 해당한다거나 자산의 양도로 인한 소득이 있었다고 할 수 없으므로, 이와 같은 경우에는 제척기간이 토지거래계약이 확정적으로 유효가 된 다음 연도 6. 1.부터 진행한다.[179)] 다만 토지거래허가구역 내 토지를 매도하고 대금을 수수하였으면서도 토지거래허가를 배제하거나 잠탈할 목적으로 매수인 앞으로 매매가 아닌 증여를 원인으로 한 이전등기를 마쳤거나 토지를 제3자에게 전매하여 매매대금을 수수하고서도 최초의 매도인이 제3자에게 직접 매도한 것처럼 토지거래허가를 받아 이전등기를 마친 경우, 위 등기가 말소되지 않은 채 남아 있고 매도인 또는 중간 매도인이 수수한 매매대금을 그대로 보유하고 있는 때에는 예외적으로 양도소득세 과세대상이 되므로,[180)] 이 경우 제척기간의 기산점은 위와 달리 보아야 한다.

후발적 사유로 당초 세금계산서 상 공급가액이 감소함에 따라 수정세금계산서를 교부받은 경우 그에 대응하는 매입세액공제액 감소로 인하여 발생한 부가가치세액 증가분에 관하여는 수정세금계산서 교부일이 속하는 과세기간의 과세표준신고기한 다음 날부터 부과제척기간이 진행한다.[181)]

'비과세 또는 감면받은 세액 등에 대한 **추징사유**가 발생하여 추징하는 경우에는 그 신고납부기한의 다음 날'이 제척기간의 기산일이다.[182)] 해당 신고납부기한 당시 이미 추징사유

178) 제3편 제2장 제2절 II 2 나 예정신고 참조.
179) 대법원 2003.7.8. 2001두9776.
180) 대법원 2011.7.21. 2010두23644 전원합의체 판결.
181) 대법원 2011.7.28. 2009두19984.
182) 대법원 2010.6.24. 2010두4094.

가 규정되어 있으므로 추징사유가 발생한 때가 아니라 신고납부기한의 다음 날을 국세를 부과할 수 있는 날로 보는 것을 두고 납세의무가 성립하지 않은 시점으로 소급하여 과세한다고 볼 수 없으며, 추징사유가 발생하면 당초 신고납부기한 당시 성립한 세액을 추징하는 것이므로 추징사유가 발생한 날을 국세를 부과할 수 있는 날로 볼 수도 없다. 추징세액의 제척기간 기산일을 신고납부기한의 다음 날로 보는 경우에 한하여 법정 이자상당액을 추가하여 징수할 수 있는 세법적 근거가 마련될 수 있다는 점 역시 고려하여야 한다.

둘째, 종합부동산세 및 인지세의 경우 해당 국세의 납세의무가 성립한 날

한편 다음 경우에는 위 각 제척기간의 기산일과 달리 그 기산일이 정하여진다(국기령 12조의3 1항).

첫째, 원천징수의무자 또는 납세조합에 대하여 부과하는 국세의 경우 해당 원천징수세액 또는 납세조합징수세액의 법정 납부기한의 다음 날

둘째, 과세표준 신고기한 또는 위 법정 납부기한이 연장되는 경우 그 연장된 기한의 다음 날

셋째, 공제, 면제, 비과세 또는 낮은 세율의 적용 등에 따른 세액(소득공제를 받은 경우에는 공제받은 소득금액에 상당하는 세액을 말하고, 낮은 세율을 적용받은 경우에는 일반세율과의 차이에 상당하는 세액을 말한다. 이를 '공제세액 등'이라 한다)을 의무불이행 등의 사유로 징수하는 경우 해당 공제세액 등을 징수할 수 있는 사유가 발생한 날. 이 규정은 납세의무자가 일정한 의무를 이행할 것을 조건으로 세액공제 등의 혜택을 받은 후 당초의 의무를 이행하지 않아 과세관청이 공제세액 등을 추징하는 경우나 이에 준하는 경우에만 적용된다.[183] **후발적 경정청구로 인한 환급 이후 관할 세무서장이 직전 사업연도의 환급세액을 재결정하여 다음 사업연도 법인세로서 과다환급세액에 대하여 부과고지한 경우, 어느 사업연도를 기준으로 제척기간의 도과 여부를 판정하는가?** 과세관청이 과다환급세액을 부과고지한 사업연도를 기준으로 제척기간의 도과 여부를 판정하여야 한다.[184] 구체적 판시는 다음과 같다. 국가가 납세의무자에 대한 조세채권으로 징수절차에 나아가기 위해서는 그 납세의무의 내용을 구체적으로 확인하는 확정절차로서 납세의무자의 신고행위나 과세권자의 결정 · 경정 등의 부과처분이 필요한 점, 법인세 납부의무는 관할 세무서장이 직전 사업연도 법인세액의 감소 등 그 요건의 충족 여부를 판단하여 환급세액을 재결정한 후 과

183) 대법원 2022.11.17. 2019두51512.
184) 대법원 2022.11.17. 2019두51512.

다환급세액 및 그에 대한 이자 상당액을 계산하여 세액을 확정하는 절차를 거쳐야 비로소 구체적 조세채무로 확정되는 점, 국세기본법 상 국세환급금의 환수와 개별 세법 상 환급세액의 환수는 그 부과 또는 징수하는 세액의 계산방법, 환수절차 등에서 서로 구분되므로 개별 세법 상 처분이 국세기본법 상 환급 및 충당 규정에 따라 국세징수법이 준용되는 징수처분에 해당한다고 볼 수도 없는 점 등을 종합하면, 개별 세법 상 과다환급세액 부과처분은 그 처분이 이루어진 사업연도의 부과 및 징수처분에 해당하고 그 사업연도를 기준으로 부과제척기간의 도과 여부를 판정하여야 한다.

Ⅳ 제척기간 경과의 효과

국세부과의 제척기간이 도과된 후에 이루어진 과세처분은 무효이다.[185] 부과제척기간이 만료된 소득에 대한 종합소득세의 신고・납부 역시 부과제척기간이 만료된 후에 부과처분으로 종합소득세를 납부한 경우와 마찬가지로 무효이다.[186] **제척기간이 도과하였는지 여부는 당사자의 주장에 관계없이 법원이 당연히 조사하여 고려하여야 할 사항이다.**[187] **국세부과권의 제척기간 내에 조세의 부과처분이 없으면** 과세관청은 더 이상 국세의 확정을 위한 부과처분을 할 수 없게 되고 그 **반사적 효과로서 납세자로서는 조세채무를 납부할 의무를 면하게 되나,** 이는 제척기간제도에 따른 부득이한 결과로서 **그런 결과가 실질과세의 원칙에 반한다고는 할 수 없다.**[188] 증액경정처분은 당초처분과 증액되는 부분을 포함하여 전체로서 하나의 과세표준과 세액을 다시 결정하는 것이어서 당초처분은 증액경정처분에 흡수되어 독립된 존재가치를 상실하고 오직 증액경정처분만이 쟁송의 대상이 되어 납세의무자로서는 증액된 부분만이 아니라 당초처분에서 확정된 과세표준과 세액에 대하여도 그 위법 여부를 다툴 수 있는 것이지만, **증액경정처분이 제척기간 도과 후에 이루어진 경우에는 증액부분만이 무효로 되고 제척기간 도과 전에 있었던 당초처분은 유효한 것이다.**[189] 과세

185) 대법원 1993.12.28. 93누17409; 대법원 2009.12.24. 2007두16974; 대법원 2010.12.23. 2008두10522; 대법원 2015.7.9. 선고 2013두16975; 대법원 2018.12.13. 2018두128; 대법원 2019.8.30. 2016두62726; 대법원 2021.12.30. 2017두75415.
186) 대법원 2020.8.13. 2019다300361.
187) 대법원 1986.4.8. 86누16.
188) 대법원 2006.6.9. 2006두781; 대법원 2020.8.20. 2017두30757.
189) 대법원 2004.2.13. 2002두9971.

관청이 부과처분을 취소하고 그 후 다시 동일한 과세대상에 대하여 부과처분을 한 경우, 당초처분에 대한 제척기간의 준수효과가 새로운 처분에 대하여서도 미치는 것인가? 과세관청이 부과처분을 취소하면 그 부과처분으로 인한 법률효과는 일단 소멸하고, 그 후 다시 동일한 과세대상에 대하여 부과처분을 하여도 이미 소멸한 법률효과가 다시 회복되는 것은 아니며 새로운 부과처분에 근거한 법률효과가 생길 뿐이다. 따라서 새로운 부과처분이 부과제척기간의 만료일까지 적법하게 고지되지 않은 경우 그 부과처분은 당연 무효이다.[190)]

또한 재차 증여의 증여세 과세가액을 산정하는 경우에는 부과제척기간이 만료한 종전 증여의 증여재산가액을 과세가액에 가산할 수 없다.[191)]

제3절 징수권의 소멸시효

I 의의

소멸시효제도는 일정한 사실상태가 장기간에 걸쳐서 계속되는 경우에는 그것이 진실한 권리관계에 합치하는지 여부와 관계없이 그 사실상태를 그대로 권리관계로 인정하는 제도이다.[192)] 국세징수권의 소멸시효가 완성된 때에는 국세 및 강제징수비를 납부할 의무는 소멸한다(국기 26조 3호). 국세의 징수를 목적으로 하는 국가의 국세징수권은 이를 행사할 수 있는 때부터 10년(5억 원 이상의 국세) 또는 5년(그 밖의 국세) 동안 행사하지 아니하면 소멸시효가 완성된다(국기 27조 1항). 소멸시효에 관하여는 특별한 규정이 있는 것을 제외하고는 민법에 따른다(국기 27조 2항). 지방세 및 관세의 경우에도 소멸시효에 관한 규정이 있다(지기 39조 ; 관세 22조).

이하 국세를 중심으로 살핀다.

190) 대법원 1996.9.24. 96다204; 대법원 2015.9.10. 2013다205433.
191) 대법원 2015.6.24. 2013두23195.
192) 金子 宏、前掲書、663頁。

Ⅱ 기산일

국세의 소멸시효는 '국세의 징수를 목적으로 하는 국가의 권리를 행사할 수 있는 때'로부터 기산되는 바, 그 때는 '과세표준과 세액의 신고에 의하여 납세의무가 확정되는 국세의 경우 신고한 세액에 대해서는 그 법정 신고납부기한의 다음 날', '과세표준과 세액을 정부가 결정, 경정 또는 수시부과결정하는 경우 납부고지한 세액에 대해서는 그 고지에 따른 납부기한의 다음 날'을 각 의미한다(국기 27조 3항). 만약 납세의무자가 과세표준과 세액을 신고하지 않았다면 법정 신고납부기한의 다음 날부터 소멸시효가 진행되지는 않는다. 이 경우에는 정부가 결정하여 납부고지한 납부기한의 다음 날로부터 소멸시효가 진행될 것이다.

다만 다음 각 경우에 대하여서는 '국세의 징수를 목적으로 하는 국가의 권리를 행사할 수 있는 때'를 다음과 같이 정한다(국기 27조 4항).

첫째, 원천징수의무자 또는 납세조합으로부터 징수하는 국세의 경우 납부고지한 원천징수세액 또는 납세조합징수세액에 대해서는 그 고지에 따른 납부기한의 다음 날

둘째, 인지세의 경우 납부고지한 인지세액에 대해서는 그 고지에 따른 납부기한의 다음 날

셋째, 과세표준과 세액의 신고에 의하여 납세의무가 확정되는 국세의 경우 그 법정 신고납부기한이 연장되는 경우 그 연장된 기한의 다음 날

Ⅲ 시효의 중단

소멸시효는 '납부고지', '독촉', '교부청구', '압류(압류금지재산(국징 41조)을 압류한 경우(국징 57조 1항 4호)와 제3자의 재산을 압류한 사유로 압류를 즉시 해제한 경우(국징 57조 1항 5호)에는 소멸시효가 중단되지 않는다)'의 사유로 중단된다(국기 28조 1항). 위 소멸시효의 중단사유가 발생함으로 인하여 중단된 소멸시효는 '고지한 납부기간', '독촉에 의한 납부기간', '교부청구 중의 기간', '압류해제까지의 기간'이 각 지난 때부터 새로 진행한다(국기 28조 2항). 지방세 및 관세의 경우에도 소멸시효의 중단에 대한 정함이 있다(지기 40조 1항, 2항 ; 관세 23조). 관세의 경우에는 위 각 중단사유에 경정처분, 통고처분, 고발, 특정범죄 가중처벌 등에 관한 법률 제16조에 따른 공소제기를 각 추가하여 규정한다.

이하 국세를 중심으로 각 중단사유에 대하여 본다.

첫째, **납부고지**의 경우를 본다. 소멸시효의 중단사유인 납부고지는 '징수고지로서의 납부고지'를 의미한다. 납부고지에 의하여 시효가 중단되는 부분은 납부고지된 부분 및 그 액수에 한정되고 남은 세액에 대하여는 시효가 중단됨이 없이 진행한다.[193]

둘째, **독촉**의 경우를 본다. 독촉은 독촉장을 통하여 행하여져야 한다(국징 10조 1항, 2항). 따라서 구술에 의한 경우에는 시효중단의 효력이 없다고 보아야 한다.[194] 민법 상으로는 최고를 한 이후에 6월 내에 재판 상의 청구, 파산절차참가, 화해를 위한 소환, 임의출석, 압류 또는 가압류, 가처분을 하지 아니하면 시효중단의 효력이 없는 바(민법 174조), 국세기본법 상으로는 이러한 규정이 없을 뿐 아니라 조세채권은 그 자체로 자력집행력을 가지고 있으므로 위 민법과 같이 규정할 실익이 없다는 점에서 민법 상 위 규정은 적용되지 않는다고 보아야 한다. **납부독촉은 최초의 독촉에 한하여 소멸시효 중단사유가 된다.**[195]

셋째, **교부청구**의 경우를 본다. 세무서장은 교부청구 사유(국징 59조 1항)에 해당하는 때에는 해당 관서, 공공단체, 집행법원, 집행공무원, 강제관리인, 파산관재인 또는 청산인에 대하여 체납액의 교부를 청구하여야 하는 바(국징 59조), 교부청구에 앞서 독촉 또는 납부고지 등을 할 필요가 없으므로 교부청구 자체를 소멸시효의 중단사유로 규정한 것이다. 교부청구는 교부청구서에 의하여 이루어져야 한다(별지 43호 서식 ; 국징칙 37조). 한편 세무서장은 압류하려는 재산을 이미 다른 기관에서 압류하고 있을 때에는 '교부청구를 갈음하여' 참가압류통지서(별지 44호 서식 ; 국기칙 38조)를 그 재산을 이미 압류한 기관(이하 '선행압류기관')에 송달함으로써 그 압류에 참가할 수 있다(국징 61조 1항, 2항). 이 경우 위 압류를 '참가압류'라고 한다. 참가압류를 한 후에 기압류기관이 그 재산에 대한 압류를 해제하였을 때에는 그 참가압류는 '참가압류의 등기 또는 등록이 완료된 때' 또는 '참가압류 통지서가 선행압류기관에 송달된 때'로 소급하여 압류의 효력이 생긴다(국징 62조 1항). 참가압류는 교부청구에 갈음하여 이루어지는 것이다(국징 61조 1항). 참가압류 역시 소멸시효의 중단사유에 해당한다고 본다. 교부청구와 참가압류는 교부청구서 또는 참가압류통지서를 통하여 이루어져야 하는 바, 교부청구는 교부청구서가 송달되는 시점에, 참가압류의 경우에는 위 각 참가압류의 효력발생시점, 즉 '참가압류의 등기 또는 등록이 완료된 때' 또는 '참가압류 통지서가 기압류기관에 송달된 때'에 시효중단의 효력이 발생한다고 판단한다.

193) 대법원 1985.2.13. 84누649.
194) 같은 취지 : 임승순, 전게서, 142면.
195) 대법원 2006.11.9. 2004두7467 ; 의료보험자의 부당이득금 징수권에 대한 판례이다.

넷째, **압류**의 경우를 본다. 압류는 집행에 착수함으로써 시효중단의 효력이 발생하고 압류에 따른 강제징수가 종료되거나 해제되는 시점까지 그 시효중단의 효력은 계속된다.[196] 다만 압류금지재산(국징 41조)을 압류한 경우(국징 57조 1항 4호)와 제3자의 재산을 압류한 사유로 압류를 즉시 해제한 경우(국징 57조 1항 5호)에는 소멸시효가 중단되지 않는다(국기 28조 1항 4호 괄호부분). 국세징수법 기본통칙은 "압류하기 위하여 수색을 하였으나 압류할 재산이 없어 압류할 수 없는 경우에도 그 수색을 착수했을 때에 시효중단의 효력이 발생한다. 이 경우에 그 수색이 제3자의 주거 등에 대하여 행하여진 경우에는 수색한 취지를 수색조서의 등본 등에 의거 체납자에게 통지하여야 시효중단의 효력이 발생한다"고 규정한다. 시효의 이익을 받는 자에 대하여 직접 압류, 가압류 및 가처분을 하지 않는 경우에는 그에게 통지한 이후에야 시효중단의 효력이 발생하기 때문이다(국기 27조 2항 ; 민법 176조). 세무서장은 납세자에게 납부기한 전 징수사유가 있어 '국세가 확정된 후에는 그 국세를 징수할 수 없다고 인정할 때'에는 '국세로 확정되리라고 추정되는 금액의 한도'에서 납세자의 재산을 압류할 수 있다(국징 31조 2항). 이를 **'확정 전 보전압류'**라고 하는 바, 이 역시 소멸시효의 중단사유인 압류에 해당한다.

다섯째, **민법 상 시효중단사유의 준용 여부**에 대하여 본다. 민법 상 소멸시효는 '청구', '압류 또는 가압류, 가처분' 그리고 '승인'으로 인하여 중단된다(민법 168조). 민법 규정의 준용 여부는 청구 및 승인과 관련하여 문제로 된다. '압류 또는 가압류, 가처분'과 관련하여서는 국세징수법 상 강제징수 상 압류 및 확정 전 보전압류에 관한 특별규정에 의하여 규율되기 때문이다.

청구와 관련하여 본다. 납세의무자가 제기한 과세처분 취소소송에서 과세관청이 청구기각을 구한 응소행위에 시효중단의 효력이 있다고 하는 견해가 있다.[197] 판례에 의하면, 과세처분의 취소를 구하는 소송에서 과세관청의 패소판결이 선고되고 그대로 확정되었다면 과세관청의 그 응소행위에 시효중단의 효력을 인정할 필요가 없고, 설사 해당 과세처분이 위법하나 그 하자를 치유하여 다시 과세할 수 있는 경우에는 선행과세처분에 대한 소송이 진행 중에 과세관청으로서는 위법한 행정처분을 스스로 취소하고 그 절차 상의 하자를 보완하여 다시 적법한 과세처분을 할 수도 있어서 과세관청이 선행과세처분에 대한 취소소송

196) 제3편 제4장 제3절 I 4 압류절차 및 압류효력 참조.
197) 임승순, 전게서, 143면.

이 종료될 때까지는 그 처분의 적법함을 변론하는 외에는 달리 적법한 권리행사를 하는 것이 불가능하다고 할 수 없으므로 과세관청의 응소행위와 무관하게 소멸시효는 그대로 진행된다.[198] 또한 과세관청이 승소한 판결이 확정되었다면 당초의 과세처분에 기한 징수권의 행사로 인하여 이미 소멸시효 중단의 효력이 발생하였으므로 과세관청의 응소행위에 대하여 다시 소멸시효의 중단효력을 인정할 실익은 없을 것으로 판단한다. 따라서 납세의무자가 제기한 과세처분 취소소송에서 과세관청이 청구기각을 구한 응소행위를 별도의 중단사유로 삼는 위 견해는 타당하지 않다고 판단한다.

납세자가 조세환급을 구하는 의미에서 제기하는 부당이득금 반환청구와 관련하여서는 주목할 점이 있다. **납세자의 부당이득금 반환청구권과 관련된 소멸시효 중단사유인 재판상 청구의 범위에 납세자가 기본적인 법률관계에 관한 확인청구를 제기하거나 과세처분의 취소 또는 무효확인청구의 소를 제기하는 것이 포함되는가?** 판례는 이를 다음과 같은 이유로 긍정한다.[199] 첫째, 시효제도의 존재이유는 영속된 사실상태를 존중하고 권리 위에 잠자는 자를 보호하지 않는다는 데에 있고 특히 소멸시효에 있어서는 후자의 의미가 강하므로, 권리자가 재판 상 그 권리를 주장하여 권리 위에 잠자는 것이 아님을 표명한 때에는 시효중단사유가 되는 바, 이러한 시효중단사유로서의 재판 상의 청구에는 그 권리 자체의 이행청구나 확인청구를 하는 경우만이 아니라, 그 권리가 발생한 기본적 법률관계에 관한 확인청구를 하는 경우에도 그 법률관계의 확인청구가 이로부터 발생한 권리의 실현수단이 될 수 있어 권리 위에 잠자는 것이 아님을 표명한 것으로 볼 수 있을 때에는 그 기본적 법률관계에 관한 확인청구도 이에 포함된다고 보는 것이 타당하다. 둘째, 일반적으로 위법한 행정처분의 취소, 변경을 구하는 행정소송은 사권을 행사하는 것으로 볼 수 없으므로 사권에 대한 시효중단사유가 되지 못하는 것이나, 다만 오납한 조세에 대한 부당이득반환청구권을 실현하기 위한 수단이 되는 과세처분의 취소 또는 무효확인을 구하는 소는 그 소송물이 객관적인 조세채무의 존부확인으로서 실질적으로 조세채무부존재확인의 소와 유사할 뿐 아니라, 과세처분의 유효 여부는 그 과세처분으로 납부한 조세에 대한 환급청구권의 존부와 표리관계에 있어 실질적으로 동일 당사자인 조세부과권자와 납세의무자 사이의 양면적 법률관계라고 볼 수 있으므로, 위와 같은 경우에는 과세처분의 취소 또는 무효확인청구의 소

198) 대법원 1988.3.22. 86누269.
199) 대법원 1992.3.31. 91다32053 전원합의체 판결.

가 비록 행정소송이라고 할지라도 조세환급을 구하는 부당이득반환청구권의 소멸시효중단 사유인 재판 상 청구에 해당한다고 볼 수 있다.

민법 상 소멸시효의 중단사유로 규정하고 있는 '청구'도 그것이 허용될 수 있는 경우라면 국세징수권의 소멸시효 중단사유가 될 수 있는가? 국세기본법은 민법에 따른 국세징수권 소멸시효 중단사유의 준용을 배제한다는 규정을 두지 않고 있고, 조세채권도 민사 상 채권과 비교하여 볼 때 **성질 상 민법에 정한 소멸시효 중단사유를 적용할 수 있는 경우라면 준용을 배제할 이유도 없다.** 따라서 국세기본법 상 소멸시효 중단사유를 제한적·열거적 규정으로 보아 국세기본법이 규정한 사유들만이 국세징수권의 소멸시효 중단사유가 된다고 볼 수는 없다. 이와 같은 관련 규정의 체계와 문언 내용 등에 비추어, 민법 상 소멸시효의 중단사유로 규정하고 있는 **'청구'**(민법 168조 1호)**도 그것이 허용될 수 있는 경우라면** 국세기본법 상 국세징수권의 소멸시효 중단사유가 될 수 있다고 봄이 타당하다.[200)]

시효중단을 위한 재판 상 청구는 어떠한 경우에 허용되는가? 조세는 국가존립의 기초인 재정의 근간으로서, 세법은 공권력 행사의 주체인 과세관청에 부과권이나 우선권 및 자력집행권 등 세액의 납부와 징수를 위한 상당한 권한을 부여하여 공익성과 공공성을 담보하고 있다. 따라서 조세채권자는 세법이 부여한 부과권 및 자력집행권 등에 기하여 조세채권을 실현할 수 있어 특별한 사정이 없는 한 납세자를 상대로 소를 제기할 이익을 인정하기 어렵다. 다만 납세의무자가 무자력이거나 소재불명이어서 체납처분 등의 자력집행권을 행사할 수 없는 등 **국세기본법이 규정한 사유들에 의해서는 조세채권의 소멸시효 중단이 불가능하고 조세채권자가 조세채권의 징수를 위하여 가능한 모든 조치를 충실히 취하여 왔음에도 조세채권이 실현되지 않은 채 소멸시효기간의 경과가 임박하는 등의 특별한 사정이 있는 경우**에는, 그 시효중단을 위한 재판 상 청구는 예외적으로 소의 이익이 있다고 봄이 타당하다.[201)]

시효중단을 위한 재판 상 청구가 허용될 경우 그 소송형태는 어떠한가? 국가 등 과세주체가 당해 확정된 조세채권의 소멸시효 중단을 위하여 납세의무자를 상대로 제기한 조세채권존재확인의 소는 **공법 상 당사자소송**에 해당한다.[202)]

승인과 관련하여 본다. 납세의무자가 기한 후 신고(국기 45조의3)를 하거나 수정신고(국기

200) 대법원 2020.3.2. 2017두41771.
201) 대법원 2020.3.2. 2017두41771.
202) 대법원 2020.3.2. 2017두41771.

45조)를 하는 경우에는 이를 승인한 것으로 볼 수 있다.[203] 또한 징수유예의 신청, 조세의 일부 납부 또는 물납, 분할납부의 신청, 납세연기서의 신청, 납세서약서의 제출 등을 승인으로 보고 국가에 대한 위법한 공매처분에 대한 손해배상청구 소송에서 그 손해배상채권과 조세채무와의 상계를 주장한 때에는 승인에 의하여 조세채무의 시효가 중단되고 그 효과는 상계 주장을 철회한다고 하더라도 소멸되지 않는다는 견해가 있다.[204] '조세법 상 인정되는 절차를 통하여' 납세자가 조세채무를 승인하는 경우에는 이에 대하여 소멸시효의 중단의 효력을 인정할 수 있을 것이나, 조세법이 예정하고 있지 않은 절차를 통하여 조세채무를 인정하는 행위를 한 것에 근거하여 소멸시효의 중단을 인정하는 것은 '납세의무의 내용 및 징수의 시기 또는 방법에 관하여서도 과세관청과 납세자는 서로 화해하거나 협정을 체결할 수 없다는 내용을 담고 있는 합법성의 원칙'에 어긋난 것으로 판단한다. 따라서 납세서약서의 제출 등을 소멸시효의 중단사유로 하는 것은 타당하지 않다. 이러한 맥락에서 상계는 조세채무의 소멸사유에 해당하지 않기 때문에 민사소송에서 조세채무를 수동채권으로 하는 상계주장을 하였다고 하여 이에 대하여 소멸시효 중단의 효력을 부여하는 것 역시 타당하지 않다고 판단한다.

한편 일본의 경우에는 과세관청이 소멸시효의 중단을 위하여 재판 상 청구를 제기한 것에 대하여 소멸시효 중단의 효력을 인정하는 하급심판례가 있고,[205] 최고 후 6개월 내에 압류한 경우를 조세채무의 소멸시효가 중단된 것으로 인정한 판례 역시 있다.[206] 그러나 조세법은 납세의무의 내용을 확정하는 권한을 조세채권자인 국가 또는 지방자치단체에게 부여하고 또한 납세자가 임의로 납세의무를 이행하지 않은 경우에는 독촉을 하고 강제징수를 하는 방법에 의하여 그 채권을 강제적으로 실현하도록 예정하고 있으며 그것이 조세징수의 정상적인 방법이므로, 국가 또는 지방자치단체는 사법 상 채권자와 동일하게 최고 및 재판 상 청구를 하는 방법으로 소멸시효를 중단할 수는 없다고 해석하는 것이 타당하다.[207]

---

203) 같은 취지 : 金子 宏、前掲書、665頁。
204) 임승순, 전게서, 143면.
205) 東京地判 昭和39年3月26日 下級民集15卷3号、639頁。
206) 日最判 昭和43年6月27日 民集22卷6号、1379頁。
207) 金子 宏、前掲書、665頁。

Ⅳ 시효의 정지

조세채권의 소멸시효는 '세법에 따른 분납기간', '세법에 따른 납부고지의 유예, 지정납부기한·독촉장에서 정하는 기한의 연장기간', '세법에 따른 압류·매각의 유예기간', '세법에 따른 연부연납기간', '세무공무원이 사해행위 취소소송(국징 25조)이나 채권자대위소송(민법 404조)을 제기하여 그 소송이 진행 중인 기간' 및 '체납자가 국외에 6개월 이상 계속 체류하는 경우 해당 국외 체류 기간'에는 진행되지 아니한다(국기 28조 3항). 사해행위 취소소송 또는 채권자대위소송의 제기로 인한 소멸시효 정지의 효력은 소송이 각하·기각 또는 취하된 경우에는 효력이 없다(국기 28조 4항). **'과세 전 적부심사 청구에 따른 심리기간'에도 소멸시효의 진행이 정지되는가?** 국세기본법 상 국세징수권의 소멸시효 정지사유 가운데 '과세 전 적부심사 청구에 따른 심리기간'이 규정되어 있지 아니하고 이러한 경우에는 민법의 규정에 따라야 하나(국기 27조 2항), 민법에도 그와 같은 규정이 없는 점 등에 비추어 보면, 납세의무자가 과세전 적부심사를 청구함에 따라 적부심의 심리가 진행 중이라고 하여 국세징수권의 소멸시효가 진행되지 아니한다고 볼 수 없다.[208)]

시효완성의 효과

조세채권의 소멸시효가 완성되어 부과권이 소멸된 후에 부과한 과세처분은 위법한 처분으로 그 하자가 중대하고도 명백하여 무효이다.[209)] 이 판례는 부과권과 징수권을 구분하지 않았던 구법 당시의 것으로서 위 판례 상 소멸시효는 부과권과 징수권 모두에 대하여 적용되는 것이다. 현행법 상으로도 소멸시효가 완성된 후에 이루어진 처분은 그 하자가 중대하고도 명백하여 무효로 보아야 한다. 국세기본법(국기 26조 2호, 3호)은 제척기간의 경과와 소멸시효의 완성 모두를 동일한 납세의무의 소멸사유를 규정하고 위 두 기간의 경우를 달리 취급할 규범 상 당위가 존재하지 않기 때문이다. 다만 소멸시효가 경과되었다고 할지라도 그 제척기간이 경과되지 않았다면 과세관청은 여전히 경정처분을 할 수 있다.[210)] 소멸시효 완성 이후에 있은 과세처분에 기하여 세액을 납부하였다 하더라도 이를 들어 바로 소멸시

208) 대법원 2016.12.1. 2014두8650.
209) 대법원 1988.3.22. 87누1018.
210) 대법원 2006.8.24. 2004두3625.

효의 이익을 포기한 것으로 볼 수 없다.[211)]

일본의 경우 조세채권의 소멸시효는 절대적 소멸원인이므로 납세의무자의 원용이 필요가 없으며 그 이익을 포기할 수도 없다고 규정한다.[212)] 이는 시효가 완성한 납세의무를 공평하게 취급할 필요가 있고, 납세의무는 대량적으로 발생하는 것이기 때문에 일일이 당사자의 의사를 확인하지 않고 획일적으로 처리하는 것이 편의에 부합하는 것이라는 요청을 감안한 것이다.[213)] **우리의 경우에는 위와 같은 규정이 없다.** 그런데 우리의 경우 소멸시효에 관하여는 특별한 규정이 있는 것을 제외하고는 민법에 따른다(국기 27조 1항). 우리 민법의 경우에는 소멸시효의 이익은 미리 포기하지 못할 뿐이며(민법 184조 1항), 소멸시효기간 만료로 인한 권리소멸에 관한 것은 소멸시효의 이익을 받은 자가 소멸시효완성의 항변을 하지 않으면, 그 의사에 반하여 재판할 수 없다.[214)] 일본과 같은 입법이 필요하다. **다만 현행법 하에서도 국세징수권의 소멸시효가 완성된 때에는 국세 또는 강제징수비를 납부할 의무는 소멸한다는 규정**(국기 26조 3호)**에 근거하여 납세자가 소멸시효 완성을 원용할 필요가 없으며 그 이익을 포기할 수도 없다고 해석하는 것이 타당하다.** 위 규정은 소멸시효의 완성 자체로 납부의무가 소멸한다고 정하고 있으며, 소멸시효가 완성된 이후 납세자가 이를 포기할 수 있다면 납세자의 의사에 의하여 새롭게 납세의무가 창설되는 것으로서 조세법률주의에 비추어 허용될 수 없기 때문이다. 지방세의 경우에도 납부의무의 소멸과 관련하여 국세기본법과 동일한 규정이 있다(지기 37조).

211) 대법원 1988.1.19. 87다카70.
212) 일본 조세통칙법 제72조 제2항 ; 일본 지방세법 제18조 제2항.
213) 金子 宏、前掲書、664頁。
214) 대법원 1980.1.29. 79다1863.

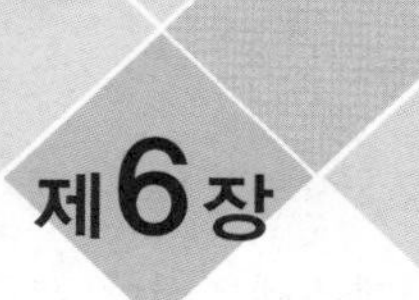

제6장 가산세

제1절 총 설

Ⅰ 가산세의 의의

가산세는 세법에서 규정하는 의무의 성실한 이행을 확보하기 위하여 세법에 따라 산출한 세액에 가산하여 징수하는 금액을 말한다(국기 2조 4호). **가산금**은 국세기본법의 2018년 12월 31일자 개정을 통하여 가산세에 통합되었다. 다만 2020년 12월 29일 개정 이전에는 지방세의 경우 가산금이 가산세와 별도로 정의되어 있으며, 가산금은 지방세를 납부기한까지 납부하지 아니할 때에 지방세기본법 또는 지방세관계법에 따라 고지세액에 가산하여 징수하는 금액과 납부기한이 지난 후 일정기한까지 납부하지 아니할 때에 그 금액에 다시 가산하여 징수하는 금액을 의미하였으나(지기 2조 1항 23호, 24호), 위 개정을 통하여 지방세의 경우에도 가산금 및 중가산금이 납부지연가산세에 통합되었다.

정부는 세법에서 규정한 의무를 위반한 자에게 국세기본법 또는 세법에서 정하는 바에 따라 가산세를 부과할 수 있다(국기 47조 1항). 가산세는 해당 의무가 규정된 세법의 해당 국세의 세목으로 하나, 해당 국세를 감면하는 경우에 가산세는 그 감면대상에 포함되지 않는다(국기 47조 2항). 가산세는 납부할 세액에 가산하거나 환급받을 세액에서 공제한다(국기 47조 3항). 지방세의 경우에도 동일한 내용의 규정이 있다(지기 52조).

가산세는 본세와는 별도로 가산할 국세의 납세의무가 성립하는 때에 성립하고(국기 21조 1항 11호), 해당 납세의무는 정부가 그 과세표준과 세액을 결정하는 때에 확정된다(국기 22조 2항). 지방세의 경우에도 동일한 내용의 규정이 있다(지기 34조 1항 12호, 35조 1항 2호).

이하 국세를 중심으로 살핀다.

국세기본법이 가산세의 기본적인 내용에 대하여 통일적으로 규정하고 개별 세법(법세 76

조, 76조의21 ; 소세 81조, 115조, 128조의2 ; 조특 90조의2, 100조의25 ; 부가세 60조 ; 상증세 78조)**에서는 별도의 협력의무 위반에 대하여 가산세를 각 규정하고 있다.** 또한 **국제조세조정에 관한 법률은 국세기본법 상 과소신고가산세**(국기 47조의3)**에 대한 특례를 규정하고 있다**(국조 13조). 개별 세법 상 각종 협력의무의 각 위반에 대하여 여러 종류의 가산세를 부과하는 현행 법의 태도가 타당한 것인지 여부에 대하여서는 검토를 할 필요가 있다. 과세관청이 납세자에게 개별세법 상 여러 협력의무를 지우고 이에 위반하는 경우 가산세를 부과하는 방법을 통하여 과세권을 지키는 것은 과세관청 입장에서는 비교적 쉬운 길에 속한다. 그러나 이러한 방법이 납세자에게 불필요한 부담을 지우는 것은 아닌지 여부에 대한 합리적인 고려가 필요하다고 본다. 외국의 입법례 등을 고려하여 이에 관한 적정한 수준 및 방법을 모색할 필요가 있다.

Ⅱ 가산세의 법적 성질

판례는 가산세를 과세권의 행사 및 조세채권의 실현을 용이하게 하기 위하여 납세자가 정당한 이유 없이 법에 규정된 신고, 납세의무 등을 위반한 경우에 법이 정하는 바에 의하여 부과하는 행정상의 제재라고 한다.[215] 따라서 **납세자의 고의, 과실은 고려되지 아니하고 법령의 부지 등은 그 정당한 사유에 해당한다고 볼 수 없다. 여기서 '행정상의 제재'라는 문언은 행정상의 제재적 성격을 갖는 독립적인 세목이라는 뜻으로 이해하여야 한다.**

가산세는 과세권의 행사와 조세채권의 실현을 용이하게 하기 위하여 세법에 규정된 의무를 정당한 이유 없이 위반한 납세자에게 부과하는 일종의 행정 상 제재로서 본세와는 본질적으로 그 성질이 다른 것이다.[216] 따라서 가산세는 본세와 별도로 그 납세의무가 성립한다(국기 21조 1항 11호). 가산세는 본세가 감면되는 경우에도 가산세는 감면되지 않는다(국기 47조 2항). 그렇다면 **본세에 대하여 징수유예를 받은 경우 해당 기간 동안에 대하여서도 가산세가 부과되는가?** 국세징수법에 의하여 본세 전부에 대하여 징수유예를 받은 기간 동안은 본세를 납부하지 아니한 것에 정당한 이유가 있다 할 것이므로 그 미납부 세액에 대한 가산세를 산정함에 있어서는 그 기간을 제외함이 상당하다.[217] **조세법 상 부여된 특전이 소급하**

215) 대법원 1995.11.7. 95누92; 대법원 2002.8.23. 2002두66; 대법원 2022.1.14. 2017두41108.
216) 대법원 1999.2.12. 97누16190.
217) 대법원 1991.6.25. 90누660.

여 취소되고 그로 인하여 세액이 추징되는 경우에 있어서 그 세액에 대한 가산세 역시 소급하여 부과되는가? 이 경우 가산세의 부과 여부는 행정적 제재를 과할만한 의무의 해태가 있었느냐의 여부에 따라 결정되는 것이므로 당연히 소급하여 부과할 수 있는 것은 아니다.[218] 조세혜택 부여 이후에 발생한 사유로 인하여 추징되는 것이라면, 추징 외 조세혜택의 부여와 관련하여 별도의 가산세를 부과하는 것은 타당하지 않다.

가산금은 조세를 납부기한까지 납부하지 아니한 경우에 가산하여 징수하는 금액으로서 지연손해금적 성질을 가지고 있고 또한 가산세의 정의 자체에서 제외되어 있으므로, 조세법에서 규정한 의무를 위반한 사실 자체에 대하여 부과하는 가산세와는 구별되었으나, 현재는 국세 및 지방세 모두 가산금 또는 중가산금을 납부지연가산세에 통합하였다. 따라서 이를 개념적으로 구분할 실익은 없다.

가산세는 행정적 제재에 해당하나 이에 대하여 다시 조세벌이 부과된다면 이는 이중제재에 해당하는 것인가? 즉 하나의 의무위반행위가 가산세의 부과요건과 조세범의 구성요건을 모두 충족할 경우 양자의 병과가 인정될 수 있는 것인가? 가산세는 납세의무의 위반이 과세요건사실을 은폐 또는 가장하는 방법으로 행하여진 경우에 행정청이 행정절차에 따라 그 위반자에게 가산세를 부과함으로써 신고납세제도와 부과납부제도를 정착하기 위한 것이라는 점에서 해당 의무위반자의 부정행위에 대한 반사회성 내지 반도덕성 자체에 착안하여 부과되는 조세형벌과는 그 취지나 성질이 다르기 때문에 동일한 조세포탈행위에 대해 중가산세 외에 형벌을 과한다고 하여 헌법상의 이중처벌에 해당되지 않는다.[219] 즉 가산세는 형벌이 아니므로 행위자의 고의 또는 과실·책임능력·책임조건 등을 고려하지 아니하고 가산세 과세요건의 충족 여부만을 확인하여 부과할 수 있다.[220]

Ⅲ 가산세의 부과 및 징수

가산세 부과처분에 관해서는 국세기본법이나 개별 세법 어디에도 그 납부고지의 방식 등에 관하여 따로 정한 규정이 없으나 납부고지에 관한 각 규정들의 취지는 가산세의 납부고지에도 그대로 관철되어야 마땅하고, 본세의 부과처분과 가산세의 부과처분은 각 별개의

218) 대법원 1987.10.28. 86누460.
219) 日最判 昭和45年9月11日 刑集24卷10号, 1333頁。
220) 헌재 2006.7.27. 2004헌가13.

과세처분인 것처럼, 같은 세목에 관하여 여러 종류의 가산세가 부과되면 그 각 가산세 부과처분도 종류별로 각각 별개의 과세처분이라고 보아야 한다.[221] 따라서 하나의 납부고지서에 의하여 본세와 가산세를 함께 부과할 때에는 납부고지서에 본세와 가산세 각각의 세액과 산출근거 등을 구분하여 기재해야 하는 것이고, 또 여러 종류의 가산세를 함께 부과하는 경우에는 그 가산세 상호 간에도 종류별로 세액과 산출근거 등을 구분하여 기재함으로써 납세의무자가 납부고지서 자체로 각 과세처분의 내용을 알 수 있도록 하는 것이 당연한 원칙이다.

가산세가 본세와 별도의 과세처분에 의하여 부과된다고 하더라도, **가산세는 해당 의무가 규정된 세법의 해당 국세에 가산하거나 환급받을 세액에서 공제하는 방법으로 징수한다**(국기 47조 3항).

본세의 산출세액이 없거나 음수인 경우에도 가산세는 부과되는가? 가산세는 산출세액 외에도 거래금액, 외형금액 및 미납금액 등을 기준으로 부과되는 것이므로 산출세액이 없는 경우에도 부과될 수 있다는 견해가 있다.[222] 이 견해에는 일면 타당한 측면이 있으나, 이는 가산세의 종류에 따라 달리 판단하여야 할 것으로 본다. 특히 납부지연가산세의 경우에는 본세의 납부의무를 전제하지 않고서는 성립할 수 없는 것이므로 구분하여 판단하여야 한다. **본세의 납세의무가 성립하지 않는 경우에도 납부지연가산세를 부과할 수 있는가?** 납부지연가산세는 본세의 납세의무자가 법령에서 정한 기간 내에 신고납부하여야 할 세액을 납부하지 아니하였거나 산출세액에 미달하게 납부한 때에 부과·징수하는 것이므로 본세의 납세의무가 성립하지 아니한 경우에는 부과·징수할 수 없다.[223] 이러한 법리는 **무신고·과소신고가산세의 경우에도 그대로 적용된다.**[224] **관세의 경우에도 동일한 법리가 적용되고,**[225] 이 경우 관세감면을 위한 사전신고 여부가 가산세의 납세의무의 존부에 영향을 미치지 않는다는 점[226]에 유의하여야 한다. 다만 본세 납세의무와 무관하게 별도의 협력의무 위반에 대한 제제로서 부과되는 가산세의 경우에는 그렇지 않다.[227] **납세의무가 성립하**

221) 대법원 2012.10.18. 2010두12347 전원합의체 판결.
222) 임승순, 전게서, 146면.
223) 대법원 2014.4.24. 2013두27128; 대법원 2018.11.29. 2015두56120; 대법원 2018.11.29. 2016두53180; 대법원 2019.2.14. 2015두52616.
224) 대법원 2018.11.29. 2015두56120; 대법원 2018.11.29. 2016두53180; 대법원 2019.2.14. 2015두52616.
225) 대법원 2018.11.29. 2015두56120; 대법원 2018.11.29. 2016두53180; 대법원 2019.2.14. 2015두52616.
226) 대법원 2018.11.29. 2016두53180.
227) 대법원 2019.2.14. 2015두52616.

지 않았으나 불복기간 등의 경과로 본세의 납세의무를 더 이상 다툴 수 없는 경우에 납부지연가산세를 부과할 수 있는가? 본세의 납세의무가 성립하지 아니한 경우에는 납부지연가산세를 부과·징수할 수 없다는 법리는 설사 불복기간 등의 경과로 본세의 납세의무를 더 이상 다툴 수 없게 되었다고 하더라도 마찬가지로 적용된다.[228] 따라서 이 경우에는 제소기간이 도과되었는지 여부를 심리하는 것만으로는 부족하고 해당 납세의무가 성립하였는지 여부에 대하여서도 심리하여야 한다. **증여세 납세의무자가 증여자를 잘못 신고하거나 다른 납세의무자의 증여세 신고가 유효한 경우에도 과소신고·초과환급신고가산세 또는 납부지연가산세가 부과되는가?** 갑이 을 앞으로 명의신탁하였다가 을이 병에게 증여하는 형식으로 주식의 명의를 변경하였고, 이에 병이 과세관청에 을로부터 주식을 증여받은 것을 원인으로 증여세를 신고·납부하였는데, 과세관청이 갑과 병에게 갑을 '증여자', 병을 '수증자'로 보고, 증여세(본세)와 함께 부당무신고가산세 및 납부지연가산세를 결정·고지하면서 연대납부를 명한 사안에서, 증여세 납세의무자가 법정신고기한 내에 증여세 과세표준을 관할 세무서장에게 신고한 경우에는 설령 증여자를 잘못 신고하였더라도 이를 무신고로 볼 수는 없으므로 무신고가산세 부과처분이 위법하고, 병의 증여세 신고가 유효한 이상 증여세 납부의 효력도 유지된다는 이유로 납부지연가산세 부과처분도 위법하다.[229] **종합소득의 구분과 금액을 잘못 신고한 경우에도 무신고가산세가 부과되는가?** 종합소득금액이 있는 거주자가 법정신고기한 내에 종합소득 과세표준을 관할 세무서장에게 신고한 경우에는 설령 종합소득의 구분과 금액을 잘못 신고하였다고 하더라도 이를 무신고로 볼 수는 없으므로, 그러한 거주자에 대하여 종합소득 과세표준에 대한 신고가 없었음을 전제로 하는 무신고가산세를 부과할 수는 없다.[230]

그렇다면 **실질과세원칙을 통하여 거래를 재구성하는 경우에 있어서 가산세는 어느 시점을 기준으로 부과되어야 하는가?** 실질과세원칙에 의하여 재구성되는 조세회피행위는 사법상 유효한 거래형식을 갖춘 행위이므로 과세관청이 개입하기 이전에는 '과세관청이 의도하는 납세의무'가 성립할 수 없고, 단지 사후적으로 과세관청이 납세자의 거래형식을 재구성하는 것으로 인하여 비로소 해당 납세의무가 성립되어 확정되는 것으로 보아야 한다. 즉 실질과세원칙에 의하여 재구성되는 조세회피행위와 관련하여 발생하는 '과세관청이 의도

228) 대법원 2014.4.24. 2013두27128.
229) 대법원 2019.7.11. 2017두68417.
230) 대법원 2019.5.16. 2018두34848.

하는 납세의무'는 과세관청이 실질과세원칙을 적용하여 과세하는 시점에 성립하고 동시에 확정되는 것이라고 보아야 한다. 따라서 **실질과세원칙 상 거래의 재구성을 통하여** 증액경정된 **납세의무에 대한** 가산세 **역시 실질과세원칙에 의하여 재구성되는 시점을 기준으로 산정되어야 한다.**[231] **다만 실질과세원칙 상 가공거래로서 무시된 경우에는 달리 보아 일반원칙에 따라 처리하여야 할 것이다.** 미국의 경우에도 실질과세원칙 중 경제적 실질의 원칙(economic substance doctrine)을 적용하여 가공거래(sham transaction)로서 그 존재 자체를 무시하는 경우에 대하여서는 일반원칙에 따라 가산세가 부과되나, 실질과세 일반원칙인 실질우선의 원칙(substance over form) 또는 다단계거래에 대한 단계거래원칙(step-transaction doctrine)이 적용되어 해당 거래가 재구성되거나 여러 단계의 거래가 하나의 거래로 통합되는 경우에는 가산세가 부과되지 않는다.[232]

본세를 감면하는 경우에도 가산세는 그 감면대상에 포함시키지 아니한다(국기 47조 2항)는 점은 기술하였다.

Ⅳ 가산세에 대한 불복절차

본세의 부과처분과 가산세의 부과처분은 각 별개의 과세처분이므로 본세의 부과처분에 대한 불복이 가산세의 불복처분에 대한 불복절차에 영향을 줄 수 없다. 따라서 가산세의 부과처분에 대하여서는 별도로 불복절차에 따라 다투어야 한다.

본세의 부과처분이 취소되는 경우에는 가산세의 부과처분 역시 위법하게 되는 것인가? 가산세는 산출세액 외에도 거래금액, 외형금액 및 미납금액 등을 기준으로 부과되는 것이어서 산출세액이 없는 경우에도 부과될 수 있으므로 본세의 부과처분이 취소된다고 하더라도 반드시 가산세의 부과처분이 위법하게 되는 것은 아니다. 다만 산출세액에 기초하여 부과되는 가산세(무신고가산세, 과소신고가산세 및 납부지연가산세 등)의 경우에는 가산세의 부과요건에 흠결이 있으므로 가산세 부과처분 역시 위법하다고 보아야 한다.[233] 이 경우 가산세의 위법사유가 무효사유인지 취소사유인지 여부 역시 본세의 위법사유에 따라 결정되어야 할 것으로 본다. 가산세의 부과처분이 비록 본세와는 다른 별개의 부과처분이라

231) 제2편 제3장 제2절 Ⅳ 및 제5편 제2장 Ⅱ 1 나 참조.
232) Notice 2014-58, 2014-44 IRB 746 (October 9, 2014).
233) 같은 취지 : 임승순, 전게서, 146면.

고 하더라도 그 세액은 본세의 산출세액에 따라 기계적으로 결정되기 때문이다.

제2절 가산세의 내용

I 무신고가산세

1 무신고가산세

납세의무자가 법정신고기한까지 세법에 따른 국세의 과세표준 신고[예정신고 및 중간신고를 포함하나, 교육세법 상 신고(교육세 6조) 중 금융·보험업자가 아닌 자의 신고와 농어촌특별세법 및 종합부동산세법에 따른 신고는 제외한다]를 하지 아니한 경우에는 그 신고로 납부하여야 할 세액(가산세와 세법에 따라 가산하여 납부하여야 할 이자 상당 가산액이 있는 경우 그 금액은 제외하며, 이하 '무신고납부세액'이라 한다)에 100분의 40(부정행위로 법정신고기한까지 세법에 따른 국세의 과세표준 신고를 하지 아니한 경우), 100분의 60(역외거래에서 발생한 부정행위인 경우) 또는 100분의 20(그 밖의 경우)을 곱한 금액을 가산세로 한다(국기 47조의2 1항). '교육세와 농어촌특별세'는 다른 세목에 부가하여 납부하는 세목이므로 본세에 대하여 무신고가산세를 부과하는 것 이외에 교육세 또는 농어촌특별세에 대하여서도 무신고가산세를 부과하는 것은 가혹하다는 점을 감안하여 위 신고의 범위에서 제외하고, 교육세의 신고와 관련하여 금융·보험업자에 대하여서는 이러한 사정을 감안하는 것이 타당하지 않아서 위 신고에 포함시킨 것으로 보인다. 또한 '종합부동산세'의 경우는 신고 여부가 납세의무자의 선택에 달려 있다는 점을 각 감안하여 무신고가산세의 대상에서 제외한 것으로 보인다. 부정행위에 대한 별도의 정의규정은 없으나 조세포탈범에 있어서 '사기 기타 부정한 행위'와 다르지 않다고 본다.[234] 개정 전 국세기본법 상 '부당한 방법'과 관련된 판례에 따르면, 부정행위는 국세에 관한 과세요건사실의 발견을 곤란하게 하거나 허위의 사실을 작출하는 등의 부정한 적극적인 행위에 의하여 과세표준을 과소신고하거나 무신고하는 경우로서 그 신고가 누진세율의 회피, 이월결손금 규정의 적용 등과 같은 조세포탈의 목적에서 비롯된 것을 의미한다.[235] 과세대상의 미신고와 아울러 수입이나 매출 등

234) 같은 취지 : 상게서, 148면.
235) 대법원 2013.11.28. 2013두12362.

을 고의로 장부에 기재하지 아니한 행위 등 적극적 은닉의도가 나타나는 사정이 덧붙여지지 않은 채 단순히 세법 상의 신고를 하지 아니한 것은 여기에 해당하지 않는다.[236)]

다만 소득세법 및 법인세법 상 과세표준의 신고(소세 70조, 124조 ; 법세 60조, 76조의17, 97조)를 하지 아니한 자가 복식부기의무자(소세 160조 3항) 또는 법인인 경우에 부정행위로 인하여 신고하지 않았다면 '개인의 경우에는 사업소득의 총수입금액(소세 24조-26조, 122조)에, 법인의 경우에는 법인세 과세표준 및 세액 신고서에 적어야 할 해당 법인의 수입금액(법세 60조, 76조의17, 97조)에 1만분의 14를 곱한 금액'과 '무신고납부세액에 100분의 40(부정행위로 법정신고기한까지 세법에 따른 국세의 과세표준 신고를 하지 아니한 경우) 또는 100분의60(국제거래에서 발생한 부정행위인 경우)을 곱한 금액' 중 큰 금액을, 그 밖의 사유로 신고하지 않았다면 '수입금액에 1만분의 7을 곱한 금액'과 '무신고납부세액에 100분의 20을 곱한 금액' 중 큰 금액을 각 가산세로 한다(국기 47조의2 2항 1호). 부가가치세법 상 사업자가 과세표준의 신고(부가세 48조 1항, 49조 1항, 67조)를 하지 아니한 경우로서 부가가치세법 또는 조세특례제한법 상 영세율과세표준이 있는 경우에는 '무신고납부세액에 대한 위 각 가산세액'과 '영세율과세표준의 1천분의 5에 상당하는 금액'을 합한 금액을 가산세로 한다(국기 47조의2 2항 2호).

한편 **무신고가산세를 적용함에 있어서는 다음과 같은 원칙들이 적용되어야 한다. 이는 부정행위로 인한 무신고가산세를 적용함에 있어서도 같다.** 부가가치세 대손세액(부가세 45조 3항 단서)에 상당하는 부분에 대해서는 무신고가산세를 적용하지 아니한다(국기 47조의2 4항). 또한 예정신고 및 중간신고와 관련하여 가산세가 부과되는 부분에 대해서는 확정신고와 관련하여 무신고가산세를 적용하지 아니한다(국기 47조의2 5항). 장부의 비치 · 기장 의무 등과 관련된 가산세(소세 81조의5, 115조 ; 법세 75조의3)가 무신고가산세와 동시에 적용되는 경우에는 그 중 가산세액이 큰 가산세만 적용하고, 가산세액이 같은 경우에는 무신고가산세(국기 47조의2 1항, 2항)만 적용한다(국기 47조의2 6항).

2 무신고가산세 적용의 예외

간이과세자에 대한 부가가치세 납부의무가 면제되는 경우(부가세 69조)에는 무신고가산세가 적용되지 않는다(국기 47조의2 3항).

---

236) 대법원 2016.2.18. 2015두1243.

Ⅱ 과소신고 및 초과환급신고가산세

1 과소신고 · 초과환급신고가산세

납세의무자가 법정신고기한까지 세법에 따른 국세의 과세표준 신고[예정신고 및 중간신고를 포함하나, 교육세법 상 신고(교육세 6조) 중 금융·보험업자가 아닌 자의 신고와 농어촌특별세법에 따른 신고는 제외한다]를 하지 아니한 경우로서 납부할 세액을 신고하여야 할 세액보다 적게 신고[이하 '과소신고'라 한다; 가산세의 감면 등(국기 48조)의 경우에도 같다]하거나 환급받을 세액을 신고하여야 할 금액보다 많이 신고[이하 '초과신고'라 한다; 가산세의 감면 등(국기 48조)의 경우에도 같다]한 경우에는 과소신고한 납부세액과 초과신고한 환급세액을 합한 금액(가산세와 세법에 따라 가산하여 납부하여야 할 이자 상당 가산액이 있는 경우 그 금액은 제외하며, 이하 '과소신고납부세액 등'이라 한다)에, 부정행위로 과소신고하거나 초과신고한 경우에는 '부정행위로 인한 과소신고납부세액 등의 100분의 40(역외거래에서 발생한 부정행위로 인한 경우에는 100분의 60)에 상당하는 금액' 및 '과소신고납부세액 등에서 부정행위로 인한 과소신고납부세액 등을 뺀 금액의 100분의 10에 상당하는 금액'을 합한 금액, 그 밖의 경우에는 '과소신고납부세액 등의 100분의 10에 상당하는 금액'을 합한 금액을 각 가산세로 한다(국기 47조의3 1항).

다만 부정행위로 과소신고(소세 70조, 124조 ; 법세 60조, 76조의17, 97조에 따른 신고)한 자가 복식부기의무자 또는 법인인 경우에는 {MAX[부정행위로 인한 과소신고납부세액 등의 100분의 40(국제거래에서 발생한 부정행위로 과소신고하거나 초과신고한 경우에는 100분의 60)에 상당하는 금액, 부정행위로 인하여 과소신고된 과세표준 관련 수입금액에 1만분의 14를 곱하여 계산한 금액]} + {과소신고납부세액 등에서 부정행위로 인한 과소신고납부세액 등을 뺀 금액의 100분의 10에 상당하는 금액}을 가산세로 한다(국기 47조의3 2항 1호). 또한 부가가치세법에 따른 사업자가 같은 법 제48조 제1항·제4항, 제49조 제1항, 제66조 및 제67조에 따른 신고를 한 경우로서 영세율과세표준을 과소신고(신고하지 아니한 경우를 포함한다)한 경우에는 '과소신고·초과환급신고가산세액(국기 47조의3 1항)'과 '과소신고되거나 무신고된 영세율과세표준의 1천분의 5에 상당하는 금액을 합한 금액을 가산세로 한다(국기 47조의3 2항 2호).

부정행위에 관한 특칙을 적용함에 있어 과소신고납부세액 등 중에 부정행위로 인한 과소신고납부세액 등(이하 '부정과소신고납부세액'이라고 한다)과 그 외의 과소신고납부세액 등(이하 '일반과소신고납부세액'이라고 한다)이 있는 경우로서, 부정과소신고납부세액과 일반과소신고납부세액을 구분하기 곤란하다면, 부정과소신고납부세액은 '과소신고납부세액 등×(부정행위로 인해 과소신고한 과세표준/신고하여야 할 과세표준)'으로 한다(국기령 27조의2 3항).

과소신고·초과환급신고가산세 산정의 기초가 되는 산출세액을 정당하게 신고하였으나 감면세액에 대한 판단을 그르쳐 최종적으로 납부할 세액을 잘못 신고한 경우에도 과소신고·초과환급신고가산세가 부과되는가? 판례는 취득세와 등록세와 관련된 이 쟁점에 대하여 소극적으로 해석한다. 즉 취득세 및 등록세 과소신고·초과환급신고가산세의 산정기초가 되는 금액을 결정함에 있어서 '산출세액' 이외에 지방세법 상 감면세액을 고려하도록 정하고 있지 아니한 점, 그리고 납부지연가산세는 원칙적으로 납세의무자가 최종적으로 납부하여야 할 세액의 납부의무를 이행하지 아니한 것에 대한 제재인 데 비하여 과소신고·초과환급신고가산세는 납세의무자가 과세표준이나 산출세액 등의 신고의무를 이행하지 아니한 것에 대한 제재로서 입법정책에 따라 세목별로 신고의무의 대상과 과소신고·초과환급신고가산세의 산정기초를 다양하게 정하고 있는 것으로 보이는 점 등을 종합하여 보면, 취득세와 등록세의 납세의무자가 각 과세표준에 세율을 곱한 '산출세액'을 정당하게 신고한 이상 감면세액에 관한 판단을 그르쳐 최종적으로 납부하여야 할 세액을 잘못 신고하였다고 하더라도 취득세와 등록세의 각 과소신고·초과환급신고가산세를 부과할 수 없다.[237] 다만 지방세의 경우에는 과소신고 여부를 산출세액을 기준으로 판단(지세 53조의3)하는 반면에 국세는 과소신고 납부세액을 기준으로 판단한다는 점을 감안한다면 국세의 경우에는 달리 보아야 할 여지가 있다. **정당한 가산세를 산정함에 있어서 이미 과소신고된 금액에 산입된 익금을 차감할 경우 이에 대응하는 손금은 어떻게 처리하여야 하는가?** 어떠한 익금에서 그와 직접 대응하는 손금을 공제한 잔액이 일단 과소신고금액에 산입되었으나 이후 정당한 가산세를 산정하면서 익금을 과소신고금액에서 차감할 경우에는 이와 직접 대응하는 손금은 과소신고금액에 가산되어야 한다.[238] **법인이 장부에 계상하여야 할 자산 대신에 계상하지 아니하여야 할 다른 자산을 계상한 후 누락된 자산에 대하여 익금에 산입한 경우 당초 잘못 계상된 자산은 어떻게 처리하여야 하는가?** 법인이 장부에 계상하여야 할 자산 대신에

237) 대법원 2015.5.28. 2014두12505.
238) 대법원 2015.1.29. 2012두7110.

계상하지 아니하여야 할 다른 자산을 계상한 경우 추가 대응조정으로 인하여 당기 순손익에 영향을 미치지는 아니하지만 누락된 자산과 관련하여서는 익금에 산입하는 세무조정이 행하여지고 잘못 계상된 자산과 관련하여서는 손금에 산입하는 세무조정이 행하여지므로, 손금은 위와 같은 익금과 직접 대응하는 손금으로 보아야 할 것이다.[239)]

부당과소신고가산세의 부과요건이 충족되지 아니하더라도 일반과소신고가산세의 부과요건이 충족된 경우라면 법원은 어떠한 조치를 취하여야 하는가? 부당과소신고가산세 부과처분은 일반과소신고가산세 부과처분과는 독립한 별개의 과세처분이 아니라 동일한 세목의 가산세 부과처분으로서 그 세율만을 가중한 것에 불과하므로, 법원이 심리한 결과 부당과소신고가산세의 부과요건이 충족되지 아니하더라도 일반과소신고가산세의 부과요건이 충족된 경우라면 법원으로서는 일반과소신고가산세액을 초과하는 부분만을 취소하여야 할 것이다.[240)]

한편 **과소신고 · 초과환급신고가산세를 적용함에 있어서는 다음과 같은 원칙들이 적용되어야 한다. 이는 부정행위로 인한 무신고가산세를 적용함에 있어서도 같다.**

과소신고 · 초과환급신고가산세는 부가가치세법 상 사업자가 아닌 자가 환급세액을 신고한 경우에도 적용한다(국기 47조의3 3항). 예정신고 및 중간신고와 관련하여 가산세가 부과되는 부분에 대해서는 확정신고와 관련하여 과소신고 · 초과환급신고가산세를 적용하지 아니한다(국기 47조의3 6항, 47조의2 5항, 6항). 장부의 비치 · 기장 의무 등과 관련된 가산세(소세 81조 8항, 13항, 115조 ; 법세 76조 1항)가 동시에 적용되는 경우에는 그 중 가산세액이 큰 가산세만 적용하고, 가산세액이 같은 경우에는 과소신고 · 초과환급신고가산세만 적용한다(국기 47조의3 6항, 47조의2 5항, 6항).

2 과소신고 · 초과환급신고가산세 적용의 예외

다음 각 경우에는 과소신고 · 초과환급신고가산세가 적용되지 않는다(국기 47조의3 6항, 47조의2 5항, 6항).

첫째, 예정신고 및 중간신고와 관련하여 가산세가 부과되는 부분에 대해서는 확정신고와 관련하여 과소신고 · 초과환급신고가산세를 적용하지 아니한다(국기 47조의3 6항, 47조의2 5항, 6항).

239) 대법원 2015.1.29. 2012두7110.
240) 대법원 2016.7.14. 2016두35335.

둘째, 장부의 비치 · 기장 의무 등과 관련된 가산세(소세 81조 8항, 13항, 115조 ; 법세 75조의3)가 동시에 적용되는 경우에는 그 중 가산세액이 큰 가산세만 적용하고, 가산세액이 같은 경우에는 과소신고 · 초과환급신고가산세만 적용한다(국기 47조의3 6항, 47조의2 5항, 6항).

또한 **다음 각 경우에도 과소신고하거나 초과신고한 부분에 대해서는 과소신고 · 초과환급신고가산세를 적용하지 아니한다**(국기 47조의3 4항).

첫째, '신고 당시 소유권에 대한 소송 등의 사유로 상속재산 또는 증여재산으로 확정되지 아니하였던 경우', '상속공제(상증세 18조, 18조의2, 18조의3, 19조-23조, 23조의2, 24조, 53조, 53조의2, 54조)의 적용에 착오가 있었던 경우', '상속재산을 평가한 가액(상증세 60조 2항 · 3항, 66조)으로 과세표준을 결정한 경우(부정행위로 인하여 상속세 및 증여세의 과세표준 과소신고한 경우는 제외)', '법인세 과세표준 및 세액의 결정 · 경정(법세 66조)으로 증여의제이익(상증세 45조의3-45조의5)이 변경되는 경우(부정행위로 인하여 법인세의 과세표준 및 세액을 결정 · 경정하는 경우는 제외)', '상증세법 상 시가(상증세 60조 2항), 보충적 평가방법(상증세 60조 3항) 및 저당권 등이 설정된 재산 평가의 특례(상증세 66조)에 따라 평가한 가액으로 부담부증여 시 양도로 보는 부분(소세 88조 1호 각목 외 부분 후단)에 대한 양도소득세 과세표준을 결정 · 경정한 경우(부정행위로 양도소득세의 과세표준을 과소신고한 경우는 제외)' 중 어느 하나에 해당하는 사유로 상속세 · 증여세 과세표준을 과소신고한 경우

둘째, 부가가치세법 상 공급을 받은 사업자가 대손세액에 해당하는 금액을 빼지 아니하여 법정절차(부가세령 87조)에 따라 그 사업자의 관할 세무서장이 빼야 할 매입세액을 결정 또는 경정하여야 하는 경우(부가세 45조 3항 단서)

셋째, '법인세 과세표준 및 세액의 결정 · 경정(법세 66조)으로 증여의제이익(상증세 45조의3-45조의5)이 변경되는 경우(부정행위로 인하여 법인세의 과세표준 및 세액을 결정 · 경정하는 경우는 제외한다)'로 주식 등(소세 88조 2호)의 취득가액이 감소된 경우

넷째, 조세특례제한법 상 통합투자세액공제(조특 24조)에 따라 세액공제를 받은 후, 법정 부득이한 사유[신성장사업화시설 또는 국가전략기술사업화시설의 인정을 받을 것을 조건으로 그 인정을 받기 전에 세액공제를 신청하여 세액공제를 받았으나(조특령 21조 13항 후단), 그 이후 인정 대상 시설의 일부 또는 전부에 대해 그 인정을 받지 못한 경우(국기령 27조의2 4항)]로 해당 세액공제 요건을 충족하지 못하게 된 경우

Ⅲ 납부지연가산세

1 납부지연가산세

납세의무자(연대납세의무자, 납세자를 갈음하여 납부할 의무가 생긴 제2차 납세의무자 및 보증인을 포함한다)가 법정납부기한까지 국세(인지세(인세 8조 1항)는 제외한다)의 납부(중간예납·예정신고납부·중간신고납부를 포함한다)를 하지 아니하거나 납부하여야 할 세액보다 적게 납부(이하 "과소납부"라 한다)하거나 환급받아야 할 세액보다 많이 환급(이하 "초과환급"이라 한다)받은 경우에는 **다음 각 금액을 합한 금액**을 가산세로 한다(국기 47조의4 1항). 이를 '납부지연가산세'라고 한다. 부가가치세법에 따른 사업자가 아닌 자가 부가가치세액을 환급받은 경우에도 납부지연가산세가 적용된다(국기 47조의4 2항). 원천징수 등 납부지연가산세가 적용되는 경우에는 납부지연가산세가 적용되지 않는다(국기 47조의4 4항). 다만 인지세의 납부지연가산세에 대하여서는 특칙이 적용된다. 즉 인지세(부동산의 소유권 이전에 관한 증서(인세 3조 1항 1호)에 대한 인지세는 제외)(인세 8조 1항)를 납부하지 아니하거나 과소납부한 경우에는 납부하지 아니한 세액 또는 과소납부분(납부하여야 할 금액에 미달한 금액을 말한다) 세액의 100분의 300에 상당하는 금액을 가산세로 한다(국기 47조의4 9항 본문). 다만 인지세법에 따른 법정납부기한이 지난 후 3개월 이내에 납부한 경우에는 납부하지 아니한 세액 또는 과소납부분 세액의 100분의 100, 인지세법에 따른 법정납부기한이 지난 후 3개월 초과 6개월 이내에 납부한 경우에는 납부하지 아니한 세액 또는 과소납부분 세액의 100분의 200에 해당하는 각 금액을 가산세로 한다(과세표준과 세액을 경정할 것을 미리 알고 납부하는 경우는 제외)(국기 47조의4 9항 단서). 납부지연가산세는 2019년 1월 1일 이후 납세의무가 성립한 경우에 대하여 적용된다.

납부지연가산세에 합산되는 금액에 대하여 살핀다.

첫째, 납부하지 아니한 세액 또는 과소납부분 세액(세법에 따라 가산하여 납부하여야 할 이자 상당 가산액이 있는 경우에는 그 금액을 더한다) × 법정납부기한의 다음 날부터 납부일까지의 기간(납부고지일부터 납부고지서에 따른 납부기한까지의 기간은 제외한다) × 금융회사 등이 연체대출금에 대하여 적용하는 이자율 등을 고려하여 정하는 법정이자율(10만분의 22)(국기령 27조의4).

둘째, 초과환급받은 세액(세법에 따라 가산하여 납부하여야 할 이자상당가산액이 있는 경우에는 그 금액을 더한다) × 환급받은 날의 다음 날부터 납부일까지의 기간(납부고지일부터 납부고지서에 따른 납부기한까지의 기간은 제외한다) × 금융회사 등이 연체대출금에 대하여 적용하는 이자율 등을 고려하여 정하는 법정이자율(10만분의 25)(국기령 27조의4).

셋째, 법정납부기한까지 납부하여야 할 세액(세법에 따라 가산하여 납부하여야 할 이자상당 가산액이 있는 경우에는 그 금액을 더한다) 중 납부고지서에 따른 납부기한까지 납부하지 아니한 세액 또는 과소납부분 세액 × 100분의 3(국세를 납부고지서에 따른 납부기한까지 완납하지 아니한 경우에 한정한다).

다만 납부지연가산세의 적용과 관련하여서는 다음을 유의할 필요가 있다. 중간예납, 예정신고납부 및 중간신고납부와 관련하여 납부지연가산세가 부과되는 부분에 대해서는 확정신고납부와 관련하여 납부지연가산세를 부과하지 아니한다(국기 47조의4 5항). 국세(소득세, 법인세 및 부가가치세만 해당한다)를 과세기간을 잘못 적용하여 신고납부한 경우에는 실제 신고납부한 날에 실제 신고납부한 금액의 범위에서 당초 신고납부하였어야 할 과세기간에 대한 국세를 자진납부한 것으로 본다(국기 47조의4 6항). 다만, 해당 국세의 신고가 부정행위로 무신고한 경우 또는 부정행위로 과소신고·초과신고한 경우에는 그러하지 아니하다. 납부고지서에 따른 납부기한의 다음 날부터 납부일까지의 기간(체납액의 징수를 유예한 경우에는 그 징수유예기간은 제외한다)이 5년을 초과하는 경우에는 그 기간은 5년으로 한다(국기 47조의4 6항).

2018년 12월 31일 이전에 납세의무가 성립한 경우에는 종전의 규정에 따라 가산세가 부과되는바, 그 내용은 다음과 같다. 납세의무자(연대납세의무자, 납세자를 갈음하여 납부할 의무가 생긴 제2차 납세의무자 및 보증인을 포함한다)가 세법에 따른 납부기한까지 국세의 납부(중간예납·예정신고납부·중간신고납부를 포함한다)를 하지 아니하거나 납부하여야 할 세액보다 과소납부하거나 환급받아야 할 세액보다 초과환급받은 경우에는 금융회사 등이 연체대출금에 대하여 적용하는 이자율 등을 고려하여 정하는 법정금액을 가산세로 한다. 부가가치세법 상 사업자가 아닌 자가 부가가치세액을 환급받은 경우에도 납부불성실·환급불성실가산세를 적용한다. 국세(소득세, 법인세 및 부가가치세만 해당한다)를 과세기간을 잘못 적용하여 신고납부한 경우에는 실제 신고납부한 날에 실제 신고납부한 금액의 범위에서 당초 신고납부하였어야 할 과세기간에 대한 국세를 자진납부한 것으로 본다. 다만, 해당 국세의 신고가 부정행위로 무신고한 경우 또는 부정행위로 과소신고·초과신고한 경우에는 그러하지 아니하다.

다만, 다음과 같은 **특칙**이 있다. 인지세의 납부를 하지 아니하거나 과소납부한 경우에는 납부하지 아니한 세액 또는 과소납부분(납부하여야 할 금액에 미달한 금액을 말한다) 세액의 100분의 300에 상당하는 금액을 가산세로 한다.

2 납부지연가산세 적용의 예외

납부지연가산세 중 법정납부기한 또는 환급받은 날의 다음 날부터 납부일까지의 기간(납부고지일부터 납부고지서에 따른 납부기한까지의 기간은 제외한다)에 대하여 적용되는 가산세는 다음 각 경우에는 법정납부기한의 다음 날부터 납부고지일까지의 기간에 한정하여 적용되지 않는다(국기 47조의4 3항). **또한 체납된 국세의 납부고지서별 · 세목별 세액이 150만원 미만인 경우에는 납부고지서에 따른 납부기한의 다음 날부터 위 두 가산세를 적용하지 아니한다**(국기 47조의4 8항).

첫째, '부가가치세법 상 사업자가 같은 법에 따른 납부기한까지 어느 사업장에 대한 부가가치세를 다른 사업장에 대한 부가가치세에 더하여 신고납부한 경우'.

둘째, '공급을 받은 사업자가 대손세액에 해당하는 금액을 빼지 아니한 경우에는 법이 정하는 바에 따라 그 사업자의 관할 세무서장이 빼야 할 매입세액을 결정 또는 경정하여야 하는 바(부가세 45조 3항 단서), 이 경우 대손세액에 상당하는 부분'.

셋째, '전자적 용역을 공급하는 자(부가세 53조의2)가 부가가치세를 납부하여야 하는 경우'.

넷째, '법인세 과세표준 및 세액의 결정 · 경정(법세 66조)으로 증여의제이익(상증세 45조의3 - 45조의5)이 변경되는 경우(부정행위로 인하여 법인세의 과세표준 및 세액을 결정 · 경정하는 경우는 제외한다)'.

다섯째, '법인세 과세표준 및 세액의 결정 · 경정(법세 66조)으로 증여의제이익(상증세 45조의3 - 45조의5)이 변경되는 경우(부정행위로 인하여 법인세의 과세표준 및 세액을 결정 · 경정하는 경우는 제외한다)'로 주식 등(소세 88조 2호)의 취득가액이 감소된 경우.

여섯째, 상속세 또는 증여세를 신고한 자(상증세 67조, 68조)가 법정신고기한(상증세 70조)까지 상속세 또는 증여세를 납부한 경우로서 법정신고기한 이후 **법정 방법**(국기령 27조의5)에 따라 상속재산 또는 증여재산을 평가하여 과세표준과 세액을 결정 · 경정한 경우. **법정 방법**은 상속세 및 증여세법 시행령 상 평가심의위원회를 거치는 경우(상증세령 49조 1항 각 호 외의 부분 단서)를 말한다(국기령 27조의5). **과세관청이 평가심의위원회를 거친 평가 가액을 사용하여 결정·경정한 경우라고 할지라도, 해당 가액 및 그 산출방법에 관한 합리성이 확보되지 않는 경우에는 과세관청에 의한 자의적인 과세로서 조세법률주의에 반하는 것으로 보아야 한다.** 평가심의위원회를 거쳤다는 사정만으로는 부족하다. 그렇지 않다면 법률이 평가심의위원회에 평가방법을 포괄적으로 위임한 것과 동일하기 때문이다. 따라서 이러한 경우에는 가산세 자체가 쟁점이 되지 않는다.

일곱째, 부담부증여 시 양도로 보는 부분(소세 88조 1호 각목 외 부분 후단)에 대하여 양도소득세 과세표준을 예정 또는 확정신고한 자가 법정신고기한까지 양도소득세를 납부한 경우로서 법정신고기한 이후 법정방법에 따라 부담부증여 재산을 평가하여 양도소득세의 과세표준과 세액을 결정·경정한 경우. **법정 방법**은 상속세 및 증여세법 시행령 상 평가심의위원회를 거치는 경우(상증세령 49조 1항 각 호 외의 부분 단서)를 말한다(국기령 27조의5).

2018년 12월 31일 이전에 납세의무가 성립한 경우에는 종전의 규정에 따라 가산세의 적용의 예외가 적용된다. 즉 납부지연가산세는 아래의 경우에는 적용되지 않는다.

첫째, '부가가치세법 상 사업자가 같은 법에 따른 납부기한까지 어느 사업장에 대한 부가가치세를 다른 사업장에 대한 부가가치세에 더하여 신고납부한 경우', '공급을 받은 사업자가 대손세액에 해당하는 금액을 빼지 아니한 경우에는 법이 정하는 바에 따라 그 사업자의 관할 세무서장이 빼야 할 매입세액을 결정 또는 경정하여야 하는 바(부가세 45조 3항 단서), 이 경우 대손세액에 상당하는 부분', '전자적 용역을 공급하는 자(부가세 53조의2)가 부가가치세를 납부하여야 하는 경우', '법인세 과세표준 및 세액의 결정·경정(법인세 66조)으로 증여의제이익(상증세 45조의3-45조의5)이 변경되는 경우(부정행위로 인하여 법인세의 과세표준 및 세액을 결정·경정하는 경우는 제외한다)' 및 '법인세 과세표준 및 세액의 결정·경정(법세 66조)으로 증여의제이익(상증세 45조의3-45조의5)이 변경되는 경우(부정행위로 인하여 법인세의 과세표준 및 세액을 결정·경정하는 경우는 제외한다)'로 주식 등(소세 88조 2호)의 취득가액이 감소된 경우에 대해서는 납부지연가산세가 적용하지 아니한다.

둘째, 원천징수 등 납부지연가산세(국기 47조의5)가 부과되는 부분에 대해서는 국세의 납부와 관련하여 납부지연가산세를 부과하지 아니한다.

셋째, 중간예납, 예정신고납부 및 중간신고납부와 관련하여 납부지연가산세가 부과되는 부분에 대해서는 확정신고납부와 관련하여 납부지연가산세를 부과하지 아니한다.

Ⅳ 원천징수 등 납부지연가산세

1 원천징수 등 납부지연가산세

국세를 징수하여 납부할 의무를 지는 자가 징수하여야 할 세액(납세조합의 경우에는 징수한 세액)을 '법정납부기한까지 납부하지 아니하거나 과소납부한 경우에는 납부하지 아니한 세액 또는 과소납부분 세액의 100분의 50(아래 각 두 금액 중 법정납부기한의 다음 날부터 납부고지일까지의 기간에 해당하는 금액을 합한 금액은 100분의 10)에 상당하는 금액'을 한도로 하여 ['납부하지 아니한 세액 또는 과소납부분 세액의 100분의 3에 상당하는 금액' + '납부하지 아니한 세액 또는 과소납부분 세액 × 법정납부기한의 다음 날부터 납부일까지의 기간(납부고지일부터 납부고지서에 따른 납부기한까지의 기간은 제외한다) × 금융회사 등이 연체대출금에 대하여 적용하는 이자율 등을 고려한 법정 이자율(10만분의 25 : 국기령 27조의4)']을 가산세로 한다(국기 47조의5 1항). 다만 2025년 1월 1일 및 2026년 1월 1일이 속하는 각 과세기간에 발생한 금융투자소득(소세 4조 1항 2호의2)의 원천징수세액에 대한 납부지연가산세는 법정 한도(국기 47조의5 1항 각호 외 부분)에서 법정 합계액(국기 47조의5 1항 각호 부분)의 100분의 50에 해당하는 금액으로 한다(국기 47조의5 6항). 납부고지서에 따른 납부기한의 다음 날부터 납부일까지의 기간(지정납부기한과 독촉장에서 정하는 기한을 연장한 경우(국징 13조)에는 그 연장기간은 제외)이 5년을 초과하는 경우에는 그 기간은 5년으로 한다(국기 47조의5 4항). 체납된 국세의 납부고지서별 · 세목별 세액이 150만원 미만인 경우에는 연체대출금을 고려한 법정이자율에 다른 가산세(국기 47조의5 1항 2호)를 적용하지 아니한다(국기 47조의5 5항).

'국세를 징수하여 납부할 의무'는 다음 중 하나에 해당하는 의무를 말한다(국기 47조의5 2항).

첫째, 소득세 또는 법인세를 원천징수하여 납부할 의무

둘째, 납세조합이 소득세를 징수하여 납부할 의무(소세 149조-152조)

셋째, 용역 등을 공급받는 자가 부가가치세를 징수하여 납부할 의무(부가세 52조)

2 원천징수 등 납부지연가산세 적용의 예외

다음 각 경우에는 원천징수 등 납부지연가산세가 적용되지 않는다(국기 47조의5 3항).

첫째, 소득세법에 따라 소득세를 원천징수하여야 할 자가 우리나라에 주둔하는 미군인 경우

둘째, 소득세법에 따라 소득세를 원천징수하여야 할 자가 연금소득(소세 20조의3 1항 1호) 또는 퇴직소득(소세 22조 1항 1호)을 지급하는 경우

셋째, 소득세법 또는 법인세법에 따라 소득세 또는 법인세를 원천징수하여야 할 자가 국가, 지방자치단체 또는 지방자치단체조합인 경우(국가 등으로부터 근로소득을 받는 사람이 근로소득자 소득 · 세액 공제신고서를 사실과 다르게 기재하여 부당하게 소득공제 또는 세액공제를 받아서 국가 등이 징수하여야 할 세액에 가산세액을 더한 금액을 그 근로소득자로부터 징수하여 납부하여야 하는 경우는 제외한다)(소세 128조의2)

제3절 가산세의 감면

Ⅰ 가산세의 감면사유

1 가산세의 면제사유

과세관청이 가산세를 부과하는 경우 그 부과의 원인이 되는 사유가 천재지변 등 법정사유(국기 6조 ; 국기령 2조)에 따른 기한연장 사유에 해당하거나, 납세자가 의무를 이행하지 아니한 데 대한 정당한 사유가 있는 때 및 위 사유들과 유사한 법정사유가 있는 경우에는 해당 가산세를 부과하지 아니한다(국기 48조 1항). 위 법정사유는 '세법해석에 관한 질의 · 회신 등(국기령 10조)에 따라 신고 · 납부하였으나 이후 다른 과세처분을 하는 경우', '공익사업을 위한 토지 등의 취득 및 보상에 관한 법률에 따른 토지 등의 수용 또는 사용, 국토의 계획 및 이용에 관한 법률에 따른 도시 · 군계획 또는 그 밖의 법령 등으로 인해 세법 상 의무를 이행할 수 없게 된 경우' 및 '실손의료보험금(소세령 118조의5 1항)을 의료비에서 제외함에 있어 실손의료보험금 지급의 원인이 되는 의료비를 지출한 과세기간과 해당 보험금을 지급받은 과세기간이 달라 해당 보험금을 지급받은 후 의료비를 지출한 과세기간에 대한 소득세를 수정신고 하는 경우(해당 보험금을 지급받은 과세기간에 대한 종합소득 과세표준확정신고 기한까지 수정신고하는 경우에 한한다)'를 말한다(국기령 28조 1항). 위 사유들은

예시적인 것으로 보아야 한다. 가산세의 면제를 받으려는 자는 '가산세 감면 등 신청서(별지 제17호 서식 ; 국징령 18조 1항)'를 관할 세무서장(세관장 또는 지방자치단체의 장을 포함한다)에게 제출하여야 하고, 관할 세무서장은 가산세 감면 등의 승인 여부 통지를 '가산세 감면 등에 대한 승인 여부 통지서(별지 제18호 서식 ; 국징령 18조 2항)'에 의한다(국기령 28조 2항, 3항). 한편 조세특례제한법은 영세개인사업자의 징수곤란 체납액에 대한 가산금(신청일 이후의 가산금을 포함)의 납부의무를 면제하는 특례를 두고 있다(조특 99조의10 2항, 1항). 국세의 경우 2018년 12월 31일 개정을 통하여 가산금이 가산세에 통합되었으나 위 조세특례제한법에는 이 점이 반영되지 않은 상태이다. 조속히 개정되어야 한다.

정당한 사유에 관하여서는 별도로 구분하여 본다.

2 가산세의 감면사유

가산세의 감면사유는 수정신고, 기한 후 신고, 과세전적부심사 결정·통지기간, 세법에 따른 제출 등 기간에 관한 사유로 구분된다(국기 48조 2항). 가산세의 감면을 받으려는 자는 '가산세 감면 등 신청서(별지 제17호 서식 ; 국징령 18조 1항)'를 관할 세무서장(세관장 또는 지방자치단체의 장을 포함한다)에게 제출하여야 하고, 관할 세무서장은 가산세 감면 등의 승인 여부 통지를 '가산세 감면 등에 대한 승인 여부 통지서(별지 제18호 서식 ; 국징령 18조 2항)'에 의한다(국기령 28조).

첫째, **과세표준신고서를 법정신고기한까지 제출한 자가 법정신고기한이 지난 후 수정신고**(국기 45조)**한 경우**에는 과소신고·초과환급신고가산세(국기 47조의3)를 다음과 같이 구분하여 감면하나, 과세표준과 세액을 경정할 것을 미리 알고 과세표준수정신고서를 제출한 경우(국기령 29조)는 제외한다.

- 법정신고기한이 지난 후 1개월 이내에 수정신고한 경우 : 해당 가산세액의 100분의 90에 상당하는 금액
- 법정신고기한이 지난 후 1개월 초과 3개월 이내에 수정신고한 경우 : 해당 가산세액의 100분의 75에 상당하는 금액
- 법정신고기한이 지난 후 3개월 초과 6개월 이내에 수정신고한 경우 : 해당 가산세액의 100분의 50에 상당하는 금액
- 법정신고기한이 지난 후 6개월 초과 1년 이내에 수정신고한 경우: 해당 가산세액의

100분의 30에 상당하는 금액

- 법정신고기한이 지난 후 1년 초과 1년 6개월 이내에 수정신고한 경우: 해당 가산세액의 100분의 20에 상당하는 금액
- 법정신고기한이 지난 후 1년 6개월 초과 2년 이내에 수정신고한 경우: 해당 가산세액의 100분의 10에 상당하는 금액

둘째, **과세표준신고서를 법정신고기한까지 제출하지 아니한 자가 법정신고기한이 지난 후 기한 후 신고・납부**(국기 45조의3)**를 한 경우**에는 무신고가산세(국기 47조의2)를 다음과 같이 구분하여 감면하나, 과세표준과 세액을 경정할 것을 미리 알고 과세표준수정신고서를 제출한 경우(국기령 29조)는 제외한다.

- 법정신고기한이 지난 후 1개월 이내에 기한 후 신고・납부를 한 경우 : 해당 가산세액의 100분의 50에 상당하는 금액
- 법정신고기한이 지난 후 1개월 초과 3개월 이내에 기한 후 신고를 한 경우: 해당 가산세액의 100분의 30에 상당하는 금액
- 법정신고기한이 지난 후 3개월 초과 6개월 이내에 기한 후 신고・납부를 한 경우 : 해당 가산세액의 100분의 20에 상당하는 금액

셋째, 다음 경우에는 해당 가산세액의 100분의 50에 상당하는 금액

- '**과세전적부심사 결정・통지기간**(국기 81조의15)**에 그 결과를 통지하지 아니한 경우**[결정・통지가 지연됨으로써 해당 기간에 부과되는 납부지연가산세(국기 47조의4)만 해당한다]
- **세법에 따른 제출, 신고, 가입, 등록, 개설의 기한이 지난 후 1개월 이내에 해당 세법에 따른 제출 등의 의무를 이행하는 경우**(제출 등의 의무위반에 대하여 세법에 따라 부과되는 가산세만 해당한다)
- **세법에 따른 예정신고기한 및 중간신고기한까지 예정신고 및 중간신고를 하였으나 과소신고하거나 초과신고한 경우라고 할지라도 확정신고기한까지 과세표준을 수정하여 신고한 경우**[해당 기간에 부과되는 가산세(국기 47조의3)만 해당하며, 과세표준과 세액을 경정할 것을 미리 알고 과세표준 신고를 하는 경우는 제외한다]
- **제출 등 의무를 제대로 이행하지 아니한 경우라고 할지라도, 즉 세법에 따른 예정신고기한 및 중간신고기한까지 예정신고 및 중간신고를 하지 아니하였다고 하더라도 확정 신**

고기한까지 과세표준 신고를 한 경우[해당 기간에 부과되는 가산세(국기 47조의2)만 해당하며, 과세표준과 세액을 경정할 것을 미리 알고 과세표준 신고를 하는 경우는 제외한다]

Ⅱ 정당한 사유에 관한 판례의 태도

현행법은 **납세자가 의무를 이행하지 아니한 데 대한 정당한 사유가 있는 때에는 해당 가산세를 부과하지 아니한다**(국기 48조 1항)는 규정을 두고 있으나, 종전 이러한 규정이 없는 경우에도 판례는 정당한 사유가 있는 경우에는 가산세를 부과할 수 없다고 판시하여 왔다. 즉 세법 상 가산세는 과세권의 행사 및 조세채권의 실현을 용이하게 하기 위하여 납세자가 정당한 이유 없이 법에 규정된 신고, 납세 등 각종 의무를 위반한 경우에 개별세법이 정하는 바에 따라 부과되는 행정상의 제재로서 납세자의 고의, 과실은 고려되지 않는 반면, 이와 같은 제재는 납세의무자가 그 의무를 알지 못한 것이 무리가 아니었다고 할 수 있어서 그를 정당시할 수 있는 사정이 있거나 그 의무의 이행을 당사자에게 기대하는 것이 무리라고 하는 사정이 있을 때 등 그 의무해태를 탓할 수 없는 정당한 사유가 있는 경우에는 이를 과할 수 없다고 판시하였다.[241] 또한 **정당한 이유의 유무는 법규재량사항이며, 또 그 주장·입증책임은 납세자측에 있다**고 해석하여야 할 것이다.[242]

이러한 판례들은 현행법의 해석에 있어서도 그대로 적용될 수 있다. 이하 정당한 사유를 인정하는 판례들과 정당한 사유를 인정하지 않은 판례들을 구분하여 살핀다.

1 정당한 사유를 인정한 판례들

판례는 다음 각 사유들을 정당한 사유로 인정하여 가산세를 부과할 수 없다고 판시한다.

과세관청 경정결정의 견해에 따른 경우,[243] 거래처인 회사에 지급하는 상품대금에 대하여 지급보고의무를 면제하여 왔으나 정부와 소외회사간의 투자비율변동 등 내부적 사정변경으로 인하여 지급보고의무가 발생하는 것으로 변경되었음에도 불구하고 여전히 그 회사에 지급한 상품대금의 월간 합계액을 매월분 지급보고집계표의 보고제외 란에 기재하여 과

241) 대법원 1995.11.14. 95누10181.
242) 東京高判 昭和53年12月19日 月報25巻4号, 1175頁。
243) 대법원 1989.4.25. 88누4218.

세관청에게 제출하였고 과세관청 역시 이에 대하여 아무런 이의나 시정지시가 없이 접수하여 온 경우,[244] 사업연도 진행 중에 장부와 증빙서류들을 압수 영치당하여 장기간에 걸친 조사로 인하여 과세관청이 반환하여 준 장부와 회사에 남아있던 장부만으로는 결산 및 소득신고를 할 수 없는 경우,[245] 양도소득세의 감면과 관련된 건축을 완료하지 못하게 된 원인이 수용, 도시계획 기타 법률의 규정 등에 의하여 건축을 할 수 없는 때에 해당하여 매입자에게 그 책임을 돌릴 수 없는 경우,[246] 거래선이 위장사업자라는 사실을 알지 못하였으며 또 그 알지 못한 데에 잘못이 없는 선의의 거래당사자가 그 세금계산서에 의하여 부가가치세예정 및 확정신고를 한 경우,[247] 상속세 신고가 납세의무자들이 아닌 유언집행자들에 의하여 행해졌고, 유언집행을 위하여 필요한 범위 내에서는 유언집행자의 상속재산에 대한 관리처분권이 상속인의 그것보다 우선할 뿐만 아니라 위 상속세 신고 당시 상속재산의 일부를 장학기금으로 출연하라는 망인의 유언의 효력이 미확정인 상태에 있기 때문에, 상속세 신고 당시 납세의무자들에게 유언집행자들의 상속재산에 대한 관리처분권을 배제시키고 망인의 유언취지에 반하여 장학기금으로 출연하라는 재산 역시 자신들이 상속받는 것을 전제로 하여 이를 상속세과세가액에 포함시켜 상속세를 신고·납부할 것을 기대할 수 없는 경우,[248] 주택건설촉진법의 개정을 전후하여 국민주택기금 운용·관리사무 위탁수수료(복권수수료를 포함한다)에 관한 규정이 변경된 바 없으며, 주택복권의 발행금액과 발행조건 등에 관하여 건교부장관의 승인을 얻어야 한다는 점 등 실무상의 업무처리에도 아무런 변화가 없었고, 한편 위 주택건설촉진법의 개정 이후에도 건교부장관은 물론 과세관청까지도 이 사건 거래가 과세대상이라는 점을 깨닫지 못하고 있던 중 감사원에서 지적을 받고 나서야 비로소 과세관청 내부에서 면세대상인지 여부를 놓고 갑론을박을 벌이다가 복권의 판매대행 등 용역은 금융·보험용역으로 보지 아니한다는 규정이 신설된 이후에야 과세방침이 확정된 경우.[249] **단순한 법률의 부지나 오해의 범위를 넘어 세법 해석 상 의의에 대한 견해의 대립이 있는 등**으로 납세의무자가 의무를 알지 못하는 것이 무리가 아니었다고 할 수 있어서 그를 정당시할 수 있는 사정이 있을 때 또는 **의무의 이행을 당사자에게 기대하는**

244) 대법원 1980.3.25. 79누165.
245) 대법원 1987.2.24. 85누229.
246) 대법원 1987.7.21. 87누115.
247) 대법원 1989.10.24. 89누2134.
248) 대법원 2005.11.25. 2004두930.
249) 대법원 2005.1.27. 2003두13632.

것이 무리라고 하는 사정이 있을 때 등 의무를 게을리한 점을 탓할 수 없는 정당한 사유가 있는 경우에는 이러한 제재를 과할 수 없다.[250] 보금자리주택사업지구에 편입된 토지의 소유자와 토지신탁계약을 체결한 회사가 종전 토지를 대체하여 취득한 사업지구에 조성된 토지에 대하여 위탁자 등이 관할 구청장의 취득세 신고・납부고지에 따라 위 토지의 취득세 등을 신고・납부하였는데, 대법원이 '신탁법에 의한 신탁으로 수탁자에게 소유권이 이전된 토지에 있어 지목의 변경으로 인한 취득세의 납세의무자는 수탁자로 봄이 타당하다'는 판결을 선고함에 따라 해당 회사가 위 토지의 취득세 등에 관하여 기한 후 신고를 하자, 관할 구청장이 해당 회사에 신고불성실가산세 및 납부불성실가산세를 포함하여 취득세 등을 결정・고지한 경우, 해당 회사가 대체 토지의 취득세 등을 신고・납부하지 아니하였더라도 그 의무를 게을리한 점을 탓할 수 없는 정당한 사유가 있다.[251] 파산관재인의 보수가 사업소득으로 과세될 수 있는지에 관하여 세법 해석 상 견해의 대립이 있었고, 과세관청 역시 나중에 이르러 비로소 부과처분을 하는 등 그에 대한 확실한 견해를 가지지 못하였던 것으로 보이며, 종합소득세의 부과경위를 감안할 때 가산세까지 부과하는 것이 지나치게 가혹한 경우에는 위 보수를 사업소득으로 신고・납부하지 아니하였더라도 그 의무를 게을리하였다고 비난할 수 없는 정당한 사유가 있다.[252] 또한 평가방법의 차이나 어려움으로 인하여 상속인이 과세표준을 적게 신고한 결과가 된 경우에 정당한 사유를 인정할 여지가 있다.[253]

과소신고가 법인의 경리담당임원의 부정행위에 근거한 경우에는 법인이 그 사실을 알지 못한 경우,[254] 자기에게 부탁한다면 세액이 적어진다는 세무대리인의 감언을 부주의로 믿어버린 경우,[255] 세무대리인의 과소신고가 납세자로부터 수령한 납세자금의 횡령과 결부되어 있고, 세무서직원이 이에 공모 가담하고 있는 경우.[256] 위 세 일본 판례의 경우에는 장기의 제척기간을 적용하기 위한 요건이 '부정한 행위'의 판정범위에 납세의무자의 대리인이나 이행보조자 등의 부정한 행위도 포함된다는 우리의 판례와 어긋나는 측면이 있다. 즉 우리 판례는 '부정한 행위'에는 납세의무자 본인의 부정한 행위뿐만 아니라, 납세의무자가 스스로 관련 업무의 처리를 위탁함으로써 행위영역 확장의 이익을 얻게 되는 납세의무

250) 대법원 2016.10.27. 2016두44711 ; 대법원 2021.1.28. 2020두44725.
251) 대법원 2020.6.11. 2017두61508.
252) 대법원 2017.7.11. 2017두36885.
253) 대법원 2016.4.2. 2015두59259.
254) 日最判 昭和43年10月17日 月報14巻12号, 1437頁。
255) 日最判 平成18年4月20日 民集60巻4号, 1611頁。
256) 日最判 平成18年4月25日 民集60巻4号, 1728頁。

자의 대리인이나 이행보조자 등의 부정한 행위도 다른 특별한 사정이 없는 한 포함된다고 판시한다.[257] 그러나 위 판례가 납세의무자의 대리인이나 이행보조자의 행위가 납세의무자의 의사에 반하거나 납세의무자가 그들에 대하여 상당한 주의와 감독을 다하였음에도 그 행위를 방지하지 못한 경우 등에 있어서도 적용되는 것은 아니므로 그 범위에서는 위 일본 판례들을 참고할 여지가 있다. 즉 법인이 납세의무자인 경우에는, 법인 내부에 있어서 상응한 지위 및 권한을 갖는 자가 그 권한에 기하여 법인의 업무로서 행위를 하고 전체적으로 그 행위가 납세의무자인 법인의 행위로 평가되는 경우에, 가산세의 적용에 있어서 법인 자신의 행위로서 취급된다.[258]

한편 상속세의 경우 법정신고기한 내에 신고를 한 이후 해당 신고세액에 대하여 감액경정처분이 있었으나 다시 감액된 세액에 대하여 감액처분 상 토지의 평가에 오류가 있다는 사유로 증액경정처분이 이루어지고, 결과적으로 당초 신고한 세액보다 많은 세액을 납부하여야 하는 경우에 있어서 납세자는 납부지연가산세를 부담할 필요가 없다.[259]

가산세를 면할 정당한 사유가 있는지 여부를 판정하는 기준시점은 언제인가? 가산세는 세법에서 규정한 신고·납세 등 의무 위반에 대한 제재인 점, 국세기본법이 세법에 따른 신고기한이나 납부기한까지 과세표준 등의 신고의무나 국세의 납부의무를 이행하지 않은 경우에 가산세를 부과하도록 정하고 있는 점 등에 비추어 보면, 가산세를 면할 정당한 사유가 있는지는 특별한 사정이 없는 한 개별 세법에 따른 신고·납부기한을 기준으로 판단하여야 한다.[260]

2 정당한 사유를 인정하지 않은 판례들

판례는 다음 각 사유들은 정당한 사유에 해당하지 않는다고 인정하여 가산세를 부과하는 것이 타당하다고 판시한다.

은행 직원의 과실로 지급조서에 갈음하는 근로소득 원천징수 영수증에 소득자의 주소와 주민등록번호를 기재하지 아니한 채 그대로 세무서에 제출하였고, 그 영수증을 관할 세무서측에서 호의적으로 세밀히 검토했더라면 편의 상 일괄 제출된 타 자료에 의하여 그 기재

257) 대법원 2015.9.10. 2010두1385.
258) 広島高判 平成26年1月29日 平成25年(行コ)第12号。
259) 日最判 平成26年12月12日 平成25年(行ヒ)第449号。
260) 대법원 2022.1.14. 2017두41108.

누락된 부분을 스스로 보완할 수 있었다거나 소정의 제출기간 후에 그 기재누락된 부분이 보완됨으로써 그 영수증이 과세자료로 사용되는데 아무런 지장이 없었다는 사정이 있었다 하더라도, 그 기재를 누락시키는 것에 정당한 사유가 있다고 할 수 없다.[261] 종합소득세에 해당하는 소득을 양도소득세로 신고납부한 것이 세법을 몰라서 종합소득세에 해당되지 않는 것으로 오인하였기 때문이더라도 이는 세법을 숙지하지 못한 것에 불과할 따름이어서 가산세를 부과할 수 없는 정당한 사유라고는 할 수 없다.[262] 상속재산가액의 평가방법이나 자산의 장부가액과 시가평가액의 차액에 대하여 법인세가 부과되는지의 여부 등을 알지 못하여 상속재산가액을 과소신고하였다는 사정은 단순한 법률의 부지나 오해에 불과하여 과소신고·초과환급신고가산세를 면제할 정당한 사유가 있는 경우에 해당한다고 볼 수 없다.[263] 세법해석 상 견해의 대립 등이 있다고 할 수 없음에도 납세의무자가 자기 나름의 해석에 의하여 납세 등의 의무가 면제된다고 잘못 판단한 것은 단순한 법률의 부지나 오해에 불과하여 그 의무 위반을 탓할 수 없는 정당한 사유에 해당하지 않는다.[264] 일반과세자에서 과세특례자로 변경된 사업자가 미리 공제받은 매입세액의 신고납부의무를 해태한 경우, 세무서장으로부터 과세유형 전환사실에 대한 통지를 받지 아니하였다는 것이 신고 관련 가산세 또는 납부지연가산세를 부과하지 못할 만한 정당한 사유에 해당하지 않는다.[265] 납세의무자가 본세에 대한 과세처분취소소송을 제기하였다고 하여 쟁송중인 세액에 대하여 납부의무의 이행을 기대할 수 없다거나 또는 회사정리절차개시단계에 있었다 하여 귀속불명소득에 대한 소득금액변동통지에 따른 납부의무를 이행하지 아니한 것이 정당하다고 볼 수 없다.[266] 납세의무자가 세무공무원의 잘못된 설명을 믿고 그 신고납부의무를 이행하지 아니하였다 하더라도 그것이 관계 법령에 어긋나는 것임이 명백한 때에는 그러한 사유만으로 정당한 사유가 있다고 볼 수 없다.[267] 납세의무자가 대법원과 다른 견해에 선 국세심판소의 결정 취지를 납세자가 그대로 믿어 법에 규정된 신고·납부의무 등을 해태하게 되었다 하더라도 납세의무자에 그 의무의 해태를 탓할 수 없는 정당한 사유가 있다고 할 수는 없다.[268] 감정평가법인의 감정평가액이 공정성과 합리성을 갖추지 못하여 실지거래

261) 대법원 1980.12.9. 80누83.
262) 대법원 1991.11.26. 91누5341.
263) 대법원 1998.11.27. 96누16308.
264) 대법원 2013.6.27. 2011두17776; 대법원 2021.1.28. 2020두44725.
265) 대법원 1991.6.25. 90누6149.
266) 대법원 1993.6.8. 93누6744.
267) 대법원 1997.8.22. 96누15404.

가액으로 볼 수 없는 경우, 그 감정평가액에 따라 부가가치세를 과소 신고·납부한 것에 정당한 사유가 있다고 할 수 없다.[269] 정보통신 관련 대기업이 부가가치세 신고를 하면서 전산시스템 운영 상 잘못으로 해당 회사 소속 마케팅전략본부의 매출액 중 일부를 마케팅 부문의 매출액으로 신고함으로써 마케팅전략본부의 과세표준 중 매출액을 과소신고하게 된 것에 정당한 사유가 있었다고 볼 수 없다.[270] 소송 중의 권리도 상속재산에 포함됨을 전제로 그 평가방법을 규정하고 있으므로 상속인들이 상속세 신고 당시 양도소득세 부과처분 취소의 소를 제기한 상태라면 위 양도소득세의 환급금 청구권을 상속재산으로 신고하여야 하고, 위 환급금 청구권이 상속세 신고 당시 확정되지 아니하였다는 사유만으로는 이를 신고하지 않는 것에 정당한 사유가 있다고 할 수 없다.[271] 일본의 판례는 소유권의 귀속을 둘러싸고 상속인 사이에 소송이 진행 중인 재산을 상속재산에 포함시키지 않고 기한 내 신고를 한 경우는, 분쟁이 자기에게 유리하게 해석될 가능성이 크지 않은 한, 정당한 이유가 있는 경우에 해당한다고 판시한다.[272] 징수유예사유가 발생하였다고 하여 곧바로 납세의무의 불이행에 관하여 정당한 사유가 있다고 볼 수 없고, 징수유예의 효력은 징수유예통지서를 발부한 날로부터 발생하는 것이므로, 납세자가 납부기한 경과 전에 징수유예신청을 하였다 하더라도 과세관청이 납부기한 경과 전에 징수유예결정을 하지 아니한 이상 납부의 무불이행에 관하여 정당한 사유가 있다고 할 수 없다.[273] 수입신고를 할 당시에 시행일이 명시되지 않았지만 구 특별소비세법 개정안에 관하여 행정절차법에 따른 입법예고가 이루어져 있었고 시행일에 관해서도 이후 국회 인터넷 홈페이지를 통해 공고가 이루어져 있었던 점을 감안할 때, 개정 전 세율에 따라 본세 및 가산세를 부과한 것은 정당하다.[274] 갑 정유회사가 을 주식회사 중개로 외국항행선박 유류 공급을 위해 병 주식회사와 급유용역계약을 체결하였고 병 회사는 외국항행선박 급유를 위해 을 회사와 용선계약을 체결하였는데, 이후 을 회사가 갑 회사에게서 공급받은 유류 중 일부를 부정유출하였음에도 유류공급확인서 등을 위조하여 관할 세관장에게서 선적허가서를 허위로 발급받았고 갑 회사가 이를 근거로 이미 납부한 교통세 등을 환급받자, 과세관청이 갑 회사에 교통세 등을 부과하면서

268) 대법원 1999.8.20. 99두3515.
269) 대법원 2001.1.30. 99두7876.
270) 대법원 2011.4.28. 2010두16622.
271) 대법원 2006.8.24. 2004두3625.
272) 日最判 平成11年6月10日 月報47卷5号, 1188頁。
273) 대법원 1996.2.9. 95누3596.
274) 대법원 2011.10.13. 2009두22072.

'교통세 과소신고 · 초과환급신고가산세' 등을 부과하는 것은 정당하다.[275)]

제4절 가산세의 한도

Ⅰ 가산세 한도의 내용

세법 상 협력의무의 위반에 근거하여 부과된 다음 각 가산세에 대해서는 그 의무위반의 종류별로 각 5천만 원(중소기업기본법 제2조 제1항에 따른 중소기업이 아닌 기업은 1억원) **을 한도로 한다**(국기 49조 1항 본문). **다만, 해당 의무를 고의적으로 위반한 경우에는 그러하지 아니하다**(국기 49조 1항 단서). **가산세 한도는 세법에 따라 부과된 의무의 내용에 따라 구분하고**(국기령 29조의2 1항), **가산세 한도의 적용기간은 과세기간 단위**(소세, 법세, 부가세에 따른 가산세), **해당 의무를 이행하여야 할 기간 단위**(상증세에 따른 가산세 및 조특 30조의5 5항에 따른 가산세), **소득세의 과세기간 단위**(조특 90조의2 1항에 따른 가산세)**를 기준으로 구분한다**(국기령 29조의2 2항).

첫째, 영수증 수취명세서 제출 · 작성 불성실 가산세, 사업장 현황신고 불성실 가산세, 증명서류 수취 불성실 가산세, 기부금영수증 발급 · 작성 · 보관 불성실 가산세, 계산서 등 제출 불성실 가산세, 지급명세서 제출 불성실 가산세, 특정외국법인의 유보소득 계산 명세서 제출 불성실 가산세(소세 81조, 81조의3, 81조의6, 81조의7, 81조의10, 81조의11, 81조의13)

둘째, 주주 등의 명세서 등 제출 불성실 가산세, 기부금영수증 발급 · 작성 · 보관 불성실 가산세, 증명서류 수취 불성실 가산세, 지급명세서 제출 불성실 가산세, 계산서 등 제출 불성실 가산세('계산서 발급시기가 지난 후 해당 공급시기가 속하는 사업연도 말의 다음 달 25일까지 계산서를 발급한 경우'에 대한 가산세만 해당), 특정외국법인의 유보소득 계산 명세서 제출 불성실 가산세(법세 75조의2, 75조의4, 75조의5, 75조의7, 75조의8(제1항 제4호는 제외한다) 및 75조의9)

셋째, 부가가치세법 상 사업자등록, 세금계산서, 신용카드매출전표, 매출처별세금계산서합계표, 매입처별 세금계산서합계표, 현금매출명세서 또는 부동산임대공급가액 명세서와

275) 대법원 2011.10.27. 2009두3682.

관련된 가산세[부가세 60조 1항(68조 2항에서 준용되는 경우를 포함), 60조 2항 1호·3호-5호, 60조 5항-8항]

넷째, 상속세 및 증여세법 상 공익법인 등 출연재산의 사용계획 및 진도에 관한 보고서, 외부전문가의 세무확인에 대한 보고의무 등 불이행, 지급명세서 등 미제출 또는 지연제출, 의무이행 여부 등 무신고(상증세 48조 13항)와 관련된 가산세[상증세 78조 3항, 5항(50조 1항 및 2항에 따른 의무를 위반한 경우만 해당한다), 12항, 13항, 14항]

다섯째, 조세특례제한법 상 창업자금 사용명세, 세금우대자료 또는 세금우대저축자료와 관련된 가산세(조특 30조의5 5항, 90조의2 1항)

Ⅱ 가산세 한도 규정에 대한 검토

현행 국세기본법은 신고의무 및 각 개별 세법 상 협력의무를 위반한 경우에 부과되는 가산세에 대하여서는 각 한도가 규정되어 있으나, **조세의 납부와 관련된 각 가산세에 대하여서는 한도가 규정되어 있지 않다.**

미국의 경우를 본다. 미국의 경우에는 납세신고를 하지 않은 경우에 대하여서는 **'순납부세액**(net tax due)'의 25%까지의 가산세를 부과하고, 이 가산세는 1개월마다 5%의 비율로 부과되며, 최고 25%까지 부과할 수 있다.[276] 또한 세금의 미납부에 대하여 '순납부세액'의 25%까지 별도의 가산세를 부과하도록 되어 있고, 미납부가산세는 1개월마다 0.5%의 비율로 부과된다.[277] 무신고가산세와 미납부가산세가 병존하는 경우, 1개월당 5%의 무신고가산세는 1개월당 0.5%의 미납부가산세만큼 경감된다.[278] 무신고가산세는 최장 5개월로써 1개월에 5%씩 최대 25%까지 도달할 수 있는 것에 반하여, 미납부가산세는 최장 50개월까지 1개월에 0.5%씩 최대 25%에 도달할 수 있는 바, 두 가지 가산세가 병존하는 5개월 동안에는 무신고가산세에서 2.5%의 감소가 발생하게 된다. 따라서 부정행위(fraud)에 의하지 않은 상태에서 납세신고를 하지 못하고 세금을 납부하지 못한 납세자는 최대 순납부세액의 47.5%, 즉 '최대 25%에서 2.5%를 뺀 무신고가산세와 최대 25%의 미납부가산세'에 해당하는 가산세를 부담하여야 한다. 만약 부정행위에 의한 무신고의 경우에는 1개월에 순납부세

276) IRC §6651(a)(1).
277) IRC §6651(a)(2).
278) IRC §6651(c).

액의 15%씩, 최대 순납부세액의 75%까지의 가산세가 부과된다.[279] '순납부세액(net tax due)'은 납부할 세금에서 '납기일 전에 납부되거나 또는 원천징수된 금액' 및 '공제 가능한 세액공제액'을 제외한 금액이다.

미국의 경우 조세의 납부와 관련된 가산세에 대하여서도 한도를 설정한 이유는 무엇인가? 조세를 납부하지 않는 방법으로 납세자가 이를 납부하는 시점까지 이익을 얻는다는 점을 감안한다면, 납세자가 얻은 이자 성격의 부당이득을 회수하기 위하여 미납부하거나 과소납부한 세액에 대하여서는 그 한도를 두지 않고 가산세를 부과하는 것이 타당한 것으로 보일 수 있다. 그러나 납세자가 납부하지 않거나 과소납부한 세금을 보유하거나 운용하는 과정에서 소득이 발생한다면 과세관청은 이에 대하여 다시 과세한다. 따라서 만약 미납부하거나 과소납부한 세액에 대하여서는 이자 성격의 부당이득을 회수하기 위하여 가산세를 부과한다면, 해당 금액으로부터 발생한 각종 소득에 대하여 납부된 각종 세액은 가산세에서 공제되어야 한다. 그러나 이는 현실적으로 어렵다. 또한 이상의 논의 외에 가산세는 납세자가 납세의무를 지키지 않았다는 사실 자체에 근거하여 부과하는 행정적 제재이므로 그 위반의 정도가 시간이 지남에 따라 증가한다고 보기 어렵다는 점, 가산세의 부담이 본세부담을 초과하여 납세자에게 지나친 부담이 될 수 있다는 점 및 납세자가 부담하는 가산세의 크기가 세무공무원의 세무조사 시점에 따라서 달라지므로 세무공무원에게 제척기간이 경과되기 직전 시점에 세무조사를 하여 과세하려는 유인을 제공할 수 있다는 점을 더하여 감안한다면, 조세의 납부와 관련된 가산세에 대하여서도 그 한도를 설정하는 것이 타당하다고 판단한다.

279) IRC §6651(f).

제7장

조세환급금

제1절 총 설

세무서장은 납세의무자가 국세 또는 강제징수비로서 납부한 금액 중 '잘못 납부하거나 초과하여 납부한 금액'이 있거나 '세법에 따라 환급하여야 할 환급세액(세법에 따라 환급세액에서 공제하여야 할 세액이 있을 때에는 공제한 후에 남은 금액을 말한다)'이 있을 때에는 즉시 그 잘못 납부한 금액, 초과하여 납부한 금액 또는 환급세액을 **'국세환급금'**으로 결정하여야 한다(국기 51조 1항 전문). 착오납부·이중납부로 인한 환급청구를 하려는 자는 환급신청서(별지 제20호 서식 ; 국기칙 14조의2)를 관할 세무서장에게 제출하여야 한다(국기 51조 1항 후단). 지방세의 경우에도 같다(지기 60조 1항).

물납재산의 환급에 대하여 본다. 납세자가 상속세를 물납한 후(상증세 73조), 그 부과의 전부 또는 일부를 취소하거나 감액하는 경정 결정에 따라 환급하는 경우에는 원칙적으로 해당 물납재산으로 환급하여야 한다(국기 51조의2 1항 본문). 이 경우 환급가산금에 대한 규정(국기 52조)은 적용되지 않는다(국기 51조의2 1항 단서). 다만 물납재산이 매각되었거나 다른 용도로 사용되고 있는 경우 등 법정사유가 있는 경우에는 금전으로 환급하여야 한다(국기 51조의2 2항). 그 밖에 물납재산의 환급 순서, 물납재산을 수납할 때부터 환급할 때까지의 관리비용 부담 주체 등 물납재산의 환급에 관한 세부적인 사항에 대한 정함이 있다(국기 51조의2 3항 ; 국기령 43조의2). **물납재산에 대한 환급결정이나 그 환급결정을 구하는 신청에 대한 환급거부결정이 항고소송의 대상이 되는 처분에 해당하는가?** 물납재산의 환급 역시 국가가 과오납부한 세금을 환급한다는 점, 즉 국가가 법률 상 원인 없이 보유하거나 수령하여 부당이득한 물납재산을 환급한다는 점에서 일반 국세의 환급과 성격이 동일한 것으로서 그 물납재산에 대한 환급청구권은 과세처분의 전부 또는 일부가 취소되거나 감액경정된 때에 확정되는 것이고, 과세관청의 환급결정에 의하여 비로소 확정되는 것은 아니므로, 특별한 사정이 없는 한 과세관청의 물납재산에 대한 환급결정이나 그 환급결정을 구하는 신청에 대한 환급거부결정도 일반 환급결정이나 환급거부결정과 마찬가지로 납세의무자가 갖는 환급청구권의 존부 등에 구체적이고 직접적인 영향을 미치는 처분이 아니어서 항고소송의 대상이 되는 처분이라고 볼 수 없다.[280] **물납재산의 가액이 과세관청의 경정이나 법원의 판결에 따라 변경됨으로써 증액이나 감액경정처분 등이 이루어진 때에는 물납재산의 수납가액 역시 변동되는가?** 상속세 및 증여세법 상 물납과 관련하여 '물납에 충당할 부동산 및 유가증권의 수납가액'은 과세표준계산의 기초가 된 당해 물납재산의 가액, 즉 과세가액을 의미하는 것이므로, 그 과세가액이 과세관청의 경정이나 법원의 판결에 따라 변경됨으로써 증액이나 감액경정처분 등이 이루어진 때에는 특별한 사정이 없는 한 수납가액도 변경된 과세가액에 따라 변경되는 것으로 보아야 하고, 그 후 물납재산이 공매로 매각·처분되었다는 사정만으로 공매로 매각·처분된 가액으로 수납가액이 변경되는 것은 아니다.[281]

이하 국세를 중심으로 살핀다.

제2절 발생원인

과오납금

과오납금은 '잘못 납부하거나 초과하여 납부한 금액'을 의미한다. 과오납금은 환급세액과는 달리 조세실체법 상 납부 또는 징수할 때부터(다만 후발적으로 과세대상의 전부 또는 일부가 없어진 경우에는 그 때부터) 국가 또는 지방자치단체가 이를 보유할 정당한 이유가 없는 이득을 의미하고 이는 '잘못 납부한 금액'을 의미하는 **'오납금'**과 '초과하여 납부한 금액'을 의미하는 **'과납금'**으로 구성된다. 오납금은 무효인 신고, 경정, 결정 등에 기초하여 납부 또는 징수된 조세 등과 같이 실체법적으로나 절차법적으로도 납부 또는 징수가 이루어지는 때부터 법률 상 원인을 흠결한 세액을 의미한다. 이에 반하여 과납금은 신고, 경정, 결정 등 조세채무의 내용을 확정하는 행위가 당연무효는 아니지만 이에 의하여 확정된 세

280) 대법원 2009.11.26. 2007두4018.
281) 대법원 2012.7.12. 2011다443.

액이 과다하기 때문에 감액경정 또는 감액재경정 등이 이루어지는 경우에 그에 의하여 감소된 세액이다. 따라서 이는 조세절차법적 측면에서 납부 또는 징수를 하는 때에는 법률 상 원인이 있었지만, 후에 법률 상 원인을 흠결하게 되는 세액을 의미한다.[282)]

오납금은 처음부터 법률 상 원인이 흠결된 이득이므로 납세자는 직접 부당이득으로서 그 환급을 청구하는 것이 가능하다.[283)] 이에 반하여 **과납금은 유효한 확정처분에 기초하여 납부 내지 징수한 세액이기 때문에 기초가 되는 행정처분이 취소되고 공정력이 배제되지 않는 한 납세자는 부당이득으로서 환급을 청구할 수 없다.**[284)] 따라서 과납금의 환급을 청구하기 위하여서는 우선 그 기초가 되는 경정 또는 결정 등의 취소를 구할 필요가 있고 일단 불복신청기간 내지 출소기간을 도과하면 원칙적으로 그 환급을 구할 수 없다.[285)] 또한 납세의무 역시 금전채무이고 그 내용적으로 가분이기 때문에 조세확정처분에 관하여서는 과세처분의 일부 무효 또는 일부 취소의 법리가 적용되는 것이 타당하다.[286)]

조세확정행위(신고, 경정, 결정 등)가 행하여진 후에 과세대상의 전부 또는 일부가 없어지는 등 과세요건에 후발적인 변동이 생기고 이로 인하여 일단 확정된 세액이 과다한 것으로 된 경우에 대하여서는 **후발적 경정청구**(국기 45조의2 ; 상증세 79조)에 의한 구제절차가 마련되어 있다. '당초의 조세확정행위가 유효한 이상' 과세요건의 후발적인 변동과 관련하여서는 국세기본법 및 개별세법에서 규정하는 후발적 경정청구 제도를 통하여서만 해당 납세자를 구제하도록 하는 입법적 결단이 있는 것으로 판단한다. 따라서 이 경우에는 납세자에게 후발적 경정청구제도 이외의 구제절차를 인정할 수 없는 것으로 판단한다. 다만 당초의 조세확정행위가 효력이 없다면, 후발적 경정청구 사유에 해당하는지 여부를 불문하고 당초의 조세확정행위의 무효를 주장하여 부당이득으로서 환급청구를 할 수 있음은 물론이다.

'조세법이 예정하지 않는' 후발적 변동사유로 인하여 당초의 조세확정행위의 기초를 이루는 사실관계 등이 조세확정행위 이후에 소멸한 경우에 있어서 납세자는 환급청구를 할 수 있는가? 이상의 입법적 결단은 '조세법이 예정하는' 후발적 변동사유에 한하여 이루어진 것으로서, 그 결단을 반드시 다른 후발적 변동사유의 경우에는 일체의 구제절차를 허용하지 않는 것으로 해석할 근거는 없다. 그러나 당초의 조세확정행위가 효력을 유지하는 한,

282) 이상 金子 宏, 前掲書, 683頁。
283) 日最判 昭和52年3月31日 月報23巻4号, 802頁。
284) 日大判 昭和5年7月8日 民集9巻10号, 719頁 이래로 일본의 판례 및 통설이다.
285) 金子 宏、前掲書、683頁。
286) 上掲書、684頁。

즉 당초의 조세확정행위의 효력을 부인할 수 있는 경우가 아닌 한, 납세자가 환급청구를 할 수는 없을 것이다.

원천징수의무자가 원천납세의무자로부터 원천징수대상이 아닌 소득에 대하여 세액을 징수·납부하였거나 징수하여야 할 세액을 초과하여 징수·납부하였다면, 국가는 원천징수의무자로부터 이를 납부받는 순간 아무런 법률 상의 원인 없이 보유하는 부당이득이 된다는 판례가 있다.[287] 원천징수제도의 경우에는 과세관청에 의한 별도의 부과처분이 존재하지 않아서 부과처분의 공정력을 인정할 수 없다는 점을 감안한 것으로 보인다. 그런데 위 판례의 태도는 원천징수대상이 아닌 소득에 대하여 원천징수를 하는 등과 같이 원천징수하여 납부한 세액이 오납금에 해당한다면 타당할 것으로 보인다. 즉 오납금의 경우 원천징수의무자는 납부한 때로부터 바로 민사소송을 통한 부당이득반환청구로서의 환급청구권을 행사할 수 있다. 그러나 과납금의 경우에는 달리 살필 필요가 있다. 즉 **원천징수의무자가 원천징수하여야 할 세액을 초과하여 징수·납부한 경우에도 바로 부당이득으로서 환급청구를 할 수 있는가?** 위 판례는 원천징수의무자 및 원천납세의무자에 대하여 경정청구 및 후발적 경정청구를 허용하는 규정(국기 45조의2 5항)이 도입되기 이전의 것인 바, 현행법 하에서는 과납금의 경우 원천징수의무자가 납부한 즉시 부당이득으로서 환급청구를 할 수 있는 것이 아니라 원천징수의무자 역시 각 경정청구절차를 통하여 위 세액을 환급받을 수 있다고 보는 것이 타당하다. **부당이득에 해당하는 조세환급금이 있는 경우 납세자가 행사할 수 있는 환급가산금청구권과 지연손해금청구권 사이의 관계는 어떠한가?** 조세채무가 처음부터 존재하지 않거나 그 후 소멸하였음에도 불구하고 납부한 조세에 대한 조세환급금은 국가가 법률 상 원인 없이 수령하거나 보유하고 있는 부당이득에 해당하고, 환급가산금은 그 부당이득에 대한 법정이자로서의 성질을 가진다. 부당이득반환의무는 일반적으로 기한의 정함이 없는 채무로서, 수익자는 이행청구를 받은 다음 날부터 이행지체로 인한 지연손해금을 배상할 책임이 있다. 그러므로 납세자가 조세환급금에 대하여 이행청구를 한 이후에는 법정이자의 성질을 가지는 환급가산금청구권 및 이행지체로 인한 지연손해금청구권이 경합적으로 발생하고, 납세자는 자신의 선택에 좇아 그중 하나의 청구권을 행사할 수 있다.[288]

287) 대법원 2002.11.8. 2001두8780.
288) 대법원 2018.7.19. 2017다242409 전원합의체 판결; 대법원 2023.11.2. 2023다238029.

Ⅱ 환급세액

환급세액은 '세법에 따라 환급하여야 할 환급세액(세법에 따라 환급세액에서 공제하여야 할 세액이 있을 때에는 공제한 후에 남은 금액을 말한다)'을 의미하므로, **환급세액의 발생 여부는 개별 세법의 규정에 따라 정하여진다.** 그런데 **개별 세법 상 환급세액의 발생과 관련하여, 납세자의 환급신청이 필요한 경우와 그렇지 않은 경우가 있다. 나아가 납세자의 환급신청에 대하여 과세관청이 환급결정을 하여야 하는 경우 역시 있다.** '결손금의 소급공제와 관련된 환급' 등이 과세관청의 별도 환급결정이 필요한 경우에 속한다. 이 경우 설사 다른 세목에 부가하여 과세되는 세목이라고 할지라도 환급세액은 각 세목별로 별도로 결정하여야 한다. 판례는 결손금소급공제와 관련된 환급청구권은 납세자의 신청에 기하여 관할 세무서장이 이월결손금의 발생 등 그 실체적 요건 및 절차적 요건의 충족 여부를 판단하여 환급세액을 결정함으로써 비로소 확정되므로 위 환급세액의 성질은 과오납의 성질을 가지는 것이라 볼 수 없으며, 법인세할 주민세(현재는 법인세분 지방소득세)는 비록 법인세액을 그 과세표준으로 하는 것이지만 이는 지방세로서 국세인 법인세와는 그 부과주체, 과세요건, 부과절차 등에 있어서 서로 다른 별개의 조세이므로, 법인세법 상 환급결정이 있었다 하더라도 그에 따라 법인세할 주민세가 당연히 환부되어야 하는 것은 아니라고 판시한다.[289] 결손금 소급공제에 의하여 법인세를 환급받은 법인이 후에 결손금 소급공제 대상 법인이 아닌 것으로 밝혀진 경우 납세지 관할 세무서장은 착오환급한 환급세액을 강제징수할 수 있을 뿐이고, 민사소송의 방법으로 부당이득반환을 구할 수는 없으며, 과세관청은 결손금 소급공제 환급결정을 직권으로 취소한 이후에야 비로소 납세자를 상대로 착오환급 내지 과다환급한 환급세액을 강제징수할 수 있다.[290]

이하 **국세를 중심으로 개별 세법 상 환급세액이 인정되는 경우에 대하여 본다.**

법인세의 경우를 본다. 중간예납·수시부과 또는 원천징수한 법인세액이 각 사업연도의 소득에 대한 법인세액(가산세를 포함한다)을 초과하는 경우(법세 71조 4항, 76조의20), 중소기업이 각 사업연도에 결손금이 발생한 경우 그 결손금에 대하여, 직전 사업연도의 소득에 대하여 과세된 법인세액을 한도로 환급할 것을 신청한 경우(법세 72조, 76조의20), 사실과 다

289) 대법원 2000.10.27. 2000다25590.
290) 대법원 2016.2.18. 2013다206610.

른 회계처리로 인한 경정을 하는 경우 세액공제한 후 남은 금액이 있는 경우(법세 72조의2, 76조의20).

소득세의 경우를 본다. 중간예납, 토지 등 매매차익예정신고납부, 수시부과 및 원천징수한 세액이 종합소득 총결정세액과 퇴직소득 총결정세액의 합계액을 각 초과하는 경우(소세 85조 4항, 125조), 중소기업을 경영하는 거주자가 그 중소기업의 사업소득금액을 계산할 때 해당 과세기간의 이월결손금(부동산임대업에서 발생한 이월결손금은 제외한다)이 발생한 경우에는 직전 과세기간의 그 중소기업의 사업소득에 부과된 소득세액을 한도로 하여 환급신청을 한 경우(소세 85조의2), 예정신고납부세액, 확정신고납부세액, 이미 징수하는 세액, 수시부과세액 및 원천징수한 세액의 합계액이 양도소득 총결정세액을 초과하는 경우(소세 117조), 근로소득세액의 연말정산과 관련하여 해당 과세기간에 원천징수한 세액, 외국납부세액공제, 근로소득세액공제, 자녀세액공제, 연금계좌세액공제 및 특별세액공제에 따른 공제세액의 합계액이 종합소득산출세액을 초과하는 경우(소세 137조), 공적연금소득세액의 연말정산과 관련하여 과세기간에 이미 원천징수하여 납부한 소득세, 자녀세액공제 및 표준세액공제에 따른 공제세액의 합계액이 해당 종합소득산출세액을 초과하는 경우(소세 143조의4), 과세표준확정신고 예외 사업소득세액의 연말정산과 관련하여 해당 과세기간에 이미 원천징수하여 납부한 소득세가 해당 종합소득 산출세액에서 세액공제를 한 금액을 초과하는 경우(소세 144조의2), 퇴직소득에 대한 소득세가 이미 원천징수되었으나 해당 퇴직소득이 '퇴직일 현재 연금계좌에 있거나 연금계좌로 지급되는 경우' 및 '퇴직하여 지급받은 날부터 60일 이내에 연금계좌에 입금되는 경우'(소세 146조 2항 각 호 외의 부분 후단), 비거주 연예인 등의 용역 제공과 관련하여 원천징수하여 납부한 금액이 원천징수하여 납부한 금액보다 큰 경우 그 차액에 대하여 비과세 외국연예 등 법인이 신청한 경우(소세 156조의5 3항).

부가가치세의 경우를 본다. 매입세액이 매출세액을 초과하는 경우(부가세 37조). 사업자는 예정신고 및 확정신고의 경우 과세표준과 납부세액 또는 환급세액을 납세지 관할 세무서장에게 신고하여야 한다(부가세 48조, 49조). 납세지 관할 세무서장 등은 해당 예정신고기간 및 과세기간에 대한 부가가치세의 과세표준과 납부세액 또는 환급세액을 조사하여 결정 또는 경정할 수 있다(부가세 57조).

조세특례제한법의 경우를 본다. 근로장려금을 환급하는 경우(조특 100조의8), 경영회생 지원을 위한 농지 매매 등에 대한 양도소득세 과세특례가 적용되는 경우(조특 70조의2), 자녀장려세제를 적용하여 자녀장려금을 환급하는 경우(조특 100조의27) 등.

개별소비세의 경우를 본다. 개별소비세가 납부되었거나 납부될 물품 또는 그 원재료가 이를 사용하여 제조·가공한 물품을 수출하거나 주한외국군에 납품하는 경우 등 법정사유에 해당하는 경우(개소세 20조).

교육세의 경우를 본다. 금융·보험업자의 수익금액에 부과되는 교육세 및 개별소비세액, 교통·에너지·환경세액 또는 주세액에 부과되는 교육세로서 납부한 금액 중 잘못 납부하거나 초과하여 납부한 금액이 있는 경우(교육세 12조).

인지세의 경우를 본다. 인지세액을 납부한 후 과세문서를 작성하지 아니한 경우(인지세 8조의3).

그 외 **자산재평가세, 증권거래세, 교통·에너지·환경세, 농어촌특별세, 주세**의 경우에도 환급에 대하여 규정한다(자재평 19조, 증권세 10조, 교통세 7조, 농특세 12조, 주세 18조, 19조).

제3절 청구권자

국세환급금은 '과오납금이 있는 경우'와 '개별 세법에 따라 환급하여야 할 환급세액이 있는 경우'에 발생한다. 과오납금이 있는 경우에 있어서는 납세의무자를 청구권자로 규정하고, 개별 세법에 따라 환급하여야 할 환급세액이 있는 경우에는 개별 세법에 의하여 청구권자가 정하여진다.

납세의무자 이외의 납세자는 환급청구를 할 수 없는 것인가? 국세기본법은 세무서장은 '납세의무자'가 국세 또는 강제징수비로서 납부한 금액 중 잘못 납부하거나 초과하여 납부한 금액이 있거나 세법에 따라 환급하여야 할 환급세액이 있을 때에는 국세환급금을 결정한다고 규정(국기 51조 1항)하므로 위와 같은 의문이 있을 수 있다. **납세의무자 이외의 납세자 역시 환급청구를 할 수 있는 것으로 해석하여야 한다.** 이처럼 해석하는 것이 위 법 문언에 어긋나는 면이 있다고 하더라도 조세법률주의에 어긋나는 것은 아니다. 이는 새로운 납세의무의 창설에 해당하지 않기 때문이다. 납세의무자 이외의 납세자에게 환급청구권을 인정하지 않고 조세를 납부하지 않은 납세의무자에게 환급청구를 한다면, 조세를 납부한 납세자가 납세의무자에 대하여 다시 부당이득으로서 반환청구를 하여야 하는 바 이를 인정할 실익 내지 필요는 없다고 판단한다. 또한 국세환급금의 충당 및 환급과 관련하여서는 국세환급금의 발생과는 달리 납세의무자가 아닌 납세자를 대상으로 규정하고 있다는 점 역시 고려할 필요가 있다. 국세기본법 기본통칙 역시 이러한 취지로 규정한다. 국세환급금은 환급하여야 할 국세 또는 강제징수비[291]를 납부한 해당 납세자에게 환급함을 원칙으로 하나, 특별한 규정이 있는 때에는 그러하지 아니하다(국기통 51-0…1 1항). 또한 명의위장임이 확인되어 실질소득자에게 과세함에 있어 당초 신고한 명의자의 소득금액을 결정취소함에 따라 발생하는 환급세액은 실질소득자의 기납부세액으로 공제하고 잔여 환급액이 있는 경우에는 실질소득자에게 환급한다(국기통 51-0…1 2항).

2019년 12월 31일 자 **개정된 법률은 실질귀속자를 납세의무자로 과세하는 경우에는 그 실질귀속자에게 환급한다고 규정한다.** 즉 과세의 대상이 되는 소득, 수익, 재산, 행위 또는 거래의 귀속이 명의일 뿐이고 사실상 귀속되는 실질귀속자가 따로 있어 명의대여자에 대한 과세를 취소하고 실질귀속자를 납세의무자로 하여 과세하는 경우 명의대여자 대신 실질귀속자가 납부한 것으로 확인된 금액은 실질귀속자의 기납부세액으로 먼저 공제하고 남은 금액이 있는 경우에는 실질귀속자에게 환급한다(국기 51조 11항).

제4절 충당, 환급 및 환급가산금

I 국세환급금의 충당 및 환급

1 개관

세무서장은 국세환급금으로 결정한 금액을 '납부고지에 의하여 납부하는 국세', '체납된 국세와 강제징수비(다른 세무서에 체납된 국세와 강제징수비를 포함한다)', '세법에 따라 자진납부하는 국세'에 **충당**하여야 한다(국기 51조 2항 본문). 국세환급금(국세환급가산금을 포함한다)을 다른 국세 또는 강제징수비에 충당한 경우에는 그 뜻을 적은 문서로 해당 납세자에게 통지하여야 한다(국기령 31조 1항). 국세환급금을 충당할 경우에는 국세와 강제징

291) 2020년 12월 29일 국세징수법 전부개정으로 강제징수비로 변경되었다.

수비에 우선 충당하여야 한다(국기령 31조 2항). 충당할 국세환급금이 2건 이상인 경우에는 소멸시효가 먼저 도래하는 것부터 충당하여야 한다(국기령 31조 3항). 또한 국세환급금이 발생한 세목과 같은 세목이 있는 경우에는 같은 세목에 우선 충당하고, 국세에 부가되는 교육세 또는 농어촌특별세가 있는 경우에는 해당 국세에 우선 충당한다(국기령 31조 4항). 다만, '납부고지에 의하여 납부하는 국세(납부기한 전 징수사유(국징 9조)에 해당하는 경우는 제외)' 및 '세법에 따라 자진납부하는 국세'에의 충당은 납세자가 그 충당에 동의하는 경우에만 한다(국기 51조 2항 단서). '체납된 국세와 강제징수비(다른 세무서에 체납된 국세와 강제징수비를 포함한다)'에의 충당이 있는 경우 체납된 국세 또는 강제징수비와 국세환급금은 체납된 국세의 법정 납부기한과 법정 국세환급금 발생일(국기령 32조) 중 늦은 때로 소급하여 대등액에 관하여 소멸한 것으로 본다(국기 51조 3항). 충당한 후 남은 금액은 국세환급금의 결정을 한 날부터 30일 내에 법정절차(국기령 33조)에 따라 납세자에게 지급하여야 하고(국기 51조 6항), 다만 국세환급금 중 충당한 후 남은 금액이 10만원 이하이고, 지급결정을 한 날부터 1년 이내에 환급이 이루어지지 아니하는 경우에는 법정절차에 따라 납부고지에 의하여 납부하는 국세에 충당할 수 있고, 이 경우에는 납세자의 동의(국기 51조 2항 단서)가 있는 것으로 본다(국기 51조 8항). 이 경우 국세환급가산금은 지급결정을 한 날까지 가산한다(국기 52조 2항). 국세환급금을 환급할 때에는 법정절차(국기령 33조)에 따라 한국은행이 세무서장의 소관 수입금 중에서 지급한다(국기 51조 7항). 국세환급금의 결정이 취소됨에 따라 이미 충당되거나 지급된 금액의 반환을 청구하는 경우에는 국세징수법의 고지·독촉 및 강제징수의 규정을 준용한다(국기 51조 9항). **과세관청이 체납액에 대하여 충당하는 조치가 있어야만 충당의 효력이 발생하는가?** 과세권자가 환급금을 체납액에 충당하는 조치가 있어야만 비로소 납부 또는 납입의무의 소멸이라는 충당의 효과가 발생한다.[292)]

세무서장이 하는 충당은 납부의무의 소멸사유 중 하나이다(국기 26조 1호). 위 충당은 국세환급금의 충당이 있으면 환급금채무와 조세채권이 대등액에서 소멸되는 점에서 **민법 상의 상계와 비슷하나 차이가 있다.**[293)] 충당은 '체납된 국세와 강제징수비(다른 세무서에 체납된 국세와 강제징수비를 포함한다)'와 관련하여서는 과세관청만이 일방적으로 법이 정하는 요건에 따라 할 수 있다는 점, 충당의 요건이나 절차, 방법 및 효력에 관하여서는 세법이

292) 대법원 2015.9.10. 2013다205433.
293) 구체적인 내용은 같은 편 제5장 제1절 총설 참조.

정하는 바에 따라 결정되는 것이라는 점 및 민법 상 상계의 소급효에 관한 규정을 두고 있지 않은 이상 일반원칙으로 돌아가 충당의 효력은 그 행위가 있은 날로부터 장래에 향하여서만 발생하므로 국세환급금에 의한 충당이 있은 경우 충당된 국세의 납기에 소급하여 환급금의 반환채무가 소멸한다고 할 수 없다는 점[294]에서 상계와 다르다.

납세자는 환급세액에 대하여 국세에 충당할 것을 청구할 수 있다. 납세자가 세법에 따라 환급받을 환급세액이 있는 경우에는 그 환급세액을 '납부고지에 의하여 납부하는 국세' 및 '세법에 따라 자진납부하는 국세'에 충당할 것을 청구할 수 있고, 이 경우 충당된 세액의 충당청구를 한 날에 해당 국세를 납부한 것으로 본다(국기 51조 4항).

원천징수의무자가 원천징수하여 납부한 세액에서 환급받을 환급세액이 있는 경우 그 환급액은 그 원천징수의무자가 원천징수하여 납부하여야 할 세액에 충당(다른 세목의 원천징수세액에의 충당은 '소득세법에 따른 원천징수이행상황신고서'에 그 충당·조정명세를 적어 신고한 경우에만 할 수 있다)하고 남은 금액을 환급한다(국기 51조 5항 본문). 다만, 그 원천징수의무자가 그 환급액을 즉시 환급해 줄 것을 요구하는 경우나 원천징수하여 납부하여야 할 세액이 없는 경우에는 즉시 환급한다(국기 51조 5항 단서).

세무서장의 국세환급금의 결정에 관한 규정이 적용되지 않는 경우가 있다. '국세(소득세, 법인세 및 부가가치세만 해당한다)를 과세기간을 잘못 적용하여 신고납부한 경우에는 실제 신고납부한 날에 실제 신고납부한 금액의 범위에서 당초 신고납부하였어야 할 과세기간에 대한 국세를 자진납부한 것으로 보는 경우'에는 세무서장의 국세환급금의 결정에 관한 규정(국기 51조 1항)이 적용되지 않는다(국기 51조 10항). 이미 해당 국세를 납부한 것으로 법이 의제하고 있기 때문이다.

국세환급금 청구권을 양도할 수 있는가? 납세자는 국세환급금에 관한 권리를 타인에게 양도할 수 있다(국기 53조). 국세환급금에 관한 권리를 타인에게 양도하려는 납세자는 세무서장이 국세환급금통지서를 발급하기 전에 양도인의 주소와 성명, 양수인의 주소와 성명 및 양도하려는 권리의 내용을 적은 문서로 관할 세무서장에게 양도를 요구하여야 한다(국기령 43조의4 1항). 세무서장은 국세환급금 양도 요구가 있는 경우에 양도인이 납부할 다른 국세 또는 강제징수비가 있거나 양수인이 납부할 국세 또는 강제징수비가 있으면 그 국세 또는 강제징수비에 충당하고, 남은 금액에 대해서는 양도의 요구에 지체 없이 따라야 한다

294) 대법원 1989.5.23. 87다카3223.

(국기 53조 2항). 이는 국세환급금채권의 양도 요구시점과 무관하게 다른 국세 또는 강제징수비에 대한 충당을 인정하는 것이므로, 과세관청의 선충당권을 인정하는 것이다. 이 경우 **'양도'** 자체의 의미는 민법상 채권양도와 같은 것이고, 단지 그 요건 및 효과 등 관련 법리의 적용만 위 각 조항에서 일부 달리 정한 것으로 볼 수 있다.[295] **국세기본법 상 환급청구권 양도에 관한 규정은 모든 환급금에 대하여 적용될 수 있는가?** 국세환급금 청구권의 양도는 채권양도 통지를 기준으로 당사자 사이의 이해관계를 조절하는 통상적인 채권양도의 경우와 달리 '선충당권'에 의한 채권양도 효력의 일부 제한 등 국세 우선징수권에 기초하여 조세채권자를 양수인보다 우대하는 예외가 수반됨에 비추어, 권리 이전 및 귀속의 법적 근거와 성질을 달리하는 경우에는 위 '양도'에 관한 법령상 규정이 적용 또는 유추적용된다고 볼 수 없다.[296] **근로장려금**의 경우에는 근로장려금을 신청한 거주자에 대하여 환급하거나 환수하여야 하므로 그 양도가 제한된다(조특 100조의8 8항). **세무서장이 납세자로부터 적법한 양도 요구를 받았음에도 지체없이 충당을 하지 않는 경우, 그 후에 양수인에 귀속된 해당 환급금채권에 대하여 충당할 수 있는가?** 세무서장이 납세자로부터 적법한 양도 요구를 받았음에도 지체없이 충당을 하지 않는 경우에는 양수한 환급금채권은 확정적으로 양수인에게 귀속되고, 그 후에 세무서장이 양도인의 체납 국세 등에 충당을 하더라도 충당에는 소급효가 없고 장래에 향하여만 효력이 있으므로, 이러한 충당은 결국 더 이상 양도인 소유가 아닌 재산에 대하여 조세채권을 징수한 결과가 되어 그 효력이 발생하지 않는다.[297] 다만 이 경우에도 양수인이 납부할 국세 또는 강제징수비가 있으면 세무서장은 선충당권을 행사할 수 있다(국기 53조 2항). **과세관청의 선충당권을 행사함에 있어 '지체없이 충당하였는지 여부'를 판단하는 기준시점은 언제인가?** 국세환급금채권이 발생한 이후에 양도 요구를 받은 경우에는 양도 요구를 받은 때로부터, 국세환급금채권이 발생하기 전에 미리 양도 요구를 받은 경우에는 국세환급금채권이 발생된 때로부터 각 지체 없이 충당하였는지를 기준으로 판단하여야 한다.[298] 그렇다면 **과세관청은 언제까지 선충당권을 행사할 수 있는가?** 세무서장은 충당한 후 남은 금액은 '국세환급금의 결정을 한 날부터 30일 내에' 납세자에게 지급하여야 하는 바(국기 51조 6항), 납세자가 세무서장이 국세환급금통지서를 발급하기 전

295) 대법원 2023.11.2. 2023다238029.
296) 대법원 2023.11.2. 2023다238029.
297) 대법원 2003.9.26. 2002다31834.
298) 대법원 2009.3.26. 2008다31768.

까지 국세환급금의 양도를 요구하였다고 하여 위 기간을 연장할 수 있다는 법적 근거는 없는 것으로 보인다. 게다가 과세관청은 납세자의 양도 요구 이전이라도 충당을 할 수 있다. 따라서 과세관청은 국세환급금의 결정을 한 날로부터 30일 내에 충당하고 그 남은 금액을 납세자 또는 양수인에게 지급할 수 있는 경우에 한하여 선충당권을 행사할 수 있다고 본다. **국세환급금채권에 대한 압류 및 전부명령이 있는 경우에도 납세자의 양도 요구가 있는 경우와 동일하게 과세관청이 선충당권을 행사할 수 있는가?** 국세환급금채권에 대한 압류 및 전부명령은 국세환급금채권이 납세의무자 이외의 자에게 이전된다는 점에서 국세환급금채권의 양도와 유사하기는 하나, 납세의무자의 채권자에 의하여 이루어지는 채권집행으로서 납세의무자의 의사와 무관하게 이루어진다는 점에서 상이하여 이를 국세환급금채권의 양도와 동일하다고 볼 수는 없으므로, 달리 근거 규정이 없는 이상 국세환급금채권의 양도에 있어서 과세관청의 선충당권을 인정하는 규정이 국세환급금채권에 대한 압류 및 전부명령에 대하여 적용 또는 유추적용된다고 볼 수 없다. 따라서 **위 압류 및 전부명령의 송달 후에 충당이 행하여진 이상 과세관청은 전부채권자에게 대항할 수 없다.**[299)]

2 불복방법

판례는 **국세환급금 및 국세환급가산금에 대한 거부결정**은 항고소송의 대상인 처분이 아니라고 한다. 즉 국세환급금결정 및 국세환급가산금결정(국기 51조, 52조)에 관한 규정은 이미 납세의무자의 환급청구권이 확정된 국세환급금 및 가산금에 대하여 내부적 사무처리절차로서 과세관청의 환급절차를 규정한 것에 지나지 않고 그 규정에 의한 국세환급금(환급가산금 포함)결정에 의하여 비로소 환급청구권이 확정되는 것은 아니므로, 국세환급금결정이나 이 결정을 구하는 신청에 대한 환급거부결정 등은 납세의무자가 갖는 환급청구권의 존부나 범위에 구체적이고 직접적인 영향을 미치는 처분이 아니어서 항고소송의 대상이 되는 처분이라고 볼 수 없다.[300)] 이 경우 납세자는 부당하게 환급거부를 당한 경우에 직접 민사소송으로 그 환급을 요구할 수 있다.[301)] 그렇다면 **모든 국세환급금 및 국세환급가산금에 대한 거부결정이 항고소송의 대상인 처분에 해당하지 않는 것인가?**

국세환급금은 잘못 납부한 금액(이하 '오납세금'), 초과하여 납부한 금액(이하 '과납금')

299) 대법원 2008.7.24. 2008다19843.
300) 대법원 1989.6.15. 88누6436 전원합의체 판결.
301) 대법원 1990.2.13. 88누6610.

또는 세법에 따라 환급하여야 할 환급세액(이하 '세법 상 환급세액')을 의미하고, 이에는 이중납부 및 착오납부 역시 포함된다(국기 51조 1항). 그렇다면 국세환급금의 지급을 청구하는 소송은 오납세금, 과납금 및 세법 상 환급세액의 지급을 청구하는 소송으로 구분할 수 있다. 오납금은 무효인 신고, 경정, 결정 등에 기초하여 납부 또는 징수된 조세 등과 같이 실체법적으로나 절차법적으로도 납부 또는 징수가 이루어지는 때부터 법률 상 원인을 흠결한 세액을 의미하고, 과납금은 신고, 경정, 결정 등 조세채무의 내용을 확정하는 행위가 당연무효는 아니지만 이에 의하여 확정된 세액이 과다하기 때문에 감액경정 또는 감액재경정 등이 이루어지는 경우에 그에 의하여 감소되는 세액을 의미한다.[302] 세법 상 환급세액은 개별 세법에 근거하여 환급세액에서 공제하여야 할 수 있는 세액이 있을 때, 그러한 공제를 하고 남은 금액을 말한다.

판례는 **오납금**의 지급을 청구하는 소송을 민사소송으로 판단한다. 과세처분이 부존재하거나 당연무효인 경우에 해당 과세처분에 의하여 납세의무자가 납부하거나 징수당한 오납금은 국가가 법률 상 원인 없이 취득한 부당이득에 해당하고, 이러한 오납금에 대한 납세의무자의 부당이득반환청구권은 처음부터 법률 상 원인이 없이 납부 또는 징수된 것이므로 납부 또는 징수시에 발생하여 확정된다.[303] 또한 부과납세 방식의 조세에 있어서 그 부과처분이 있기 전에 납세의무자가 자진하여 세금을 과다하게 납부한 경우에는 부당이득의 성립을 인정하여야 할 것이고, 이 경우 납세의무자가 과세고지가 있기 전에 자진 납부하였다 하여 비채변제의 법리가 적용된다고 할 수 없다.[304] 민법 상 채무자가 채무없음을 알고 이를 변제한 때에는 그 반환을 청구하지 못하는 바(민법 742조), 이를 비채변제의 법리라고 한다.

과납금과 관련된 과세처분에 있어서 해당 처분이 아직 취소되지 않은 경우라면 그 기초로 되고 있는 처분이 취소되고 공정력이 배제되지 않는 한 납세자는 부당이득으로서 환급을 청구할 수 없으나,[305] 이미 해당 처분이 취소된 상태라면 위 오납금의 경우와 동일하게 처리하여야 할 것이다. 즉 이미 존재와 범위가 확정되어 있는 과납금의 경우에는 오납금의 경우와 마찬가지로 납세자가 부당이득의 반환을 구하는 민사소송으로 환급을 청구할 수 있

302) 이상 金子 宏、前掲書、683頁。
303) 대법원 1992.3.31. 91다32053 전원합의체 판결.
304) 대법원 1991.1.25. 87다카2569.
305) 日大判 昭和5年7月8日 民集9卷10号, 719頁 이래로 일본의 판례 및 통설이다.

다.[306]

한편 종전 판례는, **세법 상 환급세액**과 관련하여, 세법 상 환급세액의 반환 역시 원칙적으로 부당이득의 반환에 해당하고, 따라서 부가가치세 환급세액의 지급청구도 행정소송이 아닌 민사소송의 대상이라고 판시하였다.[307] 그러나 최근 판례는 부가가치세법 상 납세의무자에 대한 국가의 부가가치세 환급세액 지급의무에 대응하는 **납세의무자의 국가에 대한 부가가치세 환급세액 지급청구**는 민사소송이 아니라 당사자소송의 절차에 따라야 한다고 판시하였고,[308] 이 판례로 인하여 이와 배치되는 위 종전 판례는 모두 변경되었다. 이 판례는 다음과 같은 점을 근거로 한다. 첫째, 부가가치세법 상 사업자에 대한 국가의 환급세액 지급의무는 입법자가 과세 및 징수의 편의를 도모하고 중복과세를 방지하는 등의 조세 정책적 목적을 달성하기 위한 입법적 결단을 통하여 전단계세액공제 제도를 채택한 결과, 어느 과세기간에 거래징수된 세액이 거래징수를 한 세액보다 많은 경우에는 그 납세의무자가 창출한 부가가치에 상응하는 세액보다 많은 세액이 거래징수되게 되므로 이를 조정하기 위한 과세기술상, 조세정책적인 요청에 따라 특별히 인정하는 것이다. 둘째, 사업자에 대한 국가의 부가가치세 환급세액 지급의무는 그 사업자로부터 어느 과세기간에 과다하게 거래징수된 세액 상당을 국가가 실제로 납부받았는지와 관계없이 부가가치세법령의 규정에 의하여 직접 발생하는 것이므로 그 법적 성질은 정의와 공평의 관념에서 수익자와 손실자 사이의 재산 상태 조정을 위해 인정되는 부당이득 반환의무가 아니라 부가가치세법령에 의하여 그 존부나 범위가 구체적으로 확정되고 조세 정책적 관점에서 특별히 인정되는 공법 상 의무라고 봄이 타당하다. 부가가치세법 환급세액 지급청구를 제외한 다른 세법 상 환급세액 지급청구가 민사소송인지 아니면 당사자소송인지 여부는 각 개별세법 상 규정들을 구체적으로 검토한 후 결정하여야 할 것인 바, 향후 판례의 입장을 주목할 필요가 있다.

국세환급금의 충당이 항고소송의 대상이 되는 처분에 해당하는가? 판례는 국세환급금의 충당은 납세의무자가 갖는 환급청구권의 존부나 범위 또는 소멸에 구체적이고 직접적인 영향을 미치는 처분이라기보다는 국가의 환급금 채무와 조세채권이 대등액에서 소멸되는 점에서 오히려 민법 상의 상계와 비슷하고, 소멸대상인 조세채권이 존재하지 아니하거나 당

306) 대법원 2015.8.27. 2013다212639.

307) 대법원 1996.4.12. 94다34005 ; 대법원 1996.9.6. 95다4063 ; 대법원 1997.10.10. 97다26432 ; 대법원 2001.10.26. 2000두7520 ; 대법원 1987.9.8. 85누565 ; 대법원 1988.11.8. 87누479.

308) 대법원 2013.3.21. 2011다95564 전원합의체 판결.

연무효 또는 취소되는 경우에는 그 충당의 효력이 없는 것으로서 이러한 사유가 있는 경우에 납세의무자로서는 충당의 효력이 없음을 주장하여 언제든지 민사소송에 의하여 이미 결정된 국세환급금의 반환을 청구할 수 있다고 할 것이므로, 이는 국세환급결정이나 그 국세환급신청에 대한 거부결정과 마찬가지로 항고소송의 대상이 되는 처분이 아니라고 판시한다.[309] 국세환급금의 충당 자체는 국세환급금의 지급과 동일한 효과를 갖는다. 다만 충당의 대상이 되는 조세에 대하여 위법사유가 있는지 여부에 의하여 그 충당이 정당한 것이었는지 여부가 결정되게 된다. 따라서 해석론으로서는 충당 자체를 처분으로 보아 다툴 필요가 없고, 그 충당 대상인 조세가 부존재, 무효 또는 취소로 결정되는 경우에는 민사소송을 통하여 그 충당 세액의 지급을 구할 수 있다고 판단한다.

납세의무자가 환급세액에 누락 · 오류가 있음을 발견하여 경정청구를 한 경우에도 민사소송을 통하여 환급세액의 반환을 청구할 수 있는가? 납세의무자가 당초 신고한 과세표준과 납부세액 또는 환급세액에 누락 · 오류가 있음을 발견하여 경정청구를 한 경우에는 경정청구만으로 당초의 신고로 인한 납세의무 또는 환급청구권에 변동을 가져오는 것이 아니라 과세관청이 감액결정하여야만 그로 인한 납세의무 등에 관한 확정의 효력이 생기게 되는 것이며, 이 경우 과세관청이 경정청구를 거부하는 때에는 납세의무자로서는 거부처분을 취소하는 판결을 받음으로써 비로소 경정청구로 인한 납세의무 등을 확정할 수 있는 것이므로 위와 같은 절차를 거쳐 환급청구권이 확정되기 전에는 국가에 대하여 환급세액의 반환을 곧바로 민사소송으로 청구할 수 없다.[310]

국세환급 불복절차에 관련된 이상 판례의 입장들은 나름의 논리적 근거를 가지고 있으나 납세자의 권리구제 측면에서 볼 때는 불편한 것이 사실이다. 새로운 입법을 통하여 조세와 관련된 불복절차에서 함께 다툴 수 있도록 하는 것이 타당하다.

3 환급청구권의 발생시기

납세자의 환급청구권 발생시기를 오납금, 과납금 또는 세법 상 환급세액의 경우로 구분하여 살핀다.

오납액의 경우에는 처음부터 법률 상 원인이 없으므로 납부 또는 징수시에 부당이득의 반환을 구하는 납세의무자의 국세환급금채권은 이미 발생되어 있다. 이는 과납금과 관련된

309) 대법원 2005.6.10. 2005다15482.
310) 대법원 1997.3.28. 96다42222.

과세처분이 이미 취소된 경우 역시 동일하다. 이러한 경우들에 대하여 판례는 국세기본법 상 환급결정을 기다릴 필요가 없이 바로 환급청구권이 확정된다고 한다. 즉 과세처분이 이미 취소되거나 당연 무효인 경우의 과오납금은 국가가 법률 상 원인 없이 보유하는 부당이득에 해당하므로 납세자는 당연히 그 환급을 청구할 권리가 있고 국세기본법 상 환급금결정이 있어야만 환급금청구권이 확정되는 것은 아니다.[311]

과납부액의 경우에는 신고 또는 부과처분의 취소 또는 경정에 의하여 조세채무의 전부 또는 일부가 소멸한 때에 발생된다. 만약 과납금과 관련된 과세처분이 아직 취소되지 않은 경우라면, 과납금은 유효한 확정처분에 기초하여 납부 내지 징수한 세액이기 때문에 기초로 되고 있는 행정처분이 취소되고 공정력이 배제되지 않는 한 납세자는 부당이득으로서 환급을 청구할 수 없다.[312] 따라서 과납금의 환급을 청구하기 위하여서는 우선 그 기초가 되는 경정 또는 결정 등의 취소를 구할 필요가 있고 일단 불복신청기간 내지 출소기간을 도과하면 원칙적으로 그 환급을 구할 수 없다.[313]

개별 세법 상 환급세액의 경우에는 각 개별 세법에서 규정한 환급 요건에 따라 환급청구권이 발생한다.[314] 개별 세법 상 환급세액의 경우는 환급세액의 발생유형은 다음 세 가지로 유형화할 수 있다.[315] 첫째, 납세자의 신고 또는 과세관청의 결정·경정에 의하여 환급세액이 발생하는 것이고 달리 환급신청을 할 필요가 없는 경우. 납세자의 확정신고에 의하여 미리 예납한 세금에 대한 환급금이 발생한 경우 및 신고에 의하여 부가가치세 또는 개별소비세가 확정됨으로 인하여 환급금이 발생한 경우 등이 이에 속한다. 둘째, 개별 세법의 규정에 의한 환급신청이 있는 경우에 한하여 환급청구권이 발생하는 경우. 경영회생 지원을 위한 농지 매매 등의 경우에 있어서의 농업인(농지 2조)에 의한 농지 양도소득세 환급신청(조특 70조의2)이 이에 해당한다. 셋째, 개별 세법 상 납세자의 환급신청에 대한 과세관청의 결정에 의하여 환급금이 발생하는 경우. 결손금의 소급공제 신청으로 인한 환급(소세 85조의2, 법세 72조) 및 개별소비세 환급 및 환급특례(개소세 20조-20조의3) 등이 이에 해당한다.

개별 세법 상 납세자가 환급신청을 할 필요가 없이 환급요건의 충족에 의하여 환급청구권이 발생하는 경우에는 해당 요건을 충족한 때부터 환급청구권이 발생하고, **납세자가 환**

311) 대법원 1992.9.8. 92누4383.
312) 日大判 昭和5年7月8日 民集9巻10号, 719頁 이래로 일본의 판례 및 통설이다.
313) 金子 宏、前揭書、683頁.
314) 대법원 2009.3.26. 2008다31768.
315) 소순무, 전게서, 602-603면 참조.

급신청을 하여야 하는 경우에 있어서는 해당 환급신청서를 제출함과 동시에 납세자의 환급청구권이 성립한다. 납세자의 환급신청에 대하여 과세관청의 환급결정이 필요한 경우라도 동일하게 해석하여야 한다.[316] 국세환급금결정 또는 환급거부결정 자체가 납세의무자가 갖는 환급청구권의 존부나 범위에 구체적이고 직접적인 영향을 미치지 않기 때문이다. 즉 국세환급금결정에 관한 규정은 이미 납세의무자의 환급청구권이 확정된 국세환급금에 대하여 내부적 사무처리절차로서 과세관청의 환급절차를 규정한 것에 지나지 않고 위 규정에 의한 국세환급금결정에 의하여 비로소 환급청구권이 확정되는 것은 아니므로, 위 국세환급금결정이나 이 결정을 구하는 신청에 대한 환급거부결정은 납세의무자가 갖는 환급청구권의 존부나 범위에 구체적이고 직접적인 영향을 미치는 처분이 아니어서 항고소송의 대상이 되는 처분이라고 볼 수 없다.[317] **다만 개별 세법에 따라서는 과세관청의 환급결정 자체에 의하여 비로소 국세환급금이 발생하는 경우 역시 있다.** 즉 소득세법, 법인세법, 부가가치세법, 개별소비세법 또는 주세법에 따른 환급세액을 신고하지 아니하여 결정에 따라 환급하는 경우에는 해당 결정일에, 조세특례제한법 제100조의8에 따라 근로장려금을 환급하는 경우에는 근로장려금의 결정일(국기령 32조 6호)에 각 국세환급금이 발생한다. 또한 결손금소급공제에 따른 환급세액청구의 경우에도 같다. 판례 역시 결손금소급공제와 관련하여 결손금소급공제는 중소기업을 대상으로 특별히 조세정책적 목적에서 인정된 제도로서 이 경우의 환급청구권은 납세자의 신청에 기하여 관할 세무서장이 이월결손금의 발생 등 그 실체적 요건 및 절차적 요건의 충족 여부를 판단하여 환급세액을 결정함으로써 비로소 확정된다(소세 85조의2 ; 법세 72조, 76조의20)고 판시한다.[318]

국세기본법 시행령은 국세환급금 발생시점에 대하여 다음과 같이 규정한다(국기령 32조). 다만 국세환급금 발생시점에 대한 논의는 국세환급가산금 산정의 기산일에 대한 논의와 밀접하게 관련되어 있으므로, 해당 각 발생시점 중 일부에 대하여서는 국세환급가산금 산정의 기산일 부분에서 별도로 검토하기로 한다.

첫째, 착오납부, 이중납부 또는 납부의 기초가 된 신고 또는 부과의 취소·경정에 따라 환급하는 경우: 그 국세 납부일(세법에 따른 중간예납액 또는 원천징수에 따른 납부액인 경우에는 그 세목의 법정신고기한의 만료일). 다만, 그 국세가 2회 이상 분할납부된 것인

316) 金子 宏、前掲書、682頁。
317) 대법원 2009.11.26. 2007두4018.
318) 대법원 2000.10.27. 2000다25590.

경우에는 그 마지막 납부일로 하되, 국세환급금이 마지막에 납부된 금액을 초과하는 경우에는 그 금액이 될 때까지 납부일의 순서로 소급하여 계산한 국세의 각 납부일로 한다.

둘째, 적법하게 납부된 국세의 감면으로 환급하는 경우: 그 감면 결정일.

셋째, 적법하게 납부된 후 법률이 개정되어 환급하는 경우: 그 개정된 법률의 시행일.

넷째, 소득세법, 법인세법, 부가가치세법, 개별소비세법, 주세법 또는 조세특례제한법에 따른 환급세액의 신고 환급신청 또는 신고한 환급세액의 경정으로 인하여 환급하는 경우: 그 신고·신청일. 다만, 환급세액을 신고하지 않은 경우(법정신고기한이 지난 후 기한 후 신고(국기 45조의3)를 한 경우를 포함)로서 결정에 의하여 환급세액을 환급하는 경우에는 해당 결정일로 한다.

다섯째, 원천징수의무자가 연말정산 또는 원천징수하여 납부한 세액을 경정청구(국기 45조의2)에 의하여 환급하는 경우: 연말정산세액 또는 원천징수세액 납부기한의 만료일.

여섯째, 근로장려금(조특 100조의8)을 환급하는 경우: 근로장려금의 결정일.

4 환급청구권의 소멸시효

납세자의 국세환급금과 국세환급가산금에 관한 권리는 행사할 수 있는 때부터 5년간 행사하지 아니하면 소멸시효가 완성되며(국기 54조 1항), 소멸시효에 관하여 특별한 규정이 있는 것을 제외하고는 민법에 따른다(국기 54조 2항 전문). 다만 소멸시효는 세무서장이 납세자의 환급청구를 촉구하기 위하여 납세자에게 하는 환급청구의 안내·통지 등으로 인하여 중단되지 아니한다(국기 54조 3항). **조세에 대한 부당이득반환청구권을 실현하기 위한 수단이 되는 과세처분의 취소 또는 무효확인을 구하는 소는 국세환급금과 국세환급가산금에 관한 소멸시효의 중단사유에 해당하는가?** 일반적으로 위법한 행정처분의 취소, 변경을 구하는 행정소송은 사권을 행사하는 것으로 볼 수 없으므로 사권에 대한 시효중단사유가 되지 못하는 것이나, 다만 과오납한 조세에 대한 부당이득반환청구권을 실현하기 위한 수단이 되는 과세처분의 취소 또는 무효확인을 구하는 소는 그 소송물이 객관적인 조세채무의 존부확인으로서 실질적으로 조세채무부존재확인의 소와 유사할 뿐 아니라, 과세처분의 유효 여부는 그 과세처분으로 납부한 조세에 대한 환급청구권의 존부와 표리관계에 있어 실질적으로 동일 당사자인 조세부과권자와 납세의무자 사이의 양면적 법률관계라고 볼 수 있으므로, 위와 같은 경우에는 과세처분의 취소 또는 무효확인청구의 소가 비록 행정소송이라고 할지라도 조세환급을 구하는 부당이득반환청구권의 소멸시효중단사유인 재판 상 청구에 해당한다.[319] **이러한 판례의 취지를 반영하여 국세기본법 상 규정이 신설되었다.** 국세환급금과 국세환급가산금을 과세처분의 취소 또는 무효확인청구의 소 등 행정소송으로 청구한 경우 시효의 중단에 관하여서는 소멸시효 중단사유인 청구(민법 168조 1호)를 한 것으로 본다(국기 54조 2항 후문).

Ⅱ 환급가산금

세무서장은 국세환급금을 다른 국세 또는 강제징수비에 충당하거나 지급할 때에는 법정 국세환급가산금 기산일(국기령 43조의3 1항)부터 충당하는 날 또는 지급결정을 하는 날까지의 기간과 시중은행의 1년 만기 정기예금 평균 수신금리를 고려하여 정하는 기본이자율(연 1천분의 29 ; 국기령 43조의3 2항 ; 국기칙 19조의3)에 따라 계산한 금액을 국세환급금에 가산하여야 한다(국기 52조). 다만, 납세자가 이의신청, 심사청구, 심판청구, 감사원법에 따른 심사청구 또는 행정소송법에 따른 소송을 제기하여 그 결정 또는 판결에 따라 세무서장이 국세환급금을 지급하는 경우로서 그 결정 또는 판결이 확정된 날부터 40일 이후에 납세자에게 국세환급금을 지급하는 경우에는 기본이자율의 1.5배에 해당하는 이자율을 적용한다(국기령 43조의3 2항 단서). 이 경우 가산이자율은 국세환급금을 지급하라는 판결이 확정된 이후의 조속한 국세환급금 지급 유도를 통한 납세자 권익 보호를 위한 것으로, 법문에 규정된 대로 **판결이 확정된 날부터 40일 이후 그 지급일까지 사이에 발생하는 것일 뿐, 그 판결이 확정된 날까지의 기간에 대하여 소급 적용하기 위한 것으로 보기 어렵다.**[320] 위 금액을 국세환급가산금이라고 한다. 다만 국세환급금 중 충당한 후 남은 금액이 10만원 이하이고 지급결정을 한 날부터 1년 이내에 환급이 이루어지지 아니하는 경우에는 법정절차에 따라 납부고지에 의하여 납부하는 국세에 충당할 수 있는 바(국기 51조 8항), 이 경우 국세환급가산금은 그 지급결정을 한 날까지 가산한다(국기 52조 2항). 물납재산 자체를 환급하는 경우에는 환급가산금에 대한 규정을 적용하지 않는다(국기 51조의2 1항 단서). 다만 **법정 사유**(경정 등의 청구(국기 45조의2), 이의신청, 심사청구, 심판청구, 감사원법에 따른 심사청구 또는 행정소

319) 대법원 1992.3.31. 91다32053 전원합의체 판결.
320) 대법원 2023.11.2. 2023다238029.

송법에 따른 소송에 대한 결정이나 판결국세)**가 없음에도 법정 고충민원**(국기령 43조의3 3항) **의 처리**에 따라 환급금을 충당하거나 지급하는 경우에는 국세환급가산금을 가산하지 아니한다(국기 52조 3항). **법정 고충민원**은 국세와 관련하여 납세자가 경정 등의 청구, 이의신청, 심사청구, 심판청구, 감사원법에 따른 심사청구의 청구기한 또는 행정소송법에 따른 소송의 제소기한까지 그 청구 또는 소송을 제기하지 아니한 사항에 대하여 과세관청에게 직권으로 필요한 처분을 해 줄 것을 요청하는 민원을 말한다(국기령 43조의3 3항).

법정 국세환급금 기산일에 대하여 본다.

법정 국세환급금 기산일은 다음 각 날의 다음 날로 한다(국기령 43조의3 1항 1호-5호).

첫째, 착오납부, 이중납부 또는 납부 후 그 납부의 기초가 된 신고 또는 부과를 경정하거나 취소함에 따라 발생한 국세환급금 : 국세 납부일. 다만, 그 국세가 2회 이상 분할납부된 것인 경우에는 그 마지막 납부일로 하되, 국세환급금이 마지막에 납부된 금액을 초과하는 경우에는 그 금액이 될 때까지 납부일의 순서로 소급하여 계산한 국세의 각 납부일로 하며, 세법에 따른 중간예납액 또는 원천징수에 의한 납부액은 해당 세목의 법정신고기한 만료일에 납부된 것으로 본다. 중간예납액 또는 원천징수에 의한 납부액의 경우 실제 납부일을 기준으로 하지 않는다는 점을 합리화할 수 있는 근거가 있는지 의문이다. 아래 넷째의 경우와 관련된 논의 역시 같다고 본다. 동일한 과세기간 및 세목의 국세에 대하여 당초 신고 또는 부과에 따른 납부 이후에 증액경정처분 및 그에 따른 납부가 이루어진 경우 국세환급가산금의 기산일은 각각의 국세환급금이 발생한 국세 납부일의 다음 날로 보아야 한다.[321)]

둘째, 적법하게 납부된 국세의 감면으로 발생한 국세환급금 : 감면 결정일

셋째, 적법하게 납부된 후 법률이 개정되어 발생한 국세환급금 : 개정된 법률의 시행일

넷째, 소득세법 · 법인세법 · 부가가치세법 · 개별소비세법 · 주세법 또는 교통 · 에너지 · 환경세법에 따른 환급세액의 신고 또는 환급세액의 경정으로 인하여 환급하는 경우 : 신고를 한 날(신고한 날이 법정신고기일 전인 경우에는 해당 법정신고기일)부터 30일이 지난 날. 다만, 환급세액을 법정신고기한까지 신고하지 아니함에 따른 결정으로 인하여 발생한 환급세액을 환급할 때에는 해당 결정일부터 30일이 지난 날로 한다. 이 경우 환급세액은 개별 세법이 정하는 환급요건을 충족하였는지 여부를 과세관청이 판단하여 이를 인정할 경우 환급결정을 통하여 환급하는 세액을 의미한다. 그렇지 않으면 첫째의 경우와 조화롭게

321) 대법원 2020.3.12. 2018다264161.

해석할 수 없기 때문이다. 따라서 **세법에서 환급기한을 정하고 있는 경우**에는 그 환급기한의 다음 날이 국세환급가산금 기산일이 된다.

2021년 **국세기본법 시행령의 개정 이전에는 경정 등의 청구**(국기 45조의2)**에 따라 납부한 세액 또는 환급한 세액을 경정함으로 인하여 환급하는 경우에는 그** 경정청구일(경정청구일이 국세 납부일보다 빠른 경우에는 국세 납부일)을 국세환급가산금의 기산일로 정하였으나 위 개정을 통하여 해당 규정이 삭제되었다. 다만 참고의 목적 상 개정 이전 규정의 타당성에 대하여 살핀다.

2021년 국세기본법 시행령의 개정 이전 경정청구가 있는 경우 그 경정청구 사유에 상관없이 경정청구일을 환급금의 기산일로 정하는 것은 타당한가?

경정 등 청구가 있는 경우 그 경정청구일을 환급금의 기산일로 하는 것은 민법 상 부당이득에 관한 법리를 적용한 것으로 보인다. 민법은 부당이득의 성립 및 그 반환범위와 관련하여 다음과 같이 규정한다. 법률 상 원인이 없이 타인의 재산 또는 노무로 인하여 이익을 얻고 이로 인하여 타인에게 손해를 가한 자는 그 이익을 반환하여야 한다(민법 741조). 선의의 수익자는 그 받은 이익이 현존한 한도에서 부당이득의 반환 책임이 있고(민법 748조 1항), 악의의 수익자는 그 받은 이익에 이자를 붙여 반환하고 손해가 있으면 이를 배상하여야 한다(민법 748조 2항). 수익자가 이익을 받은 후 법률 상 원인없음을 안 때에는 그때부터 악의의 수익자로서 이익반환의 책임이 있고(민법 749조 1항), 선의의 수익자가 패소한 때에는 그 소를 제기한 때부터 악의의 수익자로 본다(민법 749조 2항). 즉 납세자의 경정청구가 인용되는 경우에는 경정청구일로부터 국가의 악의가 추정되어 받은 이익에 이자를 더하여 반환하여야 하는 것으로 보아 위와 같이 규정한 것으로 보인다.

판례에 따르면 종전 환급가산금의 내용에 대한 세법 상의 규정은 부당이득의 반환범위에 관한 민법 제748조에 대한 특칙으로서 국가의 선의·악의를 불문하며 납세자의 환급금 이행청구 이전에도 법정 비율의 환급가산금이 지급된다는 점에 특징이 있다. 그 구체적 내용은 다음과 같다. 조세환급금은 조세채무가 처음부터 존재하지 않거나 그 후 소멸하였음에도 불구하고 국가가 법률 상 원인 없이 수령하거나 보유하고 있는 부당이득에 해당하고, 환급가산금은 그 부당이득에 대한 법정이자로서의 성질을 가진다. 이때 환급가산금의 내용에 대한 세법 상의 규정은 부당이득의 반환범위(민법 748조)에 관한 특칙으로서의 성질을 가진다고 할 것이므로, 환급가산금은 수익자인 국가의 선의·악의를 불문하고 그 환급가산금에 관한 각 규정에서 정한 기산일과 비율에 의하여 확정된다. 부당이득반환의무는 일반적으로 기한의 정함이 없는 채무로서, 수익자는 이행청구를 받은 다음 날부터 이행지체로 인한 지연손해금을 배상할 책임이 있다. 그러므로 납세자가 조세환급금에 대하여 이행청구를 한 이후에는 법정이자의 성질을 가지는 환급가산금청구권 및 이행지체로 인한 지연손해금청구권이 경합적으로 발생하고, 납세자는 자신의 선택에 좇아 그 중 하나의 청구권을 행사할 수 있다. 따라서 납세자가 환급대상인 국세 및 관세를 납부한 후 그 국세 등에 대하여 환급신청을 한 사안에서, 국가는 납세자에게 국세 등 납부일의 다음 날부터 환급신청일까지는 국세기본법 등 관계 법령에 정한 각 환급가산금률을 적용한 환급가산금을, 환급신청일의 다음 날부터는 납세자의 선택에 따라 환급가산금 또는 지연손해금을 각 지급할 의무가 있다.[322)]

환급금 기산일에 관한 규정을 민법 상 부당이득의 반환범위에 관한 규정과 동일하게 취급하는 것이 타당한가? 먼저 납세자에게 부과되는 가산세에 대하여 본다. 납세자의 환급청구권은 과세관청의 가산세 징수권한에 대응하는 것이기 때문이다. 납세자가 세법을 숙지하지 못한 것 또는 단순한 법률의 부지나 오해에 불과한 것은 가산세를 면제할 정당한 사유가 있는 경우에 해당하지 않는다.[323)] 또한 납세자가 신고에 관련된 사실을 기재하지 아니한 채 그대로 세무서에 제출하였고, 이를 관할 세무서 측에서 호의적으로 세밀히 검토했더라면 편의 상 일괄 제출된 타 자료에 의하여 그 기재누락된 부분을 스스로 보완할 수 있었다거나 소정의 제출기간 후에 그 기재누락된 부분이 보완됨으로써 과세자료로 사용되는데 아무런 지장이 없었다는 사정이 있었다 하더라도, 그 기재를 누락시키는 것에 정당한 사유가 있다고 할 수 없다.[324)] 그런데 과세관청의 처분에 하자가 있다는 것은 해당 처분과 관련된 법률의 적용 또는 사실의 인정이 잘못되었다는 것을 의미한다. 그렇다면 위 과세관청의 가산세 징수권한에 비추어 보면 과세관청의 처분에 위와 같은 하자가 있는 경우라면 관련된 세금을 납부한 시점이 환급금 기산일이 되는 것이 타당하다. 다만 과세관청 입장에서 해당 처분을 하는 것과 관련하여 정당한 사유가 있다면 달리 보아야 할 것이다. 또한 국세환급금의 본질이 민사 사건에 속한다는 점을 전제로 한다면 국세환급과 관련하여 과세관청에게 특별한 취급을 할 공익적 필요 역시 발견하기 어렵다. 따라서 환급금 기산일에 관한 규정을

322) 대법원 2009.9.10. 2009다11808.
323) 대법원 1991.11.26. 91누5341 ; 대법원 1998.11.27. 96누16308.
324) 대법원 1980.12.9. 80누83.

납세자 입장에서만 민법 상 부당이득의 반환범위에 관한 규정을 적용하고, 과세관청 입장에서의 가산세 징수권한에 대하여서는 이러한 법리를 적용하지 않는 것은 균형이 맞지 않는 것으로서 타당하지 않다.

2021년 **국세기본법 시행령의 개정 이전 납세자의 경정청구가 거부되어 해당 거부처분을 대상으로 그 취소소송을 제기한 경우에도 환급금 기산일은 여전히 경정청구일이 되는 것인가?** 2021년 개정 이전의 시행령에 따르면 납부한 이후 그 기초가 된 부과처분이 경정되거나 취소된 경우에도 납세자의 경정청구가 있었던 경우에는 그 경정청구일을 환급금 기산일로 하여야 한다(국기령 43조의3 1항 5호). 납세자가 세금을 납부한 이후 그 기초가 된 부과처분이 경정되거나 취소된 경우에는 해당 국세의 납부일이 환급금 기산일이다. 그런데 납세자의 권리를 구제하기 위하여 마련된 경정청구제도를 납세자가 이용하게 되면 오히려 환급금 기산일이 그 경정청구일로 바뀌게 되는 불이익을 입게 된다. 이를 합리화할 근거가 없다고 본다. 해당 2021년 개정 이전의 시행령 규정은 헌법에 위반된 것으로 판단한다.

환급금 기산일에 관하여 법률은 아무런 구체적인 기준을 제시하지 않은 상태로 시행령에 위임하였고 그 시행령은 각 환급금 발생사유별로 구분하여 기산일을 정하였는 바, 이를 전제로 하여 종래 판례는 위 각 규정들이 민법 상 부당이득의 반환범위에 관한 특칙으로 해석하여 왔다. 이에는 나름의 합리적인 근거가 있다. 그런데 이러한 판례의 종래 입장을 뒤집은 2021년 개정 이전의 시행령을 합리적인 근거가 결여된 규정으로 판단한다. 그렇다면 **환급금 기산일에 관하여 법률이 아무런 구체적인 기준을 제시하지 않은 상태로 시행령에 위임하는 것이 타당한지 여부에 관하여 의문을 제기할 필요가 있다.** 이상과 같이 시행령의 개정만으로 납세자의 권리의무에 영향을 미치는 사항들이 정반대의 방향으로도 개정될 수 있는 여지를 두는 것은 포괄적 위임에 해당하는 것으로서 위임입법의 법리에 반하는 것이다.

위 넷째 사유의 경우 **신고일 또는 환급결정일 등으로부터 '30일이 지난 날'을 환급가산금의 각 기산일로 정하는 근거는 무엇인가?** 납세자가 환급청구권을 갖게 되면 환급가산금에 대한 청구권 역시 환급청구권이 발생하는 시점부터 당연히 취득하는 것으로 보아야 한다. 따라서 납세자가 명시적으로 환급결정으로부터 30일 동안의 환급가산금을 포기하지 않는 한 시행령을 통하여 획일적으로 납세자가 환급청구권이 발생한 날로부터 30일 동안 환급가산금의 청구를 포기한 것으로 정하는 것은 타당하지 않다. 설사 과세관청의 편의 등 별도의 정책적 고려가 있다고 하더라도 이를 뒷받침하는 논거가 될 수 없다. 또한 해당 시행령이 국세기본법으로부터 위 경우 '30일이 지난 날'로부터 환급가산금이 발생한다고 정할 수 있는 수권을 받았다고 할 수 있는지 역시 의문이다. 설사 위 내용과 관련하여 수권을 받았다고 할지라도 이는 포괄적 위임규정에 해당한다고 본다. 법은 단순하게 '대통령령으로 정하는 환급가산금의 기산일로부터'라고 정하고 있을 뿐이기 때문이다.

국세환급가산금과 관련하여 법은 '국세 또는 강제징수비'만을 언급하는 바 그렇다면 가산세는 이에 포함되지 않는 것인가? 국세기본법 제52조가 환급가산금의 대상으로 하고 있는 국세기본법 제51조상의 국세환급금에는 '가산세'가 명시되어 있지 아니하나 국세기본법 제47조 제2항은 "가산세는 해당 의무가 규정된 세법의 당해 국세의 세목으로 한다"고 규정하고 있으므로, 위 국세기본법 제51조의 '국세'에는 '가산세'가 당연히 포함되어 있는 것이다.[325)]

국가가 납부자에게 지급하여야 할 환급금 및 환급가산금 전액에 못 미치는 금액을 납부자에게 지급하는 경우 그 변제순서는 어떻게 정하여지는가? 환급금의 성질은 일종의 부당이득이고, 환급가산금은 부당이득에 대한 이자라고 할 것이므로 환급가산금은 환급금과 별개의 독립한 것이 아니라 환급금 채권·채무에 대한 법정이자의 성격을 가지고 있다고 할 것인 바, 국가가 납부자에게 지급하여야 할 환급금 및 환급가산금 전액에 못 미치는 금액을 납부자에게 지급하는 경우에는 국가는 민법 상 법정변제충당의 법리에 따라 환급금의 이자에 해당하는 환급가산금에 먼저 변제충당되어야 할 것이며, 그 변제충당에 있어 변제자인 국가가 그 순서를 임의로 지정하여 환급금 원본의 변제에 충당할 수는 없다.[326)] 납부자 입장에서 환급금 및 환급가산금에 대한 청구권은 단순한 민법 상 금전채권에 불과하므로 그 변제자가 국가라는 이유로 변제충당에 있어서 납부자가 보다 불리한 취급을 받도록 할 근거는 없기 때문이다.

납세자가 국세의 환급을 신청한 이후에는 환급가산금에 대한 규정이 적용되는가? 아니면 이행지체로 인한 지연손해금에 대한 규정이 적용되는가? 환급가산금의 내용에 대한 세법 상의 규정은 부당이득의 반환범위에 관한 민법 제748조에 대한 그 특칙으로서의 성질을 가진다고 할 것이므로, 환급가산금은 수익자인 국가의 선의·악의를 불문하고 그 환급가산금에 관한 각 규정에서 정한 기산일과 비율에 의하여 확정된다. 한편 부당이득반환의무는

325) 대법원 2009.9.10. 2009다11808.
326) 대법원 2002.1.11. 2001다60767.

일반적으로 기한의 정함이 없는 채무로서, 수익자는 이행청구를 받은 다음 날부터 이행지체로 인한 지연손해금을 배상할 책임이 있다. 그러므로 납세자가 조세환급금에 대하여 이행청구를 한 이후에는 법정이자의 성질을 가지는 환급가산금청구권 및 이행지체로 인한 지연손해금청구권이 경합적으로 발생하고, 납세자는 자신의 선택에 좇아 그 중 하나의 청구권을 행사할 수 있다.[327)]

국세환급금을 반환받아 이를 환수하였으나 다시 재환급하여야 할 경우에도 환급가산금에 대한 규정이 적용되는가? 세무서장이 충당 또는 지급된 국세환급금에 착오환급 내지 과다환급 등의 이유로 국세환급금을 반환받아 이를 환수(국기 51조 9항)하였으나 거기에 다시 과오납부 등의 사정이 있어 그 환수금을 재환급하여야 할 경우에 관하여는 아무런 규정을 두고 있지 않으나, 국세환급금의 환수제도가 국세의 징수에 부수하는 절차로서 국세채권의 만족을 위한 것이며, 국세의 징수에 관한 규정이 그대로 준용되는 이상, 그 환수금을 재환급하는 경우에도 국세환급금에 대한 환급가산금에 관한 규정을 유추적용하여 환급가산금을 가산하는 것이 타당하다. 그리고 이러한 법리는 환급가산금의 환수에 따른 재환급의 경우에도 마찬가지로 적용된다.[328)]

법률의 부칙이 개정됨으로 인하여 당초의 부과처분이 취소됨으로 인하여 해당 세액을 환급하는 경우 그 환급은 법률의 개정에 의한 것인가? 아니면 부과처분의 취소에 의한 것인가? 자산재평가세와 관련하여 판례는 위 경우를 부과처분이 취소된 경우로 본다. 즉 구 조세감면규제법 제56조의2 제1항 본문에 따라 처음으로 주식을 상장하는 것을 전제로 자산재평가를 하고 그 신고를 함에 따라 구 자산재평가법에 따라 그 재평가차액에 대하여 자산재평가세가 부과 · 납부되었으나, 1990.12.31 법률 제4285호로 개정된 조세감면규제법 부칙 제23조 제1항의 규정에 따라 법정기간 내에 주식이 상장되지 아니한 경우에는 이미 행한 재평가를 구 자산재평가법에 의한 재평가로 보지 아니하는 것으로 변경되었다. 그 결과 이미 이루어진 자산재평가세 부과처분은 처음부터 그 근거를 상실하여 위법한 것으로 돌아가 취소되었다. 그 취소로 인하여 납세자가 이미 납부하였던 자산재평가세액을 납세자에게 환급하는 것은 '납부 후 그 납부의 기초가 된 신고 또는 부과를 경정하거나 취소함에 따라 발생한 국세환급금'에 해당하는 것임이 분명하고, '법률의 개정'으로 인한 것이라고 볼 수는 없

327) 대법원 2009.9.10. 2009다11808.
328) 대법원 2013.10.31. 2012다200769.

으므로 그 환급금에 대하여는 그 납부일의 다음 날부터 국세환급가산금을 가산하여야 할 것이다.[329)]

329) 대법원 2011.6.10. 2009두898.

제3편

조세절차법

서 설 제1장

조세확정절차 제2장

조세의 납부와 징수 제3장

조세의 징수(강제징수) 제4장

제1장

서 설

Ⅰ 조세절차법의 의의

1 총설

조세의 확정 및 징수절차를 조세절차라고 하고 그 조세절차에 관한 법을 조세절차법이라고 한다. 납세의무는 과세요건의 충족에 의하여 성립하지만 그 납세의무는 일부 성립과 동시에 확정되는 조세를 제외하고는 아직 추상적으로 존재하는 것이고 그 내용이 확정된 것은 아니다. 추상적으로 존재하는 납세의무가 구체적인 채무로 확정되기 위하여서는 그 과세표준과 세액이 확정되어야 한다. 그 과세표준 및 세액의 확정절차를 **'조세확정절차'**라고 한다. 또한 납세의무는 통상 납부에 의하여 소멸하지만 자발적으로 납부하지 않는 경우에는 조세채권자인 국가 또는 지방자치단체가 납세자의 재산을 압류하고 공매하여 조세채권에 대하여 강제로 만족을 얻을 수 있다. 이를 강제징수 또는 체납처분이라고 부른다. 위 일련의 절차, 즉 조세의 납부 및 징수절차를 **'조세징수절차'**라고 한다.[1)]

조세절차법에 관하여서는 국세기본법 및 국세징수법이 주요한 법원이나, 개별세법에서도 개별 국세의 확정과 징수에 대하여 여러 중요한 규정들을 두고 있다. 지방세의 확정과 징수에 대하여서는 지방세기본법과 지방세법이 주요한 법원이다.

이하 국세기본법, 국세징수법, 개별 세법, 관세법, 지방세기본법 및 지방세관계법 사이의 관계에 대하여 살핀다.

국세기본법은 국세에 관하여 개별 세법에 별도의 규정이 있는 경우를 제외하고는 우선하여 적용된다(국기 3조 1항).

국세징수법에서 규정한 사항 중 국세기본법이나 개별 세법에 특별한 규정이 있는 것에 관하여는 그 법률에서 정하는 바에 따른다(국징 4조).

관세법과 수출용 원재료에 대한 관세 등 환급에 관한 특례법에서 세관장이 부과・징수하

1) 이상 金子 宏、前掲書、689頁。

는 국세에 관하여 국세기본법에 대한 특례규정을 두고 있는 경우에는 관세법과 수출용 원재료에 대한 관세 등 환급에 관한 특례법에서 정하는 바에 따른다(국기 3조 2항).

지방세의 부과 · 징수에 관하여 지방세기본법 또는 지방세관계법에서 규정한 것을 제외하고는 국세기본법과 국세징수법을 준용한다(지기 153조). 지방세에 관하여 지방세관계법에 별도의 규정이 있는 경우를 제외하고는 지방세기본법에서 정하는 바에 따른다(지기 3조).

2 조세확정절차와 조세징수절차의 관계

조세징수처분은 유효한 조세확정처분을 전제로 하는 바, 조세확정처분에 무효 또는 취소사유가 있는 경우에는 조세확정처분에 기초한 징수처분의 효력은 어떻게 되는가? 조세확정처분과 조세징수처분은 각 '조세채권의 확정'과 '조세의 납부 및 징수'라는 별개의 효과를 목적으로 하여 단계적으로 이루어지는 처분들에 해당한다.

그런데 **독립된 행정행위가 '별개의 효과를 목적으로' 단계적으로 이루어진 경우**에 선행처분에 존재하는 하자는 그것이 당연무효의 사유가 아닌 이상 후행처분에 그대로 승계되지 않고 또 행정처분이 당연무효가 되려면 처분에 위법사유가 있다는 것만으로는 부족하고 그 하자가 중대하고도 명백한 것이어야 하며, 하자가 중대하고도 명백한 것인가의 여부는 그 법규의 목적, 의미, 기능 등과 구체적 사안의 특수성 등을 합리적으로 고찰하여 판별하여야 한다.[2] 따라서 '조세확정처분인 부과처분과 조세징수처분인 강제징수는 서로 다른 처분으로 독립성이 있어서' 위 부과처분이 당연무효인 경우에는 그 부과처분의 집행을 위한 강제징수까지 무효로 되지만 착오과세를 원인으로 한 부과처분의 취소사유는 강제징수의 무효를 일으키는 것은 아니다.[3] 만약 부과처분이 존재하지 않는다면 그 후속처분 역시 무효임은 당연하다. 다만 선행처분과 후행처분이 서로 독립하여 별개의 효과를 목적으로 하는 경우에도 선행처분의 불가쟁력이나 구속력이 그로 인하여 불이익을 입게 되는 자에게 수인한도를 넘는 가혹함을 가져오며, 그 결과가 당사자에게 예측가능한 것이 아닌 경우에는 국민의 재판받을 권리를 보장하고 있는 헌법의 이념에 비추어 선행처분의 후행처분에 대한 구속력은 인정될 수 없다는 최근 판례 역시 있다.[4] 논의의 여지가 있는 판례이다.

한편 **'동일한 행정목적을 달성하기 위하여' 단계적인 일련의 절차로 연속하여 행하여지**

2) 대법원 1989.7.11. 88누12110.
3) 대법원 1974.3.26. 73다1884.
4) 대법원 2013.3.14. 2012두6964.

는 선행처분과 후행처분이 서로 결합하여 하나의 법률효과를 발생시키는 경우에는 선행처분이 하자가 있는 위법한 처분이라면, 비록 하자가 중대하고도 명백한 것이 아니어서 선행처분을 당연무효의 처분이라고 볼 수 없고 행정쟁송으로 효력이 다투어지지도 아니하여 이미 불가쟁력이 생겼으며 후행처분 자체에는 아무런 하자가 없다고 하더라도, 선행처분을 전제로 하여 행하여진 후행처분도 선행처분과 같은 하자가 있는 위법한 처분으로 보아 항고소송으로 취소를 청구할 수 있다.[5] 강제징수절차 상 압류, 압류재산의 매각 및 청산처분은 동일한 행정목적을 달성하기 위하여 단계적인 일련의 절차로 연속하여 행하여지는 행정처분에 속한다. 이에 대하여서는 강제징수에서 보다 자세하게 살핀다.[6]

3 조세쟁송법과 행정쟁송법

조세쟁송법과 행정쟁송법의 관계에 대하여서는 조세쟁송법의 총론에서 살핀다.

Ⅱ 조세절차와 기간 및 기한

1 기간의 계산과 기한의 특례

조세의 확정절차(신고 및 부과 등)와 조세의 징수절차(납부 및 징수)에 있어서 일정한 기간 내에 또는 일정한 기한까지 납세자 또는 과세관청이 행위를 하도록 규정되어 있는 경우가 많고, 과세관청의 처분에 대한 불복에 있어서도 기간의 계산 및 기한의 특정은 중요하다.

국세기본법 또는 세법에서 규정하는 기간의 계산은 특별한 규정이 있는 것을 제외하고는 민법에 따른다(국기 4조). 기간을 일, 주, 월 또는 연으로 정한 때에는 기간의 초일은 산입하지 아니하나 그 기간이 오전 영시로부터 시작하는 때에는 그러하지 아니하다(민법 157조). 기간을 시, 분, 초로 정한 때에는 즉시로부터 기산한다(민법 156조). 기간을 일, 주, 월 또는 연으로 정한 때에는 기간말일의 종료로 기간이 만료한다(민법 159조). 기간을 주, 월 또는 연으로 정한 때에는 역에 의하여 계산하고 주, 월 또는 연의 처음으로부터 기간을 기산하지 아니하는 때에는 최후의 주, 월 또는 연에서 그 기산일에 해당한 날의 전일로 기간이 만료

5) 대법원 1993.2.9. 92누4567.
6) 같은 편 제4장 제1절 Ⅱ 강제징수와 위법성의 승계 참조.

한다(민법 160조 1항, 2항). 월 또는 연으로 정한 경우에 최종의 월에 해당일이 없는 때에는 그 월의 말일로 기간이 만료한다(민법 160조 3항). 기간의 말일이 토요일 또는 공휴일에 해당한 때에는 기간은 그 익일로 만료한다(민법 161조).

국세기본법은 기한에 대하여 몇 가지 특례를 규정한다.

국세기본법 또는 세법에서 규정하는 신고, 신청, 청구, 그 밖에 서류의 제출, 통지, 납부 또는 징수에 관한 기한이 '토요일 및 일요일', '공휴일에 관한 법률에 따른 공휴일 및 대체공휴일' 또는 '근로자의 날 제정에 관한 법률에 따른 근로자의 날'일 때에는 각 그 다음 날을 기한으로 한다(국기 5조 1항). 신고기한 만료일 또는 납부기한 만료일에 국세정보통신망이 법정 장애사유(국기령 1조의3 1항)로 가동이 정지되어 전자신고나 전자납부(납부할 국세를 정보통신망을 이용하여 납부하는 것을 말한다)를 할 수 없는 경우에는 그 장애가 복구되어 신고 또는 납부할 수 있게 된 날의 다음 날을 기한으로 한다(국기 5조 3항).

우편으로 과세표준신고서, 과세표준수정신고서, 경정청구서 또는 과세표준신고・과세표준수정신고・경정청구와 관련된 서류를 제출한 경우 우편법에 따른 우편날짜도장이 찍힌 날(우편날짜도장이 찍히지 아니하였거나 분명하지 아니한 경우에는 통상 걸리는 배송일수를 기준으로 발송한 날로 인정되는 날)에 신고되거나 청구된 것으로 본다(국기 5조의2 1항). 국세정보통신망을 이용하여 제출하는 경우에는 해당 신고서 등이 국세청장에게 전송된 때에 신고되거나 청구된 것으로 본다(국기 5조의2 2항). 즉 우편신고와 전자신고의 경우 모두 **'발송주의'**에 의하여 기한을 정하고 있다. 전자신고 또는 전자청구된 경우에는 과세표준신고 또는 과세표준수정신고와 관련된 서류 중 법정서류(국기령 1조의3 2항)에 대해서는 법정절차(국기령 1조의3 3항)에 따라 10일의 범위에서 제출기한을 연장할 수 있다(국기 5조의2 3항). 기타 전자신고의 방법 및 절차에 대한 정함이 있다(국기칙 1조).

2 기한의 연장과 그 연장의 취소

천재지변이나 그 밖에 **법정 사유**(국기령 2조)로 신고, 신청, 청구, 그 밖에 서류의 제출, 통지, 납부를 정해진 기한까지 할 수 없다고 인정하는 경우나 납세자가 기한의 연장을 신청한 경우에는 관할 세무서장은 법정절차(국기령 3조)에 따라 그 기한을 연장할 수 있다(국기 6조). **법정 사유**는 '납세자가 화재, 전화, 그 밖의 재해를 입거나 도난을 당한 경우이거나 이에 준하는 사유가 있는 경우', '납세자 또는 그 동거가족이 질병이나 중상해로 6개월 이상의 치료가 필요하거나 사망하여 상중인 경우이거나 이에 준하는 사유가 있는 경우', '정전, 프로그램의 오류, 그 밖의 부득이한 사유로 한국은행(그 대리점을 포함한다) 및 체신관서의 정보통신망의 정상적인 가동이 불가능한 경우', '금융회사 등(한국은행 국고대리점 및 국고수납대리점인 금융회사 등만 해당) 또는 체신관서의 휴무, 그 밖의 부득이한 사유로 정상적인 세금납부가 곤란하다고 국세청장이 인정하는 경우', '권한 있는 기관에 장부나 서류가 압수 또는 영치된 경우이거나 이에 준하는 사유가 있는 경우' 및 '납세자의 장부 작성을 대행하는 세무사(세무법인(세무 16조의4)을 포함)(세무 2조 3호) 또는 공인회계사(회계법인(회계사 24조)을 포함)(세무 20조의2)가 화재, 전화, 그 밖의 재해를 입거나 도난을 당한 경우'를 말한다(국기령 2조 각 호). 기한연장은 3개월 이내로 하되, 해당 기한연장의 사유가 소멸되지 아니하는 경우 관할 세무서장은 1개월의 범위에서 그 기한을 다시 연장할 수 있고(국기령 2조의2 1항), 신고와 관련된 기한연장은 9개월을 넘지 아니하는 범위에서 관할 세무서장이 할 수 있다(국기령 2조의2 2항). 기한의 연장을 받으려는 자는 기한 만료일 3일 전까지 '기한의 연장을 받으려는 자의 주소 또는 거소와 성명', '연장을 받으려는 기한', '연장을 받으려는 사유' 및 '그 밖에 필요한 사항'을 적은 문서로 해당 행정기관의 장에게 신청하여야 하고, 이 경우 해당 행정기관의 장은 기한연장을 신청하는 자가 기한 만료일 3일 전까지 신청할 수 없다고 인정하는 경우에는 기한의 만료일까지 신청하게 할 수 있다(국기령 3조). 행정기관의 장은 기한을 연장하였을 때에는 기한연장 사유(국기령 3조)에 준하는 사항을 적은 문서로 지체 없이 관계인에게 통지하여야 하며, 기한 만료일 3일 전까지의 신청에 대해서는 기한 만료일 전에 그 승인 여부를 통지하여야 한다(국기령 4조 1항). 행정기관의 장은 '한국은행(그 대리점을 포함) 및 체신관서의 정보통신망의 정상적인 가동이 불가능한 경우에 해당하는 사유(국기령 2조 4호)가 전국적으로 일시에 발생하는 경우', '기한연장의 통지대상자가 불특정 다수인 경우' 및 '기한연장의 사실을 그 대상자에게 개별적으로 통지할 시간적 여유가 없는 경우'에는 관보 또는 일간신문에 공고하는 방법으로 통지를 갈음할 수 있다(국기령 4조 2항). 기한의 연장에 관련하여 세무서장이 행사하는 재량행위는 기속재량행위로서 사법부에 의한 사후통제의 대상이 된다.

Ⅲ 조세절차와 서류의 송달

조세법은 조세의 확정절차(신고 및 부과 등)와 조세의 징수절차(납부 및 징수)에 있어서 각 해당 관계서류를 납세자 또는 이해관계인에게 보내어 각 관련 사실을 알리도록 하고 있다. 이를 **서류의 송달**이라고 한다. **서류의 송달에 대하여 민사소송법 상 송달에 관한 규정을 명시적으로 준용하지는 않는다. 다만 행정소송인 조세소송과 관련하여서는** 행정소송법 상 임의적 전치주의에 의한 규정들 이외의 사항에 대하여서는 행정소송법이 적용되고 이에 규정이 없는 경우에는 법원조직법과 민사소송법 및 민사집행법의 규정이 적용되므로, 서류의 송달에 관하여서는 **민사소송법 상 서류의 송달에 대한 규정이 준용된다.** 따라서 2018년 12월 31일 개정 전에는 조세소송단계 서류에 해당하지 않은 납부고지서의 송달은 교도소에 수감 중인 자에 대하여서도 원칙적으로 그의 주소지로 하면 되고 교도소장에게 하여야 하는 것은 아니다.[7] 조세소송단계 서류에 해당하지 않으므로, 민사소송법 상 '구속된 사람 등에게 할 송달'의 원칙(민소 182조)이 적용되지 않기 때문이다. 이에 반하는 취지의 국세기본법 기본통칙(국기통칙 8-0…6)이 있으나, 법에 어긋난 것으로 보아야 했다. 국세기본법은 2018년 12월 31일 개정을 통하여 이러한 문제에 대응하기 위한 규정을 신설하였다. 즉 송달받아야 할 사람이 교정시설 또는 국가경찰관서의 유치장에 체포·구속 또는 유치된 사실이 확인된 경우에는 해당 교정시설의 장 또는 국가경찰관서의 장에게 송달한다(국기 8조 5항). 다만 교정시설 또는 국가경찰관서의 유치장에 체포·구속 또는 유치된 사실이 확인되었는지 여부가 쟁점이 될 수 있을 것으로 본다. 확인할 수 있는 경우까지 포함하는 것으로 해석될 수는 없다고 본다. 또한 **서류의 송달을 받아야 할 자가 소송무능력자인 경우에는 누구에게 송달하여야 하는가?** 민사소송법에 의하면 소송무능력자에게 할 송달은 그의 법정대리인에게 한다(민소 179조). 그러나 조세법 상에는 명문의 규정이 없다. 단지 국세기본법 기본통칙은 법정대리인에게 송달하여야 한다고 규정한다(국기통칙 8-0…4). 위와 같은 이유로 조세소송이 아닌 경우에 대하여서는 입법적으로 보완하여야 한다. 파산관재인에 관하여서도 유사한 규정(국기통칙 8-0…5)이 있으나 이 역시 조세소송이 아닌 경우에 대하여서는 입법적으로 보완하여야 한다. **적법한 법정대리인을 파악하기 매우 어려운 경우, 본인이 사리를 변별할 지능을 가지고 있다면 본인에게 송달할 수 있는가?** 판례는 긍정한다. 즉 판례는

7) 대법원 1995.8.11. 95누351.

상속세납세의무자인 원고가 만 15세 남짓된 미성년자로서 그 주소지를 국외인 미국에 두고 있고, 미국의 군법원에 의하여 선임된 원고의 후견인이 상속세법에 의한 납세관리인선정신고를 하지 않았다면, 과세관청인 피고로서는 원고의 적법한 법정대리인을 파악하기가 매우 어려운 처지에 있었다 할 것이므로, 사리를 변별할 지능을 가지고 있다고 보여지는 미성년자인 원고를 직접 수송달자로 하여 한 상속세납부고지서의 송달은 적법하다고 판시한다.[8)]

1 송달의 장소, 수령인 및 효력발생시점

조세법에서 규정하는 서류는 그 명의인(그 서류에 수신인으로 지정되어 있는 자를 말한다)의 주소, 거소, 영업소 또는 사무소(전자송달인 경우에는 명의인의 전자우편주소로서, 국세정보통신망에 저장하는 경우에는 명의인의 사용자확인기호를 이용하여 접근할 수 있는 곳을 말한다. 이하 '주소 또는 영업소'라 한다)에게 송달한다(국기 8조 1항). 정보통신망에 대하여서는 별도의 정의규정(국기 2조 18호)이 있다. 연대납세의무자에게 서류를 송달할 때에는 그 대표자를 명의인으로 하며, 대표자가 없을 때에는 연대납세의무자 중 국세를 징수하기에 유리한 자를 명의인으로 하나, '납부고지와 독촉'에 관한 서류는 '연대납세의무자 모두에게' 각 송달하여야 한다(국기 8조 2항). 상속이 개시된 경우 상속재산관리인이 있을 때에는 그 상속재산관리인의 주소 또는 영업소에 송달한다(국기 8조 3항). 납세관리인이 있을 때에는 '납부고지와 독촉에 관한 서류'는 그 납세관리인의 주소 또는 영업소에 송달한다(국기 8조 4항). 위 각 서류의 송달을 받을 자가 주소 또는 영업소 중에서 송달받을 장소를 법정절차 및 문서(국기령 5조 1항)에 따라 정부에 신고한 경우에는 그 신고된 장소에 송달하여야 하고 이를 변경한 경우에도 또한 같다(국기 9조). 서류를 송달받을 장소로 주민등록법 상 주소를 신고한 자가 위 신고서를 제출하면서 같은 법에 따른 주소가 이전하는 때에 송달받을 장소도 변경되는 것에 동의한 경우에는 주민등록법 상 전입신고를 위 송달받을 장소의 변경신고로 본다(국기령 5조 2항).

송달하는 서류는 송달받아야 할 자에게 도달한 때부터 효력이 발생하나, 전자송달의 경우에는 송달받을 자가 지정한 전자우편주소에 입력된 때(국세정보통신망에 저장하는 경우에는 저장된 때)에 그 송달을 받아야 할 자에게 도달한 것으로 본다(국기 12조). 송달은 그 명의인에게 하는 것이 원칙이나 명의인은 다른 사람에게 수령권을 위임할 수도 있고 그 자

8) 대법원 1990.10.23. 90누3393.

격은 위임인의 종업원 또는 동거인에 한정되지 않으며 묵시적으로도 위임이 가능하다.[9] 판례 역시 이러한 취지의 판시를 한다. 즉 납세의무자가 거주하던 아파트에서는 통상 일반 우편물은 집배원이 아파트 경비실 부근에 설치되어 있는 세대별 우편함에 넣으면 아파트 거주자들이 이를 위 우편함에서 수거하여 가고, 등기우편물 등 특수우편물의 경우에는 집배원이 아파트 경비원에게 주면 아파트 경비원이 이를 거주자에게 전달하여 왔으며, 위 아파트의 주민들은 이러한 우편물 배달방법에 관하여 별다른 이의를 제기하지 아니하여 왔다면, 위 납세의무자 및 아파트의 주민들은 등기우편물 등의 수령권한을 아파트의 경비원에게 묵시적으로 위임한 것이라고 볼 것이므로, 아파트의 경비원이 납부고지서를 수령한 날, 납부고지서가 적법하게 납세의무자에게 송달되었다고 할 것이다.[10] **만약 납부고지서의 송달이 부적법하여 송달의 효력이 발생하지 않으면 해당 과세처분은 무효가 된다.**[11]

2 송달방법

서류 송달은 교부, 우편 또는 전자송달의 방법으로 한다(국기 10조 1항). 서류를 송달하는 경우에 송달받아야 할 자가 주소 또는 영업소를 이전하였을 때에는 주민등록표 등으로 이를 확인하고 이전한 장소에 송달하여야 한다(국기 10조 5항). 이상의 방법으로 송달을 하는 것이 어려운 경우에는 서류의 주요 내용을 공고하는 방법으로 송달을 할 수 있다. 이를 공시송달이라고 한다(국기 11조).

우편송달에 대하여 본다. '납부고지 · 독촉 · 강제징수 또는 조세법에 따른 정부의 명령에 관계되는 서류의 송달'을 우편으로 할 때에는 등기우편으로 하여야 하나, 소득세 중간예납세액의 납부고지서(소세 65조 1항), 개인사업자의 부가가치세 예정신고납부에 관한 납부고지서(부가세 48조 3항) 및 납세의무가 확정된 국세(국기 22조 2항)에 대한 과세표준신고서를 법정신고기한까지 제출하였으나 과세표준신고액에 상당하는 세액의 전부 또는 일부를 납부하지 아니하여 발급하는 납부고지서로서 50만원(국기령 5조의2) 미만에 해당하는 납부고지서는 일반우편으로 송달할 수 있다(국기 10조 2항). 일반우편으로 서류를 송달하였을 때에는 해당 행정기관의 장은 법정사항(국기 10조 7항 각 호 부분)을 확인할 수 있는 기록을 작성하여 갖춰 두어야 한다(국기 10조 7항). **납세자가 과세처분의 내용을 이미 알고 있는 경우에도 납**

9) 임승순, 전게서, 168면.
10) 대법원 1998.5.15. 98두3679.
11) 대법원 1995.8.22. 95누3909.

부고지서를 송달하여야 하는가? 납부고지는 조세법률주의의 대원칙에 따라 처분청으로 하여금 자의를 배제하고 신중하고도 합리적인 처분을 행하게 함으로써 조세행정의 공정성을 기함과 동시에 납세의무자에게 부과처분의 내용을 상세하게 알려서 불복 여부의 결정 및 그 불복신청에 편의를 주려는 취지에서 나온 것으로 엄격히 해석 적용되어야 할 강행규정이므로 납세자가 과세처분의 내용을 이미 알고 있는 경우에도 납부고지서의 송달이 불필요하다고 할 수는 없다.[12)]

교부송달에 대하여 본다. 교부에 의한 서류 송달은 해당 행정기관의 소속 공무원이 서류를 송달할 장소에서 송달받아야 할 자에게 서류를 교부하는 방법으로 하나, 송달을 받아야 할 자가 송달받기를 거부하지 아니하면 다른 장소에서 교부할 수 있다(국기 10조 3항). 위와 같이 다른 장소에서 서류를 교부하는 것을 통상 **'조우송달'**이라고 한다. 국세기본법은 교부송달에 한하여 조우송달을 할 수 있도록 규정하고 있으나, 행정절차법에는 그러한 제한이 없다(행정절차 14조 1항). 그러나 납부고지서 등 서류가 납세의무자에 대하여 미치는 영향 등을 감안한다면 국세기본법의 입장이 반드시 타당하지 않다고 할 수는 없다. 서류를 교부하였을 때에는 송달서에 수령인이 서명 또는 날인하게 하여야 하나, 수령인이 서명 또는 날인을 거부하면 그 사실을 송달서에 적어야 한다(국기 10조 6항). 납부고지서를 교부송달하는 경우에도 납세의무자 또는 그와 일정한 관계에 있는 사람이 현실적으로 이를 수령하는 행위가 반드시 필요하다 할 것이므로, 세무공무원이 납세의무자와 그 가족들이 부재중임을 알면서도 아파트 문틈으로 납부고지서를 투입하는 방식으로 송달하였다면, 이러한 납부고지서의 송달은 부적법한 것으로서 효력이 발생하지 아니한다.[13)]

'우편송달과 교부송달'의 경우에 송달할 장소에서 서류를 송달받아야 할 자를 만나지 못하였을 때에는 그 사용인이나 그 밖의 종업원 또는 동거인으로서 사리를 판별할 수 있는 사람에게 서류를 송달할 수 있으며, 서류를 송달받아야 할 자 또는 그 사용인이나 그 밖의 종업원 또는 동거인으로서 사리를 판별할 수 있는 사람이 정당한 사유 없이 서류 수령을 거부할 때에는 송달할 장소에 서류를 둘 수 있다(국기 10조 4항). 전자를 **'보충송달'**이라고 하고, 후자를 **'유치송달'**이라고 한다. 법인에 대한 송달은 대표자에게 교부함이 원칙이지만 그 대표자를 만나지 못한 때에는 사무원이나 고용인으로서 사물을 변식할 지능이 있는 자

12) 대법원 1997.5.23. 96누5094.
13) 대법원 1997.5.23. 96누5094.

에게 서류를 교부할 수 있는 것이고 이 경우 송달은 사무원 등에게 서류를 교부한 때 완료되어 그 효력이 생긴다.[14] **소송서류를 송달받을 본인과 당해 소송에 관하여 이해의 대립 내지 상반된 이해관계가 있는 수령대행인에게 보충송달을 할 수 있는가?** 보충송달제도는 본인 아닌 그의 사무원, 피용자 또는 동거인, 즉 수령대행인이 서류를 수령하여도 그의 지능과 객관적인 지위, 본인과의 관계 등에 비추어 사회통념 상 본인에게 서류를 전달할 것이라는 합리적인 기대를 전제로 한다. 그런데 본인과 수령대행인 사이에 당해 소송에 관하여 이해의 대립 내지 상반된 이해관계가 있는 때에는 수령대행인이 소송서류를 본인에게 전달할 것이라고 합리적으로 기대하기 어렵고, 이해가 대립하는 수령대행인이 본인을 대신하여 소송서류를 송달받는 것은 쌍방대리금지의 원칙에도 반하므로, 본인과 당해 소송에 관하여 이해의 대립 내지 상반된 이해관계가 있는 수령대행인에 대하여는 보충송달을 할 수 없다.[15]

위 '**동거인**'의 범위와 관련된 판례를 본다. 납세의무자의 주소지에서 그 처남의 처에게 납부고지서를 교부하였다면 이는 납세의무자의 동거인으로서 위 납부고지서를 교부받을 수 있는 자에게 한 적법한 송달이다.[16] 납세의무자가 아파트에 단독으로 전입, 세대를 구성하고 있고, 그 딸은 처, 모 등과 함께 그 이웃 아파트에 따로 세대를 구성하여 주민등록 상 별개의 독립한 세대를 구성하고 있지만 실제로는 생활을 같이하고 있는 경우에는 그 딸이 동거자라고 봄이 상당하여 납세의무자에 대한 납부고지서를 딸이 수령함으로써 적법하게 송달되었다.[17] 다만 혼인하여 별도의 주소지에서 생활하면서 일시 송달명의인의 주소지를 방문한 송달명의인의 아들에게 납부고지서를 교부한 것만으로는 송달을 받아야 할 자에게 도달하였다고 단정할 수 없다.[18]

위 '**사리를 판별할 수 있는 사람**'에 대하여 본다. 만 9세 7개월로서 초등학교 3학년 학생인 원고의 딸에게 송달되었다면, 사리를 변식할 지능이 있는 자에 대한 송달이라고 할 것이다.[19]

위 '**정당한 사유 없이 서류 수령을 거부할 때**'에 대하여 본다. 주소 또는 영업소에서 서류의 수령을 거부한 때라 함은 송달을 받아야 할 자의 주소 또는 영업소에서 서류를 송달하려

14) 대법원 1992.2.11. 91누5877.
15) 대법원 2016.11.10. 2014다54366.
16) 대법원 1986.9.9. 85누1003.
17) 대법원 1992.9.14. 92누2363.
18) 대법원 1992.10.13. 92누725.
19) 대법원 1990.3.27. 89누6013.

하였으나 그 수령을 거부한 때를 가리킨다고 할 것이며 그 이외의 장소에서 서류를 송달하려 하였으나 수령을 거부한 것과 같은 경우는 포함되지 아니한다.[20] 납세자가 부과처분 제척기간이 임박하자 납부고지서의 수령을 회피하기 위하여 고지서 수령 약속을 어기고 일부러 집을 비워 두어서 세무공무원이 부득이 납세자의 아파트 문틈으로 납부고지서를 투입하였다고 하여 신의성실의 원칙을 들어서 그 고지서가 송달되었다고 볼 수는 없다.[21]

전자송달에 대하여 본다. 전자송달은 법정절차(국기령 6조의2 1항-3항)에 따라 서류를 송달받아야 할 자가 신청한 경우에만 하는 것이나, 납부고지서가 송달되기 전에 법정절차(국기령 6조의2 4항)에 따라 납세자가 세액을 자진납부한 경우 납부한 세액에 대해서는 자진납부한 시점에 전자송달을 신청한 것으로 본다(국기 10조 8항). 납세자가 2회 연속하여 전자송달(국세정보통신망에 송달된 경우에 한정)된 서류를 열람하지 아니하는 경우에는 법정 절차(국기령 6조의2 5항)에 따라 전자송달의 신청을 철회한 것으로 보나, 납세자가 전자송달된 납부고지서에 의한 세액을 그 납부기한까지 전액 납부한 경우에는 그러하지 아니하다(국기 10조 9항). 다만 국세정보통신망의 장애로 전자송달을 할 수 없는 경우나 그 밖에 법정사유(국기령 6조의3)가 있는 경우에는 교부 또는 우편의 방법으로 송달할 수 있다(국기 10조 10항). 한편 납세자가 2회 연속하여 전자송달(국세정보통신망에 송달된 경우에 한정)된 서류를 열람하지 않은 경우에는 두 번째로 열람하지 아니한 서류에 대한 '납부기한 등 송달된 서류상 기한' 및 '그 밖의 경우에 국세정보통신망에 최초로 저장된 때부터 1개월이 되는 날'의 다음 날에 전자송달 신청을 철회한 것으로 본다(국기령 6조의2 5항). 그 밖에 전자송달을 할 수 있는 서류의 구체적인 범위 및 송달 방법 등에 관한 정함이 있다(국기령 6조의4).

공시송달에 대하여 본다. 서류를 송달받아야 할 자가 '주소 또는 영업소가 국외에 있고 송달하기 곤란한 경우', '주소 또는 영업소가 분명하지 아니한 경우', '보충송달 또는 유치송달(국기 10조 4항)을 할 수 없는 경우로서 등기우편으로 송달하였으나 수취인 부재로 반송되는 경우 등 법정사유(국기령 7조의2)가 있는 경우'에 해당하면, 서류의 주요 내용을 공고한 날부터 14일이 지나면 서류 송달이 된 것으로 본다(국기 11조 1항). 위 법정사유는 '서류를 등기우편으로 송달하였으나 수취인이 부재중인 것으로 확인되어 반송됨으로써 납부기한 내에 송달이 곤란하다고 인정되는 경우' 및 '세무공무원이 2회 이상 납세자를 방문[처음 방

20) 대법원 1987.7.21. 87누7.
21) 대법원 1997.5.23. 96누5094.

문한 날과 마지막 방문한 날 사이의 기간이 3일(기간을 계산할 때 공휴일 및 토요일은 산입하지 않는다) 이상이어야 한다]해 서류를 교부하려고 하였으나 수취인이 부재중인 것으로 확인되어 납부기한까지 송달이 곤란하다고 인정되는 경우'를 의미한다. 납부고지서에 대한 공시송달이 적법한지 여부에 관한 입증책임은 원칙적으로 과세관청에 있다.[22] '주소 또는 영업소가 분명하지 아니한 때'라 함은, 과세관청이 선량한 관리자의 주의를 다하여 송달을 받아야 할 자의 주소 또는 영업소를 조사하였으나 그 주소 또는 영업소를 알 수 없는 경우를 말한다.[23] 판례는 미국에 주소지를 둔 원고에 대한 납부고지서가 동봉된 우편물을 접수한 미국의 우체국이 원고의 주소지로 3회에 걸쳐 위 우편물이 도착하였음을 알리는 통지를 하였으나 결국 이를 전달하지 못하자 "unclaimed"라는 사유를 붙여 한국에 반송하였다면, 국세기본법 상 '주소 또는 영업소가 국외에 있고 송달하기 곤란한 경우'에 해당한다고 보여지므로 위 납부고지서의 송달을 공시송달의 방법으로 한 것은 적법하다고 판시한다.[24] **공시송달의 요건으로서 수취인 부재가 의미하는 바는 무엇인가?** 공시송달제도(국기 11조)의 취지와 납세의무자에게 책임질 수 없는 사유로 서류가 송달되지 아니하는 경우까지 공시송달을 허용하는 것은 헌법상 재판을 받을 권리(헌법 27조 1항)를 과도하게 침해할 우려가 있는 점 등을 고려하면, 국세기본법 상 공시송달의 요건(국기 11조 1항 3호 : 국기령 7조의2 1호, 2호)으로서의 '수취인의 부재'는 납세의무자가 기존의 송달할 장소로부터 장기간 이탈한 경우로서 과세권 행사에 장애가 있는 경우로 한정하여 해석함이 상당하다.[25] 따라서 과세관청이 납부고지서를 공시송달할 수 있는 사유와 관련하여 국세기본법에서 정한 '송달할 장소'란 과세관청이 선량한 관리자의 주의를 다하여 조사함으로써 알 수 있는 납세자의 주소, 거소, 영업소 또는 사무소를 말하고, 납세자의 '송달할 장소'가 여러 곳이어서 각각의 장소에 송달을 시도할 수 있었는데도 세무공무원이 그 중 일부 장소에만 방문하여 수취인이 부재 중인 것으로 확인된 경우에는 납부고지서를 공시송달할 수 있는 경우에 해당하지 않는다.[26] 위 공고는 '국세정보통신망', '세무서의 게시판이나 그 밖의 적절한 장소', '해당 서류의 송달 장소를 관할하는 특별자치시 · 특별자치도 · 시 · 군 · 구(자치구를 말한다)의 홈페이지, 게시판이나 그 밖의 적절한 장소', '관보 또는 일간신문' 중 어느 하나에 게시하거나

22) 대법원 1996.6.28. 96누3562.
23) 대법원 1999.5.11. 98두18701.
24) 대법원 1990.10.23. 90누3393.
25) 대법원 2014.11.27. 2014두9745.
26) 대법원 2015.10.29. 2015두43599.

게재하여야 하고, 국세정보통신망을 이용하여 공시송달을 할 때에는 다른 공시송달 방법과 함께 하여야 한다(국기 11조 2항).

공시송달의 요건 중 '보충송달 또는 유치송달(국기 10조 4항)을 할 수 없는 경우로서 등기우편으로 송달하였으나 수취인 부재로 반송되는 경우 등 법정사유(국기령 7조의2)가 있는 경우'에 대하여 검토한다. 서류를 송달하는 경우에 송달받아야 할 자가 주소 또는 영업소를 이전하였을 때에는 주민등록표 등으로 이를 확인하고 이전한 장소에 송달하여야 한다(국기 10조 5항)는 것이 송달의 원칙이다. 따라서 이를 위반하는 경우에는 부적법한 송달에 해당한다. 보충송달 또는 유치송달은 해당 송달할 장소가 적정하다는 전제 하에서만 이루어질 수 있다. 적정한 송달장소에서 보충송달 또는 유치송달을 할 수 있는 자 역시 없는 경우에 한하여, 위 법정사유가 추가 발생한다면 공시송달을 할 수 있는 것으로 판단된다. 그렇다면 **송달장소가 적정하지 않았거나 보충송달 또는 유치송달을 할 수 있는 자가 있었던 경우에는 법정사유**(국기령 7조의2)**가 발생한다고 하더라도 공시송달을 할 수 없다고 해석하여야 한다.**

그런데 법인세법 상 과세표준과 세액의 통지에 있어서 관리책임자의 신고가 없는 외국법인 또는 소재지가 분명하지 아니한 내국법인에 대하여 과세표준을 결정한 때에는 이를 공시송달하여야 한다(법세령 109조 3항). 내국법인의 경우에도 위 각 공시송달 요건을 갖춘 경우에만 소재지가 분명하지 않다는 요건을 충족한다고 해석하여야 한다. 그렇지 않다면 이는 합리적인 근거가 없이 개인인 납세의무자에 비하여 내국법인을 차별하는 것이라고 판단한다. 또한 외국법인의 경우에 '관리책임자의 신고가 없다는 요건만을 충족하면' 공시송달을 할 수 있도록 허용하는 것은, 외국법인이 갖는 특성을 감안한다고 할지라도, 개인인 납세의무자와 내국법인에 비하여 외국법인을 합리적인 근거가 없이 차별하는 것이라고 판단한다. 공시송달 요건을 보다 구체적으로 특정하여 규정할 필요가 있다.

3 관세법 및 지방세법 상 송달

관세법과 지방세법 역시 송달에 대하여 별도의 규정을 두고 있다(관세 11조 ; 지기 28조-33조). 위 각 규정들은 국세기본법의 규정과 그 내용이 유사하다. 또한 지방세의 부과·징수에 관하여 지방세기본법 또는 지방세관계법에서 규정한 것을 제외하고는 국세기본법과 국세징수법을 준용하므로(지기 153조), 송달과 관련하여서도 특별한 규정이 없다면 국세기본법 상 송달에 대한 규정들이 적용된다.

제2장

조세확정절차

제1절 확정의 방식

Ⅰ 신고납세방식과 부과과세방식

과세요건을 충족하는 경우에는 조세채무가 성립하고 이와 같이 성립된 조세가 확정되면 납세자는 해당 조세를 납부하여야 할 의무가 발생하며 이를 자의에 따라 납부하지 않는 경우에는 강제징수절차가 개시된다. 조세채무의 확정은 조세채무의 과세표준 및 세액을 확정하는 것을 의미하는 바, 국세는 국세기본법 및 개별세법의 절차에 따라 그 세액이 확정된다(국기 22조 1항). 이러한 조세채무의 확정은 강학 상 신고납세방식과 부과과세방식 등으로 구분하여 다음과 같이 정하여진다.

신고납세방식은 납부하여야 할 세액이 납세자의 신고에 의하여 확정하는 것을 원칙으로 하고 신고가 없거나 신고가 적정하지 않은 경우에 한하여 과세관청이 경정 또는 결정에 의하여 세액을 확정하는 방식을 의미한다.[27] 이는 일본 국세통칙법 상 정의에 해당한다. 우리의 경우에도 동일한 취지의 규정을 두고 있다. 즉 국세[소득세, 법인세, 부가가치세, 개별소비세, 주세, 증권거래세, 교육세, 교통·에너지·환경세, 종합부동산세(납세의무자가 과세표준과 세액을 정부에 신고하는 경우(종부세 16조 3항)에 한정한다)]는 납세의무자가 과세표준과 세액을 정부에 신고했을 때에 확정되나, 납세의무자가 과세표준과 세액의 신고를 하지 아니하거나 신고한 과세표준과 세액이 세법이 정하는 바에 맞지 아니한 경우에는 정부가 과세표준과 세액을 결정하거나 경정하는 때에 그 결정 또는 경정에 따라 확정된다(국기 22조 2항). 소득세, 법인세, 부가가치세, 개별소비세, 주세, 증권거래세, 교육세 또는 교통·에너지·환경세가 신고납세방식의 조세에 해당한다. 종합부동산세의 경우에는 원칙적으로

27) 일본 국세통칙법 제16조 제1항 제1호.

부과결정방식의 조세이나 납세의무자가 원하는 경우에는 그 세액을 신고납세할 수 있다. 신고납세방식의 국세 중 중간예납세액 역시 '자동확정되는 소득세 및 법인세(국기 22조 4항)를 제외하고는' 위와 같은 방식에 의하여 각 납부할 세액이 확정된다.

신고납세방식은 납세의무자가 스스로 과세표준 및 세액을 확정하는 방식이므로 자기부과방식(self-assessment)이라고 하며 이는 한편으로는 민주적 납세사상에 부합하고 다른 한편으로는 조세의 능률적 징수의 요청에 부합한다는 점으로 인하여 광범위하게 채용되고 있다. 다만 신고납세방식이 적정하게 기능하기 위하여서는 국민이 높은 납세의식을 가지고 자발적으로 정확한 신고를 한다는 것이 필요하므로 이를 위하여서는 납세환경이 정비되어야 한다.[28)]

부과과세방식은 납부하여야 할 세액을 과세관청의 처분에 의하여 확정하는 방식을 의미한다.[29)] 이는 일본 국세통칙법 상 정의에 해당한다. 우리의 경우에도 동일한 취지의 규정을 두고 있다. 즉 위 신고납부방식 외의 국세는 해당 국세의 과세표준과 세액을 정부가 결정하는 때에 확정된다(국기 22조 3항). 한편 법령에 의하여 납세의무자에게 납부할 세액을 신고할 의무를 부과하지 않는 조세가 부과과세방식의 조세라는 견해가 있으나,[30)] 우리의 상속세 및 증여세법의 경우에는 상속세 또는 증여세의 납부의무가 있는 자는 그 세액을 각 신고하여야 하나(상증세 67조 1항, 68조 1항) 각 과세표준과 세액은 세무서장이 결정하므로(상증세 76조) 이러한 범위 내에서는 위 견해가 타당하지 않다. 위 상속세 및 증여세의 경우를 '**신고 후 부과방식**'이라고 한다.

지방세의 경우에는 '납세의무자가 과세표준과 세액을 지방자치단체에 신고·납부하는 지방세의 경우에는 신고하는 때', '납세의무자가 신고·납부하는 지방세의 과세표준과 세액을 지방자치단체가 결정하는 경우에는 결정하는 때' 및 '그 밖의 지방세의 경우에는 해당 지방세의 과세표준과 세액을 해당 지방자치단체가 결정하는 때'에 그 세액이 각 확정된다(지기 35조 1항). 즉 지방세의 경우에도 신고납세방식과 부과과세방식에 의하여 조세채무가 확정된다. 수정신고(과세표준 신고서를 법정신고기한까지 제출한 자의 수정신고로 한정)(지기 49조)는 당초의 신고에 따라 확정된 과세표준과 세액을 증액하여 확정하는 효력을 가지고(지기 35조의2 1항), 수정신고는 당초 신고에 따라 확정된 세액에 관한 지방세법 또는 지

28) 이상 金子 宏、前掲書、702頁。
29) 일본 국세통칙법 제16조 제1항 제2호.
30) 金子 宏、前掲書、702頁。

방세관계법에서 규정하는 권리·의무관계에 영향을 미치지 아니한다(지기 35조의2 2항).

Ⅱ 자동확정방식

국세의 경우 '인지세', '원천징수하는 소득세 또는 법인세', '납세조합이 징수하는 소득세' 및 '중간예납하는 법인세(세법에 따라 정부가 조사·결정하는 경우는 제외한다)' 및 '납부지연가산세(국기 47조의4)와 원천징수 등 납부지연가산세(납부고지서에 따른 납부기한 후의 가산세로 한정한다)(국기 47조의5)'의 경우에는 납세의무가 성립하는 때에 특별한 절차 없이 그 세액이 확정된다(국기 22조 4항).

지방세의 경우 특별징수하는 지방소득세는 납세의무가 성립하는 때에 특별한 절차 없이 그 세액이 확정된다(지기 35조 2항).

이상의 조세확정방식을 **'자동확정방식'**이라고 한다.

제2절 조세의 확정절차

Ⅰ 조세확정절차의 관할

조세의 확정과 관련된 **'과세표준신고의 관할'** 및 **'결정 또는 경정결정의 관할'**에 대하여 본다. 과세표준신고서는 신고 당시 해당 국세의 납세지를 관할하는 세무서장에게 제출하여야 하나, 전자신고를 하는 경우에는 지방국세청장이나 국세청장에게 제출할 수 있고, 과세표준신고서가 적정한 세무서장 외의 세무서장에게 제출된 경우에도 그 신고의 효력에는 영향이 없다(국기 43조). 또한 국세의 과세표준과 세액의 결정 또는 경정결정은 그 처분 당시 그 국세의 납세지를 관할하는 세무서장이 한다(국기 44조).

Ⅱ 납세신고

1 총설

납세신고는 **신고납세방식의 조세** 및 **신고 후 부과방식의 조세**(상증세 67조 1항, 68조 1항, 76조)에 대하여 납세자가 각 조세법령의 정함에 따라 납세신고서를 과세관청에 제출하는 것을 의미한다(소세 65조, 69조, 70조, 71조, 105조, 106조 ; 법세 60조, 76조의17, 76조의18 ; 부가세 48조 –50조 ; 개소세 9조, 10조의3 ; 주세 9조 ; 증권세 10조, 10조의2 ; 교육세 9조 ; 교통세 7조, 8조의2 ; 종부세 16조 3항). 국세를 중심으로 본다.

납세신고는 사인의 공법행위의 일종으로서 납세하여야 할 세액(또는 순손실 또는 결손금의 액)을 확정시키는 효과를 갖는다.[31] 사인의 공법행위는 사인이 행하는 행위로서 공법적 효과의 발생을 목적으로 하는 것을 말한다.[32] 신고에는 원칙적으로 민법의 규정이 준용된다고 할 수 있으나, 별도의 규정이 있거나 또는 별도의 규정은 없더라도 신고의 성질 또는 조세법규의 취지에 비추어 민법규정을 적용하지 않는 것에 합리적인 이유가 있는 경우에는 그 적용을 배제하는 것이 타당하다.[33] **민법 상 비진의 의사표시의 무효에 관한 규정은 사인의 공법행위에 적용되지 않는다.**[34] **납세의무자가 착오에 의하여 과다한 세액을 신고한 경우에 대하여 민법 상 착오에 의한 의사표시 규정이 적용될 수 있는가?** 납세의무자가 과다하게 신고한 경우에는 경정의 청구(국기 45조의2)를 할 수 있으므로 착오에 의한 의사표시 규정(민법 109조)이 적용될 수 없으나(경정청구의 배타성), 착오가 객관적으로 명백하고 중대하며 경정의 청구가 아닌 방법으로 그 시정을 허용하지 않으면 납세의무자의 이익을 현저하게 해한다고 인정되는 특별한 경우에는 착오에 의한 의사표시 규정이 적용될 수 있다고 해석하는 것이 타당하다.[35] 다만 그 해석의 근거가 무엇인지 여부가 문제로 될 수 있다. 이미 발생한 납세신고의 효력을 취소하는 것이 아니라, 위 특별한 사정이 있는 경우에는 해당 납세신고의 효력이 처음부터 발생하지 않는 것으로 보는 것 역시 가능할 것이다. 해당 착오가 객관적으로 명백하며 중대한 것이기 때문이다. 일본의 경우 위 특별한 사정의 존재를 부인한 판례들도 있지만, 이를 긍정하는 판례들[36] 역시 있다. **통정한 허위의 의사표시**

31) 東京高判 昭和40年9月30日 月報12卷2号, 275頁。
32) 金子 宏、前掲書、709頁。
33) 上掲書、708頁。
34) 대법원 2000.11.14. 99두5481.
35) 日最判 昭和39年10月22日 民集18卷8号, 1762頁。

규정(민법 108조)**은 과세관청이 공모하여야 한다는 점이 전제로 되어야 하므로 그 적용가능성이 없다. 사기 또는 강박에 의한 의사표시 규정**(민법 110조)**의 경우에는 과세관청이 사기나 강박을 한다는 점이 전제되어야 하므로 그 적용가능성이 없고 또한 제삼자가 사기나 강박을 행한 경우에는 과세관청이 그 사실을 알았거나 알 수 있었을 경우에 한하여 그 의사표시를 취소할 수 있으므로 이 역시 적용가능성이 없다.** 또한 거래보호의 관점에서 적용되는 **민법 상 표현대리 규정들**(민법 125조, 126조, 129조) **역시 납세신고에 있어서는 적용되지 않는다고 해석하는 것이 타당하다.**[37)] 과세관청이 대리권이 없음을 알았거나 알 수 있었을 때(민법 125조) 또는 대리권이 소멸하였음을 알지 못한 것에 대하여 과세관청에 과실이 있는 경우(민법 129조)에 해당 납세신고를 취소할 수 있다거나 대리권한이 있다고 믿을 만한 정당한 이유가 있는 때에 한하여 납세신고가 유효하다고 해석하는 것은 납세의무자에 의하여 집단적이고도 반복적으로 행하여지는 납세신고의 성질 상 타당하지 않기 때문이다. 과세관청에 대하여 위와 같은 부담을 지울 합리적인 근거 역시 없다.

사인의 공법행위에 해당하는 납세신고에 조건, 기한 및 기타 부관을 더하는 것이 허용되는가? 행정과정에 있어서 공법 상 효력이 인정되는 사인의 공법행위는 공법관계를 규율하는 것으로서 형식 상 명확성, 내용의 확실성 및 법적효과의 획일성을 필요로 하기 때문에 실정법규에 특별한 규정이 존재하지 않는 한 원칙적으로 조건, 기한 및 기타 부관을 더하는 것이 허용되지 않는다.[38)]

납세신고는 위 각 개별세법 상 시행규칙(교육세법의 경우에는 교육세법 시행령 제7조) **상 별지 서식에 의하여 신고하여야 한다. 즉 요식행위이다.** 납세신고를 본인이 아닌 제3자의 명의로 한 경우에 그 신고가 외관 상 납세의무자의 본인의 통칭 내지 별칭에 의한 것으로 판단되지 않는 한 본인의 신고로서 납세의무의 확정효과가 발생하지 않으므로 해당 납세신고는 유효하지 않다.[39)] 조세특례를 받기 위한 요건으로서 신고서에 일정한 기재를 할 것이 요구되는 경우에는 그 기재를 하지 않은 납세자는 원칙적으로 그 특례의 적용을 받을 수 없다.[40)]

법인세의 경우에는 납세신고서에 '기업회계기준을 준용하여 작성한 개별 내국법인의 재

36) 東京地判 昭和56年4月27日 行裁例集32卷4号, 661頁, 札幌地判 昭和63年12月8日 月報35卷5号, 900頁。
37) 東京地判 昭和45年11月30日 行裁例集21卷11＝12号, 1385頁。
38) 東京地判 平成25年7月30日 平成23年(行ウ)第145号。
39) 日最判 昭和46年3月30日 刑集25卷2号, 359頁。
40) 横浜地判 昭和52年8月3日 月報23卷9号, 1669頁。

무상태표 · 포괄손익계산서 및 이익잉여금처분계산서(또는 결손금처리계산서)'를 첨부하여야 한다(법세 60조 2항 1호). 그런데 이들 재무제표들은 정기총회에 제출하여 그 승인을 받아야 한다(상법 449조). 다만 외부감사인의 적정의견이 있고 감사(감사위원회 설치회사의 경우에는 감사위원) 전원의 동의가 있다면, 회사의 정관이 정하는 바에 따라 이사회가 재무제표들을 승인할 수 있다(상법 449조의2). 법인세법은 위 재무제표들을 첨부하지 않으면 법인세법에 따른 신고로 보지 아니한다(법세 60조 5항). **만약 재무제표들을 납세신고서에 첨부하였으나 이들 서류에 대하여 적법한 주주총회 또는 이사회의 승인을 받지 않은 경우에는 어떻게 처리하여야 하는가?** 적법한 주주총회 또는 이사회의 승인이 있었는지 여부는 법인 내부의 사정에 불과하므로 이에 근거하여 대외적으로 공법적 효력을 가지는 납세신고의 효력이 좌우되는 것은 타당하지 않다. 따라서 이 경우 역시 납세신고가 있었다고 보는 것이 타당하다.[41)]

만약 법인의 장부 및 계산서류가 압수되어 결산을 확정할 수 없는 관계로 개략적인 결산에 근거하여 법인세의 확정신고를 한 경우 이 역시 유효한 납세신고에 해당하는가? 해당 납세신고를 해당 법인이 법인세의 확정신고를 할 의사에 기하여 적법한 절차에 따라 신고한 것이므로 유효하다고 한 일본 판례가 있다.[42)] 그러나 우리 법인세법은 '기업회계기준을 준용하여 작성한' 위 각 서류들을 첨부하지 않는 한 법인세법에 따른 신고로 보지 아니한다고 규정하므로(법세 60조 5항) 달리 보아야 할 것으로 판단한다. 기업회계기준 자체를 준용하였다고 볼 수 없기 때문이다. 다만 우리의 경우에는 이를 적정한 신고를 하지 못함에 있어서 정당한 사유가 있는 것으로 보아야 할 것이다.

법인세의 납세신고에 첨부하여야 할 각 서류 상 기재사항이 모두 각 적정한 경우에 한하여 납세신고로서의 효력을 갖는 것인가? 이는 타당하지 않다. 위 각 서류 상 기재사항이 적절하지 않은 경우에도 각 서류가 첨부된 이상 납세신고로서의 효력은 인정되어야 한다(법세 60조 5항 참조).

41) 같은 취지 : 金子 宏、前掲書、709頁。
42) 大阪高判 昭和53年6月29日 行裁例集29卷6号, 1680頁。

2 납세신고의 종류

가. 전자신고

전자신고는 과세표준신고서 등 조세법에 따른 신고 관련 서류를 국세정보통신망 또는 지방세정보통신망을 이용하여 신고하는 것을 말한다(국기 2조 19호 ; 지기 2조 1항 29호). 국세정보통신망은 전기통신기본법 제2조 제2호에 따른 전기통신설비를 활용하거나 전기통신설비와 컴퓨터 및 컴퓨터의 이용기술을 활용하여 정보를 수집, 가공, 저장, 검색, 송신 또는 수신하는 정보통신체계로서 국세청장이 정하여 고시하는 것을 말한다(국기 2조 18호, 19호). 지방세정보통신망은 정보통신망(전자정부 2조 10호)으로서 행정자치부령으로 정하는 기준에 따라 행정자치부장관이 고시하는 지방세에 관한 정보통신망을 말한다(지기 2조 1항 28호). 연계정보통신망은 정보통신망(정보통신 2조 1항 1호)으로서 지방세기본법이나 지방세관계법에 따른 신고 또는 송달을 위하여 지방세통합정보통신망과 연계하여 사용하는 정보통신망을 말한다(지기 2조 1항 28호의2). 이하 국세를 중심으로 본다.

과세표준신고서, 과세표준수정신고서, 경정청구서 또는 과세표준신고 · 과세표준수정신고 · 경정청구와 관련된 서류를 국세정보통신망을 이용하여 제출하는 경우에는 해당 신고서 등이 국세청장에게 전송된 때에 신고된 것으로 본다(국기 5조의2 2항, 1항).

전자신고된 경우 과세표준신고 또는 과세표준수정신고와 관련된 서류 중 법정서류(국기령 1조의3 2항)에 대해서는 10일의 범위에서 제출기한을 연장할 수 있다. 다만 부가가치세법 상 조기환급(부가세 59조 2항)에 필요한 서류의 제출기한의 연장은 국세청장이 따로 정하여 고시한다(국기령 1조의3 3항). 법령단계에서 규정하는 것이 타당하다. 이는 과세관청 내부의 사무처리절차에 관계된 것이 아니라 국민의 권리의무에 영향을 미치는 사항이기 때문이다.

신고기한일이나 납부기한일에 국세정보통신망이 법정 장애(국기령 1조의3 1항)로 가동이 정지되어 전자신고나 전자납부를 할 수 없는 경우에는 그 장애가 복구되어 신고 또는 납부할 수 있게 된 날의 다음 날을 기한으로 한다(국기 5조 3항). 한편 국세기본법 상 **'법정 장애**(국기 5조 3항)'란 '정전, 통신상의 장애, 프로그램의 오류, 그 밖의 부득이한 사유로 국세정보통신망의 가동이 정지되어 전자신고 또는 전자납부를 할 수 없게 되는 경우'를 의미한다(국기령 1조의3 1항).

과세표준신고서는 신고 당시 해당 국세의 납세지를 관할하는 세무서장에게 제출하여야 하나, 전자신고를 하는 경우에는 지방국세청장이나 국세청장에게 제출할 수 있다(국기 43조 1항).

전자신고의 경우에는 세액공제가 인정된다(조특 104조의8).

나. 예정신고

소득세, 법인세 및 부가가치세 등 기간과세에 있어서 '과세기간 중 일정한 기간' 및 '해당 기간에 대하여 납부할 세액'을 정하여 해당 기간이 종료되는 시점에 그 세액을 신고납부하도록 하는 경우가 있는 바 그 신고를 예정신고라고 한다. 이에 반하여 과세기간이 종료한 이후에 확정적으로 신고납부하는 경우에 있어서 그 신고를 확정신고라고 한다. 개별 세법 상 확정신고 이외에 별도로 예정신고에 대하여 규정한다(소세 65조, 69조, 105조, 106조 ; 부가세 48조). 소득세법 상 양도소득과세표준 예정신고를 한 자는 해당 소득에 대한 확정신고를 하지 아니할 수 있다(소세 110조 4항 본문). 즉 '해당 과세기간에 누진세율 적용대상 자산에 대한 예정신고를 2회 이상 하는 등 법정 경우'(소세 110조 4항 단서; 소세령 173조 2항)에 해당하지 않는 한 예정신고를 한 자는 '당해 소득'에 대한 확정신고를 하지 않을 수 있고, 이는 예정신고를 한 양도소득 외에 동일한 과세연도에 귀속되는 양도소득이 더 있더라도 마찬가지이다.[43] **예정신고의 경우에는 예정신고기간이 끝나는 때에 납세의무가 성립된다**(국기 21조 2항 3호). 예정신고의무를 위반하였을 경우에는 무신고·과소신고·초과환급신고가산세가 부과된다(국기 47조의2 5항, 47조의3 1항). 조세의 우선권을 결정하는 법정기일과 관련하여, 중간예납하는 법인세와 예정신고납부하는 부가가치세 및 소득세(소세 105조에 따라 양도소득과세표준 예정신고하는 경우로 한정한다)의 경우에는 그 신고일이 법정기일에 해당한다(국기 35조 2항 1호). 또한 사업이 양도·양수된 경우에 양도일 이전에 양도인의 납세의무가 확정된 그 사업에 관한 국세와 강제징수비를 양도인의 재산으로 충당하여도 부족할 때에는 사업의 양수인은 그 부족한 금액에 대하여 양수한 재산의 가액을 한도로 제2차 납세의무를 지는 바(국기 41조 1항), **'사업 양도일 이전에 양도인의 납세의무가 확정된 당해 사업에 관한 국세'에는 사업 양도일 이전에 당해 사업에 관하여 예정신고가 이루어진 부가가치세도 포함된다.**[44] 이 판례는 부가가치세 납세의무의 확정시기는 과세표준과 세액을 정부에 신고하는 때이지만 그 신고 범위에 예정신고를 제외하고 있지 않은 점(국기 22조 2항) 및 납세의무

43) 대법원 2021.11.25. 2020두51518.
44) 대법원 2011.12.8. 2010두3428.

의 확정이란 추상적으로 성립된 납세의무의 내용이 징수절차로 나아갈 수 있을 정도로 구체화된 상태를 의미하는데 예정신고를 한 과세표준과 세액에 대하여서는 징수절차로 나아갈 수 있는 점(부가세 48조 2항, 3항) 등을 근거로 한다.

국세부과의 제척기간은 확정 신고기한을 기준으로 산정된다. 조세를 부과할 수 있는 날로부터 제척기간이 기산되는 바(국기 26조의2), 신고납세방식의 조세(종합부동산세의 경우를 제외한다)에 있어서 조세를 부과할 수 있는 날은 과세표준신고기한의 다음 날을 의미한다. 그런데 그 **과세표준신고기한에는 중간예납, 예정신고기한 및 수정신고기한이 포함되지 않는다**(국기령 12조의3 1항 1호). **국세징수권 소멸시효의 기산일 역시 확정신고와 관련된 법정 신고납부기한의 다음 날을 기준으로 정하여진다.** 국세징수권 소멸시효의 기산일은 권리를 행사할 수 있는 날을 의미하는 바(국기 27조), 과세표준과 세액의 신고에 의하여 납세의무가 확정되는 국세의 경우에는 그 법정 신고납부기한의 다음 날이 권리를 행사할 수 있는 날에 해당하기 때문이다(국기 27조 3항 1호 참조).

다만, 이상의 규정들에도 불구하고, 중간예납 및 예정신고기한이 경과한 경우에는 관할세무서장이 결정 또는 경정하여 해당 세액을 징수할 수 있고 제척기간 및 소멸시효와 관련하여서는 개별세법에서 특별한 정함을 할 수 있으므로 달리 해석할 수 있는 여지가 있다. 이하 각 쟁점별로 구체적으로 살핀다.

납세의무자가 예정신고납부세액의 전부 또는 일부를 납부기한인 예정신고기한까지 납부하지 아니한 때에 과세관청은 양도소득과세표준 확정신고기한 전이라도 미납된 세액을 징수할 수 있는가? 판례에 따르면, 양도소득과세표준 예정신고납부제도의 입법 취지가 소득의 발생 초기에 미리 세액을 납부하도록 함으로써 세원을 조기에 확보하고 징수의 효율성을 도모하며 조세 부담의 누적을 방지하려는 데 있는 점 및 예정신고를 하여야 할 자가 신고를 하지 아니한 때에는 납세지 관할 세무서장으로 하여금 양도소득과세표준 및 세액을 결정하도록 규정하고 있는 점(소세 114조 1항) 등을 종합하면, 납세지 관할 세무서장은 거주자가 예정신고납부세액의 전부 또는 일부를 납부기한인 예정신고기한까지 납부하지 아니한 때에는 양도소득과세표준 확정신고기한 전이라도 미납된 세액을 징수할 수 있다.[45] 위 판례입장이 타당한 것으로 보이나, 이와 관련하여서는, '조세를 부과할 수 있는 날이 조세채권 부과권의 제척기간의 기산일에 해당하고 그 기산일은 확정신고기한을 기준으로 하여 정

45) 대법원 2011.9.29. 2009두22850.

하여진다는 점(국기 26조의2 ; 국기령 12조의3 1항 1호)'과 '예정신고를 하여야 할 자가 신고를 하지 아니한 때에는 납세지 관할 세무서장으로 하여금 양도소득과세표준 및 세액을 결정하도록 규정하고 있는 점(소세 114조 1항)'이 모순되는 것으로 보인다. 부과되지 않는 조세를 징수할 권한은 과세관청에게 부여되지 않기 때문이다. 한편 국세기본법은 개별 세법에 우선하여 적용하나, 개별 세법에서 납부의무의 소멸(국기 26조)에 대한 특례규정을 두고 있는 경우에는 그 세법에서 정하는 바에 따른다(국기 3조 1항). 국세기본법에 따르면 '국세를 부과할 수 있는 기간에 국세가 부과되지 아니하고 그 기간이 끝난 때(국기 26조의2)' 또는 '국가의 권리를 행사할 수 있는 때부터 국세징수권을 행사하지 않고서 그 소멸시효가 완성된 때(국기 27조)'에 납부의무는 소멸하는 바(국기 26조), 위 각 사유로 납부의무가 소멸하는지 여부를 결정하기 위하여서는 각 '조세를 부과할 수 있는 날'과 '권리를 행사할 수 있는 날'이 정하여져야 한다. 그런데 소득세법은 양도소득세와 관련하여 예정신고를 하여야 할 자가 신고를 하지 아니한 때에는 납세지 관할 세무서장은 양도소득과세표준 및 세액을 결정할 수 있다고 규정한다(소세 114조 1항). 따라서 양도소득세의 예정신고와 관련하여 소득세법은 '조세를 부과할 수 있는 날'과 '권리를 행사할 수 있는 날'을 특별하게 규정하고 있는 것으로 보아야 한다. 그렇게 해석할 경우에 한하여, '거주자가 예정신고납부세액의 전부 또는 일부를 납부기한인 예정신고기한까지 납부하지 아니한 때에는 양도소득과세표준 확정신고기한 전이라도 미납된 세액을 징수할 수 있다는 점'과 '조세를 부과할 수 있는 날이 조세채권 부과권의 제척기간의 기산일에 해당하고 그 기산일은 확정신고기한을 기준으로 하여 정하여진다는 점(국기 26조의2 ; 국기령 12조의3 1항 1호)'이 모순되지 않게 된다. 판례 역시 국세부과의 제척기간 기산일인 '국세를 부과할 수 있는 날'에서 '예정신고기한의 다음 날'을 제외하였더라도 국세기본법의 위임 범위와 한계를 벗어나거나 헌법상 평등의 원칙, 재산권보장의 원칙 또는 과잉금지의 원칙을 위배하여 무효라고 볼 수 없다고 판시한다.[46]

납세자가 양도소득세 예정신고를 한 후 '그와 다른 내용으로 확정신고를 한 경우에' 그 예정신고에 의하여 잠정적으로 확정된 과세표준과 세액은 확정신고에 의하여 확정된 과세표준과 세액에 흡수되어 소멸하는가? 이 경우에는 예정신고 상 과세표준과 세액은 확정신고에 의하여 확정된 과세표준과 세액에 흡수되어 소멸하고, 이에 따라 예정신고를 기초로 이루어진 징수처분 역시 효력을 상실한다.[47]

46) 대법원 2020.6.11. 2017두40235; 대법원 2021.12.30. 2017두73297.

납세의무자가 예정신고를 한 후 '그와 같은 내용으로 확정신고를 한 경우' 예정신고에 의하여 잠정적으로 확정된 과세표준과 세액은 확정신고에 의하여 종국적으로 확정된 과세표준과 세액에 흡수되어 소멸하는가? 양도소득과세표준 예정신고를 한 자는 원칙적으로 당해 소득에 대한 양도소득과세표준 확정신고를 하지 아니할 수 있다고 규정하고 있는 점(소세 110조 4항 본문), 납세의무자가 예정신고를 한 후 그와 같은 내용으로 확정신고를 한 경우에는 확정신고에 따른 세액 정산이 이루어지지 아니하므로 예정신고를 한 후 확정신고를 하지 않은 경우와 실질적인 차이가 없는 점, 예정신고와 같은 내용으로 한 확정신고는 예정신고 내용을 추인함으로써 예정신고에 의하여 잠정적으로 확정된 과세표준과 세액을 종국적으로 확정하는 의미밖에 없는 점 등을 종합하면, 납세의무자가 예정신고를 한 후 그와 같은 내용으로 확정신고를 한 경우 예정신고에 의하여 잠정적으로 확정된 과세표준과 세액은 확정신고에 의하여 종국적으로 확정된 과세표준과 세액에 흡수되어 소멸하는 것이 아니라 그대로 유지되고, 따라서 예정신고를 기초로 한 징수처분 역시 효력이 소멸하지 아니한다.[48]

예정신고를 하였으나 세액을 납부하지 아니한 납세의무자가 예정신고납부세액공제를 적용받지 못하게 되었고, 이로 인하여 양도소득과세표준과 산출세액, 결정세액 등은 예정신고 내용과 동일하게 하면서 자진납부할 세액만을 다르게 확정신고 및 납부를 한 경우 역시 예정신고와 같은 내용으로 확정신고를 한 것으로 보아야 하는가? 양도소득과세표준 예정신고 및 양도소득과세표준 확정신고의 대상을 '양도소득과세표준'으로 규정하고 있는 점(소세 105조 1항, 110조 1항) 및 예정신고납부세액공제는 예정신고를 하고 그에 따라 실제로 세액을 자진납부한 경우에만 적용되는 것으로서(소세 108조 1항) 양도소득과세표준이나 산출세액, 결정세액에는 아무런 변동도 초래하지 아니하는 점 등을 고려하면, 이 경우 역시 예정신고와 같은 내용으로 확정신고를 한 것으로 볼 수 있으므로, 예정신고를 기초로 한 납부고지 역시 효력이 소멸하는 것은 아니다.[49]

중간예납 및 예정신고를 하는 소득세 또는 부가가치세에 대하여서도 국세기본법 상 경정청구를 할 수 있는가? 국세기본법 상 경정청구(국기 45조의2)는 과세표준신고서를 법정신고기한까지 제출한 자가 청구할 수 있다(국기 45조의2 1항). 과세표준신고서는 국세의 과세표준

47) 대법원 2008.5.29. 2006두1609.
48) 대법원 2011.9.29. 2009두22850.
49) 대법원 2011.9.29. 2009두22850.

과 국세의 납부 또는 환급에 필요한 사항을 적은 신고서를 말하고(국기 2조 15호), 법정신고기한은 세법에 따라 과세표준신고서를 제출할 기한을 말한다(국기 2조 16호). 국세기본법은 제척기간의 계산과 관련된 과세표준신고기한에는 중간예납 및 예정신고기한이 포함되지 않는다고 규정하지만(국기령 12조의3 1항 1호 단서), 경정청구와 관련된 법정신고기한 자체에 대하여 정의하지는 않는다. 그렇다면 경정청구와 관련된 법정신고기한에 중간예납 및 예정신고기한이 포함되는지 여부가 문제로 된다. 국세기본법 상 경정청구에 대하여 과세관청이 감액경정을 할 수 있기 위하여서는 해당 경정청구시점에 과세관청에게 해당 조세와 관련하여 결정 또는 경정할 수 있는 권한이 부여되어 있다는 점이 전제되어야 한다. 따라서 예정신고하는 소득세 또는 부가가치세와 관련하여 각 예정신고기한이 경과된 경우 과세관청이 해당 조세를 부과하여 징수할 수 있는지 여부에 대하여 살펴야 한다. 납세지 관할 세무서장은 양도소득세 예정신고를 하여야 할 자가 신고를 하지 아니한 때에는 양도소득과세표준 및 세액을 결정할 수 있다(소세 114조 1항). 또한 소득세의 경우에도 종합소득이 있는 거주자에 대하여서는 납세지 관할 세무서장이 중간예납세액을 경정하거나 결정할 수 있고(소세 65조 9항), 부가가치세의 경우에도 납세지 관할 세무서장은 해당 예정신고기간이 끝난 후 25일까지 해당 부가가치세액을 징수할 수 있다(부가세 48조 3항). 그렇다면 중간예납 및 예정신고를 하는 소득세 또는 부가가치세에 대하여서도 국세기본법 상 경정청구(국기 45조의2)를 할 수 있는 것으로 보아야 한다. 다만 현실적으로 예정신고 자체에 대하여서만 경정청구를 할 실익이 있는 경우는 드물 것으로 본다.

한편 **'중간예납 및 예정신고를 하는 소득세 또는 부가가치세에 대하여서도 국세기본법 상 경정청구를 할 수 있다는 점'과 '조세를 부과할 수 있는 날이 조세채권 부과권의 제척기간의 기산일에 해당하고 그 기산일은 확정신고기한을 기준으로 하여 정하여진다는 점'이 서로 모순되는 것은 아닌가?** 국세기본법 상 경정청구(국기 45조의2)는 '과세표준신고서를 법정신고기한까지 제출한 경우'에 한하여 허용된다. 국세기본법은 제척기간의 계산과 관련된 과세표준신고기한에는 중간예납 및 예정신고기한이 포함되지 않는다고 규정하지만(국기령 12조의3 1항 1호 단서), 경정청구와 관련된 법정신고기한 자체에 대하여는 정의하지는 않는다. 이러한 상황 하에서 국세기본법 상 경정청구와 관련된 법정신고기한에 중간예납 및 예정신고기한이 포함되는 것으로 해석하는 것이 '국세기본법 상 제척기간의 계산과 관련된 과세표준신고기한에는 중간예납·예정신고기한과 수정신고기한이 포함되지 않는다는 점(국기령 12조의3 1항 1호 단서)'과 모순되는 것은 아닌지 여부가 문제로 된다. 부과되지 않는 조세를 징수할 권한은 과세관청에게 부여되지 않기 때문이다. 그러나 위와 같이 소득세법 또는 부가가치세법이 제척기간의 기산일에 해당하는 확정신고기한에 대하여 예정신고 등과 관련하여 별도의 정함을 하고 있는 것으로 해석한다면, 이러한 모순은 없는 것으로 보아야 할 것이다.

다. 기한 내 신고와 기한 후 신고

법정신고기한까지 과세표준신고서를 제출하지 아니한 자는 관할 세무서장이 해당 국세의 과세표준과 세액(이 법 및 세법에 따른 가산세를 포함한다)을 결정하여 통지하기 전까지 기한후과세표준신고서를 제출할 수 있다(국기 45조의3 1항). 위 신고를 **'기한 후 신고'**라고 한다. 이에 반하여 법정신고기한 내에 과세표준 및 세액을 신고하는 것은 **'기한 내 신고'**라고 한다.

기한 후 신고를 제출한 자로서 세법에 따라 납부하여야 할 세액이 있는 자는 그 세액을 납부하여야 한다(국기 45조의3 2항). 기한후과세표준신고서를 제출하거나 기한후과세표준신고서를 제출한 자가 과세표준수정신고서를 제출한 경우(국기 45조 1항) 관할 세무서장은 세법에 따라 신고일부터 3개월 이내에 해당 국세의 과세표준과 세액을 결정 또는 경정하여 신고인에게 통지하여야 한다(국기 45조의3 3항 본문). 다만, 그 과세표준과 세액을 조사할 때 조사 등에 장기간이 걸리는 등 부득이한 사유로 신고일부터 3개월 이내에 결정할 수 없는 경우에는 그 사유를 신고인에게 통지하여야 한다(국기 45조의3 3항 단서). **기한 후 신고의 경우에는 조세채무를 확정하는 효력을 가지지 않는다.** 기한 후 신고에 대하여서는 과세관청이 해당 국세의 과세표준과 세액을 결정하여야 하기 때문이다. **납세의무자의 기한 후 신고에 대하여 과세관청이 별도로 고지할 세액이 없다는 내용의 신고시인결정 통지를 한 경우, 그 통지는 항고소송의 대상이 되는가?** 양도소득세 납세의무자가 기한 후 과세표준신고서를 제출하더라도 그 납세의무는 관할 세무서장이 양도소득 과세표준과 세액을 결정하는 때에 비로소 확정되는데, 과세관청이 납세의무자에 대하여 양도소득 과세표준과 세액이 기한후과세표준신고서를 제출할 당시 이미 자진납부한 금액과 동일하므로 별도로 고지할 세액이 없다는 내용의 신고시인결정 통지를 하였다면, 신고시인결정 통지는 과세관청의 결정으로서 항고소송의 대상이 되는 행정처분에 해당한다.[50] 다만 과세관청이 납세의무자의 기한 후 신고에 대한 **내부적인 결정을 납세의무자에게 공식적인 방법으로 통지하지 않은 경우**, 항고소송의 대상이 되는 처분으로서 기한 후 신고에 대한 결정이 외부적으로 성립하였다고 볼 수 없다.[51]

'기한 후 신고를 한 자' 역시 수정신고(국기 45조) **및 경정청구**(국기 45조의2)**를 할 수 있다.** 2019년 12월 31일 개정 이전에는 '과세표준신고서를 법정신고기한까지 제출한 자'의 범위에 '기한 후 신고를 한 자'가 포함되지 않아서, '기한 후 신고를 한 자'는 수정신고 및 경정청구를 할 수 없었다. 다만 이는 기한 후 신고에 대하여 조세채무를 확정하는 효력이 있는지 여부와는 별개의 쟁점에 속한다. **특정 사업연도에 신청을 하거나 그 납세신고서에 반영한 경우에 한하여 과세특례의 혜택을 부여받을 수 있는 경우에도 기한 후 신고를 통하여 그 과세특례와 관계된 경정청구를 할 수 있는가?** 기한 후 신고를 한 경우에도 경정청구를 할 수 있다는 점이 특정 과세특례의 혜택을 부여하기 위한 요건을 변경하는 것은 아니므로 특정 사업연도에 신청하거나 그 납세신고서에 반영한 경우에 한하여 과세특례의 혜택이 부여되는 경우에는 설사 기한 후 신고를 통하여 그 신청하거나 해당 내용을 반영한다고 하더라도 여전히 해당 과세특례의 혜택은 부여될 수 없다고 판단한다.

기한 후 신고를 한 경우에 있어서 가산세를 감면할 수 있다. 즉 '해당 가산세액의 100분의 50에 상당하는 금액(법정신고기한이 지난 후 1개월 이내에 기한 후 신고를 한 경우)' 또는 '해당 가산세액의 100분의 20에 상당하는 금액(법정신고기한이 지난 후 1개월 초과 6개월 이내에 기한 후 신고를 한 경우)'이 감면된다(국기 48조 2항 2호). 위와 같이 감면되는 가산세는 무신고가산세에 한정되고, 과세표준과 세액을 결정할 것을 미리 알고 기한 후 신고를 한 경우는 위 가산세도 감면되지 않는다. 또한 제출 등 의무를 제대로 이행하지 아니한 경우라고 할지라도, 즉 세법에 따른 예정신고기한 및 중간신고기한까지 예정신고 및 중간신고를 하지 아니하였다고 하더라도 확정 신고기한까지 과세표준 신고를 한 경우[해당 기간에 부과되는 가산세(국기 47조의2)만 해당하며, 과세표준과 세액을 경정할 것을 미리 알고 과세표준 신고를 하는 경우는 제외한다]에는 해당 가산세액의 100분의 50에 상당하는 금액이 감면된다.

비영리내국법인은 원천징수된 이자소득에 대하여는 과세표준 신고를 하지 아니할 수 있

50) 대법원 2014.10.27. 2013두6633 ; 대법원 2020.2.27. 2016두60898.
51) 대법원 2020.2.27. 2016두60898.

는 바(법세 62조 1항 제1문), 그 이자소득에 대하여는 수정신고, 기한 후 신고 또는 경정 등에 의하여 이를 과세표준에 포함시킬 수 없다(법세령 99조 2항).

라. 수정신고

과세표준신고서를 법정신고기한까지 제출한 자[과세표준 확정신고를 하지 아니할 수 있는 경우(다만 분리과세되는 소득이 있는 경우를 제외한다 ; 소세 73조 1항 1호-7호)를 포함한다] 및 기한후 과세표준신고서(국기 45조의3 1항)를 제출한 자는 '과세표준신고서 및 기한후 과세표준신고서에 기재된 과세표준 및 세액이 세법에 따라 신고하여야 할 과세표준 및 세액에 미치지 못할 때', '과세표준신고서 및 기한후과세표준신고서에 기재된 결손금액 또는 환급세액이 세법에 따라 신고하여야 할 결손금액이나 환급세액을 초과할 때' 또는 '위 두 경우 외에 원천징수의무자의 정산 과정에서의 누락, 세무조정 과정에서의 누락 등 법정사유(국기령 25조 2항)로 불완전한 신고를 하였을 때(국세의 경정 등의 청구를 할 수 있는 경우는 제외한다)'에 해당할 때에는 관할 세무서장이 각 세법에 따라 '해당 국세의 과세표준과 세액을 결정 또는 경정하여 통지하기 전으로서' '국세부과의 제척기간(국기 26조의2 1항)이 끝나기 전까지' 과세표준수정신고서(국기령 25조 1항)를 제출할 수 있다(국기 45조 1항).

수정신고를 할 수 있는 위 법정사유(국기령 25조 2항 ; 국기칙 12조)**에 대하여 본다.**

첫째, 원천징수의무자가 정산 과정에서 과세표준 확정신고를 하지 아니할 수 있는 소득을 누락한 것(다만 분리과세되는 소득은 제외한다 ; 소세 73조 1항 1호-7호).

둘째, 세무조정 과정에서 국고보조금 등(법세 36조 1항)과 공사부담금(법세 37조 1항)에 상당하는 금액을 익금과 손금에 동시에 산입하지 아니한 것.

셋째, 위 보조금 및 부담금과 관련된 유사한 사유로서 합병, 분할, 물적분할 및 현물출자(법세 44조, 46조, 47조 및 47조의2)에 따른 양도차익[합병평가차익 또는 분할평가차익(법세 44조, 46조 ; 법률 제9898호 법인세법 일부 개정 법률로 개정되기 전의 것)을 포함한다]에 대하여 과세를 이연받는 경우로서 세무조정 과정에서 양도차익의 전부 또는 일부에 상당하는 금액을 익금과 손금에 동시에 산입하지 아니한 것. 다만, 정당한 사유 없이 과세특례를 신청(법세령 80조, 82조, 83조의2, 84조 및 84조의2)하지 아니한 경우(대통령령 제22184호 법인세법 시행령 일부개정령으로 개정되기 전의 법세령 80조, 82조, 83조 및 83조의2에 따라 과세특례를 적용받기 위한 관련 명세서를 제출하지 아니한 경우를 포함한다) 및 가산세 면제의 제외사유(국기령 29조 각 호)에 해당하는 경우는 제외한다.

과세표준신고서를 법정신고기한까지 제출한 자가 수정신고를 할 수 있다고 규정하는 바, 이에는 상속세 또는 증여세의 납부의무가 있는 자가 그 세액을 각 신고하되(상증세 67조 1항, 68조 1항) 세무서장이 각 과세표준과 세액을 결정(상증세 76조)하는 '신고 후 부과방식'에 있어서 해당 법정신고기한까지 과세표준신고서를 제출한 경우 역시 포함되는 것으로 본다.

수정신고를 할 수 있는 위 각 사유에 비추어 보면 수정신고는 세액을 증액하는 경우에만 할 수 있고, 감액하고자 하는 경우에는 경정청구를 하여야 한다.

수정신고에 조세채무를 확정하는 효력이 부여되는가? 신고납세방식의 조세에 있어서는 신고하는 때에 조세채무가 확정되나(국기 22조 1항), 이 신고에 수정신고가 제외된다는 근거는 없다. 국세기본법 역시 2018년 12월 31일 개정을 통하여 수정신고에 조세채무의 확정 효력이 있다는 점을 확인한다. 즉 국세의 수정신고(과세표준신고서를 법정신고기한까지 제출한 자의 수정신고로 한정한다)는 당초의 신고에 따라 확정된 과세표준과 세액을 증액하여 확정하는 효력을 가진다(국기 22조의2 1항). 다만 '신고 후 부과방식'의 조세에 있어서는 정부가 해당 국세의 과세표준과 세액을 결정하는 때에 확정되므로(국기 22조 2항) 이 경우 수정신고에 대하여서는 조세채무를 확정하는 효력이 부여되지 않는다. 2018년 12월 31일 개정된 국세기본법 역시 신고납세방식에 한하여 수정신고에 대하여 조세채무의 확정 효력을 인정한다(국기 22조의2 1항). 한편 기한후신고를 한 후에도 수정신고를 할 수 있는 것으로 2019년 12월 31일자로 법이 개정되었으나, 이 경우는 과세표준신고서를 법정신고기한까지 제출하지 않았으므로 그 수정신고에 대하여 조세채무를 확정하는 효력을 부여할 수는 없다.

수정신고가 있는 경우에는 당초의 신고의 효력은 어떻게 되는가? 당초의 신고는 수정신고에 흡수되어 소멸한다는 견해가 있다.[52] 그러나 일본의 경우와 같이 수정신고가 당초의 신고를 통하여 확정된 세액의 납세의무에 대하여 영향을 미치지 않는다고 해석하는 것이 타당하다.[53] 이것은 이미 확정된 세액에 대하여 행하여진 납부, 징수 및 강제징수 등의 효력을 유지하기 위한 것이다.[54] 그렇지 않을 경우에는 납세의무자는 수정신고를 통하여 당초의 신고에 기한 납부, 징수 및 강제징수 등을 무력화시킬 수 있다. 즉 당초의 신고와 수정신고 사이의 관계는 예정신고와 확정신고 사이의 관계와는 다른 것이다. 예정신고와 확정

52) 임승순, 전게서, 180면.
53) 일본 국세통칙법 제20조.
54) 金子 宏、前掲書、712頁。

신고는 법 자체가 예정하는 기한 내에서 법이 예정하는 절차에 따라 이루어지는 것이므로 납세자가 이를 임의로 남용할 수 없는 반면에 당초의 신고와 수정신고는 법이 예정하는 기한을 벗어나서 납세자가 자신의 의사에 따라 임의로 할 수 있는 절차이므로 이로 인하여 당초의 신고로 인하여 발생한 조세법률관계를 변경할 수 있도록 하는 것은 타당하지 않기 때문이다. 따라서 **수정신고는 증액부분에 대한 별도의 신고로서 당초의 신고와 별개로 조세채무를 확정한다고 보는 것 타당하다.** 2018년 12월 31일 개정된 국세기본법 역시 당초의 신고에 따라 확정된 과세표준과 세액을 증액하여 확정하고, 당초 신고에 따라 확정된 세액에 관한 권리 · 의무관계에 영향을 미치지 아니한다고 규정한다(국기 22조의2 1항, 2항). 이러한 해석은 국세기본법이 '최초신고 및 수정신고'한 국세의 과세표준 및 세액에 대하여 경정청구를 할 수 있다고 규정하는 것(국기 45조의2 1항)과도 조화를 이룬다고 판단한다. 한편 최초신고와 수정신고에 대하여 증액결정이 있는 경우에는 이들 각 신고는 증액결정에 흡수되어 소멸된다.

수정신고를 한 납세자는 자진납부하는 국세 중 이미 납부한 세액이 과세표준수정신고액에 상당하는 세액에 미치지 못할 때에는 그 부족한 금액과 가산세를 추가하여 납부하여야 한다(국기 46조 1항). 또한 과세표준신고서를 법정신고기한까지 제출하였으나 과세표준신고액에 상당하는 세액의 전부 또는 일부를 납부하지 아니한 자는 그 세액과 가산세를 세무서장이 고지하기 전에 납부할 수 있다(국기 46조 3항).

수정신고를 한 경우에 있어서 가산세를 감면할 수 있다. 즉 '해당 가산세액의 100분의 50에 상당하는 금액(법정신고기한이 지난 후 6개월 이내에 수정신고한 경우)', '해당 가산세액의 100분의 20에 상당하는 금액(법정신고기한이 지난 후 6개월 초과 1년 이내에 수정신고한 경우)' 또는 '해당 가산세액의 100분의 10에 상당하는 금액(법정신고기한이 지난 후 1년 초과 2년 이내에 수정신고한 경우)'을 가산세액에서 감면한다(국기 48조 2항 1호). 다만 감면할 수 있는 가산세는 과소신고 · 초과환급신고가산세(국기 47조의3)에 한정되며, 과세표준과 세액을 경정할 것을 미리 알고 과세표준수정신고서를 제출한 경우에는 감면하지 않는다. 또한 세법에 따른 예정신고기한 및 중간신고기한까지 예정신고 및 중간신고를 하였으나 과소신고하거나 초과신고한 경우라고 할지라도 확정신고기한까지 과세표준을 수정하여 신고한 경우[해당 기간에 부과되는 가산세(국기 47조의3)만 해당하며, 과세표준과 세액을 경정할 것을 미리 알고 과세표준 신고를 하는 경우는 제외한다]에는 해당 가산세액의 100분의 50에 상당하는 금액이 감면된다.

Ⅲ 경정 등의 청구

1 총설

경정 등의 청구는 '과세표준신고서 또는 원천징수에 있어서의 과세표준과 세액이 신고하여야 할 과세표준 및 세액을 초과하거나 결손금액 또는 환급세액이 신고하여야 할 결손금액 또는 환급세액에 미치지 못하는 경우에 세액의 감경을 청구하는 것'과 '후발적 사유로 인하여 당초의 과세표준신고서, 원천징수 또는 정부의 결정 상 과세표준과 세액이 세법에 따라 납부하여야 할 과세표준 및 세액을 초과하게 되는 경우에 세액의 감경을 청구하는 것'으로 구분된다. 통상 전자를 **'경정청구'**로, 후자를 **'후발적 사유에 의한 경정청구'**로 부른다.

경정 등의 청구가 마련된 이상 원칙적으로 경정청구절차를 통하여서만 과세표준과 세액의 감경을 청구할 수 있고 다른 구제절차를 통하는 것은 허용되지 않는다. 이를 **'경정청구의 원칙적 배타성'**이라고 부른다.[55] 그러나 이에 대하여 명문 상 법적 근거가 있는 것도 아니고 그 원칙이 일관되게 적용될 수 있는지 여부 역시 의문이므로, '경정청구의 원칙적 배타성'이라는 원칙이 존재하는지 여부에 대하여 살피기보다는 직접 국세기본법 상 경정청구와 다른 구제절차 사이의 관계에 대하여 살피는 것이 중요하다.

만약 과세관청의 부과처분이 있은 후 후발적 사유에 의한 경정청구가 있는 경우에는 그 부과처분에 대하여서는 별도로 다툴 수 있다. 즉 납세자가 '과세표준신고를 하지 아니하여 과세관청이 부과처분을 한 경우'에 있어서 그 후 발생한 계약의 해제 등 후발적 사유를 원인으로 한 경정청구 제도가 있다 하여 그 처분 자체에 대한 쟁송의 제기를 방해하는 것은 아니므로 후발적 경정청구와 별도로 위 부과처분을 다툴 수 있다.[56]

'신고납세조세에 대한 부당이득반환청구와 관련된 판례(신고납세 방식의 조세에 있어서는 원칙적으로 납세의무자가 스스로 과세표준과 세액을 정하여 신고하는 행위에 의하여 납세의무가 구체적으로 확정되고, 그 납부행위는 신고에 의하여 확정된 구체적 납세의무의 이행으로 하는 것이며 국가나 지방자치단체는 그와 같이 확정된 조세채권에 기하여 납부된

55) 上揭書、719頁。
56) 대법원 2002.9.27. 2001두5989.

세액을 보유하는 것이므로 납세의무자의 신고행위가 중대하고 명백한 하자로 인하여 당연무효로 되지 아니하는 한 그것이 바로 부당이득에 해당한다고 할 수 없다)'[57] 및 부과처분에 대한 부당이득반환청구권에 관한 판례(조세부과처분이 당연무효임을 전제로 하여 이미 납부한 세금의 반환을 청구하는 것은 민사 상의 부당이득반환청구로서 민사소송절차에 따라야 한다)[58]에 각 비추어 볼 때, **신고행위 또는 부과처분이 당연무효가 아닌 이상 바로 부당이득반환청구를 할 수 없으므로 신고행위 또는 부과처분에 당연무효사유가 아닌 하자가 있는 경우에는 먼저 경정청구를 통하여 다툴 수밖에 없다.**

원천징수의무자가 원천납세의무자로부터 원천징수대상이 아닌 소득에 대하여 세액을 징수·납부하였거나 징수하여야 할 세액을 초과하여 징수·납부한 경우에는 원천징수의무자가 국가에 대하여 부당이득반환청구권을 갖는 것이지, 그 환급거부결정에 대하여 항고소송으로 다투어야 하는 것은 아니다. 즉 원천징수의무자가 원천납세의무자로부터 원천징수대상이 아닌 소득에 대하여 세액을 징수·납부하였거나 징수하여야 할 세액을 초과하여 징수·납부하였다면, 국가는 원천징수의무자로부터 이를 납부받는 순간 아무런 법률 상의 원인 없이 부당이득한 것이 되고, 이 경우 환급에 대한 규정은 환급청구권이 확정된 국세환급금 및 환급가산금에 대한 내부적 사무처리절차로서 과세관청의 환급절차를 규정한 것일 뿐 그 규정에 의한 국세환급금(환급가산금 포함) 결정에 의하여 비로소 환급청구권이 확정되는 것이 아니므로, 국세환급결정이나 이 결정을 구하는 신청에 대한 환급거부결정 등은 납세의무자가 갖는 환급청구권의 존부나 범위에 구체적이고 직접적인 영향을 미치는 처분이 아니어서 항고소송의 대상이 되는 처분으로 볼 수 없다.[59] 이러한 논리는 원천징수와 관련하여 경정청구가 가능하다는 점(국기 45조의2 5항)에 영향을 받지 않는다.

한편 소득금액변동통지를 행정처분으로 본 대법원 전원합의체 판결 선고 이전에 이루어진 위법한 소득금액변동통지에 의하여 근로소득세 원천징수분을 자진납부한 원천징수의무자가 부당이득반환청구의 소를 제기한 사안에서, 판례는 항고소송을 통한 권리구제수단이 봉쇄되어 있다는 점 등을 이유로, 원천징수의무자가 자진납부한 근로소득세 원천징수분 가운데 원천징수대상이 되는 소득에 대한 것이 아닌 것으로 밝혀진 부분에 대하여 국가가 이를 납부받는 순간 법률 상 원인 없이 보유하는 부당이득이 된다고 판시하였다.[60] 그러나

57) 대법원 2002.11.22. 2002다46102.
58) 대법원 1995.4.28. 94다55019.
59) 대법원 2010.2.25. 2007두18284.

소득금액변동통지를 항고소송의 대상인 처분으로 보는 위 판결의 이후, **판례는 원천징수의무자인 법인이 원천징수하는 소득세의 납세의무를 이행하지 아니하여 과세관청이 하는 납부고지는 확정된 세액의 납부를 명하는 징수처분에 해당하므로** 선행처분인 소득금액변동통지에 하자가 존재하더라도 당연무효 사유에 해당하지 않는 한 후행처분인 징수처분에 그대로 승계되지 아니하므로, 과세관청의 소득처분과 그에 따른 소득금액변동통지가 있는 경우 원천징수하는 소득세의 납세의무에 관하여는 이를 확정하는 소득금액변동통지에 대한 항고소송에서 다투어야 하고, **소득금액변동통지가 당연무효가 아닌 한 징수처분에 대한 항고소송에서 이를 다툴 수는 없다고 판시한다.**[61] 그러나 **원천징수 대상이 아닌 소득에 대하여 또는 정당한 세액을 초과하여 소득금액변동통지를 한 경우**에 있어서는, 원천징수의무자가 원천징수대상이 아닌 소득에 대하여 또는 정당한 세액을 초과하여 징수 및 납부를 하였다면 국가가 이를 납부받는 순간 아무런 법률 상의 원인 없이 부당이득한 것이 된다는 위 판례[62]의 입장에 비추어 볼 때, 그 소득금액변동통지의 하자를 당연무효에 해당하는 것으로 보아야 균형이 맞다. 또한 '원천징수 대상이 아닌 소득에 대한 원천징수세액 또는 정당한 세액을 초과하는 원천징수세액'과 관련된 하자가 자진납부의 경우에는 당연무효이고, 소득금액변동통지의 경우에는 취소로 취급된다는 것은 타당하지 않다는 점[63] 및 납세자의 권리를 구제하기 위하여 소득금액변동통지를 항고소송의 대상이 되는 처분으로 보는 것이라는 점 역시 고려하여야 한다. 이러한 해석을 통하여 소득귀속자는 소득금액변동통지 이후에 이루어진 납부고지에 대하여 다툴 수 있게 된다. 만약 소득금액변동통지에 대하여 **'원천징수 대상이 아닌 소득에 대한 원천징수세액 또는 정당한 세액을 초과하는 원천징수세액'과 관련된 사유가 아닌 위법사유가 존재하는 경우**라면 각 사유별로 해당 사유가 무효인지 여부를 판단하여야 할 것이다. 한편 판례는 원천징수의무자 역시 국세기본법 상 경정청구를 할 수 있다고 판시한다.[64] 즉 연말정산이 있은 후에 법인세법에 의하여 상여로 처분된 금액에 대하여 소득금액변동통지를 받은 법인이 납부기한 내에 다시 연말정산을 거쳐 그에 따른 소득세를 원천징수하여 납부하고 지급조서를 제출한 경우, 원천징수의무자인 법인은 국세기본법 상 경정청구를 할 수 있고 그 경정청구기간의 기산일은 소득금액변동통지에 따

60) 대법원 2009.12.24. 2007다25377.
61) 대법원 2012.1.26. 2009두14439.
62) 대법원 2010.2.25. 2007두18284.
63) 졸고, 법인세법 판례 논문, 118면.
64) 대법원 2011.11.24. 2009두23587.

른 소득세 납부기한 다음 날이다. 그런데 **'소득세 또는 법인세를 원천징수하여 납부하고 지급명세서를 제출기한까지 제출한 원천징수의무자가 경정청구를 할 수 있다는 점'과 '원천징수의무자가 원천징수대상이 아닌 소득에 대하여 또는 정당한 세액을 초과하여 징수 및 납부를 하였다면 국가가 이를 납부받는 순간 아무런 법률 상의 원인 없이 부당이득한 것이 된다는 점'은 서로 모순되는 것인가?** 국세기본법 상 경정청구 사유에서 그 위법사유를 반드시 취소사유로 제한하여야 할 규범적 근거가 없기 때문에 해당 원천징수세액의 납부가 아무런 법률 상 원인이 없이 부당이득한 것이라는 이유로 민사소송을 제기할 수 있음에도 그 사유를 근거로 경정청구하는 것도 가능하다고 판단한다. 그렇다면 원천징수의무자 역시 경정청구를 할 수 있다는 점으로 인하여 원천징수의무자가 부당이득으로서 바로 민사소송을 통하여 국가에 대하여 반환청구할 수 있다는 판례가 변경될 필요는 없다. **소득귀속자는 법인에 대한 소득금액변동통지의 취소를 직접 청구할 수 있는가?** 원천징수의무자에 대한 소득금액변동통지는 원천납세의무의 존부나 범위와 같은 원천납세의무자의 권리나 법률 상 지위에 어떠한 영향을 준다고 할 수 없으므로 소득처분에 따른 소득의 귀속자는 법인에 대한 소득금액변동통지의 취소를 구할 법률 상 이익이 없다.[65] 나아가 소득귀속자에 대하여 원천징수를 통하여 분리과세되는 경우(국기 45조의2 5항, 소세 73조 1항) 및 소득귀속자가 종합소득 과세표준신고를 하지 않는 경우(국기 45조의2 1항)에 있어서는 해당 소득귀속자가 경정청구를 할 수도 없으므로[66], 해당 소득귀속자는 원천징수의무자의 구상권 행사를 기다려서 그 원천납세의무의 존부 및 세액에 대하여 다투어야 한다. **원천징수의무자가 비거주자이거나 외국법인이 귀속자인 소득에 대하여 원천징수한 소득세를 납부하고 지급명세서를 제출기한까지 제출한 경우에도 해당 소득의 귀속자는 경정청구를 할 수 없는가?** 소득의 귀속자가 비거주자 또는 외국법인인 경우(부동산 소득과 양도소득의 경우를 제외한다)에 대하여 원천징수의무자가 원천징수한 소득세를 납부하고 지급명세서를 제출기한까지 제출하였다면 원천징수대상자인 소득의 귀속자는 경정청구를 할 수 있다(국기 45조의2 4항; 소세 146조, 156조; 법세 98조, 120조, 122조). 원천징수의무자는 특별한 사정이 없는 한 실질과세의 원칙에 따라 국내원천소득의 실질귀속자를 기준으로 해당 소득에 대한 법인세를 원천징수할 의무가 있고, 소득의 실질귀속자는 과세표준과 세액의 경정을 청구할 수 있다.[67] 그렇다

65) 대법원 2013.4.26. 2012두27954; 대법원 2015.03.26. 2013두9267.
66) 뒤의 4 경정의 청구와 원천징수 참조.
67) 대법원 2022.2.10. 2019두50946.

면 **소득의 실질적 귀속자만이 비거주자 또는 외국법인으로서 원천징수된 세액에 대하여 경정청구를 할 수 있는가?** 소득의 실질적인 귀속 여부는 실체적 심리를 거쳐서 비로소 판명되는 것이므로, 지급명세서와 원천징수영수증에 기재된 소득자가 해당 소득의 실질귀속자임을 전제로 경정청구를 하는 이상 그 청구를 허용할 필요가 있다. 따라서 지급명세서와 원천징수영수증에 기재된 소득자는 그가 해당 소득의 형식적 귀속자에 불과하더라도 원천징수대상자로서 그 과세표준 및 세액의 경정청구권을 행사할 수 있다.[68] **국외투자기구가 '국내원천소득이 실질적으로 귀속되는 외국법인'에 해당하는 경우, 조세조약에 따른 제한세율을 적용받기 위한 경정청구를 할 수 있는가?** 국외투자기구도 '국내원천소득을 실질적으로 귀속받는 외국법인'에 해당하면 조세조약에 따른 제한세율을 적용받기 위한 경정청구를 할 수 있다고 보아야 하는바, 그 구체적인 이유는 다음과 같다.[69] **첫째, 구 법인세법** (2016. 12. 30. 법률 제14386호로 개정되기 이전의 것) 제98조의6 제1항은 **'국내원천소득을 실질적으로 귀속받는 외국법인'을 같은 조에서 '실질귀속자'로 부르고, 구 법인세법 제98조의6 제4항은 '실질귀속자'에 대하여 조세조약에 따른 제한세율을 적용받기 위한 경정청구권을 부여한다.** 따라서 '국내원천소득을 실질적으로 귀속받는 외국법인'은 경정청구를 할 수 있다. 그런데 **국외투자기구도 일정한 경우에는 '국내원천소득을 실질적으로 귀속받는 외국법인'에 해당할 수 있다.** 즉 국외투자기구는 그 법적 형태나 투자금의 모집 방식 등에 따라 그 종류가 다양하고, 설립된 국가의 법에 따라 법인격이 부여되거나 구성원과 독립하여 직접 권리·의무의 주체가 되는 경우 등에는 법인세법상 외국법인에 해당할 수 있다. 또한 국외투자기구가 해당 국내원천소득과 관련하여 법적 또는 경제적 위험을 부담하고 그 소득을 처분할 수 있는 권리를 가지는 등 그 소득에 대한 소유권을 실질적으로 보유하는 경우에는 해당 국내원천소득이 국외투자기구에 실질적으로 귀속된다고 볼 수 있다. **둘째, 구 법인세법 제98조의6 제2항 및 제3항이 국외투자기구와 실질귀속자를 구별하고 있다고 하여 국외투자기구에는 구 법인세법 제98조의6 제4항에 따른 경정청구권이 인정되지 않는다고 볼 수는 없다.** 즉 구 법인세법 제98조의6 제2항은 실질귀속자가 해당 국내원천소득을 국외투자기구를 통하여 지급받는 경우에 국외투자기구가 아니라 실질귀속자가 조세조약에 따른 제한세율을 적용받기 위한 절차를 정한 규정일 뿐이다. 구 법인세법 제98조의6 제3항

68) 대법원 2017.7.11. 2015두55134, 55141.
69) 대법원 2022.10.27. 2020두47397; 대법원 2022.10.27. 2020두47403.

은 제한세율 적용신청서를 실질귀속자가 제출하여야 하는 경우도 있고 국외투자기구가 제출하여야 하는 경우도 있음을 전제로, 실질귀속자 또는 국외투자기구가 그러한 서류 등을 제출하지 않은 경우 등에는 조세조약에 따른 제한세율을 적용받을 수 없다는 것을 정하고 있을 뿐이다. 따라서 구 법인세법 제98조의6 제2항 및 제3항이 국외투자기구와 실질귀속자를 구별하고 있다고 하여, 국외투자기구는 구 법인세법 제98조의6 제4항이 정한 실질귀속자에 해당하지 않는다고 볼 수는 없고, 위 각 규정이 국외투자기구에는 구 법인세법 제98조의6 제4항에 따른 경정청구권을 부여하지 않으려는 취지라고 볼 근거도 없다. **법인세법 및 소득세법은 실질귀속자 또는 소득지급자 등의 경정청구를 인정한다.** 즉 비과세 또는 면제를 적용받지 못한 실질귀속자가 비과세 또는 면제를 적용받으려는 경우에는 '실질귀속자' 또는 '소득지급자'가 세액이 원천징수된 날이 속하는 달의 다음 달 11일부터 5년 이내에 법정 방법에 따라 소득지급자의 납세지 관할 세무서장에게 경정을 청구할 수 있다(법세 98조의4 5항 본문; 소세 156조의2 5항 본문). 다만, 국세기본법 상 후발적 경정청구 사유가 발생하였을 때에는 그 사유가 발생한 것을 안 날부터 3개월 이내에 경정을 청구할 수 있다(법세 98조의4 5항 단서; 소세 156조의2 5항 단서). 말레이시아 라부안 지역(2006.6.30. 재정경제부고시 제2006-21호)의 외국법인이 국내원천소득을 실질적으로 귀속받는 자 또는 법인(그 대리인 또는 납세관리인을 포함)으로서 그 소득에 대하여 조세조약에 따른 비과세 · 면제 또는 제한세율의 적용을 받으려는 경우에도 위와 같이 경정청구 및 후발적 경정청구가 허용된다(법세 98조의5 2항; 소세 156조의4 1항, 2항). 조세조약 상 제한세율에 오류가 있거나 제한세율을 적용받지 못한 실질귀속자가 제한세율을 적용받으려는 경우에는 '실질귀속자' 또는 '원천징수의무자'에 대하여서도 위와 같이 경정청구 및 후발적 경정청구가 허용된다(법세 98조의6 4항; 소세 156조의6 4항). 비거주자, 외국법인 또는 국외투자기구가 외국인 통합계좌(외국 금융투자업자가 다른 외국 투자자의 주식 매매거래를 일괄하여 주문 · 결제하기 위하여 자기 명의로 개설한 계좌)를 통하여 국내원천소득을 지급받는 경우, '소득을 지급받은 비거주자, 외국법인 또는 국외투자기구'는 조세조약상 비과세 · 면제 또는 제한세율을 적용받으려는 경우에는 납세지 관할 세무서장에게 '경정을 청구'할 수 있다(법세 98조의8 1항, 2항; 소세 156조의9 2항, 3항). **소득의 실질귀속자인 비거주자 또는 외국법인이 형식적 귀속자인 비거주자 또는 외국법인에 대하여 원천징수된 세액의 공제를 주장하거나 다툴 수 있는가?** 판례가 이를 긍정한 것으로 본다. 즉 판례는 과세관청이 원천징수과정에서 원천납세의무자로 취급된 외국법인은 도관에 불과하고, 그 상위 투자자인 다른 외국법인이 실질과세원칙 상 납세의무자로서 국내 고정사업장을 갖고 있다고 보아, 그를 상대로 법인세 과세표준과 세액을 결정하는 과정에서, 당초 원천징수된 세액의 환급금을 상위 투자자 외국법인의 결정세액에서 공제하거나 충당하면서 과세연도와 세액 및 산출근거 등이 기재된 결정결의서를 교부하는 등의 방법으로 결정의 내용을 자세하게 고지하였다면, 상위 투자자인 외국법인은 그러한 내용의 과세처분에 대하여 다툴 수 있다고 판시한다.[70] 이 경우 국가, 원천징수의무자 및 원천납세의무자 사이의 관계에 대하여서는 원천징수 부분에서 살핀다.

만약 소득의 귀속자에게 소득금액변동통지가 없거나 그것이 적법하지 아니한 경우에도 원천납세의무자인 소득의 귀속자는 과세처분취소소송 등에서 그 흠을 주장하여 다툴 수 없는 것인가? 먼저 **소득금액변동통지를 납세지 관할 세무서장 또는 관할 지방국세청장이 아닌 다른 세무서장 또는 지방국세청장이 한 경우 해당 소득금액변동통지의 효력에 대하여 본다.** 세법은 소득의 귀속자에게 하는 소득금액변동통지의 주체를 '법인소득금액을 결정 또는 경정하는 세무서장 또는 지방국세청장'으로 정하고 있고 법인세의 결정 또는 경정이나 소득처분을 하는 주체를 납세지 관할 세무서장 또는 관할 지방국세청장으로 정하고 있는 점, 과세관청이 소득의 귀속자에게 하는 소득금액변동통지는 납세의무에 관계가 되는 신고·납부기한을 결정하는 요건에 해당하는 점 등에 비추어 보면, 소득금액변동통지를 납세지 관할 세무서장 또는 관할 지방국세청장이 아닌 다른 세무서장 또는 지방국세청장이 하였다면 이는 관할 없는 과세관청의 통지로서 흠이 있는 통지라고 할 것이다.[71]

이하 **소득금액변동통지가 부적법하거나 소득금액변동통지가 소득의 귀속자에 대하여 이루어지지 않은 경우 소득의 귀속자가 과세처분소송에서 이를 다툴 수 있는지 여부에 대하여 본다.** 소득의 귀속자에 대한 소득금액변동통지는 원천납세의무자인 소득의 귀속자에 대한 법률 상 지위에 직접적인 변동을 가져오는 것이 아니므로 항고소송의 대상이 되는 행정처분에 해당하지 않는 것이나, 소득의 귀속자에게 종합소득 과세표준의 추가신고 및 자진납부의 기회를 주기 위하여 마련된 특칙을 적용하기 위하여서는 소득금액변동통지의 송달이 원천납세의무에 따른 신고·납부기한과 이를 전제로 한 가산세의 존부나 범위를 결정하는 요건이 되므로, 소득의 귀속자에게 소득금액변동통지가 없거나 그것이 적법하지 아니한

70) 대법원 2017.10.12. 2014두3044, 3051.
71) 대법원 2015.1.29. 2013두4118.

경우에는 원천납세의무자인 소득의 귀속자는 과세처분취소소송 등에서 그 흠을 주장하여 다툴 수 있다.[72)]

과세관청이 경정청구를 거부하는 경우에는 납세자는 그 거부처분에 대하여 불복절차를 제기하는 방법으로 다툴 수 있다. 경정청구가 거부된 경우 불복의 대상은 경정청구의 대상이 된 과세표준 및 세액과 관련된 개별적 위법사유가 존재하는지 여부인가 아니면 경정청구의 대상이 된 과세표준 및 세액 자체가 객관적으로 존재하는지 여부인가? 판례는 경정청구의 대상인 과세표준 및 세액의 객관적인 존부가 불복의 대상이라고 한다. 즉 감액경정청구를 받은 과세관청으로서는 과세표준신고서에 기재된 과세표준 및 세액이 '세법에 의하여 신고하여야 할 객관적으로 정당한 과세표준 및 세액을 초과하는지 여부'에 대하여 조사·확인할 의무가 있다 할 것이므로, 통상의 과세처분 취소소송에서와 마찬가지로 경정청구에 대한 거부처분 취소소송 역시 그 거부처분의 실체적·절차적 위법 사유를 취소 원인으로 하는 것으로서 그 심판의 대상은 과세표준신고서에 기재된 과세표준 및 세액의 객관적인 존부라 할 것이고, 그 과세표준 및 세액의 인정이 위법이라고 내세우는 개개의 위법사유는 자기의 청구가 정당하다고 주장하는 공격방어방법에 불과한 것이므로, 경정청구를 함에 있어 개개의 위법 사유에 대하여 모두 주장하여야 하는 것은 아니고, 감액경정청구 당시 주장하지 아니하였던 사항도 그 거부처분 취소소송에서 새로이 주장할 수 있다.[73)]

과세관청이 경정청구를 받아들이는 경정처분을 한 경우에는 당초 신고나 부과처분 중 경정결정에 의하여 취소되지 않고 남은 부분이 항고소송의 대상이 된다.[74)] 즉 감액하는 경정처분 자체에 대하여 취소를 구할 이익은 없다.

경정 등의 청구에 대하여 과세관청이 이를 받아들여 감액경정을 하였으나 과세관청이 독자적으로 조사하여 신고의 탈루를 발견하고 이에 대하여 다시 증액경정을 한 경우에는 그 세액이 당초 신고의 내용범위 내에 있더라도 감액하여 경정된 과세표준금액을 상회하는 부분에 관하여서는 그 취소를 구할 수 있다.[75)]

정당한 본세액이 당초 납세자가 신고·납부한 본세액에 미달한다면, 설령 그 정당한 본세액에 가산세액을 합산한 세액이 신고·납부한 본세액을 초과하더라도 과세관청으로서는

72) 대법원 2015.1.29. 2013두4118.
73) 대법원 2004.8.16. 2002두9261.
74) 대법원 2013.10.31. 2010두4599.
75) 東京高判 昭和59年7月19日 行裁例集35卷7号, 948頁。

그러한 사유만으로 납세의무자의 경정청구를 거부할 수 없다.[76)]

관할 세무서장이 납세자의 경정청구를 받아들인 후 다시 동일한 처분을 할 수 있는가? 만약 그렇다면 그 경우 불복대상은 무엇인가? 납세자의 경정청구를 관할 세무서장이 인정하여 그 경정청구에 따른 처분을 한 이후라고 할지라도 다시 동일한 처분사유에 근거하여 재처분할 수도 있을 것으로 보인다. 관할 세무서장의 처분에 대한 자기기속력을 인정할 여지는 없고 그렇지 않은 경우에는 세무서장의 잘못된 판단에 의하여 국가의 세수가 망실될 여지도 있기 때문이다. 이 쟁점은 별도의 처분사유가 있는 경우에 제척기간이 경과되지 않는 한 새로운 처분을 할 수 있다는 것과는 별도의 것이다. 한편 세무공무원의 재량권 행사는 기속재량에 해당하기 때문에 재량권 행사에 있어서 일탈 또는 남용행위가 있었는지 여부에 대하여 상급기관 또는 사법부의 심사를 받아야 한다. 납세자의 경정청구를 받아들인 관할 세무서장의 처분에 재량권의 일탈 또는 남용이 있었다면 상급기관 또는 사법부의 심사를 통하여 취소되어야 한다. 재량권의 일탈 또는 남용은 위법한 것이기 때문이다. 그런데 당초 과세관청의 처분에 재량권 행사의 일탈 또는 남용이 없었음에도 관할 세무서장이 동일한 사유로 새로운 처분을 하는 것 자체 역시 재량권 행사의 일탈 또는 남용에 해당한다. 따라서 **관할 세무서장이 납세자의 경정청구를 받아들인 처분을 한 이후 동일한 사유에 근거하여 재처분을 하는 경우에는 그 상급행정청 또는 사법부는 당초 납세자의 경정청구를 받아들인 세무서장의 처분에 재량권 행사의 일탈 또는 남용이 있었는지 여부를 심사하여야 하고, 이러한 재량권 행사의 일탈 또는 남용이 없었음에도 불구하고 다시 재처분을 하였다면 그 자체를 재량권 행사의 일탈 또는 남용으로 보아 재처분을 취소하여야 한다.** 만약 상급기관의 지시에 따라 이러한 처분을 하였다고 하더라도 동일한 결론에 이른다. 그 상급행정청 역시 공무원으로서 재량권을 일탈하거나 남용하여 행사할 수 없기 때문이다. 과세관청의 법적 견해가 변경되었다고 하더라도 종전 견해에 입각하여 행사한 처분 자체에 재량권의 일탈 또는 남용이 없었다면 그 견해의 변경만을 이유로 달리 판단될 여지는 없다고 보아야 한다. 경정청구를 받아들인 관할 세무서장의 처분이 법규로서 일반적 효력을 갖는 것은 아니고 납세자의 예측가능성 역시 보호하여야 할 필요가 크기 때문이다. 이러한 맥락에서 **경정청구를 거부한 경우 그 불복대상이 '과세표준 신고서에 기재된 과세표준 및 세액의 객관적인 존부'인 것과는 달리 경정청구를 받아들인 후 이루어진 동일한 사유에 기한**

76) 대법원 2008.12.24. 2006두13497.

재처분의 경우에 있어서 불복대상에는 '과세표준 신고서에 기재된 과세표준 및 세액의 객관적인 존부'뿐만 아니라 '경정청구를 받아들인 처분에 재량권 행사의 일탈 또는 남용이 있었는지 여부' 역시 포함되어야 한다. 소송단계에서의 조정에 따라 소취하 및 직권취소가 이루어진 경우에도 동일하게 보아야 한다. 판례 역시 과세처분에 관한 불복절차과정에서 불복사유가 옳다고 인정하고 이에 따라 필요한 처분을 하였을 경우에는 불복제도와 이에 따른 시정방법을 인정하고 있는 법 취지에 비추어 동일 사항에 관하여 특별한 사유 없이 이를 번복하고 다시 종전의 처분을 되풀이할 수는 없다고 판시한다.77) 이 경우 '특별한 사유'란 '납세자가 허위의 자료를 제출하는 등 부정한 방법에 기초하여 직권취소가 되었다고 볼 만한 사정'을 가리킨다.78) 다만 납세자의 부정한 방법에 기초하여 직권취소가 되었다고 볼 만한 사정이 있는 경우에 한하여 재처분할 수 있다고 해석하는 것은 타당하지 않다. 납세자의 부정한 방법이 개입하지 않았다고 하더라도 해당 직권취소처분의 결정과정에 재량권 행사의 일탈 또는 남용이 있었다면 이 경우에도 재처분이 가능하다고 보아야 한다. 재량권 행사의 일탈 또는 남용은 세무공무원의 귀책사유에 해당하고 이는 사법심사의 대상인 위법행위에 해당하는바, 세무공무원의 위법행위로 인하여 과세권 행사가 제약되는 것은 타당하지 않기 때문이다. 입법론으로서는 경정청구의 인용 이후에 동일한 사유로 다시 처분을 하려는 경우에는 독립된 위원회의 판단을 거치도록 하는 방법 등을 통하여 사전에 통제하는 것이 타당하다.

관할 세무서장이 납세자의 경정청구를 받아들인 후, 다시 동일한 사유에 기한 처분을 한 경우에도 납부지연가산세가 부과되어야 하는가? 이 경우에는 동일한 사유에 기한 재처분에 재량권 행사의 일탈 또는 남용이 있었는지 여부와 무관하게 해당 기간에 대한 납부지연가산세가 부과되는 것은 타당하지 않다. 납세자가 달리 행동할 수 있는 여지가 없거나 규범적으로 기대할 수 없기 때문이다.

지방세의 경우에도 국세기본법과 같은 경정 등의 청구제도를 두고 있다(지기 50조). 관세법의 경우에도 별도의 경정청구제도를 두고 있다(관세 38조의3 2항).

77) 대법원 1983.7.26. 82누63 ; 대법원 2010.6.24. 2007두18161 ; 대법원 2010.9.30. 2009두1020 ; 대법원 2014.7.24. 2011두14227 ; 대법원 2016.10.27. 2016두42999 ; 대법원 2017.3.9. 2016두56790.

78) 대법원 2014.7.24. 2011두14227; 대법원 2017.3.9. 2016두56790.

2 경정청구

과세표준신고서를 법정신고기한까지 제출한 자 및 기한후과세표준신고서(국기 45조의3 1항)를 제출한 자는 **다음 사유들 중 하나에 해당할 때**에는 최초신고 및 수정신고한 국세의 과세표준 및 세액의 결정 또는 경정을 '법정신고기한이 지난 후 5년 이내에' 관할 세무서장에게 청구할 수 있다(국기 45조의2 1항 본문). 결정 또는 경정의 청구를 받은 세무서장은 그 청구를 받은 날부터 2개월 이내에 과세표준 및 세액을 결정 또는 경정하거나 결정 또는 경정하여야 할 이유가 없다는 뜻을 그 청구를 한 자에게 통지하여야 한다(국기 45조의2 3항 본문). 다만, 청구를 한 자가 2개월 이내에 아무런 통지(결정 또는 경정이 곤란한 경우의 통지(국기 45조의2 4항)는 제외)를 받지 못한 경우에는 통지를 받기 전이라도 그 2개월이 되는 날의 다음 날부터 이의신청, 심사청구, 심판청구 또는 감사원법에 따른 심사청구를 할 수 있다(국기 45조의2 3항 단서). 또한 결정 또는 경정의 청구를 받은 세무서장은 그 청구를 받은 날부터 2개월 이내(국기 45조의2 3항 본문)에 과세표준 및 세액의 결정 또는 경정이 곤란한 경우에는 청구를 한 자에게 관련 진행상황 및 국세기본법에 따른 이의신청, 심사청구, 심판청구 또는 감사원법에 따른 심사청구를 할 수 있다는 사실(국기 45조의2 3항 단서)을 통지하여야 한다(국기 45조의2 4항).

첫째, 과세표준신고서 또는 기한후과세표준신고서에 기재된 과세표준 및 세액(각 세법에 따라 결정 또는 경정이 있는 경우에는 해당 결정 또는 경정 후의 과세표준 및 세액을 말한다)이 세법에 따라 신고하여야 할 과세표준 및 세액을 초과할 때.

둘째, 과세표준신고서 또는 기한후과세표준신고서에 기재된 결손금액 또는 환급세액(각 세법에 따라 결정 또는 경정이 있는 경우에는 해당 결정 또는 경정 후의 결손금액 또는 환급세액을 말한다)이 세법에 따라 신고하여야 할 결손금액 또는 환급세액에 미치지 못할 때.

결정 또는 경정의 청구를 받은 세무서장은 그 청구를 받은 날부터 2개월 이내에 과세표준 및 세액을 결정 또는 경정하거나 결정 또는 경정하여야 할 이유가 없다는 뜻을 그 청구를 한 자에게 통지하여야 하고, 청구를 한 자가 2개월 이내에 아무런 통지를 받지 못한 경우에는 통지를 받기 전이라도 그 2개월이 되는 날의 다음 날부터 이의신청, 심사청구, 심판청구 또는 감사원법에 따른 심사청구를 할 수 있다(국기 45조의2 3항).

종합부동산세 납세의무자(종부세 7조, 12조)**로서 종합부동산세를 부과 · 고지받은 자의 경우에도 경정청구에 관한 규정을 준용**한다(국기 45조의2 6항). 이 규정은 2023년 1월 이전에 종합부동산 납세의무가 성립한 자로서 2023년 1월 1일 당시 종합부동산 납부기한이 지난 날부터 5년이 경과하지 않는 경우부터 적용한다.

한편 2019년 12월 31일 자 개정에 의하여 **기한후과세표준신고서를 제출한 자 역시 경정청구를 할 수 있는 바, 이는 법정신고기한 내에 과세표준신고서를 제출한 자의 경정청구와 그 법적 성질이 동일한 것인가?** 기한후 신고에 대하여 경정청구를 할 수 있다고 할지라도 그 법적 효력을 법정신고기한 내 신고를 통하여 확정된 조세채무에 대하여 경정청구를 하는 경우와 동일하게 볼 수는 없다. 기한 후 신고의 경우에는 경정청구의 대상인 조세채무가 확정되지 않았기 때문이다. 또한 기한 후 신고 후 수정신고를 한 경우(국기 45조)에도 조세채무를 확정하는 효력이 발생하지 않으므로 동일하게 보아야 한다. 따라서 '기한 후 신고'를 하거나 '기한 후 신고 후 수정신고'를 한 자의 경정청구는 과세관청이 결정을 통하여 조세채무를 확정하여 줄 것을 신청하는 것이 지나지 않는다. 다만 법이 조세채무의 확정에 대한 신청권을 부여한 것이므로 과세관청이 이에 응하지 않는 경우에는 납세자는 행정소송법 상 **부작위위법확인소송**(행소 4조 3호)을 제기할 수 있다. 현실적으로는 이러한 신고 후 납세자가 경정청구를 하는 경우 과세관청이 대부분 그 신고에 대하여 경정처분을 할 것으로 보인다. 그 경우에는 과세관청의 처분에 대한 통상의 불복절차를 거쳐야 한다.

납세의무자의 전부채권자가 납세의무자의 경정청구권을 직접 행사할 수 있는가? 법이 '과세표준신고서를 법정신고기한까지 제출한 자'만 경정청구를 신청할 수 있다고 명시적으로 규정하고 있는 점, 국세환급금반환채권을 전부받은 전부채권자는 금전채권자로서의 지위를 승계받았을 뿐 채무자가 가지는 '과세표준신고서를 법정신고기한까지 제출한 자'의 지위까지 승계받은 것이 아닌 점, 피전부채권인 장래의 국세환급금반환채권은 과세관청의 증액경정에 의하여 소멸될 수도 있는 점 등에 비추어 보면, 경정청구권(국기 45조의2 1항)은 납세의무자만 행사할 수 있고 전부채권자가 직접 그 경정청구권을 행사할 수는 없다.[79] **납세의무자에 대하여 금전채권만 가지고 있는 자가 납세의무자의 경정청구권을 대위행사할 수 있는가?** 판례에 따르면, 경정청구권의 성질 등에 비추어 볼 때, 납세의무자에 대하여 금전채권만 가지고 있는 자는 특별한 사정이 없는 한 납세의무자의 경정청구권을 대위하여 행사할 수 없다.[80] **과세관청이 결정 또는 경정한 경우에도 경정청구를 할 수 있는가?** 위

79) 대법원 2014.12.11. 2012두27183.
80) 대법원 2014.12.11. 2012두27183.

각 경정청구의 사유에 비추어 보면 과세관청이 결정 또는 경정을 한 경우에도 그 처분에 대하여 경정청구를 할 수 있는 것으로 보인다. 다만, 결정 또는 경정으로 인하여 증가된 과세표준 및 세액에 대하여는 해당 처분이 있음을 안 날(처분의 통지를 받은 때에는 그 받은 날)부터 90일 이내(법정신고기한이 지난 후 5년 이내에 한한다)에 경정을 청구할 수 있다(국기 45조의2 1항 단서).

과세관청은 '신고납세방식', '신고 후 부과방식' 및 '원천징수방식'의 조세 모두에 대하여 결정 또는 경정을 할 수 있다. 위 각 결정 또는 경정처분 모두가 경정청구를 할 수 있는 결정 또는 경정처분에 해당한다는 점에는 이론이 없을 것으로 보인다. 그렇다면 **부과과세방식(신고 후 부과방식의 경우를 제외한다)에 있어서의 부과처분에 대하여서도 경정청구를 할 수 있는가?** 결정 또는 경정에 대한 경정청구는 법정신고기한이 지난 후 5년 이내에 한하여 청구할 수 있으나 부과과세방식(신고 후 부과방식의 경우를 제외한다)에 있어서는 법정신고기한이라는 개념이 없다는 점 및 부과과세방식(신고 후 부과방식의 경우를 제외한다)에 있어서 부과처분은 국세의 제척기간이 소멸하기 이전까지 부과할 수 있고 이에 대하여서는 바로 90일 이내에 불복할 수 있어서 동일한 불복기간을 규정한 경정청구를 인정할 실익이 없다는 점을 고려한다면 부과과세방식(신고 후 부과방식의 경우를 제외한다)에 있어서의 부과처분에 대하여서는 경정청구를 할 수 없다고 해석하는 것이 타당하다. **과세표준신고서를 법정신고기한 내에 제출한 납세자가 그 후 이루어진 과세관청의 결정이나 경정으로 인한 처분에 대하여 소정의 불복기간 내에 다투지 아니하였다면 이 경우 당초신고한 과세표준과 세액에 대하여서도 경정청구권을 행사할 수 없는가?** 경정청구제도에 관한 국세기본법의 개정 경과와 경정청구제도의 취지 및 관련 법리 등에 비추어 보면, 과세표준신고서를 법정신고기한 내에 제출한 납세자가 그 후 이루어진 과세관청의 결정이나 경정으로 인한 처분에 대하여 소정의 불복기간 내에 다투지 아니하였더라도 3년(현재는 5년)의 경정청구기간 내에서는 '당초 신고한 과세표준과 세액'에 대한 경정청구권을 행사하는 데에는 아무런 영향이 없다고 보아야 한다.[81] 즉 당초신고한 과세표준과 세액에 대하여서는 그 후에 이루어진 과세관청의 결정이나 경정과 상관없이 경정청구권을 행사할 수 있다. 그렇다면 **경정청구기간이 해당 처분이 있음을 안 날(처분의 통지를 받은 때에는 그 받은 날)부터 90일 이내로 제한되는 결정 또는 경정은 무엇을 의미하는가?** 판례에 의하면, 경정청

81) 대법원 2014.6.26. 2012두12822.

구기간이 이의신청・심사청구 또는 심판청구 기간으로 제한되는 '세법에 따른 결정 또는 경정이 있는 경우'란 과세관청의 결정 또는 경정으로 인하여 '증가된 과세표준 및 세액 부분만'을 뜻한다.[82] 즉 당초신고한 과세표준 및 세액에 대하여서는 위와 같은 제한이 적용되지 않는다.

국세기본법 제45조의2 소정의 경정청구에 대한 규정이 법인세법 제72조 소정의 결손금 소급공제에 의한 환급의 경우에도 적용될 수 있는가? 법인세법 제72조 소정의 결손금 소급공제에 의한 환급은 중소기업을 대상으로 특별히 조세정책적 목적에서 인정된 제도로서 환급을 받기 위하여는 위 규정에 따른 이월결손금의 발생 등 실체적 요건과 과세표준확정신고기한 내에 환급신청을 해야 하는 등 절차적 요건이 충족되어야 할 것이고, 위 법인세법에 의한 결손금 소급공제에 따른 환급제도에 다시 국세의 과세표준 및 세액의 결정 또는 경정을 구하는 것을 내용으로 하는 국세기본법 제45조의2 소정의 경정청구에 관한 규정이 적용되는 것은 아니다.[83] **법인세법 상 결손금 소급공제에 따른 환급세액에 대하여 과세관청이 경정하는 경우 부과제척기간의 경과 여부를 어느 사업연도를 기준으로 판정하여야 하는가?** 2005년과 2006년을 예로 들어 살핀다. 중소기업인 갑 주식회사는 2006 사업연도에 결손금이 발생하자 결손금의 소급공제에 의한 환급을 신청하여 2005 사업연도의 법인세액을 한도로 계산한 금액을 환급받았는데, 이후 갑 회사에 대한 파산선고로 선임된 파산관재인이 2005 사업연도 법인세의 과세표준과 세액에 영향을 미치는 법원의 화해권고결정이 확정되었다는 이유로 2005 사업연도 법인세의 환급을 구하는 취지의 후발적 경정청구를 하여 환급을 받았다. 이에 관할 세무서장이 결손금 소급공제 환급세액 계산의 기초가 된 2005 사업연도 법인세액이 달라져 과다하게 환급된 결과가 되었다는 이유로, 그 환급세액과 그 이자 상당액을 2006 사업연도 법인세로 경정・고지한 경우, 위 처분은 2006 사업연도 법인세의 부과 및 징수처분에 해당하고 그에 관한 부과제척기간 역시 2006 사업연도를 기준으로 판단하여야 한다.[84]

예정신고의 경우 경정청구의 대상이 아니라는 견해가 있으나,[85] 예정신고를 하는 소득세 또는 부가가치세에 대하여서도 국세기본법 상 경정청구(국기 45조의2)를 할 수 있는 것으

82) 대법원 2014.6.26. 2012두12822.
83) 대법원 2003.7.25. 2001두10721.
84) 대법원 2022.11.17. 2019두61113.
85) 임승순, 전게서, 184면.

로 보아야 한다.[86]

종합소득 과세표준 확정신고기한이 경과한 후에 소득처분에 의하여 소득금액에 변동이 발생하여 소득세를 추가 납부하여야 하는 경우에는 소득금액변동통지서를 받은 날(법인세법에 따라 법인이 신고함으로써 소득금액이 변동된 경우에는 그 법인의 법인세 신고기일을 말한다)이 속하는 달의 다음다음 달 말일까지 추가신고납부할 수 있는 바(소세령 134조 1항), **그에 대한 국세기본법 상 경정청구기간은 언제부터 기산되는가?** '종합소득 과세표준 확정신고기한이 경과한 후에 소득처분(법세 67조 ; 법세령 106조)에 의하여 소득금액에 변동이 발생한 경우에는 원래의 종합소득 과세표준 확정신고기한 내에 그 변동된 소득금액에 대한 과세표준 및 세액을 신고・납부하는 것이 불가능하므로 그 과세표준 및 세액의 확정신고 및 납부기한을 소득금액변동통지서를 받은 날이 속하는 달의 다음다음 달 말일까지 유예하고 있는 점' 및 '위 추가신고 자진납부기한도 국세기본법 상 경정청구 소정의 '법정신고기한'의 의미에 포함된다고 볼 수 있는 점' 등을 종합하여 보면, 위 국세기본법 소정의 경정청구기간은 추가신고・자진납부의 기한 다음 날부터 기산된다고 볼 것이다.[87] 같은 이유로 연말정산이 있은 후에 법인세법에 의하여 상여로 처분된 금액에 대하여 소득금액변동통지를 받은 법인이 납부기한 내에 다시 연말정산을 거쳐 그에 따른 소득세를 원천징수하여 납부하고 지급조서를 제출한 경우 그에 대한 국세기본법 상 경정청구기간은 소득금액변동통지에 따른 소득세 납부기한(소득금액변동통지서를 받은 날이 속하는 달의 다음 달 10일) 다음 날부터 기산된다.[88] 위 경우에 원천납세의무자는 그가 실제로 납부한 세액의 한도 내에서가 아니라 추가신고의 대상이 된 과세표준과 세액 전부에 대하여 경정청구권을 행사할 수 있다.[89]

원천징수의 경우에도 경정청구에 관한 규정들이 적용되는 바, 이에 대하여서는 별도로 살핀다.

86) 같은 절 Ⅱ 2 나 예정신고 참조.
87) 대법원 2011.11.24. 2009두20274.
88) 대법원 2011.11.24. 2009두23587.
89) 대법원 2016.7.14. 2014두45246.

3 후발적 사유에 의한 경정청구

가. 개관

후발적 사유에 의한 경정청구는 '과세표준신고서를 법정신고기한까지 제출한 자', '국세의 과세표준 및 세액의 결정을 받은 자' 및 '원천징수의무자 또는 원천징수대상자'가 청구할 수 있다. '국세의 과세표준 및 세액의 결정을 받은 자'에는 경정청구의 경우와는 달리 '부과과세방식의 조세에 있어서 결정을 받은 자' 역시 포함되는 것으로 본다. 이는 후발적 사유에 의한 경정청구에 있어서 위 '국세의 과세표준 및 세액의 결정을 받은 자'에 '부과과세방식의 조세에 있어서 결정을 받은 자'가 제외된다고 볼 수 있는 근거가 없다는 점 및 '부과과세방식의 조세에 있어서 결정을 받은 자'에게 후발적 경정청구 사유가 발생할 경우에는 당초의 부과처분에 대하여 불복하지 않았다고 하더라도 다툴 수 있는 구제절차를 두는 것이 타당하다는 점을 감안한 것이다. 한편 **기한후과세표준신고서를 제출한 자는 비록 경정청구를 할 수 있다고 하더라도 그 신고서에 대하여 결정을 받지 않은 이상 후발적 경정청구를 할 수 없다고 보아야 한다.** 법정신고기한까지 과세표준신고서를 제출한 자에 해당되지 않기 때문이다.

납세자가 과세표준신고를 하지 아니하여 과세관청이 부과처분을 한 경우 그 후에 발생한 계약의 해제 등 후발적 사유를 원인으로 한 경정청구 제도가 있다 하여 그 처분 자체에 대한 쟁송의 제기를 방해하는 것은 아니므로 경정청구와 별도로 위 부과처분을 다툴 수 있다.[90)]

후발적 경정청구에 대하여서는 국세기본법이 규정하고 있고, 상속세 및 증여세법은 이에 대한 특례를 두고 있다. 먼저 국세기본법 상 후발적 경정청구에 대하여 살핀 이후에 상속세 및 증여세법 상 특례에 대하여 살피기로 한다. 또한 원천징수와 관련하여서도 후발적 사유에 의한 경정청구에 관한 규정들이 적용되나 이는 별도로 구분하여 살핀다.

과세표준신고서를 법정신고기한까지 제출한 자 또는 국세의 과세표준 및 세액의 결정을 받은 자는 **다음 각 사유 중 하나가 발생하였을 때**에는 그 사유가 발생한 것을 안 날부터 3개월 이내에 결정 또는 경정을 청구할 수 있다(국기 45조의2 2항). 결정 또는 경정의 청구를 받은 세무서장은 그 청구를 받은 날부터 2개월 이내에 과세표준 및 세액을 결정 또는 경정하거나 결정 또는 경정하여야 할 이유가 없다는 뜻을 그 청구를 한 자에게 통지하여야 한다

90) 대법원 2002.9.27. 2001두5989.

(국기 45조의2 3항 본문). 다만, 청구를 한 자가 2개월 이내에 아무런 통지(결정 또는 경정이 곤란한 경우의 통지(국기 45조의2 4항)는 제외)를 받지 못한 경우에는 통지를 받기 전이라도 그 2개월이 되는 날의 다음 날부터 이의신청, 심사청구, 심판청구 또는 감사원법에 따른 심사청구를 할 수 있다(국기 45조의2 3항 단서). 또한 결정 또는 경정의 청구를 받은 세무서장은 그 청구를 받은 날부터 2개월 이내(국기 45조의2 3항 본문)에 과세표준 및 세액의 결정 또는 경정이 곤란한 경우에는 청구를 한 자에게 관련 진행상황 및 국세기본법에 따른 이의신청, 심사청구, 심판청구 또는 감사원법에 따른 심사청구를 할 수 있다는 사실(국기 45조의2 3항 단서)을 통지하여야 한다(국기 45조의2 4항). **종합부동산세 납세의무자**(종부세 7조, 12조)**로서 종합부동산세를 부과 · 고지받은 자의 경우에도 후발적 경정청구에 관한 규정을 준용**한다(국기 45조의2 6항). 이 규정은 2023년 1월 1일 당시 종합부동산세 납부기한이 지난 날부터 5년이 경과하지 않는 경우로서, 2023년 1월 1일 이후 후발적 경정청구 사유가 발생한 경우부터 적용한다. **후발적 경정청구 사유가 발생한 경우에 납세의무자는 국세부과권의 제척기간이 경과한 후라도 경정청구를 할 수 있다.**[91)]

후발적 경정청구의 개시 사유가 발생하였는지 여부와 후발적 경정청구 사유 자체가 유효한지 여부는 동일한 쟁점에 해당하는가? 이 쟁점은 후발적 경정청구를 개시할 수 있는 사유가 일응 발생하여 후발적 경정청구에 이르렀으나 해당 사유의 발생이 법률 상 유효하다는 확정적 판단은 후발적 경정청구에 따른 불복절차가 진행 중인 시점에서야 이루어진 경우 해당 후발적 경정청구에 대한 기산일에 관한 판단이 잘못되었다고 할 수 있는지 여부와 관계된 것이다. 만약 후발적 경정청구 사유 자체가 유효하다는 점이 확정된 시점을 후발적 경정청구의 기산시점으로 본다면, 당초의 후발적 경정청구에 기한 불복절차는 규범 상 무시되어야 하며 그 후발적 경정청구를 유효한 것으로 신뢰한 납세자는 별도의 청구를 하지 않아서 후발적 경정청구에 대한 제척기간을 도과할 가능성이 농후하게 된다. 이는 납세자의 권리구제에 심각한 혼란을 야기할 우려가 있는 결과에 해당한다. 나아가 이러한 논리를 그대로 적용한다면 후발적 경정청구를 개시할 수 있는 사유가 일응 발생하여 후발적 경정청구에 이르렀으나 해당 사유의 발생이 법률 상 유효하지 않다는 실체적 판단을 한 경우에도 불복기관은 납세자가 제시한 후발적 경정청구 사유가 유효하지 않다는 실체적 판단을 하기보다는 납세자의 후발적 경정청구 자체가 유효하지 않아서 나아가 판단할 필요가 없다

91) 대법원 2006.1.26. 2005두7006.

고 판단하여야 한다. 이 역시 납세자의 현실적인 법감정에 부합하지 않을 뿐만 아니라 소송에 있어서 본안판단의 전제요건인 소송요건과 본안요건을 구분하고 있는 소송법체계에도 부합하지 않는다. 따라서 **후발적 경정청구의 개시 사유가 발생하였는지 여부와 후발적 경정청구 사유 자체가 유효한지 여부는 별개의 구분되는 쟁점으로 보아야 한다.**

그렇다면 **조세소송에 있어서 국세기본법이 정하는 후발적 경정청구 사유**(국기 45조의2 2항)**는 소송요건인가 아니면 본안요건에 해당하는가? 후발적 경정청구 사유가 소송요건과 본안요건 모두를 포함하는 것으로 보아야 한다.** 후발적 경정청구 사유는 두 부분으로 구성되어 있다. 첫째 부분은 해제권 행사 등 당사자들의 행위가 있었다는 점과 판결, 결정 또는 경정, 상호합의 등이 있었다는 점으로 구성된다. 둘째 부분은 해제권 행사 등 당사자들의 행위가 유효하다는 점과 '판결이 과세표준 및 세액의 계산 근거가 된 거래 또는 행위 등이 다른 것으로 확정되었다는 점', '결정 또는 경정의 내용이 소득이나 그 밖의 과세물건의 귀속을 제3자에게로 변경시키는 것이라는 점' 및 '상호합의의 내용이 최초의 신고·결정 또는 경정의 내용과 다르게 이루어졌다는 점' 등으로 구성된다. 전자의 경우 각 사유는 후발적 경정청구 제척기간의 기산 시점을 결정하는 요소이므로 각 사유가 소송요건에 해당하는 것으로 보아야 하고, 후자의 경우에는 실체적 판단을 요하는 것이므로 각 사유를 후발적 경정청구에 대한 본안요건으로 보아야 한다. **이러한 논리적 판단구조는 소송 이전의 불복절차에서도 그대로 적용되어야 한다.** 불복단계에 따라서 납세자 권리구제의 결과가 현저히 달라지는 것은 타당하지 않기 때문이다.

이러한 법리에 비추어 보면 판결이 민사판결인지 아니면 형사판결인지 여부에 따라 후발적 경정청구에 대한 소송요건을 달리 판단할 수는 없다. 민사판결에 해당하는지와 상관없이 판결에 기한 후발적 경정청구를 허용하되 본안판단은 그 판결의 내용 및 불복절차에서의 추가적인 심리결과에 따라 이루어져야 한다. 이에 대하여서는 후발적 경정청구 사유에 관한 부분에서 살핀다.

후발적 경정청구 사유에 대하여 살핀다.

첫째, **최초의 신고·결정 또는 경정에서 과세표준 및 세액의 계산 근거가 된 거래 또는 행위 등이 심사청구, 심판청구, 감사원법에 따른 심사청구에 대한 결정이나 소송에 대한 판결(판결과 같은 효력을 가지는 화해나 그 밖의 행위를 포함한다)에 의하여 다른 것으로 확정되었을 때.** 위 '거래 또는 행위 등이 그에 관한 소송에 대한 판결에 의하여 다른 것으로 확정된 때'란 최초 신고·결정 또는 경정이 이루어진 후 과세표준 및 세액의 계산근거가 된 거래 또는 행위 등에 관한 분쟁이 발생하여 그에 관한 소송에서 판결에 의하여 '거래 또는 행위 등의 존부나 법률효과 등'이 다른 것으로 확정됨으로써 최초 신고 등이 정당하게 유지될 수 없게 된 경우를 의미한다.[92] 다만 위 소송에 대한 판결은 과세표준 및 세액의 계산근거가 된 거래 또는 행위 등이 재판과정에서 투명하게 다투어졌고, 그것이 판결의 주문과 이유에 의하여 객관적으로 확인되거나 그 결론에 이르게 된 경우가 조서 등에 의하여 쉽게 확정될 수 있는 것이어야 한다.[93] 피상속인이 제3자를 위하여 연대보증채무를 부담하고 있었지만 상속개시 당시에는 아직 변제기가 도래하지 아니하고 주채무자가 변제불능의 무자력 상태에 있지도 아니하여 과세관청이 그 채무액을 상속재산의 가액에서 공제하지 아니한 채 상속세 부과처분을 하였으나, 그 후 주채무자가 변제기 도래 전에 변제불능의 무자력 상태가 됨에 따라 상속인들이 사전구상권을 행사할 수도 없는 상황에서 채권자가 상속인들을 상대로 피상속인의 연대보증채무의 이행을 구하는 민사소송을 제기하여 승소판결을 받아 그 판결이 확정되었을 뿐만 아니라 상속인들이 주채무자나 다른 연대보증인에게 실제로 구상권을 행사하더라도 변제받을 가능성이 없다고 인정되는 경우는 위 사유에 해당한다.[94] 다만 판례는 법인세 신고 당시의 사실관계를 바탕으로 그 손금귀속시기만을 달리 본 과세권자의 손금귀속방법이 위법하다는 이유로 어느 과세기간의 부과처분을 취소한 확정판결은, 그 다음 과세기간의 법인세와 관련하여 위 후발적 경정청구사유에 해당하지 않는다고 판시한다.[95] **수증자가 사망하여 상속개시가 이루어진 이후 사해행위취소 판결에 의하여 그 증여계약이 취소된 경우 수증자의 상속인을 후발적 경정청구를 할 수 있는가?** 채권자취소권의 행사로 사해행위가 취소되고 일탈재산이 원상회복되더라도, 채무자가 일탈재산에 대한 권리를 직접 취득하는 것이 아니고 사해행위 취소의 효력이 소급하여 채무자의 책임재산으로 회복되는 것도 아니다. 따라서 재산을 증여받은 수증자가 사망하여 증여받은 재산을 상속재산으로 한 상속개시가 이루어졌다면, 이후 사해행위취소 판결에 의하여 그 증여계약이 취소되고 상속재산이 증여자의 책임재산으로 원상회복되었다고 하더라도, 수증자의 상속인은 국세기본법 상 후발적 경정청구를 통하여 상속재산에 대한 상속세

92) 대법원 2011.7.28. 2009두22379; 대법원 2017.9.7. 2017두41740.
93) 대법원 2007.10.12. 2007두13906.
94) 대법원 2010.12.9. 2008두10133.
95) 대법원 2008.7.24. 2006두10023.

납세의무를 면할 수 없다.[96] **물상보증인이 담보로 제공한 부동산이 경매절차에서 매각된 다음 채무자의 파산 등으로 물상보증인의 구상권 행사가 불가능하게 되는 경우 이는 후발적 경정청구사유에 해당하는가?** 물상보증인이 담보로 제공한 부동산이 경매절차에서 매각된 다음 채무자의 파산 등으로 물상보증인의 구상권 행사가 불가능하게 되었더라도, 이는 목적부동산의 매각에 따른 물상보증인의 양도소득이 성립하는지 여부에는 아무런 영향을 미치지 않아 위와 같은 사정이 발생하더라도 양도소득세 과세표준과 세액을 산정하는 근거가 된 사항에 변동을 가져오지 않으므로, 후발적 경정청구사유(국기령 25조의2)에 해당한다고 볼 수 없다.[97] **한편 위 소송에 대한 판결은 민사판결로 한정되는 것인가?** 과세표준 및 세액의 계산 근거가 된 거래 또는 행위 등이 그에 대한 판결에서 다른 것으로 확정되었다는 점을 세법 독자적인 관점에서 판단하는 것이 타당하다. 따라서 세법의 관점에서 과세표준 및 세액의 계산 근거가 된 거래 또는 행위 등이 다른 것으로 확정되었다는 점을 인정할 수 있다면 그 판결이 민사판결인지 형사판결인지 아니면 행정판결 등인지 여부는 상관이 없다고 보아야 한다. 그 판결의 종류별로 한정하여 해석하여야 할 근거가 없다.

그러나 **판례는 형사판결이 확정되었다는 점은 후발적 경정청구에 해당되지 않는다고 판시한다.**[98] 이 판례의 논거는 다음과 같다. 첫째, 형사소송은 국가 형벌권의 존부 및 적정한 처벌범위를 확정하는 것을 목적으로 하는 것으로서 과세표준 및 세액의 계산근거가 된 거래 또는 행위 등에 관해 발생한 분쟁의 해결을 목적으로 하는 소송이라고 보기 어렵고, 형사사건의 확정판결만으로는 사법 상 거래 또는 행위가 무효로 되거나 취소되지도 아니한다. 따라서 형사사건의 판결은 그에 의하여 '최초의 신고 또는 경정에서 과세표준 및 세액의 계산근거가 된 거래 또는 행위 등의 존부나 그 법률효과 등이 다른 내용의 것으로 확정'되었다고 볼 수 없다. 둘째, 과세절차는 실질과세의 원칙 등에 따라 적정하고 공정한 과세를 위하여 과세표준 및 세액을 확정하는 것인데 반하여, 형사소송절차는 불고불리의 원칙에 따라 기소된 공소사실을 심판대상으로 하여 국가 형벌권의 존부 및 범위를 확정하는 것을 목적으로 하므로, 설사 조세포탈죄의 성립 여부 및 범칙소득금액을 확정하기 위한 형사소송절차라 하더라도 과세절차와는 그 목적이 다르고, 그 확정을 위한 절차 역시 별도로 규정되어 서로 다르다. 형사소송절차에서는 대립 당사자 사이에서 과세표준 및 세액의 계

96) 대법원 2020.11.26. 2014두46485.
97) 대법원 2021.4.8. 2020두53699.
98) 대법원 2020.1.9. 2018두61888.

산근거가 된 거래 또는 행위의 취소 또는 무효 여부에 관하여 항변, 재항변 등 공격·방어방법의 제출을 통하여 이를 확정하는 절차가 마련되어 있지도 않다. 셋째, 형사소송절차에는 엄격한 증거법칙 하에서 증거능력이 제한되고 무죄추정의 원칙이 적용된다. 법관으로 하여금 합리적 의심이 없을 정도로 공소사실이 진실한 것이라는 확신을 가지게 할 수 있는 정도의 증명력을 가진 증거에 의하여만 유죄로 인정할 수 있다. 따라서 형사소송에서의 무죄 판결은 그러한 증명이 없다는 의미일 뿐이지 공소사실의 부존재가 증명되었다는 의미가 아니다.

이 판례의 입장에 대하여서는 다음과 같은 반론이 가능하다. 판결이 후발적 경정청구 사유에 해당하는지 여부에 대한 쟁점이 그 판결의 판시내용에 따라 후발적 경정청구의 허용 여부가 그 자체로 결정되는 것을 의미하는 것이라면 위 판결의 판시는 타당하다. 그러나 판결이 후발적 경정청구 사유에 해당하는지 여부에 관한 쟁점이 과세관청이 해당 판결에 근거하여 다시 과세처분할 것을 요구하는 사유에 해당하는지 여부와 관계된 것이라면 위 판결의 판시에는 의문이 남는다. 납세자의 후발적 경정청구에 대하여 과세관청은 실질과세원칙 등 세법 고유의 원칙에 따라 별도의 판단을 할 수 있는 것이고, 과세관청의 거부처분 후 진행되는 불복절차에서의 심리과정에서 대립 당사자들이 과세표준 및 세액의 계산근거가 된 거래 또는 행위의 취소 또는 무효 여부에 관하여 항변, 재항변 등 공격·방어방법의 제출을 통하여 후발적 경정청구의 유효 여부를 확정할 수 있기 때문이다. 형사판결이라는 이유로 후발적 경정청구 자체를 허용하지 않는 것을 합리화할 규범적 정당성 역시 없다고 본다. 따라서 **위 판결이 형사판결 역시 후발적 경정청구를 할 수 있는 사유에는 해당되지만 그 판결의 내용 및 후속적인 불복절차 내 심리결과를 종합하여 볼 때 유효한 후발적 경정청구 사유에는 해당되지 않는다고 판시한 것으로 선해하는 것이 타당하다.**

둘째, **소득이나 그 밖의 과세물건의 귀속을 제3자에게로 변경시키는 결정 또는 경정이 있을 때.**

셋째, **조세조약에 따른 상호합의가 최초의 신고·결정 또는 경정의 내용과 다르게 이루어졌을 때.** 현행 OECD 모델협약 제25조(상호합의절차) 제5항은 “한 체약국 혹은 양 체약국의 행위로 인해 조약규정에 위배되는 과세를 당한 사람이 한 체약국 관할당국에 사건을 제기하고” 또한 “불복사건을 처리하기 위하여 관할당국들이 필요로 하는 모든 정보를 양 체약국 관할당국들에게 제출한 날로부터 2년 이내에 관할당국들이 제2항에 따라 그 불복사건에 대한 합의에 도달하지 못하는 경우”의 중재회부에 대하여 규정한다. 그 중재가 성립될 경우 그 중재결정 역시 후발적 경정청구 사유에 포함되도록 정비할 필요가 있다. 또한 OECD 모델협약 제25조 제3문단은 다음과 같이 규정한다. "양 체약국의 관할당국은 이 조약의 해석이나 적용에 있어, 발생하는 어려움 또는 의문을 상호합의에 의해 해결하도록 노력한다. 또한 양 당국은 이 조약에 규정되지 않은 경우의 이중과세를 방지하기 위해 상호협의 할 수 있다." 한편 상호합의는 국세기본법 상 후발적 경정청구 사유에 포섭되어 있다. 그런데 OECD 모델협약 주석(Commentary) 제25조 문단 54는 조세조약의 해석 등에 관한 상호합의는 행정부에 대하여 기속력이 미친다고 규정한다. 즉 국세기본법이 조세조약의 해석 등에 관한 상호합의를 개별사건에 관한 상호합의와 구분하지 않고 모두 후발적 경정청구 사유로 규정한 결과 행정부에 대하여서만 기속력을 갖는 조세조약의 해석 등에 관한 상호합의에 대하여 법원이 기속되는 효과를 야기할 수 있다. 이러한 문제를 해결하기 위한 규정이 정비되어야 한다. **별개의 후발적 경정청구 사유인 상호합의와 법원의 판결은 어떠한 관계에 있는가?** 상호합의는 양 체약국의 행정부에 대하여 기속력을 가질 뿐이므로 법원의 판결은 상호합의와 달라질 수 있다. 통상의 경우에는 이에 이르지 않을 것으로 본다. 법원이 상호합의의 내용을 그대로 수용하지 않는 경우 상호합의에 기한 후발적 경정청구를 부적법한 것으로 볼 수는 없다. 법원의 판결에 의하여 번복된 상호합의라고 할지라도 후발적 경정청구에 대한 심리를 개시하기 위한 적법요건은 충족한 것으로 보아야 한다. 즉 이 경우 상호합의의 존재는 후발적 경정청구의 본안심리를 위한 소송요건으로 보아야 한다.

넷째, **결정 또는 경정으로 인하여 그 결정 또는 경정의 대상이 된 과세표준 및 세액과 연동된 다른 세목(같은 과세기간으로 한정)이나 연동된 다른 과세기간(같은 세목으로 한정)의 과세표준 또는 세액이 세법에 따라 신고하여야 할 과세표준 또는 세액을 초과할 때.** 2022년 12월 31일 개정 전 문언은 다음과 같다. **결정 또는 경정으로 인하여 그 결정 또는 경정의 대상이 되는 과세기간 외의 과세기간에 대하여 최초에 신고한 국세의 과세표준 및 세액이 세법에 따라 신고하여야 할 과세표준 및 세액을 초과할 때.** 위 개정을 통하여 후발적 경정청구에 있어서 과세기간 및 세목에 대한 제한이 추가되었는바, 이는 특례제척기간의 경우와 동일하다.

법인이 특정 사업연도에 고의로 수익을 과다계상하거나 손비를 과소계상하는 방법으로 사실과 다른 분식결산을 하고 법인세를 과다신고하였다가 위와 같은 분식결산의 효과를 상쇄시키기 위하여 그 차기 사업연도 이후부터 수익을 과소계상하거나 손비를 과다계상하는 방법으로 분식결산을 하고 법인세를 과소신고하였으나 '과세관청이 그 차기 사업연도 이후에 대하여 법인세를 **증액경정**함으로써 당초의 목적을 이루지 못하게 되었더라도', 그러한 사정만으로 당초의 특정 사업연도에 신고한 과세표준 및 세액의 산정기초에 후발적인 변동이 생겨 그 과세표준 및 세액이 세법에 의하여 신고하여야 할 과세표준 및 세액을 초과하게 된 때에 해당한다고 할 수 없으므로, 이러한 경우에는 '해당 과다신고에 대하여 적법한 경정청구기간 내에 감액경정청구를 할 수 있음은 별론으로 하고' 국세기본법 제45조의2 제2항 제4호에 의하여 후발적 경정청구를 할 수는 없다.[99] 즉 당사자가 의도적으로 손익의 귀속시기를 조작한 경우에 해당 **손익귀속시기의 위법을 바로잡는 결정은 위 결정에 포함되지 않는다.** 이는 사실관계의 변동이 없이 손익귀속시기에 대한 위법을 시정하는 판결이 확정되는 것이 후발적 경정청구사유에 해당하지 않는 점과 궤를 같이 하는 것으로 본다. 다만 법인세의 경우에는 세액공제를 통하여 이를 조정하고 있다(법세 58조의3). 따라서 **위 결정 또는 경정은 사실관계의 변동을 수반하는 결정 또는 경정으로 이해하여야 한다.** 한편 판례의 입장을 손익귀속시기의 변동이 사실관계의 변동에 포함되지 않는다는 것으로 이해한다면, 이로 인하여 손익의 귀속시기를 조작하는 것 역시 조세포탈의 범위에 포함되지 않는 것으로 볼 여지가 발생한다. 조세포탈이 성립하기 위하여서는 이미 성립한 납세의무를 피하기 위하여 사실관계를 은닉하는 등 행위가 수반되어야 하기 때문이다.[100]

다섯째, **위와 유사한 법정사유**(국기령 25조의2)**가 해당 국세의 법정신고기한이 지난 후에 발생하였을 때.**

위 '법정사유(국기령 25조의2)**'에 대하여 본다.**

첫째, **최초의 신고 · 결정 또는 경정을 할 때 과세표준 및 세액의 계산 근거가 된 거래 또는 행위 등의 효력과 관계되는 관청의 허가나 그 밖의 처분이 취소된 경우.**

둘째, **최초의 신고 · 결정 또는 경정을 할 때 과세표준 및 세액의 계산 근거가 된 거래 또는 행위 등의 효력과 관계되는 계약이 해제권의 행사에 의하여 해제되거나 해당 계약의 성립 후 발생한 부득이한 사유로 해제되거나 취소된 경우.**

'계약이 해제권의 행사에 의하여 해제된 경우'라는 문언에 비추어 볼 때, 이에 '합의해제하는 경우'가 포함되기는 어렵다. 다만 '해당 계약의 성립 후 발생한 부득이한 사유로 해제

99) 대법원 2013.7.11. 2011두16971.
100) 제5편 제2장 Ⅱ 조세포탈범 참조.

되거나 취소된 경우'에는 합의해제하는 경우 역시 포함될 수 있다고 해석한다. 또한 이 사유에는 사업 상의 정당한 사유로 당초의 매매대금이나 용역대금을 감액한 경우도 포함된다고 봄이 타당하므로 특별한 사정이 없는 한 그 감액분을 당초의 매매대금이나 용역대금에 대한 권리가 확정된 사업연도의 소득금액에 포함하여 법인세를 과세할 수는 없다.[101] 다만 이러한 입장은 처분의 위법성은 처분 당시 존재하는 사유로 한정되어야 한다는 판례의 입장과는 어긋나는 것으로 보인다. 이에 대하여서는 후술하기로 한다.[102] 한편 취소와 동일한 법률효과를 갖는다면 그 사유와 상관없이 이에 포함되는 것으로 보아야 한다. 계약의 해제와 후발적 사유에 의한 경정청구에 대하여서는 별도로 항을 바꾸어 살핀다.

셋째, **최초의 신고·결정 또는 경정을 할 때 장부 및 증거서류의 압수, 그 밖의 부득이한 사유로 과세표준 및 세액을 계산할 수 없었으나 그 후 해당 사유가 소멸한 경우.**

넷째, **위 각 사유에 준하는 사유가 있는 경우.** 이와 관련된 판례의 입장을 구체적인 사례를 통하여 살피기로 한다. **납세의무의 성립 후 소득의 원인이 된 채권이 채무자의 도산 등으로 인하여 회수불능이 되어 장래 그 소득이 실현될 가능성이 전혀 없게 된 것이 객관적으로 명백하게 된 경우 그 사유는 후발적 경정청구 사유에 해당하는가?** 후발적 경정청구제도의 취지, 권리확정주의의 의의와 기능 및 한계 등에 비추어 보면, 소득의 원인이 되는 권리가 확정적으로 발생하여 과세요건이 충족됨으로써 일단 납세의무가 성립하였다 하더라도 그 후 일정한 후발적 경정청구 사유의 발생으로 말미암아 소득이 실현되지 아니하는 것으로 확정됨으로써 당초 성립하였던 납세의무가 그 전제를 잃게 되었다면, 사업소득에서 대손금과 같이 소득세법이나 관련 법령에서 특정한 후발적 경정청구 사유의 발생으로 말미암아 실현되지 아니한 소득금액을 그 후발적 경정청구 사유가 발생한 사업연도의 소득금액에 대한 차감사유로 별도로 규정하고 있다는 등의 특별한 사정이 없는 한 납세자는 국세기본법 상 후발적 경정청구(국기 45조의2 2항)를 하여 납세의무의 부담에서 벗어날 수 있다고 보아야 한다. 따라서 납세의무의 성립 후 소득의 원인이 된 채권이 채무자의 도산 등으로 인하여 회수불능이 되어 장래 그 소득이 실현될 가능성이 전혀 없게 된 것이 객관적으로 명백하게 되었다면, 이는 국세기본법 시행령 제25조의2 제2호에 준하는 사유로서 특별한 사정이 없는 한 국세기본법 시행령 상 후발적 경정청구 사유(국기령 25조의2 4호)에 해당한다고

101) 대법원 2013.12.26. 2011두1245.
102) 제4편 제3장 제2절 제1관 Ⅷ 1 위법성 판단의 기준시점 부분 참조.

봄이 타당하다.[103] **법령에 대한 해석이 최초의 신고·결정 또는 경정 당시와 달라졌다는 사유는 후발적 경정청구 사유에 해당하는가?** 후발적 경정청구는 당초의 신고나 과세처분 당시에는 존재하지 아니하였던 후발적 사유를 이유로 하는 것이므로 해당 국세의 법정신고 기한이 지난 후에 과세표준 및 세액의 산정기초가 되는 거래 또는 행위의 존재 여부나 그 법률효과가 달라지는 경우 등의 사유는 국세기본법 상 후발적 경정청구 사유에 포함될 수 있지만, 법령에 대한 해석이 최초의 신고·결정 또는 경정 당시와 달라졌다는 사유는 여기에 포함되지 않는다.[104] 다만 일본의 경우에는 과세관청의 법률해석이 납세자에게 유리하게 변경된 경우에도 경정청구를 할 수 있다고 규정한다.[105] 이는 일본 판례에서 소극적으로 해석하던 것을 바꾸어 긍정적으로 입법한 것이다. 조세법규가 납세자에게 유리하게 변경된다고 하더라도 바로 소급하여 적용되는 것은 아니라는 점을 감안한다면, 일본의 경우와 같이 입법을 통하여 해결하는 것이 타당하다고 본다. 입법을 통하여 법률해석의 변경을 후발적 경정청구 사유로 본다고 하더라도 다음의 점을 고려하여야 할 것이다. 첫째 **법률의 해석이 변경되었다는 점이 언제 확정되었다고 볼 수 있는가?** 법령에 대한 최종적인 해석권한이 법원에 있다는 점을 감안한다면 법원에 의하여 해석의 변경이 최종적으로 확정되는 시점에 해석이 변경된 것으로 보아야 한다. 둘째, **법률의 해석이 변경되었다는 점은 모든 사건에 대하여 아무런 조건이 없이 영향을 미치는가?** 법령의 해석이 변경된 사건과 관련하여 법률 상 이해관계를 갖는 납세자에 대하여서만 영향을 미치는 것으로 보아야 한다. 판결 자체가 구체적인 사건과 관련하여 효력을 갖는 것이고 국가의 재정적 부담 역시 무시할 수 없기 때문이다. 셋째, **민사판결이 아닌 형사판결 등에서 납세자에게 유리한 법률해석의 변경이 이루어진 경우 이를 납세자는 후발적 경정청구 사유로서 주장할 수 있는가?** 납세자의 처분과 관련된 민사재판이 아닌 형사재판 등에서 납세자에게 유리한 법률의 해석이 포함된 판결이 확정된 경우에도 납세자가 그 판결에 대하여 법률 상 이해관계를 갖는 것으로 보아 후발적 경정청구를 할 수 있다고 보아야 한다. 법령의 해석이 민사판결 또는 형사판결 등 어느 판결에서 확정되었는지 여부가 세법 상 판단에 영향을 미칠 합리적인 근거는 없기 때문이다. **위법소득의 지배·관리라는 과세요건이 충족되어 납세의무가 성립한 후 몰수나 추징과 같은 후발적 경정청구 사유가 발생하여 소득이 실현되지 아니하는 것으로 확정됨으로**

103) 대법원 2014.1.29. 2013두18810.
104) 대법원 2014.11.27. 2012두28254.
105) 일본 국세통칙법 시행령 제6조 제1항 제5호.

써 당초 성립하였던 납세의무가 전제를 잃게 된 경우, 후발적 경정청구를 하여 납세의무의 부담에서 벗어날 수 있는가? 형법 상 뇌물, 알선수재, 배임수재 등의 범죄에서 몰수나 추징을 하는 것은 범죄행위로 인한 이득을 박탈하여 부정한 이익을 보유하지 못하게 하는 데 목적이 있으므로, 이러한 위법소득에 대하여 몰수나 추징이 이루어졌다면 이는 위법소득에 내재되어 있던 경제적 이익의 상실가능성이 현실화된 경우에 해당한다. 따라서 이러한 경우에는 소득이 종국적으로 실현되지 아니한 것이므로 납세의무 성립 후 후발적 경정청구 사유가 발생하여 과세표준 및 세액의 산정기초에 변동이 생긴 것으로 보아 납세자로 하여금 그 사실을 증명하여 감액을 청구할 수 있도록 함이 타당하다. 즉, 위법소득의 지배·관리라는 과세요건이 충족됨으로써 일단 납세의무가 성립하였다고 하더라도 그 후 몰수나 추징과 같은 위법소득에 내재되어 있던 경제적 이익의 상실가능성이 현실화되는 후발적 경정청구 사유가 발생하여 소득이 실현되지 아니하는 것으로 확정됨으로써 당초 성립하였던 납세의무가 전제를 잃게 되었다면, 특별한 사정이 없는 한 납세자는 국세기본법 제45조의2 제2항 등이 규정한 후발적 경정청구를 하여 납세의무의 부담에서 벗어날 수 있다.[106] **만약 몰수나 추징과 같은 후발적 경정청구 사유가 이미 발생하였음에도 불구하고 과세관청이 위법소득에 관한 납세의무가 성립하였다는 점에만 근거하여 과세처분을 한 경우 납세자는 해당 처분에 대하여 불복할 수 있는가?** 판례에 따르면 위법소득에 대한 몰수나 추징 등 후발적 경정청구사유가 존재함에도 과세관청이 당초에 위법소득에 관한 납세의무가 성립하였던 적이 있음을 이유로 과세처분을 하였다면 이러한 과세처분은 위법하므로 납세자는 항고소송을 통해 해당 처분의 취소를 구할 수 있다.[107] 한편 **위법소득을 산정함에 있어서 그 위법소득을 얻기 위하여 지출한 비용 역시 필요경비로 인정될 수 있는가?** 소득세는 원칙적으로 소득이 다른 법률에 의하여 금지되는지 여부와 관계없이 담세력에 따라 과세하여야 하고 순소득을 과세대상으로 하여야 하므로 범죄행위로 인한 위법소득을 얻기 위하여 지출한 비용이더라도 필요경비로 인정함이 원칙이나, 비용의 지출이 사회질서에 심히 반하는 등 특별한 사정이 있는 경우라면 필요경비로 인정할 수 없다.[108] 즉 판례는 의약품 도매상이 약국 등 개설자에게 금전을 제공하는 것이 약사법 등 관계 법령에 따라 금지된 행위가 아니라고 하여 곧바로 사회질서에 위반하여 지출된 비용이 아니라고 단정할 수는 없고, 그

106) 대법원 2015.7.16. 2014두5514 전원합의체 판결.
107) 대법원 2015.7.16. 2014두5514 전원합의체 판결.
108) 대법원 2015.2.26. 2014도16164.

것이 사회질서에 위반하여 지출된 비용에 해당하는지 여부는 그러한 지출을 허용하는 경우 야기되는 부작용, 그리고 국민의 보건과 직결되는 의약품의 공정한 유통과 거래에 미칠 영향, 이에 대한 사회적 비난의 정도, 규제의 필요성과 향후 법령 상 금지될 가능성, 상관행과 선량한 풍속 등 제반 사정을 종합적으로 고려하여 사회통념에 따라 합리적으로 판단하여야 한다고 판시한다.[109] 또한 의약품 도매상이 약국 등 개설자에게 의약품 판매촉진의 목적으로 이른바 '리베이트'라고 불리는 금전을 지급하는 것은 약사법 등 관계 법령이 이를 명시적으로 금지하고 있지 않더라도 사회질서에 위반하여 지출된 것에 해당하여 그 비용은 손금에 산입할 수 없다고 판시한다.[110] 한편 위 판례를 분석함에 있어서 미국의 경우에는 리베이트 등에 대하여 손금을 부인하는 특별규정, 즉 IRC Section 162(c)(3)[111]을 두고 있으나 우리의 경우에는 이러한 특별규정이 없다는 점에 주목할 필요가 있다. 그렇다면 **사회질서에 위반하여 지출된 비용의 손금산입을 부인하는 근거는 무엇인가?**[112] 판례는 사회질서에 위반하여 지출된 비용은 '일반적으로 용인되는 통상적인 비용'에 해당되지 않는다고 판시한다.[113] 즉 '일반적으로 용인되는 통상적인 비용'이라 함은 납세의무자와 같은 종류의 사업을 영위하는 다른 법인도 동일한 상황 아래에서는 지출하였을 것으로 인정되는 비용을 의미하고, 그러한 비용에 해당하는지 여부는 지출의 경위와 목적, 그 형태 · 액수 · 효과 등을 종합적으로 고려하여 판단하여야 하는데, 특별한 사정이 없는 한 사회질서에 위반하여 지출된 비용은 여기에서 제외된다. 한편 판례는 위법소득의 경우라고 할지라도 몰수나 추징과 같은 위법소득에 내재되어 있던 경제적 이익의 상실가능성이 현실화된다면 이에 대하여 후발적 경정청구를 할 수 있다고 판시한다.[114] 즉 위법소득의 지배 · 관리라는 과세요건이 충족됨으로써 일단 납세의무가 성립하였다고 하더라도 그 후 몰수나 추징과 같은 위법

109) 대법원 2015.1.15. 2012두7608; 대법원 2017.10.26. 2017두51310.

110) 대법원 2015.1.15. 2012두7608; 대법원 2017.10.26. 2017두51310.

111) No deduction shall be allowed under subsection (a) for any kickback, rebate, or bribe made by any provider of services, supplier, physician, or other person who furnishes items or services for which payment is or may be made under the Social Security Act, or in whole or in part out of Federal funds under a State plan approved under such Act, if such kickback, rebate, or bribe is made in connection with the furnishing of such items or services or the making or receipt of such payments. For purposes of this paragraph, a kickback includes a payment in consideration of the referral of a client, patient, or customer.

112) 이준봉, 법인세법 상 주요 쟁점에 대한 판례의 동향과 전망, 조세법연구 제22집 제3호, (사)한국세법학회, 2016, 140-141면; 이하 '졸고, 법인세 판례 논문'으로 인용한다.

113) 대법원 2009.11.12. 2007두12422.

114) 대법원 2015.7.16. 2014두5514 전원합의체 판결.

소득에 내재되어 있던 경제적 이익의 상실가능성이 현실화되는 후발적 경정청구 사유가 발생하여 소득이 실현되지 아니하는 것으로 확정됨으로써 당초 성립하였던 납세의무가 전제를 잃게 되었다면, 특별한 사정이 없는 한 납세자는 국세기본법 제45조의2 제2항 등이 규정한 후발적 경정청구를 하여 납세의무의 부담에서 벗어날 수 있다. 이 판례의 입장에 따른다면, 즉 위법소득을 경제적 이익의 관점에서 본다면 위법소득을 얻기 위하여 지출된 비용이 위법하다고 할지라도 경제적 손실이 야기되는 한 손금에 산입하여야 하는지 여부가 문제로 될 수 있다. 이상의 각 사정을 감안한다면, 사회질서에 위반하여 지출된 비용의 의미를 확정하는 것 자체에도 어려움이 있다. **사회질서 또는 법률에 위반되는 지출을 손금의 일반적인 통상성에 반한다고 볼 수 있는 경우는 어떻게 정의할 수 있는가?** 사업의 위법성 여부가 법인세법 상 사업의 정의에 있어서 의미를 갖는 것은 아니나, 사업 자체의 공익적 성격 등으로 인하여 허가・인가 등 법률 상 요건을 충족하거나 해당 사업의 운영에 대한 많은 행위규제를 준수할 필요가 있는 사업 역시 존재한다. 그러한 사업의 경우에는 법률 상 허가・인가 등 각 요건 및 기타 행위규제에 관한 각 규정을 준수하거나 그 취지에 부합하도록 행위하는 것이 해당 법인을 포함한 동종기업들에게 일반적으로 요구된다. 또한 해당 법인을 포함한 동종기업들이 통상적으로 그러한 요구를 이행하거나 준수하여야 한다는 점은 해당 법인 수익창출활동의 본질적 요소이면서도 그 수익창출활동의 제약요소에 해당한다. 그렇다면 **사업 자체의 공익적 성격 등으로 인하여 허가・인가 등 법률 상 요건을 충족하거나 해당 사업의 운영에 대한 많은 행위규제를 준수할 필요가 있는 사업에 있어서, 그 수익창출활동에 대한 본질적 요소이자 제약요소에 해당하는 법령 상 요건, 행위규제 및 그 법령의 취지에 반하는 비용 지출은 손금으로서의 일반적 공익성을 갖추지 못한 것으로 볼 수 있다.** 판례가 의약품 도매상의 리베이트 및 입찰 담합사례금에 대하여 '특별한 사정이 없는 한 사회질서에 위반하여 지출된 비용은 손금에서 제외된다'는 취지의 판시를 하는바, 이는 의약품 도매업 및 입찰 참여 건설사 등의 사업 내용의 고유한 특성을 반영한 것으로 보아야 한다. 따라서 **'특별한 사정이 없는 한 사회질서에 위반하여 지출된 비용은 손금에서 제외된다'는 판시는 '법률 상 요건을 충족하거나 그 행위규제를 준수하는 것이 해당 사업 수익창출활동의 본질적 요소이자 그 제약요소를 구성하는 사업에 있어서는 특별한 사정이 없는 한 사회질서에 위반하여 지출된 비용은 일반적으로 인정된 통상적인 것에 해당하지 않으므로 손금에서 제외된다'는 취지로 이해하는 것이 타당하다.** 다만 **'법률 상 요건을 충족하거나 그 행**

위규제를 준수하는 것이 요구되는 사업이라고 할지라도 그 수익창출활동의 본질적 요소이자 제약요소에 해당하지 않는 규정을 위반하여 지출한 비용은 손금에 산입되어야 한다. 판례 역시 신탁업과 은행업을 겸영하는 법인이 우대금리의 적용으로 인하여 신탁계정에서 발생한 고객의 손실을 은행계정 지출액으로 보전하여 신탁업 감독 규정을 위반하는 결과가 빚어졌더라도 이는 신탁 고객들의 이탈로 인한 자금 유출을 방지하고 수익기반을 유지하고자 하는 사업 상 필요에 따른 것으로서 그로 인하여 지출된 비용을 손금에 산입하는 것이 사회질서에 반한다고 보기 어렵다고 판시한다.[115]

위법비용을 수익에 직접 관련된 손금으로 인정할 수는 없는가? 법인의 손비가 수익에 직접 관련된 경우에는 그 손비가 '일반적으로 인정되는 통상적인 것'에 해당하는지 여부를 다시 검토할 필요가 없으므로 수익에 직접 관련된 위법비용은 손금에 산입될 수 있다고 보아야 한다. 위법비용에 직접 관련된 소득은 통상 위법소득에 해당할 가능성이 크다. 그러나 **위법소득 발생에 직접적으로 관련된 것으로 보이는 위법비용에 대하여서도 그 손금 산입을 부인하는 판례가 있다.** 유흥주점의 유흥접객원과 영업상무 등에게 지급한 성매매 수당 내지 성매매 손님 유치 수당은 성매매 및 그것을 유인하는 행위를 전제로 지급된 것으로서 그 비용의 지출은 선량한 풍속 기타 사회질서에 심히 반하므로 필요경비로 인정할 수 없다.[116] 성매매업에 대하여 법령 상 요건 또는 행위규제를 준수하는 방법으로 수익을 창출할 것을 기대할 수는 없는바, 그와 관련된 위법소득에 대하여 과세하는 한, 별도의 법령에 의한 불이익이 부과되는 것과는 별개로, 위법소득의 창출에 직접적으로 관련된 위법비용은 손금에 산입하는 것이 타당하다. **세법이 손금을 부인하는 방법을 통하여 위법행위를 제재하는 것은 타당한가?**[117] 사회질서에 위반하여 지출된 비용의 의미를 확정하기 이전에 세법이 비용의 손금을 부인하는 방법으로 위법행위에 대하여 제재를 가하는 것이 타당한지 자체에 대하여 다음 각 관점에 따라 살핀다.

첫째, 위법소득을 얻는 과정에서 발생한 위법비용에 대하여서는 법인세법 상 손금을 부인하는 것이 정의의 관념에 충실하고 일종의 벌칙으로서 위법비용의 손금을 부인하는 것이 타당하다는 견해가 있을 수 있으나, 이러한 견해가 규범 상 정당성을 갖는 것은 아니다. 즉 위 견해에는 다음과 같은 문제가 있다. 위법소득과 관련된 위법비용에 대하여 손금산입을

115) 대법원 2015.12.10. 2013두13327.
116) 대법원 2015.2.26. 2014도16164.
117) 졸고, 법인세 판례 논문, 141-145면.

부인하는 것은 소득과세와 정면으로 충돌하는 것이고 공평의 이념에 오히려 반하는 것이다. 위법소득과 관련된 위법비용에 대하여 손금산입을 부인하는 것은 위법비용의 경우에는 총수입금액, 즉 익금에 대하여 과세한다는 것으로서 이는 익금에서 손금을 공제하여 과세하는 소득과세와 정면으로 충돌하는 것이기 때문이다. 또한 소득과세는 수평적 공평 및 수직적 공평의 이념에 부합되는 것이 타당하나, 위와 같이 위법소득에 대하여 총액과세하는 것은 이에 반하는 측면이 있다. 즉 위법행위와 관련하여 비용을 많이 지출하여 그 소득이 적은 자를 이보다 적은 비용을 지출하여 그 소득이 높은 자에 비하여 높은 세율로 과세하는 효과가 발생하는 것으로서 이에 공평의 개념에 반하는 측면이 있다.[118)]

이를 다음 예를 통하여 살핀다.[119)]

> 갑은 어느 과세기간에 100만원의 총수입금액을 얻을 수 있는 사업을 영위하고 그와 관련된 필요경비는 30만원이므로 소득금액은 70만원이다. 을은 동일한 과세기간에 100만원의 총수입금액을 얻을 수 있는 사업을 영위하나 그와 관련된 필요경비는 80만원이므로 소득금액은 20만원에 불과하다. 만약 갑과 을 모두에 대하여 필요경비의 공제를 부인한다면 모두 100만원에 대하여 세금을 부담하여야 한다. 만약 세율이 20%라고 한다면 갑은 소득이 70만원임에도 20만원의 세금을 부담하고, 을은 소득이 20만원에 불과함에도 20만원의 세금을 부담하여야 한다. 갑과 을의 필요경비가 모두 위법비용이라고 하더라도 이를 합리적으로 설명할 수 있는 규범적 근거는 없다.

둘째, 위법비용의 손금부인을 일종의 벌칙(penalty)으로 보아 위 예에서 나타나는 불합리함을 설명할 수 있다는 견해가 있을 수 있다. 즉 이는 위 예에서 을의 비용만이 위법한 경우에는, 을에 대하여서만 위법비용의 손금산입을 부인하는 방법으로 을에게 불이익을 줄 수 있으므로 위법비용의 손금부인은 정당하다는 견해이다.

그러나 이러한 접근방식에는 다음과 같은 문제가 있다. 벌칙의 부과는 위반행위의 경중에 따라 달라져야 하는 것임에도 불구하고, 손금을 부인하는 방법으로 벌칙을 부과하는 것은 해당 손금의 크기와 납세의무자의 한계세율의 정도 등에 따라 그 불이익의 크기가 달라지는 것에 불과하여 위반행위의 경중과 무관하게 불이익이 부과되는 결과에 이르게 된다. 즉 위법행위의 주범이 영위하는 사업비용이 종범의 경우보다 적거나, 주범의 한계세율이

---

118) Douglas A. Kahn·Howard Bromberg, *Provisions Denying a Deduction for Illegal Expenses and Expenses of an Illegal Business Should Be Repealed*, 18 Fla. Tax Rev. 207, 2016, at 216-218.

119) *Id.*, at 218의 예를 재구성한 것이다.

보다 낮다면 세법이 종범을 주범보다 심하게 취급하는 부당한 결과에 이를 수 있다. 이러한 방식으로 벌칙을 부과하는 것은 자의적으로 벌칙을 부과하는 것과 다를 바가 없다.[120]

이를 다음 예를 통하여 살핀다.[121]

> 갑 법인과 을 법인은 유사한 사업을 영위한다. 각 법인은 어느 사업연도에 각 40만원의 익금총액을 얻고 모두 30만원의 위법비용이 발생하였고 두 법인의 위법성은 동일하다. 두 법인 모두에 대하여 위법비용을 손금부인하였으므로 두 법인 모두 30만원만큼의 소득을 더 신고하였으나, 갑법인의 한계세율이 20%이므로 갑법인은 6만원의 소득을 추가하여 납부하였고, 을 법인의 경우에는 이월결손금이 있어서 결과적으로 3000원의 세금을 납부하였다. 즉 위법성의 정도는 동일함에도 갑 법인은 을 법인에 대하여 20배의 벌칙을 받게 되었다.

> A시는 경마사업의 사행성을 우려하여 해당 사업을 근절하기 위하여서는 경마사업을 운영하기 위하여 건물을 임차하는 행위 자체를 위법한 것으로 규정하는 법률을 시행하기로 하였고, 해당 법률을 위반할 경우에는 2만원의 벌칙을 부과한다. 그런데 세법은 위법비용인 해당 임대료의 손금산입을 모두 부인한다. 병 법인은 60만원의 임대료를 지불하고 경마사업을 운영하여 70만원의 수익을 얻었다. 법인세율이 20%라면, 병 법인의 소득이 10만원임에도 불구하고 14만원의 세금을 납부하여야 한다. 해당 위법행위에 대한 형사 상 처벌이 2만원임에도 불구하고 형사 상 처벌의 권한이 없는 과세관청이 12만원[14만원 - (10만원 × 20%)]의 벌칙을 부과하는 셈이다. 즉 형사 상 벌칙을 부과하는 법률은 해당 행위의 위법성이 비교적 심하지 않다는 판단을 하더라도 경우에 따라서는 세법이 훨씬 중한 벌칙을 부과하는 셈이다.

> 정 법인은 경쟁법인의 대표자를 제거하기 위하여 청부살인업자에게 5천만원을 지급하였다. 무 법인은 인체에 무해한 산업폐기물을 불법매립하기 위하여 3억원을 지출하였다. 정 법인의 대표자에게는 징역 5년형이 선고되었고, 무 법인의 대표자에게는 벌금 2000만원이 선고되었다. 이 경우 해당 위법행위자들이 형사 상 처벌을 받는 것과 별도로 해당 행위와 관련된 비용 일체에 대하여 손금산입을 부인한다면, 세법은 보다 위법성의 정도가 큰 정 법인의 경우에는 5천만의 불이익을, 위법성의 정도가 경미한 무 법인에 대하여서는 3억원의 불이익을 부과하는 것이다.

120) *Id.*, at 219.
121) *Id.*, at 219-221의 예들을 재구성한 것이다.

> 공무원 B는 기 법인과 공사계약을 체결하는 과정에서 자신에게 2억원의 뇌물을 지급하지 않는다면 공사계약을 체결할 수 없다고 강력히 요구하여 최근 경영실적이 좋지 않았던 기 법인으로서는 해당 금액을 지급하고 공사를 수행할 수 밖에 없었다. 그 후 이 사실이 밝혀져 공무원 B, 기 법인 및 그 대표자는 각 행위에 합당한 형사처벌을 받았다. 세법은 더 나아가 뇌물에 해당하는 2억원의 손금산입을 부인하였다. 그렇다면 세법은 위법성의 정도가 상대적으로 덜한 기 법인에 대하여서만 추가적인 불이익을 주는 셈이다. B가 수령한 뇌물에 대하여 위법소득으로서 과세한다고 하더라도 이는 자신이 수령한 소득에 대하여 과세하는 것이므로 불이익이 추가적으로 부가된다고 할 수 없기 때문이다.

위와 같이 손금을 부인하는 방법으로 납세의무자에게 벌칙으로서 불이익을 주는 것은 그 실질이 형사 상 벌금형과 동일함에도 형사절차에 적용되는 납세의무자의 기본권 보장에 대한 규정이 적용되지 않는 문제가 있다.[122] 따라서 벌칙으로서 위법비용의 손금을 부인한다는 것은 헌법상 원리에 부합되지 않는 측면 역시 있어서 함부로 확대하여 적용하는 것은 타당하지 않다.

셋째, 위법비용의 손금부인을 일종의 '죄악세(sin tax)'로 보는 견해가 있을 수 있으나,[123] 설사 이를 죄악세로 본다면 이는 위 예에 비추어 자의적이고도 부적당한 세에 해당한다. 조세는 특정 과세대상에 대하여 특정세율에 따라 부과되어야 하는 것인 바, 이는 과세대상과 조세 사이에 아무런 관련성이 없이 납세의무자의 사업구조 및 세율 등에 따라 부과되는 것에 불과하므로 조세법률주의에 부합한다고 볼 수 없기 때문이다.

넷째, 위법비용에 대하여 손금산입을 허용하는 것은 정부가 위법행위에 대하여 보조금을 지급하는 것이라는 견해 역시 있을 수 있으나 이 역시 타당하지 않다. 위법소득을 얻는 자 역시 적법한 소득을 얻는 자와 마찬가지로 국가의 비용을 부담하도록 하는 것이 타당하다는 점 등을 근거로 위법소득에 대하여서도 과세하기 때문이다. 위법소득을 계산함에 있어서 위법비용을 손금에 산입하는 것은 적법소득과 마찬가지로 소득을 측정하기 위한 것이지 이를 들어 정부가 위법행위에 대하여 보조금을 지급하는 것이라고 할 수는 없는 것이다.[124] 판례 역시 위법소득에 대하여 과세하는 것을 인정한다는 점은 기술하였다.

이상의 각 논의를 종합하면, **위법소득에 대하여 벌금 등 형사처벌을 부과하는 경우 해당**

122) *Id.*, at 222.
123) *Id.*, at 225.
124) *Id.*, at 222-223.

벌금 등을 손금에 산입할 수 없는 것과 별도로 해당 위법소득을 얻기 위하여 지출한 위법비용 역시 세법이 손금산입을 부인하는 것을 합리화할 수 있는 규범적 근거는 없는 것이므로, 세법이 명시적으로 규정하지 않은 위법비용에 대하여서는 획일적으로 손금산입을 부인하는 것은 타당하지 않다.

위법비용에 대하여 손금산입을 인정한다면 법령 또는 사회질서에 반하는 행위를 하는 자에 대하여서도 조세특례를 부여하여야 하는가? 위법소득을 과세하는 것은 위법행위자가 오히려 부당한 이익을 얻는 것을 막기 위한 것이고 국가는 해당 소득이 위법인지 여부와 관계없이 그 경제적 부담능력에 따라 과세하여야 할 것이므로 특별한 사정이 없는 한 소득에 관련된 위법비용을 손금에 산입하는 것이다. 그러나 법령 또는 사회질서에 반하는 행위를 하는 자에 대하여 조세특례를 부여하는 것은 이 쟁점들과는 구분되는 것이다. 이는 오히려 위법행위를 장려하거나 촉진하는 기능을 하는 것으로서 이를 뒷받침할 규범적 가치가 존재하지 않고 기본권의 실현을 목적으로 하는 조세의 정의 자체에도 어긋나는 것이다. 따라서 조세특례를 부여함에 있어서는 그 수혜자에게 법령 또는 사회질서에 반하는 행위가 존재하지 않을 것을 전제로 하는 것이 타당하다. 또한 이러한 해석은 조세가 조세와 무관한 특정의무위반 자체를 위반으로 부과되는 것이 아니라는 점과도 무관한 것이다.

한편 **상속세 및 증여세법의 경우에는 후발적 경정청구에 대한 특례를 두고 있다.**

먼저 상속세의 경우를 본다. '상속세 과세표준 및 세액을 신고한 자'(상증세 67조) 또는 '상속세 과세표준 및 세액의 결정 또는 경정을 받은 자'(상증세 76조)에게 '상속재산에 대한 상속회복청구소송 등 법정사유(상증세령 81조 2항)로 상속개시일 현재 상속인 간에 상속재산가액이 변동된 경우' 또는 '상속개시 후 1년이 되는 날까지 상속재산의 수용 등 법정사유(상증세령 81조 3항, 4항)로 상속재산의 가액이 크게 하락한 경우'가 발생하면 그 사유가 발생한 날부터 6개월 이내에 법정방식(상증세령 81조 1항)에 따라 결정이나 경정을 청구할 수 있다(상증세 79조 1항).

증여세의 경우를 본다. '증여세를 결정 또는 경정받은 자(상증세 37조)가 법정 부동산 무상사용기간(상증세령 81조 5항, 27조 5항 후단) 중 부동산소유자로부터 해당 부동산을 상속 또는 증여받거나 법정사유(상증세령 81조 6항)로 해당 부동산을 무상으로 사용하지 아니하게 되는 경우', '증여세를 결정 또는 경정받은 자(상증세 41조의4)가 법정 대출기간(상증세 41조의4 2항) 중에 대부자로부터 해당 금전을 상속 또는 증여받거나 법정사유(상증세령 81조 7항)로 해당 금전을 무상으로 또는 적정이자율보다 낮은 이자율로 대출받지 아니하게 되는 경우' 또는 '타인의 재산을 무상으로 담보로 제공하고 금전 등을 차입함에 따라 증여세를 결정 또는 경정받은 자가 재산의 법정 사용기간(상증세 42조 2항) 중에 재산 제공자로부터 해당 재산을 상속 또는 증여받거나 법정사유(상증세령 81조 8항)로 무상으로 또는 적정이자율보다 낮은 이자율로 차입하지 아니하게 되는 경우'에는 그 사유가 발생한 날부터 3개월 이내에 법정방식(상증세령 81조 1항, 9항)에 따라 결정 또는 경정을 청구할 수 있다(상증세 79조 2항).

나. 계약해제와 후발적 사유에 의한 경정청구

(1) 국세기본법 시행령 제25조의2 제2호의 해석

후발적 경정청구 사유 중 **'최초의 신고·결정 또는 경정을 할 때 과세표준 및 세액의 계산 근거가 된 거래 또는 행위 등의 효력과 관계되는 계약이 해제권의 행사에 의하여 해제되거나 해당 계약의 성립 후 발생한 부득이한 사유로 해제되거나 취소된 경우'**와 관련하여 살핀다.

'해제권의 행사에 의하여 해제된 경우'에 있어서 '해제'라는 문언의 의미에 대하여 본다. 최초의 신고·결정 또는 경정 이후에 사법 상 정하여진 요건을 충족함으로 인하여 해제권이 발생하였다면, 그 해제권의 행사는 '부득이한 사유에 의한 제한을 받지 않고서도' 후발적 경정청구 사유가 될 수 있으며, 만약 최초의 신고·결정 또는 경정 이전에 해제된 경우라면 해제의 소급효로 인하여 과세대상의 소급적 소멸한 것이므로 그 과세대상이 없는 것으로 보아야 한다. 사법 상 정하여진 요건을 충족함으로 인하여 발생한 해제권을 행사함에 있어서도, 세법 상으로는 부득이한 사유가 있는 경우에 한하여 그 효력을 인정할 수 있는 것으로 해석할 근거가 없기 때문이다. 따라서 **'해당 계약의 성립 후 발생한 부득이한 사유로 해제된 경우'**에 있어서의 해제는 해제권의 행사를 통한 해제가 아니라 '합의해제'로 보아야 한다. 한편 민법은 '당사자 일방이 계약을 해제한 때에는 각 당사자는 그 상대방에 대하여 원상회복의 의무가 있다. 그러나 제3자의 권리를 해하지 못한다'라고 규정(민법 548조 1항)하는 바, **해제로 인하여 제3자의 권리를 해하지 못하는 경우에도 해제권의 행사에 의하여 과세대상이 소멸하는 것으로 보아야 하는가?** 해제로 인하여 제3자의 권리를 해하지 못한다는 것은 해제의 효과로 발생하는 원상회복청구권의 행사에 있어서 계약대상 자체를 반환받을 수 없다는 의미이고, 이 경우에는 계약상대방에 대하여 가액배상을 받게 될 것이므로, 이러한 사정만으로 세법 상 과세대상이 소멸하였는지 여부에 대하여 달리 영향을 미칠 것은 아니다.

'해당 계약의 성립 후 발생한 부득이한 사유로 해제되거나 취소된 경우'의 해석에 있어서, '부득이한 사유로 인하여'라는 문언의 제한이 취소의 경우에도 합의해제의 경우와 마찬가지로 적용되는 것인가? 취소의 경우는 합의해제보다는 해제권의 행사와 그 실질이 유사하고 '해제권의 행사에 의한 해제'의 경우에는 부득이한 사유에 의한 제한을 받지 않는다는 점을 감안한다면, 취소의 경우에는 '부득이한 사유로 인하여'라는 문언의 제한을 받지 않는 것으로 해석하는 것이 타당하다.

국세기본법 시행령 제25조의2 제2호의 해석에 있어서 합의해제가 계약의 성립 후 부득이한 사유에 의하여 발생하기만 하면 모두 후발적 경정사유에 해당하는 것으로 해석될 여지 역시 있다. 그러나 계약이 성립하기 전의 합의해제는 개념 상 인정될 수 없고 '최초의 신고・결정 또는 경정을 할 당시' 이미 계약이 합의해제되었다면 합의해제의 소급효로 인하여 과세대상이 이미 소멸하여 존재하지 않는 것으로 보는 것이 타당하다. 판례 역시 매매계약의 해제 전에 부과처분이 이루어졌다 하더라도 해제의 소급효로 인하여 계약의 효력이 소급하여 상실되는 이상 부과 대상이 처음부터 없었던 셈이 되므로 그 부과처분은 위법하므로, 후발적 사유를 원인으로 한 경정청구 제도가 있다 하여 그 경정청구와 별도로 위 부과처분을 다툴 수 있다고 판시한다.[125] **합의해제로 인한 원상회복의 방법으로 소유권이전등기의 방식을 취한 경우에도 합의해제의 소급효는 그대로 인정되는가?** 부동산매매계약의 합의해제가 계약의 소급적 소멸을 목적으로 하는 경우 합의해제로 인하여 매수인 앞으로 이전되었던 부동산에 대한 소유권은 당연히 매도인에게 원상태로 복귀된다. 그리고 이는 매도인이 비록 그 원상회복의 방법으로 소유권이전등기의 방식을 취하였다고 하더라도 다르지 아니하다.[126] 이상의 논의에 비추어 보면, **후발적 경정사유에 해당하는 합의해제는 '최초의 신고・결정 또는 경정을 한 이후'에 발생한 것을 의미하는 것으로 한정하는 것이 타당하다. 취소의 경우 역시 마찬가지로 해석하여야 한다.** 한편 합의해제와 구별되는 개념으로서 합의해지가 있다. 합의해지는 계약당사자 중 일방에게 해지권이 있는지 여부와 무관하게 계약당사자 쌍방이 합의에 의하여 계속적 계약의 효력을 해지시점 이후부터 장래를

125) 대법원 2002.9.27. 2001두5989.
126) 대법원 1986.3.25. 85누1008; 대법원 2015.1.15. 2011두28714.

향하여 소멸하게 하는 것을 내용으로 하는 새로운 계약이고 그 효력은 그 합의의 내용에 의하여 결정된다.[127] 합의해지는 종전 계약의 효력을 소급하여 소멸시키는 것이 아니라 그 해지시점 이후부터 장래를 향하여 종전 계약의 효력을 소멸하게 한다는 점에서 합의해제와 구별된다. **부득이한 사유로 합의해지한 경우 역시 후발적 경정청구사유에 해당하는가?** 합의해지는 계속적 계약의 경우에 행하는 것이고 이는 새로운 계약으로서 그 효력이 장래를 향하여 미치는 것이므로 해지 이전의 과세대상에는 영향이 없는 것으로 보아야 한다. 즉 후발적 경정청구사유에 해당하지 않는다고 보아야 한다. 다만 합의해지 이후의 기간에 귀속되는 과세대상이 소멸하는 것은 당연하다.

후발적 경정청구 행사기간의 기산점은 언제인가? 후발적 경정청구 행사기간의 기산점은 **'당해 후발적 경정청구 사유의 발생을 안 날'**로서, **'과세표준신고서를 법정신고기한 내에 제출한 경우의 법정신고기한의 경과일' 또는 '과세표준 및 세액의 부과처분을 받은 날'이 경과한 이후의 날을 의미하는 것으로 보아야 한다.** 그 근거는 다음과 같다. 첫째, 후발적 경정청구는 납세의무가 신고 또는 결정 등에 의하여 확정된 상태를 전제로 하는 것이나, 그 확정된 상태는 법정신고기한의 경과일 또는 부과처분을 받은 날 이후에 발생하는 것이다. 둘째, 계약성립 후 합의해제하거나 취소권을 행사하는 등 사유가 발생하면 해당 계약 당사자가 그 발생 당시 해당 사실을 바로 알 수밖에 없어서, 법정신고기한의 경과일 또는 부과처분을 받은 날 당시에 이미 해당 사유의 발생일로부터 3개월의 기간이 경과된 경우가 발생할 수도 있으나, 이러한 경우에는 최초 법정신고기한의 경과일 또는 부과처분을 받은 날 당시에 이미 과세대상이 없는 것으로 보아야 한다.

과세관청의 부과처분이 있은 후에 후발적 경정청구 사유가 발생한 경우 당초 부과처분의 위법성 여부는 어느 시점을 기준으로 판단하여야 하는가?

처분의 위법성 판단시기에 관한 전형적인 판례는 행정소송에서 행정처분의 위법 여부는 행정처분이 행하여졌을 때의 법령과 사실상태를 기준으로 하여 판단하여야 하고 처분 후 법령의 개폐나 사실상태의 변동에 의하여 영향을 받지는 않는다고 판시하는 바,[128] 이에 따르면 행정소송에 있어서 부과처분의 위법성 여부는 부과처분시의 법령 및 사실관계를 기준으로 판단하여야 한다. 또한 판례는 납세자가 과세표준신고를 하지 아니하여 과세관청이

127) 대법원 2003.1.24. 2000다5336,5343.
128) 대법원 2007.5.11. 2007두1811.

부과처분을 한 경우 그 후에 발생한 계약의 해제 등 후발적 경정청구 사유를 원인으로 한 경정청구 제도가 있다 하여 그 처분 자체에 대한 쟁송의 제기를 방해하는 것은 아니므로 경정청구와 별도로 그 부과처분을 다툴 수 있다고 판시하는 바,[129] 이에 따르면 납세의무자는 경정청구와 별도로 당초의 부과처분에 대하여서도 불복할 수 있다.

이상 판례들의 입장에 기초하여 **'법정신고기한 경과 이후 부과처분 이전에 후발적 경정청구사유가 발생한 경우'와 '법정신고기한 경과 이후 부과처분이 있었고 그 이후에 다시 후발적 경정청구사유가 발생한 경우'를 비교하여 분석한다.** 전자의 경우에는 최초의 부과처분 당시 이미 후발적 경정청구 사유가 발생하였으므로 그 사유는 해당 부과처분의 위법성 여부에 대한 판단대상에 포함될 것이다. 그러나 판례에 따르면 후자의 경우에는 경정청구와 별도로 부과처분에 대하여 불복할 수 있고 최초 부과처분의 위법성 여부를 판단함에 있어서 그 후발적 경정청구 사유는 판단대상에서 제외된다. 두 경우는 그 실질에 있어서 동일하다고 볼 수 있으나 그 불복절차 상 위와 같은 차이를 둘 필요성은 찾기는 어렵다. 또한 당초 부과처분의 위법성을 판단함에 있어서 후발적 경정청구 사유가 그 판단대상에서 제외된다는 점은 납세자의 권리구제절차에 대하여 혼선을 야기할 수 있다. 납세의무자는 당초처분 등에 대한 불복절차와 별도로 새롭게 제기된 불복절차에서 후발적 경정청구사유를 주장하여야 하기 때문이다. 또한 당초의 처분사유와 후발적 경정청구사유가 반드시 과세요건의 기본적 사실관계가 동일한 경우에 해당한다는 보장은 없다. 오히려 당초의 처분사유에 포섭될 수 없는 반대의 사실관계에 해당한다고 할 수 있다. 위와 같은 문제점을 시정하기 위하여서는 **당초 납세의무에 대한 불복절차가 진행되는 중에 후발적 경정청구 사유가 발생하였더라도 그 사유 역시 당초 납세의무에 대한 불복절차에서 다툴 수 있도록 하는 것이 타당하다.** 판례 역시 후발적 경정청구 사유가 있다고 하더라도 이를 당초처분에 대한 항고소송에서 다툴 수 있다고 한다. 즉 판례에 따르면, 위법소득에 대한 몰수나 추징 등 후발적 경정청구사유가 존재함에도 과세관청이 당초에 위법소득에 관한 납세의무가 성립하였던 적이 있음을 이유로 과세처분을 하였다면 이러한 과세처분은 위법하므로 납세자는 항고소송을 통해 해당 처분의 취소를 구할 수 있다.[130] 위와 같은 입장은 판례가 기왕에 조세소송의 소송물과 관련하여 총액주의입장을 취하고 있다는 점, 당초의 부과처분에 대한 행

129) 대법원 2002.9.27. 2001두5989.
130) 대법원 2015.7.16. 2014두5514 전원합의체 판결.

정소송에서 후발적 경정청구 사유를 고려하지 않고 판단을 한 후 납세의무자가 후발적 경정청구 이후의 행정소송에 있어서 이를 판단하도록 하는 것은 소송경제에 반하고 납세의무자의 권리구제에 미흡한 측면이 있다는 점 및 행정소송을 제기하고 있는 납세의무자가 당해 소송에서 그 후발적 경정청구 사유를 주장하지 않고 다시 후발적 경정청구를 하여야 한다고 인식할 것을 기대하기 어렵기 때문에 납세의무자가 3개월의 기한을 도과할 가능성이 크다는 점을 감안한 것이다. 그런데 당초 납세의무에 대한 불복절차에서 후발적 경정청구 사유를 위법성 사유로서 판단하기 위하여서는 해당 부과처분에 있어서 그 위법성 판단시점을 부과처분 시가 아니라 사실심 변론종결 시로 보아야 한다. 이는 행정처분에 대한 위법성 판단시점에 관한 위 전형적인 판례의 입장과 다른 것이다. 일반 행정처분에는 위 후발적 경정청구제도에 해당하는 제도가 없다는 점을 감안한다면 조세법률관계에 있어서는 위와 같이 해석한다고 하더라도 무리한 것은 아니라고 판단한다. 그렇다면 **후발적 경정청구 사유가 발생한 사실을 안 날로부터 3개월 내에 후발적 경정청구를 할 수 있다는 규정**(국기 45조의2 2항)**은 당초처분에 대한 불복절차가 진행되지 않는 경우에 대하여 적용되는 것으로 보아야 한다.**

또한 당초처분에 대한 불복 여부를 조세 상 불복절차에 한정할 것은 아니다. 이 쟁점은 사실관계의 확정적 변경과 관련된 것이기 때문이다. 판례 역시 양도소득세를 신고·납부하였으나 과세관청이 양도소득세를 추가 납부하도록 경정·고지하는 부과처분을 하였고 그 후 거래당사자 사이의 채무부존재확인소송에서 당초의 양도가액이 인정되는 내용의 판결이 확정되었다는 이유로 이루어진 양도소득세의 경정청구를 과세관청이 거부한 사안에서, 부과처분을 위한 과세표준 및 세액 산정의 기초가 되는 거래에 관하여 분쟁이 발생하였고 그에 관한 판결의 확정에 의하여 위 부과처분이 정당하게 유지될 수 없게 되었다면 특별한 사정이 없는 한 이는 후발적 경정청구사유에 해당하고, 납세의무자가 그 판결에서 확정된 내용을 통상의 경정청구사유로 다툴 수 있었다는 사정만으로 납세의무자의 정당한 후발적 경정청구가 배제되지 않는다고 판시한다.[131] 다만 입법론으로는 통상의 경정청구기간 중 발생한 후발적 경정청구 사유에 근거하여 통상의 경정청구할 수 있다는 점을 명시적으로 확인함과 동시에, 당초처분에 대한 불복절차가 진행되는지 여부와 상관없이 통상의 경정청구기간이 종료된 날과 후발적 경정청구 사유가 발생한 날 중 늦은 날로부터 3개월 내에 후

131) 대법원 2017.9.7. 2017두41740.

발적 경정청구를 할 수 있다고 규정하는 것이 타당하다.

한편 **'해제권의 행사나 부득이한 사유로 인하여 계약이 해제된 경우'라고 할지라도 그 사유가 후발적 경정청구 사유에 해당하지 않는다고 보아야 할 경우는 없는가?** 최근 법인세법과 관련하여 주목할 만한 판례가 있다. 그 판시내용은 다음과 같다. 법인세의 경우에도 '해제권의 행사나 부득이한 사유로 인한 계약의 해제'는 원칙적으로 후발적 경정청구 사유가 된다. 다만 법인세법이나 관련 규정에서 일정한 계약의 해제에 대하여 그로 말미암아 실현되지 아니한 소득금액을 해제일이 속하는 사업연도의 소득금액에 대한 차감사유 등으로 별도로 규정하고 있거나 경상적・반복적으로 발생하는 상품판매계약 등의 해제에 대하여 납세의무자가 기업회계의 기준이나 관행에 따라 해제일이 속한 사업연도의 소득금액에서 차감하는 방식으로 법인세를 신고하여 왔다는 등의 특별한 사정이 있는 경우에는 그러한 계약의 해제는 당초 성립하였던 납세의무에 영향을 미칠 수 없으므로, 후발적 경정청구 사유가 될 수 없다.[132] 이 판례의 입장에 대하여서는 별도로 검토한다.[133] 나아가 법인세의 경우에는 '부득이한 사유'를 통상의 해제권의 행사사유와 유사한 경우 등으로 한정하여 해석할 필요가 있다는 점에 대하여서는 항을 바꾸어 본다.

(2) 합의해제 관련 부득이한 사유에 대한 검토

후발적 경정청구 사유 중 하나인 합의해제와 관련한 '부득이한 사유'는 각 세목별로 다르게 해석할 필요가 있다. 이하 각 세목별로 살핀다.

(가) 취득세와 관련한 검토

계약해제로 인하여 소유권이 회복되는 경우 그 회복으로 인하여 당초의 소유권자가 취득하는 것을 별도의 새로운 취득으로 볼 것인가? 이는 당초의 소유권 이전이 취득에 해당하는지 여부와는 별개의 쟁점에 속한다. 당초의 취득세를 납부한 소유권자가 계약해제로 인하여 다시 소유권을 회복한 후 제3자에게 다시 양도하는 경우와 당초 취득세를 납부한 취득자가 바로 제3자에게 양도하는 경우는 그 실질이 동일하므로, 당초 취득세를 납부한 소유권자에게 그 소유권이 계약해제로 인하여 회복되는 것을 취득으로 보지 않는 것이 타당하다. 이러한 의미에서 **합의해제로 인하여 소유권이전등기를 말소하는 원상회복 조치의 결과**

132) 대법원 2014.3.13. 2012두10611; 대법원 2017.9.21. 2016두60201; 대법원 2020.1.30. 2016두59188.
133) 같은 절 Ⅲ 3 다 후발적 경정청구 사유와 손익귀속시기 부분 참조.

로 그 소유권을 취득한 것은 취득세 과세대상이 되는 부동산취득에 해당되지 아니한다는 판례[134)]의 태도는 타당하다. 따라서 해제권의 행사에 따라 부동산매매계약이 적법하게 해제되면 계약의 이행으로 변동되었던 물권은 당연히 계약이 없었던 상태로 복귀하는 것이므로 매도인이 비록 원상회복의 방법으로 소유권이전등기의 방식을 취하였다 하더라도 특별한 사정이 없는 이상 이는 매매 등과 유사한 새로운 취득으로 볼 수 없어 취득세 과세대상이 되는 부동산 취득에 해당하지 않는다.[135)]

다만 합의해제로 인하여 당초의 취득에 대하여 성립한 취득세가 영향을 받는 것은 아니다. 만약 합의해제가 아니라 계약이 무효이거나 취소된 경우라고 할지라도 그 무효 또는 취소가 사실상 과세처분이 이루어진 이후의 사정에 근거한 것으로서 그 실질에 있어서는 과세처분 후 증여계약을 합의해제하는 것에 불과한 경우라면 마찬가지로 보아야 한다. 판례의 입장을 본다. 취득세는 본래 재화의 이전이라는 사실 자체를 포착하여 거기에 담세력을 인정하고 부과하는 유통세의 일종으로 취득자가 재화를 사용·수익·처분함으로써 얻을 수 있는 이익을 포착하여 부과하는 것이 아니어서 취득자가 실질적으로 완전한 내용의 소유권을 취득하는가 여부에 관계없이 사실상의 취득행위 자체를 과세대상으로 하는 것이고, 관련 법령은 취득세의 과세대상이 되는 부동산 취득에 관하여 민법 기타 관계 법령에 의한 등기·등록 등을 이행하지 아니한 경우라도 사실상으로 취득한 때에 취득한 것으로 보도록 규정하고 있으며, 무상승계취득의 경우에는 그 계약일에 취득한 것으로 보도록 규정하고 있으므로, 부동산에 관한 증여계약이 성립하면 그 자체로 취득세의 과세대상이 되는 사실상의 취득행위가 존재하게 되어 그에 대한 조세채권이 당연히 성립하고, 증여계약으로 인하여 수증자가 일단 부동산을 적법하게 취득한 다음에는 그 후 합의에 의하여 계약을 해제하고 그 부동산을 반환하는 경우에도 이미 성립한 조세채권의 행사에 영향을 줄 수 없다.[136)] **매매계약의 대금이 감액된 경우에도 마찬가지이다.** 즉 매매계약에 따른 소유권이전등기가 마쳐진 이후 매매계약에서 정한 조건이 사후에 성취되어 대금감액이 이루어졌더라도 당초의 취득가액을 기준으로 한 적법한 취득행위가 존재하는 이상, 특별한 사정이 없는 한 취득행위 당시의 과세표준을 기준으로 성립한 조세채권의 행사에 아무런 영향을 줄 수 없고 후발적 경정청구 역시 할 수도 없다.[137)] 또한 매매계약이 잔금 지체로 인한 해제권

134) 대법원 1993.9.14. 93누11319.
135) 대법원 2020.1.30. 2018두32927.
136) 대법원 1988.10.11. 87누377.

의 행사에 의하여 **해제되었음을 전제로 한 조정을 갈음하는 결정이 확정된 경우 역시 동일한 법리가 적용**된다.[138] 그런데 **착오를 이유로 증여계약의 취소가 이루어진 경우에도 증여계약을 합의해제한 것과 동일하게 취급하여야 하는가?** 증여계약이 무효이거나 취소된 경우에는 처음부터 취득세의 과세대상이 되는 사실상의 취득행위가 있다고 할 수 없으나, 조세소송에서 과세처분의 위법 여부를 판단하는 기준시기는 그 처분 당시라 할 것이어서 착오를 이유로 증여계약의 취소가 이루어졌다고 하더라도 그 착오의 내용이나 증여 의사표시를 취소하는 목적 등에 비추어 볼 때 사실상 과세처분이 이루어진 이후의 사정에 근거한 것으로서 그 실질에 있어서는 과세처분 후 증여계약을 합의해제하는 것에 불과한 경우에는 그 취소로 인한 취득세 과세처분의 효력에 대하여도 합의해제에 관한 위 법리가 그대로 적용된다.[139] **채권자취소권의 행사를 통하여 채권자에 대한 관계에서 재산의 취득이 취소된 경우에도 취득세와 관련하여 합의해제의 법리가 동일하게 적용되어야 하는가?** 채권자취소권 행사의 요건은 해당 재산의 취득 당시에 갖추어져야 하므로 채권자취소권의 행사에 의하여 해당 재산의 취득이 취소되었다면 이는 일반적으로 취소된 경우와 같이 처음부터 취득세의 과세대상이 되는 사실상의 취득행위가 없다고 볼 수 있는 여지가 있다. 그러나 채권자취소권 행사의 효과에 대하여 주목할 필요가 있다. 채권자가 악의의 수익자 또는 전득자를 상대로 채권자취소권을 행사하여 해당 거래가 취소되면 이는 모든 채권자의 이익을 위하여 효력이 있고(민법 407조, 406조 1항 단서), 그 효과는 상대적이어서 취소권자인 채권자와 취소의 상대방인 수익자 또는 전득자 사이에서만 사해행위를 무효로 만들 뿐 채무자 또는 취소소송의 당사자가 아닌 수익자 또는 전득자에 대한 법률관계는 유효하게 존속한다.[140] 즉 채무자와 수익자 또는 전득자 사이의 법률관계는 여전히 유효하다. 또한 그 원상회복의 방법 역시 원물반환이 원칙이나 그 가액을 배상하여야 할 경우도 있다.[141] 이상의 각 점에 비추어 보면 채권자취소권이 행사되었다고 할지라도 일반적인 취소권의 행사와 달리 그 취소로 인한 취득세 과세처분의 효력에 대하여서는 합의해제에 관한 위 법리가 그대로 적용되는 것이 타당하다.

137) 대법원 2018.9.13. 2015두57345.
138) 대법원 2018.9.13. 2018두38345.
139) 대법원 2013.6.28. 2013두2778.
140) 대법원 2009.6.11. 2008다7109.
141) 대법원 2001.9.4. 2000다66416.

(나) 증여세와 관련한 검토

증여세의 경우 증여를 받은 후 그 증여받은 재산(금전은 제외한다)을 당사자 간의 합의에 따라 신고기한(상증세 68조) 이내에 반환하는 경우에는 처음부터 증여가 없었던 것으로 보나, 반환하기 전에 과세표준과 세액을 결정받은 경우에는 그러하지 아니하다(상증세 31조 4항). 수증자가 증여받은 재산(금전은 제외한다)을 신고기한(상증세 68조)이 지난 후 3개월 이내에 증여자에게 반환하거나 증여자에게 다시 증여하는 경우에는 그 반환하거나 다시 증여하는 것에 대하여 증여세를 부과하지 아니한다(상증세 31조 5항). 만약 3개월 이후에 증여자에게 반환하거나 증여자에게 다시 증여하는 경우에는 이에 대하여 증여세가 다시 부과될 것이다. 이러한 **상속세 및 증여세법 상 합의해제 및 재귀증여에 관한 규정들은 국세기본법 시행령 제25조의2 제2호 후발적 경정청구에 우선하여 적용된다.** 국세기본법 제3조 제1항에 의하면 국세기본법 제45조의2 경정 등의 청구에 관하여 특례규정이 있는 경우에는 그 특례규정이 국세기본법에 우선하여 적용되기 때문이다. 그러나 위 **상속세 및 증여세법 상 규정들은 증여의 합의해제 및 재귀증여에 대하여서만 규정하는 것이므로, 증여에 대하여 계약해제권이 행사되는 경우는 여전히 국세기본법 제45조의2 및 동령 제25조의2 제2호에 의하여 해석되어야 한다.**

다만 위 상속세 및 증여세법 제31조 제4항 및 제5항이 위헌인지 여부에 대하여서는 논란이 있다.

헌법재판소는 위 각 규정들은 합헌이라고 한다. 즉 계약의 자유 등 사적 자치의 원칙과 조세법 상의 공평과세의 이념의 조화라는 측면에서 볼 때, 합의해제에 의한 증여재산의 반환을 재증여의 경우와 동일시하여 증여세를 부과하는 것과 예외적으로 일정한 기간 이내의 합의해제에 의한 반환에 대하여 증여세를 부과하지 아니하는 것이 부적절하다고 할 수 없으며, 공평과세라는 증여세제의 기본 이념과 증여세의 공공성 및 공익성에 비추어 볼 때 위와 같은 합의해제의 자유에 대한 제한은 불가피한 필요, 최소한의 조치라고 할 수 있을 뿐 아니라, 또한 논란의 여지는 있으나 부득이한 사정이 있는 경우라면 국세기본법 및 시행령상의 후발적 사유에 의한 경정청구에 의하여 구제될 수 있는 점, 통상적으로 합의해제가 행해지는 동기가 조세부담의 회피 내지 편법적 절세에 있는 점 등을 참작하면, 당사자의 계약의 자유 내지 사적 자치가 더 중요하다고는 말할 수 없다고 판시한다.[142)]

142) 헌재 2002.1.31. 2000헌바35.

그러나 **재귀증여에 대한 각 규정들은 다음과 같은 이유로 계약의 자유를 지나치게 제한하고 재산권을 합리적 근거가 없이 지나치게 제한한다는 측면에서 위헌의 여지가 있는 것으로 보인다.**

첫째, 위 결정은 부득이한 사정이 있는 경우라면 국세기본법 및 시행령상의 후발적 사유에 의한 경정청구에 의하여 구제될 수 있다고 판시하나, 국세기본법 제3조 제1항에 의하면 국세기본법 제45조의2 경정 등의 청구에 관하여 특례규정이 있는 경우에는 그 특례규정이 국세기본법에 우선하여 적용되기 때문에 위 각 규정들에 반하여 국세기본법 상 후발적 경정청구를 허용할 수는 없다.

둘째, 위 결정은 상속세 및 증여세법 상 해당 규정들은 증여 자체를 막고자 하려는 것이 아니라, 증여한 사실이 밝혀질 경우 그 증여행위를 합의해제하는 방법으로 증여세를 포탈하는 것을 막기 위한 것이라고 한다. 그렇다면 이러한 목적은 당초의 증여에 대하여 증여세가 반드시 부과되도록 하는 것으로 그 입법목적이 달성되는 것이다.

셋째, **당초의 증여 이외에 일정한 기한이 경과된 이후의 재귀증여에 대하여서는 반드시 증여로 간주하여야 할 입법목적은 무엇일까?** 그 입법목적이 증여한 자가 수증자로부터 다시 증여재산을 돌려받는 것에 어려움을 주기 위한 것인지 아니면 증여행위 자체에 대하여 불이익을 주어 사법 상 증여행위를 억제하기 위한 것인지 여부가 불분명하다. 그러나 증여행위 자체에 대하여 불이익을 주어 사법 상 증여행위를 억제하기 위한 것은 별도의 입법목적이 되기 어렵다. 수증자가 증여자에게 해당 재산을 원활하게 반환할 수 있도록 유도하는 것이 오히려 입법목적에 충실한 것으로 판단된다. 이를 위하여서는 다음과 같은 대안을 검토할 필요가 있다. 수증자에게 당초의 증여자의 의사와 무관하게 증여재산의 반환 당시 시가(당초의 증여 이후 가치증가액을 포함한다)를 기준으로 증여세를 납부하고 반환할 수 있는 권리를 부여하는 것이 타당하다. 이 경우 가산세의 납세의무자를 당초 증여자로 의제하는 특별규정과 수증자가 공탁재산의 출급청구권자를 국가와 당초의 증여자로 하는 공탁을 통하여 해당 재산의 반환의무를 이행할 수 있도록 하는 특별규정을 함께 도입할 필요가 있다.

넷째, 판례는 명의신탁의 해지를 원인으로 소유권이 환원된 경우에 대하여서는 증여세를 부과하는 것이 위법하다고 판시하는 바,[143] 명의신탁과 증여의 경우를 분별하기 어렵다는 점을 감안하면 두 경우에 대하여 차별적인 취급을 하는 것은 타당하지 않다.

143) 대법원 2004.5.14. 2003두3468.

다섯째, 수증자가 실제 증여를 받아 해당 증여재산에 대한 증여세를 부담하였으나 그로부터 3개월 이후 당초 증여자에게 예상하지 못한 경제적 불이익이 발생함으로 인하여 당사자들이 합의하여 당초의 증여를 해제하고 그 증여재산을 반환한 경우에도 해당 재산의 반환을 증여로 의제할 정당한 근거를 찾기는 어렵다.

여섯째, 수증자가 제3자에게 다시 증여하는 경우와 수증자가 당초의 증여자에게 반환한 후 당초의 증여자가 다시 동일한 제3자에게 증여하는 경우는 그 경제적 실질이 동일한 바, 증여세부담에 있어서 차별이 발생한다. 전자의 경우에는 증여세가 두 차례 발생하나, 후자의 경우에는 증여세가 세 차례 발생하게 된다. 이러한 차별적 취급을 정당화할 만한 사유가 없다.

한편 **금전을 증여받은 경우에는 증여세의 신고기한 이내에 같은 금액 상당의 금전을 반환하더라도 새로운 증여세의 부과대상으로 삼는 것은 헌법에 위반된 것인가?** 판례는 이를 부정한다. 즉 일단 수증자가 증여자에게서 금전을 증여받은 이상 그 후 합의해제에 의하여 같은 금액 상당의 금전을 반환하더라도 법률적인 측면은 물론 경제적인 측면에서도 이미 수증자의 재산은 실질적으로 증가되었다고 할 수 있고, 또한 증여계약의 합의해제에 의한 반환은 원래의 증여와 다른 별개의 재산 처분행위에 해당하는 사정 등에 비추어 보면, 금전을 증여받은 경우에는 증여세의 신고기한 이내에 같은 금액 상당의 금전을 반환하더라도 증여가 없었던 것으로 보지 않고 증여세의 부과대상으로 삼고 있다 하여도, 재산권의 본질적인 내용을 침해하거나 과잉금지원칙 또는 평등원칙에 위배되는 위헌 · 무효의 규정이라고 할 수는 없다.[144] 판례의 취지에 동의한다고 하더라도 증여에 해당하는지 여부 및 증여의 범위 등에 대하여서는 신중하게 판단할 필요가 있다. 단기 현금 무상대여 후 상환하는 것과 현금증여 후 반환하는 것처럼 그 외양이 동일한 거래가 많고, 현금의 수수에는 거래 당사자들 사이에 수많은 법률 또는 경제적 원인이 내재될 수 있기 때문이다.

(다) 법인세와 관련한 검토

법인세법에는 합의해제와 관련한 명문의 규정이 없으므로, 원칙적으로 국세기본법 상 후발적 경정청구 규정이 적용된다. 다만 합의해제와 관련된 '부득이한 사유'에 대하여서는 법인세법의 고유한 특성을 감안하여야 할 것이다. 법인세법 상 사업소득금액을 계산함에 있어서는 계약의 해제에 따라 발생하는 각 당사자별 익금 및 손금이 그와 상관이 없는 다른 익금 및 손금과 통산되어 계산되므로 **법인세법 상 당사자의 자유로운 의사에 기한 합의해**

144) 대법원 2016.2.18. 2013두7384; 헌재 2015.12.23. 2013헌바117.

제의 경우에는 손익을 조정하는 수단으로 이용될 가능성이 있다. 따라서 법인세의 경우에는 '부득이한 사유'를 통상의 해제권의 행사사유와 유사한 경우 등으로 한정하여 해석하는 것이 타당할 것이다.

판례 역시 당사자 사이에 합의로써 대차거래에 관한 기존 약정 등을 전부 무효로 하기로 하였다고 하더라도, 위 합의 시까지 납세의무자가 부담하였던 차입금에 대한 지급이자 및 취득하였던 대여금에 대한 수입이자 등 손익이 소급적으로 소멸된다고 한다면, 이미 과세요건이 충족되어 유효하게 성립한 조세법률관계를 당사자의 사후 약정에 의해 자의적으로 변경함으로써 법인세 과세를 면할 수 있는 조세회피행위를 용인하는 결과가 되어 부당하다고 할 것이므로 위 합의는 납세의무자가 이미 신고하여 납부한 법인세 납세의무에 아무런 영향을 미칠 수 없다고 판시한다.[145] 법인세법 상 해제권의 행사 또는 부득이한 사유로 해제된 경우에 있어서도 후발적 경정청구사유에 해당하지 않는 것으로 보아 당초의 납세의무에 영향을 미칠 수 없고 이를 발생한 귀속사업연도에 관한 별도의 사유로 판단하는 판례[146] 역시 이러한 취지를 감안한 것으로 보인다. 또한 법인세법 시행령(법세령 69조 3항) 역시 "작업진행률에 의한 익금 또는 손금이 공사계약의 해약으로 인하여 확정된 금액과 차액이 발생된 경우에는 그 차액을 해약일이 속하는 사업연도의 익금 또는 손금에 산입한다"고 규정한다. 위 법인세법 시행령(법세령 69조 3항)이 2112.2.2. 개정되면서 부칙 제2조는 일반적 적용례로 "이 영은 2012.1.1. 이후 최초로 개시하는 사업연도 분부터 적용한다"라고 규정하는 바, **위 법인세법 시행령에 따른 후발적 경정청구는 어느 사업연도부터 적용할 수 있는가?** 위 개정된 개정 법인세법 시행령은 2012.1.1. 이후부터 개시하는 사업연도 분의 과세에 대한 후발적 경정청구에 적용되며, 그 전의 사업연도 분의 과세에 대하여는 비록 그 이후에 후발적 경정청구 사유가 발생하였다 하더라도 적용되지 아니한다.[147]

작업진행률에 의한 익금 또는 손금이 공사계약의 해약으로 인하여 확정된 금액과 차액이 발생된 경우에는 그 차액을 **해약일이 속하는 사업연도의 익금 또는 손금에 산입**한다는 규정(법세령 69조 3항)에는 거래당사자들 사이의 합의해제 역시 계속적 또는 경상적으로 이루어지는 사업 또는 경영활동의 일환에 해당한다는 점을 감안하여 그 손익을 해제일이 속하는 사업연도에 산입하는 것을 허용하는 취지가 반영된 것으로 본다. 따라서 **'공사계약의 해약'**

145) 대법원 2005.1.27. 2004두2332.
146) 대법원 2014.3.13. 2012두10611; 대법원 2017.9.21. 2016두60201.
147) 대법원 2017.9.21. 2016두60201.

에 있어서 '해약'은 합의해제를 의미하는 것으로 본다. 거래당사자의 귀책사유에 기하여 해제권 또는 취소권을 행사하는 경우를 거래당사자들 사이의 계속적 또는 경상적으로 이루어지는 사업 또는 경영활동으로 볼 수는 없기 때문이다. 즉 이 규정은 사업 또는 경영 상 필요에 의하여 해당 계약을 합의해제하는 경우에도 부득이한 사유가 있는지 여부와 무관하게 그 해제일이 속하는 사업연도의 익금 또는 손금에 산입할 수 있도록 허용하는 것이므로, **부득이한 사유로 인하여 합의해제된 경우에 한하여 후발적 경정청구를 허용하는 규정**(국기령 25조의2 2호)**에 대한 특칙에 해당한다.** 따라서 작업진행률에 의하여 익금 또는 손금을 인식하는 공사계약이 해제된 경우에는 **부득이한 사유에 의하여 해당 계약이 합의해제된 경우에도 그 해제일이 속하는 사업연도의 익금 또는 손금에 산입하여야** 한다. 다만 **'작업진행률에 의하여 익금 또는 손금을 인식하는 공사계약이 합의해제된 경우'가 아닌 경우**에 대하여서는 **국세기본법 상 후발적 경정청구에 관한 규정**(국기 45조의2 2항; 국기령 25조의2)**이 적용되어야 한다.**

(라) 부가가치세와 관련한 검토

부가가치세법에는 계약해제와 관련한 명문의 규정이 없으므로, 국세기본법 상 후발적 경정청구 규정이 적용된다. 다만 합의해제와 관련된 '부득이한 사유'에 대하여서는 부가가치세법 상 고유한 특성을 감안하여야 한다.

부가가치세의 경우 과세사업자 사이에서 있어서는 합의해제를 새로운 재화의 공급으로 인정할 것인지 여부가 통상 국가의 세수에 미치는 영향은 없다. 당초의 재화의 공급을 통하여 공급자는 매출세액을 징수하여 납부할 것이고 공급받는 자는 동액 상당을 매입세액으로 이를 공제받을 것이다. 합의해제를 새로운 공급으로 보는 경우에는 당초의 공급자는 동액 상당을 당초의 공급받는 자에게 지급한 후 이를 매입세액으로 공제받을 것이고 당초의 공급받는 자는 매출세액을 국가에 납부하여야 할 것이다. 국가의 세수 측면에서 보면 통상의 과세사업자 사이의 거래에 있어서는 '당초의 공급이 없었던 경우'와 '당초의 공급 이후의 합의해제에 기한 원상회복 역시 새로운 재화의 공급으로 보는 경우'에 있어서 모두 동일하다. 다만 합의해제 시기가 당초의 재화의 공급시기와 다를 경우에 있어서는 화폐의 시간가치가 반영되어야 할 것이지만, 부가가치세법의 특성 상 그 차이는 미미할 것이고, 세법이 통상적으로 화폐의 시간가치를 반영하지 않는다는 점을 감안하면 무시해도 무방하다. 또한 사업자와 최종소비자 사이의 거래에 있어서는 합의해제로 인하여 부가가치세의 징수가 이연될 것이나 그로 인한 이연된 세액 상당액에 대한 시간가치가 통상 미미하고 세법이 통상적으로 화폐의 시간가치를 반영하지 않는다는 점을 감안하면 역시 그 영향을 무시해도 무방할 것이다. 그렇다면 **부가가치세법 상 합의해제에 있어서는 '부득이한 사유'를 넓게 해석하는 것이 타당하다. 다만 합의해제로 인하여 향후 부가가치세를 징수하는 것이 곤란하게 되거나 기왕에 진행된 부가가치세에 대한 징수처분을 무위로 만드는 등 상당한 행정력의 낭비가 초래되는 경우에는 '부득이한 사유에 기한 합의해제'가 아닌 것으로 해석할 필요가 있다.**

(마) 양도소득세와 관련한 검토

후발적 경정청구 사유인 합의해제가 양도소득세 부과와 관련하여 발생된 경우 **판례는 다른 세목에 대한 과세 상 취급과는 달리 양도계약의 해제(합의해제 포함)의 경우 모두에 대하여 아무런 단서도 없이 양도소득이 발생하지 않는 것으로 보고 있다.**[148] 위 판례에 대하여 다음과 같이 검토한다.

현행 소득세법 및 법인세법에는 합의해제, 무효 및 취소로 인하여 소유명의가 원상회복되는 경우 해당 양도자산의 취득가액을 조정할 수 있는 규정이 없다. 소득세법은 필요경비로서 취득가액을 포함시킨다고 규정하고 있으나(소세 97조), 그 취득가액을 계산하기 위하여 양도계약의 무효, 취소 및 해제(합의해제 포함)로 인하여 소유명의가 원상회복되는 경우 당초의 취득가액을 조정한다는 규정은 없다(소세령 163조). 또한 법인세법은 자산의 양도가액을 익금에 산입한다고 규정하고(법세령 11조), 양도한 자산의 양도당시 장부가액을 손금에 산입한다고 규정하고 있는 바(법세령 19조), 양도자산의 장부가액과 관련하여서는 양도계약의 무효, 취소 및 해제(합의해제 포함)로 인하여 소유명의가 원상회복되는 경우 당초의 취득가액을 조정한다는 규정이 없다(법세 41조, 42조 ; 법세령 72조-78조). 이러한 사정은 위 각 판례 당시에도 같다. 따라서 합의해제, 무효 및 취소로 인하여 소유명의가 원상회복되는 경우에 당초의 양도에 대하여 과세가 이루어진다고 하더라도 해당 자산의 당초 취득가액이 그 양도가액으로 수정되지 않고 당초의 취득가액 그대로 남아 있게 된다. 이로 인하여 위 원상회복 이후 새로운 매매가 이루어질 경우 새로운 양도가액에서 당초의 취득가액을 공제하여 양도소득을 계산하는 결과 이중과세가 이루어지게 되는 문제가 발생하게 된다. 만약 매도인이 몇 차례에 걸쳐서 합의해제하는 과정을 거친 후에 양도를 하게 된다면 양도인이 최종 양도 후 취득한 세후 양도대가가 실질적으로 당초의 취득가액에도 못 미치는 결과를

148) 대법원 1984.2.14. 82누286 ; 대법원 1986.7.8. 85누709 ; 대법원 1984.10.10. 84누1; 대법원 2016.11.10. 2016두45400 등.

얻을 수도 있게 된다. 그런데 합의해제는 민법 상 인정되는 권리행사 수단이라는 점, 양도계약의 합의해제, 무효 및 취소로 인하여 소유명의가 원상회복되는 경우에 과세하지 않더라도 상술한 바와 같이 취득가액이 수정되지 않고 최초의 취득가액으로 남아 있기 때문에 새로운 양도과정에서 다시 과세된다는 점 및 자산의 가격은 수시로 변화하여 미래의 가격을 예측하여 양도계약을 해제한다는 것을 예상하기 어렵고 설사 가격의 변화를 예상할 수 있다고 하더라도 가격의 하락이 아니라 가격의 상승을 예상하고 현재의 양도를 합의해제하는 것이 통례라고 할 것이어서 그 과정에서 양도소득 관련 조세가 탈루되지 않는다는 점을 고려한다면 위 **판례의 태도는 합리적이라고 판단한다.**

이하 예를 들어 설명한다. 갑은 토지를 취득하였는 바 그 취득가액은 100만원이었고 을에게 200만원에 양도(이하 '1차 양도'라고 한다)를 하였으나 그 양도 직후 합의해제를 하였으며 1년 후 이를 250만원에 병에게 양도(이하 '2차 양도'라고 한다)하였다. 세율은 편의상 30%라고 한다. 만약 1차 양도를 합의해제한다고 하더라도 1차 양도에 대하여 양도소득 관련 조세를 부과한다고 하면 그 양도차익의 30%인 30만원에 대하여 과세를 하게 된다. 그 과세 이후에도 그 취득가액은 여전히 100만원이므로 2차 양도의 경우 양도차익은 150만원이 된다. 이에 대하여 갑은 다시 45만원의 양도소득 관련 조세를 납부하게 된다. 결국 갑은 최종적인 양도가액이 250만원이고 취득가액은 100만원으로서 양도소득이 150만원에 불과함에도 불구하고 250만원의 양도소득(100만원+150만원)이 발생한 것으로 보아 금 75만원의 양도소득 관련 조세를 납부하게 되는 결과가 된다. 합의해제하는 과정에서 가격이 상승할 것을 기대하였다면 이는 비록 1차 양도에 대하여 과세하지 않는다고 하더라도 양도소득을 더 많이 얻고 양도소득 관련 조세 역시 더 많이 납부하게 될 것이므로 이를 들어 조세회피의도가 있다고 할 수 없다. 또한 합의해제하는 과정에서 만약 가격이 하락할 것을 예상하였다는 것은 합리성이 없는 것이다. 비록 양도소득 관련 조세는 더 적게 납부하겠지만 자신은 당초의 양도보다 적은 소득을 얻게 될 것이기 때문이다. 만약 2차 양도가액이 150만원이라면 양도소득관련 조세는 15만원을 적게 내지만 양도소득은 50만원이 적게 되어 전체적으로 35만원의 이익이 줄어들게 되기 때문이다. 만약 다시 합의해제한 후의 3차 양도가액 역시 250만원이라면 결국 갑은 400만원(100만+150만+150만)의 양도소득에 대하여 120만원의 양도소득관련 조세를 납부하고 30만원의 양도소득을 갖게 된다.

양도소득세 관련 위 판례에 대하여는 반론이 있는 바[149], 이에 의하면 계약의 무효, 취소

및 해제의 경우에는 후발적 경정청구제도를 통하여 구제하는 것이 타당하고 합의해제의 경우에는 부득이한 사유가 있는 경우에 한하여 후발적 경정사유로 인정하는 것이 타당하다고 한다. 그러나 위 반론은 다음과 같은 이유로 타당하지 않다.

첫째, 양도소득의 경우에 있어서 합의해제 자체는 상술한 바와 같이 조세회피적 성격을 가질 수 없다. 다만 합의해제가 세율의 변동 등을 악용하려는 조세회피의 수단으로서 그 실질이 없는 가장행위 등 성격을 갖는다면 해당 합의해제를 세법 상 부인할 수 있음은 당연한 것인 바, 이는 위 쟁점과는 구분되는 것이다.

둘째, 후발적 경정청구는 후발적 사유로 인하여 세금이 경감되는 경우에만 해당되는 것이므로 오히려 세금이 증액될 가능성이 있는 경우에는 적용될 수 없고, 후발적 경정청구는 법정신고기한 내에 신고를 한 자 및 결정 등을 받은 자가 청구하는 것이므로 법정신고기한 전 또는 결정 등 처분을 받기 전에 이미 양도계약이 무효, 취소, 해제(합의해제 포함)된 경우에는 적용될 수 없다. 위 반론의 입장에 따르더라도 법정신고기한 전 또는 결정 등 처분을 받기 전에 양도계약이 무효, 취소, 해제(합의해제 포함)된 경우에 대하여서는 판례의 입장에 따라 과세하지 않는 것이 타당해 보인다.

셋째, 합의해제 자체로 인하여 세금이 경감되는 사유가 발생하는 것은 아니며 합의해제는 기왕의 매매 등을 없었던 상태로 복귀시키는 효과가 있을 뿐이다. 합의해제를 후발적 경정사유로 보기 위해서는 기왕의 매매 등의 법률효과가 소급적으로 소멸하는 경우에는 과세하지 않는다는 점이 전제되어야 한다. 즉 합의해제를 후발적 경정사유로 보기 위하여서는 결국 기존의 판례의 입장이 전제되어야 한다. 단지 위 판례에 반대하는 견해가 판례와 달리 합의해제를 후발적 경정사유로 보는 실익은 법정신고기한 내에 신고를 하거나 결정 등을 받은 이상 그 후에는 '부득이한 사유'에 기한 합의해제의 경우에만 양도소득세가 과세되지 않을 수 있다는 점이다. 이러한 입장이 재정수입 조기확보의 필요성에 부합한 것으로 보일 수도 있으나, 이는 타당하지 않다. 추후의 양도를 통하여 다시 과세할 수 있어서 과세기반이 유실될 가능성이 없고 추후의 양도를 통하여 파악한 소득이 납세자의 실질에 부합한 소득이기 때문이다. 게다가 추후의 양도를 통하여 다시 과세할 수 있음에도 당초 양도소득세신고 또는 결정 등 처분이 있는 시점에 반드시 과세하여야 한다는 것은 과세권의 행사시점에 관한 쟁점에 불과하여 국가의 재정수입의 보전과 직접 관계되는 것이라고 볼 수도

149) 이창희, 전게서, 453면.

없다. 이처럼 국가의 재정수입의 보전과 관련된 실익은 적은 반면에, 합의해제에도 불구하고 과세한 이후에 당초의 취득가액이 조정되지 않음으로 인하여 이중과세가 발생할 수 있다는 문제점은 심각한 것이라는 점을 고려한다면, 법정신고기한 내에 신고를 하거나 결정 등을 받은 이상 부득이한 사유에 기인한 합의해제에 한하여 후발적 경정사유로 인정하여 과세되지 않는다고 판단할 필요는 적어 보인다.

넷째, 합의해제를 새로운 매매가 우연히 같은 당사자 사이에서 일어나는 것으로 해석하는 것은 명백히 당사자의 의사에 반하는 의제일 뿐만 아니라 양도소득세의 소송물에 관한 기존 판례의 입장에도 배치되는 측면이 있다. 즉 당사자들은 명백히 기존의 양도계약의 효과를 소멸시키는 것을 의도하고 있는 바 이를 다시 새로운 매매를 한 것으로 의제할 근거가 없다. 또한 판례는 양도소득의 소송물과 관련하여 "과세처분이란 법률에 규정된 과세요건이 충족됨으로써 객관적, 추상적으로 성립한 조세채권의 내용을 구체적으로 확인하여 확정하는 절차이고 그 취소소송은 과세처분의 실체적, 절차적 위법을 취소원인으로 하는 것으로서 심판의 대상은 과세처분에 의하여 확인된 조세채무인 과세표준과 세액의 객관적인 존부라고 할 것이므로 양도소득세부과처분에 있어서 양도 상대방을 오인한 것이라도 과세원인이 된 양도자산이 동일하면 처분의 동일성은 유지된다."[150]고 판시한다. 즉 양도소득세의 소송물의 동일성 여부를 판단하는 기준으로서 양도상대방은 기준이 될 수 없고 과세원인이 된 양도자산의 동일성 여부가 중요하다는 점을 명백히 하고 있다. 위 판례는 양도소득 관련 조세의 납세의무자가 양도인이므로 양도의 상대방이 누구인지는 중요하지 않다는 점에 근거한 것으로 보인다. 양도의 상대방이 누구이든 양도자산과 양도인이 동일하다면 양도소득은 동일하게 계산될 것이기 때문이다. 갑이 을에게 토지를 양도한 후 합의해지하고 당해 토지를 다시 병에게 매도한 경우에 대하여 위 반론을 적용하면 3개의 양도행위가 있는 것이나, 판례에 따르면 이는 양도인이 동일하고 양도자산이 동일하므로 1개의 양도행위가 있는 것으로 판단하여야 한다. 이 경우 판례의 입장이 갑이 취득한 경제적 이익에 보다 부합하는 해석인 것으로 보인다.

판례는 매매계약이 해제된 경우뿐만 아니라 매매대금이 감액된 경우 역시 같은 법리에 의하여 해결한다. 즉 양도소득금액의 계산을 위한 양도가액은 양도재산의 객관적인 가액을 가리키는 것이 아니고 구체적인 경우에 현실의 수입금액을 가리키는 것이므로, 주식을 매

150) 대법원 1994.5.24. 92누9265.

매계약에 의하여 양도한 경우 당초 약정된 매매대금을 어떤 사정으로 일부 감액하기로 하였다면, 양도재산인 주식의 양도로 발생하는 양도소득의 총수입금액, 즉 양도가액은 당초의 약정대금이 아니라 감액된 대금으로 보아야 하며, 양도인이 주식을 양도하면서 약정된 매매대금에 기초하여 양도소득세를 법정신고기한까지 신고하였더라도 사후에 매매대금이 감액되어 주식의 양도가액이 줄어들게 되면 당초의 신고는 정당한 과세표준 및 세액을 초과한 것이므로, 특별한 사정이 없는 한 양도인은 대금감액을 이유로 경정청구를 하여 당초의 신고를 바로잡을 수 있다고 판시한다.[151] **이러한 법리는 주권 등의 양도를 과세대상으로 하는 증권거래세의 경우에도 마찬가지로 적용**된다.[152]

한편 **환매약정에 따라 환매하는 것을 양도소득세의 과세요건인 당초 매매계약이 소멸된다거나 당초의 양도가 없어진 것으로 볼 수 있는가?** 양도소득세는 자산의 양도와 그에 따른 소득이 있음을 전제로 하여 과세하는 것으로서, 매매계약이 해제되었다면 매매계약의 효력은 상실되어 자산의 양도가 이루어지지 아니한 것이 되므로 양도소득세의 과세요건인 자산의 양도가 있다고 할 수 없으나, 유효한 매매계약을 토대로 자산의 양도가 이루어진 후 환매약정에 따른 환매가 이루어지더라도 이는 원칙적으로 새로운 매매에 해당하므로 양도소득세의 과세요건을 이미 충족한 당초 매매계약에 따른 자산의 양도에 영향을 미칠 수는 없다. 따라서 주식 양도인이 투자자인 양수인에게 주식을 양도하면서 투자금 회수 및 투자수익 보장을 약정하였다가 양도 이후 주식 발행법인의 수익 감소 내지 주식의 가치 하락 등의 사유가 발생함에 따라 당초의 양도대금에 약정된 수익금을 가산한 금액을 매매대금으로 하여 주식을 환매하는 방법으로 투자금 및 투자수익금 지급의무를 이행한 경우라면, 이러한 환매는 당초 매매계약의 해제 또는 해제조건의 성취 등에 따른 원상회복의무의 이행으로 볼 수 없고 약정된 투자수익금 등의 지급을 위한 별개의 매매에 해당하므로, 양도소득세의 과세요건인 당초 매매계약이 소멸된다거나 그에 따른 주식의 양도가 없어졌다고 할 수 없다.[153] 다만 환매약정이 경제적 실질 상 매매거래가 아니라 차입거래에 해당하는 것은 아닌지 여부에 대하여서도 검토할 필요가 있다.

설사 양도의 합의해제를 후발적 경정청구사유라고 해석한다고 할지라도, 양도의 합의해제와 관련된 부득이한 사유를 해석함에 있어서는 이상의 각 점을 감안하여 가능한 한 '부득

151) 대법원 2018.6.15. 2015두36003.
152) 대법원 2018.6.15. 2015두36003.
153) 대법원 2015.8.27. 2013두12652.

이한 사유'의 범위는 폭넓게 인정할 필요가 있다. 즉 **양도의 합의해제와 관련하여서는 '부득이한 사유가 없는 경우'를 '장래의 매매가 있더라도 납세의무자가 양도소득세를 납부할 것이라고 기대하기 어려운 경우 및 이미 상당한 정도의 징수처분 등이 진행되어 이를 무위로 돌린다면 상당한 정도의 행정력의 낭비를 가져오는 경우'로 해석하는 것이 타당하다.**

다. 후발적 경정청구 사유와 손익귀속시기

납세자에 대한 납세의무가 성립하기 위하여서는 과세요건사실의 존재 및 과세요건사실의 귀속시기가 확정되어야 한다. 당초의 처분을 사후적으로 위법하게 하는 사유 역시, 법령해석의 변경을 제외한다면, 당초 과세요건사실의 존재를 부인하는 사유와 당초 과세요건사실의 손익귀속시기를 변경하는 사유로 구분할 수 있다.

먼저 당초 과세요건사실의 손익귀속시기를 변경하는 사유에 대하여 살핀다.

판례는 법인세 신고 당시의 사실관계를 바탕으로 그 손익귀속시기만을 달리 본 과세권자의 손금귀속방법이 위법하다는 이유로 어느 과세기간의 부과처분을 취소한 확정판결은, 그 다음 과세기간의 법인세와 관련하여 위 후발적 경정청구사유에 해당하지 않는다고 판시한다.[154] 또한 판례에 따르면 당사자가 손익귀속시기를 조작한 것을 과세관청이 과소 신고한 사업연도의 법인세를 증액경정한 경우에도 그러한 사정만으로 당초의 특정 사업연도에 신고한 과세표준 및 세액의 산정기초에 후발적인 변동이 생겨 그 과세표준 및 세액이 세법에 의하여 신고하여야 할 과세표준 및 세액을 초과하게 된 때에 해당한다고 할 수 없으므로, 이러한 경우에는 '해당 과다신고에 대하여 적법한 경정청구기간 내에 감액경정청구를 할 수 있음은 별론으로 하고' 후발적 경정청구를 할 수는 없다.[155] 따라서 당초 과세요건사실의 손익귀속시기를 변경하는 사유는 후발적 경정청구사유에 해당하지 않는다.

당초 과세요건사실의 존재를 부인하는 사유에 대하여 본다.

당초 과세요건사실의 손익귀속시기를 변경하는 사유와 달리 당초 과세요건사실의 존재를 부인하는 사유는 후발적으로 발생한다고 하더라도 이를 당초 납세의무에 반영할 수 있다고 보아야 한다. 현실적으로 요건사실의 존재 효과를 사후적으로 소멸시키는 법률효과를 발생시킬 수 있는 법적 수단은 많고 이를 세법 상으로도 수용하는 것이 타당하기 때문이다. 다만 사후적으로 발생한 사유를 당초 확정된 납세의무에 반영하는 것을 두고 이것이 권리

154) 대법원 2008.7.24. 2006두10023.
155) 대법원 2013.7.11. 2011두16971.

의무확정주의에 반하는 것이라는 이의를 제기할 수도 있다. 그러나 권리의무확정주의는 손익의 귀속시기와 밀접하게 연관된 것이고 손익의 귀속시기는 과세요건사실이 존재한다는 점을 전제로 하는 것이다. 만약 권리의무가 확정되었는지를 판단하기 위한 전제사실이 소급하여 소멸하였다면 당초의 권리의무의 확정에 대한 판단 역시 수정되는 것은 당연한 것이고 이를 들어 권리의무 확정주의에 반하는 것으로 볼 수는 없다. 판례 역시 사업 상의 정당한 사유로 당초의 매매대금이나 용역대금을 감액한 경우도 포함된다고 봄이 타당하므로 특별한 사정이 없는 한 그 감액분을 당초의 매매대금이나 용역대금에 대한 권리가 확정된 사업연도의 소득금액에 포함하여 법인세를 과세할 수는 없다고 판시한다.[156] 후발적 경정청구 제도 역시 이를 전제로 그 사유를 규정하고 있다.

한편 과세요건사실이 당초처분 당시에는 존재하였으나 사후적으로 그 과세요건사실이 존재하지 않은 것으로 변경된 경우에도 당초처분을 변경하는 것이 아니라 사후적으로 해당 사유가 발생한 시점이 속한 사업연도의 소득금액을 차감할 수 있는지 여부가 문제로 될 수 있다. 즉 후발적 경정청구를 통하여서는 당초 납세의무를 변경하는 것이 원칙이나, 후발적 경정청구사유가 발생한 경우에 그 발생시점의 소득금액을 변경하는 것 역시 가능한 것인지 여부를 살피는 것이 위 쟁점의 핵심이다. 당초 과세요건사실의 존재를 부인하는 사유는 '당사자들의 합의에 의하여 발생시킬 수 있는 경우'와 '당사자들의 합의와 무관하게 발생하는 경우'로 구분할 수 있다. 만약 당사자의 합의에 따라 '부득이한 사유'가 없이 자의적으로 후발적 경정청구 사유를 발생시킨 것이라면, 그 사유는 후발적 경정청구 사유에 해당되지 않는다. 나아가 설사 형식 상 후발적 경정청구 사유로서의 요건을 갖추었다고 하더라도 그 실질이 '당사자가 해당 사유를 합의에 따라 자의적으로 발생시킨 것'이라면 이 역시 후발적 경정청구 사유가 아닌 것으로 보아야 한다. 그렇다면 **후발적 경정청구 사유에 해당함에도 불구하고 당초 납세의무를 감액청구하지 않고 사후적으로 해당 사유가 발생한 시점이 속한 사업연도의 소득금액을 차감하는 것이 가능한가?** 당초 과세요건사실의 존재를 부인하는 사유는 '당초 납세의무의 변경이 후발적 경정청구 사유가 발생한 사업연도의 소득금액과 무관한 경우' 및 '당초 납세의무의 변경이 후발적 경정청구 사유가 발생한 사업연도의 소득금액에도 영향을 미치는 경우'로 구분할 수도 있다. 전자의 경우에 대하여서는 위 쟁점을 논의할 여지가 없다. 후자의 경우 당초의 납세의무를 감액경정한다면 '후발적 경정청구 사

156) 대법원 2013.12.26. 2011두1245.

유가 발생하는 시점의 소득금액'이 증액된다. 그렇다면 납세자는 당초의 납세의무를 변경하여 감액된 세액 및 환급가산금을 돌려받는 한편, 증액된 세액 및 가산세를 추가 납부하여야 한다. 이는 무익한 절차를 납세자에게 요구하는 것으로서, 납세자가 '후발적 경정청구 사유가 발생하는 시점의 소득금액'을 감액하는 것을 허용할 필요가 있다. 다만 이러한 필요성이 있다고 하더라도 납세자에게 두 경우를 선택하게 한다면 납세자는 이를 통하여 손익을 조작할 수 있어서 타당하지 않다.

위 쟁점과 관련하여 판례는 법인세법이나 관련 규정에서 일정한 계약의 해제에 대하여 그로 말미암아 실현되지 아니한 소득금액을 해제일이 속하는 사업연도의 소득금액에 대한 차감사유 등으로 별도로 규정하고 있거나 경상적 · 반복적으로 발생하는 상품판매계약 등의 해제에 대하여 납세의무자가 기업회계의 기준이나 관행에 따라 해제일이 속한 사업연도의 소득금액에서 차감하는 방식으로 법인세를 신고하여 왔다는 등의 특별한 사정이 있는 경우에는 그러한 계약의 해제는 당초 성립하였던 납세의무에 영향을 미칠 수 없으므로 후발적 경정청구 사유가 될 수 없다고 판시한다.[157] 즉 판례는 형식 상 후발적 경정청구 사유가 발생한다고 할지라도 이와 다른 내용의 '특별한 법령' 또는 '기업회계의 기준이나 관행'이 있다면, 그 사유는 후발적 경정청구 사유가 아니라고 판시한다.

위 판례의 논거에 대하여 살핀다. 국세기본법은 경정 등의 청구(국기 45조의2)에 대하여 특례규정을 두는 경우에는 그 세법이 정하는 바에 따른다고 규정한다(국기 3조). 경정청구 사유를 어느 기간의 소득금액에 반영할지 여부에 대하여 다른 세법이 국세기본법과 달리 규정한다면 이 역시 위 특례규정에 속한 것으로 보아야 한다. 그런데 법인세법은 내국법인의 각 사업연도의 소득금액을 계산할 때 그 법인이 익금과 손금의 귀속사업연도와 자산 · 부채의 취득 및 평가에 관하여 일반적으로 공정 · 타당하다고 인정되는 기업회계기준을 적용하거나 관행을 계속 적용하여 온 경우에는 법인세법 및 조세특례제한법에서 달리 규정하고 있는 경우를 제외하고는 그 기업회계의 기준 또는 관행에 따른다고 규정한다(법세 43조). 따라서 만약 법인세법에서 해제가 있는 경우에도 해제로 인한 손익을 해제일이 속하는 사업연도에 귀속된다고 규정하거나 이러한 규정이 없다고 하더라도 같은 내용의 기업회계의 기준 또는 관행이 있다면 국세기본법 상 후발적 경정청구 사유의 귀속시기에 대한 특례로서 적용되어야 한다. 즉 위 판례가 국세기본법 상 후발적 경정청구 사유가 있는 경우에 당초 납세의

157) 대법원 2014.3.13. 2012두10611; 대법원 2017.9.21. 2016두60201.

무에 대하여 감액청구를 하여야 한다는 원칙을 변경하는 것은 아니다. 다만 후발적 경정청구 사유가 아니라고 판시한 것은 타당하지 않다. 후발적 경정청구 사유에 해당하지만 다른 법률상 특례규정이 적용되어 그 사유의 귀속시기가 달리 적용되는 것에 불과하기 때문이다.

현실적으로는 다른 세법에서 경정 등 청구와 관련하여 국세기본법과 다른 내용을 규정하고 있는 경우에 한하여 납세자가 '후발적 경정청구 사유가 발생하는 시점의 소득금액'을 감액하는 것으로 그 귀속시기를 변경하는 것이 타당하다. 납세자의 손익조작 가능성을 고려하여야 하기 때문이다.

그렇다면 **후발적 경정청구 사유가 있는 경우에는 원칙 상 당초 납세의무에 대하여 감액청구를 하여야 하고, 세법에서 달리 규정하고 있는 경우에 한하여 납세자는 당초 납세의무를 감액청구하지 않고 사후적으로 해당 사유가 발생한 시점이 속한 사업연도의 소득금액을 차감할 수 있다고 보아야 한다.**

4 경정의 청구와 원천징수

과세표준 확정신고를 하지 아니할 수 있는 경우(다만 분리과세되는 소득이 있는 경우를 제외한다 ; 소세 73조 1항 각 호), **국내원천소득이 있는 비거주자**(부동산소득과 양도소득의 경우는 제외한다 ; 소세 119조 1호, 2호, 4호－8호, 8호의2, 10호－12호) 또는 **국내원천소득이 있는 외국법인**(부동산소득과 양도소득의 경우는 제외한다 ; 법세 93조 1호, 2호, 4호－제6호, 8호－10호)(이하 위 각 청구권자를 '원천징수대상자'라고 한다)**이 다음 중 어느 하나에 해당하는 경우에는 경정청구 및 후발적 사유에 의한 경정청구에 관한 규정을 준용한다**(국기 45조의2 5항 본문). 이 경우 "과세표준신고서를 법정신고기한까지 제출한 자(국기 45조의2 1항, 2항 각 호 외의 부분) 및 기한후과세표준신고서를 제출한 자(국기 45조의3 1항) 및 과세표준신고서를 법정신고기한까지 제출한 자 또는 국세의 과세표준 및 세액의 결정을 받은 자(국기 45조의3 2항 각호 외 부분)"는 "연말정산 또는 원천징수하여 소득세 또는 법인세를 납부하고 지급명세서(소세 164조, 164조의2; 법세 120조, 120조의2)를 제출기한까지 제출한 원천징수의무자 또는 원천징수대상자(비거주자(소세 1조의2 1항 2호) 및 외국법인(법세 2조 3호)은 제외한다. 다만, 원천징수의무자의 폐업 등 법정 사유(국기령 25조의3 2항)가 발생하여 원천징수의무자가 경정을 청구하기 어렵다고 인정되는 경우에는 그러하지 아니하다.)로, "법정신고기한이 지난 후(국기 45조의3 1항 각 호 외의 부분 본문, 단서, 2항 5호)"는 "연말정산세액 또는 원천징수세액의 납부기한이 지난 후"로, "과세표준신고서 또는 기한후과세표준신고서에 기재된 과세표준 및 세액"(국기 45조의3 1항 1호)은 "원천징수영수증에 기재된 과세표준 및 세액"으로, "과세표준신고서 또는 기한후과세표준신고서에 기재된 결손금액 또는 환급세액"(국기 45조의3 1항 2호)은 "원천징수영수증에 기재된 환급세액"으로 본다.

원천징수의무자의 폐업 등 법정 사유(국기령 25조의3 2항)는 '원천징수의무자의 부도·폐업 또는 그 밖에 이에 준하는 경우' 및 '원천징수대상자가 정당한 사유로 원천징수의무자에게 경정을 청구하도록 요청했으나 원천징수의무자가 이에 응하지 않은 경우'를 의미한다. 경정청구를 하려는 **법정 원천징수대상자**(국기령 25조의3 3항 각 호)는 경정 청구서를 원천징수의무자의 납세지 관할 세무서장에게 제출해야 하고, 이 경우 원천징수대상자가 결정 또는 경정 청구서를 원천징수의무자의 납세지 관할 세무서장이 아닌 세무서장에게 제출한 경우에는 그 결정 또는 경정 청구서를 원천징수의무자의 납세지 관할 세무서장에게 지체 없이 송부하고, 그 뜻을 적은 문서로 해당 원천징수대상자에게 통지하여야 한다(국기령 25조의3 3항). **법정 원천징수의무자**는 '소득세법 상 특정 분리과세의 경우(소세 73조 1항 8호, 9호) 원천징수의무자가 해당 소득에 대하여 경정청구를 하는 경우' 및 '비거주자 또는 외국법인이 원천징수의무자의 폐업 등 법정 사유(국기령 25조의3 2항)로 경정청구를 하면서 해당 법정 사유를 입증하는 자료와 국내원천소득의 실질귀속자임을 입증할 수 있는 해당 실질귀속자 거주지국의 권한 있는 당국이 발급하는 거주자증명서를 첨부하여 제출한 경우'에 해당하는 원천징수의무자를 말한다(국기령 25조의3 3항 각 호). 경정 청구서를 제출받은 세무서장은 그 경정청구의 내용에 대해 보정할 필요가 있다고 인정되는 때에는 법정 문서(국기령 25조의3 5항)로서 30일 이내의 기간을 정하여 보정할 것을 요구할 수 있고, 이 경우 보정기간은 경정청구 기간(국기 45조의2 3항)에 산입하지 않는다(국기령 25조의3 4항).

종합부동산세 납세의무자로서 종합부동산세를 부과·고지받은 자의 경우에도 후발적 경정청구가 적용된다. 종합부동산세 납세의무자(종부세 7조, 12조)로서 종합부동산세를 부과·고지받은 자의 경우에 대하여 후발적 경정청구 규정을 준용한다. 이 경우 "과세표준신고서를 법정신고기한까지 제출한 자(국기 45조의3 1항 각호 외 부분 본문) 및 제45조의 3 제1항에 따른 기한후과세표준신고서를 제출한 자(국기 45조의3 1항)" 및 "과세표준신고서를 법정신고기한까지 제출한 자 또는 국세의 과세표준 및 세액의 결정을 받은 자"(국기 45조의3 2항 각호 외 부분)는 "과세기준일이 속한 연도에 종합부동산세를 부과·고지받은 자"로, "법정신고기한이 지난 후"(국기 45조의3 1항 각 호 외의 부분 본문, 단서, 2항 5호)는 "종합부동산세의 납부기한이 지난 후"로, "과세표준신고서 또는 기한후과세표준신고서에 기재된 과세표준 및 세액"(국기 45조의3 1항 1호)은 "납부고지서에 기재된 과세표준 및 세액"으로 본다(국기 45조의3 6항).

원천징수의무자 등은 연말정산세액 또는 원천징수세액의 납부기한이 지난 후 5년 이내에 경정청구를 할 수 있는 바, **법인에 대한 소득금액변동통지가 있었고 원천징수의무자인 법인이 해당 원천징수세액을 납부기한 이내에 납부하고 지급명세서를 제출하였다면 해당 납부기한이 지난 후로부터 다시 5년 이내에 경정청구를 할 수 있는가?** 소득금액변동통지 자체를 항고소송의 대상인 처분으로 보아 다툴 수 있다면 위 경우를 과세관청의 결정 또는 경정처분으로 인하여 과세표준 및 세액이 증가된 것으로 보아 해당 처분이 있음을 안 날(처분의 통지를 받은 때에는 그 받은 날)부터 90일 이내(법정신고기한이 지난 후 5년 이내로 한정한다)에 경정을 청구할 수 있다고 한정하여 해석하는 것이 가능하다고 본다. 이와 같은 해석으로 인하여 경정청구기한이 지나 경정청구를 할 수 없다고 할지라도, '원천징수 대상이 아닌 소득에 대하여 원천징수되었거나 원천징수세액이 정당한 세액을 초과하여 납부된 경우'에는 여전히 민사소송을 통하여 부당이득으로서 청구할 수 있다[158]고 할 것이므로, 단지 소득금액변동통지에 이와 다른 위법사유가 있는 경우에 한하여 '90일 이내'라는 제한에 기속될 것으로 보인다. 그런데 이러한 위법사유에 대하여서는 조세법률관계의 조속한 확정을 위하여 위 기간에 한하여 다툴 수 있도록 하는 것 역시 타당하다. 그렇다면 법인에 대한 소득금액변동통지가 있었고 원천징수의무자인 법인이 해당 원천징수세액을 납부기한 이내에 납부하고 지급명세서를 제출한 경우에 있어서 해당 처분인 소득금액변동통지가 있음을 안 날(처분의 통지를 받은 때에는 그 받은 날)부터 90일 이내(법정신고기한이 지난 후 5년 이내로 한정한다)에 경정을 청구할 수 있다고 해석하는 것이 타당하다. 원천납세의무자 역시 경정청구를 할 수 있는 바, **원천납세의무자가 종합소득 과세표준 및 세액을 법정신고기한 이내에 신고하지 않은 경우에도 원천징수의무자가 연말정산 또는 원천징수하여 소득세 또는 법인세를 납부하고 지급명세서를 그 제출기한까지 제출하였다면 원천납세의무자는 경정청구를 할 수 있는가?** 법문(국기 45조의2 5항 단서)은 '원천납세의무자가 확정신고를 할 필요가 없는 경우'에는 원천징수의무자가 연말정산 또는 원천징수하여 소득세

158) 대법원 2010.2.25. 2007두18284.

또는 법인세를 납부하고 지급명세서를 그 제출기한까지 제출하였다면 원천납세의무자가 경정청구할 수 있다고 규정한다. 따라서 종합소득 과세표준 및 세액을 신고하여야 하는 원천납세의무자가 해당 신고를 하지 않았다면 원천징수세액에 대하여 경정청구를 할 수 없다고 보아야 한다. 판례 역시 원칙적으로 원천납세의무자가 원천납세의무의 존부 또는 범위에 대하여 다투는 것을 허용하고 있지 않다. 즉 원천징수의무자에 대한 소득금액변동통지는 원천납세의무의 존부나 범위와 같은 원천납세의무자의 권리나 법률 상 지위에 어떠한 영향을 준다고 할 수 없으므로 소득처분에 따른 소득의 귀속자는 법인에 대한 소득금액변동통지의 취소를 구할 법률 상 이익이 없다고 판시한다.[159] 나아가 자신의 종합소득 과세표준 및 세액을 법정신고기한 이내에 신고하지 않은 원천납세의무자에 대하여 특별하게 경정청구를 허용할 규범 상 당위성을 찾기 어렵다. 따라서 원천납세의무자가 종합소득 과세표준 및 세액을 신고하여야 함에도 그 신고를 하지 않는 경우(국기 45조의2 1항)에는 소득귀속자인 원천납세의무자가 원천징수세액에 대하여 경정청구를 할 수 없다. **분리과세되는 원천납세의무자는 원천징수의무자가 연말정산 또는 원천징수하여 소득세 또는 법인세를 납부하고 지급명세서를 그 제출기한까지 제출하였다면 원천징수세액에 대하여 경정청구를 할 수 있는가?** 법문(국기 45조의2 5항 본문)은 '원천납세의무자가 확정신고를 할 필요가 없는 경우'의 범위에서 '분리과세되는 소득이 있는 경우'를 제외하고 있다. 따라서 분리과세되는 소득이 있는 경우에는 설사 원천납세의무자가 확정신고를 할 필요가 없고 원천징수의무자가 연말정산 또는 원천징수하여 소득세 또는 법인세를 납부하고 지급명세서를 그 제출기한까지 제출하였다고 하더라도 원천징수세액에 대하여 경정청구를 할 수 없다. 즉 소득귀속자에 대하여 원천징수를 통하여 분리과세되는 경우(국기 45조의2 5항, 소세 73조 1항)에는 해당 소득귀속자인 원천납세의무자가 경정청구를 할 수는 없다. **원천징수의무자가 비거주자이거나 외국법인이 귀속자인 소득에 대하여 원천징수한 소득세를 납부하고 지급명세서를 제출기한까지 제출한 경우에도 해당 소득의 귀속자는 경정청구를 할 수 없는가?** 소득의 귀속자가 비거주자 또는 외국법인인 경우(부동산 소득과 양도소득의 경우를 제외한다)에 대하여 원천징수의무자가 원천징수한 소득세를 납부하고 지급명세서를 제출기한까지 제출하였다면 원천징수대상자인 소득의 귀속자는 경정청구를 할 수 있다(국기 45조의2 4항, 소세 146조, 156조, 법세 98조, 120조, 122조). 원천징수의무자는 특별한 사정이 없는 한 실질과세의 원칙에

159) 대법원 2013.4.26. 2012두27954; 대법원 2015.03.26. 2013두9267.

따라 국내원천소득의 실질귀속자를 기준으로 해당 소득에 대한 법인세를 원천징수할 의무가 있고, 소득의 실질귀속자는 과세표준과 세액의 경정을 청구할 수 있다.[160] 그렇다면 **소득의 실질적 귀속자만이 비거주자 또는 외국법인으로서 원천징수된 세액에 대하여 경정청구를 할 수 있는가?** 소득의 실질적인 귀속 여부는 실체적 심리를 거쳐서 비로소 판명되는 것이므로, 지급명세서와 원천징수영수증에 기재된 소득자가 해당 소득의 실질귀속자임을 전제로 경정청구를 하는 이상 그 청구를 허용할 필요가 있다. 따라서 지급명세서와 원천징수영수증에 기재된 소득자는 그가 해당 소득의 형식적 귀속자에 불과하더라도 원천징수대상자로서 그 과세표준 및 세액의 경정청구권을 행사할 수 있다.[161] **국외투자기구가 '국내원천소득을 실질적으로 귀속받는 외국법인'에 해당하는 경우, 조세조약에 따른 제한세율을 적용받기 위한 경정청구를 할 수 있는가?** 국외투자기구도 '국내원천소득을 실질적으로 귀속받는 외국법인'에 해당하면 조세조약에 따른 제한세율을 적용받기 위한 경정청구를 할 수 있다고 보아야 하는바, 그 구체적인 이유는 다음과 같다.[162] **첫째, 구 법인세법**(2016. 12. 30. 법률 제14386호로 개정되기 이전의 것) 제98조의6 제1항은 **'국내원천소득을 실질적으로 귀속받는 외국법인'을 같은 조에서 '실질귀속자'로 부르고, 구 법인세법 제98조의6 제4항은 '실질귀속자'에 대하여 조세조약에 따른 제한세율을 적용받기 위한 경정청구권을 부여한다.** 따라서 '국내원천소득을 실질적으로 귀속받는 외국법인'은 경정청구를 할 수 있다. 그런데 **국외투자기구도 일정한 경우에는 '국내원천소득을 실질적으로 귀속받는 외국법인'에 해당할 수 있다.** 즉 국외투자기구는 그 법적 형태나 투자금의 모집 방식 등에 따라 그 종류가 다양하고, 설립된 국가의 법에 따라 법인격이 부여되거나 구성원과 독립하여 직접 권리・의무의 주체가 되는 경우 등에는 법인세법상 외국법인에 해당할 수 있다. 또한 국외투자기구가 해당 국내원천소득과 관련하여 법적 또는 경제적 위험을 부담하고 그 소득을 처분할 수 있는 권리를 가지는 등 그 소득에 대한 소유권을 실질적으로 보유하는 경우에는 해당 국내원천소득이 국외투자기구에 실질적으로 귀속된다고 볼 수 있다. **둘째, 구 법인세법 제98조의6 제2항 및 제3항이 국외투자기구와 실질귀속자를 구별하고 있다고 하여 국외투자기구에는 구 법인세법 제98조의6 제4항에 따른 경정청구권이 인정되지 않는다고 볼 수는 없다.** 즉 구 법인세법 제98조의6은 제2항은 실질귀속자가 해당 국내원천소득을 국외

160) 대법원 2022.2.10. 2019두50946.
161) 대법원 2017.7.11. 2015두55134, 55141.
162) 대법원 2022.10.27. 2020두47397.

투자기구를 통하여 지급받는 경우에 국외투자기구가 아니라 실질귀속자가 조세조약에 따른 제한세율을 적용받기 위한 절차를 정한 규정일 뿐이다. 구 법인세법 제98조의6 제3항은 제한세율 적용신청서를 실질귀속자가 제출하여야 하는 경우도 있고 국외투자기구가 제출하여야 하는 경우도 있음을 전제로, 실질귀속자 또는 국외투자기구가 그러한 서류 등을 제출하지 않은 경우 등에는 조세조약에 따른 제한세율을 적용받을 수 없다는 것을 정하고 있을 뿐이다. 따라서 구 법인세법 제98조의6 제2항 및 제3항이 국외투자기구와 실질귀속자를 구별하고 있다고 하여, 국외투자기구는 구 법인세법 제98조의6 제4항이 정한 실질귀속자에 해당하지 않는다고 볼 수는 없고, 위 각 규정이 국외투자기구에는 구 법인세법 제98조의6 제4항에 따른 경정청구권을 부여하지 않으려는 취지라고 볼 근거도 없다. **소득의 실질귀속자인 비거주자 또는 외국법인이 형식적 귀속자인 비거주자 또는 외국법인에 대하여 원천징수된 세액의 공제를 주장하거나 다툴 수 있는가?** 판례가 이를 긍정한 것으로 본다. 즉 판례는 과세관청이 원천징수과정에서 원천납세의무자로 취급된 외국법인은 도관에 불과하고, 그 상위 투자자인 다른 외국법인이 실질과세원칙 상 납세의무자로서 국내 고정사업장을 갖고 있다고 보아, 그를 상대로 법인세 과세표준과 세액을 결정하는 과정에서, 당초 원천징수된 세액의 환급금을 상위 투자자 외국법인의 결정세액에서 공제하거나 충당하면서 과세연도와 세액 및 산출근거 등이 기재된 결정결의서를 교부하는 등의 방법으로 결정의 내용을 자세하게 고지하였다면, 상위 투자자인 외국법인은 그러한 내용의 과세처분에 대하여 다툴 수 있다고 판시한다.[163]

Ⅳ 부과처분(경정 또는 결정)

신고납세방식의 조세에 있어서도 과세표준 또는 세액 등은 1차적으로는 신고에 의하여 확정되지만 과세관청 역시 2차적으로 이를 확정하는 권한을 갖는다. 즉 과세관청은 신고된 과세표준 또는 세액의 계산이 개별 세법의 규정에 따르지 않은 경우 또는 기타 그 과세표준 또는 세액 등이 그 조사한 것과 다른 경우에는 그 조사한 내용에 따라 과세표준 또는 세액 등을 경정할 수 있다.[164] 경정은 과세관청이 독자적으로 하는 경우와 경정 등의 청구에 의

163) 대법원 2017.10.12. 2014두3044, 3051.
164) 일본의 경우에는 이를 국세통칙법 제24조에서 규정하고 있으나, 우리의 경우 동일한 내용을 개별 세법에서 규정하고 있다.

하는 경우가 있고, 세액을 증가하는 경정을 **증액경정**이라고 하고 세액을 감소하는 경정을 **감액경정**이라고 한다. 또한 과세관청은 납세의무자가 신고의무를 이행하지 않은 경우에는 그 조사에 의하여 스스로 그 과세표준 또는 세액 등을 **결정**할 수 있다.[165] 한편 **부과과세방식에 있어서는 과세표준 또는 세액 등이 과세관청의 결정에 의하여 확정된다.**

납세의무자의 신고가 없음에도 불구하고 결정을 하지 않고 경정을 한 경우 해당 경정처분의 효력은 어떠한가? 그 경정처분은 법이 정하는 전제요건인 신고를 갖추지 않은 것이므로 위법하다. 그 위법사유는 무효사유는 아니고 취소사유에 그치게 되나, 납세의무자가 그 위법을 다툴 실익을 가지는 것은 아니라고 해석하여야 한다.[166] 이 경우에는 과세관청이 무신고가산세를 대신하여 과소신고가산세를 부과하여야 하므로 오히려 납세의무자에게 유리하다고 할 것이기 때문이다.[167]

과세관청이 조세특례규정의 적용을 잘못하여 경정처분을 한 경우 해당 처분의 효력은 어떠한가? 해당 경정처분이 위법하다고 할 것이지만 그 세액이 본래에 적용되어야 할 규정을 적용한 경우의 세액의 범위 내인 경우에는 두 규정의 목적 및 내용 등에 있어서 공통성을 가지는 경우에 한하여서는 위법하지 않다고 해석하여야 한다.[168]

한편 경정 또는 결정을 한 후에 그 경정 또는 결정한 과세표준 또는 세액 등이 과다 또는 과소하다고 판명된 경우에는 과세관청은 그것을 변경하는 처분을 할 수 있는 바 이를 통상 **재경정**이라고 한다.[169] 재경정은 몇 번이라도 할 수 있다.[170] 법인세법의 경우에도 이를 결정이 아닌 경정으로 규정한다(법세 66조 4항).

경정 또는 결정은 새로운 납세의무를 부과하는 것은 아니고 과세요건의 충족에 의하여 이미 성립된 납세의무의 내용을 확정하는 행위로서 행정행위 상 확인행위에 해당한다.[171]

'신고에 의한 조세채무의 확정'과 경정처분 사이의 관계 및 '당초의 결정 또는 경정처분'과 재경정처분 사이의 관계는 조세쟁송부분에서 살피기로 한다.

165) 일본의 경우에는 이를 국세통칙법 제25조에서 규정하고 있으나, 우리의 경우 동일한 내용을 개별 세법에서 규정하고 있다.
166) 金子 宏、前掲書、727頁。
167) 日最判 昭和40年2月5日 民集19巻1号, 106頁。
168) 金子 宏、前掲書、727頁；名古屋高判 平成8年1月31日 行裁例集47巻1・2号, 74頁。
169) 일본의 경우에는 이를 국세통칙법 제26조에서 규정하고 있으나, 우리의 경우에도 동일하게 해석할 수 있는 것으로 보인다.
170) 金子 宏、前掲書、726頁。
171) 上掲書, 727頁。

Ⅴ 추계과세

경정, 결정 또는 재경정은 과세관청의 조사에 의하여야 하므로, 과세관청이 이러한 조사를 하지 않고 추계과세한다면 이는 위법한 것이다. 다만 장부서류의 존부, 그 정확성, 납세의무자의 협력의 정도 등에 의하여 조사의 형태가 달라지므로 조사의 정도, 범위 및 수단이 적절하였는지 여부는 개별 사안별로 판단할 수밖에 없다.[172) 조세범 처벌법 상 범칙조사에 의하여 수집한 자료도 경정 또는 결정을 위하여 이용할 수 있다.[173) 다만 세무조사 상 질문검사권을 행사하여 수집한 자료를 그대로 조세범칙사건의 자료로 사용할 수 있는지 여부는 별개의 쟁점에 해당한다. 이는 허용되지 않는 것으로 보아야 한다.[174)

추계과세에 대하여서는 개별세법에서 규정한다. 즉 법인세법의 경우 납세지 관할 세무서장 또는 관할 지방국세청장은 법인세의 과세표준과 세액을 결정 또는 경정하는 경우에는 장부나 그 밖의 증명서류를 근거로 하여야 하나, 법정사유(법세령 104조)로 장부나 그 밖의 증명서류에 의하여 소득금액을 계산할 수 없는 경우에는 법정 절차(법세령 104조)에 따라 추계할 수 있다(법세 66조 3항). 소득세법 및 부가가치세법의 경우에도 이와 유사한 규정들이 있다(소세 80조 3항 단서, 114조 7항 ; 소세령 143조-145조, 176조의2 ; 부가세 57조 2항 단서 ; 부가세령 104조). 지방세의 경우에도 유사한 취지의 규정들이 있다(지세 97조 3항 단서, 103조의25 3항 단서 ; 지세령 94조, 100조의15) 개별소비세, 증권거래세, 교통·에너지·환경세법 및 주세법의 경우에도 같다(개소세 11조 2항 단서 ; 개소세령 18조 ; 증권세 11조 2항 단서 ; 증권세령 8조 ; 교통세 9조 2항 단서 ; 교통세령 14조 ; 주세 12조 3항 단서 ; 주세령 24조).

---

172) 이상 上掲書。

173) 日最判 昭和63年3月31日 月報34巻10号, 2074頁。

174) 제1편 제2장 제1절 VI 7 다 (5) 세무조사 절차로서의 질문검사권 행사의 법적 성격 참조.

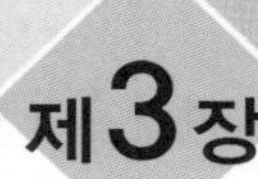

제3장

조세의 납부와 징수

제1절 서 론

Ⅰ 개관

납세의무의 성립은 특정 납세자와 관련하여 법률이 정하는 과세요건이 충족되었다는 점을, 납세의무의 확정은 성립된 납세의무로 인하여 해당 납세자가 납부하여야 할 세액이 확정되었다는 점을 각 의미한다. 성립된 납세의무, 즉 조세채무는 그 성립과 동시에 확정되는 일부 세목의 경우를 제외하고는 납세자의 신고 또는 과세관청의 경정 또는 결정에 의하여 확정된다. **확정된 조세채무는 납세자에 의한 납부 또는 원천징수절차에 의한 원천징수에 의하여 소멸하나, 그렇지 않은 경우에는 과세관청에 의한 징수절차가 바로 개시된다.** 이는 과세권에 근거한 조세채권이 자력집행권을 갖기 때문이다. 이러한 점에서 조세채권은 별도로 소송 등을 통하여 집행권원을 얻은 이후에 강제집행을 할 수 있는 사법 상 일반채권과 다르다.

납세자가 조세채무를 임의로 납부하는 경우에 대하여서는 납부의 주체, 방법, 기한, 장소 등에 관한 내용이 규정되어 있고, 그 납부를 간접적으로 유도하기 위하여 납부지연가산세(종전 가산금),[175] 납세증명서의 제출 및 관허사업의 제한 등과 같은 제도 등이 정비되어 있다.

원천징수는 납세자 이외의 제3자에게 납세자에게 지급할 소득으로부터 해당 조세를 징수하여 국가 또는 지방자치단체에 납부하도록 하는 절차를 의미한다. 각 개별세법에서 각

175) 국세의 경우 가산금 제도는 2018년 12월 31일 국세기본법 개정에 의하여, 지방세의 경우에는 2020년 12월 29일 지방세기본법 개정에 의하여 각 납부지연가산세에 통합되었다.

원천징수에 대하여 규정하나, 원천징수와 관련된 법률관계 일반에 대하여서는 여기에서 다룰 필요가 있다.

과세관청이 확정된 조세채권을 현실적으로 적정하게 실현하기 위하여 법률 상 부여된 과세권에 기하여 수행하는 모든 행위를 **징수처분**이라고 할 수 있다. 이에는 **납부고지(부과고지와 징수고지)**, **독촉**, **강제징수**, **납부기한 전 징수**, **납부기한 전 보전압류**, **납세담보**, **사해행위취소**, **채권자대위권**, **납부기한 등의 연장 등 및 압류·매각의 유예** 등이 포함된다. 납부고지와 독촉은 납세자에게 납세의무를 임의로 이행할 것을 촉구하는 절차이다. 납부기한 전 징수, 납세담보, 사해행위취소, 채권자대위권은 과세관청이 조세채권을 현실적이고도 효과적으로 확보하기 위하여 취할 수 있는 사전적 또는 사후적 조치들이다. 납부기한 등의 연장 등 및 압류·매각의 유예는 과세관청이 납세자가 당면한 각 사정을 감안하여 조세채권을 적정하게 실현할 수 있는 근거를 부여하는 제도들이다. 강제징수는 납세자가 납부고지 또는 독촉절차 상 납부기한까지 임의로 조세채무를 이행하지 않는 경우에 납세자 등의 재산을 강제적으로 환가하여 조세채권을 실현하기 위한 절차를 의미한다.

조세의 납부와 관련하여서는 제2절에서 납세자에 의한 납부, 이를 간접적으로 강제하기 위한 제도 및 원천징수에 대하여 살핀다.

조세의 징수와 관련하여서는 제3절에서 조세채권의 이행에 대한 납부고지, 독촉, 조세채권의 확보를 위한 사전·사후적 조치(납부기한 전 징수, 납부기한 전 보전압류, 납세담보, 사해행위취소권 및 채권자대위권) 및 조세채권의 실현과 납세자의 보호(납부기한 등의 연장 등 및 압류·매각의 유예)로 각 구분하여 살핀다. 다만 강제징수는 조세징수와 관련되지만 그 내용이 방대하고 독자적인 체계를 가지고 있으므로 조세의 징수에 관한 다른 제도와 구분하여 제4절에서 별도로 살핀다.

Ⅱ 통칙

국세징수법은 국세의 징수에 필요한 사항을 규정함으로써 국민의 납세의무의 적정한 이행을 통하여 국세수입을 확보하는 것을 목적으로 한다(국징 1조). 국세징수법에서 사용하는 용어의 뜻은 다음과 같다(국징 2조 1항, 2항). 다만 국세징수법에서 정의하지 않은 용어의 뜻은 국세기본법에서 정하는 바에 따른다(국징 2조 3항).

납부기한은 납세의무가 확정된 국세(가산세를 포함)를 납부하여야 할 기한으로서 법정납부기한과 지정납부기한으로 구분되며, **법정납부기한**은 '국세의 종목과 세율을 정하고 있는 법률, 국세기본법, 조세특례제한법 및 국제조세조정에 관한 법률에서 정한 기한'을 뜻하고, **지정납부기한**은 '관할 세무서장이 납부고지를 하면서 지정한 기한'을 뜻한다(국징 2조 1항 1호).

지정납부기한으로 의제되는 경우 역시 있다. 즉 소득세 중간예납세액을 징수하여야 하는 기한(소세 65조 1항 전단), 부가가치세액의 예정신고 후 징수기한 · 예정부과기한(부가세 48조 3항 본문, 66조 1항 본문) 및 관할 세무서장의 결정에 의하여 종합부동산세액을 징수하여야 하는 기한(종부세 16조 1항)은 지정납부기한으로 본다(국징 2조 2항 본문). 다만 소득세 중간예납추계액을 중간예납세액으로 하여 납세지 관할 세무서장에게 신고하는 경우(소세 65조 3항, 4항), 부가가치세법 상 휴업 또는 사업 부진으로 인하여 사업실적이 악화되는 등 사유가 있는 사업자가 예정신고를 하고 해당 예정신고기간의 납부세액을 납부한 경우(부가세 48조 3항, 4항), 부가가치세법 상 간이과세자가 예정부과기간의 과세표준과 납부세액을 예정부과기한까지 사업장 관할 세무서장에게 신고하는 경우(부가세 66조 2항, 3항), 종합부동산세를 납세의무자가 신고납부방식으로 납부하는 경우(종부세 16조 3항)에는 각 해당 세목에 대한 결정이 없었던 것으로 보는바, 이러한 경우들에 있어서 위 각 기한은 지정납부기한에서 제외한다(국징 2조 2항 단서).

체납은 국세를 지정납부기한까지 납부하지 아니하는 것을 말하나, 지정납부기한 후에 납세의무가 성립 · 확정되는 납부지연가산세(국기 47조의4) 및 원천징수 등 납부지연가산세(국기 47조의5)의 경우에는 납세의무가 확정된 후 즉시 납부하지 아니하는 것을 말한다(국징 2조 1항 2호).

체납자는 국세를 체납한 자를 말한다(국징 2조 1항 3호).

체납액은 체납된 국세와 강제징수비를 말한다(국징 2조 1항 4호).

체납액의 징수는 강제징수비, 국세(가산세는 제외) 및 가산세의 순서에 따른다(국징 3조).

국세징수법과 다른 법률의 관계에 대하여 살핀다. 국세의 징수에 관하여 국세기본법이나 다른 세법에 특별한 규정이 있는 경우를 제외하고는 국세징수법에서 정하는 바에 따른다(국징 4조).

제2절 조세의 납부

Ⅰ 납부

조세채권의 확정방식에는 신고확정방식, 부과확정방식 및 자동확정방식이 있다.[176] 각 개별세법에서 위와 같이 확정된 조세의 납부에 대하여 규정한다. 조세의 납부는 사법 상 일반채권에 있어서 채무의 변제에 해당하고 납부에 의하여 조세채권, 즉 납세의무는 소멸한다(국기 26조 1호).

납세자가 조세의 납부와 관련하여 신고를 하여야 하는 세목에 있어서, 납세자가 세법이 정하는 바에 따라 국세를 세무서장에게 신고납부하는 경우에는 그 국세의 과세기간, 세목, 세액 및 납세자의 인적사항을 적은 **납부서**에 의하여 납부하여야 한다(국징 5조).

납세자가 조세의 납부와 관련하여 신고를 할 필요가 없거나 해당 신고에 의한 납부세액이 부족한 경우는 과세관청은 납세자(제2차 납세의무자 등 포함)에 대한 **납부고지서**(국징 6조 1항, 7조) 또는 **강제징수비고지서**(국징 6조 2항)를 통하여 부과고지 및 징수고지를 한다.

원천징수의 경우에는 원천징수의무자가 납세자에게 과세대상 소득금액을 지급하는 과정에서 해당 세액을 징수하여 국가 또는 지방자치단체에 납부하는 방식을 통하여 납부한다. 원천징수의무자와 원천징수절차 등에 대하여서는 개별세법에서 정한다.

1 납부주체

조세는 본래의 **납세자, 납세의무의 승계자**(국기 23조-24조), **연대납세의무자**(국기 25조), **제2차 납세의무자**(국기 38조-41조), **물적 납부의무자**(국기 42조), **원천징수의무자** 및 **그 밖의 제3자**(국징령 10조)가 납부한다. 국세 및 강제징수비는 납세자를 위하여 제3자도 납부할 수 있으며, 이 경우 제3자의 납부는 납세자의 명의로 납부하는 경우로 한정하고, 국세 및 강제징수비를 납부한 제3자는 국가에 대하여 그 납부한 금액의 반환을 청구할 수 없다(국징령 10조). 따라서 제3자는 민법 규정(민법 469조)이 적용되는 경우와 달리 조세의 납부와 관련하여 아무런 이해관계가 없더라도 매각결정 기일 전에 체납액을 납부하여 공매를 중지할 수 있다. 민법의 경우에는 제3자도 채무를 변제할 수 있으나 채무의 성질 또는 당사자의

176) 원칙적으로 국세를 중심으로 살핀다.

의사표시로 제3자의 변제를 허용하지 아니하는 때에는 그러할 수 없고, 이해관계가 없는 제3자는 채무자의 의사에 반하여 변제할 수 없다. 이와 같이 민법과 달리 제3자가 아무런 제한이 없이 조세를 납부할 수 있도록 하는 것은 납세의무가 대량적·반복적으로 발생하기 때문에 민법이 정하는 것과 같은 조건을 부가하는 것이 현실적이지 않기 때문이다.[177] 한편 **송금인을 제3자로 표시하여 납세자의 체납계좌에 송금하는 방법으로 실제 납부행위를 하였다는 것만으로, 제3자가 자기의 명의로 체납액을 납부하였다고 할 수 있는가?** 송금인을 제3자로 표시하여 납세자의 체납계좌에 송금하는 방법으로 실제 납부행위를 한 경우에 있어서, 제3자가 자신이 소유권을 취득한 부동산에 관한 압류를 해제하기 위하여 이 사건 압류의 원인인 납세자의 체납액을 유효하게 납부하려고 하였던 사정이 보인다면, 비록 제3자가 자신을 송금인으로 표시하였지만 이는 그 납부가 제3자 소유의 이 사건 부동산과 관련이 있음을 명확히 하기 위해 부기한 것으로 볼 수 있다.[178]

일본의 경우에는 납세자를 대신하여 조세를 납부한 제3자가 그 납부와 관련하여 정당한 이익을 갖는 경우 또는 납세자의 동의를 얻은 경우에는 그 조세를 담보하기 위하여 설정된 저당권에 관하여 국가 또는 지방자치단체를 대위할 수 있다.[179] 정당한 이익을 갖는 경우는 제2차 납세의무자, 물상보증인 및 조세의 담보가 되는 재산의 제3취득자 등과 같이 그 조세가 납부되지 않으면 스스로가 강제징수를 받게 되거나 납세자에 대한 자기 권리의 가치가 손상되는 입장에 처하게 되므로 대위하게 할 필요가 있는 법률 상 이익이 있는 경우를 말한다.[180] 이 경우 제3자가 조세의 일부만을 납부하였다면 그 나머지 조세가 제3자가 대위한 채권에 우선한다.[181] 우리 역시 이상과 같은 규정을 둘 필요가 있고, 해석론으로서도 참고할 필요가 있다.

또한 **납세자를 대신하여 조세를 납부한 제3자가 그 납부와 관련하여 정당한 이익을 갖는 경우 또는 납세자의 동의를 얻은 경우에 있어서 제3자가 납부한 조세가 과오납에 해당하는 경우에는 그 제3자에게 환급하여야 한다.**[182] 이 경우 '납부와 관련하여 정당한 이익을 갖는

177) 金子 宏、前掲書、750頁。
178) 대법원 2015.11.12. 2014다36221.
179) 일본 조세통칙법 제41조 제2항 ; 일본 지방세법 제20조의6 제2항. 다만 저당권이 근저당권인 경우에는 그 담보하는 원본이 확정되기 이전에 납부할 경우에는 이러한 제한이 없다.
180) 金子 宏、前掲書、750－751頁。
181) 일본 조세통칙법 제41조 제3항 ; 일본 지방세법 제20조의6 제3항.
182) 金子 宏、前掲書、750頁。

다는 점' 및 '납세자의 동의를 얻었다는 점'에 대하여서는 제3자가 입증하여야 한다. **다만 이 쟁점은 국세 또는 강제징수비에 대한 제3자의 납부**(국징령 10조)**에 해당하는 '납세의무자가 제공한 납세담보의 징수절차에 따라 그 담보제공자인 제3자가 세금을 납부한 경우' 및 '사업명의자에 대한 과세처분에 대하여 실제사업자가 사업명의자 명의로 직접 납부행위를 하였거나 납부자금을 부담한 경우'에 있어서의 환급청구권의 귀속과는 구분되는 것이다.** 위 두 경우 모두 제3자 명의로 세금이 납부된 것이 아니라 각 과세처분 상 납세의무자 명의로 세금이 납부된 것에 해당하기 때문이다. 판례 역시 위 두 경우 각 과세처분 상 납세의무자에게 환급하여야 한다고 판시한다. 분납허가를 받고 보증보험사업자가 발행한 납세보증보험증권을 세무서장에게 제출한 후 보증보험사업자는 세무서장의 징수처분에 의하여 보험금을 세무서장에게 지급하였는데 세무서장이 해당 부과처분에 관한 오류가 있다 하여 세액감액결정을 한 경우, 세무서장이 보증보험사업자로부터 지급받은 금원은 납세의무자가 제공한 납세담보의 징수절차에 따라 납부받은 것이라 할 것이고 그 납부세액 중 초과납부한 금액이 있음이 판명된 경우에는 납세의무자에게 국세환급금으로서 환급하여야 한다.[183] 실제사업자가 따로 있는데도 과세관청이 사업명의자에게 과세처분을 한 경우에는, 사업명의자와 과세관청 사이에 과세처분에 따라 세액을 납부하는 법률관계가 성립된다. 이는 실제사업자와 과세관청 사이의 법률관계와는 별도의 법률관계로서, 사업명의자에 대한 과세처분에 대하여 실제사업자가 사업명의자 명의로 직접 납부행위를 하였거나 납부자금을 부담하였다고 하더라도 납부의 법률효과는 과세처분의 상대방인 사업명의자에게 귀속될 뿐이며, 실제사업자와 과세관청의 법률관계에서 실제사업자가 세액을 납부한 효과가 발생된다고 할 수 없다. 따라서 사업명의자에게 과세처분이 이루어져 사업명의자 명의로 세액이 납부되었으나 과세처분이 무효이거나 취소되어 과오납부액이 발생한 경우에, 사업명의자 명의로 납부된 세액의 환급청구권자는 사업명의자와 과세관청 사이의 법률관계에 관한 직접 당사자로서 세액 납부의 법률효과가 귀속되는 사업명의자로 보아야 한다.[184]

납세자로부터 **납세증명서**의 발급신청을 받았을 때에는 세무서장은 그 사실을 확인하고 즉시 납세증명서를 발급하여야 한다(국징 108조). 본래의 납세자로 한정할 것은 아니다. 위와 같이 조세를 납부한 자는 모두 납세증명서의 발급을 신청할 수 있다고 본다. **납세자 등**

183) 대법원 2002.5.17. 2001다61661.
184) 대법원 2015.8.27. 2013다212639.

이 국가로부터 납세증명서 등의 제출을 요구받고도 이에 불응하는 경우 법률관계는 어떠한가? 납세자 등이 국가로부터 납세증명서 등의 제출을 요구받고도 이에 불응하면, 국가는 대금의 지급을 거절할 수 있으나, 납세자 등이 납세증명서 등을 제출할 때까지 그 대금지급채무에 관하여 이행지체책임을 면하는 것은 아니다. 이러한 경우 국가는 채권자인 납세자 등의 수령불능을 이유로 변제공탁함으로써 대금지급채무에서 벗어날 수 있고, 그에 따라 지체책임도 면할 수 있다. 한편 채권자가 본래의 채권을 변제받기 위하여 어떠한 반대급부 기타의 조건이행을 할 필요가 있는 경우에는 이를 조건으로 하는 채무자의 변제공탁은 유효하다. 각 법률 조항 및 시행령 조항이 납세자 등이 국가로부터 대금을 지급받을 때에는 납세증명서 등을 제출하도록 규정하는 경우는, 납세증명서 등의 제출이라는 반대급부를 이행할 필요가 있는 경우에 해당하고, 따라서 이러한 반대급부를 조건으로 하는 변제공탁은 유효하다. 이는 채권양도로 인하여 양도인의 납세증명서 등을 제출하여야 하는 때에도 마찬가지이다.[185)]

2 납부의무의 발생

가. 납부의무의 발생

납세자가 신고납부하여야 하는 세목의 경우에는 납세자가 세법이 정하는 바에 따라 국세를 세무서장에게 신고납부하는 경우에는 그 국세의 과세기간, 세목, 세액 및 납세자의 인적사항을 적은 **납부서**에 의하여 납부하여야 한다(국징 5조). 신고납부 세목이 아니거나 해당 신고에 의한 납부세액이 부족한 경우에는 과세관청이 납세자(제2차 납세의무자 등 포함)에 대한 **납부고지서**(국징 6조 1항, 7조) 또는 **강제징수비고지서**(국징 6조 2항)를 통하여 부과고지 및 징수고지를 하여야 한다. 즉 **납세자 등의 납부의무는 '법정신고납부기한의 도래' 및 '납부고지서 또는 강제징수비고지서 상 납부기한의 도래'로 인하여 발생한다**. 이하 납부기한 및 납부고지의 순서로 살핀다.

납부기한에 대하여 살핀다. 납부기한은 납세의무가 확정된 국세(가산세를 포함)를 납부하여야 할 기한으로서 법정납부기한과 지정납부기한으로 구분되며, **법정납부기한**은 '국세의 종목과 세율을 정하고 있는 법률, 국세기본법, 조세특례제한법 및 국제조세조정에 관한

185) 대법원 2023.5.18. 2020다295298.

법률에서 정한 기한'을 뜻하고, 지정납부기한은 '관할 세무서장이 납부고지를 하면서 지정한 기한'을 뜻한다(국징 2조 1항 1호). 지정납부기한으로 의제되는 경우 역시 있다는 점에 대하여서는 기술하였다(국징 2조 2항 단서).

법정신고납부기한은 각 개별세법에서 정한다. 과세표준과 세액의 신고에 의하여 납세의무가 확정되는 국세의 경우 신고한 세액에 대해서는 그 법정 신고납부기한까지 납부하여야 한다(국기 27조 3항 1호 참조). 법정 신고납부기한이 연장되는 경우 그 연장된 기한까지 조세를 납부하여야 한다(국기 27조 4항 3호 참조). 과세표준과 세액을 정부가 결정, 경정 또는 수시부과결정하는 경우 납부고지한 세액에 대해서는 그 고지에 따른 납부기한까지 납부하여야 한다(국기 27조 3항 1호 참조). 원천징수의무자 또는 납세조합으로부터 국세를 징수하는 경우 납부고지한 원천징수세액 또는 납세조합징수세액에 대해서는 그 법정신고납부기한이 정하여져 있다고 하더라도 그 고지에 따른 납부기한까지 납부하여야 한다(국기 27조 4항 1호 참조). 인지세의 경우 납부고지한 인지세액에 대해서는 과세대상 문서의 작성 당시 인지세를 납부할 의무가 있다고 하더라도 그 고지에 따른 납부기한까지 납부하여야 한다(국기 27조 4항 2호 참조).

납부기한은 **조세징수권 소멸시효의 기산일**(국기 27조 3항, 4항 참조), **납부지연가산세 및 원천징수 등 납부지연가산세의 기산일**(국기 47조의4, 47조의5), **조세포탈 등의 기수시기**(조세처벌 3조 5항)의 기준이 된다. 납부기한까지 조세를 납부하지 않는 경우에는 **납부지연가산세**를 부과하고(국기 47조의4), 납세자가 국세를 지정납부기한까지 완납하지 아니한 경우에는 관할 세무서장은 원칙적으로 **독촉장**을 발급하여야 한다(국징 10조).

납부고지에 대하여 살핀다. 관할 세무서장은 납세자로부터 **국세를 징수하려는 경우** 국세의 과세기간, 세목, 세액, 산출 근거, 납부하여야 할 기한(납부고지를 하는 날부터 30일 이내의 범위로 정한다) 및 납부장소를 적은 **납부고지서**를 납세자에게 발급하여야 한다(국징 6조 1항 본문). 다만, 납부지연가산세(국기 47조의4) 및 원천징수 등 납부지연가산세(국기 47조의4) 중 **지정납부기한이 지난 후의 가산세를 징수하는 경우**에는 납부고지서를 발급하지 아니할 수 있다(국징 6조 1항 단서). 관할 세무서장은 납세자가 체납액 중 국세만을 완납하여 강제징수비를 징수하려는 경우 강제징수비의 징수와 관계되는 국세의 과세기간, 세목, 강제징수비의 금액, 산출 근거, 납부하여야 할 기한(강제징수비 고지를 하는 날부터 30일 이내의 범위로 정한다) 및 납부장소를 적은 **강제징수비고지서**를 납세자에게 발급하여야 한다(국징 6조 2항).

납세자의 **체납액을 제2차 납세의무자 등**('제2차 납세의무자', '보증인' 및 '국세기본법 및 세법에 따라 물적납세의무를 부담하는 자')**으로부터 징수하는 경우** 징수하려는 체납액의 과세기간, 세목, 세액, 산출 근거, 납부하여야 할 기한(납부고지를 하는 날부터 30일 이내의 범위로 정한다), 납부장소, 제2차 납세의무자 등으로부터 징수할 금액, 그 산출 근거, 그 밖에 필요한 사항을 적은 **납부고지서**를 제2차 납세의무자 등에게 발급하여야 한다(국징 7조 1항). 제2차 납세의무자 등에게 납부고지서를 발급하는 경우 납세자에게 그 사실을 **통지**하여야 하고, 물적납세의무를 부담하는 자로부터 납세자의 체납액을 징수하는 경우 물적납세의무를 부담하는 자의 주소 또는 거소를 관할하는 세무서장에게도 그 사실을 통지하여야 한다(국징 7조 2항).

납부고지서는 징수결정 즉시 발급하여야 하나, 재난 등으로 인한 납부기한 등의 연장사유(국징 13조)로 인하여 납부고지를 유예(국징 14조)한 경우 유예기간이 끝난 날의 다음 날에 발급한다(국징 8조).

조세채권의 소멸시효는 납부고지로 인하여 중단된다(국기 28조 1항 1호). 고지한 납부기간이 경과되면 그 때로부터 중단된 소멸시효가 새로 진행한다(국기 28조 2항 1호).

지방세와 관세의 경우에도 납세고지(또는 납부고지)에 대한 정함이 있다(지기 2조 1항 15호, 지징 12조-14조 ; 지징령 21조 ; 관세 39조 3항 ; 관세령 36조).

법정 사유(국징 9조 1항 각 호)가 있는 경우에는 납부기한 전이라도 이미 납세의무가 확정된 국세를 징수할 수 있는바(국징 9조), 이에 대하여서는 **납부기한 전 징수**에서 살핀다.

납부고지에 대한 보다 구체적 사항에 대하여서는 아래 항에서 추가적으로 살핀다.

나. 납부고지의 법적 성격 등

(1) 납부고지의 법적 성격

납부고지에는 이미 성립한 조세채무를 확정하여 납세자에게 통지하는 **부과고지**와 이미 확정된 조세채무의 이행을 구하는 **징수고지**가 있다. **신고확정방식과 자동확정방식의 세목에 있어서 납세자가 납부하지 않는 경우에 과세관청이 별도의 경정 또는 결정을 하지 않고 납부고지서에 의하여 조세채무의 이행을 촉구하는 것은 징수고지에 해당한다.** 따라서 신고확정방식의 조세에 있어서 납세의무자가 당초 신고를 한 것에 대하여 이후 과세관청이 증액하여 신고하도록 안내함에 따라 수정신고를 하였다고 하더라도, 그 증액신고된 부분에 대한 납부고지가 단순한 징수처분이 아니라 증액 경정 취지의 조세 부과처분이 되는 것은 아니다.[186] 또한 **신고납세방식의 조세에 있어 납세의무자가 과세표준 및 세액을 신고하였다면 이로써 취득세 납세의무가 확정되는 것이므로, 그 뒤에 납부고지서가 발부되었다고 하더라도, 이는 이미 확정된 취득세 납세의무의 이행을 명하는 징수처분에 지나지 아니한다.**[187] 다만 '신고확정방식 또는 자동확정방식의 세목에 있어서 납세자의 신고에 대하여 경정 또는 결정하는 경우'와 '부과확정방식의 세목'에 있어서 과세관청이 납부고지서 또는 강제징수비고지서를 통하여 조세채무의 이행을 촉구하는 것은 부과고지 및 징수고지를 겸하는 것에 해당한다. 또한 징수고지에 해당하는 납부고지에 있어서 가산세가 함께 부과된다면 가산세에 대하여서는 부과고지를 하는 것이 된다. 즉 신고납세방식의 조세는 원칙적으로 납세의무자가 스스로 과세표준과 세액을 정하여 신고하는 행위에 의하여 납세의무가 구체적으로 확정되므로, 납세의무를 이행하지 아니한다고 하여 과세관청이 신고된 세액에 납부지연가산세를 더하여 납부고지를 하였더라도, 이는 신고에 의하여 확정된 조세채무의 이행을 명하는 징수처분과 가산세의 '부과처분 및 징수처분'이 혼합된 처분에 해당한다.[188]

납부고지에 대한 규정들은 헌법과 국세기본법이 규정하는 조세법률주의의 대원칙에 따라 처분청으로 하여금 자의를 배제하고 신중하고도 합리적인 처분을 행하게 함으로써 조세행정의 공정성을 기함과 동시에 납세의무자에게 부과처분의 내용을 상세하게 알려서 불복여부의 결정 및 그 불복신청에 편의를 주려는 취지에서 나온 것으로 엄격히 해석 적용되어야 할 **강행규정**이다.[189] 따라서 부과고지 및 징수고지가 적법하게 이루어지지 않는 경우에는 각 부과처분 및 징수처분은 위법한 처분이 된다. 나아가 개별 세법에서 납부고지에 관한 별도의 규정을 두지 않은 경우라 하더라도 해당 본세의 납부고지서에 세액의 산출근거 등(국징 6조 1항)이 기재되어 있지 않다면 그 과세처분은 위법하고, 하나의 납부고지서에 의하여 복수의 과세처분을 함께 하는 경우에는 과세처분별로 그 세액과 산출근거 등을 구분하여 기재함으로써 납세의무자가 각 과세처분의 내용을 알 수 있도록 해야 한다.[190] 따라서 부가가치세 및 가산세의 경우와 같이 국세기본법이나 개별 세법 어디에도 그 납부고지의

186) 대법원 2014.2.13. 2013두19066.
187) 대법원 2003.10.23. 2002두5115.
188) 대법원 2014.4.24. 2013두27128.
189) 대법원 1985.12.10. 84누243.
190) 대법원 2012.10.18. 2010두12347 전원합의체 판결.

방식 등에 관하여 따로 정한 규정이 없다고 하더라도 해당 납부고지에는 세액의 산출근거 등(국징 6조 1항)이 기재되어 있어야 한다. 한편 본세의 부과처분과 가산세의 부과처분은 각 별개의 과세처분인 것처럼, 같은 세목에 관하여 여러 종류의 가산세가 부과되면 그 각 가산세 부과처분도 종류별로 각각 별개의 과세처분이라고 보아야 하므로, 하나의 납부고지서에 의하여 본세와 가산세를 함께 부과할 때에는 납부고지서에 본세와 가산세 각각의 세액과 산출근거 등을 구분하여 기재해야 하는 것이고, 또 여러 종류의 가산세를 함께 부과하는 경우에는 그 가산세 상호 간에도 종류별로 세액과 산출근거 등을 구분하여 기재함으로써 납세의무자가 납부고지서 자체로 각 과세처분의 내용을 알 수 있도록 하여야 한다.[191] 다만 납부고지서의 세율이 잘못 기재되었다고 하더라도 납부고지서에 기재된 문언 내용 등에 비추어 원천징수의무자 등 납세자가 세율이 명백히 잘못된 오기임을 알 수 있고 납부고지서에 기재된 다른 문언과 종합하여 정당한 세율에 따른 세액의 산출근거를 쉽게 알 수 있어 납세자의 불복 여부의 결정이나 불복신청에 지장을 초래하지 않을 정도라면, 납부고지서의 세율이 잘못 기재되었다는 사정만으로 그에 관한 징수처분을 위법하다고 볼 것은 아니다.[192]

또한 **연대납세의무의 경우**에도 납세자는 해당 조세채무 전체에 대하여 각자 이행하여야 하는 것이므로(국기 25조의2 ; 민법 413조), 납부고지 역시 각 납세자 모두에 대하여 하여야 한다. 다만 공동상속인의 경우에는 별도의 검토를 요한다. 공동상속인의 연대납세의무는 다른 공동상속인이 각자 납부할 상속세를 납부하지 아니할 것을 요건으로 하여 나머지 조세 전액에 대하여 연대납세의무가 성립하는 것이 아니라, 상속인 또는 수유자 각자가 받았거나 받을 재산을 한도로 하여서만 연대하여 납부할 의무를 부담한다(상증세 3조의2 3항). 따라서 공동상속인의 경우에는 납부고지서에 '납부할 총세액과 그 산출근거인 과세표준과 세율 공제세액 등'을 기재함과 아울러 '공동상속인 각자의 상속재산점유비율(상속분)과 그 비율에 따라 산정한 각자가 납부할 상속세액 등'을 역시 기재하여야 할 것이다. 전자는 징수고지와 관련되고 후자는 부과고지와 관련된다.

위 **공동상속인에 대한 부과고지는 공동상속인별로 각자에게 개별적으로 납부하여야 할 세액을 구분 · 특정하여야 한다.** 즉 수인의 상속세 납세의무자들은 전체 상속재산에 관하여

191) 대법원 2012.10.18. 2010두12347 전원합의체 판결; 대법원 2018.12.13. 2018두128; 대법원 2019.7.4. 2017두38645.

192) 대법원 2019.7.4. 2017두38645.

산출된 상속세를 각자 일정한 범위에서 납부할 의무가 있으므로, 과세관청이 이들 전부를 상속세 납세의무자로 삼아 상속세를 부과하지 아니한 채 일부 상속세 납세의무자에 대하여만 상속세 전액을 부과하였다면 그 중 일부 상속세 납세의무자가 납부하여야 할 세액을 초과하여 부과한 부분은 위법하다.[193)]

다만 **징수고지는 연대납세의무가 있는 상속세 전부에 대하여 할 수 있다.** 즉 과세관청이 공동상속인에 대하여 상속세 등을 부과하는 과세처분을 함에 있어서 납부고지서에 '납부할 총세액과 그 산출근거인 과세표준과 세율 공제세액 등'을 기재함과 아울러 '공동상속인 각자의 상속재산점유비율(상속분)과 그 비율에 따라 산정한 각자가 납부할 상속세액 등을 기재한 연대납세의무자별 고지세액명세서'를 그 납부고지서에 첨부하여 공동상속인에게 각 교부하였다면, 납부고지서에 납부할 총세액을 기재한 것은 징수고지로서의 효력을 갖고, 납부고지서에 첨부되어 교부된 연대납세의무자별 고지세액명세서에 의하여 공동상속인 각자가 납부하여야 할 세액에 대하여 독촉하는 것은 부과고지의 효력을 가진다.[194)]

(2) 납부고지서의 기재사항

세무서장은 국세를 징수하려면 납세자에게 그 국세의 과세기간, 세목, 세액 및 그 산출 근거, 납부기한과 납부장소를 적은 납부고지서를 발급하여야 하는 바, 과세기간, 세목, 세액 및 그 산출 근거는 부과고지와 관련된 것이고, 납부기한과 납부장소는 징수고지와 관련된 것이다. 납부고지서에 기재할 사항과 관련하여 개별세목에 별도의 정함이 있는 경우 역시 있다. 증여자가 수증자가 납부할 증여세를 연대하여 납부할 의무를 지는 경우에는 세무서장은 그 사유 역시 알려야 한다(상증세 4조의2 6항, 7항). 지방세의 경우에도 납세고지서에 관한 규정들은 강행규정에 해당하므로 납세고지서에 법령이 요구하는 사항 중 일부의 기재를 누락시킨 하자가 있는 경우에는 그 부과처분은 위법하다.[195)] 지방세의 경우에는 하나의 납세고지서로 둘 이상의 과세대상을 동시에 고지하는 경우에는 세액의 산출근거를 생략할 수 있다(지징령 20조 2호 단서). 이 경우 납세자가 세액 산출근거의 열람을 신청하는 때에는 세무공무원은 지체 없이 열람할 수 있도록 하여야 한다. 판례는 위 규정이 열람권을 허용하여 조세행정의 공정과 편의 및 납세의무자의 불복 여부의 결정 및 그 불복신청에 대한 편의를

193) 대법원 2014.10.15. 2012두22706.
194) 대법원 1993.12.21. 93누10316.
195) 대법원 1995.2.28. 94누5052.

함께 고려하고 있으므로 하나의 납세고지서 또는 납부통지서로 둘 이상의 과세대상을 동시에 고지하는 경우에는 세액의 산출근거를 생략하였다고 하더라도 무효라고 보기는 어렵다고 판시한다.[196] 그러나 **지방세 납세고지서에는 본세와 그에 대한 과소신고 등 가산세와 납부지연가산세를 합한 세목별 세액의 합계액만이 기재되어 있거나 본세의 과세표준만이 기재되었으며, 과세예고통지서에도 이를 보완할 만한 사항이 기재되지 않은 경우에도 해당 지방세 납세고지는 적법한 것인가?** 판례는 취득세, 지방교육세 및 농어촌특별세를 하나의 납세고지서를 통하여 부과한 사안과 관련하여 그 납세고지서의 효력을 부인하였다. 즉 납세고지서에는 취득세, 지방교육세, 농어촌특별세(이하 '취득세 등')의 각 본세에 그에 대한 과소신고 등 가산세와 납부지연가산세를 합한 세목별 세액의 합계액만이 기재되어 있을 뿐 취득세 등 각 본세와 그에 대한 가산세의 세액이 구분 기재되거나 가산세 상호 간의 종류별 세액이 구분 기재되어 있지 않고, 또한 취득세의 과세표준만이 기재되어 있을 뿐 취득세 등 각 본세와 가산세의 산출근거가 제대로 기재되어 있지 않은 점 및 납세고지서에 앞서 보낸 과세예고통지서에도 취득세 등 각 본세의 세액, 취득세의 과세표준, 취득세 등의 각 본세에 대한 과소신고 등 가산세와 납부지연가산세의 세율 등은 기재되어 있으나, 취득세 등의 각 본세에 대한 과소신고 등 가산세와 납부지연가산세의 세액은 구분 기재되어 있지 않고 취득세 등 각 본세의 세율 등도 기재되어 있지 않은 점에 비추어 보면, 취득세 등의 각 본세와 그에 대한 가산세의 납세고지에는 관계 법령에서 요구하는 기재사항을 일부 누락한 흠이 있고, 그 흠이 보완되거나 치유되었다고 볼 수도 없으므로, 해당 처분은 위법하다고 판시한다.[197]

제목이 납부고지서 아닌 공동사업자 통보라고 되어 있고 체납자의 체납세목과 대표적인 과세연도 그리고 세액의 합계는 기재되어 있으나 막연히 체납액을 조속히 정리하여 달라고만 되어 있는 경우에는 이를 적법, 유효한 납부고지로 볼 수 없다.[198] 부가가치세 및 원천징수하는 법인세를 부과 내지 징수·고지하면서 납부고지서의 '성명(법인명)란'에 납세의무자의 사업장인 학교의 명칭과 함께 납세의무자의 대표자 성명을 함께 기재한 경우, 납세의무자에 관한 납부고지서의 형식적 기재사항의 하자가 처분이 위법하다고 볼 정도에는 이르지 않았다.[199] 양도소득세를 자진신고납부한 후 그 신고내용대로 과세표준과 세액이 결정

196) 대법원 2006.6.2. 2006두644.
197) 대법원 2015.10.15. 2015두36652.
198) 대법원 1992.10.13. 91누12806.

되고 그 과세표준과 세액 등이 기재된 결정결의서 사본이 납세의무자의 확인요구에 대한 응답형식으로 교부되어 양도소득세 결정 내용이 통지되었다면, 비록 위 통지가 납부고지서에 의하지 아니하더라도 소득세법에 따른 양도소득세 부과처분이 행하여진 것이라고 볼 수 있다.[200] 과세관청이 양도소득세 수정신고에 대하여 한 통지가 그 제목이 '수정신고건에 대한 결과 통보'이고, 그 내용으로 소득세 부과절차를 규정한 소득세법에서 규정한 과세표준과 세액 등이 기재된 양도소득세 결정결의서 사본이 첨부된 경우 그 사본이 납세의무자의 수정신고에 대한 응답형식으로 통지되었다면, 비록 그 통지가 소득세법 상 납부고지서의 방식에 의하지 아니한 채 이루어졌다고 하더라도, 이로써 관계 규정에 따른 양도소득세 부과처분이 행하여진 것이라고 볼 여지가 없지 아니하다.[201] 상속세의 경우 납부고지서에 공동상속인들이 부담하여야 할 세액과 그 계산명세를 기재하지 아니한 채 납세의무자를 '000 외 4'라고만 표시하고 상속세 총액과 그 산출근거만을 기재하여 고지한 상속세부과처분은 비록 공동상속인 각자에게 고지되었다 하여도 그 부과, 고지 방식에 하자가 있어 전부 위법하다.[202] 다만 상속인 또는 수유자가 2인 이상인 경우에는 '상속세 과세표준신고서를 제출한 자' 또는 '상속인 대표자(국기령 12조)'에 해당하는 자 1인에게만 납부고지할 수 있고 그 효력은 상속인, 수유자 모두에게 미친다(상증세 77조 ; 상증세령 79조). 그러나 이 경우에도 공동 상속인별로 각자에게 개별적으로 납부하여야 할 세액을 구분 · 특정하지 않았다면 해당 납부고지는 위법하고, 또한 다른 공동상속인을 명시하지 않았다면 다른 공동상속인에 대하여서는 과세처분을 하지 않은 것으로 보아야 한다. 다만 2015년 12월 15일 개정 이후에는 상속인이나 수유자가 2명 이상이면 과세표준 및 세액의 결정을 그 상속인이나 수유자 모두에게 통지하여야 한다(상증세 77조 후단)는 점을 감안하여 위 판례들을 읽어야 한다.

세액을 명시하기 위하여서는 과세대상, 과세표준 및 세율을 함께 명시하여야 할 것이다. 다만 세액의 산출근거와 관련하여서는 과세가액 총액과 그 내역 등 구체적인 과세표준과 세액의 계산경로를 명시하여야 한다.[203] 구체적인 과세표준과 세액의 계산경로는 개별 세목의 성격과 개별 세법 규정의 내용 및 취지 등을 감안하여 달라질 수 있다고 본다. 따라서 납부고지가 적법한지 여부와 관련하여서는 개별 세법의 내용을 파악할 필요가 있다. 또한

199) 대법원 2010.1.28. 2007두6632.
200) 대법원 1997.9.12. 97누2917.
201) 대법원 1997.8.22. 96누5285.
202) 대법원 1997.3.25. 96누4749.
203) 대법원 1999.11.26. 98두10738.

과세기간 별로 과세 귀속연도 및 납부할 총세액과 그 산출근거인 과세표준, 세율, 공제세액 등을 기재한 법정의 납부고지서에 의하여 부과·고지하면 충분하고 익금과 손금 등 세액산출의 실질적 근거나 경로, 경위, 근거법령 등을 기재하지 아니할 수도 있다.[204)]

세액을 산출함에 있어 공제하여야 할 기납부세액란에 일부 착오기재 내지 누락이 되었다고 하더라도 그 고지된 세액에 있어서는 정당한 공제를 한 금액을 밝히고 있다면 위와 같은 납부고지서에 의한 납부고지는 위법하지 않다.[205)] 기납부세액 자체가 납부고지서의 필요적 기재사항은 아니기 때문이다. 양도소득에 대한 예정신고와 확정신고의 내용이 같은 이상 예정신고를 한 후 다시 확정신고를 하였다고 하여 이미 한 예정신고의 효력이 소멸하는 것은 아니하므로, 예정신고를 기초로 한 납부고지 역시 효력이 소멸하는 것은 아니다.[206)] 납부고지서의 필요적 기재사항에 변경이 없다는 점에 근거한 것으로 보인다. 나아가 판례는 당초의 납부고지가 적법한 것이라면, 필요적 기재사항에 변경이 있는 경우에 추가되는 필요적 기재사항만을 고지한다고 하더라도 위법한 납부고지는 아니라고 한다. 과세관청이 당초 납부고지서에 소정의 세액산출근거 등을 첨부하여 기재한 후 고지하였다면 그 납부기한만을 연장하는 납부고지서를 재발부함에 있어서는 이를 다시 기재하지 아니하였다고 하더라도 위법이라 할 수 없다.[207)] 과세관청이 당초 과세처분의 과세표준 및 세율 등은 그대로 둔 채 당초의 세액공제는 허용하지 않고 가산세를 추가하여 증액경정하는 경우에, 그 납부고지에 있어서 세액공제액과 가산세액만을 기재하였더라도 당초 납부고지가 적법한 이상 해당 납부고지가 위법하다고 할 수 없다.[208)] 과세관청이 감액경정결정을 통지함에 있어서 자진납부 세액의 공제로 인하여 감액된 세액만을 기재하였다고 할지라도 당초 납부고지가 적법한 이상, 위 감액경정결정을 통지함에 있어서 그 과세표준, 세율 및 세액의 산출근거 등을 다시 기재하지 아니하였다고 하여 그 납부고지가 위법하다고 할 수 없다.[209)] 양도소득세에 관한 납부고지를 함에 있어 양도세액을 결정하고 납부고지서에 자진납부세액을 공제한다는 취지를 기재하여 그 나머지 세액만을 고지한 경우, 그 부과처분은 결정세액 총액을 확정한 처분으로 보아야 하고 그 나머지 세액만의 부과처분이라고 할 수 없다.[210)]

204) 대법원 2004.1.27. 2001두11014.
205) 대법원 1987.4.28. 85누419.
206) 대법원 2011.9.29. 2009두22850.
207) 대법원 1986.9.23. 86누55.
208) 대법원 1989.10.27. 88누2830.
209) 대법원 1998.2.27. 97누18479.
210) 대법원 1999.12.10. 99다44526.

국세환급금의 환수처분에 관한 납부고지서에도 다른 납부고지서의 경우와 동일한 사항이 기재되어야 하는가? 판례는 이를 부인한다. 구체적인 판시내용은 다음과 같다. 이미 충당 또는 지급된 금액의 반환을 구하기 위한 국세환급금의 환수처분은 국세의 징수에 부수하는 처분으로서 국세의 징수에 관한 규정이 그대로 준용되지만, 그 반환 지체에 대하여는 국세기본법 상 국세환급가산금에 관한 규정이 유추적용될 뿐이다. 따라서 국세환급금의 환수처분에 관한 납부고지서에는 그것이 국세환급금의 환수처분임을 명시함으로써 납세의무자의 불복 여부의 결정이나 불복 신청에 지장을 초래하지 아니하도록 하여야 하고, 그 납부고지서에 이러한 사항이 제대로 기재되지 아니하였다면 특별한 사정이 없는 한 그에 관한 환수처분은 위법하다고 보아야 할 것이나, 납부고지서에 기재된 문언 내용 등에 비추어 납세의무자가 개별 세법에 근거한 부과처분이나 그 세액의 징수에 관한 징수처분과 구별되는 초과환급금의 환수처분이라는 점과 환수를 요하는 구체적인 사유 등을 알 수 있을 정도라면, 초과환급금의 반환을 구하는 납부고지서[211]에 해당 근거규정(국기 51조 9항)을 적시하지 아니하였다거나 초과환급금 액수의 구체적 계산내역을 기재하지 아니하였다는 사정만으로 그에 관한 환수처분을 위법하다고 볼 것은 아니다.[212]

(3) 제2차 납세의무자 등에 대한 납부고지서의 기재사항

세무서장은 납세자의 체납액을 제2차 납세의무자 등(납세보증인 및 물적납세의무자를 포함)로부터 징수하려면 제2차 납세의무자 등에게 징수하려는 체납액의 과세기간, 세목, 세액 및 그 산출 근거, 납부기한, 납부장소와 제2차 납세의무자 등으로부터 징수할 금액 및 그 산출 근거와 그 밖에 필요한 사항을 적은 납부고지서로 고지하여야 하고 이 경우 납세자에게 그 사실을 통지하여야 한다(국징 7조). 즉 당초 납세의무자의 체납액 등에 대한 각 사항뿐만 아니라 제2차 납세의무자로부터 징수할 금액 및 그 산출 근거와 그 밖에 필요한 사항을 적어야 한다.

제2차 납세의무자 등에 대한 납부고지와 주된 납세의무자의 납부고지의 관계는 어떠한가? 제2차 납세의무 등은 주된 납세의무와의 관계에서 이른바 부종성과 보충성을 가지는 것이나 제2차 납세의무자 등에 대한 납부고지는 형식적으로는 독립된 부과처분이라고 할 것이므로 주된 납세의무자에 대한 납부고지서에 그 세액 산출근거를 명시하지 아니하였다

211) 2020년 12월 29일 국세징수법 전부개정을 통하여 납부고지서로 변경되었다.
212) 대법원 2014.1.16. 2013두17305.

고 할지라도 그 부과처분이 무효이거나 취소되지 아니한 이상 제2차 납세의무자 등에 대한 납부고지를 하면서 그 과세표준과 세액의 계산명세서를 기재한 서류를 첨부하였다면 그 부과처분은 적법하다.[213)]

(4) 납부고지서 기재사항의 하자

납부고지서[214)]의 필요적 기재사항이 아니라면 이를 누락하거나 잘못 기재한 경우라도 위법한 것은 아니다. 납부고지서의 필요적 기재사항을 누락하거나 잘못 기재한 경우에는 해당 납부고지는 위법하다. 납세의무자와 특수관계에 있는 자에 대한 소득금액변동통지서 중에 기재된 '납세의무자에 관한 과세표준과 세액기재'는 납세의무자에 대한 납부고지로 볼 수 없다.[215)] 상속인의 연부연납허가신청에 대한 허가통지를 한 것만으로는 상속세의 과세처분을 한 것으로 볼 수 없다.[216)] 과세관청이 과세예고를 함과 아울러 과세자료 조사서를 납세의무자에게 발송하였다 하더라도 과세대상을 특정하지 아니하고 세액산출근거의 기재를 흠결한 납부고지서에 의한 납부고지가 강행법규에 저촉된 처분으로서 위법하다고 보는 이상 납세의무자가 세액산출 내역을 알고 변명자료를 과세관청에 제출하였다 하여 달리 볼 것은 아니다.[217)]

납부고지서의 필요적 기재사항을 누락하거나 잘못 기재한 경우에는, 다른 견해가 있을 수 있지만, 해당 납부고지는 원칙적으로 무효라고 보아야 한다. 해당 하자는 강행법규를 위반하여 중대하고, 그 필요적 기재사항에 하자가 있는 경우 그 납부고지만으로 납세자 자신이 부담할 세목 및 세액과 관련하여 불복 여부를 결정하기 어렵고 또한 그 불복신청에 필요한 사항을 명확하게 알 수 없으므로 그 하자가 명백하다고 할 수 있기 때문이다. 다만 세액산출의 근거는 개별 세목의 성격과 개별세법 규정의 내용 및 취지 등을 감안하여 달라질 수 있는 것이므로 그 근거의 기재가 위법한 경우에는 취소사유에 해당한다고 보아야 한다.

납부고지서의 법정 서식은 납세자가 보관하는 납부고지서 겸 영수증서에 세액의 산출근거 등 위 법조 소정의 필요적 기재사항을 기재하도록 되어 있는 반면, 그 납부고지서의 부본을 과세관청이 따로 보관하도록 되어 있지는 않으므로, 이 같은 경우 그 납부고지서에 필요적 기

213) 대법원 1985.3.26. 83누689.
214) 이하 납부통지서를 포함하여 사용한다.
215) 대법원 1983.12.27. 82누484.
216) 대법원 1991.9.10. 91다16952.
217) 대법원 1993.4.13. 92누10623.

재사항이 기재되지 않았다는 사실은 그 사실을 주장하는 납세자가 입증하여야 한다.[218] 납부고지서의 송달이 없었거나 부적법하다는 주장사실에 대한 입증책임은 납세자에게 있다.[219]

(5) 납부고지서 기재사항의 하자에 대한 치유

하자 있는 행정행위의 치유는 행정행위의 성질이나 법치주의의 관점에서 볼 때 원칙적으로 허용될 수 없는 것이나 예외적으로 행정행위의 무용한 반복을 피하고 당사자의 법적 안정성을 위해 이를 허용하는 때에도 국민의 권리나 이익을 침해하지 않는 범위에서 구체적 사정에 따라 합목적적으로 인정된다.[220] 다만 중대하고 명백한 하자가 있어 당연 무효인 행정행위의 경우에는 그 하자가 치유된다고 볼 수 없다는 판례가 있다.[221] 따라서 납부고지는 납부고지서라는 서면으로 하여야 하는 것이므로 구체적 세액산출근거를 사전에 구두로 예고해 주었더라도 납부고지서에 기재하지 않았다면 이는 당연무효로서 그 하자가 치유되지 아니한다.[222] 또한 판례는 납부고지서의 필요적 기재사항이 누락되거나 잘못 기재된 경우에는 그 하자가 세액산출의 근거와 관련된 것이 아닌 한 원칙적으로 무효라고 판시한다.[223] 위 판례의 입장에 의하면 세액산출의 근거와 관련하여 하자가 있는 경우에만 그 하자가 치유될 수 있고 납부고지서 상 다른 하자에 대하여서는 그 하자가 치유될 수 없다고 보아야 한다. 그러나 납부고지와 관련된 하자가 당연 무효사유에 해당된다고 하더라도, 납세자의 세액납부 및 권리구제에 관한 권리나 이익을 침해하지 않는 범위에서는 그 하자의 치유가 인정되는 것이 타당하다.

설사 하자를 치유할 수 있는 경우라도, 납부고지를 서면에 의하여야 한다는 규정의 취지를 감안한다면, 반드시 서면에 의하여 그 하자를 바로 잡아야 할 것으로 판단한다. 또한 납부고지는 과세관청의 자의를 배제하고 납세자가 자신이 부담할 세목 및 세액과 관련하여 불복 여부를 결정하거나 그 불복신청에 필요한 사항을 명확하게 알게 하는 목적을 위한 것이므로 이를 침해하는 경우에는 하자가 치유될 수 없다고 보아야 한다. 국민의 권리나 이익을 침해하지 않는 범위에서 하자의 치유를 허용할 필요가 있기 때문이다. 그리고 하자가

218) 대법원 1992.6.9. 91누11933.
219) 대법원 2001.6.1. 99다1260.
220) 대법원 1992.5.8. 91누13274.
221) 대법원 1984.2.28. 81누275 전원합의체 판결.
222) 대법원 1991.3.27. 90누3409.
223) 이와 관련하여 다른 견해가 있을 수 있다.

실질적으로 치유되어야 하는 것은 당연하다.

이하 납부고지 상 하자의 치유와 관련된 판례를 본다.

납부고지서 상 **납세의무자의 확정은 납부고지서의 형식적 기재에 따라 객관적으로 판단하여 동일성을 식별할 수 있어야** 할 것인데 납세의무자의 표시가 그 동일성을 식별할 수 없을 정도로 불분명한 것이라면 그 납부고지서에 의한 송달은 적법한 납부고지로서의 효력을 갖지 못하는 바, 납부고지서에 성명은 납세의무자의 이름을 기재하였으나 납세자번호(주민등록번호)와 주소는 납세의무자와 아무런 관계가 없는 사람의 것을 기재하여 납세의무자에게 송달하였다면 이는 납부고지서 자체의 기재에 의하여 납세의무자의 동일성을 식별할 수 없는 경우라고 보아야 하므로 적법한 납부고지가 있었다고 볼 수 없고, 적법한 납부고지가 있었다고 볼 수 없는 이상 **사후에 과세관청이 납세의무자에 대하여 납부고지서 상의 납세의무자라고 확인하여 주었다 하더라도 효력이 보완되는 것이 아니다.**[224] 납부고지서에 과세표준과 세액의 계산명세가 기재되어 있지 아니하거나 그 계산명세서를 첨부하지 아니하였다면 그 납부고지는 위법하다고 할 것이나, 한편 과세관청이 과세처분에 앞서 납세의무자에게 보낸 **과세예고통지서** 등에 납부고지서의 필요적 기재사항이 제대로 기재되어 있어 납세의무자가 그 처분에 대한 불복 여부의 결정 및 불복신청에 전혀 지장을 받지 않았음이 명백하다면, 이로써 납부고지서의 하자가 보완되거나 치유될 수 있다.[225] 부과처분에 앞서 보낸 **과세안내서**에 납부고지서의 필요적 기재사항이 제대로 기재되어 있었다면 납세의무자로서는 과세처분에 대한 불복 여부의 결정 및 불복신청에 전혀 지장을 받지 않았음이 명백하므로, 비록 납부고지서에 그 기재사항의 일부가 누락되었더라도 이로써 납부고지서의 흠결이 보완되거나 하자가 치유될 수 있다.[226] 납부고지서에 부기하여야 한다고 정한 **'납세지 관할 지방국세청장이 조사·결정하였다는 뜻'**(법세령 109조 1항 단서)은 이러한 필요적 기재사항으로 보기 어려울 뿐만 아니라, 그에 관한 기재가 누락되었다고 하더라도 납세자가 처분에 대한 불복 여부의 결정 및 불복 신청에 지장을 받는다고 단정하기도 어렵고, 더욱이 과세관청이 과세처분에 앞서 납세자에게 보낸 세무조사결과통지 등에 납부고지서의 필요적 기재사항이 제대로 기재되어 있어 납세의무자가 처분에 대한 불복 여부의 결정 및 불복 신청에 전혀 지장을 받지 않았음이 명백하다면, 이로써 납부고지서의 하자가

224) 대법원 1993.4.27. 92누14083.
225) 대법원 2001.3.27. 99두8039.
226) 대법원 1995.7.11. 94누9696 전원합의체 판결.

보완되거나 치유될 수 있다.[227] 납부고지는 서면으로 하여야 하므로, 그 **하자의 보정도 서면으로** 하여야지 구두로 보정하는 것은 허용되지 않고, **납부고지서의 하자를 사전에 보완할 수 있는 서면은** 납부고지서의 필요적 기재사항이 제대로 기재되어 있는 것은 물론, 그 서면 자체가 법령이나 적어도 과세관청의 내부규정으로 납부고지와 관련하여 납부고지에 앞서 납세의무자에게 교부하도록 되어 있어 **납부고지서와 일체를 이룰 수 있는 것에 한정**된다.[228] 세액 산출근거가 기재되지 아니한 납부고지서에 의한 부과처분의 하자는 **납세의무자가 전심절차에서 이를 주장하지 아니하였거나, 그 후 부과된 세금을 자진납부하였다거나, 또는 조세채권의 소멸시효기간이 만료되었다 하여** 치유되는 것이라고는 할 수 없다.[229] 과세관청이 **취소소송 계속 중에 납부고지서의 세액산출근거를 밝히는 보정통지를 하였다 하여** 이것을 종전에 위법한 부과처분을 스스로 취소하고 새로운 부과처분을 한 것으로 볼 수 없으므로 이미 항고소송이 계속 중인 단계에서 위와 같은 보정통지를 하였다 하여 그 위법성이 이로써 치유된다 할 수 없다.[230]

한편 납부고지서의 귀속과세연도를 잘못 기재하였으나 심사청구 직후 착오기재에 대한 정정통지를 한다면 그 과세처분의 하자는 치유된다고 하는 판례[231]가 있으나, 그 타당성은 의문이다. 이미 불복절차가 개시되었으므로 종전 처분을 취소하고 별도의 처분을 하는 것이 타당하기 때문이다. 그 사이에 별도의 처분을 할 수 있는 제척기간이 경과되었을 수도 있다.

3 납부방법

가. 금전 등 납부

조세를 현금, 증권 및 신용카드 등 결제수단을 통하여 납부하는 것을 **금전 등 납부**라고 한다. 납부서, 납부고지서 및 강제징수비고지서 상 기재된 세액을 금전 등 납부하는 것이 원칙적인 조세의 납부방법이다. **국세 또는 강제징수비를 납부하는 방법**은 다음과 같다(국징 12조 1항). **첫째, 현금**(법정 절차에 따라 계좌이체하는 경우를 포함). 법정 절차에 따라 계좌이체하는 경우는 국고금 출납사무를 취급하는 금융회사 등(국고 36조 1항, 2항)에 개설된 계

227) 대법원 2020.10.29. 2017두51174.
228) 대법원 1995.9.26. 95누665.
229) 대법원 1985.4.9. 84누431.
230) 대법원 1988.2.9. 83누404.
231) 대법원 1993.7.27. 92누17761.

좌에서 다른 계좌로 전자적 장치(전자금융 2조 8호)에 의하여 자금을 이체하는 것(금융회사등에 개설된 예금계좌로부터 자동이체하는 방법(국징령 9조 2항)을 포함)을 말하고, 이 경우 납세자는 전자적 장치를 활용한 납부확인서 등 납부증명서류를 세법에서 정한 수납기관이 발급한 영수증을 갈음하여 사용할 수 있다(국징령 9조 1항). 납세자는 납부고지받은 국세 중 법정 국세는 금융회사등에 개설된 예금계좌로부터 자동이체하는 방법으로 납부할 수 있으나, 지정납부기한이 지난 국세는 자동이체의 방법으로 납부할 수 없다(국징령 9조 2항). **둘째,** 증권에 의한 세입납부에 관한 법률에 따른 **증권. 셋째,** 법정 국세납부대행기관을 통해 처리되는 **신용카드**(여신 2조 1호) 또는 **직불카드**(여신 2조 6호), 통신과금서비스(정보통신 2조 10호) 및 기타 유사한 **법정 결제수단. 법정 국세납부대행기관**은 정보통신망을 이용하여 신용카드등(신용카드, 직불카드, 통신과금서비스 등)에 의한 결제를 수행하는 기관으로서 법정 절차에 따라 국세납부대행기관으로 지정받은 자를 말한다(국징령 9조 3항). 국세납부대행기관은 납세자로부터 신용카드 등에 의한 국세납부 대행용역의 대가로 해당 납부세액의 1천분의 10 이내에서 법정 절차에 따라 납부대행수수료를 받을 수 있다(국징령 9조 4항). 계좌이체 및 신용카드 등에 의한 납부절차에 관하여 필요한 세부사항은 국세청장이 정한다(국징령 9조 5항). 신용카드, 직불카드 및 통신과금서비스 등으로 국세를 납부하는 경우에는 **국세납부대행기관의 승인일**을 납부일로 본다(국징 12조 2항). 지방세 및 관세의 경우에도 이와 유사한 규정이 있다(지징 23조 ; 관세령 32조의5). 또한 지방세기본법은 지방세정보통신망을 통한 전자송달을 신청한 자와 전자납부를 한 자 또는 납부기한보다 먼저 지방세를 납부한 자에 대하여는 지방자치단체가 조례로 정하는 바에 따라 우대할 수 있다는 규정(지기 138조) 역시 각 두고 있다.

나. 인지납부

세액에 상당하는 수입인지를 과세대상 문서에 첨부하는 방법으로 납부하는 것을 **인지납부**라고 한다. 인지세의 경우에 허용되는 방식이다. 즉 인지세는 과세문서에 수입인지에 관한 법률 제2조 제1항에 따른 전자수입인지를 첨부하여 납부한다. 다만, 인지세액에 해당하는 금액을 납부하고 과세문서에 인지세를 납부한 사실을 표시함으로써 **전자수입인지**를 첨부하는 것을 갈음할 수 있다(인세 8조 1항 ; 인세령 11조). 과세대상 전자문서의 인지세는 과세문서에 인지세를 납부한 사실을 표시하거나 그 밖에 법정 방법으로 납부한다(인세 8조 1항

단서 : 인세령 11조, 11조의2). 인지세를 납부할 의무가 있는 자는 과세문서 작성일이 속하는 달의 다음 달 10일까지 인지세를 납부하여야 한다. 세대상 전자문서와 관련하여서는 별도의 정함이 있다(인세 8조 3항).

다. 물납

금전으로 납부하는 대신에 금전 이외의 재산으로서 납부하는 방식을 **물납**이라고 한다. 물납재산의 소유권은 물납허가를 한 때에 국가 또는 지방자치단체에 이전하는 것으로 해석하여야 한다는 견해가 있지만,[232] **물납재산의 인도, 소유권이전등기 등 기타 제3자에게 대항할 수 있는 요건을 모두 충족한 경우에 조세를 납부한 것으로 보아야 한다.**[233] 따라서 물납의 허가가 있더라도 그 재산의 인도, 등기 등 제3자에게 대항할 수 있는 요건을 모두 충족하지 못한 경우에는 해당 납세의무는 여전히 존속하고 그 시효가 진행되므로,[234] 국가 또는 지방자치단체가 위 요건을 갖추지 않은 상태로(부동산의 경우 인도를 받았다고 할지라도 소유권이전등기를 하지 않는 등이 예가 될 수 있다) 방치한 경우에는 납세의무에 대한 소멸시효가 완성되는 시점에 기왕의 물납허가 역시 소멸한 것으로 보아야 한다.[235] 즉 이 경우 국가는 그 재산을 취득할 수 없다. 사업용 자산을 상속세 및 증여세법 제73조, 지방세법 제117조 및 종합부동산세법 제19조에 따라 물납하는 것은 부가가치세법 상 재화의 공급으로 보지 않는다(부가세 10조 9항 3호 : 부가세령 24조).

물납은 개별세법에 규정이 있는 경우에 한하여 허용된다.

납세지 관할 세무서장은 '상속재산(상속세 및 증여세법 제13조에 따라 상속재산에 가산하는 증여재산을 포함한다) 중 부동산과 유가증권[국내에 소재하는 부동산 등 물납에 충당할 수 있는 법정재산(상증세령 70조; 상증세칙 19조의4, 20조)으로 한정한다]의 가액이 해당 상속재산가액의 2분의 1을 초과할 것', '상속세 납부세액이 2천만원을 초과할 것' 및 '상속세 납부세액이 상속재산가액 중 법정 금융재산의 가액(상증세령 74조, 75조 : 상증세칙 20조, 20조의2 참조)을 초과할 것'이라는 요건을 모두 갖춘 경우에는 법정절차에 따라 납세의무자의 신청을 받아 물납을 허가할 수 있으나, 물납을 신청한 재산의 관리 또는 처분이 적당하지 아

232) 日最判 昭和51年11月4日 月報22卷13号, 2919頁。
233) 일본 조세통칙법 제43조 제2항.
234) 金子 宏、前掲書、753頁。
235) 日最判 昭和42年5月2日 日民集21卷4号, 811頁。

니하다고 인정되는 경우에는 물납허가를 하지 아니할 수 있다(상증세 73조). 문화재 등에 대한 물납 규정(상증세 73조의2)이 있다. 그 밖에 물납에 충당할 수 있는 재산의 범위, 관리 · 처분이 적당하지 아니하다고 인정되는 경우, 그 밖에 물납절차 및 물납신청에 필요한 사항에 대한 별도의 정함이 있다(상증세령 70조-75조 ; 상증세칙 19조의4-20조의2).

지방자치단체의 장은 재산세의 납부세액이 1천만 원을 초과하는 경우에는 납세의무자의 신청을 받아 해당 지방자치단체의 관할구역에 있는 부동산에 대하여만 법정절차에 따라 물납을 허가할 수 있다(지세 117조 ; 지세령 113조-115조).

물납한 재산의 환급에 대하여 본다. 납세자가 상속세 및 증여세법 제73조, 지방세법 제117조 또는 종합부동산세법 제19조에 따라 상속세 또는 종합부동산세를 물납한 후 그 부과의 전부 또는 일부를 취소하거나 감액하는 경정결정에 따라 환급하는 경우에는 해당 물납재산으로 환급하여야 하나, 그 물납재산이 매각되었거나 다른 용도로 사용되고 있는 경우 등 법정사유가 있는 경우에는 국세 또는 지방세에 대한 환급금의 충당과 환급에 대한 절차를 적용한다(국기 51조의2 ; 국기령 43조의2 ; 지기 61조 ; 지기령 42조).

4 납부장소

조세를 납부하여야 할 장소를 **납세지**라고 한다. **납세지는 각 개별세법에서 정한다**(소세 6조 ; 법세 9조-11조 ; 상증세 6조 ; 부가세 6조 등). 관할 세무서장이 아닌 세무서장이 한 부과처분은 관계 법령을 위배한 것으로서 위법하다.[236] 이는 납세의무자가 관할 세무서장이 아닌 세무서장에게 신고하였다고 하더라도 납세의무자의 신고로 인하여 그 세무서장에게 관할이 생기는 것이 아니므로 해당 부과처분이 위법한 것은 마찬가지이다.[237] 또한 납세의무자가 관할 세무서장이 아닌 세무서장에게 신고한 이후에 해당 부과처분에 대하여 관할 위반 주장을 하더라도 그 주장이 신의칙에 위반되는 것은 아니다.[238] 또한 소득의 귀속자에게 하는 소득금액변동통지는 '법인소득금액을 결정 또는 경정하는 세무서장 또는 지방국세청장'이 하는 것인 바, 해당 소득금액변동통지를 납세지 관할 세무서장 또는 관할 지방국세청장이 아닌 다른 세무서장 또는 지방국세청장이 하였다면 이는 관할 없는 과세관청의 통지로서 흠이 있는 통지에 해당한다.[239]

236) 대법원 1999.11.26. 98두17968.
237) 대법원 1999.11.26. 98두17968.
238) 대법원 1999.11.26. 98두17968 ; 대법원 2009.4.23. 2006두14865.
239) 대법원 2015.1.29. 2013두4118.

납세지에 대한 주요한 예는 다음과 같다.

거주자의 소득세 납세지는 그 주소지로 하나, 주소지가 없는 경우에는 그 거소지로 한다. 비거주자의 소득세 납세지는 국내사업장의 소재지로 하나, 국내사업장이 둘 이상 있는 경우에는 주된 국내사업장의 소재지로 하고, 국내사업장이 없는 경우에는 국내원천소득이 발생하는 장소로 한다. 이상의 기준에 따라 납세지가 불분명한 경우에는 법정방법에 따라 납세지를 결정한다. 내국법인의 법인세 납세지는 그 법인의 등기부에 따른 본점이나 주사무소의 소재지(국내에 본점 또는 주사무소가 있지 아니하는 경우에는 사업을 실질적으로 관리하는 장소의 소재지)로 하나, 법인으로 보는 단체의 경우에는 법정장소로 한다. 외국법인의 법인세 납세지는 국내사업장의 소재지로 하나, 국내사업장이 없는 외국법인으로서 법정소득(법세 93조 3호 또는 7호에 따른 소득)이 있는 외국법인의 경우에는 각 그 자산의 소재지로 한다.

상속세는 피상속인의 주소지(주소지가 없거나 분명하지 아니한 경우에는 거소지를 말하며, 이하 '상속개시지')를 관할하는 세무서장(국세청장이 특히 중요하다고 인정하는 것에 대해서는 관할 지방국세청장으로 하며, 이하 '세무서장 등')이 과세한다. 다만, 상속개시지가 국외인 경우에는 상속재산 소재지를 관할하는 세무서장 등이 과세하고, 상속재산이 둘 이상의 세무서장 등의 관할구역에 있을 경우에는 주된 재산의 소재지를 관할하는 세무서장 등이 과세한다(상증세 6조 1항). 증여세는 수증자의 주소지(주소지가 없거나 분명하지 아니한 경우에는 거소지를 말한다)를 관할하는 세무서장 등이 과세한다. 다만, 수증자가 비거주자인 경우 또는 수증자의 주소 및 거소가 분명하지 아니한 경우에는 증여자의 주소지를 관할하는 세무서장 등이 과세한다(상증세 6조 2항). '수증자와 증여자가 모두 비거주자인 경우', '수증자와 증여자 모두의 주소 또는 거소가 분명하지 아니한 경우' 또는 '수증자가 비거주자이거나 주소 또는 거소가 분명하지 아니하고, 증여자가 의제되는 경우(상증세 38조 2항, 39조 2항, 39조의3 2항, 45조의3, 45조의4)'에는 증여재산의 소재지를 관할하는 세무서장 등이 과세한다(상증세 6조 3항).

사업자의 부가가치세 납세지는 각 사업장의 소재지로 한다(부가세 6조 1항). 사업장은 사업자가 사업을 하기 위하여 거래의 전부 또는 일부를 하는 고정된 장소로 한다(부가세 6조 2항, 부가세령 8조). 사업자가 사업장을 두지 아니하면 사업자의 주소 또는 거소를 사업장으로 한다(부가세 6조 3항). 사업자단위 과세사업자(부가세 8조 3항)는 각 사업장을 대신하여 그 사업자의 본점 또는 주사무소의 소재지를 부가가치세 납세지로 한다(부가세 6조 4항). '재화를 보관하고 관리할 수 있는 시설만 갖춘 장소로서 법정 하치장으로 신고된 장소(부가세령 9조)' 및 '각종 경기대회나 박람회 등 행사가 개최되는 장소에 개설한 임시사업장으로서 신고된 법정 장소(부가세령 10조)'는 사업장으로 보지 아니한다(부가세 6조 5항). 재화를 수입하는 자의 부가가치세 납세지는 관세법에 따라 수입을 신고하는 세관의 소재지로 한다(부가세 6조 6항).

Ⅱ 납부에 대한 간접적 강제

1 납부지연가산세

납세자가 법정납부기한까지 납부하지 아니하거나 과소납부한 경우에 국세기본법은 납부지연가산세(국기 47조의4) 또는 원천징수 등 납부지연가산세(국기 47조의5)를 부과하여 납세자의 조세납부를 간접적으로 강제한다. 지방세기본법 역시 납부지연가산세(지기 55조) 및 특별징수납부 등 불성실가산세(지기 56조)에 대하여 규정한다. 국세기본법 상 납부지연가산세(국기 47조의4) 또는 원천징수 등 납부지연가산세(국기 47조의5)에 대하여서는 가산세 부분에서 살핀다.[240]

종전 가산금 관련 판례의 해석론에 대하여 살핀다. 국세를 납부기한까지 납부하지 아니하면 가산금은 과세권자의 가산금 확정절차 없이 법률규정 자체에 의하여 당연히 발생하고 그 액수도 확정되는 것이므로 **가산금 또는 중가산금의 고지 자체가 항고소송의 대상이 되는 처분이라고 볼 수 없다.**[241] 위와 같은 이유로 납세고지서에는 국세의 과세기간, 세목, 세액 및 그 산출 근거, 납부기한과 납부장소가 필요적 기재사항으로 기재될 뿐이고, 가산금은 이에 포함되지 않는다. **다만 가산금에 관한 징수절차를 개시하려면 독촉장에 의하여 그 납부를 독촉함으로써 가능한 것인 바 그 가산금 납부독촉이 부당하거나 그 절차에 하자가 있는 경우에는 그 '징수처분'에 대하여서는 취소소송에 의한 불복이 가능하다.**[242] 그러나 과세관청이 가산금을 확정하는 어떤 행위를 한 바가 없고, 다만 국세의 납세고지를 하면서 납기일까지 납부하지 아니하면 납기 후 1개월까지는 가산금으로 얼마를 징수하게 된다는 취지를 고지하였을 뿐이고, **납부기한 경과 후에 그 납부를 독촉한 사실이 없다면 가산금**

240) 제2편 제6장 제2절 Ⅲ, Ⅳ 참조.
241) 대법원 2005.6.10. 2005다15482.
242) 대법원 1996.4.26. 96누1627.

부과처분은 존재하지 않는다고 할 것이므로, 그러한 가산금 부과처분의 취소를 구하는 소는 부적법하다.[243] **당초 부과된 고지세액 등이 결정취소 또는 경정결정 등으로 인하여 감액된 경우에는 가산금 역시 이에 따라 결정취소 또는 감액된다.**[244]

이상의 해석론은 가산금이 납부지연가산세에 통합되었다는 점으로 인하여 2019년 12월 31일 개정 법률이 시행된 이후에는 유지될 수 없다. 종전 가산금의 성격을 갖는 납부지연가산세에 대하여서도 가산세 일반에 관한 논의가 그대로 적용되어야 한다. 가산세는 별도의 세목으로서 이에 대하여 다툴 수 있고 납부고지서에 필요적 기재사항으로서 기재되어야 한다. 다만 종전 가산금의 성격을 갖는 납부지연가산세에 대한 납부고지는 해당 가산세가 성립하기 이전에 미리 고지하는 것이므로 납세의무의 확정을 위한 적법한 부과고지라고 할 수는 없다. 따라서 종전 가산금의 성격을 갖는 납부지연가산세는 그 계산의 기초가 되는 조세 납부의 지연에 대응하여 1일별로 성립 및 확정되는 가산세로 파악하는 것이 타당하다. 2019년 12월 31일 자 국세기본법의 개정을 통하여 반영되었는바, 위와 같이 각 1일별로 확정된 납부지연가산세에 대하여서는 강제징수에 이르기 위하여서는 별도의 독촉절차 역시 거쳐야 한다.

종전 가산금적 성격의 납부지연가산세에 대한 소멸시효의 기산일에 대하여서는 다툼이 있을 수 있지만 위 납부지연가산세는 그 계산의 기초가 되는 조세 납부의 지연에 대응하여 1일별로 성립·확정된다고 할 것이므로 그 시효는 납부기한이 경과된 후 1일의 납부지연가산세별로 그 다음 날부터 독립적으로 진행된다고 판단하는 것이 타당하다.[245]

2 납세증명서의 제출 및 미납국세 등 열람

납세증명서의 제출에 대하여 본다. 납세자는 '국가, 지방자치단체 또는 감사원의 검사 대상(감사 22조 1항 3호, 4호)이 되는 법인 또는 단체 등(국징령 89조)으로부터 **대금을 지급받을 경우**(체납액이 없다는 사실의 증명이 필요하지 아니한 경우로서 법정 경우는 제외)', '외국인등록(출입관리 31조) 또는 국내거소신고(재외동포 6조)를 한 외국인이 체류기간 연장허가 등 **법정 체류 관련 허가 등을** 법무부장관에게 신청하는 경우' 또는 '내국인이 해외이주 목적으로 외교부장관에게 **해외이주신고**(해외이주 6조)를 하는 경우'에는 법정 절차에 따라 납

243) 대법원 1996.4.26. 96누1627.
244) 대법원 1986.9.9. 86누76.
245) 金子 宏、前掲書、669－770頁 및 大阪高判 昭和39年7月7日 日行裁例集15卷7号, 1307頁 참조.

세증명서를 제출하여야 한다(국징 107조 1항). **채권양도의 경우 양도인의 납세증명서 등을 제출하도록 시행령에서 규정하는 것을 위임 입법의 한계를 일탈하거나, 법률유보원칙, 자기책임원칙, 과잉금지원칙, 조세법률주의 및 평등권 등에 위배되어 무효라고 볼 수 있는가?** 위임에 따라 시행령에서 구체화될 내용에는 채권양도가 있는 경우에 양도인의 납세증명서 등을 제출하도록 함으로써 체납자가 국가 등에 대한 대금채권을 체납액이 없는 제3자에게 양도하는 형식을 취하여 각 법률 조항을 무력화하려는 시도를 방지하고자 하는 것이 포함될 수 있음을 충분히 예측할 수 있다. 또한 국가 등에 대한 대금채권의 양수인이 받을 수 있는 불이익은 양도계약을 체결할 때에 양수인이 양도인으로부터 납세증명서 등을 제시받거나 국세 등의 체납 여부에 관한 별도의 약정을 추가하는 등 양도계약 당사자들 사이의 정보교환과 자율적 판단으로 어느 정도 회피하거나 감소시킬 수 있다. 이러한 점 등을 종합하여 보면, 채권양도의 경우 양도인의 납세증명서 등을 제출하도록 하는 시행령을 위임 입법의 한계를 일탈하거나, 법률유보원칙, 자기책임원칙, 과잉금지원칙, 조세법률주의 및 평등권 등에 위배되어 무효라고 볼 수는 없다.[246] **대금을 지급받는 자**(국징 107조 1항 1호)가 원래의 계약자 외의 자인 경우 양도인과 양수인의 납세증명서(채권양도로 인한 경우), 압류채권자의 납세증명서(법원의 전부명령에 따르는 경우) 또는 수급사업자의 납세증명서(건설공사의 하도급대금을 직접 지급받는(하도급 14조 1항 1호, 2호) 경우)를 제출하여야 한다(국징령 90조). **국가로부터 납세증명서의 제출을 요구받고도 불응하면 계약의 체결이나 금원의 지급을 거절할 수 있는 사유가 될 수 있을 뿐 위 증명서 등의 제출이 계약 또는 채권행사의 유효요건이 되는 것은 아니다.**[247] 국세기본법 상 납세자란 납세의무자(연대납세의무자와 납세자를 갈음하여 납부할 의무가 생긴 경우의 제2차 납세의무자 및 보증인을 포함한다)와 세법에 따라 국세를 징수하여 납부할 의무를 지는 자를 말한다(국기 2조 10호). 그런데 국세징수법에서 규정한 사항 중 국세기본법이나 다른 세법에 특별한 규정이 있는 것에 관하여는 그 법률에서 정하는 바에 따른다(국징 2조 3항). 따라서 **납세증명서의 발급에 있어서의 납세자 역시 국세기본법과 동일하게 해석**하는 것이 타당하다. **납세자 등이 국가로부터 납세증명서 등의 제출을 요구받고도 이에 불응하는 경우 법률관계는 어떠한가?** 납세자 등이 국가로부터 납세증명서 등의 제출을 요구받고도 이에 불응하면, 국가는 대금의 지급을

246) 대법원 2023.5.18. 2020다295298.
247) 대법원 1980.6.24. 80다622.

거절할 수 있으나, 납세자 등이 납세증명서 등을 제출할 때까지 그 대금지급채무에 관하여 이행지체책임을 면하는 것은 아니다. 이러한 경우 국가는 채권자인 납세자 등의 수령불능을 이유로 변제공탁함으로써 대금지급채무에서 벗어날 수 있고, 그에 따라 지체책임도 면할 수 있다. 한편 채권자가 본래의 채권을 변제받기 위하여 어떠한 반대급부 기타의 조건이행을 할 필요가 있는 경우에는 이를 조건으로 하는 채무자의 변제공탁은 유효하다. 각 법률 조항 및 시행령 조항이 납세자 등이 국가로부터 대금을 지급받을 때에는 납세증명서 등을 제출하도록 규정하는 경우는, 납세증명서 등의 제출이라는 반대급부를 이행할 필요가 있는 경우에 해당하고, 따라서 이러한 반대급부를 조건으로 하는 변제공탁은 유효하다. 이는 채권양도로 인하여 양도인의 납세증명서 등을 제출하여야 하는 때에도 마찬가지이다.[248)]

납세증명서를 제출하지 않아도 되는 예외 역시 있다. 즉 '수의계약(국가계약령 26조 1항 각 호, 다만 1호 라목은 제외; 지자체계약령 25조 1항 각 호, 다만 7호 가목은 제외)과 관련하여 대금을 지급받는 경우', '국가 또는 지방자치단체가 대금을 지급받아 그 대금이 국고 또는 지방자치단체금고에 귀속되는 경우', '국세 강제징수에 따른 채권 압류로 관할 세무서장이 그 대금을 지급받는 경우', '채무자 회생 및 파산에 관한 법률에 따른 파산관재인이 납세증명서를 발급받지 못하여 관할 법원이 파산절차를 원활하게 진행하기 곤란하다고 인정하는 경우로서 관할 세무서장에게 납세증명서 제출의 예외를 요청하는 경우' 또는 '납세자가 계약대금 전액을 체납세액으로 납부하거나 계약대금 중 일부 금액으로 체납세액 전액을 납부하려는 경우'에는 납세증명서를 제출하지 않을 수 있다(국징령 91조). **법정 체류 관련 허가**는 국내거소신고(재외동포 6조), 체류자격 외 활동허가(출입관리 20조), 근무처 변경·추가에 관한 허가 또는 신고(출입관리 21조), 체류자격부여(출입관리 23조), 체류자격 변경허가(출입관리 24조), 체류기간 연장허가(출입관리 25조) 또는 외국인등록(출입관리 31조)을 말한다(국징령 92조). 납세자가 납세증명서를 제출하여야 하는 경우(국징 107조 1항 각 호) 해당 주무관서 등은 국세청장(국세정보통신망을 통한 조회만 해당) 또는 관할 세무서장에게 조회하거나 납세자의 동의를 받아 행정정보의 공동이용(전자정부 36조 1항)을 통하여 그 체납사실 여부를 확인함으로써 납세증명서의 제출을 갈음하여야 한다(국징령 93조).

납세증명서는 발급일 현재 '독촉장(국징 13조)에서 정하는 기한의 연장에 관계된 금액', '압류·매각의 유예액(국징 105조)' 및 '그 밖에 법정 금액(국징령 94조)'을 제외하고는 다른

248) 대법원 2023.5.18. 2020다295298.

체납액이 없다는 사실을 증명하는 문서를 말하며, 지정납부기한이 연장(국징 13조)된 경우 그 사실도 기재되어야 한다(국징 107조 2항). 법정 금액은 '납부고지의 유예액(국징 14조)', '징수유예액(회생파산법 140조) 또는 강제징수에 따라 압류된 재산의 환가유예에 관련된 체납액', '물적납세의무를 부담하는 양도담보권자(국기 42조)가 그 물적납세의무와 관련하여 체납한 국세 또는 강제징수비' '물적납세의무를 부담하는 수탁자(부가세 3조의2)가 그 물적납세의무와 관련하여 체납한 부가가치세 등', '물적납세의무를 부담하는 수탁자(종부세 7조의2, 12조의2)가 그 물적납세의무와 관련하여 체납한 종합부동산세', '재기중소기업인 관련 압류 또는 매각이 유예된 체납액(조특 99조의6)', '납부고지의 유예 또는 지정납부기한 등의 연장에 관계된 국세 또는 체납액(조특 99조의8)' 및 '체납액 징수특례를 적용받은 징수곤란 체납액(조특 99조의10)'을 말한다(국징령 94조).

관할 세무서장은 납세자로부터 납세증명서의 발급을 신청받은 경우 그 사실을 확인한 후 즉시 납세증명서를 발급하여야 한다(국징 108조). 납세증명서를 발급받으려는 자는 **법정 사항**(납세자의 주소 또는 거소와 성명, 납세증명서의 사용 목적, 납세증명서의 수량)**을 적은 문서**(전자문서를 포함)를 개인의 경우에는 주소지(주소가 없는 외국인의 경우에는 거소지) 또는 사업장 소재지를 관할하는 세무서장에게 제출(국세정보통신망을 통한 제출을 포함)하고, 법인의 경우에는 본점(외국법인인 경우에는 국내 주사업장) 소재지를 관할하는 세무서장에게 **제출**하여야 한다(국징령 95조 본문). 다만, 국세청장이 납세자의 편의를 위하여 발급 세무서를 달리 정하는 경우에는 그 발급 세무서의 장에게 제출하여야 한다(국징령 95조 단서). 납세증명서의 유효기간은 그 증명서를 발급한 날부터 30일간으로 하나, 발급일 현재 해당 신청인에게 납부고지된 국세가 있는 경우에는 해당 지정납부기한까지로 할 수 있다(국징령 96조 1항). 관할 세무서장은 유효기간을 지정납부기한까지로 정하는 경우(국징령 96조 1항 단서)에는 해당 납세증명서에 그 사유와 유효기간을 분명하게 적어야 한다(국징령 96조 2항).

지방세의 경우에도 납세증명서의 제출 및 발급에 대한 정함이 있다(지징 5조).

미납국세 등 열람에 대하여 본다. 주거용 건물(주택임대차 2조) 또는 상가건물(상가임대차 2조)을 임차하여 사용하려는 자는 해당 건물에 대한 임대차계약을 하기 전 또는 임대차계약을 체결하고 임대차 기간이 시작하는 날까지 임대인의 동의를 받아 그 자가 납부하지 아니한 **법정 국세 또는 체납액**('각 세법에 따른 과세표준 및 세액의 신고기한까지 신고한 국세 중 납부하지 아니한 국세', '납부고지서를 발급한 후 지정납부기한이 도래하지 아니한 국세'

및 '체납액')의 열람을 임차할 건물 소재지의 관할 세무서장에게 신청할 수 있고, 이 경우 관할 세무서장은 열람신청에 따라야 한다(국징 109조 1항). 미납국세 등의 열람을 신청하려는 자는 **미납국세 등 열람신청서**에 건물 소유주의 동의를 증명할 수 있는 서류(다만 임대인의 동의 없이 신청을 한 경우(국징 109조 2항)에는 임대차계약 사실을 증명할 수 있는 서류)와 임차하려는 자의 신분을 증명할 수 있는 서류를 첨부하여 관할 세무서장에게 제출하여야 하고, 그 열람신청을 받은 관할 세무서장은 각 세법에 따른 과세표준 및 세액의 신고기한까지 임대인이 신고한 국세 중 납부하지 아니한 국세에 대해서는 신고기한부터 30일(종합소득세의 경우에는 60일로 한다)이 지났을 때부터 열람신청에 응하여야 한다(국징령 97조). 다만 임대차계약을 체결한 임차인으로서 해당 계약에 따른 보증금이 법정 금액(국징령 97조 2항)을 초과하는 자는 임대차 기간이 시작하는 날까지 임대인의 동의 없이도 위 신청을 할 수 있고, 이 경우 신청을 받은 세무서장은 열람 내역을 지체 없이 임대인에게 통지하여야 한다(국징 109조 2항).

3 사업에 관한 허가 등의 제한

관할 세무서장은 납세자가 허가 등(허가·인가·면허 및 등록 등)을 받은 사업과 관련된 소득세, 법인세 및 부가가치세를 체납한 경우 해당 사업의 주무관청에 그 납세자에 대하여 허가 등의 갱신과 그 허가 등의 근거 법률에 따른 신규 허가 등을 하지 아니할 것을 요구할 수 있으나, 재난, 질병 또는 사업의 현저한 손실, 그 밖에 법정 사유(국징령 101조 1항)가 있는 경우에는 그러하지 아니하다(국징 112조 1항). 이러한 간접적인 제재수단을 '사업에 관한 허가 등의 제한'이라고 한다. 법정 사유는 '공시송달의 방법으로 납부고지된 경우', '재난 등으로 인한 납부기한 등의 연장사유 중 일부 사유(국징 13조 1항 1호, 2호, 3호)', '납부기한 전 징수사유 중 일부 사유(국징 9조 1항 2호, 3호)', '납세자의 재산이 강제징수의 종료 사유(국징 57조 1항 4호 본문)', '이상 각 경우에 준하는 사유', '물적납세의무를 부담하는 양도담보권자(국기 42조)가 그 물적납세의무와 관련하여 체납한 국세 또는 강제징수비' '부가가치세 물적납세의무를 부담하는 수탁자(부가세 3조의2)가 그 물적납세의무와 관련한 부가가치세 등을 체납한 경우' 및 '종합부동산세 물적납세의무를 부담하는 수탁자(종부세 7조의2, 12조의2)가 그 물적납세의무와 관련한 종합부동산세 등을 체납한 경우'로서 관할 세무서장이 인정하는 경우를 말한다(국징령 101조 1항). 해당 주무관청은 관할 세무서장의 '신규 허가 등의 불허용 요구

(국징 112조 1항)'가 있는 경우 정당한 사유가 없으면 요구에 따라야 하며, 그 조치 결과를 즉시 관할 세무서장에게 알려야 한다(국징 112조 4항). 신규허가를 허용하지 않을지 여부는 여전히 주무관청의 재량에 속하는 것으로 보아야 한다. 신규허가의 허용 여부와 관련하여 정당한 사유가 있는지 여부에 대하여 추가적으로 판단하여야 하기 때문이다.

관할 세무서장은 허가 등을 받아 사업을 경영하는 자가 해당 사업과 관련된 소득세, 법인세 및 부가가치세를 **3회 이상 체납**하고 그 체납된 금액의 합계액이 500**만원 이상**인 경우 해당 주무관청에 **사업의 정지 또는 허가 등의 취소를 요구**할 수 있으나, 재난, 질병 또는 사업의 현저한 손실, 그 밖에 **법정 사유**(국징령 101조 2항)가 있는 경우에는 그러하지 아니하다(국징 112조 2항). 3회의 **체납횟수는 납부고지서 1통을 1회로 보아 계산**한다(국징령 102조). **법정 사유**는 '허가 등의 제한에 관한 법정 사유(국징령 101조 1항)' 및 '관할 세무서장이 납세자에게 납부가 곤란한 사정이 있다고 인정하는 경우'를 말한다(국징령 101조 2항). **'국세를 3회 이상 체납한 때'**와 관련하여, 그 체납상태는 취소시점에도 계속되어야 한다고 해석하여야 한다.[249] 납세의무자가 국세를 체납한 데 정당한 사유가 있었다는 점은 그 처분이 위법하다고 주장하는 납세의무자가 주장 입증하여야 한다.[250] **해당 주무관청**은 관할 세무서장의 **'사업의 정지 또는 허가 등의 취소요구**(국징 112조 2항)'가 있는 경우 정당한 사유가 없으면 요구에 따라야 하며, 그 조치 결과를 즉시 관할 세무서장에게 알려야 한다(국징 112조 4항). 사업의 정지 또는 허가 등의 취소를 할 것인지 여부는 **주무관청의 재량**에 속한다.[251]

관할 세무서장은 **'신규 허가 등의 불허용 요구**(국징 112조 1항)' 또는 **'사업의 정지 또는 허가 등의 취소요구**(국징 112조 2항)'를 한 후 해당 국세를 징수한 경우 즉시 그 요구를 **철회**하여야 한다(국징 112조 3항).

4 체납자료의 제공

관할 세무서장(지방국세청장을 포함)은 국세징수 또는 공익 목적을 위하여 필요한 경우로서 '신용정보집중기관(신용정보 2조 6호) 또는 그 밖에 법정 절차(국징령 100조)에 따른 자'가 체납자('체납 발생일부터 1년이 지나고 체납액이 500만원(국징령 98조 2항) 이상인 자' 또는 '1년에 3회 이상 체납하고 체납액이 500만원(국징령 98조 2항) 이상인 자')의 인적사항 및

249) 대법원 1991.9.10. 90누8831.
250) 대법원 1992.10.13. 92누8071.
251) 대법원 1985.2.26. 84누615 참조.

체납액에 관한 체납자료를 요구한 경우 이를 제공할 수 있으나, 체납된 국세와 관련하여 심판청구 등이 계속 중이거나 그 밖에 법정 사유(국징령 98조 1항)가 있는 경우에는 체납자료를 제공할 수 없다(국징 110조 1항). 체납자료를 제공받은 자는 이를 누설하거나 업무 목적 외의 목적으로 이용할 수 없다(국징 110조 3항). 법정 사유는 '재난 등으로 인한 납부기한 등의 연장사유 중 일부 사유(국징 13조 1항 1호, 2호)', '압류 또는 매각이 유예된 경우(국징 105조 1항)', '물적납세의무를 부담하는 양도담보권자(국기 42조)가 그 물적납세의무와 관련하여 체납한 국세 또는 강제징수비' '부가가치세 물적납세의무를 부담하는 수탁자(부가세 3조의2)가 그 물적납세의무와 관련한 부가가치세 등을 체납한 경우' 및 '종합부동산세 물적납세의무를 부담하는 수탁자(종부세 7조의2, 12조의2)가 그 물적납세의무와 관련한 종합부동산세 등을 체납한 경우'를 말한다(국징령 98조 1항).

관할 세무서장(지방국세청장을 포함)은 체납자료를 전산정보처리조직에 의하여 처리하는 경우에는 체납자료 파일(자기테이프, 자기디스크, 그 밖에 이와 유사한 매체에 체납자료가 기록·보관된 것을 말한다)을 작성할 수 있다(국징령 99조 1항). 체납자료 파일을 작성한 자 역시 법령 상 근거 없이 이를 누설하거나 업무 목적 외의 목적으로 이용할 수 없음은 당연하다. 체납자료 파일의 정리, 관리, 보관 등에 필요한 사항은 국세청장이 정한다(국징령 99조 1항). 체납자료 파일의 정리, 관리, 보관 등에 필요한 사항은 국세청장이 정하도록 규정하는 것은 국민의 권리·의무에 영향을 미치는 사항을 훈령 등에 위임한 것으로서 타당하지 않으며 위임입법에 관한 법리에 반하는 측면이 있다. 해석론으로서는 사무적이고 기술적인 사항에 한하여 국세청장이 정할 수 있는 것으로 보아야 한다.

납세자료를 요구하는 **법정 절차**는 다음과 같다. 체납자료의 요구자는 '요구자의 이름 및 주소' 및 '요구하는 자료의 내용 및 이용 목적'을 적은 문서를 관할 세무서장에게 제출하여야 한다(국징령 100조 1항). 체납자료를 요구받은 관할 세무서장은 체납자료 파일이나 문서로 제공할 수 있다(국징령 100조 2항). 제공한 체납자료가 체납액의 납부 등으로 체납자료에 해당되지 아니하게 되는 경우 그 사실을 사유 발생일부터 15일 이내에 요구자에게 통지하여야 한다(국징령 100조 3항). 기타 체납자료의 요구 및 제공 등에 필요한 사항은 국세청장이 정한다(국징령 100조 4항). 이 경우에도 사무적이고 기술적인 사항에 한하여 국세청장이 정할 수 있는 것으로 보아야 한다.

5 재산조회 및 강제징수를 위한 지급명세서 등의 사용

세무서장(지방국세청장・국세청장을 포함)은 이자소득, 배당소득 또는 금융투자소득에 대한 지급명세서(소세 164조 ; 법세 120조) 등 금융거래에 관한 정보를 금융실명거래 및 비밀보장에 관한 법률 제4조 제4항에도 불구하고 체납자의 재산조회와 강제징수를 위하여 사용할 수 있다(국징 111조). 국세기본법에도 유사한 취지의 규정이 있다(국기 85조의2).

6 출국금지의 요청 등

국세청장은 정당한 사유 없이 **5천만 원**(국징령 103조 1항) 이상의 국세를 체납한 **법정의 자**(국징령 103조 2항)에 대하여 법무부장관에게 출국금지(출입관리 4조 3항)를 요청하여야 한다(국징 113조 1항 ; 국징령 103조). **법정의 자는 특정 사유에 해당하는 자**['배우자 또는 직계존비속이 국외로 이주(국외에 3년 이상 장기체류 중인 경우를 포함한다)한 사람', '출국금지 요청일 현재 최근 2년간 미화 5만달러 상당액 이상을 국외로 송금한 사람', '미화 5만달러 상당액 이상의 국외자산이 발견된 사람', '명단이 공개된 고액・상습체납자(국징 114조 1항)', '출국금지 요청일을 기준으로 최근 1년간 체납된 국세가 5천만원 이상인 상태에서 사업 목적, 질병 치료, 직계존비속의 사망 등 정당한 사유 없이 국외 출입 횟수가 3회 이상이거나 국외 체류 일수가 6개월 이상인 사람' 또는 '사해행위 취소소송(국징 25조) 중이거나 제3자와 짜고 한 거짓계약에 대한 취소소송(국기 35조 4항) 중인 사람'](국징령 103조 2항 각 호) **중 관할 세무서장이 압류・공매, 담보 제공, 보증인의 납세보증서 등으로 조세채권을 확보할 수 없고, 강제징수를 회피할 우려가 있다고 인정되는 사람**을 말한다(국징령 103조 2항). 국세청장은 법무부장관에게 체납자에 대한 출국금지를 요청하는 경우 해당 체납자가 **특정 사유**(국징령 103조 2항 각 호) **중 어느 항목에 해당하는지와 조세채권을 확보할 수 없고 강제징수를 회피할 우려가 있다고 인정하는 사유**를 구체적으로 밝혀야 한다(국징령 103조 3항). 법무부장관이 출국금지를 한 경우에는 국세청장에게 그 결과를 정보통신망 등을 통하여 통보하여야 한다(국징 113조 2항). 국세청장은 체납액 징수, 체납자 재산의 압류, 담보 제공 등으로 출국금지 사유가 해소된 경우에는 즉시 법무부장관에게 출국금지의 해제를 요청하여야 한다(국징 113조 2항). 국세청장은 출국금지 중인 사람에게 '체납액의 납부 또는 부과결정의 취소 등에 따라 체납된 국세가 5천만원 미만으로 된 경우' 또는 '출국금지 요청의 요건(국징령 103조 2항)이 해소된 경우'에는 지체 없이 **법무부장관에게 출국금지의 해제를 요청하여야** 한다

(국징령 104조 1항). **출국금지에 대한 처분권자는 법무부장관이므로 국세청장의 출국금지의 해제 요청 자체가 처분이라고 볼 수는 없다.** 또한 국세청장은 출국금지 중인 사람에게 특정 사정('국외건설계약 체결, 수출신용장 개설, 외국인과의 합작사업 계약 체결 등 구체적인 사업계획을 가지고 출국하려는 경우', '국외에 거주하는 직계존비속이 사망하여 출국하려는 경우' 또는 '그 밖의 본인의 신병 치료 등 불가피한 사유로 출국금지를 해제할 필요가 있다고 인정되는 경우')이 발생하고 강제징수를 회피할 목적으로 국외로 도피할 우려가 없다고 인정할 때에는 법무부장관에게 **출국금지의 해제를 요청할 수 있다**(국징령 104조 2항).

재산을 해외로 도피할 우려가 있는지 여부 등을 확인하지 않은 채 단순히 일정 금액 이상의 조세를 미납하였고 그 미납에 정당한 사유가 없다는 사유만으로 바로 출국금지 처분을 하는 것은 헌법상의 기본권 보장 원리 및 과잉금지의 원칙에 비추어 허용되는 것인가? 대법원에 따르면 이는 허용될 수 없다. 구체적인 판시내용은 다음과 같다. 조세 미납을 이유로 한 출국금지는 그 미납자가 출국을 이용하여 재산을 해외에 도피시키는 등으로 강제집행을 곤란하게 하는 것을 방지함에 주된 목적이 있는 것이지 조세 미납자의 신병을 확보하거나 출국의 자유를 제한하여 심리적 압박을 가함으로써 미납 세금을 자진납부하도록 하기 위한 것이 아니므로 재산을 해외로 도피할 우려가 있는지 여부 등을 확인하지 않은 채 단순히 일정 금액 이상의 조세를 미납하였고 그 미납에 정당한 사유가 없다는 사유만으로 바로 출국금지 처분을 하는 것은 헌법상의 기본권 보장 원리 및 과잉금지의 원칙에 비추어 허용되지 않는다. 나아가 재산의 해외 도피 가능성 유무에 관한 판단에서도 재량권을 일탈하거나 남용해서는 안 되므로, 조세 체납의 경위, 조세 체납자의 연령과 직업, 경제적 활동과 수입 정도 및 재산 상태, 그간의 조세 납부 실적 및 조세 징수처분의 집행과정, 종전에 출국했던 이력과 목적・기간・소요 자금의 정도, 가족관계 및 가족의 생활정도・재산 상태 등을 두루 고려하여, 출국금지로써 달성하려는 공익목적과 그로 인한 기본권 제한에 따라 당사자가 받게 될 불이익을 비교형량하여 합리적인 재량권의 범위 내에서 출국금지 여부를 결정해야 한다.[252] **국세청장 등의 출국금지 요청이 요건을 구비하지 못한 경우 법무부장관의 출국금지처분 역시 위법한 것이 되는가?** 국세청장 등의 출국금지 요청이 있는 경우에도 법무부장관은 이에 구속되지 않고 출국금지의 요건이 갖추어졌는지를 따져서 처분 여부를 결정할 수 있으므로, 국세청장 등의 출국금지 요청이 요건을 구비하지 못하였다는 사유만

252) 대법원 2013.12.26. 2012두18363.

으로 출국금지 처분이 당연히 위법하게 되는 것은 아니고, 재산의 해외 도피 가능성 등 출국금지 처분의 요건이 갖추어졌는지 여부에 따라 그 적법 여부가 가려져야 한다.[253]

7 포상금의 지급

국세청장은 조세를 탈루한 자에 대한 '중요한 자료'를 제공한 자 및 체납자의 은닉재산을 신고한 자 등 법이 정하는 자(국기 84조의2 1항 각 호 ; 국기령 65조의4)에게 20억원(탈루세액 또는 부당하게 환급·공제받은 세액을 산정하는 데 중요한 자료를 제공한 자에게는 40억원, 체납자의 은닉재산을 신고한 자에게는 30억원으로 한다)의 범위에서 포상금을 지급할 수 있다(국기 84조의2 1항 본문). 다만 탈루세액, 부당하게 환급·공제받은 세액, 은닉재산의 신고를 통하여 징수된 금액 또는 해외금융계좌 신고의무 불이행에 따른 과태료가 징수금액 또는 해외금융계좌 신고의무 불이행에 따른 과태료금액 미만인 경우 또는 공무원이 그 직무와 관련하여 자료를 제공하거나 은닉재산을 신고한 경우에는 포상금을 지급하지 아니한다(국기 84조의2 1항 단서 ; 국기령 65조의4 7항). 위 '법이 정하는 자'는 신용카드가맹점, 현금카드가맹점, 타인명의의 사업경영자, 해외금융계좌 신고의무 위반자 및 타인명의 금융자산을 소유하는 사업자에 대하여 신고하는 자를 의미한다. '중요한 자료' 및 '은닉재산'의 각 범위에 대하여 별도로 정의한다(국기 84조의2 2항, 3항). **은닉재산**은 체납자가 은닉한 현금, 예금, 주식, 그 밖에 재산적 가치가 있는 유형·무형의 재산을 말하나, '사해행위 취소소송(국징 25조)의 대상이 되어 있는 재산', '세무공무원이 은닉사실을 알고 조사 또는 강제징수 절차를 시작한 재산' 및 '그 밖에 체납자의 은닉재산을 신고받을 필요가 없다고 인정되는 체납자 본인의 명의로 등기된 국내에 있는 부동산(국기령 65조의4 12항)'은 제외한다(국기 84조의2 3항). 위 자료의 제공 또는 신고는 문서, 팩스, 전화자동응답시스템 또는 인터넷 홈페이지를 통하여 하여야 하고, 이 경우 '본인의 성명과 주소를 적거나 진술할 것', '서명(전자서명법 제2조 제3호에 따른 공인전자서명을 포함한다), 날인 또는 그 밖에 본인임을 확인할 수 있는 인증을 할 것' 및 '객관적으로 확인되는 증거자료 등을 제출할 것'이라는 요건을 모두 갖추어야 한다(국기 84조의2 4항).

포상금 지급대상이 되는 **'중요한 자료'**에는 과세관청이 조세탈루 사실을 비교적 용이하게 확인할 수 있는 구체적인 자료가 포함되어 있어야만 하고, 제공된 자료가 단지 탈세 가

253) 대법원 2013.12.26. 2012두18363.

능성의 지적, 추측성 의혹의 제기, 단순한 풍문의 수집 등에 불과한 정도라면 과세관청으로서는 그것을 기초로 용이하게 조세탈루 사실을 확인하기가 곤란하므로 그러한 자료는 포상금 지급대상이 되는 '중요한 자료'에 해당하지 아니하는 바, 만약 어떠한 제보 후에 과세관청의 통상적인 세무조사나 납세의무자의 자진신고 등에 의하여 비로소 구체적인 조세탈루 사실이 확인되었다면, 그러한 자료는 탈루세액을 산정하는 데 직접 관련되거나 상당한 기여를 한 것으로 볼 수 없으므로 포상금 지급대상이 되는 '중요한 자료'로 볼 수 없다. 그리고 포상금 지급대상이 되는 '중요한 자료'에 해당하는지 여부에 관한 증명책임은 이를 주장하는 사람에게 있다.[254)]

포상금 지급과 관련된 업무를 담당하는 공무원은 신고자 또는 자료 제공자의 신원 등 신고 또는 제보와 관련된 사항을 그 목적 외의 용도로 사용하거나 타인에게 제공 또는 누설해서는 아니 된다(국기 84조의2 5항). 해당 공무원이 이러한 의무를 위반한 경우 미국의 경우에는 징벌적 손해배상제도가 마련되어 있음은 기술하였다.[255)]

그 밖에 포상금의 지급에 관한 상세한 정함이 있다(국기령 65조의4). 국세청 내부적으로는 '체납자의 은닉재산을 신고한 자에 대한 포상금 지급에 관한 규정'(국세청훈령 제2228호, 2017.12.22.)은 체납자의 은닉재산에 대한 신고의 접수·처리절차와 포상금 지급대상·지급시기·지급절차 등 필요한 사항에 대하여 정한다.

8 불성실기부금수령단체 등의 명단 공개

국세청장은 비밀유지의무(국기 81조의13; 국조 57조)에도 불구하고 법정 요건(국기 85조의5 1항 각 호)에 해당하는 자('법정 불성실기부금수령단체(국기령 66조 10항)', '조세포탈범(조세범 처벌법 제3조 제1항, 제4조 및 제5조에 따른 범죄로 유죄판결이 확정된 자로서 조세범 처벌법 제3조 제1항에 따른 포탈세액 등이 연간 2억원 이상인 자)', '해외금융계좌 신고의무 위반자로서 그 위반금액이 50억원을 초과하는 자' 및 '특정범죄 가중처벌 등에 관한 법률에 따른 범죄(특가 8조의2)로 유죄판결이 확정된 세금계산서 발급의무 등 위반자의 인적사항, 부정 기재한 공급가액 등의 합계액 등')에 대한 인적사항 등을 공개할 수 있으나, 체납된 국세가 이의신청·심사청구·심판청구, 감사원법에 따른 심사청구 또는 행정소송법에 따른 행정소송 중에 있는 경우 등 불복청구 중에 있거나 그 밖에 법정사유(국기령 66조 1항)가

254) 대법원 2014.3.13. 2013두18568.
255) 제1편 제2장 제1절 VI 7 다 (8) (라) 세무조사의 위법과 국가배상 참조.

있는 경우에는 그러하지 아니하다(국기 85조의5 1항). 위 각 법이 정하는 자의 인적사항, 체납액, 국세추징명세, 포탈세액, 신고의무 위반금액 등에 대한 공개 여부를 심의하고 체납자에 대한 감치(국징 115조 1항 3호) 필요성 여부를 의결하기 위하여 국세청에 **국세정보위원회**를 둔다(국기 85조의5 2항). 국세청장은 체납자의 감치를 신청하기 전에 체납자에게 법정 절차(국징령 106조)에 따라 소명자료를 제출하거나 의견을 진술할 수 있는 기회를 주어야 한다(국징 115조). 국세정보위원회의 위원은 공정한 심의를 기대하기 어려운 사정이 있다고 인정될 때에는 법정절차(국기령 66조 6항, 7항)에 따라 위원회 회의에서 제척되거나 회피하여야 한다(국기 85조의5 3항). 위 위원회가 1차 심의한 공개대상자에 대하여 소명의 기회 등을 부여하는 등 절차를 거친 이후에 위 위원회의 재심의를 거쳐서 국세청장이 공개대상자를 선정한다(국기 85조의5 4항). 위 공개는 관보에 게재하거나 국세정보통신망 또는 관할 세무서 게시판에 게시하는 방법으로 한다(국기 85조의5 5항).

그 밖의 불성실기부금수령단체 등의 명단 공개에 대한 상세한 정함이 있다(국기령 66조).

9 고액 · 상습체납자의 명단 공개

국세청장은 비밀유지의무(국기 81조의13)에도 불구하고 체납 발생일부터 1년이 지난 국세의 합계액이 2억원 이상인 경우 체납자의 인적사항 및 체납액 등을 공개할 수 있으나, 체납된 국세와 관련하여 심판청구 등이 계속 중이거나 그 밖에 법정 사유(국징령 105조 2항)에 해당하는 경우에는 공개할 수 없다(국징 114조 1항). 체납발생일부터 1년이 지났는지 여부는 명단 공개일이 속하는 연도의 직전 연도 12월 31일을 기준으로 판단한다(국징령 105조 1항). 법정 사유는 '최근 2년 간의 체납액 납부비율[(명단 공개일이 속하는 연도의 직전연도 12월 31일 당시의 체납액) / (명단 공개일이 속하는 연도의 직전연도 12월 31일 당시의 체납액 + 명단 공개일이 속하는 연도의 직전 2개 연도 동안 납부한 금액)]이 100분의 50 이상인 경우', '회생계획인가의 결정(회생파산법 243조)에 따라 체납된 국세의 징수를 유예받고 그 유예기간 중에 있거나 체납된 국세를 회생계획의 납부일정에 따라 납부하고 있는 경우', '재산상황, 미성년자 해당 여부 및 그 밖의 사정 등을 고려할 때 국세정보위원회(국징 114조 2항; 국기 85조의5 2항)가 공개할 실익이 없거나 공개하는 것이 부적절하다고 인정하는 경우', '물적납세의무를 부담하는 양도담보권자(국기 42조)가 그 물적납세의무와 관련하여 체납한 국세 또는 강제징수비' '부가가치세 물적납세의무를 부담하는 수탁자(부가세 3조의2)가 그 물적납세의무와 관련한 부가가치세를 체납한 경우' 및 '종합부동산세 물적납세의무를 부담하는 수탁자(종부세 7조의2, 12조의2)가 그 물적납세의무와 관련한 종합부동산세를 체납한 경우'를 말한다(국징령 105조 2항). 체납자에게 명단 공개대상자임을 통지(국징 114조 2항; 국기 85조의5 4항)하는 경우 체납된 국세를 납부하도록 촉구하고, 공개 제외 사유에 해당되는 경우에는 이에 관한 소명자료를 제출하도록 안내하여야 한다(국징령 105조 3항). 체납자의 명단을 공개하는 경우 공개할 사항은 체납자의 성명 · 상호(법인의 명칭을 포함), 나이, 직업, 주소, 체납액의 세목 · 납부하여야 할 기한 및 체납 요지 등으로 하고, 체납자가 법인인 경우에는 법인의 대표자를 함께 공개한다(국징령 105조 4항). 체납자의 명단 공개와 관련하여 정보위원회의 구성 · 운영 등에 필요한 사항은 국세기본법 시행령의 규정(국기령 66조 2항-8항)을 준용한다(국징령 105조 5항).

명단 공개 대상자의 선정 절차, 명단 공개 방법, 그 밖에 명단 공개와 관련하여 필요한 사항은 국세기본법 상 불성실기부금수령단체 등의 명단 공개에 관한 규정(국기 85조의5 2항-6항)을 준용한다(국징 114조 2항).

10 고액 · 상습체납자의 감치

법원은 **검사의 청구**에 따라 체납자가 **법정 사유**('국세를 3회 이상 체납하고 있고, 체납 발생일부터 각 1년이 경과하였으며, 체납된 국세의 합계액이 2억원 이상인 경우', '체납된 국세의 납부능력이 있음에도 불구하고 정당한 사유 없이 체납한 경우' 및 '국세정보위원회의 의결(국기 85조의5)에 따라 해당 체납자에 대한 감치 필요성이 인정되는 경우') **모두**(국징 115조 1항 각 호)**에 해당하는 경우 결정**으로 **30일의 범위**에서 체납된 국세가 납부될 때까지 그 체납자를 감치에 처할 수 있다(국징 115조 1항). **국세청장**은 체납자가 법정 사유 모두(국징 115조 1항 각 호)에 해당하는 경우 체납자의 주소 또는 거소를 관할하는 지방검찰청 또는 지청의 **검사에게 체납자의 감치를 신청**할 수 있다(국징 115조 2항). 국세청장은 체납자의 감치를 신청하기 전에 체납자에게 법정 절차에 따라 **소명자료를 제출하거나 의견을 진술할 수 있는 기회**를 주어야 한다(국징 115조 3항). 국세청장은 체납자가 소명자료를 제출하거나 의견을 진술할 수 있도록 **법정 사항**['체납자의 성명과 주소', '감치 요건, 감치 신청의 원인이 되는 사실, 감치 기간 및 적용 법령', '국세를 납부하는 경우에는 감치 집행이 종료될 수 있다는 사실(국징 115조 6항)', '체납자가 소명자료를 제출하거나 의견을 진술할 수 있다는 사실과 소명자료 제출 및 의견진술 신청 기간(그 기간은 통지를 받은 날부터 30일 이상)' 및 '그 밖에 소명자료 제출 및 의견진술 신청에 관하여 필요한 사항']**이 모두 포함된 서면**(체납자가 동의하는 경우 전자문서를 포함)(국징령 106조 1항 각 호)을 체납자에게 통지해야 하나, 소명자료 제출 및 의견진술 신청 기간(국징령 106조 1항 4호)**에 소명자료를 제출하지 않거나 의견진술 신청이 없는 경우에는 의견이 없는 것으로 본다**(국징령 106조 1항). 의견을 진술하려는 사람은 소명자료 제출 및 의견진술 신청 기간(국징령 106조 1항 4호)에 국세청장에게 **진술하려는 내용을 간략하게 적은 문서**(전자문서를 포함한다)를 제출해야 한다(국징령 106조 2항). 의견진술 신청을 받은 국세청장은 **국세정보위원회**(국기 85조의5 2항)의 회의 개최일 3일 전까지 신청인에게 회의 일시 및 장소를 통지해야 한다(국징령 106조 3항).

감치결정에 대해서는 **즉시항고**를 할 수 있다(국징 115조 4항). 감치에 처하여진 체납자는 **동일한 체납 사실로 인하여 다시 감치되지 아니한다**(국징 115조 5항). 감치에 처하는 재판을 받은 체납자가 그 감치의 집행 중에 체납된 국세를 납부한 경우 **감치집행을 종료**하여야 한다(국징 115조 6항). 세무공무원은 감치집행(국징 115조 1항) 시 감치대상자에게 감치사유, 감치기간 및 감치집행의 종료(국징 115조 6항) 등 감치결정에 대한 사항을 설명하고, 그 밖에 감치집행에 필요한 절차에 협력하여야 한다(국징 115조 7항).

감치에 처하는 재판의 절차 및 그 집행, 그 밖에 필요한 사항은 **대법원규칙**으로 정한다(국징 115조 8항).

11 과태료

관할 세무서장은 세법의 질문・조사권 규정에 따른 세무공무원의 질문에 대하여 거짓으로 진술하거나 그 직무집행을 거부 또는 기피한 자에게 5천만원 이하의 과태료를 법정 기준(국기령 69조 1항 별표1)에 따라 부과・징수한다(국기 88조 1항). **관할 세무서장** 또는 **세관장**은 세무공무원에게 금품을 공여한 자에게 그 금품 상당액의 2배 이상 5배 이하의 과태료를 법정 기준(국기령 69조 2항 별표2)에 따라 부과・징수하나, 형법 등 다른 법률에 따라 형사처벌을 받은 경우에는 과태료를 부과하지 아니하고, 과태료를 부과한 후 형사처벌을 받은 경우에는 과태료 부과를 취소한다(국기 89조 1항). **국세청장**은 '알게 된 과세정보(국기 81조의13 1항)를 타인에게 제공 또는 누설하거나 그 목적 외의 용도로 사용한 자'에게 2천만원 이하의 과태료를 법정 기준(국기령 69조 3항 별표3)에 따라 부과・징수하나, 형법 등 다른 법률에 따라 형사처벌을 받은 경우에는 과태료를 부과하지 아니하고, 과태료를 부과한 후 형사처벌을 받은 경우에는 과태료 부과를 취소한다(국기 90조 1항).

Ⅲ 원천징수

1 총 설

원천징수는 납세자 이외의 제3자에게 납세자에게 지급할 소득으로부터 해당 조세를 징수하여 국가 또는 지방자치단체에 납부하도록 하는 절차를 의미한다. 위 제3자를 **원천징수의무자**라고 한다. 소득세법(소세 127조－159조), 법인세법(법세 73조－75조, 98조－99조) 및 지방세법(특별징수라고 한다. 지세 103조의13－103조의18)에서 원천징수에 의한 조세의 납부방법을 채택하고 있다. 그 외 조세특례제한법 및 지방세특례제한법에서 위 각 규정들에 대한 특례를 두고 있다.

한편 원천징수를 하는 경우에는 해당 소득에 대한 납세의무가 원천징수에 의하여 종결되는 경우와 그렇지 않고 별도의 세액을 확정하는 절차를 거쳐야 하는 경우가 있을 수 있다. 전자의 경우에는 원천징수를 통하여 해당 납세의무를 종국적으로 이행한 것으로 되나, 그렇지 않은 경우에 있어서 원천징수는 향후 납부할 조세를 선납한 것에 해당한다. 통상 전자를 **완납적 원천징수**로, 후자를 **예납적 원천징수**로 부른다. 완납적 원천징수의 예를 본다. 즉 '분리과세되는 일용근로자의 근로소득', '분리과세되는 이자소득 · 배당소득 · 연금소득 · 기타소득[256)]', '국내사업장과 부동산소득이 없는 비거주자의 소득 중 이자소득 · 배당소득 · 선박 등의 임대소득 · 사업소득 · 인적용역소득 · 근로소득 · 연금소득 · 사용료소득 · 유가증권의 양도소득 및 기타소득', '외국법인의 국내사업장이 국내에 없거나 국내사업장이 있더라도 국내사업장에 귀속되지 않는 경우에 있어서, 이자소득, 배당소득, 선박 등의 임대소득, 사업소득, 인적용역소득, 사용료소득, 유가증권 양도소득 및 기타소득' 및 '비영리법인이 이자소득에 대하여 분리과세 및 원천징수방법을 선택한 경우' 등이 완납적 원천징수의 예에 해당한다. 각 구체적인 내용은 각 개별세법에서 정하고 있다.

그런데 **완납적 또는 예납적 원천징수의 분류는 향후 원천납세의무자가 원천징수납부세액에 대하여 국세기본법 상 경정청구를 하거나 수정신고할 수 있는지 여부와는 별개의 쟁**

256) 다만 이자소득 및 배당소득의 경우에는 그 합계가 종합과세기준금액 이하에 해당하는 경우를 의미한다.

점에 속한다. 전자의 분류는 원천징수의무가 적정하게 이루어진 것을 전제로 하여 해당 소득에 대한 납세의무가 그 원천징수로서 종결되는지 여부와 관련되는 것이나, 후자의 쟁점은 해당 원천징수의무가 적정하게 이루어지지 않은 경우에 있어서 원천납세의무자 역시 이를 시정할 수 있도록 허용하기 위한 것이다. 완납적 원천징수의 경우라도 원천징수가 잘못된 경우 반드시 원천징수의무자를 통하여 해결하고 다시 이를 원천징수의무자와 원천납세의무자 사이에서 해결해야 할 필요가 있는 것은 아니고, 이 경우에 원천납세의무자가 직접 국가에 대하여 경정청구를 한다고 하더라도 이 점이 완납적 원천징수와 양립할 수 없는 것도 아니다. 이는 입법적 선택에 관한 쟁점에 속한다.

또한 **완납적 원천징수를 통하여 납세의무가 종결되는지 여부가 원천징수 이후 과세표준 확정신고를 하여야 하는 경우 등과 같이 원천징수 이후에 다시 세액의 확정절차를 거쳐야 하는지 여부를 결정하는 기준과 반드시 일치하는 것은 아니다.** 과세표준 확정신고를 할 필요가 없는 경우에는 완납적 원천징수로 납세의무가 종결되는 분리과세의 경우뿐만 아니라 그렇지 않은 경우 역시 포함되어 있고, 과세표준 확정신고를 하지 않고 원천징수에 의하여 납세의무가 종결되는 경우에도 연말정산 등 세액의 확정절차를 다시 거치는 경우가 있기 때문이다.

원천징수행위가 공권력의 행사로서의 행정처분에 해당하는가? 즉 **원천징수행위가 항고소송의 대상이 될 수 있는가?** 원천징수하는 소득세 등에 있어서는 납세의무자의 신고나 과세관청의 부과결정이 없이 법령이 정하는 바에 따라 그 세액이 자동적으로 확정되고, 원천징수의무자는 법률 규정에 의하여 이와 같이 자동적으로 확정되는 세액을 수급자로부터 징수하여 과세관청에 납부하여야 할 의무를 부담하고 있으므로, 그 원천징수행위는 법령에서 규정된 징수 및 납부의무를 이행하기 위한 것에 불과한 것이지 공권력의 행사로서의 행정처분을 한 경우에 해당되지 않으며, 이는 원천징수의무자가 비록 과세관청과 같은 행정청이라도 같다.[257)]

원천징수에 관한 규정 자체가 '헌법소원'의 대상이 될 수 있는가? 헌법재판소는 이를 긍정한다. 즉 헌법재판소는 다음 각 사유에 근거하여, 원천징수 관련 규정에 대하여서는 법률에 근거한 구체적인 집행행위가 존재하지 아니하고 설사 집행행위가 존재한다 하더라도 그 집행행위를 대상으로 하는 구제절차가 없거나 구제절차가 있다고 하더라도 권리구제의 기

257) 대법원 1990.3.23. 89누4789.

대가능성이 없고 다만 기본권침해를 당한 자에게 불필요한 우회절차를 강요하는 것밖에 되지 않는 경우에 해당하므로 해당 원천징수 법률조항 자체를 직접 헌법소원의 대상으로 삼을 수 있다고 판시한다.[258] 첫째, 원천징수하는 소득세에 있어서는 과세관청의 부과처분이 없이 법령이 정하는 바에 따라 그 세액이 자동적으로 확정되고, 원천징수의무자인 금융기관은 이와 같이 자동적으로 확정되는 세액을 수급자로부터 징수하여 과세관청에 납부하여야 할 의무를 부담하고 있다. 둘째, 원천징수행위의 특성 상 소득세를 원천징수하는 행위나 세무관청이 원천징수된 소득세를 수납하는 행위를 집행행위로 볼 수 없다. 셋째, 설사 원천징수행위를 구체적인 집행행위로 본다 하더라도 원천징수행위는 법령에 규정된 징수 및 납부의무를 이행하기 위한 것에 불과하여 쟁송의 대상이 될 수 있는 부과처분에 해당하지 않으므로 행정소송을 제기할 수 없다. 넷째, 국가를 상대로 부당이득반환청구의 소를 제기하는 절차가 우선되어야 한다고 하더라도 그러한 부당이득반환청구는 원천징수행위 자체의 위헌성을 다투는 것이 아니어서 공권력의 행사를 직접 대상으로 한 권리구제절차라고 할 수 없으므로 국민에게 그와 같은 우회적인 구제절차를 밟도록 요구할 수 없다. 이러한 헌법재판소의 입장은 원천징수의무자 또는 원천납세의무자가 경정청구 등을 할 수 있도록 하는 규정이 도입되었다고 하더라도 유지될 것으로 본다. 위 경정청구 등이 해당 원천징수 규정의 위헌성을 직접 다투는 구제절차에 해당하지 않기 때문이다.

원천징수제도가 제3자에 대하여 아무런 경제적 보상이 없이 원천징수의무를 부담시키는 것은 정당한 것인가? 헌법재판소는 원천징수 규정은 자산흐름을 투명하게 하여 조세포탈을 방지하고 그러한 조세포탈 등의 범죄행위에 대하여 제재를 가함과 동시에 징수사무의 편의를 확보하려는 것으로, 원천징수의무 부과 이외에 이러한 목적을 달성할 수 있는 다른 방법이 없고 위 조항으로 달성되는 공익이 법인이 입는 피해에 비하여 작다고 할 수 없어 재산권을 침해하지 않는다고 판시한다.[259] 판례 역시 원천징수제도가 국가의 세수확보 및 조세징수의 편익에 기여하는 등 공익적 요청에 부합하는 점에 비추어 볼 때, 이자소득을 지급하는 자에 대하여 이자소득세를 원천징수하여 납부하도록 규정한 것이 헌법상 보장된 과잉금지의 원칙 또는 비례의 원칙을 위반하여 재산권을 침해한다고 볼 수는 없다고 판시한다.[260] 따라서 원천징수의무자로 누구를 정할지 여부는 개별세법이 위 각 원천징수제도

258) 헌재 1999.11.25. 98헌마55.
259) 헌재 2009.2.26. 2006헌바65.
260) 대법원 2008.12.11. 2006두3964.

의 목적에 비추어 입법적 결단을 할 수 있는 것에 속한다. 다만 원천징수제도가 조세입법의 한계를 일탈한 것인지 여부는 각 개별 세법 상 규정 자체에 대하여 각 구체적인 사정에 따라 개별적으로 검토되어야 하고, 또한 설사 조세입법의 한계를 일탈한 것은 아니라고 할지라도 적절한 조세입법재량의 행사에 속하는지 여부 역시 별도로 검토되어야 한다. 이러한 취지에서 개별 세법 상 각 원천징수 규정들이 개별적으로 검토될 필요가 있다.

원천징수의무자가 부담하는 의무의 내용은 무엇인가? 원천징수의무자의 의무는 납세자로부터 조세를 징수하는 작위의무와 징수한 조세를 납부하여야 하는 급부의무가 결합된 특수한 의무이고 이는 본래 납세의무는 아니지만 실질적으로 납세의무와 유사한 성격을 갖는다.[261] 이러한 의미에서 국세기본법은 '세법에 따라 국세를 납부할 의무(국세를 징수하여 납부할 의무는 제외한다)가 있는 자'를 의미하는 '납세의무자'(국기 2조 9호)와 달리 '납세자'를 '납세의무자(연대납세의무자와 납세자를 갈음하여 납부할 의무가 생긴 경우의 제2차 납세의무자 및 보증인을 포함한다)와 세법에 따라 국세를 징수하여 납부할 의무를 지는 자'로 정의하는 것으로 보인다(국기 2조 10호).

원천징수의무자는 해당 소득을 지급받는 자가 해당 소득에 대한 실질적 귀속자인지 여부를 판단하여 그 원천징수의무를 이행하여야 하는가?

판례는 원천징수의무가가 실질귀속자를 판정하고 그에 대하여 법률규정에 적합하게 원천징수하여야 한다고 한다. 즉 영국령 케이만 군도의 유한 파트너십(limited partnership)인 '갑'이 케이만군도 법인 '을'을, '을'은 룩셈부르크 법인 '병'을, '병'은 벨지움국 법인 '정'을 각 100% 출자하여 설립하고, '정'은 다른 투자자들과 합작으로 내국법인 '무'를 설립하여 다른 내국법인 '기'의 사업 부분을 인수한 후, '무'가 '정'에게 배당금을 지급하면서 '정'이 벨지움국 법인이라는 이유로 '대한민국과 벨지움국 간의 소득에 관한 조세의 이중과세회피 및 탈세방지를 위한 협약'이 정한 제한세율을 적용하여 법인세를 원천징수하여 납부하자, 과세관청이 '갑'을 배당소득의 **실질적 귀속자**로 보아 국내 세법 상 배당소득 원천징수세율을 적용하여 원천징수의무자 '무'에게 법인세부과처분을 한 사안에서, 병 및 정 등은 명목상의 회사일 뿐 위 배당소득의 실질적 귀속자는 갑이어서 위 소득에 대하여는 위 조세조약이 적용될 수 없고, 갑은 펀드 운영의 전문성을 보유하고 펀드의 일상업무를 집행하며 무한책임을 지는 무한책임사원(general partner)과 펀드 운영에 적극적으로 관여하지 않는 소극

261) 金子 宏、前掲書、759頁。

적 투자자로서 투자한도 내에서만 책임을 지는 유한책임사원(limited partner)으로 구성되어 있고, 고유한 투자목적을 가지고 자금을 운용하면서 구성원인 사원들과는 별개의 재산을 보유하며 고유의 사업활동을 하는 영리 목적의 단체로서, 구성원의 개인성이 강하게 드러나는 인적 결합체라기보다는 구성원의 개인성과는 별개로 권리·의무의 주체가 될 수 있는 독자적 존재로서의 성격을 가지고 있다는 이유로, 갑은 외국법인에 해당하여 법인세 과세대상이 되므로 갑을 실질귀속자로 보아 해당 소득에 대하여 원천징수하여야 된다고 판시한다.[262] 다른 판례 역시 원천징수의무자가 실질귀속자를 기준으로 원천징수할 의무가 있다는 위 판례의 태도를 원칙적으로 긍정하나, 다만 원천징수의무자인 국내원천배당소득을 지급하는 자는 조세수입의 조기확보와 조세징수의 효율성 도모 등의 공익적 요청에 따라 원천징수의무를 부담하는 반면 질문검사권 등 세법이 과세관청에 부여한 각종 조사권한은 가지고 있지 아니한 점 등을 고려하면, 국내원천배당소득을 지급하는 자가 거래 또는 소득금액의 지급과정에서 성실하게 조사하여 확보한 자료 등을 통해서도 그 소득의 실질적인 귀속자가 따로 있다는 사실을 알 수 없었던 경우까지 실질적인 귀속자를 기준으로 그 소득에 대한 법인세를 원천징수할 의무가 있다고 볼 수는 없다고 판시한다.[263] 즉 이 판례는 원천징수의무자의 실질귀속자에 대한 원천징수의무와 관련한 한계를 설정하였다.

이상의 판례[264]와 같이 국내거래는 물론 국제거래에 있어서도 일반원칙으로서 원천징수의무자에게 이러한 의무를 부담시키는 것은 부당하다. 만약 그와 같이 원천징수의무를 적용한다면 기왕의 원천징수제도의 위헌 여부에 관한 헌법재판소와 대법원의 판단이 적용되지 않을 수도 있다고 판단한다. 다만 원천징수의무에 대한 한계를 설정하는 위 판례[265]의 태도는 긍정할 수 있으나, 그 한계설정을 위한 요건이 타당하고 볼 수는 없다. 즉 판례는 '거래 또는 소득금액의 지급과정에서 성실하게 조사하여 자료 등을 확보하였다는 점' 및 '실질귀속자가 따로 있다는 사정을 알 수 없었다는 점'을 증명하도록 하나 이는 '성실'이라는 기준 자체가 불확실하고 원천징수의무자가 '적극적인 사실'이 아닌 '소극적인 사실(일 수 없었다는 사실)'을 증명하여야 한다는 점에서 타당하지 않다. 오히려 원천징수의무자 역시 거래당사자로서 원천납세의무자들과 조세회피를 위하여 공모하거나 또는 최소한 실질귀속

262) 대법원 2012.10.25. 2010두25466; 대법원 2013.4.11. 2011두3159; 대법원 2017.7.11. 2015두55134, 55141.
263) 대법원 2013.4.11. 2011두3159.
264) 대법원 2012.10.25. 2010두25466.
265) 대법원 2013.4.11. 2011두3159.

자를 판단할 수 있기에 충분한 정보를 가지고 있거나 그 정보를 가질 수 있는 지위에 있었다고 인정되는 등 특별한 사정이 있는 경우에 한하여 실질과세원칙을 적용하여 실질귀속자에 대한 원천징수의무가 발생한다고 보는 것이 타당하다. 과세관청이 '원천징수의무자 역시 거래당사자로서 원천납세의무자들과 조세회피를 위하여 공모하거나 또는 최소한 실질귀속자를 판단할 수 있기에 충분한 정보를 가지고 있거나 그 정보를 가질 수 있는 지위에 있었다는 점'을 입증하여야 한다. 한편 위 판례는 원천징수의무자가 실질귀속자를 알고 있었다는 점을 판단의 근거로 한다는 점을 감안할 필요가 있다. 또한 국세기본법이 2018년 12월 31일 개정되어 결정 또는 판결에서 국내원천소득(소세 119조; 법세 93조)의 실질귀속자가 확인된 경우에는 그 결정 또는 판결이 확정된 날부터 1년 이내에 당초의 부과처분을 취소하고 국내원천소득의 실질귀속자 또는 원천징수의무자(소세 156조; 법세 98조)에게 경정결정이나 그 밖에 필요한 처분을 할 수 있다(국기 26조의2 7항)고 규정한다는 점을 감안한다면 더욱이 위와 같은 해석을 할 필요 역시 있다.

특히 국제거래에 있어서는 원천징수의무자들이 불측의 위험을 부담하지 않도록 원천징수절차 또는 관련 가산세 제도를 정비할 필요가 있다. 원천징수의무자가 원천납세의무자에 대하여 구상권을 행사하는 것이 어렵고 원천징수의무자가 입수할 수 있는 정보의 범위가 제한적이기 때문이다.

이하 국세를 중심으로 살핀다.

2 원천징수의무자와 국가 사이의 법률관계

원천징수의무자는 법률이 부여한 공법 상 의무에 따라 국가에 대하여 징수의무와 납부의무를 부담한다. 즉 원천징수의무자는 각 세법규정에 의하여 원천징수의무를 부담하고 또한 이를 불이행하는 경우에는 국가 또는 지방자치단체가 그 세액을 원천징수의무자에 대하여 징수하며 그 경우 원천징수의무자는 가산세 역시 부담한다. 원천징수의무자는 이러한 징수처분이 있는 경우에는 해당 처분에 대하여 항고소송을 통하여 다투어야 한다. 즉 원천징수의무자의 납입할 세액이 법률에 의하여 확정되는 경우라도 그 납입을 고지한 때에는 납부고지처분이라는 행정처분이 존재하므로 이를 다투려면 행정쟁송을 요한다.[266] 이 경우 원천납세의무자는 과세권자가 직접 그에게 원천세액을 부과한 경우가 아닌 한 과세권자의 원

266) 대법원 1974.10.8. 74다1254.

천징수의무자에 대한 납부고지로 인하여 자기의 원천세납세의무의 존부나 범위에 아무런 영향을 받지 아니하므로 이에 대하여 항고소송을 제기할 수 없다.[267]

원천징수의무자가 원천납세의무자로부터 원천징수대상이 아닌 소득에 대하여 세액을 징수·납부하였거나 징수하여야 할 세액을 초과하여 징수·납부하였다면, 국가는 원천징수의무자로부터 이를 납부받는 순간 아무런 법률 상의 원인 없이 보유하는 부당이득이 된다는 판례가 있다.[268] 원천징수제도의 경우에는 과세관청에 의한 별도의 부과처분이 존재하지 않아서 부과처분의 공정력을 인정할 수 없다는 점을 감안한 것으로 보인다. 그런데 위 판례의 태도는 원천징수대상이 아닌 소득에 대하여 원천징수를 하는 등과 같이 원천징수하여 납부한 세액이 **오납금**에 해당한다면 타당할 것으로 보인다. 즉 오납금의 경우 원천징수의무자는 납부한 때로부터 바로 민사소송을 통한 부당이득반환청구로서의 환급청구권을 행사할 수 있다. 그러나 **과납금**의 경우에는 달리 살필 필요가 있는지 여부가 문제로 될 수 있다. 즉 **원천징수의무자가 원천징수하여야 할 세액을 초과하여 징수·납부한 경우에도 바로 부당이득으로서 환급청구를 할 수 있는가?** 원천징수에 있어서는 과납금의 경우에도 다음과 같은 점을 근거로 바로 부당이득으로서 환급청구할 수 있다고 보는 것이 타당하다. 첫째, 원천징수의무자가 과납금을 납부한 경우에도 이에는 부과처분의 공정력이 개입할 여지가 없으므로 해당 과납금 역시 이를 부당이득으로 보아 민사소송을 통하여 구제되는 것이 가능하다. 둘째, 신고납세방식 등 조세의 경우에는 해당 신고를 통하여 납세의무가 확정되므로 납세자가 해당 세액을 과다하게 초과하여 신고납부를 한 경우에 있어서도 그 확정의 효력을 부인하기 위하여서는 경정청구를 거쳐야 하나, 원천징수의 경우 납세의무는 법률 상 해당 요건이 충족되는 시점에 납세의무가 성립 및 확정되는 것이므로 그 확정 이후의 신고 및 납부행위는 납세의무의 확정과는 무관하다. 따라서 이미 납부한 금액의 반환을 구하는 절차에 있어서 반드시 경정절차 등을 거치도록 할 필요는 없다. 셋째, 세법은 원천징수에 의하여 납부한 세액이 과다한 경우에는 해당 세액을 경정청구 등을 거치지 않고 환급(국기 51조)하도록 규정하고 있다(법세 71조 4항, 소세 85조 4항). 즉 세법은 원천징수의무자가 징수하여 납부한 금액이 과다한 경우에는 바로 환급할 수 있다고 규정한다.

한편 **과납금에 대하여서도 원천징수의무자가 바로 부당이득으로서 반환을 청구할 수 있**

267) 대법원 1994.9.9. 93누22234.
268) 대법원 2002.11.8. 2001두8780.

다는 점은 '과다한 금액의 소득금액변동통지로 인하여 법인이 원천징수의무를 부담하는 경우'에 있어서의 불복방법에도 영향을 미치게 된다. 과세관청이 소득처분에 따른 소득금액변동통지서를 법인에게 송달하고 법인이 그 원천징수세액을 납부하지 않은 경우 과세관청은 납부고지를 하는 바, 해당 소득금액변동통지서에 당연무효사유가 없는 한 이를 납부고지에 대한 불복절차에서 주장할 수 없게 된다. 소득금액변동통지는 조세의 부과처분에 해당하나 원천징수세액에 대한 납부고지는 징수처분에 해당하여, 부과처분에 대한 당연무효사유만이 후속처분인 징수처분에 승계될 수 있기 때문이다. 납세자의 권리를 보호하기 위하여 소득금액변동통지 자체를 처분으로 보아 다툴 수 있도록 한 것이라는 점을 감안하면 이는 타당하지 않다. 또한 원천징수하여 납부한 과납금 역시 원천징수의무자가 부당이득으로서 바로 청구할 수 있는 것이라면 소득금액변동통지에 따른 원천징수세액이 과다한 경우 역시 그 실질에 따라 원천징수의무자인 법인이 바로 반환을 청구할 수 있도록 하는 것이 타당하다. 이러한 취급은 과세관청의 부과처분이 당연무효인 경우에는 세법 상 불복절차와 무관하게 바로 민사 상 부당이득반환청구를 할 수 있다는 점과 동일한 것이다. 그렇다면, 과다한 금액의 소득금액변동통지를 당연무효에 해당하는 것으로 보아 법인이 그 소득금액변동통지 상 하자를 납부고지절차에서도 다툴 수 있도록 하는 것이 타당하다. 법률 상 원천징수세액의 결정방법이 명백하게 정하여져 있으므로, 과세관청이 이에 부합하지 않은 원천징수세액을 통지하는 것을 중대하고도 명백한 하자로 볼 수도 있는 측면 역시 있다.

다만 원천징수 상 과오납세액을 바로 부당이득으로서 민사소송을 통하여 반환청구할 수 있다는 판례는 '원천징수의무자' 및 '원천납세의무자'에 대하여 경정청구 및 후발적 경정청구를 허용하는 규정(국기 45조의2 5항)이 2003년 12월 30일 법 개정으로 도입되기 이전의 것이다. 이러한 규정이 도입된 이후에도 위 판시가 유지될 수 있는지 여부가 문제로 된다. 즉 **'소득세 또는 법인세를 원천징수하여 납부하고 지급명세서를 제출기한까지 제출한 원천징수의무자가 경정청구를 할 수 있다는 점'과 '원천징수의무자가 원천징수대상이 아닌 소득에 대하여 또는 정당한 세액을 초과하여 징수 및 납부를 하였다면 국가가 이를 납부받는 순간 아무런 법률 상의 원인 없이 부당이득한 것이 된다는 점'은 서로 모순되는 것인가?** 국세기본법 상 경정청구 사유에서 그 위법사유를 반드시 취소사유로 제한하여야 할 규범적 근거가 없기 때문에 해당 원천징수세액의 납부가 아무런 법률 상 원인이 없이 부당이득한 것이라는 이유로 민사소송을 제기할 수 있음에도 그 사유를 근거로 경정청구하는 것 역시 가능하다고 판단한다. 그렇다면 원천징수의무자 역시 경정청구를 할 수 있다는 점으로 인하여 원천징수의무자가 부당이득으로서 바로 민사소송을 통하여 국가에 대하여 반환청구할 수 있다는 판례가 변경될 필요는 없다. 즉 **현행법 하에서 원천징수세액이 과다하게 징수되어 납부되고 그에 관한 지급명세서가 제출된 경우라고 할지라도, 원천징수의무자는 해당 세액을 납부한 즉시 부당이득으로서 환급청구를 할 수 있을 뿐만 아니라 경정청구절차를 통하여 환급받을 수도 있다고 보는 것이 타당하다.** 국세기본법 역시 원천징수의무자 또는 원천납세의무자의 환급청구와 경정청구가 병존할 수 있음을 전제로 하여 환급가산금의 기산일을 구분하여 정하고 있다(국기령 43조의3 1항 1호 괄호 부분, 5호).

그런데 현행법 하에서도 원천징수의무자에게 경정청구의 배타성으로 인한 피해를 입힐 이유가 없다는 점을 근거로 하여 원천징수의무자는 경정청구를 할 수 없다는 견해가 있다.[269] 이 견해는 법 문언에 명백히 반하는 것이고 원천징수의무자를 다른 납세자와 달리 별도로 취급할 합리적인 근거를 찾기 어렵기 때문에, 경정청구의 배타성이 어떠한 경우에도 절대적으로 지켜져야 할 원칙이라거나 해당 현행 규정이 효력이 없다는 점을 논증하지 않는 한, 성립하기 어려운 견해라고 생각한다. 판례 역시 원천징수의무자의 경정청구권을 인정한다. 즉 연말정산이 있은 후에 법인세법에 의하여 상여로 처분된 금액에 대하여 소득금액변동통지를 받은 법인이 납부기한 내에 다시 연말정산을 거쳐 그에 따른 소득세를 원천징수하여 납부하고 지급조서를 제출한 경우, 원천징수의무자는 국세기본법 상 경정청구를 할 수 있고 그 경정청구기간의 기산일은 소득금액변동통지에 따른 소득세 납부기한 다음 날이라고 판시한다.[270]

현행법 상으로는 일정한 경우 '원천납세의무자' 역시 수정신고 또는 경정청구를 할 수 있다. 근로소득 등이 있는 특정 원천납세의무자 역시 직접 수정신고를 통하여 추가적으로 세액을 납부할 수 있고(국기 45조 1항 본문 괄호부분), 원천징수의무자뿐만 아니라 원천납세의무자 역시 경정청구를 통하여 세액을 감액하여 줄 것을 직접 청구할 수 있다(국기 45조의2 5항). 또한 판례는 원천징수가 누락된 경우에도 해당 소득이 원천납세의무자의 종합소득에 포함되는 것이라면 과세관청이 직접 원천납세의무자에 대하여 종합소득세를 부과할 수 있다고 한다.[271]

---

269) 이창희, 전게서, 199면 각주 241.
270) 대법원 2011.11.24. 2009두23587.
271) 대법원 2001.12.27. 2000두10649.

근로소득 등이 있는 특정 원천납세의무자가 직접 세액을 추가로 납부하거나 경정청구할 수 있는 경우에도 원천징수의무자와 국가 사이에 원천징수와 관련된 법률관계가 존속하는 것으로 보아야 하는가? 만약 위 각 제도 및 판례에 의하여 원천납세의무자가 모든 경우에 있어서 원천징수납부세액을 증액 또는 감액할 수 있다면 원천징수의무자와 국가 사이에 원천징수와 관련된 법률관계가 존속할 이유가 없다고 볼 수 있다. 그러나 수정신고 또는 경정청구는 '과세표준신고서를 법정신고기한까지 제출한 자(국기 45조 1항)' 또는 '연말정산 또는 원천징수하여 소득세 또는 법인세를 납부하고 지급명세서를 제출기한까지 제출한 원천징수의무자 또는 원천납세의무자(국기 45조의2 5항)'의 경우 등에 한하여 청구할 수 있고 수정신고의 경우에는 근로소득이 있는 특정 원천납세의무자에 한정하고 있으며, 판례에 따르면 해당 소득이 종합소득에 포함되는 경우에 한하여 과세관청이 직접 원천납세의무자에 대하여 부과할 수 있다. 즉 **현행법 및 판례가 원천납세의무자가 모든 경우에 대하여 직접 국가와 원천징수와 관련된 법률관계를 갖도록 허용하는 것은 아니다.** 따라서 위와 같은 규정 및 판례의 태도에도 불구하고, 원천징수의무자와 국가 사이에 원천징수와 관련된 법률관계가 존속한다고 해석하는 것이 타당하다. 이와 같이 해석하는 경우에만 원천징수의무자가 원천징수의무를 적정하게 이행하지 않아서 원천납세의무자가 해당 세액을 수정신고 또는 과세관청의 결정에 의하여 완납한 경우에 있어서 원천징수의무자에게 가산세를 부과할 수 있게 된다.

또한 위와 같이 해석한다고 하더라도 원천징수의무자가 이중으로 납부의무를 부담하게 되는 것은 아니다. 원천납세의무자가 해당 세액을 완납하였다면 원천징수의무자는 더 이상 국가에 대하여 의무를 부담하지 않기 때문이다. 즉 판례에 의하면, 원천납세의무자가 그 소득세액을 이미 납부하여 납세의무가 성립하지 않거나 소멸하였음에도 그 납세의무의 존속을 전제로 원천징수의무자에게 원천소득세를 부과하여 징수하는 것은 원천징수의무가 없는 자에 대하여 세액을 징수하거나 이중으로 징수하는 것으로서 무효이고, 그 원천징수의무 역시 소멸한다.[272] 나아가 원천징수의무자가 보다 많은 세액을 원천징수한 경우에 원천납세의무자가 직접 이에 대하여 경정청구를 할 수 있도록 인정하는 것 역시 그 환급세액에 대한 실질적 귀속자가 원천납세의무자라는 점을 감안한다면 의미가 있는 것이고, 그 경우 원천징수의무자 및 국가와의 사이에서 특별히 문제가 발생하는 것도 아니다. 이 점은 항을

272) 대법원 1989.3.14. 85누451; 대법원 1991.12.10. 91누4997.

바꾸어 후술한다.

3 원천납세의무자와 국가 사이의 법률관계

원칙적으로 원천징수의무자는 원천징수 대상소득에 대하여 원천징수하여 해당 세액을 납부하여야 할 공법 상 의무를 부담하고 원천납세의무자는 원천징수의무자의 원천징수에 의하여 납세의무가 소멸하므로, 과세관청이 원천징수 대상소득에 대하여 원천납세의무자에게 부과처분을 할 수는 없다.[273] 따라서 원천징수 대상소득이 완납적 원천징수의 대상인 경우에는 원천징수의무자는 실제 해당 원천징수를 하였는지 여부와 무관하게 해당 세액을 납부하여야 할 공법 상 의무를 국가에 대하여 부담하고, 원천납세의무자는 원천징수의무자가 해당 세액을 원천징수함으로 인하여 납세의무가 소멸한다. 따라서 **원칙적으로 과세관청은 원천납세의무자에 대하여 직접 해당 세액을 부과할 수는 없고, 원천징수의무자가 해당 세액을 원천징수한 후 납부하지 않았다고 하더라도 원천납세의무자의 납세의무는 소멸한다.**

그러나 판례는 원천징수가 누락된 경우에도 '해당 소득이 원천납세의무자의 종합소득에 포함되는 것이라면' 과세관청이 직접 원천납세의무자에 대하여 종합소득세를 부과할 수 있다고 판시한다. 즉 소득세를 원천징수할 갑종근로소득세에 대한 원천징수가 누락되었다면 그 소득자에 대하여 종합소득세로 이를 부과할 수 있는 바, 이는 근로소득만이 있는 거주자는 당해 소득에 대한 과세표준확정신고를 하지 아니하여도 된다고 규정하고 있다고 하여도, 근로소득은 종합소득에 합산되고, 또한 근로소득만이 있는 것으로 확인된 거주자에 대하여는 통보 또는 보고된 지급조서에 의하여 과세표준과 세액을 서면조사 결정하여야 한다는 점 및 이미 지급된 소득에 대하여 그 지급시 원천징수가 누락되었다고 하여 당해 연도 말에 성립하는 소득세 납세의무의 범위에서 제외되는 것이 부당하다는 것이 원천징수 대상인 소득에 대하여 종합소득세 등의 부과를 긍정하는 기본취지인 점 등에 비추어, 근로소득만이 있어 그에 대한 과세표준확정신고의무가 면제된 거주자라 하여도 원천징수가 누락된 이상 그에게 종합소득세로 이를 부과할 수 있다고 판시한다.[274] 즉 해당 소득이 원천납세의무자의 종합소득세에 포함되는 경우라면 국가와 원천납세의무자 사이에도 직접 조세법률관계가 형성된다.

273) 같은 취지 : 임승순, 전게서, 483면.
274) 대법원 2001.12.27. 2000두10649; 대법원 2006.7.13. 2004두4604.

현행법은 일정한 경우 '원천납세의무자' 역시 수정신고 또는 경정청구를 할 수 있다고 규정한다. 근로소득 등이 있는 특정 원천납세의무자 역시 직접 수정신고를 통하여 추가적으로 세액을 납부할 수 있고(국기 45조 1항 본문 괄호부분), 원천징수의무자뿐만 아니라 원천납세의무자 역시 경정청구를 통하여 세액을 감액하여 줄 것을 직접 청구할 수 있다(국기 45조의2 5항). 또한 **종합소득 과세표준 확정신고기한이 경과한 후에 소득처분에 의하여 소득금액에 변동이 발생하여 원천납세의무자가 종합소득 과세표준 및 세액을 추가신고한 경우**(소세령 134조 1항)에도 위 해당 소득이 원천납세의무자의 종합소득에 대하여 포함된 경우에 해당하므로 **원천납세의무자는 통상의 경정청구권**(국기 45조의2 1항 1호)**을 행사할 수 있다.**[275] 그렇다면 이 경우 원천납세의무자는 자신이 납부한 부분에 대하여서만 경정청구권을 행사할 수 있는지 아니면 추가신고의 대상이 된 과세표준과 세액 전부에 대하여 경정청구권을 행사할 수 있는지 여부가 문제로 된다. 현행법 상 경정청구권의 행사를 허용하면서도 그 행사의 범위를 금액으로 제한할 근거가 없고 신고한 과세표준에 대한 세액을 납부하지 않았다고 하더라도 경정청구권을 행사할 수 있기 때문이다. 판례는 종합소득 과세표준 확정신고기한이 경과한 후에 **소득처분에 의하여 소득금액에 변동이 발생하여 원천납세의무자가 종합소득 과세표준 및 세액을 추가신고한 경우 원천납세의무자는 그가 실제로 납부한 세액의 한도 내에서가 아니라 추가신고의 대상이 된 과세표준과 세액 전부에 대하여 경정청구권을 행사할 수 있다**고 판시한다.[276] 그러나 이 쟁점은 원천납세의무자가 종합소득세의 신고납부에 있어서 원칙적으로 '자신이 납부한 세액'의 범위 내에서만 세액공제를 받을 수 있다는 것과는 구분되는 것이다. 전체 과세표준과 세액에 대하여 다툴 수 있다고 하더라도, 원천납세의무자가 부담하지 않은 금액에 대하여 세액공제를 허용하는 것은 타당하지 않기 때문이다. 이러한 결론은 원천납세의무자의 환급청구권의 범위 역시 원천납세의무자 자신이 납부한 금액으로 제한되어야 한다는 점과도 궤를 같이 한다. 판례 역시 원천납세의무자가 종합소득 과세표준 및 세액을 추가신고(소세령 134조 1항)한 후에 추가신고의 대상이 된 **과세표준과 세액 전부에 대하여 경정청구권을 행사함에 따라 환급청구권이 발생하는 경우에도 원천납세의무자는 자신 명의로 납부된 세액에 관하여만 환급청구권자가 될 수 있을 뿐이고** 원천징수의무자 명의로 납부된 세액에 관하여는 원천징수의무자가 환급청구권

275) 대법원 2016.7.14. 2014두45246.
276) 대법원 2016.7.14. 2014두45246.

자가 된다.[277]

이하 일정한 경우에는 원천징수의무자와 원천납세의무자 모두 신고한 과세표준과 세액 전부에 대하여 경정청구권을 행사할 수 있다는 전제 하에, 원천징수가 이루어지지 않거나 부족하게 이루어진 경우 또는 원천징수가 징수하여야 할 세액을 초과하여 이루어진 경우에 '원천납세의무자'와 '국가' 사이에서 발생하는 법률관계에 대하여 살핀다.

원천징수의무자가 원천징수하여야 할 금액보다 적은 금액을 원천징수한 경우, 원천납세의무자가 과세표준 확정신고를 함에 있어서 세액공제를 받을 수 있는 범위는 어떠한가? 소득세법 및 법인세법의 경우에는 '해당 법에 따른 원천징수세액'을 공제한다고 규정한다(소세 76조 ; 법세 64조). 즉 위 각 법률은 '원천징수납부세액'이 아니라 '원천징수세액'을 공제한다고 규정한다. 또한 판례에 의하면 원천징수의무자가 원천징수한 세액은 가사 원천징수의무자가 관할세무관서에 이를 납부하지 아니하였다 하더라도 그 원천징수한 세액의 범위 내에서는 납세의무자는 면책되므로,[278] 원천납세의무자는 원천징수세액이 원천징수의무자에 의하여 납부되었는지 여부를 불문하고 '원천징수세액'에 대하여 세액공제할 수 있다. 다만 지방세의 경우에는 특별징수의무자가 해당 과세기간에 이미 특별징수하여 납부한 지방소득세를 차감한다고 규정(지세 103조의15 1항)하므로 달리 해석해야 할 것이나, 이 규정의 타당성 여부는 검토되어야 한다. 소득세 및 법인세의 경우와 달리 정할 합리적인 이유는 없다고 본다.

만약 원천징수의무자가 원천징수를 하지 않았다면 원천납세의무자는 과세표준 확정신고를 함에 있어서 '해당 법에 따른 원천징수세액'에 대하여 세액공제를 할 수 없다고 보아야 한다. 원천징수된 세액이 없기 때문이다. 소득세를 원천징수할 원천징수의무자가 갑종근로소득세에 대한 원천징수를 누락하였다면 그 소득자에 대하여 종합소득세로 이를 부과할 수 있다는 판례[279] 역시 이 점을 전제로 한 것이다. **그렇다면 원천징수의무자가 징수하여야 할 원천징수세액보다 적은 금액을 원천징수한 경우에도 위 논리에 따라 그 원천징수된 세액에 한하여 세액공제할 수 있다고 보아야 한다.** 만약 원천징수의무자가 부족하게 징수한 원천징수세액을 보충하여 납부하였다면 원천납세의무자에게 해당 금액에 대한 구상권을 행사할 수 있다. 그러나 이 경우에도 '근로소득 등이 있는 특정 원천납세의무자'는 직접 국가

277) 대법원 2016.7.14. 2014두45246.
278) 대법원 1984.4.10. 83누540.
279) 대법원 2001.12.27. 2000두10649.

에 대하여 수정신고를 할 수 있고 그렇지 않더라도 부족하게 원천징수된 세액만큼 세액공제를 덜 받게 되어 결과적으로 해당 세액을 납부할 수도 있다. 만약 그러한 경우가 발생하였다면, 원천납세의무자는 이미 수정신고를 하였다거나 부족하게 징수한 세액만큼 세액공제를 받지 못하였다는 점을 들어 원천징수의무자의 구상금 청구를 거부할 수 있다고 보아야 한다. 또한 '근로소득 등이 있는 특정 원천납세의무자'가 수정신고하여 납부한 세액은 세액공제의 목적 상 그 원천징수세액에 해당한다고 해석하여야 한다. 한편 원천징수의무자가 부족한 원천징수세액을 보충하여 납부하고도 '원천납세의무자가 이미 수정신고를 하였다거나 세액공제를 해당 금액만큼 받지 못하였다는 이유로' 해당 세액을 원천납세의무자로부터 반환받을 수 없다면 원천징수의무자는 경정청구 또는 부당이득반환청구를 통하여 국가로부터 해당 금액을 반환받을 수 있다고 본다.

원천징수의무자가 징수하여야 할 원천징수세액보다 많은 금액을 원천징수한 경우에도 원천납세의무자는 과세표준 확정신고를 함에 있어서 해당 원천징수세액 전체에 대하여 세액공제를 할 수 있는가? 실제 징수당한 금액이라야 공제받을 수 있다는 논리에 근거하여 실제 원천징수당한 세액이 정당한 세액이 아니라도 공제받을 수 있다는 견해가 있다.[280)] 이 견해는 다음과 같은 이유로 타당하지 않다.

첫째, 이 견해에 따르면 원천납세의무자는 해당 세액 모두를 공제받을 수 있는 반면에 원천징수의무자는 또한 해당 세액 중 정당한 세액을 초과하는 부분에 대하여 경정청구를 할 수 있다. 따라서 원천징수의무자가 경정청구를 하는 경우에는 원천납세의무자가 해당 금액에 대하여 세액공제를 하지 않았다는 점을 입증하도록 하여야 한다. 그렇지 않으면 국가는 징수하지 않은 세액을 환급하여 주는 불이익을 입게 된다. 그러나 원천징수의무자가 이 점을 입증하는 것은 타인의 세액공제의 범위에 대하여 입증하는 것에 해당하여, 이를 요구하는 것이 무리이고 이를 인정할 법적 근거 역시 없다.

둘째, 원천징수의무자가 세액을 초과하여 원천징수하고 그 중 정당한 세액만을 납부하였다고 하더라도, 원천납세의무자는 해당 세액 전체에 대하여 세액공제를 받을 수 있게 되는 모순이 발생할 수도 있다.

셋째, 현행법에 의하며 원천납세의무자 역시 직접 경정청구를 통하여 세액을 감액하여 줄 것을 직접 청구할 수 있는 바(국기 45조의2 5항), 이 규정은 원천납세의무자가 정당한 세액

280) 이창희, 전게서, 197면.

의 범위 내에서만 공제를 받을 수 있다는 점을 전제한 것으로 보아야 한다. 만약 정당한 세액을 초과하는 원천징수세액 모두에 대하여 세액공제를 받을 수 있다면 원천납세의무자에게 경정청구를 인정할 필요가 없기 때문이다. 또한 현행법은 원천징수한 세액이 각 과세연도 또는 사업연도의 소득에 대한 세액(가산세를 포함한다)을 초과하는 경우 그 초과하는 금액은 국세기본법 제51조에 따라 환급하거나 다른 국세 및 강제징수비에 충당하여야 하는 바(소세 85조 4항 ; 법세 71조 4항), 만약 정당한 세액이 아니더라도 세액공제를 받을 수 있는 금액에 대하여 다시 국세의 환급 또는 충당을 받을 수 있다고 규정할 이유 역시 없을 것이다.

넷째, 세액공제를 인정하는 각 규정들은 '법에 따라 원천징수한 세액'에 대하여 세액공제를 인정하는 바, 정당하지 않은 원천징수세액을 '법에 따라 원천징수한 세액'이라고 보는 것에는 무리가 있다.

이상과 같은 이유로 **원천징수의무자가 징수하여야 할 원천징수세액보다 많은 금액을 원천징수한 경우에도 원천납세의무자는 과세표준 확정신고를 함에 있어서 정당한 원천징수세액에 대하여서만 세액공제를 받을 수 있다고 해석한다.** 최근 판례 역시 정당한 세액의 범위에서 공제할 수 있다고 한다. 즉 판례는 원천징수하는 소득세 등(국기 21조 2항 1호)과 관련하여, 그 소득세 등에 대한 징수의무자의 납부의무는 원칙적으로 소득금액을 지급하는 때에 성립하고 이에 대응하는 수급자의 수인의무의 성립시기도 이와 같으므로 지급자가 소득금액의 지급시기 전에 미리 원천세액을 징수·공제할 수는 없으나, '소득의 지급이 의제되는 등으로 원천징수의무자의 납부의무가 성립한 후 해당 소득금액을 지급하기 이전에' 원천징수해야 할 소득세 등을 지급자가 실제 납부하였다면, 그와 같이 실제로 납부한 '정당한 세액'은 지급할 소득금액에서 미리 공제할 수 있다고 판시한다.[281] 다만 이러한 입장은 환급청구권의 발생범위와는 구분되는 것이다. 즉 원천납세의무자는 자신 명의로 납부된 세액에 관하여서는 정당한 세액을 초과하였다고 하더라도 그 금액에 대하여 환급청구권자가 될 수 있다. 현행법이 정당한 세액을 초과하는 금액을 국세기본법에 따라 환급(국기 51조)하거나 다른 국세 및 강제징수비에 충당(소세 85조 4항 ; 법세 71조 4항)한다고 규정하기 때문이다.[282] 또한 정당한 세액의 범위에서 세액공제를 할 수 있다고 하더라도 정당한 세액을 초과하여 납부한 세액은 종국적으로는 원천징수의무자와의 관계를 통하여 다시 원천납세자

281) 대법원 2014.10.27. 2013다36347.

282) 국세기본법이 2018년 12월 31일 개정되어 가산금에 납부지연가산세에 통합되었으나 위 소득세법 및 법인세법에는 이러한 점이 반영되지 않은 상태이다.

의무자에게 귀속된다는 점 및 환급청구권은 관계 당사자들 사이의 법률관계가 확정되어 있다는 전제하에 발생하는 것으로서 그 환급의 결정 자체가 처분이 아니라는 점 역시 고려하여야 한다.

4 원천징수의무자와 원천납세의무자 사이의 법률관계

원칙적으로 원천징수의무자는 원천징수 대상소득에 대하여 원천징수하여 해당 세액을 납부하여야 할 공법 상 의무를 부담하고, 원천납세의무자는 원천징수의무자의 원천징수에 의하여 납세의무가 소멸한다.

그렇다면 **원천징수 세제에 있어서 원천징수의무자가 원천납세의무자로부터 원천징수대상이 아닌 소득에 대하여 세액을 징수·납부하였거나 징수하여야 할 세액을 초과하여 징수·납부한 경우 또는 그 세액에 부족하게 징수·납부한 경우 각 원천징수의무자와 원천납세의무자의 법률관계는 어떠한가?**

먼저 원천징수의무자가 원천납세의무자로부터 '원천징수대상이 아닌 소득에 대하여 세액을 징수·납부하였거나 징수하여야 할 세액을 초과하여 징수·납부한 경우'에 대하여 살핀다. **판례는 원천납세의무자가 원천징수의무자에 대하여 부당이득반환청구권을 갖는다고 한다.** 즉 판례는 원천징수 세제에 있어서 원천징수의무자가 원천납세의무자로부터 원천징수대상이 아닌 소득에 대하여 세액을 징수·납부하였거나 징수하여야 할 세액을 초과하여 징수·납부하였다면, 이로 인한 환급청구권은 원천납세의무자가 아닌 원천징수의무자에게 귀속되는 것인 바, 이는 원천징수의무자가 원천납세의무자에 대한 관계에서는 법률 상 원인 없이 이익을 얻은 것이라 할 것이므로 원천납세의무자는 원천징수의무자에 대하여 환급청구권 상당액을 부당이득으로 구상할 수 있다고 판시한다.[283] 위 판례는 원천징수대상이 아닌 소득에 대하여 원천징수를 하는 등과 같이 원천징수하여 납부한 세액이 **오납금**에 해당할 경우뿐만 아니라 **과납금**에 해당하는 경우에 대하여서도 원천징수의무자에게 부당이득반환청구권이 귀속된다고 판시한다. 이러한 입장은 타당한 것으로 판단한다.[284] **즉 원천징수의무자가 원천납세의무자로부터 '원천징수대상이 아닌 소득에 대하여 세액을 징수·납부하였거나 징수하여야 할 세액을 초과하여 징수·납부한 세액'을 반환받을 권리는 원천징수의**

283) 대법원 2003.3.14. 2002다68294.

284) 종전 과납금의 경우에 원천징수의무자에게 바로 부당이득반환청구권이 귀속된다는 점에 대하여 다른 견해를 가졌으나 이를 변경하였다.

무자에게 귀속된다. 따라서 원천납세의무자는 원천징수의무자에게 해당 세액을 부당이득으로서 반환할 것을 청구할 수 있다. 한편 원천징수의무자는 원천징수세액을 과다하게 징수하여 납부한 경우에는 납부한 즉시 부당이득으로서 환급청구를 할 수 있을 뿐만 아니라 원천징수에 관한 지급명세서가 제출되었다면, 경정청구를 통하여 해당 세액을 환급받을 수도 있다.

그런데 **원천납세의무자 역시 일정한 경우**(국기 45조의2 5항)**에는 국가에 대하여 경정청구를 할 수 있는 바, 그 경우 원천징수의무자의 청구권과 원천납세의무자의 청구권은 어떠한 관계인가?** 원천징수의무자는 경정청구 또는 부당이득반환청구를 통하여 국가로부터 해당 세액을 반환받을 수 있다. 원천납세의무자는 일정한 경우에는 경정청구를 통하여 국가를 통하여 해당 세액을 반환받거나, 원천징수의무자에게 부당이득반환청구권을 행사하여 해당 세액을 반환받을 수 있다. 따라서 국가에 대한 원천징수의무자와 원천납세의무자의 청구권이 경합할 수 있는 바, 이 경우 국가는 그 중 1인에 대하여 반환하는 것을 통하여 해당 의무에서 벗어날 수 있다고 본다. 다만 원천납세의무자에게 반환하는 것이 보다 간명하게 분쟁을 해결하는 것이라는 점을 감안할 필요가 있다.

반대로 원천징수의무자가 원천납세의무자로부터 원천징수대상소득에 대하여 세액을 부족하게 징수하여 납부한 경우에 대하여 본다. **원천징수에 관한 각 개별세법에 의하면, 원천징수의무자는 부족한 세액에 대하여 추가 납부하여야 할 의무를 부담하고 이에 대하여 가산세 역시 부과된다.** 그러나 **만약 원천징수의무자가 원천납세의무자로부터 원천징수세액을 원천징수하지 않거나 부족하게 징수하였더라도 국가에는 정당한 원천징수세액을 납부하였다면, 원천징수의무자는 원천납세의무자에 대하여 구상권을 행사할 수 있다.**[285] 또한 이러한 법리는 법인세법 상 법인에 대한 익금산입액의 귀속이 불분명하다는 사유에 기하여 법인세법 상 대표자에게 인정상여 처분을 하는 경우에도 그대로 적용된다. 이와 달리 대표자 인정상여에 있어서 법인이 원천징수의무를 이행하였음에도 그 익금산입액의 귀속이 불분명하다는 사유만으로 법인의 대표자에 대한 구상권행사를 부정한다면, 이는 사실상 원천납세의무는 없고 원천징수의무만 있게 되어 원천징수제도의 기본 법리에 어긋나는 부당한 결과에 이르게 되기 때문이다. 이 경우 원천징수의무자가 구상권을 행사할 때에는 국가에 원천징수세액을 납부한 사실뿐만 아니라 원천납세의무자의 납세의무가 존재한 사실까지

285) 대법원 2008.9.18. 2006다49789 전원합의체 판결.

증명하여야 하는 것이 원칙이다.[286] 따라서 과세관청의 대표자 상여 소득처분 및 소득금액 변동통지에 따라 원천징수세액을 납부한 법인이 구상권을 행사하고자 하는 경우에도 마찬가지로 원천징수의무자인 법인은 원천징수세액을 납부한 사실뿐만 아니라 원천납세의무자인 대표자의 납세의무가 존재한 사실을 증명할 책임이 있다.[287] 그러나 대표자는 익금산입액의 귀속이 불분명하다는 사유로 상여처분된 소득금액에 대하여는 특별한 사정이 없는 한 그 금액이 현실적으로 자신에게 귀속되었는지 여부에 관계없이 원천징수의무자인 법인이 납부한 갑종근로소득세액 상당을 당해 법인에게 지급할 의무가 있고, 이 경우 법인의 구상금청구를 거절하기 위해서는 법인의 업무를 집행하여 옴으로써 그 내부사정을 누구보다도 잘 알 수 있는 대표자가 인정상여로 처분된 소득금액이 자신에게 귀속되지 않았을 뿐만 아니라 귀속자가 따로 있음을 밝히는 방법으로 그 귀속이 분명하다는 점을 증명하여야 한다.[288] 다만 원천징수에 따른 납세자는 원천납세의무자가 아니라 원천징수의무자이기 때문에 원천징수나 세금 납부를 태만히 하여 생기는 가산세는 납세자인 원천징수의무자가 부담하여야 하고 원천납세의무자인 소득자가 부담하여야 할 것은 아니다.[289] 따라서 이에 대하여 구상권을 행사할 수는 없다. 한편 위 쟁점과 직접 연관되지는 않지만, **대표자 상여 소득처분에 관련하여 해당 소득이 사외 유출되었는지 여부를 판정함에 있어서 주의하여야 할 점이 있다.** 그 유출 여부는 특정 항목의 비용이 과다계상되었다는 점만을 근거로 판정할 것이 아니라 경제적으로 유출될 여지가 있는지 여부 역시 함께 고려되어야 한다. 예를 들면 매출원가가 과다계상되었다는 점만으로 그 계상액이 유출되었다고 볼 수는 없고 재고자산 중 가공자산이 있는지 여부 등을 함께 고려하여야 한다. 만약 가공의 재고자산이 없다면 매출원가의 계상이 과다한지 여부는 손익의 귀속시기에 따른 차이에 불과할 것이기 때문이다. 한편 **배당소득의 귀속 판정에 대하여서도 다음과 같은 점에 유의하여야 한다.** 법인의 출자자가 사외유출된 법인의 소득을 확정적으로 자신에게 귀속시켰다면 특별한 사정이 없는 한 이러한 소득은 주주총회 결의 여부, 배당가능이익의 존부, 출자비율에 따라 지급된 것인지 등과 관계없이 출자자에 대한 배당소득에 해당하는 것으로 추인할 수 있다.[290]

원천납세의무자 역시 일정한 경우에는 국가에 대하여 수정신고를 통하여 부족한 세액을

286) 대법원 2016.6.9. 2014다82491.
287) 대법원 2016.6.9. 2014다82491.
288) 대법원 2008.9.18. 2006다49789 전원합의체 판결.
289) 대법원 1979.6.12. 79다437.
290) 대법원 2004.7.9. 2003두1059, 1066; 대법원 2018.12.13. 2018두128.

추가납부할 수 있는 바, 원천징수의무자 및 원천납세의무자 모두가 부족한 세액을 추가납부하여 결과적으로 과다하게 납부된 세액은 어떻게 반환받을 수 있는가? 이 쟁점은 원천징수의무자와 원천납세의무자 모두 정당한 세액을 납부하여 결과적으로 원천징수세액이 초과납부된 경우에 관한 것이다. 이하 살핀다. 원천납세의무자가 '경정청구할 수 있는 일정한 경우'에는 그가 '수정신고할 수 있는 일정한 경우' 역시 포함된다. 즉 원천납세의무자가 수정신고할 수 있는 요건을 갖춘다면 원천납세의무자는 경정청구할 수 있는 요건 역시 갖추게 된다. 그러나 원천징수의무자가 이미 부족한 세액에 대하여 납부하였음에도 원천납세의무자가 수정신고를 통하여 해당 세액을 납부하였다는 점이 원천납세의무자의 경정청구사유에 해당하는지 여부는 별도의 쟁점에 속한다. 이 경우 원천납세의무자는 경정청구를 할 수 없다고 본다. 수정신고한 세액 자체는 원천납세의무자가 납부하여야 할 정당한 세액에 해당하고, 정당한 세액인지 여부는 납세의무와 관련된 것이며 그 납세의무는 원천납세의무자가 부담하기 때문이다. 다만 원천징수의무자의 경우는 달리 보아야 한다. 이 경우 원천징수의무자는 절차 상 납부의무자로서 납세의무와 상관없이 결과적으로 원천징수세액을 초과하여 과다하게 납부한 자에 해당하기 때문에 국가에 대하여 해당 세액의 반환을 청구할 수 있다고 본다. 원천납세의무자가 원천징수의무자에 대하여 부당이득으로서 해당 세액의 반환을 청구할 수 있음은 물론이다. 만약 원천납세의무자가 수정신고를 통하여 납부한 세액이 다시 정당한 세액을 초과한 것이라면 이에 대하여 원천납세의무자가 경정청구를 할 수 있을 것이나 이는 위 쟁점과는 다른 것이다.

한편 원천납세의무자가 과세표준 확정신고를 하고 세법에 따라 자신이 납부할 세액에서 실제 원천징수세액을 공제하는 경우에도, 여전히 원천납세의무자가 원천징수의무자에 대하여 부당이득으로서 구상을 청구하거나 원천징수의무자가 원천납세의무자에게 구상권을 행사할 수 있는가? 이 쟁점은 원천납세의무자가 원천징수세액에 대하여 세액공제를 하는 과정에서 실제 원천징수된 세액에 대하여 세액공제를 할 수 있는지 아니면 정당한 원천징수세액에 대하여 세액공제를 할 수 있는지 여부와 연관되어 있다. 원천징수의무자가 원천징수를 하지 않거나 징수하여야 할 원천징수세액보다 적은 금액을 원천징수한 경우에는 원천납세의무자는 '징수당한 세액의 범위에서' 세액공제를 할 수 있고, 원천징수의무자가 징수하여야 할 원천징수세액보다 많은 금액을 원천징수한 경우에는 원천납세의무자가 '정당한 원천징수세액'에 대하여서만 세액공제를 받을 수 있다는 점은 기술하였다. 이하 이를 전제로 하여 살핀다.

만약 원천징수의무자가 부족하게 징수한 세액을 보충하여 추가로 납부하였다면 원천징수의무자는 원천납세의무자에 대하여 구상권을 행사할 수 있다고 보아야 한다. 그런데 이 경우에도 원천징수의무자가 원천징수세액을 부족하게 징수하였다고 하더라도 원천납세의무자가 부족하게 징수된 원천징수세액의 범위에서만 세액공제를 받게 되어 결과적으로 부족하게 징수된 세액을 원천납세의무자가 납부하는 결과가 발생할 수 있다. 만약 원천납세의무자가 이러한 사유를 입증한다면, 원천징수의무자가 자신이 초과하여 납부한 세액에 대하여 구상권을 행사할 수 없다고 보아야 한다. 즉 이 경우에는 원천징수의무자가 국가에 대하여 부당이득반환청구권을 행사할 수 있다고 본다.

원천징수의무자가 징수하여야 할 원천징수세액보다 많은 금액을 원천징수한 경우라도 원천납세의무자는 정당한 원천징수세액의 범위에서만 세액공제를 받는 바, 이 경우 원천납세의무자는 해당 사실을 입증하여 원천징수의무자를 상대로 부당이득반환청구권을 행사할 수 있을 뿐 국가에 대하여 반환청구를 할 수는 없다고 본다. 원천납세의무자는 과세표준확정신고를 통하여 세법에 따라 자신이 정당하게 납부하여야 할 세액을 납부한 것이므로 국가에 대하여 부당이득반환청구를 할 수는 없기 때문이다. 이 경우 원천납세의무자는 원천징수의무자에 대하여 부당이득반환청구를 할 수 있을 뿐이라고 본다. 또한 원천징수의무자가 국가에 대하여 부당이득반환청구를 할 수 있음은 물론이다.

제3절 조세의 징수(강제징수 이외의 절차)

I 조세채권의 이행에 대한 독촉

확정된 조세채무는 납세자에 의한 납부 또는 원천징수절차에 의한 원천징수에 의하여 소멸하게 되나, 그렇지 않은 경우에는 과세관청에 의한 징수절차가 바로 개시된다. 즉 국가 또는 지방자치단체가 납세자에 대하여 확정된 조세채권의 이행을 구하는 것을 **조세의 징수**라고 한다. 신고확정방식의 세목에 있어서는 납세자가 신고에 의한 세액을 납부하지 않는 경우에는 납부고지서에 의한 납부고지(징수고지)를 하고, 신고확정방식의 세목에 있어서 납세자의 신고에 대하여 경정 또는 결정하는 경우와 부과확정방식의 세목에 있어서는 과세관청이 납세자에 대한 납부고지서와 강제징수비고지서(국징 6조) 또는 제2차 납세의무자에 대한 납부고지서(국징 7조)를 통하여 부과고지 및 징수고지를 동시에 한다. 자동확정방식의 경우는 신고확정방식과 마찬가지로 법정납부기한까지 납세자가 납부하지 않는 경우에 징수고지가 이루어진다. 만약 납세자가 납부한 원천징수세액에 대하여 경정 또는 결정하는 경우에는 부과고지 및 징수고지를 동시에 한다. 부과고지와 징수고지를 합하여 납부고지로 부른다.

납세자가 납부고지 상 납부기한까지 조세를 완납하지 않은 경우에 그 이행을 촉구하는 행위를 **독촉**이라고 한다.[291] 관할 세무서장은 납세자가 국세를 지정납부기한까지 완납하지 아니한 경우 지정납부기한이 지난 후 10일 이내에 체납된 국세에 대한 **독촉장**을 발급하여야 하나, 국세를 납부기한 전에 징수(국징 9조)하거나 체납된 국세가 일정한 금액 미만인 경우 등 **법정 사유**가 있는 경우에는 독촉장을 발급하지 아니할 수 있다(국징 10조 1항). 법정 사유는 '국세를 납부기한 전에 징수(국징 9조)하는 경우', '체납된 국세가 1만원 미만인 경우' 및 '물적납세의무(국징 7조 1항 3호)를 부담하는 경우'를 의미한다(국징령 3조). 관할 세무서장이 독촉장을 발급하는 경우 **독촉을 하는 날부터 20일 이내의 범위**에서 기한을 정하여 발급한다(국징 10조 2항). 지방세의 경우에도 독촉에 대하여 별도의 정함이 있다(지징 32조). 위 각 기간은 과세관청에 대한 직무 상 훈시기간으로 판단한다.[292] 독촉장에 기재되어야 할 사항은 납세고지서 또는 납부통지서의 기재사항과 다르지 않다. 이를 법률단계에서 규정하는 것이 타당하다.

관할 세무서장은 독촉(국징 10조)에도 불구하고 납부되지 아니한 체납액을 징수하기 위하여 **한국자산관리공사**(자산공사 6조)에게 '체납액 징수 관련 사실행위'에 해당하는 **법정 징수업무**('체납자의 주소 또는 거소 확인', '체납자의 재산 조사', '체납액의 납부를 촉구하는 안내문 발송과 전화 또는 방문 상담' 및 '위 각 사항에 준하는 단순 사실행위에 해당하는 법정업무')를 **위탁**할 수 있고, 이 경우 한국자산관리공사는 위탁받은 업무를 제3자에게 다시 위탁할 수 없다(국징 11조 1항). 관할 세무서장이 위탁하는 경우 한국자산관리공사에 체납자가 체납한 국세의 과세기간 · 세목 · 세액과 지정납부기한 등을 적은 위탁의뢰서를 보내야 하

291) 金子 宏、前揭書、766-767頁。
292) 같은 취지 : 임승순, 전게서, 208면.

고(국징령 5조 1항), 즉시 그 위탁사실을 체납자에게 통지하여야 한다(국징령 5조 2항). **관할 세무서장이 체납액 징수업무를 위탁하는 경우**는 '체납자별 체납액이 1억원 이상인 경우' 및 '관할 세무서장이 체납자 명의의 소득 또는 재산이 없는 등의 사유로 징수가 어렵다고 판단한 경우'를 의미한다(국징령 4조). **위탁 수수료**는 한국자산관리공사가 징수 업무를 위탁받은 체납액 중 법정 금액('체납자가 체납액의 전부 또는 일부를 납부하였을 경우 해당 금액' 및 '한국자산관리공사가 체납자의 소득 또는 재산을 발견하여 관할 세무서장에게 통보한 금액 중 징수한 금액')(국징령 6조 각 호)에 '100분의 25를 초과하지 아니하는 범위 내의 법정 비율'을 곱한 금액으로 한다(국징령 6조). 관할 세무서장은 '체납자의 납부의무가 소멸(국기 26조)된 경우' 또는 '체납자가 납세담보(국징 18조)를 제공하여 체납액 징수가 가능하게 된 경우'에는 해당 체납액에 대하여 징수업무의 **위탁을 해지**하여야 한다(국징령 7조). 국세청장은 위탁된 징수업무의 관리를 위하여 필요하다고 인정하는 경우 한국자산관리공사에 관할 세무서장이 위탁한 업무에 관한 사항을 보고하게 하거나, 필요한 조치를 하도록 요구할 수 있고, 이 경우 한국자산관리공사는 특별한 사유가 없으면 국세청장의 요구에 따라야 한다(국징령 8조).

2018년 12월 31일 국세기본법의 개정을 통하여 종전의 가산금은 납부지연가산세로 통합되었다. 따라서 국세의 경우 가산금의 징수에 관한 종전 규정들은 삭제되었다. 다만 참고의 목적으로 종전 국세징수법의 내용을 다음과 같이 소개한다. 국세를 납부기한까지 완납하지 아니하였을 때에는 그 납부기한이 지난 날부터 체납된 국세의 100분의 3에 상당하는 가산금을 징수한다(구 국징 21조 1항). 체납된 국세를 납부하지 아니하였을 때에는 납부기한이 지난 날부터 매 1개월이 지날 때마다 체납된 국세의 1천분의 12에 상당하는 가산금을 중가산금으로 징수하나, 체납된 국세의 납세고지서별·세목별 세액이 100만원 미만인 경우는 제외한다(구 국징 21조 2항). 다만 가산금을 가산하여 징수하는 기간은 60개월을 초과하지 못한다(구 국징 21조 3항). 위 규정들은 국가와 지방자치단체(지방자치단체조합을 포함한다)에 대하여는 적용하지 아니하고(구 국징 21조 4항), 상호합의절차가 진행 중이라는 이유로 체납액의 징수를 유예한 경우에는 별도의 가산금에 대한 특례(구 국조 24조 5항)를 적용한다(국징 21조 5항). 지방세의 경우에도 가산금이 납부지연가산세에 통합되었다(지기 55조).

가산세가 있는 경우에는 본세와 합하여 독촉하여야 할 것이나, 우리의 경우 이에 대한 근거규정은 없다. 일본의 경우에는 이에 대한 규정이 있다.[293)]

293) 일본 조세통칙법 제37조 제3항.

조세채권의 소멸시효는 독촉으로 인하여 중단된다(국기 28조 1항 2호). 독촉에 의한 납부기간이 경과되면 그 때로부터 중단된 소멸시효가 새로 진행된다(국기 28조 2항 2호).

독촉 자체에 대하여 항고소송을 제기할 수 있는가? 2018년 12월 31일 국세기본법 개정 이전의 가산금과 관련하여 판례는 가산금에 대한 독촉 자체에 대하여 징수처분으로서 항고소송이 된다고 한다. 즉 가산금은 국세가 납부기한까지 납부되지 않는 경우 미납분에 관한 지연이자의 의미로 부과되는 부대세의 일종으로서 가산금의 확정절차가 없이 국세를 납부기한까지 납부하지 아니하면 가산금이 당연히 발생하고 그 액수도 확정된다고 할 것이나 그에 관한 징수절차를 개시하려면 독촉장에 의하여 그 납부를 독촉함으로써 가능한 것인 바, 그 가산금납부독촉이 부당하거나 그 절차에 하자가 있는 경우에는 그 징수처분에 대하여 취소소송에 의한 불복이 가능할 뿐이라고 판시한다.[294] 일본의 경우에도 독촉은 사법상 강제집행절차에 있어서의 집행권원의 송달에 해당하므로, 독촉 역시 취소소송의 대상이 되는 처분에 해당한다고 해석하는 견해가 있다.[295] 다만 가산금이 2018년 12월 31일 국세기본법 개정으로 인하여 납부지연가산세로 통합되었으므로 이와 같은 해석이 유지되기 어렵게 되었으나, 종전 가산금적 성격의 납부지연가산세에 대하여서는 그 계산의 기초가 되는 조세 납부의 지연에 대응하여 1일별로 성립 및 확정되는 가산세로 파악하여야 한다. 위와 같이 각 1일별로 확정된 납부지연가산세에 대하여서는 별도의 징수고지가 이루어져야 하고 강제징수에 이르기 위하여서는 독촉절차 역시 거쳐야 한다고 판단한다.[296] 그렇다면 위 각 징수고지 및 독촉에 대하여 다툴 수 있다고 보아야 한다.

독촉절차와 강제징수의 관계에 대하여 본다. 조세의 부과처분과 압류 등의 강제징수는 별개의 행정처분으로서 독립성을 가지므로 부과처분에 하자가 있더라도 그 부과처분이 취소되지 아니하는 한 그 부과처분에 의한 강제징수는 위법이라고 할 수는 없지만 강제징수는 부과처분의 집행을 위한 절차에 불과하므로 그 부과처분에 중대하고도 명백한 하자가 있어 무효인 경우에는 그 부과처분의 집행을 위한 강제징수도 무효라 할 것인 바, 과세관청이 독촉절차가 없이 압류처분을 하였다고 하더라도 이러한 사유만으로는 압류처분을 무효로 되게 하는 중대하고도 명백한 하자가 되지 않는다.[297] 압류처분의 단계에서 독촉의 흠

294) 대법원 1990.5.8. 90누1168.
295) 金子 宏、前揭書、767頁；日最判 平成5年10月8日 日月報40卷8号, 2020頁。
296) 같은 장 제2절 Ⅱ 1 납부지연가산세 부분 참조.
297) 대법원 1987.9.22. 87누383.

결과 같은 절차 상의 하자가 있었다고 하더라도 그 이후에 이루어진 공매절차에서 공매통지서가 적법하게 송달된 바가 있다면 매수인이 매각결정에 따른 매수대금을 납부한 이후에는 다른 특별한 사정이 없는 한, 당해 공매처분을 취소할 수 없다.[298)]

Ⅱ 조세채권의 확보를 위한 사전 · 사후적 조치

1 납부기한 전 징수

관할 세무서장은 납세자에게 법정 사유(국징 9조 1항 각 호)가 있는 경우 납부기한 전이라도 이미 납세의무가 확정된 국세를 징수할 수 있다(국징 9조 1항). 법정 사유는 '국세, 지방세 또는 공과금의 체납으로 강제징수 또는 체납처분이 시작된 경우', '민사집행법에 따른 강제집행 및 담보권 실행 등을 위한 경매가 시작되거나 채무자 회생 및 파산에 관한 법률에 따른 파산선고를 받은 경우', '어음법 및 수표법에 따른 어음교환소에서 거래정지처분을 받은 경우', '법인이 해산한 경우', '국세를 포탈하려는 행위가 있다고 인정되는 경우' 및 '납세관리인을 정하지 아니하고 국내에 주소 또는 거소를 두지 아니하게 된 경우'를 의미한다. 관할 세무서장이 납부기한 전에 국세를 징수하려는 경우 당초의 납부기한보다 단축된 기한을 정하여 납세자에게 납부고지를 하여야 한다(국징 9조 2항). 관할 세무서장은 이 경우 납부고지서에 당초의 납부기한, 납부기한 전 징수 사유 및 납부기한 전에 징수한다는 뜻을 부기하여야 한다(국징령 2조 2항). 지방세의 경우에도 이에 관한 정함이 있다(지징 22조).

납부기한 전 징수사유가 있는 경우에는 독촉장을 발급하지 않고 체납절차를 집행할 수 있다(국징 10조 1항 단서). 지방세의 경우에도 같다(지징 32조 1항 단서).

납부기한 전 징수는 확정된 조세를 대상으로 하는 반면에 **확정 전 보전압류**는 미확정된 조세를 대상으로 한다. 또한 납세자(국기 2조 10호)를 대상으로 하므로 본래의 납세의무자로 한정할 이유가 없다. 다만 양도담보권자의 물적 납부의무에 있어서 양도담보권자는 제2차 납세의무자와 구분되는 것이므로 양도담보권자는 위 납세자의 범위에 포함되지 않는다. 또한 신고일에 납세의무가 확정된다는 점을 감안한다면 납부기한 전의 의미를 정함에 있어서 신고납부기한은 '신고납부기한 이전에 신고하여 납세의무가 확정된 경우'에 적용되는 것으로 보아야 한다. 한편 납부기한 전 징수되는 해당 조세의 납부기한은 새로운 납부고지(국징

298) 대법원 2006.5.12. 2004두14717.

9조 2항) 상 납부기한을 의미한다. 납부기한 전 징수의 경우에도 납세고지를 생략할 수는 없기 때문이다.

조세채권은 확정되는 경우에 자력집행력이 발생하며 조세채권의 우선권 역시 납세의무의 확정을 기반으로 정하여진 법정기일에 따라 부여되는 것인 바, 납부기한 전 징수는 이미 확정된 조세채권을 대상으로 하는 것이므로 조세채권의 우선권과는 관계가 없다.

2 확정 전 보전압류

세무서장은 납세자에게 납부기한 전 징수사유(국징 9조 1항 각 호)가 있어 '국세가 확정된 후에는 그 국세를 징수할 수 없다고 인정할 때'에는 '국세로 확정되리라고 추정되는 금액의 한도'에서 납세자의 재산을 압류할 수 있다(국징 31조 2항). 이를 **'확정 전 보전압류'**라고 한다.

확정 전 보전압류는 **납세의무가 성립된 조세**를 대상으로 하는 것이다. 이에 대한 논거는 다음과 같다. 첫째, 납세의무가 성립되지 않은 조세에 대하여 보전압류를 할 수 있다는 것은 민사법 상 피보전권리 없이 가압류를 하는 것과 같다. 둘째, 납세의무는 미리 존재하는 법률에 의하여서만 성립될 수 있다는 것이 조세법률주의의 정신이다. 셋째, 기간과세의 경우에 납세의무의 성립 이전에 과세권을 확보하기 위한 필요성이 크나, 이 경우 개별세법에는 수시부과결정제도를 두고 있고 이를 통하여 바로 조세채권을 성립 및 확정할 수 있으므로 확정 전 보전압류제도를 활용할 여지가 없다(법세 69조 ; 소세 82조).

확정 전 보전압류는 납세자(국기 2조 10호)를 대상으로 하므로 본래의 납세의무자로 한정할 이유가 없다. **주된 납세의무가 확정되거나 그에 대하여 강제징수절차를 개시하는 경우에만 제2차 납세의무자 등에 대하여 확정 전 보전압류를 할 수 있는가?** 주된 납세의무의 확정절차나 그에 대한 강제징수절차를 거치지 아니하고 더 나아가 제2차 납세의무자 지정통지를 하지 아니한 상태라 하더라도 제2차 납세의무자에 대하여 압류처분을 할 수 있다.[299] 제2차 납세의무는 본래 납세의무자의 조세체납이 있고 그에게 강제징수를 하여도 징수할 금액에 부족하다는 사실만으로 성립하고 납부고지를 통하여 확정된다. 양도담보권자의 물적 납부의무에 있어서 양도담보권자는 위 납세자의 범위에 포함되지 않는다.

확정 전 보전압류에 의하여 압류할 수 있는 채권의 범위는 '보전압류할 당시를 기준으로' 추정되는 세액의 한도로 제한되고, 그 한도를 초과하여 압류하는 것은 위법하지만, '국

299) 대법원 1989.2.28. 87다카684.

세로 확정되리라고 추정되는 금액'이란 세무서장이 납세자에게 보전압류를 한 사실을 통지하는 문서에 기재된 세액만을 기준으로 하여 판단할 것은 아니고, 그 통지서에 기재된 세액 및 3개월 이내에 확정한 조세채권액(국징 31조 4항 2호) 등과를 비교하여 합리적으로 판단하여야 한다.[300] **국가는 세무공무원의 부당한 보전압류로 인하여 납세자에게 발생한 손해를 배상하여야 하는가?** 국세가 확정되기 전에 보전압류를 한 후 보전압류에 의하여 징수하려는 국세의 전부 또는 일부가 확정되지 못하였다면 그 보전압류로 인하여 납세자가 입은 손해에 대하여 특별한 반증이 없는 한 과세관청의 담당공무원에게 고의 또는 과실이 있다고 사실상 추정되므로, 국가는 부당한 보전압류로 인한 손해에 대하여 이를 배상할 책임이 있다. 또한 이러한 법리는 보전압류 후 과세처분에 의해 일반 국세가 확정되었으나 그 과세처분이 취소되어 결국 국세의 전부 또는 일부가 확정되지 못한 경우에도 마찬가지로 적용된다.[301]

확정 전 보전압류의 경우 재산을 압류하려면 미리 지방국세청장의 승인을 받아야 하고, 압류 후에는 납세자에게 문서로 그 압류 사실을 통지하여야 한다(국징 31조 3항).

압류한 재산이 금전, 납부기한 내 추심할 수 있는 예금 또는 유가증권인 경우 세무서장은 납세자의 신청이 있을 때에는 압류한 재산의 한도에서 확정된 국세를 징수한 것으로 볼 수 있다(국징 31조 5항). 지방세의 경우도 같다(지징 33조 6항). 납세자가 가산세의 불이익을 입는 것을 방지하기 위한 것이다.

확정 전 보전압류의 해제에 대하여 본다. '납세담보를 제공하고 압류해제를 요구한 경우' 또는 '압류를 한 날부터 3개월(국세 확정을 위하여 실시한 세무조사가 중지(국기 81조의8 4항)된 경우에 그 중지 기간은 빼고 계산)이 지날 때까지 압류에 의하여 징수하려는 국세를 확정하지 아니한 경우'에 해당할 때에는 세무서장은 재산의 압류를 즉시 해제하여야 한다(국징 31조 4항). 후자의 사유를 판단함에 있어서 조세채권의 확정일을 기준을 하여야 함은 당연하다. 한편 조세채권의 소멸시효는 압류로 인하여 중단되나(국기 28조 1항 4호), 압류해제까지의 기간이 경과되면 그 때로부터 중단된 소멸시효가 새로 진행한다(국기 28조 2항 4호). 압류처분 후 고지된 세액이 납부된 경우 그 압류는 해제되어야 하나, 납부사실이 있다 하여 곧 그 압류처분이 당연무효로 되는 것은 아니다.[302] 납세자는 압류해제의 요건이 충

300) 대법원 1995.6.13. 95누2562.
301) 대법원 2015.10.29. 2013다209534.
302) 대법원 1982.7.13. 81누360.

족되었음을 이유로 세무서장에게 압류해제의 신청을 할 수 있다 할 것이고 그 압류해제신청을 거부한 행정처분이 있는 경우 그 행정처분의 취소를 구할 법률 상의 이익이 있다.[303)]

3 납세의 담보

조세법 상 납세자에 대하여 조세채무의 이행을 유예하거나 납부기한을 연장하는 등 일정한 혜택을 부여함에 있어서 그 조건으로서 담보를 제공할 것을 요구하거나 조세의 징수를 확보하기 위하여 담보의 제공을 요구하는 경우가 있는 바, 이를 **'납세의 담보'**라고 한다. 납세의 담보는 법이 특별히 정하는 경우에만 허용되는 것으로 해석하여야 한다.[304)]

납세담보의 종류에 대하여 본다. 납세담보는 금전, **법정 유가증권**(국징령 18조 1항), 납세보증보험증권[법정 기간(납세담보를 필요로 하는 기간에 30일을 더한 기간. 다만 납부해야 할 기한이 확정되지 않은 국세의 경우에는 국세청장이 정하는 기간)(국징령 18조 2항) 이상인 것으로 한정], 은행 등(은행 2조 1항 2호)의 **법정 납세보증서**(국징령 18조 3항), 토지 및 '보험[법정 기간(납세담보를 필요로 하는 기간에 30일을 더한 기간)(국징령 18조 4항) 이상인 것으로 한정]에 든 등기・등록된 건물, 공장재단, 광업재단, 선박, 항공기 또는 건설기계'의 어느 하나에 해당하는 것이어야 한다(국징 18조 1항). **법정 유가증권**은 '국채증권, 지방채증권 및 특수채증권'(자본시장법 4조 3항), '증권시장(자본시장법 8조의2 4항 1호)에 주권을 상장한 법인이 발행한 사채권 중 보증사채 및 전환사채', '증권시장(자본시장법 8조의2 4항 1호)에 상장된 유가증권으로서 매매사실이 있는 것', '수익증권(자본시장법 4조 5항)으로서 무기명 수익증권 및 환매청구가 가능한 수익증권' 및 '양도성 예금증서'를 말한다(국징령 18조 1항). **법정 납세보증서는** 은행(은행법 2조 1항 2호), 신용보증기금 또는 보증채무를 이행할 수 있는 자금능력이 충분하다고 관할 세무서장이 인정하는 자의 납세보증서를 말한다(국징령 18조 3항). 납세담보를 제공하는 경우에는 담보할 국세의 100분의 120(금전, 납세보증보험증권 또는 은행(은행 2조 1항 2호)의 납세보증서로 제공하는 경우에는 100분의 110) 이상의 가액에 상당하는 담보를 제공하여야 한다(국징 18조 2항 본문). 다만, 국세가 확정되지 아니한 경우에는 국세청장이 정하는 가액에 상당하는 담보를 제공하여야 한다(국징 18조 2항 단서).

납세담보의 가액에 대하여 본다. 유가증권은 **시가를 고려한 법정 가액**(국징령 18조 3항)을, 납세보증보험증권은 보험금액을, 납세보증서는 보증금액을, '토지・건물・공장재단・광업

303) 대법원 1989.12.12. 89누4024.
304) 金子 宏、前掲書、772頁。

재단 · 선박 · 항공기 · 건설기계'는 '토지 또는 건물'과 '그 외 광업재단 등'을 구분하여 정한 **법정 가액**(국징령 18조 4항)을 각 그 가액으로 한다(국징 19조). **시가를 고려한 법정 가액**은 담보로 제공하는 날의 전날을 평가기준일로 하여 상속세 및 증여세법 시행(상증세령 58조 1항)을 준용하여 계산한 가액을 말한다(국징령 18조 3항). **법정 가액**은 토지 또는 건물의 경우에는 상속세 및 증여세법(상증세 60조, 61조)에 따라 평가한 가액을, 공장재단, 광업재단, 선박, 항공기 또는 건설기계의 경우에는 감정평가 및 감정평가사에 관한 법률에 따른 감정평가법인 등의 평가액 또는 지방세법에 따른 시가표준액을 말한다(국징령 18조 4항).

납세담보의 제공방법에 대하여 본다. 금전이나 유가증권을 납세담보로 제공하려는 자는 이를 공탁하고 그 공탁수령증을 세무서장(세법에 따라 국세에 관한 사무를 세관장이 관장하는 경우에는 세관장)에게 제출하여야 하나, 등록된 유가증권의 경우에는 담보 제공의 뜻을 등록하고 그 등록확인증을 제출하여야 한다(국징 20조 1항). 납세보증보험증권이나 납세보증서를 납세담보로 제공하려는 자는 그 보험증권이나 보증서를 세무서장에게 제출하여야 한다(국징 20조 2항). 토지, 건물, 공장재단, 광업재단, 선박, 항공기 또는 건설기계를 납세담보로 제공하려는 자는 그 등기필증, 등기완료통지서 또는 등록필증을 세무서장에게 제시하여야 하며, 세무서장은 이에 의하여 저당권 설정을 위한 등기 또는 등록 절차를 밟아야 한다(국징 20조 3항 전단). 저당권 설정을 위한 등기 또는 등록 절차를 밟으려는 경우에는 관할 세무서장은 다음 각 호의 사항을 적은 문서를 관할 등기소장 등(관할 등기소장, 관계 행정기관의 장 및 지방자치단체의 장)에게 제출하는 방법으로 등기 또는 등록을 촉탁해야 한다(국징령 20조).

1. 저당권 설정 대상 재산의 표시
2. 등기 또는 등록의 원인과 그 연월일
3. 등기 또는 등록의 목적
4. 저당권의 범위
5. 등기 또는 등록 권리자
6. 등기 또는 등록 의무자의 주소와 성명

화재보험에 든 건물, 공장재단, 광업재단, 선박, 항공기 또는 건설기계를 납세담보로 제공하려는 자는 그 화재보험증권도 관할 세무서장에게 제출하여야 한다(국징 20조 3항 후단). 관할 세무서장은 제시한 등기필증, 등기완료통지서 또는 등록필증이 사실과 일치하는지를 조사하여 '법령에 따라 담보 제공이 금지되거나 제한된 경우(관계 법령에 따라 주무관청의 허가를 받아 제공하는 경우는 제외)' 또는 '법령에 따라 사용・수익이 제한되어 있는 등의 사유로 담보의 목적을 달성할 수 없다고 인정되는 경우'에는 다른 담보를 제공하게 하여야 한다(국징 20조 4항). 납세담보를 제공하는 경우 **담보할 국세의 100분의 120**(현금, 납세보증보험증권 또는 은행(은행법 2조 1항 2호)의 납세보증서의 경우에는 **100분의 110**) 이상의 가액에 상당하는 담보를 제공하여야 하나, 그 국세가 확정되지 아니한 경우에는 국세청장이 정하는 가액으로 하여야 한다(국징령 19조 1항). 담보 제공가액의 범위에 대하여서는 법률 단계에서 위임규정을 두는 것이 타당하다. 관할 세무서장은 납세자가 토지, 건물, 공장재단, 광업재단, 선박, 항공기 또는 건설기계를 납세담보로 제공하려는 경우 **등기필증, 등기완료통지서 또는 등록필증**(국징 20조 3항)이 사실과 부합하는지를 조사하여 **법정 사유**(국징령 19조 2항 각 호) 중 하나에 해당하는 경우에는 다른 담보를 제공하게 하여야 한다(국징령 19조 2항). **법정 사유**는 '법령에 따라 담보제공이 금지되거나 제한된 경우(다만, 주무관청의 허가를 받아 제공하는 경우는 제외)', '법령에 따라 사용・수익이 제한된 것으로서 담보의 목적을 달성할 수 없다고 인정된 경우' 및 '그 밖에 담보의 목적을 달성할 수 없다고 인정된 경우'를 말한다. **보험에 든 건물, 공장재단, 광업재단, 선박, 항공기 또는 건설기계**를 납세담보로 제공하려는 자는 그 화재보험증권을 제출하여야 하고, 이 경우 그 보험기간은 납세담보를 필요로 하는 기간에 30일 이상을 더한 것이어야 한다(국징령 19조 3항). **납세담보로 제공하는 납세보증보험증권**은 그 보험증권의 보험기간이 납세담보를 필요로 하는 기간에 30일 이상을 더한 것이어야 하나, 납부하여야 할 기한이 확정되지 아니한 국세의 경우에는 국세청장이 정하는 기간으로 하여야 한다(국징령 19조 4항). 관할 세무서장이 **저당권을 설정하기 위한 등기 또는 등록**을 하려는 경우 **법정 사항**(재산의 표시, 등기 또는 등록의 원인과 그 연월일, 등기 또는 등록의 목적, 저당권의 범위, 등기 또는 등록 권리자, 등기 또는 등록 의무자의 주소와 성명)을 적은 문서로 **관할 등기소 등**(관할 등기소, 관계 행정기관의 장, 지방자치단체의 장)에게 촉탁하여야 한다(국징령 19조 5항).

국세징수법[305] 상 규정에 의하지 아니하고 조세채무 담보조로 원고가 세무서장에게 당좌수표를 제공한 행위는 **무효**이다.[306] 즉 법이 정하지 않는 방법에 의하지 않은 납세담보

305) 2020년 12월 22일 국세기본법 개정을 통하여 삭제된 후, 2020년 12월 29일 국세징수법 전부개정을 통하여 국세징수법으로 이관되었다.
306) 대법원 1981.10.27. 81다692.

의 제공은 무효이다. 압류·매각의 유예(국징 105조 1항)는 납세자의 신청 또는 직권에 의하여 관할 세무서장이 할 수 있으므로, 관할 세무서장이 직권으로 강제징수에 의한 재산의 압류나 압류재산의 매각을 유예하면서 국납세담보 제공자로부터 체납액에 상당하는 납세보증서를 제출받았다면 이는 세법에 근거하여 적법하게 제공받은 납세담보이다.[307)]

납세담보의 변경과 보충에 대하여 본다. 세무서장의 **승인**을 받아 납세담보를 변경할 수 있고(국징 21조 1항), 세무서장은 납세담보물의 가액 감소, 보증인의 자력 감소 또는 그 밖의 사유로 그 납세담보로는 국세 및 강제징수비의 납부를 담보할 수 없다고 인정할 때에는 담보를 제공한 자에게 담보물의 추가제공 또는 보증인의 변경을 **요구**할 수 있다(국징 21조 2항). 납세자가 담보의 변경을 요구하는 경우 관할 세무서장은 **법정 사유**(국징령 20조 1항 각 호)에 해당하는 때에 그 변경을 승인하여야 한다(국징령 20조 1항). **법정 사유**는 '보증인의 납세보증서를 갈음하여 다른 담보재산을 제공한 경우', '제공한 납세담보의 가액이 변동되어 과다하게 된 경우' 또는 '납세담보로 제공한 유가증권 중 상환기간이 정해진 것이 그 상환시기에 이른 경우'를 말한다(국징령 20조 1항 각 호). 위 법정 사유는 열거적인 것으로 해석하여야 한다. 납세담보의 변경승인신청(국징 21조 1항) 또는 납세담보물의 추가 제공이나 보증인의 변경 요구(국징 21조 2항)는 문서로 하여야 한다(국징령 20조 2항).

납세담보에 의한 납부와 징수에 대하여 본다. 납세담보로서 금전을 제공한 자는 그 금전으로 담보한 국세와 강제징수비를 납부할 수 있다(국징 22조 1항). 세무서장은 납세담보를 제공받은 국세와 강제징수비가 담보의 기간에 납부되지 아니하면 **법정 절차**(국징령 21조)에 따라 그 담보로써 그 국세와 강제징수비를 징수한다(국징 22조 2항). **납세담보로 제공한 금전**(국징 22조 1항)으로 국세 및 강제징수비를 납부하려는 자는 그 뜻을 적은 문서로 관할 세무서장에게 신청하여야 하고, 이 경우 신청한 금액에 상당하는 국세 및 강제징수비를 납부한 것으로 본다(국징령 21조 1항). **납세담보를 제공받은 국세 및 강제징수비가 담보의 기간에 납부되지 않는 경우**(국징 22조 2항)에는 납세담보가 금전이면 그 금전으로써 해당 국세 및 강제징수비를 징수하고, 납세담보가 금전 외의 것이면 공매절차에 따라 **매각**(국채, 지방채, 그 밖의 유가증권, 토지, 건물, 공장재단, 광업재단, 선박, 항공기 또는 건설기계인 경우), **납세보증보험사업자에 대한 보험금의 지급청구**(납세보증보험증권인 경우) 또는 보증인에 대한 징수절차(납세보증서인 경우)를 통하여 현금화하거나 징수한 금전으로써 해당 국세

307) 대법원 2020.9.3. 2020두36687.

및 강제징수비를 징수한다(국징령 21조 2항). 납세담보를 현금화한 금액이 징수하여야 할 국세 및 강제징수비를 징수하고 남은 경우 공매대금의 배분방법에 따라 **배분**한 후 납세자에게 지급한다(국징령 21조 3항).

납세담보의 해제에 대하여 본다. 세무서장은 납세담보를 제공받은 국세와 강제징수비가 납부되면 지체 없이 담보 해제 절차를 밟아야 한다(국징 23조). 납세담보의 해제는 그 뜻을 적은 문서를 납세담보를 제공한 자에게 통지함으로써 하고, 이 경우 납세담보를 제공할 때 제출한 관계 서류가 있으면 그 서류를 첨부하여야 한다(국징령 23조 1항). 저당권의 등기 또는 등록을 촉탁하여 그 저당권이 설정된 경우(국징령 20조 5항)에는 그 촉탁 시 법정 사항(국징령 19조 5항 각 호)에 준하는 사항을 적은 문서로 관할 등기소 등에 저당권 말소의 등기 또는 등록을 촉탁하여야 한다(국징령 23조 2항).

4 사해행위취소권

관할 세무서장은 강제징수를 집행할 때 납세자가 국세의 징수를 피하기 위하여 재산권을 목적으로 한 법률행위(신탁법에 따른 사해신탁(신탁 8조)을 포함한다)를 한 경우에는 민법(민법 406조, 407조) 및 신탁법(신탁 8조)을 준용하여 사해행위의 취소 및 원상회복을 법원에 청구할 수 있다(국징 25조). 따라서 조세법 상 사해행위취소권은 민법 상 채권자취소권 및 신탁법 상 사해신탁의 취소와 그 내용이 같다.

먼저 민법 상 채권자취소권에 대하여 살핀다. 체납자가 조세의 징수를 해함을 알고 재산권을 목적으로 한 법률행위를 한 때에는 세무공무원은 그 취소 및 원상회복을 법원에 청구할 수 있다. 그러나 그 행위로 인하여 이익을 받은 자나 전득한 자가 그 행위 또는 전득당시에 조세의 징수를 해함을 알지 못하는 경우에는 그러하지 아니하다. 위 소는 국가가 취소원인을 안 날로부터 1년, 법률행위가 있은 날로부터 5년 내에 제기하여야 한다. 단기 제척기간의 기산일 역시 채권자취소권의 피보전채권이 성립하는 시점과 관계없이 '채권자가 취소원인을 안 날'이라고 보아야 하고, 이는 채권자취소권의 피보전채권이 피고인에 대하여 추징을 명한 형사판결이 확정됨으로써 비로소 현실적으로 성립하게 되는 경우에도 마찬가지이다.[308] 위 취소와 원상회복은 모든 조세채권을 위하여 그 효력이 있다. 이와 관련하여 **사해행위취소청구권의 보호대상이 되는 조세채권의 성립시기에 대하여 본다.** 사해행위취

308) 대법원 2022.5.26. 2021다288020.

소청구권의 보호대상이 되는 조세채권은 원칙적으로 사해행위라고 볼 수 있는 행위가 행하여지기 전에 성립된 것임을 요하지만, 그 사해행위 당시에 이미 채권 성립의 기초가 되는 법률관계가 발생되어 있고 가까운 장래에 그 법률관계에 터잡아 채권이 성립되리라는 점에 대한 고도의 개연성이 있으며 실제로 가까운 장래에 그 개연성이 현실화되어 채권이 성립된 경우에는 그 채권도 채권자취소권의 피보전채권이 될 수 있다. 따라서 사해행위 당시 아직 조세채권이 성립하지는 않았으나, 그 이전에 조세채무자가 실질적 대표자로 있는 회사에서 가공원가를 계상하였고 과세관청이 위 가공원가를 조세채무자에 대한 인정상여로 소득처분하여 종합소득세 부과처분을 하였다면, 위 조세채권은 가공원가를 계상한 시점에 이미 그 기초적 법률관계가 발생하였고 가까운 장래에 채권이 성립할 고도의 개연성이 있었으며 실제 그 개연성이 현실화되어 채권이 성립하였으므로 채권자취소권의 피보전채권이 될 수 있다.[309] **토지나 건물에 관하여 소득세법에 따른 양도계약이 이루어졌을 뿐 그 대금지급이 이루어지지 않았을 때, 양도소득세와 지방소득세 채무 성립의 기초가 되는 법률관계가 존재한다고 볼 수 있는가?** 토지나 건물의 양도에 따른 양도소득세와 지방소득세는 과세표준이 되는 금액이 발생한 달, 즉 양도로 양도차익이 발생한 토지나 건물의 양도일이 속하는 달의 말일에 소득세를 납부할 의무가 성립한다. 여기에서 양도는 대가적 수입을 수반하는 유상양도를 가리키고 소득세법 상 양도시기는 대금을 청산하기 전에 소유권이전등기를 하는 경우 등 예외적인 경우를 제외하고는 대금이 모두 지급된 날을 가리킨다. 사해행위로 주장되는 토지나 건물의 양도 자체에 대한 양도소득세와 지방소득세 채무는 통상적으로 토지나 건물의 양도에 대한 대금이 모두 지급된 이후에 비로소 성립하므로 사해행위로 주장하는 행위 당시에는 아직 발생하지 않는다. 양도소득세와 지방소득세 채무 성립의 기초가 되는 법률관계가 사해행위로 주장되는 행위 당시 이미 성립되었다거나 이에 기초하여 이러한 채무가 성립할 고도의 개연성이 있다고 볼 수도 없다. 토지나 건물에 관하여 소득세법에 따른 양도가 이루어지지 않았을 때에는 양도소득세와 지방소득세 채무 성립의 기초가 되는 법률관계가 존재한다고 보기 어렵고, 토지나 건물의 양도에 관한 계약 등의 교섭이 진행되는 경우라 하더라도 이는 양도소득세와 지방소득세 채무를 성립시키기 위한 교섭이라고 볼 수 없어서 채무 성립의 개연성 있는 준법률관계나 사실관계 등에 해당한다고 볼

309) 대법원 2001.3.23. 2000다37821; 대법원 2017.10.26. 2015다254675; 대법원 2022.5.26. 2021다288020; 대법원 2022.7.14. 2019다281156.

수 없다. 따라서 사해행위로 주장되는 토지나 건물의 양도 자체에 대한 양도소득세와 지방소득세 채무는 사해행위로 주장되는 행위 당시의 채무초과상태를 판단할 때 소극재산으로 고려할 수는 없다.[310] **채무자, 수익자 및 전득자의 악의에 대하여 본다.** 채권자가 사해행위의 취소로서 수익자를 상대로 채무자와의 법률행위의 취소를 구함과 아울러 전득자를 상대로도 전득행위의 취소를 구함에 있어서, 전득자의 악의는 전득행위 당시 채무자와 수익자 사이의 법률행위가 채권자를 해한다는 사실 즉 사해행위의 객관적 요건을 구비하였다는 것에 대한 인식을 의미하고, 사해행위취소소송에서 채무자의 악의의 점에 대하여는 취소를 주장하는 채권자에게 증명책임이 있으나 수익자 또는 전득자가 악의라는 점에 관하여는 증명책임이 채권자에게 있는 것이 아니고 수익자 또는 전득자 자신에게 선의라는 사실을 증명할 책임이 있다.[311] **수익자의 선의를 판단하는 기준은 무엇인가?** 사해행위취소소송에서 수익자의 선의 여부는 채무자와 수익자의 관계, 채무자와 수익자 사이의 처분행위의 내용과 그에 이르게 된 경위 또는 동기, 그 처분행위의 거래조건이 정상적이고 이를 의심할 만한 특별한 사정이 없으며 정상적인 거래관계임을 뒷받침할 만한 객관적인 자료가 있는지 여부, 그 처분행위 이후의 정황 등 여러 사정을 종합적으로 고려하여 합리적으로 판단하여야 한다.[312] 채권자취소권의 대상이 되는 사해행위는 채권자를 해하는 채무자의 재산적 법률행위로서 원칙적으로 채무자의 총재산에 감소를 초래하는 행위를 말하므로, 채무자의 재산적 법률행위라 하더라도 채무자의 총재산에 감소를 초래하지 아니하는 경우에는 사해행위라 할 수 없다.[313] **다른 사람의 예금계좌에 돈을 이체하는 등으로 송금하는 것만으로 사해행위라고 단정할 수 있는가?** 다른 사람의 예금계좌에 돈을 이체하는 등으로 송금하는 경우에 그 송금은 다양한 법적 원인에 기하여 행하여질 수 있는 것으로서, 그 송금행위의 구체적인 법적 원인을 가리지 않고서 그 송금사실만을 가지고 송금인의 총재산의 실질적 감소를 초래하는 사해행위라고 단정할 수 없다.[314] **채권자취소권 행사의 요건인 채무자의 무자력 여부**를 판단함에 있어서 그 대상이 되는 소극재산은 원칙적으로 사해행위라고 볼 수 있는 행위가 행하여지기 전에 발생된 것임을 요하지만, 사해행위 당시에 이미 채무 성립의 기초가 되는 법률관계가 성립되어 있고, 가까운 장래에 그 법률관계에 기하여 채무가 성립

310) 대법원 2022.7.14. 2019다281156.
311) 대법원 2015.6.11. 2014다237192.
312) 대법원 2016.1.28. 2014다220132.
313) 대법원 2016.1.28. 2014다222725.
314) 대법원 2016.1.28. 2014다222725.

되리라는 점에 대한 고도의 개연성이 있으며, 실제로 가까운 장래에 개연성이 현실화되어 채무가 성립된 경우에는 그 채무도 채무자의 소극재산에 포함시켜야 한다.[315] **국세징수법 상 조세채권의 성립시기와 사해행위 전후관계에 대한 명문의 규정이 없음에도 불구하고, 민법 상 채권자취소권에 관한 법리에 따라 사해행위 이후에 성립한 조세채권도 사해행위 취소권의 피보전채권이 될 수 있다고 해석하여 적용하는 것이 조세법률주의에 반하는 것인가?** 헌법재판소는 이를 부정한다. 그 판시내용은 다음과 같다.[316] 과세실무 상 극히 중요한 비중을 차지하는 세목인 소득세, 법인세 및 부가가치세는 과세기간이 종료한 때에 납세의무가 성립하는 이른바 '기간과세' 세목인 바, 이러한 경우 사해행위 이전에 조세채권이 성립하여야 함을 강조하게 되면 해당 과세기간 중에 납세의무자가 미리 납세의무를 면탈할 의도로 자산을 매각 내지 증여하는 행위에 대해 사해행위 취소청구를 할 수 없게 되는 매우 불합리한 결과가 발생한다. 특히 조세채권의 경우 계약 등 당사자의 의사에 따라 발생하는 것이 아니라 법률에 의해 그 성립 및 확정이 미리 확실하게 예정되어 있다는 점에서, 조세채권이 법적으로 성립하기 이전이라도 조세채권 성립의 원인이 되는 사건이 발생한 때 당사자는 이미 당해 조세채권의 성립을 확정적으로 예견할 수 있다는 특징이 있음이 고려되어야 하므로 사해행위 이후에 성립한 조세채권도 이 사건 법률조항이 정하는 사해행위 취소권의 피보전채권이 될 수 있다고 해석, 적용하는 것은 조세법률주의에 반하지 아니한다. 나아가 이 사건 법률조항은 법관의 법보충적인 해석을 통하여 그 의미가 충분히 구체화되고 명확하게 될 수 있는 경우에 해당하므로 역시 조세법률주의에 반하지 아니한다. 또한 **민법 상 채권자취소권의 법리를 조세채권의 경우에 확장하여 적용하는 것이 헌법상 재산권 보장의 원칙에 반하는 것인가?** 헌법재판소는 이를 부정한다. 그 판시내용은 다음과 같다.[317] 민법 상 채권자취소제도는 채무자가 고의적으로 채권자의 공동담보가 되는 책임재산을 감소시키는 행위를 한 경우 정의와 형평의 관점에서 그 행위를 취소하고 당해 재산을 회복시킬 수 있는 권리를 채권자에게 부여한 것인데, 같은 취지에서 세법 역시 국가에게 사해행위 취소권을 부여한 것이며, 국가의 조세채권 역시 민법 상 금전채권과 본질적으로 다르지 않다는 점 등에 비추어 보면, 조세채권 행사의 주체가 일반 국민이 아니라 국가라는 이유만으로 채권자취소제도에 관한 민사 법리의 적용을 부인할 수는 없다. 따라서 민법 상

315) 대법원 2011.1.13. 2010다68084; 대법원 2020.4.29. 2019다298451.
316) 헌재 2013.11.28. 2012헌바22.
317) 헌재 2013.11.28. 2012헌바22.

채권자취소권의 법리(민법 406조)를 이 사건 법률조항에 확장, 적용한다고 하여 재산권 보장의 원칙에 위반되는 것은 아니다. 다만 위 헌법재판소의 결정은 조세의 부과 및 징수 자체가 재산권의 침해에 해당한다는 전제 하에서 이루어진 것이나, 이러한 전제가 타당하지 않다는 점은 기술하였다.[318)]

신탁법 상 사해신탁의 취소에 대하여 살핀다. 채무자가 채권자를 해함을 알면서 신탁을 설정한 경우 채권자는 수탁자가 선의일지라도 수탁자나 수익자에게 민법 제406조 제1항의 취소 및 원상회복을 청구할 수 있다(신탁 8조 1항). 다만, 수익자가 수익권을 취득할 당시 채권자를 해함을 알지 못한 경우에는 그러하지 아니하다(신탁 8조 1항 단서). 여러 명의 수익자 중 일부가 수익권을 취득할 당시 채권자를 해함을 알지 못한 경우에는 악의의 수익자만을 상대로 제1항 본문의 취소 및 원상회복을 청구할 수 있다(신탁 8조 2항). 선의의 수탁자에 대하여서는 채권자는 현존하는 신탁재산의 범위 내에서만 원상회복을 청구할 수 있다(신탁 8조 3항). 신탁이 취소되어 신탁재산이 원상회복된 경우, 위탁자는 취소된 신탁과 관련하여 그 신탁의 수탁자와 거래한 선의의 제3자에 대하여 원상회복된 신탁재산의 한도 내에서 책임을 진다(신탁 8조 4항). 채권자는 악의의 수익자에게 그가 취득한 수익권을 위탁자에게 양도할 것을 청구할 수 있고 이 경우에는 민법 제406조 제2항을 준용한다(신탁 8조 5항). 위탁자와 사해신탁의 설정을 공모하거나 위탁자에게 사해신탁의 설정을 교사 · 방조한 수익자 또는 수탁자는 위탁자와 연대하여 이로 인하여 채권자가 받은 손해를 배상할 책임을 진다(신탁 8조 6항).

국세기본법은 위 민법 상 채권자취소권 규정들에 더하여 특칙을 두고 있다. 즉 세무서장은 납세자가 제3자와 짜고 거짓으로 재산에 '특정 전세권 · 질권 또는 저당권의 설정계약 및 임대차계약(국기 35조 1항 3호)', '특정 가등기 설정계약(국기 35조 4항)' 또는 '특정 양도담보 설정계약(국기 42조 2항)'을 하고 그 등기 또는 등록을 하거나 대항요건과 확정일자를 갖춘 임대차계약(주택임대차 3조의2 2항; 상가임대차 5조 2항)을 체결함으로써 그 재산의 매각금액으로 국세를 징수하기가 곤란하다고 인정할 때에는 그 행위의 취소를 법원에 청구할 수 있다(국기 35조 6항 전단). 이 경우 납세자가 국세의 법정기일 전 1년 내에 특수관계인(국기령 18조의2)과 전세권 · 질권 또는 저당권 설정계약, 임대차계약, 가등기 설정계약 또는 양도담보 설정계약을 한 경우에는 짜고 한 거짓 계약으로 추정한다(국기 35조 6항 후단). 전단 부분

318) 제1편 제2장 제3절 VI 재산권의 보장과 조세 참조.

은 사실상 민법 상 채권자취소권과 같은 내용에 해당하고, 후단 부분이 민법 상 채권자취소권에 대한 특칙에 해당한다.[319] 지방세의 경우에도 같은 내용의 규정이 있다(지기 71조 4항).

세무공무원이 사해행위 취소소송을 제기하여 그 소송이 진행 중인 기간에는 소멸시효가 진행되지 않는다(국기 28조 3항 5호). 다만 사해행위 취소소송의 제기로 인한 시효정지의 효력은 해당 소송이 각하·기각 또는 취하된 경우에는 효력이 없다(국기 28조 4항).

5 채권자대위권

국세기본법은 세무공무원이 채권자대위소송(민법 404조)을 제기하여 그 소송이 진행 중인 기간에는 소멸시효가 진행되지 않으며(국기 28조 3항 5호), 그 시효정지의 효력은 소송이 각하·기각 또는 취하된 경우에는 효력이 없다고 규정한다(국기 28조 4항). 이러한 규정들에 비추어 보면 조세법 상 채권자대위소송이 인정된다고 볼 수 있다. 그 내용 역시 민법 상 채권자대위소송(민법 404조)의 경우와 같다고 보아야 한다. 즉 세무공무원은 조세채권을 보전하기 위하여 납세자의 권리(일신에 전속한 권리는 제외한다)를 행사할 수 있고 세무공무원은 그 조세채권의 납부기한이 도래하기 전에는 법원의 허가 없이 위 권리를 행사하지 못한다. 다만 보존행위는 행사할 수 있다.

세무서장이 채권을 압류한 경우에는 그 압류 자체의 효력으로서 세무서장이 채권을 압류하였다는 뜻을 해당 제3채무자(채권의 채무자)에게 통지를 한 때에 체납액을 한도로 하여 체납자인 채권자를 대위한다는 효력이 부여된다(국징 52조 1항, 2항). 이 경우 제3채무자가 이행을 하지 않는 경우에는 채권자를 대위하여 촉구하고 그 촉구기한까지 이행을 하지 않는 경우에는 채권자대위소송을 제기하여야 한다(국징령 41조 1항, 2항).

납세의무자에 대하여 금전채권만 가지고 있는 자가 납세의무자의 경정청구권을 대위행사할 수 있는가? 판례에 따르면, 경정청구권의 성질 등에 비추어 볼 때, 납세의무자에 대하여 금전채권만 가지고 있는 자는 특별한 사정이 없는 한 납세의무자의 경정청구권을 대위하여 행사할 수 없다.[320]

319) 같은 취지 : 임승순, 전게서, 218면.
320) 대법원 2014.12.11. 2012두27183.

Ⅲ 조세채권의 실현과 납세자의 보호

1 납부기한 등의 연장 · 유예, 분납 및 연부연납

재난 등으로 인한 납부기한 등의 연장에 대하여 살핀다. 관할 세무서장은 납세자(국기 2조 10호)가 **법정 사유**(국징 13조 1항 각 호)로 국세를 납부기한 등(납부기한 또는 독촉장에서 정하는 기한)까지 납부할 수 없다고 인정되는 경우 법정 절차에 따라 납부기한 등을 **연장**(세액을 **분할하여 납부**하도록 하는 것을 포함)할 수 있다(국징 13조 1항). **법정 사유**는 '납세자가 재난 또는 도난으로 재산에 심한 손실을 입은 경우', '납세자가 경영하는 사업에 현저한 손실이 발생하거나 부도 또는 도산의 우려가 있는 경우', '납세자 또는 그 동거가족이 질병이나 중상해로 6개월 이상의 치료가 필요한 경우 또는 사망하여 상중인 경우' 및 '그 밖에 납세자가 국세를 납부기한 등까지 납부하기 어렵다고 인정되는 법정 경우(국징령 11조)'를 말한다.

법정 경우는 '정전, 프로그램의 오류, 그 밖의 부득이한 사유로 한국은행(그 대리점을 포함) 및 체신관서의 정보통신망의 정상적인 가동이 불가능한 경우', '금융회사 등(한국은행 국고대리점 및 국고수납대리점인 금융회사 등만 해당) 또는 체신관서의 휴무, 그 밖의 부득이한 사유로 정상적인 국세 납부가 곤란하다고 국세청장이 인정하는 경우', '권한 있는 기관에 장부나 서류가 압수 또는 영치된 경우 및 이에 준하는 경우', '이상 각 사유에 준하는 것으로 국세청장이 정하는 경우' 및 '납세자의 장부 작성을 대행하는 세무사(세무 2조 3호)(등록한 세무법인(세무 16조의4)을 포함) 또는 공인회계사(세무 20조의2)(등록한 회계법인(회계사 24조)을 포함)가 화재, 전화, 그 밖의 재해를 입거나 도난을 당한 경우'를 말한다(국징령 11조).

연장 등 및 분납의 기간에 대하여 살핀다. 연정기간은 연장한 날의 다음 날부터 **9개월 이내**로 하고, 연장기간 중의 분납기한 및 분납금액은 관할 세무서장이 정할 수 있으며, 이 경우 관할 세무서장은 연장기간이 6개월을 초과할 때에는 가능하면 연장기간 개시 후 6개월이 지난 날부터 3개월 이내에 균등액을 분납할 수 있도록 정하여야 한다(국징령 12조 1항). 다만 특정 지역[고용재난지역(고용정책 32조의2 2항), 고용조정 지원대상 지정 · 고시 지역(고용정책령 29조 1항), 산업위기대응특별지역(국가균형 17조 2항) 및 특별재난지역(선포된 날부터 2년으로 한정한다)(재난안전 60조 2항)] 중 어느 하나에 해당하는 지역에 사업장이 소재하는 납세자가 사유로 납부기한 등의 연장을 신청하는 경우(연장기간 중에 신청하는 경우를 포함) 그 연장(소득세, 법인세, 부가가치세 및 이에 부가되는 세목에 대한 연장으로 한정)의 기간은 연장한 날의 다음 날부터 **2년**(연장을 받은 분에 대해서는 연장기간을 포함하여 산정한다) **이내**로 할 수 있고, 연장기간 중의 분납기한 및 분납금액은 관할 세무서장이 정할 수 있다(국징령 12조 2항).

납부기한 등 연장 등과 납부지연가산세 등 미부과에 대하여 살핀다. 관할 세무서장은 납부기한 등을 연장한 경우 연장기간 동안 납부지연가산세(국기 47조의4) 및 원천징수 등 납부지연가산세(국기 47조의5)를 부과하지 아니하고, 납세자가 납부고지 또는 독촉을 받은 후에 채무자 회생 및 파산에 관한 법률에 따른 징수의 유예(회생파산법 140조)를 받은 경우에도 또한 같다(국징령 13조).

납세자가 납부기한 등의 연장을 받으려는 경우 법정 절차에 따라 관할 세무서장에게 **신청**할 수 있다(국징 13조 2항). 관할 세무서장은 납부기한 등을 연장하는 경우 법정 절차에 따라 즉시 납세자에게 그 사실을 **통지**하여야 한다(국징 13조 3항). 관할 세무서장은 신청(국징 13조 2항)을 받은 경우 납부기한 등의 만료일까지 법정 절차에 따라 납세자에게 납부기한 등의 **연장 승인 여부를 통지**하여야 한다(국징 13조 4항). 납세자가 납부기한 등의 만료일 10일 전까지 신청(국징 13조 2항)을 하였으나 관할 세무서장이 그 신청일부터 10일 이내에 승인 여부를 통지하지 아니한 경우에는 신청일부터 10일이 되는 날에 그 신청을 승인한 것으로 본다(국징 13조 5항).

납부기한 등 연장 등의 신청에 대하여 살핀다. 납세자가 납부기한 등의 연장 등을 신청하려는 경우 기한(납부기한 등 또는 납부고지 예정인 국세의 납부하여야 할 기한) 만료일 3일 전까지 **법정 사항을 적은 신청서**(전자문서를 포함한다)(국징령 14조 각 호)를 관할 세무서장에게 제출하여야 하나, 관할 세무서장은 납세자가 기한 만료일 3일 전까지 신청서를 제출할 수 없다고 인정하는 경우에는 기한 만료일까지 제출하게 할 수 있다(국징령 14조).

납부기한 등 연장 등의 통지에 대하여 살핀다. 관할 세무서장이 납부기한 등의 연장을 통지하는 경우 법정 사항(국징령 15조 각 호)을 적은 문서로 하여야 한다(국징령 15조 1항). 납세자의 신청에 따라 납부기한 등의 연장을 승인하는 경우에는 법정 사항(국징령 15조 각 호)을 통지하고 기각하는 경우에는 그 사유를 통지하여야 한다(국징령 15조 2항). 다만 '정보통신망의 정상적인 가동이 불가능한 사유(국징령 11조 1호)가 전국적으로 일시에 발생하는 경우', '연장 또는 유예의 통지 대상자가 불특정 다수인 경우' 또는 '연장 또는 유예의 사실을 그 대상자에게 개별적으로 통지할 시간적 여유가 없는 경우'에는 **관보, 일간신문** 또는 **정보통신망**을 통하여 **공고**하는 방법으로 통지를 갈음할 수 있다(국징령 15조 3항).

납부고지의 유예에 대하여 살핀다. 관할 세무서장은 납세자가 **재난 등으로 인한 납부기한 등의 연장사유**(국징 13조 1항 각 호)로 국세를 납부할 수 없다고 인정되는 경우 법정 절차에 따라 납부고지를 유예(세액을 분할하여 납부고지하는 것을 포함)할 수 있다(국징 14조 1항).

유예 및 분납의 기간에 대하여 살핀다. 유예기간은 유예한 날의 다음 날부터 9**개월 이내**로 하고, 유예기간 중의 분납기한 및 분납금액은 관할 세무서장이 정할 수 있으며, 이 경우 관할 세무서장은 유예기간이 6개월을 초과할 때에는 가능하면 연장기간 개시 후 6개월이 지난 날부터 3개월 이내에 균등액을 분납할 수 있도록 정하여야 한다(국징령 12조 1항). 다만 **중소기업**으로서 **특정 지역**[고용재난지역(고용정책 32조의2 2항), 고용조정 지원대상 지정·고시 지역(고용정책령 29조 1항), 산업위기대응특별지역(국가균형 17조 2항) 및 특별재난지역(선포된 날부터 2년으로 한정한다)(재난안전 60조 2항)]에 사업장이 소재하는 납세자가 사유로 납부고지의 유예를 신청하는 경우(유예기간 중에 신청하는 경우를 포함) 그 유예(소득세, 법인세, 부가가치세 및 이에 부가되는 세목에 대한 유예로 한정)의 기간은 유예한 날의 다음 날부터 **2년**(유예를 받은 분에 대해서는 유예기간을 포함하여 산정한다) **이내**로 할 수 있고, 유예기간 중의 분납기한 및 분납금액은 관할 세무서장이 정할 수 있다(국징령 12조 2항).

납세자는 납부고지의 유예를 받으려는 경우 법정 절차에 따라 관할 세무서장에게 신청할 수 있다(국징 14조 2항). 관할 세무서장은 납부고지를 유예하는 경우 법정 절차에 따라 즉시 납세자에게 그 사실을 **통지**하여야 한다(국징 14조 3항). 관할 세무서장은 신청(국징 14조 2항)을 받은 경우 납부고지 예정인 국세의 납부기한 등의 만료일까지 법정 절차에 따라 납세자에게 **납부고지 유예의 승인 여부를 통지**하여야 한다(국징 14조 4항). 납세자가 납부기한 등의 만료일 10일 전까지 신청(국징 14조 2항)을 하였으나 관할 세무서장이 그 신청일부터 10일 이내에 승인 여부를 통지하지 아니한 경우에는 신청일부터 10일이 되는 날에 그 신청을 승인한 것으로 본다(국징 14조 5항). 한편 **조세특례제한법** 상 **재기중소기업인**에 대하여서는 납부고지의 유예에 대한 특례가 규정되어 있다(조특 99조의8; 조특령 99조의6).

납부기한 등 연장 등과 **납부지연가산세 등 미부과**, 납부기한 등 연장 등의 **신청** 및 납부기한 등 연장 등의 통지에 대한 규정들은 **납세고지의 유예에 대하여서도 그대로 적용**된다.

납부기한 등 연장 등 및 납부고지 유예에 대한 담보에 관하여 살핀다. 관할 세무서장은 **재난 등으로 인한 납부기한 등의 연장**(국징 13조) 또는 **납부고지의 유예**(국징 14조)를 하는 경우 그 연장 또는 유예와 관계되는 금액에 상당하는 **납세담보**(국징 18조)의 제공을 요구할 수 있다(국징 15조 본문). 다만, 납세자가 사업에서 심각한 손해를 입거나 그 사업이 중대한 위기에 처한 경우로서 관할 세무서장이 그 연장된 납부기한 등까지 해당 국세를 납부할 수 있다고 인정하는 경우 등 **법정 사유**(국징령 16조)가 있는 경우에는 그러하지 아니하다(국징 15조 단서). **법정 사유**는 '납세자가 사업에서 심각한 손해를 입거나 그 사업이 중대한 위기에 처한 경우로서 관할 세무서장이 납부하여야 할 금액, 연장 또는 유예기간 및 납세자의 과거 국세 납부내역 등을 고려하여 납세자가 그 연장 또는 유예기간 내에 해당 국세를 납부할 수 있다고 인정하는 경우', '납세자가 재난 또는 도난으로 재산에 심한 손실을 입은 경우(국징 13조 1항 1호)', '정보통신망의 정상적인 가동이 불가능한 경우(국징령 11조 1호)', '금융회사 휴무 등 부득이한 사유로 정상적인 국세 납부가 곤란하다고 국세청장이 인정하는 경우(국징령 11조 2호)' 및 '위 각 사유와 유사한 경우'를 말한다(국징령 16조).

납부기한 등 연장 등 및 납부고지 유예의 취소에 대하여 살핀다. 관할 세무서장은 **재난 등으로 인한 납부기한 등의 연장**(국징 13조) 또는 **납부고지의 유예**(국징 14조)를 한 후 해당 납세자가 법정 사유(국징 16조 1항 각 호)에 해당하게 된 경우 그 납부기한 등의 연장 또는 납부고지의 유예를 취소하고 연장 또는 유예와 관계되는 국세를 **한꺼번에 징수**할 수 있다(국징 16조 1항). **법정 사유**는 '국세를 분할납부하여야 하는 각 기한까지 분할납부하여야 할 금액을 납부하지 아니한 경우', '관할 세무서장의 납세담보물의 추가 제공 또는 보증인의 변경 요구(국징 21조 2항)에 따르지 아니한 경우', '재산 상황의 변동 등 **법정 사정**으로 납부기한등의 연장 또는 납부고지의 유예를 할 필요가 없다고 인정되는 경우' 및 '납부기한 전 징수사유(국징 9조 1항 각 호)가 있어 그 연장 또는 유예한 기한까지 연장 또는 유예와 관계되는 국세의 전액을 징수할 수 없다고 인정되는 경우'를 의미한다. **법정 사정**(국징 16조 1항 3호)은 '재산 상황의 변동', '정보통신망의 정상적인 가동이 불가능한 경우(국징령 11조 1호) 및 금융회사 휴무 등 부득이한 사유로 정상적인 국세 납부가 곤란하다고 국세청장이 인정하는 경우(국징령 11조 2호)에 그 사유의 소멸' 또는 '그 밖에 연장 또는 유예를 한 당시의 사정이 변화된 경우'를 말한다(국징령 17조). 관할 세무서장은 납부기한등의 연장 또는 납부고지의 유예를 취소한 경우 **납세자에게** 그 사실을 통지하여야 한다(국징 16조 2항). 관할 세무서장은 납부기한 등 연장 등의 취소(국징 16조 1항 1호, 2호, 4호)로 인하여 지정납부기한 등(지정납부기한 또는 독촉장에서 정한 기한)의 연장을 취소한 경우 그 국세에 대하여 **다시** 재난 등으로 인한 납부기한 등의 연장(국징 13조 1항)을 통하여 **지정납부기한 등의 연장을 할 수 없다**(국징 16조 3항).

납부유예에 대하여 살핀다. 가업승계 시 상속세에 대하여 납부유예가 허용된다. 납세지 관할세무서장은 납세의무자가 '상속인이 가업(중소기업으로 한정)(상증세 18조의2 1항)을 상속받았을 것' 및 '가업상속공제를 받지 아니하였을 것(이 경우 가업상속공제 대신 영농상속공제(상증세 18조의4)를 받은 경우에는 가업상속공제를 받은 것으로 본다)' 각 요건을 모두 갖추어 상속세의 납부유예를 신청하는 경우에는 법정 금액에 대하여 납부유예를 허가할 수 있다(상증세 72조의2 1항). **가업승계 시 증여세에 대하여서도 납부유예가 허용**된다. 납세지 관할 세무서장은 거주자가 법정 중소기업의 승계를 목적으로 해당 가업의 주식 또는 출자지분을 증여받고 조세특례제한법 상 증여세 과세특례(조특 30조의5, 30조의6)를 적용받지 않는 경우에는 법정금액에 대하여 납부유예를 허가할 수 있다(조특 30조의7 1항).

상속세의 징수유예에 대하여 살핀다. 상속재산 중 법정 지정문화재 등이 포함되어 있는 경우에는 납세지 관할 세무서장은 법정 절차에 따라 계산한 그 재산가액에 상당하는 상속세액의 징수를 유예한다(상증세 74조).

송달 지연으로 인한 지정납부기한 등의 연장에 대하여 살핀다. 납부고지서 또는 독촉장의 송달이 지연되어 '도달한 날에 이미 지정납부기한 등이 지난 경우' 또는 '도달한 날부터 14일 이내에 지정납부기한 등이 도래하는 경우'에는 도달한 날부터 **14일**이 지난 날을 지정납부기한 등으로 한다(국징 17조 1항). 납부기한 전 징수(국징 9조 1항)를 위하여 당초의 납부기한보다 단축된 기한을 정하여 납세자에게 납부고지를 하는 경우(국징 9조 2항)에는 **'단축된 기한**(단축된 기한 전에 도달한 경우)' 또는 **'도달한 날**(단축된 기한이 지난 후에 도달한 경우)'을 납부하여야 할 기한으로 한다(국징 17조 2항).

천재지변이나 그 밖에 법정사유(국기령 2조 1항)로 **신고, 신청, 청구, 그 밖에 서류의 제출, 통지, 납부를 정해진 법정기한까지 할 수 없다고 인정하는 경우나 납세자가 기한 연장을 신청한 경우**에는 관할 세무서장은 법정절차(국기령 3조)에 따라 그 기한을 연장할 수 있다(국기 6조).

분할납부 및 연부연납에 대하여 본다. 분할납부는 납부할 세액이 일정한 금액(1천만원 또는 5백만 원)을 초과하는 경우에 법정절차에 따라 그 납부할 세액의 일부를 납부기한이 지난 후 일정한 기간(1개월, 2개월 또는 45일) 이내에 분할하여 납부하는 것을 의미한다(소세 77조 ; 법세 64조 2항 ; 지세 118조). 한편 조세특례제한법은 영세개인사업자의 징수곤란 체납액에 대한 분납을 허가하는 특례를 두고 있다(조특 99조의10 2항, 1항). 연부연납은 납세지 관할 세무서장이 상속세 납부세액이나 증여세 납부세액이 2천만원을 초과하는 경우에는 법정절차(상증세령 67조)에 따라 납세의무자의 신청을 받아 법정기간에 걸쳐서 조세를 분할하여 납부할 수 있도록 하는 것을 의미하는 바, 이 경우 납세의무자는 담보를 제공하여야 하고 납세담보를 제공하여 연부연납 허가를 신청하는 경우에는 그 신청일에 연부연납을 허가받은 것으로 본다(상증세 71조 1항 ; 상증세령 67조, 68조). 위 법정기간은 상속세의 경우에는 가업상속공제를 받았거나 법정 요건(상증세령 68조 3항)에 따라 중소기업 또는 중견기업을 상속받은 경우 법정 상속재산[사립유치원(유아교육 7조 3호)에 직접 사용하는 재산 등 법정재산(상증세령 68조 5항)을 포함](상증세령 68조 4항)의 경우에는 '허가 후 2년이 되는 날부터 20년' 또는 '허가 후 10년이 되는 날부터 10년'을, 그 외의 재산의 경우에는 '허가일부터 10년'을, 증여세의 경우에는 '허가일로부터 5년'을 각 말하고, 위 법정기간의 범위에서 해당 납세의무자가 신청한 기간으로 연부연납기간을 정하는 것이나 각 회분의 분할납부 세액이 1천만원을 초과하도록 하여야 한다(상증세 71조 2항). 그 밖의 연부연납에 관한 사항들에 대하여서 별도의 정함이 있다(상증세 71조 3항-5항 ; 상증세령 67조, 68조).

상속세 및 증여세법 상 연부연납제도는 납세자의 자력 유무를 감안하여 적용되는 제도인가? 상속세 및 증여세법 상 연부연납제도는, 세액이 거액인 경우가 많고 취득재산도 부동산 등 환가에 상당한 기간이 필요한 재산인 경우가 많은 상속세 및 증여세의 경우에, 징수의 편의만을 내세워 일시납부의 원칙을 고수하게 되면 납세의무자에게 과중한 부담을 주게 되고 경우에 따라서는 짧은 납기 내에 상속 또는 수증을 받은 재산 자체의 처분을 강요하는 결과가 되어 납세의무자의 생활기초마저 위태롭게 할 우려마저 있어서 국세수입을 해하지 아니하는 한도에서 납세의무자에게 분할 납부 및 기한유예의 편익을 제공하려는 데에 그 취지가 있다고 할 것이므로, 위 제도는 납세의무자의 납세자력의 유무와는 직접적인 관계가 없다.[321] **세무서장의 연부연납허가는 재량행위인가?** 상속세나 증여세의 연부연납제도는 국세징수절차 상 일시납부의 원칙에 대한 예외로서 납세의무자에게 분할납부 및 기한유

321) 대법원 1992.4.10. 91누9374.

예의 권익을 법으로 보장한 것이고, 그 허가요건이 구체적으로 명확하게 규정되어 있어 그 요건의 존부판단에 과세관청의 재량이 개입할 여지가 없으며, 납세의무자가 일시에 납부하는 것이 곤란한 사유가 있는 경우를 그 요건으로 규정하고 있지도 아니한 점 등을 고려할 때, 세무서장은 연부연납의 허가요건을 충족하고 연부연납을 취소 또는 변경할 수 있는 사유가 없는 한, 연부연납을 허가하여야 하는 기속을 받는다고 할 것이고, 다만, 연부연납의 기간에 관하여는 법정기한의 범위 내에서 납세자의 신청에 따라 그 형편과 연부연납제도의 취지를 감안하여 결정할 수 있다.[322] 다만 자산재평가의 경우에는 재평가세액이 1천만원을 초과하는 경우에는 납부할 세액에 따라 허가를 받을 필요가 없이 다음 해의 동일한 재평가일에 해당하는 날부터 60일 이내에 납부할 수 있다(자재평 19조 1항 단서 : 자재평령 9조).

2 압류 · 매각의 유예

관할 세무서장은 체납자가 '국세청장이 성실납세자로 인정하는 기준에 해당하는 경우' 또는 '재산의 압류나 압류재산의 매각을 유예함으로써 체납자가 사업을 정상적으로 운영할 수 있게 되어 체납액의 징수가 가능하게 될 것이라고 관할 세무서장이 인정하는 경우'에는 체납자의 신청 또는 직권으로 그 체납액에 대하여 강제징수에 따른 **재산의 압류 또는 압류재산의 매각을** 법정 절차(국징령 14조, 15조)에 따라 **유예**할 수 있다(국징 105조 1항). 압류 또는 매각의 유예의 기간은 그 유예한 날의 다음 날부터 **1년 이내**로 한다(국징령 77조 1항). 다만 **중소기업**으로서 **특정 지역**[고용재난지역(고용정책 32조의2 2항), 고용조정 지원대상 지정 · 고시 지역(고용정책령 29조 1항), 산업위기대응특별지역(국가균형 17조 2항) 및 특별재난지역(선포된 날부터 2년으로 한정한다)(재난안전 60조 2항)]에 사업장이 소재하는 납세자가 압류 또는 매각의 유예를 신청하는 경우(압류 또는 매각의 유예를 받고 그 유예기간 중에 신청하는 경우를 포함) 그 압류 또는 매각의 유예(소득세, 법인세, 부가가치세 및 이에 부가되는 세목에 대한 압류 또는 매각의 유예로 한정)의 기간은 유예한 날의 다음 날부터 **2년**(압류 또는 매각의 유예를 받은 분에 대해서는 유예받은 기간을 포함하여 산정) **이내**로 할 수 있다(국징령 77조 2항). 관할 세무서장은 압류 또는 매각이 유예된 체납세액을 압류 또는 매각의 **유예기간 이내에 분할하여 징수**할 수 있다(국징령 77조 3항).

관할 세무서장은 압류 · 매각을 유예하는 경우 필요하다고 인정하면 이미 압류한 재산의

322) 대법원 1992.4.10. 91누9374.

압류를 해제할 수 있다(국징 105조 2항). 재산의 압류를 유예하거나 압류를 해제하는 경우 관할 세무서장은 그에 상당하는 **납세담보의 제공**을 요구할 수 있다(국징 105조 3항 본문). 다만, 성실납세자가 체납세액 납부계획서를 제출하고 **국세체납정리위원회**(국징 106조)가 체납세액 납부계획의 타당성을 인정하는 경우에는 그러하지 아니하다(국징 105조 3항 단서). **체납세액 납부계획서**에는 '체납세액 납부에 제공될 재산 또는 소득에 관한 사항', '체납세액의 납부일정에 관한 사항' 및 '그 밖에 체납세액 납부계획과 관련된 사항'을 적어야 한다(국징령 77조 5항).

유예의 신청·승인·통지 등의 절차에 관하여 필요한 사항은 납부기한 등 연장 등에 관한 규정을 준용한다(국징 105조 4항; 국징령 77조 4항, 14조, 15조). 즉 납부기한 등 연장 등의 신청(국징령 14조) 및 납부기한 등 연장 등의 통지(국징령 15조)에 관한 규정이 적용된다.

압류·매각의 유예 취소와 체납액의 일시징수에 관하여는 납부기한등 연장 등의 취소에 관한 규정(국징 16조)을 준용한다(국징 105조 5항).

한편 조세특례제한법은 **재기중소기업인에 대한 압류·매각의 유예 특례**에 대하여 규정한다. 세무서장은 재기중소기업인(중소벤처기업진흥공단으로부터 재창업자금을 융자받는 등 법정 내국인(조특령 99조의6 1항) 중 법정 요건(조특령 99조의6 4항)을 모두 갖춘 자)의 신청에 따라 3년(조특령 99조의6 2항)까지 체납액(소득세, 법인세, 부가가치세 및 이에 부가되는 세목에 대한 체납액으로 한정)에 대하여 **체납액 납부계획**에 따라 국세징수법 상 강제징수에 따른 재산의 압류(이미 압류한 재산의 압류를 포함)나 압류재산의 매각을 유예할 수 있다(조특 99조의6 1항).

3 강제징수의 종료

관할 세무서장은 압류 총 재산의 추산가액이 강제징수비(압류에 관계되는 국세에 우선하는 채권 금액(국기 35조 1항 3호)이 있는 경우 이를 포함)를 징수하면 남을 여지가 없어 강제징수를 종료할 필요가 있는 경우(국징 57조 1항 4호 본문)에는 압류를 즉시 해제하여야 한다(국징 57조 1항). 이를 **강제징수의 종료**라고 부르기로 한다. 무익한 강제징수를 진행하는 것을 중지하고 납세자를 보호하기 위한 제도이다. 다만, **교부청구**(국징 59조) 또는 **참가압류**(국징 61조)가 있는 경우로서 교부청구 또는 참가압류와 관계된 체납액을 기준으로 할 경우 남을 여지가 있는 경우(국징 57조 1항 4호 단서)는 제외한다(국징 57조 1항).

한편 국세의 체납정리에 관한 사항을 심의하기 위하여 지방국세청과 1급지세무서(국세직제 24조 2항)에 **국세체납정리위원회**를 두어야 하는바(국징 106조 1항; 국징령 78조), 강제징수의 종료를 위하여 압류를 해제하는 경우에는 각 지방국세청 및 1급지세무서에 설치된 각 **지방국세청위원회 및 세무서위원회의 심의**를 거쳐야 한다(국징령 80조). 국세체납정리위원회의 심의를 거쳐야 하는 사항은 법률 단계에서 규정하는 것이 타당하다. 국세체납정리위원회의 위원은 관계 공무원과 법률·회계 또는 경제에 관하여 자격을 보유하고 있거나 학식과 경험이 풍부한 사람 중에서 다음 각 호의 구분에 따른 사람이 된다(국징 106조 2항). 국세체납정리위원회의 위원 중 공무원이 아닌 위원은 형법 상 공무 상 비밀누설죄(형법 127조) 또는 수뢰 관련 죄(형법 129조-132조)를 적용할 때에는 공무원으로 본다(국징 106조 3항).

1. 지방국세청에 두는 국세체납정리위원회: 지방국세청장이 임명 또는 위촉하는 사람
2. 세무서에 두는 국세체납정리위원회: 세무서장이 임명 또는 위촉하는 사람

4 납부의무의 소멸·면제의 특례

세무서장은 **폐업한 영세개인사업자의 사업재개 등 법정 요건**(조특 99조의5 1항 각 호)을 모두 갖춘 거주자의 신청에 따라 해당 거주자의 징수가 곤란한 체납액으로서 **소멸대상체납액**(종합소득세, 부가가치세, 종합소득세 및 부가가치세에 부가되는 농어촌특별세·가산금·체납처분비를 합한 금액) 중 국세징수권 소멸시효가 완성되지 아니한 금액의 **납부의무를 1명당 3천만원을 한도로 소멸**시킬 수 있고, 이 경우 다른 세무서에서 납부의무가 소멸된 소멸대상체납액을 모두 포함하여 한도를 적용한다(조특 99조의5 1항). 이를 **영세개인사업자의 체납액 납부의무 소멸특례**라고 한다(조특 99조의10 1항 6호).

세무서장은 **폐업한 영세개인사업자로서 영세개인사업자의 체납액 납부의무 소멸특례가 적용되지 않는 자의 사업재개 등 법정 요건**(조특 99조의10 1항 각 호)을 모두 갖춘 경우에는 거주자의 신청에 따라 징수곤란 체납액[종합소득세(이에 부가되는 농어촌특별세를 포함) 및 부가가치세의 합계액] 중 국세징수권의 소멸시효가 완성되지 아니한 금액에 대하여 그 거주자에게 **체납액 징수특례**를 적용할 수 있다(조특 99조의10 1항). 체납액 징수특례는 **'징수곤란 체납액에 대한 가산금**(신청일 이후의 가산금을 포함)**의 납부의무 면제'** 또는 '징수곤란 체납액에 대한 **분납 허가**'로 구성된다(조특 99조의10 2항).

5 국세체납정리위원회

국세체납정리위원회는 강제징수의 종료를 위한 압류의 해제 또는 국세징수법 또는 세법이 정하는 사항을 심의대상으로 하는바, 이는 해당 위원회 구성의 전문성 및 중립성을 확보하여 납세자의 권익을 보호하기 위한 제도에 해당한다. 이하 국세체납정리위원회에 대하여 구체적으로 살핀다.

국세의 체납정리에 관한 사항을 심의하기 위하여 지방국세청과 1급지세무서(국세직제 24조 2항)에 **국세체납정리위원회**를 두어야 하는바(국징 106조 1항; 국징령 78조), 지방국세청장과 세무서장은 **'강제징수의 종료를 위하여 압류를 해제하는 경우**(국징 57조 1항 4호)' 및 **'국세징수법 또는 다른 세법에 따라 국세체납정리위원회의 심의를 거쳐야 하는 경우'**에는 각 지방국세청 및 1급지세무서에 설치된 각 **지방국세청위원회 및 세무서위원회의 심의**를 거쳐야 한다(국징령 80조). 국세체납정리위원회의 심의를 거쳐야 하는 사항은 법률 단계에서 규정하는 것이 타당하다.

국세체납정리위원회의 구성에 대하여 살핀다. 국세체납정리위원회는 지방국세청위원회(지방국세청에 두는 국세체납정리위원회를 지방국세청국세체납정리위원회)와 세무서위원회(세무서에 두는 국세체납정리위원회를 세무서국세체납정리위원회)로 구분된다(국징령 79조 1항). 지방국세청위원회는 위원장을 포함한 7명 이상 9명 이하의 위원으로 구성하고, 세무서위원회는 위원장을 포함한 5명 이상 7명 이하의 위원으로 구성하며, 지방국세청위원회의 위원장은 지방국세청장이 되고, 세무서위원회의 위원장은 세무서장이 된다(국징령 79조 2항). 국세체납정리위원회의 위원은 해당 지방국세청장 또는 세무서장이 '해당 지방국세청 또는 세무서 소속 5급 이상 공무원', '변호사 · 공인회계사 또는 세무사의 자격이 있는 사람' 또는 '법률 · 회계 또는 경제에 관하여 학식과 경험이 풍부한 사람으로서 경제계에 종사하는 사람' 중에서 임명 또는 위촉한다(국징령 79조 3항). '해당 지방국세청 또는 세무서 소속 5급 이상 공무원'이 아닌 위원의 임기는 2년으로 하며, 한 차례만 연임할 수 있다(국징령 79조 4항). '해당 지방국세청 또는 세무서 소속 5급 이상 공무원'이 아닌 위원은 형법이나 그 밖의 법률에 따른 벌칙을 적용할 때에는 공무원으로 본다(국징령 79조 5항).

그 밖의 위원장의 직무(국징령 81조), 회의(국징령 82조), 회의록(국징령 83조), 보고와 통지(국징령 84조), 의견청취(국징령 85조), 의사 관여의 제한(국징령 86조), 수당(국징령 87조), 위원의 해촉(국징령 88조)에 관한 구체적인 규정들이 있다.

제4장

조세의 징수(강제징수)

제1절 총 설

I 강제징수의 의의

관할 세무서장(체납 발생 후 1개월이 지나고 체납액이 5천만원 이상인 자(국징령 23조)의 경우에는 **지방국세청장**을 포함)은 납세자가 **독촉**(국징 10조) 또는 **납부기한 전 징수의 고지**(국징 9조 2항)를 받고 지정된 기한까지 국세 또는 체납액을 완납하지 아니한 경우 재산의 **압류**(교부청구 · 참가압류를 포함), **압류재산의 매각 · 추심 및 청산의 절차**에 따라 **강제징수**를 한다(국징 24조). 즉 강제징수는 **납세자가 독촉 또는 납부기한 전 징수의 고지를 받고 지정된 기한까지 국세 또는 체납액을 완납하지 아니한 경우 재산의 압류(교부청구 · 참가압류를 포함), 압류재산의 매각 · 추심 및 청산의 절차에 따라 납세자의 재산을 강제적으로 환가하여 조세채권을 실현하기 위한 절차**를 의미한다. 확정된 조세채무에 대한 독촉 또는 납부기한 전 징수의 고지를 받고 지정된 기한까지 국세 또는 체납액을 완납하지 아니한 경우 과세관청에 의한 강제징수절차가 바로 개시되는바, 이는 과세권에 근거한 조세채권이 자력집행권을 갖기 때문이다. 이러한 점에서 별도로 소송 등을 통하여 집행권원을 얻은 이후에 강제집행을 할 수 있는 사법 상 일반채권과 조세채권은 다르다.

강제징수와 관련된 통칙 규정들에 대하여 살핀다.

관할 세무서장은 강제징수를 집행할 때 납세자가 국세의 징수를 피하기 위하여 재산권을 목적으로 한 법률행위(신탁법에 따른 사해신탁(신탁 8조)을 포함)를 한 경우에는 민법(민법 406조, 407조) 및 신탁법(신탁 8조)을 준용하여 **사해행위의 취소 및 원상회복**을 법원에 청구할 수 있다(국징 25조). 따라서 조세법 상 사해행위취소권은 민법 상 채권자취소권 및 신탁법 상 사해신탁의 취소와 그 내용이 같다.

관할 세무서장은 **재판 상의 가압류 또는 가처분 재산**이 강제징수 대상인 경우에도 국세징수법에 따른 강제징수를 한다(국징 26조). 세무공무원이 재판 상의 가압류 또는 가처분을 받은 재산을 압류하려는 경우 그 뜻을 해당 법원, 집행공무원 또는 강제관리인에게 통지하여야 하고, 그 압류를 해제하려는 경우에도 또한 같다(국징령 24조).

체납자의 재산에 대하여 강제징수를 시작한 후 **체납자가 사망**하였거나 체납자인 **법인이 합병으로 소멸**된 경우에도 그 재산에 대한 강제징수는 계속 진행하여야 하고, 체납자가 사망한 후 체납자 명의의 재산에 대하여 한 압류는 그 재산을 상속한 상속인에 대하여 한 것으로 본다(국징 27조). 체납자가 **파산선고**를 받은 경우에도 이미 압류한 재산이 있을 때에는 강제징수를 속행하여야 한다(국징령 25조). 파산선고를 받은 경우에 대하여서는 법률의 단계에서 규정하는 것이 타당하다. 위임입법의 법리에 어긋난다는 견해가 있을 수 있다. 조속한 개정을 요한다.

압류한 재산에 대하여 소유권을 주장하고 반환을 청구하려는 제3자는 그 재산의 매각 5일 전까지 소유자로 확인할 만한 증거서류를 관할 세무서장에게 제출하여야 한다(국징 28조 1항). 제3자가 소유권을 주장하고 반환을 청구하는 경우 그 재산에 대한 **강제징수를 정지**하여야 한다(국징 28조 2항). 관할 세무서장은 제3자의 소유권 주장 및 반환 청구가 정당하다고 인정되는 경우 즉시 압류를 해제하여야 하고, 부당하다고 인정되면 즉시 그 뜻을 제3자에게 통지하여야 한다(국징 28조 3항). **제3자의 소유권 주장 및 반환 청구가 부당하다는 통지를 받은 제3자**가 통지를 받은 날부터 15일 이내에 그 재산에 대하여 체납자를 상대로 소유권에 관한 소송을 제기한 사실을 증명하지 아니하면 즉시 강제징수를 계속하여야 한다(국징 28조 4항). 관할 세무서장은 제3자가 체납자를 상대로 소유권에 관한 소송을 제기하여 승소 판결을 받고 그 사실을 증명한 경우 **압류를 즉시 해제**하여야 한다(국징 28조 5항). 압류재산에 관한 제3자의 이의 규정이 그와 같은 절차를 밟은 일이 없는 제3자는 압류재산에 대하여 소유권 주장을 못한다거나 소송 상 소유권을 주장하여 압류처분의 취소를 구할 수 없다고 규정하는 것은 아니다.[323)]

압류재산을 보관하는 과정에서 작성하는 문서에 관하여는 **인지세**를 **면제**한다(국징 29조 1항). '압류의 등기 또는 등록(국징 45조 1항, 2항)', '압류 말소의 등기 또는 등록(국징 58조 2항)', '공매공고의 등기 또는 등록(국징 74조)' 및 '공매공고 말소의 등기 또는 등록(국징 89조)'

323) 대법원 1986.12.9. 86누482.

에 관하여는 **등록면허세**를 **면제**한다(국징 29조 2항).

관할 세무서장은 체납 발생일부터 1년이 지난 국세의 합계액이 2억원 이상인 경우 체납자의 **수입물품에 대한 강제징수**를 **세관장에게 위탁**할 수 있다(국징 30조 1항). 관할 세무서장은 위 체납자에 대하여 1개월 이내의 기간을 정하여 체납된 국세를 납부하지 아니하는 경우 강제징수가 세관장에게 위탁될 수 있다는 사실을 알려야 한다(국징령 26조 1항). 관할 세무서장은 세관장에게 강제징수를 위탁한 경우 즉시 그 위탁사실을 체납자에게 **통지**하여야 한다(국징령 26조 2항). 관할 세무서장은 체납자가 고액・상습체납자의 명단 공개(국징 114조 1항)에서 제외되는 경우 즉시 해당 체납자의 수입물품에 대한 **강제징수의 위탁을 철회**하여야 한다(국징령 26조 3항).

관할 세무서장은 **강제징수를 인계**할 수 있다. 즉 관할 세무서장은 체납자가 관할구역 밖에 거주하거나 압류할 재산이 관할구역 밖에 있는 경우 체납자의 거주지 또는 압류할 재산의 소재지를 관할하는 세무서장에게 강제징수를 인계할 수 있으나, 압류할 재산이 채권이거나 체납자의 거주지 또는 압류할 재산의 소재지가 둘 이상의 세무서가 관할하는 구역인 경우에는 강제징수를 인계할 수 없다(국징령 27조 1항). 강제징수를 인계받은 세무서장은 압류할 재산이 그 관할구역에 없는 경우 강제징수의 인수를 거절할 수 있고, 이 경우 체납자가 그 관할구역에 거주하고 있는 경우에는 **수색조서**(국징 35조 5항)를 강제징수를 인계한 세무서장에게 보내야 한다(국징령 27조 2항). 강제징수의 인계에 대하여서도 법률 단계에서 규정하는 것이 타당하다. 위임규정이 없다는 견해가 있을 수 있다.

강제징수절차를 통하여 환가한 압류재산을 청산하기 위하여서는 조세채권과 일반채권의 관계에 대하여, 즉 조세채권의 우선권에 대하여 살필 필요가 있다. 그 효력에 따라 압류의 효력 및 청산관계 등이 달라지기 때문이다.

지방세의 체납처분에 대하여서는 지방세징수법 등에 별도의 정함이 있고, 그 별도의 정함이 없는 사항에 대하여서는 국세강제징수의 예를 준용하도록 하고 있다(지징 33조, 39조, 63조, 64조, 104조-107조). 지방세는 국세가 강제징수라는 용어를 사용하는 것과 달리 종전의 용어인 체납처분이라는 용어를 사용한다. **관세**의 강제징수에 대하여서도 국세징수의 예에 의하여 징수한다(관세 3조 2항, 19조 10항, 26조, 210조 6항 등). '국세강제징수의 예에 의하여 징수할 수 있다'는 규정이 국세기본법 상 국세 또는 지방세의 우선권 규정도 당연히 준용됨을 규정한 것이라고 볼 수는 없다.[324)]

Ⅱ 강제징수와 위법성의 승계

독립된 행정행위가 '별개의 효과를 목적으로' 단계적으로 이루어진 경우에 선행처분에 존재하는 하자는 그것이 당연무효의 사유가 아닌 이상 후행처분에 그대로 승계되지 않고 또 행정처분이 당연무효가 되려면 처분에 위법사유가 있다는 것만으로는 부족하고 그 하자가 중대하고도 명백한 것이어야 하며, 하자가 중대하고도 명백한 것인가의 여부는 그 법규의 목적, 의미, 기능 등과 구체적 사안의 특수성 등을 합리적으로 고찰하여 판별하여야 한다.[325] 신고납세방식 조세에서 과세표준 등의 신고행위가 납세의무를 부담할 법령 상 근거가 없이 이루어진 경우와 같이 객관적으로 타당한 법적 근거와 합리성이 없는 때에는 그 하자는 중대할 뿐 아니라 명백한 것으로서 그 신고행위는 당연무효라 할 것이므로, 그로써 확정된 조세채무가 존재함을 전제로 하는 과세관청의 징수처분 및 가산세 부과처분은 위법하다.[326] 반면에 부과처분과 강제징수는 서로 다른 처분으로 독립성이 있는 것이므로 착오과세를 원인으로 한 부과처분의 취소사유는 강제징수의 무효를 일으키는 것은 아니다.[327] 한편 과세관청에 의한 소득금액변동통지와 원천징수의무자에 대한 납부고지의 관계 역시 위와 동일한 법리에 의하여 해석되어야 한다. 즉 과세관청의 소득처분과 그에 따른 소득금액변동통지가 있는 경우 원천징수의무자인 법인은 소득금액변동통지서를 받은 날에 그 통지서에 기재된 소득의 귀속자에게 당해 소득금액을 지급한 것으로 의제되어 그때 원천징수하는 소득세의 납세의무가 성립함과 동시에 확정되므로 소득금액변동통지는 원천징수의무자인 법인의 납세의무에 직접 영향을 미치는 과세관청의 행위로서 항고소송의 대상이 되는 바, 이 경우 원천징수의무자인 법인이 원천징수하는 소득세의 납세의무를 이행하지 아니함에 따라 과세관청이 하는 납부고지는 확정된 세액의 납부를 명하는 징수처분에 해당하므로 선행처분인 소득금액변동통지에 하자가 존재하더라도 당연무효 사유에 해당하지 않는 한 후행처분인 징수처분에 그대로 승계되지 아니한다. 따라서 과세관청의 소득처분과 그에 따른 소득금액변동통지가 있는 경우 원천징수하는 소득세의 납세의무에 관하여는 이를 확정하는 소득금액변동통지에 대한 항고소송에서 다투어야 하고, 소득금액변동통지가 당연무

324) 대법원 1990.3.9. 89다카17898.
325) 대법원 1989.7.11. 88누12110.
326) 대법원 2014.2.13. 2013두19066.
327) 대법원 1974.3.26. 73다1884.

효가 아닌 한 징수처분에 대한 항고소송에서 이를 다툴 수는 없다.[328)]

부과처분이 존재하지 않는다면 그 후속처분 역시 무효임은 당연하다.

다만 선행처분과 후행처분이 서로 독립하여 별개의 효과를 목적으로 하는 경우에도 선행처분의 불가쟁력이나 구속력이 그로 인하여 불이익을 입게 되는 자에게 수인한도를 넘는 가혹함을 가져오며, 그 결과가 당사자에게 예측가능한 것이 아닌 경우에는 국민의 재판받을 권리를 보장하고 있는 헌법의 이념에 비추어 선행처분의 후행처분에 대한 구속력은 인정될 수 없다는 최근 판례가 있다.[329)] 논의의 여지가 있는 판례이다.

한편 '동일한 행정목적을 달성하기 위하여' 단계적인 일련의 절차로 연속하여 행하여지는 선행처분과 후행처분이 서로 결합하여 하나의 법률효과를 발생시키는 경우에는, 선행처분이 하자가 있는 위법한 처분이라면, 비록 하자가 중대하고도 명백한 것이 아니어서 선행처분을 당연무효의 처분이라고 볼 수 없고 행정쟁송으로 효력이 다투어지지도 아니하여 이미 불가쟁력이 생겼으며 후행처분 자체에는 아무런 하자가 없다고 하더라도, 선행처분을 전제로 하여 행하여진 후행처분도 선행처분과 같은 하자가 있는 위법한 처분으로 보아 항고소송으로 취소를 청구할 수 있다.[330)] 강제징수절차 상 압류, 압류재산의 매각 및 청산처분은 동일한 행정목적을 달성하기 위하여 단계적인 일련의 절차로 연속하여 행하여지는 행정처분에 속한다. 따라서 강제징수절차 내 각 처분들 사이에서 선행처분의 하자가 중대하고도 명백한 것이 아니어서 선행처분을 당연무효라고 볼 수 없고 행정쟁송으로 효력이 다투어지지도 아니하여 이미 불가쟁력이 생겼으며 후행처분 자체에는 아무런 하자가 없다고 하더라도, 선행처분을 전제로 하여 행하여진 후행처분 역시 선행처분과 같은 하자가 있는 위법한 처분으로 보아야 한다. 강제징수절차 중 무효인 압류와 그에 기한 공매처분과 관련하여, 국세징수법에 의하여 경료된 압류가 그 압류의 등기를 한 후에 발생한 체납액에 대하여도 효력을 미치기 위하여는 그 압류가 유효하게 존속함을 전제로 한다고 할 것이고, 압류가 당초부터 무효인 경우에는 그 압류등기 후에 체납액이 발생하였다고 하여 무효인 압류가 바로 그 체납액에 대한 압류로서 유효한 것으로 전환되는 것은 아니므로 무효인 압류처분에 기한 공매처분 역시 당연무효의 처분이라는 판례가 있다.[331)] 압류처분에 무효가 아닌

328) 대법원 2012.1.26. 2009두14439.
329) 대법원 2013.3.14. 2012두6964.
330) 대법원 1993.2.9. 92누4567.
331) 대법원 1991.6.28. 89다카28133.

위법사유가 있다고 하더라도 그 하자가 강제징수절차 내 후속처분에는 승계되는 것으로 보아야 한다.

상표권 등 압류대상 재산의 효력이 소급하여 상실하는 경우 해당 재산에 대한 집행절차의 효력 역시 무효로 되는가? 판례는 민사집행절차와 관련하여 다음과 같은 이유로 집행절차의 효력이 당연히 무효로 되는 것이 아니므로 부당이득금 반환을 청구할 수 있는 것은 아니라고 판시한다.[332] 국세징수의 경우에도 참고할 가치가 있다. 상표등록요건을 갖추지 못한 상표라고 하더라도 위와 같이 상표등록결정과 상표권 설정등록에 따라 발생한 상표권은 대세적으로 유효한 권리로 취급된다. 상표권은 이해관계인 또는 특허청 심사관이 특허심판원에 상표권자를 상대로 상표등록 무효심판을 청구하여 상표등록 무효심결이 확정된 경우에야 비로소 소급하여 처음부터 없었던 것으로 보게 된다.

상표권에 대한 집행절차에서 상표권 압류의 효력은 등록원부에 압류등록이 된 때에 발생하고, 압류등록 당시 상표권이 집행채무자의 책임재산에 속하였고 독립된 재산으로서의 가치가 있었던 이상 상표권에 대한 압류명령은 유효하다. 다만 상표권이 소멸하는 등으로 권리를 이전할 수 없는 사정이 명백하게 된 때에는 경매절차의 취소사유에 해당하는데, 경매절차의 취소사유는 매각대금을 다 내기 전에 발생한 것이어야 한다.

상표권은 사후적으로 이해관계인 등의 심판청구에 따른 특허심판원의 상표등록 무효심판을 통해 상표권이 처음부터 없었던 것으로 간주될 가능성을 내포하고 있고, 당사자 대립구조를 가지는 상표등록 무효심판의 특성상 심판청구의 상대방인 상표권자의 적절한 대응 여하에 따라 무효심판의 결과가 좌우될 수도 있다. 따라서 상표권에 대한 집행절차에서 상표권을 취득하였는데 집행절차가 종료된 후 상표등록 무효심결의 확정에 따라 그 상표권이 처음부터 없었던 것으로 간주되더라도, 집행절차를 무효로 하면서까지 상표권 매수인이나 양수인을 보호할 필요성이 있다고 단정하기 어렵다.

따라서 상표권에 대한 집행절차가 종료된 후 상표등록 무효심결이 확정되었더라도 그 상표권에 대한 압류명령이나 매각명령이 무효로 된다고 할 수 없으므로, 배당절차에서 각 배당받은 배당금을 법률상 원인 없이 얻은 이익이라고 볼 수는 없다.

332) 대법원 2023.12.28. 2022다209079.

제2절 조세채권과 일반채권의 관계

Ⅰ 조세채권의 우선권

국세 또는 강제징수비는 다른 공과금이나 그 밖의 채권에 우선하여 징수한다(국기 35조 1항 본문). 지방세의 경우에도 같다(지기 71조 1항 본문). **종래 가산금**에는 중가산금 역시 포함되었고 이는 가산세와 별도로 정의되었으나, 국세의 경우에 2018년 12월 31일 국세기본법 개정을 통하여 가산금이 가산세에 통합되었고 2020년 12월 29일 국세징수법 개정을 통하여 '체납처분비'라는 용어는 '강제징수비'로 대체되었다. 다만 지방세의 경우에도 가산금이라는 용어는 납부지연가산세에 통합하였으나, 체납처분비라는 용어는 종전과 같이 사용한다(국기 2조 4호 ; 지기 2조 1항 24호). 지방세의 경우에 종전 가산금은 본세와 동일한 효력을 갖는다. 이를 **'조세채권의 우선권'**이라고 한다.[333)]

조세채권에 대하여 우선권을 인정하는 이유는 무엇인가? 조세는 공공서비스를 제공하기 위한 자금으로서 공익성이 크기 때문에 우선권을 인정하는 것이지만 조세채권은 일반채권과는 달리 직접적인 반대급부가 없이 징수되는 것이므로 임의의 이행가능성이 약하다는 점 역시 근거가 될 수 있다는 견해가 있다.[334)] 조세채권의 우선권을 인정하지 않는다면 과세관청이 체납처분절차를 통하여 조세채권을 강제적으로 실현하려고 하더라도 납세자가 부담하는 일반채권의 크기에 따라 징수할 수 있는 세액이 달라지는 사정 등이 발생하여 실효적으로 조세채권을 징수할 수 없게 된다는 점 역시 근거가 될 수 있다고 본다. 그러나 조세채권의 우선권을 인정할 필요성이 크다고 하더라도 이는 사법 상 거래의 안정성을 크게 해하는 측면이 있다. 따라서 조세채권의 우선권을 인정한다고 하더라도 사법 상 거래의 안정을 위하여 그 우선권을 조정할 필요 역시 있다. 이는 **조세우선권의 예외**에 관한 부분에서 살핀다.

조세우선권은 어떠한 범위에서 납세자의 사법 상 법률관계에 영향을 미치는가?

국세의 우선권은 납세자의 재산에 대한 강제집행, 경매, 체납처분[335)] 등의 강제환가절차에서 국세를 다른 공과금 기타 채권에 우선하여 징수하는 효력을 의미할 뿐이다.[336)] 따라

333) 이하 국세와 지방세를 중심으로 살핀다.
334) 金子 宏、前掲書、779頁。
335) 2020년 12월 29일 국세징수법 전부개정을 통하여 '강제징수'로 변경되었다.
336) 대법원 1996.10.15. 96다17424.

서 조세우선권은 강제환가절차 이상으로 납세자의 총재산에 대하여 조세채권을 위한 일반의 선취특권이나 특별담보권을 인정하는 것은 아니므로, 국세의 우선권을 근거로 이미 제3자 앞으로 소유권이 이전된 재산권을 압류할 수는 없으며, 이는 당해 재산에 대하여 부과된 국세의 경우도 마찬가지이다. 또한 이러한 이유로 납세자에게 채권 일반에 대한 변제의 순서를 지정하는 효과를 가지는 것도 아니다.

Ⅱ 조세우선권의 내용

국세 또는 강제징수비는 다른 공과금이나 그 밖의 채권에 우선하여 징수한다(국기 35조 1항 본문). 지방자치단체의 징수금은 다른 공과금과 그 밖의 채권에 우선하여 징수한다(지기 71조 1항 본문). 지방자치단체의 징수금이란 지방세 및 체납처분비를 말한다(지기 2조 1항 22호).

종래 가산금에는 중가산금 역시 포함되었고 이는 가산세와 별도로 정의되었으나, 국세의 경우에 2018년 12월 31일 개정을 통하여 가산금이 가산세에 통합되었고 지방세의 경우 역시 2020년 12월 29일 개정을 통하여 납부지연가산세에 통합되었다(국기 2조 4호 ; 지기 2조 1항 24호). 연부연납이 허가된 경우에 그 부대세로서 납부하는 이자세액도 위 국세 또는 가산금에 포함되어 조세우선권이 인정되었다.[337] 국세의 경우 가산금이 가산세에 통합되었다고 하더라도 위 판례는 동일한 취지로 해석하는 것이 타당하다.

강제징수비는 국세징수법 중 강제징수에 관한 규정에 따른 재산의 압류, 보관, 운반과 매각에 든 비용(매각을 대행시키는 경우 그 수수료를 포함한다)을 말한다(국기 2조 6호). 지방세의 경우에도 같다(지기 2조 1항 25호).

공과금은 '국세징수법에서 규정하는 강제징수의 예에 따라 징수할 수 있는 채권 중 국세, 관세, 임시수입부가세, 지방세와 이와 관계되는 강제징수비를 제외한 것을 말한다(국기 2조 8호). 강제징수 상 압류는 체납자의 체납재산을 대상으로 하는 바 체납자는 납세자로서 국세를 납부기한까지 납부하지 아니한 자를 의미한다. 또한 강제징수는 자력집행력을 가진 채권으로서 확정된 채권에 대하여서만 인정된다. 따라서 '강제징수의 예에 따라 징수할 수 있는 채권'은 '금전채권'을 뜻하고 이에는 '자력집행력이 없는 일반 채권'과 '확정되지 않은 채권'은 제외된다. 이러한 이유로 제2차 납세의무에 대하여 납부고지서에 의한 납부고지를

337) 대법원 2001.11.27. 99다22311.

하지 않았다면 그 조세채권 및 그 납부기한은 구체적으로 확정되지 않아서 이에 대하여 조세우선권이 인정될 수 없다.[338)]

강제징수가 체납자의 여러 부동산에 대하여 이루어지는 경우 조세우선권의 적용과 관련하여 공동저당권에 관한 민법 제368조가 유추 적용될 수 있는가?

이 쟁점은 여러 개의 부동산이 동시에 공매된 경우에 과세관청으로서는 어느 부동산의 공매대가로부터 배당받든 우선변제권이 충족되기만 하면 되지만, 각 부동산의 소유자나 차순위 저당권자 기타의 채권자에게는 어느 부동산의 공매대가가 국가에게 배당되는가에 대하여 중대한 이해관계를 가지게 되기 때문에 발생하게 된다. 판례는 조세우선변제권은 일정한 범위 내에서는 조세채무자의 총재산에 대하여 우선변제권이 인정된다는 점에서 이른바 법정 담보물권으로서의 성격을 갖고 있으며, 따라서 조세채무자의 부동산이 여럿인 경우에는 마치 그 부동산 전부에 대한 공동저당권자와 유사한 지위에 서게 되므로, 납세의무자 소유의 여러 부동산에 대하여 조세우선변제권이 행사된 경우에는 공동저당권에 관한 민법 제368조가 유추 적용되어야 한다고 판시한다.[339)] 이 판례에 따른다면 강제징수가 체납자의 여러 부동산에 대하여 이루어지는 경우 조세우선권은 다음과 같이 적용되어야 한다.

여러 부동산의 매각대금이 동일한 배당절차에서 배당되는 이른바 **동시배당**의 경우에는 조세채권의 실행선택권과 우선변제권을 침해하지 않는 범위 내에서 각 부동산의 공매대가에 비례하여 그 조세채권의 분담액을 정한다. 이는 각 부동산의 책임을 안분시킴으로써 각 부동산상의 소유자와 차순위 저당권자 기타의 채권자의 이해관계를 조절하고자 하는 것이다.

동시배당이 아닌 일부 부동산의 공매대가를 먼저 배당하는 이른바 **이시배당**의 경우에 국가는 그 대가에서 그 채권 전부를 배당받을 수 있다. 이 경우에 그 공매한 부동산의 후순위 저당권자는 국가가 동시배당의 경우 배당받을 수 있는 금액의 한도에서 조세채권을 대위하여 행사할 수 있다. 이러한 대위제도는 동시배당이 아닌 이시배당의 경우에도 최종적인 배당의 결과가 동시배당의 경우와 같게 하기 위한 것으로서 과세관청의 실행선택권 행사로 인하여 불이익을 입은 후순위 저당권자를 보호하기 위한 규정이다. 이 경우 후순위 저당권자의 대위권은 일단 배당기일에 그 배당표에 따라 배당이 실시되어 배당기일이 종료되었을

338) 대법원 1990.12.26. 89다카24872.
339) 대법원 2006.5.26. 2003다18401.

때 발생하는 것이다.

체납자의 제3채무자에 대한 채권이 강제징수에 의하여 압류된 경우 그 채권에 대한 '조세우선권'과 '제3채무자의 상계' 사이의 우열관계는 어떠한가?

국세징수법에 의한 채권압류는 강제집행에 의한 경우와 같이 그 압류의 결과 피압류채권에 관해서 변제, 추심 등 일체의 처분행위를 금지하는 효력이 있기는 하나 체납자에 대신하여 추심권을 취득함에 불과한 것으로서 국세에 의한 채권압류가 있었다고 하여 제3채무자의 상계권까지 이를 무조건 제한하는 것은 아니라 할 것이므로, 위 국세징수법에 의한 채권압류에 있어서도 제3채무자는 그 '압류통지가 송달되기 이전에 채무자에 대하여 상계적상에 있었던' 반대채권(자동채권)을 가지고 그 명령이 송달된 이후에도 상계로써 압류채권자에게 대항할 수 있다.[340)]

Ⅲ 조세우선권의 예외

조세채권의 우선권을 인정한다고 하더라도 이는 거래의 안정성을 크게 해하는 측면이 있다. 따라서 조세채권의 우선권을 인정한다고 하더라도 거래의 안정을 위하여 조정할 필요 역시 있다. 이러한 이유로 국세기본법과 지방세기본법은 **조세우선권에 대한 예외**에 대하여 규정한다(국기 35조 ; 지기 71조). 다만 부가가치세법 상 수탁자의 물적 납부의무에 대하여 유의할 필요가 있다. 즉 부가가치세・강제징수비(이하 '부가가치세 등'이라 한다)를 체납한 부가가치세 납세의무자(부가세 3조)에게 법정의 신탁재산이 있는 경우로서 그 납세의무자의 다른 재산에 대하여 체납처분을 하여도 징수할 금액에 미치지 못할 때에는 수탁자(부가세 2조)가 물적 납부의무를 부담하는 바(부가세 3조의2), 이때에 수탁자는 국세의 우선권에 관한 규정(국기 35조 1항)에도 불구하고 그 신탁재산의 보존 및 개량을 위하여 지출한 필요비 또는 유익비(신탁 48조 1항)에 대하여 우선변제를 받을 권리가 있다(부가세 52조의2 5항). **한편 종래 가산금**에는 중가산금 역시 포함되었고 이는 가산세와 별도로 정의되었으나, 국세의 경우에 2018년 12월 31일 개정을 통하여 가산금이 가산세에 통합되었고 지방세의 경우 역시 2020년 12월 29일 개정을 통하여 가산세에 통합되었다(국기 2조 4호 ; 지기 2조 1항 24호).

이하 각 항목별로 나누어 살핀다.

340) 대법원 1985.4.9. 82다카449.

1 강제징수비

국세 또는 공과금의 강제징수 시 그 강제징수 금액 중에서 지방자치단체의 징수금을 징수하는 경우의 그 국세 또는 공과금의 강제징수는 지방자치단체의 징수금보다 우선하고(지기 71조 1항 1호), 지방세나 공과금의 체납처분을 할 때 그 체납처분금액 중에서 국세 또는 강제징수비를 징수하는 경우의 그 지방세나 공과금의 체납처분비는 국세 또는 강제징수비보다 우선한다(국기 35조 1항 1호).

또한 지방세의 경우에는 체납처분비가 그 체납처분비는 담보권이 설정된 경우의 우선순위(지기 71조 1항 3호) 및 납세담보가 있는 지방세의 우선징수(지기 74조)에도 불구하고 다른 지방자치단체의 징수금과 국세 및 그 밖의 채권에 우선하여 징수한다고 별도로 규정한다(지기 72조). 국세는 해당되는 부분에서 각 후술한다.

2 강제집행 · 경매 또는 파산절차에 든 비용

강제집행 · 경매 또는 파산 절차에 따라 재산을 매각할 때 그 매각금액 중에서 국세 또는 강제징수비를 징수하는 경우의 그 강제집행, 경매 또는 파산 절차에 든 비용은 그 국세 또는 강제징수비보다 우선한다(국기 35조 1항 2호). 지방세의 경우도 같다(지기 71조 1항 2호). 다만 지방세의 경우에는 가산금이 가산세와 분리되어 규정되어 있었으나 2020년 12월 29일 개정을 통하여 납부지연가산세에 통합되었고, 우선권의 판정에 있어서 종전 가산금은 본세와 동일하게 취급된다는 점에 유의하여야 한다.

3 전세권 · 질권 · 저당권의 피담보채권 또는 임대차보증금반환채권 등

가. '조세'와 '전세권 · 질권 · 저당권의 피담보채권 또는 임대차보증금반환채권 등' 사이의 일반적 우선관계

'조세'와 '전세권 · 질권 · 저당권의 피담보채권 또는 임대차보증금반환채권 등' 사이의 우선관계에 대하여 본다. 이 경우 우선순위는 조세의 '법정기일'과 '위 각 담보권설정의 등기 · 등록일', 임대차계약 설정일 또는 대물변제 예약일을 기준으로 정하여진다. 즉 위 각 해당일이 앞선 채권이 우선한다. 즉 '법정기일' 전에 '전세권 · 질권 · 저당권의 설정을 등기 · 등록한 사실, 주택 또는 상가건물의 대항요건(주택임대차 3조의2 2항; 상가임대차 5조 2항)과 확정일자를 갖춘 사실' 또는 '납세의무자를 등기의무자로 하고 채무불이행을 정지조건으로 하는 대물변제의 예약에 따라 채권 담보의 목적으로 가등기(가등록을 포함한다)를 마친 가등기 담보권이 설정된 사실'이 법정절차(국기령 18조 ; 지기령 50조)에 따라 **증명되는 재산이 국세의 강제징수 또는 경매 절차 등을 통하여 매각(양도, 상속 또는 증여된 후 해당 재산이 국세의 강제징수 또는 경매 절차 등을 통하여 매각되는 경우는 제외)되어 그 매각금액 중 국세를 징수하는 경우**에는 그 전세권・질권・저당권의 피담보채권 또는 임대차보증금반환채권 등이 국세에 우선한다(국기 35조 1항 3호). 한편 위 '전세권・질권・저당권의 피담보채권 또는 임대차보증금반환채권 등'이 **설정된 재산이 양도, 상속 또는 증여된 후 해당 재산이 국세의 강제징수 또는 경매 절차 등을 통하여 매각되어 그 매각금액에서 국세를 징수하는 경우** 해당 재산에 설정된 위 전세권 등에 의하여 담보된 채권 또는 임대차보증금반환채권이 국세에 우선하나, 해당 재산의 직전 보유자가 위 전세권 등의 설정 당시 체납하고 있었던 국세 등을 고려하여 **법정 방법에 따라 계산한 금액**(국기령 18조 3항)의 범위에서는 국세(법정기일이 전세권 등의 설정일보다 빠른 국세로 한정)를 우선하여 징수한다(국기 35조 1항 3호의2).

법정 방법에 따라 계산한 금액은 다음과 같다. 해당 금액은 권리의 설정일(임차권(국기 35조 1항 3호 나목)은 확정일자)(국기 35조 1항 3호 각 목) 중 가장 빠른 것보다 법정기일이 빠른 직전 보유자의 국세 체납액의 합계액을 말한다(국기령 18조 3항 전문). 이 경우 당해세 우선규정(국기 35조 3항)은 적용하지 아니하며, 설정일이 가장 빠른 권리가 직전보유자의 보유기간 전에 설정된 경우에는 0으로 한다(국기령 18조 3항 후문). 직전보유자의 국세 체납액 계산 기준일 등 금액의 계산을 위해 필요한 사항은 기획재정부령으로 정한다(국기령 18조 5항).

법정기일 후에 가등기를 마친 사실이 증명되는 재산을 매각하여 그 매각금액에서 국세를 징수하는 경우 그 재산을 압류한 날 이후에 그 가등기에 따른 본등기가 이루어지더라도 그 국세는 그 가등기에 의해 담보된 채권보다 우선한다(국기 35조 4항). 세무서장은 가등기가 설정된 재산을 압류하거나 공매할 때에는 그 사실을 가등기권리자에게 지체 없이 통지하여야 한다(국기 35조 5항). 가등기권리자에 대한 압류의 통지에 관련된 사항은 압류통지서(국기칙 11조의3 1항; 국징칙 30조, 별지 35호 서식)를 통하여 한다(국기령 18조 5항). 이 경우 직전 보유자 국세 체납액의 구체적인 범위 설정을 위한 계산 기준일은 공매의 배분기일 또는 경매의 배당기일로 하고(국기칙 11조의3 2항), 국세 체납액 징수를 하는 경우 그 징수 요구는 교부청구서에 의한다(국기칙 11조의3 3항; 국징칙 48조, 별지 52호 서식). **채권담보의 목적으로 마친 가**

등기를 담보가등기라고 하는 바, 위와 같이 강제징수**에 대항할 수 없는 가등기는 담보가등기만을 의미하는 것인가?** 법문언 상 '대물변제의 예약에 의하여 권리이전 청구권의 보전을 위한 가등기'라고 하더라도 이는 '채무불이행을 정지 조건으로 하는' 경우로 한정되고 그 이외의 가등기 역시 '담보의 목적으로 된 가등기(가등기담보 2조 3호)'를 의미하는 것이므로, 강제징수에 대항할 수 없는 가등기는 담보가등기만을 의미하는 것으로 판단한다.

가등기권자가 강제징수에 대항하기 위하여서는 '조세의 법정기일 이전에 가등기가 설정되어야 한다는 요건'과 '압류 이전에 가등기에 기한 본등기가 행하여지는 요건' 모두를 충족하여야 하는 것인가? 이를 긍정하는 견해가 있다.[341] 두 요건 중 하나만 충족하면 가등기권자는 강제징수에 대항할 수 있는 것으로 판단한다. 설사 법정기일 이후에 가등기가 행하여졌다고 하더라도 강제징수에 의한 압류가 행하여지기 이전에 가등기에 기한 본등기가 행하여진다면 이는 강제징수에 의한 압류 이전에 제3자에게 양도한 경우와 다를 바가 없고 이 경우 판례는 조세채권이 추급할 수 없다고 판시하기 때문이다. 이 경우 만약 제3자와 공모한 경우라면 사해행위취소권을 행사할 수 있음은 물론이다. 또한 압류 이전에 본등기를 하였다고 하더라도 청산절차를 거치지 않았다면 가등기권리자는 양도담보권자로서의 지위를 가지므로 그에 대하여 양도담보권자의 물적 납부의무(국기 42조)를 부담하게 될 수 있다.[342]

지방세의 경우에는 가산금이 가산세와 분리되어 규정되어 있었으나 2020년 12월 29일 개정을 통하여 납부지연가산세에 통합되었고 종전 가산금은 우선권의 판정에 있어서 본세와 동일하게 취급된다는 점에 유의하여야 한다. 지방세의 경우에는 법정기일 전에 주택임대차보호법 제3조의2 제2항 및 상가건물임대차보호법 제5조 제2항에 따른 대항요건과 임대차계약증서상의 확정일자를 갖춘 사실이 법정절차에 따라 증명되는 재산의 매각에서 그 매각금액 중 지방세 등을 징수하는 경우의 그 등기 또는 확정일자를 갖춘 임대차계약증서상의 보증금은 해당 지방세 등에 우선한다(지기 71조 1항 3호 본문).

법정기일에 대하여 본다. 법정기일(국기 35조 2항 ; 지기 71조 1항 3호 각 호)은 **'해당 세액의 신고일**[과세표준과 세액의 신고에 따라 납세의무가 확정되는 국세의 경우. 이에는 중간예납하는 법인세와 예정신고납부하는 부가가치세 및 소득세(소세 105조에 따라 양도소득과

341) 임승순, 전계서, 230면.
342) 상게서.

세표준 예정신고를 하는 경우로 한정한다)를 포함한다]', **'납부고지서의 발송일**[과세표준과 세액을 정부가 결정 · 경정 또는 수시부과 결정을 하는 경우 고지한 해당 세액(납부지연가산세(국기 47조의4) 중 **납부고지서**에 따른 납부기한 후의 납부지연가산세와 원천징수 등 납부지연가산세(국기 47조의5) 중 **납부고지서**에 따른 납부기한 후의 원천징수 등 납부지연가산세를 포함한다)]', **'납세의무의 확정일**(인지세와 원천징수의무자나 납세조합으로부터 징수하는 소득세 · 법인세 및 농어촌특별세)', **'납부고지서의 발송일**(국징 7조)(보증인을 포함하는 제2차 납세의무자의 재산에서 국세를 징수하는 경우, 양도담보재산에서 국세를 징수하는 경우(국기 42조) 및 부가가치세법 상 수탁자의 물적 납부의무에 따라 신탁재산에서 부가가치세 등을 징수하는 경우(부가세 3조의2))' 및 **'압류등기일 또는 등록일**[납부기한 전 징수로 인하여 법정절차(국징 31조 2항)에 따라 납세자의 재산을 압류한 경우에 그 압류와 관련하여 확정된 세액의 경우]'을 의미한다. 다만 지방세의 경우 역시 가산금이 2020년 12월 29일 개정을 통하여 납부지연가산세에 통합되었고 종전 가산금은 본세와 동일하게 취급된다는 점에 유의하여야 한다. 종전 가산금의 경우에는 **'가산금을 가산하는 고지세액의 납부기한이 지난 날**(가산금의 경우)'이 법정기일이 된다.

'세액의 신고일' 및 '납부고지서의 발송일'을 조세의 법정기일로 정하고, 조세의 법정기일이 전세권 · 질권 · 저당권의 등기 · 등록일보다 앞선다는 이유로 우선하는 것이 담보물권의 본질적 내용을 침해하는 것은 아닌가? 헌법재판소는 위헌이 아니라고 판단한다. 즉 국세우선의 원칙과 사법 상 담보금융거래질서와 사이의 조화를 도모하기 위해, 조세채권과 담보권 사이의 우열을 가리는 기준은 조세의 우선권을 인정하는 공익목적과 담보권의 보호 사이의 조화를 이루는 선에서 법률로 명확하게 정하여야 하고, 그 기준시기는 담보권자가 조세채권의 존부 및 범위를 확인할 수 있고, 과세관청 등에 의하여 임의로 변경될 수 없는 시기인 한, 입법자가 합리적인 판단에 의하여 정할 입법재량에 속하는 바, '신고일'이나 '납부고지서 발송일'을 기준으로 국세채권이 우선하도록 하는 것은, 담보권자의 예측가능성을 해한다거나 또는 과세관청의 자의가 개재될 소지를 허용하는 것이 아니고, 달리 그 기준시기의 설정이 현저히 불합리하다고 볼 수도 없으므로 담보권자의 재산권 등을 침해한다고 할 수 없다고 판시한다.[343] 다만 헌법재판소는 이 경우에도 담보권자가 담보권설정자의 국세체납 여부에 관하여 충분히 파악할 수 있도록 그 예측가능성을 제고하는 제도적 장치가

343) 헌재 2001.7.19. 2000헌바68.

필요하다고 하는 바, 이러한 취지를 반영하여 국세징수법은 **납세증명서제도** 및 **체납자료의 제공** 등 제도를 마련하고 있다(국징 107조, 110조). 이러한 제도들이 충분한 것인지 여부는 검토할 여지가 있다.

가산세의 법정기일에 대하여 본다. 가산세는 본세와 본질적으로 그 성질이 다르므로, 가산세 채권과 저당권 등에 의하여 담보된 채권과의 우열을 가릴 때에는 가산세 자체의 법정기일을 기준으로 하여야 한다.[344] 국세의 경우에는 2018년 12월 31일 개정을 통하여 가산세에 가산금이 포함되도록 개정되었다. 가산세에 포함된 가산금의 법정기일은 납부기한을 도과하는 각 일별로 확정되는 것으로 보아야 하고 그 법정기일 역시 각 일별로 별도로 정하여지는 것으로 보는 것이 타당하다.

지방세의 경우 2020년 12월 29일 개정법률 시행 이전에 발생한 가산금·중가산금의 법정기일에 관하여 본다. 가산금·중가산금은 납세고지 세액에 가산금을 가산하여 징수하고 납기경과 후 일정기한까지 납부하지 아니한 때에는 그 금액에 다시 소정의 중가산금을 가산하여 징수하는 바, 가산금·중가산금은 본세의 납부고지에서 고지된 납부기한이나 그 이후의 소정의 기한까지 체납된 세액을 납부하지 아니하면 별도의 확정절차 없이 위 규정에 의하여 당연히 발생하고 그 액수도 확정되는 것이므로 가산금·중가산금의 법정기일은 가산금·중가산금 자체의 납세의무가 확정되는 때, 즉 **납부고지에서 고지된 납부기한이나 그 이후의 소정의 기한을 도과할 때**로 보아야 한다.[345] 이 경우 납부기한을 도과하는 각 일별로 별도의 가산금·중가산금이 확정되는 것으로 보아야 하고 그 법정기일 역시 각 일별로 별도로 정하여져야 한다.[346]

연부연납 또는 분납으로 인하여 해당 조세의 법정기일 역시 변경되는가? 해당 조세에 관한 당초의 법정기일에 의하여 해당 조세의 우선권의 인정 여부를 판정하여야 할 것이다. 납세자에 대하여 연부연납 또는 분납을 허가한다는 것이 그 법정기일을 변경하는 효력까지 부여하는 것을 의미한다면 이는 과세관청이 연부연납 또는 분납을 통하여 과세권을 포기하는 것과 다르지 않기 때문이다. 판례 역시 저당권 등의 피담보채권과의 우선관계를 결정하는 법정기일은 원래의 부과처분에 따른 납부고지서의 발송일이 되고, 그 후 연부연납 허가와 그에 기한 납세고지가 이루어졌다고 하더라도 그에 따라 법정기일이 변경되는 것은 아

344) 대법원 2001.4.24. 2001다10076.
345) 대법원 2002.2.8. 2001다74018.
346) 같은 편 제3장 제2절 II 1 납부지연가산세 참조.

니라고 판시한다.[347)]

전세권 · 질권 · 저당권 설정의 등기 · 등록일에 대하여 본다. 전세권 · 질권 · 저당권 설정의 등기 · 등록일은 '부동산등기부 등본', '공증인의 증명', '질권에 대한 증명으로서 세무서장이 인정하는 것' 또는 '공문서 또는 금융회사 등의 장부상의 증명으로서 세무서장이 인정하는 것'에 의하여 증명하여야 한다(국기령 18조 2항).

나. 당해세의 우선

국세 및 강제징수비는 **다른 공과금이나 그 밖의 채권에 우선하여 징수하나, 특정 공과금이나 그 밖의 채권**(국기 35조 1항 각 호)**에 대해서는 그러하지 않다**(국기 35조 1항). 다만 **법정기일 전에 설정된 '전세권 · 질권 · 저당권의 피담보채권 또는 임대차보증금반환채권 등'의 우선규정**(국기 35조 1항 3호) 경우에도 불구하고 **해당 재산에 대하여 부과된 상속세, 증여세 및 종합부동산세는 법정기일 전에 설정된 위 담보된 채권 또는 임대차보증금반환채권보다 우선한다**(국기 35조 3항; 지기 71조 1항 3호 괄호부분, 71조 2항 단서 중 괄호부분). 해당 재산에 대하여 부과된 상속세, 증여세 및 종합부동산세를 **당해세**라고 하며 당해세가 특정 권리에 의하여 담보된 채권 또는 임대차보증금반환채권에 우선하는 원칙을 통상 **당해세 우선의 원칙**이라고 한다. 당해세는 재산을 소유하고 있는 것 자체에 담세력을 인정하여 부과되는 조세를 의미한다.[348)] 2022년 12월 31일 개정 전 문언에 대하여서도 다음과 같이 해석하는 것이 타당하였다. 당해세가 우선하는 대상을 법은 조세우선권의 예외항목(국기 35조 1항 각 호)에 의하여 담보된 채권 또는 임대차보증금반환채권으로 규정하는바, **당해세 우선의 원칙이 적용되는 대상**은 조세우선권의 예외항목 중 **'전세권 · 질권 · 저당권의 피담보채권 또는 임대차보증금반환채권 등'에 의하여 담보된 채권 또는 임대차보증금반환채권**(국기 35조 1항 3호)**을 의미하는 것으로 보아야 한다.** 법정기일에 의하여 조세우선권의 적용이 결정되는 항목은 이에 한정되고, 법 역시 법정기일 전에 설정된 권리의 존재를 전제하고 있기 때문이다. 한편 **'전세권 · 질권 · 저당권의 피담보채권 또는 임대차보증금반환채권 등'이 설정된 재산이 양도, 상속 또는 증여된 후 해당 재산이 국세의 강제징수 또는 경매 절차 등을 통하여 매각되어 그 매각금액에서 국세를 징수하는 경우의 우선규정**(국기 35조 1항 3호의2)에도 불구하고, 해당 재산에 대하여 부과된 종합부동산세는 같은 호에 따른 채권 또는 임대차보증금반

347) 대법원 2001.11.27. 99다22311.
348) 대법원 2003.1.10. 2001다44376.

환채권보다 우선한다(국기 35조 3항 후문).

지방세의 경우 역시 국세와 동일하게 가산금이 2020년 12월 29일 개정을 통하여 납부지연가산세에 통합되었고 종전 가산금은 우선권의 판정에 있어서 본세와 동일하게 취급된다는 점에 유의하여야 한다.

'당해세에 대한 우선원칙'은 담보권자의 예측가능성을 해치지 아니하므로 과세요건 명확주의에 위반되지 아니하고, 재산권인 저당권 등의 본질적인 내용을 침해하거나 그 내용을 과도하게 제한하는 것이라고 볼 수 없고 또한 당해세에 해당되는지에 관한 구체적 · 세부적인 판단 문제는 개별법령의 해석 · 적용의 권한을 가진 법원의 영역에 속한다.[349] 국세로서 당해세는 해당 목적물의 소유권이전 자체를 과세대상으로 하는 상속세와 증여세, 종합부동산세를 말한다(국기 35조 5항). 지방세로서 당해세는 재산세 · 자동차세(자동차 소유에 대한 자동차세만 해당한다) · 지역자원시설세(특정부동산에 대한 지역자원시설세만 해당한다) 및 지방교육세(재산세와 자동차세에 부가되는 지방교육세만 해당한다)를 말한다(지기 71조 5항).

부동산을 매수한 후 소유권이전등기를 경료하지 아니한 채 수증자 앞으로 직접 소유권이전등기를 경료한 것을 과세대상으로 삼아 부과된 증여세가 당해세에 해당하는가? 이 경우에는 소유권이전등기시에 수증자가 부동산 자체를 증여받은 것으로 보아야 할 것이지 이와 달리 단지 부동산에 관한 소유권이전등기청구권을 증여받았을 뿐이라고 볼 수는 없으므로, 갑과 그의 처 을 공동 명의로 부동산에 관한 소유권이전청구권 보전 가등기를 경료하였다가 갑으로부터 을 앞으로 부동산의 2분의 1 지분에 관한 소유권이전등기청구권 보전 가등기 이전의 부기등기를 경료한 다음, 을 앞으로 가등기에 기한 본등기를 경료한 경우, 실질적으로 을은 가등기에 기한 본등기를 경료한 때에 갑으로부터 그 부동산 지분 1/2을 증여받았다고 보아야 할 것이고, 위 증여를 과세대상으로 하여 을에게 부과된 위 증여세 및 종전 가산금적 성격을 갖는 납부지연가산세는 그 부동산 자체에 관하여 부과된 이른바 당해세에 해당한다.[350]

부동산에 대하여 근저당권설정 이전에 이루어진 증여를 원인으로 하여 부과된 증여세 역시 당해세에 해당하는가? 이 경우 증여세는 위 부동산 자체에 관하여 부과된 것이고 근저당권설정 당시 이미 등기부 상 증여를 원인으로 하여 근저당설정자 명의로 소유권이전등기

349) 헌재 2001.2.22. 99헌바44.
350) 대법원 1999.8.20. 99다6135.

가 마쳐져 있었으므로 근저당권자로서는 장래 이 증여를 과세원인으로 하여 증여세가 부과될 것을 상당한 정도로 예측할 수 있다고 봄이 상당할 것이므로 위 증여세는 이른바 당해세에 해당한다.[351)]

재산 취득자금 등의 증여 추정규정에 의하여 증여세가 부과되는 경우 그 증여세 역시 당해세에 해당하는가? 이 경우 증여세는 재산의 취득자금을 증여받은 것으로 추정하여(상증세 45조) 그 재산의 취득자금에 대하여 부과하는 것이지 매각재산 자체에 대하여 부과된 국세라고 할 수 없으므로 당해세에 해당하지 않는다.[352)]

저가 · 고가 양도에 따른 이익의 증여 등 규정에 의하여 부과되는 증여세 역시 당해세에 해당하는가? 이 경우 증여세는 특수관계에 있는 자 사이의 매매에 있어서 수증자가 그 대가와 시가의 차액에 상당하는 이익을 증여받은 것으로 보고 이에 대하여 부과하는 것으로서(상증세 35조), 그 재산 자체의 증여에 대하여 부과하는 통상적인 증여세와는 과세대상을 달리 하는 것이므로 당해세에 해당하지 않는다.[353)]

지방세의 경우 동일 소유자의 모든 재산을 합산하여 과세하는 종합합산과세대상이나 별도합산과세대상이 되는 경우에 있어서 당해세의 범위는 어떻게 결정되어야 하는가? 이 경우 1개의 과세단위로 부과된 해당 지방세 중 담보물권의 대상이 된 재산에 해당하는 부분만이 당해세가 된다.[354)]

당해세 우선 원칙의 적용에 관한 별도 규정이 신설되었다. 즉 당해세 우선 원칙에도 불구하고 임대차보증금반환채권 등(대항요건과 확정일자를 갖춘 임차권(주택임대차 3조의2 2항)에 의하여 담보된 임대차보증금반환채권 또는 주거용 건물에 설정된 전세권(주택임대차 2조)에 의하여 담보된 채권)은 해당 임차권 또는 전세권이 설정된 재산이 국세의 강제징수 또는 경매 절차 등을 통하여 매각되어 그 매각금액에서 국세를 징수하는 경우 그 확정일자 또는 설정일보다 법정기일이 늦은 해당 재산에 대하여 부과된 상속세, 증여세 및 종합부동산세의 우선 징수 순서에 대신하여 변제될 수 있다(국기 35조 7항 전문). 이 경우 대신 변제되는 금액은 우선 징수할 수 있었던 해당 재산에 대하여 부과된 상속세, 증여세 및 종합부동산세의 징수액에 한정하며, 임대차보증금반환채권 등보다 우선 변제되는 저당권 등의 변제

351) 대법원 2001.1.30. 2000다47972.
352) 대법원 1996.3.12. 95다47831.
353) 대법원 2002.6.14. 2000다49534.
354) 대법원 2001.2.23. 2000다5808.

액과 해당 재산에 대하여 부과된 상속세, 증여세 및 종합부동산세를 우선 징수하는 경우에 배분받을 수 있었던 임대차보증금반환채권 등의 변제액에는 영향을 미치지 아니한다(국기 35조 7항 후문).

다. 재산이 이전된 경우에 있어서의 조세의 우선관계

재산이 이전되는 경우에 있어서 조세의 우선관계와 관련하여서는, **'담보재산이 양도되는 경우'**, **'상속 또는 증여의 경우와 같이 재산이 무상으로 이전되는 경우'** 및 **'강제징수에 의한 재산압류 이전에 납세의무자로부터 제3자에게 이전된 경우'**로 나누어서 본다.

담보재산이 양도된 경우에 있어서 해당 담보재산에 대한 피담보채권과 조세 사이의 우선관계는 여전히 양도인을 기준으로 정하여져야 하는 것인가? 아니면 양수인을 기준으로 새롭게 정하여져야 하는 것인가? 이에 대한 명문의 규정은 없다. 판례는 당초의 양도인을 기준으로 정하여진 우선순위가 그대로 보전된다고 판시한다. 즉 판례는 국세나 지방세에 대하여 우선적으로 보호되는 저당권부채권은 당해 저당권설정 당시의 저당권자와 설정자와의 관계를 기본으로 하여 그 설정자의 납세의무를 기준으로 한 취지라고 해석되고 이러한 국세나 지방세 등에 대하여 우선적으로 보호되는 저당권부채권은 설정자가 저당부동산을 제3자에게 양도하고 그 양수인에게 국세나 지방세의 체납이 있었다고 하더라도 특별규정이 없는 현행법 하에서는 그 보호의 적격이 상실되는 것은 아니라고 할 것이므로, 저당부동산이 저당권설정자로부터 제3자에게 양도되고 위 설정자에게 저당권에 우선하여 징수당할 아무런 조세의 체납이 없었다면 양수인인 제3자에 대하여 부과한 국세 또는 지방세를 법정기일이 앞선다거나 당해세라 하여 우선 징수할 수 없다고 판시한다.[355] 또한 위 판례는 저당부동산의 양도와 함께 설정자인 양도인, 양수인 및 저당권자 등 3자의 합의에 의하여 저당권자와 양도인 사이에 체결되었던 저당권설정계약상의 양도인이 가지는 계약상의 채무자 및 설정자로서의 지위를 양수인이 승계하기로 하는 내용의 계약인수가 이루어진 경우라고 하여 달리 볼 것이 아니라고 판시한다.

증여의 경우에 있어서 해당 증여세는 누구의 당해세에 해당하는가? 판례는 증여세의 원칙적인 납세의무자인 수증자의 당해세에 해당한다고 한다. 즉 목적물의 양도인 증여가 행하여진 경우 당해세인 증여세의 납세의무자는 어디까지나 당해 재산을 소유하고 있는 양수

355) 대법원 2005.3.10. 2004다51153.

인인 수증자라고 할 것이고 상속세 및 증여세법 상 연대납세의무에 관한 규정이 있다고 하여 위 증여세가 양도인인 증여자 자신의 조세로 바뀌는 것은 아니다.[356)]

상속의 경우에 있어서 피상속인이 설정한 저당권의 우선순위가 해당 상속으로 인하여 상속인에 대하여 부과되는 상속세에 의하여 변경될 수 있는가? 이 쟁점은 해당 상속세가 상속인에 대한 당해세인지 아니면 피상속인에 대한 당해세인지 여부와 연결되어 있다. 피상속인이 설정한 저당권의 우선순위는 피상속인에 대하여 부과된 당해세와 관련하여서만 열후관계에 놓이게 되기 때문이다. 판례는 해당 상속세를 상속인의 당해세로 보아 이는 피상속인이 설정한 저당권의 우선순위를 변경시킬 수 없다고 한다. 즉 국세에 대하여 우선적으로 보호되는 저당권으로 담보되는 채권은 저당권 설정 당시의 저당권자와 설정자와의 관계를 기본으로 하여 그 설정자의 납세의무를 기준으로 한 취지의 규정으로 해석되고, 이러한 국세 등에 우선하는 저당채권은 설정자가 사망하고 그 상속인에게 국세의 체납이 있었다고 하더라도 특별규정이 없는 현행법 하에서는 그 보호의 적격이 상실되는 것은 아니라고 할 것이므로, 사망한 저당권설정자에게 저당권에 우선하여 징수당할 아무런 조세의 체납도 없는 상태에서 상속인에 대하여 부과한 국세인 상속세를 당해세라고 하여 우선징수할 수는 없다고 판시한다.[357)]

강제징수에 의한 재산압류 이전에 납세의무자로부터 제3자로 이전된 재산에 대하여 국세채권이 추급하여 그 우선순위를 확보할 수 있는가? 판례는 이를 부정한다. 납세의무자의 소유가 아닌 재산에 의하여 국세를 징수할 수는 없는 것이어서 국세의 체납처분[358)] 등에 의하여 납세의무자의 재산이 압류되기 전에 제3자가 그 소유권을 취득하였다면 그 재산에 대하여는 원칙적으로 국세의 우선징수권이 미치지 않는다. 따라서 부동산에 대한 강제집행 절차가 진행되는 도중에 그 목적물이 제3자에게 양도된 경우에도 그 이전에 양도인의 체납 국세에 관하여 체납처분 등으로 압류를 한 바 없다면 그 이후에 그 체납 국세에 관하여 교부청구를 하더라도 낙찰대금으로부터 우선 배당을 받을 수 없고, 따라서 그러한 교부청구에 기하여 우선 배당을 받았다면 이는 다른 배당권자에 대한 관계에서 부당이득이 된다고 판시한다.[359)]

356) 대법원 1991.10.8. 88다카105.
357) 대법원 1995.4.7. 94다11835.
358) 2020년 12월 29일 국세징수법 전부개정으로 강제징수라는 용어로 변경되었다; 이하 같다.
359) 대법원 1998.8.21. 98다24396.

4 소액임차보증금 채권

임대차관계에 있는 주택 또는 건물(주택임대차보호법 제8조 또는 상가건물임대차보호법 제14조의 적용대상)을 매각할 때 그 매각금액 중에서 국세를 징수하는 경우 '임대차에 관한 보증금 중 일정 금액'으로서 임차인이 우선하여 변제받을 수 있는 금액(주택임대차 8조; 상가임대차 14조)에 관한 채권은 그 국세보다 우선한다(국기 35조 1항 4호; 국기령 18조 4항; 국기칙 11조의2). 지방세의 경우도 같다(지기 71조 1항 4호). 다만 지방세의 경우 역시 국세와 동일하게 가산금이 2020년 12월 29일 개정을 통하여 납부지연가산세에 통합되었고 종전 가산금은 본세와 동일하게 취급된다는 점에 유의하여야 한다. 위 일정금액을 통상 **'소액임차보증금'** 이라고 부른다. 소액임차보증금 이외의 임차보증금의 우선순위에 대하여서는 다른 항에서 '전세권·질권·저당권의 피담보채권'의 우선순위와 함께 살핀다.

2019년 12월 31일자 국세기본법 개정 이전에는 법이 소액임차보증금의 범위에 대하여 규정하지 않아서 국세기본법 기본통칙이 소액임차보증금의 범위를 정하고 있었다(국기통칙 35-0…15 1항). 또한 위 기본통칙은 소액임차보증금이 국세보다 우선하기 위하여는 공매공고일(국징 72조) 이전에 대항력(주택임대차 3조 또는 상가임대차 3조)을 갖추어야 한다고 규정한다(국기통칙 35-0…15 2항). 그런데 위 기본통칙에서 정하는 금액은 주택임대차보호법 또는 상가건물임대차보호법에서 정하는 금액과 다르다. 또한 공매공고일을 기준으로 임대차에 대한 대항력을 갖추어야 한다는 사항 역시 기본통칙에서 정할 수 있는 것이 아니다. 따라서 위 기본통칙에 따라 조세우선권의 순위와 범위를 정하는 것은 위 개정세법에 따르면 위법하다.

한편 소액임차보증금은 국세보다 우선할 뿐이므로 '강제징수비' 또는 '강제집행·경매 또는 파산 절차에 든 비용'에 대하여서는 우선할 수 없다.

5 임금 등 채권

사용자의 재산을 매각하거나 추심할 때 그 매각금액 또는 추심금액 중에서 국세를 징수하는 경우에 '국세에 우선하여 변제되는 임금, 퇴직금, 재해보상금, 그 밖에 근로관계로 인한 채권'(근기 38조 또는 근로퇴직보장 12조 ; 이하 '근로우선채권 등')은 국세에 우선한다(국기 35조 1항 5호). 지방세의 경우도 같다(지기 71조 1항 5호). 다만 지방세의 경우 역시 국세와 동일하게 가산금이 2020년 12월 29일 개정을 통하여 납부지연가산세에 통합되었고 종전 가산금은 본세와 동일하게 취급된다는 점에 유의하여야 한다.

근로우선채권 등은 국세보다 우선할 뿐이므로 '강제징수비' 또는 '강제집행 · 경매 또는 파산 절차에 든 비용'에 대하여서는 우선할 수 없다.

'사용자의 재산'이라 함은 근로계약의 당사자로서 임금채무를 1차적으로 부담하는 사업주인 **사용자의 총재산**을 의미하고, 따라서 사용자가 법인인 경우에는 **법인 자체의 재산**만을 가리키며 법인의 대표자 등 사업경영 담당자의 개인 재산은 이에 포함되지 않고, 합자회사가 회사 재산으로 채무를 완제할 수 없거나 또는 회사 재산에 대한 강제집행이 주효하지 못하여 결국 합자회사의 무한책임사원이 근로자들에 대한 회사의 임금채무를 변제할 책임을 지게 되었다 하더라도, 보충적인 위 책임의 성질이나 일반 담보권자의 신뢰보호 및 거래질서에 미치는 영향 등을 고려할 때 이를 회사가 사업주로서 임금채무를 부담하는 경우와 동일하다고 보아 무한책임사원 개인 소유의 재산까지 임금 우선변제권의 대상이 되는 '사용자의 총재산'에 포함된다고 해석할 수는 없다.[360]

근로우선채권 등의 우선순위에 대하여 살핀다.

근로우선채권 등은 사용자의 총재산에 대하여 질권 · 저당권 또는 '동산 · 채권 등의 담보에 관한 법률에 따른 담보권'(이하 '동산 등 담보권')에 따라 담보된 채권 외에는 조세 · 공과금 및 다른 채권에 우선하여 변제되어야 하나, 질권 · 저당권 또는 동산 등 담보권에 우선하는 조세 · 공과금에 대하여는 그러하지 아니하다(근기 38조 1항). 즉 '조세 · 공과금이 위 각 담보권보다 후순위인 경우'에는 '피담보채권 〉 근로우선채권 등 〉 조세 · 공과금'의 순서로 우선권이 정하여지고, '조세 · 공과금이 위 각 담보권보다 선순위인 경우'에는 '조세 · 공과금 〉 피담보채권 〉 근로우선채권 등'의 순서로 우선권이 정하여진다.

다만 '최종 3개월분의 임금' 및 '재해보상금'은 근로우선채권 등의 순위가 어떻게 정하여진다고 하더라도 '위 각 담보권의 피담보채권', '조세 · 공과금' 및 '다른 채권'에 대하여 항상 우선한다(근기 38조 2항). 강제징수의 대상이 된 재산에 대하여 부과된 국세 · 지방세(이하 '당해세')에 대하여서도 항상 우선한다. 후술하는 전세권 · 질권 · 저당권의 피담보채권의 경우와 같은 제한이 없기 때문이다. 다만 지방세의 경우 역시 국세와 동일하게 가산금이 2020년 12월 29일 개정을 통하여 납부지연가산세에 통합되었고 종전 가산금은 본세와 동일하게 취급된다는 점에 유의하여야 한다. 당해세는 항상 전세권 · 질권 · 저당권의 피담보채

360) 대법원 1996.2.9. 95다719.

권보다 우선한다(국기 35조 1항 3호 ; 지기 71조 1항 3호). 그러나 위 각 채권들 역시 피담보채권 또는 조세 · 공과금보다 우선할 뿐이므로 '강제징수비' 또는 '강제집행 · 경매 또는 파산 절차에 든 비용'에 대하여서는 우선할 수 없다. 한편 **'최종 3개월분의 임금' 및 '재해보상금' 역시 우선배당을 받기 위하여서는 배당요구를 하여야 하는가?** 근로기준법 등에 따라 우선변제청구권을 갖는 임금채권자라고 하더라도 강제집행절차나 임의경매절차에서 배당요구의 종기까지 적법하게 배당요구를 하여야만 우선배당을 받을 수 있는 것이 원칙이다.[361] **최종 3개월분 임금을 어느 시점을 기준으로 산정되는가?** 최종 3개월분의 임금은 배당요구 이전에 이미 근로관계가 종료된 근로자의 경우에는 근로관계 종료일부터 소급하여 3개월 사이에 지급사유가 발생한 임금 중 미지급분, 배당요구 당시에도 근로관계가 종료되지 않은 근로자의 경우에는 배당요구 시점부터 소급하여 3개월 사이에 지급사유가 발생한 임금 중 미지급분을 말한다.[362]

그렇다면 **'소액임차보증금', '최종 3개월분의 임금' 및 '재해보상금' 사이의 우선순위는 어떠한가?** 이들 사이의 우선순위를 정하는 규정은 없다. 따라서 이들 채권은 모두 동순위로 보아야 하며 그 채권액에 따라 안분하여 배당하여야 할 것이다. 위 각 채권들 역시 '강제징수비' 또는 '강제집행 · 경매 또는 파산 절차에 든 비용'에 우선할 수 없음은 기술하였다.

Ⅳ 조세채권 상호간의 우열관계

현행 조세법에는 조세 상호간의 우열관계에 대하여 **'압류에 의한 우선'**과 **'담보있는 조세의 우선'**에 대한 규정이 있다. 또한 지방세의 경우에는 위 두 원칙에 대한 예외를 두고 있으며 관세의 경우에는 특별한 우선권이 규정되어 있다. 위 각 경우에 해당하지 않는다면 채권자평등의 원칙에 따라 모두 동순위에 있다고 보아야 한다.

가. 압류에 의한 우선

국세 강제징수에 따라 납세자의 재산을 압류한 경우에 다른 국세 및 강제징수비 또는 지방세의 교부청구(참가압류(국징 61조; 지징 67조)를 한 경우를 포함한다)가 있으면 압류와 관계되는 국세 및 강제징수비는 교부청구된 다른 국세 및 강제징수비 또는 지방세보다 우선

361) 대법원 2015.8.19. 2015다204762.
362) 대법원 2015.8.19. 2015다204762.

하여 징수한다(국기 36조 1항). 지방세 체납처분에 의하여 납세자의 재산을 압류한 경우에 국세 또는 강제징수비의 교부청구가 있으면 '교부청구된 국세와 강제징수비'는 '압류에 관계되는 지방세'의 다음 순위로 징수한다(국기 36조 2항).

납세자의 재산을 지방자치단체의 징수금의 체납처분에 따라 압류한 경우에 다른 지방자치단체의 징수금 또는 국세의 교부청구가 있으면 '압류에 관계되는 지방자치단체의 징수금'은 '교부청구한 다른 지방자치단체의 징수금 또는 국세'에 우선하여 징수한다(지기 73조 1항). 납세자의 재산을 다른 지방자치단체의 징수금 또는 국세의 강제징수에 따라 압류하였을 경우에 지방자치단체가 징수금 교부청구를 하였으면 '교부청구에 관계되는 지방자치단체의 징수금'은 '압류에 관계되는 지방자치단체의 징수금 또는 국세'의 다음으로 징수한다(지기 73조 2항).

위 각 규정들은 각 국세 사이에서, 국세와 지방세 사이에서 및 각 지방세 사이에서 해당 강제징수 또는 체납처분 상 압류의 원인된 조세가 해당 강제징수 또는 체납처분에 대하여 교부청구한 조세에 대하여 우선한다는 원칙을 정하고 있다. 이를 압류에 의한 우선의 원칙(이하 '**압류선착주의**')이라고 한다. **교부청구한 조세들 사이의 우선관계에 대하여서는 규정이 없으므로 동순위로 보아 안분하여 배분하여야 할 것이다.**

교부청구한 조세의 경우 외에 참가압류한 조세의 경우에는 압류선착주의가 적용되지 않는 것인가? 세무서장은 압류하려는 재산을 이미 다른 기관에서 압류하고 있을 때에는 '교부청구를 갈음하여' 참가압류 통지서를 그 재산을 이미 압류한 기관에 송달함으로써 그 압류에 참가할 수 있다(국징 61조). 이를 **참가압류**라고 한다. 참가압류는 교부청구에 갈음하여 즉 대신하여 해당 강제징수 또는 체납처분 상 압류에 참가하는 것이다. 따라서 압류선착주의의 적용에 있어서 교부청구에는 참가압류 역시 포함된 것으로 해석하여야 한다. 입법을 통하여 보다 명확하게 규정하는 것이 타당하다.

압류선착주의는 당해세와 다른 조세 사이에서도 적용되는 것인가? 1개 부동산에 대하여 강제징수 또는 체납처분의 일환으로 압류가 행하여졌을 때 그 압류에 관계되는 조세는 국세나 지방세를 막론하고 교부청구한 다른 조세보다 우선하고 이는 선행압류 조세와 후행압류 조세 사이에도 적용되지만(압류선착주의 원칙), 이러한 압류선착주의 원칙은 공매대상 부동산 자체에 대하여 부과된 조세(당해세)에 대하여는 적용되지 않는다.[363] 당해세의 우

363) 대법원 2007.5.10. 2007두2197.

선권은 압류 여부와 무관하게 정하여지기 때문이다.

압류선착주의가 조세 상호간의 우선관계를 규율하는 이외에 조세와 담보물권의 피담보채권 등 사이의 우선관계에도 적용될 수 있는 것인가? 조세채권과 담보물권의 피담보채권 등 사이의 우선관계를 조정하는 것은 공시를 수반하는 담보물권과 관련하여 거래의 안전을 보장하려는 사법적 요청과 조세채권의 실현을 확보하려는 공익적 요청을 적절하게 조화시키려는 데 그 입법의 취지가 있는 것에 반하여, 이른바 압류선착주의의 취지는 다른 조세채권자보다 조세채무자의 자산 상태에 주의를 기울이고 조세 징수에 열의를 가지고 있는 징수권자에게 우선권을 부여하고자 하는 것이므로, 압류선착주의는 조세채권 사이의 우선순위를 정하는 데 적용할 수 있을 뿐 조세채권과 공시를 수반하는 담보물권 사이의 우선순위를 정하는 데 적용할 수는 없다.[364] 따라서 공시를 수반하는 담보물권이 설정된 부동산에 관하여 '담보물권 설정일 이전에 법정기일이 도래한 조세채권'과 '담보물권 설정일 이후에 법정기일이 도래한 조세채권'에 기한 압류가 모두 이루어진 경우, 당해세를 제외한 조세채권과 담보물권 사이의 우선순위는 그 법정기일과 담보물권 설정일의 선후에 의하여 결정하고, 이와 같은 순서에 의하여 매각대금을 배분한 후, 압류선착주의에 따라 각 조세채권 사이의 우선순위를 결정하여야 한다. **선행 공매절차에서 저당권자에 우선하는 조세채권자에 대하여 우선하여 배분하였으나 그 조세채권자에게 배분된 금액이 압류선착주의에 따라 압류일이 빠른 다른 조세채권에 흡수됨으로써 실제로는 그 금액을 배분받지 못한 경우, 후행 경매절차에서 위 저당권자에 우선하는 조세채권자에게 배분이 이루어지지 않은 것으로 취급하여야 하는가?** 조세채권자들 사이의 우선순위를 정하는 데 적용하는 압류선착주의로 말미암아 저당권자의 선순위 조세채권자에 대한 대위권이 침해될 수는 없으므로, 납세의무자 소유의 일부 부동산에 관한 선행 공매절차의 매각대금 배분과정에서 저당권자에 우선하는 조세채권자에 대하여 저당권자에 우선하여 배분절차를 진행한 이상, 비록 조세채권자에게 배분된 금액이 압류선착주의에 따라 압류일이 빠른 다른 조세채권에 흡수됨으로써 실제로는 그 금액을 배분받지 못하는 결과가 되었다 하더라도 실질적으로는 선순위 조세채권자의 우선변제권 행사에 의한 배분이 이루어진 것으로 보아야 하고, 납세의무자 소유의 다른 부동산에 관한 후행 경매절차 등에서 저당권자에 대하여 선순위 조세채권자에게 그와 같은 배분이 이루어지지 아니하였다고 주장할 수 없다.[365]

364) 대법원 2005.11.24. 2005두9088.

나. 담보있는 조세의 우선

납세담보물을 매각하였을 때에는 압류선착주의에도 불구하고 그 국세 또는 강제징수비는 매각대금 중에서 다른 국세·강제징수비와 지방세에 우선하여 징수한다(국기 37조). 지방세의 경우에도 같다(지기 74조). 지방세의 경우에는 2020년 12월 29일 개정법률의 시행일 이전까지는 가산금에 대한 규정이 있고 이는 본세와 동일한 순위의 우선권을 갖는다. 납세담보물은 세법에 따라 제공하는 담보(국징 18조-23조 ; 지기 65조-70조)를 의미한다. **납세담보물에 '다른 조세에 기한 선행압류'가 있더라도 매각대금은 납세담보물에 의하여 담보된 조세에 우선 충당하여야 하는가?** '담보 있는 조세의 우선' 원칙은 납세담보를 제공받고 징수유예, 체납처분[366]에 의한 재산 압류나 압류재산 매각의 유예 등을 한 조세채권자로서는 징수 또는 체납처분 절차를 진행할 수 없을 뿐만 아니라 일정한 경우 이미 압류한 재산의 압류도 해제하여야 하는 사정 등을 감안하여, 납세담보물의 매각대금을 한도로 하여 '담보 있는 조세'를 다른 조세에 우선하여 징수하도록 함으로써 납세담보제도의 실효성을 확보하기 위한 것으로서 '압류에 의한 우선 원칙'의 예외에 해당한다는 점에 비추어 보면, 납세담보물에 대하여 다른 조세에 기한 선행압류가 있더라도 매각대금은 납세담보물에 의하여 담보된 조세에 우선적으로 충당하여야 한다.[367] **납세담보물이 납세의무자의 소유자가 아닌 경우에도 위 법리는 동일하게 적용되는가?** 국세징수법은 토지와 보험에 든 등기된 건물 등을 비롯하여 납세보증보험증권이나 납세보증서도 납세담보의 하나로 규정하고 있을 뿐 납세담보를 납세의무자 소유의 재산으로 제한하고 있지 아니한 점에 비추어 보면, 납세담보물이 납세의무자의 소유가 아닌 경우라고 하여도 위 법리는 그대로 적용되어야 한다.[368] 납세담보의 제공 등에 관한 세법규정들이 '납세자' 대신 '납세담보로 제공하려는 자'라는 문언을 사용하여 제3자 역시 납세담보를 제공할 수 있다는 점 역시 위 판례의 논거가 될 수 있다.

다. 징수위임 도세의 시·군세에 대한 우선

시장·군수는 그 시·군 내의 도세를 징수하여 도에 납입할 의무를 지는 바(지징 17조 1항 본문), 이 경우 도세는 시·군세에 우선하여 징수한다(지징 4조 2항). 시장·군수가 징수위임

365) 대법원 2015.4.23. 2011다47534.
366) 2020년 12월 29일 국세징수법 전부개정으로 강제징수라는 용어로 변경되었다: 이하 같다.
367) 대법원 2015.4.23. 2013다204959.
368) 대법원 2015.4.23. 2013다204959.

받은 도세를 우선하여 징수하도록 우선순위를 정하는 규정이다.

라. 관세의 우선권

관세를 납부하여야 하는 물품에 대하여는 다른 조세, 그 밖의 공과금 및 채권에 우선하여 그 관세를 징수한다(관세 3조 1항). 즉 수입물품 자체에 대하여 부과된 관세는 다른 조세, 그 밖의 공과금 및 채권에 대하여 우선한다. 그러나 관세와 관련된 담보 제공이 없거나 징수한 관세가 부족한 경우에 국세기본법과 국세징수법의 예에 따라 관세를 징수할 수 있는 바(관세 26조 1항), 그 경우에 있어서 국세징수법 상 강제징수 대상재산이 해당 관세를 납부하여야 하는 물품이 아닌 경우에 있어서 그 관세의 우선순위는 국세기본법에 따른 국세와 동일하다(관세 3조 2항).

제3절 강제징수절차

I 재산의 압류

1 총설

관할 세무서장(체납 발생 후 1개월이 지나고 체납액이 5천만원 이상인 자(국징령 24조)의 경우에는 **지방국세청장**을 포함)은 납세자가 독촉(국징 10조) 또는 **납부기한 전 징수의 고지**(국징 9조 2항)를 받고 지정된 기한까지 국세 또는 체납액을 완납하지 아니한 경우 재산의 압류를 한다(국징 24조, 31조 1항). 즉 **관할 세무서장은 원칙적으로 다음 두 가지 경우에 납세자의 재산을 압류할 수 있다. 첫째,** 납세자가 국세를 납부고지(부과고지) 상 지정납부기한(국징 2조 1항 1호 나목)까지 완납하지 아니하고, 관할 세무서장이 그 지정납부기한이 지난 후 10일 이내에 체납된 국세에 대한 독촉장을 발급하였으며, 납세자가 다시 그 독촉장에 정한 기한까지 국세를 완납하지 아니한 경우. **둘째,** 납부기한 전 징수(국징 9조 1항)를 하면서 당초의 납부기한보다 단축된 기한을 정하여 납부고지(국징 9조 2항)를 하였으나 그 단축된 기한까지 국세를 완납하지 아니한 경우. **다만 예외적으로** 관할 세무서장은 납세자에게 **납부기한 전 징수사유**(국징 9조 1항 각 호)가 있어 국세가 확정된 후 그 국세를 징수할 수 없다고 인정할 때에는 국세로 확정되리라고 추정되는 금액의 한도에서 납세자의 재산을 압류할 수 있다(국징 31조 2항). 이를 **'확정 전 보전압류'**라고 한다.[369]

이상의 각 요건을 충족한 경우에 한하여 관할 세무서장은 납세자의 재산에 대하여 압류를 할 수 있다. 이하 강제징수절차 상 압류에 대하여 압류대상재산, 초과압류의 금지, 압류절차 및 압류효력, 압류의 해제 순서로 살피며, 교부청구 및 참가압류에 대하여서는 별도로 항을 구분하여 살핀다.

2 압류대상재산

압류대상재산은 다음과 같은 요건을 갖추어야 한다.[370] 첫째, **체납자의 재산에 속할 것.** 둘째, **금전적 가치를 가질 것.** 셋째, **양도성을 가질 것.** 넷째, **압류금지재산이 아닐 것.**

이하 각 요건별로 본다.

가. 체납자의 소유에 속할 것

강제징수절차의 일부로서의 압류의 요건을 규정하고 있는 국세징수법 제31조 각 항의 규정을 보면 어느 경우에나 압류의 대상을 납세자의 재산에 국한하고 있으므로, **납세자가 아닌 제3자의 재산을 대상으로 한 압류처분은 그 처분의 내용이 법률 상 실현될 수 없는 것이어서 당연무효이다.**[371] 한편 국세징수법은 압류재산에 대하여 소유권을 주장하는 제3자가 체납처분과정에서 세무공무원에게 그 반환청구권을 행사할 경우의 절차를 규정하고 있는 바(국징 28조), 이 규정이 그와 같은 절차를 밟은 일이 없는 제3자는 압류재산에 대하여 소유권 주장을 못한다거나 소송 상 소유권을 주장하여 압류처분의 취소를 구할 수 없다고 규정하는 것은 아니다.[372] 세무서장은 '제3자의 소유권 주장이 상당한 이유가 있다고 인정하는 경우' 또는 '제3자가 체납자를 상대로 소유권에 관한 소송을 제기하여 승소 판결을 받고 그 사실을 증명한 경우'에는 그 압류를 즉시 해제하여야 한다(국징 28조 3항, 5항). 과세관청이 제3자의 압류해제의 청구를 인정하지 않는 경우에는 그 제3자는 과세관청을 상대로 압류처분의 무효확인을 청구할 수 있다. **과세관청이 조세의 징수를 위하여 체납자가 점유하고 있는 제3자 소유의 동산을 압류한 경우, 체납자는 이에 대하여 다툴 수 없는가?** 과세관청이

369) 같은 편 제3장 제3절 Ⅱ 2 참조.
370) 金子宏、前掲書、792-794頁。
371) 대법원 1996.10.15. 96다17424; 대법원 2006.4.13. 2005두15151.
372) 대법원 1986.12.9. 86누482.

조세의 징수를 위하여 체납자가 점유하고 있는 제3자 소유의 동산을 압류한 경우, 그 체납자는 그 압류처분에 의하여 당해 동산에 대한 점유권의 침해를 받은 자로서 그 압류처분에 대하여 법률 상 직접적이고 구체적인 이익을 가지는 것이어서 그 압류처분의 취소나 무효확인을 구할 원고적격이 있다.[373] 한편 **과세관청이 조세의 징수를 위하여 납세의무자 소유의 부동산을 압류한 경우, 그 부동산의 매수인이나 가압류권자 역시 해당 압류처분에 대하여 다툴 수 있는가?** 과세관청이 조세의 징수를 위하여 납세의무자 소유의 부동산을 압류한 경우, 그 부동산의 매수인이나 가압류권자는 그 압류처분에 대하여 사실상이고 간접적인 이해관계를 가질 뿐 법률 상 직접적이고 구체적인 이익을 가지는 것은 아니어서 그 압류처분의 취소를 구할 당사자적격이 없다.[374]

위탁자가 수탁자에게 부동산의 소유권을 이전하여 당사자 사이에 신탁법에 의한 신탁관계가 설정되면 단순한 명의신탁과는 달리 신탁재산은 수탁자에게 귀속되고, 신탁 후에도 여전히 위탁자의 재산이라고 볼 수는 없으므로, 위탁자에 대한 조세채권에 기하여 수탁자 명의의 신탁재산에 대하여 압류할 수 없다.[375]

다만 신탁 전의 원인으로 발생한 권리 또는 신탁사무의 처리 상 발생한 권리에 기한 경우에는 신탁재산에 대하여 강제집행, 담보권 실행 등을 위한 경매, 보전처분 또는 국세 등 강제징수를 할 수 있다(신탁법 22조). 그런데 신탁대상 재산이 위탁자에게 상속됨으로써 부과된 국세라 하더라도 신탁법상의 신탁이 이루어지기 전에 압류를 하지 아니한 이상 그 조세채권이 '**신탁 전의 원인으로 발생한 권리**'에 해당된다고 볼 수 없다.[376] 또한 위 '**신탁사무의 처리 상 발생한 권리**'에는 수탁자를 채무자로 하는 것만이 포함되며, 위탁자를 채무자로 하는 것은 포함되지 않는다.[377] 이러한 이유로 판례는 재산세와 관련하여 다음과 같이 판시한다. "갑 주식회사가 을 주식회사에 신탁을 원인으로 한 부동산 소유권이전등기를 마쳤는데, 갑 회사가 위 부동산을 과세대상으로 하는 재산세를 체납하자 지방자치단체가 위 부동산에 대한 경매절차에서 재산세와 가산금[378]을 당해세로 교부청구하여 우선배당받은 사안에서, 위탁자에 대한 조세채권에 기하여는 수탁자 소유의 신탁재산을 압류하거나 그 신탁재

373) 대법원 2006.4.13. 2005두15151.
374) 대법원 1997.2.14. 선고 96누3241.
375) 대법원 1996.10.15. 96다17424.
376) 대법원 1996.10.15. 96다17424.
377) 대법원 2012.4.12. 2010두4612.
378) 2020년 12월 29일 개정을 통하여 납부지연가산세에 통합되었다.

산에 대한 집행법원의 경매절차에서 배당을 받을 수 없는데도, 이와 달리 위탁자인 갑 회사에 대한 재산세 및 가산금[379] 채권이 '신탁사무의 처리 상 발생한 권리'(신탁 21조 1항 단서)에 해당하여 수탁자인 을 회사 소유의 신탁재산에 대한 경매절차에서 배당받을 수 있다고 본 것에는 법리오해의 위법이 있다."[380] 지방세법은 2014년 1월 1일 개정으로 통하여 수탁자 명의로 등기·등록된 신탁재산의 경우 재산세 납세의무자를 수탁자로 변경하였으나, 2020년 12월 29일 개정을 통하여 다시 재산세 납세의무자를 위탁자로 변경하였다. 즉 수탁자(신탁 2조)의 명의로 등기 또는 등록된 신탁재산의 경우에는 제1항에도 불구하고 위탁자(지역주택조합(주택 2조 11호 가목) 및 직장주택조합(주택 2조 11호 나목)이 조합원이 납부한 금전으로 매수하여 소유하고 있는 신탁재산의 경우에는 해당 지역주택조합 및 직장주택조합)가 재산세를 납부할 의무가 있고, 이 경우 위탁자가 신탁재산을 소유한 것으로 본다(지세 107조 2항 5호).

나. 금전적 가치 및 양도성을 가질 것

압류는 압류재산을 환가하여 그로부터 조세채권의 만족을 도모하기 위한 것이므로 압류의 대상이 되는 재산은 금전적 가치를 가져야 하고 또한 같은 이유로 양도가능한 재산이어야 한다.[381] 따라서 일신전속적인 권리(상속권 및 부양청구권 등)와 법령에 의하여 양도가 금지된 재산은 압류의 대상이 되지 않는다. 어업권은 원칙적으로 이전·분할 또는 변경할 수 없고(수산업법 19조 1항 본문), 조광권은 상속이나 그 밖의 일반승계의 경우 외에는 권리의 목적으로 할 수 없으므로(광업법 47조 2항), 원칙적으로 압류의 대상이 될 수 없다.

다. 압류금지재산이 아닐 것

국세징수법은 **압류금지재산**(국징 41조 ; 국징령 30조) 및 **급여채권의 압류제한**(국징 42조; 국징령 31조)에 대하여 각 규정한다.

압류금지재산에 대하여 살핀다. 관할 세무서장은 다음 각 호의 재산은 압류할 수 없다(국징 41조).

1. 체납자 또는 그와 생계를 같이 하는 동거가족(사실상 혼인관계에 있는 사람을 포함)

379) 2020년 12월 29일 개정을 통하여 납부지연가산세에 통합되었다.
380) 대법원 2012.7.12. 2010다67593.
381) 金子 宏、前掲書、793-794頁。

의 생활에 없어서는 아니 될 의복, 침구, 가구, 주방기구, 그 밖의 생활필수품
2. 체납자 또는 그 동거가족에게 필요한 3개월간의 식료품 또는 연료
3. 인감도장이나 그 밖에 직업에 필요한 도장
4. 제사 또는 예배에 필요한 물건, 비석 또는 묘지
5. 체납자 또는 그 동거가족의 장례에 필요한 물건
6. 족보 · 일기 등 체납자 또는 그 동거가족에게 필요한 장부 또는 서류
7. 직무 수행에 필요한 제복
8. 훈장이나 그 밖의 명예의 증표
9. 체납자 또는 그 동거가족의 학업에 필요한 서적과 기구
10. 발명 또는 저작에 관한 것으로서 공표되지 아니한 것
11. 주로 자기의 노동력으로 농업을 하는 사람에게 없어서는 아니 될 기구, 가축, 사료, 종자, 비료, 그 밖에 이에 준하는 물건
12. 주로 자기의 노동력으로 어업을 하는 사람에게 없어서는 아니 될 어망, 기구, 미끼, 새끼 물고기, 그 밖에 이에 준하는 물건
13. 전문직 종사자 · 기술자 · 노무자, 그 밖에 주로 자기의 육체적 또는 정신적 노동으로 직업 또는 사업에 종사하는 사람에게 없어서는 아니 될 기구, 비품, 그 밖에 이에 준하는 물건
14. 체납자 또는 그 동거가족의 일상생활에 필요한 안경 · 보청기 · 의치 · 의수족 · 지팡이 · 장애보조용 바퀴의자, 그 밖에 이에 준하는 신체보조기구 및 자동차관리법에 따른 경형자동차
15. 재해의 방지 또는 보안을 위하여 법령에 따라 설치하여야 하는 소방설비, 경보기구, 피난시설, 그 밖에 이에 준하는 물건
16. 법령에 따라 지급되는 사망급여금 또는 상이급여금
17. 주택임대차보호법(주택임대차 8조) 상 우선변제를 받을 수 있는 금액
18. 체납자의 생계 유지에 필요한 소액금융재산에 해당하는 법정 재산(국징령 30조)

생계 유지에 필요한 소액금융재산에 해당하는 법정 재산은 다음 각 호의 구분에 따른 보장성보험의 보험금, 해약환급금 및 만기환급금과 개인별 잔액이 250만원 미만인 예금(적금, 부금, 예탁금과 우편대체를 포함)을 말한다(국징령 31조 1항). 체납자가 보장성보험의 보험금, 해약환급금 또는 만기환급금 채권을 취득하는 보험계약이 둘 이상인 경우 '보험계약별 사망보험금, 해약환급금, 만기환급금을 각각 합산한 금액(다음 제1호, 제3호 및 제4호의 경우)' 또는 '보험계약별 금액(다음 제2호 나목의 경우)'으로 법정 재산 금액(국징령 30조 1항)을 계산한다(국징령 31조 2항).

> 1. 사망보험금 중 1천5백만원 이하의 보험금
> 2. 상해 · 질병 · 사고 등을 원인으로 체납자가 지급받는 보장성보험의 보험금 중 다음 각 목에 해당하는 보험금
>   가. 진료비, 치료비, 수술비, 입원비, 약제비 등 치료 및 장애 회복을 위하여 실제 지출되는 비용을 보장하기 위한 보험금
>   나. 치료 및 장애 회복을 위한 보험금 중 가목에 해당하는 보험금을 제외한 보험금의 2분의 1에 해당하는 금액
> 3. 보장성보험의 해약환급금 중 250만원 이하의 금액
> 4. 보장성보험의 만기환급금 중 250만원 이하의 금액

압류금지재산에 해당하는 금원이 예금구좌에 입금되는 경우에는 그 압류금지재산으로서의 속성이 체납자의 예금채권에 승계되는 것은 아니나, 과세관청이 압류금지재산이 예금구좌에 입금될 것을 예상하여 해당 금원으로서 조세에 충당할 것을 의도하고서 해당 예금채권을 압류한 경우에 있어서, 실제 압류시점에 객관적으로 보더라도 해당 압류금지재산 이외의 다른 금원이 입금되지 않은 상황이고 과세관청 역시 이를 알거나 알 수 있는 상태임에도 불구하고 압류처분을 단행한 것은 실질적으로 압류금지를 규정한 법의 취지를 몰각시키는 것으로서 재량의 범위를 일탈한 것으로서 위법하다.[382)]

환급받는 근로장려금 중 법정 금액 이하의 금액은 압류할 수 없다(조특 100조의8 6항).

급여채권의 압류제한에 대하여 살핀다. 급료, 연금, 임금, 봉급, 상여금, 세비, 퇴직연금, 그 밖에 이와 비슷한 성질을 가진 **급여채권**에 대해서는 그 **총액의 2분의 1**에 해당하는 금액은 압류가 금지되는 금액으로 한다(국징 42조 1항). 다만 '급여채권 총액의 2분의 1에 해당하는 금액이 표준적인 가구의 **최저생계비**(기초생활 2조 7호)를 고려하여 정하는 월 250만원(국징령 32조 1항)에 **미달**하는 경우'에는 최저생계비를 고려한 월 250만원을, '급여채권 총액의 2분의 1에 해당하는 금액이 표준적인 가구의 생계비를 고려하여 정하는 **법정 금액**{월 300만원 + [압류금지 금액(월액으로 계산한 금액을 말한다)(국징 42조 1항) - 월 300만원]×1/2(0보다 작은 경우에는 0으로 본다)}을 **초과**하는 경우'에는 표준적인 가구의 생계비를 고려한 위 법정 금액을 각 압류가 금지되는 금액으로 한다(국징 42조 2항). **퇴직금**이나 그 밖에 이와 비슷한 성질을 가진 급여채권에 대해서는 그 총액의 2분의 1에 해당하는 금액

382) 鳥取地判 平成25年3月29日 平成21年(行ウ)第3号。

은 압류하지 못한다(국징 42조 3항). **급여총액**은 근로소득의 금액(소세 20조 1항 각 호)의 합계액(비과세소득의 금액은 제외) 또는 퇴직소득의 금액(소세 22조 1항 각 호)의 합계액(비과세소득의 금액은 제외한다)에서 그 근로소득 또는 퇴직소득에 대한 소득세 및 소득세분 지방소득세를 뺀 금액으로 한다(국징 42조 4항).

3 초과압류의 금지

세무서장은 국세를 징수하기 위하여 필요한 재산 외의 재산을 압류할 수 없다(국징 32조 본문). 이를 **초과압류금지의 원칙**이라고 한다. 다만 불가분물 등 부득이한 경우에는 압류할 수 있다.(국징 32조 단서). 압류할 재산이 공유물인 경우 각자의 지분이 정해져 있지 아니하면 그 지분이 균등한 것으로 보아 압류한다(국징령 29조). 세무공무원이 국세의 징수를 위해 납세자의 재산을 압류하는 경우 그 재산의 가액이 징수할 국세액을 초과한다 하여 위 압류가 당연무효의 처분이라고는 할 수 없다.[383] 또한 세무서장은 압류재산의 선택 시 체납처분의 집행에 지장이 없는 범위에서 전세권, 질권 및 저당권 등 체납자의 재산과 관련하여 제3자가 가진 권리를 침해하지 아니하도록 하여야 한다(국징 33조). 이를 **압류재산 선택 시 제3자의 권리보호 조항**이라고 한다.

4 압류절차 및 압류효력

가. 압류의 일반절차

세무공무원은 **압류**(국징 31조), **수색**(국징 35조) 또는 **질문 · 검사**(국징 36조)를 하는 경우 그 신분을 나타내는 **증표** 및 **압류 · 수색 등 통지서**를 지니고 이를 관계자에게 **보여 주어야** 한다(국징 38조). **세무공무원**은 '국세청장, 지방국세청장, 세무서장 또는 그 소속 공무원' 및 '세법에 따라 국세에 관한 사무를 세관장이 관장하는 경우의 그 세관장 또는 그 소속 공무원'을 말한다(국기 2조 17호; 국징 4조).

세무공무원은 강제징수를 하면서 **압류할 재산의 소재 또는 수량을 알아내기 위하여** 필요한 경우 **법정의 자**(체납자, 체납자와 거래관계가 있는 자, 체납자의 재산을 점유하는 자, 체납자와 채권 · 채무 관계가 있는 자, 체납자가 주주 또는 사원인 법인, 체납자인 법인의 주주 또는 사원, 체납자와 친족관계(국기 2조 20호 가목) 또는 경제적 연관관계(국기 2조 20호

383) 대법원 1986.11.11. 86누479.

나목)가 있는 자 중에서 체납자의 재산을 감춘 혐의가 있다고 인정되는 자)(국징 36조 1항 각 호)에게 구두 또는 문서로 **질문**하거나 장부, 서류 및 그 밖의 물건을 **검사**할 수 있다(국징 36조 1항). 구두로 질문한 내용이 중요한 사항인 경우 그 내용을 기록하고 기록한 서류에 답변한 자와 함께 서명날인하여야 하나, 답변한 자가 서명날인을 거부한 경우 그 사실을 본문의 서류에 적는 것으로 답변한 자의 서명날인을 갈음할 수 있다(국징 36조 2항). 관할 세무서장은 재산을 압류한 경우 **저당권자 등**(전세권, 질권, 저당권 또는 그 밖에 압류재산 위의 등기 또는 등록된 권리자)에게 그 사실을 **통지**하여야 한다(국징 40조 1항). **국세에 대하여 우선권을 가진 저당권자 등**이 통지를 받고 그 권리를 행사하려는 경우 통지를 받은 날부터 10일 이내에 그 사실을 관할 세무서장에게 **신고**하여야 한다(국징 40조 2항). 통지를 받은 날부터 10일 이내에 신고하지 않았다는 이유로 국세에 대하여 우선권을 가진 저당권자 등의 권리행사 자체가 제한되거나 박탈되는 것으로 볼 수는 없다. 통지를 받은 날부터 10일 이내에 신고하지 않았다는 이유로 과세권 행사에 장애 또는 지장이 초래되는 경우에 손해배상 등이 문제될 수 있다고 보는 견해가 있을 수 있으나, 저당권자 등이 조세채권에 우선하므로 이러한 문제가 발생할 여지는 없다. 위 규정을 세무서장의 업무처리에 대한 편의성을 위한 것으로 보는 것이 타당하다.

세무공무원은 재산을 **압류하기 위하여 필요한 경우**에는 체납자의 주거 등(주거·창고·사무실·선박·항공기·자동차 또는 그 밖의 장소)을 **수색**할 수 있고, 해당 주거 등의 폐쇄된 문·금고 또는 기구를 **열게 하거나 직접 열 수** 있다(국징 35조 1항). 세무공무원은 '체납자 또는 제3자가 제3자의 주거 등에 체납자의 재산을 감춘 혐의가 있다고 인정되는 경우' 또는 '체납자의 재산을 점유하는 제3자가 재산의 인도 또는 이전을 거부하는 경우'에는 **제3자의 주거 등**을 수색할 수 있고, 해당 주거 등의 폐쇄된 문·금고 또는 기구를 열게 하거나 직접 열 수 있다(국징 35조 2항). 수색은 **해가 뜰 때부터 해가 질 때까지만** 할 수 있으나, 해가 지기 전에 시작한 수색은 해가 진 후에도 계속할 수 있다(국징 35조 3항). 다만 주로 **야간**에 **법정 영업**(국징령 29조 각 호)을 하는 장소에 대해서는 해가 진 후에도 영업 중에는 수색을 시작할 수 있다(국징 35조 4항). **법정 영업**은 '객실을 설비하여 음식과 주류를 제공하고, 유흥종사자에게 손님을 유흥하게 하는 영업', '무도장을 설치하여 일반인에게 이용하게 하는 영업', '주류, 식사, 그 밖의 음식물을 제공하는 영업' 또는 '이와 유사한 영업'을 말한다(국징령 29조). 세무공무원이 수색을 하였으나 압류할 재산이 없는 경우 **수색조서**를 작성하고 수색조서에

제37조에 따른 **참여자**(국징 37조)와 함께 서명날인하여야 한다(국징 35조 5항 본문). 다만, 참여자가 서명날인을 거부한 경우에는 그 사실을 수색조서에 적는 것으로 참여자의 서명날인을 갈음할 수 있다(국징 35조 5항 단서). 세무공무원은 수색조서를 작성한 경우 그 **등본**을 수색을 받은 체납자 또는 참여자에게 내주어야 한다(국징 35조 6항).

민사집행절차의 경우에도 강제징수절차와 같이 수색, 개문 등 적절한 조치, 참여자의 참여 및 집행관에 대한 원조 등 사항에 대한 규정을 두고 있다(민사집행 5조, 6조, 7조). 민사집행의 경우에는 **집행권원**(집행문이 있는 판결정본, 항고로만 불복할 수 있는 재판, 가집행의 선고가 내려진 재판, 확정된 지급명령, 공증인이 일정한 금액의 지급이나 대체물 또는 유가증권의 일정한 수량의 급여를 목적으로 하는 청구에 관하여 작성한 공정증서로서 채무자가 강제집행을 승낙한 취지가 적혀 있는 것, 소송 상 화해 · 청구의 인낙 등 그 밖에 확정판결과 같은 효력을 가지는 것)이 있는 경우에만 강제집행을 할 수 있다(민사집행 28조, 56조). 조세채권은 자력집행력이 있어서 강제징수절차를 개시함에 있어서 법원에 의한 확정절차 등이 필요없고, 과세관청과 납세자는 계속적인 관계를 형성하므로 강제징수절차에 있어서 민사집행의 경우와는 달리 그 권한 행사범위를 합리적으로 통제할 필요성이 있다. 수색 또는 개문 등 조치는 납세자 또는 제3자의 기본권에 심각한 영향을 미친다. 따라서 민사집행 상 수색 또는 개문 등 조치에 관한 규정이 있다고 하여 이를 강제징수절차에 대하여서도 바로 그대로 적용하는 것은 타당하지 않다. 입법론으로서 수색 또는 개문 등 조치를 취하는 과정에 대한 법원의 통제가 개입하도록 허용하는 것을 고려할 수도 있을 것이나, 우리의 경우 종전 관행 또는 여건 등에 비추어 보면 이를 직접 도입하기 어려운 측면이 있다. 따라서 현실적인 대안으로서는 **'압류하기 위하여 필요한 경우'**를 **'압류하기 위하여 특정 장소에 대한 수색 또는 개문 등 조치가 필요하다는 점을 소명한 경우'**로 **한정하여 해석하는 것이 타당**하다. 나아가 시행령 단계에서 위 **소명은 구체적인 사유를 기재하여 문서로** 하여야 하며 해당 소명문서는 **압류조서 또는 수색조서에 첨부**하여야 한다는 내용을 규정하는 것이 타당하다. 제3자에 대하여 수색 또는 개문 등 조치를 취한 경우에도 동일하게 처리하는 것이 타당하다. 나아가 **압류와 무관한 자료 또는 정보를 수집하는 행위를 엄격하게 금지하는 규정 역시 추가되는 것이 타당**하다. 새로운 세무조사가 될 수 있기 때문이다.

세무공무원은 수색(국징 35조) 또는 검사(국징 36조)를 하는 경우 그 **수색 또는 검사를 받는 사람, 그 가족 · 동거인이나 사무원 또는 그 밖의 종업원을 참여시켜야** 한다(국징 37조

1항). 참여시켜야 할 자가 없거나 참여 요청에 따르지 아니하는 경우 성인 2명 이상 또는 특별시·광역시·특별자치시·특별자치도·시·군·자치구의 **공무원**이나 **경찰공무원** 1명 이상을 **증인**으로 참여시켜야 한다(국징 37조 2항). 세무공무원은 **압류**(국징 31조), **수색**(국징 35조) 또는 **질문·검사**(국징 36조)를 하는 경우로서 강제징수를 위하여 필요하다고 인정하는 경우 체납자 및 참여자 등 관계자를 제외한 사람에 대하여 해당 장소에서 나갈 것을 요구하거나 그 장소에 출입하는 것을 제한할 수 있다(국징 39조). 참여자는 원칙적으로 수색 또는 검사를 받는 사람, 그 가족·동거인이나 사무원 또는 그 밖의 종업원인바, 이들을 제외한 사람의 출입을 제한할 경우 **체납자 또는 참여인이 궁박한 상태에 처하거나 적정한 과세권의 행사에 대한 근거 없는 우려를 발생시킬 수 있다**. 따라서 이와 같이 출입을 제한하는 경우에는 세무공무원이 체납자 또는 참여인이 해당 현장에서 **녹화** 또는 **녹음**할 수 있다는 점을 고지하고 이를 허용하도록 하는 것이 타당하다. 세무공무원 역시 동일하게 녹화 또는 녹음할 수 있어야 한다. 이러한 점들을 입법을 통하여 명확하게 규정하는 것도 타당하지만 국세청의 훈령 단계에서 규정하는 것 역시 의미가 있다. 현행 법령에 의하더라도 해당 수색 등 현장에 참여하는 납세자 또는 세무공무원의 녹음 또는 녹화가 금지되는 것은 아니다.

세무공무원은 체납자의 재산을 압류하는 경우 압류조서를 작성하여야 하나, 참가압류(국징 61조)에 압류의 효력이 생긴 경우에는 **압류조서**를 작성하지 아니할 수 있다(국징 34조 1항). 압류재산이 '동산 또는 유가증권', '채권' 또는 '그 밖의 재산권(채권과 소유권을 제외한 그 밖의 재산권)'에 해당하는 경우 **압류조서 등본**을 체납자에게 내주어야 한다(국징 34조 2항). 압류조서에는 압류에 참여한 세무공무원이 **참여자**(국징 37조)와 함께 서명날인을 하여야 하나, 참여자가 서명날인을 거부한 경우에는 그 사실을 압류조서에 적는 것으로 참여자의 서명날인을 갈음할 수 있다(국징 34조 3항). **질권이 설정된 동산 또는 유가증권**을 압류한 경우 그 동산 또는 유가증권의 질권자에게 압류조서의 등본을 내주어야 한다(국징 34조 4항). 압류조서에는 **압류한 재산에 관하여 양도, 제한물권의 설정, 채권의 영수 및 그 밖의 처분을 할 수 없다**는 뜻이 기재되어야 한다(국징 34조 5항).

나. 압류의 일반적 효력

(1) 처분금지의 효력

세무공무원이 재산을 압류한 경우 체납자는 압류한 재산에 관하여 양도, 제한물권의 설정, 채권의 영수, 그 밖의 **처분을 할 수 없다**(국징 43조 1항). 세무공무원이 채권 또는 그 밖의 재산권을 압류한 경우 제3채무자(해당 채권의 채무자 및 그 밖의 재산권의 채무자 또는 이에 준하는 자)는 **체납자에 대한 지급을 할 수 없다**(국징 43조 2항). 세무공무원이 예탁유가증권지분(국징 56조의2 1항) 또는 전자등록주식등(국징 56조의3 1항)을 압류한 경우 예탁결제원(국징 56조의2 1항 1호) 또는 예탁자(국징 56조의2 1항 2호)는 해당 체납자에 대하여 계좌대체 및 증권반환을 할 수 없고, 전자등록기관(국징 56조의3 1항 1호), 계좌관리기관(국징 56조의3 1항 2호) 또는 명의개서대행회사등(국징 56조의3 1항 3호)은 해당 체납자에 대하여 계좌대체 및 전자등록말소를 할 수 없다(국징 43조 3항). **압류는 체납자의 특정 재산에 대하여 법률 상 또는 사실상 처분을 금지하는 효력을 가지고 이에 반하는 양도 또는 권리의 설정 등 처분은 당사자 사이에서는 유효하지만 압류채권자인 국가 또는 지방자치단체에는 대항할 수 없다.**[384] 자동계속특약에 의하여 정기예금의 기한이 연장되는 것 역시 위 처분에 해당한다.[385] 다만 압류는 체납자 등에게 고통을 주는 것을 목적으로 하는 것은 아니므로 조세법은 체납자 등에게 조세의 징수에 지장을 주지 않는 범위에서 압류재산의 사용 또는 수익을 허용한다.[386] **강제징수 압류가 되어 있는 부동산에 대하여 경매절차가 개시되어 경매개시결정등기가 되기 전에 부동산에 관하여 민사유치권을 취득한 유치권자가 경매절차의 매수인에게 유치권을 행사할 수 있는가?** 부동산에 관한 민사집행절차에서는 경매개시결정과 함께 압류를 명하므로 압류가 행하여짐과 동시에 매각절차인 경매절차가 개시되는 반면, 국세징수법에 의한 강제징수절차에서는 그와 달리 강제징수 압류와 동시에 매각절차인 공매절차가 개시되는 것이 아닐 뿐만 아니라, 강제징수 압류가 반드시 공매절차로 이어지는 것도 아니다. 또한 강제징수절차와 민사집행절차는 서로 별개의 절차로서 공매절차와 경매절차가 별도로 진행되는 것이므로, 부동산에 관하여 강제징수 압류가 되어 있다고 하여 경매절차에서 이를 그 부동산에 관하여 경매개시결정에 따른 압류가 행하여진 경우와 마찬가지로 볼 수는 없다. 따라서 강제징수 압류가 되어 있는 부동산이라고 하더라도 그러한 사정만으로 경매절차가 개시되어 경매개시결정등기가 되기 전에 부동산에 관하여 민사유치권을 취득한 유치권자가 경매절차의 매수인에게 유치권을 행사할 수 없다고 볼 것은 아니다.[387]

384) 金子宏、前掲書、800頁。
385) 東京地判 平成2年6月22日 判タ743号, 140頁。
386) 뒤의 각 재산별 압류절차 및 효력 참조.

(2) 시효중단의 효력

압류로 인하여 조세채권의 소멸시효는 중단된다(국기 28조 1항 4호). 압류가 해제되는 경우에는 중단된 소멸시효가 새로 진행한다(국기 28조 2항). **압류 또는 가압류가 1개의 채권 중 일부에 대하여 이루어진 경우 그 효력은 어떠한가?** 1개의 채권 중 일부에 대하여 가압류・압류를 하는 취지는 1개의 채권 중 어느 특정 부분을 지정하여 가압류・압류하는 등의 특별한 사정이 없는 한 가압류・압류 대상 채권 중 유효한 부분을 가압류・압류함으로써 향후 청구금액만큼 만족을 얻겠다는 것이므로, 1개의 채권의 일부에 대한 가압류・압류는 유효한 채권 부분을 대상으로 한 것이고, 유효한 채권 부분이 남아 있는 한 거기에 가압류・압류의 효력이 계속 미친다. 따라서 1개의 채권 중 일부에 대하여 가압류・압류를 하였는데, 채권의 일부에 대하여만 소멸시효가 중단되고 나머지 부분은 이미 시효로 소멸한 경우, 가압류・압류의 효력은 시효로 소멸하지 않고 잔존하는 채권 부분에 계속 미친다.[388)]

(3) 우선징수의 효력

조세채권 상호간에는 압류에 의한 우선의 원칙이 적용되어 압류에 관계된 조세가 다른 조세에 대하여 우선하는 효력이 부여된다. 그 구체적인 내용은 조세채권 상호 간의 우열관계 부분 중 '압류에 의한 우선' 부분에서 기술한 바가 있다.[389)]

(4) 과실 및 종물에 대한 효력

압류의 효력은 압류재산으로부터 생기는 천연과실 또는 법정과실에 미치나, 체납자 또는 제3자가 압류재산의 사용 또는 수익을 하는 경우 그 재산의 매각으로 인하여 권리를 이전하기 전까지 이미 거두어들인 천연과실에 대해서는 압류의 효력이 미치지 아니한다(국징 44조). 천연과실 중 성숙한 것은 토지 또는 입목과 분리하여 동산으로 볼 수 있다(국징령 32조). 일본의 경우에는 법정과실의 경우에는 압류의 효력이 원칙적으로 미치지 않고 단지 채권압류 후에 발생한 이자에 대하여서만 그 효력이 미친다.[390)]

압류재산에 손해보험 등이 부보된 경우 그 압류의 효력은 보험금 등 청구권에도 미치는

387) 대법원 2014.3.20. 2009다60336 전원합의체 판결.
388) 대법원 2016.3.24. 2014다13280.
389) 같은 장 제2절 Ⅳ 가 압류에 의한 우선 참조.
390) 일본 국세징수법 제52조 제2항.

가? 일본의 경우에는 명문의 규정이 있다. 즉 위 경우 압류의 효력은 보험금 등 청구권에도 미치게 되나 이 경우 해당 압류사실을 보험자 등에게 통지하지 않으면 해당 압류로서 보험자 등에게 대항할 수 없다.[391] 우리의 경우에도 위와 같은 취지의 규정을 신설하는 것이 바람직하다.

압류재산이 주물인 경우 그 압류의 효력은 종물에도 미치는가? 종물은 '물건의 소유자가 그 물건의 상용에 공하기 위하여 자기소유인 다른 물건을 이에 부속하게 한 물건'을 의미한다(민법 100조 1항). 민법에 따르면 종물은 주물의 처분에 따르는 바(민법 100조 2항), 이러한 점에 근거하여 주물에 대한 압류의 효력과 관련하여 다음과 같이 판시한 판례가 있다. 즉 주물에 관하여 설정된 근저당권의 효력 및 주물에 대한 가압류, 압류 기타 공법 상의 처분의 효력은 종물에 당연히 미치게 되고, 종물만에 대한 강제집행은 일반적으로 허용되지 않으며, 종물에 관하여 제3자가 보호받아야 할 정당한 점유권을 가지고 있는 경우에는 그 제3자의 승낙이 없는 한 적법하게 압류할 수 없다.[392]

(5) 가압류 또는 가처분 재산에 대한 압류의 효력

관할 세무서장은 재판 상의 가압류 또는 가처분 재산이 강제징수 대상인 경우에도 국세징수법에 따른 강제징수를 한다(국징 26조). 압류가 행하여졌다는 것만으로는 가압류 또는 가처분이 실효되지 않는다.[393]

그런데 **재판 상의 가압류 또는 가처분 재산이 강제징수 대상인 경우에 압류재산을 환가할 수 있는가 또는 나아가 압류재산의 매수인이 그 소유권의 취득과 관련하여 가압류채권자 또는 가처분채권자에게 대항할 수 있는가?** 이를 가압류와 가처분으로 나누어 본다.

먼저 강제징수와 가압류의 관계에 대하여 본다. 조세채권자인 국가 또는 지방자치단체와 가압류채권자 모두 금전채권의 충족을 목적으로 하므로 압류재산을 환가하는 것은 위 각 채권자들의 이익에 반하는 것이 아니다. 따라서 가압류채권자가 있는 경우에도 압류재산을 환가할 수 있으며, 가압류채권자는 조세채권과의 우선순위에 따라 환가대금에서 민사 상 강제집행의 경우에 준하여 배당을 받을 수 있을 뿐이라고 보아야 한다. 또한 가압류채권자는 해당 재산의 환가대금에서 민사집행법이 정하는 방법에 따라 그 채권을 변제받을 수 있

391) 일본 국세징수법 제53조 제1항.
392) 울산지방법원 1998.9.3. 98가단16905.
393) 金子 宏、前掲書、802頁。

는 효력을 가질 뿐 강제징수를 통한 압류재산의 환가를 금지하는 효력을 갖지 아니하므로, 압류재산의 공매를 통하여 소유권을 취득한 매수인에 대하여서는 대항할 수 없다고 본다.

강제징수와 가처분의 관계에 대하여 본다. 일본의 경우 강제징수우위설과 가처분우위설이 대립한다. 일본의 판례는 가처분우위설을 취하여 환가가 있더라도 가처분이 소멸하지 않고 본안소송에서 가처분채권자가 승소한 경우에는 매수인은 가처분채권자에 대하여 대항할 수 없다고 판시한다.[394] 강제징수와 가처분의 관계를 사법 상 강제집행과 가처분의 관계와 달리 해석할 근거가 없으므로 사법 상 강제집행과 가처분의 관계에 준하여 해석하여야 할 것으로 본다. 판례는 가처분결정이 제3채무자에 먼저 송달되고, 그 후 가처분채권자가 본안소송에서 승소하여 확정되었다면, 그 가처분결정의 송달 이후에 실시된 가압류 등의 보전처분 또는 그에 기한 강제집행은 그 가처분의 처분금지 효력에 반하는 범위 내에서는 가처분채권자에게 대항할 수 없다고 판시한다.[395] 따라서 가처분결정의 송달 이후에 실시된 강제징수는 그 가처분의 처분금지 효력에 반하는 범위 내에서는 가처분채권자에게 대항할 수 없다고 보아야 한다.

(6) 상속 및 법인합병시의 압류의 효력

체납자의 재산에 대하여 강제징수를 시작한 후 체납자가 사망하였거나 체납자인 법인이 합병으로 소멸된 경우에도 그 재산에 대한 강제징수는 계속 진행하여야 한다(국징 27조 1항). 체납자가 사망한 후 체납자 명의의 재산에 대하여 한 압류는 그 재산을 상속한 상속인에 대하여 한 것으로 본다(국징 27조 2항). 강제징수를 집행한 후 합병에 의하여 법인이 소멸한 경우에도 해당 강제징수를 계속할 수 있으므로, 그 강제징수의 효력은 합병 후 신설법인 또는 존속법인에게 미친다고 보아야 한다.

(7) 국세징수법 상 압류와 민사집행법 상 압류

현행법 상 강제징수절차와 민사집행절차는 별개의 절차이고 두 절차 상호 간의 관계를 조정하는 법률의 규정이 없으므로, 한쪽의 절차가 다른 쪽의 절차에 간섭할 수 없는 반면, 쌍방 절차에서 각 채권자는 서로 다른 절차에 정한 방법으로 다른 절차에 참여하게 된다.[396] **판례는 국세징수법 상 압류와 민사집행법 상 압류를 서로 다른 것으로 보며 민사집**

394) 日最判 昭和37年3月23日 日税務弘報15巻2号, 107頁。
395) 대법원 2009.12.24. 2008다10884.

행법 상 집행공탁의 전제가 되는 압류에는 국세징수법 상 압류가 포함되지 않는다고 한다.[397] 이 판례는 다음의 점을 근거로 한다. 첫째, 국세징수법상의 금전채권의 압류(국징 51조, 52조, 53조, 54조 ; 국징령 40조, 41조)와 민사집행법 상의 금전채권의 압류(민사집행 227조, 229조)는 그 효력을 달리 규정하고 있다. 둘째, 복수의 압류가 있는 경우의 효력 역시 다르다(국징 59조, 9조 1항 ; 민사집행 235조). 즉, 세무서장은 납기 전 징수사유가 있는 경우에는 교부청구를 하여야 하고, 강제징수에 의한 압류에 관하여 피압류채권의 일부를 특정하여 압류한 경우에는 일반채권에 의한 강제집행의 경우와 달리 그 특정한 채권 부분에 한하여 압류의 효력이 미친다. 셋째, 강제집행절차는 경합하는 일반채권에 대한 할당 변제에 의한 사법적 해결을 그 본지로 함에 비하여, 강제징수절차는 행정기관에 의한 조세채권의 신속한 만족을 위한 절차이다.

다만 강제징수에 의한 압류 역시 제3채무자에게 채무자에 대한 지급을 금지하고 채무자에게 채권의 처분과 영수를 금지하는 효력을 가지는 바, 그 효력과 관련하여서는 강제징수에 의한 압류가 민사집행절차에서 압류명령을 받은 채권자의 전속적인 만족을 배제하고 배당절차를 거쳐야만 하게 하는 민사집행법 상 '다른 채권자의 압류'(민사집행 229조 5항)나 '다른 압류'(민사집행 227조, 229조)에 해당한다.[398]

강제징수절차와 민사집행절차는 별개의 절차이고 쌍방 절차에서 각 채권자는 서로 다른 절차에 정한 방법으로 다른 절차에 참여할 수 있으므로, 강제징수에 따라 압류된 채권에 대하여도 민사집행법에 따라 압류 및 추심명령을 할 수 있고 민사집행절차에서 압류 및 추심명령을 받은 채권자는 제3채무자를 상대로 추심의 소를 제기할 수 있다.[399] 이 경우 **제3채무자는 압류 및 추심명령에 선행하는 강제징수에 의한 압류가 있어 서로 경합된다는 사정을 주장하여 민사집행절차에서 압류 및 추심명령을 받은 채권자의 추심청구를 거절할 수 있는가?** 강제징수에 따라 압류된 채권에 대하여도 민사집행법에 따라 압류 및 추심명령을 할 수 있고, 민사집행절차에서 압류 및 추심명령을 받은 채권자는 제3채무자를 상대로 추심의 소를 제기할 수 있으므로, 제3채무자는 압류 및 추심명령에 선행하는 강제징수에 의한 압류가 있어 서로 경합된다는 사정만을 내세워 민사집행절차에서 압류 및 추심명령을 받은

396) 대법원 2015.7.9. 2013다60982.
397) 대법원 2007.4.12. 2004다20326.
398) 대법원 2015.8.27. 2013다203833.
399) 대법원 2015.7.9. 2013다60982.

채권자의 추심청구를 거절할 수 없다.[400] **제3채무자는 민사절차에 대한 압류가 우선변제권이 있는 채권이라는 사정을 주장하여 강제징수에 의한 압류채권자의 추심청구를 거절할 수 있는가?** 강제징수에 따라 압류된 채권에 대하여도 민사집행법에 따라 압류 및 추심명령을 할 수 있고, 민사집행절차에서 압류 및 추심명령을 받은 채권자는 제3채무자를 상대로 추심의 소를 제기할 수 있으므로, 민사집행절차에 따른 압류가 근로기준법에 따라 우선변제권을 가지는 임금 등 채권에 기한 것이라는 등의 사정을 내세워 강제징수에 의한 압류채권자의 추심청구를 거절할 수도 없다.[401] **강제징수에 따른 압류채권자와 민사집행절차에서 압류 및 추심명령을 받은 채권자로부터 추심을 받은 경우에는 제3채무자는 어떻게 대응할 수 있는가?** 제3채무자는 강제징수에 따른 압류채권자와 민사집행절차에서 압류 및 추심명령을 받은 채권자 중 어느 한쪽의 청구에 응하여 그에게 채무를 변제하고 변제 부분에 대한 채무의 소멸을 주장할 수 있으며, 또한 집행공탁(민사집행 248조 1항)을 하여 면책될 수도 있다. 그리고 강제징수에 의한 압류채권자가 제3채무자에게서 압류채권을 추심하면 국세징수법에 따른 배분절차를 진행하는 것과 마찬가지로, 민사집행절차에서 압류 및 추심명령을 받은 채권자가 제3채무자에게서 압류채권을 추심한 경우에는 추심한 금액을 바로 공탁하고 사유를 신고하여야 한다(민사집행 236조 2항).[402]

'민사집행법에 따른 압류 및 추심명령'과 '강제징수에 의한 압류'가 경합한 후 제3채무자가 추심청구에 응하거나 집행공탁(민사집행 248조 1항)**을 하여 피압류채권이 소멸한 경우 강제징수에 의한 압류채권자는 배당절차에 참여하기 위하여 배당요구**(민사집행 247조)**를 따로 하여야 하는가?** '민사집행법에 따른 압류 및 추심명령'과 '체납처분에 의한 압류'가 경합한 후 제3채무자가 민사집행절차에서 압류 및 추심명령을 받은 채권자의 추심청구에 응하거나 집행공탁(민사집행 248조 1항)을 하게 되면, 피압류채권은 소멸하게 되고 이러한 효력은 '민사집행절차에서 압류 및 추심명령을 받은 채권자'에 대하여는 물론 '강제징수에 의한 압류채권자'에 대하여도 미치므로, 민사집행법에 따른 압류 및 추심명령과 함께 강제징수에 의한 압류도 목적을 달성하여 효력을 상실한다. 이 경우 '민사집행절차에서 압류 및 추심명령을 받은 채권자'뿐만 아니라 '강제징수에 의한 압류채권자'의 지위도 민사집행법 상의 배당절차에서 배당을 받을 채권자의 지위로 전환되므로, 강제징수에 의한 압류채권자가 공탁

400) 대법원 2015.7.9. 2013다60982.
401) 대법원 2015.7.9. 2013다60982.
402) 대법원 2015.7.9. 2013다60982.

사유신고 시나 추심신고 시까지 배당요구(민사집행 247조)를 따로 하지 않았다고 하더라도 배당절차에 참가할 수 있다.[403)]

다. 동산과 유가증권의 압류절차 및 효력

동산 또는 유가증권의 압류는 세무공무원이 **점유**함으로써 하고, 압류의 효력은 세무공무원이 점유한 때에 발생한다(국징 48조 1항). 세무공무원은 **제3자가 점유**하고 있는 체납자 소유의 동산 또는 유가증권을 압류하기 위해서는 먼저 그 제3자에게 문서로 해당 동산 또는 유가증권의 **인도를 요구**하여야 한다(국징 48조 2항). 세무공무원은 인도를 요구받은 제3자가 해당 동산 또는 유가증권을 인도하지 아니하는 경우 **제3자의 주거 등에 대한 수색**(국징 35조 2항)을 통하여 이를 압류할 수 있다(국징 48조 3항). 세무공무원은 체납자와 그 **배우자**의 **공유재산**으로서 체납자가 단독 점유하거나 배우자와 **공동 점유**하고 있는 동산 또는 유가증권을 압류할 수 있다(국징 48조 4항). 운반하기 곤란한 동산은 체납자 또는 제3자에게 **보관**하게 할 수 있고, 이 경우 **봉인**이나 그 밖의 방법으로 압류재산임을 명백히 하여야 한다(국징 49조 1항). 이 경우 압류 연월일과 압류한 세무공무원이 소속된 세무서의 명칭을 명백히 하여야 한다(국징령 38조). 관할 세무서장은 압류한 동산을 체납자 또는 이를 사용하거나 수익할 권리를 가진 제3자에게 보관하게 한 경우 강제징수에 지장이 없다고 인정되면 그 동산의 **사용 또는 수익을 허가**할 수 있다(국징 49조 2항). 압류된 동산을 사용하거나 수익하려는 자는 **압류재산 사용 · 수익 허가신청서**를 관할 세무서장에게 제출하여야 한다(국징령 39조 1항). 압류재산 사용 · 수익 허가신청서를 받은 관할 세무서장은 해당 사용 · 수익 행위가 압류재산의 보전에 지장을 주는지를 조사하여 **30일 이내**에 그 허가 여부를 신청인에게 통지하여야 한다(국징령 39조 2항). 30일이라는 기간은 **훈시기간**으로 보는 것이 타당하다. 해당 기간을 준수하지 않았다는 점만으로 체납자에게 사용 · 수익의 혜택을 바로 부여한 규범 상 당위가 없고 관할 세무서장의 업무 상 부담 또는 착오 등이 악용될 수 있기 때문이다. 사용 또는 수익의 허가를 받은 자는 압류 동산을 사용하거나 수익하는 경우 **선량한 관리자의 주의의무**를 다하여야 하며, 관할 세무서장이 해당 재산의 인도를 요구하는 경우 즉시 이에 따라야 한다(국징 49조 3항). **금전을 압류한 경우**에는 그 금전 액수만큼 체납자의 압류에 관계되는 **체납액을 징수한 것으로 본다**(국징 50조 1항). **유가증권을 압류한 경우** 그 유가증권에

403) 대법원 2015.8.27. 2013다203833.

따라 행사할 수 있는 금전의 급부를 목적으로 한 채권을 추심할 수 있고, 이 경우 관할 세무서장이 **채권을 추심하였을 때**에는 추심한 채권의 한도에서 체납자의 압류와 관계되는 체납액을 **징수한 것으로 본다**(국징 50조 2항).

세무공무원이 동산 또는 유가증권의 압류를 실시함에 있어서 압류조서를 작성하고 체납자에게 압류동산을 보관시켰다 하더라도 봉인 기타의 방법으로 압류재산임을 명백히 하지 아니한 이상 압류의 효력이 없다.[404] 건설공제조합의 조합원의 출자지분은 유가증권인 출자증권에 표상되는 것이므로 국세징수법에 의한 압류는 그 출자증권을 점유함으로써 효력이 생긴다.[405] 부부공유 유체동산의 압류에 관한 민사집행법 제190조의 규정은 강제징수의 경우에 유추적용을 배제할 만한 특수성이 없으므로 이를 강제징수의 경우에도 유추적용할 수 있다.[406] 즉 체납자와 그 배우자의 공유로서 체납자가 점유하거나 그 배우자와 공동으로 점유하고 있는 유체동산은 압류할 수 있다. 이는 국세징수법(국징 48조 4항)에 반영되었다.

체납자가 점유하는 제3자의 동산을 압류한 경우 해당 압류에 대하여 체납자 역시 다툴 수 있는가? 판례는 긍정한다. 즉 동산의 압류는 세무공무원이 점유함으로써 행하되, 다만 일정한 경우 체납자로 하여금 보관하게 하고 그 사용 또는 수익을 허가할 수 있을 뿐이며, 여기서의 점유는 목적물에 대한 체납자의 점유를 전면적으로 배제하고 세무공무원이 이를 직접 지배, 보관하는 것을 뜻하므로, 과세관청이 조세의 징수를 위하여 체납자가 점유하고 있는 제3자의 소유 동산을 압류한 경우, 그 체납자는 그 압류처분에 의하여 당해 동산에 대한 점유권의 침해를 받은 자로서 그 압류처분에 대하여 법률 상 직접적이고 구체적인 이익을 가지는 것이어서 그 압류처분의 취소나 무효확인을 구할 원고적격이 있다.[407]

라. 채권의 압류절차 및 효력

관할 세무서장은 채권을 압류하는 경우 **체납액을 한도**로 하여야 하나, 압류하려는 채권에 국세보다 우선하는 질권이 설정되어 있어 압류에 관계된 체납액의 징수가 확실하지 아니한 경우 등 필요하다고 인정되는 경우 채권 전액을 압류할 수 있다(국징 53조). 신원보증금, 계약보증금 등의 **조건부채권**을 그 조건 성립 전에도 압류할 수 있고, 이 경우 압류한

404) 대법원 1982.9.14. 82누18.
405) 대법원 1987.1.20. 86다카1456.
406) 대법원 2006.4.13. 2005두15151.
407) 대법원 2006.4.13. 2005두15151.

후에 채권이 성립되지 아니할 것이 확정된 때에는 그 압류를 지체 없이 해제하여야 한다(국징령 40조). **조건부채권의 압류에 대한 내용은 법률 단계에서 규정하는 것이 타당하다.** 급료, 임금, 봉급, 세비, 퇴직연금 또는 그 밖에 **계속적 거래관계에서 발생하는** 이와 유사한 **채권**에 대한 압류의 효력은 체납액을 한도로 하여 압류 후에 발생할 채권에도 미친다(국징 54조). 관할 세무서장은 채권을 압류하려는 경우 그 뜻을 **제3채무자**에게 **통지**하여야 한다(국징 51조 1항). 채권을 압류한 사실을 **체납자**에게도 **통지**하여야 한다(국징 51조 2항). **채권 압류의 효력은 채권 압류 통지서가 제3채무자에게 송달된 때에 발생**한다(국징 52조 1항). 이 경우 통지는 제3자에게 대항할 수 있는 형식을 취하여야 할 것으로 본다.[408] 압류의 효력이 발생한 경우 **관할 세무서장**은 체납액을 한도로 하여 체납자인 **채권자를 대위**한다(국징 52조 2항). 채권 압류의 통지를 받은 제3채무자가 채무이행의 기한이 지나도 이행하지 아니하는 경우 체납자인 채권자를 대위하여 **이행의 촉구**를 하여야 한다(국징령 41조 1항). 이행의 촉구를 받은 제3채무자가 촉구한 기한까지 채무를 이행하지 아니하는 경우 체납자인 채권자를 대위하여 제3채무자를 상대로 소송을 제기하여야 하나, 채무이행의 자력이 없다고 인정하는 경우에는 채권의 **압류를 해제할 수** 있다(국징령 41조 2항). **압류해제에 대하여서는 위임관계를 보다 분명히 하여 법률 단계에서 규정하는 것이 타당하다.** 채권자를 대위하는 경우 관할 세무서장은 압류 후 1년 이내에 **제3채무자에 대한 이행의 촉구와 채무 이행의 소송**을 제기하여야 한다(국징 52조 3항 본문). 다만 체납된 국세와 관련하여 **심판청구 등**(국세기본법에 따른 이의신청 · 심사청구 · 심판청구, 감사원법에 따른 심사청구 또는 행정소송법에 따른 행정소송)**이 계속 중**이거나 그 밖에 이에 준하는 사유로 법률 상 · 사실상 추심이 불가능한 경우에는 그러하지 아니하다(국징 52조 3항 단서). 해당 사유가 해소되어 추심이 가능해진 때에는 관할 세무서장은 지체 없이 제3채무자에 대한 이행의 촉구와 채무 이행의 소송을 제기하여야 한다(국징 52조 4항). 한편 소송을 제기하는 경우 **원고**는 세무서장이 아니라 국가 또는 지방자치단체가 되어야 한다. 국세기본법은 세무공무원이 민법에 따라 채권자대위소송(민법 404조)을 제기할 것을 전제하고 있어서(국기 28조 3항 5호), 위 소송은 민사소송의 형태를 취하여야 할 것으로 보이기 때문이다. **국세징수법에 의한 채권압류의 경우 압류채권자는 체납자에 대신하여 추심권을 취득할 뿐이고, 이로 인하여 채무자가 제3채무자에 대하여 가지는 채권이 압류채권자에게 이전되거나 귀속되는 것은 아니다.** 따라서 압류채권자가

408) 대법원 2018.11.15. 2017두54579 참조.

채무자의 제3채무자에 대한 채권을 압류한 경우 그 채권은 압류채권자가 제3채무자에 대하여 가지는 채권이 아니므로, 압류채권자는 이를 자동채권으로 하여 제3채무자의 압류채권자에 대한 채권과 상계할 수 없고, 이는 피압류채권에 대하여 이중압류, 배분요구 등이 없다고 하더라도 달리 볼 것은 아니다.[409)]

국가가 체납처분으로 채무자의 제3채무자의 채권을 압류하였다가 압류를 해제한 경우 해당 채권에 대한 추심권능과 소송수행권 등은 누구에게 귀속되는가? 채권에 대한 압류 및 추심명령이 있으면 제3채무자에 대한 이행의 소는 추심채권자만이 제기할 수 있고 채무자는 피압류채권에 대한 이행소송을 제기할 당사자적격을 상실한다. 그러나 채권자는 현금화 절차가 끝나기 전까지 압류명령 신청을 취하할 수 있고, 이 경우 채권자의 추심권도 당연히 소멸하며, 추심금청구의 소를 제기하여 확정판결을 받은 경우라도 그 집행에 의한 변제를 받기 전에 압류명령의 신청을 취하하여 추심권이 소멸하면 추심권능과 소송수행권이 모두 채무자에게 복귀한다. 이는 국가가 국세징수법에 의한 체납처분으로 채무자의 제3채무자에 대한 채권을 압류하였다가 압류를 해제한 경우에도 마찬가지이다.[410)]

확정 전 보전압류를 한 이후에 해당 조세채권이 확정되었다면 다시 해당 채권을 압류하여야 하는가? 조세확정 전의 압류로서 채권을 압류한 경우에는 그 국세가 확정되었을 때 피압류채권에 대하여 바로 추심권을 취득한다.[411)] 즉 별도로 채권압류를 할 필요가 없다.

채권압류통지서에 기재된 당해 피보전국세의 미납으로 인하여 발생하는 납부지연가산세 역시 당연히 그 대위에 의한 추심권 행사의 범위에 포함된다.[412)] 채권압류에 기한 추심의 범위에 관하여서는 체납액을 한도로 대위하는 바, 납부지연가산세는 조세 납부의 지연에 따라 1일별로 당연히 성립되고 확정되는 것이므로 위 통지한 세액이 납부되지 않는 한 자동적으로 체납액에 포함되는 것으로 보는 것이 타당하기 때문이다.

채권압류에 의하여 보전되는 국세의 범위는 압류의 원인이 된 체납국세로서 채무자에게 통지된 당해 국세만에 한정된다.[413)]

채권압류의 효력은 채권압류통지서가 제3채무자에게 송달된 때에 발생한다(국징 52조 1항). 따라서 임대차보증금반환청구권을 목적으로 한 전부명령이 제3채무자인 임대인에게

409) 대법원 2022.12.16. 2022다218271.
410) 대법원 2000.4.11. 99다23888; 대법원 2009.11.12. 2009다48879; 대법원 2021.5.27. 2021다204466.
411) 대법원 1994.6.24. 94다2886.
412) 대법원 2005.3.10. 2004다64494.
413) 대법원 1992.11.10. 92누831.

송달되어 효력이 발생된 후에 행하여진 임차인의 조세체납을 이유로 하는 당해 피전부채권을 목적으로 한 세무서장의 압류는 비록 그것이 임차건물의 명도전에 행하여졌다 하더라도 무효이다.[414] 압류통지는 제3채무자에게 송달되는 시점에 효력이 발생하고 그 송달시점에는 이미 압류대상인 채권이 제3자에게 전부되었기 때문이다.

강제징수에 의한 압류에 관하여 피압류채권의 일부를 특정하여 압류한 경우에는 일반채권에 의한 강제집행의 경우와 달리 그 특정한 채권 부분에 한하여 압류의 효력이 미치는 것이며, 그 후 민사 상 강제집행에 의한 압류가 있고 그 압류된 금액의 합계가 피압류채권의 총액을 초과한다고 하더라도 강제징수에 의한 압류의 효력이 피압류채권 전액으로 확장되지 아니한다고 할 것이므로, 나머지 부분에 대하여는 **압류경합**이 되는 것은 아니다.[415]

세무공무원이 강제징수로서의 채권압류행위와 채무자(제3채무자)에게 체납자에 대한 채무이행을 금지하는 통지를 하는 것은 채권압류의 본질적 내용이므로 이 통지가 없는 때에는 그 채권압류의 효력이 없다.[416] 또한 이 판례는 압류조서에 참여인의 기재와 그 서명날인이 없다거나, 압류조서나 채권압류통지서의 체납자의 주소가 법인등기부 상의 주소와 일치하지 아니하고 체납자에 대한 채권압류통지서의 압류채권 표시란에 목적 토지 아닌 다른 토지에 대한 소유권이전등기청구권이 기재되어 있다거나, 체납자에게 위 압류조서의 등본을 교부하였는지의 여부 등 압류의 본질적 요소를 이루지 아니하는 사소한 절차 상의 잘못을 이유로 하여서는 당해 압류자체를 무효라고 볼 것은 아니라고 판시한다. 이 판례에 따르면, 위 각 사유들이 압류의 본질적 요소를 이루는지 아니면 사소한 절차 상의 잘못에 해당하는지 여부를 보다 면밀히 검토할 필요가 있다.

급료 · 임금 · 봉급 · 세비 · 퇴직연금, 그 밖에 이와 유사한 채권의 압류는 체납액을 한도로 하여 압류 후에 수입할 금액에 미친다(국징 54조). 채권은 체납액을 한도로 압류하여야 하나, 압류하려는 채권에 국세보다 우선하는 질권이 설정되어 있어 압류에 관계된 체납액의 징수가 확실하지 아니한 경우 등 필요하다고 인정되는 경우 채권 전액을 압류할 수 있다(국징 53조). 또한 세무서장은 채권을 압류한 사실을 체납자에게 통지하여야 한다(국징 51조 2항).

신원보증금, 계약보증금 등의 조건부채권을 그 조건 성립 전에도 압류할 수 있고, 이 경우 압류한 후에 채권이 성립되지 아니할 것이 확정된 때에는 그 압류를 지체 없이 해제하여

414) 대법원 1990.4.10. 89다카25936.
415) 대법원 1991.10.11. 91다12233.
416) 대법원 1989.11.14. 88다카19033.

야 한다(국징령 40조). 이는 시행령단계가 아닌 법률단계에서 규정하는 것이 타당하다. 이에 대한 위임규정 역시 없다.

제3채무자는 채권압류에 대하여 다툴 법률 상 이익이 없다. 제3채무자는 국가가 제기하는 이행소송에 있어서 채무의 부존재를 다투거나 제3채무자 스스로 국가를 상대로 채무부존재확인소송을 제기하여 다툴 수 있기 때문이다.[417)]

채권을 압류하는 경우 제3채무자가 체납자에 대하여 가지는 반대채권으로서 피압류채권(수동채권)과 상계할 수 있는가? 일본의 경우 상계의 담보적 기능에 착안하여 조세채권의 일반적 우선권은 제3채무자가 가지는 상계권의 행사에 대한 제약이 될 수 없다.[418)] 우리의 경우에도 동일하게 판단하여야 한다.

제3채무자의 상계를 인정한다고 하더라도 어느 범위에서 상계를 인정할 것인가? 일본의 경우에는 반대채권이 압류 후에 취득된 것이 아닌 이상 상계적상에 있으면 피압류채권과의 변제기의 선후를 묻지 않고 상계할 수 있으며, 계약자유의 원칙 상 독촉 등이 있는 경우에는 바로 상계적상이 발생하도록 하는 취지의 합의 역시 국가 또는 지방자치단체에 대하여 효력을 갖는다.[419)] 다만 우리의 경우 민법 상 상계와 관련하여서는 제3채무자가 가압류채무자에 대한 반대채권을 가지고 있는 경우에 가압류채권자에게 상계로써 대항하기 위하여는 가압류의 효력발생 당시에 양 채권이 상계적상에 있거나 반대채권이 압류당시 변제기에 달하지 아니한 경우에는 피압류채권인 수동채권의 변제기와 동시에 또는 그보다 먼저 변제기에 도달하는 경우이어야 한다.[420)] 조세채권에 기한 압류의 경우에도 이러한 해석론이 적용될 것으로 보인다. 그러나 위 일본의 판례 역시 검토할 필요가 있다.

한편 **'갑이 을에 대한 채권을 가지고 을이 병에 대한 채권을 갖는 경우'에 갑과 을이 '갑과 을 사이의 채권'에 기하여 '을이 병에 대하여 가지는 채권'을 상계할 수 있도록 상계예약을 체결하였다면, 이 경우에 있어서도 위 상계예약으로서 '을이 병에 대하여 가지는 채권'에 대한 압류에 대항할 수 있는가?** 압류채권자에게 불측의 손해가 발생하는 것을 막을 필요가 있다는 점을 감안한다면 위 상계예약은 '을이 병에 대하여 가지는 채권'에 대한 압류에 대항할 수 없는 것으로 보아야 한다.[421)]

---

417) 임승순, 전게서, 236면.
418) 日最判 昭和27年5月6日 民集6巻5号、518頁。
419) 日最判 昭和45年6月24日 民集24巻6号、587頁。
420) 대법원 1987.7.7. 86다카2762.
421) 日最判 平成7年7月18日 日月報42巻10号、2357頁。

채권자 갑이 '채무자 을이 병에 대하여 갖는 금전채권'과 관련하여 채무자 을을 대위하여 병에 대하여 그 지급을 청구하는 중에 국가가 채무자 을에 대한 강제징수로서 동일 채권을 압류하여 병에 대하여 그 지급을 구하는 소를 제기한 경우에 위 채권자 갑의 대위권행사권한은 여전히 효력이 있는가?

이와 관련하여 일본 최고재판소는 채권자 갑의 대위권행사는 그 효력이 상실되지 않는다고 한다.[422] 이에 반하여 그 효력이 상실된다는 일본 하급심판결 역시 있다.[423] 즉 위 경우 국가는 일본 국세징수법 제67조 제1항에 의하여 징수권을 취득하고 채권자의 입장에서 그 권리를 행사하는 것이기 때문에 채권자 갑은 소송수행권을 잃고 당사자적격을 상실한다고 판시한다.

우리의 경우 국세기본법에서 채권자대위권에 대하여 명시적으로 특별한 정함을 두고 있지 않다. 즉 국세기본법은 세무공무원이 채권자대위소송(민법 404조)을 제기하여 그 소송이 진행 중인 기간에는 소멸시효가 진행되지 않으며(국기 28조 3항 5호), 그 시효정지의 효력은 소송이 각하 · 기각 또는 취하된 경우에는 효력이 없다고 규정할 뿐이다(국기 28조 4항). 한편 국세징수법은 세무서장이 채권을 압류할 경우 그 뜻을 해당 제3채무자(채권의 채무자)에게 통지를 한 때에는 체납액을 한도로 하여 체납자인 채권자를 대위한다는 효력을 부여한다(국징 52조 1항, 2항). 따라서 우리의 경우에도 위 일본에서와 같은 견해들이 있을 수 있다.

민법 상 채권자대위권의 행사요건에 대하여 본다. 민법 제404조에서 규정하고 있는 채권자대위권은 채권자가 채무자에 대한 자기의 채권을 보전하기 위하여 필요한 경우에 채무자의 제3자에 대한 권리를 대위하여 행사할 수 있는 권리를 말하므로 보전되는 채권에 대하여 보전의 필요성이 인정되어야 하나, 여기에서 보전의 필요성은 채권자가 보전하려는 권리와 대위하여 행사하려는 채무자의 권리가 밀접하게 관련되어 있고, 채권자가 채무자의 권리를 대위하여 행사하지 않으면 자기 채권의 완전한 만족을 얻을 수 없게 될 위험이 있어 채무자의 권리를 대위하여 행사하는 것이 자기 채권의 현실적 이행을 유효 · 적절하게 확보하기 위하여 필요한 것을 말하며, 채권자대위권의 행사가 채무자의 자유로운 재산관리행위에 대한 부당한 간섭이 된다는 등의 특별한 사정이 있는 경우에는 보전의 필요성을 인정할 수 없다.[424] 그런데 위 민법 상 채권자대위권의 행사요건은 국세징수법 상 채권압류의 요

422) 日最判 昭和45年6月2日 民集24巻6号、447頁。
423) 東京地判 昭和47年5月2日 日月報18巻11号、169頁。
424) 대법원 2013.5.23. 2010다50014.

건과 상이하여 두 제도가 반드시 대체가능한 것이라고 할 수 없다. 또한 국세징수법 상 채권압류가 있는 경우 민법 상 채권자대위권을 행사할 수 없다는 소극적 요건이 민법과 국세징수법에 명시되어 있지도 않기 때문에 이 경우 민법 상 채권자대위권을 행사할 수 없다고 해석하는 것은 법률에 근거하지 않고서 세법이 사법 상 법률관계를 침해하는 결과를 야기할 수 있다. 이러한 이유로 민법 상 채권자대위권이 행사되는 중 해당 대위채권에 대하여 채권압류가 있더라도 민법 상 채권자대위권에 관한 법리가 그대로 적용되는 것으로 보아야 하고 과세관청이 채권압류를 한다고 하여 별도의 효력을 부여하여 종전 대위권행사에 지장을 초래할 수는 없다고 해석하여야 한다.

과세관청이 납세자에 대한 강제징수로서 국내은행 해외지점에 예치된 예금에 대한 반환채권을 대상으로 한 압류처분은 효력이 있는가? 판례는 그 압류의 효력을 부인하는 바 그 내용은 다음과 같다. 국내은행의 해외지점은 외국에 소재하면서 본점이나 국내지점과는 달리 별도로 소재지인 외국의 법령에 따른 인가를 받아 외국의 은행으로 간주되고, 은행업을 경영함에 있어서도 외국의 법령에 따라 외국 금융당국의 규제 및 감독을 받으며, 국내은행 해외지점에서 이루어지는 예금거래에 대해서도 소재지인 외국의 법령이 적용됨이 일반적이다. 또한 국내은행 해외지점은 본점 및 국내지점과 전산망이 연결되어 있지 아니하고, 국내은행 해외지점에 예치한 예금은 해외지점이 소재한 외국에서만 인출할 수 있을 뿐 이를 국내에서 처분하기 위해서는 다시 국내로의 송금 절차를 거쳐야만 한다. 따라서 과세관청이 납세자에 대한 강제징수로서 국내은행 해외지점에 예치된 예금에 대한 반환채권을 대상으로 한 압류처분은 국세징수법에 따른 압류의 대상이 될 수 없는 재산에 대한 것으로서 무효이다.[425)]

종합통장자동대출 방식의 계좌의 잔고가 마이너스로 유지되는 상태에서 위 계좌에 입금된 금원은 예금채권으로서 채권압류 및 추심명령 등의 압류할 채권의 대상에 포함되는가? 종합통장자동대출 방식의 대출은 금융기관이 대출약정에서 정하여진 한도로 채무자의 계좌로 신용을 공여하면 채무자가 잔고를 초과하여 통장에서 금원을 인출하는 경우 잔고를 초과한 금원 부분에 한하여 자동적으로 대출이 실행되고 통장에 다시 금원을 입금하는 경우 대출이 실행된 부분에 대하여 자동적으로 변제가 이루어지는 바,[426)] 종합통장자동대출

425) 대법원 2014.11.27. 2013다205198.
426) 대법원 2003.7.25. 2003다14836; 대법원 2010.10.28. 2008다83196.

방식의 계좌의 잔고가 마이너스로 유지되는 상태에서 위 계좌에 입금된 금원은 예금채권으로서 채권압류 및 추심명령 등의 압류할 채권의 대상에 포함된다고 할 수 없다.[427]

마. 부동산 등의 압류절차 및 효력

관할 세무서장은 부동산등기법 등에 따라 **등기된 부동산**, 공장 및 광업재단 저당법에 따라 **등기된 공장재단 및 광업재단**, 선박등기법에 따라 **등기된 선박**을 압류하려는 경우 관할 세무서장은 압류조서를 첨부하여 압류등기를 관할 등기소에 법정 사항을 적은 문서(국징령 33조 1항, 2항)로 촉탁하여야 하고, 이는 그 변경등기에 관하여도 같다(국징 45조 1항). 자동차관리법에 따라 **등록된 자동차**, 선박법에 따라 **등록된 선박**(선박등기법에 따라 등기된 선박은 제외), 항공안전법에 따라 **등록된 항공기**(항공기 또는 경량항공기), 건설기계관리법에 따라 **등록된 건설기계**를 압류하려는 경우 압류의 등록을 관계 행정기관의 장 또는 지방자치단체의 장에게 법정 사항을 적은 문서(국징령 36조, 33조)로 촉탁하여야 하고, 이는 그 변경등록에 관하여도 같다(국징 45조 2항). 압류를 하기 위하여 부동산, 공장재단 및 광업재단의 재산을 분할하거나 구분하려는 경우 **분할 또는 구분의 등기**를 관할 등기소에 법정 사항을 적은 문서(국징령 34조, 33조)로 촉탁하여야 하고, 이는 그 **합병 또는 변경 등기**에 관하여도 같다(국징 45조 3항). 등기되지 아니한 부동산을 압류하려는 경우 토지대장 등본, 건축물대장 등본 또는 부동산종합증명서를 갖추어 보존등기를 관할 등기소에 법정 사항을 적은 문서(국징령 35조 1항, 34조, 33조)로 촉탁하여야 한다(국징 45조 4항). 보존등기를 촉탁하는 경우 관할 세무서장은 강제징수를 하는 경우 필요하면 소관 관서에 토지대장 등본이나 건축물대장 등본 또는 부동산종합증명서를 발급하여 줄 것을 요구할 수 있다(국징령 35조 2항). 압류한 자동차, 선박, 항공기 또는 건설기계가 은닉 또는 훼손될 우려가 있다고 인정되는 경우 체납자에게 **인도를 명하여** 이를 점유할 수 있다(국징 45조 5항). 관할 세무서장은 부동산 등(국징 45조 1항, 2항, 4항)을 압류한 경우 그 사실을 **체납자에게 통지**하여야 한다(국징 45조 5항). 관할 세무서장은 재산을 압류한 경우 **저당권자 등**(전세권, 질권, 저당권 또는 그 밖에 압류재산 위의 등기 또는 등록된 권리자)에게 그 사실을 **통지**하여야 한다(국징 40조 1항). **국세에 대하여 우선권을 가진 저당권자 등**이 통지를 받고 그 권리를 행사하려는 경우 통지를 받은 날부터 10일 이내에 그 사실을 관할 세무서장에게 신고하여야 한다(국징 40조 2항). 통지를

427) 대법원 2015.3.12. 2013다207972.

받은 날부터 10일 이내에 신고하지 않았다는 이유로 국세에 대하여 우선권을 가진 저당권자 등의 권리행사 자체가 제한되거나 박탈되는 것으로 볼 수는 없다. 통지를 받은 날부터 10일 이내에 신고하지 않았다는 이유로 과세권 행사에 장애 또는 지장이 초래되는 경우에 손해배상 등이 문제될 수 있다고 보는 견해가 있을 수 있으나, 저당권자 등이 조세채권에 우선하므로 이러한 문제가 발생할 여지는 없다. 위 규정을 세무서장의 업무처리에 대한 편의성을 위한 것으로 보는 것이 타당하다.

부동산 등 압류(국징 45조)**의 효력**은 그 **압류등기 또는 압류의 등록이 완료된 때**에 발생한다(국징 46조 1항). 그 압류의 효력은 해당 **압류재산의 소유권이 이전되기 전에 법정기일**(국기 35조 2항)**이 도래한 국세의 체납액에 대해서도 미친다**(국징 46조 2항). 다만 판례에 의하면, 압류는 압류당시의 체납액이 납부되었다 하여 당연히 실효되는 것이 아니며 그 압류가 유효하게 존속하는 한 그 압류등기 이후에 발생한 체납액에 대하여도 효력이 미친다.[428] 따라서 제1차 국세의 체납으로 토지 지분을 압류당한 갑이 공매통지서를 송달받고 제1차 국세를 완납하였으나 관할 세무서장이 압류를 해제하지 않은 채 제1차 국세 완납 전 발송하였다가 수취인 미거주 등 사유로 반송된 제2차 국세의 납부고지서를 공시송달한 후 압류토지 지분을 공매처분한 경우 압류는 그 기초가 된 체납액인 제1차 국세가 납부되었다고 하여 당연히 실효되지 않고 압류가 해제되지 않은 상태에서 새로이 발생한 체납액인 제2차 국세에 대하여도 효력이 미치므로 공매처분을 무효로 볼 수 없다.[429] 그러나 이러한 판례들은 조세채권의 납부 또는 충당을 압류해제사유(국징 57조 1항)로 정하고 있다는 점 및 체납세액이 없는 상태에서 이루어진 압류는 무효라는 판례[430]에 어긋난다는 점에 비추어 타당하지 않다.[431] 설사 압류의 효력이 압류등기 이후의 체납세액에 미친다고 하더라도 해당 체납된 조세채권의 법정기일을 당초의 압류일자로 소급시킬 것은 아니다.[432] 위 규정이 압류에 의해 이후 발생하는 국세채권에 대하여 특별한 우선적 효력을 인정하는 것은 아닐 뿐 아니라 압류 후에 발생한 체납세액 전부에 대하여 담보권 실행을 위한 부동산경매절차에서 교부청구의 효력까지 인정하는 취지도 아니다.[433] **별제권 행사로 인한 부동산 경매절차에**

428) 대법원 1989.5.9. 88다카17174.
429) 대법원 2012.7.26. 2010다50625.
430) 대법원 1986.7.8. 86누61.
431) 임승순, 전게서, 239면.
432) 상게서.
433) 대법원 2023.10.12. 2018다294162.

대하여 우선성이 인정되는 체납처분에 따라 조세채권자에게 직접 교부되는 조세채권의 범위는 어떠한가? 압류가 행하여짐과 동시에 매각절차인 경매절차가 개시되는 민사집행절차와는 달리, 체납처분절차에서는 압류와 동시에 매각절차인 공매절차가 개시되는 것도 아니고, 압류가 반드시 공매절차로 이어지는 것도 아니며, 체납처분절차와 민사집행절차는 서로 별개의 절차로서 공매절차와 경매절차가 별도로 진행된다. 여기에 도산절차가 개시되면 평시상태의 법률관계와는 다른 특수한 법률관계가 형성된다는 점을 더하여 보면, 선착수한 체납처분의 우선성을 존중할 필요는 있지만 그렇다고 하여 체납자가 파산선고를 받은 경우에까지 국세징수법의 문언만으로 별제권 행사에 따른 경매절차에서 압류 당시의 체납세액을 초과하는 부분에 관한 배당금을 파산관재인이 아닌 과세관청에 직접 교부해야 할 필연적인 이유가 있다고 보기 어렵다. 따라서 채무자회생법의 취지, 국세징수법이 정하는 부동산압류 효력 확장의 의미와 한계, 파산절차의 목적 및 파산절차에서의 파산관재인의 역할과 조세채권자의 지위 등을 고려하면, **별제권 행사에 따른 부동산경매절차에서 채무자회생법에 따라 체납처분의 우선성이 인정되어 조세채권자에게 직접 배당하는 조세채권은 체납처분의 원인이 된 조세채권의 압류 당시 실제 체납액에 한정된다**고 봄이 타당하고, 이와 달리 국세징수법의 문언에 따라 압류 이후 발생한 위 체납액의 초과 부분까지 포함된다고 볼 수는 없다. 이와 같이 보더라도 조세채권자는 그 초과 부분에 관하여 채무자회생법이 정하는 바에 따라 재단채권 또는 파산채권으로 만족을 얻을 수 있으므로 조세채권의 실현을 확보하려는 정책적·공익적 필요성이 과도하게 제한된다고 볼 수 없고, 오히려 조세채권자가 다른 재단채권자 등 이해관계인에 비해 지나치게 우월한 지위를 부여받는 것을 방지함으로써 회생이 어려운 채무자의 재산을 공정하게 환가·배당하는 것을 목적으로 하는 채무자회생법의 목적에 보다 부합하는 결과를 얻을 수 있다.[434]

체납자는 압류된 부동산 등(부동산, 공장재단, 광업재단, 선박, 항공기, 자동차 또는 건설기계)을 **사용하거나 수익**할 수 있으나, 관할 세무서장은 그 가치가 현저하게 줄어들 우려가 있다고 인정할 경우에는 그 사용 또는 수익을 **제한**할 수 있다(국징 47조 1항). 이는 압류된 부동산 등을 사용하거나 수익할 권리를 가진 **제3자의 사용·수익**에 관하여서도 같다(국징 47조 2항). 압류된 부동산 등을 압류 당시와 달리 사용하거나 수익하려는 경우 압류 동산의 사용·수익 절차(국징령 39조) 및 압류 동산 등의 제3자 보관(국징령 49조 3항)에 관한 규정을

434) 대법원 2023.10.12. 2018다294162.

준용한다(국징령 37조). 관할 세무서장은 자동차, 선박, 항공기 또는 건설기계에 대하여 강제징수를 위하여 필요한 기간 동안 **정박 또는 정류**를 하게 할 수 있으나, 출항준비를 마친 선박 또는 항공기에 대해서는 정박 또는 정류를 하게 할 수 없다(국징 47조 3항). 정박 또는 정류를 하게 하였을 경우 관할 세무서장은 그 **감시와 보존에 필요한 처분**을 하여야 한다(국징 47조 4항).

바. 그 밖의 재산권의 압류절차 및 효력

관할 세무서장은 **권리의 변동에 등기 또는 등록이 필요한 그 밖의 재산권**을 압류하려는 경우 압류의 등기 또는 등록을 관할 등기소 등(관할 등기소, 관계 행정기관의 장, 지방자치단체의 장)에게 법정 사항을 적은 문서(국징령 42조 1항)로 촉탁하고 해당 문서에 압류조서를 첨부(국징령 42조 2항)하여야 하는바, 이는 그 변경의 등기 또는 등록에 관하여도 같다(국징 55조 1항). **권리의 변동에 등기 또는 등록이 필요하지 아니한 그 밖의 재산권**을 압류하려는 경우 그 뜻을 제3채무자(제3채무자가 있는 경우) 또는 체납자(제3채무자가 없는 경우)에게 통지하여야 한다(국징 55조 2항). 관할 세무서장은 압류를 한 경우 그 사실을 **체납자에게 통지**하여야 한다(국징 55조 4항).

'압류등기 또는 압류의 등록이 완료된 때' 또는 '압류통지서가 제3채무자(또는 체납자)에게 송달된 때'에 압류의 효력이 발생한다고 보는 것이 타당하다. 이 경우 통지는 제3자에게 대항할 수 있는 형식을 취하여야 할 것으로 본다.[435)]

관할 세무서장이 압류 후 채권자를 대위하는 경우 압류 후 1년 이내에 제3채무자에 대한 이행의 촉구와 채무 이행의 소송을 제기하여야 하나, 체납된 국세와 관련하여 심판청구 등(국세기본법에 따른 이의신청 · 심사청구 · 심판청구, 감사원법에 따른 심사청구 또는 행정소송법에 따른 행정소송)이 계속 중이거나 그 밖에 이에 준하는 사유로 법률 상 · 사실상 추심이 불가능한 경우에는 그러하지 아니하다(국징 55조 5항, 52조 3항). 해당 사유가 해소되어 추심이 가능해진 때에는 관할 세무서장은 지체 없이 제3채무자에 대한 이행의 촉구와 채무 이행의 소송을 제기하여야 한다(국징 55조 5항, 52조 4항). 한편 소송을 제기하는 경우 원고는 세무서장이 아니라 국가 또는 지방자치단체가 되어야 한다. 국세기본법은 세무공무원이 민법에 따라 채권자대위소송(민법 404조)을 제기할 것을 전제하고 있어서(국기 28조 3항

435) 대법원 2018.11.15. 2017두54579 참조.

5호), 위 소송은 민사소송의 형태를 취하여야 할 것으로 보이기 때문이다. 관할 세무서장은 가상자산(금융거래정보 2조 3호)을 압류하려는 경우 체납자(가상자산사업자(금융거래정보 2조 3호) 등 제3자가 체납자의 가상자산을 보관하고 있을 때에는 그 제3자)에게 법정 절차(국징령 43조의2)에 따라 해당 가상자산의 이전을 문서로 요구할 수 있고, 요구받은 체납자 또는 그 제3자는 이에 따라야 한다(국징 55조 3항). 관할 등기소 등에 촉탁하거나 제3채무자에게 통지하는 경우 및 체납자의 가상자산을 보관하고 있는 제3자에게 해당 가상자산의 이전을 요구한 경우 그 사실을 체납자에게 통지하여야 한다(국징 55조 4항). 관할 세무서장은 가상자산(금융거래정보 2조 3호)의 이전을 문서로 요구하는 경우에는 다음 각 호의 구분에 따라 이전하도록 요구해야 한다(국징령 43조의2 1항). 관할 세무서장은 체납자의 가상자산이 두 종류 이상인 경우에는 매각의 용이성 및 가상자산의 종류별 규모 등을 고려하여 특정 가상자산을 우선하여 이전하도록 요구할 수 있다(국징령 43조의2 3항).

1. **체납자나 제3자가 체납자의 가상자산을 보관하고 있는 경우**(제2호의 경우는 제외): 체납자 또는 제3자에게 해당 가상자산을 관할 세무서장이 지정하는 가상자산주소(제2호에 따른 계정은 제외)(금융거래정보 10조의10 2호)로 이전하도록 요구
2. **가상자산사업자**(금융거래정보 2조 1호 하목)**가 체납자의 가상자산을 보관하고 있는 경우**: 가상자산사업자에게 해당 가상자산을 체납자의 계정(가상자산사업자가 가상자산의 거래·보관 등의 서비스 제공을 위해 고객에게 부여한 고유식별부호)에서 관할 세무서장이 지정하는 계정으로 이전하도록 요구

가상자산의 이전을 요구하는 문서에는 다음 각 호의 사항이 포함되어야 한다(국징령 43조의2 2항).

1. 체납자의 성명 또는 명칭과 주소
2. 체납자의 가상자산을 보관하고 있는 자의 성명 또는 명칭과 주소(제3자가 체납자의 가상자산을 보관하고 있는 경우로 한정)
3. 이전하여야 할 가상자산 및 그 규모
4. 이전 기한
5. 관할 세무서장이 지정한 가상자산주소 또는 계정
6. 그 밖에 가상자산의 이전에 필요한 사항

가상자산의 압류를 해제하는 경우에는 관할 세무서장은 해당 가상자산을 체납자의 가상

자산주소(가상자산을 가상자산사업자가 아닌 제3자가 보관했던 경우에는 그 제3자의 가상자산주소) 또는 계정으로 이전해야 한다(국징령 46조의2).

관할 세무서장은 압류 후 1년 이내에 매각을 위한 '수의계약으로 매각(국징 67조)하려는 사실의 체납자 등에 대한 통지', '공매공고(국징 72조)' 또는 '공매 또는 수의계약을 대행(국징 103조 1항)하게 하는 의뢰서의 송부'에 해당하는 행위를 하여야 하나, 체납된 국세와 관련하여 심판청구 등이 계속 중인 경우, 이 법 또는 다른 세법에 따라 압류재산의 매각을 유예한 경우, 압류재산의 감정평가가 곤란한 경우, 그 밖에 이에 준하는 사유로 법률 상·사실상 매각이 불가능한 경우에는 그러하지 아니하다(국징 55조 5항, 64조 1항). 해당 사유가 해소되어 매각이 가능해진 때에는 지체 없이 매각을 위한 '수의계약으로 매각(국징 67조)하려는 사실의 체납자 등에 대한 통지', '공매공고(국징 72조)' 또는 '공매 또는 수의계약을 대행(국징 103조 1항)하게 하는 의뢰서의 송부'에 해당하는 행위를 하여야 한다(국징 55조 5항, 64조 2항).

사. 국가 또는 지방자치단체의 재산에 관한 권리의 압류 및 효력

관할 세무서장은 체납자가 **국가 또는 지방자치단체**(지방자치단체조합(지자 159조)을 포함)**의 재산**을 매수한 경우 소유권 이전 전이라도 그 재산에 관한 체납자의 국가 또는 지방자치단체에 대한 권리를 압류한다(국징 56조 1항). 이 경우 관할 세무서장은 법정 사항을 적은 문서(국징령 43조 1항 각 호)로 압류의 등록을 국가 또는 지방자치단체에 촉탁하여야 한다(국징령 43조 1항). 다른 재산 압류의 경우와 동일하게 법률 단계에서 촉탁에 관하여 규정하는 것이 타당하다. 촉탁을 받은 국가 또는 지방자치단체는 **관계 대장에 그 사실을 등록**하고 그 뜻을 지체 없이 관할 세무서장에게 통지하여야 하며(국징령 43조 2항), 관할 세무서장은 해당 문서에 압류조서를 첨부하여야 한다(국징령 43조 3항). 압류를 한 경우 그 사실을 체납자에게 통지하여야 한다(국징 56조 2항). 압류한 국가 또는 지방자치단체의 재산(국징 56조 1항)에 관한 권리의 매수인이 그 매수대금을 완납한 경우 관할 세무서장은 국가 또는 지방자치단체가 체납자로부터 지급받지 못한 매각대금(국징 97조 1항)을 납입함과 동시에 매각사실을 해당 국가 또는 지방자치단체에 통지하여야 한다(국징령 63조 1항). 해당 통지를 받은 국가 또는 지방자치단체는 소유권 이전에 관한 서류를 매수인에게 발급하여야 한다(국징령 63조 2항). 압류재산을 매각함에 따라 이를 매수한 자는 그 대금을 완납한 때에 그 재산에 관한 **체납자의 국가 또는 지방자치단체에 대한 모든 권리·의무를 승계**한다(국징 56조 3항).

아. 예탁된 유가증권 및 전자등록된 주식 등의 압류

관할 세무서장은 한국예탁결제원에 예탁된 유가증권[예탁결제원에 예탁된 것으로 보는 경우(자본시장법 309조 4항)를 포함](자본시장법 309조 2항)에 관한 예탁유가증권지분을 압류하려는 경우에는 그 뜻을 다음 각 호의 구분에 따른 자에게 통지하여야 한다(국징 56조의2 1항). 관할 세무서장은 예탁유가증권지분을 압류한 경우에는 그 사실을 체납자에게 통지하여야 한다(국징 56조의2 2항). 예탁유가증권지분 압류의 효력은 그 압류통지서가 다음 각 호의 구분에 따른 자에게 송달된 때에 발생한다(국징 56조의2 3항).

1. 체납자가 예탁자인 경우: 예탁결제원
2. 체납자가 투자자인 경우: 예탁자

관할 세무서장은 전자등록주식등(전자등록 2조 4호)을 압류하려는 경우 그 뜻을 다음 각 호의 구분에 따른 자에게 통지하여야 한다(국징 56조의3 1항). 관할 세무서장은 전자등록주식등을 압류한 경우에는 그 사실을 체납자에게 통지하여야 한다(국징 56조의3 2항). 전자등록주식등 압류의 효력은 그 압류통지서가 다음 각 호의 구분에 따른 자에게 송달된 때에 발생한다(국징 56조의3 3항).

1. 체납자가 계좌관리기관등(전자등록 23조 1항)인 경우: 전자등록기관(전자등록 2조 6호)
2. 체납자가 계좌관리기관에 고객계좌를 개설한 자(전자등록 22조 1항)인 경우: 계좌관리기관(전자등록 2조 7호)
3. 체납자가 특별계좌의 명의자(전자등록 29조 1항)인 경우: 명의개서대행회사등(전자등록 29조 1항)

5 압류의 해제

가. 압류해제의 사유

관할 세무서장은 **법정 사유**(국징 57조 1항 각 호)에 해당하는 경우 **압류를 즉시 해제하여야** 한다(국징 57조 1항). 이를 **'필요적 압류해제사유'**라고 한다. **법정 사유**는 '압류와 관계되는 **체납액의 전부가 납부 또는 충당**(국세환급금, 그 밖에 관할 세무서장이 세법 상 납세자에게 지급할 의무가 있는 금전을 체납액과 대등액에서 소멸시키는 것을 말한다)된 경우', **'국세**

부과의 전부를 취소한 경우', '여러 재산을 한꺼번에 공매하는 경우로서 **일부 재산의 공매대금으로 체납액 전부를 징수**한 경우', '총 재산의 **추산가액**이 강제징수비(압류에 관계되는 국세에 우선하는 채권 금액(국기 35조 1항 3호)이 있는 경우 이를 포함)를 징수하면 남을 여지가 없어 **강제징수를 종료할 필요가 있는 경우**(다만, 제59조에 따른 교부청구(국징 59조) 또는 참가압류(국징 61조)가 있는 경우로서 교부청구 또는 참가압류와 관계된 체납액을 기준으로 할 경우 남을 여지가 있는 경우는 제외)' '압류금지재산을 압류한 경우(국징 41조)', '제3자의 재산을 압류한 경우' 및 '그 밖에 위 사유에 준하는 사유로 **압류할 필요가 없게 된 경우**'를 말한다(국징 57조 1항 각 호). **추산가액**은 강제징수의 목적물인 재산을 상속세 및 증여세법의 규정(상증세 60조-66조)에 따라 평가한 금액으로 한다(국징령 44조). **강제징수를 종료할 필요가 있는 경우**(국징 57조 1항 4호 본문)에는 **국세체납정리위원회**(국징 106조)의 심의를 거쳐야 한다(국징 57조 3항). 또한 '납세담보를 제공하고 압류해제를 요구한 경우' 또는 '압류를 한 날부터 3개월이 지날 때까지 압류에 의하여 징수하려는 국세를 확정하지 아니한 경우'에 해당할 때에는 세무서장은 재산의 압류를 즉시 해제하여야 하므로(국징 31조 4항) 그 각 사유 역시 필요적 압류해제사유에 해당한다.

과세관청이 강제징수의 일환으로 납세자의 재산을 압류하였으나 그 후 압류해제사유가 발생한 경우 납세자 및 압류해제에 대하여 법률 상 이익을 갖는 자는 압류해제사유가 있는 한 언제든지 과세관청에 대하여 압류해제를 신청할 수 있으며, 만일 과세관청이 당사자의 압류해제신청을 거부한 경우에는 그 상대방은 당해 거부처분의 통지를 받은 날로부터 90일 이내에 불복할 수 있다.[436]

제3자의 소유권 주장과 관련된 압류해제규정은 재산을 압류할 당시를 기준으로 제3자의 소유권 주장이 상당하다고 인정되는 것을 전제로 하는 규정이므로, 세무서장의 압류처분 당시 압류목적물이 체납자의 소유로서 제3자의 소유에 속하지 아니하였다면 그 이후 제3자 명의로 소유권이전등기가 경료되었다 하더라도 위 법령 소정의 압류해제의 요건에 해당하지 아니한다.[437] 또한 압류등기 이전에 소유권이전청구권 보전의 가등기가 경료되고 그 후 본등기가 이루어진 경우에, 그 가등기가 매매예약에 기한 순위보전의 가등기라면 그 이후에 경료된 압류등기는 효력을 상실하여 말소되어야 할 것이므로 압류해제 사유에 관한 국

436) 대법원 1996.12.20. 95누15193.
437) 대법원 1996.12.20. 95누15193.

세징수법 제53조 제1항 제2호는 적용의 여지가 없게 되는 반면, 그 가등기가 채무담보를 위한 가등기 즉 담보가등기라면 그 후 본등기가 경료되더라도 가등기는 담보적 효력을 갖는 데 그치므로 압류등기는 여전히 유효하다.[438]

압류를 할 필요가 없는 그 밖의 사유와 관련하여 본다. 위 납부 · 충당 · 공매의 중지 · 부과의 취소는 '압류의 필요가 없게 된 때'에 해당하는 사유를 '예시적으로 열거한 것'이라고 할 것이므로, '그 밖의 사유'는 위 법정사유와 같이 납세의무가 소멸되거나 혹은 강제징수를 하여도 체납세액에 충당할 잉여가망이 없게 된 경우는 물론 과세처분 및 그 강제징수 절차의 근거 법령에 대한 위헌결정으로 후속 강제징수를 진행할 수 없어 체납세액에 충당할 가망이 없게 되는 등으로 압류의 근거를 상실하거나 압류를 지속할 필요성이 없게 된 경우도 포함하는 의미라고 새겨야 한다.[439] 즉 압류해제신청 당시 과세관청이 압류재산을 공매한다고 하더라도 국세체납액에 우선하는 압류재산의 가등기담보권 피담보채권액이 토지가액을 훨씬 넘게 됨이 분명하여, 공매처분에 의하여 강제징수비에 충당하고 잔여가 생길 여지가 없는 것으로 판명된 경우라면, 이는 '그 밖의 사유로 압류의 필요가 없게 된 때'에 해당하는 것이다.[440]

또한 세무서장은 '압류 후 재산가격이 변동하여 체납액 전액을 현저히 초과한 경우', '압류에 관계되는 체납액의 일부가 납부되거나 충당된 경우', '부과의 일부를 취소한 경우' 또는 '체납자가 압류할 수 있는 다른 재산을 제공하여 그 재산을 압류한 경우'에는 압류재산의 전부 또는 일부에 대하여 압류를 해제할 수 있다(국징 57조 2항). 이를 '**임의적 압류해제사유**'라고 한다. 임의적 압류해제사유를 적용함에 있어 압류재산 중 일부의 압류를 해제하려고 하는 경우에는 당해 재산이 가분물인 때에는 그 초과하는 가액에 상당하는 부분에 대하여 압류를 해제하고 불가분물인 때에는 압류를 해제하지 않는다는 기본통칙이 있다(국징통칙 53-0…4). 해석으로서 참고할 가치가 있다.

임의적 압류해제사유의 경우 그 해제 여부는 세무공무원의 재량에 달려 있는가?

행정행위는 기속행위 및 재량행위(기속재량행위 및 자유재량행위)로 구분되는 바, 세무공무원의 행정행위가 기속행위인지 재량행위인지 나아가 재량행위라고 할지라도 기속재량행위인지 또는 자유재량에 속하는 것인지의 여부 역시 일률적으로 규정지을 수는 없는 것이고

438) 대법원 1996.12.20. 95누15193.
439) 대법원 2002.7.12. 2002두3317.
440) 대법원 1996.12.20. 95누15193.

당해 처분의 근거가 된 규정의 형식이나 체제 또는 문언에 따라 개별적으로 판단하여야 한다.[441] 조세의 집행단계에 관한 규범은 그 수권형식과 내용에 비추어 이는 과세관청 내부의 사무처리기준을 규정한 재량준칙이 아니라 일반 국민이나 법원을 구속하는 법규명령에 해당한다. 조세법의 집행과 관련하여 세무공무원의 재량을 인정할 경우에는 부정이 개입될 수 있고 납세자에 따라 그 취급이 다르게 되어 세부담의 공평이 유지되기 어렵기 때문에 이를 허용할 수는 없기 때문이다. 따라서 임의적 압류해제사유의 경우 그 해제 여부에 대한 세무공무원의 판단은 재량행위가 아닌 '기속행위 또는 기속재량행위'라고 할 것이다.

'기속행위 내지 기속재량행위'의 경우에는 그 법규에 대한 원칙적인 기속성으로 인하여 법원이 사실인정과 관련 법규의 해석 · 적용을 통하여 일정한 결론을 도출한 후 그 결론에 비추어 행정청이 한 판단의 적법 여부를 독자의 입장에서 판정하는 방식에 의하여 사법심사를 하고, '자유재량행위'의 경우에는 행정청의 재량에 기한 공익판단의 여지를 감안하여 법원은 독자의 결론을 도출함이 없이 당해 행위에 재량권의 일탈 · 남용이 있는지 여부만을 심사하게 되고, 이러한 재량권의 일탈 · 남용 여부에 대한 사법심사는 사실오인, 비례 · 평등의 원칙 위배, 당해 행위의 목적 위반이나 동기의 부정 유무 등을 그 판단 대상으로 한다.[442] 따라서 임의적 압류해제사유의 경우 그 해제 여부에 관한 세무공무원의 행정행위에 대하여서는 법원이 사실인정과 관련 법규의 해석 · 적용을 통하여 일정한 결론을 도출한 후 그 결론에 비추어 행정청이 한 판단의 적법 여부를 독자의 입장에서 판정하는 방식에 의하여 사법심사를 하게 된다.

이상의 원칙을 과세요건 법정주의 및 과세요건 명확주의와는 별도로 합법성의 원칙이라고 부르기도 하나, 본서는 이 합법성의 원칙 역시 과세요건 법정주의 및 과세요건 명확주의에서 파생된 것으로 본다는 점은 기술하였다.[443]

압류를 해제할 사유가 발생하는 경우에도 이는 그 압류처분의 효력을 소급적으로 소멸시키는 취소사유는 될 수 없다.[444] 즉 압류해제사유는 장래를 향하여 효력이 발생한다는 점에서 압류취소사유와 구별된다.

441) 대법원 2008.5.29. 2007두18321.
442) 대법원 2001.2.9. 98두17593.
443) 제1편 제2장 제1절 VI 3 가 조세법률주의와 집행단계에서의 과세관청의 재량 : 이른바 '합법성의 원칙'을 중심으로 참조.
444) 대법원 1989.11.14. 89누4253.

나. 압류해제의 절차

관할 세무서장은 재산의 압류를 해제한 경우 그 사실을 그 재산의 압류 통지를 한 체납자, 제3채무자 및 저당권자등에게 통지하여야 한다(국징 58조 1항). 재산의 압류를 해제하는 경우 압류해제조서를 작성하여야 하나, 압류를 해제하려는 재산이 동산이나 유가증권인 경우에는 압류조서의 여백에 해제 연월일과 해제 이유를 함께 적음으로써 압류해제조서를 갈음할 수 있다(국징령 45조). 압류를 해제한 경우 압류의 등기 또는 등록을 한 것에 대해서는 압류 해제 조서를 첨부하여 압류 말소의 등기 또는 등록을 관할 등기소등에 법정 사항을 적은 문서(국징령 46조, 33조)로 촉탁하여야 한다(국징 58조 2항). 제3자에게 보관하게 한 압류재산의 압류를 해제한 경우 그 보관자에게 압류 해제 통지를 하고 압류재산을 체납자 또는 정당한 권리자에게 반환하여야 하고, 이 경우 관할 세무서장이 받았던 압류재산의 보관증은 보관자에게 반환하여야 한다(국징 58조 3항). 제3자에게 보관하게 한 압류재산의 압류를 해제할 때 관할 세무서장은 필요하다고 인정하는 경우 보관자가 체납자 또는 정당한 권리자에게 그 압류재산을 직접 인도하게 할 수 있고, 이 경우 체납자 또는 정당한 권리자에게 보관자로부터 압류재산을 직접 인도받을 것을 통지하여야 한다(국징 58조 4항). 관할 세무서장은 보관 중인 재산을 반환하는 경우 영수증을 받아야 하나, 체납자 또는 정당한 관리자에게 압류조서에 영수 사실을 적고 서명날인하게 함으로써 영수증을 받는 것에 갈음할 수 있다(국징 58조 5항).

압류재산을 보관함에 따라 작성하는 문서에 관하여는 인지세를 면제하고, 압류 또는 압류해제의 등기 또는 등록에 관하여는 등록면허세를 면제한다(국징 29조).

Ⅱ 교부청구 및 참가압류

1 교부청구

가. 교부청구의 의의, 요건 및 효력

관할 세무서장은 **법정 사유**(국징 59조 각 호)에 해당하는 경우 **해당 단체장 등**(관할 세무서장, 지방자치단체의 장, 공공기관(공공기관 4조)의 장, 지방공사(지방공기업 49조) 또는 지방공단(지방공기업 76조)의 장, 집행법원, 집행공무원, 강제관리인, 파산관재인 또는 청산인)에 대하여 해당 절차의 **배당 · 배분 요구의 종기까지** 체납액(재난 등으로 인한 납부기한 등의 연장(국징 13조)에 따라 지정납부기한이 연장된 국세를 포함)의 **교부를 청구**하여야 한다(국징 59조). **법정 사유**는 '국세, 지방세 또는 공과금의 체납으로 체납자에 대한 **강제징수 또는 체납처분이 시작**된 경우', '체납자에 대하여 민사집행법에 따른 강제집행 및 담보권 실행 등을 위한 **경매가 시작**되거나 체납자가 채무자 회생 및 파산에 관한 법률에 따른 **파산선고를 받은** 경우' 또는 '체납자인 **법인이 해산한** 경우'를 말한다(국징 59조 각 호). **관할 세무서장이 파산관재인에게 교부청구를 하는 경우**에는 '압류한 재산의 가액이 징수할 금액보다 적거나 적다고 인정된다면' **재단채권**으로서 파산관재인에게 그 부족액을, '납세담보물 제공자가 파산선고를 받아 강제징수에 의하여 그 담보물을 공매하려는 경우 법정 절차(회생파산법 447조)를 밟은 후 **별제권**을 행사하여도 부족하거나 부족하다고 인정된다면' 그 부족액을 각 교부청구하여야 하나, 파산관재인이 그 재산을 매각하려는 경우에는 징수할 금액을 교부청구하여야 한다(국징령 48조). **파산관재인에 대한 교부청구는 법률 단계에서 규정하는 것이 타당하며, 채무자 회생 및 파산에 관한 법률과의 상호관계를 감안하여 규정되어야** 한다. **교부청구할 수 있는 재단채권**은 국세징수법 또는 지방세징수법에 의하여 징수할 수 있는 청구권(국세징수의 예에 의하여 징수할 수 있는 청구권으로서 그 징수우선순위가 일반 파산채권보다 우선하는 것을 포함하며, 후순위파산채권(회생파산법 446조)을 제외한다)이나, 파산선고 후의 원인으로 인한 청구권은 파산재단에 관하여 생긴 것으로 한정된다(회생파산법 473조 2호). 파산재단에 속하는 재산 상에 존재하는 **유치권 · 질권 · 저당권 · '동산 · 채권 등의 담보에 관한 법률에 따른 담보권' 또는 전세권을 가진 자**는 그 목적인 재산에 관하여 **별제권**을 가진다(회생파산법 411조). 납세담보의 종류(국징 18조), 제공방법(국징 20조) 및 담보에 의한 납부와 징수방법(국징 22조; 국징령 21조)은 한정되는바, 이에 따르면 국세징수법 상 납세담보는 채무자 회생 및 파산에 관한 법률 상 별제권자에 해당하지 않는다. 따라서 **납세담보의 경우 별제권을 갖는다는 점을 전제로 하는 규정은 타당하지 않다**. 조세채권이 별제권에 우선할 수는 있는바, 이 경우에는 별제권자에 의한 환가절차에 대하여 교부청구할 수 있다고 보는 것이 타당하다.[445)]

'해당 관서, 공공단체, 집행법원, 집행공무원, 강제관리인, 파산관재인 또는 청산인'은 체납자의 재산에 대하여 강제환가절차가 이미 개시된 경우에 그 절차에 관계되는 자들로 한

445) 서울고등법원 2002.12.20. 2002나47558 참조.

정된다. 교부청구는 이미 압류된 재산에 대하여 중복하여 압류하는 번잡함을 방지하면서도 해당 조세채권을 징수하려는 목적을 위하여 인정되는 제도로서 민사집행법 상 배당요구와 동일한 효력을 갖기 때문이다.[446)]

교부청구는 민사집행법 상 배당요구와 동일한 것이므로, 당해 조세는 교부청구 당시 체납되어 있음을 요하고, 또한 납부기한 전 징수를 하는 경우에도 교부청구 당시 납부기한 전 징수를 위하여 정하거나 변경한 납부기한이 이미 도래하였음을 요한다.[447)] 또한 교부청구의 시기 역시 배당요구의 시기와 동일하게 정하여야 한다. 해당 재산이 부동산인 경우에 있어서 민사집행법 상 집행법원은 절차에 필요한 기간을 감안하여 배당요구를 할 수 있는 종기를 첫 매각기일 이전으로 정한다(민사집행 84조 1항). 따라서 국세징수법 상 배분요구의 종기 역시 절차에 필요한 기간을 고려하여 정하되, 최초의 입찰서 제출 시작일 이전으로 정한다(국징 72조 4항 본문). 다만, 공매공고에 대한 등기 또는 등록이 지연되거나 누락되는 등 법정 사유(국징령 58조)로 공매 절차가 진행되지 못하는 경우에는 관할 세무서장은 배분요구의 종기를 최초의 입찰서 제출 마감일 이후로 연기할 수 있다(국징 72조 4항 단서). 배분요구의 종기 이후에 교부청구한 경우에는 그 조세채권이 실체법 상 다른 채권에 우선하는 것인지의 여부와 관계없이 배분받을 수 없다.[448)] 다만 교부청구를 하지 않았다고 하더라도 국세강제징수의 절차로서 압류의 등기가 되어 있는 경우에는 교부청구를 한 효력이 있는 것으로 보아야 하고, 이 경우 세무서장이 경락기일까지 체납된 국세의 세액을 계산할 수 있는 증빙서류를 제출하지 아니한 때에도 경매법원으로서는 당해 압류등기촉탁서에 의한 체납세액을 조사하여 배당할 수 있다.[449)] 또한 세무서장은 교부청구 사유의 진행 중 교부청구한 국세의 증감이 생긴 경우에는 즉시 당해 기관에 그 사실을 통지하여야 하는 바(국징 통칙 56-0…4), 배분요구의 종기 이전에 이루어진 경우에 한하여 그 증감분이 교부청구로서의 효력이 있는 것으로 보아야 한다. 해당 강제환가절차에 대하여 불확실성을 야기하지 않도록 하여야 하기 때문이다. 다만 '교부청구한 세액이 증감한다고 하더라도 매수인이 인수하여야 할 부담에 영향을 주지 않는 경우'에는 배분요구의 종기가 지난 뒤에 그 증감분에 대하여 교부청구를 철회할 수 있다고 판단한다(국징 76조 3항 참조).

446) 金子 宏、前掲書、805頁 : 대법원 1992.12.11. 92다35431.
447) 대법원 1992.12.11. 92다35431.
448) 대법원 2001.11.27. 99다22311.
449) 대법원 1997.2.14. 96다51585.

교부청구의 사유를 한정하여 규정하고 재난 등으로 인한 납부기한 등의 연장(국징 13조)**에 따라 지정납부기한이 연장된 국세만을 포함하므로 그 사유에 포함되지 않는 경우에는 교부청구를 할 수 없다.** 따라서 납부기한 전 징수사유 중 조세포탈과 납세관리인의 국내부존재 경우 및 확정 전 보전압류의 경우에는 각 교부청구를 할 수 없다고 보아야 한다. 확정 전 보전압류는 납부기한 전 징수사유가 있는 경우에 '국세가 확정된 후에는 그 국세를 징수할 수 없다고 인정할 때'에 '국세로 확정되리라고 추정되는 금액의 한도'에서 납세자의 재산을 압류하는 것으로서(국징 31조 2항) 추정된 국세를 대상으로 하는 잠정적인 조치에 해당하는 바, 이에 대하여 교부청구를 인정하게 된다면 이미 개시된 다른 강제환가절차에 있어서 다른 이해관계인에 대하여 불확실성을 야기할 수 있기 때문이다. 또한 '압류를 한 날부터 3개월이 지날 때까지 압류에 의하여 징수하려는 국세를 확정하지 아니한 경우'에 해당할 때에는 세무서장은 재산의 압류를 즉시 해제하여야 한다는 규정(국징 31조 4항 2호)에 비추어 볼 때에도 확정 전 보전압류된 조세에 대하여서는 교부청구를 인정하지 않는 것이 타당하다. 이러한 의미에서 확정 전 보전압류의 대상이 된 조세에 대하여서도 교부청구가 가능하다고 규정한 기본통칙(국징통칙 56-0…1)은 타당하지 않다. 조세포탈의 경우에는 별도의 포탈세액 확정절차 및 불복절차를 거쳐야 한다는 점을, 납세관리인이 국내에 부존재하는 경우에는 해당 세액을 현실적으로 특정하기 어렵다는 점을 각 감안한 것으로 보인다.

교부청구를 할 수 있는 조세를 한정하여 규정하지 않으므로 **체납세액**(국징 2조 1항)**에 해당하는 한 해당 조세에 대하여 교부청구할 수 있는** 것으로 보인다.

교부청구는 강제환가절차를 집행하는 각 기관에 대하여 체납된 조세채권의 변제를 촉구하는 행위로서 납세자 이외의 이해관계인에 대한 실체법 상 권리 및 의무의 변동을 야기하는 효과를 가지는 것은 아니므로 행정처분에 해당하지는 않는다. 따라서 위 이해관계인들은 항고소송으로서 교부청구에 대한 취소를 청구할 수는 없다.[450] 다만 교부청구가 해당 배당절차를 통한 배당금액에 대하여서는 영향을 미치므로, 조세채권자가 아닌 이해관계인으로서 채무자에 해당하지 않는 자는 배당절차 내에서 다툴 수 있도록 하여야 한다. 민사집행법 상 채권자는 다른 채권자의 채권 및 그 채권의 순위에 관하여 이의할 수 있고(민사집행 151조 3항, 172조, 256조), '집행력 있는 집행권원의 정본을 가지지 아니한 채권자(가압류채권자를 제외한다)'에 대하여 이의한 채권자는 배당이의의 소를 제기할 수 있으며(민사집행 154

450) 金子 宏、前掲書、805頁。

조 1항, 172조, 256조), '집행력 있는 집행권원의 정본을 가진 채권자'에 대하여 이의한 '채무자'는 청구이의의 소를 제기하여야 한다(민사집행 154조 1항, 172조, 256조). 채무자가 '확정되지 아니한 가집행선고 있는 판결'에 대하여 청구이의의 소를 제기할 수 없다고 하여 채무자가 이러한 판결의 정본을 가진 채권자에 대하여 채권의 존재 여부나 범위를 다투기 위하여 배당이의의 소를 제기할 수 있는 것이 아니다.[451] **조세채권은 집행력 있는 집행권원의 정본을 가진 채권에 해당하는가?** 만약 조세채권이 집행력 있는 집행권원의 정본을 가진 채권이라면 위 법 문언(민사집행 154조 1항, 172조, 256조)에 따라 채무자만이 청구이의의 소를 제기할 수 있는 것으로 보아야 한다. 다시 말하면 '채무자, 즉 체납자' 이외의 다른 이해관계인들은 조세채권에 대하여 청구이의의 소를 제기할 수도 없고 배당이의의 소 역시 제기할 수가 없게 된다. 비록 조세채권은 집행력 있는 집행권원의 정본이 없이도 스스로 집행력을 가지는 것이지만 이 경우에 있어서 조세채권은 '집행력 있는 집행권원의 정본을 가지지 아니한 채권'으로 보는 것이 타당하다. 이렇게 해석할 경우에는 '조세채권자가 아닌 이해관계인으로서 체납자가 아닌 자'는 교부청구한 조세채권 및 그 채권의 순위에 대하여 이의할 수 있고, 이에 대하여 배당이의의 소를 제기하는 방법으로 다툴 수 있다.[452]

교부청구를 한 경우에도 조세채권의 우선권은 그대로 유지된다. 조세법은 조세우선권을 정함에 있어서 교부청구한 것인지 여부를 별도로 고려하지 않고 있으며, 또한 이를 전제로 하여 조세채권 사이의 우선관계를 압류선착주의에 의하여 조정하고 있기 때문이다.[453]

납세자가 따로 매각이 용이한 재산으로 제3자의 권리의 목적으로 되어 있지 아니한 것을 보유하고 있고 그 재산에 의하여 국세의 전액을 징수할 수 있다고 인정될 경우에는 교부청구를 할 수 있는가? 국세징수법 기본통칙은 이 경우에는 교부청구를 할 수 없다고 한다(국징통칙 56-0…3). 그러나 판례는 이 경우에도 교부청구를 할 수 있다고 한다. 즉 교부청구를 하는지 여부는 세무서장이 재량에 의하여 정할 수 있을 뿐 아니라, 원래 국세청의 기본통칙이란 과세관청 내부에 있어서 세법의 해석기준 및 집행기준을 시달한 행정규칙에 불과하고 법원이나 국민을 기속하는 효력이 있는 법규가 아니므로, 세무서장이 위와 같은 경우에 교부청구를 하였다고 하더라도 그러한 사정만으로 그 교부청구가 위법하다고 볼 수는 없다.[454] 일본의 경우에는 위 경우 교부청구할 수 없다는 규정이 있으나,[455] 이 규정을 훈시

451) 대법원 2015.4.23. 2013다86403.
452) 같은 취지 : 金子 宏、前揭書、805頁。
453) 같은 장 제2절 IV 가 압류에 의한 우선 참조.

규정으로 보는 판례 역시 있다.[456)]

배당기일에 이의를 신청하지 않는 경우에도 부당이득반환청구소송을 제기할 수 있는가? 확정된 배당표에 의하여 배당을 실시하는 것은 실체법상의 권리를 확정하는 것이 아니므로 배당을 받아야 할 자가 배당을 받지 못하고 배당을 받지 못할 자가 배당을 받은 경우에는 배당에 관하여 이의를 하였는지 여부 또는 형식 상 배당절차가 확정되었는지 여부에 관계없이 배당을 받지 못한 우선채권자는 부당이득반환청구권이 있다.[457)] 따라서 저당채권에 우선하는 국세채권이 있음에도 불구하고 저당채권자가 경락대금 전액을 배당받았으면 국세채권액을 부당이득한 것으로서 반환하여야 한다.[458)] 다만 부동산강제경매절차에서 조세채권의 교부청구 역시 다른 채권의 배당요구와 마찬가지로 경락기일(현재는 배당요구의 종기)까지만 할 수 있으므로,[459)] 경락기일(현재는 배당요구의 종기) 이후 배당 시까지의 사이에 비로소 교부청구된 세액은 그것이 실체법 상 다른 채권보다 우선하는 것인지의 여부를 불문하고 이를 배당할 수 없다.[460)] 따라서 조세채권을 포함하는 배당요구 채권자가 적법한 배당요구를 하지 아니하여 그를 배당에서 제외하는 것으로 배당표가 작성・확정되고 그 확정된 배당표에 따라 배당이 실시되었다면, 그가 적법한 배당요구를 한 경우에 배당받을 수 있었던 금액 상당의 금원이 후순위 채권자에게 배당되었다 하여 이를 법률 상 원인이 없는 것이라고 할 수 없다.[461)] **즉 배당할 수 없는 조세채권에 근거하여서는 부당이득반환청구 역시 할 수 없다.** 이러한 이치는 집행목적물의 교환가치에 대하여서만 우선변제권을 가지고 있는 **법정담보물권자의 경우와는 다른 것이다. '담보권의 실행'**과 관련하여서는 판례가 실체적 하자 있는 배당표에 기한 배당으로 인하여 배당받을 권리를 침해당한 자는 원칙적으로 배당기일에 출석하여 이의를 하고 배당이의의 소를 제기하여 구제받을 수 있고, 가사 배당기일에 출석하여 이의를 하지 않음으로써 배당표가 확정되었다고 하더라도, 확정된 배당표에 의하여 배당을 실시하는 것은 실체법상의 권리를 확정하는 것이 아니기 때문에 부당이득금반환청구의 소를 제기할 수 있다고 판시한다.[462)]

---

454) 대법원 2001.11.27. 99다22311.
455) 일본 국세징수법 제83조.
456) 東京高判 昭和63年11月16日 月報35巻5号、814頁。
457) 대법원 1994.2.22. 93다55241.
458) 대법원 1972.6.13. 72다503.
459) 대법원 1993.3.26. 92다52733.
460) 대법원 1993.9.14. 93다22210.
461) 대법원 1996.12.20. 95다28304.

나. 교부청구의 해제

관할 세무서장은 납부, 충당, 국세 부과의 취소나 그 밖의 사유로 교부를 청구한 체납액의 납부의무가 소멸된 경우 그 **교부청구를 해제하여야** 한다(국징 60조 1항). 교부청구를 해제하려는 경우 그 사실을 교부청구를 받은 기관에 **통지**하여야 한다(국징 60조 2항). 교부청구는 다른 강제환가절차에 편승하여 조세채권의 만족을 구하는 절차에 불과하기 때문에 위 각 사유가 발생하는 경우 그 효력을 상실하는 것이 당연하고 이에 세무서장은 그 교부청구를 해제하여야 한다. 그러나 **참가압류를 한 경우에는 다른 강제환가절차가 효력을 상실하는 경우에 압류로 전환되므로 그 사정이 다르다.**

세무서장이 교부청구를 해제할 사유가 발생한 경우 해당 강제집행절차 상 이해관계인이 세무서장에게 교부청구의 해제를 청구할 수 있는가? 직권의 발동을 촉구하는 의미에서의 신청을 막을 이유는 없다고 본다. 세무서장이 위와 같은 사정이 있음에도 해당 교부청구를 해제하지 않은 경우에는 위 이해관계인은 배당이의절차를 거쳐서 교부청구에 대하여 다툴 수 있다. 세무서장이 교부청구를 해제하여야 함에도 불구하고 이를 거부하는 경우 이로 인하여 이해관계인의 실체적 권리에 영향을 주는 것은 아니다. 만약 이러한 경우 이해관계인에게 교부청구의 해제청구권을 인정하고 이를 거부하는 경우 이를 거부처분으로 보아 다투게 한다면 이는 배당절차와 별도의 절차가 이중적으로 진행되게 되어 오히려 절차 상 혼란이 야기될 수 있다. 또한 이를 인정하는 명문의 규정 역시 없다. 이러한 각 점을 감안하여 위 경우 이해관계인이 직접 교부청구의 해제청구권을 갖는 것은 아니라고 해석한다.

압류해제의 경우에는 압류해제의 사유가 발생한 경우 납세자 또는 제3자에 대하여 그 해제청구권을 인정한다. 즉 과세관청이 체납처분의 일환으로 납세자의 재산을 압류하였으나 그 후 압류해제사유가 발생한 경우 납세자 및 압류해제에 대하여 법률 상 이익을 갖는 자는 압류해제사유가 있는 한 언제든지 과세관청에 대하여 압류해제를 신청할 수 있으며, 만일 과세관청이 당사자의 압류해제신청을 거부한 경우에는 그 상대방은 당해 거부처분의 통지를 받은 날로부터 90일 이내에 불복할 수 있다.[463] **교부청구 해제의 경우와 압류해제의 경우는 달리 볼 필요가 있다.** 압류해제의 경우는 해당 체납절차의 종결과 관련되어 그 해제를 거부하는 경우 해당 납세자의 권리관계에 직접적인 영향을 미치는 반면에, 교부청

462) 대법원 2002.10.11. 2001다3054.
463) 대법원 1996.12.20. 95누15193.

구의 해제는 교부청구한 강제집행절차의 종결과 관련된 것이 아니라 해당 절차 내 배분 또는 배당에만 관련된 것인 바 배당 또는 배분과 관련하여서는 별도의 불복절차가 마련되어 있기 때문이다.

2 참가압류

관할 세무서장은 압류하려는 재산이 **이미 다른 기관에 압류되어 있는 경우 참가압류 통지서**를 그 재산을 이미 압류한 선행압류기관에 **송달**함으로써 교부청구(국징 59조)를 갈음하고 그 압류에 참가할 수 있다(국징 61조 1항). 참가압류를 한 경우 그 사실을 체납자, 제3채무자 및 저당권자등에게 **통지**하여야 한다(국징 61조 2항). 관할 세무서장은 권리의 변동에 등기 또는 등록이 필요한 재산에 대하여 참가압류를 하려는 경우 참가압류의 등기 또는 등록을 관할 등기소 등에 **촉탁**하여야 한다(국징 61조 3항).

참가압류를 한 후에 선행압류기관이 그 재산에 대한 압류를 해제한 경우 그 참가압류는 참가압류의 등기 또는 등록이 완료된 때(권리의 변동에 등기 또는 등록이 필요한 재산의 경우) 또는 참가압류 통지서가 선행압류기관에 송달된 때(권리의 변동에 등기 또는 등록이 필요하지 아니한 재산의 경우)로 **소급하여 압류의 효력을 갖는다**(국징 62조 1항). **참가압류를 한 후에 선행압류기관이 그 재산에 대한 압류를 해제한 경우 둘 이상의 참가압류가 있다면,** 가장 먼저 참가압류의 등기 또는 등록이 완료된 때(권리의 변동에 등기 또는 등록을 필요로 하는 재산의 경우) 또는 가장 먼저 참가압류 통지서가 송달된 때(권리의 변동에 등기 또는 등록을 필요로 하지 아니한 재산의 경우)로 **소급하여 압류의 효력이 생긴다**(국징 62조 2항).

선행압류기관은 압류를 해제한 경우 압류가 해제된 **재산 목록을 첨부하여** 그 사실을 참가압류를 한 관할 세무서장에게 **통지**하여야 한다(국징 62조 3항).

선행압류기관은 압류를 해제한 재산이 동산 또는 유가증권 등인 경우로서 해당 재산을 선행압류기관이 점유하고 있거나 제3자에게 보관하게 한 경우 참가압류를 한 관할 세무서장에게 **직접 인도**하여야 하나, 제3자가 보관하고 있는 재산에 대해서는 그 제3자가 발행한 해당 **보관증을 인도**함으로써 재산을 직접 인도하는 것을 갈음할 수 있다(국징 62조 4항). 선행압류기관은 '압류를 해제한 동산 또는 유가증권 등을 참가압류를 한 관할 세무서장에게 인도(국징 62조 4항)'하거나 '압류한 동산 또는 유가증권 등을 매각을 촉구한 관할 세무서장에게 인도(국징 62조 8항)'하는 경우 **참가압류재산 인도통지서**를 보내야 하고, 이 경우 해당 재산을 제3자가 보관하고 있는 상태로 인도하려면 참가압류재산 인도통지서에 그 보관증과 보관자에 대한 **인도지시서**를 첨부하여야 한다(국징령 48조). 참가압류를 한 관할 세무서장이 선행압류기관으로부터 동산 또는 유가증권 등의 인도 통지(국징령 48조)를 받은 경우 지체 없이 해당 동산 또는 유가증권 등을 **인수**하여야 한다(국징령 49조 1항). 동산 또는 유가증권 등을 인수한 관할 세무서장은 해당 재산이 제3자가 보관하고 있는 재산인 경우 보관증과 인도지시서(국징령 48조 후단)를 그 **보관자**에게 내주어야 한다(국징령 49조 2항). 동산 또는 유가증권 등을 인수한 관할 세무서장은 필요하다고 인정하면 인수한 재산을 체납자 또는 그 재산을 점유한 제3자에게 보관하게 할 수 있다(국징령 49조 3항). 참가압류를 한 관할 세무서장이 동산 또는 유가증권 등을 **인수**(국징령 49조 1항)한 경우 선행압류기관에 지체 없이 그 사실을 **통지**하여야 한다(국징령 49조 4항).

참가압류를 한 관할 세무서장은 선행압류기관이 그 압류재산을 장기간이 지나도록 매각하지 아니한 경우 이에 대한 **매각을 선행압류기관에 촉구**할 수 있다(국징 62조 5항). **참가압류를 한 관할 세무서장**은 매각의 촉구를 받은 선행압류기관이 촉구를 받은 날부터 3개월 이내에 '수의계약(국징 67조)으로 매각하려는 사실의 체납자 등에 대한 통지', '공매공고(국징 72조)' 또는 '공매 또는 수의계약을 대행(국징 103조)하게 하는 의뢰서의 송부'를 하지 아니한 경우 해당 압류재산을 **매각할 수 있다**(국징 62조 6항). 이 경우 참가압류를 한 관할 세무서장은 압류재산을 매각하려는 점을 **선행압류기관에 통지**하여야 한다(국징 62조 7항). 선행압류기관은 그 통지(국징 62조 7항)를 받은 경우 점유하고 있거나 제3자에게 보관하게 하고 있는 동산 또는 유가증권 등 압류재산을 매각을 촉구한 관할 세무서장(국징 62조 5항)에게 인도하여야 하고, 이 경우 **직접 인도 또는 보관증의 인도에 관한 규정**(국징 62조 4항)을 준용한다(국징 62조 8항).

참가압류의 해제에 관하여는 **인지세와 등록면허세의 면제**(국징 29조), **압류 해제의 요건**(국징 57조) 및 **압류 해제의 절차** 등(국징 58조)에 관한 규정를 준용한다(국징 63조). 즉 참가압류는 교부청구의 경우와 달리 압류해제에 관한 요건 등을 충족한 경우에 한하여 해제할 수 있다.

참가압류에 관하여 국세징수법 시행령에 특별한 규정이 없는 경우에는 동 시행령 중 **일반 압류에 관한 규정을 준용**한다(국징령 50조). 법률 단계에서 참가압류 전체에 대한 준용규정을 정비하는 것이 타당하다.

참가압류는 교부청구에 갈음하여 하는 것이므로(국징 61조 1항), **참가압류의 효력이 발생하면 교부청구한 경우와 동일한 효력을 갖는다.** 즉 민사집행법 상 배당요구한 것과 동일한 효력이 발생한다.

또한 **참가압류는 선행압류기관의 압류가 효력을 상실하는 경우에 그 압류를 대신하는 효력을 가지게 되므로, 압류에 관한 일반적인 요건을 모두 갖추어야 한다.** 즉 압류를 하기 이전에 납부기한 전 징수 또는 확정 전 보전압류의 경우를 제외하고는 독촉 또는 납부고지 절차를 모두 거쳐야 하고 위 각 절차 상 납부기한까지 해당 조세를 납부하지 않아야 한다. 다만 납세의무자가 세금을 납부기한까지 납부하지 아니하기 때문에 과세관청이 그 징수를 위하여 참가압류처분에 이른 것이라면 참가압류처분에 앞서 독촉절차를 거치지 아니하였고 또 참가압류조서에 납부기한을 잘못 기재한 잘못이 있다고 하더라도 이러한 위법사유만으로는 참가압류처분을 무효로 할 만큼 중대하고도 명백한 하자라고 볼 수 없다는 것이 판례의 입장이다.[464] 이 판례에 의하면 과세관청이 국세징수법에 의한 참가압류처분을 한 후 결손처분을 하여 납세의무자의 납세의무가 소멸하였다고 하여도 이와 같은 사유로 참가압류처분이 당연히 실효되거나 무효로 되는 것이 아니며 이는 압류처분이 있은 후 부과세액을 납부함으로써 납세의무가 소멸한 경우에도 그 압류처분이 당연무효로 되지 않는 것과 마찬가지이다. 또한 재난 등으로 인한 납부기한 등의 연장(국징 13조), 납부고지의 유예(국징 14조) 및 압류・매각의 유예(국징 105조)의 경우에는 압류 등 강제징수절차를 진행할 수 없으므로 참가압류를 할 수 없다고 보아야 한다.

선행압류기관이 재산을 압류하고 있는 경우에 한하여 참가압류할 수 있는 것이므로, 파산선고 또는 법인의 해산으로 인하여 해당 재산을 환가하는 경우에는 참가압류할 수 없는 것으로 본다.[465] 이 경우 참가압류를 하고자 하는 세무서장은 직접 압류채권자로서 파산절차 또는 법인해산으로 인한 청산절차에 참여하여야 할 것이다.

참가압류 역시 교부청구 또는 압류와 동일한 효력을 가지므로, 참가압류에 의하여 해당 조세채권에 대한 소멸시효의 진행이 중단된다(국기 28조 1항). 또한 참가압류해제까지의 기간이 지난 때부터 소멸시효는 새로 진행한다(국기 28조 2항).

464) 대법원 1992.3.10. 91누6030.
465) 같은 취지 : 임승순, 전게서, 244면.

Ⅲ 압류재산의 매각

1 총설

관할 세무서장은 **압류 후 1년 이내**에 매각을 위한 '**수의계약**(국징 67조)**으로 매각하려는 사실의 체납자 등에 대한 통지**', '**공매공고**(국징 72조)' 또는 '**공매 또는 수의계약을 대행**(국징 103조 1항)**하게 하는 의뢰서의 송부**'를 하여야 한다(국징 64조 1항 본문). 다만, 체납된 국세와 관련하여 심판청구 등이 계속 중인 경우, 국세징수법 또는 다른 세법에 따라 압류재산의 매각을 유예한 경우, 압류재산의 감정평가가 곤란한 경우, 그 밖에 이에 준하는 사유로 **법률 상·사실상 매각이 불가능한 경우에는 그러하지 아니하다**(국징 64조 1항 단서). 매각이 불가능한 사유가 가 해소되어 매각이 가능해진 때에는 지체 없이 '수의계약(국징 67조)으로 매각하려는 사실의 체납자 등에 대한 통지', '공매공고(국징 72조)' 또는 '공매 또는 수의계약을 대행(국징 103조 1항)하게 하는 의뢰서의 송부'를 하여야 한다(국징 64조 2항).

압류재산은 공매 또는 수의계약으로 매각한다(국징 65조 1항). 또한 증권시장에 상장된 증권을 해당 시장에서 직접 매각하는 경우도 있으며(국징 66조 2항), 이를 통상 **직접 매각방식**이라고 한다.

공매는 다음 두 가지 방법(정보통신망을 이용한 것을 포함한다)으로 한다(국징 65조 2항).

첫째, **경쟁입찰**. 이는 공매를 집행하는 공무원이 **공매예정가격**을 제시하고, 매수신청인에게 **문서로 매수신청**을 하게 하여 **최고가 매수신청인**(공매예정가격 이상의 신청가격 중 최고가격을 신청한 자)을 매수인으로 정하는 방법을 말한다.

둘째, **경매**. 이는 공매를 집행하는 공무원이 **공매예정가격**을 제시하고, 매수신청인에게 **구두 등의 방법으로 신청가격을 순차로 올려** 매수신청을 하게 하여 **최고가 매수신청인**을 매수인으로 정하는 방법을 말한다.

경매의 방법으로 매각하는 경우 경매의 성질에 반하지 아니하는 범위에서 경쟁입찰에 관한 규정을 준용한다(국징 65조 3항).

수의계약에 대하여 국세징수법은 정의하지 않는다. 수의계약은 경쟁입찰, 경매 또는 상장된 증권을 증권시장에 직접 매각하는 방식을 통하지 않고 관할 세무서장(국징 67조) 또는 한국자산관리공사(국징 103조 1항 2호)가 매수인과 합의한 가액에 따라 재산을 매각하는 계약을 의미한다고 보는 것이 타당하다. 다만 수의계약을 체결하는 절차에 대하여서는 국세징수법 및 다른 세법에서 개별적으로 규정할 수 있다.

이하 공매와 수의계약을 중심으로 살핀다.[466]

2 공매

가. 개관

관할 세무서장은 압류한 **부동산 등, 동산, 유가증권, 그 밖의 재산권**과 채권압류의 효력으로 **체납자를 대위하여 받은 물건**(금전은 제외한다)(국징 52조 2항)을 **법정 절차**(국징령 51조)에 따라 공매한다(국징 66조 1항). 관할 세무서장은 **여러 개의 재산**을 공매에 부치는 경우 이를 **각각 공매**하여야 하나, 관할 세무서장이 해당 재산의 위치·형태·이용관계 등을 고려하여 이를 일괄하여 공매하는 것이 알맞다고 인정하는 경우에는 직권으로 또는 이해관계인의 신청에 따라 **일괄하여 공매**할 수 있다(국징령 51조 1항). **여러 개의 재산을 일괄하여 공매할 때** 각 재산의 매각대금을 특정할 필요가 있는 경우 **각 재산에 대한 공매예정가격의 비율**을 정하여야 하며, 각 재산의 매각대금은 총 매각대금을 각 재산의 공매예정가격비율에 따라 나눈 금액으로 한다(국징령 51조 2항). 여러 개의 재산을 일괄하여 공매하는 경우 **일부의 매각대금으로 체납액을 변제하기에 충분하면** 다른 재산은 공매하지 아니하나, 토지와 그 위의 건물을 일괄하여 공매하는 경우나 재산을 분리하여 공매하면 그 경제적 효용이 현저하게 떨어지는 경우 또는 체납자의 동의가 있는 경우에는 그러하지 아니하다(국징령 51조 3항). 일부의 매각대금으로 체납액을 변제하기에 충분한 경우 체납자는 그 재산 가운데 매각할 것을 지정할 수 있다(국징령 51조 4항).

압류한 재산이 **증권시장**(자본시장법 8조의2 4항 1호)**에 상장된 증권** 또는 가상자산사업자를 통해 거래되는 가상자산인 경우 해당 증권시장 또는 가상자산사업자를 통하여 직접 매각할 수 있다(국징 66조 2항). 이를 **직접 매각방식**이라고 한다. 압류재산을 직접 매각하려는 경우에는 매각 전에 그 사실을 체납자 등 법정의 자(체납자, 납세담보물소유자, 압류재산에 질권 또는 그 밖의 권리를 가진 자)(국징령 53조의2)에게 통지하여야 한다(국징 66조 3항).

확정 전 보전압류(국징 31조 2항)**를 통하여 압류한 재산**은 그 압류와 관계되는 국세의 납세 의무가 확정되기 전에는 공매할 수 없다(국징 66조 4항).

심판청구 등이 계속 중인 국세의 체납으로 압류한 재산은 그 신청 또는 청구에 대한 결정

466) 직접 매각방식은 공매 부분에서 함께 살핀다.

이나 소에 대한 판결이 확정되기 전에는 공매할 수 없으나, 그 재산이 **부패 · 변질 또는 감량되기 쉬운 재산**으로서 속히 매각하지 아니하면 그 재산가액이 줄어들 우려가 있는 경우(국징 67조 2호)에는 그러하지 아니하다(국징 66조 5항).

여러 공매대상 부동산 중 일부 부동산에 관하여 전세권이 설정되어 있더라도 여러 공매대상 부동산 전체에 관하여 전세권보다 선순위로 저당권이 설정되어 있고 여러 공매대상 부동산을 일괄공매하여 매각대금을 동시에 배분하는 것이 알맞다고 인정되는 경우에, 전세권자는 전세권의 목적이 된 일부 부동산만을 구분하여 공매하지 않았다는 점에 대하여 다툴 수 있는가? 체납자 소유의 여러 공매대상 부동산 중 일부 부동산에 관하여 전세권이 설정되어 있더라도 전세권이 설정된 부동산을 포함한 여러 공매대상 부동산 전체에 관하여 전세권보다 선순위로 저당권이 설정되어 있고 위치 · 형태 · 이용관계 및 배분순위 등에 비추어 여러 공매대상 부동산을 일괄공매하여 매각대금을 동시에 배분하는 것이 알맞다고 인정되는 경우에는, 일괄공매와 개별공매의 목적, 선순위 저당권자의 기대이익 보호 등을 감안하여 이를 일괄공매할 수 있고, 이때에는 '저당권자보다 후순위 권리자인 전세권자'가 여러 개의 재산을 공매에 부치는 경우에 이를 각각 공매하여야 한다는 원칙(국기령 51조 1항 본문)에 근거하여 전세권의 목적이 된 일부 부동산만을 다른 공매 부동산과 구분하지 않고 일괄공매하였다는 이유로 다툴 수는 없다.[467)]

나. 공매의 준비

(1) 공매공고

관할 세무서장은 **공매를 하려는 경우** 다음 **법정 사항**을 **공고**하여야 한다(국징 72조 1항). 동일한 재산에 대한 향후의 여러 차례의 공매에 관한 사항을 **한꺼번에 공고**할 수 있다(국징 72조 2항). 공매공고를 할 때 **공매할 토지의 지목 또는 지적이 토지대장의 표시와 다른 경우** 그 사실을 공매공고문에 함께 적어야 하고, 공고한 사항이 변경된 경우 변경된 사항을 지체 없이 다시 공고하여야 한다(국징령 57조). 공매공고는 **정보통신망**을 통하여 하되, '지방국세청, 세무서, 세관, 특별자치시 · 특별자치도 · 시 · 군 · 자치구, 그 밖의 적절한 장소에 **게시**' 또는 '관보 또는 일간신문에 **게재**'도 함께 하여야 한다(국징 72조 3항). **공매공고 기간**은 10일 이상으로 하나, 그 재산을 보관하는 데에 많은 비용이 들거나 재산의 가액이 현저히 줄어들

467) 대법원 2014.7.10. 2012두13177.

우려가 있으면 이를 단축할 수 있다(국징 73조). 관할 세무서장은 공매공고를 한 압류재산이 권리의 변동에 등기 또는 등록이 필요한 경우 공매공고 즉시 그 사실을 등기부 또는 등록부에 기입하도록 관할 등기소 등에 **촉탁**하여야 한다(국징 74조).

1. 대금납부기한(매수대금을 납부하여야 할 기한)
2. 공매재산의 명칭, 소재, 수량, 품질, 공매예정가격, 그 밖의 중요한 사항
3. 입찰서 제출 또는 경매의 장소와 일시(기간입찰의 경우 그 입찰서 제출기간)
4. 개찰의 장소와 일시
5. 공매보증을 받을 경우 그 금액
6. 공매재산이 공유물의 지분 또는 부부공유의 동산・유가증권인 경우 공유자(체납자는 제외)・배우자에게 각각 우선매수권이 있다는 사실
7. 배분요구의 종기
8. 배분요구의 종기까지 배분을 요구하여야 배분받을 수 있는 채권
9. 매각결정기일
10. 매각으로 소멸하지 아니하고 매수인이 인수하게 될 공매재산에 대한 지상권, 전세권, 대항력 있는 임차권 또는 가등기가 있는 경우 그 사실
11. 공매재산의 매수인으로서 일정한 자격이 필요한 경우 그 사실
12. 법정 자료(국징 77조 2항 각 호)의 제공 내용 및 기간
13. 차순위 매수신청의 기간과 절차

공매예정가격(국징 72조 1항 2호)**의 결정**에 대하여 살핀다. 관할 세무서장은 압류재산을 공매하려면 그 공매예정가격을 결정하여야 한다(국징 68조 1항). 관할 세무서장은 공매예정가격을 결정하기 어려운 경우 **법정 절차**(국징령 54조)에 따라 **감정인에게 평가를 의뢰**하여 그 가액을 **참고**할 수 있다(국징 68조 2항). 공매대상 재산의 평가를 의뢰할 수 있는 감정인은 '**감정평가법인 등**(공매대상 재산이 부동산인 경우)(감정평가 2조 4호)' 또는 '해당 재산과 **관련된 분야에 5년 이상 종사한 전문가**(공매대상 재산이 부동산 외의 재산인 경우)'로 한다(국징령 54조). 감정인은 평가를 위하여 필요한 경우 건물에 **출입**할 수 있고, 체납자 또는 건물을 점유하는 제3자에게 공매재산의 현황과 관련된 **질문**을 하거나 **문서의 제시를 요구**할 수 있다(국징 68조 3항, 69조 2항). 관할 세무서장은 감정인에게 공매대상 재산의 평가를 의뢰한 경우 법정 수수료(국징령 54조 2항)를 지급할 수 있다(국징 68조 4항). **관할 세무서장은** 공매예정가격을 결정하기 위하여 **공매재산의 현 상태, 점유관계, 임차료 또는 보증금의 액수, 그 밖의 현황을 조사하여야** 한다(국징 69조 1항). **세무공무원**은 조사를 위하여 건물에 출

입할 수 있고, 체납자 또는 건물을 점유하는 제3자에게 공매재산의 현황과 관련된 질문을 하거나 문서의 제시를 요구할 수 있다(국징 69조 2항). 세무공무원은 건물에 출입하기 위하여 필요한 경우 잠긴 문을 여는 등 적절한 처분을 할 수 있다(국징 69조 3항).

공매장소(국징 72조 1항 3호, 4호)에 대하여 살핀다. 공매는 지방국세청, 세무서, 세관 또는 공매재산이 있는 특별자치시 · 특별자치도 · 시 · 군 · 자치구에서 하나, 관할 세무서장이 필요하다고 인정하는 경우에는 다른 장소에서 공매할 수 있다(국징 70조).

공매보증(국징 72조 1항 5호)에 대하여 살핀다. 관할 세무서장은 압류재산을 공매하는 경우 필요하다고 인정하면 공매에 참여하려는 자에게 공매보증을 받을 수 있다(국징 71조 1항). 공매보증금액은 **공매예정가격의 100분의 10 이상**으로 한다(국징 71조 2항). 공매보증은 **금전** 또는 **국공채 등**(국공채, 증권시장에 상장된 증권 또는 보험업법에 따른 보험회사가 발행한 보증보험증권)으로 하고, 국공채 등으로 공매보증을 하는 경우에는 법정 절차를 따라야 한다(국징 71조 3항). 국공채 등을 공매보증으로 제공하려는 경우 해당 **국공채 등에 질권설정서**(무기명국채 또는 미등록공사채로 납부하는 경우), **담보권등록증명서** 및 '등록국채 또는 등록공사채 기명자의 **인감증명서** 또는 **본인서명사실확인서를 첨부한 위임장**'(등록국채 또는 등록공사채로 납부하는 경우), 해당 주식을 발행한 법인의 **주식확인증**[무기명주식(출자증권을 포함)인 경우] 또는 **질권설정에 필요한 서류**[기명주식(출자증권을 포함)인 경우] **를 첨부하여** 관할 세무서장에게 제출하여야 하고, 기명주식의 질권설정에 필요한 서류를 제출받은 관할 세무서장은 질권설정의 등록을 해당 법인에 촉탁하여야 한다(국징령 55조). 국공채 등의 가액의 평가에 관하여는 납세담보의 평가규정(국징 19조 1호, 2호)을 준용하고, 이 경우 담보로 제공하는 날(국징령 18조 3항)은 공매보증으로 제공하는 날로 본다(국징령 56조). **관할 세무서장은 다음 각 호의 경우 다음 각 호의 구분에 따른 자가 제공한 공매보증을 반환한다**(국징 71조 4항).

1. 개찰 후: 최고가 매수신청인을 제외한 다른 매수신청인
2. 매수인이 매수대금을 납부하기 전에 체납자가 매수인의 동의를 받아 압류와 관련된 체납액을 납부하여 압류재산의 매각결정이 취소(국징 86조 1호)된 경우: 매수인
3. 차순위 매수신청인이 있는 경우로서 매수인이 대금을 모두 지급한 경우: 차순위 매수신청인
4. 매수신청인이 다른 법령에 따라 갖추어야 하는 자격을 갖추지 못한 경우(국징 80조 2항)로서 매각결정을 받지 못한 경우: 매수신청인

관할 세무서장은 다음 각 호의 어느 하나에 해당하는 경우 공매보증을 강제징수비, 압류와 관계되는 국세의 순으로 충당한 후 남은 금액은 체납자에게 지급한다(국징 71조 5항).

1. 최고가 매수신청인이 개찰 후 매수계약을 체결하지 아니한 경우
2. 매수인이 배분기일에 차액납부를 하지 아니하거나 이의가 제기된 금액을 납부하지 아니한 경우(국징 86조 2호) 또는 납부를 촉구하여도 매수인이 매수대금을 지정된 기한까지 납부하지 아니한 경우(국징 86조 3호)에 해당하여 압류재산의 매각결정이 취소된 경우

공유자・배우자의 우선매수권(국징 72조 1항 6호)에 대하여 살핀다. **공유자**는 공매재산이 공유물의 지분인 경우 **매각결정기일 전까지** 공매보증을 제공하고 최고가 매수신청가격(최고가 매수신청인이 있는 경우) 또는 공매예정가격(최고가 매수신청인이 없는 경우)으로 공매재산을 **우선매수하겠다는 신청**을 할 수 있다(국징 79조 1항). **체납자의 배우자**는 '체납자와 그 배우자의 공유재산으로서 체납자가 단독 점유하거나 배우자와 공동 점유하고 있는 동산 또는 유가증권'으로서 압류(국징 48조 4항)된 공매재산의 공매에 있어서 공유자의 우선매수권(국징 79조 1항)을 준용하여 그 공매재산을 우선매수하겠다는 신청을 할 수 있다(국징 79조 2항). 공유자 또는 체납자의 배우자가 우선매수의 신청을 한 경우 '입찰서 제출과 개찰(국징 82조 3항)' 및 '재공매(국징 87조 1항 1호)' 규정에도 불구하고 그 **공유자 또는 체납자의 배우자에게 매각결정을 하여야** 한다(국징 79조 3항). 여러 사람의 공유자가 우선매수 신청을 하고 매각결정(국징 79조 3항)을 마친 경우 공유자 간의 특별한 협의가 없으면 공유지분의 비율에 따라 공매재산을 매수하게 한다(국징 79조 4항). 공유자 또는 체납자의 배우자에 대한 매각결정 후 매수인이 **매수대금을 납부하지 아니한 경우** 최고가 매수신청인에게 다시 매각결정을 할 수 있다(국징 79조 5항).

배분요구의 종기(국징 72조 1항 7호)는 절차 진행에 필요한 기간을 고려하여 정하되, 최초의 입찰서 제출 시작일 이전으로 하여야 한다(국징 72조 4항 본문). 다만, 공매공고에 대한 등기 또는 등록이 지연되거나 누락되는 등 **법정 사유**(국징령 58조 각 호)로 공매 절차가 진행되지 못하는 경우에는 관할 세무서장은 배분요구의 종기를 최초의 입찰서 제출 마감일 이후로 연기할 수 있다(국징 72조 4항 단서). **법정 사유**는 '공매공고의 등기 또는 등록이 지연되거나 누락된 경우', '공매통지(국징 75조)가 누락되는 등의 사유로 다시 법 제72조에 따른 공매공고(국징 72조)를 하여야 하는 경우' 또는 '그 밖에 이와 유사한 사유로 공매공고를 다시 진행하는 경우'를 말한다(국징령 58조).

국세에 우선하는 제한물권 등의 인수 등(국징 72조 1항 10호)에 대하여 살핀다. 관할 세무서장은 공매재산에 압류와 관계되는 **국세보다 우선하는 제한물권 등이 있는 경우** 제한물권 등을 매수인에게 **인수**하게 하거나 매수대금으로 그 제한물권 등에 의하여 담보된 채권을 **변제**하는 데 충분하다고 인정된 경우가 아니면 **그 재산을 공매하지 못한다**(국징 78조).

법정 자료(국징 77조 2항 각 호)**의 제공 내용 및 기간**(국징 72조 1항 12호)에 대하여 살핀다. 관할 세무서장은 '**공매재산명세서**(국징 77조 1항)', '**감정인이 평가한 가액**(국징 68조 2항)에 관한 자료' 및 '그 밖에 **입찰가격을 결정하는 데 필요한 자료'를 입찰서 제출 시작 7일 전부터 입찰서 제출 마감 전까지** 세무서에 갖추어 두거나 정보통신망을 이용하여 게시함으로써 입찰에 참가하려는 자가 열람할 수 있게 하여야 한다(국징 77조 2항).

공매재산명세서에 대하여 살핀다. 관할 세무서장은 공매재산에 대하여 **현황조사**(국징 69조)를 기초로 다음 **법정 사항**(국징 77조 1항 각 호)이 포함된 공매재산명세서를 작성하여야 한다(국징 77조 1항).

1. 공매재산의 명칭, 소재, 수량, 품질, 공매예정가격, 그 밖의 중요한 사항
2. 공매재산의 점유자 및 점유 권원, 점유할 수 있는 기간, 차임 또는 보증금에 관한 관계인의 진술
3. 배분요구(국징 76조 1항, 2항) 현황 및 같은 조 제5항에 따른 채권신고(국징 76조 5항) 현황
4. 공매재산에 대하여 등기・등록된 권리, 대항력 있는 임차권 또는 가처분으로서 매수인이 인수하는 것
5. 매각에 따라 설정된 것으로 보게 되는 지상권의 개요

(2) 공매통지

관할 세무서장은 **공매공고**(국징 72조 1항, 2항)**를 한 경우** 즉시 그 내용을 다음 **법정의 자**(국징 75조 1항 각 호)에게 **통지**하여야 한다(국징 75조 1항).

1. 체납자
2. 납세담보물 소유자
3. 다음 각 목의 구분에 따른 자
   가. 공매재산이 공유물의 지분인 경우: 공매공고의 등기 또는 등록 전 날 현재의 공유자
   나. 공매재산이 부부공유의 동산・유가증권인 경우: 배우자
4. 공매공고의 등기 또는 등록 전 날 현재 공매재산에 대하여 전세권・질권・저당권 또

는 그 밖의 권리를 가진 자

법정의 자(국징 75조 1항 각 호) 중 일부에 대한 **공매통지의 송달 불능 등의 사유로 동일한 공매재산에 대하여 다시 공매공고를 하는 경우** 그 이전 공매공고 당시 공매통지가 도달되었던 공유자(국징 75조 1항 3호), 배우자(국징 75조 1항 3호) 또는 '전세권 · 질권 · 저당권 또는 그 밖의 권리를 가진 자'(국징 75조 1항 4호)에 대하여 다시 하는 공매통지는 주민등록표 등본 등 공매 집행기록에 표시된 주소, 거소, 영업소 또는 사무소에 **등기우편을 발송**하는 방법으로 할 수 있고, 이 경우 그 공매통지는 '송달하는 서류는 송달받아야 할 자에게 도달한 때부터 효력이 발생한다'는 취지의 규정(국기 12조 1항 본문)에도 불구하고 송달받아야 할 자에게 **발송한 때부터 효력이 발생**한다(국징 75조 2항).

체납자는 직접이든 간접이든 압류재산을 매수하지 못함에도(국징 80조) 국세징수법이 압류재산을 공매할 때 공고와 별도로 **체납자 등에게 공매통지를 하도록 한 이유**는, 체납자 등에게 공매절차가 유효한 조세부과처분 및 압류처분에 근거하여 적법하게 이루어지는지 여부를 확인하고 이를 다툴 수 있는 기회를 주는 한편, 국세징수법이 정한 바에 따라 체납세액을 납부하고 공매절차를 중지 또는 취소시켜 소유권 또는 기타의 권리를 보존할 수 있는 기회를 갖도록 함으로써, 체납자 등이 감수하여야 하는 강제적인 재산권 상실에 대응한 절차적인 적법성을 확보하기 위한 것이다.[468)]

판례는 체납자 등에 대한 공매통지를 절차적 요건으로 본다. 즉 체납자 등에 대한 공매통지는 국가의 강제력에 의하여 진행되는 공매에서 체납자 등의 권리 내지 재산 상의 이익을 보호하기 위하여 법률로 규정한 절차적 요건이라고 보아야 하며, 공매처분을 하면서 체납자 등에게 공매통지를 하지 않았거나 공매통지를 하였더라도 그것이 적법하지 아니한 경우에는 절차 상의 흠이 있어 그 공매처분은 위법하다고 판시한다.[469)] 다만 국세징수법의 관련 규정에 의하면 공매통지는 공매공고의 내용을 체납자 등에게 통지함으로써 공매사실 자체를 알려주기 위한 것이므로, 세무서장이 공매통지서에 '압류처분의 체납세액뿐만 아니라 결손처분한 양도소득세 부분까지 포함하여 체납세액으로 기재한 잘못'이 있다고 하더라도 공매처분이 위법한 것은 아니라는 취지의 판례 역시 있다.[470)]

468) 대법원 2008.11.20. 2007두18154 전원합의체 판결.
469) 대법원 2008.11.20. 2007두18154 전원합의체 판결.
470) 대법원 2008.3.13. 2006두7706.

판례는 공매통지 자체의 처분성을 인정하지는 않는다. 즉 공매통지 자체가 그 상대방인 체납자 등의 법적 지위나 권리·의무에 직접적인 영향을 주는 행정처분에 해당한다고 할 것은 아니므로 다른 특별한 사정이 없는 한 체납자 등은 공매통지의 결여나 위법을 들어 공매처분의 취소 등을 구할 수 있는 것이지 공매통지 자체를 항고소송의 대상으로 삼아 그 취소 등을 구할 수는 없다.[471)]

이처럼 공매통지에 하자가 있는 경우에는 해당 공매처분을 위법한 것으로 본다고 하더라도 다음 판례에 비추어 그 하자 자체로 인하여 당연무효의 처분이 된다고 볼 수는 없을 것으로 보인다. 즉 **국세체납자에게 그 공매통지를 하지 아니하고, 세무공무원이 현물을 확인하지 아니한 채 공매하였다고 할지라도 그 공매처분이 당연무효라고 할 수는 없다.**[472)]

공매통지에 대한 하자의 주장과 관련하여 주의하여야 할 점이 있다. 공매통지의 하자와 관련하여, **체납자 등은 자신에 대한 공매통지의 하자만을 공매처분의 위법사유로 주장할 수 있을 뿐 다른 권리자에 대한 공매통지의 하자를 들어 공매처분의 위법사유로 주장하는 것은 허용되지 않는다.**[473)]

(3) 배분요구 등

공매공고(국징 74조)의 등기 또는 등록 전까지 **등기 또는 등록되지 아니한** 다음 **법정 채권**(국징 76조 1항 각 호)을 가진 자는 배분(국징 96조 1항)을 받으려는 경우 **배분요구의 종기까지** 관할 세무서장에게 **배분을 요구하여야** 한다(국징 76조 1항).

1. 압류재산과 관계되는 체납액
2. 교부청구와 관계되는 체납액·지방세 또는 공과금
3. 압류재산에 설정된 전세권·질권·저당권 또는 가등기담보권에 의하여 담보된 채권
4. 주택임대차보호법 또는 상가건물 임대차보호법에 따라 우선변제권이 있는 임차보증금 반환채권
5. 근로기준법 또는 근로자퇴직급여 보장법에 따라 우선변제권이 있는 임금, 퇴직금, 재해보상금 및 그 밖에 근로관계로 인한 채권
6. 압류재산과 관계되는 가압류채권
7. 집행문이 있는 판결 정본에 의한 채권

471) 대법원 2011.3.24. 2010두25527.
472) 대법원 1974.5.28. 74누96.
473) 대법원 2008.11.20. 2007두18154 전원합의체 판결.

매각으로 소멸되지 아니하는 전세권을 가진 자는 배분을 받으려는 경우 배분요구의 종기까지 배분을 요구하여야 한다(국징 76조 2항). 배분요구를 한 자는 배분요구(국징 76조 1항, 2항)에 따라 **매수인이 인수하여야 할 부담이 달라지는 경우** 배분요구의 종기가 지난 뒤에는 이를 **철회할 수 없다**(국징 76조 3항). **체납자의 배우자**는 '체납자와 그 배우자의 공유재산으로서 체납자가 단독 점유하거나 배우자와 공동 점유하고 있는 동산 또는 유가증권'으로서 압류(국징 48조 4항)된 공매재산에 관한 공유지분에 따른 매각대금의 지급을 배분요구의 종기까지 관할 세무서장에게 요구할 수 있다(국징 76조 4항).

관할 세무서장은 **채권신고대상채권자**(공매공고의 등기 또는 등록 전에 **등기 또는 등록된 법정 채권**(국징 76조 1항 각 호)을 가진 자)에게 채권의 유무, 그 원인 및 액수(원금, 이자, 비용, 그 밖의 부대채권을 포함)를 배분요구의 종기까지 관할 세무서장에게 **신고하도록 촉구하여야** 한다(국징 76조 5항). **채권신고대상채권자가 신고를 하지 아니한 경우** 등기사항증명서 등 공매 집행기록에 있는 증명자료에 따라 해당 채권신고대상채권자의 채권액을 계산하고, 이 경우 해당 **채권신고대상채권자는 채권액을 추가할 수 없다**(국징 76조 6항). 관할 세무서장은 **배분요구를 한 자**(국징 76조 1항, 2항)와 다음 **법정 기관**(국징 76조 7항 각 호)**의 장**에게 배분요구의 종기까지 배분요구를 하여야 한다는 사실을 **안내하여야** 한다(국징 76조 7항). 공매통지(국징 75조)에 채권 신고(국징 76조 5항)의 촉구 또는 배분요구(국징 76조 7항)의 안내에 관한 사항이 포함된 경우에는 해당 항에 따른 **촉구 또는 안내를 한 것으로 본다**(국징 76조 8항).

1. 행정안전부
2. 관세청
3. 국민건강보험법에 따른 국민건강보험공단
4. 국민연금법에 따른 국민연금공단
5. 산업재해보상보험법에 따른 근로복지공단

(4) 매수인 및 공매참가의 제한

'체납자', **'세무공무원'** 및 **'매각 부동산을 평가한 감정평가법인 등**(인가를 받은 감정평가법인(감정평가 29조)의 경우 그 감정평가법인 및 소속 감정평가사를 말한다)(감정평가 2조 4호)'은 자기 또는 제3자의 명의나 계산으로 **압류재산을 매수하지 못한다**(국징 80조 1항). 공매재산의 매수신청인이 매각결정기일[다른 법령에 따라 갖추어야 하는 자격을 갖추지 못한 경우로서 매각결정기일이 연기된 경우(국징 84조 2항)에는 연기된 매각결정기일] 전까지 공매재산의 매수인이 되기 위하여 다른 법령에 따라 갖추어야 하는 자격을 갖추지 못한 경우에는 공매재산을 매수하지 못한다(국징 80조 2항).

관할 세무서장은 '입찰을 하려는 자의 공매참가, 최고가 매수신청인의 결정 또는 매수인의 매수대금 납부를 방해한 사실', '공매에서 부당하게 가격을 낮출 목적으로 담합한 사실' 또는 '거짓 명의로 매수신청을 한 사실'이 있는 자에 대해서는 그 사실이 있은 후 2년간 공매장소 **출입을 제한**하거나 **입찰에 참가시키지 아니할 수** 있고, 그 사실이 있은 후 2년이 지나지 아니한 자를 사용인이나 그 밖의 종업원으로 사용한 자와 이러한 자를 입찰 대리인으로 한 자에 대해서도 또한 같다(국징 81조).

다. 공매의 실시

(1) 입찰서의 제출과 개찰

공매를 **입찰의 방법으로 하는 경우** 공매재산의 매수신청인은 그 성명·주소·거소, 매수하려는 재산의 명칭, 매수신청가격, 공매보증, 그 밖에 필요한 사항을 **입찰서**에 적어 **개찰이 시작되기 전에** 공매를 집행하는 공무원에게 제출하여야 한다(국징 82조 1항). **개찰**은 공매를 집행하는 공무원이 공개적으로 각각 적힌 매수신청가격을 불러 **입찰조서에 기록**하는 방법으로 한다(국징 82조 2항). 공매를 집행하는 공무원은 **최고가 매수신청인**을 정하고, 이 경우 최고가 매수신청가격이 둘 이상이면 즉시 **추첨**으로 최고가 매수신청인을 정한다(국징 82조 3항). 최고가 매수신청인을 추첨으로 정하는 경우 해당 매수신청인 중 출석하지 아니한 자 또는 추첨을 하지 아니한 자가 있다면 입찰 사무와 관계없는 공무원으로 하여금 **대신하여 추첨하게** 할 수 있다(국징 82조 4항). **공매예정가격 이상으로 매수신청한 자가 없는 경우** 즉시 그 장소에서 **재입찰**을 실시할 수 있다(국징 82조 5항).

최고가 매수신청인(국징 82조)이 결정된 후 해당 최고가 매수신청인 외의 매수신청인은 매각결정기일 전까지 공매보증을 제공하고 **'매수인이 배분기일에 차액납부를 하지 아니하거나 이의가 제기된 금액을 납부하지 아니한 사유'**(국징 86조 2호) **또는 '납부를 촉구하여도 매수인이 매수대금을 지정된 기한까지 납부하지 아니한 사유'**(국징 86조 3호)에 해당하여 매각결정이 취소되는 경우 최고가 매수신청가격에서 공매보증을 뺀 금액 이상의 가격으로 공매재산을 매수하겠다는 **차순위 매수신청**을 할 수 있다(국징 83조 1항). 차순위 매수신청을 한 자가 둘 이상인 경우 최고액의 매수신청인을 차순위 매수신청인으로 정하고, 최고액의 매수신청인이 둘 이상인 경우에는 추첨으로 차순위 매수신청인을 정한다(국징 83조 2항). 차순위 매수신청이 있는 경우 **'매수인이 배분기일에 차액납부를 하지 아니하거나 이의가 제기된 금액을 납부하지 아니한 사유'**(국징 86조 2호) **또는 '납부를 촉구하여도 매수인이 매수대금을 지정된 기한까지 납부하지 아니한 사유'**(국징 86조 3호)에 해당하여 **매각결정을 취소한 날부터 3일(토요일, 일요일, 공휴일 및 대체공휴일은 제외) 이내에** 차순위 매수신청인을 매수인으로 정하여 매각결정을 할 것인지 여부를 결정하여야 하나, 차순위 매수신청인에게 **매각결정 불허사유**(국징 84조 1항 각 호)가 있는 경우에는 차순위 매수신청인에게 매각결정을 할 수 없다(국징 83조 3항).

(2) 매각결정 및 대금납부기한 등

관할 세무서장은 **법정 매각결정 불허사유**(국징 84조 1항 각 호)**가 없으면** 매각결정기일에 **최고가 매수신청인을 매수인으로** 정하여 **매각결정**을 하여야 한다(국징 84조 1항). 다만 관할 세무서장은 최고가 매수신청인이 공매재산의 매수인이 되기 위하여 다른 법령에 따라 갖추어야 하는 자격을 갖추지 못한 경우에는 매각결정기일을 1회에 한정하여 당초 매각결정기일부터 10일 이내의 범위에서 연기할 수 있다(국징 84조 2항). 매각결정기일은 개찰일부터 7일(토요일, 일요일, 공휴일 및 대체공휴일은 제외) 이내로 정하여야 한다(국징 72조 5항). **법정 매각결정 불허사유**는 '공유자 · 배우자의 우선매수 신청(국징 79조)이 있는 경우', '최고가 매수신청인이 매수인의 제한(국징 80조) 또는 공매참가의 제한(국징 81조)을 받는 자에 해당하는 경우', '매각결정 전에 공매 취소 · 정지 사유(국징 88조)가 있는 경우' 및 '그 밖에 매각결정을 할 수 없는 중대한 사실이 있다고 관할 세무서장이 인정하는 경우'를 말한다(국징 84조 1항 각 호). '그 밖에 매각결정을 할 수 없는 중대한 사실이 있다고 관할 세무서장이 인정하는 경우'를 매각결정 불허사유로 규정하는 것은 관할 세무서장의 재량권 행사범위를 넘어서는 권한을 위임한 것에 해당할 수 있다. '관할 세무서장이 다른 불허사유와 유사한 중대한 사실이 있다고 인정하는 경우'로 해석하는 것이 타당하다. **법정 매각결정 불허사유로 매각하지 않기로 결정한 경우** 관할 세무서장은 최고가 매수신청인(차순위 매수신청인을 매수인으로 정하여 매각결정을 할 것인지 여부를 결정하는 때에는 차순위 매수신청인)

에게 그 사유를 통지하여야 한다(국징령 59조). **매각결정의 효력은 매각결정기일에 매각결정을 한 때에 발생한다**(국징 84조 3항). 현행법 상 '낙찰자를 정하여 그를 매수인으로 하여 매각결정을 하여야 한다'는 취지의 규정(국징 84조 1항) 등에 비추어 공매에 의한 소유권의 이전 역시 그 실질을 매매로 해석하는 것이 타당하다. 또한 매각대금의 분배와 관련하여 '금전을 배분하고 남은 금액이 있을 때에는 체납자에게 지급하여야 한다'는 규정(국징 96조 3항)에 비추어 보면 체납자가 매도인이라고 해석하는 것이 타당하다. 매각결정을 한 경우 매수인에게 **대금납부기한**을 정하여 **매각결정 통지서**를 발급하여야 하나, 권리 이전에 등기 또는 등록이 필요 없는 재산의 매수대금을 즉시 납부시킬 경우에는 **구두로 통지**할 수 있다(국징 84조 4항). **대금납부기한**은 매각결정을 한 날부터 **7일 이내로** 하나, 관할 세무서장이 필요하다고 인정하는 경우에는 그 대금납부기한을 **30일의 범위에서 연장**할 수 있다(국징 84조 5항).

매수대금의 차액납부에 대하여 본다. 공매재산에 대하여 저당권이나 대항력 있는 임차권 등을 가진 매수신청인으로서 법정의 자('저당권, 전세권 또는 가등기담보권' 또는 '대항력 있는 임차권 또는 등기된 임차권'을 가진 매수신청인)(국징령 60조의2 1항)는 매각결정기일 전까지 관할 세무서장에게 자신에게 배분될 금액을 제외한 금액을 매수대금으로 차액납부하겠다는 신청을 할 수 있다(국징 84조의2 1항). 차액납부를 신청하려는 자는 차액납부 신청서를 작성하여 관할 세무서장에게 제출해야 한다(국징령 60조의2 2항). 그 신청을 받은 관할 세무서장은 그 신청인을 매수인으로 정하여 매각결정을 할 때 차액납부 허용 여부를 함께 결정하여 통지하여야 한다(국징 84조의2 2항). 관할 세무서장은 차액납부 여부를 결정할 때 차액납부를 신청한 자가 다음 각 호의 어느 하나에 해당하는 경우에는 차액납부를 허용하지 아니할 수 있다(국징 84조의2 3항).

1. 배분요구의 종기까지 배분요구를 하지 아니하여 배분받을 자격이 없는 경우
2. 배분받으려는 채권이 압류 또는 가압류되어 지급이 금지된 경우
3. 배분순위에 비추어 실제로 배분받을 금액이 없는 경우
4. 그 밖에 제1호부터 제3호까지에 준하는 사유가 있는 경우

차액납부를 허용하기로 결정한 경우에는 대금납부기한을 정하지 아니하며, 배분기일에 매수인에게 차액납부를 하게 하여야 한다(국징 84조의2 4항). 그 경우에는 그 차액납부 허용 결정일부터 30일 이내의 범위에서 배분기일을 정하여 배분하여야 하나, 30일 이내에 배분계산서를 작성하기 곤란한 경우에는 배분기일을 30일 이내의 범위에서 연기할 수 있다(국

징 84조의2 5항). 차액납부를 허용하는 결정을 받은 매수인은 그가 배분받아야 할 금액에 대하여 이의가 제기된 경우(국징 99조 1항, 2항) 이의가 제기된 금액을 배분기일에 납부하여야 한다(국징 84조의2 6항).

관할 세무서장은 매수인이 매수대금을 지정된 대금납부기한까지 납부하지 아니한 경우 **다시 대금납부기한을 지정하여 납부를 촉구하여야** 한다(국징 85조). 이 경우 대금납부기한은 납부 촉구일부터 10일 이내로 정한다(국징령 60조).

매각결정의 실질이 매매에 해당한다고 하더라도 이는 세무공무원에 의하여 법에 따라 체납자의 의사와 무관하게 강제적으로 이루어지는 것으로서 체납자 및 '최고가 청약자 등'의 권리관계에 영향을 미치는 것이므로 행정처분에 해당한다. 따라서 독립적인 항고소송의 대상이 된다.

담보책임과 관련된 민법의 해석에 있어서 위 매각결정은 민사집행법 상 매각허가결정(민사집행 128조)과 그 실질이 동일하므로, **민법 상 경매에 있어서의 매도인 담보책임에 관한 규정 역시 적용될 수 있다고 판단한다.** 이하 민법 상 경매에 있어서의 매도인 담보책임에 따라, 납세자의 담보책임을 재구성하여 살핀다. 공매의 경우에는 낙찰자는 매각재산과 관련된 권리에 하자가 있거나 '수량의 부족 또는 멸실 등' 하자가 있는 경우(민법 570조-577조)에는 체납자에게 계약의 해제 또는 대금감액의 청구를 할 수 있다(민법 578조 1항 참조). 체납자가 자력이 없는 때에는 낙찰자는 대금의 배당을 받은 채권자에 대하여 그 대금전부나 일부의 반환을 청구할 수 있다(민법 578조 2항). 위 각 경우에 체납자가 물건 또는 권리의 흠결을 알고 고지하지 아니하거나 세무공무원 및 채권자가 이를 알고 공매를 청구한 때에는 낙찰자는 그 흠결을 안 체납자나 채권자 등에 대하여 손해배상을 청구할 수 있다(민법 578조 3항 참조). 매매의 목적물에 하자가 있는 경우에 대한 하자담보책임 규정은 공매의 경우에는 적용되지 않는다(민법 580조 참조).

(3) 매각결정의 취소

관할 세무서장은 '매각결정(국징 84조)을 한 후 매수인이 매수대금을 납부하기 전에 체납자가 압류와 관련된 체납액을 납부하고 매각결정의 취소를 신청하는 경우(체납자는 매수인의 동의를 받아야 한다)' '매수인이 배분기일에 차액납부(국징 84조의2 4항)를 하지 아니하거나 이의가 제기된 금액(국징 84조의2 6항)을 납부하지 아니한 경우' 또는 '납부를 촉구(국징

85조 1항)하여도 매수인이 매수대금을 지정된 기한까지 납부하지 아니한 경우'에는 압류재산의 매각결정을 취소하고 그 사실을 매수인에게 통지하여야 한다(국징 86조).

(4) 재공매

관할 세무서장은 '재산을 공매하여도 매수신청인이 없거나 매수신청가격이 공매예정가격 미만인 경우' 또는 '매수인이 배분기일에 차액납부를 하지 아니하거나 이의가 제기된 금액을 납부하지 아니한 사유'(국징 86조 2호) 또는 '납부를 촉구하여도 매수인이 매수대금을 지정된 기한까지 납부하지 아니한 사유'(국징 86조 3호)에 해당하여 매각결정을 취소한 경우'에는 **재공매**를 한다(국징 87조 1항). 재공매를 할 때마다 최초의 공매예정가격의 100**분의** 10에 해당하는 금액을 차례로 줄여 공매하며, 최초의 공매예정가격의 100**분의** 50에 해당하는 금액까지 차례로 줄여 공매하여도 매각되지 아니할 때에는 새로 공매예정가격을 정하여(국징 68조) 재공매를 할 수 있다(국징 87조 2항 본문). 다만, 공매예정가격 이상으로 매수신청한 자가 없는 경우(국징 82조 5항) **즉시 재입찰을 실시한 경우**에는 최초의 공매예정가격을 줄이지 아니한다(국징 87조 2항 단서).

재공매의 경우에는 공매의 매각방법(국징 65조 2항), 공매예정가격의 결정(국징 68조), 공매의 장소・보증・공고(국징 70조-73조), 공매의 통지・배분요구 등・우선매수권・입찰 등・차순위 매수신청(국징 75조-83조), 공매의 취소 및 정지(국징 88조), 공매공고의 등기 또는 등록 말소(국징 89조)에 관한 각 규정을 **준용**하나, 그 공매공고 기간을 **5일까지 단축**할 수 있다(국징 87조 3항).

(5) 공매의 취소 및 정지

관할 세무서장은 '해당 재산의 압류를 해제한 경우' 또는 '그 밖에 공매를 진행하기 곤란한 법정의 경우(관할 세무서장이 직권으로 또는 한국자산관리공사의 요구(국징 71조 1항)에 따라 해당 재산에 대한 공매대행 의뢰를 해제한 경우)(국징령 61조)'에는 **공매를 취소하여야** 한다(국징 88조 1항). 매각결정기일 전에 공매를 취소한 경우 관할 세무서장은 공매취소 사실을 공고하여야 한다(국징 88조 3항). 관할 세무서장은 '압류 또는 매각을 유예(국징 105조)한 경우', '강제징수에 대한 집행정지의 결정(국기 57조; 행소 23조)이 있는 경우', 또는 '그 밖에 공매를 정지하여야 할 필요가 있는 경우로서 대통령령으로 정하는 경우'에는 **공매를 정지하여야** 한다(국징 88조 2항). 공매를 정지한 후 그 사유가 소멸되어 공매를 계속할 필요가 있다고 인정하는 경우 즉시 공매를 속행하여야 한다(국징 88조 4항).

(6) 공매공고의 등기 또는 등록 말소

관할 세무서장은 '매각결정을 취소(국징 86조 1호)한 경우' 또는 '공매취소의 공고(국징 88조 3항)를 한 경우'에는 공매공고의 등기 또는 등록(국징 74조)을 말소할 것을 관할 등기소 등에 촉탁하여야 한다(국징 89조).

라. 매수대금의 납부와 권리의 이전

매수인이 **공매보증으로 금전을 제공한 경우** 그 금전은 매수대금으로서 납부된 것으로 본다(국징 90조 1항). 매수인이 **공매보증으로 국공채 등을 제공한 경우** 그 국공채 등을 **현금화**하여야 하고, 이 경우 그 현금화에 사용된 비용을 뺀 금액은 공매보증 금액을 한도로 매수대금으로서 납부된 것으로 본다(국징 90조 2항). 현금화한 금액(현금화에 사용된 비용을 뺀 금액을 말한다)이 공매보증 금액보다 적으면 다시 대금납부기한을 정하여 매수인에게 그 부족액을 납부하게 하여야 하고, 공매보증 금액보다 많으면 그 차액을 매수인에게 반환하여야 한다(국징 90조 3항).

매수인은 매수대금을 완납한 때에 공매재산을 취득한다(국징 91조 1항). **관할 세무서장이 매수대금을 수령한 때에는 체납자로부터 매수대금만큼의 체납액을 징수한 것으로 본다**(국징 91조 2항). 매수인은 위 법률에 근거하여 매수대금을 납부한 때에 소유권을 취득하므로, 부동산의 경우에도 이는 '경매 기타 법률의 규정에 의한 부동산에 관한 물권의 취득'으로서 등기를 요하지 아니한다고 본다(민법 187조 본문). 그러나 이 경우에도 등기를 하지 아니하면 이를 처분하지 못한다(민법 187조 단서). 부동산 이외의 재산에 있어서도 위 규정에 따라 매수대금을 납부한 때 매수인이 별도의 이전절차가 없이 바로 소유권을 취득한다. 다만 행정관청의 허가 및 등록이 권리이전의 요건으로 되어 있는 재산과 관련하여서는 위 허가 및 등록이 없으면 권리이전의 효력은 발생하지 않는다.[474] 그렇지 않을 경우 공매를 통하여 해당 허가 및 등록을 요구한 관련 법규의 취지를 회피할 수 있는 여지가 발생할 수 있다는 점을 고려한 것으로 보인다.

매각결정에 기한 공매재산의 취득 역시 그 실질은 매매와 동일하므로 **공매재산에 관하여**

474) 金子 宏、前掲書、811頁。

발생한 위험의 분담에 관하여서는 그 성질이 허용하는 한 민법의 규정이 적용되는 것이 타당하다. 이 쟁점은 관할 세무서장 또는 매수인의 책임 없는 사유로 공매재산의 이전의무가 이행불능상태에 빠진 경우 매수인은 여전히 대금납부의무를 부담하는 것인지 여부와 관계된다. 공매의 성질 상 관할 세무서장과 매수인이 공매재산의 위험부담에 대하여 합의하는 것을 기대할 수 없으므로 이 쟁점은 민법 상 규정에 따라 해결되어야 한다. 민법 상 쌍무계약의 당사자 일방의 채무가 당사자쌍방의 책임없는 사유로 이행할 수 없게 된 때에는 채무자는 상대방의 이행을 청구하지 못한다(민법 537조). 따라서 이 경우 관할 세무서장은 매수인에 대하여 매수대금의 납부를 청구하지 못한다. 공매재산이 훼손된 경우에는 해당 매수대금의 감액청구를 인정하여야 한다. 판례 역시 경락허가결정이 확정되었는데 그 경락대금지급기일이 지정되기 전에 그 경락목적물에 대한 소유자 내지 채무자 또는 그 경락인의 책임으로 돌릴 수 없는 사유로 말미암아 그 경락목적물의 일부가 멸실되었고, 그 경락인이 나머지 부분이라도 매수할 의사가 있어서 경매법원에 대하여 그 경락대금의 감액신청을 하여 왔을 때에는 경매법원으로서는 민법 상의 쌍무계약에 있어서의 위험부담 내지 하자담보책임의 이론을 적용하여 그 감액결정을 허용하는 것이 상당하다고 판시한다.[475] 다만 쌍무계약의 당사자 일방의 채무가 채권자의 책임있는 사유로 이행할 수 없게 된 때에는 채무자는 상대방의 이행을 청구할 수 있고, 채권자의 수령지체 중에 당사자쌍방의 책임없는 사유로 이행할 수 없게 된 때에도 같다(민법 538조 1항). 이 경우 채무자는 자기의 채무를 면함으로써 이익을 얻은 때에는 이를 채권자에게 상환하여야 한다(민법 538조 1항). 즉 매수인의 책임있는 사유로 공매재산을 이전할 수 없게 된 때에는 매수인은 여전히 매수대금을 납부하여야 하며, 매수인의 수령지체 중 당사자 쌍방의 책임없는 사유로 공매재산을 이전할 수 없는 경우에도 매수인은 여전히 매수대금을 납부하여야 한다. 이 경우 관할 세무서장이 공매재산의 이전의무를 면함으로써 이익을 얻는다면 이는 매수인에게 반환하여야 한다.

압류한 국가 또는 지방자치단체의 재산(국징 56조 1항)에 관한 권리의 매수인이 그 매수대금을 완납한 경우 관할 세무서장은 국가 또는 지방자치단체가 체납자로부터 지급받지 못한 매각대금(국징 97조 1항)을 납입함과 동시에 매각사실을 해당 **국가 또는 지방자치단체에 통지**하여야 한다(국징령 63조 1항). 해당 통지를 받은 국가 또는 지방자치단체는 **소유권 이전에 관한 서류를 매수인에게 발급하여야** 한다(국징령 63조 2항). 관할 세무서장은 필요한 경우 공

475) 대법원 1979.7.24. 78마248.

매대행을 의뢰하기 전에 해당 압류재산의 공매를 통한 매각의 적절성 등에 관하여 한국자산관리공사에 분석을 의뢰할 수 있다(국징령 63조 3항).

공매재산에 설정된 **모든 질권·저당권 및 가등기담보권은 매각으로 소멸**된다(국징 92조 1항 본문). 다만, 전세권자가 배분요구(국징 76조 2항)를 한 전세권의 경우에는 매각으로 소멸된다(국징 92조 1항 단서). **지상권·지역권·전세권 및 등기된 임차권 등은 '압류채권(압류와 관계되는 국세를 포함)·가압류채권 및 소멸하는 담보물권**(국징 92조 1항)**에 대항할 수 없는 경우'** 매각으로 **소멸**된다(국징 92조 2항). **소멸하지 않는 지상권·지역권·전세권 및 등기된 임차권 등**은 매수인이 **인수**하나, 전세권자가 배분요구를 한 전세권(국징 76조 2항)의 경우에는 매각으로 소멸된다(국징 92조 3항). 매수인은 유치권자에게 그 **유치권**으로 담보되는 채권을 변제할 책임이 있다(국징 92조 4항).

관할 세무서장은 매각재산에 대하여 체납자가 **권리이전의 절차**를 밟지 아니한 경우 법정절차(국징령 62조)에 따라 **체납자를 대신하여** 그 절차를 밟는다(국징 93조). 이 경우 관할 세무서장은 권리이전의 등기 또는 등록이나 매각에 수반하여 소멸되는 권리의 말소등기 촉탁서에 '매수인이 제출한 등기청구서' 및 '매각결정통지서 또는 그 등본이나 배분계산서 등본'을 첨부하여 촉탁하여야 한다(국징령 62조).

국세징수법 상 규정이 없는 상황 하에서는 국세징수법은 매각으로 인하여 소멸하지 않는 권리에 대한 쟁점은 그 성질에 반하지 않는 한 민사집행법 상 일반원칙에 따라 해결하여야 한다. 조세채권에 기하여 민사집행절차에 대하여 교부청구 또는 참가압류의 형태로 참여할 수 있고 이 경우에는 민사집행법 상 일반원칙에 따라 매각으로 인하여 소멸하는 권리와 그렇지 않은 권리로 구분될 것인 바, 이러한 경우와 국세징수법 상 체납처분에 따른 경우를 다르게 취급하여 이해관계인의 권리관계에 다른 영향을 미치게 할 수 있는 합리적인 근거가 없기 때문이다.

다만 판례에 따르면 구 국세징수법(2011.4.4. 법률 제9913호로 개정되기 전의 것)에서는 달리 해석되어야 한다. 즉 **구 국세징수법 하에서는, 대항력 있는 전세권은 전세권자가 공매절차에서 배분요구를 하였는지 여부와 무관하게 매각으로 인하여 소멸하지 않고 매수인에게 인수된다고 해석하는 것이 옳고, 배분요구의 종기까지 배분요구를 하여야 하는 전세권은 존속기간이 만료되어 전세권의 용익물권적 권능이 소멸하고 단지 전세금반환채권을 담보하는 담보물권적 권능만 남은 전세권이나 대항할 수 없는 전세권만을 의미한다.**[476] 그 논거들은 다음과 같다.

첫째, 매각으로 전세권이 소멸하는지에 관하여는 명시적인 규정이 없는 점, 전세권의 용익물권으로서의 성질에 비추어 볼 때 대항력이 있는 전세권은 명문의 규정이 없는 이상 매수인에게 인수되는 것이 원칙인 점.

둘째, 구 민사소송법(2002.1.26. 법률 제6626호로 전부 개정되기 전의 것)이나 민사집행법에 의한 강제집행절차에서도 대항력 있는 전세권은 매각으로 인하여 소멸하지 않고 매수인에게 인수되는 것이 원칙인 점.

셋째, 구 국세징수법의 적용을 받는 사건에서 민사집행법의 규정이나 해석을 유추적용하거나 준용할 수는 없으므로 민사집행법의 규정에 의하여 배분요구권이 인정된다고 할 수도 없는 점.

마. 공매의 대행

관할 세무서장은 **공매 등(공매, 수의계약, 매각재산의 권리이전** 또는 **금전의 배분**)에 전문지식이 필요하거나 그 밖에 직접 공매 등을 하기에 적당하지 아니하다고 인정되는 경우 법정 절차에 따라 한국자산관리공사에 공매 등을 **대행하게** 할 수 있고, 이 경우 공매 등은 관할 세무서장이 한 것으로 본다(국징 103조 1항). 관할 세무서장은 공매(매각재산의 권리이전 또는 금전의 배분을 포함)를 한국자산관리공사에 대행하게 하는 경우 **공매대행 의뢰서**를 한국자산관리공사에 보내야 한다(국징령 65조 1항). 또한 공매대행의 사실을 체납자, 납세담보물 소유자, 그 재산에 전세권 · 질권 · 저당권 또는 그 밖의 권리를 가진 자와 압류재산을 보관하고 있는 자(국징 49조 1항 전단)에게 통지하여야 한다(국징령 65조 2항). 공매를 한국자산관리공사에 대행하게 한 경우 점유하고 있거나 제3자에게 보관하게 한 압류재산을 한국자산관리공사에 인도할 수 있으나, 제3자가 보관하고 있는 재산에 대해서는 그 제3자가 발행한 해당 보관증을 인도함으로써 재산을 직접 인도하는 것을 갈음할 수 있다(국징령 66조 1항). 한국자산관리공사는 압류재산을 인수한 경우 **인계 · 인수서**를 작성하여야 한다(국징령 66조 2항). 공매를 한국자산관리공사에 대행하게 한 후 '매각결정 전에 해당 재산의 압류를 해제(국징 57조)한 경우' 또는 '공매참가를 제한(국징 81조)한 경우'에는 지체 없이 그 사실을 **한국자산관리공사에 통지**하여야 한다(국징령 67조 1항). '매각결정 전에 해당 재산의 압류를

476) 대법원 2014.12.24. 2012다60329.

해제(국징 57조)'에 관한 통지를 받은 한국자산관리공사는 지체 없이 해당 재산의 공매를 취소하여야 한다(국징령 67조 2항). 한국자산관리공사는 '공매공고(국징 72조)를 한 경우', '공매참가를 제한(국징 81조)한 경우', '해당 재산의 압류 해제로 공매를 취소(국징 88조 1항 1호) 또는 공매를 정지(국징 88조 2항)한 경우', '최고가 매수신청인 또는 차순위 매수신청인에 대한 매각결정 또는 매각하지 않기로 결정(국징 83조 3항, 84조 1항)한 경우' 및 '매각결정을 취소(국징 86조)한 경우' 지체 없이 그 사실을 **관할 세무서장에게 통지**하여야 한다(국징령 68조). 한국자산관리공사는 공매보증 또는 매수대금을 수령한 경우 **금전의 배분**(국징 104조 1항 4호)**을 대행하는 경우를 제외**하고는 그 금액을 지체 없이 관할 세무서의 **세입세출외현금출납공무원에게 인계**하거나 **세입세출외현금출납공무원 계좌에 입금**하여야 한다(국징령 69조 1항). 세입세출외현금출납공무원 계좌에 입금한 경우 지체 없이 그 사실을 **세입세출외현금출납공무원에게 통지**하여야 한다(국징령 69조 2항). 한국자산관리공사는 압류재산의 공매(국징 66조 1항) 또는 직접 매각(국징 66조 2항)을 위하여 **필요한 경우** '등록부 또는 폐쇄등록부에 기록되어 있는 등록사항과 동일한 전산정보자료'(가족관계 11조 4항)를 공동이용(개인정보보호법 상 처리(개인정보 2조 2호)를 포함)(전자정부 36조 1항)할 수 있다(국징 66조의2). 한국자산관리공사는 체납자(국징 11조 1항 2호)의 재산조사, 압류재산의 공매(국징 66조 1항) 또는 직접 매각(국징 66조 2항)을 위하여 **불가피한 경우 주민등록번호**(개인정보령 19조 1호) 또는 **외국인등록번호**(개인정보령 19조 4호)가 포함된 자료를 처리할 수 있다(국징령 107조). 이 경우 해당 자료를 처리한 자의 비밀유지의무 및 해당 정보의 누설에 따른 제재에 관한 규정들이 함께 정비되어야 할 것이다. 한국자산관리공사는 공매 또는 수의계약(국징 65조 1항)의 대행을 의뢰받은 날부터 2년이 지나도 공매되지 아니한 재산이 있는 경우 관할 세무서장에게 해당 재산에 대한 공매대행 의뢰를 해제하여 줄 것을 요구할 수 있고 이 경우 해제 요구를 받은 관할 세무서장은 특별한 사정이 있는 경우를 제외하고는 해제 요구에 따라야 한다(국징령 71조). 한국자산관리공사가 **공매 등**을 대행하는 경우 법정 수수료(국징령 72조)를 지급할 수 있다(국징 103조 2항). 한국자산관리공사가 **공매, 수의계약** 또는 **금전의 배분**을 대행하는 경우 한국자산관리공사의 직원은 형법이나 다른 법률에 따른 **벌칙을 적용할 때 세무공무원으로 본다**(국징 103조 3항). 한국자산관리공사가 공매를 대행하는데 필요한 사항으로서 이 영에서 정하지 아니한 것은 국세청장이 한국자산관리공사와 협의하여 정한다(국징령 73조). 국민의 권리의무에 영향을 미치는 사항들은 위 협의의 대상에 포함되지 않는 것으로 보아야 한다. 관할 세무서장이 수의계약(수의계약과 관련한 매각재산의 권리이전 또는 금전의 배분 업무를 포함)을 한국자산관리공사에 대행하게 하는 경우 대행 의뢰, 압류재산의 인도, 매수대금 등의 인계, 해제 요구, 수수료 등에 관하여는 공매의 대행에 관한 국세징수법 시행령 규정(국징령 65조-69조, 71조-73조; 다만 국징령 67조, 68조는 재산의 압류를 해제함에 따라 공매를 취소하는 부분에 한정)을 준용한다(국징령 74조).

한편 예술품 등과 관련하여서는 특칙이 있다. 세무서장은 압류한 재산이 예술품 등(예술적·역사적 가치가 있어 가격을 일률적으로 책정하기 어렵고, 그 매각에 전문적인 식견이 필요하여 직접 매각하기에 적당하지 아니한 물품)인 경우에는 직권이나 납세자의 신청에 따라 예술품 등의 매각에 전문성과 경험이 있는 기관 중에서 전문매각기관을 선정하여 매각 관련 사실행위(예술품 등의 감정, 매각기일·기간의 진행 등 매각에 관련된 사실행위)를 대행하게 할 수 있다(국징 104조 1항). 관할 세무서장은 전문매각기관에 매각관련사실행위의 대행을 의뢰하는 경우 예술품 등의 감정가액에 상응하는 담보로서 납세담보(국징 18조 1항 각 호)를 제공할 것을 요구할 수 있다(국징 104조 2항 전단). 이 경우 납세보증보험증권(국징 18조 1항 3호)은 이행보증보험증권으로 한다(국징 104조 2항 후단). 전문매각기관 및 전문매각기관의 임직원은 직접적으로든 간접적으로든 매각을 대행하는 예술품 등을 매수하지 못하고(국징 104조 3항), 형법 상 뇌물 관련 규정(형법 129조-132조; 제133조 뇌물공여죄는 포함되지 않는다)을 적용할 때에 전문매각기관의 임직원은 공무원으로 본다(국징 104조 6항). 전문매각기관이 매각을 대행하는 경우 매각관련사실행위의 대행에 드는 실제 비용을 고려하여 정하는 법정 수수료(국징령 76조)를 지급할 수 있다(국징 104조 4항).

전문매각기관의 지정 및 대행절차에 대하여 본다. 국세청장은 '공고일이 속하는 연도의 직전 2년 동안 예술품 등을 경매를 통하여 매각한 횟수가 연평균 10회 이상일 것' 및 '정보통신망을 이용한 매각이 가능할 것' 모두를 충족하는 기관 중에서 **전문매각기관으로 선정**될 수 있는 대상 기관을 정하여 관보 및 국세청 홈페이지에 공고하여야 한다(국징령 75조 1항 전단). 이 경우 공고된 기관이 전문매각기관 선정취소 사유에 해당하는 경우에는 해당 기관을 제외하고 다시 공고해야 한다(국징령 75조 1항 후단). 전문매각기관으로 공고된 기관은 국세청장이 공고한 날부터 2년 동안 전문매각기관으로 선정될 수 있다(국징령 75조 2항). 세무서장은 직권으로 공고된 기관 중 하나의 기관을 전문매각기관으로 선정하여 예술품 등의 감정, 매각기일·기간의 진행 등 매각에 관련된 매각관련사실행위의 대행을 의뢰할 수 있다(국징령 75조 3항 전단). 이 경우 관할 세무서장은 매각대상인 예술품 등을 소유한 납세자에게 그 사실을 통지해야 한다(국징령 75조 3항 후단). 전문매각기관을 선정하여 매각관련사실행위를 대행하도록 신청하려는 납세자는 기획재정부령으로 정하는 신청서를 작성하여 세무서장에게 제출하여야 한다(국징령 75조 4항). 위 신청서를 제출받은 세무서장은 공고된 기관 중 하나의 기관을 전문매각기관으로 선정하여 매각관련사실행위의 대행을 의뢰할 수 있으며, 매각대행을 의뢰한 경우 위 신청서를 제출한 납세자에게 그 사실을 통지하여야 한다(국징령 75조 5항). 국세청장은 **법정 사유**(국징령 75조 7항 각 호)에 해당하는 경우 선정한 전문매각기관의 선정을 취소할 수 있다(국징령 75조 7항). **법정 사유**는 '해당 기관의 부도, 파산, 휴·폐업, 공고 당시의 시설·자본금 등의 변동 등으로 매각관련사실행위의 대행이 곤란하다고 인정되는 경우', '해당 기관 또는 그 대표자가 고액·상습체납자의 명단공개(국징 114조 1항)가 되거나 조세범 처벌법에 따라 벌금 이상의 형을 선고받은 경우', '해당 기관의 임직원이 매각관련사실행위의 대행과 관련하여 형법 상 범죄(형법 129조-132조)로 벌금 이상의 형을 선고받은 경우', '해당 기관 또는 그 대표자가 사회적 물의를 일으키거나 그 밖에 이에 준하는 사유가 있어 해당 기관의 매각관련사실행위의 대행이 적절하지 않다고 인정되는 경우'를 말한다(국징령 75조 7항 각 호). 기타 전문매각기관의 선정 및 예술품 등의 매각 절차에 필요한 세부적인 사항은 국세청장이 정하여 고시한다(국징령 75조 8항). 관할 세무서장(공매를 대행하는 한국자산관리공사(국징 103조 1항 1호)를 포함)은 압류재산의 공매를 위하여 필요한 경우 행정정보의 공동이용(전자정부 36조 1항)을 통하여 **법정 정보**를 확인할 수 있다(국징령 106조의2 1항). **법정 정보**는 '법무부장관이 보유하는 출입국사실증명, 외국인등록사실증명 및 국내거소신고사실증명', '행정안전부장관이 보유하는 주민등록표 등·초본 및 주민등록전입세대', '국토교통부장관이 보유하는 토지(임야)대장, 건축물대장, 자동차등록원부 및 건설기계등록원부', '해양수산부장관이 보유하는 선박원부', '대법원장이 보유하는 법인등기사항증명서, 토지등기사항증명서 및 건물등기사항증명서'를 말한다(국징령 106조의2 1항 각 호). 한국자산관리공사는 관할 세무서장으로부터 위탁받은 체납액 징수 관련 업무를 수행(국징 11조 1항)하기 위해 필요한 경우, 행정정보의 공동이용(전자정부 36조 1항)을 통하여 위 법정정보를 확인할 수 있다(국징령 106조의2 2항).

3 수의계약

압류재산이 '수의계약으로 매각하지 아니하면 매각대금이 강제징수비에 충당하고 남을 여지가 없는 경우', '부패 · 변질 또는 감량되기 쉬운 재산으로서 속히 매각하지 아니하면 그 재산가액이 줄어들 우려가 있는 경우', '압류한 재산의 추산가격이 1천만 원 미만인 경우', '법령으로 소지 또는 매매가 규제된 재산인 경우', '제1회 공매 후 1년간 5회 이상 공매하여도 매각되지 아니한 경우' 또는 '공매하는 것이 공익을 위하여 적절하지 아니한 경우'에는 수의계약으로 매각할 수 있다(국징 67조). 일본의 경우 압류부동산이 도로개량사업 등 구역 내에 있는 경우를 '공매하는 것이 공익을 위하여 적절하지 아니한 경우'에 해당하는 것으로 본 판례가 있다.[477)]

관할 세무서장은 압류재산을 수의계약(국징 67조)으로 매각하려는 경우 **추산가격조서**를 작성하고 2인 이상으로부터 **견적서**를 받아야 하나, '제1회 공매 후 1년간 5회 이상 공매하여도 매각되지 아니한 경우'(국징 67조 5호)로서 수의계약을 하는 경우로서 그 매각금액이 최종 공매 시의 공매예정가격 이상인 경우에는 견적서를 받지 아니할 수 있다(국징령 54조 1항). 관할 세무서장은 압류재산을 수의계약으로 매각하려는 경우 그 사실을 체납자, 납세담보물소유자, 그 재산에 전세권 · 질권 · 저당권 또는 그 밖의 권리를 가진 자에게 통지하여야 한다(국징령 54조 2항).

Ⅳ 청산

1 배분의 의의

강제징수절차는 독촉, 압류, 매각 및 청산으로 이루어진다. 청산의 경우 배분에는 협의의 배분(국징 96조 1항)과 충당(국징 96조 2항)이 포함된다. 배분을 통하여 강제징수절차가 완료되고 배분된 범위 내에서 납부의무가 소멸한다.[478)]

2 배분금전의 범위

세무서장은 '압류한 금전', '채권 · 유가증권 · 그 밖의 재산권의 압류로 인하여 체납자 또

477) 福岡地判 平成6年8月30日 月報41卷6号、1571頁。
478) 金子 宏、前掲書、814頁。

는 제3채무자로부터 받은 금전', '압류재산의 매각대금 및 그 매각대금의 예치 이자' 및 '교부청구에 의하여 받은 금전'을 배분하여야 한다(국징 94조).

금전의 배분을 한국자산관리공사가 대행하는 경우에 한국자산관리공사의 직원은 형법이나 그 밖의 법률에 따른 벌칙을 적용할 때에는 세무공무원으로 본다(국징 103조 3항).

3 배분기일의 지정

관할 세무서장은 '압류재산의 매각대금 및 그 매각대금의 예치 이자'(국징 94조 2호) 및 '교부청구에 의하여 받은 금전'(국징 94조 3호)을 배분하려면 체납자, 제3채무자 또는 매수인으로부터 해당 금전을 받은 날부터 30일 이내에서 배분기일을 정하여 배분하여야 하나, 30일 이내에 배분계산서를 작성하기 곤란한 경우에는 배분기일을 30일 이내에서 연기할 수 있다(국징 95조 1항). 배분기일을 정한 경우(국징 95조 1항, 84조의2 5항) 관할 세무서장은 체납자 등(체납자, 채권신고대상채권자 및 배분요구를 한 채권자)에게 그 사실을 통지하여야 한다(국징 95조 2항 본문). 다만, 체납자등이 외국에 있거나 있는 곳이 분명하지 아니한 경우 통지하지 아니할 수 있다(국징 95조 2항 단서).

4 배분절차

가. 배분방법

배분방법에는 배분과 충당이 있다. 즉 광의의 배분은 통상적으로 배분과 충당 모두를 포괄하는 용어로 사용되지만 국세징수법은 배분방법을 정함에 있어서 배분과 충당으로 구분하여 정하고 있다. **배분**은 배분대상 금전을 체납액 및 채권에 대하여 나누어 분배하고 각 분배된 금액을 체납액 및 채권을 납부 또는 변제하기 위하여 사용하는 것을 의미하고(국징 96조 1항), **충당**은 '압류한 금전'과 '교부청구에 의하여 받은 금전'을 각 해당 압류 및 교부청구에 관계된 체납액의 납부에 사용하여 해당 조세채권을 소멸시키는 것을 의미한다(국징 96조 2항, 80조 1항 1호 2호).

금전을 배분하거나 충당하고 남은 금액이 있을 때에는 체납자에게 지급하여야 한다(국징 96조 3항). 다만 국세기본통칙에 따르면 체납자에게 파산선고가 있는 경우에는 파산관재인(회생파산법 384조), 체납자에게 회생절차 개시결정이 있는 경우에는 관리인(회생파산법 56조)에게 지급하여야 하고, 압류 후 소유권이 제3자에게 이전된 경우에는 제3자에게 배분하여야 한다. 또한 배분이나 충당에 있어서 국세에 우선하는 채권이 있음에도 불구하고 배분순위의 착오나 부당한 교부청구 또는 그 밖에 이에 준하는 사유로 체납액에 먼저 배분하거나 충당한 경우에는 세무서장은 그 배분하거나 충당한 금액을 국세에 우선하는 채권자에게 국세환급금 환급의 예에 따라 지급하여야 한다(국징 96조 5항).

공동저당권이 설정된 체납자 소유의 수개의 부동산 중 일부에 대하여 경매가 이루어지고 그 배당절차를 통하여 조세채권이 우선변제를 받는 결과 공동저당권자가 불이익을 입는 경우에는 그 불이익을 어떻게 조정하여야 하는가? 이 경우 저당권자가 수개의 부동산이 동시에 경매되어 동시에 배당되는 경우보다 불이익을 받는다면, 민법(민법 368조 2항 후문)을 유추 적용하여 동시에 배당받았다면 다른 부동산의 경매대가에서 변제를 받을 수 있었던 금액의 한도 내에서 선순위자인 조세채권자를 대위하여 다른 부동산의 경매절차에서 우선하여 배당받을 수 있다. 그러나 이 경우에도 저당권자는 당해 조세 우선특권이라는 법정 담보물권을 대위하여 행사하는 것일 뿐이고, 나아가 과세관청이 갖는 기본적 조세채권이나 별개의 토지에 대하여 취득하여 둔 조세저당권까지 대위할 수는 없다.[479] **선순위 조세채권자를 대위하는 저당권자가 후행 경매절차 등에서 배당을 받기 위하여 갖추어야 할 요건은 무엇인가?** 선순위자인 조세채권자를 대위(민법 368조 2항)하는 저당권자는 담보권의 실행을 위한 경매절차에 있어서 그 배당요구의 종기까지 적법하게 배당요구(민사집행 268조, 88조 1항, 84조 1항)를 하였다면 배당을 받을 수 있고, 선순위 조세채권자가 나중에 경매 또는 공매절차를 통하여 매각되는 부동산에 관하여 미리 압류를 해 두었거나 그 부동산의 경매 또는 공매절차에 참가하여 교부청구 또는 배분요구를 한 경우에만 후순위 저당권자가 선순위 조세채권자를 대위할 수 있는 것은 아니다.[480]

(1) 배분의 경우

'채권 · 유가증권 · 그 밖의 재산권의 압류로 인하여 체납자 또는 제3채무자로부터 받은 금전'(국징 94조 2호) 및 '압류재산의 매각대금 및 그 매각대금의 예치이자'(국징 94조 3호)는 '압류재산에 관계되는 체납액', '교부청구를 받은 체납액 · 지방세 또는 공과금', '압류재산에 관계되는 전세권 · 질권 · 저당권 또는 가등기담보권에 의하여 담보된 채권', '주택임대차보호법 또는 상가건물 임대차보호법에 따라 우선변제권이 있는 임차보증금 반환채권', '근로

479) 대법원 2001.11.27. 99다22311.
480) 대법원 2015.4.23. 2011다47534.

기준법 또는 근로자퇴직급여 보장법에 따라 우선변제권이 있는 임금, 퇴직금, 재해보상금 및 그 밖에 근로관계로 인한 채권', '압류재산에 관계되는 가압류채권' 및 '집행력 있는 정본에 의한 채권'에 배분한다(국징 96조 1항 본문). 다만, 배분요구의 종기까지 배분요구를 하여야 하는 채권의 경우(국징 76조 1항 및 2항)에는 배분요구를 한 채권에 대하여만 배분한다(국징 96조 1항 단서). 국세징수법 상 압류재산의 매각대금 등의 배분일 현재 납부기한이 도래하지 아니한 국세 등은 압류에 관계되는 국세 등에 해당하지 아니한다.[481]

관할 세무서장은 '채권에 정지조건 또는 불확정기한이 붙어 있는 경우', '가압류채권자의 채권인 경우', '체납자 등이 배분계산서 작성(국징 100조)에 대하여 심판청구 등을 한 사실을 증명하는 서류를 제출한 경우' 또는 '그 밖의 사유로 배분금전을 체납자 등에게 지급하지 못한 경우'에는 그 채권에 관계되는 배분금전을 한국은행법에 따른 한국은행(국고대리점을 포함)에 예탁하여야 한다(국징 101조 1항). 예탁한 경우 관할 세무서장은 그 사실을 체납자 등에게 통지하여야 한다(국징 101조 2항). 예탁한 사실을 통지하는 경우 관할 세무서장은 배분계산서(배분계산서 원안을 수정하여 확정한 경우 수정된 배분계산서)등본을 첨부하여야 한다(국징령 64조). 질물인 금전채권들이 압류되어 그 질권 등이 국가의 강제징수로 인하여 상실되는 경우 역시 세무서장은 그 배분된 금원으로서 질권자에게 지급하지 못한 것을 한국은행에 예탁하여야 하고 이처럼 배분되어 예탁된 금원은 압류된 것과 같이 특정되었다 할 것이므로, 질권자가 민법 상 별도의 압류(민법 342조 단서)를 하지 않더라도 당연히 그 물상대위권의 효력이 해당 금원에 미쳐 국가로부터 이를 지급받을 수 있으며, 질권설정자 또는 이로부터 양도 또는 전부받은 자는 그 배분된 금전 중에 위 담보채권을 초과한 잔액이 없는 한 국가에 대하여 직접 이를 청구할 수는 없다.[482]

매각대금이 '체납액 또는 채권의 총액'보다 적을 때에는 '민법 또는 그 밖의 법령에 따라' 배분할 순위와 금액을 정하여 배분하여야 한다(국징 96조 4항). 이 경우 국세기본법 상 조세채권 및 기타 채권 사이의 우선순위에 따라 배분하여야 함은 당연하다. **특별한 규정이 없는 경우에 있어서는 반드시 민법 상 법정충당의 순서에 따라 배분하여야 하는가?** 이와 관련하여 다음과 같은 판례가 있다. 즉 민사집행절차가 경합하는 일반채권에 대한 할당변제에 의한 사법적 해결을 그 본지로 함에 반하여 국세징수법에 의한 체납처분에서의 청산(배분)절

481) 대법원 1992.2.14. 91누1462.
482) 대법원 1987.5.26. 86다카1058.

차는 행정기관에 의한 조세채권의 신속한 만족을 위한 절차인 점 등 이 두 절차에는 기본적인 차이가 있어, 민법 상 **법정변제충당의 법리**(민법 477조-479조)를 체납처분에서의 청산절차에 그대로 적용하는 것이 타당하다고 할 수 없을 뿐만 아니라, 민사집행절차와는 달리 국세징수법에 의한 체납처분절차는 세무서장이 그 절차의 주관자이면서 동시에 그 절차에 의하여 만족을 얻고자 하는 채권(국세)의 채권자로서의 지위도 겸유하고 있는 점을 아울러 고려하면, 압류에 관계되는 국세가 여럿 있고 공매대금 중 그 국세들에 배분되는 금액이 그 국세들의 총액에 부족한 경우에 세무서장이 민법 상 법정변제충당의 법리에 따르지 아니하고 어느 국세에 먼저 충당하였다고 하더라도, **체납자의 변제이익을 해하는 것과 같은 특별한 사정이 없는 한** 그 조치를 위법하다고 할 수 없다.[483] 위 판례에 따르는 경우에도 민법 상 법정충당의 순서에 따르지 않은 결과 체납자의 변제이익을 해하게 된다면, 해당 분배는 위법하다고 판단하여야 할 것이다.

민법 상 변제충당을 지정변제충당과 법정변제충당으로 나누어 살핀다.

먼저 **지정변제충당에 대하여 본다.** 채무자가 동일한 채권자에 대하여 같은 종류를 목적으로 한 수개의 채무를 부담한 경우에 변제의 제공이 그 채무전부를 소멸하게 하지 못하는 때에는 변제자는 그 당시 어느 채무를 지정하여 그 변제에 충당할 수 있다(민법 476조 1항). 지정을 하지 아니할 때에는 변제받는 자는 그 당시 어느 채무를 지정하여 변제에 충당할 수 있으나 변제자가 그 충당에 대하여 즉시 이의를 한 때에는 그러하지 아니하다(민법 476조 2항). 위 각 경우 변제충당은 상대방에 대한 의사표시로써 한다(민법 476조 3항).

이하 **법정변제충당에 대하여 본다.** 당사자가 변제에 충당할 채무를 지정하지 아니한 때에는 다음 각 호의 규정에 의한다(민법 477조). 첫째, 채무 중에 이행기가 도래한 것과 도래하지 아니한 것이 있으면 이행기가 도래한 채무의 변제에 충당한다. 둘째, 채무 전부의 이행기가 도래하였거나 도래하지 아니한 때에는 채무자에게 변제이익이 많은 채무의 변제에 충당한다. 셋째, 채무자에게 변제이익이 같으면 이행기가 먼저 도래한 채무나 먼저 도래할 채무의 변제에 충당한다. 넷째, 위 둘째 및 셋째의 사항이 같은 때에는 그 채무액에 비례하여 각 채무의 변제에 충당한다. 채무자가 1개 또는 수개의 채무의 비용 및 이자를 지급할 경우에 변제자가 그 전부를 소멸하게 하지 못한 급여를 한 때에는 비용, 이자, 원본의 순서로 변제에 충당하여야 하고 그 경우에는 위 법정변제충당의 규정을 준용한다(민법 479조).

---

483) 대법원 2002.3.15. 99다35447.

법정변제충당의 순서는 채무자의 변제제공 당시를 기준으로 정하여야 한다.[484]

1개의 채무에 수개의 급여를 요할 경우에 변제자가 그 채무전부를 소멸하게 하지 못한 급여를 한 때에도 민법 상 지정변제충당(민법 476조) 및 법정변제충당(민법 477조)의 규정을 준용한다(민법 478조).

국유 또는 공유재산에 관한 권리를 압류한 경우에 있어서는 배분순위에 대한 특칙이 있다. 압류(국징 56조 1항)한 국가 또는 지방자치단체의 재산에 관한 체납자의 권리를 매각한 경우에는 '국가 또는 지방자치단체가 체납자로부터 지급받지 못한 매각대금' 및 '체납액'의 순서에 따라 매각대금을 배분한다(국징 97조 1항). 관할 세무서장은 배분하고 남은 금액은 체납자에게 지급한다(국징 97조 2항).

(2) 충당의 경우

'압류한 금전'(국징 96조 1항 1호) 및 '교부청구에 의하여 받은 금전'(국징 96조 1항 2호)은 각 그 압류 또는 교부청구에 관계되는 체납액에 충당한다(국징 96조 2항). 개정 국세징수법은 충당과 관련하여 '우선변제권이 있는 임차보증금 반환채권'(국징 96조 1항 4호)을 인용하고 있으나 이는 명백한 오기로서 '교부청구를 받은 체납액 · 지방세 또는 공과금'(국징 96조 1항 2호)을 인용한 것으로 보아야 한다. 구 국세징수법 상 조문번호를 그대로 인용한 것으로 보인다. 체납액의 징수 순위는 체납처분비, 국세의 순서에 따른다(국징 3조).

위와 같이 금전을 배분하거나 충당하고 남은 금액이 있을 때에는 체납자에게 지급하여야 한다(국징 96조 3항).

5 배분계산서의 작성

관할 세무서장은 금전을 배분(국징 96조)하는 경우 배분계산서 원안을 작성하고, 이를 배분기일 7일 전까지 갖추어 두어야 한다(국징 98조 1항). 체납자 등은 관할 세무서장에게 교부청구서, 감정평가서, 채권신고서, 배분요구서, 배분계산서 원안 등 배분금액 산정의 근거가 되는 서류의 열람 또는 복사를 신청할 수 있다(국징 98조 2항). 열람 또는 복사의 신청을 받은 경우 관할 세무서장은 이에 따라야 한다(국징 98조 3항).

484) 대법원 2015.11.26. 2014다71712.

6 배분계산서에 대한 이의

배분기일에 출석한 체납자 등(체납자, 채권신고대상채권자 및 배분요구를 한 채권자)(국징 95조 2항)은 배분기일이 끝나기 전까지 자기의 채권과 관계되는 범위에서 배분계산서 원안(국징 98조 1항)에 기재된 다른 채권자의 채권 또는 채권의 순위에 대하여 이의제기를 할 수 있다(국징 99조 1항). 다만 **체납자는 배분기일에 출석하지 아니한 경우에도** 배분계산서 원안이 갖추어진 이후부터 배분기일이 끝나기 전까지 문서로 이의제기를 할 수 있다(국징 99조 2항). 관할 세무서장은 **이의제기가 있는 경우**에는 **'정당하다고 인정된 이의제기의 내용 또는 합의에 따라 배분계산서를 수정하여 확정'**(관할 세무서장이 이의제기가 정당하다고 인정하거나 배분계산서 원안과 다른 내용으로 체납자 등이 한 합의가 있는 경우) 또는 **'배분계산서 중 이의제기가 없는 부분에 한정하여 확정'**(관할 세무서장이 이의제기가 정당하다고 인정하지 아니하고 배분계산서 원안과 다른 내용으로 체납자 등이 한 합의도 없는 경우)하는 방법으로, **이의제기가 없는 경우**에는 '배분계산서 원안대로 확정'하는 방법으로 배분계산서를 확정하여 배분을 실시하고, 확정되지 아니한 부분에 대해서는 **배분을 유보**한다(국징 99조 3항). **배분기일에 출석하지 아니한 채권자**는 배분계산서 원안과 같이 배분을 실시하는 데에 **동의한 것으로** 보고, 그가 다른 체납자 등이 제기한 이의에 관계된 경우 그 **이의제기에 동의하지 아니한 것으로** 본다(국징 99조 4항).

세무서장이 이의를 받아들이지 않는 경우 이를 거부처분으로 보아 항고소송을 제기할 수 있는가? 판례는 담보권자의 우선순위에 대한 이의를 세무서장이 거부한 것을 항고소송의 대상인 거부처분으로 본다. 즉 강제징수절차에서 압류재산에 관계되는 담보권자의 우선변제권을 규정한 경우 세무서장이 해당 규정에 따른 담보권자의 매각대금 배분신청을 거부한 행위는 행정쟁송의 대상인 거부처분에 해당한다.[485)]

배분에 있어서 국세에 우선하는 채권이 있음에도 불구하고 배분 순위의 착오나 부당한 교부청구 또는 그 밖에 이에 준하는 사유로 체납액에 먼저 '배분'하거나 '충당'한 경우에는 세무서장은 그 배분하거나 충당한 금액을 국세에 우선하는 채권자에게 국세환급금 환급의 예에 따라 지급하여야 한다(국징 96조 5항). 이 규정에도 불구하고 **세무서장이 국세의 환급을 거부한다면 이에 대하여 어떻게 다투어야 하는가?** 판례는 세무서장이 환급을 거부한다고 하더라도 이를 항고소송의 대상이 되는 행정처분은 아니라고 판시한다. 즉 환급세액은 납

485) 대법원 1992.12.22. 92누7580.

세자가 부당이득의 반환을 구하는 민사소송으로 그 환급을 청구할 수 있다.[486] 다만, 부가가치세 환급세액 지급청구는 당사자 소송의 대상이다.[487]

 강제징수의 완화

강제징수의 완화와 관련된 강제징수의 종료(국징 57조 1항 4호) 및 압류·매각의 유예(국징 105조)에 대하여서는 조세채권의 실현과 납세자의 보호 부분에서 살폈다.[488]

Ⅵ 강제징수의 위탁

관할 세무서장은 체납 발생일부터 1년이 지난 국세의 합계액이 2억원 이상인 경우 체납자의 **수입물품에 대한 강제징수를 세관장에게 위탁**할 수 있다(국징 30조 1항). 관할 세무서장은 위 체납자에 대하여 1개월 이내의 기간을 정하여 체납된 국세를 납부하지 아니하는 경우 강제징수가 세관장에게 위탁될 수 있다는 사실을 알려야 한다(국징령 26조 1항). 관할 세무서장은 세관장에게 강제징수를 위탁한 경우 즉시 그 위탁사실을 체납자에게 통지하여야 한다(국징령 26조 2항). 관할 세무서장은 체납자가 고액·상습체납자의 명단 공개(국징 114조 1항)에서 제외되는 경우 즉시 해당 체납자의 수입물품에 대한 **강제징수의 위탁을 철회**하여야 한다(국징령 26조 3항).

 강제징수와 다른 절차의 관계

1 강제집행과의 관계

국세징수법은 보전처분과 관련하여서는 재판 상의 가압류 또는 가처분 재산이 체납처분 대상인 경우에도 체납처분을 한다는 규정(국징 26조)을 두고 있으나, 강제집행과 강제징수의 관계에 대하여서는 명문의 규정을 두지 않는다. **판례는 강제징수처분에 의한 공매절차가 추진 중에 있는 경우에도 법원은 그 부동산에 대하여 강제경매나 임의경매의 절차를 별**

486) 대법원 2009.11.26. 2007두4018.
487) 대법원 2013.3.21. 2011다95564 전원합의체 판결.
488) 같은 편 제3장 제3절 III 3 참조.

도로 진행할 수 있다고 판시한다.[489] 일본의 경우에는 강제징수에 의한 압류가 행하여진 부동산에 대하여 경매를 신청한 경우에 있어서 그 신청을 각하할 것이 아니라 경매개시결정과 경매신청등기의 촉탁을 하여 그 압류의 효력을 보전한 이후에 그 절차를 정지하고 강제징수절차가 해제 또는 정지되는 경우에 경매절차를 진행할 수 있다는 취지의 판례가 있었다.[490] 이후 일본은 위 판례의 취지를 이어받아 '강제징수와 강제집행 등 사이의 절차조정에 관한 법률'을 제정하였고 이를 통하여 강제징수와 강제집행을 조정하고 있다. 우리 역시 위 판례의 취지를 참고할 필요가 있다.

2 도산절차와의 관계

가. 총설

도산절차에서 조세채권을 어떻게 취급할 것인지 여부는 '채무자의 회생 및 파산에 관한 법률'에서 규정한다. 도산절차 내에서도 파산절차와 회생절차는 조세채권에 대하여 달리 취급하고 있다. **파산절차에서는 조세채권의 우선권이 인정되는 반면에 회생절차에 있어서는 몇 가지 절차 상 특칙 이외에 조세채권의 우선권에 대하여서는 별도의 정함이 없다.** 이는 파산절차의 경우에는 그 절차에서 조세채권을 회수하지 못할 경우에는 더 이상 조세채권을 회수할 수 있는 기회가 없게 되는 반면에 회생절차의 경우에는 채무자의 사업을 일단 회생시켜 존속하게 하는 것이 우선이므로 그 과정에 있어서 조세채권이 장애가 되지 않도록 하는 것이 타당하다는 점을 고려한 것으로 보인다.[491]

나. 파산절차에서의 조세채권

국세징수법 또는 지방세기본법에 의하여 징수할 수 있는 청구권[국세징수의 예에 의하여 징수할 수 있는 청구권으로서 그 징수우선순위가 일반 파산채권보다 우선하는 것을 포함하며, 후순위파산채권(회생파산법 446조)을 제외한다]은 파산선고 여부와 관계없이 '재단채권'이 되나 파산선고 후의 원인으로 인한 청구권은 파산재단에 관하여 생긴 것에 한한다(회생파산법 473조 2호). 재단채권은 파산절차에 의하지 아니하고 수시로 변제하고(회생파산법 475조), 파산채권보다 먼저 변제한다(회생파산법 476조).

489) 대법원 1961.2.9. 4293민상124.
490) 東京高判 昭和30年8月15日 行裁例集6卷8号, 2043頁。
491) 임승순, 전게서, 261면.

파산선고 이전의 원인으로 인한 조세채권은 파산재단에 관하여 발생한 것인지 여부를 불문하고 재단채권이 되는 바, 일본의 구 파산법 역시 위와 같은 내용의 조문이 있었다.[492] 이 경우 **파산선고 이전의 원인으로 인한 조세채권의 부대세인 가산세 역시 재단채권이 되는가?** 일본 판례는 긍정한다.[493] 또한 **예납세액에 관계된 조세채권 역시 파산선고 이전의 원인으로 인한 조세채권에 해당하는가?** 일본 판례는 이 역시 긍정한다.[494] 다만 일본의 경우에는 파산법이 개정되어 파산절차 개시 당시 구체적인 납부기한이 도래한 것 또는 납부기한으로부터 1년이 경과하지 않는 것에 한하여 재단채권이 되는 것으로 변경되었고,[495] 가산세 또는 가산금 및 파산절차 이후의 연체세, 연체금 및 이자세는 열후적 파산채권의 일종으로 되었다.[496] 현행 파산법 상 '파산선고 이전의 원인으로 인한 조세채권'은 "정리회사에 대한 조세채권이 회사정리 개시결정 전에 성립(법률에 의한 과세요건이 충족)되어 있으면 그 부과처분이 정리절차 개시 후에 있는 경우라도 그 조세채권은 정리채권이 된다"는 판례[497]에 비추어 파산선고일 이전에 '성립'한 조세를 의미한다고 판단한다. 본래의 납세의무자의 파산으로 과세관청에 의하여 제2차 납세의무자로 지정된 자가 그 납세의무를 이행함으로써 취득한 구상금채권은 그 실질이 부당이득반환청구권에 해당하므로 그 구상금채권이 조세채권으로서 재단채권에 해당하는 것은 아니나, '사무관리 또는 부당이득으로 인하여 파산선고 후 파산재단에 대하여 생긴 청구권'으로서 재단채권에 해당하게 된다.[498]

파산선고 이후의 원인으로 인한 조세채권은 파산재단에 관하여 발생한 것에 한하여 재단채권이 되는 바, 파산재단에 관하여 발생한 채권은 파산재단의 관리를 위하여 당연히 그 지출이 예상되는 경비에 해당하고 파산채권자를 위한 공익적 지출로서 공동부담하는 것이 타당한 것에 한정되어야 한다.[499]

파산선고 전에 파산재단에 속하는 재산에 대하여 국세징수법 또는 지방세기본법에 의하여 징수할 수 있는 청구권(국세징수의 예에 의하여 징수할 수 있는 청구권으로서 그 징수 우선순위가 일반 파산채권보다 우선하는 것을 포함한다)에 기한 강제징수를 **한 때에는 파**

492) 일본 구 파산법 제47조 2호, 제49조, 제50조.
493) 日最判 昭和62年4月21日 民集41卷3号、329頁。
494) 東京高判 平成16年6月30日 月報51卷8号、2102頁。
495) 일본 파산법 제148조 제1항 제3호.
496) 일본 파산법 제99조 제1항 제1호.
497) 대법원 1994.3.25. 93누14417.
498) 대법원 2005.8.19. 2003다36904.
499) 日最判 昭和62年4月21日 民集41卷3号、329頁。

산선고는 그 처분의 속행을 방해하지 아니한다(회생파산법 349조 1항). 위 강제징수를 한 때는 '강제징수**에 의한 압류의 효력이 발생하는 때**'로 해석하는 것이 타당하다.[500] 강제징수로서 채권을 압류한 후에 체납자에 대하여 파산절차가 개시되고 제3채무자가 채권상당액을 공탁한 경우에는 압류의 효력은 공탁금반환청구권에도 미치고 국가는 강제징수의 속행으로서 공탁금반환청구권을 압류하는 것이 가능하다.[501] 강제징수절차 중 압류를 통하여 처분금지의 효력 및 우선징수의 효력이 발생하기 때문이다. 따라서 조세채권자인 과세관청이 파산선고 전 체납처분으로 부동산을 압류(참가압류를 포함)한 경우에는 이후 체납자가 파산선고를 받더라도 선착수한 체납처분의 우선성에 따라 별제권(담보물권 등) 행사에 따른 부동산경매절차에서 조세채권자가 매각대금으로부터 직접 배당받을 수 있다. 다만 채무자회생법이 파산선고 전 체납처분이 있었던 경우에 한하여 파산선고 후에도 체납처분을 속행할 수 있다는 것을 특별히 정한 것이므로, **과세관청이 예외적으로 직접 배당금을 교부받을 수 있는 조세채권의 범위를 판단함에 있어서는 조세채권이 가지는 재단채권으로서의 지위, 파산재단 부족 시 파산관재인을 통해 안분변제받도록 되어 있는 재단채권의 원칙적인 변제방법 등을 충분히 고려하여 엄격하게 해석해야** 한다.[502] 한편 국세징수법은 부동산 등의 압류의 효력은 해당 압류재산의 소유권이 이전되기 전에 법정기일이 도래한 국세의 체납액에 대해서도 미친다고 규정하나(국징 46조 2항), 위 규정이 압류에 의해 이후 발생하는 국세채권에 대하여 특별한 우선적 효력을 인정하는 것은 아닐 뿐 아니라 압류 후에 발생한 체납세액 전부에 대하여 담보권 실행을 위한 부동산경매절차에서 교부청구의 효력까지 인정하는 취지도 아니다.[503] **별제권 행사로 인한 부동산경매절차에 대하여 우선성이 인정되는 체납처분에 따라 조세채권자에게 직접 교부되는 조세채권의 범위는 어떠한가?** 압류가 행하여짐과 동시에 매각절차인 경매절차가 개시되는 민사집행절차와는 달리, 체납처분절차에서는 압류와 동시에 매각절차인 공매절차가 개시되는 것도 아니고, 압류가 반드시 공매절차로 이어지는 것도 아니며, 체납처분절차와 민사집행절차는 서로 별개의 절차로서 공매절차와 경매절차가 별도로 진행된다. 여기에 도산절차가 개시되면 평시상태의 법률관계와는 다른 특수한 법률관계가 형성된다는 점을 더하여 보면, 선착수한 체납처분의 우선성을 존

500) 같은 취지 : 임승순, 전게서, 262면.
501) 大分地判 平成16年3月26日 月報51卷5号、1315頁。
502) 대법원 2022.8.31. 2019다200737; 대법원 2022.9.29. 2021다269364; 대법원 2023.10.12. 2018다294162.
503) 대법원 2023.10.12. 2018다294162.

중할 필요는 있지만 그렇다고 하여 체납자가 파산선고를 받은 경우에까지 국세징수법의 문언만으로 별제권 행사에 따른 경매절차에서 압류 당시의 체납세액을 초과하는 부분에 관한 배당금을 파산관재인이 아닌 과세관청에 직접 교부해야 할 필연적인 이유가 있다고 보기 어렵다. 따라서 채무자회생법의 취지, 국세징수법이 정하는 부동산압류 효력 확장의 의미와 한계, 파산절차의 목적 및 파산절차에서의 파산관재인의 역할과 조세채권자의 지위 등을 고려하면, **별제권 행사에 따른 부동산경매절차에서 채무자회생법에 따라 체납처분의 우선성이 인정되어 조세채권자에게 직접 배당하는 조세채권은 체납처분의 원인이 된 조세채권의 압류 당시 실제 체납액에 한정된다**고 봄이 타당하고, 이와 달리 국세징수법의 문언에 따라 압류 이후 발생한 위 체납액의 초과 부분까지 포함된다고 볼 수는 없다. 이와 같이 보더라도 조세채권자는 그 초과 부분에 관하여 채무자회생법이 정하는 바에 따라 재단채권 또는 파산채권으로 만족을 얻을 수 있으므로 조세채권의 실현을 확보하려는 정책적·공익적 필요성이 과도하게 제한된다고 볼 수 없고, 오히려 조세채권자가 다른 재단채권자 등 이해관계인에 비해 지나치게 우월한 지위를 부여받는 것을 방지함으로써 회생이 어려운 채무자의 재산을 공정하게 환가·배당하는 것을 목적으로 하는 채무자회생법의 목적에 보다 부합하는 결과를 얻을 수 있다.[504] **파산선고 전에 개시된 강제집행절차에 파산선고 전에 참가압류한 경우**에는, 해당 강제집행절차가 파산선고로 인하여 소멸하더라도(회생파산법 348조 1항 본문) 참가압류통지서의 송달일 또는 참가압류의 등기·등록이 이루어진 때로 소급하여 압류의 효력이 발생하므로(국징 62조 1항), **위 참가압류는 파산선고 전에** 강제징수를 **한 경우에 해당한다.**[505]

파산선고 후에는 파산재단에 속하는 재산에 대하여 국세징수법 또는 지방세기본법에 의하여 징수할 수 있는 청구권(국세징수의 예에 의하여 징수할 수 있는 청구권을 포함한다)에 기한 강제징수를 할 수 없다(회생파산법 349조 2항). 따라서 **파산선고 후에는 참가압류를 할 수는 없으나, 교부청구는 할 수 있다.** 교부청구는 그 실질이 배당요구에 해당하기 때문이다.

압류한 재산의 가액이 징수할 금액보다 적거나 적다고 인정될 때에는 재단채권으로서 파산관재인에게 그 부족액을 교부청구하여야 한다(국징령 47조 1호). 또한 납세담보물 제공자

504) 대법원 2023.10.12. 2018다294162.
505) 임승순, 전게서, 262면.

가 파산선고를 받아 '강제징수에 의하여 그 담보물을 공매하려는 경우'에는 파산채권신고절차(회생파산법 447조)를 밟은 후 별제권을 행사하여도 부족하거나 부족하다고 인정되는 금액을 교부청구하여야 하나, '파산관재인이 그 재산을 매각하려는 경우'에는 징수할 금액을 교부청구하여야 한다(국징령 47조 2호). 별제권자에 우선하는 조세채권의 경우에는 별제권자가 별제권을 행사함에 따라 파산재단에 속한 재산에 관하여 환가절차가 이루어지는 경우에도 교부청구를 할 수 있다고 보아야 한다.[506] 파산재단에 속하는 재산 상에 존재하는 유치권 · 질권 · 저당권 · '동산 · 채권 등의 담보에 관한 법률에 따른 담보권' 또는 전세권을 가진 자가 그 목적인 재산에 관하여 가지는 권리를 별제권이라고 한다(회생파산법 411조).

파산자 소유의 부동산에 대한 담보권을 실행하는 경매절차에 대하여, 파산절차가 개시된 이후에 교부청구를 한 경우에는, 교부청구에 관계된 배당금은 원칙적으로 교부청구한 세무서장에 교부할 것이 아니라 파산관재인에게 교부하여야 한다.[507] 파산자의 재산에 대한 강제징수절차에 대하여, 교부청구한 경우에도 마찬가지로 해석하여야 한다.[508] 국세징수법 역시 이를 전제로 파산관재인에게 교부청구하여야 한다고 규정한다(국징 59조; 국징령 47조).

상속재산에 대하여 파산절차가 개시된 경우 파산재단에 속한 피상속인의 재산으로는 조세 전체를 납부할 수 없는 경우에 있어서, 상속인이 한정승인을 하지 않는 한 그 납부하지 않은 세액에 대하여 납부의무를 부담한다.[509]

파산관재인이 원천징수 또는 특별징수의 대상이 되는 소득을 배당 또는 변제하는 경우에는 소득세법 또는 지방세법의 정함에 따라 파산관재인이 원천징수의무를 부담한다고 해석하여야 한다.[510] 그러나 파산관재인의 스스로에 대한 보수와 구 종업원 당시의 급여 및 퇴직금을 지급하는 경우에는 원천징수의 대상이 아니라는 해석이 일반적으로 통용되어 있었던 경우에 있어서는 원천징수를 하지 않고서 법정납부기한까지 원천징수세액을 납부하지 않았다고 하더라도 이에 정당한 사유가 있어서 가산세가 부과되지 않는다고 해석하는 것이 타당하다.[511]

---

506) 상게서.
507) 日最判 平成9年11月28日 民集51卷10号、4172頁; 대법원 2022.8.31. 2019다200737; 대법원 2022.9.29. 2021다269364; 대법원 2022.12.1. 2018다300586; 대법원 2023.10.12. 2018다294162.。
508) 日最判 平成9年12月18日 判時1628号、21頁。
509) 神戶地判 昭和60年12月23日 月報32卷9号、2221頁。
510) 金子 宏、前掲書、8222頁。
511) 上掲書。

파산관재인이 교부청구에 응하지 않는 경우에는 국가 또는 지방자치단체는 해당 조세채권이 재단채권임을 확인하는 소송을 제기할 수 있다.[512)]

다. 회생절차에서의 조세채권

채무자에 대하여 회생절차개시 전의 원인으로 생긴 재산 상의 청구권은 회생채권이 되므로(회생파산법 118조 1호), **회생절차개시 전의 원인으로 생긴 조세채권 역시 회생채권이 된다.** 정리회사에 대한 조세채권이 회사정리 개시결정 전에 성립(법률에 의한 과세요건이 충족)되어 있으면 그 부과처분이 정리절차 개시 후에 있는 경우라도 그 조세채권은 정리채권(현행법 상 회생채권)이 되는 바, 지체 없이 신고하지 아니하면 실권 소멸된다.[513)] 즉 조세채권의 경우 비록 회생개시결정 전에 조세채권이 추상적으로 성립하여 있었다고 하더라도 장차 부과처분에 의하여 구체적으로 정하여질 조세채권을 정리채권으로 신고하지 아니한 채 정리계획인가결정이 된 경우에는 과세관청이 더 이상 부과권을 행사할 수 없기 때문에 그 조세채권에 관하여 회생계획인가결정 후에 한 부과처분은 부과권이 소멸한 뒤에 한 위법한 과세처분으로서 그 하자가 중대하고도 명백하여 당연무효이다.[514)] **과세관청이 법인의 대표자가 횡령한 금원에 대하여 대표자 상여로 소득처분을 하고 소득금액변동통지를 하는 경우에 있어서 그에 따른 원천징수분 근로소득세의 납세의무는 언제 성립 및 확정되는 것인가?** 판례에 따르면, 과세관청이 법인의 대표자가 횡령한 금원에 대하여 대표자 상여로 소득처분을 하고 소득금액변동통지를 하는 경우에 있어서 그에 따른 원천징수분 근로소득세의 납세의무는 소득금액변동통지서가 당해 법인에게 송달된 때에 성립함과 동시에 확정되므로, 소득금액변동통지서가 회생절차개시 후에 도달하였다면 이는 회생절차개시 후의 원인으로 생긴 것에 해당한다.[515)] 따라서 회생채권에 해당하지 않는다. **이 판례는 재고될 필요가 있다.** 조세의 경우에는 특정조세 중 회생절차개시 당시 아직 납부기한이 도래하지 않은 것에 한하여 공익채권이 될 수 있고 소득처분에 의하여 해당 소득이 대표자에게 귀속된 것으로 보아 원천징수의무가 발생하는 경우에는 위 요건에 더하여 이미 원천징수가 된 경우에 한하여 공익채권이 될 수 있다(회생파산법 179조 1항 9호). 위 규정은 회생절차 개시 이전

512) 임승순, 전게서, 262면.
513) 대법원 1994.3.25. 93누14417.
514) 대법원 2007.9.6. 2005다43883.
515) 대법원 2010.1.28. 2007두20959.

에 소득처분이 있는 경우에도 실제 원천징수가 이루어진 경우에 한하여 공익채권이 될 수 있다고 규정하는 것이므로, 이에는 회생절차 개시 후 이루어진 소득처분에 의하여 새로운 조세채권이 발생함으로 인하여 회생절차의 안정성이 저해되는 것을 막기 위한 취지 역시 포함된 것으로 보인다. 이러한 취지를 감안한다면 비록 소득처분을 하고 소득금액변동통지를 하는 경우에 있어서 그에 따른 원천징수분 근로소득세의 납세의무는 소득금액변동통지서가 당해 법인에게 송달된 때에 성립함과 동시에 확정된다고 하더라도, 회생절차와 관련하여서는 달리 해석하는 것이 타당하다. 즉 회생절차 상 공익채권에 해당하는지 여부를 판정함에 있어서는, 회생절차 개시 전 발생한 사실에 근거하여 소득처분이 이루어진 경우라면 소득금액변동통지에 의하여 성립 및 확정된 조세채권 역시 회생채권으로 보는 것이 타당하다. 그렇지 않으면 과세관청은 세무조사 시점 및 소득금액변동통지 시점을 조절하여 해당 조세채권의 성격을 전환시킬 수 있는 재량을 갖게 되는 바, 이는 세무공무원의 재량에 기한 조세의 징수권한을 허용하는 것으로서 조세법률주의에 반하는 것이기 때문이다. 또한 판례에 따르면 공익채권의 판정과 관련된 납부기한은 원칙적으로 과세관청의 의사에 따라 결정되는 지정납부기한이 아니라 개별 세법이 객관적이고 명확하게 규정하고 있는 법정납부기한을 의미하는 것으로 보아야 한다.[516] 그렇다면 **'소득금액변동통지에 의하여 원천징수의무가 성립 및 확정되는 조세채권의 납부기한'은, 그 실질에 있어서 '법정납부기한인 통상의 원천징수세액 납부기한'과 '지정납부기한인 원천징수세액을 법정납부기한까지 납부하지 않아 징수고지가 행하여지는 경우의 납부기한' 중 어느 것에 가까운 것인가?** '소득금액변동통지에 의하여 원천징수의무가 성립 및 확정되는 조세채권의 납부기한'은 소득금액변동통지시점을 법을 통하여 예측할 수 없다는 점 및 해당 시점은 과세관청의 의사에 의하여 좌우된다는 점을 감안한다면, '소득금액변동통지에 의하여 원천징수의무가 성립 및 확정되는 조세채권의 납부기한'은 채무자회생법의 적용에 있어서 지정납부기한으로 보아야 한다. 따라서 소득금액변동통지서가 회생절차개시 후에 도달하였는지 여부를 판정하는 기준이 되는 납부기한에 '소득금액변동통지에 의하여 원천징수의무가 성립 및 확정되는 조세채권의 납부기한'은 포함될 수 없으므로 조세채권이 공익채권에 해당하는지 여부에 영향을 미칠 수 없다고 보아야 한다.[517]

516) 대법원 2012.3.22. 2010두27523 전원합의체 판결.
517) 졸고, 법인세법 판례 논문, 106-110면.

원천납세의무자의 소득세 납세의무가 그 소득세에 대한 부과제척기간의 도과 등으로 소멸한 경우에도 소득금액변동통지서가 송달된 시점에 원천징수분 근로소득세의 납세의무가 성립 및 확정되는가? 이 경우 소득금액변동통지서를 받은 때에 소득금액을 지급받은 것으로 보아야 할 원천납세의무자의 소득세 납세의무가 성립되어 있어야 하므로, 그 당시 원천납세의무자의 소득세 납세의무가 그 소득세에 대한 부과제척기간의 도과 등으로 소멸하였다면 원천징수의무도 성립할 수 없다.[518] 그렇다면 **소득금액변동통지에 의하여 회생절차 개시 후의 원인으로 성립 및 확정된 것으로 의제된 조세채권은 공익채권에 해당하는가?** 회생절차 상 공익채권에 해당하는지 여부를 판정함에 있어서는, 회생절차 개시 전 발생한 사실에 근거하여 소득처분이 이루어진 경우라면 소득금액변동통지에 의하여 성립 및 확정된 조세채권 역시 회생채권으로 보는 것이 타당하다는 점은 상술한 바와 같다. 다만 위 조세채권이 회생채권에 해당하지 않는다는 판례와 같은 입장을 취하는 것을 전제로 하여, 그 경우에도 그 조세채권이 공익채권이 될 수 있는지 여부에 대하여 살핀다. 조세의 경우에는 특정조세 중 회생절차개시 당시 아직 납부기한이 도래하지 않은 것에 한하여 공익채권이 될 수 있고 소득처분에 의하여 해당 소득이 대표자에게 귀속된 것으로 보아 원천징수의무가 발생하는 경우에는 위 요건에 더하여 이미 원천징수가 된 경우에 한하여 공익채권이 될 수 있다(회생파산법 179조 1항 9호). 소득금액변동통지에 의하여 회생절차개시 후의 원인으로 성립 및 확정된 것으로 의제된 조세채권이 이에 해당하지 않음은 분명하다. 회생절차의 개시 당시 아직 확정된 바가 없어서 납부기한 자체가 있을 수 없기 때문이다. 한편 위 조세채권에 관한 규정이 아닌 다른 규정에 근거하여 공익채권이 되기 위하여서는 '회생절차개시 후의 채무자의 업무 및 재산의 관리와 처분' 그리고 '회생계획의 수행' 등을 위하여 발생한 채권이어야 한다(회생파산법 179조 1항). 위 소득금액변동통지와 관련된 조세채무는 회생절차개시 후 성립 및 확정된 것으로 의제되기는 하나, 그 채권이 공익채권이 되기 위하여 갖추어야 할 위 요건을 갖추고 있다고 볼 수는 없다. 나아가 조세법률주의와 관련하여서도 다음과 같은 점을 고려하여야 한다. 만약 소득금액변동통지에 의하여 회생절차개시 후의 원인으로 성립 및 확정된 것으로 의제된 조세채무를 공익채권으로 인정한다면 과세관청은 세무조사 시점 및 소득금액변동통지 시점을 조절하여 회생채권의 대상인 조세채권을 공익채권으로 전환시킬 수 있는 재량을 갖게 되는 바, 이는 세무공무원의 재량에 기한 조세의 징수권한을

518) 대법원 2010.1.28. 2007두20959.

허용하는 것으로서 조세법률주의에 반하는 것이다. 따라서 소득금액변동통지에 의하여 회생절차개시 후의 원인으로 성립 및 확정된 것으로 의제된 조세채무는 공익채권이 아니라고 보아야 한다.

소득금액변동통지에 의하여 회생절차개시 후의 원인으로 성립 및 확정된 것으로 의제된 조세채권이 '개시 후 기타채권'에 해당하는가? 회생절차 상 공익채권에 해당하는지 여부를 판정함에 있어서는, 회생절차개시 전 발생한 사실에 근거하여 소득처분이 이루어진 경우라면 소득금액변동통지에 의하여 성립 및 확정된 조세채권 역시 회생채권으로 보는 것이 타당하다는 점은 상술한 바와 같다. 다만 위 조세채권이 회생채권에 해당하지 않는다는 판례와 같은 입장을 취하는 것을 전제로 하여, 그 경우에도 그 조세채권이 개시 후 기타채권이 될 수 있는지 여부에 대하여 살핀다. 개시 후 기타채권은 회생절차개시 이후의 원인에 기하여 발생한 재산 상의 청구권으로서 공익채권, 회생채권 또는 회생담보권이 아닌 청구권을 의미한다. 개시 후 기타채권에 대하여는 변제 및 그에 기한 강제처분 등이 금지된다. 즉 회생절차가 개시된 때부터 회생계획으로 정하여진 변제기간이 만료하는 때(회생계획인가의 결정 전에 회생절차가 종료된 경우에는 회생절차가 종료된 때, 그 기간만료 전에 회생계획에 기한 변제가 완료된 경우에는 변제가 완료된 때를 말한다)까지의 사이에는 변제를 하거나 변제를 받는 행위 그 밖에 이를 소멸시키는 행위(면제를 제외한다)를 할 수 없고 위 기간 중에는 개시 후 기타채권에 기한 채무자의 재산에 대한 강제집행, 가압류, 가처분 또는 담보권 실행을 위한 경매의 신청을 할 수 없다(회생파산법 181조). 소득금액변동통지에 의하여 회생절차개시 후의 원인으로 성립 및 확정된 것으로 의제된 조세채권은 개시 후 기타채권에 해당될 수 있는 여지가 있다. 그렇다면 그 조세채권이 비록 확정되었다고 할지라도 그 조세채권에 대하여서는 일정 기간 동안 변제를 할 수가 없으며 그 조세채권에 기한 강제징수 역시 할 수 없다. 따라서 과세관청이 소득금액변동통지를 하는 것은 해당 소득귀속자의 납세의무가 제척기간의 경과로 소멸하기 이전에 그 소득과 관련된 원천징수의무를 해당 법인에 부과하여 위 제척기간이 경과됨으로 인하여 원천징수의무를 부과할 수 없게 되는 것을 막는 한도에서만 의미를 갖는 것으로 본다. 위 조세채권에 대한 변제 및 조세채권에 기한 강제징수가 금지되는 기간 중에 강제징수가 이루어진다면 이는 강제징수 자체에 고유한 하자가 있는 것으로 보아 이에 대하여 불복할 수 있다고 보아야 하며, 변제가 이루어진 경우에는 오납금으로 보아 환급하여야 한다. 다만 이러한 결과는 과세관청은 세무조사 시점 및 소득금액변동통지 시점을 조절하여 회생채권의 대상인 조세채권을 개시 후 기타채권으로 전환시킬 수 있는 여지를 제공하는 것에 해당하므로, 이는 세무공무원의 재량에 기한 조세의 징수를 허용하는 것으로서 조세법률주의에 반하는 측면이 있다. 따라서 회생절차개시 전 발생한 사실에 근거하여 소득처분이 이루어진 경우라면 소득금액변동통지에 의하여 성립 및 확정된 조세채권 역시 회생채권으로 보는 것이 근본적인 해결책이 될 것으로 판단한다.

조세와 관련된 공익채권의 요건에 대하여 본다. 특정조세{'원천징수하는 조세[소득처분(법세 67조)에 따라 대표자에게 귀속된 것으로 보는 상여에 대한 조세는 원천징수된 것에 한한다]', '부가가치세 · 개별소비세 · 주세 및 교통 · 에너지 · 환경세', '본세의 부과징수의 예에 따라 부과징수하는 교육세 및 농어촌특별세', '특별징수의무자가 징수하여 납부하여야 하는 지방세'} **중 회생절차개시 당시 아직 납부기한이 도래하지 아니한 것은 공익채권으로 분류**된다(회생파산법 179조 1항 9호). 위 각 조세는 원천징수의무자가 국가 또는 지방자치단체를 위하여 보관하고 있는 것이므로 실질적으로 회생회사의 재산이 아니라는 점을 감안한 것이다.[519] **공익채권의 판정과 관련된 납부기한에는 지정납부기한 역시 포함되는 것인가?** 판례는 법정납부기한만을 의미한다고 판시한다. 즉 위 납부기한은 원칙적으로 과세관청의 의사에 따라 결정되는 지정납부기한이 아니라 개별 세법이 객관적이고 명확하게 규정하고 있는 법정납부기한을 의미하는 것으로 보아야 한다.[520] 이 판례는 '회생채권과 공익채권은 회생절차에서 인정되는 지위가 달라 어떠한 조세채권이 회생채권과 공익채권 중 어디에 해당하는지 여부는 채권자 · 주주 · 지분권자 등 다른 이해관계인에게 미치는 영향이 지대하므로 다수 이해관계인의 법률관계를 조절하는 회생절차의 특성 상 회생채권과 공익채권은 객관적이고 명확한 기준에 의하여 구분되어야만 한다는 점' 및 '만일 위 납부기한을 법정납부기한이 아닌 지정납부기한으로 보게 되면 과세관청이 회생절차개시 전에 도래하는 날을 납부기한으로 정하여 납부고지를 한 경우에는 회생채권이 되고 납부고지를 할 수 있었음에도 이를 하지 않거나 회생절차개시 후에 도래하는 날을 납부기한으로 정하여 납부고지를 한 경우에는 공익채권이 될 것인 바 이처럼 회생절차에서 과세관청의 의사에 따라 공익채권 해당 여부가 좌우되는 결과를 가져오는 해석은 집단적 이해관계의 합리적 조절이라는 회생절차의 취지에 부합하지 않고 조세채권이 갖는 공공성을 이유로 정당화되기도 어렵다

519) 같은 취지 : 임승순, 전게서, 263면.
520) 대법원 2012.3.22. 2010두27523 전원합의체 판결.

는 점'을 근거로 한다. 그렇다면 **공익채권의 판정과 관련하여 법정납부기한 전에 조세를 징수하는 '납기 전 징수'의 경우에 있어서 납부기한은 어떻게 해석하여야 하는가?** 납부기한 전 징수 법정사유가 있을 때에는 납기 전이라도 이미 '납세의무가 확정된' 국세는 징수할 수 있는 것을 의미하고(국징 9조 1항), 이 경우 세무서장은 납부기한을 정하여 납세자에게 그 뜻을 고지하고 이미 납부고지를 하였을 때에는 납부기한의 변경을 고지하여야 하므로(국징 9조 2항), 납부기한 전 징수의 경우 납부기한은 당초의 법정납부기한이 아니라 위 새롭게 고지되거나 변경된 납부기한을 의미하는 것으로 해석하여야 한다.

회생절차에 있어서 **공익채권은 회생절차에 의하지 아니하고 수시로 변제**하고(회생파산법 180조 1항), **회생채권과 회생담보권에 우선하여 변제**한다(회생파산법 180조 2항). 또한 **채무자의 재산이 공익채권의 총액을 변제하기에 부족한 것이 명백하게 된 때**에는 '채무자의 업무 및 재산에 관하여 관리인이 회생절차개시 후에 한 자금의 차입 그 밖의 행위로 인하여 생긴 청구권(회생파산법 179조 1항 5호)' 및 '채무자 또는 보전관리인이 회생절차개시신청 후 그 개시 전에 법원의 허가를 받아 행한 자금의 차입, 자재의 구입 그 밖에 채무자의 사업을 계속하는 데에 불가결한 행위로 인하여 생긴 청구권(회생파산법 179조 1항 12호)' 중에서 채무자의 사업을 계속하기 위하여 법원의 허가를 받아 차입한 자금에 관한 채권을 우선적으로 변제하고 그 밖의 공익채권은 법령에 정하는 우선권에 불구하고 아직 변제하지 아니한 채권액의 비율에 따라 변제한다(회생파산법 180조 7항 본문). 즉 위 경우에는 다른 공익채권과 조세채권 사이에는 채권자평등의 원칙이 적용된다. 다만, 위 경우에도 공익채권을 위한 유치권·질권·저당권·'동산·채권 등의 담보에 관한 법률'에 따른 담보권·전세권 및 우선특권의 효력에는 영향을 미치지는 아니한다(회생파산법 180조 7항 단서).

파산선고 이전의 원인으로 인한 조세채권의 부대세인 가산세 및 예납세액에 관계된 조세채권 역시 회생채권이 될 수 있는가? 파산선고와 관련된 위 각 일본 판례[521]에 비추어 위 각 조세채권 역시 회생채권에 포함될 수 있다고 해석한다.

법원은 회생절차개시의 신청이 있는 경우 필요하다고 인정하는 때에는 이해관계인의 신청에 의하거나 직권으로 징수의 권한을 가진 자의 의견을 들어서 회생절차개시의 신청에 대한 결정이 있을 때까지 국세징수법 또는 지방세기본법에 의한 강제징수 또는 체납처분, 국세징수의 예(국세 또는 지방세 체납처분의 예를 포함한다)에 의한 **강제징수 또는 조세채**

521) 日最判 昭和62年4月21日 民集41巻3号、329頁；東京高判 平成16年6月30日 月報51巻8号、2102頁。

무담보를 위하여 제공된 물건의 처분의 중지를 명할 수 있다(회생파산법 44조 1항). 위 중지기간 중에는 시효는 진행하지 아니한다(회생파산법 44조 2항).

회생절차개시결정이 있는 때에는 '국세징수의 예에 의하여 징수할 수 있는 청구권으로서 그 징수우선순위가 일반 회생채권보다 우선하지 아니한 것에 기한 **강제징수'를 할 수 없고**(회생파산법 58조 1항 3호), **이미 진행된 강제징수는 중지**하여야 한다(회생파산법 58조 2항 3호).

또한 회생절차개시결정이 있는 때에는 **'회생절차개시결정이 있는 날부터 회생계획인가가 있는 날까지', '회생절차개시결정이 있는 날부터 회생절차가 종료되는 날까지', '회생절차개시결정이 있는 날부터 2년이 되는 날까지'의 각 기간 중 말일이 먼저 도래하는 기간 동안** '회생채권 또는 회생담보권에 기한 채무자의 재산에 대한 **국세징수법 또는 지방세기본법에 의한 강제징수 또는 체납처분'**, '국세징수의 예에 의하여 징수할 수 있는 청구권으로서 그 **징수우선순위가 일반 회생채권보다 우선하는 것에 기한 강제징수'**와 **'조세채무담보를 위하여 제공된 물건의 처분'은 할 수 없으며, 이미 행한 처분은 중지**된다(회생파산법 58조 3항). 이 경우 법원은 필요하다고 인정하는 때에는 관리인의 신청에 의하거나 직권으로 1년 이내의 범위에서 그 기간을 늘릴 수 있다(회생파산법 58조 3항 단서). 위 처분을 할 수 없거나 처분이 중지된 기간 중에는 시효는 진행하지 아니한다(회생파산법 58조 4항). 법원은 회생에 지장이 없다고 인정하는 때에는 관리인이나 국세 또는 지방세의 징수권한을 가진 자의 신청에 의하거나 직권으로 위 각 중지한 절차 또는 처분의 속행을 명할 수 있으며, 회생을 위하여 필요하다고 인정하는 때에는 관리인의 신청에 의하거나 직권으로 담보를 제공하게 하거나 제공하게 하지 아니하고 위 각 중지한 절차 또는 처분의 취소를 명할 수 있다(회생파산법 58조 4항). 다만, 파산절차에 관하여는 그러하지 아니하다(회생파산법 58조 5항). 위와 같이 속행된 절차 또는 처분에 관련된 '채무자에 대한 비용청구권'은 공익채권에 해당한다(회생파산법 58조 6항).

회생계획에서 국세징수법 또는 지방세기본법에 의하여 징수할 수 있는 청구권(국세징수의 예에 의하여 징수할 수 있는 청구권으로서 그 징수우선순위가 일반 회생채권보다 우선하는 것을 포함한다)에 관하여 3년 이하의 기간 동안 **징수를 유예하거나 강제징수에 의한 재산의 환가를 유예하는 내용을 정하는 때에는** '징수의 권한을 가진 자의 의견을 들어야 하고', 3년을 초과하는 기간 동안 징수를 유예하거나 강제징수에 의한 재산의 환가를 유예하는 내용을 정하거나 채무의 승계, 조세의 감면 또는 그 밖에 권리에 영향을 미치는 내용을 정하는 때에는 '징수의 권한을 가진 자의 동의를 얻어야' 한다(회생파산법 140조 2항, 3항). 위 청구권에 관하여 징수의 권한을 가진 자는 위 동의를 할 수 있다(회생파산법 140조 4항). 위 징수를 유예하거나 강제징수에 의한 재산의 환가를 유예하는 기간 중에는 시효는 진행하지 아니한다(회생파산법 140조 5항). **만약 징수를 유예하거나 강제징수에 의한 재산의 환가를 유예하는 경우에 있어서 징수의 권한을 가진 자의 동의를 받지 않았다면 그 관계된 회생계획의 효력은 어떻게 되는가?** 회생계획인가의 결정이 확정된 때 회생채권 또는 회생담보권에 기하여 회생계획에 의하여 인정된 권리에 관한 회생채권자표 또는 회생담보권자표의 기재는 확정판결과 동일한 효력이 있다(회생파산법 255조 1항). 그런데 이 경우 확정판결과 동일한 효력이 있다고 규정한 취지는, 정리계획인가결정이 확정된 경우 정리채권자표 또는 정리담보권자표에 기재된 정리채권 또는 정리담보권 중 정리계획의 규정에 의하여 인정된 권리를 기준으로 정리계획을 수행하도록 하여 신속하고도 안정적인 정리계획의 수행을 보장하려는 데에 있고, 이와 같은 의미에서 위에서 말하는 '확정판결과 동일한 효력'이라 함은 기판력이 아닌 정리절차 내부에서의 불가쟁의 효력으로 보아야 한다.[522] 이러한 취지에서 판례는 회생계획이 확정된 이상 징수의 권한을 가진 자의 동의를 받지 아니한 절차 상의 하자가 있다는 사정만으로는 회생계획의 효력을 다툴 수 없다고 판시한다.[523] 이 판례의 입장 및 위 동의요건의 타당성에 대하여서는 논의의 여지가 있다.[524]

522) 대법원 2003.9.26. 2002다62715.
523) 대법원 2005.6.10. 2005다15482.
524) 임승순, 전게서, 264면 각주 2 참조.

제 4 편

조세쟁송법

제1장

개 관

I 조세쟁송제도 총설

조세법률관계에 관한 쟁송을 조세쟁송이라고 하고 조세쟁송에 관한 법을 조세쟁송법이라고 한다. 조세법률주의는 조세의 확정 및 징수가 법률에 근거하여 법률에 따라 행하여질 것을 요구한다. 그러나 조세의 확정 및 징수가 위법하게 행하여지는 경우 역시 결코 적지 않다. 예를 들어 표면상으로는 조세법률주의가 취하여졌다고 하더라도 위법한 조세의 확정 또는 징수가 행하여진 경우에는 납세자가 그것을 다투고 그 권리의 보호를 요구하는 것이 보장되어 있지 않으면 조세법률주의는 허울뿐인 것에 그치게 된다. 이러한 의미에서 조세쟁송은 납세자의 권리보호 관점에서 매우 중요한 것이고, 조세쟁송제도의 확립은 조세법률주의의 불가결한 요소에 해당한다. 조세쟁송은 행정청에의 불복절차와 법원에 대한 소송으로 구성된다. 전자를 **조세불복절차**라고 부르고 후자를 **조세소송**이라고 부른다.[1)]

조세쟁송 역시 행정쟁송의 일종이다. 그러나 조세쟁송법 자체의 특성을 지니고 있기 때문에 행정심판법과 행정소송법이 그대로 적용되는 것은 아니다. 따라서 현행법은 조세쟁송에 관하여서는 기본적으로 국세기본법에서 정하면서도 다음과 같이 행정심판법 및 행정소송법의 각 규정들을 준용한다.

행정심판법과의 관계에 대하여 본다. '국세기본법 또는 세법 상 처분'에 대해서는 행정심판법의 규정을 적용하지 아니한다(국기 56조 1항 본문). 다만, 심사청구 또는 심판청구에 관하여는 행정심판법 상 규정들 중 선정대표자(행심 15조), 청구인의 지위승계(행심 16조), 심판참가 관련 규정들(행심 20조－22조), 청구의 변경(행심 29조), 증거조사방법(행심 36조 1항), 직권심리(행심 39조), 심리의 방식(행심 40조), 심판청구 등의 취하(행심 42조) 및 행정심판 재청구의 금지(행심 51조)에 대한 규정을 준용한다(국기 56조 1항 단서).

행정소송법과의 관계에 대하여 본다. '국세기본법 또는 세법 상 처분'에 대한 행정소송은

---

1) 이상 金子 宏、前掲書、827頁。

국세기본법에 따른 심사청구 또는 심판청구와 그에 대한 결정을 거치지 아니하면 제기할 수 없다(국기 56조 2항). 즉 임의적 행정심판전치주의에 대한 규정들(행소 18조 1항 본문, 2항 및 3항)이 적용되지 않는다. 또한 행정소송은 심사청구 또는 심판청구에 대한 '결정의 통지를 받은 날부터' 90일 이내에 제기하여야 한다(국기 56조 3항 본문). 즉 처분 등이 있음을 안 날부터 90일 이내에 제기하여야 한다는 행정소송법 제20조가 적용되지 않는다. 다만, 국세청장 및 조세심판원장은 심사청구 또는 심판청구를 받은 날부터 90일 이내에 해당 청구에 대한 결정을 하여야 하는 바(국기 65조 2항, 80조의2), 해당 청구를 제기한 납세자가 그 결정기간 이내에 결정의 통지를 받지 못한 경우에는 결정의 통지를 받기 전이라도 그 결정기간이 지난 날부터 행정소송을 제기할 수 있다(국기 56조 3항 단서). 한편 **심사청구 또는 심판청구의 재조사 결정**(국기 65조 1항 3호 단서, 80조의2)**에 대한 행정소송의 제소기간에 대하여서는 특칙이 있다**(국기 56조 4항). **재조사 결정에 대하여 심사청구 또는 심판청구를 거치지 아니하고 행정소송을 제기하는 경우**에는 재조사 후 행한 처분청의 처분의 결과 통지를 받은 날부터 90일 이내에 행정소송을 제기하여야 한다. 다만, 재조사 결정에 따른 처분기간[조사를 연기하거나 조사기간을 연장하거나 조사를 중지한 경우(국기 65조 5항 후단)에는 해당 기간을 포함](국기 65조 5항, 80조의2에서 준용하는 경우를 포함)에 처분청의 처분 결과 통지를 받지 못하는 경우에는 그 처분기간이 지난 날부터 행정소송을 제기할 수 있다. **재조사 결정에 대하여 심사청구 또는 심판청구를 거쳐서 행정소송을 제기하는 경우**에는 재조사 후 행한 처분청의 처분에 대하여 제기한 심사청구 또는 심판청구에 대한 결정의 통지를 받은 날부터 90일 이내에 행정소송을 제기하여야 한다. 다만, 재조사 결정에 따른 결정기간(국기 65조 2항, 80조의2에서 준용하는 경우를 포함)에 결정의 통지를 받지 못하는 경우에는 그 결정기간이 지난 날부터 행정소송을 제기할 수 있다. 위 기간은 불변기간이다(국기 56조 6항). 감사원법에 따라 심사청구를 거친 경우에는 이 법에 따른 심사청구 또는 심판청구를 거친 것으로 본다(국기 56조 5항). 위 특별규정 이외에 대하여서는 국세기본법에 정함이 없다. 그런데 행정소송법에 따르면 행정소송에 대하여는 다른 법률에 특별한 규정이 있는 경우를 제외하고는 행정소송법이 정하는 바에 의한다고 규정하기 때문에(행소 8조 1항), 위 특별규정이 없는 경우에 대하여서는 조세소송과 관련하여 행정소송법이 적용된다. 또한 행정소송법에 특별한 규정이 없는 사항에 대하여는 법원조직법과 민사소송법 및 민사집행법의 규정이 준용된다(행소 8조 2항). 결국 행정소송인 조세소송과 관련하여서는 행정소송법 상 임의적 전치주의에 의한 규정들 이외의 사항에 대하여서는 행정소송법이 적용되고 이에 규정이 없는 경우에는 법원조직법과 민사소송법 및 민사집행법의 규정이 적용된다.

지방세에 대하여 본다. 지방세기본법에 따른 이의신청 또는 심사청구의 대상이 되는 처분에 관한 사항에 대하여는 행정심판법을 적용하지 아니하나, 이의신청 또는 심사청구에 대하여는 행정심판법 중 선정대표자(행심 15조), 청구인의 지위승계(행심 16조), 심판참가 관련 규정들(행심 20조-22조), 청구의 변경(행심 29조), 직권심리(행심 39조) 및 심리의 방식(행심 40조)에 대한 규정을 준용한다(지기 98조 1항). 또한 심판청구의 대상이 되는 처분에 관한 사항에 대하여는 위 국세기본법과 행정심판법과의 관계에 대한 규정들이 그대로 준용된다(지기 98조 2항).

관세법에 대하여 본다. 관세의 경우에는 행정심판법 상 증거조사방법(행심 36조 1항)에 대한 규정을 제외하고는 행정심판법 및 행정소송법 사이의 관계에 대하여 국세기본법과 동일하게 규정하고 있다(관세 120조).

국세기본법과 다른 법률 사이를 조정하기 위한 개념으로서 이용되는 위 **'국세기본법 또는 세법 상 처분'**에 대하여서는 조세불복절차의 대상 부분에서 본다.

Ⅱ 총액주의와 쟁점주의

조세확정처분에 대한 심사청구, 심판청구 및 조세소송에 있어서 원처분의 처분사유로 되어 있던 과세요건사실이 존재하지 않는 것이 판명된 경우에 과세관청은 그 처분의 적법성을 유지하기 위하여 별개의 과세요건사실을 새롭게 제출하는 것이 가능한가? 또한 **국세청, 조세심판원 및 법원은 별개의 처분사유가 새롭게 제출된 경우에 그것을 채택하여 판단의 대상으로 하여야 하는 것인가?** 이것은 직접적으로는 처분사유의 교체가 허용되는지 여부에 관한 문제이지만 조세쟁송의 대상 내지 조세소송의 소송물의 문제와 밀접한 관계를 갖고 있다.[2]

이 점과 관련하여서는 총액주의와 쟁점주의의 대립이 있다. **총액주의**는 확정처분에 대한 쟁송의 대상이 그 처분으로 인하여 확정된 세액의 적부라는 입장을 의미한다. **쟁점주의**는 확정처분에 대한 쟁송의 대상이 처분사유와 관계된 세액의 존부라는 입장을 의미한다. 총액주의에 의하면 심사청구와 심판청구의 심리 또는 조세소송의 사실심 변론 종결시까지 처

2) 上掲書、832頁。

분사유의 교체가 원칙적으로 자유롭게 허용되지만, 쟁점주의에 의하면 처분사유의 교체가 원칙적으로 허용되지 않는다.[3)]

총액주의의 입장은 취소소송의 소송물은 행정처분의 위법성 일반이라고 하는 견해 및 조세확정처분에 대한 취소소송은 그 실질에 있어서 조세채권의 부존재확인소송에 지나지 않는다는 견해와 궤를 같이 한다. 다만 총액주의를 취하게 되면 절차적 보장의 원칙과의 관계에서 문제가 발생할 수 있다. 첫째, 결정이유와 관련하여 본다. 납세의무를 확정하는 결정 또는 경정처분에 대한 이의신청, 심사청구 및 심판청구의 각 결정은 이유를 부기하여야 한다(국기 66조 7항, 65조 3항, 78조 5항). 판결에 대하여 판결이유를 설시함은 물론이다. 이와 같이 각 결정에 있어서 이유를 부기하도록 하는 것은 과세관청 판단의 신중성과 합리성을 담보하도록 하여 자의에 기한 처분을 억제하도록 함과 동시에 납세자의 불복신청에 편리함을 제공하기 위한 것이다. 그런데 총액주의에 따라 처분사유를 제한이 없이 변경하도록 한다는 것은 위 각 결정에 있어서 이유를 부기한다는 것이 무의미하게 된다. 경정처분에 이유를 부기하지 않는 경우 해당 처분은 위법하고, 그 이유부기를 하지 않은 하자는, 해당 처분에 대한 심사재결에 있어서 그 처분사유가 분명하게 되었다고 하더라도, 치유되는 것은 아니다.[4)] 둘째, 전치주의와 관련하여 본다. 조세소송을 제기하기 위하여서는 원칙적으로 심사청구, 심판청구 또는 감사원에 의한 심사청구에 대한 결정의 통지를 받은 날부터 90일 이내에 제기하여야 한다(국기 56조 3항, 5항). 이를 인정하는 하나의 이유는 법원의 부담을 경감하기 위하여 불복절차 단계에서 사실상 또는 법률 상 쟁점을 가능한 한 정리한 후에 제소를 하도록 하는 것이지만 처분사유를 제한없이 교체하도록 하는 것은 이러한 관점에서 문제가 있다.[5)] **총액주의가 우리의 통설 및 판례의 태도이다. 다만 우리 판례는 처분사유의 추가 및 변경을 제한이 없이 인정하는 것이 아니라 처분의 동일성을 해하지 않는 범위 내에서만 가능하다고 판시한다.**[6)]

쟁점주의 입장을 취할 경우에도 처분사유의 교체가 절대 허용될 수 없는 것은 아니다. 당초의 과세처분에 대한 기본적인 과세요건사실의 동일성을 잃지 않는 범위 내에서는 처분사유의 교체가 허용된다고 해석하는 것도 가능하다.[7)] 또한 쟁점주의에 따르면 조세쟁송은

3) 上掲書。
4) 日最判 昭和47年12月5日 昭和43年(行ツ)第61号。
5) 金子 宏、前掲書、832－833頁。
6) 대법원 1992.9.22. 91누13205.
7) 日最判 昭和56年7月14日 民集35卷5号、901頁。

처분사유의 적부를 쟁점으로서 이루어지는 것이므로 이의신청인, 심사청구인, 심판청구인 및 원고 측에서도 처분사유인 기본적 과세요건사실과 관계가 없는 사실을 처분에 대한 위법사유로서 제출할 수는 없다. 다만 판결의 기판력은 처분사유와 관계된 처분의 적부에 관하여서만 발생하기 때문에 과세관청은 결정 또는 경정 등의 제척기간이 경과되지 않는 한 새로운 사유에 기하여 재결정을 하는 것이 가능하게 되어 분쟁의 일회적 해결을 기대할 수 없게 되는 문제가 발생하지만, 새로운 과세요건사실이 발견된 경우에 새롭게 확정처분을 다시 하는 것이 결국 납세자의 이익에 합치되고 또한 조세행정의 개선에도 이바지할 수 있다는 측면 역시 있다.[8)]

이상 총액주의와 쟁점주의의 장단점에 대하여 살폈는 바, **총액주의 입장에서도 기본적인 과세요건사실의 동일성을 잃지 않는 범위 내에서만 처분사유를 변경할 수 있고 쟁점주의 입장 역시 같은 범위 내에서는 예외적으로 처분사유의 변경을 허용할 수 있다고 해석할 수 있으므로, 처분사유의 변경과 관련하여서는 두 입장 사이의 차이는 크지 않다고 볼 수 있다.**

현행법에 의하면 심사청구와 심판청구에 있어서 청구인은 원칙적으로 청구의 기초에 변경이 없는 범위에서 청구의 취지나 이유를 변경할 수 있으나, 과세관청이 해당 청구 이후에 새로운 처분을 하거나 심판청구의 대상인 처분을 변경한 경우에는 청구인은 새로운 처분이나 변경된 처분에 맞추어 청구의 취지나 이유를 변경할 수 있다고 규정한다(국기 56조 1항, 행심 29조 2항). 조세소송의 경우에도 이와 유사한 내용의 규정들이 있다. 법원은 취소소송을 당사자소송 또는 취소소송 외의 항고소송으로 변경하는 것이 상당하다고 인정할 때에는 '청구의 기초에 변경이 없는 한' 사실심의 변론종결시까지 원고의 신청에 의하여 결정으로써 소의 변경을 허가할 수 있고(국기 56조 ; 행소 8조, 21조), 법원은 '행정청이 소송의 대상인 처분을 소가 제기된 후 변경한 때'에는 원고의 신청에 의하여 결정으로써 청구의 취지 또는 원인의 변경을 허가할 수 있다(국기 56조 ; 행소 8조, 22조). 또한 위 각 경우 외에도 조세소송에 있어서 원고는 '소송절차를 현저히 지연시키지 않는 한' '청구의 기초가 바뀌지 아니하는 한도 안에서' 변론을 종결할 때(변론 없이 한 판결의 경우에는 판결을 선고할 때)까지 청구의 취지 또는 원인을 바꿀 수 있다(행소 8조 2항 ; 민소 262조).

이상 **현행법에 의하면 조세불복절차 및 조세소송에 있어서 청구인 또는 원고가 청구의 기초 또는 소의 종류를 변경하는 경우에는 '청구의 기초가 바뀌지 아니하는 한도 안에서'**

8) 金子 宏、前掲書、834頁。

허용된다는 제한이 있으나 과세관청이 처분을 변경하는 경우에 대하여서는 이와 같은 제한이 부가되어 있지 않다. 또한 과세관청의 이러한 처분변경에 따라 청구인 또는 원고가 청구취지 또는 원인을 변경하는 경우에도 역시 그러한 제한이 부가되어 있지 않다. 따라서 과세관청의 처분사유 변경에 따른 청구취지 또는 원인의 변경에는 '청구의 기초가 바뀌지 아니하는 한도 안에서'라는 제한이 적용되지 않는다고 볼 수 있는 여지가 있다. '청구의 기초가 바뀌지 아니하는 한도 안에서'라는 제한이 적용되는 범위와 관련하여서는 '처분사유의 변경' 및 '처분의 변경'을 구분하여 논의할 필요가 있고, 이와 관련하여 **'과세관청에 의한 처분사유 변경에 있어서도 위 제한이 적용되는지 여부에 관한 쟁점'**과 **'과세관청에 의한 처분의 변경이 있는 경우에 해당 처분의 변경이 청구의 기초에 있어서 다른 경우, 즉 기본적인 과세요건사실의 동일성을 벗어나는 경우에도 기왕의 소송절차에서 새로운 처분이나 변경된 처분에 맞추어 청구의 취지나 이유를 변경할 수 있는지 여부에 관한 쟁점'**이 발생할 수 있다.

과세관청에 의한 '처분사유 변경'에 있어서도 위 제한이 적용되는지 여부에 관하여 본다. 조세불복절차 또는 소송절차 상 청구인 또는 원고의 방어권을 보장하는 것 역시 권리구제절차 상 조세법률주의를 구현하는 것으로 볼 수 있으므로 과세관청이 처분사유를 조세불복절차 또는 소송절차에서 변경하는 것에 대하여 합리적으로 제한을 가할 필요가 있다. 이러한 차원에서 **과세관청 역시 '청구의 기초에 변경이 없는 범위 내에서만 즉 기본적인 과세요건사실의 동일성을 잃지 않는 범위 내에서만' 처분사유를 변경할 수 있다고 보는 것이 타당하다.** 이와 관련하여서는 조세소송 부분에서 보다 구체적으로 본다.

과세관청이 소송절차 외에서 '당초처분을 변경하는 경우'에 해당 처분의 변경이 당초처분의 청구 기초에서 벗어나는 경우, 즉 기본적인 과세요건사실의 동일성을 벗어나는 경우에도 기왕의 소송절차에서 새로운 처분이나 변경된 처분에 맞추어 청구의 취지나 이유를 변경할 수 있는지 여부에 대하여 본다. 이 쟁점은 주로 청구인 또는 원고의 방어권 보장을 위한 것이므로, 동일한 과세단위에 속하는 별개의 처분사유에 기한 처분에 대하여 청구인 또는 원고가 자신의 방어권 보장을 주장하지 않고 기왕에 진행 중인 소송 내에서 다투기를 원하는 경우에는 이를 허용하여야 한다. 따라서 **과세관청이 동일한 과세단위에 속하지만 청구의 기초에 변경을 초래하는 새로운 처분사유에 기하여 별개의 처분을 하는 경우에도 청구인 또는 원고가 이에 따라 청구취지 또는 원인을 변경하는 것을 원하는 경우에는 이를 허용할 수 있다고 보아야 한다. 그러나 이는 예외적으로 허용하는 것이므로 납세자인 원고**

가 처분의 변경이 있음을 안 날로부터 60일 이내에 한하여서만 소 변경을 신청하여야 한다는 제한이 부가되는 것으로 보인다(행소 22조 2항). 이와 관련하여서는 조세소송 부분에서 보다 구체적으로 본다.

이상의 각 논의들은 '과세단위'와 '세액을 확정하는 처분'의 관계 및 '처분의 변경'과 '처분사유의 변경' 사이의 관계에 의하여서도 영향을 받는 것이나 이 역시 조세소송 부분에서 보다 구체적으로 본다.

제2장

조세불복절차

제1절 조세불복절차 개관

I 조세불복절차의 구조

1 조세소송과 조세행정불복절차

조세쟁송은 조세행정불복절차와 조세소송으로 구분된다.

조세소송은 심사청구 또는 심판청구와 그에 대한 결정을 거치지 아니하면 제기할 수 없다(국기 56조 2항). 또한 심사청구 또는 심판청구에 대한 결정의 통지를 받은 날부터 90일 이내에 제기하여야 하나, 해당 결정기간(국기 65조 2항, 81조)에 결정의 통지를 받지 못한 경우에는 결정의 통지를 받기 전이라도 그 결정기간이 지난 날부터 행정소송을 제기할 수 있다(국기 56조 3항). 감사원의 심사청구(국기 55조 1항 2호)를 거친 경우에는 위 심사청구 또는 심판청구를 거친 것으로 본다(국기 56조 5항). 위 90일의 기간은 불변기간으로 한다(국기 56조 6항).

조세소송을 제기하기 위하여서는 심사청구, 심판청구 또는 감사원법에 의한 심사청구 중 하나의 불복절차만을 거쳐야 한다. **동일한 처분에 대해서는 심사청구와 심판청구를 중복하여 제기할 수 없고**(국기 55조 9항), '감사원법에 따라 심사청구를 한 처분이나 그 심사청구에 대한 처분'은 국세기본법, 지방세기본법 및 관세법 상 '처분'에 해당되지 않으므로(국기 55조 5항 본문 ; 지기 89조 2항 3호 ; 관세 119조 2항 3호) **감사원에 심사청구를 한 처분과 관련하여서는 국세기본법, 지방세기본법 및 관세법 상 이의신청, 심사청구 및 심판청구를 할 수 없기 때문이다. 다만 재조사 결정에 따른 처분청의 처분**(국기 65조 1항 3호; 80조의2에서 준용하는 경우 포함)에 대해서는 해당 재조사 결정을 한 재결청에 대하여 심사청구 또는 심판청구를 제기할 수 있다(국기 55조 5항 단서).

과세관청에 의한 부과처분 이후에 이에 불복하여 위 각 절차에 이르는 절차가 조세불복절차인 바, 이를 국세, 관세, 지방세 및 감사원의 심사청구로 나누어 살핀다.

2 국세 및 관세의 조세행정불복절차

국세의 경우를 본다.

이의신청은 해당 처분이 있음을 안 날(처분의 통지를 받은 때에는 그 받은 날)부터 90일 이내에 제기하여야 한다(국기 66조 6항, 61조 1항).

심사청구는 해당 처분이 있음을 안 날(처분의 통지를 받은 때에는 그 받은 날)부터 90일 이내에 제기하여야 한다(국기 61조 1항). 심판청구는 해당 처분이 있음을 안 날(처분의 통지를 받은 때에는 그 받은 날)부터 90일 이내에 제기하여야 한다(국기 68조 1항). 또한 이의신청을 거친 후 심사청구 또는 심판청구를 하려면 이의신청에 대한 결정의 통지를 받은 날부터 90일 이내에 제기하여야 한다(국기 61조 2항, 68조 2항). 다만 '이의신청에 대한 결정기간(국기 66조 7항) 내에 결정의 통지를 받지 못한 경우에는 그 결정기간이 지난 날', '이의신청에 대한 재조사 결정이 있은 후 처분기간(국기 66조 6항, 65조 5항 전단) 내에 처분 결과의 통지를 받지 못한 경우에는 그 처분기간이 지난 날'부터 각 90일 이내에 심사청구 또는 심판청구를 할 수 있다(국기 61조 2항, 68조 2항).

납세자가 심사청구와 심판청구를 동시에 제기할 수는 없다(국기 65조 1항, 55조 9항). 또한 감사원의 심사청구를 거친 경우에는 심사청구 또는 심판청구를 거친 것으로 보아 조세소송을 제기할 수 있다(국기 56조 5항).

즉 납세자는 처분이 있음을 안 날(처분의 통지를 받은 때에는 그 받은 날)부터 90일 이내에 직접 심사청구 또는 심판청구를 할 수 있고, 그렇지 않고 이의신청을 할 수도 있다. 납세자가 이의신청을 한 경우에는 이의신청에 대한 결정의 통지를 받은 날부터 원칙적으로 90일 이내에 심사청구 또는 심판청구를 제기하여야 한다. 한편 납세자는 처분이 있음을 안 날(처분의 통지를 받은 때에는 그 받은 날)부터 90일 이내에 감사원에 의한 심사청구를 신청할 수 있고, 이 경우에는 납세자가 이의신청을 한다고 하여 그 사정이 위 90일의 불변기간의 계산에 영향을 미치지는 않는다. 국세기본법에 의한 불복절차와 감사원법에 의한 심사청구는 별도의 절차이기 때문이다.

관세의 경우를 본다. 관세의 경우는 국세의 경우와 불복절차의 구조가 동일하다(관세 119조). 다만 관세청장이 조사결정한 처분 또는 처리하였거나 처리하였어야 하는 처분인 경우에는 이의신청을 할 수 없다는 제한이 있다.

3 지방세의 조세행정불복절차

지방세의 경우에는 국세 및 관세와 달리 **임의적 전치주의**를 채택한다. 즉 지방세와 관련된 불복절차를 거치지 않고서도 조세소송을 제기할 수 있다. 지방세와 관련된 처분으로서 위법 또는 부당한 처분을 받았거나 필요한 처분을 받지 못함으로써 권리 또는 이익을 침해당한 자는 이의신청, 심사청구 또는 심판청구를 '할 수 있다'(지기 89조 1항). 지방세기본법은 이의신청 및 심사청구와 심판청구에 관한 국세기본법 규정들을 준용하나, 국세의 필요적 전치주의에 관한 규정(국기 56조 2항)은 준용하지 않는다(지기 100조).

이의신청을 하려면 그 처분이 있은 것을 안 날(처분의 통지를 받았을 때에는 그 통지를 받은 날)부터 90일 이내에 각 세목별로 도지사, 시장 또는 군수에게 이의신청을 하여야 한다(지기 90조).

'이의신청을 거친 후에' 심사청구 또는 심판청구를 할 때에는 원칙적으로 이의신청에 대한 결정 통지를 받은 날부터 90일 이내에 도지사의 결정에 대하여는 조세심판원장에게 심판청구를, 시장·군수의 결정에 대하여는 도지사에게 심사청구를 하거나 조세심판원장에게 심판청구를 하여야 한다(지기 91조 1항). 다만 이의신청의 결정기간(90일) 내에 이의신청에 대한 결정 통지를 받지 못한 경우에는 결정 통지를 받기 전이라도 그 결정기간이 지난 날부터 심사청구 또는 심판청구를 할 수 있다(지기 91조 2항).

'이의신청을 거치지 아니하고 바로' 심사청구 또는 심판청구를 할 때에는 그 처분이 있은 것을 안 날(처분의 통지를 받았을 때에는 그 통지를 받은 날)부터 90일 이내에 '특정 도세'의 경우에는 조세심판원장에게 심판청구를, '시·군세' 및 '특정 도세를 제외한 도세'의 경우에는 도지사에게 심사청구를 하거나 조세심판원장에게 심판청구를 하여야 한다(지기 91조 3항).

'이의신청, 심사청구 또는 심판청구를 하지 않고 바로' 조세소송을 제기할 경우에는 행정소송법 제20조에 따라 제소기간이 정하여진다(지기 100조 ; 국기 56조 3항). 즉 처분 등이 있음을 안 날부터 90일 이내에 제기하여야 하나, 행정심판청구를 할 수 있는 경우 또는 행정청이 행정심판청구를 할 수 있다고 잘못 알린 경우에 행정심판청구가 있은 때의 기간은 재결서의 정본을 송달받은 날부터 기산한다(행소 20조 1항). 취소소송은 처분 등이 있은 날부터 1년(또는 재결이 있은 날부터 1년)을 경과하면 이를 제기하지 못하나, '정당한 사유'가 있는 때에는 그러하지 아니하다(행소 20조 2항). 위 기간은 불변기간으로 한다(행소 20조 3항). '정당한 사유'란 불확정개념으로서 그 존부는 사안에 따라 개별적, 구체적으로 판단하여야 하나 '당사자가 그 책임을 질 수 없는 사유(민소 160조)'나 '천재, 지변, 전쟁, 사변 그 밖의 불가항력적인 사유(행심 18조 2항)'보다는 넓은 개념이라고 풀이되므로, 제소기간 도과의 원인 등 여러 사정을 종합하여 지연된 제소를 허용하는 것이 사회통념 상 상당하다고 할 수 있는가에 의하여 판단하여야 한다.[9] '이의신청을 거쳐' 감사원의 심사청구를 청구한다고 할지라도 90일 제척기간이 '이의신청에 대한 결정 통지를 받은 날'부터 진행하지는 않는다.

4 감사원의 심사청구

감사원의 감사를 받는 자의 직무에 관한 처분이나 그 밖의 행위에 관하여 이해관계가 있는 자는 감사원에 그 심사의 청구를 할 수 있다(감사 43조 1항). 이해관계인은 심사청구의 원인이 되는 행위가 있음을 안 날부터 90일 이내에, 그 행위가 있은 날부터 180일 이내에 심사의 청구를 하여야 하고, 위 기간은 불변기간으로 한다(감사 44조).

감사원은 심사의 청구가 법률(감사 43조, 44조)과 감사원규칙으로 정하는 요건과 절차를 갖추지 못한 경우에는 이를 각하하고, 이해관계인이 아닌 자가 제출한 경우에도 또한 같다(감사 46조 1항). 심리 결과 심사청구의 이유가 있다고 인정하는 경우에는 관계기관의 장에게 시정이나 그 밖에 필요한 조치를 요구하고, 심사청구의 이유가 없다고 인정한 경우에는 이를 기각한다(감사 46조 2항). 과세관청과 지방자치단체들은 감사원 감사의 대상이므로 국세, 지방세 및 관세의 경우에 대하여 모두 감사원에 대하여 심사청구를 할 수 있다.

청구인은 '감사원의 심사청구 및 결정(감사 43조, 46조)을 거친 행정기관의 장의 처분'에 대하여는 '해당 처분청을 당사자로 하여' 해당 결정의 통지를 받은 날부터 90일 이내에 행정소송을 제기할 수 있다(감사 46조의2).

'감사원법에 따라 심사청구를 한 처분이나 그 심사청구에 대한 처분'은 국세기본법, 지방세기본법 및 관세법 상 '처분'에 해당되지 않으므로(국기 55조 5항 3호 ; 지기 89조 2항 3호 ; 관세 119조 2항 3호), **감사원에 심사청구를 한 처분과 관련하여서는 국세기본법, 지방세기본법 및 관세법 상 이의신청, 심사청구 및 심판청구를 할 수 없다.**

이하 국세를 중심으로 살핀다.

9) 대법원 1991.6.28. 90누6521.

Ⅱ 조세행정불복절차 통칙

1 조세행정불복절차와 행정심판법의 관계

행정심판법과의 관계에 대하여 본다. '국세기본법 또는 세법 상 처분'에 대해서는 행정심판법의 규정을 적용하지 아니한다(국기 56조 1항 본문). 다만, '심사청구 또는 심판청구'에 관하여는 행정심판법 상 규정들 중 선정대표자(행심 15조), 청구인의 지위승계(행심 16조), 심판참가 관련 규정들(행심 20조－22조), 청구의 변경(행심 29조), 증거조사방법(행심 36조 1항), 직권심리(행심 39조), 심리의 방식(행심 40조), 심판청구 등의 취하(행심 42조) 및 행정심판 재청구의 금지(행심 51조)에 대한 규정을 준용한다(국기 56조 1항 단서). 한편 행정심판법은 2017년 10월 31일 조정에 관한 규정(행심 43조의2)을 신설하였으나 이는 심사청구 또는 심판청구에 준용되지 않는다는 점에 유념할 필요가 있다. 이하 위 준용규정들의 내용을 요약한다.

심사청구 또는 심판청구에 있어서 공동으로 청구하는 경우에는 3명 이하의 선정대표자를 선정할 수 있고, 청구인이 사망하거나 합병된 경우에는 상속인, '합병 후 존속하는 법인이나 합병에 따라 설립된 법인' 또는 그 밖에 법령에 따라 해당 청구의 대상에 관계되는 권리나 이익을 승계한 자가 청구인의 지위를 승계한다. 또한 해당 재결의 결과에 이해관계가 있는 제3자나 행정청은 재결이 있기 전까지 그 사건에 대하여 심판참가를 할 수 있다.

심사청구 또는 심판청구에 있어서 청구인은 청구의 기초에 변경이 없는 범위에서 청구의 취지나 이유를 변경할 수 있고, 해당 청구 이후에 피청구인이 새로운 처분을 하거나 심판청구의 대상인 처분을 변경한 경우에는 청구인은 새로운 처분이나 변경된 처분에 맞추어 청구의 취지나 이유를 변경할 수 있다.

심사청구 또는 심판청구에 있어서 해당 위원회는 사건을 심리하기 위하여 필요하면 직권으로 또는 당사자의 신청에 의하여 당사자나 관계인(관계 행정기관 소속 공무원을 포함한다)을 위원회의 회의에 출석하게 하여 신문하는 방법에 따라 증거조사를 할 수 있다. 다만 심판청구의 경우에는 후술하는 바와 같이 증거서류나 증거물의 제출을 요구하고 질문검사권을 행사할 수 있다.

심사청구 또는 심판청구에 있어서 해당 위원회의 심리는 구술심리나 서면심리로 하되, 당사자가 구술심리를 신청한 경우에는 서면심리만으로 결정할 수 있다고 인정되는 경우 외에는 구술심리를 하여야 한다. 또한 해당 위원회는 필요하면 당사자가 주장하지 아니한 사실에 대하여도 심리할 수 있다.

심사청구 또는 심판청구에 있어서는 해당 재결이 있을 때까지 서면으로 심사청구 또는 심판청구를 취하할 수 있고, 해당 재결이 있으면 그 재결 및 같은 처분 또는 부작위에 대하여 다시 심사청구 또는 심판청구를 청구할 수 없다.

2 조세행정불복의 대상

'국세기본법 또는 세법에 따른 처분'으로서 **'위법'** 또는 **'부당한 처분'**을 받거나 **필요한 처분을 받지 못함**으로 인하여 권리나 이익을 침해당한 자는 그 처분의 취소 또는 변경을 청구하거나 필요한 처분을 청구할 수 있다(국기 55조 1항). 조세불복절차에 있어서는 조세소송의 경우와 달리 위법한 처분뿐만 아니라 부당한 처분 역시 구제할 수 있다는 점에 유의할 필요가 있다. 또한 '필요한 처분을 받지 못하여 권리나 이익을 침해당한 경우' 역시 불복의 대상이 된다는 점에도 주목할 필요가 있다. **부당한 처분이 의미하는 바는 무엇인가?** 과세관청의 처분행위는 기속재량행위에 속한다. 재량권의 일탈 또는 남용이 있으면 이는 위법한 것이다. 따라서 부당한 처분은 재량권의 일탈 또는 남용이 없으면서도 그 행사가 적정하지 않은 경우를 의미한다고 보아야 한다. 그렇다면 처분이 적정한 것인지 여부를 판정하는 기준이 무엇인지 여부가 쟁점이 될 수 있다. 과세관청은 실질과세원칙에 근거하여 법적 형식에 구애되지 않고 그 경제적 실질에 따라 부당한 조세의 감소를 시정할 수 있는 권한을 가지고 있다. 그런데 경제적 실질에 따른 과세가 항상 조세부담이 증가하는 방향으로 기능한 것만은 아니다. 즉 구체적 사실관계에 반영된 경제적 실질이 조세법 문언이 의도하는 경제적 실질과 상이함에도 불구하고, 조세법이 이를 동일하게 취급함으로 인하여 납세자가 동일한 경제적 실질을 갖는 다른 납세자에 비하여 보다 많은 조세를 부담하게 되는 경우가 있을 수 있다. 이 경우에는 그 처분을 부당한 처분으로 보아 불복절차에서 구제할 수 있도록 하여야 한다. 과세관청에게 실질과세원칙을 적용하여 조세부담을 증가시키는 권한을 부여하는 반면에, 법률 상 문언으로 인하여 경제적 실질에 비하여 과다한 조세부담을 지는 경우에 납세자가 이를 주장하여 불복한다고 할지라도 그 절차에서 시정할 수 없도록 한다면 이는 헌법상 가치인 조세공평주의에 부합하지 않는 것이기 때문이다. 최종적인 법령의 해석권한을 갖는 법원의 경우에는 법 문언의 축소해석 등을 통하여 이러한 부당한 처분으로부터 납세자를 구제할 수 있을 것으로 본다. 조세법의 해석과정에도 경제적 실질이 고려될 수 있기 때문이다.[10] 다만 이 쟁점은 조세부담의 부당한 감소가 없는 경우에는 과세관청이 실질과세원칙을 적용할 수 없다는 점과는 구분되는 것이다.

처분성의 인정 여부에 대하여서는 조세소송과 관련하여 보다 구체적으로 살핀다.

조세범 처벌절차법에 따른 통고처분, 감사원법에 따라 심사청구를 한 처분이나 그 심사청구에 대한 처분 및 과태료 부과처분에 대하여서는 그 처분의 취소 또는 변경을 청구하거나 필요한 처분을 청구할 수 없다(국기 55조 1항 단서). 통고처분을 이행하지 않는 경우에는 법에 따라 형사절차로 이행되고 해당 형사절차에서 통고처분과 관련된 납세의무의 존부 및 범위 등에 대하여 다툴 수 있기 때문에, 해당 통고처분 자체에 대하여 조세법 상 불복절차를 인정할 실익이 없기 때문이다. 또한 통고처분을 한 검찰이 과세관청은 아니기 때문에 해당 통고처분이 납세의무의 존부 및 범위에 영향을 미치지는 않는다는 점 역시 고려된 것으로 보인다. 또한 감사원에 대한 심사청구를 한 경우에는 조세법 상 이의신청, 심사청구 및 심판청구를 거칠 수 없도록 하기 위한 것이다. 중복하여 불복절차를 거치게 할 경우에는 동일한 사건에 대한 모순되는 결정이 발생할 수 있기 때문이다.

납세의무자뿐만 아니라 위 처분에 의하여 권리나 이익을 침해당하게 될 이해관계인('제2차 납세의무자로서 납부고지서를 받은 자', '양도담보권자의 물적 납부의무를 지는 자로서 납부고지서를 받은 자', '부가가치세법 상 물적 납부의무자로서 납부고지서를 받은 자', '종합부동산세 물적납세의무를 지는 자(종부세 7조의2, 12조의2)로서 납부고지서(종부세 16조의2)를 받은 자', '보증인' 및 '그 밖에 대통령령으로 정하는 자') 역시 그 처분의 취소 또는 변경을 청구하거나 그 밖에 필요한 처분을 청구할 수 있다(국기 55조 2항).

한편 위 각 처분이 '국세청장이 조사·결정 또는 처리하거나 하였어야 할 것인 경우(국기령 44조의2)를 제외'하고는 그 처분에 대하여 심사청구 또는 심판청구에 앞서 이의신청을 할 수 있다(국기 55조 3항). '국세청장이 조사·결정 또는 처리하거나 하였어야 할 것인 경우'는 '국세청의 감사결과로서의 시정지시에 따른 처분' 및 '세법에 따라 국세청장이 하여야 할 처분'을 의미한다. 국세청장이 조사·결정 또는 처리하거나 하였어야 할 처분 또는 감사원법에 의한 시정요구에 따른 처분을 하는 경우에는 해당 처분의 통지서에 그 뜻을 덧붙여 적어야 한다(국기령 48조). 동일한 처분에 대해서는 심사청구와 심판청구를 중복하여 제기할

10) 제1편 제2장 제1절 Ⅵ 6 나 (1) 조세법에 대한 유추해석 또는 확장해석 등의 가능 여부 및 해석의 한계 참조.

수 없다(국기 55조 9항).

심사청구 또는 심판청구에 대한 처분에 대해서는 이의신청, 심사청구 또는 심판청구를 제기할 수 없다(국기 55조 5항 본문). 즉 심사청구 또는 심판청구에 대한 처분이 아니라 당초의 과세처분에 대하여 다투어야 한다. 당초의 과세처분에 대한 불복기관의 각 결정 역시 행정처분에 해당함은 분명하나, 당초의 과세처분과 그에 대한 결정처분을 별개로 각 불복의 대상으로 할 실익이 없고 납세자의 입장에서는 불복대상이 단일하게 정하여지는 것이 타당하다는 점을 감안한 것으로 보인다. 이의신청의 경우에는 이의신청에 대한 결정을 '당초의 과세처분에 대한 재처분'으로 보아 이에 대하여 불복할 수 있도록 한 것으로 보인다. 따라서 이의신청에 대한 결정처분을 심사청구 또는 심판청구의 대상으로 할 수 있다. 다만 **심사청구 및 심판청구에 대한 재조사 결정**(국기 65조 1항 3호 단서, 81조)**에 따른 처분청의 처분에 대해서는 해당 재조사 결정을 한 재결청에 대하여 심사청구 또는 심판청구를 제기할 수 있다**(국기 55조 5항 단서).

또한 **'이의신청에 대한 처분'에 대하여 다시 이의신청을 할 수는 없고, '심판청구 및 이의신청의 재조사 결정**(국기 65조 1항 3호 단서, 66조 6항)**에 따른 처분청의 처분'에 대하여서도 이의신청을 할 수 없다**(국기 55조 6항).

지방세기본법 및 관세법에 따른 이의신청 또는 심사청구의 대상이 되는 처분에 대하여서는 별도의 정함이 있다(지기 89조 ; 관세 118조).

3 기간계산의 특례

'납세의무자가 기획재정부장관에게 국세의 정상가격과 관세의 과세가격 간 조정을 신청(국조 20조)함에 따른 조정절차' 및 '조세조약에 따른 상호합의절차'를 진행하는 경우에는 기간계산의 특례가 있다(국기 55조의2). '조정을 신청한 날부터 통지를 받은 날까지의 기간'은 이의신청, 심사청구 및 심판청구에 관한 청구기간 또는 신청기간에 산입하지 아니한다. '상호합의절차의 개시일부터 종료일까지의 기간'은 심사청구, 심판청구 및 행정소송에 있어서의 청구기간과 심사청구 및 심판청구에 대한 결정기간에 산입하지 아니한다.

4 조세행정불복청구의 집행에 대한 효력

이의신청, 심사청구 또는 심판청구는 특별한 규정이 있는 것을 제외하고는 해당 처분의 집행에 효력을 미치지 아니한다. 다만, 해당 재결청이 처분의 집행 또는 절차의 속행 때문에 이의신청인, 심사청구인 또는 심판청구인에게 중대한 손해가 생기는 것을 예방할 필요성이 긴급하다고 인정할 때에는 처분의 집행 또는 절차 속행의 전부 또는 일부의 정지(이하 "집행정지"라 한다)를 결정할 수 있다(국기 57조 1항). 2018년 12월 31일 개정 이전에는 법단계에서 집행정지에 대한 근거규정이 없이 시행령에 그 집행정지 요건이 위임되어 있었다. 즉 시행령 단계에서만 처분의 집행중지는 이의신청인, 심사청구인 또는 심판청구인이 심각한 재해를 입은 경우에 이를 정부가 조사하기 위하여 상당한 시일이 필요하다고 인정되는 경우에만 할 수 있다고 규정하였다. 이는 바람직하지 않은 입법이었다. 위 개정을 통하여 법률단계에서 집행정지에 대한 근거규정과 사유를 규정한 것은 타당하다. 한편 재결청은 집행정지 또는 집행정지의 취소에 관하여 심리·결정하면 지체 없이 당사자에게 통지하여야 한다(국기 57조 2항).

5 관계서류의 열람 및 의견진술

이의신청인, 심사청구인, 심판청구인 또는 처분청(처분청의 경우 심판청구에 한정한다)은 그 신청 또는 청구에 관계되는 서류를 열람할 수 있으며 **법정절차**(국기령 47조)에 따라 해당 재결청에 의견을 진술할 수 있다(국기 58조).

법정절차에 대하여 본다. 의견을 진술하려는 자는 진술자의 주소 또는 거소 및 성명(진술자가 처분청인 경우 처분청의 소재지와 명칭을 말한다)과 진술하려는 내용의 대강을 적은 문서로 해당 재결청에 신청하여야 한다(국기령 47조 1항). 신청을 받은 재결청은 출석 일시 및 장소와 필요하다고 인정되는 진술시간을 정하여 국세심사위원회, 조세심판관회의 또는 조세심판관합동회의의 회의개최일(이의신청의 경우에는 결정을 하는 날) 3일 전까지 신청인에게 통지하여 의견진술의 기회를 주어야 한다(국기령 47조 2항). 다만, 이의신청, 심사청구 또는 심판청구를 최초로 심의하는 경우에는 국세심사위원회, 조세심판관회의 회의개최일 7일 전까지 통지하여야 한다(국기령 47조 2항 단서). 그러나 '심판청구인이 의견진술을 신청하지 아니하고 처분청만 의견진술을 신청한 경우로서 심판청구의 목적이 된 사항의 내용 등을 고려할 때 처분청의 의견진술이 필요 없다고 인정되는 경우'에는 의견진술의 기회를 주지 않을 수 있다(국기령 47조 2항 3호). 의견진술이 필요 없다고 인정될 때에는 재결청은 이유를 구체적으로 밝혀 그 뜻을 해당 신청인에게 통지하여야 한다(국기령 47조 3항). 필요한 경우에는 관련 증거, 그 밖의 자료를 제시할 수 있고, 의견진술은 진술하려는 의견을 기록

한 문서의 제출로 갈음할 수 있다(국기령 47조 4항, 5항). 위 각 통지는 서면으로 하거나 심사청구서 및 심판청구서에 적힌 전화, 휴대전화를 이용한 문자전송, 팩시밀리 또는 전자우편 등 간편한 통지 방법으로 할 수 있다(국기령 47조 6항).

6 대리인

이의신청인, 심사청구인 또는 심판청구인과 처분청은 변호사, 세무사 또는 세무사법 제20조의2 제1항에 따라 등록한 공인회계사를 대리인으로 선임할 수 있다(국기 59조 1항). 이의신청인, 심사청구인 또는 심판청구인은 신청 또는 청구의 대상이 법정 소액(국기 78조 1항 단서 ; 국기령 62조)인 경우에는 그 배우자, 4촌 이내의 혈족 또는 그 배우자의 4촌 이내의 혈족을 대리인으로 선임할 수 있다(국기 59조 2항). 대리인의 권한은 서면으로 증명하여야 한다(국기 59조 3항). 대리인은 본인을 위하여 그 신청 또는 청구에 관한 모든 행위를 할 수 있으나, 그 신청 또는 청구의 취하는 특별한 위임을 받은 경우에만 할 수 있다(국기 59조 4항). 대리인을 해임하였을 때에는 그 사실을 서면으로 해당 재결청에 신고하여야 한다(국기 59조 5항).

국세기본법 상 국선대리인 제도가 신설되었다(국기 59조의2). 이하 그 내용을 본다.

이의신청인, 심사청구인, 심판청구인 및 과세전적부심사 청구인심사(이하 '이의신청인 등'이라고 한다)은 재결청(과세전적부심사의 경우(국기 81조의15)에는 세무조사 결과에 대한 서면통지(국기 81조의15 2항 1호) 또는 과세예고통지(국기 81조의15 2항 2호)를 한 세무서장이나 지방국세청장을 말한다)에 해당 요건['개인인 경우 종합소득금액(소세 14조 2항)과 소유 재산의 가액이 각각 법정 금액(국기령 48조의2 2항) 이하일 것', '법인인 경우 수입금액과 자산가액(기업회계기준(법세 43조)에 따라 계산한 매출액과 자산)이 각각 법정 금액(국기령 48조의2 3항) 이하일 것', '법이 정하는 금액(5천만원 ; 국기령 48조의2 3항) 이하인 신청 또는 청구일 것' 및 '상속세, 증여세 및 종합부동산세가 아닌 세목에 대한 신청 또는 청구일 것']을 모두 갖추어 법정절차(국기령 48조의2 1항)에 따라 '변호사, 세무사 또는 기획재정부에 비치하는 세무대리업무등록부에 등록한 공인회계사(세무 20조의2 1항)'를 대리인(이하 '국선대리인'이라고 한다)으로 선정하여 줄 것을 신청할 수 있다(국기 59조의2 1항). 재결청은 위 해당 요건을 모두 충족하는 경우 지체 없이 국선대리인을 선정하고, 신청을 받은 날부터 5일 이내에 그 결과를 이의신청인 등과 국선대리인에게 각각 통지하여야 한다(국기 59조의2 2항). 국선대리인은 본인을 위하여 그 신청 또는 청구에 관한 모든 행위를 할 수 있으나, 그 신청 또는 청구의 취하는 특별한 위임을 받은 경우에만 할 수 있다(국기 59조의2 3항 ; 국기 59조 4항). 조세심판원장은 심판청구인이 국선대리인의 선정을 신청한 경우에는 그 신청요건(국기 59조의2 1항 각 호) 충족 여부를 국세청장에게 요청하여 확인할 수 있다(국기령 48조의2 4항). 국선대리인과 관련하여 시행령 단계까지에서 규정하지 않는 사항 중 이의신청인 등이 소유한 재산의 평가 방법, 국선대리인의 임기 · 위촉, 국선대리인 선정 신청의 방법 · 절차 등 국선대리인 제도 운영에 필요한 사항은 이의신청, 심사청구 및 과세전적부심사 청구의 경우에는 국세청장이 심판청구의 경우에는 조세심판원장이 정한다(국기령 48조의2 5항).

지방세의 경우에도 국선대리인에 대하여 규정한다(지기 93조의2).

7 불복방법 및 그 통지

이의신청인, 심사청구인 또는 심판청구인은 국세청장 또는 조세심판원장이 운영하는 정보통신망을 이용하여 이의신청서, 심사청구서 또는 심판청구서를 제출할 수 있다(국기 60조의2 1항). 정보통신망을 이용하여 이의신청서, 심사청구서 또는 심판청구서를 제출하는 경우에는 국세청장 또는 조세심판원장에게 이의신청서, 심사청구서 또는 심판청구서가 전송된 때에 이 법에 따라 제출된 것으로 본다(국기 60조의2 2항). 이의신청, 심사청구 또는 심판청구의 재결청은 결정서에 그 '결정서를 받은 날부터' 90일 이내에 이의신청인은 심사청구 또는 심판청구를, 심사청구인 또는 심판청구인은 행정소송을 제기할 수 있다는 내용을 적어야 한다(국기 60조 1항). 위 결정서에는 정보통신망을 통하여 불복신성서를 제출할 수 있다는 내용 역시 포함되어야 할 것이고, 그렇지 않은 경우에는 재결서에 불복기간을 기재하지 않은 것과 동일한 하자가 있는 것으로 보아야 한다. 정보통신망을 통하여 전송하였다면 해당 불복기간을 지킬 수 있는 경우가 있을 수 있기 때문이다. 이의신청, 심사청구 또는 심판청구의 재결청은 그 신청 또는 청구에 대한 결정기간이 지나도 결정을 하지 못하였을 때에는 이의신청인은 심사청구 또는 심판청구를, 심사청구인 또는 심판청구인은 행정소송 제기를, 결정의 통지를 받기 전이라도 그 결정기간이 지난 날부터 할 수 있다는 내용을 서면으로 지체 없이 그 신청인 또는 청구인에게 통지하여야 한다(국기 60조 2항).

또한 과세 전 적부심사, 이의신청, 심사청구 및 심판청구에서 내려진 재조사결정(국기 65조 5항, 66조 6항, 80조의2, 81조의15 6항)에 따라 취소 · 경정하거나 필요한 처분을 하는 때에는 지체 없이 그 처분결과를, 당초의 처분을 취소 · 경정하지 않았을 때에는 그 사실을 지체 없이 서면으로 심사청구인, 이의신청인, 심판청구인 또는 과세 전 적부심사 청구인에게 통지하여야 한다(국기령 52조의3 1항).

제2절 과세 전 적부심사

개 관

과세 전 적부심사 청구사항을 심의하기 위하여 세무서, 지방국세청 및 국세청에 각각 국세심사위원회를 둔다(국기 66조의2). 세무조사 결과에 대한 서면통지(국기 81조의12) 및 과세예고통지(국기 81조의15 1항)를 받은 자는 통지를 받은 날부터 30일 이내에 '통지를 한 세무서장이나 지방국세청장에게' 통지 내용의 적법성에 관한 과세 전 적부심사를 과세 전 적부심사청구서(국기령 63조의15 5항)를 제출하는 방법으로 청구할 수 있다(국기 81조의15 2항).

위 통지를 받은 자는 과세 전 적부심사를 청구하지 아니하고 통지를 한 세무서장이나 지방국세청장에게 통지받은 내용의 전부 또는 일부에 대하여 과세표준 및 세액을 조기에 결정하거나 경정결정해 줄 것을 신청할 수 있으며, 이 경우 해당 세무서장이나 지방국세청장은 신청받은 내용대로 즉시 결정이나 경정결정을 하여야 한다(국기 81조의15 8항).

소관이 아닌 세무서장 · 지방국세청장 또는 국세청장에게 과세 전 적부심사청구서가 제출된 경우에는 해당 과세 전 적부심사청구서를 소관 세무서장 · 지방국세청장 또는 국세청장에게 지체 없이 송부하고, 그 뜻을 해당 청구인에게 통지하여야 한다(국기령 63조의15 6항).

지방세 및 관세의 경우에도 과세 전 적부심사에 대하여 규정한다(지기 88조 ; 관세 119조).

이하 국세를 중심으로 살핀다.

Ⅱ 과세예고 통지

과세 전 적부심사의 대상이 되는 과세예고통지에는 '지방국세청장 또는 국세청장의 세무서 또는 지방국세청에 대한 업무감사 결과(현지에서 시정조치하는 경우를 포함한다)에 따라 세무서장 또는 지방국세청장이 하는 과세예고 통지', '세무조사에서 확인된 해당 납세자

외의 자에 대한 과세자료 및 현지 확인조사에 따라 세무서장 또는 지방국세청장이 하는 과세예고 통지' 및 '납부고지하려는 세액이 1백만원 이상인 과세예고 통지(다만 감사위원회가 결정한 시정요구에 따라 과세처분하는 경우로서 시정요구 전에 과세처분 대상자가 감사원의 지적사항에 대한 소명안내를 받은 경우는 제외한다)'가 있다(국기 81조의15 1항). 판례는 **부과처분에 앞서 보낸 과세예고통지서에 납부고지서의 필요적 기재사항이 제대로 기재되어 있었다면 납세의무자로서는 과세처분에 대한 불복 여부의 결정 및 불복신청에 전혀 지장을 받지 않았음이 명백하므로, 비록 납부고지서에 그 기재사항의 일부가 누락되었더라도 이로써 납부고지서의 흠결이 보완되거나 하자가 치유될 수 있다**고 판시한다.[11] 이 판례는 과세예고통지가 부과처분이 아니라는 점을 전제로 하고 있다. **소득금액변동통지는 과세예고통지 대상인 납부고지에 해당하는가?** 원천징수의무자인 법인에 대한 소득금액변동통지는 원천징수하는 소득세 또는 법인세의 납세의무를 확정하는 효력이 있다는 점에서 부과고지의 효력을 갖는 납부고지와 유사한 부분이 있으나 소득금액변동통지는 소득처분의 내용 중 법인의 원천징수의무 이행과 관련된 사항을 기재하여 원천징수의무자에게 통지하는 것으로서 과세관청이 세금을 징수하기 위하여 세액 등 세금의 납부와 관련된 사항을 법정의 서류(납부고지서)로 납세자에게 알리는 납부고지에 해당한다고 볼 수 없다.[12] 소득금액변동통지는 '소득의 귀속자'에 대하여서는 '부과처분으로서의 납세고지'에 해당하는 조세행정처분이지만, '원천징수의무자인 법인'에 대하여서는 '지급 사실에 대한 통지'로서의 성격을 갖는다. 따라서 과세관청이 원고에 대하여 이 사건 소득금액변동통지를 하면서 과세예고를 하여야 할 법적 근거가 없고, '부과처분으로서의 납부고지'와 '지급 사실에 대한 통지'로서의 법적 성격을 하나로 통합하거나 혼용할 규범적 당위 역시 없다. 한편 원천징수의무자인 법인에 대한 소득금액변동통지가 조세행정처분의 성격을 갖는 것은 '소득금액변동통지로 인하여 지급사실이 의제된다는 취지' 및 '지급사실 자체로 인하여 납세의무가 성립과 동시에 확정된다는 취지'의 별도 규정에 근거한 것이다. 따라서 법인에 대한 '소득금액변동통지가 조세행정처분인지 여부'와 '소득금액변동통지가 부과처분으로서의 납세고지에 해당하는 조세행정처분인지 여부'는 별개의 쟁점에 속한다. **과세관청이 과세예고 통지를 하지 아니하고 과세처분을 한 경우 그 처분의 효력은 어떠한가?** 과세예고 통지의 대상으로

11) 대법원 1993.7.13. 92누13981.
12) 대법원 2021.4.29. 2020두52689.

삼고 있지 않다거나 과세 전 적부심사를 거치지 않고 곧바로 과세처분을 할 수 있는 예외사유로 정하고 있는 등의 특별한 사정이 없는 한, 과세관청이 과세처분에 앞서 필수적으로 행하여야 할 과세예고 통지를 하지 아니함으로써 납세자에게 과세전적부심사의 기회를 부여하지 아니한 채 과세처분을 하였다면, 이는 납세자의 절차적 권리를 침해한 것으로서 과세처분의 효력을 부정하는 방법으로 통제할 수밖에 없는 중대한 절차적 하자가 존재하는 경우에 해당하므로, 과세처분은 위법하다.[13] 또한 이러한 과세처분은 납세자의 절차적 권리를 침해하는 것으로서 절차 상 하자가 중대하고도 명백하여 무효이다.[14] **세무조사결과통지 후 과세전적부심사 청구나 그에 대한 결정이 있기도 전에 과세처분을 한 경우 그 처분의 효력은 어떠한가?** 세무조사결과통지 후 과세전적부심사 청구나 그에 대한 결정이 있기도 전에 과세처분을 하는 것은 원칙적으로 과세전적부심사 이후에 이루어져야 하는 과세처분을 그보다 앞서 함으로써 과세전적부심사 제도 자체를 형해화시킬 뿐 아니라 과세전적부심사 결정과 과세처분 사이의 관계 및 불복절차를 불분명하게 할 우려가 있으므로, 그와 같은 과세처분은 납세자의 절차적 권리를 침해하는 것으로서 절차 상 하자가 중대하고도 명백하여 무효이다.[15]

Ⅲ 국세청장에 대한 과세 전 적부심사

법정사항에 대해서는 과세 전 적부심사를 '국세청장에게' 청구하여야 한다(국기 81조의15 2항 단서). 위 법정사항에는 '법령과 관련하여 국세청장의 유권해석을 변경하여야 하거나 새로운 해석이 필요한 것', '국세청장의 훈령 · 예규 · 고시 등과 관련하여 새로운 해석이 필요한 것', '세무서 또는 지방국세청에 대한 국세청장의 업무감사 결과(현지에서 시정조치하는 경우는 제외한다)에 따라 세무서장 또는 지방국세청장이 하는 과세예고 통지에 관한 것' 및 '그 밖의 사항 중 과세 전 적부심사 청구금액이 5억원 이상인 것' 및 '감사원법(감사 33조) 상 시정요구에 따라 세무서장 또는 지방국세청장이 과세처분하는 경우로서 시정요구 전에 과세처분 대상자가 감사원의 지적사항에 대한 소명안내를 받지 못한 경우'가 있다(국기령 63조의15 1항).

---

13) 대법원 2016.4.15. 2015두52326.

14) 대법원 2016.12.27. 2016두49228; 대법원 2023.11.2. 2021두37748.

15) 대법원 2020.4.9. 2018두57490; 대법원 2020.10.29. 2017두51174; 대법원 2023.11.9. 2020두51181.

Ⅳ 과세 전 적부심사의 제외사유

특정 사유가 있는 경우에는 과세 전 적부심사 자체를 청구할 수 없다(국기 81조의15 3항). 위 특정사유에는 '납부기한 전 징수의 사유(국징 9조)가 있거나 수시부과의 사유가 있는 경우', '조세범 처벌법 위반으로 고발 또는 통고처분하는 경우(고발 또는 통고처분과 관련 없는 세목 또는 세액에 대해서는 그러하지 아니하다)', '세무조사 결과 통지 및 과세예고 통지를 하는 날부터 국세부과 제척기간의 만료일까지의 기간이 3개월 이하인 경우', '국제조세조정에 관한 법률에 따라 조세조약을 체결한 상대국이 상호합의 절차의 개시를 요청한 경우(국기령 63조의15 3항 1호)' 및 '과세 전 적부심사, 이의신청, 심사청구 그리고 심판청구의 재조사 결정(국기 65조 1항 3호 단서, 66조 6항, 80조의2)에 따른 세무조사인 경우(국기령 63조의15 3항 2호)'가 있다. **위 '납부기한 전 징수의 사유' 또는 '수시부과의 사유' 중 '국세를 포탈하려는 행위가 있다고 인정될 때'**는 '조세의 부과징수를 불가능 또는 현저히 곤란하게 할 만한 객관적인 상황이 드러나는 납세자의 적극적인 행위가 있고, 그로 인하여 납세의무를 조기에 확정시키지 않으면 해당 조세를 징수할 수 없다고 인정되는 등 긴급한 과세처분의 필요가 있는 경우'를 의미한다.[16] **감사원의 감사결과 처분지시 또는 시정요구에 따라 과세처분을 한다는 점이 과세예고 통지를 생략하거나 납세자에게 과세전적부심사의 기회를 부여하지 아니할 수 있는 예외사유에 해당하는가?** 과세관청이 감사원의 감사결과 처분지시 또는 시정요구에 따라 과세처분을 하는 경우라도 국가기관 간의 사정만으로는 납세자가 가지는 절차적 권리의 침해를 용인할 수 있는 사유로 볼 수 없고, 처분지시나 시정요구가 납세자가 가지는 절차적 권리를 무시하면서까지 긴급히 과세처분을 하라는 취지도 아니므로, 위와 같은 사유는 과세관청이 과세예고 통지를 생략하거나 납세자에게 과세전적부심사의 기회를 부여하지 아니한 채 과세처분을 할 수 있는 예외사유에 해당한다고 할 수 없다.[17] **과세관청이 법인에 대하여 세무조사결과통지를 하면서 익금누락 등으로 인한 법인세 포탈에 관하여 조세범 처벌법 위반으로 고발 또는 통고처분을 한 경우 이를 그 익금 등의 소득처분에 따른 소득금액변동통지에 대하여 고발 또는 통고처분을 한 것으로 볼 수 있는가?** 과세관청의 익금산입 등에 따른 법인세 부과처분과 그 익금 등의 소득처분에 따른 소득금액변동통

16) 대법원 2023.11.2. 2021두37748.
17) 대법원 2016.4.15. 2015두52326.

지는 각각 별개의 처분이므로, 과세관청이 법인에 대하여 세무조사결과통지를 하면서 익금누락 등으로 인한 법인세 포탈에 관하여 조세범 처벌법 위반으로 고발 또는 통고처분을 하였더라도 이는 포탈한 법인세에 대하여 조세범 처벌법 위반으로 고발 또는 통고처분하는 경우'에 해당할 뿐이지, 소득처분에 따른 소득금액변동통지와 관련된 조세포탈에 대해서까지 과세전적부심사의 예외사유인 '고발 또는 통고처분'을 한 것으로 볼 수는 없다. 따라서 이러한 경우 과세전적부심사를 거치기 전이라도 소득금액변동통지를 할 수 있는 다른 예외사유가 있다는 등의 특별한 사정이 없는 한, 과세관청은 소득금액변동통지를 하기 전에 납세자인 해당 법인에 과세전적부심사의 기회를 부여하여야 한다. 이와 같은 특별한 사정이 없음에도 세무조사결과통지가 있은 후 과세전적부심사 청구 또는 그에 대한 결정이 있기 전에 이루어진 소득금액변동통지는 납세자의 절차적 권리를 침해하는 것으로서 절차 상 하자가 중대하고도 명백하여 무효라고 봄이 타당하다. 비록 소득세법 시행령(소세령 192조 1항)이 세무서장 또는 지방국세청장이 법인소득금액을 결정 또는 경정할 때 그 결정일 또는 경정일부터 15일 내에 배당·상여 및 기타소득으로 처분된 소득금액을 소득금액변동통지서에 의하여 해당 법인에 통지하도록 정하였더라도, 이와 달리 볼 것이 아니다.[18] 즉 **세무조사결과통지의 내용 중 고발 또는 통고처분의 대상이 된 조세범칙행위와 동일성이 인정되지 않는 부분에 대해서는 과세전적부심사의 예외사유가 존재하지 않는다고 봄이 타당하다.**[19]

 과세 전 적부심사와 납부기한 전 징수

과세 전 적부심사와 납부기한 전 징수의 사유에 대한 판례가 있다. 과세 전 적부심사청구 당시에는 납부기한 전 징수의 사유가 발생하지 아니하여 과세 전 적부심사청구가 허용된 경우라도 그 후 납부기한 전 징수의 사유가 발생하였다면 세무서장 등은 과세 전 적부심사에 대한 결정이 있기 전이라도 과세처분을 할 수 있다고 할 것이고, 세무서장 등이 과세 전 적부심사청구에 대한 결정 및 통지의 기한(과세 전 적부심사청구를 받은 날부터 30일)을 넘겨 그 결정이나 통지를 하지 않던 중 납부기한 전 징수의 사유가 발생한 경우라고 하여 달리 볼 것은 아니다.[20]

18) 대법원 2020.10.29. 2017두51174.
19) 대법원 2023.12.7. 2022두45968.
20) 대법원 2012.10.11. 2010두19713.

Ⅵ 과세 전 적부심사에 대한 결정

과세 전 적부심사 청구를 받은 세무서장, 지방국세청장 또는 국세청장은 각각 국세심사위원회의 심사를 거쳐 결정을 하고 그 결과를 청구를 받은 날부터 30일 이내에 청구인에게 통지하여야 한다(국기 81조의15 4항). **과세 전 적부심사 청구에 대한 결정**은 '**채택하지 아니한다는 결정**(청구가 이유 없다고 인정되는 경우)', '**채택하거나 일부 채택하는 결정** 또는 구체적인 채택의 범위를 정하기 위하여 사실관계 확인 등 추가적으로 조사가 필요한 경우에는 세무조사 결과에 대한 서면통지 등을 한 세무서장이나 지방국세청장으로 하여금 이를 재조사하여 그 결과에 따라 당초 통지 내용을 수정하여 통지하도록 하는 **재조사결정**(청구가 이유 있다고 인정되는 경우)' 및 '**심사하지 아니한다는 결정**(청구기간이 지났거나 보정기간에 보정하지 아니한 경우 및 그 밖에 청구가 적법하지 아니한 경우)'으로 구분된다(국기 81조의15 5항).

Ⅶ 과세 전 적부심사에 대한 준용규정들

과세 전 적부심사에 관하여는 다음과 같은 규정들이 준용된다. 조세불복절차에 대하여서는 관계 서류의 열람 및 의견진술권(국기 58조), 대리인에 관한 규정(국기 59조) 및 정보통신망을 이용한 불복청구(국기 60조의2) 규정, 국세심사와 관련하여서는 기한까지 우편으로 제출한 심사청구서가 청구기간을 지나서 도달한 경우에 대한 규정(국기 61조 3항), 청구기간 기산일에 대한 규정(국기 62조 2항), 청구서의 보정에 대한 규정(국기 63조), 심사청구기간이 도과된 청구 등에 대한 규정(국기 64조 1항 단서), 회의의 공개에 관한 규정(국기 64조 3항), 보정기간이 청구기간에 산입되지 않는다는 규정(국기 65조 4항), 재조사 결정에 따른 결정기간과 세무조사의 연기·연장·중지에 관한 규정(국기 65조 5항) 및 재조사 결과 해당 심사청구의 대상이 된 당초의 처분을 취소·경정하지 아니할 수 있다는 규정(국기 65조 6항) 및 재조사결정에 대한 위임규정(국기 65조 7항)이 각 준용된다(국기 81조의15 6항). 또한 행정심판법상 선정대표자에 대한 규정(행심 15조), 청구인의 지위승계에 관한 규정(행심 16조), 심판참가 및 참가인의 지위에 관한 규정(행심 20조-22조), 청구의 변경에 관한 규정(행심 29조), 증거조사에 관한 규정(행심 36조 1항), 직권심리에 관한 규정(행심 39조), 구술심리에 관한 규정(행심

40조) 및 청구의 취하(행심 42조)에 관한 규정이 각 준용된다(국기 85조의15 6항).

과세 전 적부심사의 경우 **행정심판법 상 불고불리의 원칙과 불이익변경금지의 원칙**(행심 47조), **재결의 기속력 등**(행심 49조) **및 위원회의 처분**(행심 50조) **등에 대한 각 규정들이 준용되지 않는다. '위원회의 처분**(행심 50조) **등에 대한 규정'이 준용되지 않아서 과세 전 적부심사의 경우에는 이를 심사한 위원회가 직접 처분을 할 수도 없다. 또한 과세예고통지 자체 역시 처분이 아니다. 따라서 과세 전 적부심사로 인하여 불복대상인 처분이 발생하는 것은 아니다.**

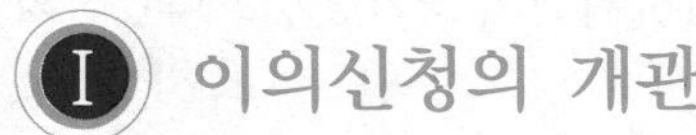

제3절 이의신청

I 이의신청의 개관

이의신청은 법정절차(국기령 54조)에 따라 불복의 사유를 갖추어 해당 처분을 하였거나 하였어야 할 세무서장에게 하거나 세무서장을 거쳐 관할 지방국세청장에게 하여야 한다(국기 66조 1항 본문). 이의신청과 관련하여서는 후술하는 **국세심사청구서**(국기령 50조)에 대한 규정이 준용된다(국기령 54조 1항). 지방국세청장에게 하는 이의신청을 받은 세무서장은 이의신청을 받은 날부터 7일 이내에 해당 신청서에 의견서를 첨부하여 지방국세청장에게 송부하여야 한다(국기 66조 3항). 반드시 이의신청서라는 명칭과 서식을 통하여야 하는 것은 아니다. 즉 납세의무자가 제출한 양도소득세 해명자료제출서가 과세관청을 상대로 과세처분의 취소를 구하는 불복의 취지를 담고 있음이 명백하다면 법정 이의신청서(국기령 54조 1항, 50조 1항)와 그 명칭과 서식을 달리하더라도 그 서면의 제출은 이의신청으로 봄이 타당하다.[21]

다만, '지방국세청장의 조사에 따라 과세처분을 한 경우' 및 '세무서장에게 과세전적부심사(국기 81조의15)를 청구한 경우'에는 관할 지방국세청장에게 하여야 하며, 세무서장에게 한 이의신청은 관할 지방국세청장에게 한 것으로 본다(국기 66조 1항 단서).

이의신청의 대상이 된 처분이 '지방국세청장이 조사·결정 또는 처리하였거나 하였어야

21) 대법원 1997.11.28. 97누13627.

할 것인 경우'에는 세무서장은 이의신청을 받은 날부터 7일 이내에 해당 신청서에 의견서를 첨부하여 해당 지방국세청장에게 송부하고 그 사실을 이의신청인에게 통지하여야 한다(국기 66조 2항). '지방국세청장이 조사·결정 또는 처리하였거나 하였어야 할 것의 범위'에는 '지방국세청장의 과세표준 조사·결정에 따른 처분', '지방국세청의 감사결과로서의 시정지시에 따른 처분', '지방국세청의 세무사찰 결과에 따른 처분', '위 각 처분 외에 지방국세청장의 특별한 지시에 따른 처분', '세법에 따라 지방국세청장이 하여야 할 처분'이 포함된다(국기령 54조 2항 ; 44조의2).

'이의신청서를 받은 세무서장' 또는 '이의신청서 또는 의견서를 받은 지방국세청장'은 지체 없이 이의신청의 대상이 된 처분에 대한 의견서를 이의신청인에게 송부하여야 하고, 이 경우 의견서에는 처분의 근거·이유, 처분의 이유가 된 사실 등이 구체적으로 기재되어야 한다(국기 66조 8항).

이의신청을 받은 세무서장과 지방국세청장은 각각 **국세심사위원회**(국기령 53조)의 심의를 거쳐 결정하여야 한다(국기 66조 4항).

Ⅱ 이의신청에 준용되는 심사청구 규정들

이의신청에 관하여는 국세심사에 관한 다음 규정들을 준용한다(국기 66조 6항).

청구기간에 관한 규정에 대하여 본다. 이의신청은 해당 처분이 있음을 안 날(처분의 통지를 받은 때에는 그 받은 날)부터 90일 이내에 제기하여야 한다(국기 61조 1항).

청구하는 자가 '처분의 상대방이나 법령에 의하여 처분의 통지를 받도록 규정된 자 이외의 자'인 경우에는 '당해 처분이 있은 것을 안 날'을 제척기간 기산일의 초일로 삼아야 하고, 청구하는 자가 '처분의 상대방'의 경우에는 '처분의 통지를 받은 날'을 제척기간 기산일의 초일로 삼아야 할 것이다.[22] '처분이 있음을 안 날'은 당사자가 통지·공고 기타의 방법에 의하여 당해 처분이 있었다는 사실을 현실적으로 안 날을 의미하고, 추상적으로 알 수 있었던 날을 의미하는 것은 아니지만, 처분에 관한 서류가 당사자의 주소지에 송달되는 등 사회통념 상 처분이 있음을 당사자가 알 수 있는 상태에 놓여진 때에는 반증이 없는 한 그 처분이 있음을 알았다고 추정할 수 있다.[23]

22) 대법원 1998.3.13. 97누8236.

우편으로 제출(국기 5조의2에서 정한 날, 즉 우편법에 따른 통신날짜도장이 찍힌 날 또는 통신날짜도장이 찍히지 아니하였거나 분명하지 아니한 경우에는 통상 걸리는 우송일수를 기준으로 발송한 날로 인정되는 날을 기준으로 한다)한 이의신청서가 청구기간을 지나서 도달한 경우에는 그 기간의 만료일에 적법한 청구를 한 것으로 본다(국기 61조 3항).

이의신청인이 천재지변 등으로 인한 기한의 연장사유(국기 6조)로 기간 내에 이의신청을 할 수 없을 때에는 그 사유가 소멸한 날부터 14일 이내에 이의신청을 할 수 있다. 이 경우 이의신청인은 그 기간에 이의신청을 할 수 없었던 사유, 그 사유가 발생한 날과 소멸한 날, 그 밖에 필요한 사항을 기재한 문서를 함께 제출하여야 한다(국기 61조 4항).

이의신청기간을 계산할 때에는 세무서장에게 해당 청구서가 제출된 때에 이의신청을 한 것으로 한다. 해당 청구서가 해당 처분을 하였거나 하였어야 할 세무서장 외의 세무서장, 지방국세청장 또는 국세청장에게 제출된 때에도 또한 같다(국기 62조 2항).

이의신청서의 보정과 관련하여 심사청구서의 보정에 관한 규정(국기 63조)이 준용된다. 위 보정기간은 이의신청에 대한 결정기간에 산입하지 아니한다(국기 65조 4항).

증거서류 또는 증거물에 대하여서는 심사청구에 대한 규정(국기 63조의2)이 준용된다. 이의신청인은 위와 같이 송부받은 의견서에 대하여 항변하기 위하여 국세청장에게 증거서류나 증거물을 제출할 수 있다(국기 63조의2 1항). 이의신청인은 국세청장이 위 증거서류나 증거물에 대하여 기한을 정하여 제출할 것을 요구하는 경우 그 기한까지 해당 증거서류 또는 증거물을 제출하여야 한다(국기 63조의2 2항). 국세청장은 위 증거서류가 제출되면 증거서류의 부본을 지체 없이 해당 세무서장 및 지방국세청장에게 송부하여야 한다(국기 63조의2 3항).

결정절차와 관련하여 본다. 이의신청기간이 지난 후에 제기된 이의신청 등 법정사유(국기령 53조 14항)에 해당하는 경우에는 국세심사위원회의 심의를 거치지 아니한다(국기 64조 1항 단서). 국세심사위원회의 회의는 공개하지 아니하나, 국세심사위원회 위원장이 필요하다고 인정할 때에는 공개할 수 있다(국기 64조 3항).

이의신청에 대하여서는 '청구를 각하하는 결정', '청구를 기각하는 결정', '청구의 대상이 된 처분의 취소·경정 결정을 하거나 필요한 처분의 결정'을 한다(국기 65조 1항). 다만 이의신청에 대한 결정은 이의신청을 받은 날부터 30일 이내에 하여야 하나, 이의신청인이 송부

23) 대법원 1999.12.28. 99두9742.

받은 의견서에 대하여 위 결정기간 내에 항변하는 경우에는 이의신청을 받은 날부터 60일 이내에 하여야 한다(국기 66조 7항). 지방세의 경우에는 이의신청을 받은 지방자치단체의 장은 그 신청을 받은 날부터 90일 이내에 지방세심의위원회의 의결(지세 147조 1항)에 따라 결정을 하여야 한다(지세 96조 1항). 이의신청에 대한 결정을 하였을 때에는 위 결정기간 내에 그 이유를 기재한 결정서로 심사청구인에게 통지하여야 한다(국기 65조 3항). 위 각 결정들의 종류 및 효력과 관련하여서는 심판청구부분에서 구체적으로 살핀다.

이의신청 결정의 경정에 관하여서는 심사청구에 관한 해당 규정이 준용된다(국기 65조의2 ; 국기령 53조의2).

불고불리 및 불이익변경금지 원칙에 관하여서는 심사청구에 관한 해당 규정이 준용된다(국기 65조의3).

제4절 심사청구

I 심사청구절차 및 심사청구기간 등

1 심사청구의 절차

심사청구는 법정절차(국기령 50조)에 따라 불복의 사유를 갖추어 '해당 처분을 하였거나 하였어야 할' 세무서장을 거쳐 국세청장에게 하여야 한다(국기 62조 1항). 심사청구는 '청구인의 주소 또는 거소와 성명', '처분이 있은 것을 안 연월일(처분통지를 받은 경우에는 통지를 받은 연월일)', '통지된 사항 또는 처분의 내용', '불복의 이유'를 적은 '심사청구서'에 의하여 관할 세무서장을 거쳐 하여야 하고, 이 경우 관계 증거서류 또는 증거물이 있을 때에는 심사청구서에 이를 첨부하여야 한다(국기령 50조 1항). 심사청구서가 해당 처분을 하였거나 하였어야 할 세무서장 외의 세무서장, 지방국세청장 또는 국세청장에게 제출된 경우에는 그 **심사청구서**를 관할 세무서장에게 지체 없이 송부하고, 그 뜻을 해당 청구인에게 통지하여야 한다(국기령 50조 2항).

심사청구기간을 계산할 때에는 세무서장에게 심사청구서가 제출된 때에 심사청구를 한 것으로 하고, 해당 청구서가 해당 처분을 하였거나 하였어야 할 세무서장 외의 세무서장,

지방국세청장 또는 국세청장에게 제출된 때에도 또한 같다(국기 62조 2항). 심사청구서를 받은 세무서장은 이를 받은 날부터 7일 이내에 그 청구서에 처분의 근거 · 이유, 처분의 이유가 된 사실 등이 구체적으로 기재된 의견서를 첨부하여 국세청장에게 송부하여야 한다(국기 62조 3항 본문). 다만, '해당 심사청구의 대상이 된 처분이 지방국세청장이 조사 · 결정 또는 처리하였거나 하였어야 할 것인 경우' 또는 '지방국세청장에게 이의신청을 한 자가 이의신청에 대한 결정에 이의가 있거나 그 결정을 받지 못한 경우'에는 그 지방국세청장의 의견서를 첨부하여야 한다(국기 62조 3항 단서). 의견서가 제출되면 국세청장은 지체 없이 해당 의견서를 심사청구인에게 송부하여야 한다(국기 62조 4항). 심사청구인은 위와 같이 송부받은 의견서에 대하여 항변하기 위하여 국세청장에게 증거서류나 증거물을 제출할 수 있다(국기 63조의2 1항). 심사청구인은 국세청장이 위 증거서류나 증거물에 대하여 기한을 정하여 제출할 것을 요구하는 경우 그 기한까지 해당 증거서류 또는 증거물을 제출하여야 한다(국기 63조의2 2항). 국세청장은 위 증거서류가 제출되면 증거서류의 부본을 지체 없이 해당 세무서장 및 지방국세청장에게 송부하여야 한다(국기 63조의2 3항).

2 심사청구의 기간

심사청구는 해당 처분이 있음을 안 날(처분의 통지를 받은 때에는 그 받은 날)부터 90일 이내에 제기하여야 한다(국기 61조 1항). 이의신청을 거친 후 심사청구를 하려면 이의신청에 대한 결정의 통지를 받은 날부터 90일 이내에 제기하여야 하나, 이의신청을 받은 날부터 30일 또는 60일 이내(국기 66조 7항)에 결정의 통지를 받지 못한 경우에는 결정의 통지를 받기 전이라도 그 결정기간이 지난 날부터 심사청구를 할 수 있다(국기 61조 2항). 위 불복기간의 계산에 관하여서는 이의신청에 대한 설명이 그대로 적용된다.

심사청구서를 우편으로 제출(국기 5조의2에서 정한 날을 기준으로 한다)한 심사청구서가 청구기간을 지나서 도달한 경우에는 그 기간의 만료일에 적법한 청구를 한 것으로 본다(국기 61조 3항).

심사청구인이 천재 등으로 인한 기한의 연장 사유(국기 6조)로 인하여 법정기간에 심사청구를 할 수 없을 때에는 그 사유가 소멸한 날부터 14일 이내에 심사청구를 할 수 있으나, 이 경우 심사청구인은 그 기간에 심사청구를 할 수 없었던 사유, 그 사유가 발생한 날과 소멸한 날, 그 밖에 필요한 사항을 기재한 문서를 함께 제출하여야 한다(국기 61조 4항).

3 심사청구서의 보정

국세청장은 심사청구의 내용이나 절차가 국세기본법 또는 세법에 적합하지 아니하나 보정할 수 있다고 인정되면 20일 이내의 기간을 정하여 보정할 것을 요구할 수 있으나, 보정할 사항이 경미한 경우에는 직권으로 보정할 수 있다(국기 63조 1항). 심사청구의 내용 또는 절차의 보정 요구(국기 63조 1항; 66조 6항 및 80조의2에서 준용하는 경우를 포함)는 보정할 사항, 보정을 요구하는 이유, 보정할 기간 및 그 밖에 필요한 사항을 기재한 문서로 하여야 한다(국기령 52조 1항). 재결청이 직권으로 보정을 한 경우에는 그 뜻을 적은 문서로 해당 이의신청인, 심사청구인 또는 심판청구인에게 통지하여야 한다(국기령 52조 2항). 심사청구인은 보정할 사항을 서면으로 작성하여 국세청장에게 제출하거나, 국세청에 출석하여 보정할 사항을 말하고 그 말한 내용을 국세청 소속공무원이 기록한 서면에 서명 또는 날인함으로써 보정할 수 있다(국기 63조 2항). 보정기간은 심사청구기간에 산입하지 아니한다(국기 63조 3항).

Ⅱ 심사청구의 결정절차 등

1 심사청구의 결정절차

국세청장은 심사청구를 받으면 국세심사위원회의 의결에 따라 결정을 하여야 하나, 각하결정사유가 있거나 유사한 심사청구에 대해 국세심사위원회의 심의를 거쳐 결정된 사례가 있는 경우 등 법정사유(국기령 53조 14항)에 해당하는 경우에는 그러하지 아니하다(국기 64조 1항). 국세청장은 국세심사위원회 의결이 법령에 명백히 위반된다고 판단하는 경우 구체적인 사유를 적어 서면으로 국세심사위원회로 하여금 한 차례에 한정하여 다시 심의할 것을 요청할 수 있다(국기 64조 2항). 국세심사위원회의 회의는 공개하지 아니하나, 국세심사위원회 위원장이 필요하다고 인정할 때에는 공개할 수 있다(국기 64조 3항).

2 국세심사위원회

국세심사위원회는 심사청구, 이의신청 및 과세 전 적부심사 청구사항을 심의 및 의결(심사청구에 한정한다)하고, 세무서, 지방국세청 및 국세청에 둔다(국기 66조의2 1항). **세무서 및 지방국세청에 두는 국세심사위원회**에서는 이의신청 및 과세 전 적부심사(국기 81조의15 2항 각 호 외의 부분) 청구사항을 심의하고, **국세청에 두는 국세심사위원회**는 심사청구 및 과세

전 적부심사(국기 81조의15 2항 각 호 외의 부분 단서) 청구사항을 심의한다(국기령 53조 1항). 국세심사위원회의 조직과 운영, 각 위원회별 심의사항과 그 밖에 필요한 사항에 대한 별도의 정함이 있다(국기령 53조). 국세청장(세무서에 두는 국세심사위원회는 지방국세청장을 말한다)이 위촉하는 민간위원의 임기는 2년이며, 한차례만 연임할 수 있다(국기령 53조 7항). 민간위원에 대한 결격사유 역시 규정되어 있다(국기령 53조 8항). 국세심사위원회의 위원 중 공무원이 아닌 위원은 법률 또는 회계에 관한 학식과 경험이 풍부한 사람(국세청에 두는 국세심사위원회의 위원 중 공무원이 아닌 위원의 경우에는 법정 자격을 갖춘 사람) 중에서 '세무서에 두는 국세심사위원회'의 경우에는 지방국세청장이 위촉하는 사람으로, '지방국세청 및 국세청에 두는 국세심사위원회'의 경우에는 국세청장이 위촉하는 사람으로 각 정한다(국기 66조의2 2항). 국세심사위원회의 위원 중 공무원이 아닌 위원은 형법(형법 127조, 129조-132조)을 적용할 때 공무원으로 본다(국기 66조의2 3항). 국세심사위원회의 위원은 공정한 심의를 기대하기 어려운 사정이 있다고 인정될 때에는 법정절차(국기령 53조 15항, 16항)에 따라 위원회 회의에서 제척되거나 회피하여야 한다(국기 66조의2 4항).

Ⅲ 심사청구에 대한 결정 · 경정

1 심사청구에 대한 결정

심사청구에 대한 결정의 종류는 다음과 같다(국기 65조 1항).

첫째, 심사청구가 '심판청구를 제기한 후 심사청구를 제기(같은 날 제기한 경우도 포함한다)한 경우', '청구기간(국기 61조)이 지난 후에 청구된 경우', '심사청구 후 보정기간(국기 63조 1항)에 필요한 보정을 하지 아니한 경우' 및 '심사청구가 적법하지 아니한 경우', '위 각 경우와 유사한 **법정 경우**(국기령 52조의2 각 호)'에 해당하면 그 **청구를 각하하는 결정**을 한다. **법정 경우**는 '불복청구의 대상이 되는 처분이 존재하지 아니하는 경우', '불복청구의 대상이 되는 처분에 의하여 권리나 이익을 침해당하지 아니하는 경우' 또는 '국세기본법(국기 59조) 상 대리인이 아닌 자가 대리인으로서 불복을 청구하는 경우'를 말한다(국기령 52조의2 각 호).

둘째, 심사청구가 이유 없다고 인정될 때에는 그 **청구를 기각하는 결정**을 한다.

셋째, 심사청구가 이유 있다고 인정될 때에는 그 청구의 대상이 된 **처분의 취소 · 경정 결정을 하거나 필요한 처분의 결정**을 한다. 다만 취소 · 경정 또는 필요한 처분을 하기 위하여 사실관계 확인 등 추가적으로 조사가 필요한 경우에는 처분청으로 하여금 이를 재조사하여 그 결과에 따라 취소·경정하거나 필요한 처분을 하도록 하는 재조사 결정을 할 수 있다.

심사청구에 대한 결정은 심사청구를 받은 날부터 90일 이내에 하여야 하고(국기 65조 2항), 결정을 하였을 때에는 그 결정기간 내에 그 이유를 기재한 결정서로 심사청구인에게 통지하여야 한다(국기 65조 3항). 보정기간(국기 63조 1항)은 위 결정기간에 산입하지 아니한다(국기 65조 4항). 재조사 결정이 있는 경우 처분청은 재조사 결정일로부터 60일 이내에 결정서 주문에 기재된 범위에 한정하여 조사하고, 그 결과에 따라 취소·경정하거나 필요한 처분을 하여야 하고, 이 경우 처분청은 조사를 연기하거나 조사기간을 연장하거나 조사를 중지(국기 81조의7, 81조의8)할 수 있다(국기 65조 5항). 처분청은 재조사 결과 심사청구인의 주장과 재조사 과정에서 확인한 사실관계가 다른 경우 등 **법정 경우**(국기령 52조의3 2항)에는 해당 심사청구의 대상이 된 당초의 처분을 취소·경정하지 아니할 수 있다(국기 65조 6항). **법정 경우**는 '심사청구인의 주장과 재조사과정에서 확인된 사실이 달라 원처분의 유지가 필요한 경우' 및 '재조사 과정에서 취소·경정 등을 위한 사실관계 확인이 불가능한 경우'를 말한다(국기령 52조의3 2항).

위 각 결정들의 종류 및 효력과 관련하여서는 심판청구 부분에서 구체적으로 살핀다.

국세심사위원회의 회의에서 의결한 사항은 위원장이 국세청장에게 보고하여야 한다(국기령 53조 17항). 국세심사위원회에 그 서무를 처리하게 하기 위하여 간사 1명을 두고, 간사는 위원장이 소속 공무원 중에서 지명한다(국기령 53조 18항).

2 심사청구 결정의 경정

심사청구에 대한 결정에 잘못된 기재, 계산착오, 그 밖에 이와 비슷한 잘못이 있는 것이 명백할 때에는 국세청장은 직권으로 또는 심사청구인의 신청에 의하여 경정할 수 있다(국기 65조의2). 결정의 경정을 한 경우에는 경정서를 작성하여 지체 없이 심사청구인에게 통지하여야 한다(국기령 53조의2).

3 심사청구에 대한 불고불리 및 불이익변경금지의 원칙의 적용 여부

불이익변경금지의 원칙과 관련하여 판례는 국세기본법 제79조 제2항은 과세처분에 불복하는 심판청구에 대한 결정을 함에 있어서 심판청구를 한 처분보다 청구인에게 불이익이 되는 결정을 하지 못한다고 규정하고 있고, 위 조항은 국세기본법 상 심사청구에 대한 결정

에도 준용된다고 판시한다.[24] 그러나 2018년 12월 31일 국세기본법 개정 전에는 심판청구에 있어서의 불이익변경금지의 원칙이 심사청구의 경우에도 준용된다고 볼 수 있는 법령 상 근거는 없었다. 판례와 같이 해석론으로서 준용을 인정하는 것보다는 법령 상 근거를 두는 것이 타당하였다. **개정 국세기본법은 불이익금지 원칙뿐만 아니라 불고불리 원칙과 관련하여 다음과 같이 규정한다.** 국세청장은 심사청구에 대한 결정을 할 때 심사청구를 한 처분 외의 처분에 대해서는 그 처분의 전부 또는 일부를 취소 또는 변경하거나 새로운 처분의 결정을 하지 못한다(국기 65조의3 1항). 국세청장은 심사청구에 대한 결정을 할 때 심사청구를 한 처분보다 청구인에게 불리한 결정을 하지 못한다(국기 65조의3 2항).

제5절 심판청구

Ⅰ 심판청구기간

심판청구는 해당 처분이 있음을 안 날(처분의 통지를 받은 때에는 그 받은 날)부터 90일 이내에 제기하여야 한다(국기 68조 1항). 이의신청을 거친 후 심판청구를 하려면 이의신청에 대한 결정의 통지를 받은 날부터 90일 이내에 제기하여야 하나, 이의신청에 대한 결정기간(30일) 내에 결정의 통지를 받지 못한 경우에는 결정의 통지를 받기 전이라도 그 결정기간이 지난 날부터 심판청구를 할 수 있다(국기 68조 2항, 61조 2항). 위 불복기간의 계산에 관하여서는 이의신청에 대한 설명이 그대로 적용된다.

Ⅱ 심판청구절차

심판청구는 불복의 사유 등이 기재된 **심판청구서**(국기령 55조, 50조)를 **'처분을 하였거나 하였어야 할 세무서장'**이나 **조세심판원장**에게 제출하여야 하고, 이 경우 심판청구서를 받은 세무서장은 이를 지체 없이 조세심판원장에게 송부하여야 한다(국기 69조 1항).

심판청구기간을 계산할 때에는 심판청구서가 '처분을 하였거나 하였어야 할 세무서장'

---

24) 대법원 2007.11.16. 2005두10675.

외의 세무서장, 지방국세청장 또는 국세청장에게 제출된 경우에도 심판청구를 한 것으로 본다(국기 69조 2항 전문). 이 경우 심판청구서를 받은 세무서장, 지방국세청장 또는 국세청장은 이를 지체 없이 조세심판원장에게 송부하여야 한다(국기 69조 2항 후문). 조세심판원장이 심판청구서를 송부받은 경우에는 조세심판원장은 지체 없이 그 부본을 그 처분을 하였거나 하였어야 할 세무서장에게 송부하여야 한다(국기 69조 3항).

심판청구서 또는 심판청구서 부본을 받은 세무서장은 이를 받은 날부터 10일 이내에 그 청구서에 답변서를 첨부하여 조세심판원장에게 송부하여야 하나, '국세청장이 조사·결정 또는 처리하거나 하였어야 할 것인 경우(국기 55조 3항)' 및 '지방국세청장의 의견서를 첨부하여야 하는 경우(국기 62조 3항 단서)'에는 국세청장 또는 지방국세청장의 답변서를 첨부하여야 한다(국기 69조 4항). 답변서에는 이의신청에 대한 결정서(이의신청에 대한 결정을 한 경우에만 해당한다), 처분의 근거·이유 및 처분의 이유가 된 사실을 증명할 서류, 청구인이 제출한 증거서류 및 증거물, 그 밖의 심리자료 일체를 첨부하여야 한다(국기 69조 5항). 답변서가 제출되면 조세심판원장은 지체 없이 그 부본을 해당 심판청구인에게 송부하여야 한다(국기 69조 6항). 조세심판원장은 위 기한까지 세무서장이 답변서를 제출하지 아니하는 경우에는 기한을 정하여 답변서 제출을 촉구할 수 있다(국기 69조 7항). 세무서장이 다시 그 기한까지도 답변서를 제출하지 아니하는 경우에는 조세심판원장은 증거조사 등(국기 56조 1항)을 통하여 심리절차를 진행하도록 할 수 있다(국기 69조 8항).

Ⅲ 심판기관

1 조세심판원

심판청구에 대한 결정을 하기 위하여 국무총리 소속으로 조세심판원을 둔다(국기 67조 1항). 조세심판원은 그 권한에 속하는 사무를 독립적으로 수행한다(국기 67조 2항).

조세심판원에 원장과 **조세심판관**을 두되, 원장과 원장이 아닌 **상임조세심판관**은 고위공무원단에 속하는 일반직공무원 중에서 국무총리의 제청으로 대통령이 임명하고, **비상임조세심판관**은 조세·법률·회계분야에 관한 전문지식과 경험을 갖춘 사람으로서 대통령령으로 정하는 자격을 가진 사람을 법정절차(국기령 55조의4)에 따라 위촉한다(국기 67조 3항, 4항).

상임조세심판관의 임기는 3년으로 하고 한차례만 중임할 수 있고(국기 67조 5항), 비상임조세심판관의 임기는 3년으로 하고 한차례만 연임할 수 있다(국기 67조 6항). 조세심판관은 법정사유(금고 이상의 형을 선고받은 경우 및 장기의 심신쇠약으로 직무를 수행할 수 없게 된 경우)에 해당하는 경우가 아니면 그 의사에 반하여 면직되거나 해촉되지 아니한다(국기 67조 7항). 다만 이는 원장인 조세심판관에 대해서는 적용하지 아니한다(국기 67조 8항). 조세심판관 중 공무원이 아닌 위원은 형법(형법 127조, 129조-132조)을 적용할 때 공무원으로 본다(국기 67조 9항).

조세심판원에 심판청구사건에 대한 조사사무를 담당하는 **심판조사관** 및 이를 보조하는 직원을 두며 '그 자격' 및 '조세심판원의 정원, 조직, 운영, 그 밖에 필요한 사항'은 대통령령(국기령 55조의2－55조의4)으로 정한다(국기 67조 10항, 11항). 조세심판관은 '조세에 관한 사무에 4급 이상의 국가공무원・지방공무원 또는 고위공무원단에 속하는 일반직공무원으로서 3년 이상 근무한 사람 또는 5급 이상의 국가공무원・지방공무원으로서 5년 이상 근무한 사람' 또는 '판사・검사 또는 군법무관, 변호사・공인회계사・세무사 또는 관세사, 조세 관련 분야를 전공하고 고등교육법 제2조에 따른 학교의 조교수 이상에 해당하는 자 중 어느 하나에 재직한 기간을 합하여 10년 이상인 자'에 해당하여야 한다(국기령 55조의2 1항). 또한 '관세 또는 지방세에 관한 사무에 근무한 기간을 포함한 경력에 따른 자격요건에 해당되어 조세심판관이 된 사람' 또는 '관세사의 직에 6년 이상 재직한 경력으로 조세심판관이 된 사람' 중 어느 하나에 해당하는 상임조세심판관 및 비상임조세심판관은 각각 2명을 초과할 수 없다(국기령 55조의2 2항). 비상임조세심판관 자격 관련 배제요건(국기령 55조의2 3항) 역시 규정되어 있다. 상임조세심판관 및 비상임조세심판관은 그 경력에 해당하는 **관세** 또는 **지방세 분야의 심판청구**에 대한 심리 및 결정에 관한 업무를 수행하여야 하나, 조세심판관합동회의 및 합동회의상정심의위원회의 경우에는 관세 또는 지방세 분야가 아닌 심판청구에 대하여 심리 및 결정에 관한 업무를 수행할 수 있다(국기령 55조의2 3항). 심판조사관은 '국세(관세를 포함한다) 또는 지방세에 관한 사무에 2년 이상 근무한 사람' 또는 '변호사・공인회계사・세무사 또는 관세사의 직에 5년 이상 재직한 사람' 중 어느 하나의 자격을 갖춘 사람이어야 한다(국기령 55조의3). 국무총리가 조세심판원장 또는 상임조세심판관을 제청하는 경우 기획재정부장관 또는 행정안전부장관의 의견을 들을 수 있고, 비상임조세심판관은 조세심판원장의 제청으로 국무총리가 예산의 범위에서 위촉한다(국기령 55조의4).

2 조세심판관회의

조세심판원장은 심판청구를 받으면 이에 관한 조사와 심리를 담당할 **주심조세심판관** 1명과 **배석조세심판관** 2명 이상을 지정하여 **조세심판관회의**를 구성하게 한다(국기 72조 1항). 조세심판관회의는 주심조세심판관이 그 의장이 되며, 의장은 그 심판사건에 관한 사무를 총괄하나, 주심조세심판관이 부득이한 사유로 직무를 수행할 수 없을 때에는 조세심판원장이 배석조세심판관 중에서 그 직무를 대행할 사람을 지정한다(국기 72조 2항). 담당 조세심판관 3분의 2 이상의 출석으로 개의하고, 출석조세심판관 과반수의 찬성으로 의결한다(국기 72조 3항). 조세심판관회의는 공개하지 아니하나, 조세심판관회의 의장이 필요하다고 인정할 때에는 공개할 수 있다(국기 72조 4항).

조세심판관회의의 운영과 그 밖에 필요한 사항은 다음과 같다(국기령 58조). 주심조세심판관은 조세심판관회의 개최일 14일 전까지 조세심판관회의의 일시 및 장소를 심판청구인과 처분청에 각각 통지해야 한다(국기령 58조 1항). 통지는 서면으로 하거나 심판청구서에 적힌 전화, 휴대전화를 이용한 문자전송, 팩시밀리 또는 전자우편 등 간편한 통지 방법으로 할 수 있다(국기령 58조 5항). 주심조세심판관은 조세심판관회의(동일한 심판청구사건에 대해 조세심판관회의가 1회 이상 개최되는 경우에는 첫 번째 개최되는 조세심판관회의를 말한다)가 개최되기 전에 심판청구인 또는 처분청의 요청이 있는 경우 심판청구인 또는 처분청에 해당 심판청구와 관련된 처분개요, 심판청구인의 주장, 처분청의 의견 및 사실관계를 정리한 심리자료를 열람하게 해야 한다(국기령 58조 2항). 다만, 주심조세심판관은 심판청구인이 심리자료 열람을 요청하지 않고 처분청만 심리자료 열람을 요청한 경우로서 해당 심판청구가 각하결정사유 또는 소액심판사유에 해당하여 처분청의 심리자료 열람이 필요하지 않다고 인정하는 경우에는 처분청의 심리자료 열람 요청을 거부할 수 있다(국기령 58조 2항 단서). 심판청구인 또는 처분청은 조세심판관회의 개최일 7일 전까지 주심조세심판관에게 해당 심판청구와 관련한 주장과 그 이유 등을 정리한 요약 서면자료를 제출할 수 있고, 이 경우 주심조세심판관은 조세심판관회의를 할 때 요약 서면자료를 심리자료의 일부로 포함해야 한다(국기령 58조 3항). 조세심판관회의에 그 서무를 처리하게 하기 위해 간사 1명을 두고, 간사는 조세심판원장이 심판조사관 중에서 임명한다(국기령 58조 4항).

3 조세심판관 등의 제척, 회피 및 기피

'조세심판관'은 '심판청구인 또는 대리인인 경우(대리인이었던 경우를 포함한다)', '위 사람의 친족(또는 사용인) 또는 친족(또는 사용인)이었던 경우', '위 사람의 사용인이거나 사용인이었던 경우(심판청구일을 기준으로 최근 5년 이내에 사용인이었던 경우로 한정)', '불복의 대상이 되는 처분이나 처분에 대한 이의신청에 관하여 증언 또는 감정을 한 경우', '심판청구일 전 최근 5년 이내에 불복의 대상이 되는 처분, 처분에 대한 이의신청 또는 그 기초가 되는 세무조사(조세범 처벌절차법에 따른 조세범칙조사를 포함한다)에 관여하였던 경우', '위 증언 또는 감정 및 세무조사에 관계된 법인 또는 단체에 속하거나 심판청구일 전 최근 5년 이내에 속하였던 경우', '그 밖에 심판청구인 또는 그 대리인의 업무에 관여하거나 관여하였던 경우'에는 심판관여로부터 **제척**된다(국기 73조 1항). '조세심판관'은 위 각 사유에 해당하는 경우에는 주심조세심판관 또는 배석조세심판관의 지정에서 **회피**하여야 한다(국기 73조 2항).

'심판청구인'은 담당 조세심판관에게 공정한 심판을 기대하기 어려운 사정이 있다고 인정될 때에는 그 조세심판관의 **기피**를 신청할 수 있다(국기 74조 1항). 기피 신청은 법정절차(국기령 60조)에 따라 조세심판원장에게 하여야 한다(국기 74조 2항). 조세심판원장은 기피 신청이 이유 있다고 인정할 때에는 기피 신청을 승인하여야 한다(국기 74조 3항).

'심판에 관여하는 심판조사관'에 대하여도 위 제척, 회피 및 기피에 관한 정함을 준용한다(국기 75조).

Ⅳ 심리

1 증거서류 또는 증거물의 제출

심판청구인은 송부받은 답변서(국기 69조 5항)에 대하여 항변하기 위하여 조세심판원장에게 증거서류나 증거물을 제출할 수 있다(국기 71조 1항). 조세심판원장이 심판청구인에게 기한을 정하여 증거서류나 증거물을 제출할 것을 요구하면 심판청구인은 그 기한까지 제출하여야 한다(국기 71조 2항). 증거서류가 제출되면 조세심판원장은 증거서류의 부본을 지체 없이 피청구인에게 송부하여야 한다(국기 71조 3항).

2 사건의 병합과 분리

담당 조세심판관은 필요하다고 인정하면 여러 개의 심판사항을 병합하거나 병합된 심판사항을 여러 개의 심판사항으로 분리할 수 있다(국기 75조).

3 질문검사권

'담당 조세심판관'은 심판청구에 관한 조사와 심리를 위하여 필요하면 직권으로 또는 심판청구인의 신청에 의하여 '심판청구인, 처분청(심판청구사건의 쟁점 거래사실과 직접 관계있는 자를 관할하는 세무서장 또는 지방국세청장을 포함한다), 관계인 또는 참고인'에 대하여 질문, '장부, 서류, 그 밖의 물건의 제출 요구' 또는 '위 장부, 서류, 그 밖의 물건의 검사 또는 감정기관에 대한 감정 의뢰'를 할 수 있다(국기 76조 1항).

'담당 조세심판관 외의 조세심판원 소속 공무원'은 조세심판원장의 명에 따라 위 '질문' 및 '장부, 서류, 그 밖의 물건의 검사 또는 감정기관에 대한 감정 의뢰'를 할 수 있다(국기 76조 2항). 이 경우 해당 공무원은 그 신분을 표시하는 증표를 지니고 관계자에게 보여야 한다(국기 76조 3항).

담당 조세심판관은 심판청구인이 위 각 행위 또는 증거서류나 증거물의 제출요구(국기 71조 2항)에 정당한 사유 없이 응하지 아니하여 해당 심판청구의 전부 또는 일부에 대하여 심판하는 것이 현저히 곤란하다고 인정할 때에는 그 부분에 관한 심판청구인의 주장을 인용하지 아니할 수 있다(국기 76조 4항).

4 자유심증에 의한 사실판단

조세심판관은 심판청구에 관한 조사 및 심리의 결과와 과세의 형평을 고려하여 자유심증으로 사실을 판단한다(국기 77조).

V 결정절차

조세심판원장이 심판청구를 받았을 때에는 조세심판관회의가 심리를 거쳐 결정한다. 다만, 심판청구의 대상이 '법정금액에 미치지 못하는 소액이거나 경미한 것인 경우(국기령 62조)'나 '청구기간이 지난 후에 심판청구를 받은 경우'에는 조세심판관회의의 심리를 거치지 아니하고 주심조세심판관이 심리-하여 결정할 수 있다(국기 78조 1항). 심판결정은 문서로 하여야 하고, 그 결정서(국기칙 31조 1항)에는 주문과 이유를 적고 심리에 참석한 조세심판관의 성명을 밝혀 해당 심판청구인과 세무서장에게 송달하여야 한다(국기 78조 5항). 주심조세심판관은 조세심판관회의에서 심판청구사건에 대한 심리가 종료되었을 때에는 지체 없이 그 심리 내용을 조세심판원장에게 통보하여야 한다(국기령 62조의2 3항). 한편 심판청구인에 대한 심판결정서의 송달은 심판청구인 또는 그 대리인이 조세심판원에서 심판결정서를 직접 수령하는 경우를 제외하고는 특별송달방법(국기칙 31조 3항; 우편법 시행규칙 25조 1항 6호)에서 정하는 방법으로 하여야 한다(국기령 62조의3 1항). 다만 심판결정서를 송달받아야 할 심판청구인 또는 그 대리인이 '주소 또는 영업소가 국외에 있어 송달하기 곤란한 경우' 또는 '주소 또는 영업소가 분명하지 않은 경우'에는 법정절차(국기령 62조의3 3항, 4항)에 따라 공시송달의 방법으로 할 수 있다(국기령 62조의3 2항).

조세심판원장과 상임조세심판관 모두로 구성된 회의가 의장인 조세심판원장이 구성원 3분의 2 이상 출석으로 개의하고, 출석위원 과반수의 찬성으로 의결하는 방법(국기령 62조의2 1항)에 따라 조세심판관회의의 의결이 '해당 심판청구사건에 관하여 세법의 해석이 쟁점이 되는 경우로서 이에 관하여 종전의 조세심판원 결정이 없는 경우', '종전에 조세심판원에서 한 세법의 해석·적용을 변경하는 경우', '조세심판관회의 간에 결정의 일관성을 유지하기 위한 경우' 및 '그 밖에 국세행정이나 납세자의 권리·의무에 중대한 영향을 미칠 것으로 예상되는 등 법정사유(국기령 62조의2 2항)가 있는 경우'에 해당한다고 의결하는 경우에는 **조세심판관합동회의**가 심리를 거쳐 결정한다(국기 78조 2항). 조세심판원장과 상임심판관 모두로 구성된 회의(이하 "합동회의상정심의위원회"라 한다)는 구성원 3분의 2 이상 출석으로 개의하고, 출석위원 과반수의 찬성으로 의결하고 합동회의상정심의위원회의 의장은 조세심판원장이 된다(국기령 62조의2 1항). 위 법정사유로는 '다수의 납세자에게 동일하게 적용되는 등 국세행정에 중대한 영향을 미칠 것으로 예상되어 국세청장이 조세심판원장에게 조세심판관합동회의에서 심리할 것을 요청하는 경우' 및 ' 그 밖에 해당 심판청구사건에 대한 결정이 국세행정이나 납세자의 권리·의무에 중대한 영향을 미칠 것으로 예상되어 조세심판원장이 조세심판관합동회의에서 심리·결정하는 것이 필요하다고 인정하는 경우'가 있다. 조세심판관합동회의는 조세심판원장과 조세심판원장이 회의마다 지정하는 12명 이상 20명 이내의 상임조세심판관 및 비상임조세심판관으로 구성하되, 상임조세심판관과 같은 수 이상의 비상임조세심판관이 포함되어야 한다(국기 78조 3항). 조세심판관합동회의에 관하여서도 조세심판관회의에 관한 위 규정들이 적용된다(국기 78조 4항). 주심조세심판관은 조세심판관회의에서 심판청구사건에 대한 심리(제5항에 따라 심리를 재개하는 경우를 포함한다)가 종료되었을 때에는 지체 없이 그 심리 내용을 조세심판원장에게 통보해야 한다(국기령 62조의2 3항). 조세심판원장은 주심조세심판관으로부터 통보받은 날부터 30일 이내에 해당 심판청구사건이 조세심판관합동회의의 심리를 거쳐야 하는 사건인지를 결정해야 한다(국기령 62조의2 4항). 조세심판원장은 조세심판관회의의 심리내용이 **다음 각 호의 어느 하나에 해당하는 경우**에는 통보(국기령 62조의2 3항)받은 날부터 30일 이내에 **구체적인 사유를 적은 서면으로 주심조세심판관에게 다시 심리할 것을 요청**할 수 있다(국기령 62조의2 5항).

1. 중요한 사실관계를 누락했거나 사실관계의 판단이나 법령해석에 명백한 오류가 있는 경우
2. 심판청구의 대상이 되는 처분의 근거 법령이나 심리내용과 관련된 다른 법령에 대한 해석이 그와 동일하거나 유사한 법령에 대한 해석으로서 종전의 헌법재판소 결정, 대법원 판결, 국세예규심사위원회의 심의를 거친 기획재정부장관의 질의회신이나 조세심판관합동회의의 결정에서 이루어진 해석과 다른 경우
3. 심판청구의 대상이 되는 처분의 직접적인 근거 법령이나 사실관계에 관하여 종전의 법원 판결 또는 조세심판원 결정과 다른 해석을 하거나 사실관계를 달리 판단한 경우

조세심판원장은 해당 심판청구사건이 조세심판관합동회의의 심리를 거쳐야 하는 사건인지를 결정할 때 주심조세심판관의 의견을 들을 수 있다(국기령 62조의2 3항). 국세청장이 조세심판관합동회의에서 심리할 것을 요청하고자 하는 경우에는 조세심판관회의의 개최 통지(국기령 58조 1항)(동일한 심판청구사건에 대해 조세심판관회의가 1회 이상 개최되는 경우에는 첫 번째 조세심판관회의의 개최 통지를 말한다)를 받기 전까지 조세심판관합동회의 심리요청서(국기칙 31조 2항)를 조세심판원장에게 제출하여야 한다(국기령 62조의2 6항). 국세청장은 그 요청을 철회할 수 없다(국기령 62조의2 7항). 조세심판관합동회의에 관하여서는 조세심판관 회의에 관한 규정(국기령 58조 1항, 3항, 4항)을 준용한다(국기령 62조의2 8항).

 심판결정

1 불고불리의 원칙 및 불이익변경금지의 원칙

조세심판관회의 또는 조세심판관합동회의는 심판결정(국기 80조의2, 65조)을 할 때 심판청구를 한 처분 외의 처분에 대해서는 그 처분의 전부 또는 일부를 취소 또는 변경하거나 새로운 처분의 결정을 하지 못한다(국기 79조 1항). 이를 **'불고불리의 원칙'**이라고 부른다. 불고불리의 원칙에 저촉되는지 여부는 당초의 과세처분에 대한 기본적인 과세요건사실이 동일한 것인지 여부를 기준으로 평가하여야 한다.

조세심판관회의 또는 조세심판관합동회의는 심판결정(국기 80조의2, 65조)을 할 때 심판청구를 한 처분보다 청구인에게 불리한 결정을 하지 못한다(국기 79조 2항). 이를 **'불이익변경금지의 원칙'**이라고 부른다. **불이익변경금지의 원칙을 적용함에 있어서 청구인에게 불리한 결정인지 여부를 판정하는 기준은 무엇인가?** 불복절차에 있어서의 쟁송의 대상은 총액주의에 의하면 확정처분으로 인하여 확정된 세액의 적부이고, 쟁점주의에 의하면 확정처분사유와 관계된 세액의 존부를 의미한다. 따라서 청구인에 불리한 결정인지 여부는 당초의 확정처분에 기한 세액보다 심판결정에 의한 세액이 증가한 경우를 의미하는 것으로 보아야 한다. 과세표준의 증가 또는 이월결손금의 감소 등으로 인하여 세액이 증가되는 경우가 이에 해당한다고 볼 수 있고 환급세액이 감소하는 경우 역시 동일하게 보아야 한다. 따라서 법인세부과처분의 취소심판에서 국세심판원(현재는 조세심판원)이 내린 결정에 따른 결과 과세표준이 증가하게 된 경우, 그 결정은 불이익변경금지원칙에 위배되어 당연 무효이고, 이에 따른 과세관청의 증액경정처분 중 당초처분액수를 초과하는 부분 역시 당연 무효이다.[25] 또한 세액이 증가하였는지 여부는 해당 결정의 주문을 기준으로 판단하여야 한다.[26] **조세심판원의 재조사 결정에 따른 후속처분이 있는 경우 청구인에게 불리한 결정인지 여부를 판정하는 대상은 무엇인가?** 재조사 결정은 재결청의 결정에서 지적된 사항에 관해서는 처분의 재조사결과를 기다려 그에 따른 후속처분의 내용을 심판청구 등에 대한 결정의 일부분으로 삼겠다는 의사가 내포된 변형결정에 해당하고 재조사 결정은 처분청의 후속처분에 따라 그 내용이 보완됨으로써 결정으로서 효력이 발생한다고 보아야 하므로, 청구인에

25) 대법원 2004.12.9. 2003두278.
26) 대법원 2007.11.16. 2005두10675.

게 불리한 결정인지 여부는 심판청구를 한 처분과 재조사 결정의 후속처분에 따른 처분을 비교하여 판단하는 것이 타당하다.[27] 따라서 재조사결정의 취지에 따른 후속처분이 심판청구를 한 당초처분보다 청구인에게 불리하면 불이익변경금지원칙에 위배되어 후속처분 중 당초처분의 세액을 초과하는 부분은 위법하게 된다.[28] **종합소득세에 관한 불복의 대상인 처분이 여러 과세연도에 걸친 것인 경우 청구인에 불리한 결정인지 여부에 대한 판정은 각 과세연도별로 하여야 하는가?** 과세관청이 조세심판원의 재조사 결정 후 당초처분보다 증액하는 처분을 하였고, 일부 세액이 감액되어 전체적으로는 감액되었더라도 종합소득세는 연도별로 과세단위를 달리하여 불이익변경에 해당하는지도 과세단위별로 보아야 한다.[29]

당초의 과세표준 또는 세액에 탈루 또는 오류가 있다는 내용이 해당 결정의 이유에 설시되어 있고 과세관청이 이에 근거하여 해당 탈루 또는 오류가 있는 과세표준이나 세액을 경정결정하는 경우에도 불이익변경금지의 원칙이 적용되는가? 불이익변경금지는 결정의 주문 내용이 불복대상인 과세처분보다 청구인에게 불이익한 경우에 적용되고, 과세관청이 해당 결정의 이유에서 밝혀진 내용에 근거하여 탈루 또는 오류가 있는 과세표준이나 세액을 경정결정하는 경우에는 적용되지 아니한다.[30]

관세법 역시 불고불리 및 불이익변경금지 원칙에 대하여 규정한다(관세 128조의2, 132조 4항).

2 심판결정의 종류

심판결정에 대하여서는 심사청구에 대한 결정의 경우를 준용한다(국기 80조의2, 65조). 즉 심판결정의 종류는 다음과 같다(국기 80조의2, 65조). 다만 심사청구와 심판청구를 같은 날 제기한 경우에 각하하는 결정을 한다는 부분(국기 65조 1항 1호 가목)은 준용되지 않는다.

첫째, 심판청구가 적법하지 아니하거나 심판청구기간이 지난 후에 청구되었거나 심판청구 후 보정기간에 필요한 보정을 하지 아니하였을 때에는 그 **청구를 각하하는 결정**을 한다. 심판청구 자체가 적법요건을 갖추었는지, 즉 불복청구인의 적격, 불복청구의 방식, 불복청구의 대상인지 여부, 제소기간의 준수 여부 및 해당 청구에 대한 보정명령에 따랐는지 여부 등 형식적 요건을 심리하여 이를 갖추지 못하는 경우에는 각하결정을 하게 된다. 위 각 요

27) 서울고등법원 2012.9.26. 2011누21616; 대법원 2010.6.25. 2007두12514 전원합의체 판결.
28) 대법원 2016.9.28. 2016두39382.
29) 서울고등법원 2012.9.26. 2011누21616; 대법원 2004.12.9. 2003두278.
30) 대법원 2007.11.16. 2005두10675.

건을 충족하였는지 여부는 직권으로 조사하여야 한다.

둘째, 심판청구가 이유 없다고 인정될 때에는 그 **청구를 기각하는 결정**을 한다.

셋째, 심판청구가 이유 있다고 인정될 때에는 그 청구의 대상이 된 **처분의 취소·경정 결정을 하거나 필요한 처분의 결정**을 한다. 즉 심판청구가 이유 있다고 인정될 경우에 있어서 해당 처분을 취소 또는 경정하는 결정만으로는 해당 청구인의 침해된 권리 또는 이익을 충분하게 구제할 수 없다고 판단한다면, 과세관청으로 하여금 위 권리 및 이익을 구제하기 위하여 필요한 처분을 하도록 하는 결정을 할 수 있다.

실무 상 결정의 한 유형으로 행해지고 있는 재조사 결정은 해당 청구를 인용하는 결정인가? 아니면 기각하는 결정인가? 실무 상 행해지고 있는 재조사 결정은 처분청으로 하여금 하나의 과세단위의 전부 또는 일부에 관하여 당해 결정에서 지적된 사항을 재조사하여 그 결과에 따라 과세표준과 세액을 경정하거나 당초처분을 유지하는 등의 후속처분을 하도록 하는 형식을 취하고 있는 바, 이에 따라 재조사 결정을 통지받은 불복청구인은 그에 따른 후속처분의 통지를 받은 후에야 비로소 다음 단계의 쟁송절차에서 불복할 대상과 범위를 구체적으로 특정할 수 있게 된다. 이와 같은 재조사 결정의 형식과 취지, 그리고 행정심판제도의 자율적 행정통제기능 및 복잡하고 전문적·기술적 성격을 갖는 조세법률관계의 특수성 등을 감안하면, 재조사 결정은 당해 결정에서 지적된 사항에 관해서는 처분청의 재조사결과를 기다려 그에 따른 후속처분의 내용을 불복절차의 대상이 되는 결정의 일부분으로 삼겠다는 의사가 내포된 변형결정에 해당한다고 볼 수밖에 없다. 그렇다면 재조사 결정은 처분청의 후속처분에 의하여 그 내용이 보완됨으로써 불복절차의 대상이 되는 결정으로서의 효력이 발생한다고 할 것이므로, 재조사 결정에 따른 심사청구기간이나 심판청구기간 또는 행정소송의 제소기간은 불복청구인 등이 후속처분의 통지를 받은 날부터 기산된다고 봄이 타당하다.[31] 따라서 재조사 결정이 인용결정인지 아니면 기각결정인지 여부는 재조사 결정에 따른 후속처분의 내용에 따라 결정되는 것으로 보아야 한다. 한편 **국세기본법이 개정(2014년 12월 13일 개정)되어 재조사 결정에 따른 처분이 다시 불복절차에서의 불복대상이 되지는 않게 되도록 개정되었으나 다시 개정(2017년 12월 20일)되어 재조사 결정에 따른 처분이 있는 경우에도 납세자는 선택적으로 재조사 결정을 한 재결청에 다시 불복하거나 바로 행정소송을 제기할 수 있게 되었다.** 한편 관계 행정청이 적합하게 재조사 결정

31) 대법원 2010.6.25. 2007두12514 전원합의체 판결.

에 따른 재조사를 한 다음 그 결과를 통지하면서 재조사 결정에 따른 후속처분의 통지임을 명시하였다면 이는 후속처분의 통지로서 효력이 있다.[32]

심판청구에 대한 결정은 심판청구를 받은 날부터 90일 이내에 하여야 하고(국기 65조 2항), 결정을 하였을 때에는 그 결정기간 내에 그 이유를 기재한 결정서로 심판청구인에게 통지하여야 한다(국기 65조 3항). 보정기간(국기 63조 1항)은 위 결정기간에 산입하지 아니한다(국기 65조 4항).

3 심판결정의 효력

가. 불가쟁력

행정소송은 심판청구에 대한 '결정의 통지를 받은 날부터' 90일 이내에 제기하여야 한다(국기 56조 3항 본문). 즉 처분 등이 있음을 안 날부터 90일 이내에 제기하여야 한다는 행정소송법 제20조가 적용되지 않는다. 다만, 심판청구를 받은 날부터(국기 65조 2항, 80조의2) 내에 결정의 통지를 받지 못한 경우에는 결정의 통지를 받기 전이라도 그 결정기간이 지난 날부터 행정소송을 제기할 수 있다(국기 56조 3항 단서).

심사청구 또는 심판청구의 재조사 결정(국기 65조 1항 3호 단서, 80조의2)**에 대한 행정소송의 제소기간에 대하여서는 특칙이 있다**(국기 56조 4항). **재조사 결정에 대하여 심사청구 또는 심판청구를 거치지 아니하고 행정소송을 제기하는 경우**에는 재조사 후 행한 처분청의 처분의 결과 통지를 받은 날부터 90일 이내에 행정소송을 제기하여야 한다. 다만, 재조사 결정에 따른 처분기간[조사를 연기하거나 조사기간을 연장하거나 조사를 중지한 경우(국기 65조 5항 후단)에는 해당 기간을 포함](국기 65조 5항, 80조의2에서 준용하는 경우 포함)에 처분청의 처분 결과 통지를 받지 못하는 경우에는 그 처분기간이 지난 날부터 행정소송을 제기할 수 있다. **재조사 결정에 대하여 심사청구 또는 심판청구를 거쳐서 행정소송을 제기하는 경우**에는 재조사 후 행한 처분청의 처분에 대하여 제기한 심사청구 또는 심판청구에 대한 결정의 통지를 받은 날부터 90일 이내에 행정소송을 제기하여야 한다. 다만, 재조사 결정에 따른 결정기간(국기 65조 2항, 80조의2에서 준용하는 경우 포함)에 결정의 통지를 받지 못하는 경우에는 그 결정기간이 지난 날부터 행정소송을 제기할 수 있다.

이상의 각 기간은 불변기간으로서(국기 56조 6항), 해당 기간이 경과되면 심판결정에 대하여 다툴 수 없다. 이를 **'불가쟁력'**이라고 한다. 심사청구에 대한 결정의 경우에도 마찬가지

32) 대법원 2015.1.29. 2014두12031.

이다.

이의신청의 결정에 대하여서도 심사청구 또는 심판청구는 결정의 통지를 받은 날부터 90일 이내에 제기하여야 한다(국기 61조 2항, 68조 2항). 다만 '이의신청에 대한 결정기간(국기 66조 7항) 내에 결정의 통지를 받지 못한 경우에는 그 결정기간이 지난 날', '이의신청에 대한 재조사 결정이 있은 후 처분기간(국기 66조 6항, 65조 5항 전단) 내에 처분 결과의 통지를 받지 못한 경우에는 그 처분기간이 지난 날'부터 각 90일 이내에 심사청구 또는 심판청구를 할 수 있다(국기 61조 2항, 68조 2항).

다만 당초의 과세처분이 당연무효라면 이상의 불복신청기간에 대한 제한은 적용되지 않는다. 과세처분에 대한 무효확인 청구소송의 경우에도 제소기간의 제한에 관한 규정은 적용되지 아니한다.[33)]

나. 불가변력

이의신청, 심사청구 및 심판청구에 대한 결정에 잘못된 기재, 계산착오, 그 밖에 이와 비슷한 잘못이 있는 것이 명백할 때에는 직권으로 또는 청구인의 신청에 의하여 경정할 수 있다(국기 65조의2, 66조, 81조). 각 결정의 경정을 한 경우에는 경정서를 작성하여 지체 없이 청구인에게 통지하여야 한다(국기령 53조의2). 따라서 위 각 경우에만 해당 각 결정을 경정할 수 있고 그 이외의 경우에는 설사 결정에 하자가 있다고 하더라도 재결청이 직접 그 재결을 취소하거나 변경할 수는 없다. 이를 **'불가변력'**이라고 한다.

다. 기속력

심판결정(국기 80조의2, 65조)은 관계 행정청을 기속한다(국기 80조 1항). 또한 심판청구에 대한 결정이 있으면 해당 행정청은 결정의 취지에 따라 즉시 필요한 처분을 하여야 한다(국기 80조 2항). 이를 **'기속력'**이라고 한다. 이의신청 및 심사청구에 대하여서는 위 규정이 준용되지 않는다. 이의신청 및 심사청구에 있어서 결정기관은 과세처분을 한 처분청에 대한 상급기관으로서 상급행정청의 결정은 하급행정청을 당연히 기속한다고 볼 것이기 때문이다.[34)] 이러한 기속력은 청구인이 해당 재결이 있으면 그 재결 및 같은 처분 또는 부작위에 대하여 다시 심사청구 또는 심판청구를 청구할 수 없다는 규정(국기 56조 1항 단서 ; 행심 51조)

33) 대법원 1995.8.22. 95누3909.
34) 같은 취지 : 임승순, 전게서, 278면.

에 대응하는 것이다.

과세관청이 불복절차에 있어서 그 불복사유를 인정하고 이를 인정하는 직권취소 등 처분을 한 경우에도 기속력이 인정되는가? 과세처분에 관한 불복절차과정에서 그 불복사유가 옳다고 인정하고 이에 따라 필요한 처분을 하였을 경우에는 불복제도와 이에 따른 시정방법을 인정하고 있는 국세기본법 취지에 비추어 동일 사항에 관하여 특별한 사유 없이 이를 번복하고 다시 종전의 처분을 되풀이 할 수는 없다.[35] 만약 그렇지 않으면 과세관청이 해당 재결이 이루어지기 전에 당초의 과세처분을 직권으로 취소하는 방법으로 위 기속력의 적용을 회피할 수 있기 때문이다. 이러한 이치는 기속력 관련 규정이 명문으로 준용되지 않는 이의신청이나 심사청구의 경우에도 마찬가지로 적용되어야 한다. 이의신청이나 심사청구의 경우에도 상급행정청의 하급행정청에 대한 지휘감독권에 근거하여 기속력이 인정되기 때문이다. 따라서 과세처분에 관한 이의신청절차에서 과세관청이 이의신청 사유가 옳다고 인정하여 과세처분을 직권으로 취소한 이상 그 후 특별한 사유 없이 이를 번복하고 종전 처분을 되풀이하는 것 역시 허용되지 않는다.[36] **재조사 결정에도 기속력이 인정되는가?** 재조사 결정은 재결청의 결정에서 지적된 사항에 관하여 처분청의 재조사 결과를 기다려 그에 따른 후속 처분의 내용을 심판청구 등에 대한 결정의 일부분으로 삼겠다는 의사가 내포된 변형결정에 해당하므로, 처분청은 재조사 결정의 취지에 따라 재조사를 한 후 그 내용을 보완하는 후속 처분만을 할 수 있는 것이어서 처분청이 재조사 결정의 주문 및 그 전제가 된 요건사실의 인정과 판단, 즉 처분의 구체적 위법사유에 관한 판단에 반하여 당초 처분을 그대로 유지하는 것은 재조사 결정의 기속력에 저촉된다.[37]

다만 재결정이 당초의 과세처분을 특정 위법사유를 근거로 취소한 경우라고 할지라도, 과세관청이 다른 처분사유에 의하여 새로운 과세처분을 하고 해당 처분사유가 종전의 처분사유와 기본적인 과세요건사실에 있어서 동일하지 않다면 이는 별개의 처분으로서 기속력에 저촉되지 않는다. 따라서 심판청구에 대한 결정에서 해당 과세처분이 위헌으로 결정된 조문에 근거한 '소득처분에 따른 의제소득에 대한 갑종근로소득세 원천징수처분'을 취소하자 과세관청이 현실귀속 소득 등으로 보고 다시 갑종근로소득세 원천징수처분을 한 경우, 그 처분은 국세심판소의 재결의 취지에 따라 그 재결에 적시된 위법사유를 시정・보완하여

35) 대법원 2010.6.24. 2007두18161; 대법원 2014.7.24. 선고 2011두14227; 대법원 2016.10.27. 2016두42999.
36) 대법원 2010.9.30. 2009두1020.
37) 대법원 2017.5.11. 2015두37549; 대법원 2017.5.11. 2015두44455.

한 새로운 부과처분으로 재결의 기속력에 반하지 아니한다.[38]

라. 형성력

조세불복절차에 있어서의 해당 재결청의 결정으로 인하여 당초의 과세처분이 바로 취소 또는 변경되는 효력을 **'형성력'**이라고 한다. 판례는 조세불복절차에 있어서 재결청의 결정에 대하여 원칙적으로 형성력을 인정한다. 즉 당초의 과세처분을 취소 또는 변경하는 결정이 있으면 특단의 사정이 없는 한 그 결정의 효력에 의하여 해당 처분은 당연히 취소 또는 변경된다고 판시한다. 그러나 이 판례에 의하더라도 해당 결정이 당초의 과세처분을 경정한다고 선언함에 그치고 경정한 처분의 내용을 명시하지 않고 있는 경우에는 그 결정만으로는 원처분의 변경범위가 명확치 아니하므로 이로써 원처분이 당연히 변경되었다고 보기 어렵고, 당초의 처분청이 해당 경정결정 취지에 따라 과세표준과 세액의 경정결정을 하여 이를 납세자에게 통지한 때에 비로소 당초 과세처분 변경의 효력이 발생한다.[39]

Ⅶ 심판청구에 준용되는 심사청구 규정들

심판청구에 관하여는 다음과 같은 '심사청구에 대한 규정들'이 준용된다(국기 81조). 다만 심사결정 관련 규정을 준용하는 부분은 심판결정에서 살핀다.

심판청구서를 우편으로 제출(국기 5조의2에서 정한 날을 기준으로 한다)한 심판청구서가 청구기간을 지나서 도달한 경우에는 그 기간의 만료일에 적법한 청구를 한 것으로 본다(국기 61조 3항).

심판청구인이 천재 등으로 인한 기한의 연장 사유(국기 6조)로 인하여 법정기간에 심판청구를 할 수 없을 때에는 그 사유가 소멸한 날부터 14일 이내에 심판청구를 할 수 있으나, 이 경우 심판청구인은 그 기간에 심판청구를 할 수 없었던 사유, 그 사유가 발생한 날과 소멸한 날, 그 밖에 필요한 사항을 기재한 문서를 함께 제출하여야 한다(국기 61조 4항).

심판청구서의 보정과 관련하여서는 심사청구서의 보정에 관한 규정(국기 63조)이 준용된다. 다만 보정기간에 관한 '20일 이내의 기간'이 아니라 '상당한 기간'으로 정한다.

38) 대법원 2001.9.14. 99두3324.
39) 대법원 1982.7.27. 82누91.

심판결정의 경정과 관련하여서는 심사청구결정의 경정에 대한 규정(국기 65조의2)을 준용한다.

제3장

조세소송

제1절 총 설

I 조세소송과 행정소송법

조세소송 역시 행정소송이다. 행정소송은 행정소송법에 의하여 규율된다. 그렇다면 **조세소송에 대하여서도 다른 행정소송의 경우와 같이 행정소송법이 그대로 적용되는가?** 이와 관련하여 국세기본법은 행정소송법과의 관계에 대하여 다음과 같이 규정한다. '국세기본법 또는 세법 상 처분'에 대한 조세소송은 국세기본법에 따른 심사청구 또는 심판청구와 그에 대한 결정을 거치지 아니하면 제기할 수 없다(국기 56조 2항). 즉 임의적 행정심판전치주의에 대한 규정들(행소 18조 1항 본문, 2항, 3항)이 적용되지 않는다. 다만 심사청구 또는 심판청구에 대한 재조사 결정(국기 65조 1항 3호 단서, 80조의2에서 준용하는 경우 포함)에 따른 처분청의 처분에 대한 행정소송은 그러하지 아니하다(국기 56조 2항 단서). 또한 조세소송은 심사청구 또는 심판청구에 대한 '결정의 통지를 받은 날부터' 90일 이내에 제기하여야 한다(국기 56조 3항 본문). 즉 처분 등이 있음을 안 날부터 90일 이내에 제기하여야 한다는 행정소송법 제20조가 적용되지 않는다. 다만, 국세청장 및 조세심판원장은 심사 또는 심판청구를 받은 날부터 90일 이내에 해당 청구에 대한 결정을 하여야 하는 바(국기 65조 2항, 80조의2), 해당 청구를 제기한 납세자가 그 결정기간 이내에 결정의 통지를 받지 못한 경우에는 결정의 통지를 받기 전이라도 그 결정기간이 지난 날부터 행정소송을 제기할 수 있다(국기 56조 3항 단서 ; 관세 120조 3항 단서). 한편 **심사청구 또는 심판청구의 재조사 결정**(국기 65조 1항 3호 단서, 80조의2) **에 대한 행정소송의 제소기간에 대하여서는 특칙이 있다**(국기 56조 4항). **재조사 결정에 대하여 심사청구 또는 심판청구를 거치지 아니하고 행정소송을 제기하는 경우**에는 재조사 후 행한 처분청의 처분의 결과 통지를 받은 날부터 90일 이내에 행정소송을 제기하여야 한다.

다만, 재조사 결정에 따른 처분기간[조사를 연기하거나 조사기간을 연장하거나 조사를 중지한 경우(국기 65조 5항 후단)에는 해당 기간을 포함](국기 65조 5항, 80조의2)에 처분청의 처분결과 통지를 받지 못하는 경우에는 그 처분기간이 지난 날부터 행정소송을 제기할 수 있다. **재조사 결정에 대하여 심사청구 또는 심판청구를 거쳐서 행정소송을 제기하는 경우**에는 재조사 후 행한 처분청의 처분에 대하여 제기한 심사청구 또는 심판청구에 대한 결정의 통지를 받은 날부터 90일 이내에 행정소송을 제기하여야 한다. 다만, 재조사 결정에 따른 결정기간(국기 65조 2항, 80조의2)에 결정의 통지를 받지 못하는 경우에는 그 결정기간이 지난 날부터 행정소송을 제기할 수 있다. 위 기간은 불변기간이다(국기 56조 6항). 감사원법에 따라 심사청구를 거친 경우에는 이 법에 따른 심사청구 또는 심판청구를 거친 것으로 본다(국기 56조 5항).

국세청장, 지방국세청장, 세무서장은 심판청구를 거쳐 행정소송에 따른 항고소송이 제기된 사건에 대하여 그 내용이나 결과 등 법정 사항(항고소송이 제기된 사건 목록과 해당 사건의 처리 상황 및 결과, 항고소송 결과 원고의 승소판결이 확정된 경우 그 판결문 사본)(국기령 63조)을 반기마다 그 다음 달 15일까지 조세심판원장에게 알려야 한다(국기 81조).

행정소송법에 따르면 행정소송에 대하여는 다른 법률에 특별한 규정이 있는 경우를 제외하고는 이 법이 정하는 바에 의한다고 규정하기 때문에(행소 8조 1항), 특별규정이 없는 경우에 대하여는 조세소송과 관련하여 행정소송법이 적용된다. 한편 행정소송법에도 규정이 없는 경우에는 법원조직법, 민사소송법 및 민사집행법의 규정을 준용한다(행소 8조 2항). 결국 **행정소송인 조세소송과 관련하여서는 행정소송법 상 임의적 전치주의 및 제소기간에 의한 규정들 이외의 사항에 대하여서는 행정소송법이 적용되고, 행정소송법에 정함이 없는 경우에는 법원조직법과 민사소송법 및 민사집행법의 규정이 적용된다.**

Ⅱ 조세소송의 목적

조세소송은 과세관청의 위법한 처분 그 밖에 공권력의 행사 및 불행사 등으로 인한 국민의 권리 또는 이익의 침해를 구제하고, 공법 상의 권리관계 또는 법적용에 관한 다툼을 적정하게 해결함을 목적으로 한다(행소 1조).

'처분 등'이라 함은 과세관청이 행하는 구체적 사실에 관한 법집행으로서의 공권력의 행사 또는 그 거부와 그 밖에 이에 준하는 행정작용을 말한다(행소 2조 1항 1호). 일반 행정소송의 경우에는 처분 등의 개념에 행정심판에 대한 재결 역시 포함되나, 국세기본법은 행정심판에 대한 재결에 해당하는 조세불복절차 상 결정을 처분의 개념에서 제외한다(국기 55조 5항 1호).

'부작위'라 함은 과세관청이 당사자의 신청에 대하여 상당한 기간 내에 일정한 처분을 하여야 할 법률 상 의무가 있음에도 불구하고 이를 하지 아니하는 것을 말한다(행소 2조 1항 2호). 조세소송에 있어서 부작위의 예로서는 '공제 · 감면신청에 대한 결정', '국세의 환급', '사업자등록신청에 대한 등록증 교부', '허가 · 승인', '압류해제', '경정청구(국기 45조의2)에 대한 결정 또는 경정' 및 '위 각 사항에 준하는 것'을 명시적 또는 묵시적으로 거부하는 것을 들 수 있다(국기통칙 55-0…3).

'과세관청'에는 법령에 의하여 행정권한의 위임 또는 위탁을 받은 행정기관, 공공단체 및 그 기관 또는 사인이 포함된다(행소 2조 2항).

Ⅲ 조세소송의 종류

조세소송은 항고소송, 당사자소송, 민중소송, 기관소송으로 구분된다(행소 3조). 항고소송은 행정청의 처분 등이나 부작위에 대하여 제기하는 소송을 의미한다. 당사자소송은 행정청의 처분 등을 원인으로 하는 법률관계에 관한 소송 그 밖에 공법 상의 법률관계에 관한 소송으로서 그 법률관계의 한쪽 당사자를 피고로 하는 소송을 의미한다. 민중소송은 국가 또는 공공단체의 기관이 법률에 위반되는 행위를 한 때에 직접 자기의 법률 상 이익과 관계없이 그 시정을 구하기 위하여 제기하는 소송을 의미한다. 기관소송은 국가 또는 공공단체의 기관 상호간에 있어서의 권한의 존부 또는 그 행사에 관한 다툼이 있을 때에 이에 대하여 제기하는 소송을 의미하나, 헌법재판소법 제2조의 규정에 의하여 헌법재판소의 관장사항으로 되는 소송은 제외한다.

민중소송 및 기관소송은 법률이 정한 경우에 법률에 정한 자에 한하여 제기할 수 있다(행소 45조). 조세소송과 관련하여 민중소송을 인정하는 법률은 없다. 기관소송의 예로서는 조세조례의 재의결에 대하여 지방자치단체의 장이 대법원에 제기하는 것을 들 수 있다(지자 172조 1항, 3항). 즉 지방의회의 의결이 법령에 위반되거나 공익을 현저히 해친다고 판단되면

시・도에 대하여는 주무부장관이, 시・군 및 자치구에 대하여는 시・도지사가 재의를 요구하게 할 수 있고, 재의요구를 받은 지방자치단체의 장은 의결사항을 이송받은 날부터 20일 이내에 지방의회에 이유를 붙여 재의를 요구하여야 하는 바, 재의결된 사항이 법령에 위반된다고 판단되면 지방자치단체의 장은 재의결된 날부터 20일 이내에 대법원에 소를 제기할 수 있고 이 경우 필요하다고 인정되면 그 의결의 집행을 정지하게 하는 집행정지결정을 신청할 수 있다.

당사자소송은 공법 상의 법률관계를 소송대상으로 한다는 점에서 사법 상의 법률관계를 소송대상으로 하는 민사소송과 구분된다. 과오납금반환청구소송 또는 과세처분의 무효를 근거로 한 기납부세액의 반환청구소송이 그 예에 해당될 수 있으나, 판례는 이를 민사소송으로 취급한다. **다만 최근 판례는 부가가치세 환급청구소송을 당사자소송으로 판시한다.** 즉 납세의무자에 대한 국가의 부가가치세 환급세액 지급의무는 그 납세의무자로부터 어느 과세기간에 과다하게 거래징수된 세액 상당을 '국가가 실제로 납부받았는지 여부와 관계없이' 부가가치세법령의 규정에 의하여 직접 발생하는 것으로서, 그 법적 성질은 정의와 공평의 관념에서 수익자와 손실자 사이의 재산 상태 조정을 위해 인정되는 부당이득 반환의무가 아니라 부가가치세법령에 의하여 그 존부나 범위가 구체적으로 확정되고 조세 정책적 관점에서 특별히 인정되는 공법 상 의무라고 봄이 타당하므로, 납세의무자에 대한 국가의 부가가치세 환급세액 지급의무에 대응하는 국가에 대한 납세의무자의 부가가치세 환급세액 지급청구는 민사소송이 아니라 행정소송법 제3조 제2호에 규정된 당사자소송의 절차에 따라야 한다.[40] 이 판례는 부가가치세 납세의무를 부담하는 사업자인 납세의무자에 대한 국가의 환급세액 지급의무는, 입법자가 과세 및 징수의 편의를 도모하고 중복과세를 방지하는 등의 조세 정책적 목적을 달성하기 위한 입법적 결단을 통하여 최종 소비자에 이르기 전의 각 거래단계에서 재화 또는 용역을 공급하는 사업자가 그 공급을 받는 사업자로부터 매출세액을 징수하여 국가에 납부하고 그 세액을 징수당한 사업자는 이를 국가로부터 매입세액으로 공제・환급받는 과정을 통하여 그 세액의 부담을 다음 단계의 사업자에게 차례로 전가하여 궁극적으로 최종 소비자에게 이를 부담시키는 것을 근간으로 하는 전단계세액공제 제도를 채택한 결과, 어느 과세기간에 거래징수된 세액이 거래징수를 한 세액보다 많은 경우에는 그 납세의무자가 창출한 부가가치에 상응하는 세액보다 많은 세액이 거래징수되

40) 대법원 2013.3.21. 2011다95564 전원합의체 판결.

게 되므로 이를 조정하기 위한 과세기술상, 조세 정책적인 요청에 따라 특별히 인정한 것이라는 점을 근거로 한다.

항고소송은 취소소송, 무효 등 확인소송 및 부작위위법확인소송으로 구분된다(행소 4조). 취소소송은 행정청의 위법한 처분 등을 취소 또는 변경하는 소송을, 무효 등 확인소송은 행정청의 처분 등의 효력 유무 또는 존재 여부를 확인하는 소송을, 부작위위법확인소송은 행정청의 부작위가 위법하다는 것을 확인하는 소송을 각 의미한다.

무명항고소송은 학설 상 논의되는 것으로서 법정 항고소송 이외의 항고소송을 의미한다. 무명항고소송의 예로서 **의무이행소송, 적극적 형성소송, 작위의무 확인소송 및 예방적 부작위소송**이 논의된다.[41)]

의무이행소송은 행정청으로 하여금 일정한 행정처분을 하도록 명하는 이행판결을 구하는 소송을 의미한다. 이는 행정소송법 상 부작위위법확인소송이 인정되고 있음에도 불구하고 부작위위법확인소송은 일정한 행정처분을 하도록 간접강제할 수 있는 효력을 갖는 것에 그치기 때문에 이를 직접강제할 수 있는 의무이행소송을 인정할 것인지 여부를 논의하는 것이다. 판례는 행정청의 위법 또는 부당한 부작위에 대하여 일정한 처분을 하도록 청구하는 소송을 허용하지 아니한 것이 국민의 재산권을 보장한 헌법에 위배되지 않는다고 판시한다.[42)] 헌재 역시 행정소송법 제4조가 의무이행소송을 항고소송의 하나로 규정하지 아니한 것은 의무이행소송에 대한 입법행위가 없는 경우(입법권의 불행사)에 해당하는 것이지, 항고소송의 유형을 불완전・불충분하게 규율하여 입법행위에 결함이 있는 경우(입법권 행사의 결함)라고 보기 어렵다고 판시한다.[43)] 이는 의무이행소송의 성격은 취소소송이나 확인의 소인 부작위위법확인소송과는 본질적으로 다르고, 소송요건, 본안 요건, 판결의 효력, 집행 방법 등에 있어서도 본질적으로 구별되는 별도의 소송유형이라는 점, 행정청의 1차적 판단권이 존중되어야 한다는 권력분립적 요청, 법치행정의 요청 및 국민의 효율적인 권리구제의 요청, 사법권의 정치화・행정화를 막고 부담을 경감하여야 한다는 사법자제적 요청, 국가 주도의 발전과정과 행정권의 역할에 대한 고려, 행정기관과 법원의 수용태세 등을 고려하여 현행 행정소송법에 도입되지 않은 입법경위 등을 종합하여 고려한 것이다. 그러나 정부는 2007년 11월 19일에 행정소송법개정안을 제출한 바가 있고 그 개정안 제4조 제3호

41) 홍정선, 행정법원론(상), 22판, 박영사, 2014, 1121-1125면.
42) 대법원 1992.12.22. 92누13929.
43) 헌재 2008.10.30. 2006헌바80.

는 의무이행소송을 도입하고 있다.

적극적 형성소송은 행정청으로 하여금 일정한 행정처분을 하도록 명하는 의무이행소송과 달리 법원으로 하여금 행정청이 일정한 행정처분을 행한 것과 같은 효과가 있는 행정처분을 직접 하도록 하는 것을 구하는 소송을 의미하고 그 소송을 적극적 형성소송이라고 한다. 이와 관련하여서는 의무이행소송에 대한 논의가 그대로 적용될 수 있다.

작위의무 확인소송은 행정청이 수익적 처분을 하여야 할 의무가 있음을 확인하는 판결을 구하는 소송을 의미한다. 작위의무 확인소송은 수익적 처분의 명령을 구하는 것이 아니라 단순히 수익적 처분을 할 의무가 있다는 것을 확인하는데 그친다는 점에서 의무이행소송과 다르다. 판례는 작위의무 확인소송을 인정하지 않는다.[44)]

예방적 부작위소송은 법원이 행정청에 대하여 '일정한 침익적 처분을 장래에 하여서는 아니 된다'는 내용의 부작위를 명하는 판결을 구하는 소송을 의미한다. 한편 행정청은 '일정한 침익적인 처분을 장래에 하여서는 아니될 의무를 부담한다'는 것의 확인을 구하는 소송을 예방적 부작위의무확인소송이라고 부른다. 판례는 예방적 부작위소송을 인정하지 않는다.[45)] 그러나 정부는 2007년 11월 19일에 행정소송법개정안을 제출한 바가 있고 그 개정안 제4조 제4호는 예방적 금지소송을 규정하고 있으며 그것은 예방적 부작위소송의 한 형태에 해당한다. 이 개정안 상 예방적 금지소송은 행정청이 장래에 위법한 처분을 할 것이 임박한 경우에 그 처분을 금지하는 소송을 의미한다.

이상의 각 조세소송 이외에 조세와 관련된 민사소송이 있다. 이를 **조세민사소송**으로 구분한다. 판례는 이론 상 당사자소송에 해당한다고 볼 수 있는 과오납금반환청구소송 또는 과세처분의 무효를 근거로 한 기납부세액의 반환청구소송을 민사소송으로 보고 있으므로 이들 소송은 조세민사소송으로 분류한다. 한편 민사소송의 수소법원은 과세처분 등의 효력 유무 또는 존재 여부가 민사소송의 선결문제로 된 경우에는 이를 심리・판단할 수 있고 당해 수소법원은 그 처분 등을 행한 과세관청에게 그 선결문제로 된 사실을 통지하여야 한다(행소 11조). 이와 같이 민사소송의 선결문제로서 심리하는 소송 역시 조세민사소송으로 분류할 수 있다.

또한 국가나 지방자치단체는 세무공무원 또는 공무를 위탁받은 사인이 직무를 집행하면서 고의 또는 과실로 법령을 위반하여 타인에게 손해를 입힌 경우에는 그 손해를 배상하여

44) 대법원 1990.11.23. 90누3553; 대법원 1989.1.24. 88누3314.
45) 대법원 1987.3.24. 86누182.

야 하고 해당 공무원에게 고의 또는 중대한 과실이 있으면 국가나 지방자치단체는 그 공무원에게 구상할 수 있는 바(국배 2조), 이 역시 민사소송에 해당한다. 그 밖에 조세환급청구, 압류채권지급청구소송, 사해행위취소청구소송, 채권자대위소송, 배당이의소송, 압류등기말소소송, 파산절차와 관련된 재단채권확인소송, 원천징수의무자와 원천납세의무자 사이의 소송, 부가가치세액에 대한 민사청구 및 공유자에 대한 구상금청구 등이 있을 수 있다.

Ⅳ 조세소송 통칙

조세민사소송을 제외한 조세소송에 대하여 적용되는 통칙에 대하여 살핀다. 한편 국세청 내부적으로는 소송사무처리규정(국세청훈령 제2227호, 2018.1.1.)이 소송관련 업무의 효율적인 수행과 적정한 관리를 도모하기 위하여 국세청 소관 소송수행에 관하여 필요한 사항에 대하여 규정한다.

1 기간의 계산

국외에서의 소송행위 추완기간은 14일에서 30일로(이미 민소 173조 1항에 반영되어 있다), 제3자에 의한 재심청구(행소 31조)에 있어서는 그 기간을 30일에서 60일로, 소의 제기에 있어서는 그 기간을 60일에서 90일로(이미 국기 56조, 지기 96조, 지기령 64조에 반영되어 있다) 한다(행소 5조).

2 명령 또는 규칙의 위헌판결 등 공고

조세소송에 대한 대법원 판결에 의하여 명령・규칙이 헌법 또는 법률에 위반된다는 것이 확정된 경우에는 대법원은 지체없이 그 사유를 행정자치부장관에게 통보하여야 하고, 그 통보를 받은 행정자치부장관은 지체없이 이를 관보에 게재하여야 한다(행소 6조).

3 사건의 이송

원고의 고의 또는 중대한 과실없이 조세소송이 심급을 달리하는 법원에 잘못 제기된 경우에 있어서, 법원이 소송의 전부 또는 일부에 대하여 관할권이 없다고 인정하는 경우에는 결정으로 이를 관할 법원에 이송한다(행소 7조 ; 민소 34조 1항).

제2절 항고소송

제1관 취소소송

I 취소소송 총설

취소소송은 과세관청의 위법한 처분 등을 취소 또는 변경하는 소송을 의미한다(행소 4조 1호). 과세처분의 무효선언을 구하는 의미에서의 취소소송도 판례 상 취소소송으로 인정된다. 따라서 과세처분의 무효선언을 구하는 의미에서 취소를 구하는 소송이라도 무효 등 확인소송과 달리 전심절차를 거쳐야 한다.[46] 위법한 처분의 취소를 구하는 소는 위법한 처분에 의하여 발생한 위법상태를 배제하여 원상으로 회복시키고 그 처분으로 침해되거나 방해받은 권리와 이익을 보호・구제하고자 하는 소송이다.[47] 따라서 비록 그 위법한 처분을 취소한다고 하더라도 원상회복이 불가능한 경우에는 그 취소를 구할 이익이 없다. 처분 등을 취소하는 확정판결은 제3자에 대하여도 효력이 있고, 이는 집행정지의 결정 또는 그 집행정지결정의 취소결정의 경우에도 같다(행소 29조).

취소소송과 무효 등 확인소송의 관계는 어떠한가?

행정처분에 대한 무효확인과 취소청구는 서로 양립할 수 없는 청구로서 주위적・예비적 청구로서만 병합이 가능하고 선택적 청구로서의 병합이나 단순 병합은 허용되지 아니한다.[48] 무효의 선언을 구하는 취소소송 역시 취소소송에 해당하고 이 경우에는 취소소송으로서의 요건을 구비하여야 한다. 따라서 취소소송으로서의 요건을 갖춘 경우에는 해당 과세처분이 무효에 해당한다는 의미에서 해당 취소소송에서 인용판결을 할 수 있다. 해당 과세처분이 무효사유에 해당한다는 평가에는 취소사유에도 해당한다는 점 역시 포함되기 때문이다. 그러나 설사 해당 과세처분이 무효라고 할지라도 취소소송의 요건을 구비하지 못하는 경우에는 무효 등 확인소송으로 변경하지 않는 한 해당 취소소송에 대하여 인용판결을 할 수는 없다.[49] 반대로 만약 **취소소송으로 다툴 수 있는 과세처분을 무효 등 확인소송**

46) 대법원 1976.2.24. 75누128 전원합의체 판결; 대법원 1990.8.28. 90누1892.
47) 대법원 2006.7.28. 2004두13219.
48) 대법원 1999.8.20. 97누6889.
49) 같은 취지 : 홍정선, 전게서, 950면.

으로 다투는 경우는 어떻게 취급하여야 하는가? 하자 있는 행정처분을 놓고 이를 무효로 볼 것인지 아니면 단순히 취소할 수 있는 처분으로 볼 것인지는 동일한 사실관계를 토대로 한 법률적 평가의 문제에 불과하고 행정처분의 무효확인을 구하는 소에는 특단의 사정이 없는 한 그 취소를 구하는 취지도 포함되어 있다고 보아야 한다.[50] 따라서 동일한 행정처분에 대하여 무효확인의 소를 제기하였다가 그 후 그 처분의 취소를 구하는 소를 추가적으로 병합한 경우, 주된 청구인 무효확인의 소가 적법한 제소기간 내에 제기되었다면 추가로 병합된 취소청구의 소도 적법하게 제기된 것으로 봄이 상당하다. 취소소송으로 다툴 수 있는 과세처분을 무효 등 확인소송으로 다투는 경우에도, 취소소송으로서 인용하기 위하여서는 취소소송으로서의 해당 요건을 갖추어야 한다.[51] **입증책임 및 심리의 범위 관점에서 취소소송과 무효 등 확인소송의 관계에 대하여 살핀다.** 민사소송법이 준용되는 행정소송에서 증명책임은 원칙적으로 민사소송의 일반원칙에 따라 당사자 간에 분배되고, 항고소송은 그 특성에 따라 해당 처분의 적법성을 주장하는 피고에게 적법사유에 대한 증명책임이 있으나, 예외적으로 행정처분의 당연무효를 주장하여 무효 확인을 구하는 행정소송에서는 원고에게 행정처분이 무효인 사유를 주장 · 증명할 책임이 있고, 이는 무효 확인을 구하는 뜻에서 행정처분의 취소를 구하는 소송에 있어서도 마찬가지이다. 한편 행정처분의 무효 확인을 구하는 소에는 특단의 사정이 없는 한 취소를 구하는 취지도 포함되어 있다고 보아야 하므로, 해당 행정처분의 취소를 구할 수 있는 경우라면 무효사유가 증명되지 아니한 때에 법원으로서는 취소사유에 해당하는 위법이 있는지 여부까지 심리하여야 한다. 나아가 과세처분에 대한 취소소송과 무효확인소송은 모두 소송물이 객관적인 조세채무의 존부확인으로 동일하다. 결국 과세처분의 위법을 다투는 조세행정소송의 형식이 취소소송인지 아니면 무효확인소송인지에 따라 증명책임이 달리 분배되는 것이라기보다는 위법사유로 취소사유와 무효사유 중 무엇을 주장하는지 또는 무효사유의 주장에 취소사유를 주장하는 취지가 포함되어 있는지 여부에 따라 증명책임이 분배된다.[52] 나아가 **과세단위가 단일한 종합소득세의 세목 아래에서 같은 금액의 소득이 현실적으로 귀속되었음을 이유로 들어 과세근거 규정을 달리 주장하는 것은 처분의 동일성이 유지되는 범위 내의 처분사유의 교환 · 변경에 해당하므로 허용**된다. 그런데 과세처분의 적법성에 대한 증명책임은 과세관청에 있는바,

50) 대법원 2005.12.23. 2005두3554.
51) 대법원 1986.9.23. 85누838.
52) 대법원 2023.6.29. 2020두46073.

위와 같이 교환·변경된 사유를 근거로 하는 처분의 적법성 또는 그러한 처분사유의 전제가 되는 사실관계에 관한 증명책임 역시 과세관청에 있고, 특히 무효확인소송에서 원고가 당초의 처분사유에 대하여 무효사유를 증명한 경우에는 과세관청이 그처럼 교환·변경된 처분사유를 근거로 하는 처분의 적법성에 대한 증명책임을 부담한다.[53]

취소소송과 당사자소송의 관계는 어떠한가?

과세처분에 대하여 취소사유가 있음에 불과하고 해당 과세처분이 당연무효가 아닌 경우에 해당 과세처분이 취소되지 않았다면, 바로 당사자소송을 제기하여 해당 처분의 효력을 부인할 수는 없고 이를 제기한 경우에도 해당 청구는 기각되어야 하며 민사소송으로 부당이득반환청구를 할 수도 없다.[54] 행정행위의 공정력으로 인하여 당연무효가 아닌 단순위법의 하자가 있는 행정행위는 취소소송 이외의 소송으로 그 효력을 부인할 수 없기 때문이다.[55]

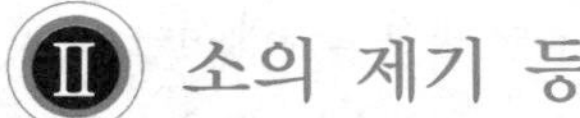

Ⅱ 소의 제기 등

1 소의 제기

취소소송을 비롯한 조세소송의 제기는 **소장**을 작성하여 법원에 제출하는 방법에 의하여야 한다(행소 8조 2항, 민소 248조). 소장에는 당사자와 법정대리인, 청구의 취지와 원인을 적어야 하고, 소장에는 준비서면에 관한 규정을 준용한다(행소 8조 2항, 민소 249조). 소장에 당사자와 법정대리인, 청구의 취지와 원인이 적히지 않는 경우와 소장에 법률의 규정에 따른 인지를 붙이지 아니한 경우에는 재판장은 상당한 기간을 정하고, 그 기간 이내에 흠을 보정하도록 명하여야 하고 재판장은 법원사무관 등으로 하여금 위 **보정명령**을 하게 할 수 있다(행소 8조 2항, 민소 254조 1항). 원고가 위 기간 이내에 흠을 보정하지 아니한 때에는 재판장은 명령으로 소장을 각하하여야 하고 이 명령에 대하여는 즉시항고를 할 수 있다(행소 8조 2항, 민소 254조 2항, 3항). 재판장은 소장을 심사하면서 필요하다고 인정하는 경우에는 원고에게 청구하는 이유에 대응하는 증거방법을 구체적으로 적어 내도록 명할 수 있으며, 원고가 소장에 인용한 서증의 등본 또는 사본을 붙이지 아니한 경우에는 이를 제출하도록 명할 수

53) 대법원 2023.6.29. 2020두46073.
54) 대법원 2001.4.27. 2000다50237.
55) 홍정선, 전게서, 950면.

있다(행소 8조 2항, 민소 254조 4항).

소송을 제기하여 법원에 계속되어 있는 사건에 대하여 당사자는 다시 소를 제기하지 못하고(행소 8조 2항, 민소 259조). 취소소송의 제기는 처분 등의 효력이나 그 집행 또는 절차의 속행에 영향을 주지 아니한다(행소 23조 1항). 이를 **집행부정지의 원칙**이라고 한다.

2 소장부본의 송달 및 답변서의 제출

법원은 소장의 부본을 피고에게 송달하여야 하고, 소장의 부본을 송달할 수 없는 경우에는 소장심사권에 관한 규정(민소 254조 1항-3항)을 준용한다(행소 8조 2항, 민소 255조).

피고가 원고의 청구를 다투는 경우에는 소장의 부본을 송달받은 날부터 30일 이내에 답변서를 제출하여야 하나, 피고가 공시송달의 방법에 따라 소장의 부본을 송달받은 경우에는 그러하지 아니하다(행소 8조 2항, 민소 256조 1항). 법원은 소장의 부본을 송달할 때에 위 내용의 취지를 피고에게 알려야 하고, 법원은 답변서의 부본을 원고에게 송달하여야 하며, 답변서에는 준비서면에 관한 규정을 준용한다(행소 8조 2항, 민소 256조 2항-4항).

법원은 피고가 답변서를 제출하지 아니한 때에는 청구의 원인이 된 사실을 자백한 것으로 보고 변론 없이 판결할 수 있으나, 직권으로 조사할 사항이 있거나 판결이 선고되기까지 피고가 원고의 청구를 다투는 취지의 답변서를 제출한 경우에는 그러하지 아니하다(행소 8조 2항, 민소 257조 1항). 피고가 청구의 원인이 된 사실을 모두 자백하는 취지의 답변서를 제출하고 따로 항변을 하지 아니한 때에는 위 규정을 준용하고, 법원은 피고에게 소장의 부본을 송달할 때에 변론 없이 판결을 선고할 기일을 함께 통지할 수 있다(행소 8조 2항, 민소 256조 2항-3항).

3 변론과 그 준비

재판장은 변론 없이 판결하는 경우 외에는 바로 변론기일을 정하여야 하나, 사건을 변론준비절차에 부칠 필요가 있는 경우에는 그러하지 아니하다(행소 8조 2항, 민소 258조 1항). 재판장은 변론준비절차가 끝난 경우에는 바로 변론기일을 정하여야 한다(행소 8조 2항, 민소 258조 2항).

변론은 집중되어야 하며, 당사자는 변론을 서면으로 준비하여야 한다(행소 8조 2항, 민소 272조 1항). 단독사건의 변론은 서면으로 준비하지 아니할 수 있으나, 상대방이 준비하지 아니하면 진술할 수 없는 사항은 그러하지 아니하다(행소 8조 2항, 민소 272조 2항).

준비서면은 법정 사항(민소 274조)에 대하여 상대방이 준비하는 데 필요한 기간을 두고 제출하여야 하며, 법원은 상대방에게 그 부본을 송달하여야 한다(행소 8조 2항, 민소 273조). 당사자가 가지고 있는 문서로서 준비서면에 인용한 것은 그 등본 또는 사본을 붙여야 하며, 문서의 일부가 필요한 때에는 그 부분에 대한 초본을 붙이고 문서가 많을 때에는 그 문서를 표시하면 된다(행소 8조 2항, 민소 275조 1항, 2항). 상대방이 요구하면 그 원본을 보여주어야 한다(행소 8조 2항, 민소 275조 3항). 준비서면에 적지 아니한 사실은 상대방이 출석하지 아니한 때에는 변론에서 주장하지 못하나, 준비서면을 필요로 하지 아니하는 경우에는 그러하지 아니하다(행소 8조 2항, 민소 276조).

변론준비절차에서는 변론이 효율적이고 집중적으로 실시될 수 있도록 당사자의 주장과 증거를 정리하여야 하고, 재판장은 특별한 사정이 있는 때에는 변론기일을 연 뒤에도 사건을 변론준비절차에 부칠 수 있다(행소 8조 2항, 민소 279조). 재판장 등은 변론준비절차를 진행하는 동안에 주장 및 증거를 정리하기 위하여 필요하다고 인정하는 때에는 변론준비기일을 열어 당사자를 출석하게 할 수 있다(행소 8조 2항, 민소 282조). 변론준비기일에 제출하지 아니한 공격방어방법은 '그 제출로 인하여 소송을 현저히 지연시키지 아니하는 때', '중대한 과실 없이 변론준비절차에서 제출하지 못하였다는 것을 소명한 때', '법원이 직권으로 조사할 사항인 때' 중 어느 하나에 해당하여야만 변론에서 제출할 수 있다(행소 8조 2항, 민소 285조 1항). 법원은 변론준비절차를 마친 경우에는 첫 변론기일을 거친 뒤 바로 변론을 종결할 수 있도록 하여야 하며, 당사자는 이에 협력하여야 하고, 당사자는 변론준비기일을 마친 뒤의 변론기일에서 변론준비기일의 결과를 진술하여야 한다(행소 8조 2항, 민소 287조 1항, 2항). 법원은 변론기일에 변론준비절차에서 정리된 결과에 따라서 바로 증거조사를 하여야 한다(행소 8조 2항, 민소 287조 3항).

그 밖에 변론과 그 준비에 대한 민사소송법 상 규정들(민소 277조-286조)이 적용될 수 있다.

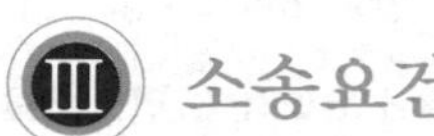

Ⅲ 소송요건

1 총설

조세관련 취소소송을 제기하여 법원으로부터 본안에 관한 승소판결을 받기 위하여서는 '본안판단의 전제요건'과 '본안요건'을 충족하여야 하는 바 이 중 **본안판단의 전제요건**을 소송요건이라고 한다. 이러한 소송요건들의 내용은 국세기본법, 행정소송법, 민사소송법 및 법원조직법 등 관련 법률에 의하여 정하여지는 바, 이는 다음과 같이 요약된다. 처분 등이 존재하여야 하고, 관할 법원에 정당한 원고(원고적격)가 정당한 피고(피고적격)에게 일정한 기간(제소기간) 내에 소장을 제출하여야 하고, 국세심사, 심판청구 또는 감사원의 심사청구를 거쳐야 하며(필요적 전치주의 ; 다만 지방세의 경우에는 임의적 전치주의), 원고에게는 처분 등의 취소 또는 변경을 구할 이익(소의 이익)이 있어야 할 뿐만 아니라, 동일한 당사자 사이의 소송대상에 대하여 기판력이 있는 판결이 없어야 하고 중복제소에 해당하지도 않아야 한다.[56]

2 처분성

가. 처분 등의 정의

취소소송을 제기하기 위하여서는 처분 등이 존재하여야 한다(행소 4조, 19조). 조세소송에 있어서 **'처분 등'**은 과세관청이 행하는 구체적 사실에 관한 법집행으로서의 공권력의 행사 또는 그 거부와 그 밖에 이에 준하는 행정작용을 말한다(행소 2조 1항 1호). '과세관청'에는 법령에 의하여 행정권한의 위임 또는 위탁을 받은 행정기관, 공공단체 및 그 기관 또는 사인이 포함된다(행소 2조 2항).

처분이란 그 처분의 대상인 국민에 대하여 구체적으로 권리를 설정하거나 의무를 명하는 등 법률적 규제를 하려는 요건을 갖춘 행위여야 한다.[57] 그런데 행정청의 어떤 행위가 항고소송의 대상이 될 수 있는지는 추상적 · 일반적으로 결정할 수 없고, 구체적인 경우 행정처분은 행정청이 공권력 주체로서 행하는 구체적 사실에 관한 법집행으로서 국민의 권리의무에 직접적으로 영향을 미치는 행위라는 점을 염두에 두고, 관련 법령의 내용과 취지, 행위의 주체 · 내용 · 형식 · 절차, 그 행위와 상대방 등 이해관계인이 입는 불이익과의 실질적 견련성, 그리고 법치행정 원리와 당해 행위에 관련한 행정청 및 이해관계인의 태도 등을 참작하여 개별적으로 결정해야 한다.[58]

공권력의 행사에는 적극적인 행위뿐만 아니라 소극적인 거부처분 역시 포함되는 것인바, 행정청이 구체적인 사실에 관한 법집행으로서 공권력을 행사할 의무가 있는데도 그 공

56) 상게서, 951면.
57) 대법원 1984.5.22. 83누4.
58) 대법원 2012.9.27. 2010두3541.

권력의 행사를 거부함으로써 국민의 권리 또는 이익을 침해한 때에는 그 거부처분 등을 대상으로 취소소송을 제기할 수 있다.[59] 국민이 어떤 신청을 한 경우에 그 신청의 근거가 된 조항의 해석 상 행정권 발동에 대한 개인의 신청권을 인정하고 있다고 보이면 그 거부행위는 항고소송의 대상이 되는 처분으로 보아야 한다.[60] 국민의 적극적 행위 신청에 대하여 행정청이 그 신청에 따른 행위를 하지 않겠다고 거부한 행위가 항고소송의 대상이 되는 행정처분에 해당하는 것이라고 하려면, 그 신청한 행위가 공권력의 행사 또는 이에 준하는 행정작용이어야 하고, 그 거부행위가 신청인의 법률관계에 어떤 변동을 일으키는 것이어야 하며, 그 국민에게 그 행위발동을 요구할 법규 상 또는 조리상의 신청권이 있어야 하는 바, 여기에서 '신청인의 법률관계에 어떤 변동을 일으키는 것'이라는 의미는 신청인의 실체상의 권리관계에 직접적인 변동을 일으키는 것은 물론, 그렇지 않다 하더라도 신청인이 실체상의 권리자로서 권리를 행사함에 중대한 지장을 초래하는 것도 포함한다.[61] 거부처분은 당사자의 신청에 대하여 관할 행정청이 이를 거절하는 의사를 대외적으로 명백히 표시함으로써 성립되는 것이므로, 당사자가 한 신청에 대하여 거부처분이 있은 후 당사자가 다시 신청을 한 경우에 그 신청의 제목 여하에 불구하고 그 내용이 새로운 신청을 하는 취지라면 관할 행정청이 이를 다시 거절한 이상 새로운 거부처분이 있은 것으로 보아야 한다.[62] 새로운 내용의 신청이 종전과 동일한 내용이라도 마찬가지이다. 즉 거부처분은 관할 행정청이 국민의 처분신청에 대하여 거절의 의사표시를 함으로써 성립되고, 그 이후 동일한 내용의 새로운 신청에 대하여 다시 거절의 의사표시를 한 경우에는 새로운 거부처분이 있는 것으로 보아야 한다.[63]

'행정규칙'에 근거한 처분 역시 취소소송의 대상이 될 수 있는가? 항고소송의 대상이 되는 행정처분이란 원칙적으로 행정청의 공법 상 행위로서 특정 사항에 대하여 법규에 의한 권리 설정 또는 의무 부담을 명하거나 기타 법률 상 효과를 발생하게 하는 등으로 일반 국민의 권리의무에 직접 영향을 미치는 행위를 가리키는 것이지만, 어떠한 처분의 근거가 행정규칙에 규정되어 있다고 하더라도, 그 처분이 상대방에게 권리 설정 또는 의무 부담을 명하거나 기타 법적인 효과를 발생하게 하는 등으로 상대방의 권리의무에 직접 영향을 미

59) 대법원 1992.3.31. 91누4911.
60) 대법원 1996.6.11. 95누12460; 대법원 2009.9.10. 2007두20638.
61) 대법원 2007.10.11. 2007두1316.
62) 대법원 1991.6.11. 90누10292; 대법원 1992.10.27. 92누1643.
63) 대법원 2002.3.29. 2000두6084.

치는 행위라면, 이 경우에도 항고소송의 대상이 되는 행정처분에 해당한다고 보아야 한다.[64)]

권력적 사실행위 역시 취소소송의 대상이 될 수 있는가? 헌재는 권력적 사실행위는 취소소송의 대상이 될 수는 없으나 헌법소원의 대상이 되는 공권력의 행사에는 해당한다고 판시한다. 즉 권력적 사실행위가 행정처분의 준비단계로서 행하여지거나 행정처분과 결합된 경우에는 행정처분에 흡수·통합되어 불가분의 관계에 있다할 것이므로 행정처분만이 취소소송의 대상이 되고, 처분과 분리하여 따로 권력적 사실행위를 다툴 실익은 없다. 그러나 권력적 사실행위가 항상 행정처분의 준비행위로 행하여지거나 행정처분과 결합되는 것은 아니므로 그러한 사실행위에 대하여는 다툴 실익이 있다할 것임에도 법원의 판례에 따르면 일반쟁송 절차로는 다툴 수 없음이 분명하다. 그렇다면, 이러한 권력적 사실행위는 행정소송의 대상이 되는 행정행위로 볼 수 없어 법원에 의한 권리구제절차를 밟을 것을 기대하는 것이 곤란하므로 보충성의 원칙의 예외로서 헌법소원의 제기가 가능하다.[65)]

행정행위의 부관에 대하여서도 행정소송을 제기할 수 있는가? 행정행위의 부관은 행정행위의 일반적인 효력이나 효과를 제한하기 위하여 의사표시의 주된 내용에 부가되는 종된 의사표시이지 그 자체로서 직접 법적 효과를 발생하는 독립된 처분이 아니므로 현행 행정쟁송제도 아래서는 부관 그 자체만을 독립된 쟁송의 대상으로 할 수 없는 것이 원칙이나 행정행위의 부관 중에서도 행정행위에 부수하여 그 행정행위의 상대방에게 일정한 의무를 부과하는 행정청의 의사표시인 부담의 경우에는 다른 부관과는 달리 행정행위의 불가분적인 요소가 아니고 그 존속이 본체인 행정행위의 존재를 전제로 하는 것일 뿐이므로 부담 그 자체로서 행정쟁송의 대상이 될 수 있다.[66)]

행정소송법 상 처분 등에 해당한다고 하더라도 그 처분의 근거 법률에서 행정소송 이외의 다른 절차에 의하여 불복할 것을 예정하고 있는 처분은 항고소송의 대상이 될 수 없다.[67)] 따라서 조세범 처벌절차법에 의한 통고처분은 그 통고처분을 이행하지 않는 경우에는 형사절차에서 그 당부가 결정되므로 조세소송의 대상인 처분에 해당하지 않는다.

처분 등의 존재 여부는 소송요건으로서 직권조사사항이다.[68)]

64) 대법원 2012.9.27. 2010두3541.
65) 헌재 2003.2.18. 2001헌마754.
66) 대법원 1992.1.21. 91누1264.
67) 대법원 2000.3.28. 99두11264.
68) 대법원 2004.12.24. 2003두15195.

처분 등 개념을 제한적으로 정의하는 경우에는 이에 해당되지 않는다면 취소소송의 대상이 되지 않게 되는 바, 이는 국민의 재판을 받을 권리를 침해하는 것인가? 처분 등 정의에 포함되지 않아서 항고소송을 청구하지 못하게 되는 제약 내지 불이익이 발생하는데, 이는 불필요한 소송을 억제하여 법원과 당사자의 부담을 경감시킴으로써 효율적인 재판제도를 구현하기 위한 취지에서 비롯된 것으로 현대 행정의 다양화 등에 따른 권리구제 확대의 필요성을 반영한 것으로서 그 목적의 정당성이 인정된다. 또한 취소소송 등 항고소송에서 처분성이 인정되지 않는 '공권력의 행사'라고 하더라도 헌법재판소법 제68조 제1항 소정의 헌법소원이나 행정소송법 상 당사자소송에 의한 구제수단에 의하여 권리구제가 확대될 수 있음을 감안할 때, 처분 개념을 규정한 법률조항은 국민의 효율적인 권리구제를 어렵게 할 정도로 입법재량권의 한계를 벗어났다고 할 수 없고, 항고소송의 대상이 되는 처분 개념을 현행 법률조항과 같이 규정한 데에는 충분한 합리적인 이유가 있으므로 재판을 받을 권리를 침해한다고 할 수 없다.[69)]

또한 **처분 등 개념을 제한적으로 정의하는 경우에는 이에 해당되지 않는다면 취소소송의 대상이 되지 않는 차별이 발생하게 되는 바, 이는 평등권을 침해하는 것인가?** 항고소송의 대상이 되는 처분 개념을 제한한 법률조항에 의하여 처분성이 인정되지 아니할 경우 항고소송절차를 통한 권리구제를 받을 수 없는 차별이 발생하나 항고소송의 대상적격을 결정짓는 현행 법률조항은 기본적으로 입법자의 광범위한 입법형성권이 인정되는 영역에 속하는 것으로서 사법본질상의 한계를 반영하여 '구체적 사실에 관한 법집행으로서의 공권력의 행사'로 처분 개념을 규정한 데에는 합리적인 이유가 인정되므로 평등권을 침해하지 않는다.[70)]

나. 처분 등의 범위

개별쟁점별로 조세관련 소송에 있어서의 처분 등에 해당하는지 여부를 판례를 중심으로 살핀다.

(1) 조세관련 소송 상 처분성을 인정한 판례

개별토지가격에 대하여 이의가 있는 토지소유자 및 이해관계인은 재조사청구나 행정심

69) 헌재 2009.4.30. 2006헌바66.
70) 헌재 2009.4.30. 2006헌바66.

판법에 따른 행정심판청구 중 하나만을 거쳐 곧바로 행정소송을 제기하는 것이 가능함은 물론 재조사청구를 하여 그 결과통지를 받은 후에 다시 행정심판법에 따른 행정심판의 재결을 거쳐 행정소송을 제기하는 것도 가능하다.[71] 개별토지가격의 결정에 위법이 있는 경우에는 그 자체를 행정소송의 대상이 되는 행정처분으로 보아 그 위법 여부를 다툴 수 있음은 물론 이를 기초로 한 과세처분 등 행정처분의 취소를 구하는 행정소송에서도 선행처분인 개별토지가격결정의 위법을 독립된 위법사유로 주장할 수 있다.[72]

표준지로 선정된 토지의 공시지가에 대하여 불복하기 위하여는 지가공시 및 토지 등의 평가에 관한 법률 제8조 제1항(현행법률은, 부동산 가격공시 및 감정평가에 관한 법률 제12조 제1항) 소정의 이의절차를 거쳐 처분청을 상대로 그 공시지가결정의 취소를 구하는 행정소송을 제기하여야 한다.[73] 다만 이러한 절차를 밟지 아니한 채 개별토지가격결정을 다투는 소송에서 그 개별토지가격 산정의 기초가 된 표준지 공시지가의 위법성을 다툴 수는 없다. 그러나 수용보상금의 증액을 구하는 소송에서는 선행처분으로서 그 수용대상 토지가격 산정의 기초가 된 비교표준지공시지가결정의 위법을 독립한 사유로 주장할 수 있다.[74] 이는 표준지공시지가는 이를 인근 토지의 소유자나 기타 이해관계인에게 개별적으로 고지하도록 되어 있는 것이 아니어서 인근 토지의 소유자 등이 표준지공시지가결정 내용을 알고 있었다고 전제하기가 곤란하다는 점, 결정된 표준지공시지가가 공시될 당시 보상금 산정의 기준이 되는 표준지의 인근 토지를 함께 공시하는 것이 아니어서 인근 토지 소유자는 보상금 산정의 기준이 되는 표준지가 어느 토지인지를 알 수 없으므로 인근 토지 소유자가 표준지의 공시지가가 확정되기 전에 이를 다투는 것은 불가능하다는 점, 장차 어떠한 수용재결 등 구체적인 불이익이 현실적으로 나타나게 되었을 경우에 비로소 권리구제의 길을 찾는 것이 우리 국민의 권리의식임을 감안하여 볼 때 인근 토지소유자 등으로 하여금 결정된 표준지공시지가를 기초로 하여 장차 토지보상 등이 이루어질 것에 대비하여 항상 토지의 가격을 주시하고 표준지공시지가결정이 잘못된 경우 정해진 시정절차를 통하여 이를 시정하도록 요구하는 것은 부당하게 높은 주의의무를 지우는 것이라는 점 및 위법한 표준지공시지가결정에 대하여 그 정해진 시정절차를 통하여 시정하도록 요구하지 않았다

71) 대법원 1998.2.27. 96누13972.
72) 대법원 1994.10.7. 93누15588.
73) 대법원 1995.3.28. 94누12920; 대법원 2022.5.13. 2018두50147.
74) 대법원 2008.8.21. 2007두13845.

는 이유로 위법한 표준지공시지가를 기초로 한 수용재결 등 후행 행정처분에서 표준지공시지가결정의 위법을 주장할 수 없도록 하는 것은 수인한도를 넘는 불이익을 강요하는 것으로서 국민의 재산권과 재판받을 권리를 보장한 헌법의 이념에도 부합하는 것이 아니라는 점을 근거로 한다.

세무서장이 담보권자의 매각대금 배분신청을 거부한 행위는 행정쟁송의 대상인 거부처분에 해당한다.[75] 국세징수법 상 강제징수절차에서 압류재산에 관계되는 담보권자의 우선변제권을 보호하기 위하여 그 절차를 행하는 세무서장은 압류재산의 매각대금을 압류 전후를 불문하고 위 법 소정의 담보권자에게 우선순위에 따라 배분할 공법 상의 의무를 부과하기 때문이다.

소득금액변동통지는 원천징수의무자인 법인의 납세의무에 직접 영향을 미치는 과세관청의 행위로서, 항고소송의 대상이 되는 조세행정처분이다.[76] 다수의견은 과세관청의 소득처분과 그에 따른 소득금액변동통지가 있는 경우 원천징수의무자인 법인은 소득금액변동통지서를 받은 날에 그 통지서에 기재된 소득의 귀속자에게 당해 소득금액을 지급한 것으로 의제되어 그 때 원천징수하는 소득세의 납세의무가 성립함과 동시에 확정되고, 원천징수의무자인 법인으로서는 소득금액변동통지서에 기재된 소득처분의 내용에 따라 원천징수세액을 그 다음 달 10일까지 관할 세무서장 등에게 납부하여야 할 의무를 부담하며, 만일 이를 이행하지 아니하는 경우에는 가산세의 제재를 받게 됨은 물론이고 형사처벌까지 받도록 규정되어 있는 점을 근거로 한다.[77] **소득금액변동통지서 상 소득의 귀속자나 소득의 귀속자별 소득금액의 특정과 관련된 위법사유에 대하여 살핀다.** 법인에 대한 소득금액변동통지를 일정한 사항을 기재한 서면에 의하도록 한 이유는, 과세관청의 소득처분과 그에 따른 소득금액변동통지에 의하여 법인이 원천징수하는 소득세의 납세의무가 성립함과 동시에 확정되고, 원천징수의무자인 법인으로서는 소득금액변동통지서에 기재된 소득처분의 내용에 따라 원천징수세액을 납부할 의무를 부담하는 등의 법률효과가 뒤따르게 되므로, 소득종류, 소득자, 소득금액 및 그에 따른 원천징수세액을 특정하여 원천징수에 따른 법률관계를 명확히 하고 원천징수의무자가 이에 대하여 불복신청을 하는 데 지장이 없도록 하려는 것이다. 이러한 소득금액변동통지의 성격과 효과, 소득금액변동통지를 일정한 서면에 의하

75) 대법원 1992.12.22. 92누7580.
76) 대법원 2006.4.20. 2002두1878 전원합의체 판결.
77) 다수의견 외에 음미할 만한 반대의견과 보충의견이 있다.

도록 한 취지 등에 비추어 보면, 과세관청이 소득금액변동통지서에 소득의 귀속자나 소득의 귀속자별 소득금액을 특정하여 기재하지 아니한 채 소득금액변동통지를 한 경우에는 특별한 사정이 없는 한 소득금액변동통지는 위법하나, 과세관청이 소득금액변동통지서에 기재하여야 할 사항을 일부 누락하거나 잘못 기재하였더라도 그것이 사소한 누락 또는 명백한 착오에 해당함이 소득금액변동통지서 상 분명하거나 소득금액변동통지에 앞서 이루어진 세무조사결과통지 등에 의하여 원천징수의무자가 그러한 사정을 충분히 알 수 있어서 소득종류, 소득자, 소득금액 및 그에 따른 원천징수세액을 특정하고 원천징수의무자가 불복신청을 하는 데 지장을 초래하지 아니하는 경우라면 소득금액변동통지를 위법하다고 볼 것은 아니다.[78)]

세무서장이 납세자의 결손금액증액경정청구에 대하여 그 전부나 일부를 거부한 경우에는 납세자로서는 그 거부처분의 취소를 구하는 항고소송을 제기할 수 있다.[79)] 납세자가 법정신고기한 내에 과세표준신고서를 제출하였으나 그 과세표준신고서에 기재된 결손금액이 세법에 의하여 신고하여야 할 결손금액에 미달하는 때에는 관할 세무서장에게 결손금액의 증액을 내용으로 하는 경정청구를 할 수 있고, 이 경우 경정청구를 받은 세무서장은 그 청구를 받은 날부터 2월 이내에 결손금액을 경정하거나 경정하여야 할 이유가 없다는 뜻을 그 청구를 한 자에게 통지하여야 할 의무가 있다는 점을 근거로 한다.

과세관청의 결손금 감액경정은 항고소송의 대상이 되는 행정처분에 해당하는가? 과세표준을 신고한 사업연도에 발생한 결손금 등에 대하여 과세관청의 결손금 감액경정이 있는 경우, 특별한 사정이 없는 한 납세의무자로서는 결손금 감액경정 통지가 이루어진 단계에서 그 적법성을 다투지 않는 이상 이후 사업연도 법인세의 이월결손금 공제와 관련하여 종전의 결손금 감액경정이 잘못되었다거나 과세관청이 경정한 결손금 외에 공제될 수 있는 이월결손금이 있다는 주장을 할 수 없다고 보아야 할 것이므로, 이러한 과세관청의 결손금 감액경정은 이후 사업연도의 이월결손금 공제와 관련하여 법인세 납세의무자인 법인의 납세의무에 직접 영향을 미치는 과세관청의 행위로서, 항고소송의 대상이 되는 행정처분이라고 봄이 타당하다.[80)]

세무조사결정이 항고소송의 대상이 될 수 있는가? 판례에 따르면, 세무조사결정은 납세

78) 대법원 2014.8.20. 2012두23341.
79) 대법원 2009.7.9. 2007두1781.
80) 대법원 2020.7.9. 2017두63788.

의무자의 권리·의무에 직접 영향을 미치는 공권력의 행사에 따른 행정작용으로서 항고소송의 대상이 된다.[81)] 부과처분을 위한 과세관청의 질문조사권이 행해지는 세무조사결정이 있는 경우 납세의무자는 세무공무원의 과세자료 수집을 위한 질문에 대답하고 검사를 수인하여야 할 법적 의무를 부담하게 되는 점, 세무조사는 기본적으로 적정하고 공평한 과세의 실현을 위하여 필요한 최소한의 범위 안에서 행하여져야 하고, 더욱이 동일한 세목 및 과세기간에 대한 재조사는 납세자의 영업의 자유 등 권익을 심각하게 침해할 뿐만 아니라 과세관청에 의한 자의적인 세무조사의 위험마저 있으므로 조세공평의 원칙에 현저히 반하는 예외적인 경우를 제외하고는 금지될 필요가 있는 점, 납세의무자로 하여금 개개의 과태료 처분에 대하여 불복하거나 조사 종료 후의 과세처분에 대하여만 다툴 수 있도록 하는 것보다는 그에 앞서 세무조사결정에 대하여 다툼으로써 분쟁을 조기에 근본적으로 해결할 수 있는 점 등을 근거로 한다.

납세의무자의 기한 후 신고에 대하여 과세관청이 별도로 고지할 세액이 없다는 내용의 신고시인결정 통지를 한 경우, 그 통지는 항고소송의 대상이 되는가? 양도소득세 납세의무자가 기한 후 과세표준신고서를 제출하더라도 그 납세의무는 관할 세무서장이 양도소득 과세표준과 세액을 결정하는 때에 비로소 확정되는데, 과세관청이 납세의무자에 대하여 양도소득 과세표준과 세액이 기한후과세표준신고서를 제출할 당시 이미 자진납부한 금액과 동일하므로 별도로 고지할 세액이 없다는 내용의 신고시인결정 통지를 하였다면, 신고시인결정 통지는 과세관청의 결정으로서 항고소송의 대상이 되는 행정처분에 해당한다.[82)]

과세관청이 납세의무자의 기한 후 신고에 대한 내부적인 결정을 납세의무자에게 공식적인 방법으로 통지하지 않은 경우, 항고소송의 대상이 되는 처분으로서 기한 후 신고에 대한 결정이 외부적으로 성립하였다고 볼 수 있는가? 행정처분은 주체·내용·절차와 형식이라는 내부적 성립요건과 외부에 대한 표시라는 외부적 성립요건을 모두 갖춘 경우에 존재한다. 행정처분의 외부적 성립은 행정의사가 외부에 표시되어 행정청이 자유롭게 취소·철회할 수 없는 구속을 받게 되는 시점, 그리고 상대방이 쟁송을 제기하여 다툴 수 있는 기간의 시점을 정하는 의미를 가지므로, 어떠한 처분의 외부적 성립 여부는 행정청에 의하여 당해 처분에 관한 행정의사가 법령 등에서 정하는 공식적인 방법으로 외부에 표시되었는지를 기

81) 대법원 2011.3.10. 2009두23617, 23624.
82) 대법원 2014.10.27. 2013두6633; 대법원 2020.2.27. 2016두60898.

준으로 판단하여야 하므로, 과세관청이 납세의무자의 기한 후 신고에 대하여 내부적인 결정을 하였다 하더라도 이를 납세의무자에게 공식적인 방법으로 통지하지 않은 경우에는 기한 후 신고에 대한 결정이 외부적으로 성립하였다고 볼 수 없으므로, 항고소송의 대상이 되는 처분이 존재한다고 할 수 없다.[83)]

과세관청이 원천징수과정에서 원천납세의무자로 취급된 외국법인은 도관에 불과하고 그 상위 투자자인 다른 외국법인이 실질과세원칙 상 납세의무자로서 국내 고정사업장을 갖고 있다고 보아 과세하면서 결정결의서를 교부하는 등의 방법으로 결정의 내용을 자세하게 고지하였다면 이는 처분에 해당하는가? 과세관청이 원천징수과정에서 원천납세의무자로 취급된 외국법인은 도관에 불과하고, 그 상위 투자자인 다른 외국법인이 실질과세원칙 상 납세의무자로서 국내 고정사업장을 갖고 있다고 보아, 그를 상대로 법인세 과세표준과 세액을 결정하는 과정에서, 당초 원천징수된 세액의 환급금을 상위 투자자 외국법인의 결정세액에서 공제하거나 충당하면서 과세연도와 세액 및 산출근거 등이 기재된 결정결의서를 교부하는 등의 방법으로 결정의 내용을 자세하게 고지하였다면, 상위 투자자인 외국법인은 그러한 내용의 과세처분이 이루어진 것으로 보아 그 취소를 구하는 항고소송을 제기할 수 있다고 보아야 한다.[84)]

(2) 조세관련 소송 상 처분성을 부인한 판례

청원에 대한 회신 또는 관세법의 관세율표 상 품목분류에 관한 사전회신서의 교부는 처분에 해당하지 않는다. 즉 판례는 회신은 그 형식이 원고의 청원에 대한 회신일 뿐 아니라 그 내용도 상품분류에 관한 행정청의 의견표명으로서 이로써 어떠한 공법 상 권리의무가 발생한다고 볼 수 없고, 설사 위 청원을 관세법의 관세율표상의 품목분류에 관한 질의로 보고 이에 대한 회신이 품목분류 사전회신서의 교부에 해당한다 하더라도 이는 통관절차 상의 품목분류에 있어서 관세장을 기속할 따름이어서 그에 따라 수입품목의 세번이 확정되리라는 기대를 원고가 갖게 되는 것일 뿐 위 품목분류 사전회신서의 교부로 인하여 원고가 직접 공법 상 권리를 취득하거나 의무를 부담하는 것이 아니라 할 것이므로 피고의 본건 회신은 행정처분이라 할 수 없다고 판시한다.[85)]

83) 대법원 2017.7.11. 2016두35120; 대법원 2020.2.27. 2016두60898.
84) 대법원 2017.10.12. 2014두3044, 3051.
85) 대법원 1984.5.22. 83누485.

신고납세방식의 조세에 관한 자진납부신고서나 자납용고지서 교부행위는 처분에 해당하지 않는다. 즉 신고납세방식의 조세에 있어서는 원칙적으로 납세의무자가 자진신고납부기한 내에 자진신고납부하지 아니하여야만 비로소 과세관청이 부과처분을 할 수 있는 것이므로, 납세의무자가 자진신고납부기한 내에 해당 조세를 자진신고납부하는 과정에서 과세관청이 자진납부신고서나 자납용고지서를 교부하는 행위는 그 고지서에 부과근거, 구제방법 등이 명시되어 있다 하더라도 납세의무자의 편의를 도모하기 위한 단순한 사무적 행위에 불과하고 해당 조세를 부과하는 행정처분이라고 할 수 없다.[86]

신고납부방식의 조세를 신고납부하는 과정에서 과세관청이 이를 수납하는 행위 역시 단순한 사무적 행위에 불과할 뿐, 행정처분이라고 볼 수 없다.[87] 따라서 납세의무자의 양도소득과세표준이 되는 양도차익이나 자진 납부할 양도소득세액이 없다는 자산양도차익예정신고에 대하여 과세관청이 그 예정신고내용대로 납부하여야 할 양도소득세액이 없음을 확인하고 수리하는 것은 과세관청의 내부적 의사결정에 불과하여 과세처분에 해당한다고 할 수 없고, 또한 과세관청은 양도소득확정신고기간 도과 후에는 과세권이 제척기간에 걸리지 아니하는 한 언제든지 양도소득세부과 결정 또는 경정결정을 할 수 있다.[88] 이는 부과납세방식의 조세에 있어서 신고를 요하는 경우에도 마찬가지이다. 과세관청의 부과처분에 의하여 비로소 조세채무가 확정되는 조세에 있어서는 각 세법이 정하는 바에 따른 세액의 결정과 통지가 있어야 비로소 조세채무가 확정되는 것이므로 납세의무자의 과세표준확정신고에 의하여 과세표준확정신고 결정을 할 경우에도 그와 같은 결정과 통지가 없는 한 조세채무를 확정하는 부과처분은 있었다고 할 수 없고 과세관청이 과세표준확정신고를 내부적으로 확인, 수리하였다고 해서 확인적 의미의 부과처분이 존재한다고 볼 수도 없다.[89]

법인세과세표준 결정이나 익금가산 처분은 처분에 해당하지 않는다. 법인세과세표준 결정이나 익금가산처분은 법인세과세처분에 앞선 결정으로서 그로 인하여 구체적인 납세의무를 부담하게 된다거나 현실적으로 어떤 권리침해 내지 불이익을 받는다고는 할 수 없으므로 위 익금가산 처분이나 과세표준 경정결정은 항고소송의 대상이 되는 행정처분이라고는 할 수 없다.[90]

86) 대법원 1993.8.24. 93누2117.
87) 대법원 1990.3.27. 88누4591.
88) 대법원 2002.4.12. 2000두5944.
89) 대법원 1990.4.27. 87누276.
90) 대법원 1985.7.23. 85누335.

제2차 납세의무자 지정처분은 처분에 해당하지 않는다. 국세기본법 상 제2차 납세의무는 주된 납세의무자의 체납 등 그 요건에 해당하는 사실의 발생에 의하여 추상적으로 성립하고 납부고지에 의하여 고지됨으로써 구체적으로 확정되는 것이고, 제2차 납세의무자 지정처분만으로는 아직 납세의무가 확정되는 것이 아니므로 그 지정처분은 항고소송의 대상이 되는 행정처분이라고 할 수 없다.[91]

원천징수의무자인 행정청의 원천징수행위는 처분에 해당하지 않는다. 원천징수하는 소득세에 있어서는 납세의무자의 신고나 과세관청의 부과결정이 없이 법령이 정하는 바에 따라 그 세액이 자동적으로 확정되고, 원천징수의무자는 소득세법에 의하여 이와 같이 자동적으로 확정되는 세액을 수급자로부터 징수하여 과세관청에 납부하여야 할 의무를 부담하고 있으므로, 원천징수의무자가 비록 과세관청과 같은 행정청이더라도 그의 원천징수행위는 법령에서 규정된 징수 및 납부의무를 이행하기 위한 것에 불과한 것이지, 공권력의 행사로서의 행정처분을 한 경우에 해당되지 아니한다.[92]

과세관청에 의한 원천징수세금의 수납행위 역시 처분에 해당하지 않는다. 원천징수의무자가 징수금을 납부하여야 할 의무는 세법 상 원천징수의무자의 과세관서에 대한 납부의무를 근거로 하여 성립하므로 과세관서가 원천징수세금을 수납하는 행위는 단순한 사무적 행위에 지나지 아니하므로 그 수납행위는 공권력 행사로서의 행정처분이 아니다.[93]

국세기본법 상 국세환급금 및 국세환급가산금결정이나 환급거부결정은 처분에 해당하지 않는다. 국세기본법 제51조 및 제52조 국세환급금 및 국세환급가산금결정에 관한 규정은 이미 납세의무자의 환급청구권이 확정된 국세환급금 및 환급가산금에 대하여 내부적 사무처리절차로서 과세관청의 환급절차를 규정한 것에 지나지 않고 그 규정에 의한 국세환급금(환급가산금 포함)결정에 의하여 비로소 환급청구권이 확정되는 것은 아니므로, 국세환급금결정이나 이 결정을 구하는 신청에 대한 환급거부결정 등은 납세의무자가 갖는 환급청구권의 존부나 범위에 구체적이고 직접적인 영향을 미치는 처분이 아니어서 항고소송의 대상이 되는 처분이라고 볼 수 없다.[94]

물납재산의 환급신청에 대한 거부결정 역시 처분에 해당하지 않는다. 물납재산의 환급

91) 대법원 1995.9.15. 95누6632.
92) 대법원 1990.3.23. 89누4789.
93) 대법원 1984.2.14. 82누177.
94) 대법원 1989.6.15. 88누6436 전원합의체 판결.

역시 국가가 과오납부한 세금을 환급한다는 점, 즉 국가가 법률 상 원인 없이 보유하거나 수령하여 부당이득한 물납재산을 환급한다는 점에서 국세기본법 상 환급과 성격이 동일한 것으로서 그 물납재산에 대한 환급청구권은 과세처분의 전부 또는 일부가 취소되거나 감액경정된 때에 확정되는 것이고, 과세관청의 환급결정에 의하여 비로소 확정되는 것은 아니므로, 특별한 사정이 없는 한 과세관청의 물납재산에 대한 환급결정이나 그 환급결정을 구하는 신청에 대한 환급거부결정도 국세기본법 상 환급결정이나 환급거부결정과 마찬가지로 납세의무자가 갖는 환급청구권의 존부 등에 구체적이고 직접적인 영향을 미치는 처분이 아니어서 항고소송의 대상이 되는 처분이라고 볼 수 없다.[95]

국세환급금의 충당은 처분에 해당하지 않는다. 국세환급금의 충당은 국세기본법 상 그 요건이나 절차, 방법이 따로 정하여져 있고 그 효과로 납세의무가 소멸하나, 그 충당이 납세의무자가 갖는 환급청구권의 존부나 범위 또는 소멸에 구체적이고 직접적인 영향을 미치는 처분이라기보다는 국가의 환급금 채무와 조세채권이 대등액에서 소멸되는 점에서 오히려 민법 상의 상계와 비슷하고, 소멸대상인 조세채권이 존재하지 아니하거나 당연무효 또는 취소되는 경우에는 그 충당의 효력이 없는 것으로서 이러한 사유가 있는 경우에 납세의무자로서는 충당의 효력이 없음을 주장하여 언제든지 민사소송에 의하여 이미 결정된 국세환급금의 반환을 청구할 수 있다고 할 것이므로, 이는 국세환급결정이나 그 국세환급신청에 대한 거부결정과 마찬가지로 항고소송의 대상이 되는 처분이라고 할 수 없다.[96]

세법에 근거하지 아니한 납세의무자의 경정청구에 대한 거부회신은 처분에 해당하지 않는다. 즉 국세기본법 또는 개별 세법에 경정청구권을 인정하는 명문의 규정이 없는 이상, 조리에 의한 경정청구권을 인정할 수는 없는 것이고, 이와 같이 세법에 근거하지 아니한 납세의무자의 경정청구에 대하여 과세관청이 이를 거부하는 회신을 하였다고 하더라도 이를 가리켜 항고소송의 대상이 되는 거부처분으로 볼 수 없다.[97]

원천징수의무자에 대한 소득금액변동통지는 원천납세의무자에 대하여서는 항고소송의 대상이 되는 행정처분이라고 볼 수 없다.[98] 원천납세의무자인 소득 귀속자의 법률 상 지위에 직접적인 법률적 변동을 가져오는 것이 아니기 때문이다.

95) 대법원 2009.11.26. 2007두4018.
96) 대법원 2005.6.10. 2005다15482.
97) 대법원 2006.5.11. 2004두7993.
98) 대법원 2015.3.26. 2013두9267.

법인의 소재지가 분명하지 아니하거나 그 통지서를 송달할 수 없는 경우, 당해 주주 및 당해 상여나 기타소득의 처분을 받은 거주자에게 통지하는 소득금액변동통지 역시 항고소송의 대상이 되는 행정처분이라고 볼 수 있는가? 판례는 다음과 같은 이유로 위 경우 소득의 귀속자에 대한 소득금액변동통지는 원천납세의무자인 소득 귀속자의 법률 상 지위에 직접적인 법률적 변동을 가져오는 것이 아니므로, 항고소송의 대상이 되는 행정처분이라고 볼 수 없다고 판시한다.[99] 첫째, 위 규정은 법인에게 소득금액변동통지서를 송달할 수 없는 경우에 소득의 귀속자에게 보충적으로 송달을 이행함으로써 법인의 원천징수의무를 발생시키기 위한 규정이 아니라 소득의 귀속자에게 종합소득 과세표준의 추가신고 및 자진납부의 기회를 주기 위하여 마련된 특칙으로 이해된다.[100] 둘째, 소득처분에 따른 소득 귀속자의 원천납세의무는 위 소득금액변동통지가 송달되었는지 여부와 상관없이 그 소득이 귀속된 과세기간이 종료하는 때에 성립한다.[101] 셋째, 소득의 귀속자는 소득세 부과처분에 대한 취소소송은 물론 경정청구를 통해서도 소득처분에 따른 원천납세의무의 존부나 범위를 충분히 다툴 수 있다.[102] **만약 소득의 귀속자에게 소득금액변동통지가 없거나 그것이 적법하지 아니한 경우에도 원천납세의무자인 소득의 귀속자는 과세처분취소소송 등에서 그 흠을 주장하여 다툴 수 없는 것인가?** 먼저 소득금액변동통지를 납세지 관할 세무서장 또는 관할 지방국세청장이 아닌 다른 세무서장 또는 지방국세청장이 한 경우 해당 소득금액변동통지의 효력에 대하여 본다. 세법은 소득의 귀속자에게 하는 소득금액변동통지의 주체를 '법인소득금액을 결정 또는 경정하는 세무서장 또는 지방국세청장'으로 정하고 있고 법인세의 결정 또는 경정이나 소득처분을 하는 주체를 납세지 관할 세무서장 또는 관할 지방국세청장으로 정하고 있는 점, 과세관청이 소득의 귀속자에게 하는 소득금액변동통지는 납세의무에 관계가 되는 신고·납부기한을 결정하는 요건에 해당하는 점 등에 비추어 보면, 소득금액변동통지를 납세지 관할 세무서장 또는 관할 지방국세청장이 아닌 다른 세무서장 또는 지방국세청장이 하였다면 이는 관할 없는 과세관청의 통지로서 흠이 있는 통지라고 할 것이다. 이하 위와 같이 소득금액변동통지가 부적법하거나 소득금액변동통지가 소득의 귀속자에 대하여 이루어지지 않은 경우 소득의 귀속자가 과세처분소송에서 이를 다툴 수 있

99) 대법원 2014.7.24. 2011두14227; 대법원 2015.3.26. 선고 2013두9267.
100) 대법원 2013.9.26. 2010두24579.
101) 대법원 2006.7.27. 2004두9944.
102) 대법원 2011.11.24. 2009두20274.

는지 여부에 대하여 본다. 소득의 귀속자에 대한 소득금액변동통지는 원천납세의무자인 소득의 귀속자에 대한 법률 상 지위에 직접적인 변동을 가져오는 것이 아니므로 항고소송의 대상이 되는 행정처분에 해당하지 않는 것이나, **소득의 귀속자에게 종합소득 과세표준의 추가신고 및 자진납부의 기회를 주기 위하여 마련된 특칙을 적용하기 위하여서는 소득금액변동통지의 송달이 원천납세의무에 따른 신고·납부기한과 이를 전제로 한 가산세의 존부나 범위를 결정하는 요건이 되므로,** 소득의 귀속자에게 소득금액변동통지가 없거나 그것이 적법하지 아니한 경우에는 원천납세의무자인 소득의 귀속자는 과세처분취소소송 등에서 그 흠을 주장하여 다툴 수 있다.[103]

한편 법인의 실질적 대표자에게 소득금액변동통지를 한 것에 대하여 이를 법인에 대한 행정처분으로 보아 불복하는 것이 가능한가? 판례는 이를 부인하고 이러한 청구는 부적법한 것으로서 각하되어야 한다고 한다. 즉 갑 주식회사가 부동산 양도 후 법인세를 신고하면서 양도금액 일부를 누락하자 과세관청이 갑 회사 설립 당시의 대표이사였던 을을 실질적인 대표자로 보아 소득처분을 하고 을에게 소득자통지용 소득금액변동통지서를 송달한 사안에서, 과세관청이 을에게 소득금액변동통지를 한 것을 갑 회사에 대한 소득금액변동통지로 볼 수 없고, 소득금액변동통지가 갑 회사에 대한 행정처분임을 전제로 취소를 구하는 부분은 부적법하다고 판시한다.[104]

다. 처분 등의 존재

취소소송은 처분 등의 존재를 전제로 한다. 따라서 **처분 등이 존재하지 않는다면 취소소송을 제기할 수 없다.** 이러한 이유로 부작위에 대하여서도 그것이 거부처분에 해당하지 않는 한 취소소송을 제기할 수 없다. 판례 역시 행정처분이 취소되면 그 처분은 효력을 상실하여 더 이상 존재하지 않는 것이고 존재하지 않는 행정처분을 대상으로 한 취소소송은 소의 이익이 없어 부적법하다고 판시한다.[105] 따라서 갑 주식회사가 부동산 양도 후 법인세를 신고하면서 양도금액 일부를 누락하자 과세관청이 갑 회사 설립 당시의 대표이사였던 을을 실질적인 대표자로 보아 소득처분을 하고 을에게 소득자통지용 소득금액변동통지서

103) 대법원 2015.1.29. 2013두4118.
104) 대법원 2013.9.26. 2010두24579.
105) 대법원 2010.4.29. 2009두16879; 대법원 2014.8.28. 2013두26422; 대법원 2015.10.29. 2015두45175; 대법원 2020.4.9. 2018두57490.

를 송달한 사안에서, 과세관청이 을에게 소득금액변동통지를 한 것을 갑 회사에 대한 소득금액변동통지로 볼 수 없고, 소득금액변동통지가 갑 회사에 대한 행정처분임을 전제로 취소를 구하는 부분은 부적법하다.[106] 또한 위법한 처분의 취소를 구하는 소는 위법한 처분에 의하여 발생한 위법상태를 배제하여 원상으로 회복시키고 그 처분으로 침해되거나 방해받은 권리와 이익을 보호・구제하고자 하는 소송이므로, 비록 그 위법한 처분을 취소한다고 하더라도 원상회복이 불가능한 경우에는 그 취소를 구할 이익이 없다고도 판시한다.[107]

그런데 **처분 등이 소멸한 후에도 침해된 권리를 다툴 필요성이 존재하는 경우 및 취소소송이 제기된 이후에 처분이 소멸되는 경우에도 그 처분을 다툴 필요성이 존재하는 경우도 있다.**[108] 이에 대하여 현행법은 처분 등의 효과가 기간의 경과, 처분 등의 집행 그 밖의 사유로 인하여 소멸된 뒤에도 그 처분 등의 취소로 인하여 회복되는 법률 상 이익이 있는 자의 경우에는 취소소송을 제기할 수 있다고 규정한다(행소 12조 후단).

따라서 처분 등의 효력이 소멸한 이후에도 당해 처분 등의 취소로 인하여 회복되는 법률상 이익이 있는 경우에는 취소소송을 제기할 수 있다. 판례는 이러한 취지를 확대하여 당초부터 처분으로서 효력이 없는 무효인 처분에 대하여 무효의 선언을 구하는 의미에서의 취소소송 역시 인정한다. 이 경우에도 '처분의 존재' 이외의 취소소송의 제기에 대한 요건은 모두 갖추어야 한다. 다만 임의적으로 이행되었거나 강제적으로 집행된 처분이라도 그 처분의 효력이 유지되는 경우는 처분 등의 효력이 소멸한 것에 해당되지 않는다.[109] 과세처분에 대하여 세금을 납부한 경우가 이에 해당한다.

3 재판관할

가. 삼심제

행정법원이 행정소송법에서 정한 행정사건과 다른 법률에 의하여 행정법원의 권한에 속하는 사건을 제1심으로 심판하므로(법조 40조의4), 조세소송은 행정법원을 제1심으로 한다. 행정법원의 제1심 판결에 대한 항소는 고등법원이 심판한다(법조 28조 1호). 고등법원의 판결에 대한 상고는 대법원이 종심으로 심판한다(법조 14조).

106) 대법원 2013.9.26. 2010두24579.
107) 대법원 2006.7.28. 2004두13219.
108) 같은 취지 : 홍정선, 전게서, 972면.
109) 같은 취지 : 상게서, 972면.

나. 토지관할

취소소송의 제1심 관할 법원은 피고의 소재지를 관할하는 행정법원으로 한다(행소 9조 1항). 다만 '중앙행정기관, 중앙행정기관의 부속기관과 합의제행정기관 또는 그 장' 또는 '국가의 사무를 위임 또는 위탁받은 공공단체 또는 그 장'에 해당하는 피고에 대하여 취소소송을 제기하는 경우에는 대법원소재지를 관할하는 행정법원에 제기할 수 있으나(행소 9조 2항) 이는 조세소송의 경우에는 적용될 여지가 없을 것으로 보인다.

토지관할은 전속관할이 아니므로 합의관할(민소 29조) **또는 변론관할**(민소 30조) **등이 적용될 수 있다.** 즉 당사자는 합의로 제1심 관할 법원을 정할 수 있고 그 합의는 일정한 법률관계로 말미암은 소에 관하여 서면으로 하여야 한다(민소 29조). 또한 피고가 제1심 법원에서 관할 위반이라고 항변하지 아니하고 본안에 대하여 변론하거나 변론준비기일에서 진술하면 그 법원은 관할권을 가진다(민소 30조).

다. 행정법원의 설치 및 조직

행정법원의 설치 · 폐지 및 관할구역은 따로 법률로 정한다(법조 3조 3항). 행정법원은 각급 법원의 설치와 관할구역에 관한 법률 제2조 상 별표에 따라 정하여지고, 각 법원의 관할구역은 각급 법원의 설치와 관할구역에 관한 법률 제4조 상 별표에 따라 정하여진다. 행정법원에는 부를 두고 그 부에 부장판사를 두며, 부장판사는 그 부의 재판에 있어서 재판장이 되고 행정법원장의 지휘에 의하여 그 부의 사무를 감독한다(법조 40조의3, 27조 2항, 3항). 행정법원의 심판권은 판사 3인으로 구성된 합의부에서 이를 행하되, 행정법원에 있어서 단독판사가 심판할 것으로 행정법원 합의부가 결정한 사건의 심판권은 단독판사가 이를 행한다(법조 7조 3항).

라. 관할이송

법원은 소송의 전부 또는 일부에 대하여 관할권이 없다고 인정하는 경우에는 결정으로 이를 관할 법원에 이송한다(행소 8조 2항 ; 민소 34조 1항). 이러한 규정은 원고의 고의 또는 중대한 과실없이 행정소송이 심급을 달리하는 법원에 잘못 제기된 경우에도 적용한다(행소 7조). **관할을 이송하는 경우에 소제기 효과는 언제 발생하는가?** 이송한 법원에 소송을 제기한 때에 그 효과가 발생한 것으로 보는 것이 타당하다.[110] 이송결정이 확정된 때에는 소송은 처음부터 이송받은 법원에 계속된 것으로 보기 때문이다(행소 8조 2항 : 민소 40조 1항).

조세소송을 민사법원에 제기한 경우에도 관할이송이 적용된다고 보아야 한다. 판례 역시 행정소송으로 제기하여야 할 사건을 민사소송으로 제기한 경우에 행정소송으로서의 소송요건을 결하고 있음이 명백하지 않은 이상 관할 법원으로 이송하여야 한다고 판시한다. 즉 행정소송법 제7조는 원고의 고의 또는 중대한 과실 없이 행정소송이 심급을 달리하는 법원에 잘못 제기된 경우에 민사소송법 제34조 제1항을 적용하여 이를 관할 법원에 이송하도록 규정하고 있을 뿐 아니라, 관할 위반의 소를 부적법하다고 하여 각하하는 것보다 관할 법원에 이송하는 것이 당사자의 권리구제나 소송경제의 측면에서 바람직하므로, 원고가 고의 또는 중대한 과실 없이 행정소송으로 제기하여야 할 사건을 민사소송으로 잘못 제기한 경우, 수소법원으로서는 만약 그 행정소송에 대한 관할도 동시에 가지고 있다면 이를 행정소송으로 심리·판단하여야 하고, 그 행정소송에 대한 관할을 가지고 있지 아니하다면 당해 소송이 이미 행정소송으로서의 전심절차 및 제소기간을 도과하였거나 행정소송의 대상이 되는 처분 등이 존재하지도 아니한 상태에 있는 등 행정소송으로서의 소송요건을 결하고 있음이 명백하여 행정소송으로 제기되었더라도 어차피 부적법하게 되는 경우가 아닌 이상 이를 부적법한 소라고 하여 각하할 것이 아니라 관할 법원에 이송하여야 한다.[111)]

마. 관련청구소송의 이송 및 병합

(1) 총설

상호관련성이 있는 청구들을 하나의 소송절차에서 다루도록 함으로써 심리의 중복과 판결결과의 모순 발생을 방지하고 신속하게 분쟁의 해결을 도모하기 위하여 행정소송법은 **관련청구소송의 이송 및 병합**에 대하여 규정하는 바(행소 10조), 이는 조세소송에도 준용된다(행소 8조 2항).

관련청구소송은 '당해 처분 등과 관련되는 손해배상·부당이득반환·원상회복 등 청구소송' 또는 '당해 처분 등과 관련되는 취소소송'을 의미한다(행소 10조 1항 각 호). '처분 등과 관련되는 손해배상·부당이득반환·원상회복 등'의 민사소송이 행정소송에 관련청구로 병합되기 위해서는 그 청구의 내용 또는 발생원인이 행정소송의 대상인 처분 등과 법률 상

110) 대법원 2007.11.30. 2007다54610.
111) 대법원 1997.5.30. 95다28960.

또는 사실상 공통되거나, 그 처분의 효력이나 존부 유무가 선결문제로 되는 등의 관계에 있어야 함이 원칙이다.[112] 타인의 채무불이행 또는 불법행위로 인하여 부과된 조세처분이 확정된 경우에는, 해당 처분이 중대하고 명백한 하자가 있어 무효로 되거나 경정이 이루어졌다는 등의 특별한 사정이 없는 한, 부과된 세액은 확정된 조세채무로서 그 납부 여부와 관계없이 현실적으로 발생한 손해가 되고 이는 국세기본법 상 경정청구가 현실적으로 가능하였는지 여부와 그 인용 여부를 단정하기 어려운 상황에서, 이를 하지 않았다는 사정만으로는 확정된 조세처분에 따른 손해의 발생 사실을 부정하거나 손해의 범위에서 이를 제외할 수는 없다.[113] 위 각 민사 상 청구가 인용되기 위해서는 그 소송절차에서 판결에 의해 당해 처분이 취소되면 충분하고 그 처분의 취소가 확정되어야 하는 것은 아니다.[114] 조세소송에 있어서 '당해 처분 등과 관련되는 취소소송'에는 당해 처분과 함께 하나의 절차를 구성하는 행위의 취소청구소송 및 제3자가 제기하는 취소소송 등이 그 예로서 포함될 수 있다.[115]

(2) 관련청구소송의 이송

취소소송과 관련청구소송이 각각 다른 법원에 계속되고 있는 경우에 관련청구소송이 계속된 법원이 상당하다고 인정하는 때에는 당사자의 신청 또는 직권에 의하여 이를 취소소송이 계속된 법원으로 이송할 수 있다(행소 10조 1항). 또한 관할의 이송은 결정으로 하여야 한다(행소 8조 2항 ; 민소 34조 1항). 이송요건을 분설하면 다음과 같다. 첫째, 취소소송과 관련청구소송이 각 다른 법원에 계속되어야 한다. 둘째, '관련청구소송이 계속된 법원'이 해당 소송의 이송이 상당하다고 인정하여야 한다. 즉 관련청구소송이 계속된 법원이 취소소송이 계속된 법원으로 이송할 수 있다. 셋째, 당사자의 신청 또는 직권에 따른 이송결정이 있어야 한다.

법원은 소송의 이송결정이 확정된 뒤라도 급박한 사정이 있는 때에는 직권으로 또는 당사자의 신청에 따라 필요한 처분을 할 수 있으나, 기록을 보낸 뒤에는 그러하지 아니하다(민소 37조). 이송받은 법원은 이송결정에 따라야 하고, 이송받은 법원은 사건을 다시 다른 법원에 이송하지 못한다(민소 38조). 이송결정과 이송신청의 기각결정에 대하여는 즉시항고

112) 대법원 2000.10.27. 99두561.
113) 대법원 1975.11.25. 75다555; 대법원 1991.10.11. 91다14604; 대법원 2007.12.13. 2007다60080; 대법원 2019.1.17. 2016다236131; 대법원 2022.3.31. 2017다226704.
114) 대법원 2009.4.9. 2008두23153.
115) 같은 취지 : 홍정선, 전게서, 977면.

를 할 수 있다(민소 39조). 이송결정이 확정된 때에는 소송은 처음부터 이송받은 법원에 계속된 것으로 본다(민소 40조 1항).

관련청구소송의 이송에 관한 규정은 무효 등 확인소송, 부작위위법확인소송, 당사자소송 등의 경우에도 준용된다(행소 38조, 44조 2항).

(3) 관련청구소송의 병합

취소소송에는 사실심의 변론종결시까지 관련청구소송을 병합하거나 피고외의 자를 상대로 한 관련청구소송을 취소소송이 계속된 법원에 병합하여 제기할 수 있다(행소 10조 2항). 동일한 당사자 사이의 다른 청구들을 병합하는 것뿐만 아니라, 피고 이외의 자를 상대로 하는 청구 역시 병합할 수 있다. 즉 납세자가 과세관청을 상대로 양도소득세 등 과세처분의 취소소송에 병합하여 그가 자진납부한 세액에서 그 주장의 정당한 세액을 공제한 금액의 부당이득반환청구의 소를 제기한 경우, 이는 양도소득세부과처분 취소소송에 병합하여 관련청구소송을 제기한 것으로 볼 수 있다.[116] 두 개의 사건이 피고는 다르다 하여도 그 청구에 있어서 관련성이 있으면 그 소송을 병합하여 심리할 수 있다.[117] 다만 **관련청구소송의 병합제도는 동일한 원고가 피고 이외의 자를 상대로 한 관련청구소송을 병합하는 것을 허용할 뿐이다.**

취소소송이 계속된 법원에서 관련청구소송을 병합하는 것인 바, 해당 취소소송은 적법한 것이어야 한다. 따라서 관련청구소송의 병합은 본래의 항고소송이 적법할 것을 요건으로 하는 것이어서 본래의 항고소송이 부적법하여 각하되면 그에 병합된 관련청구도 소송요건을 흠결한 부적합한 것으로 각하되어야 한다.[118]

관련청구의 병합이 사실심 변론종결시까지 이루어지면 해당 조문의 문언 상 원시적인 병합인지 아니면 추가적인 병합인지 여부는 무관하다고 볼 수 있다.[119]

관련청구소송의 병합에 있어서도 이송의 경우와 같이 법원의 결정이 필요한 것인가? 관련청구소송의 병합은 그것이 관련청구에 해당하기만 하면 당연히 병합청구를 할 수 있으므로 법원의 피고경정결정을 받을 필요가 없다.[120]

116) 대법원 1990.2.27. 89누3557.
117) 대법원 1962.10.18. 62누52.
118) 대법원 2001.11.27. 2000두697 ; 대법원 1997.11.11. 97누1990 ; 대법원 1997.3.14. 95누13708.
119) 같은 취지 : 홍정선, 전게서, 978면.
120) 대법원 1989.10.27. 89두1.

무효확인청구와 취소청구는 그 소송의 요건을 달리하는 것이므로 동일한 행정처분의 동일한 하자를 청구의 원인으로 하여 두 청구를 병합해서 소구할 수 있으나,[121] 무효확인과 취소청구는 서로 양립할 수 없는 청구로서 주위적·예비적 청구로서만 병합이 가능하고 선택적 청구로서의 병합이나 단순병합은 허용되지 아니한다.[122] 청구의 예비적 병합이란 병합된 수개의 청구 중 주위적 청구가 인용되지 않을 것에 대비하여 그 인용을 해제조건으로 예비적 청구에 관하여 심판을 구하는 병합형태로서, 이와 같은 예비적 병합의 경우에는 원고가 붙인 순위에 따라 심판하여야 하며 주위적 청구를 배척할 때에는 예비적 청구에 대하여 심판하여야 하나 주위적 청구를 인용할 때에는 다음 순위인 예비적 청구에 대하여 심판할 필요가 없는 것이므로, 주위적 청구를 인용하는 판결은 전부판결로서 이러한 판결에 대하여 피고가 항소하면 제1심에서 심판을 받지 않은 다음 순위의 예비적 청구도 모두 이심되고 항소심이 제1심에서 인용되었던 주위적 청구를 배척할 때에는 다음 순위의 예비적 청구에 관하여 심판을 하여야 한다.[123]

반소와 관련하여서는 항고소송의 피고인 행정청은 원고적격을 가질 수 없으므로 항고소송에서는 허용되지 않으나 당사자소송이나 관련청구로서 민사 상 청구가 병합된 경우에는 허용될 수 있다.[124] 또한 피고가 원고 이외의 제3자를 추가하여 반소피고로 하는 반소는 원칙적으로 허용되지 아니하고, 다만 피고가 제기하려는 반소가 필수적 공동소송이 될 때에는 필수적 공동소송인 추가의 요건(민소 68조)을 갖추면 허용될 수 있다.[125] 반소는 소송계속 중에 피고가 그 소송절차를 이용하여 원고에 대하여 제기하는 소를 의미한다(민소 269조 참조).[126]

행정소송에 있어서 예비적 선택적 공동소송이 허용되는가? 객관적 병합은 원고가 하나의 소송절차에서 여러 개의 청구를 하는 것을 의미하는 바(민소 253조), 이 경우 예비적 선택적 공동소송은 **주관적 병합**에 관한 것이다. 주관적 병합은 처음부터 여러 사람의 원고가 또는 여러 사람의 피고에 대하여 공동으로 소를 제기한 경우를 의미한다.[127] 행정소송법 상 이에 대한 명문의 규정은 없으나 민사소송법에는 이에 대한 규정이 있다.

121) 대법원 1971.2.25. 70누125 전원합의체 판결.
122) 대법원 1999.8.20. 97누6889.
123) 대법원 2000.11.16. 98다22253 전원합의체 판결.
124) 소순무, 전게서, 330면.
125) 대법원 2015.5.29. 2014다235042.
126) 이시윤, 신민사소송법, 제6증보판, 박영사, 2012, 673면.
127) 상게서, 683면.

이하 민사소송법의 내용에 대하여 본다. 즉 공동소송인 가운데 일부의 청구가 다른 공동소송인의 청구와 법률 상 양립할 수 없거나 공동소송인 가운데 일부에 대한 청구가 다른 공동소송인에 대한 청구와 법률 상 양립할 수 없는 경우에는 필수적 공동소송에 대한 규정(민소 67조-69조)을 준용하나, 청구의 포기・인낙, 화해 및 소의 취하의 경우에는 그러하지 아니하다(행소 8조 2항, 민소 70조 1항). 위 소송에서는 모든 공동소송인에 관한 청구에 대하여 판결을 하여야 한다(행소 8조 2항, 민소 70조 2항). 따라서 원고는 법원의 허가를 받아 제3자에 대한 관련청구를 예비적 선택적 공동소송인으로 추가하여 병합할 수 있다. 예비적으로 청구하는 것은 공동소송인을 상대로 양립할 수 없는 청구를 하면서 심판의 순서를 붙여서 청구하는 것을 의미하고, 선택적으로 청구하는 것은 공동소송인을 상대로 양립할 수 없는 청구를 하면서 심판의 순서를 붙이지 않고서 청구하는 것을 말한다.[128] 이러한 선택적 청구에 대하여서는 법원은 어느 피고에 대한 청구를 먼저 판단하여야 하는 구속이 없으며 무작위로 이유 있는 청구를 선택하여 청구인용을 하면 된다.[129]

이상의 민사소송법 상 예비적 선택적 소송제도가 행정소송인 조세소송의 경우에도 적용될 수 있는지 여부에 대하여 본다. 행정소송의 일종인 조세소송의 경우에는 각 소의 종류에 따라 피고가 법정되어 있다는 점 및 행정소송법은 사정판결의 경우에 피고인 행정청이 속하는 국가 또는 공공단체를 상대로 손해배상, 제해시설의 설치 그 밖에 적당한 구제방법의 청구를 당해 취소소송 등이 계속된 법원에 병합하여 제기할 수 있다고 규정(행소 28조 3항) 할 뿐이어서 행정소송법 상 주관적 예비적 병합은 명문의 규정이 있는 사정판결의 경우에만 허용되는 것으로 볼 수 있다는 점에 비추어, 민사소송법 상 예비적 선택적 소송에 관한 규정은 행정소송인 조세소송에는 적용되지 않는다고 판단한다.

병합된 청구소송이 민사소송인 경우 그 적용법규는 행정소송법인가 아니면 민사소송법인가? 관련청구소송의 병합제도는 재판 상 편의를 위한 것일 뿐이고 병합을 한다고 하여 민사사건이 행정사건으로 전환되는 것은 아니므로, 병합된 민사소송에 대하여서는 민사소송법이 적용되어야 한다.[130]

128) 상게서, 701면.
129) 상게서.
130) 홍정선, 전게서, 979-980면.

바. 민사소송 수소법원에 의한 심리 및 판단

민사소송의 수소법원은 과세처분 등의 효력 유무 또는 존재 여부가 민사소송의 선결문제로 된 경우에는 이를 심리·판단할 수 있고 당해 수소법원은 그 처분 등을 행한 과세관청에게 그 선결문제로 된 사실을 통지하여야 한다(행소 11조).

4 당사자 및 참가인

가. 당사자능력

소송에서 당사자가 누구인가는 당사자능력, 당사자적격 등에 관한 문제와 직결되는 중요한 사항이므로, 사건을 심리·판단하는 법원으로서는 직권으로 소송당사자가 누구인가를 확정하여 심리를 진행하여야 한다.[131] 당사자능력은 소송 상 당사자가 될 수 있는 능력을 말하고 이는 소송법관계의 주체가 될 수 있는 능력을 의미한다.[132] 조세소송의 당사자능력에 관하여서는 행정소송법, 국세기본법 또는 그 밖의 세법 등에 특별한 규정이 없는 경우 민사소송법 상 당사자능력에 관한 규정이 준용된다(행소 8조 1항, 2항). 그런데 민사소송법에 따르면 당사자능력, 소송능력, 소송무능력자의 법정대리와 소송행위에 필요한 권한의 수여는 이 법에 특별한 규정이 없으면 민법, 그 밖의 법률에 따른다고 규정한다(민소 51조). 민법 상 사람은 생존한 동안 권리와 의무의 주체가 되고(민법 3조), 법인은 법률의 규정에 좇아 정관으로 정한 목적의 범위 내에서 권리와 의무의 주체가 된다(민법 34조). 따라서 '자연인' 및 '법인'은 권리의 주체로서 당사자능력을 갖는다. 법인에는 공법인과 사법인이 있다. 국가 또는 지방자치단체 또한 공법인에 포함되므로 당사자능력이 있으나 조세소송과 관련된 피고로서 당사자적격과 관련하여서는 특별한 정함이 있다. 일반 행정소송에 있어서는 국가기관(국민권익위원회) 역시 원고로서의 당사자가 될 수 있으나,[133] 조세소송에서는 그 예를 상정할 수 없다. **사망하거나 흡수합병되는 등으로 당사자능력이 소멸된 당사자에 대하여 심판결정이 이루어지고 소 제기 당시에도 그 당사자를 원고로 기재한 경우 법원은 어떻게 조치하여야 하는가?** 개인이나 법인이 과세처분에 대하여 심판청구 등을 제기하여 전심절차를 진행하던 중 사망하거나 흡수합병되는 등으로 당사자능력이 소멸하였으나, 전심절차에서 이를 알지 못한 채 사망하거나 합병으로 인해 소멸된 당사자를 청구인으로 표시하여

131) 대법원 2016.12.27. 2016두50440.
132) 홍정선, 전게서, 980면.
133) 대법원 2013.7.25. 2011두1214.

청구에 관한 결정이 이루어지고, 상속인이나 합병법인이 결정에 불복하여 소를 제기하면서 소장에 착오로 소멸한 당사자를 원고로 기재하였다면, 실제 소를 제기한 당사자는 상속인이나 합병법인이고 다만 그 표시를 잘못한 것에 불과하므로, 법원으로서는 이를 바로잡기 위한 당사자표시 정정신청을 받아들인 후 본안에 관하여 심리 · 판단하여야 한다.[134)]

외국법인의 지점과 관련하여 본다. 법인의 지점은 법인격이 없으며 소득세법 상 외국법인의 국내지점 또는 국내영업소(출장소 기타 이에 준하는 것을 포함한다)는 소득세법에 의하여 원천징수한 소득세를 납부할 의무를 진다고 규정하고 있으나 이는 외국법인의 국내지점에서 소득세를 원천징수할 소득금액 또는 수입금액을 지급하는 경우에는 그 소득세를 원천징수, 납부할 의무가 있다는 취지의 규정에 지나지 아니할 뿐 나아가 동 외국법인의 국내지점에 법인격을 부여하는 취지의 규정이라 볼 수 없으므로 외국법인의 국내지점은 소송당사자 능력이 없다.[135)] 그러나 외국법인인 원고가 과세처분에 대한 심사 및 심판청구를 하면서 그 각 청구서에 청구인의 성명을 "갑"으로, 상호를 "OOO 한국지점"으로 표시하였다 하더라도 "갑"이 원고법인의 한국에 있어서의 지점대표자라면 동인은 국내에 있어서 원고법인의 대표권이 있으므로 위 각 청구는 동인이 원고법인의 대표자로서 심사 및 심판청구를 한 것으로 볼 수 있다.[136)] 국제거래에 있어서 관련 실체가 외국법인에 해당하는지 여부는 법인세법(법세 2조 3호, 법세령 2조 2항)에 의하여 먼저 판단한 이후에 만약 조세조약 체결국과 우리나라 모두에 있어서 각 거주자인 내국법인으로 판정된 경우에는 조세조약 상 거주자 판정에 관한 규정(tie-breaker)에 의하여 통상 실질적 관리장소를 기준으로 외국법인에 해당하는지 여부가 결정된다.[137)]

법인의 주주 역시 법인과 관련하여 소송을 제기할 수 있는가? 법인의 주주는 법인에 대한 행정처분에 관하여 사실상이나 간접적인 이해관계를 가질 뿐이어서 스스로 그 처분의 취소를 구할 원고적격이 없는 것이 원칙이라고 할 것이지만, 그 처분으로 인하여 법인이 더 이상 영업 전부를 행할 수 없게 되고, 영업에 대한 인 · 허가의 취소 등을 거쳐 해산 · 청산되는 절차 또한 처분 당시 이미 예정되어 있으며, 그 후속절차가 취소되더라도 그 처분의 효력이 유지되는 한 당해 법인이 종전에 행하던 영업을 다시 행할 수 없는 예외적인 경우에

134) 대법원 2016.12.27. 2016두50440.
135) 대법원 1982.10.12. 80누495.
136) 대법원 1985.10.8. 84누267.
137) 대법원 2018.12.13. 2018두128.

는 주주도 그 처분에 관하여 직접적이고 구체적인 법률 상 이해관계를 가진다고 보아 그 효력을 다툴 원고적격이 있다.[138] 다만 과세처분에 있어서는, 업무정지처분 등과는 달리 위 예외적인 경우를 상정하는 것이 어려울 것으로 보인다.

또한 민사소송법은 **'법인이 아닌 사단이나 재단'**은 대표자 또는 관리인이 있는 경우에는 그 사단이나 재단의 이름으로 당사자가 될 수 있다고 규정한다(민소 52조). 조세와 관련된 예를 본다. 종중은 거주자로 보아 과세단위가 된다.[139] 부락주민 150여 세대로 구성된 산림계도 소득세법 상 납세의무의 주체가 된다.[140] 한국자동차부품사업중앙연합회가 소득세법 상 법인으로 간주되지 아니하는 법인격없는 단체이나 그 조직과 활동의 근본규칙인 정관이 작성되어 있고 의사결정기관인 회원총회와 업무집행의 권한을 가진 상설기관으로서의 이사회가 구성되어 있으며 대외적으로 원고연합회를 대표하고 그 업무를 통할하는 회장이 선임되어 있고, 한편 그 정관에는 회원 탈퇴시의 지분환급과 해산시의 잔여재산분배에 관한 규정이 있을 뿐 이익분배에 관하여는 아무런 규정이 없다면 소득세법 제1조 제1항 소정의 소득세를 납부하여야 할 거주자에 해당한다.[141]

나. 대리인

민사소송법 상 소송대리인에 관한 규정이 조세소송에 준용된다(행소 8조 2항 ; 민소 87조-92조). 법률에 따라 재판 상 행위를 할 수 있는 대리인 외에는 변호사가 아니면 소송대리인이 될 수 없다(민소 87조). 다만 단독판사가 심리 · 재판하는 사건 가운데 그 소송목적의 값이 일정한 금액 이하인 사건에서, 당사자와 밀접한 생활관계를 맺고 있고 일정한 범위 안의 친족관계에 있는 사람 또는 당사자와 고용계약 등으로 그 사건에 관한 통상사무를 처리 · 보조하여 오는 등 일정한 관계에 있는 사람이 법원의 허가를 받은 때에는 소송대리인이 될 수 있고 이 경우 법원의 허가를 받을 수 있는 사건의 범위, 대리인의 자격 등에 관한 구체적인 사항은 대법원규칙으로 정하며, 법원은 언제든지 위 허가를 취소할 수 있다(민소 88조). 소송대리인의 권한은 서면으로 증명하여야 하고 그 서면이 사문서인 경우에는 법원은 공증사무소(공증인, 그 밖의 공증업무를 보는 사람)의 인증을 받도록 소송대리인에게 명할 수

138) 대법원 2005.1.27. 2002두5313.
139) 대법원 1984.5.22. 83누497.
140) 대법원 1986.9.23. 85누573.
141) 대법원 1986.12.23. 85누963.

있으나, 당사자가 말로 소송대리인을 선임하고, 법원사무관 등이 조서에 그 진술을 적어 놓은 경우에는 그렇지 않다(민소 89조). 소송대리인은 위임을 받은 사건에 대하여 반소·참가·강제집행·가압류·가처분에 관한 소송행위 등 일체의 소송행위와 변제의 영수를 할 수 있으나, 소송대리인은 '반소의 제기', '소의 취하, 화해, 청구의 포기·인낙 또는 독립당사자참가소송에서의 탈퇴(민소 80조)', '상소의 제기 또는 취하' 및 '대리인의 선임'에 대하여는 특별한 권한을 따로 받아야 한다(민소 90조). 소송대리권은 제한하지 못하나, 변호사가 아닌 소송대리인에 대하여는 그러하지 아니하다(민소 91조). 법률에 의하여 재판 상 행위를 할 수 있는 대리인의 권한에는 소송대리권의 범위(민소 90조)와 소송대리권의 제한(민소 91조)의 규정을 적용하지 아니한다(민소 92조). 여러 소송대리인이 있는 때에는 각자가 당사자를 대리하고, 당사자가 이에 어긋나는 약정을 한 경우 그 약정은 효력을 가지지 못한다(민소 93조). 소송대리인의 사실상 진술은 당사자가 이를 곧 취소하거나 경정한 때에는 그 효력을 잃는다(민소 94조). '당사자의 사망 또는 소송능력의 상실', '당사자인 법인의 합병에 의한 소멸', '당사자인 수탁자의 신탁임무의 종료' 및 '법정대리인의 사망, 소송능력의 상실 또는 대리권의 소멸·변경'의 사유가 있는 경우에는 소송대리권이 소멸되지 아니한다(민소 95조). 일정한 자격에 의하여 자기의 이름으로 남을 위하여 소송당사자가 된 사람에게 소송대리인이 있는 경우에 그 소송대리인의 대리권은 당사자가 자격을 잃더라도 소멸되지 아니하고, 선정당사자(민소 53조)가 그 자격을 잃은 경우에도 같다(민소 96조). 소송대리인에게는 '법정대리인 등의 증명에 관한 서면은 소송기록에 첨부하여야 한다는 규정(민소 58조 2항)', '소송능력 등의 흠에 대한 보정조치(민소 59조)', '소송능력 등의 흠과 추인규정(민소 60조)' 및 '법정대리권의 소멸통지규정(민소 63조)'이 각 준용된다(민소 97조).

국가를 당사자로 하는 소송에 관한 법률이 조세소송에 대하여서도 적용된다. 법무부장관은 검사(법무부의 직원, 각급 검찰청의 검사) 또는 공익법무관(공익법무관에 관한 법률에서 정한 공익법무관)을 지정하여 국가소송을 수행하게 할 수 있고, 법무부장관은 행정청의 소관사무나 감독사무에 관한 국가소송에서 필요하다고 인정하면 해당 행정청의 장의 의견을 들은 후 행정청의 직원을 지정하여 그 소송을 수행하게 할 수 있는 바 그 지정을 받은 사람은 해당 소송에 관하여 법무부장관의 지휘를 받아야 하며, 법무부장관은 변호사를 소송대리인으로 선임하여 국가소송을 수행하게 할 수 있다(국가소송 3조). 행정청의 장은 그 행정청의 직원 또는 상급 행정청의 직원(이 경우에는 미리 해당 상급 행정청의 장의 승인을 받아야 한다)을 지정하여 행정소송을 수행하게 할 수 있고 행정청의 장은 변호사를 소송대리인으로 선임하여 행정소송을 수행하게 할 수 있다(국가소송 5조). 행정소송을 수행할 때 행정청의 장은 법무부장관의 지휘를 받아야 하고, 법무부장관은 행정소송에 관하여 필요하다고 인정되면 법무부의 직원, 검사 또는 공익법무관을 지정하여 그 소송을 수행하게 할 수 있으며, 위 행정청의 장이 지정하거나 선임한 사람을 해임하게 할 수 있다(국가소송 6조). 위와 같이 법무부장관, 각급 검찰청의 장(권한이 위임된 경우만 해당된다 ; 국가소송 13조) 또는 행정청의 장이 지정한 사람은 그 소송에 관하여 대리인 선임을 제외한 모든 재판 상의 행위를 할 수 있다(국가소송 7조).

다만 **지방자치단체에 대하여서는 국가를 당사자 또는 참가인으로 하는 소송에 대하여서 적용되는 위 각 규정들은 적용되지 않는 것으로 판단한다.** 따라서 지방자치단체가 피고인 경우에는 민사소송법에 따라 변호사에 의한 소송대리규정이 적용된다고 본다.

다. 원고적격

취소소송은 처분 등의 취소를 구할 **'법률 상 이익이 있는 자'**가 제기할 수 있다(행소 12조 전문). 처분 등의 효력이 이미 소멸하였다면 권리보호의 필요성이 없다는 것이 원칙이다. 즉 행정처분에 그 효력기간이 정하여져 있는 경우, 그 처분의 효력 또는 집행이 정지된 바 없다면 위 기간의 경과로 그 행정처분의 효력은 상실되므로 그 기간 경과 후에는 그 처분이 외형 상 잔존함으로 인하여 어떠한 법률 상 이익이 침해되고 있다고 볼 만한 별다른 사정이 없는 한 그 처분의 취소를 구할 이익이 없다.[142] 하지만 처분 등의 효과가 기간의 경과, 처분 등의 집행 그 밖의 사유로 인하여 소멸된 뒤에도 그 처분 등의 취소로 인하여 회복되는 '법률 상 이익이 있는 자'의 경우에는 취소소송을 제기할 수 있다(행소 12조 후문). 만약 해당 처분이 거부처분이라면 법률 상 이익이 있는지 여부에 대한 쟁점은 원고에게 과세관청에 대하여 적극적인 행위를 요구할 신청권이 있는지 여부에 관한 쟁점과 연결되어 있다.[143] **법률 상 이익이 있다는 것은 무엇을 의미하는가?** 판례는 행정소송에서 소송의 원고는 행정처분에 의하여 직접 권리를 침해당한 자임을 보통으로 하나 직접 권리의 침해를 받은 자가 아닐지라도 소송을 제기할 법률 상의 이익을 가진 자는 그 행정처분의 효력을 다툴 수 있다고 판시한다.[144] 행정처분의 직접 상대방이 원고적격을 가지는 것은 당연하나, 행

142) 대법원 2004.7.8. 2002두1946.
143) 같은 취지 : 홍정선, 전게서, 990면.

정처분의 상대방이 아닌 제3자라도 당해 행정처분의 취소를 구할 법률 상의 이익이 있는 경우에는 그 처분의 취소를 구할 수 있다. 이 경우 법률 상의 이익이란 '당해 처분의 근거 법률에 의하여 직접 보호되는 구체적인 이익'을 말하므로 제3자가 단지 간접적인 사실상 경제적인 이해관계를 가지는 경우에는 그 처분의 취소를 구할 원고적격이 없다.[145] 즉 법률 상 보호되는 이익은 처분의 근거 법규 및 관련 법규에 의하여 보호되는 개별적 · 직접적 · 구체적 이익을 말한다.[146] **'처분의 근거법률'에는 '처분과 관련된 법률들' 역시 포함되고, 각 법률의 취지 역시 고려되어야 하는 것이 타당하다.**[147] 과세관청이 실질과세원칙에 근거하여 과세할 수 있다면 납세자의 법률 상 이익 역시 실질의 관점에서 고려하는 것이 타당하기 때문이다.

원고적격은 소송요건의 하나이므로 원고적격의 존부와 관련된 '법률 상 이익'은 사실심 변론종결시는 물론 상고심에서도 존속하여야 하고 이를 흠결하면 부적법한 소가 된다.[148]

처분의 직접 상대방이 아닌 제3자 역시 법률 상 이익이 있다면 원고적격을 갖는 바, 이하 이와 관련된 조세소송 상 별개의 쟁점들에 대하여 본다.

먼저 **처분의 직접 상대방이 아닌 제3자의 원고적격을 인정한 예에 대하여 본다.**

국세기본법은 처분에 의하여 권리나 이익을 침해당하게 될 이해관계인으로서 **'제2차 납세의무자로서 납부고지서를 받은 자', '양도담보권자의 물적 납부의무를 지는 자로서 납부고지서를 받은 자', '부가가치세법 상 물적 납부의무자로서 납부고지서를 받은 자', '종합부동산세 물적납세의무를 지는 자로서 납부고지서를 받은 자', '보증인'** 등은 위법 또는 부당한 처분을 받은 자의 처분에 대하여 그 처분의 취소 또는 변경을 청구하거나 그 밖에 필요한 처분을 청구할 수 있다고 규정하는 바(국기 55조 2항), 이들 역시 조세소송에 있어서 원고적격이 있는 것으로 보아야 한다.

연대납부의무 역시 연대납세의무자 각자에 대한 개별적인 과세처분에 의하여 확정되는 것이 원칙이나, 다른 공동상속인들의 상속세에 대한 연대납부의무를 지는 상속인의 경우에는 이와 달리 법률 상의 이익을 갖는다. 즉 공동상속인들 중 1인의 연대납부의무에 대한 별도의 확정절차가 없을 뿐만 아니라 그 징수처분에 대한 쟁송단계에서도 다른 공동상속인

144) 대법원 1969.12.30 69누106 ; 대법원 1974.4.9. 73누173.
145) 대법원 2002.8.23. 2002추61.
146) 대법원 2016.11.25. 2014두5316.
147) 같은 취지 : 홍정선, 전게서, 989면.
148) 대법원 2007.4.12. 2004두7924.

들에 대한 과세처분 자체의 위법을 다툴 수 없는 점에 비추어 보면, 다른 공동상속인들의 상속세에 대한 연대납부의무를 지는 상속인의 경우에는 다른 공동상속인들에 대한 과세처분 자체의 취소를 구함에 있어서 법률 상 직접적이고 구체적인 이익을 가진다고 할 것이므로 그 취소를 구할 원고적격을 인정함이 상당하고, 이는 국세기본법 제25조 제1항에 따라 공유자 또는 공동사업자 등 연대납세의무자의 관계에 있는 자가 지게 되는 구체적 연대납부의무가 연대납세의무자 각자에 대한 개별적인 과세처분에 의하여 확정되는 것이어서 이때의 연대납세의무자 중 1인은 다른 연대납세의무자에 대한 과세처분에 대하여 사실상의 간접적인 이해관계를 가질 뿐 원고적격은 없다는 것과는 법리를 달리하는 것이다.[149)]

과세관청이 조세의 징수를 위하여 체납자가 점유하고 있는 제3자의 소유 동산을 압류한 경우, 그 체납자는 그 압류처분에 의하여 당해 동산에 대한 점유권의 침해를 받은 자로서 그 압류처분에 대하여 법률 상 직접적이고 구체적인 이익을 가지는 것이어서 그 압류처분의 취소나 무효확인을 구할 원고적격이 있다.[150)]

처분의 직접 상대방이 아닌 제3자의 원고적격을 부인한 예에 대하여 본다.

연대납세의무자라 할지라도 각자의 구체적 납세의무는 개별적으로 성립하여 확정함을 요하는 것으로서 연대납세의무자 각자에게 개별적으로 구체적 납세의무확정의 효력발생요건인 부과결정 또는 경정의 고지가 있어야 하므로 **과세관청이 경정고지를 연대납세의무자 중 1인에게만 하였다면 그 나머지 연대납세의무자들에게는 과세처분 자체가 존재하지 아니한 것이 되고, 그들은 위 과세처분에 대하여 사실상의 간접적인 이해관계가 있을 뿐, 법률 상 직접적이고도 구체적인 이해관계를 가진다고 볼 수 없어 위 과세처분의 취소를 구할 당사자적격이 없다.**[151)]

공동상속인들 중 1인이 '다른 공동상속인들의 상속세에 대한 연대납부의무의 징수고지'를 받은 경우에 그 공동상속인은 그 징수처분 자체에 대한 하자가 아니라 다른 공동상속인들에 대한 부과처분 자체에 취소사유가 있다는 이유만으로는 해당 공동상속인에 대한 징수처분의 취소를 구할 수는 없다. 즉 납부고지서에 공동상속인들이 납부할 총세액 등을 기재함과 아울러 공동상속인들 각자의 상속재산 점유비율과 그 비율에 따라 산정한 각자가 납부할 상속세액 등을 기재한 연대납세의무자별 고지세액 명세서를 첨부하여 공동상속인들

149) 대법원 2001.11.27. 98두9530.
150) 대법원 2006.4.13. 2005두15151.
151) 대법원 1988.5.10. 88누11.

각자에게 고지하였다면 이러한 납부고지는 공동상속인들 각자에게 연대납세의무자별 고지세액 명세서에 기재된 '각 해당 상속세액을 부과고지'하는 것과 아울러 '공동상속인들 각자의 고유의 납부의무세액'과 '다른 공동상속인들과의 연대납부의무세액의 합계액(납부고지서에 기재된 총세액)'을 '징수고지'한 것이 되는 바, 그와 같은 징수고지는 다른 공동상속인들 각자에 대한 부과처분이 아니라 징수절차 상의 처분으로서의 성격을 가지는 것이어서 다른 공동상속인들에 대한 부과처분이 무효 또는 부존재가 아닌 한 그 부과처분에 있어서의 하자는 그 징수처분에 당연히 승계된다고는 할 수 없으므로, 연대납부의무의 징수처분을 받은 공동상속인들 중 1인은 다른 공동상속인들에 대한 과세처분 자체에 취소사유가 있다는 이유만으로는 그 징수처분의 취소를 구할 수 없다.[152)]

과세관청이 주주명의개서를 주식의 소유명의를 신탁한 것이라고 보아 증여로 의제하고 수증자에 대하여 증여세 등 부과처분을 한 경우 그 과세처분의 효력은 수증자에게만 미치는 것이고 증여자는 위 증여의제에 의하여 그 증여세의 연대납세의무자의 관계에 있게 된 자라고 하더라도 위 과세처분에 대하여는 사실상의 간접적인 이해관계를 가지는 것에 불과하므로 그가 수증자에 대한 위 과세처분의 취소를 구하는 항고소송은 **법률 상 직접적이고도 구체적인 이익이 없는 것**이어서 부적법하다.[153)]

과세관청이 조세의 징수를 위하여 납세의무자 소유의 부동산을 압류한 이후에 압류등기가 된 부동산을 양도받아 소유권이전등기를 마친 사람은 위 압류처분에 대하여 사실상 간접적 이해관계를 가질 뿐, 법률 상 직접적이고 구체적인 이익을 가지는 것은 아니어서 그 압류처분의 무효확인을 구할 당사자 적격이 없다.[154)] **과세관청이 납세의무자 소유의 부동산을 압류한 경우 동 납세의무자에 대한 금전채권자로서 그 부동산의 담보가등기권리자**는 위 압류처분에 대하여 사실상 간접적인 이해관계를 가질 뿐 법률 상 직접적이고 구체적인 이익을 가지는 것은 아니므로 그 압류처분의 취소를 구할 당사자적격이 없다.[155)] **과세관청이 납세의무자 소유의 부동산을 압류한 경우 동 납세의무자에 대한 금전채권자로서 그 부동산상에 저당권을 가지고 있는 사람**은 위 압류처분에 대하여 사실상, 간접적 이해관계를 가질 뿐 법률 상 직접적이고 구체적인 이익을 가지는 것은 아니어서 그 압류처분의 취소를

152) 대법원 2001.11.27. 98두9530.
153) 대법원 1990.4.24. 89누4277.
154) 대법원 1990.10.16. 89누5706.
155) 대법원 1989.10.10. 89누2080.

구할 당사자적격이 없다.[156)]

라. 피고적격

(1) 총설

취소소송은 다른 법률에 특별한 규정이 없는 한 그 **'처분 등을 행한 행정청'**을 피고로 한다(행소 13조 1항 본문). 이는 국가 또는 지방자치단체 자체가 피고가 되는 것이 논리적으로 타당하지만 소송기술 상 편의를 위하여 처분 등을 한 행정청을 피고로 정하는 특칙에 해당한다. 따라서 내국세의 경우에는 부과처분을 한 납세지 관할 세무서장 또는 관할 지방국세청장이, 관세의 경우에는 관할 세관장이, 지방세의 경우에는 관할 도지사, 시장, 구청장 및 군수가 각 피고가 된다.

행정소송에 있어서 처분청의 처분권한 유무는 직권조사사항이 아니다.[157)]

행정청에는 법령에 의하여 행정권한의 위임 또는 위탁을 받은 행정기관, 공공단체 및 그 기관 또는 사인이 포함된다(행소 2조 2항). 권한의 위임이 있는 경우에는 처분을 한 **수임행정청**이 피고로 된다. 즉 서울특별시로부터 업무를 위임받은 구청장이 서울특별시장의 권한의 이양을 받은 수임자로서 처분을 한 경우 그 처분에 관하여 불복이 있으면, 그 처분을 행한 서울특별시 당해 구청장을 피고로 하여 행정소송을 제기하여야 한다.[158)] 이는 내부위임의 경우에도 같다. 즉 행정관청이 특정한 권한을 법률에 따라 다른 행정관청에 이관한 경우와 달리 내부적인 사무처리의 편의를 도모하기 위하여 그의 보조기관 또는 하급행정관청으로 하여금 그의 권한을 사실상 행하도록 하는 내부위임의 경우에는 수임관청이 '그 위임된 바에 따라' '위임관청의 이름으로' 권한을 행사하였다면 그 처분청은 위임관청이므로 그 처분의 취소나 무효확인을 구하는 소송의 피고는 **위임관청**으로 삼아야 한다.[159)] 다만 행정처분을 행할 적법한 권한 있는 상급행정청으로부터 내부위임을 받은 데 불과한 **하급행정청이 '권한 없이' 행정처분을 한 경우에는 실제로 그 처분을 행한 하급행정청을 피고로 하여야 할 것이지 그 처분을 행할 적법한 권한 있는 상급행정청을 피고로 할 것은 아니다.**[160)] 대리권을 수여받은 데 불과하여 그 자신의 명의로는 행정처분을 할 권한이 없는 행정청의 경우

156) 대법원 1985.5.14. 83누700.
157) 대법원 1997.6.19. 95누8669 전원합의체 판결.
158) 대법원 1972.5.9. 71누152 전원합의체 판결.
159) 대법원 1991.10.8. 91누520.
160) 대법원 1994.8.12. 94누2763.

'대리관계를 밝힘이 없이 그 자신의 명의로' 행정처분을 하였다면 그에 대하여는 **'처분명의자인 당해 행정청'**이 항고소송의 피고가 되어야 하는 것이 원칙이지만, '비록 대리관계를 명시적으로 밝히지는 아니하였다 하더라도 처분명의자가 피대리 행정청 산하의 행정기관으로서 실제로 피대리 행정청으로부터 대리권한을 수여받아 피대리 행정청을 대리한다는 의사로 행정처분을 하였고 처분명의자는 물론 그 상대방도 그 행정처분이 피대리 행정청을 대리하여 한 것임을 알고서 이를 받아들인 예외적인 경우'에는 **피대리 행정청**이 피고가 되어야 한다.[161] 국가 또는 지방자치단체의 사무가 공법인에게 위탁된 경우에는 **공법인** 자체가 피고로 된다. 따라서 세무서장으로부터 공매사무를 위탁받은 성업공사(현, 한국자산관리공사)는 국세압류재산의 공매에 관하여 세무서장의 지휘감독을 받지 아니하고 자기의 권한으로 공매를 할 수 있으므로 피고적격이 있다.[162] 이 경우 공법인의 대표자가 아니라 공법인 자체가 피고로 된다.[163]

과세처분을 한 행정청과 그 조세채권에 기하여 압류처분을 한 행정청이 상이한 경우 과세처분 취소소송의 피고적격을 갖는 자는 누구인가? 이 경우 압류처분을 한 행정청의 장을 상대로 과세처분의 취소를 구하는 소는 부적법하다.[164]

처분 등이 있은 뒤에 그 처분 등에 관계되는 권한이 다른 행정청에 승계된 때에는 이를 **승계한 행정청**을 피고로 한다(행소 13조 1항 단서). 다만 취소소송이 제기된 후에 권한의 승계가 이루어진 경우에는 법원은 당사자의 신청 또는 직권에 의하여 피고를 경정하여야 한다(행소 14조 6항).

행정청이 없게 된 때에는 그 처분 등에 관한 사무가 귀속되는 국가 또는 공공단체를 피고로 한다(행소 13조 2항). 다만 취소소송이 제기된 후에 행정청이 없게 된 경우에는 법원은 당사자의 신청 또는 직권에 의하여 피고를 경정하여야 한다(행소 14조 6항).

(2) 피고경정

원고가 피고를 잘못 지정한 때에는 법원은 원고의 신청에 의하여 결정으로써 피고의 경정을 허가할 수 있다(행소 14조 1항). 그 결정의 정본은 새로운 피고에게 송달하여야 한다(행

161) 대법원 2006.2.23. 자 2005부4.
162) 대법원 1989.10.13. 89누1933.
163) 대법원 2005.6.24. 2003두6641 참조.
164) 대법원 1987.3.24. 86누581.

소 14조 2항). 이 경우 새로운 피고에 대한 소송은 처음에 소를 제기한 때에 제기된 것으로 보고(행소 14조 4항), 종전의 피고에 대한 소송은 취하된 것으로 본다(행소 14조 5항).

피고경정 신청을 각하하는 결정에 대하여는 즉시항고할 수 있다(행소 14조 3항). 다만 행정소송에서 피고경정신청이 이유 있다 하여 '인용한 결정'에 대하여는 종전 피고는 항고제기의 방법으로 불복신청할 수 없고, 행정소송법 제8조 제2항에 의하여 준용되는 민사소송법 상 특별항고(민소 449조)가 허용될 뿐이다.[165] 불복할 수 없는 결정이나 명령에 대하여는 재판에 영향을 미친 헌법위반이 있거나 재판의 전제가 된 명령·규칙·처분의 헌법 또는 법률의 위반 여부에 대한 판단이 부당하다는 것을 이유로 하는 때에만 대법원에 항고할 수 있는 바 이를 특별항고라고 한다(민소 449조).

원고가 피고를 잘못 지정하였다면 법원으로서는 당연히 석명권을 행사하여 원고로 하여금 피고를 경정하게 하여 소송을 진행케 하였어야 할 것임에도 불구하고 이러한 조치를 취하지 아니한 채 피고의 지정이 잘못되었다는 이유로 소를 각하한 것은 위법하다.[166] **피고경정은 사실심 변론종결에 이르기까지 허용되는 것으로 해석하여야 할 것이고, 굳이 제1심 단계에서만 허용되는 것으로 해석할 근거는 없다.**[167]

피고를 잘못 지정한 경우뿐만 아니라, 소를 변경하는 경우에도 피고를 경정하여야 한다. 법원이 소의 변경을 허가하는 경우 피고를 달리하게 될 때에는 위 피고경정규정에 따른다(행소 21조 2항, 4항). 다만 소의 종류의 변경에 따른 당사자(피고)의 변경은 교환적 변경에 한정된다고 봄이 상당하므로 예비적 청구만이 있는 피고의 추가경정신청은 허용되지 않는다.[168] 행정소송의 일종인 조세소송의 경우에는 각 소의 종류에 따라 피고가 법정되어 있고, 행정소송법 상 주관적 예비적 병합은 명문의 규정이 있는 사정판결의 경우에만 허용되는 것으로 보아야 하기 때문이다. 사정판결의 경우에는 피고인 행정청이 속하는 국가 또는 공공단체를 상대로 손해배상, 제해시설의 설치, 그 밖에 적당한 구제방법의 청구를 당해 취소소송 등이 계속된 법원에 병합하여 제기할 수 있다(행소 28조 3항).

관련청구의 병합(행소 10조 2항)은 그것이 관련청구에 해당하기만 하면 당연히 병합청구를 할 수 있으므로 법원의 피고경정결정을 받을 필요가 없다.[169]

165) 대법원 2006.2.23. 2005부4
166) 대법원 2004.7.8. 2002두7852.
167) 대법원 2006.2.23. 2005부4.
168) 대법원 1989.10.27. 89두1.
169) 대법원 1989.10.27. 89두1.

마. 소송참가

(1) 총설

행정소송의 공정한 해결, 모든 이해관계자의 이익보호 및 충분한 소송자료의 확보를 위하여 취소소송과 이해관계가 있는 제3자 또는 다른 행정청을 소송에 참여시키는 것이 **소송참가제도**이다.[170] 현행 행정소송법은 소송참가와 관련하여 **제3자에 의한 소송참가**(행소 16조) 및 **다른 행정청의 소송참가**(행소 17조)를 규정한다. 위 각 참가제도는 '참가시킬 수 있다'고만 규정하므로, **행정소송법 상 소송참가제도는 단순참가제도를 규정하는 것이고 판결이 참가자에게도 반드시 단일의 내용이어야 하는 경우에 반드시 참가시켜야 하는 필요적 참가제도를 규정하는 것은 아니다.**[171]

그 밖에 민사소송법 상 보조참가, 독립당사자참가 및 공동소송참가가 허용되는지 여부가 문제로 된다.

(2) 제3자의 소송참가

법원은 소송의 결과에 따라 권리 또는 이익의 침해를 받을 제3자가 있는 경우에는 당사자 또는 제3자의 신청 또는 직권에 의하여 결정으로써 그 제3자를 소송에 참가시킬 수 있다(행소 16조 1항). 처분 등을 취소하는 확정판결은 제3자에 대하여도 효력이 있는 바(행소 29조 1항) 이를 감안하여 제3자의 소송참가를 허용하는 것이다. 행정소송법 제16조 소정의 '제3자의 소송참가'가 허용되기 위하여는 당해 소송의 결과에 따라 제3자의 권리 또는 이익이 침해되어야 하고, 그 이익은 법률 상 이익을 말하며 단순한 사실상의 이익이나 경제상의 이익은 포함되지 않는다.[172] 제3자는 민사소송법 상의 당사자능력 및 소송능력을 갖춘 자이어야 하므로 그러한 당사자능력 및 소송능력이 없는 행정청으로서는 민사소송법 상의 보조참가를 할 수는 없고 다만 행정소송법 제17조 제1항에 의한 소송참가를 할 수 있을 뿐이다.[173] '소송의 결과에 따라 권리 또는 이익의 침해를 받는다는 것'은 취소판결의 결과 그 판결의 주문에 의하여 직접 자기의 권리 또는 이익을 침해받는 경우뿐만 아니라 그 판결의 기속력으로 인하여 새롭게 이루어지는 행정청의 새로운 처분으로 인하여 권리 또는 이익의

170) 홍정선, 전게서, 999면.
171) 상게서, 1000면.
172) 대법원 2008.5.29. 2007두23873.
173) 대법원 2002.9.24. 99두1519.

침해를 받는 경우 역시 포함된다고 보는 것이 타당하다.[174)]

법원이 소송참가 결정을 하고자 할 때에는 미리 당사자 및 제3자의 의견을 들어야 한다(행소 16조 2항). 법원이 미리 당사자 및 제3자의 의견을 들어야 하므로 제3자의 소송참가는 소송이 계속 중인 경우에 한하여 허용될 수 있다.

소송참가 신청을 한 제3자는 그 신청을 각하한 결정에 대하여 즉시항고할 수 있다(행소 16조 3항).

소송에 참가한 제3자에 대하여는 민사소송법 상 필수적 공동소송에 대한 특칙(민소 67조)을 준용한다(행소 16조 4항). 필수적 공동소송에 대한 특칙에 대하여 본다. 소송목적이 공동소송인 모두에게 합일적으로 확정되어야 할 공동소송의 경우에 공동소송인 가운데 한 사람의 소송행위는 모두의 이익을 위하여서만 효력을 가진다(민소 67조 1항). 위 공동소송에서 공동소송인 가운데 한 사람에 대한 상대방의 소송행위는 공동소송인 모두에게 효력이 미친다(민소 67조 2항). 위 공동소송에서 공동소송인 가운데 한 사람에게 소송절차를 중단 또는 중지하여야 할 이유가 있는 경우 그 중단 또는 중지는 모두에게 효력이 미친다(민소 67조 3항). 이상과 같이 제3자에 대하여 필수적 공동소송의 특칙이 적용된다고 하더라도 제3자가 당사자인 것은 아니다. 제3자가 별도의 독자적인 청구를 하는 것이 아니기 때문이다. 단지 제3자는 유사필수적 공동소송에 준하는 지위를 가지며 이는 민사소송법 상 보조참가를 하는 경우와 동일하다.[175)]

소송참가인으로서의 지위를 취득한 제3자가 실제 소송에 참가하여 소송행위를 하였는지 여부를 불문하고 판결의 효력을 받는다. 다만 자신의 책임질 수 없는 사유로 소송에 참가하지 못한 경우에는 재심의 청구를 할 수 있다. 즉 처분 등을 취소하는 판결에 의하여 권리 또는 이익의 침해를 받은 제3자는 자기에게 책임없는 사유로 소송에 참가하지 못함으로써 판결의 결과에 영향을 미칠 공격 또는 방어방법을 제출하지 못한 때에는 이를 이유로 확정된 종국판결에 대하여 재심의 청구를 할 수 있다(행소 31조 1항).

(3) 다른 행정청에 의한 소송참가

법원은 다른 행정청을 소송에 참가시킬 필요가 있다고 인정할 때에는 당사자 또는 당해 행정청의 신청 또는 직권에 의하여 결정으로써 그 행정청을 소송에 참가시킬 수 있다(행소

174) 같은 취지 : 홍정선, 전게서, 1001면.
175) 대법원 2013.3.28. 2011두13729.

17조 1항). 처분 등을 취소하는 확정판결은 그 사건에 관하여 당사자인 행정청과 그 밖의 관계행정청을 기속하는 바(행소 30조 1항), 이를 감안하여 다른 행정청의 소송참가를 인정하는 것이다. '행정청'에는 법인격을 달리 하는 행정주체인 행정청 역시 포함된다.[176] 즉 피고가 지방자치단체인 경우에 있어서 국가의 행정청이 그 예에 속한다. '소송에 참가시킬 필요가 있다'는 것은 관계되는 다른 행정청을 소송에 참가시킴으로써 소송자료 및 증거자료가 풍부하게 되어 그 결과 사건의 적정한 심리와 재판을 하기 위하여 필요한 경우를 가리킨다.[177]

법원이 소송참가 결정을 하고자 할 때에는 당사자 및 당해 행정청의 의견을 들어야 한다(행소 17조 2항). 법원이 미리 당사자 및 제3자의 의견을 들어야 하므로 다른 행정청의 소송참가는 소송이 계속 중인 경우에 한하여 허용될 수 있다.

다른 행정청의 소송참가의 경우에는 제3자의 소송참가의 경우와 달리 불복절차에 대한 규정이 없다. 따라서 당사자 또는 다른 행정청은 소송참가와 관련된 결정에 대하여 불복할 수 없다.

소송에 참가한 행정청에 대하여는 민사소송법 상 보조참가(민소 76조)의 규정을 준용한다(행소 17조 3항). 민사소송법 상 보조참가에 대하여 본다. 참가인은 소송에 관하여 공격·방어·이의·상소, 그 밖의 모든 소송행위를 할 수 있으나, 참가할 때의 소송의 진행정도에 따라 할 수 없는 소송행위는 그러하지 아니하다(민소 76조 1항). 참가인의 소송행위가 피참가인의 소송행위에 어긋나는 경우에는 그 참가인의 소송행위는 효력을 가지지 아니한다(민소 76조 2항). 참가적 효력은 참가인과 피참가인 사이에만 발생되고 참가인과 피참가인의 상대방 간에는 미치지 않는다.[178] 보조참가를 하였다가 참가신청을 취하한 경우에도 참가적 효력을 면할 수 없으나 참가인이 부인하고 있는 사실을 피참가인이 자백한 경우와 같이 피참가인이 참가인의 소송행위를 방해하였다면 그 재판은 참가인에 대하여 효력이 없다.[179] 보조참가인이 피참가인을 보조하여 공동으로 소송을 수행하였으나 피참가인이 소송에서 패소한 경우에 인정되는 전소 확정판결의 참가적 효력은, 전소 확정판결 결론의 기초가 된 사실상 및 법률 상의 판단으로서 보조참가인이 피참가인과 공동이익으로 주장하거나 다툴 수 있었던 사항에 한하여 미친다.[180] 따라서 전소 확정판결에 필수적인 요소가 아니어서

176) 홍정선, 전게서, 1002면.
177) 대법원 2002.9.24. 99두1519.
178) 대법원 1974.6.4. 73다1030.
179) 서울고등법원 1973.5.29. 72나2372.
180) 대법원 2007.12.27. 2006다60229.

결론에 영향을 미칠 수 없는 부가적 또는 보충적인 판단이나 방론 등에까지 참가적 효력이 미치는 것은 아니다.[181)]

소송에 참가한 다른 행정청에 대하여서는 이상과 같이 참가적 효력이 미칠 뿐이지만, 취소판결의 관계행정청에 대한 기속력(행소 30조)에 따라 판결의 효력이 미칠 수는 있다.

(4) 민사소송법에 의한 소송참가

(가) 민사소송법 상 보조참가의 허용 여부

민사소송법에 따르면 소송결과에 이해관계가 있는 제3자는 한쪽 당사자를 돕기 위하여 법원에 계속 중인 소송에 참가할 수 있다(민소 71조 본문). 이를 보조참가라고 한다. 판례에 의하면, 행정소송 사건에서 참가인이 한 보조참가는 제3자의 소송참가(행소 16조)에 해당하지 아니하더라도 소송결과에 이해관계가 있는 등 민사소송법 상 보조참가의 요건을 갖춘 경우 허용되고 그 성격은 공동소송적 보조참가라고 할 것인 바, 여기서 이해관계란 법률상 이해관계를 말하는 것으로, 당해 소송의 판결의 기판력이나 집행력을 당연히 받는 경우 또는 당해 소송의 판결의 효력이 직접 미치지는 아니한다고 하더라도 적어도 그 판결을 전제로 하여 보조참가를 하려는 자의 법률 상 지위가 결정되는 관계에 있는 경우를 의미한다.[182)] 공동소송적 보조참가는 그 성질 상 필수적 공동소송 중에서는 이른바 유사필수적 공동소송에 준한다 할 것인 바, 유사필수적 공동소송에서는 원고들 중 일부가 소를 취하하는 경우에 다른 공동소송인의 동의를 받을 필요가 없고 또한 소취하는 판결이 확정될 때까지 할 수 있고 취하된 부분에 대해서는 소가 처음부터 계속되지 아니한 것으로 간주되며(민소 267조), 본안에 관한 종국판결이 선고된 경우에도 그 판결 역시 처음부터 존재하지 아니한 것으로 간주되므로, 이는 재판의 효력과는 직접적인 관련이 없는 소송행위로서 공동소송적 보조참가인에게 불이익이 된다고 할 것도 아니다. 따라서 피참가인이 공동소송적 보조참가인의 동의 없이 소를 취하하였다 하더라도 이는 유효하고 이러한 법리는 행정소송법 상 제3자 참가(행소 16조)가 아니라 민사소송법의 준용에 의하여 보조참가를 한 경우에도 마찬가지로 적용된다.[183)]

공동소송적 보조참가인은 통상의 보조참가인과 마찬가지로 '참가할 때의 소송의 진행 정

181) 대법원 1997.9.5. 95다42133.
182) 대법원 2013.7.12. 2012무84.
183) 대법원 2013.3.28. 2011두13729.

도에 따라 피참가인이 할 수 없는 행위'를 할 수 없는 것인가? 통상의 보조참가인은 참가 당시의 소송 상태를 전제로 하여 피참가인을 보조하기 위하여 참가하는 것이므로 참가할 때의 소송의 진행 정도에 따라 피참가인이 할 수 없는 행위를 할 수 없다(민소 76조 1항 단서). 비록 공동소송적 보조참가인이 판결의 효력을 받는 점에서 필수적 공동소송인에 준하는 지위를 부여받기는 하지만(민소 78조, 67조), 원래 당사자가 아니라 보조참가인의 성질을 가지므로 위와 같은 점에서는 통상의 보조참가인과 마찬가지로 참가할 때의 소송의 진행 정도에 따라 피참가인이 할 수 없는 행위를 할 수 없다.[184)]

(나) 민사소송법 상 독립당사자참가의 허용 여부

민사소송법 상 소송목적의 전부나 일부가 자기의 권리라고 주장하거나, 소송결과에 따라 권리가 침해된다고 주장하는 제3자는 당사자의 양쪽 또는 한쪽을 상대방으로 하여 당사자로서 소송에 참가할 수 있다(민소 79조 1항). 이를 독립당사자참가라고 한다. 소송의 목적의 전부나 일부가 자기의 권리임을 주장하여야 하는 독립당사자참가가 적법하기 위하여는 독립당사자참가인은 종전 당사자인 원・피고에 대하여 각각 별개의 청구를 하여야 하고, 원・피고에 대한 별개의 청구는 원고의 본소 청구와 양립할 수 없는 것으로서 소의 이익을 갖추어야 하는 이외에 독립당사자참가인의 청구는 그 주장 자체에 의하여 이유 있어야 한다.[185)] 조세소송에 있어서 독립당사자참가를 허용하지 않아야 한다는 명시적인 근거를 찾기는 어렵다. 그러나 조세소송에 있어서 독립당사자참가의 위 각 요건을 충족하는 예를 찾는 것 역시 어렵다고 본다.

(다) 민사소송법 상 공동소송참가의 허용 여부

민사소송법 상 소송목적이 한 쪽 당사자와 제3자에게 합일적으로 확정되어야 할 경우 그 제3자는 공동소송인으로 소송에 참가할 수 있다(민소 83조 1항). 이를 공동소송참가라고 한다. 공동소송참가는 타인간의 소송의 목적이 당사자 일방과 제3자에 대하여 합일적으로 확정될 경우 즉 타인간의 소송의 판결의 효력이 제3자에게도 미치게 되는 경우에 한하여 그 제3자에게 허용된다.[186)] 조세소송에 있어서 공동소송참가를 금지하는 명시적인 근거를 찾기는 어렵다. 공동소송참가의 경우에는 참가인에 대하여 당사자로서 필수적 공동소송에 관한 규정

184) 대법원 2015.10.29. 2014다13044.
185) 대법원 1997.6.10. 96다25449.
186) 대법원 1986.7.22. 85다620.

이 적용되어, 유사필수적 공동소송에 관한 규정이 적용되는 제3자의 소송참가 및 민사소송법 상 보조참가의 경우와 다르므로 공동소송참가를 별도로 인정할 실익 역시 있다.[187)]

5 제소기간

가. 제소기간의 내용

행정소송법은 제소기간에 대하여 정하고 있다(행소 20조). 그러나 행정소송법에 따르면 행정소송에 대하여는 다른 법률에 특별한 규정이 있는 경우를 제외하고는 이 법이 정하는 바에 의한다고 규정하기 때문에(행소 8조 1항), 특별한 규정이 있으면 그 특별규정이 행정소송법에 대하여 우선하여 적용된다.

국세기본법은 제소기간과 관련하여 다음과 같은 특칙을 두고 있다. 행정소송은 심사청구 또는 심판청구에 대한 '결정의 통지를 받은 날부터' 90일 이내에 제기하여야 한다(국기 56조 3항 본문 ; 관세 120조 3항 본문). 즉 처분 등이 있음을 안 날부터 90일 이내에 제기하여야 한다는 행정소송법 제20조가 적용되지 않는다. 다만, 국세청장 또는 조세심판원장은 심사 또는 심판청구를 받은 날부터 90일 이내(국기 65조 2항, 80조의2에서 준용하는 경우 포함)에 해당 결정을 하여야 하는 바, 그 결정기간 내에 해당 청구에 대한 결정의 통지를 받지 못한 경우에는 결정의 통지를 받기 전이라도 그 결정기간이 지난 날부터 행정소송을 제기할 수 있다(국기 56조 3항 단서 ; 관세 120조 3항 단서). 한편 **심사청구 또는 심판청구의 재조사 결정**(국기 65조 1항 3호 단서, 80조의2)**에 대한 행정소송의 제소기간에 대하여서는 특칙이 있다**(국기 56조 4항). **재조사 결정에 대하여 심사청구 또는 심판청구를 거치지 아니하고 행정소송을 제기하는 경우**에는 재조사 후 행한 처분청의 처분의 결과 통지를 받은 날부터 90일 이내에 행정소송을 제기하여야 한다. 다만, 재조사 결정에 따른 처분기간[조사를 연기하거나 조사기간을 연장하거나 조사를 중지한 경우(국기 65조 5항 후단)에는 해당 기간을 포함](국기 65조 5항, 80조의2에서 준용하는 경우 포함)에 처분청의 처분 결과 통지를 받지 못하는 경우에는 그 처분기간이 지난 날부터 행정소송을 제기할 수 있다. **재조사 결정에 대하여 심사청구 또는 심판청구를 거쳐서 행정소송을 제기하는 경우**에는 재조사 후 행한 처분청의 처분에 대하여 제기한 심사청구 또는 심판청구에 대한 결정의 통지를 받은 날부터 90일 이내에 행정소송을 제기하여야 한다. 다만, 재조사 결정에 따른 결정기간에 결정의 통지를 받지 못하는 경우에는 그

187) 같은 뜻 ; 홍정선, 전게서, 1004면.

결정기간(국기 65조 2항, 80조의2에서 준용하는 경우 포함)이 지난 날부터 행정소송을 제기할 수 있다. 위 기간은 불변기간이다(국기 56조 6항). 감사원법에 따라 심사청구를 거친 경우에는 이 법에 따른 심사청구 또는 심판청구를 거친 것으로 보고 본다(국기 56조 5항).

지방세의 제소기간에 대하여 본다. 지방세의 경우에는 이의신청, 심사청구 및 심판청구에 관한 국세기본법 상 제7장의 규정들을 준용하나, 위 국세기본법 상 특칙(국기 56조)의 준용을 배제하고 있다(지기 100조). 따라서 이의신청, 심사청구 및 심판청구에 대한 제소기간이 행정소송법 상 규정(행소 20조)에 따라 정하여져야 하는 것인지 여부가 문제로 된다. 그런데 지방세기본법은 심판청구에 대한 제소기간에 관하여서는 별도의 규정을 통하여 국세기본법 제7장 제3절을 준용하므로(지기 96조 4항), 심판청구에 대하여서는 국세기본법과 동일하게 원칙적으로 '결정의 통지를 받은 날(또는 결정기관의 결정기간이 경과된 날)부터' 90일 이내에 조세소송을 제기하여야 한다. 다만 지방세기본법은 이의신청 및 심사청구에 대하여 조세소송을 제기하는 경우 그 제소기간에 대하여서는 규정하지 않고 있으나, 지방세기본법 '시행령'이 다음과 같이 그 제소기간에 대하여 규정한다(지기령 64조 2항, 3항). 즉 결정서를 송달할 때 이의신청의 경우에는 그 결정서를 받은 날부터 90일 이내에 이의신청인이 심사청구, 심판청구 또는 행정소송을 제기할 수 있다는 뜻과 제기하여야 하는 기관을 함께 적어야 하며, 심사청구 또는 심판청구의 경우에는 그 결정서를 받은 날부터 90일 이내에 심사청구인 또는 심판청구인이 행정소송을 제기할 수 있다는 뜻을 적어야 한다. 또한 이의신청, 심사청구 또는 심판청구의 결정기관은 해당 신청 또는 청구에 대한 결정기간(지기 96조 1항, 4항)이 지나도 그 결정을 하지 못하였을 때에는 지체 없이 결정기간이 경과된 날부터 이의신청인은 심사청구, 심판청구 또는 행정소송을 제기할 수 있다는 뜻과 제기하여야 하는 기관을, 심사청구인 또는 심판청구인은 행정소송을 제기할 수 있다는 뜻을 해당 신청인 또는 청구인에게 통지하여야 한다. 이는 국세기본법 상 제소기간에 대한 정함과 동일하다. 그러나 이러한 사항들은 시행령 단계가 아니라 법률 단계에서 규정하여야 한다. 결론적으로 지방세의 경우 조세소송을 제기하기 이전에 심사청구 또는 심판청구를 반드시 제기할 필요가 없는 임의적 전치주의를 취하고 있으나, 그 제소기간은 국세기본법 상 정함과 동일하게 '결정의 통지를 받은 날(또는 결정기관의 결정기간이 경과된 날)부터' 90일 이내에 조세소송을 제기하여야 한다.

감사원법에 의하면 감사원에 의한 심사청구 및 결정을 거친 행정기관의 장의 처분에 대하여는 해당 처분청을 당사자로 하여 해당 결정의 통지를 받은 날부터 90일 이내에 행정소송을 제기할 수 있다(감사 46조의2 ; 관세 119조 4항). 따라서 이 경우 역시 행정소송법 제20조가 적용되지 않는다.

한편 제소기간은 조세소송의 제기와 관련된 쟁점이므로 이는 조세불복절차에 있어서의 불복청구기간과는 별개의 쟁점에 속한다는 점에 주의하여야 한다. 즉 국세의 경우 이의신청을 하거나 이의신청을 거치지 않고 심사청구 또는 심판청구를 하는 경우에는 해당 처분이 있은 것을 안 날(처분의 통지를 받았을 때에는 그 통지를 받은 날)부터 90일 이내에 해당 청구를 하여야 한다(국기 61조 1항, 66조 6항, 68조 1항). 지방세의 경우에도 이의신청을 하거나 이의신청을 하지 않고 바로 심사청구 또는 심판청구를 제기하는 경우에는 해당 처분이 있은 것을 안 날(처분의 통지를 받았을 때에는 그 통지를 받은 날)부터 90일 이내에 해당 청구를 하여야 한다(지기 90조, 91조 3항).

나. 불변기간

제소기간은 불변기간이다(국기 56조 5항 ; 행소 20조 3항). 제소기간은 불변기간이므로 법원이 그 기간을 늘리거나 줄일 수 없다(민소 172조 1항 단서). 법원은 불변기간에 대하여 주소 또는 거소가 멀리 떨어진 곳에 있는 사람을 위하여 부가기간을 정할 수 있다(민소 172조 2항). 법원에는 재판장·수명법관 또는 수탁판사 역시 포함된다(민소 172조 3항).

당사자가 책임질 수 없는 사유로 말미암아 불변기간을 지킬 수 없었던 경우에는 그 사유가 없어진 날부터 2주 이내에 게을리한 소송행위를 보완할 수 있으나, 그 사유가 없어질 당시 외국에 있던 당사자에 대하여는 이 기간을 30일로 한다(민소 173조 1항). 이 경우 해당 기간에 대하여는 늘이거나 줄일 수 없으며 부가기간을 정할 수 없다(민소 173조 2항). '당사자가 그 책임을 질 수 없는 사유'라고 함은 당사자가 그 소송행위를 하기 위하여 일반적으로 하여야 할 주의를 다하였음에도 불구하고 그 기간을 준수할 수 없었던 사유를 가리키고, 그 당사자에는 당사자 본인뿐만 아니라 그 소송대리인 및 대리인의 보조인도 포함된다.[188)]

기간의 계산은 민법에 따른다(민소 170조). 기간을 시, 분, 초로 정한 때에는 즉시로부터 기산한다(민법 156조). 기간을 일, 주, 월 또는 연으로 정한 때에는 기간의 초일은 산입하지 아니하나 그 기간이 오전 영시로부터 시작하는 때에는 그러하지 아니하다(민법 157조). 연령

188) 대법원 2016.1.28. 2013다51933.

계산에는 출생일을 산입한다(민법 158조). 기간을 일, 주, 월 또는 연으로 정한 때에는 기간말일의 종료로 기간이 만료한다(민법 159조). 기간을 주, 월 또는 연으로 정한 때에는 역에 의하여 계산한다(민법 160조 1항). 주, 월 또는 연의 처음으로부터 기간을 기산하지 아니하는 때에는 최후의 주, 월 또는 연에서 그 기산일에 해당한 날의 전일로 기간이 만료한다(민법 160조 2항). 월 또는 연으로 정한 경우에 최종의 월에 해당일이 없는 때에는 그 월의 말일로 기간이 만료한다(민법 160조 3항). 기간의 말일이 토요일 또는 공휴일에 해당한 때에는 기간은 그 익일로 만료한다(민법 161조).

다. 제소기간의 계산

소득세나 부가가치세 등과 같이 일정한 기간을 과세단위로 하는 세목에 있어서 과세기간을 달리하는 과세처분은 각기 독립한 별개의 처분이라고 보아야 하므로, 특별한 사정이 없는 한 제소기간의 준수 여부도 각 처분별로 판단하여야 한다.[189)]

재조사 결정에 따른 심사청구기간이나 심판청구기간 또는 행정소송의 제소기간은 이의신청인 등이 후속처분의 통지를 받은 날부터 기산된다.[190)] 한편 재조사 결정에 따른 행정소송의 제소기간은 특별한 사정이 없는 한 납세자가 관계 행정청으로부터 재조사 결과에 따른 후속처분의 통지를 받은 날부터 기산된다고 볼 것이므로 후속처분의 통지를 받은 납세자가 곧바로 행정소송을 제기하지 아니한 채 다시 심사청구나 심판청구를 하였다고 하더라도, 이는 납세자가 임의로 거친 절차에 불과하므로 후속처분의 통지를 받은 날부터 기산되는 제소기간의 진행을 방해하지 아니한다.[191)] **행정처분의 당연무효를 선언하는 의미에서 취소를 구하는 행정소송을 제기한 경우에도 제소기간의 준수 등 취소소송의 제소요건을 갖추어야 한다.**[192)]

청구취지를 변경하여 구 소가 취하되고 새로운 소가 제기된 것으로 변경되었을 때에 새로운 소에 대한 제소기간의 준수 등은 원칙적으로 청구취지의 변경이 있은 때를 기준으로 하여야 한다.[193)] **청구를 추가적으로 병합한 경우 소제기 기간의 준수 여부는 각 그 청구취지의 추가·변경신청이 있은 때를 기준으로 개별적으로 판단한다.**[194)] 다만 소의 변경 및

189) 대법원 1996.2.23. 95누12057.
190) 대법원 2010.6.25. 2007두12514 전원합의체 판결.
191) 대법원 2014.7.24. 2011두14227; 대법원 2015.1.29. 2014두12031.
192) 대법원 1993.3.12. 92누11039.
193) 대법원 2004.11.25. 2004두7023.

피고경정의 경우는 달리 보아야 한다. 소의 변경 및 피고경정의 결정들이 있는 경우 새로운 피고에 대한 소송은 처음에 소를 제기한 때에 제기된 것으로 보기 때문이다(행소 14조 4항, 21조 4항). 즉 **취소소송을 제기하였다가 나중에 당사자소송으로 변경하는 경우에는 당초의 취소소송이 적법한 기간 내에 제기된 경우에는 당사자소송의 제소기간을 준수한 것으로 보아야 한다.**[195] 이는 피고경정의 경우에도 같다.

감액처분으로도 아직 취소되지 않고 남아 있는 부분이 위법하다 하여 다투고자 하는 경우, 감액처분 자체를 항고소송의 대상으로 할 수는 없고, 당초처분 중 감액처분에 의하여 취소되지 않고 남은 부분을 항고소송의 대상으로 할 수 있을 뿐이며, 그 결과 **제소기간의 준수 여부도 감액처분이 아닌 당초처분을 기준으로 판단해야 한다.**[196]

과세처분이 있은 후에 증액경정처분이 있는 경우 당초 과세처분은 경정처분에 흡수되어 독립적인 존재가치를 상실하므로 **전심절차의 경유 여부도 그 증액경정처분을 기준으로 판단하여야 하는 것이 원칙이다.**[197] **다만** 당초의 조세부과처분에 대하여 적법한 취소소송이 계속 중에 동일한 과세목적물에 대하여 당초의 부과처분을 증액 변경하는 경정결정 또는 재경정결정이 있는 경우에 '당초 부과처분에 존재하고 있다고 주장되는 취소사유(실체상의 위법성)가 경정결정 또는 재경정결정에도 마찬가지로 존재하고 있어 당초 부과처분이 위법하다고 판단되면 경정결정 또는 재경정결정도 위법하다고 하지 않을 수 없는 경우'에는 **경정결정 또는 재경정결정에 대하여 따로 전심절차를 거칠 필요 없이 청구취지를 변경하여 경정결정 또는 재경정결정의 취소를 구할 수 있고, 이러한 경우 당초의 소송이 적법한 제소기간 내에 제기된 것이라면 경정결정 또는 재경정결정에 대한 청구취지변경의 제소기간 준수 여부는 따로 따질 필요가 없다.**[198] 이 판례가 행정소송법 제22조 제1항에 대한 예외를 설정한 것이라고 본 견해가 있다.[199] 이 견해는 행정청이 소송의 대상인 처분을 소가 제기된 후 변경한 때에는 법원은 원고의 신청에 의하여 결정으로써 청구의 취지 또는 원인의 변경을 허가할 수 있는 바, 그 신청은 처분의 변경이 있음을 안 날로부터 60일 이내에 하여야 하고 이에 따라 변경되는 청구는 전치요건을 갖춘 것으로 본다는 규정(행소 22조)을 근거

194) 대법원 2004.12.10. 2003두12257.
195) 대법원 1992.12.24. 선고 92누3335.
196) 대법원 2012.9.27. 2011두27247.
197) 대법원 2000.9.22. 98두18510.
198) 대법원 2012.11.29. 2010두7796.
199) 임승순, 전게서, 297면.

로 한다.

그러나 조세소송에 있어서 원고는 위 규정과 상관없이 원고는 '소송절차를 현저히 지연시키지 않는 한' '청구의 기초가 바뀌지 아니하는 한도 안에서' 변론을 종결할 때(변론 없이 한 판결의 경우에는 판결을 선고할 때)까지 청구의 취지 또는 원인을 바꿀 수 있다(행소 8조 2항 ; 민소 262조). 이 경우에는 청구취지의 변경에 관한 60일의 기간제한을 받지 않는다. 위 판례는 '당초 부과처분에 존재하고 있다고 주장되는 취소사유(실체상의 위법성)가 경정결정 또는 재경정결정에도 마찬가지로 존재하고 있는 경우'를 전제로 하는 바, 이는 청구의 기초가 바뀌지 아니하는 한도 안에서 이루어지는 변경으로서 60일이라는 제한과 무관하게 청구취지의 변경이 이루어질 수 있는 경우에 해당한다고 할 것이다. 따라서 위 판례가 반드시 행정소송법 제22조 제1항에 대한 예외를 설정한 것이라고 할 수는 없다. 다만 청구의 기초에 변경이 있는 경우에는 행정소송법 제22조 제1항에 따라 처분의 변경이 있음을 안 날로부터 60일 이내에 청구취지의 변경신청을 하여야 할 것으로 본다.

한편 경정결정 또는 재경정결정에 대하여 따로 전심절차를 거칠 필요 없이 청구취지를 변경하고, 경정결정 또는 재경정결정에 대한 청구취지변경의 제소기간 준수 여부를 따로 따질 필요가 없는 경우에도 **납세의무자 스스로 당초 과세처분에 대한 전심절차 외에 증액경정처분에 대한 전심절차를 거쳤다면, 그 증액경정처분에 대한 제소기간은 해당 증액경정처분에 대한 결정 통지 수령일로부터 기산하여야 하고, 당초 과세처분에 대한 결정통지 수령일을 제소기간 기산일로 삼을 근거는 없다.**[200)]

거부처분은 과세관청이 국민의 처분신청에 대하여 거절의 의사표시를 함으로써 성립되고, 그 이후 동일한 내용의 신청에 대하여 다시 거절의 의사표시를 명백히 한 경우에는 새로운 처분이 있은 것으로 보아야 할 것이며, 이 경우 조세불복절차 및 조세소송의 제소기간은 각 처분을 기준으로 진행된다.[201)]

6 필요적 전치주의

가. 행정소송법과 필요적 전치주의

'국세기본법 또는 세법 상 처분'에 대한 조세소송은 국세기본법에 따른 심사청구 또는 심

200) 대법원 2000.9.22. 98두18510.
201) 대법원 1992.12.8. 92누7542.

판청구와 그에 대한 결정을 거치지 아니하면 제기할 수 없다(국기 56조 2항 ; 관세 120조 2항). 즉 임의적 행정심판전치주의에 대한 규정들(행소 18조 1항 본문, 2항 및 3항)이 적용되지 않는다. 이를 '필요적 전치주의'라고 한다. 다만 심사청구 또는 심판청구에 대한 재조사 결정(국기 65조 1항 3호 단서, 80조의2에서 준용하는 경우를 포함)에 따른 처분청의 처분에 대한 행정소송은 그러하지 아니하다(국기 56조 2항 단서). 또한 행정소송은 심사청구 또는 심판청구에 대한 '결정의 통지를 받은 날부터' 90일 이내에 제기하여야 한다(국기 56조 3항 본문 ; 관세 120조 3항 본문). 즉 처분 등이 있음을 안 날부터 90일 이내에 제기하여야 한다는 행정소송법 제20조가 적용되지 않는다.

다만, 결정기간(국기 65조 2항, 80조의2) 내에 결정의 통지를 받지 못한 경우에는 결정의 통지를 받기 전이라도 그 결정기간이 지난 날부터 행정소송을 제기할 수 있다(국기 56조 3항 단서 ; 관세 120조 3항 단서). 비록 적법한 이의신청을 제기하였음에도 그에 대한 아무런 결정의 통지를 받지 못한 채 결정기간이 경과한 경우에는 그 결정의 통지를 받기 전이라도 그 다음 단계인 심사청구 및 심판청구를 거쳐 제소할 수 있는 것이지 이러한 전치절차를 거칠 필요 없이 곧바로 제소할 수 있는 것은 아니다.[202)]

위 각 기간은 불변기간이다(국기 56조 6항 ; 관세 120조 5항).

감사원법에 따라 심사청구를 거친 경우에는 국세기본법 또는 관세법에 따른 심사청구 또는 심판청구를 거친 것으로 본다(국기 56조 5항 ; 관세 120조 5항). 감사원에 의한 심사청구 및 결정을 거친 행정기관의 장의 처분에 대하여는, 해당 처분청을 당사자로 하여 해당 결정의 통지를 받은 날부터 90일 이내에 행정소송을 제기할 수 있다(감사 46조의2 ; 관세 119조 4항). 다만 감사원법에 의한 심사청구에 관하여는 국세기본법 상의 심사, 심판청구에 대하여 소정의 결정기간 내에 그 결정의 통지가 없는 경우에는 결정의 통지를 받기 전이라도 그 결정기간이 지난 날부터 행정소송을 제기할 수 있다는 규정(국기 56조 3항 단서, 65조 2항, 80조의2)이 없고, 조세법률주의는 구제절차에 있어서도 적용되므로 위 규정들을 감사원법에 의한 심사청구에 대하여는 유추적용할 수 없다.[203)]

정당한 사유가 없는 경우에는 전심절차를 거치지 아니한 채 과세처분의 취소를 청구하는 행정소송을 제기하는 것은 부적법하다.[204)]

202) 대법원 1997.11.28. 97누13627.
203) 대법원 1992.3.10. 91누7439 참조.
204) 대법원 2014.12.11. 2012두20618.

나. 필요적 전치주의의 적용범위

전치주의에 대한 규정들 자체가 취소소송과 부작위위법확인소송에만 적용되고 무효 등 확인소송과 당사자소송에 대하여는 적용되지 않는다(행소 38조 1항, 44조 1항). 즉 행정소송법 제20조 자체가 준용되지 않는다. 따라서 행정소송법 제20조에 대한 특칙인 국세기본법 제56조 제3항 역시 적용될 여지가 없다. 이러한 이유로 **필요적 전치주의에 대한 위 각 규정들은 취소소송과 부작위위법확인소송에만 적용되고 무효 등 확인소송과 당사자소송에 대하여는 적용되지 않는다.**

다만 처분의 당연무효를 선언하는 의미에서 그 취소를 구하는 소송을 제기한 경우에도 취소소송의 제소요건을 갖추어야 하므로,[205] 그 경우에도 필요적 전치주의의 요건을 충족하여야 한다. 주위적 청구가 전심절차를 요하지 아니하는 당사자소송이더라도 병합 제기된 예비적 청구가 항고소송이라면 이에 대한 전심절차 등 제소의 적법요건을 갖추어야 한다.[206] 행정처분의 상대방이 아닌 제3자가 제기하는 사건에 대하여서도 제소기간 및 전심절차에 관한 규정이 적용된다.[207]

다. 필요적 전치주의의 완화

필요적 전치주의가 취소소송과 부작위위법확인소송에 대하여 적용되는 바 원칙적으로 별개의 과세처분별로 각 전심절차를 거쳐야 한다. 종합소득세부과처분에 대한 심사청구 및 심판청구를 함에 있어서 가산세의 부과처분만이 위법하다고 주장하였고, 그 후 심판청구기각 결정을 송달받고서 이에 대해 행정소송을 제기함에 있어서, 가산세부분의 취소를 구하다가 청구를 변경하여 위 부과처분 전부(본세 포함)의 취소를 구하였다면, 본세에 관한 취소청구는 전심절차를 거치지 아니하여서 부적법하다.[208] 상속세 및 증여세법 상 증여자의 연대납부의무에 대한 과세요건은 수증자에 대한 증여세과세요건과는 별개의 것이며, 수증자에 대한 증여세부과처분과 증여자로서 연대납부의무자에 대한 부과처분은 동일한 증여를 과세원인으로 한다는 점에서만 공통될 뿐 그 과세요건을 달리하고 있어 독립된 별개의 처분이라고 보아야 할 것이어서 따로 전심절차를 거쳐야 한다.[209] 종전의 제2차 납세의무

205) 대법원 1993.3.12. 92누11039.
206) 대법원 1989.10.27. 89누39.
207) 대법원 1989.5.9. 88누5150 참조.
208) 대법원 1982.12.14. 82누315.
209) 대법원 1992.9.8. 92누4383.

자 납부고지처분이 당연 무효라는 이유로 이와는 별개의 새로운 처분이 행하여진 경우, 납세의무자가 비록 종전의 납부고지처분에 대하여 전심절차를 거쳤다고 하더라도 특별한 사정이 없는 한 원칙적으로 새로운 납부고지처분에 대하여 별도로 전심절차를 거쳐야 한다.[210] 법인세와 종합소득세는 세목뿐만 아니라 과세관청과 납세의무자도 전혀 다르고, 손금불산입으로 법인소득이 발생하였다 하더라도 그와 같은 소득의 귀속은 법인에 유보되거나 사외 유출되더라도 실제 귀속자에 따라 달라지게 되어 반드시 그 소득이 대표자에게만 귀속된다고는 볼 수 없는 등 각기 독립한 별개의 처분이므로, 법인이 법인세 부과처분 및 인정상여처분을 대상으로 전심절차를 거쳤다 하더라도, 당연히 그 인정상여의 귀속자에 대한 종합소득세 부과처분 취소소송의 전심절차를 거친 것으로 볼 수는 없고, 또한 중복하여 전심절차를 거칠 필요가 없는 경우에도 해당하지 않는다.[211] 원천납세의무자가 의제배당소득과 관련한 원천징수고지의 징수처분에 대한 전심절차에서 국세심판원(현재는 조세심판원)으로부터 당사자적격이 인정되지 않는다는 이유로 각하 결정을 받은 경우에는, 그 의제배당소득 등과 관련된 원천납세의무자에 대한 종합소득세 부과처분 취소청구소송을 별도의 전심절차를 거치지 않은 채 제기할 수 없다.[212]

다만 필요적 전치주의가 취소소송과 부작위위법확인소송에 대하여 적용되고 각 과세처분별로 전심절차를 거쳐야 한다고 하더라도, 판례는 해당 요건의 적용을 완화하여 적용할 수 있는 경우들에 대하여 판시하고 있다. 즉 과세관청이 1991년 귀속 종합소득세부과처분 취소소송 계속중 이를 취소하고 동일한 과세표준에 대하여 1990년 귀속 종합소득세 및 방위세로 변경부과한 사안에서, 과세처분의 불복절차 진행 중에 과세관청이 그 대상인 처분을 변경하였는데 그 위법사유가 공통되는 경우 선행처분에 대하여 적법한 전심절차를 거친 때 등과 같이 국세청장 및 국세심판소로 하여금 기본적 사실관계와 법률문제에 대하여 다시 판단할 수 있는 기회가 부여되었을 뿐더러 납세의무자로 하여금 굳이 또 전심절차를 거치게 하는 것이 가혹하다고 보이는 등의 사유가 있는 때에는 납세의무자는 전심절차를 거치지 아니하고도 과세처분의 취소를 구하는 행정소송을 제기할 수 있다고 판시한다.[213]

이상과 같은 취지에 해당하는 구체적인 판례들의 내용은 다음과 같다.

210) 대법원 1996.9.10. 95누13739.
211) 대법원 2006.12.7. 2005두4106.
212) 대법원 2009.5.28. 2007두25817.
213) 대법원 1997.4.8. 96누2200.

형식 상 별개인 선후 수 개의 과세처분이 일련의 발전적 과정에서 이루어진 것으로서 내용 상 서로 관련되어 있을 경우에, 선행 과세처분에 대한 전치절차의 이행만으로도 과세관청 등에게 스스로 재고 시정할 기회가 부여되었을 뿐더러 납세의무자로 하여금 다시 전심절차를 거치게 하는 것이 가혹하다고 보이는 등 정당한 사유가 있을 때에는 납세의무자가 전심절차를 거치지 아니하고도 후행 과세처분의 취소를 구하는 행정소송을 제기할 수 있다. 따라서 동일한 계약관계에서 발생한 2년에 걸친 이자에 대한 원천징수의무 불이행을 이유로 한 2개의 가산세부과처분이 세목과 납세의무자 및 원고 주장의 위법사유가 동일하다면, 선행 과세처분에 대하여만 전심절차를 거친 경우에는 후행 과세처분에 대하여 별도로 전심절차를 거치지 않고서도 취소소송을 제기할 만한 정당한 사유가 있다.[214)]

납부지연가산세 징수처분은 국세의 납부고지처분과 별개의 행정처분이라고 볼 수 있다 하더라도, 위 국세채권의 내용이 구체적으로 확정된 후에 비로소 발생되는 징수권의 행사이므로 국세의 납부고지처분에 대하여 적법한 전심절차를 거친 이상 납부지연가산세 징수처분에 대하여 따로 전심절차를 거치지 않았다 하더라도 행정소송으로 이를 다툴 수 있다.[215)]

과세처분이 있은 후에 증액경정처분이 있으면 당초의 과세처분은 경정처분에 흡수되어 독립적인 존재가치를 상실하므로 전심절차의 경유 여부도 그 경정처분을 기준으로 판단하여야 할 것이지만, 그 위법사유가 공통된 경우에는 당초의 과세처분에 대하여 적법한 전심절차를 거친 이상 전심기관으로 하여금 기본적 사실관계와 법률문제에 대하여 다시 검토할 수 있는 기회를 부여하였다고 볼 수 있을 뿐만 아니라, 납세의무자에게 굳이 같은 사유로 증액경정처분에 대하여 별도의 전심절차를 거치게 하는 것은 가혹하므로 납세의무자는 그 경정처분에 대하여 다시 전심절차를 거치지 아니하고도 취소를 구하는 행정소송을 제기할 수 있다.[216)] 이와 같이 당초의 조세부과처분에 대한 경정결정 또는 재경정결정에 대하여 따로 전심절차를 거칠 필요 없이 청구취지를 변경하여 경정결정 또는 재경정결정의 취소를 구할 수 있는 경우에는 당초의 소송이 적법한 제소기간 내에 제기된 것이라면 경정결정 또는 재경정결정에 대한 청구취지변경의 제소기간 준수 여부 역시 따로 따질 필요가 없다.[217)]

214) 대법원 1991.7.26. 91누117.
215) 대법원 1986.7.22. 85누297.
216) 대법원 1992.8.14. 91누13229.

조세행정에 있어서 2개 이상의 같은 목적의 행정처분이 단계적 · 발전적 과정에서 이루어진 것으로서 서로 내용 상 관련이 있다든지, 세무소송 계속 중에 그 대상인 과세처분을 과세관청이 변경하였는데 위법사유가 공통된다든지, 동일한 행정처분에 의하여 수인이 동일한 의무를 부담하게 되는 경우에 선행처분에 대하여 또는 그 납세의무자들 중 1인이 적법한 전심절차를 거친 때와 같이, 과세관청과 조세심판원으로 하여금 기본적 사실관계와 법률문제에 대하여 다시 판단할 수 있는 기회를 부여하였을 뿐더러 납세의무자로 하여금 굳이 또 전심절차를 거치게 하는 것이 가혹하다고 보이는 등 정당한 사유가 있는 때에는 납세의무자가 전심절차를 거치지 아니하고도 과세처분의 취소를 청구하는 행정소송을 제기할 수 있다.[218] 따라서 과세관청이 갑 주식회사 주식 전부를 소유한 과점주주인 을, 병, 정 및 무를 갑 회사의 제2차 납세의무자로 지정하여 갑 회사의 체납 부가가치세 등을 납부하라는 내용의 제1차 처분 및 제2차 처분을 하자, 을, 병, 정 및 무가 조세심판원을 상대로 제1차 처분에 대한 심판청구를 제기하여 을 및 병은 인용결정을, 정 및 무는 기각결정을 받았는데, 이후 과세관청이 위 결정에 따라 정에 대해 추가 세액을 납부하라는 내용의 제3차 처분을 하자 정 및 무가 납세의무 성립일 이전에 이미 위 주식을 양도하였다는 점을 근거로 하여 위 각 과세처분의 취소를 청구하였던 사안에서 정, 무가 제2차 및 제3차 처분에 대해 전심절차를 거치지 않았다 하더라도 이에 대한 청구는 적법하다.

공동상속의 경우 상속세 부과처분에 대한 불복은 상속인 각자가 자기의 납부의무 있는 세액에 관하여 제기하는 것이 원칙이나 심사청구와 심판청구 등 전심절차에 있어서는 공동상속인을 대표하여 상속세의 과세표준과 세액의 결정통지를 받을 수 있는 자가 통지를 받고 전심절차를 거친 때에는 나머지 상속인들은 구태여 동일한 전심절차를 거칠 필요가 없으며, 이는 과세관청이 상속인을 대표하여 통지를 받을 수 있는 자만이 아니라 모든 상속인에게 통지를 한 경우에도 마찬가지이다.[219]

과세관청이 법인세의 과세표준을 결정 또는 경정함에 있어 대표자에 대한 인정상여처분을 하고 소득금액변동 통지를 한 경우 납세자가 인정상여처분 등에 불복하여 심사청구를 하였다면 부과처분에 대하여도 전심절차를 거친 것으로 볼 수 있다.[220]

---

217) 대법원 2012.11.29. 2010두7796.
218) 대법원 2011.1.27. 2009두13436.
219) 대법원 1993.5.27. 93누3387.
220) 대법원 1993.1.19. 92누8293 전원합의체 판결.

7 소의 이익

소의 이익은 권리보호의 필요성을 의미한다. 그런데 권리보호 필요성 요건을 충족하는 것은 침해되거나 방해받은 권리 또는 이익이 존재한다는 것만으로는 부족하다. 즉 원고적격을 인정하기 위한 법률 상 이익은 '당해 처분의 근거 법률에 의하여 직접 보호되는 구체적인 이익'을 의미하나,[221] 즉 이러한 법률 상 이익이 존재한다는 것만으로는 권리보호 필요성(이하 '**소의 이익**'이라고 한다) 요건을 충족할 수는 없다. **'침해되거나 방해받은 권리 또는 이익'이 소송을 통하여 현실적으로 구제될 수 있어야 한다.** 이러한 의미에서 판례 역시 위법한 행정처분의 취소를 구하는 소는 위법한 처분에 의하여 발생한 위법상태를 배제하여 원상으로 회복시키고 그 처분으로 침해되거나 방해받은 권리와 이익을 보호・구제하고자 하는 소송이므로, 비록 그 위법한 처분을 취소한다고 하더라도 원상회복이 불가능한 경우에는 그 취소를 구할 이익이 없다고 판시한다.[222] 소의 이익 요건을 갖추었는지 여부에 대한 판단대상은 법률 상 이익에만 한정되는 것이 아니라 그 밖의 경제 상 이익 등 관련되는 중요한 이익 역시 포함된다.[223] 어떤 행정처분의 위법 여부를 다투는 것이 이론적인 의미는 있으나 재판에 의하여 해결할 만한 실제적인 효용 내지 실익이 없는 경우에는 그 취소를 구할 소의 이익이 없다.[224]

소의 이익이라는 요건은 법률 상 소송요건으로 규정된 것은 아니라, 판례를 통하여 소송요건으로서 인정되는 것이다. '소의 이익' 요건을 판례를 통하여 창설함으로 인하여 조세법률주의 또는 재판청구권이 침해되는 것은 아닌가? 행정소송에서 소의 이익이란 개념은 국가의 행정재판제도를 국민이 이용할 수 있는 한계를 구획하기 위하여 생겨난 것으로서 그 인정을 인색하게 하면 실질적으로는 재판의 거부와 같은 부작용을 낳게 될 것이므로,[225] 이상과 같은 의문이 있을 수 있다. 그러나 소송을 통하여 현실적으로 침해되거나 방해받은 권리 또는 이익이 구제될 수 없는 경우에도 소송제도를 이용하도록 허용하는 것은 소송제도를 남용하도록 허용하는 것과 다를 바가 없는 것이다. 소송제도를 남용하는 경우에 대하여 소권의 행사를 제한하는 것은 헌법상 내재된 신의성실의 원칙 또는 권리남용 금지의 원

221) 대법원 2002.8.23. 2002추61.
222) 대법원 2006.7.28. 2004두13219.
223) 홍정선, 전게서, 1022면.
224) 대법원 1998.9.8. 98두9165.
225) 대법원 1989.12.26. 87누308 전원합의체 판결.

칙 등에 근거한 것으로서 타당한 것으로 보이고, 그 경우는 조세법률주의 및 재판청구권의 보호범위 내에도 속하지 않는 것으로 판단한다. 따라서 이는 새로운 납세의무를 창설하거나 권리구제절차 상 납세자의 권리를 실질적으로 불리하게 제한하는 것에 해당하지 않는 것이고, 또한 정당한 재판청구권의 행사를 제한하는 것도 아니라고 본다.

소의 이익 요건과 관련된 예에 대하여 본다.

증액경정처분이 되면 먼저 된 당초처분은 증액경정처분에 흡수되어 당연히 소멸하는 바 당초처분에 대하여 다툴 소의 이익이 있는가? 증액경정처분에 의하여 소멸된 당초처분에 대하여 다툴 수 있는 소의 이익은 없으나, 증액경정처분에 대한 소송절차에서 납세자는 증액경정처분으로 증액된 과세표준과 세액에 관한 부분만이 아니라 당초처분에 의하여 결정된 과세표준과 세액에 대하여도 그 위법 여부를 다툴 수 있으며 법원은 이를 심리·판단하여 위법한 때에는 취소를 할 수 있다.[226)]

납세자가 감액경정청구 거부처분에 대한 취소소송을 제기한 후 증액경정처분이 이루어져서 그 증액경정처분에 대하여도 취소소송을 제기한 경우 두 소송의 관계는 어떠한가? 납세자가 감액경정청구 거부처분에 대한 취소소송을 제기한 후 증액경정처분이 이루어져서 그 증액경정처분에 대하여도 취소소송을 제기한 경우에는 특별한 사정이 없는 한 동일한 납세의무의 확정에 관한 심리의 중복과 판단의 저촉을 피하기 위하여 감액경정청구 거부처분의 취소를 구하는 소는 그 취소를 구할 이익이나 필요가 없어 부적법하다.[227)]

납세의무가 확정된 경우 과세관청이 이를 경정하면서 일부 항목에 대한 증액과 다른 항목에 대한 감액을 동시에 한 결과 전체로서 세액이 감경된 경우 해당 경정처분의 취소를 구할 수 있는가? 법인이 법인세의 과세표준을 신고하면서 배당, 상여 또는 기타소득으로 소득처분한 금액은 당해 법인이 신고기일에 소득처분의 상대방에게 지급한 것으로 의제되어 그때 원천징수하는 소득세의 납세의무가 성립·확정되며, 그 후 과세관청이 직권으로 상대방에 대한 소득처분을 경정하면서 일부 항목에 대한 증액과 다른 항목에 대한 감액을 동시에 한 결과 전체로서 소득처분금액이 감소된 경우에는 그에 따른 소득금액변동통지가 납세자인 당해 법인에 불이익을 미치는 처분이 아니므로 당해 법인은 그 소득금액변동통지의 취소를 구할 이익이 없다.[228)]

---

226) 대법원 1999.5.28. 97누16329 ; 대법원 2009.5.14. 2006두17390.
227) 대법원 2005.10.14. 2004두8972.
228) 대법원 2012.4.13. 2009두5510.

원심판결이유 중 명백한 계산상의 착오는 판결경정 절차를 통하여 시정될 일이며 상고로 다툴 성질의 것이 아니다.[229)]

원고가 입게 되는 권리와 이익의 침해가 이미 해소된 경우에는 위 거부처분의 취소를 구할 소의 이익이 없다.[230)] 즉 행정처분에 그 효력기간이 정하여져 있는 경우, 그 처분의 효력 또는 집행이 정지된 바 없다면 위 기간의 경과로 그 행정처분의 효력은 상실되므로 그 기간 경과 후에는 그 처분이 외형 상 잔존함으로 인하여 어떠한 법률 상 이익이 침해되고 있다고 볼 만한 별다른 사정이 없는 한 그 처분의 취소를 구할 이익이 없다.[231)] 세무사 자격 보유 변호사가 관할 지방국세청장에게 조정반 지정 신청을 하였으나 지방국세청장이 세무사등록부에 등록되지 않았기 때문에 2015년도 조정반 구성원으로 지정할 수 없다'는 이유로 거부처분을 하자, 거부처분의 취소를 구하는 소를 제기한 사안의 경우, 2015년도 조정반 지정의 효력기간이 지났으므로 거부처분을 취소하더라도 2015년도 조정반으로 지정되고자 하는 목적을 달성할 수 없고 장래의 조정반 지정 신청에 대하여 동일한 사유로 위법한 처분이 반복될 위험성이 있다거나 행정처분의 위법성 확인 또는 불분명한 법률문제에 대한 해명이 필요한 경우도 아니어서 소의 이익을 예외적으로 인정할 필요도 없다.[232)] 다만 처분 등의 효과가 기간의 경과, 처분 등의 집행 그 밖의 사유로 인하여 소멸된 뒤에도 그 처분 등의 취소로 인하여 회복되는 '법률 상 이익이 있는 자'의 경우에는 취소소송을 제기할 수 있다(행소 12조 후문)는 점에 유의하여야 한다. 즉 제소 당시에는 권리보호의 이익을 갖추었는데 제소 후 취소 대상 행정처분이 기간의 경과 등으로 그 효과가 소멸한 때, 동일한 소송 당사자 사이에서 동일한 사유로 위법한 처분이 반복될 위험성이 있어 행정처분의 위법성 확인 내지 불분명한 법률문제에 대한 해명이 필요하다고 판단되는 경우, 그리고 선행처분과 후행처분이 단계적인 일련의 절차로 연속하여 행하여져 후행처분이 선행처분의 적법함을 전제로 이루어짐에 따라 선행처분의 하자가 후행처분에 승계된다고 볼 수 있어 이미 소를 제기하여 다투고 있는 선행처분의 위법성을 확인하여 줄 필요가 있는 경우 등에는 행정의 적법성 확보와 그에 대한 사법통제, 국민의 권리구제의 확대 등의 측면에서 여전히 그 처분의 취소를 구할 법률 상 이익이 있다.[233)] 이러한 판시 내용은 헌법재판의 청구와 관련

229) 대법원 1993.4.23. 92누17297.
230) 대법원 2005.5.13. 2004두4369.
231) 대법원 2004.7.8. 2002두1946.
232) 대법원 2020.2.27. 2018두67152.
233) 대법원 2007.7.19. 2006두19297 전원합의체 판결.

하여서도 동일하게 적용된다. 청구인에 대한 침해행위는 이미 종료되어 위헌확인을 하더라도 청구인에 대한 권리구제는 불가능한 상태여서 주관적 권리보호의 이익은 이미 소멸되었다 할 것이나, 같은 침해행위가 현재 및 앞으로 계속하여 반복적으로 행하여질 경우에는 헌법적으로 그 해명이 중대한 의미를 가지고 있어 심판청구의 이익을 인정할 수 있다.[234) 행정처분의 전력이 장래에 불이익하게 취급되는 것으로 '법에 규정되어 있어' 법정의 가중요건으로 되어 있고, 이후 그 법정가중요건에 따라 새로운 제재적인 행정처분이 가해지고 있다면, 선행행정처분의 효력기간이 경과하였다 하더라도 선행행정처분의 잔존으로 인하여 법률 상의 이익이 침해되고 있다고 볼 만한 특별한 사정이 있는 경우에 해당한다.[235) '부령인 시행규칙 또는 지방자치단체의 규칙의 형식으로' 선행처분을 가중사유 또는 전제요건으로 하는 후행처분을 받을 우려가 현실적으로 존재하는 경우 역시 선행처분 상 효력기간이 경과하였다 하더라도 그 처분의 취소소송을 통하여 그러한 불이익을 제거할 권리보호의 필요성이 충분히 인정된다.[236)

8 중복제소금지의 원칙

소제기는 크게 집행부정지 및 중복제소의 금지라는 법적 효과를 갖는다. 취소소송의 제기는 처분 등의 효력이나 그 집행 또는 절차의 속행에 영향을 주지 아니하는 바(행소 23조 1항), 이를 **집행부정지의 원칙**이라고 한다. 또한 법원에 계속되어 있는 사건에 대하여 당사자는 다시 소를 제기하지 못하는 바(민소 259조), 이를 **중복제소금지의 원칙**이라고 한다.

중복제소금지의 원칙을 어긴 경우 해당 소송은 소송요건을 갖추지 못한 경우에 해당한다.

9 소송요건의 심리

소송요건을 갖추었는지 여부는 직권조사사항이고 자백의 대상이 될 수 없으므로 설사 그 존재를 당사자들이 다투지 아니하더라도 그 존부에 관하여 의심이 있는 경우에는 이를 직권으로 밝혀 보아야 한다.[237) 따라서 소송요건을 갖추지 않았음을 원고가 시인하였다고 할지라도 그 사실만으로 소송요건을 갖추었는지 여부를 단정할 수는 없다.[238) 또한 소송요건

---

234) 헌재 2006.6.29. 2004헌마826.
235) 대법원 2005.3.25. 2004두14106.
236) 대법원 2006.6.22. 2003두1684 전원합의체 판결.
237) 대법원 1993.7.27. 92누15499.
238) 대법원 1986.4.8. 82누242.

을 갖추었는지 여부는 직권조사사항에 해당하므로 상고심에서도 이를 조사할 수 있다.[239] 즉 사실심 변론종결시까지 당사자가 주장하지 않던 직권조사사항에 해당하는 사항을 상고심에서 비로소 주장하는 경우에도 그 직권조사사항에 해당하는 사항은 상고심의 심판범위에 해당한다.[240] 법원은 소송요건의 준수 여부에 대하여 원고에게 석명을 하여 입증을 촉구하여야 한다.[241] 소송요건을 갖추었는지 여부는 직권조사사항이나 법원이 변론기일에서 소송요건을 갖추었는지 여부에 관하여 원고에게 석명을 구하고 또 그 소명을 촉구하였다면 이로써 족하고 당사자가 석명 내지 입증을 하지 않는 경우에 더 나아가 사실과 증거를 탐지하여야 하는 것은 아니다.[242]

소송요건을 갖추었는지 여부와 관련하여 제소기간의 준수 여부는 그 요건의 성질 상 당초의 소제기시를 기준으로 한다. 그러나 그 이외 소송요건의 존부 판단에 관한 기준시점은 소제기시가 아니라 변론종결시이다.[243]

심사청구 또는 심판청구가 청구기간의 도과 등 이유로 부적법한 경우에도 전치주의에 관한 소송요건을 구비한 것으로 보아야 하는가? 심사청구 또는 심판청구가 기간도과 등 이유로 인하여 부적법한 경우에는 행정소송 역시 전치의 요건을 충족치 못한 것이 되어 부적법 각하를 면치 못하는 것이고, 이 점은 부적법한 심사청구 및 심판청구에 있어서 그 부적법을 간과한 채 실질적 재결을 하였다 하더라도 달라지는 것이 아니다.[244] 그러나 심사청구 또는 심판청구를 함에 있어 하자가 있었다고 하더라도 그 하자를 제대로 보정하였다면 그 하자는 치유된 것이라 할 것이고 이 경우에는 적법하게 소송요건을 갖춘 것으로 보아야 한다.[245] 조세불복절차가 적법함에도 불구하고 이를 부적법한 것으로 오인하여 각하결정을 한 경우에도 조세소송 단계에서는 그 소송이 소송요건을 갖춘 것으로 보아야 한다.[246]

239) 대법원 1978.11.28. 78누362.
240) 대법원 2004.12.24. 2003두15195.
241) 대법원 1996.5.31. 96누1146.
242) 대법원 1984.11.27. 84누462.
243) 대법원 1979.11.13. 79누242 ; 대법원 1987.4.28. 86누29 등.
244) 대법원 1991.6.25. 90누8091.
245) 대법원 1986.9.9. 85누528.
246) 같은 취지 : 임승순, 전게서, 300면.

Ⅳ 소의 변경

1 소의 변경 개관

'소의 변경'은 원칙적으로 소 종류의 변경 및 소송당사자의 변경을 제외한 **청구 자체의 변경 즉 소송대상의 변경**을 의미한다. 민사소송법은 소의 변경과 관련하여 청구의 변경에 대하여 규정하는 바 이는 동일한 당사자 사이에서 청구의 기초가 변경되지 않는 범위에서 청구취지 및 원인을 변경하는 것을 의미한다(민소 262조). 그러나 행정소송에 있어서 소의 변경은 민사소송법 상 청구의 변경 이외에 **소의 종류의 변경**(행소 21조) 및 **처분변경으로 인한 소의 변경**(행소 22조)을 포함하는 넓은 의미로 사용된다. 그 밖에 **과세관청의 경정처분으로 인하여 소송대상이 변경되는 경우** 역시 있을 수 있다. 본서는 이상의 각 사유로 인하여 소송대상이 변경되는 경우 및 소 종류를 변경하는 경우 역시 소의 변경에서 함께 다루기로 한다.

이하 민사소송법 상 청구의 변경, 소의 종류의 변경 및 처분변경으로 인한 소의 변경으로 나누어 살핀다.

2 민사소송법 상 청구의 변경

행정소송에 관하여 행정소송법에 특별한 규정이 없는 사항에 대하여는 법원조직법과 민사소송법 및 민사집행법의 규정을 준용한다(행소 8조 2항). 민사소송법은 청구의 변경에 대하여 규정하고 이는 동일한 당사자 사이에서 청구의 기초가 변경되지 않는 범위에서 청구취지 및 원인을 변경하는 것을 의미하는 바, 이와 관련된 행정소송법 상 규정은 없다. 따라서 **민사소송법 상 청구의 변경에 대한 규정은 행정소송인 조세소송에 대하여서도 적용된다.** 그 내용은 다음과 같다. 원고는 청구의 기초가 바뀌지 아니하는 한도 안에서 변론을 종결할 때(변론 없이 한 판결의 경우에는 판결을 선고할 때)까지 청구의 취지 또는 원인을 바꿀 수 있으나, 소송절차를 현저히 지연시키는 경우에는 그러하지 아니하다(민소 262조 1항). 따라서 청구의 변경이 있는 경우에 법원은 새로운 청구의 심리를 위하여 종전의 소송자료를 대부분 이용할 수 없고, 별도의 증거제출과 심리로 인하여 소송절차를 현저히 지연시키는 경우에는 이를 허용하지 아니하는 결정을 할 수 있다.[247] 그 청구취지의 변경은 서

247) 대법원 2015.4.23. 2014다89287.

면으로 신청하여야 하고(민소 262조 2항), 그 서면은 상대방에게 송달하여야 한다(민소 262조 3항). 법원이 청구의 취지 또는 원인의 변경이 옳지 아니하다고 인정한 때에는 직권으로 또는 상대방의 신청에 따라 변경을 허가하지 아니하는 결정을 하여야 한다(민소 263조).

3 소의 종류의 변경

법원은 '취소소송'을 당해 처분 등에 관계되는 사무가 귀속하는 국가 또는 공공단체에 대한 '당사자소송' 또는 '취소소송 외의 항고소송'으로 변경하는 것이 상당하다고 인정할 때에는 '청구의 기초에 변경이 없는 한' '사실심의 변론종결시까지' 원고의 신청에 의하여 결정으로써 소의 변경을 허가할 수 있다(행소 21조 1항). '당해 처분 등에 관계되는 사무가 귀속하는 국가 또는 공공단체'는 처분청 또는 감독행정기관이 속하는 국가 또는 지방자치단체가 아니라 처분이나 재결의 효과가 귀속하는 국가 또는 지방자치단체를 의미한다.[248] 그 허가를 하는 경우 피고를 달리하게 될 때에는 법원은 새로이 피고로 될 자의 의견을 들어야 한다(행소 21조 2항). 허가결정에 대하여는 즉시항고할 수 있다(행소 21조 3항). 허가결정의 정본을 새로운 피고에게 송달하여야 하고, 허가결정이 있은 때에는 새로운 피고에 대한 소송은 처음에 소를 제기한 때에 제기된 것으로 보며 종전의 피고에 대한 소송은 취하된 것으로 본다(행소 21조 4항, 14조 2항, 4항, 5항).

민사소송과 행정소송 사이에서 소의 종류를 변경하는 것 역시 가능한가? 판례는 행정소송에 대한 관할도 동시에 가지고 있다면 이를 행정소송으로 심리·판단하여야 하고, 그 행정소송에 대한 관할을 가지고 있지 아니하다면 행정소송으로 제기되었더라도 어차피 부적법하게 되는 경우가 아닌 이상 이를 부적법한 소라고 하여 각하할 것이 아니라 관할 법원에 이송하여야 한다고 판시한다. 즉 행정소송법 제7조는 원고의 고의 또는 중대한 과실 없이 행정소송이 심급을 달리하는 법원에 잘못 제기된 경우에 민사소송법 제31조 제1항을 적용하여 이를 관할 법원에 이송하도록 규정하고 있을 뿐 아니라, 관할 위반의 소를 부적법하다고 하여 각하하는 것보다 관할 법원에 이송하는 것이 당사자의 권리구제나 소송경제의 측면에서 바람직하므로, 원고가 고의 또는 중대한 과실 없이 행정소송으로 제기하여야 할 사건을 민사소송으로 잘못 제기한 경우, 수소법원으로서는 만약 그 행정소송에 대한 관할도 동시에 가지고 있다면 이를 행정소송으로 심리·판단하여야 하고, 그 행정소송에 대한 관

248) 홍정선, 전게서, 1034-1035면.

할을 가지고 있지 아니하다면 당해 소송이 이미 행정소송으로서의 전심절차 및 제소기간을 도과하였거나 행정소송의 대상이 되는 처분 등이 존재하지도 아니한 상태에 있는 등 행정소송으로서의 소송요건을 결하고 있음이 명백하여 행정소송으로 제기되었더라도 어차피 부적법하게 되는 경우가 아닌 이상 이를 부적법한 소라고 하여 각하할 것이 아니라 관할법원에 이송하여야 한다.[249]

4 처분변경으로 인한 소의 변경

가. 개관 및 쟁점의 정리

법원은 '행정청이 소송의 대상인 처분을 소가 제기된 후 변경한 때'에는 원고의 신청에 의하여 결정으로써 청구의 취지 또는 원인의 변경을 허가할 수 있다(행소 22조 2항). 위 신청은 처분의 변경이 있음을 안 날로부터 60일 이내에 하여야 한다(행소 22조 2항). 변경되는 청구는 전치주의요건(행소 18조 1항 단서)을 갖춘 것으로 본다(행소 22조 3항).

처분변경으로 인한 소의 변경제도를 명확하게 이해하기 위하여서는 다음과 같은 쟁점들이 먼저 분명하게 정리되어야 한다. 첫째, **처분의 경과 처분사유의 변경은 어떻게 구분되어야 하는가?** 둘째, **처분의 변경과 처분사유의 변경의 경우 각 납세자의 방어권은 어떻게 보장되어야 하는가?** 셋째, **처분변경으로 인한 소의 변경을 허용하는 경우에 변경된 소와 관련하여 필요적 전치주의요건을 충족한 것으로 의제하는 근거는 무엇인가?**

나. 처분의 변경과 처분사유의 변경

쟁송대상을 과세관청에 의하여 구체적으로 부과된 세액만으로 볼 것인지 아니면 과세관청에 의하여 구체적으로 부과된 세액뿐만 아니라 이를 뒷받침하는 처분사유 역시 쟁송대상에 해당하는 것으로 볼 것인지 여부가 문제될 수 있다. 통상 전자를 총액주의로, 후자를 쟁점주의라고 부른다. 즉 **총액주의는 확정처분에 대한 쟁송대상이 그 처분으로 인하여 확정된 세액의 적부라는 입장을 의미한다. 쟁점주의는 확정처분에 대한 쟁송대상이 처분사유와 관계된 세액의 존부라는 입장을 의미한다.**[250] 총액주의에 의하면 심사청구와 심판청구의 심리 또는 조세소송의 구두변론 종결 시까지 처분사유의 교체가 원칙적으로 자유롭게 허용되지만, 쟁점주의에 의하면 처분사유의 교체가 원칙적으로 허용되지 않는다.[251] 즉 **쟁점주**

249) 대법원 1997.5.30. 95다28960 ; 대법원 1999.11.26. 97다42250.
250) 金子 宏、前掲書、832頁。

의에 의하면 처분사유의 변경은 '처분의 변경'에 해당한다. 이에 대한 구체적인 내용은 취소소송의 소송물에서 살핀다.

다. 처분사유 등의 변경과 납세자의 방어권 보호

소제기 후에 과세관청은 기왕에 제기된 소송절차 내에서 처분사유를 변경할 수도 있고 소송절차와 관계없이 처분 자체를 변경할 수도 있는 바, 과세관청의 이러한 대응들은 어떠한 효과를 갖는 것일까? 이하 위 과세관청의 대응들을 **'처분사유 등의 변경'**이라고 한다. 물론 과세관청의 처분사유 등 변경이 동일한 과세단위에 속하지 않은 것이라면 이러한 경우 그 처분사유 또는 별개의 처분은 당초의 소송대상과 무관한 것이어서 기왕의 소송절차에 영향을 미칠 수 없는 것이므로 처분사유 등의 변경과 관련하여 논의할 실익은 없다. 따라서 **이하의 논의는 처분사유 등의 변경이 동일한 과세단위에 속하는 것이라는 점을 전제로 한다.** 동일한 과세단위에 속하는지 여부는 개별세법 상 각 규정들에 의하여 판정하여야 한다.

납세자의 권리구제절차의 관점에서 '당초처분에 대한 처분사유의 변경' 및 '당초처분과 동일한 과세단위에 속한 별도의 경정처분'과 관련하여 어떠한 쟁점들이 발생할 수 있을까? 처분사유의 변경과 관련하여서는 기왕의 소송절차에서 과세관청이 어느 범위까지 처분사유를 변경하도록 허용할 수 있는 것인지 여부에 관한 쟁점이 발생할 수 있다. 이는 납세자의 방어권과 관련된 쟁점이다. 또한 당초처분에 대한 경정처분이 있는 경우에도 과세관청에 의한 처분의 변경이 있는 경우 납세자는 이에 대하여 어떻게 대응할 수 있는지 여부가 쟁점이 될 수 있다.

과세관청에 의한 처분사유의 변경을 어느 범위에서 허용할 것인지 여부와 관련하여서는 먼저 납세자인 원고는 어느 범위 내에서 청구취지 및 청구원인을 변경할 수 있는지 여부에 대하여 본다. 소송절차에서 과세관청을 원고에 비하여 보다 유리하게 취급하여야 할 근거는 찾을 수 없다. 납세자인 원고는 '소송절차를 현저히 지연시키지 않는 한' '청구의 기초가 바뀌지 아니하는 한도 안에서' 변론을 종결할 때(변론 없이 한 판결의 경우에는 판결을 선고할 때)까지 청구의 취지 또는 원인을 바꿀 수 있다(행소 8조 2항 ; 민소 262조). **과세관청 역시 납세자의 경우와 마찬가지로 '소송절차를 현저히 지연시키지 않는 한', '청구의 기초가 변경되지 않는 한도에서' 처분사유를 변경할 수 있다고 보는 것이 타당하다.** 이를 통하여

251) 上揭書。

납세자의 방어권이 보장될 수 있다. 한편 처분사유는 과세관청이 동일한 소송절차의 사실심 변론종결시까지 변경할 수 있다. 따라서 **과세단위가 단일한 종합소득세의 세목 아래에서 같은 금액의 소득이 현실적으로 귀속되었음을 이유로 들어 과세근거 규정을 달리 주장하는 것은 처분의 동일성이 유지되는 범위 내의 처분사유의 교환·변경에 해당하므로 허용**된다. 그런데 과세처분의 적법성에 대한 증명책임은 과세관청에 있는바, 위와 같이 교환·변경된 사유를 근거로 하는 처분의 적법성 또는 그러한 처분사유의 전제가 되는 사실관계에 관한 증명책임 역시 과세관청에 있고, 특히 무효확인소송에서 원고가 당초의 처분사유에 대하여 무효사유를 증명한 경우에는 과세관청이 그처럼 교환·변경된 처분사유를 근거로 하는 처분의 적법성에 대한 증명책임을 부담한다.[252] 이에 대한 구체적인 내용은 취소소송의 소송물에서 살핀다.

과세관청이 '처분을 변경'하는 경우에도 '청구의 기초에 변경이 없는 범위 내에서만 즉 기본적인 과세요건사실의 동일성을 잃지 않는 범위 내에서' 변경할 수 있다는 제한이 적용되는가? '처분의 변경'이 아닌 '처분사유의 변경'과 관련하여서는 과세관청은 '청구의 기초에 변경이 없는 범위 내에서만 즉 기본적인 과세요건사실의 동일성을 잃지 않는 범위 내에서만' 변경할 수 있다. 과세관청이 처분사유를 변경할 수 있는 경우에는 굳이 처분을 변경할 필요는 없으나, 과세관청은 처분사유를 변경하지 않고 새로운 처분을 할 수도 있다. 그런데 **과세관청이 처분을 변경함에 있어서는 '청구의 기초에 변경이 없는 범위 내에서만 변경할 수 있다'는 제한이 규정되어 있지 않다.** 즉 과세관청은 동일한 과세단위에 속하고 제척기간이 경과되지 않는 한 새로운 처분을 할 수 있다. 그런데 이러한 **과세관청의 처분변경에 따라 청구인 또는 원고가 청구취지 또는 원인을 변경하는 경우에도 역시 그러한 제한이 부가되어 있지 않다.** 따라서 과세관청의 '처분변경'에 따라 납세자인 원고가 청구취지 또는 원인을 변경하는 경우에는 '청구의 기초가 바뀌지 아니하는 한도 안에서'라는 제한이 적용되지 않는다고 볼 수 있는 여지가 있다.

과세관청에 의한 처분변경이 있는 경우 그 변경된 처분을 기왕에 진행 중인 소송절차 내에서 소송대상으로 포섭할 수 있는지 여부에 관한 논의는 주로 납세자인 원고의 방어권을 보장하는 것과 관련된 것이다. 따라서 **동일한 과세단위에 속하는 별개의 처분에 대하여 원고가 자신의 방어권 보장을 주장하지 않고 기왕에 진행 중인 소송 내에서 다투기를 원하는**

252) 대법원 2023.6.29. 2020두46073.

경우에는 새로운 처분에 대응하여 원고가 청구취지 또는 원인을 변경하는 것을 허용하여야 할 필요가 있다. 소 제기 후에 과세관청이 처분을 변경한 경우에 그로 인하여 당초처분의 효력이 상실된다면 원칙적으로 소의 이익이 없게 되며 납세자는 새로운 소송을 제기하여 변경된 처분에 대하여 다투어야 하는 바, 그러한 경우 납세자는 불복절차를 다시 거쳐야 한다. 이 역시 납세자의 방어권을 심하게 훼손할 수 있다. 따라서 과세관청에 의한 처분의 변경이 있는 경우에는 납세자인 원고가 청구취지 및 원인을 변경할 수 있는 제도를 마련할 필요가 있다. **이에 따라 과세관청의 '처분변경'으로 인한 납세자의 소 변경제도가 도입된 것으로 볼 수 있다.** 즉 법원은 '과세관청'이 '소송의 대상인 처분'을 '소가 제기된 후 변경한 때'에는 원고의 신청에 의하여 결정으로써 청구의 취지 또는 원인의 변경을 허가할 수 있고(행소 22조 1항), 위 신청은 처분의 변경이 있음을 안 날로부터 60일 이내에 하여야 한다(행소 22조 2항). 즉 납세자인 원고는 과세관청에 의한 처분의 변경이 있음을 안 날로부터 60일 이내에 그에 따른 청구의 취지 또는 원인의 변경에 대한 신청을 하고 그에 대한 허가결정을 받은 경우에만 청구취지 및 원인을 변경할 수 있다. 예외적으로 허용되는 제도이므로 위와 같은 기간 제한이 부가된 것으로 판단한다.

라. 처분변경으로 인한 소 변경과 필요적 전치주의

과세관청에 의한 처분변경이 있는 경우 원고는 처분의 변경이 있음을 안 날로부터 60일 이내에 청구의 취지 또는 원인의 변경신청을 하여야 하고 이에 대한 법원의 결정을 통하여 그 청구의 취지 또는 원인을 변경할 수 있는 바(행소 22조 2항), 그 변경되는 청구는 필요적 전치주의요건(행소 18조 1항 단서)을 갖춘 것으로 본다(행소 22조 3항). **청구의 취지 또는 원인이 변경된 청구에 대하여 필요적 전치주의요건을 충족한 것으로 보는 근거는 무엇인가?**

먼저 필요적 전치주의는 취소소송과 부작위위법확인소송에 대하여 적용되고 원칙적으로 각 과세처분별로 전심절차를 거쳐야 함에도 불구하고 판례가 필요적 전치주의를 완화하여 적용하는 경우에 대하여 살핀다. 판례는 해당 요건의 적용을 완화하여 적용할 수 있는 경우들에 대하여 판시하고 있다. 즉 과세처분의 불복절차 진행 중에 과세관청이 그 대상인 처분을 변경하였는데 그 위법사유가 공통되는 경우 선행처분에 대하여 적법한 전심절차를 거친 때 등과 같이 국세청장 및 국세심판소(현재는 조세심판원)로 하여금 기본적 사실관계와 법률문제에 대하여 다시 판단할 수 있는 기회가 부여되었을 뿐더러 납세의무자로 하여금 굳이 또 전심절차를 거치게 하는 것이 가혹하다고 보이는 등의 사유가 있는 때에는 납세의무자는 전심절차를 거치지 아니하고도 과세처분의 취소를 구하는 행정소송을 제기할 수 있다고 판시한다.[253] 그런데 과세관청이 소제기 이후에 처분을 변경한 경우 당초처분과 후속처분이 반드시 위법사유가 공통되는 경우 및 후속처분과 관련하여 납세의무자로 하여금 굳이 또 전심절차를 거치게 하는 것이 가혹하다고 보이는 경우에 해당한다는 보장은 없다. 납세자인 원고가 별도의 불복절차를 거치기로 선택한 경우에는 위 판례 상 요건을 충족한 경우에만 전심절차를 거치지 않을 수 있지만, 원고가 기왕의 소송절차에서 청구취지 및 원인을 변경하도록 선택한 경우에는 특정 요건(처분의 변경이 있음을 안 날로부터 60일 이내에 신청을 하여야 한다는 요건과 법원의 결정을 받아야 한다는 요건)을 충족하는 조건 하에 특례를 인정한 것으로 보아야 한다.

헌법재판소에 의하면 소송에 앞서 전심절차를 거치도록 하는 이유는 다음과 같다.

첫째, 행정심판절차는 통상의 소송절차에 비하여 간편한 절차를 통하여 시간과 비용을 절약하면서 신속하고 효율적인 권리구제를 꾀할 수 있다는 장점이 있다. 궁극적으로 행정심판은 국민의 이익을 위한 것이고, 사전절차를 통하여 원칙적으로 권리구제가 약화되는 것이 아니라 강화되는 것이다. 둘째, 법원의 입장에서 보더라도, 행정심판전치주의를 취하는 경우에는 행정심판절차에서 심판청구인의 목적이 달성됨으로써 행정소송의 단계에 이르지 아니하는 경우가 많을 뿐 아니라, 그렇지 아니하는 경우에도 행정심판을 거침으로써 사실상·법률 상의 쟁점이 많이 정리되기 때문에 행정소송의 심리를 위한 부담이 경감되는 효과가 있다.[254] **그런데 소송에 앞서서 전심절차를 반드시 거치도록 하는 것에는 다음과 같은 문제점이 있을 수 있다.** 첫째, 행정청에 의한 전심절차에서는 행정청이 자기 사건에 대하여 심판주체가 되는 것이므로 공정한 심판에 문제가 있을 수 있다. 둘째, 행정청에 의한 전심절차의 결정이 현실적으로 국민의 권익보호와 거리가 멀다면 오히려 신속하고 적정한 분쟁해결을 기대하는 국민에게 불이익한 것으로 작용할 수 있다. 셋째, 전심절차에 있어서 불복신청에 대한 제기기간이 짧은 경우에는 기간경과로 소송제기가 봉쇄되는 결함이 있을 수 있다.[255] 이러한 문제점들을 감안하여 조세소송이 아닌 행정소송의 경우에는 원칙적으로 임의적 전치주의를 취하고 있는 것으로 보인다.

253) 대법원 1997.4.8. 96누2200.
254) 헌재 2002.10.31. 2001헌바40.
255) 홍정선, 전게서, 1012면.

이상의 논의에 따르면 필요적 전치주의를 규정하는 것은 주로 납세자의 권익을 보호하고 법원의 심리에 대한 부담을 경감하기 위한 것이나 그와 같은 취지에서 규정하는 **필요적 전치주의가 국민의 권익을 해할 수 있는 측면 역시 있을 수 있다면, 납세자가 별도의 불복절차를 거치지 않고 기왕의 소송절차에서 새로운 처분에 대하여 다툴 것을 선택할 수 있게 하고, 법원이 이를 허가하는 결정을 한다면 필요적 전치주의요건을 적용하지 않는 것도 가능하다고 보아야 한다.** 이러한 취지를 감안하여 행정소송법이 처분변경으로 인한 소 변경에 있어서는 해당 요건을 충족한 경우에 필요적 전치주의요건을 적용하지 않는 특례를 규정한 것으로 판단한다.

V 가구제 제도

조세소송의 경우 그 판결이 있기까지 장시간이 걸릴 수 있고 이러한 경우 납세자가 승소판결을 받더라도 권리보호의 목적을 달성하는 것이 무의미한 경우가 있을 수 있다. 따라서 그 판결이 있기 전에도 잠정적으로 권리를 보호할 필요가 있다. 이러한 제도로서는 행정소송법 상 **집행정지**제도와 민사소송법 상 **가처분**제도가 언급될 수 있다. 이하 집행정지 및 가처분의 순서로 살핀다.

1 집행정지

가. 개관

취소소송의 제기는 처분 등의 효력이나 그 집행 또는 절차의 속행에 영향을 주지 아니한다(행소 23조 1항). 그러나 취소소송이 제기된 경우에 처분 등이나 그 집행 또는 절차의 속행으로 인하여 생길 회복하기 어려운 손해를 예방하기 위하여 긴급한 필요가 있다고 인정할 때에는 본안이 계속되고 있는 법원은 당사자의 신청 또는 직권에 의하여 처분 등의 효력이나 그 집행 또는 절차의 속행의 전부 또는 일부의 정지(이하 '**집행정지**'라고 한다)를 결정할 수 있다(행소 23조 2항 본문). 다만, 처분의 효력정지는 처분 등의 집행 또는 절차의 속행을 정지함으로써 목적을 달성할 수 있는 경우에는 허용되지 아니한다(행소 23조 2항 단서).

집행정지는 무효 등 확인소송에도 준용되나(행소 38조 1항), 부작위위법확인소송과 당사자소송에는 준용되지 않는다(행소 38조 2항, 44조 1항).

나. 집행정지의 요건

집행정지의 요건과 관련된 주장 및 소명책임에 있어서 적극적 요건과 소극적 요건을 구분하여 취급하는 것이 판례의 입장이므로 적극적 요건과 소극적 요건을 구분하여 살핀다.

(1) 적극적 요건

(가) 본안소송이 계속 중일 것

집행정지는 민사소송법 상 가처분과 유사한 제도이나 가처분과는 달리 본안소송이 계속 중일 것을 요건으로 한다. 즉 취소소송 및 무효 등 확인소송이 제기된 경우에 처분 등의 효력이나 그 집행 또는 절차의 속행을 정지할 수 있다고 규정한다(행소 23조 2항 ; 행소 38조, 44조 1항). 따라서 처분효력정지결정을 하려면 그 효력정지를 구하는 당해 처분에 대한 본안소송이 법원에 제기되어 계속 중임을 요건으로 한다.[256] 다만 처분의 효력정지나 집행정지를 구하는 신청사건에서는 처분 자체의 적법 여부는 원칙적으로 판단의 대상이 아니고, 그 행정처분의 효력이나 집행을 정지할 것인가에 관한 행정소송법 제23조 제2항에서 정한 요건의 존부만이 판단의 대상이 된다.[257] 집행정지결정을 한 후에라도 본안소송이 취하되어 소송이 계속하지 아니한 것으로 되면 집행정지결정은 '당연히 그 효력이 소멸되는 것이고' 별도의 취소조치를 필요로 하는 것이 아니다.[258] 집행정지는 행정처분의 집행부정지원칙의 예외로서 인정되는 것이고, 또 본안에서 원고가 승소할 수 있는 가능성을 전제로 한 권리보호수단이라는 점에 비추어 보면, 집행정지사건 자체에 대하여도 신청인의 본안청구가 적법한 것이어야 한다는 것을 집행정지의 요건에 포함시키는 것이 옳다.[259]

(나) 집행정지의 대상인 처분의 효력을 정지할 실익이 있을 것

거부처분의 경우에도 집행정지를 할 실익이 있는가? 신청에 대한 거부처분의 효력을 정지하더라도 거부처분이 없었던 것과 같은 상태, 즉 거부처분이 있기 전의 신청 시의 상태로 되돌아가는 데에 불과하고 행정청에게 신청에 따른 처분을 하여야 할 의무가 생기는 것이 아니므로, 거부처분의 효력정지는 그 거부처분으로 인하여 신청인에게 생길 손해를 방지하는 데에 아무런 소용이 없어 그 효력정지를 구할 이익이 없다.[260]

256) 대법원 1988.6.14. 88두6.
257) 대법원 2010.11.26. 2010무137.
258) 대법원 1975.11.11. 75누97.
259) 대법원 2010.11.26. 2010무137.

무효인 처분에 대하여서도 집행정지를 할 실익이 있는가? 행정소송법은 무효인 처분에 대하여서도 집행정지를 인정한다(행소 38조 1항, 23조 2항 단서). 본안소송이 무효 등 확인을 구한다고 하더라도 그 위법사유가 취소사유에 그치는 경우가 많고, 무효 등 확인을 구하는 소송을 취소소송으로 변경할 수도 있으며(행소 21조 1항), 처분에 무효사유가 있는지 아니면 취소사유에 해당하는지 여부는 본안소송이 확정됨으로 인하여 판명되는 것이고 신청인이 집행정지의 신청단계에서는 알 수 없는 경우 역시 많다는 점을 고려한 것으로 보인다.

(다) 회복하기 어려운 손해를 예방하기 위한 것일 것

회복하기 어려운 손해는 특별한 사정이 없는 한 금전으로 보상할 수 없는 손해로서 금전보상이 불가능한 경우 내지는 금전보상으로는 사회관념 상 행정처분을 받은 당사자가 참고 견딜 수 없거나 참고 견디기가 현저히 곤란한 경우의 유형, 무형의 손해를 일컫는다.[261] 본안사건의 당사자인 신청인에게 발생하는 손해를 의미한다고 본다. 판례는 과징금과 관련하여 사업여건의 악화 및 막대한 부채비율로 인하여 외부자금의 신규차입이 사실상 중단된 상황에서 285억 원 규모의 과징금을 납부하기 위하여 무리하게 외부자금을 신규차입하게 되면 주거래은행과의 재무구조개선약정을 지키지 못하게 되어 사업자가 중대한 경영상의 위기를 맞게 될 것으로 보이는 경우, 그 과징금납부명령의 처분으로 인한 손해는 효력정지 내지 집행정지의 적극적 요건인 '회복하기 어려운 손해'에 해당한다고 판시한다.[262] 즉 회복하기 어려운 손해에 해당하는지 여부는 해당 처분 자체뿐만 아니라 신청인이 처한 구체적인 상황으로 인하여 추가적으로 발생하게 되는 손해 역시 대상으로 하여 판단하여야 한다. 이는 조세의 경우에도 마찬가지로 적용되는 것이 타당하다.

조세의 경우 처분은 금전채무로서 부과되므로 통상 금전으로서 원상회복이 가능하다. 따라서 과세처분 취소소송을 제기하여 일부 취소판결을 받은 후 기납부세액 중 취소판결이 선고된 부분에 해당하는 세액을 미리 환급받고자 한다는 사유만으로는 이를 회복하기 어려운 손해를 예방하기 위한 것에 해당한다고 볼 수 없다.[263] 그러나 위 과징금에 대한 판례의 경우와 같이 사업여건의 악화 및 막대한 부채비율로 인하여 외부자금의 신규차입이 사실상 중단된 상황에서 처분에 의하여 부과된 세액을 납부하기 위하여 무리하게 외부자금을 신규

260) 대법원 1992.2.13. 91두47.
261) 대법원 2011.4.21. 2010무111 전원합의체 결정.
262) 대법원 2001.10.10. 2001무29.
263) 대법원 1998.8.23. 99무15.

차입하게 되면 주거래은행과의 재무구조개선 약정을 지키지 못하게 되어 사업자가 중대한 경영상의 위기를 맞게 될 것으로 보이는 경우 등과 같이 신청인이 처한 구체적인 사정에 비추어 회복하기 어려운 손해가 추가적으로 발생하게 된다면 이 요건에 해당하는 것으로 보는 것이 타당하다. 제3자 소유의 재산에 대하여 강제징수를 하는 경우, 회사의 생산설비의 압류 및 공매로 인하여 공장의 조업이 불가능하게 되거나 회사의 신용이 추락하게 되는 경우, 토지나 건물이 압류 및 공매되어 그 소유권의 회복이나 재취득이 곤란한 경우 등 역시 이에 해당한다고 볼 것이다.[264)]

(라) 긴급한 필요가 있을 것

긴급한 필요는 본안소송에 대한 판결이 나기까지 기다릴 수 없는 사정을 의미한다고 본다. 또한 긴급한 필요가 있는지는 처분의 성질과 태양 및 내용, 처분상대방이 입는 손해의 성질·내용 및 정도, 원상회복·금전배상의 방법 및 난이 등은 물론 본안청구의 승소가능성 정도 등을 종합적으로 고려하여 구체적·개별적으로 판단하여야 한다.[265)]

'회복할 수 없는 손해를 예방하기 위한 필요가 있는지 여부'에 대한 요건과 '긴급한 필요가 있는지 여부'에 대한 요건을 별도로 구분할 필요가 있는가? 신청인에게 회복할 수 없는 손해를 예방하기 위한 필요가 있는(없는) 경우에도 긴급한 필요가 없다(있다)고 판단할 수 있는 여지가 있는가? 판례는 **긴급한 필요가 있는지 여부**는 '처분의 성질과 태양 및 내용, 처분상대방이 입는 손해의 성질·내용 및 정도, 원상회복·금전배상의 방법 및 난이 등은 물론 본안청구의 승소가능성 정도 등을 종합적으로 고려하여' 판단하고, **회복할 수 없는 손해를 예방할 필요가 있는지 여부**는 '금전보상이 불가능한 경우 내지는 금전보상으로는 사회관념 상 행정처분을 받은 당사자가 참고 견딜 수 없거나 참고 견디기가 현저히 곤란한 경우'에 해당하는지 여부를 고려하여 판단한다.[266)] 이상 판례의 입장에 따른다면 '긴급한 필요가 있는지 여부'에 대한 요건은 '회복할 수 없는 손해를 예방하기 위한 필요가 있는지 여부'에 대한 요건을 충족할 것을 전제로 하고 있는 것으로 보인다. 따라서 **'회복할 수 없는 손해를 예방하기 위한 필요가 있는지 여부'에 대한 요건을 충족하지 못한다면 '긴급한 필요가 있는지 여부'에 대한 요건 역시 충족하지 못하는 것으로 보아야 하나, '회복할 수 없는 손해를**

264) 임승순, 전게서, 322면.
265) 대법원 2011.4.21. 2010무111 전원합의체 결정.
266) 대법원 1997.2.26. 97두3.

예방하기 위한 필요가 있는지 여부'에 대한 요건을 충족한 경우에도 추가적으로 '처분의 성질과 태양 및 내용, 처분상대방이 입는 손해의 성질 · 내용 및 정도 등은 물론 본안청구의 승소가능성 정도 등을 종합적으로 고려하여' 긴급한 필요가 있는지 여부를 판단하여야 한다. 법문 역시 '회복하기 어려운 손해를 예방하기 위하여 긴급한 필요가 있다고 인정할 때에는'이라는 문언을 사용하는 바, 이는 회복하기 어려운 손해를 예방할 필요가 있다는 전제 하에 그 예방이 긴급한 것인지 여부까지 고려하여야 한다는 점을 규정한 것으로 보인다.

한편 판례 중에는 과세처분에 의하여 입은 손해는 배상청구가 가능하므로 그 처분을 정지함에 회복할 수 없는 손해를 피하기 위하여 긴급한 사유가 있는 경우에 해당하지 아니한다고 판시한 것이 있다.[267] 이 판시를 그대로 따른다면 통상의 과세처분과 관련하여서는 설사 '회복할 수 없는 손해를 예방하기 위한 필요가 있는지 여부'에 대한 요건을 충족한다고 하더라도 '긴급한 필요가 있는지 여부'에 대한 요건을 충족하지 못하여 집행정지를 할 수 없다는 결론에 이르게 된다. 이는 타당하지 않다. 위 판례가 '회복할 수 없는 손해를 예방하기 위한 필요가 있는지 여부'에 대한 요건을 충족하지 못함으로 인하여 '긴급한 필요가 있는지 여부'에 대한 요건 역시 충족하지 못하게 된 경우에 관하여 판시하는 것으로 이해하는 것이 타당하다.

(2) 소극적 요건

(가) 공공복리에 중대한 영향이 없을 것

집행정지는 공공복리에 중대한 영향을 미칠 우려가 있을 때에는 허용되지 아니한다(행소 23조 3항). 여기에서 '공공복리'는 그 처분의 집행과 관련된 구체적이고도 개별적인 공익을 말하는 것이다.[268]

(나) 본안청구가 기각될 것이 분명하지 않을 것

행정처분의 효력정지나 집행정지를 구하는 신청사건에 있어서는 행정처분 자체의 적법여부는 궁극적으로 본안재판에서 심리를 거쳐 판단할 성질의 것이므로 원칙적으로 판단할 것이 아니고, 그 행정처분의 효력이나 집행을 정지할 것인가에 관한 요건의 존부만이 판단의 대상이 된다.[269] 그러나 집행정지는 공공복리에 중대한 영향을 미칠 우려가 없어야 허

267) 대법원 1971.1.28. 70두7.
268) 대법원 1999.12.20. 99무42.
269) 대법원 1999.11.26. 99부3.

용되고, 이 제도는 신청인이 본안소송에서 승소판결을 받을 때까지 그 지위를 보호함과 동시에 후에 받을 승소판결을 무의미하게 하는 것을 방지하려는 것이어서 본안소송에서의 처분의 취소가능성이 없음에도 처분의 효력이나 집행의 정지를 인정한다는 것은 제도의 취지에 반하므로 집행정지사건 자체에 의하여도 신청인의 본안청구가 이유 없음이 명백하지 않아야 한다는 것도 집행정지의 요건에 포함시켜야 할 것이다.[270]

(3) 주장 및 소명책임

집행정지의 적극적 요건에 관한 주장 · 소명책임은 원칙적으로 신청인측에 있다.[271] 회복하기 어려운 손해를 예방하기 위한 것 및 긴급한 필요가 있을 것 역시 적극적 요건이므로 신청인이 입증하여야 한다. 한편 **집행정지의 소극적 요건에 대한 주장 · 소명책임은 행정청에게 있다.**[272]

다. 집행정지 결정절차와 그 결정에 대한 불복

본안이 계속되고 있는 법원은 당사자의 신청 또는 직권에 의하여 집행정지를 결정할 수 있다(행소 23조 2항 본문). 즉 집행정지결정에 대한 관할 법원은 본안이 계속되고 있는 법원이고 당사자의 신청 또는 직권에 의하여 집행정지결정절차가 개시된다. 집행정지의 결정을 신청함에 있어서는 그 이유에 대한 소명이 있어야 한다(행소 23조 4항). 집행정지의 결정 또는 기각의 결정에 대하여는 즉시항고할 수 있으나, 이 경우 집행정지의 결정에 대한 즉시항고에는 결정의 집행을 정지하는 효력이 없다(행소 23조 5항). 행정소송에 있어서 본안판결에 대하여 상소를 한 경우에 소송기록이 원심법원에 있으면 원심법원이 민사소송법 제501조, 제500조 제4항의 예에 따라 행정소송법 제23조 제2항의 규정에 의한 집행정지에 관한 결정을 할 수 있다.[273] 즉 행정소송에 있어서 본안판결에 대한 상소 후 본안의 소송기록이 송부되기 전에 원심법원이 한 집행정지에 관한 결정은 원심법원이 상소심법원의 재판을 대신하여 하는 2차적 판단이 아니라 그 소송기록을 보관하고 있는 원심법원이 집행정지의 필요 여부에 관하여 그 고유권한으로 하는 1차적 판단이고, 그에 대한 행정소송법 제23조 제5항 본문의 즉시항고는 성질 상 원심법원의 집행정지에 관한 결정에 대한 것으로서 그에 관한

270) 대법원 1992.6.8. 92두14.
271) 대법원 1999.12.20. 99무42.
272) 대법원 1999.12.20. 99무42.
273) 대법원 2005.12.12. 2005무67.

관할 법원은 상소심법원이다.

라. 집행정지의 대상

집행정지의 대상은 처분 등의 효력이나 그 집행 또는 절차의 속행의 전부 또는 일부의 정지이나, 처분의 효력정지는 처분 등의 집행 또는 절차의 속행을 정지함으로써 목적을 달성할 수 있는 경우에는 허용되지 아니한다(행소 23조 2항). 따라서 집행정지의 대상은 처분 효력의 전부 또는 일부의 정지, 처분 집행의 전부 또는 일부의 정지 및 처분 절차속행의 전부 또는 일부의 정지로 구분된다. **처분 효력의 정지**는 처분이 갖는 모든 효력을 정지하여 처분이 형식 상으로는 있으나 실질적으로는 없는 것과 같은 상태가 되는 것을 의미하고, **처분 집행의 정지**는 처분내용의 강제적 실현을 위한 공권력행사의 정지를 의미하며, **처분 절차속행의 정지**는 단계적으로 발전하는 법률관계에서 선행행위의 하자를 다투는 경우 후행행위를 하지 못하게 하는 것을 의미한다.[274] 처분의 효력정지가 가장 큰 효과를 갖는 것이므로 법은 처분 등의 집행 또는 절차의 속행을 정지함으로써 목적을 달성할 수 있는 경우에는 처분의 효력정지를 허용하지 않는 것으로 보인다. 따라서 처분의 효력을 정지하지 아니하더라도 그 후속절차로 이루어지는 절차의 속행을 정지함으로써 손해를 예방할 수 있는 경우에는 그 후속절차의 속행정지만이 가능하고 그 처분 자체에 대한 효력정지는 허용되지 아니한다.[275]

마. 집행정지의 효과

집행정지결정으로 인하여 처분 등의 효력이나 그 집행 또는 절차의 속행의 전부 또는 일부가 정지된다. 이러한 효력을 **집행정지결정의 형성력**이라고 한다.[276] 집행정지의 결정은 제3자에 대하여서도 그 효력이 미친다(행소 29조).

처분 등을 취소하는 집행정지결정은 그 사건에 관하여 **당사자인 행정청과 그 밖의 관계 행정청을 기속**한다(행소 23조 6항, 30조 1항). 판결의 기속력에 반하여 처분을 하는 경우 해당 처분은 당연무효가 된다. 즉 확정판결의 당사자인 처분행정청이 그 행정소송의 사실심 변론종결 이전의 사유를 내세워 다시 확정판결과 저촉되는 행정처분을 하는 것은 허용되지

274) 홍정선, 전게서, 1043면.
275) 대법원 2000.1.8. 2000무35.
276) 홍정선, 전게서, 1043-1044면.

않는 것으로서 이러한 행정처분은 그 하자가 중대하고도 명백한 것이어서 당연무효이다.[277] 이러한 판결의 기속력에 관한 논의는 집행정지결정의 기속력에도 그대로 적용될 것으로 본다.

집행정지의 효력은 당해 결정의 주문에 표시된 시기까지 존속하다가 그 시기의 도래와 동시에 당연히 소멸한다.[278] 따라서 법원이 집행정지결정을 하면서 주문에서 당해 법원에 계속중인 본안소송의 판결선고시까지 처분의 효력을 정지한다고 선언하였을 경우에는 그 때까지 처분의 효력은 정지되는 것이고 본안소송의 판결선고에 의하여 당해 정지결정의 효력은 소멸하고 이와 동시에 당초처분의 효력이 당연히 부활된다.[279] **집행정지결정을 한 후에라도 본안소송이 취하되어 소송이 계속하지 아니한 것으로 되면 집행정지결정은 당연히 그 효력이 소멸되는 것이고 별도의 취소조치를 필요로 하는 것이 아니다.**[280] 다만 항고소송을 제기한 원고가 본안소송에서 패소확정판결을 받았더라도 **집행정지결정의 효력이 소급하여 소멸하지 않는다.**[281] 그러나 제재처분에 대한 행정쟁송절차에서 처분에 대해 집행정지결정이 이루어졌더라도 본안에서 해당 처분이 **최종적으로 적법한 것으로 확정되어 집행정지결정이 실효되고 제재처분을 다시 집행할 수 있게 되면,** 처분청으로서는 당초 **집행정지결정이 없었던 경우와 동등한 수준으로 해당 제재처분이 집행되도록 필요한 조치를 취하여야** 한다. 집행정지는 행정쟁송절차에서 실효적 권리구제를 확보하기 위한 잠정적 조치일 뿐이므로, 본안 확정판결로 해당 제재처분이 적법하다는 점이 확인되었다면 제재처분의 상대방이 잠정적 집행정지를 통해 집행정지가 이루어지지 않은 경우와 비교하여 제재를 덜 받게 되는 결과가 초래되도록 해서는 안 된다. 반대로, **처분상대방이 집행정지결정을 받지 못했으나 본안소송에서 해당 제재처분이 위법하다는 것이 확인되어 취소하는 판결이 확정되면,** 처분청은 그 제재처분으로 처분상대방에게 **초래된 불이익한 결과를 제거하기 위하여 필요한 조치를 취하여야** 한다.[282]

---

277) 대법원 1990.12.11. 90누3560.
278) 대법원 2003.7.11. 2002다48023.
279) 대법원 1999.2.23. 98두14471.
280) 대법원 1975.11.11. 75누97.
281) 대법원 2020.9.3. 2020두34070.
282) 대법원 2020.9.3. 2020두34070.

바. 집행정지의 취소결정과 이에 대한 불복

집행정지의 결정이 확정된 후 집행정지가 공공복리에 중대한 영향을 미치거나 그 정지사유가 없어진 때에는 당사자의 신청 또는 직권에 의하여 결정으로써 집행정지의 결정을 취소할 수 있다(행소 24조 1항). 집행정지결정의 취소결정을 신청함에 있어서는 그 이유에 대한 소명이 있어야 한다(행소 24조 2항, 23조 4항). 집행정지결정의 취소결정 또는 기각의 결정에 대하여는 즉시항고할 수 있으나, 이 경우 집행정지결정의 취소결정에 대한 즉시항고에는 결정의 집행을 정지하는 효력이 없다(행소 24조 2항, 23조 5항). 집행정지결정의 취소결정은 제3자에 대하여서도 그 효력이 미친다(행소 29조).

2 가처분

행정소송법에는 민사집행법 상 가처분에 해당하는 규정은 없다. 단지 집행정지에 관한 규정이 있을 뿐이다. 그러나 집행정지제도는 처분의 효력을 정지시키는 소극적 형성력이 있을 뿐 적극적으로 수익적 처분을 행정청에 명하거나 명령한 것과 동일한 상태를 창출하는 기능을 할 수 없고 또한 처분을 행하려고 하는 단계 즉 처분이 행하여지기 전에는 그 처분을 정지시키는 적극적 기능이 없으므로 한계가 있다.[283] 이러한 이유로 '행정소송에 관하여 이 법에 특별한 규정이 없는 사항에 대하여는 법원조직법과 민사소송법 및 민사집행법의 규정을 준용한다는 점(행소 8조 2항)'에 근거하여 민사집행법 상 가처분제도가 행정소송인 조세소송에도 적용되는지 여부가 논의된다.

학설은 긍정설, 부정설 및 제한적 긍정설로 나뉘나,[284] **판례는 부정설을 취한다.** 민사집행법 상의 가처분으로써 행정청의 어떠한 행정행위의 금지를 구하는 것은 허용될 수 없다.[285] 민사집행법 상의 보전처분은 민사판결절차에 의하여 보호받을 수 있는 권리에 관한 것이기 때문이라고 한다.[286] 또한 민사집행법 상 가처분의 경우 신청인의 피신청인에 대한 피보전권리가 있어야 하는 바, 조세소송을 비롯한 행정소송 특히 행정청의 일방적인 처분에 대하여 다투는 취소소송의 경우에는 신청인이 행정청에 대하여 피보전권리를 갖는 경우는 상정하기 어려울 것으로 보인다.

283) 홍정선, 전게서, 1045면.
284) 상게서, 1046면.
285) 대법원 2011.4.18. 2010마1576.
286) 대법원 1992.7.6. 92마54.

VI 취소소송의 심리와 증거

조세소송과 관련하여서는 행정소송법 상 임의적 전치주의 및 제소기간에 의한 규정들 이외의 사항에 대하여서는 행정소송법이 적용되고(국기 56조), 행정소송법에 정함이 없는 경우에는 법원조직법과 민사소송법 및 민사집행법의 규정이 적용된다(행소 8조 2항). 따라서 **취소소송의 심리 및 증거에 관하여서는 원칙적으로 행정소송법 및 민사소송법 등이 적용**되므로 본서에서는 행정소송법에 관한 사항뿐만 아니라 민사소송법 상 심리 및 증거에 관한 내용 역시 모두 언급하는 것이 타당하다. 그러나 민사소송법 상 심리 및 증거에 관한 모든 내용을 본서에서 다루는 것은 무리한 일이므로, 본서는 조세관련 취소소송과 관련하여 의미를 갖는 일부 항목들을 중심으로만 살피기로 한다. 그 밖에 증거와 관련하여서는 관계된 민사소송법 상 규정들(민소 288조-384조)이 적용될 수 있다(행소 8조 2항).

1 취소소송의 소송물

가. 과세단위와 세액을 확정하는 처분 사이의 관계

조세채무는 각 개별세법에서 정하는 과세단위별로 부과된다. 동일한 과세단위에 대한 정당한 세액은 조세채무를 확정하는 과세관청의 구체적인 처분을 통하여 현실화된다. 조세채무를 확정하는 과세관청의 구체적인 처분이 조세소송의 대상이라는 점은 분명하다. 그렇다면 **과세관청의 구체적인 당초처분이 동일한 과세단위에 대한 정당한 세액을 확정하는 유일한 처분으로서 의제될 수 있는 것인가?** 그럴 수 없다. 당초처분의 무오류성을 전제할 수 있는 법적 근거가 없고 현실적으로도 가능하지 않기 때문이다. 그렇다면 동일한 과세단위에 대한 정당한 세액을 확정하는 구체적인 처분은 다수일 수 있다. 이러한 처분들을 통상 당초처분 및 경정처분으로 구분하여 부른다.

조세채무를 확정하는 어느 구체적인 처분에 대한 조세소송이 확정되거나 불복기간이 지나서 다툴 수 없게 될 경우 그 기판력 또는 불가쟁력 등이 동일한 과세단위에 관하여 부과할 수 있는 일체의 처분에 대하여 미치도록 하는 것이 타당한가? 즉 **조세채무를 확정하는 어느 구체적인 처분에 대한 조세소송이 확정되거나 불복기간이 지나서 다툴 수 없게 될 경우 과세관청은 동일한 과세단위와 관련하여서는 일체의 처분을 할 수 없는가? 만약 과세관청이 동일한 과세단위와 관련된 다른 처분을 한다면 이는 종전 처분과 관련된 기판력 또는**

불가쟁력 등에 저촉되는 것인가? 또한 종전 처분 상 세액이 동일한 과세단위에 대한 정당한 세액에 미치지 못하는 경우에도 과세관청은 별도의 처분을 할 수 없는 것인가? 이상의 각 질문에 대하여 동일한 과세단위에 대한 조세부과권의 제척기간이 남았음에도 불구하고 기판력 또는 불가쟁력 등을 근거로, 과세관청이 별도의 부과처분을 할 수 없고 만약 처분을 한다고 하더라도 그 처분은 기판력 또는 불가쟁력 등에 저촉되는 위법한 처분에 해당하며 추가적인 증액경정마저도 할 수 없다고 할 법적 근거는 없다. 이는 조세부담에 관한 법감정에도 반하는 것이다. 또한 만약 조세채무를 확정하는 어느 구체적인 처분에 대한 조세소송이 확정되거나 불복기간이 지나서 다툴 수 없게 될 경우 동일한 과세단위에 관하여 일체의 처분을 할 수 없다면, 납세자는 자신의 예상보다 적게 부과된 당초처분에 대하여 다투지 않거나 조기에 조세소송을 확정시키는 방법으로 추가적인 조세부담에서 벗어날 수 있는 기회를 갖게 된다. 이는 심각한 조세기반의 유실을 초래할 수 있고, 이를 통하여 보호할 필요가 있는 납세자의 이익 역시 찾기 어렵다.

한편 **조세법률주의와 관련하여서도 살필 필요가 있다.** 조세법률주의에 의하면 법률에 의하지 않으면 납세의무는 창설되지 않는다. 그런데 법률은 납세의무가 법이 정하는 절차를 통하여 확정되는 경우에 한하여 납세자가 납부의무를 부담하고, 납세자가 해당 납부의무에 대하여 불복하기 위하여서는 다시 과세관청의 처분이 있어야 한다고 규정한다. 즉 법률에 의하면 납세자의 납부의무는 납세자의 신고, 특정 과세요건 사실의 발생 및 과세관청의 처분에 의하여 확정되고, 납세자의 신고 및 특정 과세요건 사실의 발생에 의하여 납부의무가 확정되는 경우라고 할지라도 이에 대하여 다투기 위하여서는 납세자의 경정청구에 대한 과세관청의 거부처분이 전제되어야 한다. 따라서 동일한 과세단위에 대하여 '확정된 세액'에 상당하는 납세의무가 있을 뿐, 그 밖의 세액에 대한 구체적 납세의무는 아예 존재하지 않는다. 따라서 조세소송을 포함하는 불복절차를 거쳤다는 이유로 향후 동일한 과세기간에 대한 구체적인 처분을 다시 할 수 없는 것으로 해석할 수는 없다. 동일한 불복절차에서 함께 다툴 수 있었던 선행처분이 있었다고 할 수 없기 때문이다.

나아가 **납세의무가 금전지급의무라는 점 역시 고려하여야 한다.** 금전지급의무인 납세의무의 원인이 되는 처분사유가 기본적으로 다르다고 할지라도 동일한 과세단위(과세기간 등)에 속한다면 하나의 금전지급의무로서 확정되어 단일의 소송물이 될 수 있거나,[287] 하

287) 이러한 입장을 총액주의라고 하고, 하나의 납세의무가 성립한다고 하더라도 각 처분사유별로 하나의 소송

나의 소송절차에서 다툴 수 있다. 따라서 동일한 과세단위에 대한 하나의 납세의무로서 확정되어 단일의 소송물로 구성될 가능성이 있었다는 점 또는 하나의 소송절차에서 다툴 수 있다는 점으로부터, 구체적 소송물에 포함된 각 처분사유들과 잠재적인 처분사유들이 기본적 사실관계에 있어서 동일하다고 의제할 수는 없다. 소송물의 동일성 여부는 '구체적 소송물에 포함된 각 처분사유들'과 '다른 소송물에 포함될 각 처분사유들'이 기본적 사실관계에서 동일한지 여부에 의하여 결정되어야 한다.

이상의 각 점을 감안한다면, **조세소송을 포함하는 조세불복절차의 종결에 따른 기판력 또는 불가쟁력 등 효력은 현실적으로 쟁송대상으로 된 구체적 소송물과 기본적 사실관계가 동일한 범위 내에서만 후속처분에 영향을 미치는 것일 뿐, 아직 존재하지 않고 잠재적으로 처분가능성만 있는 추상적 처분에 대하여 동일한 과세단위에 속한다는 이유만으로 그 효력이 미친다고 할 수는 없다. 동일한 과세단위에 대한 복수의 처분이 있을 경우에만 후행처분(경정처분)은 선행처분(당초처분)에 대하여 영향을 미칠 수 있을 뿐이다.**

나. 조세쟁송의 대상

조세소송을 포함하는 조세불복절차 상 구체적 쟁송대상은 어떻게 정하여져야 하는가? 먼저 조세채무를 확정시키는 구체적인 처분이 어떻게 구성되어 있는지에 대하여 본다. 구체적 과세처분은 납세자가 납부할 특정된 세액과 이를 뒷받침하는 처분사유로 구성된다. 이하 처분사유에는 납부할 세액의 계산에 관한 실체법적 근거뿐만 아니라 납세자에게 해당 세액을 부과하기 위한 절차법적 근거 역시 포함된 것으로 본다. 이 경우 쟁송대상을 과세관청에 의하여 구체적으로 부과된 세액만으로 볼 것인지 아니면 과세관청에 의하여 구체적으로 부과된 세액뿐만 아니라 이를 뒷받침하는 처분사유 역시 쟁송대상에 해당하는 것으로 볼 것인지 여부가 문제로 될 수 있다. 통상 전자를 **총액주의**로, 후자를 **쟁점주의**라고 부른다는 점은 '처분변경으로 인한 소의 변경' 부분에서 이미 살핀 바가 있다. 즉 총액주의는 확정처분에 대한 쟁송대상이 그 처분으로 인하여 확정된 세액의 적부라는 입장을 의미한다. 쟁점주의는 확정처분에 대한 쟁송대상이 처분사유와 관계된 세액의 존부라는 입장을 의미한다.[288)]

물이 된다는 입장을 쟁점주의라고 한다. 쟁점주의를 취한다고 할지라도 하나의 소송절차에서 다툴 수 있음은 물론이다; 뒤의 나. 조세쟁송의 대상 참조.

288) 金子 宏、前掲書、832頁。

한편 총액주의에 의하면 과세처분에 의하여 확정된 세액이 조세실체법에 의하여 객관적으로 존재하는 세액을 초과하는지 또는 진정한 세액의 범위 내인지 여부가 쟁송의 대상이 된다는 견해가 있다.[289] 그러나 이러한 견해에 있어서 '객관적으로 존재하는 세액' 또는 '진정한 세액'이 동일한 과세단위에 대하여 산출된 유일하고도 정당한 세액을 의미한다면 이는 타당하지 않다고 생각한다. 이러한 입장에 따르면 조세실체법에 의하여 객관적으로 존재하는 세액 또는 진정한 세액을 확정한 연후에 과세처분에 의하여 확정된 세액이 그 범위를 초과하는지 여부를 판단하여야 하나, 동일한 과세단위에 대한 위 진정한 세액이 얼마인지 여부를 쟁송단계에서 확정할 수는 없다. **쟁송단계에서는 과세관청이 제시하는 처분사유와 소송절차에 현출된 소송자료에 근거하여 과세처분에 의하여 확정된 세액의 산출과정 및 그 세액의 부과절차가 위법한 것인지 여부만을 판단할 수 있기 때문이다.** 판례는 과세관청으로서는 과세표준신고서에 기재된 과세표준 및 세액이 세법에 의하여 신고하여야 할 객관적으로 정당한 과세표준 및 세액을 초과하는지 여부에 관하여 조사·확인할 의무가 있다는 취지로 설시한다.[290] 경정청구에 대한 거부처분의 취소소송에 있어서 세법 상 객관적으로 정당한 과세표준 및 세액에 관한 입증책임 역시 통상 취소소송의 경우와 마찬가지로 과세관청이 부담한다.[291] 이 경우 객관적으로 정당한 과세표준 및 세액 역시 과세관청이 제시하는 처분사유와 소송절차에 현출된 소송자료에 근거하여 계산된 정당한 과세표준 및 세액으로 이해하여야 한다. 왜냐하면 판례 역시 법원이 직권에 의하여 적극적으로 합리적이고 타당성 있는 산정방법을 찾아내어 부과할 정당한 세액을 계산할 의무까지 지는 것은 아니라고 판시하기 때문이다. 즉 과세처분취소소송에 있어 처분의 적법 여부는 정당한 세액을 초과하느냐의 여부에 따라 판단되는 것으로서, 당사자는 사실심 변론종결시까지 객관적인 과세표준과 세액을 뒷받침하는 주장과 자료를 제출할 수 있고 이러한 자료에 의하여 적법하게 부과될 정당한 세액이 산출되는 때에는 그 정당한 세액을 초과하는 부분만 취소하여야 하나, 그렇지 아니한 경우에는 과세처분 전부를 취소할 수밖에 없으며 그 경우 법원이 직권에 의하여 적극적으로 합리적이고 타당성 있는 면제대상토지의 산정방법을 찾아내어 부과할 정당한 세액을 계산할 의무까지 지는 것은 아니라고 판시한다.[292] 이러한 법리는

289) 임승순, 전게서, 302면 ; 이창희, 전게서, 238-239면.
290) 대법원 2008.12.24. 2006두13497.
291) 대법원 2008.12.24. 2006두13497.
292) 대법원 1995.4.28. 94누13527; 대법원 2015.9.10. 2015두622; 대법원 2016.2.18. 2015두1243; 대법원 2020.8.20. 2017두44084.

소득금액변동통지의 정당한 소득금액에 관하여서도 마찬가지이다.[293] **또한 과세처분에 의하여 확정된 세액은 조세실체법 상 객관적 세액을 초과하는지 여부와 무관하게 절차 상 위법사유에 해당하는지 여부에 의하여 그 효력이 부인될 수도 있는 것이므로 조세실체법에 의하여 객관적으로 존재하는 세액 또는 진정한 세액만이 쟁송의 대상이 된다고 할 수는 없다.**

그렇다면 **총액주의는 '취소소송의 대상인 처분상의 구체적 세액 및 그 처분절차가 적법한지 여부', 즉 '취소소송의 대상인 처분 상 구체적 세액과 관련된 위법성 일반'을 취소소송의 소송물로 파악하는 입장이라고 정리하는 것이 타당하다.**

총액주의에 의하면 심사청구와 심판청구의 심리 또는 조세소송의 구두변론 종결시까지 처분사유의 교체가 원칙적으로 자유롭게 허용되지만, 쟁점주의에 의하면 처분사유의 교체가 원칙적으로 허용되지 않는다.[294] 즉 쟁점주의에 의하면 처분사유의 변경은 '처분의 변경'에 해당한다. 그런데 처분사유의 변경은 과세관청이 동일한 소송절차의 사실심 변론종결시까지 할 수 있으나, 과세관청에 의한 처분의 변경이 있는 경우에는 납세자인 원고는 법정절차를 거쳐서만 청구취지 및 원인을 변경할 수 있다. 즉 과세관청에 과세관청이 '소송의 대상인 처분'을 '소가 제기된 후 변경한 때'에는 원고의 신청에 의하여 결정으로써 청구의 취지 또는 원인의 변경을 허가할 수 있고(행소 22조 2항), 위 신청은 처분의 변경이 있음을 안 날로부터 60일 이내에 하여야 한다(행소 22조 2항). 즉 쟁점주의에 따라 처분사유의 변경을 처분의 변경으로 파악하게 된다면 납세자인 원고는 그 처분의 변경이 있음을 안 날로부터 60일 이내에 신청에 의하여 결정으로써 청구의 취지 또는 원인의 변경을 허가받아서만 변경할 수 있다. 따라서 과세관청에 의한 처분의 변경으로 인하여 당초처분의 효력이 상실되는 경우에 있어서 납세자인 원고가 위 허가를 받지 못한다면 당해 소송은 소의 이익이 없게 되므로 납세자는 새로운 소송을 제기하여 변경된 처분에 대하여 다투어야 한다. 그러나 이와 같이 해석하는 것은 납세자의 이익에 부합되지 않는다. 따라서 **'처분사유의 변경'을 '처분의 변경'으로 파악하는 쟁점주의의 입장을 취하는 것은 타당하지 않다고 판단한다.** 물론 쟁점주의를 취하더라도 납세자인 원고는 민사소송법에 따라 '소송절차를 현저히 지연시키지 않는 한' '청구의 기초가 바뀌지 아니하는 한도 안에서' 변론을 종결할 때(변론 없이

293) 대법원 2020.8.20. 2017두44084.
294) 金子 宏、前揭書、832頁。

한 판결의 경우에는 판결을 선고할 때)까지 청구의 취지 또는 원인을 바꿀 수 있으므로(행소 8조 2항 ; 민소 262조), 위와 같은 문제점은 발생하지 않는다는 견해 역시 있을 수 있다. 그러나 쟁점주의를 취할 경우에는, 총액주의를 취할 경우 단순한 '처분사유의 변경'에 해당하는 경우 역시 '처분이 변경되는 경우'로 보기 때문에, '청구의 기초가 바뀌지 아니하는 경우'가 내포하는 범위 역시 '변경 전 처분사유와 관련된 청구의 기초가 바뀌지 아니하는 경우'라고 이해하여야 한다. 이로 인하여 민사소송법 상 '청구취지 및 원인을 변론종결시까지 변경할 수 있는 범위'를 총액주의를 취하는 경우에 비하여 훨씬 좁게 해석하는 결과가 된다. 따라서 위 견해 역시 타당하지 않다.

판례는 총액주의의 입장을 취한다. 즉 과세처분취소소송에 있어서 심리의 대상은 과세관청이 결정한 과세가액의 존부이고, 소송당사자는 사실심 변론종결시까지 과세표준액 등의 존부 내지 범위에 관한 모든 자료를 제출하고 그 때까지 제출된 자료에 의하여 과세처분의 적법 여부를 심판해 줄 것을 주장할 수 있다.[295] 통상의 과세처분 취소소송에서와 마찬가지로 감액경정청구에 대한 거부처분 취소소송 역시 그 거부처분의 실체적·절차적 위법사유를 취소원인으로 하는 것으로서 그 심판의 대상은 과세표준신고서에 기재된 과세표준 및 세액의 객관적인 존부이고, 경정청구가 이유 없다고 내세우는 개개의 거부처분사유는 과세표준신고서에 기재된 과세표준 및 세액이 세법에 의하여 신고하여야 할 객관적으로 정당한 과세표준 및 세액을 초과하는 것이 아니라고 주장하는 공격방어방법에 불과한 것이므로, 과세관청은 당초 내세웠던 거부처분사유 이외의 사유도 그 거부처분 취소소송에서 새로이 주장할 수 있다.[296]

한편 총액주의 및 쟁점주의와 관련된 논의에 있어서는 다음에 대하여 주의할 필요가 있다. **총액주의 및 쟁점주의는 과세관청의 구체적인 처분과 관련하여 쟁송대상이 되는 범위를 어떻게 설정할 것인지 여부와 관련하여 견해를 달리 하는 것에 불과하고, 구체적인 처분에 이르지 않았으나 동일한 과세단위에 대하여 부과될 수 있는 잠재적 처분 전체를 쟁송대상에 포함할 것인지 여부에 관하여 견해를 달리 하는 것은 아님에 주의할 필요가 있다.** 어느 구체적 처분이 쟁송대상이 되었다는 점만으로 동일한 과세단위에 대하여 부과될 수 있는 잠재적 처분 전체가 쟁송대상이 되는 것으로 파악하는 것이 타당하지 않다는 점은 기술하였다.

295) 대법원 2004.5.14. 2003두12615.
296) 대법원 2008.12.24. 2006두13497.

다. 처분사유 변경의 한계

(1) 처분사유의 변경과 그 유사개념의 구분

처분사유의 변경은 처분 당시에 고려하지 않았으나 처분 당시에 존재하였던 법률 상 또는 사실상 상황을 고려한 것이므로 처분 이후에 새롭게 발생한 새로운 사유를 고려하는 것과는 구분된다. 처분사유의 변경은 처분의 이유만을 변경한 것이므로 새로운 처분을 하는 **처분의 사후변경**과는 구분된다. 처분사유의 변경은 처분은 그대로 두고 처분의 이유만을 변경하는 것이므로 하자있는 처분을 새로운 처분으로 대체하는 **행정행위의 전환**과는 구분된다. 처분사유의 변경은 실질적 적법성을 유지하기 위하여 처분사유를 변경하는 것이지만, **처분사유의 사후제시**는 처분을 함에 있어서 처분사유를 제시하지 않거나 제시하였다고 하더라도 절차법 상 요구되는 처분사유가 결여된 경우에 그 절차 상 위법성을 해소하기 위하여 처분사유를 사후에 제시하는 것을 의미한다.[297]

(2) '총액주의 및 쟁점주의'와 처분사유 변경의 범위

만약 처분사유의 변경이 동일한 소송물의 범위를 벗어난 것이라면 이는 과세관청이 새로운 처분을 하는 처분의 사후변경과 동일하다. 별개의 소송물에 해당하는 처분에 대하여서는 특별한 사정이 없는 한 동일한 소송절차에서 심리할 수 없다. 또한 소송물이 달라지는 처분의 사후변경에 대하여서는 후술하는 바와 같이 당초처분과 후속처분의 쟁점으로서 다루어야 하는 것이고 동일한 소송절차 내에서의 처분사유의 변경에 대한 쟁점으로서 다룰 것은 아니다. **처분사유 변경의 범위에 대한 논의는 소송물의 동일성을 전제로 하는 것이고 이는 어느 범위까지 그 동일성을 인정할 것인지에 관한 논의에 해당한다.** 그렇다면 소송물에 대한 총액주의 및 쟁점주의 논의는 처분사유 변경의 범위와 관련하여서도 영향을 미치게 된다.

원칙적으로 총액주의에 의하면 심사청구와 심판청구의 심리 또는 조세소송의 구두변론 종결시까지 처분사유의 교체가 원칙적으로 자유롭게 허용되지만, 쟁점주의에 의하면 처분사유의 교체가 원칙적으로 허용되지 않는다.[298]

총액주의의 입장은 취소소송의 소송물은 행정처분의 위법성 일반이라고 하는 견해 및 조

297) 홍정선, 전게서, 1057면.
298) 金子 宏、前掲書、832頁。

세확정처분에 대한 취소소송은 그 실질에 있어서 조세채권의 부존재확인소송에 지나지 않는다는 견해와 궤를 같이 한다. 다만 총액주의를 취하게 되면 절차적 보장의 원칙과의 관계에서 문제가 발생할 수 있다. 첫째, 결정이유와 관련하여 본다. 납세의무를 확정하는 결정 또는 경정처분에 대한 이의신청, 심사청구 및 심판청구의 각 결정은 이유를 부기하여야 한다(국기 66조, 65조 3항, 78조 5항). 판결에 대하여 판결이유를 설시함은 물론이다. 이와 같이 각 결정에 있어서 이유를 부기하도록 하는 것은 과세관청 판단의 신중성과 합리성을 담보하도록 하여 자의에 기한 처분을 억제하도록 함과 동시에 납세자의 불복신청에 편리함을 제공하기 위한 것이다. 그런데 총액주의에 따라 처분사유를 제한이 없이 변경하도록 한다는 것은 위 각 결정에 있어서 이유를 부기한다는 것이 무의미하게 된다. 경정처분에 이유를 부기하지 않는 경우 해당 처분은 위법하고, 그 이유부기를 하지 않은 하자는, 해당 처분에 대한 심사재결에 있어서 그 처분사유가 분명하게 되었다고 하더라도, 치유되는 것은 아니다.[299] 둘째, 전치주의와 관련하여 본다. 조세소송을 제기하기 위하여서는 원칙적으로 심사청구, 심판청구 또는 감사원에 의한 심사청구에 대한 결정의 통지를 받은 날부터 90일 등 불변기간 이내에 제기하여야 한다(국기 56조 3항, 5항 : 감사 46조의2). 이를 인정하는 하나의 이유는 법원의 부담을 경감하기 위하여 불복절차 단계에서 사실상 또는 법률 상 쟁점을 가능한 한 정리한 후에 제소를 하도록 하는 것이지만 처분사유를 제한없이 교체하도록 하는 것은 이러한 관점에서 문제가 있다.[300] 총액주의가 우리의 통설 및 판례의 태도이다. 다만 우리 판례는 처분사유의 추가 및 변경을 제한이 없이 인정하는 것이 아니라 처분의 동일성을 해하지 않는 범위 내에서만 가능하다고 판시한다.[301] 본서 역시 이러한 판례의 입장을 따른다.

쟁점주의 입장을 취할 경우에도 처분사유의 교체가 절대 허용될 수 없는 것은 아니다. 당초의 과세처분에 대한 기본적인 과세요건사실의 동일성을 잃지 않는 범위 내에서는 처분사유의 교체가 허용된다고 해석하는 것도 가능하다.[302] 또한 쟁점주의에 따르면 조세쟁송은 처분사유의 적부를 쟁점으로서 이루어지는 것이므로 이의신청인, 심사청구인, 심판청구인 및 원고 측에서도 처분사유인 기본적 과세요건사실과 관계가 없는 사실을 처분에 대한 위법사유로서 제출할 수는 없다. 다만 판결의 기판력은 처분사유와 관계된 처분의 적부에

299) 日最判 昭和47年12月5日 昭和43年(行ツ)第61号。
300) 金子 宏、前掲書、832－833頁。
301) 대법원 1992.9.22. 91누13205.
302) 日最判 昭和56年7月14日 民集35卷5号、901頁。

관하여서만 발생하기 때문에 과세관청은 결정 또는 경정 등의 제척기간이 경과되지 않는 한 새로운 사유에 기하여 재결정을 하는 것이 가능하게 되어 분쟁의 일회적 해결을 기대할 수 없게 되는 문제가 발생하지만, 새로운 과세요건사실이 발견된 경우에 다시 새롭게 확정처분을 다시 하는 것이 결국 납세자의 이익에 합치되고 또한 조세행정의 개선에도 이바지할 수 있다는 측면 역시 있다.[303)]

이상 처분사유의 변경과 관련하여 총액주의와 쟁점주의의 장단점에 대하여 살폈는 바, **총액주의 입장에서도 기본적인 과세요건사실의 동일성을 잃지 않는 범위 내에서만 처분사유를 변경할 수 있고 쟁점주의 입장 역시 같은 범위 내에서는 예외적으로 처분사유의 변경을 허용할 수 있다고 해석할 수 있으므로, 처분사유 변경의 범위 및 소송물 동일성의 범위와 관련하여서는 두 입장의 차이가 크지 않다.** 즉 총액주의와 쟁점주의 모두 과세관청이 처분사유를 청구의 기초, 즉 기본적인 과세요건사실의 동일성을 잃지 않는 범위 내에서만 변경할 수 있고 소송물의 동일성 역시 같은 범위 내에서 인정된다는 입장을 취하고 있다. 물론 기본적인 과세요건의 동일성에 대한 판단은 각 입장에 따라 그 범위가 달라질 수 있다고 본다.

그렇다면 **처분사유 변경의 범위 및 소송물 동일성의 범위와 관련하여 총액주의와 쟁점주의가 결정적으로 큰 차이를 보이지 않는 이유는 무엇인가?** 이는 처분의 범위에 관한 두 입장의 차이만으로는 설명할 수 없다. 동일한 소송절차에서 납세자인 원고가 갖는 방어권의 침해 여부라는 측면과 소송절차에 있어서 납세자인 원고와 과세관청인 피고를 동등하게 대우하여야 한다는 측면을 추가로 고려하여야 한다. 기왕의 소송절차에서 과세관청이 어느 범위까지 처분사유를 변경하도록 허용할 수 있는지 여부를 살피기 이전에, 먼저 납세자인 원고가 어느 범위 내에서 청구취지 및 청구원인을 변경할 수 있는지 여부에 대하여 본다. 소송절차에서 과세관청을 원고에 비하여 보다 유리하게 취급하여야 할 근거는 찾을 수 없기 때문이다. 납세자인 원고는 '소송절차를 현저히 지연시키지 않는 한', '청구의 기초가 바뀌지 아니하는 한도 안에서' 변론을 종결할 때(변론 없이 한 판결의 경우에는 판결을 선고할 때)까지 청구의 취지 또는 원인을 바꿀 수 있다(행소 8조 2항 : 민소 262조). 그렇다면 과세관청 역시 처분사유를 '소송절차를 현저히 지연시키지 않는 한', '청구의 기초가 바뀌지 아니하는 한도 안에서' 변경할 수 있다고 해석하는 것이 타당하다. 이를 통하여 납세자인 원고와 과세관청을 동일한 소송절차 내에서 평등하게 취급하는 결과를 얻을 수 있고, 납세자

303) 金子 宏、前掲書、834頁。

의 방어권 역시 보호할 수 있다. 판례 역시 처분사유 변경의 범위를 기본적 사실관계가 동일한 범위 내에서 인정하는 취지는 처분의 상대방의 방어권을 보장함으로써 실질적 법치주의를 구현하고 처분의 상대방에 대한 신뢰를 보호하고자 하는 것이라고 판시한다.[304] 또한 처분사유의 변경은 원고의 권리방어가 침해되지 않는 경우에만 허용될 수 있다는 학설 역시 있다.[305] 즉 처분사유 변경의 범위 또는 소송물 동일성의 범위에 관한 쟁점은 총액주의와 쟁점주의의 입장 자체만으로 해결할 수 있는 것이 아니다. **이는 납세자와 과세관청을 동일한 소송절차 내에서 평등하게 취급하고 납세자의 예측가능성을 확보하는 것을 통하여 납세자의 방어권을 보호하려는 실질적 법치주의의 요청과 관계된 것이다.**

(3) 처분사유의 변경에 대한 판례의 입장

총액주의의 입장에 따르면 과세관청은 자유롭게 다른 처분사유를 추가하거나 변경(이하 '변경'이라고 한다)할 수 있다고 하여야 할 것이나, **판례는 총액주의 입장을 취함에도 불구하고 행정처분의 취소를 구하는 항고소송에서 처분청은 당초처분의 근거로 삼은 사유와 기본적 사실관계가 동일성이 있다고 인정되는 한도 내에서만 다른 처분사유를 변경할 수 있다고 판시한다.**[306] 처분사유 변경의 범위가 소송물의 동일성에 대한 논의와 같은 것이라는 점을 고려하면 이러한 판례의 입장은 소송물의 동일성에 관하여서도 같다고 보아야 한다. 그렇다면 **처분사유 변경의 범위 및 소송물 동일성의 범위와 관련하여 기본적 사실관계가 동일한지 여부는 어떻게 판단하여야 하는가?** 사실관계의 동일성 유무는 **처분사유를 법률적으로 평가하기 이전의 구체적인 사실에 착안하여 그 기초인 사회적 사실관계가 기본적인 점에서 동일한지 여부에 따라 결정되며, 변경된 사유가 처분 당시에 그 사유를 명기하지 않았을 뿐 이미 존재하고 있었고 당사자도 그 사실을 알고 있었다 하여 당초의 처분사유와 동일성이 있는 것이라고 할 수는 없다.**[307] 위 판례가 추가 또는 변경된 사유가 처분 당시에 그 사유를 명기하지 않았을 뿐 이미 존재하고 있었고, 당사자도 그 사실을 알고 있었다고 하더라도 당초의 처분사유와 동일성이 없다면 추가 또는 변경할 수 없다고 판시하는 점에 주목할 필요가 있다. **한편 취소사유가 처분의 절차 및 방법 등에 관한 것인 경우에는 별도**

304) 대법원 2003.12.11. 2001두8827.
305) 홍정선, 전게서, 1061면.
306) 대법원 2009.11.26. 2009두15586 ; 대법원 2011.11.24. 2009두19021.
307) 대법원 2009.11.26. 2009두15586 ; 대법원 2011.11.24. 2009두19021.

의 주의를 하여야 한다. 만약 처분의 절차 및 방법에 관한 하자가 향후 시정될 수 있는 것이라면 그 하자가 시정되었다는 사유는 종전 소송물의 동일성 범위에 속하지 않는 것으로 보아야 한다. 즉 처분의 절차 및 방법에 관한 하자를 시정하여 새롭게 이루어진 처분이라고 보아야 한다. 해당 절차 및 방법과 관련된 취소사유에 대한 기판력은 그 방법 및 절차에 대하여서만 미치는 것이다.[308] 처분의 절차 또는 방법 등을 거치지 않아서 위법하다는 점과 그 절차 또는 방법을 거쳤다는 점은 상호 양립할 수 없는 것으로서 개념 상 기본적 사실관계의 동일성 범주에 속할 수 없기 때문이다. 판례 역시 취소사유가 행정처분의 절차, 방법의 위법으로 인한 것이라면 그 처분 행정청은 그 확정판결의 취지에 따라 그 위법사유를 보완하여 다시 종전의 신청에 대한 거부처분을 할 수 있다고 판시한다.[309]

이하 판례의 구체적인 입장을 살핀다.

먼저 기본적 사실관계가 동일하다는 입장을 취한 판례들을 본다.

법인이 그 보유주식을 처분하고 그 처분손실액을 처분한 사업연도의 손비로 계상한 것에 대하여 과세관청이 이를 법인세법 소정의 저가양도에 해당한다고 보아 부당행위계산부인 규정에 따라 손금부인하여 과세처분을 한 경우 그 과세처분취소소송에서 위 주식양도가 저가양도에 해당하지 않다면 그 매입이 고가매입에 해당한다고 주장을 변경하였더라도 고가매입이거나 저가양도이거나 간에 그 처분손실액의 부인을 통한 법인세 자체의 귀속사업연도는 달라진다고 볼 수 없고, 이 경우 만일 매입 및 양도의 각 상대방 중 어느 한편은 특수관계인에 해당하고 다른 한편은 특수관계인에 해당하지 않는다면 특수관계인이 아닌 상대방과의 거래에 관하여는 비지정기부금으로 처리하게 되어 그 손금부인액의 범위가 달라지게 되나 이는 부담하여야 할 정당한 세액의 범위의 차이에 불과하므로 과세관청의 위 주장변경은 거래상대방이 특수관계인에 해당하는지의 여부를 떠나 처분내용의 동일성을 해한다고 볼 수 없다.[310] 법률적으로 평가하기 이전의 구체적인 사실관계가 기본적인 점에서 동일하다는 점 및 정당한 매매가액의 평가 역시 법률 상 평가에 해당하다는 점을 고려한 것으로 보인다.

과세표준과 세액이 동일한 원천징수 갑종근로소득세의 세목 아래에서 의제소득을 현실소득의 귀속으로 달리 주장하는 것은 동일한 소송물의 범위 내로서 처분사유의 변경이 허용된다 할 것이므로, 구 법인세법 시행령(1993.12.31. 대통령령 제14080호로 개정되기 전의

308) 대법원 1997.12.9. 97다25521.
309) 대법원 2005.1.14. 2003두13045.
310) 대법원 1992.9.22. 91누13205.

것) 제94조의2에 근거하여 소득금액을 지급한 것으로 의제하는 소득처분과는 별도로, 과세관청으로서는 사실심 변론종결시까지는 당초처분에서 인정한 과세표준 또는 세액의 정당성을 뒷받침할 수 있는 새로운 자료로써 대표이사에게 소득이 현실적으로 귀속된 사실 및 그 소득의 종류를 주장·입증할 수 있다.[311] '기본적인' 과세요건사실은 근로소득금액이 대표이사에게 귀속되었다는 것이고 이는 각 처분사유에 있어서 다르지 않으나 단지 그 귀속방법이 법률 상 소득처분에 따른 의제에 기한 것인지 아니면 현실적으로 귀속된 것인지 여부와 관련하여서만 다른 것인 바, 그 귀속방법에 대한 판단 역시 법률 상 평가에 속한 것으로 볼 수 있다는 점을 고려한 것으로 보인다.

다만 이 경우 기본적인 과세요건사실에 있어서는 동일하다고 할지라도 각 구체적인 과세요건사실은 각 처분사유별로 다르기 때문에, 소득금액을 지급한 것으로 의제하는 소득처분의 경우와는 달리, 사외유출된 소득이 대표자 등에게 실지 귀속되었음을 근거로 한 대표자 등에 대한 소득세 부과처분이 적법하려면, 과세관청으로서는 사외로 유출된 소득이 대표자 등에게 현실적으로 귀속된 사실 및 그 소득의 종류를 주장·입증하여야 하는 것이고, 법인으로부터 사외유출된 소득의 귀속자가 분명하게 밝혀지지 아니한 경우 그것이 대표이사 등에게 현실적으로 귀속되었다고 추정할 수는 없다.[312]

원천징수하는 법인세에 대한 징수처분 취소소송에서 과세관청이 소득금액 또는 수입금액의 수령자를 변경하여 주장하더라도 그로 인하여 소득금액 또는 수입금액 지급의 기초사실이 달라지는 것이 아니라면 처분의 동일성이 유지되는 범위 내의 처분사유 변경으로서 허용된다.[313] 원천징수하는 법인세는 소득금액 또는 수입금액을 지급하는 때에 납세의무가 성립함과 동시에 자동적으로 확정되는 조세로서 과세관청의 원천징수의무자에 대한 징수처분 그 자체는 소득금액 또는 수입금액의 지급사실에 의하여 이미 확정된 납세의무에 대한 이행을 청구하는 것에 불과하여 소득금액 또는 수입금액의 수령자가 부담하는 원천납세의무의 존부나 범위에는 아무런 영향을 미치지 아니하며 이 경우 국세의 징수를 위한 납부고지서에 '세액의 산출근거'에 소득금액 또는 수입금액의 수령자가 포함된다고 보기도 어렵기 때문에, 원천징수하는 법인세에서 소득금액 또는 수입금액의 수령자가 누구인지는 원칙적으로 납세의무의 단위를 구분하는 본질적인 요소가 아니라고 봄이 타당하다는 점을

311) 대법원 1997.12.26. 97누4456; 대법원 2023.6.29. 2020두46073.
312) 대법원 2005.5.12. 2003두15300.
313) 대법원 2013.7.11. 2011두7311.

고려한 것이다.

과세관청이 과세대상 소득에 대하여 이자소득이 아니라 대금업에 의한 사업소득에 해당한다고 처분사유를 변경한 것은 처분의 동일성이 유지되는 범위 내에서의 처분사유 변경에 해당한다.[314] 해당 이자소득이 계속적 반복적으로 발생하는지 여부는 법률 상 평가에 해당한다는 점을 고려한 것으로 보인다.

쟁송의 대상은 과세처분에 의하여 확인된 조세채무인 과세표준과 세액의 객관적인 존부라고 할 것이므로 양도소득세부과처분에 있어서 양도 상대방을 오인한 것이라도 과세원인이 된 양도자산이 동일하면 처분의 동일성은 유지된다.[315] 양도소득세 납세의무자가 양도인이라는 점을 고려한 것으로 보인다. 양도자산이 동일하다면 양도인의 과세표준 및 세액이 달라질 이유가 없기 때문이다.

갑이 자기 명의의 예금을 인출하여 타인에게 증여하였음을 과세원인으로 하는 증여세 부과처분이 있은 후 위 예금의 실권리자가 을이고 갑은 그의 처로서 그 자금관리자에 불과하며 증여자도 그 실권리자인 을인 사실이 밝혀졌다 하더라도 처분의 동일성이 유지되어 당초의 과세처분이 적법하다.[316] 과세관청이 당초 원고가 그의 부인 소외 3이 출자에 의하여 지배하고 있는 법인인 소외 2 주식회사의 감사로서 특수관계인인 소외 1로부터 이 사건 주식을 저가로 양수하였다고 보고 이 사건 증여세 부과처분을 하였다가, 해당 주식의 실질적인 보유자는 소외 3으로서 소외 1은 명의수탁자에 불과하므로 원고는 특수관계인인 소외 3으로부터 이 사건 주식을 저가로 양수하였다는 처분사유를 예비적으로 추가한 것은, 처분의 동일성이 유지되는 범위 내에서의 처분사유의 변경으로서 허용된다.[317] 증여세의 납세의무자가 원칙적으로 증여자가 아닌 수증자라는 점을 고려한 것으로 보인다.

상속재산 처분대금의 용처가 명백하여 구 상속세법(1993.12.31. 법률 제4662호로 개정되기 전의 것) 제7조의2 제1항 소정의 상속세 과세가액 산입대상에는 해당하지 않으나, 상속개시 전 3년 이내의 상속인 이외의 자에 대한 생전증여재산에 해당하여 같은 법 제4조 제1항에 의한 상속세 과세가액 산입대상이 되는 경우에는 처분의 동일성이 유지된다.[318] 법률적으로 평가하기 이전의 구체적인 사실관계가 기본적인 점에서 동일하다는 점을 고려한 것

314) 대법원 2002.3.12. 2000두2181.
315) 대법원 1994.5.24. 92누9265.
316) 대법원 1997.2.11. 96누3272.
317) 대법원 2011.1.27. 2009두1617.
318) 대법원 2002.1.25. 2000두956.

으로 보인다.

과세관청이 당초처분사유로 양도 건물의 주택용도 이외 부분의 면적이 주택용도 부분의 면적보다 크다는 사유를 내세워 양도소득세가 비과세되는 '1세대 1주택'의 요건을 갖추지 못하였다고 주장하다가, 소송중 양도인이 위 건물의 양도 당시 다른 주택 1채를 더 소유하고 있어 위 요건을 갖추지 못하였다고 주장하는 것은 처분의 동일성이 유지되는 범위 내의 것에 해당한다.[319] 양도소득세 비과세요건인 '1세대 1주택'의 요건을 충족하지 못하였다는 기본적 과세요건 사실은 동일하고 '1세대 1주택'의 요건을 갖추지 못한 개별적 사유에 따라 다른 법률효과가 부여되는 것도 아니라는 점을 고려한 것으로 보인다.

과세관청이 갑이 을 주식회사 주식을 취득함에 있어 그 취득자금을 증여받은 것으로 추정된다는 사유로 갑에게 증여세 부과처분을 하였다가, 갑이 제기한 취소소송에서 을 회사의 실질적인 운영자 병이 갑에게 명의신탁함으로써 위 주식을 증여받은 것으로 의제된다는 점을 예비적 처분사유로 추가한 사안에서, 과세관청이 처분사유를 추가한 것은 처분의 동일성이 유지되는 범위 내에서 이루어진 처분사유의 추가·변경에 해당하여 허용된다.[320] 두 처분사유 모두가 납세자인 원고 명의로 주식이 명의개서되었다는 구체적 사실관계에 근거하고 있다는 점에 있어서는 동일하다는 점 및 명의개서 원인이 취득자금의 증여에 의한 것인지 아니면 명의신탁에 의한 것인지 여부는 법률 상 평가에 해당한다는 점을 고려한 것으로 보인다.

이월결손금은 익금이나 손금과 마찬가지로 당해 사업연도의 과세표준 및 세액에 영향을 미치는 것이어서 과세관청으로서는 이월결손금이 없음을 전제로 한 당초의 처분사유를 이월결손금이 없지 아니하나 당해 사업연도에 산입할 익금이 있음을 전제로 한 처분사유로 변경할 수 있다.[321]

한편 처분사유의 변경과 관련하여 유의할 점이 있다. 처분의 동일성이 유지되는 범위 내에서 처분사유를 변경하는 것은 새로운 처분이라고 할 수 없으므로 국세부과의 제척기간이 경과되었는지 여부도 당초의 처분시를 기준으로 판단하여야 하고 처분사유 변경시를 기준으로 판단하여서는 아니 된다.[322]

319) 대법원 2002.10.11. 2001두1994.
320) 대법원 2012.5.24. 2010두7277.
321) 대법원 2014.5.16. 2013두21076.
322) 대법원 2002.3.12. 2000두2181.

다음으로 기본적 사실관계의 동일성을 부인한 판례들을 본다.

부동산 양도로 인한 소득에 대하여 양도소득세와 종합소득세가 각각 부과된 경우 각 세목은 별개의 세목으로서 각 처분별로 위법한 것인지 여부를 판별하여야 한다. 즉 거주자의 부동산 양도로 인한 소득은, 그 양도가 사업의 일환으로 행하여진 것인지의 여부에 따라 소득세법 상 종합소득세의 과세대상인 사업소득이나 양도소득세의 과세대상인 양도소득 중 어느 한쪽에만 해당되는 것이고, 종합소득과 양도소득은 과세단위를 달리하는 것이므로, 부동산 양도로 인한 소득에 대하여 양도소득세와 종합소득세가 각각 부과된 경우에는 실체관계를 따져 어느 쪽의 부과처분이 위법한 것인지를 판별하여야 하는 것이지, 실체적 위법 여부에 관계없이 언제나 나중에 행하여진 부과처분이 이중과세라는 이유로 무효가 된다거나 위법하게 되는 것은 아니다.[323)]

부가가치세의 과세대상인 부동산매매업을 영위한 경우에는 부동산의 양도로 인한 소득세 등과 부가가치세는 별도로 부과되는 세목에 해당하므로 별개의 처분에 해당한다. 즉 건물의 양도행위가 부가가치세의 과세대상인 부동산매매업을 영위한 경우에 해당하는 이상 그 양도로 인한 소득에 대한 소득세와는 별도로 부가가치세를 납부할 의무가 있으므로, 과세관청이 위 건물 양도행위에 대하여 당초 양도소득세 및 방위세 부과처분을 하였다 하더라도 위 양도행위에 대한 부가가치세 부과처분이 중복과세로 위법하다고 할 수는 없으며, 이미 납부한 양도소득세 및 방위세액을 과세요건을 달리하는 별개의 조세채무에 대한 위 부가가치세를 부과징수함에 있어 공제할 수도 없다.[324)]

본세와 가산세는 별개의 세목으로서 이에 대한 각 처분을 별개의 처분으로 본다. 따라서 정당한 본세액이 당초 납세의무자가 신고·납부한 본세액에 미달한다면, 설령 그 정당한 본세액에 가산세액을 합산한 세액이 신고·납부한 본세액을 초과하더라도 과세관청으로서는 그러한 사유만으로 납세의무자의 경정청구를 거부할 수 없다.[325)]

각 가산세들 역시 별개의 세목으로서 이에 대한 각 처분을 별개의 처분으로 본다. 따라서 상속세의 과소신고·초과환급신고가산세와 납부지연가산세는 별개의 독립된 처분이므로, 납부지연가산세의 정당한 세액이 과세관청의 처분액을 초과하고, 그 액수와 과소신고·초과환급신고가산세의 정당한 세액을 합한 액수가 과세관청의 과소신고·초과환급신고가산

323) 대법원 2001.4.24. 99두5412.
324) 대법원 1997.2.25. 96누10881.
325) 대법원 2008.12.24. 2006두13497.

세와 납부지연가산세의 처분액을 합한 범위 내라고 하더라도 과세관청의 처분액을 초과하는 납부지연가산세를 법원이 직권으로 인정할 수 없으므로 과세관청의 처분액만을 인정함이 상당하다.[326]

처분청이 처분당시에 적시한 구체적 사실을 변경하지 아니하는 범위 안에서 단지 그 처분의 근거법령만을 추가변경하는 것은 새로운 처분사유의 추가라고 볼 수 없다.[327] 행정처분이 적법한가의 여부는 특별한 사정이 없는 한 처분당시의 사유를 기준으로 판단하면 되는 것이고, 이 경우에는 처분청이 처분당시에 적시한 구체적 사실에 대하여 처분 후에 추가하여 변경한 법령을 적용하여 그 처분의 적법 여부를 판단하여도 무방하다.

라. 당초처분과 경정처분의 관계

(1) 당초처분과 경정처분의 의의 및 관계

신고납세방식 조세의 경우 납세자가 신고를 하지 않거나 신고의 내용이 사실에 부합되지 않는다면 과세관청은 당초의 신고에 대하여 결정 또는 경정을 한다. 부과과세방식 조세의 경우 과세관청은 당초의 부과처분을 경정하여 시정할 수 있다. 이하 신고납세방식 및 부과과세방식의 경우를 불문하고 당초의 확정된 세액을 변경하는 과세관청의 처분을 경정처분이라고 부른다. 이를 다시 경정하는 처분은 재경정처분이라고 부를 수 있다. 자동확정방식 조세의 경우 역시 동일한 것으로 본다.

과세관청이 납세자의 신고 또는 당초의 처분 등에 대하여 다시 경정처분을 하는 것은 정당한가? 판례는, 개별세법에 과세관청이 과세표준과 세액에 탈루 또는 오류가 있는 것을 발견한 때에는 그 과세표준과 세액을 경정한다는 규정들이 있는 바, 이러한 규정들은 공정과세의 이념이나 국가과세권의 본질 상 당연한 내용을 규정한 것으로서 위 규정들에 따른 과세관청의 경정처분은 기존 세액의 납부 여부나 세액 등의 탈루, 오류의 발생원인 등과는 무관한 것으로서 이를 가리켜 이중과세에 해당한다거나 형평과세 내지 신의성실의 원칙에 위배되는 것이라고 할 수 없다고 판시한다.[328]

당초처분을 취소하는 처분을 다시 취소하여 당초처분을 소생시킬 수 있는가? 국세기본법은 부과의 취소를 국세납부의무 소멸사유의 하나로 들고 있으나(국기 26조 1호), 그 부과의

326) 대법원 2004.10.15. 2003두7064.
327) 대법원 1988.1.19. 87누603.
328) 대법원 1992.7.28. 91누10732.

취소에 하자가 있는 경우의 '부과 취소처분'의 취소에 대하여는 법률이 명문으로 그 취소요건이나 그에 대한 불복절차에 대하여 따로 규정을 둔 바도 없고, 설사 부과의 취소에 위법사유가 있다고 하더라도 당연무효가 아닌 한 일단 유효하게 성립하여 부과처분을 확정적으로 상실시키는 것이므로, 과세관청은 부과의 취소를 다시 취소함으로써 원부과처분을 소생시킬 수는 없고 납세의무자에게 종전의 과세대상에 대한 납부의무를 지우려면 다시 법률에서 정한 부과절차에 좇아 동일한 내용의 새로운 처분을 하는 수밖에 없다.[329] 즉 과세관청이 부과처분을 취소하면 그 부과처분으로 인한 법률효과는 일단 소멸하고, 그 후 다시 동일한 과세대상에 대하여 부과처분을 하여도 이미 소멸한 법률효과가 다시 회복되는 것은 아니며 새로운 부과처분에 근거한 법률효과가 생길 뿐이다.[330]

신고에 의하여 확정된 당초세액 또는 과세관청의 부과처분에 의하여 확정된 당초세액이 이후 과세관청에 의한 경정처분에 의하여 어떠한 영향을 받는가? 이 쟁점을 '**당초처분과 경정처분의 관계**'로 부르기로 한다. 이와 관련된 추상론으로서의 학설에는 크게 두 가지가 있을 수 있다.[331] 첫째는, 경정처분 또는 재경정처분은 각 신고 또는 경정·결정을 백지로 되돌린 다음에 새롭게 세액을 전체로서 확정하여 정정하는 행위라고 하는 견해이다. 이를 일본의 경우 소멸설 또는 흡수설이라고 부르나, 이하 본서는 '**흡수설**'이라고 한다. 둘째는, 경정 또는 재경정처분은 신고 또는 경정·결정과는 별개·독립된 행위이고 신고 또는 경정·결정에 의하여 확정된 세액에 일정한 세액을 추가하거나 감소하는 것에 지나지 않는다고 보는 견해이다. 일본의 경우 이를 독립설, 병존설 또는 추가설이라고 부르나, 본서는 이하 '**병존설**'이라고 부른다. 한편 흡수설과 병존설에 대한 논의는, 소송물의 동일성을 전제로 하지 않는 것으로서, 동일한 과세단위에 대하여 과세관청이 행한 별개의 처분들 사이의 관계에 대한 것임에 유의할 필요가 있다.

쟁송절차 내에서 당초처분 상 세액의 범위 내에서 과세관청은 그 처분사유를 변경할 수 있으며, 이는 과세관청이 별개의 처분으로서 경정처분을 함에 있어서도 마찬가지이다. 경정처분 상 처분사유가 당초처분의 처분사유와 반드시 동일한 것은 아니다. 즉 증액경정처분뿐만 아니라 감액경정처분의 경우에도 그 처분사유는 당초처분의 처분사유와 다를 수 있다. 따라서 '쟁송의 대상에 관한 논의인 총액주의 및 쟁점주의'가 '별개의 처분들이 하나의

329) 대법원 1995.3.10. 94누7027.
330) 대법원 1996.9.24. 96다204; 대법원 2015.9.10. 2013다205433.
331) 金子 宏、前掲書、730頁。

처분으로 합하여질 수 있는지 여부에 관한 흡수설 및 병존설'에 대하여서도 영향을 미칠 수 있는 여지가 생긴다. 만약 쟁송의 대상과 관련하여 쟁점주의를 취한다면 증액경정처분과 감액경정처분에 해당하는지 여부를 판단함에 있어서 세액의 변경이 있었는지 여부 외에도 각 처분사유의 변경이 있는지 여부를 함께 고려하여야 한다. 처분사유의 변경이 있는 경우에는 별개의 쟁송대상으로 보아야 하기 때문에 당초처분과 경정처분의 관계에 대한 쟁점이 발생할 수 없다. 그런데 판례는 당초처분 상 세액의 범위 내에 속한다면 그 처분사유가 달라짐에도 불구하고 동일한 쟁송대상에 해당한다는 입장, 즉 총액주의를 취하고 있다. 따라서 총액주의를 취하는 이상 증액경정처분이 있다면 그 처분사유의 변경과 무관하게 당초처분이 증액경정처분에 흡수되고 이로 인하여 당초처분은 소멸한다고 보는 것이 자연스럽다. 감액경정처분의 경우에는 그 처분사유가 변경되었다고 할지라도 이는 당초처분 상 세액 중 일부가 취소된 것에 불과하므로 당초처분은 감액된 세액의 범위 내에서 그대로 존속된다고 보는 것이 타당하다. 이상과 같은 취지로 판단한 견해 역시 있다. 즉 경정 또는 재경정이 단순하게 신고 또는 경정·결정에 의하여 확정된 세액을 변경할 뿐만 아니라 과세요건사실의 내용까지도 변경하는 경우가 많다는 점을 감안한다면, 본질론으로서는 흡수설이 정당하고 이는 경정 및 재경정과 관련된 실질에 합치되는 것이라고 할 수 있다.[332)]

이상의 입장 이외에 흡수설 및 병존설 이외에 **병존적 흡수설**(당초처분은 경정처분에 흡수 또는 소멸되지만 경정처분 내에서 그 효력을 유지하며, 경정처분의 효력은 이에 의하여 증감된 과세표준과 세액에 대하여서만 미친다는 견해), **역흡수설**(경정처분이 당초처분에 흡수되어 소멸하나, 그 경정처분은 당초처분에 의하여 확정된 과세표준과 세액을 증감시키는 효력을 갖는다는 견해) 및 **역흡수병존설**(당초처분과 경정처분은 일체로서 결합하여 당초처분에 의하여 확정된 과세표준과 세액을 증감시키는 효력을 갖는다는 견해) 등이 있으나,[333)] 위 각 학설들은 흡수설 및 병존설에서 파생하는 것들이고 또한 실무적으로도 크게 의미를 갖는 것이 아니므로 본서에서는 상론하지 않는다.

(2) 당초처분 및 경정처분의 관계에 대한 판례의 입장

판례는 당초처분과 경정처분의 관계에 대하여 증액경정처분과 감액경정처분의 경우를

332) 上掲書、731頁。
333) 정해남, *당초의 과세처분과 경정처분의 법률관계*, 「재판자료(60집), 조세사건에 관한 제 문제(상)」, 법원행정처, 1993, 71면.

나누어 판단한다.

(가) 증액경정처분의 경우

판례는 당초처분 상 과세표준과 세액을 경정처분에 포함하여 새롭게 과세표준과 세액을 결정하는 것으로 본다. 이는 경정처분과 재경정처분의 관계에서도 그대로 적용되며, 신고에 의한 납세의무의 확정과 경정처분의 관계에 있어서도 같다. **이 경우 증액경정처분만이 쟁송대상이 될 수 있다.**

법인세법에 의하여 국세를 납부할 의무가 있는 자가 법인세의 과세표준과 세액을 신고하거나 신고를 하지 아니하여 정부가 법인세의 과세표준과 세액을 결정한 후에, 그 신고의 내용이나 그 결정에 과세표준과 세액에 관한 오류 또는 탈루가 있는 것이 발견되어 정부가 법인세의 과세표준과 세액을 증액하는 것으로 다시 경정하는 처분을 하는 경우, 그 증액경정처분은 당초 신고하거나 결정된 과세표준과 세액을 그대로 둔 채 탈루된 부분만을 추가하는 것이 아니라 증액되는 부분을 포함시켜 전체로서 하나의 과세표준과 세액을 다시 결정하는 것이므로, 당초 한 신고나 결정은 증액경정처분에 흡수됨으로써 독립된 존재가치를 잃고 그 효력이 소멸되어, 납세의무자는 그 증액경정처분만을 쟁송의 대상으로 삼아 당초 신고하거나 결정된 과세표준과 세액에 대하여까지도 함께 취소를 청구할 수 있는 것인 바, 이와 같은 신고나 결정과 증액경정처분과의 관계는 경정처분과 재경정처분과의 관계에서도 마찬가지이다.[334)]

증액경정처분이 되면 먼저 된 당초처분은 증액경정처분에 흡수되어 당연히 소멸하고 오직 경정처분만이 쟁송의 대상이 된다는 법리는 당초처분 상 세액과 증액경정처분 상 세액의 차액만을 추가로 고지하거나, 당초처분이 불복기간의 경과나 전심절차의 종결로 확정된 경우에도 그대로 적용되는가? 위 법리는 위 각 경우에도 그대로 적용되므로 증액경정처분에 대한 소송절차에서 납세자는 증액경정처분으로 증액된 과세표준과 세액에 관한 부분만이 아니라 당초처분에 의하여 결정된 과세표준과 세액에 대하여도 그 위법 여부를 다툴 수 있으며 법원은 이를 심리・판단하여 위법한 때에는 취소를 할 수 있다.[335)]

과세관청이 당초처분인 제1차 부과처분을 감액경정하는 제2차 결정처분을 함에 있어서 납부고지서에 의하여 이를 통지하지 아니한 하자가 있었고 그 하자로 인하여 제2차 결정은

334) 대법원 1992.5.26. 91누9596.
335) 대법원 1999.5.28. 97누16329.

무효인 처분에 해당하는 바, 그 이후 과세관청이 제2차 결정처분을 전제로 총 과세표준과 세액을 증액 산정한 뒤 납부고지서에는 제2차 결정에 의한 과세표준 및 세액과의 차액만을 기재하여 제3차 결정처분 상 납부고지를 한 경우에도 당초처분은 제3차 결정처분에 흡수되어 소멸하는가? 판례는 긍정한다. 즉 상속세의 부과결정 또는 경정결정의 고지가 납부고지서에 의하여 행하여지는 경우에는 납부고지서에 기재된 객관적인 의미대로 그 효력을 발생함이 원칙이라 할 것인 바, 제1차 부과처분을 감액경정한 제2차 결정이 납부고지서에 의하여 통지된 바 없어 이에 따른 제2차 처분이 존재한다고 볼 수 없고, 제3차 결정시에 제2차 결정을 전제로 총 과세표준과 세액을 증액 산정한 뒤 납부고지서에는 제2차 결정에 의한 과세표준 및 세액의 차액만을 기재하여 납부고지하였다면, 비록 과세관청의 내부적 의사는 위 금액을 제2차 결정의 세액에 추가하고자 함에 있었다고 하더라도 납부고지서에 기재된 객관적 의미는 존재하지 아니하는 제2차 처분에 납부고지서 기재 금액을 추가하려는 것이라기보다 기존에 존재하던 제1차 처분에 이를 추가함에 있다고 봄이 상당하고, 따라서 제3차 처분은 제1차 처분의 과세표준 및 세액에 납부고지서 기재 금액을 합산하여 전체로서의 과세표준과 세액을 결정하는 증액경정처분에 해당한다고 할 것이므로 제1차 처분은 이에 흡수되어 소멸된다.[336)]

납세의무자가 증액경정처분의 취소를 구하는 항고소송에서 과세관청의 증액경정사유뿐만 아니라 당초신고에 관한 과다신고사유도 함께 주장하여 다툴 수 있는 근거는 무엇인가? 과세표준과 세액을 증액하는 증액경정처분은 당초 납세의무자가 신고하거나 과세관청이 결정한 과세표준과 세액을 그대로 둔 채 탈루된 부분만을 추가로 확정하는 처분이 아니라 당초신고나 결정에서 확정된 과세표준과 세액을 포함하여 전체로서 하나의 과세표준과 세액을 다시 결정하는 것이므로, 당초신고나 결정에 대한 불복기간의 경과 여부 등에 관계없이 오직 증액경정처분만이 항고소송의 심판대상이 되는 점, 증액경정처분의 취소를 구하는 항고소송에서 증액경정처분의 위법 여부는 그 세액이 정당한 세액을 초과하는지 여부에 의하여 판단하여야 하고 당초신고에 관한 과다신고사유나 과세관청의 증액경정사유는 증액경정처분의 위법성을 뒷받침하는 개개의 위법사유에 불과한 점, 경정청구나 부과처분에 대한 항고소송은 모두 정당한 과세표준과 세액의 존부를 정하고자 하는 동일한 목적을 가진 불복수단으로서 납세의무자로 하여금 과다신고사유에 대하여는 경정청구로써, 과세관청의

336) 대법원 1999.5.28. 97누16329.

증액경정사유에 대하여는 항고소송으로써 각각 다투게 하는 것은 납세의무자의 권익보호나 소송경제에도 부합하지 않는 점 등에 비추어 보면, 납세의무자는 증액경정처분의 취소를 구하는 항고소송에서 과세관청의 증액경정사유뿐만 아니라 당초신고에 관한 과다신고사유도 함께 주장하여 다툴 수 있다고 할 것이다.[337]

증액경정처분이 제척기간 도과 후에 이루어진 경우에도 당초처분은 증액경정처분에 흡수되어 독립된 존재가치를 상실하고 오직 증액경정처분만이 쟁송의 대상이 되는가? 증액경정처분이 제척기간 도과 후에 이루어진 경우에는 '증액부분만'이 무효로 되고 제척기간 도과 전에 있었던 당초처분은 유효한 것이므로, 납세의무자로서는 그와 같은 증액경정처분이 있었다는 이유만으로 당초처분에 의하여 이미 확정되었던 부분에 대하여 다시 위법 여부를 다툴 수는 없다.[338]

과세관청이 과세표준 신고내용에 오류 또는 탈루 등이 있다고 인정하여 과세표준과 세액을 증액하는 경정처분을 한 이후에 그 증액된 부분에 대하여 위 증액경정처분을 취소한 경우에도 당초 신고확정된 과세표준과 세액에 대하여 다툴 수 있는가? 이 경우 위 신고확정된 과세표준과 세액이 증액부분에 포함되어 전체로서의 과세표준과 세액이 다시 결정된 것이므로 증액경정처분에 의하여 위 신고확정의 효력은 소멸되어 증액경정처분에 흡수된다 할 것이고, 과세관청이 그 후에 위 증액경정처분을 취소하여도 위 신고확정의 효력이 되살아나는 것이 아니고 위 신고된 금액의 한도로 감액경정처분을 한 것으로 보아야 할 것이어서, 결과적으로 위 신고된 금액만큼의 부과처분이 존재한다 할 것이므로 이 경우 당사자는 신고에 의하여 확정되었던 과세표준과 세액에 대하여도 그 위법 여부를 다툴 수 있다.[339]

증액경정 이후에 추가로 증액경정된 부분뿐만 아니라 당초 신고확정된 세액에 대하여 감액경정처분을 한 경우에도 당초 신고확정된 과세표준과 세액에 대하여 다툴 수 있는가? 과세관청이, 갑 주식회사가 당초 신고한 2004 사업연도 법인세액에 대해 2006.12.5. 법인세 증액경정처분을 하였다가 다시 2008.2.경 동일한 금액을 감액하는 제1차 법인세 감액경정처분을 하였고, 2008.3.경 갑 회사가 이전에 한 감액청구 중 과대신고로 인한 부분을 제외한 부분을 받아들여 제2차 법인세 감액경정처분을 한 사안에서, 2004 사업연도 법인세의 법정신고기한인 2005.3.31.부터 경정청구기간이 경과하기 전인 2006.12.5. 증액경정처분이 있었으

337) 대법원 2013.4.18. 2010두11733 전원합의체 판결.
338) 대법원 2004.2.13. 2002두9971.
339) 대법원 1991.7.26. 90누8244.

므로 갑 회사는 증액경정처분에 의하여 증액된 세액뿐만 아니라 당초 신고한 세액에 대해서도 취소를 구할 수 있다.[340]

납세자가 감액경정청구 거부처분에 대한 취소소송을 제기한 후 증액경정처분이 이루어져서 그 증액경정처분에 대하여도 취소소송을 제기한 경우 두 소송의 관계는 어떠한가? 납세자가 감액경정청구 거부처분에 대한 취소소송을 제기한 후 증액경정처분이 이루어져서 그 증액경정처분에 대하여도 취소소송을 제기한 경우에는 특별한 사정이 없는 한 동일한 납세의무의 확정에 관한 심리의 중복과 판단의 저촉을 피하기 위하여 감액경정청구 거부처분의 취소를 구하는 소는 그 취소를 구할 이익이나 필요가 없어 부적법하다.[341]

당초처분과 관련된 납세의무자의 협력의무위반을 근거로 한 가산세 부과처분 역시 경정처분에 속하는가? 당초처분에 관계된 가산세 부과처분은 당초처분과는 별개의 과세처분으로서 당초처분에 대한 경정처분에 해당하지 않는다. 즉 과세관청이 당초 증액경정처분을 할 당시 인정한 법인세의 과세표준과 세액은 그대로 둔 채 경정하지 아니하고, 다만 과세표준과 세액을 그와 같이 증액경정함에 따라 익금에 산입된 금액의 처분과 관련하여 법인이 지급조서를 정부에 제출하여야 할 의무를 위반하였음을 이유로 가산세만을 추가하여 부과하기로 한 처분은, 당초의 경정처분과는 별개의 과세처분으로서, 당초의 경정처분에서 인정된 과세표준과 세액의 내용을 다시 결정하는 재경정처분이 아닌 것이다.[342]

당초처분이 증액경정처분에 흡수되어 소멸한 경우 당초처분과 관련된 종전 가산금적 성격의 납부지연가산세 징수처분의 효력은 어떻게 되는가? 판례는 종전 가산금적 성격의 납부지연가산세 징수처분 역시 효력을 상실한다고 한다. 즉 당초의 과세처분에 대한 증액경정처분은 당초의 과세처분을 흡수하여 소멸시키므로, 당초의 과세처분에서 정한 납부기한을 전제로 한 종전 가산금적 성격의 납부지연가산세 징수처분 역시 효력을 상실한다고 보아야 한다.[343]

납세의무의 단위는 다르나 원천징수의무자는 동일한 경우 동일한 원천징수의무자에 대하여 각 납세의무의 단위를 달리하여 2개의 징수처분이 순차적으로 이루어진 경우 당초처분이 후행처분에 흡수되는가? 원천징수의무자에 대하여 납세의무의 단위를 달리하여 순차

340) 대법원 2012.3.29. 2011두4855.
341) 대법원 2005.10.14. 2004두8972.
342) 대법원 1992.5.26. 91누9596.
343) 대법원 1999.5.11. 97누13139.

적으로 이루어진 2개의 징수처분은 별개의 처분으로서 당초처분과 증액경정처분에 관한 법리가 적용되지 아니하므로, 당초처분이 후행처분에 흡수되어 독립한 존재가치를 잃는다고 볼 수 없고, 후행처분만이 항고소송의 대상이 되는 것도 아니다.[344)]

당초신고와 수정신고 사이의 관계 역시 당초처분(또는 당초신고)과 증액경정처분의 관계와 동일하게 보아야 하는가? 즉 수정신고가 있는 경우에는 당초의 신고의 효력은 어떻게 되는가? 당초의 신고는 수정신고에 흡수되어 소멸한다는 견해가 있다.[345)] 그러나 일본의 경우와 같이 수정신고가 당초의 신고를 통하여 확정된 세액의 납세의무에 대하여 영향을 미치지 않는다고 해석하는 것이 타당하다.[346)] 이것은 이미 확정된 세액에 대하여 행하여진 납부, 징수 및 강제징수 등의 효력을 유지하기 위한 것이다.[347)] 그렇지 않을 경우에는 납세의무자는 수정신고를 통하여 당초의 신고에 기한 납부, 징수 및 강제징수 등을 무력화시킬 수 있다. 즉 당초의 신고와 수정신고 사이의 관계는 예정신고와 확정신고 사이의 관계와는 다른 것이다. 예정신고와 확정신고는 법 자체가 예정하는 기한 내에서 법이 예정하는 절차에 따라 이루어지는 것이므로 납세자가 이를 임의로 남용할 수 없는 반면에, 당초의 신고와 수정신고는 법이 예정하는 기한을 벗어나서 납세자가 자신의 의사에 따라 임의로 할 수 있는 절차이므로 이로 인하여 당초의 신고로 인하여 발생한 조세법률관계를 변경할 수 있도록 하는 것은 타당하지 않기 때문이다. 수정신고는 증액부분에 대한 별도의 신고로서 당초의 신고와 별개로 조세채무를 확정한다고 보는 것이 타당하다. 이러한 해석은 국세기본법이 '최초신고 및 수정신고'한 국세의 과세표준 및 세액에 대하여 경정청구를 할 수 있다고 규정하는 것(국기 45조의2 1항)과도 조화를 이룬다고 판단한다. 한편 최초신고와 수정신고에 대하여 증액결정이 있는 경우에는 이들 각 신고는 증액결정에 흡수되어 소멸된다.

(나) 감액경정처분의 경우

판례에 의하면 과세관청이 당초처분의 일부를 취소, 감액하는 내용의 경정결정을 한 경우 그 실질은 당초 부과처분의 변경이므로, 당초의 부과처분 중 경정결정에 의하여 취소되지 않고 남은 부분이 쟁송의 대상이 된다 할 것이고 경정결정 자체는 쟁송의 대상이 되는 것은 아니다. 이 경우 제소기간을 준수하였는지 여부도 당초처분을 기준으로 하여 판단하

344) 대법원 2013.7.11. 2011두7311.
345) 임승순, 전게서, 180면.
346) 일본 국세통칙법 제20조.
347) 金子 宏、前掲書、712頁。

여야 한다.

감액경정처분은 당초의 신고 또는 부과처분과 별개인 독립의 과세처분이 아니라 그 실질은 당초의 신고 또는 부과처분의 변경이고 그에 의하여 세액의 일부취소라는 납세자에게 유리한 효과를 가져오는 처분이므로, 그 경정결정으로도 아직 취소되지 않고 남아 있는 부분이 위법하다 하여 다투는 경우 항고소송의 대상은 당초 신고나 부과처분 중 경정결정에 의하여 취소되지 않고 남은 부분이며, 감액경정결정이 항고소송의 대상이 되는 것은 아니다.[348)]

과세관청이 감액결정처분을 하는 경우 제소기간의 준수 여부는 어느 처분을 기준으로 결정하여야 하는가? 과세관청이 조세부과처분을 한 뒤에 그 불복절차과정에서 국세청장이나 국세심판소장으로부터 그 일부를 취소하도록 하는 결정을 받고 이에 따라 당초 부과처분의 일부를 취소, 감액하는 내용의 경정결정을 한 경우 이 경우 제소기간을 준수하였는지 여부도 당초처분을 기준으로 하여 판단하여야 할 것이다.[349)]

납세의무가 확정된 경우 과세관청이 이를 경정하면서 일부 항목에 대한 증액과 다른 항목에 대한 감액을 동시에 한 결과, 전체로서 세액이 감경된 경우 해당 경정처분의 취소를 구할 수 있는가? 법인이 법인세의 과세표준을 신고하면서 배당, 상여 또는 기타소득으로 소득처분한 금액은 당해 법인이 신고기일에 소득처분의 상대방에게 지급한 것으로 의제되어 그때 원천징수하는 소득세의 납세의무가 성립·확정되며, 그 후 과세관청이 직권으로 상대방에 대한 소득처분을 경정하면서 일부 항목에 대한 증액과 다른 항목에 대한 감액을 동시에 한 결과 전체로서 소득처분금액이 감소된 경우에는 그에 따른 소득금액변동통지가 납세자인 당해 법인에 불이익을 미치는 처분이 아니므로 당해 법인은 그 소득금액변동통지 자체의 취소를 구할 이익이 없다.[350)]

과세관청이 증액경정처분을 취소한 경우 역시 감액경정처분을 한 것으로 보아야 하는가? 과세관청이 증액경정처분을 한 이후에 이를 취소하는 것은 당초 확정된 세액을 한도로 감액경정처분을 한 것으로 보아야 한다.[351)]

348) 대법원 1996.11.15. 95누8904.
349) 대법원 1991.9.13. 91누391.
350) 대법원 2012.4.13. 2009두5510.
351) 대법원 1991.7.26. 90누8244.

(3) 국세기본법 제22조의3에 대한 해석

국세기본법은 "① 세법에 따라 당초 확정된 세액을 증가시키는 경정은 당초 확정된 세액에 관한 이 법 또는 세법에서 규정하는 권리·의무관계에 영향을 미치지 아니한다. ② 세법에 따라 당초 확정된 세액을 감소시키는 경정은 그 경정으로 감소되는 세액 외의 세액에 관한 이 법 또는 세법에서 규정하는 권리·의무관계에 영향을 미치지 아니한다"고 규정한다(국기 22조의3). 지방세의 경우에도 동일한 내용의 규정이 있다(지기 36조).

'당초 확정된 세액'에 있어서의 확정은 납세의무의 확정을 의미하는 것인가? 아니면 해당 세액에 대하여 더 이상 다툴 수 없는 효력, 즉 불가쟁력이 발생한 경우를 의미하는가? 만약 전자로 해석한다면 납세의무가 확정될 경우에는 이후의 불복절차를 통하여 그 확정된 납세의무에 대하여 다투더라도 해당 세액에 관한 권리·의무관계에 영향을 미치지 아니한다고 해석하여야 한다. 이는 타당하지 않다. 납세자에게 부여되는 불복청구권을 무력화시키는 해석이기 때문이다. 따라서 **'당초 확정된 세액'은 납세자가 당초 신고 또는 처분에 대하여 더 이상 다툴 수 없는 효력이 발생하고 이로 인하여 세액이 특정된 경우에 있어서의 세액을 의미하는 것으로 해석하여야 한다.** 판례 역시 동일하다. 국세기본법 제22조의3의 입법 취지가 증액경정처분이 있더라도 불복기간이나 경정청구기간의 경과 등으로 더 이상 다툴 수 없게 된 당초 신고나 결정에서의 세액에 대한 불복을 제한하려는 데에 있다.[352)]

'당초 확정된 세액(감액경정의 경우에는 경정으로 감소되는 세액 외의 당초 세액)에 관한 권리·의무관계에 영향을 미치지 아니한다'라는 문언이 의미하는 바는 무엇인가? 감액경정처분의 경우에는 당초의 신고 또는 처분의 효력을 다툴 수 없는 상태 하에서 단지 그 세액이 경정처분으로 인하여 축소되는 효과가 발생하는 것으로서 기왕에 발생한 불가쟁력이 축소된 세액의 범위 내에서 그대로 유지되는 것이므로 위 조문의 해석 상 별다른 문제가 없다. 다만 증액경정처분이 있는 경우에는 해석 상 문제가 발생한다. 위 조문으로 인하여 '당초 확정된 세액과 관련된 위법사유는 주장할 수 없고 단지 증액된 세액에 대하여 그 세액과 관련된 위법사유만을 주장하여 다툴 수 있는 것인지' 아니면 '당초 확정된 세액에 관하여는 그 취소를 구할 수 없고 증액경정처분에 의하여 증액된 세액의 범위 내에서만 취소를 구할 수 있으되 그 위법사유와 관련하여서는 당초 신고나 결정에 대한 위법사유도 함께

352) 대법원 2009.5.14. 2006두17390 ; 대법원 2011.4.14. 2008두22280 ; 대법원 2011.4.14. 2010두9808; 대법원 2020.4.9. 2018두57490.

주장할 수 있다는 것인지' 여부가 문제로 된다. 전자의 입장은 이른바 병존설의 입장에 따른 것이다. 위 조문의 문언을 보면 일견 병존설의 입장을 취한 것으로도 볼 수 있으나 위 조문은 세액에 관한 권리의무관계에 영향을 미치지 않는다고 규정할 뿐이므로 위법사유에 대하여서는 규정하고 있지 않기 때문에 당초의 신고 또는 처분과 증액부분에 관한 처분을 각 별개의 처분으로 보는 병존설의 입장을 취하고 있다고 단정할 수도 없다. 또한 흡수설의 입장에서도 당초 확정된 세액의 권리의무관계에 영향을 미치지 않는다는 점을 조화롭게 해석할 수도 있다. 따라서 위 쟁점은 해석에 맡겨진 것이라고 보아야 한다.

증액경정처분이 있는 경우 판례는 흡수설을 취하여 당초 신고 또는 결정이 증액경정처분에 흡수되어 존재한다는 입장을 취하고 있고, 그 입장이 잘못된 것이라고 할 수 없는 이상 가능한 한 이를 전제로 하는 맥락에서 해석하는 것이 타당하다. 흡수설에 따르면 증액경정처분 속에는 당초의 신고 또는 처분이 그 동일성을 유지한 상태에서 포함되어 있는 것이므로 당초의 신고 또는 처분과 관련된 위법사유 역시 증액경정처분에 내재된 것으로 보는 것이 타당할 것이다. 그렇다면 납세자가 당초 세액이 확정된 이후에도 증액경정처분에 내재된 당초 확정된 세액과 관련된 위법사유를 주장하여 다툴 수 있다고 보는 것이 옳다. 단지 그 위법사유가 인정된다고 하더라도 당초 확정된 세액을 초과하는 증액부분의 범위 내에서 세액을 취소할 수 있을 뿐이다. 판례 역시 동일한 입장이다. 증액경정처분이 있는 경우 당초 신고나 결정은 증액경정처분에 흡수됨으로써 독립한 존재가치를 잃게 되어 원칙적으로는 증액경정처분만이 항고소송의 심판대상이 되고 납세자는 그 항고소송에서 당초 신고나 결정에 대한 위법사유도 함께 주장할 수 있으나, 불복기간이나 경정청구기간의 도과로 더 이상 다툴 수 없게 된 세액에 관하여는 그 취소를 구할 수 없고 증액경정처분에 의하여 증액된 세액의 범위 내에서만 취소를 구할 수 있다고 할 것이다.[353)]

만약 증액경정처분이 제척기간 도과 후에 이루어진 경우에도 이미 확정된 당초 신고나 결정에 대한 위법사유를 여전히 주장할 수 있는가? 이 경우에는 당초 확정된 세액에 대하여 위법사유 역시도 주장할 수 없다고 보아야 한다. 즉 증액경정처분이 제척기간 도과 후에 이루어진 경우에는 증액부분만이 무효로 되고 제척기간 도과 전에 있었던 당초처분은 유효한 것이므로, 납세의무자로서는 그와 같은 증액경정처분이 있었다는 이유만으로 당초처분

353) 대법원 2009.5.14. 2006두17390; 대법원 2011.4.14. 2008두22280; 대법원 2011.4.14. 2010두9808; 대법원 2013.4.18. 2010두11733 전원합의체 판결; 대법원 2020.4.9. 2018두57490.

에 의하여 이미 확정되었던 부분에 대하여 다시 위법 여부를 다툴 수는 없다.[354)]

2 조세소송 심리절차 상 원칙

가. 처분권주의

법원은 당사자가 신청하지 아니한 사항에 대하여는 판결하지 못한다(민소 203조 ; 행소 8조 2항). 이를 **처분권주의**라고 한다. 따라서 원고가 청구하지 아니한 처분에 대하여 판결하는 것은 처분권주의에 반하여 위법하다.[355)]

나. 자백법칙의 적용 여부

조세소송을 비롯한 행정소송에 있어서 민사소송법 상 자백의 법칙이 그대로 적용되는지 여부에 대하여 다툼이 있으나 이를 부인할 근거는 없다고 판단한다. 행정소송법 상 특별한 규정이 없는 한 민사소송법 상 규정들이 준용되고, 자백법칙이 준용되지 않아야 할 합리적인 근거를 찾기 어렵기 때문이다. 판례 역시 행정소송에서도 원칙적으로 변론주의가 적용되고, 행정소송법 제8조 제2항에 의하여 민사소송법 상 자백에 관한 법칙이 적용된다고 판시한다.[356)] 따라서 다음과 같은 민사소송법 상 자백의 법칙이 조세소송에도 적용된다. 법원에서 당사자가 자백한 사실과 현저한 사실은 증명을 필요로 하지 아니하나, 진실에 어긋나는 자백은 그것이 착오로 말미암은 것임을 증명한 때에는 취소할 수 있다(민소 288조 ; 행소 8조 2항). 또한 당사자가 변론에서 상대방이 주장하는 사실을 명백히 다투지 아니한 때에는 그 사실을 자백한 것으로 보나, 변론 전체의 취지로 보아 그 사실에 대하여 다툰 것으로 인정되는 경우에는 그러하지 아니하다. 이 경우 상대방이 주장한 사실에 대하여 알지 못한다고 진술한 때에는 그 사실을 다툰 것으로 추정하고, 당사자가 변론기일에 출석하지 아니하는 경우(공시송달의 방법으로 기일통지서를 송달받은 당사자가 출석하지 아니한 경우를 제외한다)에는 위와 같이 변론에서 상대방이 주장하는 사실을 자백한 것으로 본다(민소 150조 ; 행소 8조 2항).

학설의 경우에도 자백의 법칙이 행정소송에도 적용된다는 것이 다수설이고 이는 다시 전면적 적용설과 원고의 자백은 인정하되 피고의 자백은 인정하지 않는 견해, 본안에 관한

354) 대법원 2004.2.13. 2002두9971.
355) 대법원 1993.6.8. 93누4526; 대법원 1989.12.26. 88누9510.
356) 대법원 1992.8.14. 91누13229.

주요사실에 관하여서는 자백을 인정하되 소송요건에 관하여는 이를 인정하지 않는 견해 등으로 나뉜다.[357] 이하 판례에 기초하여 살핀다.

과세요건사실과 관련하여 자백의 법칙을 적용하는 판례를 본다. 주식의 양도로 인한 양도소득세의 부과에 있어서 주식양도 당시의 주식회사의 자산총액의 시가도 자백의 대상이 된다.[358] 토지의 양도차익 산정시 필요경비의 공제주장에 대하여 도로조성 등의 기반시설 공사가 이루어졌다는 사실에 관한 당사자의 진술이 일치되었음에도 그 비용의 부담 여부와 액수에 관하여 심리판단을 하지 아니한 채 단지 그 비용이 지출되었음을 인정할 증거가 없다 하여 그 공제주장을 배척한 원심판결에는 자백의 성립 및 구속력에 관한 법리를 오해하고 심리를 다하지 아니한 위법이 있다.[359]

소송요건에 대하여서도 자백의 법칙이 적용되는가? 판례는 소송요건은 직권조사사항으로서 이에 대하여 자백의 법칙이 적용되지 않는다고 한다. 즉 행정소송에 있어서 쟁송의 대상이 되는 행정처분의 존부는 직권조사사항이라 할 것이고 설사 그 존재를 당사자들이 다투지 아니한다 하더라도 그 존부에 관하여 의심이 있는 경우에는 이를 직권으로 밝혀 보아야 한다.[360] 행정소송에 있어 전심절차를 거쳤는지 여부는 소송요건으로서 직권조사사항에 속하므로, 원고가 스스로 처분을 고지받은 날을 진술한 바 있고 또 원고가 스스로 작성하여 제출한 심사청구서 등에도 같은 취지로 기재되어 있다 하더라도, 그러한 사정만으로 원고가 처분의 통지를 받은 날이 진술한 날과 같다고 단정할 수는 없음에도 불구하고 더 이상의 조사 없이 위와 같이 인정한 것에는 심리를 다하지 아니한 위법이 있다.[361] 행정소송의 전제인 전심절차를 적법하게 거쳤는지 여부는 당사자의 주장유무에 불구하고 법원이 직권으로 조사할 소송요건이므로 내국세부과처분을 받은 자가 감사원법 소정의 심사청구를 하는 경우 그 제척기간의 준수 여부도 직권으로 조사하여야 한다.[362]

---

357) 소순문, 전게서, 440면.
358) 대법원 1991.5.28. 90누1854.
359) 대법원 1994.8.26. 94누2411.
360) 대법원 1983.12.27. 82누484.
361) 대법원 1995.12.26. 95누14220.
362) 대법원 1986.4.8. 86누16.

다. 직권탐지주의와 변론주의

(1) 의의

직권탐지주의는 법원이 판결에 중요한 사실을 당사자의 신청 여부와 관계없이 직접 조사할 수 있다는 원칙을 의미하고 이에 대칭되는 개념이 변론주의이다.[363] 변론주의는 구두변론주의를 의미하는 바, 이에 따르면 특별한 규정이 없는 한 소송절차는 구두로 진행되어야 하고 판결도 구두변론에 근거하여야 한다는 원칙을 의미한다. 구두변론주의에 따라 구두로 변론된 사항이 판결의 기초가 될 수 있으나 당사자는 구두변론을 포기할 수도 있다.[364] 직권탐지주의와 변론주의는 '누가 판결에 중요한 사실의 탐구에 대한 책임을 부담하는지 여부'와 관련된 것이다.[365]

(2) 행정소송법 제26조의 의의

행정소송법은 "법원은 필요하다고 인정할 때에는 직권으로 증거조사를 할 수 있고, 당사자가 주장하지 아니한 사실에 대하여도 판단할 수 있다"고 규정한다(행소 26조). 한편 행정소송법에 의하여 준용되는 민사소송법은 "법원은 당사자가 신청한 증거에 의하여 심증을 얻을 수 없거나, 그 밖에 필요하다고 인정한 때에는 직권으로 증거조사를 할 수 있다"고 규정한다(민소 292조 ; 행소 8조 2항).

행정소송법 제26조는 직권탐지주의, 변론주의 및 직권증거조사와 관련하여 어떠한 의미를 갖는 것인가? 만약 위 조문이 민사소송법 상 직권조사와 같은 의미라면 행정소송법에서 직권증거조사에 대하여 다시 규정할 필요는 없다. 행정소송법에 의하여 준용되는 민사소송법 규정(민소 292조)만으로도 충분하기 때문이다. 따라서 행정소송법 제26조의 '당사자가 주장하지 않은 사실에 대하여서도 판단할 수 있다'는 문언이 독자적인 의미를 갖는 것으로 보아야 한다. 이 문언은 '당사자가 신청한 증거에 의하여 심증을 얻을 수 없거나 그 밖에 필요하다고 인정한 때'에 해당되지 않는 경우, 즉 당사자의 주장이 없거나 증거신청이 없는 경우일지라도 판결에 중요한 사실을 직접 조사할 수 있다는 원칙을 규정한 것으로 보아야 한다. 즉 직권증거조사를 넘어서는 직권탐지주의에 대하여 규정한 것으로 보아야 한다. 그러나 **법원이 당사자의 주장과 무관하게 사실을 직권으로 탐지할 수 있다면 이는 처분권주의와 충**

363) 홍정선, 전게서, 1047면.
364) 상게서, 1050면.
365) 상게서, 1047-1048면.

돌되는 것은 아닌가? 행정소송법 제26조는 행정소송의 특수성에서 연유하는 당사자주의, 변론주의에 대한 일부 예외규정일 뿐 법원이 아무런 제한없이 당사자가 주장하지도 않은 사실을 판단할 수 있음을 규정한 것은 아니라고 본다.[366] 만약 법원이 소송기록 상 현출되지 않은 사항에 대하여서도 당사자의 주장과 무관하게 직권으로 사실을 탐지할 수 있다면 이는 처분권주의에 벗어나는 것으로서 위법하다고 할 것이다. 따라서 법원이 필요하다고 인정할 때에는 당사자의 명백한 주장이 없는 사실에 관하여서도 '일건기록에 나타난 사실을 기초로 하여' 직권으로 판단할 수 있다고 해석하는 것이 타당하다.[367] 그렇다면 시효중단의 사유가 기록 상 현출되어 있다면 피고의 시효중단에 관한 명시적인 항변이 없더라도 이는 법원이 직권으로 심리하여 판단할 사항에 해당할 것이나,[368] 소의 계속 중에 취소를 구하는 처분의 취소가 있었다 하여도 기록 상 이를 의심할만한 아무 흔적이 없는 경우에는 소를 각하하지 아니하고 심판하였다 하여 석명권 불행사 등 위법이 있다고 할 수 없다.[369]

라. 직접심리주의

'**직접심리주의**'는 구두변론과 입증은 판결을 하는 법원의 면전에서 직접 이루어져야 한다는 원칙을 의미한다.[370] 즉 판결은 기본이 되는 변론에 관여한 법관이 하여야 하고, 법관이 바뀐 경우에 당사자는 종전의 변론결과를 진술하여야 하며, 단독사건의 판사가 바뀐 경우 또는 합의부 법관의 반수 이상이 바뀐 경우에 종전에 신문한 증인에 대하여 당사자가 다시 신문신청을 한 때에는 법원은 그 신문을 하여야 한다(민소 204조 ; 행소 8조 2항).

마. 공개주의

헌법에 의하면 재판의 심리와 판결은 공개하여야 한다(헌법 109조 본문). 이를 '**공개주의**'라고 한다. 따라서 조세소송의 경우에도 그 재판의 심리와 판결은 공개하여야 한다. 다만, 심리는 국가의 안전보장 또는 안녕질서를 방해하거나 선량한 풍속을 해할 염려가 있을 때에는 법원의 결정으로 공개하지 아니할 수 있다(헌법 109조 단서).

366) 대법원 1986.6.24. 85누321.
367) 대법원 1989.8.8. 88누3604.
368) 대법원 1987.1.20. 86누346.
369) 대법원 1962.10.18. 62누52.
370) 홍정선, 전게서, 1050면.

바. 자유심증주의

법원은 변론 전체의 취지와 증거조사의 결과를 참작하여 자유로운 심증으로 사회정의와 형평의 이념에 입각하여 논리와 경험의 법칙에 따라 사실주장이 진실한지 아닌지를 판단한다(민소 202조 ; 행소 8조 2항). 이를 **'자유심증주의'**라고 한다. 사실심법원이 그 자유심증에 의하여 증거를 배척함에 있어서는 그것이 처분문서 등 특별한 증거가 아닌 한 이를 배척한다는 뜻을 설시하면 충분하고 무슨 이유로 이를 배척하였는가를 설시할 필요까지는 없다.[371)] 그러나 자유심증주의는 형식적인 증거규칙으로부터의 해방을 뜻할 뿐이고 사실의 인정에 관한 법관의 자의적인 판단을 용인하는 것이 아니므로, 법원은 적법한 증거조사절차를 거친 증거능력 있는 적법한 증거에 의하여 사회정의와 형평의 이념에 입각하여 논리와 경험의 법칙에 따라 사실주장의 진실 여부를 판단하여야 하고, 사실인정이 사실심의 전권에 속한다 해서 위와 같은 제약에서 벗어날 수는 없다.[372)]

3 조세소송 심리의 방법

가. 행정심판기록 제출명령

법원은 당사자의 신청이 있는 때에는 결정으로써 재결을 행한 행정청에 대하여 행정심판에 관한 기록의 제출을 명할 수 있다(행소 25조 1항). 이 명령은 **'행정심판기록 제출명령'**이라고 한다. 제출명령을 받은 행정청은 지체없이 당해 행정심판에 관한 기록을 법원에 제출하여야 한다(행소 25조 2항). 행정심판에 관한 기록은 당해 사건과 관련하여 행정심판 재결청에 제출된 일체의 서류를 의미하고, 위 제출명령권은 법원에게 인정된 권리에 불과하며 소송당사자가 직접 서류를 열람하거나 복사를 청구할 수 있는 권리가 당사자에게 인정되는 것을 의미하지는 않는다.[373)]

한편 **원고가 입증활동의 일환으로서 피고인 과세관청이 소지한 문서에 대하여 문서제출명령을 신청할 수 있는가?**

민사소송법은 당사자가 서증을 신청하고자 하는 때에는 문서를 가진 사람에게 그것을 제출하도록 명할 것을 신청하는 방식으로 한다고 규정한다(민소 343조 후단). 이 경우 '당사자가 소송에서 인용한 문서를 가지고 있는 때', '신청자가 문서를 가지고 있는 사람에게 그것

371) 대법원 1988.4.27. 87누1182.
372) 대법원 1982.8.24. 82다카317; 대법원 2010.7.15. 2006다28430; 대법원 2017.1.25. 2016두50686.
373) 홍정선, 전게서, 1051면.

을 넘겨 달라고 하거나 보겠다고 요구할 수 있는 사법 상의 권리를 가지고 있는 때' 및 '문서가 신청자의 이익을 위하여 작성되었거나, 신청자와 문서를 가지고 있는 사람 사이의 법률관계에 관하여 작성된 것인 때(다만 예외가 있다)'에 그 문서를 가지고 있는 사람은 제출을 거부하지 못한다(민소 344조 1항). 여기서 예외는 '공무원의 직무 상 비밀이 적힌 경우로서 그 자의 동의를 받지 못한 문서', '문서소지자 또는 그 근친자에 관하여 해당하는 사람이 공소제기되거나 유죄판결을 받을 염려가 있는 사항 또는 자기나 그들에게 치욕이 될 사항이 적혀 있는 문서' 또는 '직무 상 비밀에 속하는 사항이 적혀 있고 비밀을 지킬 의무가 면제되지 아니한 문서'를 의미한다(민소 344조 1항 3호 단서). 또한 민사소송법은 문서제출의무에 대하여서도 규정한다. 즉 위 예외 외에도 문서(공무원 또는 공무원이었던 사람이 그 직무와 관련하여 보관하거나 가지고 있는 문서를 제외한다)가 '문서소지자 또는 그 근친자에 관하여 해당하는 사람이 공소제기되거나 유죄판결을 받을 염려가 있는 사항 또는 자기나 그들에게 치욕이 될 사항이 적혀 있는 문서', '직무 상 비밀에 속하는 사항이 적혀 있고 비밀을 지킬 의무가 면제되지 아니한 문서' 또는 '오로지 문서를 가진 사람이 이용하기 위한 문서' 중 어느 하나에도 해당하지 아니하는 경우에는 문서를 가지고 있는 사람은 그 제출을 거부하지 못한다(민소 344조 2항).

민사소송법 상 문서제출명령의 신청 및 문서제출의무에 관한 규정이 조세소송에 적용되는 것을 금지하는 규정은 없으며 이를 금지할 합리적인 근거 역시 없다고 판단한다. 따라서 납세자는 입증활동의 일환으로서 과세관청 및 불복기관이 소지하는 문서에 대하여 문서제출명령을 신청할 수 있다고 보아야 한다.[374] 조세불복절차 상 참고인의 답변이 기재된 문서는 통상 위 문서제출명령에 대한 예외 및 문서제출의무의 면제대상에 속하지 않는 것으로 보아야 한다.[375]

나. 공격방어방법 제출의 시기

조세소송에 대한 공격방어방법은 원칙적으로 사실심 변론종결시까지 제출할 수 있다. 즉 과세처분의 위법을 다투는 조세소송에 있어서 당사자는 변론종결시까지 객관적인 조세채무액을 뒷받침하는 주장과 증거를 제출할 수 있으므로 양도소득세의 부과처분을 다투는 항고소송에 있어서도 실지거래가액을 증명하는 증거를 변론종결시까지 제출할 수 있다.[376]

374) 같은 뜻 : 金子 宏、前掲書、843頁。
375) 같은 뜻 : 東京高決 平成15年11月18日 判時1891号、56頁。

다만 민사소송법에 따르면, 당사자는 공격 또는 방어의 방법을 소송의 정도에 따라 적절한 시기에 제출하여야 하고(민소 146조), 당사자가 이를 어기어 고의 또는 중대한 과실로 공격 또는 방어방법을 뒤늦게 제출함으로써 소송의 완결을 지연시키게 하는 것으로 인정할 때에는 법원은 직권으로 또는 상대방의 신청에 따라 결정으로 이를 각하할 수 있으며(민소 149조 1항), 당사자가 제출한 공격 또는 방어방법의 취지가 분명하지 아니한 경우에 당사자가 필요한 설명을 하지 아니하거나 설명할 기일에 출석하지 아니한 때에는 법원은 직권으로 또는 상대방의 신청에 따라 결정으로 이를 각하할 수 있다(민소 149조 2항). **민사소송법 상 실기한 공격방어방법에 관한 위 각 규정들이 조세소송인 행정소송에도 적용될 수 있는가?** 일단 민사소송법 상 위 각 규정들의 적용을 막는 조문은 없다(국기 56조, 행소 8조 2항 참조). 우리 세제의 기본인 신고납세주의 자체가 납세자의 성실한 과세자료의 제출을 근간으로 한다는 점과 조세소송에 있어서 과세자료는 대부분 납세자의 수중에 있다는 점 등을 고려할 때 이를 적극적으로 해석하여야 한다는 견해가 있다.[377] 타당한 견해이다. 그러나 공격방어방법이 반드시 납세자인 원고가 보유하는 사실만에 기초하는 것은 아니고, **민사소송법 상 실기한 공격방어방법에 관한 위 각 규정들을 납세자에 대하여서만 적용할 근거 역시 없다고 보이므로, 과세관청인 피고에 대하여서도 민사소송법 상 위 각 규정들을 적용하여야 할 것으로 판단한다.**

한편 전심절차와 관련하여 판례는 행정소송이 전심절차를 거쳤는지 여부를 판단함에 있어서 전심절차에서의 주장과 행정소송에서의 주장이 전혀 별개의 것이 아닌 한 그 주장이 반드시 일치하여야 하는 것은 아니고, 당사자는 전심절차에서 미처 주장하지 아니한 사유를 공격방어방법으로 제출할 수 있다고 판시한다.[378]

나아가 **민사소송법에는 공격방어방법을 적시에 제출하도록 하는 다음과 같은 제도가 있다.** 재판장은 당사자의 의견을 들어 한쪽 또는 양쪽 당사자에 대하여 특정한 사항에 관하여 주장을 제출하거나 증거를 신청할 기간을 정할 수 있고 당사자가 그 기간을 넘긴 때에는 주장을 제출하거나 증거를 신청할 수 없으나, 당사자가 정당한 사유로 그 기간 이내에 제출 또는 신청하지 못하였다는 것을 소명한 경우에는 그러하지 아니하다(민소 147조). 변론준비기일에 제출하지 아니한 공격방어방법은 '그 제출로 인하여 소송을 현저히 지연시키지 아

376) 대법원 1985.2.8. 84누410.
377) 임승순, 전게서, 321면.
378) 대법원 1999.11.26. 99두9407.

니하는 때', '중대한 과실 없이 변론준비절차에서 제출하지 못하였다는 것을 소명한 때' 또는 '법원이 직권으로 조사할 사항인 때' 중 어느 하나에 해당하여야만 변론에서 제출할 수 있다(민소 285조 1항). 이 역시 조세소송에도 적용되어야 할 것으로 판단한다. 조세소송 역시 원칙적으로 변론주의에 기초하고 있기 때문이다.

다. 주장책임

(1) 의의

변론주의 하에서는 권리의 발생·소멸이라는 법률효과의 판단에 직접 필요한 요건사실 내지 주요사실은 당사자가 변론에서 현출하지 않는 한, 법원은 이를 판결의 기초로 할 수 없다. 즉 변론주의 하에서는 당사자는 주요사실을 주장하지 않으면 유리한 법률효과의 발생이 인정되지 않을 위험 또는 불이익을 부담하게 되는 바, 이를 '**주장책임**'이라고 한다.[379] 다만 현행 행정소송법은 직권탐지주의를 보충적으로 인정하고 있으므로 그 한도 내에서는 주장책임의 의미가 완화되고 있다.[380]

(2) 주장책임의 분배

주장책임의 분배는 원칙적으로 입증책임의 분배와 일치하므로 원칙적으로 권리근거규정의 요건사실은 원고가, 권리장애·소멸·저지규정의 요건사실은 피고가 주장하여야 한다.[381] 그런데 **행정소송에 있어서는 특별한 사정이 없는 한 해당 처분의 적법성에 대하여서는 해당 처분청이 이를 주장·입증하여야 하는 바, 이 경우에도 납세의무자인 원고가 처분의 위법성에 대하여 주장책임을 부담하는가?** 행정소송에 있어서 특별한 사정이 있는 경우를 제외하면 당해 행정처분의 적법성에 관하여는 행정청이 이를 주장·입증하여야 할 것이나 행정소송에 있어서 직권주의가 가미되어 있다고 하더라도 여전히 변론주의를 기본구조로 하는 이상 행정처분의 위법을 들어 그 취소를 청구함에 있어서는 직권조사사항을 제외하고는 그 취소를 구하는 자가 위법사유에 해당하는 구체적 사실을 먼저 주장하여야 한다.[382]

379) 이시윤, 전게서, 519면.
380) 홍정선, 전게서, 1052면.
381) 이시윤, 전게서, 520면.
382) 대법원 2001.1.16. 99두8107.

(3) 주장책임과 법원 석명권의 관계

법원의 석명권은 소송관계를 분명하게 하기 위하여 당사자에게 질문하고 증명을 촉구할 뿐만 아니라 당사자가 간과한 법률 상 사항을 지적하여 의견진술의 기회를 주는 법원의 권능을 말한다.[383] 이는 당사자가 소송을 수행함에 있어서 주장책임을 부담하는 사항에 대하여 불완전하게 주장을 하거나 증거제출을 적절하게 하지 못하는 경우에 대비한 것이다. 재판장 또는 합의부원은 소송관계를 분명하게 하기 위하여 당사자에게 사실상 또는 법률 상 사항에 대하여 질문할 수 있고, 증명을 하도록 촉구할 수 있다(민소 136조 1항, 2항). **법원이 석명을 소홀히 하거나 잘못 행사한 경우에 이를 상고이유로 할 수 있는가?** 당사자가 부주의 또는 오해로 인하여 명백히 간과한 법률 상의 사항이 있거나 당사자의 주장이 법률 상의 관점에서 보아 모순이나 불명료한 점이 있는 경우 법원은 적극적으로 석명권을 행사하여 당사자에게 의견 진술의 기회를 주어야 하고, 만일 이를 게을리한 경우에는 석명 또는 지적 의무를 다하지 아니한 것으로서 위법하다.[384] 그렇다면 **당사자가 주장하지 않은 법률효과에 관한 요건사실이나 독립된 공격방어방법을 시사하는 방식으로 석명권을 행사할 수 있는가?** 법원의 석명권 행사는 당사자의 주장에 모순된 점이 있거나 불완전·불명료한 점이 있을 때에 이를 지적하여 정정·보충할 수 있는 기회를 주고, 계쟁 사실에 대한 증거의 제출을 촉구하는 것을 그 내용으로 하는 것으로, 당사자가 주장하지도 아니한 법률효과에 관한 요건사실이나 독립된 공격방어방법을 시사하여 그 제출을 권유함과 같은 행위를 하는 것은 변론주의의 원칙에 위배되는 것으로 석명권 행사의 한계를 일탈하는 것이 된다.[385]

그런데 **행정소송법이 법원은 필요하다고 인정할 때에는 직권으로 증거조사를 할 수 있고 당사자가 주장하지 아니한 사실에 대하여도 판단할 수 있다고 규정하는 경우**(행소 26조)**에도 민사소송법 상 석명권에 대한 설명이 그대로 적용될 수 있을까?** 행정소송법 상 직권조사에 관한 조항은 법원이 필요하다고 인정할 때에는 당사자의 명백한 주장이 없는 사실에 관하여서도 '일건기록에 나타난 사실을 기초로 하여' 직권으로 판단할 수 있는 것을 의미하므로,[386] 기록상 사실관계가 현출되지 않은 사항에 대하여 당사자가 주장하지도 아니한 법률효과에 관한 요건사실이나 독립된 공격방어방법을 시사하여 그 제출을 권유함과 같은 행

383) 이시윤, 전게서, 311면.
384) 대법원 2009.11.12. 2009다42765.
385) 대법원 2001.1.16. 99두8107.
386) 대법원 1989.8.8. 88누3604.

위를 하는 것은 여전히 변론주의의 원칙에 위배되는 것으로서 석명권 행사의 한계를 일탈하는 것으로 보아야 한다.

또한 **조세소송에 있어서 소송기록 상 현출되지 않은 사실관계에 대한 것이라고 하더라도 당사자가 간과하였음이 분명하다고 인정되는 법률 상 사항에 관하여 법원이 석명권을 행사할 수는 없는 것인가? 행정소송법은 이에 대하여 명시적으로 규정하지 않고 있다. 다만 현행 민사소송법은 법원은 당사자가 간과하였음이 분명하다고 인정되는 법률 상 사항에 관하여 당사자에게 의견을 진술할 기회를 주어야 한다고 규정한다**(민소 136조 4항). 이 규정은 당사자가 간과하였음이 분명한 법률적 관점에 대하여 직권조사하여 판단할 수 있음을 전제로 하는 것으로 그 직권조사에 의한 판단 이전에 당사자에게 의견진술의 기회를 제공하면 된다는 것을 의미하고, 또한 석명권이 권한인 동시에 의무에 해당한다는 것을 입법화한 것이라는 점 등에서 의미를 갖는다.[387] 따라서 소송의 경과나 심리 과정에 비추어 볼 때, 원고가 피고의 주장을 명백히 간과하여 버린 것으로 인정되는 경우, 피고의 주장에 착안하여 이 점을 재판의 기초로 삼으려면 원고로 하여금 그 점에 관하여 당사자에게 의견을 진술할 기회를 주어야 하고, 그와 같은 기회를 주지 아니한 채 원고의 청구를 기각하는 것은 위법이 있다 할 것이고, 이는 판결 결과에 영향을 미친 것으로 보아야 한다.[388] 위 의무에 위반한 경우에는 절대적 상고이유(민소 424조)가 아닌 일반 상고이유(민소 423조)에 해당하는 바, 일반 상고이유의 경우에는 해당 위법사유가 판결에 영향을 미친 경우에 한하여 상고이유가 될 수 있다. 이상과 같은 민사소송법 상 논의들은 행정소송법에도 적용되는 것이 타당하다고 판단된다. 즉 조세소송에 있어서도 사실심법원의 재판장은 당사자 사이에 다툼이 있는 사실에 관하여 입증이 안 된 모든 경우에 당사자에게 입증을 촉구하여야 하는 것은 아니지만, 소송정도를 보아 당사자가 오해 또는 부주의에 의하여 입증하지 아니한 것이 명백한 경우에는 입증책임의 원칙에 따라 입증이 없는 것으로 보아 판결할 것이 아니라, 그에 대한 입증을 촉구할 의무가 있다.[389] 따라서 조세소송의 경우 소송기록 상 현출되지 않은 사실관계에 대한 것이라고 하더라도 당사자가 간과하였음이 분명하다고 인정되는 법률 상 사항에 관하여서는 법원이 석명권을 행사할 수 있고, 그 경우 법원은 당사자에게 의견을 진술할 기회를 주어야 하며 그렇지 않은 경우에는 일반 상고이유에 해당한다고 보아야 한다.

---

387) 이시윤, 전게서, 318면.
388) 대법원 1995.11.14. 95다25923.
389) 대법원 1995.5.12. 94누15929.

(4) 주장책임과 불가쟁력의 관계

일반적으로 행정처분이나 행정심판 재결이 불복기간의 경과로 인하여 확정될 경우 그 확정력은, 그 처분으로 인하여 법률 상 이익을 침해받은 자가 당해 처분이나 재결의 효력을 더 이상 다툴 수 없다는 의미를 갖는 바, 이를 통상 **'불가쟁력'**이라고 한다. **해당 처분에 대하여 불가쟁력이 발생한 경우 당사자 또는 법원이 이와 모순되는 주장이나 판단을 할 수는 없는 것인가?** 일반적으로 행정처분이나 행정심판 재결이 불복기간의 경과로 인하여 확정될 경우 그 확정력은, 그 처분으로 인하여 법률 상 이익을 침해받은 자가 당해 처분이나 재결의 효력을 더 이상 다툴 수 없다는 의미일 뿐 더 나아가 판결에 있어서와 같은 기판력이 인정되는 것은 아니어서 그 처분의 기초가 된 사실관계나 법률적 판단이 확정되고 당사자들이나 법원이 이에 기속되어 모순되는 주장이나 판단을 할 수 없게 되는 것은 아니다.[390)]

라. 입증책임

(1) 의의

입증책임은 소송 상 어느 증명을 필요로 하는 사실의 존부가 확정되지 않을 때 해당 사실이 존재하지 않는 것으로 취급되어 법률판단을 받게 되는 당사자 일방의 위험 또는 불이익을 의미하고 이를 **객관적 입증책임**이라고 한다.[391)] 입증책임은 심리의 최종단계에 이르러서도 해당 주장이 사실인지 여부에 대하여 아무런 확신이 들지 않을 경우에 어느 당사자가 불이익을 부담할 것인지 여부에 관한 문제이고 이와 같은 진위불명은 직권탐지주의 하에서도 발생할 수 있는 것이므로, 그 진위불명에 대한 객관적 입증책임은 직권탐지주의에 의한 절차에서도 쟁점이 될 수 있다.[392)]

한편 객관적 입증책임을 부담하는 자는 패소를 면하기 위하여 증거를 제출하여야 할 필요가 있는 바, 당사자 일방의 이러한 행위책임을 **주관적 입증책임(증거제출책임)**이라고 한다. 이러한 주관적 입증책임은 심리의 최종단계에서 따지는 객관적 입증책임과는 달리 심리의 개시단계에서부터 문제로 되는 것이며 심리과정에서 바뀔 수 있다. 이러한 주관적 입증책임은 변론주의의 산물이므로 직권탐지주의 하에서는 인정되지 않는다.[393)]

390) 대법원 2004.7.8. 2002두11288; 대법원 2015.11.27. 2013다6759.
391) 이시윤, 전게서, 504면.
392) 상게서.

미국법에서는 객관적 입증책임을 설득책임이라고 하며, 주관적 입증책임을 증거제출책임이라고 한다.[394] 이하 **미국의 경우 입증책임에 대하여 본다.**[395] 입증책임은 상술한 바와 같이 설득책임(burden of persuasion)과 증거제출책임(burden of production ; the burden of going forward with the evidence)으로 구분된다. 당사자가 자신의 주장에 부합하는 **신뢰할 만한 증거**(credible evidence)를 제출하는 경우에는 증거제출책임의 이행이 충족된다. 당사자가 실현불가능한 사실에 근거한 주장(implausible factual allegations), 청구의 실익이 없는 주장(frivolous claims) 및 민원성 주장(protestor type arguments)을 하는 경우에는 신빙성 있는 증거를 제공한 경우에 해당하지 않아서 이는 증거제출책임을 이행하지 못한 경우에 속한다. **납세자가 신뢰할 만한 증거를 제출하였다는 점은 다음 각 조건을 충족한 경우를 의미한다.**[396] 첫째, 납세의무자는 법정 항목에 관한 증빙요건을 모두 갖추어야 한다.[397] 법정 항목의 예로서는 기부금[398] 또는 여비 · 접대비 · 선물 등 기타경비 등[399]을 들 수 있다. 둘째, 납세의무자는 과세자료를 잘 유지하고, 과세관청의 합리적인 자료제출 등 요구에 대하여 협력하여야 한다.[400] 셋째, 조합, 법인 또는 신탁과 같은 개인이 아닌 경우에 있어서, 위 규정의 적용을 위한 납세의무자는 I.R.C. § 7430(c)(4)(A)(ii)에 규정된 자를 의미한다.[401] 즉 납세자의 증거제출책임에 관한 특정조건들은 납세의무와 관련된 규정들을 준수하였는지 여부, 관련 서류들을 잘 기록하고 보관하는지 여부, 과세관청의 합리적인 요청에 협력하였는지 여부, 납세의무자가 관련된 행정적 구체절차를 모두 거쳤는지 여부 등을 의미한다.[402] **이상의 논의에서 얻을 수 있는 시사점은 다음과 같다.** 미국법 상 납세자가 신뢰할 만한 증거를 제출할 책임은 납세의무와 관련된 규정들을 준수하였는지 여부, 관련 서류들을 잘 기록하고 보관하는지 여부, 과세관청의 합리적인 요청에 협력하였는지 여부, 납세의무자가 관련된 행정적 구체절차를 모두 거쳤는지 여부 등에 의하여 충족된

393) 상게서.
394) 상게서, 506면.
395) Susan A. Berson, Federal Tax Litigation, Vol. 1, Law Journal Press, 2012, at §1A.02.
396) I.R.C. § 7491(a)(2).
397) "the taxpayer has complied with the requirements under this title to substantiate any item".
398) I.R.C. § 170(a)(1).
399) I.R.C. § 274(d).
400) "the taxpayer has maintained all records required under this title and has cooperated with reasonable requests by the Secretary for witnesses, information, documents, meetings, and interviews".
401) "in the case of a partnership, corporation, or trust, the taxpayer is described in section 7430(c)(4)(A)(ii)".
402) Susan A. Berson, op. cit., at §1A.02.

다. 우리 경우에도 납세자는 세무공무원의 적법한 질문·조사, 제출명령에 대하여 성실하게 협력하여야 한다(국기 81조의17). 또한 납세의무가 있는 법인은 장부를 갖추어 두고 복식부기 방식으로 장부를 기장하여야 하며, 장부와 관계있는 중요한 증명서류를 비치·보존하여야 한다(법세 112조). 즉 **미국법 상 납세자가 신뢰할 만한 증거를 제출할 책임은 우리 경우 납세자의 세무공무원에 대한 협력의무 및 납세의무자인 법인에 의한 장부의 비치·기장의무 등에 대응하는 것으로서, 납세자가 납세의무와 관련된 규정들을 준수하였는지 여부, 관련 서류들을 잘 기록하고 보관하는지 여부, 과세관청의 합리적인 요청에 협력하였는지 여부, 납세의무자가 관련된 행정적 구체절차를 모두 거쳤는지 여부 등을 기준으로 판정된다. 다만 우리 경우에는 납세자의 세무공무원에 대한 협력의무 및 납세의무자인 법인에 의한 장부의 비치·기장의무 등 위반 여부를 입증책임의 배분에 직접 연계하는 규정을 두지 않을 뿐이다.** 증거제출책임은 설득책임과는 구분되는 것이다. 과거에는 납세의무자가 과세관청에 의한 부과처분이 있는 경우(deficiencies)와 가산세(penalties)의 경우 모두에 대하여 증거제출책임을 부담하였으나 현재는 가산세가 적용되는 경우에는 과세관청이 증거제출책임을 부담하는 것으로 변경되었다. 즉 과세관청이 증거제출책임을 이행하는 경우 납세의무자는 정당한 사유가 있었다는 등 항변을 제출하여 해당 가산세를 부과하는 것이 타당하지 않다는 점에 대하여 설득책임을 부담하게 된다. **설득책임**은 본질적으로는 해당 당사자가 법원에게 자신의 입장이 옳다는 점을 설득하여야 하는 것을 의미하고 이에 실패한 당사자는 재판에서 지는 결과를 얻게 된다. 과거에는 납세의무자가 과세관청이 잘못되었다는 점에 대하여 설득책임을 부담하였으나 현재는 입법연혁(legislative history)에 근거하여 과세관청으로 이전되었다. 즉 과세관청이 설득책임을 부담하므로 과세관청은 증거우위의 원칙(a preponderance of the evidence)에 의하여 자신의 주장을 입증하는 경우에 한하여 승소할 수 있다.

미국세법 상 납세자가 신뢰할 만한 증거를 제출하는 경우 과세관청이 해당 쟁점에 대한 입증책임을 부담한다는 규정[403)]은 법률이 입증책임에 대하여 특별히 규정하는 경우에는 적용되지 않는다.[404)] 과세관청이 특수관계인이 아닌 납세의무자(unrelated taxpayers)에 관한 통계자료만을 사용하여 소득항목을 재구성하는 경우에는 과세관청이 그에 대한 입증

403) I.R.C. § 7491(a)(1).
404) I.R.C. § 7491(a)(3).

책임을 부담한다.[405] 과세관청이 개인의 납세의무와 관련하여 가산세 또는 가산금 등 일체의 불이익을(any penalty, addition to tax, or additional amount)을 부과하려는 경우에는, 다른 규정들과 상관없이 그 제출책임(burden of production)을 과세관청이 부담한다.[406] **이상의 논의에서 얻을 수 있는 시사점은 다음과 같다.** 미국 조세소송에 있어서 납세자가 신뢰할 만한 증거의 제출의무를 부담한다는 원칙은 별도의 특별규정에 의하여 달리 규정될 수 있다. 따라서 **미국 조세소송 상 납세자의 증거제출책임에 관한 법리가 우리 조세소송에 있어서도 바로 적용할 수 있는 것으로 오인하지 않도록 유의하여야 한다.**

미국 조세법원 규칙에 따르면, **'판례에서 달리 규정하는 경우'**에는 원고(petitioner)가 과세요건에 대한 입증책임를 부담한다는 원칙이 적용되지 않고 **과세관청이 그 과세요건에 의한 입증책임을 부담**한다.[407] 이하 판례법 상 입증책임을 특별배분하는 경우에 대하여 살핀다.

새로운 쟁점, 처분금액의 증가 및 적극적 방어방법과 관련된 미국 판례들에 대하여 살핀다. *IDI Management, Inc v Commr* 판례는 과세관청이 답변을 수정하면서 평가방법을 변경하는 경우 해당 쟁점에 대한 입증책임은 과세관청이 부담한다고 판시한다.[408] Pickett v Comm 판례는 과실 또는 태만에 관한 가산세에 관한 주장이 소송과정에서 처음 주장되었다면 과세관청이 해당 쟁점에 대한 입증책임을 부담한다고 판시한다.[409] 한편 **입증책임을 과세관청에게 이전할 것이 아니라 해당 새로운 쟁점에 대한 심리를 거부하여야 한다는 판례들 역시 있다.** 즉 과세관청이 새로운 쟁점을 소송 단계에서 처음 제기하는 경우 이로 인하여 원고가 기습적으로 불리한 입장에 처하게 되므로 법원은 해당 쟁점에 대한 입증책임을 전환하기보다는 해당 새로운 쟁점에 대한 심리를 거부하여야 한다.[410]

납세의무자가 신뢰할 만한 증거를 제출하지 못한다고 할지라도, 자의적이고 변칙적인 과세처분(Arbitrary and Capricious Notice of Deficiency)**에 대한 입증책임은 과세관청에게**

405) I.R.C. § 7491(b).
406) I.R.C. § 7491(c).
407) TC Rule 142(a)(1); "The burden of proof shall be upon the petitioner, except as otherwise provided by statute or deter┐mined by the Court; and except that, in respect of any new matter, increases in deficiency, and affirmative defenses, pleaded in the answer, it shall be upon the respondent".
408) TC Memo 1977-369 (differing valuation method asserted in amended answer places burden of proof on respondent as to that issue).
409) TC Memo 1975-33 (negligence and delinquency penalty first raised in answer, burden of proof as to those issues is on respondent).
410) *Est of Horvath v Comm'r*, 59 TC 551 (1973); *Markwardt v Comm'r*, 64 TC 989 (1975); *Peoples Translation Service/Newsfront International v Comm'r*, 72 TC 42 (1979); *Spain v Comm'r*, TC Memo 1978-270; *Pensinger v Comm'r*, TC Memo 1980-104.

있다는 판례들 역시 있다. 납세자가 I.R.C. § 7491(a)(2)에 따른 신뢰할 만한 증거를 제출하지 못한다고 할지라도 과세처분의 논거가 자의적이고 변칙적(arbitrary and capricious)이라면 해당 과세요건에 대한 입증책임은 과세관청에게 전환된다. 즉 납세자가 과세처분이 자의적이고 변칙적이라는 점에 대하여 입증한다면 입증책임은 과세관청에게 이전된다.[411] 과세관청이 임금, 봉급 등이 아닌 소득에 대한 신고서식(Form 1099)만에 근거하여 납세자의 신고누락금액을 결정하는 것은 자의적이고 변칙적인 처분에 해당한다.[412] 납세자의 건강 및 소득이 감소한다는 기록이 있음에도 불구하고 납세자의 직전 이전 소득을 평균하는 방법으로 소득을 재구성하는 것은 자의적이고 변칙적인 처분에 해당한다.[413] 과세관청이 납세자의 장부 및 기록 상 금액을 무시하는 점에 대하여 설득력 있는 근거를 제시하지 못한다면 해당 과세처분은 자의적이고 변칙적이다.[414]

(2) 주장책임과 입증책임의 관계

주장책임은 변론주의 하에서만 문제로 되는 특유한 것이지만, 입증책임은 변론주의만이 아니라 직권탐지주의 하에서도 발생하는 쟁점에 속한다. 변론주의 하에서는 당사자의 주장이 없는 한, 법원은 증거조사 결과 이미 심증을 얻은 사실이나 불요증사실이라고 할지라도 이를 판결의 기초로 할 수 없다. 따라서 이 경우에는 주장책임은 문제로 될 수 있으나 입증책임의 문제는 발생하지 않는다. 즉 주장책임은 논리적 · 시간적으로 입증책임에 선행하는 관계에 있다.[415]

(3) 입증책임의 분배

입증책임의 분배와 관련하여서는 행정소송법 및 민사소송법 상 명문의 규정이 없다. 따라서 이는 해석에 의하여 해결되어야 할 쟁점에 속한다. 이와 관련하여서는 행정행위에는 공정력이 있어서 해당 처분이 취소되지 않는 한 그 효력이 유지되므로 행정행위의 위법성에 대한 입증책임은 원고에게 있다는 **원고책임설**, 법치행정의 원리 상 국가행위의 적법성은 국가가 담보하여야 하므로 행위의 적법성의 입증책임은 피고인 국가에게 있다는 **피고책**

411) *Roberts v Comm'r*, 62 TC 834 (1974); *Anastasio v Comm'r*, 794 F2d 884, 887 (3d Cir 1986).
412) *Portillo v Comm'r*, 932 F2d 1128 (5th Cir 1991).
413) *Denison v Comm'r*, 689 F2d 771 (8th Cir 1982), cert denied 471 US 1069 (1985).
414) *Lark Sales Co v Comm'r*, 437 F2d 1067 (7th Cir 1971).
415) 이시윤, 전게서, 519면.

임설, 특별한 규정이 없는 한 민사소송법 상 입증책임의 분배원칙에 따라야 한다는 **법률요건분류설** 및 행정소송의 특수성을 고려한다는 전제하에 권리나 이익을 제한하는 것은 행정청이 적법성의 입증책임을, 권리나 이익의 확장은 원고가 입증책임을, 재량일탈이나 남용은 원고가 입증책임을 부담한다는 **독자분배설** 등이 존재한다.[416] 행정행위의 공정력에 근거한 원고책임설과 관련하여서는 행정행위의 공정력은 행정행위의 법적 효과를 유지시키기 위하여 인정되는 특수한 효력이고 행정행위 요건사실의 객관적 존재까지 추정하는 것은 아니기 때문에 공정력과 입증책임 사이에는 논리적 연관이 없다는 비판이 있다.[417] 과세관청이 확정처분을 위하여서는 과세요건사실을 인정할 필요가 있는 것이므로 원칙적으로 과세요건사실의 존부 및 과세표준에 관하여서는 과세관청이 입증책임을 부담하는 것이 타당하고 조세취소소송 역시 민사소송법 상 채무부존재확인청구와 그 실질이 동일하다는 점에 착안한다면 민사소송법 상 통설인 법률요건분류설과 동일하게 입증책임을 분담할 필요 역시 있다.[418] 이러한 의미에서 법률요건분류설이 타당하다고 판단한다. 이에 따르면 권리발생요건, 즉 조세채권의 발생요건에 관하여서는 조세채권자인 국가 또는 지방자치단체가 입증책임을 부담하고, 권리장애요건인 사실 및 권리소멸요건인 사실에 관하여서는 조세채무자인 납세자가 입증책임을 부담하게 된다.

법률요건분류설이 우리의 다수설[419] 및 판례의 입장에 속한다. 다만, 법률요건분류설을 취한다고 하더라도 과세요건사실에 관한 증거와의 거리를 감안한다면 권리발생요건에 관하여서는 조세채권자인 국가 또는 지방자치단체가 입증책임을 부담한다는 원칙을 다소 수정할 필요가 있다. 즉 과세관청이 합리적으로 수긍할 수 있는 정도의 입증을 한다면 그에 상반되는 주장과 입증을 납세자가 부담하도록 하는 것이 타당하다.

판례 역시, 민사소송법의 규정이 준용되는 행정소송에 있어서 입증책임은 원칙적으로 민사소송의 일반원칙에 따라 당사자 간에 분배되고 항고소송의 경우에는 그 특성에 따라 당해 처분의 적법을 주장하는 피고에게 그 적법사유에 대한 입증책임이 있다 할 것인 바 피고가 주장하는 당해 처분의 적법성이 합리적으로 수긍할 수 있는 일응의 입증이 있는 경우에는 그 처분은 정당하다 할 것이며 이와 상반되는 주장과 입증은 그 상대방인 원고에게 그

416) 홍정선, 전게서, 1053면.
417) 金子 宏、前揭書、863頁。
418) 上揭書。
419) 홍정선, 전게서, 1053면 각주 2) 및 이시윤, 전게서, 507면 참조.

책임이 돌아간다고 판시한다.[420] 다음 판례들 역시 동일한 취지이다. 즉 과세처분의 위법을 이유로 그 취소를 구하는 행정소송에 있어서 과세처분의 적법성 및 과세요건사실의 존재에 관하여는 원칙적으로 과세관청이 그 입증책임을 부담하나 경험칙 상 이례에 속하는 특별한 사정의 존재는 납세의무자에게 그 입증책임 내지는 입증의 필요가 돌아간다고 할 것이므로, 종합소득세 과세표준 및 세액의 경정결정과 이에 기한 부과처분이 정치보복적 차원에서 이루어진 것으로서 국민의 재산권보장이라는 헌법상의 원칙에 반하고 예측가능성도 없으며 신의칙에 위배된 위법한 처분이라는 납세의무자인 원고의 주장에 대하여서는 원고가 입증책임을 부담한다.[421] 과세처분의 적법성에 대한 증명책임은 과세관청에 있으므로 어느 사업연도의 소득에 대한 과세처분의 적법성이 다투어지는 경우 과세관청으로서는 과세소득이 있다는 사실 및 그 소득이 그 사업연도에 귀속된다는 사실을 증명하여야 하며, 그 소득이 어느 사업연도에 속한 것인지 확정하기 곤란하다 하여 과세대상 소득의 확정시기와 관계없이 과세관청이 그 과세소득을 조사·확인한 대상 사업연도에 소득이 귀속되었다고 할 수는 없다.[422] 납세의무자가 신고한 비용 중의 일부 금액에 관한 세금계산서가 과세관청에 의해 실물거래 없이 허위로 작성된 것이 판명되어 그것이 실지비용인지의 여부가 다투어지고 납세의무자가 주장하는 비용의 용도와 그 지급의 상대방이 허위임이 상당한 정도로 입증되었다면, 그러한 비용이 실제로 지출되었다는 점에 대하여는 그에 관한 장부기장과 증빙 등 일체의 자료를 제시하기가 용이한 납세의무자가 이를 증명할 필요가 있다.[423] 법인세 부과처분 취소소송에서 과세처분의 적법성 및 과세요건사실의 존재에 대한 증명책임은 과세관청에게 있으므로 과세표준의 기초가 되는 각 사업연도의 익금과 손금에 대한 증명책임도 원칙적으로 과세관청에게 있다고 할 것이나, 납세의무자가 신고한 어느 손금의 용도나 지급의 상대방이 허위라거나 손금으로 신고한 금액이 손비의 요건을 갖추지 못하였다는 사정이 과세관청에 의하여 상당한 정도로 증명된 경우에는 증명의 난이라든가 공평의 관념 등에 비추어 그러한 비용이 실제로 지출되었다거나 다른 사정에 의하여 손비의 요건이 충족된다는 점에 관한 증명의 필요는 납세의무자에게 돌아간다.[424]

그렇다면 **어느 경우에 과세관청이 해당 처분의 적법성 및 과세요건사실의 존재에 대하여**

420) 대법원 2012.6.18. 2010두27639 전원합의체 판결; 대법원 1984.7.24. 84누124.
421) 대법원 1990.2.13. 89누2851.
422) 대법원 2020.4.9. 2018두57490.
423) 대법원 2014.12.11. 2012두20618.
424) 대법원 2014.8.20. 2012두23341.

합리적으로 수긍할 수 있는 정도의 입증을 하였다고 볼 것인가? 이는 사실상 추정을 통한 주요사실의 입증과도 연결된 쟁점이다. 이하 판례를 중심으로 살핀다.

과세표준 및 세액을 계산하기 위하여서는 그 소득액 확정의 기초가 되는 필요경비액이 확정되어야 하는 바, 그 필요경비에 대한 입증책임은 누가 부담하여야 하는가? 소득액확정의 기초가 되는 필요경비액에 대한 입증책임도 원칙적으로 과세관청에 있고 다만 구체적 경비항목에 관한 입증의 난이라든가 당사자 사이의 형평 등을 고려하여 납세자측에 그 입증책임을 돌리는 경우가 있다 할 것인 바, 납세자가 그 소득을 얻기 위하여 통상적으로 필요로 하는 '통상적 경비'는 과세관청이 그 부존재를 입증하여야 할 것이며 다만 경험칙 상 그 부존재가 사실상 추정되는 이례적인 '특별경비'는 그 존재를 주장하는 납세자에게 입증책임이 있다.[425)]

과세처분의 위법을 이유로 그 취소를 구하는 행정소송에서 과세요건의 존재에 대한 입증책임이 처분청에 있는 것과 마찬가지로, 협의이혼 또는 재판 상 화해나 조정에 의한 이혼을 하면서 위자료와 재산분할, 자녀양육비 등의 각각의 액수를 구체적으로 정하지 아니한 채 자산을 이전한 경우 그 자산 중 양도소득세의 과세대상이 되는 유상양도에 해당하는 위자료 및 자녀양육비의 입증책임도 원칙적으로는 처분청에 있으나, 이때 처분청이 위자료나 자녀양육비의 액수까지 구체적으로 주장・입증할 필요는 없고, 단지 그 액수를 정할 수 있는 자료를 법원에 제출하는 것으로 충분하며, 이에 대하여 법원은 이와 같은 자료를 토대로 혼인기간, 파탄의 원인 및 당사자의 귀책사유, 재산정도 및 직업, 당해 양도자산의 가액 등 여러 사정을 참작하여 직권으로 위자료나 자녀양육비의 액수를 정하여야 한다.[426)]

거래 등의 귀속명의와 실질적인 귀속주체가 다르다고 다투어지는 경우에 있어서 입증책임은 어떻게 분배되는가? 과세요건사실의 존부 및 과세표준에 관하여는 원칙적으로 과세관청이 증명할 책임을 부담하는 바, 이는 거래 등의 귀속 명의와 실질적인 귀속주체가 다르다고 다투어지는 경우에도 증명책임을 전환하는 별도의 법률 규정이 있는 등의 특별한 사정이 없는 한 마찬가지이다. 다만 과세관청이 사업명의자를 실사업자로 보아 과세를 한 이상 거래 등의 귀속명의와 실질이 다르다는 점은 과세처분을 받은 사업명의자가 주장・증명할 필요가 생기는데, 이 경우에 증명의 필요는 법관으로 하여금 과세요건이 충족되었다는

425) 대법원 1990.2.13. 89누2851.
426) 대법원 2002.6.14. 2001두4573

데 대하여 상당한 의문을 가지게 하는 정도면 족하다. 그 결과 거래 등의 실질이 명의자에게 귀속되었는지 여부가 불분명하게 되고 법관이 확신을 가질 수 없게 되었다면 그로 인한 불이익은 궁극적인 증명책임을 부담하는 과세관청에 돌아간다.[427]

국제거래에 있어서 정상가격과 관련하여 거주자는 가장 합리적인 정상가격 산출방법을 선택하고, 선택된 방법 및 이유를 과세표준 및 세액의 확정신고시 납세지 관할 세무서장에게 제출하여야 하는 바, 이 경우 정상가격에 대한 입증책임은 어떻게 분배되는가? 정상가격의 산정에 있어서 국외 특수관계인과 국제거래를 행하는 납세의무자는 국제거래명세서를 제출할 의무, 가장 합리적인 정상가격 산출방법을 선택하고 선택된 방법 및 이유를 과세표준 및 세액의 확정신고시 제출할 의무, 정상가격 산출방법과 관련하여 필요한 자료를 비치・보관할 의무 등을 부담한다(국조 5조 ; 국조령 7조). 따라서 과세관청이 스스로 위와 같은 정상가격의 범위를 찾아내 고려해야만 하는 것은 아니므로, 국외 특수관계인과의 이전가격이 과세관청이 최선의 노력으로 확보한 자료에 기초하여 합리적으로 산정한 정상가격과 차이를 보이는 경우에는 비교 가능성이 있는 독립된 사업자 간의 거래가격이 신뢰할 만한 수치로서 여러 개 존재하여 정상가격의 범위를 구성할 수 있다는 점 및 당해 국외 특수관계인과의 이전가격이 정상가격의 범위 내에 들어 있어 경제적 합리성이 결여된 것으로 볼 수 없다는 점에 관한 증명의 필요는 납세의무자에게 돌아간다.[428]

(4) 입증책임과 법률 상 의제 및 추정

법률 상 추정은 이미 법규화된 경험법칙, 즉 추정규정을 적용하여 행하는 추정을 의미하고, 이는 추정사실이 진실이 아니라는 적극적인 반대사실의 증거가 있어야만 번복된다. 또한 법률 상 추정은 사실의 추정과 권리의 추정으로 나뉜다.[429] **사실의 추정**은 법률을 통하여 사실관계에 대한 추정을 하는 것을, **권리의 추정**은 법률의 규정을 통하여 권리의무관계에 대한 추정을 하는 것을 의미한다. 타인의 명의로 재산의 등기 등을 한 경우, 실제소유자 명의로 명의개서를 하지 아니한 경우 및 유예기간에 주식 등의 명의를 실제소유자 명의로 전환하지 아니하는 경우에는 조세 회피 목적이 있는 것으로 추정하는 것(상증세 45조의2 2항)은 사실의 추정에 대한 예에 속한다. 한편 직업, 연령, 소득 및 재산 상태 등으로 볼 때 재산

427) 대법원 2014.5.16. 2011두9935.
428) 대법원 2014.9.4. 2012두1747; 대법원 2015.9.10. 2013두6862.
429) 이시윤, 전게서, 511면.

을 자력으로 취득하였다고 인정하기 어려운 경우에는 그 재산을 취득한 때에 그 재산의 취득자금을 그 재산의 취득자가 증여받은 것으로 추정하여 이를 그 재산취득자의 증여재산가액으로 한다는 것(상증세 45조 1항)은 권리의 추정에 대한 예에 속한다.

법률 상 의제는 법규에서 특정 전제사실이 있는 경우에 다른 사실이 존재하는 것으로 간주하는 것을 의미한다. 법률 상 추정이 당사자에 의한 반대사실의 증명을 통하여 번복될 수 있음에 반하여 법률 상 의제의 경우에는 번복될 수 없다는 점에서 다르다.[430] 권리의 이전이나 그 행사에 등기 등이 필요한 재산의 실제소유자와 명의자가 다른 경우에는 국세기본법 제14조에도 불구하고 그 명의자로 등기 등을 한 날에 그 재산의 가액을 명의자가 실제소유자로부터 증여받은 것으로 본다는 것(상증세 45조의2 1항 본문)이 법률 상 의제에 대한 예에 속한다. **다만 위 명의자에 대한 증여의제규정의 적용에 있어서 주목할 점이 있다.** 종전 판례는 주주명부가 작성되지 않은 경우와는 달리, 주주명부가 작성되어 있는 경우에는 설령 주식 등 변동상황명세서 등에 주식의 소유자 명의가 실제 소유자와 다르게 기재되어 있다고 하더라도, 그 명의자 앞으로 주식에 대한 명의개서가 이루어지지 아니하였다면 그 명의자에게 증여세를 과세할 수는 없다고 판시하였다.[431] 그러나 위 판례 이후 상속세 및 증여세법이 개정되어 명의개서를 하여야 하는 재산인 경우에는 소유권취득일이 속하는 해의 다음 해 말일의 다음 날에 증여받은 것으로 본다(상증세 45조의2 1항 본문 중 첫째 괄호 내 기재). 또한 위 명의자에 대한 증여의제 규정은 조세회피목적이 있음을 전제로 하지만, 명의신탁이 조세회피 목적이 아닌 다른 이유에서 이루어졌음이 인정되고 그 명의신탁에 부수하여 사소한 조세경감이 생기는 것에 불과하다면 그와 같은 명의신탁에는 조세회피 목적이 있다고 볼 수 없다.[432] 한편 명의신탁의 목적에 조세회피의 목적이 포함되어 있지 않은 경우에만 위와 같은 법률 상 의제규정이 적용되지 않고(상증세 45조의2 1항 단서) 이 경우 조세회피의 목적이 없었다는 점에 관한 증명책임은 이를 주장하는 명의자에게 있다. 여기서 조세회피의 목적이 없었다는 점에 대하여는 조세회피의 목적이 아닌 다른 목적이 있었음을 증명하는 등의 방법으로 입증할 수 있다 할 것이나, 증명책임을 부담하는 명의자로서는 명의신탁에 있어 조세회피의 목적이 없었다고 인정될 정도로 조세회피와 상관없는 뚜렷한 목적이 있었고 명의신탁 당시에나 장래에 있어 회피될 조세가 없었다는 점을 객관적이고 납

430) 소순무, 전게서, 447면.
431) 대법원 2014.5.16. 2011두11099.
432) 대법원 2009.4.9. 2007두19331.

득할 만한 증거자료에 의하여 통상인이라면 의심을 가지지 않을 정도의 입증을 하여야 한다.[433]

판례는 주식이 명의신탁되어 명의수탁자 앞으로 명의개서가 된 후에 명의신탁자가 사망하여 주식이 상속된 경우에는 명의개서해태 증여의제 규정의 적용 대상에 해당하지 않는다고 판시[434]하는 것에 주목할 필요가 있다. 판례의 주요 근거는 다음과 같다.

첫째, 명의신탁된 주식이 상속된 경우에는 기존의 명의수탁자는 당초 명의개서일에 이미 명의신탁 증여의제 규정의 적용 대상이 될 뿐만 아니라, 명의신탁된 주식에 관하여 상속으로 인하여 상속인과 사이에 법적으로 명의신탁관계가 자동 승계되는 것을 넘어 그와 같은 법률관계를 형성하기 위하여 어떠한 새로운 행위를 한 것이 아니다.

둘째, 명의수탁자 스스로 상속인의 명의개서를 강제할 수 있는 마땅한 수단도 없다.

셋째, 주식의 명의신탁자가 사망한 후 일정기간 내에 상속인이 명의개서를 하지 않았다고 하여 명의개서해태 증여의제 규정에 의하여 명의수탁자가 다시 증여세 과세 대상이 된다고 보는 것은 지나치게 가혹할 뿐만 아니라 자기책임의 원칙에 반하여 부당하다.

또한 **판례는 상법 상 주식의 포괄적 교환의 경우에도 동일한 법리를 적용한다.** 즉 상법 상 주식의 포괄적 교환의 경우에도 최초의 명의신탁 주식과 명의수탁자가 완전모회사가 되는 회사로부터 배정받은 신주에 대하여 각각 별도의 증여의제 규정을 적용하게 되면, 위와 같이 증여세의 부과와 관련하여 최초의 명의신탁 주식에 대한 증여의제의 효과를 부정하는 모순을 초래하고 형평에 어긋나는 부당한 결과가 발생하는 것은 마찬가지이므로, 원칙적으로 위 법리가 그대로 적용된다고 판시한다.[435] 또한 주주명부 폐쇄일을 기준으로 주주명부에 실제 소유자가 아닌 다른 사람 앞으로 명의개서된 주식 중 이미 증여의제 대상이 된 명의신탁 주식이 그대로 남아 있는 경우 그 주식은 다시 증여의제 대상으로 삼을 수 없다.[436]

기명식 전환사채의 명의수탁자가 전환권 행사로 발행된 주식을 배정·교부받아 자신의 명의로 명의개서를 한 경우 다시 주식에 대하여 명의신탁 증여의제 조항을 적용하여 증여세를 과세할 수 있는가? 기명식 전환사채의 명의수탁자가 전환권 행사로 발행된 주식을 배정·교부받아 자신의 명의로 명의개서를 한 경우, 전환된 주식은 전환사채와는 별도의 새

433) 대법원 2014.1.16. 2013두16982.
434) 대법원 2017.1.12. 2014두43653.
435) 대법원 2018.3.29. 2012두27787.
436) 대법원 2020.4.29. 2014두2331; 대법원 2020.6.25. 2019두36971.

로운 재산으로서 전환된 주식에 대하여 명의신탁자와 명의수탁자 사이에 전환사채에 대한 종전의 명의신탁관계와는 다른 새로운 명의신탁관계가 형성된다. 그러나 최초로 증여의제 대상이 되어 과세되었거나 과세될 수 있는 기명식 전환사채의 명의수탁자에게 전환권 행사에 따라 배정된 주식에 대해서는 특별한 사정이 없는 한 다시 명의신탁 증여의제 조항을 적용하여 증여세를 과세할 수 없다.[437] 그 이유는 다음과 같다.

첫째, 위 조항은 조세회피목적의 명의신탁행위를 방지하기 위하여 실질과세원칙의 예외로서 실제 소유자로부터 명의자에게 해당 재산이 증여된 것으로 의제하여 증여세를 과세하도록 허용하는 규정이므로, 조세회피행위를 방지하기 위하여 필요하고도 적절한 범위 내에서만 적용되어야 한다.

둘째, 기명식 전환사채가 주식으로 전환된 경우, 증여의제 대상이 되어 과세되었거나 과세될 수 있는 최초의 명의신탁 재산인 전환사채에 상응하여 명의수탁자에게 전환된 주식이 배정되어 명의개서가 이루어졌는데도 그와 같은 주식에 대하여 제한 없이 위 조항을 적용하여 별도로 증여세를 부과하는 것은 증여세의 부과와 관련하여 최초의 명의신탁 전환사채에 대한 증여의제의 효과를 부정하는 모순을 초래할 수 있어 부당하다.

셋째, 전환사채의 경우 그 권리자는 전환청구에 의하여 추가로 신주인수대금을 납입할 필요 없이 전환사채 발행 당시 정해진 조건에 따라 신주를 배정·교부받게 되므로, 전환청구 전·후로 전환사채와 전환된 주식의 경제적 가치에 실질적인 변동이 있다고 보기 어렵다.

넷째, 최초로 명의신탁된 전환사채와 전환된 주식에 대하여 각각 위 조항을 적용하게 되면 애초에 전환사채나 그 인수자금이 수탁자에게 증여된 경우에 비하여 지나치게 많은 증여세액이 부과될 수 있어 형평에도 어긋난다.

최초로 증여의제 대상이 되어 과세되었거나 과세될 수 있는 명의신탁 주식의 매도대금으로 취득하여 다시 동일인 명의로 명의개서된 주식은 그것이 최초의 명의신탁 주식과 시기 상 또는 성질 상 단절되어 별개의 새로운 명의신탁 주식으로 인정되는 등의 특별한 사정이 없는 한 다시 구증여세가 과세될 수는 없는바, 이때 **최초로 증여의제 대상이 된 주식의 매도대금으로 취득하여 다시 동일인 명의로 명의개서된 주식이라는 사정**은 납세의무자에게 유리한 것일 뿐만 아니라 그 기초가 되는 사실관계도 대부분 납세의무자의 지배영역 안에 있어 과세관청으로서는 증명이 곤란한 경우가 있으므로, **증명의 곤란이나 당사자 사이의**

437) 대법원 2019.9.10. 2016두1165.

형평을 고려하여 납세의무자로 하여금 증명하게 하는 것이 합리적인 경우에는 증명의 필요를 납세의무자에게 돌릴 수 있다.[438)]

판례는 최초로 증여의제 대상이 되어 과세되었거나 과세될 수 있는 합병구주의 명의수탁자에게 흡수합병에 따라 배정된 합병신주에 대하여서도 동일한 취지로 판시한다.[439)]

과세물건의 존재사실에 대한 입증책임은 원칙적으로 과세관청에게 있으므로 증여세의 경우에도 증여가 있었다는 사실, 즉 재산의 이전에 있어서 대가가 없었다는 점을 과세관청이 입증하여야 한다. 그러나 대가가 없었다는 점은 소극적 사실로서 입증이 어려운 측면이 있다. 이러한 이유로 상속세 및 증여세법의 경우에는 비교적 많은 법률 상 의제 및 추정규정이 도입되어 있다.[440)]

(5) 입증책임과 사실상 추정

판례는 항고소송의 경우에는 그 특성에 따라 당해 처분의 적법을 주장하는 피고에게 그 적법사유에 대한 입증책임이 있다 할 것인 바 피고가 주장하는 당해 처분의 적법성에 대하여 '합리적으로 수긍할 수 있는 일응의 입증이 있는 경우'에는 그 처분은 정당하다 할 것이며 이와 상반되는 주장과 입증은 그 상대방인 원고에게 그 책임이 돌아간다고 판시한다.[441)] 위 판례 상 **'합리적으로 수긍할 수 있는 일응의 입증이 있는 경우'**에는 경험법칙을 통하여 어느 사실에서 다른 사실의 존재를 추인하는 것, 즉 사실상 추정을 통하여 입증책임을 이행하는 것 역시 포함된다. 즉 일반적으로 세금 부과처분 취소소송에 있어서 과세요건사실에 관한 입증책임은 과세권자에게 있다 할 것이나 구체적인 소송과정에서 경험칙에 비추어 과세요건 사실이 추정되는 사실이 밝혀지면 상대방이 문제로 된 당해 사실이 경험칙 적용의 대상 적격이 되지 못하는 사정을 입증하지 않는 한 당해 과세처분을 과세요건을 충족시키지 못한 위법한 처분이라고 단정할 수는 없다.[442)] 따라서 조세부과처분 취소소송의 구체적인 소송과정에서 경험칙에 비추어 과세요건사실이 추정되는 사실이 밝혀진 경우에는 과세처분의 위법성을 다투는 납세의무자가 문제된 사실이 경험칙을 적용하기에 적절하지 아니하다거나 해당 사건에서 그와 같은 경험칙의 적용을 배제하여야 할 만한 특별한 사

438) 대법원 2020.6.25. 2019두36971.
439) 대법원 2019.1.31. 2016두30644.
440) 소순무, 전게서, 472면.
441) 대법원 2012.6.18. 2010두27639 전원합의체 판결; 대법원 1984.7.24. 84누124.
442) 대법원 2004.4.27. 2003두14284; 대법원 2016.6.10. 2015두60341.

정이 있다는 점 등을 증명하여야 하지만, 그와 같은 경험칙이 인정되지 아니하는 경우에는 원칙으로 돌아가 과세요건사실에 관하여 과세관청이 증명하여야 한다.[443)]

사실상 추정에는 일반 경험법칙을 통하여 어느 사실에서 다른 사실의 존재를 추인하는 것과 일반 경험법칙이 아닌 고도의 개연성이 있는 경험칙을 이용하여 간접사실로부터 주요사실을 추정하는 것이 있다. 후자를 **'일응의 추정'** 또는 **'표현증명'**이라고 한다. '일응의 추정' 또는 '표현증명'의 경우에는 통상의 경험법칙을 이용한 경우와는 달리 중간과정에 대한 상세한 증명이 더 이상 요구되지 않는다는 점에서 입증책임이 보다 경감된다. 입증책임이 있는 당사자가 추정의 전제사실에 해당하는 간접사실을 증명하여 주요사실을 입증하면 상대방이 그 추정에 의문이 가는 특단의 사정을 입증하지 않는 한 그대로 추정사실이 인정된다.[444)] 한편 '일응의 추정' 또는 '표현증명'에 의하여 입증되는 사실은 고도의 개연성이 있는 경험칙에 의하여 추정되는 것이므로 그 전제사실에 대하여 직접반증하여 추정을 번복하기보다는 간접반증에 의하여 그 추정을 번복하는 경우가 많다. **직접반증**은 추정의 전제사실 자체를 부정하기 위한 입증활동을 의미하고, **간접반증**은 추정의 전제사실과 모순되지 않고 양립되는 별개의 사실을 증명하여 일응의 추정을 번복하는 증명활동을 의미한다.[445)] 일응의 추정 또는 표현증명과 통상 사실상 추정은 개념 상 구분될 수는 있으나, 실제적으로는 양자가 결합되어 있는 경우가 많고 구별의 실익도 없다.[446)]

이하 과세관청이 사실상 추정을 통한 입증에 성공한 경우에 관한 판례들을 살핀다.

주주가지급금계정, 받을어음계정, 대여금계정, 미결산금계정에 계상된 금액에 대하여 세무조사 당시 근거와 증빙을 제시하지 못하였고 부사장이 사채이자를 변태기장한 것이라는 확인서까지 제출한 사실이 입증된 이상 그와 반대되는 부과처분의 위법사유는 원고에게 입증책임이 있다.[447)]

법인의 각 사업연도의 소득금액을 산정함에 있어서 공제하여야 할 손비의 구체적인 항목에 관한 입증은 그 입증의 난이라든가 당사자의 형평 등을 고려하여 납세의무자에게 그 입증의 필요를 돌리는 경우가 있으나, 이러한 경우란 과세관청에 의하여 납세의무자가 신고

443) 대법원 2015.9.10. 2015두41937.
444) 이시윤, 전게서, 511면, 513면.
445) 상게서, 514-515면.
446) 소순무, 전게서, 458면.
447) 대법원 1984.7.24. 84누124.

한 어느 비용의 용도와 그 지급의 상대방이 허위임이 상당한 정도로 입증된 경우 등을 가리키는 것으로, 그에 관한 입증이 전혀 없는 경우에까지 납세의무자에게 곧바로 손비에 대한 입증의 필요를 돌릴 수는 없다. 따라서 과세연도의 제품매출액, 기초제품재고액 및 기말제품재고액에 비추어 제품제조원가가 존재함이 분명한 경우, 실지조사나 추계조사의 방법에 의하여 산정이 가능한 범위 내에서는 제품제조원가에 대한 입증책임이 과세관청에게 있고, 이보다 많은 제품제조원가를 주장하는 경우에만 납세의무자에게 입증의 필요가 있다.[448)]

납세의무자의 금융기관 계좌에 입금된 금액이 매출이나 수입에 해당한다는 것은 구체적인 소송과정에서 경험칙에 비추어 이를 추정할 수 있는 사실을 밝히거나 이를 인정할 만한 간접적인 사실을 밝히는 방법으로도 증명할 수 있는데, 이 경우 그와 같이 추정할 수 있는지는 해당 금융기관 계좌가 과세 대상 매출이나 수입에 관한 주된 입금·관리계좌로 사용되었는지, 입금 일자나 상대방 및 금액 등에 비추어 매출이나 수입에 해당하는 외형을 가지고 있는지, 계좌의 거래 중에서 매출이나 수입 관련 거래가 차지하는 비중, 반대로 매출이나 수입이 아닌 다른 용도의 자금이 혼입될 가능성 및 정도 등 해당 금융기관 계좌에 입금된 금액에 관한 여러 사정들을 종합하여 판단하여야 한다.[449)]

국토이용관리법의 규정에 따라 토지 등 거래계약신고를 한 당사자가 아무런 변경신고 없이 계약을 체결하면, 신고당시에 계약예정금액을 착오로 기재하였거나 그 예정금액을 합의와 다르게 기재할 수밖에 없었던 사유가 있거나 거래신고일과 실제거래일 사이에 지가의 등락 등으로 가격을 새로 정할 필요성이 생겨 그 예정금액과 다른 금액으로 계약을 체결하였다는 등의 특별한 사정이 없는 한, 신고한 내용대로 계약이 체결된 것으로 추정된다 할 것이고, 위와 같은 사정에 대하여는 이를 주장하는 자에게 그 입증책임을 지우는 것이 상당하다.[450)]

사업자가 세금계산서를 발행하여 제3자에게 교부한 때에는 그 세금계산서가 허위로 작성되었다는 등의 특단의 사유가 없는 한 그 세금계산서의 기재내용과 같은 재화 또는 용역의 공급이 있었던 것이라고 보아야 한다.[451)]

납부고지서에 필요적 기재사항이 기재되었는가의 여부는 부과처분절차 상의 적법요건에

448) 대법원 1999.1.15. 97누15463.
449) 대법원 2015.6.23. 2012두7776.
450) 대법원 1993.7.27. 93누296.
451) 대법원 1987.6.23. 86누663.

해당한다 할 것이므로 일응 과세관청에 그 입증책임이 있다 할 것이나 납부고지서 등에 필요적 기재사항이 제대로 기재되었는가의 여부는 발부된 납부고지서 등의 원본이나 부본에 의하여서만 확실히 가려낼 수 있다 할 것이므로 과세관청이 적법한 과세결의를 하고 납부고지서 등을 법정서식에 따라 작성·통지하였는데도 관계법규 상 과세관청에 그 부본을 따로 보관한 사실이 없었다면 그 납부고지서 등에 필요적 기재사항이 누락되었다고 주장하는 납세의무자가 그 사실을 입증할 필요가 있다.[452] 한편 강제징수에 따른 공매절차를 통해 경료된 소유권이전등기와 그에 기하여 이루어진 나머지 소유권이전등기 또는 근저당권설정등기의 각 말소등기절차의 이행을 구하는 소송에서, 납부고지서의 송달이 없었거나 부적법하다는 주장사실에 대한 입증책임은 원고에게 있다.[453]

과세처분의 적법성에 대한 입증책임은 과세관청에게 있으므로 과세소득확정의 기초가 되는 필요경비도 원칙적으로 과세관청이 그 입증책임을 부담하나, 필요경비의 공제는 납세의무자에게 유리한 것일 뿐 아니라 필요경비의 기초가 되는 사실관계는 대부분 납세의무자의 지배영역 안에 있는 것이어서 과세관청으로서는 그 입증이 곤란한 경우가 있으므로 그 입증의 곤란이나 당사자 사이의 형평을 고려하여 납세의무자로 하여금 입증케 하는 것이 합리적인 경우에는 입증의 필요를 납세의무자에게 돌려야 한다.[454] 따라서 납세의무자가 입증활동을 하지 않고 있는 필요경비에 대해서는 부존재의 추정을 하는 것이 마땅하고 이와 같은 부존재의 추정을 용인하여 납세의무자에게 입증의 필요성을 인정하는 것은 공평의 관념에도 부합된다.[455] 즉 판례는 필요경비에 대한 입증책임이 원칙적으로 과세관청에 있으나, 납세의무자가 자신에게 유리한 필요경비에 대하여 아예 입증활동을 하지 않는다면 이 경우에는 해당 필요경비가 존재하지 않는다고 사실상 추정을 하는 것이 타당하다고 판시한다.

납세의무자가 신고한 어느 비용 중의 일부 금액에 관한 세금계산서가 과세관청인 피고에 의해 실물거래 없이 허위로 작성된 것이 판명되어 그것이 실지비용인지의 여부가 다투어지고 납세의무자측이 주장하는 비용의 용도와 그 지급의 상대방이 허위임이 상당한 정도로 입증되었다면, 그러한 비용이 실제로 지출되었다는 점에 대하여는 그에 관한 장부기장과

452) 대법원 1986.10.28. 85누555.
453) 대법원 2001.6.1. 99다1260.
454) 대법원 1992.7.28. 91누10909.
455) 대법원 1988.5.24. 86누121.

증빙 등 일체의 자료를 제시하기가 용이한 납세의무자 측에서 이를 입증할 필요가 있다.[456] 납세의무자가 신고한 비용 중의 일부 금액이 실지비용인지의 여부가 다투어져서 그 것이 허위임이 밝혀지거나 납세의무자 스스로 신고금액이 허위임을 시인하면서 같은 금액만큼의 다른 비용에 소요되었다고 주장하는 경우에는 그 다른 비용의 존재와 액수에 대하여는 납세의무자가 이를 입증할 필요가 있다.[457] 부외경비에 대한 입증책임 역시 원고인 납세자에게 있다.[458]

원고가 매입계산서에 기재된 공급명의자로부터 물품을 매입한 바 없음을 피고가 입증한 이상 그 세금계산서를 허위내용의 세금계산서로 보고 해당 매입세액을 매출세액으로부터 공제하지 아니한 피고의 처분은 일단 적법하다고 보겠으니, 원고가 위 세금계산서 기재 내용대로의 물품을 세금계산서 상 공급명의자 아닌 자로부터 실제로 매입하였고 공제자의 명의위장 사실에 관하여 선의이었다는 점은 이를 주장하는 원고에게 그 입증의 필요가 돌아간다.[459]

법인의 실질적 경영자인 대표이사 등이 법인의 자금을 유용하는 행위는 특별한 사정이 없는 한 애당초 회수를 전제로 하여 이루어진 것이 아니어서 그 금액에 대한 지출 자체로서 이미 사외 유출에 해당한다. 그 유용 당시부터 회수를 전제하지 않은 것으로 볼 수 없는 특별한 사정에 관하여는 횡령의 주체인 대표이사 등의 법인 내에서의 실질적인 지위 및 법인에 대한 지배 정도, 횡령행위에 이르게 된 경위 및 횡령 이후의 법인의 조치 등을 통하여 그 대표이사 등의 의사를 법인의 의사와 동일시하거나 대표이사 등과 법인의 경제적 이해관계가 사실상 일치하는 것으로 보기 어려운 경우인지 여부 등 제반 사정을 종합하여 개별적·구체적으로 판단하여야 하며, 이러한 특별한 사정은 이를 주장하는 법인이 입증하여야 한다.[460]

법인이 매출사실이 있음에도 불구하고 매출액을 장부에 기재하지 않거나 가공의 비용을 장부에 계상한 경우 특별한 사정이 없는 한 그 매출누락액 또는 가공비용액 상당의 법인의 수익은 사외로 유출된 것으로 보아야 하며, 이 경우 그 매출누락액 등의 전액이 사외로 유출된 것이 아니라고 볼 특별한 사정은 이를 주장하는 자가 증명하여야 한다.[461]

456) 대법원 1997.9.26. 96누8192.
457) 대법원 1994.10.28. 94누5816.
458) 東京地判 昭和52年7月27日 月報23巻9号、1644頁。
459) 대법원 1983.12.13. 83누492.
460) 대법원 2013.2.28. 2012두23822.

주식의 소유사실은 과세관청이 주주명부나 주식이동상황명세표, 법인등기부등본 등 자료에 의하여 이를 입증하면 되고, 다만 위 자료에 비추어 일견 주주로 보이는 경우에도 실은 주주명의를 도용당하였거나 실질 소유주의 명의가 아닌 차명으로 등재되었다는 등의 사정이 있는 경우에는 단지 그 명의만으로 주주에 해당한다고 볼 수는 없으나 이는 주주가 아님을 주장하는 그 명의자가 입증하여야 한다.[462] 실질과세가 가능하다는 점에 대한 입증책임은 명의자과세를 다투는 사업명의자에게 있다.[463]

일반거래의 통념 상 건물의 임대차보증금은 그 건물과 부지의 시가보다는 낮은 것이 통례이고 그 임대차보증금이 그 시가보다 높다는 것은 이례에 속하는 것이므로 그 임대차보증금이 일반거래와는 달리 특별히 높은 금액으로 결정하게 된 특별한 사정이 없는 한 그 시가는 최소한 그 임대차보증금보다는 높은 것이라고 보아야 할 것이다.[464]

납세의무자가 법인세의 과세표준 등 신고에 있어 신고 누락한 매출액 등의 수입이 발견되면 과세청으로서는 그 누락된 수입을 익금에 산입할 수 있고 만약 납세의무자가 과세표준 등 신고에 있어 익금에 산입될 수입의 신고만을 누락한 것이 아니라 손금에 산입될 비용에 관하여도 신고를 누락한 사실이 있는 경우에는 그와 같이 비용을 신고누락하였다는 사실에 관하여는 그 비용의 손금산입을 주장하는 자의 입증에 의해 비용의 존재와 비용액을 가려야 할 것이다. 또한 매출누락수입에 대응하는 별도비용의 지출이 있다는 납세의무자의 입증이 없는 한 그 누락수입에 대응하는 비용을 다시 공제할 필요가 없이 누락수익 전액을 누락소득으로 보면 된다고 하는 견해는 납세의무자가 그 수입 중 일부의 신고를 누락하여 과소신고하는 경우에도 비용만큼은 누락 없이 전부 신고하는 것이 통상적이라는 경험칙을 바탕으로 그와 다른 이례적 사정, 즉 납세의무자가 손금에 산입할 비용 중 일부를 스스로 누락하여 과소 신고하였다는 특별한 사정에 관하여는 납세의무자가 입증케 함이 타당하다는 입증책임 일반의 원칙에 부합하는 것이기도 하다.[465]

과세관청이 실지조사방법에 의하여 법인의 소득에 대한 과세표준과 세액을 결정하면서 당해 법인의 당초 신고에서 누락된 수입금액을 발견한 경우에 이에 대응하는 매입원가 등의 손금이 별도로 지출되었음이 장부 기타 증빙서류에 의하여 밝혀지는 등 특별한 사정이

461) 대법원 2020.8.13. 2019다300361.
462) 대법원 1995.12.22. 95누13203.
463) 대법원 1987.10.28. 86누635.
464) 대법원 1985.2.8. 84누679.
465) 대법원 1992.7.28. 91누10695.

없는 이상 이는 총 수입금에 대응하는 총 손금에 이미 포함되어 있는 것으로 볼 것이고, 이 경우 누락수입에 대응하는 비용에 관한 신고를 누락하였다고 하여 그 공제를 받고자 한다면 그 비용의 손금 산입을 구하는 납세의무자가 스스로 그 누락사실을 주장·입증하여야 하며, 이 경우 총손금의 결정방법과는 달리 그 수입누락 부분에 대응하는 손금만을 실지조사가 아닌 추계조사방법에 의하여 산출·공제할 수는 없다.[466)]

경험칙 상 필요경비의 발생이 명백한 경우에 있어서는 납세의무자의 입증이 없거나 불충실하다 하여 필요경비를 영으로 보는 것은 경험칙에 반하므로, 과세관청이 실지조사가 불가능한 경우에 시행하는 추계조사의 방법에 의하여 산정이 가능한 범위 내에서는 과세관청이 그 금액을 입증하여야 하고 납세의무자가 이보다 많은 필요경비를 주장하는 경우에는 납세의무자에게 그 입증의 필요가 돌아간다.[467)]

금원의 대여로 이자 상당의 소득을 얻는 사업소득의 존부와 금액을 확정하여 과세대상으로 삼는 경우 단지 이자약정 아래 금원을 대여하였다는 사정만으로 그 이자지급시기가 도래하기만 하면 소득이 현실적으로 발생한 것으로 보아 과세할 수 없지만 만약 원리금을 초과하는 담보물을 취득하고서 금원을 대여한 경우에는 이자지급기일이 도래하기만 하면 그에 의하여 발생한 이자채권은 특별한 사정이 없는 한 그 소득의 실현이 객관적으로 보아 상당히 높은 것이므로 과세관청으로서도 그때 소득이 있는 것으로 보아 과세할 수 있고, 그럼에도 불구하고 이자채권을 행사할 수 없는 사정이 있거나 담보물에 의하여서도 그 소득이 실현될 가능성이 전혀 없게 된 것이 객관적으로 명백한 때에는 납세의무자가 그와 같은 사정을 들어 과세할 소득이 없는 경우임을 밝혀야 한다.[468)]

납세자가 한 과세표준확정신고가 그 실지거래가액과 다르게 신고한 것이라 하여 기준시가에 의해 양도차익을 산출하고 부과처분을 함에 있어서는 그 신고의 내용이 실지거래가액과 다르게 이루어졌다는 점에 관하여 과세관청에게 입증책임이 있음이 원칙이라 할 것이나 그 신고의 내용이 거래의 실정에 비추어 이례적이어서 경험칙 상 신빙할 수 없는 특별한 사정이 있는 경우에는 납세자가 그 신고내용이 실지거래가액과 다르지 아니함을 입증해야 할 부담을 가진다.[469)]

466) 대법원 2003.11.27. 2002두2673.
467) 대법원 1992.7.28. 91누10909.
468) 대법원 1993.12.14. 93누4649.
469) 대법원 1985.3.12. 84누362.

상속재산가액에서 공제할 피상속인의 채무는 상속세과세가액결정에 예외적으로 영향을 미치는 특별한 사유에 속하므로 그 존재사실에 관한 주장입증의 책임은 과세가액을 다투는 납세의무자측에 있다고 보아야 할 것이다.[470] 상속재산인 비상장주식을 평가함에 있어 그 산정요소의 하나인 상속개시일 현재의 당해 법인의 순자산가액에는 상속개시 당시 회수불능인 채권은 포함시킬 수 없으나, 채권의 회수불능은 상속세과세가액결정에 있어 예외적인 사유에 속하는 것이므로 이러한 특별한 사유에 대한 입증책임은 이를 다투는 납세의무자에게 있다.[471] 상속재산의 평가는 상속개시 당시 또는 상속세 부과 당시의 각 시가를 산정하기 어려울 때에 한하여 택할 수 있는 보충적인 평가방법이고, 시가를 산정하기 어려워서 보충적인 평가방법을 택할 수밖에 없었다는 점에 관한 입증책임은 과세처분의 적법성을 주장·입증할 책임을 진 과세관청에 있으나,[472] 여기서의 시가라 함은 정상적인 거래에 의하여 형성된 객관적인 교환가격을 말하고, 비록 거래 실례가 있다 하여도 그 거래가액을 증여재산의 객관적 교환가치를 적정하게 반영하는 정상적인 거래로 인하여 형성된 가격이라고 할 수 없고 증여의 대상이 비상장주식이라면 그 시가를 산정하기 어려운 것으로 볼 수 있다.[473] 또한 피상속인이 토지들의 소유권을 취득한 이후 매도된 바 없이 상속인들이 현재에도 그대로 보유하고 있고, 매매나 토지수용 등의 흔적이 없어 상속개시일 전후의 거래가액이나 공신력있는 감정기관의 감정가액을 찾아 볼 수 없을 뿐 아니라 그 밖에 위 토지들과 개별요인에 있어 차이가 없는 인근토지의 매매실례에 관한 자료도 찾아볼 수 없다는 사정이 있는 경우는 시가를 산정하기 어려운 때에 해당한다.[474] 다만 상속재산의 가액평가방법을 규정한 시가란 원칙적으로 정상적인 거래에 의하여 형성된 객관적 교환가격을 의미하지만 이는 객관적이고 합리적인 방법으로 평가한 가액도 포함하는 개념이므로, 거래를 통한 교환가격이 없는 경우에는 공신력있는 감정기관의 감정가액도 시가로 볼 수 있는 것이고, 그 가액이 소급감정에 의한 것이라 하여 달라진다고 볼 수 없다.[475]

개인이 소득세법 상의 국내 거주자인 동시에 외국의 거주자에도 해당하여 그 외국법 상 소득세 등의 납세의무자에 해당하는 경우에는 하나의 소득에 대하여 이중으로 과세될 수도

470) 대법원 1983.12.13. 83누410.
471) 대법원 1995.3.14. 94누9719.
472) 대법원 1997.9.26. 97누8502.
473) 대법원 1996.10.29. 96누9423.
474) 대법원 1995.6.13. 95누23.
475) 대법원 1990.9.28. 90누4761.

있으므로, 이를 방지하기 위하여 각국 간 조세조약의 체결을 통해 별도의 규정을 두고 있다. 납세의무자가 이와 같은 이중거주자에 해당하는 사실이 인정된다면 그 중복되는 국가와 체결한 조세조약이 정하는 바에 따라 어느 국가의 거주자로 간주할 것인지를 결정하여야 하고 그 조세조약에 따른 거주지국 및 그 세율의 결정은 과세요건에 해당한다. 다만, 국내 거주자인 납세의무자가 동시에 외국의 거주자에도 해당하여 조세조약이 적용되어야 한다는 점에 대하여는 이를 주장하는 납세의무자에게 그 증명책임이 있다.[476)]

이하 과세관청의 사실상 추정을 통한 입증이 성공하지 못한 경우에 관한 판례를 살핀다.

법인의 주주에게 제2차 납세의무를 부담시키기 위하여는 과점주주로서 그 법인의 운영을 실질적으로 지배할 수 있는 위치에 있음을 요하고 단지 형식 상으로 법인의 주주명부에 주주로 등재되어 있는 사유만으로 곧 과점주주라고 하여 납세의무를 부담시킬 수 없다. 과점주주의 요건사실에 대하여는 특별한 사정이 없는 한 과세관청에게 그 입증책임이 있다.[477)]

법인이 매출사실이 있음에도 불구하고 그 매출액을 장부상에 기재하지 아니한 경우에는 다른 특별한 사정이 없는 한 매출누락액 전액이 사외로 유출된 것으로 보아야 하나 법인인 병원의 진료비수납금이 가수금으로 입금되어 가수금계정에 계상되어 있다면 단지 위 금원이 각 해당 사업연도의 손익계산서상의 수입금액에 계상되어 있지 아니하였다는 사실만으로 사외에 유출된 것으로 추정할 수는 없다 할 것이므로 이 경우 사외로 유출되었다는 사실은 과세관청이 입증해야 한다.[478)]

원고와 그 맏형의 공동명의로 소유권이전등기가 경료되었다가 그 중 원고의 지분에 관하여 신탁해지를 원인으로 맏형의 상속인들 명의로 소유권이전등기가 경료된 경우, 이에 대한 양도세부과처분이 적법하기 위하여는 원고 지분의 이전 시 등기원인이 명의신탁해지로 되어 있으므로 지분이전이 등기원인과는 달리 유상양도라는 점을 피고 과세관청이 입증하여야 하는 바, 원고와 맏형의 상속인들이 서로 혈족 사이라 하더라도 방계혈족 사이에 의제자백판결에 기한 명의신탁해지등기가 이루어졌다는 사실만으로 바로 유상양도로 추정되어 입증의 필요가 원고에게 넘어간다고 볼 수는 없다.[479)]

피상속인이 인출한 금원이 상속개시 당시까지 소비되지 않고 있었다거나 이를 대가로 하

---

476) 대법원 2008.12.11. 2006두3964; 대법원 2018.12.13. 2018두128; 대법원 2019.3.14. 2018두60847.
477) 대법원 1986.7.22. 86누167.
478) 대법원 1987.6.9. 86누732.
479) 대법원 1994.11.8. 94누3667.

여 다른 자산의 형태로 존재하여 상속세의 과세대상이 된다는 점에 대한 입증책임은 원칙적으로 과세관청에게 있다고 할 것이며 가지급된 돈이 무조건 또는 항상 상속개시 당시까지 남아 있다고 추정하고 그 상속인들에게 이것이 피상속인의 생전에 소비하여 없어졌음을 입증하여야 할 책임이 있다고 할 수 없다.480) 다만 피상속인이 상속개시일 전 처분한 상속재산의 처분가액 중 용도가 객관적으로 명백하지 않은 금액이 있음을 과세관청이 입증한 때에는 납세자가 그 처분가액의 용도를 입증하지 못하는 한 그 금액이 현금상속된 사실을 입증하지 않더라도 상속세 과세가액에 산입할 수 있다.481) 그러나 위와 같이 납세자가 처분용도를 입증하지 못하여 상속세 과세가액에 산입할 수 있는 경우라고 할지라도 상속으로 인한 납세의무의 승계규정(국기 24조 1항, 국기령 11조 1항)의 적용과 관련하여서는 바로 '상속으로 인하여 얻은 재산'이라고는 할 수 없고, 그와 같이 상속재산처분대금이 현실적으로 상속되어 위 '상속으로 인하여 얻은 재산'의 범위에 포함되었다는 점에 대한 입증책임은 원칙적으로 과세관청에 있다.482)

부부 사이에서 일방 배우자 명의의 예금이 인출되어 타방 배우자 명의의 예금계좌로 입금되는 경우에는 증여 외에도 단순한 공동생활의 편의, 일방 배우자 자금의 위탁 관리, 가족을 위한 생활비 지급 등 여러 원인이 있을 수 있으므로, 그와 같은 예금의 인출 및 입금 사실이 밝혀졌다는 사정만으로는 경험칙에 비추어 해당 예금이 타방 배우자에게 증여되었다는 과세요건사실이 추정된다고 할 수 없다.483)

납세의무자의 금융기관 계좌가 매출이나 수입에 관한 주된 입금·관리계좌로서 그에 입금된 금액이 매출이나 수입에 해당한다고 추정할 수 있는 경우라 하더라도, 개별적인 입금이나 일정한 유형의 입금이 일자, 액수, 거래 상대방 및 경위 등과 아울러 경험칙에 비추어 이미 신고한 매출이나 수입과 중복되는 거래이거나 매출이나 수입과 무관한 개인적인 거래로 인정될 수 있는 특별한 사정이 있는 경우에는, 이를 신고가 누락된 매출이나 수입에 해당한다고 쉽게 단정할 수는 없다.484)

소득세법 상 소득액 확정의 기초가 되는 매출수익과 필요경비라든지 부가가치세나 특별소비세의 과세표준 산정기초가 되는 매출, 매입액에 관한 입증책임은 원칙적으로 과세청에

480) 대법원 1992.6.9. 91누12974.
481) 대법원 1995.5.12. 94누15929.
482) 대법원 1997.9.9. 97누2764.
483) 대법원 2015.9.10. 2015두41937.
484) 대법원 2015.6.23. 2012두7776.

있고 또 납세의무자의 신고나 정부의 결정에 오류 또는 탈루가 있을 때에만 이를 경정할 수 있는 것이므로 납세의무자가 매출에 관해 비치 기장한 일기장이나 증빙, 매입이나 비용 지출에 관한 증빙이나 세금계산서의 기재는 위와 같은 경정사유에 관한 입증 없이 과세청이 이를 함부로 부인할 수도 없는 것이다.[485)]

사업소득자의 당해연도 소득금액을 산정할 때 공제하여야 할 필요경비의 구체적인 항목에 대한 증명에 관하여 증명의 난이라든가 당사자의 형평 등을 고려하여 납세의무자에게 증명의 필요를 돌리는 경우가 있으나, 그와 같은 경우란 과세관청에 의하여 납세의무자가 신고한 어느 비용의 용도와 지급의 상대방이 허위임이 상당한 정도로 증명된 경우 등을 가리키는 것으로서, 그러한 증명이 전혀 없는 경우에까지 납세의무자에게 곧바로 필요경비에 대한 증명의 필요를 돌릴 수는 없으므로, 과세관청이 그러한 증명을 하지 못한 경우에는 납세의무자가 신고한 비용을 함부로 부인할 수 없다.[486)]

양도소득세가 중과되는 비업무용 토지의 요건에 관하여도 과세관청인 피고에게 그 입증책임이 있으므로, 이와 달리 원고에게 자경 요건을 입증할 책임이 있다고 볼 수 없다.[487)]

과세관청이 양도당시가 아닌 어느 시점의 가액을 가지고 양도당시의 시가와 같다고 주장하려면 그 시점과 양도당시와의 사이에 시가의 변동이 없었던 점을 적극적으로 입증하여야 할 것인 바, 이에 관한 하등의 입증도 없이 양도일로부터 3개월 후의 감정가격을 가지고 양도당시의 시가로 볼 수는 없다.[488)]

부가가치세법 상의 과세요건인 재화나 용역의 공급 등 거래가 있었는지 여부나 과세표준인 공급가액에 대한 입증책임은 원칙적으로 과세관청에 있는 것이므로, 단지 장부상으로 재고품이 감손(결손)처리된 것으로 기장되었다 하여 그 입증책임이 납세의무자에게 전환된다 할 수 없다.[489)]

증여세 부과처분이 적법하기 위해서는 양도자가 특수관계에 있는 자 외의 자에게 시가보다 현저히 높은 가액으로 재산을 양도하였다는 점뿐만 아니라 거래의 관행 상 정당한 사유가 없다는 점도 과세관청이 증명하여야 한다.[490)] 특수관계가 없는 자 사이의 거래를 통해

485) 대법원 1992.1.17. 91누7415.
486) 대법원 2015.6.23. 2012두7776.
487) 대법원 2010.9.30. 2010두8423.
488) 대법원 1986.2.25. 85누715.
489) 대법원 1992.9.22. 92누2431.
490) 대법원 2011.12.22. 2011두22075.

거래상대방이 이익을 얻는 결과가 발생하였으나 거래당사자가 객관적 교환가치를 적절히 반영하여 거래를 한다고 믿을 만한 합리적인 사유가 있거나 그러한 거래조건으로 거래를 하는 것이 합리적인 경제인의 관점에서 정상적이라고 볼 수 있는 사유가 있었던 경우에는 거래의 관행 상 정당한 사유가 있다고 볼 수 있다.[491]

신주를 배정받을 수 있는 권리를 포기한 주주와 특수관계에 있는 자가 그 실권주를 인수함으로써 그 권리를 포기한 주주가 이익을 얻는 경우 그 증여의제이익의 산정에 관한 산식의 '증자 전 1주당 평가가액'을 평가함에 있어서 그 평가대상 주식이 외국에 있는 비상장법인의 주식인 경우 상속세 및 증여세법 상 보충적 평가방법을 그대로 적용하는 것이 '부적당하지 않은 때'에 한하여 위 보충적 평가방법을 적용할 수 있고, 위 보충적 평가방법을 적용하는 것이 '부적당하지 않다'는 점에 관한 증명책임은 과세관청에게 있다.[492]

과세관청이 거주자의 국외 특수관계인과의 거래에 대하여 국제조세조정에 관한 법률 상 정상가격을 기준으로 과세처분을 하기 위해서는 납세의무자에 대한 자료제출 요구 등을 통하여 수집한 자료를 토대로 비교가능성 등을 고려하여 가장 합리적인 정상가격 산출방법을 선택하여야 하고, 비교되는 상황 간의 차이가 비교되는 거래의 가격이나 순이익에 중대한 영향을 주는 경우에는 그 차이를 합리적으로 조정하여 정상가격을 산출하여야 하며, 과세처분의 기준이 된 정상가격이 이와 같은 과정을 거쳐 적법하게 산출되었다는 점에 대한 증명책임은 과세관청에 있다.[493]

부당행위계산부인 규정에 의한 과세처분과 관련하여 조세의 부담을 부당히 감소시킨 부당행위에 해당한다는 점에 관한 주장・입증책임은 과세관청에 있다.[494]

(6) 입증책임과 추계과세

(가) 쟁점의 정리

납세의무자가 세법에 따라 장부를 갖추어 기록하고 있는 경우에는 해당 국세 과세표준의 조사와 결정은 그 장부와 이에 관계되는 증거자료에 의하여야 한다(국기 16조 1항). 위와 같이 국세를 조사・결정할 때 장부의 기록 내용이 사실과 다르거나 장부의 기록에 누락된

491) 대법원 2019.4.11. 2017두57899.
492) 대법원 2010.1.14. 2007두5646.
493) 대법원 2012.12.26. 2011두6127.
494) 대법원 1995.12.26. 95누3589.

것이 있을 때에는 **'그 부분에 대해서만'** 정부가 조사한 사실에 따라 결정할 수 있다(국기 16조 2항). 또한 개별세법은 법정의 사유로 장부나 그 밖의 증명서류에 의하여 소득금액을 계산할 수 없는 경우에는 법이 정하는 방법에 따라 추계할 수 있다고 규정한다(법세 66조 3항 ; 소세 80조 3항, 114조 7항 ; 부가세 57조 2항 ; 지세 97조 3항, 103조의25 3항 ; 개소세 11조 2항 ; 증권세 11조 2항 ; 교통세 9조 2항 ; 주세 12조 3항). 이상과 같이 과세관청이 법이 정하는 요건을 충족하는 경우에 법이 정하는 바에 따라 과세표준을 추정하여 과세하는 것을 통상 **추계과세**라고 한다.

추계과세의 경우에는 입증의 대상이 되는 것은 추계방법에 의하여 과세한다는 것 그 자체가 정당하다는 점, 추계과세의 기초가 되는 표준율 등 기초사실이 정확하다는 점 및 추계방법이 통상의 회계법칙 상 오류가 없는 합리적인 것이고 구체적으로 적용되는 사안의 실정에 적합하다는 점이라는 것이 통설적 견해이다.[495] 이러한 입증대상과 관련하여, 판례는 과세표준이 될 소득금액, 즉 판매대금에 관하여 과세권자가 주장하는 과세표준액의 존재를 합리적으로 수긍할 수 있는 일응의 입증이 있는 경우에는 그 과세처분은 정당하고, 위와 같은 합리적으로 수긍할 수 있는 증거와 반대된 가격으로 판매함에 있어서 정당한 사유가 있는지 여부의 점에 대한 주장과 입증은 그 상대방 측에서 하여야 한다고 판시한다.[496] 즉 **판례는 추계과세 입증대상을 사실상 추정을 통하여 증명할 수 있다고 판시한다.** 추계과세 입증대상을 다른 경우의 요건사실과 구분할 합리적인 이유가 없으므로 당연하다고 본다.

또한 과세관청의 추계과세에 대하여 납세자가 실액자료를 근거로 하여 추계과세의 위법성을 다투는 것이 가능한 것인지 여부에 대한 논의가 있다.[497] 이러한 반증을 **실액반증**이라고 한다.

이하 추계과세의 필요성과 합리성 및 실액반증으로 구분하여 살핀다.

(나) 추계과세의 필요성과 합리성

추계과세의 필요성과 합리성에 대한 쟁점은 각 개별세법이 정하는 추계과세요건 및 그 방법에 관한 규정을 충족하였는지 여부에 관한 것인 바, 이에 대한 입증책임은 과세관청에게 있다. 즉 추계과세는 소득금액을 계산할 수 있는 장부와 증빙서류 등이 없거나 그 내용이 미비 또는 허위이어서 근거과세의 방법으로 과세할 수 없는 경우에 한함은 물론 그 추계

495) 소순무, 전게서, 466면.
496) 대법원 1967.5.23. 67누22.
497) 소순무, 전게서, 468-470면.

의 방법과 내용은 가장 진실에 가까운 소득실액을 반영할 수 있도록 합리적이고 타당성이 있는 것이어야 하며 이러한 추계과세의 적법 여부가 다투어지는 경우에 그 합리성과 타당성에 관한 입증책임은 과세관청에게 있다.[498] 납세자가 장부를 비치 · 기장한 바 없다고 하더라도 계약서 등 다른 증빙서류를 근거로 과세표준을 계산할 수 있다면 과세표준과 세액은 실지조사 방법에 의하여 결정하여야 하고 추계조사방법에 의해서는 아니되고, 납세자 스스로 추계의 방법에 의한 조사결정을 원하고 있다는 사유만으로는 추계조사의 요건이 갖추어진 것으로 볼 수 없다.[499]

이하 과세관청에 의한 추계과세 필요성 및 합리성의 입증과 관련된 판례들을 살핀다.

과세관청이 밝혀진 납세의무자의 총수입금액에 소득표준율을 곱하는 방식으로 과세표준을 추계함으로써 법 소정의 제1차적 방법을 사용하였다면 그 추계방법의 합리성은 일단 입증되었다고 할 것이다.[500]

과세관청이 과세처분 당시 장부 등의 미비로 추계과세를 하였다고 하더라도 그 처분의 취소심판 또는 소송에 있어서 장부 기타의 증빙서류가 나타났을 때에는 그 장부 등에 의한 실지조사의 방법으로 수입금액이나 과세표준을 결정하여야 하고 추계조사의 방법으로 결정할 수는 없다.[501] 과세처분의 취소를 구하는 소송의 심리 중 법인의 장부 또는 증빙서류가 현존하는 것으로 밝혀졌다면, 과세관청으로서는 이 장부 또는 증빙서류에 의하더라도 실지 소득금액을 계산할 수 없음을 입증할 책임이 있고 이 입증을 하지 못하는 한 추계에 의한 과세처분은 위법한 것으로서 취소될 수 밖에 없다.[502] 소득세법 상 과세관청은 납세의무자가 제시하는 제반서류가 미비하거나 그 내용이 허위라고 의심할 부분이 있으면 그 부당성을 지적하고 새로운 자료를 제시받아 실지조사를 한 연후에 그렇게 하더라도 그 과세표준과 세액을 결정할 수 없는 경우에 비로소 추계조사방법으로 그 수입금액이나 과세표준을 결정할 수 있는 바, 과세처분의 취소소송단계에서 납세자에 의하여 관계 장부 등이 나타났다고 하더라도 그 장부 등의 중요 부분이 미비 또는 허위임이 밝혀지고 이를 보완할 새로운 자료가 제출되지 아니하여 실액조사가 불가능한 경우에까지 과세관청이 장부 등의 미비 부분이나 허위 부분을 지적하고 새로운 자료의 제시를 요구하여야 하는 것은 아니

498) 대법원 1983.11.22. 83누444; 대법원 1984.4.10. 81누48; 대법원 2008.9.11. 2006두11576.
499) 대법원 1999.1.15. 97누20304.
500) 대법원 1997.10.24. 97누10192.
501) 대법원 1986.12.9. 86누516.
502) 대법원 1988.9.13. 85누988.

다.[503)]

과세관청의 직원이 납세자로부터 증빙서류의 미비와 무기장의 확인서를 받았다 하더라도 과세관청으로서는 그와 같은 자료만으로는 실지조사를 할 수 없으므로, 납세자로 하여금 증빙서류를 보완하게 하거나 새로운 장부를 작성・제출하게 하는 등으로 실지조사를 하려는 노력을 기울여야 함에도 그러한 조치를 취하였다는 점에 관한 주장과 입증이 전혀 없을 뿐만 아니라 납세자가 종합소득세 신고를 하면서 수입과 지출의 근거가 되는 증빙서류와 그에 따라 작성한 장부를 제출하였음에도 이에 대한 검토 없이 이를 부인하고, 추계조사결정을 하면서 믿을 수 있는 증빙서류를 근거로 하지 아니하고 납세자로 하여금 총비용을 개략적으로 진술하게 하여 작성된 사업장운영비용에 관한 추정서상의 총비용 금액에 소득표준율을 적용, 역산의 방법으로 총수입금액을 계산한 경우, 과세관청이 그와 같은 방법으로 추계한 것은 합리성과 타당성이 없는 것이다.[504)]

소득금액을 계산할 수 있는 장부와 증빙서류를 기장, 비치하지 않아서 소득세를 추계받는 경우라는 이유만으로, 달리 소득표준율표상의 높은 율(기본율의 150퍼센트)이 바로 소득실액을 반영한 것이라거나 그 높은 율에 의한 원고의 소득금액 추계방법이 합리적이고 타당한 것이었다고 볼 자료가 없는 한, 위 높은 율에 따라 소득금액을 추계한 과세처분은 위법하다.[505)]

납세자는 과세관청에 의한 추계과세 필요성 및 합리성의 입증에 대하여 어떻게 다툴 수 있는가?

과세관청이 추계과세의 소득표준율의 결정이 관계 규정이 정한 방법과 절차에 따라 결정되었음이 입증되었다고 하더라도 그 구체적인 내용이 현저하게 불합리하여 소득실액을 반영하기에 적절하지 않다는 점에 관하여는 이를 다투는 납세의무자가 입증하여야 한다.[506)]

추계의 합리성이 과세관청에 의하여 일응 입증되었을 때에는 좀 더 사실과 근접한 추계방법이 존재한다는 것에 대하여 납세의무자가 입증을 할 필요성이 있다.[507)] 또한 과세대상인 부동산의 매매에 있어서 그 실액이 파악되지 아니한 부분이 건물의 신축공사 비용에 지나지 아니하므로 이 부분에 한하여 그 실지비용을 가장 근접하게 산출할 수 있는 합리적 방법을

503) 대법원 1997.10.24. 97누10192.
504) 대법원 1995.1.12. 94누10337.
505) 대법원 1984.4.10. 81누48.
506) 대법원 1997.9.9. 96누12054; 대법원 2010.10.14. 2008두7687.
507) 대법원 1988.5.24. 86누121.

사용하면 좀 더 실액에 근접하게 소득금액을 산출할 수 있는 경우, 이러한 좀 더 사실과 근접한 추계방법이 존재한다는 점에 관한 입증의 필요는 납세의무자가 부담한다.[508]

(다) 실액반증

과세관청이 추계의 필요성 및 합리성을 입증한다면, 추계세액이 진실한 과세표준액 및 세액과 다르다는 점은 납세자가 반증을 들어 입증하여야 하고 이를 **실액반증**이라고 한다.[509] 추계과세에 대한 취소소송에 있어서 원고가 과세관청이 인정한 매출금액을 그대로 인정하고서 필요경비 내지 그 일부로서의 매출원가에 대하여서만 추계액을 상회하는 실액을 주장입증하여 추계의 합리성을 다투는 경우가 적지 않다. 이 경우 원고는 과세관청이 인정한 매출액이 진실한 매출액에 합치된다는 점 및 원고가 주장하는 필요경비가 과세관청이 인정한 매출액에 대응되는 것이라는 점을 입증하여야 한다.[510] 또한 과세관청은 원고가 주장하는 필요경비(매출원가)를 동업자의 필요경비(매출원가율)율에서 제외한 상태로 수입금액 및 소득금액을 추계하고 그것을 기초로 하여 원처분의 적법성을 주장할 수 있다고 해석하는 것이 타당하다.[511] 동업자의 비율을 사용한 추계과세에 있어서 과세관청이 동업자의 주소 및 성명을 개시하지 않은 상태로 제출한 자료가 증거능력을 갖는 것인지 여부와 관련하여 다툼이 있지만, 긍정적으로 해석하는 것이 타당하다.[512] 세무공무원은 원칙적으로 납세자가 세법에서 정한 납세의무를 이행하기 위하여 제출한 자료나 국세의 부과・징수를 위하여 업무 상 취득한 자료 등을 타인에게 제공 또는 누설하거나 목적 외의 용도로 사용해서는 아니 된다는 점(국기 81조의13 1항)을 감안하여야 하기 때문이다.

(7) 입증책임과 조세채무의 조각 및 소멸사유

비과세요건에 대한 입증책임은 납세자에게 있다. 따라서 양도소득세 비과세소득과 관련하여 '양도할 때까지 8년 이상 계속하여 자기가 경작한 토지'라는 점은 이를 주장하는 양도자가 적극적으로 입증하여야 한다.[513] 다만 양도소득세 중과요건에 해당하는 비자경사실에 대하여서는 과세관청이 입증책임을 부담한다.[514] **법인세 감면의 요건에 관한 입증책임**

508) 대법원 1997.10.24. 97누10192
509) 金子 宏、前揭書、865頁。
510) 上揭書。
511) 大阪高判 昭和57年12月23日 行裁例集33巻12号、2671頁。
512) 金子 宏、前揭書、865頁。
513) 대법원 1994.10.21. 94누996.

역시 그 감면사유를 주장하는 납세의무자에게 있다.[515)]

기준시가에 의하여 양도차익을 산정하여야 하는 경우에 있어서 헌법상의 실질적 조세법률주의 또는 과잉금지의 원칙 상 그 기준시가에 의하여 산출한 세액이 실지거래가액에 의한 양도차익의 범위를 넘을 수 없으므로, 당사자로부터 이러한 취지의 주장이 제기된 경우, 실지 양도차익의 발생 여부와 실지 양도차익이 발생하였다면 기준시가에 기초하여 산정한 세액이 그 실지 양도차익의 범위를 넘었는지 여부를 심리한 다음 그 실지 양도차익의 범위를 넘을 때에는 그 세액을 그 실지 양도차익의 범위로 제한하여 인정하여야 하고, 이 경우 기준시가에 의한 양도차익에 기초하여 산정한 세액이 그 실지 양도차익의 범위를 넘는다는 **과세장애사유는 납세의무자인 원고가 입증하여야 한다.**[516)]

부가가치세법 상 실제 공급자와 세금계산서상의 공급자가 다른 세금계산서는 공급받는 자가 세금계산서의 명의위장사실을 알지 못하였고 알지 못한 데에 과실이 없다는 특별한 사정이 없는 한 그 매입세액을 공제 내지 환급받을 수 없으며, 공급받는 자가 위와 같은 명의위장 사실을 알지 못한 데에 과실이 없다는 점은 **매입세액의 공제 내지 환급을 주장하는 자가 이를 입증하여야 한다.**[517)] **다만 판례는 최근 부가가치세법 상 매입세액공제와 관련하여 수출업자가 매입세액의 공제 · 환급을 구하는 것을 국세기본법 제15조에서 정한 신의성실의 원칙에 반하는 것으로서 허용될 수 없다는 주목할 만한 판시를 하였다.** 그 구체적인 내용은 다음과 같다. 수출업자에게 전단계 사업자의 행위의 위법성과 관련하여 고의 또는 중대한 과실이 있는 경우 이를 근거로 수출업자의 영세율적용에 따른 부가가치세 환급을 다음과 같이 부정하고 있다. 부가가치세법에서 채택하고 있는 이른바 전단계세액공제 제도의 구조에서는 각 거래단계에서 징수되는 매출세액이 그에 대응하는 매입세액의 공제 · 환급을 위한 재원이 되므로, 그 매출세액이 제대로 국가에 납부되지 않으면 부가가치세의 체제를 유지하는 것이 불가능하게 된다. 따라서 만일 연속되는 일련의 거래에서 어느 한 단계의 악의적 사업자가 당초부터 부가가치세를 포탈하려고 마음먹고, 오로지 부가가치세를 포탈하는 방법에 의해서만 이익이 창출되고 이를 포탈하지 않으면 오히려 손해만 보는 비정상적인 거래(부정거래)를 시도하여 그가 징수한 부가가치세를 납부하지 않는 경우,

514) 대법원 2010.9.30. 2010두8423.
515) 대법원 2008.10.23. 2008두7830.
516) 대법원 1997.11.14. 97누14187.
517) 대법원 2002.6.28. 2002두2277.

그 후에 이어지는 거래단계에 수출업자와 같이 영세율 적용으로 매출세액의 부담 없이 매입세액을 공제·환급받을 수 있는 사업자가 있다면 국가는 부득이 다른 조세수입을 재원으로 삼아 그 환급 등을 실시할 수밖에 없는 바, 이러한 결과는 소극적인 조세수입의 공백을 넘어 적극적인 국고의 유출에 해당되는 것이어서 부가가치세 제도 자체의 훼손을 넘어 그 부담이 일반 국민에게 전가됨으로써 전반적인 조세체계에까지 심각한 폐해가 미치게 된다. 수출업자가 그 전단계에 부정거래가 있었음을 알면서도 아랑곳없이 그 기회를 틈타 자신의 이익을 도모하고자 거래에 나섰고, 또한 그의 거래 이익도 결국 앞서의 부정거래로부터 연유하는 것이며 나아가 그의 거래 참여가 부정거래의 판로를 확보해 줌으로써 궁극적으로 부정거래를 가능하게 한 결정적인 요인이 되었다면, 이는 그 전제가 되는 매입세액 공제·환급제도를 악용하여 부당한 이득을 추구하는 행위이므로, 그러한 수출업자에게까지 다른 조세수입을 재원으로 삼아 매입세액을 공제·환급해 주는 것은 부정거래로부터 연유하는 이익을 국고에 의하여 보장해 주는 격이 됨은 물론 위에서 본 바와 같은 전반적인 조세체계에 미치는 심각한 폐해를 막을 수도 없다. 따라서 이러한 경우의 수출업자가 매입세액의 공제·환급을 구하는 것은 보편적인 정의관과 윤리관에 비추어 도저히 용납될 수 없으므로, 이는 국세기본법 제15조에서 정한 신의성실의 원칙에 반하는 것으로서 허용될 수 없다. 이러한 법리는 공평의 관점과 결과의 중대성 및 보편적 정의감에 비추어 수출업자가 중대한 과실로 인하여 그와 같은 부정거래가 있었음을 알지 못한 경우, 곧 악의적 사업자와의 관계로 보아 수출업자가 조금만 주의를 기울였다면 이를 충분히 알 수 있었음에도, 거의 고의에 가까운 정도로 주의의무를 현저히 위반하여 이를 알지 못한 경우에도 마찬가지로 적용된다고 보아야 하고, 그 수출업자와 부정거래를 한 악의적 사업자 사이에 구체적인 공모 또는 공범관계가 있은 경우로 한정할 것은 아니다.[518] 이 판례의 타당성과 관련하여서는 신의성실의 원칙에 대한 부분에서 살폈다.

세금의 납부, 강제징수에 의한 충당, 제척기간의 만료 또는 소멸시효의 완성 등 조세채무의 소멸사유에 대하여서는 납세자에게 입증책임이 있다.[519]

(8) 입증책임과 신고납세에 대한 경정청구사유

납세자가 신고납세를 한 후에 경정청구를 하는 경우 그 경정청구사유에 대한 입증책임이

518) 대법원 2011.1.20. 2009두13474 전원합의체 판결.
519) 소순무, 전게서, 481면.

어느 당사자에게 있는지 여부가 문제로 된다. 이와 관련하여서는 다음과 같이 해당 입증책임이 납세자에게 있다는 설과 과세관청에게 있다는 설로 나뉜다.[520] **납세자설**은 납세자의 신고에 의하여 납세의무가 확정되거나(신고납세방식), 확정의 근거가 되는(신고 후 부과결정방식) 이상 그 신고와 다른 과세표준과 세액을 주장하는 경우에는 당연히 이를 주장하는 자가 이를 입증하여야 한다는 입장이다. **과세관청설**은 과세처분에 대한 다툼이 과세관청의 부과처분에 의하든 납세자의 신고에 근거하든 결국 쟁점은 정당한 과세표준 및 세액의 여부이므로 이들을 달리 취급할 필요가 없다는 입장이다. **일본의 경우에는 확정신고서에 기재한 과세요건사실을 그 신고를 한 납세자가 다투는 경우에는 해당 사실에 대한 입증책임이 납세자에게 있다는 판례가 있다.[521] 이는 위 납세자설에 근거한 것으로서 다음과 같은 점에서 타당하지 않다.** 첫째, 납세자가 경정청구를 하기 위하여서는 경정청구사유를 입증할 필요는 없으며 단지 경정청구사유를 구체적으로 주장하여 청구를 하는 것으로 족하다. 둘째, 만약 과세관청이 해당 경정청구사유가 존재하는지 여부에 대하여 검토한 후 과세관청이 경정청구에 대하여 거부처분을 한다면 납세자는 해당 거부처분을 대상으로 취소소송을 제기할 수 있는 바, 그 취소소송의 경우 과세관청은 그 경정청구 거부처분이 적법하다는 점에 대하여 입증책임을 부담하여야 한다는 것이 일관된 판례의 입장이다. 셋째, 만약 경정청구사유에 대한 입증책임을 납세자가 부담하여야 한다면 이는 경정청구 거부처분이 있는 경우에 과세관청이 그 경정청구 거부처분이 적법하다는 점에 대하여 입증책임을 부담하여야 한다는 점과 모순된다. 넷째, 납세자가 신고를 하는 경우에도 과세관청은 그 신고에 대하여 결정처분을 할 권한을 보유하고 있으므로 납세자의 신고와 관련된 과세표준 및 세액에 대하여 다툼이 있는 경우에는 정당한 과세표준 및 세액에 대한 입증책임을 과세관청이 부담한다고 보는 것이 타당하다. 다섯째, 신고납세방식이건 부과납세방식이건 모두 세법에 근거한 조세법률관계의 일환으로 행하여진 것이므로 조세소송의 입증책임의 주체가 과세관청이라는 큰 틀을 바꿀 만한 합리적 이유가 없다.[522]

다만 납세의무자가 자신이 신고한 세액과 관련된 필요경비에 대하여 자신에게 유리함에도 불구하고 입증활동을 하지 않고 있는 경우에는 그 필요경비에 대한 부존재의 추정을 용인하는 등 사실상 추정[523] 등을 통하여 과세관청은 그 입증책임을 이행할 수 있다.

---

520) 상게서, 478면.

521) 日最判 昭和39年2月7日 月報10巻4号、669頁。

522) 소순무, 전게서, 478면.

 무효와 취소사유의 구분

1 총설

행정처분에 하자가 있는 경우 그 하자가 처분에 미치는 영향에 대하여 통설 및 판례는 하자를 크게 취소원인이 되는 것과 무효원인이 되는 것으로 구분하여 취소원인이 되는 것은 해당 처분에 의하여 일단 공정력이 생기고 권한이 있는 행정기관 또는 사법기관에 의하여 취소될 때까지 효력을 가지므로 이를 근거로 소송을 제기하기 위하여서는 그 다툼이 행정소송인 취소소송의 배타적 관할에 속하고 전심절차와 제소기간의 제약을 받는 반면에 무효원인이 되는 것은 처음부터 법률효과를 발생하지 않으므로 기한에 관계없이 민사소송의 선결문제로서 행정처분의 효력을 다툴 수 있을 뿐만 아니라 행정소송절차 내에 있어서도 제소기간이나 전심절차 등 절차적 제한을 받지 않게 된다.[524] 따라서 행정처분의 일종인 과세처분의 하자가 무효사유에 해당하는지 아니면 취소사유에 해당하는지 여부를 구분하는 것은 중요하다. 다만 이들의 구분과 관련하여서는 명문의 규정이 없다. 결과적으로 하자의 구별이론과 판례를 통하여 사후적으로 가려질 수밖에 없기 때문에 납세자로서는 불안정한 지위에 있는 것이 현실이다.[525] 판례는 후술하는 바와 같이 하자가 중대하고 명백한 경우에 당연무효라는 중대명백설을 취하고 있다.

납세자의 신고에 근거하여 조세채무가 확정되는 경우에는 그 확정된 조세채무의 하자에 대하여 어떻게 다툴 수 있는가? 납세자는 신고에 근거하여 확정된 조세채무의 하자에 대하여 경정청구(국기 45조의2 ; 지기 50조)를 하는 방법을 통하여 이를 바로 잡을 수 있다. 다만 위 경정청구에도 각 법이 정하는 기한 내에 한하여 청구할 수 있다는 제한이 있다. 만약 납세자가 그 경정청구기한을 도과한 경우에도 부과방식에 의하여 확정된 당연무효인 처분과 마찬가지로 다툴 수 있는지 여부가 문제된다. 원천징수에 의하여 조세채무가 납부되는 경우에도 위 경정청구제도를 이용할 수 있으므로 이하 무효와 취소의 구분과 관련하여서는 그 경우 역시 신고행위에 의하여 조세가 납부된 경우에 포함하여 논의한다.

판례는 신고납세방식의 조세에 대하여서도 신고행위의 하자가 중대하고 명백한 경우에는 당연무효가 될 수 있다고 한다. 즉 신고납세방식의 조세에 있어서는 원칙적으로 납세의

523) 대법원 1988.5.24. 86누121.
524) 임승순, 전게서, 323면.
525) 소순무, 전게서, 483면.

무자가 스스로 과세표준과 세액을 정하여 신고하는 행위에 의하여 납세의무가 구체적으로 확정되고(과세관청은 납세의무자로부터 신고가 없는 경우에 한하여 비로소 부과처분에 의하여 이를 확정하게 되는 것이다), 그 납부행위는 신고에 의하여 확정된 구체적 납세의무의 이행으로 하는 것이며 국가나 지방자치단체는 그와 같이 확정된 조세채권에 기하여 납부된 세액을 보유하는 것이므로, 납세의무자의 신고행위가 중대하고 명백한 하자로 인하여 당연무효로 되지 아니하는 한 그것이 바로 부당이득에 해당한다고 할 수 없고, 여기에서 신고행위의 하자가 중대하고 명백하여 당연무효에 해당하는지의 여부에 대하여는 신고행위의 근거가 되는 법규의 목적, 의미, 기능 및 하자 있는 신고행위에 대한 법적 구제수단 등을 목적론적으로 고찰함과 동시에 신고행위에 이르게 된 구체적 사정을 개별적으로 파악하여 합리적으로 판단하여야 한다.[526] 이러한 취지에 따르는 판례의 보다 구체적인 입장을 살핀다. 취득세와 등록세의 신고·납부에 있어서, '무상취득'에 의한 세액만을 신고·납부하면 되는데도 이를 초과하여 '유상취득'임을 전제로 하여 계산된 세액을 신고·납부한 경우, 그 초과부분에 해당하는 신고·납부행위에는 조세채무의 확정력을 인정하기 어려운 중대하고 명백한 하자가 있어 당연무효에 해당한다.[527] 다만 최근에는 신고행위와 제3자의 신뢰보호의 관계에 주목하여 중대성만을 기준으로 하여 당연무효의 기준을 제시하는 판례도 있다. 즉 취득세 신고행위는 납세의무자와 과세관청 사이에 이루어지는 것으로서 취득세 신고행위의 존재를 신뢰하는 제3자의 보호가 특별히 문제되지 않아 그 신고행위를 당연무효로 보더라도 법적 안정성이 크게 저해되지 않는 반면, 과세요건 등에 관한 중대한 하자가 있고 그 법적 구제수단이 국세에 비하여 상대적으로 미비함에도 위법한 결과를 시정하지 않고 납세의무자에게 그 신고행위로 인한 불이익을 감수시키는 것이 과세행정의 안정과 그 원활한 운영의 요청을 참작하더라도 납세의무자의 권익구제 등의 측면에서 현저하게 부당하다고 볼 만한 특별한 사정이 있는 때에는 예외적으로 이와 같은 하자 있는 신고행위가 당연무효라고 함이 타당하다.[528]

그런데 판례에 따르면 신고행위가 당연무효인 경우 납세자가 납부한 세금은 과오납부금액에 해당하는 바 과세관청이 과오납부금액을 반환하는 것을 거절한다고 하더라도 이를 항고소송의 대상이 되는 행정처분으로 볼 수는 없고 민사 상 부당이득반환청구를 통하여 반

526) 대법원 2001.4.27. 99다11618.
527) 대법원 2006.1.13. 2004다64340.
528) 대법원 2009.2.12. 2008두11716.

환받아야 한다. 즉 세법 상의 명문규정이 있는 경우 외에는 신고납부방식의 납세의무자라도 과세관청에 대하여 이미 신고납부한 세액의 환급을 신청할 조리상의 권리는 인정되지 않으므로, 과세관청이 세법 상 근거규정이 없고 조리 상 인정되지 않는 이미 신고납부한 세액의 환급신청을 거부한 것은 항고소송의 대상이 되는 행정처분으로 볼 수는 없으며, 과오납된 징수금의 환부에 관한 규정은 과세관청이 이미 부당이득으로서 그 존재와 범위가 확정되어 있는 과오납부금액을 납세의무자에게 즉시 반환하라는 취지일 뿐이지 과세관청에 대하여 과오납부금액의 존부와 범위를 조사결정할 의무가 있음을 규정한 취지는 아니라 할 것이므로 이 규정은 신고납부방식의 지방세 납세의무자에게 과오납금환부신청권을 인정하는 근거규정이 될 수 없다.[529)]

결국 판례에 따르면, 부과방식의 조세뿐만 아니라 신고납부방식의 조세에 있어서도 해당 조세채무에 대한 하자가 중대하고 명백하다면 그 조세채무는 당연무효에 해당한다고 크게 정리할 수 있는 바 구체적인 무효사유와 취소사유의 구분기준에 대하여서는 항을 바꾸어 살핀다.

2 일반적 구별기준

행정행위의 무효 및 취소의 구별기준과 관련하여 행정행위 하자의 중대성과 명백성을 모두 기준으로 하여 그 하자가 중대하고 명백한 경우에 한하여 무효에 해당한다는 중대명백설이 통설이다. 그 이외에는 기본적으로는 **중대명백설**의 입장에 서지만 하자의 명백성을 완화하여 일반 국민에게 명백한 경우뿐만 아니라 관계공무원이 조사해 보았더라면 명백한 경우도 명백한 것으로 보는 **객관적 명백설**, 행정행위 무효의 기준으로서 중대성만을 요구하여 중대한 하자를 가진 처분을 무효로 보지만 제3자나 공공의 신뢰보호의 필요가 있는 경우에는 보충적으로 명백성을 요구하는 **명백성 보충설** 및 다양한 이해관계를 갖는 행정행위에 대하여 무효사유와 취소사유를 구분하는 일반적 기준을 정립하는 것에 의문을 가지며 구체적인 사안마다 권리구제의 요청과 행정의 법적 안정성의 요청 및 제3자의 이익 등을 구체적이고도 개별적으로 이익형량하여 무효인지 취소할 수 있는 행정행위인지 여부를 결정하여야 한다는 **구체적 가치형량설**이 있다.[530)]

판례는 전체적으로 보아 중대명백설을 취한다. 다만 대법원의 소수의견 중에는 명백성

529) 대법원 1988.12.20. 88누3406.
530) 홍정선, 전게서, 415면.

보충설을 취한 예가 있고 취득세 신고행위와 관련하여 중대설을 취하는 판례 역시 있다.[531] **또한 하자가 명백한지 여부와 무관하게 처분의 내용이 법률 상 실현될 수 없는 것인지 여부를 기준으로 무효 여부를 결정하는 판례 역시 있다.** 즉 과세관청이 납세자에 대한 강제징수로서 제3자의 소유물건을 압류하고 공매하더라도 그 처분으로 인하여 제3자가 소유권을 상실하는 것이 아니므로 체납자가 아닌 제3자의 소유물건을 대상으로 한 압류처분은 하자가 객관적으로 명백한 것인지 여부와는 관계없이 처분의 내용이 법률 상 실현될 수 없는 것이어서 당연무효에 해당한다.[532] 한편 헌법재판소는 중대명백설을 취하면서도 행정처분을 무효로 하더라도 법적 안정성을 크게 해치지 않는 반면에 그 하자가 중대하여 그 구제가 필요한 경우에 대하여서는 그 예외를 인정하여 이를 당연무효로 할 수 있다는 입장을 취한다. 즉 행정처분의 집행이 이미 종료되었고 그것이 번복될 경우 법적 안정성을 크게 해치게 되는 경우에는 후에 행정처분의 근거가 된 법규가 헌법재판소에서 위헌으로 선고된다고 하더라도 그 행정처분이 당연무효가 되지는 않음이 원칙이라고 할 것이나 행정처분 자체의 효력이 쟁송기간 경과 후에도 존속 중인 경우, 특히 그 처분이 위헌법률에 근거하여 내려진 것이고 그 행정처분의 목적달성을 위하여서는 후행 행정처분이 필요한데 후행 행정처분은 아직 이루어지지 않은 경우와 같이 그 행정처분을 무효로 하더라도 법적 안정성을 크게 해치지 않는 반면에 그 하자가 중대하여 그 구제가 필요한 경우에 대하여서는 그 예외를 인정하여 이를 당연무효사유로 보아서 쟁송기간 경과 후에라도 무효확인을 구할 수 있는 것이라고 보아야 한다.[533]

이하 중대명백설을 취하는 판례에 대하여 살핀다. 하자 있는 행정처분이 당연무효가 되기 위하여는 그 하자가 법규의 중요한 부분을 위반한 중대한 것으로서 객관적으로 명백한 것이어야 하며 하자가 중대하고 명백한 것인지 여부를 판별함에 있어서는 그 법규의 목적, 의미, 기능 등을 목적론적으로 고찰함과 동시에 구체적 사안 자체의 특수성에 관하여도 합리적으로 고찰함을 요한다.[534]

과세대상이 되는 법률관계나 사실관계가 전혀 없는 사람에게 한 과세처분은 그 하자가 중대하고도 명백하나, 과세대상이 되지 아니하는 어떤 법률관계나 사실관계에 대하여 이를

531) 대판 1995.7.11. 94누4615의 소수의견 ; 대법원 2009.2.12. 2008두11716.
532) 대법원 1993.4.27. 92누12117.
533) 헌재 1994.6.30. 92헌바23.
534) 대법원 1995.7.11. 94누4615 전원합의체 판결; 대법원 2016.12.29. 2014두2980, 2997; 대법원 2019.5.16. 2018두34848.

과세대상이 되는 것으로 오인할 만한 객관적인 사정이 있어 그것이 과세대상이 되는지의 여부가 그 사실관계를 정확히 조사하여야 비로소 밝혀질 수 있는 경우라면, 그 하자가 중대한 경우라도 외관 상 명백하다고는 할 수 없으므로 이처럼 과세요건 사실을 오인한 과세처분을 당연무효라고는 할 수 없다.[535] 즉 부과처분의 하자가 중대한 것이라고 하더라도, 주택조합이 그 조합아파트의 건축에 있어 사업계획승인을 받은 사업주체로 되어 있었고, 그 명의로 가사용승인까지 받는 등 취득주체를 오인할 객관적인 사정이 존재하는 점을 고려하여 보면 그 하자가 반드시 명백한 것이라고는 볼 수 없으므로, 과세관청의 위 부과처분이 당연무효라고 보기는 어렵다.[536] 갑이 병원에서 근로자로 근무하면서 근로소득을 얻었음에도 자신이 직접 병원을 운영하여 사업소득을 얻은 것처럼 법정신고기한 내에 종합소득과세표준확정신고 및 납부계산서를 제출하였더라도 이는 자신이 얻은 근로소득을 사업소득에 포함하여 종합소득 과세표준을 신고한 것으로 볼 수 있고, 종합소득의 구분과 금액을 잘못 신고하였다고 하더라도 이를 무신고로 볼 수는 없는 것이므로, 갑이 종합소득 과세표준을 무신고하였음을 전제로 한 무신고가산세 부과처분은 위법하고, 또한 이러한 하자는 과세처분의 근거가 되는 법규의 목적 · 의미 · 기능 등을 목적론적으로 고찰해 볼 때 중대하고 객관적으로도 명백하므로 무신고가산세 부과처분은 당연무효이고, 갑의 기납부세액 납부의 법률효과는 갑에게 귀속되고 실제사업자인 을이 갑 명의로 직접 납부행위를 하였다고 하여 달리 볼 수 없으며, 갑의 기납부세액이 갑의 체납세액을 초과하는 이상, 갑이 납부의무를 해태함으로써 얻은 금융이익이 있다고 볼 수 없다는 등의 사정에 비추어, 과세관청이 갑에게 갑의 체납세액에 대한 납부지연가산세를 부과한 것은 납부의무 없는 자에 대한 처분으로 하자가 중대하고 객관적으로 명백하여 당연무효이다.[537]

하자의 중대성은 무엇을 의미하는가? 하자가 중대하다는 것은 행정행위의 발령에 근거가 되는 법규의 측면에서 하자가 중대한 것이 아니라 당해 행정행위의 적법요건의 측면에서 하자가 중대하다는 의미라는 견해가 있다.[538] 이 견해를 행정행위 발령의 근거가 된 법률이 능력규정인가 명령규정인가 또는 강행규정인가 임의규정인가에 따라서 무효 여부가 결정될 것이 아니라 행정행위의 내용의 측면에서 하자가 중대한지 여부에 의하여 무효인지

535) 대법원 1998.6.26. 96누12634.
536) 대법원 1995.1.24. 94다47797.
537) 대법원 2019.5.16. 2018두34848.
538) 홍정선, 전게서, 417면.

여부가 결정되어야 한다고 주장하는 것으로 이해한다. 다만 조세법규와 관련하여서는 해당 규정이 능력규정인가 명령규정인가 또는 강행규정인가 임의규정인가를 따지는 것이 의미가 없기 때문에 위 논의가 크게 의미를 갖는 것은 아니라고 판단한다.

하자의 명백성은 무엇을 의미하는가? 하자가 명백하다고 하기 위하여는 그 사실관계 오인의 근거가 된 자료가 외형 상 상태성을 결여하거나 또는 객관적으로 그 성립이나 내용의 진정을 인정할 수 없는 것임이 명백한 경우라야 할 것이다.[539] 따라서 사실관계의 자료를 정확히 조사하여야 비로소 그 하자 유무가 밝혀질 수 있는 경우라면 이러한 하자는 외관상 명백하다고 할 수는 없다. 또한 행정청이 어느 법률관계나 사실관계에 대하여 어느 법률의 규정을 적용하여 행정처분을 한 경우에 그 법률관계나 사실관계에 대하여는 그 법률의 규정을 적용할 수 없다는 법리가 명백히 밝혀져 그 해석에 다툼의 여지가 없음에도 행정청이 위 규정을 적용하여 처분을 한 때에는 그 하자가 중대하고도 명백하다고 할 것이나, 그 법률관계나 사실관계에 대하여 그 법률의 규정을 적용할 수 없다는 법리가 명백히 밝혀지지 아니하여 그 해석에 다툼의 여지가 있는 때에는 행정관청이 이를 잘못 해석하여 행정처분을 하였더라도 이는 그 처분 요건사실을 오인한 것에 불과하여 그 하자가 명백하다고 할 수 없다.[540] 같은 맥락에서 조례 제정권의 범위를 벗어나 국가사무를 대상으로 한 무효인 서울특별시행정권한위임조례의 규정에 근거하여 구청장이 건설업영업정지처분을 한 경우, 그 처분은 결과적으로 적법한 위임 없이 권한 없는 자에 의하여 행하여진 것과 마찬가지가 되어 그 하자가 중대하나, 지방자치단체의 사무에 관한 조례와 규칙은 조례가 보다 상위규범이라고 할 수 있고, 또한 헌법 제107조 제2항의 "규칙"에는 지방자치단체의 조례와 규칙이 모두 포함되는 등 이른바 규칙의 개념이 경우에 따라 상이하게 해석되는 점 등에 비추어 보면 위 처분의 위임 과정의 하자가 객관적으로 명백한 것이라고 할 수 없다.[541]

여러 취소사유가 경합하는 경우에는 이를 무효사유에 해당한다고 볼 수 있는가? 각 하자들이 취소사유에 불과한 이상 이들 하자가 경합된다 하더라도 무효사유로 볼 것은 아니다.[542]

과세처분의 부존재와 무효를 구별할 실익은 있는가? 과세처분의 부존재에 대한 정의규

539) 대법원 1992.4.28. 91누6863.

540) 대법원 2009.12.10. 2009두8359; 대법원 2018.7.19. 2017다242409 전원합의체 판결; 대법원 2019.4.23. 2018다287287; 대법원 2019.5.16. 2018두34848; 대법원 2023.11.2. 2023다238029.

541) 대법원 1995.7.11. 94누4615.

542) 대법원 1998.6.26. 96누12634.

정은 없다. 통상 행정행위의 부존재는 행정행위의 기본적인 개념요소를 충족시키는 행위가 존재하지 않는 것을 의미한다.[543] 행정소송법은 무효 등 확인소송을 행정청의 처분 등의 효력 유무 또는 존재 여부를 확인하는 소송으로 정의하므로(행소 4조 2호), 과세처분을 부존재와 무효로 구분할 실익은 없다고 판단한다.

3 구체적 사례에 대한 검토

무효사유와 취소사유의 구분과 관련된 구체적 사례들을 판례를 중심으로 살핀다.

가. 무효사유에 해당하는 경우

(1) 과세권에 관련된 경우

과세처분에 관한 불복절차과정에서 불복사유가 옳다고 인정하고 이에 따라 필요한 처분을 하였을 경우에는 불복제도와 이에 따른 시정방법을 인정하고 있는 법 취지에 비추어 동일 사항에 관하여 특별한 사유 없이 이를 번복하고 다시 종전의 처분을 되풀이할 수는 없다. 따라서 과세관청이 과세처분에 대한 이의신청절차에서 납세자의 이의신청 사유가 옳다고 인정하여 과세처분을 직권으로 취소하였음에도, 특별한 사유 없이 이를 번복하고 종전 처분을 되풀이하여서 한 과세처분은 위법할 뿐만 아니라 그 하자가 중대하고 명백하여 무효라고 볼 여지가 있다.[544]

국세부과의 제척기간이 경과한 후에 이루어진 부과처분은 무효이다.[545]

조세채권의 소멸시효가 완성되어 부과권이 소멸된 후에 부과한 과세처분은 위법한 처분으로 그 하자가 중대하고도 명백하여 무효라 할 것이다.[546]

납세자가 관할 없는 세무서장에게 자산양도차익예정신고와 함께 양도소득세 등을 자진납부하였으나, 관할 세무서장이 이를 간과하여, 당연히 하여야 할 자산양도차익예정신고납부세액공제를 하지 아니한 채 과소신고·초과환급신고가산세 및 납부지연가산세까지 가산한 총결정세액에서 납세자의 기납부세액을 차감하지 아니한 양도소득세 등을 납부고지한 경우, 위 신고 및 자진납부가 납세지 관할 세무서장 이외의 세무서장에게 한 것이라 하더라

543) 홍정선, 전게서, 411면.
544) 대법원 2014.7.24. 2011두14227.
545) 대법원 2010.12.23. 2008두10522.
546) 대법원 1988.3.22. 87누1018.

도 그 효력에는 영향이 없으며, 그것이 관할 세무서장이 확정한 과세표준 금액보다도 더 많은 금액을 기준으로 하여 관계 규정에 따라 계산된 세액이라면, 관할 세무서장이 인정한 처분사유에 의하여 양도소득세 등 부과처분으로 확정된 과세표준에 따른 양도소득세 등의 구체적 납세의무는 위 예정신고납부에 의하여 위 확정시에 모두 소멸된 것으로 보아야 하고, 위 납부고지에 의한 양도소득세 등 징수처분은 이미 납세의무가 소멸하여 더 이상 납세의무를 지지 않는 자에 대하여 이행을 명하는 것으로서 그 하자가 중대할 뿐만 아니라 객관적으로 명백하여 당연무효이다.[547]

(2) 납세의무자 또는 과세대상과 관련된 경우

과세권이 미치지 않는 치외법권자, 법령 상 공무 상 납세의무자가 아닌 자 또는 학교법인의 시설에 불과한 학교에 대한 과세처분은 당연무효이다.[548]

납세자의 납세의무의 지체가 없었다거나 납세자의 재산이 아닌 타인의 재산에 대하여 압류의 집행이 되었다면 그 압류처분은 압류의 대상에 관한 중대하고도 명백한 하자가 있는 당연무효의 처분이다.[549]

갑 주식회사가 영화관 운영사업에 관해 부가가치세 예정신고를 하고 이를 납부하지 않은 채 을에게 운영사업을 양도하였는데, 이후 과세관청이 납부기한을 정하여 부가가치세 및 납부지연가산세 납부를 고지하였으나 갑 회사가 이를 납부하지 않자 을을 제2차 납세의무자로 지정하여 부가가치세 및 납부지연가산세의 납부를 명하는 처분을 한 경우, 사업 양수 이후에 갑 회사의 납세의무가 확정된 '납부지연가산세'에 대해서 을은 제2차 납세의무를 부담하지 않는 것이므로 납부지연가산세 징수처분은 하자가 중대하고 명백하여 무효이다.[550]

과세관청이 납세자에 대한 강제징수로서 제3자의 소유물건을 압류하고 공매하더라도 그 처분으로 인하여 제3자가 소유권을 상실하는 것이 아니므로 체납자가 아닌 제3자의 소유물건을 대상으로 한 압류처분은 하자가 객관적으로 명백한 것인지 여부와는 관계없이 처분의 내용이 법률 상 실현될 수 없는 것이어서 당연무효라고 하지 않을 수 없다.[551] 이 판례는 무효사유에 관한 중대명백설의 입장과는 다른 듯한 판시를 한다.

547) 대법원 2001.6.1. 99다1260.
548) 소순무, 전게서, 489면 ; 임승순, 전게서, 324면.
549) 대법원 1986.7.8. 86누61.
550) 대법원 2011.12.8. 2010두3428.
551) 대법원 1993.4.27. 92누12117.

(3) 처분사유 또는 과세자료와 관련된 경우

재결행정청의 취소결정은 당해 행정청 및 처분청을 기속하는 것이고 그 결정에 따라 처분청이 한 본 건 증여세 부과처분의 취소는 확정적으로 그 효력이 당사자에게 미치게 되며, 이후 재결청이나 처분청은 그에 어긋나는 어떤 결정이나 처분을 할 수 없고 처분청이 감사원의 지시에 따라 다시 증여세 부과처분을 하였다 하더라도 이는 무효이다.[552)]

과세관청이 사실관계를 오인하여 과세처분을 한 경우, 그 사실관계 오인의 근거가 된 과세자료가 외형 상 상태성을 결여하거나 또는 객관적으로 그 성립이나 내용의 진정을 인정할 수 없는 것임이 명백한 경우에는 이러한 과세자료만을 근거로 과세소득을 인정하여 행한 과세처분은 그 하자가 중대할 뿐 아니라 객관적으로도 명백하여 무효이다.[553)]

납세의무자가 등록세 및 취득세를 감면받은 후 과세관청이 해당 세액을 추징할 수 있다는 아무런 근거규정이 없음에도 불구하고 납세의무자에 대하여 이루어진 추징처분은 무효이다.[554)] 다만 현행 법령 자체에 있어서 해당 처분에 대한 근거법령이 없는 경우와는 달리, 현행 법령의 해석과 관련하여 그 법리를 오해한 경우 또는 행정청이 어느 법률에 근거하여 행정처분을 한 후에 헌법재판소가 그 법률을 위헌으로 결정한 경우는 취소사유에 해당한다는 점에 주의할 필요가 있다. 이 판례들은 해당 법령의 해석 자체가 명확하지 않은 경우 그 해석에 대한 최종권한은 과세관청이 아니라 법원에 있다는 점 및 과세관청의 처분 당시 근거법령이 헌법재판소에 의하여 위헌으로 결정될 것을 예상하기는 어렵고 그 결정권한 역시 헌법재판소에 전속된 것이라는 점을 각 감안한 판례들로 보인다.

과세처분을 취소하는 판결이 확정되면 그 과세처분은 처분 시에 소급하여 소멸하므로 그 뒤에 과세관청에서 그 과세처분을 경정하는 경정처분을 하였다면 이는 존재하지 않는 과세처분을 경정한 것으로서 그 하자가 중대하고 명백한 당연무효의 처분이다.[555)]

확정판결의 당사자인 처분행정청이 그 행정소송의 사실심 변론종결 이전의 사유를 내세워 다시 확정판결과 저촉되는 행정처분을 하는 것은 허용되지 않는 것으로서 이러한 행정처분은 그 하자가 중대하고도 명백한 것이어서 당연무효이다.[556)]

---

552) 대법원 1972.2.29. 71누110.
553) 대법원 1985.11.12. 84누250.
554) 대법원 2002.9.24. 2001다5273.
555) 대법원 1989.5.9. 88다카16096.
556) 대법원 1990.12.11. 90누3560.

압류의 원인이 된 부가가치세가 완납되었음에도 양도소득세 등 징수처분에 따른 양도소득세 등이 체납되었음을 이유로 하여 압류가 해제되지 아니한 채 공매절차가 진행된 경우, 위 양도소득세 등 징수처분이 무효라면 토지에 대한 공매처분 역시 당연무효이다.[557]

무효인 법인세법 시행규칙에 의한 소득세부과처분은 무효이고 납부한 그 세금은 부당이득이 된다.[558]

취득세와 등록세의 신고·납부에 있어서, '무상취득'에 의한 세액만을 신고·납부하면 되는데도 이를 초과하여 '유상취득'임을 전제로 하여 계산된 세액을 신고·납부한 경우, 그 초과 부분에 해당하는 신고·납부행위에는 조세채무의 확정력을 인정하기 어려운 중대하고 명백한 하자가 있어 당연무효에 해당한다.[559]

법률의 위헌결정은 법원 기타 국가기관 및 지방자치단체를 기속한다는 위헌결정의 기속력과 헌법을 최고규범으로 하는 법질서의 체계적 요청에 비추어 국가기관 및 지방자치단체는 위헌으로 선언된 법률규정에 근거하여 새로운 행정처분을 할 수 없음은 물론이고, 위헌결정 전에 이미 형성된 법률관계에 기한 후속처분이라도 그것이 새로운 위헌적 법률관계를 생성·확대하는 경우라면 이를 허용할 수 없다. 따라서 조세 부과의 근거가 되었던 법률규정이 위헌으로 선언된 경우, 비록 그에 기한 과세처분이 위헌결정 전에 이루어졌고, 과세처분에 대한 제소기간이 이미 경과하여 조세채권이 확정되었으며, 조세채권의 집행을 위한 강제징수의 근거규정 자체에 대하여는 따로 위헌결정이 내려진 바 없다고 하더라도, 위와 같은 위헌결정 이후에 조세채권의 집행을 위한 새로운 강제징수에 착수하거나 이를 속행하는 것은 더 이상 허용되지 않고, 나아가 이러한 위헌결정의 효력에 위배하여 이루어진 강제징수는 그 사유만으로 하자가 중대하고 객관적으로 명백하여 당연무효라고 보아야 한다.[560]

신고납세방식 조세에서 신고내용에 의하더라도 과세대상이 되는 법률관계나 사실관계가 전혀 없어서 납세의무 자체가 성립하지 아니하는 경우와 같이 과세표준 등의 신고행위나 이에 기초한 과세처분이 객관적으로 타당한 법적 근거와 합리성이 없는 때에는 그 하자는 중대할 뿐 아니라 명백하여 무효이다.[561]

신고납세방식의 조세는 원칙적으로 납세의무자가 스스로 과세표준과 세액을 정하여 신

557) 대법원 2001.6.1. 99다1260.
558) 대법원 1969.2.18. 68다2431.
559) 대법원 2006.1.13. 2004다64340.
560) 대법원 2012.2.16. 2010두10907 전원합의체 판결.
561) 대법원 2017.11.14. 2014두47099.

고하는 행위에 의하여 납세의무가 구체적으로 확정된다. 따라서 그 납세의무를 이행하지 아니한다고 하여 과세관청이 신고된 세액에 납부지연가산세를 더하여 납부고지를 하였더라도, 이는 신고에 의하여 확정된 조세채무의 이행을 명하는 징수처분과 그에 대한 가산세의 부과처분 및 그 징수처분이 혼합된 처분일 뿐이다. 그리고 납세의무자가 당초 신고를 한 데 대하여 이후 과세관청이 증액하여 신고하도록 안내를 함에 따라 수정신고를 하였다고 하더라도, 그 증액신고된 부분에 대한 납부고지가 단순한 징수처분이 아니라 증액 경정 취지의 조세 부과처분이 되는 것은 아니라 할 것이다. 한편 신고납세방식 조세에서 과세표준 등의 신고행위가 납세의무를 부담할 법령 상 근거가 없이 이루어진 경우와 같이 객관적으로 타당한 법적 근거와 합리성이 없는 때에는 그 하자는 중대할 뿐 아니라 명백하다고 보아야 한다. 따라서 그 신고행위는 당연무효라 할 것이므로, 그로써 확정된 조세채무가 존재함을 전제로 하는 과세관청의 징수처분 및 가산세 부과처분은 위법하다 할 것이다.[562)]

(4) 과세의 절차 또는 형식과 관련된 사유

과세관청이 납세의무자인 회사의 본점주소지가 아닌 변경된 주소지에 납부고지서를 송달하고 그것이 송달불능되자 곧바로 공시송달방법을 택하였다면, 비록 납세의무자가 주소지변경신고를 하지 않았더라도 그 공시송달은 해당 규정에 위반한 송달로서 무효이고, 납부고지서가 위 회사에 송달되지 아니한 이상 그 과세처분은 효력이 발생하지 않는다.[563)] 다만 납부고지서가 송달되었다고 하더라도 그 기재사항에 의하여 어떠한 과세처분이 되었는지 알 수 없는 경우라면 당연무효로 보는 것이 타당하다.[564)]

과세처분의 절차 또는 형식과 관련하여 과세처분 자체가 존재하지 않는다고 보는 판례는 다음과 같다.

상속세의 납세의무도 국세징수법상의 납부고지에 의하여 구체적으로 확정된다고 볼 것인 바 세무서장이 공동상속인들에 대한 상속세 납부고지를 함에 있어 납세의무자를 "갑 외 8인"으로만 표시하여 상속세액 전부를 갑에게만 납부고지하였다면 위 납부고지만으로는 갑을 제외한 나머지 공동상속인들에게는 납세의무를 구체적으로 확정시키는 과세처분이 존재한다고 볼 수 없고, 또한 갑에 대한 상속세 부과처분도 그 법정상속분의 범위 내에서만

562) 대법원 2014.2.13. 2013두19066.
563) 대법원 1990.4.13. 89누1414.
564) 같은 뜻 : 소순무, 전게서, 495면.

고지된 것으로 보아야 한다. 또한 수인의 상속세 납세의무자들은 전체 상속재산에 관하여 산출된 상속세를 각자 일정한 범위에서 납부할 의무가 있으므로, 과세관청이 이들 전부를 상속세 납세의무자로 삼아 상속세를 부과하지 아니한 채 일부 상속세 납세의무자에 대하여만 상속세 전액을 부과하였다면 그 중 일부 상속세 납세의무자가 납부하여야 할 세액을 초과하여 부과한 부분은 위법하다.[565] 위 각 경우 공동상속인들이 사실상 각자의 과세표준액 과세액 등을 알고 그 세액을 시인하는 연부연납허가신청서를 제출하고 허가통지를 받아 연부연납세액을 납부하는 등 하였다 하여 위 납부고지의 하자가 치유된다고 볼 수 없다.[566] 또한 이 판례는 상속인이 하는 상속세 신고는 과세처분을 하기 위한 참고자료로 제공될 뿐 세액을 확정하거나 신고한 납세의무자를 기속하는 등의 효력이 발생하는 것이 아니고, 상속인의 연부연납허가신청에 대한 허가통지를 한 것만으로는 상속세의 과세처분을 한 것으로 볼 수 없다고 판시한다.

납세의무자에 대하여 과세처분이 있었다고 할 수 없는 이상 그 처분이 있었던 것을 전제로 하여 그 소유의 부동산을 압류하였다 하더라도 위 압류 역시 무효라고 할 것이고 이로써 위 과세처분 부존재의 흠이 치유되는 것도 아니다.[567]

법인세부과처분의 취소심판에서 국세심판원(현재는 조세심판원)이 내린 결정에 따른 결과 과세표준이 증가하게 된 경우, 그 결정은 국세기본법 상 불이익변경금지원칙에 위배되어 당연무효이고, 이에 따른 과세관청의 증액경정처분 중 당초처분액수를 초과하는 부분 역시 당연무효이다.[568]

나. 취소사유에 해당하는 경우

(1) 과세권 또는 과세관할에 관련된 경우

적법한 권한 위임 없이 세관출장소장에 의하여 행하여진 관세부과처분은 그 하자가 중대하기는 하지만 객관적으로 명백하다고 할 수 없어 당연무효는 아니다.[569]

납세지를 관할하는 세무서장이 아닌 다른 세무서장의 소득세 부과·징수처분은 관할 없는 과세관청의 처분으로서 위법하고 그 하자가 중대하다고 할 것이나, 납세자가 주민등록

565) 대법원 2014.10.15. 2012두22706.
566) 대법원 1991.9.10. 91다16952.
567) 대법원 1993.7.27. 92누15499.
568) 대법원 2004.12.9. 2003두278.
569) 대법원 2004.11.26. 2003두2403.

을 빈번히 이전·말소한 경위, 세무서장이 처분에 이르기까지 그 주소를 확인한 과정과 소득세법 상 납세지 확정에 관련된 규정들에 비추어 보면, 그 하자가 일견하여 객관적으로 명백한 것이라고 할 수 없으므로 당연무효사유는 아니다.[570)]

세무서장이 과세자료를 송부받은 뒤 재산제세조사사무처리규정을 위배하여 주소지 관할 세무서장에게 즉시 재송부하지 아니한 채 1년 7개월 동안 이를 가지고 있다가 양도소득세 등 부과·징수처분을 하였다고 하더라도 그것만으로 당연무효사유에 해당하지는 않는다.[571)]

(2) 납세의무자 또는 과세대상과 관련된 경우

부동산에 대한 실질적인 소유자가 아닌 명의수탁자에 대하여 행해진 양도소득세 부과처분은 위법하지만 그 하자가 중대·명백하다고 할 수 없어 무효라고는 볼 수 없고 단지 취소할 수 있음에 불과하다.[572)]

증여사실이 없는데 세무서장이 증여사실의 오인으로 인한 세금부과처분을 당연무효라고는 볼 수 없다.[573)] 세무서장의 상속사실 오인으로 인한 세금부과처분은 그 하자의 정도로 보아 중대하고도 명백한 것이라 할 수 없으므로 당연무효라 볼 수 없다.[574)]

주택조합은 그 소유자금으로 조합원의 건물을 신축·분양하는 것이 아니라 공정에 따라 조합원으로부터 각자 부담할 건축자금을 제공받아 조합원의 자금으로 건축하는 것이므로 특단의 사정이 없는 한 건축절차의 편의 상 조합명의로 그 건축허가와 준공검사를 받았다고 하더라도 이때부터 건물의 소유권(다만 조합주택 중 일반인에게 분양되는 경우의 그 부분 및 복리시설은 별론으로 하여야 한다)은 건축자금의 제공자인 조합원들이 원시취득한 것으로 보아야 하므로 조합주택 신축취득으로 인한 취득세의 납세의무자는 조합원들인 바, 과세관청이 조합아파트 신축취득에 관하여 주택조합에 대하여 한 취득세 부과처분에 있어서 그 하자가 중대한 것이라고 하더라도 주택조합원들이 조합아파트의 건축에 있어 사업계획승인을 받은 사업주체로 되어 있었고 그 명의로 가사용승인까지 받은 사실 등 취득주체를 오인할 객관적인 사정이 존재하는 점을 고려하여 보면 그 하자가 반드시 명백한 것이라

570) 대법원 2001.6.1. 99다1260.
571) 대법원 2001.6.1. 99다1260.
572) 대법원 1999.8.20. 99다20179.
573) 대법원 1974.11.26. 74누76.
574) 대법원 1977.6.7. 76누195.

고는 볼 수 없으므로, 그 취득세 부과처분이 당연무효라고 보기 어렵다.[575)]

양도담보권자가 양도담보의 실행으로 양도담보의 목적물을 제3자에게 처분한 경우에 그 담보권자에게 어떤 양도소득이 있다고는 할 수 없으므로 양도담보권자에게 목적물의 처분을 원인으로 하여 양도소득세 등이 부과되었다면 이는 위법한 처분이고, 그로 인한 양도소득세의 본래의 납세의무자는 양도담보설정자라고 보아야 하는데도, 양도담보권자에게 부과된 양도소득세 등의 부과처분은 납세의무 없는 자에게 부과된 하자가 있어 위법한 것이기는 하지만 과세관청으로서는 양도담보권자가 그 납세의무자인 것으로 오인할 만한 객관적인 사정이 있는 것이므로 그 하자가 중대명백하여 당연무효인 것이라고 할 수 없다.[576)]

(3) 처분사유 또는 과세자료와 관련된 경우

행정청이 어느 법률에 근거하여 행정처분을 한 후에 헌법재판소가 그 법률을 위헌으로 결정하였다면 결과적으로 그 행정처분은 법률의 근거 없이 행하여진 것과 마찬가지가 되어 하자 있는 것이 되나, 하자 있는 행정처분이 당연무효가 되기 위하여는 그 하자가 중대할 뿐만 아니라 명백한 것이어야 하는데 일반적으로 법률이 헌법에 위반된다는 사정은 헌법재판소의 위헌결정이 있기 전에는 객관적으로 명백한 것이라고 할 수 없으므로 특별한 사정이 없는 한 이러한 하자는 행정처분의 취소사유에 해당할 뿐 당연무효사유는 아니고, 이는 그 행정처분의 근거법률에 여러 가지 중대한 헌법위배사유가 있었다 하더라도 행정처분 당시 그와 같은 사정의 존재가 객관적으로 명백하였던 것이라고 단정할 수 없는 이상 마찬가지라고 보아야 한다.[577)] 또한 판례는 시행령 조항이 그에 관한 각 모법 조항의 위임 없이 규정된 것이거나 위 모법 조항의 위임범위를 벗어난 것으로서 무효인 경우에는 그 시행령 조항의 위임에 따른 이 사건 시행규칙 조항 역시 무효라고 볼 수 있으므로 그 조항들에 근거한 처분이 위법하다고 판시한다.[578)] 이 경우 처분에 대한 위법사유 역시 취소사유로 보아야 할 것이다.[579)]

법령의 해석을 잘못한 중대한 흠이 있다고 하더라도 이러한 흠이 외관 상 명백한 것이라고 볼 수 없으므로, 위 부과처분을 당연무효의 처분이라고 볼 수 없다.[580)] 법령해석에 대한

575) 대법원 1994.9.9. 93누16369.
576) 대법원 1994.8.26. 93다15267.
577) 대법원 1995.3.3. 92다55770.
578) 대법원 2015.8.20. 2012두23808 전원합의체 판결.
579) 대법원 2018.10.25. 2015두38856; 대법원 2022.3.11. 2019두56319.

최종적인 권한이 법원에 귀속된다는 점 및 법령해석에 근거한 처분이 쟁점이 된 처분에 한정되는 것이 아니므로 당연무효로 판정하는 경우 그 파급력이 매우 크다는 점 등이 고려된 것으로 본다.

투기거래로 인정할 수 없어 원칙적인 방법인 기준시가에 의하여 양도차익을 산정하여야 하는데도 무효인 재산제세조사사무처리규정을 근거로 투기거래로 잘못 인정하고 예외적인 방법인 실지거래가액에 의하여 양도차익을 산정한 경우는 단순히 양도차익의 산정방법이 잘못된 것으로서 그 하자가 중대하고도 명백하다고 할 수 없고, 따라서 이러한 하자는 그 부과처분의 취소사유에 불과하다.[581)]

과세관청이 양도소득세의 과세표준을 산출함에 있어서 양도차익에서 양도소득특별공제액을 공제하지 아니한 잘못이 있다 하더라도 그 과세처분이 당연무효의 처분이 될 수는 없다.[582)]

법인의 비업무용토지에 해당하지 않는 토지를 비업무용 토지에 해당하는 것으로 오인하고 재산세 등의 부과처분을 하였다 하여도 그 과세처분이 당연무효의 처분이 될 수 없다.[583)]

동일한 납세의무에 대하여 양도소득세 선행처분과 의제배당에 근거한 배당소득세 후행처분이 중복된 경우에는 선행처분을 당연무효로 보아야 할 경우가 아니라면 선행처분이 취소되었다는 등의 특별한 사정이 없는 한 후행처분은 중복처분에 해당하여 위법하다.[584)]

신고납부방식의 조세채무와 관련된 과세요건이나 조세감면 등에 관한 법령의 규정이 특정 법률관계나 사실관계에 적용되는지가 법리적으로 명확하게 밝혀져 있지 아니한 상태에서 과세관청이 그 중 어느 하나의 견해를 취하여 해석 · 운영하여 왔고 납세의무자가 그 해석에 좇아 과세표준과 세액을 신고 · 납부하였는데, 나중에 과세관청의 해석이 잘못된 것으로 밝혀졌더라도 그 해석에 상당한 합리적 근거가 있다고 인정되는 한 그에 따른 납세의무자의 신고납부행위는 하자가 명백하다고 할 수 없어 이를 당연무효라고 할 것은 아니다.[585)]

---

580) 대법원 1993.12.24. 93다36875.
581) 대법원 1993.7.13. 91다42166.
582) 대법원 1991.9.13. 91누391.
583) 대법원 1985.3.26. 84누441.
584) 대법원 2002.12.26. 2001두6227.
585) 대법원 2014.1.16. 2012다23382; 대법원 2015.4.9. 2012다69203.

(4) 납세의 절차 또는 형식과 관련된 사유

과세관청이 조세를 부과하고자 할 때에는 해당 조세법규가 규정하는 조사방법에 따라 얻은 정확한 근거에 바탕을 두어 과세표준액을 결정하고 세액을 산출하여야 하며, 이러한 조사방법 등을 완전히 무시하고 아무런 근거도 없이 막연한 방법으로 과세표준액과 세액을 결정・부과하였다면 이는 그 하자가 중대하고도 명백하여 당연무효라 하겠지만, 그와 같은 조사결정절차에 단순한 과세대상의 오인, 조사방법의 잘못된 선택, 세액산출의 잘못 등의 위법이 있음에 그치는 경우에는 취소사유로 될 뿐이다.[586)]

과세시가표준액과 세율 등이 다른 2개 이상의 과세객체에 대하여 하나의 납부고지서에 의하여 일괄 부과하는 경우에는 과세객체별로 위와 같은 세액산출근거를 명시함을 요한다 할 것이며, 납부고지서에 그와 같은 세액산출근거가 개별적・구체적으로 기재되어 있지 아니하면 그 과세처분 자체가 위법한 것이 되어 취소의 대상이 된다.[587)] 다만 과세관청이 과세처분에 앞서 납세의무자에게 보낸 과세예고통지서 등에 납부고지서의 필요적 기재사항이 제대로 기재되어 있어 납세의무자가 그 처분에 대한 불복 여부의 결정 및 불복신청에 전혀 지장을 받지 않았음이 명백하다면, 이로써 납부고지서의 흠결이 보완되거나 하자가 치유될 수는 있고, 그 납부고지서의 하자를 사전에 보완할 수 있는 서면은 납부고지서의 필요적 기재사항이 제대로 기재되어 있을 것은 물론, 그 서면 자체가 법령이나 적어도 과세관청의 내부규정으로 납부고지와 관련하여 납부고지에 앞서 납세의무자에게 교부하도록 되어 있어 납부고지서와 일체를 이룰 수 있는 것에 한정된다.[588)]

납세의무자를 '갑 외 7인'으로 기재하고 상속인들의 성명, 주민등록번호, 주소, 관계, 지분 등이 기재된 상속지분명세서를 첨부한 납부고지서를 위 갑에게 송달한 경우 호주상속인인 위 갑에 대한 납부고지의 효력은 다른 공동상속인들에게도 미치므로, 이 사건 과세처분이 원고들에 대한 관계에서 부존재한다고는 볼 수 없고 피고가 이 사건 납부고지 당시 각 상속인별로 상속지분을 표시한 상속지분명세서를 납부고지서에 첨부하였을 뿐 각 상속인별로 부담할 구체적 세액을 납부고지서에 기재하거나 그것이 기재된 계산명세서를 첨부하지 아니함으로써 납부고지절차에 하자가 있기는 하나 그러한 하자는 중대・명백한 하자라고는 볼 수 없으므로 이 사건 과세처분이 당연무효라고 할 수 없다.[589)]

---

586) 대법원 1998.6.26. 96누12634.
587) 대법원 1986.10.14. 85누689.
588) 대법원 1995.9.26. 95누665.

세무조사대상 선정사유가 없음에도 세무조사대상으로 선정하여 과세자료를 수집하고 그에 기하여 과세처분을 하는 것은 적법절차의 원칙을 어기고 납세자의 성실성 추정(국기 81조의3) 등을 위반한 것으로서 특별한 사정이 없는 한 과세처분은 위법하다.[590]

국세징수법에 의한 공매절차에 있어서 체납자에게 공매통지를 하지 아니한 채 공매절차를 위법으로 집행한 경우라도 공매공고가 되어 있는 한 이로써 당연무효의 공매처분으로 볼 수 없다.[591]

납세의무자가 세금을 납부기한까지 납부하지 않았기 때문에 과세청이 그 징수를 위하여 참가압류처분에 이른 것이라면 참가압류처분에 앞서 독촉절차를 거치지 아니하였고 또 참가압류조서에 납부기한을 잘못 기재한 잘못이 있다고 하더라도 이러한 위법사유만으로는 참가압류처분을 무효로 할 만큼 중대하고도 명백한 하자라고 볼 수 없고, 과세관청이 국세징수법에 의한 참가압류처분을 한 후 결손처분을 하여 납세의무자의 납세의무가 소멸하였다고 하여도 이와 같은 사유로 참가압류처분이 당연히 실효되거나 무효로 되는 것이 아니며 이는 압류처분이 있은 후 부과세액을 납부함으로써 납세의무가 소멸한 경우에도 그 압류처분이 당연무효로 되지 않는 것과 마찬가지이다.[592]

 취소소송의 판결

취소소송은 법원의 재판에 의하여 종료되는 경우와 당사자의 행위에 의하여 종료되는 경우로 구분할 수 있다. 당사자의 행위로 인하여 취소소송이 종료되는 경우는 항을 바꾸어 살핀다.

법원의 재판에 의하여 취소소송이 종료되는 경우에 있어서 법원의 재판은 판결, 결정 및 명령으로 구분된다. **판결**은 취소소송의 대표적인 소송종료사유이다. **결정**은 법원이 증거결정 등 소송절차 상의 부수사항의 해결 등 주로 경미한 사항에 대하여 행하는 재판으로서 변론을 요하지 않으며 재판의 주체가 법원인 점에서 재판장, 수명법관, 수탁판사가 행하는 명령과 구분된다. 행정심판기록 제출명령(행소 25조), 집행정지결정 및 그 취소결정, 직권증

589) 대법원 2000.11.28. 99두3089.
590) 대법원 2014.6.26. 2012두911.
591) 대법원 1966.7.26. 66누63.
592) 대법원 1992.3.10. 91누6030.

거조사결정 등이 그 예에 속한다. **명령**은 재판장, 수명법관, 수탁판사가 행하는 재판으로서 소송지휘, 준비절차에서의 재판이다. 소장각하명령이 그 예에 속한다.[593] 결정과 명령은 상당한 방법으로 고지하면 효력을 가지고, 법원사무관 등은 고지의 방법 · 장소와 날짜를 재판의 원본에 덧붙여 적고 날인하여야 한다(행소 8조 2항, 민소 221조).

이하 판결을 중심으로 살핀다.

1 위법성 판단의 기준시점

가. 학설 및 판례의 입장

취소소송의 대상인 처분의 위법성을 어느 시점을 기준으로 판단할 것인지 여부에 대하여서는 학설이 판결시기준설, 처분시기준설 및 절충설로 나뉜다. **판결시기준설**은 항고소송은 구체적인 행정처분이 법규에 대하여 적합한지 여부를 판단대상으로 하는 것이므로 이 경우의 법규는 판결 당시 법규이어야 하며 과거의 법규나 사실관계를 기준으로 할 수는 없다는 견해이다. **처분시기준설**은 법원의 기능 상 법원은 객관적 입장에서 처분 등의 위법 여부를 사후심사할 수 있을 뿐이고 처분시 이후의 사정을 고려하는 것은 법원이 행정권의 고유권한을 침해하는 것을 의미한다는 견해이다. 통설의 입장이다. **절충설**은 원칙적으로는 처분시설을 취하면서도 계속효가 있는 행위의 경우에는 판결시설을 취하는 견해와 적극적 침익적 처분의 경우에는 처분시를 기준으로 하고 거부처분의 경우에는 판결시설을 기준으로 하는 견해로 구분된다.[594]

판례는 대체적으로 처분시기준설을 취한다. 그와 관련된 판시는 다음과 같다. 조세소송에 있어서 과세처분의 위법성이 있는지 여부를 판단하는 기준이 되는 시기는 그 처분 당시이다.[595] 그리고 행정소송에서 행정처분의 위법 여부는 행정처분이 행하여졌을 때의 법령과 사실상태를 기준으로 하여 판단하여야 하고, 처분 후 법령의 개폐나 사실상태의 변동에 의하여 영향을 받지는 않는다.[596] 그러나 **소송자료는 사실심 변론종결시까지 자료를 제출할 수 있다는 점에 유의하여야 한다.** 즉 항고소송에서 행정처분의 위법 여부는 행정처분이 있을 때의 법령과 사실 상태를 기준으로 판단하여야 하나, 법원은 행정처분 당시 행정청이

593) 소순무, 전게서, 499면.
594) 홍정선, 전게서, 1062면, 1063면.
595) 대법원 1992.2.25. 91누12776.
596) 대법원 2007.5.11. 2007두1811.

알고 있었던 자료뿐만 아니라 사실심 변론종결 당시까지 제출된 모든 자료를 종합하여 처분 당시 존재하였던 객관적 사실을 확정하고 그 사실에 기초하여 처분의 위법 여부를 판단할 수 있다.[597] 또한 처분사유의 변경과 연결하여 동일한 취지의 판시를 한 판례 역시 있다. 즉 과세처분취소소송의 소송물은 과세관청이 결정한 세액의 객관적 존부이므로, 과세관청으로서는 소송 도중 사실심 변론종결시까지 당해 처분에서 인정한 과세표준 또는 세액의 정당성을 뒷받침할 수 있는 새로운 자료를 제출하거나 처분의 동일성이 유지되는 범위 내에서 그 사유를 교환·변경할 수 있는 것이고, 반드시 처분 당시의 자료만에 의하여 처분의 적법 여부를 판단하여야 하거나 처분 당시의 처분사유만을 주장할 수 있는 것은 아니다.[598]

한편 **처분의 위법성 판단의 전제가 되는 사실관계 역시 변론종결시를 기준으로 판단하여야 한다는 판례 역시 있다.** 먼저 중복처분에 해당하는지 여부와 관련된 판례를 본다. 즉 과세관청이 사망인 명의로 등기된 부동산 지분에 관하여 사망 후 소유권이전등기가 경료된 것을 과세원인으로 하여 수차례에 걸쳐 상속세 및 증여세 과세처분들을 하였다가, 상속세부과처분취소가 청구된 과세처분을 한 후 변론종결일 전까지 그 과세처분을 제외한 나머지 과세처분들을 모두 취소하고 원고에게 이를 통지하였다면, 당초의 과세처분들은 모두 취소되어 원심변론종결일 당시에는 결국 이 사건 과세처분만이 남게 되었다 할 것이고, 취소된 과세처분들로 인하여 원고에게 어떠한 법률 상의 불이익이 남아 있는 것도 아니므로 그 때문에 이 사건 과세처분이 중복처분으로서 취소되어야 할 이유는 없다.[599] 위 판례는 해당 처분 당시에는 중복처분이 있는 상태이었으나 변론종결일 당시에는 중복처분상태가 해소된 경우에도 해당 처분이 중복처분이라는 이유로 취소될 이유가 없다는 것이므로 이는 처분시기준설에 관한 위 전형적인 판례와는 어긋난 것으로 보인다.

나아가 **권리의무확정주의와 관련하여 처분시기준설에 관한 위 전형적인 판례와 어긋나는 판시를 하는 판례 역시 있다.** 즉 후발적 경정청구 사유에는 사업 상 정당한 사유로 당초의 매매대금이나 용역대금을 감액한 경우도 포함된다고 봄이 타당하므로, 내국법인이 자산을 양도하거나 용역을 제공한 후에 사업 상 정당한 사유로 당초의 매매대금이나 용역대금을 감액하였다면 특별한 사정이 없는 한 그 감액분에 대하여서는 당초의 납세의무 역시 성

597) 대법원 2010.1.14. 2009두11843.
598) 대법원 2014.5.16. 2013두21076; 대법원 2022.2.10. 2019두50946.
599) 대법원 1997.10.24. 96누7830.

립하지 않는 것으로 보아 이에 대하여 법인세를 과세할 수는 없다.[600] 이 판례는 다음과 같은 점을 근거로 삼는다. 첫째, 권리확정주의는 소득의 원인이 되는 권리의 확정시기와 소득의 실현시기 사이에 시간적 간격이 있는 경우 소득이 실현된 때가 아닌 그 원인이 되는 권리가 확정적으로 발생한 때에 소득이 있는 것으로 보고 당해 사업연도의 소득을 산정하는 방식으로, 실질적으로는 불확실한 소득에 대하여 장래 그것이 실현될 것을 전제로 하여 미리 과세하는 것을 허용하는 것이다.[601] 둘째, 권리의무확정주의가 가지는 취지에 비추어 보면, 소득의 원인이 되는 권리가 확정적으로 발생하여 과세요건이 충족됨으로써 일단 납세의무가 성립하였다고 하더라도 일정한 후발적 경정청구 사유의 발생으로 말미암아 소득이 실현되지 아니하는 것으로 확정되었다면 당초 성립하였던 납세의무는 그 전제를 상실하여 원칙적으로 그에 따른 법인세를 부과할 수 없다고 보아야 한다. 셋째, 이러한 해석은 권리확정주의의 채택에 따른 당연한 요청일 뿐 아니라 후발적 경정청구제도를 규정한 국세기본법 상 경정청구(국기 45조의2 2항)의 입법 취지에도 부합한다. **다만 이 판례는 다음과 같은 경우에는 후발적 사유의 발생이 당초 성립하였던 납세의무에 영향을 미칠 수 없고, 단지 해당 사유가 발생한 사업연도의 소득에 영향을 미칠 뿐이라고 한다.** 즉 대손금과 같이 법인세법이나 관련 법령에서 특정한 후발적 경정청구 사유의 발생으로 말미암아 실현되지 아니한 소득금액을 그 후발적 경정청구 사유가 발생한 사업연도의 소득금액에 대한 차감사유 등으로 별도로 규정하고 있거나, 경상적·반복적으로 발생하는 매출에누리나 매출환입과 같은 후발적 경정청구 사유에 대하여 납세의무자가 기업회계의 기준이나 관행에 따라 그러한 사유가 발생한 사업연도의 소득금액을 차감하는 방식으로 법인세를 신고해 왔다는 등의 특별한 사정이 있는 경우, 그러한 후발적 경정청구 사유의 발생은 당초 성립하였던 납세의무에 영향을 미칠 수 없다.

이상 판례의 입장을 다음과 같이 정리할 수 있다. **판례에 따르면 취소소송의 대상인 과세처분의 위법성을 판단함에 있어서 원칙적으로 행정처분이 행하여졌을 때의 법령과 사실관계를 기준으로 하여 판단하여야 하나 그에 대한 소송자료는 사실심 변론종결시까지 자료를 제출할 수 있다. 다만 중복처분의 상태가 해소되었는지 여부는 사실심 변론종결시를 기준으로 하여야 한다는 판례와 권리의무확정주의의 원칙 및 후발적 경정청구제도의 취지 등에**

600) 대법원 2013.12.26. 2011두18120.
601) 대법원 2004.11.25. 2003두14802.

따라 당초 성립하였던 납세의무 역시 후발적 경정청구 사유에 의하여 그 전제를 상실한 것으로 보아야 할 경우가 있다는 판례 역시 존재한다.

나. 학설 및 판례에 대한 검토

처분 위법성 판정의 기준시점과 관련하여 처분시기준설, 판결시기준설 및 절충설이 있다는 점은 기술하였다. 위 학설 중 처분시기준설과 관련하여 **처분 당시를 기준으로 취소소송의 대상인 처분의 위법성을 판단하는 것이 타당한가?** 처분의 위법성을 처분 당시, 즉 과세관청에 의한 결정처분 또는 경정처분이 있는 시점을 기준으로 하는 것은 타당하지 않다. 취소소송의 대상이 되는 처분은 납세의무가 존재한다는 점을 전제로 하는 것이고 납세의무는 납세의무의 성립시점에 발생하는 것일 뿐만 아니라 소급과세금지 원칙(국기 18조 2항) 역시 납세의무 성립시점을 기준으로 적용되기 때문이다. 만약 납세의무의 성립 이후 과세관청의 결정처분 또는 경정처분 시점 사이에 법규의 변화가 있는 경우에도 그 처분 당시의 법규를 적용하여야 한다면 납세의무의 성립시점과는 다른 법규가 적용되게 되고 소급과세원칙에도 위반되는 결과가 발생할 수 있기 때문이다. 따라서 **처분시기준설을 취한다고 할지라도 조세법률관계에 있어서는 그 처분 당시를 납세의무의 성립시점으로 보아야 한다.** 이는 조세법률관계에 있어서 특유하게 존재하는 납세의무의 성립 및 확정이라는 개념 등이 일반 행정처분에는 존재하지 않기 때문에, 일반 행정처분에 관한 처분시기준설을 조세법률관계에 적용함에 있어서는 변용되어야 한다는 점을 감안한 것이다.

그렇다면 **취소소송의 대상인 처분의 위법성을 그와 관련된 납세의무 성립시기를 기준으로 판단하여야 한다는 원칙은 타당한 것인가?** 이 쟁점이 법원이 행정처분 당시 행정청이 알고 있었던 자료뿐만 아니라 사실심 변론종결 당시까지 제출된 모든 자료를 종합하여 처분 당시 존재하였던 객관적 사실을 확정하고 그 사실에 기초하여 처분의 위법 여부를 판단하여야 한다는 것과 구분되는 것임은 물론이다. 처분의 위법성을 판정하기 위하여서는 확정된 사실관계와 이에 대하여 적용될 법규의 존재가 필요하다. 따라서 위 쟁점 역시 확정된 사실관계와 이에 대하여 적용될 법규의 존재로 구분하여 살피는 것은 의미가 있다. 이하 위 두 요소로 구분하여 살핀다.

먼저 납세의무 성립 당시의 법규가 변경된 경우에 대하여 살핀다. 납세의무를 확대하거나 가중시키는 결과를 초래하는 법규의 변화가 있는 경우에는 소급과세금지의 원칙(국기

18조 2항)에 따라 납세의무 성립 당시의 법규가 적용되어야 한다. 다만 납세의무를 축소하거나 경감하는 결과를 초래하는 법규의 변화가 있는 경우에는 납세의무 성립 당시로 소급하여 적용할 수도 있을 것이나 이는 해당 법규의 부칙 등에 의하여 새롭게 정하여질, 즉 새로운 입법정책에 의하여 정하여질 쟁점에 해당한다. 즉 법규가 납세자에게 유리하게 변경된다고 하더라도 당연히 변경된 법규가 소급하여 적용되는 것은 아니다. 만약 소급하여 적용하도록 부칙 등이 정하여진다면 당초처분의 위법성 판단과 관련하여 선택의 여지가 없이 변경된 법규가 적용되어야 한다. 이상의 논의를 종합하면, 납세의무의 성립 이후 법규가 변화된 경우에는 해당 규정의 소급적용을 인정하는 특별한 규정이 없는 한 납세의무의 성립 당시의 법규에 의하여 당초처분의 위법성을 판단하여야 한다. **법령에 대한 해석이 최초의 신고·결정 또는 경정 당시와 달라졌다는 사유는 후발적 경정청구사유에 해당하는가?** 후발적 경정청구는 당초의 신고나 과세처분 당시에는 존재하지 아니하였던 후발적 경정청구사유를 이유로 하는 것이므로 해당 국세의 법정신고기한이 지난 후에 과세표준 및 세액의 산정기초가 되는 거래 또는 행위의 존재 여부나 그 법률효과가 달라지는 경우 등의 사유는 국세기본법 상 후발적 경정청구 사유에 포함될 수 있지만, 법령에 대한 해석이 최초의 신고·결정 또는 경정 당시와 달라졌다는 사유는 여기에 포함되지 않는다.[602] 일본의 판례 역시 동일한 입장이었으나 입법을 통하여 위 사유를 후발적 경정청구사유에 포함시켰다는 점에 대하여는 기술하였다.[603]

처분 당시의 사실관계가 변경된 경우에 대하여 본다.

처분 당시의 사실관계가 변경된 경우는 납세의무의 성립 당시 과세요건사실 등이 존재하는 경우를 전제로 한다. 만약 그 당시 과세요건사실 등이 존재하지 않는다면 납세의무와 관련된 논의를 할 필요가 없기 때문이다.

납세의무가 성립한 경우, 즉 과세요건사실을 충족한 경우는 다시 '과세요건사실을 충족하여 과세관청이 과세하는 것에 아무런 장애가 없는 경우'와 '과세요건사실은 충족하였으나 과세관청이 과세하는 것을 저지하는 사실 등, 즉 당초 과세요건사실에 대한 항변이 되는 사실(당초 납세의무를 축소, 소멸 또는 저지시키는 장애·소멸·저지사실 등)[604] 역시 충

602) 대법원 2014.11.27. 2012두28254.

603) 제3편 제2장 제2절 III 3 후발적 사유에 의한 경정청구 참조.

604) 과세요건을 다투는 납세자는 반대규정의 요건사실을 증명하는 방법으로 항변을 제출할 수 있다. 그 반대규정에 대한 요건사실은 과세요건에 대한 장애사실, 소멸사실 및 저지사실로 나뉜다. 장애사실은 해당 과세처분이 신의성실원칙에 위반되는 등 강행법규에 위반하였다는 사실 등을 의미한다. 소멸사실은 해당 납세의

족하여 과세할 수 없는 경우'로 구분될 수 있다.

'과세요건사실을 충족하여 과세관청이 과세하는 것에 아무런 장애가 없는 경우'에 있어서는, 그 당시의 사실관계가 변경된 결과 납세의무가 가중되거나 확대되는 경우가 있을 수도 있고 납세의무가 축소되거나 경감되는 경우도 있을 수 있다.

전자의 경우에는 과세관청의 직권 또는 납세자의 수정신고에 기한 증액결정처분에 당초의 납세의무가 흡수되어 소멸할 것이므로, 위법성의 판단시점 역시 증액처분 관련 납세의무가 성립할 당시의 법규 및 사실관계를 기준으로 판단하여야 할 것이다. 한편 과세관청이 증액결정처분을 하지 않는 경우에 있어서도, 위 사실로 인하여 당초 납세의무를 초과하는 부담을 야기하지 않고 위 사실이 기본적으로 당초 과세요건사실과 동일한 것인 한, 비록 당초 납세의무가 성립한 이후에 발생한 사실이라고 할지라도 과세관청이 이를 주장할 수 있다고 보는 것이 타당하다. 이를 금지하는 명문의 규정이 없을 뿐만 아니라 이는 분쟁의 일회적 해결에도 기여할 수 있다. 한편 판례가 취소소송 심리의 범위에 관하여 총액주의를 취하고 있다는 점과 과세관청에 의한 처분사유의 변경 역시 기본적으로 과세요건사실과 동일성이 있는 범위 내에서는 허용된다는 점 역시 감안할 필요가 있다. 따라서 납세의무의 성립시점 이후에 납세의무를 가중하거나 확대시키는 사실이 발생한 경우에는 원칙적으로는 당초 납세의무의 성립시점을 기준으로 위법성을 판단하여야 하나, 해당 사실로 인하여 당초 납세의무를 초과하는 부담을 야기하지 않고 해당 사실이 기본적으로 해당 과세요건사실과 동일한 경우에는 비록 당초 납세의무의 성립시점 이후에 발생하였다고 할지라도 과세관청이 이를 주장할 수 있다고 보는 것이 타당하다. 또한 당초 납세의무를 초과하는 부담이 발생하는 경우에는 그 증액결정처분으로 인하여 당초처분이 증액처분에 흡수되는 것이므로 이 경우에는 그 증액처분과 관련된 납세의무의 성립시점을 기준으로 위 원칙을 적용하여야 한다.

후자의 경우에는 변경사유가 후발적 경정청구사유(국기 45조의2 2항)에 해당하는 경우도 있을 수 있고, 당초 성립하였던 납세의무가 그 후에 발생한 사유에 의하여 그 전제를 상실한 것으로 보아야 할 경우도 있다.[605] 이러한 사유들을 당초처분에 대한 취소소송에서 주장하지 못하게 하는 명문의 규정은 없다. 또한 그렇게 할 합리적인 근거 역시 찾기 어렵다.

무가 소멸시효 또는 제척기간의 완성으로 인하여 소멸하였다는 사실 등을 의미한다. 저지사실은 해당 납세처분이 중복처분에 해당한다는 사실 등을 의미한다. 이시윤, 전게서, 507면, 508면 참조.

605) 대법원 2013.12.26. 2011두18120.

오히려 이를 허용할 경우 분쟁을 일회적으로 해결할 수 있고 납세자의 편의에 이바지한다는 장점이 있다. 후발적 경정청구사유를 당초처분에 대한 취소소송에서 주장할 수 있도록 하는 것이 타당하다는 점은 기술한 바가 있다.[606] 물론 납세자가 당초 성립한 납세의무를 은닉하기 위하여 새로운 사실관계를 형성하는 것을 방지할 필요가 있을 수 있으나 이는 탈세에 대한 대응을 통하여 해결할 것이지 위 각 사유들을 당초처분에 대한 취소소송에서 주장하지 못하도록 할 것은 아니다. 따라서 **'후발적 경정청구사유에 해당하는 사실' 또는 '당초 과세요건사실에 대한 항변이 되는 사실(당초 납세의무를 축소, 소멸 또는 저지시키는 장애 · 소멸 · 저지사실 등)'은 비록 당초 납세의무의 성립 이후에 발생하였다고 하더라도 납세자가 해당 취소소송의 사실심 변론종결시까지 주장할 수 있다고 보는 것이 타당하다.** 또한 **이러한 입장은 과세관청이 변론종결시까지 당초 과세요건사실에 대한 항변이 되는 사실(당초 납세의무를 축소, 소멸 또는 저지시키는 장애 · 소멸 · 저지사실 등)이 소멸하였다는 점을 주장할 수 있다는 점과도 균형을 이룬다.**

한편 **'과세요건사실은 충족하였으나 이에 대한 항변이 되는 사실(당초 납세의무를 축소, 소멸 또는 저지시키는 장애 · 소멸 · 저지사실 등) 역시 충족하여 과세할 수 없는 경우'**에, 향후 사실관계가 변경되어 변론종결시에는 위 항변이 되는 사실이 소멸하게 되는 사례가 있을 수 있다. 하나의 납세의무와 관련하여 다수의 처분이 존속하는 상태이었으나 그 이후 변론종결시에는 그 중복처분 상태가 그 이후에 해소되었다는 것이 위 예에 해당한다고 할 것이다. 판례는 이에 대하여 사실심 변론종결시를 기준으로 중복처분에 해당하는지 여부를 판단하여야 한다고 판시한다.[607] 이 판례의 입장이 타당하다고 판단한다. 위와 같은 항변이 되는 사실 등을 당초의 처분에 대한 취소소송에서 주장하는 것을 금지하는 명문의 규정은 없다. 또한 그렇게 할 합리적인 근거 역시 찾기 어렵다. 오히려 이를 허용할 경우 과세권을 효과적으로 행사할 수 있다는 장점이 있다. 따라서 당초의 과세요건사실에 대한 항변이 되는 사실(당초 납세의무를 축소, 소멸 또는 저지시키는 장애 · 소멸 · 저지사실 등)이 소멸하였다는 점은 비록 당초 납세의무의 성립 이후에 발생하였다고 하더라도 과세관청이 이를 해당 취소소송의 사실심 변론종결시까지 주장할 수 있다고 보는 것이 타당하다.

606) 제3편 제2장 제2절 III 3 나 (1) 국세기본법 시행령 제25조의2 제2호의 해석 참조.
607) 대법원 1997.10.24. 96누7830.

다. 사견

취소소송의 대상인 처분의 위법성을 판단하는 기준시점은 다음과 같이 정하여지는 것이 타당하다.

첫째, 조세소송에 있어서는 위법성은 '취소소송의 대상인 처분을 한 시점의 법률'이 아니라 '해당 처분과 관련된 납세의무가 성립할 당시의 법률'을 기준으로 판단하여야 한다.

둘째, 납세의무의 성립시점 이후에 납세의무를 가중하거나 확대시키는 사실이 발생한 경우에는 원칙적으로는 당초 납세의무의 성립시점을 기준으로 위법성을 판단하여야 하나, 해당 사실로 인하여 당초 납세의무를 초과하는 부담을 야기하지 않고 해당 사실이 기본적으로 해당 과세요건사실과 동일한 경우에는 비록 당초 납세의무의 성립시점 이후에 발생하였다고 할지라도 과세관청이 이를 주장할 수 있다고 보는 것이 타당하다. 또한 당초 납세의무를 초과하는 부담이 발생하는 경우에는 그 증액결정처분으로 인하여 당초처분이 증액처분에 흡수되는 것이므로 이 경우에는 그 증액처분과 관련된 납세의무의 성립시점을 기준으로 위 원칙을 적용하여야 한다.

셋째, 납세의무의 성립시점 이후에 이미 성립한 납세의무를 축소하거나 경감시키는 사실이 발생한 경우에 있어서 그 사유가 후발적 경정청구사유에 해당하는 사실 또는 당초 과세요건사실에 대한 항변이 되는 사실(당초 납세의무를 축소, 소멸 또는 저지시키는 장애 · 소멸 · 저지사실 등)이라면 비록 당초 납세의무의 성립 이후에 발생하였다고 하더라도 납세자가 이를 해당 취소소송의 사실심 변론종결시까지 주장할 수 있다.

넷째, 당초의 과세요건사실에 대한 항변이 되는 사실(당초 납세의무를 축소, 소멸 또는 저지시키는 장애 · 소멸 · 저지사실 등)이 소멸하였다는 점은 비록 당초 납세의무의 성립 이후에 발생하였다고 하더라도 과세관청이 이를 해당 취소소송의 사실심 변론종결시까지 주장할 수 있다.

2 판결의 종류 및 성립

가. 판결의 종류

(1) 중간판결과 종국판결

취소소송의 판결에는 중간판결과 종국판결이 있다.

법원은 소송의 심리를 마치고 나면 종국판결을 한다(민소 198조). **종국판결**은 소 또는 상

소에 의하여 계속된 사건의 일부 또는 전부를 그 심급에서 완결하는 판결을 말하고, 종국판결은 사건을 완결시키는 범위에 의하여 **전부판결, 일부판결** 및 **추가판결**로 구분되고, 소의 적법요건에 대한 판단인가 아니면 청구의 정당 여부에 대한 판단인가에 의하여 **소송판결**과 **본안판결**로 구분된다.[608]

한편 법원은 독립된 공격 또는 방어의 방법, 그 밖의 중간의 다툼에 대하여 필요한 때에는 **중간판결**을 할 수 있고, 청구의 원인과 액수에 대하여 다툼이 있는 경우에 그 원인에 대하여도 중간판결을 할 수 있다(민소 201조). 중간판결은 실무상 잘 활용되지 않는다. 다만 관련청구로서 취소청구와 손해배상청구가 병합되는 경우에 취소청구 및 손해배상책임원인에 대하여 미리 중간판결을 하고 다시 금액에 대하여 판결을 하는 것도 하나의 방법이 될 수 있다.[609] 중간판결은 그 심급에서 사건의 전부 또는 일부를 완결하는 재판인 종국판결을 하기에 앞서 종국판결의 전제가 되는 개개의 쟁점을 미리 정리・판단하여 종국판결을 준비하는 재판으로서, 중간판결이 선고되면 판결을 한 법원은 이에 구속되므로 종국판결을 할 때에도 그 주문의 판단을 전제로 하여야 하며, 설령 중간판결의 판단이 그릇된 것이라 하더라도 이에 저촉되는 판단을 할 수 없다. 또한 이러한 **중간판결은 종국판결 이전의 재판으로서 종국판결과 함께 상소심의 판단을 받는다**(민소 392조, 425조).[610]

(2) 전부판결, 일부판결 및 추가판결

전부판결은 같은 소송절차에서 심판되는 사건의 전부를 동시에 완결시키는 판결을 의미한다. 1개의 소송절차에서 1개의 청구가 심리된 때에 그 청구에 대하여 행한 판결이 전부판결임은 물론이고 청구의 병합, 반소 및 변론의 병합 등과 같이 1개의 소송절차에서 수개의 청구가 병합심리된 때에 그 수개의 청구에 대하여 동시에 1개의 판결을 행한 때에도 그 판결은 1개의 전부판결에 해당한다.[611] 전부판결은 1개의 판결이므로 그 일부에 대한 상소는 나머지 청구에도 효력이 미치고 판결 전체의 확정을 막는 차단의 효과와 위 심급으로 이전되는 이심의 효과가 생긴다.[612]

일부판결은 소송의 일부에 대한 심리를 마친 경우 그 일부에 대하여 행한 종국판결을 의

608) 이시윤, 전게서, 569-570면.
609) 소순무, 전게서, 500면.
610) 대법원 2011.9.29. 2010다65818.
611) 이시윤, 전게서, 570면.
612) 상게서.

미한다(민소 200조 1항). 외형 상 하나의 행정처분이라고 하더라도 가분성이 있거나 그 처분 대상의 일부가 특정될 수 있다면 그 일부만의 취소가 가능하다.[613] 다만 소송의 일부에 대한 심리가 종료된 때라도 일부판결을 할 것인가 여부는 법원의 재량에 속하나, 일부판결을 한 후 잔부판결[614]이 법률 상 허용될 수 없는 경우 또는 일부판결과 잔부판결 사이에 내용 상 모순이 생길 염려가 있는 경우에는 일부판결이 허용되지 않는다.[615]

추가판결은 법원이 청구의 일부에 대하여 재판을 누락한 경우에 그 누락한 청구부분에 대하여 법원이 계속하여 재판하고 내린 판결을 의미한다(민소 212조 1항). 이는 판결의 이유에서 판단할 공격방어방법에 대하여 판단을 누락한 경우(민소 451조 1항 9호)와는 다르다. 판결의 누락 여부는 판결의 주문을 기준으로 결정된다.[616] 추가판결과 그 이전의 판결은 각 별개의 판결로서 상소기간도 개별적으로 진행되나 그 전 판결결과를 토대로 하여야 한다. 또한 일부판결이 허용되지 않는 소송에서는 재판의 누락이 있을 수 없으므로 판단누락의 일종으로 보아 상소 또는 재심에 의하여 다투어야 한다.[617]

(3) 소송판결과 본안판결

소송판결은 소 또는 상소를 부적법 각하하는 판결로서 소송요건 또는 상소요건의 흠이 있는 경우에 행하는 것이다. 이는 본안판결을 거부하는 취지의 판결이며 소송종료선언과 소취하무효선언판결을 포함하는 것이다.[618] 소송종료선언과 소취하무효선언판결에 대하여 살핀다. 종국판결이 선고된 후 상소기록을 보내기 이전에 이루어진 소의 취하가 부존재 또는 무효라는 것을 주장하기 위하여 당사자가 기일지정을 신청할 수 있다. 이 경우에 상소의 이익 있는 당사자 모두가 상소를 한 경우가 아니라면, 그 판결법원은 해당 신청에 대하여 심리한 이후에 그 신청이 이유 없다고 인정하는 때에는 판결로 소송의 종료를, 신청이 이유 있다고 인정하는 때에는 판결로 소의 취하가 무효임을 각 선언하여야 한다(민소칙 67조). 이를 각 **'소송종료선언'**과 **'소취하무효선언판결'**이라고 한다. 소송요건 또는 상소요건의 흠이 있는지 여부는 직권조사사항이고 이에 대하여서는 당사자의 주장에 구속되지 않으

613) 대법원 2000.2.11. 99두7210.
614) 잔부판결은 일부판결을 한 경우 남겨둔 나머지 부분에 대한 판결을 의미한다.
615) 이시윤, 전게서, 571면.
616) 상게서, 572면.
617) 상게서.
618) 상게서, 573면.

며 제소기간을 도과하였는지 여부를 제외하고는 변론의 종결시를 기준으로 판단한다. 소송요건 또는 상소요건을 흠결한 경우에는 각하판결을 하고 동시에 본안에 대한 판단은 배제된다.[619)]

소송판결은 본안판결과 달리 필요적 변론의 원칙이 적용되지 않고(민소 219조, 413조), 소송요건에 관하여 잘못 판단한 경우에는 원칙적으로 상소심의 필수적 환송사유가 되며(민소 418조), 기판력이 발생한 경우에도 이후 보정하면 재소를 할 수 있을 뿐만 아니라 소취하 후 재소금지원칙(민소 267조)가 적용되지 않는다는 면에서 본안판결과 다르다.[620)] 재소와 관련된 점은 조세취소소송의 경우에는 그 적용가능성이 낮다. 취소소송의 경우 제소기간이 도과하였는지 여부는 최초 소송제기시를 기준으로 판단하여야 하기 때문이다.

본안판결은 소에 의한 청구가 실체 상 이유가 있는지 여부를 재판하는 종국판결을 의미한다.[621)] 본안판결은 기각판결과 인용판결로 구분되는 바, 이는 항을 바꾸어 설명한다.

(4) 본안판결의 종류

본안판결은 소에 의한 청구가 실체 상 이유가 있는지 여부에 대한 판결인 바, 이는 원고의 청구를 배척하는 판결과 받아들이는 판결로 구분된다. 전자를 기각판결, 후자를 인용판결이라고 한다.

(가) 기각판결

기각판결은 원고가 위법하다고 주장하는 과세처분에 하자가 없다는 것을 이유로 원고의 청구를 배척하는 판결을 의미하는 바, 기각판결이 있다고 하더라도 조세법률관계에 변동이 생기는 것은 아니다.

다만 행정소송의 경우에는 원고의 청구에 합리적인 이유가 있다고 하더라도 원고의 청구를 배척하는 판결을 하는 경우가 있다(행소 28조). 이를 사정판결이라고 하는 바 이는 항을 바꾸어서 살핀다.

(나) 사정판결

행정소송의 경우 원고의 청구가 이유있다고 인정하는 경우에도 처분 등을 취소하는 것이 현저히 공공복리에 적합하지 아니하다고 인정하는 때에는 법원은 원고의 청구를 기각할 수

619) 홍정선, 전게서, 1065면.
620) 이시윤, 전게서, 573면.
621) 상게서.

있으며 이 경우 법원은 그 판결의 주문에서 그 처분 등이 위법함을 명시하여야 한다(행소 28조 1항). 이 경우의 판결을 **'사정판결'**이라고 한다. 법원이 위 판결을 함에 있어서는 미리 원고가 그로 인하여 입게 될 손해의 정도와 배상방법 그 밖의 사정을 조사하여야 하고, 원고는 피고인 행정청이 속하는 국가 또는 공공단체를 상대로 손해배상, 제해시설의 설치 그 밖에 적당한 구제방법의 청구를 당해 취소소송 등이 계속된 법원에 병합하여 제기할 수 있다(행소 28조 2항, 3항). 사정판결제도가 위법한 처분으로 법률 상 이익을 침해당한 자의 기본권을 침해하고, 법치행정에 반하는 위헌적인 제도라고 할 것은 아니다.[622] 사정판결을 할지 여부는 법원의 재량이라고 할 것이나, 사정판결을 함에 있어서는 극히 엄격한 요건 아래 제한적으로 하여야 할 것이고, 그 요건인 현저히 공공복리에 적합하지 아니한가의 여부를 판단함에 있어서는 위법·부당한 행정처분을 취소·변경하여야 할 필요성과 그로 인하여 발생할 수 있는 공공복리에 반하는 사태 등을 비교·교량하여 그 적용 여부를 판단하여야 한다.[623] 변론종결 당시의 정황으로 보아 처분을 취소함이 현저히 공공의 복리에 적합한지 여부를 판단하여야 한다.[624] 사정판결에 관하여는 당사자의 명백한 주장이 없는 경우에도 기록에 나타난 여러 사정을 기초로 직권으로 판단할 수 있는 것이다.[625] 사정판결을 인정하는 위 규정의 문언 상 사정판결은 취소소송에 한하여 인정된다. 판례 역시 당연무효의 행정처분을 소송목적물로 하는 행정소송에서는 존치시킬 효력이 있는 행정행위가 없기 때문에 사정판결을 할 수 없다고 판시한다.[626] 다만 학설상으로는 다른 견해들이 있다.[627]

조세취소소송의 경우에도 사정판결을 할 수 있는가? 이를 금지하는 규정은 없다, 다만 조세취소소송의 경우에 사정판결의 요건을 충족할 수 있는지 여부가 문제로 될 뿐이다. 취소의 대상이 된 과세처분과 같은 과세액의 전국적 합계가 큰 금액이고 이를 취소한다면 국가재정 상 예측할 수 없는 지장이 초래된다 하여도 그 과세처분의 취소가 현저히 공공복리에 적합하지 않는다고 할 수 없다.[628] 조세부과처분이 과세표준 등의 기재를 결여하였다면 그와 같이 적법한 요건을 결여한 행정처분을 취소하는 것이 현저히 공공의 복리에 적합하지 아니한 경우에 해당한다고 볼 수 없다.[629] 사정판결을 하는 경우에는 원고의 손해를 배

622) 대법원 2009.12.10. 2009두8359.
623) 대법원 2000.2.11. 99두7210.
624) 대법원 1970.3.24. 69누29.
625) 대법원 2001.1.19. 99두9674.
626) 대법원 1996.3.22. 95누5509.
627) 홍정선, 전게서, 1068면, 1069면.
628) 대법원 1964.5.21. 63누161.

상하는 등 구제방법을 강구하여야 하는 바, 조세채무가 금전채무인 이상 원고의 청구를 기각하여 기왕의 납부된 조세를 국가가 확보한다고 하더라도 손해배상 등 구제방법의 일환으로서 해당 금원을 다시 원고에게 지급하여야 하므로 조세취소소송에서는 사정판결이 그 존재의의를 찾기 어려운 측면이 있다.[630)]

(다) 인용판결

인용판결은 원고가 위법하다고 주장하는 과세처분에 하자가 있다는 것을 이유로 원고의 청구를 받아들이는 판결을 의미한다. **인용판결**은 **처분의 취소판결**, **처분의 변경판결** 및 **재결의 취소 또는 변경판결**이 있다.[631)] 취소소송이 행정청의 위법한 처분 등을 취소 또는 변경하는 소송을 의미하기 때문이다(행소 4조 1호). **다만 조세소송의 경우에는** 이의신청 · 심사청구 또는 심판청구에 대한 처분(당초처분의 적법성에 관하여 재조사하여 그 결과에 따라 과세표준과 세액을 경정하거나 당초처분을 유지하는 등의 처분을 하도록 하는 결정에 따른 처분을 포함한다)은 취소소송의 대상인 처분이 될 수 없으므로(국기 55조 5항 1호), **재결의 취소 또는 변경판결이 있을 수는 없다.** 또한 무효확인을 구하는 의미에서의 취소판결 역시 가능하다. 즉 행정처분의 무효확인을 구하는 의미에서 그 행정처분의 취소를 구하는 청구가 부당한 청구라고 단정하지는 못한다.[632)]

취소소송에 대한 변경판결이 형성판결에 해당한다고 하는 견해가 있다.[633)] 그러나 판례는 이를 부인하고 변경의 의미를 일부취소를 뜻하는 것으로 본다. 즉 현행 행정소송법 상 행정청으로 하여금 일정한 행정처분을 하도록 명하는 이행판결을 구하는 소송이나 법원으로 하여금 행정청이 일정한 행정처분을 행한 것과 같은 효과가 있는 행정처분을 직접 행하도록 하는 형성판결을 구하는 소송은 허용되지 아니한다.[634)] 또한 판례는 제1심의 판결을 항소심에서 변경하는 경우 그 변경은 일부취소에 해당한다고 판시한다. 즉 제1심판결에 대하여 쌍방이 항소한 경우 항소심판결은 쌍방의 불복범위 안에서 원고의 청구의 당부를 판단하여 항소가 이유 있는 범위 안에서 제1심판결을 취소하여 그 부분의 원고의 청구를 인용하거나 기각하고 이유 없는 범위의 항소는 기각하는 것이 원칙이나, 이와 같은 방식에

---

629) 대법원 1985.5.28. 84누289.
630) 같은 뜻 : 소순무, 전게서, 502-503면.
631) 홍정선, 전게서, 1069면.
632) 대법원 1974.8.30. 74누168.
633) 소순무, 전게서, 501면 : 홍정선, 전게서, 1069면.
634) 대법원 1997.9.30. 97누3200.

의할 경우 주문이 복잡하게 되는 것을 피하고 주문의 내용을 알기 쉽게 하기 위하여 제1심판결을 변경하는 판결을 하는 것도 허용된다고 할 것이며, 이와 같이 제1심판결을 변경하는 판결은 제1심판결을 일부 취소하는 판결의 한 형태라고 보아야 한다.[635]

나. 판결의 성립

판결의 성립과 관련하여서는 행정소송법 상 특별규정이 없으므로 민사소송법 상 규정들이 적용된다(행소 8조 2항). 민사소송법 상 판결은 **판결내용의 확정, 판결서의 작성, 판결의 선고** 및 **판결의 송달**에 의하여 성립하는 바, 이하 그 순서대로 살핀다.

(1) 판결내용의 확정

법원은 심리가 성숙한 경우에는 변론을 종결한 후 판결의 내용을 확정하게 된다. 다만 그 판결은 기본이 되는 변론에 관여한 법관이 하여야 하고, 법관이 바뀐 경우에 당사자는 종전의 변론결과를 진술하여야 한다(민소 204조 1항, 2항). 단독사건의 판사가 바뀐 경우에 종전에 신문한 증인에 대하여 당사자가 다시 신문신청을 한 때에는 법원은 그 신문을 하여야 하고, 합의부 법관의 반수 이상이 바뀐 경우에도 또한 같다(민소 204조 3항). 이를 직접주의라고 한다. 따라서 판결의 내용은 심리에 관여한 법관에 의하여 이루어져야 하는 바, 합의심판의 경우에는 해당 구성 법관들의 합의에 의하여 확정된다. 단독심판의 경우에는 그 1인 법관에 의하여 판결의 내용이 확정되는 것은 당연하다. 위 합의 내용은 공개하지 아니한다(법조 65조). 합의심판은 헌법 및 법률에 다른 규정이 없으면 과반수로 결정하나, 합의에 관한 의견이 3개 이상의 설로 나뉘어 각각 과반수에 이르지 못할 때에는 특별한 정함에 따른다(법조 66조 1항, 2항). 다만 대법원 전원합의체의 경우 의견이 2개의 설로 나뉘어 각 설이 과반수에 이르지 못할 때에는 원심재판을 변경할 수 없다(법조 66조 3항, 7조 1항).

다만 판결의 내용이 확정된 이후에 법관이 바뀌고 바뀐 법관이 판결서에 서명날인하는 것은 직접주의에 반하는 것이 아니다. 판결의 확정 이후에 법관이 판결서에 서명날인함에 지장이 있다면 다른 법관이 판결에 그 사유를 적고 서명날인하여야 한다(민소 208조 4항).

(2) 판결서의 작성

판결은 재판장이 판결원본에 따라 주문을 읽어 선고하는 것이므로(민소 206조), 판결선고

635) 대법원 1992.11.24. 92다15987.

이전에 작성되어야 하고 그 판결서를 **판결원본**이라고 한다.

판결서에는 '당사자와 법정대리인', '주문', '청구의 취지 및 상소의 취지', '이유', '변론을 종결한 날짜(다만, 변론 없이 판결하는 경우에는 판결을 선고하는 날짜)', '법원'을 적고, 판결한 법관이 서명날인하여야 한다(민소 208조). 위 각 기재사항들은 판결서의 필요적 기재사항이라고 한다. 그 밖에 판결서에는 사건의 표시, 표제(판결) 및 판결선고 연월일이 기재되는 바 이는 임의적・편의적 기재사항에 해당한다.[636]

이하 필요적 기재사항을 중심으로 간략하게 살핀다.

소송대리인은 판결의 필요적 기재사항이 아니다.[637]

판결의 주문은 소송요건에 관한 것 또는 본안에 관한 것, 소송비용에 관한 것 및 가집행에 관한 것 등으로 구성됨이 원칙이다. 가집행에 관한 것은 주로 당사자소송과 관련하여 문제가 될 수 있다. 소송판결을 할 때는 "이 사건 소를 각하한다"로 기재하고 기각판결의 경우에는 "원고의 청구를 기각한다"라고 기재한다. 인용판결의 경우에는 청구취지에 응하여 "피고가 0000년 0월 00일 원고에 대하여 한 000세 금 0000원의 부과처분을 취소한다" 등으로 기재한다. 판결의 주문은 그 내용이 특정되어야 하고 그 주문자체에 의해 특정할 수 있어야 할 것인 바 「피고가 00년 0월 0일자로 원고에 대하여 00사업연도 법인세 금 000원을 부과한 처분 중 과세표준금액 금 000원에 대응하는 세액을 초과하는 부분을 취소한다」는 식의 주문기재는 피고가 부과처분한 위 세액 중 무슨 세금이 어느 범위에서 취소되는지가 불명할 뿐 아니라 취소되는 부분을 특정할 수도 없고 따라서 청구기각되는 부분도 분간할 수 없어 위 주문은 판결로서 갖추어야 할 명확성을 결한 위법한 것이다.[638] 제1심판결에 대하여 쌍방이 항소한 경우 항소심판결은 쌍방의 불복범위 안에서 원고의 청구의 당부를 판단하여 항소가 이유 있는 범위 안에서 제1심판결을 취소하여 그 부분의 원고의 청구를 인용하거나 기각하고 이유 없는 범위의 항소는 기각하는 것이 원칙이나, 이와 같은 방식에 의할 경우 주문이 복잡하게 되는 것을 피하고 주문의 내용을 알기 쉽게 하기 위하여 제1심판결을 변경하는 판결을 하는 것도 허용된다고 할 것이며, 이와 같이 제1심판결을 변경하는 판결은 제1심판결을 일부 취소하는 판결의 한 형태라고 보아야 한다.[639] 판결주문의 내용

636) 이시윤, 전게서, 574면.
637) 상게서, 각주 1) 참조.
638) 대법원 1986.4.8. 82누242.
639) 대법원 1992.11.24. 92다15987.

이 모호하면 기판력의 객관적 범위가 불분명해질 뿐만 아니라 집행력・형성력 등의 내용도 불확실하게 되어 새로운 분쟁을 일으킬 위험이 있으므로 판결주문에서는 청구를 인용하고 배척하는 범위를 명확하게 특정하여야 한다.[640] 만약 판결주문이 불명확하여 집행할 수 없는 경우에는 이는 상소에 의한 취소사유가 되고 그 판결이 확정되었다고 하더라도 무효인 판결에 해당한다.[641]

판결서에 **청구의 취지** 및 **상소의 취지**를 적시할 것을 명한 이유는 사건에 대한 법원의 심판대상과 범위를 명확히 하려고 함에 있을 것이므로 판결서에 이에 대한 적시에 있어 일부 빠졌더라도 이에 대한 판단에 유탈이 없는 이상 주문에 영향을 미치지 아니함이 명백하므로 이를 들어 상고이유로 할 수는 없다.[642] 원고전부승소의 경우에는 "주문과 같다"고 기재하면 되나 원고의 전부 또는 일부 패소의 경우에는 청구의 취지와 주문이 일치하지 않으므로 소장의 청구취지를 그대로 옮겨서 기재한다.[643]

판결서의 이유에는 '주문이 정당하다는 것을 인정할 수 있을 정도로' 당사자의 주장, 그 밖의 공격・방어방법에 관한 판단을 표시하여야 한다(민소 208조 2항). **판결이유는 어느 범위까지 기재하여야 하는가?** 판결이유의 기재에서는 당사자에게 판결의 주문이 어떠한 이유와 근거에 의하여 나온 것인지 그 내용을 알려 주어 당사자로 하여금 판결에 승복할 것인지 여부에 관한 결단을 내릴 수 있게 하고, 상소법원으로 하여금 원심법원이 어떠한 사실상 및 법률 상의 이유에 의하여 재판하였는가를 알 수 있게 하며, 또 판결의 기판력이나 형성력에서 주관적 범위와 객관적 범위를 명확하게 특정하려는 데 그 의의가 있다고 할 것이므로 민사판결의 이유는 이에 필요한 범위 안에서는 빠짐없이 그 판단을 기재하여야 하나 이와 같은 요건이 충족되는 한 이를 간략하게 기재하였다고 하여 위법하다고 할 수는 없다.[644] 위 판례 당시 관계법령이 '주문이 정당하다는 것을 인정할 수 있을 정도로' 기재하는 것으로 변경되었으므로 이를 감안하여 위 판례를 읽어야 할 것으로 보인다. 즉 판결서의 이유에는 주문이 정당하다는 것을 인정할 수 있을 정도로 당사자의 주장, 그 밖의 공격・방어방법에 관한 판단을 표시하면 되고, 당사자의 모든 주장이나 공격・방어방법에 관하여 판단할 필요가 없는 것이므로 법원의 판결에 당사자가 주장한 사항에 대한 구체적・직접적

640) 대법원 2006.9.28. 2006두8334.
641) 이시윤, 전게서, 575면.
642) 대법원 1964.6.23. 63다1014.
643) 이시윤, 전게서, 578면.
644) 대법원 1992.10.27. 92다23780.

인 판단이 표시되어 있지 않더라도 판결 이유의 전반적인 취지로 주장을 인용하거나 배척하였음을 알 수 있는 정도라면 판단 누락이라고 할 수 없고, 설령 실제로 판단을 하지 아니하였다고 하더라도 주장이 배척될 경우임이 분명한 때에는 판결 결과에 영향이 없어 판단 누락의 위법이 있다고 할 수 없다.[645] 한편 **판결이유의 기재 시 증거의 취사선택에 관한 이유 역시 기재하여야 하는가?** 증거의 취사선택은 사실심 법관의 자유로운 심증에 맡겨져 있으므로 처분문서 등 특별한 증거가 아닌 한 그 채부의 이유를 일일이 밝힐 필요는 없는 것이고, 증거를 취사하여 인정한 사실이 경험칙 상 통상적인 사회적 사실이라고 할 수 없을 경우에는 그와 같은 인정의 근거가 된 이유를 밝혀야 함이 상당하지만, 경험칙 상 통상적인 사실로 인정되는 경우에는 특별히 그 인정근거까지 밝힐 필요는 없는 것이고, 또한 사실심 법관으로서는 상당하다고 인정하는 경우에는 쟁점이 된 주장사실을 인정하기에 부족한 증거들을 일일이 적시하여 배척하는 대신 일괄하여 간략하게 배척하는 방법으로 표시할 수도 있다.[646] 법률의 적용에 있어서는 해석 상 다툼이 있는 경우 외에는 법률적용 결과만 표시하면 되고 그 적용·해석의 이론적 근거, 적용법조 같은 것은 명시할 필요가 없다.[647] 한편 판결이유를 적을 때에는 제1심 판결을 인용할 수 있으나, 제1심 판결이 무변론판결 등에 해당하는 경우(민소 208조 3항)에는 그러하지 아니하다(민소 420조). 상고심리불속행 또는 상고이유서 부제출을 원인으로 하는 상고기각판결의 경우에는 판결이유를 기재하지 않을 수 있다(상특법 5조 1항, 민소 429조 본문). 판결이유를 밝히지 않거나 그 이유가 모순되는 경우는 절대적 상고이유가 되고(민소 424조 1항 6호), 이러한 사유가 '판결에 영향을 미치는 중요한 사항에 대하여 판단을 누락한 경우'에 해당한다면 재심사유(민소 451조 1항 9호)가 된다.

변론을 종결한 날짜는 결심을 한 날짜를 의미하는 바, 이는 후술하는 바와 같이 기판력의 시적범위를 정하는 표준시점이므로 표시하여야 한다.[648]

법원은 '판결서에 서명하는 법관이 소속한 관서로서의 법원'을 의미하나 실무 상 합의체의 경우 해당 법관이 소속한 부까지 기재하는 것이 관행이다.[649]

판결서에는 판결을 한 법관이 서명날인하여야 하는 바, 서명만 있고 날인이 없다면 판결 원본이 있다고 할 수 있는가? 이 경우 판결원본이 있다고 할 수 없고 판결의 선고 역시

645) 대법원 2017.2.9. 2016두55247; 대법원 2020.6.11. 2017두36953.
646) 대법원 2004.3.26. 2003다60549.
647) 이시윤, 전게서, 577면.
648) 상게서, 577면.
649) 상게서.

효력이 없다.[650] 다만 판결서의 문자정정, 삽입 또는 삭제한 곳에 법관의 도장을 찍지 않았다 하여 그 판결을 무효라 할 수 없다.[651]

(3) 판결의 선고

판결은 선고로 효력이 생긴다(민소 205조). 판결은 변론이 종결된 날부터 2주 이내에 선고하여야 하며, 복잡한 사건이나 그 밖의 특별한 사정이 있는 때에도 변론이 종결된 날부터 4주를 넘겨서는 아니 된다(민소 207조 1항). 판결은 소가 제기된 날부터 5월 이내에 선고하나, 항소심 및 상고심에서는 기록을 받은 날부터 5월 이내에 선고한다(민소 199조). 위 각 기간은 훈시규정에 해당한다. 당사자는 법원 또는 상대방의 소송행위가 소송절차에 관한 규정을 위반한 경우 그 소송행위의 무효를 주장하는 이의신청을 할 수 있고 법원이 당사자의 이의를 이유 있다고 인정할 때에는 그 소송행위를 무효로 하고 이에 상응하는 조치를 취하여야 하지만, 소송절차에 관한 규정 중 단순한 훈시적 규정을 위반한 경우에는 무효를 주장할 수 없으며 위 각 기간들(민소 199조, 207조)은 모두 훈시규정이므로 법원이 종국판결 선고기간 5월을 도과하거나 변론종결일로부터 2주 이내 선고하지 아니하였다 하더라도 이를 이유로 무효를 주장할 수는 없다.[652]

선고기일은 재판장이 이를 미리 지정하고 당사자에게 고지하거나 기일통지할 것을 요하며, 미리 선고기일을 지정하지 않고 변론기일에 선고된 판결은 위법이다.[653] 즉 일반 민사사건에 있어서 판결을 하기 위하여서는, 법원이 변론을 연 경우에는 물론이며, 변론 없이 하는 경우에도 반드시 선고기일을 지정하여(변론을 연 경우에는 변론을 종결하고) 당사자를 소환하고 그 지정된 선고기일에 소각하의 종국판결을 선고하여야 하고, 위와 같은 절차를 거침이 없이 변론기일에 선고된 판결은 위법하다.[654] 다만 판결은 당사자가 출석하지 아니하여도 선고할 수 있다(민소 207조 2항). **법원이 적법하게 변론을 종결하고 판결선고기일을 고지하는 시점에 당사자가 재정하지 않는 경우에도 그 고지의 효력이 발생하는가?** 판결의 선고는 당사자가 재정하지 아니하는 경우에도 할 수 있는 것이므로 법원이 적법하게 변론을 진행한 후 이를 종결하고 판결선고기일을 고지한 때에는 재정하지 아니한 당사자에

650) 상게서, 각주 1) 참조.
651) 대법원 1962.11.1. 62다567.
652) 대법원 2008.2.1. 2007다9009.
653) 이시윤, 전게서, 578면.
654) 대법원 1996.5.28. 96누2699.

계도 그 효력이 있는 것이고, 그 당사자에 대하여 판결선고기일 소환장을 송달하지 아니하였다 하여도 이를 위법이라고 할 수 없다.[655)]

소송절차가 중단된 경우에도 판결을 선고할 수 있는가? 소송절차의 중단은 당사자나 소송행위자에게 소송을 수행할 수 없는 사유가 발생하였을 경우에 새로운 소송수행자가 나타나 소송에 관여할 수 있을 때까지 법률 상 당연히 절차의 진행이 정지되는 것을 말한다.[656)] 그러나 판결의 선고는 소송절차가 중단된 중에도 할 수 있다(민소 247조 1항). 중단사유는 당사자의 사망, 법인의 합병 등 법정되어 있다(민소 233조－237조, 239조, 240조).

유사한 개념으로서 **소송절차의 중지**가 있다. 이는 법원이나 당사자에게 소송을 진행할 수 없는 장애가 생겼거나 진행에 부적당한 사유가 발생하여 법률 상 당연히 또는 법원의 결정에 의하여 절차가 정지되는 것이나 이 경우에는 새로운 소송수행자로 교체할 필요가 없고 새로운 자에 의한 수계절차가 없다는 점에서 중단과 구분된다. 소송절차의 중지사유 역시 천재지변 또는 전쟁 등 법정되어 있다(민소 245조, 246조 ; 기타 위헌제청 등 다른 절차와의 관계에서 중지되는 경우가 있다). 소송절차의 중단 또는 중지는 기간의 진행을 정지시키며, 소송절차의 수계사실을 통지한 때 또는 소송절차를 다시 진행한 때부터 전체기간이 새로이 진행된다(민소 247조 2항).

그 밖에 **소송절차의 정지** 제도가 있다. 법원은 제척 또는 기피신청이 있는 경우에는 그 재판이 확정될 때까지 소송절차를 정지하여야 하나, 제척 또는 기피신청이 각하된 경우 또는 종국판결을 선고하거나 긴급을 요하는 행위를 하는 경우에는 그러하지 아니하다(민소 47조). 소제기 후의 사건에 관하여 관할 지정신청(민소 28조 1항)이 있는 때에는 그 신청에 대한 결정이 있을 때까지 소송절차를 정지하여야 하나, 긴급한 필요가 있는 행위를 하는 경우에는 그러하지 아니하다(민소규 9조).

판결은 재판장이 판결원본에 따라 주문을 읽어 선고하며, 필요한 때에는 이유를 간략히 설명할 수 있다(민소 206조). **판결을 선고하기에 앞서 판결원본을 반드시 작성하여야 하며 이를 위반하면 판결절차가 위법하고[657)] 이 경우 항소법원은 제1심 판결을 취소하여야 한다**(민소 417조). 판결의 내용이 확정된 이후에 법관이 바뀌고 바뀐 법관이 판결서에 서명날인하는 것은 직접주의에 반하는 것이 아니므로, 이처럼 선고에만 관여한 경우에는 법관이

655) 대법원 2003.4.25. 2002다72514.
656) 이시윤, 전게서, 415면.
657) 상게서, 579면.

직무집행에서 제척되는 사유 중 하나인 '법관이 불복사건의 이전심급의 재판에 관여하였을 때(민소 47조 5호)'에 해당되지 않는다. 법관의 제척은 법관이 구체적인 사건과 법률에서 정한 특수한 관계가 있는 때에 당연히 그 사건에 관한 직무집행을 할 수 없는 것을 말한다(민소 41조).[658] 유사한 개념으로서 법관의 기피제도와 회피제도가 있다. 법관의 기피는 제척사유 이외의 재판의 공정을 기대하기 어려운 사정이 있는 경우에 당사자의 신청을 기다려 재판에 의하여 비로소 법관이 직무집행에서 배제되는 것을 말한다(민소 43조).[659] 법관의 회피는 법관이 스스로 제척 또는 기피이유가 있다고 인정하여 감독권이 있는 법원의 허가를 받아 직무집행을 피하는 것을 말한다(민소 49조).[660]

(4) 판결의 송달

판결서는 선고한 뒤에 바로 법원사무관 등에게 교부하여야 하고(민소 209조), **법원사무관 등은 그 판결서를 받은 날부터 판결서정본을 2주 이내에 당사자에게 송달하여야 한다**(민소 210조). 위 기간에 관한 규정은 훈시규정이다. 판결서의 정본을 송달하는 때에는 법원사무관 등은 당사자에게 상소기간과 상소장을 제출할 법원을 고지하여야 한다(민소규 55조의2).

판결서가 송달된 날부터 2주 이내 상소하여야 하나(다만 판결서 송달 전에도 상소할 수 있다), **이 경우 기간은 불변기간이다**(민소 396조, 425조).

불변기간은 대체로 재판에 대한 불복신청기간을 의미하고 법이 특별하게 그 기간을 정하고 있다. 불변기간에 대하여서는 법원이 이를 늘이거나 줄일 수 없다(민소 172조 1항). 다만 법원은 불변기간에 대하여 주소 또는 거소가 멀리 떨어진 곳에 있는 사람을 위하여 부가기간을 정할 수는 있다(민소 172조 2항). 당사자가 책임질 수 없는 사유로 말미암아 불변기간을 지킬 수 없었던 경우에는 그 사유가 없어진 날부터 2주 이내에 게을리한 소송행위를 보완할 수 있으나, 그 사유가 없어질 당시 외국에 있던 당사자에 대하여는 이 기간을 30일로 한다(민소 173조).

다만 **판결문을 전자문서로 송달할 경우에 대하여서는 유의할 점이 있다.** 판결 선고 후 판결문을 전자문서로 전산정보처리시스템에 등재하고 그 사실을 전자적으로 통지하였지만 등록사용자가 판결문을 1주 이내에 확인하지 아니한 경우 판결문 송달의 효력이 발생하는

658) 상게서, 75면.
659) 상게서, 78면.
660) 상게서, 82면.

시기는 등재사실을 등록사용자에게 통지한 날의 다음 날부터 기산하여 7일이 지난 날의 오전 영시가 되고, 상소기간은 민법(민법 157조 단서)에 따라 송달의 효력이 발생한 당일부터 초일을 산입해 기산하여 2주가 되는 날에 만료한다.[661] 전자적 송달은 법원사무관 등이 송달할 전자문서를 전산정보처리시스템에 등재하고 그 사실을 송달받을 자에게 전자적으로 통지하는 방법으로 하며(전자문서 11조 3항), 이 경우 송달받을 자가 등재된 전자문서를 확인한 때에 송달된 것으로 보되 그 등재사실을 통지한 날부터 1주 이내에 확인하지 아니한 때에는 등재사실을 통지한 날부터 1주가 지난 날에 송달된 것으로 보고(전자문서 11조 4항), 기간의 계산은 민법에 따라 기간을 일, 주, 월 또는 연으로 정한 때에는 기간의 초일은 산입하지 아니하되 그 기간이 오전 영시로부터 시작하는 때에는 초일을 산입(민소 170조, 민법 157조)하기 때문이다.

상소기간 및 재심기간 등은 불변기간에 해당하나, 상고이유서 제출기한(민소 427조) **및 취하간주의 경우 기일지정신청기간**(민소 268조 3항)**은 불변기간에 속하지 않는 점에 주의할 필요가 있다.** 즉 상고이유서 제출기간은 불변기간이 아니므로 추완신청의 대상이 될 수 없다.[662] 양쪽 당사자가 변론기일에 출석하지 아니하거나 출석하였다 하더라도 변론하지 아니한 때에는 재판장은 다시 변론기일을 정하여 양쪽 당사자에게 통지하여야 하고 새 변론기일 또는 그 뒤에 열린 변론기일에 양쪽 당사자가 출석하지 아니하거나 출석하였다 하더라도 변론하지 아니한 때에는 1월 이내에 기일지정신청을 하지 아니하면 소를 취하한 것으로 보는 바(민소 268조 1항, 2항), 그 1월의 기일지정신청기간은 불변기간이 아니어서 기일지정신청의 추완이 허용되지 않는다.[663]

3 판결의 효력

가. 불가변력

판결은 선고와 동시에 효력이 발생하므로(민소 205조), 판결이 확정되기를 기다릴 필요가 없다. 따라서 **판결이 효력을 발생한 이후에는 판결을 한 법원 역시 이를 취소 또는 변경할 수 없다. 이를 불가변력이라고 한다.**

다만 결정 또는 명령의 경우에는 불가변력이 배제된다. 즉 소송절차에 관한 신청을 기각

661) 대법원 2014.12.22. 2014다229016.
662) 대법원 1981.1.28. 81사2.
663) 대법원 1992.4.21. 92마175.

한 결정이나 명령에 대하여 불복하면 항고할 수 있는 바(민소 439조), 이 경우 원심법원이 항고에 정당한 이유가 있다고 인정하는 때에는 그 재판을 경정하여야 한다(민소 446조). 또한 소송의 지휘에 관한 결정과 명령은 언제든지 취소할 수 있다(민소 222조).

그렇다면 **판결을 선고한 이후에는 그 판결에 잘못된 계산이나 기재, 그 밖에 이와 비슷한 오류가 있는 경우에도 원심법원은 이를 시정할 수 없는 것인가?** 판결에 잘못된 계산이나 기재, 그 밖에 이와 비슷한 잘못이 있음이 분명한 때에 법원은 직권으로 또는 당사자의 신청에 따라 경정결정을 할 수 있다(민소 211조 1항). 그 경정결정은 판결의 원본과 정본에 덧붙여 적어야 하나, 정본에 덧붙여 적을 수 없을 때에는 결정의 정본을 작성하여 당사자에게 송달하여야 한다(민소 211조 2항). 위 경정결정에 대하여는 즉시항고를 할 수 있으나, 판결에 대하여 적법한 항소가 있는 때에는 그러하지 아니하다(민소 211조 3항). 위 판결의 경정제도는 청구의 포기 및 인낙조서 및 화해조서(민소 220조) 그리고 결정 또는 명령(민소 224조)의 경우에도 준용된다.

나. 형식적 확정력

법원이 한 종국판결에 대하여 당사자의 불복상소로도 취소할 수 없게 된 상태를 판결이 형식적으로 확정되었다고 하고, 이 취소불가능성을 형식적 확정력이라고 한다.[664] 판결의 형식적 확정은 판결정본의 송달을 전제로 하는 것이고 판결정본이 적법하게 송달된 바 없으면 그 판결에 대한 항소기간은 진행되지 아니하므로 그 판결은 형식적으로도 확정되었다고 볼 수 없고, 따라서 소송행위 추완의 문제는 나올 수 없으며 그 판결에 대한 항소는 제1심 판결정본 송달 전에 제기된 것으로서 적법하다.[665]

형식적 확정력은 상소의 추후보완 또는 재심의 소에 의하여 배제될 수 있다. 상소의 추후보완은 당사자가 책임질 수 없는 사유로 말미암아 불변기간인 상소기간을 지킬 수 없었던 경우에는 그 사유가 없어진 날부터 2주 이내에 게을리한 소송행위를 보완할 수 있도록 하는 제도를 의미한다(민소 173조 1항). '당사자가 그 책임을 질 수 없는 사유'라고 함은 당사자가 그 소송행위를 하기 위하여 일반적으로 하여야 할 주의를 다하였음에도 불구하고 그 기간을 준수할 수 없었던 사유를 가리키고, 그 당사자에는 당사자 본인뿐만 아니라 그 소송대리인 및 대리인의 보조인도 포함된다.[666] 상고이유서 제출기한 또는 재항고이유서의 제출

664) 이시윤, 전게서, 583면.
665) 대법원 1997.5.30. 97다10345.

기한은 불변기간에 해당하지 않으나 상소의 추후보완에 관한 규정이 유추적용될 수 있다는 것이 다수설의 견해이다.[667)]

판결의 확정시기를 다음 각 경우로 구분하여 살핀다.[668)]

첫째, 판결선고와 동시에 확정되는 경우. 상소할 수 없는 판결, 즉 상고심판결이 그 예에 속한다. 또한 판결의 송달과 동시에 판결의 확정이 이루어지는 경우 역시 있다. 심리불속행판결(상특법 4조, 5조)이 그 예에 속한다. 이 경우에는 판결을 선고할 필요가 없다.

둘째, 상소기간의 만료시에 확정되는 경우. 이는 상소기간 내에 상소를 제기하지 않고 도과시킨 때, 상소를 제기하였으나 상소를 취하한 때 및 상소를 제기하였으나 상소각하판결이 나거나 상소각하명령이 있는 때를 의미한다.

셋째, 상소기간의 경과 이전에 상소권을 가진 당사자가 이를 포기할 때(민소 394조, 425조).

넷째, 상소기각판결이 확정된 때. 상소기각판결이 확정될 때 원심판결이 확정된다.

다섯째, 일부불복의 경우.

원고가 청구금액 중 일부에 대하여 승소하였고 자신의 패소부분에 대하여서만 불복하여 상소한 경우, 피고가 원고승소부분에 대하여 상소하거나 부대상소를 제기하지 않는다면 그 원고승소부분은 언제 확정되는가? 이와 관련하여 학설상으로는 항소심의 변론종결시 또는 상고심의 상고이유서 제출기간의 도과시에 확정된다는 견해가 유력하나, 주류적인 판례는 항소심의 경우에는 항소심판결의 선고시, 상고심의 경우에는 상고심의 파기환송판결의 선고시에 확정된다고 한다. 즉 원고의 청구를 일부 인용한 제1심판결에 대하여 원고만이 그 패소 부분에 대한 항소를 제기하고 피고는 항소나 부대항소를 제기하지 않은 경우, 제1심판결 중 원고 승소 부분은 항소심의 심판대상에서 제외됨으로써 항소심판결의 선고와 동시에 확정되는 것이고, 원고가 위와 같이 승소 확정된 부분에 대하여 상고를 제기하였다면 상고의 이익이 없어 부적법하다.[669)]

원고의 주위적 청구를 기각하면서 예비적 청구를 일부 인용한 환송 전 항소심판결에 대하여 피고만이 상고하고 원고는 상고도 부대상고도 하지 않은 경우에, 주위적 청구에 대한 항소심판단의 적부는 상고심의 조사대상으로 되지 아니하고 환송 전 항소심판결의 예비적

666) 대법원 2016.1.28. 2013다51933.
667) 이시윤, 전게서, 399면.
668) 상게서, 583-584면.
669) 대법원 2008.3.14. 2006다2940.

청구 중 피고 패소 부분만이 상고심의 심판대상이 되는 것이므로, 피고의 상고에 이유가 있는 때에는 상고심은 환송 전 항소심판결 중 예비적 청구에 관한 피고 패소 부분만 파기하여야 하고, 파기환송의 대상이 되지 아니한 주위적 청구부분은 예비적 청구에 관한 파기환송판결의 선고와 동시에 확정되며 그 결과 환송 후 원심에서의 심판범위는 예비적 청구 중 피고 패소 부분에 한정된다.[670)]

판결이 확정된 경우에는 당사자는 해당 판결이 확정되었음을 증명하는 서류를 교부받을 필요가 있다. 이를 **판결의 확정증명**이라고 한다. 원고 또는 피고가 판결확정증명서를 신청한 때에는 제1심 법원의 법원사무관 등이 기록에 따라 내어 준다(민소 499조 1항). 제1심 법원의 법원사무관 등이 판결확정증명서를 발급한다는 점에 주의할 필요가 있다. 소송이 완결된 뒤 상고가 제기되지 아니하고 상고기간이 끝난 때에는 법원사무관 등은 판결서 또는 항소장각하명령(민소 402조)의 정본을 소송기록에 붙여 제1심 법원에 보내야 하기 때문이다(민소 421조, 425조). 다만 소송기록이 상급심에 있는 때에는 상급법원의 법원사무관 등이 그 확정부분에 대하여만 증명서를 내어 준다(민소 499조 2항).

판결이 형식적으로 확정되면 소송은 종국적으로 종결되고 이로 인하여 해당 판결의 내용에 따라 기판력, 형성력, 기속력 및 집행력이 발생한다.

다. 기판력(실질적 확정력)

(1) 기판력의 의의 및 법적 근거 등

판결이 확정되면 후소에서 전소판결의 소송물과 동일하거나 전소판결의 소송물이 후소의 선결문제가 되거나 모순관계에 있을 때에 전소판결의 당사자 및 그 승계인들이 전소판결의 내용에 반하는 주장을 할 수 없을 뿐만 아니라 법원 역시 그에 반하는 판단을 할 수 없는 효력이 발생하는 바 이를 기판력 또는 실질적 확정력이라고 한다.[671)]

행정소송법 상 기판력에 관한 명문의 규정은 없으나 민사소송법에는 기판력의 객관적 범위(민소 216조) 및 주관적 범위(민소 218조)에 관한 규정이 있는 바, 해당 규정들이 조세소송에 준용된다(행소 8조 2항). 확정판결의 존부는 당사자의 주장이 없더라도 법원이 이를 직권으로 조사하여 판단하지 않으면 아니 되고, 더 나아가 당사자가 확정판결의 존재를

670) 대법원 2001.12.24. 2001다62213.
671) 대법원 1995.3.24. 94다46114.

사실심 변론종결시까지 주장하지 아니하였더라도 상고심에서 새로이 이를 주장, 입증할 수 있다.[672)]

(2) 기판력의 범위

기판력의 효력이 미치는 범위는 주관적, 객관적 또는 시적 범위로 구분할 수 있다.

먼저 기판력의 주관적 범위에 대하여 본다. **확정판결은 당사자, 변론을 종결한 뒤의 승계인(변론 없이 한 판결의 경우에는 판결을 선고한 뒤의 승계인) 또는 그를 위하여 청구의 목적물을 소지한 사람에 대하여 효력이 미친다**(민소 218조 1항). 당사자가 변론을 종결할 때(변론 없이 한 판결의 경우에는 판결을 선고할 때)까지 승계사실을 진술하지 아니한 때에는 변론을 종결한 뒤(변론 없이 한 판결의 경우에는 판결을 선고한 뒤)에 승계한 것으로 추정한다(민소 218조 2항). 다른 사람을 위하여 원고나 피고가 된 사람에 대한 확정판결은 그 다른 사람에 대하여도 효력이 미친다(민소 218조 3항). 또한 과세처분 취소소송의 피고는 처분청이므로 행정청을 피고로 하는 취소소송에 있어서의 기판력은 당해 처분이 귀속하는 국가 또는 공공단체에 미친다.[673)] 전소판결이 제3자에게 영향을 미치는지 여부는 후술하는 형성력과 관계된 쟁점이다.

기판력의 객관적 범위에 대하여 본다. **확정판결은 주문에 포함된 것에 한하여 기판력을 가진다**(민소 216조 1항). 즉 확정판결의 기판력은 소송물로 주장된 법률관계의 존부에 관한 판단의 결론 그 자체에만 미치는 것이고 판결이유에서 설시된 그 전제가 되는 법률관계의 존부에까지 미치는 것은 아니다.[674)] 다만 확정판결의 기판력의 범위는 판결주문의 문언의 형식에만 의하여 판단할 것이 아니고 판결에 기재된 이유와 대조하여 그 실질적 범위를 인정하여야 한다.[675)]

그렇다면 **판결주문의 실질적 동일성 여부는 어떻게 판정하여야 하는가?** 이 쟁점은 처분사유 변경의 범위 및 소송물 동일성의 범위를 어떻게 설정하여야 하는 것인지 여부와 동일한 쟁점이다. 이와 관련하여 총액주의와 쟁점주의 모두 청구의 기초 즉 기본적인 과세요건사실의 동일성을 잃지 않는 범위 내에서만 처분사유를 변경할 수 있고 소송물의 동일성 역

672) 대법원 1989.10.10. 89누1308.
673) 대법원 1998.7.24. 98다10854.
674) 대법원 2000.2.25. 99다55472.
675) 대법원 1970.7.28. 70누66.

시 유지된다는 입장이다. 판례 역시 처분청은 당초처분의 근거로 삼은 사유와 기본적 사실관계가 동일성이 있다고 인정되는 한도 내에서만 다른 사유를 추가 혹은 변경할 수 있고, 여기서 사실관계의 동일성 유무는 처분사유를 법률적으로 평가하기 이전의 구체적인 사실에 착안하여 그 기초인 사회적 사실관계가 기본적인 점에서 동일한지 여부에 따라 결정되며, 변경된 사유가 처분 당시에 그 사유를 명기하지 않았을 뿐 이미 존재하고 있었고 당사자도 그 사실을 알고 있었다 하여 당초의 처분사유와 동일성이 있는 것이라고 할 수는 없다고 판시한다.[676)]

한편 **취소사유가 행정처분의 절차 또는 방법 등의 위법과 관련된 경우에는 주문의 동일성 판단에 대하여 주의할 필요가 있다.** 처분의 절차 또는 방법 등을 거치지 않아서 위법하다는 점과 그 절차 또는 방법을 거쳤다는 점은 상호 양립할 수 없는 것으로서 개념 상 동일성 범주에 속할 수 없는 것임을 감안하면 절차 상 하자가 존재하는 처분과 그 하자가 치유된 처분은 별개의 처분으로 보아야 하므로 그 절차 및 방법의 위법성이 향후에야 시정될 수 있는 것이라면 이는 종전 소송물의 동일성 범위에 속하지 않는 것으로 보아야 한다. 따라서 절차 상 하자로 인한 취소판결의 기판력은 그 방법 및 절차에 대하여서만 미치는 것으로 보아야 한다.[677)] 그렇다면 취소사유가 처분의 절차 또는 방법 등에 관한 것이라고 하더라도 해당 주문의 동일성을 기본적 사실관계가 동일한지 여부를 기준으로 판단한다는 점에서는 같다고 할 수 있다. 판례 역시 취소사유가 행정처분의 절차, 방법의 위법으로 인한 것이라면 그 처분 행정청은 그 확정판결의 취지에 따라 그 위법사유를 보완하여 다시 종전의 신청에 대한 거부처분을 할 수 있다고 판시한다.[678)]

이상의 논의를 종합하면 **판결의 주문 역시 당초처분의 근거로 삼은 사유와 기본적 사실관계가 동일성이 있다고 인정되는 한도 내에서만 그 동일성이 인정되고 사실관계의 동일성 여부는 처분사유를 법률적으로 평가하기 이전의 구체적인 사실에 착안하여 그 기초인 사회적 사실관계가 기본적인 점에서 동일한지 여부에 따라 결정되는 것이 타당하다.**

소송판결의 기판력은 그 판결에서 확정한 소송요건의 흠결에 관하여 미친다.[679)] 전소와 후소가 그 소송물을 달리하는 경우에는 전소 확정판결의 기판력이 후소에 미치지 아니한

676) 대법원 2009.11.26. 2009두15586; 대법원 2011.11.24. 2009두19021.
677) 대법원 1997.12.9. 97다25521.
678) 대법원 2005.1.14. 2003두13045.
679) 대법원 1997.12.9. 97다25521.

다.[680] **과세처분권자가 확정판결에 나온 위법사유를 보완하여 한 새로운 과세처분은 확정판결에 의하여 취소된 종전의 과세처분과는 별개의 처분으로서 확정판결의 기판력에 저촉되지 아니한다.** 이에는 두 처분 상 각 처분사유들이 기본적 사실관계에 있어서 동일하지 않다는 점이 전제되어야 한다. 만약 그 동일성의 범위 내라면 별개의 처분이라고 할 수 없기 때문이다. 이러한 점에 근거하여 판례는 과세대상 소득이 부동산임대소득(현재는 사업소득)이 아니라 이자소득이라는 이유로 종합소득세 등 부과처분이 확정판결에 의하여 전부 취소된 후 과세관청이 그 소득을 이자소득으로 보고 종전처분의 부과세액을 한도로 하여 다시 종합소득세 등 부과처분을 한 경우, 그 처분은 종전처분에 대한 확정판결에서 나온 위법사유를 보완하여 한 새로운 과세처분으로서 종전처분과 그 과세원인을 달리하여 확정판결의 기속력 내지 기판력에 어긋나지 아니한다고 판시한다.[681] 한편 판례는 또한 과세관청이 과세대상 소득에 대하여 이자소득이 아니라 대금업에 의한 사업소득에 해당한다고 처분사유를 변경한 것은 처분의 동일성이 유지되는 범위 내에서의 처분사유 변경에 해당한다고 판시한다.[682] 위 판례들은 이자소득과 대금업인 사업소득은 기본적 사실관계가 동일하고, 이자소득과 부동산임대소득(현재는 사업소득)은 기본적 사실관계가 동일하지 않다는 점을 전제한 것으로 보인다. 그러나 다른 판례는 이자소득과 부동산임대소득이 처분사유 변경의 범위 내에 속한다는 전제하에 이자소득과 부동산 임대소득(현재는 사업소득)이 소득세법 상 합산과세 되는 종합소득이라 하여도 과세요건과 소득금액의 산정방식 등을 달리하고 있으므로 납세의무자의 소득이 부동산 임대소득(현재는 사업소득)이라 하여 과세되었으나 이자소득임이 인정되는 경우에는 처분사유를 변경하고 그에 따른 정당한 세액을 주장・입증하지 아니하는 한 당해 처분 전부를 취소하여야 한다고 판시한다.[683] 물론 구체적인 사실관계에 따라 달라질 수 있는 여지가 있지만 이자소득과 부동산 임대소득(현재는 사업소득)과 관련된 위 두 판례는 서로 부합되지 않는 것으로 보인다. 원칙적으로 특별한 사정이 없는 한 이자소득과 부동산 임대소득(현재는 사업소득)은 기본적 사실관계가 동일하지 않은 것으로 보아야 할 것이다.

과세처분취소 청구를 기각하는 판결이 확정되면 그 처분이 적법하다는 점에 관하여 기판

680) 대법원 1996.4.26. 95누5820.
681) 대법원 2002.7.23. 2000두6237.
682) 대법원 2002.3.12. 2000두2181.
683) 대법원 1997.11.14. 96누8307.

력이 생기고 그 후 원고가 다시 이를 무효라 하여 그 무효확인을 소구할 수는 없는 것이어서, 과세처분의 취소소송에서 청구가 기각된 확정판결의 기판력은 그 과세처분의 무효확인을 구하는 소송에도 미친다.[684] **과세처분의 무효확인청구가 기판력에 저촉되는 경우에는 그 과세처분의 근거 법조항이 위헌인지 여부는 재판의 전제가 될 수 없으므로 위헌제청신청이 있더라도 이를 기각하여야 한다.**[685] 무효확인청구에 대한 기각판결이 있는 경우 그 판결의 기판력이 취소청구에도 영향을 미치는지 여부가 문제로 될 수 있으나, 무효사유 이외에 다른 취소사유가 있을 수 있어서 그 기판력이 취소소송에 미치지 않는 것으로 보는 것이 타당하며 제소기간 등 요건을 감안한다면 그 논의의 실익 역시 없다.[686]

기판력의 시적 범위에 대하여 본다. **기판력은 사실심의 변론종결시를 기준으로 하여 발생한다.** 따라서 판결이 확정된 경우 그 기판력에 따라 당사자가 사실심의 변론종결시를 기준으로 그때까지 제출하지 않은 공격방어방법은 그 뒤 다시 동일한 소송을 제기하여 이를 주장할 수 없다.[687] 확정판결의 기판력은 전소의 변론종결 전에 당사자가 주장하였거나 주장할 수 있었던 모든 공격방어방법에 미치고, 다만 변론종결 후에 새로 발생한 사유가 있어 전소 판결과 모순되는 사정 변경이 있는 경우에는 기판력의 효력이 차단된다. 그리고 여기에서 변론종결 후에 발생한 새로운 사유란 새로운 사실관계를 말하는 것일 뿐 기존의 사실관계에 대한 새로운 증거자료가 있다거나 새로운 법적 평가 또는 그와 같은 법적 평가가 담긴 다른 판결이 존재한다는 등의 사정은 포함되지 아니한다.[688]

(3) 기판력과 국가배상소송

과세처분이 취소되지 않은 경우에도 국가배상을 청구할 수 있는가? 세무공무원이 직무상 과실로 과세대상으로 오인하여 과세처분을 행함으로 인하여 손해가 발생된 경우에는, 동 과세처분이 취소되지 아니하였다 하더라도, 국가는 이로 인한 손해를 배상할 책임이 있다.[689] **항고소송에 대한 종국판결이 선고된 경우 그 기판력이 국가배상청구소송에도 미치는가?** 이 쟁점과 관련하여서는 긍정설과 부정설의 대립이 있다.[690] 항고소송의 기판력은

684) 대법원 1996.6.25. 95누1880.
685) 대법원 1993.4.27. 92누9777.
686) 같은 뜻 : 소순무, 전게서, 519면 ; 임승순, 전게서, 328면.
687) 대법원 1992.2.25. 91누6108.
688) 대법원 2016.8.30. 2016다222149.
689) 대법원 1979.4.10. 79다262.
690) 홍정선, 전게서, 1074면 ; 소순무, 전게서, 679-681면.

그 처분이 귀속하는 국가 또는 공공단체에 미치므로,[691] 기각판결의 경우에는 피고의 해당 처분이 적법하다는 점에 대하여, 인용판결의 경우에는 해당 처분이 위법하다는 점에 대하여 해당 판결의 기판력이 그 처분이 귀속하는 국가 또는 공공단체에 미친다고 보아야 한다. 다만 국가배상에 있어서는 해당 처분의 위법성 이외에 세무공무원의 고의 또는 과실 및 손해의 발생에 대한 인과관계 등 별도의 요건이 충족되어야 하므로 반드시 취소소송의 경우와 같은 결론이 도출될 필요는 없다고 본다.

(4) 판결 확정 후 처분의 직권취소와 기판력

취소소송에 대하여 기각판결이 확정된 이후에 과세관청이 해당 처분을 직권취소할 수 있는가? 기판력은 후소에서 전소판결의 소송물과 동일하거나 전소판결의 소송물이 후소의 선결문제가 되거나 모순관계에 있을 때에 전소판결의 당사자 및 그 승계인들이 전소판결의 내용에 반하는 주장을 할 수 없을 뿐만 아니라 법원 역시 그에 반하는 판단을 할 수 없는 효력을 의미하는 것인 바, 후소가 제기된 법원에서 주장하는 것이 아닌 경우에는 기판력이 미치지 않는다고 보는 것이 타당하다.[692] **판례 역시 제척기간이 도과되었는지 여부와 관계없이 직권취소할 수 있다는 취지의 판시를 한다.** 즉 과세제척기간이 만료되면 과세권자로서는 새로운 결정이나 증액경정결정은 물론 감액경정결정 등 어떠한 처분도 할 수 없음이 원칙이라고 할 것이나, 납세자가 항고소송 등 불복절차를 통하여 당초의 과세처분을 다투고 있는 경우에 과세관청이 납세자의 불복내용의 전부 또는 일부를 받아들여 당초의 과세처분을 감액경정하거나 취소하는 것은 그 불복절차의 계속 중 언제든지 가능하다고 보아야 하며, 과세제척기간이 만료되었다는 이유 때문에 그러한 처분이 불가능하거나 위법하다고 해석할 것은 아니라고 판시한다.[693]

라. 형성력

형성력은 판결의 내용에 따라 새로운 법률관계의 발생이나 종래의 법률관계의 변경 또는 소멸을 낳는 효력을 의미한다.[694] 행정처분을 취소한다는 확정판결이 있으면 그 취소판결의 형성력에 의하여 당해 행정처분의 취소나 취소통지 등의 별도의 절차를 요하지 아니하

691) 대법원 1998.7.24. 98다10854.
692) 같은 뜻 ; 소순무, 전게서, 521면.
693) 대법원 2002.9.24. 2000두6657.
694) 이시윤, 전게서, 625면.

고 당연히 취소의 효과가 발생한다.[695] **과세처분을 취소하는 판결이 확정되면 그 과세처분은 처분시에 소급하여 소멸한다.**[696] 따라서 **그 판결의 확정 이후에 과세관청에서 그 과세처분을 경정하는 경정처분을 하였다면 이는 존재하지 않는 과세처분을 경정한 것으로서 그 하자가 중대하고 명백하여 당연무효인 처분에 해당한다.**[697]

과세처분을 취소하는 판결이 확정되면 그 판결의 효력이 제3자에 대하여도 미치는가? 처분 등을 취소하는 확정판결은 제3자에 대하여도 효력이 있다(행소 29조 1항). 판례에 의하면, **취소판결이 제3자에게 효력을 미친다는 것은 취소판결이 제3자의 권리관계에 대하여 그 변동을 초래할 수 있는 새로운 법률요건이 되는 것을 의미한다.** 즉 행정처분을 취소하는 확정판결이 제3자에 대하여도 효력이 있다고 하더라도 일반적으로 판결의 효력은 주문에 포함한 것에 한하여 미치는 것이니 그 취소판결 자체의 효력으로써 그 행정처분을 기초로 하여 새로 형성된 제3자의 권리까지 당연히 그 행정처분 전의 상태로 환원되는 것이라고는 할 수 없고, 단지 취소판결의 존재와 취소판결에 의하여 형성되는 법률관계를 소송당사자가 아니었던 제3자라 할지라도 이를 용인하지 않으면 아니 된다는 것을 의미하는 것에 불과하다 할 것이며, 따라서 취소판결의 확정으로 인하여 당해 행정처분을 기초로 새로 형성된 제3자의 권리관계에 변동을 초래하는 경우가 있다 하더라도 이는 취소판결 자체의 형성력에 기한 것이 아니라 취소판결의 위와 같은 의미에서의 제3자에 대한 효력의 반사적 효과로서 그 취소판결이 제3자의 권리관계에 대하여 그 변동을 초래할 수 있는 새로운 법률요건이 되는 까닭이다.[698] **취소소송 인용판결의 효력이 미치는 제3자의 범위는 어떻게 정하여지는가?** 해당 처분의 취소에 대하여 직접적인 이해관계가 있는 제3자가 위 제3자의 범위에 포함되는 것은 명백하지만 그러한 이해관계가 없는 제3자에 대하여 판결의 효력이 미치는지 여부와 관련하여서는 학설이 나뉜다.[699] 조세소송은 개별 납세의무자의 조세채무에 관한 것이어서 특별한 사정이 없는 한 그 소송 자체가 공익적 성격을 갖는 것은 아니고 취소소송의 경우에는 해당 처분에 대한 제소기간이 불변기간으로서 정하여져 있다는 점을 감안한다면, 조세소송에 있어서 특정 납세자가 제기한 판결의 효력이 그러한 소송에 이르지 않은 자에게 미치도록 할 사정은 통상 없다고 보인다. 또한 납세의무는 조세법률주의에

695) 대법원 1991.10.11. 90누5443.
696) 대법원 1999.2.5. 98도4239.
697) 대법원 1989.5.9. 88다카16096.
698) 대법원 1986.8.19. 83다카2022.
699) 홍정선, 전게서, 1076면.

의하여 법률에 의하여서만 창설되는 바, 해당 납세의무가 소송의 제기와 무관하게 납세자 전체에 대하여 영향을 미치는지에 관한 쟁점은 해당 법률의 위헌 여부와 관련된 것이므로 이를 취소소송 판결의 제3자에 대한 효력의 쟁점으로 다룰 것은 아니다. 한편 취소소송 판결은 그 판결의 기판력이 미치는 자 및 원고적격을 갖는 이해관계자에 대하여 영향을 미치는 것이나 해당 판결의 기판력이 미치는 자를 제3자라고 할 수 없다. 따라서 특별한 사정이 없는 한 원고적격을 갖는 이해관계자만이 제3자의 범위에 속한다고 보는 것이 타당하다.

조세소송의 경우 취소판결이 제3자에게 효력을 미치는 구체적인 예는 다음과 같다.[700)] 제2차 납세의무자로서 납부고지서를 받은 자가 본래 납세의무자에 대한 과세처분에 대하여 승소판결을 받은 경우에는, 비록 본래 납세의무자에 대한 처분에 확정력이 생겼다고 할지라도 취소판결의 효력은 본래 납세의무자에게도 미친다. 공동상속인 중 일부만이 원고가 되어 소를 제기하지 않은 공동상속인에 대한 과세처분에 관하여서도 불복하여 승소한 경우 그 승소한 범위 내에서는 소송을 제기하지 아니한 공동상속인에 대하여도 그 판결의 효력이 미친다.

마. 기속력

처분 등을 취소하는 확정판결은 그 사건에 관하여 당사자인 행정청과 그 밖의 관계행정청을 기속한다(행소 30조 1항). 이를 **기속력**이라고 한다. 또한 **판결에 의하여 취소되는 처분이 당사자의 신청을 거부하는 것을 내용으로 하는 경우에는 그 처분을 행한 행정청은 판결의 취지에 따라 다시 이전의 신청에 대한 처분을 하여야 한다**(행소 30조 2항). 이 경우 **신청에 따른 처분이 절차의 위법을 이유로 취소되는 경우에도 마찬가지이다**(행소 30조 3항). 기속력에 관한 위 규정들은 무효 등 확인소송과 부작위위법확인소송에 대하여서도 준용된다(행소 38조 1항, 2항). 한편 **기속력을 갖는 취소판결과 동일한 위법사유를 갖는 다른 처분에 대하여서도 기속력이 미치는가?** 소송은 개별적인 당사자의 권리를 구제하기 위한 제도로서 입법작용과 같이 일반적 추상적 기능을 하는 것은 아니므로 이러한 경우에 대하여서도 기속력을 확장하여 적용할 것은 아니다.[701)]

기속력의 내용은 당사자인 행정청과 그 밖의 관계 행정청이 확정판결에 저촉되는 처분을 할 수 없다는 효력과 행정청이 종전 거부되었던 당사자의 신청에 대하여 판결의 취지에 따

700) 소순무, 전게서, 517면.
701) 홍정선, 전게서, 1081면.

라 다시 처분을 하여야 하는 효력으로 구분된다. 통상 전자는 반복금지효로, 후자는 재처분의무로 부른다.

먼저 **반복금지효에 대하여 본다.**

반복금지효는 확정판결에 저촉되는 처분을 하지 못하는 것인 바, 이 경우 기속력의 대상을 확정판결의 주문으로 한정하는 규정이 없다. 이는 기판력의 경우와는 다르다(민소 216조 1항). 따라서 판결의 주문뿐만 아니라 판결이유에 기재된 사항에도 기속력이 미친다고 볼 여지가 있다. 판례 역시 기속력은 판결의 주문 및 전제가 되는 처분 등의 구체적 위법사유에 관한 판단에도 미친다고 판단한다.[702] 다만 이러한 기속력 역시 소송물의 동일성 범위를 벗어나는 사유, 즉 기본적 사실관계의 동일성이 인정되지 않는 사유에 대하여서는 그 효력이 미치지 않는다고 보아야 한다. 이는 당초의 소송물로서 심리의 대상에 포함될 수 없었기 때문이다. 따라서 당초의 과세처분에 대한 취소소송에서 청구기각판결이 확정된 이후에 과세관청이 기본적 사실관계가 동일하지 않은 납세자의 탈루소득이나 재산누락을 추가로 발견하였음을 이유로 당초처분에서 인정된 과세표준과 세액을 포함하여 전체의 과세표준과 세액을 새로이 결정한 다음 당초처분의 세액을 공제한 나머지를 추가로 고지하는 내용의 재처분을 하는 것은 가능하다. 이 경우에는 당초처분이 재처분에 흡수되어 소멸된다고 할 수 없는 것이므로 추가된 재처분에 한하여 그 취소를 구할 수 있다.[703] 나아가 새로운 처분의 처분사유가 종전 처분의 처분사유와 기본적 사실관계에서 동일하지 않은 다른 사유에 해당하는 이상, 처분사유가 종전 처분 당시 이미 존재하고 있었고 당사자가 이를 알고 있었더라도 이를 내세워 새로이 처분을 하는 것은 확정판결의 기속력에 저촉되지 않는다.[704] 또한 소송물의 동일성 기준 이외에 다른 사유를 기준(판결이유에 구체적으로 기재되었는지 여부 또는 처분시 존재하였는지 여부 등)으로 기속력의 범위를 정할 근거는 없다고 판단한다. 그런데 기판력의 적용에 있어서도 판결 주문의 동일성 여부를 판단함에 있어서 기본적 사실관계가 동일한지 여부를 기준으로 하는 것이므로 실질적으로 기속력의 경우와 다르지 않다. 다만 기판력은 후소에서 종전 확정판결에 반하는 주장 또는 판단을 허용하지 않는 효력임에 반하여 기속력은 후소가 제기된 법원과 관계없는 영역에도 적용된다는 점에서 차이를 보인다. 그러나 위 법원과 관계없는 영역에서 이루어진 처분이라고 할지라

702) 대법원 2016.3.24. 2015두48235.
703) 대법원 2004.12.9. 2003두4034.
704) 대법원 2016.3.24. 2015두48235.

도 그에 대하여 다툼이 있는 경우에는 결국 법원을 통하여 그 분쟁이 해결되어야 할 것이므로 기속력과 기판력은 그 효력의 객관적 범위와 관련하여서는 차이가 없다고 보아야 한다. 반복금지효에 어긋나는 처분은 당연무효이다. 즉 확정판결의 당사자인 처분행정청이 그 행정소송의 사실심 변론종결 이전의 사유를 내세워 다시 확정판결에 저촉되는 행정처분을 하는 것은 허용되지 않는 것으로서 이러한 행정처분은 그 하자가 중대하고도 명백한 것이어서 당연무효라 할 것이다.[705)]

기속력의 반복금지효는 당사자인 행정청과 그 밖의 관계 행정청에 대하여 그 효력이 미친다. 한편 기판력은 원칙적으로 원고 또는 피고인 당사자, 변론을 종결한 뒤의 그 승계인(변론 없이 한 판결의 경우에는 판결을 선고한 뒤의 승계인) 또는 그를 위하여 청구의 목적물을 소지한 사람에 대하여 효력이 미치고(민소 218조 1항), 피고인 행정청과 관련하여서는 행정청과 당해 처분이 귀속하는 국가 또는 공공단체에도 그 효력이 미친다.[706)] 기속력은 피고인 행정청에 대하여 작용하는 것이고 관계 행정청에 대하여서도 그 효력이 미치는 반면에, 기판력은 원고, 피고 및 후소 법원 모두에 대하여 적용되는 것이고 당해 처분이 귀속되는 국가 또는 공공단체 자체에 대하여서도 그 효력이 미친다.

재처분의무에 대하여 본다.

재처분의무는 거부처분에 대한 취소판결이 확정된 경우에는 당초처분은 소멸하고 당초 당사자의 신청은 여전히 그 효력을 유지할 것인 바, 그 신청에 대하여 행정청이 새로운 처분을 할 적극적 작위의무를 부담시키는 것을 의미한다. 절차의 위법을 이유로 당초 신청에 대한 처분이 취소된 경우에도 행정청이 재처분의무를 부담한다는 점은 기술한 바와 같다. 여기에서 행정청이 재처분의무를 부담한다는 것은 거부처분이 법원의 판결에 의하여 취소된 경우에 당사자의 신청에 대하여 다시 심의를 하여 결정할 의무를 부담하는 것을 의미할 뿐, 위와 같은 취소 판결로 인하여 당연히 당초처분 당시로 소급하여 그 처분을 회복할 의무를 부담한다고 볼 수는 없다.[707)] 따라서 행정청의 거부처분을 취소하는 판결이 확정된 경우 그 취소사유가 행정처분의 절차, 방법의 위법으로 인한 것이라면 그 처분 행정청은 그 확정판결의 취지에 따라 그 위법사유를 보완하여 다시 종전의 신청에 대한 거부처분을 할 수 있고 그러한 처분도 위 조항에 규정된 재처분에 해당한다.[708)] 즉 당초처분사유와는 별개의 새로운 처분사

705) 대법원 1990.12.11. 90누3560.
706) 대법원 1998.7.24. 98다10854.
707) 대법원 2009.3.26. 2009두416.

유가 존재하거나 해당 처분 이후에 법령이 개정되는 경우 또는 당초처분 상 절차의 위법이 시정되는 경우 등에는 행정청이 판결의 내용과 다른 처분을 할 수 있다.

만약 행정청이 기속력에 따른 재처분의무를 이행하지 않을 경우 이를 강제할 방법은 있는가? 거부처분 취소판결은 거부처분을 행한 행정청으로 하여금 그 판결의 취지에 따라 다시 이전의 신청에 대한 처분을 하도록 하는 기속력을 갖기는 하지만(행소 30조 2항), 그 판결을 채무명의로 하여 행정청의 재처분의무를 민사소송법 상의 강제집행절차에 의하여 실현할 수 있는 집행력을 갖지는 못한다.[709] 또한 행정청이 재처분의무를 부담한다고 하더라도 행정청으로서는 적극적 처분을 하기만 하면 그 의무를 충족한 것이고, 당사자가 자신이 신청한 내용에 따라 행정청이 처분할 것을 요청할 수 있는 법규 상 또는 조리 상의 권리를 갖고 있는 것은 아니므로 행정청의 부작위에 대하여 위법확인을 구할 원고적격을 가지는 것은 아니다.[710] 다만 이 경우 당사자는 제1심 수소법원에 간접강제를 신청할 수 있는 바(행소 34조 1항), 이에 대하여서는 항을 바꾸어 집행력 부분에서 본다.

과세관청은 판결이 확정된 날부터 1년이 지나기 전까지는 설사 해당 처분에 대한 제척기간이 경과하였다고 하더라도 해당 판결에 따라 경정결정이나 그 밖에 필요한 처분을 할 수 있다는 규정은 납세자만을 위하여 적용되는 것인가? 이 규정(국기 26의2 2항)을 특례 제척기간에 관한 것이라고 하는 바, 이는 해당 판결의 기속력을 확보하기 위한 것이다. 판례는 납세자뿐만 아니라 과세관청을 위하여서도 적용된다고 한다. 즉 종전의 과세처분이 위법하다는 이유로 이를 취소하는 판결이 선고·확정된 후 1년 내에 과세관청이 그 잘못을 바로잡아 다시 과세처분을 한 경우, 과세관청이 납세자에게 유리한 재처분만 할 수 있을 뿐 납세자에게 불리한 재처분을 할 수 없다는 국세행정관행이 존재한다고 볼 수 없다고 판시한다.[711] 다만 **과세관청은 해당 처분을 할 수 있는 제척기간이 이미 도과된 상태이므로 종전 처분과 기본적 사실관계가 동일한 범위, 즉 소송물이 동일한 범위 내에서만 처분을 할 수 있을 뿐이지 종전 처분과 별개의 처분에 속하는 처분을 할 수는 없다고 판단한다.** 판례 역시 과세권자로서는 당해 판결 등에 따른 경정결정이나 그에 부수되는 처분만을 할 수 있을 뿐, 판결 등에 따르지 아니하는 새로운 결정이나 증액경정결정까지도 할 수 있는 것은 아니

708) 대법원 2005.1.14. 2003두13045.
709) 대법원 2001.11.13. 99두2017.
710) 대법원 1996.5.14. 96누1634.
711) 대법원 2002.7.23. 2000두6237.

라고 판시한다.[712] **익금의 산입시기가 잘못되었다는 이유로 종전 처분을 취소하는 결정을 한 경우 과세관청이 이미 부과제척기간이 경과한 다른 사업연도의 익금에 당해 익금을 산입하여 재처분을 하는 것이 가능한가?** 판례는 이를 부인한다. 즉 국세심판결정에서 익금의 산입시기가 잘못되었다는 이유로 종전 처분을 취소하는 결정을 한 경우 과세관청이 당해 익금을 이미 부과제척기간이 경과한 다른 사업연도의 익금에 산입하여 재처분을 하는 것이 '결정이 확정된 날로부터 1년이 경과되기 전까지는 당해 결정에 따라 경정결정 기타 필요한 처분을 할 수 있는' 경우(국기 26의2 2항)에 해당하지 않는다고 판시한다.[713] **과세관청이 판결의 확정 이후에 1년 내에 처분을 하는 경우, 그 처분에 제3자에 대한 처분 역시 포함되는가?** 판례는 이를 부인한다. 즉 과세권자는 판결이나 심판결정 등이 확정된 날로부터 1년 내라 하더라도 납세의무가 승계되는 등의 특별한 사정이 없는 한, 당해 판결 등을 받은 자로서 그 판결 등이 취소하거나 변경하고 있는 과세처분의 효력이 미치는 납세의무자에 대하여서만 그 판결 등에 따른 경정처분 등을 할 수 있을 뿐 그 취소나 변경의 대상이 된 과세처분의 효력이 미치지 아니하는 제3자에 대하여서까지 재처분을 할 수 있는 것은 아니다.[714]

또한 **특례 제척기간의 적용요건인 판결의 확정에 있어서 그 판결은 취소판결만을 의미하는가?** 위 '판결'이란 그 판결에 따라 경정결정 기타 필요한 처분을 행하지 않으면 안 되는 판결, 즉 조세부과처분이나 경정거부처분에 대한 취소판결 등을 의미하는 것이고, 원고의 청구를 기각하는 판결이나 소를 각하하는 판결은 여기에 해당하지 않는다.[715]

기속력과 기판력은 동일한 것인가? 기속력은 취소 청구가 인용된 판결에서 인정되는 것으로서 당사자인 행정청과 그 밖의 관계행정청에게 확정판결의 취지에 따라 행동하여야 할 의무를 지우는 작용을 하고, 기판력은 기판력 있는 전소 판결의 소송물과 동일한 후소를 허용하지 않음과 동시에, 후소의 소송물이 전소의 소송물과 동일하지는 않더라도 전소의 소송물에 관한 판단이 후소의 선결문제가 되거나 모순관계에 있을 때에는 후소에서 전소 판결의 판단과 다른 주장을 하는 것을 허용하지 않는 작용을 한다.[716] 이 쟁점과 관련하여 기판력설과 특수효과설이 대립한다.[717] 기속력과 기판력은 그 효력의 측면에서 유사한 점

712) 대법원 2005.2.25. 2004두11459.
713) 대법원 2004.1.27. 2002두11011.
714) 대법원 2005.3.24. 2003두9473.
715) 대법원 2005.2.25. 2004두11459.
716) 대법원 2016.3.24. 2015두48235.

이 많으나, 기판력은 판결 그 자체에 대하여 인정되는 효력이고 기속력은 인용된 취소판결에 대하여서만 인정되는 효력이라는 점, 기판력은 원고, 피고 및 후소 법원 모두에 대한 것이지만 기속력은 피고에 대하여서만 적용되는 것이라는 점, 기판력은 후소 법원과 관련하여 효력을 미치는 것이지만 기속력은 그와 상관이 없다는 점 및 기속력은 관계 행정청에 대하여서도 효력이 미친다는 점 등에서 차이를 보이므로 특수효력설이 타당하다고 판단한다.[718]

바. 집행력

취소판결은 그 판결을 채무명의로 하여 행정청의 재처분의무를 민사소송법 상의 강제집행절차에 의하여 실현할 수 있는 집행력을 갖지는 못한다.[719] 다만 무명항고소송의 일종으로서 이행소송을 인정한다면 위와 같은 집행력이 인정될 것이나, 현행법 상 이는 인정되지 않는다. 행정소송법은 이러한 경우에 대비하기 위하여 **간접강제**에 관한 규정을 두고 있다(행소 34조 1항). 이하 간접강제에 대하여 살핀다.

행정청이 판결의 취지에 따라 다시 이전의 신청에 대한 처분을 하여야 할 의무(행소 30조 2항)가 있음에도 이를 하지 아니하는 때에는 제1심 수소법원은 당사자의 신청에 의하여 결정으로써 상당한 기간을 정하고 행정청이 그 기간 내에 이행하지 아니하는 때에는 그 지연기간에 따라 일정한 배상을 할 것을 명하거나 즉시 손해배상을 할 것을 명할 수 있다(행소 34조 1항). 이를 간접강제라고 한다. 이 경우 결정은 변론 없이 할 수 있으나, 결정하기 전에 행정청을 심문하여야 한다(행소 34조 2항 ; 민사집행 262조). 소송비용에 관한 규정(행소 33조) 역시 위 결정에 대하여 적용된다(행소 34조 2항). **행정청의 재처분이 당연무효인 경우에도 간접강제 규정을 적용할 수 있는가?** 판례는 이를 긍정한다. 즉 재처분을 하였다 하더라도 그것이 종전 거부처분에 대한 취소의 확정판결의 기속력에 반하는 등으로 당연무효라면 이는 아무런 재처분을 하지 아니한 때와 마찬가지라 할 것이므로 이러한 경우에는 간접강제 신청에 필요한 요건을 갖춘 것으로 보아야 한다.[720]

행정청이 법원이 정한 기한 내에 재처분을 하지 않는 경우에는 간접강제 자체가 집행권

717) 홍정선, 전게서, 1077-1078면.
718) 같은 뜻 : 상게서, 1078면.
719) 대법원 2001.11.13. 99두2017.
720) 대법원 2002.12.11. 2002무22.

원이 되어 금전채권의 집행방법에 따라 배상금을 추심할 수 있고, 간접강제신청에 대한 인용결정과 기각결정에 대하여는 즉시항고할 수 있다(민사집행 261조 2항). **행정청이 법원이 정한 기간이 경과된 후 재처분을 한 경우에도 배상금을 추징할 수 있는가?** 판례는 이를 부인한다. 즉 간접강제결정에 기한 배상금은 거부처분취소판결이 확정된 경우 그 처분을 행한 행정청으로 하여금 확정판결의 취지에 따른 재처분의무의 이행을 확실히 담보하기 위한 것으로서, 확정판결의 취지에 따른 재처분 의무내용의 불확정성과 그에 따른 재처분에의 해당 여부에 관한 쟁송으로 인하여 간접강제결정에서 정한 재처분의무의 기한 경과에 따른 배상금이 증가될 가능성이 자칫 행정청으로 하여금 인용처분을 강제하여 행정청의 재량권을 박탈하는 결과를 초래할 위험성이 있는 점 등을 감안하면, 이는 확정판결의 취지에 따른 재처분의 지연에 대한 제재나 손해배상이 아니고 재처분의 이행에 관한 심리적 강제수단에 불과한 것으로 보아야 하므로, 특별한 사정이 없는 한 간접강제결정에서 정한 의무이행 기한이 경과한 후에라도 확정판결의 취지에 따른 재처분의 이행이 있으면 배상금을 추심함으로써 심리적 강제를 꾀할 목적이 상실되어 처분상대방이 더 이상 배상금을 추심하는 것은 허용되지 않는다고 판시한다.[721)]

취소판결의 간접강제에 관한 규정은 부작위위법확인소송의 경우에도 준용된다(행소 38조 2항). **다만 무효 등 확인판결과 관련하여서도 재처분의무에 관한 규정이 준용되나, 간접강제에 대한 규정은 준용되지 않는다**(행소 38조 1항, 30조 2항). 이와 관련하여 무효 등 확인판결에 대하여서도 간접강제 규정이 적용되는지 여부에 대한 논의가 있다. 판례는 그 적용을 부정한다. 즉 행정처분에 대하여 무효확인 판결이 내려진 경우에는 그 행정처분이 거부처분인 경우에도 행정청에 판결의 취지에 따른 재처분의무가 인정될 뿐 그에 대하여 간접강제까지 허용되는 것은 아니라고 판시한다.[722)]

Ⅸ 종국판결 이외의 소송의 종료사유

취소소송은 법원의 종국판결에 의하여 종료되는 것이 원칙이나 민사소송법 상으로는 그 밖의 소의 취하, 청구의 포기・인낙, 재판 상 화해 및 조정 등에 의하여 종료될 수도 있다.

721) 대법원 2004.1.15. 2002두2444.
722) 대법원 1998.12.24. 98무37.

이하 위 각 사유들이 조세소송의 경우에도 적용될 수 있는지 여부를 살핀다.

1 소의 취하

소의 취하는 원고가 제기한 소의 일부 또는 전부를 철회하는 법원에 대한 단독적 의사표시이다.[723] 행정소송의 경우에도 법원은 당사자가 신청하지 아니한 사항에 대하여는 판결하지 못하고(민소 203조 ; 행소 8조 2항), 원고가 청구하지 아니한 처분에 대하여 판결한 것은 처분권주의에 반하여 위법하다는 점[724]을 감안한다면 **행정소송의 경우에도 민사소송법 상 소 또는 상소의 취하가 적용된다**고 할 것이다. **다만** 과세관청과 납세자는 계속적으로 접촉하는 관계인 바 과세관청이 이를 이용하여 납세자에게 소를 취하할 것을 암묵적 또는 직접적으로 강요하거나 압력을 행사할 수 있다. 따라서 **소의 취하가 과세관청의 암묵적 또는 직접적으로 강요 내지 압력에 의하여 이루어진 것이라면** 설사 소의 취하가 이루어져 소송이 종결되었다고 하더라도 해당 세무공무원의 행위는 고의 또는 중과실에 의한 위법한 것이다. 이 경우 **국가 및 해당 공무원이 그 세액에 대한 적부를 떠나 소를 취하한 세액 전체 및 그에 대한 이자상당액을 배상해야 하는 것으로 해석하는 것이 타당하다.**

행정소송에 민사 상 관련청구가 병합된 경우(행소 10조) **행정소송이 취하되었다면, 남은 민사 상 청구는 당초의 관할 법원으로 이송하는 것이 타당하다.** 또한 결과에 따라 권리 또는 이익의 침해를 받을 **제3자가 조세소송에 참가한 경우**(행소 18조)**에는 참가인과 피참가인 모두의 의사가 합치되어야 소 또는 상소의 취하가 가능하다.**[725]

이하 민사소송법 상 소취하의 내용에 대하여 본다.

소 또는 상소는 판결이 확정될 때까지 그 전부나 일부를 취하할 수 있고(민소 266조 1항, 393조 1항, 425조), 취하된 부분에 대하여는 소가 처음부터 계속되지 아니한 것으로 보며(민소 267조 1항, 393조 2항, 425조) 본안에 대한 종국판결이 있은 뒤에 소를 취하한 사람은 같은 소를 제기하지 못한다(민소 267조). 소의 취하는 서면으로 하여야 하나, 변론 또는 변론준비기일에서 말로 할 수 있다(민소 266조 3항, 393조 2항, 425조). 소장을 송달한 뒤에는 취하의 서면을 상대방에게 송달하여야 하고, 변론 또는 변론준비기일에서 말로 취하한 경우에는 상대방이 변론 또는 변론준비기일에 출석하지 아니한 때에는 그 기일의 조서등본을 송달하여야 한다

723) 이시윤, 전게서, 528면.
724) 대법원 1993.6.8. 93누4526 ; 대법원 1989.12.26. 88누9510.
725) 소순무, 전게서, 503면.

(민소 266조 4항 5항, 393조 2항, 425조). 소취하의 서면이 송달된 날부터 2주 이내에 상대방이 이의를 제기하지 아니한 경우에는 소취하에 동의한 것으로 보고, 변론 또는 변론준비기일에서 말로 취하한 경우 상대방이 기일에 출석한 경우에는 소를 취하한 날부터, 상대방이 기일에 출석하지 아니한 경우에는 위 등본이 송달된 날부터 2주 이내에 상대방이 이의를 제기하지 아니하는 때에도 또한 같다(민소 266조 5항, 393조 2항, 425조).

양쪽 당사자가 변론기일에 출석하지 아니하거나 출석하였다 하더라도 변론하지 아니한 때에는 재판장은 다시 변론기일을 정하여 양쪽 당사자에게 통지하여야 하고, 새 변론기일 또는 그 뒤에 열린 변론기일에 양쪽 당사자가 출석하지 아니하거나 출석하였다 하더라도 변론하지 아니한 때에는 1월 이내에 기일지정신청을 하지 아니하면 소를 취하한 것으로 본다(민소 268조 1항 2항).

그 밖에 화재, 사변 또는 그 밖의 재난으로 소송기록이 멸실된 경우 소송관계인이 6개월 내에 소장을 제출하지 아니하는 경우에는 소 또는 상소는 취하된 것으로 본다(법재법 1조-3조).

2 청구의 포기 · 인낙

청구의 포기 · 인낙을 변론조서 · 변론준비기일조서에 적은 때에는 그 조서는 확정판결과 같은 효력을 가진다(민소 220조). **청구의 포기**는 변론 또는 변론준비기일에서 원고가 자기의 소송 상 청구가 이유 없음을 자인하는 법원에 대한 일방적 의사표시이고, **청구의 인낙**은 피고가 원고의 소송 상 청구가 이유 있음을 자인하는 법원에 대한 일방적 의사표시이다.[726)]

행정소송에도 민사소송법 상 청구의 포기 및 인낙이 인정되는가? 이와 관련하여서는 긍정설과 부정설이 대립한다.[727)] 청구의 포기 및 인낙의 적용을 부인하는 규정은 없고, 이를 인정한다고 하더라도 납세자 또는 과세관청 중 일방을 불리하게 취급하는 것도 아니다. 이하 청구의 포기와 청구의 인낙으로 나누어 살핀다.

청구의 포기에 대하여 검토한다. 행정소송의 경우에도 소의 취하가 허용되고 소의 취하가 허용되는 경우에는 소가 처음부터 계속되지 아니한 것으로 보며(민소 267조 1항, 393조 2항, 425조), 본안에 대한 종국판결이 있은 뒤에 소를 취하한 사람은 같은 소를 제기하지 못한다(민소 267조). 이러한 소 취하 효과는 취소소송의 제소기간 등을 감안한다면 청구의 포기와

726) 이시윤, 전게서, 541면.
727) 홍정선, 전게서, 1090면 참조.

그 효과가 거의 동일하다. 또한 소 취하의 경우에는 상대방이 일정한 기간 내에 이의하지 않는 것 또는 일정한 기간 내에 기일지정신청을 하지 않을 것을 조건으로 하는 바, 현실적으로 위 각 조건과 상관없이 원고가 스스로 청구를 포기할 필요 역시 있다. **다만** 과세관청과 납세자는 계속적으로 접촉하는 관계인 바 과세관청이 이를 이용하여 납세자에게 청구를 포기할 것을 암묵적 또는 직접적으로 강요하거나 압력을 행사할 수 있다. 따라서 **청구의 포기가 과세관청의 암묵적 또는 직접적으로 강요 내지 압력에 의하여 이루어진 것이라면** 설사 청구의 포기가 이루어져 조서에 기재됨으로 인하여 해당 소송이 종결되었다고 하더라도 해당 세무공무원의 행위는 고의 또는 중과실에 의한 위법한 것이다. 이 경우 **국가 또는 해당 공무원이 그 세액에 대한 적부를 떠나 청구를 포기한 세액 전체 및 그에 대한 이자상당액을 배상해야 하는 것으로 해석하는 것이 타당하다.**

청구의 인낙에 대하여 검토한다. 과세관청은 납세자가 항고소송 등 불복절차를 통하여 당초의 과세처분을 다투고 있는 경우에 과세관청이 납세자의 불복내용의 전부 또는 일부를 받아들여 당초의 과세처분을 감액경정하거나 취소하는 것은 그 불복절차의 계속 중 언제든지 가능하다고 보아야 하며, 과세제척기간이 만료되었다는 이유 때문에 그러한 처분이 불가능하거나 위법하다고 해석할 것은 아니라는 점[728]을 감안한다면 굳이 청구의 인낙을 인정하지 않을 실익이 없다고 본다. 오히려 청구의 인낙을 인정하면 당사자들은 직권취소의 경우와 달리 확정판결과 동일한 효력을 얻을 수 있으므로, 청구의 인낙을 위 직권취소와 별도로 인정할 실익 역시 있다. 다만 **청구의 인낙은 원고의 청구가 정당하다는 점을 전제로 하여 이루어져야 한다.** 만약 그렇지 않다면 이는 세무공무원의 재량에 의한 과세를 인정하는 것이므로 허용될 수 없고 설사 청구의 인낙이 조서에 기재되었다고 할지라도 해당 세무공무원의 그 행위는 위법하다고 보아야 한다. 이러한 경우에 대비하여 세무공무원이 청구의 인낙을 하기 위하여 거쳐야 할 절차를 확립하고 해당 절차를 적절하게 거친 경우에는 해당 공무원을 면책할 필요가 있다.

결론적으로 **청구의 포기 및 인낙 역시 조세소송의 경우에도 허용되는 것이 타당하나, 이 제도가 과세관청에 의하여 남용되는 경우는 통제될 필요가 있다.**

728) 대법원 2002.9.24. 2000두6657.

3 재판 상 화해

화해를 변론조서·변론준비기일조서에 적은 때에는 그 조서는 확정판결과 같은 효력을 가진다(민소 220조). 화해는 재판외 화해에 해당하는 민법 상 화해계약(민법 731조)과 재판 상 화해로 구분된다. 여기서 화해는 재판 상 화해를 의미한다. **재판 상 화해**의 경우에는 민법 상 화해계약의 경우와 달리 확정판결과 같은 효력이 부여된다. 재판 상 화해는 다시 제소 전 화해와 소송 상 화해로 구분된다. **제소 전 화해**는 분쟁당사자의 한쪽이 지방법원 등에 화해신청을 하여 단독판사의 주재 하에 행하는 것으로서 화해가 이루어지면 소송 상 화해와 같은 효력을 갖는다. **소송 상 화해**는 소송 계속 중 소송물인 권리관계에 대하여 당사자 양쪽이 양보한 끝에 일치된 결과를 법원에 진술하는 것으로 이를 조서에 적은 때에는 소송은 판결에 의하지 않고 종료된다.[729]

조세법률주의의 하부원칙인 합법성의 원칙에 따르면, 법률의 근거가 없는 한 과세관청이 조세의 감면 및 징수유예를 하는 것은 허용될 수 없고 납세의무의 내용 및 징수의 시기 또는 방법에 관하여서도 과세관청과 납세자는 서로 화해하거나 협정을 체결할 수 없다.[730] 따라서 조세법률관계 자체가 당사자들이 상호 양보하여 당사자 간의 분쟁을 해결하는 것과는 친하지 않는 것이므로 민법 상 화해계약이 적용될 여지는 없다. 그렇다면 **행정소송의 경우에 민사소송법 상 인정되는 재판 상 화해가 행정소송의 경우에도 허용되는가?** 이에 대하여 학설이 긍정설과 부정설로 대립하나, 부정설이 다수설이다.[731] 근래에는 서울행정법원을 중심으로 화해제도를 적용하는 움직임이 있고 조세소송의 경우에도 추계과세의 경우나 지방세에서 비업무용 토지의 취득에 관한 중과세의 적부와 같이 정당한 사유가 문제로 되는 경우 등에는 화해제도를 적용하는 것이 신속하고 적정한 분쟁해결에 도움을 준다는 이유로 행정소송에도 화해제도가 허용되는 것이 타당하다는 견해가 있다.[732] 그러나 사실인정과 관련하여 화해제도를 이용할 경우에는 입증책임에 관한 원칙이 무너질 수 있으며, 이는 세무공무원의 재량에 의한 과세를 허용하는 것과 다를 바가 없으므로 허용할 수 없다고 판단한다. 법률의 해석은 법원의 판단대상에 속하는 것이므로 당사자의 화해대상이 될 수 없을 것이다. 또한 조세소송은 그 실질이 금전채무에 관한 것이므로 당사자들 사이의

729) 이시윤, 전게서, 17면.
730) 金子 宏、前掲書、77頁。
731) 홍정선, 전게서, 1091면.
732) 소순무, 전게서, 505면.

쟁점은 결국 어느 한 당사자가 수령하거나 포기하여야 할 금액의 형태로 귀결된다. 따라서 재판 상 화해제도를 독립적으로 허용하기 보다는, 전항에서 논의한 소의 취하, 직권취소 또는 청구의 포기 및 인낙제도를 활용하는 것이 타당하다.

다만 실질과세원칙에 근거하여 과세가 이루어진 경우에는 그 납세의무의 확정과 관련하여 소송 단계에서 화해를 통하여 분쟁을 종국적으로 해결할 수 있다고 본다.[733)]

4 조정

조정은 법관이나 상임조정위원 또는 조정위원회가 분쟁관계인 사이에 개입하여 대화와 타협의 장을 마련하여 화해로 이끄는 절차를 말한다.[734)] **행정소송의 경우에 민사소송법 상 조정은 허용되는가?** 재판 상 화해와 같은 이유로 조정제도를 독립적으로 허용하기보다는, 전항에서 논의한 소의 취하, 직권취소 또는 청구의 포기 및 인낙제도를 활용하는 것이 타당하다.

다만 실질과세원칙에 근거하여 과세가 이루어진 경우에는 그 납세의무의 확정과 관련하여 소송 단계에서 조정을 통하여 분쟁을 종국적으로 해결할 수 있다고 본다.[735)]

X 상소 및 재심 등

1 상소

가. 항소

고등법원은 행정법원의 제1심 판결에 대한 항소사건을 심판한다(법조 28조 1호). 항소심에 관한 민사소송법 상 규정들은 조세소송의 경우에도 적용된다(행소 8조 2항 ; 민소 390조-421조). 이하 항소에 관하여 간략하게 살핀다.

항소는 판결서가 송달된 날부터 2주 이내에 하여야 하나, 판결서 송달 전에도 할 수 있다(민소 396조 1항). 위 기간은 불변기간이다(민소 396조 2항). 항소는 항소장을 제1심 법원에 제출함으로써 하고, 항소장에는 '당사자와 법정대리인' 및 '제1심 판결의 표시와 그 판결에 대한 항소의 취지'를 적어야 한다(민소 397조). 항소장의 부본은 피항소인에게 송달하여야 한

733) 제1편 제2장 제1절 Ⅵ 5 마 실질과세원칙과 합법성의 원칙 참조.
734) 이시윤, 전게서, 18면.
735) 제1편 제2장 제1절 Ⅵ 5 마 실질과세원칙과 합법성의 원칙 참조.

다(민소 401조).

피항소인은 항소권이 소멸된 뒤에도 변론이 종결될 때까지 **부대항소**를 할 수 있다(민소 403조). 부대항소는 항소를 당한 피항소인이 항소인의 항소에 의하여 개시된 항소심절차에 편승하여 자기에게 유리하게 항소심 심판의 범위를 확장시키는 신청을 의미한다.[736] 부대항소는 항소가 취하되거나 부적법하여 각하된 때에는 그 효력을 잃지만, 항소기간 이내에 한 부대항소는 독립된 항소로 본다(민소 404조). 통상의 공동소송에 있어 공동당사자 일부만이 항소를 제기한 때에는 피항소인은 항소인인 공동소송인 이외의 다른 공동소송인을 상대방으로 하거나 상대방으로 보태어 부대항소를 제기할 수는 없다.[737] 부대항소에는 항소에 관한 규정을 적용한다(민소 405조).

원심재판장은 항소장에 각 기재사항이 기재되지 않은 경우와 항소장에 법률의 규정에 따른 인지를 붙이지 아니한 경우에는 항소인에게 상당한 기간을 정하여 그 기간 이내에 흠을 보정하도록 명하여야 하나, 원심재판장은 법원사무관 등으로 하여금 위 **보정명령**을 하게 할 수 있다(민소 399조 1항). **항소인이 위 기간 이내에 흠을 보정하지 아니한 때와 항소기간을 넘긴 것이 분명한 때에는 원심재판장은 명령으로 항소장을 각하하여야 한다**(민소 399조 2항). 위 명령에 대하여는 즉시항고를 할 수 있다(민소 399조 3항). 항소장이 각하되지 아니한 때에 원심법원의 법원사무관 등은 항소장이 제출된 날부터 2주 이내에 항소기록에 항소장을 붙여 항소법원으로 보내야 하나, 원심재판장이 흠을 보정하도록 명한 때(민소 399조 1항)에는 그 흠이 보정된 날부터 1주 이내에 항소기록을 보내야 한다(민소 400조). **항소심재판장 역시 항소장에 대한 심사권을 갖는다**(민소 402조).

변론은 당사자가 제1심 판결의 변경을 청구하는 한도 안에서 하고, 당사자는 제1심 변론의 결과를 진술하여야 한다(민소 407조). 제1심의 소송행위는 항소심에서도 그 효력을 가진다(민소 409조). 제1심의 변론준비절차는 항소심에서도 그 효력을 가진다(민소 410조). 당사자는 항소심에서 원칙적으로 제1심 법원의 관할 위반을 주장하지 못하나, 전속관할의 위반은 주장할 수 있다(민소 411조). 행정법원의 토지관할은 전속관할이 아니다.

부적법한 항소로서 흠을 보정할 수 없으면 변론 없이 판결로 항소를 각하할 수 있다(민소 413조). 항소법원은 제1심 판결을 정당하다고 인정한 때에는 항소를 기각하여야 하고, 제1심

736) 이시윤, 전게서, 809면.
737) 대법원 1994.12.23. 94다40734; 대법원 2015.4.23. 2014다89287.

판결의 이유가 정당하지 아니한 경우에도 다른 이유에 따라 그 판결이 정당하다고 인정되는 때에는 항소를 기각하여야 한다(민소 414조). 항소법원은 제1심 판결이 정당하지 아니하다고 인정한 때 또는 제1심 판결의 절차가 법률에 어긋날 때에는 제1심 판결을 취소하여야 한다(민소 416조-417조). 제1심 판결은 그 불복의 한도 안에서 바꿀 수 있다(민소 415조 본문). 판결이유를 적을 때에는 제1심 판결을 인용할 수 있으나, 제1심 판결이 무변론 등에 의하여 작성된 경우(민소 208조 3항)에는 그러하지 아니하다(민소 420조).

소가 부적법하다고 각하한 제1심 판결을 취소하는 경우에는 항소법원은 사건을 제1심 법원에 필수적으로 환송하여야 하나, 제1심에서 본안판결을 할 수 있을 정도로 심리가 된 경우, 또는 당사자의 동의가 있는 경우에는 항소법원은 스스로 본안판결을 할 수 있다(민소 418조). 한편 관할 위반을 이유로 제1심 판결을 취소한 때에는 항소법원은 판결로 사건을 관할 법원에 이송하여야 한다(민소 419조).

소송이 완결된 뒤 상고가 제기되지 아니하고 상고기간이 끝난 때에는 법원사무관 등은 판결서 또는 항소장각하명령(민소 402조)의 정본을 소송기록에 붙여 제1심 법원에 보내야 한다(민소 421조).

나. 상고

대법원은 고등법원의 판결에 대한 상고사건을 종심으로 심판한다(법조 14조 1호). 다만 종국판결 뒤에 양쪽 당사자가 상고할 권리를 유보하고 항소를 하지 아니하기로 합의한 때(민소 390조 1항 단서)에는 제1심의 종국판결에 대하여 상고할 수 있다(민소 422조 2항). 이를 비약적 상고 또는 불항소합의라고 한다. 상고심에 관한 민사소송법 상 규정들은 조세소송의 경우에도 적용된다(행소 8조 2항 ; 민소 422조-438조). 또한 상고와 상고심의 소송절차에는 특별한 규정이 없으면 항소에 관한 규정을 준용한다(민소 425조). 이하 상고에 관하여 간략하게 살핀다.

상고는 판결에 영향을 미친 헌법·법률·명령 또는 규칙의 위반이 있다는 것을 이유로 드는 때에만 할 수 있다(민소 423조). 판결에 **절대적 상고이유**(민소 423조 각 호)가 있는 때에는 상고에 정당한 이유가 있는 것으로 한다(민소 424조).

상고법원의 법원사무관 등은 원심법원의 법원사무관 등으로부터 소송기록을 받은 때에는 바로 그 사유를 당사자에게 통지하여야 한다(민소 426조). 상고장에 상고이유를 적지 아니한 때에 상고인은 위 통지를 받은 날부터 20일 이내에 상고이유서를 제출하여야 한다(민소 427조). 상고이유서를 제출받은 상고법원은 바로 그 부본이나 등본을 상대방에게 송달하여야 하고, 상대방은 위 서면을 송달받은 날부터 10일 이내에 답변서를 제출할 수 있다(민소 428조 1항, 2항). 상고법원은 위 답변서의 부본이나 등본을 상고인에게 송달하여야 한다(민소 428조 3항).

상고심의 심리에 대하여 본다. 상고법원은 상고장 · 상고이유서 · 답변서, 그 밖의 소송기록에 의하여 변론없이 판결할 수 있으나, 상고법원은 소송관계를 분명하게 하기 위하여 필요한 경우에는 특정한 사항에 관하여 변론을 열어 참고인의 진술을 들을 수 있다(민소 430조). 상고법원은 상고이유에 따라 불복신청의 한도 안에서 심리한다(민소 431조). 원심판결이 적법하게 확정한 사실은 상고법원을 기속한다(민소 432조). 상고법원은 비약적 상고(민소 422조 2항)에 대하여는 원심판결의 사실확정이 법률에 어긋난다는 것을 이유로 그 판결을 파기하지 못한다(민소 433조). 다만 법원이 직권으로 조사하여야 할 사항에 대하여는 위 상고심의 심리에 관한 규정들(민소 431조-433조)을 적용하지 아니한다(민소 434조).

상고인이 상고이유서를 제출하지 아니한 때에는 상고법원은 변론 없이 판결로 상고를 기각하여야 하나, 직권으로 조사하여야 할 사유가 있는 때에는 그러하지 아니하다(민소 429조). **파기환송 및 파기이송에 대하여 본다**(민소 436조). 상고법원은 상고에 정당한 이유가 있다고 인정할 때에는 원심판결을 파기하고 사건을 원심법원에 환송하거나, 동등한 다른 법원에 이송하여야 한다. 사건을 환송받거나 이송받은 법원은 다시 변론을 거쳐 재판하여야 하고, 이 경우에는 상고법원이 파기의 이유로 삼은 사실상 및 법률 상 판단에 기속된다. 원심판결에 관여한 판사는 파기환송 또는 이송된 재판에 관여하지 못한다. **파기자판에 대하여 본다**(민소 437조). '확정된 사실에 대하여 법령적용이 어긋난다 하여 판결을 파기하는 경우에 사건이 그 사실을 바탕으로 재판하기 충분한 때' 또는 '사건이 법원의 권한에 속하지 아니한다 하여 판결을 파기하는 때'에는 상고법원은 사건에 대하여 종국판결을 하여야 한다. 사건을 환송하거나 이송하는 판결이 내려졌을 때에는 법원사무관 등은 2주 이내에 그 판결의 정본을 소송기록에 붙여 사건을 환송받거나 이송받을 법원에 보내야 한다(민소 438조).

다만 상고와 관련하여서는 **심리불속행제도**에 대하여 추가로 살펴야 한다. 심리불속행제도는 행정소송의 경우에도 적용된다(상특법 2조). 대법원은 상고이유에 관한 주장이 심리속행사유(상특법 4조 1항 각 호)를 포함하지 아니한다고 인정하면 더 나아가 심리를 하지 아니하고 판결로 상고를 기각한다(상특법 4조 1항). 또한 설사 상고이유에 관한 주장에 심리속행사유가 있다고 하더라도 상고이유가 '그 주장 자체로 보아 이유가 없는 때' 또는 '원심판결과 관계가 없거나 원심판결에 영향을 미치지 아니하는 때'에에 해당할 때에는 더 나아가 심리를 하지 아니하고 판결로 상고를 기각한다(상특법 4조 3항). 판결에는 이유를 적지 아니할 수 있고, 선고가 필요하지 아니하며 상고인에게 송달됨으로써 그 효력이 생긴다(상특법 5조 1항, 2항). 그 판결은 원본을 법원서기관, 법원사무관, 법원주사 또는 법원주사보(이하 '법원사무관 등')에게 교부하며, 법원사무관 등은 즉시 이를 받은 날짜를 덧붙여 적고 도장을 찍은 후 당사자에게 송달하여야 한다(상특법 5조 3항). 심리불속행에 따른 상고기각판결은 대법관 3인 이상으로 구성된 재판부에서 재판하는 경우에만 할 수 있다(상특법 6조 1항 ; 법조 7조 1항 단서). 원심법원으로부터 상고기록을 받은 날부터 4개월 이내에 심리불속행에 따른 상고기각판결의 원본이 법원사무관 등에게 교부되지 아니한 경우에는 심리불속행에 따른 상고기각판결을 할 수 없다(상특법 6조 2항).

2 재심

재심에 관한 민사소송법 상 규정은 행정소송의 경우에도 적용된다(행소 8조 2항). 또한 행정소송법은 제3자에 의한 재심청구에 대하여 규정한다(행소 31조). 처분 등을 취소하는 확정판결은 제3자에 대하여도 효력이 있기 때문이다(행소 29조 1항). 이하 민사소송법에 의한 재심과 제3자에 의한 재심청구로 나누어 살핀다.

가. 민사소송법에 의한 재심

재심은 확정된 종국판결에 재심사유에 해당하는 중대한 흠이 있으면 '그 판결의 취소'와 '이미 종결된 사건의 재심판단'을 구하는 비상의 불복신청방법이다.[738]

재심은 재심을 제기할 판결을 한 법원의 전속관할로 한다(민소 453조 1항). 심급을 달리하는 법원이 같은 사건에 대하여 내린 판결에 대한 재심의 소는 상급법원이 관할하나, 항소심판결과 상고심판결에 각각 독립된 재심사유가 있는 때에는 그러하지 아니하다(민소 453조 2항).

재심의 소는 확정판결을 취소하여 그 기판력을 배제하는 데 목적이 있는 것이므로 확정판결에 표시되어 있는 소송당사자는 물론, 그 기판력이 미치는 변론종결 후의 일반 또는

738) 이시윤, 전게서, 866면.

특정승계인도 재심의 소에 대한 당사자적격이 있다.[739)]

재심의 소는 당사자가 판결이 확정된 뒤 재심의 사유를 안 날부터 30일 이내에 제기하여야 하고, 기간은 불변기간이며, 판결이 확정된 날(재심의 사유가 판결이 확정된 뒤에 생긴 때에는 그 사유가 발생한 날)로부터 5년이 지난 때에는 재심의 소를 제기하지 못한다(민소 456조). 다만 대리권의 흠 또는 재심을 제기할 판결이 이전에 선고한 확정판결에 어긋나는 때(민소 451조 1항 10호)를 이유로 하는 재심의 소를 제기한 경우에는 위 기간에 대한 규정(민소 456조)이 적용되지 않는다(민소 457조). **판결 확정 전에 제기한 재심의 소가 부적법하다는 이유로 각하되지 아니하고 있는 동안에 판결이 확정된 경우 그 재심의 소는 적법하게 되는가?** 재심은 확정된 종국판결에 대하여 제기할 수 있는 것이므로, 확정되지 아니한 판결에 대한 재심의 소는 부적법하고, 판결 확정 전에 제기한 재심의 소가 부적법하다는 이유로 각하되지 아니하고 있는 동안에 판결이 확정되었더라도, 재심의 소는 적법한 것으로 되는 것이 아니다.[740)]

재심사유(민소 451조 1항 각 호)가 있으면 확정된 종국판결에 대하여 재심의 소를 제기할 수 있으나, 당사자가 상소에 의하여 그 사유를 주장하였거나 이를 알고도 주장하지 아니한 때에는 그러하지 아니하다(민소 451조 1항). 재심사유가 판결 또는 증언 등과 관계된 경우(민소 451조 1항 4호-7호)에는 '처벌받을 행위에 대하여 유죄의 판결이나 과태료부과의 재판이 확정된 때' 또는 '증거부족 이외의 이유로 유죄의 확정판결이나 과태료부과의 확정재판을 할 수 없을 때'에만 재심의 소를 제기할 수 있다(민소 451조 2항). 판결의 증거가 된 문서가 위조나 변조되었음을 재심사유로 삼을 때 그 행위에 대하여 유죄의 확정판결이 없는 경우에는 증거부족 외의 이유인 공소시효의 완성 등으로 인하여 유죄의 확정판결을 할 수 없다는 사실뿐만 아니라 그 사유만 없었다면 위조나 변조의 유죄 확정판결을 할 수 있었다는 점을 재심청구인이 증명하여야 한다.[741)] 재심사유인 '증인의 거짓 진술이 판결의 증거가 된 때'(민소 451조 1항 7호)는 그 거짓 진술이 판결 주문에 영향을 미치는 사실인정의 직접적 또는 간접적인 자료로 제공되어 그 거짓 진술이 없었더라면 판결의 주문이 달라질 수도 있었을 것이라는 개연성이 있는 경우를 말한다.[742)] 한편 '판결의 기초가 된 민사나 형사의

739) 대법원 1974.5.28. 73다1842.
740) 대법원 2016.12.27. 2016다35123.
741) 대법원 2016.1.14. 2013다40070.
742) 대법원 2016.1.14. 2013다53212.

판결 그 밖의 재판 또는 행정처분이 다른 재판이나 행정처분에 따라 바뀐 때'는 재심사유(민소 451조 1항 8호)에 해당하는 바, 여기서 '재판이 판결의 기초가 되었다'는 것은 재판이 확정판결에 법률적으로 구속력을 미치는 경우는 물론 재판내용이 확정판결에서 사실인정의 자료가 되었고 그 재판의 변경이 확정판결의 사실인정에 영향을 미칠 가능성이 있는 경우도 포함한다.743) '판결의 기본이 되는 재판'에 재심사유(민소 451조)가 있을 때에는 설사 그 재판에 대하여 독립된 불복방법이 있는 경우라도 그와 상관없이 해당 사유를 재심의 이유로 삼을 수 있다(민소 452조). 다만 항소심에서 사건에 대하여 본안판결을 하였을 때에는 제1심 판결에 대하여 재심의 소를 제기하지 못한다(민소 451조 3항). **확정된 재심판결에 대하여 재심의 소를 제기할 수 있는가?** 재심의 소에서 확정된 종국판결도 '확정된 종국판결'에 해당하므로 확정된 재심판결에 재심사유가 있을 때에는 확정된 재심판결에 대하여 재심의 소를 제기할 수 있다.744) **재심판결에 대한 재심의 소에서 원래의 확정판결에 대하여 재심사유가 인정되지 않은 경우 법원이 취할 조치는 무엇인가?** 원래의 확정판결을 취소한 재심판결에 대한 재심의 소에서 원래의 확정판결에 대하여 재심사유를 인정한 종전 재심법원의 판단에 재심사유가 있어 종전 재심청구에 관하여 다시 심리한 결과 원래의 확정판결에 재심사유가 인정되지 아니할 경우에는 재심판결을 취소하고 종전 재심청구를 기각하여야 하며, 그 경우 재심사유가 없는 원래의 확정판결 사건의 본안에 관하여 다시 심리와 재판을 할 수는 없다.745)

재심소장에는 '당사자와 법정대리인', '재심할 판결의 표시와 그 판결에 대하여 재심을 청구하는 취지' 및 '재심의 이유'를 적어야 한다(민소 458조).

재심의 소송절차에는 각 심급의 소송절차에 관한 규정을 준용한다(민소 455조).

본안의 변론과 재판은 재심청구이유의 범위 내에서 하여야 하고, 재심의 이유는 바꿀 수 있다(민소 459조).

법원은 **'재심의 소가 적법한지 여부'**와 **'재심사유가 있는지 여부'**에 관한 심리 및 재판을 본안에 관한 심리 및 재판과 분리하여 먼저 시행할 수 있고, 법원은 재심사유가 있다고 인정한 때에는 그 취지의 중간판결을 한 뒤 본안에 관하여 심리·재판한다(민소 454조). 재심의 사유가 있는 경우라도 판결이 정당하다고 인정한 때에는 법원은 재심의 청구를 기각하

743) 대법원 2016.1.14. 2013다40070.
744) 대법원 2015.12.23. 2013다17124; 대법원 2016.1.14. 2013다40070.
745) 대법원 2016.1.14. 2013다40070.

여야 한다(민소 460조). 재심의 소에 대한 종국판결에 대하여서는 어느 심급의 재심인지 여부에 따라 항소 또는 상고를 할 수 있으나, 상고심판결에 대한 재심의 경우에는 그 판결에 대하여 상고의 길이 없다.[746)]

피참가인이 '공동소송적 보조참가인이 참가한 후에 공동소송적 보조참가인의 동의가 없이' 재심의 소를 취하할 수 있는가? 재심의 소를 취하하는 것은 통상의 소를 취하하는 것과는 달리 확정된 종국판결에 대한 불복의 기회를 상실하게 하여 더 이상 확정판결의 효력을 배제할 수 없게 하는 행위이므로, 이는 재판의 효력과 직접적인 관련이 있는 소송행위로서 확정판결의 효력이 미치는 공동소송적 보조참가인에 대하여는 불리한 행위이다. 따라서 재심의 소에 공동소송적 보조참가인이 참가한 후에는 피참가인이 재심의 소를 취하하더라도 공동소송적 보조참가인의 동의가 없는 한 효력이 없다.[747)] **'재심의 소를 피참가인이 제기한 경우나 통상의 보조참가인이 제기한 경우'에도 공동소송적 보조참가인의 동의를 얻어야 소를 취하할 수 있는가?** 재심의 소에 공동소송적 보조참가인이 참가한 후에는 피참가인이 재심의 소를 취하하더라도 공동소송적 보조참가인의 동의가 없는 한 효력이 없다는 법리는 재심의 소를 피참가인이 제기한 경우나 통상의 보조참가인이 제기한 경우에도 마찬가지로 적용된다. 특히 통상의 보조참가인이 재심의 소를 제기한 경우에는 피참가인이 통상의 보조참가인에 대한 관계에서 재심의 소를 취하할 권능이 있더라도 이를 통하여 공동소송적 보조참가인에게 불리한 영향을 미칠 수는 없으므로 피참가인의 재심의 소 취하로 재심의 소 제기가 무효로 된다거나 부적법하게 된다고 볼 것도 아니다.[748)]

화해, 청구의 포기·인낙조서(민소 220조) 또는 즉시항고로 불복할 수 있는 결정이나 명령이 확정된 경우에 재심사유가 있는 때에는 확정판결에 대한 재심규정에 준하여 재심을 제기할 수 있다(민소 461조). 이를 **준재심**이라고 한다.

나. 제3자에 의한 재심청구

처분 등을 취소하는 판결에 의하여 권리 또는 이익의 침해를 받은 제3자는 자기에게 책임이 없는 사유로 소송에 참가하지 못함으로써 판결의 결과에 영향을 미칠 공격 또는 방어방법을 제출하지 못한 때에는 이를 이유로 확정된 종국판결에 대하여 재심의 청구를 할 수

746) 이시윤, 전게서, 884면.
747) 대법원 2015.10.29. 2014다13044.
748) 대법원 2015.10.29. 2014다13044.

있다(행소 31조 1항). 이를 '**제3자에 의한 재심청구**'라고 한다. 위 청구는 확정판결이 있음을 안 날로부터 30일 이내, 판결이 확정된 날로부터 1년 이내에 제기하여야 하고 그 기간은 불변기간이다(행소 31조 2항, 3항).

재심의 피고는 확정판결에 표시된 원고와 피고를 공동으로 한다.[749)]

'자기에게 책임 없는 사유'의 유무는 사회통념에 비추어 제3자가 당해 소송에 참가를 할 수 없었던 것에 자기에게 귀책시킬 만한 사유가 없었는지의 여부에 의하여 각 사안별로 결정되어야 하고, 제3자가 종전 소송의 계속을 알지 못한 경우에 그것이 통상인으로서 일반적 주의를 다하였어도 알기 어려웠다는 것과 소송의 계속을 알고 있었던 경우에는 당해 소송에 참가를 할 수 없었던 특별한 사정이 있었을 것을 필요로 한다. 또한 입증책임은 그러한 사유를 주장하는 제3자에게 있고, 더욱이 제3자가 종전 소송이 계속 중이라는 점을 알고 있었다고 볼 만한 사정이 있는 경우에는 종전 소송이 계속 중이라는 점을 알지 못하였다는 것에 대하여 제3자가 적극적으로 입증하여야 한다.[750)]

제3자에 의한 재심청구에 대하여서도 민사소송법 상 재심의 규정이 준용된다(행소 8조 2항).

3 항고

항고는 판결 이외의 재판인 결정 또는 명령에 대한 독립적이고도 간이한 상소를 의미한다. 항고는 상소와 달리 간이하고도 신속한 결정절차에 따른다는 점과 원법원이 원결정을 변경할 기회를 갖는다는 점에서 큰 차이를 보이며, 법률이 특별하게 인정한 경우에 한하여 인정된다. 소장각하명령, 소송비용액 확정결정 또는 증인에 대한 과태료 결정 등이 항고를 제기할 수 있는 예에 속한다.[751)]

항고의 종류에 대하여 본다.[752)] 첫째, 항고는 통상항고와 즉시항고로 구분할 수 있다. **통상항고**는 항고 제기기간에 제한이 없는 경우이고, **즉시항고**는 1주일의 불변기간 내에 제기하여야 하고(민소 444조), 그 제기에 의하여 원칙적으로 집행정지의 효력이 생긴다(민소 447조). 둘째, **최초항고**와 **재항고**로 구분할 수 있다. 항고법원 · 고등법원 또는 항소법원의 결정 및 명령에 대하여는 재판에 영향을 미친 헌법 · 법률 · 명령 또는 규칙의 위반을 이유로 드는

749) 소순무, 전게서, 529면.
750) 대법원 1995.9.15. 95누6762.
751) 이시윤, 전게서, 853면.
752) 상게서, 853-854면.

때에만 항고할 수 있는 바, 이 항고를 재항고라고 한다(민소 442조). 셋째, **준항고**가 있다. 수명법관이나 수탁판사의 재판(수소법원의 재판인 경우로서 항고할 수 있는 것인 때에 한한다)에 대하여 불복하는 당사자는 수소법원에 이의를 신청할 수 있는 바, 그 이의신청에 대한 재판에 대하여는 항고할 수 있다(민소 441조). 이를 준항고라고 한다. 수명법관은 합의체의 구성법관 중 일정한 사항을 처리하도록 위임을 받은 1인의 법관을 의미하고, 수탁판사는 소송이 계속 중인 법원이 같은 급의 다른 법원에 일정한 재판사항의 처리를 부탁한 경우에 그 처리를 맡은 다른 법원의 단독판사를 의미한다.[753] 넷째, **특별항고**가 있다. 불복할 수 없는 결정이나 명령에 대하여는 재판에 영향을 미친 헌법위반이 있거나, 재판의 전제가 된 명령·규칙·처분의 헌법 또는 법률의 위반 여부에 대한 판단이 부당하다는 것을 이유로 하는 때에는 대법원에 항고할 수 있는 바, 이를 특별항고라고 한다(민소 449조 1항). 특별항고는 재판이 고지된 날부터 1주 이내에 하여야 하고, 그 기간은 불변기간이다(민소 449조 2항, 3항).

 소송비용

1 소송비용 부담의 원칙과 예외

소송비용에 관한 민사소송법 상 규정이 원칙적으로 조세소송의 경우에도 그대로 적용된다(행소 8조 2항). 즉 소송비용은 패소한 당사자가 부담한다(민소 98조). 일부패소의 경우에 당사자들이 부담할 소송비용은 법원이 정하나, 사정에 따라 한 쪽 당사자에게 소송비용의 전부를 부담하게 할 수 있다(민소 101조). 법원은 사건을 완결하는 재판에서 직권으로 그 심급의 소송비용 전부에 대하여 재판하여야 하나, 사정에 따라 사건의 일부나 중간의 다툼에 관한 재판에서 그 비용에 대한 재판을 할 수 있다(민소 104조). 상급법원이 본안의 재판을 바꾸는 경우 또는 사건을 환송받거나 이송받은 법원이 그 사건을 완결하는 재판을 하는 경우에는 소송의 총비용에 대하여 재판하여야 한다(민소 105조).

위 원칙에 대한 민사소송법 상 예외는 다음과 같다. 법원은 사정에 따라 승소한 당사자로 하여금 그 권리를 늘리거나 지키는 데 필요하지 아니한 행위로 말미암은 소송비용 또는 상대방의 권리를 늘리거나 지키는 데 필요한 행위로 말미암은 소송비용의 전부나 일부를 부담하게 할 수 있다(민소 99조). 당사자가 적당한 시기에 공격이나 방어의 방법을 제출하지

753) 상게서, 65면.

아니하였거나, 기일이나 기간의 준수를 게을리하였거나, 그 밖에 당사자가 책임져야 할 사유로 소송이 지연된 때에는 법원은 지연됨으로 말미암은 소송비용의 전부나 일부를 승소한 당사자에게 부담하게 할 수 있다(민소 100조).

위 원칙에 대한 행정소송법 상 예외는 다음과 같다. 취소청구가 사정판결(행소 28조)에 의하여 기각되거나 행정청이 처분 등을 취소 또는 변경함으로 인하여 청구가 각하 또는 기각된 경우에는 소송비용은 피고의 부담으로 한다(행소 32조).

그 밖에 민사소송법에는 공동소송 및 참가소송 등 기타 규정들이 있다(민소 102조－103조, 106조－127조).

2 소송비용 재판 확정의 효력

소송비용에 관한 재판이 확정된 때에는 피고 또는 참가인이었던 행정청이 소속하는 국가 또는 공공단체에 그 효력을 미친다(행소 33조). 또한 **소송비용에 관한 재판에 대하여는 독립하여 항소를 제기하지 못한다**(행소 8조 2항 ; 민소 391조).

제2관 무효 등 확인소송

I 총설

무효 등 확인소송은 행정청의 처분 등의 효력 유무 또는 존재 여부를 확인하는 소송을 의미한다(행소 4조 2호). 무효 등 확인소송은 해당 처분 등이 효력이 있는지 여부뿐만 아니라 그 처분이 존재하는지 여부 역시 그 소송대상으로 삼는다. **행정행위가 무효임에도 불구하고 이를 소송을 통하여 확인하여야 하는 이유는 무엇인가?** 외형 상 행정처분이 존재하고 그 처분의 성질 상 유효한 효력이 지속하는 것으로 오인될 가능성이 있는 것에 대하여 재판에 의하여 그 효력의 부정을 선언할 필요가 있기 때문이다.[754] 또한 해당 처분이 무효인지 아니면 취소인지에 대한 판단이 쉽지 않다는 점 역시 고려하여야 한다.

원고에게 청구권이 있음을 확인하거나, 피고에게 특정 의무가 있음을 확인하는 소송은

754) 대법원 1969.12.9. 66누71.

작위의무 확인소송으로서 항고소송의 대상이 되지 아니한다.[755] 즉 법률관계 자체가 존재하는지 여부를 확인하는 것과 법률에 기한 구체적인 처분 등이 존재하는지 여부를 확인하는 것은 별개의 쟁점에 속한다. 한편 거부처분에 대하여 무효 등 확인소송을 하여 승소한다고 하더라도 그 판결에 대하여 기속력은 발생하지만 형성력이 발생하지 않으므로 원고의 보호가 직접적이지 못한 측면이 있고, 이로 인하여 거부처분에 대하여서는 의무화소송을 인정하여야 한다는 논의가 있다.[756]

무효 등 확인소송에는 해당 처분의 취소를 구하는 청구취지 역시 포함되어 있는가? 일반적으로 행정처분의 무효확인을 구하는 소에는 원고가 그 처분의 취소는 구하지 아니한다고 밝히고 있지 아니하는 이상 그 처분이 만약 당연무효가 아니라면 그 취소를 구하는 취지도 포함되어 있는 것으로 볼 것이나, 전심절차를 거치지 아니한 까닭에 처분 취소의 소를 무효확인의 소로 변경한 경우에는 무효확인을 구하는 취지 속에 그 처분이 당연무효가 아니라면 그 취소를 구하는 취지까지 포함된 것으로 볼 여지가 전혀 없다고 할 것이므로 법원으로서는 그 처분이 당연무효인지 여부만 심리판단하면 족하다.[757] 즉 무효확인을 구하는 소에는 특별한 사정이 없는 한 취소를 구하는 취지가 포함되어 있는 것이나, 취소의 소를 무효확인의 소로 변경하는 경우에 있어서 무효확인의 소에는 취소를 구하는 취지가 포함되어 있다고 볼 수 없다.

처분 중 일부에 대한 무효 등 확인청구 역시 가능한가? 민사소송의 경우 법원은 당사자가 신청하지 아니한 사항에 대하여는 판결하지 못한다고 규정하고 이는 취소소송의 경우에도 적용된다(민소 203조 ; 행소 8조 2항). 또한 민사소송의 경우 소송의 일부에 대한 심리를 마친 경우 그 일부에 대하여 행한 종국판결을 할 수 있고 이를 일부판결이라고 한다(민소 200조 1항).

이 규정은 취소소송의 경우에도 적용된다(행소 8조 2항). 이 쟁점과 관련하여 무효 등 확인소송의 경우와 취소소송의 경우를 달리 취급할 합리적인 근거를 찾기 어렵다. 따라서 처분 중 일부에 대하여 무효 등 확인청구를 하는 것을 허용하여야 한다. 즉 판례 역시 일부 종합소득세의 부과처분에 있어서도 과세관청이 인정한 과세소득 중 그 일부는 명백히 인정되나 그 나머지 소득은 인정할 만한 적법한 과세자료가 없는 경우에 이와 같이 허무의 과세소득

755) 대법원 1990.11.23. 90누578.
756) 홍정선, 전게서, 1093-1094면.
757) 대법원 1987.4.28. 86누887.

을 오인한 하자가 객관적으로 명백하다면 종합소득세 중 허무의 과세소득에 관한 부분은 당연무효라고 보아야 할 것이며 이러한 부과처분의 일부 무효 등 확인청구를 배제할 이유가 없다고 판시한다.[758)]

무효소송과 당사자소송은 양립할 수 있는가? 당사자소송은 행정청의 처분 등을 원인으로 하는 법률관계에 관한 소송 그 밖에 공법 상의 법률관계에 관한 소송으로서 그 법률관계의 한쪽 당사자를 피고로 하는 소송을 의미한다(행소 3조 2호). 조세채무부존재확인소송 및 조세환급청구권존재확인소송이 그 예에 속한다.[759)] 한편 무효인 처분에는 공정력이 인정되지 아니하므로 해당 처분의 공정력을 제거하지 않고서도 당사자소송을 제기할 수 있다. 따라서 무효소송과 당사자소송은 상호 배타적인 관계에 있지 않다. 즉 무효인 과세처분에 대하여 항고소송으로서 무효 등 확인소송을 제기할 수도 있고, 해당 처분이 무효임을 전제로 조세채무부존재확인소송을 제기할 수도 있다. 이는 **'무효 등 확인소송의 보충성'**을 인정하지 않는 판례의 입장에 따른 것이다.[760)] 즉 판례는 다음과 같은 점을 근거로 행정처분의 근거 법률에 의하여 보호되는 직접적이고 구체적인 이익이 있는 경우에는 '무효확인을 구할 법률 상 이익'이 있다고 보아야 하고 이와 별도로 무효확인소송의 보충성이 요구되는 것은 아니므로 행정처분의 무효를 전제로 한 이행소송 등과 같은 직접적인 구제수단이 있는지 여부를 따질 필요가 없다고 판시한다. 첫째, 행정소송은 행정청의 위법한 처분 등을 취소・변경하거나 그 효력 유무 또는 존재 여부를 확인함으로써 국민의 권리 또는 이익의 침해를 구제하고 공법 상의 권리관계 또는 법 적용에 관한 다툼을 적정하게 해결함을 목적으로 하므로, 대등한 주체 사이의 사법 상 생활관계에 관한 분쟁을 심판대상으로 하는 민사소송과는 목적, 취지 및 기능 등을 달리한다. 둘째, 행정소송법은 무효확인소송을 항고소송의 일종으로 규정(행소 4조)하고 있고, 처분 등을 취소하는 확정판결의 기속력 및 행정청의 재처분 의무에 관한 규정을 무효확인소송에도 준용(행소 38조 1항, 30조)하고 있으므로 무효확인판결 자체만으로도 실효성을 확보할 수 있다. 셋째, 무효확인소송의 보충성을 규정하고 있는 외국의 일부 입법례와는 달리 우리나라 행정소송법에는 명문의 규정이 없어 이로 인한 명시적 제한이 존재하지 않는다. 넷째, 행정에 대한 사법통제, 권익구제의 확대와 같은 행정소송의 기능 등을 감안하면, 행정처분의 근거 법률에 의하여 보호되는 직접적이고 구

758) 대법원 1985.11.12. 84누250.
759) 소순무, 전게서, 48면.
760) 대법원 2008.3.20. 2007두6342 전원합의체 판결.

체적인 이익이 있는 경우에는 '무효확인을 구할 법률 상 이익'이 있다고 보아야 한다. 당사자소송이 활용되는 실무례는 적으나, 최근 판례가 부가가치세법 상 납세의무자에 대한 국가의 부가가치세 환급세액 지급의무에 대응하는 국가에 대한 납세의무자의 부가가치세 환급세액 지급청구는 민사소송이 아니라 행정소송법 제3조 제2호에 규정된 당사자소송의 절차에 따라야 한다고 판시한 점[761]에 주목할 필요가 있다.

Ⅱ 취소소송 규정 등의 준용

무효 등 확인소송에는 취소소송에 대한 많은 규정들이 준용된다(행소 37조, 38조 1항). **민사소송법 상 규정들 역시 그 성질에 반하지 않는 한 무효 등 확인소송에 적용된다**(행소 8조 2항). **조세소송에 관한 통칙 역시 적용됨은 당연하다.**[762]

이하 준용되는 행정소송법 상 취소소송 규정들에 대하여 살핀다.

- **재판관할**에 관한 규정(행소 9조)이 준용되고, **관련청구소송의 이송 및 병합**에 대한 규정(행소 10조) 역시 준용된다.
- **피고적격**(행소 13조), **피고경정**(행소 14조), **공동소송**(행소 15조), **제3자의 소송참가**(행소 16조) 및 **행정청의 소송참가**(행소 17조)에 대한 규정들이 준용된다. **원고적격에 관하여서는 후술하는 바와 같이 무효 등 확인소송에 대한 특칙이 있다**(행소 35조).
- **취소소송의 대상**에 관한 규정(행소 19조)이 준용된다. 따라서 처분 등에 대한 정의는 취소소송의 경우와 같다.
- **전치주의**(행소 18조) **및 제소기간**(행소 20조)**에 대한 규정은 준용되지 않는다.** 따라서 무효 등 확인소송에 있어서는 전심절차를 거칠 필요가 없고, 제소기간의 제약 역시 받지 않는다.
- **소의 변경**(행소 21조)에 대한 규정이 준용된다(행소 37조).
- **처분변경으로 인한 소의 변경**(행소 22조), **집행정지**(행소 22조) 및 **집행정지의 취소**(행소 23조)에 관한 규정이 준용된다.
- **행정심판기록의 제출명령**(행소 25조) 및 **직권심리**(행소 26조)에 관한 규정이 준용된다.
- **재량처분의 취소**(행소 27조)**와 사정판결**(행소 28조)**에 대한 규정들은 준용되지 않는다.**

---

761) 대법원 2013.3.21. 2011다95564 전원합의체 판결.
762) 같은 장 제1절 IV 조세소송 통칙 참조.

무효 등 확인소송의 경우 위 사정판결 등이 적용되지 않는다고 판단한다. 명문의 규정이 없는 상황에서 납세자인 원고에게 불리할 수 있는 규정을 확장하여 적용할 수는 없기 때문이다.

- **취소판결 등의 효력**(행소 29조), **취소판결 등의 기속력**(행소 30조), **제3자에 의한 재심청구**(행소 31조), **소송비용의 부담**(행소 32조) 및 **소송비용에 관한 재판의 효력**(행소 33조)에 대한 규정들이 준용된다.
- **간접강제**(행소 34조)**에 관한 규정은 준용되지 않는다.**

Ⅲ 무효 등 확인소송에 특유한 쟁점들

1 원고의 적격과 관련하여

무효 등 확인소송은 처분 등의 효력 유무 또는 존재 여부의 확인을 구할 법률 상 이익이 있는 자가 제기할 수 있다(행소 35조). 법률 상 이익이 있는지 여부는 취소소송의 경우와 같다.

2 처분 등 개념과 관련하여

행정소송에 있어서 확인의 소는 권리 또는 법률관계의 존부확정을 목적으로 하는 소송이므로, **'현재의 구체적인 권리나 법률관계'**만이 확인의 소의 대상이 될 뿐이므로, **'사실관계의 확인'**을 구하는 소송은 부적법하다.[763)]

3 권리보호의 필요와 관련하여

무효 등 확인소송의 경우에도 취소소송의 경우와 마찬가지로 권리보호의 필요성이 인정되어야 한다. 무효 등 확인판결을 받는다고 하더라도 해당 권리가 회복될 가능성이 없다면 무효 등 확인소송에 대한 소의 이익이 없다. 즉 처분을 변경할 길이 없는 경우에는 해당 처분의 일부에 대하여 취소나 무효확인을 구할 법률 상 이익은 없다.[764)] 이러한 점은 부존재확인소송의 경우에도 같다. 즉 행정청의 처분에 대한 부존재확인을 구하기 위하여는 행정청에 의하여 마치 그와 같은 처분이 존재하는 듯한 외관이 작출되는 등으로 그 이해당사자에게 어떤 법적 불안이 발생하여 이를 제거하여야 할 필요가 있어야 하는 것인 바, 처분

763) 대법원 1991.12.24. 91누1974.
764) 대법원 2013.2.28. 2010두2289.

청인 피고가 원고에 대하여는 아무런 처분도 한 바 없고 원고에게도 해당 의무를 인정할 만한 외관 역시 작출되어 어떠한 법적 불안이 조성되어 있다고 인정할 자료가 없다면 원고에 대한 부존재확인을 구하는 소는 결국 확인의 이익이 없다.[765]

4 권리보호요건인 확인의 이익과 관련하여

민사소송의 경우 확인의 소를 제기하기 위하여서는 확인의 이익이 있어야 한다. 즉 확인의 소에 있어서는 권리보호요건으로서 확인의 이익이 있어야 하고 그 확인의 이익은 원고의 권리 또는 법률 상의 지위에 현존하는 불안, 위험이 있고 그 불안, 위험을 제거함에는 피고를 상대로 확인판결을 받는 것이 가장 유효적절한 수단일 때에만 인정된다. 그리고 확인의 소의 피고는 원고의 권리 또는 법률관계를 다툼으로써 원고의 법률적 지위에 불안을 초래할 염려가 있는 자, 다시 말하면 원고의 보호법익과 대립 저촉되는 이익을 주장하고 있는 자이어야 하고 그와 같은 피고를 상대로 하여야 확인의 이익이 있게 된다.[766] 즉 권리보호요건으로서 확인의 이익은 '권리 또는 법률 상 지위에 관한 것일 것', '불안 또는 위험이 현존할 것' 및 '가장 유효적절한 수단일 것'을 요소로 삼는다. 각 요소 중 세 번째 요소를 통상 **'확인소송의 보충성'**이라고 한다.

행정소송법은 확인의 이익과 관련하여 무효 등 확인소송은 처분 등의 효력 유무 또는 존재 여부의 '확인을 구할', '법률 상 이익이 있는 자'가 제기할 수 있다고 규정할 뿐이다(행소 35조). **무효 등 확인소송의 제기와 관련된 '확인을 구할 법률 상 이익'은 민사소송법 상 권리보호요건인 '확인의 이익'과 동일한 것인가?** 이와 관련하여서는 무효 등 확인소송의 경우 법률 상 이익은 취소소송의 경우와 달리 즉시 확정의 이익이 있을 것을 요건으로 하고 보다 효과적인 다른 구제수단이 없을 경우에만 무효 등 확인소송을 제기할 수 있다는 입장과 무효 등 확인소송의 경우 법률 상 이익은 취소소송의 경우와 동일하고 무효 등 확인소송의 보충성은 인정될 수 없다는 입장이 있다.[767] **판례는 다음과 같은 이유로 무효 등 확인소송의 보충성을 인정하지 않는다.**[768] 즉 직접적인 구제수단이 있는지 여부를 따질 필요가 없다. 첫째, 행정소송은 행정청의 위법한 처분 등을 취소·변경하거나 그 효력 유무 또는 존재 여부를 확인함으로써 국민의 권리 또는 이익의 침해를 구제하고 공법 상의 권리관계 또

765) 대법원 1990.10.30. 90누3218.
766) 대법원 2013.2.15. 2012다67399.
767) 홍정선, 전게서, 1099면.
768) 대법원 2008.3.20. 2007두6342 전원합의체 판결.

는 법 적용에 관한 다툼을 적정하게 해결함을 목적으로 하므로, 대등한 주체 사이의 사법상 생활관계에 관한 분쟁을 심판대상으로 하는 민사소송과는 목적, 취지 및 기능 등을 달리한다. 둘째, 행정소송법은 무효확인소송을 항고소송의 일종으로 규정하고 있다(행소 4조). 셋째, 처분 등을 취소하는 확정판결의 기속력 및 행정청의 재처분 의무에 관한 규정을 무효 등 확인소송에도 준용하고 있으므로 무효확인판결 자체만으로도 실효성을 확보할 수 있다(행소 30조, 38조 1항). 넷째, 무효 등 확인소송의 보충성을 규정하고 있는 외국의 일부 입법례와는 달리 우리나라 행정소송법에는 명문의 규정이 없어 이로 인한 명시적 제한이 존재하지 않는다. 다섯째, 행정에 대한 사법통제, 권익구제의 확대와 같은 행정소송의 기능 등을 감안하면, 행정처분의 근거 법률에 의하여 보호되는 직접적이고 구체적인 이익이 있는 경우에는 '무효 등 확인을 구할 법률 상 이익(행소 35조)'이 있다고 보아야 하고, 이와 별도로 무효 등 확인소송의 보충성이 요구되는 것은 아니다.

확인의 이익과 관련하여 확인소송의 보충성 이외의 다른 요소들은 충족하여야 한다. 따라서 과거 법률관계의 효력을 확인하는 것 등은 허용되지 않는다. 즉 절차 상 또는 형식 상 하자로 무효인 행정처분에 대하여 행정청이 적법한 절차 또는 형식을 갖추어 다시 동일한 행정처분을 하였다면, 종전의 무효인 행정처분에 대한 무효확인 청구는 과거의 법률관계의 효력을 다투는 것에 불과하므로 무효 등 확인을 구할 법률 상 이익이 없다.[769]

5 입증책임과 관련하여

무효 등 확인소송의 과세요건사실에 대한 입증책임은 누가 부담하는가? 명문의 규정이 없음은 취소소송의 경우와 같다. 학설은 무효 등 확인소송의 경우에도 취소소송의 경우와 동일하게 입증책임이 분배된다는 입장과 무효 등 확인소송의 경우에는 그 하자가 중대하고 명백하다는 점을 원고가 부담하여야 한다는 입장으로 구분된다.[770] 전자는 입증책임분배설로, 후자는 원고책임부담설로 부른다. **판례는 원고책임부담설을 취한다.** 즉 행정처분의 당연무효를 주장하여 그 무효확인을 구하는 원고에게 그 행정처분이 무효인 사유를 증명할 책임이 있다.[771]

다음과 같은 이유에서 판례의 입장이 타당한 것으로 판단한다.

769) 대법원 2010.4.29. 2009두16879.
770) 홍정선, 전게서, 1103면.
771) 대법원 2012.12.13. 2010두20782.

첫째, 제소기간의 도과 여부는 취소소송에 있어서의 소송요건에 해당하는 바, 이는 소송을 제기한 날짜 등 객관적인 자료로부터 쉽게 알 수 있다. 따라서 제소기간이 도과되었음에도 불구하고 해당 소송에 대한 본안판단을 받을 수 있다는 점은 납세자인 원고가 자신의 이익을 위하여 이를 주장하여 입증하여야 한다. 그런데 이는 납세자인 원고가 해당 처분에 무효사유가 있다는 점을 입증하는 것을 통하여 가능하다.

둘째, 납세자인 원고가 취소소송의 형태를 취한 경우에 대하여 본다. 취소소송의 경우 해당 처분의 적법성에 대한 입증책임을 원칙적으로 피고인 과세관청이 부담하는 바, 해당 처분이 적법하다는 것은 해당 처분에 위법사유가 없다는 것을 의미한다. 취소소송의 경우 과세관청이 해당 처분이 적법하다는 점에 대하여 합리적인 수준에서 입증하였다면, 납세자인 원고가 이에 대한 반증을 하여야 한다. 이에 실패한다면 원고의 청구는 기각될 것이다. 그런데 만약 납세자인 원고가 해당 처분에 위법사유가 있다는 점을 주장하여 입증하였다면 과세관청으로서는 설사 해당 처분에 위법사유가 있다고 하더라도 그 하자가 중대하거나 명백하지 않기 때문에 무효사유에 해당하지 않는다는 점을 원고의 청구에 대한 항변으로서 주장할 수는 없다. 이 경우 과세관청이 해당 처분 상 하자가 취소사유가 아니라 무효사유라는 점을 입증한다고 하더라도 여전히 원고승소판결이 선고될 뿐 달리 판결에 영향을 미칠 수 없기 때문이다.

셋째, 제소기간이 도과되었는지 여부에 따라 입증책임을 달리 정하여야 할 합리적인 근거를 찾기 어렵다.

제3관 부작위위법확인소송

I 총설

부작위위법확인소송은 행정청의 부작위가 위법하다는 것을 확인하는 소송을 의미한다(행소 4조 3호). 부작위위법확인의 소는 행정청이 국민의 법규 상 또는 조리 상의 권리에 기한 신청에 대하여 상당한 기간 내에 그 신청을 인용하는 적극적 처분을 하거나 또는 각하 내지 기각하는 등의 소극적 처분을 하여야 할 법률 상의 응답의무가 있음에도 불구하고 이를 하지 아니하는 경우 판결시를 기준으로 그 부작위의 위법함을 확인함으로써 행정청의 응답을 신속하게 하여 부작위 내지 무응답이라고 하는 소극적인 위법상태를 제거하는 것을 목적으로 하는 것이고, 나아가 당해 판결의 구속력에 의하여 행정청에게 처분 등을 하게 하고, 다시 당해 처분 등에 대하여 불복이 있는 때에는 그 처분 등을 다투게 함으로써 최종적으로는 국민의 권리이익을 보호하려는 제도이다.[772] 다만 소송실무 상 부작위위법확인소송을 활용하는 예는 아직까지 거의 없다. 조세법률관계의 경우에는 다음과 같이 부작위위법확인소송을 활용할 수 있을 것이다. 즉 과세관청에게 '납세자의 신청에 대하여 상당한 기간 내에 일정한 처분, 즉 인용하는 적극적 처분 또는 기각하거나 각하하는 소극적 처분'을 하여야 할 법률 상 응답의무가 있음에도 불구하고 과세관청이 아무런 조치를 취하지 않는 경우 그 부작위가 위법하다는 것의 확인을 구할 수 있다.[773] **부작위위법확인소송의 소송물은 해당 행정청의 부작위가 위법하다는 점이다.**

다만 행정청에게 의무의 확인을 구하는 청구는 작위의무 확인소송으로서 항고소송의 대상이 되지 아니한다.[774] 또한 **국세환급금결정은 항고소송의 대상이 되는 행정처분이 아니므로 국세환급금결정이 행정처분임을 전제로 그 결정을 하지 않고 있는 부작위의 위법확인을 구하는 소송은 부적법하다.**[775] 그러나 이러한 판례의 태도는 납세자의 권리구제의 측면에서 재검토될 필요 역시 있다.

부작위위법확인소송에 대한 권리구제가 우회적이고 간접적이라는 점을 감안한다면, 입법론으로서 **의무이행소송제도를** 도입할 필요가 있다.[776]

Ⅱ 취소소송 규정 등의 준용

부작위위법확인소송에는 취소소송에 대한 많은 규정들이 준용된다(행소 37조, 38조 2항). **민사소송법 상 규정들 역시 그 성질에 반하지 않는 한 무효 등 확인소송에 적용된다**(행소 8조 2항). **조세소송에 관한 통칙 역시 적용됨은 당연하다.**[777]

이하 준용되는 행정소송법 상 취소소송 규정들에 대하여 살핀다.

772) 대법원 1992.7.28. 91누7361.
773) 소순무, 전게서, 47면.
774) 대법원 1989.1.24. 88누3116.
775) 대법원 1989.7.11. 87누415.
776) 홍정선, 전게서, 1108면.
777) 같은 장 제1절 IV 조세소송 통칙 참조.

- **재판관할**에 관한 규정(행소 9조)이 준용되고, **관련청구소송의 이송 및 병합**에 대한 규정(행소 10조) 역시 준용된다.
- **피고적격**(행소 13조), **피고경정**(행소 14조), **공동소송**(행소 15조), **제3자의 소송참가**(행소 16조) 및 **행정청의 소송참가**(행소 17조)에 대한 규정들이 준용된다. **원고적격에 관하여서는 후술하는 바와 같이 부작위위법확인소송에 대한 특칙이 있다**(행소 36조).
- **임의적 전치주의**(행소 18조) 및 **취소소송의 대상**에 관한 규정(행소 19조)이 준용된다. 따라서 부작위위법확인소송의 경우에도 임의적 전심절차에 관한 규정이 적용되는지 여부가 문제로 된다. 한편 취소소송의 대상에 관한 규정이 준용되므로, 처분 등에 대한 정의는 취소소송의 경우와 같다.
- **제소기간**(행소 20조)**에 대한 규정은 준용되지 않는다.** 따라서 부작위위법확인소송에 있어서는 제소기간의 제약 역시 받지 않는다고 해석할 여지가 있다. 이와 관련하여서는 항을 바꾸어 부작위위법확인소송에 특유한 쟁점들 부분에서 살핀다.
- **소의 변경**(행소 21조)에 대한 규정이 준용된다(행소 37조).
- **처분변경으로 인한 소의 변경**(행소 22조), **집행정지**(행소 22조) 및 **집행정지의 취소**(행소 23조)**에 관한 규정이 준용되지 않는다.** 처분이 존재하지 않는 경우이므로 당연한 결과이다.
- **행정심판기록의 제출명령**(행소 25조), **직권심리**(행소 26조) 및 **재량처분의 취소**(행소 27조)에 관한 규정이 준용된다.
- **사정판결**(행소 28조)**에 대한 규정은 준용되지 않는다.** 부작위위법확인소송의 경우에는 위 사정판결 규정이 적용되지 않는다고 판단한다. 명문의 규정이 없는 상황에서 납세자인 원고에게 불리할 수 있는 규정을 확장하여 적용할 수는 없기 때문이다.
- **취소판결 등의 효력**(행소 29조), **취소판결 등의 기속력**(행소 30조), **제3자에 의한 재심청구**(행소 31조) 및 **소송비용에 관한 재판의 효력**(행소 33조)에 대한 규정들이 준용된다.
- **소송비용의 부담**(행소 32조)**에 관한 규정이 준용되지 않는다.** 위 규정은 사정판결에 의하여 기각되거나 행정청이 처분 등을 취소 또는 변경함으로 인하여 청구가 각하 또는 기각된 경우와 관련하여 민사소송법 상 소송비용의 분담에 관한 특칙으로서 규정된 것이다. 그런데 부작위위법확인소송의 경우에는 사정판결이 준용되지 않고, 또한 부작위위법확인소송은 처분 등이 없는 경우에 제기하는 것이어서 처분 등을 취소 또는 변경한

경우가 발생할 여지가 없는 것이므로 위 규정을 준용하지 않는다. 따라서 부작위위법확인소송의 경우에는 민사소송법 상 소송비용에 관한 규정들(민소 98조-127조)이 적용된다.

- **간접강제**(행소 34조)에 관한 규정이 준용된다.

Ⅲ 부작위위법확인소송에 특유한 쟁점들

1 부작위와 관련하여

부작위는 행정청이 당사자의 신청에 대하여 상당한 기간 내에 일정한 처분을 하여야 할 법률 상 의무가 있음에도 불구하고 이를 하지 아니하는 것을 말한다(행소 2조 1항 2호). 이하 부작위 개념에 대한 각 요소별로 구분하여 살핀다.

당사자의 신청이 있어야 한다. 당사자의 신청과 관련하여 판례는 당사자가 행정청에 대하여 어떠한 행정처분을 하여 줄 것을 요청할 수 있는 법규 상 또는 조리 상의 권리를 갖고 있지 아니하거나 부작위의 위법확인을 구할 법률 상의 이익이 없는 경우에는 항고소송의 대상이 되는 위법한 부작위가 있다고 볼 수 없거나 원고적격이 없어 그 부작위위법확인의 소는 부적법하다고 판시한다.[778] 즉 판례는 '당사자에게 신청권이 없는 경우' 또는 '법률 상 이익이 없는 경우'가 '위법한 부작위가 없거나 원고적격이 없는 경우'에 해당한다고 판시한다. 그렇다면 **당사자에게 해당 처분에 대한 신청권이 없는 경우는 '소송의 대상인 부작위가 없는 경우'에 속하는 것인가? 아니면 '원고적격이 없는 경우'에 해당하는 것인가?** 이와 관련하여 학설이 각 나뉜다.[779] 원고적격과 관련하여서는 법문은 후술하는 바와 같이 당사자가 신청을 하였다는 사실과 확인을 구할 법률 상 이익이 있다는 점만을 요건으로 두고 있다(행소 36조). 이에 반하여 부작위와 관련하여서는 법문이 행정청에게 처분을 할 법률 상 의무가 있음을 전제로 하고 있다(행소 2조 1항 2호). 행정청에게 위와 같은 법률 상 의무가 있다는 점은 당사자에게 그에 상응하는 권리가 있다는 점을 전제로 한다고 해석하는 것이 합리적이다. 이러한 취지에서 판례는 그 권리가 법규상으로도 발생할 수 있고 조리상으로도 발생할 수 있다고 판시하는 것으로 판단한다. 그렇다면 당사자에게 신청권이 있다는 점은 소송의 대상인 부작위와 관련된 것으로 보는 것이 타당하다. 따라서 원고에게 해당 처분에

778) 대법원 2000.2.25. 99두11455.
779) 홍정선, 전게서, 1109면.

대한 신청권이 없다는 점은 소송의 대상인 부작위가 없는 것과 관계된 것이라고 보아야 한다.

행정청으로서는 '상당한 기간 내에' 그 신청을 인용하는 적극적 처분을 하거나 각하 또는 기각하는 등의 소극적 처분을 하여야 할 법률 상의 응답의무가 있고, 그럼에도, 행정청이 위와 같은 권리자의 신청에 대해 아무런 적극적 또는 소극적 처분을 하지 않고 있다면 그러한 행정청의 부작위는 그 자체로 위법하다.[780)]

원고의 신청에 대한 응답행위는 '처분'이어야 한다. 여기서의 처분은 취소소송의 경우에 적용되는 처분(행소 2조 1항 1호)의 개념과 동일하다.[781)] 행정청이 당사자의 신청에 대하여 적극 또는 소극의 처분을 함으로써 부작위상태가 해소된 때에는 소의 이익을 상실하게 되어 당해 소는 각하되어야 한다.[782)]

법률 상 의무는 법규에 의하여 부여된 경우는 물론이고, 조리상으로도 인정될 수 있다.[783)] 만약 법령 상 일정기간 동안 아무런 처분이 없는 경우 거부처분을 한 것으로 의제한다면 이 경우에는 그 거부처분에 대한 취소소송을 제기하여야 하나, 묵시적 거부의 경우에는 거부처분에 대한 취소소송도 가능하고 부작위위법확인소송 역시 가능하다.[784)]

2 원고적격과 관련하여

부작위위법확인소송은 처분의 신청을 한 자로서 부작위의 위법의 확인을 구할 법률 상 이익이 있는 자만이 제기할 수 있다(행소 36조). 판례는 원고적격이 인정되기 위하여서는 당사자에게 신청권이 있어야 한다는 입장[785)]을 취하고 있음은 기술하였는 바, 그러나 당사자에게 신청권이 있는지 여부는 소송의 대상인 부작위가 있는지 여부와 관련된 것으로 보는 것이 타당하다. 다만 이를 구분할 실익은 크지 않다고 본다.

'법률 상 이익'의 의미는 취소소송의 경우와 달리 해석할 근거가 없다. 당해 행정처분 또는 부작위의 직접상대방이 아닌 제3자라 하더라도 그 처분의 취소 또는 부작위위법확인을 받을 법률 상의 이익이 있는 경우에는 원고적격이 인정되나, 여기서 말하는 법률 상의 이익

780) 대법원 2009.7.23. 2008두10560.
781) 대법원 1991.11.8. 90누9391.
782) 대법원 1990.9.25. 89누4758.
783) 대법원 1991.2.12. 90누5825 ; 대법원 1990.9.25. 89누4758.
784) 홍정선, 전게서, 1112면.
785) 대법원 2000.2.25. 99두11455.

은 그 처분 또는 부작위의 근거법률에 의하여 보호되는 직접적이고 구체적인 이익을 말하고, 간접적이거나 사실적, 경제적 관계를 가지는 데 불과한 경우는 포함되지 않는다.[786)]

3 전심절차와 관련하여

부작위위법확인소송의 경우에는 취소소송에 관한 임의적 전심절차(행소 18조)에 관한 규정이 적용되지 않기 때문에 부작위위법확인소송의 경우에는 전심절차를 반드시 거칠 필요가 없다고 생각할 수 있다. 그러나 행정소송법은 행정소송에 대하여는 다른 법률에 특별한 규정이 있는 경우를 제외하고는 행정소송법이 정하는 바에 의한다고 규정하고(행소 8조 1항), 국세기본법은 행정소송법과의 관계에 대하여 **'국세기본법 또는 세법 상 처분에 대한 조세소송'**은 국세기본법에 따른 심사청구 또는 심판청구와 그에 대한 결정을 거치지 아니하면 제기할 수 없다고 규정한다(국기 56조 2항). 다만 심사청구 또는 심판청구에 대한 재조사 결정(국기 65조 1항 단서, 80조의2)에 따른 처분청의 처분에 대한 행정소송은 그러하지 아니하다(국기 56조 2항 단서). 그렇다면 **부작위위법확인소송이 '국세기본법 또는 세법 상 처분에 대한 조세소송'에 해당하는가?** 부작위위법확인소송은 처분의 부존재를 전제로 하는 소송인 바, 처분의 존재 여부는 무효 등 확인소송의 대상에 해당한다. 무효 등 확인소송의 경우에는 전심절차에 관한 규정이 적용되지 않는다. 그렇다면 부작위위법확인소송에 대하여 필요적으로 전심절차를 거치도록 하는 것은 그 실질에 비추어 적절하지 않은 것으로 보인다. 행정소송법은 처분 등의 범위에 거부처분 역시 포함하여 정의하나, 부작위는 이와 구분되는 것으로서 정의하고 있다(행소 2조). 판례는 부작위위법확인의 소는 부작위상태가 계속되는 한 그 위법의 확인을 구할 이익이 있다고 판시한다.[787)] 이상의 각 점을 감안한다면, **부작위위법확인소송에 대하여 필요적 전치주의를 적용할 필요는 없다고 본다.** 그런데 **부작위위법확인소송에 대하여 임의적 행정심판전치주의에 대한 규정들**(행소 18조 1항 본문, 2항 및 3항)**이 적용되도록 하기 위하여서는, 부작위위법확인소송이 위 국세기본법 상**(국기 56조 2항) **'국세기본법 또는 세법 상 처분에 대한 조세소송'에 해당하지 않는다고 보아야 한다.**

4 제소기간과 관련하여

부작위위법확인소송에 대하여서는 임의적 전치주의에 관한 규정(행소 18조)이 적용되므로,

786) 대법원 1989.5.23. 88누8135.
787) 대법원 2009.7.23. 2008두10560.

납세자인 원고는 **제소기간의 제한**(행소 20조)**을 받지 않는다. 그러나 납세자가 전심절차를 거쳤다면 제소기간에 관한 규정이 적용되어야 한다.** 판례 역시 부작위위법확인소송의 제소기간과 관련하여 판례는 부작위위법확인의 소는 부작위상태가 계속되는 한 그 위법의 확인을 구할 이익이 있다고 보아야 하므로 원칙적으로 제소기간의 제한을 받지 않으나 제소기간에 관한 규정을 부작위위법확인소송에 준용하고 있는 점에 비추어 보면, 그 전심절차를 거친 경우에는 그 제소기간 내에 부작위위법확인의 소를 제기하여야 한다고 판시한다.[788)]

납세자인 원고가 전심절차를 거친 후에 해당 제소기간 내에 부작위위법확인소송을 제기하였으나 그 후 소극적 처분이 있다고 보아 처분취소소송으로 소를 교환적으로 변경하고 여기에 부작위위법확인의 소를 추가적으로 병합한 경우, 제소기간을 준수한 것으로 보아야 하는가? 판례는 최초의 부작위위법확인의 소가 적법한 제소기간 내에 제기된 이상 그 후 처분취소소송으로의 교환적 변경과 처분취소소송에의 추가적 변경 등의 과정을 거쳤다고 하더라도 여전히 제소기간을 준수한 것으로 본다.[789)]

5 심리의 범위와 관련하여

부작위위법확인소송에 대한 심리는 해당 부작위의 위법성에 대한 것으로만 한정되는 것인가? 이와 관련하여 학설의 대립이 있으나,[790)] 판례는 부작위위법확인의 소는 행정청이 상당한 기간 내에 처분을 하지 아니하는 경우 그 부작위의 위법함을 확인함으로써 소극적인 위법상태를 제거하는 것을 목적으로 하는 것이라고 판시한다.[791)] 처분의 내용과 무관하게 행정청에 의한 처분이 있으면 부작위위법확인소송은 소의 이익을 상실하는 것이라는 점 및 부작위위법확인소송의 소송물이 해당 부작위의 위법성이라는 점을 감안한다면 판례의 입장이 타당하다고 본다.

6 입증책임과 관련하여

당사자에게 신청권이 있고 그 신청에 대하여 행정청이 법률 상 의무가 있음에도 상당한 기간 내에 아무런 처분을 하지 않는 경우에 행정청의 부작위가 성립한다. 그런데 납세자인 원고가 소극적 사실, 즉 상당한 기간 내에 행정청이 아무런 처분을 하지 않았다는 점에 대

788) 대법원 2009.7.23. 2008두10560.
789) 대법원 2009.7.23. 2008두10560.
790) 홍정선, 전게서, 1117면.
791) 대법원 1992.7.28. 91누7361.

하여 입증책임을 부담하도록 하는 것은 타당하지 않다. 오히려 납세자인 원고가 자신에게 해당 처분을 신청할 권리가 있고 이에 근거하여 신청을 하였다는 점을 입증하면, 행정청이 상당한 기간 내에 그 신청에 상응하는 처분을 하였다는 점을 입증하도록 하는 것이 타당하다. 또한 납세자인 원고가 자신에게 신청권이 있다는 점을 입증하면 행정청에게는 그 신청에 응하여야 할 법률 상 의무가 있다고 보아야 한다.

7 판결의 위법성 판단시점과 관련하여

부작위위법확인소송의 경우 해당 부작위의 위법성은 어느 시점을 기준으로 판단하여야 하는가? 판례는 판결(사실심의 구두변론 종결)시를 기준으로 그 부작위의 위법을 확인하여야 한다고 판시한다.[792] 이는 취소소송의 경우에 판례가 처분시설을 취하는 것과는 다르다. 취소소송의 경우에도 처분시만을 기준으로 해당 처분의 위법성을 판단하는 것은 타당하지 않다는 점은 기술한 바 있다.[793]

제3절 당사자 소송

I 총설

당사자소송은 행정청의 처분 등을 원인으로 하는 법률관계에 관한 소송 그 밖에 공법 상의 법률관계에 관한 소송으로서 그 법률관계의 한쪽 당사자를 피고로 하는 소송을 의미한다(행소 3조 2호). **당사자소송은 공법 상 법률관계에 관한 소송으로서 대등한 당사자 사이의 공법 상 권리 및 의무에 관한 소송이고, 이 점에서 사법 상 법률관계를 소송의 대상으로 하는 민사소송과는 다르다.**[794] 즉 당사자소송은 기본적으로 당사자 사이의 권리 및 의무를 대상으로 하는 것이나 그 권리 및 의무가 공법 상 권리 및 의무라는 점을 감안하여 행정소송의 일종으로서 취급하는 것이다. 조세채무부존재확인소송 및 조세환급청구권존재확인소송이 그 예에 속한다.[795]

792) 대법원 1990.9.25. 89누4758.
793) 같은 절 제1관 VIII 1 위법성 판단의 기준시점 참조.
794) 홍정선, 전게서, 1132면.
795) 소순무, 전게서, 48면.

또한 **판례는 다음과 같은 이유로, 납세의무자에 대한 국가의 부가가치세 환급세액 지급의무에 대응하는 납세의무자의 국가에 대한 부가가치세 환급세액 지급청구는 민사소송이 아니라 당사자소송의 절차에 따라야 한다고 판시한다.**[796] 첫째, 부가가치세법령이 국가의 환급세액 지급의무를 규정한 이유는, 전단계세액공제 제도를 채택한 결과, 어느 과세기간에 거래징수된 세액이 거래징수를 한 세액보다 많은 경우에는 그 납세의무자가 창출한 부가가치에 상응하는 세액보다 많은 세액이 거래징수되게 되므로 이를 조정하기 위한 과세기술상, 조세정책적인 요청에 따라 특별히 인정한 것이다. 둘째, 납세의무자에 대한 국가의 부가가치세 환급세액 지급의무는 그 납세의무자로부터 어느 과세기간에 과다하게 거래징수된 세액 상당을 국가가 실제로 납부받았는지 여부와 관계없이 부가가치세법령의 규정에 의하여 직접 발생하는 것이다. 셋째, 부가가치세 환급세액 지급의무의 법적 성질은 정의와 공평의 관념에서 수익자와 손실자 사이의 재산 상태 조정을 위해 인정되는 부당이득 반환의무가 아니라 부가가치세법령에 의하여 그 존부나 범위가 구체적으로 확정되고 조세정책적 관점에서 특별히 인정되는 공법 상 의무라고 보는 것이 타당하다. 넷째, 국가의 공법 상 지급의무에 대응하는 납세의무자의 국가에 대한 부가가치세 환급세액 지급청구는 공법 상 법률관계에 관한 것이다.

당사자소송은 강학 상 실질적 당사자소송과 형식적 당사자소송으로 구분한다. 실질적 당사자소송은 대등한 당사자 사이의 공법 상 권리관계에 관한 소송으로서 통상의 당사자소송이 이에 해당한다.[797] 형식적 당사자소송은 실질적으로 행정청의 처분 등을 다투는 것이나 형식적으로는 처분 등의 효력을 다투는 것이 아니라 그 대신에 처분 등으로 인하여 형성된 법률관계를 다투며, 또한 처분청을 피고로 하지 않고 관련 법률관계의 일방 당사자를 피고로 하여 제기하는 소송을 말한다.[798] **조세소송으로서의 당사자소송은 실질적 당사자소송에 속한다.**[799]

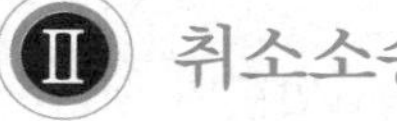 취소소송 규정 등의 준용

당사자소송에는 취소소송에 대한 많은 규정들이 준용된다(행소 44조). **민사소송법 상 규**

796) 대법원 2013.3.21. 2011다95564 전원합의체 판결.
797) 홍정선, 전게서, 1132면.
798) 상게서, 1135면.
799) 소순무, 전게서, 48면.

정들 역시 그 성질에 반하지 않는 한 무효 등 확인소송에 적용된다(행소 8조 2항). **조세소송에 관한 통칙 역시 적용됨은 당연하다.**[800]

이하 준용되는 행정소송법 상 취소소송 규정들에 대하여 살핀다.

- **재판관할**에 관한 규정(행소 9조)은 당사자소송의 경우에 준용하나, 국가 또는 공공단체가 피고인 경우에는 관계행정청의 소재지를 피고의 소재지로 본다(행소 40조).
- **관련청구소송의 이송 및 병합**에 대한 규정(행소 10조)은 당사자소송과 관련청구소송이 각각 다른 법원에 계속되고 있는 경우의 이송과 이들 소송의 병합의 경우에 준용한다(행소 44조 2항).
- **원고적격에 관하여서는 규정이 없다.**
- **피고적격**에 대하여서는 특칙이 있다(행소 39조).
- **피고경정**(행소 14조), **공동소송**(행소 15조), **제3자의 소송참가**(행소 16조) 및 **행정청의 소송참가**(행소 17조)에 대한 규정들이 준용된다.
- **임의적 전치주의**(행소 18조), **취소소송의 대상**에 관한 규정(행소 19조) 및 **제소기간**(행소 20조)**에 대한 규정은 준용되지 않는다.**
- **소의 변경**(행소 21조)에 대한 규정은 당사자소송을 항고소송으로 변경하는 경우에 준용된다(행소 42조).
- **처분변경으로 인한 소의 변경에 관한 규정**(행소 22조)이 준용된다.
- **집행정지**(행소 23조) 및 **집행정지의 취소**(행소 24조)**에 관한 규정은 준용되지 않는다.**
- **행정심판기록의 제출명령**(행소 25조), **직권심리**(행소 26조)에 관한 규정이 준용된다.
- **재량처분의 취소**(행소 27조), **사정판결**(행소 28조) **및 취소판결 등의 효력**(행소 29조)**에 대한 규정은 준용되지 않는다.**
- **취소판결 등의 기속력**(행소 30조 1항), **제3자에 의한 재심청구**(행소 31조), **소송비용의 부담**(행소 32조) **및 소송비용에 관한 재판의 효력**(행소 33조)에 대한 규정들이 준용된다. 다만 판결의 기속력 중 재처분의무 및 절차의 위법을 이유로 취소하는 경우에 대한 부분(행소 30조 2항, 3항)은 준용되지 않는다.
- **간접강제**(행소 34조)**에 관한 규정은 준용되지 않는다.**

800) 같은 장 제1절 IV 조세소송 통칙 참조.

Ⅲ 당사자소송에 특유한 쟁점들

1 재판관할과 관련하여

취소소송의 재판관할에 관한 규정(행소 9조)은 당사자소송에도 준용된다(행소 40조 본문). 다만 국가 또는 공공단체가 피고인 경우에는 관계행정청의 소재지를 피고의 소재지로 본다(행소 40조 단서).

2 원고적격과 관련하여

행정소송법 상 당사자소송의 원고적격에 대한 규정은 없다. 당사자소송이 민사소송과 유사한 측면이 있고, 행정소송과 관련하여 다른 특별한 규정이 없는 한 민사소송법이 적용될 것이므로, 민사소송법 상 원고적격에 대한 규정이 적용된다. 민사소송의 경우 일반적으로 소송물인 권리관계의 존부확정, 즉 소송승패에 대하여 법률 상 이해관계를 가진 자가 정당한 당사자이다. 따라서 **이행소송의 경우에는 자기에게 이행청구권이 있다고 주장하는 자가 원고적격을 가지며, 확인소송의 경우에는 그 청구에 대하여 확인의 이익을 가지는 자가 원고적격을 가진다.**[801)]

3 피고적격과 관련하여

당사자소송은 국가·공공단체 그 밖의 권리주체를 피고로 한다(행소 39조). 항고소송의 경우와 달리 행정청이 피고적격을 가지지 못한다. 국가를 당사자 또는 참가인으로 하는 소송(이하 '국가소송'이라 한다)에서는 법무부장관이 국가를 대표한다(국가소송 2조). 법무부장관은 법무부의 직원, 각급 검찰청의 검사(이하 '검사'라 한다) 또는 공익법무관에 관한 법률에서 정한 공익법무관(이하 '공익법무관'이라 한다)을 지정하여 국가소송을 수행하게 할 수 있다(국가소송 3조 1항). 또한 법무부장관은 행정청의 소관사무나 감독사무에 관한 국가소송에서 필요하다고 인정하면 해당 행정청의 장의 의견을 들은 후 행정청의 직원을 지정하여 그 소송을 수행하게 할 수 있다(국가소송 3조 2항). 이 경우 소송수행자로 지정을 받은 사람은 해당 소송에 관하여 법무부장관의 지휘를 받아야 한다(국가소송 3조 3항). 나아가 법무부장관은 변호사를 소송대리인으로 선임하여 국가소송을 수행하게 할 수 있다(국가소송

801) 이시윤, 전게서, 140-141면.

3조 4항). 지방자치단체의 장은 지방자치단체를 대표하고, 그 사무를 총괄하므로(지자 101조), 지방자치단체가 당사자인 경우에는 지방자치단체의 장이 지방자치단체를 대표한다.

4 전심절차 및 제소기간과 관련하여

당사자소송에는 취소소송의 전심절차와 제소기간에 대한 규정이 준용되지는 않는다(행소 44조). **다만** 당사자소송의 경우에는 제소기간에 대한 특칙이 있다. **당사자소송에 관하여 법령에 제소기간이 정하여져 있는 때에는 그 기간은 불변기간으로 한다**(행소 41조).

5 소의 변경 및 관련청구의 이송 또는 병합

취소소송의 소의 변경에 관한 규정(행소 21조)은 당사자소송을 항고소송으로 변경하는 경우에 준용된다(행소 42조). 즉 법원은 당사자소송을 '당해 처분 등에 관계되는 사무가 귀속하는 국가 또는 공공단체의 행정청을 상대로 한 항고소송'으로 변경하는 것이 상당하다고 인정할 때에는 청구의 기초에 변경이 없는 한 사실심의 변론종결시까지 원고의 신청에 의하여 결정으로써 소의 변경을 허가할 수 있다.

관련청구의 이송 또는 병합에 대한 규정(행소 10조)은 당사자소송과 관련청구소송이 각각 다른 법원에 계속되고 있는 경우의 이송과 이들 소송의 병합의 경우에 준용한다(행소 44조 2항). 즉 당사자소송과 관련청구소송이 각각 다른 법원에 계속되고 있는 경우에 관련청구소송이 계속된 법원이 상당하다고 인정하는 때에는 당사자의 신청 또는 직권에 의하여 이를 취소소송이 계속된 법원으로 이송할 수 있고(행소 10조 1항), 당사자소송에는 사실심의 변론종결시까지 관련청구소송을 병합하거나 피고외의 자를 상대로 한 관련청구소송을 당사자소송이 계속된 법원에 병합하여 제기할 수 있다(행소 10조 2항).

6 판결의 효력과 관련하여

당사자소송의 경우 판결의 기속력은 인정되나(행소 30조 1항), 취소소송의 제3자에 대한 효력에 대한 규정(행소 29조) 및 재처분의무에 관한 규정(행소 30조 2항)은 적용되지 않는다. 간접강제에 대한 규정 역시 적용되지 않는다.

7 가집행선고와 관련하여

국가를 상대로 하는 당사자소송의 경우에는 가집행선고를 할 수 없다(행소 43조). 이 규정은 1990년 1월 1일 개정 이전의 구 소송촉진 등에 관한 특례법 제6조 1항 단서가 '다만, 국가를 상대로 하는 재산권의 청구에 관하여는 가집행의 선고를 할 수 없다'라고 규정한 것과 균형을 맞추기 위한 목적으로 제정된 것이다. 그런데 헌법재판소는 위 단서 규정에 대하여 재산권과 신속한 재판을 받을 권리의 보장에 있어서 합리적 이유 없이 소송당사자를 차별하여 국가를 우대하고 있는 것이므로 헌법 제11조 제1항에 위반된다고 판단하였다. 이로 인하여 위 단서 규정은 1990년 1월 1일 개정을 통하여 삭제되었다. 따라서 국가를 당사자로 하는 재산 상 청구에 대하여서도 가집행을 선고할 수 있게 되었다. 판례 역시 행정소송에도 민사소송법의 규정이 일반적으로 준용되므로(행소 8조 2항) 법원으로서는 공법 상 당사자소송에서 재산권의 청구를 인용하는 판결을 하는 경우 가집행선고를 할 수 있다고 판시한다.[802)] 사정이 위와 같다면 국가를 상대로 하는 당사자소송의 경우에는 가집행선고를 할 수 없다(행소 43조)는 규정 역시 재고할 필요가 있다.

제4절 조세민사소송

총설

조세소송 이외에 조세와 관련된 민사소송 역시 있다. 이를 조세민사소송으로 구분한다. 판례는 이론 상 당사자소송에 해당한다고 볼 수 있는 과오납금반환청구소송 또는 과세처분의 무효를 근거로 한 기납부세액의 반환청구소송을 민사소송으로 보고 있으므로 이들 소송을 조세민사소송으로 분류한다. 이를 **조세환급청구소송**으로 부르기로 한다. 한편 민사소송의 수소법원은 과세처분 등의 효력 유무 또는 존재 여부가 민사소송의 선결문제로 된 경우에는 이를 심리・판단할 수 있고 당해 수소법원은 그 처분 등을 행한 과세관청에게 그 선결문제로 된 사실을 통지하여야 한다(행소 11조). 이와 같이 민사소송의 선결문제로서 심리하는 소송 역시 조세민사소송으로 분류할 수 있다. 이를 **선결소송**으로 부르기로 한다. 또한 국가나 지방자치단체는 세무공무원 또는 공무를 위탁받은 사인이 직무를 집행하면서 고의 또는 과실로 법령을 위반하여 타인에게 손해를 입힌 경우에는 그 손해를 배상하여야 하고

802) 대법원 2000.11.28. 99두3416.

해당 공무원에게 고의 또는 중대한 과실이 있으면 국가나 지방자치단체는 그 공무원에게 구상할 수 있는 바(국배 2조), 이 **국가배상소송** 역시 민사소송에 해당한다. 그 밖에 **압류채권 지급청구소송, 사해행위 취소소송, 채권자대위소송, 배당이의소송, 압류등기말소소송, 파산절차와 관련된 재단채권 확인소송, 원천징수의무자와 원천납세의무자 사이의 소송, 부가가치세액에 대한 민사청구 및 공유자에 대한 구상금청구, 명의수탁자의 명의신탁자에 대한 부당이득반환 청구소송** 등이 있을 수 있다.

조세민사소송에 대하여서는 민사소송법이 적용된다. 본서에서는 조세민사소송으로 취급되는 각 소송의 형태 및 그에 특유한 쟁점들에 대하여서만 살핀다.

Ⅱ 조세환급청구소송

이하 조세환급청구소송에 대하여 판례의 입장을 중심으로 살핀다.

판례는 **국세환급금 및 국세환급가산금에 대한 거부결정**은 항고소송의 대상인 처분이 아니라고 한다. 즉 국세환급금결정 및 국세환급가산금결정(국기 51조, 52조)에 관한 규정은 이미 납세의무자의 환급청구권이 확정된 국세환급금 및 국세환급가산금에 대하여 내부적 사무처리절차로서 과세관청의 환급절차를 규정한 것에 지나지 않고 그 규정에 의한 국세환급금(환급가산금 포함)결정에 의하여 비로소 환급청구권이 확정되는 것은 아니므로, 국세환급금결정이나 이 결정을 구하는 신청에 대한 환급거부결정 등은 납세의무자가 갖는 환급청구권의 존부나 범위에 구체적이고 직접적인 영향을 미치는 처분이 아니어서 항고소송의 대상이 되는 처분이라고 볼 수 없다.[803] 이 경우 납세자는 부당하게 환급거부를 당한 경우에 직접 민사소송으로 그 환급을 요구할 수 있다.[804]

국세환급금은 잘못 납부한 금액(**오납금**), 초과하여 납부한 금액(**과납금**) 또는 세법에 따라 환급하여야 할 환급세액(**'세법 상 환급세액'**)을 의미하고, 이에는 이중납부 및 착오납부 역시 포함된다(국기 51조 1항). 그렇다면 국세환급금의 지급을 청구하는 소송은 오납금, 과납금 및 세법 상 환급세액의 지급을 청구하는 소송으로 구분할 수 있다. 오납금은 무효인 신고, 경정, 결정 등에 기초하여 납부 또는 징수된 조세 등과 같이 실체법적으로나 절차법적으로도

803) 대법원 1989.6.15. 88누6436 전원합의체 판결.
804) 대법원 1990.2.13. 88누6610.

납부 또는 징수가 이루어지는 때부터 법률 상 원인을 흠결한 세액을 의미하고, 과납금은 신고, 경정, 결정 등 조세채무의 내용을 확정하는 행위가 당연무효는 아니지만 이에 의하여 확정된 세액이 과다하기 때문에 감액경정 또는 감액재경정 등이 이루어지는 경우에 그에 의하여 감소되는 세액을 의미한다.[805] 세법 상 환급세액은 개별 세법에 근거하여 환급세액에서 공제하여야 할 수 있는 세액이 있을 때, 그러한 공제를 하고 남은 금액을 말한다.

판례는 오납금 및 과납금의 지급을 청구하는 소송을 민사소송으로 판단한다. 즉 이미 존재와 범위가 확정되어 있는 오납금 및 과납금은 납세자가 부당이득의 반환을 구하는 민사소송으로 환급을 청구할 수 있다.[806] **과세처분이 부존재하거나 당연무효인 경우**에 이 과세처분에 의하여 납세의무자가 납부하거나 징수당한 오납금은 국가가 법률 상 원인 없이 취득한 부당이득에 해당하고, 이러한 오납금에 대한 납세의무자의 부당이득반환청구권은 처음부터 법률 상 원인이 없이 납부 또는 징수된 것이므로 납부 또는 징수시에 발생하여 확정된다.[807] 부과납세 방식의 조세에 있어서 그 부과처분이 있기 전에 납세의무자가 자진하여 **세금을 과다납부한 경우**에는 부당이득의 성립을 인정하여야 할 것이고, 이 경우 납세의무자가 과세고지가 있기 전에 자진 납부하였다 하여 비채변제의 법리가 적용된다고 할 수 없다.[808] 민법 상 채무자가 채무없음을 알고 이를 변제한 때에는 그 반환을 청구하지 못하는 바(민법 742조), 이를 비채변제의 법리라고 한다.

한편 종전 판례[809]는, 세법 상 환급세액과 관련하여 세법 상 환급세액의 반환 역시 원칙적으로 부당이득의 반환에 해당하고, 따라서 부가가치세 환급세액의 지급청구도 행정소송이 아닌 민사소송의 대상이라고 판시하였다. 그러나 최근 판례는 부가가치세법 상 납세의무자에 대한 국가의 부가가치세 환급세액 지급의무에 대응하는 **납세의무자의 국가에 대한 부가가치세 환급세액 지급청구**는 민사소송이 아니라 당사자소송의 절차에 따라야 한다고 판시하였다.[810] 이 판례로 인하여 이와 배치되는 위 종전 판례는 모두 변경되었다. 부가가치세법 환급세액 지급청구를 제외한 다른 세법 상 환급세액 지급청구가 민사소송인지 아니

805) 이상 金子 宏、前掲書、683頁。
806) 대법원 2015.8.27. 2013다212639.
807) 대법원 1992.3.31. 91다32053 전원합의체 판결.
808) 대법원 1991.1.25. 87다카2569.
809) 대법원 1996.4.12. 94다34005; 대법원 1996.9.6. 95다4063; 대법원 1997.10.10. 97다26432; 대법원 2001.10.26. 2000두7520; 대법원 1987.9.8. 85누565; 대법원 1988.11.8. 87누479.
810) 대법원 2013.3.21. 2011다95564 전원합의체 판결.

면 당사자소송인지 여부는 각 개별세법 상 규정들을 구체적으로 검토한 후 결정하여야 할 것인 바 향후 판례의 입장을 주목할 필요가 있다.

기타 환급청구소송에 대한 쟁점들에 대하여서는 환급청구권 및 환급가산금에 관한 부분에서 기술한 바가 있다.[811)]

Ⅲ 선결소송

처분 등의 효력 유무 또는 존재 여부가 민사소송의 선결문제로 되어 당해 민사소송의 수소법원이 이를 심리·판단하는 경우가 있는 바 이러한 소송을 **선결소송**이라고 한다(행소 11조 1항). 선결소송이 민사소송에 해당한다고 하더라도 처분 등의 효력 유무 또는 존재 여부가 심리의 대상이 되므로 행정소송법 상 일부규정들이 해당 민사소송에도 적용된다(행소 11조 1항). 즉 행정청의 소송참가(행소 17조), 행정심판기록의 제출명령(행소 25조), 직권심리(행소 26조) 및 소송비용의 재판에 관한 효력(행소 33조)에 대한 각 규정이 선결소송에도 적용된다.

한편 당사자소송은 공법 상 법률관계에 대한 소송이라는 점에서 민사소송과 구분되나, 대등한 당사자 사이의 법률관계에 대한 소송이라는 점에서 민사소송과 비슷한 구조를 갖는다. 이로 인하여 당사자소송과 민사소송의 구별에 관하여서는 각 학설들이 대립하고 있다.[812)] 실무상으로는 향후 판례의 입장을 지켜 볼 수밖에 없는 실정이다. 행정소송법 상 당사자소송을 도입한 이상 가능한 한 당사자소송을 통하여 분쟁을 해결하는 것이 타당하다고 판단한다. 즉 소송의 실질이 동일하거나 유사하다면 가능한 한 같은 관할 법원에서 처리하도록 하는 것이 납세자의 편익에 보다 부합하는 것이고 해당 분쟁의 원인이 되는 법률관계가 과세관청의 처분 등과 관계된 것이라는 점을 감안한다면, 입법론으로서 당사자소송의 대상을 명확하게 규정하는 방법으로 이 쟁점을 해결하는 것이 타당하다고 본다. 만약 이러한 입장을 취한다면 선결소송에 관한 규정은 삭제되어야 할 것이다.

선결소송과 관련된 '민사소송'의 범위가 본안소송으로 한정될 필요는 없다. 넓은 의미의 민사소송에는 권리의 확정절차로서의 판결절차, 보전절차로서의 가압류·가처분 절차 및 실현절차로서의 강제집행절차가 있다.[813)] 위 각 절차에서 처분 등의 효력 유무 또는 존재

811) 제2편 제7장 제4절 충당, 환급 및 환급가산금 참조.
812) 소순무, 전게서, 560-561면 참조.
813) 이시윤, 전게서, 4-5면.

여부가 선결문제로 될 수 있기 때문이다. 다만 과세처분이 당연무효라고 볼 수 없는 한 과세처분에 취소할 수 있는 위법사유가 있다 하더라도 그 과세처분은 행정행위의 공정력 또는 집행력에 의하여 그것이 적법하게 취소되기 전까지는 유효하다 할 것이므로, 민사소송 절차에서 그 과세처분의 효력을 부인할 수 없다.[814] 법문 역시 '처분 등의 효력 유무 또는 존재 여부'가 문제로 되는 경우에 선결소송에 관한 규정이 적용된다고 명시하고 있다(행소 11조 1항). 당연무효 또는 부존재에 관한 판단이 법원마다 달라질 수 있는 가능성은 있다.

민사소송에서 당사자들이 '처분 등의 효력 유무 또는 존재 여부'를 다툼이 없는 사실로 정리한 경우에는 법원 역시 이에 근거하여 판단하여야 한다.[815]

선결소송의 경우 민사소송의 수소법원은 그 처분 등을 행한 행정청에게 그 선결문제로 된 사실을 통지하여야 한다(행소 11조 2항). 위 규정은 훈시규정으로 위 통지를 하지 않았다고 하여 수소법원의 심판이 위법한 것은 아니다.[816]

선결소송에 관한 판결이 있다고 하더라도 선결소송에 대한 판결의 기속력에 관한 규정(행소 30조)**이 준용되지 않으므로, 당사자인 행정청과 그 밖의 관계행정청에 대하여 기속력**[817]**이 미치지는 않는다.** 이 경우 판결의 기속력을 얻기 위하여서는 무효 등 확인소송을 제기하여야 한다. 무효 등 확인소송에는 취소판결 등의 효력(행소 29조) 및 취소판결 등의 기속력(행소 30조) 등에 관한 규정이 준용되기 때문이다(행소 38조 1항). 당사자인 국가 또는 지방자치단체에 대하여 기판력이 미치는 것은 당연하다.

Ⅳ 국가배상소송

헌법에 따르면, 공무원의 직무 상 불법행위로 손해를 받은 국민은 법률이 정하는 바에 의하여 국가 또는 공공단체에 정당한 배상을 청구할 수 있고, 이 경우 공무원 자신의 책임은 면제되지 아니한다(헌법 29조 1항). 또한 위 헌법조항에 근거한 국가배상법에 따르면, 국가나 지방자치단체는 공무원이 직무를 집행하면서 고의 또는 과실로 법령을 위반하여 타인에게 손해를 입힌 때에는 그 손해를 배상하여야 하고 공무원에게 고의 또는 중대한 과실이

814) 대법원 1999.8.20. 99다20179.
815) 소순무, 전게서, 562면.
816) 상게서, 563면.
817) 기속력의 의미는 취소소송의 판결의 효력에 관한 부분에 설명되어 있다.

있으면 국가나 지방자치단체는 그 공무원에게 구상할 수 있다(국배 2조). 과세관청의 과세처분 역시 세무공무원이 그 직무를 집행하는 것에 해당하므로, 이 경우에 대하여서도 국가배상에 관한 위 규정들이 적용된다. 그런데 국가나 지방자치단체의 손해배상 책임에 관하여는 특별한 규정이 없다면 민법의 규정에 따른다(국배 8조).

한편 과세처분 역시 행정행위이므로 이에는 공정력이 있어서 해당 처분이 취소되지 않는 한 그 처분의 효력이 유지된다. 그렇다면 공무원의 직무집행이 위법함을 전제로 하는 국가배상 규정이 적용될 여지가 없을 수 있다. **과세처분이 취소되는 경우에 한하여 국가배상 또는 손해배상을 청구할 수 있는가?** 판례에 의하면, 과세처분의 취소 여부와 관계없이 청구할 수 있다고 한다. 즉 물품세 과세대상이 아닌 것을 세무공무원이 직무 상 과실로 과세대상으로 오인하여 과세처분을 행함으로 인하여 손해가 발생된 경우에는, 동 과세처분이 취소되지 아니하였다 하더라도 국가는 이로 인한 손해를 배상할 책임이 있다.[818] 위 판례가 행정행위의 공정력에 위배되는 것이 아닌지 여부에 대한 의문이 있을 수 있으나 행정행위의 공정력을 적법성의 추정이 아닌 유효성의 추정으로 보는 한 위 판례와 행정행위의 공정력이 모순된다고 할 수 없다.[819] **국가는 세무공무원의 부당한 보전압류로 인하여 납세자에게 발생한 손해를 배상하여야 하는가?** 국세가 확정되기 전에 보전압류를 한 후 보전압류에 의하여 징수하려는 국세의 전부 또는 일부가 확정되지 못하였다면 그 보전압류로 인하여 납세자가 입은 손해에 대하여 특별한 반증이 없는 한 과세관청의 담당공무원에게 고의 또는 과실이 있다고 사실상 추정되므로, 국가는 부당한 보전압류로 인한 손해에 대하여 이를 배상할 책임이 있다. 또한 이러한 법리는 보전압류 후 과세처분에 의해 일반 국세가 확정되었으나 그 과세처분이 취소되어 결국 국세의 전부 또는 일부가 확정되지 못한 경우에도 마찬가지로 적용된다.[820]

항고소송에 대한 종국판결이 선고된 경우 그 기판력이 국가배상청구소송에도 미치는가? 이 쟁점과 관련하여서는 긍정설과 부정설의 대립이 있다.[821] 항고소송의 기판력은 그 처분이 귀속하는 국가 또는 공공단체에 미치므로,[822] 기각판결의 경우에는 피고의 해당 처분이 적법하다는 점에 대하여, 인용판결의 경우에는 해당 처분이 위법하다는 점에 대하여 해당

818) 대법원 1979.4.10. 79다262.
819) 소순무, 전게서, 632면 : 조용연, 전게논문, 166면.
820) 대법원 2015.10.29. 2013다209534.
821) 홍정선, 전게서, 1074면 : 소순무, 전게서, 679-681면.
822) 대법원 1998.7.24. 98다10854.

판결의 기판력이 그 처분이 귀속하는 국가 또는 공공단체에 미친다고 보아야 한다. 다만 국가배상에 있어서는 해당 처분의 위법성 이외에 세무공무원의 고의 또는 과실 및 손해의 발생에 대한 인과관계 등 별도의 요건이 충족되어야 하므로 반드시 취소소송의 경우와 같은 결론이 도출될 필요는 없다고 본다.

V 채권자대위소송

국세기본법은 세무공무원이 채권자대위소송(민법 404조)을 제기하여 그 소송이 진행 중인 기간에는 소멸시효가 진행되지 않으며(국기 28조 3항 5호), 그 시효정지의 효력은 소송이 각하·기각 또는 취하된 경우에는 효력이 없다고 규정한다(국기 28조 4항). 이러한 규정들에 비추어 보면 조세법 상 채권자대위소송이 인정된다고 볼 수 있다. 그 내용 역시 민법 상 채권자대위소송(민법 404조)의 경우와 같다고 보아야 한다. 즉 세무공무원은 조세채권을 보전하기 위하여 납세자의 권리(일신에 전속한 권리는 제외한다)를 행사할 수 있고 세무공무원은 그 조세채권의 납부기한이 도래하기 전에는 법원의 허가 없이 위 권리를 행사하지 못한다. 다만 보존행위는 행사할 수 있다.

한편 세무서장이 채권을 압류한 경우에는 그 압류 자체의 효력으로서 세무서장이 채권을 압류하였다는 뜻을 해당 제3채무자(채권의 채무자)에게 통지를 한 때에 체납액을 한도로 하여 체납자인 채권자를 대위한다는 효력이 부여된다(국징 51조 1항, 2항). 이 경우 제3채무자가 이행을 하지 않는 경우에는 채권자를 대위하여 촉구하고 그 촉구기한까지 이행을 하지 않는 경우에는 채권자대위소송을 제기하여야 한다(국징령 41조 1항, 2항). 한편 소송을 제기하는 경우 원고는 세무서장이 아니라 국가 또는 지방자치단체가 되어야 한다. 국세기본법은 세무공무원이 채권자대위소송(민법 404조)을 제기할 것을 전제하고 있어서(국기 28조 3항 5호), 위 소송은 민사소송의 형태를 취하여야 할 것으로 보이기 때문이다.

채권자가 채권자대위권을 행사하는 방법으로 제3채무자를 상대로 소송을 제기하여 판결을 받은 경우 채무자가 채권자대위권에 의한 소송이 제기된 사실을 알았을 경우에는 그 판결의 효력이 채무자에게 미치므로[823], 체납자가 해당 소송의 제기사실을 아는 경우에는 채권자대위소송 판결의 기판력이 체납자에게 미치게 된다.

823) 대법원 1993.4.27. 93다4519.

Ⅵ 사해행위 취소소송

세무공무원은 강제징수를 집행할 때 체납자가 국세의 징수를 면탈하려고 재산권을 목적으로 한 법률행위를 한 경우에는 민법 제406조 및 제407조를 준용하여 사해행위의 취소를 법원에 청구할 수 있다(국징 25조). 따라서 조세법 상 사해행위취소권은 민법 상 채권자취소권과 그 내용이 같다. 즉 체납자가 조세의 징수를 해함을 알고 재산권을 목적으로 한 법률행위를 한 때에는 세무공무원은 그 취소 및 원상회복을 법원에 청구할 수 있다. 그러나 그 행위로 인하여 이익을 받은 자나 전득한 자가 그 행위 또는 전득당시에 조세의 징수를 해함을 알지 못하는 경우에는 그러하지 아니하다. 위 소송은 국가가 취소원인을 안 날로부터 1년, 법률행위가 있은 날로부터 5년 내에 제기하여야 한다. 위 취소와 원상회복은 모든 조세채권을 위하여 그 효력이 있다.

그러나 **국세기본법은 위 민법 상 채권자취소권에 더하여 특칙을 규정한다.** 즉 세무서장은 납세자가 제3자와 짜고 거짓으로 재산에 '특정 전세권 · 질권 또는 저당권의 설정계약(국기 35조 1항 3호)', '특정 가등기 설정계약(국기 35조 2항)' 또는 '특정 양도담보 설정계약(국기 42조 2항)'을 하고 그 등기 또는 등록을 함으로써 그 재산의 매각금액으로 국세를 징수하기가 곤란하다고 인정할 때에는 그 행위의 취소를 법원에 청구할 수 있다(국기 35조 4항 전단). 이 경우 납세자가 국세의 법정기일 전 1년 내에 특수관계인(국기령 18조의2)과 전세권 · 질권 또는 저당권 설정계약, 가등기 설정계약 또는 양도담보 설정계약을 한 경우에는 짜고 한 거짓 계약으로 추정한다(국기 35조 4항 후단). 전단 부분은 사실상 민법 상 채권자취소권과 같은 내용에 해당하고, 후단 부분이 민법 상 채권자취소권에 대한 특칙에 해당한다.[824] 지방세의 경우에도 같은 내용의 규정이 있다(지기 71조 4항).

세무공무원이 사해행위취소소송을 제기하여 그 소송이 진행 중인 기간에는 소멸시효가 진행되지 않는다(국기 28조 3항 5호). **다만 사해행위취소소송의 제기로 인한 시효정지의 효력은 해당 소송이 각하 · 기각 또는 취하된 경우에는 효력이 없다**(국기 28조 4항).

824) 같은 취지 : 임승순, 전게서, 218면.

Ⅶ 배당이의소송

'조세채권자가 아닌 이해관계인으로서 체납자가 아닌 자'는 교부청구한 조세채권 및 그 채권의 순위에 대하여 이의할 수 있고, 이에 대하여 배당이의의 소를 제기하는 방법으로 다툴 수 있고, 세무서장이 교부청구의 해제사유가 있음에도 해당 교부청구를 해제하지 않은 경우에는 위 이해관계인은 배당이의절차를 거쳐서 교부청구에 대하여 다툴 수 있다. 이상의 소송은 **배당이의소송**이라고 한다. 이하 보다 구체적으로 본다.

교부청구는 강제환가절차를 집행하는 각 기관에 대하여 체납된 조세채권의 변제를 촉구하는 행위로서 납세자 이외의 이해관계인에 대한 실체법 상 권리 및 의무의 변동을 야기하는 효과를 가지는 것은 아니므로 행정처분에 해당하지는 않는다. 따라서 위 **이해관계인들은 항고소송으로서 교부청구에 대한 취소를 청구할 수는 없다.**[825] **다만 교부청구가 해당 배당절차를 통한 배당금액에 대하여서는 영향을 미치므로, 조세채권자가 아닌 이해관계인으로서 채무자에 해당하지 않는 자는 배당절차 내에서 다툴 수 있도록 하여야 한다.**

민사집행법 상 채권자는 다른 채권자의 채권 및 그 채권의 순위에 관하여 이의할 수 있고(민사집행 151조 3항, 172조, 256조), '집행력 있는 집행권원의 정본을 가지지 아니한 채권자(가압류채권자를 제외한다)'에 대하여 이의한 채권자는 배당이의의 소를 제기할 수 있으며(민사집행 154조 1항, 172조, 256조), '집행력 있는 집행권원의 정본을 가진 채권자'에 대하여 이의한 '채무자'는 청구이의의 소를 제기하여야 한다(민사집행 154조 1항, 172조, 256조). **조세채권은 집행력 있는 집행권원의 정본을 가진 채권에 해당하는가?** 만약 그렇다면 위 법 문언에 따라 채무자만이 청구이의의 소를 제기할 수 있는 것으로 보아야 한다. 채무자, 즉 체납자 이외의 다른 이해관계인들은 조세채권에 대하여 청구이의의 소를 제기할 수도 없고 배당이의의 소 역시 제기할 수가 없게 된다. 비록 조세채권은 집행력 있는 집행권원의 정본이 없이도 스스로 집행력을 가지는 것이지만 이 경우에 있어서 조세채권은 '집행력 있는 집행권원의 정본을 가지지 아니한 채권'으로 보는 것이 타당하다. 이렇게 해석할 경우에는 '조세채권자가 아닌 이해관계인으로서 체납자가 아닌 자'는 교부청구한 조세채권 및 그 채권의 순위에 대하여 이의할 수 있고, 이에 대하여 배당이의의 소를 제기하는 방법으로 다툴 수 있다.[826]

825) 金子　宏、前掲書、805頁。
826) 같은 취지 : 上掲書。

한편 교부청구를 받은 집행기관의 강제징수, 강제집행 또는 경매의 절차가 해제되거나 취소되지 않았더라도 납부, 충당, 부과의 취소나 그 밖의 사유로 교부를 청구한 체납액의 납부의무가 소멸된 경우에는 세무서장은 그 교부청구를 해제하여야 하고, 이는 교부청구를 받은 기관에 그 뜻을 통지함으로써 한다(국징 60조). **교부청구의 해제사유가 있음에도 세무서장이 교부청구를 해제하지 않는 경우에 해당 강제집행절차 상 이해관계인이 해당 세무서장에게 교부청구의 해제를 청구할 수 있는가?** 해당 신청을 막을 이유는 없으나 해당 신청은 직권의 발동을 촉구하는 의미를 가질 뿐이다. 세무서장이 교부청구의 해제사유가 있음에도 해당 교부청구를 해제하지 않은 경우에는 위 이해관계인은 배당이의절차를 거쳐서 교부청구에 대하여 다툴 수 있다. 배당이의를 하는 것과 별도로 **세무서장이 교부청구를 해제하여야 함에도 불구하고 이를 거부하는 경우에 이를 거부처분이라고 볼 수 있는가?** 세무서장이 교부청구를 해제하여야 함에도 불구하고 이를 거부하는 것으로 인하여 이해관계인의 실체적 권리에 영향을 주는 것은 아니다. 만약 이러한 경우 이해관계인에게 교부청구의 해제청구권을 인정하고 이를 거부하는 경우 이를 거부처분으로 보아 다투게 한다면 이는 배당절차와 별도의 절차가 이중적으로 진행되게 되어 오히려 절차 상 혼란이 야기될 수 있다. 또한 이를 인정하는 명문의 규정 역시 없다. 이러한 각 점을 감안하여 위 경우 이해관계인이 직접 교부청구의 해제청구권을 갖는 것은 아니라고 해석한다.

배당기일에 이의를 신청하지 않는 경우에도 부당이득반환청구소송을 제기할 수 있는가? 확정된 배당표에 의하여 배당을 실시하는 것은 실체법상의 권리를 확정하는 것이 아니므로 배당을 받아야 할 자가 배당을 받지 못하고, 배당을 받지 못할 자가 배당을 받은 경우에는 배당에 관하여 이의를 한 여부 또는 형식 상 배당절차가 확정되었는가의 여부에 관계없이 배당을 받지 못한 우선채권자는 부당이득반환청구권이 있다.[827] 다만 부동산강제경매절차에서 조세채권의 교부청구 역시 다른 채권과 동일하게 배당요구와 마찬가지로 경락기일(현재는 배당요구의 종기)까지만 할 수 있으므로[828], 경락기일(현재는 배당요구의 종기) 이후 배당 시까지의 사이에 비로소 교부청구된 세액은 그것이 실체법 상 다른 채권보다 우선하는 것인지의 여부를 불문하고 이를 배당할 수 없다.[829] 따라서 조세채권을 포함하는 배당요구 채권자가 적법한 배당요구를 하지 아니하여 그를 배당에서 제외하는 것으로 배당

827) 대법원 1994.2.22. 93다55241.
828) 대법원 1993.3.26. 92다52733.
829) 대법원 1993.9.14. 93다22210.

표가 작성・확정되고 그 확정된 배당표에 따라 배당이 실시되었다면, 그가 적법한 배당요구를 한 경우에 배당받을 수 있었던 금액 상당의 금원이 후순위 채권자에게 배당되었다 하여 이를 법률 상 원인이 없는 것이라고 할 수 없다.[830] 즉 배당할 수 없는 조세채권에 근거하여서는 부당이득반환청구 역시 할 수 없다. 이러한 이치는 집행목적물의 교환가치에 대하여서만 우선변제권을 가지고 있는 법정담보물권자의 경우와는 다른 것이다. 담보권의 실행과 관련하여 판례는 실체적 하자 있는 배당표에 기한 배당으로 인하여 배당받을 권리를 침해당한 자는 원칙적으로 배당기일에 출석하여 이의를 하고 배당이의의 소를 제기하여 구제받을 수 있고, 가사 배당기일에 출석하여 이의를 하지 않음으로써 배당표가 확정되었다고 하더라도, 확정된 배당표에 의하여 배당을 실시하는 것은 실체법상의 권리를 확정하는 것이 아니기 때문에 부당이득금반환청구의 소를 제기할 수 있다고 판시한다.[831]

Ⅷ 압류등기 말소소송

납세자는 과세관청이 당사자의 압류해제신청을 거부한 경우에는 그 상대방은 해당 거부처분의 통지를 받은 날로부터 90일 이내에 불복할 수 있고, 재산의 압류가 해제된 경우에 세무서장은 압류해제 조서를 첨부하여 압류 말소의 등기 또는 등록을 관계 관서에 촉탁하여야 한다. 그런데 세무서장이 이를 거부하는 경우에는 납세자는 민사소송으로서 **압류등기 등 말소청구소송**을 제기할 수 있다. 이하 보다 구체적으로 본다.

세무서장은 '납부, 충당, 공매의 중지, 부과의 취소 또는 그 밖의 사유로 압류할 필요가 없게 된 경우' 등에는 그 압류를 즉시 해제하여야 한다(국징 57조 1항). 이를 '압류해제사유'라고 한다. '납세담보를 제공하고 압류해제를 요구한 경우' 또는 '압류를 한 날부터 3개월이 지날 때까지 압류에 의하여 징수하려는 국세를 확정하지 아니한 경우'에 해당할 때에는 세무서장은 재산의 압류를 즉시 해제하여야 하므로(국징 31조 4항) 그 각 사유 역시 압류해제사유에 해당한다. 또한 압류・매각을 유예한 경우에는 해당 재산의 압류를 해제할 수 있는 규정이 별도로 있다(국징 105조 2항). 과세관청이 강제징수의 일환으로 납세자의 재산을 압류하였으나 그 후 압류해제사유가 발생한 경우 납세자 및 압류해제에 대하여 법률 상 이익

830) 대법원 1996.12.20. 95다28304.
831) 대법원 2002.10.11. 2001다3054.

을 갖는 자는 압류해제사유가 있는 한 언제든지 과세관청에 대하여 압류해제를 신청할 수 있으며, 만일 과세관청이 당사자의 압류해제신청을 거부한 경우에는 그 상대방은 당해 거부처분의 통지를 받은 날로부터 90일 이내에 불복할 수 있다.[832)]

재산의 압류가 해제된 경우에 세무서장은 그 사실을 그 재산의 압류통지를 한 권리자, 제3채무자 또는 제3자에게 통지하여야 하고(국징 57조 1항), 압류의 등기 또는 등록을 한 것에 대하여는 압류해제 조서를 첨부하여 압류말소의 등기 또는 등록을 관계 관서에 촉탁하여야 한다(국징 57조 2항). 그러나 세무서장이 이러한 압류말소의 등기 또는 등록을 촉탁하지 않는 경우에는 납세자는 민사소송으로서 압류등기 등 말소청구소송을 제기할 수 있다.

Ⅸ 부가가치세액에 대한 청구

사업자가 재화 또는 용역을 공급하는 때에는 부가가치세 상당액을 그 공급을 받는 자로부터 징수하여야 한다고 규정하는 부가가치세법에 근거하여 사업자가 공급을 받는 자로부터 부가가치세 상당액을 직접 민사소송을 통하여 청구할 수 있는가? 사업자가 재화 또는 용역을 공급하는 때에는 부가가치세 상당액을 그 공급을 받는 자로부터 징수하여야 한다는 규정(부가세 15조)은 사업자로부터 징수하는 부가가치세 상당액을 공급을 받는 자에게 차례로 전가시킴으로써 궁극적으로 최종소비자에게 이를 부담시키겠다는 취지를 선언한 것에 불과한 것이어서 사업자가 위 규정을 근거로 공급을 받는 자로부터 부가가치세 상당액을 직접 징수할 사법 상의 권리는 없다.[833)] **다음과 같은 경우에는 부가가치세를 제외하고 대금상당액만 지급하기로 약정한 것으로 볼 수는 없다.** 지방자치단체의 장 또는 계약담당자는 입찰 또는 수의계약 등에 부칠 사항에 관하여 해당 규격서 및 설계서 등에 따라 예정가격을 작성하여야 하고, 예정가격에는 부가가치세 등을 포함시켜야 하며, 원가계산에 의한 가격을 기준으로 예정가격을 결정하는 경우 계약목적물의 공급가액에 부가가치세율을 곱하여 산출한 부가가치세를 가산하되, 부가가치세가 면제되는 재화 또는 용역을 공급하는 자와 계약을 체결할 때에는 해당 계약당사자가 부담할 비목별 원재료의 부가가치세 매입세액 해당액을 예정가격에 합산한다고 규정하고 있는 점 등 제반 사정에 비추어 보면, 갑 지

832) 대법원 1996.12.20. 95누15193.
833) 대법원 1999.11.12. 99다33984; 대법원 2023.8.18. 2019다200126.

방자치단체와 을 회사 등이 용역계약 체결 당시 위 용역의 공급이 부가가치세 면세대상이라는 사정을 알았다면 갑 지방자치단체가 부가가치세를 제외하고 기존 용역대금에 상당한 금액만을 지급하기로 약정하였을 것으로 보기 어렵다.[834] **만약 거래당사자 사이에 부가가치세를 부담하기로 하는 약정이 따로 있는 경우에는 부가가치세 상당액의 지급을 직접 민사소송으로 청구할 수 있는가?** 거래당사자 사이에 부가가치세를 부담하기로 하는 약정이 따로 있는 경우에는 사업자는 그 약정에 기하여 공급을 받는 자에게 부가가치세 상당액의 지급을 직접 청구할 수 있는 것으로, 부가가치세의 부담에 관한 위와 같은 약정은 반드시 재화 또는 용역의 공급 당시에 있어야 하는 것은 아니고 공급 후에 한 경우에도 유효하며, 또한 반드시 명시적이어야 하는 것은 아니고 묵시적인 형태로 이루어질 수도 있다.[835] 계약을 체결하면서 대금과 별도로 부가가치세를 지급하기로 한 경우에는 이를 당사자 사이에 납부세액(매출세액에서 매입세액을 공제한 금액) 상당액만을 지급하기로 하는 별도의 부가가치세 부담약정을 한 것으로 볼 것이 아니라 해당 거래와 관련된 매출세액 상당액을 거래대금과 별도로 지급하겠다는 것을 약정한 것으로 보아야 한다.[836] 만약 당사자의 약정에 따라 부가가치세를 부담하기로 한 자의 귀책사유로 인하여 가산세가 발생하였다면 그 가산세 역시 부담하여야 할 것이다. **부가가치세 납세의무자가 거래대금채권과 함께 이에 따른 부가가치세 상당액을 양도할 수 있는가?** 부가가치세 납세의무자가 거래대금채권과 함께 이에 따른 부가가치세 상당액을 양도한다 하더라도 부가가치세 납세의무자의 부가가치세 납세의무 그 자체의 존속에 대하여는 아무런 영향도 없다 할 것이어서 그 세액 상당금액의 양도성을 부정할 이유는 없다.[837] **부가가치세를 별도로 지급하기로 약정하였음에도 불구하고 이를 지급하지 아니하여 해당 용역의 공급자가 세금계산서를 작성 교부하지 않았고 이로 인하여 매입세액공제를 받지 못한 경우 용역의 공급자가 이에 대한 손해를 부담하여야 하는가?** 계약을 체결하면서 부가가치세를 별도로 지급하기로 약정하였음에도 불구하고 부가가치세 상당액을 지급하지 아니한 경우, 해당 용역의 공급자가 부가가치세를 지급받지 못한 것을 이유로 세금계산서를 작성 교부하지 않았고 이로 인하여 도급인이 매입세액공제를 받지 못하게 되었다고 하더라도 이는 세금계산서를 교부하지 않은 용역공급자의 잘못에

834) 대법원 2023.8.18. 2019다200126.
835) 대법원 1999.11.12. 99다33984; 대법원 2023.8.18. 2019다200126.
836) 대법원 1993.9.14. 92다29986.
837) 대법원 1988.2.9. 87다카1338.

기인한 것이 아니라 약정한 부가가치세 상당액을 지급하지 아니한 부가가치세 납세의무자의 잘못에 기인하였다고 보아야 하므로, 부가가치세 매입세액공제를 받지 못한 손해를 부담할 필요가 없다.[838)] **타인의 불법행위로 인하여 피해자 소유의 물건이 손괴되어 수리를 요하는 경우에 그 수리를 위하여서는 피해자가 수리에 소요되는 부가가치세까지 부담하여야 한다면 해당 부가가치세 역시 손해의 범위에 포함되는가?** 타인의 불법행위로 인하여 피해자 소유의 물건이 손괴되어 수리를 요하는 경우에 그 수리를 위하여는 피해자가 수리에 소요되는 부가가치세까지 부담하여야 한다면 피해자는 그 부가가치세를 포함한 수리비만큼의 손해를 입었다고 하여 가해자에 대하여 그 배상을 청구할 수 있음이 원칙이나, 피해자가 부가가치세법 상의 납세의무자인 사업자로서 그 수리가 자기의 사업을 위하여 사용되었거나 사용될 용역의 공급에 해당하는 경우에는 위 부가가치세는 매입세액에 해당하는 것이어서 피해자가 자기의 매출세액에서 공제하거나 환급받을 수 있으므로 위 부가가치세는 실질적으로는 피해자의 부담으로 돌아가지 않게 되고, 따라서 이러한 경우에는 다른 특별한 사정이 없는 한 피해자가 가해자에게 위 부가가치세 상당의 손해배상을 청구할 수는 없다고 보아야 할 것이며, 현실적으로 위 부가가치세액을 공제하거나 환급받은 경우에만 위 부가가치세액을 피해자의 손해액에서 공제하여야 하는 것은 아니다.[839)] 화재보험의 피보험자가 부가가치세 납세의무자인 사업자이고, 보험사고로 소훼된 보험목적 건물을 수리하는 것은 자기사업을 위하여 사용할 재화나 용역을 공급받는 것으로서 피보험자가 그 수리비용을 지급할 때 거래징수 당하는 부가가치세를 피보험자의 매출세액에서 공제하거나 뒤에 환급받을 수 있는 경우에도 같다.[840)] 이상의 법리는 손실보상금의 경우에도 마찬가지로 적용된다. 피수용자가 부가가치세법 상의 납세의무자인 사업자로서 손실보상금으로 수용된 건축물 등을 다시 신축하는 것이 자기의 사업을 위하여 사용될 재화 또는 용역을 공급받는 경우에 해당하면 건축비 등에 포함된 부가가치세는 부가가치세법 상 매입세액에 해당하여 피수용자가 자기의 매출세액에서 공제받거나 환급받을 수 있으므로 위 부가가치세는 실질적으로는 피수용자가 부담하지 않게 된다. 따라서 이러한 경우에는 다른 특별한 사정이 없는 한 피수용자가 사업시행자에게 위 부가가치세 상당을 손실보상으로 구할 수는 없다.[841)]

838) 대법원 1996.12.6. 95다49738; 대법원 2023.11.16. 2023다253790.
839) 대법원 1993.7.27. 92다47328; 대법원 2006.4.28. 2004다39511; 대법원 2021.8.12. 2021다210195.
840) 대법원 1999.5.11. 선고 99다8155.
841) 대법원 2015.11.12. 2015두2963.

다만 거래당사자에게 책임지울 수 없는 사유로 부가가치세액의 공제나 환급이 사실상 불가능하게 된 때에는 하자보수를 갈음하는 손해배상액에서 이를 공제할 것은 아니다.[842)]

 기타의 경우

1 원천징수의 경우

원천징수와 관련하여 원천징수의무자, 원천납세의무자 및 국가 사이에서 민사소송이 문제로 될 수 있다. **이하 원천징수와 관련하여 원천징수의무자, 원천납세의무자 및 국가 사이에서 민사소송이 문제로 되는 경우에 대하여 본다.**[843)]

원천징수의무자가 원천납세의무자로부터 원천징수대상이 아닌 소득에 대하여 세액을 징수・납부하였거나 징수하여야 할 세액을 초과하여 징수・납부하였다면, 국가는 원천징수의무자로부터 이를 납부받는 순간 아무런 법률 상의 원인 없이 보유하는 부당이득이 된다.[844)] 원천징수제도의 경우에는 과세관청에 의한 별도의 부과처분이 존재하지 않아서 부과처분의 공정력을 인정할 수 없다는 점을 감안한 것으로 보인다. 한편 현행법 상으로는 '원천징수의무자' 역시 경정청구 및 후발적 경정청구를 할 수 있다는 규정(국기 45조의2 5항)이 도입되어 있는 바, 이 경우에도 원천징수의무자는 해당 세액을 납부한 즉시 부당이득으로서 환급청구를 할 수 있을 뿐만 아니라 경정청구절차를 통하여 환급받을 수도 있다고 보는 것이 타당하다.

원천징수의무자가 원천납세의무자로부터 원천징수대상이 아닌 소득에 대하여 세액을 **징수・납부하였거나 징수하여야 할 세액을 초과하여 징수・납부한 경우에 판례는 원천납세의무자가 원천징수의무자에 대하여 부당이득반환청구권을 갖는다고 한다.** 즉 판례는 원천징수 세제에 있어서 원천징수의무자가 원천납세의무자로부터 원천징수대상이 아닌 소득에 대하여 세액을 징수・납부하였거나 징수하여야 할 세액을 초과하여 징수・납부하였다면, 이로 인한 환급청구권은 원천납세의무자가 아닌 원천징수의무자에게 귀속되는 것인 바, 이는 원천징수의무자가 원천납세의무자에 대한 관계에서는 법률 상 원인 없이 이익을 얻은 것이라 할 것이므로 원천납세의무자는 원천징수의무자에 대하여 환급청구권 상당액을 부

842) 대법원 2021.8.12. 2021다210195.
843) 보다 자세한 사항은 제3편 제3장 제2절 III 원천징수 참조.
844) 대법원 2002.11.8. 2001두8780.

당이득으로 구상할 수 있다고 판시한다.[845] 위 판례는 원천징수대상이 아닌 소득에 대하여 원천징수를 하는 등과 같이 원천징수하여 납부한 세액이 **오납금**에 해당할 경우뿐만 아니라 **과납금**에 해당하는 경우에 대하여서도 원천징수의무자에게 부당이득반환청구권이 귀속된다고 판시한다. 타당한 것으로 판단한다. 한편 **원천징수의무자는 원천징수세액을 과다하게 징수하여 납부한 경우에는 납부한 즉시 부당이득으로서 환급청구를 할 수 있을 뿐만 아니라 원천징수에 관한 지급명세서가 제출되었다면, 해당 세액을 경정청구를 통하여 환급받을 수도 있다.**

원천징수의무자는 경정청구 또는 부당이득반환청구를 통하여 국가로부터 해당 세액을 반환받을 수 있고, 원천납세의무자는 일정한 경우에는 경정청구를 통하여 국가를 통하여 해당 세액을 반환받거나, 원천징수의무자에게 부당이득반환청구권을 행사하여 해당 세액을 반환받을 수 있다. 따라서 국가에 대한 원천징수의무자와 원천납세의무자의 청구권이 경합할 수 있는 바, 이 경우 국가는 그 중대하여 반환하는 것을 통하여 해당 의무에서 벗어날 수 있다고 본다. 다만 원천납세의무자에게 반환하는 것이 보다 간명하게 분쟁을 해결하는 것이라는 점을 감안할 필요가 있다.

원천징수에 관한 각 개별세법에 의하면, 원천징수의무자는 부족한 세액에 대하여 추가 납부하여야 할 의무를 부담하고 이에 대하여 가산세 역시 부과되나, 만약 원천징수의무자가 원천납세의무자로부터 원천징수세액을 원천징수하지 않거나 부족하게 징수하였더라도 국가에는 정당한 원천징수세액을 납부하였다면, 원천징수의무자는 원천납세의무자에 대하여 구상권을 행사할 수 있다.[846] 또한 이러한 법리는 법인세법 상 법인에 대한 익금산입액의 귀속이 불분명하다는 사유에 기하여 법인세법 상 대표자에게 인정상여 처분을 하는 경우에도 그대로 적용된다. 이와 달리 대표자 인정상여에 있어서 법인이 원천징수의무를 이행하였음에도 그 익금산입액의 귀속이 불분명하다는 사유만으로 법인의 대표자에 대한 구상권행사를 부정한다면, 이는 사실상 원천납세의무는 없고 원천징수의무만 있게 되어 원천징수제도의 기본 법리에 어긋나는 부당한 결과에 이르기 때문이다. 따라서 대표자는 익금산입액의 귀속이 불분명하다는 사유로 상여처분된 소득금액에 대하여는 특별한 사정이 없는 한 그 금액이 현실적으로 자신에게 귀속되었는지 여부에 관계없이 원천징수의무자인 법

845) 대법원 2003.3.14. 2002다68294.
846) 대법원 2008.9.18. 2006다49789 전원합의체 판결.

인이 납부한 갑종근로소득세액 상당을 당해 법인에게 지급할 의무가 있고, 이 경우 법인의 구상금청구를 거절하기 위해서는 법인의 업무를 집행하여 옴으로써 그 내부사정을 누구보다도 잘 알 수 있는 대표자가 인정상여로 처분된 소득금액이 자신에게 귀속되지 않았을 뿐만 아니라 귀속자가 따로 있음을 밝히는 방법으로 그 귀속이 분명하다는 점을 증명하여야 한다.[847] 다만 원천징수에 따른 납세자는 원천납세의무자가 아니라 원천징수의무자이기 때문에 원천징수나 세금 납부를 태만히 하여 생기는 가산세는 납세자인 원천징수의무자가 부담하여야 하고 원천납세의무자인 소득자가 부담하여야 할 것은 아니다.[848] 따라서 이에 대하여 구상권을 행사할 수는 없다.

한편 원천납세의무자가 과세표준 확정신고를 하고 세법에 따라 자신이 납부할 세액에서 원천징수세액을 공제하는 경우에도, 여전히 원천납세의무자가 원천징수의무자에 대하여 부당이득으로서 구상을 청구하거나 원천징수의무자가 원천납세의무자에게 구상권을 행사할 수 있는가? 이 쟁점은 원천납세의무자가 원천징수세액에 대하여 세액공제를 하는 과정에서 실제 원천징수된 세액에 대하여 세액공제를 할 수 있는지 아니면 정당한 원천징수세액에 대하여 세액공제를 할 수 있는지 여부와 연관되어 있다. 원천징수의무자가 원천징수를 하지 않거나 징수하여야 할 원천징수세액보다 적은 금액을 원천징수한 경우에는 원천납세의무자는 '징수당한 세액의 범위에서' 세액공제를 할 수 있고, 원천징수의무자가 징수하여야 할 원천징수세액보다 많은 금액을 원천징수한 경우에는 원천납세의무자가 '정당한 원천징수세액'에 대하여서만 세액공제를 받을 수 있다. 이하 이를 전제로 하여 살핀다.

만약 원천징수의무자가 부족하게 징수한 세액을 보충하여 추가로 납부하였다면 원천징수의무자는 원천납세의무자에 대하여 구상권을 행사할 수 있다고 보아야 한다. 그런데 이 경우에도 원천징수의무자가 원천징수세액을 부족하게 징수하였다고 하더라도 원천납세의무자가 부족하게 징수된 원천징수세액의 범위에서만 세액공제를 받게 되어 결과적으로 부족하게 징수된 세액을 원천납세의무자가 납부하는 결과가 발생할 수 있다. 만약 원천납세의무자가 이러한 사유를 입증한다면, 원천징수의무자가 자신이 초과하여 납부한 세액에 대하여 구상권을 행사할 수 없다고 보아야 한다. 즉 이 경우에는 원천징수의무자가 국가에 대하여 부당이득반환청구권을 행사할 수 있다고 본다.

847) 대법원 2008.9.18. 2006다49789 전원합의체 판결.
848) 대법원 1979.6.12. 79다437.

원천징수의무자가 징수하여야 할 원천징수세액보다 많은 금액을 원천징수한 경우라도 원천납세의무자는 정당한 원천징수세액의 범위에서만 세액공제를 받는 바, 이 경우 원천납세의무자는 해당 사실을 입증하여 원천징수의무자를 상대로 부당이득반환청구권을 행사할 수 있을 뿐 국가에 대하여 반환청구를 할 수는 없다고 본다. 원천납세의무자는 과세표준 확정신고를 통하여 세법에 따라 자신이 정당하게 납부하여야 할 세액을 납부한 것이므로 국가에 대하여 부당이득반환청구를 할 수는 없기 때문이다. 이 경우 원천납세의무자는 원천징수의무자에 대하여 부당이득반환청구를 할 수 있을 뿐이라고 본다. 또한 원천징수의무자가 국가에 대하여 부당이득반환청구를 할 수 있음은 물론이다.

2 파산 관련 재단채권 확인소송

파산관재인이 교부청구된 조세채권이 재단채권에 해당하지 않는다고 부인하거나 해당 조세채권의 범위에 대하여 다투는 경우에는 국가는 파산관재인을 상대로 해당 조세채권이 재단채권에 해당한다는 점에 대하여 민사소송으로서 **재단채권 확인소송**을 제기할 수 있다. 이하 보다 구체적으로 본다.

세무서장은 교부청구 사유(국징 59조 1항)에 해당하는 때에는 파산관재인 또는 청산인에 대하여 체납액의 교부를 청구하여야 한다(국징 59조). **관할 세무서장이 파산관재인에게 교부청구를 하는 경우**에는 '압류한 재산의 가액이 징수할 금액보다 적거나 적다고 인정된다면' **재단채권**으로서 파산관재인에게 그 부족액을, '납세담보물 제공자가 파산선고를 받아 강제징수에 의하여 그 담보물을 공매하려는 경우 법정 절차(회생파산법 447조)를 밟은 후 **별제권**을 행사하여도 부족하거나 부족하다고 인정된다면' 그 부족액을 각 교부청구하여야 하나, 파산관재인이 그 재산을 매각하려는 경우에는 징수할 금액을 교부청구하여야 한다(국징령 47조). 파산재단에 속하는 재산 상에 존재하는 유치권·질권·저당권·'동산·채권 등의 담보에 관한 법률'에 따른 담보권 또는 전세권을 가진 자는 그 목적인 재산에 관하여 별제권을 가지고(회생파산법 411조), 별제권은 파산절차에 의하지 아니하고 행사한다(회생파산법 412조). 파산채무자 소유의 부동산에 대한 별제권의 실행으로 인하여 개시된 경매절차에서 과세관청이 한 교부청구에 따른 배당금은 채권자인 과세관청에 직접 교부하지 않고 파산관재인이 채무자회생법 소정의 절차에 따라 각 재단채권자에게 안분변제할 수 있도록 파산관재인에게 교부하여야 한다.[849)]

한편 국세징수법 또는 지방세기본법에 의하여 징수할 수 있는 청구권[국세징수의 예에 의하여 징수할 수 있는 청구권으로서 그 징수우선순위가 일반 파산채권보다 우선하는 것을 포함하며, 후순위파산채권(회생파산법 446조)을 제외한다]은 재단채권에 해당하나, 파산선고 후의 원인으로 인한 청구권은 파산재단에 관하여 생긴 것에 한한다(회생파산법 473조 2호). 재단채권은 파산절차에 의하지 아니하고 수시로 변제하고(회생파산법 475조), 재단채권은 파산채권보다 먼저 변제한다(회생파산법 476조).

파산관재인이 교부청구된 조세채권이 재단채권에 해당하지 않는다고 부인하거나 해당 조세채권의 범위에 대하여 다투는 경우에는 국가는 파산관재인을 상대로 해당 조세채권이 재단채권에 해당한다는 점에 대하여 확인소송을 제기할 수 있다. 판례 역시 민사소송으로서 재단채권 확인소송을 제기하는 것을 인정하고 있다.[850] 국세채권에 터 잡아 파산선고 후에 새로운 강제징수를 하는 것이 허용되지 않는다는 점[851]에 비추어 보면, 파산관재인이 재단채권이 아니라고 주장하는 조세채권에 대하여 과세관청이 새롭게 강제징수를 할 수는 없다.

3 연대납세의무 관련 구상금청구소송

국세기본법 및 개별세법에서 연대납세의무에 대하여 규정하는 바, 이에 대하여서는 민법상 연대채무에 있어서 구상권에 관한 규정이 준용되므로 이 경우 민사소송으로서 **구상금청구소송**이 제기될 수 있다. 이하 보다 구체적으로 본다.

연대납세의무에 대하여 본다. 공유물, 공동사업 또는 그 공동사업에 속하는 재산에 관계되는 국세와 강제징수비는 공유자 또는 공동사업자가 연대하여 납부할 의무를 진다(국기 25조 1항). 또한 지방세의 경우에도 공유물(공동주택의 공유물은 제외한다), 공동사업 또는 그 공동사업에 속하는 재산에 관계되는 지방자치단체의 징수금은 공유자 또는 공동사업자가 연대하여 납부할 의무를 진다(지기 44조 1항).

그 밖에 법인이 분할되거나 분할합병된 후 분할법인이 존속하는 경우(지기 44조 2항), 법인이 분할되거나 분할합병된 후 분할법인이 소멸하는 경우(지기 44조 3항) 및 채무자 회생 및 파산에 관한 법률에 따라 신회사를 설립(회생파산법 215조)하는 경우(지기 44조 4항)에 대한

849) 대법원 2022.8.31. 2019다200737; 대법원 2022.9.29. 2021다269364; 대법원 2022.12.1. 2018다300586; 대법원 2023.10.12. 2018다294162.
850) 대법원 2009.9.24. 2009다41045.
851) 대법원 2003.3.28. 2001두9486.

규정들이 있다.

연대납세의무에 관하여는 민법 상 연대채무에 관한 규정(민법 413조–416조, 419조, 421조, 423조 및 425조–427조)이 준용된다(국기 25조의2). 따라서 어느 연대납세의무자가 자기의 출재로 조세를 납부한 때에는 해당 금액에 대하여 조세채무가 소멸하고, 연대납세의무자들 사이의 부담부분에 근거하여 다른 연대납세의무자에 대하여 구상권을 행사할 수 있다. 연대납세의무자 중에 상환할 자력이 없는 자가 있는 때에는 그 납세의무자의 부담부분은 구상권자 및 다른 자력이 있는 납세의무자가 그 부담부분에 비례하여 분담하나 구상권자에게 과실이 있는 때에는 다른 연대채무자에 대하여 분담을 청구하지 못한다. 따라서 **연대납세의무자 중 일부가 자신의 부담부분을 분담하는 것을 거부하는 경우에는 해당 세액을 납부한 자가 그 자에 대하여 민사소송으로서 구상금청구소송을 제기할 수 있다.**

4 명의수탁자의 명의신탁자에 대한 부당이득반환 청구소송

재산세 납세의무를 부담하는 '재산을 사실상 소유하고 있는 자'(지세 107조 1항)는 공부 상 소유자로 등재된 여부를 불문하고 당해 토지나 재산에 대한 실질적인 소유권을 가진 자를 의미한다. 명의신탁자가 소유자로부터 부동산을 양수하면서 명의수탁자와 사이에 명의신탁약정을 하여 소유자로부터 바로 명의수탁자 명의로 해당 부동산의 소유권이전등기를 하는 **3자간 등기명의신탁의 경우 명의신탁자의 매수인 지위는 일반 매매계약에서 매수인 지위와 근본적으로 다르지 않으므로,** 명의신탁자가 부동산에 관한 매매계약을 체결하고 매매대금을 모두 지급하였다면 재산세 과세기준일 당시 그 부동산에 관한 소유권이전등기를 마치기 전이라도 해당 부동산에 대한 **실질적인 소유권을 가진 자로서 특별한 사정이 없는 한 그 재산세를 납부할 의무가 있다.**[852] 과세관청이 3자간 등기명의신탁에 따라 해당 부동산의 공부 상 소유자가 된 명의수탁자에게 재산세 부과처분을 하고 이에 따라 **명의수탁자가 재산세를 납부하였더라도 명의수탁자가 명의신탁자 또는 그 상속인을 상대로 재산세 상당의 금액에 대한 부당이득반환청구권을 가진다고 보기는 어렵다.** 그 이유는 다음과 같다.[853] 첫째, 명의수탁자가 재산세를 납부하게 된 것은 명의수탁자가 해당 부동산에 관한 공부 상 소유자로 등재되어 있어 명의수탁자에게 재산세가 부과되었기 때문이고, 명의수탁자가 자신에게 부과된 재산세를 납부하였다고 하여 명의신탁자가 재산세 납부의무를 면하는 이득

852) 대법원 2020.9.3. 2018다283773; 대법원 2020.11.26. 2019다298222, 2019다298239.
853) 대법원 2020.9.3. 2018다283773; 대법원 2020.11.26. 2019다298222, 2019다298239.

을 얻게 되었다고 보기 어렵다. 명의신탁자는 여전히 해당 부동산에 대한 재산세 납부의무를 부담한다. 둘째, 명의수탁자에 대한 재산세 부과처분은 특별한 사정이 없는 한 위법한 것으로 취소되지 않은 이상 유효한 처분이고, 과세관청이 명의수탁자에게 재산세를 부과하여 명의수탁자가 이를 납부한 것을 두고 '법률 상 원인없이' 명의신탁자가 이익을 얻었거나 명의수탁자에게 손해가 발생한 경우(민법 741조)라고 보기는 어렵다. 셋째, 명의수탁자는 항고소송으로 자신에게 부과된 재산세 부과처분의 위법을 주장하거나 관련 부동산의 소유권에 관한 판결이 확정됨을 안 날부터 일정 기간 이내에 지방세기본법 상 후발적 사유에 의한 경정청구(지기 50조 2항 1호)를 하는 등의 방법으로 납부한 재산세를 환급받을 수 있다. 따라서 명의수탁자가 위법한 재산세 부과처분을 다툴 수 없어(다투지 않아) 재산세 납부로 인한 손해가 발생하고 이를 회복할 수 없게 되었더라도 이러한 손해는 과세처분에 대한 불복기간이나 경정청구기간의 도과 등으로 인한 것이라고 볼 수 있다. 설령 과세관청이 명의신탁자에게 해당 부동산에 대한 재산세 부과처분을 하지 않게 됨으로써 결과적으로 명의신탁자가 재산세를 납부하지 않게 되는 이익을 얻게 되더라도 이것은 사실상 이익이나 반사적 이익에 불과할 뿐이다. 명의수탁자가 납부한 재산세의 반환이나 명의신탁자의 사실상 이익 발생의 문제는 명의수탁자와 과세관청, 과세관청과 명의신탁자 각각의 관계에서 해결되어야 할 문제이다. 명의수탁자와 과세관청 사이에서 해결되어야 할 문제에 대하여 명의수탁자에게 또 다른 구제수단을 부여하여야 할 필요성을 인정하기는 어렵다. 넷째, 명의수탁자의 명의신탁자에 대한 부당이득반환청구권을 인정하게 되면, 과세처분의 취소 여부에 따라 복잡한 문제가 발생할 수 있다. 명의수탁자가 명의신탁 부동산에 대한 재산세를 납부함으로써 명의신탁자에 대한 부당이득반환청구권을 가지게 된다고 볼 경우 이러한 사정이 명의수탁자가 과세관청을 상대로 과세처분의 취소를 구하는 항고소송을 진행하거나 후발적 사유에 의한 경정청구를 하는 것에 장애가 되지 않는다. 그렇다면 명의수탁자는 이중의 구제가 가능하게 된다. **이러한 법리는 양자간 등기명의신탁 또는 3자간 등기명의신탁의 명의수탁자가 명의신탁된 해당 부동산에 부과된 종합부동산세 또는 해당 부동산을 이용한 임대사업으로 인한 임대소득과 관련된 종합소득세, 지방소득세, 부가가치세 등을 납부한 경우라고 하여 달리 볼 것은 아니다.**[854] **양도소득세 중 환급금** 역시 과세관청과의 법률관계에 관한 직접 당사자로서 세액 납부의 법률효과가 미치는 명의대여자에게 귀속되고 명의대여자

854) 대법원 2020.11.26. 2019다298222, 2019다298239.

에게 귀속된 환급금이 명의대여자 명의로 부과된 양도소득세에 충당되어 그 양도소득세가 납부된 것이라고 하더라도 명의신탁자는 과세관청에 대하여 여전히 그 양도소득세를 납부할 의무가 있어서, 위 환급금의 충당으로 인하여 명의신탁자가 그 상당 납부의무를 면하는 부당이득을 얻었다고 볼 수 없다. 따라서 이 경우 명의대여자는 명의신탁자에 대하여 그 양도소득세 상당액에 대한 부당이득반환청구권을 가지지 않는다.[855)]

855) 대법원 2021.7.29. 2020다260902.

제5편

조세처벌법

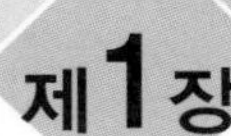

제1장

총 설

I 개관

개별 세법 상 조세채무의 확정, 징수 및 납부에 직접적으로 관계된 범죄를 **조세범**이라고 하고, 이에 대한 형벌을 조세벌이라고 한다.[1] 조세범과 조세벌에 관한 법체계를 조세처벌법이라고 부르기로 하고, 조세처벌법을 조세처벌실체법과 조세처벌절차법으로 구분하기로 한다.

국세와 관련된 **조세처벌실체법**으로는 조세범 처벌법과 그에 대한 특별법인 특정경제범죄 가중처벌 등에 관한 법률이 있다. **조세처벌절차법**으로는 조세범 처벌절차법이 있다. 지방세의 경우에는 지방세기본법에서 조세처벌실체법과 조세처벌절차법 모두에 대하여 규정한다(지기 101조-126조). 관세와 관련하여서는 별도의 규정이 있다(관세 268조의2-319조). 이하 조세처벌법에 대하여서는 국세를 중심으로 살핀다.

II 조세제재법과의 구분

행정 상 제재는 의무불이행 내지 의무위반에 대하여 일정한 제재를 가함으로써 당해 행정법규의 실효성을 확보함과 동시에 의무자에게 심리 상 압박을 가하여 간접적으로 의무의 이행을 확보하려는 제도를 의미하는 바, 조세법규 역시 일반 행정법규와 마찬가지로 과세권의 적정한 행사 등 조세행정의 원활과 조세의 공평부담, 조세채권의 실현 등을 위하여 각종의 행정 상 제재를 설정하고 있다.[2] 조세법규와 관련된 행정 상 제재를 조세제재로 부르기로 한다. 이에는 납부지연가산세(국기 47조의4 ; 지기 55조, 56조), 납세증명서의 제출(국징 107조 ; 국징령 90조, 91조 ; 지징 5조), 미납국세 등 열람(국징 109조 ; 국징령 97조 ; 지징 6조), 사업

1) 金子 宏、前掲書、871頁。
2) 임승순, 전게서, 334면.

에 관한 허가 등의 제한(국징 112조 ; 지징 7조), 체납자료의 제공(국징 110조 ; 지징 9조), 재산조회 및 강제징수를 위한 지급명세서 등의 사용(국징 110조 ; 국기 85조의2), 고액상습체납자 명단공개(국징 111조 ; 지징 11조), 출국금지(국징 113조 ; 국징령 103조), 불성실기부금수령단체 등의 명단공개(국기 85조의5) 및 위 조세처벌법 등이 포함된다. 즉 조세제재법은 조세처벌법을 포괄하는 개념이다.

본서는 조세처벌법 이외의 조세제재에 대하여서는 '조세의 납부와 징수'와 관련된 부분에서 살핀다.

제2장

조세처벌실체법

I 총설

조세처벌실체법은 세법을 위반한 자에 대한 형벌에 관한 사항을 규정하여 세법의 실효성을 높이고 국민의 건전한 납세의식을 확립하기 위한 것으로서(조세처벌 1조), 조세범을 대상으로 한다. 이하 조세처벌실체법을 국세를 중심으로 살핀다.

조세범은 조세포탈범과 조세위해범으로 구분할 수 있다. **조세포탈범**은 국가의 조세채권을 직접 침해하는 범죄를 의미하고, **조세위해범**은 국가의 조세확정권 및 징수권의 정당한 행사를 저해하는 위험이 있다는 점을 근거로 처벌하는 범죄를 의미한다. 조세포탈범은 통상 협의의 조세포탈범, 간접적 조세포탈범, 원천징수세액 불납부범 및 강제징수 면탈범으로 구분된다.[3)]

조세포탈범에 대하여 본다. **협의의 조세포탈범**은 사기나 그 밖의 부정한 행위로써 조세를 포탈하거나 조세의 환급·공제를 받은 행위를 의미한다(조세처벌 3조). **간접적 조세포탈범**에는 면세유의 부정유통(조세처벌 4조) 및 가짜석유제품의 제조 또는 판매(조세처벌 5조) 및 무면허 주류의 제조 및 판매(조세처벌 6조)가 포함된다. 간접적 조세포탈범은 조세수입을 확보하기 위하여 특정행위가 일반적으로 금지되는 경우에 허가를 받지 않고서 그 행위를 하는 것을 구성요건으로 하는 것을 의미하고, 이는 금지에 위반되는 경우에는 필연적으로 조세채권의 침해가 발생하기 때문에 조세포탈범의 일종으로 처벌하는 것이다.[4)] **원천징수세액 불납부범**(조세처벌 13조 2항)은 조세의 원천징수의무자가 정당한 사유 없이 징수한 세금을 납부하지 아니하는 것을 의미한다. **강제징수 면탈범**은 납세의무자 또는 납세의무자의 재산을 점유하는 자가 강제징수의 집행을 면탈하거나 면탈하게 할 목적으로 그 재산을 은닉·탈루하거나 거짓 계약을 하는 것을 의미한다(조세처벌 7조).

3) 金子 宏、前掲書、871頁。
4) 上掲書。

조세위해범에는 면세유류 구입카드 등의 부정 발급(조세처벌 4조의2), 장부의 소각·파기 등(조세처벌 8조), 성실신고 방해 행위(조세처벌 9조), 세금계산서의 발급의무 위반 등(조세처벌 10조), 명의대여행위 등(조세처벌 11조), 납세증명표지의 불법사용 등(조세처벌 12조), 원천징수의무자의 부징수(조세처벌 13조), 거짓으로 기재한 근로소득 원천징수영수증의 발급 등(조세처벌 14조) 및 현금영수증 발급의무의 위반(조세처벌 15조)이 포함된다.

조세벌은 위 조세범에 대한 각 규정별로 정하여진다.

한편 조세범과 관련하여서는 금품수수 및 공여, 양벌규정, 형법규정의 일부 적용배제, 공소제기 요건 그리고 공소시효기간에 대한 **특칙이 적용된다**. 이하 각 특칙에 대하여 본다.

양벌규정에 대하여 본다. 법인[법인으로 보는 단체(국기 13조)를 포함한다]의 대표자, 법인 또는 개인의 대리인, 사용인, 그 밖의 종업원이 그 법인 또는 개인의 업무에 관하여 조세범 처벌법에서 규정하는 범칙행위[세무공무원의 해외금융계좌 비밀유지의무 위반행위(국조 57조)는 제외한다]를 하면 그 행위자를 벌할 뿐만 아니라 그 법인 또는 개인에게도 해당 조문의 벌금형을 부과한다(조세처벌 18조 본문). 법정책임자(법인의 대표자, 법인 또는 개인의 대리인, 사용인, 그 밖의 종업원) 이외의 제3자 역시 공범으로서 범죄의 주체가 될 수 있음은 물론이고, 행위자가 범칙행위를 하고 행위자가 아닌 법인과 개인에 대하여 양벌규정을 적용하는 경우에는 그 법인에 대하여서는 벌금형을 과하게 된다.[5] 법인의 대표자가 아닌 실질적 경영자도 여기에서 말하는 법인의 대표자에 포함된다.[6] 다만, 법인 또는 개인이 그 위반행위를 방지하기 위하여 해당 업무에 관하여 상당한 주의와 감독을 게을리하지 아니한 경우에는 그렇지 않다(조세처벌 18조 단서).

형법규정의 일부 적용배제에 대하여 본다. 협의의 조세포탈범(조세처벌 3조). 간접적 조세포탈범에는 면세유의 부정유통(조세처벌 4조), 면세유류 구입카드 등의 부정 발급(조세처벌 4조의2), 가짜석유제품의 제조 또는 판매(조세처벌 5조) 및 무면허 주류의 제조 및 판매(조세처벌 6조), 세금계산서의 발급의무 위반 등(조세처벌 10조), 납세증명표지의 불법사용 등(조세처벌 12조), 원천징수의무자의 부징수(조세처벌 13조) 및 거짓으로 기재한 근로소득 원천징수영수증의 발급 등(조세처벌 14조)에 대하여서는 벌금경합에 관한 제한가중규정(형법 38조 1항 2호)을 적용하지 아니한다(조세처벌 20조). 형법은 '판결이 확정되지 아니한 수개의 죄' 또는

5) 대법원 1992.8.14. 92도299.
6) 日最判 昭和58年3月11日 刑集37卷2号, 54頁。

'금고 이상의 형에 처한 판결이 확정된 죄와 그 판결확정 전에 범한 죄'를 경합범으로 정의한다(형법 37조). 또한 경합범의 처벌과 관련하여 각 죄에 정한 형이 사형 또는 무기징역이나 무기금고 이외의 '동종의 형인 때에는 가장 중한 죄에 정한 장기 또는 다액에 그 2분의 1까지 가중하되 각 죄에 정한 형의 장기 또는 다액을 합산한 형기 또는 액수를 초과할 수 없다(단 과료와 과료, 몰수와 몰수는 병과할 수 있다)'고 규정한다(형법 38조 1항 2호). 이 규정 중 벌금형의 경합에 관계된 부분을 벌금경합에 관한 제한가중규정이라고 한다. '벌금경합에 관한 제한가중규정을 적용하지 아니한다'라는 문언의 의미는, 판결이 확정되지 아니한 수개의 위 각 범칙행위를 동시에 벌금형으로 처벌함에 있어서는 형법 상 '가장 중한 죄에 정한 벌금다액의 2분의 1을 한도로 가중하여 하나의 형을 선고하는 방식'을 적용하지 아니한다는 취지로 해석되고, 따라서 위 각 범칙행위로 인한 각 조세범 처벌법 위반죄에 대해서 벌금을 병과하는 경우에는 각 죄마다 벌금형을 따로 양정하여 이를 합산한 액수의 벌금형을 선고하여야 한다.[7)]

고발에 대하여 본다. 조세범 처벌법 상 범칙행위에 대해서는 국세청장, 지방국세청장 또는 세무서장의 고발이 없으면 검사는 공소를 제기할 수 없다(조세처벌 21조). **고발장에 기재되는 범죄사실은 어느 범위에서 특정되어야 하는가?** 조세범 처벌법에 의한 고발은 고발장에 범칙사실의 기재가 없거나 특정이 되지 아니할 때에는 부적법하나, 반드시 공소장 기재요건과 동일한 범죄의 일시·장소를 표시하여 사건의 동일성을 특정할 수 있을 정도로 표시하여야 하는 것은 아니고, 조세범 처벌법이 정하는 어떠한 태양의 범죄인지를 판명할 수 있을 정도의 사실을 일응 확정할 수 있을 정도로 표시하면 족하다. 또한, 고발사실의 특정은 고발장에 기재된 범칙사실과 세무공무원의 보충진술 기타 고발장과 같이 제출된 서류 등을 종합하여 판단하여야 한다.[8)] 또한 **고발의 효과가 미치는 효력의 범위는 어떠한가?** 고발은 범죄사실에 대한 소추를 요구하는 의사표시로서 그 효력은 고발장에 기재된 범죄사실과 동일성이 인정되는 사실 모두에 미치므로, 범칙사건에 대한 고발이 있는 경우 그 고발의 효과는 범칙사건에 관련된 범칙사실의 전부에 미치고 한 개의 범칙사실의 일부에 대한 고발은 그 전부에 대하여 효력이 생긴다. 따라서 동일한 부가가치세의 과세기간 내에 행하여진 조세포탈기간이나 포탈액수의 일부에 대한 조세포탈죄의 고발이 있는 경우 그 고발의

7) 대법원 1996.5.31. 94도952; 대법원 2009.7.23. 2009도3131.
8) 대법원 2009.7.23. 2009도3282.

효력은 그 과세기간 내의 조세포탈기간 및 포탈액수 전부에 미치고, 일부에 대한 고발이 있는 경우 기본적 사실관계의 동일성이 인정되는 범위 내에서 조세포탈기간이나 포탈액수를 추가하여 공소장변경을 하는 것도 적법하다.[9)]

특정범죄 가중처벌 등에 관한 법률 상 세금계산서 교부의무 위반 등의 가중처벌죄에 대하여서도 국세청장 등의 고발이 없으면 공소를 제기할 수 없는가? 특정범죄 가중처벌 등에 관한 법률 상 세금계산서 교부의무 위반 등의 가중처벌죄(특가 8조의2 1항)는 조세범 처벌법 상 세금계산서의 발급의무 위반 등의 죄(조세처벌 10조 3항, 4항 전단) 중 영리의 목적이 있고 공급가액 등의 합계액이 일정금액 이상인 경우를 가중 처벌하는 것에 불과하여 위 조세범 처벌법 규정에 의하여 규율되지 아니하는 새로운 유형의 범죄를 신설한 것으로 볼 수 없으므로, 법률에 별도의 규정이 없는 한 조세범 처벌법에 따라 국세청장, 지방국세청장 또는 세무서장의 고발이 없으면 공소를 제기할 수 없다(조세처벌 21조). 그런데 특정범죄 가중처벌 등에 관한 법률(특가 16조)은 예외적으로 고소 또는 고발 없이 공소를 제기할 수 있는 범죄(특가 6조, 8조)를 한정적으로 열거하고 있을 뿐이고, 그 밖에 다른 예외 규정을 두고 있지 아니하므로, 특정범죄 가중처벌 등에 관한 법률 상 세금계산서 교부의무 위반 등의 가중처벌죄(특가 8조의2 1항)는 조세범 처벌법(조세처벌 21조)에 따라 국세청장 등의 고발을 소추조건으로 한다고 봄이 타당하다.[10)] **특정범죄가중처벌 등에 관한 법률 위반죄로 기소되었으나, 법원이 포탈세액을 감축하여 특정범죄가중처벌 등에 관한 법률 위반죄에 해당하지 않게 된 경우 해당 공소가 유지되기 위하여서는 별도의 고발이 있어야 하는가?** 특정범죄가중처벌 등에 관한 법률 위반죄로 기소되었으나, 원심이 동일한 공소사실 범위 내에서 포탈세액을 감축하여 인정한 다음 조세범 처벌법 위반죄로 의율한 경우에 있어서, 특정범죄가중처벌 등에 관한 법률 위반죄는 같은 법에 의하여 기소함에 있어서 고발을 요하지 아니하나 조세범 처벌법 위반죄는 국세청장 등의 고발을 기다려 논할 수 있는 죄이므로, 국세청장 등의 고발이 없음에도 법원이 이를 조세범 처벌법 위반죄로 인정한 것은 위법하다.[11)] **세무공무원의 고발 없이 조세범칙 사건의 공소가 제기된 후에 세무공무원의 고발을 하면 공소절차의 무효가 치유되는가?** 세무공무원의 고발 없이 조세범칙 사건의 공소가 제기된 후에 세무공무원의 그 고발을 하였다 하여도 그 공소절차의 무효가 치유된다고는 볼 수 없으므

9) 대법원 2009.7.23. 2009도3282.
10) 대법원 2014.9.24. 2013도5758.
11) 대법원 2008.3.27. 2008도680.

로, 세무공무원의 고발이 없는 공소는 공소제기의 절차가 법률의 규정에 위반한 무효한 것으로서 공소기각의 판결을 하여야 한다.[12)]

법인에 대한 고발과 법인의 대표자 등에 대한 고발은 별도로 이루어져야 하는가? 조세에 관한 범칙행위에 대하여는 원칙적으로 국세청장 등의 고발을 기다려 논하도록 규정하고 있는 바, 그 고발에 있어서는 이른바 고소·고발 불가분의 원칙이 적용되지 아니하므로, 고발의 구비 여부는 양벌규정에 의하여 처벌받는 자연인인 행위자와 법인에 대하여 개별적으로 논하여야 한다.[13)]

공소시효 기간에 대하여 본다. 협의의 조세포탈범(조세처벌 3조), 면세유의 부정유통(조세처벌 4조), 면세유류 구입카드 등의 부정 발급(조세처벌 4조의2), 가짜석유제품의 제조 또는 판매(조세처벌 5조), 무면허 주류의 제조 및 판매(조세처벌 6조), 강제징수 면탈범(조세처벌 7조), 장부의 소각·파기 등(조세처벌 8조), 성실신고 방해 행위(조세처벌 9조), 세금계산서의 발급의무 위반 등(조세처벌 10조), 명의대여행위 등(조세처벌 11조), 납세증명표지의 불법사용 등(조세처벌 12조), 원천징수의무자의 부징수(조세처벌 13조) 및 거짓으로 기재한 근로소득 원천징수영수증의 발급 등(조세처벌 14조)에 대한 공소시효는 7년이 지나면 완성된다(조세처벌 22조 본문). 다만, 양벌규정(조세처벌 18조)에 따른 행위자가 조세포탈의 가중처벌(특가 8조)의 적용을 받는 경우에는 양벌규정(조세처벌 18조)에 따른 법인에 대한 공소시효는 10년이 지나면 완성된다(조세처벌 22조 단서). 특정범죄 가중처벌 등에 관한 법률은 협의의 조세포탈범(조세처벌 3조 1항), 면세유의 부정유통(조세처벌 4조), 가짜석유제품의 제조 또는 판매(조세처벌 5조) 및 지방세기본법 상 조세범(지기 102조 1항)을 범한 사람은 다음과 같이 가중처벌한다(특가 8조 1항). 즉 포탈하거나 환급받은 세액 또는 징수하지 아니하거나 납부하지 아니한 세액(이하 '포탈세액 등')이 연간 10억원 이상인 경우에는 무기 또는 5년 이상의 징역에 처하고, 포탈세액 등이 연간 5억원 이상 10억원 미만인 경우에는 3년 이상의 유기징역에 처한다. 위 경우 그 포탈세액 등의 2배 이상 5배 이하에 상당하는 벌금을 병과한다(특가 8조 2항). 이 경우 '연간 포탈세액 등'은 각 세목의 과세기간 등에 관계없이 각 연도별(1. 1.부터 12. 31.까지)로 포탈한 또는 부정 환급받은 모든 세액을 합산한 금액을 의미한다.[14)] 따라서 해당 연도분 부가가치세 중 제1기분 부가가치세 포탈범행과 제2기분 부가가치세 포탈범행이

12) 대법원 1970.7.28. 70도942.
13) 대법원 2004.9.24. 2004도4066.
14) 대법원 2007.2.15. 2005도9546 전원합의체 판결.

각각 같은 연도에 기수에 이른 경우에는 그 전부를 포괄하여 하나의 죄로 의율하고 이를 실체적 경합범으로 처단할 수는 없다. 포괄일죄의 공소시효는 최종의 범죄행위가 종료한 때로부터 진행한다.[15)]

이하 조세포탈범 및 조세위해범에 대하여 보다 구체적으로 살핀다.

Ⅱ 조세포탈범

1 협의의 조세포탈범

가. 개관

협의의 조세포탈범은 **'사기나 그 밖의 부정한 행위로써 조세를 포탈하거나 조세의 환급 · 공제를 받는 것'**을 의미하고 그 행위를 한 자는 2년 이하의 징역 또는 포탈세액, 환급 · 공제받은 세액(이하 '포탈세액 등')의 2배 이하에 상당하는 벌금에 처한다. 다만, '포탈세액 등이 3억원 이상이고, 그 포탈세액 등이 신고 · 납부하여야 할 세액(납세의무자의 신고에 따라 정부가 부과 · 징수하는 조세의 경우에는 결정 · 고지하여야 할 세액을 말한다)의 100분의 30 이상인 경우' 또는 '포탈세액 등이 5억원 이상인 경우'에는 3년 이하의 징역 또는 포탈세액 등의 3배 이하에 상당하는 벌금에 처한다(조세처벌 3조 1항). 그 정상에 따라 징역형과 벌금형을 함께 부과할 수 있다(조세처벌 3조 2항). 또한 상습적으로 위 죄를 범한 자는 그 형의 2분의 1을 가중한다(조세처벌 3조 4항). 다만 협의의 조세포탈을 한 자가 포탈세액 등에 대하여 법정신고기한이 지난 후 2년 이내에 수정신고(국기 45조)를 하거나 법정신고기한이 지난 후 6개월 이내에 기한 후 신고(국기 45조의3)를 하였을 때에는 형을 감경할 수 있다(조세처벌 3조 3항). 한편 법정형을 정함에 있어서 포탈세액을 기준으로 벌금형을 정하는 것은 조세포탈의 불법성과 포탈세액이 반드시 비례하는 것이 아니므로 타당하지 않다는 견해가 있다.[16)] 일응 타당한 견해이나, 위 법정형은 모두 포탈세액의 몇 배 '이하'로 그 벌금형을 정하고 있다는 점 및 조세포탈에 있어서 그 포탈세액 역시 양형에 있어서 중요한 고려사항이 될 수 있다는 점에 비추어 보면 위와 같이 벌금형을 정하는 방식이 무리한 것이라고만 할 수 없는 측면이 있다.

15) 대법원 2002.10.11. 2002도2939; 대법원 2009.10.29. 2009도8069.
16) 김태희, 조세범 처벌법, 박영사, 2015, 28-30면.

한편 조세포탈금액이 일정금액 이상인 경우에는 위 각 형에 가중하여 처벌한다(특가 8조). 협의의 조세포탈죄(조세처벌 3조 1항)를 범한 사람이 '포탈하거나 환급받은 세액 또는 징수하지 아니하거나 납부하지 아니한 세액(이하 '포탈세액 등'이라고 한다)이 연간 10억원 이상인 경우'에는 무기 또는 5년 이상의 징역에 처하고, '포탈세액 등이 연간 5억원 이상 10억원 미만인 경우'에는 3년 이상의 유기징역에 처한다(특가 8조 1항). 이 경우에는 그 포탈세액 등의 2배 이상 5배 이하에 상당하는 벌금을 병과한다(특가 8조 2항). 벌금형을 선고하는 때에는 피고인이 벌금을 납부하지 않을 경우에 대비하여 일정한 벌금액을 1일로 환산한 기간에 대하여 노역장에 유치한다는 내용 역시 함께 선고하는 바, 그 노역장 산정기간은 검사의 공소제기 당시에 적용되는 형법을 적용하여 산정되어야 한다. 따라서 피고인이 특정범죄 가중처벌 등에 관한 법률 위반(허위 세금계산서 교부 등)으로 기소되어 원심이 벌금 24억 원을 병과하면서 800만 원을 1일로 환산한 기간 노역장유치를 명한 것은, 개정 형법 시행 후에 공소가 제기되었으므로 개정 형법에 따라 500일 이상의 유치기간을 정하였어야 함에도 그 이전 형법에 따라 300일의 유치기간만을 정한 것에 해당하므로 이는 위법하다.[17)]

지방세법 상 조세포탈(지기 102조 1항)에 대하여서도 위 가중처벌에 관한 특정범죄가중처벌에 관한 법률이 그대로 적용된다(특가 8조).

어떠한 행위가 조세법 상 '사기 기타 부정한 행위'에 해당하는지 여부를 판정함에 있어서는 형사처벌 법규의 구성요건에 준하여 엄격하게 해석하여야야 한다.[18)]

한편 **조세포탈범이 성립하는 경우 해당 행위가 국가에 대한 사기죄에도 해당되는가?** 기망행위에 의하여 국가적 또는 공공적 법익을 침해한 경우라도 그와 동시에 형법 상 사기죄의 보호법익인 재산권을 침해하는 것과 동일하게 평가할 수 있는 때에는 당해 행정법규에서 사기죄의 특별관계에 해당하는 처벌규정을 별도로 두고 있지 않는 한 사기죄가 성립할 수 있으나, 기망행위에 의하여 조세를 포탈하거나 조세의 환급·공제를 받은 경우에는 조세범 처벌법에서 이러한 행위를 처벌하는 규정을 별도로 두고 있을 뿐만 아니라, 조세를 강제적으로 징수하는 국가 또는 지방자치단체의 직접적인 권력작용을 사기죄의 보호법익인 재산권과 동일하게 평가할 수 없는 것이므로 조세포탈범이 성립함은 별론으로 하고, 형법 상 사기죄는 성립하지 않는다.[19)]

17) 대법원 2014.12.24. 2014오2.
18) 대법원 2014.5.16. 2011두29168.
19) 대법원 2008.11.27. 2008도7303; 대법원 2021.11.11. 2021도7831.

나. 절세, 조세회피, 탈세 및 조세포탈의 구분

조세범 처벌법은 원칙적으로 조세포탈을 대상으로 한다. 그렇다면 조세포탈과 인접하는 개념을 구분할 필요가 있다. 조세포탈(tax fraud)과 분리되는 개념이라면 이는 형사처벌의 대상이 될 수 없기 때문이다. 그 인접개념으로서는 절세(tax saving), 조세회피(tax avoidance), 탈세(tax evasion)를 들 수 있다. **이하 절세, 조세회피, 탈세 및 조세포탈의 개념구분을 시도한다.**[20]

기존 논의에 따르면, 납세자의 조세부담경감행위는 절세, 조세회피, 탈세, 조세포탈, 네 가지로 구분된다(4분설). 절세는 조세법이 허용하는 적법행위를 말한다. 그리고 조세회피는 사법 상 유효한 거래형식을 전제로 하여 형식적으로는 적법행위에 해당하나, 실질적으로는 그와 동일한 경제적 목적을 달성하는 통상적인 행위를 규율하는 개별 세법규정의 과세요건을 충족하지 아니하여 그로 인한 조세부담의 감소결과가 해당 세법 규정의 입법목적에 반하는 행위를 말한다. 탈세는 납세자의 행위 자체가 개별 세법규정의 납세의무를 위반한 행위 즉 위법행위를 뜻하고, 그러한 탈세 가운데 사기나 그 밖의 부정한 행위에 의한 것이 조세포탈이다. 따라서 조세회피는 납세의무의 성립 자체를 회피하는 것인 반면에, 탈세와 조세포탈은 납세의무의 성립을 전제로 하는 것으로서 단지 그 수단 측면에서 탈세와 조세포탈은 구별되는 것이다. 하지만 탈세행위 또는 조세포탈행위가 납세의무의 성립 이후에 이루어져야 한다는 것은 아니고, 그 전후를 불문하고 일체로서 납세의무의 성립을 전제로 하여 이루지면 충분하다고 본다. 다만 미국 판례는 과세기간 중 일어난 행위에 대하여서는 과세기간 말에 신고의무가 부과되므로 조세포탈에 해당되지 않는다고 판시한다는 점[21]을 감안하여 납세의무의 전후를 불문하고 일체로서 판단하는 경우는 제한적으로 해석하여야 할 것이다. 위 미국 판례의 개요는 다음과 같다. 납세자가 외화반출신고를 하지 않고서 대량의 통화를 소지하여 캐나다로 입국하려 하였으나 미국 세관공무원에게 발각되었고 납세자는 그 이후에도 이에 대한 신고를 하지 않았다. 이에 대하여 조세포탈로 기소되었으나 미국 제2순회법원은 해당 과세기간 말 이전에는 신고할 의무가 존재하지 않는다는 이유로 그 과세기간 중 행위를 근거로 조세포탈로 의율할 수는 없다고 판시하였다. 한편 우리의 경우 납세의무가 성립한 이후 부과뿐만 아니라 징수를 불가능하게 하거나 현저히 곤란하게

20) 이준봉 · 이재호, 전게논문. pp.1-35 참조.
21) *United States v. Romano*, 938 F2d 1569 (2d Cir 1991).

하는 점 역시 감안하여 조세포탈로서 처벌하는 점에 주목할 필요가 있다(조세처벌 3조 6항).

그런데 조세부담경감행위 일체를 조세회피라는 용어에 포섭하여 사용한다면 이 경우 조세회피는 실질과세의 적용 여하에 따라 절세나 탈세로 그 지위가 변동되는 성질의 '중간 개념'이기 때문에 위 4분설을 달리 보아야 할 필요가 있다. 즉 효과 면에서 보면, 실질과세 원칙이 적용되지 아니하는 조세회피는 적법행위로서 절세와 같고, 실질과세원칙에 따라 재구성 또는 무시되는 조세회피는 위법행위인 탈세와 유사한 효과가 부여될 수 있다. 따라서 후자의 조세회피는 탈세(최광의)의 개념에 포섭될 수도 있다. 따라서 위와 같은 의미에서의 '중간 개념'이 아닌 '종국 개념'을 기준으로 개념을 구분하자면, 납세자의 조세부담경감 행위는 절세, 탈세, 조세포탈로 구분할 수 있다(3분설).

이하 위 논의를 전제로 하여 다음의 쟁점에 대하여 추가로 살핀다.

실질과세원칙에 따라 재구성된 조세회피행위가 탈세(최광의)의 개념에 포섭될 수 있다는 이유로 조세회피행위를 형사처벌의 대상인 조세포탈로 파악할 수 있는가? 이 쟁점은 실질과세원칙에 따라 재구성된 조세회피행위와 관련된 납세의무가 언제 성립하는 것인지 여부와 관련되어 있다. 조세포탈에 해당하기 위해서는 납세자에게 거짓 기장, 조작, 은폐 등 이미 성립한 납세의무를 은닉하는 일체의 사실상 행위로서의 소득은닉행위가 존재해야 하기 때문이다. 즉 조세포탈죄는 납세의무자가 국가에 대하여 지고 있는 것으로 인정되는 일정액의 조세채무를 포탈한 것을 범죄로 보아 형벌을 과하는 것으로서, 조세포탈죄가 성립하기 위하여는 조세법률주의에 따라 세법이 정한 과세요건이 충족되어 조세채권이 성립하여야만 되는 것이므로, 세법이 납세의무자로 하여금 납세의무를 지도록 정한 과세요건이 구비되지 않는 한 조세채무가 성립하지 않음은 물론 조세포탈죄도 성립할 여지가 없다.[22]

납세자의 납세의무는 조세법률주의에 의하여 창설된다. 납세의무는 법률을 통하여 정하여진 과세요건사실에 해당하는 납세자의 행위 또는 객관적인 사실 등에 근거하여 성립되고 확정되는 것이지, 납세자의 의도에만 근거하거나 해당 과세요건사실이 존재하기 이전에는 그 납세의무가 성립되거나 확정될 수 없다. 만약 그렇다면 이는 조세법률주의에 정면으로 반하는 것이다. 또한 실질과세원칙 역시 과세관청이 납세자의 거래형식을 재구성하는 방법을 통하여 과세요건사실이 존재하는 것으로 보아 과세할 수 있는 권한을 부여하는 것에 불과한 것이지, 납세자의 의도를 짐작하여 해당 과세요건사실이 재구성되어 존재하기 이전에

22) 대법원 2005.6.10. 2003도5631; 대법원 2020.5.28. 2018도16864.

도 이미 납세의무가 존재하는 것으로 볼 수 있는 권한을 부여하는 것은 아니다. 이러한 점은, 설사 실질과세원칙이 조세법률주의를 원칙 그대로 관철할 경우 또 다른 헌법적 가치인 실질적 평등의 원칙이 훼손될 수 있는 헌법적 가치의 충돌상황을 해결하기 위한 결단으로서 입법된 것이라고 하더라도, 달라지는 것이 아니다. 그렇다면 실질과세원칙에 의하여 재구성되는 조세회피행위는 사법 상 유효한 거래형식을 갖춘 행위이므로 과세관청이 개입하기 이전에는 과세관청이 의도하는 납세의무가 성립할 수 없고, 단지 사후적으로 과세관청이 납세자의 거래형식을 재구성하는 것으로 인하여 비로소 과세관청이 의도하는 납세의무가 성립되어 확정되는 것이다. 즉 실질과세원칙에 의하여 재구성되는 조세회피행위와 관련하여, 과세관청이 의도하는 납세의무는 과세관청이 실질과세원칙을 적용하여 과세하는 시점에 성립하고 동시에 확정되는 것이라고 보아야 한다.

한편 실질과세원칙 역시 법률 상 근거가 있는 경우에 행사할 수 있다는 점 및 과세관청의 판단이 정당한지 여부가 최종적으로 법원의 판단에 의하여 결정된다는 점에서 조세법률주의와 조화를 이루고 있다고 볼 수 있으나, 납세자로서는 과세관청이 실질과세원칙을 적용할 것인지 여부에 대한 예측가능성을 가지기 어려운 상황이다. 입법론으로서는 과세관청이 실질과세원칙을 적용하여 과세하기 위하여서는 독립적인 인사들이 참여하는 위원회의 사전심의를 받는 등 절차적 통제를 거치도록 하는 방법을 강구할 필요가 있다.

이상의 논의를 감안한다면, **과세관청이 실질과세원칙을 적용하여 재구성하는 조세회피행위가 조세포탈에 해당한다고 할 수는 없다.** 납세자가 선택한 사법 상 유효한 거래형식이 비록 관련 조세법규의 취지 및 목적 등에 어긋난다고 하더라도 해당 거래형식을 취하였다는 점 자체를 소득은닉행위로 취급할 수 있는 근거는 없다. 만약 그렇게 한다면 납세자는 자신이 실제로 취하지 않은 거래형식을 기준으로 하여 새로운 납세의무와 조세벌을 부담하게 되는 셈이다. 부당한 결론임은 재론을 요하지 않는다.

다만 본서는 기왕의 가장행위이론과 실질과세원칙을 통합하여 파악하기 위하여, 실질과세원칙은 납세자의 사법 상 거래형식이 유효한 경우뿐만 아니라 그 거래형식이 가장행위에 해당하는 경우에도 적용된다는 입장을 취하고 있음에 유념할 필요가 있다. 그런데 위 입장에 근거하여 실질과세원칙이 적용되는 가장행위는 조세포탈에 해당될 수 있다. 해당 거래형식이 사법 상 효력이 없고 이를 무시할 경우에는 이미 납세의무가 성립한 상태라고 볼 수 있다면 납세자가 가장행위에 해당하는 거래형식을 사용한 것 자체가 소득은닉행위에 해당한다고 볼 수 있기 때문이다.[23] 미국의 경우에도 납세자의 거래가 가공거래(sham transaction) 또는 탈세를 위한 작위적인 장치(tax shelter)에 해당될 경우에 대하여 실질과세원칙을 조세형사사건에 적용한다.[24] 즉 조세형사사건에 있어서 실질과세원칙은 해당 거래에 대한 경제적 실질이 존재하지 않고 납세자가 납세의무를 위반한다는 점을 알고서 의도적으로 세법을 위반하는 경우에 대하여 적용된다.[25] 미국의 논의를 정리하면 다음과 같다. 가산세의 적용에 있어서 실질과세원칙 중 경제적 실질의 원칙(economic substance doctrine)을 적용하여 가공거래(sham transaction)으로서 그 존재 자체를 무시하는 경우에 대하여서는 일반원칙에 따라 가산세가 부과되나, 실질과세 일반원칙인 실질우선의 원칙(substance over form) 또는 다단계거래에 대한 단계거래원칙(step-transaction doctrine)이 적용되어 해당 거래가 재구성되거나 여러 단계의 거래가 하나의 거래로 통합되는 경우에는 가산세가 부과되지 않는 것과 마찬가지로, 위 경제적 실질의 원칙(economic substance doctrine)을 적용하여 가공거래(sham transaction)으로서 그 존재 자체를 무시하는 경우에 대하여 조세형사처벌규정이 적용된다.

이상의 논의는 법인세법 상 부당행위계산의 부인규정(법세 52조)**을 이용하여 과세관청이 납세자의 거래를 재구성하는 경우에도 그대로 적용된다고 판단한다.** 부당행위계산이라고 함은 납세자가 정상적인 경제인의 합리적 거래형식에 의하지 아니하고 우회행위, 다단계행위, 그 밖의 이상한 거래형식을 취함으로써 통상의 합리적인 거래형식을 취할 때 생기는 조세의 부담을 경감 내지 배제시키는 행위계산을 말하는 바, 부당행위계산의 부인규정은 납세자의 거래가 경제적 합리성을 무시하여 조세법적인 측면에서 부당한 것이라고 보일 때 과세권자가 객관적으로 타당하다고 인정되는 소득이 있었던 것으로 의제하여 과세함으로써 과세의 공평을 기하고 조세회피행위를 방지하고자 하는 것이다.[26] 이상 부당행위계산의 부인규정을 둔 취지를 감안하면 부당행위계산의 부인규정은 실질과세원칙이 법인세법 상 구체화된 것으로 볼 수 있다. 따라서 실질과세원칙과 관련된 위 논의들이 부당행위계산의 부인규

23) 제2편 제6장 제1절 Ⅲ 및 제2편 제3장 제2절 Ⅳ 참조.
24) *United States v. Richards*, 892 F2d 1047 (9th Cir 1989); *United States v. Iles*, 906 F2d 1 122, 1127 (6th Cir 1990); *United States v. Richey*, 874 F2d 817 (9th Cir 1989); *United States v. Daugerdas*, 759 F Supp 2d 461 (SDNY 2010).
25) *United States v. Dahlstrom*, 713 F2d 1423 (9th Cir 1983); *United States v. Mallas*, 762 F2d 361 (4th Cir 1985); *United States v. Atkins*, 869 F2d 135 (2d Cir 1989); *United States v. Daugerdas*, 759 F Supp 2d 461 (SDNY 2010).
26) 대법원 2014.4.10. 2013두20127.

정으로 인하여 재구성되는 소득의 범위 내에서는 그 성질 상 허용되는 한 그대로 적용될 수 있을 것으로 본다.

한편 **과세관청이 실질과세원칙을 적용하여 재구성한 조세회피행위를 조세포탈로서 처벌하는 것이 헌법상 '신체의 자유'의 보장에 어긋나는 것은 아닌가?** 헌법은 "모든 국민은 신체의 자유를 가진다. 누구든지 법률에 의하지 아니하고는 체포・구속・압수・수색 또는 심문을 받지 아니하며, 법률과 적법한 절차에 의하지 아니하고는 처벌・보안처분 또는 강제노역을 받지 아니한다."고 규정한다(헌법 12조 1항). 조세포탈로 처벌된다면 당연히 체포・구속・압수・수색 또는 심문의 대상이 된다. 신체의 자유를 제약하기 위하여서는 '법률'에 근거하여야 하고, 그 법률은 국회에 의하여 제정된 '형식적 의미의 법률'을 의미한다. 입법부인 국회는 신체의 자유의 중요성에 비추어 스스로 무엇이 처벌받는 행위인지를 규정하고 형벌의 종류와 범위를 확정하면서도 단지 범죄구성요건에 관련된 중요하지 않은 세부적인 규율만을 행정부에 위임하여야 한다. 따라서 어떠한 경우에 신체의 자유에 대한 제한이 허용되는 것과 관련된 침해의 조건은 입법자가 법률로서 정해야 하며 행정부에 위임할 수는 없다.[27] 우리의 경우 조세포탈로서 처벌되는 경우 조세범 처벌법이 그 범죄구성요건에 대하여 규정하고 있으므로 형식 상 신체의 자유를 제한하기 위한 침해의 조건을 갖춘 것으로 볼 수 있다. 그러나 실질과세원칙을 통하여 재구성된 조세회피행위의 경우 납세의무의 성립 자체가 과세관청의 의사에 따라 정하여진다. 그런데 조세포탈은 납세의무의 성립을 전제로 한다. 이는 실질 상 범죄구성요건이 과세관청의 의사에 따라 결정되는 셈이다. 이는 신체의 자유와 관련하여 헌법이 예정하는 바가 아니다. 따라서 **실질과세원칙의 적용을 통하여 해당 거래가 무시되는 가장행위가 아니라, 실질과세원칙을 통하여 재구성되는 조세회피행위를 조세포탈로서 처벌하는 것은 헌법상 '신체의 자유'의 보장에 관한 법리에 어긋날 수 있다.**

다. 협의의 조세포탈과 고의범 또는 목적범

사기 기타 부정한 행위로 조세를 포탈함으로써 성립하는 조세포탈범은 고의범이지 목적범은 아니므로[28] 피고인에게 조세를 회피하거나 포탈할 목적까지 가질 것을 요하는 것이 아니며, 이러한 조세포탈죄에 있어서 범의가 있다고 함은 납세의무를 지는 사람이 자기의

27) 한수웅, 전게서, 624-625면.

28) 조세포탈죄가 목적범에 해당하는지 여부는 이하 '사기 기타 부정한 행위' 부분에서 사기나 그 밖의 부정한 행위가 성립하기 위한 주관적 요소에 관한 쟁점에서 다룬다.

행위가 사기 기타 부정한 행위에 해당하는 것을 인식하고 그 행위로 인하여 조세포탈의 결과가 발생한다는 사실을 인식하면서 부정행위를 감행하거나 하려고 하는 것이다.[29] 즉 납세의무를 지는 사람이 자기의 행위가 '사기 기타 부정한 행위'에 해당하는 것을 인식하고 그 행위로 인하여 조세포탈의 결과가 발생한다는 사실을 인식하면서 부정행위를 감행하거나 하려고 하는 경우에 조세포탈의 범의가 인정된다.[30] '사기 기타 부정한 행위'에 해당하는지 여부에 대한 판단이 조세납부의무의 존재를 전제로 하는 것이라는 점은 당연하다.[31] 즉 조세포탈죄가 성립하기 위하여서는 조세법률주의에 따라 세법이 정한 과세요건이 충족되어 조세채권이 성립하여야만 되는 것이므로, 세법이 납세의무자로 하여금 납세의무를 지도록 정한 과세요건이 구비되지 않는 한 조세채무가 성립하지 않음은 물론 조세포탈죄도 성립할 여지가 없다.[32]

이상과 같이 판례는 납세의무가 성립된 경우에 한하여 조세포탈죄가 성립한다는 점을 명확하고도 지속적으로 판시한다. 이러한 판시들은 조세범처벌법 제3조가 '조세'를 포탈하거나 '조세'의 환급·공제를 받을 것을 구성요건으로 규정하고 있고, 사기나 그 밖의 부정한 행위 역시 '조세'의 부과와 징수를 불가능하게 하거나 현저히 곤란하게 하는 적극적 행위를 의미한다고 규정하나, 납세의무가 성립하지 않는다면 위 각 문언 상 '조세'라는 구성요건을 충족할 수 없게 된다는 점에 근거한 것으로 볼 수 있다.[33]

또한 조세포탈죄의 고의가 성립하기 위하여서는 '사기 기타 부정한 행위'에 대한 인식이 있어야 하고 '사기 기타 부정한 행위'는 조세의 부과 및 징수를 불가능하게 하거나 현저히 곤란하게 하는 행위를 의미하므로 조세포탈죄의 범위가 성립하기 위하여서는 조세포탈의 결과 즉 국가세수의 감소에 대한 인식이 있어야 함은 당연하다. 부가가치세 포탈죄와 관련하여 판례는 해당 행위로 인하여 국가의 조세수입의 감소를 가져오게 될 것이라는 인식이 있어야 한다고 판시한다. 즉 조세포탈죄의 고의가 있다고 하려면, 피고인에게 허위의 세금계산서에 의하여 매입세액의 환급을 받는다는 인식 이외에 위 허위의 세금계산서 발행업체

29) 대법원 1999.4.9. 98도667.
30) 대법원 2006.6.29. 2004도817; 대법원 2011.4.28. 2011도527; 대법원 2011.6.30. 2010도10968; 대법원 2014.5.29. 2012도11972.
31) 대법원 2009.5.29. 2008도9436; 대법원 2015.6.11. 2015도1504.
32) 대법원 2005.6.10. 2003도5631; 대법원 2020.5.28. 2018도16864.
33) 이준봉, 조세포탈죄의 고의에 관한 연구, 조세법연구 제25권 제3호, 한국세법학회, 2019(이하 '졸고, 조세포탈논문'으로 인용한다), 182-183면.

들이 위 허위의 세금계산서상의 매출세액을 제외하고 부가가치세의 과세표준 및 납부세액을 신고·납부하거나 또는 위 허위의 세금계산서상의 매출세액 전부를 신고·납입한 후 매출세액을 환급받는 등으로 위 허위의 세금계산서상의 부가가치세 납부의무를 면탈함으로써 결과적으로 피고인이 위 허위의 세금계산서에 의한 매입세액의 공제를 받는 것이 국가의 조세수입의 감소를 가져오게 될 것이라는 인식이 있어야 한다.[34] 이러한 법리는 증여가 의제되는 경우에 있어서도 동일하게 적용된다.[35] 판례가 사기 기타 부정한 행위라는 구성요건이 갖는 불명확성 등을 보완하기 위하여 조세포탈의 범의를 위와 같이 해석하는 것이라고 판단한다. 나아가 미국 판례는 조세포탈로 처벌하기 위하여서는 의도적이고도 고의적으로 조세를 포탈하였다는 점 이외에도 해당 납세자가 해당 조세를 납부할 능력이 있었다는 점 역시 입증하도록 요구한다는 점[36]에도 주목할 필요가 있다.

이상의 조세포탈의 고의에 관한 논의를 정리하면 다음과 같다. 첫째, '사기 기타 부정한 행위'에 해당하는 것을 인식하고 그 행위로 인하여 조세포탈의 결과가 발생한다는 사실을 인식하면서 부정행위를 감행하거나 하려고 하는 경우에 해당하여야 한다. 둘째, 이러한 행위는 납세의무를 지는 사람에 의하여 이루어져야 한다. **위 첫째 및 둘째 요건에 대한 입증책임은 과세관청이 부담한다.**

한편 이상 첫째 및 둘째 요건과 관련하여서는 다음과 같은 쟁점이 발생한다.

첫째, 다른 범죄의 경우 법률의 부지는 범죄구성요건의 성립과 무관한 것인 바 조세포탈의 경우에는 '납세의무의 성립' 및 '조세포탈의 결과'를 인식하면서도 부정행위를 감행하는 경우 등에 한하여 조세포탈로 처벌하는 이유가 무엇인지 여부가 문제로 될 수 있다. 나아가 납세의무 성립에 대한 인식이 범죄체계론 상 어떠한 지위를 갖는지 여부 역시 문제가 된다. 즉 납세의무 성립에 대한 인식이 결여된 경우, 이는 범죄구성요건에 대한 착오로서 고의 자체를 조각하여야 하는지 아니면 법률의 착오로서 정당한 사유가 있는 경우에 한하여 위법성을 조각하는 것인지 여부가 쟁점이 된다.

둘째, '납세자가 주관적으로 납세의무가 존재하지 않는다고 인식한다는 점'과 '객관적인 납세의무의 성립' 사이의 관계가 어떠한지 여부가 문제로 될 수 있다. 즉 객관적으로 납세

34) 대법원 2010.1.14. 2008도8868; 대법원 2011.4.28. 2011도527.
35) 대법원 2011.6.30. 2010도10968.
36) *United States v. Poll*, 521 F.2d 329(9th Cir. 1975), cert denied 429 U.S. 977(1977), rehearing denied 429 U.S. 1079(1977).

의무 등이 성립하는 것이나 납세자가 주관적으로는 이를 인식하지 못하는 경우에 조세포탈의 고의를 인정할 것인지 여부가 문제로 된다.

셋째, '납세자의 납세의무 및 조세포탈의 결과에 대한 주관적 인식'과 '납세의무의 성립과 관련하여 객관적으로 존재하는 세법 상 불확실성' 사이의 관계가 어떠한지 여부가 문제로 될 수 있다. 즉 객관적인 법률 상으로는 납세의무가 성립하는지 여부가 불확실한 경우에 납세자는 주관적으로 납세의무가 성립한다고 인식한 경우 조세포탈의 고의를 인정할 것인지 여부가 문제로 된다. 한편 납세의무를 지도록 정한 과세요건이 구비되지 않는 한 조세채무가 성립하지 않음은 물론 조세포탈죄도 성립할 여지가 없으므로, 이 경우에는 조세포탈의 고의 자체가 문제로 될 수 없다.

이하 각 쟁점의 순서대로 살핀다.

조세포탈죄가 성립하기 위하여 '납세자에게 법률 상 납세의무가 부과되고 해당 납세자가 이를 인식하면서도 자의적으로 또는 의도적으로 해당 의무를 위반하였다는 점'이 입증되어야 하는 이유는 무엇인가?

먼저 조세포탈죄가 성립하기 위하여 납세의무의 성립에 대한 인식이 필요한지와 관련하여 우리 및 주요국의 입법례에 대하여 살핀다.

우리 판례는 납세의무를 지는 사람이 자기의 행위가 사기 기타 부정한 행위에 해당하는 것을 인식하고 그 행위로 인하여 조세포탈의 결과가 발생한다는 사실을 인식하면서 부정행위를 감행하거나 하려고 하는 경우에 조세포탈의 고의를 인정한다.

미국의 경우 조세포탈죄와 납세의무 성립에 대한 인식과 관련된 논의는 다음과 같다.[37] 미국 대법원은 인식된 세법 상 의무를 자발적이고도 의도적으로 위반하는 경우(a voluntary, intentional violation of a known duty)에 조세포탈죄가 성립한다고 판시한다.[38] 위 상태를 '인식된 납세의무에 대한 자발적 위반 의도'로 칭한다는 점을 기술하였다. 부주의하게 사실과 달리 행동하였다는 점만으로는 위 위반 의도가 있었다고 할 수 없다.[39] 과소신고(under-reporting)는 부주의 또는 태만으로 야기되었을 수도 있으므로 과세신고 자체만으로 위 위반 의도가 있다고 할 수는 없다.[40] 위 위반 의도가 인정되려면 세법 상 의무를 인

37) 졸고, 조세포탈논문, 194-195면.
38) *United States v Pomponio*, 429 US 10, 12 (1976); *United States v Bishop*, 412 US 346 (1973).
39) Pomponio, 429 US at 12.
40) *Holland v United States*, 348 US 121, 139 (1954); *United States v Olbres*, 61 F3d 967, 972 (1st Cir 1995).

식하고도 의도적으로 위반하였다는 점이 인정되어야 한다.[41] 다만 이러한 점은 상황 증거(circumstantial evidence)에 의하여 인정할 수 있다.[42]

미국 대법원은 납세자에게 '인식된 납세의무에 대한 자발적 위반 의도'가 있다고 인정하기 위하여서는 납세자에게 특정 세법 규정을 위반한다는 의도(a specific intent to violate the tax laws)가 있어야 한다고 판시한다. 즉 세법 규정이 피고인에게 의무를 부과한다는 점, 피고인이 위 의무를 알고 있었다는 점 및 피고인이 위 의무를 자발적으로 그리고 의식적으로 위반하였다는 점을 과세관청이 입증하여야 한다.[43] 피고인이 공소를 뒷받침하는 특정 세법 규정들에 대하여 알고 있었고, 해당 규정을 의도적으로(deliberately) 위반하였다는 점이 입증되어야 한다.[44] 납세자가 선의로 납세신고서가 정확하다고 믿었거나 조세전문가의 충고를 선의로 신뢰하였다는 점을 입증하는 방법으로 위 위반 의도에 대한 혐의에서 벗어날 수 있다.[45]

미국 세법은 자의적 의도에 따라(willfully) 납세의무를 면탈하는 경우에 이를 형사 상 중범죄(felony)로서 처벌한다.[46]

독일의 경우 조세포탈죄와 납세의무 성립에 대한 인식과 관련된 논의는 다음과 같다.[47] 납세자의 세법 상 납세의무에 대한 인식이 범죄체계론 상 어떠한 지위를 갖는지 여부와 관련하여 Clause Roxin은 형법 상 구성요건을 유형화하여 구성요건착오와 금지착오의 구별을 시도하면서,[48] 조세 관련 형사범에 있어서 납세의무와 같이 구성요건 외부의 법률에서 규정된 의무가 구성요건에 편입된 경우에 있어서 세법 상 조세포탈죄의 구성요건에 대한 고의가 성립하기 위하여서는 구성요건 외부의 법률에 의하여 규정된 납세의무의 인식이 전제되어야 한다고 주장한다. 이는 구성요건 외부의 법률에 의한 명령 또는 금지에 의하여

41) *United States v. Pomponio*, 429 US at 10 (1976).
42) *United States v. Boulerice*, 325 F3d 75, 80 (1 st Cir 2003).
43) Cheek *v. United States*, 498 US 192, 201 (1991).
44) *Bryan v. United States*, 524 US 184, 194-95 & nn. 18 & 20 (1998).
45) *United States v. Montgomery*, 747 F3d 303, 309-10 (5th Cir 2014) (납세자가 선의로 세법 규정을 오해하였다면 설사 객관적으로 불합리하다고 할지라도 조세포탈죄가 성립하지 않는다); *United States v. Basile*, 2014 US App LEXIS 12388, at *7-*10 (3d Cir July 1, 2014) (조세포탈 피고인의 선의에 의한 신뢰가 객관적으로 합리적일 것을 요구할 수는 없지만 그러한 신뢰를 갖게 된 것이 합리적인 것인지 여부에 대하여서는 고려할 수 있다). 다만 *United States v. Stuart*, 773 F3d 849, 850 (7th Cir 2014) (조세를 국가에 납부할 의무 자체가 없다고 주장하는 조세저항자의 경우에 대하여서는 조세포탈죄가 성립한다) 참조.
46) *IRC* §7201.
47) 졸고, 조세포탈논문, 198-199면.
48) Claus Roxin, Über Tatbestand- und Verbotsirrtum, FS Tiedemann, 2008, S. 378.

비로소 사회적 또는 법적으로 비난(Missbilligung)을 받는 행위로 창설되기 때문이라고 한다.[49] 따라서 조세채무의 존재에 관한 착오는 조세포탈의 고의를 조각한다.[50] 이러한 Clause Roxin의 유형적 고찰설과 관련하여서는 특정 구성요건의 외부에 법적 규율이 마련되어 있는지 여부를 기준으로 하는 구성요건 고의의 대상에 해당하는지를 판단하는 기준이 지나치게 형식적이며, 동일한 의무를 처벌규정이 아닌 조문에서 규정하면 해당 의무위반이 고의의 대상이 되고 처벌규정 자체에서 규정하면 위법성 인식의 대상이 된다는 문제점이 있다는 비판이 있다.[51] 그러나 이러한 비판은 조세 이외의 형사범에 대하여서는 의미가 있을 수 있으나 조세형사범의 경우에는 조세법률주의와 관련하여 다시 검토할 필요가 있다.[52] 독일의 경우에도, 특별하게 설정된 수렵금지의무를 인식하고 위반한 경우에만 처벌하는 것과 동일하게, 조세형사범의 경우에는 조세와 관련하여 중요한 의미를 갖는다는 점을 뒷받침하는 법적 조건이 존재하는 경우에만 조세형사범의 구성요건에 해당할 수 있는 상황이 존재한다고 할 것이므로 납세의무를 부담한다는 상황을 인식하지 못한다면 조세포탈의 고의가 존재하지 않는다는 것이 지배적인 견해이다.[53] 따라서 조세포탈의 고의는 소득이 존재한다는 것을 모르는 경우뿐만 아니라 그 소득이 존재한다는 것을 안다고 할지라도 과세되지 않는다고 믿는 경우에도 성립되지 않는다. 납세자가 조세청구권이 존재한다는 점을 몰랐기 때문이다.[54]

이상의 논의에 비추어 보면 우리 판례와 미국 및 독일의 입장은 동일한 것으로 보는 것이 타당하다. 이에 따르면 납세자의 부주의한 위반행위 또는 세법 상 논쟁의 여지가 있는 쟁점을 자신에게 유리하게 적용하는 행위 등을 조세포탈로서 처벌할 수 없게 된다. 미국 판례 역시 조세포탈범의 처벌 대상에 합리적인 주의를 기울여도 발생할 수 있는 '오류' 및 '의견 차이'는 포함될 수 없다고 한다.[55]

그런데 일반적으로 형사법 상 범죄로 처벌하는 경우에 있어서는 해당 행위자가 법률을

49) *Id.*, S. 379.
50) Claus Roxin, Strafrecht, Allgemeiner Teil Band 1, 4., vollständig neu bearbeitete Auflage, C. H. Beck München 2006, S. 490, Rn. 107.
51) 조기영, 고의와 법률의 부지의 구별, 형사법연구 vol.27, no.2, 통권 63호, 2015, 87면.
52) 이하 납세의무의 성립에 대한 인식이 범죄체계론 상 어떠한 지위를 갖는 것인지에 대한 논의에서 살핀다.
53) Bochum Herzberg, Vorsatzausschließende Rechtsirrtumer, JuS 2008, S. 386 (Kein Wilderei- und kein Steuerhinterziehungsvorsatz, weil die rechtlichen Gegebenheiten, die die Jagdrechtszugehörigkeit bzw. die steuerliche Erheblichkeit begründen, zum Tatbestand gehörende Umstände sind).
54) Joecks/Jäger/Randt, Steuerstrafrecht 8. Auflage, C.H. Beck, 2015, Rn. 105.
55) *Spies v. United States*, 317 U.S. 492, 496(1943).

알지 못하였다는 점을 항변으로서 제출하는 것은 허용되지 않는다. 그렇다면 조세포탈범의 경우만을 다른 범죄와 달리 취급하는 것이 타당한지 여부가 문제로 된다. **다른 범죄의 경우와 달리, 조세포탈범의 처벌에 있어서 납세자의 '의무위반에 대한 적극적 인식'을 요구하는 것에는 다음과 같은 이유가 있다.**[56] 첫째, 세법의 방대함과 복잡성으로 인하여 성실하게 세법을 준수하고자 하는 납세자들 사이에서도 불확실성이 있을 수 있다.[57] 둘째, 세법은 대부분의 가계(households) 및 대부분의 경제적 행동에 광범위한 영향력을 행사한다. 정교한 세법지식을 갖춘 다국적기업으로부터 세법에 무지하고 대리인조차 선임할 수 없는 개인들에 이르기까지의 모든 형태의 납세자들 모두에 대하여 영향을 미친다. 셋째, 과세 여부는 도덕성과는 무관하게 결정된다. 즉 도덕적 파렴치함이 과세 여부를 결정하는 시금석이 되지 않는다. 즉 대다수의 납세자들이 납세의무를 피하는 것은 허용될 수 없고 국가 구성원들은 조세를 공평하게 분담하여야 한다는 점에 합의한다고 할지라도, 특정 거래에 대하여 세법을 적용한 결과를 결정하는 것은 도덕적으로 옳은지 여부를 결정하는 것과 같이 단순한 것이 아니다. 이상의 각 점들로 인하여 납세자가 세법 상 부담하는 세금을 모두 납부할 것을 원한다고 할지라도 그 납세자 역시 부주의하게 세법을 준수하지 못할 위험성이 높다.[58]

납세의무 성립에 대한 인식은 범죄체계론 상 어떠한 지위를 갖는 것인가?[59] 판례에 따르면 조세범처벌법 제3조 조세포탈죄 고의가 '납세의무가 성립하였다는 사실'에 대한 인식, 납세자의 행위가 '위계에 의한 행위 또는 부정한 행위'에 해당한다는 인식, 납세자의 행위가 '조세의 부과와 징수를 불가능하게 하거나 현저히 곤란하게 하는 행위'에 해당한다는 인식 및 '납세자가 부정행위를 감행하거나 하려고 하여야 한다는 주관적 상태'로 구성된다.[60] '위계에 의한 행위 또는 부정한 행위'에 해당한다는 인식, 납세자의 행위가 '조세의 부과와 징수를 불가능하게 하거나 현저히 곤란하게 하는 행위'에 해당한다는 인식 및 '납세자가 부정행위를 감행하거나 하려고 하여야 한다는 주관적 상태'가 구성요건요소인 행위에 대한 인식 및 그 행위에 대한 의도적 의욕으로서 고의를 구성한다는 점에 대하여서는 이의가 없

56) Michelle M. Kwon, *The Criminality of Tax Planning*, 18 『Florida Tax Review』 153, 2015, at 169-170.
57) *Cheek v. United States*, 498 U.S. 192, 199-200, 205(1991); *United States v. Bishop*, 412 U.S. 346(1973), 360.
58) Michelle M. Kwon, op. cit., at 170.
59) 졸고, 조세포탈논문, 207-211면.
60) 대법원 2006.6.29. 2004도817; 대법원 2011.4.28. 2011도527; 대법원 2011.6.30. 2010도10968; 대법원 2014.5.29. 2012도11972.

다. 그리고 형법 제13조 본문은 "죄의 성립요소인 사실을 인식하지 못한 행위는 벌하지 아니한다"고 규정하므로, 고의가 조각된다면 피고인을 처벌할 수 없다.

그런데 '납세의무가 성립하였다는 사실'에 대한 인식은 법령에 의하여 납세의무가 성립하여 조세포탈죄가 성립할 수 있는지 여부에 인식이므로 고의의 구성요소가 아니라 형법 상 법률의 착오와 관련된 것이 아닌지 여부가 쟁점으로 된다. 형법 제16조는 "자기의 행위가 법령에 의하여 죄가 되지 아니하는 것으로 오인한 행위는 그 오인에 정당한 이유가 있는 때에 한하여 벌하지 아니한다"고 규정한다. 이를 통상 법률의 착오라고 한다. 즉 통상의 형사범의 경우에는 의무위반에 대한 인식 여부를 대법원[61]과 일반적인 견해는 사실의 착오가 아닌 정당한 이유가 있는 경우에 범의가 조각되는 법률의 착오로 본다.[62] 형법 제16조 문언 상 정당한 이유가 있는 때로서 형법은 정당행위,[63] 정당방위,[64] 긴급피난,[65] 자구행위[66] 및 피해자의 승낙에 의한 행위[67]에 대하여 규정한다. 즉 형법은 법령에 위반한다는 점을 알지 못하는 경우에는 정당한 사유, 즉 강학 상 위법성 조각사유가 있는 경우에 한하여 처벌되지 않는다고 규정한다. 다만 위법성 조각사유에 대한 일반조항적 성격을 갖는 형법 제20조는 "법령에 의한 행위 또는 업무로 인한 행위 기타 사회상규에 위배되지 아니하는 행위는 벌하지 아니한다"고 규정하여, 사회상규에 위반하지 않는 경우에도 위법성이 조각된다는 점을 분명히 하고 있다. 이는 형법 상 구성요건이 사회상규라고 통칭되는 윤리적, 도덕적 또는 관습법적 의무위반에 터 잡은 것이라는 점을 나타낸다. 형법 제20조의 규정 이외에 위법성의 실질내용을 위법성의 적극적 요소로서 정하는 형법 상 규정은 없다. 판례는 사회상규를 "법질서 전체의 정신이나 그 배후에 놓여 있는 사회윤리 내지 사회통념",[68] 또는 "입법정신에 비추어 국가질서의 존중성의 인식을 기초로 한 국민 일반의 건전한 도의감"[69]이라고 판시한다.

이어서 **구성요건과 위법성 사이의 관계에 대하여 살핀다.** 이와 관련하여서는 구성요건이

61) 대법원 2008.4.10. 2007도9689.
62) 안대희 · 조일영 · 윤대진, 조세형사법, 평안, 2015, 442면.
63) 형법 제20조.
64) 형법 제21조.
65) 형법 제22조.
66) 형법 제23조.
67) 형법 제24조.
68) 대법원 2001.2.23. 2000도4415; 대법원 2000.4.25. 98도2389.
69) 대법원 1956.4.6. 4289형상42.

위법성에 대한 인식근거가 된다는 견해[70]와 구성요건이 위법성의 존재근거가 된다는 견해[71]가 있다. 전자에 따르면, 어떤 행위가 구성요건에 해당하는 것만으로 위법성이 인정되는 것은 아니지만 위법성의 추정을 받고 그 추정을 깨뜨리는 위법성조각사유가 존재하고 위법성을 적극적으로 근거지우는 요소(예컨대 문화규범위반사실)가 없을 때 비로소 그 행위는 위법하지 않다고 확정된다.[72] 후자는 구성요건 해당성을 포함하는 불법이라는 개념을 사용하여 구성요건을 위법성의 존재근거로 파악하는 바, 이에 따르면 어떤 행위가 특별한 불법조각사유에 의하여 적법화되지 않는 한 구성요건에 해당하는 행위는 원칙적으로 위법하다.[73] 두 견해 모두 구성요건과 별도로 위법성을 전제하고 있으나, 둘 사이의 관계에 대하여 입장이 다를 뿐이다. 두 견해 모두 위법성을 개별 구성요건 이전의 의무 또는 규범위반을 의미하는 것으로 본다. 구성요건이 이러한 위법성을 구체화한 것으로서 그 인식근거 또는 존재근거가 된다는 전제 하에 형법은 의무 또는 규범위반에 대한 인식 여부를 법률의 착오로서 다루는 것이다. 이러한 의미에서 일반적인 형사법 상 범죄의 경우에 있어서는 위법성 조각사유를 주장하는 것과 별도로 행위자가 관련 법률을 알지 못하였다는 점을 항변으로서 제출하는 것은 허용되지 않는다.

그렇다면 **조세포탈범의 경우만을 다른 범죄와 달리 납세의무의 위반에 대한 인식 여부를 구성요건에 대한 고의의 한 요소로 취급할 수 있는 것인지 여부가 문제로 된다.**

먼저 **위법성의 본질적 요소인 사회상규로서, 즉 윤리적, 도덕적 또는 관습법적 의무로서 납세의무가 존재할 수 있는지 여부에 대하여 살핀다.** 헌법 제38조는 “모든 국민은 법률이 정하는 바에 의하여 납세의 의무를 진다”고 규정한다. 이는 납세의무는 법률에 의하여서만 창설될 수 있다는 조세법률주의를 선언하는 조문이다. 즉 윤리적, 도덕적 또는 관습법적 의무로서 납세의무는 존재하지 않는다. 그럼에도 불구하고 조세포탈죄의 구성요건이 법률 이전의 의무 또는 규범위반을 전제로 하는 것으로 볼 수 있는 것인가? 헌법이 천명하는 조세법률주의에 비추어 그렇게 해석될 수 없다. 조세포탈죄의 구성요건에서 언급하는 ‘조세’는 모두 개별 세법의 규정에 따라 창설된 납세의무를 표상할 뿐이다. 따라서 조세포탈죄의 구성요건 상 조세에 해당하기 위하여서는 법률에 의하여 납세의무가 성립하여야 한다. 따라

70) 이재상, 형법총론 제5판 보정판, 박영사, 2005, §8/9; 임웅, 형법총론 제3정판, 법문사, 2010, 114면.
71) 김일수/서보학, 새로 쓴 형법총론, 형설출판사, 2005, 266면; 정성근/박광민, 형법총론 제2판, 삼지원, 2005, 116면.
72) 김성돈, 전게서, 258면.
73) 상게서.

서 법률에 의하여 납세의무가 성립하였다는 점에 대한 인식은 구성요건에 대한 고의의 한 요소를 구성한다. 이러한 점에서 납세의무의 성립에 대한 인식은 형법 상 일반이론에 의하여 설명할 수 없는 것이다. 즉 납세자에게 납세의무 위반에 대한 인식이 없다면 고의 자체가 조각되어야 하는 것이지, 위법성 조각사유로서 납세자가 납세의무에 위반되지 않는다고 인식하는 것에 정당한 사유가 있는 경우에 한하여 처벌되지 않는 것은 아니다. 또한 조세포탈죄의 성립에 있어서 납세의무의 위반에 대한 인식 여부가 구성요건에 대한 고의의 한 요소를 구성하므로 이에 대한 입증책임 역시 검사에게 있다.

이와 관련하여 납세자에게 납세의무 위반에 대한 인식이 없다면 고의 자체가 조각되어야 한다는 주장은 우리 형법학계에서 일반적으로 받아들여지고 있지 않아 이런 해석을 하는 것은 무리가 있다는 견해[74]가 있다. 그러나 이 견해는 조세법률주의에 따른 특수성을 범죄체계론 상 지위에 관한 논의에 반영하지 않는다는 점, 독일 및 미국의 입법례를 뒷받침하는 규범적 당위성에 대한 논거가 반영되지 않았다는 점, 구성요건에 관한 착오로 취급하지 않으면 형법이 개별적으로 규정하는 위법성조각사유 및 책임조각사유로 다루어야 할 것이나 납세의무 위반에 대한 인식 자체를 위 각 조각사유에 포섭할 수 없거나 위 각 조각사유로 취급하는 것을 합리화할 규범적 당위성이 약하다는 점 및 형법학계의 일반적인 태도 자체를 조세형사법의 쟁점에 대한 논거로 삼을 수 없다는 점에 비추어 타당하지 않다.

미국은 조세포탈죄의 성립을 조각하기 위하여서가 아니라 조세포탈죄 자체가 성립하기 위하여서는 '납세자에게 법률 상 납세의무가 부과되고 해당 납세자가 이를 인식하면서도 자발적으로 또는 의도적으로 해당 의무를 위반하였다는 점'을 입증할 것을 요구한다. 독일의 경우에도 납세의무의 성립에 대한 인식은 구성요건에 대한 고의를 구성하는 요소로 취급한다. 우리의 판례는 납세의무를 지는 사람이 자기의 행위가 사기 기타 부정한 행위에 해당하는 것을 인식하고 그 행위로 인하여 조세포탈이 발생한다는 사실을 인식하면서 부정행위를 감행하거나 하려고 하는 경우에 조세포탈의 고의가 있다고 인정한다. 즉 우리 판례 역시 납세의무의 위반을 조세포탈죄 구성요건의 한 요소로 보고, 납세의무 위반에 대한 인식을 조세포탈죄 고의의 한 요소로 본다. 따라서 우리와 미국 및 독일의 입장은 동일한 것으로 보아야 한다. 한편 납세의무 성립에 대한 인식과 관련된 입증책임에 대하여 미국의

74) 김영순, 조세포탈죄에 있어서 법률의 착오에 대한 소고, 세무와 회계연구 통권 제11호(제6권 제1호), 한국조세연구소, 2017, 51면.

판례는 조세포탈의 고의가 성립하기 위하여서는 법률이 납세자에게 납세의무를 부과하고 이를 인식하는 납세자가 자발적이고도 의도적으로(voluntarily and intentionally) 해당 의무를 위반하였다는 점을 과세관청이 입증하여야 한다고 판시한다.[75] 우리의 경우에도 동일하게 해석된다.

납세자별로 실제 인식하였는지 여부를 기준으로 납세의무 위반에 대한 인식 여부가 판정되어야 한다. 따라서 납세자가 인식한 것으로 의제되는 것만으로는 부족하다. 미국 판례 역시 이와 동일하게 판단한다.[76] 따라서 납세의무 위반에 대한 인식 여부는 해당 납세자별로 구분하여 각 납세자가 현실적으로 인식하였다는 점이 입증되어야 하고 동일한 법인의 구성원 또는 임원이라는 이유만으로 그 인식을 의제하여 조세포탈범으로 처벌할 수는 없다.

납세자에 대하여 객관적으로 납세의무가 성립하나 납세자는 주관적으로는 이를 인식하지 못하는 경우에 조세포탈죄는 성립하는가? 이 쟁점은 납세의무가 성립하지 않는다는 납세자의 인식은 항상 합리적인 것이어야 하는지 여부와 관련된 것이다. 납세자의 인식이 불합리하다고 하더라도 납세자가 자신에게 납세의무가 없다고 선의로(in good faith) 인식하였다면 처벌할 수 없다.[77] 납세자가 세법의 오해로 인하여 자신에게 납세의무가 없다거나 세법을 준수하고 있다고 믿었다는 사실 자체로 납세자가 자의에 따라 그리고 의도적으로(willfully) 세법을 위반하였다는 점을 무력화하기에 충분하고, 이는 납세자의 인식이 불합리하다고 할지라도 마찬가지로 적용된다. 이를 결정하는 것 자체가 주관적이기 때문이다.[78] 다만 납세자의 인식이 선의에 기한 것인지 여부는 사실판단의 문제라고 판단한다. 미국 판례 역시 납세자의 오해 또는 믿음이 불합리하면 할수록, 배심원들이 납세자의 믿음 또는 오해를 세법에 위반된 것에 불과하다고 판단하여 과세관청이 입증의무를 다한 것으로 결정할 가능성이 높아진다고 판시한다.[79] **납세자가 납세의무가 존재한다고 인식하였다는 것에는 인식한 것으로 의제된 경우 역시 포함되는가?** 납세자가 납세의무가 존재한다는 것을 실제 인식할 경우 해당 납세자에 대하여 형사책임을 물을 수 있는 것이므로 인식한 것으로 의제된 것만으로는 부족하다. 미국 판례 역시 이와 동일하게 판단한다.[80]

75) *Cheek v. United States*, 498 U.S. 192, 201 (1991).
76) *United States v. Pomponio*, 429 US 10 (1976).
77) *Cheek v. United States*, 498 U.S. 192, 203 (1991).
78) *United States v. Grunewald*, 987 F.2d 531, 536 (8th Cir. 1993).
79) *Cheek v. United States*, 498 U.S. 192, 203-204 (1991).
80) *United States v. Pomponio*, 429 US 10 (1976).

납세자에 대하여 객관적으로는 납세의무가 성립하는지 여부가 불확실한 경우에 납세자는 주관적으로는 납세의무가 성립한다고 인식하는 경우에 조세포탈죄는 성립하는가? 이 쟁점은 조세포탈의 고의를 판정함에 있어서 세법 상 객관적 불확실성이 존재한다는 점이 주관적으로 판정되어야 하는 것인지 아니면 객관적으로 판정되어야 하는 것인지 여부에 관한 것이다. 이 쟁점을 다룬 미국 판례에 대하여 살핀다.[81] 피고인인 납세자는 횡령된 금액은 과세되지 않는다는 당시의 판례[82]가 있음에도 불구하고 횡령된 금원에 대하여 신고납부하지 않았다는 이유로 공소가 제기되었다. 제7항소법원은 위 판례의 내용과 다른 입장을 취하는 판례에 근거하여 피고인의 유죄를 인정하였다. 이에 대법원은 횡령한 금원의 과세 여부에 관한 두 판례가 모순된다는 점에 근거하여 파기환송하였다. 항소법원은 횡령한 금원의 과세가 불가능하다는 판례를 뒤집었음에도 불구하고 피고인에 대한 조세포탈 혐의는 인정하지는 않았다. 다만 그 근거와 관련하여서는 '범죄가 발생할 당시의 법률에 객관적으로 횡령한 금액이 과세되지 않을 수 있다는 여지가 포함된 이상 피고인의 적극적 의도성(willfulness)는 법률 상 명백히 성립될 수 없다는 견해'와 '피고인이 법률 상 불확실성이 있다는 점을 주관적으로 신뢰한 경우에 한하여 적극적 의도성이 부인될 수 있다는 견해'로 나뉘었다. 이에 대하여 미국 대법원은 세법 상 불확실성이 객관적으로 평가되어야 하는 것인지 아니면 주관적으로 평가되어야 하는 것인지 여부에 대하여 명확하게 결론을 내리지는 않았고, 이로 인하여 미국 하급심판결들이 서로 엇갈리는 상황이다.[83] 세법 상 불확실성이 객관적으로 평가되어야 한다는 입장은 세법 상 과세가능성에 불확실성이 있다는 점 자체로 고의를 인정할 수 없다는 견해,[84] 납세자가 법률에 위반된다는 점을 알 수 있었다는 증거가 있는 경우에도 세법 상 불확실성이 있다면 고의를 인정할 수 없다는 견해,[85] 납세자가 주관적으로 위법행위를 한다고 믿은 증거가 있고 세법 상 분쟁의 여지가 있다는 점을 실제로 알았다고 하더라도 세법 상 불확실성이 있다면 고의를 인정할 수 없다는 견해,[86] 납세의무의 성립가능성을 의심하기에 충분할 정도로 세법 상 불확실성이 존재한다면 납세자의 실제 의도와 무관하게 법률 상 고의를 인정할 수 없다는 견해[87] 및 납세자가 가공명의, 허위의

81) *James v. United States*, 366 U.S. 213 (1961).
82) *Commissioner v. Wilcox*, 66 S.Ct. 546 (1946).
83) Michelle M. Kwon, *op. cit.*, at 180-184.
84) *United States v. Critzer*, 498 F.2d 1160, 1162 (4th Cir. 1974).
85) *United States v. Mallas*, 762 F.2d 361 (4th Cir. 1985).
86) *United States v. Garber*. 607 F.2d 92 (5th Cir. 1979).
87) *United States v. Harris*, 942 F.2d 1125, 1127 (7th Cir. 1991).

종업원 식별번호(employee identification numbers) 및 변경된 사회보장번호(social security numbers)를 사용한 경우일지라도 세법 상 불확실성이 선례에 의하여 해결되지 않고 논쟁이 발생할 가능성이 높다면 고의를 인정할 수 없다는 견해[88]로 나뉘어 있다. 이에 반하여 세법 상 불확실성이 주관적으로 평가되어야 한다는 입장에는 납세자가 그 행위가 위법하다는 점을 알고 있었다면 고의는 존재하는 것이고 납세자가 정보를 은닉하고 외부감사인 또는 외부법률고문에게 거짓말을 하였다면 이는 납세자의 고의에 대한 증거가 된다는 견해[89]가 있다.

미국의 경우에는 자의적이고도 의도적으로(willfully) 탈세하는 경우에 중범죄로서 처벌한다고 규정할 뿐 그 행위의 유형을 규정하고 있지는 않다.[90] 미국의 경우에도 미리 구체적인 법률을 통하여 규정할 수 없는 부정한 행위(fraud)에 대응하기 위하여서는 해당 범죄자의 심리상태를 표상할 수 있는 행위유형을 통하여 해당 범죄자의 주관적 고의를 파악하려는 방법론이 제시되고 있으며[91] 이러한 논의를 조세포탈의 경우에 적용하려는 시도 역시 있다.[92] 그러나 우리의 경우에는 이미 해당 범죄자의 심리상태를 표상할 수 있는 행위유형들(badges of wrongdoings)을 통하여 조세포탈을 규정하고 있어서 미국의 위 논의를 그대로 받아들일 필요는 없으며 우리 세법 규정 자체에 근거하여 살펴야 한다.

이 쟁점에 대한 결론은 세법 상 불확실성이 세법규정 자체에 내재된 경우와 실질과세원칙의 적용으로 인하여 발생한 경우로 구분하여 살필 필요가 있다. **먼저 세법 상 불확실성이 세법규정 자체에 내재된 경우에 대하여 살핀다.** 우리 세법은 결과적으로 납세의무가 성립하고 납세자의 행위가 여러 행위유형에 해당하면서도 그 행위들이 조세의 부과 및 징수를 불가능하게 하거나 현저히 곤란하게 하는 것으로 평가되는 경우에 한하여 조세포탈범으로

88) *United States v. Dahlstrom*, 713 F.2d 1423 (9th Cir. 1983). 다만 제9항소법원은 그 후 위 판례는 관련된 법률이 헌법상 원칙에 비추어 볼 때에 모호한 경우에 한하여 적용된다는 점을 명백히 하였다. *United States v. Solomon*, 825 F.2d 1292 (9th Cir. 1987).

89) *United States v. Ingredient Technology Corp.*, 698 F.2d 88, 97 (2d Cir. 1983).

90) IRC § 7201: Any person who willfully attempts in any manner to evade or defeat any tax imposed by this title or the payment thereof shall, in addition to other penalties provided by law, be guilty of a felony and, upon conviction thereof, shall be fined not more than $100,000 ($500,000 in the case of a corporation), or imprisoned not more than 5 years, or both, together with the costs of prosecution.

91) Samuel W. Buell, Novel Criminal Fraud, 81 『N.Y.U. L. REV.』 1971(2006); Samuel W. Buell & Lisa Kern Griffin, *On the Mental State of Consciousness of Wrongdoing*, 75 『LAW & CONTEMP. PROBS.』 133(2012).

92) Michelle M. Kwon, *op. cit.*

처벌한다. 즉 우리의 경우에는 위 쟁점을 비록 세법 상 불확실성이 존재하였지만 결과적으로 납세의무가 성립하는 것으로 판정되고 나아가 납세자의 행위로 인하여 조세의 부과 및 징수가 불가능하거나 현저히 곤란하게 된 경우에 한하여 조세포탈이 성립하는 것으로 정리한다. 만약 납세자가 주관적으로 납세의무가 존재하는 것으로 인식하였다고 하더라도 납세자의 행위로 인하여 조세의 부과 및 징수가 불가능하거나 현저히 곤란하게 되지 않았다면 납세자는 조세포탈범으로 처벌되지 않기 때문이다. 그런데 세법 상 불확실성을 납세자가 단순하게 이용하는 것은 납세자의 권리에 해당한다. 통상의 납세자의 경우에는 세법 상 객관적으로 불확실성이 존재할 경우에 자신의 행동이 납세의무에 위반된 것이라고 신뢰하기는 어렵고, 세법 상 결론이 객관적으로 불확실하다는 점은 납세자의 귀책에 해당하지 않기 때문이다. 그러나 납세자가 세법 상 객관적으로 존재하는 불확실성을 '조세의 부과 및 징수를 불가능하게 하거나 현저히 곤란하게 하는 적극적 행위'를 통하여 이용하는 경우에는 조세포탈의 고의가 있다는 전제 하에 판단하는 것이 타당하다. 이는 세법 상 불확실성에도 불구하고 조세포탈을 위한 적극적 행위를 한다는 것 자체에 비난가능성이 있을 수 있고, 이를 면책할 경우 납세자들에게 조세재정거래(tax arbitrage)를 위한 바람직하지 않은 동기를 유발할 수 있다는 점을 고려한 것이다. 따라서 세법 상 객관적인 불확실성이 존재함에도 불구하고 납세자가 조세포탈을 위한 적극적 행위를 하였다면, 납세자는 세법 상 존재하는 불확실성을 주관적으로도 신뢰하였다는 점을 입증하는 경우에 한하여 면책될 수 있다고 판단하여야 한다. 즉 이 경우에는 세법 상 불확실성이 주관적으로 평가되어야 한다. 이 쟁점은 주로 조세계획(tax planning)을 설계한 조세전문가와 관련하여 발생할 수 있다. 그러나 이는 납세자에게 조력을 하는 조세전문가 자체에 대한 처벌조항이 있음을 전제로 하는 것이고, 그렇지 않다면 이들은 그 조력을 받는 납세자의 공범으로서 처벌될 수 있을 뿐이다. 즉 납세자에게 조세포탈의 죄책이 성립한 경우에 그에 대한 공범이 될 수 있을 뿐이다. 통상 납세자가 조세전문가와 공모하지 않고 조세전문가의 의견을 합리적으로 신뢰하였다면 그 납세자에게 조세포탈의 고의가 있다고 할 수 없다. **세법 상 불확실성이 실질과세원칙의 적용으로 인하여 발생한 경우에 대하여 살핀다.** 실질과세원칙의 적용을 통하여 거래를 '재구성'한 결과로 납세의무가 성립한 경우에 대하여서는, 실질과세원칙의 적용 자체에 내재된 법적 불확실성을 근거로 조세포탈의 고의가 성립되지 않는다고 보아야 한다.[93] 즉 이

93) 구체적인 논의는 같은 1 나 절세, 조세회피, 탈세 및 조세포탈의 구분 참조.

경우 세법 상 불확실성은 객관적으로 평가되어야 한다. 따라서 실질과세원칙의 적용으로 인하여 가장행위가 부인되는 경우에는 납세자 스스로 해당 가장행위의 외관을 조성한 것이므로 실질과세원칙의 적용으로 인하여 납세의무의 성립에 대한 불확실성이 야기되었다고 볼 수 없으므로 조세포탈행위가 성립하는 것으로 보아야 하는 반면에, 실질과세원칙의 적용으로 인하여 조세회피행위가 재구성되는 경우에는 납세의무의 충족 여부가 과세관청의 의사에 기한 재구성에 달려 있는 것이므로 과세관청이 조세회피행위를 재구성한다는 객관적 사실 그 자체로서 납세자가 예측할 수 없는 세법 상 불확실성이 야기된 것으로 보아야 한다. 즉 납세자의 주관적인 인식 여부를 묻지 않고서 세법 상 불확실성으로 인하여 납세자가 납세의무의 성립을 인식할 수 없는 객관적인 경우에 해당한다고 규범 상 의제하여야 한다.[94)]

한편 조세회피행위가 '사기나 그 밖의 부정한 행위'에 해당한다면 조세포탈죄가 성립할 수 있다는 견해들이 있으나,[95)] 조세회피행위라는 개념에 강학 상 조세회피뿐만 아니라 탈세 역시 포함된 것이라면 이상의 견해들은 타당하다. 그러나 만약 강학 상 조세회피행위를 대상으로 하는 것이라면 납세자가 사실관계가 아닌 규범적인 평가 자체를 은닉 또는 조작할 수는 없는 것이며, 강학 상 조세회피는 납세자의 거래에 대한 규범 상 평가를 달리하는 것과 관련된 것이라는 점 및 법문 상 '사기나 그 밖의 부정한 행위'는 사실관계를 조작 또는 은닉하는 등 과세관청에 대한 위계 또는 부정한 행위를 의미하는 것이므로 이는 그 자체로 탈세의 개념에 포섭될 수 있는 것이라는 점에 비추어 타당하지 않다. 게다가 '사기나 그 밖의 부정한 행위'에 해당한다면 조세포탈죄가 성립할 수 있다는 논리는 동어반복에 불과한 것이다. 강학 상 조세회피행위가 '사기나 그 밖의 부정한 행위'에 해당될 수 있는지 여부가 먼저 논증되어야 할 것이다.[96)]

미국의 경우에도 경제적 실질 기준(economic substance doctrine)**을 적용하여 조세포탈로서 처벌하나, 이는 가장행위로 볼 수 있는 남용적 조세은신처**(abusive tax shelters)

94) 졸고, 조세포탈 논문, 229-230면.

95) 황남석, 조세포탈죄의 객관적 구성요건으로서의 부정행위, 사법 제1권 제42호, 사법발전재단, 2017, 404면; 김태희, 조세범처벌법, 박영사, 2015, 154면; 안경봉 · 이동식, 조세형사범 사건과 실질과세원칙, 조세법연구 18집 3호, (사)한국세법학회, 2012, 124면 이하 부분; 안대희 · 조일영 · 윤대진, 전게서, 254면; 임동원 · 오윤, 조세포탈과 조세회피의 개념 구분, 세무학연구 30권 2호, (사)한국세무학회, 2013, 168면; 임승순, 조세법, 박영사, 2017, 337면.

96) 졸고, 조세포탈 논문, 230면.

를 활용한 거래에 한정된다. 이하 미국의 경우에 대하여 살핀다.[97)]

특정 거래에 경제적 실질이 존재하는지 여부를 해당 거래에 객관적인 경제적 실질이 있는지 여부 및 해당 거래 배후에 주관적인 사업동기가 있는지 여부 모두를 기준으로 검토한다.[98)] 이러한 경제적 실질 기준은 가장행위(sham transactions)를 제거하기 위한 것이다.[99)] 1980년 대 중반에는 조세형사범에 있어서 경제적 실질 기준을 적용하는 것을 강력하게 제한하였다. 이는 그 적용의 모호함을 근거로 한 것이다.[100)] United States v. Dahlstrom 판례에서[101)] 법원은 피고인들이 이용한 조세은신처(tax shelters)가 불법으로 간주된다는 점에 대하여 국세청 또는 결정에 의하여 사전에(ex ante) 고지되지 않았다면 피고인들에게 형사상 책임을 지울 수 없다고 판시하였다. 또한 United States v. Mallas 판례에서[102)] 법원은 조세은신처를 통한 손금산입이 불법적인 것인지 여부는 매우 모호하고 논쟁의 여지가 매우 큰 법적용에 관한 것이므로 피고인의 고의를 인정할 수 없다고 판시하였다.

남용적인 조세은신처에 대하여서는 가산세 등 불이익이 부과된다.[103)] 법원에 따르면 **남용적인 조세은신처에 해당하기 위하여서는 과세관청이 다음 네 요소들을 입증하여야 한다.**[104)] 첫째, 특정 투자계획 또는 약정의 판매를 조직하거나 그 계획 또는 약정에 참여할 것; 둘째, 손금산입, 세액공제, 소득비과세 또는 다른 조세 상 혜택을 받을 가능성에 관한 판매자의 진술이 있을 것; 셋째, 해당 진술이 허위라는 것을 알고 있거나 알았다고 볼 수 있을 것; 넷째, 해당 진술의 대상이 세법 상 중요한 사항일 것. 즉 남용적인 조세은신처는 허위의 진술에 근거하여 작위적으로 세법 상 혜택을 부여받기 위하여 만든 투자계획 또는 약정을 의미하는 것으로서 가장행위(sham)의 범주에 속한다.

1980년대 말에 이르러 법원은 조세은신처 등 가장행위에 대하여 관련 법령이 지나치게

---

97) 졸고, 조세포탈 논문, 230-232면.
98) *ACM Pshp v. Commr*, 157 F3d 231, 247 (3d Cir 1998).
99) *Prati v. United States*, 603 F3d 1301, 1309 (Fed Cir 2010) (조세법원이 경제적 실질이 없는 거래를 가장행위와 동일시하는 것은 타당하다); *Estate of Carberry v. Commr*, 933 F2d 1124 (2d Cir 1991) (경제적 실질이 없는 거래를 가장행위와 동일시함).
100) 1 Robert S. Fink, Tax Controversies－Audits, Investigations, Trials, § 16.07[4] (Matthew Bender).
101) *United States v. Dahlstrom*, 713 F2d 1423 (9th Cir 1983).
102) *United States v. Mallas*, 762 F2d 361 (4th Cir 1985).
103) IRC §6700.
104) *Gardner v. Commr*, 145 TC 6, 9 (2015); *United States v. Stover*, 650 F3d 1099 (8th Cir 2011) (citing *United States v. Benson*, 561 F3d 718, 721-22 (7th Cir 2009); *United States v. Gleason*, 432 F3d 678, 682 (6th Cir 2005); *United States v. Estate Preservation Servs*, 202 F3d 1093, 1098 (9th Cir 2000); *United States v. Campbell*, 897 F2d. 1317, 1320 (5th Cir 1990).

모호하여 조세포탈죄의 고의를 인정할 수 없다는 피고인들의 주장을 배척하기에 이른다.[105] 가장행위에 관한 법리는 정착되어 있으며 불법적인 것이라는 점 등을 논거로 삼는다. 1990년대에는 조세은신처에 대한 형사기소에 있어서 경제적 실질 기준을 좀 더 자주 사용하였다.[106] 2000년 중반에 이르기까지 검사는 남용적 조세은신처에 대한 공소제기의 범위를 해당 조세은신처와 관련하여 의견서를 작성한 변호사 및 회계사에게 확장하여 적용하였다.[107]

납세자가 의도적으로 납세의무의 인식을 회피하는 경우에도 조세포탈의 고의를 부인하여야 하는가? 이 쟁점과 관련하여 미국 판례들 중 일부는 과세관청이 납세자가 그의 행위가 위법함을 알면서도 의도적으로 납세의무의 존재를 인식하는 것을 회피하였다는 점을 입증하는 것으로서 조세포탈의 고의를 입증할 수 있다고 판시한 것들이 있다.[108] 이를 의도적 인식회피의 법리(conscious avoidance of knowledge)라고 한다. 이 법리는 최근에 주로 공인회계사, 변호사 및 특별한 훈련이나 지식을 가진 자들에 대하여 적용된다. 그러나 의도적 인식회피의 법리를 적용하는 것에는 정부의 입증책임을 완화시키고 과실, 법의 무지 또는 공격적 조세회피를 모두 조세포탈로서 형사처벌하는 것으로 전환시킬 수 있는 위험이 있어서 이 법리는 극히 제한적으로 적용하거나 적용하지 않아야 한다는 취지의 많은 판례들이 존재한다.[109]

납세자가 납세의무를 인식하였는지 여부는 납세자 내심의 의사를 추지하는 것이고 납세자가 의도적으로 납세의무의 인식을 회피하였는지 여부 역시 납세자 내심의 의사를 추지하는 것이며, 두 경우 역시 간접증거 또는 정황증거에 의하여 사실인정을 할 수밖에 없다. 또한 의도적 인식회피의 법리와 같은 정형화된 기준의 도입으로 인하여 발생하는 위험을 감

105) *United States v. Heller*, 866 F2d 1336 (11th Cir 1989); *United States v. Richards*, 892 F2d 1047 (9th Cir 1989); *United States v. Iles*, 906 F2d 1 122, 1127 (6th Cir 1990); *United States v. Richey*, 874 F2d 817 (9th Cir 1989).

106) *United States v. Noske*, 117 F3d 1053 (8th Cir 1997); *United States v. Scott*, 37 F3d 1564, 1575-76 (10th Cir 1994); *United States v. Manko*, 979 F2d 900 (2d Cir 1992).

107) *United States v. Daugerdas*, 759 F Supp 2d 461 (SDNY 2010).

108) *United States v. Fingado*, 934 F2d 1163 (10th Cir 1991); *United States v. Gurary*, 860 F2d 521 (2d Cir 1988); *United States v. Heinemann*, 801 F2d 86 (2d Cir 1986); *United States v. MacKenzie*, 777 F2d 811 (2d Cir 1985); *United States v. Stadtmauer*, 620 F3d 238 (3d Cir 2010); *United States v. Coplan*, 703 F3d 46 (2d Cir 2012).

109) *United States v. Aina-Marshall*, 336 F3d 167, 171 (2d Cir 2003); *United States v. Mapelli*, 971 F2d 284, 286 (9th Cir 1992); *United States v. Kelm*, 827 F2d 1319 (9th Cir 1997); *United States v. Rodriguez*, 983 F2d 455, 458 (2d Cir 1993); *United States v. Feroz*, 848 F2d 359, 360 (2d Cir 1988); *United States v. Ferrarini*, 219 F3d 145 (2d Cir 2000); *United States v. Eltayib*, 88 F3d 157 (2d Cir 1996); *United States v. Scotti*, 47 F3d 1237 (2d Cir 1995).

수할 필요는 없다. 따라서 납세의무 위반에 대한 인식이 있었는지 여부를 판정하기 위하여 의도적 인식회피의 법리와 같은 정형화된 기준을 세울 필요는 없으며, 개별 사안별로 구체적인 사실인정 문제로서 다루는 것이 타당하다.[110]

조세포탈죄의 고의가 성립하기 위하여서는 해당 행위로 인하여 국가의 조세수입의 감소를 가져오게 될 것이라는 인식이 있어야 하는 바, 해당 행위로 인하여 국가의 조세수입의 감소를 가져오게 될 것인지 여부를 결정함에 있어서 납세의무자의 관련 거래들을 통합하여 판단하여야 하는가 아니면 조세를 과소하게 납부한 행위만을 그 판단대상으로 하여야 하는 것인가? 판례는 납세의무자들의 행위가 조세포탈에 해당하는지 여부를 판정함에 있어서 납세의무자의 관련 거래들을 통하여 판단하여야 하는지 아니면 조세를 과소하게 납부한 행위만을 그 판단대상으로 하여야 하는 것인지 여부와 관련하여 조세를 과다하게 납부한 행위와 조세를 과소하게 납부하는 행위 모두를 통합하여 결과적으로 국가세수의 일실이 있는지 여부를 기준으로 조세포탈에 해당하는지 여부를 판단하여야 한다고 판시할 뿐만 아니라,[111] 나아가 부가가치세의 경우에는 두 당사자, 즉 매도인과 매수인의 거래 역시 통합하여 조세포탈에 해당하는지 여부를 판정하여야 한다고 판시한다.[112] 구체적인 판시내용은 다음과 같다. 납세자가 거짓증명을 수취하여 과세표준을 과소신고하였다고 하더라도 수취한 증명이 거짓임을 알지 못하였을 때에는 '부당한 방법으로 과세표준을 과소신고한 경우'에 해당한다고 볼 수 없고, 납세자가 중대한 과실로 거짓임을 알지 못하였다고 하여 달리 볼 것은 아니다. 그리고 납세자가 그 세금계산서상의 공급자와 실제 공급자가 다르게 적힌 '사실과 다른 세금계산서'를 교부받아 매입세액의 공제 또는 환급을 받은 경우 그러한 행위가 '부당한 방법으로 과세표준을 과소신고한 경우'에 해당하기 위하여서는, 납세자에게 사실과 다른 세금계산서에 의하여 매입세액의 공제 또는 환급을 받는다는 인식 외에, 사실과 다른 세금계산서를 발급한 자가 세금계산서상의 매출세액을 제외하고 부가가치세의 과세표준 및 납부세액을 신고·납부하거나 또는 세금계산서상의 매출세액 전부를 신고·납부한 후 경정청구를 하여 이를 환급받는 등의 방법으로 그 세금계산서상의 부가가치세 납부의무를 면탈함으로써 납세자가 매입세액의 공제를 받는 것이 결과적으로 국가의 조세수입 감소를 가져오게 될 것이라는 점에 대한 인식이 있어야 한다.

110) 졸고, 조세포탈 논문, 233면.
111) 대법원 2013.11.28. 2013두12362.
112) 대법원 2015.1.15. 2014두11618.

사기나 그 밖의 부정한 행위에 해당하는지 여부 역시 경제적 실질의 관점에서 파악하여야 한다는 관점에서 본다면, 납세자의 거래 전체가 하나의 경제적 실질에 근거하고 각 거래별로 별도의 조세포탈행위가 수반되지 않는 경우에는 사기나 그 밖의 부정한 행위에 해당하는지 여부는 납세자의 통합된 거래 전체를 대상으로 판정하여야 한다.[113)]

조세의 납부를 지연시키려고 시도하는 행위 역시 국가 조세수입의 감소를 가져오게 될 것이라는 인식에 기한 것으로 볼 수 있는가? 조세의 납부를 지연시키려고 하는 것은 영구히 조세를 납부하지 않으려는 주관적 상태와는 확연하게 구분되는 것이고 조세의 부과 및 징수를 불가능하게 하거나 현저히 곤란하게 하는 행위에도 해당하지 않는다고 할 것이므로 위 행위를 국가의 조세수입의 감소를 가져올 것이라는 인식이 수반된 것으로 볼 수는 없다. 미국의 판례 역시 단순하게 조세의 납부를 지연시키려는 조세전문가의 행위는 영구적인 조세포탈을 의도한 것이 아니라고 판시한다.[114)]

만약 납세자가 조세포탈의 결과 중 일부에 대하여서만 인식하고 있는 경우에도 조세포탈의 결과 전부에 대하여 조세포탈의 책임을 부담하여야 하는가? 이 쟁점과 관련하여서는 인식이 있는 부분에 대하여서만 조세포탈범이 성립한다는 견해(인식부분설)와 납세자가 인식하지 못한 부분을 포함하여 그 전부에 대하여 조세포탈범이 성립한다는 견해(총세액설 또는 개괄고의설)가 있으나, 종래 일본 실무에 있어서는 총세액설이 지배적이다.[115)] 조세포탈범이 고의범이라는 점을 중시한다면 인식이 없는 부분에 대하여서까지 조세포탈범의 성립을 인정하기 어렵다는 일본 판례 역시 있다.[116)] 납세자가 인식하는 부분과 기본적 사실관계가 동일한 범위 내에서 조세포탈범이 성립한다고 보는 것이 타당하다. 납세자에게 정확한 법률 상 평가를 요구할 수는 없고, 기본적 사실관계의 동일성 여부는 법률적 평가를 하기 이전의 사회적 사실관계를 기초한 것이므로 이를 기준으로 조세포탈의 책임을 묻는다고 하더라도 납세자의 예측가능성을 해한다고 할 수는 없기 때문이다. **소득을 구성하는 다수의 수입지출항목과 다수의 계정과목에 대하여 납세자가 개별적으로 인식하는 경우에 조세포탈이 성립하는가?** 각 항목들 및 계정과목에 대하여 개별적으로 인식할 것을 요구하는 견해(개별적 인식설)는 타당하지 않고 대략적으로 소득 전체에 대하여 인식이 있는 것으로 족하다는 견해(개괄적 인식설)가 타당하다.[117)]

---

113) 졸고, 조세포탈논문, 188면.
114) *United States v. Huebner*, 16 F3d 348 (9th Cir 1994).
115) 金子 宏、前掲書、876頁。
116) 東京高判 昭和54年3月19日 高裁刑集32卷1号, 44頁。

협의의 조세포탈범은 고의범이므로, 미수행위는 처벌하지 않는다.

사업자등록은 자신의 명의로 하였으나 실제 사업은 타인에 의하여 운영되는 경우 그 명의자에게 조세포탈의 고의가 있다고 볼 수 있는가? 자신 명의로 사업자등록을 하였지만 실제로는 그 친형이 자금을 대고 영업을 하며 매출가액을 과소신고함으로 인하여 조세를 포탈한 경우 사업자등록을 자신의 명의로 하였다는 사실만으로는 그에게 조세포탈의 목적이 있다고 볼 수 없다.[118)]

특정 공동사업자가 자신을 누락하고 다른 공동사업자들만이 공동 또는 단독으로 사업을 경영하는 것처럼 신고하였으나 해당 세액은 다른 공동사업자 명의로 납부한 경우에 있어서 위 특정 공동사업자에게 조세포탈의 고의가 있는 것인가? 공동사업을 경영하는 자가 당해 공동사업장에 관한 사업자등록을 함에 있어서 사업장 소재지 관할 세무서장에게 자신의 지분 또는 손익분배의 비율은 신고하지 아니하고 자신을 제외한 다른 공동사업자들만이 공동 또는 단독으로 사업을 경영하는 것처럼 신고하고, 자신의 종합소득세과세표준확정신고를 함에 있어서도 그 공동사업에서 발생한 자신의 소득금액을 종합소득금액에 합산하지 아니하고 누락시킴으로써 확정신고자진납부하여야 할 종합소득세액을 일부 탈루한 채 납부하였다고 하더라도, 만약 그 공동사업자가 당해 공동사업에서 발생한 자신의 소득금액에 대한 소득세를, 사업자등록을 할 때 자신의 지분 또는 손익분배의 비율을 가지고 있는 것으로 신고된 다른 공동사업자의 명의로 납부하였다면, 그와 같이 납부한 세액에 관하여는 당해 공동사업자에게 사기 기타 부정한 행위로써 조세를 포탈하려는 고의가 있었다고 볼 수는 없다.[119)]

법인의 비용을 허위계상 또는 과다계상의 방법으로 공금을 정식경리에서 제외하였다고 할지라도 그 금액상당을 사업 상 비용으로 사용하였다면 조세포탈죄가 성립하지 않는 것인가? 법인세법에 의하면 법인이 사업집행상의 필요에 의하여 비용을 지출한 경우 손금으로 인정받을 수 있는 항목 및 그 용인한도액은 법정되어 있으므로 주식회사의 이사 등이 비용의 허위계상 또는 과다계상의 방법으로 공금을 정식경리에서 제외한 뒤 그 금액상당을 손금으로 처리한 경우 그 금액들이 전부 회사의 사업집행 상 필요한 용도에 사용되었더라도 그 용도를 구체적으로 밝혀 그것이 손비로 인정될 수 있는 항목이고 손금용인한도액 내의 전액임을 입증하지 못하는 이상 조세포탈의 죄책을 면할 수 없다.[120)]

117) 金子 宏、前掲書、876頁。
118) 대법원 1983.11.8. 83도510.
119) 대법원 1994.6.28. 94도759.

부가가치세 매입세액을 과다하게 공제받은 경우 그 사업자에게 조세포탈의 고의가 있다고 인정하기 위한 요건은 무엇인가? 용역을 공급받은 사업자가 관할 세무서장에게 부가가치세의 과세표준 및 납부세액을 신고, 납부함에 있어서 공급가액을 과다계상하여 공급자로부터 받은 과다계상된 세금계산서를 제출하고 매입세액을 공제받은 경우, 그 매입세액의 공제를 받은 행위자에게 조세포탈죄의 고의가 있다고 하려면 과다계상된 세금계산서에 의하여 매입세액의 공제를 받는다는 인식 이외에 '공급자'가 과다계상된 분에 대한 매출세액을 제외하고 부가가치세의 과세표준 및 납부세액을 신고 · 납부하거나 또는 세금계산서에 기재된 매출세액 전부를 신고 · 납부한 후 과다계상된 부분에 대한 매출세액을 환급받는 등으로 과다계상된 분에 대한 부가가치세의 납부의무를 면탈함으로써 결과적으로 자기가 과다계상분에 대한 매입세액의 공제를 받는 것이 국가의 조세수입의 감소를 가져오게 될 것이라는 인식이 있어야 한다.[121)]

조세포탈의 고의가 있는지 여부는 어느 시점을 기준으로 판단하여야 하는가? 판례에 따르면 부가가치세 조기환급의 경우 조세포탈의 기수시기인 실제 환급일을 기준으로 고의가 있었는지 여부를 판단하여야 한다. 즉 사기 기타 부정한 행위로 부가가치세를 조기환급받았을 경우에는 신고 · 납부기간의 경과와 상관없이 실제 환급을 받았을 때 부정환급에 의한 조세포탈죄가 성립하므로 그 후에 수정신고를 하였다거나 환급세액을 스스로 반환한 사실이 있다고 하더라도 달리 볼 것은 아니고, 조세포탈의 범의는 사기 기타 부정한 행위로 실제 조기환급을 받았을 때를 기준으로 판단하여야 한다.[122)] 조세포탈의 기수시기를 기준으로 조세포탈의 고의가 있었는지 여부를 판단하는 것이 타당하다.

조세포탈범의 범죄주체는 납세의무자와 법인의 대표자, 법인 또는 개인의 대리인, 사용인, 기타의 종업원 등으로 법정되어 있는 바, 이러한 신분을 가지지 아니한 자도 독자적으로 조세포탈의 주체가 될 수 있는가? 조세포탈범의 범죄주체는 납세의무자와 법인의 대표자, 법인 또는 개인의 대리인, 사용인, 기타의 종업원 등으로 법정되어 있는 바, 이러한 신분을 가지지 아니한 자는 납세의무자의 조세포탈에 공범이 될 수 있을 뿐, 독자적으로 조세포탈의 주체가 될 수는 없다. 따라서 수인의 사업자로부터 재화를 공급받는 자가 각 그 납세

120) 대법원 1989.10.10. 87도966 ; 대법원 2002.9.24. 2002도2569 ; 대법원 2007.6.1. 2005도5772 ; 대법원 2015.9.10. 2014도12619.
121) 대법원 1990.10.16. 90도1955.
122) 대법원 2007.12.27. 2007도3362.

의무자와 공모하여 부가가치세를 포탈한 경우에도 조세포탈의 주체는 어디까지나 각 납세의무자이고 재화를 공급받는 자는 각 납세의무자의 조세포탈에 가공한 공범에 불과하므로, 그 죄수는 각 납세의무자별로 각각 1죄가 성립하고 이를 포괄하여 1죄가 성립하는 것은 아니다.[123] 이러한 맥락에서 재화 등을 공급하거나 공급받은 자가 이를 공급하거나 공급받지 아니한 제3자의 위임을 받아 제3자의 사업자등록을 이용하여 제3자를 공급하는 자로 기재한 세금계산서를 교부하거나 제3자가 공급받는 자로 기재된 세금계산서를 교부받은 행위 및 그에 관한 세금계산서 합계표를 제출한 행위에 대하여, 해당 재화 등을 공급하거나 공급받은 자는 단독정범이 될 수 없다. 판례는 재화 등을 공급하거나 공급받은 자가 제3자의 위임을 받아 제3자의 사업자등록을 이용하여 제3자를 공급하는 자로 기재한 세금계산서를 교부하거나 제3자가 공급받는 자로 기재된 세금계산서를 교부받은 경우 및 제3자 명의로 재화 등의 공급에 관한 세금계산서 합계표를 작성하여 정부에 제출한 경우에는, 제3자가 위 세금계산서 수수 및 세금계산서 합계표 작성·제출행위를 한 것으로 볼 수 있으므로 그 제3자가 재화 등을 공급하거나 공급받지 아니한 이상 조세범 처벌법 상 범행의 정범이 되고, 재화 등을 공급하거나 공급받은 자는 가담 정도에 따라 그 범행의 공동정범이나 방조범이 될 수 있을 뿐 그 범행의 단독정범이 될 수는 없다고 판시한다.[124]

라. 조세포탈의 공동정범과 실행행위의 착수시기

조세포탈범의 경우에도 공동정범을 포함한 공범이 성립할 수 있다. **원천징수의무자가 정당한 사유가 없이 납세의무자로부터 원천징수세액을 징수하지 아니하거나 또는 그 징수한 세액을 납부하지 아니하는 행위 자체는 별도의 처벌대상이 되는 바, 그럼에도 불구하고 원천징수의무자가 납세의무자의 공범이 될 수 있는가?** 원천징수의무자가 정당한 사유가 없이 납세의무자로부터 원천징수세액을 징수하지 아니하거나 또는 그 징수한 세액을 납부하지 아니하는 행위 자체가 별도의 처벌대상(조세처벌 13조)으로서 이는 협의의 조세포탈범과는 명백히 구분되는 것이나, 그렇다고 하여 원천징수의무자는 언제나 위 범죄에 대하여만 그 주체가 될 수 있을 뿐 납세의무자의 조세포탈범행에 대한 공범이 될 수 없는 것은 아니라 할 것이고, 또 원천징수의무자가 납세의무자와의 약정으로 원천징수세액을 원천징수의무자 자신이 부담하기로 약정한 바 있다고 하더라도 납세의무자의 조세포탈에 대한 공범이

123) 대법원 2008.4.24. 2007도11258.
124) 대법원 2012.5.10. 2010도13433.

성립될 수 있다.[125)]

한편 공동정범의 성립에 있어서는 사전에 공범자 사이에 모의가 있는 때뿐만 아니라 암묵리에 서로 협력하여 공동의 범의를 실행하려는 의사가 상통하면 족하고, 어느 공범자가 그 실행행위에 직접 가담하지 않았다고 하더라도 다른 공범자의 분담 실행한 행위에 대하여 공동정범으로서의 죄책을 지고, 피고인이 범행의 일부를 실행한 후 공범관계에서 이탈하였으나 다른 공범자에 의하여 나머지 범행이 이루어진 경우, 피고인이 관여하지 않은 부분에 대하여도 죄책을 부담한다. 따라서 포탈범죄의 실행행위에 착수한 것인지 여부가 중요한 의미를 갖게 된다. 그렇다면 **조세포탈의 경우 그 실행행위의 착수시기는 언제인가?** 범인이 조세포탈의 고의를 가지고 조세의 부과징수를 불능 또는 현저히 곤란하게 하는 위계 기타 부정한 적극적인 행위를 한 때에 위 각 포탈범죄의 실행행위에 착수한 것으로 보아야 한다.[126)]

마. 사기나 그 밖의 부정한 행위

(1) 개념

조세포탈이 성립하기 위하여서는 납세자의 행위가 탈세행위에 해당된다는 것만으로는 부족하다. 납세자의 행위가 '**사기나 그 밖의 부정한 행위**'에 해당하여야 한다. '사기나 그 밖의 부정한 행위'는 '다음 중 어느 하나에 해당하는 행위'로서 '조세의 부과와 징수를 불가능하게 하거나 현저히 곤란하게 하는 적극적 행위'를 말한다(조세처벌 3조 6항). 즉 다음 각 행위에 해당하는 것만으로는 부족하고 그 행위가 조세의 부과와 징수를 불가능하게 하거나 현저히 곤란하게 하는 적극적 행위에 해당하여야 한다. 즉 판례 역시 조세를 포탈하였다고 하기 위해서는 특정 사업연도에 귀속되는 익금 누락 또는 가공 손금 계상 등을 통하여 해당 사업연도에 과세소득이 감소되어야 한다고 판시한다.[127)]

첫째, 이중장부의 작성 등 장부의 거짓 기장

둘째, 거짓 증빙 또는 거짓 문서의 작성 및 수취

셋째, 장부와 기록의 파기

넷째, 재산의 은닉, 소득·수익·행위·거래의 조작 또는 은폐

125) 대법원 1998.5.8. 97도2429.
126) 대법원 2008.7.24. 2007도4310.
127) 대법원 2020.5.28. 2018도16864.

다섯째, 고의적으로 장부를 작성하지 아니하거나 비치하지 아니하는 행위 또는 계산서, 세금계산서 또는 계산서합계표, 세금계산서합계표의 조작

여섯째, 전사적 기업자원관리설비(조특 5조의2 1호)의 조작 또는 전자세금계산서의 조작

일곱째, 그 밖에 위계에 의한 행위 또는 부정한 행위

(2) '사기나 그 밖의 부정한 행위'에 대한 인식

조세포탈범의 고의가 성립하기 위하여서는 조세범처벌법 제3조 제1항, 제6항 상 '사기나 그 밖의 부정한 행위'에 해당한다는 인식이 있어야 한다. 이하 '사기나 그 밖의 부정한 행위'에 해당한다는 인식이 어떠한 요소들로 구성되었는지 여부와 관련하여 살핀다.[128)]

먼저 조세포탈죄 고의의 구성요소들 중 하나인 '사기 기타 부정한 행위'에 해당한다는 인식과 '납세의무에 대한 인식' 사이의 관계에 대하여 살핀다. 판례[129)]에 따르면 사기 기타 부정한 행위가 성립하기 위하여서는 납세의무의 성립이 전제로 되어야 한다. 즉 납세의무의 성립은 '사기나 그 밖의 부정한 행위'를 구성하는 요소에 포함되기는 하지만 또 다른 구성요소인 판례 상 '사기 기타 부정한 행위'에 내포되는 것이 아니라 그 전제조건으로서 기능하는 것으로 보아야 한다. 따라서 납세자에게 사기 기타 부정한 행위에 대한 인식이 있다고 판단하기 위하여서는 납세자가 자신에 대하여 '납세의무가 성립하였다는 사실'을 인식하면서도 나아가 사기 기타 부정한 행위에 해당하는 행위를 한다는 인식이 더하여져야 한다. 즉 조세포탈죄의 고의가 성립하기 위하여서는 '사기 기타 부정한 행위를 한다는 인식' 이외에 '납세의무가 성립하였다는 사실'에 대한 인식이 전제로 되어야 한다.

또한 조세범처벌법 제3조 제6항은 '사기나 그 밖의 부정한 행위'를 판례 상 '사기 기타 부정한 행위'에 해당하는 '위계에 의한 행위 또는 부정한 행위' 및 '조세의 부과와 징수를 불가능하게 하거나 현저히 곤란하게 하는 적극적 행위'로 정의한다. 따라서 조세포탈죄의 고의가 성립하기 위하여서는 다시 납세자의 행위가 '조세의 부과와 징수를 불가능하게 하거나 현저히 곤란하게 하는 적극적 행위'에 해당한다는 인식이 있어야 한다.

한편 **판례는 조세포탈죄의 고의가 성립하기 위하여서는 납세자가 부정행위를 감행하거나 하려고 하여야 한다는 점이 충족되어야 한다고 판시한다.**[130)] **판례가 위와 같이 해석할**

128) 졸고, 조세포탈논문, 211-219면.
129) 대법원 2009.5.29. 2008도9436; 대법원 2015.6.11. 2015도1504.
130) 대법원 2006.6.29. 2004도817; 대법원 2011.4.28. 2011도527; 대법원 2011.6.30. 2010도10968; 대법원 2014.5.29. 2012도11972.

수 있는 논거는 무엇인가? 위 판시 상 '부정행위'는 '사기 기타 부정행위'로 보는 것이 타당하다. 그 논거는 다음과 같다. 조세포탈죄의 고의와 관련하여 '부정행위'라는 개념은 법문 상 '사기나 그 밖의 부정한 행위' 및 판례 상 '사기 기타 부정행위'에서 사용되는 바, '사기나 그 밖의 부정한 행위'는 '납세의무의 인식', '사기 기타 부정행위' 및 '조세의 부과와 징수를 불가능하게 하거나 현저히 곤란하게 하는 행위'를 포괄하는 개념이다. 그런데 '사기나 그 밖의 부정한 행위' 중 '납세의무의 인식이라는 요소'와 관련하여서는 이를 감행하거나 하려고 하였다는 상황을 설정하기 어렵고 단순하게 인식하는 것과 그 인식을 감행하였다는 점 사이의 규범 상 평가가 달라질 근거가 없다. 게다가 '사기나 그 밖의 부정한 행위' 중 '조세의 부과와 징수를 불가능하게 하거나 현저히 곤란하게 한다는 요소'는 납세자의 행위 자체의 속성 또는 그 행위에 따른 인과관계에 따라 결정되는 것이지 납세자가 주관적으로 감행하였는지 여부에 따라 달라지는 것은 아니다. 즉 납세자는 행위를 감행하거나 하려고 하였을 수는 있지만 '납세의무의 인식' 또는 '조세의 부과와 징수에 관한 불가능성 또는 현저한 곤란함' 자체를 납세자가 감행할 수는 없다. 물론 납세자의 행위가 '조세의 부과와 징수를 불가능하게 하거나 현저히 곤란하게 하는 객관적 속성'을 가져야 하는 것은 당연하고 이는 위 쟁점과는 구분되는 것이다. 따라서 조세포탈죄의 고의가 성립하기 위하여서는 '납세자가 부정행위를 감행하거나 하려고 하여야 한다'는 판시 상 '부정행위'는 판례 상 '사기 기타 부정한 행위' 즉 법문 상 '위계에 의한 행위 또는 부정한 행위'로서 '조세의 부과와 징수를 불가능하게 하거나 현저히 곤란하게 하는 객관적 속성을 가지는 행위'를 의미한다.

그렇다면 **판례가 조세포탈죄의 고의가 성립하기 위하여서는 납세자가 '사기 기타 부정한 행위' 즉 '위계에 의한 행위 또는 부정한 행위'를 감행하거나 하려고 하였다는 점이 추가적으로 요구할 수 있는 규범 상 근거는 무엇인가?** 이 쟁점과 관련하여 조세포탈죄의 고의가 성립하기 위하여서 납세자가 '조세의 부과와 징수를 불가능하게 하거나 현저히 곤란하게 하는 행위를 한다는 점'을 인식하여야 한다는 것과 '조세의 부과와 징수를 불가능하게 하거나 현저히 곤란하게 하는 적극적 행위를 한다는 점'을 인식하는 것이 규범적 평가 상 동일한 것인지 여부에 대하여 먼저 살핀다. '조세의 부과와 징수를 불가능하게 하거나 현저히 곤란하게 한다는 점' 자체는 특정 행위의 결과를 의미하므로 '적극성'의 대상이 될 수 없다. '적극적'이라는 한정문구는 행위를 수식할 뿐 그 문언에 선행하는 '조세의 부과와 징수를 불가능하게 하거나 현저히 곤란하게 하는'이라는 문언을 수식하고 있지는 않으며, 개념의 성질 상으로도 특정 결과는 특정 행위에 의하여 야기되거나 수반되는 것으로서 행위 이후의 인과관계에 따라 발생하는 것이지 해당 특정 행위를 향한 납세자의 심적 상태에 따라 달라지는 것이 아니기 때문이다. 따라서 적극성은 납세자의 행위에 대한 것이고, 판례 및 법문언의 취지에 따르면 '적극적'이라는 문언이 한정하는 행위는 '사기 기타 부정행위', 즉 '위계에 의한 행위 또는 부정한 행위'로서 '조세의 부과와 징수를 불가능하게 하거나 현저히 곤란하게 하는 객관적 속성을 가지는 행위'를 의미하는 것으로 보아야 한다. '적극적'이라는 문언이 수식하는 '행위'라는 문언을 '사기 기타 부정행위', 즉 '위계에 의한 행위 또는 부정한 행위'에 해당한다는 취지의 문언과 '조세의 부과와 징수를 불가능하게 하거나 현저히 곤란하게 하는 객관적 속성을 가지는 행위'에 해당하여야 한다는 취지의 두 문언 모두가 다시 수식하고 있기 때문이다. 물론 이 논의가 납세자가 '조세의 부과와 징수에 관한 불가능성 또는 현저한 곤란함' 자체를 감행할 수는 없다는 위 쟁점과는 구분되는 것임은 기술한 바와 같다. 그렇다면 판례가 조세범처벌법 제3조 제6항의 '적극적 행위'라는 문언 중 '적극성'에 근거하여 조세포탈죄의 고의가 성립하기 위하여서는 납세자가 '사기 기타 부정한 행위' 즉 '위계에 의한 행위 또는 부정한 행위'로서 '조세의 부과와 징수를 불가능하게 하거나 현저히 곤란하게 하는 객관적 속성을 가지는 행위'를 감행하거나 하려고 하였다는 점을 추가적으로 요구하는 것으로 보아야 한다.

한편 조세범처벌법 제3조 제6항의 '적극적 행위'가 작위로 평가되는 행위를 의미하는 것으로서 부작위를 조세포탈의 개념에서 배제하기 위한 것이라는 견해가 있을 수 있으나, 조세포탈의 수단에 해당하는 부작위 역시 작위와 동일한 규범적 평가가 가능하다는 점에서 타당하지 않다.[131)] 판례 역시 신고를 하지 않는 등 부작위가 다른 조세포탈의 정황과 결합된 경우 그 부작위를 조세포탈을 위한 적극적 행위에 해당한다고 판시한다.[132)] 부작위 역시 적극적 행위에 해당할 수 있다. 한편 '적극적 행위'가 '조세의 부과와 징수에 관한 불가능하게 하거나 현저히 곤란하게 하는 행위'를 의미한다는 견해가 있을 수 있으나 그렇게 해석할 경우에는 '적극적'이라는 문언을 별도로 규정할 실익이 없다. 나아가 객관적인 '사기 기타 부정한 행위' 중에서 객관적 관점에서 다시 적극적 행위만을 선별하여 처벌하여야 할

131) 같은 취지: 최형기, 판례를 중심으로 한 조세포탈범의 성립요건과 문제점, 형사법에 관한 제 문제(下) 재판자료 50집, 법원행정처, 1990, 441면.

132) 대법원 1981.12.22. 81도337; 대법원 1988.2.9. 84도 1002 ; 대법원 1983.9.27. 83도1929; 1985.9.24. 85도842; 대법원 1991.6.25. 91도318 등.

규범적 당위성 역시 없다. 그렇다면 조세범처벌법 제3조 제6항의 '적극적'이라는 문언은 납세자의 내적 또는 심리적 태도에 관한 것으로 보아야 한다. 즉 조세범처벌법 제3조 제6항의 '적극적'이라는 문언은 어느 행위가 그 객관적 속성 자체로 적극적이고 다른 행위는 객관적으로 적극적 행위에 해당되지 않는다는 것을 판정하기 위한 기준으로서 기능하는 것이 아니라 조세포탈행위를 하는 납세자의 내적 또는 심리적 태도가 '적극적'이어야 한다는 점을 보다 명확하게 확인하기 위한 것이다.

납세자의 내적 또는 심리적 태도가 조세포탈행위에 대하여 적극적이라는 점이 뜻하는 바는 무엇인가? 적극성 자체가 별도로 논의되어야 하는 별도의 구성요건이라는 점에 비추어 보면 외관 상 동일한 조세포탈행위[133]를 하였다고 할지라도 납세자의 적극성이 수반되는 경우와 그렇지 않은 경우는 구분되어야 한다. 그런데 적극성은 납세자의 심적 태도에 관한 것이므로, 외관 상 동일한 조세포탈행위가 있었다고 할지라도 납세자의 심리적 상태에 따라 규범적으로 달리 판단될 수 있다. 이 쟁점은 납세의무가 성립하였다는 점을 인식한 납세자가 자신의 심각한 생활고를 회피하거나 그 생존 또는 존립을 위하여 조세를 신고하여 납부하기보다는 조세포탈행위를 선택하는 것 또는 규제기관들이 상호 모순되거나 양립하는 것이 사실상 어려운 조치들을 요구하는 상황 하에서 과세관청이 아닌 기관의 조치에 따를 경우에는 납세자가 생존 또는 존립할 수 없게 되나 조세포탈을 할 경우에는 그와 같은 상황에 직면하게 되지 않는 경우에 조세포탈행위를 선택하는 것을 두고 조세포탈행위를 감행하거나 하려고 하였다는 규범적 판단을 할 수 있는지 여부와 관련된 것이다.

이상의 각 행위들은 조세포탈이 주된 동기를 형성하는 것이 아니라 조세포탈이 다른 유력한 동기에 종속적이거나 수반되는 경우에 해당한다. 일반 형사범의 경우에 대하여서는 이러한 행위들에 대하여 납세의무가 성립하였음을 인식한 납세자가 외관 상 조세포탈행위를 하였다면 이 역시 납세자가 그 조세포탈행위를 감행하거나 하려고 한다는 규범적 평가를 하는 것도 가능하다. 그러나 조세범처벌법 제3조 및 판례는 일반 형사범의 경우와는 다른 가치결단을 하고 있다. 납세의무의 인식 및 외관 상 조세포탈행위가 존재하는 것 이외에 납세자의 '적극성'을 별도의 구성요건으로 규정하고 있다. 따라서 일반 형사범에 있어서 적극성이 행위 결과의 발생을 인식하면서도 이를 용인하거나 욕망하는 것을 뜻하는 것과는

133) 이하 외관 상 조세포탈행위라는 개념을 '사기 기타 부정한 행위' 및 '조세의 부과 및 징수를 불가능하게 하거나 현저히 곤란하게 하는 행위'를 의미하는 것으로 사용한다.

달리, 조세포탈죄에 있어서의 적극성은 납세자 행위가 조세포탈이라는 주된 동기에 기인한 것을 의미하는 것으로 보아야 한다. 즉 조세범처벌법 제3조의 '납세자의 조세포탈행위에 대한 적극성' 및 판례 상 '부정행위를 감행하거나 하려고 하는 경우'는 납세자 행위가 조세포탈이라는 주된 동기에 기인하여 '사기 기타 부정한 행위' 즉 '위계에 의한 행위 또는 부정한 행위'로서 '조세의 부과와 징수를 불가능하게 하거나 현저히 곤란하게 하는 객관적 속성을 가지는 행위'에 해당함을 인식하면서도 이를 의욕하여 수행하는 것을 의미한다.[134] 최근 판례 역시 조세포탈이 주된 동기가 아니라는 취지로 사기 기타 부정행위의 성립을 부인하고 있다. 즉 판례는 경영권 방어를 위하여 차명주식을 취득한 것으로 보이고, 3% 미만의 차명주식의 보유는 주식소유관계의 분산이라는 의도가 내포되어 있으며, 이러한 사정 등만으로는 차명 주식의 보유라는 의미를 넘는 적극적 부정행위가 있었다고 단정하기 어렵다는 이유로 사기 기타 부정한 행위로 양도소득세를 포탈하였다는 점이 합리적 의심의 여지 없이 입증된 것으로 볼 수 없다고 판단하거나[135], 계열분리 및 기업공개의 필요에서 명의신탁을 하였을 뿐 조세포탈의 목적에서 명의신탁을 하였다고 볼 만한 사정이 없고, 증권계좌의 개설은 이자 및 배당소득의 관리와 주식거래를 위한 것으로 주식 명의신탁에 수반된 통상적인 부수적 후속행위이며, 양도소득세와 종합소득세를 신고하지 않은 것이 조세포탈의 목적에서 비롯된 적극적 부정행위라고 보기 어렵다는 이유 등으로 사기 기타 부정한 행위에 해당하지 않는다고 판단한다.[136]

적극적 행위를 조세포탈의 의도로서 하는 행위를 의미한다는 견해들[137] 역시 이와 같은 취지를 담는 것으로 보인다. 나아가 미국 판례는 조세포탈로 처벌하기 위하여서는 의도적이고도 고의적으로 조세를 포탈하였다는 점 이외에도 해당 납세자가 해당 조세를 납부할 능력이 있었다는 점 역시 입증하도록 요구한다는 점[138]에도 주목할 필요가 있다.

이상의 각 논의들을 종합하면, 조세포탈죄 고의는 '납세의무가 성립하였다는 사실'에 대한 인식, 납세자의 행위가 '사기 기타 부정행위', 즉 '위계에 의한 행위 또는 부정한 행위'에

134) 졸고, 조세범 처벌 논문, 204면 참조.
135) 대법원 2018.4.12. 2016도1403.
136) 대법원 2017.4.13. 2015두44158; 대법원 2020.12.10. 2019두58896.
137) 윤재윤, 조세포탈범의 성립과 적극적 부정행위, 형사판례연구(3), 한국형사판례연구회, 1995, 335면; 김영순, 전게논문, 2017, 50면.
138) *United States v. Poll*, 521 F.2d 329(9th Cir. 1975), cert denied 429 U.S. 977(1977), rehearing denied 429 U.S. 1079(1977).

해당한다는 인식, 납세자의 행위가 '조세의 부과와 징수를 불가능하게 하거나 현저히 곤란하게 하는 행위'에 해당한다는 인식 및 '납세자가 조세포탈이라는 주된 동기에 기인하여 위 각 행위들을 의욕하여 수행하였다는 점'으로 구성된다.

한편 대법원은 형법 상 고의를 인정함에 있어서 행위자의 인식만 있으면 족하고 의욕적 요소는 필요하지 않다는 취지의 판시를 한 바가 있었으나[139] 그 이후의 판결에서는 고의를 인정하기 위하여서는 인식적 요소뿐만 아니라 의욕적 요소 역시 필요하다는 취지의 판시를 하고 있다.[140]

이상과 같이 판례가 조세포탈죄의 고의와 관련하여 납세자가 부정행위를 감행하거나 하려고 하였다는 점, 즉 납세자의 행위에 대한 주된 동기가 조세포탈이라는 점을 요구하는 것은 납세자의 의욕적 요소를 구체화한 것으로서 일반적인 형법 상 고의의 인정에 관한 다른 판례들과 궤를 함께 하는 것이다. 다만 조세범처벌법 제3조가 그 구성요건으로서 납세자의 '적극성'을 요구한다는 점에서 다른 형법 규정들과 달리 의욕적 요소가 보다 엄격하게 해석되는 차이를 보일 뿐이다.

(3) '사기나 그 밖의 부정한 행위'의 주관적 요소에 대한 판례의 정리

판례는 조세포탈죄의 구성요건인 '사기나 그 밖의 부정한 행위'가 성립하기 위한 주관적 요소를 '조세를 포탈할 목적으로'[141], '조세포탈의 의도를 가지고'[142] 및 '적극적 은닉의도가 나타나는'[143]과 같은 문언을 통하여 판시하고 있다.

먼저 고의와 목적이 어떻게 구별되는 것인지 여부에 대하여 살핀다. 고의는 모든 고의범의 주관적 구성요건요소로 인정되기 때문에 '일반적' 주관적 구성요건요소로 불리는 반면에 목적범의 목적 등과 같은 주관적 구성요건요소는 고의범에 해당하는 범죄들 중 형법각칙에 특별한 규정이 있는 범죄에 대하여 고의와 별도로 요구되는 것이므로 '특별한' 주관적 구성요건요소라고 불린다.[144] 일반적 구성요건요소인 고의는 일체의 구성요건요소를 그

139) 대법원 1955.4.22. 54도36.
140) 김성돈, 전게서, 202면; 대법원 1955.6.12. 4287형상176; 대법원 2004.5.14. 2004도74.
141) 대법원 1983.9.13. 83도1231; 대법원 2013.11.28. 2013두12362; 대법원 2013.12.12. 2013두7667; 대법원 2016.2.18. 2014도3411; 대법원 2017.4.13. 2015두44158; 대법원 2018.3.29. 2017두69991; 대법원 2018.11.9. 2014도9026; 대법원 2020.12.10. 2019두58896.
142) 대법원 1983.9.13. 83도1220; 대법원 1985.9.24. 85도80; 대법원 2000.2.8. 99도5191; 대법원 2014.5.29. 2012도11972; 대법원 2015.9.15. 2014두2522; 대법원 2022.5.26. 2022두32825.
143) 대법원 1999.4.9. 98도667; 대법원 2009.5.29. 2008도9436; 대법원 2014.2.21. 2013도13829; 대법원 2015.6.11. 2015도1504; 대법원 2015.10.15. 2013도9906; 대법원 2018.4.12. 2016도1403.

인식의 대상으로 하고 있으나, 특별한 주관적 구성요건요소인 목적 등은 그와 관련된 객관적 요소가 법률 상 구성요건요소로 인정되지 않는 것이므로 고의의 인식대상을 넘어선 순수한 내심적 태도에 불과한 것이라는 점에서 이를 초과 주관적 구성요건요소라고도 불린다.[145] 즉 문서위조죄는 "타인의 문서를 행사할 목적으로 위조한 자"를 처벌대상으로 삼는 바, 이 경우 타인의 문서를 위조한다는 점에 대한 인식 및 의욕은 고의에 해당하고 위조문서를 행사할 목적은 고의와 구별되는 것이다.[146] 위조문서를 행사하는 것과 관련된 사실 등이 구성요건으로서 규정되어 있지 않기 때문이다. 즉 위조문서를 행사할 목적은 고의와 구별되는 초과 주관적 구성요건요소에 해당한다. 고의 중 의욕적 요소가 가장 높은 '의도적 고의'를 목적이라고 부르는 견해 역시 있다.[147] 그러나 '의도적 고의'를 목적으로 부른다고 하더라도 그 목적이 목적범의 목적과 동일한 개념이 될 수 없음은 물론이다. 따라서 목적범의 목적과 혼동을 야기할 수 있으므로 이 견해는 타당하지 않다.[148]

'조세를 포탈할 목적'이 초과 주관적 구성요건요소인 '목적'에 해당하는 것인가? 이 쟁점은 판례는 조세포탈죄 성립의 주관적 요소로서 납세자가 '조세를 포탈할 목적'으로 특정 행위를 할 것을 요구하는 바, 이 판시에 근거하여 조세포탈죄를 목적범으로 보아야 하는 것인지 여부와 관련된 것이다.

한편 조세를 포탈할 목적으로 특정 행위를 하는 경우에 조세포탈죄가 성립한다는 판례상 문언과 배치되는 듯한 판례 역시 있다. 즉 다른 판례는[149] "사기 기타 부정한 행위로 조세를 포탈함으로써 성립하는 조세포탈범은 고의범이지 목적범은 아니므로 피고인에게 조세를 회피하거나 포탈할 목적까지 가질 것을 요하는 것이 아니며, 이러한 조세포탈죄에 있어서 범의가 있다고 함은 납세의무를 지는 사람이 자기의 행위가 사기 기타 부정한 행위에 해당하는 것을 인식하고, 그 행위로 인하여 조세포탈의 결과가 발생한다는 사실을 인식하면서 부정행위를 감행하거나 하려고 하는 것이다"고 판시한다. 이러한 점에 비추어 보아도 '조세를 포탈할 목적'이라는 문언이 의미하는 바를 분명히 할 필요가 있다.

144) 김성돈, 전게서, 241면.
145) 상게서.
146) 상게서.
147) 박상기, 형법총론 제6판, 박영사, 2004, 109면; 배종대, 형법총론 제7판, 홍문사, 2004, §49/24.
148) 정성근 · 박광민, 형법총론 제2판, 삼지원, 2015, 165면.
149) 대법원 2013.9.26. 2013도5214; 대법원 2006.6.29. 2004도817; 대법원 2004.9.24. 2003도1851; 대법원 1999.4.9. 98도667 등.

먼저 조세를 포탈할 목적으로 조세를 포탈하는 행위에 대하여 처벌한다는 취지의 구성요건이 있는 경우에, 조세를 포탈할 목적이라는 문언에 근거하여 조세포탈죄를 목적범으로 판단할 수 있는지 여부에 대하여 살핀다. 이러한 구성요건 상 '목적'에 대응하는 사실관계는 '조세의 포탈' 자체이다. 그런데 '조세의 포탈' 자체가 구성요건 사실에 해당한다. 그렇다면 이 경우 '목적'이라는 문언은 구성요건 사실 자체에 대하여 적극적으로 용인하거나 의욕하는 상태와 다르지 않다. 즉 조세를 포탈할 목적이라는 문언 상 '목적'은 특별한 주관적 구성요건요소로서 그와 관련된 객관적 요소가 법률 상 구성요건요소로 규정되어 있지 않은 원래의 목적과는 구분되는 것이다. 그렇다면 위 판례 상 '조세를 포탈할 목적'은 납세자가 '조세포탈'이라는 주된 동기에 기인하여 '사기 기타 부정한 행위' 즉 '위계에 의한 행위 또는 부정한 행위'로서 '조세의 부과와 징수를 불가능하게 하거나 현저히 곤란하게 하는 객관적 속성을 가지는 행위'에 해당함을 인식하면서도 이를 감행하거나 하려고 하였다는 점을 의미하는 것이며, 목적범의 목적과는 다른 것이다.

판례 상 '조세를 포탈할 목적으로'라는 문언이 조세포탈죄가 목적범인 것을 의미하지 않는다면 이어서 **판례 상 '조세를 포탈할 목적으로', '조세포탈의 의도를 가지고' 및 '적극적 은닉의도가 나타나는'이라는 문언과 서로 다른 것인지 여부를 살필 필요가 있다.**

이 쟁점을 살피기 이전에 **'조세를 포탈할 목적으로', '조세포탈의 의도를 가지고' 및 '적극적 은닉의도가 나타나는'이라는 문언이 납세자가 '사기 기타 부정한 행위' 즉 '위계에 의한 행위 또는 부정한 행위'를 한다는 인식과 '조세의 부과와 징수를 불가능하게 하거나 현저히 곤란하게 하는 객관적 속성을 가지는 행위'를 한다는 인식을 배제하는 것인지 여부**에 대하여 먼저 살핀다.

위 각 판례들은 모두 납세자가 '사기 기타 부정한 행위' 즉 '위계에 의한 행위 또는 부정한 행위'를 할 것을 요구하고 있다.[150] 또한 위 판례들 중 대부분의 판례가 납세자의 적극성을 요구한다.[151] 다만 일부 판례는[152] 납세자의 '적극성' 자체를 직접 요구하지는 않지만

150) 대법원 1983.9.13. 83도1231; 대법원 2013.11.28. 2013두12362; 대법원 2013.12.12. 2013두7667; 대법원 2016.2.18. 2014도3411; 대법원 2017.4.13. 2015두44158; 대법원 2018.3.29. 2017두69991; 대법원 2018.11.9. 2014도9026; 대법원 1983.9.13. 83도1220; 대법원 1985.9.24. 85도80; 대법원 2000.2.8. 99도5191; 대법원 2014.5.29. 2012도11972; 대법원 2015.9.15. 2014두2522; 대법원 1999.4.9. 98도667; 대법원 2009.5.29. 2008도9436; 대법원 2014.2.21. 2013도13829; 대법원 2015.6.11. 2015도1504; 대법원 2015.10.15. 2013도9906; 대법원 2018.4.12. 2016도1403; 대법원 2020.12.10. 2019두58896.

151) 대법원 2013.11.28. 2013두12362; 대법원 2013.12.12. 2013두7667; 대법원 2016.2.18. 2014도3411; 대법원 2017.4.13. 2015두44158; 대법원 2018.3.29. 2017두69991; 대법원 2018.11.9. 2014도9026; 대법원 1983.9.13.

'양도소득금액이 있음에도 타인 명의로 한 양도차액 확정신고를 한 것이 당해 세목의 과세표준을 정부가 결정 또는 조사결정을 할 수 없게 한 경우에 해당한다는 취지의 설시' 및 '부가가치세를 포탈할 의도로 한 특정행위가 부가가치세의 부과와 징수를 불가능하게 하거나 현저히 곤란하게 하는 사기 기타 부정한 행위에 해당한다는 취지의 설시'를 하고 있을 뿐이다. 그러나 위 일부 판례들은 '조세의 부과와 징수를 불가능하게 하거나 현저히 곤란하게 하는 행위'에 해당하지 않는다는 점을 근거로 조세포탈죄의 성립을 부인하는 것일 뿐, '납세자의 적극성을 배제하는 취지의 설시'를 하는 것은 아니다. 나아가 위 판례들 중 조세포탈죄의 성립을 인정하는 판례들은[153] 모두 '조세의 부과와 징수를 불가능하게 하거나 현저히 곤란하게 하는 행위'에 해당할 것을 요구한다. 나아가 위 각 판례들은 조세포탈죄의 성립에 있어서 납세의무의 성립을 전제로 하고 있다. 그렇다면 위 판례들은 모두 각 주관적 요소에 대한 판시 상 문언과 무관하게 납세자의 조세포탈행위를 동일하게 파악하는 것으로 볼 수 있다. 나아가 '조세를 포탈할 목적으로'라는 문언 상 목적을 목적범의 목적과 구분하는 이상 '의도'와 달리 해석하기 어렵고, 적극성이라는 속성이 조세포탈의 구성요건에 포함된 것이라는 점에 비추어 보면 위 각 문언들이 다른 주관적 구성요건요소에 대하여 규정한다고 볼 수도 없다. 그렇다면 조세포탈행위에 대한 납세자의 고의 역시 판례 상 각 문언과 무관하게 동일한 것으로 보아야 한다. 즉 판례 상 '조세를 포탈할 목적으로', '조세포탈의 의도를 가지고' 및 '적극적 은닉의도가 나타나는'이라는 문언은 모두 납세자가 '조세포탈'이라는 주된 동기에 기인하여 '사기 기타 부정한 행위' 즉 '위계에 의한 행위 또는 부정한 행위'로서 '조세의 부과와 징수를 불가능하게 하거나 현저히 곤란하게 하는 객관적 속성을 가지는 행위'에 해당함을 인식하면서도 이를 감행하거나 하려고 하였다는 점을 의미하는 것으로 보아야 한다. 설사 판례들에 따라서는 그 판시를 일부 달리 하는 경우가 있을 수도 있으나 판시 상 일부 문언에 근거하여 이상과 같은 입장을 달리 해석할 규범적 당위성이

83도1220; 대법원 1985.9.24. 85도80; 대법원 2015.9.15. 2014두2522; 대법원 1999.4.9. 98도667; 대법원 2009.5.29. 2008도9436; 대법원 2014.2.21. 2013도13829; 대법원 2015.6.11. 2015도1504; 대법원 2015.10.15. 2013도9906; 대법원 2018.4.12. 2016도1403; 대법원 2020.12.10. 2019두58896; 대법원 2021.12.30. 2021두33371.

152) 대법원 1983.9.13. 83도1231; 대법원 2000.2.8. 99도5191; 대법원 2014.5.29. 2012도11972.

153) 대법원 1983.9.13. 83도1220; 대법원 1983.9.13. 83도1231; 대법원 1985.9.24. 85도80; 대법원 1999.4.9. 98도667; 대법원 2000.2.8. 99도5191; 대법원 2009.5.29. 2008도9436; 대법원 2013.12.12. 2013두7667; 대법원 2014.2.21. 2013도13829; 대법원 2015.6.11. 2015도1504; 대법원 2015.9.15. 2014두2522; 대법원 2015.10.15. 2013도9906; 대법원 2018.4.12. 2016도1403.

있다고 할 수도 없다.

(4) '사기나 그 밖의 부정한 행위'와 적극적인 소득은닉행위

납세자의 적극적 소득은닉행위가 있는 경우에 한하여 '사기나 그 밖의 부정한 행위'가 있다고 볼 수 있다. 판례의 입장 역시 같다. 이하 판례를 중심으로 살핀다.

조세포탈죄에 있어서의 '사기 기타 부정한 행위'라고 함은 조세의 포탈을 가능하게 하는 행위로서 사회통념 상 부정이라고 인정되는 행위, 즉 조세의 부과징수를 불능 또는 현저히 곤란하게 하는 위계 기타 부정한 적극적인 행위를 말하는 것이므로, 과세권자가 조세채권을 확정하는 부과납부방식의 조세에 있어서 납세의무자가 조세포탈의 수단으로서 미신고·과소신고의 전(후)단계로서 **'적극적인 소득은닉행위'**를 하는 경우에 '사기 기타 부정한 행위'에 해당한다.[154] 다만 본 항의 '적극적인 소득은닉행위'에 있어서 '적극성'이라는 요소는 행위 자체에 관한 것이고 행위 자체가 '조세의 포탈을 가능하게 하는 행위로서 사회통념 상 부정이라고 인정되는 속성'을 지니는 것으로서 단순한 무신고 또는 과소신고와 대비되는 것을 의미한다. 즉 전 항의 사기나 그 밖의 부정한 행위에 관한 주관적 요소로서의 적극성과는 구분되는 것이다.

사기 기타 부정한 행위로써 특정 사업연도의 법인세를 포탈하였다고 하기 위해서는 **단순하게 무신고 또는 과소신고를 하는 것만으로는 부족**하고, 당해 사업연도의 익금을 누락 혹은 과소계상하거나 가공손금을 계상 혹은 손금을 과다계상함으로써 그 사업연도의 소득금액을 줄이는 부정한 행위를 하고 나아가 무신고 또는 과소신고한 경우여야 한다.[155] **단순하게 허위의 신고를 함에 그치는 경우에도 사기 기타 부정한 행위에 해당하지 않는다.**[156]

납세자에게 적극적 소득은닉행위가 있는지 여부는 어떻게 판단하여야 하는가? 적극적 은닉의도가 객관적으로 드러난 것으로 볼 수 있는지 여부는 수입이나 매출 등을 기재한 기본 장부를 허위로 작성하였는지 여부뿐만 아니라 당해 조세의 확정방식이 신고납세방식인지 부과과세방식인지, 미신고나 허위신고 등에 이른 경위 및 사실과 상위한 정도, 허위신고의 경우 허위 사항의 구체적 내용 및 사실과 다르게 가장한 방식, 허위 내용의 첨부서류를 제출한 경우에는 그 서류가 과세표준 산정과 관련하여 가지는 기능 등 제반 사정을 종합하

154) 대법원 1999.4.9. 98도667; 대법원 2018.11.9. 2014도9026; 대법원 2021.12.30. 2021두33371.
155) 대법원 2005.1.14. 2002도5411; 대법원 2018.11.9. 2014도9026.
156) 대법원 2018.11.9. 2014도9026.

여 사회통념 상 부정이라고 인정될 수 있는지에 따라 판단하여야 한다.[157)]

조세의 부과와 징수 모두를 불가능하게 하거나 현저히 곤란하게 하는 경우에만 조세포탈이 성립되는가? 판례는 이를 부정한다. 그 내용을 본다. 과세표준을 제대로 신고하는 등으로 조세의 확정에는 아무런 지장을 초래하지 아니하지만 조세포탈죄의 기수시기에 그 조세의 징수를 불가능하게 하거나 현저히 곤란하게 하고 그것이 조세의 징수를 면하는 것을 목적으로 하는 사기 기타 부정한 행위로 인하여 생긴 결과인 경우에도 조세포탈죄가 성립할 수 있다. 다만, 조세의 확정에는 지장을 초래하지 않으면서 그 징수만을 불가능하게 하거나 현저히 곤란하게 하는 행위가 조세포탈죄에 해당하기 위하여서는, 그 행위의 동기 내지 목적, 조세의 징수가 불가능하거나 현저히 곤란하게 된 이유와 경위 및 그 정도 등을 전체적, 객관적, 종합적으로 고찰할 때, 처음부터 조세의 징수를 회피할 목적으로 사기 기타 부정한 행위로써 그 재산의 전부 또는 대부분을 은닉 또는 탈루시킨 채 과세표준만을 신고하여 조세의 정상적인 확정은 가능하게 하면서도 그 전부나 거의 대부분을 징수불가능하게 하는 등으로 과세표준의 신고가 조세를 납부할 의사는 전혀 없이 오로지 조세의 징수를 불가능하게 하거나 현저히 곤란하게 할 의도로 사기 기타 부정한 행위를 하는 일련의 과정에서 형식적으로 이루어진 것이어서 실질에 있어서는 과세표준을 신고하지 아니한 것과 다를 바 없는 것으로 평가될 수 있는 경우이어야 한다.[158)]

다만 위 판례에 대하여서는 다음과 같은 별개 의견이 있다. 신고납세방식의 조세에 있어서는 납세의무자의 과세표준 및 세액의 신고에 의하여 그 조세채무가 구체적으로 확정되므로, 그 과세표준 및 세액을 신고할 때에 세법이 정하는 바에 따라 과세대상이 되는 공급가액 또는 거래내역 등을 실질 그대로 신고함으로써 정당한 세액의 조세채권이 확정되는 데 어떠한 방해나 지장도 초래하지 않았다면, 설사 납세의무자가 과세표준의 신고 이전에 조세를 체납할 의도로 사전에 재산을 은닉·처분하는 등의 행위를 하였다고 하더라도 '사기 기타 부정한 행위'에 의하여 조세포탈의 결과가 발생한 것으로 볼 수는 없다.

'사기 기타 부정한 행위'가 행하여진 이후에 그 행위를 전제로 하여 이루어진 후속행위 역시 다시 새로운 '사기 기타 부정한 행위'로 취급되어야 하는가? 만약 사기 기타 부정한 행위를 전제로 하는 후속행위가 이루어질 경우마다 이를 다시 새로운 사기 기타 부정한 행

157) 대법원 2014.2.21. 2013도13829.
158) 대법원 2007.2.15. 2005도9546 전원합의체 판결.

위가 이루어진 것으로 본다면, 사기 기타 부정한 행위가 이루어진 후 이를 과세관청에 자복하지 않은 한 그 후속행위를 통하여 새로운 사기 기타 부정한 행위가 복제되어 그 제척기간 역시 계속 연장되거나 새로운 범죄에 대한 구성요건이 계속 충족되는 법적 효과가 발생하게 된다. 후속행위로 인하여 당초의 납세의무와 다른 납세의무를 별도로 부당하게 감소시키는 것이 아니라면 이러한 해석을 뒷받침할 규범적 논거는 없다. 게다가 자복하지 않을 경우 새로운 범죄구성요건이 충족된다는 것은 헌법상 죄형법정주의를 심하게 훼손하는 것이다. 따라서 만약 당초 사기 기타 부정한 행위를 전제로 하는 후속행위 자체로 인하여 후속행위 자체에 대한 납세의무마저 부당하게 감소한 경우에 그 후속행위가 새로운 사기 기타 부정한 행위로 보아야 하고 이에 상응한 제척기간 및 새로운 범죄구성요건의 충족을 그 감소된 세액과 관련하여 적용하여야 한다. 한편 **'사기 기타 부정한 행위'가 행하여진 이후에 발생한 후속사건과 관련하여 과거의 '사기 기타 부정한 행위'를 밝히지 않는다면 이 역시 '사기 기타 부정한 행위'에 해당하는가?** '사기 기타 부정한 행위'가 행하여진 후 새로운 행위를 하지 않았다고 할지라도 그 이후 발생한 후속사건과 관련하여 과거의 '사기 기타 부정한 행위'를 밝히지 않을 경우 이 역시 과거의 '사기 기타 부정한 행위'를 다시 행한 것으로 의제한다면, 이 역시 납세자가 과거의 행위를 자복하지 않았다는 사실에 근거하여 제척기간을 새롭게 진행하거나 새로운 범죄구성요건을 충족한 것으로 보는 것에 해당한다. 이를 합리화할 규범적 근거는 없다. 게다가 자복하지 않을 경우 새로운 범죄구성요건이 충족된다는 것은 헌법상 죄형법정주의를 심하게 훼손하는 것이다. **판례 역시 주식이 명의신탁되어 명의수탁자 앞으로 명의개서가 된 후에 명의신탁자가 사망하여 주식이 상속된 경우에는 명의개서해태 증여의제 규정의 적용 대상에 해당하지 않는다고 판시[159]하는 것에 주목할 필요가 있다.** 판례의 주요 근거는 다음과 같다. 첫째, 명의신탁된 주식이 상속된 경우에는 기존의 명의수탁자는 당초 명의개서일에 이미 명의신탁 증여의제 규정의 적용 대상이 될 뿐만 아니라, 명의신탁된 주식에 관하여 상속으로 인하여 상속인과 사이에 법적으로 명의신탁관계가 자동 승계되는 것을 넘어 그와 같은 법률관계를 형성하기 위하여 어떠한 새로운 행위를 한 것이 아니다. 둘째, 명의수탁자 스스로 상속인의 명의개서를 강제할 수 있는 마땅한 수단도 없다. 셋째, 주식의 명의신탁자가 사망한 후 일정기간 내에 상속인이 명의개서를 하지 않았다고 하여 명의개서해태 증여의제 규정에 의하여 명의수탁자가 다시 증

159) 대법원 2017.1.12. 2014두43653; 대법원 2023.9.21. 2020두53378.

여세 과세 대상이 된다고 보는 것은 지나치게 가혹할 뿐만 아니라 자기책임의 원칙에 반하여 부당하다. **동일한 맥락에 따른 다른 판례 역시 있다.** 명의신탁재산의 증여의제 규정에 따라 최초로 증여의제 대상이 되어 과세되었거나 과세될 수 있는 명의신탁 주식의 매도대금으로 취득하여 다시 동일인 명의로 명의개서된 주식에 대하여는 그것이 최초의 명의신탁 주식과 시기상 또는 성질상 단절되어 별개의 새로운 명의신탁 주식으로 인정되는 등의 특별한 사정이 없는 한 다시 명의신탁재산의 증여의제 규정에 따라 증여세가 과세될 수 없다. 한편 명의신탁자가 기존 명의신탁 주식을 담보로 받은 대출금으로 새로운 주식을 취득하여 동일인 명의로 명의개서를 하였으나, 그 명의개서가 이루어지기 전에 기존 명의신탁 주식을 매도하여 그 매도대금으로 해당 대출금을 변제하였다면, 기존 명의신탁 주식의 매도대금으로 새로운 주식을 취득하여 다시 동일인 명의로 명의개서한 경우와 그 실질이 다르지 않으므로 이러한 경우에도 위 법리가 그대로 적용된다.[160)]

과세관청이 작성한 특정 수입금액 산정에 관한 기준 등을 준수하는 경우에도 조세포탈죄가 성립할 수 있는가? 판례는 이를 긍정한다. 당연한 결과이다. 위 기준 등이 사기나 그 밖의 부정한 행위에 대한 면책 또는 비과세요건을 설정한 것으로 볼 수 없기 때문이다. 위 기준 등으로 인하여 비과세 관행이 성립하였는지 여부는 별개의 쟁점에 속한다. 해당 판례의 내용을 본다. 과세관청이 작성한 특정 수입금액 산정에 관한 기준을 지켰다고 할지라도 사기나 그 밖의 부정행위가 있다면 조세포탈죄가 성립한다. 즉 투전기업소를 경영하는 자가 국세청에서 작성된 "현금수입업종 지역별 시설등급별 1일 수입금액 산정표"에 따라 부가가치세의 과세표준과 납부세액을 신고하고 납부하는 경우, 위 산정표는 사업자가 신고하여야 할 수입금액의 하한선을 정한 것으로 기준 이상의 수입금액을 신고한 사업자에 대하여는 더 이상의 세무조사를 하지 않고 종결처리하여 주는 것에 불과하지, 그 이상의 수입금액이 있는 경우에도 그 기준을 초과하는 수입금액에 대하여는 납세의무를 면제하여 준다는 관행이 성립된 것으로는 보이지 아니하므로, 위 산정표상의 기준을 초과하여 수입금액을 신고하였다고 하더라도 실제수입금액을 누락하여 신고한 사실이 밝혀진 이상 그 누락된 부분에 관하여는 조세포탈죄가 성립한다.[161)]

160) 대법원 2022.9.15. 2018두37755.
161) 대법원 1994.6.28. 94도759.

(5) '사기나 그 밖의 부정행위' 판정에 관한 구체적인 판결례

먼저 '사기나 그 밖의 부정행위'를 인정한 판결에 대하여 살핀다.

단순한 과세표준의 미신고 또는 과세표준의 과소신고가 아닌 위장 또는 가장거래에 의한 허위 계산서의 제출, 가공경비계상, 공사수입금의 계상누락 등의 방법으로 부가가치세, 법인세, 방위세 등을 포탈한 것은 사기 기타 부정한 방법에 해당한다.[162)]

실제 판매액과 달리 판매액을 허위기재한 판매일보를 작성하고 이에 맞추어 경리장부와 표준계산서를 작성한 후 이를 근거로 조세를 신고납부하였다면 위 조세를 포탈할 목적으로 위와 같은 허위장부를 작성하여 조세근거서류로 구비함으로써 조세의 부과징수를 곤란하게 한 것으로서 포탈행위에 해당한다.[163)]

세금계산서를 발급하지 아니한 후 부가가치세 확정신고를 함에 있어 세금계산서를 발급하지 아니한 매출액을 고의로 신고누락하였다면 이와 같이 세금계산서를 발급하지 않는 것은 조세의 부과와 징수를 불가능하게 하거나 현저하게 곤란하게 하는 적극적 행위라 할 것이다.[164)]

부가가치세를 포탈할 의도로 법령에서 정하고 있는 수정세금계산서 발급사유에 해당하지 않음에도 이에 해당하는 것처럼 허위의 수정세금계산서를 발급하였다면, 이는 부가가치세의 부과와 징수를 불가능하게 하거나 현저히 곤란하게 하는 '사기 기타 부정한 행위'에 해당한다.[165)]

법인 대표자가 회사자금을 횡령하였다면 회사는 그에 상당하는 손해배상청구권 내지 부당이득반환청구권이 있는 것이고 이는 곧 회사의 익금으로 보아야 하므로 회사 대표자가 회사자금을 인출하여 횡령함에 있어 경비지출을 과다계상하여 장부에 기장하고 나아가 이를 토대로 법인세 등의 조세를 납부한 경우 국가의 조세수입의 감소를 초래하여 조세를 포탈하였다고 할 것이다.[166)]

정당하게 발급된 출고증을 회수하고 내용허위의 출고증을 각 영업소에 송부하여 이를 세무서에 제출케 하는 등의 행위는 조세의 포탈을 가능하게 하는 사회통념 상 부정이라고 인

---

162) 대법원 1985.5.14. 83도2050.
163) 대법원 1981.7.28. 81도154.
164) 대법원 1983.9.27. 83도1929.
165) 대법원 2014.5.29. 2012도11972.
166) 대법원 1992.3.10. 92도147.

정되는 적극적 행위로서 이는 조세범 처벌법 제9조 소정의 "사기 기타 부정한 행위"에 해당한다.[167)]

수입금액을 숨기기 위하여 허위로 장부를 작성하여 각 사업장에 비치하고, 여러 은행에 200여 개의 가명계좌를 만들어 수입한 금액을 분산하여 입금시키면서 그 가명계좌도 1개월 미만의 짧은 기간 동안만 사용하고 폐지시킨 뒤 다시 다른 가명계좌를 만들어 사용하는 등의 행위를 반복하였다면, 이와 같은 행위는 조세의 부과와 징수를 현저하게 곤란하게 하는 적극적인 행위에 해당한다.[168)] 차명계좌의 사용과 함께 장부에의 허위 기장행위, 수표 등 지급수단의 교환반복행위 기타의 은닉행위가 곁들여져 있는 경우, 차명계좌를 이용하면서 여러 곳의 차명계좌에 분산 입금하거나 순차 다른 차명계좌에의 입금을 반복하는 행위 또는 단 1회의 예입이라도 명의자와의 특수한 관계 때문에 은닉의 효과가 현저해지는 등으로 적극적 은닉의도가 있다고 인정되는 경우에는 조세의 부과징수를 불능 또는 현저히 곤란하게 만든 것으로서 '사기 기타 부정한 행위'에 해당할 수 있다.[169)]

명의위장으로 소득을 얻는 행위가 '사기 기타 부정한 행위'에 해당하기 위한 요건은 무엇인가? 명의를 위장하여 소득을 얻더라도, 비거주자 또는 외국법인의 명의사용 등과 같이 명의위장이 조세회피의 목적에서 비롯되고 나아가 허위 계약서의 작성과 대금의 허위지급, 과세관청에 대한 허위의 조세 신고, 허위의 등기·등록, 허위의 회계장부 작성·비치 등과 같은 적극적인 행위까지 부가되는 등의 특별한 사정이 없는 한, 명의위장 사실만으로 '사기 기타 부정한 행위'에 해당한다고 할 수 없다.[170)]

과세대상의 미신고나 과소신고와 아울러 장부상의 허위기장 행위, 수표 등 지급수단의 교환반복 행위, 여러 개의 차명계좌를 반복적으로 이용하는 행위 등 적극적 은닉의도가 나타나는 사정이 덧붙여진 경우에는 조세의 부과징수를 불능 또는 현저히 곤란하게 만든 것으로 인정할 수 있고, 부가가치세를 포탈할 의도로 세금계산서를 교부하지 않은 다음 부가가치세 확정신고를 하면서 고의로 매출액을 신고에서 누락하거나 다른 사람들의 명의를 빌려 위장 사업체를 설립하여 매출을 분산하는 것도 적극적 은닉의도가 나타나는 사정으로 볼 수 있다.[171)]

167) 대법원 1985.12.10. 85도1043.
168) 대법원 1994.6.28. 94도759.
169) 대법원 2016.2.18. 2014도3411.
170) 대법원 2016.2.18. 2014도3411; 대법원 2018.12.13. 2018두128; 대법원 2020.8.20. 2019다30163; 대법원 2020.12.10. 2019두58896.

실제로는 세금계산서의 수수 없이 소위 무자료거래를 통하여 재화나 용역을 공급받음으로써 원래 매입세액을 공제받을 수 없는 경우임에도, 속칭 자료상 등으로부터 허위의 세금계산서를 구입하여 마치 세금계산서상의 가공의 공급자로부터 재화나 용역을 공급받은 것처럼 가장하여 매입세액을 공제받았다면, 이러한 행위는 조세의 부과와 징수를 현저하게 곤란하게 하는 적극적인 행위에 해당한다.[172)]

가스소매업자인 피고인이 가스판매사업을 하는 것을 감추고 실수요자가 가스를 직접 공급받는 것으로 가장하고 가스도매업체로 하여금 실수요자 앞으로 세금계산서를 발급하게 하였다면 이러한 피고인의 위장 · 은폐행위는 단순히 사업자등록이나 세법 상의 신고를 하지 아니한 것에 그치지 아니하고 피고인에 대한 부가가치세 등의 부과징수를 불능하게 하거나 현저히 곤란하게 하는 사기 기타 적극적인 부정행위에 해당한다.[173)]

토지를 매도하고도 양도소득세의 징수를 면탈할 목적으로 매수인과 공모하여 실지로는 매수인이 그 지상에 아파트를 건축함에도 불구하고 매도인 명의로 사업자등록을 하고 건축허가를 받아 마치 매도인이 자기 토지위에 아파트를 건축하여 직접 분양하는 것처럼 한 경우는 사기 기타 적극적인 부정행위에 해당한다.[174)]

상호 공모하여 상속세 및 증여세를 포탈할 목적으로 피고인들이 상속하거나 증여받은 부동산을 매수한 것처럼 매매를 원인으로 한 소유권이전등기절차를 경료한 후 상속세법에 의한 상속세와 증여세의 과세표준을 신고하지 아니한 채 그 기한인 3개월이 경과한 사실이 인정된다면 이는 조세포탈에 해당한다.[175)] 자신의 자녀들에게 차명주식을 증여하였는데도 적극적으로 자녀들과 차명주주들 사이에 실질적인 매매가 있는 것과 같은 외관을 만든 것은 '사기 기타 부정한 행위'에 해당한다.[176)] **대주주의 주권상장법인 주식이 양도소득세 과세대상이 되기 이전에 이미 임직원들 명의로 신주인수권부 사채를 취득하였으나, 그 과세대상이 된 이후에도 위 신주인수권부 사채에 기하여 신주를 취득하는 과정에서 여전히 임직원들의 계좌를 이용하였다면 이는 '사기 기타 부정한 행위'에 해당하는가?** 대주주의 주권상장법인 주식이 양도소득세 과세대상이 되기 이전에 이미 신주인수권부 사채를 취득하

171) 대법원 2011.3.24. 2010도13345; 대법원 2012.6.14. 2010도9871.
172) 대법원 2005.9.30. 2005도4736.
173) 대법원 1983.2.22. 82도1919.
174) 대법원 1983.11.8. 83도2365.
175) 대법원 1984.6.26. 81도2388.
176) 대법원 2011.6.30. 2010도10968.

였으나, 그 과세대상이 된 이후에 대주주의 주식 양도로 인한 납세의무를 예견할 수 있게 되었음에도 불구하고 위 신주인수권부사채에 부여된 신주인수권을 행사하고 임직원들의 계좌를 통해 신주인수대금을 납입하는 방법으로 주식을 차명으로 취득한 다음, 전담 직원을 두어 차명주식과 그 매각대금 등을 관리하게 하는 등의 행위를 한 점은 조세의 부과 징수를 불능 또는 현저히 곤란하게 하는 별도의 '사기 기타 부정한 행위'에 해당한다.[177)]

상속인 중 1인이 상속재산의 협의분할 후 상속포기신고를 마친 후 마치 상속개시 이전에 매수한 것을 피상속인에게 명의신탁하여 둔 것처럼 가장하여 다른 공동상속인을 상대로 신탁해제로 인한 소유권이전등기청구소송을 제기하여 의제자백에 의한 승소판결을 얻어 자기 명의의 소유권이전등기를 경료한 점은 상속세의 부과징수를 현저하게 곤란하게 한 것에 해당한다.[178)]

토지를 상속받은 후 상속세 등을 포탈하기 위하여 법정신고기한 내에 상속세신고를 하지 않은 채 이를 타인에게 미등기전매하고 등기명의인인 전소유자 명의로부터 위 매수인 앞으로 바로 소유권이전등기를 마쳤다면 이는 사기 기타 부정한 행위로써 조세의 부과징수를 불능, 또는 현저히 곤란하게 한 것이다.[179)]

피고인이 갑으로부터 토지를 매입하여 을에게 매도하였고 위 을은 다시 병에게 매도하였는데도 마치 위 갑이 병에게 직접 매도한 양 허위의 매매계약서를 작성하도록 주선하고 국토이용관리법 상 토지거래신고도 하지 않았으며, 소유권이전등기도 병에게 직접 경료하게 하는 한편, 위 전매행위로 얻은 양도차익에 관하여 소득세법 소정의 예정신고나 확정신고를 아니함으로써, 정부가 그 양도소득세의 과세표준을 조사 또는 결정할 수 없게 한 채 양도소득세 과세표준 확정신고기간을 도과하였다면, 피고인의 이러한 행위는 조세의 부과와 징수를 불가능하게 하거나 현저히 곤란하게 하는 사기 기타 부정한 적극적 행위에 해당한다.[180)]

금지금 거래에 있어서 금지금의 매입 및 매출경위, 거래기간이나 그 시기, 매입 및 매출가격, 판매차익금의 사용 용도, 폐업경위 등에 비추어, 그 거래가 처음부터 정당한 세액의 납부를 전제로 하면 손해를 볼 수밖에 없는 구조로서 결국은 '거래상대방으로부터 거래징

177) 대법원 2015.9.10. 2014도12619.
178) 대법원 1983.6.28. 82도2421.
179) 대법원 1992.4.24. 91도1609.
180) 대법원 1992.9.14. 92도2439.

수하는 한편 과세관청에 대하여는 책임재산의 의도적인 산일과 그에 이은 폐업에 의하여 그 지급을 면하는 부가가치세 상당액'이 위 거래에서 상정할 수 있는 유일한 이윤의 원천이자 거래의 동기인 것이라면, 위 거래에 관하여 그에 따른 세금계산서를 발행・교부하고 과세표준 및 세액신고서를 제출함으로써 조세의 확정이 정상적으로 이루어졌다 하더라도, 이는 최종적으로는 피고인으로부터 금지금을 구입한 과세사업자가 과세관청으로부터 자신들이 피고인에게 거래징수당한 부가가치세를 매입세액으로 공제받거나 환급받는 것을 가능하게 해 줌으로써 오히려 현실적인 조세수입의 감소나 국고손실을 초래한다는 의미밖에는 없는 것이어서, 피고인은 처음부터 부가가치세의 징수를 불가능하게 하거나 현저히 곤란하게 할 의도로 거래상대방으로부터 징수한 부가가치세액 상당 전부를 유보하지 아니한 채 사기 기타 부정한 행위를 하는 일련의 과정에서 형식적으로만 부가가치세를 신고한 것에 지나지 아니하여 그 실질에 있어서는 부가가치세를 신고하지 아니한 것과 아무런 다를 바가 없다. 따라서 피고인의 위 행위로 인하여 국가가 그 부가가치세를 징수하지 못한 이상 피고인의 위와 같은 행위는 조세범 처벌법 상 '사기 기타 부정한 행위'로서 조세를 포탈한 행위에 해당한다.[181)]

대부업을 영위하는 사업자로서 소득세법에 따라 성실하게 장부를 비치・기록할 의무가 있고, 장기간 상당한 규모의 대부업에 종사하였음에도 아무런 장부를 작성하지 않았다는 것은 그 자체로 매우 이례적인 점 등의 사정에 비추어 볼 때, 이러한 일련의 행위들은 조세포탈의 의도를 가지고 거래장부 등을 처음부터 고의로 작성하지 않거나 이를 은닉함으로써 조세의 부과징수를 불능 또는 현저하게 곤란하게 하는 적극적인 행위로서 '사기나 그 밖의 부정한 행위'에 해당한다.[182)]

이하 '사기나 그 밖의 부정행위'를 인정하지 않은 판결에 대하여 살핀다.

어떤 다른 행위를 수반함이 없이 단순한 세법 상의 신고를 하지 아니하거나 허위의 신고를 함에 그치는 것은 위계 기타 부정한 적극적인 행위에 해당하지 않는다.[183)]

부가가치세의 과세표준 및 세액을 관할 세무서에 신고하지 아니하거나 세법 상 요구되는 장부를 비치하지 않았다고 하여 적극적 부정행위가 있었다고 볼 수 없다.[184)]

181) 대법원 2007.2.15. 2005도9546 전원합의체 판결; 대법원 2007.11.15. 2007도7668.
182) 대법원 2015.10.15. 2013도9906.
183) 대법원 1998.6.23. 98도869; 대법원 2011.4.28. 2011도527.
184) 대법원 1983.5.10. 83도693.

자산양도차익 예정신고 및 예정신고 자진납부계산서를 제출함에 있어서 취득가액과 양도가액을 실지거래액대로 기재하지 아니하고 시가표준액을 기준으로 기재하여 신고한 것만으로는 사기 기타 부정한 행위에 해당한다고 할 수 없다.[185)]

사건진행부 상 탈루소득금에 대하여, 압수된 사건진행부 및 변호사사건수입명세서는 세법 상의 장부가 아니므로 그 기재 금액의 누락이나 불일치는 단순히 세법 상의 신고누락에 해당하며 '사기 기타 부정한 행위'에 해당되지 않는다.[186)]

법인이 이전부터 보유하고 있던 차명주식 등 부외자산을 당해 사업연도에 이르러 비로소 법인의 회계장부에 계상하면서 마치 이를 그 해에 새로 매수하는 것처럼 회계처리하는 방법으로 금원을 인출하여 법인의 비자금 관리계좌에 입금함으로써 동액 상당의 현금자산을 법인의 회계장부 밖으로 유출하였더라도, 그 현금자산 유출은 법인의 당해 사업연도 법인세의 과세표준이 되는 소득에 아무런 영향을 미치지 않았으므로, 당해 사업연도 법인세를 포탈한 것에 해당하지 않는다. 이는 주식의 형태이던 기존의 부외자산을 회계장부 내의 투자유가증권으로 만들면서 그 매수 대금으로 지급하는 형식을 밟고 유출한 것이며, 유출한 현금도 사업연도 내내 계속 법인의 자산으로 보유・관리하였으므로, 실질과세의 원칙에 비추어 위 현금유출은 해당 사업연도 법인세의 과세표준이 되는 소득에는 아무런 영향을 미치지 않았던 것이고, 따라서 해당 사업연도 법인세를 포탈한 것에 해당하지 않는다.[187)]

특수관계인에 대한 대여사실을 감추기 위하여 매 사업연도 말에 대여금을 변제받은 것처럼 분개전표를 작성하고 그에 따라 결산장부를 정리한 행위만으로는 조세범 처벌법 제9조 제1항에 정한 조세포탈에 해당한다고 볼 정도의 적극적인 부정한 행위가 있었다고 보기 어렵다.[188)]

차명계좌를 이용하는 것만으로 사기 기타 부정한 행위가 되는가? 일반적으로 다른 사람 명의의 예금계좌를 빌려 예금하였다고 하여 차명계좌를 이용하는 점만으로 구체적 행위의 동기, 경위 등 정황을 떠나 어느 경우에나 적극적 소득은닉 행위가 된다고 단정할 것은 아니다.[189)] 또한 **명의위장 사실만으로 '사기 기타 부정한 행위'에 해당한다고 할 수 없다.**[190)]

185) 대법원 1981.7.28. 81도532.
186) 서울고법 2002.6.11. 2000노658.
187) 대법원 2005.1.14. 2002도5411.
188) 대법원 2006.6.29. 2004도817.
189) 대법원 2016.2.18. 2014도3411.
190) 대법원 2016.2.18. 2014도3411.

금지금 폭탄영업행위 자체를 조세포탈행위로 처벌하는 이상, 금지금 수출업체가 폭탄업체들이 중간금거래업체들을 경유하여 전전 유통시킨 금지금을 매입하여 수출한 후 그 매입에 따른 부가가치세를 환급받았다고 하더라도, 수출업체가 사전에 폭탄업체 등과 공모하여 그와 같은 행위를 하였을 경우 폭탄업체에 의한 조세포탈 범행의 공범으로 인정될 수는 있을지언정, 수출업체의 부가가치세 환급행위 자체가 조세포탈행위와 별도로 조세범 처벌법상 '사기 기타 부정한 행위'로 조세의 환급을 받는 것에 해당하는 것은 아니다.[191]

법인의 대표자가 법인의 자금을 횡령하는 과정에서 법인의 장부를 조작하는 등의 행위를 한 것은 그 횡령금을 빼돌린 사실을 은폐하기 위한 것일 뿐, 그 횡령금에 대하여 향후 과세관청의 소득처분이 이루어질 것까지 예상하여 그로 인해 자신에게 귀속될 상여에 대한 소득세를 포탈하기 위한 것으로 보기 어려우므로, 이 경우에는 '납세자가 사기 기타 부정한 행위로써 국세를 포탈한 경우'에 해당하지 않는다.[192]

한편 판례는 변호사의 조세포탈과 관련하여 비록 변호사사건수입명세서 또는 사건진행부에 일부 누락이 있다고 할지라도 당해 법인 등에 대한 사실조회를 통하거나, 혹은 서울지방변호사협회에 대한 사실조회를 통하는 방법으로 그 조사를 용이하게 할 수 있을 경우에는 이를 두고 장부를 조작하는 등의 위계 기타 부정행위로 인정될 만한 어떤 형태의 적극적인 행위를 한 것으로 볼 수 없어서 그 매출사실의 누락이 '사기 기타 부정한 행위'에 해당하지 않는다고 판시한다.[193] 이 판례에 따르면, 과세관청이 통상적인 세무조사 방법을 통하여 해당 사실을 발견할 수 있는 경우에는 설사 납세의무자가 해당 사실을 누락하였다고 할지라도 이를 '조세의 부과와 징수를 불가능하게 하거나 또는 현저하게 곤란하게 하는 적극적 부정행위'로 볼 수 없다. 이러한 판례의 입장은 '불가능' 또는 '현저하게 곤란하게 하는' 등 문언을 사용하는 법문의 입장에도 부합되는 것이라고 할 수 있다.[194]

바. 기수시기

협의의 조세포탈범에 있어서 미수범을 처벌하지 않는다는 점으로 인하여 조세포탈범의 기수시기가 중요한 의미를 갖게 된다.

191) 대법원 2008.1.10. 2007도8369.
192) 대법원 2010.1.28. 2007두20959.
193) 대법원 2007.6.28. 2002도3600; 서울고등법원 2002.6.11. 2000노658.
194) 졸고, 조세범 처벌 논문, 204-205면.

협의의 조세포탈범에 대한 기수시기는 다음과 같다(조세처벌 3조 5항).

첫째, 납세의무자의 신고에 의하여 정부가 부과·징수하는 조세의 경우에는 해당 세목의 과세표준을 정부가 결정하거나 조사결정한 후 그 납부기한이 지난 때. 다만, 납세의무자가 조세를 포탈할 목적으로 세법에 따른 과세표준을 신고하지 아니함으로써 해당 세목의 과세표준을 정부가 결정하거나 조사결정할 수 없는 경우에는 해당 세목의 과세표준의 신고기한이 지난 때. 한편 범죄가 완성된 이후에 정부의 과세결정이 있다거나 납세의무자가 포탈세액 전부 또는 일부를 납부하였다는 사정은 범죄 성립에 영향을 미치지 아니한다.[195]

둘째, 위 조세에 해당하지 아니하는 경우에는 그 신고·납부기한이 지난 때. 여기서의 신고납부기한은 납부고지에 의하여 지정된 납부기한이 아니라 과세표준의 신고와 함께 자진납부하여야 하는 기한을 말한다.[196] **신고납부방식의 종합소득세에 대한 신고·납부기한이 지난 때 몰수나 추징의 집행이 발생하였다면 이는 조세포탈죄의 성립에 영향을 미치는가?** 판례는 피고인 등이 공모하여 사설 스포츠 도박 인터넷사이트를 개설·운영하면서 발생한 소득을 관할 세무서에 신고하지 않는 방법으로 종합소득세를 포탈하였다고 하여 조세범 처벌법 위반으로 기소된 사안에서 신고납부방식의 조세인 종합소득세를 포탈한 경우 신고·납부기한이 지난 때에 조세포탈행위의 기수가 되므로, 납부기한 후에 몰수나 추징의 집행이라는 후발적 사유가 발생하여 당초의 부과처분을 경정하더라도 조세포탈죄의 성립에 영향을 미치지 않는다고 판시한다.[197]

상속세에 대한 연부연납의 허가가 있는 경우에 있어서 상속세의 조세포탈에 대한 기수시기는 언제인가? 상속세부과처분과 함께 상속세에 대한 연부연납의 허가가 있다고 하더라도 연부연납허가는 원래의 상속세부과처분에 의하여 정하여진 납부기한 자체를 변경하는 것은 아니고 다만 연부연납기간 내에는 상속세체납의 책임을 묻지 않는 것에 지나지 않는다고 보아야 하므로 상속세부과처분의 납부기한이 경과함으로써 조세포탈행위는 기수에 이르게 된다.[198]

사업자가 폐업을 한 경우 부가가치세 조세포탈의 기수시기는 언제인가? 사업자가 폐업한 경우 부가가치세 포탈의 범칙행위는 폐업일로부터 25일의 신고·납부기한이 경과함으

195) 대법원 2011.6.30. 2010도10968.
196) 임승순, 전게서, 344면.
197) 대법원 2017.4.7. 2016도19704.
198) 대법원 1994.8.9. 93도3041.

로써 기수에 이른다.[199)]

조세포탈이 성립한 이후에 납세자가 해당 포탈세액을 납부하였다는 사정이 조세포탈의 성립에 영향을 미칠 수 있는가? 사기나 그 밖의 부정한 행위로 인하여 조세포탈이 성립한 이후에는 납세자가 해당 포탈세액을 납부하였다는 사정이 그에 영향을 미칠 수 없다. 따라서 사기나 그 밖의 부정한 행위로 인하여 과세표준을 부실하게 신고한 이후, 과세당국이 신고액보다 많은 과세표준액을 결정하여 그에 따른 세액을 납부하였다 하더라도 부실신고한 차액에 따른 세금에 관하여서는 조세포탈의 죄책을 면할 수 없다.[200)]

조세포탈죄는 구체적 위험범에 해당하는가? 아니면 결과범에 해당하는가?[201)] 형법 이론상 범죄를 '침해범과 위험범', 또는 '결과범과 거동범'으로 각 구분할 수 있다. 결과범은 보호법익에 대한 현실적인 침해가 있어야 범죄 구성요건이 충족되는 범죄이고 위험범은 보호법익에 대한 현실적인 침해가 없더라도 법익침해의 위험성만으로도 범죄 구성요건이 성립되는 범죄이다.[202)] 위험범은 다시 구체적 위험범과 추상적 위험범으로 구분되며 전자는 법익침해에 대한 구체적·현실적 위험이 발생할 것을, 후자는 일반적 위험이 발생할 것을 각 구성요건으로 규정한다.[203)] 결과범은 구성요건에 결과를 명문의 규정으로 요구하는 범죄이고, 거동범은 결과발생을 요구하지 않기 때문에 행위자가 구성요건에 규정된 일정한 행위를 하기만 하면 구성요건이 충족되는 범죄이다.[204)] 결과범의 결과가 반드시 법익의 현실적인 침해만을 의미하는 것은 아니나, 추상적인 위험범은 거동범으로 구분되는 것이 원칙이다.[205)]

그런데 조세포탈죄가 침해범이라면 조세포탈행위가 결과적으로 성공한 것을 전제로 하는 것이므로 이는 조세포탈행위의 적발을 전제로 하는 현행 규정에 부합되지 않는다. 궁극적인 세수의 일실을 요하는 결과범이라는 견해를 취하게 되면 조세포탈죄의 기수시기에 궁극적인 세수의 일실이 발생하였다는 점에 대하여 검사가 입증하여야 하며 이에 이르지 못하는 경우에 처벌할 수 없게 되고, 포탈세액 역시 궁극적으로 일실된 세액을 의미하는 것이며 조세포탈죄가 확정된 이후에 그 포탈세액 중 일부를 징수하게 되는 경우 이를 재심사유

199) 대법원 2007.2.15. 2005도9546 전원합의체 판결.
200) 대법원 1978.12.26. 78도2448.
201) 졸고, 조세포탈논문, 183-185면.
202) 김성돈, 형법총론 제5판 성균관대학교 출판부, 2017, 114면.
203) 상게서.
204) 상게서, 115면.
205) 상게서, 116면.

로 삼아야 하는 것인지 여부에 대한 논의가 발생할 수 있다. 이러한 문제점들을 감안한다면 조세포탈죄를 궁극적인 세수의 일실을 요하는 침해범으로 볼 수는 없다.

조세포탈죄가 '구체적 위험범' 또는 '거동범' 중 어느 유형에 속하는지 여부에 대한 살핀다. 조세포탈죄가 구체적 위험범에 해당하는지 여부에 관한 쟁점은 조세의 부과와 징수가 불가능하게 하거나 현저히 곤란하게 되었다는 구체적인 위험이 발생하지 않았음에도 이를 들어 조세포탈죄가 성립하였다고 할 수 있는지 여부와 관계된 것이다. 즉 이는 조세범처벌법 제3조 제1항이 "사기나 그 밖의 부정한 행위로써 조세를 포탈하거나 조세의 환급·공제를 받은 자"를 처벌하는 바, 조세의 부과와 징수가 불가능하게 하거나 현저히 곤란하게 되는 구체적인 위험이 발생하지 않았음에도 조세를 포탈하거나 조세의 환급·공제를 받은 것으로 볼 수 있는지 여부와 관계된 것이다. 다음과 같은 논거들에 비추어 조세포탈죄를 조세의 부과와 징수가 불가능하게 하거나 현저히 곤란한 상태에 이르게 하는 구체적인 위험이 발생할 것을 구성요건으로 삼는 구체적 위험범으로 보는 것이 타당하다.

조세의 부과 및 징수는 조세법률주의에 따라 법률에 따라 부여된 조세의 부과권 및 징수권에 근거한 것이다. 그런데 법률에 따르면 조세의 부과권 및 징수권은 납세의무자의 신고 등이 진정한 것이라는 점을 전제로 하여 행사되는 것은 아니다. 개별 법률이 과세관청의 질문검사권에 대하여 규정하고 납세자의 신고 내용 등이 잘못된 경우에는 과세관청이 결정하거나 경정할 수 있는 권한을 가지고 있다. 즉 납세의무자의 잘못된 신고 내용을 조세의 부과권 및 징수권을 적정하게 행사하는 것을 통하여 바로 잡는 것은 과세관청의 통상적인 권한 범위에 속한 것이다. 따라서 납세의무자의 행위로 인하여 조세의 부과와 징수가 불가능하게 하거나 현저히 곤란한 상태에 이르게 하는 구체적인 위험이 발생하지 않았음에도 이를 조세포탈죄로 의율하는 것은 타당하지 않다.

납세의무자가 자신의 행위를 조세의 부과와 징수가 불가능하게 하거나 현저히 곤란하게 하는 것으로 인식하였다는 점만으로 조세포탈범이 성립한다면 조세범처벌법 제3조는 "사기나 그 밖의 부정한 행위를 한 자"를 처벌한다고 규정하는 것으로 족하고 굳이 "사기나 그 밖의 부정한 행위로써 조세를 포탈하거나 조세의 환급·공제를 받은 자"를 처벌하는 것으로 규정할 필요가 없다. 즉 조세범처벌법 제3조는 '사기나 그 밖의 부정한 행위라는 수단'으로 인하여 '조세를 포탈하거나 이에 동일하게 평가될 정도의 환급·공제를 받게 되는 구체적인 위험'이 발생할 것을 구성요건으로 규정하는 것이다. 법문 상 '로써'라는 조사가 '수단'의 기능을 표시한다는 점 역시 고려하여야 한다.

이상의 논의에 따르면, 조세포탈죄는 '조세의 부과와 징수를 불가능하게 하거나 현저히 곤란하게 되는 구체적 위험'이 발생하는 결과에 이른 경우에 처벌하는 범죄이다. 따라서 조세의 부과와 징수를 불가능하게 하거나 현저히 곤란하게 한다는 것이 과세관청의 실지조사권을 무력화시키는 것을 의미한다는 취지의 견해들[206)][207)] 역시 과세관청의 부과권 및 징수권에 대한 구체적인 위험이 발생한 것을 의미하는 것으로 보아야 한다.

조세포탈죄가 구체적 위험범에 해당하므로 거동범의 경우와 달리 범죄가 성립하기 위하여서는 납세의무자의 행위와 구체적인 위험의 발생 사이에 인과관계 역시 존재하여야 한다. 따라서 납세의무자의 행위와 구체적인 위험의 발생 사이에 인과관계가 부인된다면 미수범이 된다. 그런데 조세포탈죄의 미수범은 처벌하지 않는다. 따라서 납세의무자에게 '조세의 부과와 징수가 불가능하게 하거나 현저히 곤란하게 하는 행위를 한다는 인식'이 있었음에도 불구하고 결과적으로 그에 관한 구체적인 위험이 발생하지 않은 경우는 조세포탈죄로서 처벌할 수 없다. '조세의 부과와 징수를 불가능하게 하거나 현저히 곤란하게 하는 구체적인 위험'이 발생하지 않은 경우는 외관 상으로는 즉 과세관청의 입장에서는 조세포탈죄에 해당하지 않은 경우와 동일하다. 즉 통상적인 조세 부과권 및 징수권 행사의 통상적인 범위에 속하는 경우이다. 따라서 이에 대하여 납세의무자의 내심 또는 심리적 태도를 파악하여 조세포탈죄로 의율할 규범적 당위성이 크지 않다는 점 역시 감안하여야 한다.

사. 포탈세액의 산정

일반적으로 조세포탈범에 대한 형사절차에서 확정하여야 할 포탈세액은, 당해 포탈범에 대하여 부과되어야 할 세법 상의 납세의무액수와 그 범위를 같이 하여야 한다.[208)] **납세의무자 또는 행위자 중 누구를 기준으로 포탈세액을 산정하여야 하는가?** 행위자가 조세포탈의 주체로서 포탈한 세액은 납세의무자가 아니라 '행위자'를 기준으로 산정하여야 한다.[209)] 법인의 대표자, 법인 또는 개인의 대리인, 사용인, 그 밖의 종업원 역시 별개로 조세포탈의 범죄주체가 될 수 있기 때문이다(조세처벌 18조). **조세포탈의 기수시기가 경과된 이후의 가**

206) 안경봉, 전게논문, 335면.
207) 이재호 · 이경호, 조세범 처벌법 상 '사기나 그 밖의 부정한 행위'의 해석기준에 관한 소고, 조세와 법 제6권 제2호, 서울시립대 법학연구소, 2013, 50면.
208) 대법원 1988.3.8. 85도1518.
209) 대법원 2011.6.30. 2010도10968.

산세 역시 포탈세액에 포함되는가? 판례는 법인세의 경우 그 신고·납부기한이 경과된 이후 발생한 가산세는 포탈세액에 포함되지 않는다고 한다. 즉 법인세는 신고납세방식을 원칙으로 하고 있으므로, 법인세의 과세표준이나 세액을 허위로 과소신고하여 조세를 포탈한 경우에는 그 신고·납부기한이 경과됨으로써 조세포탈죄는 기수로 되고, 그 이후에 발생한 가산세는 원래 벌과금적 성질을 가지는 것이므로, 포탈세액에 포함시킬 수 없다.[210] **추계조사결정에 의한 포탈세액의 산정이 허용되는가?** 판례는 허용한다. 즉 수입·지출에 관한 장부 기타 증빙서류를 허위작성하거나 이를 은닉하는 등의 방법으로 그 수입금액을 줄이거나 지출경비를 늘림으로써 조세를 포탈한 경우 그 포탈세액의 계산기초가 되는 수입 또는 지출의 각개 항목에 해당하는 사실 하나하나의 인정에까지 확실한 증거를 요한다고 고집할 수는 없는 것으로서 이러한 경우에는 그 방법이 일반적으로 용인될 수 있는 객관적, 합리적인 것이고 그 결과가 고도의 개연성과 진실성을 가진 것이라면 추정계산도 허용된다.[211] 또한 법령에 추계방법이 규정되어 있는 경우에는 구체적 사안에서 그 방법이 불합리하다고 볼 특별한 사정이 없는 한 이를 적용하여야 한다고 보는 것이 타당하므로 법인세 포탈세액은 특별한 사정이 없는 한 해당 법인세법 시행령 등의 규정에 따라 기준경비율에 의한 방법으로 추계하여야 하고, 피고인이 부동산의 매입과 매출 당시 그에 관한 장부나 증빙서류를 전혀 작성하지 아니한 경우에 이와 같은 추계방법이 불합리한 결과를 초래한다는 등의 특별한 사정이 없다면, 법인세 포탈세액을 기준경비율에 의한 방법으로 추계결정한 것은 그 방법이 일반적으로 용인될 수 있는 객관적·합리적인 것이고, 그 결과가 고도의 개연성과 진실성을 가진 것에 해당한다.[212] 이처럼 추계조사결정에 의하여 포탈세액을 결정하는 경우에 있어서 납세자인 피고인은 실액과세자료를 제출하여 포탈세액을 다툴 수 있고, 법원은 피고인이 제출한 실액과세자료가 증거가치에서 우위에 있는 경우 이에 의하여 포탈세액을 결정할 수 있다.[213] **'사기 기타 부정한 행위'인 차명행위로 취득한 주식에 대하여 무상주가 배정된 경우, 그 무상주의 양도로 인한 양도소득세 역시 당초의 포탈세액에 포함되는가?** 차명으로 취득한 주식에 대하여 주식배당 및 자산재평가적립금의 자본전입이 이루어져 무상주가 배정되었는바, 이와 같이 이익잉여금 등을 자본에 전입하여 무상주가 배정되

210) 대법원 2002.7.26. 2001도5459.
211) 대법원 1985.7.23. 85도1003.
212) 대법원 2011.4.28. 2011도527; 대법원 2013.9.12. 2013도865.
213) 임승순, 전게서, 346면.

는 경우에는 기존 주식의 재산적 가치에 반영되고 있던 이익잉여금 등이 전입되면서 자본금이 증가함에 따라 그 증자액에 해당하는 만큼의 신주가 발행되어 기존의 주주에게 그가 가진 주식의 수에 따라 무상으로 배정되는 것이어서 발행법인의 순자산이나 이익 및 주주의 지분비율, 실질적인 재산적 가치에는 아무런 변화가 없는 것이므로 취득 당시 과세대상인 기존 주식에 대하여 '사기 기타 부정한 행위'가 인정되는 이상 자산재평가적립금이나 이익잉여금의 자본전입으로 기존 주식의 보유 비율에 따라 무상주가 배정되었다고 하더라도 그 무상주의 양도로 인한 포탈세액은 기존 주식의 취득으로 인하여 생겨난 것으로서 이러한 무상주의 양도로 인한 양도소득세도 포탈세액에 포함된다.[214]

사업자가 가공의 매출세금계산서와 함께 가공의 매입세금계산서를 기초로 부가가치세의 과세표준과 납부세액 또는 환급세액을 신고한 경우 포탈세액은 얼마로 산정하여야 하는가? 재화나 용역을 공급하는 사업자가 가공의 매출세금계산서와 함께 가공의 매입세금계산서를 기초로 부가가치세의 과세표준과 납부세액 또는 환급세액을 신고한 경우, 그 가공의 매출세금계산서 상 공급가액에 대하여는 부가가치세의 과세대상인 재화나 용역의 공급이 없는 부분이므로 그 매출세액에 대한 추상적인 납세의무가 성립하였다고 볼 수 없으므로, 비록 공제되는 매입세액이 가공이라고 하더라도 그 매입세액이 가공의 매출세액을 초과하는 부분에 한하여 그 가장거래와 관련된 부가가치세의 포탈이나 부정 환급 · 공제가 있었다고 보아야 한다.[215] **부가가치세 매출세액 포탈의 경우 그 행위자인 사업자가 매입세금계산서를 교부받지 아니하거나 제출하지 아니하였다면 그 포탈세액은 어떻게 계산하여야 하는가?** 부가가치세법에 의하면 사업자가 정부에 납부하여야 할 부가가치세액은 매출세액에서 매입세액을 공제한 금액으로 하되 세금계산서를 교부받지 아니하였거나 교부받은 세금계산서를 제출하지 아니한 경우에는 매입세액을 공제하지 아니하는 것으로 되어 있고, 조세포탈범에 대한 형사절차에서 확정하여야 할 포탈세액은 당해 포탈범에 대하여 부과하여야 할 세법 상의 납세의무액수와 그 범위를 같이 하여야 하므로 매입세금계산서를 교부받지 아니하거나 제출하지 아니한 경우, 매입세액을 매출세액에서 공제하지 않고 포탈세액을 인정하여야 한다.[216] **특정범죄가중처벌 등에 관한 법률에 의하여 조세포탈범을 가중처벌하는 경우 그 포탈세액에는 법인의 대표자 등의 포탈세액 역시 합산되는가?** 조세포탈범

214) 대법원 2015.9.10. 2014도12619.
215) 대법원 2009.12.24. 2007두16974.
216) 대법원 2000.2.8. 99도5191.

의 범죄주체는 납세의무자와 법정책임자(법인의 대표자, 법인 또는 개인의 대리인, 사용인, 그 밖의 종업원)라 할 것이고, 연간 포탈세액이 일정액 이상에 달하는 경우를 구성요건으로 하고 있는 특정범죄가중처벌 등에 관한 법률(특가 8조, 8조의2)은 조세포탈범을 가중처벌하기 위한 규정이므로, 같은 규정의 적용에 있어서는 납세의무자로서 포탈한 세액과 법정책임자로서 포탈한 세액을 모두 합산하여 그 적용 여부를 판단하여야 한다.[217] **자녀들에게 차명주식을 증여하고도 이를 신고하지 않는 방법으로 증여세를 포탈한 경우 자녀별 포탈세액을 합산하여 특정범죄가중처벌 등에 관한 법률을 적용하여야 하는가?** 피고인이 자신의 자녀들에게 차명주식을 증여하였는데도 자녀들의 대리인으로서 그들에게 부과될 증여세의 과세표준이나 세액을 신고하지 아니하는 방법으로 증여세를 포탈하였다고 하여 특정범죄가중처벌 등에 관한 법률위반(조세)으로 기소된 경우에는 피고인의 자녀별 포탈세액 전부를 합산하는 방법으로 행위자로서의 포탈한 세액을 산정하는 것이 타당하다.[218] **위법소득에 대한 포탈세액을 산정함에 있어서 그 위법소득을 얻기 위하여 지출한 비용 역시 필요경비로 인정될 수 있는가?** 소득세는 원칙적으로 소득이 다른 법률에 의하여 금지되는지 여부와 관계없이 담세력에 따라 과세하여야 하고 순소득을 과세대상으로 하여야 하므로 범죄행위로 인한 위법소득을 얻기 위하여 지출한 비용이더라도 필요경비로 인정함이 원칙이나, 비용의 지출이 사회질서에 심히 반하는 등 특별한 사정이 있는 경우라면 필요경비로 인정할 수 없다.[219] 다만 사회질서에 반하다는 이유만으로 필요경비에 산입되는 것을 부인하는 위 판례의 입장은 타당하지 않다.[220]

아. 죄수

조세포탈범의 죄수는 위반사실의 구성요건 충족 회수를 기준으로 1죄가 성립하는 것이 원칙이다.[221] 법인세에 대한 포탈범죄는 각 사업연도마다 1개의 범죄가 성립하고, 부가가치세에 대한 포탈범죄는 제1기분인 1. 1.부터 6. 30.까지와 제2기분인 7. 1.부터 12. 31.까지의 각 과세기간별로 1개의 범죄가 성립한다.[222] 법인세는 사업연도를 과세기간으로 하는

217) 대법원 2005.5.12. 2004도7141.
218) 대법원 2011.6.30. 2010도10968.
219) 대법원 2015.2.26. 2014도16164.
220) 제3편 제2장 제2절 Ⅲ 3 가 개관 참조.
221) 대법원 2001.3.13. 2000도4880.
222) 대법원 2008.7.24. 2007도4310.

것이므로 그 포탈범죄는 각 사업연도마다 1개의 범죄가 성립하고, 일죄의 관계에 있는 범죄사실의 일부에 대한 공소제기 및 고발의 효력은 그 일죄의 전부에 대하여 미친다.[223] 특정 사업연도의 법인세를 포탈하였다고 하기 위해서는 당해 사업연도의 익금 누락 또는 가공손금의 계상 등을 통하여 그 사업연도의 과세소득의 감소가 있는 경우여야 하며, 한편 채무의 면제 또는 소멸로 인한 수익 즉 채무면제익은 그 채무면제가 있었던 날 또는 소멸시효가 완성된 날이 속하는 사업연도에 귀속한다.[224] 근로소득에 대한 원천징수를 이행하지 않았다는 내용의 조세범 처벌법 위반죄의 구성요건은 근로소득 지급이 아니라 근로소득에 대하여 원천징수를 하지 아니하였다는 것이므로 근로소득자 전부에 대하여 하나의 포괄일죄가 성립하는 것이고 각 사업연도별로 하나의 죄가 성립하는 것은 아니되, 매월분의 근로소득을 지급할 때 소득세를 원천징수하지 아니한 죄와 연말정산에 따른 소득세를 원천징수하지 아니한 죄가 각 성립하고, 위 각 죄는 실체적 경합범의 관계에 있다.[225]

조세포탈의 가중처벌죄(특가 8조의2 1항)는 연간 포탈세액이 일정액 이상이라는 가중사유를 구성요건으로 하여 하나의 범죄유형을 구성하고 그에 대한 법정형을 규정한 것이므로, 조세의 종류를 불문하고 1년간 포탈한 세액을 모두 합산한 금액이 일정 금액 이상인 때에는 이에 대하여 1년 단위로 1죄만이 성립하고, 각 1년 단위의 죄 상호간에는 경합범 관계에 있다.[226] 따라서 조세포탈의 가중처벌죄를 적용함에 있어서는 해당 연도분 부가가치세 중 제1기분 부가가치세 포탈범행과 제2기분 부가가치세 포탈범행이 각각 같은 연도에 기수에 이르렀다면 전부를 포괄하여 하나의 죄로 의율하여야 한다.[227] **포괄일죄로서 조세포탈의 가중처벌죄가 성립하기 위한 요건은 무엇인가?** 조세범 처벌법 상 각 위반행위가 영리를 목적으로 단일하고 계속된 범의 아래 일정기간 계속하여 행하고 행위들 사이에 시간적 · 연관성이 있으며 범행의 방법 간에도 동일성이 인정되는 등 하나의 법률조항 위반행위로 평가될 수 있고, 그 행위들에 해당하는 포탈세액을 모두 합산한 금액이 법률조항에 정한 금액에 해당하면, 그 행위들에 대하여 포괄하여 법률조항 위반의 1죄가 성립될 수 있다.[228] 포괄1

223) 대법원 2005.1.14. 2002도5411.
224) 대법원 2006.6.29. 2004도817.
225) 대법원 2011.3.24. 2010도13345.
226) 대법원 2001.3.13. 2000도4880; 대법원 2011.6.30. 2010도10968; 대법원 2013.9.26. 선고 2013도7219; 대법원 2020.10.15. 2020도118.
227) 대법원 2007.2.15. 2005도9546 전원합의체 판결; 대법원 2011.9.29. 2009도3355.
228) 대법원 2015.6.23. 2015도2207; 대법원 2017.12.5. 2017도11564; 대법원 2018.10.25. 2018도9810.

죄는 그 중간에 다른 종류의 범죄에 대한 확정판결이 끼어 있어도 그 때문에 포괄1죄가 둘로 나뉘는 것은 아니고, 또 이 경우에는 그 확정판결 후의 범죄로 다루어야 한다.[229] 즉 확정판결 후인 최종의 범죄행위 시에 완성되는 것으로 본다.[230] 다만 상습범의 경우에는 다르다. 즉 상습범의 중간에 동종의 상습범의 확정판결이 있는 경우, 확정판결 전후의 범행은 두 개의 죄로 분단된다.[231] **확정판결에서 조세범 처벌법 위반죄로 처단되었으나 그 확정된 사건 자체의 범죄사실이 뒤에 공소가 제기된 사건과 종합하여 '특정범죄 가중처벌 등에 관한 법률 상 조세포탈의 가중처벌죄에 해당하는 포괄일죄'에 해당하는 것으로 판단된다면, 전소의 기판력이 후소의 범죄사실에 미치는가?** 확정판결의 기판력이 미치는 범위는 확정된 사건 자체의 범죄사실과 죄명을 기준으로 정하는 것이 원칙이므로, 그 전의 확정판결에서 조세범 처벌법 위반죄로 처단되는 데 그친 경우에는, 확정된 사건 자체의 범죄사실이 뒤에 공소가 제기된 사건과 종합하여 특정범죄 가중처벌 등에 관한 법률 상 조세포탈의 가중처벌죄에 해당하는 포괄일죄에 해당하는 것으로 판단된다 하더라도, 뒤늦게 앞서의 확정판결을 포괄일죄의 일부에 대한 확정판결이라고 보아 기판력이 사실심판결 선고 전의 법률조항 위반 범죄사실에 미친다고 볼 수 없다.[232]

세금계산서합계표를 허위기재하여 정부에 제출하는 방법으로 부가가치세를 포탈하여 특정범죄 가중처벌 등에 관한 법률이 적용되는 경우에도 '허위기재 세금계산서합계표 제출행위'와 '사기 기타 부정한 행위로써 부가가치세를 포탈한 행위'는 별개의 죄를 구성하는 것인가? '세금계산서합계표를 허위기재하여 정부에 제출하는 행위를 처벌하는 죄'와 '사기 기타 부정한 행위로써 부가가치세 등의 조세를 포탈하거나 조세 환급 · 공제를 받는 행위를 처벌하는 죄'는 구성요건적 행위 태양과 보호법익이 서로 다를 뿐 아니라 어느 한 죄의 불법과 책임 내용이 다른 죄의 불법과 책임 내용을 모두 포함하고 있지 아니하므로, 세금계산서합계표를 허위기재하여 정부에 제출하는 방법으로 부가가치세를 포탈하거나 부가가치세의 환급 · 공제를 받는 경우 두 죄는 별개로 성립한다. 나아가 조세포탈죄가 성립하기 위하여서는 세금계산서합계표를 조작하여 제출하는 행위 외에 과세표준과 세액에 관한 허위 신고를 하고 그에 근거하여 조세를 포탈하거나 조세의 환급 · 공제를 받는 행위가 있어야 하

229) 대법원 2001.3.13. 2000도4880.
230) 대법원 2003.8.22. 2002도5341.
231) 대법원 2000.3.10. 99도2744.
232) 대법원 2015.6.23. 2015도2207.

므로, 부가가치세를 포탈하거나 부정하게 환급・공제받는 범죄와 허위기재 세금계산서합계표를 정부에 제출하는 범죄는 법률 상 1개의 행위로 볼 수 없다. 이러한 법리는 위 각 범죄에 대한 가중처벌 조항인 특정범죄 가중처벌 등에 관한 법률의 경우에도 그대로 적용된다. 따라서 피고인이 세금계산서합계표를 허위기재하여 정부에 제출하는 방법으로 부가가치세를 포탈하여 특정범죄 가중처벌 등에 관한 법률이 적용되는 경우에 있어서도 허위기재 세금계산서합계표 제출행위와 사기 기타 부정한 행위로써 부가가치세를 포탈한 행위가 별개의 행위로서 별개의 죄를 구성한다고 보아 형법 제37조 전단 경합범[233]으로 처단하여야 한다.[234] **'금지금 공급업체의 영세율 매출에 따른 부가가치세 포탈범행'과 '폭탄업체의 부가가치세 포탈범행에 대한 공범행위'는 별개의 범죄에 해당하는가?** 금지금 공급업체의 영세율 매출에 따른 부가가치세 포탈범행과 폭탄업체의 부가가치세 포탈범행은 그 납세의무자를 달리하는 별개의 조세포탈행위이므로, 금지금 공급업체는 전자의 범죄행위와 후자의 범행에 대한 공범행위에 대하여 실체적 경합범의 죄책을 부담한다.[235]

조세부과를 면하려 하거나 다른 시점간의 가격변동에 따른 이득을 얻으려 하거나 소유권 등 권리변동을 규제하는 법령의 제한을 회피할 목적으로 미등기 전매행위를 하는 것을 처벌대상으로 하는 **'부동산등기 특별조치법 위반죄'**(부동산특조 8조 1호)와 사기 기타 부정한 행위로 조세를 포탈한 자를 처벌대상으로 하는 **'특정범죄 가중처벌 등에 관한 법률 및 조세범처벌법 위반죄'**는 각 그 처벌목적과 대상, 행위의 태양이 서로 달라 미등기전매행위와 조세포탈행위가 1개의 행위로 발생한 동일한 결과로 볼 수 없으므로 양 죄는 상상적 경합관계가 아니라 실체적 경합관계에 있다.[236]

사문서위조 및 동행사죄가 '사기 기타 부정한 행위로써 조세를 포탈'하기 위한 수단으로 행하여졌다고 하여 그 조세포탈죄에 흡수된다고 볼 수 없다.[237] 법인 대표자가 회사자금을 횡령하였다면 회사는 그에 상당하는 손해배상청구권 내지 부당이득반환청구권이 있는 것

233) 형법 제37조 전단의 경합범을 실체적 경합범이라고 한다. 판결이 확정되지 않은 여러 개의 죄들 또는 금고 이상의 형이 확정된 죄와 그 판결 확정 이전의 범한 죄 사이의 관계를 실체적 경합이라고 한다. 전자의 경우가 형법 제37조 전단의 경합범이다. 그 밖에 하나의 행위가 여러 구성요건을 충족하는 경우를 상상적 경합이라고 하고, 하나의 행위로 인하여 여러 구성요건을 충족하는 것처럼 보일지라도 1개의 구성요건만 충족된 것으로 보는 경우를 법조경합이라고 한다. 또한 개별적으로 구성요건을 충족하는 개별 행위들이 모여서 하나의 구성요건을 충족하는 경우를 포괄일죄라고 한다; 저자 주.

234) 대법원 2011.12.8. 2011도9242.

235) 대법원 2008.4.24. 2007도11258.

236) 대법원 2007.10.26. 2007도5954.

237) 대법원 1989.8.8. 88도2209.

이고 이는 곧 회사의 익금으로 보아야 하므로 회사 대표자가 회사자금을 인출하여 횡령함에 있어 경비지출을 과다계상하여 장부에 기장하고 나아가 이를 토대로 법인세 등의 조세를 납부한 경우 국가의 조세수입의 감소를 초래하여 조세를 포탈하였다고 할 것인 바, 위와 같은 **조세포탈행위는 횡령범행과는 전혀 다른 새로운 법익을 침해하는 행위로서 이를 횡령의 불가벌적 사후행위라고 볼 수 없다.**[238)]

2 간접적 조세포탈범

간접적 조세포탈범에는 면세유의 부정유통(조세처벌 4조) 및 가짜석유제품의 제조 또는 판매(조세처벌 5조) 및 무면허 주류의 제조 및 판매(조세처벌 6조)가 포함된다. 이하 순서대로 본다.

면세유의 부정유통(조세처벌 4조)에 대하여 본다. 특정 석유류(조특 106조의2 1항 1호)를 다른 용도로 사용·판매하여 조세를 포탈하거나 조세의 환급·공제를 받은 석유판매업자(조특 106조의2 2항)는 3년 이하의 징역 또는 포탈세액 등의 5배 이하의 벌금에 처한다(조세처벌 4조 1항). 외국항행선박 또는 원양어업선박에 사용할 목적으로 개별소비세 및 교통·에너지·환경세를 면제 받는 석유류(개소세 18조 1항 11호 ; 교통세 15조 1항 3호)를 외국항행선박 또는 원양어업선박 외의 용도로 반출하여 조세를 포탈하거나, 외국항행선박 또는 원양어업선박 외의 용도로 사용된 석유류에 대하여 외국항행선박 또는 원양어업선박에 사용한 것으로 환급·공제받은 자는 3년 이하의 징역 또는 포탈세액 등의 5배 이하의 벌금에 처한다(조세처벌 4조 2항). 한편 특정범죄가중처벌에 관한 법률에는 일정한 경우 가중처벌하는 규정이 있다. 면세유 부정유통죄(조세처벌 4조)를 범한 사람이 '포탈하거나 환급받은 세액 또는 징수하지 아니하거나 납부하지 아니한 세액(이하 '포탈세액 등'이라고 한다)이 연간 10억원 이상인 경우'에는 무기 또는 5년 이상의 징역에 처하고, '포탈세액 등이 연간 5억원 이상 10억원 미만인 경우'에는 3년 이상의 유기징역에 처한다(특가 8조 1항). 이 경우에는 그 포탈세액 등의 2배 이상 5배 이하에 상당하는 벌금을 병과한다(특가 8조 2항).

가짜석유제품의 제조 또는 판매(조세처벌 5조)에 대하여 본다. 가짜석유제품(석유법 2조 10호)을 제조 또는 판매하여 조세를 포탈한 자는 5년 이하의 징역 또는 포탈한 세액의 5배 이하의 벌금에 처한다. 한편 특정범죄가중처벌에 관한 법률에는 일정한 경우 가중처벌하는

238) 대법원 1992.3.10. 92도147.

규정이 있다. 가짜석유제품의 제조 또는 판매죄(조세처벌 5조)를 범한 사람이 '포탈하거나 환급받은 세액 또는 징수하지 아니하거나 납부하지 아니한 세액(이하 '포탈세액 등'이라고 한다)이 연간 10억원 이상인 경우'에는 무기 또는 5년 이상의 징역에 처하고, '포탈세액 등이 연간 5억원 이상 10억원 미만인 경우'에는 3년 이상의 유기징역에 처한다(특가 8조 1항). 이 경우에는 그 포탈세액 등의 2배 이상 5배 이하에 상당하는 벌금을 병과한다(특가 8조 2항). '유사석유제품을 제조하여 조세를 포탈'하는 행위란 유사석유제품을 제조하여 물품을 반출하거나 사업 상 독립적으로 재화를 공급함으로써 교통・에너지・환경세, 교육세, 부가가치세 등의 납세의무를 부담하는 자가 그 조세의 부과와 징수를 피하여 면하는 것을 말하고, 처벌조항의 문언・입법 연혁과 목적・조세범 처벌법의 체계 등에 비추어 보면 조세의 부과와 징수를 불가능하게 하거나 현저히 곤란하게 하는 적극적인 행위를 하지 않고 단순히 유사석유제품의 제조와 관련하여 납세신고를 하지 않거나 거짓으로 신고하는 행위도 여기서 말하는 조세의 포탈행위에 해당한다.[239)]

무면허 주류의 제조 및 판매(조세처벌 6조)에 대하여 본다. 주류 면허 등에 관한 법률에 따른 면허를 받지 아니하고 주류, 밑술・술덧을 제조(개인의 자가소비를 위한 제조는 제외한다)하거나 판매한 자는 3년 이하의 징역 또는 3천만원(해당 주세 상당액의 3배의 금액이 3천만원을 초과할 때에는 그 주세 상당액의 3배의 금액) 이하의 벌금에 처한다(조세처벌 6조 전문). 이 경우 밑술과 술덧은 탁주로 본다(조세처벌 6조 후문). 주류판매업면허는 설권적 행위가 아니라 주류판매의 질서유지, 주세 보전의 행정목적 등을 달성하기 위하여 개인의 자연적 자유에 속하는 영업행위를 일반적으로 제한하였다가 특정한 경우에 이를 회복하도록 그 제한을 해제하는 강학상의 허가로 해석되므로 주세 면허 제한사유(주류면허 7조)에 해당하지 아니하는 한 면허관청으로서는 임의로 그 면허를 거부할 수 없다.[240)] 주류판매면허를 받은 자가 면허받은 판매장소가 아닌 장소에서 관련 면허를 받지 아니하고 약주류를 판매하였다면 이 역시 조세범 처벌법을 위반한 것이다.[241)] 주류판매업면허를 받은 자가 주류판매업의 정지처분을 받은 기간 동안에 한 주류판매행위는 무면허주류판매에 해당한다.[242)]

239) 대법원 2017.12.5. 2013도7649.
240) 대법원 1995.11.10. 95누5714.
241) 대법원 1975.12.23. 75도2553.
242) 대법원 1995.6.30. 95도571.

3 원천징수세액 불납부범

원천징수세액 불납부범(조세처벌 13조 2항)은 조세의 원천징수의무자가 정당한 사유 없이 징수한 세금을 납부하지 아니한 것을 의미하고 그 때에는 2년 이하의 징역 또는 2천만원 이하의 벌금에 처한다.

4 강제징수 면탈범

강제징수 면탈범은 납세의무자 또는 납세의무자의 재산을 점유하는 자가 강제징수의 집행을 면탈하거나 면탈하게 할 목적으로 그 재산을 은닉·탈루하거나 거짓 계약을 하는 것을 의미하고 그 때에는 3년 이하의 징역 또는 3천만원 이하의 벌금에 처한다(조세처벌 7조 1항). 압수물건의 보관자(형소 130조 1항) 또는 압류물건의 보관자(국징 49조 1항)가 그 보관한 물건을 은닉·탈루하거나 손괴 또는 소비하였을 때에도 위와 같다(조세처벌 7조 2항). 위 각 사정을 알고도 위 행위를 방조하거나 거짓 계약을 승낙한 자는 2년 이하의 징역 또는 2천만원 이하의 벌금에 처한다(조세처벌 7조 3항).

III 조세위해범

조세위해범에는 면세유류 구입카드 등의 부정 발급(조세처벌 4조의2), 장부의 소각·파기 등(조세처벌 8조), 성실신고 방해 행위(조세처벌 9조), 세금계산서의 발급의무 위반 등(조세처벌 10조), 명의대여행위 등(조세처벌 11조), 납세증명표지의 불법사용 등(조세처벌 12조), 원천징수세액의 부징수(조세처벌 13조 1항), 거짓으로 기재한 근로소득 원천징수영수증의 발급 등(조세처벌 14조) 및 현금영수증 발급의무의 위반(조세처벌 15조)이 포함된다. 조세위해범 역시 고의범이므로 조세포탈범에 있어서의 고의에 대한 논의가 조세위해범의 경우에도 그대로 적용된다.

이하 조세위해범에 대하여 위 순서대로 살핀다.

면세유류 구입카드 등의 부정 발급(조세처벌 4조의2)에 대하여 본다. 거짓이나 그 밖의 부정한 방법으로 면세유류 구입카드 등을 발급하는 경우(조특 106조의2 11항 1호)에 그 행위를 한 자는 3년 이하의 징역 또는 3천만원 이하의 벌금에 처한다.

장부의 소각·파기 등(조세처벌 8조)에 대하여 본다. 조세를 포탈하기 위한 증거인멸의 목적으로 세법에서 비치하도록 하는 장부 또는 증빙서류[전산조직을 이용하여 작성한 장부 또는 증빙서류(국기 85조의3 3항)를 포함한다]를 해당 국세의 법정신고기한이 지난 날부터 5년 이내에 소각·파기 또는 은닉한 자는 2년 이하의 징역 또는 2천만원 이하의 벌금에 처한다.

성실신고 방해 행위(조세처벌 9조)에 대하여 본다. 납세의무자를 대리하여 세무신고를 하는 자가 조세의 부과 또는 징수를 면하게 하기 위하여 타인의 조세에 관하여 거짓으로 신고를 하였을 때에는 2년 이하의 징역 또는 2천만원 이하의 벌금에 처한다(조세처벌 9조 1항).

납세의무자를 대리하여 세무신고를 하는 자는 세무사법 등 법령에 따라 세무대리를 할 수 있는 자격과 요건을 갖춘 자를 의미하는가? 위 처벌조항은 행위주체를 단순히 '납세의무자를 대리하여 세무신고를 하는 자'로 정하고 있을 뿐, 세무사법 등의 법령에 따라 세무대리를 할 수 있는 자격과 요건을 갖춘 자 등으로 한정하고 있지 않다. 또한 위 처벌조항은 납세의무자를 대리하여 거짓으로 세무신고를 하는 경우 그 자체로 조세포탈의 결과가 발생할 위험이 매우 크다는 점 등을 고려하여 조세포탈행위와 별도로 그 수단이자 전 단계인 거짓신고행위를 처벌하는 것으로 볼 수 있다. 이에 비추어 보면, 위 처벌조항 중 '납세의무자를 대리하여 세무신고를 하는 자'에는 세무사 자격이 없더라도 납세의무자의 위임을 받아 대여받은 세무사 명의로 납세의무자를 대리하여 세무신고를 하는 자도 포함된다.[243) 납세의무자로 하여금 과세표준의 신고(신고의 수정을 포함한다. 이하 '신고'라 한다)를 하지 아니하게 하거나 거짓으로 신고하게 한 자 또는 조세의 징수나 납부를 하지 않을 것을 선동하거나 교사한 자는 1년 이하의 징역 또는 1천만원 이하의 벌금에 처한다(조세처벌 9조 2항).

세금계산서의 발급의무 위반 등(조세처벌 10조)에 대하여 본다.

세금계산서의 발급의무 위반 등 다음 각 호에 해당하는 죄로서 1년 이하의 징역 또는 공급가액에 부가가치세의 세율을 적용하여 계산한 세액의 2배 이하에 상당하는 벌금에 처하는 행위에 대하여 본다(조세처벌 10조 1항).

첫째, 부가가치세법에 따라 세금계산서(전자세금계산서를 포함한다. 이하 같다)를 발급하여야 할 자가 세금계산서를 발급하지 아니하거나 거짓으로 기재하여 발급한 행위.

둘째, 소득세법 또는 법인세법에 따라 계산서(전자계산서를 포함한다. 이하 같다)를 발급하여야 할 자가 계산서를 발급하지 아니하거나 거짓으로 기재하여 발급한 행위.

셋째, 부가가치세법에 따라 매출처별 세금계산서합계표를 제출하여야 할 자가 매출처별

243) 대법원 2019.11.14. 2019도9269.

세금계산서합계표를 거짓으로 기재하여 제출한 행위.

넷째, 소득세법 또는 법인세법에 따라 매출처별 계산서합계표를 제출하여야 할 자가 매출처별 계산서합계표를 거짓으로 기재하여 제출한 행위.

부가가치세법 상 세금계산서를 발급하여야 할 자는 사업자등록을 한 자만을 의미하는가? '부가가치세법 상 세금계산서를 발급하여야 할 자'라는 문언은 부가가치세법에 따른 사업자등록을 하였는지와 상관없이 '부가가치세법에 따라 세금계산서를 작성하여 발급하여야 할 자'를 의미한다. 다만 이 경우 '사업자'는 일반과세자를 말하므로 간이과세자 및 면세사업자는 이에 해당하지 않고, 일반과세자도 세금계산서 발급의무가 면제되는 경우와 영수증 발급대상인 경우에는 '부가가치세법에 따라 세금계산서를 작성하여 발급하여야 할 자'에 해당하지 않는다.[244] 재화 또는 용역을 공급받은 이가 매매계약에 따른 매입세금계산서를 교부받은 이후에 그 계약이 해제되어 수정세금계산서를 교부받아야 함에도 공급자에게 다시 재화 또는 용역을 공급한 것처럼 매출세금계산서를 발행하였다면, 설령 그 과세기간 내의 매출세액과 매입세액의 합계액에 아무런 영향을 미치지 아니한다고 하더라도, 실제로 그에 상응하는 재화 또는 용역을 공급하지 아니한 이상 허위의 매출세금계산서를 교부한다는 사정에 대한 범의가 부정된다고 볼 것은 아니다.[245] **부가가치세법 상 세금계산서를 발급하지 않았다는 구성요건은 부가가치세법의 적용대상 거래에 한하여 충족될 수 있는가?** 조세범처벌법 상 세금계산서범이 부가가치세법에 따라 세금계산서를 발급하여야 할 자를 대상으로 하는 것과 동일하게, **부가가치세법 상 세금계산서의 발급대상인 재화 또는 용역의 공급을 대상으로 세금계산서범이 성립하는 것으로 보아야 한다.** 따라서 형식 상 여러 법인이 존재한다고 할지라도 특정인이 이들 모두를 실질적으로 완전히 지배하므로 그 경제적 실질은 특정인이 하나의 법인을 운영하는 것에 불과하다는 점은 그 형식 상 여러 법인들 사이의 거래에 관하여 발급된 세금계산서가 거짓 기재된 세금계산서에 해당한다는 점과 양립하기 어렵다. 특정인이 지배하는 관련 법인들 모두가 가공법인에 불과한 경우 각 법인들 사이의 거래는 단일 법인 내 사업장 사이의 거래로서 부가가치세법의 적용대상이 아니므로, 특정인이 부가가치세법 상 세금계산서의 발급의무를 부담하지 않고 이를 전제로 하여 특정인에게 조세범처벌법 및 특정범죄가중처벌에 관한 법률 상 죄책을 물을 수도 없기 때

244) 대법원 2019.6.27. 2018도14148.
245) 대법원 2014.4.30. 2012도7768; 대법원 2020.10.15. 2020도118.

문이다. 또한 특정인이 매출을 분산하거나 세무조사를 회피하기 위하여 가공법인을 설립하였다는 점은 법인세 또는 소득세와 관련하여서는 의미를 가질 수 있으나 부가가치세법에 따라 발급하여야 하는 세금계산서 관련 조세범의 성립과는 무관할 수 있다. 각 세목별로 달리 판단될 수 있다. **수정세금계산서 발급사유가 없음에도 그 공급가액에 음(-)의 표시를 한 수정세금계산서를 발급한 경우에도 세금계산서범이 성립하는가?** '세금계산서 발급의무자가 세금계산서를 발급하였다가 이후 수정세금계산서 발급사유가 없음에도 그 공급가액에 음(-)의 표시를 한 수정세금계산서를 발급한 경우'는 처벌조항에서 정한 처벌대상에 해당한다고 볼 수 없다. 그 구체적인 이유는 다음과 같다.[246] 첫째, 형벌법규의 해석은 엄격하여야 하고, 문언의 가능한 의미를 벗어나 피고인에게 불리한 방향으로 해석하는 것은 죄형법정주의의 내용인 확장해석금지에 따라 허용되지 않는다. 처벌조항에서 정한 '세금계산서를 발급하지 아니한 경우'에 '세금계산서를 발급한 후 그 공급가액에 음의 표시를 한 수정세금계산서를 발급한 경우'가 포함된다고 보는 것은 문언의 가능한 의미를 벗어나는 해석이 된다. 둘째, 처벌조항은 세금계산서 발급을 강제하여 거래를 양성화하고 세금계산서를 발급하지 않아 조세의 부과와 징수를 불가능하게 하거나 현저히 곤란하게 하는 것을 막고자 하는 데에 그 취지가 있다. 세금계산서 발급의무자가 세금계산서를 발급한 후 이에 대한 음의 수정세금계산서를 그 발급사유 없이 발급하였다고 하더라도, 그러한 경우가 세금계산서를 아예 발급하지 아니한 경우와 거래의 양성화나 조세의 부과와 징수 가능성 등의 측면에서 동일하다고 평가할 수 없다. 셋째, 세금계산서 발급의무자가 세금계산서를 발급한 후 그 공급가액에 음의 표시를 한 수정세금계산서를 발급하더라도 당초의 세금계산서가 발급되었다는 기왕의 사실 자체가 없어진다고 볼 수 없다. **부가가치세법 상 공급시기에 세금계산서를 발급하지 않은 것만으로도 형사벌이 부과되는가?** 형사벌을 부과하기 위하여서는 단순하게 부가가치세법 상 공급시기를 지키지 않았다는 것만으로는 부족하고 납세자에게 세금계산서를 발급할 의사가 아예 없었다고 평가될 정도에 이르러야 형사벌이 부과될 수 있다고 본다. **세금계산서의 필요적 기재사항이 사실과 다를 경우에는 모두 형사벌이 부과되어야 하는가?** 세금계산서의 필요적 기재사항이 사실과 다르다고 할지라도 다른 기재사항에 의하여 거래사실이 확인되거나, 사실과 다른 기재사항이 추후 보정되는 경우 등이 존재할 수 있기 때문에 세금계산서의 필요적 기재사항이 사실과 다르고 이로 인하여 정당한

246) 대법원 2022.9.29. 2019도18942.

거래를 식별하지 못할 위험을 야기하는 경우에 한하여 형사벌이 부과될 수 있다고 본다. 이상의 각 쟁점과 관련하여 다음과 같은 의문이 제기될 수 있다. **'조세범처벌법 상 거짓으로 기재된 세금계산서'를 부가가치세법 상 '세금계산서 필요적 기재사항의 전부 또는 일부가 적히지 아니하였거나 사실과 다르게 적힌 세금계산서'와 동일하게 해석하여야 하는가?** 이 쟁점은 **조세범처벌법이 '세금계산서의 거짓 기재'라는 구성요건에 포섭되는지 여부를 부가가치세법에 위임하였는지 여부**와 관련된다. 조세범처벌법은 세금계산서의 거짓 기재라는 취지의 문언을 사용할 뿐, 이에 대한 위임규정을 전혀 두지 않는다. 만약 조세범처벌법이 해당 문언의 판정을 명시적인 규정이 없이 부가가치세법에 일임하였다면, 이는 위임입법의 법리에 부합되지 않을 뿐만 아니라 부가가치세법 상 매입세액 불공제의 효과가 부여되는 거래를 명시적인 형법 규정이 없이 형사벌의 대상으로 변경시키는 것으로서 죄형법정주의에도 정면으로 반한다. 목적론의 관점에서 볼지라도 이와 같이 해석할 규범적 정당성은 존재하지 않는다. 또한 이와 같이 해석할 경우에는 세금계산서 상 필요적 기재사항이 적히지 않거나 사실과 다르게 적혔다고 하더라도 매입세액으로서 공제할 수 있는 법정의 경우(부가세령 75조)에는 이를 조세범처벌법 상 구성요건에 포섭되지 않는다고 판정하여야 한다. 그렇다면 부가가치세법이 형사법의 구성요건 해당성 조각사유에 대하여 규정한 것으로 보아야 하는바, 이 역시 형사법의 기본원리 상 용인할 수 없는 것이다. 이상의 논의를 종합하면 다음과 같다. **'조세범처벌법 상 거짓으로 기재된 세금계산서'와 부가가치세법 상 '세금계산서 필요적 기재사항의 전부 또는 일부가 적히지 아니하였거나 사실과 다르게 적힌 세금계산서'는 각 규범의 목적에 따라 달리 해석되어야 한다.** 조세범처벌법 상 구성요건 해당성에 대한 판단을 부가가치세법에 위임하는 규정 및 그와 같은 위임을 허용할 수 있는 규범적 정당성이 없을 뿐만 아니라, 조세형사법은 부가가치세의 징수를 위한 법률이 추구하는 바와 달리 일반 형사법으로서의 법리가 별도로 적용되어야 하기 때문이다. 그렇다면 **조세범처벌법 상 세금계산서의 거짓 기재 여부를 어떻게 판정하여야 하는가?** 거래당사자들의 거래형태는 다양하고, 해당 거래들에는 사적 자치의 원칙이 적용되며 각 거래별 특유한 경제적 합리성이 자리잡고 있다. 부가가치세법 상 세금계산서 제도는 각 거래의 형식을 포착하여 부가가치세 세원을 확보하는 것을 목적으로 하나, 세금계산서가 거래당사자들의 다양한 거래에 관한 경제적 실질을 모두 반영할 수는 없다. 부가가치세는 거래의 형식에 착안하여 과세되는 거래세에 해당하나 부가가치세가 거래당사자의 경제적 실질과 무관하게 그 세수를 확보하는 것 자체를 목적으로 하는 것은 아니다. 헌법이 부가가치세법에 이러한 수권을 부여하였다고 볼 수는 없기 때문이다. 따라서 부가가치세법 상 세금계산서의 형식적 기재사항에 대한 위반이 있다고 하더라도 해당 거래의 경제적 실질에 따라 세금계산서가 발급된다면 부가가치세 세수의 궁극적 일실에 대한 위험은 발생하지 않는 것으로 보아야 한다. 그렇다면 부가가치세법 상 세금계산서의 형식적 기재사항에 관한 위반이 있는 경우 매입세액 불공제라는 부가가치세법 상 특유의 불이익(기부금 또는 접대비 손금불산입, 부가가치세 매입세액 불공제 등)을 부과하는 것은 용인될 수 있다고 하더라도, 해당 거래의 경제적 실질과 무관하게 세금계산서 기재사항에 대한 형식적 위반만을 근거로 조세위해범으로서 형사벌을 부과하는 것은 타당하지 않다. 따라서 **조세범처벌법 상 세금계산서의 거짓 기재 여부는 거래당사자들이 해당 거래의 경제적 실질에 반하거나 그 경제적 실질과 무관하게 세금계산서에 기재하였는지 여부에 의하여 판정되어야 한다.** 나아가 세금계산서의 거짓 기재 여부는 거래당사자들 사이의 개별거래가 아니라 거래 전체의 경제적 실질을 기준으로 판정하여야 한다. 또한 **세금계산서 발급의 경제적 실질을 판단함에 있어서는 세금계산서가 실제 공급물량에 기반하여 발급되었는지 여부 또는 세금계산서 상 공급가액과 실제 지출금액이 일치하는지 여부 중 어느 기준을 주요한 판단요소로 보아야 하는가?** 세금계산서 상 공급가액과 실제 지출금액이 일치한다면 공급물량은 각 공급단가의 산정에 필요한 기준에 불과하고, 실제 지출금액을 반영하여 세금계산서를 발급하는 행위는 개별세법 상 규정에 어긋날 수는 있으나 이를 통하여 조세포탈 또는 조세포탈의 위험을 야기할 수는 없기 때문이다. 조세포탈 또는 그 위험을 초래하는 행위는 법인세의 경우에는 실제 지출금액보다 많은 손금을 계상하거나 실제 수입금액보다 적은 익금을 계상하는 방법을, 부가가치세의 경우에는 실제 지출한 금액을 초과하여 부가가치세를 환급받는 방법을 각 통하여 야기된다. 따라서 실제 지출금액과 세금계산서 상 공급가액이 동일하다면, 이는 전체적으로 법인세법 또는 부가가치세법 상 개별규정에 반하지 않는다고 할 것이고, 설령 개별규정에 반할 수 있더라도 그로 인한 불이익이 부과될 수는 있을지언정, 이를 통하여 조세포탈 또는 그 위험이 발생한다고 볼 수는 없다. 그렇다면 **세금계산서 발급의 경제적 실질을 판단함에 있어서는 세금계산서 상 공급가액과 실제 지출금액이 일치하는지 여부가 핵심적 판단요소에 해당한다. 조세범처벌법 상 세금계산서의 거짓 기재 여부에 대한 검사의 증명책임은 어떠하여야 하는가?** 조세범처벌법 상 세금계산서의 거짓 기재 여부를 해당 거래의 경제적 실질에 의하여 판단하여야 한다면, 검사는 해당 거래 관련 세금계산서 상 형식적 기재사항에 오류가 있다는 점만으로 피고인의 세금계산서 거짓 기재에 관한 증명책임을 다하였다고 볼 수 없다. 즉 **검사는 해당 거래 관련 세금계산서 상 기재가 피고인이 관여한 거래의 경제적 실질에 반하거나 어긋난다는 점에 대하여 증명책임을 부담하는바, 해당 거래 관련 세금계산서 상 형식적 기재사항에 오류가 있다는 점을 입증하는 것만으로는 그 증명책임을 다한 것으로 볼 수 없다.**

통정하여 범한 다음 각 호의 행위로 인한 세금계산서의 발급의무 위반 등 죄로서 1년 이하의 징역 또는 공급가액에 부가가치세의 세율을 적용하여 계산한 세액의 2배 이하에 상당하는 벌금에 처하는 행위에 대하여 본다(조세처벌 10조 2항).

첫째, 부가가치세법에 따라 세금계산서를 발급받아야 할 자가 통정하여 세금계산서를 발급받지 아니하거나 거짓으로 기재한 세금계산서를 발급받은 행위.

둘째, 소득세법 또는 법인세법에 따라 계산서를 발급받아야 할 자가 통정하여 계산서를 발급받지 아니하거나 거짓으로 기재한 계산서를 발급받은 행위.

셋째, 부가가치세법에 따라 매입처별 세금계산서합계표를 제출하여야 할 자가 통정하여 매입처별 세금계산서합계표를 거짓으로 기재하여 제출한 행위.

넷째, 소득세법 또는 법인세법에 따라 매입처별 계산서합계표를 제출하여야 할 자가 통정하여 매입처별 계산서합계표를 거짓으로 기재하여 제출한 행위.

통정을 하였다는 것은 세금계산서를 발급하여야 할 사업자와 서로 범행을 인식하고 그 범행을 실행하기로 공모하였다는 것을 의미하고, 그 과정이 직접적이었는지 여부 또는 동시에 이루어졌는지 여부는 중요하지 않다고 본다.

'단순히 실물거래에 따른 공급가액을 부풀려 허위 기재한 세금계산서를 교부한 것' 역시 '재화 또는 용역을 공급하지 아니하거나 공급받지 아니하고 세금계산서를 발급하거나 발급받은 행위'에 해당하는가? 세금계산서를 발급받아야 할 자가 재화 또는 용역을 공급받으면서 공급자와의 **통정에 의하여** 공급가액을 부풀리는 등 허위 기재를 한 세금계산서를 발급받은 경우 이러한 행위는 거짓으로 기재한 세금계산서를 발급받은 죄(조세처벌 10조 2항 1호)에 해당하고, 마찬가지로 세금계산서를 발급하여야 할 자가 재화 또는 용역을 공급하면서 공급가액을 부풀리는 등 허위 기재를 한 세금계산서를 발급한 경우 이러한 행위는 세금계산서를 거짓으로 기재하여 발급한 죄(조세처벌 10조 1항 1호)에 해당한다.[247] 이는 과소 기재한 경우에도 그대로 적용되어야 한다. 또한 이러한 이치는 **세금계산서 및 월 합계세금계산서 관련 불성실가산세에 대하여서도 그대로 적용된다.**[248)]

재화 또는 용역을 공급하지 아니하거나 공급받지 아니하고 다음 각 호의 행위를 한 자는 3년 이하의 징역 또는 공급가액에 부가가치세의 세율을 적용하여 계산한 세액의 3배 이하에 상당하는 벌금에 처하는 행위에 대하여 본다(조세처벌 10조 3항).

첫째, 부가가치세법에 따른 세금계산서를 발급하거나 발급받은 행위. 재화나 용역을 공급하지 아니하거나 공급받지 아니하고 가공의 세금계산서를 발급 · 수취한 후 이를 취소하는 의미에서 같은 공급가액에 음(－)의 표시를 하여 작성한 수정세금계산서를 발급 · 수취한 경우, 뒤의 공급가액이 음수인 수정세금계산서를 발급 · 수취한 행위는 새로이 재화나 용역을 공급하거나 공급받은 것을 내용으로 하는 가공의 세금계산서를 발급 · 수취하기 위한 것이 아니라 앞선 실물거래 없이 가공의 세금계산서를 발급 · 수취한 행위를 바로잡기 위한 방편에 불과하므로 이에 해당하지 않는다.[249)] 실물거래 없이 가공의 세금계산서를 발급 · 수취함으로써 위 죄가 기수에 이르고, 그 후 이러한 가공의 세금계산서를 취소하는 취지로 음수의 수정세금계산서를 발급 · 수취하였다 하더라도 이미 완성된 위 범죄의 성립에 아무런 영향을 미칠 수 없다.[250)] 따라서 특정범죄가중법(특가 8조의2 1항) 상 가중처벌을 하기 위한 기준인 '공급가액 등의 합계액'을 산정할 때에도 이와 같이 실물거래 없이 발급 · 수취한 가공의 세금계산서를 취소하는 의미에서 발급 · 수취한 음수의 수정세금계산서의 공급가액은 고려할 필요가 없다.[251)]

둘째, 소득세법 및 법인세법에 따른 계산서를 발급하거나 발급받은 행위.

셋째, 부가가치세법에 따른 매출 · 매입처별 세금계산서합계표를 거짓으로 기재하여 제출한 행위.

넷째, 소득세법 및 법인세법에 따른 매출 · 매입처별계산서합계표를 거짓으로 기재하여 제출한 행위.

위 행위를 **알선하거나 중개한 자도** 같은 형에 처하며, 세무를 대리하는 세무사 · 공인회계사 및 변호사가 위 행위를 알선하거나 중개한 때에는 세무사법 상 규정(세무 22조 2항)에

247) 대법원 2009.10.29. 2009도8069; 대법원 2014.7.10. 2013도10554.
248) 대법원 2016.11.10. 2016두31920.
249) 대법원 2020.10.15. 2018도17244; 대법원 2020.10.15. 2020도118; 대법원 2020.11.26. 2020도11345.
250) 대법원 2020.10.15. 2020도118; 대법원 2020.11.26. 2020도11345.
251) 대법원 2020.10.15. 2020도118; 대법원 2020.11.26. 2020도11345.

도 불구하고 해당 형의 2분의 1을 가중한다(조세처벌 10조 4항). 이 죄를 범한 자에 대해서는 정상에 따라 징역형과 벌금형을 병과할 수 있다(조세처벌 10조 5항). 그리고 재화 또는 용역을 공급한 자가 재화 또는 용역을 실제로 공급받은 자에게 세금계산서를 발급하지 아니한 행위에 대해서는 '세금계산서 미발급으로 인한 죄'(조세처벌 10조 1항 1호)가 별개로 성립한다.[252] **허위 세금계산서를 교부하는 자를 처벌하는 이유는 무엇인가?** 허위 세금계산서를 교부한 자 등을 처벌하는 취지는 영리를 목적으로 허위 세금계산서를 교부하여 조세포탈을 유발하는 행위를 근절하기 위하여 그러한 행위를 하는 자를 실제로 조세를 포탈한 자에 준하여 처벌하도록 하는 것이다.[253] **세금계산서를 '발급'한 행위가 의미하는 바는 무엇인가?** 세금계산서를 발급하였다는 것은 세금계산서를 작성하여 교부한 것을 뜻한다. 따라서 세금계산서를 작성하였을 뿐 이를 교부하지 않았다면 이는 발급한 행위에 해당하지 않는다.[254] **재화 또는 용역을 공급하는 자와 공급받는 자를 구분하여 처벌규정을 둔 이유는 무엇인가?** 재화 또는 용역을 공급하는 자와 공급받는 자가 통정하여 세금계산서 수수와 관련된 위법행위를 하였다면 이들은 필요적 공범으로서 상호 반대되는 방향의 행위를 통하여 같은 목표를 실현하는 대향범의 관계에 있다. 필요적 공범은 구성요건을 충족하기 위하여서는 반드시 2인 이상이 관여하여야 하는 범죄유형을 의미하고 그 중 대향범은 그 관여자들이 서로 다른 방향의 행위를 통하여 구성요건을 충족하는 범죄를 의미한다.[255] 필요적 공범의 경우 다수 관여자들은 각 정범으로 취급되고, 임의적 공범을 전제로 하는 형법총칙의 공범에 관한 규정이 적용될 수 없으므로,[256] 각 행위자를 처벌하는 규정이 별도로 필요하다.[257] **'재화 또는 용역을 공급하지 아니하거나 공급받지 아니하고 세금계산서를 발급하거나 발급받은 행위'는 무엇을 의미하는가?** '재화 또는 용역을 공급하지 아니하거나 공급받지 아니하고 세금계산서를 발급하거나 발급받은 행위'에는 재화 또는 용역을 아예 공급하지 아니하거나 공급받지 아니하고 세금계산서만을 발급하거나 발급받는 행위뿐만 아니라, 재화 또는 용역을 공급받은 자가 재화 또는 용역을 실제로 공급한 자가 아닌 다른 사람이 작성한 세금

252) 대법원 2014.7.10. 2013도10554.
253) 대법원 2010.10.14. 2010도10133.
254) 같은 뜻 : 김태희, 조세법 처벌법 상 세금계산서 관련범과 죄수, 조세법연구 제22권 제2호, 한국세법학회, 2016, 426면.
255) 상게논문, 427면.
256) 대법원 2007.10.25. 2007도6712.
257) 김태희, 전게서, 269면.

계산서를 발급받은 경우도 포함되고, 마찬가지로 재화 또는 용역을 공급한 자가 재화 또는 용역을 실제로 공급받은 자가 아닌 다른 사람에게 세금계산서를 발급한 경우도 포함된다.[258] '부가가치세법의 규정에 의한 재화 또는 용역을 공급함이 없이 부가가치세법의 규정에 의한 세금계산서를 교부하는 행위를 한 자'는 실물거래 없이 가공의 세금계산서를 발행하는 행위를 하는 자를 의미하는 것으로 보아야 하고, 재화나 용역을 공급하기로 하는 계약을 체결하는 등 실물거래가 있음에도 세금계산서 교부시기에 관한 부가가치세법 등 관계 법령의 규정에 위반하여 세금계산서를 교부함으로써 세금계산서를 교부받은 자로 하여금 현실적인 재화나 용역의 공급 없이 부가가치세를 환급받게 한 경우까지 처벌하려는 규정이라고는 볼 수 없다.[259] 여기서 **재화나 용역을 공급하기로 하는 계약을 체결하는 등 실물거래가 있다는 것이 의미하는 바는 무엇인가?** 재화나 용역을 공급하기로 하는 계약을 체결하는 등 실물거래가 있다는 것은 당사자 사이에 재화나 용역을 공급하기로 하는 구속력 있는 합의가 있음을 의미하는 것으로서, 부가가치세법에서 세금계산서에 기재할 사항 중의 하나로 규정하고 있는 공급가액, 공급품목, 단가, 수량 등에 관하여도 합의가 있어야 한다.[260] **재화 또는 용역을 공급하지 아니한 자가 타인 명의를 위조하여 그를 공급하는 자로 기재하여 세금계산서를 교부한 경우, 이는 재화 등을 공급하지 아니한 사람이 세금계산서를 발급하는 행위에 해당하는가?** 조세범 처벌법은 재화 또는 용역을 공급하지 아니한 자가 '자신을' 공급하는 자로 기재한 세금계산서를 교부한 행위를 처벌 대상으로 규정한 것이므로, 재화 또는 용역을 공급하지 아니한 자가 '타인 명의를 위조하여' 그를 공급하는 자로 기재하여 세금계산서를 교부한 경우에는 세금계산서에 자신을 공급하는 자로 기재하지 않은 이상 사문서위조죄로 처벌할 수 있을지언정 조세범 처벌법이 정한 처벌 대상에 해당한다고 할 수 없다.[261] **형식적으로 제3자 명의로 사업자등록이 된 사업체를 운영하여 재화 등을 공급하는 사람이 제3자 명의로 세금계산서를 발행하고 그에 관한 매출처별 세금계산서 합계표를 기재·제출하였으나 실제로 세금계산서 등에 기재된 수량과 가격으로 재화 등을 공급한 경우, 이는 재화 등을 공급하지 아니한 사람이 세금계산서를 발급하거나 공급에 관한 세금계산서 합계표를 거짓으로 기재한 행위에 해당하는가?** 재화 또는 용역(이하 '재화 등'이라

258) 대법원 2014.7.10. 2013도10554.
259) 대법원 2012.11.15. 2010도11382.
260) 대법원 2012.11.15. 2010도11382.
261) 대법원 2014.11.27. 2014도1700.

한다)을 공급하는 사람이 실제로는 자신이 직접 사업체를 운영하여 사업자등록을 하면서 형식적으로 명의만을 제3자로 한 경우에는, 명의자인 제3자가 아니라 실제로 사업체를 운영하면서 재화 등을 공급하는 거래행위를 한 사람을 세금계산서를 발급하고 매출·매입처별 세금계산서 합계표(이하 '세금계산서 합계표'라 한다)를 기재·제출하여 부가가치세를 납부하여야 하는 주체로 보아야 한다. 따라서 형식적으로 제3자 명의로 사업자등록이 된 사업체를 운영하여 재화 등을 공급하는 사람이 비록 제3자 명의로 세금계산서를 발행하고 세금계산서 합계표를 기재·제출하였다고 하더라도, 제3자 명의를 빌려 사업자등록을 마친 행위로 처벌되거나 세금계산서를 거짓으로 기재하여 교부한 행위로 처벌될 수 있음은 별론으로 하고, 실제로 세금계산서 및 세금계산서 합계표에 기재된 수량의 재화 등을 기재된 가격으로 공급한 이상, 이에 대하여 재화 등을 공급하지 아니한 사람이 세금계산서를 발급하거나 공급에 관한 세금계산서 합계표를 거짓으로 기재한 것으로 처벌할 할 수는 없다.[262)] 또한 **실제로 재화 등을 공급하는 사람으로부터 재화 등을 공급받고 그 자로부터 제3자 명의의 세금계산서를 발급받은 상대방이 재화 등을 공급받지 아니하고 세금계산서를 발급받은 경우에 해당하는가?** 실제로 재화 등을 공급하는 사람으로부터 재화 등을 공급받고 제3자 명의의 세금계산서를 발급받은 상대방도 재화 등을 공급받지 아니하고 세금계산서를 발급받은 경우에 해당한다고 할 수 없다.[263)] **실제로 재화 등을 공급하는 사람으로부터 재화 등을 공급받고 세금계산서는 실제 공급자가 아닌 다른 사업자가 작성한 것을 받았다면, 이는 재화 등을 공급받지 아니하고 세금계산서를 발급받은 경우에 해당하는가?** '재화나 용역을 공급하고 공급받음이 없이 세금계산서를 교부하거나 교부받는 행위'를 처벌하고 있는바, 여기에는 재화나 용역을 아예 공급하거나 공급받음이 없이 세금계산서만을 교부하거나 교부받는 행위뿐만 아니라, 재화나 용역을 공급받은 자가 그 재화나 용역을 실제로 공급한 자가 아닌 다른 사람이 작성한 세금계산서를 교부받은 경우도 포함된다.[264)] **허위 계산서는 반드시 재화나 용역의 공급 없이 세금계산서의 발행을 업으로 하는 전형적인 이른바 '자료상'으로부터 받아야 하는가?** 용역을 제공받은 사실이 없음에도 허위 세금계산서를 교부받은 이상 조세범 처벌법 위반죄가 성립하고, 재화나 용역의 공급 없이 세금계산서의 발행을 업으로 하는 전형적인 이른바 '자료상'으로부터 세금계산서를 교부받은 것이 아니라고 하

262) 대법원 2015.2.26. 2014도14990.
263) 대법원 2015.2.26. 2014도14990.
264) 대법원 2010.1.28. 2007도10502.

더라도 이와 달리 볼 것이 아니다.[265] **제3자의 위임을 받아 재화를 공급하거나 공급받는 자가 '재화 등을 공급하거나 받지 아니한 사람이 세금계산서를 발급 또는 수령하거나 그에 관한 세금계산서 합계표를 거짓으로 기재한 행위'에 대한 단독정범이 될 수 있는가?** 재화 등을 공급하거나 공급받은 자가 제3자의 위임을 받아 제3자의 사업자등록을 이용하여 제3자를 공급하는 자로 기재한 세금계산서를 교부하거나 제3자가 공급받는 자로 기재된 세금계산서를 교부받은 경우 및 제3자 명의로 재화 등의 공급에 관한 세금계산서 합계표를 작성하여 정부에 제출한 경우에는, 제3자가 위 세금계산서 수수 및 세금계산서 합계표 작성·제출행위를 한 것으로 볼 수 있으므로 그 제3자가 재화 등을 공급하거나 공급받지 아니한 이상 조세범 처벌법 상 범행의 정범이 되고, 재화 등을 공급하거나 공급받은 자는 가담 정도에 따라 그 범행의 공동정범이나 방조범이 될 수 있을 뿐 그 범행의 단독정범이 될 수는 없다.[266] **동일한 거래에 대하여 세금계산서 발급에 관한 죄와 세금계산서합계표에 관한 죄가 모두 성립할 경우 두 죄의 관계는 어떠한가?** 세금계산서 발급에 관한 죄를 범한 납세의무자가 이에 기초하여 세금계산서합계표를 작성하여 제출하는 것은 불가벌적 사후행위에 해당한다고 할 것이므로 일죄로서 처벌하는 것이 타당하다. 이는 전자세금계산서의 경우에도 마찬가지로 적용되어야 한다. 게다가 전자세금계산서의 경우에는 매출·매입처별 세금계산서합계표를 제출하지 아니할 수 있으므로(부가세 54조 2항), 세금계산서합계표에 관한 죄가 성립할 여지 자체가 없다. 판례 역시 동일한 취지로 판시한다.[267]

한편 특정범죄가중처벌에 관한 법률은 일정한 경우 세금계산서 교부의무 위반 등에 대하여 가중처벌한다. 즉 영리를 목적으로 재화 또는 용역을 공급하지 아니하거나 공급받지 아니하고 세금계산서 발급의무 위반 등 죄(조세처벌 10조 3항, 4항)를 범한 사람은 '세금계산서 및 계산서에 기재된 공급가액이나 매출처별세금계산서합계표·매입처별세금계산서합계표에 기재된 공급가액 또는 매출·매입금액의 합계액(이하 '공급가액 등의 합계액'이라고 한다)이 50억원 이상인 경우'에는 3년 이상의 유기징역에 처하고, '공급가액 등의 합계액이 30억원 이상 50억원 미만인 경우'에는 1년 이상의 유기징역에 처한다(특가 8조의2 1항). 이 경우에는 공급가액 등의 합계액에 부가가치세의 세율을 적용하여 계산한 세액의 2배 이상 5배 이하의 벌금을 병과한다(특가 8조의2 2항). 이러한 가중처벌 규정이 특정범죄가중법에 별

265) 대법원 2010.1.28. 2007도10502.
266) 대법원 2012.5.10. 2010도13433.
267) 대법원 2017.12.28. 2017도11628; 대법원 2022.4.14. 2020도18305.

도로 마련된 이유는 세금계산서 수수질서를 확립하여 궁극적으로 근거과세와 공평과세를 실현하기 위한 것이다.[268] '공급가액 등의 합계액'을 산정함에 있어서 동일한 거래에 관하여 '세금계산서'와 '세금계산서합계표'에 대한 공급가액이 이중으로 합계되는 것은 타당하지 않다.[269] 또한 위 구성요건에는 매출처별**'계산서'**합계표 · 매입처별**'계산서'**합계표는 제외되어 있음에 주의할 필요가 있다. 한편 위 공급가액 등의 합계액을 산정하는 기간에 대한 규정이 없다. 이는 조세포탈의 가중처벌에 관한 규정(특가 8조 1항)이 '연간'이라는 문언을 사용하는 것과 대비된다. 포괄일죄가 성립하는 범위 내에서 공급가액 등의 합계액을 계산하는 것이 타당할 것이다. **재화 또는 용역을 공급하는 사업자로서 허위 세금계산서를 발급하는 한편, 다른 별개의 사업자로서 실제로는 재화나 용역을 공급받지 않으면서 위 허위 세금계산서를 발급받은 경우, 공급가액 등의 합계액을 산정할 때에는 발급하는 사업자로서의 공급가액과 발급받는 사업자로서의 공급가액을 합산하여야 하는가?** 부가가치세법은 부가가치세의 납세의무자를 '사업자'로 정하고, 사업자는 사업장마다 사업자등록을 하도록 하며, 납부세액의 계산에 관하여는 이른바 전단계세액공제법을 채택하고 있으므로, 세금계산서는 이를 발급하는 사업자와 발급받는 사업자 모두에게 부가가치세 과세자료가 된다. 따라서 피고인이 재화 또는 용역을 공급하는 사업자로서 허위 세금계산서를 발급하는 한편, 다른 별개의 사업자로서 실제로는 재화나 용역을 공급받지 않으면서 위 허위 세금계산서를 발급받은 경우, 특정범죄가중법(특가 8조의2) 상 공급가액 등의 합계액을 산정할 때에는 발급하는 사업자로서의 공급가액과 발급받는 사업자로서의 공급가액을 합산하는 것이 타당하다.[270] **특정범죄 가중처벌 등에 관한 법률 상 세금계산서 교부의무 위반 등의 가중처벌죄에 있어서 영리의 목적은 무엇을 의미하는가?** 특정범죄가중처벌 등에 관한 법률 상 세금계산서 교부의무 위반 등의 가중처벌죄(특가 8조의2 1항)는 조세범 처벌법 상 세금계산서의 발급의무 위반 등의 죄(조세처벌 10조 3항, 4항 전단) 중 영리의 목적이 있고 공급가액 등의 합계액이 일정금액 이상인 경우를 가중 처벌하는 것인 바, '영리의 목적'이란 널리 경제적인 이익을 취득할 목적을 말하는 것으로서, 거짓으로 기재한 매입처별 세금계산서합계표를 제출하여 부당하게 부가가치세를 환급 · 공제받으려는 목적은 여기에 해당한다.[271] 그 밖에

268) 대법원 2020.2.13. 2019도12842.
269) 김태희, 전게논문, 448면.
270) 대법원 2020.2.13. 2019도12842; 대법원 2020.2.13. 2019도13674.
271) 대법원 2014.9.24. 2013도5758; 대법원 2014.9.26. 2014도6479; 대법원 2017.12.5. 2017도11564.

판례가 영리의 목적이 있다고 판시한 사례로는 매출처별세금계산서합계표 또는 매입처별세금계산서합계표를 허위로 작성하여 제출하는 방법으로 매출을 부풀려 대기업이나 해외로부터 수주를 유지하거나 받기 위한 주된 목적과 해당 기업을 코스닥에 상장시키는 데 도움이 되도록 하는 부수적 목적을 갖는 경우[272] 및 과세자료의 거래를 통하여 조세를 포탈함으로써 경제적인 이익을 얻고자 하는 목적이나 부정한 이익을 얻으려는 범행의 수단으로서 재화 또는 용역을 공급하지 아니하거나 공급받지 아니하고 부가가치세법에 따른 세금계산서를 발급하거나 발급받아 경제적인 이익을 취득하려는 경우[273]가 있다. 이러한 판례들의 입장에는 영리의 목적을 위 판례와 같이 해석할 경우에는 극히 예외적인 경우 외에는 모두 영리의 목적이 인정되어 영리의 목적이라는 범죄 구성요건을 추가하여 처벌범위 확대를 제한하려는 입법취지가 몰각될 뿐만 아니라 조세범 처벌법(조세처벌 10조 3항) 상 가공세금계산서 수취죄의 범죄 구성요건과 사실상 동일하게 되는 문제가 있다는 유력한 견해가 있다.[274] **특정범죄 가중처벌에 관한 법률 상 세금계산서범 관련 영리의 목적에 '거래당사자들 사이의 경제적 합리성에 입각하고 해당 거래의 경제적 실질에 부합하도록 추구하는 영리의 목적'이 포함될 수 있는가?** 판례가 특정범죄 가중처벌 등에 관한 법률 상 영리의 목적을 넓게 해석한다고 할지라도 해당 규정은 거래당사자들 사이의 경제적 합리성에 기반한 경제적 실질이 없거나 이에 반하여 세금계산서를 발급하는 행위를 전제로 하므로, **특가법 상 '영리의 목적'에는 '거래당사자들 사이의 경제적 합리성에 입각하고 해당 거래의 경제적 실질에 부합하도록 추구하는 영리의 목적'은 제외되어야 한다.** 한편 조세포탈의 가중처벌에 관한 규정(특가 8조 1항)에 있어서 **연간 포탈세액을 산정하는 기준 기간은 어떻게 정하는가?** 연간이라는 용어를 사용하면서 그 기산시점을 특정하지 아니한 경우에는 역법상의 한 해인 1월 1일부터 12월 31일까지의 1년간으로 이해하는 것이 일반적이며, 이렇게 보는 것이 형벌법규의 명확성의 요청에 보다 부응한다 할 것이고, 그리고 포탈범칙행위는 각 신고 · 납부기한이 경과한 때에 비로소 기수에 이르는 점 등에 비추어 보면, '연간 포탈세액 등'은 각 세목의 과세기간 등에 관계없이 각 연도별(1월 1일부터 12월 31일까지)로 포탈한 또는 부정 환급받은 모든 세액을 합산한 금액을 의미한다고 보아야 한다.[275] 한편 **영리목**

272) 대법원 2011.9.29. 2011도4397.
273) 대법원 2015.5.28. 2015도146.
274) 조윤희 · 곽태훈, 특정범죄 가중처벌 등에 관한 법률 제8조의2 범죄 구성요건에 관한 비판적 고찰, 조세법연구 제23권 제3호, (사)한국세법학회, 2017.10., p.186.
275) 대법원 2000.4.20. 99도3822 전원합의체 판결.

적 또는 포괄일죄의 성립요건 등과 무관하게 연간 포탈세액을 기준으로 처벌하는 위 입법의 태도는 타당하지 않은 것으로 보인다. 입법적 보완이 필요하다고 본다.

무거래 세금계산서 교부죄는 각 세금계산서마다 하나의 죄가 성립한다.[276] **공급가액을 합하여 재화 또는 용역의 공급일이 속하는 달의 다음 달 10일까지 세금계산서를 발급할 수 있는 경우에 있어서 그 죄수는 어떻게 결정되어야 하는가?** 공급가액을 합하여 재화 또는 용역의 공급일이 속하는 달의 다음 달 10일까지 세금계산서를 발급할 수 있는 경우(부가세 34조)에 있어서도 공급가액이 합하여질 뿐 하나의 세금계산서를 발행하는 것이므로 해당 세금계산서별로 하나의 죄가 성립한다고 본다. 한편 조세범 처벌법은 조세포탈의 가중처벌죄(특가 8조 1항 ; 8조의2 1항)를 연간 포탈세액이 일정액 이상이라는 가중사유를 구성요건으로 하여 하나의 범죄유형을 구성하고 그에 대한 법정형을 규정하여, 무거래 세금계산서 교부죄를 포함한 조세범죄들에 대한 포괄일죄를 특별법의 형태로서 규정하고 있다. 판례는 위 조세포탈의 가중처벌죄가 무거래 세금계산서 교부죄 등에 대한 포괄일죄라는 점을 전제하여 다음과 같이 판시한다. 무거래 세금계산서 교부죄가 영리의 목적으로 단일하고 계속된 범의 아래 일정기간 계속하여 행하여지고 그 행위들 사이에 시간적·장소적 연관성이 있으며 범행의 방법 간에도 동일성이 인정되는 등 하나의 이 사건 법률조항 위반행위로 평가될 수 있고, 그 행위들에 해당하는 문서에 기재된 공급가액을 모두 합산한 금액이 이 사건 법률조항에 정한 금액에 해당하면, 그 행위들에 대하여 포괄하여 1죄가 성립될 수 있다고 해석함이 타당하다.[277] 즉 포괄일죄가 성립하기 위한 일반요건에 더하여 연간 포탈세액이 일정액 이상이라는 가중사유를 충족하여야 조세포탈의 가중처벌죄가 성립한다고 판시한다. 그렇다면 **연간 포탈세액이 일정액 이상이라는 가중사유를 충족하지 못하여 조세포탈의 가중처벌죄로 처벌할 수 없는 경우에 있어서 무거래 세금계산서 교부죄의 포괄일죄는 성립할 수 없는가?** 논리적으로 각 세금계산서별로 하나의 죄가 성립한다는 점을 들어서 다수의 무거래 세금계산서 교부죄가 포괄일죄로서 성립될 수 있다는 점 자체를 부인하는 것은 타당하지 않다. 포괄일죄는 다수의 행위가 각 범죄를 구성한다는 점을 전제로 하는 것이므로 각 세금계산서별로 하나의 죄가 성립한다는 점과 포괄일죄가 성립할 수 있다는 점이 모순되는 것이 아니기 때문이다. 또한 무거래 세금계산서 교부죄 역시 즉 세금계산서 관련

276) 대법원 2000.11.24. 2000도3945; 대법원 2010.1.14. 2008도8868.
277) 대법원 2015.6.24. 2014도16273.

범죄는 사업자의 계속 반복적 행위에 수반하여 발생한다는 점, 세금계산서의 경우와 매출처별세금계산서합계표 등의 경우에 처벌 상 불균형이 발생할 수 있다는 점, 부가가치세가 기간과세인 점 등을 각 감안하여 무거래 세금계산서 교부죄 역시 과세기간별로 포괄일죄가 성립할 수 있다는 견해 역시 있다.[278] 조세포탈의 가중처벌죄(특가 8조 1항 ; 8조의2 1항) 역시 포괄일죄의 성립을 전제로 한다는 점, 조세포탈의 가중처벌죄는 조세의 종류를 불문하고 포탈세액을 합산하여 가중처벌하는 것이므로 반드시 무거래 세금계산서 교부죄에 대한 특칙으로만 볼 수는 없다는 점 및 논리적으로 세금계산서별로 죄가 성립한다는 점이 포괄일죄의 성립을 방해하는 것은 아니라는 점에 비추어 무거래 세금계산서 교부죄 역시 성립할 수 있다고 보는 것이 타당하다. 또한 무거래 세금계산서합계표 교부죄 및 조세포탈의 가중처벌죄 모두 일정한 기간을 전제로 한다는 점 및 부가가치세 역시 기간과세라는 점을 고려하여 과세기간별로 포괄일죄가 성립하는 것으로 보아야 한다. **조세포탈세액의 다과에 따라 조세포탈죄의 구성요건을 달리 규정하는 것은 타당한가?** 조세포탈세액은 거래의 형태 및 조건 등에 따라 해당 금액의 다과가 달리 정하여질 수 있는 것이고 반드시 납세자의 행태에 기인하는 것은 아니므로 조세포탈세액을 기준으로 하여 일률적으로 가중요건을 두는 것은 타당하지 않다. 조세포탈세액이 납세자의 행태로 인하여 증가한 경우에는 그 양형에서 참작될 수 있는 것이나 단지 조세포탈세액이 많다는 이유로 반드시 가중요건이 적용되어 처벌된다는 것은 헌법상 기본권 제한에 관한 법리(헌법 37조 2항)에 부합되지 않는 것으로 판단한다. 미국의 판례 역시 조세포탈금액의 다과는 조세포탈의 판정 요소가 될 수 없다고 판시한다.[279] **포괄일죄가 성립하는 여부는 어떻게 판단하여야 하는가?** 단일하고 계속된 범의 하에 동종의 범행을 일정기간 반복하여 행한 경우에는 각 범행은 통틀어 포괄일죄가 될 수 있으나 각 범행이 포괄일죄가 되느냐 경합범이 되느냐는 그에 따라 피해액을 기준으로 가중처벌을 하도록 하는 특별법이 적용되는지 등이 달라질 뿐 아니라 양형 판단 및 공소시효와 기판력에 이르기까지 피고인에게 중대한 영향을 미치게 되므로 매우 신중하게 판단하여야 한다. 특히 범의의 단일성과 계속성은 개별 범행의 방법과 태양, 범행의 동기, 각 범행 사이의 시간적 간격, 그리고 동일한 기회 내지 관계를 이용하는 상황이 지속되는 가운데 후속 범행이 있었는지, 즉 범의의 단절이나 갱신이 있었다고 볼 만한 사정이 있는지 등을

278) 김태희, 전게논문, 443-444면.
279) *United States v. Daniels*, 387 F3d 636 (7th Cir 2004).

세밀하게 살펴 논리와 경험칙에 근거하여 합리적으로 판단하여야 한다.[280] **매출처별세금계산서합계표의 경우 각 매출처별로 허위기재 여부를 판정하여 매출처별로 각 죄가 성립하는가?** 매출처별세금계산서합계표에 기재된 각 매출처에의 공급가액에 해당하는 실물거래가 전혀 존재하지 않거나 일부 실물거래가 존재하더라도 전체적으로 그 공급가액을 부풀려 허위로 기재한 합계표를 정부에 제출한 경우에는 위 합계표를 구성하는 개별 세금계산서를 허위기재한 경우와 달리 그 가공 혹은 허위의 공급가액 부분 전체에 관하여 위 허위기재를 내용으로 하는 '부가가치세법의 규정에 의한 재화 또는 용역을 공급하지 아니하고 부가가치세법의 규정에 의한 매출처별세금계산서합계표를 허위기재하여 정부에 제출한 행위'에 해당하고, 이는 전체로서 하나의 매출처별세금계산서합계표를 허위로 작성하여 정부에 제출한 것이므로 그 합계표 안에 여러 매출처별로 각 허위의 사실이 기재되어 있다 하더라도 하나의 조세범 처벌법 위반(세금계산서 교부 의무위반 등)죄가 성립할 뿐이다.[281] 이 경우 통정하여 일부 실물거래가 존재하나 전체적으로 공급가액을 부풀려 거짓으로 기재한 매입처별세금계산서합계표를 정부에 제출한 부분에 대하여는 '매입처별세금계산서합계표를 제출하여야 할 자가 통정하여 매입처별 세금계산서합계표를 거짓으로 기재하여 제출한 행위'가 별도로 성립하며 양자는 상상적 경합범의 관계에 있다.[282] 이상의 판례들과 관련하여 다음과 같은 점을 들어 개별 세금계산서를 기준으로 실물거래가 있었는지 여부를 판단하는 것이 타당하다는 견해가 있다.[283] 첫째, 위 판례는 세금계산서의 경우에는 실물거래에 기반하나 단순히 공급가액만을 부풀린 것은 가공의 세금계산서가 아닌 허위의 세금계산서를 발급한 것에 불과하다는 판례[284]의 태도와 배치된다. 둘째, 실물거래 없이 세금계산서의 수수만을 업으로 삼는 자료상을 처벌할 것을 의도한 조세범 처벌법 제10조 제3항의 입법목적을 넘어서 처벌의 범위를 지나치게 확대하는 것이다.

명의대여행위 등(조세처벌 11조)에 대하여 본다. 조세의 회피 또는 강제집행의 면탈을 목적으로 타인의 성명을 사용하여 사업자등록을 하거나 타인 명의의 사업자등록을 이용하여 사업을 영위한 자는 2년 이하의 징역 또는 2천만원 이하의 벌금에 처한다(조세처벌 11조 1항).

280) 대법원 2016.10.27. 2016도11318.
281) 대법원 2009.8.20. 2008도9634; 대법원 2010.5.13. 2010도336; 대법원 2017.12.5. 2017도11564; 대법원 2021.2.4. 2019도10999.
282) 대법원 2021.2.4. 2019도10999.
283) 조윤희·곽태훈, 전게논문, pp.189-190.
284) 대법원 2007.12.27. 2007도3362; 대법원 2009.10.29. 2009도8069.

조세의 회피 또는 강제집행의 면탈을 목적으로 자신의 성명을 사용하여 타인에게 사업자등록을 할 것을 허락하거나 자신 명의의 사업자등록을 타인이 이용하여 사업을 영위하도록 허락한 자는 1년 이하의 징역 또는 1천만원 이하의 벌금에 처한다(조세처벌 11조 2항). **법인의 대표자 성명을 다른 사람의 것을 사용하거나 이를 허락한 경우에도 위 구성요건에 해당하는가?** 명의대여행위 등과 관련된 위 각 구성요건은 사업자등록에서의 사업자의 성명 자체를 다른 사람의 것을 사용하거나 이를 허락한 경우를 말하는 것일 뿐이고, 다른 특별한 사정이 없는 한 법인의 사업자등록을 하면서 단지 법인의 대표자 성명을 다른 사람의 것을 사용하거나 이를 허락한 경우는 위 구성요건에 해당하지 않는다.[285)]

납세증명표지의 불법사용 등(조세처벌 12조)에 대하여 본다. 납세증명표지(주류면허 22조)를 재사용하거나 정부의 승인을 받지 아니하고 이를 타인에게 양도한 자, 납세증명표지를 위조하거나 변조한 자, 과세문서에 첨부한 종이문서용 전자수입인지(인지 8조 1항 본문)를 재사용한 자는 2년 이하의 징역 또는 2천만원 이하의 벌금에 처한다.

원천징수세액의 부징수(조세처벌 13조 1항)에 대하여 본다. 조세의 원천징수의무자가 정당한 사유 없이 그 세금을 징수하지 아니하였을 때에는 1천만원 이하의 벌금에 처한다.

거짓으로 기재한 근로소득 원천징수영수증의 발급 등(조세처벌 14조)에 대하여 본다. 타인이 근로장려금(조특 2장 10절의2)을 거짓으로 신청할 수 있도록 근로를 제공받지 아니하고 '근로소득 원천징수영수증을 거짓으로 기재하여 타인에게 발급한 행위' 또는 '근로소득 지급명세서를 거짓으로 기재하여 세무서에 제출한 행위'를 한 자는 2년 이하의 징역 또는 그 원천징수영수증 및 지급명세서에 기재된 총급여·총지급액의 100분의 20 이하에 상당하는 벌금에 처한다(조세처벌 14조 1항). 위 행위를 알선하거나 중개한 자도 같은 형에 처한다(조세처벌 14조 2항).

현금영수증 발급의무 위반에 대하여 2018년 12월 31일 개정 이전에는 과태료가 부과되었으나, 위 개정을 통하여 위 과태료 규정은 삭제되어 가산세(법세 75조의6; 소세 81조 11항)**에 통합되었다. 현금영수증 관련 가산세의 적용에 있어서, 소비자로부터 인터넷뱅킹·폰뱅킹 및 무통장입금 등을 통하여 은행계좌로 그 대금을 입금받는 것 역시 현금을 수수하는 방법에 불과하므로 그 경우 역시 대금을 현금으로 받은 경우'에 포함된 것으로 보아야 한다.**[286)]

285) 대법원 2016.11.10. 2016도10770.
286) 대법원 2016.3.11. 2015마1864.

2018. 12. 31. 이전에 이루어진 현금영수증 발급의무 위반행위에 대하여 적용되는 법률에 대하여 살핀다. 2018. 12. 31. 법률 제16108호 조세범 처벌법 개정법률의 부칙은 이 법을 2019. 1. 1.부터 시행하되 이 법 시행 전의 행위에 대하여 과태료의 규정을 적용할 때에는 종전의 규정에 따른다고 규정하고, 2018. 12. 31. 법률 제16104호 소득세법 개정법률의 부칙은 조세범처벌법 제81조 제11항 제3호의 개정규정은 그 법 시행 후 현금영수증 발급의무를 위반하는 분부터 적용한다고 규정한다. 이와 같은 법률의 개정 경과, 법률 제16108호 조세범 처벌법 개정법률 부칙 제2조의 경과규정 내용 등에 비추어 보면, 2018. 12. 31. **이전에 이루어진 현금영수증 발급의무 위반행위에 대해서는 행위 시의 법률인 구 조세범 처벌법 제15조 제1항을 적용하여 과태료를 부과하여야 한다.**[287] 또한 구 조세범 처벌법(2018. 12. 31. 법률 제16108호로 개정되기 전의 것) 제15조 제1항의 명확한 문언과 입법 취지, 2018. 12. 31. 법률 제16108호 조세범 처벌법 개정법률의 부칙 제2조 경과규정에 나타난 입법자의 분명한 의사 등을 고려하면, 위반자가 구 조세범 처벌법 제15조 제2항에서 정한 감경사유에 해당하지 않는 이상 **구 조세범 처벌법 제15조 제1항에 의한 과태료는 '현금영수증 미발급 금액의 50%'에 상당하는 금액으로 일률적으로 부과되어야 하고, 과태료 사건의 관할 법원이 다른 부과기준율을 적용하거나 과태료 금액을 감경할 수 있는 재량은 없다고 보아야 한다.**[288]

해외금융계좌정보의 비밀유지 의무 등의 위반죄에 대하여 본다(조세처벌 15조). 해외금융계좌정보에 대한 비밀유지의무(국조 36조 2항-4항, 57조)에 위반하는 자는 5년 이하의 징역 또는 3천만원 이하의 벌금에 처하고, 이 죄를 범한 자에 대해서는 정상에 따라 징역형과 벌금형을 병과할 수 있다.

해외금융계좌정보의 신고의무 불이행죄에 대하여 본다(조세처벌 16조). 해외금융계좌정보의 신고의무자(국조 53조 1항)로서 신고기한 내에 신고하지 아니한 금액이나 과소 신고한 신고의무 위반금액이 50억원을 초과하는 경우에는 2년 이하의 징역 또는 신고의무 위반금액의 100분의 13 이상 100분의 20 이하에 상당하는 벌금에 처하나, 정당한 사유가 있는 경우에는 그러하지 아니하다. 이 죄를 범한 자에 대해서는 정상에 따라 징역형과 벌금형을 병과할 수 있다.

---

287) 대법원 2020.12.18. 2020마6912.
288) 대법원 2020.12.18. 2020마6912.

제3장

조세처벌절차법

I 총설

조세범의 처벌은 다른 범죄와 동일하게 형사소송법이 정하는 절차에 따라야 하나, 조세범의 경우에는 조세범 처벌법에서 다른 범죄와 다른 특례 역시 규정하고 있다. **조세범 처벌절차법은 조세범칙사건을 공정하고 효율적으로 처리하기 위하여 조세범칙사건의 조사 및 그 처분에 관한 사항을 정함을 목적으로 한다**(조세처벌절차 1조). **조세범칙사건**은 조세범칙행위의 혐의가 있는 사건을 말한다(조세처벌절차 2조 2호). **조세범칙행위**는 조세범 처벌법 상 조세범(조세처벌 3조-16조)에 해당하는 위반행위를 말한다(조세처벌절차 2조 1호). 한편 **조세범칙조사**는 세무공무원이 조세범칙행위 등을 확정하기 위하여 조세범칙사건에 대하여 행하는 조사활동을 말한다(조세처벌절차 2조 3호). 여기서 **세무공무원**은 세무에 종사하는 공무원으로서 '소속 지방국세청장의 제청으로 해당 지방국세청의 소재지를 관할하는 지방검찰청의 검사장이 지명하는 공무원(지방국세청 소속 공무원의 경우)' 또는 '지방국세청장의 제청으로 해당 세무서의 소재지를 관할하는 지방검찰청의 검사장이 지명하는 공무원(세무서 소속 공무원의 경우)'을 말한다(조세처벌절차 2조 4호).

조세범칙사건의 관할에 대하여 본다. 조세범칙사건은 해당 조세범칙사건의 납세지를 관할하는 세무서장의 관할로 하나, 법정 중요한 사건(조세처벌절차령 2조)의 경우에는 지방국세청장의 관할로 할 수 있다(조세처벌절차 3조 1항). 위 사항 외에 조세범칙사건의 관할에 필요한 사항은 국세청장이 정한다(조세처벌절차 3조 2항).

조세범칙사건의 인계에 대하여 본다. 지방국세청 또는 세무서 외의 행정기관과 그 소속 공무원이 입수한 조세범칙사건에 관한 증거 등은 국세청장이나 관할 지방국세청장 또는 세무서장에게 지체 없이 인계하여야 한다(조세처벌절차 4조).

국가기관에 대한 협조 요청에 관한 본다. 국세청장·지방국세청장 또는 세무서장은 조세범칙조사를 실시하기 위하여 필요한 경우에는 다른 국가기관에 협조를 요청할 수 있고, 그 협조 요청을 받은 국가기관은 특별한 사유가 없으면 요청에 따라야 한다(조세처벌절차 6조).

조세범칙조사심의위원회에 대하여 본다. 조세범칙조사심의위원회는 지방국세청에 두며 다음 사항에 대하여 심의한다(조세처벌절차 5조 1항). 첫째, 협의의 조세포탈범(조세처벌 3조)에 대한 조세범칙조사의 실시. 둘째, 조세범칙처분 없이 조세범칙조사를 종결하려는 경우(조세처벌절차 13조) 그 종결에 관한 사항. 셋째, 조세범칙처분(조세처벌절차 14조 1항)의 결정. 넷째, 조세범칙조사의 기간 연장 및 조사범위 확대. 다섯째, 양벌규정(조세처벌 18조)의 적용. 여섯째, 그 밖에 조세범칙조사와 관련하여 위원장이 필요하다고 인정하는 사항. 조세범칙조사심의위원회는 위원장 1명을 포함한 20명 이내의 위원으로 구성한다(조세처벌절차 5조 2항). 위원회의 위원 중 공무원이 아닌 사람은 형법 또는 그 밖의 법률에 따른 벌칙을 적용할 때에는 공무원으로 본다(조세처벌절차 5조 4항). 그 밖에 조세범칙조사심의위원회의 구성 및 운영 등에 대한 정함이 있다(조세처벌절차령 3조-5조). 관세법 역시 관세범칙조사심의위원회 제도에 대하여 규정한다(관세 284조의2).

이하 조세범칙조사 및 조세범칙처분의 순서로 살핀다.

Ⅱ 조세범칙조사

조세범칙조사는 세무공무원이 조세범칙행위 등을 확정하기 위하여 조세범칙사건에 대하여 행하는 조사활동을 말한다(조세처벌절차 2조 3호). '조세범칙조사'와 '조세부과를 위한 세무조사'를 각 구분되는 것으로 보아야 하고, 조세범칙조사가 조세부과를 위한 세무조사를 포섭하는 것으로 볼 수는 없다. 이는 조세범칙사건으로 전환된 이후에도 동일하다. 조세범칙조사는 실질적으로는 형사소송절차와 동일하다. 따라서 형사소송법이 준용될 여지가 있다. 이러한 이유로 조세처벌절차법에서 압수 또는 수색과 압수 · 수색영장에 관하여 정하는 사항 외에는 형사소송법 중 압수 또는 수색과 압수 · 수색영장에 관한 규정이 준용된다(조세처벌절차 10조).

조세범칙조사 대상자의 선정에 대하여 본다. 조세범칙조사 대상자의 범위는 어떠한가? 지방국세청장 또는 세무서장은 '조세범칙행위의 혐의가 있는 자를 처벌하기 위하여 증거수집 등이 필요한 경우' 또는 '연간 조세포탈 혐의금액 등이 법정 금액(조세처벌절차령 6조) 이상인 경우'에는 관련 행위자를 조세범칙조사 대상자로 선정하여 조세범칙조사를 실시하여야 한다(조세처벌절차 7조 1항). **조세범칙조사를 실시하려는 경우 어떠한 절차를 거쳐야 하는가?** 지방국세청장 또는 세무서장은 조세범칙사건(조세처벌 3조)에 대하여 조세범칙조사를 실시하려는 경우에는 위원회의 심의를 거쳐야 하나, 압수수색영장이 필요하지 않은 경우(조세처벌절차 9조 1항 각 호)에는 지방국세청장은 국세청장의 승인을, 세무서장은 관할 지방국세청장의 승인을 받아 위원회의 심의를 거치지 아니할 수 있다(조세처벌절차 7조 2항).

조세범칙행위 혐의자 등에 대한 심문·압수·수색에 대하여 본다. 세무공무원은 조세범칙조사를 하기 위하여 필요한 경우에는 조세범칙행위 혐의자 또는 참고인을 심문하거나 압수 또는 수색할 수 있고, 이 경우 압수 또는 수색을 할 때 조세범칙행위 혐의자, 조세범칙행위와 관련된 물건의 소유자 또는 소지자 또는 조세범칙행위 혐의자의 대리인 등(조세처벌절차령 7조)을 참여하게 하여야 한다(조세처벌절차 8조).

압수 또는 수색을 할 때에는 근무지 관할 검사에게 신청하여 검사의 청구를 받은 관할 지방법원판사가 발부한 **압수·수색영장**이 있어야 하나, '조세범칙행위가 진행 중인 경우' 또는 '장기 3년 이상의 형에 해당하는 조세범칙행위 혐의자가 도주하거나 증거를 인멸할 우려가 있어 압수·수색영장을 발부받을 시간적 여유가 없는 경우'에는 해당 조세범칙행위 혐의자 및 그 밖에 법이 정하는 자(조세처벌절차령 8조)에게 그 사유를 알리고 영장 없이 압수 또는 수색할 수 있다(조세처벌절차 9조 1항). 이 경우에는 압수 또는 수색한 때부터 48시간 이내에 관할 지방법원판사에게 압수·수색영장을 청구하여야 한다(조세처벌절차 9조 2항). **조세범 처벌법이 '장기 3년 이상의 형에 해당하는 죄'에 해당하는지 여부와 무관하게 도주하거나 증거를 인멸할 우려가 있다면 영장이 없이 압수 또는 수색할 수 있다고 규정하는 것은 헌법에 위배되는 것이 아닌가?** 헌법에 따르면, 압수 또는 수색을 할 때에는 적법한 절차에 따라 검사의 신청에 의하여 법관이 발부한 영장을 제시하여야 하나, 현행범인 경우와 장기 3년 이상의 형에 해당하는 죄를 범하고 도피 또는 증거인멸의 염려가 있을 때에는 사후에 영장을 청구할 수 있다(헌법 12조 3항). 헌법이 이처럼 장기 3년 이상의 형에 해당하는 죄를 범하는 것을 전제로 하여 규정하고 있음에도 불구하고 조세범 처벌법이 이러한 제한을 받지 않을 수 있도록 규정하는 것은 헌법에 위반된 것으로 판단한다. 이 쟁점은 2023년 1월 17일 개정을 통하여 해결되었다. **조세범칙조사로 인하여 압수가 이루어진 경우 납세자 등은 이에 대하여 어떻게 다툴 수 있는가?** 형사소송법에 따르면 재판장 또는 수명법관에 의한 압수 또는 압수물환부에 관한 재판에 불복이 있으면 그 법관소속의 법원에 재판의 취소 또는 변경을 청구할 수 있다(형소 416조 1항 2호). 이를 준항고라고 한다. 그런데 조세범칙조사 상 압수는 세무공무원에 의하여 행하여지는 처분이고 비록 압수영장에 의하여 그 처분이 집행된다고 하더라도 이를 재판장 또는 수명법관에 의한 재판이라고 볼 수는 없으므로 형사소송법 상 준항고 절차를 이용할 수는 없다. 압수처분 역시 세법에 의한 처분에 해당하므로 행정소송법의 정함에 따라 불복할 수 있다고 본다.[289)]

세무공무원은 압수·수색영장을 발부받지 못한 경우에는 즉시 압수한 물건을 압수당한 자에게 반환하여야 한다(조세처벌절차 9조 3항). 한편 세무공무원은 압수한 물건의 운반 또는 보관이 곤란한 경우에는 압수한 물건을 소유자, 소지자 또는 관공서로 하여금 보관하게 할 수 있고, 이 경우 위 소유자 등으로부터 보관증을 받고 봉인이나 그 밖의 방법으로 압수한 물건임을 명백히 하여야 한다(조세처벌절차 9조 4항).

전자정보의 압수 및 수색에 대하여 살핀다. 수사기관 사무실 등으로 반출된 저장매체 또는 복제본에서 혐의사실 관련성에 대한 구분 없이 임의로 저장된 전자정보를 문서로 출력하거나 파일로 복제하는 행위는 원칙적으로 영장주의 원칙에 반하는 것인가? 수사기관의 전자정보에 대한 압수·수색은 원칙적으로 영장 발부의 사유로 된 범죄 혐의사실과 관련된 부분만을 문서 출력물로 수집하거나 수사기관이 휴대한 저장매체에 해당 파일을 복제하는 방식으로 이루어져야 하고, 저장매체 자체를 직접 반출하거나 저장매체에 들어 있는 전자파일 전부를 하드카피나 이미징 등 형태(이하 '복제본')로 수사기관 사무실 등 외부로 반출하는 방식으로 압수·수색하는 것은 현장의 사정이나 전자정보의 대량성으로 관련 정보 획득에 긴 시간이 소요되거나 전문 인력에 의한 기술적 조치가 필요한 경우 등 범위를 정하여 출력 또는 복제하는 방법이 불가능하거나 압수의 목적을 달성하기에 현저히 곤란하다고 인정되는 때에 한하여 예외적으로 허용될 수 있을 뿐이다. 이처럼 저장매체 자체 또는 적법하게 획득한 복제본을 탐색하여 혐의사실과 관련된 전자정보를 문서로 출력하거나 파일로 복제하는 일련의 과정 역시 전체적으로 하나의 영장에 기한 압수·수색의 일환에 해당하므로, 그러한 경우의 문서출력 또는 파일복제의 대상 역시 저장매체 소재지에서의 압수·수색과 마찬가지로 혐의사실과 관련된 부분으로 한정되어야 함은 헌법(헌법 12조 1항, 3항)과 형사소송법(형소 114조, 215조)의 적법절차 및 영장주의 원칙이나 비례의 원칙에 비추어 당연하다. 따라서 수사기관 사무실 등으로 반출된 저장매체 또는 복제본에서 혐의사실 관련성

289) 같은 취지 : 金子 宏、前掲書、884頁 ; 日最決 昭和44年12月3日 刑集23卷12号, 1525頁。

에 대한 구분 없이 임의로 저장된 전자정보를 문서로 출력하거나 파일로 복제하는 행위는 원칙적으로 영장주의 원칙에 반하는 위법한 압수가 된다.[290] **전자정보가 담긴 저장매체 또는 복제본을 복제·탐색·출력하는 경우에는 어떠한 경우에도 피압수자 또는 변호인이 항상 참여하여야 하는 것인가?** 피압수자 측이 위와 같은 절차나 과정에 참여하지 않는다는 의사를 명시적으로 표시하였거나 절차 위반행위가 이루어진 과정의 성질과 내용 등에 비추어 피압수자에게 절차 참여를 보장한 취지가 실질적으로 침해되었다고 볼 수 없는 경우에는 압수·수색의 적법성을 부정할 수 없다.[291] 즉 수사기관의 절차 위반행위가 적법절차의 실질적인 내용을 침해하는 경우에 해당하지 아니하고, 오히려 그 증거의 증거능력을 배제하는 것이 헌법과 형사소송법이 형사소송에 관한 절차 조항을 마련하여 적법절차의 원칙과 실체적 진실 규명의 조화를 도모하고 이를 통하여 형사 사법 정의를 실현하려고 한 취지에 반하는 결과를 초래하는 것으로 평가되는 예외적인 경우라면 법원은 그 증거를 유죄 인정의 증거로 사용할 수 있다.[292] **이 경우 예외적 사정에 대한 입증책임은 어떻게 분배되고 또한 그 사정은 어떻게 판단되어야 하는가?** 구체적 사안이 예외적인 경우에 해당하는지를 판단하는 과정에서 적법한 절차를 따르지 않고 수집된 증거를 유죄의 증거로 삼을 수 없다는 원칙이 훼손되지 않도록 유념하여야 하고, 그러한 예외적인 경우에 해당한다고 볼 만한 구체적이고 특별한 사정이 존재한다는 점은 검사가 증명하여야 한다. 그리고 법원이 2차적 증거의 증거능력 인정 여부를 최종적으로 판단할 때에는 먼저 절차에 따르지 아니한 1차적 증거수집과 관련된 모든 사정들, 즉 절차 조항의 취지와 그 위반의 내용 및 정도, 구체적인 위반 경위와 회피가능성, 절차 조항이 보호하고자 하는 권리 또는 법익의 성질과 침해 정도 및 피고인과의 관련성, 절차위반 행위와 증거수집 사이의 인과관계 등 관련성의 정도, 수사기관의 인식과 의도 등을 살피는 것은 물론, 나아가 1차적 증거를 기초로 하여 다시 2차적 증거를 수집하는 과정에서 추가로 발생한 모든 사정들까지 구체적인 사안에 따라 주로 인과관계 희석 또는 단절 여부를 중심으로 전체적·종합적으로 고려하여야 한다.[293] **전자정보가 담긴 저장매체 또는 복제본을 수사기관 사무실 등으로 옮겨 복제·탐색·출력하는 것이 예외적으로 허용되는 경우에도 영장주의 원칙과 적법절차를 준수하지 않은 압수 및**

290) 대법원 2015.7.16. 2011모1839 전원합의체 결정.
291) 대법원 2017.9.21. 2015도12400; 대법원 2019.7.11. 2018도20504.
292) 대법원 2017.9.21. 2015도12400.
293) 대법원 2017.9.21. 2015도12400.

수색은 여전히 위법한 것인가? 저장매체에 대한 압수·수색 과정에서 범위를 정하여 출력 또는 복제하는 방법이 불가능하거나 압수의 목적을 달성하기에 현저히 곤란한 예외적인 사정이 인정되어 전자정보가 담긴 저장매체 또는 복제본을 수사기관 사무실 등으로 옮겨 복제·탐색·출력하는 경우에도, 그와 같은 일련의 과정에서 형사소송법(형소 219조, 121조)에서 규정하는 피압수·수색 당사자(이하 '피압수자')나 변호인에게 참여의 기회를 보장하고 혐의사실과 무관한 전자정보의 임의적인 복제 등을 막기 위한 적절한 조치를 취하는 등 영장주의 원칙과 적법절차를 준수하여야 한다. 만약 그러한 조치가 취해지지 않았다면 피압수자 측이 참여하지 아니한다는 의사를 명시적으로 표시하였거나 절차 위반행위가 이루어진 과정의 성질과 내용 등에 비추어 피압수자 측에 절차 참여를 보장한 취지가 실질적으로 침해되었다고 볼 수 없을 정도에 해당한다는 등의 특별한 사정이 없는 이상 압수·수색이 적법하다고 평가할 수 없고, 비록 수사기관이 저장매체 또는 복제본에서 혐의사실과 관련된 전자정보만을 복제·출력하였다 하더라도 달리 볼 것은 아니다.[294] **전자정보에 대한 압수·수색 과정에서 이루어진 현장에서의 저장매체 압수·이미징·탐색·복제 및 출력행위 등 일련의 행위가 종료된 경우 준항고인이 '전체 압수·수색 과정을 단계적·개별적으로 구분하여 각 단계의 개별 처분의 취소를 구하더라도' 준항고법원은 당해 압수·수색 과정 전체를 하나의 절차로 파악하여 그 위법성을 판단하여야 하는가?** 전자정보에 대한 압수·수색 과정에서 이루어진 현장에서의 저장매체 압수·이미징·탐색·복제 및 출력행위 등 수사기관의 처분은 하나의 영장에 의한 압수·수색 과정에서 이루어진다. 그러한 일련의 행위가 모두 진행되어 압수·수색이 종료된 이후에는 특정단계의 처분만을 취소하더라도 그 이후의 압수·수색을 저지한다는 것을 상정할 수 없고 수사기관에게 압수·수색의 결과물을 보유하도록 할 것인지가 문제될 뿐이다. 그러므로 이 경우에는 준항고인이 전체 압수·수색 과정을 단계적·개별적으로 구분하여 각 단계의 개별 처분의 취소를 구하더라도 준항고법원은 특별한 사정이 없는 한 구분된 개별 처분의 위법이나 취소 여부를 판단할 것이 아니라 당해 압수·수색 과정 전체를 하나의 절차로 파악하여 그 과정에서 나타난 위법이 압수·수색 절차 전체를 위법하게 할 정도로 중대한지 여부에 따라 전체적으로 압수·수색 처분을 취소할 것인지를 가려야 한다. 여기서 위법의 중대성은 위반한 절차조항의 취지, 전체과정 중에서 위반행위가 발생한 과정의 중요도, 위반사항에 의한 법익침해 가

294) 대법원 2015.7.16. 2011모1839 전원합의체 결정; 대법원 2017.9.21. 2015도12400.

능성의 경중 등을 종합하여 판단하여야 한다.[295] 따라서 검사가 압수·수색영장을 발부받아 갑 주식회사 빌딩 내 을의 사무실을 압수·수색하였는데, 저장매체에 범죄혐의와 관련된 정보(이하 '유관 정보')와 범죄혐의와 무관한 정보(이하 '무관 정보')가 혼재된 것으로 판단하여 갑 회사의 동의를 받아 저장매체를 수사기관 사무실로 반출한 다음 을 측의 참여하에 저장매체에 저장된 전자정보파일 전부를 '이미징'의 방법으로 다른 저장매체로 복제(이하 '제1 처분')하고, 을 측의 참여 없이 이미징한 복제본을 외장 하드디스크에 재복제(이하 '제2 처분')하였으며, 을 측의 참여 없이 하드디스크에서 유관 정보를 탐색하는 과정에서 갑 회사의 별건 범죄혐의와 관련된 전자정보 등 무관 정보도 함께 출력(이하 '제3 처분')한 사안에서, 제1 처분은 위법하다고 볼 수 없으나, 제2·3 처분은 제1 처분 후 피압수·수색 당사자에게 계속적인 참여권을 보장하는 등의 조치가 이루어지지 아니한 채 유관 정보는 물론 무관 정보까지 재복제·출력한 것으로서 영장이 허용한 범위를 벗어나고 적법절차를 위반한 위법한 처분이며, 제2·3 처분에 해당하는 전자정보의 복제·출력 과정은 증거물을 획득하는 행위로서 압수·수색의 목적에 해당하는 중요한 과정인 점 등 위법의 중대성에 비추어 위 영장에 기한 압수·수색이 전체적으로 취소되어야 한다.[296] **전자정보에 대한 압수·수색이 종료되기 전에 혐의사실과 관련된 전자정보를 적법하게 탐색하는 과정에서 별도의 범죄혐의와 관련된 전자정보를 우연히 발견한 경우에 있어서 영장주의는 어떻게 적용되어야 하는가?** 전자정보에 대한 압수·수색이 종료되기 전에 혐의사실과 관련된 전자정보를 적법하게 탐색하는 과정에서 별도의 범죄혐의와 관련된 전자정보를 우연히 발견한 경우라면, 수사기관은 더 이상의 추가 탐색을 중단하고 법원에서 별도의 범죄혐의에 대한 압수·수색영장을 발부받은 경우에 한하여 그러한 정보에 대하여도 적법하게 압수·수색을 할 수 있다. 나아가 이러한 경우에도 별도의 압수·수색 절차는 최초의 압수·수색 절차와 구별되는 별개의 절차이고, 별도 범죄혐의와 관련된 전자정보는 최초의 압수·수색영장에 의한 압수·수색의 대상이 아니어서 저장매체의 원래 소재지에서 별도의 압수·수색영장에 기해 압수·수색을 진행하는 경우와 마찬가지로 피압수자는 최초의 압수·수색 이전부터 해당 전자정보를 관리하고 있던 자라 할 것이므로, 특별한 사정이 없는 한 피압수자에게 참여권을 보장하고 압수한 전자정보 목록을 교부하는 등 피압수자의 이익을 보호하기 위한

295) 대법원 2015.7.16. 2011모1839 전원합의체 결정.
296) 대법원 2015.7.16. 2011모1839 전원합의체 결정.

적절한 조치가 이루어져야 한다.[297] **수색할 전자정보가 압수・수색영장에 기재된 수색장소에 있는 컴퓨터 등 정보처리장치 내에 있지 아니하고 그 정보처리장치와 정보통신망으로 연결되어 제3자가 관리하는 원격지의 서버 등 저장매체에 저장되어 있는 경우, 이메일 계정에 대한 접근권한에 갈음하여 발부받은 영장에 따라 피의자가 접근하는 통상적인 방법에 따라 그 원격지의 저장매체에 접속하고 그곳에 저장되어 있는 피의자의 이메일 관련 전자정보를 수색장소의 정보처리장치로 내려받거나 그 화면에 현출시킬 수 있는가?** 수사기관이 인터넷서비스이용자인 피의자를 상대로 피의자의 컴퓨터 등 정보처리장치 내에 저장되어 있는 이메일 등 전자정보를 압수・수색하는 것은 전자정보의 소유자 내지 소지자를 상대로 해당 전자정보를 압수・수색하는 대물적 강제처분으로 형사소송법의 해석상 허용되는바, 압수・수색할 전자정보가 압수・수색영장에 기재된 수색장소에 있는 컴퓨터 등 정보처리장치 내에 있지 아니하고 그 정보처리장치와 정보통신망으로 연결되어 제3자가 관리하는 원격지의 서버 등 저장매체에 저장되어 있는 경우에도, 수사기관이 피의자의 이메일 계정에 대한 접근권한에 갈음하여 발부받은 영장에 따라 영장 기재 수색장소에 있는 컴퓨터 등 정보처리장치를 이용하여 적법하게 취득한 피의자의 이메일 계정 아이디와 비밀번호를 입력하는 등 피의자가 접근하는 통상적인 방법에 따라 그 원격지의 저장매체에 접속하고 그곳에 저장되어 있는 피의자의 이메일 관련 전자정보를 수색장소의 정보처리장치로 내려받거나 그 화면에 현출시키는 것 역시 피의자의 소유에 속하거나 소지하는 전자정보를 대상으로 이루어지는 것이므로 그 전자정보에 대한 압수・수색을 달리 볼 필요가 없다.[298] **휴대전화를 임의제출하면서 휴대전화에 저장된 전자정보가 아닌 클라우드 등 제3자가 관리하는 원격지에 저장되어 있는 전자정보에 대한 접근을 위한 아이디와 비밀번호를 임의로 제공한 경우 이는 클라우드 등에 저장된 전자정보를 임의제출하는 것인가?** 피의자가 휴대전화를 임의제출하면서 휴대전화에 저장된 전자정보가 아닌 클라우드 등 제3자가 관리하는 원격지에 저장되어 있는 전자정보를 수사기관에 제출한다는 의사로 수사기관에게 클라우드 등에 접속하기 위한 아이디와 비밀번호를 임의로 제공하였다면 위 클라우드 등에 저장된 전자정보를 임의제출하는 것으로 볼 수 있다.[299]

세무공무원이 조세범칙조사과정에서 행하는 질문에 대하여 납세자는 묵비권을 행사할

297) 대법원 2015.7.16. 2011모1839 전원합의체 결정.
298) 대법원 2017.11.29. 2017도9747; 대법원 2021.7.29. 2020도14654.
299) 대법원 2021.7.29. 2020도14654.

수 있는가? 조세범칙조사는 그 실질이 형사절차에 해당하고 헌법에 따르면 납세자는 형사상 자기에게 불리한 진술을 강요당하지 아니할 권리(헌법 12조 2항)가 있으므로, 세무공무원의 위 질문에 대하여 납세자는 묵비권을 행사할 수 있다.[300)] 그렇다면 **세무공무원은 납세자가 묵비권을 행사할 수 있다는 사실을 사전에 고지하여야 하는가?** 조세범칙조사에 있어서 세무공무원의 질문권은 신체의 구속을 수반하지 않는 것이므로 미리 묵비권의 보장에 관하여 고지할 필요는 없다고 보는 견해가 있다.[301)] 조세범칙사건으로 전환하는 것 자체로 인하여 납세자가 피의자로 전환되는 것은 아니므로 불리한 진불거부권을 고지할 필요가 없다고 생각할 수도 있으나, 헌법재판소는 진술거부권은 현재 피의자나 피고인으로서 수사 또는 공판절차에 계속중인 자뿐만 아니라 장차 피의자나 피고인이 될 자에게도 보장되며, 형사절차뿐 아니라 행정절차나 국회에서의 조사절차 등에서도 보장될 뿐만 아니라 진술거부권은 고문 등 폭행에 의한 강요는 물론 법률로써도 진술을 강요당하지 아니함을 의미한다고 판시한다.[302)] 따라서 조세범칙사건의 조사절차에서 납세자의 기본권을 실효적으로 보장하기 위하여서는 조세범칙사건으로 전환되거나 전환될 가능성이 농후한 경우에는 불리한 진술거부권에 대하여 고지해야 하는 것으로 해석하는 것이 타당하다.[303)]

세무공무원은 심문하거나 압수 또는 수색을 하였을 때에는 조서에 그 경위를 기록하여 심문을 받은 사람 또는 참여자(조세처벌 8조 후단)에게 확인하게 한 후 그와 함께 서명날인을 하여야 하고, 서명날인을 하지 아니하거나 할 수 없을 때에는 그 사유를 조서에 기록하여야 한다(조세처벌절차 11조). 또한 세무공무원은 조세범칙조사를 마쳤을 때에는 국세청장 · 지방국세청장 또는 세무서장에게 보고하여야 한다(조세처벌절차 12조).

조세범칙조사를 담당하는 세무공무원을 사법경찰관리 또는 특별사법경찰관리로 볼 수 있는가? 사법경찰관리 또는 특별사법경찰관리에 대하여는 헌법과 형사소송법 등 법령에 따라 국민의 생명 · 신체 · 재산 등을 보호하기 위하여 광범위한 기본권 제한조치를 할 수 있는 권한이 부여되어 있으므로, 소관 업무의 성질이 수사업무와 유사하거나 이에 준하는 경우에도 명문의 규정이 없는 한 함부로 그 업무를 담당하는 공무원을 사법경찰관리 또는 특별사법경찰관리에 해당한다고 해석할 수 없다. 구 형사소송법(2020. 2. 4. 법률 제16924호

300) 같은 취지 : 金子 宏、前掲書、883頁。
301) 上掲書 ; 日最判 昭和59年3月27日 刑集38卷5号, 2037頁。
302) 헌재 1990.8.27. 89헌가118 ; 헌재 1997.3.27. 96헌가11.
303) 같은 편 제4장 Ⅱ 참조.

로 개정되기 전의 것) 제197조는 세무 분야에 관하여 특별사법경찰관리의 직무를 행할 자와 그 직무의 범위를 법률로써 정한다고 규정하였고, 이에 따라 구 사법경찰관리의 직무를 수행할 자와 그 직무범위에 관한 법률(2021. 3. 16. 법률 제17929호로 개정되기 전의 것, 이하 '구 사법경찰직무법')은 특별사법경찰관리를 구체적으로 열거하면서 '관세법에 따라 관세범의 조사 업무에 종사하는 세관공무원'만 명시하였을 뿐 '조세범칙조사를 담당하는 세무공무원'을 포함시키지 않았다(구 사법경찰직무법 제5조 제17호). 뿐만 아니라 현행 법령상 조세범칙조사의 법적 성질은 기본적으로 행정절차에 해당하므로, 조세범 처벌절차법 등 관련 법령에 조세범칙조사를 담당하는 세무공무원에게 압수・수색 및 혐의자 또는 참고인에 대한 심문권한이 부여되어 있어 그 업무의 내용과 실질이 수사절차와 유사한 점이 있고, 이를 기초로 수사기관에 고발하는 경우에는 형사절차로 이행되는 측면이 있다 하여도, 달리 특별한 사정이 없는 한 이를 형사절차의 일환으로 볼 수는 없다.[304] **조세범칙조사를 담당하는 세무공무원이 작성한 조서의 증거능력의 존부는 어떻게 판정하여야 하는가?** 조세범칙조사를 담당하는 세무공무원이 피고인이 된 혐의자 또는 참고인에 대하여 심문한 내용을 기재한 조서는 검사・사법경찰관 등 수사기관이 작성한 조서와 동일하게 볼 수 없으므로 형사소송법 제312조에 따라 증거능력의 존부를 판단할 수는 없고, 피고인 또는 피고인이 아닌 자가 작성한 진술서나 그 진술을 기재한 서류에 해당하므로 형사소송법 제313조에 따라 공판준비 또는 공판기일에서 **작성자・진술자의 진술에 따라 성립의 진정함이 증명되고 나아가 그 진술이 특히 신빙할 수 있는 상태 아래에서 행하여진 때에 한하여 증거능력이 인정된다. 이때 '특히 신빙할 수 있는 상태'**란 조서 작성 당시 그 진술내용이나 조서 또는 서류의 작성에 허위 개입의 여지가 거의 없고, 그 진술내용의 신빙성과 임의성을 담보할 구체적이고 외부적인 정황이 있는 경우를 의미하는데, 조세범 처벌절차법 및 이에 근거한 시행령・시행규칙・훈령(조사사무처리규정) 등의 조세범칙조사 관련 법령에서 구체적으로 명시한 진술거부권 등 고지, 변호사 등의 조력을 받을 권리 보장, 열람・이의제기 및 의견진술권 등 심문조서의 작성에 관한 절차규정의 본질적인 내용의 침해・위반 등도 '특히 신빙할 수 있는 상태' 여부의 판단에 있어 고려되어야 한다.[305] **조세범칙조사를 담당하는 세무공무원의 업무가 수사를 담당하는 공무원의 업무와 그 실질이 동일함에도 관계 법령**

304) 대법원 2022.12.15. 2022도8824.
305) 대법원 2022.12.15. 2022도8824.

상 문언을 엄격하게 해석하여 해당 세무공무원을 사법경찰관리 또는 특별사법경찰관리에서 제외함으로 인하여 얻는 규범적 정당성 또는 실익이, 관계 법령에 대한 목적론적 해석을 통하여 조세범칙조사를 담당하는 세무공무원을 사법경찰관리 또는 특별사법경찰관리로 보아 조세범칙조사 과정에서 납세자의 기본권 보장 및 조세범칙조사에 대한 절차적 통제를 실현하도록 하는 규범적 정당성 또는 실익보다 크다고 할 수 없다. 이러한 맥락에서 위 판결의 판시에 대하여서는 아쉬움이 남는다. 다만 위 판시를 전제하는 상태에서도, 조세범칙조사를 담당하는 세무공무원 작성 조서의 증거능력 판정 상 '특히 신빙할 수 있는 상태'를 엄격하게 해석하는 방법을 통하여 납세자의 기본권 보장 및 조세범칙조사에 대한 절차적 통제라는 규범적 목표가 달성되도록 하는 것이 타당하다.

Ⅲ 조세범칙처분

세무공무원이 조세범칙사건에 대한 조사를 종결한 경우에는 지방국세청장 또는 세무서장이 해당 사건을 종결하는 처분을 하는 바, 이를 **조세범칙처분**이라고 한다.

조세범칙처분을 하기 위하여서는 어떠한 절차를 거쳐야 하는가? 지방국세청장 또는 세무서장이 '조세범칙조사심의위원회의 심의를 거친 사건' 또는 '국세청장 또는 관할 지방국세청장의 승인을 받아 조세범칙조사를 실시한 조세범칙사건'에 대하여 조세범칙처분을 하려는 경우에는 **조세범칙조사심의위원회**의 심의를 거쳐야 한다(조세처벌절차 14조 1항 본문). 다만, '조세범칙행위 혐의자가 도주하거나 증거를 인멸할 우려가 있어 압수·수색영장을 발부받을 시간적 여유가 없는 경우(조세처벌 9조 1항 2호)'에는 지방국세청장은 국세청장의 승인을, 세무서장은 관할 지방국세청장의 승인을 받아 위원회의 심의를 거치지 아니할 수 있다(조세처벌절차 14조 1항 단서). 위 위원회에 심의를 요청한 때에는 지방국세청장 또는 세무서장은 즉시 그 사실을 해당 처분(조세처벌절차 13조)의 대상자에게 통지하여야 한다(조세처벌절차 14조 2항). 위 통지를 받은 자는 서면으로 위원회에 의견을 제출할 수 있다(조세처벌절차 14조 3항 : 조세처벌절차령 11조).

조세범칙처분의 종류는 어떠한가? 조세범칙처분은 통고처분, 고발 및 무혐의로 구분된다(조세처벌절차 13조). **통고처분에 대하여 본다.** 지방국세청장 또는 세무서장은 조세범칙행위의 확증을 얻었을 때에는 '조세범칙조사를 마친 날(위원회의 심의를 거친 조세범칙사건의 경우에는 위원회의 의결이 있은 날을 말한다)부터 10일 이내에' '조세범칙행위자 및 법인 또는 개인(조세처벌 18조)별로' 그 대상이 되는 자에게 그 이유를 구체적으로 밝히고 '벌금상당액, 몰수 또는 몰취에 해당하는 물품 또는 추징금에 해당하는 금액'을 납부할 것을 통고하여야 한다(조세처벌절차 15조 1항 본문 ; 조세처벌절차령 12조 1항). 다만, 몰수 또는 몰취에 해당하는 물품에 대해서는 그 물품을 납부하겠다는 의사표시(이하 '납부신청'이라고 한다)를 하도록 통고할 수 있다(조세처벌절차 15조 1항 단서). 위 납부신청의 통고를 받은 자가 그 통고에 따라 납부신청을 하고 몰수 또는 몰취에 해당하는 물품을 가지고 있는 경우에는 공매나 그 밖에 필요한 처분을 할 때까지 그 물품을 보관하여야 한다(조세처벌절차 15조 2항). 통고처분을 받은 자가 통고대로 이행하였을 때에는 동일한 사건에 대하여 다시 조세범칙조사를 받거나 처벌받지 아니한다(조세처벌절차 15조 3항). 벌금상당액의 부과기준은 별표의 정함에 따른다(조세처벌절차 15조 4항 ; 조세처벌절차령 12조 2항). 벌금상당액은 국세징수법 상 납부방법(국징 12조 1항 각호)에 따라 납부한다(조세처벌절차 15조 4항). 통고처분이 있는 경우에는 통고일부터 고발일까지의 기간 동안 공소시효의 진행이 중단된다(조세처벌절차 16조). **통고처분이 벌금 또는 과료의 면제를 통고하는 처분으로서 기능할 수 있는가?** 조세범칙사건의 조사 결과에 따른 국세청장 등의 후속조치로는 통고처분, 고발, 무혐의 통지만이 규정되어 있고, 한편 통고처분은 조세범칙자에게 벌금 또는 과료에 해당하는 금액 등을 납부할 것을 통고하는 처분일 뿐 벌금 또는 과료의 면제를 통고하는 처분으로서 기능할 수 없기 때문에 통고처분에 포함되지 않는 자에 대하여 벌금 또는 과료를 면제한다는 취지를 담고 있지 않으며 이러한 이유로 통고서는 범칙자별로 작성되어야 한다.[306] **통고처분과 형사절차 사이의 관계는 어떠한가?** 지방국세청장 또는 세무서장의 조세범칙사건에 대한 통고처분은 법원에 의하여 자유형 또는 재산형에 처하는 형사절차에 갈음하여 과세관청이 조세범칙자에 대하여 금전적 제재를 통고하고 이를 이행한 조세범칙자에 대하여는 고발하지 아니하고, 조세범칙사건을 신속·간이하게 처리하는 절차로서, 형사절차의 사전절차로서의 성격을 가진다.[307] **통고처분은 행정청에 의하여 실질적으로 형법에 해당하는 부담을 부과하는 것이므로 이것이 헌법상 재판받을 권리를 침해하는 것 아닌가?** 헌법에 따르면 범칙자의 경우에도 헌법과 법률이 정한 법관에 의하여 법률에 의한 재판을 받을 권리를 가진다(헌법

306) 대법원 2014.10.15. 2013도5650.
307) 대법원 2016.9.28. 2014도10748.

27조 1항). 통고처분은 구속력을 가지지 않고, 통고처분의 취지대로 이행할 것인지 여부는 범칙자의 자유에 달려 있으며, 범칙자가 그것을 이행하지 않는 경우에는 지방국세청장 또는 세무서장의 고발 및 검찰관의 공소제기를 기다려 진행되는 형사재판에서 범칙사실이 없다는 점에 대하여 다툴 수 있으므로, 통고처분이 헌법상 재판받을 권리를 침해하는 것은 아니다.[308] **고발에 대하여 본다.** 지방국세청장 또는 세무서장은 '정상에 따라 징역형에 처할 것으로 판단되는 경우', '통고(조세처벌절차 15조 1항)대로 이행할 자금이나 납부 능력이 없다고 인정되는 경우', '거소가 분명하지 아니하거나 서류의 수령을 거부하여 통고처분을 할 수 없는 경우' 또는 '도주하거나 증거를 인멸할 우려가 있는 경우'에는 통고처분을 거치지 아니하고 그 대상자를 즉시 고발하여야 한다(조세처벌절차 17조 1항). 또한 지방국세청장 또는 세무서장은 통고처분(조세처벌절차 15조 1항)을 받은 자가 통고서를 송달받은 날부터 15일 이내에 통고대로 이행하지 아니한 경우에는 고발하여야 한다(조세처벌절차 17조 2항 본문). 다만, 15일이 지났더라도 고발되기 전에 통고대로 이행하였을 때에는 그러하지 아니 하다(조세처벌절차 17조 2항 단서). 고발한 경우 압수물건이 있을 때에는 지방국세청장 또는 세무서장은 압수목록을 첨부하여 검사에게 인계하여야 한다(조세처벌절차 18조 1항). 위 압수물건으로서 소유자 등이 보관하는 것(조세처벌절차 9조 4항)에 대해서는 검사에게 보관증을 인계하고, 소유자 등에게 압수물건을 검사에게 인계하였다는 사실을 통지하여야 한다(조세처벌절차 18조 2항). **통고처분과 조세범칙 사건절차 사이의 관계는 어떠한가?** 조세범 처벌절차법에 따른 조세범칙사건에 대한 지방국세청장 또는 세무서장의 고발은 수사 및 공소제기의 권한을 가진 수사기관에 대하여 조세범칙사실을 신고함으로써 형사사건으로 처리할 것을 요구하는 의사표시로서, 조세범칙사건에 대하여 고발한 경우에는 지방국세청장 또는 세무서장에 의한 조세범칙사건의 조사 및 처분 절차는 원칙적으로 모두 종료된다.[309] **법원이 조세범에 대한 고발사유에 관하여 심리할 수 있는가?** 조세범 처벌절차법에 즉시고발을 할 때 고발사유를 고발서에 명기하도록 하는 규정이 없을 뿐만 아니라, 원래 즉시고발권을 세무공무원에게 부여한 것은 세무공무원으로 하여금 때에 따라 적절한 처분을 하도록 할 목적으로 특별사유의 유무에 대한 인정권까지 세무공무원에게 일임한 취지라고 볼 것이므로, 조세범칙사건에 대하여 관계 세무공무원의 즉시고발이 있으면 그로써 소추의 요건은 충족

308) 같은 취지 : 金子 宏、前掲書、883頁 : 日最判 昭和47年4月20日 民集26巻3号, 507頁。
309) 대법원 2016.9.28. 2014도10748.

되는 것이고, 법원은 본안에 대하여 심판하면 되는 것이지 즉시고발 사유에 대하여 심사할 수 없다.[310)] **지방국세청장 또는 세무서장이 조세범칙행위에 대하여 고발을 한 후에 동일한 조세범칙행위에 대하여 통고처분을 권한을 갖는가?** 지방국세청장 또는 세무서장이 통고처분을 거치지 아니하고 즉시 고발하였다면 이로써 조세범칙사건에 대한 조사 및 처분 절차는 종료되고 형사사건 절차로 이행되어 지방국세청장 또는 세무서장으로서는 동일한 조세범칙행위에 대하여 더 이상 통고처분을 할 권한이 없다.[311)] **지방국세청장 또는 세무서장이 조세범칙행위에 대하여 고발을 한 후에 동일한 조세범칙행위에 대하여 통고처분을 하는 것은 일사부재리의 원칙에 어긋난 것인가?** 지방국세청장 또는 세무서장이 조세범칙행위에 대하여 고발을 한 후에 동일한 조세범칙행위에 대하여 통고처분을 하였더라도, 이는 법적 권한 소멸 후에 이루어진 것으로서 특별한 사정이 없는 한 효력이 없는 것이므로, 조세범칙행위자가 이러한 통고처분을 이행하였더라도 이에는 일사부재리의 원칙(조세처벌 15조 3항)이 적용될 수 없다.[312)] **국세청장, 지방국세청장 또는 세무서장의 고발이 없는 경우에도 검사는 해당 조세범칙행위에 대하여 기소할 수 있는가?** 조세범 처벌법 상 범칙행위에 대해서는 국세청장, 지방국세청장 또는 세무서장의 고발이 없으면 검사는 공소를 제기할 수 없다(조세처벌 21조). **고발의 효력은 범칙사건에 관련된 범칙사실의 전부에 미치는 것인가?** 고발은 범죄사실에 대한 소추를 요구하는 의사표시로서 그 효력은 고발장에 기재된 범죄사실과 동일성이 인정되는 사실 모두에 미치므로, 조세범 처벌절차법에 따라 범칙사건에 대한 고발이 있는 경우 고발의 효력은 범칙사건에 관련된 범칙사실의 전부에 미치고 한 개의 범칙사실의 일부에 대한 고발은 전부에 대하여 효력이 생긴다.[313)] **수개의 범칙사실 중 일부에 대하여만 고발이 있는 경우에도 그 고발의 효력이 전체 범칙사실에 대하여 미치는 것인가?** 수 개의 범칙사실 중 일부만을 범칙사건으로 하는 고발이 있는 경우 고발장에 기재된 범칙사실과 동일성이 인정되지 않는 다른 범칙사실에 대해서까지 고발의 효력이 미칠 수는 없다.[314)] **최초의 고발에 대하여 검사가 불기소처분을 한 이후 다시 공소제기를 하는 경우 새로운 고발이 있어야 하는가?** 검사의 불기소처분에는 확정재판에 있어서의 확정력과 같은 효력이 없어 일단 불기소처분을 한 후에도 공소시효가 완성되기 전이면 언제라도 공소를

310) 대법원 2014.10.15. 2013도5650.
311) 대법원 2016.9.28. 2014도10748.
312) 대법원 2016.9.28. 2014도10748.
313) 대법원 2014.10.15. 2013도5650.
314) 대법원 2014.10.15. 2013도5650.

제기할 수 있으므로, 세무공무원 등의 고발이 있어야 공소를 제기할 수 있는 조세범 처벌법 위반죄에 관하여 일단 불기소처분이 있었더라도 세무공무원 등이 종전에 한 고발은 여전히 유효하다. 따라서 나중에 공소를 제기함에 있어 세무공무원 등의 새로운 고발이 있어야 하는 것은 아니다.[315] **무혐의 통지 및 압수의 해제에 대하여 본다.** 지방국세청장 또는 세무서장은 조세범칙조사를 하여 조세범칙행위의 확증을 갖지 못하였을 때에는 그 뜻을 조세범칙행위 혐의자에게 통지하고 물건을 압수하였을 때에는 그 해제를 명하여야 한다(조세처벌절차 19조).

재심사유와 관련하여 본다. 형사소송법 상 '유죄의 선고를 받은 자에 대하여 무죄 또는 면소를, 형의 선고를 받은 자에 대하여 형의 면제 또는 원판결이 인정한 죄보다 경한 죄를 인정할 명백한 증거가 새로 발견된 때'에 유죄의 확정판결에 대하여 그 선고를 받은 자의 이익을 위하여 재심을 청구할 수 있다(형소 420조 5호). **조세심판원이 재조사 결정을 하고 그에 따라 과세관청이 후속처분으로 당초 부과처분을 취소한 경우 이는 재심사유에 해당하는가?** 조세의 부과처분을 취소하는 행정판결이 확정된 경우 부과처분의 효력은 처분 시에 소급하여 효력을 잃게 되어 그에 따른 납세의무가 없으므로 확정된 행정판결은 조세포탈에 대한 무죄 내지 원심판결이 인정한 죄보다 경한 죄를 인정할 명백한 증거에 해당하므로, 조세심판원이 재조사 결정을 하고 그에 따라 과세관청이 후속처분으로 당초 부과처분을 취소하였다면 부과처분은 처분 시에 소급하여 효력을 잃게 되어 원칙적으로 그에 따른 납세의무도 없어지므로, 형사소송법 상 재심사유에 해당한다.[316]

315) 대법원 2009.10.29. 2009도6614.
316) 대법원 2015.10.29. 2013도14716.

제4장

조세범 처벌과 헌법

I 총설

조세포탈행위를 처벌하는 것은 국가세수를 확보하기 위함이다. 즉 '이미 성립한 납세의무를 회피하기 위한 사기 기타 부정한 행위'에 대하여 형사벌을 부과하는 방법을 통하여 국가세수의 확보를 뒷받침하고자 하는 것이 조세범 처벌의 목적이다. 조세범 처벌과 관련된 헌법상 쟁점들을 검토함에 있어서 이러한 특수성이 감안되어야 한다. 한편 조세범 처벌에는 형사벌이 수반되는 것이므로, 형사벌과 관련하여 적용되는 헌법상 기본원리가 조세범 처벌에 대하여서도 적용되어야 한다. 위 헌법상 기본원리에는 형사 상 자기에게 불리한 진술을 강요당하지 않을 권리, 사전영장주의, 이중처벌금지의 원칙, 기본권 제한입법에 대한 제약원리 등이 포함될 수 있다.

조세범 처벌과 위 헌법상 기본원리 사이에서는, 조세범 처벌절차가 헌법상 기본원리에 어긋나지 않게 정비되어 있는지 여부가 문제로 될 수 있고, 조세범 처벌의 특수성과 위 헌법상 기본원리가 상충관계를 보이는 경우는 없는 것인지, 만약 있다면 이를 조화롭게 해석할 수 있는 방법은 없는 것인지 여부 역시 문제될 수 있다. 이러한 관점에 다음 각 쟁점들을 선택하여 검토하기로 한다.[317] 위 각 쟁점들이 발생하는 이유에 대하여서는 각 쟁점별 검토부분에서 살핀다.

첫째, 불리한 자기진술(Self-Incrimination)과 관련하여 납세자가 제공한 정보 또는 자료들(이하 '정보 등')에 기초하여 이루어지는 조세범 처벌절차가 우리 헌법상 불리한 진술거부권에 반하는 것은 아닌지 여부.

둘째, 수색 및 압수(Searches and Seizures)와 관련하여 조세처벌절차법 상 수색 및 압수영장의 발부에 관한 기준이 헌법 규정에 어긋나는 것은 아닌지 여부.

셋째, 이중처벌(Double Jeopardy)과 관련하여, 조세범 처벌절차와 조세부과절차를 동시

317) 졸고, 조세범 처벌 논문, 206-218면.

에 진행하는 것이 이중처벌금지의 원칙에 어긋나는 것은 아닌지 여부 및 조세부과절차에서 얻은 자료를 조세범 처벌사건의 자료로 그대로 사용하는 것이 형사처벌에 관련된 헌법상 기속원리를 우회적으로 침탈하는 기회를 제공하는 것은 아닌지 여부.

넷째, 과잉금지의 원칙(Prohibition of Excessive Infringement)과 관련하여 조세포탈범에 대한 '징역형 또는 벌금형'이 '조세포탈세액 및 가산세액에 대한 부과처분'과 함께 선고된다면, 그것은 납세자에게 지나친 금전적 부담을 지우는 것으로서 헌법상 과잉금지의 원칙에 반하는 것은 아닌지 여부.

Ⅱ 불리한 자기진술(Self-Incrimination)과 조세범 처벌

조세포탈행위에 대한 입증책임은 과세관청에게 있고 조세포탈이 성립하기 위하여서는 기왕에 납세의무가 성립되어 있다는 점이 전제되어야 한다. 따라서 조세포탈행위를 입증하기 위하여서도 납세의무의 성립에 관한 정보가 필요하다. 그런데 납세의무와 관련된 정보는 주로 납세자가 지배하고 있다. 따라서 세법은 납세자가 자신의 '납세의무 자체 또는 그와 관련된 사항들'에 대한 '정보 등'을 제공하도록 규정하는 경우가 많다. 그렇다면 조세범 처벌과 관련하여서는 납세자가 자신의 조세범 처벌에 사용될 수 있는 정보 등을 세법의 규정에 따라 제공하여야 하는 셈이다. 우리 헌법은 형사 상 자기에게 불리한 진술을 강요당하지 아니한다고 규정한다(헌법 12조 2항). 이를 통상 **'불리한 진술거부권'**이라고 한다. 그렇다면 납세자가 제공한 정보 등에 기초하여 이루어지는 조세범 처벌절차가 우리 헌법상 불리한 진술거부권에 반하는 것은 아닌지 여부가 문제로 된다.

먼저 미국의 입법례를 살핀 이후에 본 쟁점에 대하여 검토하기로 한다.

미국의 수정 헌법 제5조(The Fifth Amendment to the Constitution)는 불리한 자기진술을 강요당하지 않을 권리에 대하여 규정한다. 그러나 구체적인 사실관계 및 상황에 따라서는 불리한 진술거부권이 적용되지 않을 수 있다. 납세자가 위 거부특권을 주장할 수 있는지 여부는 두 가지 요소에 의하여 결정된다.[318)]

첫째, 형사범으로 처벌될 잠재적인 가능성이 있는지 여부.

둘째, 해당 형사처벌이 조세와 관련된 것인지 아니면 조세와 무관한 것인지 여부.

318) Susan A. Berson, *op. cit.*, at §13.07.

미국 판례들은 이와 관련하여 다음과 같이 판시한다. 납세자가 자진하여 제출한 신고서는 불리한 진술거부권의 적용범위에 속하지 않는다.[319] 즉 불리한 진술거부권이 납세자에게 조세관련 정보 및 문서들을 요구하는 것을 금지하는 것은 아니고, 위 거부특권은 납세자에게 조세와 무관한 형사처벌의 가능성이 있는 경우에만 적용되는 것이다.[320] 납세자가 조세 이외의 범죄와 관련하여 위 거부특권을 주장할 수 있다고 하더라도 단순히 불법소득을 얻은 사실이 발각될 우려가 있다는 사실만으로는 부족하고,[321] 특정사항과 관련하여 과세당국이 납세의무를 계산하여 부과하기에 충분한 정보가 존재하는 범위 내에서만 선택적으로 위 거부특권을 주장하여야 한다.[322]

미국 입법례에서 얻을 수 있는 시사점들은 다음과 같다. 첫째, 불리한 진술거부권은 납세자가 제공하는 납세의무 관련 정보 등에 대하여 적용되지 않고 그 정보 등으로 인하여 조세와 관련되지 않는 다른 형사 상 처벌이 이루어질 수 있을 경우에 대하여만 적용되는 점을 분명하게 하는 방법으로 조세범 처벌의 특수성과 헌법상 불리한 진술거부권 사이의 긴장관계를 해소하고 있다. 둘째, 납세자가 불리한 진술거부권을 행사하는 경우라고 할지라도 이로 인하여 '납세의무의 확정을 방해하지 않는 범위에서' 사안을 '특정하여 행사'하도록 한정하는 방법을 통하여 '불리한 진술거부권의 행사'와 '조세의 부과처분'이 서로 충돌하지 않도록 조정하고 있다.

우리의 경우 납세자가 제공한 정보 등에 기초하여 이루어지는 조세범 처벌절차가 헌법상 불리한 진술거부권에 반하는 것은 아닌지 여부를 조정하는 규정은 존재하지 않는다. 따라서 이 쟁점은 헌법해석을 통하여 해결되어야 한다. 조세포탈은 이미 성립한 납세의무를 사기 기타 부정한 행위를 통하여 적극적으로 회피하는 행위를 의미한다는 점, 납세자에게 정보 등을 제공하도록 하는 것은 조세포탈을 입증하기 위한 것이 아니라 이미 성립한 납세의무의 확정을 위한 것이므로 그 정보 등을 요구하는 것을 바로 조세포탈의 입증과 연계시키는 것이 타당하지 않다는 점 및 납세의무는 헌법상 의무(헌법 38조)를 기반으로 하여 성립 및 확정되는 것이므로 '기본권의 제한에 대한 일반원리들과 다른 별도의 헌법상 원리'가 적

319) *Commodity Futures Trading Commission v. Collins*, 997 F.2d 1230(7th Cir. 1993).
320) *United States v. Troescher*, 99 F.3d 933(C.D. Cal. 1995) ; *Fuller v. United States*, 786 F.2d 1437(9th Cir. 1986).
321) *United States v. Sullivan*, 274 U.S. 259, 47 S.Ct. 607, 71 L.Ed. 1037(1927).
322) *Eicher v. United States*, 774 F.2d 27, 29(1st Cir. 1985) ; *United States v. Neff*, 615 F.2d 1235, 1238(9th Cir. 1980).

용된다는 점[323)]을 감안한다면, 이미 성립한 납세의무를 확정하기 위하여 납세자에게 정보 등을 제공하도록 하는 것에 대하여서는 헌법상 불리한 진술거부권이 적용되지 않는 것으로 해석하는 것이 타당하다. 다만 납세의무를 확정하기 위하여 납세자가 제공하는 정보 등으로 인하여 조세 이외의 다른 형사처벌의 우려가 있는 경우에는 해당 정보 등에 대하여 불리한 진술거부권이 보장되어야 할 것이나, 그 경우에도 미국의 예에 따라 '납세의무의 확정을 방해하지 않는 범위'에서 사안을 '특정하여 행사'하도록 한정하는 것이 타당하다.

조세범칙사건으로 전환되거나 전환될 가능성이 농후한 경우에도 조세 관련 정보와 관련하여서는 불리한 진술거부권이 보장되지 않는 것인가? 납세의무의 확정을 위한 일반 세무조사 과정이 아니라 조세범칙사건으로 전환되거나 전환될 가능성이 농후한 경우에는 조세와 관련된 정보라고 할지라도 이에 대하여 납세자에게 불리한 진술거부권이 보장되어야 한다. 이는 납세의무의 확정을 위하여 정보의 제공을 요구하는 것이 아니라 납세자의 형사처벌과 관련하여 정보를 요구하는 것이기 때문이다.

조세범칙사건으로 전환되거나 전환될 가능성이 농후한 경우에는 납세자에게 불리한 진술거부권이 있다는 점을 고지하여야 하는가? 우리 헌법은 형사 상 자기에게 불리한 진술을 강요당하지 아니한다고 규정한다(헌법 12조 2항)고 규정하나, '체포 또는 구속의 이유'와 '변호인의 조력을 받을 권리'에 대하여 고지하여야 하는 것(헌법 12조 5항)과 달리 헌법상 고지에 관한 명문의 규정이 없다. 단지 형사소송법은 검사 또는 사법경찰관은 피의자를 신문하기 전에 진술거부권에 대하여 고지하여야 한다고 규정한다(형소 244조의3). 조세범칙사건으로 전환하는 것 자체로 인하여 납세자가 피의자로 전환되는 것은 아니므로 불리한 진불거부권을 고지할 필요가 없다고 생각할 수 있으나, 헌법재판소는 진술거부권은 현재 피의자나 피고인으로서 수사 또는 공판절차에 계속중인 자뿐만 아니라 장차 피의자나 피고인이 될 자에게도 보장되며, 형사절차뿐 아니라 행정절차나 국회에서의 조사절차 등에서도 보장될 뿐만 아니라 진술거부권은 고문 등 폭행에 의한 강요는 물론 법률로써도 진술을 강요당하지 아니함을 의미한다고 판시한다.[324)] 따라서 조세범칙사건의 조사절차에서 납세자의 기본권을 실효적으로 보장하기 위하여서는 조세범칙사건으로 전환되거나 전환될 가능성이 농후한 경우에는 불리한 진술거부권에 대하여 고지해야 하는 것으로 해석하는 것이 타당하

323) 제1편 제2장 제3절 IV 헌법 제37조 제2항 : 기본권 제한의 한계 참조.
324) 헌재 1990.8.27. 89헌가118; 헌재 1997.3.27. 96헌가11.

다. 미국 역시 조세범칙사건으로 전환한 경우에는 납세자가 구금상태에 있는 경우와 그렇지 않은 경우 모두에 대하여 특별한 고지(a special warning)를 하여야 한다고 규정한다.[325)]

진술거부권이 고지되지 않은 상태로 획득한 진술은 형사사건에 있어서 증거능력이 인정되는가? 판례는 피의자에게 미리 진술거부권을 고지하지 않은 때에는 그 피의자의 진술은 위법하게 수집된 증거로서 진술의 임의성이 인정되는 경우라도 증거능력이 부인되어야 한다고 판시한다.[326)] 따라서 조세와 관련하여 진술거부권이 인정되는 경우 이에 대하여 고지하지 않고서 획득한 진술에 대하여서는 그 진술의 임의성이 인정된다고 할지라도 증거능력이 부인되어야 한다.

납세자에게 암호화(encryption)**된 문서 또는 자료 등 정보에 접근할 수 있는 비밀번호** (password)**를 요구하는 것은 납세자에게 진술을 요구하는 것과 동일한 것인가?** 납세자가 다른 사람의 접근을 막기 위하여 암호화한 문서 또는 자료 등 정보에 접근하기 위한 비밀번호를 요구하는 것은 납세자에게 특정 사항에 대하여 진술을 요구하는 것과 동일하다. 미국의 판례들 역시 해당 정보가 비밀로서 보호해야 할 대상이 아니라 공개가 예정된 사실(a foregone conclusion)에 해당하지 않는 한, 납세자의 컴퓨터 상 암호화된 파일에 접근하기 위한 비밀번호를 요구하는 것은 납세자에게 진술을 요구하는 것과 같고 납세자에게 형사처벌을 초래할 수 있는 내용이 포함된 정보에 접근하기 위한 비밀번호를 강제로 요구한다면 납세자는 헌법상 진술거부권을 행사할 수 있다고 판시한다.[327)]

따라서 과세관청은 납세자의 컴퓨터 상 암호화된 파일에 접근하기 위한 비밀번호를 요구하는 과정에서 헌법상 진술거부권을 고지하여야 할 것이다. 다만 과세관청이 납세자에게 해당 정보를 스스로 복사하여 제출할 것을 요구하는 것은 이와는 달리 평가되어야 함은 물론이다.[328)] 우리의 경우 세무조사 당시 납세자의 정보에 접근할 수 있는 비밀번호를 요구하고 이를 통하여 해당 자료를 전자적으로 복사하여 자료를 획득하는 행위가 자주 발생하는 바, 위 미국 판례들의 입장을 통하여 많은 시사점을 얻을 수 있다.

이 경우 납세자가 실질적으로 임의 제출한 것인지 여부가 쟁점이 될 것이고 이 쟁점의

---

325) IRM 9.4.5.1-9.4.5.12.

326) 대법원 1992.6.23. 선고 92도682.

327) *United States v. Kirschner*, 2010 US Dist LEXIS 30603, at *1; *Virginia v. Baust*, 2014 Va Cir LEXIS 93 (Va Cir Oct 28, 2014) (Trial Order).

328) *United States v. Gavegnanom*, 2009 US App LEXIS 844 (4th Cir Jan 16, 2009).

해결에는 세무조사 시 녹음권을 명시적으로 인정하여 납세자권리헌장에 그 권리를 포함시키는 것이 도움이 될 수 있다.

Ⅲ 수색 및 압수(Searches and Seizures)와 조세범 처벌

납세자가 제출한 정보 등에만 의존하여 조세포탈행위를 입증할 수는 없기 때문에 과세관청은 압수 및 수색을 통하여 관련 정보 등을 입수하여야 한다. 우리 헌법에 따르면 압수 또는 수색을 할 때에는 적법한 절차에 따라 검사의 신청에 의하여 법관이 발부한 영장을 제시하여야 하나(헌법 12조 3항 본문), 다만, '현행범인 경우'와 '장기 3년 이상의 형에 해당하는 죄를 범하고 도피 또는 증거인멸의 염려가 있을 때'에는 사후에 영장을 청구할 수 있다(헌법 12조 3항 단서). 그런데 조세범 처벌절차법은 헌법상 규정과 다른 내용을 규정하고 있다. 즉 과세관청이 압수 또는 수색을 할 때에는 근무지 관할 검사에게 신청하여 검사의 청구를 받은 관할 지방법원판사가 발부한 **압수·수색영장**이 있어야 하나, '조세범칙행위가 진행 중인 경우' 또는 '조세범칙행위 혐의자가 도주하거나 증거를 인멸할 우려가 있어 압수·수색영장을 발부받을 시간적 여유가 없는 경우'에는 해당 조세범칙행위 혐의자 및 그 밖에 법이 정하는 자에게 그 사유를 알리고 영장 없이 압수 또는 수색할 수 있다(조세처벌절차 9조 1항, 조세처벌절차령 8조). 이 경우에는 압수 또는 수색한 때부터 48시간 이내에 관할 지방법원판사에게 압수·수색영장을 청구하여야 한다(조세처벌절차 9조 2항). 그렇다면 **조세범 처벌절차법이 '장기 3년 이상의 형에 해당하는 죄'에 해당하는지 여부와 무관하게 도주하거나 증거를 인멸할 우려가 있다면 영장이 없이 압수 또는 수색할 수 있다고 규정하는 것은 헌법에 위배되는 것이 아닌지 여부가 문제로 된다.**[329]

먼저 미국의 입법례를 살핀 이후에 본 쟁점에 대하여 검토하기로 한다.

미국의 수정 헌법 제4조(The Fourth Amendment to the Constitution)는 불합리한 수색 및 압수로부터 보호받을 권리에 대하여 규정한다. 그러나 과세관청이 적법한 수색영장에 의하여 납세자의 장부 및 기록 등을 입수하는 것은 이에 위반되지 않는다.[330] 수색영장은 the Field Counsel's office 및 미국 법무부(the Department of Justice)의 승인을 얻어서 발

329) 같은 편 제3장 II 조세범칙조사 참조.
330) *G.M. Leasing Corp. v. United States*, 429 U.S. 338, 352(1977); *United States v. Euge*, 444 U.S. 707(1980).

부된다. Field Counsel은 수색영장을 발부하기 이전에 다음 세 가지 기준을 충족하는지 여부를 검토하여야 한다. 첫째, 조세범죄가 있다고 믿을 만한 근거가 있는지 여부. 둘째, 수색하고자 하는 증거가 해당 조세범죄와 연관성을 가진 것으로서 압수할 수 있는 것인지 여부. 셋째, 수색하고자 하는 증거가 해당 장소에 있을 것. 납세자의 부당한 수색 및 압수를 받지 않을 권리를 침해한 경우 해당 증거는 조세범 처벌절차에서 배제되는 바, 해당 수색 및 압수가 합리적인지 여부는 구체적인 사실관계 및 정황에 의하여 판단되는 것이다. 그러나 영장이 조세범죄에 대한 잠재적인 소명(probable cause)이 없이 발부된 경우, 조세범죄가 발생하였던 기간·수색장소 및 압수대상이 특정되지 않은 경우, 영장 기재사항에 중대한 오류가 있는 경우 및 영장의 집행절차가 적정하지 않는 경우에는 해당 수색 및 압수가 합리적이지 않은 것으로 판단되어 그에 기하여 수집된 증거는 해당 형사소추절차에 사용될 수 없다.[331)]

미국 입법례에서 얻을 수 있는 시사점들은 다음과 같다. 첫째, 미국 역시 조세범 처벌을 위한 수색 및 압수의 경우 영장을 발부받아야 하나, 우리 헌법의 경우와 달리 법원이 아닌 법무부를 통하여 영장이 발부된다는 점이 다르다. 둘째, 미국의 경우 영장발부와 관련된 세 가지 기준이 제시되나 법원을 통하여 영장이 발부되는 우리의 경우에는 해당 기준들을 별도로 명시할 필요는 없다. 셋째, 미국의 경우 합리적인 영장이 아닌 경우에는 해당 영장을 통하여 수집한 자료가 증거능력을 가지지 못하는 것으로 규율되나 이 역시 법무부를 통하여 영장이 발부되는 것을 전제로 한 것이라고 판단한다. 법원을 통하여 영장이 발부되는 우리의 경우 해당 영장이 합리적인지 여부에 따라 증거능력의 유무를 판단하는 것은 타당하지 않다고 판단한다. 다만 미국 입법례 상 기준들을 법원의 영장심사단계에서 활용하도록 할 필요성은 있다고 판단한다.

우리와 미국은 조세범 처벌과 관련된 수색 및 압수영장의 발부절차가 달라서 미국의 입법례를 우리가 직접 도입할 여지는 없다고 할 것이고 우리의 수색 및 영장제도에 헌법상 특별히 문제로 될 수 있는 쟁점이 있다고 볼 수도 없어서, 수색 및 압수영장과 관련하여서는 우리 헌법상 규정과 조세범 처벌절차법 상 규정이 상이함으로 인하여 발생하는 문제만이 쟁점으로 남는다.

헌법이 장기 3년 이상의 형에 해당하는 죄를 범하는 것을 전제로 하여 사전영장제도에

331) Susan A. Berson, *op. cit.*, at §13.10(7).

대한 예외를 규정하고 있음에도 불구하고 조세범 처벌법은 이러한 제한과 상관없이 **도주하거나 증거를 인멸할 우려가 있다면 영장이 없이 압수 또는 수색할 수 있다고 규정**하고 있다. 이는 헌법의 명시적인 문언에 반하는 것이다. 조세포탈의 경우 법정형이 '2년 이하의 징역 또는 포탈세액 등의 2배 이하에 상당하는 벌금' 또는 '3년 이하의 징역 또는 포탈세액 등의 3배 이하에 상당하는 벌금'이라는 점을 감안한다면 문제는 더욱 심각하다. 위 조세범 처벌절차법 조문은 헌법에 위반된 것으로 판단한다. 위 규정이 헌법에 위반된 것이라면 이를 근거로 하여 사전영장이 없이 수집된 자료들 역시 증거능력이 없다고 보아야 한다. 입법을 통한 해결이 시급하다.

Ⅳ 이중처벌(Double Jeopardy)과 조세범 처벌

우리의 경우 조세범 처벌절차와 조세부과절차는 동시에 진행되며[332] 과세관청이 세무조사의 결과 입수한 자료들이 형사처벌의 대상인 조세포탈의 입증을 위하여서도 그대로 사용되고 있다. 우리 헌법은 동일한 범죄에 대하여 거듭 처벌받지 아니한다고 규정한다(헌법 13조 1항 후단). 형사처벌의 경우에는 불리한 진술거부권의 보장(헌법 12조 2항) 또는 자백의 증거능력의 제한의 보장(헌법 12조 7항) 등 인신보호를 위한 헌법상 기속원리가 적용된다. 또한 조세범 처벌절차법 역시 조세범칙조사 및 조세범칙처분에 대한 특칙을 두고 있다(조세처벌절차 7조-19조). 이와 관련하여 조세범 처벌절차와 조세부과절차를 동시에 진행하는 것이 이중처벌금지의 원칙에 어긋나는 것은 아닌지 및 조세부과절차에서 얻은 자료를 조세범 처벌사건의 자료로 그대로 사용하는 것이 형사처벌에 관련된 헌법상 기속원리를 우회적으로 침탈하는 기회를 제공하는 것은 아닌지 여부가 쟁점이 될 수 있다.

먼저 미국의 입법례를 살핀 이후에 본 쟁점들에 대하여 검토하기로 한다.

미국의 수정 헌법 제5조(The Fifth Amendment to the Constitution)는 동일한 위반행위로 인하여 생명 또는 신체(life or limb)에 관한 처벌을 두 번 당하지 않을 권리에 대하여 규정한다. 생명 또는 신체에 관한 처벌에는, 형사범죄에 관한 처벌에 해당하는 한, 금전형 역시 포함된다. 위 이중처벌금지의 원칙은 형사처벌의 경우에만 적용되는 것이므로 다양한

332) 조세부과와 관련된 형사소송 심리절차가 진행 중인 경우에도 해당 조세부과 및 그 불복에 관한 심리절차가 동시에 진행되고 있는 것이 우리의 실정이다.

제재수단이 적용되는 것을 금지하는 것은 아니다.[333)]

다만 미국 IRS는 조세범 처벌절차가 종결되기 이전에는 조세부과를 하지 않는다.[334)] 조세부과절차와 조세범 처벌절차를 동시에 개시한다는 사실(the institution of simultaneous civil and criminal litigation) 자체가 위헌적인 것은 아니지만, 증권사기 관련 미국 증권거래위원회(SEC) 조사절차와 형사소송 심리절차가 동시에 진행되는 것은 허용되지 않는다는 판례[335)]에 따라 조세부과절차와 조세형사절차가 동시에 진행되는 것은 허용되지 않는다. 위 판례의 태도는 그 이후 다른 조세사건 판례에서도 확인되고 있다.[336)] 형사 이외의 조사절차(이하 '조사절차')와 조세형사절차 사이에는 본질적인 차이가 있기 때문이다. 조사절차에서는 해당 대상자에게 불리한 증거들을 비자발적 방법을 통하여 수집(testimonial compulsion)할 수 있는 반면에 형사절차에서는 불리한 진술거부권이 적용되어 예외적인 경우가 아니면 비자발적 방법을 통한 증거수집이 제한된다.[337)] 형사절차에서 잠재적으로 피고인이 될 수 있는 자가 세무조사절차에서 제공한 증거를 형사절차의 증거로 사용할 경우에는 선입견이 형성될 수 있는 명백한 위험(a clear danger of prejudice)이 발생하게 된다. 이러한 위험은 잠재적 피고인이 형사절차가 예정되어 있다는 점을 모를 경우에 더욱 심각해진다.[338)]

미국 입법례에서 얻을 수 있는 시사점들은 다음과 같다. 첫째, 조세부과절차와 조세범 처벌절차를 동시에 개시한다는 사실 자체가 위헌인 것은 아니다. 둘째, 조세부과에 관한 조사절차와 조세형사절차가 동시에 진행되는 것은 허용되지 않는다. 이는 조세부과를 위한 조사절차를 통하여 조세형사절차 상 부여된 헌법상 제약을 잠탈할 우려가 있기 때문이다.

우리의 경우 조세의 부과를 위한 조사절차와 조세범 처벌을 위한 형사절차 사이의 관계를 규율하는 규정이 없다. 따라서 헌법해석을 통하여 본 쟁점을 해결하여야 한다. 다만 아래의 취지를 담은 명시적인 규정을 도입하는 것이 더욱 타당하다고 판단한다.

첫째, 조세의 부과를 위한 조사절차와 조세범 처벌을 위한 형사절차가 독립적으로 존재

333) Jasper L. Cummings, Jr., The Supreme Court, Federal Taxation, and the Constitution, the American Bar Association Section of Taxation, 2013, at 519.
334) IRM Handbook 1218, Policy Statement P-4-84(2000).
335) *United States v. Parrott*, 248 F. Supp. 196(D.D.C. 1965).
336) *United States v. Mellon Bank*, NA, 545 F2d 869, 870-71 (3d Cir 1976): *Ianelli v. Long*, 487 F2d 317, 318 (3d Cir 1973), 414 US 1040 (1973).
337) Susan A. Berson, op. cit., at §13.04(1).
338) *United States v. Parrott*, 248 F. Supp. 196(D.D.C. 1965).

하는 이상 각 절차가 동시에 개시되었다고 하더라도 이를 두고 헌법상 이중처벌에 해당한다고 할 수는 없다. 헌법재판소 역시 "헌법 제13조 제1항이 정한 이중처벌금지의 원칙은 동일한 범죄행위에 대하여 국가가 형벌권을 거듭 행사할 수 없도록 함으로써 국민의 기본권 특히 신체의 자유를 보장하기 위한 것이므로, 그 처벌은 원칙으로 범죄에 대한 국가의 형벌권 실행으로서의 과벌을 의미하는 것이고, 국가가 행하는 일체의 제재나 불이익처분을 모두 그에 포함된다고 할 수는 없다."고 판시한다.[339)]

둘째, 조세형사절차 상 수사 등 절차와 조세부과를 위한 조사 등 절차가 동시에 진행되는 것은 막아야 한다. 즉 헌법상 조세형사절차 상 기본권이 침해되는 것을 막기 위하여 여러 가지 헌법상 제약원리들을 규정하고 있고 조세범 처벌절차법 역시 조세범칙사건에 대한 특칙을 두고 있는 바, 이러한 규정들이 조세부과를 위한 일반적인 질문검사권의 행사를 통하여 필요한 자료를 수집하는 방법을 통하여 잠탈될 수 있다는 점 및 형사처벌이 전제되지 않는 상황 하에서는 납세자가 과세관청과 적절한 수준에서 타협하려는 경향을 보인다는 점을 감안한다면 조세형사절차와 조세부과를 위한 조사절차가 동시에 진행되는 것은 막아야 한다.

결국 이 쟁점은 일반 **세무조사에 있어서 질문검사권을 행사하여 얻은 자료를 조세범칙사건의 자료로 이용할 수 있는지 여부와 관련된 것이다.** 이를 허용한다면 헌법 및 조세범 처벌절차법이 규정하는 각 요건을 잠탈할 수 있다. 따라서 일반 세무조사의 질문검사권의 행사를 통하여 얻은 자료는 조세범칙사건에 있어서 형사 상 책임을 추궁하는 자료로 사용할 수는 없는 것으로, 즉 형사 상 증거능력을 갖지 않는 것으로 해석하여야 한다.[340)] 즉 질문검사권을 범죄의 증거자료를 취득 또는 수집하기 위한 수단으로서 행사하는 것은 허용되지 않는다.[341)] 미국 판례 역시 조세범칙사건에 활용될 자료를 일반 세무조사를 전제로 한 납세자의 협력을 통하여 획득하는 것은 헌법상 기본권에 반하는 것이라고 판시한다.[342)] 다만 질문검사권을 행사할 경우 그 취득 또는 수집된 자료가 향후 범칙사건의 증거로서 이용되는 점이 예상되었다고 하더라도 이 점을 근거로 바로 질문검사권이 범칙사건의 조사 또는 수사의 수단으로서 행사되었다고 할 수는 없다.[343)] 따라서 위 경우 해당 질문검사권을 행

339) 헌재 1994.6.30. 92헌바38.
340) 같은 취지 : 金子 宏、前掲書, 744頁。
341) 日最決 平成16年1月20日 平成15年(あ)第884号。
342) *United States v. Toussaint*, 456 F Supp 1069 (SD Tex 1978).
343) 日最決 平成16年1月20日 平成15年(あ)第884号。

사함에 있어서 사전영장주의 또는 묵비권 등 규정을 지키지 않았다고 하더라도 위 질문검사권의 행사 자체가 바로 위법하다고 할 수는 없다. 그러나 범칙사건의 조사로 이어질 가능성이 상당히 농후한 경우에는 바로 조세범칙사건으로 전환하여야 하고 이를 무시하고 여전히 일반 질문검사권을 행사하여 조세범칙사건에 사용할 수 있는 자료를 수집하는 것은 위법하다고 보아야 한다.[344)]

한편 세무공무원이 질문검사권을 행사하는 과정에서 우연히 납세자의 조세범칙사실을 알게 된 경우에는 세무공무원의 비밀유지의무가 고발의무에 우선하고 해당 세무공무원은 이를 외부에 누설하여서는 아니 된다는 견해가 있다.[345)] 그러나 현행법에 의하면 지방국세청 또는 세무서 외의 행정기관과 그 소속 공무원이 입수한 조세범칙사건에 관한 증거 등은 국세청장이나 관할 지방국세청장 또는 세무서장에게 지체 없이 인계하여야 한다(조세처벌절차 14조). 위 견해가 제3자에게 누설하는 것을 금지한다는 취지라면 타당하다고 할 것이나, 과세관청 내부에 조세범칙사건의 단서로서 이를 보고하는 것까지 막는다는 의미라면 타당하지 않다고 생각한다. 위 사실이 보고된 경우에는 즉시 조세범칙사건으로 전환하여야 할 것인지 여부가 검토되고 조세범칙사건에 해당한다면 종전 자료를 활용할 것이 아니라 그 절차를 달리하여 새롭게 조사가 이루어져야 할 것이다.[346)]

V 과잉금지원칙과 조세범 처벌

조세범에 대한 형사처벌 역시 기본권의 침해에 해당한다. 우리 헌법은 기본권은 필요한 경우에 한하여 법률로써 제한할 수 있으며, 제한하는 경우에도 자유와 권리의 본질적인 내용을 침해할 수 없다고 규정한다(헌법 37조 2항). 이 규정에는 적합성의 원칙, 최소 침해의 원칙 또는 비례의 원칙에 내포되어 있다.[347)] 이를 아울러 통상 **과잉금지의 원칙**(Prohibition of Excessive Infringement)이라고 한다. 조세범 처벌법은 조세포탈행위에 대하여 '2년 이하의 징역 또는 포탈세액 등의 2배 이하에 상당하는 벌금' 또는 '3년 이하의 징역 또는 포탈세액 등의 3배 이하에 상당하는 벌금'을 부과한다. 한편 만약 벌금형을 선택하고, 포탈세액

344) 같은 취지:United States v. Toussaint, 456 F Supp 1069 (SD Tex 1978).
345) 金子 宏、前掲書, 744頁。
346) 제1편 제2장 VI 7 다 (5) 세무조사 절차로서의 질문검사권 행사의 법적 성격 참조.
347) 허영, 『한국헌법론』, 전정10판, 박영사, 2014, 295면; 이하 '허영, 전게서(2014)'로 인용한다.

및 가산세액에 대한 조세부과처분 역시 더해지면 이는 포탈세액 등의 3배 또는 4배에 해당하는 금액에 가산세액이 더하여진 금전적 부담을 지우는 것인 바 이것이 헌법상 과잉금지의 원칙에 반하는 것은 아닌지 여부가 문제로 된다.

먼저 미국의 입법례를 살핀 이후에 본 쟁점들에 대하여 검토하기로 한다.

미국의 수정 헌법 제8조(The Eighth Amendment to the Constitution)는 지나친 벌금을 부과하지 않아야 하고, 잔인하고도 비정상적인 처벌을 가하지 않아야 한다고 규정한다. 이 규정은 형사절차에 국한되어 적용되지는 않는다.[348] 즉 형사절차와 다른 제재나 불이익처분을 모두를 감안하여 위 규정을 적용하여야 한다.

미국의 입법례 역시 일반적인 규정 이외에 다른 별도의 구체적인 기준을 제시하고 있지 않아서 위 규정은 구체적인 사실관계에 따라 각 사건별로(on a case-by-case basis) 적용되는 것으로 보인다.

우리의 경우에는 헌법상 기본권 제한에 관한 과잉금지의 원칙에 근거하여 본 쟁점에 대하여 판단하여야 한다. 과잉금지의 원칙에 포섭되는 원칙들은 다음과 같다.[349] 법률에 의한 기본권의 제한은 불가피하게 기본권을 제한하여야 할 현실적인 사정을 감안하여 그 목적을 달성하기 위하여 필요한 최소한의 범위 내에서만 허용되고, 그 보호되는 법익과 제한되는 기본권 사이에는 합리적이라고 평가할 수 있는 비례관계가 성립되어야 한다. 즉 기본권의 제한을 통하여 추구하고자 하는 정당한 목적을 달성하기 위하여서는 가장 적합한 방법을 선택하여야 할 뿐만 아니라(적합성의 원칙), 국민의 기본권이 필요한 정도를 넘어서 침해되는 일이 없도록 하여야 한다(최소침해의 원칙). 또 국민의 기본권을 제한하는 정도와 그 제한에 의하여 얻어지는 공익을 엄격하게 비교형량하여 더 큰 공익을 보호하기 위하여 기본권을 제한하는 것이 필요하고도 불가피한 경우에만 기본권을 제한할 수 있다(비례 내지 균형의 원칙).[350]

과잉금지의 원칙은 헌법재판소의 결정을 통하여 구체적인 사안별로 구현되는 것이므로 이하 헌법재판소의 결정에 비추어 본 쟁점을 살핀다. 헌법재판소는 형벌의 집행을 마친 자에게 별도의 보안처분을 부과하는 것[351], 형벌과 보호감호처분을 병과하는 것[352], 공무원

348) Jasper L. Cummings, Jr., op. cit., at 530.
349) 제1편 제2장 제3절 IV 헌법 제37조 제2항: 기본권 제한의 한계 참조.
350) 허영, 전게서(2014), 295면.
351) 헌재 1997.11.27. 92헌바28.
352) 헌재 1991.4.1. 89헌마17.

또는 공무원이었던 자의 범죄행위에 대하여 형벌을 과하는 외에 연금급여의 수급까지 제한하는 것[353] 및 부당내부거래를 한 사업자에게 공정거래위원회가 형벌과 과징금을 동시에 부과하는 것[354] 등이 헌법에 위반되지 않는다고 판시한다. 이러한 헌법재판소의 결정에 비추어 보면 조세부과와 징역형이 동시에 부과되는 것 역시 헌법상 제한에 반하지 않는 것으로 보아야 한다. 한편 징역형을 대신하여 벌금형을 선고하는 것 역시 불합리한 것이 아니다. 그렇다면 조세포탈에 대하여 포탈세액의 2배 또는 3배 이내의 벌금형을 선고하는 외에 포탈세액 및 가산세액에 대하여 별도로 부과처분을 하는 것을 헌법상 과잉금지의 원칙에 반하는 것으로 볼 수는 없을 것으로 보인다. 다만 현행 조세범 처벌과 관련된 법정형이 부과되는 경우 해당 납세자의 생활기반이 파탄에 이르게 되어 향후 납세자의 경제활동을 통하여 추가적인 세수를 확보하기 어려워지는 측면이 있으므로, 입법론으로서는 납세자의 지나친 부담을 완화하여 향후 경제활동에 종사할 수 있도록 하는 것이 바람직하다고 판단한다.

353) 헌재 2002.7.18. 2000헌바57.
354) 헌재 2003.7.24. 2001헌가25.

참고문헌

〈국내 단행본〉

- 김성돈, 형법총론 제5판 성균관대학교 출판부, 2017.
- 김일수/서보학, 새로 쓴 형법총론, 형설출판사, 2005.
- 김태희, 조세범 처벌법, 박영사, 2015.
- 박상기, 형법총론 제6판, 박영사, 2004.
- 배종대, 형법총론 제7판, 홍문사, 2004.
- 성낙인, 헌법학, 제12판, 법문사, 2012.
- 소순무, 조세소송, 개정7판, 박영사, 2014.
- 안대희 · 조일영 · 윤대진, 조세형사법, 평안, 2015.
- 이동식, 일반조세법, 준커뮤니케이션즈, 2011.
- 이시윤, 신민사소송법, 제6증보판, 박영사, 2012.
- 이재상, 형법총론 제5판 보정판, 박영사, 2005.
- 이창희, 세법강의, 제12판, 박영사, 2014.
- 이태로 · 한만수, 조세법강의, 신정10판, 박영사, 2014.
- 임승순, 조세법, 박영사, 2014.
- 임승순, 조세법, 박영사, 2017.
- 임웅, 형법총론 제3정판, 법문사, 2010.
- 정성근/박광민, 형법총론 제2판, 삼지원, 2005.
- 최명근, 세법학총론, 세경사, 2002.
- 한수웅, 헌법학 제6판, 법문사, 2016.
- 허영, 한국헌법론, 전정8판, 박영사, 2012.
- 허영, 한국헌법론, 전정10판, 박영사, 2014.
- 홍정선, 행정법원론(상), 22판, 박영사, 2014.

〈국내 논문〉

- 김영순, 조세포탈죄에 있어서 법률의 착오에 대한 소고, 세무와 회계연구 통권 제11호(제6권 제1호), 한국조세연구소, 2017.
- 김의석, 실질과세원칙의 적용에 관한 접근방식, 『조세법연구』 제18집 제2호, 한국세법학회, 2012.
- 김태희, 조세법 처벌법상 세금계산서 관련범과 죄수, 『조세법연구』 제22권 제2호, 한국세법학회, 2016.

- 안경봉 · 이동식, 조세형사범 사건과 실질과세원칙, 조세법연구 18집 3호, (사)한국세법학회, 2012.
- 윤재윤, 조세포탈범의 성립과 적극적 부정행위, 형사판례연구(3), 한국형사판례연구회, 1995.
- 윤지현, 실질과세의 원칙과 가장행위에 관한 고찰-판례를 중심으로, 『중앙법학』 제9집 제2호, 중앙법학회, 2007.
- 이동식, 사법질서의 세법에서의 의미, 『공법연구』 제31집 제2호, 한국공법학회, 2002.
- 이재호, 국내세법의 적용과 Treaty Override, 『조세학술논집』 제22집 제2호, 한국국제조세협회, 2006.
- 이준봉, 영리법인을 이용한 증여와 실질과세, 『조세법연구』 제20권 제2호, 한국세법학회, 2014.
- 이준봉 · 이재호, 역외탈세의 논의국면에서 본 탈세의 개념체계, 『조세학술논집』 제30집 제3호, 한국국제조세협회, 2014.
- 이준봉, 조세범처벌에 관련된 헌법상 쟁점들에 대한 검토, 『조세학술논집』 제31집 제3호, 한국국제조세협회, 2015.
- 이준봉, 법인세법상 주요 쟁점에 대한 판례의 동향과 전망, 『조세법연구』 제22권 제3호, 한국세법학회, 2016.
- 이준봉, 주식대여약정과 조세조약의 적용, 사법 제1권 38호, 사법발전재단, 2016.
- 이준봉, 조세포탈죄의 고의에 관한 연구, 조세법연구 제25권 제3호, 한국세법학회, 2019.
- 임동원 · 오윤, 조세포탈과 조세회피의 개념 구분, 세무학연구 30권 2호, (사)한국세무학회, 2013
- 정승영, "일본에서의 실질과세원칙에 대한 논의와 시사점", 『조세와 법』 제5권 제2호, 서울시립대학교 법학연구소 · 조세재정연구소, 2012.
- 정해남, 당초의 과세처분과 경정처분의 법률관계, 『재판자료(60집), 조세사건에 관한 제 문제(상)』, 법원행정처, 1993.
- 조기영, 고의와 법률의 부지의 구별, 형사법연구 Vol. 27, No. 2, 통권 63호, 2015.
- 조용연, 행정행위의 효력, 『재판자료』 제68집, 법원행정처, 1995.
- 조윤희 · 곽태훈, 특정범죄 가중처벌 등에 관한 법률 제8조의2 범죄 구성요건에 관한 비판적 고찰, 조세법연구 제23권 제3호, (사)한국세법학회, 2017.10.
- 최형기, 판례를 중심으로 한 조세포탈범의 성립요건과 문제점, 형사법에 관한 제 문제(下) 재판자료 50집, 법원행정처, 1990.
- 홍범교, 자본소득과세에 대한 소고, 『재정포럼』 제179호, 한국조세재정연구원, 2011.
- 황남석, 조세포탈죄의 객관적 구성요건으로서의 부정행위, 사법 제1권 제42호, 사법발전재단, 2017.

〈구미 단행본〉

- Angharad Miller and Lynne Oats, Principles of International Taxation, 3rd Ed., Bloomsbury Professional, 2014.
- Anne Fairpo & David Salter (eds), Revenue Law: Principles and Practice, 35th Ed., Bloomsbury, 2017.
- Camilla E. Watson, Tax Procedure and Tax Fraud, 4th Ed. West, 2012.
- Claus Roxin, Strafrecht, Allgemeiner Teil Band 1, 4., vollständig neu bearbeitete Auflage, C. H. Beck München 2006.
- Friedman, M. and Friedman, R., Free to Choose, Seeker and Warburg.
- Louise Gullifer and Jennifer Payne, Corporate Finance Law, Principles and Policy, 2nd Ed., HART Publishing, 2015.
- Jasper L. Cummings, Jr., The Supreme Court, Federal Taxation, and the Constitution, the American Bar Association Section of Taxation, 2013.
- Joecks/Jäger/Randt, Steuerstrafrecht 8. Auflage, C.H. Beck, 2015.
- John, H.G., Macroeconomics and Monetary Theory, Gray-Mills, 1971.
- Monica Bhandari (eds), Philosophical Foundations of Tax Law, Oxford University Press, 2017.
- Rust, in Klaus Vogel on Double Taxation Conventions, Fourth Ed., Wolters Kluwer, Volume Ⅰ, 2015.
- ____, in Klaus Vogel on Double Taxation Conventions, Fourth Ed., Wolters Kluwer, Volume Ⅱ, 2015
- ____, in Klaus Vogel on Double Taxation Conventions, Fifth Ed., Wolters Kluwer, Volume Ⅱ, 2022
- Kemmeren, in Klaus Vogel on Double Taxation Conventions, Fourth Ed., Wolters Kluwer, Volume Ⅰ, 2015.
- Musgrave, R. A., The Theory of Public Finance, McGraw-Hill.
- Musgrave, R. A. and Musgrave, P. B., Public Finance in Theory and Practice, 5th Ed., McGraw-Hill International Ed, 1989.
- OECD, OECD Model Convention with respect to Taxes on Income and on Capital, 2014.
- OECD, Prevention the Granting of Treaty Benefits in Inappropriate Circumstances, Action 6 - 2015 Final Report.
- Sally M. Jones·Shelly C. Rhodes-Catanach, Principles of Taxation for Business and Investment Planning, McGraw-Hill Irwin, 2012.
- Simon James and Christopher Nobes, The Economics of Taxation Principles, Policy and Practice, 10th Ed., Fiscal Publications, 2010/2011.

- Susan A. Berson, Federal Tax Litigation, Vol. 1, Law Journal Press, 2012.
- United Nations, Model Double Taxation Convention between Developed and Developing Countries, 2011.
- Vogel/Rust, in Klaus Vogel on Double Taxation Conventions, Fourth Ed., Wolters Kluwer, Volume Ⅰ, 2015.
- Wm. L. Burke, Report on Proposed United States Model Income Tax Treaty-New York State Bar Association Tax Section Committee on United States Activities of Foreign Taxpayers, 23 Harvard International Law Journal 219, WINTER 1983.
- 1 Robert S. Fink, Tax Controversies—Audits, Investigations, Trials, (Matthew Bender).

〈구미 논문〉

- Allen D. Madison, The Tension between Textualism and Substance-Over-Form Doctrines in Tax Law, 43 『Santa Clara Law Review』 699.
- Bochum Herzberg, Vorsatzausschließende Rechtsirrtumer, JuS 2008.
- Bret Wells, Economic Substance Doctrine: How Codification Changes Decided Cases, 10 『Fla. Tax Rev.』 411.
- Claus Roxin, Über Tatbestand- und Verbotsirrtum, FS Tiedemann, 2008.
- Desai, M · Hines, J, Evaluating International Tax Reform, 56 『National Tax Journal』 487.
- Douglas A. Kahn·Howard Bromberg, Provisions Denying a Deduction for Illegal Expenses and Expenses of an Illegal Business Should Be Repealed, 18 『Florida Tax Review』 207, 2016.
- Frederic L. Kirgis, Fuzzy Logic and The Sliding Scale Theorem, 53 『Ala. L. Rev.』 421.
- Hines, J, Reconsidering the Taxation of Foreign Income, 62 『Tax Review』 269.
- Luis Eduardo Schoueri, Arm's Length: Beyond the Guidelines of the OECD, Bulletin for International Taxation, IBFD, December 2015.
- Michelle M. Kwon, The Criminality of Tax Planning, 18 『Florida Tax Review』 153, 2015.
- Ray A. Knight, J.D., CPA & Lee G. Knight, Ph.D., Substance Over Form: The Cornerstone Of Our Tax System Or A Lethal Weapon In The IRS's Arsenal?, 8 『AKRON TAX J.』 91.
- Samuel W. Buell, Novel Criminal Fraud, 81 『N.Y.U. L. REV.』 1971(2006).
- Samuel W. Buell & Lisa Kern Griffin, On the Mental State of Consciousness of Wrongdoing, 75 『LAW & CONTEMP. PROBS.』 133(2012).

〈일본 단행본〉

- 岩澤雄司, 條約の國內適用可能性, 有斐閣, 1985.
- 金子　宏, 租稅法, 第16版, 弘文堂, 2011.
- 松田 直樹, 租稅回避行爲の解明 - グローバルな觀點からの分析と提言, (株)ぎょうせい, 2009 (平成21年).
- 增田 英敏, 租稅憲法學, 第3版, 成文堂, 2006.

〈일본 논문〉

- 下村 秀夫, 租稅法律主義をめぐる諸問題 －稅法の解釋と適用を中心として－,『稅務大學校論叢』6号, 日本 稅務大學校, 1972(昭和47年).

색인

법령색인

UN 모델협약 11조 4항 / 193

판례색인

1985년

1986년

1987년

1988년

1989년

1994년

1997년

1998년

1999년

2000년

2001년

2002년

2003년

2004년

2005년

2006년

2007년

2008년

2009년

2010년

2011년

2012년

2013년

2015년

2016년

2017년

2018년

2019년

2020년

2021년

2022년

2023년

미국 판례 색인

1921년–1930년

1931년–1940년

1941년–1950년

1951년–1960년

1961년–1970년

W. Coast Mktg. v. Comm'r, 46 T.C. 32 (1966) / 166
Comm'r v. Gordon, 391 U.S. 83, 96 (1968) / 165
United States v. 58th Street Plaza Theatre, 287 F. Suat 475 (S.D.N.Y. 1968) / 174
King Enters, Inc. v. United States, 189 Ct. Cl. 466 (1969) / 165

1971년–1980년

Lark Sales Co v Comm'r, 437 F2d 1067 (7th Cir 1971) / 970
Est of Horvath v Comm'r, 59 TC 551 (1973) / 969
Grove v. Comm'r, 490 F.2d 241, 247(2nd Cir. 1973), aff'g TC Memo. 1972-98 / 164
Ianelli v Long, 487 F2d 317, 318 (3d Cir 1973), 414 US 1040 (1973) / 1219
United States v Bishop, 412 US 346 (1973) / 1125
United States v. Bishop, 412 U.S. 346(1973), 360 / 1128
Roberts v Comm'r, 62 TC 834 (1974) / 970
United States v. Critzer, 498 F.2d 1160, 1162 (4th Cir. 1974) / 1133
Markwardt v Comm'r, 64 TC 989 (1975) / 969
United States v. Bisceglia, 420 U.S. 141, 154(1975) / 84
United States v. Poll, 521 F.2d 329(9th Cir. 1975), cert denied 429 U.S. 977(1977), rehearing denied 429 U.S. 1079(1977) / 1124, 1149
United States v. Mellon Bank, NA, 545 F2d 869, 870-71 (3d Cir 1976) / 1219
United States v. Pomponio, 429 US 10 (1976) / 1125, 1126, 1132
G.M. Leasing Corp. v. United States, 429 U.S. 338, 352(1977) / 1216
Spain v Comm'r, TC Memo 1978-270 / 969
Frank Lyon Co. v. United States, 435 U.S. 561, 584 (1978) / 175
United States v. Toussaint, 456 F Supp 1069 (SD Tex 1978). / 224, 225, 1220, 1221
United States v. Garber. 607 F.2d 92 (5th Cir. 1979) / 1133
Peoples Translation Service/Newsfront International v Comm'r, 72 TC 42 (1979) / 969
Pensinger v Comm'r, TC Memo 1980-104 / 969
Redding v. Comm'r, 630 F.2d 1169 (7th Cir.), cert. denied, 450 U.S. 913 (1980) / 166
United States v. Euge, 444 U.S. 707(1980) / 1216
United States v. Neff, 615 F.2d 1235, 1238(9th Cir. 1980) / 1213

1981년–1990년

Denison v Comm'r, 689 F2d 771 (8th Cir 1982), cert denied 471 US 1069 (1985) / 970
United States v. Dahlstrom, 713 F.2d 1423 (9th Cir. 1983) / 1121, 1134, 1137
United States v. Ingredient Technology Corp., 698 F.2d 88, 97 (2d Cir. 1983) / 1134
Eicher v. United States, 774 F.2d 27, 29(1st Cir. 1985) / 1213

1991년–2000년

2001년-

일본 판례 색인

1981년–1990년

1991년–2000년

2001년–

| 저 | 자 | 소 | 개 |

이준봉(성균관대학교 법학전문대학원 교수)

▌학력

- 서울대학교 법과대학 졸업
- 연세대학교 경영대학원 졸업(회계학석사)
- 고려대학교 대학원 경영학과 졸업(경영학박사)
- 서울대학교 대학원 법학과 졸업(법학박사)

▌경력

- 육군법무관
- 변호사
- 성균관대학교 법학전문대학원 교수(세법 등)(2007~현재)
- 북경대학교 법학원 visiting scholar
- 전 국세청 국세심사위원
- 전 (사) 한국세법학회 회장
- 전 (사) 한국국제조세협회 이사장
- 전 국세청 납세자보호위원회 위원장
- 기획재정부 국세예규심사위원회 위원
- 기획재정부 세제발전심의위원회 위원
- 기획재정부 자체평가위원회 위원
- 조세심판원 비상임심판관
- 국토교통부 건설분쟁조정위원회 위원장
- (사) 한국세법학회 고문
- (사) 한국국제조세협회 고문

▌상훈

- 홍조근정훈장

▌주요 연구실적

【저서】

- 판례세법, 박영사(5인 공저)(2011)
- 유동화거래와 조세, 한국학술정보(2012)
- 주요국의 조세제도 캐나다 편, 한국조세재정연구원(2013)
- 법인세법강의(제2판, 2023)

【주요 논문】

- 파생금융상품의 회계처리 및 과세방안에 관한 연구
- 세무조사, 환경변수개선 및 처벌강화를 통한 재무제표부정예방에 관한 실증적 연구
- 재무제표사기의 발생, 예방 및 적발에 관한 연구
- 기업회계기준과 세법의 조화
- 외부감사인의 책임제한
- 일본잉여금배당을 전제로 한 배당과세방안에 연구
- 현행 기업회계기준 및 회계감사기준 관련 법규정의 문제점
- 계약해제와 조세
- 현행 부채비율의 산정 및 자본잠식판정에 관한 개선방안
- 일본신탁과세제도와 그 시사점
- 유동화금융자산의 양도와 과세
- 세법 상 법적 실체인 신탁의 도입에 대한 검토
- 유동화거래의 과세에 관한 연구
- 법인인 유동화기구와 이중과세의 조정
- 사회적 기업 조세특례의 개선방안에 관한 검토
- 휴대폰 단말기 약정보조금의 부가가치세 과세표준에의 포함 여부에 관한 연구
- 유언대용신탁 및 수익자연속신탁의 과세에 관한 연구
- 국외투자신탁을 이용한 조세회피의 방지에 관한 연구
- 영리법인을 이용한 증여와 실질과세
- 역외탈세의 논의국면에서 본 탈세의 개념체계
- 조세범처벌과 관련된 헌법상 쟁점들에 대한 검토
- 법인세법상 주요한 쟁점에 대한 판례의 동향과 전망

- 주식대여약정과 조세조약의 적용
- 하이브리드 미스매치의 해소와 관련된 국내세법상 대응방안에 대한 연구
- 국내 미등록 특허 사용료와 국내원천소득
- 담배소비세 납세의무의 성립시기에 관한 연구
- An Overview of the Protection of Taxpayer Rights in Korea
- 중국의 일대일로 정책과 BEPS 맥락에 따른 원천지국 과세권의 강화
- 위법비용의 소득과세 방안에 관한 연구
- 주식회사의 외부감사에 관한 법률 상 회계처리기준 및 회계감사기준의 위반과 관련된 처벌조항의 위헌성에 대한 검토
- 조세포탈죄의 고의에 관한 연구
- 균등화세의 도입을 통한 디지털 경제의 과세에 관한 연구
- 현행 동업기업 과세특례 상 비거주자 과세의 개선방안에 관한 연구
- 고정사업장과 부가가치세 납세의무
- 법인세법 상 사용료 소득구분과 한미조세협약 상 사용료 조항의 적용

제10판 조세법총론

2015년 4월 20일 초판 발행
2024년 3월 18일 10판 발행

저　　자　이　준　봉
발 행 인　이　희　태
발 행 처　**삼일인포마인**

서울특별시 용산구 한강대로 273 용산빌딩 4층
등록번호 : 1995. 6. 26 제3－633호
전　　화 : (02) 3489－3100
F A X : (02) 3489－3141
I S B N : 979－11－6784－234－3 93320

저자협의
인지생략

♣ 파본은 교환하여 드립니다.

정가 70,000원